〔日〕瀧川龜太郎著

史記會注考證

萬卷樓印行

文學博士瀧川龜太郎著

史記會注考證

史記會注考證卷五十一

漢　太　史　令　司　馬　遷　撰

宋　中　郎　外　兵　曹　參　軍　裴　駰　集　解

唐　國　子　博　士　弘　文　館　學　士　司　馬　貞　索　隱

唐　諸　王　侍　讀　率　府　長　史　張　守　節　正　義

日　本　出　雲　瀧　川　資　言　考　證

荊燕世家第二十一　史記五十一

【考證】史公自序云、維祖師旅、劉賈是與、爲布所襲、喪其荊吳、營陵激呂、乃王琅邪、怵午信齊、往而不歸、遂西入關、遭立孝文、獲復王燕、天下未集、賈澤以族、爲漢藩輔、作荊燕世家第二十一、

荊王劉賈者、諸劉、不知其何屬、【正義】年表云、都吳也、【考證】張文虎曰、舊刻本、賈下有者字、與下文燕王劉澤者書法一例、各本者字在下句諸劉下、誤也、索隱本無、愚按、古鈔本、楓山、三條本同、舊刻本、初起時。【集解】漢書、賈、高帝從父兄、【索隱】按注引漢書云、賈、高祖從父兄、則班固或別有所見也、【考證】梁玉繩曰、漢書賈傳及楚元王傳、爲高帝從父兄、諸侯王表、作從父弟、漢王元年、還定三秦。劉賈爲將軍定塞地。【索隱】賈將兵之塞地、塞、卽桃林之塞、【考證】塞王司馬欣、從東擊項籍。漢四年、漢王之敗成皋、北渡河、得張耳·韓信軍、軍脩武、深溝高壘、使劉賈將二萬人、騎數百、渡白馬津、入楚地。【正義】括地志云、黎陽、一名白馬津、在滑州白馬縣北三十里、按賈從此津南過入楚地也、【考證】今河南滑縣東、燒其積聚、以破其業、無以給項王軍食。已而楚兵擊劉賈。賈輒壁、不肯與戰、而與彭越相保。【考證】王念孫曰、壁不肯戰、謂築壘而守之、不肯與戰也、吳王濞傳、條侯壁不肯戰、是其證、漢書改辟作避、非、顏師古曰、相保、謂依恃以自安固、漢五

年、漢王追項籍至固陵。【集解】徐廣曰、在陽夏、【正義】括地志云、固陵、陵名、在陳州宛丘縣西北四十二里、【考證】固陵、今河南淮陽縣西北、使劉賈南渡淮圍壽春。【正義】今壽州壽春縣是也、【考證】今安徽壽縣、還至、使人閒招楚大司馬周殷。【考證】閒、閒行閒出之閒、私也、使人私招之也、周殷反楚、佐劉賈、擧九江、迎武王黥布兵、皆會垓下、共擊項籍。漢王因使劉賈將九江兵、與太尉盧綰、西南擊臨江王共尉。【索隱】共敖之子、共尉已死。以臨江爲南郡。【正義】今荊州也、漢六年春、會諸侯於陳。【正義】今陳州也、廢楚王信、囚之、分其地爲二國。當是時也、高祖子幼、昆弟少、又不賢。欲王同姓以鎭天下。乃詔曰、將軍劉賈有功。及擇子弟可以爲王者。羣臣皆曰、立劉賈爲荊王、王淮東五十二城。【索隱】按表云、劉賈都吳、又漢書以東陽郡封賈、東陽卽臨淮、故云淮東也、【正義】括地志云、西北四十里、蓋此縣是也、【考證】漢書高紀、作東陽郡鄣郡吳郡五十三縣、吳王濞傳云、王三郡五

十三城、卽賈傳封也、史記二字當作三、張文虎曰、正義與正文不相涉、而與齊悼惠王世家末十字同、疑卽彼文錯簡複出、 高祖弟交爲楚王、王淮西三十六城。【正義】淮以西徐泗濠等州也、【考證】漢書高紀云、以碭郡薛郡郯郡三十六縣立弟文信君交爲楚王、因立子肥爲齊王。【考證】卽齊悼惠王、 始王昆弟劉氏也。高祖十一年秋、淮南王黥布反、東擊荊。荊王賈與戰不勝、走富陵、爲布軍所殺。【索隱】地理志、縣名、屬臨淮、【正義】括地志云、富陵故城、在楚州盱眙縣東北六十里、【考證】今安徽盱眙縣東北、 高祖自擊破布。十二年、立沛侯劉濞爲吳王。王故荊地。【考證】吳王濞別有傳、 燕王劉澤者、諸劉遠屬也。【集解】漢書曰、澤、高祖從祖昆弟、【索隱】按注引漢書云、高祖從祖昆弟、又楚漢春秋、田子春說張卿云、劉澤宗家也、按言宗家似疏遠矣、然則班固書從祖昆弟、當別有所見矣、 高帝三年、澤爲郎中。高帝十一年、澤以將軍擊陳豨、得王黃。爲營陵侯。【索隱】地理志、縣名、在北海、【正義】括地志云、營陵故城、在青州北海縣南三十里、【考證】周壽昌曰、漢書荊燕吳傳作擊陳豨將王黃、此作得、樊噲傳作虜大將王黃、陳豨傳作士黃以賞購得之、情事各異、徐鴻鈞曰、作得、以功成後言、作擊、以爲將之始言、

樊噲傳又云、虜大將王黃、當是虜由噲、而功歸於澤、噲爲澤妻父、宜有此擧、其情事尙無異、至陳豨傳又有以賞購王黃之說、則是高祖以賞購之、而卒爲澤所得耳、 高后時、齊人田生游乏資。【集解】晉灼曰、楚漢春秋、田子春、 以畫干營陵侯澤。【集解】服虔曰、以計畫干之也、文穎曰、以工畫得寵也、【索隱】畫、一音樹畫之畫、又音圖畫之畫、兩家義並通也、【考證】畫音獲、 澤大說之、用金二百斤爲田生壽。田生已得金、卽歸齊。二年、澤使人謂田生曰。弗與矣。【集解】孟康曰、與、黨與、言不復與我爲與也、文穎曰、不得與汝相知、【考證】中井積德曰、弗與矣、咎其不我助之詞、 田生如長安不見澤。而假大宅、令其子求事呂后所幸大謁者張子卿。【集解】徐廣曰、名澤、駰案如淳曰、閹人也、【正義】張子卿、漢書作澤卿、音釋、高后紀周勃傳、作釋、子卿、字也、 居數月、田生子請張卿臨、親脩具。【考證】顏師古曰、親、父也、具、供具也、周壽昌曰、顏謂田生令子請之、故云然、然觀下張卿往見、田生屏人與語、是仍以田生爲主、親脩具者、不假手廝僕、若魏其迎田蚡、夫妻治具是也、 張卿許往。田生盛帷帳共具、譬如列侯。【考證】楓山三條本、無盛字、共讀爲供、 張卿驚。酒酣、乃屏人說張卿曰。臣觀諸侯王邸第

百餘、皆高祖一切功臣。【考證】按此一切、猶一例、同時也、非如他一切訓權時也、 今呂氏雅故本推轂高帝就天下。功至大。又親戚太后之重。【集解】如淳曰、呂公知高祖相貴、以女妻之、推轂使爲長者、瓚曰、謂諸呂共推轂高祖、征伐成帝業、雅、正意也、【索隱】按雅訓素也、謂呂氏素心奉推高祖取天下、若人推轂欲前進、隆然也、此略同臣瓚之意也、推、音昌誰反、【考證】王先謙曰、雅、常也、故、舊也、猶言平昔、指諸呂平昔本助成帝業、非謂呂公、 太后春秋長、諸呂弱。【考證】顏師古曰、春秋長、言年老、 太后欲立呂產爲呂王王代。【考證】據呂后紀、此高后七年、呂祿王趙之時也、趙王友幽死、梁王恢代之、亦自殺、高后初意、蓋欲徙代王恆王趙、徙梁王呂產王代、而使呂祿王梁也、代王不從、乃以呂祿爲趙王、不果徙呂產、則下文呂產當作呂祿、呂王當作趙王、或云、史公誤以呂產呂祿二王事合爲一、漢書亦襲史文、 太后又重發之。恐大臣不聽。【集解】文穎曰、欲發之、恐大臣不聽、鄧展曰、重難發事、【考證】中井積德曰、重發、謂難於出口也、自以其私情躊躇之意、與恐不聽別項、 今卿最幸、大臣所敬。何不風大臣以聞太后。太后必喜。諸呂已王、萬戶侯亦卿之有。【正義】高后紀云、封張卿爲建陵侯、 太后心欲之、而卿爲內臣、不急發、恐禍及身矣。

張卿大然之。乃風大臣語太后。【正義】語、魚呂反、以卑言尊之意也、 太后朝、因問大臣。大臣請立呂產爲呂王。【考證】據呂后紀、呂產爲呂王在高后六年、是時爲梁王、說見上文、 太后賜張卿千斤金。【考證】李笠曰、漢書荊燕吳傳、無斤字、當據改、漢制以黃金一斤爲一金、 張卿以其半與田生。田生弗受。因說之曰。呂產王也、諸大臣未大服。今營陵侯澤諸劉、爲大將軍。【考證】漢書、劉下有長字、 獨此尙觖望。【索隱】觖、音決、又音企、 今卿言太后、列十餘縣王之。【考證】楓山三條本、列作裂、與漢書合、 彼得王、喜去。諸呂王益固矣。張卿入言。太后然之。乃以營陵侯劉澤爲琅邪王。【考證】呂后紀云、太后女弟呂須有女、爲營陵侯劉澤妻、澤爲大將軍、太后王諸呂、恐卽崩後劉將軍爲害、迺以劉澤爲琅邪王、以慰其心、與此篇所記、情事不同、漢書入言下、補又太后女弟呂須女亦爲營陵侯妻十四字、 琅邪王乃與田生之國。田生勸澤、急行毋留。出關。太后果使人追止之。已出、卽還。及太后崩、琅邪王澤乃

曰。帝少、諸呂用事、劉氏孤弱。乃引兵與齊王合謀西、【集解】漢書音義曰、澤至齊、爲齊王所劫、不得去、乃說王求詣京師、齊具車送之、不爲本與齊合謀也、【索隱】按漢書齊王傳云、使祝午劫琅邪王、至齊、因留琅邪王、不得反國、澤乃說求入關、齊乃送之、與此文不同者、劉氏以爲燕齊兩史、各言其主立功之迹、太史公聞疑傳疑、遂各記之、則所謂實錄、【考證】齊王傳、蓋得其實、中井積德曰、按傳說不同者亦多、何必討國人、欲誅諸呂。至梁。聞漢遣灌將軍屯滎陽、澤還兵備西界。遂跳驅至長安。【集解】漢書音義曰、跳驅、馳至長安也、【索隱】跳、他彫反、脫獨去也、又音條、謂疾去也、【考證】楓、三本、屯下有兵字、代王亦從代至。【考證】諸將迎代王也、非代王自至、諸將相與琅邪王共立代王爲天子。天子乃徙澤爲燕王、乃復以琅邪予齊、復故地。【集解】李奇曰、本齊地、分以王澤、今復與齊也、澤王燕二年、薨。謚爲敬王。傳子嘉。爲康王。【考證】康王在位二十六年薨、至孫定國、與父康王姬姦、生子男一人、奪弟妻爲姬、與子女三人姦。定國有所欲誅殺臣肥如令郢人。【集解】如淳曰、定國自欲

有所殺餘臣、肥如令郢人以告之、【索隱】按如淳意以肥如亦臣名、令郢人以告定國也、小顏以爲定國欲有所誅殺餘臣、而肥如令郢人乃告定國也、然按地理志、肥如在遼西也、【考證】中井積德曰、所欲誅殺之臣、其名曰郢人、時爲肥如令也、愚按四史發伏說同、如顏二說皆非、顧炎武曰、地理志、肥如自屬遼西郡、不屬燕、武帝紀、元朔元年秋、匈奴入遼西殺太守、諸侯王表、言武帝下推恩之令、而藩國自析、長沙燕代、雖有舊名、皆亡南北邊矣、然則肥如之屬於燕、必在元朔以前、未析邊郡之時也、郢人等告定國。定國使謁者以他法劾捕、格殺郢人以滅口。至元朔元年、郢人昆弟復上書、具言定國陰事。【考證】王先謙曰、主父偃亦發定國陰事、見偃傳、以此發覺。【考證】古鈔本、無發字、詔下公卿。皆議曰。定國禽獸行。亂人倫逆天。當誅。【考證】楓、三本、天下有道字、與漢書合、上許之。定國自殺。國除爲郡。【考證】年表、定國景帝前六年立、立二十四年、武帝元朔元年自殺、漢傳、作四十二年、誤、

太史公曰。荊王王也、由漢初定、天下未集。故劉賈雖屬疏、【考證】漢書作疏屬、然以策爲王、塡江淮之閒。【考證】塡、鎭同、以上論劉賈、劉澤之王、權

激呂氏。【索隱】按謂田子春欲王劉澤、先使張卿說封呂產、乃恐以大臣觖望、澤卒得王、故爲權激諸呂也、【考證】權、權數、權謀之權、言澤以劉氏權王呂氏、以激成其禍、未必無罪、然劉澤卒南面稱孤者三世。事發相重。【集解】晉灼曰、澤以金與田生、以事張卿、張卿言之呂后、而劉澤得王、故曰、事發相重、或曰、事起於相重也、【索隱】按謂先發呂氏令重我、我亦得其功、是事發相重也、【正義】謂事發勸皆得尊位、故云相重、【考證】顏師古曰、重、猶累也、言澤得王、本田生行說、若其事發覺、則相隨入罪、事相累誤、陳仁錫曰、事發相重、謂諸呂變作、而澤能舉兵入討、又與群臣共立代王、是與內朝相倚重也、中井積德曰、王諸呂、則呂重矣、呂后又王劉澤、則劉重矣、是之謂相重也、愚按事發相重、猶言情事複雜也、諸解未得、以上論劉澤、豈不爲偉乎。【索隱】偉者盛也、甚盛其能激發也、【考證】一句結二人、古鈔本、無爲字、漢書亦無、偉作危、中井積德曰、偉者超常之義、不當訓盛、王念孫曰、漢書危讀爲詭、詭者奇異之稱、猶言豈不偉哉耳、

【索隱】述贊劉賈初從、首定三秦、既渡白馬、遂圍壽春、始迎黥布、絕閒周殷、賞功胙土、與楚爲鄰、營陵始爵、勳由黎陳、田生遊說、受賜千斤、權激諸呂、事發榮身、徒封傳嗣、亾於郢人、

荊燕世家第二十一　史記五十一

文學博士瀧川龜太郎著

史記會注考證

史記會注考證卷五十二

漢　太　史　令　司　馬　遷　撰
宋　中　郎　外　兵　曹　參　軍　裴　駰　集　解
唐　國　子　博　士　弘　文　館　學　士　司　馬　貞　索　隱
唐　諸　王　侍　讀　率　府　長　史　張　守　節　正　義
日　本　出　雲　瀧　川　資　言　考　證

齊悼惠王世家第二十二　史記五十二

【考證】史公自序云、天下已平、親戚既寡、悼惠先壯、實鎮東土、哀王擅興、發怒諸呂、駟鈞暴戾、京師弗許、厲之內淫、禍成主父、嘉肥股肱、作齊悼惠王世家第二十二、茅坤曰、

漢書本此篇全文、其敘七王處、廢興有次第、而生色少、崔適曰、此篇凡言立章爲城陽王者再、立興居爲濟北王、及以反誅者、皆再、言膠西等五王爲悼惠王子、及誅者、亦皆再、言徙濟北王志爲菑川王者四、不如漢書之簡當、史記豈應繁冗乃爾、

齊悼惠王劉肥者、高祖長庶男也。【正義】年表云、都臨淄、其母外婦也。曰曹氏。高祖六年、立肥爲齊王、食七十城。【考證】漢書高紀云、以膠東膠西臨淄濟北博陽城陽郡七十三縣封子肥爲齊王、此言七十城者、擧大數耳、諸民能齊言者、皆予齊王。【索隱】謂其語音及名物異於楚魏、一云、此時人多流亾、故使齊言者皆還齊王、【正義】諸齊民言語、與楚魏燕趙異者、隨地劃屬齊也、【考證】索隱後說本於孟康、可從、齊王、孝惠帝兄也。孝惠帝二年、齊王入朝。惠帝與齊王燕飲、亢禮如家人。【索隱】謂齊王是兄、不爲君臣禮、而乃亢敵如家人兄弟之禮、故太后怒、【正義】不尊惠帝、如家人兄弟禮、【考證】中井積德曰、亢禮非齊王爲之、乃從惠帝爲之耳、齊王不辭、故怒之也、呂紀可參考、呂太后怒、且誅齊王。【考證】欲以鴆酒殺之、事詳呂后紀、齊王懼不得脫、乃用其內史勳計、獻城陽郡、以爲魯元公主湯沐邑。【正義】括地志

云、濮州雷澤縣、本漢城陽縣、按後爲郡也、【考證】史呂紀漢高五王傳、勳作士、必是其名、而未知孰是、錢大昕曰、此城陽國、非雷澤之成陽、辯見景帝紀、呂太后喜。乃得辭就國。悼惠王即位十三年、以惠帝六年卒。子襄立。是爲哀王。哀王元年、孝惠帝崩。呂太后稱制。天下事皆決於高后。【考證】梁玉繩曰、篇中曰呂太后、曰高后、曰太后、錯雜似兩人、皆當作太后、二年、高后立其兄子酈侯呂台爲呂王。割齊之濟南郡爲呂王奉邑。【集解】徐廣曰、酈、一作鄜、【索隱】酈鄜二字竝音孚、鄜縣名、在馮翊、酈縣在南陽、台、音胎、呂后兄子也、【正義】按酈、音呈益反、括地志云、故酈城在鄧州新城縣西北四十里、蓋此縣是也、括地志云、濟南故城在淄州長山縣西北二十五里、哀王三年、其弟章入宿衛於漢。呂太后封爲朱虛侯。【索隱】地理志、縣名、屬琅邪、以呂祿女妻之。【考證】凌稚隆曰、伏後呂祿女知其謀案、後四年、封章弟興居爲東牟侯。皆宿衛長安中。【索隱】地理志、東牟、縣名、屬東萊、【考證】凌稚隆曰、先爲後東牟侯爲內應眼目、哀王八年、高后割齊琅邪郡、【正義】今沂州也、立營陵侯劉澤爲

琅邪王。其明年、【考證】張熠曰、齊哀王八年、乃高后七年也、漢書、劉澤爲琅邪王、及趙王幽死、竝在高后七年、本紀傳年表竝同、此言明年、誤也、梁玉繩曰、漢傳改是歲、 趙王友入朝、幽死于邸。三趙王皆廢。【考證】隱王如意以鴆死、幽王友以幽死、共王恢以憤死、 高后立諸呂爲三王。【集解】徐廣曰、燕趙梁、【考證】呂通王燕、呂祿王趙、呂產王梁、 擅權用事。朱虛侯年二十、有氣力。忿劉氏不得職。嘗入侍高后燕飲。高后令朱虛侯劉章爲酒吏。章自請曰。臣將種也。請得以軍法行酒。高后曰。可。酒酣、章進飲歌舞。【考證】漢書、無飲字、 已而曰。請爲太后言耕田歌。【考證】漢書、無歌字、 高后兒子畜之。【考證】沈欽韓曰、蓋以小兒視之、非愛之也、 笑曰。顧而父知田耳。若生而爲王子。安知田乎。【索隱】顧、猶念也、而、及若、皆訓汝、【考證】漢書高五王傳、而作乃、義同、劉攽曰、乃父、直謂王肥耳、齊召南曰、悼惠王本高帝微時庶子、故曰知田、下文云、若生而爲王子、安知田乎、義尤明白、劉說是、 章曰。臣知之。太后曰。試爲我言田。章曰。深耕穊種、立苗欲疏。非

其種者、鉏而去之。【考證】顏師古曰、穊、稠也、穊種者、言多生子孫也、疏立者、四散置之、令爲藩輔也、穊、音冀、非其種者、鉏而去之者、斥諸呂也、愚按、疏去韻、 呂后默然。頃之、諸呂有一人醉亡酒。【考證】顏師古曰、避酒而逃去、 章追拔劍斬之。而還報曰。有亡酒一人。臣謹行法斬之。【考證】古鈔本、楓三本、御覽引、行下有軍字、與漢書合、 太后左右皆大驚。業已許其軍法。無以罪也。因罷。自是之後、諸呂憚朱虛侯、雖大臣皆依朱虛侯。劉氏爲益彊。【考證】漢書、無益字、 其明年、高后崩。趙王呂祿爲上將軍、呂王產爲相國、皆居長安中、聚兵以威大臣、欲爲亂。朱虛侯章以呂祿女爲婦。知其謀。【考證】凌稚隆曰、應前、 乃使人陰出告其兄齊王、欲令發兵西、朱虛侯·東牟侯爲內應、【考證】顏師古曰、西詣京師、凌稚隆曰、應前、 以誅諸呂、因立齊王爲帝。齊王既聞此計、乃與其舅父駟鈞·郎中令祝午·中尉

魏勃、陰謀發兵。【索隱】按、舅、謂舅父、猶姨稱姨母、 齊相召平聞之、乃發卒衞王宮。【索隱】按、廣陵人召平、與東陵侯召平、及此召平、皆似別人也、功臣表、平子奴、以父功封黎侯也、【考證】顏師古曰、召讀曰邵、 魏勃紿召平曰。王欲發兵。非有漢虎符驗也。【考證】胡三省曰、史記文帝紀、三年九月、初與郡國守相爲銅虎符、既有初字、則前乎文帝之時、當未有銅虎符也、召平魏勃事、在三年之前、何緣有虎符發兵、愚按、信陵君傳、得虎符奪晉鄙軍、以虎符爲兵符、不初於文帝三年、胡說甚拘、且魏勃但云虎符、不云銅虎符、 而相君圍王。固善。勃請爲君將兵衞衞王。【考證】顏師古曰、謂將兵及衞守之具、以禁衞王、令不得發也、愚按、疑衍一衞字、 召平信之。乃使魏勃將兵圍王宮。勃既將兵、使圍相府。召平曰。嗟乎、道家之言、當斷不斷、反受其亂。【考證】斷亂韻、沈欽韓曰、春申君傳贊引之、後漢書儒林傳引作黃石公三略、 乃是也。遂自殺。於是齊王以駟鈞爲相、魏勃爲將軍、祝午爲內史、悉發國中兵、使祝午東詐琅邪王曰。呂氏作亂。齊王發兵、欲西誅之。齊王自以兒子年少、

不習兵革之事。願舉國委大王。大王自高帝將也。【考證】顏師古曰、言自高帝時已爲將也、 習戰事。齊王不敢離兵。【索隱】按、服虔云、不敢離其兵而到琅邪也、 使臣請大王幸之臨菑、見齊王計事、幷將齊兵以西、平關中之亂。琅邪王信之、以爲然、西馳見齊王。【考證】古鈔本、西作迺、與漢書合、陳仁錫曰、西當作迺、楓三本、作便、 齊王與魏勃等、因留琅邪王、而使祝午盡發琅邪國、而幷將其兵。【考證】荊燕世家云、呂太后崩、琅邪王劉澤曰、帝少、諸呂用事、劉氏孤弱、乃引兵與齊王合謀西、與此異、 琅邪王劉澤既見欺、不得反國。乃說齊王曰。齊悼惠王、高皇帝長子。推本言之、而大王高皇帝適長孫也。當立。今諸大臣狐疑、未有所定。而澤於劉氏最爲長年。大臣固待澤決計。今大王留臣無爲也。不如使我入關計事。齊王以爲然、乃益具車送琅邪王。琅邪王既

行。齊遂擧兵、西攻呂國之濟南。【考證】徐孚遠曰、齊王發兵、先取琅邪、後攻濟南、盡收復全齊、以爲根本、恐呂氏未卽滅、爲兩持計也、 於是齊哀王遺諸侯王書曰。高帝平定天下、王諸子弟、悼惠王於齊。【考證】梁玉繩曰、於、王誤、呂后紀可證、愚按、楓、三本於上重王字、 悼惠王薨。惠帝使留侯張良立臣爲齊王。惠帝崩、高后用事。春秋高、聽諸呂擅廢高帝所立、【考證】梁玉繩曰、擅廢高帝所立、呂后本紀及漢書高五王傳、作擅廢帝更立、此誤、 又殺三趙王、【正義】隱王如意、幽王友、梁王恢、徙王趙、竝高祖子也、 滅梁・燕・趙、【正義】梁王恢、燕王建、梁王恢、徙趙、分滅無後也、 以王諸呂。分齊國爲四。【索隱】謂濟南琅邪城陽、幷齊爲四也、【正義】琅邪郡封劉澤、濟南郡以爲呂王奉邑、城陽爲魯元公主湯沐邑也、 忠臣進諫、上惑亂不聽。今高后崩、皇帝春秋富、【索隱】按小顏云、言年幼也、比之於財、方未匱竭、故謂之富也、 未能治天下。固恃大臣諸將。【考證】梁玉繩曰、案呂后紀五王傳、諸將、諸侯之誤、 今諸呂又擅自尊官、聚兵嚴威、劫列侯忠臣、矯制以令天下、宗廟

所以危。【考證】楓、三本、擅下有權字、漢書無所字、 今寡人率兵入誅不當爲王者。【考證】凌稚隆曰、此書詞嚴義正、與高祖約諸侯王擊楚之殺義帝者同例、 漢聞齊發兵而西、相國呂產乃遣大將軍灌嬰、東擊之。灌嬰至滎陽。乃謀曰。諸呂將兵居關中、欲危劉氏而自立。我今破齊還報、是益呂氏資也。乃留兵屯滎陽、使使喩齊王及諸侯、與連和、以待呂氏之變、而共誅之。齊王聞之、乃西取其故濟南郡、亦屯兵於齊西界、以待約。呂祿・呂產欲作亂關中。朱虛侯與太尉勃・丞相平等誅之。朱虛侯首先斬呂產。【考證】楓、三本、侯下與上有章字、 於是太尉勃等乃得盡誅諸呂。而琅邪王亦從齊至長安。大臣議欲立齊王。而琅邪王及大臣曰。齊王母家駟鈞惡戾、虎而冠者也。【集解】張晏曰、言鈞惡戾、如虎而著冠、 方以呂

氏故幾亂天下。今又立齊王、是欲復爲呂氏也。代王母家薄氏、君子長者。且代王又親高帝子、於今見在。且最爲長。以子則順。以善人則大臣安。於是大臣乃謀迎立代王、而遣朱虛侯以誅呂氏事告齊王、令罷兵。灌嬰在滎陽、聞魏勃本教齊王反、【考證】中井積德曰、平定呂氏之亂、齊王有大功、其擧兵、奉高帝之約束矣、非反也、徐孚遠曰、齊王英武、代王寬仁、此大臣所以有彼我也、 既誅呂氏、罷齊兵、使使召責問魏勃。勃曰。失火之家、豈暇先言大人而後救火乎。【索隱】此蓋舊俗之言、謂救火之急、不暇先啓家長也、亦猶國家有難、不暇待詔命也、【考證】漢書、大人作丈人、 因退立、股戰而栗、恐不能言者。【考證】顏師古曰、股、腳也、戰者懼之甚也、岡白駒曰、栗字句、栗與慄通、竦縮也、愚按、古鈔本、楓、三本、恐上有爲字、可從、 終無他語。灌將軍熟視、笑曰。人謂魏勃勇。妄庸人耳。何能爲乎。【索隱】按妄庸、謂凡妄庸劣之人也、【考證】魏勃故爲怯懦狀以免禍耳、中井積德曰、魏勃亦宜言非劉氏而王者、天下共擊之、是高皇

帝之約、臣勸齊王、譴奉高皇帝之約也、非敢反矣、然勃之免死、以怯也、卽直對不屈、或遠罪也、 乃罷魏勃。【索隱】罷、謂不罪而放遣之、 魏勃父以善鼓琴見秦皇帝。及魏勃少時、欲求見齊相曹參。家貧無以自通。乃常獨早夜埽齊相舍人門外。相舍人怪之、以爲物而伺之。得勃。【索隱】姚氏云、物、怪物、【考證】留侯世家贊、學者多言無鬼神、然言有物、物字義同、 勃曰。願見相君無因。故爲子埽、欲以求見。於是舍人見勃。曹參因以爲舍人。一爲參御言事。參以爲賢、言之齊悼惠王。悼惠王召見、則拜爲內史。始悼惠王得自置二千石。及悼惠王卒、而哀王立。勃用事、重於齊相。王既罷兵歸、【考證】漢書、齊相作相齊、齊字屬下讀、此誤倒、 而代王來立。是爲孝文帝。孝文帝元年、盡以高后時所割齊之城陽・琅邪・濟南郡復與齊、而徙琅邪王王燕、益封朱虛侯・東牟侯各

二千戶。是歲、齊哀王卒。太子側立。是爲文王。【考證】年表、漢書、側作則、此誤、齊文王元年、漢以齊之城陽郡、立朱虛侯爲城陽王。以齊濟北郡立東牟侯爲濟北王。【正義】今濟州、濟北王所都、二年、濟北王反。漢誅殺之、地入于漢。後二年、孝文帝盡封齊悼惠王子罷軍等七人、皆爲列侯。【正義】罷、音不、【考證】張文虎曰、罷無不音、疑有脫誤、愚按、史記桃源鈔引正義云、罷、音擺、擺、補買反、則與顏師古曰音皮彼反異、梁玉繩曰、後二年誤、五王傳作明年、是也、錢大昕曰、孝文帝盡封齊悼惠王子罷軍等七人、皆爲列侯、漢書高五王傳同、按漢書王子侯表、管共侯罷軍、氏邱共侯寧國、營平侯信都、楊丘侯安、楊虛侯將閭、扐侯辟光、安都侯志、平昌侯卬、武成侯賢、白石侯雄渠、皆悼惠王子、以文帝四年五月甲寅同日封、此云七人、蓋十人之譌、梁玉繩曰、此與惠景侯表作九人同誤、

齊文王立十四年卒。無子。國除、地入于漢。後一歲、孝文帝以所封悼惠王子、分齊爲王。齊孝王將閭以悼惠王子楊虛侯爲齊王。【考證】楓、三本、爲下、無齊字、漢興年表倉公傳、楊作陽、故齊別郡盡以王悼惠王子。子志爲濟北王。子辟光爲濟南王。子賢爲菑川王。子卬爲膠西王。子雄渠爲膠東王。與城陽・齊凡七王。【索隱】謂將閭爲齊王、志爲濟北王、卬膠西王、辟光濟南王、賢菑川王、章城陽王、雄渠膠東王、

齊孝王十一年、吳王濞・楚王戊反。興兵西告諸侯曰。將誅漢賊臣鼂錯以安宗廟。膠西・膠東・菑川・濟南、皆擅發兵應吳・楚、欲與齊。【考證】顏師古曰、與之同反、齊孝王狐疑、城守不聽。三國兵共圍齊。【集解】張晏曰、膠西、菑川、濟南也、【考證】劉奉世曰、吳王濞傳、前云、膠西膠東菑川濟南共圍臨菑、後云、膠西膠東菑川三國各引兵歸、則此三國、無濟南王也、然初言四國共圍齊、又言三國、疑必有誤、齊王使路中大夫告於天子。【集解】張晏曰、姓路、爲中大夫、【索隱】按路姓、爲中大夫官、史失其名、故言姓及官、顧氏按路氏譜、中大夫、名卬也、卬、五剛反、天子復令路中大夫還告齊王。善堅守。吾兵今破吳・楚矣。路中大夫至。三國兵圍臨菑數重。無從入。三國將劫與路中大夫盟曰。若反言漢已

破矣。齊趣下三國。不、且見屠。【考證】顏師古曰、若、汝也、反、謂反易其辭也、趣、讀曰促、路中大夫既許之。至城下望見齊王曰。漢已發兵百萬、使太尉周亞夫擊破吳・楚。方引兵救齊。齊必堅守無下。三國將誅路中大夫。齊初圍急。陰與三國通謀。約未定。會聞路中大夫從漢來喜。及其大臣、乃復勸王毋下三國。【考證】茅坤曰、與鄭世家解揚之事同、居無何、漢將欒布・平陽侯等兵至齊、擊破三國兵、解齊圍。【索隱】按表、平陽侯、是簡侯曹奇也、已而復聞齊初與三國有謀、將欲移兵伐齊。齊孝王懼、乃飲藥自殺。景帝聞之、以爲齊首善、以迫劫有謀。非其罪也。【考證】顏師古曰、首善、言其初首無逆亂之心、乃立孝王太子壽爲齊王。是爲懿王、續齊後。而膠西・膠東・濟南・菑川王咸誅滅。地入于漢。徙濟北王王菑川。

齊懿王立二十二年卒。子次景立。【考證】年表、漢書、次景作次昌、此誤、是爲厲王

齊厲王、其母曰紀太后。太后取其弟紀氏女爲厲王后。王不愛紀氏女。太后欲其家重寵、【索隱】重、直龍反、謂欲世寵貴於王宮也、令其長女紀翁主入王宮、【索隱】按如淳云、諸王女云翁主、稱其母姓、故謂之紀翁主、【考證】漢稱諸王女爲翁主、顏師古曰、天子不自主婚、故謂之公主、諸侯自主婚、故其女號翁主、翁者父也、又稱王主、王自主婚、故曰王主、正其後宮、毋令得近王、欲令愛紀氏女。王因與其姊翁主姦。齊有宦者徐甲、入事漢皇太后、【索隱】謂王太后、武帝母也、皇太后有愛女、曰脩成君。脩成君非劉氏。【集解】張晏曰、王太后前嫁金氏所生、【考證】王太后嫁金氏、見外戚世家、太后憐之。脩成君有女名娥。太后欲嫁之於諸侯。宦者甲乃請使齊、必令王上書請娥。皇太后喜、使甲之齊。是時齊人主父偃、知甲之使齊以取后事、亦因謂甲、卽

事成、幸言偃女。願得充王後宮。甲既至齊、風以此事。紀太后大怒曰。王有后。後宮具備。且甲、齊貧人、急乃爲宦者入事漢、無補益。乃欲亂吾王家。【集解】徐廣曰、急、一作及、【考證】急、當作及、涉下文乃字重衍、漢書無補字、且主父偃何爲者。乃欲以女充後宮。徐甲大窮、還報皇太后曰。王已願尙娥。【考證】顏師古曰、尙、配也、然有一害。恐如燕王。燕王者、與其子昆弟姦、新坐以死、亡國。故以燕感太后。太后曰。無復言嫁女齊事。事浸潯、不得聞於天子。【正義】浸潯二音、一音尋、又音淫、浸潯、猶漸潤澤也、【考證】漢書、無不得二字、中井積德曰、此疑衍、主父偃由此亦與齊有郤。主父偃方幸於天子用事。因言齊臨菑十萬戶、市租千金、【索隱】市租、謂所賣之物出稅、日得千金、言齊人衆而且富也、【正義】謂臨菑之市所賣之物、日出稅、利千金、言齊人之殷富也、千金、萬貫也、人衆殷富、巨於長安。此非天子親弟愛子不得

王此。今齊王於親屬益疏。乃從容言呂太后時齊欲反、吳·楚時孝王幾爲亂。今聞齊王與其姊亂。於是天子乃拜主父偃爲齊相、且正其事。主父偃既至齊、乃急治王後宮宦者爲王通於姊翁主所者、令其辭證皆引王。王年少、懼大罪爲吏所執誅、乃飮藥自殺。絕無後。是時趙王懼主父偃一出廢齊、恐其漸疏骨肉、乃上書言偃受金及輕重之短。【索隱】謂偃挾齊不娶女之恨、因言齊之短、爲輕重之辭、謂言臨菑富及吳楚孝王時事、是也、【正義】言擧輕重大小之事故訴之、【考證】顏師古曰、輕重、謂用心不平、中井積德曰、輕重之事、謂其他事、不斥齊事、索隱非、愚按、輕重、顏說是、天子亦既囚偃。【考證】漢書、既作因、公孫弘言齊王以憂死、毋後。國入漢。非誅偃、無以塞天下之望。【考證】顏師古曰、塞、滿也、遂誅偃。齊厲王立五年死。毋後。國入于漢。齊悼惠王後、尙有二國。城陽及

菑川。菑川地比齊。【考證】顏師古曰、比、近也、天子憐齊、爲悼惠王冢園在郡、割臨菑東、環悼惠王冢園邑、盡以予菑川、以奉悼惠王祭祀。【考證】茅坤曰、以前齊始末已完、復分註七王興廢次第、城陽景王章、齊悼惠王子。【正義】年表云、都莒也、以朱虛侯與大臣共誅諸呂、而章身首先斬相國呂王產於未央宮。孝文帝既立、益封章二千戶、賜金千斤。孝文二年、以齊之城陽郡、立章爲城陽王。立二年卒。子喜立。是爲共王。共王八年、徙王淮南。【索隱】按當孝文帝之十二年也、【正義】年表云、都陳也、四年、復還王城陽。凡三十三年卒。子建延立。【考證】梁玉繩曰、年表及漢書表傳、建延作延、張文虎曰、建卽延字之譌衍、是爲頃王。頃王二十八年卒。【考證】梁玉繩曰、八字、乃六字之譌、子義立。是爲敬王。敬王九年卒。子武立。是爲惠王。惠王十一年卒。【考證】漢書傳表、亦作十一年、史表、作七年、誤、

惠王十一年、卽漢武天漢三年、在大初後、梁玉繩曰、是爲惠王以下四十八字、後人所續、當刪之、且所說孝王景之年、與漢書不合、子順立。是爲荒王。荒王四十六年卒。子恢立。【集解】徐廣曰、甘露二年、是爲戴王。戴王八年卒。子景立。至建始三年、十五歲卒。【正義】建始、成帝年號、從建始四年、上至天漢四年、六十七矣、蓋褚先生次之、【考證】漢書云、孝王景嗣、二十四年薨、愚按、以上敍城陽王事、濟北王興居、齊悼惠王子。【正義】都濟州也、以東牟侯助大臣誅諸呂。功少。及文帝從代來、興居曰。請與太僕嬰入淸宮廢少帝。【考證】太僕夏侯嬰、共與大臣尊立孝文帝。孝文帝二年、以齊之濟北郡、立興居爲濟北王。與城陽王俱立。立二年反。始大臣誅呂氏時、朱虛侯功尤大。許盡以趙地王朱虛侯、盡以梁地王東牟侯。及孝文帝立、聞朱虛·東牟之初欲立齊王、故絀其功。及二年、王諸子。乃割齊二郡以王章·與

居。章·興居自以失職奪功。章死、而興居聞匈奴大入漢、漢多發兵、使丞相灌嬰擊之、文帝親幸太原。以爲天子自擊胡。遂發兵反於濟北。天子聞之、罷丞相及行兵、皆歸長安、使棘蒲侯柴將軍、【集解】張晏曰、柴武、【考證】史文紀作陳武、漢文紀、作柴武、史漢兩表、皆作陳武、蓋棘蒲侯有二姓也、擊破虜濟北王。王自殺。地入于漢爲郡。後十二年、【考證】梁玉繩曰、二乃三之譌、文帝十六年、復以齊悼惠王子安都侯志爲濟北王。【索隱】地理志、安都闕、【正義】安都故城、在瀛州高陽縣西南三十九里、十一年、吳·楚反時、志堅守、不與諸侯合謀。吳·楚已平。徙志王菑川。【考證】以上敍濟北王、

濟南王辟光、齊悼惠王子。以勒侯【索隱】勒、漢書作朸、竝音力、地理志、縣名、屬平原也、【正義】辟、音壁、都濟南郡、孝文十六年爲濟南王。十一年、與吳·楚反。漢擊破殺辟光、以濟南爲郡。地入于漢。【考證】以上敍濟南王、

菑川王賢、齊悼惠王子。【正義】年表云、淄川王都劇、故城在青州壽光縣西三十一里、以武城侯文帝十六年爲菑川王。【索隱】地理志、武城、縣名、屬平原、【正義】貝州縣、【考證】惠景間侯者表、索隱云、武城、漢志闕、與此異、洪頤煊曰、漢書地理志、武城有二、一屬左馮翊、一屬定襄郡、皆非此所封之武城、此當東武城、地理志屬清河郡、愚按、沈濤亦有此說、十一年、與吳·楚反。漢擊破殺賢。天子因徙濟北王志王菑川。志亦齊悼惠王子。以安都侯王濟北。菑川王反毋後。乃徙濟北王王菑川。【考證】張文虎曰、志事前已詳、此但書自濟北徙菑川前後年數可矣、複衍、凡立三十五年卒。謚爲懿王。子建代立。是爲靖王。二十年卒。子遺代立。是爲頃王。三十六年卒。【考證】漢傳、作三十五年、子終古立。是爲思王。二十八年卒。子尚立。是爲孝王。【考證】漢傳、作考王、五年卒。子橫立。至建始三年十一歲卒。【正義】亦褚少孫次之、【考證】漢傳云、子孝王橫嗣、三十一年薨、以上敍菑川王事、陳仁錫曰、是爲頃王至十一歲卒四十四字、亦褚生所續者、愚按、頃王三十六年、卽昭帝元年、史公或不及知

其證、

膠西王卬、齊悼惠王子。【正義】卬、五郎反、年表云、都高苑、括地志云、高苑故城、在韶州長山縣北四里、以昌平侯文帝十六年爲膠西王。【正義】括地志云、昌平故城、在幽州東南六十里也、【考證】梁玉繩曰、當作平昌、此作昌平、誤、史漢侯表列傳世家、及水經注廿六、可證、正義誤以上谷昌平言之、十一年、與吳·楚反。漢擊破殺卬。地入于漢爲膠西郡。【考證】以上敍膠西王事、

膠東王雄渠、齊悼惠王子。以白石侯【索隱】地理志、縣名、屬金城、【正義】白石古城、在德州安德縣北二十里、【正義】年表云、都卽墨、按卽墨故城、在萊州膠東縣南六十里、【考證】錢大昕曰、此白石當是齊地、正義近之、文帝十六年爲膠東王。十一年與吳·楚反。漢擊破殺雄渠。地入于漢爲膠東郡。【考證】以上敍膠東王事、

太史公曰。諸侯大國無過齊悼惠王。以海內初定、子弟少、激秦之無尺土封、【考證】顏師古曰、激、感發也、故大封同姓、以塡萬民之心。及後分裂。固其理也。

【索隱】述贊、漢矯秦制、樹屏自彊、表海大國、悉封齊王、呂后肆怒、乃獻城陽、哀王嗣立、其力不量、朱虛仕漢、功大策長、東牟受賞、稱亂貽殃、膠東濟北、雄渠辟光、齊雖七國、忠孝者昌、

齊悼惠王世家第二十二

史記五十二

文學博士瀧川龜太郎著

史記會注考證

史記會注考證卷五十三

漢　太　史　令　司　馬　遷　撰

宋　中　郎　外　兵　曹　參　軍　裴　駰　集　解

唐　國　子　博　士　弘　文　館　學　士　司　馬　貞　索　隱

唐　諸　王　侍　讀　率　府　長　史　張　守　節　正　義

日　本　出　雲　瀧　川　資　言　考　證

蕭相國世家第二十三　　史記五十三

【索隱】蕭相國、曹相國、留侯、絳侯、五宗、三王、右六篇、請各爲一篇、【考證】史公自序云、楚人圍我滎陽、相守三年、蕭何塡山西、推計踵兵、給糧食不絕、使百姓愛漢、不樂爲楚、

作蕭相國世家第二十三、愚按索隱意謂諸世家有可合爲一篇者、六世家宜各爲一篇、淩本改請各作可合、誤、

蕭相國何者、沛豐人也。【索隱】按春秋緯、蕭何感昴精而生、典獄制律、以文無害【集解】漢書音義曰、文無害、有文、無所枉害也、律有無害都吏、如今言公平吏、一曰、無害者、如言無比、陳留閭語也、【索隱】按裴注已列數家、今更引二說、應劭云、雖爲文吏而不刻害也、韋昭云、爲有文理無傷害也、【考證】文無害、或云、無所枉害、或云、無比、或云、猶言公平、或云、害、勝也、無能勝害之者、或云、害、傷也、無人能傷害之者、或云、通律文而又無所枉害、愚按、諸說皆不當、文無害、言能通曉法令、無所凝滯也、周亞夫稱趙禹云、極知禹無害、然文深、不可以居大府、言禹通曉法令、而用文深刻也、續漢志云、郡國秋冬遣無害吏、案訊諸囚、平其辠法、言遣吏通曉法令者、以訊諸囚也、論衡程材篇云、巧習無害、文高德少、射短篇云、儒生能說一經、自謂通大道、以驕文吏、文吏曉簿書、自謂文無害、以戲儒生、無害之義皆同、中井積德曰、文無害、是通套稱呼、如後世科目、爲沛主吏掾。【索隱】漢書云、何爲主吏、主吏、功曹也、又云、何爲沛掾、是何爲功曹掾也、高祖爲布衣時、何數以吏事護高祖。【索隱】說文云、護、救視也、【考證】中井積德曰、護、是回護之護、謂護助也、高祖爲亭長、常左右之。【考證】漢書、左右作佑、高祖以吏繇咸陽、吏皆送奉錢三、何獨以五。【集解】李奇曰、或三百、或五百也、【索隱】奉、音扶用反、謂資俸之、如字讀、謂奉送之也、錢三百、謂他人三百、何獨五百也、劉氏云、時錢有重者、一當百、故有送錢三者、【考證】顏師古曰、出錢以資行、秦御史監郡者、與從事。常辨之。【集解】張晏曰、何與共事修辨明、何素有方略也、蘇林曰、辟何與從事也、秦時無刺史、以御史監郡、【索隱】按何與御史從事、常辨明、言稱職也、故張晏曰、何與共事修辨明、何素有方略、是也、【考證】劉攽曰、言秦制、御史監郡者、凡有事、皆與從事共辨之、錢大昭曰、辨、治也、何爲泗水卒史、卽從事也、何乃給泗水卒史事。【集解】徐廣曰、沛縣有泗水亭、又秦以沛爲泗水郡、駰按文穎曰、何爲泗水郡卒史、【索隱】如淳按律、郡卒史書佐各十人也、卒、祖忽反、【考證】何焯曰、以乃字觀之、則何因事辨、乃得由縣主吏掾給郡卒史也、顏師古曰、泗水郡、沛所屬也、周壽昌曰、秦時沛屬泗水郡、漢乃屬沛郡也、沈家本曰、給、供也、事字句絕、第一。【集解】按謂課最居第一也、秦御史欲入言徵何。何固請得毋行。【考證】顏師古曰、御史以何明辨、欲因入奏事之次、言於朝廷、徵何用之、何心不願、以情固請、而御史止、故得不行也、沈欽韓曰、漢制、刺史歲一奏事京師、秦法當然、何常爲丞督事。【索隱】謂高祖起沛、令何爲丞、常監督庶事也、沛公至咸陽。諸將皆爭走金帛財物之府分之。【索隱】走、音奏、奏者趨向之、何獨先入收秦丞相御史律令圖書藏之。沛公爲漢王。以何爲丞相。項王與諸侯屠燒

咸陽而去。漢王所以具知天下阸塞、戶口多少彊弱之處、民所疾苦者、以何具得秦圖書也。【考證】敍事中插議論、漢書蕭何傳云、項羽負約、封沛公於巴蜀、爲漢王、漢王怒欲攻羽、周勃灌嬰樊噲皆勸之、蕭何力言其不可、乃之國、 何進言韓信。漢王以信爲大將軍。語在淮陰侯事中。漢王引兵東定三秦。何以丞相留收巴·蜀、塡撫諭告、使給軍食。漢二年、漢王與諸侯擊楚。何守關中、侍太子、【考證】楓、三本、何上有令字、 治櫟陽、爲法令約束、立宗廟社稷宮室縣邑、輒奏上、可許以從事、【考證】顏師古曰、可其所奏、許其所請、依以行事、 卽不及奏上、輒以便宜施行、上來以聞。【集解】應劭曰、上來還、乃以所爲聞之、 關中事、【考證】中井積德曰、關中事三字疑衍、班史無之、愚按、下文誤入、 計戶口、轉漕給軍。【索隱】轉、劉氏音張戀反、漕、水運也、 漢王數失軍遁去。何常興關中卒、輒補缺。上以此專屬任何關中事。漢三年、漢王

與項羽相距京·索之閒。上數使使勞苦丞相。鮑生謂丞相曰。【考證】沈欽韓曰、書中牘生、王生之類甚多、皆謂先生也、師古以爲諸生、妄也、 王暴衣露蓋、數使使勞苦君者、有疑君心也。爲君計、莫若遣君子孫昆弟能勝兵者、悉詣軍所。上必益信君。【考證】勝、任也、堪也、如勝衣勝冠之勝、 於是何從其計。漢王大說。

漢五年、既殺項羽定天下、論功行封。羣臣爭功、歲餘功不決。【考證】漢書、餘下無功字、齊召南曰、案功臣表、六年十二月甲申、封曹參靳歙夏侯嬰王吸傅寬召歐薛歐陳濞陳嬰陳平、凡十侯、至正月丙午、封張良劉纏蕭何周勃樊噲酈商灌嬰周昌武虎董渫孔聚陳賀陳豨、共十二侯、其餘功臣未封者尚多、卽羣臣爭功、歲餘不決者也、 高祖以蕭何功最盛、封爲酇侯。【集解】文穎曰、音贊、瓚曰、今南鄉酇縣也、孫檢曰、有二縣、音字多亂、其屬沛郡者、音嵯、屬南陽者、音讚、按茂陵書、蕭何國在南陽、宜呼讚、今多呼嵯、嵯舊字作鄼、今皆作酇、所由亂也、【索隱】鄒氏云、屬沛郡音嵯、屬南陽音贊、又臣瓚按茂陵書、蕭何國在南陽、則字當音贊、今多呼爲嵯也、注瓚曰、今南鄉酇縣、顧氏云、南鄉郡名也、太康地理志云、魏武帝建安中、分南陽立南鄉郡、晉武帝又曰順陽郡也、 所食邑多。功臣皆曰。臣等身被堅執

銳、多者百餘戰、少者數十合、攻城略地、大小各有差。今蕭何未嘗有汗馬之勞、徒持文墨議論不戰。顧反居臣等上。何也。【考證】顧反二字一意、反也、與田完世家、顧反聽命於韓同例、漢書蕭何傳刪反字、 高帝曰。諸君知獵乎。曰。知之。知獵狗乎。曰。知之。高帝曰。夫獵追殺獸兎者狗也。而發蹤指示獸處者人也。【考證】顏師古曰、發縱、謂解紲而放之也、何焯曰、漢書發蹤作發縱、洪景伯隸釋、引漢碑多以縱爲蹤、 今諸君徒能得走獸耳。功狗也。【考證】漢書、得走獸作走得獸、愚按、走字屬獸不屬人、史文爲長、 至如蕭何、發蹤指示。功人也。且諸君獨以身隨我。多者兩三人。今蕭何舉宗數十人、皆隨我。功不可忘也。【考證】凌稚隆曰、應前鮑生語、 羣臣皆莫敢言。列侯畢已受封。及奏位次、【考證】齊召南曰、十八侯位次、定於此時、 皆曰。平陽侯曹參、身被七十創、攻城略地、功最多。宜第一。上已橈功臣、

多封蕭何。【集解】應劭曰、橈、屈也、【索隱】音女敎反、 至位次、未有以復難之。然心欲何第一。關內侯鄂君【索隱】按功臣表、鄂君卽鄂千秋、封安平侯、 進曰。羣臣議皆誤。夫曹參雖有野戰略地之功、此特一時之事。夫上與楚相距五歲、常失軍亡衆、逃身遁者數矣。【考證】漢書、逃作跳、與凌稚隆所引一本合、顏師古曰、跳身、謂輕身走出也、 然蕭何常從關中遣軍補其處。非上所詔令召、而數萬衆會上之乏絕者數矣。夫漢與楚相守滎陽數年。軍無見糧。蕭何轉漕關中、給食不乏。陛下雖數亡山東、蕭何常全關中以待陛下。此萬世之功也。今雖亡曹參等百數、何缺於漢。漢得之、不必待以全。柰何欲以一旦之功、而加萬世之功哉。蕭何第一、曹參次之。【考證】楓、三本、第上、次上、竝有當字、 高祖曰。善。於是乃令蕭何賜帶

劍履上殿、入朝不趨。【考證】楓、三本、賜下有第一二字、御覽引史作乃令蕭何第一、王念孫曰、此處若不言蕭何第一、則上文全無收東矣、蕭何第一、爲一事、賜帶劍履云云、又爲一事、朱錦綬曰、案賈子、古者天子二十而冠、帶劍、諸侯三十而冠、帶劍、大夫四十而冠、帶劍、可見有事帶劍、古禮之常、臣上君殿、其事尤大、當必以帶劍爲禮矣、禮曲禮、屨不上堂、而少儀則云、凡祭於室中、堂上無跣、亦以見事長可坐、祭先不可坐、坐則恐屨汚席、故脫之、不坐、卽不脫屨、見君之禮、立而不坐、恐必不以不屨爲敬也、自秦法羣臣侍殿上者、不得持尺寸之兵、適與古制相反、漢沿其法、故特賜蕭何以寵之、其實劍履上殿、秦漢以前、不以爲異、請約舉經傳以證之、左氏襄二十六年傳、子朱怒曰、班爵同、何以黜朱於朝、撫劍從之、公羊宣六年傳、趙盾起、將進劍、祁彌明自下呼之曰、盾食飽則出、何故拔劍於君所、使非帶劍見君、子朱將何撫、趙盾將何所進乎、詩車攻、赤芾金舄、會同有繹、大典也、而有金舄、韓侯朝王、有韓奕之詩、其詩有云、玄袞赤舄、使著屨不可見君、詩人必不以赤舄金舄美之矣、至左氏哀十七年傳、渾良大夫不釋劍而食、衛太子數之、哀二十五年傳、褚師聲子、韈而登席、衛侯怒之、則以時當燕飲、理應釋劍跣登、如韓詩說、不脫屨而卽席、跣而上登、謂之燕之意、後世誤會此禮、朝祭二者、必解劍脫舄、然後上殿、遂若劍履上殿之禮、自何始、若朱虛侯拔劍斬諸呂、鄭崇曳革屨之類、皆不當朝祭大事、不在此例、　上曰、吾聞進賢受上賞。【考證】漢書武帝元朔元年紀、詔曰、進賢受上賞、蔽賢蒙顯戮、古之道也、武帝蓋述高祖之旨、　蕭何功雖高、得鄂君乃益明。於是因鄂君故所食關內侯邑、封爲安平侯。【集解】徐廣

曰、以謁者從定諸侯、有功、秩擧蕭何功、故因侯二千戶、封九年卒、至玄孫但、坐與淮南王安通、弃市、國除。【正義】括地志云、澤州安平縣、本漢安平縣、　是日悉封何父子兄弟十餘人、皆有食邑。【考證】漢書、父子作父母、梁玉繩曰、漢書是、　乃益封何二千戶。以帝嘗繇咸陽時、何送我獨贏奉錢二也。【索隱】謂人皆三、何獨五、所以爲贏二也、音盈。【考證】贏、餘也、陳子龍曰、前以功封、此又推舊恩也、愚按、一飯之食、睚眦之怨、記而不忘、高祖蓋非木强、忽細故者、漢十一年、陳豨反。高祖自將至邯鄲。未罷、淮陰侯謀反關中。呂后用蕭何計、誅淮陰侯。語在淮陰事中。上已聞淮陰侯誅、使使拜丞相何爲相國、益封五千戶、令卒五百人・一都尉爲相國衛。【考證】齊召南曰、案丞相紫綬、相國則綠綬矣、漢初相國惟蕭何及曹參二人、自參薨後、卽稱丞相、又曰、何爲丞相、在十一年、淮陰既誅之後、漢公卿表列於九年、誤也、　諸君皆賀、召平獨弔。召平者故秦東陵侯。秦破、爲布衣、貧、種瓜於長安城東。瓜美。故世俗謂之東陵瓜。從召平以爲名也。【考證】顏師古

曰、召讀爲邵、愚按、楓、三本、以下有來字、藝文類聚引史、瓜下有五色甚三字、　召平謂相國曰、禍自此始矣。上暴露於外、而君守於中、非被矢石之事。【考證】漢書、事作難、　而益君封置衛者、以今者淮陰侯新反於中、疑君心矣。【考證】漢書、疑上有有字、此當據補、上文云、數使使勞苦者、有疑君心也、　夫置衛衛君、非以寵君也。【考證】顏師古曰、恐其爲變、故守衛之、　願君讓封勿受、悉以家私財佐軍、則上心說。【考證】心、疑必訛、漢書、刪則上心說四字、　相國從其計。高帝乃大喜。漢十二年秋、黥布反。上自將擊之。數使使問相國何爲。【考證】顏師古曰、問其居守何所營爲、　相國爲上在軍、乃拊循勉力百姓、【考證】漢書、相國作曰、無乃字力字、蓋史記以爲實事、漢書爲對使者語、其義異、　悉以所有佐軍、如陳豨時。客有說相國曰、君滅族不久矣。夫君位爲相國、功第一、可復加哉。然君初入關中、得百姓心十餘年矣。皆附。君常復孳

孳得民和。【考證】常、讀爲尙、漢書作尙、　上所爲數問君者、畏君傾動關中。今君胡不多買田地、賤貰貸以自汙。上心乃安。【正義】貰、音世、又食夜反、賖也、貸、天得反、　於是相國從其計。上乃大說。上罷布軍歸。民道遮行、上書言相國賤彊買民田宅數千萬。【考證】漢書、萬作人、義異、　上至、相國謁。上笑曰、夫相國乃利民。【索隱】謂相國取人田宅以爲利、故云乃利人也、所以令相國自謝之、【考證】利民、謂奪民所有以自利、索隱民作人、避唐諱、　民所上書、皆以與相國曰、君自謝民。相國因爲民請曰、長安地狹。上林中多空地弃、願令民得入田。【正義】言上林苑中空地虛棄、不如令民得入田之、【考證】李笠曰、地棄疑誤倒、文選李陵答蘇子卿書注、引史記正作上林中多空棄地、　毋收稾、爲禽獸食。【索隱】苗子還種田人、藁稾入官、【正義】其稾艸留苑中、爲禽獸食之、【考證】使民收粟耳、稾則留苑中、正義是、　上大怒曰、相國多受賈人財物、乃爲請吾苑。乃下相國廷尉、械繫之。【考證】李笠曰、乃下相國、與上乃爲字複、文選注引作遂、

董份曰、既以田宅自汚、上喜矣、而復爲民請田、是失本計也、上益惱其得民、故係之、非以利賈人之金也、愚按相國之意、欲以使帝施德、下文所謂有善歸主者、非以欲自賣恩也、董說未得、凌稚隆曰、太史公下大悅大怒字、而高祖之忌心洞見矣、數日、王衛尉侍。【集解】如淳曰、百官公卿表、衛尉、王氏、無名字、【考證】顏師古曰、史失之也、侍、謂侍天子也、前問曰、相國何大罪。陛下繫之暴也。上曰、吾聞李斯相秦皇帝。有善歸主、有惡自與。今相國多受賈豎金、而爲民請吾苑、以自媚於民。故繫治之。王衛尉曰、夫職事苟有便於民而請之、眞宰相事。陛下柰何乃疑相國受賈人錢乎。且陛下距楚數歲、陳豨・黥布反、陛下自將而往。當是時、相國守關中。搖足則關以西非陛下有也。相國不以此時爲利、今乃利賈人之金乎。且秦以不聞其過亡天下。李斯之分過、【索隱】按上文李斯歸惡而自予、是分過、又何足法哉。陛下何疑宰相之淺也。【集解】韋昭曰、

用意淺、高帝不懌。【考證】帝不欲何布德於民、故繫治之、而衛尉之言正、不能不勉從、故不懌、是日、使使持節赦出相國。相國年老、素恭謹。入徒跣謝。【考證】洪頤煊曰、案凡謝罪皆免冠、黃霸傳、尙書令受丞相對、霸免冠謝罪、霍光傳、光入免冠頓首謝、朱雲傳、左將軍辛慶忌免冠解印綬、叩頭殿下、其尤重者始徒跣、匡衡傳、免冠徒跣待罪、申屠嘉傳、通至丞相、免冠徒跣謝、皆是、高帝曰、相國休矣。相國爲民請苑。吾不許、我不過爲桀・紂主、而相國爲賢相。吾故繫相國、欲令百姓聞吾過也。何素不與曹參相能。及何病、孝惠自臨視相國病。【考證】漢書、病作疾、因問曰。君卽百歲後、誰可代君者。對曰。知臣莫如主。【考證】通俗編卷四云、管子大匡篇、鮑叔曰、先人有云、知子莫若父、知臣莫若君、左傳僖七年、子文曰、古人有言、知臣莫若君、晉語、祁奚曰、人有言、擇臣莫若君、擇子莫若父、戰國策、趙武靈王謂周紹曰、選子莫若父、論臣莫若君、蓋自古有此語、孝惠曰。曹參何如。何頓首曰。帝得之矣。臣死不恨矣。何置田宅、必居窮處、爲家不治垣屋。曰。後世賢、師吾儉。不賢、毋

爲勢家所奪。孝惠二年、相國何卒。【集解】東觀漢記云、蕭何墓、在長陵東司馬門道北百步、【正義】括地志云、蕭何墓、在雍州咸陽縣東北三十七里、諡爲文終侯。【集解】徐廣曰、功臣表、蕭何以客初起從也、後嗣以罪失侯者四世絕。天子輒復求何後、封續酇侯。功臣莫得比焉。【考證】漢傳云、何子祿薨、亡後、高后封何夫人同爲酇侯、小子延爲筑陽侯、孝文罷同、封延爲酇侯、延薨、子遺嗣、薨亡後、復以遺弟則嗣、有罪免、景帝後封則弟嘉爲武陽侯、薨、子勝有罪免、武帝元狩中、復下詔御史、以酇戶二千四百封何曾孫慶爲酇侯、布告天下、令明知朕報蕭相國德也、卽此事、

太史公曰。蕭相國何、於秦時爲刀筆吏。錄錄未有奇節。【索隱】錄、音祿、【考證】顏師古曰、刀、所以削書也、古者用簡牒、故吏皆以刀筆自隨也、錄錄、猶鹿鹿、言在凡庶之中也、愚按、老子不欲錄錄如玉、珞珞如石、晏子諫篇、錄錄彊食、史記平原君傳、公等錄錄、所謂因人成事者也、後漢書禰衡傳、大兒孔文擧、小兒楊德祖、餘子碌碌不足數、其義皆同、及漢興、依日月之末光、【考證】顏師古曰、易文言云、聖人作而萬物覩、又曰、見龍在田、天下文明、贊言何值漢初興、故以日月爲喩耳、何謹守管籥。【考證】楓、三本、何作信、顏師古曰、高祖出征、何常居守、故言守管籥、因民之疾奉法、【考證】古鈔本、楓本、班馬異同本、奉作秦、與漢書合、順流與之

更始。淮陰・黥布等皆以誅滅。【考證】古鈔本、以作已、通、淮陰侯傳論贊云、假令韓信學道謙讓、不伐己功、不矜其能、則庶幾哉於漢家勳、可以比周召太公之徒、後世血食矣、而何之勳爛焉、位冠羣臣、聲施後世、與閎夭・散宜生等爭烈矣。【索隱】述贊、蕭何爲吏、文而無害、及佐興王、擧宗從沛、關中既守、轉輸是賴、漢軍屢疲、秦兵必會、約法可久、收圖可大、指獸發蹤、其功實最、政稱畫一、居乃非泰、繼絕寵勤、式旌礪帶、

蕭相國世家第二十三

史記五十三

文學博士瀧川龜太郎著

史記會注考證

史記會注考證卷五十四

漢　太　史　令　司　馬　遷　撰

宋　中　郎　外　兵　曹　參　軍　裴　駰　集　解

唐　國　子　博　士　弘　文　館　學　士　司　馬　貞　索　隱

唐　諸　王　侍　讀　率　府　長　史　張　守　節　正　義

日　本　出　雲　瀧　川　資　言　考　證

曹相國世家第二十四　史記五十四

【考證】史公自序云、與信定魏、破趙拔齊、遂弱楚人、續何相國、不變不革、黎庶攸寧、嘉參不伐功矜能、作曹相國世家第二十四、趙翼曰、曹參世家敍功處、絕有似有司所造

功冊、自後樊噲酈商夏侯嬰灌嬰傳寬歙周緤等傳紀功俱用此法、竝細敍斬級若干、生擒若干、降若干人、又分書身自擒斬若干、所將卒擒斬若干、又總敍攻得郡若干、縣若干、擒斬大將若干、裨將若干、二千石以下若干、纖悉不遺、別成一格、蓋本分封時所據功冊、而遷料簡存之者也、錢大昕曰、蕭何曹參、皆以相國終、故目錄皆云相國、與陳丞相平張丞相蒼一例也、而篇首一云蕭相國何、一云平陽侯曹參、參不稱相國而稱侯、又與絳侯周勃同、然勃雖丞相、以列侯終、不可以例參也、平津侯亦以丞相終、而目錄不稱丞相、與蕭曹諸人異矣、其篇目則云、丞相公孫弘、若以蕭相國書法例之、不當繫姓于官之下、此皆史公義例、

平陽侯曹參者、沛人也。【集解】張華曰、曹參字敬伯、【索隱】地理志、平陽縣屬河東、又按春秋緯及博物志、竝云、參字敬伯、【正義】晉州城、卽平陽故城也、按沛、今徐州縣也、秦時爲沛獄掾。而蕭何爲主吏。居縣爲豪吏矣。【考證】顏師古曰、言參及蕭何、竝爲吏之豪長也、高祖爲沛公而初起也、參以中涓從。【集解】漢書音義曰、中涓、如中謁者、【索隱】涓、音古玄反、【考證】顏師古曰、涓、潔也、言其在內、主知潔淸灑埽之事、蓋親近左右也、將擊胡陵方與、【索隱】地理志、二縣皆屬山陽郡、【正義】胡陵、縣名、在方與之南、方、音房、與、音預、兗州縣也、攻秦監公軍、大破之。【集解】漢書音義曰、監、御史監郡者、公名、秦一郡置守尉監三人、【索隱】按注、公者、監之名、然本紀泗水監名平、則平是名、公爲相尊之稱也、【考證】齊召南曰、夏侯嬰傳、從攻胡陵、嬰與蕭何降泗水

監平、卽此監公也、東下薛。擊泗水守軍薛郭西。復攻胡陵、取之。徙守方與。方與反爲魏。擊之。【正義】曹參擊方與、豐反爲魏。攻之。【索隱】時雍齒守豐、爲魏反沛公、賜爵七大夫。擊秦司馬𡰱軍碭東、破之、【正義】音夷、【考證】漢書作司馬欣、誤、取碭狐父、【集解】徐廣曰、伍被曰、吳濞敗於狐父、【索隱】地理志、碭屬梁國、狐父、地名、在梁碭之閒、徐氏引伍被云、吳濞敗於狐父、是吳與梁相拒而敗處、【正義】括地志云、狐父亭、在宋州碭山縣東南三十里、祁善置。【集解】文穎曰、善置、置名也、晉灼曰、祁、音抵、孫檢曰、漢謂驛曰置、善、名也、【索隱】按司馬彪郡國志、穀熟有祁亭、劉氏音遲、又如字、善置、置名、漢謂驛爲置、【正義】括地志云、故祁城、在宋州下邑縣東北四十九里、漢祁城縣也、言取碭狐父及祁縣之善置、【考證】凡地名與高紀合者、不復出、又攻下邑以西至虞。【索隱】地理志、下邑、虞、皆屬梁國、【正義】宋州下邑縣、在州東百一十里、漢下邑城、今碭山縣是、虞城縣、在州北五十里、古虞國、商均所封、擊章邯車騎。攻爰戚【集解】徐廣曰、宣帝時、有爰戚侯、【索隱】蘇林云、縣名、屬山陽、按功臣表、爰戚侯趙成、及亢父、【索隱】地理志、縣名、屬東平、【正義】括地志、亢父故【正義】音寂、劉音七歷反、今在兗州南、近亢父縣、【考證】漢書爰戚作轅戚、今山東嘉祥縣西南、城、在兗州任城縣南五十一里、先登。遷爲五大夫。北救阿、【索隱】按、阿、卽東阿也、時章邯圍田榮於東阿也、【正義】今濟

州東阿也、【考證】漢書阿上有東字、擊章邯軍陷陳、追至濮陽、攻定陶、取臨濟。【正義】淄州高苑縣西北二里、有狄故城、安帝改曰臨濟、【考證】洪頤煊曰、臨濟與定陶相近、不得在高苑縣西北、水經濟水注、平丘縣有臨濟亭、田儋死處也、當卽此、南救雍丘、擊李由軍破之、殺李由、虜秦候一人。秦將章邯破殺項梁也、沛公與項羽引而東。【考證】古鈔本、楓、三本、引下有兵字、與漢書合、楚懷王以沛公爲碭郡長、將碭郡兵。於是乃封參爲執帛、【集解】張晏曰、孤卿也、或曰、楚官名、【考證】中井積德曰、執帛、爵名、封字主在建成、沈欽韓曰、禮、孤執皮帛、楚僭王號、故次於執珪、高祖初起、官爵皆從楚制、號曰建成君。【索隱】地理志、建成縣屬沛郡、【考證】兪樾曰、楚漢之際、受封者虛建名號、而不必有其地、如曹參之爲建成君、灌嬰之爲昌文君、樊噲之爲賢成君、傅寬之爲共德君、皆師古之所謂楚漢之際、權設寵榮、或得邑地、或受空爵、是也、遷爲戚公、屬碭郡。【索隱】謂遷參爲戚令、卽爰戚縣也、是時屬沛郡、【正義】其後從攻東郡尉軍、破之成武南、【索隱】地理志、成武縣屬山陽、擊王離軍成陽南、【索隱】地理志、縣名、在濟陰、成、地名、周武王封弟季載於成、其後代遷於成之陽、故曰成陽、【正義】成陽故城、濮州雷澤縣是、史記云、武王封弟季載於成、其後遷於成之陽、故曰成陽也、【考證】

沈家本曰、管蔡世家、言封叔武於成、非季載也、索隱正義皆誤、復攻之杠里、大破之。【正義】杠、音工、地名、追北西至開封、【正義】敗軍曰北、擊趙賁軍破之、【索隱】賁音奔、圍趙賁開封城中。西擊秦將楊熊軍於曲遇破之、【集解】徐廣曰、在中牟、【索隱】曲、丘禹反、遇、牛凶反、【正義】曲、丘羽反、遇、牛恭反、司馬彪郡國志云、中牟有曲遇聚、按中牟、鄭州縣也、虜秦司馬及御史各一人。遷爲執珪。【集解】張晏曰、侯伯執珪以朝、位比之、如淳曰、呂氏春秋得伍員者、位執珪、古爵名、【考證】執珪又見楚策、從攻陽武、【正義】括地志云、陽武故城、在鄭州陽武縣東北十八里、漢陽武縣城也、【考證】今河南陽武縣東南、下轘轅・緱氏、【索隱】地理志、陽武緱氏二縣、屬河南、轘轅、道名、在緱氏南、【正義】緱氏、洛州縣也、括地志云、轘轅故關、在洛州緱氏縣東南四十里、十三州志云、轘轅道、凡十二曲、是險道、【考證】緱氏、今河南偃師縣南、王先謙曰、續志緱氏縣有轘轅關、絕河津、【正義】津、濟渡處、括地志云、平陰故津、在洛州洛陽縣東北五十里、還擊趙賁軍尸北破之。【集解】徐廣曰、尸、在偃師、孟康曰、尸鄉北、【正義】破趙賁軍於尸鄉之北也、括地志云、尸鄉亭在洛州偃師縣、在洛州東南也、從南攻犨、與南陽守齮、戰陽城郭東、【集解】應劭曰、今赭陽、【索隱】徐廣云、陽城、在南陽、應劭云、今赭陽、赭陽是南陽之縣、【考證】漢書注、應劭曰、

城陽、今堵陽、與集解異、陷陳、【正義】陷南陽守於陽城郭東也、取宛、虜齮、盡定南陽郡。從西攻武關・嶢關取之。【正義】括地志云、故武關、在商州商洛縣東九十里、藍田關、在雍州藍田縣東南九十里、卽秦嶢關也、前攻秦軍藍田南、【正義】雍州藍田縣、在州東南八十里、因藍田山爲名、又夜擊其北。【正義】其北、藍田縣北也、秦軍大破。【考證】漢書、無秦字、破下有之字、義異、遂至咸陽滅秦。項羽至、以沛公爲漢王。漢王封參爲建成侯。從至漢中。【正義】梁州、本漢中郡、遷爲將軍。從還定三秦、初攻下辯・故道・【索隱】地理志、二縣名、皆屬武都、辯音皮莧反、【正義】括地志云、成州同谷縣、本漢下辯道、又云、鳳州兩當縣、本漢故道縣、在州西五十里、【考證】漢書、無初字、下辯作下辨、下辨道、在今陝西成縣西三十里、故道、今鳳縣西北、雍・斄、【索隱】地理志、二縣名、屬右扶風、斄、音胎、【正義】斄、作邰、音胎、括地志云、故雍縣南七里、故斄城、一名武功縣、西南二十二里、古邰國也、【考證】雍、今長安縣治、斄、今武功縣西南、擊章平軍於好畤南破之。【正義】括地志云、好畤城、在雍州好畤縣東南十三里、【考證】今乾州東好畤村、圍好畤、取壤鄉。【集解】文穎曰、地名、擊三秦軍壤東及高櫟、破之。【索隱】櫟、音歷、按文穎云、壤鄉

高櫟、皆地名也、然盡在右扶風、今其地闕也、【正義】音歷、皆村邑名、壤鄉、今在雍州武功縣東南二十餘里、高壤坊、是高櫟近壤鄉也、【考證】唐武功縣、今武功縣西南、復圍章平。章平出好畤走。因擊趙賁內史保軍破之。東取咸陽、更名曰新城。【索隱】按漢書高帝元年、咸陽名新城、武帝改名曰渭城、參將兵守景陵二十日。【集解】漢書音義曰、縣名也、【考證】景陵、無考、三秦使章平等攻參。參出擊、大破之。賜食邑於寧秦。【集解】蘇林曰、今華陰、【考證】桃源抄云、正義本、寧秦作寧泰、楓、三本、亦作寧泰、參以將軍引兵圍章邯於廢丘。【正義】周曰犬丘、秦更名廢丘、漢更名槐里、今故城、在雍州始平縣東南十里、以中尉從漢王、出臨晉關、【正義】卽蒲津關也、在臨晉縣、故言臨晉關、今在同州也、至河內、下脩武、【正義】今懷州獲嘉縣、古脩武也、渡圍津。【集解】徐廣曰、東郡白馬有圍津、【索隱】顧氏按水經注、白馬津有韋鄉韋津城、圍與韋同、古今字變爾、【正義】括地志云、黎陽津、一名白馬津、在滑州白馬縣北三十里、帝王世紀云、白馬縣、南有韋城、故豕韋國也、續漢書郡國志云、白馬縣有韋城、東擊龍且・項他定陶、破之。【考證】灌嬰傳亦云、擊項羽將龍且魏相項他軍定陶南、東取碭・蕭・彭城、【正義】碭、音唐、宋州碭山縣是也、蕭、彭城、徐州二縣、【考證】王

先謙曰、此漢二年彭城之役、擊項籍軍。漢軍大敗走。參以中尉圍取雍丘。王武反於黃、【集解】徐廣曰、內黃縣有黃澤、【正義】故黃縣在曹州黃城縣東二十四里、左傳注云、陳留外黃縣東有黃城、是也、【考證】漢傳、作外黃、梁玉繩曰、攷史漢樊噲傳云、破王武于外黃、漢灌嬰傳云、王武反、擊破之、攻下外黃、則此缺外字、乃陳留之縣也、愚按、今河南杞縣東六十里、程處反於燕。【集解】徐廣曰、東郡燕縣、駰案漢書音義曰、皆漢將、【考證】今延津縣東三十五里、往擊盡破之。柱天侯反於衍氏。【索隱】天柱侯、不知其誰封、衍氏、魏邑、地理志云、天柱、在廬江灊縣、【考證】錢大昕曰、小司馬本、柱天侯作天柱侯、故引廬江灊縣之天柱實之、館本考證引厄林云、柱天侯亦猶建成侯奉春君之類、不必指其食邑、沈欽韓曰、一統志、衍氏、在今開封府鄭州北三十里、又進破取衍氏、擊羽嬰於昆陽、追至葉。【考證】顏師古曰、葉、南陽縣也、音式涉反、王先謙曰、羽嬰、人姓名、葉、在今葉縣南三十里、還攻武彊、【集解】瓚曰、武彊城、在陽武、【正義】括地志云、武彊故城、在鄭州管城縣東北三十一里、因至滎陽。【考證】王先謙曰、高帝時在滎陽、參自漢中爲將軍中尉、從擊諸侯及項羽。【索隱】從、才用反、敗還至滎陽。凡二歲。高祖三年、【考證】梁玉繩曰、三當作二、漢傳及水經注六、可證、拜爲假左丞相、【考證】周壽昌

曰、此猶後世之虛衡也、元年蕭何已眞拜丞相、入屯兵關中月餘。魏王豹反。以假左丞相、別與韓信東攻魏將軍孫遫軍東張、大破之。【集解】徐廣曰、張者、地名、功臣表、有張侯、毛澤之、駰按蘇林曰、屬河東、【索隱】遫、音速、【正義】括地志云、張陽故城、一名東張城、在蒲州虞鄉縣西北四十里、【考證】王先謙曰、唐之虞鄉、卽今虞鄉縣治也、一統志、今平陽府浮山縣西南三十里有東張鎭、因攻安邑、得魏將王襄。擊魏王於曲陽、【索隱】括地志云、上曲陽、定州恆陽縣、是下曲陽、在定州鼓城縣西五里、【考證】余有丁曰、此必魏自有曲陽、定州之曲陽、時屬趙、梁玉繩曰、張余兩解竝非、曲陽乃陽曲之誤、太原陽曲縣也、追至武垣、【集解】徐廣曰、河東有垣縣、【正義】括地志云、武垣縣、今瀛州城是、地理志云、武垣縣、屬涿郡也、【考證】梁玉繩曰、武垣、正義以爲涿郡之縣、漢傳作東垣、則爲眞定、恐皆誤、徐廣謂河東垣縣是已、武字東字衍、陽曲抵垣、不甚遠、生得魏王豹、取平陽、【正義】晉州城是、得魏王母妻子、盡定魏地。凡五十二城。賜食邑平陽。因從韓信擊趙相國夏說軍於鄔東、大破之、斬夏說。【集解】徐廣曰、鄔縣、在太原、音烏古反、【索隱】地理志、鄔、太原縣名、音烏古反、【考證】陳餘傳、餘爲代王、留爲傳趙王、而使夏說以相國守代、淮陰侯傳、破代兵禽夏說、注、李奇云、夏說、代相也、趙相國、當作代相

國、韓信與故常山王張耳引兵下井陘、擊成安君、【考證】陳餘、而令參還圍趙別將戚將軍於鄔城中。戚將軍出走。追斬之。【考證】漢傳、戚將軍作戚公、乃引兵詣敖倉漢王之所。【考證】敖倉、在滎陽西北、韓信已破趙爲相國、東擊齊。參以右丞相屬韓信、攻破齊歷下軍、遂取臨菑、還定濟北郡、【考證】梁玉繩曰、案顏師古云、時未有濟北郡、史追書之、攷漢書、高紀六年、稱東陽郡鄣郡吳郡郯郡膠東膠西臨淄濟北博陽城陽郡、楚元王傳、稱東海彭城郡、史漢高祖功臣表及灌嬰傳、亦稱吳郡、黥布傳、稱廬江衡山豫章郡、皆秦郡所無者、豈俱追書乎、楚漢之間、諸王各自立郡、漢初仍其故名呼之耳、錢氏漢書攷異云、膠東濟北、項羽所立國名、與齊號爲三齊、臨淄卽齊都、博陽卽濟北王都、曹參傳濟北郡、葢田榮倂三齊之後、以濟北爲郡、師古以爲史追書之、非也、攻著·漯陰·平原·鬲·盧。【索隱】地理志、著縣、屬濟南、盧縣、屬泰山、漯陰、平原、鬲三縣、屬平原、漯、音吐荅反、【正義】括地志云、平原故城、在德州平原縣東南十里、故鬲城、在德州安德縣西北十五里、盧縣、今濟州理縣是也、【考證】著、今濟陽縣西南、漯陰、今臨邑縣西十里、平原、今平原縣南二十里、鬲、今德州北、盧、今長淸縣西三十里、竝屬山東、已而從韓信、擊龍且軍於上假密、大破之。【集解】文穎曰、

或以爲高密、【索隱】漢書亦作假密、按下定齊七十縣、則上假密非高密、亦是齊地、今闕、【正義】上假密、卽高密也、地理志云、高密、爲膠西國、下密、在膠東國、括地志云、濰水、今俗謂百尺水、在密州高密縣、卽韓信夾濰水戰處、韓信傳云、田廣走高密、信東追廣至高密西、楚使龍且救齊、夾濰水陳、信盛沙壅水上流、引軍半渡、佯不勝走、龍且追信渡水、信決壅囊、水大至、龍且軍大半不得渡、信卽急擊殺龍且、龍且水東軍散走、明殺龍且在高密縣濰水西也、【考證】王先謙曰、假密卽高密、高假雙聲、有下密縣、故此稱上假密、斬龍且、虜其將軍周蘭。【考證】漢傳、將軍作亞將、張照曰、按灌嬰傳云、從韓信攻龍且於高密、身生得亞將周蘭、是時參嬰竝隸於信、故敘功略同、而其實擒蘭者嬰也、嬰傳於降彭城之後又云、攻苦譙、復得亞將周蘭、葢前此逸出、嬰終得之、定齊凡得七十餘縣、得故齊王田廣相田光、其守相許章、及故齊膠東將軍田既。【考證】顏師古曰、守相、爲相居守者、梁玉繩曰、田儋灌嬰傳、皆言嬰得光、韓信爲齊王、引兵詣陳、與漢王共破項羽。而參留平齊未服者。項籍已死、天下定、漢王爲皇帝。韓信徙爲楚王、齊爲郡。參歸漢相印。【考證】月表亦云、徙齊王韓信王楚、齊屬漢爲四郡、而漢書曹傳、刪齊爲郡三字、胡三省云、韓信兼王齊、葢漢初諸侯王國、亦領郡也、漢書表傳、無齊爲漢郡之文、然觀田肯賀高祖、秦齊竝言、可觀信兼領齊郡、使信卽以齊還漢、則高帝必早

立齊王、不待信禽之後矣、愚按、胡說非是、說詳高紀、高帝以長子肥爲齊王。而以參爲齊相國。考證徐孚遠曰、平陽侯、與淮陰共定齊地、假其威名以鎭定、故終高帝世、爲齊相不徙、以高祖六年、賜爵列侯、與諸侯剖符、世世勿絕、食邑平陽萬六百三十戶。考證史漢表云、萬六百戶、號曰平陽侯。除前所食邑。以齊相國擊陳豨將張春軍破之。黥布反。參以齊相國從悼惠王、將兵車騎十二萬人、與高祖會擊黥布軍、大破之、南至蘄、還定竹邑・相・蕭・留。索隱地理志、蘄、竹邑、相、蕭四縣、屬沛、韋昭云、留、今屬彭城、則漢初亦屬沛也、正義括地志云、徐州符離縣城、漢竹邑城也、李奇云、今竹邑也、故相城、在符離縣西北九十里、輿地志云、宋共公自睢陽徙相子城、又還睢陽、蕭、徐州縣、古蕭叔國城也、故留城、在徐州沛縣東南五十里、張良所封、考證楓、三本、定下有蘄字、竹邑、今宿州北二十里、相、今宿州西北、蕭、今蕭縣西北、留、今沛縣東南、參功、凡下二國、縣一百二十二、得王二人、相三人、將軍六人、大莫敖、郡守、司馬、候、御史各一人。集解漢書音義曰、大莫敖、楚之卿號、考證張晏曰、時近六國、故有令

尹莫敖之官、王先謙曰、候、卽前云房秦候一人也、梁玉繩曰、曹參周勃兩世家、及樊酈灌靳傳、俱總言戰功而通計之、其數多不合、何也、孝惠帝元年、除諸侯相國法、更以參爲齊丞相。參之相齊、齊七十城。考證凌約言曰、特著齊七十城、以見所以酬參者自不爲薄、愚按、以見國大任重、凌說未得、錢大昕曰、吳王濞傳、悼惠王王齊七十二城、高五王傳亦云、食七十餘城、此云七十者舉大數也、天下初定、悼惠王富於春秋。參盡召長老諸生、問所以安集百姓。如齊故俗諸儒以百數。考證漢書、如作而、無俗字、王念孫曰、如而通、齊故諸儒連讀、俗字後人所加、言參問所以安集百姓、而齊之故儒以百數、言人人殊也、言人人殊。參未知所定。聞膠西有蓋公、善治黃・老言、使人厚幣請之。考證張晏曰、黃老、黃帝老子之書、既見蓋公。蓋公爲言治道貴淸靜、而民自定。考證老子下篇云、淸靜爲天下正、又云、我好靜而民自正、推此類具言之。參於是避正堂舍蓋公焉。考證周壽昌曰、正堂、齊丞相治事之堂、顏師古曰、舍、止也、其治要用黃・老術、故相齊九年、齊國安集、大稱賢相。惠帝二年、蕭

何卒。參聞之、告舍人趣治行。吾將入相。考證顏師古曰、舍人、猶家人也、趣讀曰促、謂速也、治行、謂脩治行裝也、居無何、使者果召參。參去屬其後相曰。以齊獄市爲寄。愼勿擾也。後相曰。治無大於此者乎。參曰。不然。夫獄市者、所以并容也。今君擾之、姦人安所容也。吾是以先之。集解漢書音義曰、夫獄市兼受善惡、若窮極姦人無所容竄、姦人無所容竄、久且爲亂、秦人極刑而天下畔、孝武峻法而獄繁、此其效也、老子曰、我無爲而民自化、我好靜而民自正、參欲以道化其本、不欲擾其末、考證梁玉繩曰、梁溪漫志云、孟子莊嶽之間、注、齊街里名、左傳襄公二十八年、反陳于嶽、注、里名、獄字合從嶽音、蓋謂嶽市乃齊闤闠之地、姦人所容、故當勿擾之、此說頗新而非也、嶽獄二字、未見通用、猗覺寮雜記云、獄市、二事、獄如敎唆詞訟資給盜賊、市如用私斗秤欺謾變易之類、皆姦人圖利之所、若窮治盡、則事必枝蔓、此等無所容、必爲亂、非省事之術也、參始微時、與蕭何善。及爲將相有卻。考證顏師古曰、參自以爲戰功多、而封賞常在何後、故怨何也、劉奉世曰、此特師古意料之爾、至何且死、所推賢唯參。參代何爲漢相國。舉事無所變更。一遵蕭何約束。考證漢書、一作壹、擇郡國吏

木詘於文辭、重厚長者、卽召除爲丞相史。正義詘訥、同、求物反、謂辭寡也、又音群勿反、擊木之聲無餘響也、言擇吏老文辭、重厚長者、若擊木、質樸無餘音也、考證古鈔本、詘作訥、與漢書合、胡三省曰、漢制丞相官屬、長史之下、有掾史令史等、正義依桃源鈔補、文有訛脫、吏之言文刻深、欲務聲名者、輒斥去之、日夜飲醇酒。卿大夫已下吏及賓客、見參不事事、集解如淳曰、不事丞相之事、考證中井積德曰、不事事、卽下文不治事矣、來者皆欲有言。至者參輒飲以醇酒。閒之欲有所言、復飲之、醉而後去。終莫得開說。以爲常。集解如淳曰、開、謂有所啓白、考證古鈔本、楓、三本、有下無所字、與漢書合、開作闗、相舍後園近吏舍。吏舍日飲歌呼。從吏惡之、無如之何。考證顏師古曰、從吏、吏之常從相者也、愚按、漢書、惡作患、乃請參游園中、聞吏醉歌呼。從吏幸相國召按之。乃反取酒張坐飲、亦歌呼與相應和。考證顏師古曰、張坐飲、張設坐席而飲也、坐、音才臥反、參見人之有細過、專掩匿覆蓋之。府中無事。

參子窋爲中大夫。【索隱】窋、音張律反、惠帝怪相國不治事、以爲豈少朕與。【索隱】按少者不足之詞、故胡亥亦云、丞相豈少我哉、蓋帝以丞相豈不是嫌少於我哉、小顏以爲我年少、非也、【正義】少、式妙反、與、音歟、言以朕年少不閑國事、故日飲不治事也、【考證】王念孫曰、小司馬說、是也、晏子春秋外篇亦云、夫子何少寡人之甚也、乃謂窋曰、若歸、試私從容問而父曰、高帝新弃羣臣、帝富於春秋、君爲相、日飲無所請事、何以憂天下乎、然無言吾告若也。【索隱】謂惠帝語窋、無得言我告汝、令諫汝父、當自云是己意也、窋既洗沐歸、閒侍、自從其所諫參。【考證】閒、閒居之閒、顏師古曰、自從其所、猶言自出其意也、參怒而笞窋二百、曰、趣入侍、天下事非若所當言也。至朝時、惠帝讓參曰、與窋胡治乎。【集解】如淳曰、猶言用窋爲治、【索隱】按胡、何也、言語參、何爲治窋也、【正義】胡、何也、言何謂治窋二百、【考證】中井積德曰、言何事治督於窋乎、陳景雲曰、漢人以笞掠爲治、治卽笞耳、乃者我使諫君也。參免冠謝曰、陛下自察聖武孰與高帝。上曰、朕乃安敢望先帝乎。曰、

陛下觀臣能孰與蕭何賢。上曰、君似不及也。參曰、陛下言之、是也。且高帝與蕭何定天下、法令既明。【考證】楓、三本、明下、有具字、今陛下垂拱、參等守職、遵而勿失、不亦可乎。惠帝曰、善。君休矣。參爲漢相國、出入三年卒。謚懿侯。子窋代侯。【考證】漢書、無出入二字、梁玉繩曰、三年乃四年之誤、參自惠帝二年爲相國、至五年卒也、百姓歌之曰、蕭何爲法、顜若畫一。【集解】徐廣曰、顜、音古項反、一音較、【索隱】顜、漢書作講、故文穎云、講、一作較、按訓直、又訓明、言法明直若畫一也、顜、音講、亦作顜、小顏云、講、和也、畫一、言其法整齊也、【正義】鄭玄云、較、猶見也、爾雅曰、較、直也、廣雅曰、較、明也、言蕭何作法和明、輔佐平直、載其清淨治天下、使百姓歸心、猶畫一也、【考證】顜、索隱本作覯、正義本作較、漢書作講、注引文穎云、講或作較、通鑑作較、梁玉繩曰、顜當作斠、說文云、平斗斛也、與月令角斗甬之角同、愚按、洪頤煊、錢大昭說同、據正義本及徐廣一說、及通鑑作較、義亦通、較、直也、明也、曹參代之、守而勿失。載其清淨、民以寧一。【正義】清淨、無爲也、寧一、齊物也、晉武帝議省州郡吏以趣農、荀勗議以爲省吏不如省官、省官不如省事、省事不如清心、故蕭曹相漢、載其清淨、故畫一之歌、此清心之本、漢文垂拱無爲、幾致刑措、此省事也、漢光武幷合吏員、此省官也、魏正始中幷合郡

縣以減吏員、此省吏也、必欲求之根本、宜以省事爲先、課官分職、量能致任、則思不出位、官無異業也、【考證】藝文類聚引淨作靜、與漢書合、顏師古曰、載、猶乘也、王念孫曰、載、行也、謂其清靜之治也、顏說失之、梁玉繩曰、上言畫一、則此不得謂事一、漢傳作壹、荀紀作謐、愚按一失壹韻、平陽侯窋、高后時爲御史大夫。孝文帝立、免爲侯。【考證】名臣百官兩表、皆于高后八年書御史大夫張蒼、則文帝未立、窋已免官明矣、攷窋以高后四年爲御史大夫、八年免、史漢呂后紀八年九月、稱窋行御史大夫事、後九月、代邸羣臣上議、卽曰御史大夫張蒼、不列窋名、是窋之免官、必在八月以後、特大臣誅諸呂之際、變起倉卒、窋尚守故官、蒼之繼窋、當亦在九月、其涖官在後九月耳、此以窋免于文帝立後、立二十九年卒。謚爲靜侯。子奇代侯。立七年卒。謚爲簡侯。子時代侯。【考證】侯名多異、說在功臣表、時尚平陽公主。【考證】中井積德曰、時是平陽侯、而尚陽信公主也、故公主亦稱平陽耳、他處尚可、但是文不當稱平陽公主、生子襄。時病癘歸國。立二十三年卒。謚爲夷侯。子襄代侯。襄尚衛長公主。生子宗。立十六年卒。謚爲共侯。子宗代侯。征和二年中、宗坐太子死、國除。【考證】征和二年以下十二字、後人妄增、當刪、

太史公曰、曹相國參、攻城野戰之功、所以能多若此者、以與淮陰侯俱。及信已滅、而列侯成功、唯獨參擅其名。【考證】徐孚遠曰、此言深惜淮陰侯、使人愴然、參爲漢相國、清靜極言合道。【考證】古鈔本、楓、三本、無言字、然百姓離秦之酷、後參與休息無爲。故天下俱稱其美矣。

【索隱】述贊、曹參初起、爲沛豪吏、始從中涓、先圍善置、執珪執帛、攻城略地、衍氏既誅、昆湯失位、北禽夏說、東討田溉、剖符定封、功無與二、市獄勿擾、清淨不事、尚主平陽、代享其利、

曹相國世家第二十四

史記五十四

文學博士瀧川龜太郎著

史記會注考證

史記會注考證卷五十五

漢　太史令司馬遷撰

宋　中郎外兵曹參軍裴駰集解

唐　國子博士弘文館學士司馬貞索隱

唐　諸王侍讀率府長史張守節正義

日本　出雲瀧川資言考證

畱侯世家第二十五　史記五十五

【考證】史公自序云、運籌帷幄之中、制勝於無形、子房計謀其事、無知名、無勇功、圖難於易、爲大於細、作畱侯世家、第二十五、黃震曰、利啗秦將、旋破嶢關、漢以是先入關、勸

還霸上、固要項伯、漢以是脫鴻門、燒絕棧道、激羽攻齊、漢以是還定三秦、敗于彭城、則勸連布越、將立六國、則借箸銷印、韓信自王、則躡足就封、此漢所以卒取天下、勸封雍齒、銷變未形、勸都關中、垂安後世、勸迎四皓、卒定太子、又所以維持漢室于天下既得之後、凡良一謀一畫、無不繫漢得失安危、良又三傑之冠也哉、袁枚曰、史遷好奇、于畱侯傳、曰滄海君、曰力士、曰黃石公、曰赤松子、曰四皓、皆不著姓名、成其虛誕飄忽之文而已、林伯桐曰、漢高一生最喜狎侮、又多猜忌、老成如酇侯、英雄如淮陰侯、皆不免於疑忌、他如黥布之勇、酈食其之辯、其始皆不免於狎侮、唯遇畱侯、則自始至終、無敢失禮、亦無有疑心、豈徒以其謀略哉、觀畱侯自稱、一則曰爲韓報仇強秦、再則曰願棄人間事、欲從赤松子游、其進退綽綽有餘於功名爵祿之外者矣、攷其生平居得爲之地、而無田宅之好、無聲色之嗜、卒其經營天下、則如行所無事者、誰能及之哉、太史公稱曰、無知名、無勇功、圖難於易、爲大於細、斯觀其深矣、安得不令漢高心折也乎、

畱侯張良者、【索隱】韋昭云、畱、今屬彭城、按良求封畱、以始見高祖於畱故也、漢書云、字子房、按王符皇甫謐竝以良爲韓之公族、姬姓也、秦索賊急、乃改姓名、而韓先有張去疾及張譴、恐非良之先代、【正義】括地志云、故畱城在徐州沛縣東南三十五里、今城內有張良廟也、按張氏譜云、良、張仲三十代孫、仲見毛詩、張老十七代孫、老見春秋及禮記、王符皇甫謐竝云、良當爲韓公族、姬姓也、秦逐賊急、乃改姓名、其言謬矣、【考證】梁玉繩曰、下有子房之稱、何以此不書良之字、班史補之矣、**其先韓人也。**【索隱】良既歷代相韓、故知其先韓人、顧氏按後漢書云、張良出於城父、城父縣屬潁川也、【正義】括地志云、城父在汝州郟城縣東三十里、

韓里也、**大父開地、相韓昭侯・宣惠王・襄哀王。**【集解】應劭曰、大父、祖父、開地、名、**父平、相釐王・悼惠王。**【索隱】韓系家及系本、竝作桓惠王、【正義】大父開地、相昭侯宣惠王襄王、父平相釐王悼惠王、故言五世相韓也、**悼惠王二十三年、平卒。卒二十歲、秦滅韓。良年少未宦事韓。韓破、良家僮三百人。弟死不葬。悉以家財求客、刺秦王、爲韓報仇。以大父父五世相韓故。**【索隱】謂大父及父相韓五王、故云五代、**良嘗學禮淮陽。**【正義】今陳州也、**東見倉海君、**【集解】如淳曰、秦郡縣無倉海、或曰、東夷君長、【索隱】姚察以武帝時東夷穢君降爲倉海郡、或因以名、蓋得其近也、【正義】漢書武帝紀云、元年、東夷穢君南閭等降、爲倉海郡、今貊穢國、得之、太史公修史時、已降爲郡、自書之、括地志云、穢貊在高麗南、新羅北、東至大海西、【考證】顏師古曰、倉海君、蓋當時賢者之號也、良既見之、因而求得力士、**得力士。爲鐵椎重百二十斤。秦皇帝東游、良與客狙、**【集解】服虔曰、狙、伺候也、應劭曰、狙、七預反、伺也、徐廣曰、伺候也、音千恕反、【索隱】按應劭云、狙、伺也、一曰、狙、伏伺也、音七豫反、謂狙之伺物、必伏而候之、故今云狙候、是也、**擊秦皇帝博浪沙中。**【索隱】服虔云、地在陽武南、按今浚儀西北四十里、有博浪城、【正義】晉

地理記云、鄭陽武縣、有博浪沙、按今當官道也、【考證】今河南陽武縣南、**誤中副車。**【索隱】按漢官儀、天子屬車三十六乘、屬車卽副車、而奉車郎御而從後、**秦皇帝大怒、大索天下、求賊甚急。爲張良故也。**【考證】始皇紀云、二十九年、始皇東游、至陽武博狼沙中、爲盜所驚、乃令天下大索十日、劉辰翁曰、從倉海君得力士、已怪、百二十斤椎、擧于曠野之中、而正中副車、雖架砲不能也、大索甚急、良非獨自免、幷隱力士、此大怪事、不可意測、不可語辭、**良乃更名姓、亡匿下邳。**【考證】下邳、東海縣、今江蘇邳州東三里、**良嘗閒從容、**【索隱】嘗、訓經也、閒、閑字也、從容、閒暇也、從容、謂從任其容止不矜莊也、**步游下邳**【索隱】邳、被眉反、按地理志、下邳縣屬東海、又云、邳在薛、後徙此、有上邳、故此曰下邳也、**圯上。**【集解】徐廣曰、圯、橋也、東楚謂之圯、音怡、【索隱】李奇云、下邳人謂橋爲圯、音怡、文穎曰、沂水上橋也、應劭云、沂水之上也、姚察見史記本有作土旁者、乃引今會稽東湖大橋名爲靈圯、圯亦音夷、理或然也、【考證】索隱云、姚察見史記作土旁者、據此則小司馬本作汜、漢書注引應劭云、汜、水之上也、不作沂水之上、據此則應劭本亦作汜、沈欽韓曰、淮南道應訓、公孫龍至於河上、而航在一汜、注、汜、水厓也、此汜上者、亦謂下邳之水邊也、朱錦綬曰、說文、汜、窮瀆也、窮瀆無水、故良可下取、不必作土旁爲橋、愚按、橋下必當有水、未聞留侯善游、沈朱二解得之、**有一老父、衣褐至良所、直墮其履圯下。**【索隱】崔浩云、直、猶故也、亦恐不然、直、言正也、謂至良所、正墮其履也、【正義】顏師古云、褐、制若裘、今道士所服者、

是也、【考證】直、特也、王念孫曰、謂特墮其履、而使取之也、**顧謂良曰。孺子下取履。良愕然。欲毆之。**【集解】徐廣曰、一云、良怒欲罵之、【索隱】毆、音烏后反、【考證】古鈔本、楓三本、無然字、漢書毆作歐、擊也、**爲其老、彊忍、下取履。父曰。履我。良業爲取履。因長跪履之。**【索隱】業、猶本先也、謂良心先已爲取履、故遂跪而履之、【考證】漢書刪父曰履我、良業爲取履九字、凌約言曰、彊忍下取履、正模寫妙處、漢書削之、可以觀班馬優劣、中井積德曰、業爲取履句、謂至此不得不履之、有廢前功之意、愚按、業、既已也、**父以足受、笑而去。**【考證】中井積德曰、履之、足受、可想見結係之頃、**良殊大驚、隨目之。父去里所、復還、**【集解】徐廣曰、一曰、爲其老強忍下取履、因進之、父以足受、笑而去、良殊大驚、父去里所復還、**曰。孺子可教矣。後五日平明、與我會此。良因怪之、跪曰。諾。五日平明良往。父已先在。怒曰。與老人期、後何也。去。曰。後五日早會。五日雞鳴良往。父又先在。復怒曰。後何也。去。曰。後五日復早來。五日、良夜未半往。**【考證】漢書無未字、**有頃、父亦來。喜曰。當如是。出一編書**

【集解】徐廣曰、編、一作篇、【正義】編、必連反、以韋編連簡而書之也、**曰。讀此則爲王者師矣。後十年興。**【考證】凌稚隆曰、伏後十年遇沛公、**十三年、孺子見我。濟北穀城山下黃石、卽我矣。**【正義】括地志云、穀城山、一名黃山、在濟州東阿縣東、濟州、故濟北郡、孔文祥云、黃石公、鬚眉皆白、狀杖丹黎、履赤舄、【考證】張照曰、正義狀字疑衍、**遂去無他言。不復見。旦日視其書、乃太公兵法也。**【正義】七錄云、太公兵法一袟三卷、太公姜子牙、周文王師、封齊侯也、【考證】中井積德曰、黃石公誰見而誰傳之、皆出於留侯之口也、卽後來辟穀之術也、後人好評論之、皆受留侯之誑也、又曰、太公兵法、乃留侯之祕權、非實說、**良因異之、常習誦讀之。居下邳爲任俠。項伯常殺人、從良匿。**【考證】伯下、慶長本作嘗、與漢書合、凌稚隆曰、爲後解鴻門之難眼目、**後十年、陳涉等起兵。良亦聚少年百餘人。景駒自立爲楚假王在畱。良欲往從之。道遇沛公。沛公將數千人、略地下邳西。遂屬焉。沛公拜良**【考證】凌稚隆曰、爲後封留眼目、**爲廐將。**【集解】漢書音義曰、官名、【考證】沈欽韓曰、猶楚宮廐尹之職、**良數以太公兵法說沛公。沛**

公善之、常用其策。良爲他人言。皆不省。良曰。沛公殆天授。【索隱】殆、訓近也、【考證】淮陰侯傳、韓信對高祖曰、陛下所謂天授、非人力也、陸賈傳、陸賈謂尉他曰、漢王起巴蜀、鞭笞天下、劫略諸侯、遂誅項羽滅之、五年之間、海內平定、此非人力、天之所建也、三人所言略同、**故遂從之。不去見景駒。及沛公之薛見項梁、項梁立楚懷王。良乃說項梁曰。君已立楚後。而韓諸公子橫陽君成賢。可立爲王、益樹黨。項梁使良求韓成、立以爲韓王。以良爲韓申徒。**【集解】徐廣曰、卽司徒耳、但語音訛轉、故字亦隨改、【考證】申徒、漢書作司徒、周壽昌曰、楚漢春秋作信都、信卽申、都徒音近而轉耳、勸項梁立韓後、與他日說漢高銷六國印相反、蓋時異則事殊、不獨爲韓也、**與韓王將千餘人、西略韓地、得數城。秦輒復取之。往來游兵潁川。沛公之從雒陽南出轘轅、良引兵從沛公、下韓十餘城、擊破楊熊軍。沛公乃令韓王成畱守陽翟。與良俱南攻下宛。西入武關。沛公欲以兵二萬人擊**

秦嶢下軍。【集解】徐廣曰、嶢、音堯、【考證】長安志、藍田關、在藍縣東南九十八里、卽秦嶢關也、嶢山、在縣南二十里、 良說曰、秦兵尚彊。未可輕。臣聞其將屠者子。賈豎易動以利。願沛公且留壁、使人先行、爲五萬人具食、【集解】徐廣曰、五、一作百、 益爲張旗幟諸山上、爲疑兵、【索隱】旗幟、音其試二音、 令酈食其持重寶啗秦將。秦將果畔、欲連和俱西襲咸陽。沛公欲聽之。良曰、此獨其將欲叛耳。恐士卒不從。不從必危。不如因其解擊之。【索隱】謂卒將離心而懈怠、【正義】解、佳怪反、怠慢也、【考證】中井積德曰、解、但謂守備懈怠也、 沛公乃引兵擊秦軍大破之、遂北至藍田再戰。【考證】漢書、遂作逐、此傳寫之誤、 秦兵竟敗。遂至咸陽。秦王子嬰降沛公。沛公入秦宮。宮室帷帳、狗馬重寶、婦女以千數。意欲留居之。樊噲諫沛公、出舍。沛公不聽。【集解】徐廣曰、一本噲諫曰、沛公欲有天下邪、將欲爲富家翁邪、沛公曰、吾欲有天下、噲曰、今臣從入秦宮、所觀宮室帷帳珠玉重寶鐘鼓之飾、奇物不可勝極、入其後宮、美人婦女以千數、此皆秦所以亾天下也、願沛公急還霸上、無留宮中、沛公不聽、【考證】張文虎曰、據徐廣所引一本、樊噲此諫甚切、今本過略、不知何人所刪、漢書亦沒其語、非史法也、宜著之噲傳、愚按、通鑑揭之正文、胡三省曰、樊噲起于狗屠、識見如此、余謂噲之功、當以諫留秦宮爲上、鴻門誚讓項羽次之、 良曰、夫秦爲無道。故沛公得至此。夫爲天下除殘賊。宜縞素爲資。【集解】晉灼曰、資、籍也、欲沛公反秦奢泰、服儉素以爲籍也、【考證】胡三省曰、縞素、有喪之服、謂弔民也、中井積德曰、資、是商賈之本錢、旅中路費錢、亦謂之資、愚按、韓非五蠹篇、長袖善舞、多錢善賈、此言多資之易爲工也、賈誼過秦論、鄭國之謍謍、霸王之資也、資字義與此同、 今始入秦、卽安其樂。此所謂助桀爲虐。【考證】史田單傳、王蠋曰、國既亡、吾不能亡、今又劫之以兵、爲君將、是助桀爲虐也、蓋古有此語、留侯引之、楓、三本、虐作桀、藝文類聚引史虐下有也字、 且忠言逆耳利於行。毒藥苦口利於病。【索隱】按此語見孔子家語、【考證】家語六本篇、又見說苑正諫篇、藝文類聚初學記引史毒作良、與家語說苑合、行病韻、沈欽韓曰、呂覽至忠篇、至忠逆于目、倒于心、非賢主其孰能聽之、 願沛公聽樊噲言。沛公乃還軍霸上。項羽至鴻門下、欲擊沛公。項伯乃夜馳入沛公軍、私見張良、欲與俱去。良曰、

臣爲韓王送沛公。【考證】下文云、漢王之國、良送至褒中、遣良歸韓、則爲韓王送沛公者、非良權辭、 今事有急、亡去不義。乃具以語沛公。沛公大驚曰、爲將奈何。【考證】漢書、將作之、 良曰、沛公誠欲倍項羽邪。沛公曰、鯫生教我、距關無內諸侯、秦地可盡王。故聽之。【集解】徐廣曰、呂靜曰、鯫、魚也、音此垢反、【索隱】呂靜云、鯫、魚也、謂小魚也、音此垢反、臣瓚按、楚漢春秋、鯫生、本姓解、【正義】鯫、小魚也、比雜小人也、【考證】漢書注引臣瓚云、楚漢春秋鯫姓、與索隱異、釋草云、菆、小葉、此云鯫小魚、是菆鯫皆有小義、正義解爲小人、得之、 良曰、沛公自度、能卻項羽乎。沛公默然。良久曰、固不能也。今爲奈何。【考證】良久二字、見沛公沈思之狀、而漢書刪之、 良乃固要項伯。項伯見沛公。沛公與飲爲壽、結賓婚。【考證】漢書無賓字、中井積德曰、賓、蓋結爲友之義、與婚別項、 令項伯具言沛公不敢倍項羽。所以距關者、備他盜也。及見項羽後解。語在項羽事中。

漢元年正月、沛公爲漢王。王巴·蜀。【正義】巴、通·壁·蓬·開·集·合·萬·忠·渠·渝等十一州、本巴國地也、蜀、益·彭·劍·綿·閬·果·遂·梓·眉·邛·雅·資·嘉·普·戎·嶲·姚·利等十九州、本蜀侯之國也、 漢王賜良金百溢、珠二斗。良具以獻項伯。漢王亦因令良厚遺項伯、使請漢中地。【集解】如淳曰、本但與巴蜀、故請漢中地、 項王乃許之。遂得漢中地。漢王之國。良送至褒中。【正義】括地志云、褒谷、在梁州褒城縣北五十里南中山、昔秦欲伐蜀、路無由入、乃刻石爲牛五頭、置金於後、僞言此牛能屎金、以遺蜀、蜀侯貪、信之、乃令五丁共引牛、塹山堙谷、致之成都、秦遂尋道伐之、因號曰石牛道、蜀賦、以石門在漢中之西褒中之北、是、又云、斜水源出褒城縣西北衙嶺山、與褒水同源而流派、漢書溝洫志云、褒水通沔、斜水通渭、皆以行船、【考證】漢書張良傳同、高紀、作張良辭歸韓、漢王送至褒中、 遣良歸韓。良因說漢王曰、王何不燒絕所過棧道、示天下無還心、以固項王意。【正義】棧道、閣道也、 乃使良還、行燒絕棧道。【考證】顏師古曰、且行且燒、所過之處、皆燒之也、 良至韓。韓王成以良從漢王故、項王不遣成之國。從與俱東。【考證】楓山本、遣下無成字、 良說項王曰、漢王燒絕棧道、無還心矣。乃以齊王田榮反、書告項王。【考證】中井積德曰、據項羽本

紀、張良自韓遺項羽書云云、與此同、非面說、又項羽本紀及班史、遺是書在漢王定三秦之後、曰、漢王失職、欲得關中、如約卽止、不敢東、此蓋謬、　項王以此無西憂漢心。而發兵北擊齊。項王竟不肯遣韓王、乃以爲侯、又殺之彭城。良亡、閒行歸漢王。漢王亦已還定三秦矣。復以良爲成信侯。從東擊楚至彭城。漢敗而還至下邑。【考證】顏師古曰、梁國之縣也、今屬宋州、愚按、今河南夏邑縣、　漢王下馬踞鞍而問曰。吾欲捐關以東等弃之。誰可與共功者。【考證】中井積德曰、古者鞍可解下、乃以代榻床也、　良進曰。九江王黥布、楚梟將、與項王有郄。彭越與齊王田榮反梁地。此兩人可急使。而漢王之將、獨韓信可屬大事當一面。卽欲捐之、捐之此三人、則楚可破也。漢王乃遣隨何說九江王布、而使人連彭越。及魏王豹反、使韓信將兵擊之。因舉燕·代·齊·趙。然卒破楚

者、此三人力也。【考證】中井積德曰、捐關以東於三人、是下固陵時事、決不當在六國議之前、項羽紀可證、楊愼曰、卒破楚者、此三人力也、此敍事綴語法、後云、竟不易太子、四人力也、與此句法同、　張良多病。未嘗特將也。常爲畫策臣、時時從漢王。漢三年、項羽急圍漢王滎陽。漢王恐憂、與酈食其謀橈楚權。【正義】橈、女教反、【考證】顏師古曰、橈、弱也、其字從木、　食其曰。昔湯伐桀、封其後於杞。【考證】夏本紀云、湯封夏之後、至於周封於杞也、與此異、　武王伐紂、封其後於宋。今秦失德弃義、侵伐諸侯社稷、滅六國之後、使無立錐之地。陛下誠能復立六國後世、畢已受印、【考證】新序善謀篇、作畢授印已、　此其君臣百姓、必皆戴陛下之德、莫不鄉風慕義、願爲臣妾。德義已行、陛下南鄉稱霸、楚必斂衽而朝。【考證】梁玉繩曰、天子稱陛下、自秦始也、然是時漢王未卽天子位、而酈食其張良、凡稱陛下者十五、非也、周壽昌曰、陛下之稱、史臣追書之、顏師古曰、衽、衣襟也、王念孫曰、衽、謂袂也、廣雅、袂衽、袖也、衽袂也、此云斂衽而朝、貨殖傳、海岱之間斂袂而往朝焉、是衽卽袂也、管子弟子職篇、攝衽盥漱、又

曰、振衽埽席、趙策、攝衽抱几、列女母儀傳、文伯引衽攘捲而親饋之、皆謂袂也、　漢王曰。善。趣刻印。先生因行佩之矣。【考證】顏師古曰、趣讀曰促、佩、謂授與六國使帶也、　食其未行。張良從外來謁。漢王方食。曰。子房前。客有爲我計橈楚權者。具以酈生語告。曰。於子房何如。【考證】張文虎曰、各本曰字錯在子房下、王念孫雜志云、當從宋本作曰於子房何如、若記事則當稱張良、愚按、漢高呼諸臣常稱其名、獨於張良則否、蓋以賓待之也、　良曰。誰爲陛下畫此計者。陛下事去矣。漢王曰。何哉。張良對曰。臣請藉前箸爲大王籌之。【集解】張晏曰、求借所食之箸、用指畫也、或曰、前世湯武箸明之事、以籌度今時之不若也、【考證】前箸、張說是、　曰。昔者湯伐桀、而封其後於杞者、度能制桀之死命也。【考證】張文虎曰、凌本能譌其、　今陛下能制項籍之死命乎。曰。未能也。其不可一也。【考證】漢書刪曰未能也四字、下同、或據漢書、以爲子房自問自答、愚按、上文云、張良曰、沛公自度能却項羽乎、沛公默然良久、曰、固不能也、語法全同、則此亦子房問、漢王答也、　武王伐紂、封其後於宋者、度能得紂之

頭也。今陛下能得項籍之頭乎。曰。未能也。其不可二也。【考證】中井積德曰、此以封杞宋爲桀紂未滅時事、故有制命之說、宜從文而觀其條貫、　武王入殷、表商容之閭、【索隱】按崔浩云、表者、標榜其里門也、商容、紂時賢人也、韓詩外傳曰、商容執羽籥馮於馬徒、欲以化紂而不能、遂去、伏於大行山、武王欲以爲三公、固辭不受、餘解在商紀、　釋箕子之拘、【集解】徐廣曰、釋、一作式、拘、一作囚、【考證】中井積德曰、班史作式箕子門、於後文爲相應、王念孫曰、新序善謀篇、亦作式箕子之門、愚按、集解囚當作門、　封比干之墓。今陛下能封聖人之墓、表賢者之閭、式智者之門乎。曰。未能也。其不可三也。發鉅橋之粟、散鹿臺之錢、以賜貧窮。今陛下能散府庫以賜貧窮乎。曰。未能也。其不可四矣。殷事已畢、偃革爲軒、【集解】如淳曰、革者、革車也、軒者、赤轍乘軒也、偃武備而治禮樂也、【索隱】蘇林云、革者、兵車也、軒者、朱軒皮軒也、謂廢兵車而用乘車也、說文云、軒、曲周屏車、　倒置干戈、覆以虎皮、以示天下不復用兵。【考證】置、楓山本作冒、漢書新序、作載、　今陛下能偃武行文、不復用兵乎。曰。未能也。

其不可五矣。休馬華山之陽、示以無所爲。今陛下能休馬無所用乎。曰、未能也。其不可六矣。放牛桃林之陰、以示不復輸積。【索隱】按晉灼云、在弘農閿鄉南谷中、應劭十三州記、弘農有桃丘聚、古桃林也、山海經云、夸父之山、北有桃林、廣三百里也、【考證】古鈔本、楓山本、陰作墟、漢書作野、張照曰、索隱應劭下疑有脫文、十三州記闕駰所作、愚按、示以、以示、宜一例、今陛下能放牛不復輸積乎。曰、未能也。其不可七矣。且天下游士、離其親戚、弃墳墓、去故舊、從陛下游者、徒欲日夜望咫尺之地。今復六國、立韓·魏·燕·趙·齊·楚之後、天下游士、各歸事其主、從其親戚、反其故舊墳墓、陛下與誰取天下乎。其不可八矣。且夫楚唯無彊。六國立者復橈而從之、【集解】漢書音義曰、唯當使楚無彊、彊則六國弱從之、【索隱】按荀悅漢紀、說此事云、獨可使楚無彊、若彊則六國屈橈而從之、又韋昭云、今無彊楚者、言六國立、必復屈橈從楚、是二說意同也、【考證】漢書新序、與誰作誰與、楚唯無彊、倒語、猶言唯無彊於楚、與孟子晉國天下無強焉同一字法、韋解得之、李笠曰、從、猶赴、言天下唯楚最強、若立六國者、是復令其折撓而赴楚也、陛下焉得而臣之。誠用客之謀、陛下事去矣。【考證】王若虛曰、張良八難、古今以爲美談、竊疑此論甚疎、夫桀紂已滅、然後湯武封其後、而良云度能制桀之死命、得紂之頭、豈封于未滅之前邪、且湯武所以封之者、重絶人之世耳、非以計其利害也、奈何其以項籍之命爲比哉、酈生所以說帝者、特欲係衆人之心、庶幾畔楚而附漢耳、非使封諸項氏也、奈何其以湯武之事勢相較哉、湯武雖殊時、事理何異、制死命與得其頭、亦何以分列爲兩節、表商容之閭、釋箕子之拘、封比干之墓、此本三事、而幷之者、以其一體也、至于倒置干戈、歸馬放牛、獨非一體乎、而復析之爲三、何哉、班氏頗見其非、乃幷湯武爲一、而但云度能制其死命、豈以死命字不屬桀紂而屬其後歟、然終與項籍事不類也、既以湯武爲一事、故又分楚唯無彊以下爲第八節、蓋二書已自參差矣、八難之目、安知無誤邪、漢王輟食吐哺、罵曰、豎儒幾敗而公事。【索隱】高祖罵酈生爲豎儒、謂此儒生豎子耳、幾、音祈、幾者殆近也、而公、高祖自謂也、漢書作乃公、乃亦汝也、【考證】楓、三本、而公作乃公、與漢書新序合、顏師古曰、輟、止也、哺、食在口中者也、令趣銷印。【考證】顏師古曰、趣讀曰促、漢四年、韓信破齊而欲自立爲齊王。漢王怒。張良說漢王。漢王使良授齊王信印。語在淮陰事中。其秋漢王追楚至陽夏南。戰不利而壁固陵。諸侯期不

至。【考證】梁玉繩曰、事在五年十月、良說漢王。漢王用其計。諸侯皆至。語在項籍事中。漢六年正月、封功臣。【考證】梁玉繩曰、侯表及漢書高紀、封功臣在十二月、良未嘗有戰鬭功。高帝曰、運籌策帷帳中、決勝千里外、子房功也。【考證】張文虎曰、中統、游、毛本、帳作幄、愚按、漢書亦作幄、自擇齊三萬戶。良曰、始臣起下邳、與上會留。此天以臣授陛下。陛下用臣計、幸而時中。臣願封留足矣。不敢當三萬戶。【考證】楓山本、時作得、乃封張良爲留侯、與蕭何等俱封。六年、上已封大功臣二十餘人。【考證】楓、三本、六上有漢字、年下有春字、陳仁錫曰、六年二字重出、漢書刪之、其餘日夜爭功不決。未得行封。上在雒陽南宮。從復道望見諸將往往相與坐沙中語。【集解】如淳曰、復、音複、上下有道、故謂之復道、韋昭曰、閣道、【考證】往往、非一處也、貨殖傳、往往山出棊置、義與此同、上曰、此何語。留侯曰、陛下不知乎。此謀反耳。上曰、天下屬安定。何故反乎。【考證】顏師古曰、屬、近也、言近始安、留侯曰、陛下起布衣、以此屬取天下。【考證】楓山本、以爲與、今陛下爲天子、而所封、皆蕭·曹故人所親愛。而所誅者、皆生平所仇怨。今軍吏計功、以天下不足徧封。此屬畏陛下不能盡封、恐又見疑平生過失及誅、【集解】徐廣曰、多作生平、【考證】漢書刪平生二字、故卽相聚謀反耳。【考證】劉知幾曰、羣小聚謀、侯問方對、若高祖不問、竟欲無言邪、且諸將圖亂、密言臺上、猶懼覺知、羣議沙中、何無避忌、然則複道之望、坐沙而語、是敷演妄益耳、李維楨曰、沙中之人、怏怏不平、見于詞色、未必謀反、但留侯爲弭亂計、故權辭以對耳、茅坤曰、沙中偶語、未必謀反也、謀反乃族滅事、豈野而謀者、子房特假此恐喝高帝、及急封雍齒、則羣疑定矣、上乃憂曰、爲之奈何。留侯曰、上平生所憎、羣臣所共知、誰最甚者。上曰、雍齒與我故。數嘗窘辱我。【集解】漢書音義曰、未起時有故怨、【正義】服虔曰、未起之時、與我有故怨、師古曰、齒常以勇力困辱高祖、【考證】漢書、作與我有故怨、王念孫曰、有故、卽有故怨、漢書怨字衍、楓山本、嘗作常、我欲殺之。爲其功多、故不忍。留侯曰、今急

先封雍齒、以示羣臣。羣臣見雍齒封、則人人自堅矣。於是上乃置酒、封雍齒爲什方侯。【索隱】地理志、縣名、屬廣漢、什音十、【正義】括地志云、雍齒城、在益州什邡縣南四十步、漢什邡縣、漢初封雍齒爲侯國、【考證】錢大昕曰、漢功臣表、作汁防、 而急趣丞相御史、定功行封。羣臣罷酒、皆喜曰、雍齒尚爲侯。我屬無患矣。【考證】王世貞曰、按功臣表、曹參至陳平九人、皆以十二月甲申封、張良至陳豨十三人、以正月丙午封、周竈以丁未封、丁復以戊申封、呂青以壬子封、雍齒始與郭蒙以戊午封、而諸將陳武等以三月丙申庚子等日繼封、然則曹參諸公、遠者先三十四日、 劉敬說高帝曰、都關中。【考證】古鈔本、楓山本、無曰字、張文虎曰、曰字疑衍、漢書無、 上疑之。左右大臣皆山東人。多勸上都雒陽。雒陽東有成皋、西有殽黽。【考證】顏師古曰、殽山也、黽池也、 倍河向伊·雒。其固亦足恃。留侯曰、雒陽雖有此固、其中小不過數百里。田地薄、四面受敵。此非用武之國也。夫關中左殽·函、【正義】殽、二殽山也、在洛州永寧縣西北二十八里、函谷關、在陝州桃林縣西南十二里、 右隴·蜀、【正義】隴山、南連蜀之岷山、故云右隴蜀也、 沃野千里。南有巴·蜀之饒。北有胡·苑之利。【索隱】崔浩云、苑、馬牧、外接胡地、馬生於胡、故云胡苑之利、【正義】博物志云、北有胡苑之塞、按上郡北地之北、與胡接、可以牧養禽獸、又多致胡馬、故謂胡苑之利也、【考證】新序善謀篇、苑作宛、宛、大宛也、中統、游本、亦作宛、 阻三面而守、獨以一面東制諸侯。諸侯安定、河·渭漕輓天下、西給京師、諸侯有變、順流而下、足以委輸。此所謂金城千里、天府之國也。【索隱】按此言謂者、皆是依憑古語、言秦有四塞之國如金城也、故淮南子云、雖有金城、非粟不守、又蘇秦說秦惠王云、秦地勢形便、所謂天府、是所憑也、【正義】金、剛堅固也、關中四塞之限、若金城、 劉敬說是也。於是高帝即日駕西都關中。【索隱】按周禮、二曰詢國遷、乃爲大事、高祖即日西遷者、蓋謂其日即定計耳、非即日遂行也、【考證】中井積德曰、索隱周禮云云、守株、梁玉繩曰、高紀名臣表劉敬傳、皆以都關中在五年、此在六年、誤、第是日之入都關中、乃居櫟陽宮、至七年、始徙居長安、蓋櫟陽長安俱關中也、漢書高紀改入都關中爲都長安、誤甚、不但長安宮闕未興、而其時盧綰尚爲長安侯、建都云乎哉、 留侯從入關。留侯性多病。即道引不食穀。【集解】漢書音義曰、服辟穀之藥、而靜居行氣、 杜門不出歲餘。上欲廢

太子、立戚夫人子趙王如意。大臣多諫爭、未能得堅決者也。呂后恐、不知所爲。人或謂呂后曰、留侯善畫計筴、上信用之。呂后乃使建成侯呂澤劫留侯曰。【考證】通鑑考異云、澤當是釋之、陳仁錫曰、建成侯名釋之、周呂侯名澤、傳文以釋之爲澤、誤、梁玉繩曰、下呂澤同誤、 君常爲上謀臣。今上欲易太子。君安得高枕而臥乎。留侯曰、始上數在困急之中。幸用臣筴。今天下安定、以愛欲易太子。骨肉之閒、雖臣等百餘人何益。呂澤彊要曰。爲我畫計。留侯曰、此難以口舌爭也。顧上有不能致者、天下有四人。【索隱】四人、四皓也、謂東園公綺里季夏黃公甪里先生、按陳留志云、園公姓庾、字宣明、居園中、因以爲號、夏黃公、姓崔、名廣、字少通、齊人、隱居夏里修道、故號曰夏黃公、甪里先生、河內軹人、太伯之後、姓周、名術、字元道、京師號曰霸上先生、一曰甪里先生、又孔安國祕記作祿里、此皆王劭據崔氏周氏系譜及陶元亮四八目而爲此說、【正義】皇甫謐高士傳、四皓、一曰東園公、二曰綺里季、三曰甪里先生、四曰夏黃公、皆河內軹人、漢書外傳云、園公陳留園縣、是其先則爲園公、陳留風俗傳云、園庾字宣明、公羊春秋稜言東園家單父、爲秦博士、遭秦亂避地於南山、惠帝爲太子、即弁園公爲司徒、遜位太子、封廣襄邑南鄉侯、陳留志云、度始常居園中、因謂之園公、周樹洞曆云、甪里先生名術、字元道、太伯之後、京師號霸上先生、周氏世譜云、甪里先生河內軹人、太伯之後、姓周氏、名術、字元道、京師號霸上先生、□□俗云、是吳人、今太湖中洞庭山西、有□□祿里村、是、漢書外傳云、秦聘之、逃匿南山、歌曰、商洛深谷、咸□□夷、曄曄紫芝、可以療飢、驪馬高蓋、其憂甚大、富貴而畏人、其如貧賤而樂肆志、夏黃公或爲大里黃公、會稽典錄云、書佐朱育對郡將濮陽府君云、大里黃公墓、在鄮縣、輿地志云、鄮有大里、夏黃公所居也、今觀縣有黃公廟、崔氏譜云、夏里黃公、姓崔、名廣、字少通、齊人、隱居夏里修道、故曰夏里黃公、甪音祿、【考證】張文虎曰、中統、游本、甪作角、今從索隱單本、凌本、下同、中井積德曰、索隱脫綺里一人、獨何也、愚按、正義依桃源抄補、文多譌脫、張照曰、按漢書王貢傳序曰、漢興有園公綺里季夏黃公甪里先生、顏師古注云、四皓蓋隱居之人、匿跡遠害、不自標顯、祕其氏族、故史傳無得而詳、至于後代、皇甫謐之徒及諸地理書說、競爲四人施安姓氏、自相錯互、語又不經、班氏不載於書、諸家皆臆說、今竝棄略、一無取焉、照謂師古之見卓矣、 四人者年老矣。皆以爲上慢侮人、故逃匿山中、義不爲漢臣。【考證】楓、三本、義作議、 然上高此四人。今公誠能無愛金玉璧帛、令太子爲書、卑辭安車、因使辯士固請、宜來。來以爲客、時時從入朝、令上見之、則必異而問之。

問之、上知此四人賢、則一助也。於是呂后令呂澤使人奉太子書、卑辭厚禮、迎此四人。四人至、客建成侯所。【考證】建成侯、見上、 漢十一年、黥布反。上病。欲使太子將往擊之。四人相謂曰、凡來者、將以存太子。太子將兵、事危矣。乃說建成侯曰、太子將兵、有功、則位不益太子。無功還、則從此受禍矣。且太子所與俱諸將、皆嘗與上定天下梟將也。今使太子將之、此無異使羊將狼也。皆不肯爲盡力。其無功必矣。臣聞、母愛者子抱。【索隱】此語出韓子、【考證】沈欽韓曰、韓非備內篇語曰、其母好者其子抱、然則其爲之反也、其母惡者其子釋、愚按、好抱同聲、此改作愛、義同聲異、 今戚夫人日夜侍御、趙王如意常抱居前。上曰。終不使不肖子居愛子之上。【考證】古鈔本、楓、三本、無曰字、與漢書新序合、王念孫曰、不使不肖子居愛子上、是四皓述高帝之語如此、故下文曰、明其代太子位必矣、若無曰字、則爲四皓語矣、是

四皓以太子爲不肖、豈其然乎、宜有曰字、 明乎其代太子位必矣。君何不急請呂后、承閒爲上泣言。黥布、天下猛將也。善用兵。今諸將皆陛下故等夷。【集解】徐廣曰、夷、猶儕也、【索隱】如淳云、等夷、言等輩、 乃令太子將此屬、無異使羊將狼、莫肯爲用。且使布聞之、則鼓行而西耳。【集解】晉灼曰、鼓行而西、言無所畏也、 上雖病、彊載輜車、臥而護之、諸將不敢不盡力。【正義】輜車、衣車也、護、謂監諸將也、 上雖苦、爲妻子自彊。於是、呂澤立夜見呂后。【考證】李笠曰、此與陳丞相世家、平受詔、立復至宮語同、漢傳、夜上無立字、 呂后承閒爲上泣涕而言、如四人意。上曰。吾惟豎子固不足遣。而公自行耳。【考證】楓、三本、曰下有善字、漢書、而公作乃公、 於是上自將兵而東。羣臣居守、皆送至灞上。留侯病。自彊起至曲郵、見上曰。【集解】司馬彪曰、長安縣東、有曲郵聚、【索隱】郵、音尤、按司馬彪漢書郡國志、長安有曲郵聚、今在新豐西、俗謂之郵頭、漢書舊儀云、五里一郵、郵人居閒、相去二里半、按郵乃今之候也、

【考證】沈欽韓曰、御覽三百九十四、楚漢春秋曰、淮南王布反、上自擊之、張良居守、上體不安、臥輜車中、留侯走、東追上、簪墮被髮及輜車、排戶曰、下、卽弃天下、欲以王葬乎、以布衣葬乎、上罵曰、若翁、天子也、何故以王及布衣葬乎、良曰、淮南反于東、淮陰害于西、恐陛下倚溝壑而終也、按淮陰誅在十一年春正月、此文誤也、信如陸賈言、則其敍事顚倒紛雜、宜爲芻狗之弃也、 臣宜從。病甚。楚人剽疾。願上無與楚人爭鋒。因說上曰。令太子爲將軍、監關中兵。【考證】漢書高紀云、以三萬人軍霸上、徐孚遠曰、太子監關中兵、一以固根本、亦以安太子、解不擊黥布之事也、 上曰。子房雖病、彊臥而傅太子。是時叔孫通爲太傅。留侯行少傅事。【考證】行、行守之行、位高職卑也、 漢十二年、上從擊破布軍歸、疾益甚。愈欲易太子。留侯諫。不聽。因疾不視事。叔孫太傅稱說引古今、以死爭太子。【考證】古鈔本、楓、三本、無今字、與漢書新序合、 上詳許之。【考證】詳、佯通、漢書、作陽、 猶欲易之。及燕置酒。太子侍。四人從太子。【考證】古鈔本、楓、三本、人下有者字、與漢書新序合、可從、 年皆八十有餘、鬚眉皓白、衣冠甚偉。上怪之、問曰。

彼何爲者。四人前對、各言名姓。【考證】陳仁錫曰、宋本、名姓作姓名、愚按漢書新序、作其姓名、 曰。東園公、用里先生、綺里季、夏黃公。上乃大驚曰。吾求公數歲。公辟逃我。今公何自從吾兒游乎。四人皆曰。陛下輕士善罵。臣等義不受辱。故恐而亡匿。竊聞太子爲人、仁孝恭敬愛士、天下莫不延頸欲爲太子死者。故臣等來耳。【考證】延頸、遙望也、 上曰。煩公。幸卒調護太子。【集解】如淳曰、調護、猶營護也、 四人爲壽已畢、起去。上目送之。召戚夫人指示四人者曰。我欲易之。彼四人輔之。羽翼已成、難動矣。呂后眞而主矣。戚夫人泣。上曰。爲我楚舞。吾爲若楚歌。歌曰。鴻鵠高飛、一擧千里。羽翮已就、橫絕四海。橫絕四海、當可奈何。雖有矰繳、尙安所施。【集解】韋昭曰、繳、弋射也、其矢曰矰、【索隱】馬融注周禮云、矰者、繳繫短

矢謂之矰、一說云、矰一弦可以仰高射、故云矰也、【正義】韋昭云、繳、弋射繳箭繩也、用繩繫也、射者引繳收之、言一舉千里、非繒繳所及、太子羽翼已成、難改也、【考證】里、海、施、韻、歌數闋。【索隱】音曲穴反、謂曲終也、說文曰、闋、事也、戚夫人噓唏流涕。上起去罷酒。竟不易太子者、留侯本招此四人之力也。【考證】通鑑考異云、高祖剛猛伉厲、非畏搢紳譏議者也、但以大臣皆不肯從、恐身後趙王獨立、故不爲耳、若決意欲廢太子立如意、不顧義理、以留侯之久故親信、猶云、非口舌所爭、豈山林四叟片言遽能柅其事哉、借使四叟實能柅其事、不過汚高祖數寸之刄耳、何至悲歌云羽翮已成、矰繳安施乎、若四叟實能制高祖、使不敢廢太子、是留侯爲子立黨以制其父也、留侯豈爲此哉、此特辨士欲夸四叟之事、故云然、司馬遷好奇、愛而采之、今不取、王守仁曰、果于隱者必不出、謂隱而出焉必其非隱者也、世家謂留侯招四皓爲太子輔、余疑非眞四皓也、乃子房爲之也、夫四人遁世已久、形容狀貌、人皆不識之矣、故子房劫計之時、陰與爲度、取他人之眉鬚皓白者、偉其衣冠、以誑高帝、此又不可知也、留侯從上擊代、出奇計馬邑下。【集解】徐廣曰、一云出奇計下馬邑、【考證】漢書作下馬邑、及立蕭何相國、【集解】漢書音義曰、何時未爲相國、良勸高祖立之、【考證】何下添爲字看、所與上從容言天下事甚衆。非天下所以存亡。故不著。【考證】顏師古曰、著、謂書之於史、留侯乃稱曰。家世相韓。及韓滅、

不愛萬金之資、爲韓報讎彊秦、天下振動。今以三寸舌、【索隱】春秋緯云、舌在口、長三寸、象斗玉衡、爲帝者師、封萬戶、位列侯。此布衣之極、於良足矣。願弃人閒事、欲從赤松子游耳。【索隱】列仙傳、神農時雨師也、能入火自燒、崑崙山上隨風雨上下也、【考證】顏師古曰、赤松子、仙人號也、索隱自燒上、楓、三本、有不字、乃學辟穀道引輕身。【集解】徐廣曰、一云乃學道引欲輕擧也、【索隱】辟、音亦反、【考證】楓山本、道作導、漢書作乃學道輕擧、道引即導引、道家養生之術、謂呼吸俯仰、屈伸手足、使氣血充足、身體輕擧也、莊子刻意篇、道引之士、養形之人、會高帝崩。呂后德留侯。乃彊食之曰。人生一世閒、如白駒過隙。何至自苦如此乎。【正義】莊子曰、野馬者塵埃也、按遠望谷中、埃塵隨風飄疾如野群奔、白馬亦塵埃也、日入壁隙、埃塵內過、日光不盈、瞬息其色乃白、故云白駒過隙、【考證】白駒、白馬也、隙、間隙也、諸又見魏豹傳、正義非、沈欽韓曰、莊子知北游篇、人生天地之間、若白駒之過郤、留侯不得已彊聽而食。後八年卒。謚爲文成侯。【考證】梁玉繩曰、漢傳、八作六、攷表、良以高帝六年封、卒于呂后二年、在位十六年、則當是九年、史漢俱誤、子不疑代侯。【集解】徐廣曰、文成侯立十六年卒、子不疑代立、十年、坐與門大夫吉謀殺故

楚內史、當死、贖爲城旦、國除、子房始所見下邳圯上老父與太公書者、後十三年、從高帝過濟北。【考證】張文虎曰、宋本、毛本帝作祖、果見穀城山下黃石、取而葆祠之。【集解】徐廣曰、史記珍寶字、皆作葆、留侯死。幷葬黃石冢。【正義】括地志云、漢張良墓在徐州沛縣東六十五里、與留城相近也、【考證】王念孫曰、黃石下冢字、此涉下文上冢而誤衍也、漢書作幷葬黃石、類聚御覽引史記皆無冢字、每上冢伏臘祠黃石。留侯不疑、孝文帝五年、坐不敬國除。【考證】梁玉繩曰、史漢表、坐殺楚內史、非不敬也、此與漢傳誤、

太史公曰。學者多言無鬼神。然言有物。【索隱】按物、謂精怪及藥物也、【考證】齊悼惠王世家、舍人怪之、以爲物而伺之、姚察曰、物、怪物也、索隱及藥物三字當刪、何焯曰、昌黎原鬼因此生意、至如留侯所見老父予書、亦可怪矣。【索隱】按詩緯云、風后黃帝師、又化爲老子、以書授張良、亦異說、高祖離困者數矣。【考證】漢書離困作數離困阸、注、師古曰、離、遭也、而留侯常有功力焉。豈可謂非天乎。【考證】張良評高祖曰、沛

公殆天授、又謂高祖曰、始臣起下邳、與上會留、此天以臣授陛下、太史公亦云、高祖離困者數矣、而留侯常有功力焉、可謂非天乎、前後照應、上曰。夫運籌策帷帳之中、決勝千里外、吾不如子房。余以爲其人計魁梧奇偉。【集解】應劭曰、魁梧、丘虛壯大之意、【索隱】蘇林云、梧、音忤、蕭該云、今讀爲吾、非也、小顏云、言其可驚悟、【正義】蘇顏之說蓋非也、至見其圖、狀貌如婦人好女。蓋孔子曰。以貌取人、失之子羽。【索隱】子羽、澹臺滅明字也、仲尼弟子傳云、狀貌甚惡、又韓子云、子羽有君子之容、而行不稱其貌、與史記文相反、【考證】韓子顯學篇、史公引之、證以貌失人耳、留侯亦云。【考證】留侯上、添余於二字看、

【索隱】述贊、留侯倜儻、志懷憤惋、五代相韓、一朝歸漢、進履宜假、運籌神算、橫陽既立、申徒作扞、灞上扶危、固陵靜亂、人稱三傑、辯推八難、赤松願游、白駒難絆、嗟彼雄略、曾非魁岸、

留侯世家第二十五　　史記五十五

文學博士瀧川龜太郎著

史記會注考證

史記會注考證卷五十六

漢　太史令　司馬遷　撰

宋　中郎外兵曹參軍　裴駰　集解

唐　國子博士弘文館學士　司馬貞　索隱

唐　諸王侍讀率府長史　張守節　正義

日本　出雲　瀧川資言　考證

陳丞相世家第二十六　史記五十六

[考證]史公自序云、六奇既用、諸侯賓從於漢、呂氏之事、平爲本謀、終安宗廟定社稷、作陳丞相世家第二十六、愚按與陳平同相者王陵審食其、二人事蹟少、可傳者、故附

記陳平語中、

陳丞相平者、陽武戶牖鄉人也。[集解]徐廣曰、陽武屬魏地、戶牖今爲東昏縣、屬陳留、[索隱]徐廣云、陽武屬魏、而地理志屬河南郡、蓋後陽武分屬梁國耳、徐又云、戶牖今爲東昏縣、屬陳留、與漢書地理志同、按是秦時戶牖鄉屬陽武、至漢以戶牖爲東昏縣、隸陳留郡也、[正義]陳留風俗傳云、東昏縣、衛地、故陽武之戶牖鄉也、括地志云、東昏故城、在汴州陳留縣東北九十里、[考證]方輿紀要、東昏城、在開封府蘭陽縣東北二十里、故戶牖鄉、 少時家貧。好讀書。[考證]論贊云、少時本好黃帝老子之術、 有田三十畝。獨與兄伯居。伯常耕田、縱平使游學。平爲人長美色。[考證]王念孫曰、當從漢書作長大美色、御覽引史記亦有大字、 人或謂陳平曰。貧何食而肥若是。其嫂嫉平之不視家生產、曰。亦食糠覈耳。[集解]徐廣曰、覈、音核、駰案孟康曰、麥糠中不破者也、晉灼曰、覈、音紇、京師謂麤屑爲紇頭、[考證]楓三本、或上無人字、平下無曰字、嫉作疾、中井積德曰、覈不必麥、糠中米屑爲覈、 有叔如此。不如無有。伯聞之、逐其婦而弃之。[考證]許應元曰、太史下其嫂嫉平數句、蓋先爲其無盜嫂事地也、 及平長、可娶妻。富人莫肯與

者。貧者平亦恥之。久之、戶牖富人有張負。[索隱]按負、是婦人老宿之稱、猶武負之類也、然此張負既稱富人、或恐是丈夫爾、[考證]崔適曰、古聲負婦相同、故借負爲婦也、絳侯世家許負、應劭云、老嫗也、高祖紀武負、漢書注如淳曰、俗謂老大母爲阿負、師古曰、劉向列女傳云、魏曲沃負者、魏大夫如耳之母也、此則古語謂老母爲負耳、案以上諸負字、固屬老母、然必以爲專謂老母、尙不知負之爲婦爾、 張負女孫、五嫁而夫輒死。人莫敢娶。平欲得之。邑中有喪、平貧侍喪、以先往後罷爲助。張負既見之喪所。獨視偉平。平亦以故後去。負隨平至其家。家乃負郭窮巷、[索隱]高誘注戰國策云、負、背、郭、居也、 以弊席爲門。然門外多有長者車轍。[索隱]一作軌、按言長者所乘安車、與載運之車軌轍或別、[考證]周壽昌曰、長者、貴人也、後漢書馬援傳、但謂長者家兒、又子石當屏居自守、而反游京師長者、注、長者、謂豪俠、魏志文帝詔、三世長者知被服、五世長者知飲食、與此長者同、 張負歸謂其子仲曰。吾欲以女孫予陳平。張仲曰。平貧不事事。[考證]顏師古曰、不事產業之事、 一縣中盡笑其所爲。獨柰何予女乎。負曰。人固有好美

如陳平、而長貧賤者乎。卒與女。爲平貧、乃假貸幣以聘、予酒肉之資以內婦。負誡其孫曰。毋以貧故事人不謹。事兄伯如事父、事嫂如母。【集解】兄伯已逐其婦、此嫂疑後娶也、【考證】楓、三本、其下孫上有女字、父上無事字、許應元曰、兄已逐婦、而負言事嫂、亦緊言禮當如是耳、平既娶張氏女、齎用益饒、游道日廣。里中社、平爲宰。【索隱】其里名庫上里、知者據蔡邕陳留東昏庫上里社碑云、惟斯庫里、古陽武之牖鄉、陳平由此社宰遂相高祖也、【考證】禮祭法鄭注、百家以上、則共立一社、今時里社也、蔡邕庫上里社碑、見御覽五百三十二、分肉食甚均。父老曰。善、陳孺子之爲宰。【考證】食音嗣、藝文類聚白氏六帖引史記、無食、父老上有里字、與漢書合、李笠曰、食字疑衍、下云、亦如是肉矣、贊云、方其割肉俎上之時、可以證也、平曰。嗟乎、使平得宰天下、亦如是肉矣。陳涉起而王陳、使周市略定魏地、立魏咎爲魏王、與秦軍相攻於臨濟。陳平固已前謝其兄伯、【集解】漢書音義曰、謝語其兄、往事魏、【考證】漢書無固字、謝、辭也、從少年往、事魏王咎於臨濟。魏王以

爲太僕。【考證】太僕、掌輿馬事、說魏王不聽。人或讒之。陳平亡去。久之項羽略地至河上。陳平往歸之。從入破秦。賜平爵卿。【集解】張晏曰、禮秩如卿、不治事、項羽之東王彭城也、漢王還定三秦而東。殷王反楚。項羽乃以平爲信武君、將魏王咎客在楚者、以往擊、降殷王而還。項王使項悍拜平爲都尉、賜金二十溢。居無何、漢王攻下殷王。【考證】王念孫曰、御覽引此無王字、漢書亦無王字、涉上文殷王而誤衍也、攻下殷者、謂攻下殷國、項王怒、將誅定殷者將吏。陳平懼誅、乃封其金與印、使使歸項王、而平身間行、杖劍亡。渡河。船人見其美丈夫獨行、疑其亡將、要中當有金玉寶器。目之欲殺平。【考證】古鈔本、楓、三本、要作腰、與類聚所引合、漢書、中作下、平恐、乃解衣、躶而佐刺船。船人知其無有、乃止。【考證】徐中行曰、平之侍喪里中、以早至晚去爲助、非助也、欲以動張負而娶

其孫也、間行歸漢、裸而佐刺船、非佐刺船也、欲舟人之知其无金也、彼其平居細事、猶能釣奇若是、況居帷幄之中、受腹心之寄、當危機交急之時者哉、平遂至修武降漢。【集解】徐廣曰、漢二年、因魏無知求見漢王。【索隱】漢書、張敞與朱邑書云、陳平須魏倩而後進、孟康云、卽無知也、【考證】伏後非魏無知臣安得進案、漢王召入。是時萬石君奮爲漢王中涓。【集解】徐廣曰、亦曰涓人、受平謁、入見平。平等七人俱進賜食。王曰。罷就舍矣。【考證】漢書、七人作十人、平曰。臣爲事來。所言不可以過今日。【考證】陳平嚮見漢王於鴻門、徐孚遠曰、平之來也、必持楚陰事以爲贄、故曰不可以過今日、亦欲于一見自託也、於是漢王與語而說之。問曰。子之居楚何官。曰。爲都尉。是日、乃拜平爲都尉、使爲參乘典護軍。諸將盡讙。【索隱】讙、譁也、音懽、又音喧、漢書作皆怨、【考證】今本漢書、作盡讙、荀悅漢紀、作皆怒、曰。大王一日得楚之亡卒、未知其高下。而卽與同載、反使監護軍長者。【考證】王念孫曰、長者、諸將自謂、猶言使之監護我等也、監護下不當有軍字、漢書漢紀、皆無軍字、王先謙曰、酈食其謂高帝、不宜倨見長者、是其例、漢王聞

之、愈益幸平。遂與東伐項王至彭城。爲楚所敗、引而還。【考證】古鈔本、楓山本、引下有軍字、漢書有師字、收散兵至滎陽、以平爲亞將、屬於韓王信、軍廣武。絳侯·灌嬰等、咸讒陳平曰。【考證】絳侯、周勃也、漢書、絳侯灌嬰作絳灌、顏師古曰、舊說絳、絳侯周勃也、灌、灌嬰也、而楚漢春秋、高祖之臣、別有絳灌、疑昧之文、不可據也、平雖美丈夫、如冠玉耳。其中未必有也。【集解】漢書音義曰、飾冠以玉、光好外見、中非所有、【考證】中井積德曰、冠之飾在外、而其中空虛、故以爲喩、臣聞平居家時、盜其嫂、事魏不容、【考證】古鈔本、楓山本、魏下有王咎二字、漢書有王字、亡歸楚。歸楚不中、又亡歸漢。今日大王尊官之令護軍。臣聞平受諸將金。金多者得善處、金少者得惡處。平反覆亂臣也。願王察之。漢王疑之、召讓魏無知。無知曰。臣所言者能也。陛下所問者行也。今有尾生·孝己之行、而無益於勝負之數。【集解】如淳曰、孝己、高宗之子、有孝行、【考證】顏師古曰、尾生、古之信士、一說

卽微生高、沈欽韓曰、語本蘇秦謂燕王、陛下何暇用之乎。楚・漢相距。【考證】漢書、楚上有今字、與上文複、蓋衍、臣進奇謀之士。顧其計誠足以利國家不耳。且盜嫂受金、又何足疑乎。【考證】楓山本、何作安、漢書無且字、漢王召讓平曰。先生事魏不中遂、事楚而去。【考證】古鈔本、楓・三本、無中字、與漢書合、遂字屬上讀、愚按、中遂衍其一字、今又從吾游。信者固多心乎。平曰。臣事魏王。魏王不能用臣說。故去事項王。項王不能信人。其所任愛、非諸項卽妻之昆弟。【考證】周壽昌曰、諸項伯、莊外、惟聲它悍冠見各傳、桃侯劉襄爲項氏親、降漢封侯、見表、雖有奇士不能用。平乃去楚。聞漢王之能用人、故歸大王。臣躶身來、不受金無以爲資。誠臣計畫有可采者、顧大王用之。【考證】王念孫曰、顧當依漢書作願、使無可用者、金具在、請封輸官、得請骸骨。【考證】漢書、金上補大王所賜四字、中井積德曰、時平己聞無知之語、故漢王不詰金事、而平直以金事爲對、又曰、金具在、所受於諸將

之金、班史謬上增大王所賜四字、大失之、漢王乃謝、厚賜拜爲護軍中尉、盡護諸將。諸將乃不敢復言。其後楚急攻、絕漢甬道。【考證】漢二年、築甬道屬之河、以取敖倉粟、應劭曰、甬道、築垣牆如街巷、圍漢王於滎陽城。久之、漢王患之、請割滎陽以西以和。項王不聽。漢王謂陳平曰。天下紛紛、何時定乎。陳平曰。項王爲人恭敬愛人。士之廉節好禮者、多歸之。至於行功爵邑重之。【考證】楓・三本、曰下項上有然字、御覽引史記、行下有賞字、漢書、功下有賞字、顏師古曰、重之、言愛惜之、士亦以此不附。今大王慢而少禮。士廉節者不來。然大王能饒人以爵邑。士之頑鈍嗜利無恥者、亦多歸漢。【集解】如淳曰、頑鈍、猶無廉隅、誠各去其兩短、襲其兩長、天下指麾則定矣。【考證】襲、重也、漢書作集、然大王恣侮人、不能得廉節之士。【考證】張文虎曰、中統、游本、及凌引一本、恣作資、愚按、漢書亦作資、顏師古曰、資、謂天性也、楓・三本、不能上有故字、顧楚

有可亂者。彼項王骨鯁之臣亞父・鍾離眛・龍且・周殷之屬、不過數人耳。【考證】眛字、漢書從目、顏師古曰、眛、莫葛反、其字從本末之末、大王誠能出捐數萬斤金、行反閒、閒其君臣、以疑其心。【考證】沈欽韓曰、孫子用間篇、反閒者因其敵閒而用之、按范唯行千金間廉頗、頓弱資萬金殺李牧、項王爲人、意忌信讒、必內相誅。【考證】王先謙曰、意、疑也、漢因擧兵而攻之、破楚必矣。漢王以爲然、乃出黃金四萬斤與陳平、恣所爲、不問其出入。陳平既多以金縱反閒於楚軍。宣言諸將鍾離眛等、爲項王將、功多矣。然而終不得裂地而王。欲與漢爲一、以滅項氏而分王其地。項羽果意不信鍾離眛等。【考證】意、疑也、項王既疑之。使使至漢。漢王爲太牢具擧進。【考證】顏師古曰、擧、鼎俎而來、見楚使卽詳驚曰。吾以爲亞父使。乃項王使。復持去、更以惡

草具進楚使。【集解】漢書音義曰、草、粗也、【索隱】戰國策云、食馮煖以草具、如淳云、麤草惡之具也、【考證】洪頤煊曰、草具、謂菜食、與太牢之禮異矣、通鑑輯覽云、陳平此計、乃欺三尺童、未可保其必信者、史乃以爲奇、而世傳之、可發一笑、楚使歸、具以報項王。項王果大疑亞父。亞父欲急攻下滎陽城。項王不信、不肯聽。亞父聞項王疑之、乃怒曰。天下事大定矣。君王自爲之。願請骸骨歸。歸未至彭城。疽發背而死。【考證】顏師古曰、疽、癰瘡也、音千余反、陳平乃夜出女子二千人滎陽城東門。楚因擊之。陳平乃與漢王從城西門夜出去。【考證】夜字與上文複、漢書刪、遂入關、收散兵復東。其明年、淮陰侯破齊、自立爲齊王、使使言之漢王。漢王大怒而罵。陳平躡漢王。【集解】漢書音義曰、躡、謂躡漢王足、漢王亦悟、乃厚遇齊使、使張子房卒立信爲齊王、封平以戶牖鄉、用其奇計策、卒滅楚。常以護軍中尉從、定

燕王臧荼。漢六年、人有上書告楚王韓信反。高帝問諸將。諸將曰。亟發兵阬豎子耳。【考證】顏師古曰、亟、急也、高帝默然。問陳平。平固辭謝曰。諸將云何。上具告之。陳平曰。人之上書言信反、有知之者乎。曰。未有。曰。信知之乎。曰。不知。陳平曰。陛下精兵孰與楚。【考證】古鈔本、楓、三本、精兵作兵精、與漢書合、上曰。不能過。平曰。陛下將用兵、有能過韓信者乎。上曰。莫及也。平曰。今兵不如楚精、而將不能及。而舉兵攻之、是趣之戰也。竊爲陛下危之。【考證】顏師古曰、趣讀曰促、上曰。爲之柰何。平曰。古者天子巡狩會諸侯。南方有雲夢。陛下第出僞游雲夢、【索隱】蘇林云、第、且也、小顏云、但也、【考證】沈欽韓曰、一統志、安陸以南、華容以北、枝江以東、皆古之雲夢澤、後世悉爲邑居聚落、會諸侯於陳。陳、楚之西界。【正義】陳、今陳州也、韓信都彭城、號楚王、故陳州爲楚西界也、信聞天子以好

出游、其勢必無事而郊迎謁。謁而陛下因禽之、此特一力士之事耳。高帝以爲然。乃發使告諸侯會陳。吾將南游雲夢。上因隨以行。【考證】劉辰翁曰、隨以行、謂即日行、使其不測、行未至陳、楚王信果郊迎道中。【考證】漢書、行下奪未字、高帝豫具武士、見信至、即執縛之、載後車。信呼曰。天下已定。我固當烹。高帝顧謂信曰。若毋聲。而反明矣。【考證】聲、呼號也、若、而、皆汝也、武士反接之。【集解】漢書音義曰、反縛兩手、遂會諸侯于陳、盡定楚地。還至雒陽、赦信以爲淮陰侯。【集解】中井積德曰、反逆者、三族之罪也、豈可赦哉、赦信以見其無罪也、而與功臣剖符定封。於是與平剖符、世世勿絕、爲戶牖侯。平辭曰。此非臣之功也。上曰。吾用先生謀計、戰勝剋敵。非功而何。平曰。非魏無知、臣安得進。上曰。若子可謂不背本矣。【考證】初稱先生、敬之也、

後稱子、親之也、凌稚隆曰、君而先生其臣者見此、乃復賞魏無知。其明年、以護軍中尉、從攻反者韓王信於代。卒至平城、爲匈奴所圍。七日不得食。高帝用陳平奇計、使單于閼氏。【集解】蘇林曰、閼氏、音焉支、如漢皇后、圍以得開。高帝既出。其計祕、世莫得聞。【集解】桓譚新論或云、陳平爲高帝解平城之圍、則言其事祕、世莫得而聞也、此以工妙踔善、故藏隱不傳焉、子能權知斯事否、吾應之曰、此策乃反薄陋拙惡、故隱而不泄、高帝見圍七日、而陳平往說閼氏、閼氏言於單于而出之、以是知其所用說之事矣、彼陳平必言漢有好麗美女、爲道其容貌天下無有、今困急、已馳使歸迎取、欲進與單于、單于見此人、必大好愛之、愛之則閼氏日以遠疏、不如及其未到、令漢得脫去、去亦不持女來矣、閼氏婦女、有妒媢之性、必憎惡而事去之、此說簡而要、及得其用、則欲使神怪、故隱匿不世泄也、劉子駿聞吾言、乃立稱善焉、按漢書音義應劭說此事、大旨與桓論略同、不知是應全取桓論、或別有所聞乎、今觀桓論、似本無說、高帝南過曲逆、【集解】地理志、縣屬中山也、【索隱】章帝醜其名、改云蒲陰也、【考證】曲逆在今直隸完縣東南、曲、區句反、逆、音遇、上其城、望見其屋室甚大、曰。壯哉縣。吾行天下、獨見洛陽與是耳。顧問御史曰。曲逆戶口幾何。【考證】沈欽韓曰、百官表、御史掌圖籍祕書、故

戶口之數職知之、每有封爵、與丞相同被詔、亦因此、對曰。始秦時三萬餘戶。閒者兵數起、多亡匿。今見五千戶。【考證】楓、三本、千下有餘字、劉辰翁曰、只曲逆戶數、見劉項之消亡、存者六之一、可畏哉、於是乃詔御史、更以陳平爲曲逆侯、盡食之、除前所食戶牖。【考證】錢大昕曰、漢時封縣侯、戶數多少不同、如蕭何始封酇、食八千戶、後又益封二千戶、元狩中、以酇戶二千四百封其曾孫慶、宣帝時以酇戶二千封其玄孫建世、封號雖同、而租入迥別、蓋一縣之戶、不止此數、除侯所食外、其餘歸之有司也、高祖功臣盡食一縣者、惟平一人、其後常以護軍中尉、從攻陳豨及黥布。【考證】漢書、攻下有臧荼二字、陳平初仕漢以都尉爲護軍中尉、至是仍居其職、陳仁錫曰、始終不越都尉、益封不遷其職、所以能盡其用、凡六出奇計、輒益邑。凡六益封。奇計或頗祕、世莫能聞也。【考證】古鈔本、楓山本、能作得、與漢書合、錢大昭曰、閒疏楚君臣、一奇計也、夜出女子二千人滎陽東門、二奇計也、躡漢王立信爲齊王、三奇計也、僞游雲夢縛信、四奇計也、解平城圍、五奇計也、其六當在從擊臧荼陳豨黥布時、史傳無文、愚按、或以進草具楚使、爲奇計之一、而其事既括閒疏楚君臣中、則錢氏刪之爲是、躡足封齊、未可謂奇計、闕疑可也、高帝從破布軍還、病創。徐行至長安。燕王盧綰反。上使樊噲以相

國將兵攻之。既行。人有短惡噲者。【考證】楓、三本、噲上有樊字、 高帝怒曰。噲見吾病、乃冀我死也。用陳平謀而召絳侯周勃、受詔牀下曰。陳平亟馳傳載勃、代噲將。平至軍中、卽斬噲頭。二人既受詔。馳傳未至軍。行計之曰。【考證】顏師古曰、行計、謂於道中行且計也、 樊噲、帝之故人也。功多。且又乃呂后弟呂嬃之夫。有親且貴。【考證】弟、女弟、 帝以忿怒故欲斬之。則恐後悔。寧囚而致上。上自誅之。未至軍、爲壇以節召樊噲。噲受詔。卽反接載檻車、傳詣長安、而令絳侯勃代將、將兵定燕反縣。平行聞高帝崩、【考證】顏師古曰、未至京師、於道中聞高祖崩、 平恐呂太后及呂嬃讒怒、乃馳傳先去。【考證】楓山本、無怒字、 逢使者。詔平與灌嬰屯於滎陽。平受詔、立復馳至宮、哭甚哀。因奏事喪前。呂太

后哀之曰。君勞。出休矣。平畏讒之就、因固請得宿衛中。太后乃以爲郎中令。曰。傅教孝惠。【集解】如淳曰、傅相之傅也、【考證】胡三省曰、郎中令秦官、掌宮殿掖門戶、武帝太初元年、更名光祿勳、李笠曰、曰字疑衍、陳仁錫曰、孝惠當作皇帝、 是後呂嬃讒乃不得行。樊噲至、則赦復爵邑。【考證】高祖欲斬樊噲、恐其黨於呂氏也、而赦死復爵、豈老蘇所謂遺患者邪、但既奪其兵權、則噲不能有爲、平勃講之精矣、 孝惠帝六年、相國曹參卒。以安國侯王陵爲右丞相、【集解】徐廣曰、王陵以客從起豐、以廐將別守豐、上東、因從戰不利、奉孝惠魯元出睢水中、封爲雍侯、高帝八年、定食安國、二十一年卒、謚武侯、至玄孫、坐酎金國除、【考證】張文虎曰、表、八年作六年、漢書同、集解誤、林伯桐曰、王陵不肯立諸呂爲王、則有守、一見張蒼知爲美士、而救其死、則有識、與雍齒善、不因高祖怒雍齒而改其交、則有信、三者皆難能而可貴、宜乎高祖微時以兄事之、及呂后問可相者、而以爲王陵可代曹參也、 陳平爲左丞相。王陵者故沛人。始爲縣豪。高祖微時、兄事陵。陵少文任氣、好直言。及高祖起沛、入至咸陽。陵亦自聚黨數千人、居南陽、不肯從沛公。及漢王之還攻項籍、

陵乃以兵屬漢。項羽取陵母置軍中。陵使至、則東鄉坐陵母、欲以招陵。【考證】胡三省曰、古以東鄉之位爲尊、沛公見羽於鴻門、羽東鄉坐、韓信東鄉坐李左車而師事之、是也、鄉讀曰嚮、 陵母既私送使者、泣曰。爲老妾語陵。謹事漢王。漢王長者也。無以老妾故持二心。妾以死送使者。遂伏劍而死。項王怒亨陵母。陵卒從漢王定天下。以善雍齒。雍齒高帝之仇、而陵本無意從高帝。以故晚封爲安國侯。【考證】漢書、爲王陵別立傳、史記附記陳丞相世家、齊召南曰、陵之初從、傳與表判然不同、據此傳、則在漢王還定三秦、率五諸侯伐楚之後、故下文云、陵本無從漢之意也、但張蒼傳、言陵解張蒼之厄、乃在沛公初定南陽未入武關以前、何邪、洪頤煊曰、史漢兩表所載侯狀俱同、唯安國武侯王陵兩表絕異、疑此別是一王陵、而史公誤合之、全祖望曰、王陵是自聚黨定南陽者、未嘗從起豐、未嘗從至霸上、未嘗爲漢守豐、史表功狀之言皆謬、但陵自定南陽、歸漢甚早、而不從入關者、蓋高祖留以爲外援、本傳以爲不肯屬漢、則又非也、陵不屬漢、何以能免張蒼於死、而次年高祖乃用其兵以迎太公、非陵不肯屬漢之明文乎、且陵母之賢、一死以堅陵之從漢矣、則謂陵不肯屬漢、高祖恨之、其封獨晚、非也、蓋漢初功臣位次、第一曰從起豐沛、二曰從入關、三曰從定三秦、而陵之功、皆在三者之後、又無秘策如陳平

等、則其晚宜矣、梁玉繩曰、攷張蒼傳、陵救張蒼、在沛公初定南陽、未入武關之前、而陵之封侯、同在六年、又位居十八人中、安得謂陵不肯從漢及攻羽時始從、以故晚封邪、愚按、全梁二說是也、 安國侯既爲右丞相。二歲、孝惠帝崩。高后欲立諸呂爲王。問王陵。王陵曰。不可。問陳平。陳平曰。可。呂太后怒。乃佯遷陵爲帝太傅。實不用陵。陵怒、謝疾免、杜門竟不朝請。七年而卒。陵之免丞相、呂太后乃徙平爲右丞相、以辟陽侯審食其爲左丞相。左丞相不治、常給事於中。【集解】孟康曰、不立治處、使止宮中也、【正義】秦漢以前、右爲上、左爲下、晉宋以來、左爲上也、【考證】中井積德曰、官上右、古法也、故貶秩謂左遷、若後世官上左、是北胡之俗而入夏也、李奇曰、不治、不治丞相職事也、 食其亦沛人。【考證】漢初爲相者、陳平以外皆沛人、 漢王之敗彭城西、楚取太上皇呂后爲質。食其以舍人侍呂后。其後從破項籍爲侯。幸於呂太后。及爲相居中、百官皆因決事。【考證】劉辰翁曰、因王陵相乃傳陵、又傳審食其、皆傳體當然、漢書析之、徒使首尾不全、

耳、呂頦常以前陳平爲高帝謀執樊噲、數讒曰。陳平爲相、非治事、日飲醇酒、戲婦女。陳平聞、日益甚。呂太后聞之、私獨喜。【考證】王先謙曰、平不以能加於辟陽之上、又無治迹、故后喜之、面質呂頦於陳平曰。【正義】質、對也、鄙語曰。兒婦人口、不可用。顧君與我何如耳。無畏呂頦之讒也。【正義】顧、念思也、【考證】口、用韻、呂太后立諸呂爲王。陳平僞聽之。及呂太后崩、平與太尉勃合謀、卒誅諸呂立孝文皇帝。陳平本謀也。審食其免相。【集解】徐廣曰、審食其初以舍人起、侍呂后孝惠帝於沛、又從在楚、封二十五年、文帝三年死、子平代、代二十二年、景帝三年、坐謀反國除、一本云、食其免後三歲、爲淮南王所殺、文帝令其子平嗣侯、菑川王反、辟陽近菑川、平降之、國除、孝文帝立。以爲太尉勃親以兵誅呂氏、功多。陳平欲讓勃尊位。乃謝病。【考證】張文虎曰、王、柯、淩本、謝病作病謝、愚按、漢書作謝病、孝文帝初立、怪平病問之。【考證】周壽昌曰、怪其無故以病謝、平曰。高祖時、勃功不如臣平。及誅諸呂、臣功亦不如勃。願以右丞相讓勃。【考證】古鈔本、楓山本、高祖作皇帝、與漢書合、於是孝文帝乃以絳侯勃爲右丞相。位次第一。平徙爲左丞相。位次第二。賜平金千斤、益封三千戶。【考證】梁玉繩曰、史漢孝文紀、千斤作二千斤、居頃之、孝文皇帝既益明習國家事。朝而問右丞相勃曰。天下一歲決獄幾何。勃謝曰。不知。問天下一歲錢穀出入幾何。勃又謝不知。汗出沾背。愧不能對。【考證】楓山本、謝下無曰字、他日文帝登虎圈、問上林尉以諸禽獸簿、此帝試人慣用手段、於是上亦問左丞相平。平曰。有主者。【考證】漢書、曰下有各字、上曰。主者謂誰。【考證】古鈔本、楓、三本、謂作爲、與漢書合、平曰。陛下卽問決獄、責廷尉。問錢穀、責治粟內史。上曰。苟各有主者。而君所主者何事也。平謝曰。主臣。【集解】張晏曰、若今人謝曰惶恐也、馬融龍虎賦曰、勇怯見之、莫不主臣、孟康曰、主臣、主羣臣

也、若今言人主也、韋昭曰、言主臣道不敢欺也、【索隱】蘇林與孟康同、旣古人所未了、故竝存兩解、【正義】下文云、使卿大夫各得任其職、是主羣臣也、佗說皆非、【考證】主臣、見馮唐傳、下又以陛下承之、語氣與此同、張照曰、按如孟韋之說、于馮唐傳之主臣更通不去、應從張晏作皇恐解、索隱於此依違其說、不若馮唐傳注之詳確也、中井積德曰、主臣、猶單言臣也、惶恐之時先發此一語、乃當時之習俗、無干文義、文穎云、恐惶之辭也、陛下不知其駑下、使待罪宰相。宰相者、上佐天子、理陰陽、順四時、下育萬物之宜、【考證】漢書、育作遂、外鎭撫四夷諸侯、內親附百姓、使卿大夫各得任其職焉。【考證】周官三公之職、以論道經邦、燮理陰陽爲務、漢初猶守此說、觀陳平對文帝、丙吉問牛喘、可以見焉、董仲舒治公羊春秋、推陰陽、京房據易說災變、劉向傳穀梁春秋、以洪範、自是陰陽五行災異之說寖興、以爲天象人事關係甚密、元成之間、薛宣爲丞相、徐防爲太尉、張禹錄尚書事、前後以災異饑饉寇賊策免、熒惑守心、丞相翟方進引責自殺、春霜夏寒、月青無光、丞相于定國自劾歸侯印、至後漢其風猶存、明帝時、日食、三公免冠自劾、事詳于趙翼二十二史劄記二卷、孝文帝乃稱善。右丞相大慙、出而讓陳平曰。君獨不素教我對。陳平笑曰。君居其位、不知其任邪。且陛下卽問長安中盜賊數。【集解】漢書音義曰、頭數也、【考證】劉攽曰、盜賊數亦自有主者、謂不當問細故也、君欲彊對邪。於是絳侯自知其能不如平遠矣。居頃之、絳侯謝病請免相。【考證】楓山本、相上有丞字、陳平專爲一丞相。【考證】漢書無一字、孝文帝二年、丞相陳平卒。諡爲獻侯。子共侯買代侯。二年卒。子簡侯恢代侯。【考證】梁玉繩曰、史漢表、恢作悝、二十三年卒。子何代侯。二十三年、何坐略人妻、弃市、國除。【考證】張文虎曰、二十三年、宋本、三十一年、毛本、二十一年、他本、作三十三年、竝誤、今依梁氏志疑改、與表合、始陳平曰。我多陰謀。是道家之所禁。吾世卽廢、亦已矣。終不能復起。以吾多陰禍也。然其後曾孫陳掌、以衞氏親貴戚、願得續封陳氏。然終不得。【集解】徐廣曰、陳掌者、衞青之子壻、【考證】漢書、親貴戚作親戚貴、衞將軍傳云、青姊少兒與掌通、

太史公曰。陳丞相平少時、本好黃帝・老子之術。方其割肉俎

上之時、其意固已遠矣。傾側擾攘楚魏之閒、卒歸高帝、常出奇計、救紛糾之難、振國家之患。及呂后時、事多故矣。然平竟自脫、定宗廟以榮名終、稱賢相。豈不善始善終哉。非知謀、孰能當此者乎。【考證】王鏊曰、知謀二字、斷盡陳平一生、趙恆曰、太史公論傾側擾攘卒歸高帝、其智也、紛糾之難常出奇計、亦智也、時事多故不惟自脫、卒定宗廟以榮名終、可謂大智矣、搃束之曰、非智謀而能若是乎、論留侯籌策功力、則歸之天、論平功名則歸之智謀、智謀者人也、正譎之間耳、讀陳平一傳可見人無所不至也、

【索隱】述贊、曲逆窮巷、門多長者、宰肉先均、佐喪後罷、魏楚更用、腹心難假、弃印封金、刺船露祼、閒行歸漢、委質麾下、滎陽計全、平城圍解、推陵讓勃、裒多益寡、應變合權、克定宗社、

陳丞相世家第二十六　史記五十六

文學博士瀧川龜太郎著

史記會注考證

史記會注考證卷五十七

漢　太史令　司馬遷　撰
宋　中郎外兵曹參軍　裴駰　集解
唐　國子博士弘文館學士　司馬貞　索隱
唐　諸王侍讀率府長史　張守節　正義
日本　出雲　瀧川資言　考證

絳侯周勃世家第二十七　　史記五十七

[考證]古鈔本、絳侯下無周勃二字、與史公自序合、崔適曰、依留侯下不言張良、二字當刪、史公自序曰、諸呂爲從、謀弱京師、而勃反經合於權、吳楚之兵、亞父駐於昌邑、以

尼齊趙、而出委以梁、作絳侯世家、第二十七、楊愼曰、敘戰功處、與曹參世家樊酈等列傳同一凡例、韓文公曹成王碑、敘戰功處本此、凌稚隆曰、篇中曰破、曰下、曰取、曰襲取、曰定、曰得、曰滅、曰降、曰虜、曰斬、皆以紀其功也、曰先登、曰却敵、曰殿、曰最、曰爲多、皆以論其功也、査愼行曰、太史公敘周勃、與曹樊同例、功雖多、不過一戰將耳、至其子亞夫、用兵處、極力摹寫、節制之師、歷歷有如目擊、漢書只添亞父東擊吳楚時趙涉遮說一節、其於前後敘次、詳略改竄、移易一句不得、亞夫之坐謀反、因子買葬器、獄吏執欲反地下四字、游戲定爰書、此何異岳武穆莫須有三字耶、景帝之刻薄寡恩、隱然言外、史筆至此、出神入化矣、

絳侯周勃者、沛人也。其先卷人。[集解]徐廣曰、卷縣、在滎陽、[索隱]韋昭云、屬河南、地理志亦然、然則後置滎陽郡、而卷隸焉、音丘玄反、字林、音丘權反、[正義]括地志云、故卷城在鄭州原武縣西北七里、釋例地名云、卷縣所理垣雍城也、[考證]沈欽韓曰、一統志、卷縣故城、在懷慶府原武縣西北、愚按、屬河南、徙沛。勃以織薄曲爲生。[集解]蘇林曰、薄、一名曲、月令曰、具曲植、[索隱]謂勃本以織蠶薄爲生業也、韋昭云、北方謂薄爲曲、許愼注淮南云、曲、葦薄也、郭璞注方言云、植、縣曲柱也、音直吏反、[考證]中井積德曰、平爲薄、圈爲曲、常爲人吹簫給喪事。[集解]如淳曰、以樂喪家、若俳優、瓚曰、吹簫以樂喪賓、若樂人也、[索隱]左傳、歌虞殯、猶今挽歌類也、歌者或有簫管、[正義]今之挽歌以鈴爲節、所以樂亡者神魂、[考證]沈欽韓曰、注云、吹簫以樂賓、秦雖俗敗、何至當喪爲樂、吹簫者、挽歌所用也、材官引彊。[集解]漢書音義曰、能引彊弓官、如今挽彊司馬也、

[索隱]晉灼云、申屠嘉爲材官蹶張、[考證]中井積德曰、材官、武卒之號、引強蹶張等、乃其科派、蓋郡國設材官騎士、平時無所用、有事而後發之、常給口食、而不役、如救火卒然、故必別有生業也、高祖之爲沛公初起、勃以中涓從攻胡陵、下方與。方與反。與戰、卻適。攻豐、[考證]漢書適作敵、擊秦軍碭東、還軍留及蕭。復攻碭、破之、下下邑。先登。賜爵五大夫。攻蒙・虞、取之。[索隱]蒙虞、二縣名、地理志屬梁國、[考證]漢書、作蘭虞、非是、擊章邯車騎。殿。[集解]服虔曰、略得殿兵也、如淳曰、殿、不進也、瓚曰、在軍後曰殿、孫檢曰、一說、上功曰最、下功曰殿、戰功曰多、周勃事中有此三品、與諸將俱計功、則曰殿最、獨捷則曰多、多義見周禮、故此云擊章邯車騎殿、又云先至城下爲多、又云攻槐里好畤最、是也、[索隱]孫檢說是、[考證]周壽昌曰、殿、爲高帝殿後也、擊章邯車騎、句、殿一字句、定魏地。攻爰戚・東緡。[集解]徐廣曰、屬山陽、[索隱]小顏音昏、非也、地理志、山陽有東緡縣、音旻、然則戶牖之爲東緡音昏、是、屬陳留者音昏、屬山陽者音旻也、[正義]緡、眉貧反、括地志云、東緡故城、漢縣也、在兗州金鄉縣界、以往至栗。取之。[正義]括地志云、屬沛郡也、攻齧桑。先登。[索隱]徐氏云、在梁彭城閒、[考證]東緡、今山東金鄉縣東北、栗、今河南夏邑縣、沈欽韓曰、紀要、齧亭、在徐州沛縣西南、愚按、沛縣屬江蘇、擊秦軍阿下、破之、[索隱]謂東阿之下也、追至

濮陽、下甄城。攻都關・定陶、【索隱】都關、地理志、縣名、屬山陽。【考證】甄城、今濮州東、都關、濮州東南、皆屬山東。襲取宛朐、【正義】寃劬二音、今曹州縣、在州西四十七里。【考證】今山東荷澤縣東南。得單父令。【正義】單父、善甫二音、宋州縣也。【考證】今山東單縣南一里。夜襲取臨濟、攻張、【集解】漢書音義曰、攻壽張。【索隱】地理志、東郡壽良縣、光武改曰壽張。【考證】漢書、作壽張。以前至卷破之。擊李由軍雍丘下、攻開封、先至城下、爲多。【集解】文穎曰、勃士卒至者多、如淳曰、周禮戰功曰多。後章邯破殺項梁。沛公與項羽引兵東如碭。自初起沛、還至碭、一歲二月。【索隱】謂初起沛、及還至碭、得一歲、又更二月也。楚懷王封沛公號安武侯、爲碭郡長。【考證】安武侯、古鈔本、作武安侯、與凌所引一本合、漢書亦作武安侯、陳仁錫曰、今本作安武侯、誤。沛公拜勃爲虎賁令。【集解】徐廣曰、一云句盾令。【索隱】漢書云、襄賁令、賁音肥、縣名、屬東海。徐廣又云、句盾令、所見本各別也。【考證】沈欽韓曰、史記是也、高祖方用勃爲將、安得遠縣棄之。以令從沛公、定魏地、攻東郡尉於城武、破之。【考證】漢書、城武作成武。擊王離軍破之。攻長社、先登。攻

潁陽・緱氏。【正義】緱音勾、洛州縣。【考證】長社、潁陽、竝潁川縣、長社在今許州長葛縣西、潁陽、今許州西南、愚按、竝屬河南。絕河津、【正義】即古平陰津、在洛州洛陽縣東北五十里。擊趙賁軍尸北。【索隱】賁、音肥、人姓名也、尸、即尸鄉、今偃師也、北、謂尸鄉之北。【考證】沈欽韓曰、方輿紀要、尸鄉、在河南府偃師縣西三十里、亦曰尸氏。南攻南陽守齮、破武關・嶢關、破秦軍於藍田、至咸陽滅秦。項羽至、以沛公爲漢王。漢王賜勃爵爲威武侯。【索隱】或是封號、未必縣名也。從入漢中、拜爲將軍。還定三秦、至秦、賜食邑懷德。【正義】括地志云、懷德故城、在同州朝邑縣西南四十三里。攻槐里・好畤。【索隱】地理志、二縣屬右扶風。最。【集解】如淳曰、於將率之中功爲最。【考證】先入者爲最。擊趙賁・內史保於咸陽、最。北攻漆、【索隱】地理志、漆縣、在右扶風。【正義】今幽州新平縣、古漆縣也。【考證】王先謙曰、今邠州治。擊章平・姚卬軍、【索隱】卬、音五郎反、平下將。西定汧、【正義】口肩反、今隴州汧源縣、本漢汧縣地也。【考證】今陝西隴縣南。還下郿・頻陽。【索隱】地理志、郿、屬右扶風、頻陽、屬左馮翊也。【正義】郿、音眉、括地志云、郿縣故城、在岐州郿縣東北十五里、頻陽故城、在宜州土門縣南三里、今土門縣、併入同官縣、屬雍州、宜州廢也。【考證】郿、今郿縣、

頻陽、今富平縣東北、竝屬陝西。圍章邯廢丘、【索隱】地理志、槐里、周曰犬丘、懿王都之、秦更名廢丘、高祖三年、更名槐里、而此云槐里者、據後而書之、又云、廢丘者以章邯本都廢丘而亡、亦據舊書之。破西丞、【集解】徐廣曰、天水有西縣。【正義】括地志云、西縣故城、在秦州上邽縣西南九十里、本漢西縣地、破西縣丞。擊盜巴軍破之。【集解】如淳曰、章邯將。【考證】漢書、盜巴作盜巳、漢書評林云、二字筆畫相似、未辨孰是。攻上邽、【正義】音圭、秦州縣也。東守嶢關。轉擊項籍、攻曲逆、最。【考證】錢大昕曰、漢書、曲逆作曲遇、逆字誤、梁玉繩曰、曲遇在中牟、故下文云、還守敖倉、若曲逆屬中山、不相值也。還守敖倉、追項籍。籍已死。因東定楚地泗川・東海郡。【考證】凌引一本、泗川作泗水、與漢書合。凡得二十二縣。還守雒陽・櫟陽。賜與潁陽侯共食鍾離。【索隱】地理志、縣名、屬九江、古鍾離子國。【正義】括地志云、潁陰故城、在陳州南頓縣西北、鍾離故城、在濠州鍾離縣東北五里。【考證】正義本、凌引一本、潁陽作潁陰、與漢書合、此誤、梁玉繩曰、潁陰侯、謂灌嬰也。以將軍從高帝、擊反者燕王臧荼、破之易下。【索隱】荼、如字讀、易、水名、因以爲縣、在涿郡、謂破荼軍於易水之下、言近水也。【正義】括地志云、易縣故城、在幽州歸義縣東南十五里、燕桓侯所徙都臨易、是也。【考證】中井積德曰、易、縣名、故曰下也、即用水名、當曰上。所將卒、當馳道

爲多。【索隱】小顏以當高祖所行之道、或以馳道爲秦之馳道、故賈山傳云、秦爲馳道東窮燕齊也。【考證】劉敞曰、馳道、猶言乘輿耳、言將卒在馳道有功也、戰功曰多、陳子龍曰、當馳道、大氐當正軍也、沈欽韓曰、謂敵人馳車衝突之道、當之者爲多也、愚按顏劉義長。賜爵列侯、剖符世世勿絕、食絳八千一百八十戶。號絳侯。【正義】括地志云、絳邑城、漢絳縣、在絳州曲沃縣南二里、或以爲秦之舊馳道也。【考證】漢書、一百作二百、正義或以爲秦舊馳道也、上文注誤入下文。以將軍從高帝、擊反韓王信於代、降下霍人。【索隱】蕭該云、左傳、以偪陽子歸納諸霍人、杜預云、晉邑也、字或作靃。【正義】霍、音瑣、又音蘇寡反、顏師古云、音山寡反、按霍字當作葰、地理志云、葰人縣、屬太原郡、括地志云、葰人故城、在代州繁畤縣界、漢葰人縣也、按樊噲列傳、作靃人、其音亦同。【考證】葰人、在今山西繁畤縣。以前至武泉、擊胡騎、破之武泉北。【集解】徐廣曰、屬雲中。【正義】括地志云、武泉故城、在朔州北二百二十里。【考證】今山西右玉縣西北。轉攻韓信軍銅鞮、破之。【正義】括地志云、銅鞮故城、在潞州銅鞮縣東十五里、州西六十五里、在并州東南也。【考證】故城、在今山西沁縣。還降太原六城。【正義】并州縣、從銅鞮還、并降六城也。擊韓信胡騎晉陽下、破之。下晉陽。後擊韓信軍於硰石、破之。【集解】應劭曰、硰、音沙、或曰、地名。【索隱】硰、晉灼音赤座反。

【正義】按在樓煩縣西北、【考證】王先謙曰、後當作復、下文復擊綰軍沮陽、卽其證、沈欽韓曰、明志、太原府靜樂縣西北、有廢樓煩縣、此唐所置爲監牧地也、方輿紀要、磐石城、在靜樂縣東北、靜樂今屬忻州、追北八十里、還攻樓煩三城、【正義】樓煩、地理志云、在鴈門郡、括地志云、在幷州崞縣界、因擊胡騎平城下。【正義】地理志云、在鴈門郡、括地志云、朔州定襄、本漢平城縣、所將卒當馳道爲多。勃遷爲太尉。【考證】中井積德曰、下文云、孝惠六年、置太尉官、以勃爲太尉、然此勃既爲太尉何也、豈此未定官名而有太尉、至惠帝六年、更始置歟、擊陳豨、屠馬邑。所將卒斬豨將軍乘馬絺。【集解】徐廣曰、姓乘馬、【索隱】絺、名也、乘、音始證反、擊韓信·陳豨·趙利軍於樓煩破之。得豨將宋最·鴈門守圂、【索隱】圂、守之名、音胡困反、因轉攻得雲中守遬·【索隱】音速、【正義】括地志云、雲中故城、在勝州楡林縣東北四十里、秦雲中郡、丞相箕肆·將勳、【集解】徐廣曰、箕一作冀、勳一作專、一作轉、【索隱】劉氏肆音如字、包愷音以四反、漢書、勳亦作博、字竝誤耳、【考證】楓、三本、將下有軍字、漢書、肆作肄、故包愷云、音以四反、將勳作將軍博、李笠曰、軍字當補、定鴈門郡十七縣、雲中郡十二縣。因復擊豨靈丘破之、【索隱】靈丘、地理志、縣名、屬代郡、【正義】括地志云、靈丘故城、在蔚州靈丘縣東十里、漢縣也、【考證】沈家本曰、按漢志、雁門郡、縣十四、雲中郡縣十一、定襄郡縣十二、葢漢析雁門雲中置定襄也、斬豨。得豨丞相程縱·將軍陳武·都尉高肆、定代郡九縣。【考證】漢書、無得豨二字、非是、高肆作高肄、方東樹曰、酈商傳云、得代丞相程縱、愚按、高紀云、斬陳豨當城、葢追至當城斬之也、燕王盧綰反。勃以相國代樊噲、將擊下薊。【考證】錢大昭曰、時高帝怒噲、使陳平卽軍中斬噲、故勃代之、周壽昌曰、勃爲丞相在孝文初、此是虛稱、洪邁曰、漢初諸將所領官、多爲丞相、如韓信初拜大將軍、後爲左丞相擊魏、又拜相國擊齊、周勃以將軍遷太尉、後以相國代樊噲擊燕、樊噲以將軍攻韓王信、遷爲左丞相、以相國擊燕、酈商爲將軍、以右丞相擊陳豨、以丞相擊黥布、尹恢以右丞相備守淮陽、陳涓以丞相定齊地、然百官公卿表皆不載、葢蕭何已居相位、諸人者未嘗在朝廷、特使假其名以爲重耳、後世使相之官、本諸此也、得綰大將抵·丞相偃·守陘·【集解】張晏曰、盧綰郡守、陘其名、太尉弱·御史大夫施、屠渾都。【集解】徐廣曰、在上谷、【索隱】施、名也、屠、滅之也、地理志、渾都縣、屬上谷、一云、御史大夫、姓施、名渾都、【正義】括地志云、幽州昌平縣、本漢渾都縣、【考證】梁玉繩曰、案高紀、言勃與噲偕將兵擊盧綰、一先一後、同有破綰之功、故竝舉之、其實勃代噲將者也、而有二誤、時勃爲太尉、噲爲相國、陳丞相世家樊噲傳可據、此誤以相國爲勃矣、噲傳云、破綰丞相抵薊南、此誤以抵爲綰將、當是得綰丞相抵大將偃耳、愚按、周勃代噲將、又代其相國耳、梁氏前說非是、渾都、今直隸昌平州西、破

綰軍上蘭。【正義】括地志云、嬀州懷戎縣東北、有馬蘭谿水、恐是也、【考證】沈欽韓曰、明志、薊州遵化縣北有馬蘭峪、復擊破綰軍沮陽、【集解】徐廣曰、在上谷、駰案服虔曰、沮、音阻、【索隱】按地理志、沮陽縣、屬上谷、【正義】括地志云、上谷郡故城、在嬀州懷戎縣東北百二十里、燕上谷、秦因不改、漢爲沮陽縣、【考證】沈欽韓曰、一統志、沮陽故城、在宣化府懷來縣南、追至長城、【正義】卽馬邑長城、亦名燕長城、在嬀州北、今是、【考證】沈濤曰、長城、葢謂燕之長城、漢書匈奴傳、燕築長城、自造陽至襄城、師古云、造陽、地名、在上谷、今宣化郡北、古長城遺址、正義乃謂馬邑長城、馬邑在朔方、綰爲燕王、封燕胡、地境固不得至朔方也、定上谷十二縣、右北平十六縣、遼西遼東二十九縣、漁陽二十二縣、最從高帝、得相國一人、丞相二人、將軍二千石各三人、別破軍二、下城三、定郡五、縣七十九、得丞相大將各一人。【索隱】最、都凡也、謂總擧其從高祖攻戰克獲之數也、【正義】最者功多也、【考證】漢書無遼西二字、恐非、凌本、十二縣、譌十一縣、最索隱義長、沈家本曰、按漢志、上谷縣十五、右北平縣十六、遼西縣十四、遼東縣十八、漁陽十二、惟右北平同、餘異、殆漢時有所增益歟、勃爲人木彊敦厚。高帝以爲可屬大事。【考證】事詳于高紀、顏師古曰、木、謂質樸、屬、委也、愚按論語子路篇、剛毅木訥、勃不好文學。每召諸生說士、東鄉坐而責之。【集解】如淳曰、勃自東鄉坐、責諸生說士、不以賓主之禮、【考證】中井積德曰、東鄉、以客禮待之也、是使諸生東鄉、而己西鄉對之耳、韓信解廣武君縛、東鄉坐、西鄉對、與此正同、趣爲我語。其椎少文如此。【集解】瓚曰、令直言、勿稱經書也、韋昭曰、椎、不橈曲、直至如椎、【索隱】大顏云、俗謂愚爲鈍椎、音直追反、今按椎如字讀之、謂勃召說士、東向而坐責之云、趣爲我語、其質樸之性、以斯推之、其少文皆如此、【正義】責諸生說書急爲語、椎若椎木無餘響、直其事、少文辭、【考證】中井積德曰、趣語、失談論之理耳、無干經書、又曰、椎、朴直無文采蘊藉也、愚按椎、椎樸椎魯之椎、鈍也、索隱讀爲推、非是、又按高紀、高帝評周勃云、重厚少文、勃既定燕而歸。高祖已崩矣。以列侯事孝惠帝。孝惠帝六年、置太尉官。【集解】徐廣曰、功臣表及將相表、皆高后四年始置太尉、【正義】下云、以勃爲太尉、十歲高后崩、按孝惠六年、高后八年崩、是十年耳、而功臣表及將相表云、高后四年置太尉官、未詳、【考證】張文虎曰、正義六年下、疑脫至字、以勃爲太尉。十歲高后崩。【考證】漢書、歲作年、呂祿以趙王爲漢上將軍、呂產以呂王爲漢相國、秉漢權、欲危劉氏。【考證】陳仁錫曰、太史公疊用三漢字、以別于呂、班氏去後二漢字、非也、勃爲太尉、不得入軍門。陳平爲丞相、不得任事。於

是勃與平謀、卒誅諸呂而立孝文皇帝。其語在呂后·孝文事中。文帝既立。以勃爲右丞相、賜金五千斤、食邑萬戶。居月餘、人或說勃曰。君既誅諸呂立代王、威震天下。而君受厚賞處尊位以寵。久之卽禍及身矣。勃懼、亦自危。乃謝請歸相印。上許之。【考證】居月餘、漢書作居十餘月、梁玉繩曰、案文紀百官表、勃爲右丞相、在孝文元年十月、其免相、在八月、則首尾凡十一月、安得言月餘哉、漢傳是、徐孚遠曰、此與陳平傳所載不同、蓋勃既自以勿如平、又有人說之、解相印也、中間止隔一月、安得言歲餘哉、當是月餘之誤、 歲餘丞相平卒。【考證】梁玉繩曰、勃以元年八月免相、平以二年十月薨、 上復以勃爲丞相。十餘月、上曰。前日吾詔列侯就國。或未能行。丞相吾所重。其率先之。乃免相就國。歲餘、每河東守尉行縣至絳、絳侯勃自畏恐誅、常被甲、令家人持兵以見之。【考證】徐孚遠曰、文帝寬仁、絳侯就國、恐怖如此、蓋懲高帝時事耶、愚按、以此等事推之、文帝未必寬仁之人、 其後人

有上書告勃欲反。【集解】徐廣曰、文帝四年時、 下廷尉。廷尉下其事長安、逮捕勃治之。勃恐、不知置辭。【考證】顏師古曰、置、立也、辭、對獄之辭、 吏稍侵辱之。勃以千金與獄吏。獄吏乃書牘背示之。【集解】李奇曰、吏所執簿、韋昭曰、牘、版、【索隱】簿、卽牘也、故魏志秦宓以簿擊頰、則亦簡牘之類也、 曰。以公主爲證。公主者孝文帝女也。勃太子勝之尚之。【集解】韋昭曰、尚、奉也、不敢言娶、【考證】顏師古曰、尚、配也、凌稚隆曰、侯之子亦稱太子、 故獄吏教引爲證。勃之益封受賜、盡以予薄昭。【考證】予所賜之金也、劉辰翁曰、封不可予、 及繫急、薄昭爲言薄太后。太后亦以爲無反事。文帝朝。太后以冒絮提文帝。【集解】徐廣曰、提、音弟、駰案、應劭曰、陌、額絮也、如淳曰、太后恚怒、遭得左右物提之也、晉灼曰、巴蜀異物志、謂頭上巾爲冒絮、【索隱】服虔云、綸絮也、提、音弟、又音啼、非也、蕭該音底、提者擲也、遭音爲得、恚者嗔也、遭者逢也、謂太后嗔、乃逢冒絮、因以提帝、陌、音蠻貊之貊、方言云、蠓巾、南楚之閒云陌額也、【考證】顏師古曰、冒、覆也、老人所以覆其頭、 曰。絳侯綰皇帝璽、將兵於北軍。不以此時反。今居一小縣、顧

欲反邪。【集解】應劭曰、言勃誅諸呂、廢少帝、手貫璽、時尚不反、況今更有異乎、【考證】顏師古曰、綰、謂引結其組、 文帝既見絳侯獄辭、乃謝曰。吏事方驗而出之。【考證】漢書無事字、王念孫曰、不當有事字、 於是使使持節赦絳侯、復爵邑。絳侯既出曰。吾嘗將百萬軍。然安知獄吏之貴乎。絳侯復就國。孝文帝十一年卒。謚爲武侯。子勝之代侯。六歲尚公主、不相中。【集解】如淳曰、猶言不相合當、【考證】中井積德曰、不中、謂不和、 坐殺人、國除。絕一歲、文帝乃擇絳侯勃子賢者河內守亞夫封爲條侯、【集解】徐廣曰、表皆作脩、字、駰案、服虔曰、脩、音條、【索隱】地理志、條縣屬渤海郡、【正義】括地志云、故蓨城、俗名南條城、在德州蓨縣南十二里、漢縣、 續絳侯後。條侯亞夫自未侯爲河內守時、許負相之。【索隱】應劭云、負、河內溫人、老嫗也、姚氏按楚漢春秋、高祖封負爲鳴雌亭侯、是知婦人亦有封邑、【正義】負、名也、非婦也、【考證】游俠傳云、郭解、善相人者許負外孫也、外戚世家云、魏媼之許負所相薄姬、其人男子、非婦也、漢書、改作國絕一年、弟亞夫復侯、亞夫爲河內守時、許負相之、蓋避重複也、 曰。君後三歲而侯。侯八歲爲

將相、持國秉貴重矣。【索隱】秉、音柄、【考證】梁玉繩曰、野客叢書依蔡澤傳、疑秉下脫政字、恐非、秉卽柄也、 於人臣無兩。其後九歲而君餓死。亞夫笑曰。臣之兄已代父侯矣。有如卒、子當代。亞夫何說侯乎。然既已貴、如負言、又何說餓死。指示我。許負指其口曰。有從理入口。此餓死法也。【索隱】從、音子容反、從理、橫理、【考證】顏師古曰、從、豎也、沈欽韓曰、冊府元龜八百三十五、梁褚蘿爲水軍都督、面甚尖危、有從理入口、時有庾夐、狀貌豐美、頤頰開張、人皆謂夐必爲方伯、無餒乏之慮、及魏討江陵、卒致餓死、蘿竟保衣食而終、此或別有故也、麻衣神異賦云、法令入口、鄧通餓死野人家、騰蛇鎖脣、梁武餓亡臺城上、注、法令者口邊紋也、騰蛇卽法令紋也、梁武帝亦有此、卽此所謂從理入口也、 居三歲、其兄絳侯勝之有罪。孝文帝擇絳侯子賢者。皆推亞夫。乃封亞夫爲條侯、續絳侯後。文帝之後六年、【考證】漢書無之字、宋、中統、游、毛本、年作歲、 匈奴大入邊。乃以宗正劉禮爲將軍、軍霸上、【正義】廟記云、霸陵、卽霸上、按霸陵城、在雍州萬年縣東北二十五里、【考證】梁玉繩曰、禮是時未爲宗正、 祝茲侯徐厲爲將

軍、軍棘門、【正義】孟康云、秦時宮也、括地志云、棘門、在渭北十餘里、秦王門名也、【考證】祝茲侯徐厲、當作松茲侯徐悍、說在文紀、以河內守亞夫爲將軍、軍細柳、【正義】括地志云、細柳倉、在雍州咸陽縣西南二十里也、以備胡。上自勞軍至霸上及棘門軍。直馳入。將以下、騎送迎。已而之細柳軍、軍士吏被甲、銳兵刃、彀弓弩持滿。【索隱】彀者張也、天子先驅至、不得入。先驅曰。天子且至。軍門都尉曰。將軍令曰。軍中聞將軍令。不聞天子之詔。【索隱】六韜云、軍中之事、不聞君命、【考證】類聚御覽引史、中下有但字、六韜立將篇、沈欽韓曰、白虎通曰、大夫將兵、但聞將軍令、不聞君命也、居無何、上至。又不得入。於是上乃使使持節詔將軍、吾欲入勞軍。亞夫乃傳言開壁門。【正義】壁、音璧、壁門士吏謂從屬車騎曰。將軍約軍中不得驅馳。於是天子乃按轡徐行至營。【考證】古鈔本、營上有中字、與漢書合、將軍亞夫持兵揖曰。介胄之士、不拜。

請以軍禮見。【集解】應劭曰、禮、介者不拜、【索隱】應劭云、左傳、晉郤克三肅使者而退、杜預注、肅若今撎、鄭衆注周禮肅拜云、但俯下手、今時撎是、天子爲動、改容式車。【索隱】軾者、車前橫木、若上有敬、則俯身而憑之、使人稱謝。皇帝敬勞將軍。成禮而去。既出軍門。羣臣皆驚。文帝曰。嗟乎、此眞將軍矣。曩者霸上·棘門軍、若兒戲耳。其將固可襲而虜也。至於亞夫、可得而犯邪。稱善者久之。月餘、三軍皆罷。乃拜亞夫爲中尉。【正義】漢書百官表云、中尉、秦官、掌徼巡京師、武帝太初元年、更名執金吾、應劭云、吾者、禦也、掌執金吾以禦非常、顏師古云、金吾、鳥名、主辟不祥、天子出行、職主先導、以備非常、故執此鳥之象、因以名官也、孝文且崩時、誡太子曰。卽有緩急、周亞夫眞可任將兵。文帝崩。拜亞夫爲車騎將軍。孝景三年、吳·楚反。亞夫以中尉爲太尉。【正義】漢書百官表云、太尉、秦官、掌武、元狩四年、置大將軍大司馬、卽今十二衞大將軍、及兵部尚書也、東擊吳·楚。因自請上曰。楚兵剽輕。難與爭鋒。【索隱】漢書、亞夫至淮陽、問鄧都尉、爲畫

此計、亞夫從之、今此云自請者、蓋此亦聞疑而傳疑、漢史得其實也、剽、音疋妙反、輕、讀從去聲、【考證】張照曰、按鄧都尉畫計、見吳王濞傳、馬遷固已兩存其說矣、況從人之畫、究須自請、索隱之說贅、王先謙曰、楚兵、總謂吳楚之兵、願以梁委之、絕其糧道、乃可制。【索隱】謂以梁委之於吳、使吳兵不得過也、亦有作餧音、亦通、上許之。太尉既會兵滎陽。【考證】今河南開封府滎陽縣、吳方攻梁。梁急請救。太尉引兵東北走昌邑、【考證】山東濟甯府金鄉縣、深壁而守。梁日使使請太尉。【考證】楓、三本、梁下有王字、太尉守便宜、不肯往。梁上書言景帝。景帝使使詔救梁。太尉不奉詔、堅壁不出。【考證】孫子九變篇云、將受命於君、合軍聚衆、途有所不由、軍有所不擊、城有所不攻、地有所不爭、君命有所不受、而使輕騎兵弓高侯等、絕吳·楚兵後食道。【索隱】韓頹當也、【正義】弓高、滄州縣也、【考證】韓王信子、自匈奴來降者、吳兵乏糧、飢、數欲挑戰。【考證】古鈔本、三條本、吳下有楚字、與漢書合、漢書無欲字、終不出。夜軍中驚、內相攻擊擾亂、至於太尉帳下。太尉終臥不起。【考證】漢書、終作堅、頃之復定。後吳

奔壁東南陬、【集解】如淳曰、陬、隅也、【索隱】音子侯反、太尉使備西北。已而其精兵果奔西北。不得入。【考證】劉奉世曰、兩陳相向、吳奔東南陬、則西北在陳後、何由奔之、蓋亞夫令備西南陬、傳者欲見能料敵反其所攻、不知遂失實也、愚按東南西北、皆就漢營而言、陳丞相世家、夜出女子滎陽東門、楚因擊之、漢王從城西門出去、可參、劉說誤、吳兵既餓。乃引而去。太尉出精兵追擊、大破之。吳王濞弃其軍、而與壯士數千人亡走、保於江南丹徒。【索隱】地理志、縣屬會稽、【正義】括地志云、丹徒故城、在潤州丹徒縣東南十八里、漢丹徒縣也、晉太康地志云、吳王濞反走丹徒、越人殺之於此城南、徐州記云、秦使赭衣鑿其地、因謂之丹徒、鑿處、今在故縣西北六里丹徒峴東南、連亙盤紆屈曲、有象龍形、故秦鑿絕頂、闊百餘步、又夾阬龍首以毀其形、阬之所在、卽今龍月二湖、悉成田也、【考證】丹徒、江蘇鎭江府丹徒縣、漢兵因乘勝、遂盡虜之、降其兵、購吳王千金。月餘、越人斬吳王頭以告。【正義】越人、卽丹徒人、越滅吳、丹徒地屬楚、秦滅楚、後置三十六郡、丹徒縣屬會稽郡、故以丹徒爲越人也、【考證】陳仁錫曰、越人、卽東甌王、正義注謬、中井積德曰、正義宜言越滅吳、丹徒地屬越、楚滅越、丹徒又屬楚、蓋脫文、凡相攻守三月、而吳·楚破平。於是諸將乃以太尉計謀爲

是由此梁孝王與太尉有卻。歸復置太尉官。五歲、遷爲丞相。景帝甚重之。景帝廢栗太子。丞相固爭之。不得。景帝由此疏之。而梁孝王每朝常與太后言條侯之短。竇太后曰。皇后兄王信可侯也。景帝讓曰。始南皮章武侯、先帝不侯。及臣卽位乃侯之。信未得封也。【集解】瓚曰、南皮竇彭祖、太后兄子、章武侯、太后弟廣國、【考證】太后兄卽長君、漢書注作弟、非是、竇太后曰。人主各以時行耳。【索隱】謂人主各當其時而行事、不必一一相法也、【正義】人主作人生、【考證】楓、三本、人主作人生、正義人主上疑脫漢書二字、自竇長君在時、竟不得侯。死後乃封其子彭祖顧得侯。【索隱】許愼注淮南子云、顧、反也、【考證】李笠曰、封字衍、漢傳無、吾甚恨之。【考證】王念孫曰、恨、悔也、商君傳、寡人恨不用公孫痤也、范雎傳、使臣卒然塡溝壑、君雖恨於臣、無可奈何、鼂錯傳曰、公言善、吾亦恨之、李將軍傳曰、將軍自念豈嘗有所恨乎、竝與此同、帝趣侯信也。景帝曰。請得與丞相議之。丞相議之。【考證】漢書削丞相議之四字、崔適曰、丞相議之四字重

言、必是衍文、愚按請與丞相議之、記言之文、丞相議之、記事之文、崔說誤、亞夫曰。高皇帝約、非劉氏不得王。非有功不得侯。不如約、天下共擊之。今信雖皇后兄、無功。侯之、非約也。【考證】董份曰、无功、侯之、非約、六字三句、景帝默然而止。其後匈奴王徐盧等五人降。【考證】梁玉繩曰、五人乃七人之誤、此人姓唯徐、名盧、似脫唯字、景帝欲侯之以勸後。丞相亞夫曰。彼背其主降陛下。陛下侯之、則何以責人臣不守節者乎。景帝曰。丞相議不可用。乃悉封徐盧等爲列侯。【索隱】功臣表、唯徐盧封容城侯、【考證】王維楨曰、不封王信、不封降奴、見條侯抗直不回、而景帝發怒所自也、亞夫因謝病。景帝中三年、以病免相。頃之景帝居禁中、召條侯賜食。獨置大胾、【集解】韋昭曰、胾、大臠也、音側吏反、【索隱】臠、音李轉反、謂肉臠也、【考證】沈欽韓曰、曲禮注、殽、骨體也、胾、切肉也、則胾正是切肉、無切肉者、蓋大臠也、荀子非相篇注、胾、臠也、無切肉。又不置櫡。條侯心不平。顧謂尙席、取櫡。【集解】應劭曰、尙席、主席者、【索隱】顧氏按輿

服雜事云、六尙、尙席、掌武帳帷幔也、櫡、音筯、漢書作箸、箸者食所用也、留侯云、借前箸以籌之、禮曰、羹之有菜者用梜、梜亦箸之類、故鄭玄云、今人謂箸爲梜、是也、【考證】中井積德曰、尙席、蓋總掌鋪席供帳之事者、景帝視而笑曰。此不足君所乎。【集解】孟康曰、設胾無筯者、此非不足滿於君所乎、嫌恨之、如淳曰、非故不足君之食具也、偶失之耳、蓋當然也、所以帝視而笑也、【索隱】言不設箸者、此蓋非我意、於君有不足乎、故如淳云、非故不足君之食具、偶失之、若本不爲足、當別有辭、未必爲之笑也、孟康晉灼、雖探古人之情、亦同孟氏之說、又引魏武賜荀彧虛器、各記異說也、【正義】景帝視而笑曰、君於所食具不足乎、佯驚愕也、如淳云、非故不足君之食具、偶失之、【考證】張文虎曰、毛本作此非不足君所乎、淩引一本同、漢傳有非字、中井積德曰、言箸偶不足乎、謂非故意不置箸也、余有丁曰、按置胾不置箸、是景帝作意如此、以覘亞夫、乃亞夫怒形于色、故曰怏怏非少主臣、此亞父不善處危機也、條侯免冠謝。上起。【考證】漢書作免冠謝、上曰起、此上字下、蓋脫曰字、條侯因趨出。景帝以目送之曰。此怏怏者、非少主臣也。【考證】沈欽韓曰、御覽八十八引漢武故事曰、時太子在側、亞夫失意有怒色、太子視之不輟、亞夫于是起、帝曰、爾何故視此耶、對曰、此人面畏、必能作賊、帝笑曰、此怏怏非少主臣也、中井積德曰、當據怏怏二字、想見條侯不平之顏色、居無何、條侯子爲父買工官尙方【集解】徐廣曰、一作西、【索隱】工官、卽尙方之工、所作物屬尙方、故云工官尙方、【正義】尙方、中工官名也、顏師古曰、上方、作禁器物色、甲楯

五百被、可以葬者。【集解】徐廣曰、音披、駰案如淳曰、工官、官名也、張晏曰、被、具也、五百具甲楯、取庸苦之、不予錢。【正義】庸、謂庸作也、苦、謂役使劇、而更不與價直也、庸知其盜買縣官器、【索隱】縣官、謂天子也、所以謂國家爲縣官者、夏官、王畿內縣卽國都也、王者官天下、故曰縣官也、【考證】中井積德曰、縣官、猶言公家也、本郡縣人之言、指各處縣治而言、遂轉爲指國家之言、是後世官府文字之類、難據文義作解、張文虎曰、索隱夏官二字疑衍、怒而上變告子。【考證】漢書、怒作怨、事連汙條侯。【索隱】汙、音烏故反、書既聞上、上下吏。吏簿責條侯。【集解】如淳曰、簿問、責其情、【考證】顏師古曰、簿責者、書之於簿、一一責問之也、中井積德曰、吏持簿而責問焉、所對輒上簿也、條侯不對。景帝罵之曰。吾不用也。【集解】孟康曰、不用汝對、欲殺之也、如淳曰、恐獄吏畏其復用事、不敢折辱、【索隱】孟康如淳已備兩解、大顏以孟說爲得、而姚察又別一解云、帝責此吏不得亞夫直辭、以爲不足任用、故召亞夫、別詣廷尉使責問、【考證】中井積德曰、下吏簿責、不直付廷尉、是帝猶有優意、而欲有所宥赦也、然而亞夫恚不對、帝乃怒其不承當優意也、曰、吾不復用汝矣、是棄之之辭也、召詣廷尉。【正義】景帝見條侯不對簿、因責罵之曰、吾不任用汝也、故召詣廷尉、使重推劾耳、餘說皆非也、廷尉責曰。君侯欲反邪。亞夫曰。臣所買器、乃葬器也。何謂反邪。吏曰。

君侯縱不反地上、卽欲反地下耳。吏侵之益急。初吏捕條侯、條侯欲自殺。夫人止之。以故不得死。遂入廷尉。因不食五日。嘔血而死。國除。絕一歲。景帝乃更封絳侯勃他子堅爲平曲侯、續絳侯後。十九年卒。謚爲共侯。子建德代侯。十三年、爲太子太傅。坐酎金不善、元鼎五年、有罪國除。【集解】徐廣曰、諸列侯坐酎金失侯者、皆在元鼎五年、但此辭句如有顛倒、【索隱】既云坐酎金不善、復云元鼎五年有罪國除、似重有罪、故云顛倒、而漢書云爲太子太傅、坐酎金免官、後有罪國除、其文又錯也、按表、坐免官、至元鼎五年、坐酎金又失侯、所以二史記之各有不同也、【正義】坐酎金不善、皆在元鼎五年、金既不善、□有罪國除、史記□□以語顛倒、所以先儒致疑、班固見此文不善及有罪、將爲兩犯、修漢書卽云、坐酎金免官有罪國除、乃班氏大過、致令諸儒紛說也、【考證】顧炎武曰、當云元鼎五年坐酎金不善國除、衍有罪二字、梁玉繩曰、當云爲太子太傅、有罪免、十三年元鼎五年、坐酎金不善國除、應增免字、沈家本曰、按太子太傅漢傳同、而百官公卿表、元鼎五年、平曲侯周建德爲太常、則非太子太傅也、

條侯果餓死。死後景帝乃封王信爲蓋侯。【考證】洪頤煊曰、漢書周亞父傳同、恩澤侯表、蓋侯王信、景帝中五年五月甲戌封、在亞父未死前二年、徐孚遠曰、條侯傳後著侯王信一語、所以明其得罪之由也、

太史公曰。絳侯周勃、始爲布衣時、鄙樸人也。才能不過凡庸。及從高祖定天下、在將相位。諸呂欲作亂。勃匡國家難、復之乎正。雖伊尹·周公、何以加哉。亞夫之用兵、持威重執堅刃。穰苴曷有加焉。足己而不學、【索隱】亞夫自以己之智謀足、而虛己不學古人、所以不體權變、而動有違忤、【考證】刄讀爲忍、張文虎曰、索隱不字、疑當在而下、守節不遜。【索隱】守節謂爭栗太子、不封王信徐盧等、不遜、謂顧尙席取箸、不對制獄、是也、【考證】中井積德曰、不遜、在守節中、非別項、沈家本曰、遜、順也、言不能遜順以自全也、故繼之曰、終以窮困、悲夫、傷之至、非責之也、終以窮困。悲夫。【索隱】述贊、絳侯佐漢、質厚敦篤、始擊碭東、亦圍尸北、所攻必取、所討咸克、陳豨伏誅、臧荼破國、事居送往、推功伏德、列侯還第、太尉下獄、繼相條侯、紹封平曲、惜哉賢將、父子代辱、

絳侯周勃世家第二十七　史記五十七

文學博士瀧川龜太郎著

史記會注考證

史記會注考證卷五十八

漢　太　史　令　司　馬　遷　撰
宋　中　郎　外　兵　曹　參　軍　裴　駰　集　解
唐　國　子　博　士　弘　文　館　學　士　司　馬　貞　索　隱
唐　諸　王　侍　讀　率　府　長　史　張　守　節　正　義
日　本　出　雲　瀧　川　資　言　考　證

梁孝王世家第二十八　史記五十八

考證史公自序云、七國叛逆、蕃屛京師、唯梁爲扞、偩愛矜功、幾獲于禍、嘉其能距吳楚、作梁孝王世家第二十八、柯維騏曰、按太史公自序、於梁王云、七國叛逆、惟梁爲扞、

於五宗云、五宗既王、親屬洽和、他如楚元王云、爲漢宗藩、荊燕云、爲漢藩輔、齊悼惠王云、實鎮東土、此諸王、有功於漢、不論親疎、不論享國修短、俱得名世家、乃若吳王淮南衡山之屬、既無藩輔之功、而其子孫又首倡叛逆、或犯姦惡、自取滅亡、故降爲列傳、不得與諸王比也、蕭曹平勃張良列之世家、而彭韓黥樊諸人、只列爲傳、意亦如此、乃若陳涉、亦名世家、天下亡秦、由涉首事、其功足多也、

梁孝王武者、孝文皇帝子也。而與孝景帝同母。母、竇太后也。

孝文帝凡四男。長子曰太子。是爲孝景帝。次子武。次子參。次子勝。正義漢書、勝作揖、又云、諸姬生代孝王參、梁懷王揖、言諸姬者、衆妾卑賤、史不書姓、故云諸姬也、考證齊召南曰、懷王名、世家及史表作勝、孝文本紀作揖、漢書賈誼傳作勝、紀及本傳作揖、李奇云、懷王有兩名、理或然也、孝文帝卽位二年、以武爲代王。集解徐廣曰、都中都、正義括地志云、中都故城、在汾州平遙縣西十二里、以參爲太原王、集解徐廣曰、都晉陽、正義括地志云、幷州太原地名大明城、卽古晉陽城、智伯與韓魏攻趙襄子於晉陽、卽此城是也、考證中井積德曰、正義宜言太原幷州地名也、蓋錯文、以勝爲梁王。集解徐廣曰、都睢陽、索隱漢書梁王名揖、蓋是矣、按景帝子中山靖王名勝、是史記誤耳、正義括地志云、宋州宋城縣、在州南二里外城中、本漢之睢陽縣也、漢文帝封子

武於大梁、以其卑溼、徙睢陽、故改曰梁也、考證睢陽、今河南商邱縣南、二歲、徙代王爲淮陽王。集解徐廣曰、都陳、正義卽古陳國城也、以代盡與太原王、號曰代王。考證古鈔本、以上有而字、參立十七年、孝文後二年卒。諡爲孝王。子登嗣立。是爲代共王。立二十九年、考證古鈔本、立上有共王二字、元光二年卒。子義立。是爲代王。考證中井積德曰、是字疑衍、十九年、漢廣關、以常山爲限、而徙代王王淸河。集解徐廣曰、都淸陽、正義括地志云、淸陽故城、在貝州淸陽縣西北八里也、考證漢書文三王傳、限作阸、注、顏師古云、依山以爲關、武帝紀、元鼎三年冬、徙函谷關於新安、以故關爲弘農縣、淸河王徙、以元鼎三年也。初武爲淮陽王。十年而梁王勝卒。諡爲梁懷王。懷王最少子、愛幸異於他子。其明年、徙淮陽王武爲梁王。梁王之初王梁、孝文帝之十二年也。梁王自初王通歷已十一年矣。索隱謂自文帝二年初封代、後徙淮陽、又徙梁、通數文帝二年至十二年徙梁、爲十一年也、梁王

十四年、入朝。十七年、十八年、比年入朝、留。【考證】顏師古曰、比、頻也、留、謂留在京師、 其明年、乃之國。二十一年、入朝。二十二年、孝文帝崩。二十四年、入朝。二十五年、復入朝。是時上未置太子也。上與梁王燕飮。嘗從容言曰、千秋萬歲後傳於王。王辭謝。雖知非至言、然心內喜。太后亦然。【考證】事又見魏其侯傳、至言、誠直之言、 其春、吳・楚・齊・趙七國反。吳・楚先擊梁棘壁。【集解】文穎曰、地名、【索隱】按左傳、宣公二年、宋華元戰于大棘、杜預云、在襄邑東南、蓋即棘壁是也、【正義】括地志云、大棘故城、在宋州寧陵縣西南七十里、【考證】楓・三本、其下有春字、屬上讀、 殺數萬人。梁孝王城守睢陽。而使韓安國・張羽等爲大將軍以距吳・楚。吳・楚以梁爲限、不敢過而西。與太尉亞夫等相距三月。吳・楚破、而梁所破殺虜略、與漢中分。【集解】漢書音義曰、梁所虜吳楚之捷、略與漢等、【考證】略字屬上句、略、取也、中分、相若也、莊子德充符、王駘、兀者也、從之遊者、與夫子中分魯、

漢書刪破字、略字屬下讀、周壽昌曰、梁孝王時人材頗多、汲黯傳中、傳伯、應劭注、梁人爲孝王將、素杭直、儒林傳、丁寬爲梁孝王將軍距吳楚、皆在此役者也、 明年、漢立太子。其後梁最親有功。又爲大國、居天下膏腴地。地北界泰山、西至高陽、四十餘城。皆多大縣。【集解】徐廣曰、高陽、在陳留圉縣、駰案、司馬彪曰、圉有高陽亭也、【索隱】圉縣、屬陳留、高陽、鄉名也、注引司馬彪者、出續漢書郡國志也、【考證】漢書刪皆字、 孝王、竇太后少子也。愛之。賞賜不可勝道。【考證】楓・三本、孝上有梁字、 於是孝王築東苑。【索隱】築、謂建也、白虎通云、苑所以東者何、蓋以東方生物故也、 方三百餘里。【索隱】蓋言其奢、非實辭、或者梁國封城之方、【正義】括地志云、兎園、在宋州宋城縣東南十里、葛洪西京雜記云、梁孝王苑中、有落猨巖・栖龍岫・鴈池・鶴洲・鳧島、諸宮觀相連、奇果佳樹、瑰禽異獸、靡不畢備、俗人言梁孝王竹園也、【考證】今本西京雜記云、梁孝王好營宮室苑囿之樂、作曜華之宮、築兎園、園中有百靈山、山有膚寸石・落猿巖・棲龍岫、又有雁池、池間有鶴洲鳧渚、其諸宮觀相連、延亘數十里、奇果異樹、瑰禽怪獸畢備、王日與宮人賓客弋釣其中、正義及下文索隱所引約之也、中井積德曰、東苑、以築東方而名耳、梁玉繩曰、御覽百五十九引史曰、梁孝王築東苑三百里、是曰兎園、今本無兎園句、 廣睢陽城七十里。【索隱】蘇林云、廣其徑也、太康地理記云、城方十三里、梁孝王築之、鼓倡節杵、而後下和之者稱睢陽曲、今踵以爲故所以樂

家有睢陽曲、蓋采其遺音也、【考證】廣、廣大城市也、索隱地理記、當作地記、 大治宮室、爲複道、自宮連屬於平臺三十餘里。【集解】徐廣曰、睢陽有平臺里、駰案、如淳曰、在梁東北、離宮所在也、晉灼曰、或說在城中東北角、【索隱】如淳云、在梁東北、離宮所在者、按今城東二十里臨新河、有故臺址、不甚高、俗云平臺、又一名脩竹苑、西京雜記云、有落猿巖・鳧洲・鴈渚、連亙七十餘里、是也、【考證】御覽引史、爲上有又字、於作諸、沈欽韓曰、任昉述異記、梁孝王平臺、至今存、有蒹葭洲・鳧藻洲・梳洗潭、元和志、平臺在宋州虞城縣西四十里、 得賜天子旌旗。出從千乘萬騎。【索隱】漢官儀曰、天子法駕三十六乘、大駕八十一乘、皆備千乘萬騎而出也、 東西馳獵、擬於天子。出言趩、入言警。【索隱】漢舊儀云、皇帝輦動稱警、出殿則傳蹕、止人淸道、言出入者、互文耳、入亦有蹕、 招延四方豪桀。自山以東游說之士、莫不畢至。齊人羊勝・公孫詭・鄒陽之屬。公孫詭多奇邪計。【索隱】周禮有奇衺之人、鄭玄云、奇衺、譎怪非常也、奇、音紀宜反、邪、音斜也、 初見。王賜千金。官至中尉。梁號之曰公孫將軍。梁多作兵器弩弓矛數十萬。而府庫金錢且百巨萬。【索隱】如淳云、巨、亦大、與大百萬同也、韋昭云、大百萬、今萬萬、 珠玉寶器、多於

京師。二十九年十月、梁孝王入朝。景帝使使持節、乘輿駟馬、迎梁王於關下。【集解】鄧展曰、但將駟馬往、不駕六馬耳、天子副車駕駟馬、【正義】瓚曰、稱乘輿駟馬、則車馬皆往、言乘者載也、輿者車也、天子當乘輿以行天下、不敢指斥天子、故曰乘輿、【考證】沈欽韓曰、續輿服志、乘輿所御駕六、餘皆四、故石慶爲上御、擧策言六馬、按此蓋禮之佐車、秦漢爲副車、張文虎曰、凌本、關譌闕、 既朝。上疏因留。以太后親故。王入則侍景帝同輦、出則同車游獵、射禽獸上林中。梁之侍中郎謁者、著籍引出入天子殿門。【正義】著、竹略反、籍、謂名簿也、若今通引出入門也、【考證】王先謙曰、百官表、諸侯有謁者郎、 與漢宦官無異。【考證】張文虎曰、疑衍宦字、 十一月、上廢栗太子。竇太后心欲以孝王爲後嗣。大臣及袁盎等、有所關說於景帝。【索隱】袁盎云、漢家法周道立子、是有所關涉之說於帝也、一云、關者隔也、引事而關隔其說、不得行也、【考證】佞幸傳序、公卿皆因關說、索隱云、關、通也、公卿因之而通其詞說、劉氏云、有所言說、皆關由之、中井積德曰、關與關白之關同、不徑白太后、乃說於帝以通于太后也、 竇太后議格。【集解】如淳曰、攱閣不得下、【索隱】張晏云、格、止也、服虔云、格、謂格閣不行、蘇林音閣、周成雜字、攱閣也、通俗

文云、高置立鼓棚、云鼓閣、字林音紀、又音詭也、【考證】議、諸本作義、今從淩所引一本、漢書作議、中井積德曰、格、謂沮拒也、亦遂不復言以梁王爲嗣事。【考證】漢書、作孝王不敢復言太后以嗣事、與史義異、由此以事祕世莫知。【考證】漢書、無由此二字、乃辭歸國。其夏四月、上立膠東王爲太子。梁王怨袁盎及議臣、乃與羊勝·公孫詭之屬、【考證】漢書、屬下有謀字、此疑脫、陰使人刺殺袁盎及他議臣十餘人。逐其賊未得也。於是天子意梁王。【索隱】謂意疑梁刺之、【考證】李笠曰、下云、逐賊、果梁使之、此逐字、卽涉下文誤衍、漢書無王字、逐賊、果梁使之。乃遣使冠蓋相望於道、【考證】使者往來不絕也、覆按梁、捕公孫詭·羊勝。公孫詭·羊勝匿王後宮。使者責二千石急。梁相軒丘豹及內史韓安國進諫王。【正義】姓軒丘、名豹也、王乃令勝·詭皆自殺出之。【考證】事詳于韓長孺傳、上由此怨望於梁王。梁王恐、乃使韓安國因長公主謝罪太后、然

後得釋。【考證】歸有光曰、按安國傳、因長公主謝太后事在前、非爲勝詭事、疑世家誤也、王先謙曰、此與漢書鄒陽傳合、互證安國傳、梁兩次皆安國因長公主入言得釋、上怒稍解。因上書請朝。既至關。茅蘭說王使乘布車、【集解】漢書音義曰、茅蘭、孝王臣、張晏曰、布車、降服自比喪人、【正義】以布衣車也、【考證】顧炎武曰、乘布車、謂微服而行、使人不知耳、無降服自比喪人之意、沈欽韓曰、太后尚存、而謂王自比喪人、決非當日情事、顧說是、王先謙曰、史表、三十一年來朝、從兩騎入、匿於長公主園。漢使使迎王。王已入關、車騎盡居外、不知王處。太后泣曰、帝殺吾子。景帝憂恐。於是梁王伏斧質於闕下謝罪。然後太后·景帝大喜相泣。復如故。悉召王從官入關。然景帝益疏王、不同車輦矣。三十五年冬、復朝、上疏欲留。上弗許。【考證】王先謙曰、三十五年、景帝中六年、楓三本朝上有入字、陳文燭曰、曰比年入朝留、曰既朝上疏因留、曰冬復朝上疏欲留、見皆出自梁王意、有窺伺神器之心、淩稚隆曰、此篇關鍵在未置太子、立太子、廢太子、又立太子四句上、歸國、意忽忽不樂。北獵良山。【索隱】漢書、作梁山、述征記云、良山際淸水、今壽張縣南有良山、服虔云、是此山也、

【正義】括地志云、梁山、在鄆州壽張縣南三十五里、卽獵處也、有獻牛足出背上。孝王惡之。【索隱】張晏云、足當處下、所以輔身也、今出背上、象孝王背朝以干上也、北者陰也、又在梁山、明爲梁也、牛者丑之畜、衝在六月、北方數六、故六月六日薨也、【考證】中井積德曰、牛異失常、故惡之耳、注占解妄甚、所謂六日者病中之日數耳、非謂月之第六日也、恐按、以十二支配十二神、漢初未有其事、趙氏陔餘叢考論之詳矣、六月中、病熱。六日卒。謚曰孝王。【索隱】述征記、碭有梁孝王之冢、【考證】史漢兩紀、梁孝王以景帝中六年四月薨、孝王慈孝、每聞太后病、口不能食、居不安寢、常欲留長安侍太后。【考證】楓山本、寢作席、太后亦愛之。及聞梁王薨、竇太后哭極哀不食。曰、帝果殺吾子。景帝哀懼、不知所爲、【考證】陳懿典曰、前曰帝殺吾子、此曰帝果殺吾子、見太后溺愛不明、前曰景帝憂恐、此曰景帝哀懼、見景帝之孝友、描寫一時情狀如畫、而於是字、然後字、及字、乃字、不輕放下、與長公主計之、乃分梁爲五國、盡立孝王男五人爲王。【索隱】長子買梁共王、子明濟川王、子彭離濟東王、子定山陽王、子不識濟陰王、女五人皆食湯沐邑。於是奏之太后。太后乃說、爲帝加壹飡、梁孝

王長子買爲梁王。是爲共王。子明爲濟川王。子彭離爲濟東王。子定爲山陽王。子不識爲濟陰王。【考證】張文虎曰、子明爲濟川王、子彭離爲濟東王、子定爲山陽王、子不識爲濟陰王四句、疑非史文、乃後人妄增、小司馬所據本無、故於後分梁爲五國下注之、史於濟川等四王皆提梁孝王子、若此處已見、則後文屋下架屋矣、凡史中似此者可類推、孝王未死時、財以巨萬計、不可勝數。及死藏府餘黃金尙四十餘萬斤。他財物稱是。梁共王三年、景帝崩。共王立七年卒。子襄立。是爲平王。【考證】梁玉繩曰、王襄卒于天漢四年、史不得稱謚、必褚生妄易也、依上文是爲代王之例、當作是爲梁王、梁平王襄。【索隱】漢書作讓、【考證】今漢書亦作襄、十四年、母曰陳太后。共王母曰李太后。李太后、親平王之大母也。【考證】顏師古曰、太母、祖母也、恭王卽李太后所生、故云親祖母也、而平王之后姓任、曰任王后。任王后甚有寵於平王襄。初孝王在時、有罍樽、直千金。【集解】鄭德曰、上蓋刻爲雲雷象、【索隱】應劭曰、詩云、酌彼金罍、罍者畫雲雷之象、以金

飾之、【考證】沈欽韓曰、按司尊彝六尊皆有彝、則形模各如尊、而其刻鏤皆爲雷文也、博古圖有犧首罍象壺、皆雷文、此漢寶古器之始、 孝王誡後世、善保罍樽、無得以與人。任王后聞而欲得罍樽。平王大母李太后曰。先王有命、無得以罍樽與人。他物雖百巨萬猶自恣也。【考證】王先謙曰、猶與由同、 任王后絕欲得之。【考證】絕、猶甚也、極也、 平王襄直使人開府、取罍樽賜任王后。李太后大怒。漢使者來。欲自言。平王襄及任王后遮止閉門。李太后與爭門、措指。【集解】晉灼曰、許愼云、措、置字、借以爲笮、【索隱】措、音迮、側格反、漢書王陵傳、迫迮前隊、皆作此字、說文云、迫笮也、謂爲門扉所笮、【考證】措讀爲笮、笮、壓迫也、門扉猝閉而指未出、爲所迫壓、 遂不得見漢使者。李太后亦私與食官長及郎中尹霸等士通亂。【正義】張先生舊本、有士字、先生疑是衍字、又不敢除、故以朱大點其字中心、今按食官長及郎中尹霸等是士人、太后與通亂、其義亦通也、【考證】張文虎曰、舊刻官、與漢書合、各本作宮、愚按、古鈔本亦作官、沈家本曰、士字衍、正義曲爲之說、非也、漢書無、 而王與任王后、以此使人風止李太

后。【考證】顏師古曰、風、讀曰諷、諷止者、止其自言也、 李太后內有淫行、亦已。後病薨。病時任后未嘗請病。【考證】張文虎曰、毛本、任下有皇字、疑王之譌、各本無、張晏曰、請、問也、 薨又不持喪。元朔中、睢陽人類犴反者、【索隱】韋昭云、犴、音岸、按類犴反、人姓名也、反字或作友、【考證】漢書、人下脫類字、 人有辱其父。而與淮陽太守客出同車。【考證】淮陽郡與梁接壤、漢書作睢陽、誤、睢陽梁都、無太守、 太守客出下車。類犴反殺其仇於車上而去。淮陽太守怒、以讓梁二千石。二千石以下、求反甚急。執反親戚。反知國陰事。乃上變事、具告知王與大母爭樽狀。時丞相以下見知之。【考證】告下知字、漢書無、此衍、時上添且曰二字看、見知、律文、漢書刪丞字、張文虎曰、中統、游、凌本、見作具、 欲以傷梁長吏。其書聞天子。【考證】漢書、刪其字天子字、 天子下吏驗問。有之。公卿請廢襄爲庶人。天子曰。李太后有淫行。而梁王襄無良師傅。故陷不義。乃削梁

八城、梟任王后首于市。梁餘尙有十城。【考證】錢大昕曰、漢書云、削梁王五縣、梁餘尙有八城、未知誰是、 襄立三十九年卒。謚爲平王。【考證】張文虎曰、中統、游本、九作餘、愚按、漢書三十九年作四十年、王先謙曰、表同漢書、襄卒於天漢四年、史記誤、梁玉繩曰、襄立以下十九字、褚生妄增、 子無傷立爲梁王也。濟川王明者梁孝王子。以桓邑侯孝景中六年爲濟川王。【索隱】地理志、桓邑闕、 七歲、坐射殺其中尉。【考證】梁玉繩曰、中尉、疑中傅之誤、史漢與年表、漢表、皆作中傅、後書淸河孝王慶傳、中傅名凡二見、注云、官名、猶少傅也、應劭漢書武紀注、以中傅爲宦者、未知何據、果如劭說、王雖殘暴不過殺一宦豎、何故廢遷乎、漢書武紀云、殺太傅中傅、徐廣注史諸侯王表、坐射殺中傅云、一作太傅、史似有缺、師傅之尊、選自帝廷、而王擅殺之、其罪宜誅、廢遷房陵、猶從末減也、 漢有司請誅。天子弗忍誅、廢明爲庶人、遷房陵。地入于漢爲郡。【考證】錢大昕曰、漢志、無濟川郡、亦不言濟川郡所在、予嘗讀水經注、引應劭說、濟川今陳留濟陽縣是也、乃知陳留卽濟川故地、志稱陳留郡武帝元狩元年置、不言故屬梁國者、史之闕也、濟川國除、在武帝建元三年、其時當爲濟川郡、至元狩初、移至陳留、乃改爲陳留郡爾、 濟東王彭離者、梁孝王子。以孝景中六年爲濟東王。

二十九年、彭離驕悍、無人君禮。昏暮私與其奴亡命少年數十人行剽、殺人取財物以爲好。【集解】如淳曰、以是爲好喜之事、 所殺發覺者百餘人。國皆知之、莫敢夜行。所殺者子上書言。漢有司請誅。上不忍、廢以爲庶人、遷上庸。地入于漢、爲大河郡。【考證】沈家本曰、漢表無大河郡、豈後廢耶、 山陽哀王定者、梁孝王子。以孝景中六年爲山陽王。九年卒。無子。國除。地入于漢、爲山陽郡。濟陰哀王不識者、梁孝王子。以孝景中六年爲濟陰王。一歲卒。無子。國除。地入于漢爲濟陰郡。

太史公曰。梁孝王雖以親愛之故、王膏腴之地、然會漢家隆盛、百姓殷富、故能植其財貨、廣宮室、車服擬於天子。然亦僭

矣。

褚先生曰。臣爲郎時、聞之於宮殿中老郎吏好事者稱道之也。竊以爲令梁孝王怨望、欲爲不善者、事從中生。[考證]張文虎曰、游、王、柯、淩本令譌今、 今太后、女主也。以愛少子故、欲令梁王爲太子。大臣不時正言其不可狀、[考證]洞本、時作持、愚按當作特、 阿意治小、私說意以受賞賜。非忠臣也。[考證]二意字、其一有誤、 齊如魏其侯竇嬰之正言也、[索隱]竇嬰袁盎皆言、如周家立子、不合立弟、[正義]齊、等也、[考證]此句屬下讀、李笠曰、齊如猶云一如也、 何以有後禍。景帝與王燕見、侍太后飲。景帝曰。千秋萬歲之後傳王。太后喜說。竇嬰在前。據地言曰。漢法之約、傳子適孫。今帝何以得傳弟、擅亂高帝約乎。於是景帝默然無聲。太后意不

說。故成王與小弱弟立樹下、取一桐葉以與之曰。吾用封汝。周公聞之、進見曰。天王封弟甚善。成王曰。吾直與戲耳。周公曰。人主無過擧。不當有戲言。言之必行之。於是乃封小弟以應縣。[索隱]此說與晉系家不同、事與封叔虞同、彼云封唐、此云封應、應亦成王之弟、或別有所見、故不同、[正義]括地志云、故應城、故應鄉也、在汝州魯山縣東四十里、呂氏春秋云、成王戲削桐葉爲圭、以封叔虞、非應侯也、又汲冢古文云、殷時已有應國、非成王所造也、 是後成王沒齒不敢有戲言、言必行之。孝經曰。非法不言。非道不行。此聖人之法言也。今主上不宜出好言於梁王。梁王上有太后之重。驕蹇日久。數聞景帝好言千秋萬世之後傳王、而實不行。又諸侯王朝見天子、漢法、凡當四見耳。始到、入小見。到正月朔旦、奉皮薦璧玉、賀正月、法見。[考證]薦、藉也、 後三

日、爲王置酒、賜金錢財物。後二日、復入小見辭去。凡留長安不過二十日。小見者、燕見於禁門內、飲於省中。非士人所得入也。[考證]淩稚隆曰、漢諸侯王朝見期法具此、 今梁王西朝、因留、且半歲。入與人主同輦、出與同車、示風以大言、而實不與。令出怨言、謀畔逆。乃隨而憂之。不亦遠乎。非大賢人不知退讓。今漢之儀法、朝見賀正月者、常一王與四侯俱朝見。十餘歲一至。[考證]淩稚隆曰、漢諸侯王朝見期法具此、 今梁王常比年入朝見、久留。鄙語曰。驕子不孝。非惡言也。故諸侯王當爲置良師傅相忠言之士、如汲黯·韓長孺等、敢直言極諫。安得有患害。蓋聞梁王西入朝、謁竇太后。燕見、與景帝俱侍坐於太后前。語言私說。

[考證]楓山本、私作和、 太后謂帝曰。吾聞殷道親親。周道尊尊。其義一也。[索隱]殷人尚質、親親、謂親其弟而授之、周人尚文、尊尊、謂尊祖之正體、故立其子、尊其祖也、[考證]楊愼曰、殷道親親二句、出尙書緯、 安車大駕、用梁孝王爲寄。[考證]太后之言、至此、中井積德曰、安車大駕、疑當作大車安駕、愚按安車、太后自言、大駕、猶言大行、孝字衍、言吾百歲之後、以梁王託帝也、 景帝跪席擧身曰。諾。罷酒出。帝召袁盎諸大臣通經術者曰。太后言如是。何謂也。皆對曰。太后意欲立梁王爲帝太子。帝問其狀。袁盎等曰。殷道親親者立弟。周道尊尊者立子。殷道質。質者法天、親其所親。故立弟。周道文。文者法地、尊者敬也。敬其本始。故立長子。周道、太子死、立適孫。殷道、太子死、立其弟。帝曰。於公何如。皆對曰。方今漢家法周。周道不得立弟。當立子。故春秋所以非宋宣公。

宋宣公死。不立子而與弟。弟受國死。復反之與兄之子。弟之子爭之。以爲我當代父後。卽刺殺兄子。以故國亂、禍不絕。故春秋曰。君子大居正。宋之禍、宣公爲之。【正義】大、謂崇大、【考證】隱公三年公羊傳、臣請見太后白之。袁盎等入見太后。太后言欲立梁王。梁王卽終、欲誰立。【考證】李笠曰、見太后下、脫曰字、太后言至欲誰立、皆盎等言也、故卽承太后曰、吾復立帝子、今脫曰字、賓主不晰、文不成義矣、太后曰。吾復立帝子。袁盎等以宋宣公不立正生禍、禍亂後五世不絕、小不忍害大義狀報太后。太后乃解說。【正義】解、閑買反、說、音悅、卽使梁王歸就國。而梁王聞其義出於袁盎諸大臣所、怨望。【考證】楓、三本、毛本、凌引一本、義作議、使人來殺袁盎。袁盎顧之曰。我所謂袁將軍者也。公得毋誤乎。刺者曰。是矣。刺

之置其劒。劒著身。視其劒、新治。問長安中削厲工。【考證】岡白駒曰、削、劒室也、厲、磨石、謂作劒室及磨礪劒者、工曰。梁郎某子、來治此劒。【索隱】謂梁國之郎、是孝王官屬、某子、史失其姓名也、以此知而發覺之、發使者捕逐之。獨梁王所欲殺大臣十餘人。文吏窮本之、謀反端頗見。太后不食。日夜泣不止。景帝甚憂之。問公卿大臣。大臣以爲遣經術吏往治之、乃可解。於是遣田叔·呂季主往治之。此二人皆通經術知大禮。來還至霸昌廐。【正義】括地志云、漢霸昌廐、在雍州萬年縣東北三十八里、取火悉燒梁之反辭。但空手來對景帝。景帝曰。何如。對曰。言梁王不知也。【考證】言字恐衍、造爲之者、獨其幸臣羊勝·公孫詭之屬爲之耳。謹以伏誅死。梁王無恙也。景帝喜說曰。急趨謁太后。太

后聞之、立起坐飡、氣平復。【考證】楓、三本、飡下有食字、氣下有力字、故曰。不通經術、知古今之大禮、不可以爲三公及左右近臣。少見之人、如從管中闚天也。【考證】梁玉繩曰、桐葉封應、與晉世家異、燒梁反辭、與田叔傳不合、恐皆非事實、惟所言漢諸侯王朝見期法、可補漢史之缺、

【索隱】述贊、文帝少子、徙封於梁、太后鍾愛、廣築睢陽、旌旂警蹕、勢擬天王、功扞吳楚、計醜孫羊、竇嬰正議、袁盎劫傷、漢窮梁獄、冠蓋相望、禍成驕子、致此猖狂、雖分五國、卒亦不昌、

梁孝王世家第二十八　　史記五十八

文學博士瀧川龜太郎著

史記會注考證

史記會注考證卷五十九

漢　太史令司馬遷　撰

宋中郎外兵曹參軍裴駰集解

唐國子博士弘文館學士司馬貞索隱

唐諸王侍讀率府長史張守節正義

日本　出雲瀧川資言考證

五宗世家第二十九　史記五十九

【索隱】景帝子十四人、一武帝、餘十三人爲王、漢書謂之景十三王、此名五宗者、十三人爲王、其母五人、同母者爲宗也、【考證】史公自序云、五宗既王、親屬洽和、諸侯大小

爲藩、爰得其宜、僭擬之事稍衰貶矣、作五宗世家第二十九、王鳴盛曰、五宗世家凡十三人、皆景帝子、以其母五人所生、號爲五宗、殊屬無理、漢書改爲景十三王傳、是也、方苞曰、明其異於古之宗法、黃震曰、景帝十三王、惟河閒最賢、其學甚正、雖當時士大夫、亦鮮及之、餘率驕恣自滅、大率漢之封建、非特城邑過制、亦失雖有周親不如仁人之意、故適足以禍之、

孝景皇帝子凡十三人爲王。而母五人。同母者爲宗親。栗姬子曰榮·德·閼于。【索隱】閼、音遏、漢書、無于字、【考證】梁玉繩曰、史漢紀表傳俱云臨江哀王閼、無于字、乃此兩書臨江之名、皆作閼于、蓋誤也、程姬子曰餘·非·端。賈夫人子曰彭祖·勝。唐姬子曰發。王夫人兒姁子曰越·寄·乘·舜。【索隱】姁、況羽反、兒姁、夫人名也、王皇后之妹也、

河閒獻王德、【索隱】漢書云、大行令奏諡法曰、聰明睿智曰獻、以孝景帝前二年、用皇子爲河閒王。好儒學。被服造次、必於儒者。山東諸儒多從之游。二十六年卒。【集解】漢名臣奏、杜業奏曰、河閒獻王經術通明、積德累行、天下雄俊衆儒皆歸之、孝武帝時、獻王朝、被服造次、必於仁義、問以五策、獻王輒對無窮、孝武帝艴然難之、謂獻王曰、湯以七十里、文王百里、王

其勉之、王知其意、歸卽縱酒聽樂、因以終、【索隱】注問以五策、按漢書詔策問三十餘事、被服造次、按小顏云、被服、言常居處其中也、造次、謂所向所行皆法於儒者、【考證】楓山本、之作而、中井積德曰、此被服、只謂其衣服耳、不當據班史作解、造次、當用論語解、何焯曰、漢書云、獻王薨、中尉常麗以聞曰、王身端行治、溫仁恭儉、篤敬愛下、明知深察、惠于鰥寡、大行令奏諡法曰、聰明睿知曰獻、宜諡曰獻王、褒崇若此、知杜業語爲無稽、齊召南曰、漢代賢王、河閒稱首、史五宗世家太簡略、漢書補作、愚按、漢書景十三王傳云、河閒獻王修學好古、實事求是、從民得善書、必爲好寫與之、留其眞、加金帛賜以招之、繇是四方道術之人、不遠千里、或有先祖舊書、多奉以奏獻王者、故得書多、與漢朝等、是時淮南王安亦好書、所招致、率多浮辯、獻王所得書、皆古文先秦舊書、周官尚書禮禮記孟子老子之屬、皆經傳說記、七十子之徒所論、其學舉六藝、立毛氏詩左氏春秋博士、修禮樂、被服儒術、造次必於儒者、山東諸儒者從而游、武帝時、獻王來朝、獻雅樂、對三雍宮、及詔策所問三十餘事、其對推道術而言、得事之中、文約指明、戴震、河閒獻王傳經考云、漢初六藝散而復集、文帝時、詩始萌芽、獨有魯詩、景帝時有齊詩、韓詩、而毛公爲詩故訓傳三十卷、鄭康成六藝論云、獻王號之曰毛詩、漢書儒林傳贊、武帝立五經博士、書歐陽、禮后、易楊、春秋公羊、僅臚四經者、魯齊韓三家之詩、已立文景間矣、趙岐孟子題辭曰、文帝欲廣文學之路、論語孝經孟子爾雅、皆置博士、此事史家闕略不載、又曰、後罷傳記博士、獨立五經、蓋言罷於武帝也、宣帝更立大小夏侯尚書、大小戴禮、施孟梁丘易、穀梁春秋、元帝立京氏易、平帝立左氏春秋毛詩逸禮古文尚書、而周官經劉歆末年知周公致太平之迹具於斯、始有傳者、凡羣經傳記之先後表見於漢、大致可考如此、今三家詩亡、而毛詩獨存、昔儒論治春秋、可無公羊穀梁、不可無左氏、當景帝武帝之間、六藝初出、群言未定、獻王

乃立毛氏詩、左氏春秋博士、識固卓卓、景十三王傳稱獻王所得書、皆古文先秦舊書、周官、尚書、禮、禮記、孟子、老子之屬、皆經傳說記七十子之徒所論、陸德明經典釋文序錄云、景帝時、河南獻王好古、得古禮獻之、或曰、河間獻王開獻書之路、時有李氏上周官五篇、失事官一篇、乃購千金不得、取考工記補之、陸氏引或曰者、無明據也、然本傳列獻王所得書、首周官、漢經師未聞以教授、馬融周官傳謂入於祕府、五家之儒莫得見、是也、其得自獻王、無疑、鄭康成六藝論云、河間獻王古文禮五十六篇、其十七篇與高堂生所傳同、而字多異、記百三十一篇、斯卽本傳所列禮禮記、謂古文禮與記矣、周禮六篇、鄭亦繫之獻王、又爲陸氏得一證、大小戴傳儀禮、又各傳禮記、往往別有采獲、出百三十一篇者、殆居多、司馬貞以今文孝經爲獻王所得顏芝本、是書本傳不列、雖顏芝河間人、不必至獻王始得也、獻王自著書、藝文志有對上下三雍宮三篇、又與毛生等共采周宮及諸子言樂事者作樂記、成帝時、王禹獻二十四記者、漢志題曰王禹記、以別樂記二十三篇也、史稱獻王學舉六藝、王入朝獻雅樂、及對詔策所問三十餘事、悉不傳、凡獻王所得書、或亡或存、其可知者如此、子共王不害立。四年卒。子剛王基代立。【考證】沈家本曰、基、表作堪、漢傳堪、表基、按此形近而譌、莫爲能定也、十二年卒。子頃王授代立。【集解】漢書云、授、諡頃、音傾也、【考證】楓山本、十二年作十三年、頃王授薨於天漢三年、頃王二字、後人所加、索隱所見本未誤、臨江哀王閼于、【考證】子字衍、以孝景帝前二年、用皇子爲臨江王。三年卒。無後。國除爲郡。臨江閔

王榮、以孝景前四年爲皇太子。四歲廢。【考證】王鏊曰、榮最長者、而傳居二王後、以其從太子廢、後乃爲王耳、中井積德曰、榮王臨江、在前臨江王卒後、故不得不居後、用故太子爲臨江王。四年、坐侵廟壖垣爲宮。【集解】服虔云、宮外之餘地、顧野王云、牆外行馬內田、音人椽反、又音軟、又音奴亂反、壖垣、牆外之短垣也、【考證】四年、當作三年、漢書作三歲、蘇輿曰、案此郡國諸侯所立之太宗廟、愚按、壖垣又見鼂錯傳、上徵榮。榮行。祖於江陵北門。【集解】按祖者行神、行而祭之、故曰祖也、風俗通云、共工氏之子曰修、好遠遊、故祀爲祖神、又崔浩云、黃帝之子累祖好遠遊、而死於道、因以爲行神、亦不知其何據、蓋見其謂之祖、因以爲累祖、非也、據帝系及本紀、皆言累祖黃帝妃、無爲行神之由也、又聘禮云、出祖、釋軷、祭脯酒而已、按今祭禮、以軷壤土爲壇於道、則用黃羝、或用狗、以其血釁左輪也、【正義】荊州圖副云、漢臨江閔王榮、始都江陵城、坐侵廟壖地爲宮、被徵出城北門、而車軸折、父老共流涕曰、吾王不反矣、既而爲郅都所訊、懼而縊死、自此後、北門存而不啓、蓋爲榮不以道終也、既已上車、軸折車廢。江陵父老流涕竊言曰。吾王不反矣。榮至、詣中尉府簿。【考證】楓山本、無曰字、漢書、簿上有對字、此脫、中尉郅都責訊王。【考證】郅都、見酷吏傳、王恐自殺。【考證】景紀云、死中尉府中、葬藍田。燕數萬、銜土置冢上。百

姓憐之。榮最長。【正義】顏師古云、榮實最長、而傳居二王後者、以其從太子廢、後乃爲王也、死無後。國除。地入于漢爲南郡。右三國本王、皆栗皆之子也。【考證】三條本、右作此、下竝同、魯共王餘、以孝景前二年、用皇子爲淮陽王。【考證】楓山本、孝景下有帝字、下同、二年、吳・楚反。破後、以孝景前三年徙爲魯王。好治宮室苑囿狗馬。【考證】沈欽韓曰、西京雜記、魯共王好鬭雞鴨及鵝雁、養孔雀鵁鶄、俸穀一年費二千石、又曰、王延壽有靈光殿賦、愚按、漢書景十三王傳云、恭王初好治宮室、壞孔子舊宅、以廣其宮、聞鐘磬琴瑟之聲、遂不敢復壞、於其壁中、得古文經傳、藝文志云、得古文尚書及禮記論語孝經、凡數十篇、皆古字、季年好音、不喜辭辯。爲人吃。二十六年卒。子光代爲王。初好音與馬。晚節嗇。惟恐不足於財。【正義】晚節、猶言末年時、嗇貪恡也、江都易王非、【集解】按諡法、好更故舊曰易也、以孝景前二年用皇子爲汝南王。吳・楚反時、非年十五、有材力。【考證】古鈔本、楓山本、力作氣、與漢書合、上書願擊吳。景帝賜非將軍印擊吳。

吳已破。二歲徙爲江都王、治吳故國。【考證】故國、故都也、漢書、吳故二字倒、顏師古曰、治、謂都之、劉濞所居也、以軍功賜天子旌旗。元光五年、匈奴大入漢爲賊。【考證】漢書、元光五年作元光中、王先謙曰、匈奴入邊、在二年六年、非上書、願擊匈奴。上不許。非好氣力、治宮觀、招四方豪桀、驕奢甚。【考證】漢書董仲舒傳云、天子以仲舒爲江都相、事易王、易王帝兄、素驕好勇、仲舒以禮義匡正、王敬重焉、西京雜記云、江都王勁捷、能超七尺屛風、立二十六年卒。子建立爲王。七年自殺。淮南・衡山謀反時、建頗聞其謀。自以爲國近淮南。恐一日發、爲所并。卽陰作兵器、而時佩其父所賜將軍印、載天子旗以出。易王死、未葬。建有所說易王寵美人淖姬。【集解】蘇林曰、淖、音泥淖、【索隱】鄭氏音卓、蘇林音泥淖之淖、女教反、淖姓也、齊有淖齒、是、又漢書云、建召易王所愛淖姬等十人、與姦服舍中、【正義】淖、女孝反、夜使人迎、與姦服舍中。【考證】顏師古曰、服舍、倚廬堊室之次也、及淮南事發、治黨與。頗及江都王建。建恐、因

使人多持金錢、事絕其獄。而又信巫祝、使人禱祠妄言。建又盡與其姊弟姦。【索隱】漢書云、建女弟徵臣、爲蓋侯子婦、以易王喪來歸、建復與姦也、【考證】梁玉繩曰、姊弟乃女弟之誤、盡字衍、事既聞。漢公卿請捕治建。天子不忍、使大臣即訊王。王服所犯、遂自殺。國除、地入于漢、爲廣陵郡。【考證】建罪狀詳漢書景十三王傳、査愼行曰、史記譏江都王淫亂、不過四五行而止、漢書前後幾及千言、於淫穢之跡、備極形容、似不如司馬之略、　膠西于王端、【索隱】按廣周書謚法云、能優其德曰于、【考證】顏師古曰、于、迂通、遠也、遠乖道德、故以爲謚、以孝景前三年、吳楚七國反。破後、端用皇子爲膠西王。【考證】中井積德曰、以字疑衍、　端爲人賊戾。又陰痿。【正義】委危反、不能御婦人、一近婦人、病之數月。而有愛幸少年爲郎。爲郎者、【考證】中井積德曰、兩爲郎、疑衍其一、頃之與後宮亂。端禽滅之、及殺其子母。數犯上法。漢公卿數請誅端。天子爲兄弟之故不忍。而端所爲滋甚。有司再請削

其國、去太半。【考證】張晏曰、三分之二爲太半、一爲少半、　端心慍、遂爲無訾省。【集解】蘇林曰、爲無所訾錄、無所省錄、【正義】顏師古云、訾、財也、省、視也、言不能視錄貲財、【考證】沈欽韓曰、齊語、訾相其質、注、訾、量也、又呂覽知度篇、訾功丈尺而知人數多少、又韓非亡徵篇、發心悁忿、而不訾前後者可亡也、禮記少儀、不訾重器、注、訾思也、竝是此訾省義、蘇林解得之、愚按、蓋膠西王聞國削心慍、遂置國事於不問耳、　府庫壞漏、盡腐財物、以巨萬計、終不得收徙。令吏毋得收租賦。端皆去衛、【索隱】謂不置宿衛人、　封其宮門、從一門出游。【考證】漢書游作入、　數變名姓、爲布衣之他郡國。【考證】顏師古曰、之、往也、　相二千石往者、奉漢法以治。【考證】漢書往作至、　端輒求其罪告之。無罪者詐藥殺之。所以設詐究變、【索隱】究者窮也、故郭璞云、究、謂窮盡也、　彊足以距諫、智足以飾非。【考證】殷本紀、帝紂知足以距諫、言足以飾非、距、拒通、　相二千石、從王治、則漢繩以法。故膠西小國、而所殺傷二千石甚衆。【考證】王先謙曰、端事又見漢書董仲舒傳、　立四十七年卒。竟無男

代後。國除、地入于漢、爲膠西郡。　右三國本王、皆程姬之子也。　趙王彭祖、以孝景前二年、用皇子爲廣川王。趙王遂反破後、彭祖王廣川。四年、徙爲趙王。十五年、孝景帝崩。【考證】漢書無彭祖王廣川以下十八字、此複文、崔適曰、五宗十三王、卒於孝景崩後者十一王、各本於此下云、十五年孝景帝崩、中山王下云、十四年孝景帝崩、孤懸不倫、漢書尚無之、當由學者錄此篇時、偶記於旁、後人誤入正文爾、　彭祖爲人、巧佞卑諂足恭、而心刻深、【索隱】謂刻害深無仁恩、【考證】論語公冶長篇、巧言令色足恭、顏師古曰、足恭、便辟也、　好法律、持詭辯以中人。【索隱】謂詭詐之辯以中傷於人、　彭祖多內寵姬及子孫。相二千石欲奉漢法以治、則害於王家。是以每相二千石至、彭祖衣皁布衣自行迎、除二千石舍、【索隱】謂彭祖自爲二千石埽除其舍以迎之也、　多設疑事、以作動之。【考證】作動、使困惑聳動也、漢書改作詐動、義異、　得二千石失言中忌諱、輒書之。二千石欲治者、則以此迫劫。不

聽乃上書告、及汙以姦利事。彭祖立五十餘年、相二千石、無能滿二歲、輒以罪去、大者死、小者刑。【考證】據酷吏傳、陷御史大夫張湯於死者彭祖也、豈惟國中相二千石、　以故二千石莫敢治。而趙王擅權、使使即縣爲賈人榷會。【集解】韋昭曰、平會兩家買賣之賈也、榷者、禁他家、獨王家得爲之、【索隱】榷、音角、獨言榷、謂酤榷也、會、音儈、古外反、謂爲買人專榷買賣之賈、儈以取利、若今之和市矣、韋昭則訓榷爲平、其注解爲得、【考證】王先謙曰、會、會計也、總計買人財物而征榷之、故曰榷會、韋注、賈讀曰價、　入多於國經租稅。【索隱】經者常也、謂王家入、多於國家常納之租稅也、【考證】中井積德曰、王國租稅有常經、今乃榷會所入之利、多於其常經租稅之入也、　以是趙王家多金錢。然所賜姬諸子亦盡之矣。彭祖取故江都易王寵姬王建所盜與姦淖姬者爲姬、甚愛之。彭祖不好治宮室禨祥。【集解】服虔曰、求福也、【索隱】按埤蒼云、禨、祆祥也、列子云、荊人鬼、越人禨、謂楚信鬼神、而越信禨祥也、　好爲吏事。上書願督國中盜賊。常夜從走卒行徼邯鄲中。【索隱】行徼、上下孟反、下工弔反、徼是郊外之路、謂巡徼而伺

察境界、【考證】顏師古曰、徼、謂巡察也、諸使過客、以彭祖險陂、莫敢留邯鄲。【正義】顏師古曰、陂、謂傾側也、三蒼解詁云、險陂、諂佞也、【考證】顏師古曰、使、謂京師使人也、過客、行客從趙過者也、其太子丹、與其女及同產姊姦、與其客江充有郤。充告丹。丹以故廢。趙更立太子。中山靖王勝、以孝景前三年用皇子爲中山王。十四年、孝景帝崩。【考證】十四年以下、旁記誤入正文、勝爲人樂酒好內。【正義】樂、五敎反、有子枝屬百二十餘人。【考證】查愼行曰、云枝屬、則子孫內外、羣在其數、愚按、併孫數之、故曰枝屬、漢書刪枝屬二字、常與兄趙王相非曰、兄爲王、專代吏治事。王者當日聽音樂聲色。【考證】凌稚隆曰、漢書中山靖王聞樂對、甚可誦、又曰、漢書音樂下有御字、梁氏志疑引汪繩祖云、聞樂對詞意悲壯、小司馬稱爲漢之英藩、則非徒樂酒好內也、蓋以漢法嚴吏深刻、託以自晦、有信陵陳丞相之智識、史略之何歟、查愼行曰、中山靖王傳、漢書全載聞樂對、所以感動武帝、卒從主父偃謀、令諸侯以私恩自裂土分其子弟、與賈生鼂錯二傳相照應、此事不行於文景、而行於武帝、是大有關係文字、通篇視史記獨詳、趙王亦非之曰、中山王徒日淫、不佐天子拊循百

姓、何以稱爲藩臣。【考證】楓山本、無非之二字、立四十二年卒。【索隱】按漢書、建元三年、濟川、中山王等來朝、聞樂而泣、天子問其故、王對以大臣內讒、肺腑日疏、其言甚雄壯、詞切而理文、天子加親親之好、可謂漢之英藩矣、子哀王昌立。一年卒。子昆侈代爲中山王。【索隱】漢書昆侈諡康王、子頃王輔嗣、至保國除也、【考證】楓山本、代作嗣、右二國本王、皆賈夫人之子也。長沙定王發、發之母唐姬、故程姬侍者。景帝召程姬。程姬有所辟不願進。【索隱】姚氏按釋名云、天子諸侯、羣妾以次進御、有月事者止不御、更不口說、故以丹注面、自的爲識、令女史見之、王察神女賦以爲說袿裳、免簪笄、施玄的、結羽釵、的卽釋名所云也、說文云、姅、女汚也、漢律云、見姅變不得侍祠、姅、音半、【考證】中井積德曰、漢時不循古禮、故以詐避之耳、而飾侍者唐兒使夜進。上醉不知。以爲程姬而幸之。遂有身。已乃覺非程姬也。及生子因命曰發。【考證】命曰發、取諸發寤之義、上文云、已乃覺非程姬、覺卽發也、以孝景前二年、用皇子爲長沙王、以其母微無寵。故王卑溼貧國。【集解】應劭曰、景帝後二年、諸王來朝、有詔更前稱壽歌舞、定王但張袖小舉手、左

右笑其拙、上怪問之、對曰、臣國小地狹、不足迴旋、帝以武陵零陵桂陽屬焉、【考證】全祖望曰、武陵桂陽、竝未嘗屬長沙、而零陽至武帝始置郡、安得如應劭所言、王先謙曰、史表、景帝後二年、不書定王來朝、疑應氏誤記、立二十七年卒。子康王庸立。二十八年卒。【考證】康王、漢書作戴王、梁玉繩曰、二王年數、史漢不同、子鮒鮈立爲長沙王。【集解】服虔曰、鮈、音拘、右一國本王、唐姬之子也。廣川惠王越、以孝景中二年、用皇子爲廣川王。十二年卒。【考證】漢傳、十二年作十三年、誤、子齊立爲王。【索隱】漢書齊諡繆王、諡法、傷人蔽賢曰繆、齊有幸臣桑距。【考證】漢傳作乘距、已而有罪欲誅距。距亡。王因禽其宗族。距怨王。乃上書告王齊與同產姦。【考證】顏師古曰、謂其姊妹也、自是之後、王齊數上書告言漢公卿及幸臣所忠等。【索隱】按漢書、又告中尉蔡彭祖、子去嗣、坐暴虐勃亂國除也、【正義】所忠、姓名、【考證】查愼行曰、截然而止、辭氣未足、當合漢書後段看、愚按、漢書景十三王傳云、所忠等、下有又告中尉蔡彭祖、捕子明、罵曰、吾盡汝種矣、有司劾齊誣罔大不敬、請繫治、齊恐、上書、願與廣川勇士奮擊匈奴、上許之、未發病薨、有司請除國、奏可、語又按所忠又見平準書司馬相如傳、膠

東康王寄、以孝景中二年用皇子爲膠東王。二十八年卒。【考證】崔適曰、下云、及吏治淮南之獄辭出之、事在元朔六年、卽康王二十六年也、淮南王謀反時、寄微聞其事、私作樓車鏃矢戰守備、候淮南之起。【集解】應劭曰、樓車、所以窺看敵國營壘之虛實也、【索隱】左傳云、登樓車以窺宋人、謂看敵國營壘之虛實也、李巡注爾雅、金鏃、以金爲箭鏑鏃、字林音子木反、【考證】王念孫曰、鏃當作鍭、爾雅說矢云、金鏃翦羽謂之鍭、矢必有鏃、無用更言鏃、鏃鍭字形相近而誤、及吏治淮南之事、辭出之。【集解】如淳曰、窮治其辭、出此事、【考證】辭語連及其事也、寄於上最親。【集解】徐廣曰、其母武帝母妹、【正義】寄母王夫人卽王皇后之妹、於上爲從母、故寄於諸兄弟最爲親愛也、意傷之、發病而死。不敢置後。於是上問寄有長子者名賢。母無寵。少子名慶、母愛幸。寄常欲立之。爲不次、因有過、遂無言。【考證】古鈔本、楓山本、問作聞、與漢傳合、王先謙曰、淮南反謀、不以聞而私作兵器、爲有過也、上憐之、乃以賢爲膠東王、奉康王嗣。【考證】古鈔本、楓山本、嗣作祀、與漢書合、而封慶於故衡山地、爲六安王。膠東王賢立、十四

年卒。謚爲哀王。子慶爲王。【集解】徐廣曰、他本亦作慶字、惟一本作建、不宜得與叔父同名、相承之誤、【考證】梁玉繩曰、當依年表及漢書作通平、徐廣云、一作建、亦非、六安王慶、以元狩二年、用膠東康王子爲六安王。【考證】楓山本、二年作三年、清河哀王乘、以孝景中三年、用皇子爲清河王。十二年卒。無後國除。地入于漢、爲清河郡。常山憲王舜、以孝景中五年、用皇子爲常山王。舜最親。景帝少子、驕怠多淫、數犯禁。上常寬釋之。立三十二年卒。太子勃代立爲王。初憲王舜有所不愛姬、生長男梲。【集解】蘇林曰、音奪、【索隱】鄒氏一音之悅反、蘇林音奪、許愼說解、字林云他活反、字從木也、【考證】索隱說解二字有譌奪、梲以母無寵故、亦不得幸於王。王后脩生太子勃。王內多。【考證】王先謙曰、內、謂姬妾、所幸姬生子平・子商。王后希得幸。【考證】各本、王上重王字、楓、三本、毛本無、與漢書合、今從之、及憲王病甚、諸幸姬常侍病。故王

后亦以妒媢、【索隱】媢、音冒報反、鄒氏本作媚、郭璞注三蒼云、媢、丈夫妒也、又云、妒女爲媢、不常侍病、輒歸舍。醫進藥、太子勃不自嘗藥。又不宿留侍病。及王薨、王后太子乃至。憲王雅不以長子梲爲人數。【考證】顏師古曰、雅、素也、愚按、人、子也、及薨、又不分與財物。郎或說太子王后、令諸子與長子梲共分財物。太子王后不聽。【考證】楓山本、令作命、太子代立、又不收恤梲。梲怨王后太子。漢使者視憲王喪。梲自言憲王病時、王后太子不侍。及薨六日出舍。【集解】如淳曰、服舍也、太子勃私姦、飲酒博戲擊筑、與女子載馳環城過市、入牢視囚。天子遣大行騫、【索隱】按謂是張騫、驗王后、及問王勃、請逮勃所與姦諸證左。王又匿之。吏求捕勃太急。使人致擊笞掠、擅出漢所疑囚者。【考證】漢書改驗王后至諸證左十六字、作驗問逮諸證者、囚下無者字、凌稚隆曰、離解、

方苞曰、吏求捕諸證左於勃、甚急、使人擊掠勃左右、勃恐語泄、遂擅出漢所疑囚、使遁匿也、漢所疑囚、卽與姦諸證左、愚按、古鈔本、楓山本、急下有勃字、人下有急字、當依正、勃使人急致擊笞掠漢吏、又擅出漢所疑囚也、其餘方說得之、有司請誅憲王后脩、及王勃。上以脩素無行、使梲陷之罪。【考證】岡白駒曰、之字、指王后、勃無良師傅、不忍誅。有司請廢王后脩、徙王勃、以家屬處房陵。上許之。勃王數月、遷于房陵。國絕月餘、天子爲最親、乃詔有司曰。常山憲王蚤夭、后妾不和、適孽誣爭、【考證】顏師古曰、適、音嫡、孽、庶也、陷于不義以滅國。朕甚閔焉。其封憲王子平三萬戶爲眞定王、封子商三萬戶爲泗水王。【正義】泗水、海州、眞定王平、元鼎四年用常山憲王子爲眞定王。【考證】中井積德曰、據文例、元鼎上脫以字、泗水思王商、以元鼎四年、用常山憲王子爲泗水王。十一年卒。【考證】張文虎曰、各本、常山下衍王字、毛本無、梁玉繩曰、十一年、衍一字、愚按漢書無、子哀王安世立。

十一年卒。無子。【考證】梁玉繩曰、十一年衍十字、愚按漢書無、史表亦誤、於是上憐泗水王絕、乃立安世弟賀爲泗水王。右四國本王、皆王夫人兒姁子也。其後漢益封其支子爲六安王泗水王二國。凡兒姁子孫於今爲六王。

太史公曰。高祖時諸侯皆賦。【集解】徐廣曰、國所出有皆入于王也、得自除內史以下、漢獨爲置丞相。黃金印。諸侯自除御史廷尉正博士、擬於天子。自吳・楚反後。五宗王世、漢爲置二千石、去丞相曰相。銀印。諸侯獨得食租稅、奪之權。其後諸侯貧者、或乘牛車也。【索隱】述贊、景十三子、五宗親睦、栗姬既廢、臨江折軸、閼于早薨、河閒儒服、餘好宮苑、端事馳逐、江都有才、中山褫福、長沙地小、膠東造鏃、仁賢者代、悖亂者族、兒姁四王、分封爲六、

五宗世家第二十九

史記五十九

文學博士瀧川龜太郎著

史記會注考證

史記會注考證卷六十

漢　太史令司馬遷撰

宋　中郎外兵曹參軍裴駰集解

唐　國子博士弘文館學士司馬貞索隱

唐　諸王侍讀率府長史張守節正義

日本　出雲瀧川資言考證

三王世家第三十　史記六十

[考證]史公自序云、三子之王、文辭可觀、作三王世家第三十、楊愼曰、具載疏奏制冊、天子恭讓、羣臣守義、文詞爛然可觀、又以見漢廷奏覆頒下施行之式、王鳴盛曰、三王世家、武帝之子、所載、直取請封三王之疏及三封策錄之、與他王叙述迥異、則遷特漫爾鈔錄、猶待潤色未成之筆也、據漢書武五子傳、武帝六男、衞皇后生戾太子、趙婕妤生昭帝、王夫人生齊懷王閎、李姬生燕刺王旦廣陵厲王胥、李夫人生昌邑哀王髆、遷但取閎旦胥、不及戾太子及髆者、閎旦胥之封、在元狩六年、遷書訖太初、則三王自應入世家、髆封於天漢四年、既有所不及書、而戾太子之敗、在征和二年、遷固目擊其事、前則因其爲太子、不當入世家、後則既敗、不復補書、且有所諱也、論贊亦云、封立三王、天子恭讓、羣臣文辭、爛然甚可觀、是以附之世家、其言與自序合、則三王世家、幾乎爲史公手錄、而褚少孫附記云、傳中稱三王世家文辭可觀、求其世家、終不能得、竊從長老好故事者、取其封策書、編列其事而傳之、令後世得觀賢主之指意、亦似少孫補之、愚按、柯維騏云、太史公書原缺三王世家、獨其贊語尚存、故褚先生取廷臣之議及封策書補之、柯說近是、

大司馬臣去病昧死再拜、上疏皇帝陛下。[索隱]霍去病也、[考證]凌稚隆曰、大司馬、三公也、故爲首議、陛下過聽、使臣去病待罪行閒。宜專邊塞之思慮、暴骸中野。無以報。[考證]岡白駒曰、如此不足以報君恩、楓山本、無作死、乃敢惟他議、以干用事者。誠見陛下憂勞天下、哀憐百姓、以自忘、[考證]岡白駒曰、自忘己之躬、虧膳貶樂、損郞員。皇子賴天、能勝衣趨拜。[考證]賴天、猶云賴父庇也、勝衣、謂兒童稍長、體足任衣服也、至今無號位師傅官。陛下恭讓不恤。[考證]岡白駒曰、憂勞天下、不恤私愛、羣臣私望、不敢越職而言。臣竊不勝犬馬心、昧死願陛下詔有司、因盛夏吉時、定皇子位。[索隱]按明堂月令云、季夏月、可以封諸侯立大官、是也、唯陛下幸察。臣去病昧死再拜、以聞皇帝陛下。[考證]疏文止于此、三月乙亥、御史臣光守尚書令、奏未央宮。[考證]徐孚遠曰、三公爲奏草、尚書令受奏草、即後世尚書省也、制曰。下御史。六年三月戊申朔乙亥、御史臣光、守尚書令丞非、[索隱]按奏狀、有尚書令官位、而史闕其名耳、丞非者、或尚書左右丞、非其名也、[考證]錢大昕曰、索隱說非也、光以御史守尚書令、非別有尚書令而失其名也、下文云、太子少傅臣安行宗正事、云太僕臣賀行御史大夫事、皆與此一例、愚按、果如錢說、丞非二字不可解、疑丞上奪臣字、非、尚書丞名、此時尚書令闕、故丞代理其事也、上文守尚書下、亦當有丞臣非三字、唐制、位卑官高曰守、官卑位高曰行、蓋本於漢制、下御史書到。言。[考證]到字、句、言、書中所云也、下文所記即是、丞相臣靑

翟。[索隱]莊青翟也、御史大夫臣湯、[索隱]張湯、 太常臣充、[索隱]蓋趙充也、[考證]梁玉繩曰、元狩六年兪侯欒賁爲太常、而曰太常臣充、索隱云趙充、未知所出、 大行令臣息、[索隱]李息、 太子少傅臣安、[索隱]任安也、 行宗正事、昧死上言。大司馬去病上疏曰。陛下過聽、使臣去病待罪行閒。宜專邊塞之思慮、暴骸中野。無以報。乃敢惟他議、以干用事者。誠見陛下憂勞天下、哀憐百姓、以自忘、虧膳貶樂、損郞員。皇子賴天、能勝衣趨拜。至今無號位師傅官。陛下恭讓不卹。羣臣私望、不敢越職而言。臣竊不勝犬馬心、昧死願陛下詔有司、因盛夏吉時、定皇子位。唯願陛下幸察。[考證]中井積德曰、唯下願字疑衍、 制曰。下御史。臣謹與中二千石二千石臣賀等議。[正義]公孫賀、[考證]陳仁錫曰、古本議下有曰字、 古者裂地立國、竝建諸侯、以

承天子。所以尊宗廟重社稷也。今臣去病上疏、不忘其職。因以宣恩。乃道天子卑讓自貶以勞天下、慮皇子未有號位。臣青翟·臣湯等、宜奉義遵職。愚憧而不逮事。[正義]憧、劉伯莊音傷容反、顧野王音昌容反、憧音不定、[考證]憧、與惷同、睽昏也、張文虎曰、游本義作議、與凌引一本同、 方今盛夏吉時。臣青翟·臣湯等昧死、請立皇子臣閎·[集解]徐廣曰、一作闕、 臣旦·臣胥爲諸侯王。昧死請所立國名。制曰。蓋聞周封八百、姬姓竝列。或子男附庸。禮、支子不祭。[考證]楓、三本、無竝列二字、禮記曲禮、支子不祭、祭必告於宗子、 云竝建諸侯、所以重社稷。朕無聞焉。且天非爲君生民也。[索隱]左傳曰、天生蒸民、立君以司牧之、是言生人爲立君長司牧之耳、非天爲君而生人也、 朕之不德、海內未洽。乃以未教成者、彊君連城。卽股肱何勸。[集解]徐廣曰、一作敎、一作勗、一作觀也、[索隱]謂皇子等竝未習敎義也、皇子未習敎義、而彊使爲諸侯王、以君連城之人、則大臣何有所勸、[考證]共事既非是、大

臣何以勸之於朕乎、 其更議以列侯家之。[考證]言封皇子以列侯、不宜爲諸侯王也、 三月丙子、奏未央宮。[考證]岡白駒曰、此月日上疏發句之文、疏末月日、乃記奏之月日也、 丞相臣青翟·御史大夫臣湯昧死言。臣謹與列侯臣嬰齊、中二千石、二千石臣賀、諫大夫博士臣安等議。[考證]梁玉繩曰、以褚所補者與武五子傳校之、字句之間多有同異、凌稚隆曰、列侯臣嬰齊以下增入、 曰。伏聞周封八百、姬姓竝列、奉承天子。康叔以祖考顯、[考證]康叔、武王母弟、 而伯禽以周公立。咸爲建國諸侯、[考證]岡白駒曰、爲、去聲、言咸爲建國爲諸侯、 以相傅爲輔、[考證]相、相國、傅、師傅、霍去病初疏云、皇子至今無號位師傅官、 百官奉憲、各遵其職、而國統備矣。竊以爲竝建諸侯、所以重社稷者。四海諸侯、各以其職奉貢祭。[考證]岡白駒曰、以其職奉貢、續其封奉祭、 支子不得奉祭宗祖、禮也。[考證]楓山本、祖作廟、 封建使守藩國、帝王所以扶德施化。陛下奉承天統、明

開聖緒、尊賢顯功、興滅繼絕、續蕭文終之後于酇、[索隱]蕭何諡文終也、按蕭何初封沛之酇、音贊、後其子續封南陽之酇、音嵯、 襃厲羣臣平津侯等、[索隱]公孫弘封平津侯、平津、高成之鄉名、[正義]公孫弘所封平津鄉、在滄州鹽山南四十二里也、[考證]岡白駒曰、襃之以勸厲也、 昭六親之序、明天施之屬、[考證]天施、天恩之所施、凌稚隆曰、一本施作地、 使諸侯王封君得推私恩、分子弟戶邑、錫號尊建百有餘國。[索隱]謂武帝廣推恩之詔、分王諸侯王子弟、故有百餘國、 而家皇子爲列侯、則尊卑相踰、列位失序。[索隱]謂諸侯王子已爲列侯、而今又家皇子爲列侯、是尊卑相踰越矣、[考證]佘有丁曰、諸侯王稱國、列侯稱家、故曰家皇子爲列侯、卽上所謂列侯家之也、沈家本曰、按下云、今諸侯支子封至諸侯王、而家皇子爲列侯、所謂尊卑相踰也、 不可以垂統於萬世。臣請立臣閎·[索隱]齊王也、王夫人子、 臣旦·[索隱]燕王也、漢書云、李姬子、 臣胥、[索隱]廣陵王也、 爲諸侯王。三月丙子、奏未央宮。[考證]疏文止於爲諸侯王、三月以下記事之文、楓山本、無此八字、 制曰。康叔親屬有十、而獨尊者襃有德也。[考證]武王同母兄弟十人、康叔封、次居第九、

衛康叔世家云、康叔爲周司寇、賜衛寶祭器、以章有德、周公祭天命郊。故魯有白牡騂剛之牲。集解 公羊傳曰、魯祭周公、牲用白牡、魯公用騂剛、何休曰、白牡、殷牲也、騂剛、赤脊、周牲也、羣公不毛。集解 何休曰、不毛、不純色也、考證 宣十三年公羊傳、剛作犅、何休云、周公死有王禮、謙不敢與文武同也、魯公以諸侯不嫌、故從周制、以脊爲差、不純色、所以降于尊祖、賢不肖差也。高山仰之、景行嚮之。考證 詩小雅車舝篇、仰之作仰止、嚮之作行止、朕甚慕焉。所以抑未成。家以列侯可。考證 制止于此、四月戊寅、奏未央宮。丞相臣青翟、御史大夫臣湯、昧死言。臣青翟等與列侯吏二千石、諫大夫博士臣慶等議、考證 據上文云、諫大夫博士臣安、慶蓋代居其職、昧死奏、請立皇子爲諸侯王。

制曰。康叔親屬有十、而獨尊者襃有德也。周公祭天命郊。故魯有白牡騂剛之牲。羣公不毛。賢不肖差也。高山仰之、景行嚮之。朕甚慕焉。所以抑未成。家以列侯可。考證 茅坤曰、復申建議與制所云、亦卽今覆

奏體、臣青翟、臣湯、博士臣將行等、考證 將行代博士安、伏聞康叔親屬有十。武王繼體、周公輔成王。其八人皆以祖考之尊、建爲大國。考證 八人名、見管叔世家、康叔之年幼。周公在三公之位。而伯禽據國於魯。蓋爵命之時、未至成人。康叔後扞祿父之難、伯禽殄淮夷之亂。考證 董份曰、言康叔伯禽幼未成人、見三王當封、言康叔伯禽後有勳伐、見封之得宜、昔五帝異制。周爵五等。春秋三等。集解 鄭玄曰、春秋變周之文、從殷之質、合伯子男以爲一、則殷爵三等者、公侯伯也、考證 中井積德曰、春秋三等、未詳所據、然以其說、宜公侯爲一等、伯爲一等、子男爲一等也、建國之差、周制本如斯、非春秋之時改之、亦非殷質之謂、春秋三等、蓋漢儒之妄也、春秋豈有變制之事哉、殷爵三等、亦無所考、而有箕子微子、則子爵明有之、愚按、隱五年公羊傳云、諸侯者何、天子三公稱公、王者之後稱公、其餘大國稱侯、小國稱伯子男、春秋三等、蓋用公羊說、中說未得、皆因時而序尊卑。高皇帝撥亂世反諸正、集解 春秋公羊傳文、考證 哀十四年公羊傳、昭至德、定海內、封建諸侯、爵位二等。集解 謂王與列侯、皇子或在繈緥

而立爲諸侯王、奉承天子。爲萬世法則、不可易。陛下躬親仁義、體行聖德、表裏文武、顯慈孝之行、廣賢能之路、內襃有德、外討彊暴、極臨北海、正義 匈奴傳云、霍去病伐匈奴、北臨翰海、考證 王念孫曰、極遠也、言遠臨北海也、西湊月氏、正義 湊音臻、氏音支、至月氏、月氏、西戎國名、在蔥嶺之西也、考證 王念孫曰、湊當作溱、故正義訓爲至、愚按、古鈔本、楓山本作溱、匈奴西域、舉國奉師。輿械之費、不賦於民。虛御府之藏、以賞元戎。集解 詩云、元戎十乘、以先啓行、韓嬰章句曰、元戎、大戎、謂兵車也、車有大戎十乘、謂車縵輪馬被甲衡扼之上、盡有劍戟、名曰陷軍之車、所以冒突先啓敵家之行伍也、毛傳曰、夏后氏曰鉤車、先正也、殷曰寅車、先疾也、周曰元戎、先良也、正義 輿、車也、械、戈矛弓矢之屬、開禁倉以賑貧窮、減戍卒之半。百蠻之君、靡不鄉風承流稱意。遠方殊俗、重譯而朝、澤及方外。故珍獸至、嘉穀興、天應甚彰。今諸侯支子、封至諸侯王。集解 謂立膠東王子慶爲六安王、常山王子平爲眞定王、子商爲泗水王、是也、考證 洪亮吉曰、其定泗川之封、在元鼎三年、上距去病等上表封三王時、尙有四

年、安得反引、索隱誤、中井積德曰、諸侯支子、指推恩之令也、非謂六安等、而家皇子爲列侯。集解 時諸王稱國、列侯稱家也、故云家皇子、爲尊卑失序、考證 張文虎曰、王柯凌本脫正文七字及注二十字、臣青翟、臣湯等竊伏孰計之、皆以爲尊卑失序、使天下失望。不可。臣請立臣閎、臣旦、臣胥爲諸侯王。考證 疏文止于此、四月癸未、奏未央宮。留中不下。丞相臣青翟、太僕臣賀、行御史大夫事、考證 洪亮吉曰、案此時張湯尙爲御史大夫、而云賀行其事、湯豈以病在告耶、太常臣充、太子少傅臣安行宗正事、考證 張文虎曰、凌本少譌太、昧死言、臣青翟等前奏、大司馬臣去病上疏言、皇子未有號位、臣謹與御史大夫臣湯、中二千石、二千石、諫大夫博士臣慶等、昧死請立皇子臣閎等爲諸侯王。陛下讓文武、躬自切、及皇子未教。考證 方苞曰、讓文武、以制詞周封八百、及康叔親屬有十諸語而言也、躬自切、以制詞朕之不德而言也、及皇子未教、以制詞以未教成者、彊君連城而言也、羣臣

之議、儒者稱其術、或誖其心。【考證】方苞曰、儒者稱其術、卽李斯所謂令下、各以其學議之也、或悖其心、卽李斯所謂入則心非也、蓋帝恐群臣封諸子之議、儒者或稱其術以議之、或口不言而心非之、必當日口語及此、而未筆於制詞、故畧舉以覆也、陛下固辭弗許。家皇子爲列侯。臣青翟等竊與列侯臣壽成等二十七人議。【集解】徐廣曰、蕭何之玄孫酇侯壽成、後爲太常也、【考證】凌稚隆曰、此增臣壽成二十七人、皆曰。以爲尊卑失序。高皇帝建天下、爲漢太祖。王子孫、廣支輔、先帝法則弗改。所以宣至尊也。臣請令史官擇吉日、具禮儀上、御史奏輿地圖。【索隱】謂地爲輿者、天地有覆載之德、故謂天爲蓋、謂地爲輿、故地圖稱輿地圖、疑自古有此名、非始漢也、【考證】淮南子原道訓、以天爲蓋、以地爲輿、以地爲輿則無不載也、他皆如前故事。【考證】疏文止于此、制曰。可。四月丙申奏未央宮。太僕臣賀、行御史大夫事昧死言、太常臣充言、卜入四月二十八日乙巳、可立諸侯王。臣昧死奏輿地圖。請所立國名。禮儀別

奏。臣昧死請。【考證】疏文止于此、制曰。立皇子閎爲齊王、旦爲燕王、胥爲廣陵王。四月丁酉、奏未央宮。六年【集解】徐廣曰、一云元狩、四月戊寅朔癸卯、御史大夫湯下丞相。丞相下中二千石。二千石下郡太守諸侯相。丞書從事、【考證】古鈔本、丞作承、屬下讀、下當用者如律令。

維六年四月乙巳、皇帝使御史大夫湯、廟立子閎爲齊王、【考證】漢武五子傳、六年上有元狩二字、顔師古曰、於廟授策也、曰。於戲、小子閎。【索隱】此封齊王策文也、又按武帝集、此三王策、皆武帝手製、於戲、音嗚呼、戲、或音羲、受茲青社。【集解】張晏曰、王者以五色土爲太社、封四方諸侯、各以其方色土與之、苴以白茅、歸以立社、【索隱】蔡邕獨斷云、皇子封爲王、受天子太社之土、若封東方諸侯、則割青土、藉以白茅、授之以立社、謂之茅土、齊在東方、故云青社、【考證】王觀國曰、詩大雅抑於乎小子、未知臧否、於乎小子、告爾舊止、冊文乃用詩辭也、乎戲通文、朕承祖考、【考證】漢書、祖考作天序、維稽古、【考證】維作惟、稽、考也、建爾國家、封于東土、世爲漢藩輔。於戲念哉。恭朕之詔。惟命不于常。

【考證】周書康誥、惟命不于常、顔師古曰、言皇天無親、惟德是輔、善則得之、惡則失之、人之好德、克明顯光。【考證】顔師古曰、言人若好德、則能明顯有光輝、愚按、明、明之也、顯光、顯光之德、顔說恐非、義之不圖、俾君子怠。【索隱】謂若不圖於義、則君子僻怠、無歸附心、【考證】言君子不圖義、則其心僻怠、悉爾心、允執其中、天祿永終。【考證】論語堯曰篇、咨、爾舜、天之曆數在爾躬、允執其中、四海困窮、天祿永終、集解引包咸云、允、信也、永、長也、言爲政信執其中、則能窮極四海、天祿所以長終也、集註云、四海之人困窮、則君祿亦永絕矣、包以永終爲嘉語、朱以爲惡詞、安井衡曰、書召誥云、天既遐終大國殷之命、遐終卽永終、朱子訓永絕、是也、愚按、此策采書語、則亦永絕之義、天祿上添不然二字看、承上文惟命不于常而言、古文簡勁、厥有僽不臧、乃凶于而國、害于爾躬。【考證】漢書、僽作愆、臧、善也、而、汝也、漢書、國下有而字、於戲、保國艾民、可不敬與。王其戒之。【集解】徐廣曰、立八年無後絕、【考證】漢書、艾作乂、顔師古曰、乂、治也、與讀曰歟、

右齊王策

維六年四月乙巳、皇帝使御史大夫湯、廟立子旦爲燕王。曰。於戲、小子旦。受茲玄社。朕承祖考、維稽古、【索隱】褚先生解云、維者度也、稽者當也、言當順古道也、魏高貴鄉公云、稽、同也、古、天也、謂堯能同天、【考證】維、惟同、稽、考也、淩稚隆曰、索隱

須在上齊王策稽古下、建爾國家、封于北土。世爲漢藩輔。於戲、葷粥氏、虐老獸心、【索隱】按匈奴傳曰、其國貴壯賤老、壯者食肥美、老者食其餘、是虐老也、【正義】葷粥氏、唐虞匈奴號、侵犯寇盜、加以姦巧邊萌。【索隱】邊甿、韋昭云、甿、民也、三蒼云、邊人云甿、於戲、朕命將率、徂征厥罪。萬夫長、千夫長。三十有二君皆來、【集解】張晏曰、時所獲三十二帥也、【考證】楓三本、無君皆來三字、漢書、君作帥、無皆來二字、齊召南曰、事見霍去病傳、上嘉去病之功曰、渾邪王、及厥衆萌咸奔、於率降異國之王三十二、降旗奔師。【集解】如淳曰、偃其旗鼓而來降、【索隱】漢書、君作帥、期作旗、而服虔云、以三十二軍中之將下旗去之也、如淳云、卽昆邪王偃旗鼓降時也、若如此意、則三十二君、非軍將、蓋戎狄酋帥、時有三十二君來降也、【考證】張文虎曰、降旗、索隱本作降期、注云、漢書作旗、是古本史文作期也、今史本皆作旗、案論語巫馬期、史記弟子傳作旗、蓋同聲通假、葷粥徙域。【集解】張晏曰、匈奴徙東也、【考證】劉奉世曰、匈奴徙漢北、北州以綏。【集解】臣瓚曰、綏、安也、悉爾心、毋作怨、毋俷德。【集解】徐廣曰、俷一作非、【索隱】無非德、蘇林云、非、廢也、本亦作俷、俷、敗也、孔文祥云、非、薄也、漢書作棐、【正義】俷、音符味反、毋乃廢備。【索隱】褚先生解云、言無乏武備、常備匈奴也、【考證】漢書乃廢作廢乃、乃、汝也、非教士、不得從徵。【集解】張晏曰、士不素習、不應

召、【索隱】韋昭云、上非素教習、不得從軍徵發、故孔子曰、不教人戰、是謂弃之、是也、褚先生解云、非習禮義、不得在其側也、【考證】沈欽韓曰、管子小匡篇、君有此教士三萬人、以橫行于天下、上先諱曰、承上毋廢備言、 於戲、保國艾民、可不敬與、王其戒之。【集解】徐廣曰、立三十年自殺、國除、【考證】沈家本曰、漢書立三十八年而誅、國除、集解奪八字、

右燕王策　維六年四月乙巳、皇帝使御史大夫湯、廟立子胥爲廣陵王。曰。於戲、小子胥。受茲赤社。朕承祖考、維稽古、建爾國家、封于南土。世爲漢藩輔。古人有言曰。大江之南、【正義】謂京口南至荊州以南也、 五湖之閒、【索隱】按五湖者、具區洮滆彭蠡青草洞庭是也、或曰、太湖五百里、故曰五湖也、【正義】胥游莫貢葭爲五湖、並太湖東岸、今連太湖、蓋後五湖當是、 其人輕心、楊州保疆。【集解】徐廣曰、一作壃、駰案李奇曰、保、恃也、【考證】漢書、楊作揚、中井積德曰、保疆、謂所保之封疆也、與下文意相屬、 三代要服、不及以政。【考證】顏師古曰、要服、次荒服之內者也、愚按書禹貢云、五百里甸服、五百里侯服、五百里綏服、五百里要服、不及以政、言上古政教未及、漢書、政作正、注云、正、政也、 於戲、悉爾心、戰戰兢兢、【考證】漢書、戰戰作祇祇、 乃惠乃順、毋侗

好軼、毋邇宵人。【集解】應劭曰、無好逸游之事、邇近小人、張晏曰、侗、音同、【索隱】侗、音同、褚先生解云、無好軼樂馳騁弋獵、邇、近也、宵人、小人也、鄒氏宵、音謏、謏亦小人也、或作佞人、【考證】侗、無知識也、軼、各本作佚、漢書作逸、 維法維則。書云。臣不作威、不作福。靡有後羞。【考證】顏師古曰、周書洪範云、臣無有作威作福也、 於戲、保國艾民、可不敬與。王其戒之。【集解】徐廣曰、立六十四年、自殺、 右廣陵王策

太史公曰。古人有言曰。愛之欲其富、親之欲其貴。【考證】孟子萬章篇、親之、欲其貴也、愛之、欲其富也、 故王者疆土建國、封立子弟、所以褒親親、序骨肉、尊先祖、貴支體、廣同姓於天下也。【考證】親親、親也、重言之者、非一人也、漢書五行志、逆親親、厥妖白黑烏鬭於國、後漢書光武十王傳、不忍親親之恩、中庸、尊其位、重其祿、同其好惡、所以勸親親也、貴支體、不敢毀傷也、 是以形勢彊而王室安。自古至今、所由來久矣。非有異也。故弗論箸也。燕・齊之事、無足采者。【考證】二王皆幼、無事可傳者、 然封立三王、天子恭讓、羣臣守義。文

辭爛然、甚可觀也。是以附之世家。【考證】史公自序亦云、三子之王、文辭可觀、

褚先生曰。臣幸得以文學爲侍郎。好覽觀太史公之列傳。傳中稱三王世家、文辭可觀。【考證】列傳、蓋言史公自序、張文虎曰、各本、傳上有列字、宋本、毛本無、 求其世家、終不能得。竊從長老好故事者、取其封策書、編列其事而傳之、令後世得觀賢主之指意。蓋聞孝武帝之時、同日而俱拜三子爲王、封一子於齊、一子於廣陵、一子於燕。【考證】楓三本、一子上並有封字、 各因子才力智能、及土地之剛柔、人民之輕重、爲作策以申戒之、謂王世爲漢藩輔、保國治民、可不敬與、王其戒之。夫賢主所作、固非淺聞者所能知。非博聞彊記君子者、所不能究竟其意。【考證】古鈔本、楓、三本、不上無所字、 至其次序

分絕、文字之上下、簡之參差長短、皆有意。人莫之能知。謹論次其眞草詔書、編于左方、【考證】顧炎武曰、褚先生親見簡策、而孝武時詔、卽已用草書也、愚按、草、草稿也、古鈔本、楓、三本、無草字、 令覽者自通其意而解說之。王夫人者、趙人也。與衛夫人並幸武帝。而生子閎。閎且立爲王。時其母病。【考證】張文虎曰、中統、游本、且上無閎字、 武帝自臨、問之曰。子當爲王。欲安所置之。王夫人曰。陛下在。妾又何等可言者。帝曰。雖然、意所欲、欲於何所王之。王夫人曰。願置之雒陽。武帝曰。雒陽有武庫敖倉、天下衝阨、漢國之大都也。先帝以來、無子王於雒陽者。去雒陽、餘盡可。王夫人不應。武帝曰。關東之國、無大於齊者。齊東負海、而城郭大。古時獨臨菑中十萬戶。天下膏腴地、

莫盛於齊者矣。王夫人以手擊頭、謝曰。幸甚。王夫人死、而帝痛之。使使者拜之曰。皇帝謹使使太中大夫明、奉璧一賜夫人、爲齊王太后。【考證】古鈔本、楓山本無一使字、 子閎王齊。年少無有子。立不幸早死、國絕爲郡。天下稱齊不宜王云。所謂受此土者、【考證】齊王策云、受茲青社、此云受此土者、褚生以意改文、 諸侯王始封者、必受土於天子之社、歸立之以爲國社、以歲時祠之。春秋大傳曰。天子之國有泰社。東方青、南方赤、西方白、北方黑、上方黃。故將封於東方者取青土、封於南方者取赤土、封於西方者取白土、封於北方者取黑土、封於上方者取黃土、各取其色物、裹以白茅、封以爲社。此始受封於天子者也。此之爲主土。

主土者、立社而奉之也。【考證】春秋大傳未詳、夏本紀、徐州貢維土五色、集解鄭玄云、土五色者、所以爲太社之封、正義、韓詩外傳云、天子社、廣五丈、東方青、南方赤、西方白、北方黑、上冒以黃土、將封諸侯、各取方土、苴以白茅、以爲社也、皮錫瑞曰、釋名釋地云、徐州貢土五色、有青黃赤白也、郊祀志、元始五年、令徐州牧歲貢五色土各一斗、 朕承祖考。【考證】亦策命文、 祖者先也。考者父也。維稽古。【考證】亦策命文、 維者、度也、念也、稽者、當也。當順古之道也。齊地多變詐、不習於禮義。故戒之曰。恭朕之詔、唯命不可爲常。人之好德、能明顯光。不圖於義、使君子怠慢。悉若心、信執其中。天祿長終。有過不善、乃凶于而國、而害于若身。【考證】以意微改策命文、 齊王之國、左右維持以禮義。不幸中年早夭。然全身無過、如其策意。傳曰。青采出於藍、而質青於藍者、教使然也。【考證】荀子勸學篇、青取之於藍、而青於藍、 遠哉賢主、昭然獨見。誡齊王以

愼內、誡燕王以無作怨無俷德。【索隱】本亦作肥、案上策云、作菲德、下云勿使王背德也、則肥當音扶味反、亦音匪、 誡廣陵王以愼外、無作威與福。夫廣陵在吳·越之地。其民精而輕。故誡之曰。江湖之閒、其人輕心。楊州葆疆、三代之時、迫要使從中國俗服。不大及以政教、以意御之而已。【考證】古鈔本、楓、三本、意作德、 無侗好佚、無邇宵人。維法是則、無長好佚樂馳騁弋獵淫康、而近小人、常念法度、則無羞辱矣。【考證】楓山本、無下無長字、羞上有復字、以意敷演策命文、 三江五湖、有魚鹽之利、銅山之富。天下所仰。故誡之曰。臣不作福者、勿使行財幣、厚賞賜、以立聲譽、爲四方所歸也。又曰。臣不作威者、勿使因輕以倍義也。【考證】並擧策文釋其義、 會孝武帝崩、孝昭帝初立。先朝廣陵王胥、厚賞

賜金錢財幣直三千餘萬、益地百里、邑萬戶。【考證】漢書武五子傳云、昭帝初立、益封胥萬三千戶、元鳳中入朝、復益萬戶、賜錢二千萬、黃金二千斤、安車駟馬寶劍、 會昭帝崩、宣帝初立。緣恩行義、以本始元年中、裂漢地、盡以封廣陵王胥四子。一子爲朝陽侯、【正義】括地志云、朝陽故城、在鄧州穰縣南八十里、應劭云、在朝水之陽也、【考證】名聖、錢大昕曰、漢書王子侯表、朝陽荒侯聖下注濟南字、而地理志濟南郡朝陽縣本是侯國、則此朝陽非南陽之朝陽也、 一子爲平曲侯、【正義】地理志云、平曲縣屬東海郡、又云、在瀛州文安縣北七十里、【考證】名曾、 一子爲南利侯、【正義】括地志云、南利故城、在豫州上蔡縣東八十五里、【考證】名昌、 最愛少子弘、立以爲高密王。【正義】括地志云、高密故城、在密州高密縣西南四十里、 其後胥果作威福、【考證】威福、承冊命文、 通楚王使者。楚王宣言曰。我先元王、高帝少弟也。封三十二城。今地邑益少。我欲與廣陵王共發兵、立廣陵王爲上。【考證】立、各本作云、錢泰吉曰、云、立字之譌、與古鈔本、楓山本合、今從改、劉氏百衲宋本、毛本、作云云立

三字、我復王楚三十二城、如元王時。事發覺。公卿有司請行罰誅。天子以骨肉之故、不忍致法於胥。下詔書無治廣陵王、獨誅首惡楚王。傳曰。蓬生麻中、不扶自直。【索隱】已下竝見荀卿子、【考證】張照曰、蓬生麻中二語、見荀子勸學篇、下文今本荀子所無、愚按荀子自作而大戴禮曾子制言篇、蓬生麻中、不扶自直、白沙在泥、與之皆黑、尚書洪範孔疏引荀子、有下二句、白沙在泥中、與之皆黑者、土地教化使之然也。其後胥復祝詛謀反、自殺國除。【考證】事在宣帝五鳳四年、詳于武五子傳、燕土墝埆、北迫匈奴。其人民勇而少慮。故誡之曰。葷粥氏無有孝行、而禽獸心。以竊盜侵犯邊民。朕詔將軍往征其罪。萬夫長、千夫長、三十有二君皆來、降旗奔師。葷粥徙域遠處、北州以安矣。悉若心、無作怨者、勿使從俗以怨望也。無俷德者、勿使

上背德也。【考證】張文虎曰、上乃王字誤、前文俷德下索隱引此作王背德、宋本作比、蓋北字之譌、北卽背字、愚按凌本、毛本、作背、古鈔本、楓山本、作比、無廢備者、無乏武備、常備匈奴也。非教士不得從徵者、言非習禮義不得在於側也。【考證】竝舉策文釋之、會武帝年老長、而太子不幸薨。而旦使來上書、請身入宿衞於長安。孝武見其書擊地、怒曰。生子當置之齊・魯禮義之鄉。乃置之燕・趙。果有爭心。不讓之端見矣。於是使使卽斬其使者於闕下。【考證】漢書武五子傳云、上怒、下其使獄、會武帝崩、【考證】劉氏百衲宋本、武帝上有孝字、昭帝初立。旦果作怨而望大臣。自以長子當立。與齊王子劉澤等謀爲叛逆。出言曰。我安得弟在者。【索隱】案昭帝鉤弋夫人所生、武帝崩時、年纔七八歲耳、胥旦早封在外、實合有疑、然武帝春秋高、惑於內寵、誅太子而立童孺、能不使胥旦疑怨、亦由權臣輔政、貪立幼主之利、遂得鉤弋子當陽、斯實父德不弘、遂令子道不順、然犬各吠非其主、大中宗正人臣

之職、又亦當如此、【正義】弟、謂昭帝、言非武帝子也、今立者、乃大將軍子也。欲發兵、事發覺、當誅。昭帝緣恩寬忍、抑案不揚。公卿使大臣、【考證】古鈔本、楓、三本、無使字、中井積德曰、使字疑衍、請遣宗正、與太中大夫公戶滿意御史二人、偕往使燕風喩之。【索隱】宗正、官名、必以宗室有德者爲之、不知時何人、公戶姓、滿意名、爲太中大夫、是使二人、又有侍御史二人、皆往使治燕王也、【正義】公戶、姓、滿意、名、【考證】董份曰、按宗正主屬籍、故辨正王以宗系之事、御史主執法、故案訊王發兵之罪、滿意通儒術、故曉以理、使王自知其罪、到燕各異日、更見責王。宗正者、主宗室諸劉屬籍。先見王、爲列陳道昭帝實武帝子狀。侍御史乃復見王、責之以正法。問王欲發兵。【考證】古鈔本、楓、三本、問作聞、罪名明白、當坐之。漢家有正法。王犯纖介小罪過。卽行法直斷耳。安能寬王。【考證】古鈔本、介下無小字、驚動以文法。王意益下、心恐。公戶滿意習於經術。最後見王、稱

引古今通義、國家大禮。文章爾雅。【索隱】爾、近也、雅、正也、其書於正字義訓、爲近、故云爾雅、相承云周公作、以教成王、又云、子夏作之、以解詩書也、【考證】中井積德曰、禮當作體、爾雅、猶言溫藉閑正也、是套語、非稱書名、愚按、文章、猶言美而文也、謂王曰。古者天子、必內有異姓大夫。所以正骨肉也。外有同姓大夫。所以正異族也。【索隱】按內云有異姓大夫以正骨肉、蓋錯也、內合言同姓、宗正是也、外合言異姓、太中大夫是也、周公輔成王、誅其兩弟。故治。【正義】管叔、蔡叔、與武庚作亂、周公誅管叔、放蔡叔、天下太平、武帝在時、尚能寬王。今昭帝始立、【考證】陳仁錫曰、昭帝、當作皇帝、年幼富於春秋、未臨政。委任大臣。古者誅罰不阿親戚。故天下治。方今大臣輔政、奉法直行、無敢所阿。恐不能寬王。王可自謹。無自令身死國滅、爲天下笑。於是燕王旦乃恐懼服罪、叩頭謝過。大臣欲和合骨肉、難傷之以法。其後旦復與左將軍上

官桀等謀反。宣言曰。我次太子。太子不在、我當立。大臣共抑我云云。大將軍光輔政。與公卿大臣議曰。燕王旦不改過悔正、行惡不變。【考證】楓山本、改作反、於是脩法直斷、行罰誅。旦自殺國除。如其策指。有司請誅旦妻子。孝昭以骨肉之親、不忍致法。寛赦旦妻子、免爲庶人。【考證】凌稚隆曰、此與漢書大異、傳曰。蘭根與白芷、漸之滫中、君子不近、庶人不服者、所以漸然也。【集解】徐廣曰、滫者、淅米汁也、音先糾反、【索隱】白芷、香草也、音止、又音昌改反、漸、音子潛反、漸、漬也、滫、讀如禮滫瀡之滫、謂洗也、音思酒反、【正義】言雖香草、以米汁漬之、無復香氣、君子不欲附近、庶人不服者、爲漸漬然也、以旦謀叛、君子庶人皆不附近、【考證】荀子勸學篇云、蘭槐之根、是爲芷、其漸之滫、君子不近、庶人不服、其質非不美也、所漸者然也、楊倞注、滫、溺也、朝川鼎曰、禮記內則篇、滫瀡、鄭玄注云、秦人溲曰滫、釋文云、滫、思酒反、溲也、淮南子人間訓高誘注云、滫、臭汁也、楊注蓋本于此、中井積德曰、以滫喩燕趙惡俗也、宣帝初立、推恩宣德、以本始元年中、盡復封燕王

旦兩子、一子安爲定侯。【正義】在鉅鹿郡、漢表、立燕故太子建爲廣陽王。【正義】括地志云、廣陽故城、今在幽州良鄉縣東北三十七里、【考證】陳仁錫曰、燕王兩子、今本缺一子爲新昌侯六字、張文虎曰、正義廣陽、各本誤廣陵、今從館本、以奉燕王祭祀。

【索隱】述贊、三王封系、舊史爛然、褚氏後補、冊書存焉、去病建議、青翟上言、天子沖挹、志在急賢、太常具禮、請立齊燕、閎國負海、旦社惟玄、宵人不邇、葷粥遠邊、明哉監戒、式防厥慾、

三王世家第三十　史記六十

文學博士瀧川龜太郎著

史記會注考證

史記會注考證第六十一

漢　太史令　司馬遷　撰

宋　中郎外兵曹參軍　裴駰　集解

唐　國子博士弘文館學士　司馬貞　索隱

唐　諸王侍讀率府長史　張守節　正義

日本　出雲　瀧川資言　考證

伯夷列傳第一　史記六十一

[索隱]列傳者、謂敘列人臣事跡、令可傳於後世、故曰列傳、[正義]其人行跡可序列、故云列傳、老子莊子、開元二十三年、奉敕升爲列傳首處夷齊上、然漢武帝之時、佛敎

未興、道敎已設、道則禁惡、咸致正理、制禦邪人、未有佛敎可導、故列老莊於申韓之上、今既佛道齊妙、興法乖流、理當居列傳之首也、[考證]史公自序云、末世爭利、維彼奔義、讓國餓死、天下稱之、作伯夷列傳第一、趙翼曰、史記列傳敘事、古人所無、古人著書、凡發明義理、記載故事、皆謂之傳、孟子曰、於傳有之、謂古書也、左公穀作春秋傳、所以傳春秋之旨也、伏生弟子作尙書大傳、孔安國作尙書傳、所以傳尙書之義也、韓非子亦分經傳、故孔穎達云、大率秦漢之際、解書者多分爲傳、又漢世稱論語孝經竝謂之傳、漢武謂東方朔云、傳曰、時然後言、人不厭其言、東平王與其太師策書云、傳曰、陳力就列、不能者止、成帝賜翟方進書云、傳曰、高而不危、所以長守貴也、是漢時所謂傳、凡古書及說經皆名之、非專以敘一人之事也、其專以之敘事、而人各一傳、則自史遷始、而班史以後、皆因之、又曰、史遷於傳之中、分公卿將相爲列傳、其儒林・循吏・酷吏・刺客・游俠・佞幸・滑稽・日者・龜策・貨殖等、又別立名目、以類相從、兪樾曰、平原君傳、徐廣注引魏公子傳云、趙惠文王弟、然則傳之名亦有所本矣、中井積德曰、傳不一而足、次第成列、故謂之列傳耳、

趙翼曰、史記列傳次序、蓋成一篇、卽編入一篇、不待撰成全書、重爲排比、故李廣傳後忽列匈奴傳、下又列衛靑霍去病傳、朝臣與外夷相次、已屬不倫、然此猶曰、諸臣事與匈奴相涉也、公孫弘傳後、忽列南越東越朝鮮西南夷等傳、下又列司馬相如傳、相如之下、又列淮南衡山王傳、循吏後、忽列汲黯鄭當時傳、儒林酷吏後、忽又入大宛傳、其次第皆無意義、可知其隨得隨編也、村尾元融曰、太史公欲求節義最高者、爲列傳首、以激叔世澆漓之風、倂明己述作之旨、而由光之倫、已非經藝所說、則疑無其人、未如

伯夷經聖人表章、事實確然、此傳之所以作也、自序云、末世爭利、維彼奔義、讓國餓死、天下稱之、作伯夷列傳第一、卽其義也、恐按本紀世家各有次序、列傳亦豈隨得隨編者乎哉、必當有次序、李廣・衛靑・霍去病、皆事涉匈奴、趙氏既知之矣、西南夷傳前有公孫弘、後有司馬相如、一欲罷之、一欲開之、事亦相涉、循吏傳後敘汲黯・鄭當時者、以二人亦循吏也、趙說未得、至其以伯夷爲傳首、則村說悉之矣、　張文虎曰、王柯本、題老子伯夷列傳第一、別行注云、正義本老子莊子伯夷居列傳之首、正義曰、老子莊子開元二十三年奉敕升爲列傳首、處夷齊上、然漢武帝之時、佛敎未興、道敎已設、道則禁惡、咸致正理、制禦邪人、未有佛敎可導、故列老莊於申韓之上、今既佛道齊妙、興法乖流、理居列傳之首也、今依正義本、凌本亦有此注、而無末五字、蓋正義止老子以下至首七十九字、首尾皆合刻者語、王柯本皆依正義次序、以老子居列傳首、凌本雖亦用宋人合刻本、而不依其次、故刪去末五字、其餘各本無正義、悉依史公舊次、索隱本成書在正義前、未奉開元勅改、更無論矣、又曰、正義乖流二字、於文義不諧、乖疑乘字之譌、又曰、王柯凌本又一條云、監本老子與伯夷同傳第一、莊子與韓非同傳第三、蓋亦合刻者所記、恐按列傳次序、諸本不同、集解本・索隱本伯夷第一、管晏第二、老莊申韓第三、與史公自序合、是舊第也、至正義本、以老子置伯夷前、同爲一卷第一、管晏爲第二、申韓爲第三、監本又老子伯夷同傳第一、莊子韓非同傳第三、今從集解・索隱、以復史公舊第云、　梁玉繩曰、伯夷傳所載俱非也、孟子謂夷齊至周在文王爲西伯之年、安得言歸于文王卒後、其不可信一、已書序謂武王伐紂嗣位已十一年、卽周紀亦有九年祭畢之語、畢乃文王墓地、安得言父死不葬、其不可信二、已禮大傳謂武王克商、然後追王三世、安得言徂征之始、便號文王、其不可信三、已東伐之時、伯夷歸周已

久、且與太公同處岐豐、未有不知其事者、何以不沮於帷幄定計之初、而徒諫於干戈既出之日、其不可信四已、曰左右欲兵之、曰太公扶去之、武王之師、不應無紀律若是、萬或緩不及救、則彼殺比干、此殺夷齊、不眞若以暴易暴乎、其不可信五已、正義數首陽有五、前賢定夷齊所隱爲蒲坂之首陽、空山無食、采薇其常、爾獨不思山亦周之山、薇亦周之薇、而但恥食周之粟、于義爲不全、其不可信六已、論語稱餓于首陽之下、未嘗稱餓死、孔子餓陳蔡、靈輒餓翳桑、詎必皆至于死、且安知不于逃國之時餓首陽耶、其不可信七已、卽云恥食周粟、亦止于不食糈祿、非絶粒也、戰國燕策蘇秦曰、伯夷不肯爲武王之臣、不受封侯、漢書王貢兩龔鮑傳序曰、武王遷九鼎于洛邑、伯夷叔齊薄之、不食其祿、豈果不食而死歟、其不可信八已、卽云不食餓死、而歌非二子作也、詩遭秦火、軼詩甚多、烏識采薇爲二子絶命之辭、況歌言西山、奈何以首陽當之、設唐風之采苓爲軼詩、則詩中明著首陽、將指爲夷齊所作歟、夫同一燕燕詩、小序以爲莊姜送妾、列女傳以爲定姜送婦、同一黍離、韓詩以爲尹吉甫子伯奇弟伯封作、齊魯詩以爲衛宣公子壽閔其兄伋而作、白虎通諫諍篇以相鼠爲妻諫夫之詩、列女傳以芣苢蔡女作、行露申女作、柏舟齊女作、大車息夫人作、趙岐孟子注以鴟鴞爲刺邠君、以小弁爲伯奇之詩、列子仲尼篇以立我蒸民莫匪爾極、不識不知順帝之則、爲堯時童謠、呂氏春秋愼人篇以北山普天之下四語、爲舜所作之詩、求人篇以鄭風子惠思我四語、爲子產所作之詩、文選李少卿與蘇武詩注引琴操以鄒虞爲邵國之女所作、水經注五、以新臺爲齊姜所賦、困學紀聞三謂近世以關雎爲畢公作、又引袁孝政釋劉子以靑蠅爲刺魏武公、宋張載正蒙樂器篇以唐棣爲文王之詩、岐頭別見、莫辨所由、則史公偶得一詩、而漫屬之夷齊、毋乃類是、其不可信九已、孔子稱夷齊無怨、而詩歎命衰、

怨、似不免、且其意雖不滿于殪殷、而易暴之言甚戇、必不以加武王、其不可信十已、先儒多有議及者、詞義繁蕪、不能盡錄、余故總攬而爲此辨、愚按、疑伯夷傳者、蓋始於宋王安石葉適、明王直有伯夷十辯、王褘有考定伯夷傳、梁氏綜攬而爲此辯、其說最備、我邦中井履軒、亦有攷定伯夷傳、

夫學者載籍極博、猶考信於六藝。詩書雖缺、【索隱】按孔子系家、稱古詩三千餘篇、孔子刪三百五篇爲詩、今亡五篇、又書緯稱孔子求得黃帝玄孫帝魁之書、迄秦穆公、凡三千三百三十篇、乃刪以一百篇爲尚書、十八篇爲中候、今百篇之內見亡四十二篇、是詩書又有缺亡者也、【正義】六藝、書筭射御禮樂、【考證】六藝、謂六經、與周禮六藝自別、滑稽傳曰、孔子曰、六藝於治一也、禮以節人、樂以發和、書以道事、詩以達意、易以神化、春秋以道義、此也、詩書、主書而言、書百篇、今止存今文二十八篇、方苞曰、許由卞隨務光、雖見於諸子、而六經不載、孔子又無稱焉、是以不敢傳疑也、

然虞夏之文可知也。【索隱】按尙書有堯典舜典大禹謨、備言虞夏禪讓之事、故云虞夏之文可知也、【正義】伯夷叔齊讓位、大統重器、天下爲難、學者博見典籍、詩書雖缺、尙書載堯禪舜、及諸子、言堯讓許由、禹讓卞隨務光、引此者、蓋美伯夷叔齊之讓、唯學者能知、【考證】中井積德曰、太史公之時、舜典未判、而無今大禹謨、

堯將遜位、讓於虞舜。【考證】書堯典序云、昔在帝堯、聰明文思、光宅天下、將遜于位、讓于虞舜、

舜・禹之閒、岳牧咸薦。乃試之於位。典職數十年、功用既興、然後授政。【正義】舜禹皆

典職事二十餘年、然後踐帝位、

示天下重器、王者大統、傳天下若斯之難也。【索隱】言天下者是王者之重器、故莊子云、天下大器、是也、則大器亦重器也、【考證】老子、天下神器、莊子所本、中井積德曰、用庸通、索隱王者之三字失當、

而說者曰。堯讓天下於許由。許由不受。恥之逃隱。【正義】皇甫謐高士傳云、許由字武仲、堯聞致天下而讓焉、乃退而遁於中嶽潁水之陽箕山之下隱、堯又召爲九州長、由不欲聞之、洗耳於潁水濱、時有巢父牽犢欲飮之、見由洗耳、問其故、對曰、堯欲召我爲九州長、惡聞其聲、是故洗耳、巢父曰、子若處高岸深谷、人道不通、誰能見子、子故浮游、欲聞求其名譽、汚吾犢口、牽犢上流飮之、許由歿、葬此山、亦名許由山、在洛州陽城縣南十三里、【考證】莊子讓王篇云、堯以天下讓許由、許由不受、又云、許由娛於潁陽、又見於逍遙游篇、陳寔曰、堯讓天下於許由、由非山林逸士也、左傳云、許、太岳之後、太岳意由耳、古者申呂許甫、皆四岳之後、堯典云、咨四岳、朕在位七十載、汝能庸命、遜朕位、許由之舉、或卽此也、若飮牛棄瓢之說、或由不敢當其讓、遂逃避于野、如益避啓于箕山之類、後人不知、謂堯以天下讓一山野之人、甚可駭也、愚按、堯讓許由、莊周言之、而經無所見、其事有無未可知、史公既疑之、陳氏之說、亦無確證、姑記資于博聞、

及夏之時、有卞隨・務光者。此何以稱焉。【索隱】按說者謂諸子雜記也、然堯讓於許由、及夏時有卞隨務光等、殷湯讓之天下、竝不受而逃、事具莊周讓王篇、【正義】經史唯稱伯夷叔齊、不及許由卞隨務光者、不少概見、何以哉、故言何以稱焉、爲不稱說之也、莊子云、湯將伐桀、因卞隨而謀、卞隨曰、非吾事

也、湯又因務光而謀、務光曰、非吾事也、湯遂與伊尹伐桀克之、以讓卞隨、卞隨曰、君之伐桀也、謀乎我、必以我爲賊、勝桀而讓我、必以我爲貪也、吾生乎亂世、無道之人、再來漫我、以其辱行、吾不忍數聞、乃自投水而死、又讓務光、務光曰、廢上非義也、殺民非仁也、人犯其難、我享其利、非廉也、吾聞之、曰非其義者、不受其祿、無道之世、不踐其土、況尊我乎、吾不忍久見也、乃負石自沈於盧水、列仙傳云、務光夏時人、長七尺、好琴、服蒲非根、【考證】中井積德曰、何以稱、言何故經所不載、而見稱於說者之口哉、

太史公曰。余登箕山。其上蓋有許由冢云。【索隱】蓋楊惲東方朔見其文稱余、而加太史公曰也、【考證】錢大昕曰、子長書每篇稱太史公、皆自稱其官、非他人所加、亦非尊其父也、賈生鵩文、亦有稱余而不加太史公者、愚按、曰蓋、曰云、疑之也、箕山、在今河南登封縣東南、張文虎曰、太史公曰、蔡本、中統、舊刻、游、王、柯本、竝提行、謬、今依凌本、毛本、

孔子序列古之仁聖賢人、如吳太伯・伯夷之倫詳矣。【考證】論語泰伯篇云、子曰、泰伯其可謂至德也已矣、三以天下讓、民無得而稱焉、

余以所聞由・光【索隱】謂太史公聞莊周所說許由務光等、【考證】上文言卞隨、故索隱加等字以該之、義至高。【索隱】謂堯讓天下於許由、由遂逃箕山、洗耳於潁水、卞隨自投於桐水、務光負石自沈於盧水、是義至高、【考證】莊子、桐水作椆水、音義云、一作洞水、

其文辭不少概見、何哉。【索隱】按概是梗概、謂路也、蓋以由光義至高、而詩書之文辭遂不少梗概載見、何以如此哉、是太史公疑說者之言或非實也、【正義】概、古代反、

孔子曰。伯

夷·叔齊、不念舊惡。怨是用希。【考證】論語公冶長篇、皇侃曰、念、猶識錄也、舊惡、故憾也、人若錄於故憾、則怨恨更多、唯伯夷豁然、此忘懷、所以與人怨少也、求仁得仁。又何怨乎。【考證】論語述而篇、孔安國曰、以讓爲仁、豈有怨乎、余悲伯夷之意。睹軼詩可異焉。【索隱】謂悲其兄弟相讓、又義不食周粟而餓死、睹、音覩、軼、音逸、謂見逸詩之文、卽下采薇之詩是也、不編入三百篇、故云逸詩也、可異焉者、按論語云、求仁得仁、又何怨乎、今其詩云、我安適歸矣、于嗟徂兮、命之衰矣、是怨詞也、故云可異焉、【考證】方苞曰、言孔子謂夷齊無怨、覩逸詩之意、似亦不能無怨也、其傳曰。伯夷·叔齊、孤竹君之二子也。【索隱】按其傳、蓋韓詩外傳及呂氏春秋也、其傳云、孤竹君是殷湯三月丙寅日所封、相傳至夷齊之父、名初、字子朝、伯夷名允、字公信、叔齊名致、字公達、解者云、夷、齊、謚也、伯仲又其長少之字、按地理志、孤竹城、在遼西令支縣、應劭云、伯夷之國也、其君姓墨胎氏、【正義】本前注、丙寅作殷湯正月三日丙寅、括地志云、孤竹古城、在盧龍縣南十二里、殷時諸侯孤竹國也、【考證】莊子盜跖篇云、伯夷叔齊、辭孤竹之君、而餓死於首陽之上、燕策、蘇秦曰、廉如伯夷、不取素餐、汙武王之義而不臣、辭孤竹之君、餓而死於首陽之山、史公以夷齊爲孤竹君二子、蓋本於此、中井積德曰、論語稱逸民、似非國君之子、孤竹尤可疑、及兄弟之讓、孔孟所不稱焉、張文虎曰、正義本前注十四字、是合刻者之言、下當有脫文、父欲立叔齊。及父卒、叔齊讓伯夷。伯夷曰。父命也。遂逃去。叔齊亦不

肯立而逃之。國人立其中子。於是伯夷·叔齊聞西伯昌善養老。盍往歸焉。【索隱】劉氏云、盍者疑辭、蓋謂其年老歸就西伯也、【考證】孟子離婁篇云、伯夷辟紂居北海之濱、聞文王作、興曰、盍歸乎來、吾聞西伯善養老者、盍字在孟子、何不之義、史則宜讀爲蓋、楓山本、三條本、敦煌本、皆作蓋、索隱亦讀爲蓋、及至西伯卒。武王載木主、號爲文王、東伐紂。伯夷·叔齊、叩馬而諫曰。父死不葬、爰及干戈。可謂孝乎。以臣弑君。可謂仁乎。左右欲兵之。太公曰。此義人也。扶而去之。武王已平殷亂、天下宗周。而伯夷·叔齊恥之、義不食周粟。隱於首陽山、【集解】馬融曰、首陽山、在河東蒲阪華山之北、河曲之中、【正義】曹大家注幽通賦云、夷齊餓於首陽山、在隴西首、又戴延之西征記云、洛陽東北首陽山、有夷齊祠、今在偃師縣西北、又孟子云、夷齊避紂居北海之濱、首陽山、說文云、首陽山、在遼西、史傳及諸書、夷齊餓於首陽、凡五所、各有案據、先後不詳、莊子云、伯夷叔齊、西至岐陽、見周武王伐殷曰、吾聞古之士、遭治世不避其任、遇亂世不爲苟存、今天下闇、周德衰、其竝乎周、以塗吾身也、不若避之以絜吾行、二子北至于首陽之山、遂飢餓而死、又下詩登彼西山、是今清源縣首陽山、在岐陽西北、明卽夷齊餓死處也、【考證】正義引莊子讓王篇、呂氏春秋誠廉篇所記

史詳、云、昔周之將興也、有士二人、處於孤竹、曰伯夷叔齊、二人相謂曰、吾聞西方有偏伯焉、似將有道者、今吾奚爲處乎此哉、二子西行如周、至於岐陽、則文王已歿矣、武王卽位、觀周德、則王使叔旦就膠鬲於次四內、而與之盟曰、加富三等、就官一列、爲三書同辭、血之以牲、埋一於四內、皆以一歸、又使保召公就微子於共頭之下、而與之盟曰、世爲長侯、守殷常祀、相奉桑林、宜私孟諸、爲三書同辭、血之以牲、埋一於共頭之下、皆以一歸、伯夷叔齊聞之、相視而笑曰、譆、異乎哉、此非吾所謂道也、昔者神農氏之有天下也、時祀盡敬、而不祈福也、其於人也、忠信盡治而無求焉、樂正與爲正、樂治與爲治、不以人之壞自成也、不以人之庳自高也、今周見殷之僻亂也、而遽爲之正與治、上謀而行貨、阻丘而保威也、割牲而盟以爲信、因四內與共頭以明行、揚夢以說衆、殺伐以要利、以此紹殷、是以亂易暴也、吾聞古之士、遭乎治世、不避其任、遭乎亂世、不爲苟在、今天下闇、周德衰矣、與其竝乎周以漫吾身也、不若避之以潔吾行、二子北行、至首陽之下而餓焉、愚按、呂氏記夷齊事頗詳、而不言扣馬而諫、不言采薇而食、但其曰神農氏曰以亂易暴、曰周德衰者、與歌詞相出入、村尾元融曰、義不食周之粟、謂不仕周而食其祿也、非謂不食周地所生之粟也、方孝孺云、恥食其粟、獨食其薇也、庸非周土之毛乎、謬甚、采薇而食之。【索隱】薇、蕨也、爾雅云、蕨、鼈也、【正義】陸機毛詩草木疏云、薇、山菜也、莖葉皆似小豆、蔓生、其味亦如小豆、藿可作羹、亦可生食也、及餓且死作歌。其辭曰。登彼西山兮、【索隱】按西山、卽首陽山也、采其薇矣。以暴易暴兮、不知其非矣。【索隱】謂以武王之暴臣、易殷紂之暴主、而不自知其非矣、神農·虞·夏、忽焉沒

兮。我安適歸矣。【索隱】言羲農虞夏、敦樸禪讓之道、超忽久矣、終沒矣、今逢此君臣爭奪、故我安適歸矣、【考證】中井積德曰、忽焉、謂沒之速也、愚按、忽、如奄忽之忽、于嗟徂兮、命之衰矣。【索隱】于嗟、嗟嘆之辭也、徂者往也、死也、言己今日餓死、亦是運命衰薄、不遇大道之時、至幽憂而餓死、【考證】薇非、歸衰、韻、中井積德曰、唐風、采苓采苓、首陽之巓、唯此可據、蓋晉國有首山、而首山之南有小山、名首陽山也、采薇之詩、僞撰明矣、不足辨、遂餓死於首陽山。【考證】中井積德曰、論語唯稱餓于首陽之下、而不言以死、死字、肇于諸子、由此觀之、怨邪非邪。【索隱】太史公言己觀此詩之情、夷齊之行、似是有所怨邪、又疑其云非是怨邪、【正義】太史公覩夷齊作詩而餓死、是怨時邪、非怨時邪、怨則兄弟相讓、隱於深山、豈合於世務、非怨邪、乃干世主、作詩而餓死、疑之甚也、【考證】縱大經曰、夫子稱其不怨、而采薇之詩、猶若未免怨、何也、或曰。天道無親、常與善人。若伯夷·叔齊、可謂善人者、非邪。【索隱】又敘論云、若夷齊之行如此、可謂善人者邪、又非善人者邪、亦疑也、【正義】太史公言伯夷之行、是善人邪、善人天道常與、豈有餓死之責、非善人、則有交讓廉潔之行、天下絕倫、惑之甚、【考證】天道無親、常與善人、老子七十九章、人親、韻、索隱本、作可謂善人者邪抑非也、王念孫曰、若伯夷叔齊、可謂善人者邪、抑非也、淮南王傳云、公以爲吳興兵、是邪非也、貨殖傳云、所謂素封者邪、非也、老子云、侯王自謂孤寡不穀、此其以賤爲本邪、非乎、語意竝相似、積仁絜行如此而餓死。且七十子之

徒、仲尼獨薦顏淵爲好學。【考證】論語雍也篇、然回也屢空、【考證】論語先進篇、糟糠不厭、而卒蚤夭。【索隱】厭者飫也、不厭、謂不飽也、糟糠、貧者之所餐也、故曰糟糠之妻、是也、然顏子簞食瓢飲、亦未見糟糠之文也、【考證】中井積德曰、糟糠不厭、是形容貧乏之語、索隱泥甚、天之報施善人、其何如哉。【正義】太史公歎天之報施顏回非也、盜蹠日殺不辜、【索隱】蹠及注作跖、竝音之石反、按盜蹠、柳下惠之弟、亦見莊子、爲篇名、【正義】按蹠者黃帝時大盜之名、以柳下惠弟爲天下大盜、故世放古號之盜蹠、【考證】中井積德曰、以盜跖爲柳下惠之弟、莊子寓言、不足據、肝人之肉、【索隱】劉氏云、謂取人肉爲生肝、非也、按莊子云、跖方休卒太山之陽、膾人肝而餔之、【考證】李笠曰、儀禮士昏禮、贊以肝从、注、肝、肝炙也、肝爲肴羞之常、故有生炙之殊、跖暴行野性、故劉氏知其取人肉爲生肝食、不作肝炙食也、中井積德曰、肝人之肉、句、不可曉、蓋字訛也、愚按、肝疑當作膾、李說鑿、暴戾恣睢、【索隱】暴戾、謂兇暴而惡戾也、鄒誕生、恣音資、睢音千餘反、劉氏恣音如字、睢音休季反、恣睢、謂恣行爲睢惡之貌也、【正義】睢、仰白目、怒貌也、言盜蹠兇暴惡戾、恣性怒白目也、【考證】莊子大宗師篇、遙蕩恣睢、釋文云、睢、郭李云、許維反、徐許鼻反、李王皆云、恣睢、自得貌、荀子非十二子篇、縱情性、安恣睢、楊倞注、睢、許季反、錢大昕曰、睢睢二字、形聲皆別、從劉音、字當從目、從鄒音、字當從且、小司馬兼存二音、而不辯正、何也、李斯傳、有天下而不恣睢、索隱止有呼季反一音、聚黨數千人、橫行天下。竟以壽

終。【集解】皇覽曰、盜跖冢在河東大陽、臨河曲、直弘農華陰縣潼鄉、按盜跖卽柳下惠弟也、【索隱】直音如字、直者當也、或音値、非也、潼音同、按潼、水名、因爲鄉、今之潼津關、是亦爲縣也、【正義】太史公歎盜跖以壽終也、括地志云、盜跖冢、在陝州河北縣西二十里、河北縣、本漢大陽縣也、又今齊州平陵縣有盜跖冢、未詳也、是遵何德哉。【索隱】言盜蹠無道、橫行天下、竟以壽終、是其人遵行何德而致此哉、【考證】中井積德曰、遵何德、言以何等之善受此福也、謂其無有也、此其尤大彰明較著者也。【索隱】按較、明也、言伯夷有德而餓死、盜蹠暴戾而壽終、是賢不遇而惡道長、尤大著明之證也、【考證】中井積德曰、賢人不遇、而凶人多福、而夷顏與盜跖其尤彰著者、若至近世、操行不軌、專犯忌諱、而終身逸樂富厚、累世不絕。【索隱】謂若魯桓・楚靈・晉獻・齊襄之比皆是、【考證】操漢書、臣誠愚觸忌諱、死罪、忌諱、謂人所避忌者也、行以下十九字、暗斥當時恃寵擅權者、其曰近世、不曰今世者、史公亦有所忌諱也、或擇地而蹈之、【索隱】謂不仕暗君、不飲盜泉、褭足高山之頂、竄跡滄海之濱、是也、【正義】謂北郭駱鮑焦等、是也、【考證】不妄動也、時然後出言、【索隱】按論語、夫子時然後言、行不由徑、【索隱】按論語、澹臺滅明之行也、非公正不發憤。而遇禍災者、不可勝數也。【索隱】謂人臣之節、非公正之事、不感激發憤、或出忠言、或致身命、而卒遇禍災者、不可勝數、謂龍逢比干屈平伍胥之屬、是也、【考證】中井積德曰、公正云云、設稱賢士之行耳、

注、人臣之節、失察、愚按、數句史公暗自道也、非公正不發憤六字、尤見精神、中說未得、董份曰、太史公寓言爲李陵遭刑之意、余甚惑焉。儻所謂天道是邪非邪。【索隱】太史公惑於不軌而逸樂、公正而遇災害、爲天道之非、而又是邪、深惑之也、蓋天道玄遠、聽聽暫遺、或窮通數會、不由行事、所以行善未必福、行惡未必禍、故先達皆猶昧之也、【正義】儻、音他蕩反、儻、未定之詞也、爲天道不敢的言是非、故云儻也、【考證】天道二字、正承上文、是邪非邪四字、史公述其惑也、言天道果是、常與善人、若古語所稱邪、抑又不然邪、終未可知也、子曰。道不同、不相爲謀。【考證】論語衞靈公篇、亦各從其志也。【正義】太史公引孔子之言證前事也、言天道人道不同、一任其運遇、亦各從其志意也、【考證】中井積德曰、道不同、謂善者與不善者、暗承上文操行不軌、與擇地而蹈、故曰。富貴如可求、雖執鞭之士吾亦爲之。【集解】鄭玄曰、富貴不可求而得之、當脩德以得之、若於道可求而得之者、雖執鞭賤職我亦爲之、如不可求、從吾所好。【集解】孔安國曰、所好者、古人之道、【考證】論語述而篇、中井積德曰、引孔子言、是別發端緒、而不拘於天道之是非也、凌稚隆曰、此正是各從其志、歲寒、然後知松柏之後凋。【集解】何晏曰、大寒之歲、衆木皆死、然後松柏少凋傷、平歲衆木亦有不死者、故須歲寒然後別之、喩凡人處治世、亦能自脩整、與君子同、在濁世、然後知君子之正不苟容也、【考證】論語子罕篇、擧世混濁、清士乃見。【索隱】老子曰、國家昏亂、始有

忠臣、是擧代混濁、則士之清絜者乃彰見、故上文歲寒然後知松柏之後凋、先爲此言張本也、【正義】言天下泯亂、清絜之士不撓、不苟合於盜跖也、【考證】索隱是、荀子大略篇云、歲不寒、無以知松柏、事不難、無以知君子、豈以其重若彼、其輕若此哉。【索隱】按謂伯夷讓德之重若彼、而采薇餓死之輕若此、又一解云、操行不軌、富厚累代、是其重若彼、公正發憤而遇禍災、是其輕若此也、【正義】重、謂盜跖等也、輕、謂夷齊由光等也、【考證】顧炎武曰、其重若彼、謂俗人之重富貴也、其輕若此、謂清士之輕富貴也、方苞曰、孔子老子之言、而繼以此語、言自聖賢論之、豈以若彼之富貴逸樂爲重、若此之困窮禍災爲輕乎、蓋君子之所以謂重輕、與俗異、故曰道不同不相爲謀、恩田仲任曰、重、謂令名、輕、謂富貴、愚按、諸說各異、而顧說爲長、此正承上文道不同句、而未說及名字、君子疾沒世而名不稱焉。【索隱】自此已下、雖論伯夷得夫子而名彰、顏回附驥尾而行著、蓋亦欲微見己之著撰不已、亦是疾沒世而名不稱焉、故引賈子貪夫徇財、烈士徇名、是也、又引同明相照、同類相求、雲從龍、風從虎者、言物各以類相求、故太史公言己亦是操行廉直而不用於代、卒陷非罪、與伯夷相類、故寄此而發論也、【正義】君子疾沒世後懼名湮滅而不稱、若夷齊顏回絜行立名、後代稱述、亦太史公欲漸見己立名著述之美也、【考證】論語衞靈公篇、史公報任安書云、僕雖怯耎欲苟活、亦頗識去就之分矣、所以隱忍苟活函糞土之中而不辭者、恨私心有所不盡、鄙沒世而文采不表於後也、史公之意可知、賈子曰。【索隱】賈子、賈誼也、誼作鵩鳥賦云然、故太史公引之而稱賈子也、貪夫徇財、【正義】徇、才迅反、徇、求也、瓚云、以身從物曰徇、烈士徇名、夸者

死權、[索隱]言貪權勢以矜夸者、至死不休、故云死權也、[考證]中井積德曰、死權、亦謂徇權也、言夸權勢以致死、而弗悔焉、衆庶馮生。[索隱]馮者恃也、音凭、言衆庶之情、蓋恃矜其生也、鄒誕本、作每生、每者冒也、卽貪冒之義、[正義]太史公引賈子譬作史記、若貪夫徇財、夸者死權、衆庶馮生、乃成其史記、[考證]錢大昕曰、每冒、聲相近、貪生之義、較馮爲長、村尾元融曰、上文引孔子語、言君子所欲者不在報施、此引賈子語亦同其意、四句內主意在烈士一句、名字與名不稱之名、前後呼應、索隱正義皆缺明、同明相照、[索隱]已下竝易繫辭文也、[考證]易傳、作同聲相應、同類相求、[正義]天欲雨而柱礎潤、謂同德者相應、[考證]易傳、作同氣相求、愚按、二句言道同則相與謀也、雲從龍、風從虎、[集解]王肅曰、龍擧而景雲屬、虎嘯而谷風興、張璠曰、猶言龍從雲、虎從風也、聖人作而萬物覩。[集解]馬融曰、作、起也、[索隱]按又引此句者、謂聖人起而居位、則萬物之情皆得覩見、故己今日又得著書、言世情之輕重也、[正義]此有識也、聖人有養生之德、萬物有長育之情、故相感應也、此以上至同明相照、是周易乾象辭也、太史公引此等相感者、欲見述作之意、令萬物有睹也、孔子歿後五百歲、而己當之、故作史記、使萬物見覩之也、太史公序傳云、先人有言、自周公卒五百歲、而有孔子、孔子卒後至於今五百歲、有能紹名世、正易傳、繼春秋、本詩書禮樂之際、意在斯乎、小子何敢讓焉、作述六經云、易著天地陰陽四時五行、故長於變、禮經紀人倫、故長於行、書記先王之事、故長於政、詩記山川谿谷禽獸草木牝牡雌雄、故長於風、樂樂所以立、故長於和、春秋辨是非、故長於治人、是故禮以節人、樂以發和、書以道事、詩以達意、易以道化、春秋以道義、撥亂世反之正、莫近於春秋、按述作而萬物睹見、[考證]萬物覩、此取爲著顯之義、以起下文夷顏得夫子、而名行彰顯、中井積德曰、索隱正義、穢雜可厭、引序傳尤妄、齋藤謙曰、太史公每用古語、少改面目、以爲己語、如伯夷傳、用文言同聲相應、改作同明相照、同氣作同類、下省水流濕火就燥二句、直接聖人作而萬物句、陶鎔點化爲己語、與李王生呑活剝不同、伯夷・叔齊雖賢、得夫子而名益彰、[正義]伯夷叔齊雖有賢行、得夫子稱揚、而名益彰著、萬物雖有生養之性、得太史公作述、而世事益睹見、[考證]正義萬物以下二十字、當刪、顏淵雖篤學、附驥尾而行益顯。[索隱]按蒼蠅附驥尾而致千里、以譬顏回因孔子而名彰也、[考證]顧炎武曰、本是附夫子耳、避上文雷同、改作驥尾、使後人爲之、豈不爲人譏笑、村尾元融曰、此言天道之報施、果不違錯、以結上文之意、伯夷叔齊因聖人褒稱之言、而聲名顯乎千載之下、則與夫生前富厚逸樂、沒後寥寥無聞者、不可同日而語、天道是非之惑、於是乎釋然矣、巖穴之士、趣舍有時。若此類名堙滅而不稱。悲夫。[正義]趣、音趨、舍、音捨、趣、向也、捨、廢也、言隱處之士、時有附驥尾而名曉達、若堙滅不稱、數者亦可悲痛、[考證]趣舍有時、出處不同也、董份曰、太史公言伯夷叔齊、不能无怨、惟得孔子言之、故益顯、若由光義至高、而不少概見、故後世無聞焉、是以砥行立名者、必附青雲之士也、此一篇大意、若不如此、則首尾似不相貫、而引由光事、少味矣、閭巷之人、欲砥行立名者、非附青雲之士、惡能施于後世哉。[正義]砥、音旨、礪行脩德、在鄉

閭者、若不託貴大之士、何得封侯爵賞、而名留後代也、[考證]村尾元融曰、閭巷之人謂賢而在下位者、不必隱處之人、與巖穴之士較有差別、楊愼曰、青雲之士、謂聖賢立言傳世者、孔子是也、附青雲則伯夷顏回是也、後世謂登仕路爲青雲謬矣、村尾元融曰、青雲有三義、此云青雲之士、以德言、范睢傳、致於青雲之上者、以位言、晉書阮咸傳、仲容青雲器、以志言、皆取義高超絕遠耳、從文解之可也、張守節楊用修就一偏而言、誤矣、

[索隱]述贊、天道平分、與善徒云、賢而餓死、盜且聚羣、吉凶倚伏、報施糾紛、子罕言命、得自前聞、嗟彼素士、不附青雲、

伯夷列傳第一

史記六十一

文學博士瀧川龜太郎著

史記會注考證

史記會注考證卷六十二

漢 太史令 司馬遷 撰
宋 中郎外兵曹參軍 裴駰 集解
唐 國子博士弘文館學士 司馬貞 索隱
唐 諸王侍讀率府長史 張守節 正義
日本 出雲 瀧川資言 考證

管晏列傳第二 史記六十二

【考證】史公自序云、晏子儉矣、夷吾則奢、齊桓以霸、景公以治、作管晏列傳第六十二、陳仁錫曰、管仲晏嬰、皆齊名臣、故共傳、

管仲夷吾者、潁上人也。【索隱】潁、水名、地理志、潁水出陽城、漢有潁陽、臨潁二縣、今亦有潁上縣、【正義】韋昭云、夷吾姬姓之後、管嚴之子敬仲也、【考證】沈濤曰、國語、昔管敬仲有言、注云、敬仲、夷吾之字也、又云、齊桓親舉管敬子、注云、敬子、管子之謚、二注不同、案管夷吾字仲、故桓公稱爲仲父、後人因其謚敬、遂稱之爲管敬仲、非字敬仲、而謚敬子也、韋注字字、恐是謚字之誤、又晏子春秋內篇、作管文仲、亦當敬仲、傳寫之誤、注中遂以爲字敬而謚文、非也、愚按、不曰管夷吾、而曰管仲夷吾者、擧其通稱也、下晏平仲嬰與此同例、凡傳中或稱某子、或稱某生、或名、或字、皆從當時所呼而書之、不必一律、張文虎曰、今國語注、無管嚴之子四字、少時常與鮑叔牙游。鮑叔知其賢。管仲貧困、常欺鮑叔。鮑叔終善遇之、不以爲言。【索隱】呂氏春秋、管仲與鮑叔同賈南陽、及分財利、而管仲嘗欺鮑叔多自取、鮑叔知其有母而貧、不以爲貪也、【考證】常與之常、楓山、三條本、作嘗、已而鮑叔事齊公子小白、管仲事公子糾。及小白立爲桓公、公子糾死、管仲囚焉。鮑叔遂進管仲。【正義】齊世家云、鮑叔牙曰、君將治齊、則高傒與叔牙足矣、君且欲霸王、非管夷吾不可、夷吾所居國國重、不可失也、於是桓公從之、韋昭云、鮑叔、齊大夫姒姓之後、鮑敬叔之子叔牙也、【考證】鮑叔事齊公子小白以下、采莊八年九年左傳、左傳事作奉、中井積德曰、二人各事公子者、非常常委質爲臣之比、蓋有奇貨之意、左氏記述似得實、愚按、楓山本、三條本、桓上有齊字、管仲既

用、任政於齊。【正義】管子云、相齊以九惠之敎、一曰老、二曰慈、三曰孤、四曰疾、五曰獨、六曰病、七曰通、八曰賑、九曰絕也、齊桓公以霸。九合諸侯、一匡天下、管仲之謀也。【考證】論語憲問篇、桓公九合諸侯、不以兵車、管仲之力也、又云、管仲相桓公、霸諸侯、一匡天下、管仲曰、吾始困時、嘗與鮑叔賈。【正義】音古、【考證】楓山、三條本、賈下有南陽二字、分財利、多自與。鮑叔不以我爲貪。知我貧也。吾嘗爲鮑叔謀事而更窮困。鮑叔不以我爲愚。知時有利不利也。吾嘗三仕三見逐於君。鮑叔不以我爲不肖。知我不遭時也。吾嘗三戰三走。鮑叔不以我爲怯。知我有老母也。公子糾敗、召忽死之。吾幽囚受辱。鮑叔不以我爲無恥。知我不羞小節、而恥功名不顯于天下也。【考證】一句、史公自道、生我者父母、知我者鮑子也。鮑叔既進管仲以身下之。【考證】管仲曰以下、采列子力命篇、楓山、三條本、以作已、子孫世

祿於齊、有封邑者十餘世。常爲名大夫。【索隱】按系本云、莊仲山產敬仲夷吾、夷吾產武子鳴、鳴產桓子啓方、啓方產成子孺、孺產莊子盧、盧產悼子其夷、其夷產襄子武、武產景子耐涉、耐涉產微、凡十代、系譜同、【考證】洪亮吉曰、叔牙曾孫牽國、國之孫牧、皆見左傳、叔牙之後、蓋不絕於牧、故曰十餘世也、索隱以管仲之後當之、恐誤、又曰、仲尼弟子列傳云、田常作亂於齊、憚高國鮑晏、則鮑牧後尚有人、天下不多管仲之賢、而多鮑叔能知人也。管仲既任政相齊。【正義】國語云、齊桓公使鮑叔爲相、辭曰、臣之不若夷吾者五、寬和惠民、不若也、治國家不失其柄、不若也、忠惠可結於百姓、不若也、制禮義可法於四方、不若也、執枹鼓立於軍門、使百姓皆加勇、不若也、以區區之齊在海濱、【正義】齊國、東濱海也、通貨積財、富國彊兵、與俗同好惡。【考證】楓山、三條本、無積字、故其稱曰。【索隱】是夷吾著書、所稱管子者、其書有此言、故略擧其要、倉廩實而知禮節、衣食足而知榮辱。上服度則六親固。【正義】上之服御、物有制度、則六親堅固也、六親謂外祖父母一、父母二、姊妹三、妻兄弟之子四、從母之子五、女之子六也、王弼云、父母兄弟妻子也、【考證】二而字、管子作則、注、服、行也、上行禮度、則六親各得其所、愚按、實節、足辱、度固、韻、六親、王說是、呂氏春秋、六戚、父母兄弟妻子、四維不張、國乃滅亡。【集解】管子曰、四維、一曰禮、二曰義、三曰廉、四曰恥、【考證】張、亡、韻、

下令如流水之原。令順民心。【考證】以上管子牧民篇文、令、政令也、原、楓山、三條本、作源、言行令如有源之水也、故論卑而易行。【正義】言爲政令卑下鮮少、而百姓易作行也、【考證】卑近平易、非高遠難行者、俗之所欲、因而予之、俗之所否、因而去之。其爲政也善因禍而爲福、轉敗而爲功。貴輕重、【索隱】輕重、謂錢也、今管子有輕重篇、愼權衡。【正義】輕重、謂恥辱也、權衡、謂得失也、有恥辱甚貴重之、有得失甚戒愼之、【考證】中井積德曰、輕重、謂錢之貴賤、徐孚遠曰、權衡、鈞石之類、蓋與民取平之義、愚按、貴輕重、愼權衡、言斟酌商量得其道也、不獨錢穀、凌稚隆曰、下三事、卽因禍爲福、轉敗爲功、所謂輕重權衡也、太史公連下實字因字而字、而管仲相桓之霸業俱見矣、桓公實怒少姬、南襲蔡。【索隱】按、謂怒蕩舟之姬、歸而未絕、蔡人嫁之、管仲因而伐楚、責包茅不入貢於周室。【考證】楓山、三條本、包作菁、桓公實北征山戎。而管仲因而令燕修召公之政。於柯之會、【正義】今齊州東阿也、桓公欲背曹沫之約。【索隱】沫音昧、亦音末、左傳作曹劌、【正義】沬、莫葛反、管仲因而信之。【正義】以劫許之、歸魯侵地、【考證】蘇轍曰、此三說皆非也、桓公二十九年會諸侯于陽穀、爲鄭謀楚、是歲有蕩舟之事、故明年伐楚、因

侵蔡、蔡在楚北、故春秋先書侵蔡、其實本爲伐楚動也、山戎病燕、故桓公爲燕伐之、非不義也、亦何待令燕脩召公之政而後可哉、曹沫事出戰國雜說、公羊不推本末而信之、太史公又以爲然、皆不可信、諸侯由是歸齊。故曰。知與之爲取、政之寶也。【索隱】老子曰、將欲取之、必固與之、是知此爲政之所寶也、【考證】故曰、管子牧民篇文、孟子所謂假仁者、老子蓋本於此、與孔孟之道自有徑庭、此王霸之別、管仲富擬於公室、有三歸反坫。齊人不以爲侈。【正義】三歸、三姓女也、婦人謂嫁曰歸、【考證】論語八佾篇云、管氏有三歸、又云、邦君爲兩君之好有反坫、管子亦有反坫、朱子集註云、三歸、臺名、事見說苑、兪樾曰、韓非子外儲說云、管仲相齊、曰、臣貴矣、然而臣貧、桓公曰、使子有三歸之家、三歸之家、管仲自朝而歸、其家有三處也、家有三處、則鐘鼓帷帳、不移而具、足見其奢、且美女之充下陳者、亦必三處、如一而娶三姓之說、或從此出也、愚按、三歸之家、必有樓臺池沼、此說苑臺名之說、所以由起、坫在兩楹之間、獻酬飮畢、則反爵於其上、楓山、三條本、無反坫二字、管仲卒、【正義】括地志云、管仲冢、在青州臨淄縣南二十一里牛山之阿、說苑云、齊桓公使管仲治國、管仲對曰、賤不能臨貴、桓公以爲上卿、而國不治、曰何故、管仲對曰、貧不能使富、桓公賜之齊市租、而國不治、桓公曰、何故、對曰、疏不能制近、桓公立以爲仲父、齊國大安、而遂霸天下、孔子曰、管仲之賢而不得此三權者、亦不能使其君南面而稱伯、齊國遵其政、常彊於諸侯。後百餘年而有晏子焉。【考證】孫效曾曰、齊世家管仲卒于齊桓公四十一年、爲魯僖公十五年、而晏子

魯襄十七年、始嗣其父桓子爲大夫、見左傳、乃齊靈公二十六年也、則管晏相去九十年、史公謂後百餘年者誤矣、晏平仲嬰者、萊之夷維人也。【集解】劉向別錄曰、萊者今東萊地也、【索隱】名嬰、平謚、仲字、父桓子、名弱也、【正義】晏氏齊記云、齊城三百里有夷安、卽晏平仲之邑、漢爲夷安縣、屬高密國、應劭云、故萊夷維邑、事齊靈公・莊公・景公、【索隱】按世家及系本、靈公名環、莊公名光、景公名杵臼也、以節儉力行重於齊。既相齊。食不重肉、妾不衣帛。【考證】禮記禮器云、管仲鏤簋朱紘、山節藻梲、君子以爲濫矣、晏平仲祀其先人、豚肩不揜豆、澣衣濯冠以朝、君子以爲隘矣、檀弓云、晏子一狐裘三十年、晏子春秋、仲尼曰、靈公汙、晏子事之以整齊、莊公壯、晏子事之以宣武、景公奢、晏子事之以恭儉、馮班曰、以一心事三君、晏子之節也、此一句大有關係、其在朝、君語及之、卽危言。【正義】謂己謙讓、非云功能、語不及之、卽危行。【正義】行、下孟反、謂君不知己、增脩業行、畏責及也、國有道、卽順命、無道、卽衡命。【正義】衡、秤也、謂國無道、則制秤量之、可行卽行、【考證】羣書治要引、三卽字作則、不及下、無之字、論語憲問篇云、邦有道危言危行、邦無道危行言孫、朱子集註云、危、高峻也、洪慶善曰、危、非矯激也、直道而行、中井積德曰、曰危言、則危行在其中、曰危行、則言之不危可知、是自文法、李笠曰、衡古通橫、橫訓逆、故衡命、卽逆命也、與順命對、愚按、衡命、正義是、岡白駒曰、權而不失其正、如不死莊公之難、亦不附崔慶是也、以此三世顯名於諸侯。

越石父賢、在縲紲中。【正義】縲、音力追反、縲、黑索也、紲、繫也、晏子春秋云、晏子之晉、至中牟、覩獘冠反裘負薪、息於途側、晏子問曰、何者、對曰、我石父也、苟免飢凍、爲人臣僕、晏子解左驂贖之、載與俱歸、按與此文小異也、【考證】梁玉繩曰、晏子春秋雜篇、載此事、謂石父爲中牟之僕、不言在縲紲、故正義云、與此文小異、愚按、呂氏春秋云、晏子之晉、見反裘負芻、息於塗者、以爲君子也、使人問焉、曰、曷爲而至此、對曰、齊人累之、名爲越石父、所謂累之者、言以負累作僕、義與晏子春秋同、史公解累爲縲紲、非也、晏子出、遭之塗、解左驂贖之、【考證】僖三十三年左傳、釋左驂以公命贈孟明、左驂、駕車之馬在左旁者、載歸。弗謝、入閨。【考證】呂氏春秋、作載而與歸至舍、弗辭而入、久之越石父請絕。晏子戄然。攝衣冠謝曰。嬰雖不仁、免子於厄。何子求絕之速也。【正義】戄、牀縛反、【考證】張文虎曰、戄無此音、疑作渠縛反、石父曰。不然。吾聞君子詘於不知己、而信於知己者。【索隱】信讀曰申、古周禮皆然也、申於知己、謂以彼知我而我志獲申、方吾在縲紲中、彼不知我也。夫子既已感寤而贖我。【考證】三條本、百衲宋本、凌本、已作以、是知己。知己而無禮、固不如在縲紲之中。晏子於是延入爲上客。【考證】越石父以下、

采呂氏春秋觀世篇、晏子爲齊相。出。其御之妻、從門閒而闚其夫。其夫爲相御、擁大蓋、策駟馬、意氣揚揚、甚自得也。【考證】中井積德曰、大蓋、車蓋也、擁、居車蓋側也、既而歸。其妻請去。夫問其故。妻曰。晏子長不滿六尺。身相齊國、名顯諸侯。【考證】列女傳、六尺作七尺、今者妾觀其出、志念深矣。常有以自下者。今子長八尺、乃爲人僕御。然子之意自以爲足。妾是以求去也。其後夫自抑損。晏子怪而問之。御以實對。晏子薦以爲大夫。【集解】皇覽曰、晏子冢、在臨菑城南菑水南、桓公冢西北、【正義】注皇覽云、晏子冢在臨淄城南菑水南桓公冢西北、括地志云、齊桓公墓、在靑州臨淄縣東南二十三里鼎足上、又云、齊晏嬰冢、在齊子城北門外、晏子云、吾生近市、死豈易吾志、乃葬故宅、後人名曰淸節里、按恐皇覽誤、乃管仲冢也、【考證】中井積德曰、薦爲大夫一句、必不實說、愚按、集解正義、諸本有錯誤、今依張氏札記移正、

太史公曰。吾讀管氏牧民、山高、乘馬、輕重、九府、【集解】劉向別錄曰、九府書、民閒無

有、山高、一名形勢、【索隱】皆管氏所著書篇名也、按九府、蓋錢之府藏、其書論鑄錢之輕重、故云輕重九府、餘如別錄之說、【正義】七略云、管子十八篇、在法家、【考證】管子八十六篇、今本亡其十篇、而其目猶存、及晏子春秋。【索隱】按嬰所著書、名晏子春秋、今其書有七篇、故下云、其書世多有也、【正義】七略云、晏子春秋七篇、在儒家、詳哉其言之也。【考證】陳仁錫曰、有此一句、方見傳內當略、既見其著書、欲觀其行事。故次其傳。至其書世多有之。是以不論。論其軼事。【正義】軼、音逸、管仲世所謂賢臣。然孔子小之。豈以爲周道衰微、桓公既賢、而不勉之至王、乃稱霸哉。【正義】言管仲世所謂賢臣、孔子所以小之者、蓋以爲周道衰、桓公賢主、管仲何不勸勉輔弼、至於帝王、乃自稱霸主哉、故孔子小之云、蓋爲前疑夫子小管仲爲此、【考證】論語八佾篇、子曰、管仲之器小哉、中井積德曰、是論未得孔子之旨、孔子只以其易盈爲小器也、兪正燮曰、太史公謂管仲不能勉齊致王、蓋本孟子、按周之僖惠、未比殷紂、齊桓之德、不及文王、文王久始得之、奈何欲以齊桓奪周祚、管仲反坫塞門、三歸、官事不攝、自謂功成、身泰意侈、卽是器小、自古未聞以不能謀反叛逆誅詆人者、故知器小是侈泰也、語曰。將順其美、匡救其惡。故上下能相親也。豈管仲之謂乎。【正義】言管仲相齊、順百姓之美、匡救國家之惡、令君臣百姓相親者、是

管之能也、【考證】語曰、孝經文、將、讀爲奬、中井積德曰、其美其惡、皆以君上而言、方晏子伏莊公尸、哭之成禮、然後去、【索隱】按左傳崔杼弒莊公、晏嬰入、枕莊公尸股而哭之、成禮而出、崔杼欲殺之是也、【考證】左傳襄二十五年、豈所謂見義不爲無勇者邪。【考證】論語爲政篇、見義不爲、無勇也、中井積德曰、蓋以哭成禮爲勇也、至其諫說犯君之顏、此所謂進思盡忠、退思補過者哉。【考證】進思二句、亦孝經文、豈所謂見義不爲無勇者、此所謂進思盡忠、退思補過者、蓋史公自道也、參諸其答任安書、可以見焉、假令晏子而在、余雖爲之執鞭、所忻慕焉。【索隱】太史公之羨慕仰企平仲之行、假令晏生在世、己雖與之爲僕隸、爲之執鞭、亦所忻慕、其好賢樂善如此、賢哉良史、可以示人臣之炯戒也、【考證】岡白駒曰、執鞭、自本傳中僕御來、舒雅曰、執蓋之婦、羞其夫爲晏子御、太史公乃願爲執鞭、何哉、蓋太史以李陵故被刑、漢法腐刑許贖、而生平交游故舊、無如能晏子解左驂贖石父者、自傷不遇斯人、而過激仰羨之詞耳、曾謂太史公不若彼婦哉、

【索隱】述贊、夷吾成霸、平仲稱賢、粟乃實廩、豆不掩肩、轉禍爲福、危言獲全、孔賴左衽、史忻執鞭、成禮而去、人望存焉、

管晏列傳第二　史記六十二

文學博士瀧川龜太郎著

史記會注考證

史記會注考證卷六十三

漢　太史令司馬遷撰
宋　中郎外兵曹參軍裴駰集解
唐　國子博士弘文館學士司馬貞索隱
唐　諸王侍讀率府長史張守節正義
日本　出雲瀧川資言考證

老子韓非列傳第三　史記六十三

[考證]史公自序云、李耳無爲自化、淸淨自正、韓非揣事情、循勢理、作老子韓非列傳、第三、張文虎曰、凌本題老莊申韓傳、非也、今依索隱、北宋、毛本、與史公自序合、王、柯本、

題申不害韓非列傳、別行、注云、開元二十三年、勅昇老子莊子爲列傳首、故申韓爲此卷、案昇老子已見正義、此亦合刻者所記、方苞曰、老子列傳、始詳其國邑鄉里姓氏名字諡爵職守、及其子孫、雲仍封爵時代居國、蓋以世傳老子爲神僊幻怪之流、故詳誌以見其不然也、愚按、莊子傳云、其要本歸於老子之言、申子傳云、本於黃老而主刑名、韓非傳云、喜刑名法術之學、而其歸本於黃老、史公合傳之意可知、梁玉繩曰、昔人以老韓同傳爲不倫、史通編次篇深訾之、小司馬補史亦云不宜同傳、宜令韓非居商君傳末、然申韓本于黃老、史公之論自不可易、竝非強合、況韓子有解老喩老二篇、其解老篇創爲訓注體、實五千文釋詁之祖、安知史公之意不又在斯乎、前賢妄規之也、歸有光曰、太史公列傳、或數人合傳、皆聯書不斷、今合讀之、尤見其奇、近時刻本、每人以界斷、必小司馬之陋也、愚按合傳每人界斷、固非史公舊帙、但不知其出何人手、震川咎小司馬寃矣、

老子者、[正義]朱韜玉札及神仙傳云、老子楚國苦縣瀨鄉曲仁里人、姓李、名耳、字伯陽、一名重耳、外字聃、身長八尺八寸、黃色美眉、長耳大目、廣額疏齒、方口厚脣、額有三五達理、日角月懸、鼻有雙柱、耳有三門、足蹈二五、手把十文、周時人、李母八十一年而生、又玄妙內篇云、李母懷胎八十一載、逍遙李樹下、迺割左腋而生、又云、玄妙玉女夢流星入口而有娠、七十二年而生老子、又上元經云、李母晝夜見五色珠、大如彈丸、自天下、因吞之、卽有娠、張君相云、老子者是號、非名、老、考也、子、孳也、考敎衆理、達成聖孳、乃孳生萬物、善化濟物無遺也、[考證]正義、荒唐不經、可刪、

楚苦縣厲鄉曲仁里人也。[集解]地理志曰、苦縣屬陳國、[索隱]按地理志、苦縣屬陳國者、誤也、苦縣本屬陳、春秋時楚滅陳、而苦又屬楚、故云楚苦縣、至高帝十一年、立淮陽國、陳縣、苦縣皆屬焉、裴氏所引不明、見苦縣在陳縣下、因云苦屬陳、今檢地理志、苦實屬淮陽郡、苦音怙、[正義]按年表云、淮陽國、景帝三年廢、至天漢脩史之時、楚節王純都彭城、相近、疑苦此時屬楚國、故太史公書之、括地志云、苦縣在亳州谷陽縣界、有老子宅及廟、廟中有九井尚存、在今亳州眞源縣也、厲音賴、晉太康地記云、苦縣城東有瀨鄉祠、老子所生地也、[考證]淮南修務訓云、南榮疇南見老聃、高誘注、老聃、老子、字伯陽、楚苦縣賴鄉曲里人、今陳國東瀨鄉、有祠存、據在魯南、故曰南見老子、槃疇蓋魯人、愚按、厲賴瀨音通、

名耳。字聃。[索隱]按許愼云、聃、耳曼也、故名耳字聃、有本字伯陽、非正也、然老子號伯陽父、此傳不稱也、[正義]聃、耳漫無輪也、神仙傳云、外字曰聃、按字號也、疑老子耳漫無輪、故世號曰聃、[考證]呂氏春秋不二、重言兩篇、聃作耽、

姓李氏。[索隱]按葛玄曰、李氏女所生、因母姓也、又云、生而指李樹、因以爲姓、[考證]索隱本、各本作字伯陽、諡曰聃、姓李氏、各本在曲仁里人也下、後漢書桓帝紀章懷注引史記曰、老子者楚苦縣厲鄉曲仁里人也、名耳、字聃、姓李氏、史記原本蓋如此、陸德明音義註老子兩處、亦引史記曰、字聃、引河上公曰、字伯陽、不謂史記之語、老子匹夫耳、固無諡也、字伯陽、諡曰聃數字、蓋後人所增益、姚鼐老子章義序、王念孫讀書志辯之太詳、今依改、

周守藏室之史也。[索隱]按藏室史、周藏書室之史也、又張蒼傳、老子爲柱下史、蓋卽藏室之柱下、因以爲官名、[正義]藏、在浪反、[考證]汪中曰、本傳云、老子楚苦縣曲仁里人也、又云、周守藏之史也、按周室既東、辛有入晉、司馬適晉、史角在魯、王官之族、或流播于四方、列國之產、惟晉悼嘗仕于周、其他固無聞焉、況楚之于周、聲敎中阻、又非咎

鄭之比、且古之典籍舊聞、惟在瞽史、其人竝世官宿業、羈旅無所置其身、本傳又云、老子隱君子也、身為王官、不可謂隱、莊子天道篇載孔子西藏書于周室、尤誤、後人寓言十九、周己自揭之矣、愚按、隱君子三字、就其遯世而言、汪說泥、錢大昕曰、張蒼傳但云、秦時為御史、主柱下方書、未嘗及老子、一本作張湯傳、尤誤、

孔子適周、將問禮於老子。

【索隱】大戴記亦云然、【考證】汪中曰、孔子世家云、南宮敬叔與孔子俱適周、蓋見老子云、老子傳云、孔子適周、將問禮于老子、按老子言行、今見于曾子問者凡四、是孔子之所從學者可知也、夫助葬而遇日食、然且以見星為嫌、止柩以聽變、其謹于禮也如是、至其書則曰、禮者忠信之薄、而亂之首也、下殤之葬、稱引周召史佚、其尊信前哲也如是、而其書則曰、聖人不死、大盜不止、彼此乖違甚矣、愚按、聖人不死、大盜不止、莊子胠篋篇語、汪氏誤引、老子則曰、絕聖棄智、民利百倍、又按孔子問禮於老子、其事有無未可知、說既具于孔子世家、

老子曰、子所言者、其人與骨皆已朽矣。獨其言在耳。

【考證】與莊子天道篇聖人已死矣、君之所讀者古人之糟魄已夫、文異意同、

且君子得其時則駕、不得其時、則蓬累而行。

【索隱】劉氏云、蓬累、猶扶持也、累、音六水反、說者云、頭戴物兩手扶之而行、謂之蓬累也、按蓬者蓋也、累者隨也、以言若得明君、則駕車服冕、不遭時、則自覆蓋相攜隨而去耳、【正義】蓬、沙磧上轉蓬也、累、轉行貌也、言君子得明主、則駕車而事、不遭時、則若蓬轉流移而行、可止則止也、蓬、其狀若皤蒿、細葉、蔓生於沙漠中、風吹則根斷、隨風轉移也、皤蒿、江東呼為斜蒿云、【考證】余有丁曰、蓬累、謂積累蓬簑、若今之笠然、洪頤煊曰、蓬、蓬髮、累讀為傫、垂貌、中井積德曰、蓬累字義不可曉、諸說皆牽強、唯轉蓬為近之、而累字艱難、愚按、二字他書未見、闕疑可也、

吾聞之、良賈深藏若虛。君子盛德、容貌若愚。

【索隱】良賈、謂善貨賣之人、賈、音古、深藏、謂隱其寶貨、不令人見、故云若虛、而君子之人、身有盛德、其容貌謙退、有若愚魯之人然、嵇康高士傳亦載此語、文則小異、云、良賈深藏、外形若虛、君子盛德、容貌若不足也、【考證】虛愚、韻、大戴禮曾子制言上篇、良賈深藏如虛、君子有盛德、容貌如無、蓋古有此語、

去子之驕氣與多欲、態色與淫志。

【正義】姿態之容色、與淫欲之志、皆無益於夫子、須去除也、【考證】岡白駒曰、態色、威儀容色也、淫、過甚也、汪中曰、本傳老子語孔子、去子之驕氣與多欲、態色與淫志、而莊子外物篇則曰、老萊子謂孔子、去汝躬矜與汝容知、孔叢子抗志篇、以為老萊子語子思、張文虎曰、正義夫字疑衍、

是皆無益於子之身。吾所以告子、若是而已。孔子去謂弟子曰。鳥吾知其能飛。魚吾知其能游。獸吾知其能走。走者可以為罔。游者可以為綸。飛者可以為矰。至於龍吾不能知。其乘風雲而上天。吾今日見老子、其猶龍邪。

【考證】莊子天運篇云、孔子見老聃歸、三日不談、弟子問曰、夫子見老聃、亦將何規哉、孔子曰、吾乃今於是乎見龍、龍合而成體、散而成章、乘乎雲氣、而養乎陰陽、予口張而不能

嗋、予又何規老聃哉、太平御覽六百十七、引莊子曰、云云、孔子曰、吾與汝處魯之時、人用意如飛鴻者、吾走狗逐之、用意如井魚者、吾為鉤繳以投之、吾今見龍云云、余口張不能嗋、舌出不能縮、又何規哉、史公蓋本於此、梁玉繩曰、老子之言、非至言也、安得遽歎其猶龍哉、此本莊子天運篇、然莊子多寓言、而據為實錄、可乎、

老子脩道德、其學以自隱無名為務。居周久之、見周之衰、迺遂去至關。

【索隱】李尤函谷關銘云、尹喜要老子、留作二篇、而崔浩以尹喜又為散關令、是也、【正義】抱朴子云、老子西遊、遇關令尹喜於散關、為喜著道德經一卷、謂之老子、或以為函谷關、括地志云、散關、在岐州陳倉縣東南五十二里、函谷關、在陝州桃林縣西南十二里、彊、其兩反、為、于偽反、

關令尹喜曰、子將隱矣。彊為我著書。於是老子迺著書上下篇、言道德之意、五千餘言而去。莫知其所終。

【集解】列仙傳曰、關令尹喜者、周大夫也、善內學星宿、服精華、隱德行仁、時人莫知、老子西游、喜先見其氣、知真人當過、候物色而迹之、果得老子、老子亦知其奇、為著書、與老子俱之流沙之西、服巨勝實、莫知其所終、亦著書九篇、名關尹子、【索隱】列仙傳是劉向所記、物色而迹之、謂視其氣物有異色而尋迹之、又按列仙傳、老子西遊關、令尹喜望見有紫氣浮關、而老子果乘青牛而過也、【考證】方苞曰、老子本以周衰隱身遠去、莫知所終、故世人遂以為神仙者流、柯維騏曰、按莊子列子所載關尹子之論、其旨微妙、似道德篇、班固藝文志、道家有關尹子九篇、說者曰、即關令尹喜也、梁玉繩曰、莊子養生主曰、老聃死、秦失弔之、則老子非長生神變、莫知其所終者、自有此言、而道家遂有化胡成佛之說、釋道宣廣弘明集辨惑篇序云、李叟生于厲鄉、死于槐里、莊生可為實錄、秦失弔非妄論、

或曰、老萊子亦楚人也。著書十五篇、言道家之用。與孔子同時云。

【正義】太史公疑老子或是老萊子、故書之、列仙傳云、老萊子楚人、當時世亂、逃世耕於蒙山之陽、莞葭為牆、蓬蒿為室、杖木為牀、蓍艾為席、菹芰為食、墾山播種五穀、楚王至門迎之、遂去至於江南而止、曰、鳥獸之解毛、可績而衣、其遺粒足食也、【考證】梁玉繩曰、老萊子與老聃判然二人、弟子傳序分別言之、而此忽疑為一人、路史因附會其詞云、老子邑于苦之賴、賴乃萊也、故又曰老萊子、何其誕哉、漢藝文志、老萊子十六篇、

蓋老子百有六十餘歲、或言二百餘歲。以其脩道而養壽也。

【索隱】此前古好事者、據外傳以老子生年至孔子時、故百六十歲、或言二百餘歲者、即以周至太史儋為老子、故二百餘歲也、【正義】蓋、或、皆疑辭也、世不的知、故言蓋及或也、玉清云、老子以周平王時見衰、於是去、孔子世家云、孔子問禮於老子、在周景王時、孔子蓋年三十也、去平王十二王、此傳云、儋即老子也、秦獻公與烈王同時、去平王二十一王、說者不一、不可知也、故葛仙公序云、老子體于自然、生乎大始之先、起乎無因、經歷天地、終始不可稱載、【考證】方苞曰、前言老萊子與孔子同時、後言太史儋後孔子百二十九年、而中間入老子年數、蓋謂老子隱去、其年壽所極、世人亦莫知其真、故與老萊子太史儋相混也、

自孔子死之後百二十九年、

【集解】徐廣曰、實百一十九年、【考證】梁玉繩曰、孔子卒于敬王四十一年、至

烈王二年、乃百有六年、此誤、徐廣說有譌脫、而史記周太史儋見秦獻公曰。始秦與周合。合五百歲而離。離七十歲而霸王者出焉。【索隱】按周秦二本紀竝云、始周與秦國合而別、別五百載又合、合七十歲而霸王者出、然與此傳離合正反、尋其意義亦竝不相違也、【考證】此語史記四見、張文虎曰、各本作始秦與周合而離、離五百歲而復合、合七十歲而霸王者出焉、毛本七十下有餘字、王氏雜志云、此後人依周秦本紀改、索隱云紀與此傳正反、若此、則何反之有、今依雜志所引宋本改、索隱本出始秦與周合五百歲而離、則較宋本同少一合字、愚按、劉氏百衲宋本與各本同、與雜志所引宋本異、史記桃源抄云、博士家本作合五百歲而離、離十七歲而霸王者出焉、亦與諸本異、或曰。儋卽老子。或曰。非也。世莫知其然否。老子隱君子也。【考證】方苞曰、老萊子與老子同時同國、而著書言道家之用、周太史儋與老子同官、同嫌名、而號前知、故其傳與老子相混、而太史公正言老子爲隱君子、所以破衆說之荒怪、且見儋與老萊子別爲二人也、老子之子名宗。宗爲魏將封於段干。【集解】此云封於段干、段干應是魏邑名也、而魏世家有段干木段干子、田完世家有段干朋、疑此三人是姓段干也、本蓋因邑爲姓、左傳所謂邑亦如之、是也、風俗通氏姓注云、姓段、名干木、恐或失之矣、天下自別有段姓、何必段干木邪、【考證】魏列諸侯、在周威烈王二十三年、孔子沒後七十六年、使老子與孔子同年、五十生宗、宗是時百歲左右矣、梁玉繩曰、唐表以宗爲聃之後、較史爲實、姚範曰、

戰國策華下之戰、魏不勝秦、明年將使段干崇割地而講、崇疑卽宗也、計崇之年、似不爲老子之子、宗子注。【索隱】音鑄、【正義】之樹反、注子宮。宮玄孫假。【索隱】音古雅反、【正義】作瑕、音霞、【考證】梁玉繩曰、神仙傳引史、宮作官、假作瑕、假仕於漢孝文帝。而假之子解爲膠西王卬太傅、因家于齊焉。世之學老子者、則絀儒學。【索隱】按絀音黜、黜退而後之也、【考證】中井積德曰、絀、詆斥之也、儒學亦絀老子。道不同不相爲謀。豈謂是邪。【考證】道不同不相爲謀、論語衞靈公篇、李耳無爲自化、淸靜自正。【索隱】此太史公因其行事、於當篇之末結以此言、亦是贊也、按老子曰、我無爲而民自化、我好靜而民自正、此是昔人所評老聃之德、故太史公於此引以記之、【正義】此都結老子之教也、言無所造爲而自化、淸淨不擾而民自歸正也、【考證】萬承蒼曰、此二句是敘傳中語、誤入于此、愚按上文皆稱老子、而此獨言李耳、亦可以證其爲竄入、莊子者、蒙人也。【集解】地理志、蒙縣屬梁國、【索隱】地理志、蒙縣屬梁國、劉向別錄云、宋之蒙人也、【正義】郭緣生述征記云、蒙縣、莊周之本邑也、名周。周嘗爲蒙漆園吏。【正義】括地志云、漆園故城、在曹州冤句縣北十七里、此云莊周爲漆園吏、卽此、按其城古屬蒙縣、【考證】梁玉繩曰、釋文作梁漆園吏、蓋以蒙屬梁國、據後爲說也、而潛丘箚記與石企齋書曰、漆園有云在曹縣、在曹州者、二曹皆春秋之曹國、宋景公滅曹于魯哀公

八年、地故爲宋有、莊周亦宋之官、竊以史記蒙漆園吏、蒙當作宋、注以漆園本屬蒙邑、不知一在歸德、一在兗州、相距頗遠也、中井積德曰、蒙有漆園、周爲之吏、督漆事也、愚按、漆園非地名、中說可從、蒙、今河南省歸德小蒙城、與梁惠王・齊宣王同時。【考證】莊子與惠施交游、施爲梁惠王相、及于襄王世、與齊宣王同時、其學無所不闚。然其要本歸於老子之言。故其著書十餘萬言、大抵率寓言也。【索隱】大抵、猶言大略也、其書十餘萬言、率皆立主客、使之相對語、故云偶言、又音寓、寓、寄也、故別錄云、作人姓名、使相與語、是寄辭於其人、故莊子有寓言篇、【正義】率、音律、寓、音遇、率、猶類也、寓、寄也、【考證】三條本、寓作偶、中井積德曰、寓言、空言無實、假人而述、如寓人之寓、無相與之義、張文虎曰、依索隱、則所據本史文、寓作偶、今單本亦作寓、蓋後人改之、作漁父・盜跖・胠篋、【索隱】胠篋、猶言開篋也、胠、音袪、亦音去、篋、音去劫反、【正義】胠、音丘魚反、篋、音苦頰反、胠、開也、篋、箱類也、此莊子三篇名、皆詆毀自古聖君賢臣、孔子之徒、營求名譽、咸以喪身、非抱素任眞之道也、以詆訿孔子之徒、【索隱】詆、訐也、詆、音邸、訿、音紫、謂詆訐毀訾孔子也、以明老子之術。畏累虛、亢桑子之屬、皆空語無事實。【索隱】按莊子、畏累虛篇名也、卽老聃弟子畏累、鄒氏畏、音於鬼反、累、音壘、劉氏畏、音烏罪反、累、路罪反、郭象云、今東萊也、亢、音庚、亢桑子、王劭本作庚桑、司馬彪云、庚桑、楚人姓名也、【正義】莊子云、庚桑楚者、老子弟子、北居畏累之山、成玄英云、山在魯、亦云、

在深州、此篇寄庚桑楚、以明至人之德、衞生之經、若槁木無情、死灰無心、禍福不至、惡有人災、言莊于離篇庚桑楚已下、皆空設言語、無有實事也、【考證】莊子庚桑楚篇云、老聃有之役有庚桑楚者、偏得老聃之道、以居畏壘之山、錢大昕曰、亢桑卽庚楚、亢、音剛、與庚聲相近、愚按、畏壘、山名、虛讀爲墟、索隱爲莊子篇名、誤、然善屬書離辭、指事類情、【正義】屬、音燭、離辭、猶分析其辭句也、【考證】離、附離之離、正義誤、村尾元融曰、離義與屬同、共謂連屬文辭、是一事、只以一字曰書、以一句曰辭耳、用剽剝儒墨。【正義】剽、疋妙反、剽、猶攻擊也、雖當世宿學、不能自解免也。其言洸洋自恣以適己。【索隱】洸洋、音汪羊二音、又音晃養、亦有本作瀁字、【正義】洋、音翔、己、音紀、故自王公大人不能器之。楚威王聞莊周賢、【正義】威王當周顯王三十年、使使厚幣迎之、許以爲相。莊周笑謂楚使者曰。千金、重利、卿相、尊位也。子獨不見郊祭之犧牛乎。養食之數歲、衣以文繡、以入大廟。【考證】中井積德曰、衣以文繡、是謂養食之時、非入廟之日也、故莊子云、衣以文繡、食以芻菽、及其牽入太廟云云、當是之時、雖欲爲孤豚、豈可得乎。【索隱】孤者小也、特也、願爲小豚、不可得也、【正義】不犧也、豚、小豬、臨宰時、願爲孤小豚、不可得也、【考證】中井積德曰、肥大

之軀、豈供久矣、今乃欲變爲小豚、以免於宰割、不可得也、以喩尊官寵祿之人、欲下爲匹夫以免死、而不可得也、孤豚乃有小義、未可訓孤作小耳、愚按、莊子列禦寇篇、孤豚作孤犢、義長、子亟去。[索隱]音棘、亟、猶急也、無汚我。[索隱]汚、音烏故反、我寧游戲汚瀆之中自快、[索隱]汚瀆、音烏讀二音、汚瀆、潢汚之小渠瀆也、無爲有國者所羈、終身不仕、以快吾志焉。[正義]莊子云、莊子釣於濮水之上、楚王使大夫往、曰、願以境內累、莊子持竿不顧、曰、吾聞楚有神龜、死二千歲矣、巾笥藏之廟堂之上、此龜、寧死爲留骨而貴乎、寧生曳尾泥中乎、大夫曰、寧曳尾塗中、莊子曰、往矣、吾將曳尾於塗中、與此傳不同也、[考證]正義所引莊子秋水篇文、列御寇篇又云、或聘於莊子、莊子應其使曰、子見夫犧牛乎、衣以文繡、食以芻菽、及其牽而入於太廟、雖欲爲孤犢、其可得乎、史公蓋合二事爲一、又按魯仲連傳云、魯連逃隱於海上曰、吾與富貴而詘於人、寧貧賤而輕世肆志焉、仲連蓋學蒙叟詞氣、申不害者、京人也。[索隱]申子名不害、按別錄云、京、今河南京縣是也、[正義]括地志云、京縣故城、在鄭州滎陽縣東南二十里、鄭之京邑也、[考證]京、今河南滎陽縣東南、故鄭之賤臣。學術以干韓昭侯。[索隱]按術、則刑名之法術也、[考證]戰國策韓策云、魏之圍邯鄲也、申不害始合於韓王、依年表、周顯王元年、韓滅鄭、十六年、魏圍趙邯鄲、十八年、申不害相韓、三十二年、申不害卒、申子出處可概見也、昭侯用爲相。內脩政教、外應諸侯、十五年。終申子之身、國治

兵彊、無侵韓者。[索隱]王劭按紀年云、韓昭侯之世、兵寇屢交、異乎此言矣、[考證]梁玉繩曰、申子相韓、起周顯王十八年、至三十二年、此十五年中、紀年書交兵者三、顯王廿四年、魏敗韓馬陵、廿六年、魏敗鄭梁赫、三十一年、秦伐鄭、敗秦酸水、鄭即韓也、然馬陵之役、當顯王即位前一年、在申子爲相前十八年、紀年誤書、則安知梁赫酸水二役、其年不誤、不得妄據以駁史公、申子之學、本於黃老、而主刑名。著書二篇、號曰申子。[集解]劉向別錄曰、今民間所有上下二篇、中書六篇、皆合二篇、已備、過太史公所記、[索隱]今人間有上下二篇、又有中書六篇、其篇中之言、皆合上下二篇、是書已備、過於太史公所記也、[正義]阮孝緒七略云、申子三卷也、[考證]老子書中無黃帝文字、至列子莊子、好稱黃帝、於是遂有黃老之稱、王鳴盛曰、刑非刑罰之刑、與形同、古字通用、刑名、猶言名實、故其論云、申子卑卑、施之於名實、商君列傳、少好刑名之學、義同、陳氏瑚云、申韓之學、其法在審合形名、故曰不知其名、復修其形、形名參同、用其所生、又曰、君操其名、臣效其形、形名參同、上下和調、蓋循名責實之謂也、愚按、申子三卷、今佚、羣書治要引申子大體篇云、明君如身、臣如手、君若號、臣如響、君設其本、臣操其末、君治其要、臣行其詳、君操其柄、臣事其常、爲人臣者、操契以責其名、名者、天地之綱、聖人之符、張天地之綱、用聖人之符、則萬物之情無所逃之矣、故善爲主者、倚於愚、立於不盈、設於不敢、藏於無事、竄端匿疏、示天下無爲、是以近者親之、遠者懷之、示人有餘者人奪之、示人不足者人與之、剛者折、危者覆、動者搖、靜者安、名者自正也、事自定也、是以有道者自名而正之、隨事而定之也、申子名實之學、本於老子、可知也、中井積德曰、黃老之無爲、與申韓之刑名、若相反者、然使黃老家爲政、則不能不出于刑名、其

理自有在也、精于讀書者、必能知之、韓非者、韓之諸公子也。[正義]阮孝緒七略云、韓子二十卷、韓世家云、王安五年、非使秦、九年、虜王安、韓遂亡、喜刑名法術之學、[集解]新序曰、申子之書、言人主當執術無刑、因循以督責臣下、其責深刻、故號曰術、商鞅所爲書、號曰法、皆曰刑名、故號曰刑名法術之書、[索隱]著書三十餘篇、號曰韓子、[考證]韓子主道篇云、有言者自爲名、有事者自爲形、形名參同、君乃無事焉、又云、羣臣陳其言、君以其言授其事、事以責其功、功當其事、事當其言則賞、功不當其事、事不當其言則誅、明君之道、臣不得陳言而不當、此刑名說也、定法篇云、申不害公孫鞅、此二家之言、孰急於國、應之曰、是不可程也、申不害言術、而公孫鞅爲法、術者、因任而授官、循名而責實、操殺生之柄、課羣臣之能者也、法者、憲令著於官府、刑罰必於民心、賞存乎愼法、而罰加乎奸令者也、此法術之辯也、漢書藝文志云、韓子五十五篇、與今本合、而其歸本於黃老。[索隱]按劉氏云、黃老之法、不尚繁華、清簡無爲、君臣自正、韓非之論詆駁浮淫、法制無私、而名實相稱、故曰、歸於黃老、斯未爲得其本旨、今按韓子書有解老喩老二篇、是大抵亦崇黃老之學耳、[考證]韓子他篇、亦屢引老子、非爲人口吃、不能道說、而善著書。[正義]吃、音訖、與李斯俱事荀卿。斯自以爲不如非。[正義]孫卿子二十二卷、名況、趙人、楚蘭陵令、避漢宣帝諱、改姓孫也、[考證]楓山三條本、說下無而字、謝墉曰、漢不避嫌名、時人荀淑荀爽、俱用本字、左傳荀息至荀瑤、亦不改字、何獨于荀卿反改之邪、蓋荀孫二字、同音語、遂移易、如荊軻謂之荊卿、又謂之慶卿、又如張良爲韓信

都、信都、司徒也、非見韓之削弱、數以書諫韓王。韓王不能用。[索隱]韓王安也、於是韓非疾治國不務脩明其法制、執勢以御其臣下、富國彊兵、而以求人任賢、[考證]楓山三條本、制作術、無執勢二字、北宋舊刻本、勢作契、誤、反學浮淫之蠹、而加之於功實之上、[考證]浮淫之徒、斥儒俠、韓子有五蠹篇、岡白駒曰、蠹、木中蟲也、浮淫之敗國、譬之蠹之蝕木、以爲儒者用文亂法、而俠者以武犯禁。寬則寵名譽之人、急則用介胄之士。[正義]介、甲也、胄、兜鍪也、[考證]楓山三條本、寵作用、名譽之人、斥儒俠、今者所養非所用、[索隱]言非疾時君以祿養其臣者、乃皆安祿養交之臣、非勇悍忠鯁、及折衝禦侮之人也、所用非所養。[索隱]又言人主今臨事任用、竝非常所祿養之士、故難可盡其死力也、[考證]儒者用文亂法六句、五蠹篇文、又見顯學篇、悲廉直不容於邪枉之臣、[索隱]又悲姦邪諂諛之臣、不容廉直之士、[考證]事見孤憤篇、觀往者得失之變。[正義]韓非見王安不用忠良、今國削弱、故觀往古有國之君、則得失之變異、而作韓子二十卷、[考證]正義、則字衍、故作孤憤、五蠹、內外儲、說林、說難十

餘萬言。【索隱】此皆非所著書篇名也、孤憤、憤孤直不容於時也、五蠹、蠹政之事有五也、內外儲、按韓子有內儲外儲篇、內儲言明君執術以制臣下、制之在己、故曰內也、外儲言明君觀聽臣下之言行、以斷其賞罰、賞罰在彼、故曰外也、儲畜二事、所謂明君也、說林者、廣說諸事、其多若林、故曰說林也、今韓子有說林上下二篇、說難者、說前人行事與己不同而詰難之、故其書有說難篇、【正義】內外儲□□□□、孤憤、臣主暗昧、賢良好孤直、不得意、故曰孤憤、五蠹、韓子曰、商賈作苦窳惡濫器、害五民、故曰五蠹、說林、謂取衆妙之士諫爭、其多若林、故云說林、說難、說當人之心、故曰說難、已上皆韓子篇名也、【考證】五蠹、索隱是、論學者、言談者、帶劍者、近御者、商工之民、爲邦之蠹、故以名篇、中井積德曰、說林、多聚說辭也、說難、言說之難爲也、下文可徵焉、得別解、愚按、韓子有難篇、難詰前人行、索隱與說難混同、

然韓非知說之難、爲說難書甚具。終死於秦、不能自脫。【正義】凡說諫之道難、故作說難書甚具、詞理微妙、意旨極高、太史公所以甚書一篇、篇中與韓微異耳、楓山、三條本、書上有之字、此史公自恨觸君怒也、【考證】

說難曰。【索隱】說、音稅、難、音奴干反、言游說之道爲難、故曰說難、其書詞甚高、故特載之、然此篇亦與韓子微異、煩省小大不同、劉伯莊亦申其意、粗釋其微文幽旨、故有劉說也、【考證】荀子非相篇云、凡說之難、以至高遇至卑、以至治接至亂、未可直至也、遠舉則病繆、近世則病傭、善者於是間也、亦必遠舉而不繆、近世而不傭、與時遷徙、與世偃仰、云云、與韓子說難、語氣甚似、而意則不同、蓋蘭陵門中、夙有此題目、韓子亦討究多年、遂著此篇、

凡說之難、非吾知之有以說之難也。【正義】凡說難

識情理、不當人主之心、恐犯逆鱗、說之難知、故言非吾知之有以說之乃爲難、【考證】知、音智、下文云、申其辯知、又云、非知之難也、處知則難矣、知字義皆同、正義識上難字、疑當作難、

又非吾辯之能明吾意之難也。【正義】能分明吾意以說之、亦又未爲難也、尚非甚難、【考證】辯、口辯之辯、能上各本有難字、楓山、三條本、及韓子、皆無、蓋衍字也、今刪、

又非吾敢橫失能盡之難也。【索隱】按韓子、橫失作橫佚、劉氏云、吾之所言無橫無失、陳辭發策、能盡說情、此雖是難、尚非難也、【正義】橫、擴孟反、又非吾敢有橫失詞理、能盡說己之情、此雖是難、尚非極難、【考證】中井積德曰、橫失、猶縱橫也、言吾橫發縱逸其辭以自盡、非不難、而猶未爲難也、

凡說之難、在知所說之心、可以吾說當之。【索隱】劉氏云、開說之難、正在於此也、按所說之心者、謂人君之心也、言以人臣疏末、射尊重之意、貴賤隔絕、旨趣難知、自非高識、莫近幾會、故曰說之難也、乃須審明人主之意、必以我說合其情、故云吾說當之也、【正義】前者三說、竝未爲難、凡說之難者、正在於此、言深辨知前人意、可以吾說當之、闇與前人心會、說則行、乃是難矣、【考證】中井積德曰、此無貴賤故難之意、

所說出於爲名高者也。【索隱】按謂所說之主、中心本出欲立高名者也、故劉氏云、稽古羲黃、祖述堯舜是也、【正義】前人好五帝三皇名高之道、乃以厚利說之、則卑賤之、必見棄遠矣、【考證】中井積德曰、名高、仁義之類、

而說之以厚利、則見下節而遇卑賤、必弃遠矣。【索隱】謂人主欲立高名、說臣乃陳厚利、是其見下節也、既不

會高情、故遇卑賤、必被遠弃矣、【考證】厚利、富國彊兵之類、見、猶被也、管下六字、下文同、太田方曰、遇卑賤、與下文遠事情一例文、荀子以至卑遇至高同例、字下節應名字、卑賤應高字、

所說出於厚利者也。而說之以名高、則見無心而遠事情、必不收矣。【索隱】亦謂所說之君、出意本規厚利、而說臣乃陳名高之節、則於是說者無心、遠於我之事情、必不見收用也、故劉氏云、若秦孝公志於彊國、而商鞅說以帝王、故怒而不用、【正義】前人好崇利攻伐彊國、而陳三皇五帝高遠事情、必不收用矣、若商鞅說秦孝公以帝道者、公欲彊國、不收其說也、【考證】孟荀列傳、迂遠而闊於事情、收、收用其身也、

所說實爲厚利、而顯爲名高者也。【索隱】按韓子、實字作隱、按顯者陽也、謂其君實爲厚利、而詐作欲爲名高之節也、【正義】前人必欲厚利、詐慕名高、則陽收其說、實疏遠之、【考證】韓子、實作陰、

而說之以名高、則陽收其身、而實疏之。若說之以厚利、則陰用其言、而顯弃其身。此之不可不知也。【索隱】謂若下文云鄭武公陰欲伐胡、而關其思極論深計、雖知說當、終遭顯戮、是也、【正義】前人好利厚、詐慕名高、說之以厚利、則陰用說者之言、而顯不收其身、說士不可不察、【考證】楓山、三條本、說上無若字、此之作此難、韓子作此說之難、

夫事以密成、語以泄敗。【考證】事、語、互文、荀子解蔽篇云、周而成、泄而敗、明君無之有也、宜而成、隱而敗、闇君無之有也、與此相反、

未必其

身泄之也、而語及其所匿之事。如是者身危。【正義】事多相類、語言或說其相類之事、前人覺悟、便成漏泄、故身危也、【考證】太田方曰、雖己愼言、而似若知陰事者、則人主疑是人黨泄陰事者矣、

貴人有過端、而說者明言善議以推其惡者、則身危。【正義】人主有過失之端緒、而引美善之議、以推人主之惡、則身危、【考證】韓子善議作禮義、推作挑、互通、者則作如此者、依上文、史文當作如是者、梁玉繩曰、此條當在後文貴人得計一條上、以類從也、傳寫錯耳、愚按、梁氏蓋依韓子訂正、

周澤未渥也、而語極知、說行而有功則德亡、【索隱】按謂人臣事上、其道未合、至周之恩、未霑渥於下、而輒吐誠極言、其說有功則其德亦亡、亡、無也、韓子作則見忘、然見忘、勝於德亡也、【正義】渥、霑濡也、人臣事君、未滿周至之恩澤、而說事當理、事行有功、君不以爲恩德、故德亡、【考證】韓子德亡作見忘、義長、太田方曰、周、周親之周、密也、澤、恩澤也、

說不行而有敗、則見疑。如是者身危。【索隱】又若說不行而有敗、則見疑、如是者身危、是恩意未深、輒評時政、不爲所信、更致嫌疑、若下文所云鄭父以牆壞有盜、卻爲見疑、卽其類也、【正義】說事不行、或行有敗壞、則必致危殆、若此者身危也、【考證】此連上文、行不行、對言、中井積德曰、有敗則疑、疑其忿說不行、而爲陰壞漏泄也、

夫貴人得計、而欲自以爲功。說者與知焉、則身危。【正義】與、音預、人主先得其計己功、說者知前發其蹤跡、

身必危亡、【考證】楓山、三條本、無夫字、與韓子合、韓子、則作如此者、中井積德曰、與知、猶參預也、貴人得良策、欲獨爲己功者、誇獨知之明也、然而說者謂己參預其策、是分其功也、故見憎、正義、己上疑脫爲字、彼顯有所出事、迺自以爲也故。說者與知焉。則身危。【集解】謂人主明有所出事、乃自以爲功、而說者與知、是則以爲閑、故身危也、【正義】人主明所出事、乃以有所營爲、說者預知其計、而說者身亡危、【考證】楓山、三條本、爲上有有字、也故、當依韓子作他故、也、它壞字、言人君陽有所託說、而陰欲爲他事、恐人之知其謀、說者當若無所聞知也、方苞曰、如晉欲伐陸渾之戎、而假於祭雒也、梁玉繩曰、此條當在前文語及其所匿之事一條下、彊之以其所必不爲、【集解】劉氏云、若項羽必欲衣錦東歸、而說者彊述關中、違旨忤情、自招誅滅也、【正義】彊、其兩反、人主必不欲有爲、而說者彊合爲之、【考證】李笠曰、不下、當據韓子補能字、與下句不能已相對、止之以其所不能已者、身危。【集解】劉氏云、若漢景帝決廢栗太子、而周亞夫強欲止之、竟不從其言、後遂下獄、是也、【正義】人主已營爲、而說者彊止之者、身危、【考證】楓山、三條本、者下有則字、中井積德曰、强以必不爲、若勸秦皇漢武以節儉休息、勸唐太宗以泰伯季札之讓、是也、止以不能已、若勸唐高宗勿立武后、勸玄宗勿近楊妃也、註援引失竅、故曰。與之論大人、則以爲閒己、【正義】閒、音紀莧反、說彼大人之短、以爲竊己之事情、乃爲刺譏閒也、【考證】大人言明君賢主、與細人相對、言與論明君賢主事、則以爲揚他美譏己短也、正義未得、與之論細人、則以

爲粥權。【集解】按韓非子、粥權作賣重、謂薦彼細微之人、言堪大用、則疑其挾詐而賣我之權也、【正義】粥、音育、劉伯莊云、論則疑其挾詐賣己之權、【考證】中井積德曰、鬻權、謂使人持輕重之權也、愚按、細人、愚不肖之人、言與論愚不肖之人、則以爲毀人短賣己長也、鬻權、韓子作賣重、義長、諸說未得、論其所愛、則以爲借資。【正義】說人主愛行、人主以爲借己之資籍也、【考證】中井積德曰、借資、謂借之爲資、以自媚於主也、論其所憎、則以爲嘗己。【正義】論說人主所憎惡、人主則以爲嘗試於己也、徑省其辭、則不知而屈之。【集解】按謂人主意在文華、而說者但徑捷省略其辭、則以說者爲無知而見屈辱也、【正義】省、山景反、【考證】屈、韓子作拙、汎濫博文、則多而久之。【集解】按謂人主志在簡要、而說者務於浮辭汎濫、博涉文華、則君上嫌其多迂誕、文而無當者也、【正義】汎濫、浮辭也、博文、廣言句也、言浮說廣陳必多詞理、時乃永久、人主疲倦、【考證】楓山、三條本、久作文、韓子、汎濫博文、作米鹽博辯、久作交、太田方曰、史記天官書云、其占驗凌雜米鹽、後漢書黃瓊傳云、米鹽靡密、初若煩碎、是當時有米鹽之語、而史漢因之、後人讀韓子傳者、不知米鹽何義也、而妄改作之、愚按天官書正義云、米鹽、細碎也、中井積德曰、省則屈之、博則以爲太久、皆所以說之難、下文可相證、愚按、久之、韓子作交之、交、雜也、索隱本、楓、三本、作文、文、浮辭也、二者皆通、順事陳意、則曰怯懦而不盡。【正義】懦、音乃亂反、說者陳言順人主之意、則或怯懦而不盡事情也、【考證】中井積德曰、不發大策卓論、大概因循其事、而粗陳意見、則謂爲怯懦也、愚按、韓子順作略、義長、注

云、略言其事、粗言其意、則謂己怯懦而有所畏懼、不敢具言、慮事廣肆、則曰草野而倨侮。【正義】草野、猶鄙陋也、廣陳言詞多有鄙陋、乃成倨傲侮慢、【考證】中井積德曰、大策卓論、思慮廣大、無所顧忌、則謂爲草野倨侮也、此說之難、不可不知也。【正義】此前諸段、咸是談說之難、不可不知、在知飾所說之所敬、而滅其所醜、所說之主也、言在談說之處、咸須知人主之所敬而文飾之、聞醜惡之事而滅絕之、然後乃當人主之心、【考證】楓山、三條本、無說之難三字、愚按、以上論談說之難、凡說之務、在知飾所說之所敬、【集解】按所說、謂所說之主也、飾其所敬者、說士當知人主之所敬而時以言辭文飾之、【考證】韓子、敬作矜、義長、而滅其所醜。【集解】醜、謂人主若有所避諱而醜之、遊說者當滅其事端而不言也、【考證】醜、愧通、韓子作恥、彼自知其計、則毋以其失窮之。【正義】前人自知其失誤、說士無以失誤窮極之、乃爲詘上也、【考證】岡白駒曰、知、音智、朱錦綬曰、自知其計、與下文自勇其斷、自多其力、句法一例、則知、當仁知之知、彼指君言、中井積德曰、豫推其計之有所失也、是在事前、不在事後、自勇其斷、則毋以其敵怒之。【集解】按謂人主自勇其斷、說士無以己意而攻閉之、是以卑下之謀自敵於上、以致譴怒也、【正義】斷、音端亂反、劉伯莊云、貴人斷甲爲是、說者以乙破之、乙之理雖同、怒以下敵上也、【考證】韓子、敵作讁、敵、讁通、太田方曰、讁、咎也、責也、自多其力、則毋以其難概之。【集解】按概、猶格也、劉氏云、秦昭王決欲攻趙、

白起苦說其難、遂己之心、拒格君上、故致杜郵之僇也、【正義】概、古代反、【考證】太田方曰、呂氏春秋謹聽篇云、聽者自多不得、注、自多、自賢也、概、平斗斛木、管子樞言篇云、釜鼓滿則人概之、規異事與同計、譽異人與同行者、則以飾之無傷也、【正義】劉伯莊云、貴人與甲同計、與乙同行者、說士陳言、無傷甲乙也、【考證】韓子、計下有者字、與下文譽異人與同行者、句法一例、則上有有與同汚者五字、以下有大字、之作其、與下文有與同失者、則明飾其無失也、句法一例、史文有譌脫、當依正、規、規畫之規、古鈔本、之作其、與韓子合、中井積德曰、規事譽人、屬說者、人雖異與人主同其行者、隨而稱譽之、有與同失者、則明飾其無失也。【集解】按上文、言人主規事譽人、與某人同計同行、今說者之詞不得傷於同計同行之人、仍可文飾其類也、又若人主與同失者、而說者則可以明飾其無失也、【正義】人主與甲同失、說者文飾甲之無失、【考證】中井積德曰、與同失者、別是一項、不必同計同行者、大忠無所拂悟、【集解】拂、音佛、言大忠之人、志在匡君於善、君初不從、則且退止、待君之說而又幾諫、卽不拂悟於君也、【正義】佛悟、當爲咈忤、古字假借耳、咈、違也、忤、逆也、【考證】忠、當依韓子作意、王念孫曰、意與言正相對、必二者皆當於君心、然後可以申其辯智也、愚按、拂悟、各本作拂辭、韓子作拂忤、今從楓山、三條本、張文虎曰、各本悟字、與下句辭字互誤、索隱本亦然、而注意可尋、正義亦明白可證、今依盧氏札記及王氏雜志移正、愚按、悟、牾通、辭言無所擊排、【集解】按謂大忠說諫之辭、本欲歸於安人與化、而無別有所擊射排擯、按韓子、作擊摩也、【考證】各本辭誤悟、今從三條本、說見上文、迺

後申其辯知焉。此所以親近不疑、【正義】言大忠之事、擬安民興化、事在匡弼君、初亦不擊排、乃後周澤霑濡、君臣道合、乃敢辯智說焉、此所以親近而不見疑、是知盡之難、【考證】韓子、迺作然、申作騁、知盡之難也。【集解】徐廣曰、知一作得、難一作辭、【索隱】謂人臣盡知事上之道難也、按徐廣曰、知一作得、難一作辭、今按韓子作得盡之辭也、【正義】言說士知談說之難也、爲能盡此談說之道、得當人主之心、君臣相合、乃是知盡之難也、【考證】知盡之難也、當依韓子作而得盡辭也、索隱誤引、得曠日彌久、【索隱】謂君臣道合、曠日已久、是誠著於君也、【考證】韓子、得作夫、義長、而周澤既渥、【集解】謂君之渥澤周浹於臣、魚水相須、鹽梅相和也、【考證】周澤二字、承上文、深計而不疑、交爭而不罪、迺明計利害以致其功、直指是非以飾其身。以此相持、此說之成也。【正義】夫知盡之難、則君臣道合、故得曠日彌久、而周澤既渥、深計而君不疑、與君交爭而不罪、而得明計國之利害、以致其功、直指是非、任爵祿於身、以此君臣相執持、此說之成也、伊尹爲庖、【正義】殷本紀云、乃爲有莘氏媵臣、負鼎俎、以滋味說湯致王道、是也、百里奚爲虜、【正義】晉世家云、襲滅虞公、及大夫百里以媵秦穆姬也、【考證】楓山、三條本、正義滅下有虜字、虜、奴也、謂食牛以干穆公、皆所由干其上也。【考證】定四年公羊傳、以干闔閭、注、見不以禮曰干、故此二子者皆

聖人也。【考證】韓子、無故字、猶不能無役身而涉世、如此其汙也。【正義】汙、音烏故反、庖虜是汙、則非能仕之所設也。【集解】按韓子作非能士之所恥也、【考證】韓子則上有今以吾言爲宰虜、而可以聽用而振世十五字、當依補、仕、士通、設當從韓子作恥、愚按、以上論辯談之法、又按、孟子萬章篇云、吾未聞枉己而正人者也、況辱己以正天下乎、聖人之行不同也、或遠或近、或去或不去、歸潔其身而已矣、吾聞伊尹以堯舜之道要湯、未聞以割烹也、又云、百里奚相秦而顯其君於天下、可傳於後世、不賢而能之乎、自鬻以成其君、鄕黨自好者不爲、而謂賢者爲之乎、孟子之言、與韓子全相反、此孟韓之異、義利之別、講書者、不可不察也、宋有富人。天雨牆壞。其子曰。不築且有盜。其鄰人之父亦云。暮而果大亡其財。其家甚知其子、而疑鄰人之父。【正義】其子鄰父、說皆當矣、而切見疑、非處知則難乎、【考證】楓山、三條本、雨下有而字、財下有物字、家下無甚字、愚按、孟韓莊列諸書、言愚妄事、多取例於宋人、宋多愚人也、閻百詩四書釋地、論之詳矣、昔者鄭武公欲伐胡。【正義】世本云、胡、歸姓也、括地志云、胡城、在豫州郾城縣界、【考證】太田方曰、鄭武公、周宣王之庶兄桓公友之子、迺以其子妻之。因問羣臣曰。吾欲用兵。誰可伐者。關其思曰。胡可伐。迺戮關其思曰。胡、兄

弟之國也。子言伐之、何也。【考證】太田方曰、張儀傳云、秦楚娶婦嫁女、長爲兄弟之國、是雖非同姓、娶嫁相謂曰兄弟之國也、竹書紀年、周平王八年、鄭殺其大夫關其思、胡君聞之、以鄭爲親己、而不備鄭。鄭人襲胡取之。此二說者、其知皆當矣。【正義】當、當浪反、然而甚者爲戮、薄者見疑。非知之難也。處知則難矣。【考證】廉頗藺相如傳贊云、知死必勇、處死者難、蓋學此句法、史公受刑之後、特有感於處知則難四字、昔者彌子瑕見愛於衛君。衛國之法、竊駕君車者罪至刖。【考證】韓子、無至字、既而彌子之母病。人聞往夜告之。彌子矯駕君車而出。【考證】韓子、聞作閒、叔孫通傳、閒往來、索隱、閒往、謂非時也、呂氏春秋注、擅稱君命曰矯、君聞之而賢之曰。孝哉。爲母之故、而犯刖罪。【考證】韓子、聞下無之字、與君游果園。彌子食桃而甘不盡而奉君。君曰。愛我哉。忘其口而念我。及彌子色衰而愛弛、得罪於君。君曰。是嘗矯駕吾車、又嘗食我以其餘

桃。【考證】楓山、三條本、是下有故字、故彌子之行、未變於初也、前見賢而後獲罪者、愛憎之至變也。故有愛於主、則知當而加親。見憎於主、則罪當而加疏。故諫說之士、不可不察愛憎之主而後說之矣。夫龍之爲蟲也、可擾狎而騎也。【正義】龍、蟲類也、故言龍之爲蟲、【考證】大戴禮易本命篇、有鱗之蟲三百六十、而蛟龍爲之長、韓子、蟲作虫、誤、太田方曰、喩人主之寬裕、若可狎近也、然其喉下有逆鱗徑尺。人有嬰之、則必殺人。人主亦有逆鱗。【考證】嬰、猶觸也、燕策、鞠武謂燕太子丹曰、奈何以見陵之怨、欲批其逆鱗哉、逆鱗、當時常語、不始於韓子、說之者、能無嬰人主之逆鱗、則幾矣。【集解】按幾、庶也、謂庶幾於善諫說也、【正義】說者能不犯人主逆鱗、則庶幾矣、【考證】楓山、三條本、說下無之字、與韓子合、以上復申辯談之所以難、結轍、人或傳其書至秦。秦王見孤憤五蠹之書曰。嗟乎、寡人得見此人與之游、死不恨矣。【考證】楓山、三條本、見下孤上有其字、司馬相如傳、上讀子虛賦而善之曰、朕獨不得與此人同時哉、楊得意曰、臣邑人司馬相如自言爲此賦、慕悅之情相似、李斯

曰。此韓非之所著書也。秦因急攻韓。【考證】韓世家云、韓王安五年、秦攻韓、韓急、使韓非使秦、秦留非、因殺之、依表、秦始皇十三年、韓王始不用非。及急、迺遣非使秦。【考證】急字、受上文急、則用介冑之士、秦王悅之、未信用。李斯・姚賈害之、毀之曰、韓非、韓之諸公子也。今王欲并諸侯、非終爲韓、不爲秦。此人之情也。今王不用、久留而歸之。此自遺患也。不如以過法誅之。秦王以爲然、下治吏非。李斯使人遺非藥、使自殺。韓非欲自陳。不得見。秦王後悔之、使人赦之、非已死矣。【集解】戰國策曰、秦王封姚賈千戶、以爲上卿、韓非短之曰、賈、梁監門子、盜於梁、臣於趙、而逐、取世監門子、梁大盜、趙逐臣、與同社稷之計、非所以勵羣臣也、王召賈問之、賈荅云云、迺誅韓非也、【考證】楓山、三條本、悔下無之字、索隱引秦策、愚按、韓子有存韓篇、言韓之未可擧、秦病、今若有卒報之事、韓不可信也、編者附記云、秦王以韓客所上書下李斯、李斯以爲不可曰、韓雖臣、未嘗不爲秦病、非之來也、未必以其能存韓也、爲重於韓也、辯說屬辭、飾非詐謀、以釣利於秦、秦遂遣斯使韓也云云、與秦策所記亦異、史公蓋別有所本、申子・韓子、皆著書傳於後世。

學者多有。余獨悲韓子爲說難、而不能自脫耳。【考證】史公重言不能自脫、所以爲非悲者、則所以自悲也、言外無限痛恨、

太史公曰。老子所貴道、虛無因應、變化於無爲。故著書辭稱微妙難識。【考證】楓山、三條本、道下有德字、史公自序、引六家指要云、道家無爲、又曰、其實易行、其辭難知、其術以虛無爲本、以因循爲用、與此同旨、莊子散道德放論。要亦歸之自然。申子卑卑、施之於名實。【集解】自勉勵之意也、【索隱】劉氏云、卑卑、自勉勵之意也、【考證】方苞曰、散、推衍也、推衍老子所論道德之意、而放言也、中井積德曰、卑卑、卑近之意、愚按、六家指要又敘道家云、虛者道之常也、因者君之綱也、羣臣竝至、使各自明也、其實中其聲者謂之端、實不中其聲者謂之窾、其意全與申韓合、亦可以觀形名之說、本於道家、韓子引繩墨、切事情、明是非。其極慘礉少恩。皆原於道德之意。【集解】礉、胡革反、用法慘急、而鞠礉深刻、【索隱】慘、七感反、礉、胡革反、按謂用法慘急、而鞠礉深刻也、【考證】史公商鞅贊亦云、商君少恩、而老子深遠矣。

【索隱】述贊、伯陽立教、淸淨無爲、道尊東魯、迹竄西垂、莊蒙栩栩、申害卑卑、刑名有術、說難極知、悲彼周防、終亡李斯、

老子韓非列傳第三

史記六十三

文學博士瀧川龜太郎著

史記會注考證

史記會注考證卷六十四

漢　太史令　司馬遷　撰

宋　中郎外兵曹參軍　裴駰　集解

唐　國子博士弘文館學士　司馬貞　索隱

唐　諸王侍讀率府長史　張守節　正義

日本　出雲　瀧川資言　考證

司馬穰苴列傳第四　史記六十四

考證 史公自序云、自古王者而有司馬法、穰苴能申明之、作司馬穰苴列傳第四、愚按戰國策齊策、齊負郭之民有狐咺者、正議閔王、斮之檀衢、百姓不附、齊孫室子陳舉直言、殺之東閭、宗族離心、司馬穰苴爲政者也、殺之、大臣不親、故燕舉兵、使昌國君將而擊之、與史所書異、梁玉繩曰、戰國策稱湣王殺穰苴、蘇軾志林據以爲信、大事記、古史、習學記言、齊策吳注、竝從之、蓋穰苴之事、不見于春秋、況景公之時、心欲爭晉霸而不能、力欲拒吳侮而不足、穰苴文武之略何在、且晉伐阿甄、燕侵河上、其地皆景公時所無、左傳亦不載、固可疑也、然吳起傳、李克曰、起用兵司馬穰苴不能過、晏子春秋雜上、說苑正諫云、景公飲酒、移于穰苴之家、似又非湣王時人、疑以傳疑、未敢遽定、崔適曰、燕晉伐齊事、不惟左氏無之、卽年表世家亦無之、誠爲可疑、且穰苴斬君之寵臣、與孫武殺王之愛姬、如此矯激之風、春秋時所未有、蓋亦寓言、非事實也、

司馬穰苴者、田完之苗裔也。索隱 按穰苴名、田氏之族、爲大司馬、故曰司馬穰苴、正義 穰、音若羊反、苴、音子徐反、田穰苴爲司馬官、主兵、齊景公時、晉伐阿·甄、而燕侵河上。齊師敗績。索隱 按阿·甄、皆齊邑、晉太康地記曰、阿卽東阿也、地理志云、甄城縣、屬濟陰也、正義 河上、黃河南岸地、卽滄德二州北界、景公患之。晏嬰乃薦田穰苴曰。穰苴雖田氏庶孼、然其人文能附衆、武能威敵。願君試之。景公召穰苴與語兵事、大說之、以爲將軍。索隱 謂命之爲將、以將軍也、將、音卽匠反、遂以將軍爲官名、故尸子曰、十萬之師、無將軍則亂、六國時有其官、考證 顧炎武曰、春秋傳、公作二軍、公將上軍、太子申生將下軍、是已有將軍之文、而未

以爲名也、至昭公二十八年、閻沒女寬對魏獻子曰、豈將軍食之而有不足、正義曰、此以魏子將中軍、故謂之將軍、及六國以來、遂以將軍爲官名、蓋其元起於此、公羊傳、將軍子重諫曰、穀梁傳、使狐夜姑爲將軍、孟子、魯欲使愼子爲將軍、墨子、晉有六將軍、而智伯莫爲强焉、莊子盜跖篇、今將軍兼此二者、國語、鄭人以詹伯爲將軍、又曰、吳王夫差黃池之會、十行一嬖大夫、十旌一將軍、禮記檀弓、衞將軍文子之喪、史記司馬穰苴傳、景公以爲將軍、封禪書、杜主者周之右將軍、越世家、范蠡稱上將軍、魏世家、令太子申爲上將軍、戰國策、梁王虛上位、以故相爲大將軍、漢書百官表曰、前後左右將軍、皆周末官、通典曰、自戰國置大將軍、楚懷王與秦戰、秦敗楚、虜其大將軍屈丐、至漢定以爲官名、愚按、老子亦云、偏將軍處左、上將軍處右、則將軍之稱所由來久矣、將兵扞燕·晉之師。穰苴曰。臣素卑賤。君擢之閭伍之中、加之大夫之上、士卒未附、百姓不信、人微權輕。願得君之寵臣、國之所尊、以監軍乃可。考證 楓山、三條本、國下有中字、藝文類聚之字作中、於是景公許之、使莊賈往。穰苴既辭、與莊賈約曰。旦日、日中會於軍門。索隱 按旦日、謂明日、日中時期會於軍門也、穰苴先馳至軍、立表下漏待賈。索隱 按立表、謂立木爲表以視日景、下漏、謂下漏水以知刻數也、考證 楓山、三條本、軍下有門字、賈素驕貴。以爲將已

之軍、而已爲監不甚急。【正義】已、音紀、監、甲暫反、【考證】岡白駒曰、已、賈自謂也、親戚左右送之。留飮。日中而賈不至。穰苴則仆表決漏、【索隱】仆、音赴、按仆者臥其表也、決漏、謂決去壺中漏水、以賈失期過日中故也、入行軍勒兵、申明約束。約束既定。夕時莊賈乃至。穰苴曰。何後期爲。賈謝曰。不佞。大夫親戚送之。故留。【考證】中井積德曰、不佞、謝辭也、猶言不敏也、非自稱之辭、穰苴曰。將受命之日、則忘其家。臨軍約束、則忘其親。援枹鼓之急、則忘其身。【索隱】援枹、上音袁、下音孚、【正義】援作操、枹音孚、謂鼓挺也、今敵國深侵、邦內騷動、【考證】群書治要、無國字、古鈔本、邦作封、邦字宜諱、士卒暴露於境、君寢不安席、食不甘味。百姓之命、皆懸於君。何謂相送乎。【考證】岡白駒曰、有何說而相送乎、召軍正問曰。軍法期而後至者云何。【考證】三條本、無至字、對曰。當斬。莊賈懼、使人馳報景公請救。既往、未及反。於是遂斬莊賈

以徇三軍。三軍之士、皆振慄。久之、景公遣使者持節赦賈。馳入軍中。穰苴曰。將在軍、君令有所不受。【集解】魏武帝曰、苟便於事、不拘君命、【考證】孫子九變篇云、凡用兵之法、將受命於君、君命有所不受、史記孫武傳亦云、將在軍、君命有所不受、絳侯世家云、周亞夫以將軍軍細柳、天子前驅至、不得入、軍門都尉曰、軍中聞將軍令、不聞天子詔、其義皆本於穰苴、問軍正曰。軍中不馳。今使者馳。云何。正曰。當斬。【考證】楓山、三條本、作今使者馳三軍、何至、對曰、當斬、張文虎引北宋本云、馳三軍、法何、正曰、當斬、使者大懼。穰苴曰。君之使、不可殺之。乃斬其僕、車之左駙、馬之左驂、以徇三軍。【索隱】按謂斬其使者之僕及車之左駙、駙、當作軵、竝音附、謂車循外立木承重較之材、又斬其馬之左驂、以御者在左故也、【正義】駙、音附、劉伯莊云、駙者箱外之立木、承重校者、徇、行示也、遣使者還報、然後行。士卒次舍、井竈飮食、問疾醫藥、身自拊循之、悉取將軍之資糧享士卒、身與士卒平分糧食、最比其羸弱者。【正義】比、音卑必耳反、【考證】張文虎曰、正義卑必二字、當衍其一、三日而後勒兵。病者皆求行、

爭奮出爲之赴戰。【考證】楓山、三條本、皆求作介、待、爲上有嘗、晉師聞之、爲罷去。燕師聞之、度水而解。【正義】度黃河水、北去而解、【考證】羣書治要、度下有易字、於是追擊之、遂取所亡封內故境、而引兵歸。未至國、釋兵旅、解約束、誓盟而後入邑。景公與諸大夫郊迎、勞師成禮、然後反歸寢。【考證】楓山、三條本、無歸字、中井積德曰、此稱歸寢、以見先是憂於寇兵、夜不入寢也、亦所以禮於將卒暴露者、既見穰苴、尊爲大司馬。【考證】梁玉繩曰、此語不可信、齊亦恐無大司馬之官、楓山、三條本、尊下有立字、治要、尊作立、愚按、尊字與下文複、治要爲是、田氏日以益尊於齊。已而大夫鮑氏・高・國之屬害之、譖於景公。【考證】慶長本標注云、鮑氏名牧、高昭氏名張、國惠子名夏、爲齊相、景公退穰苴。苴發疾而死。【考證】中井積德曰、兩苴字間、疑脫穰字、田乞・田豹之徒、由此怨高・國等。【索隱】田乞、田僖子也、豹亦僖子之族、其後及田常殺簡公、盡滅高子・國子之族。至常曾孫和、因自立爲齊威王。【索隱】按此文誤也、當云

田和自立、至其孫因齊、號爲齊威王、故系家云、田和自立號太公、其孫因齊號爲威王、用兵行威、大放穰苴之法。【正義】放、方往反、而諸侯朝齊。齊威王使大夫追論古者司馬兵法、而附穰苴於其中。因號曰司馬穰苴兵法。【考證】漢書藝文志禮類、軍禮司馬法百五十五篇、隋書經籍志子類、司馬兵法三卷、王應麟曰、周官縣師、將有軍旅會同田役之戒、則受灋於司馬、以作其衆庶、小司馬掌事、如大司馬之灋、司兵授兵、從司馬之灋以頒之、此古者司馬灋、卽周之政典也、黃以周曰、今所行司馬法三卷、凡五篇、多言行兵之法、號曰司馬兵法、與古軍禮不無出入、然漢武帝報胡建引國容不入軍、軍容不入國、劉向上疏引軍賞不踰月、何武上疏引天下雖安、忘戰必危、毛詩傳引夏鉤車先正、殷寅車先疾、周元戎先良、左傳賈注引逐奔不過百步、從遯不過三舍、周官鄭注引弓矢禦、殳矛守、戈戟助、凡五兵、長以衛短、短以救長、其語皆見今五篇中、儒家不談古兵法則已、欲談古兵法、舍此何所從事、惜其文多脫佚、字多傳譌、沈欽韓曰、博物志云、司馬法周公所作、是其始耳、史記齊威王使大夫追論古者司馬兵法、而附穰苴於其中、因號司馬兵法、隋志云、亦河間獻王所上、今存五篇、前仁本、天子之義、應爲古義、後三篇與孫吳之旨不殊矣、文選注引司馬兵法火攻有五、又云、善守者、藏於九地之下、善攻者動於九天之上、竝孫子語、則其出於戰國可知也、今傳注所引者、中庸注、素讀如攻城攻其所傃、正義云、司馬法文、鄉師注、司馬法曰、夏后氏謂輦曰余車、殷曰胡奴車、周曰輜輦、輦、一斧、一斤、一鑿、一梩、一鋤、周輦加二板二築、又曰、夏后氏二十人而輦、殷十八人而輦、周十五人而輦、鼓人注、司馬法曰、昏

鼓四通爲大鼙、夜半三通爲晨戒、旦明五通爲發响、大司馬注、司馬法曰、鼓聲不過閶、鼙聲不過闒、鐸聲不過琅、又司馬法曰、上卜下謀、是謂參之、疏、又云、十人之長執鉦、百人之帥執鐸、千人之帥執鼙、萬人之主執大鼓、司勳注、司馬法曰、上多下虜、左傳成七年注、司馬法、百人爲卒、二十五人爲兩、車九乘爲小偏、十五乘爲大偏、襄二十三年疏、服虔引司馬法謀帥篇曰、大前驅啓乘車、大晨倅車屬焉、昭元年疏、服虔引司馬法云、五十乘爲兩、百二十乘爲伍、八十一乘爲專、二十九乘爲參、二十五乘爲偏、文選張孟陽魏都賦注、司馬法曰、師多則讃、又云、明君不寶咫尺之玉、而愛寸陰之旬、說文耳部司馬法曰、小罪联、中罪刖、大罪剄、又通典兵一司馬穰苴曰、五人爲伍、十伍爲隊、一軍凡二百五十隊、餘奇爲握奇、故一軍以三千七百五十人爲奇兵、隊七十有五、以爲中壘、守地六千尺、積尺得四里、以中壘四面乘之、一面得地三百步、壘內有地三頃餘百八十步、正門爲握奇、大將軍居之、六纛五麾金鼓府藏輜積皆中壘、外餘八千七百五十人、隊百七十五、分爲八陣、六陣各有千九十四人、六陣各減一人、以爲一陣之部署、舉一軍則千軍可知、恐按、今本司馬法、五篇、仁本第一、天子之義第二、定爵第三、嚴位第四、用衆第五、而沈氏所引皆無其文、則不獨非先秦原本、又非隋唐舊帙也、姚姬傳云、世所有論兵書、誠爲周人作者、惟孫武子耳、不必武自著、若其餘皆僞而已、其說得之、

太史公曰。余讀司馬兵法、閎廓深遠、雖三代征伐、未能竟其義。如其文也亦少褎矣。【索隱】按謂司馬法說行兵、揖讓有三代之法、而齊區區小國、又當戰國之時、故云、亦少褎矣、【考證】楓山、三條本、司馬下有穰苴二字、楊愼曰、少褎矣、言溢美也、趙恆曰、言過其實也、

若夫穰苴區區爲小國行師。何暇及司馬兵法之揖讓乎。【考證】楓山、三條本、讓作遜、趙恆曰、三代且然、況穰苴爲區區小國行師、何暇及其揖讓乎、

世既多司馬兵法。以故不論。著穰苴之列傳焉。【考證】楓山、三條本、無兵字、

【索隱述贊】燕侵河上、齊師敗績、嬰薦穰苴、武能威敵、斬賈以徇、三軍驚惕、我卒既彊、彼寇退壁、法行司馬、實賴宗戚、

司馬穰苴列傳第四

史記六十四

文學博士瀧川龜太郎著

史記會注考證

史記會注考證卷六十五

漢　太史令司馬遷撰

宋　中郎外兵曹參軍裴駰集解

唐　國子博士弘文館學士司馬貞索隱

唐　諸王侍讀率府長史張守節正義

日本　出雲瀧川資言考證

孫子吳起列傳第五　史記六十五

【考證】史公自序云、非信廉仁勇、不能傳兵論劍、與道同符、內可以治身、外可以應變、君子比德焉、作孫子吳起列傳第五、

孫子武者、齊人也。【正義】魏武帝云、孫子者齊人、事於吳王闔閭、爲吳將、作兵法十三篇、【考證】羣書治要、無字、 以兵法見於吳王闔廬。闔廬曰、子之十三篇、吾盡觀之矣。可以小試勒兵乎。【正義】七錄云、孫子兵法三卷、案十三篇爲上卷、又有中下二卷、【考證】漢書藝文志云、吳孫子兵法八十二篇、圖九卷、沈欽韓曰、隋志、孫子兵法二卷、吳孫子八變陣圖二卷、孫子兵法雜占四卷、新唐志、吳孫子三十二壘經一卷、按周官車僕注、孫子八陳、有苹車之陳、此即八變陳圖也、御覽三百二十八、孫子占曰、三軍將行、其旌旗從容以向前、是爲天送、必亟擊之、得其大將、三軍將行、其旌旗墊然若雨、是爲天霧、其帥失、三軍將行、旍旗亂於上、東西南北、無所主方、其軍不還、三軍將陳、雨甚、是爲浴師、勿用陣戰、三軍將戰、有雲其上而赤、勿用陳、先陳戰者、莫復其迹、三軍方行、大風飄起於軍前、右周絕軍、其將亡、右周中其師、得糧、此即雜占也、御覽三百五十七、吳孫子三十二壘經靈輔曰、務軍移旗、以順其意、銜枚而陳、分師而伏、後至先生、以戰則克、此三十二壘經也、按通典兵類有吳王問孫武答、其文亦與六韜答問相似、竝在十三篇之外、杜牧序云、武書十數萬言、魏武削其繁剩、筆其精切、凡十三篇、成爲一編、按史武傳、闔廬曰、子之十三篇、吾盡觀之矣、則十三篇、其初見時所進、杜牧乃謂曹操所定、非也、 對曰、可。闔廬曰、可試以婦人乎。曰、可。於是許之、出宮中美女得百八十人。【考證】楓山、三條本、女作人、愚按、宮中不得出入、故曰許、 孫子分爲二隊、以王之寵姬二

人各爲隊長、【索隱】上音徒對反、下音竹兩反、 皆令持戟。令之曰、汝知而心與左右手背乎。婦人曰、知之。孫子曰、前、則視心。左、視左手。右、視右手。後、即視背。【考證】治要、左下右下、有則字、即作則、 婦人曰、諾。約束既布、乃設鈇鉞、即三令五申之。於是鼓之右。【考證】治要、鉞下無即字、中井積德曰、鼓使之右也、其左右前後、蓋以鼓節知之也、其法乃在約束中、 婦人大笑。孫子曰、約束不明、申令不熟、將之罪也。復三令五申、而鼓之左。【考證】治要、作三令而五申鼓之左、 婦人復大笑。孫子曰、約束不明、申令不熟、將之罪也。既已明而不如法者、吏士之罪也。乃欲斬左右隊長。吳王從臺上觀、見且斬愛姬、大駭、趣使使下令曰、寡人已知將軍能用兵矣。寡人非此二姬、食不甘味。願勿斬也。【索隱】趣、音促、謂急也、下使、音色吏反、 孫子曰、臣既已受命爲將。將在軍、

君命有所不受。【考證】孫子九變篇云、將受命於君、君命有所不受、義詳于司馬穰苴傳、遂斬隊長二人以徇、用其次爲隊長。【正義】徇、行示也、於是復鼓之。婦人左右前後跪起、皆中規矩繩墨、無敢出聲。【考證】治要、聲下有者字、於是孫子使使報王曰。兵既整齊。王可試下觀之。唯王所欲用之。雖赴水火猶可也。【考證】楓山本、三條本、王下無可字、吳王曰。將軍罷休就舍。寡人不願下觀。孫子曰。王徒好其言、不能用其實。於是闔廬知孫子能用兵、卒以爲將、西破彊楚入郢、北威齊·晉、顯名諸侯。孫子與有力焉。【考證】治要、兵下有也字、楓山本、三條本、無彊字、孫子作孫武、姚鼐曰、左氏序闔閭事、無孫武、太史公爲列傳、言武以十三篇見於闔閭、余觀之、吳客有孫武者、而十三篇非所著、戰國言兵者爲之、託於武焉爾、春秋大國用兵不過數百乘、未有興師十萬者也、況在闔閭乎、田齊三晉、既位君侯、臣乃稱君曰主、主在春秋、大夫稱也、是書所言皆戰國事耳、其用兵法、乃秦人以虜使民法也、梁玉繩曰、吳世家、伍胥傳、竝有將軍孫武語、然孫子之事、與穰苴媲美、而皆不見于左傳、何耶、通考引葉氏辨孫子乃春秋末處士所爲、言得用于

吳者、其徒夸大之說也、又胡應麟九流緒論曰、武灼灼吳楚間、丘明不應盡沒其實、蓋戰國策士、以武聖于譚兵、恥以空言令天下、爲說文之耳、齋藤謙曰、據吳世家、孫武之從伐楚、距專諸殺王僚僅四年、其著孫子、不知與諸之死孰先、要之同時人耳、而九地篇云、投之無所往、諸劌之勇也、曹劌魯莊公時人、相距殆二百年、以同時親見之人、配二百年前耳聞之人、何其不倫也、可疑、又曰、戰國策稱孫臏爲孫子、史記列傳亦然、蓋皆從當時之稱呼也、列傳又敘孫臏破魏事、云臏以此名顯天下、世傳其兵法、安知其非十三篇乎、蓋武與臏本一人、武其名、而臏其別字、後世所謂綽號也、世以其被刖、號爲孫臏、猶接輿稱狂、英布稱黥耳、太史公不察、分爲祖孫、誤矣、孫武既死、【集解】越絕書曰、吳縣巫門外大冢、孫武冢也、去縣十里、【索隱】按越絕書云、是子貢所著、恐非也、其書多記吳越亡後土地、或後人所錄、【正義】七錄云、越絕十六卷、或云伍子胥撰、【考證】越絕書、漢袁康撰、其友吳平同定、原本二十五篇、今佚五篇、後百餘歲有孫臏。【考證】梁玉繩曰、武死不知何時、若以吳入郢、至齊敗魏馬陵計之、則百六十六年矣、蕭山來氏集之樵書云、腓刑曰臏、則是斬龐涓之孫子無名、不過指其刑黥兩足而名之、傳其事、不傳其名、何哉、臏生阿·鄄之閒。臏亦孫武之後世子孫也。【考證】楓山、三條本、無子孫二字、孫臏嘗與龐涓俱學兵法。【索隱】臏、頻忍反、龐、皮江反、涓、古玄反、龐涓既事魏、得爲惠王將軍。而自以爲能不及孫臏。乃陰使召孫臏。【考證】楓山、三條本、使下有人字、臏至。龐涓

恐其賢於己疾之、則以法刑斷其兩足而黥之、欲隱勿見。【考證】韓非子難言篇、孫子臏脚於魏、楓山、三條本、隱下有而字、愚按、與李斯韓非事相似、齊使者如梁。【正義】今汴州、孫臏以刑徒陰見說齊使。齊使以爲奇、竊載與之齊。齊將田忌善而客待之。【考證】楓山、三條本、無而字、愚按、與魏齊范雎事相似、忌數與齊諸公子馳逐重射。【考證】董份曰、重射、謂以重相射、卽下千金是也、愚按顧亭林說同、索隱以爲好射、測義以爲再射、皆非、孫子見其馬足不甚相遠、馬有上中下輩。【考證】林伯桐曰、此倒句也、謂其馬有上中下之等、然馬足皆差不多、楓山、三條本、遠下無馬字、於是孫子謂田忌曰。君弟重射。【索隱】弟、但也、重射、謂好射也、【考證】重射、見上、臣能令君勝。田忌信然之。與王及諸公子逐射千金。【正義】射、音石、隨逐而射賭千金、【考證】李笠曰、逐、謂競爭也、逐千金、卽爭射千金、及臨質、【索隱】按質、猶對也、將欲對射之時也、一云質謂堋、非也、【考證】中井積德曰、質、後說似長、射場設堋、故呼爲質、射場、馬場一也、愚按、荀子勸學篇、質的張而弓矢至、注、質、射侯也、孫子曰。今以君之下駟與彼上駟、取君上駟

與彼中駟、取君中駟與彼下駟。既馳三輩畢。而田忌一不勝、而再勝。卒得王千金。於是忌進孫子於威王。威王問兵法、遂以爲師。【考證】楓山、三條本、無遂字、其後魏伐趙。趙急。請救於齊。齊威王欲將孫臏。臏辭謝曰。刑餘之人、不可。於是乃以田忌爲將、而孫子爲師、居輜車中、坐爲計謀。【考證】楓山、三條本、無坐字、王念孫曰、文選注、引此、坐作主、田忌欲引兵之趙。孫子曰、夫解雜亂紛糾者不控捲。【索隱】雜亂紛糾、按謂事之雜亂紛糾擊挈也、不控捲、按謂解雜亂紛糾者、當善以手解之、不可控捲而擊之、捲卽拳也、劉氏云、控、綜、捲、縮、非也、【考證】中井積德曰、雜亂紛糾、以亂絲喩之也、控、引也、捲、拳同、擊也、言治亂絲、宜用爪頭鍼末、徐徐解之、不宜手引拳擊也、則益亂耳、談允厚曰、控拳者、奮臂欲速之意、救鬬者不搏撠。【索隱】搏撠二音、按謂救鬬者、當善搗解之、無以手助、相搏撠、則其怒益熾矣、按、撠以手戟刺人、【考證】余有丁曰、撠義當爲擊、非矛戟也、中井積德曰、撠字、從手從戟、蓋手刺擊物如戟也、五行志、物如蒼狗撠高后腋、愚按、鬬、私鬬也、批亢擣虛、【索隱】批、音白結反、亢、音苦浪反、按批者、相排批也、音白滅反、亢者、敵人相亢拒也、擣者、擊也、衝也、虛者、空也、

按謂前人相亢、必須批之、彼兵若虛、則衝擣之、欲令擊梁之虛也、此當是古語、故孫子以言之也、【考證】張文虎曰、御覽引此文、有注云、亢音剛、又音坑、人喉也、疑是集解文、中井積德曰、亢、吭也、批亢、擊其要處也、擊亢衝虛、竝喻走大梁之便、談允厚曰、批之爲言撇也、謂撇而避亢滿之處、擣其虛空無備之所、愚按若解亢爲咽喉、則不與虛字對、談說爲長、

形格勢禁、則自爲解耳。【索隱】謂若批其相亢、擊擣彼虛、則是事形相格、而其勢自禁止、則彼自爲解兵也、【考證】中井積德曰、自爲解之爲、平聲、村尾元融曰、以上四句、孫子引舊語、汎言道理、要未說出梁趙、下文今梁趙云云、可見、

今梁・趙相攻、輕兵銳卒、必竭於外、老弱罷於內。君不若引兵疾走大梁、據其街路、衝其方虛。彼必釋趙而自救。是我一舉解趙之圍、而收獘於魏也。【索隱】謂齊今引兵據大梁之衝、是衝其方虛之時、梁必釋趙而自救、是一舉釋趙而獘魏、【考證】錢大昕曰、案魏世家、此事在魏惠王十八年、而魏之徙都大梁、乃在惠王卅一年、則其時大梁未爲魏都也、下文齊使田忌將而往直走大梁、疑與此同、通鑑於此二條、皆改爲魏都、不云大梁、中井積德曰、按世家、先是魏已拔邯鄲而還、後數年而歸邯鄲於趙也、愚按魏久圍邯鄲、未必拔之、說在趙魏世家、

田忌從之。魏果去邯鄲、與齊戰於桂陵、大破梁軍。【考證】中井積德曰、桂陵馬陵之役、元是一事、而傳錄者異也、太史公併錄之、愚按孟子盡心篇云、梁惠王以土地之故、糜爛其民而戰之、大敗、將

復之、恐不能勝、故驅其所愛子弟以殉之、所謂驅其所愛子弟以殉之者、指馬陵事、則桂陵之敗、未必爲無其事、梁惠王篇亦云、東敗於齊、長子死焉、

後十三歲、【索隱】王劭紀年云、梁惠王十七年、齊田忌敗梁于桂陵、至二十七年十二月、齊田盼敗梁於馬陵、計相去無十三歲、【考證】各本十三作十五、今從索隱本、桂陵役齊威二十六年、魏惠十八年、馬陵役、齊宣二年、魏惠三十年、相去正十三年、梁玉繩曰、小司馬引紀年謂無十三歲、非也、

魏與趙攻韓。韓告急於齊。齊使田忌將而往。直走大梁。魏將龐涓聞之、去韓而歸齊。軍既已過而西矣。【考證】徐孚遠曰、已過而西者、謂龐涓歸救、欲邀齊師之未至、而今已過、故涓視利疾趨也、閻若璩曰、此句不可解、曾案輿圖思之、恍悟相承傳寫之譌、元本應是齊軍既已退而東者、誘敵之計、通鑑亦知過而西之不可通也、刪此句、錢大昕曰、閻氏因上文已云直抵大梁、而馬陵在大梁東、故臆造此說、然非也、齊揚言走大梁、非眞抵大梁、及龐涓棄韓而歸齊、軍始入魏地、齊在魏東、過而西者、過齊境而西也、齊軍初至、未知虛實、故爲減竈之計以誤之、若已抵大梁而退、則入魏地不止三日、毋庸施此計矣、

孫子謂田忌曰。彼三晉之兵、素悍勇而輕齊。齊號爲怯。善戰者因其勢而利導之。兵法、百里而趣利者、蹶上將。五十里而趣利者、軍半至。【集解】魏武帝曰、蹶猶挫也、【索隱】蹶音巨月反、劉氏云、蹶猶

斃也、【考證】孫子軍爭篇、

使齊軍入魏地爲十萬竈、明日爲五萬竈、又明日爲三萬竈。【考證】張文虎曰、中統、舊刻、游、毛本、三作二、御覽引或作三、或作二、洪邁曰、孫臏勝龐涓之事、兵家以爲奇謀、予獨有疑焉、云齊軍入魏地爲十萬竈、又明日爲五萬竈、又明日爲二萬竈、方師行逐利、每夕而興此役、不知以幾何人給之、又必人人各一竈乎、龐涓行三日、大喜曰、齊士卒亡者過半、則是所過之處、必使人枚數矣、是豈救急赴敵之師乎、又云、度其行、暮當至馬陵、乃斫大樹、白而書之曰、龐涓死乎此樹之下、遂伏萬弩、期日暮見火舉而俱發、夫軍行遲速、非他人所料、安能必以其暮至、不差晷刻乎、古人坐於車中、既云暮矣、安知樹間之有白書、且必舉火讀之乎、齊弩尚能俱發、而涓讀八字未畢、皆深不可信、殆好事者爲之、而不精攷耳、愚按爲十萬竈、爲五萬竈、猶言爲竈爨十萬人食、爨五萬人食、唐制十人爲火、言其共一竈也、洪氏解爲人人各爲一竈、太拘、但其事則未可悉信、

龐涓行三日。大喜曰。我固知齊軍怯。入吾地三日、士卒亡者過半矣。【考證】楓山、三條本、軍作卒、

乃弃其步軍、與其輕銳、倍日并行逐之。【考證】楓山、三條本、軍作兵、

孫子度其行、暮當至馬陵。【考證】類聚御覽、引史記、度作量、馬陵、在今直隸大名縣東南、

馬陵道狹、而旁多阻隘。可伏兵。【考證】御覽、隘作險、

乃斫大樹、白而書之曰。龐涓死于此

樹之下。於是令齊軍善射者、萬弩夾道而伏。期曰。暮見火舉而俱發。【考證】類聚、鑽作舉、

龐涓果夜至斫木下、見白書。乃鑽火燭之。讀其書、未畢、齊軍萬弩俱發。魏軍大亂相失。龐涓自知智窮兵敗、乃自剄曰。遂成豎子之名。【索隱】豎子、謂孫臏、【考證】御覽、剄作刎、中井積德曰、涓之語蓋言吾今自殺者、欲因此遂成就臏之名聲耳、是臨死之夸言矣、左傳、齊侯曰、是好勇、去之以爲之名、語意與此相肖、

齊因乘勝、盡破其軍、虜魏太子申以歸。孫臏以此名顯天下。世傳其兵法。【考證】漢書藝文志云、齊孫子兵法八十九篇、圖四卷、通典一百四十九、兵二、孫臏曰、周騎有十利、一曰、迎敵始至、二曰、乘敵虛背、三曰、追散亂擊、四曰、迎敵擊後、使敵奔走、五曰、遮其糧食、絕其軍道、六曰、敗其津關、發其橋梁、七曰、掩其不備卒、擊其未整旅、八曰、攻其懈怠、出其不意、九曰、燒其積聚、虛其市里、十曰、掠其田野、係絫其子弟、此十者騎戰利也、夫騎者能離能合、能散能集、百里爲期、千里而赴、出入無間、故名離合之兵也、御覽二百八十二、戰國策、齊孫臏謂王曰、凡伐國之道、攻心爲上、務先伏其心、今秦之所恃爲心者燕趙也、當收燕趙之權、今說燕趙之君、弗言空辭、必將以實利以得其心、所謂攻其心者也、此孫臏兵法存乎今者、

吳起者、衞人也。好用兵。嘗學

於曾子、事魯君。【考證】呂覽當染篇、曾子學於孔子、吳起學於曾子、黃式三曰、通鑑曾子作曾參、本於呂覽、據劉向別錄、起受春秋左傳于曾申、禮檀弓、魯穆公母卒、使人問于曾子、對曰、申也聞諸申之父、是曾申亦稱曾子、齊人攻魯。魯欲將吳起。吳起取齊女爲妻。而魯疑之。吳起於是欲就名、遂殺其妻以明不與齊也。【考證】韓非子外儲說右上云、吳起、衞左氏中人也、使其妻織組、而幅狹於度、吳子使更之、其妻曰諾、及成復度之、果不中度、吳子大怒、其妻對曰、吾始經之、而不可更也、吳子出之、其妻請其兄而索入、其兄曰、吳子爲法者也、其爲法也、且欲以與萬乘致功、必先踐之妻妾、然後行之、子毋幾索入矣、其妻之弟、又重於衞君、乃以衞君之重請於吳子、吳子不聽、遂去衞而入荊也、所傳不同、魯卒以爲將。將而攻齊、大破之。魯人或惡吳起曰。起之爲人、猜忍人也。其少時家累千金。游仕不遂。遂破其家。鄉黨笑之。吳起殺其謗己者三十餘人、而東出衞郭門。【考證】楓山、三條本、東下疊東字、與其母訣、齧臂而盟曰。起不爲卿相、不復入衞。遂事曾子。居頃之其母死。起終不歸。曾子薄之、而與起絕。

起乃之魯學兵法、以事魯君。魯君疑之。【考證】何焯曰、二魯字衍、起殺妻以求將。夫魯小國而有戰勝之名、則諸侯圖魯矣。且魯衞、兄弟之國也。而君用起、則是弃衞。【考證】凌稚隆曰、魯人言至此、論語子路篇、魯衞之政兄弟也、集解、魯周公之封、衞康叔之封、周公康叔爲兄弟、魯君疑之謝吳起。吳起於是聞魏文侯賢、欲事之。【考證】楓山、三條本、之作魏、文侯問李克曰。吳起何如人哉。李克曰。起貪而好色。【索隱】按王劭云、此李克言吳起貪、下文云、魏文侯知起廉盡能得士心、又公叔之僕稱起爲人節廉、豈前貪而後廉、何言之相反也、今按李克言起貪者、起本家累千金、破產求仕、非實貪也、蓋言貪者、是貪榮名耳、故母死不赴、殺妻將魯、是也、或者起未委質於魏、猶有貪迹、及其見用、則盡廉能、亦何異乎陳平之爲人也、然用兵、司馬穰苴不能過也。【考證】楓山、三條本、用上有其字、徐孚遠曰、或言穰苴齊湣王時人、今觀此言、則爲景公時人審矣、沈欽韓曰、漢志、吳起四十八篇、隋志、吳起兵法一卷、賈詡注、按今存者圖國料敵治兵論將變化勵士六篇而已、文選注兩引俱作三十八篇、於是魏文侯以爲將、擊秦拔五城。起之爲將、與士卒最下者同衣食、臥不

設席、行不騎乘。【考證】中井積德曰、起之時、中國未有跨馬者、恐文士之疎脫、愚按說詳于趙武靈王條下、親裹贏糧、與士卒分勞苦。【考證】羣書治要引史、無贏字、楓山、三條本、及藝文類聚、無裹字、愚按贏當作羸、卽裹字、二字當衍其一、楓山、三條本、無卒字、治要、類聚、無苦字、卒有病疽者。起爲吮之。【索隱】吮、鄒氏音弋軟反、又才軟反、卒母聞而哭之。人曰。子、卒也。而將軍自吮其疽。何哭爲。【考證】楓山本、三條本、子上有母字、將下無軍字、母曰。非然也。往年吳公吮其父。其父戰不旋踵、遂死於敵。吳公今又吮子。妾不知其死所矣。是以哭之。【考證】卒有病疽者以下、本韓非子外儲篇、楓山、三條本、群書治要、其子、作此子、所作處、文侯以吳起善用兵、廉平盡能得士心、【考證】楓山、三條本、無平字、乃以爲西河守、以拒秦・韓・魏。文侯既卒。起事其子武侯。武侯浮西河而下中流。顧而謂吳起曰。美哉乎、山河之固。此魏國之寶也。【考證】群書治要、哉下無乎字、起對曰。在德不在險。昔三苗氏、左

洞庭右彭蠡。德義不修、禹滅之。【考證】沈家本曰、國策左右二字、與此互易、夏桀之居、左河濟、右泰・華、伊闕在其南、羊腸在其北。【集解】瓚曰、今河南城爲直之、皇甫謐曰、壺關有羊腸坂、在太原晉陽西北九十里、【考證】中井積德曰、策與此左右皆相反、不必考論、羊腸、蓋指大行山也、修政不仁。湯放之。殷紂之國、左孟門、右太行、常山在其北、大河經其南。【索隱】劉氏按、紂都朝歌、今孟山在其西、今言左、則東邊別有孟門也、【考證】中井積德曰、索隱不疑洞庭河濟之左、而特疑于孟門之左、何也、又曰、桀與紂、其居不甚相遠、而起之立論强別敘之、故有不較著痛快者、修政不德。武王殺之。由此觀之、在德不在險。若君不修德、舟中之人、盡爲敵國也。【集解】楊子法言曰、美哉言乎、使起之用兵每若斯、則太公何以加諸、【考證】楓山本、三條本、治要、舟作船、敵上無爲字、索隱引法言寡見篇、武侯曰。善。卽封吳起爲西河守。甚有聲名。【考證】武侯浮西河以下、本魏策、中井積德曰、起初爲西河守、至此再任也、且此稱封、是以西河爲封邑也、與前稍不同、梁玉繩曰、守不可言封、且起已守西河、卽封二字衍、愚按梁說爲長、此句屬下、愚又按、左傳昭公四年、司馬侯對晉侯曰、四嶽、三塗、陽城、大室、荊山、中南、九州之險也、是不一姓、冀之北土、馬之所生、無興國焉、恃險與馬、不可以爲固也、自古以然、是以

先王務脩德音、以享神人、不聞務險與馬也、吳起之對、蓋本於此、經典釋文云、左丘明作春秋傳以授曾申、申傳衛人吳起、或然、魏置相、相田文。【索隱】按呂氏春秋作商文、吳起不悅。謂田文曰。請與子論功。可乎。田文曰。可。起曰。將三軍、使士卒樂死、敵國不敢謀、子孰與起。文曰。不如子。起曰。治百官、親萬民、實府庫、子孰與起。文曰。不如子。起曰。守西河、而秦兵不敢東鄉、韓・趙賓從。子孰與起。文曰。不如子。起曰。此三者、子皆出吾下。【考證】此三者子、各本作此子三者、今從楓山本、王念孫曰、此子三者、漢書朱浮傳注引此作此三者子、通鑑周紀、呂氏春秋執一篇亦同、而位加吾上、何也。文曰。主少國疑、大臣未附、百姓不信。方是之時、屬之於子乎。屬之於我乎。起默然。良久曰。屬之子矣。文曰。此乃吾所以居子之上也。吳起乃自知弗如田文。【考證】魏置相以下、采呂氏春秋執一篇、但田文作商文、田文既死、公叔爲相。【索隱】韓之公族、

尚魏公主而害吳起。公叔之僕曰。起易去也。公叔曰。奈何。其僕曰。吳起爲人節廉而自喜名也。【考證】楓山、三條本、無名字、王念孫曰、御覽引此、無名字、可從、自喜、猶自好也、孟嘗君傳贊、好客自喜、田叔傳、爲人刻廉自喜、鄭當時以任俠自喜、皆其證、君因先與武侯言曰。夫吳起賢人也。而侯之國小、又與彊秦壤界。臣竊恐起之無留心也。【考證】楓山、三條本、壤作接、壤界二字連讀一意、猶言接也、梁玉繩曰、此及下三稱武侯、誤、史詮謂俱當作魏侯、武侯卽曰。奈何。君因謂武侯曰。試延以公主。【考證】岡白駒曰、延以公主、謂將妻公主、愚按初學記、周天子嫁女於諸侯、至尊不自主婚、必使諸侯同姓者主之、故謂之公主、魏此時未稱王、不可有公主稱、蓋後人追記之辭也、起有留心、則必受之。無留心、則必辭矣。以此卜之。【考證】以上、僕使公叔謂武侯、君因召吳起而與歸、卽令公主怒而輕君。【考證】公叔尚公主、吳起見公主之賤君也、則必辭。【考證】凌稚隆曰、僕言至此、岡白駒曰、必辭、必辭尚公主也、於是吳起見公主之賤魏相、果辭魏武侯。

武侯疑之而弗信也。【考證】呂氏春秋先見篇云、吳起治西河之外、王錯譖之於魏武侯、武侯使人召之、吳起至於岸門、止車而望西河、泣數行而下、其僕謂吳起曰、竊觀公之意、視釋天下若釋躧、今去西河而泣、何也、吳起抿泣而應之曰、子不識、君知我、而使我畢能西河、可以王、今君聽讒人之議、而不知我、西河之爲秦取不久矣、又見觀表篇、依此、則譖吳起者王錯、非公叔、張照曰、按戰國策、公叔疑爲魏公叔痤、非韓公族也、公叔痤爲魏將、而與韓趙戰澮北、禽樂祚、賞田百萬祿之、反走再拜而辭、以讓吳起之後、則非害吳起者也、此與國策參差不同、吳起懼得罪、遂去。卽之楚。楚悼王素聞起賢。至則相楚。明法審令、捐不急之官、廢公族疏遠者、以撫養戰鬭之士。【考證】韓非子和氏篇、吳起教楚悼王以楚國之俗曰、大臣太重、封君太衆、不如使封君之子孫、三世而收爵祿、絕滅百吏之祿秩、損不急之枝官、以奉選練之士、悼王行之、期年而薨矣、吳起枝解於楚、卽此事、要在彊兵破馳說之言從橫者。【考證】秦策、蔡澤述吳起事曰、破橫散從、使馳說之士、無所開其口、愚按吳起相楚、先蘇秦說趙五十年、秦孝未出、商鞅未用、何有言從橫者、於是南平百越、北幷陳・蔡、卻三晉、西伐秦。諸侯患楚之彊。【考證】明法審令以下、采韓非子和氏篇、戰國策秦策、梁玉繩曰、陳滅于楚惠王十一年、蔡滅于惠王四十二年、何待悼王始幷之、此與蔡澤傳同妄、而實誤仍秦策也、故楚之貴戚、

盡欲害吳起。【考證】故、猶舊也、毛本、無欲字、及悼王死、宗室大臣作亂而攻吳起。吳起走之王尸而伏之。擊起之徒、因射刺吳起、幷中悼王。【索隱】楚系家、悼王名疑也、悼王既葬、太子立。【索隱】肅王臧也、乃使令尹盡誅射吳起、而幷中王尸者。坐射起而夷宗死者、七十餘家。【考證】故楚之貴戚以下、本呂氏春秋貴卒篇、

太史公曰。世俗所稱師旅、皆道孫子十三篇。吳起兵法、世多有。故弗論。論其行事所施設者。語曰。能行之者、未必能言。能言之者、未必能行。孫子籌策龐涓明矣。然不能蚤救患於被刑。吳起說武侯以形勢不如德。然行之於楚、以刻暴少恩亡其軀。悲夫。

索隱述贊、孫子兵法、一十三篇、美人既斬、良將得焉、其孫臏腳、籌策龐涓、吳起相魏、西河稱賢、慘礉事楚、死後留權、

孫子吳起列傳第五

史記六十五

文學博士瀧川龜太郎著

史記會注考證

史記會注考證卷六十六

漢　太史令司馬遷撰
宋　中郎外兵曹參軍裴駰集解
唐　國子博士弘文館學士司馬貞索隱
唐　諸王侍讀率府長史張守節正義
日本　出雲瀧川資言考證

伍子胥列傳第六　　史記六十六

【考證】史公自序云、維建遇讒、爰及子奢、尚既匡父、伍員奔吳、作伍子胥列傳第六、凌稚隆曰、此傳事蹟、悉出左傳、而文法少異、王世貞曰、伍員俠客之雄也、重在伸志、范蠡

謀客之雄也、重在全身、員勇勝智、蠡智勝勇、

伍子胥者、楚人也。名員。員父曰伍奢、員兄曰伍尚。其先曰伍舉、以直諫事楚莊王、有顯。故其後世有名於楚。【索隱】按擧直諫、見左氏楚系家、【考證】楓山、三條本、顯下有名字、余有丁曰、按左傳、伍擧當康王靈王時、其父伍參乃事莊王、奢其孫也、張照曰、按擧直諫、見楚世家、左氏無之、左氏載直諫者伍參也、愚按伍擧當作伍參、史之錯文、說已在楚世家、楚平王有太子、名曰建。使伍奢爲太傅、費無忌爲少傅。【索隱】按左傳、作費無極、【考證】呂覽、淮南子、作無忌、極忌聲之緩急、左傳作奢爲師、無極爲少師、無忌不忠於太子建。平王使無忌爲太子取婦於秦。秦女好。無忌馳歸報平王曰、秦女絶美。王可自取、而更爲太子取婦。平王遂自取秦女、而絶愛幸之、【考證】楚平王以下、采昭十九年左傳、呂氏春秋愼行篇、楓、三本、報下無平字、生子軫。更爲太子取婦。無忌既以秦女自媚於平王、因去太子而事平王。恐

一旦平王卒、而太子立殺己、【考證】三條本、己下有也字、凌稚隆曰、揣摩無忌心中事、乃因讒太子建。建母蔡女也。無寵於平王。平王稍益疏建、使建守城父、備邊兵。【集解】地理志、潁川有城父縣、【索隱】本陳邑、楚伐陳而有之、地理志、潁川有城父縣、頃之無忌又日夜言太子短於王曰、太子以秦女之故、不能無怨望。願王少自備也。自太子居城父、將兵、外交諸侯、且欲入爲亂矣。【考證】自太子之自、楓山本、三條本、作且、中井積德曰、且欲、猶將欲也、平王乃召其太傅伍奢考問之。伍奢知無忌讒太子於平王、因曰、王獨柰何以讒賊小臣、疏骨肉之親乎。無忌曰、王今不制、其事成矣。王且見禽。於是平王怒囚伍奢、而使城父司馬奮揚往殺太子。【索隱】奮揚、城父司馬之姓名也、行未至。奮揚使人先告太子。太子急去。不然、將誅。太子建亡奔宋。【考證】使建

守城父以下、采昭十九年二十年左傳、呂氏春秋愼行篇、淮南子人閒訓、　無忌言於平王曰、伍奢有二子、皆賢。不誅、且爲楚憂。可以其父質而召之。不然、且爲楚患。王使使謂伍奢曰、能致汝二子則生。不能則死。伍奢曰、尙爲人仁。呼必來。員爲人剛戾忍詢。能成大事。【集解】詢、音火候反、【索隱】鄒氏云、一作詬、罵也、音逅、劉氏音火候反、【考證】詢、辱也、　彼見來之幷禽、其勢必不來。王不聽。使人召二子曰、來、吾生汝父。不來、今殺奢也。伍尙欲往。員曰、楚之召我兄弟、非欲以生我父也。恐有脫者後生患、故以父爲質、詐召二子。二子到、則父子俱死。何益父之死。往而令讎不得報耳。不如奔他國借力、以雪父之恥。俱滅無爲也。【考證】雪、音刷、　伍尙曰、我知往終不能全父命。然恨父召我以求生、而不往、後不能雪恥、

終爲天下笑耳。謂員可去矣。汝能報殺父之讎。我將歸死。尙既就執。【考證】楓山本、三條本、謂員可去矣、作員去矣、義長、　使者捕伍胥。伍胥貫弓執矢嚮使者。使者不敢進。【集解】貫、烏還反、【索隱】劉氏音貫、爲彎、又音古患反、貫、謂滿張弓、　伍胥遂亡。聞太子建之在宋、往從之。奢聞子胥之亡也、曰、楚國君臣且苦兵矣。伍尙至楚。楚幷殺奢與尙也。【考證】奢聞子胥之亡以下、昭公二十年左傳、　伍胥既至宋。宋有華氏之亂。【索隱】春秋昭二十年、宋華亥向寧華定、與君爭而出奔、是也、　乃與太子建俱奔於鄭。鄭人甚善之。太子建又適晉。晉頃公曰、太子既善鄭。鄭信太子。太子能爲我內應、而我攻其外、滅鄭必矣。滅鄭而封太子。【考證】楓山、三條本、矣下、滅上、有我字、　太子乃還鄭。事未會。會自私欲殺其從者。從者知其謀、乃告之於鄭。鄭定公與子產誅殺太子建。【考證】哀公

十六年左傳、述太子建自城父奔宋適鄭入晉復鄭事、而未嘗言子胥與之俱、梁玉繩曰、案子胥亡楚至吳而已、乃此言其歷宋鄭晉而與太子俱、不知何據、又曰、鄭殺建、不知何時、而子產卒于定之八年、卽建奔鄭之歲、恐未是子產誅之、　建有子名勝。伍胥懼、乃與勝俱奔吳。到昭關。【索隱】其關在江西、乃吳楚之境也、　昭關欲執之。【考證】關下疑脫吏字、　伍胥遂與勝獨身步走、幾不得脫。追者在後。至江。江上有一漁父乘船。知伍胥之急、乃渡伍胥。伍胥既渡、解其劍曰、此劍直百金。以與父。父曰、楚國之法、得伍胥者、賜粟五萬石、爵執珪。豈徒百金劍邪。不受。【考證】呂覽異寶篇、以爲子胥去楚時事、且不言與勝俱、　伍胥未至吳而疾。止中道乞食。【集解】張勃曰、子胥乞食處、在丹陽溧陽縣、【索隱】按張勃晉人、吳鴻臚嚴之子也、作吳錄、裴氏注引之是也、溧、音栗、水名也、【考證】戰國策秦策、伍子胥橐載而出昭關、夜行而晝伏、至於蔆水、無以餬其口、坐行蒲服、乞食吳市、卒興吳國、亦言其去楚時事、　至於吳。吳王僚方用事、公子光爲將。【考證】用事、猶曰好事也、　伍胥乃因公子光以求見吳王。久之、楚平

王以其邊邑鍾離與吳邊邑卑梁氏俱蠶、兩女子爭桑相攻。乃大怒、至於兩國舉兵相伐。吳使公子光伐楚。拔其鍾離・居巢而歸。【索隱】二邑、楚縣也、按鍾離縣、在六安、古鍾離子之國、系本謂之終犂、嬴姓之國、居巢亦國也、桀奔南巢、其國蓋遠、尚書序、巢伯來朝、蓋因居之於淮南楚地也、【考證】恩田仲任曰、楚世家、十二諸侯年表、與此同、吳世家云、楚邊邑卑梁氏之處女、與邊邑之女爭桑、蓋吳世家誤、　伍子胥說吳王僚曰、楚可破也。願復遣公子光。公子光謂吳王曰、彼伍胥父兄爲戮於楚。而勸王伐楚者、欲以自報其讎耳。伐楚未可破也。伍胥知公子光有內志、欲殺王而自立、未可說以外事。乃進專諸於公子光、【索隱】左傳謂之專設諸、　退而與太子建之子勝耕於野。【考證】伍子胥說吳王以下、采昭二十年左傳、但左傳不言勝事、　五年而楚平王卒。【考證】村尾元融云、據世家、平王立十三年而卒、距居巢之役三年矣、此云五年、恐誤、　初平王所奪太子建秦女、生子軫。及平王卒、軫

竟立爲後。是爲昭王。【考證】楚平王卒以下、昭二十六年左傳、吳王僚因楚喪、使二公子將兵往襲楚。楚發兵絕吳兵之後、不得歸。吳國內空。而公子光乃令專諸襲刺吳王僚、而自立。是爲吳王闔廬。【考證】以上昭二十七年左傳、二公子、公子掩餘、公子燭庸、杜預云、皆王僚母弟、闔廬既立得志。乃召伍員以爲行人、而與謀國事。楚誅其大臣郤宛・伯州犂。伯州犂之孫伯嚭、亡奔吳。【集解】徐廣曰、伯州犂者、晉伯宗之子也、伯州犂之子曰郤宛、郤宛之子曰伯嚭、宛亦姓伯、又別氏郤、楚世家云、殺郤宛、宛之宗姓伯氏子曰嚭、吳世家云、楚誅伯州犂、其孫伯嚭奔吳也、【索隱】按州犂、伯宗子也、郄宛、州犂子、伯嚭、郄宛子、嚭、音喜、伯氏別姓郄、【考證】梁玉繩曰、伯州犂三字衍、郤宛見殺、在魯昭公二十七年、州犂爲楚靈王所殺、遠在昭元年也、吳越春秋、闔閭內傳、謂郤宛卽州犂、蓋緣此致誤、而楚世家稱郤宛之宗姓伯氏子嚭、徐廣本潛夫論志氏姓、謂伯州犂之子郤宛、郤宛之子伯嚭、宛亦姓伯、又別氏郤、恐不足據、定四年傳云、楚殺郤宛、伯氏之族出、伯州犂之孫嚭爲吳太宰、伯氏乃郤宛之黨、非同族也、吳亦以嚭爲大夫。【考證】闔廬既立以下、定四年左傳、前王僚所遺二公子將兵伐楚者、道絕不得歸、

【索隱】公子燭庸及蓋餘也、【考證】索隱蓋餘、當作掩餘、後聞闔廬弒王僚自立、遂以其兵降楚。楚封之於舒。【考證】昭三十年左傳云、二公子走楚、楚子使居養、梁玉繩曰、降楚、封舒、皆非、說在吳世家、闔廬立三年、乃興師、與伍胥・伯嚭伐楚、拔舒、遂禽故吳反二將軍、因欲至郢。將軍孫武曰。民勞未可。且待之。乃歸。【考證】春秋內外傳、皆不言孫武、說在武本傳、四年、吳伐楚、取六與灊。【集解】六、古國、皋陶之後所封、灊縣有天柱山、【索隱】六、古國也、皋陶之後所封、灊縣有天柱山、【考證】北宋本灊、各本作潛、愚按昭三十一年左傳、作潛、五年、伐越敗之。六年、楚昭王使公子囊瓦將兵伐吳。【集解】案左傳、楚公子貞、字子囊、其孫名瓦、字子常、此言公子、又兼稱囊瓦、誤也、【索隱】按左氏、楚公子貞、字子囊、其孫名瓦、字子常、此言公子、又兼稱囊瓦、蓋誤、【考證】陳仁錫曰、公子、當作公孫、子囊之孫名瓦、稱囊瓦者、孫以祖父字爲氏、中井積德曰、囊瓦是公子之孫、公子二字當刪、吳使伍員迎擊、大破楚軍於豫章、【集解】豫章、在江南、【索隱】按杜預云、昔豫章在江北、蓋分後徙之於江南也、取楚之居巢。【考證】定二年左傳、言吳師、不言伍員、居巢作巢、九年、吳王闔廬謂子胥・孫武曰。始子言郢

未可入。今果何如。二子對曰。楚將囊瓦貪、而唐・蔡皆怨之。王必欲大伐之、必先得唐・蔡乃可。闔廬聽之、悉興師、與唐・蔡伐楚、與楚夾漢水而陳。吳王之弟夫概、【索隱】古賚反、將兵請從。王不聽。遂以其屬五千人擊楚將子常。子常敗走奔鄭。【集解】子常、公孫瓦、【索隱】公孫瓦也、【考證】擊子常者夫概、其字承夫概、子常卽囊瓦、於是吳乘勝而前、五戰遂至郢。【集解】郢、楚都、【索隱】郢、楚都也、音以正反、又一音以井反、己卯、楚昭王出奔。【考證】己卯上、奪十一月三字、顧炎武曰、自春秋以下紀載之文、必以日繫月、以月繫年、此史家之常法也、史記伍子胥傳、己卯楚昭王出奔、庚辰吳王入郢、則不月而日、刺客傳、四月丙子、光伏甲士於窟室中、則不年而月、史家之變例也、蓋二事已見於吳楚二世家、故其文從省、愚按是史之缺文、顧氏順爲之辭、庚辰、吳王入郢。昭王出亡入雲夢。盜擊王。王走鄖。【集解】音云、國名、【索隱】奏雲二音、走向也、鄖、國名、鄖公弟懷曰。平王殺我父。我殺其子、不亦可乎。【考證】鄖公、蔓成然之子鬬辛、左傳昭二十四年、楚平王殺成然、鄖公恐其弟殺王、

與王奔隨。【正義】今有楚昭王故城、昭王奔隨之處、宮之北城卽是、吳兵圍隨。謂隨人曰。周之子孫在漢川者、楚盡滅之。【考證】吳、隨、皆與周同姓、隨人欲殺王。王子綦匿王。己自爲王以當之。【考證】左傳、子綦作子期、杜注、子期、昭王兄公子結也、隨人卜與王於吳。不吉。乃謝吳不與王。始伍員與申包胥爲交。【考證】左傳、始作初、員之亡也、謂包胥曰。我必覆楚。包胥曰。我必存之。【考證】悉興師以下、采定四年左傳、及吳兵入郢、伍子胥求昭王、既不得。乃掘楚平王墓、出其尸、鞭之三百、然後已。【考證】中井積德曰、平王死經十有餘年、縱令掘之、朽骨而已、非有可鞭之尸、呂氏春秋首時篇云、伍子胥親射王宮、鞭荊王之墳三百、是稍近人情、似得實、愚按楚世家云、吳兵入郢、辱平王之墓、以伍子胥故也、年表、伍子胥鞭平王墓、季布傳亦云、伍子胥鞭平王之墓、淮南子泰族訓、闔閭伐楚入郢、鞭荊平王之墓、舍昭王之宮、賈子新書耳痺篇、撻平王之墓、此與吳世家言鞭尸、蓋誤、梁玉繩曰、此事左氏公羊所不載、其見于穀梁定四年傳者、但言撻平王之墓、撻墓與鞭尸迥異、申包胥亡於山中。【考證】三條本、亡下有在字、使人謂子胥曰。子之報讎、其

以甚乎。[考證]以、已通、以甚、連讀一意、吾聞之、人衆者勝天。天定亦能破人。[正義]申包胥言、聞人衆者雖一時凶暴勝天、及天降其凶、亦破於彊暴之人、[考證]詩小雅正月篇、視天夢夢、既克有定、靡人弗勝、包胥所本、今子故平王之臣、親北面而事之。今至於僇死人。此豈其無天道之極乎。伍子胥曰、爲我謝申包胥曰、吾日莫途遠。吾故倒行而逆施之。[索隱]按倒、音丁老反、施、音如字、子胥言志在復讎、常恐且死不遂本心、今幸而報、豈論理乎、譬如人行、前途尚遠、而日勢已莫、其在顚倒疾行、逆理施事、何得責吾順理乎、[考證]岡白駒曰、無、蔑視也、又曰、按伍員意謂立白公勝爲楚後、而身相之、則恩怨皆可報、吾非不知出於此也、今求昭王既不得、則事之成否未可知、常恐且死不遂本志、故喩以日暮塗遠云爾、愚按漢書主父偃傳、偃曰、吾日暮、故倒行逆施之、蓋述子胥語、於是申包胥走秦告急、求救於秦。秦不許。包胥立於秦廷、晝夜哭。七日七夜、不絕其聲。秦哀公憐之曰、楚雖無道、有臣若是。可無存乎。乃遣車五百乘、救楚擊吳。[考證]申包胥走秦以下、定四年五年左傳、六月、敗吳兵於稷。[集解]在郊外、[索隱]稷丘、地名、按

左傳作稷丘、杜預云、稷丘、地名、在郊外、[考證]梁玉繩曰、六月上、缺書十年二字、愚按定五年左傳云、秦子蒲子虎、帥車五百乘以救楚、使楚人先與吳人戰、自稷會之、大敗夫槩王於沂、與史異、會吳王久留楚求昭王、而闔廬弟夫槩乃亡歸、自立爲王。闔廬聞之、乃釋楚而歸、擊其弟夫槩。夫槩敗走、遂奔楚。楚昭王見吳有內亂、乃復入郢、封夫槩於堂谿、爲堂谿氏。[集解]徐廣曰、在愼縣、駰案地理志、汝南有吳房縣、應劭曰、夫槩奔楚封於堂谿、本房子國、以封吳、故曰吳房、然則不得在愼縣也、[正義]案今豫州吳房縣、在州西北九十里、楚復與吳戰、敗吳。吳王乃歸。[考證]會吳王久留以下、采定五年左傳、後二歲、闔廬使太子夫差將兵伐楚、取番。[集解]音普寒反、又音婆、[索隱]音普寒反、又音婆、蓋鄱陽也、[考證]二歲、當作一歲、夫差當終纍、終纍蓋夫差兄、番、左傳作繁揚、楚懼吳復大來、乃去郢徙於鄀。[集解]楚地、音若、[索隱]音若、鄀、楚地、今闕、[考證]闔廬使太子以下、定六年左傳、左傳云、遷郢於鄀、蓋徙都於鄀、仍稱郢也、當是時、吳以伍子胥・孫武之謀、西破彊楚、北威齊・晉、南服越人。[考證]茅坤曰、伍子胥之入吳也、以報父仇、一番事業已了、特著一總案、其後四

年、孔子相魯。[考證]梁玉繩曰、相魯、誤也、說在孔子世家、趙翼曰、列傳與孔子毫無相涉者、亦書孔子相魯、以其係天下之輕重也、後四年、伐越。越王句踐迎擊、敗吳於姑蘇、傷闔廬指。[正義]姑蘇、當作檇李、乃文誤也、左傳云、戰檇李、傷將指、卒於陘、是也、解在吳世家、[考證]四年、各本作五年、今從楓山本、三條本、錢泰吉曰、吳世家無此條正義、下文夫湫條同、軍卻。闔廬病創將死。[集解]創、楚良反、[索隱]音瘡、謂太子夫差曰、爾忘句踐殺爾父乎。夫差對曰、不敢忘。是夕闔廬死。[考證]伐越以下、本定十四年左傳、夫差既立爲王、以伯嚭爲太宰、習戰射。二年後伐越、敗越於夫湫。[集解]音椒、[索隱]音椒、又如字、[正義]太湖中椒山也、解在吳世家、[考證]梁玉繩曰、案吳越兩世家、作夫椒、此作夫湫、蓋古通用、索隱云、湫音椒、是也、左傳襄廿六、椒鳴、楚語作湫鳴、昭四年椒擧、楚語作湫擧、昭三年子服椒、昭十三作子服湫、竝音椒、越王句踐乃以餘兵五千人、棲於會稽之上、[正義]土地名、在越州會稽縣東南十二里、[考證]中井積德曰、會稽之上、謂會稽山之上也、左傳作保於會稽、越世家作保棲於會稽、鄒誕生云、保山曰棲、猶鳥棲於木以避害也、愚按、今浙江紹興府會稽縣東南、使大夫種厚幣遺吳太宰嚭以請和、求

委國爲臣妾。[索隱]劉氏云、大夫姓、種名、非也、按今吳南有文種埭、則種、姓文、爲大夫官也、[正義]高誘云、大夫種、姓文氏、字子禽、楚之郢人、吳王將許之。伍子胥諫曰、越王爲人能辛苦。今王不滅、後必悔之。[考證]能、音耐、吳王不聽。用太宰嚭計、與越平。[考證]二年後伐越以下、本哀元年左傳、國語越語吳語、其後五年、而吳王聞齊景公死、而大臣爭寵、新君弱、乃興師北伐齊。[考證]梁玉繩曰、此傳敘吳伐齊事之誤、說在吳世家、伍子胥諫曰、句踐食不重味、弔死問疾、且欲有所用之也。此人不死、必爲吳患。今吳之有越、猶人之有腹心疾也。而王不先越而乃務齊。不亦謬乎。吳王不聽伐齊、大敗齊師於艾陵。[正義]括地志云、艾山、在兗州博城縣南百六十里、本齊博邑、[考證]興師北伐齊以下、采哀十一年左傳、是役去夫湫之役、十年、何以言其後五年也、此傳與吳世家顚倒錯亂甚多、遂威鄒・魯之君以歸。益疏子胥之謀。[正義]鄒君、居兗州鄒縣、魯、曲阜縣、[考證]威、凌本、殿本作滅、今從百衲宋本、毛本、張照曰、此與左傳及魯世

家俱不符、且與下文召魯衛之君會之橐皐句相刺謬、疑文有誤、盧文弨曰、遂滅鄒、句、魯其君以歸、句、鄒卽邾也、魯其君、虜鄒君也、魯與虜古通用、後人不知、以鄒魯爲二國、而其字不可通、乃改爲之字、謬甚、錢大昕曰、魯、當作虜、音之譌也、左氏傳、邾子無道、吳子使太宰子餘討之、囚諸樓臺、愚按、盧錢氏所據之本作滅字、故有此說、但吳子囚邾子、左傳在哀八年、與艾陵役無交涉、作滅爲是、其後四年、吳王將北伐齊。越王句踐用子貢之謀、乃率其衆以助吳。【考證】左傳、吳敗齊艾陵、及子胥諫王、屬子、賜死事、繫于哀十一年、其後無伐齊事、國語吳語、亦以艾陵役爲夫差十二年事、正與左傳合、史公分爲兩事、繫之其後五年其後四年、何也、子貢無說越事、說在仲尼弟子列傳、而重寶以獻遺太宰嚭。太宰嚭既數受越賂、其愛信越殊甚。日夜爲言於吳王。吳王信用嚭之計。伍子胥諫曰、夫越、腹心之病。今信其浮辭詐僞、而貪齊。破齊、譬猶石田。無所用之。且盤庚之誥曰、有顚越不恭、劓殄滅之、俾無遺育。無使易種于茲邑。【考證】書盤庚中篇、杜預曰、顚越不恭、謂縱橫不承命者也、劓、割也、殄、絕也、育、長也、俾、使也、易種、轉生種類、愚按、易、延也、此商之所以興。願王釋齊而先

越。若不然、後將悔之無及。而吳王不聽、使子胥於齊。子胥臨行謂其子曰、吾數諫王。王不用。吾今見吳之亡矣。汝與吳俱亡、無益也。乃屬其子於齊鮑牧、而還報吳。【考證】鮑牧見殺已四年、左傳但云鮑氏、中井積德曰、子胥屬子、不特失計、乃違人臣之禮、是自速譖也、穆文熙曰、子胥屬子、蓋誓以死諫、且不欲絕先人之後也、或謂屬鏤之劍、乃所以招、不知其心矣、吳太宰嚭既與子胥有隙。因讒曰、子胥爲人、剛暴少恩猜賊。其怨望、恐爲深禍也。前日王欲伐齊。子胥以爲不可。王卒伐之而有大功。子胥恥其計謀不用、乃反怨望。而今王又復伐齊。子胥專愎彊諫、沮毀用事、【集解】沮、自呂反、【索隱】愎、皮逼反、【考證】楓山本、三條本、今上無而字、徒幸吳之敗、以自勝其計謀耳。今王自行、悉國中武力以伐齊。而子胥諫不用。因輟謝詳病不行。【考證】詳、各本作佯、今從北宋、中統、舊刻、游本、王不可不備。此

起禍不難。且嚭使人微伺之、其使於齊也、乃屬其子於齊之鮑氏。夫爲人臣、內不得意、外倚諸侯、自以爲先王之謀臣、今不見用。常鞅鞅怨望。願王早圖之。吳王曰、微子之言、吾亦疑之。乃使使賜伍子胥屬鏤之劍曰、子以此死。【集解】鏤、音錄于反、【考證】屬讀爲钃、刺也、書禹貢孔傳、鏤、鋼鐵也、亦取其利也、伍子胥仰天歎曰。嗟乎、讒臣嚭爲亂矣。王乃反誅我。我令若父霸。自若未立時、諸公子爭立。我以死爭之於先王、幾不得立。【正義】幾、音祈、若既得立、欲分吳國予我。我顧不敢望也。然今若聽諛臣言、以殺長者。乃告其舍人曰、必樹吾墓上以梓。令可以爲器。【正義】器、謂棺也、以吳必亡也、左傳云、樹吾墓檟、檟可材也、吳其亡乎、【考證】伍子胥諫以下、本哀十一年左傳、太宰嚭之讒、子胥之獄、史公以意敷衍、而抉吾眼縣吳東門之上。【索隱】抉、烏穴反、抉亦決也、【正義】東門、鯆門、謂䱐門也、

今名葑門、鯆、音普姑反、䱐、音覆浮反、越軍開示浦、子胥濤盪羅城、開此門、有鯆䱐隨濤入、故以名門、顧野王云、鯆魚一名江豚、欲風則涌之也、【考證】楓山、三條本、縣作著、王念孫曰、匡謬正俗、蓺文類聚、初學記、太平御覽、引史記縣作著、著、猶置也、今本作縣者、後人依吳語改之也、以觀越寇之入滅吳也。乃自剄死。吳王聞之大怒、乃取子胥尸、盛以鴟夷革、【集解】應劭曰、取馬革爲鴟夷、鴟夷、榼形、【正義】盛、音成、榼、古曷反、【考證】吳語云、王慍曰、孤不使大夫得有見也、乃使取申胥之尸、盛以鴟鶇、而投之江、無革字、此革字疑衍、浮之江中。【集解】徐廣曰、魯哀公十一年、【正義】案年表云、吳王夫差十一年也、【考證】而抉吾眼以下、采國語吳語、吳人憐之、爲立祠於江上。【正義】吳地記曰、越軍於蘇州東南三十里三江口、又向下三里、臨江北岸立壇、殺白馬祭子胥、杯動酒盡、後因立廟於此江上、今其側有浦、名上壞浦、至晉、會稽太守麋豹、移廟吳郭東門內道南、今廟見在、因命曰胥山。【集解】張晏曰、胥山、在太湖邊、去江不遠百里、故云江上、【正義】吳地記云、胥山太湖邊、胥湖東岸、山西臨胥湖、山有古葬胥二王廟、按其廟不干子胥事、太史誤矣、張注又非、【考證】中井積德曰、立祠于江上、直是岸側也、其處自有山、名胥山、不與湖上胥山相涉、吳王既誅伍子胥、遂伐齊。【考證】春秋內外傳、呂覽知化篇、無此事、齊鮑氏殺其君悼公、而立陽生。吳王欲討其賊。不勝而去。【考證】梁玉繩曰、齊鮑氏殺其君以下、疑

當在前叄疏子胥之謀句上、庶于左傳情事相協、此及吳世家敍伐齊事、多倒亂失實、而悼公卽陽生、此又誤說、當是殺其君悼公而立壬也、至弑悼公、非出鮑氏、已辨在齊世家中、其後二年、【考證】梁玉繩曰、二年、當作一年、戰艾陵之明年也、吳王召魯衞之君、會之橐皐。【索隱】音拓皐二音、杜預云、地名、在淮南逡遒縣東南、【正義】橐皐故縣、在廬州巢縣西北五十六里、【考證】哀十二年春秋經傳、其明年、因北大會諸侯於黃池、以令周室。【正義】黃池、在汴州封丘縣南七里、越王句踐襲殺吳太子、破吳兵。【考證】左傳、太子名友、吳王聞之乃歸。使使厚幣與越平。【考證】哀十三年左傳、令周室、采國語吳語、後九年、越王句踐遂滅吳、殺王夫差。【考證】哀二十二年左傳、夫差蓋自殺也、而誅太宰嚭。以不忠於其君、而外受重賂、與己比周也。【正義】己比紀鼻二音、【考證】依左傳、太宰嚭吳亡後二年猶在、史公因滅吳牽連書之、伍子胥初所與俱亡故楚太子建之子勝者、在於吳。吳王夫差之時、楚惠王欲召勝歸楚。葉公【正義】上式涉反、杜預云、子高沈諸梁、諫曰。勝好勇、而陰求死士。殆有私乎。惠

王不聽。遂召勝、使居楚之邊邑鄢。【集解】徐廣曰、潁川鄢陵是、【正義】鄢、音偃、括地志云、故鄢城、在豫州郾城縣南五里、與襃信白亭相近、號爲白公。【集解】徐廣曰、汝南襃信縣有白亭、【正義】括地志云、白亭、在豫州襃信縣南四十二里、又有白公故城、又許州扶溝縣北四十五里北又有白亭也、【考證】梁玉繩曰、召勝者子西、不聽諫者亦子西、而以爲惠王、誤矣、愚按、左傳但云、使處吳竟、不云鄢、白公歸楚三年、而吳誅子胥。【考證】白公歸楚之年、春秋內外傳不記、他書亦無徵、白公勝既歸楚。怨鄭之殺其父、乃陰養死士、求報鄭。歸楚五年、請伐鄭。楚令尹子西許之。兵未發、而晉伐鄭。【考證】梁玉繩曰、晉伐鄭、在魯哀公十五年、周敬王四十年、卽依史記、乃白公歸楚八年、非五年也、鄭請救於楚。楚使子西往救。與盟而還。白公勝怒曰。非鄭之仇、乃子西也。【考證】岡白駒曰、言我讎非鄭、乃子西也、左傳云、勝怒曰、鄭人在此、讎不遠矣、勝自礪劍。人問曰。何以爲。【索隱】左傳、作子期之子平見之曰、王孫何自礪也、勝曰。欲以殺子西。子西聞之笑曰。勝如卵耳。何能爲也。【考證】岡白駒曰、此喩小弱不濟事也、按左傳、子西曰、勝如卵、余翼而長之、喩撫育之、如鳥孚卵而至生

翼也、此與左傳義殊、愚按、王若虛滹南集辨惑、已有此說、其後四歲、【考證】梁玉繩曰、四當作一、晉伐鄭之明年、白公作亂也、白公勝與石乞襲殺楚令尹子西・司馬子綦於朝。【索隱】左傳、作子期也、石乞曰。不殺王不可。乃劫之王如高府。【索隱】杜預云、楚之別府也、【考證】王念孫曰、劫下本無之字、左傳曰、白公以王如高府、楚世家曰、因劫惠王、置之高府、此曰乃劫王如高府、其義一也、劫下不當有之字、石乞從者屈固、【集解】徐廣曰、一作惠王從者屈固、楚世家亦云、王從者、【索隱】按徐廣曰、一作惠王從者屈固、蓋此本爲得、而左傳云、石乞尹門圉公陽、穴宮、負王以如昭夫人之宮、則公陽是楚之大夫、王之從者也、【考證】梁玉繩曰、哀十六傳、負王者乃圉公陽、世家言惠王從者屈固、此傳以爲石乞從者屈固、蓋屈乃遷之譌、遷固卽箴尹固、見哀十八傳、然遷固、圉公陽、是兩人、史誤也、必因左傳圉公陽穴宮負王與石乞尹門連文、而又有葉公遇箴尹固事、遂致斯舛耳、中井積德曰、公陽是圉之名、賤者非大夫、負楚惠王、亡走昭夫人之宮。【索隱】昭王夫人、卽惠王母、越女也、葉公聞白公爲亂、率其國人攻白公。白公之徒敗。亡走山中自殺。【正義】左傳云、白公奔而縊、而虜石乞。而問白公尸處。不言。將亨石乞。曰。事成爲卿。不成而亨。固其職也。【考證】乞下而字疑

衍、卿亨、韻、職、常也、漢書主父偃傳、偃曰、丈夫生不五鼎食、死則五鼎亨耳、蓋本此語、終不肯告其尸處。遂亨石乞。而求惠王復立之。【考證】故楚太子建之子勝以下、采哀十六年左傳、淩約言曰、白公爲父執仇、石乞爲主盡忠、其於子胥、皆類例也、太史公附此一段、正以例見子胥之長耳、

太史公曰。怨毒之於人、甚矣哉。【考證】奢尙無罪而楚殺之、所謂怨毒也、王者尙不能行之於臣下。況同列乎。向令伍子胥從奢俱死、何異螻蟻。【考證】楓山本、三條本、無向字、弃小義雪大恥、名垂於後世。【考證】王維楨曰、太史公蓋以自見也、悲夫。方子胥窘於江上、【索隱】窘、音求殞反、道乞食。志豈嘗須臾忘郢邪。故隱忍就功名。非烈丈夫、孰能致此哉。白公如不自立爲君者、其功謀亦不可勝道者哉。

【索隱】述贊、讒人罔極、交亂四國、嗟彼伍氏、被茲凶慝、員獨忍詬、志復冤毒、霸吳起師、代楚逐北、鞭尸雪恥、抉眼弃德、

伍子胥列傳第六

史記六十六

文學博士瀧川龜太郎著

史記會注考證

史記會注考證卷六十七

漢　太史令司馬遷　撰

宋　中郎外兵曹參軍裴駰　集解

唐　國子博士弘文館學士司馬貞　索隱

唐　諸王侍讀率府長史張守節　正義

日本　出雲瀧川資言　考證

仲尼弟子列傳第七　史記六十七

【考證】史公自序云、孔子述文、弟子興業、咸爲師傅、崇仁厲義、作仲尼弟子列傳第七、

孔子曰。受業身通者、七十有七人。皆異能之士也。【索隱】孔子家語、亦有七十七人、唯文翁孔廟圖、作七十二人、【考證】孔子蓋無此語、曰字宜改爲弟子、鄭環曰、宋大觀四年議禮局言、史記弟子傳曰、受業身通六藝者七十有七人、據此、今本脫六藝二字、梁玉繩曰、案弟子之數、有作七十人者、孟子云、七十子、呂氏春秋遇合篇、達徒七十人、淮南子泰族及要略訓、俱言七十、漢書藝文志序、楚元王傳所稱七十子喪而大義乖、是已、有作七十二人者、孔子世家、文翁禮殿圖、後書蔡邕傳、鴻都畫像、水經注八、漢魯峻冢壁象、魏書李平傳、學堂圖、皆七十二人、顏氏家訓誡兵篇所稱仲尼門徒升堂者七十二、是已、有作七十七人者、此傳及漢地理志是已、孔子家語七十二弟子解、實七十七人、今本脫顏何、止七十六、其數無定、難以臆斷、愚按經義考承師篇、史記志疑卷二十八、論孔門弟子不著錄者甚詳、

德行、顏淵・閔子騫・冉伯牛・仲弓。政事、冉有・季路。言語、宰我・子貢。【索隱】論語、一曰德行、二曰言語、三曰政事、四曰文學、今此文、政事在言語上、是其記有異也、文學、子游・子夏。【考證】德行以下、論語先進篇、朱氏集註云、弟子因孔子之言、記此十人、而幷目其所長、孔子教人、各因其材、於此可見、程子曰、四科乃從夫子於陳蔡者爾、門人之賢者固不止此、曾子傳道而不與焉、故知十哲世俗論也、愚按十人不悉從陳蔡、毛西河論語稽求篇論之詳矣、

師也辟。【集解】馬融曰、子張才過人、失於邪辟文過、【正義】音癖、【考證】辟、偏僻也、參也魯。【集解】孔安國曰、魯、鈍也、曾子遲鈍、柴也愚。【集解】何晏曰、愚直之愚、

由也喭。【集解】鄭玄曰、子路之行、失於昄喭、【索隱】論語先言柴、次參、次師、次由、今此傳序之、亦與論語不同、不得輒言其誤也、【正義】昄音畔、又音岸、【考證】論語先進篇、王弼曰、喭、剛猛也、回也屢空。賜不受命而貨殖焉。億則屢中。【集解】何晏曰、言回庶幾於聖道、雖數空匱、而樂在其中、賜不受教命、唯財貨是殖、億度是非、蓋美回、所以勵賜也、一曰、屢、猶每也、空、猶虛中也、以聖人之善道、教數子之庶幾、猶不至於知道者、各內有此害也、其於庶幾每能虛中者、唯回懷道深遠、不虛心、不能知道、子貢無數子之病、然亦不知道者、雖不窮理、而幸中、雖非天命、而偶富、亦所以不虛心也、【正義】意音億、【考證】論語先進篇、朱熹曰、億、意度也、言子貢不如顏子之安貧樂道、然其才識之明、亦能料事而多中也、正義本、億作意、

孔子之所嚴事、於周則老子、於衛蘧伯玉、【集解】大戴禮云、外寬而內直、自娛於隱括之中、直己而不直人、汲汲於仁、以善自終、蓋蘧伯玉之行、【索隱】按大戴禮又云、外寬而內直、自娛於隱括之中、直己而不直人、汲汲于仁、以善存亡、蓋蘧伯玉之行也、【考證】集解索隱所引大戴禮衛將軍文子篇、今本娛作設、汲汲于仁、以善存亡、作以善存亡汲汲、於齊晏平仲、【集解】大戴禮云、君擇臣而使之、臣擇君而事之、有道順命、無道衡命、蓋晏平仲之行也、【索隱】大戴記曰、君擇臣而使之、臣擇君而事之、有道順命、無道衡命、蓋晏平仲之行也、於楚老萊子、【索隱】大戴記又云、德恭而行信、終日言不在悔尤之內、貧而樂也、蓋老萊子之行也、於鄭子產、於魯孟公綽、【考證】昭二十年左傳、子產卒、仲尼聞之出涕曰、古之遺

愛也、孔子時年三十、論語亦屢稱子產、而未聞其嚴事之、梁氏志疑引張孝廉云、以公綽爲孔子所嚴事、恐未然、數稱臧文仲・柳下惠・[集解]大戴禮云、孝恭慈仁、允德圖義、約貨去怨、蓋柳下惠之行、[索隱]大戴記又云、孝恭慈仁、允德圖義、約貨亾怨、蓋柳下惠之行也、[考證]梁玉繩曰、孔子屢貶文仲、何嘗稱之、不當與柳下惠竝舉、銅鞮伯華・[索隱]地理志、縣名、屬上黨、[正義]鞮、丁奚反、按銅鞮潞州縣、介山子。然孔子皆後之、不竝世。[集解]大戴禮曰、孔子云、國家有道、其言足以興、國家無道、其默足以容、蓋銅鞮伯華之所行、觀於四方、不忘其親、苟思其親、不盡其樂、蓋介山子然之行也、說苑曰、孔子歎曰、銅鞮伯華無死、天下有定矣、晉太康地記云、銅鞮、晉大夫羊舌赤之邑、世號赤曰銅鞮伯華、[索隱]按自臧文仲已下、孔子皆後之、不竝代、其所嚴事自老子及公綽已上、皆孔子同時人也、按戴德撰禮號曰大戴禮、合八十五篇、其四十七篇亾、見今存者有三十八篇、今裴氏所引、在衛將軍篇、孔子稱祁奚對晉平公之辭、唯擧銅鞮介山二人行耳、家語又云、不克不忌、不念舊怨、蓋伯夷叔齊之行、思天而敬人、服義而行信、蓋趙文子之行、事君不愛其死、謀身不遺其友、蓋隨武子之行、[考證]大戴禮、介山子然作介山子推、注、晉大夫介之推也、離騷曰、封介山而爲之禁兮、報大德之優游、愚按論語不載老子、老萊子、羊舌赤、介之推事、張文虎曰、案據索隱、是集解於蘧伯玉以下諸人竝未引大戴記、故索隱引以補之、而不及銅鞮介山二條者、以裴氏已引也、今各本於蘧伯玉晏平仲柳下惠三人、徑依大戴記引補、則索隱之文複、故刪去索隱、而各條又失注大戴禮三字、乃老萊子下又獨存索隱、此皆坊刻以意去取、無從論其是非也、傳本已久、不能刪削、今仍其舊、而依單本補入索隱、以質讀者、又曰、家語又云以下五十三字、單本所無、與史文無涉、蓋亦後人妄竄、

顏回者、魯人也。字子淵。少孔子三十歲。[正義]少、戌妙反、[考證]古人名字相因、淵、回水也、故顏回字子淵、騫、損也、故閔損字子騫、貢、贛同、賜也、故端木賜字子貢、王引之兪樾胡元玉洪恩波諸人論之甚詳、史不書回死之年、索隱及文選辨命論注引家語、竝作三十二、則今家語作三十一、誤也、但回少孔子三十歲、回死之時、孔子年六十二、當魯哀五年、而哀六年、方有陳蔡之厄、回何以死乎、又孔子二十生伯魚、三十一回生、伯魚五十而卒、則顏子亦當四十、而論語言伯魚先顏淵死、伯魚五十、孔子年六十九、是回先伯魚死矣、閻氏四書釋地曰、回少孔子三十歲、三十下脫七字、蓋生于魯昭公二十八年丁亥、卒于哀公十二年戊午、方合三十二歲之數、是年伯魚亦卒在前、此本薛應旂甲子會紀、頗爲明確、列子力命篇、壽四八、可證、時孔子六十九歲、有棺無槨之言、政指見在事也、黃式三曰、公羊傳於獲麟後連識顏子子路之死、則顏子之死、與獲麟及子路死之時不遠、伯魚先顏子死、於時正符、又曰、或謂史傳少孔子三十歲、歲上脫八字、家語雖僞書、然史記言髮白之年在二十九、則卒年在三十二、時孔子年七十、於數猶符、愚按閻氏以顏卒爲孔子六十九歲時、黃氏爲七十歲時、皆無確證、竊謂閻說近是、楓山三條本、歲上有七字、顏淵問仁。孔子曰。克己復禮、天下歸仁焉。[集解]馬融曰、克己、約身也、孔安國曰、復、反也、身能反禮則爲仁矣、[考證]論語顏淵篇、中井積德曰、歸、如字、服也、天下歸仁、極言其效也、孟子、其身正而天下歸之、孔子曰。賢哉回也。[集解]衛瓘曰、非大賢樂道、不能若此、故以稱之、[索隱]衛瓘字伯玉、晉太保、亦注論語、故裴引之、[考證]論語皇疏多

引衛瓘、而不錄此解、邢疏亦無、但由集解而傳、一簞食、一瓢飲、[集解]孔安國曰、簞、笥也、在陋巷、人不堪其憂。回也不改其樂。[集解]孔安國曰、顏回樂道、雖簞食在陋巷、不改其所樂也、[考證]論語雍也篇、回也如愚。[集解]孔安國曰、於孔子之言、默而識之、如愚也、退而省其私、亦足以發。回也不愚。[集解]孔安國曰、察其退還、與二三子說釋道義、發明大體、知其不愚、[考證]論語爲政篇、用之則行。捨之則藏。唯我與爾有是夫。[集解]孔安國曰、言可行則行、可止則止、唯我與顏回同也、欒肇曰、用己而後行、不假隱以自高、不屈道以要名、時人無知其實者、唯我與爾有是行、[正義]肇字永初、高平人、晉尚書郎、作論語疑釋十卷、論語駁二卷、[考證]論語述而篇、用之則行二句、古語、行、藏、韻、欒肇是解、賴集解而存、皇邢疏不載、回年二十九、髮盡白。蚤死。[索隱]按家語亦云、年二十九而髮白、三十二而死、王肅云、此久遠之書、年數錯誤、未可詳也、校其年、則顏回死時、孔子年六十一、然則伯魚年五十、先孔子卒時、孔子且七十也、今此爲顏回先伯魚死、而論語曰、顏回死、顏路請子之車、孔子曰、鯉也死、有棺而無槨、或爲設事之辭、按顏回死在伯魚之前、故以論語爲設詞、[考證]顏淵死後於伯魚、論語可證、梁玉繩曰、王肅以論語爲設事之詞、甚謬、朱子云、以人情言之、不應如此、王肅本許慎、朱子本康成、見曲禮疏、孔子哭之慟。[考證]孔子哭之慟、論語先進篇、鄭玄曰、慟、變動容貌、曰。自吾有回、門人益親。[集解]王肅

曰、顏回爲孔子胥附之友、能使門人日親孔子、[考證]尚書大傳云、文王胥附奔輳先後禦侮、謂之四鄰、以免牖里之害、懿子曰、夫子亦有四鄰乎、孔子曰、文王得四臣、丘亦得四友焉、自吾得回也、門人加親、是非胥附邪、自吾得賜也、遠方之士日至、是非奔輳邪、自吾得師也、前有光、後有輝、是非先後邪、自吾得由也、惡言不至于耳、是非禦侮邪、魯哀公問、弟子孰爲好學。孔子對曰。有顏回者。好學、不遷怒、不貳過。不幸短命死矣。今也則亡。[集解]何晏曰、凡人任情、喜怒違理、顏回任道、怒不過分、遷者移也、怒當其理、不移易也、不貳過者、有不善、未嘗復行、[考證]魯哀公以下、論語雍也篇、朱熹曰、遷、移也、怒於甲者、不移於乙、聖門志、復聖墓、在曲阜縣城東二十里、防山之陽、鄭環曰、東漢諸帝、雖竝祀七十二弟子、未嘗獨尊顏子也、顏子配享孔子、當自魏齊王正始七年始、唐明皇開元八年、稱亞聖、坐於十哲之上、二十七年、贈兗公、宋度宗咸淳三年、以顏子曾子子思孟子竝配先聖、四配之名、自此始、元文宗至順元年、贈兗國復聖公、閔損字子騫。少孔子十五歲。[集解]鄭玄曰、孔子弟子目錄云、魯人、[索隱]家語亦云、魯人、少孔子十五歲、孔子曰。孝哉閔子騫。人不閒於其父母昆弟之言。[集解]陳羣曰、言子騫上事父母、下順兄弟、動靜盡善、故人不得有非閒之言、[考證]論語先進篇、孝哉閔子騫與賢哉回也語氣正同、中井積德曰、論語中無名閔子騫者、豈以字行乎、胡安國曰、父母兄弟、稱其孝友、人皆信之、無異詞者、蓋其孝友之實、有以積於中而著於外、故夫子歎而美之、不仕大

夫、不食汙君之祿。【索隱】論語、季氏使閔子騫爲費宰、子騫曰、善爲我辭焉、是不仕大夫不食汙君之祿也、如有復我者、【集解】孔安國曰、復我者、重來召我、必在汶上矣。【集解】孔安國曰、去之汶水上、欲北如齊、【考證】如有復我以下、論語雍也篇、愚按、此閔子辭費宰、一時拒使者之言、如上當有曰字、鄭環曰、唐開元八年、詔閔子等十哲、悉令從祀、二十七年、贈費侯、明嘉靖九年、稱先賢閔子、按自嘉靖九年議禮、盡罷唐宋贈爵、惟四配稱復聖宗聖述聖亞聖、閔子而下、皆稱先賢某子、

冉耕字伯牛。【集解】鄭玄曰、魯人、【索隱】按家語云、魯人、孔子以爲有德行。【考證】論語先進篇、伯牛有惡疾。【考證】論語無惡字、淮南子精神訓、子夏失明、冉伯牛爲厲、孔子往問之、自牖執其手【集解】包氏曰、牛有惡疾、不欲見人、孔子從牖執其手、曰。命也夫。斯人也而有斯疾。命也夫。【集解】包氏曰、再言之者、痛之甚也、【考證】論語雍也篇、【索隱】家語云、伯牛之宗族、少孔子二十九歲、

冉雍字仲弓。【集解】鄭玄曰、魯人、仲弓問政。孔子曰。出門如見大賓。使民如承大祭。【集解】孔安國曰、莫尚乎敬、【考證】論語、政作仁、集解、楓三本、曰下有仁之道三字、在邦無怨。在家無怨。【集解】包氏曰、在邦、爲諸侯、在家、爲卿大夫、【考證】仲弓問以下、論語顏淵篇、皇侃曰、在邦、謂仕諸侯、在家、謂仕卿大夫、程一枝曰、避諱、邦當作國、孔子以仲

弓爲有德行、【考證】論語先進篇、曰。雍也可使南面。【集解】包氏曰、可使南面、言任諸侯之治、【考證】論語雍也篇、朱熹曰、言仲弓寬洪簡重、有人君之度也、仲弓父賤人。孔子曰。犂牛之子、騂且角。雖欲勿用、山川其舍諸。【集解】何晏曰、犂、雜文、騂、赤色也、角者、角周正、中犧牲、雖欲以其所生犂而不用、山川寧肯舍之乎、言父雖不善、不害於子之美、【考證】孔子曰以下、論語雍也篇、犂牛、耕牛也、

冉求字子有。【集解】鄭玄曰、魯人、少孔子二十九歲。爲季氏宰。【考證】爲季氏宰、孟子離婁篇、季康子問孔子曰。冉求仁乎。曰。千室之邑、百乘之家、【集解】孔安國曰、千室、卿大夫之邑、卿大夫稱家、諸侯千乘、大夫故曰百乘、求也可使治其賦。仁則吾不知也。【集解】孔安國曰、賦、兵賦也、仁道至大、不可全名也、復問、子路仁乎。孔子對曰。如求。【考證】翟灝曰、問由求者、孟武伯也、而由求兩傳皆誤作季康子、又孔子答仲由可使治千乘之賦、冉求可爲宰、事各不同、仲由傳依論語載之、而此乃曰求可使治賦、曰如求、何也、愚按、據論語公冶長篇、翟說是、求問曰。聞斯行諸。【集解】包氏曰、賑窮救乏之事也、【考證】聞、聞義也、不獨賑窮救乏、子曰。行之。子路問。聞斯行諸。子曰。有父

兄在、如之何其聞斯行之。【集解】孔安國曰、當白父兄、不可自專、子華怪之、敢問問同而荅異。【考證】程一枝曰、宋本無問同而荅異五字、孔子曰。求也退。故進之。由也兼人。故退之。【集解】鄭玄曰、言冉有性謙退、子路務在勝尚人、各因其人之失而正之、【考證】論語先進篇、

仲由字子路。卞人也。【集解】徐廣曰、尸子曰、子路卞之野人、【索隱】家語、一字季路、亦云是卞人也、【考證】洪邁曰、三代之時、天下書同文、故春秋左氏所載人名字、不以何國、大抵皆同、鄭公子歸生、魯公孫歸父、蔡公孫歸生、楚仲歸、齊析歸父、皆字子家、楚成嘉、鄭公子嘉、皆字子孔、鄭公孫段、印段、宋諸師段、皆字子石、鄭公子喜、宋樂喜、皆字子罕、楚公子黑肱、鄭公孫黑、孔子弟子狄黑、皆字子皙、魯公子翬、鄭公孫揮、皆字子羽、邾子克、楚鬭克、周王子克、宋司馬之臣克、皆字曰儀、晉籍偃、荀偃、鄭公子偃、吳言偃、皆字曰游、晉羊舌赤、魯公西赤、皆字曰華、楚公子側、魯孟之側、皆字曰反、魯冉耕、司馬耕、皆字曰牛、顏無繇、仲由、皆字曰路、少孔子九歲。子路性鄙、好勇力、志伉直、冠雄雞、佩豭豚、陵暴孔子。【集解】冠以雄雞、佩以豭豚、二物皆勇、子路好勇、故冠帶之、【考證】洪頤煊曰、莊子盜跖篇、使子路去其危冠、解其長劍、而受教於子、佩豭豚、謂取豭豚之皮以爲劍飾、孔子設禮、稍誘子路。子路後儒服委質、因門人請爲弟子。【索隱】按服虔注左氏云、古者始仕、必先書其

名於策、委死之質於君、然後爲臣、示必死節於其君也、【考證】質、讀爲贄、音之利反、集解誤、沈家本曰、臣委質於君、弟委質于師、其義一也、子路問政。孔子曰。先之勞之。【集解】孔安國曰、先導之以德、使民信之、然後勞之、易曰、悅以使民、民忘其勞、【考證】論語集註引蘇氏曰、凡民之行、以身先之、則不令而行、凡民之事、以身勞之、則雖勤不怨、愚按、勞之者勞之也、孟子放勳曰、勞之來之、請益。曰。無倦。【集解】孔安國曰、子路嫌其少、故請益、曰、無倦者、行此二事無倦、則可、【考證】子路問政以下、論語子路篇、子路問。君子尙勇乎。孔子曰。義之爲上。君子好勇而無義則亂。【集解】李充曰、既稱君子、不職爲亂階也、若君親失道、國家昏亂、其於赴患致命而不知正顧義者、則亦陷乎爲亂、而受不義之責也、【索隱】按充字弘度、晉中書侍郎、亦作論語解、小人好勇而無義則盜。【考證】論語陽貨篇、子路有聞、未之能行、唯恐有聞。【集解】孔安國曰、前所聞未及行、故恐復有聞、不得竝行、【考證】論語子路篇、孔子曰。片言可以折獄者、其由也與。【集解】孔安國曰、片猶偏也、聽訟、必須兩辭以定是非、偏信一言折獄者、唯子路可也、【考證】論語顏淵篇、朱熹曰、片言、半言、折斷也、子路忠信明決、故言出而人信服之、不待其辭之畢也、由也好勇過我。無所取材。【集解】樂肇曰、適用曰材、好勇過我用、故云、無所取、【索隱】按肇字永初、晉尙書郎、作論語義也、【考證】論語公冶長篇、朱氏

集註引程子云、夫子美其勇、而譏其不能裁度事理以適於義也、若由也、不得其死然。【集解】孔安國曰、不得以壽終也、【考證】論語先進篇、然猶焉、衣敝縕袍、與衣狐貉者立而不恥者、其由也與。【集解】孔安國曰、縕、枲著也、【考證】論語子罕篇、由也升堂矣。未入於室也。【集解】馬融曰、升我堂矣、未入於室耳、【考證】論語先進篇、季康子問。仲由仁乎。孔子曰。千乘之國、可使治其賦。不知其仁。【考證】論語公治長篇、季康子作孟武伯、子路喜從游。遇長沮桀溺·荷蓧丈人。【考證】論語微子篇、從游、從孔子遊也、子路爲季氏宰。【考證】定十二年左傳、禮記禮運、季孫問曰。子路可謂大臣與。孔子曰。可謂具臣矣。【集解】孔安國曰、言備臣數而已、【考證】論語先進篇、季孫作季子然、注云、子然、季氏子弟、子路爲蒲大夫、辭孔子。【索隱】蒲、衞邑、子路爲之宰也、孔子曰。蒲多壯士。又難治。然吾語汝。恭以敬、可以執勇。【集解】言恭謹謙敬、勇猛不能害、故曰執也、【考證】釋名釋姿容、執、攝也、使畏攝己也、說苑政理篇、襲此文、改執作攝、攝、收也、寬以正、可以比衆。【集解】音鼻、言寬大清正、衆必歸近之、【考證】

比、親也、說苑、比作容、恭正以靜、可以報上。【考證】恭正行政、士民安靜、此邑宰所以報上也、說苑、報作親、史義長、初衞靈公有寵姬曰南子。【考證】梁玉繩曰、南子是夫人、非寵姬也、且稱妾爲姬、亦非當時語、靈公太子蕢聵得過南子、懼誅出奔。【考證】初衞靈公以下、本定十四年左傳、左傳及衞世家、蕢作蒯、此疑誤、出奔、出奔宋也、及靈公卒、而夫人欲立公子郢。郢不肯曰。亡人太子之子輒在。於是、衞立輒爲君。【考證】哀二年左傳、是爲出公。出公立十二年、其父蕢聵居外、不得入。子路爲衞大夫孔悝之邑宰。【索隱】按服虔云、爲孔悝之邑宰、蕢聵乃與孔悝作亂、謀入孔悝家、遂與其徒襲攻出公。出公奔魯。而蕢聵入立。是爲莊公。方孔悝作亂、【索隱】按左傳、蒯聵入孔悝家、悝母伯姬劫悝於廁、强與之盟、而立蒯聵、非悝本心自作亂也、子路在外。聞之而馳往。遇子羔出衞城門。謂子路曰。出公去矣。而門已閉。子可還矣。毋空受其禍。【考證】陳仁

錫曰、出公、當作衞君、子路曰。食其食者、不避其難。【考證】其字皆指孔悝、子路仕孔悝、悝見殺、義可以死矣、子羔卒去。有使者入城。城門開。子路隨而入。【考證】翟灝曰、左傳云、有使者出、乃入、此言使者入、不合、且門乃孔悝家之門、非城門也、造蕢聵。蕢聵與孔悝登臺。【考證】劫孔悝登臺也、子路曰。君焉用孔悝。請得而殺之。【考證】徐孚遠曰、此語與左傳異、陳子龍曰、子路救悝而來、豈應出此語、固知左氏爲當矣、岡白駒曰、衞世家與左傳同、左傳云、太子焉用孔悝、雖殺之、必或繼之、又云、若燔臺半、必舍孔悝、且子路志在救孔悝也、愚按、言殺之者權詞、燔臺、陽示殺之、而陰救之也、史文不鬯、蕢聵弗聽。於是子路欲燔臺。【考證】子路意謂、蒯聵無勇、若燔及半、以孔悝授我耳、事詳衞世家、蕢聵懼乃下石乞·壺黶攻子路。【考證】錢大昕曰、左氏、壺黶作盂黶、壺盂聲相近、愚按、衞世家與左傳同、擊斷子路之纓。子路曰。君子死而冠不免。遂結纓而死。孔子聞衞亂曰。嗟乎、由死矣。已而果死。【考證】初衞靈公以下、本哀十五年左傳、故孔子曰。自吾得由、惡言不聞於耳。【集解】王肅曰、子路爲孔子侍衞、故侮慢之人、不敢有惡言、是以惡言不聞於孔子耳、【考證】尙書大傳、沈家本曰、按今

家語注、作子路夫子褻侮之友、疑侍衞乃褻侮之譌、而下又奪之友二字、是時子貢爲魯使於齊。【索隱】按左傳、子貢爲魯使齊、在哀十五年、蓋此文誤也、【考證】陳仁錫曰、是時子貢爲魯使於齊九字、當刪、張文虎曰、此於上下文皆不相涉、索隱本出此九字於子貢傳好廢舉與時轉貨貲條後、疑今本錯簡、宰予字子我。利口辯辭。【集解】鄭玄曰、魯人、【索隱】家語亦云、魯人、【考證】論語先進篇、言語宰予、既受業、問、三年之喪、不已久乎。【考證】已、太也、論語作期已久矣、陸德明云、論語一本、期作其、君子三年不爲禮、禮必壞。三年不爲樂、樂必崩。舊穀既沒、新穀既升、鑽燧改火、期可已矣。【集解】馬融曰、周書月令、有更火之文、春取榆柳之火、夏取棗杏之火、季夏取桑柘之火、秋取柞楢之火、冬取槐檀之火、一年之中、鑽火各異木、故曰改火、【考證】伊藤維楨曰、本文、明是一年一改火、而非四時各變化、則不可專據周禮以解也、子曰。於汝安乎。曰。安。汝安則爲之。君子居喪、食旨不甘、聞樂不樂。故弗爲也。【集解】孔安國曰、旨、美也、責其無仁於親、故言汝安則爲之、宰我出。子曰。予之不仁也。子生三年、然後免於父母之懷。【集解】馬融曰、生未三歲、爲父母所懷抱也、夫三年之喪、天下之通

義也。【集解】孔安國曰、自天子達於庶人、【考證】問三年之喪以下、論語陽貨篇、宰予晝寢。【考證】晝寢、有四義、皇侃云、寢、眠也、宰予惰學而晝眠也、朱子從之、是一義、梁武帝改晝爲畫、以爲繪畫寢室、韓昌黎筆解從之、是又一義、劉原父以寢爲內寢、卽曲禮所謂晝居於內、是一義、翟晴江論語考異、讀晝若今女晝之晝、讀寢若兵寢刑措之寢、以爲休息、是又一義、皇說最穩、子曰。朽木不可雕也。【集解】包氏曰、朽、腐也、雕、雕琢刻畫、糞土之牆不可圬也。【集解】王肅曰、圬、墁也、二者喻雖施功猶不成也、【考證】論語公冶長篇、宰我問五帝之德。子曰。予非其人也。【集解】王肅曰、言不足以明五帝之德也、【考證】大戴記五帝德篇、宰我爲臨菑大夫。【索隱】按謂仕齊、齊都臨淄、故云爲臨淄大夫也、與田常作亂。以夷其族。孔子恥之。【索隱】按左氏傳、無宰我與田常作亂之文、然有闞止字子我、而因爭寵、遂爲陳恆所殺、恐字與宰予相涉、因誤云然、【考證】陳仁錫曰、宰予爲臨菑、至孔子恥之二十字、亦當削、趙翼曰、史記云、宰予與田常作亂、以夷其族、孔子恥之、則宰予嘗助逆者、及閱呂氏春秋、與左傳相印證、乃知非宰予事、而傳聞之誤謬也、呂氏愼勢篇云、齊簡公有臣曰諸御鞅、謂公曰、陳常與宰予甚相憎、若相攻則危上矣、願君去其一人也、簡公弗聽、未幾陳常果攻宰予、卽簡公于廟、簡公喟曰、吾不用鞅之言、至於此、亦見淮南人間訓、而左傳哀十四年、宰予作闞止、所載同一事也、而一以爲闞止、一以爲宰予、則以闞止字子我、宰予亦字子我、故呂氏遂誤以此事屬之宰予、而史記不知其詳、又以爲宰予與田常作亂而夷族、

又曰、史記李斯上書二世、言田常爲簡公臣、布惠施德、陰取齊國、殺宰予于庭、東坡志林引之、以證弟子傳宰予與田常作亂之誤、謂李斯乃荀卿弟子、去孔子不遠、所引宜得其實、此亦但明宰予之非黨於田常、而不知宰予本無被殺之事也、端木賜衞人。字子貢。【索隱】家語作木、【考證】索隱本端木賜作端沐賜、趙翼曰、史記、子貢已列孔子弟子傳矣、而貨殖傳又列之、淳于髡已列孟子荀卿傳矣、而滑稽傳又列之、此文之失檢者、愚按弟子傳孟荀傳以人爲主、貨殖傳滑稽傳以事爲主、所主各異、何嫌重出、梁玉繩曰、經史及諸子中多作子贛、左傳稱衞賜、錢大昕曰、古人名字必相應、說文贛、賜也、貢、獻功也、則端木之字、當爲子贛、少孔子三十一歲。子貢利口巧辭、孔子常黜其辯。【考證】論語先進篇、言語子貢、問曰。汝與回也孰愈。【集解】孔安國曰、愈、猶勝也、對曰。賜也何敢望回。回也聞一以知十。賜也聞一以知二。【考證】論語公冶長篇、此未必受業以前之語、子貢既已受業。問曰。賜何人也。孔子曰。汝器也。【集解】孔安國曰、言汝器用之人、曰。何器也。曰。瑚璉也。【集解】包氏曰、瑚璉、黍稷器、夏曰瑚、殷曰璉、周曰簠簋、宗廟之貴器、【考證】問曰以下、論語公冶長篇、陳子禽問子貢曰。仲尼焉學。子貢曰。文·武之道、未墜於地。在人、賢者識其

大者、不賢者識其小者。莫不有文·武之道。夫子焉不學。【集解】孔安國曰、文武之道、未墜落於地、賢與不賢、各有所識、夫子無所不從學、而亦何常師之有。【集解】孔安國曰、無所不從學、故無常師、【考證】論語子張篇、陳子禽作衞公孫朝、又問曰。孔子適是國、必聞其政。求之與。抑與之與。【集解】鄭玄曰、怪孔子所至之邦、必與聞國政、求而得之邪、抑人君自願與之爲治者、子貢曰。夫子溫良恭儉讓以得之。夫子之求之也、其諸異乎人之求之也。【集解】鄭玄曰、言夫子行此五德而得之、與人求之異、明人君自與之、【考證】論語學而篇、亦作子禽問、子禽名亢、安井衡曰、子貢言求之者、承陳亢之問也、子貢問曰。富而無驕、貧而無諂、何如。孔子曰。可也。【集解】孔安國曰、未足多也、不如貧而樂道、富而好禮。【集解】鄭玄曰、樂、謂志於道、不以貧爲憂苦也、【考證】論語學而篇、邢疏朱註、樂下無道字、蓋依鄭本、日本諸舊本與史合、楓、三本、禮下有者也二字、田常欲作亂於齊、憚高·國·鮑·晏、故移其兵、欲以伐魯。【考證】蘇轍曰、齊之伐魯、本于悼公之怒季姬、而非陳恆、吳之伐齊、本怒悼公之反覆、而非子貢、吳齊之戰、陳乞猶在、而恆未任事、所記皆非、蓋戰國說客、設爲子貢之辭、以自託于孔氏、而太史公信

之耳、孔子聞之、謂門弟子曰。夫魯、墳墓所處、父母之國。國危如此。二三子何爲莫出。子路請出。孔子止之。子張·子石請行。【索隱】公孫龍也、【考證】子石少孔子五十三歲、當伐魯之年、僅十三四歲耳、而曰請行、豈甘羅外黃舍兒之比乎、孔子弗許。子貢請行。孔子許之。遂行至齊、說田常曰。君之伐魯、過矣。夫魯難伐之國、其城薄以卑、其地狹以泄、【索隱】按越絕書、其泄字作淺、【考證】中井積德曰、地恐當作池、下文亦然、王念孫曰、越絕書吳越春秋、竝地作池、泄作淺、下文廣以深、正與狹以淺相對、其君愚而不仁、大臣僞而無用、其士民又惡甲兵之事。此不可與戰。君不如伐吳。夫吳城高以厚、地廣以深、甲堅以新、士選以飽、重器精兵、盡在其中。又使明大夫守之。此易伐也。田常忿然作色曰。子之所難、人之所易、子之所易、人之所難。而以教常、何也。子貢曰。臣聞之、憂在內

者攻彊、憂在外者攻弱。今君憂在內。吾聞君三封而三不成者、大臣有不聽者也。今君破魯以廣齊、戰勝以驕主、破國以尊臣、【集解】王肅曰、鮑晏等帥師、若破國則臣尊矣、而君之功不與焉、則交日疏於主。是君上驕主心、下恣羣臣。求以成大事、難矣。夫上驕則恣、【考證】張文虎曰、上疑當作主、涉上文而譌、臣驕則爭。是君上與主有卻、下與大臣交爭也。如此則君之立於齊危矣。故曰。不如伐吳。伐吳不勝、民人外死、大臣內空。是君上無彊臣之敵、下無民人之過、孤主制齊者唯君也。田常曰。善。雖然吾兵業已加魯矣。去而之吳、大臣疑我。柰何。子貢曰。君按兵無伐。臣請往使吳王、令之救魯而伐齊。君因以兵迎之。田常許之。【考證】韓非子五蠹篇云、齊將攻魯、魯使子貢說之、齊人曰、子言非不辯也、吾

所欲者土地也、非斯言斯謂也、遂舉兵伐魯、去門十里以爲界、其言與此傳相反、而亦未必實事、使子貢南見吳王。說曰。臣聞之、王者不絕世。霸者無彊敵。千鈞之重、加銖兩而移。今以萬乘之齊、而私千乘之魯、與吳爭彊。【考證】萬乘、古天子之稱、及戰國之世、諸侯強大、有千里擁萬乘者亦有之、故孟子萬乘之國行仁政、指齊、以萬乘之國伐萬乘之國、指齊燕、但春秋之時、諸侯稱千乘、論語、齊景公有馬千駟、亦千乘之義、子貢不宜有是稱、竊爲王危之。且夫救魯、顯名也。伐齊、大利也。以撫泗上諸侯、誅暴齊以服彊晉。利莫大焉。名存亡魯、實困彊齊。智者不疑也。吳王曰。善。雖然吾嘗與越戰、棲之會稽。越王苦身養士、有報我心。【考證】吳王驕傲、不宜有此言、子待我伐越而聽子。子貢曰。越之勁不過魯。【考證】岡白駒曰、魯稱爲弱國、今越勁不過魯、則不足畏、吳之彊不過齊。【考證】岡白駒曰、吳雖彊不及齊、則齊當急慮、王置齊而伐越、則齊已平魯矣。且王方以存亡繼絕爲名。夫伐小越而

畏彊齊、非勇也。夫勇者不避難、仁者不窮約、【考證】謂魯也、智者不失時、王者不絕世、以立其義。今存越示諸侯以仁、救魯伐齊、威加晉國、諸侯必相率而朝吳。霸業成矣。且王必惡越、【集解】惡猶畏惡也、臣請東見越王、令出兵以從。此實空越、名從諸侯以伐也。吳王大說、乃使子貢之越。越王除道郊迎、身御至舍、而問曰。此蠻夷之國、大夫何以儼然辱而臨之。子貢曰。今者吾說吳王以救魯伐齊。其志欲之而畏越。曰。待我伐越乃可。如此破越必矣。【考證】楓三本、無乃可如此四字、且夫無報人之志、而令人疑之、拙也。有報人之意、使人知之、殆也。【考證】凌稚隆曰、家語越絕書吳越春秋竝載此語、蘇代說燕王噲語與此同、見戰國策、中井積德曰、意下疑脫而字、愚按家語國策皆有而字、事未發、而先聞、危也。三者舉事之大患。

句踐頓首再拜曰。孤嘗不料力、乃與吳戰、困於會稽、痛入於骨髓。日夜焦脣乾舌、徒欲與吳王接踵而死。孤之願也。遂問子貢。子貢曰。吳王爲人猛暴、羣臣不堪。國家敝於數戰、士卒弗忍、百姓怨上、大臣內變、子胥以諫死、【集解】王劭按家語越絕、竝無此五字、是時子胥未死、【考證】梁玉繩曰、子胥死于戰艾陵後、是時尚未賜屬鏤、太宰嚭用事、順君之過、以安其私。是殘國之治也。【考證】楓三本、國下有家字、今王誠發士卒佐之、以徼其志、【集解】徼、結堯反、王肅曰、激射其志、【考證】李笠曰、家語屈節解作以邀其志、王肅注云、邀激其志、重寶以說其心、卑辭以尊其禮、其伐齊必也。彼戰不勝、王之福矣。戰勝必以兵臨晉。臣請北見晉君、令共攻之。弱吳必矣。其銳兵盡於齊、重甲困於晉、而王制其敝、此滅吳必矣。越王大說許諾。送子貢金百鎰、劍

一、良矛二。子貢不受。遂行報吳王曰。臣敬以大王之言告越王。越王大恐曰。孤不幸少失先人、內不自量、抵罪於吳、軍敗身辱、棲于會稽、國爲虛莽。【集解】虛、音墟、莽、莫朗反、【索隱】有本作棘、恐誤也、【考證】抵、當也、賴大王之賜、使得奉俎豆而修祭祀。死不敢忘。何謀之敢慮。後五日、越使大夫種頓首言於吳王曰。東海役臣孤句踐使者臣種、敢修下吏、問於左右。今竊聞大王將興大義、誅彊救弱、困暴齊而撫周室。請悉起境內士卒三千人、孤請自被堅執銳、以先受矢石。因越賤臣種、奉先人藏器甲二十領、鈇屈盧之矛、【索隱】鈇、音膚、斧也、劉氏云、一本無此字、屈盧、矛名、【考證】鈇字上、當有鈇名、以與屈盧步光相對、不則鈇字衍文、步光之劍、以賀軍吏。吳王大說、以告子貢曰。越王欲身從寡人伐齊。可乎。子貢

曰。不可。夫空人之國、悉人之衆、又從其君、不義。君受其幣、許其師、而辭其君。吳王許諾、乃謝越王。於是吳王乃遂發九郡兵伐齊。【考證】方苞曰、春秋時郡小于縣、定二年傳、上大夫受縣、下大夫受郡、是也、此曰發九郡兵、則爲後人所設之詞明矣、愚按家語編者、知其不可通、改作國內之兵、子貢因去之晉、謂晉君曰。臣聞之、慮不先定、不可以應卒。【索隱】按卒、謂急卒也、言計慮不先定、不可以應卒有非常之事、兵不先辨、不可以勝敵。今夫齊與吳將戰。彼戰而不勝、越亂之必矣。與齊戰而勝、必以其兵臨晉。晉君大恐曰。爲之奈何。子貢曰。修兵休卒以待之。晉君許諾。子貢去而之魯。吳王果與齊人戰於艾陵、【索隱】按左傳在哀十一年、大破齊師、獲七將軍之兵而不歸。【考證】梁玉繩曰、左傳、吳獲國書五人、何云獲七將軍、果以兵臨晉、與晉人相遇黃池之上。【索隱】左傳、黃池之會、在哀十三年、越入吳、吳與越平也、【考證】張文虎曰、索隱本、無之

上二字、梁玉繩曰、黃池之會、距戰艾陵二年、何言吳王不歸、以兵臨晉、吳・晉爭彊。晉人擊之、大敗吳師。【考證】中井積德曰、據左傳、黃池之會、無戰鬭、此恐訛傳、且越入吳、在吳晉爭彊之前、越王聞之、涉江襲吳、去城七里而軍。吳王聞之、去晉而歸、與越戰於五湖。三戰不勝、城門不守。越遂圍王宮、殺夫差而戮其相。【索隱】按左傳、越滅吳在哀二十二年、則事竝懸隔數年、蓋此文欲終說其事、故其辭相連、【考證】梁玉繩曰、會黃池、歸與越平、在哀十三年、越滅吳、在哀廿二年、何云會黃池、歸與越戰不勝見殺、破吳三年、東向而霸。【考證】梁玉繩曰、越滅吳稱霸、在孔子卒後七年、何云子貢之出、孔子使之、故子貢一出、存魯亂齊、破吳彊晉、而霸越。【考證】張文虎曰、據下五國各有變、索隱舊本無此十五字、子貢一使、使勢相破、十年之中、五國各有變。【索隱】按左傳、謂魯齊晉吳越也、故云、子貢一出、存魯亂齊、破吳彊晉而霸越、【考證】梁玉繩曰、自哀八年齊伐魯、至廿二年吳滅越、首尾十五歲、何云十年、傾人之邦以存宗國、何以爲孔子、縱橫捭闔、不顧義理、何以爲子貢、即其所言、了無一實、而津津言之、子胥傳、亦有句踐用子貢之謀、率衆助吳等語、豈不誕哉、崔述曰、論語列子貢於言語之科、孟子書中、亦稱子貢善爲說辭、不過其才長於專對、若春秋傳中論辭盟於吳之類耳、非若戰國縱橫之流巧言亂德、

以傾覆人國家者比也、烏有佐陳恆以篡齊、欺夫差使亡國者哉、此蓋游說之士、因子貢之善於辭令而託之、非聖賢所爲、王安石曰、予讀史所載子貢事、乃與夫儀秦軫代無以異也、孔子曰、己所不欲、勿施于人、已以墳墓之國而欲全之、則齊吳之人、豈無是心哉、奈何使之亂也、子貢之行、雖不能盡當于義、然孔子賢弟子也、固不宜至于此、矧曰孔子使之也、太史公曰、學者多稱七十子之徒、譽者或過其實、毀者或損其眞、子貢雖好辯、詎至于此耶、亦所謂毀損其眞者哉、沈家本曰、索隱引左傳、今左傳無此事、子貢好廢舉、與時轉貨貲。【集解】廢舉、謂停貯也、與時、謂逐時也、夫物賤、則買而停貯、値貴、即逐時轉易貨賣取資利也、【索隱】按家語、貨作化、王肅云、廢舉、謂買賤賣貴也、轉化、謂隨時轉貨以殖其資也、劉氏云、廢、謂物貴而賣之、舉、謂物賤而收買之、轉貨、謂轉貴收賤也、【考證】此依論語不受命而貨殖之言附會耳、說詳于貨殖傳、洪頤煊曰、貨殖傳云、廢著鬻財於曹魯之間、集解徐廣曰、著、猶居也、此廢舉當作廢居、越世家、陶朱公廢居侯時、轉物逐什一之利、平準書、廢居居邑、集解、徐廣曰、廢居者、貯畜之名也、中井積德曰、廢、居也、舉、發也、轉、通也、愚按中說較長、不必改廢舉爲廢居、喜揚人之美、不能匿人之過、常相魯・衞。家累千金。卒終于齊。【考證】中井積德曰、相魯衞、恐訛傳、言偃吳人。【索隱】家語云、魯人、按偃仕魯爲武城宰耳、今吳郡有言偃家、蓋吳郡人爲是也、字子游。少孔子四十五歲。子游既已受業、爲武城宰。【正義】括地志云、在兗州、即南城也、輿地志云、南武城縣、魯武城邑、子游爲宰者也、在泰山郡、【考證】南武城、今嘉

祥縣、孔子過、聞弦歌之聲。孔子莞爾而笑【集解】何晏曰、莞爾、小笑貌、曰。割雞焉用牛刀。【集解】孔安國曰、言治小何須用大道、【考證】當時蓋有此俚言、蘇秦云、寧爲雞口、無爲牛後、[illegible]雞牛對言、皆取譬家畜、子游曰。昔者偃聞諸夫子。曰。君子學道則愛人、小人學道則易使。【集解】孔安國曰、道、謂禮樂也、樂以和人、人和則易使、孔子曰。二三子。【集解】孔安國曰、從行者、偃之言是也。前言戲之耳。【集解】孔安國曰、戲以治小而用大、【考證】爲武城宰以下、論語陽貨篇、孔子以爲子游習於文學。【考證】論語先進篇、卜商字子夏。【集解】家語云、衛人、鄭玄曰、溫國卜商、【索隱】按家語云、衛人、鄭玄云、溫國人、不同者、溫國今河內溫縣、元屬衛故、少孔子四十四歲。【考證】楓、三本、四十作三十、子夏問。巧笑倩兮。美目盼兮。素以爲絢兮。何謂也。【集解】馬融曰、倩、笑貌、盼、動目貌、絢、文貌、此上二句、在衛風碩人之二章、其下一句、逸詩、【考證】盼字從分、盼、目黑白分也、從兮誤、子曰。繪事後素。【集解】鄭玄曰、繪、畫文也、凡畫繪、先布衆色、然後以素分布其閒、以成其文、喻美女雖有倩盼美質、亦須禮以成也、曰。禮後乎。【集解】何晏曰、孔言繪事後素、子夏聞而解知以素喻禮、故曰、禮後乎、孔子曰。商

始可與言詩已矣。【集解】包氏曰、能發明我意、可與言詩矣、【考證】子夏問以下、論語八佾篇、子貢問。師與商孰賢。子曰。師也過。商也不及。【集解】孔安國曰、言俱不得中、然則師愈與。曰。過猶不及。【考證】論語先進篇、愈、猶勝也、子謂子夏曰。汝爲君子儒。無爲小人儒。【集解】何晏曰、君子之儒、將以明道、小人爲儒則矜其名、【考證】論語雍也篇、楓、三本、無曰汝二字、孔子既沒。子夏居西河教授。【索隱】在河東郡之西界、蓋近龍門、劉氏云、今同州河西縣、有子夏石室學堂也、【正義】西河郡、今汾州也、爾雅云、兩河閒曰冀州、禮記云、自東河至於西河、河東、故號龍門河爲西河、漢因爲西河郡汾州也、子夏所教處、括地志云、謁泉山、一名隱泉山、在汾州隰城縣北四十里、注水經云、其山崖壁五、崖半有一石室、去地五十丈、頂上平地十許頃、隨國集記云、此爲子夏石室、退老西河居此、有卜商神祠、今見在、【考證】本禮記檀弓篇、梁玉繩曰、後書徐防傳注、引史云、子夏居西河敎弟子三百人、與今本異、爲魏文侯師。【索隱】按子夏文學、著於四科、序詩傳易、又孔子以春秋屬商、又傳禮、著在禮志、而此史竝不論、空記論語小事、亦其疏也、【正義】文侯都安邑、孔子卒後、子夏教於西河之上、文侯師事之、咨問國政焉、【考證】洪邁云、子夏少孔子四十四歲、孔子卒時、子夏年二十八矣、是時周敬王四十一年、歷元王定王考王至威烈王二十三年魏始侯、去孔子卒時七十五年、文侯爲大夫二十二年而爲侯、又十六年而卒、姑以始侯之歲計之、則子夏已百三歲矣、方爲諸侯師、豈其然乎、愚按此不必以爲侯之後

言之、其曰文侯者、追記之言耳、又按二十八當作三十、百三歲當作百五歲、洪邁又云、孔子弟子唯子夏獨有書、雖傳記雜言未可盡信、然要與他人不同矣、於易則有傳、於詩則有序、而毛詩之學、一云、子夏授高行子、四傳而至小毛公、一云、子夏傳曾申、五傳而至大毛公、於禮則有儀禮喪服一篇、馬融王肅諸儒爲之訓說、於春秋、所云不能贊一辭、蓋亦嘗從事於斯矣、公羊高實受之於子夏、穀梁赤者、風俗通亦云、子夏門人、於論語則鄭康成以爲仲弓子夏等所撰定也、後漢徐防上疏曰、詩書禮樂、定自孔子、發明章句、始於子夏、斯其證矣、愚按子夏有功於聖學、洪說略盡之矣、唯至其曰弟子唯子夏有書、則不然、史曾參傳云、孔子以子爲通孝道、故授之業、作孝經、漢藝文志云、孝經者孔子爲曾子陳孝道也、又云、曾子十八篇、名參、孔子弟子、漆雕子十三篇、孔子弟子漆雕啓撰、宓子十六篇、名不齊、字子賤、孔子弟子、其餘尚多、不獨子夏也、其子死。哭之失明。【考證】本禮記檀弓、淮南子精神訓、顓孫師陳人。字子張。【索隱】鄭玄目錄、陽城人、陽城縣名、屬陳郡、【考證】姚範曰、左傳襄二十八年、顓孫自齊來奔、子張疑其後也、少孔子四十八歲。子張問干祿。【集解】鄭玄曰、干、求也、祿、祿位也、【考證】論語、問作學、中井積德曰、詩旱麓篇、豈弟君子、干祿豈弟、假樂篇、干祿百福、子孫千億、子張蓋因詩發焉、以作干祿之工夫也、俞樾曰、子張學干祿、猶南容三復白圭、曰學、曰三復、皆於學詩研求其義、非學求祿位之法也、愚按梁氏志疑引趙佑詩細、亦有此說、孔子曰。多聞闕疑、愼言其餘、則寡尤。【集解】包氏曰、尤、過也、疑則闕之、其餘不疑、猶愼言之則少過、多見闕殆、愼行其餘、則寡

悔。【集解】包氏曰、殆、危也、所見危者闕而不行則少悔、言寡尤、行寡悔、祿在其中矣。【集解】鄭玄曰、言行如此、雖不得祿、得祿之道、【考證】子張問干祿以下、論語爲政篇、他日從在陳蔡閒困。【考證】張文虎曰、北宋、凌本、困譌因、問行。孔子曰。言忠信、行篤敬、雖蠻貊之國行也。言不忠信、行不篤敬、雖州里行乎哉。【集解】鄭玄曰、二千五百家爲州、五家爲鄰、五鄰爲里、行乎哉、言不可行、立則見其參於前也、在輿則見其倚於衡、夫然後行。【集解】包氏曰、衡、軛也、言思念忠信、立則常想見參然在前、在輿則若倚於車軛、子張書諸紳。【集解】孔安國曰、紳、大帶也、【考證】問行以下、論語衛靈公篇、此問不必於陳蔡、子張問。士何如斯可謂之達矣。孔子曰。何哉爾所謂達者。【考證】此倒裝法、孟子梁惠王篇、何哉君所爲輕身以先於匹夫者、何哉君所謂踰者、同一句法、子張對曰。在國必聞。在家必聞。【集解】鄭玄曰、言士之所在、皆能有名譽、【考證】伊藤維楨曰、達者、內有其實、名譽自達也、聞者、務飾乎外、以到名聞也、楓、三本、無對字、孔子曰。是聞也。非達也。夫達者質直而好義、察言而觀色、慮以下人。【集解】馬融曰、常有謙退

之志、察言語、觀顏色、知其所欲、其念慮常欲下於人、在國及家必達。[集解]馬融曰、謙尊而光、卑而不可踰、夫聞也者、色取仁而行違、居之不疑。[集解]馬融曰、此言佞人也、佞人假仁者之色、行之則違、安居其僞而不自疑、在國及家必聞。[集解]馬融曰、佞人黨多、[考證]論語顏淵篇、曾參南武城人。[索隱]按武城屬魯、當時魯更有北武城、故言南也、[正義]括地志云、南武城在兗州、子游爲宰者、地理志云、定襄有武城、清河有武城、故此云南武城也、[考證]方密之曰、曾參當讀如參乘之參、王引之曰、參讀爲驂、名參字子輿者、騶馬所以引車也、洪恩波曰、說文、森讀如曾參之參、參讀森音、其誤久矣、孫志祖曰、日知錄以仲尼弟子列傳、曾參南武城人、澹臺滅明武城人、爲同一武城、子羽傳次曾子、省文但曰武城、殊不然、大戴禮衞將軍文子篇注云、曾參魯南武城人、澹臺滅明魯東武城人、其爲兩判然、東武城亦單稱武城、左傳論語孟子所言皆是、在今費縣、若曾子本邑之南武城、自在今嘉祥縣、於曲阜爲西南、與費縣之在曲阜東北者不同、故加南以別之、字子輿。少孔子四十六歲。孔子以爲能通孝道、[正義]韓詩外傳云、曾子曰、吾嘗仕爲吏、祿不過鍾釜、尚猶欣欣而喜者、非以爲多也、樂道養親也、親沒之後、吾嘗南游於越、得尊官、堂高九仞、榱題三尺、轉轂百乘、然猶北向而泣者、非爲賤也、悲不見吾親也、故授之業、作孝經。死於魯。[考證]漢藝文志云、孝經者孔子爲曾子陳孝道也、夫孝天之經、地之義、民之行也、擧大者言、故曰孝經、愚按呂覽察微篇引孝經云、高而不危、所以長守貴也、滿而不溢、所以長守富也、富貴不離其身、然後能保其社稷、而和其民人、孝行篇云、愛其親、不敢惡人、敬其親、不敢慢於人、愛敬盡於親、光耀加於百姓、究於四海、此天子之孝也、其文與今本孝經略同、呂覽成於秦始皇八年、則孝經之行既久矣、陸賈新語愼察篇、孔子曰、有至德要道、以順天下、禮記喪服四制、資於事父以事君而敬同、資於事父以事母而愛同、曲禮、凡爲人子之禮、在醜夷不爭、經解、孔子曰、安上治民、莫善於禮、鄉飲酒義、君子之所謂孝者、非家至而日見之也、問喪、故曰辟踊哭泣、哀以送之、如是之類、蓋皆采之孝經、姚際恒古今僞書考疑之、以爲是皆來歷出于漢儒、不惟非孔子作、幷非周秦之言也、其說甚妄、又按漢志云、曾子十八篇、今大戴記存其十篇、小戴記祭義亦曾子大孝篇文、中井積德曰、曾子傳獨不引論語、且略、何哉、

澹臺滅明[集解]包氏曰、澹臺姓、滅明名、[正義]括地志云、延津在滑州靈昌縣東七里、注水經云、黃河水至此、爲之延津、昔澹臺子羽齎千金之璧渡河、陽侯波起、兩蛟夾舟、子羽曰、吾可以義求、不可以威劫、操劍斬蛟、蛟死、乃投璧於河、三投而輒躍出、乃毀璧而去、亦無怪意、即此津也、武城人。[正義]括地志云、亦在兗州、字子羽。少孔子二十九歲。狀貌甚惡。欲事孔子。孔子以爲材薄。[考證]說見下文、既已受業。退而修行。行不由徑。非公事不見卿大夫。[集解]包氏曰、言其公且方、[考證]中井積德曰、滅明爲孔子弟子、不可信也、縱令爲弟子、其不由徑、不見卿大夫、在未見孔子之前、論語雍也篇可徵、此文失前後、南游至江。[索隱]按今吳國東南有澹臺湖、即其遺迹所在、從弟子三百人、設取予去就、[考證]岡白駒曰、唯義之從、名施乎諸侯。孔子聞之曰。吾以言取人、失之宰予。以貌取人失之子羽。[索隱]按家語、子羽有君子之容、而行不勝其貌、而上文云、滅明狀貌甚惡、則以子羽形陋也、今此孔子云、以貌取人、失之子羽、與家語正相反、[正義]按澹子羽墓在兗州鄒城縣、[考證]大戴記五帝德云、吾欲以顏色取人、于滅明邪改之、吾欲以言取人、于予邪改之、吾欲以容取之、于師邪改之、未明言滅明容貌美惡、韓子則云、澹臺子羽有君子之容、仲尼幾而取之、梁玉繩曰、孔子斯言、大戴禮五帝德韓子顯學皆有之、史公取入留侯世家、論及此傳、王肅取入家語子路初見及弟子解、中井積德曰、家語取之韓非子也、並不當信據、而狀貌甚惡之說、亦未見其可信、則此傳宜除去孔子言取貌取數言、幷刪貌惡句方可、

宓不齊字子賤。[集解]孔安國曰、魯人、[正義]顏氏家訓云、兗州永昌郡城、舊單父縣地也、東門有子賤碑、漢世所立、乃云濟南伏生、即子賤之後、是虙之與伏、古來通字、誤爲宓、較可明矣、虙字從虍、音呼、宓從宀、音緜、下俱爲必、世傳寫誤也、[考證]虙伏宓密古通用、顏說泥、說詳于梁氏志疑、少孔子三十歲。[索隱]家語云、魯人、字子賤、少孔子四十九歲、此云三十、不同、[考證]張文虎曰、各本三十歲作四十九歲、蓋後人依家語改、今據索隱本、孔子謂子賤。君子哉。魯無君子、斯焉取斯。[集解]包氏曰、如魯無君子、子賤安得此行而學、[考證]論語公冶長篇、漢藝文志儒家、有宓子十五篇、子賤爲單父宰、[正義]宋州縣也、說苑云、宓子賤理單父、彈琴身不下堂、單父理、巫馬期以星出、以星入、而單父亦理、巫馬期問其故、宓子賤曰、我之謂任人、子之謂任力、任力者勞、任人者逸、[考證]正義引說苑政理篇、又見呂覽察賢篇、韓詩外傳二、反命於孔子曰。此國有賢不齊者五人、[索隱]按家語云、不齊所父事者三人、所兄事者五人、所友者十一人、不同也、[考證]索隱引家語辯政篇、又見說苑政理、韓詩外傳八、教不齊所以治者。孔子曰。惜哉、不齊所治者小。所治者大、則庶幾矣。原憲字子思。[集解]鄭玄曰、魯人、[索隱]鄭玄云、魯人、家語云、宋人、少孔子三十六歲、[考證]梁玉繩曰、檀弓稱仲憲、論語稱原思、子思問恥。孔子曰。國有道穀。[集解]孔安國曰、穀、祿也、邦有道當食祿、國無道穀、恥也。[集解]孔安國曰、君無道、而在其朝食其祿、是恥辱也、[考證]論語憲問篇、子思曰。克伐怨欲不行焉、可以爲仁乎。[集解]馬融曰、克、好勝人也、伐、自伐其功、怨、忌也、欲、貪欲也、[考證]論語、乎作矣、與顓孫師傳何如斯可謂之達矣、矣字同、史公彼仍舊文、此改易何也、孔子曰。可以爲難矣。仁則吾弗知也。[集解]包氏曰、四者行之難者、未足以爲仁、[考證]論語憲問篇、孔子卒。原憲遂亡在草澤中。[索隱]家語云、隱居衞、子貢相衞。而結駟連騎、排藜藿入窮閻、[考證]王念

孫曰、藿當作藋、徒弔反、今灰藋也、藜藋皆生於不治之地、其高過人、必排之而後得進、故言排、越世家、莊生家負郭、披藜藋到門、彼言披、此言排、其義一也、若藿爲豆、豆之高不及三尺、斯不可以排矣、過謝原憲。憲攝敝衣冠見子貢。子貢恥之曰、夫子豈病乎。原憲曰、吾聞之、無財者謂之貧。學道而不能行者謂之病。若憲貧也。非病也。子貢慙、不懌而去。終身恥其言之過也。【考證】本莊子讓王篇、列子楊朱篇云、原憲窶於魯、子貢殖於衞、又見韓詩外傳一、新序雜事、

公冶長齊人。字子長。【索隱】家語云、魯人、名萇、字子長、范甯云、字子芝、【考證】梁玉繩曰、釋文引家語、長字子張、又引范甯云、名芝、字子長、今本家語同史記、孔子曰、長可妻也。雖在累紲之中、非其罪也。【集解】孔安國曰、累、黑索也、紲、攣也、所以拘罪人、【考證】楓、三本、累作縲、與論語合、以其子妻之。【集解】張華曰、公冶長墓、在城陽姑幕城東南五里所、墓極高、【考證】論語公冶長篇、

南宮括字子容。【集解】孔安國曰、容、魯人、【索隱】家語、作南宮縚、按其人是孟僖子之子、仲孫閱也、蓋居南宮、因姓焉、【考證】梁玉繩曰、論語作适、又稱南容、檀弓作南宮縚、家語作南宮韜、蓋南容有二名、括與适、縚與韜、字之通也、自世本誤以南宮縚爲仲孫說、于是孔安國注論語、康成注禮記、陸德明釋文、小司馬索隱、朱子集註、竝因其誤、朱氏經義考、戴明夏洪基孔

門弟子傳略、辨南宮括字子容、是一人、孟僖子之子仲孫說閱南宮敬叔是一人、確鑿可從、愚按、論語之南容、與春秋傳敬叔自是別人、崔述洙泗考信餘錄二卷、論之甚詳、問孔子曰、羿善射、奡盪舟。【集解】孔安國曰、羿、有窮之君、篡夏后位、其徒寒浞殺之、因其室而生奡、奡多力、能陸地行舟、爲夏后少康所殺、【正義】羿、音詣、盪、大浪反、【考證】佐藤坦曰、盪舟、蓋謂捉舟首左右搖盪也、俱不得其死然。【考證】楓、三本、引集解云、孔安國曰、此二子者、皆不得以壽終也、禹·稷躬稼而有天下。孔子弗荅。【集解】馬融曰、禹盡力於溝洫、稷播百穀、故曰躬稼也、禹及其身、稷及後世、皆爲王、括意欲以禹稷比孔子、孔子謙、故不荅、【考證】中井積德曰、禹稷一體人物、然躬稼切於稷身上、有天下切於禹身上、是互帶說也、非以稷之後有天下云然、容出。孔子曰、君子哉若人。上德哉若人。【集解】孔安國曰、賤不義而貴有德、故曰君子、【考證】問孔子以下、論語憲問篇、論語上作尚、國有道、不廢。【集解】孔安國曰、不廢、言見任用、國無道、免於刑戮。【考證】論語公冶長篇、三復白珪之玷。【集解】孔安國曰、詩云、白珪之玷、尚可磨也、斯言之玷、不可爲也、南容讀詩至此、三反之、是其心敬愼於言、【考證】論語先進篇、以其兄之子妻之。【考證】論語公冶長篇、先進篇、

公晳哀字季次。【集解】【索隱】孔子家語云、齊人、家語、作公晳克、孔子曰、天下無行、多爲家臣仕於都。唯季

次未嘗仕。【索隱】家語云、未嘗屈節爲人臣、故字特賞歎之、亦見游俠傳也、

曾蒧【集解】音點、【索隱】音點、又音其炎反、字晳。【集解】孔安國曰、晳、曾參父、【索隱】家語云、曾點字子晳、曾參之父、侍孔子。孔子曰、言爾志。蒧曰、春服既成、冠者五六人、童子六七人、浴乎沂、風乎舞雩、詠而歸。【集解】徐廣曰、一作饋、駰案、包氏曰、暮春者、季春三月也、春服既成、衣單袷之時、我欲得冠者五六人、童子六七人、浴於沂水之上、風涼於舞雩之下、歌詠先王之道、歸於夫子之門、孔子喟爾歎曰、吾與蒧也。【集解】周氏曰、善蒧之獨知時也、【考證】侍孔子以下、論語先進篇、此時侍坐者子路冉有公西華與曾點也、各言其志、彼是對比、方見點也之可與、史刪其上文、何也、黃東發曰、夫子以行道救世爲心、而時不我與、方與二三子相講明於寂寞之濱、而忽聞曾點浴沂之言、若有獨契其浮海居夷之志、曲肱飲水之樂、故不覺喟然而嘆、蓋其意之所感者深矣、

顏無繇字路。路者顏回父。【集解】繇、音遙、【索隱】家語云、顏由字路、回之父也、孔子始教於闕里、而受學焉、少孔子六歲、故此傳云、父子異時事孔子、故易稱顏氏之子者、是父子俱學孔門也、【正義】繇、音由、【考證】李笠曰、案音由、是也、家語正作由、古人名字相應、由字路、猶仲由字路也、張文虎曰、索隱本無路者顏三字、父子嘗各異時事孔子。顏回死。顏路貧、請孔子車以葬。【集解】孔安國曰、賣以作椁、【考證】顏路之請固悖矣、然使路爲此請、亦

可以見孔子愛弟子之厚也、孔子曰、材不材、亦各言其子也。鯉也死、有棺而無椁。吾不徒行以爲之椁。以吾從大夫之後、不可以徒行。【集解】孔安國曰、鯉、孔子子伯魚、孔子時爲大夫、言從大夫之後不可徒行、謙辭也、【考證】顏回死以下、論語先進篇、

商瞿【正義】具俱反、魯人。字子木。少孔子二十九歲。【索隱】家語云、瞿年三十八、無子、母欲更娶室、孔子曰、瞿過四十、當有五丈夫子、果然、瞿謂梁鱣、勿娶、吾恐子或晚生、非妻之過也、孔子傳易於瞿。瞿傳楚人馯臂子弘。【集解】徐廣曰、音寒、【索隱】馯、徐廣音韓、鄒誕生音汗、按、儒林傳、荀卿子及漢書、皆云、馯臂字子弓、今此獨作弘、蓋誤耳、應劭云、子弓、是子夏門人、【正義】馯、音汗、顏師古云、馯、姓也、漢書及荀卿子、皆云字子弓、此作弘、蓋誤也、應劭云、子弓、子夏門人、【考證】張文虎曰、弘當作厷、厷即肱字、名臂、故字子厷、諸書作弓者、同音假借、弘傳江東人矯子庸疵。【集解】蟜、音橋、疵、自移反、【索隱】儒林傳及系本、皆作蟜疵、音自移反、疵字或作疵、蟜是姓、疵名也、字子肩、然蟜姓魯莊公族也、禮記蟜固見季武子、蓋魯人、史儒林傳皆云、魯人、獨此云江東人、蓋亦誤耳、儒林傳云、馯臂江東人、橋疵楚人也、【正義】漢書作橋疵、云魯人、顏師古云、橋疵字子庸、【考證】李笠曰、漢書儒林傳云、商受易孔子、以授魯橋庇子庸、子庸授江東馯臂子弓、師承世次、與史相反、疵傳燕人周子家豎。【集解】【正義】周豎字子家、有本作林、豎、音時與反、周豎字子家、

漢書作周醜也、豎傳淳于人光子乘羽。〔索隱〕淳于、縣名、在北海、光羽、字子乘、〔正義〕光乘、字羽、括地志云、淳于國、在密州安丘縣東三十里、古之州國、周武王封淳于國、〔考證〕恩田仲任曰、以上文律之、光姓、子乘字、羽其名也、李笠曰、左傳襄十年正義云、古人名字竝言者、皆先字而後名、羽傳齊人田子莊何。〔索隱〕田何、字子莊、〔正義〕儒林傳云、田何字子莊、何傳東武人王子中同。〔集解〕徐廣曰、東武、屬琅邪、〔索隱〕王同字子中、〔正義〕括地志云、東武縣、今密州諸城縣是也、漢書作王同、字子仲、同傳菑川人楊何。〔索隱〕自商瞿傳易、至楊何凡八代相傳、儒林傳、何字叔元、〔正義〕漢書云、字叔元、按商瞿至楊何凡八代、〔考證〕事又見儒林傳、梁玉繩曰、漢儒林傳、瞿受易孔子、以授魯橋庇子庸、子庸授江東馯臂子弓、子弓授燕周醜子家、子家授東武孫虞子乘、子乘授齊田何子莊、不但里居姓名不同、傳授亦互異、陸氏釋文、孔氏周易正義、竝從漢書爲說、何、元朔中、以治易爲漢中大夫。〔考證〕梁玉繩曰、史漢儒林傳、皆作元光、此朔字誤、高柴字子羔。少孔子三十歲。子羔長不盈五尺。〔集解〕鄭玄曰、衛人、〔索隱〕鄭玄云、衛人、家語齊人、高氏之別族、長不盈六尺、狀貌甚惡、此傳作五尺、誤也、〔正義〕家語云、齊人、〔考證〕檀弓上疏、引史作子臯、哀十七年左傳、稱季羔、檀弓兩稱子臯、一稱季子臯、羔臯古通用、論語釋文引家語作子高、蓋以羔高音同通用而譌、字與氏不應同也、今本家語作子羔、盈字失避諱、受業孔子。孔子以爲愚。〔考證〕論語

先進篇云、柴也愚、子路使子羔爲費郈宰。〔正義〕括地志云、鄆州宿縣二十三里、郈亭、〔考證〕論語及楓三本、無郈字、此衍、沈濤曰、史記費字衍文、蓋古本論語、作郈宰、不作費宰、論衡藝增篇、正作郈宰、可見漢以前本皆如是也、正義但釋郈不釋費、可見所據本無此字、參存、孔子曰。賊夫人之子。〔集解〕包氏曰、子羔學未孰習、而使爲政、所以賊害人、子路曰。有民人焉。有社稷焉。何必讀書然後爲學。〔集解〕孔安國曰、言治人事神、於是而習、亦學也、孔子曰。是故惡夫佞者。〔集解〕孔安國曰、疾其以口給應、遂己非而不知窮也、〔考證〕論語先進篇、漆彫開字子開。〔集解〕鄭玄曰、魯人、也、〔索隱〕鄭玄云、魯人、家語云、蔡人、字子若、少孔子十一歲、又云、習尚書、不樂仕、孔子曰、可以仕矣、對曰、吾斯之未能信、王肅云、未得用斯書之意、故曰未能信也、〔正義〕家語云、蔡人、字子若、少孔子十一歲、習尚書、不樂仕、〔考證〕漆雕氏之名字、多有不同、漢藝文志及人表作名啓、家語作字子若、白水碑、作字子脩、藝文志考證云、名啓、字子開、史避景帝諱也、然則子若子脩皆誤耳、孔子使開仕。對曰。吾斯之未能信。〔集解〕孔安國曰、仕進之道、未能信者、未能究習、孔子說。〔集解〕鄭玄曰、善其志道深、〔考證〕孔子使以下、論語公冶長篇、漢藝文志、儒家、漆雕子十二篇、注、孔子弟子漆雕啓後、韓非子顯學篇、漆雕之議、不色撓、不目逃、行曲則違於臧獲、行直則怒於諸侯、蓋啓之後有傳其學者也、公伯繚字子周。〔集解〕馬融曰、魯人、〔索隱〕馬融云、

魯人、家語無公伯繚、而有申繚子周、而譙周云、疑公伯繚是讒愬之人、孔子不責而云、其如命何、非弟子之流也、今亦列比在七十二賢之數、蓋太史公誤、且繚亦作遼也、〔正義〕家語、有申繚子周、古史考云、疑公伯繚是讒愬之人、孔子不責、而云命、非弟子之流也、〔考證〕論語、僚作寮、公伯寮非孔子弟子、明嘉靖中罷其配食、周愬子路於季孫。子服景伯以告孔子曰。夫子固有惑志。〔集解〕孔安國曰、季孫信讒恚子路也、〔考證〕子服、氏、景、謚、伯、字、魯大夫、夫子、指季孫、繚也、吾力猶能肆諸市朝。〔集解〕鄭玄曰、吾勢猶能辨子路之無罪於季孫、使人誅繚而肆之也、有罪既刑、陳其尸曰肆、孔子曰。道之將行、命也。道之將廢、命也。公伯繚其如命何。〔考證〕周愬以下、論語憲問篇、司馬耕字子牛。〔集解〕孔安國曰、宋人、〔索隱〕家語云、宋人、字子牛、孔安國亦云、宋人、弟安子曰司馬犂也、牛是桓魋之弟、以魋爲宋司馬、故牛遂以司馬爲氏也、〔正義〕孔安國曰、牛、宋人、弟子司馬犂也、家語云、宋桓魋之弟也、魋爲宋司馬、故牛以司馬爲氏、〔考證〕索隱、安曰二字、衍、牛多言而躁。問仁於孔子。孔子曰。仁者其言也訒。〔集解〕孔安國曰、訒、難也、曰。其言也訒、斯可謂之仁乎。子曰。爲之難。言之得無訒乎。〔集解〕孔安國曰、行仁難、言仁亦不得不訒也、問君子。子曰。君子不憂

不懼。〔集解〕孔安國曰、牛兄桓魋將爲亂、牛自宋來學、常憂懼、故孔子解之也、曰。不憂不懼、斯可謂之君子乎。子曰。內省不疚、夫何憂何懼。〔集解〕包氏曰、疚、病、自省無罪惡、無可憂懼、〔考證〕問仁於孔子以下、論語顏淵篇、樊須字子遲。〔集解〕鄭玄曰、齊人、〔索隱〕家語云、魯人也、〔正義〕家語云、魯人、少孔子三十六歲。樊遲請學稼。孔子曰。吾不如老農。請學圃。曰。吾不如老圃。〔集解〕馬融曰、樹五穀曰稼、樹菜蔬曰圃、樊遲出。孔子曰。小人哉樊須也。上好禮、則民莫敢不敬。上好義、則民莫敢不服。上好信、則民莫敢不用情。〔集解〕孔安國曰、情、實也、言民化上、各以實應、夫如是、則四方之民、襁負其子而至矣。焉用稼。〔集解〕包氏曰、禮義與信、足以成德、何用學稼以教民乎、負子之器曰襁、〔考證〕樊遲請學稼以下、論語子路篇、朱熹曰、襁、織縷爲之、以約小兒於背者、安井衡曰、樊遲蓋憂民貧力乏、田圃多荒、欲學農圃以敎之、觀孔子所答、其意自見矣、樊遲問仁。子曰。愛人。問智。曰。知人。〔考證〕論語顏淵篇、智作知、有若少孔子四十三歲。〔集解〕鄭玄曰、魯人、〔索隱〕家語云、魯人、字子有、少孔子三十三歲、今此

傳云四十二歲、不知傳誤、又所見不同也、【正義】家語云、魯人、字有、少孔子三十三歲、不同、【考證】檀弓上疏引史作四十三歲、張文虎曰、各本脫四字、今依北宋本、毛本、索隱注作四十二、未知孰誤、愚按楓、三本、亦作四十三歲、有若曰。禮之用和爲貴。先王之道斯爲美。小大由之、有所不行。知和而和、不以禮節之、亦不可行也。【集解】馬融曰、人知禮貴和、而每事從和、不以禮爲節、亦不可以行也、【考證】兪樾曰、用以、古通、斯字專指禮而言、蓋謂先王之道、禮爲最美、小大由之、而有所不行者、不和故也、但言有所不行、而不言其不行之故、則禮之用和爲貴、已見上文、故省、信近於義、言可復也。【集解】何晏曰、復、猶覆也、義不必信、信非義也、以其言可反覆、故曰近義、恭近於禮、遠恥辱也。【集解】何晏曰、恭不合禮、非禮也、以其能遠恥辱、故曰近禮、因不失其親、亦可宗也。【集解】孔安國曰、因、親也、言所親不失其親、亦可宗敬、【考證】有若曰以下、論語學而篇、孔子既沒。弟子思慕。有若狀似孔子。弟子相與共立爲師。師之如夫子時也。【考證】本孟子滕文公篇、他日弟子進問曰。昔夫子當行、使弟子持雨具。已而果雨。弟子問曰。夫子何以知之。夫子曰。詩不云

乎。月離于畢、俾滂沱矣。【集解】毛傳曰、畢、噣也、月離陰星則雨、【考證】詩小雅漸漸之石篇、楓、三本、俾作雨、昨暮月不宿畢乎。他日月宿畢、竟不雨。商瞿年長無子。其母爲取室。【正義】家語云、瞿年三十八無子、母欲更娶室、孔子曰、瞿年過四十、當有五丈夫子、果然、中備云、魯人商瞿使向齊國、瞿年四十、今後使行遠路、畏慮恐絕無子、夫子正月與瞿母筮、告曰、後有五丈夫子、子貢曰、何以知之、子曰、卦遇大畜、艮之二世、九二甲寅木爲世、六五景子水爲應、世生外象生象來爻生互內象艮別子、應有五子、一子短命、顏回云、何以知之、內象是本子、一艮變爲二醜、三陽爻五、於是五子、一子短命、何以知短命、他以故也、【考證】中井積德曰、正義中備云、皆當刪、張文虎曰、正義世生外象以下、譌脫、考異雖以意推衍、未必盡合、其云子水爲世、寅木爲應、則世應互誤矣、孔子使之齊。瞿母請之。孔子曰。無憂。瞿年四十後、當有五丈夫子。【集解】五男也、【索隱】謂五男也、已而果然。敢問夫子何以知此。有若默然無以應。弟子起曰。有子避之。此非子之座也。【考證】蘇轍曰、月宿畢而雨不應、商瞿四十而生五子、此卜祝之事、鄙儒所以謂孔子聖人者、戰國雜說類此多矣、宋祁曰、此鄒魯間野人語耳、觀孟子書、管謀之、後弗克舉、安有撤座之論、洪邁曰、此兩事殆近於星曆卜祝之學、何足以爲聖人、而謂孔子言之乎、有若不能知、何所加損、而弟子遽以是斥退之乎、孟子稱、子夏子游

子張、以有若似聖人、欲以所事孔子事之、曾子不可、但言江漢秋陽不可尙而已、未嘗深詆也、論語記諸善言、以有子之言爲第二章、在曾子之前、使有避坐之事、弟子肯如此哉、檀弓載有子聞曾子喪欲速貧、死欲速朽兩語、以爲非君子之言、又以爲夫子有爲言之、子游曰、甚哉有子之言似夫子也、則其爲門人弟子所敬久矣、太史公之書於是爲失矣、梁玉繩曰、賢如有若、必不僭居師座、弟子亦必不因不答所問、卽令避座、公西赤字子華。【集解】鄭玄曰、魯人、少孔子四十二歲。子華使於齊。冉有爲其母請粟。孔子曰。與之釜。【集解】馬融曰、六斗四升曰釜、請益。曰。與之庾。【集解】包氏曰、十六斗曰庾、冉子與之粟五秉。【集解】馬融曰、十六斛曰秉、五秉合八十斛、孔子曰。赤之適齊也、乘肥馬、衣輕裘。吾聞君子周急不繼富。【集解】鄭玄曰、非冉有與之太多、【考證】子華使以下、論語雍也篇、巫馬施字子旗。【集解】鄭玄曰、魯人、【索隱】鄭玄云、魯人、家語云、陳人、字子期、【正義】音其、【考證】論語作巫馬期、少孔子三十歲。陳司敗【集解】孔安國曰、司敗、官名、陳大夫也、【考證】司敗卽司寇、問孔子曰。魯昭公知禮乎。孔子曰。知禮。退而揖巫馬旗曰。吾聞君子不黨。君子亦黨乎。魯君娶吳女爲夫

人。命之爲孟子。孟子姓姬。諱稱同姓。故謂之孟子。魯君而知禮、孰不知禮。【集解】孔安國曰、相助匿非曰黨、禮同姓不婚、而君娶之、當稱吳姬、諱曰孟子、施以告孔子。孔子曰。丘也幸。苟有過、人必知之。臣不可言君親之惡。爲諱者禮也。【集解】孔安國曰、以司敗之言告也、諱國惡、禮也、聖人之道弘、故受之爲過也、【考證】陳司敗至人必知之、論語述而篇、李笠曰、臣不可言君親之惡二語、不類、疑是旁注溷入、梁鱣字叔魚。【集解】鱣一作鯉、孔子家語曰、齊人、【索隱】家語云、齊人、字叔魚也、少孔子二十九歲。顏幸字子柳。【集解】鄭玄曰、魯人、【索隱】家語云、顏幸字柳、按禮記有顏柳、或此人、【考證】索隱引禮記檀弓篇、梁玉繩曰、宋本家語、宋史禮樂志、幸作辛、少孔子四十六歲。【索隱】家語云、少三十六歲、與鄭玄同、【考證】今本家語與史同、冉孺字子魯。【集解】一作曾、【索隱】家語字子魯、魯人、作冉孺、少孔子五十歲。曹卹字子循。少孔子五十歲。【索隱】家語同、伯虔字子析。少孔子五十歲。【索隱】家語作伯處字子哲、皆轉寫字誤、未知適從、【正義】家語云、子哲、公孫龍字子石。【集解】鄭玄曰、楚人、【索隱】家語或作寵、又云、礱、七十子圖非礱也、按字子石、則礱或非謬、鄭玄云、楚人、

家語衛人、然莊子所云堅白之談、則其人也、【正義】家語云、衛人、孟子云、趙人、莊子云、堅白之談也、【考證】梁玉繩曰、索隱正義、以趙人談堅白者當之、則誤甚、趙公孫龍在平原君門、與子思玄孫孔穿同時、安得以爲孔子弟子、中井積德曰、孟子不載龍、正義蓋援孟荀列傳而有誤文也、

少孔子五十三歲。自子石已右三十五人、顯有年名。及受業聞見于書傳。【考證】楓、三本、顯作顏、聞作問、難、義長、其四十有二人、無年、及不見書傳者、紀于左。【索隱】按家語、此例唯有三十七人、其公良孺、秦商、顏亥、叔仲會四人、家語有事迹、史記闕、然自公伯繚、秦冉、鄡單三人、家語不載、而別有琴牢、陳亢、縣亶、當此三人數、皆互有也、如文翁圖所記、又有林放、蘧伯玉、申棖、申堂、俱是後人以所見增益、於今殆不可考、【考證】楓、三本、左下有方字、【考證】梁玉繩曰、三十五人中、無年者十二人、不見書傳者五人、而四十二人中、有年、及見書傳者、若顏驕、公良孺、秦商、申棖、叔仲會五人、史公疏也、

冉季字子產。【集解】鄭玄曰、魯人、【索隱】家語、冉季字產、【正義】家語云、冉季字子產、【考證】今本家語與史同、王鳴盛曰、裴駰注引鄭玄注、如冉季字子產、鄭玄曰、魯人、秦祖字子南、鄭玄曰、秦人之類、既非論語注、鄭又不注史記、家語王肅私定、鄭亦不見、竟不知此鄭何書之注、太史公曰、弟子籍出孔氏古文、然則亦是孔安國所得魯共王壞宅壁中書也、蓋康成曾注之、壁中書、如逸書逸禮、康成皆不注、而弟子籍則有注、

公祖句茲字子之。【索隱】句、音鉤、【正義】句、音鉤、【考證】家語、無句字、

秦祖字子南。【集解】鄭玄曰、秦人、

【索隱】家語、字子南、【考證】梁玉繩曰、索隱本、無子字、

漆雕哆字子斂。【集解】哆、音赤者反、鄭玄曰、魯人、【索隱】哆、赤者反、家語、字子斂、

顏高字子驕。【索隱】家語、名產、孔子在衛、南子招夫子爲次過市時、產爲御也、【正義】孔子在衛、南子招夫子爲次乘、過市、顏高爲御、【考證】梁玉繩曰、顏子之名字、索隱引家語、名產、通典、字子精、孔子世家、漢書人表及今家語、並作顏刻、包咸論語注及莊子釋文、並作剋、論語釋文又云、或作亥、蓋剋刻古通、亥即刻字、脫其半、名產字子精、或顏名字有二、亦未可知、而此所書名高似誤、左傳定八年陽州之役、有顏高弓六鈞、傳王厚齋遂謂陽州之顏高、即弟子顏驕、此說殊謬、家語謂少孔子五十歲、是生于定九年、其非定八年斃陽州之顏高明甚、又史正義云、孔子在衛、南子招夫子爲次乘、顏高爲御、蓋本于家語、而改刻爲高耳、然家語少五十歲之言、亦不可信、孔子過匡、在定十四年、倘少五十、其時纔六齡、安能爲師御車乎、又攷孔子世家、顏刻爲御在過匡時、若爲南子次乘、則未嘗及刻、王肅妄以刻之爲御過匡、撮合于在衛爲次乘之僕、張守節誤據之、

漆雕徒父。【索隱】家語、字固也、【考證】今本家語、名從、字子文、

壤駟赤字子徒。【集解】鄭玄曰、秦人、【索隱】家語、字子徒者、【考證】廣韻、壤駟、複姓、今本家語、壤作穰、

商澤。【集解】家語曰、字子季、【索隱】家語、字季、【考證】今本家語、字子秀、

石作蜀字子明。【索隱】家語同、【考證】廣韻、石作、複姓、

任不齊字選。【集解】鄭玄曰、楚人、【索隱】家語、字子選也、

公良孺字子正。【集解】鄭玄曰、陳人、賢而有勇、【索隱】家語、作良儒、陳人、字子正、賢而有勇、孔子周遊、常以家車五乘從孔子遊、家語、在三十五人之中、

亦見系家、在三十五人不見蓋傳之數、亦誤也、鄒誕本作公襄儒、【正義】孔子周游、常以家車五乘從孔子、孔子世家亦云、語在三十五人中、今在四十二人數、恐太史公誤也、【考證】今本家語、與史同、

后處字子里。【集解】鄭玄曰、齊人、【索隱】家語、同也、【考證】今本家語、作石處、字里之、

秦冄字開。【正義】家語無此人、王肅家語此等惟三十七人、其公良孺、秦商、顏亥、仲叔會四人、家語有事迹、而史記闕、公伯寮、秦冄、鄡單、家語不載、而別有琴牢、陳亢、縣亶三人、

公夏首字乘。【集解】鄭玄曰、魯人、【索隱】家語同也、【考證】楓本、首作守、今家語、作公夏守、字子乘、

奚容箴字子晳。【索隱】家語同也、【正義】衛人、【考證】今本家語、作奚箴、字子楷、

公肩定字子中。【集解】鄭玄曰、魯人、或曰、晉人、【索隱】家語同也、【考證】今家語、作公肩定、字子仲、張文虎曰、毛本肩、他本作堅、愚按、楓、三本、作公肩定、字子仲、與索隱合、

顏祖字襄。【索隱】家語無此人也、【正義】魯人、【考證】今家語、有顏相、字子襄、蓋同人、索隱誤、

鄡單字子家。【集解】鄡、苦堯反、單、音善、徐廣曰、一云鄡單、鉅鹿有鄡縣、大原有鄡縣、【索隱】鄡、音苦堯反、單、音善、則單名、徐廣云、一作鄡單、鉅鹿有鄡縣、太原有鄡縣、家語無此人也、【考證】梁玉繩曰、疑是晉人、家語所謂縣亶字子象者、縣爲縣之譌、即鄡字、單亶古通、而家乃象之譌、魯峻壁作子象也、愚按、盧文弨說同、詳于龍城札記、

句井疆。【集解】鄭玄曰、衛人、【正義】句作鉤、

罕父黑字子索。【集解】家語曰、罕父黑字索、【索隱】家語、作罕父黑、字索、【考證】梁玉繩曰、今家語作宰父黑、字子索、罕乃宰之譌、廣韻、父字注、作宰父、

秦商字子

丕。【集解】鄭玄曰、楚人、【索隱】家語、魯人、字丕慈、少孔子四歲、其父堇與孔子父紇俱以力聞也、【正義】家語云、魯人字丕茲、【考證】襄十一年左傳云、孟獻子以秦堇父爲右、生秦丕茲、事仲尼、丕茲即商、

申黨字周。【索隱】家語、有申繚字周、論語有申棖、鄭玄云、申棖魯人、弟子也、蓋申黨、申堂是棖不疑、以棖堂聲相近、上又有公伯繚、亦字周、家語則無伯繚、是史記述伯繚一人者也、【正義】魯人、【考證】申黨、論語所謂申棖、棖黨堂、聲相通、

顏之僕字叔。【集解】鄭玄曰、魯人、【索隱】家語竝同、【考證】今家語、字子叔、

榮旂字子祈。【索隱】家語、榮祈字子顏也、【考證】今家語、作榮祈、字子祺、楓本、祈作旗、

縣成字子祺。【集解】鄭玄曰、魯人、【索隱】家語、作子謀也、【正義】縣、音玄、【考證】今家語、作子橫、

左人郢字行。【集解】鄭玄曰、魯人、【索隱】家語同也、【考證】梁玉繩曰、今家語作左郢、字子行、誤也、廣韻注、通志、言左人複姓、出魯郡、故鄭云魯人、

燕伋字思。【索隱】家語同也、【考證】今家語云、字子思、

鄭國字子徒。【索隱】家語、薛邦、字徒、史記作國、而家語稱邦者、蓋避漢祖諱而改、鄭與薛字誤也、【正義】家語云、薛邦字徒、史記作國者、避高祖諱、薛字與鄭字誤耳、

秦非字子之。【集解】鄭玄曰、魯人、

施之常字子恆。【考證】梁玉繩曰、恆字何以不諱、

顏噲字子聲。【集解】鄭玄曰、魯人、

步叔乘字子車。【集解】鄭玄曰、齊人、【考證】梁玉繩曰、廣韻注、作少叔氏、

原亢籍。【集解】家語曰、名亢、字籍、【索隱】家語、名亢、字籍、【正義】亢作穴、仁勇反、【考證】梁玉繩曰、當云字籍、史脫之、

樂欬字

子聲。【索隱】家語同也、【正義】魯人、【考證】今家語欬作欣、廉絜字庸。【集解】鄭玄曰、衞人、【索隱】家語同也、【考證】梁玉繩曰、索隱本作子庸、今家語作子曹、譌也、叔仲會字子期。【集解】鄭玄曰、晉人、【索隱】鄭玄云、晉人、家語魯人、少孔子五十四歲、與孔璇年相比、二孺子俱執筆、迭侍於夫子、孟武伯見而訪之、是也、【正義】魯人、少孔子五十四歲、與孔璇年相比、二孺子俱執筆、迭侍於夫子、孟武伯見而訪之、是也、【考證】楓、三本、作仲叔會、與上文秦冉正義所引合、今家語五十四歲作五十歲、顏何字冉。【集解】鄭玄曰、魯人、【索隱】家語字稱、【考證】今本家語、無顏何、蓋闕文、狄黑字晳。【索隱】家語同、【考證】今本家語、作字晳之、邦巽字子斂。【集解】鄭玄曰、魯人、【索隱】家語、巽作選、字子斂、文翁圖作國選、蓋亦避漢諱改之、劉氏作邽巽、音圭、所見各異、【考證】楓、三本、作邦選、梁玉繩曰、邦及國、爲邽之譌、蓋後人傳寫以邽與邦字相近、而易邽爲邦、又或取邦與國義相當、而轉邦爲國、未可知、孔忠。【集解】家語曰、忠字子蔑、孔子兄之子、【索隱】家語云、忠字子蔑、孔子兄之子也、【考證】楓、三本、作孔思、今本家語作孔弗、公西輿如字子上。【索隱】家語同、【考證】今本家語、作公西輿、公西箴字子上。【集解】鄭玄曰、魯人、【索隱】公西箴字子上、家語作子尚也、【考證】今本家語作蒧、史記桃源鈔云、正義本作箴、又云、冉季以下四十二人、正義本位次不同、冉季第一、公祖句茲第二、公西輿如第三、秦商第四、公西箴第五、后處第六、顏高第七、原亢第八、左人郢第九、秦祖第十、商澤第十一、公堅定第十二、漆雕徒父第十三、榮旂第十四、句井疆第十五、秦非第十六、燕伋第十七、施之常第十八、叔仲會第十九、公良孺第二十、步叔乘第二十一、公夏首第二十二、石作蜀第二十三、邽巽第二十四、申黨第二十五、樂欬第二十六、顏之僕第二十七、漆雕哆第二十八、縣成第二十九、顏祖第三十、顏何第三十一、奚容蒧第三十二、廉絜第三十三、壤駟赤第三十四、鄭國第三十五、罕父黑第三十六、孔忠第三十七、鄡單第三十八、狄黑第三十九、任不齊第四十、顏噲第四十一、秦冉第四十二、

太史公曰。學者多稱七十子之徒。譽者或過其實。毀者或損其眞。鈞之未覩厥容貌則論言。【考證】未覩容貌、猶言未見眞相也、則、猶而也、弟子籍出孔氏古文。近是。【考證】王鳴盛曰、弟子籍出孔氏古文、所云少孔子若干歲云云、的確可信、余以弟子名姓文字、悉取論語弟子問、幷次爲篇。疑者闕焉。

【索隱】述贊、敎與闕里、道在陬鄉、異能就列、秀士升堂、依仁遊藝、合志同方、將師宮尹、俎豆琳瑯、惜哉不霸、空臣素王、

仲尼弟子列傳第七　史記六十七

文學博士瀧川龜太郎著

史記會注考證

史記會注考證卷六十八

漢　太史令　司馬遷　撰

宋　中郎外兵曹參軍　裴駰　集解

唐　國子博士弘文館學士　司馬貞　索隱

唐　諸王侍讀率府長史　張守節　正義

日本　出雲　瀧川資言　考證

商君列傳第八　史記六十八

【考證】史公自序云、鞅去衞適秦、能明其術、彊霸孝公、後世遵其法、作商君列傳第八、凌稚隆曰、太史公首言鞅好刑名之學、則鞅所以說君、而君說者刑名也、故通篇以法字爲骨、曰鞅欲變法、曰卒定變法之令、曰於是太子犯法、曰將法太子、而終之曰、嗟乎爲法之敝、一至此、血脉何等串貫、

商君者、衞之諸庶孽子也。【正義】秦封於商、故號商君、【考證】各本、孽下有公字、今從楓山、三條本、王念孫曰、文選注引史記無公字、按後人所加、愚按、呂不韋傳、子楚秦諸庶孽孫、名鞅、姓公孫氏。其祖本姬姓也。【考證】楓山、三條本、無本字、鞅少好刑名之學、事魏相公叔痤、【索隱】公叔氏、痤名也、痤音在戈反、【考證】刑名、解在韓非傳、痤各本作座、今從殿本、魏策及呂覽長見篇亦作痤、座痤古通用、爲中庶子。【索隱】官名也、魏已置之、非自秦也、周禮夏官、謂之諸子、禮記文王世子、謂之庶子、掌公族也、【考證】梁玉繩曰、魏策及呂覽、中庶子作御庶子、中井積德曰、魏相之家、非公族、中庶子、舍人之稍貴者、岡白駒曰、自戰國以來、大夫之家、有中庶子、有舍人、公叔痤知其賢、未及進。會痤病。魏惠王親往問病。【索隱】卽魏侯之子、名罃、後徙大梁而稱梁也、【考證】楓山、三條本、無親字、曰。公叔病有如不可諱、將奈社稷何。公叔曰。痤之中庶子公孫鞅、【索隱】戰國策云、衞庶子也、【考證】家臣、故曰痤之中庶子、與藺相如傳、臣舍人藺相如語意正同、年雖少有奇才。願王擧國而聽之。王嘿然。王且去。痤屏人

言曰。王卽不聽用鞅、必殺之、無令出境。王許諾而去。【考證】公叔痤知其賢以下、本魏策、呂覽長見篇、公叔痤召鞅謝曰。今者王問可以爲相者。【考證】三條本、今下無者字、我言若。王色不許我。我方先君後臣。因謂王。卽弗用鞅、當殺之。王許我。汝可疾去矣。且見禽。鞅曰。彼王不能用君之言任臣、又安能用君之言殺臣乎。卒不去。惠王既去、而謂左右曰。公叔病甚。悲乎、欲令寡人以國聽公孫鞅也。豈不悖哉。【索隱】疾重而悖亂也、【正義】悖、音背、【考證】惠王既去以下、本魏策、呂覽長見篇、公叔既死。公孫鞅聞秦孝公下令國中求賢者、將修繆公之業、東復侵地、迺遂西入秦、因孝公寵臣景監以求見孝公。【索隱】景姓、楚之族也、監、音去聲、平聲竝通、【正義】監、甲暫反、閹人也、楚族、孝公既見衞鞅、語事良久。孝公時時睡弗聽。【考證】楓、三本、不重時字、聽作應、御覽亦作應、

罷而孝公怒景監曰、子之客妄人耳。安足用邪。【考證】此及下文、罷而下、御覽有上字、景監以讓衞鞅。衞鞅曰、吾說公以帝道。其志不開悟矣。後五日、復求見鞅。【考證】岡白駒曰、鞅說已不可用矣、而使孝公求復見、此其說有機也、鞅復見孝公、益愈。然而未中旨。【考證】岡白駒曰、反覆前日之論、故云益愈、蓋自帝道漸入王道也、罷而孝公復讓景監。景監亦讓鞅。鞅曰、吾說公以王道、而未入也。請復見鞅。【考證】鞅言至此、鞅復見孝公。孝公善之、而未用也。罷而去。孝公謂景監曰、汝客善。可與語矣。【考證】御覽、善作蓋、鞅曰、吾說公以霸道。其意欲用之矣。誠復見我。我知之矣。【考證】楓、三本、欲下無用字、王若虛曰、皇降而帝、帝降而王、名號之異耳、堯舜揖讓、湯武征誅、世變之殊耳、若夫其道則未嘗不一、而商鞅乃[illegible]以帝道、再以王道、魏徵亦云、行帝道而帝、行王道而王、鄭厚又云、王道備而帝德銷、皆淺陋之見也、愚按帝之與王、號異聖一、韓昌黎已言之矣、孟子云、以德行仁者王、以力假仁者霸、王之與霸、截然有別、不可不知、衞鞅復見孝公。公與語不自

知膝之前於席也。語數日不厭。景監曰、子何以中吾君。吾君之驩甚也。鞅曰、吾說君以帝王之道比三代。【集解】說、音稅、下同、比三、比者頻也、謂頻三見孝公言帝王之道也、比、音必耳反、【正義】比、必寐反、說者以五帝三王之事比至孝公以三代帝王之道方興、孝公曰、太久遠、吾不能、【考證】楓、三本、帝王之道比三代、作五帝三王比三、司馬貞所見之本亦同、故出比三二字解比爲頻、愚按今本得之、比、猶竝也、與下文比德於殷周之比同、而君曰、久遠、吾不能待。且賢君者、各及其身顯名天下。安能邑邑待數十百年以成帝王乎。故吾以彊國之術說君。君大說之耳。然亦難以比德於殷・周矣。【集解】說、音悅、【考證】邑邑、與悒悒通、心不安也、孝公既用衞鞅、鞅欲變法。恐天下議己。【考證】王念孫曰、欲上鞅字、因上文而衍、此言孝公欲從鞅之言而變法、恐天下議己、非謂鞅恐天下議己也、故鞅有疑事無功之諫、商子更法篇、孝公曰、今吾欲變法以治、更禮以敎百姓、恐天下議我也、公孫鞅曰、疑行無成、疑事無功、云云、是其明證矣、新序善謀篇同、衞鞅曰、疑行無名、疑事無功。【考證】名功、韻、且夫有高人之行者、固見非於世。

【集解】商君書、非作負、【考證】商君書、無名作無成、見非、與史文同、與司馬貞所見之本異、有獨知之慮者、必見敖於民。【集解】商君書、作必見訾於人也、【正義】敖、五到反、【考證】今本商君書、與史文同、新序善謀篇作訾、敖訾通、毀也、愚者闇於成事、知者見於未萌。民不可與慮始、而可與樂成。論至德者、不和於俗。成大功者、不謀於衆。【考證】商君書、新序、愚者上有語曰二字、論至德者上有郭偃之法曰四字、是以聖人苟可以彊國、不法其故。【集解】言救弊爲政之術、所爲苟可以彊國、則不必要須法於故事也、【正義】言聖人救弊之政、苟有可以彊國、不法故國之舊也、苟可以利民、不循其禮。孝公曰、善。甘龍曰、不然。【集解】孝公之臣、甘姓、龍名也、甘氏、出春秋時甘昭公王子帶後、【考證】秦惠王將伐蜀、司馬錯張儀、爭論王前、始皇將郡縣海內、王綰李斯、各上其議、蓋軍國大事、付之廷議、秦家法爲然、聖人不易民而教、知者不變法而治。因民而教、不勞而成功。緣法而治者、吏習而民安之。【考證】商君書更法、新序善謀、教下不上有者字、衞鞅曰、龍之所言、世俗之言也。常人安於故俗、學者溺於所聞。以

此兩者居官守法可也。非所與論於法之外也。三代不同禮而王。五伯不同法而霸。智者作法、愚者制焉。賢者更禮、不肖者拘焉。【集解】言賢智之人作法更禮、而愚不肖者、不明變通而輒拘制、不使之行、斯亦信然矣、杜摯曰、利不百不變法。功不十不易器。【正義】言利倍百、乃可變舊也、功倍十、乃可新器也、【考證】李笠曰、漢書韓安國傳、安國曰、利不十者不易業、功不百者不變常、用此語而少變、法古無過、循禮無邪。【考證】楓、三本、過下、邪下、有者字、衞鞅曰、治世不一道。便國不法古。故湯・武不循古而王。【集解】商君書、作脩古、夏・殷不易禮而亡。【集解】指殷紂夏桀也、反古者不可非、而循禮者不足多。孝公曰、善。【考證】孝公欲變法以下、采商君書更法篇、新序善謀上、略同、以衞鞅爲左庶長、【正義】長、展兩反、【考證】梁玉繩曰、秦紀以鞅爲左庶長、在變法後、當孝公五年、此在變法前、則是孝公三年矣、恐非、愚按左庶長秦第十二爵、卒定變法之令。令民爲什伍、【集解】劉氏云、五家爲保、十保相連、【正義】或爲十保、或爲五保、【考證】中井積德曰、五家爲伍、十家爲什、什猶保也、伍猶鄰也、鄰與保有親疏、則連坐

亦必有輕重、註四家九家、宜竝揭、不當特舉什而沒伍也、而相牧司連坐。【索隱】牧司、謂相糾發也、一家有罪、而九家連舉發、若不糾舉、則十家連坐、恐變令不行、故設重禁、【考證】牧、各本作收、今從索隱本、王引之曰、收當牧字之誤也、方言曰、監牧、察也、鄭注周官禁殺戮曰、司猶察也、凡相禁察謂之牧司、周官禁暴氏曰、凡奚隸聚而出入者、則司牧之、戮其犯禁者、酷吏傳曰、置伯格長以牧司姦盜賊、皆其證也、索隱本作牧、中井積德曰、收司連坐、亦變令中之一條矣、非爲令不行而爲之、索隱謬、愚按周官司徒爲比閭族黨、使民相保相受、孟子說滕文公云、鄉田同井、出入相友、守望相助、疾病相扶持、鄰里相保之法、自古有之、但彼以親睦爲主、此以司察爲先、不告姦者、腰斬。告姦者、與斬敵首同賞。【索隱】案謂告姦一人、則得爵一級、故云與斬敵首同賞也、【正義】謂告姦之人、賜爵一級、匿姦者、與降敵同罰。【索隱】案律、降敵者、誅其身、沒其家、今匿姦者、言當與之同罰也、【正義】謂隱匿姦人、人身被刑、家口沒官、【考證】中井積德曰、降敵之罰、秦國自有此例、不得援漢律作解、民有二男以上不分異者、倍其賦。【正義】民有二男、不別爲活者、一人出兩課、【考證】賈誼治安策云、商君行政、其民富、子壯則出分、家貧子壯則出贅、卽此事、有軍功者、各以率受上爵。【集解】率音律、爲私鬪者、各以輕重被刑。大小僇力、本業耕織、致粟帛多者復其身。事末利及怠而貧者、舉以

爲收孥。【索隱】末、謂工商也、蓋農桑爲本、故上云本業耕織也、怠者懈也、周禮謂之疲民、以言懈怠不事事之人而貧者、則糾舉而收錄其妻子、沒爲官奴婢、蓋其法特重於古也、【考證】中井積德曰、以爲收孥者、指末利怠貧者當身而言、以爲奴役也、非指其妻子、愚按孥讀爲奴、宗室非有軍功論、不得爲屬籍。【索隱】謂宗室若無軍功、則不得入屬籍、謂除其籍、則無功不及爵秩也、【正義】屬籍、謂屬公族宗正籍書也、宗室無事功者、皆須論言不得入公族籍書也、明尊卑爵秩等級、各以差次。【考證】以差次、與以家次對言、差、猶等也、次、次第也、名田宅臣妾衣服、以家次。【索隱】謂各隨其家爵秩之班次、亦不使僭侈踰等也、【考證】通典注、名田、占田也、各立限、不使過制、如漢時王侯公主、皆得名田、吏民名田、毋過三十頃、是也、有功者顯榮、無功者雖富無所芬華。令既具未布。恐民之不信已、乃立三丈之木於國都市南門、募民。有能徙置北門者予十金。民怪之、莫敢徙。【考證】楓、三本、徙下有者字、復曰。能徙者予五十金。有一人徙之。輒予五十金、以明不欺。卒下令。【考證】韓非子內儲篇云、吳起之爲西河守、倚一車轅於北門之外、而令之曰、有能徙此南門之外者、賜之上田上宅、人莫之徙也、及有徙之者、旋賜之如初、俄又

置一石赤菽東門之外、而令之曰、有能徙此於西門之外者、賜之如初、人爭徙之、乃下令、事又見呂覽愼小篇、商鞅初遊魏、豈襲吳起故智乎、抑一事兩傳、亦未可知也、令行於民朞年。秦民之國都言初令之不便者以千數。【索隱】謂鞅新變之法令爲初令、【正義】初令、謂鞅之新法、【考證】初字、疑因下文衍、索隱正義本、既多初字、據秦紀、鞅以孝公元年入秦、三年說變法、於是太子犯法。衞鞅曰。法之不行、自上犯之。【考證】楓、三本、自作因、鞅言止于此、將法太子。太子君嗣也。不可施刑。刑其傅公子虔、黥其師公孫賈。【考證】後劓公子虔、則此時不知施何刑、明日秦人皆趨令。【索隱】趨、音七踰反、趨者、向也附也、行之十年、秦民大說、道不拾遺、山無盜賊、家給人足、民勇於公戰、怯於私鬪。鄉邑大治。【考證】中井積德曰、據秦紀、十年、當作七年、是變法七歲、當孝公卽位之十年、而以鞅爲大良造也、秦民初言令不便者、有來言令便者。衞鞅曰。此皆亂化之民也。盡遷之於邊城。其後民莫敢議令。於是以鞅爲大良造。【索隱】卽大上造也、秦之第十六爵名也、今云良造者、或

後變其名耳、將兵圍魏安邑降之。【考證】顧炎武曰、下文魏遂去安邑、徙都大梁、乃是自安邑徙都之事耳、安邑、魏都、其王在焉、豈得圍而便降、秦本紀、昭王二十一年、魏獻安邑、若已降、於五十年之後、何煩再獻乎、梁玉繩曰、安邑、當作固陽、說在秦紀、居三年、作爲築冀闕宮庭於咸陽。【索隱】冀闕、卽魏闕也、冀、記也、出列教令、當記於此門闕、【正義】爲宮殿朝廷也、【考證】桃源鈔云、正義本、庭作廷、董份曰、既云爲、又云築、恐有衍字、梁玉繩引王孝廉曰、疑是築冀闕、作爲宮庭於咸陽、愚按作爲、謂造作營爲也、原文自通、冀、魏通、大也、高也、莊子讓王篇、公子牟謂瞻子曰、身在江海之上、心居乎魏闕之下、秦自雍徙都之。而令民父子兄弟同室內息者爲禁。【考證】不啻倍其賦、而集小都鄉邑聚爲縣、置令丞。凡三十一縣。爲田開阡陌封疆、【正義】南北曰阡、東西曰陌、按謂驛塍也、疆、音彊、封、聚土也、疆、界也、謂界上封記也、【考證】開阡陌、許民墾田也、井田之制、至此全壞、蔡澤傳、商君決裂阡陌、卽此事、說在秦紀、而賦稅平。平斗桶權衡丈尺。【集解】鄭玄曰、桶、音勇、今之斛也、【索隱】音統、量器名、【考證】恩田仲任曰、桶、徒總切、說文、桶、木方器、受六斗、古通作甬、愚按同律度量衡、是民政之始、商君亦有見乎此、行之四年、公子虔復犯約。劓之。居五年、秦人富彊、天子致胙於孝公、諸

侯畢賀。【正義】胙、音左故反、【考證】紀表、致胙作致伯、其明年、齊敗魏兵於馬陵、虜其太子申、殺將軍龐涓。【考證】張文虎曰、中統、游本、將軍上有其字、其明年、衛鞅說孝公曰。秦之與魏、譬若人之有腹心疾。非魏并秦、秦卽并魏。何者魏居嶺阸之西、都安邑、【索隱】蓋卽安邑之東、山領險阸之地、卽今蒲州之中條已東、連汾晉之嶮嶝也、【考證】三條本、嶺作領、與秦界河、而獨擅山東之利。利則西侵秦、病則東收地。今以君之賢聖、國賴以盛。而魏往年大破於齊、諸侯畔之。可因此時伐魏。魏不支秦、必東徙。東徙、秦據河山之固、東鄉以制諸侯。此帝王之業也。孝公以爲然、使衛鞅將而伐魏。魏使公子卬將而擊之。【正義】卬、五郎反、軍既相距。衛鞅遺魏將公子卬書曰。吾始與公子驩。今俱爲兩國將、不忍相攻。可與公子面相見盟、

樂飲而罷兵、以安秦魏。魏公子卬以爲然、會盟已飮。【考證】胡三省曰、盟已而飮也、而衛鞅伏甲士而襲虜魏公子卬、因攻其軍、盡破之以歸秦。【考證】使衛鞅將而伐魏以下、採呂覽無義篇、魏惠王兵數破於齊秦、國內空、日以削、恐乃使使割河西之地獻於秦以和。【考證】秦紀、惠文王八年、魏納河西地、則事在商鞅死後、史將言其功、故併及後事、而魏遂去安邑徙都大梁。【索隱】紀年曰、梁惠王二十九年、秦衛鞅伐梁西鄙、則徙大梁在惠王之二十九年也、【正義】從蒲州安邑徙汴州浚儀也、梁惠王曰。寡人恨不用公叔痤之言也。【考證】淩稚隆曰、應前卽不用鞅卒殺之、衛鞅既破魏還。秦封之於商十五邑、號爲商君。【集解】徐廣曰、弘農商縣也、【索隱】於商、二縣名、在弘農、紀年云、秦封商鞅在惠王三十年、與此文合、【正義】於商、在鄧州內鄉縣東七里、古於邑也、商洛縣在商州東八十九里、本商邑、周之商國、案十五邑近此三邑、【考證】秦策云、衛鞅入秦、孝公以爲相、封之於商、號曰商君、張文虎曰、正義、三邑疑當作二邑、商君相秦十年、【索隱】戰國策云、孝公行商君法十八年而死、與此文不同者、案此直云相秦十年耳、而戰國策乃云行商君法十八年、蓋連其未作相之年耳、【考證】梁玉繩曰、

鞅以孝公元年入秦、三年變法、五年爲左庶長、十年爲大良造、廿二年封商君、廿四年孝公卒、鞅死、則十年以何者爲始、索隱引秦策作十八年、亦不合、疑當作二十年、自爲左庶長數之也、中井積德曰、自爲大良造至死、得十五年、相秦十年、舉大數者邪、抑大良造之後、商君之前、別有相國之命、而記錄漏脫邪、宗室貴戚多怨望者。趙良見商君。商君曰。鞅之得見也、從孟蘭皋。【索隱】孟蘭皋、人姓名也、言鞅前因蘭皋得與趙良相見也、今鞅請得交。可乎。【考證】楓、三本、交上有侍、趙良曰。僕弗敢願也。孔丘有言曰。推賢而戴者進、聚不肖而王者退。【考證】崔適曰、王字不可解、疑誤、愚按、斷章取義、崔說拘、俞樾曰、趙良本秦人、而能稱述闕里緒言、蔡澤亦云、不義而富且貴、於我如浮雲、國有道則仕、無道則隱、知戰國之世、已家有孔氏之書矣、僕不肖。故不敢受命。僕聞之曰。非其位而居之曰貪位。非其名而有之曰貪名。僕聽君之義、則恐僕貪位貪名也。故不敢聞命。【考證】楓、三本、義上有德字、商君曰。子不說吾治秦與。【索隱】說、音悅、與、音予、趙良曰。反聽之謂聰。內視之謂明。自勝之謂彊。【索隱】謂守謙敬之人、是爲自勝、若是者乃爲

彊、若爭名得勝、此非彊之道、【考證】聽明彊、韻、楓、三本、反聽作外聽、內視、自省也、自勝、克己也、韓非子外儲篇引申子曰、獨視者謂明、獨聽者謂聰、能獨斷者、可以爲天下主、語似而意反、虞舜有言曰。自卑也尙矣。【考證】尙、尊也、君不若道虞舜之道。【考證】若道之道、由也、無爲問僕矣。商君曰。始秦戎翟之敎、父子無別、同室而居。今我更制其敎、而爲其男女之別、大築冀闕、營如魯衛矣。子觀我治秦也、孰與五羖大夫賢。【考證】百里奚、自賣以五羖羊之皮、爲人養牛、秦穆公舉以爲相、秦人謂之五羖大夫、趙良曰。千羊之皮、不如一狐之掖。千人之諾諾、不如一士之諤諤。武王諤諤以昌、殷紂墨墨以亡。【正義】以殷紂比商君、【考證】掖、讀爲腋、墨、讀爲嘿、諤諤、謇直也、掖謂昌亡、韻、趙世家、趙簡子曰、吾聞千羊之皮、不如一狐之腋、諸大夫朝、徒聞唯唯、不聞周舍之諤諤、說苑正諫篇、孔子曰、武王諤諤而昌、紂嘿嘿而亡、蓋古有此語、趙良稱之也、君若不非武王乎、則僕請終日正言、而無誅可乎。商君曰。語有之矣。貌言、華也。至言、實也。苦言、藥也。甘言、疾

也。【考證】貌言、飾辭也、實疾韻、夫子果肯終日正言、鞅之藥也。鞅將事子、子又何辭焉。趙良曰、夫五羖大夫、荊之鄙人也。【正義】百里奚、南陽宛人、屬楚、故云荊、【考證】梁玉繩曰、百里奚虞人、非荊人、正義謂宛人、亦非、聞秦繆公之賢、而願望見、行而無資、自粥於秦客、被褐食牛。期年、繆公知之、舉之牛口之下、而加之百姓之上。秦國莫敢望焉。【考證】岡白駒曰、人莫怨望者、相秦六七年、【考證】梁玉繩曰、奚之爲相、未知的在秦穆何年、然以伐鄭楚三置晉君言之、則首尾已二十年、何云六七年也、愚按困學紀聞亦疑之、而東伐鄭、三置晉國之君、【索隱】謂立晉惠公懷公文公也、一救荊國之禍、【索隱】案六國年表、穆公二十八年、會晉救楚朝周是也、【考證】救荊國之禍未詳、梁玉繩曰、救、謂救晉、錢大昕曰、秦穆公之時、楚未有禍、秦亦無救楚事、趙良所謂救荊禍者、卽指城濮之役也、謂宋有荊禍而秦救之、非謂荊有禍也、愚按此說亦未得、發教封內、而巴人致貢。施德諸侯、而八戎來服。由余聞之、款關請見。【集解】韋昭曰、款、叩也、【考證】陳仁錫引史珥曰、由余聞之一語、已隱隱自薦、不說盡、下又宕開、文心極巧、五羖大夫之

相秦也、勞不坐乘、暑不張蓋。【考證】胡三省曰、古者車立乘、惟安車卽坐乘耳、蓋所以覆車上也、行於國中、不從車乘、不操干戈。功名藏於府庫、德行施於後世。五羖大夫死、秦國男女流涕、【正義】涕音體、童子不歌謠、舂者不相杵。【集解】鄭玄曰、相、謂送杵聲、以聲音自勸也、【正義】相、謂送杵以音聲、曲禮、舂不相、此五羖大夫之德也。【考證】田汝成曰、歷誦五羖大夫之德、俱本虞舜有言自卑意、今君之見秦王也、因嬖人景監以爲主。非所以爲名也。【考證】孟子、觀近臣以其所爲主、觀遠臣以其所主、注、主、舍於其家、以之爲主人也、相秦、不以百姓爲事、而大築冀闕。非所以爲功也。刑黥太子之師傅、殘傷民以駿刑。是積怨畜禍也。【正義】駿刑、上音峻、教之化民也、深於命。【索隱】劉氏云、教、謂商鞅之令也、命、謂秦君之命也、言人畏鞅甚於秦君、【正義】言鞅受孝公命行之、更添加命、民之效上也、捷於令。【索隱】上謂鞅之處分、令、謂秦君之令、【正義】言民放效君上之命、須捷急遁之、畏商鞅也、【考證】二句、蓋古語、命令、韻、命令二字、異文同意、中井積德曰、教者躬行率先之謂也、謂以躬之教、深於號

令、而下民效上人之所爲、亦捷於號令也、謂君上之行己、爲政之本也、注大謬、今君又左建外易。非所以爲教也。【索隱】左建、謂以左道建立威權也、外易、謂在外革易君命也、【考證】中井積德曰、外字與左字相似、左建、其所建之事、陪道理也、外易、其所變之法、遠道理也、君又南面而稱寡人、【考證】封於商、日繩秦之貴公子。詩曰。相鼠有體。人而無禮。人而無禮、何不遄死。【考證】詩鄘風相鼠篇、以詩觀之、非所以爲壽也。公子虔杜門不出、已八年矣。【考證】恥失鼻也、君又殺祝懽而黥公孫賈。【考證】祝懽、蓋亦太子師傅、詩曰。得人者興、失人者崩。【考證】逸詩、興崩、韻、或云、詩當作書、此數事者、非所以得人也。君之出也、後車十數、從車載甲、多力而駢脅者爲驂乘、【考證】駢脅、肋骨相比、如一骨也、晉文公駢脅、見左傳、此言肌肉豐滿、不復見肋骨之條痕也、中井積德曰、駢脅者、多力之相、故以爲言、非實擇駢脅人也、持矛而操闟戟者、旁車而趨。【集解】闟、所及反、徐廣曰、戟、一作寮、屈盧之勁矛、干將之雄戟、【索隱】闟亦作鈒、同、所及反、鄒誕音吐臘反、寮、音遼、屈、音九勿反、按屈盧干將、竝古良匠造矛戟者名、【正義】顧野王云、鋋也、方

言云、矛、吳揚江淮南楚五湖之閒謂之鋋、其柄謂之矜、釋名云、戟、格也、旁有格、【考證】中井積德曰、集解寮、撩同、取持也、鈒、小矛也、梁玉繩曰、文選吳都賦注、引史亦作寮屈盧之勁矛、干將之雄戟、此一物不具、君固不出。【考證】唐順之曰、出盛車從、明與五羖大夫行于國中相反、書曰。恃德者昌。恃力者亡。【索隱】此是周書之言、孔子所刪之餘、【正義】周書、晉五經博士孔晁序錄、有九卷、【考證】昌亾、韻、今本周書無此文、君之危若朝露。尚將欲延年益壽乎。則何不歸十五都、【索隱】衛鞅所封商於二縣、以爲國、其中凡有十五都、故趙良勸令歸之、【正義】公孫鞅封商於十五邑、故云十五都、【考證】正義是、灌園於鄙、勸秦王顯巖穴之士、養老存孤、敬父兄、序有功、尊有德。可以少安。【考證】楓、三本、灌園於鄙、作灌菲於園、秦王非當時語、孝公未嘗稱王、君尚將貪商於之富、寵秦國之教、畜百姓之怨、【考證】胡三省曰、言以專秦國之政爲寵也、秦王一旦捐賓客而不立朝、秦國之所以收君者、豈其微哉。【索隱】謂鞅於秦無仁恩、故秦國之所以將收錄鞅者、其效甚明、故云、豈其微哉、【考證】中井積德曰、收、捕也、愚按、微、少也、輕也、言秦國收君、必不以輕罪也、死在目前、亾可翹足而待。商君弗從。

後五月、而秦孝公卒、太子立。公子虔之徒、告商君欲反。[考證]秦策、孝公疾且不起、欲傳商君、辭不受、孝公已死、惠王代後、蒞政有頃、商君告歸、人說惠王曰、大臣太重國危、今秦婦人嬰兒、皆言商君之法、莫言大王之法、是商君反爲主、大王更爲臣也、且夫商君固大王仇讎也、願大王圖之、商君歸還、惠王車裂之、當時情事、蓋如此、足以補史文、發吏捕商君。商君亡、至關下、欲舍客舍。客舍人不知其是商君也。[考證]各本、人上無舍字、今依楓、三本補、曰、商君之法、舍人無驗者坐之。[考證]驗、印信傳引之類、商君喟然歎曰、嗟乎、爲法之敝一至此哉。[考證]中井積德曰、敝者以己之困而言、非不知法如此也、去之魏。魏人怨其欺公子卬而破魏師、弗受。[考證]呂覽無義篇云、秦惠王疑公孫鞅欲加罪、鞅以其私屬與母歸魏、襄疵不受、曰以君之反公子卬也、史公蓋本於此、呂覽注、襄疵、魏人、商君欲之他國。魏人曰、商君、秦之賊。秦彊而賊入魏。弗歸不可。遂內秦。[考證]楓、三本、無商君秦之賊五字、遂下有送字、歸、送還也、商君既復入秦走商邑、[索隱]走、音奏、走、向也、與其徒屬發邑兵、北出擊鄭。[集解]徐廣曰、京兆鄭縣也、[索隱]地理志、京兆有鄭縣、秦本紀云、初縣杜鄭、按其地是鄭桓公友之所封、[考證]楓、三本、邑上有商字、

秦發兵攻商君、殺之於鄭黽池。[集解]徐廣曰、黽或作彭、[索隱]鄭黽池者、時黽池屬鄭故也、而徐廣云、黽或作彭者、按鹽鐵論云、商君困於彭池故也、黽、音亡忍反、[正義]黽池、去鄭三百里、蓋秦兵至鄭破商邑兵、而商君東走至黽、乃擒殺之、[考證]中井積德曰、鄭國存時黽池屬鄭國、故稱鄭黽池、以別於他黽池耳、秦惠王車裂商君以徇曰、莫如商鞅反者。[考證]莫下、添或字看、襄二十三年左傳、將盟臧氏、季孫召外史掌惡臣、而問盟首、對曰、盟東門氏也、曰、毋或如東門遂不聽公命殺適立庶、盟叔孫氏也、曰、毋或如叔孫僑如欲廢國常蕩覆公室、季孫曰、臧孫之罪、皆不及此、孟椒曰、盍以犯門斬關、季孫用之、乃盟曰、無或如臧孫紇干國之紀、犯門斬關、蓋盟之辭、皆有或字、無者字、遂滅商君之家。

太史公曰、商君其天資刻薄人也。[索隱]謂天資其人爲刻薄之行、刻謂用刑深刻、薄謂弃仁義不悃誠也、[考證]其字疑因下文衍、天資、猶言天性、中井積德曰、刻薄、甚無恩情也、言殘忍不仁、出於天質也、跡其欲干孝公以帝王術、挾持浮說、非其質矣。[索隱]說、音如字、浮說即虛說也、謂鞅得用、刑政深刻、又欺魏將、是其天資自有狙詐、則初爲孝公論帝王之術、是浮說耳、非本性也、[考證]古鈔本、三條本、質作實、中井積德曰、鞅之帝王、是驅孝公入功利之序引、非實知之而欲實行之也、故曰、浮說非實也、岡白駒曰、非其質、原非其意

所欲爲、且所因由嬖臣。及得用、刑公子虔、欺魏將卬、不師趙良之言。亦足發明商君之少恩矣。余嘗讀商君開塞耕戰書、與其人行事相類。[索隱]按商君書、開、謂刑嚴峻則政化開、塞、謂布恩賞則政化塞、其意本於嚴刑少恩、又爲田開阡陌、及言斬敵首賜爵、是耕戰書也、[正義]商君書、有農戰篇、有開塞篇、五卷三十六篇、開、謂峻法嚴刑、政化開行也、塞、謂布恩則政化杜塞也、耕、謂開阡陌封疆則農爲耕也、戰、謂斬敵首等級賜爵則士卒勇於公戰也、[考證]漢志云、商君書二十九篇、隋志云、商君書五卷、新唐志作商子、正義曰三十六篇者、不知何本、今本二十六篇、佚其二篇、第三爲農戰、史公所謂耕戰、或斥此篇、開塞亦篇名、第七、晁公武曰、司馬貞蓋未見鞅書、妄爲之說耳、今考其書、開塞篇、謂道塞久矣、今欲開之、必刑九而賞一、刑用於將過、則大邪不生、賞施於告姦、則細過不失、大邪不生、細過不失、則國治矣、由此觀之、鞅之術無他、特恃告訐而止耳、故其治不告姦者與降敵同罰、告姦者與殺敵同賞、此秦俗所以日壞、至於父子相夷、而鞅不能自脫也、沈欽韓曰、商君書第十三來民篇云、今三晉不勝秦四世矣、自魏襄王以來、野戰不勝、城必拔、又云、周軍之勝、華軍之勝、秦斬首而東之、又弱民篇、秦師至鄢郢、舉若振槁、唐蔑死於垂沙、莊蹻發於內、楚則皆在秦昭王時、非商君本書也、卒受惡名於秦。有以也夫。[集解]新序論曰、秦孝公保崤函之固、以廣雍州之地、東幷河西、北收上郡、國富兵彊、長雄諸侯、周室歸籍、四方來賀、爲戰國霸君、秦遂以彊、六世而幷諸侯、亦皆商君之謀也、夫商君極身無二慮、盡公不顧私、

使民內急耕織之業以富國、外重戰伐之賞以勸戎士、法令必行、內不阿貴寵、外不偏疏遠、是以令行而禁止、法出而姦息、故雖書云無偏無黨、詩云周道如砥、其直如矢、司馬法之勵戎士、周后稷之勸農業、無以易此、此所以幷諸侯也、故孫卿曰、四世有勝、非幸也、數也、然無信、諸侯畏而不親、夫霸君若齊桓晉文者、桓不倍柯之盟、文不負原之期、而諸侯畏其彊而親信之、存亡繼絕、四方歸之、此管仲舅犯之謀也、今商君倍公子卬之舊恩、弃交魏之明信、詐取三軍之衆、故諸侯畏其彊而不親信也、藉使孝公遇齊桓晉文、得諸侯之統、將合諸侯之君、驅天下之兵以伐秦、秦則亡矣、天下無桓文之君、故秦得以兼諸侯、衞鞅始自以爲知霸王之德、原其事不論也、昔周召施善政、及其死也、後世思之、蔽芾甘棠之詩、是也、嘗舍於樹下、後世思其德、不忍伐其樹、況害其身乎、管仲奪伯氏邑三百戶、無怨言、今衞鞅內刻刀鋸之刑、外深鈇鉞之誅、步過六尺者有罰、弃灰於道者被刑、一日臨渭而論囚七百餘人、渭水盡赤、號哭之聲、動於天地、畜怨積讎、比於丘山、所逃莫之隱、所歸莫之容、身死車裂、滅族無姓、其去霸王之佐亦遠矣、然惠王殺之亦非也、可輔而用也、使衞鞅施寬平之法、加之以恩、申之以信、庶幾霸者之佐哉、[索隱]新序、是劉歆所撰、其中論商君、故裴氏引之、藉音胙、字合作胙、誤爲藉耳、按本紀周歸文武胙於孝公者、是也、說苑云、秦法弃灰於道者刑、是其事也、[考證]索隱劉歆、當作劉向、

[索隱述贊]衞鞅入秦、景監是因、王道不用、霸術見親、政必改革、禮豈因循、既欺魏將、亦怨秦人、如何作法、逆旅不賓、

商君列傳第八

史記六十八

文學博士瀧川龜太郎著

史記會注考證

史記會注考證卷六十九

漢　太史令　司馬遷　撰

宋　中郎外兵曹參軍　裴駰　集解

唐　國子博士弘文館學士　司馬貞　索隱

唐　諸王侍讀率府長史　張守節　正義

日本　出雲　瀧川資言　考證

蘇秦列傳第九　史記六十九

【考證】史公自序云、天下患衡秦毋饜、而蘇子能存諸侯、約從以抑貪彊、作蘇秦列傳第九、愚按、此傳全採戰國策、又按近時妄人有疑蘇秦有無者、云策史所虛設、而荀子

呂氏春秋諸書、已有其名、則其人其事亦必有也、

蘇秦者、東周雒陽人也。【索隱】蘇秦字季子、蓋蘇忿生之後、己姓也、譙周云、秦兄弟五人、秦最少、兄代、代弟厲及辟、鵠、並爲游說之士、此下云秦弟代、代弟厲也、【正義】戰國策云、蘇秦雒陽乘軒里人也、藝文志云、蘇子三十一篇、在縱橫流、敬王以子朝之亂、從王城東遷雒陽故城、乃號東周、以王城爲西周、東事師於齊、而習之於鬼谷先生。【集解】徐廣曰、潁川陽城有鬼谷、蓋是其人所居、因爲號、駰案、風俗通義曰、鬼谷先生、六國時從橫家、【索隱】按鬼谷、地名也、扶風池陽、潁川陽城、並有鬼谷墟、蓋是其人所居、因爲號、又樂壹注鬼谷子書云、蘇秦欲神祕其道、故假名鬼谷、【正義】鬼谷、谷名、在雒州城縣北五里、七錄有蘇秦書、樂壹注云、秦欲神祕其道、故假名鬼谷也、鬼谷子三卷、樂壹注、樂壹字正、魯郡人、【考證】今本鬼谷子三卷、梁陶弘景注、出游數歲、大困而歸。【索隱】按戰國策、此語在說秦王之後、【考證】梁玉繩曰、史置於說秦王前、誤也、兄弟嫂妹妻妾、竊皆笑之曰。周人之俗、治產業、力工商、逐什二以爲務。【正義】言工商十分之中得二分利、【考證】貨殖傳云、洛陽、東賈齊魯、南賈梁楚、逐什二、謂買賣逐利也、今子釋本而事口舌。困不亦宜乎。蘇秦聞之而慙自傷。乃閉室不出、出其書偏觀之。

【索隱】偏觀、音遍官二音、按謂盡觀覽其書也、曰。夫士業已屈首受書。【索隱】按謂士之立操、業者素也、本也、言本已屈首低頭、受書於師也、【考證】助字辨略云、業、既已也、史記外戚世家、太后業已許其行、酒、無以罪也、留侯世家、良業爲取履、因長跪履之、劉敬傳、是時漢兵已踰句注、二十餘萬已業行、業已、已業、並重言也、而不能以取尊榮、雖多亦奚以爲。於是得周書陰符、【正義】鬼谷子有陰符七術、樂注云、陰符者、私志於內、物應於外、若今符契、故云陰符、本太公兵法、【考證】張文虎曰、依索隱本、上文出其書偏觀之六字、當在雖多亦奚以爲下、今本錯簡、愚按、秦策、周書陰符、作太公陰符之謀、伏而讀之。期年以出揣摩。【集解】戰國策曰、乃發書陳篋數十、得太公陰符之謀、伏而誦之、簡練以爲揣摩、讀書欲睡、引錐自刺其股、血流至踵、曰、安有說人主不能出其金玉錦繡、取卿相之尊者乎、期年揣摩成、鬼谷子有揣摩篇也、【索隱】戰國策云、得太公陰符之謀、則陰符是太公之兵符也、揣音初委反、摩音姥何反、鄒誕本作揣㨯、㨯讀亦爲摩、王劭云、揣情摩意、是鬼谷之二章名、非爲一篇也、高誘曰、揣、定也、摩、合也、定諸侯使讎其術、以成六國之從也、江遂曰、揣人主之情、摩而近之、其意當矣、【正義】鬼谷子有揣及摩二篇、言揣諸侯之情、以其所欲切摩爲揣之術也、按鬼谷子乃蘇秦之書明矣、【考證】中井積德曰、摩、在揣度之後、如以手摩弄之也、既能曉通彼人之情懷、而以我之言動搖上下之、以導入于吾槩中也、或揚之、或抑之、皆有激發、卽所謂摩也、沈欽韓曰、漢書藝文志、縱橫家蘇子三十一篇、今見於史記國策者、灼然爲蘇秦者八篇、其短章不與、秦死後、蘇代蘇厲等並有論說、國策通謂之蘇子、又誤爲蘇秦、是三十

一篇、容有代厲幷入、曰。此可以說當世之君矣。【考證】出游數歲以下、本秦策、求說周顯王。顯王左右、素習知蘇秦。皆少之、弗信。【索隱】謂王之左右、素慣習知秦浮說、多不中當世、而以爲蘇秦智識淺、故云少之、劉氏云、少、謂輕之也、【正義】言顯王左右、慣知蘇秦、有少、不知行、故不用、【考證】蘇秦說周、戰國策不載、或妄、少之、劉說是、乃西至秦。秦孝公卒。說惠王曰。秦四塞之國、被山帶渭、東有關河、【正義】東有黃河、有函谷蒲津龍門合河等關、南山及武關嶢關、西有大隴山及隴山關大震烏蘭等關、北有黃河南塞、是四塞之國、被山帶渭、又爲界、地里、江、渭、岷江、渭州隴山之西南流入蜀、東至荊陽入海也、河、謂黃河、從同州小積石山東北流、至勝州、卽南流至華州、又東北流、經魏滄等州入海、各是萬里已下、【考證】中井積德曰、正義多錯脫、張文虎曰、各本截正文被山二句、別爲一節、而截正義又界以下系之、於文義不順、今幷連爲一節、又曰、南下有脫文、當云南有某山云云、又字誤、疑當作以、地里字疑有誤、渭州上疑脫一西、從二字、愚按楓三本正義、帶渭、作帶江、地里作地理、江渭岷江、作江謂岷江、頗足正正義之訛、然尙多錯誤、不可解、西有漢中、南有巴・蜀、北有代・馬。【索隱】按謂代郡馬邑也、地理志、代郡又有馬邑城、一云、代郡兼有胡馬之利、【考證】楓三本無南有二字、巴蜀、今四川嘉陵道東境及東川道、皆巴郡地、西川道及嘉陵道西境建昌道北境、皆故蜀郡地、代馬、索隱前說是、秦策作北有胡貉代馬之用、胡、樓煩林胡之類、貉、濊也、音亡格反、匈奴傳、趙襄子踰句注而破幷

代、以臨胡貉、荀子彊國篇、今秦北與胡貉爲鄰者此也、胡貉代馬、皆地名、鮑彪解馬貉爲獸名、誤、梁玉繩曰、國策云、西有巴蜀漢中之利、南有巫山黔中之限、此殆非也、而是時諸郡未屬秦、未知蘇子何以稱也、此天府也。【索隱】按周禮春官、有天府、鄭玄曰、府、物所藏、言天尊、此所藏若天府然、【正義】府、聚也、萬物所聚、【考證】中井積德曰、天府、其地饒富、如天所置府庫然、莫不有也、莫不庶也、愚按、天府、中說是、索隱引周禮、非是、以秦士民之衆、兵法之教、可以吞天下、稱帝而治。【考證】楓、三本、無以秦士民之衆、兵法之教十字、而下無治字、秦策有、秦王曰。毛羽未成、不可以高蜚。文理未明、不可以幷兼。【考證】說惠王曰以下、采秦策、其加秦孝公卒四字者、遙接商君傳、又爲下文方誅商鞅之地、方誅商鞅、疾辯士、弗用。【考證】九字、記者之詞、乃東之趙。趙肅侯令其弟成爲相、號奉陽君。奉陽君弗說之。【考證】楓、三本、說下無之字、凌稚隆曰、爲後奉陽君已死眼目、愚按、公子成封安平君、明載趙世家、成竝不封奉陽、奉陽君是李兌、李兌之前、趙先有奉陽君、失其姓名、不說蘇秦者卽是、說詳于國策吳注、梁氏史記志疑、去游燕。歲餘而後得見說燕文侯。【索隱】說、音稅、下竝同、燕文侯、史失名、【考證】燕文侯二十八年、曰。燕東有朝鮮・遼東、【索隱】朝鮮、潮仙二音、潮仙、二水名、【考證】中井積德曰、朝鮮

國與遼東郡、亦非今之朝鮮、北有林胡・樓煩、【索隱】地理志、樓煩、屬鴈門郡、【正義】二胡國名、朔嵐已北、西有雲中・九原、【索隱】按地理志、雲中九原、二郡名、秦曰九原、漢武帝改曰五原郡、【正義】二郡竝在勝州也、雲中郡城、在榆林縣東北四十里、九原郡城、在榆林縣西界、南有嘑沱・易水、【集解】周禮曰、正北曰幷州、其川嘑沱、鄭玄曰、嘑沱出鹵城、【索隱】按嘑沱、水名、幷州之川也、音呼沱、又地理志、鹵城、縣名、屬代郡、滹沱河、自縣東至參合、又東至文安入海也、【正義】嘑沱、出代州繁畤縣東、南流經五臺山北、東南流過定州、流入海、易水、出易州易縣、東流過幽州歸義縣、東與呼沱河合也、地方二千餘里、帶甲數十萬、車六百乘、騎六千匹、粟支數年。【索隱】按戰國策、車七百乘、粟支十年、南有碣石・鴈門之饒、【索隱】戰國策、碣石山、在常山九門縣、地理志、大碣石山、在右北平驪城縣西南、【正義】碣石山、在平州、燕東南、鴈門山、在代、燕西南、【考證】姚鼐曰、碣石、在燕東、海中之貨、自此入河、鴈門、在西北、沙漠之貨、自此入路、皆達燕南、故有其饒也、愚按、慶長本、索隱無戰國策三字、北有棗栗之利、民雖不佃作、而足於棗栗矣。此所謂天府者也。夫安樂無事、不見覆軍殺將、無過燕者。大王知其所以然乎。夫燕之所以不犯寇被甲兵者、以趙之爲

蔽其南也。秦・趙五戰。秦再勝而趙三勝。【考證】吳師道曰、秦趙五戰、設辭也、秦・趙相斃、而王以全燕制其後。【考證】斃、讀爲敝、策作敝、此燕之所以不犯寇也。且夫秦之攻燕也、踰雲中・九原、過代・上谷、彌地數千里。雖得燕城、秦計固不能守也。秦之不能害燕、亦明矣。今趙之攻燕也、發號出令、不至十日、而數十萬之軍、軍於東垣矣。【索隱】地理志、高帝改曰眞定也、【正義】東垣、趙之東邑、在恆州眞定縣南八里、故常山城是也、渡嘑沱、涉易水、不至四五日而距國都矣。【考證】距、至也、故曰。秦之攻燕也、戰於千里之外、趙之攻燕也、戰於百里之內。夫不憂百里之患、而重千里之外、計無過於此者。【考證】徐孚遠曰、欲燕親趙、先以趙之威劫之、則其言易入、是故願大王與趙從親。天下爲一、則燕國必無患矣。文侯曰。子言則可。然吾國小、西迫彊

趙、〔正義〕貝冀深趙四州、七國時屬趙、卽燕西界、南近齊。〔正義〕河北博滄德三州、齊地北境、與燕相接、隔黃河、齊·趙彊國也。子必欲合從以安燕、寡人請以國從。於是資蘇秦車馬金帛以至趙。〔考證〕得見說燕文侯以下、采燕策、而奉陽君已死。〔考證〕凌稚隆曰、應前奉陽君弗說、卽因說趙肅侯〔索隱〕按世本云、肅侯名語、〔考證〕趙肅侯十六年、各本索隱語作言、今從楓、三本、趙世家亦引世本作語、曰。天下卿相人臣、及布衣之士、皆高賢君之行義、皆願奉教陳忠於前之日久矣。〔正義〕奉、符用反、〔考證〕楓、三本、人臣作人君、及下有至字、岡白駒曰、君斥肅侯、言以君之行義爲高賢、雖然奉陽君妬君而不任事。〔考證〕楓、三本、妬下君字、作賢、無而字、義長、策作奉陽君妬、大王不得任事、是以賓客游士、莫敢自盡於前者。今奉陽君捐館舍。〔考證〕捐館舍、謂死也、徐孚遠曰、奉陽君專國時、肅侯必內不善也、故以此爲說端、君乃今復與士民相親也。臣故敢進其愚慮。竊爲君計者、莫若安民無事。且無庸有事於民也。〔考證〕楓、三本、有下無事於二字、策、且無一句、作請無庸有爲也、安

民之本、在於擇交。〔考證〕交、與諸侯交、擇交而得、則民安。擇交而不得、則民終身不安。請言外患。齊·秦爲兩敵、而民不得安。倚秦攻齊、而民不得安。倚齊攻秦、而民不得安。故夫謀人之主、伐人之國、常苦出辭。斷絕人之交也。〔考證〕言謀人之君伐人之國、其事極大、說者常難出之於口、其故何也、以其斷絕人之交也、願君愼勿出於口。請別白黑所以異。陰陽而已矣。〔索隱〕按戰國策云、請屛左右、白言所以異陰陽、其說異此、然言別白黑者、蘇秦言、已今論趙國之利、必使分明有如白黑分別、陰陽殊異也、〔考證〕請別白黑所以異、句、白黑、猶言利害、陰陽、暗斥從橫、君誠能聽臣、燕必致旃裘狗馬之地、齊必致魚鹽之海、楚必致橘柚之園、韓·魏·中山、皆可使致湯沐之奉。〔考證〕旃裘、策作氈裘、旃氊、通、禮記、方伯、爲朝天下、皆有湯沐之邑、戰國策、效萬家之都、以爲湯沐之邑、而貴戚父兄、皆可以受封侯。夫割地包利、五伯之所以覆軍禽將而求也。封侯貴戚、湯·武之所

以放弒而爭也。今君高拱而兩有之。此臣之所以爲君願也。今大王與秦、則秦必弱韓·魏。與齊、則齊必弱楚·魏。〔正義〕楚東淮泗之上、與齊接境、〔考證〕張文虎曰、正義不釋魏境、下文亦止云楚弱、疑此魏字涉上弱韓魏而衍、愚按、策亦有魏字、魏弱則割河外。韓弱則效宜陽。宜陽效、則上郡絕。〔正義〕宜陽、卽韓城也、在洛州西、韓大郡也、上郡、在同州西北、言韓弱、與秦宜陽城、則上郡路絕矣、〔考證〕宜陽、韓地、故城、在今河南宜陽縣東、上郡、今陝西膚施縣等地、與宜陽相去遠、疑當作上黨、上黨、今山西長治縣等地、與宜陽隔河連近、河外割則道不通。〔正義〕河外、同華等地也、言魏弱、與秦河外地、則道路不通上郡矣、華山記云、此山分秦晉之境、晉之西鄙、則曰陰晉、秦之東邑、則曰寧秦、楚弱則無援。此三策者、不可不孰計也。夫秦下軹道、〔正義〕軹、音止、故亭、在雍州萬年縣東北十六里苑中、〔考證〕軹道、在今陝西咸寧縣東、則南陽危。〔正義〕南陽、懷州河南也、七國時屬韓、言秦兵下軹道、從東渭橋歷北道過蒲津攻韓、卽南陽危矣、〔考證〕南陽、韓地、今河南南陽縣、劫韓包周、〔正義〕周都、洛陽、秦若劫韓南陽、是包裹周都也、趙邯鄲危、故須起兵自守、則趙氏自操兵。〔索隱〕戰國策、作自銷鑠、據衞取卷、〔集解〕丘權反、〔索隱〕地理志、卷縣屬河南、按戰國策云、

取淇、〔正義〕衞地、濮陽也、卷城、在鄭州武原縣西北七里、言秦守衞得卷、則齊必來朝秦、〔考證〕各本、卷上有淇字、楓三本無、今從之、王念孫曰、淇字後人加之、史作取卷、策作取淇、索隱本出據衞取卷、正義言守衞得卷、則史無淇字明矣、愚按、卷、魏邑、在今河南原武縣、則齊必入朝秦。秦欲已得乎山東、則必擧兵而嚮趙矣。秦甲渡河、踰漳據番吾、則兵必戰於邯鄲之下矣。〔集解〕徐廣曰、常山有蒲吾縣、〔索隱〕按徐氏所引據地理志云然也、〔正義〕番、音婆、又音蒲、又音盤、疑古番吾公邑也、括地志云、蒲吾故城、在鎭州常山縣東二十里、漳水在潞州、言秦兵渡河歷南陽、入羊腸、經澤潞、渡漳水、守蒲吾城、則與趙戰於都城下矣、〔考證〕大河故道、自今河南濬縣西南、北歷內黃湯陰安陽臨漳、及直隸成安肥鄉曲周廣宗、至鉅鹿、皆趙地、漳水故道、自臨漳以北、經成安肥鄉曲周、而入大河、番吾、趙邑、故城在今直隸平山縣東南、邯鄲、趙都、故城在今直隸邯鄲縣西南、此臣之所爲君患也。當今之時、山東之建國、莫彊於趙。趙地方二千餘里。帶甲數十萬、車千乘、騎萬匹、粟支數年。西有常山、〔正義〕在鎭州西、〔考證〕常山亦曰恆山、在今直隸曲陽縣西北、南有河漳、〔正義〕河字一作清、卽漳河也、在潞州、地理志、濁漳出長子鹿谷山、東至鄴、入清漳、東有清河、〔正義〕清河、今貝州也、〔考證〕中井積德曰、清河者指其水也、不當以州名作

解、北有燕國。【正義】然三家分晉、趙得晉陽、襄子又伐戎取代、既云西有常山者、趙都邯鄲、近北燕也、燕固弱國、不足畏也。秦之所害於天下者莫如趙。【考證】策、所下有畏字、然而秦不敢舉兵伐趙者、何也。畏韓・魏之議其後也。【考證】楓三本、無何也二字、策有、然則韓・魏、趙之南蔽也。秦之攻韓・魏也、無有名山大川之限。稍蠶食之、傅國都而止。【集解】傅音附、韓・魏不能支秦、必入臣於秦。秦無韓・魏之規、則禍必中於趙矣。【考證】策、規作隔、此臣之所爲君患也。臣聞堯無三夫之分、舜無咫尺之地、以有天下。禹無百人之聚、以王諸侯。湯・武之士、不過三千、車不過三百乘、卒不過三萬、【考證】策、無卒不過三萬五字、王念孫曰、士即卒也、既云士不過三千、不當又云卒三萬、蓋史記本作湯武之士不過百里、車不過三百乘、卒不過三千、與趙策小異、立爲天子。誠得其道也。是故明主外料其敵之彊弱、內度其士

卒賢不肖、不待兩軍相當、而勝敗存亡之機、固已形於胷中矣。豈揜於衆人之言、而以冥冥決事哉。臣竊以天下之地圖案之、諸侯之地五倍於秦、料度諸侯之卒、十倍於秦。六國爲一、幷力西鄉而攻秦、秦必破矣。今西面而事之、見臣於秦。夫破人之與破於人也、【正義】破人、謂破前敵也、破於人、爲被前敵破、臣人之與臣於人也、豈可同日而論哉。【索隱】按臣人、謂己爲彼臣也、臣於人者、謂我爲主、使彼臣己也、【正義】臣人、謂己得人爲臣、臣於人、謂己事他人、【考證】各本與下破上、與下臣上、並有見字、而衍、索隱本趙策無、今刪、夫衡人者、皆欲割諸侯之地以予秦。【索隱】按衡人、即游說從橫之士也、東西爲橫、南北爲從、秦地形東西橫長、故張儀相秦、爲秦連橫、【正義】衡、音橫、謂爲秦人、【考證】從衡之計、不始於秦儀、但吳起傳、起相楚、破馳說之言從橫者、未足爲據耳、中井積德曰、山東之國、與秦締交、是東西之勢也、故謂之衡、六國相交、其形南北、故謂之從、秦成、則高臺榭、美宮室、聽竽瑟之音、前有樓闕軒轅、【索隱】戰國策云、前有軒轅、又史記俗本亦有

作軒冕者、非本文也、【考證】中井積德曰、軒轅不可曉、豈謂飾與邪、顧炎武曰、軒轅、當作軒縣、周禮小胥、正樂縣之位、王宮縣、諸侯軒縣、注謂軒縣者闕其南面、愚按軒轅、猶言輿車也、後有長姣美人。【索隱】姣、音交、說文云、姣、美也、國被秦患、而不與其憂。【考證】而下、添其身二字看、是故夫衡人日夜務以秦權恐愒諸侯、以求割地。【集解】愒音呼曷反、【索隱】恐、起拱反、愒、許曷反、謂相恐脅也、鄒氏愒音憩、其意疏、【考證】愒讀爲喝、故願大王孰計之也。臣聞明主絕疑去讒、屏流言之迹、塞朋黨之門。故尊主廣地彊兵之計、臣得陳忠於前矣。故竊爲大王計、莫如一韓・魏・齊・楚・燕・趙以從親、以畔秦。令天下之將相、會於洹水之上、【集解】徐廣曰、洹水出汲郡林慮縣、【正義】洹、音桓、洹水、出相州林慮縣西北林慮山中也、通質、刳白馬而盟、【索隱】質、音如字、又音躓、以言通其交質之情、【正義】質、音致、令六國將相會於洹水之上、通洩疑質之嫌、約盟定縱、刳、割也、【考證】楓三本、無盟字、要約曰。秦攻楚、齊・魏各出銳師以佐之、【正義】要約、上如字、又音於妙反、韓絕其糧道、【索隱】謂擁兵於崤關之外、又守宜陽也、【正義】韓引兵

至崤關武關之外、絕其糧道、趙涉河漳、【索隱】謂趙亦涉河漳而西、欲與韓作援、以阻秦軍、【正義】趙涉漳河南、西南以相援、【考證】史記桃源抄云、正義本、河漳作漳河、燕守常山之北。秦攻韓・魏、【正義】謂道蒲津之東攻之、則楚絕其後、【索隱】謂出兵武關、以絕秦兵之後、齊出銳師而佐之、【考證】策、而作以、中井積德曰、據文例、當作以、趙涉河漳、燕守雲中。【考證】古雲中城、在今山西大同縣西北、秦攻齊、則楚絕其後、韓守城皋、【正義】在洛州汜水縣、【考證】策、城皋、作成皋、魏塞其道、【索隱】按其道、即河內之道、戰國策、其作午、【正義】戰國策、其道作午道、趙涉河漳・博關、【集解】徐廣曰、齊威王六年、晉伐齊到博陵、東郡有博平縣、【正義】涉貝州南河而至博陵、今博州平縣、即博陵、【考證】梁玉繩曰、策云、魏塞午道、趙涉河漳博關、此有脫誤、愚按、各本、河下無漳字、今依楓・三・北宋本補、洪頤煊曰、張儀傳、悉趙兵渡清河、指博關、正義、博關在博州、趙兵從貝州渡黃河、指博關、燕出銳師以佐之。秦攻燕、則趙守常山、楚軍武關、齊涉勃海、【正義】齊從滄州渡河至瀛州、韓・魏皆出銳師以佐之。秦攻趙、則韓軍宜陽、楚軍武關、魏軍河外、【索隱】河外、謂陝及曲沃等處也、【正義】謂同華州、齊涉清河、【正義】齊從貝州過河而西、燕出

銳師以佐之。諸侯有不如約者、以五國之兵共伐之。六國從親以賓秦、【索隱】謂六國之軍、共爲合從相親、獨以秦爲賓、而共伐之、【考證】策、賓作儐、與擯同、中井積德曰、賓只是擯斥不與通之意、不必有攻伐之意、則秦甲必不敢出於函谷以害山東矣。如此、則霸王之業成矣。【考證】函谷、關名、故關在今河南靈寶縣南、新關在今新安縣東、自今潼關以東通稱函谷、古桃林塞也、趙王曰。寡人年少、立國日淺、未嘗得聞社稷之長計也。今上客有意存天下安諸侯。寡人敬以國從。乃飾車百乘、黃金千溢、【索隱】戰國策、作萬溢、一溢爲一金、則二十兩曰一溢、爲米二升、鄭玄以一溢爲二十四分之一、其說異也、【考證】凌稚隆曰、一本乃下有封蘇秦爲武安君句、愚按此後人依策補之也、又按儀禮喪服傳、朝一溢米、夕一溢米、鄭注、二十兩爲溢、爲米一升二十四分升之一、依此則索隱二十四分上、當有一升字、白璧百雙、錦繡千純、以約諸侯。【集解】純、匹端名、周禮曰、純帛不過五兩、【索隱】音淳、裴氏云、純、端疋名、高誘注戰國策、音屯、屯、束也、又禮鄉射云、某賢於某若干純、純、數也、音旋、【考證】說趙肅侯曰以下、采趙策、是時周天子致文武之胙於秦惠王、惠王使犀首攻魏、

禽將龍賈、取魏之雕陰、且欲東兵。【索隱】雕陰、魏地也、劉氏曰、在龍門河之西北、按地理志、雕陰屬上郡、【正義】在鄜州洛交縣北三十四里、【考證】雕陰之戰、秦紀在惠文王七年、年表係之其五年、魏世家爲襄王五年事、年代不合、而共在蘇秦約從之後、此敘于約前、甚誤、說又在秦紀及魏世家、蘇秦恐秦兵之至趙也、乃激怒張儀、入之于秦。【考證】事詳于張儀傳、策不載、於是說韓惠宣王曰。【索隱】按世本、韓宣王、昭侯之子也、【考證】索隱本、宣上無惠字、梁玉繩曰、此篇韓策、罷于昭侯時是也、鮑注云、合在昭侯二十五年、宣之元年、從已解矣、韓北有鞏・成皋之固、【索隱】二邑本屬東周、後爲韓邑、地理志、二縣竝屬河南、【考證】鞏、今河南鞏縣、地屬周、言可恃以爲固耳、策、鞏下有洛字、西有宜陽・商阪之塞、【集解】徐廣曰、商、一作常、【索隱】劉氏云、蓋在商洛之閒、適秦楚之險塞、是也、【正義】宜陽、在洛州福昌縣東十四里、商阪、卽商山也、在商洛縣南一里、亦曰楚山、武關在焉、【考證】策、商阪作常阪、商山在今陝西商縣東南、東有宛・穰・洧水、【集解】宛、於袁反、洧、于鬼反、【索隱】地理志、宛・穰二縣名、竝居南陽、洧、音于軌反、水名、出南方、【正義】洧水、在新鄭東南、流入潁、【考證】宛、今河南南陽縣、穰、河南鄧縣東南、宛・穰皆在南、非在東也、南有陘山。【集解】徐廣曰、召陵有陘亭、密縣有陘山、【正義】在新鄭西南三十里、地方九百餘里、帶甲數十萬、天下之彊弓勁弩皆

從韓出。谿子【集解】許愼云、南方谿子蠻夷柘弩、皆善材、【索隱】按許愼注淮南子、以爲南方谿子蠻出柘弩及竹弩、【正義】谿子、蠻也、出柘弩及竹弩、皆善材、【考證】中井積德曰、許愼所謂南方、不稱於本文、此不得援引、豈谿子蠻所作之弩、韓倣而製焉、因名歟、少府時力距來者、皆射六百步之外。【集解】韓有谿子弩、又有少府所造二種之弩、案時力者、謂作之得時、力倍於常、故名時力也、距來者、謂弩勢勁利、足以距來敵也、【索隱】韓又有少府所造時力距來二種之弩、按時力者、謂作之得時、則力倍於常、故有時力也、距來者、謂以弩勢勁利、足以距於來敵也、其名竝見淮南子、【正義】少府時力距來者、皆弩名、具於淮南子、少府、韓府名也、言谿子之蠻出柘竹弩材、令少府造時力距來二弩、皆射六百步外、【考證】王念孫曰、文選注引史記作巨黍、距鉅古通用、廣雅曰、繁弱鉅黍、弓也、荀子性惡篇、繁弱鉅黍、古之良弓也、小司馬緣文生義、非也、韓卒超足而射、【索隱】按超足、謂超騰用勢、蓋起足蹋之而射也、故下云、蹠勁弩是也、【正義】超足、齊足也、夫欲放弩、皆坐舉足踏弩、兩手引揍機、然始發之、百發不暇止、遠者括蔽洞胷、近者鏑弇心。【考證】括當作銛、鏃之似鈹者、韓非子五蠹篇、鐵銛距者及乎敵、鎧甲不堅者傷乎體、蔽洞不與下弇字對、疑衍其一字、鏑亦矢鋒也、策作遠者達胸、近者掩心、掩、弇同、遠近、謂射之所及也、韓卒之劍戟、皆出於冥山、【集解】徐廣曰、莊子云、南行至郢、北面而不見冥山、駰案司馬彪曰、冥山、在朔州北、【索隱】莊子云、南行至郢、北面而不見冥山、司馬彪云、冥山、在朔州北、郭象云、冥山在乎太極、李軌云、在韓國、棠谿・

【集解】徐廣曰、汝南吳房有棠谿亭、【索隱】地理志、棠谿亭在汝南吳房縣、【正義】故城、在豫州偃城縣西八十里、鹽鐵論云、有棠谿之劍、是墨陽、【集解】淮南子曰、墨陽之莫邪也、【索隱】淮南子云、服劍者貴於剡利、而不期於墨陽莫邪、則墨陽、匠名、【正義】墨陽、地名也、淮南子云、服劍者貴於剡利、而不期於墨陽莫邪、合賻・【集解】音附、徐廣曰、一作伯、【索隱】按戰國策、作合伯、春秋後語、作合相、【考證】梁玉繩曰、合賻、此韓寶劍名、策作合伯、索隱引後語作合相、相乃柏之譌、柏伯古通、鄧師・【索隱】鄧國有工、鑄劍而師名焉、【正義】鄧出鉅鐵、有善鐵劍之師、因名、宛馮・【集解】徐廣曰、滎陽有馮池、【索隱】徐廣云、滎陽有馮池、謂宛人於馮池鑄劍、故號宛馮、龍淵・太阿、【集解】吳越春秋曰、楚王召風胡子而告之曰、寡人聞吳有干將、越有歐冶、寡人欲因子請此二人作劍、可乎、風胡子曰、可、乃往見二人作劍、一曰龍淵、二曰太阿、【索隱】按吳越春秋、楚王令風胡子請吳干將越歐冶作劍二、其一曰龍泉、二曰太阿、又太康地記曰、汝南西平有龍泉水、可以淬刀劍、特堅利、故有龍泉之劍、楚之寶劍也、以特堅利、故有堅白之論云、黃所以爲堅也、白所以爲利也、齊辨之曰、白所以爲不堅、黃所以爲不利也、故天下之寶劍韓爲衆、一曰棠谿、二曰墨陽、三曰合伯、四曰鄧師、五曰宛馮、六曰龍泉、七曰太阿、八曰莫邪、九曰干將也、然干將莫邪匠名也、其劍皆出西平縣、今有鐵官令、一別領戶、是古鑄劍之地也、皆陸斷牛馬、水截鵠鴈、當敵則斬堅甲鐵幕、【集解】徐廣曰、陽城出鐵、【索隱】按戰國策云、當敵則斬甲盾鞮鍪鐵幕也、鄒誕、幕一作陌、劉云、謂以鐵爲臂脛之衣、言其劍利能斬之也、【正義】幕者爲鐵臂衣之屬、言能斬之、【考證】中井積德曰、鐵幕卽鐵盾、其排列

如帳幕、故名焉、帷幕之屬、在上爲幕爲帟、在旁爲帷、帷爲帳、然通而言之、在旁者亦謂之幕也、革抉【集解】徐廣曰、一作決、【索隱】音決、謂以革爲射決、決射韝也、【考證】射韝以韋爲之、射者著于左臂、吷芮、無不畢具。【集解】吷、音伐、【索隱】吷、與瞂同、音伐、謂楯也、芮、音如字、謂繫楯之綬也、【正義】吷、音伐、下音仁銳反、方言云、盾自關東謂之瞂、關西謂之盾、以韓卒之勇、被堅甲、蹠勁弩、帶利劍、一人當百、不足言也。夫以韓之勁與大王之賢、乃西面事秦、交臂而服。【考證】交臂、與交手同、謂拱手也、田完世家、交臂而事齊楚、司馬相如傳、單于怖駭、交臂受事、屈膝請和、義同、莊子天地篇、罪人交臂歷指、田子方篇、交一臂而失之、呂氏春秋順民篇、越王曰、孤與吳王、接頸交臂而僨、義皆與此殊、羞社稷而爲天下笑、無大於此者矣。是故願大王孰計之。大王事秦、秦必求宜陽・成皋。今茲效之、明年又復求割地。【索隱】按鄭玄注禮云、效、猶呈也、見也、【考證】中井積德曰、效、致也、獻也、與、則無地以給之。不與、則弃前功而受後禍。且大王之地有盡、而秦之求無已。以有盡之地、而逆無已之求。此所謂市怨結禍者也。不

戰而地已削矣。臣聞鄙諺曰、寧爲雞口、無爲牛後。【索隱】按戰國策云、寧爲雞尸、不爲牛從、延篤注云、尸、雞中主也、從、謂牛子也、言寧爲雞中之主、不爲牛之從後也、【正義】雞口雖小、猶進食、牛後雖大、乃出糞也、【考證】牛雞、以大小言、口後、以貴賤言、不以進食出糞爲義、論語、割雞焉用牛刀、亦雞牛對言、皆取譬家畜、何孟春曰、口後、韻叶、如寧爲秋霜、毋爲檻羊之類、古語自如此、今西面交臂而臣事秦。何異於牛後乎。夫以大王之賢、挾彊韓之兵、而有牛後之名。臣竊爲大王羞之。於是韓王勃然作色、攘臂瞋目、按劍仰天太息【索隱】太息、謂久蓄氣而大吁也、曰。寡人雖不肖、必不能事秦。今主君【索隱】指蘇秦也、禮、卿大夫稱主、今嘉蘇子合從諸侯、褒而美之、故稱曰主、【考證】中井積德曰、主君、只是尊稱已、詔以趙王之教。敬奉社稷以從。【考證】說韓惠王曰以下、采韓策、又說魏襄王【索隱】世本、惠王子、名嗣、【考證】依紀年、襄王當作惠王、說在魏世家、曰。大王之地、南有鴻溝・陳・汝南・許・郾・昆陽・召陵・舞陽・新都・新郪、【集解】鴻溝、徐廣曰、在滎陽、郾、徐廣曰、在潁川、於憶切、地理志、潁川有昆陽舞陽縣、汝南有新郪縣、南陽有新都縣、【索隱】郾、音偃、又於

建反、戰國策作郾、按地理志、潁川有許郾二縣、又有傿陵縣、故所稱惑也、傿、音焉、地理志、昆陽舞陽屬潁川、召陵新郪屬汝南、按新郪即郪丘、章帝以封殷後於宋、新都屬南陽、按戰國策、直云新郪、無新都二字、【正義】陳汝南、今汝州豫州縣也、召陵、在豫州、舞陽、在許州、【考證】鴻溝即狼蕩渠、在河南滎陽東南、至陳入潁、宋以前汴河是其道、今謂之賈魯河、汝水、出今河南嵩縣南山、舊時自郾城南至西平、舞陽、今河南舞陽縣東、新郪故城、在今安徽阜陽東南、梁玉繩曰、國策無新都二字、是也、東有淮・潁・煑棗・無胥、【集解】煑棗、徐廣曰、在宛句、【索隱】按無胥、其地闕、【正義】淮潁、淮陽潁川二郡、煑棗、在宛朐、按宛朐、曹州縣也、【考證】中井積德曰、淮潁、稱其水也、不當以郡名爲解、煑棗故城、在今山東清澤縣西、策、無胥作無踈、西有長城之界。【考證】自鄭濱洛以北、至固陽、秦魏之界也、今陝西華縣西鄙西南、有故長城、六國時遺址云、北有河外・卷・衍・酸棗。【集解】徐廣曰、滎陽卷縣有長城、經陽武到密、衍、地名、【索隱】徐廣云、滎陽卷縣有長城、蓋據地險爲說也、【正義】河外、謂河南地、卷、在鄭州原武縣北七里、酸棗、在滑州、衍、徐云、地名、【考證】卷、魏邑、在今河南原武縣、衍、在今河南鄭縣北、酸棗故城、在今河南延津縣北、地方千里、地名雖小、然而田舍廬廡之數、曾無所芻牧。【考證】廬、田間屋、廡、廊下周室、數、數罟之數、密也、無所芻牧、言居民稠也、人民之衆、車馬之多、日夜行不絕、輷輷殷殷、若有三軍之衆。【正義】輷、麾宏反、殷、音隱、臣竊量大王之

國、不下楚。然衡人怵王、【正義】衡、音橫、怵、音卹、誘也、交彊虎狼之秦、以侵天下。卒有秦患、不顧其禍。【正義】卒、音恩忽反、【考證】凌稚隆曰、策、秦患作國患、顧作被、鮑彪云、國、謂魏、不被患、謂衡人、愚按、下文亦有此語、夫挾彊秦之勢、以內劫其主、罪無過此者。魏、天下之彊國也。王、天下之賢王也。【考證】楓山・三條・寬永本、賢王作賢主、與策合、今乃有意西面而事秦、稱東藩、築帝宮、【索隱】謂爲秦築宮、備其巡狩而舍之、故謂之帝宮、受冠帶、【索隱】謂冠帶制度皆受秦法、【考證】中井積德曰、受制度者、必賞賜命服、祠春秋。【索隱】言春秋貢奉、以助秦祭祀、臣竊爲大王恥之。臣聞越王句踐戰敝卒三千人、禽夫差於干遂。【索隱】按干遂、地名、不知所在、然按干是水旁之高地、故有江干河干、是也、又左思吳都賦云、長干延屬、是干爲江旁之地、遂者道也、於干有道、因爲地名、【正義】在蘇州吳縣西北四十餘里萬安山西南一里太湖、夫差敗於姑蘇、禽於干遂、相去四十餘里、【考證】李光縉曰、戰敝卒三字相聯、中井積德曰、其實多年之長育、非戰敝也、此云戰敝卒、誇張之辭、失實、武王卒三千人、革車三百乘、制紂於牧野。【正義】今衛州城是也、周武王伐紂於牧野築之、豈

其士卒衆哉。誠能奮其威也。今竊聞大王之卒、武士二十萬、【集解】漢書刑法志曰、魏氏武卒、衣三屬之甲、操十二石之弩、負矢五十、置戈其上、冠冑帶劍、贏三日之糧、日中而趨百里、中試則復其戶、利其田宅、【索隱】衣、音意、屬、音燭、按三屬謂甲衣也、覆髆一也、甲裳二也、脛衣三也、甲之有裳、見左傳也、贏、音盈、謂齎粮糧、中、音竹仲反、謂其筋力能負重、所以得中試也、復、音福、謂中試之人、國家當優復賜之上田宅、故云利其田宅也、【考證】漢書刑法志采荀子議兵篇文、蒼頭二十萬、【索隱】謂以青巾裹頭、以異於衆、荀卿魏有蒼頭二十萬是也、【考證】桃源抄云、正義蒼作倉、奮擊二十萬、廝徒十萬、車六百乘、騎五千匹。【索隱】廝、音斯、謂廝養之卒、廝、養馬之賤者、今起爲之卒、【正義】廝、音斯、謂炊烹供養雜役、【考證】中井積德曰、魏之軍制、當時有武士蒼頭廝徒奮擊之別、武士、卽我邦武士、蒼頭、蓋賤卒、我邦足輕也、廝徒、役夫供雜役者、我邦人夫也、奮擊、蓋選其精銳、用先鋒陷陳、陳子龍曰、韓魏逼秦、地形相錯、非可以險阻自固、須堅意力戰、乃可自立、故季子皆以精兵利器爲言、所以鼓其氣也、此其過越王句踐·武王遠矣。今乃聽於羣臣之說、而欲臣事秦。夫事秦必割地以效實。【索隱】謂割地獻秦、以效己之誠實、【考證】策、效實作效質、史義爲長、韓非子五蠹篇、事大未必有實、則舉圖而委地、效璽而請兵矣、中井積德曰、效實、卽割地之事、效、與上文今茲效之之效同、謂事秦不得用虛名、必用實地、故兵未用、

而國已虧矣。凡羣臣之言事秦者、皆姦人、非忠臣也。夫爲人臣、割其主之地以求外交、偷取一時之功、而不顧其後。【考證】楓、三本、一時作一旦、與策合、破公家而成私門、外挾彊秦之勢、以內劫其主、以求割地。願大王孰察之。【考證】今乃聽於群臣之說以下、與韓非子五蠹篇所言略同、但韓子竝論縱橫之害、此專排衡人耳、周書曰。緜緜不絕、蔓蔓柰何。豪氂不伐、將用斧柯。【考證】周書、周書和寤解、武王之言、絕伐、何柯、隔句韻叶、劉伯莊曰、緜緜、謂細微、蔓蔓、謂長大也、言小時不滅、大則難除也、言今不絕緜緜之秦、則後日蔓蔓可用斧柯也、梁玉繩曰、此語亦見姜子守土、賈子審微、說苑敬愼、家語觀周、皆與策史小異、是爲金人之銘、路史後紀據金匱謂黃帝所作也、前慮不定、後有大患、將柰之何。大王誠能聽臣、六國從親、專心幷力壹意、則必無彊秦之患。故敝邑趙王、使臣效愚計奉明約。【索隱】此效、猶呈也見也、【考證】楓、三本、王下重使字、與策合、在大王之詔詔之。【考證】楓、三本、不重詔字、與策合、此涉下文衍、下文說楚王、可證、魏王曰。寡人不

肖、未嘗得聞明教。今主君以趙王之詔詔之。敬以國從。【考證】又說魏襄王以下、采魏策、因東說齊宣王【索隱】世本、名辟彊、威王之子也、曰。齊南有泰山、東有琅邪、【考證】琅邪、山名、在今山東諸城縣東南、西有淸河、【正義】卽貝州、【考證】淸河、卽濟水、王應麟曰、濟水通得淸水之名、以水道淸深也、中井積德曰、濟水淸、對黃河之濁有此名、太山琅邪勃海、皆以山川形勢言、此不當以州名作解、正義誤、北有勃海。此所謂四塞之國也。齊地方二千餘里、帶甲數十萬、粟如丘山、三軍之良、五家之兵、【索隱】按高誘注戰國策云、五家卽五國也、【正義】齊世家云、桓公旣得管仲修齊國政、連五家之兵、【考證】王維楨曰、五家之兵、管仲之制也、高誘註缺明、愚按、國語齊語云、五家爲軌、故五人爲伍、軌長帥之、十軌爲里、故五十人爲小戎、里有司帥之、四里爲連、故二百人爲卒、連長帥之、十連爲鄉、故二千人爲旅、鄉良人帥之、五鄉一帥、故萬人爲一軍、五鄉之帥帥之、三軍故有中軍之鼓、有國子之鼓、有高氏之鼓、此曰三軍、曰五家、皆管仲之制、雖呂氏滅田氏代、遺法猶存也、進如鋒矢、戰如雷霆、解如風雨。【索隱】按戰國策、作疾如錐矢、高誘曰、錐矢、小矢、喻徑疾也、呂氏春秋曰、所貴錐矢者、爲應聲而至、【正義】齊軍之進、若鋒芒之刀良弓之矢、用之有進而無退、【考證】中井積德曰、鋒矢、謂鏃之細尖如鋒芒也、愚按雷霆喻其威力、風雨喻其速捷、卽有軍

役、未嘗倍泰山絕淸河涉勃海也。【正義】言臨淄自足也、絕、涉、皆度也、勃海、滄州也、齊有軍役、不用度河取二部、【考證】倍泰山、徵山南之兵也、是亦一部、臨菑之中七萬戶、臣竊度之、不下戶三男子、【考證】戶字當在不字上、策一本、無不字、亦通、臨菑、齊都、故齊城、在今山東臨淄縣北、三七二十一萬、不待發於遠縣、而臨菑之卒、固已二十一萬矣。【考證】中井積德曰、泰山淸河勃海之中、是臨菑國都也、三者之外、齊地尚廣也、此言不待取三者之外、而自有二十一萬兵也、此欲誇張臨菑之富、而云然耳、非謂遠縣曾無軍役徵發也、臨菑甚富而實、其民無不吹竽鼓瑟、彈琴擊筑、鬭雞走狗、六博蹋鞠者。【集解】劉向別錄曰、蹴鞠者、傳言黃帝所作、或曰、起戰國之時、蹋鞠、兵勢也、所以練武士知有材也、皆因嬉戲而講練之、蹋、徒獵反、鞠、求六反、【索隱】按王逸注楚詞云、博、著也、行六棊、故曰六博、蹋鞠、上徒臘反、下居六反、別錄注云、蹴踘、促六反、蹴亦蹋也、崔豹云、起黃帝時、習兵之埶、【正義】筑似琴而大、頭圓、五弦、擊之不鼓、【考證】中井積德曰、局界左右各六道、故云六博耳、臨菑之塗、車轂擊、人肩摩、連衽成帷、舉袂成幕、揮汗成雨。【考證】中井積德曰、在旁爲帷、在上爲幕、家殷人足、志高氣揚。夫以大王之賢、與齊

之彊、天下莫能當。今乃西面而事秦。臣竊爲大王羞之。且夫韓・魏之所以重畏秦者、爲與秦接境壤界也。【考證】策、無境壤二字、中井積德曰、壤亦界也、吳起傳與强秦壤界、是也、此重疊言之耳、兵出而相當、不出十日、而戰勝存亡之機決矣。【考證】胡三省曰、而戰句、勝下當有負字、愚按戰勝當作勝敗、韓・魏戰而勝秦、則兵半折、四境不守。戰而不勝、則國已危亡隨其後。是故韓・魏之所以重與秦戰、而輕爲之臣也。【考證】故讀爲固、或云、當衍、今秦之攻齊則不然。倍韓・魏之地、過衞陽晉之道、【集解】徐廣曰、魏哀王十六年、秦拔魏蒲坂陽晉封陵、【索隱】按陽晉魏邑也、魏系家哀王十六年秦拔魏蒲阪陽晉封陵、是也、劉氏云、陽晉、地名、蓋適齊之道、衞國之西南也、【正義】言秦伐齊、背韓魏地而與齊戰、徐說陽晉非也、乃是晉陽耳、衞地曹濮等州也、杜預云、曹衞下邑也、陽晉故城在曹州乘氏縣西北三十七里、【考證】陽晉故城在今山東曹縣北、故衞地、張儀傳亦云、秦兵下攻衞陽晉、大關天下之胸、又云、劫衞取陽晉、則趙不南、陽晉之險可知矣、徑乎亢父之險、【索隱】亢音剛、又苦浪反、地理志縣名、屬梁國也、【正義】故縣在兗州任城縣南五十一里、【考證】亢父故城、在今山東濟寧縣南、故齊地、車不得方軌。【正義】言不得兩車竝行、【考證】車兩輪間爲軌、方、竝也、騎不得比行、百人守險、千人不敢過也。秦雖欲深入、則狼顧恐韓・魏之議其後也。【正義】狼性怯、走常還顧、是故恫疑虛喝、驕矜、而不敢進。【集解】喝、呼葛反、【索隱】恫疑、上音通、一音洞、恐懼也、猲本一作喝、竝呼葛反、高誘曰、虛猲、喘息懼貌也、劉氏云、秦自疑懼、不敢進兵、虛作恐怯之詞、以脅韓魏也、【正義】言秦雖至亢父、猶恐懼狼顧、虛作喝罵驕溢矜誇、不敢進伐齊明矣、【考證】中井積德曰、秦恫疑、不能踰陽晉亢父而前、且虛聲喝罵云、欲取齊、下文蘇代稱秦正告天下之辭、可以爲虛喝注脚、徐孚遠曰、以虛辭脅齊、非脅韓魏也、愚按、策、驕矜作高躍、則秦之不能害齊亦明矣。夫不深料秦之無柰齊何、【考證】楓、三本、何下有也字、與策合、而欲西面而事之。是羣臣之計過也。今無臣事秦之名、而有彊國之實。臣是故願大王少畱意計之。齊王曰。寡人不敏、僻遠守海、窮道東境之國也。【考證】楓、三本、海下有嵎字、未嘗得聞餘教。今足下以趙王詔詔之。敬以國從。【考證】東說齊宣王以下、采齊策、

乃西南說楚威王【索隱】威王名商、宣王之子、曰。楚、天下之彊國也。王、天下之賢王也。【考證】楓、三本、賢王作賢主、西有黔中・巫郡、【集解】黔中、徐廣曰、今之武陵也、巫郡、徐廣曰、南郡之西界、【正義】今朗州、楚黔中郡、其故城在辰州西二十里、皆盤瓠後也、巫郡、夔州巫山縣是、【考證】黔中、今湖南辰沅道及武陵道皆是、巫郡、今四川巫山縣、郡據巫山之險、故名、東有夏州・海陽、【集解】徐廣曰、楚考烈王元年、秦取夏州、駰案、左傳、楚莊王伐陳、鄉取一人焉以歸、謂之夏州、而注者不說夏州所在、車胤撰桓溫集云、夏口城上數里、有洲名夏州、東有夏州、謂此也、【索隱】裴駰據左氏及車胤說夏州、其文甚明、而劉伯莊以爲夏州侯之本國、亦未爲得也、按地理志、無海陽、劉氏云、楚之東境、【正義】大江中州也、夏水口在荊州江陵縣東南二十五里、【考證】夏州、在今湖南夏口縣北、南有洞庭・蒼梧、【索隱】洞庭、今之青草湖是也、在岳州界也、蒼梧、地名、地理志有蒼梧郡、【正義】蒼梧山在道州南、【考證】洞庭湖、在今湖南岳陽縣西南、蒼梧、漢零陽郡、今湖南零陵縣及廣西全縣等地、北有陘塞・郇陽、【集解】徐廣曰、春秋曰、遂伐楚、次于陘、楚威王十一年、魏敗楚陘山、析縣有鈞水、或者郇陽、今之順陽乎、一本北有汾陘之塞也、【索隱】陘山在楚北境、威王十一年、魏敗楚陘山是也、郇音荀、北有郇陽、其地當在汝南潁川之界、檢地理志及太康地記、北境竝無郇邑、郇邑在河東、晉地、計郇陽當是新陽、聲相近、字變耳、汝南有新陽縣、應劭云、在新水之陽、猶鄜邑變爲栒、亦當然也、徐氏云、郇陽、當是愼陽、蓋其疏也、【正義】陘山在鄭州新鄭縣西南三十里、順陽故城在鄭州穰縣西百四十里、【考證】陘塞、策作汾陘之塞、陘塞、卽陘山、在今河南新鄭縣南、洪頤煊曰、郇陽卽旬陽、漢書地理志、屬漢中郡、其地有關、與楚北境相近、地方五千餘里、帶甲百萬、車千乘、騎萬匹、粟支十年。此霸王之資也。夫以楚之彊與王之賢、天下莫能當也。今乃欲西面而事秦、則諸侯莫不西面而朝於章臺之下矣。【考證】章臺、秦臺、在咸陽、秦之所害莫如楚。楚彊則秦弱、秦彊則楚弱。其勢不兩立。故爲大王計、莫如從親以孤秦。大王不從、【考證】策、從下有親字、當作補、秦必起兩軍、一軍出武關、一軍下黔中、則鄢・郢動矣。【集解】徐廣曰、今南郡宜城、【正義】鄢鄉故城、在襄州率道縣南九里、安郢城、在荊州江陵縣東北六里、秦兵出武關、則臨鄢矣、兵下黔中、則臨郢矣、【考證】武關、秦之南關、在今陝西商縣西南、鄢、今湖南宜城縣西南、郢、今湖南江陵縣、徐孚遠曰、水陸兩軍也、臣聞治之其未亂也、爲之其未有也。患至而后憂之、則無及已。【考證】王、柯、凌本、而誤其、策、亦作而、故願大王蚤孰計之。大王誠能聽臣、臣請令

山東之國、奉四時之獻、以承大王之明詔。委社稷、奉宗廟、練士厲兵、在大王之所用之。大王誠能用臣之愚計、則韓・魏・齊・燕・趙・衛之妙音美人、必充後宮、燕・代橐駝良馬、必實外廏。【考證】李斯諫逐客書似用此語、橐駝、體高八九尺、背有駝峯、故從合則楚王。衡成則秦帝。今釋霸王之業、而有事人之名。臣竊爲大王不取也。夫秦、虎狼之國也。有吞天下之心。秦、天下之仇讎也。衡人皆欲割諸侯之地以事秦。此所謂養仇而奉讎者也。夫爲人臣、割其主之地、以外交彊虎狼之秦、以侵天下。卒有秦患、不顧其禍。夫外挾彊秦之威、以內劫其主、以求割地。大逆不忠、無過此者。故從親則諸侯割地以事楚。衡合則楚割地以事秦。此兩策者相去遠

矣。二者大王何居焉。故敝邑趙王、使臣效愚計奉明約。在大王詔之。【考證】楓、三本、臣上重使字、　楚王曰。寡人之國、西與秦接境。秦有舉巴・蜀幷漢中之心。【考證】巴蜀、見上、胡三省曰、自沔陽至上庸、皆漢中地、沔陽、今陝西沔縣、上庸、今湖北竹山縣、巴蜀非楚地、連言之也、秦、虎狼之國、不可親也。而韓・魏迫於秦患、不可與深謀。與深謀、恐反人以入於秦。【考證】岡白駒曰、恐有反人、以入於秦、　故謀未發、而國已危矣。寡人自料以楚當秦、不見勝也。內與羣臣謀、不足恃也。寡人臥不安席、食不甘味、心搖搖然如縣旌、而無所終薄。【集解】白洛反、【考證】縣旌、言心不定也、薄、附著也、　今主君欲一天下、収諸侯、存危國。寡人謹奉社稷以從。【考證】說楚威王以下、采楚策、　於是六國從合而并力焉。【考證】張儀傳、儀說魏王曰、今從者一天下、約爲昆弟、刑白馬以盟洹水之上、以相堅也、蓋斥是事、　蘇秦爲從約長、并相六國。北報趙

王。乃行過雒陽、車騎輜重、諸侯各發使送之甚衆、疑於王者。【索隱】疑作擬讀、【正義】輜、厠也、謂軍糧什物雜厠載之、以其累重、故曰輜重、卒、倉忽反、言車騎使送之甚多、疑是王者之行、【考證】楓、三本作其衆疑於王者、據桃源抄、正義本作卒有疑於王者、各本疑作擬、恐誤、今訂、疑讀如字、索隱非是、甚衆、其衆兩通、據國策、蘇秦過洛陽、在說楚王前、與此異、　周顯王聞之、恐懼除道、使人郊勞。【集解】儀禮曰、賓至近郊、君使卿朝服用束帛勞、【正義】勞、郎到反、【考證】凌稚隆曰、反前求說周、恐按策但云、將說楚王、路過洛陽、父母聞之、清宮除道、張樂設飲、郊迎三十里、絕不言周王除道郊勞事、中井積德曰、集解不當援儀禮、　蘇秦之昆弟妻嫂、側目不敢仰視、俯伏侍取食。【考證】側目、不敢正視也、凌稚隆曰、應前兄嫂皆笑、　蘇秦笑謂其嫂曰。何前倨而後恭也。嫂委虵蒲服、以面掩地而謝曰。【索隱】委蛇、謂以面掩地而進、若蛇行也、蒲服、即匍匐、並音蒲北、【正義】蒲服、猶匍匐、以面掩地而謝者、若蛇行、以面掩地而進、劉伯莊云、蛇、謂曲也、按本作委蛇者非也、【考證】正義本委蛇作蛇行、與策合、　見季子位高金多也。【集解】譙周曰、蘇秦字季子、【索隱】按其嫂呼小叔爲季子耳、未必即其字、允南即以爲字、未之得也、【考證】金多應前逐什二以爲務、索隱、允南、譙周字、　蘇秦喟然歎曰。此一人之身。富貴則親

戚畏懼之、貧賤則輕易之。況衆人乎。【考證】蘇秦之昆弟妻嫂以下、采秦策、岡白駒曰、此一人之身、昔來、吾也、今來、吾也、嫂且如此、況衆人乎、　且使我有雒陽負郭田二頃、吾豈能佩六國相印乎。【索隱】負者背也、枕也、近城之地、沃潤流澤、故爲膏腴、故曰負郭也、【正義】負、猶背也、近城郭之田、流澤肥沃也、　於是散千金、以賜宗族朋友。初蘇秦之燕、貸百錢爲資。及得富貴、以百金償之。【考證】北宋本、貸下有人字、藝文類聚、無得富二字、　偏報諸所嘗見德者。其從者有一人、獨未得報。乃前自言。蘇秦曰。我非忘子。子之與我至燕、再三欲去我易水之上。方是時我困。故望子深。是以後子。子今亦得矣。【考證】岡白駒曰、望、怨也、子亦得矣、言子亦得我報矣、謂與之、愚按、衣錦歸鄉、蘇秦得意可想、與晉文公、漢高祖、范雎、韓信、朱買臣、疏廣諸人、事似意殊、　蘇秦既約六國從親歸趙。趙肅侯封爲武安君。乃投從約書於秦。【索隱】乃設從約背、案諸本亦作投、言設者、謂宣布其從約六國之事、以告於秦、若作投亦爲易解、【考證】楓三本、封下有之字、　秦

兵不敢闚函谷關十五年。〔考證〕通鑑考異云、史記蘇秦傳、秦兵不敢闚函谷關十五年、又云、秦使犀首欺齊魏與共伐趙、蘇秦去趙而從約皆解、齊魏伐趙敗從約、止在明年耳、秦本紀惠文王七年、公子卬與魏戰、虜其將龍賈、後二年事耳、烏在其不闚函谷十五年、此出於遊談之士、誇大蘇秦而與云爾、今不取、王懋竑曰、蘇秦傳、秦兵不出函谷關十五年、考異以爲此游說之士、誇大蘇秦云爾、故不取、然張儀之說趙王言、秦兵不敢出函谷關十五年、而范雎言於秦昭王、亦有秦十五年不敢窺兵山東之語、則非虛辭也、按六國表、自顯王三十六年、至愼靚王三年凡十五年、中秦四伐魏、一圍魏、未嘗交兵他國、至愼靚王三年、五國共攻秦、則從約猶未解也、四年、秦攻韓、斬首八萬、諸侯震恐、可見前此之伐魏、特以偏師臨之、未嘗大出兵也、蓋魏河西與秦接壤、秦日以蠶食之、而諸侯如連鷄之不能俱飛、從約雖在、而卒莫能相一、秦之不出兵十五年、未必以從約之故、而考其事實、則誠有之、非盡虛辭也、蘇秦傳、秦使犀首欺齊魏、與共伐趙、此在顯王三十七年、距約從僅一年、然自此至四十年、魏敗楚於陘山、四十四年、魏敗韓舉、敗越護、四十六年、楚敗魏襄陵、十五年中、六國相攻、亦止此四五事爾、大抵天下皆宗蘇氏之從約、或從或不從、而其名猶在、至赧王五年、張儀破從爲橫、未一年、而諸侯復畔衡合從、則謂蘇秦去趙而從約皆解、亦未盡然也、崔適曰、案六國表、是爲燕文侯二十八年、趙肅侯十六年、韓宣惠王二十五年、魏襄王元年、齊宣王九年、楚威王六年、於周爲顯王三十五年、於秦惠文王四年也、秦本紀、惠文王十四年、更爲元年、七年、韓趙魏燕齊共攻秦、秦使庶長疾與戰修魚、虜其將申差、敗趙公子渴、韓太子奐、斬首八萬二千、自前四年至後六年、與六國無大戰爭、且此戰亦由五國攻秦、而秦出兵應之、非秦東伐、是謂秦兵不敢闚函谷關十五年也、惟前七年、公子卬與魏戰、虜其將龍賈、斬首八萬、九年、渡河取汾陰皮氏、與魏會應、圍焦降之、案七年卽魏襄王四年、九年卽六年、魏世家皆在五年、與秦本紀小異、愚按、中井積德錢大昕諸人、亦與王崔二氏說同、可從、王氏以爲周顯王三十六年事、以從成之時言、從通鑑也、崔氏爲三十五年事、以始說之日言、從史表也、所以不同、

其後秦使犀首欺齊・魏、與共伐趙、欲敗從約。齊・魏伐趙。趙王讓蘇秦。蘇秦恐請使燕、必報齊。蘇秦去趙、而從約皆解。〔集解〕徐廣曰、自初說燕、至此三年、〔考證〕徐孚遠曰、正文云、秦兵不出十五年、而徐云、自初說至此三年、二說縣殊、崔適曰、秦兵出關、不得與從約皆解爲一事、趙世家、肅侯十八年、齊魏伐我、齊世家、宣王十一年、與魏伐趙、魏世家、無文、六國表、於三國皆載之、與此傳合、是自三國交兵、非秦伐東諸侯也、從約自解、秦兵自不出、事殊年別、何謂二說縣殊、

秦惠王以其女爲燕太子婦。是歲文侯卒。太子立。是爲燕易王。〔考證〕史表、周顯王三十七年、燕易王元年、

易王初立。齊宣王因燕喪伐燕取十城。〔考證〕秦惠王以下、采燕策、

易王謂蘇秦曰。往日先生至燕。而先王資先生見趙。遂約六國從。今齊先伐趙、次至燕。以先生之故爲天下笑。先生能爲燕得侵地乎。蘇秦大慙曰。請爲王取之。〔考證〕燕策無此文、蓋史公以意補之也、

蘇秦見齊王再拜、俛而慶、仰而弔。〔索隱〕劉氏云、當時慶弔、應有其詞、但史家不錄耳、

齊王曰。是何慶弔相隨之速也。蘇秦曰。臣聞饑人所以饑而不食烏喙者、爲其愈充腹、而與餓死同患也。〔集解〕本草經曰、烏頭、一名烏喙、〔索隱〕烏喙、音卓、又音許穢反、今之毒藥烏頭是、劉氏以愈猶暫、非也、謂食烏頭爲其暫愈飢而充腹、少時毒發而死、亦與飢死同患也、〔正義〕廣雅云、蘾、奚毒、附子也、一歲爲烏喙、三歲爲附子、四歲爲烏頭、五歲爲天雄、〔考證〕燕策、愈作偸、岡白駒曰、愈、偸通、苟且也、王念孫說同、

今燕雖弱小、卽秦王之少壻也。〔正義〕少壻、謂少女壻也、〔考證〕楓本、少作女、

大王利其十城、而長與彊秦爲仇。今使弱燕爲鴈行、而彊秦敝其後、以招天下之精兵。〔考證〕楓、三本、而下有前字、二字屬上爲句、鴈行、謂相次而行、如鴈之有行列也、魏策、請爲天下雁行頓刃、韓策、韓居爲隱蔽、出爲雁行、韓非子存韓篇、先爲雁行以攻關、義皆同、敝蔽通、岡白駒曰、秦兵爲天下精兵、

是食烏喙之類也。齊王愀然變色曰。〔索隱〕愀、音自酋反、又七小反、

然則柰何。蘇秦曰。臣聞古之善制事者、轉禍爲福、因敗爲功、〔考證〕齊策、齊人曰、孟嘗君可謂善爲事矣、轉禍爲福、史管晏列傳云、其爲政也、善因禍而爲福、轉敗而爲功、下文蘇代遺燕昭王書、亦引此語、

大王誠能聽臣計、卽歸燕之十城。燕無故而得十城、必喜。秦王知以己之故而歸燕之十城、亦必喜。此所謂弃仇讎而得石交者也。〔考證〕策、石交作厚交、義同、

夫燕・秦俱事齊、則大王號令、天下莫敢不聽。是王以虛辭附秦、〔考證〕使秦附從、

以十城取天下。此霸王之業也。王曰。善。於是乃歸燕之十城。〔考證〕蘇秦見齊王以下、采燕策、

人有毀蘇秦者。曰。左右賣國。反覆之臣也。將作亂。〔考證〕策、作武安君天下不信人也、

蘇秦恐得罪歸。而燕王不復官也。〔考證〕官、下文故官之官、策作館、義異、

蘇秦見燕王曰。臣東周之鄙人也。無有分寸之功。而王親拜之於廟、而禮之於廷。〔考證〕策、王作足下、下同、

今臣爲王卻齊之兵、

而攻得十城。宜以益親。【考證】策、攻作利、中井積德曰、當作收、張文虎曰、疑衍、 今來而王不官臣者、人必有以不信傷臣於王者。臣之不信、王之福也。臣聞忠信者所以自爲也。進取者所以爲人也。且臣之說齊王、曾非欺之也。臣弃老母於東周。固去自爲、而行進取也。今有孝如曾參、廉如伯夷、信如尾生。得此三人者、以事大王、何若。【考證】莊子、尾生與女子期於梁下、水至不去、抱梁柱而死、戰國策、蘇代謂楚王曰、此方其爲尾生之時也、高誘注淮南子、尾生魯人、又蘇代謂燕昭王曰、尾生高不過不欺人耳、是尾生名高、微尾、音相通、其人素有直名、蓋嘗守硜硜之信者、則尾生即微生高無疑也、漢書古今人表、作尾生高、吳師道亦謂即論語微生高也、 王曰。足矣。蘇秦曰。孝如曾參、義不離其親一宿於外。王又安能使之步行千里、而事弱燕之危王哉。廉如伯夷、義不爲孤竹君之嗣、不肯爲武王臣、不受封侯而餓死首陽山下。【考證】楓、三本、死下有乎字、 有

廉如此。王又安能使之步行千里而行、進取於齊哉。【考證】步下行字、疑衍、 信如尾生、與女子期於梁下、女子不來、水至不去、抱梁柱而死。【考證】各本、抱下無梁字、今從楓、三本、王念孫曰、文選注、太平御覽、引此、柱上有梁字、燕策及莊子盜跖篇同、 有信如此。王又安能使之步行千里、卻齊之彊兵哉。臣所謂以忠信得罪於上者也。燕王曰。若不忠信耳。豈有以忠信而得罪者乎。【考證】若、汝也、 蘇秦曰。不然。臣聞客有遠爲吏、而其妻私於人者。其夫將來。其私者憂之。妻曰。勿憂。吾已作藥酒待之矣。【考證】楓、三本、已下有爲字、策、作作爲、 居三日、其夫果至。妻使妾擧藥酒進之。妾欲言酒之有藥、則恐其逐主母也。欲勿言乎、則恐其殺主父也。【考證】主母、主婦、主父、主人、 於是乎、詳僵而弃酒。【集解】詳、音羊、詳、詐也、僵、仆也、音薑、 主父大怒、笞之五十。故

妾一僵而覆酒、上存主父、下存主母。然而不免於笞。惡在乎忠信之無罪也。夫臣之過、不幸而類是乎。【考證】楓、三本、是下無乎字、人有毀蘇秦者以下、采燕策、燕策又錄蘇代謂燕昭王、文字言語、與此略同、蓋所傳異也、 燕王曰。先生復就故官。益厚遇之。【考證】鄒陽獄中書云、蘇秦相燕、燕人惡之於王、王按劍而怒、食以駃騠、史策無此事、鄒陽必有所傳、 易王母、文侯夫人也。與蘇秦私通。燕王知之、而事之加厚。蘇秦恐誅、乃說燕王曰。臣居燕、不能使燕重。而在齊則燕必重。燕王曰。唯先生之所爲。於是蘇秦詳爲得罪於燕、而亡走齊。齊宣王以爲客卿。【集解】徐廣曰、燕易王之十年時、 齊宣王卒、湣王即位。說湣王、厚葬以明孝、高宮室、大苑囿、以明得意、欲破敝齊而爲燕。【考證】破敝二字、連讀、中井積德曰、據孟子書、齊取燕在宣王、史記以爲湣王、蘇秦之死、亦在湣王之時、恐史記謬也、蘇代云、齊長主、長主必四十以上之人、是歲爲湣王即位之八九年矣、未得稱長主也、是却可證孟子耳、梁玉繩曰、案張儀傳說楚王

曰、蘇秦陰與燕王謀伐破齊而分其地、乃詳有罪、出走入齊、齊王因受而相之、居二年而覺、齊王大怒、車裂蘇秦于市、游說之言、雖未可盡信、然徐廣云、蘇秦爲齊客卿、在燕易王之十年時、而儀傳云、居二年儀死、則其死在易王末年、當齊宣王二十二年、周顯王四十八年、安得有說湣王厚葬之事乎、愚按孟子遊齊在宣王時、而唯言公孫衍張儀、而不及蘇秦、以秦既死也、秦之不及湣王、亦明矣、 燕易王卒。【集解】徐廣曰、易王十二年卒、 燕噲立爲王。其後齊大夫多與蘇秦爭寵者。而使人刺蘇秦。不死殊而走。【集解】風俗通義稱、漢令、蠻夷戎狄有罪當殊、殊者死也、與誅同指、而此云不死殊而走者、蘇秦時雖不即死、然是死創、故云殊、【考證】中井積德曰、不死殊之死、疑衍文、顧炎武曰、說文繫傳云、斷絕分析曰殊、謂斷支體而未及死、淮南王傳、太子即自剄不殊、方苞曰、殊分也、絕也、蘇秦將死未絕、而刺者走去也、愚按死殊二字連讀、 齊王使人求賊。不得。蘇秦且死。乃謂齊王曰。臣即死、車裂臣以徇於市曰、蘇秦爲燕作亂於齊。如此則臣之賊必得矣。【考證】車裂、以車曳裂人體、古之酷刑、 於是如其言。而殺蘇秦者果自出。齊王因而誅之。燕聞之曰。甚矣、齊之爲蘇生報仇也。【集解】徐廣曰、生一作先、【考證】荀子臣道篇云、齊之蘇秦、楚之州侯、秦之張儀、可謂態臣者

也、呂氏春秋知度篇云、亡國者亦有人、桀用羊辛、紂用惡來、宋用唐鞅、齊用蘇秦、而天下知其亡、新語懷慮篇云、蘇秦張儀、身尊於位、名顯於六世、相六國、事六君、威振山東、淮南子說林訓云、蘇秦以百誕成一誠、諸書所述、毀譽相半、 蘇秦既死、其事大泄。〔考證〕岡白駒曰、欲破敝齊爲燕等事、齊後聞之、乃恨怒燕。燕甚恐。蘇秦之弟曰代。代弟蘇厲。見兄遂亦皆學。〔考證〕楓三本、蘇厲上有曰字、愚按蘇當作曰、遂、遂功也、及蘇秦死、代乃求見燕王、欲襲故事。曰。臣東周之鄙人也。竊聞大王義甚高、鄙人不敏、釋鉏耨而干大王。〔正義〕耨、乃豆反、除草也、〔考證〕鉏與鋤同、亦田器、 至於邯鄲、所見者絀於所聞於東周。臣竊負其志。〔考證〕邯鄲、趙都、絀、屈同、負、違背也、燕策、負作高、與史義殊、史似長、徐孚遠曰、代至邯鄲、而所聞不稱、此隱語也、下文云、趙者燕之深仇、則是聞諸邯鄲之言、將以間燕趙也、及至燕廷、觀王之羣臣下吏、王、天下之明王也。燕王曰。子所謂明王者何如也。〔考證〕楓三本、如下有者字、與策合、策、明王作明主、下同、 對曰。臣聞明王務聞其過、不欲聞其善。臣請謁王之過。

〔考證〕謁、告也、夫齊・趙者燕之仇讎也。楚・魏者燕之援國也。今王奉仇讎以伐援國。非所以利燕也。王自慮之。此則計過。〔考證〕楓三本、慮下無之字、與策合、 無以聞者、非忠臣也。王曰。夫齊者固寡人之讎、所欲伐也。直患國敝力不足也。〔考證〕三條本、伐上有破字、直、特也、吳寬曰、齊趙皆燕北鄰、趙邊秦而多故、齊遠秦而無事、故趙常自辦、而齊數謀燕、愚按此燕王之所以欲伐齊也、 子能以燕伐齊、則寡人舉國委子。〔考證〕楓本、國下有而、對曰。凡天下戰國七。燕處弱焉。〔考證〕三本、七下有而、與策合、 獨戰、則不能。有所附、則無不重。南附楚、楚重。西附秦、秦重。中附韓・魏、韓魏重。且苟所附之國重、此必使王重矣。〔正義〕言附諸國、諸國重燕、而燕得重、 今夫齊、長主而自用也。〔索隱〕按謂齊王年長也、或作齊彊、故言長主、 南攻楚五年、畜聚竭、西困秦三年、士卒罷敝、北與燕人戰、覆三軍、得二將。〔集解〕徐廣曰、齊覆三軍、而燕失二將、

〔索隱〕按徐廣云、齊覆三軍、而燕失二將、又戰國策云、獲二將、亦謂燕之二將、是燕之失也、〔考證〕中井積德曰、三軍二將皆燕、梁玉繩曰、此齊與燕戰事、無考、 然而以其餘兵、南面舉五千乘之大宋、而包十二諸侯。〔正義〕齊表云、齊湣王三十八年滅宋、乃當赧王二十九年、此說乃燕噲之時、當周慎王之時、齊宋在前三十餘年、恐文誤矣、〔考證〕中井積德曰、下文言將輕亡宋、則此時宋未滅也、此言舉者、蓋謂大敗之也、誇張乃云然、愚按十二諸侯、如鄒魯之屬、 此其君欲得、其民力竭。惡足取乎。且臣聞之、數戰則民勞、久師則兵敝矣。燕王曰。吾聞齊有清濟・濁河、可以爲固。〔正義〕濟漯二水、上承黃河、竝淄青之北、流入海、黃河又一源從洛魏二州界、北流入海、亦齊西北界、 長城鉅防、足以爲塞。〔集解〕徐廣曰、濟北盧縣有防門、又有長城、東至海、〔正義〕長城西頭、在濟州平陰縣界、竹書紀年云、梁惠王二十年、齊閔王築防以爲長城、太山記云、太山西有長城、緣河經太山、餘一千里、至琅邪臺入海、〔考證〕秦策、張儀說秦王亦云、齊清河濁、足以爲限、長城鉅防、足以爲塞、韓非子初見秦篇亦有此語、注云、濟水清、河水濁、二水皆在齊西北境、濟水發源河南濟源縣、至山東利津縣入于海、河、卽黃河、 誠有之乎。對曰。天時不與、雖有清濟・濁河、惡足以爲固。民力罷敝、雖有長城鉅防、惡足以爲塞。

且異日濟西不師、所以備趙也。〔正義〕濟西、濟州已西也、〔考證〕濟西、今山東聊城高唐等地、策、不師作不役、中井積德曰、每役免于徵發也、 河北不師、所以備燕也。〔正義〕河北、謂滄博等州、在漯河之北、〔考證〕今直隸天津滄景等縣、今濟西河北、盡已役矣。封內敝矣。〔考證〕徐孚遠曰、謂二境之師不出、專以備燕趙、今用兵不休、故二境皆發也、 夫驕君必好利、而亡國之臣必貪於財。王誠能無羞從子母弟以爲質、〔索隱〕戰國策、從作寵、〔正義〕質、音致、〔考證〕從子、各本作寵子、桃源抄引師說云、作從子、張文虎曰、作寵者、後人依策改、 寶珠玉帛以事左右、彼將有德燕、而輕亡宋、則齊可亡已。〔考證〕輕者、易爲之也、言輕易出師以圖滅宋、齊國力益敝、可伐而亡也、 燕王曰。吾終以子受命於天矣。〔考證〕及蘇秦死以下、采燕策、錢大昕曰、燕王噲之時、齊與燕未有深讎也、蘇代此說必在昭王時、故稱齊湣王爲長主、且有南面舉宋之語、若移此段問答于昭王召蘇代復善遇之之下、則詞有倫次矣、梁玉繩曰、正義及國策吳注、俱言策史同誤、大事記云、策載蘇代說燕、誤以爲噲、使噲能有志如是、豈至覆國、論其世、攷其事、皆說燕昭之辭也、 燕乃使一子質於齊。〔考證〕梁玉繩曰、案燕策作燕王之弟質齊、疑此誤也、蓋代之說燕、必燕昭時事、此質子應是王噲之子、昭王之弟、 而蘇

厲因燕質子而求見齊王。【考證】楓、三本、蘇厲作蘇代、下同、策作厲、梁玉繩曰、案燕策、此別一事、故曰初蘇秦弟厲因燕質子而求見齊王、史誤連接為一、遂若厲所因之質子、卽代所說之質子矣、愚按策以齊王為宣王、與孟子合、齊王怨蘇秦、欲囚蘇厲。燕質子為謝、已遂委質為齊臣。【正義】臏、臏粟反、【考證】質音致、蘇厲因燕質子以下、采燕策、燕相子之與蘇代婚、而欲得燕權。乃使蘇代侍質子於齊。齊使代報燕。燕王噲問曰。齊王其霸乎。曰。不能。曰。何也。曰。不信其臣。於是燕王專任子之。已而讓位、燕大亂。齊伐燕、殺王噲・子之。【集解】徐廣曰、是周赧王之元年時也、燕立昭王。而蘇代・蘇厲、遂不敢入燕、皆終歸齊。齊善待之。蘇代過魏。魏為燕執代。齊使人謂魏王曰。齊請以宋地封涇陽君。【正義】涇陽君、秦王弟、名悝也、涇陽、雍州縣也、齊蘇子告秦、共伐宋、以封涇陽君、然齊假設此策以救蘇代、【考證】楓、三本、宋下無地字、秦必不受。秦非不利有齊而得宋地也。不信齊王

與蘇子也。【正義】齊言秦相親共伐宋、秦得宋地、又得齊事秦、然秦不信齊及蘇代、恐為不成也、今齊・魏不和、如此其甚、則齊不欺秦、秦信齊。齊・秦合、涇陽君有宋地、非魏之利也。故王不如東蘇子。秦必疑齊而不信蘇子矣。齊・秦不合、天下無變、伐齊之形成矣。於是出蘇代。代之宋。宋善待之。【考證】燕相子之以下、采燕策、齊伐宋、宋急。蘇代乃遺燕昭王書曰。【正義】此書為宋說燕、令莫助齊梁、夫列在萬乘、而寄質於齊、名卑而權輕。【正義】燕前有一子質於齊、奉萬乘助齊伐宋、民勞而實費。夫破宋、殘楚淮北、肥大齊、讎彊而國害。此三者、皆國之大敗也。然且王行之者、將以取信於齊也。【考證】策、王作足下、下同、齊加不信於王、而忌燕愈甚。是王之計過矣。夫以宋加之淮北、強萬乘之國也。【考證】策注、宋五千乘之國也、又加之淮北、則萬乘而強、而齊并之。

是益一齊也。【正義】更以淮北之地加於齊、是益一都、是強萬乘之國、而齊總并之、是益一齊、北夷方七百里、【索隱】謂山戎北狄附齊者、【正義】齊桓公伐山戎、令支、斬孤竹而南歸、海濱諸侯、莫不來服、【考證】王念孫曰、北夷當作九夷、燕策作北夷、亦後人依史改之、秦策云、楚包九夷、方千里、魏策云、楚破南陽九夷、李斯上始皇書云、包九夷、制鄢郢、是九夷之地、南與楚接、此言齊并淮北、淮北卽楚地也、齊并宋與淮北、則地與九夷接、故又言齊并九夷也、秦策言楚包九夷、方千里、此言九夷方七百里、七百里卽在千里之中、故言楚包九夷、淮南齊俗篇云、越王句踐霸天下、泗上十二諸侯、皆率九夷以朝、是九夷之地、東與十二諸侯接、而魯為十二諸侯之一、故此言齊并九夷與魯衛也、上文言齊舉宋而包十二諸侯、田完世家、言齊南割楚之淮北、泗上諸侯鄒魯之君、皆稱臣、此言齊并宋與淮北、又言并九夷與魯衛、以上諸文、彼此可以互證、是今本之北夷、乃九夷之誤、而不得以山戎北狄當之也、愚按、北夷以方而言、王說拘、加之以魯・衛。彊萬乘之國也、而齊并之。是益二齊也。夫一齊之彊、燕猶狼顧而不能支。【考證】楓、三本、夫下有以字、策無、今以三齊臨燕。其禍必大矣。雖然智者舉事、因禍為福、轉敗為功、齊紫、敗素也、而賈十倍。【集解】徐廣曰、取敗素染以為紫、【索隱】按謂紫色價貴於帛十倍、而本是敗素、以喻齊雖有大名、而其國中困弊也、【正義】齊君好紫、故齊俗尚之、取惡素帛染為紫、其價十倍、貴於錦、喻齊

雖有大名而國中以困弊也、韓子云、齊桓公好服紫、一國盡服紫、當時十素不得一紫、公患之、管仲曰、君欲止之、何不試勿衣也、公謂左右曰、惡紫臭、公語三日、境內莫有衣紫者、【考證】中井積德曰、敗素、謂故弊白繒也、柯維騏曰、敗素雖無用、而齊染紫、則售重價、智者舉事、轉敗為功、正類此也、董份曰、非言齊國困弊也、越王句踐棲於會稽、復殘彊吳而霸天下。此皆因禍為福、轉敗為功者也。今王若欲因禍為福、轉敗為功、則莫若挑霸齊而尊之。【正義】挑、田鳥反、執持也、【考證】策、挑作遙、中井積德曰、挑讀如字、使使盟於周室、焚秦符曰。【正義】符、徵兆也、【考證】張照曰、符者節信也、張儀傳云、借宋之符、焚秦符者絕之也、楚世家云、齊折楚符而合于秦、解作徵兆、非、其大上計破秦、其次必長賓之。【索隱】長、音如字、賓為擯、【正義】大好上計、策破秦、次計、長擯棄關西、秦挾賓以待破。秦王必患之。【考證】岡白駒曰、挾、帶也、挾賓、猶云被擯、秦五世伐諸侯。今為齊下。秦王之志、苟得窮齊、不憚以國為功。【考證】窮、困也、以國為功、賭國求勝也、然則王何不使辯士以此若言說秦王。【考證】各本脫若字、今依楓三本補、曰。燕・趙破宋肥齊、

尊之爲之下者、燕・趙非利之也。燕・趙不利、而勢爲之者、以不信秦王也。然則王何不使可信者、接收燕・趙。令涇陽君・高陵君先於燕・趙。【集解】徐廣曰、高陵、馮翊高陵縣、【索隱】二人秦王母弟也、高陵君名顯、涇陽君名悝、秦有變、因以爲質、則燕・趙信秦。【考證】秦有變、謂秦背二國、秦爲西帝、燕爲北帝、趙爲中帝、立三帝以令於天下、【考證】楓、三本、立上有竝字、韓・魏不聽、則秦伐之、齊不聽、則燕・趙伐之、【考證】趙下、楓本有共字、三本有竝字、天下孰敢不聽。天下服聽、因驅韓・魏以伐齊曰。必反宋地、歸楚淮北。反宋地、歸楚淮北、燕・趙之所利也。竝立三帝、燕・趙之所願也。夫實得所利、尊得所願、燕・趙弃齊、如脱躧矣。【考證】躧、草履也、今不收燕・趙、齊霸必成。諸侯贊齊、而王不從、是國伐也。【考證】楓、三本、伐上有見字、岡白駒曰、伐、秦國受諸國之伐也、諸侯贊齊、

而王從之。是名卑也。今收燕・趙、國安而名尊。不收燕・趙、國危而名卑。夫去尊安而取危卑、智者不爲也。秦王聞若說、必若刺心然。【考證】刺心、言其切己、中井積德曰、然字句、則王何不使辯士以此若言說秦。【考證】各本、若作苦、今從楓、三本、王念孫曰、苦當爲若字之誤、此若言、猶言此言、連言此若者、古人自有複語耳、管子山國軌篇曰、此若言何謂也、地數篇曰、此若言可得聞乎、輕重丁篇曰、此若言曷謂也、墨子尚賢篇曰、此若言之謂也、禮記曾子問篇曰、子游之徒、有庶子祭者、以此若義也、荀子儒效篇曰、此若義信乎人矣、皆竝用此若字、愚按、王說與楓、三本合、秦必取、齊必伐矣。夫取秦、厚交也。伐齊、正利也。尊厚交務正利、聖王之事也。燕昭王善其書曰。先人嘗有德蘇氏。【考證】謂資蘇秦合從、子之之亂、而蘇氏去燕。燕欲報仇於齊、非蘇氏莫可。乃召蘇代、復善待之、與謀伐齊。竟破齊、湣王出走。【考證】齊伐宋以下、采燕策、燕破齊、在周赧王三十一年、久之、秦召燕王。燕王欲往。蘇代約燕王曰。【考證】約、猶

止也、楚得枳而國亡。【集解】徐廣曰、巴郡有枳縣、燕昭王三十三年、秦拔楚鄢西陵、【正義】枳、支是反、今涪州城、在秦、枳縣在江南、西陵在黃州、【考證】枳、今四川涪陵縣、周赧王三十六年、秦拔楚鄢西陵、國亡、言失國都、齊得宋而國亡。【正義】年表云、齊湣王三十八年、滅宋、四十年、五國共擊湣王、王走莒、【考證】滅宋、周赧王二十九年、齊湣王走莒、赧王三十一年、齊・楚不得以有枳・宋而事秦者何也。則有功者秦之深讎也。秦取天下、非行義也、暴也。秦之行暴、正告天下。【索隱】正告、謂顯然而告天下也、【正義】正、猶顯然、告楚曰。蜀地之甲、乘船浮於汶、乘夏水而下江、五日而至郢。【集解】汶、眉貧反、【索隱】汶、音旻、即江所出之岷山也、夏、音暇、謂夏潦之水盛長時也、【正義】汶、音泯、謂泯江從蜀而下、夏水、謂潦水、【考證】中井積德曰、汶字從水、當爲水名、蓋江之源頭名汶江也、即作岷山、則不得言船浮也、張儀傳、起於汶山浮江以下、當併考、張照曰、夏水、夏水之口、夏水通漢、亦通江、似不得以夏潦之水爲解也、愚按、水經注江水條云、汶出徼外岷山西玉輪坂下而南行、又東逕其縣而東注於大江、汶、正義雖題得之、夏水、索隱仍是、張儀傳曰起於汶山者、以出軍之地言、本傳曰浮於汶者、以浮船之水言、郢、楚都、漢中之甲、乘船出於巴、乘夏水而下漢、四日而至五渚。【集解】戰國策曰、秦與荊人戰、大破荊、襲郢、取洞庭五渚、然則

五渚在洞庭、【索隱】巴、水名、與漢水近、五渚、五處洲渚也、劉氏以爲宛鄧之間、臨漢水、不得在洞庭、或說五渚即五湖、與劉說不同也、【正義】巴嶺山、在梁州南一百九十里、周地志云、南渡老子水、登巴嶺山、南回記、大江此南是古巴國、因以名山、劉伯莊云、巴國、在漢水上是、【考證】胡三省曰、自沔陽至上庸、皆漢中地、沔陽、今陝西沔縣、上陽、今湖北竹山縣、中井積德曰、巴、以水名爲本、山名此無所當、愚按、五渚、楚地、水經注、湘沅資澧四水、同注洞庭、北會大江、名之五渚、寡人積甲宛東下隨、【索隱】宛縣之東而下隨邑、【正義】宛城、今鄧州南陽縣城、東下隨、今隨州、【考證】宛東、宛縣之東、宛、今河南南陽縣、下隨、邑名、今湖北隨縣、智者不及謀、勇士不及怒、寡人如射隼矣。【索隱】按易曰、射隼于高墉之上、獲之無不利、秦王言我今伐楚、必當捷獲也、【正義】隼、若今之鶻、【考證】索隱單本、楓、三本、無如字、策有、愚按無者語勁、今姑從各本、王乃欲待天下之攻函谷、不亦遠乎。楚王爲是故十七年事秦。秦正告韓曰。我起乎少曲、【索隱】地名、近宜陽也、【正義】在懷州河陽縣西北、解在范睢傳、【考證】黃式三曰、少曲、沁水之曲、沁水一名少水、見徐氏碩記、一日而斷大行。【正義】太行山、羊腸阪道、北過韓上黨也、我起乎宜陽、而觸平陽、【正義】宜陽、平陽、皆韓大都也、隔河也、【考證】中井積德曰、宜陽本韓地、入秦、愚按、秦拔宜陽、周赧王三十四年、平陽、今山西臨汾縣、韓墳墓所在、二日而莫不盡繇。【索隱】音搖、搖、動也、

【正義】繇、動也、【考證】寬永本標記引陸氏曰、繇、繇役也、言韓國莢不盡繇役也、愚按、茦份說同、似長、我離兩周而觸鄭、五日而國擧。【索隱】離如字、謂屯兵以羅二周也、而乃觸擊于鄭、故五日國擧、擧、猶拔也、【正義】離、歷也、歷二周而東觸新鄭州、韓國都拔矣、【考證】中井積德曰、離猶是離別之離、謂歷此而離去也、韓氏以爲然、故事秦。秦正告魏曰。我擧安邑塞女戟、【索隱】女戟、地名、蓋在太行山之西、韓氏太原卷。【索隱】劉氏卷、音軌免反也、按擧安邑塞女戟、及至韓氏之韓國宜陽也、太原者魏地、不至太原、亦無別名、太原者蓋太衍字也、原當爲京、京及卷、皆屬滎陽、是魏境、又下軹道、是河內軹縣、言道者亦衍字、徐廣云、霸陵有軹道亭、非魏之境、其疏謬如此、【正義】卷、軌免反、劉伯莊云、太原當爲太行、卷猶斷絕、【考證】太原、趙地、中井積德曰、此告魏之辭、則韓氏二字、恐衍、或云、太原是時半入于韓、所以別于趙、卷、猶言席卷也、言取之易且速也、焦竑曰、按趙策、秦擧安邑而塞女戟、韓氏太原絕、正義以卷爲絕、本此、愚按依焦說、韓氏二字、未必衍、我下軹道・南陽・封冀、【集解】徐廣曰、霸陵有軹道亭、河東皮氏有冀亭也、【索隱】按魏之南陽、卽河內也、封、封陵也、冀、冀邑、皆在魏境、故徐廣云、河東皮氏縣有冀亭、【正義】封冀既包兩周、其地合當在南陽之東、未詳處所、【考證】錢大昕曰、道非地名、蓋言下軹之後、取道南陽耳、梁玉繩曰、趙太常云、道字不必衍、當屬南陽封冀爲句、余攷竹書顯王十一年、魏取軹道、則河內軹亦稱軹道也、愚按趙策云、秦下軹道、則南陽動、劫韓包周、則趙自銷鑠、則道字不衍、錢氏解爲取道、亦非、包兩周、【集解】徐廣曰、張儀曰、下河東取成皐也、【正義】兩周、王

城及鞏、【考證】中井積德曰、集解當例、乘夏水浮輕舟、彊弩在前、錟戈在後。【集解】徐廣曰、錟之井反、【正義】劉伯莊云、音四廉反、利也、決滎口、魏無大梁。【索隱】滎澤之口、與今汴河口通、其水深、可以灌大梁、故云無大梁也、【正義】決滎澤之口、令河水灌大梁城、又按、滎澤渠首起滎澤縣西北二十里、決白馬之口、魏無外黃・濟陽。【索隱】白馬河津、在東郡、決其流以灌外黃及濟陽、【正義】白馬津、在滑州白馬縣北三十里、決之灌外黃濟陽、故黃城在曹州考城縣東二十四里、濟陽故城在曹州冤朐縣西南三十五里、【考證】白馬津、在今河南滑縣西、濟陽故城、在今河南蘭封縣東、策無外黃二字、決宿胥之口、【集解】徐廣曰、紀年云、魏救山塞集胥口、【索隱】按紀年作胥、蓋亦津之名、今其地不知所在也、【正義】洪水出衞州洪縣界之洪口東、至黎陽入河、魏志云、武帝於淸洪口東、因宿胥故瀆開白溝、道淸洪二水入焉、【考證】宿胥在今河南濬縣西南、遮害亭東、決河使北以灌虛頓丘也、魏無虛・頓丘。【集解】徐廣曰、秦始皇五年、取魏酸棗燕虛長平、【索隱】虛、邑名、地與酸棗相近、【正義】虛、謂殷墟、今相州所理是、頓丘故城、在魏州頓丘縣東北二十里、括地志云、二國地時屬魏、【考證】虛、邑名、卽殷墟、在今河南安陽縣北、頓丘故城、在今直隸淸豐縣西南、陸攻則擊河內、水攻則滅大梁。魏氏以爲然、故事秦。秦欲攻安邑、恐齊救之、則以宋委於齊曰。宋王無道、爲木人以

象寡人、射其面。【考證】各本、象作寫、恩田仲任曰、寫當作象、象古字與寫相似、燕策作象、張文虎說同、愚按楓、三本、正作象、今依訂、李笠引秦始皇紀作寫、爲是、參存、寡人地絕兵遠、不能攻也。王苟能破宋有之、寡人如自得之。已得安邑塞女戟、因以破宋爲齊罪。【索隱】秦令齊滅宋、仍以破宋爲齊之罪名、【正義】言秦已得安邑塞女戟、乃以破宋爲齊之罪名也、秦欲攻韓、恐天下救之、則以齊委於天下曰。齊王四與寡人約、四欺寡人。必率天下以攻寡人者三。有齊無秦、有秦無齊。必伐之、必亡之。已得宜陽・少曲、致藺・石、【考證】藺石、趙地、非韓地、此疑有誤、策同、因以破齊爲天下罪。【考證】桃源抄云、此上文所謂有功者秦之深讎也者、秦欲攻魏、重楚。【索隱】重、猶附也、尊也、【正義】畏楚救魏、【考證】重、難也、正義是、下文重燕趙同、則以南陽委於楚曰。【正義】南陽、鄧州地、本韓地也、韓先事秦、今楚取南陽、故言與韓且絕矣、寡人固與韓且絕矣。殘均陵、塞鄳阸。【集解】鄳、音盲、徐廣曰、鄳、江夏鄳縣、均、一作灼、【索隱】均陵、在南陽、蓋今之均州、黽、音盲、縣名、在江夏、【正義】均州故城、在隨

州西南五十里、蓋均陵也、又申州羅山縣、本漢鄳縣、申州有平淸關、蓋古鄳縣之阸塞、【考證】均陵、今湖北均縣、鄳隘、卽黽塞、均陵鄳隘、均屬楚、南陽入秦已久、亦非韓地、苟利於楚、寡人如自有之。魏弃與國而合於秦。因以塞鄳阸爲楚罪。【正義】與國、楚國也、【考證】徐孚遠曰、楚魏本與國、秦攻魏、畏楚救之、故以南陽委楚、楚有事南陽、不及救魏、魏棄楚而合秦、秦欲伐楚、卽以塞鄳阸爲罪也、兵困於林中、重燕・趙、【集解】徐廣曰、河南苑陵有林鄉、【考證】林中、今河南新鄭縣東、有故林鄉城、岡白駒曰、秦兵困於林中、以膠東委於燕、以濟西委於趙。【考證】膠東、今山東膠河以東、卽膠東道東境、濟西、今山東荷澤鄆城壽張等縣地、已得講於魏、【索隱】講、和也、解也、秦與魏和也、【考證】各本已作趙、今從楓三本、策亦作已、王念孫曰、言秦兵困於魏之林中、恐燕趙來擊、則以膠東委於燕、以濟西委於趙、已得講於魏、則又移兵而攻趙也、下文可證、至公子延、【索隱】至、當爲質、謂以公子延爲質也、【考證】楓三本、至作質、蓋依正義本也、因犀首屬行而攻趙、【索隱】犀首、公孫衍、本魏將、因之以屬軍行、行、音胡郎反、謂連兵相續也、【正義】屬、行、上燭、下胡郎反、兵傷於譙石、而遇敗於陽馬、而重魏。【索隱】按譙石陽馬、竝趙地名、非縣邑也、【正義】譙石陽馬、未詳、【考證】張文虎曰、北宋本、譙石作離石、與策合、石下各本無而字、索隱本有、策陽馬作馬陵、則以葉・蔡委於魏。【考證】葉、今河南葉縣、蔡、

謂上蔡、今河南上蔡縣、已得講於趙、則劫魏不爲割。困則使太后弟穰侯爲和、嬴則兼欺舅與母。【索隱】按嬴、猶勝也、舅、穰侯魏冄也、母、太后也、【正義】嬴、猶寬假也、【考證】嬴當從貝、適燕者、曰以膠東、【索隱】適、音宅、適者責也、下同、【考證】岡白駒曰、以膠東爲罪也、適趙者、曰以濟西、適魏者、曰以葉蔡、適楚者、曰以塞鄳阨、適齊者、曰以宋。此必令言如循環、用兵如刺蜚。【正義】刺、七賜反、猶過惡之人有罪、刺之則易也、言秦譴謫諸國、以兵伐之、若刺瑕有罪之人、言易也、【考證】楓、三本、此必作必亡、蜚作非、二本近長、必亡、屬上句、言譴謫諸國、必亡之也、如循環、言其無窮、不可致詰也、非、茱屬、葉細長而扁、叢生、刺采取也、刺非、猶言薙草、中井積德曰、蜚、飛同、飛蟲也、岡白駒曰、蜚蟲名、此皆依蜚字作解者、參存、母不能制、舅不能約。【考證】中井積德曰、是時太后與穰侯主斷、昭王同于不在位、戰和皆二人所爲、已曰使爲和、曰欺母舅、曰母不能制、舅不能約、竝是誣說助吾辯者、可知其他亦多此類矣、崔適曰、母不能制、舅不能約八字、當移上文兼欺舅與母之下、愚按以文勢語氣推之、原文爲長、不必移易、崔說非是、龍賈之戰、【集解】魏襄王五年、秦敗我龍賈軍、【考證】周顯王三十九年、岸門之戰、【集解】韓宣惠王十九年、秦大破我岸門、【考證】周赧王元年、封陵之戰、【集解】魏哀王十六年、秦敗我封陵、【考證】周赧王十二年、

高商之戰、【集解】此戰事不見、趙莊之戰、【集解】趙肅侯十二年、趙莊與秦戰敗、秦殺趙莊河西、【考證】周顯王四十一年、秦之所殺三晉之民數百萬。今其生者皆死秦之孤也。【考證】死於秦者之孤、西河之外、上雒之地、三川晉國之禍、【正義】西河之外、謂同華等州也、上雒之地、謂商州也、二地先屬晉國也、三川、洛州、周都也、此三地全晉之時、秦朝夕攻伐、是晉國之禍敗也、【考證】晉國專指魏而言、與下三晉意稍有不同、三晉之半、秦禍如此其大也。【索隱】以言西河之外、上雒之地、及三川晉國、皆是秦與魏戰之處、秦兵禍敗我三晉之半、是秦禍如此其大者乎、【正義】三晉、韓魏趙也、三晉之邊民被秦傷如此、其大之甚、【考證】方苞曰、西河上雒三川、皆秦所并三晉之地也、晉國之被秦禍、幾亡失三晉之半也、而燕・趙之秦者、皆以爭事秦說其主。【索隱】燕趙之人往秦者、謂游說之士也、【正義】言燕趙之士、往秦者皆爭事秦、而却說燕趙之主也、【考證】方苞曰、之秦、謂奉使於秦者、此臣之所大患也。燕昭王不行。蘇代復重於燕。【正義】復、音伏、重、直拱反、言燕更尊蘇代、燕使約諸侯從親、如蘇秦時。或從或不。而天下由此宗蘇氏之從約。代・厲皆以壽死。名顯諸侯。

【考證】秦召燕王以下、采燕策、

太史公曰。蘇秦兄弟三人、皆游說諸侯以顯名。其術長於權變。【索隱】按譙允南以爲蘇氏兄弟五人、更有蘇辟蘇鵠、典略亦同其說、按蘇氏譜云然、【考證】中井積德曰、辟、鵠、蓋妄說耳、縱實有之、亦何足論、而蘇秦被反閒以死、【正義】閒、紀莧反、【考證】反閒下、添名字看、岡白駒曰、被、負也、帶也、言爲燕反閒齊也、天下共笑之、諱學其術。然世言蘇秦多異。異時事有類之者、皆附之蘇秦。夫蘇秦起閭閻、連六國從親。此其智有過人者。吾故列其行事、次其時序、毋令獨蒙惡聲焉。【索隱述贊】季子周人、師事鬼谷、揣摩既就、陰符伏讀、合從離衡、佩印者六、天王除道、家人扶服、賢哉代厲、繼榮黨族、

蘇秦列傳第九　史記六十九

文學博士瀧川龜太郎著

史記會注考證

史記會注考證卷七十

漢　太　史　令　司　馬　遷　撰

宋中郎外兵曹參軍裴　駰集解

唐國子博士弘文館學士司馬　貞索隱

唐諸王侍讀率府長史張守節正義

日　本　出　雲　瀧　川　資　言　考　證

張儀列傳第十　史記七十

【考證】史公自序云、六國既從親、而張儀能明其說、復散解諸侯、作張儀列傳第十、凌約言曰、蘇秦欲六國合從以擯秦、則言其强、張儀欲六國爲横以事秦、則言其弱、然而

六國之王、皆聳敬聽從、舉國而付之、未嘗有一語相折難者、何哉、皆憚秦之勢、惟求爲苟安計、故不暇自計其强弱、而或從或横、一惟二子之是倚耳、不然、六王非盡至愚者、其於土地之廣狹、人民之多寡、兵革財賦之所出、豈無一井然于衷、而何待踈遠游客爲吾借箸而籌哉、趙恆曰、代厲襲兄故事、爲從、故附之秦傳、軫、衍、爲秦相而主衡、故附之儀傳、

張儀者、魏人也。【集解】呂氏春秋曰、儀、魏氏餘子、【索隱】按晉有大夫張老、又河東有張城、張氏爲魏人必也、而呂覽以爲魏氏餘子、則蓋魏之支庶也、又晉略說、餘子、謂庶子也、【正義】左傳、晉有公族餘子公行、杜預云、皆官卿之嫡、爲公族大夫、餘子、嫡子之母弟也、公行、庶子、掌公戎行也、藝文志云、張子十篇、在縱横流、【考證】集解引呂覽報更篇、張子十篇、今亡、始嘗與蘇秦俱事鬼谷先生學術。蘇秦自以不及張儀。【考證】韓非傳云、非與李斯俱事荀卿、斯自以爲不如非、事甚相似、而秦、斯所以待故人者各殊、張儀已學而游說諸侯。【索隱】說、音稅、嘗從楚相飲。已而楚相亡璧。門下意張儀。【考證】意、猶疑也、梁孝王世家、天子意梁、曰。儀貧無行。必此盜相君之璧。共執張儀掠笞數百。不服。醳之。【集解】醳、音釋、【索隱】古釋字、【考證】楓山、三條本、共下有拘字、楊愼曰、韓信傳、醳兵北首燕路、醳亦訓釋、其

妻曰。嘻、子毋讀書游說、安得此辱乎。【索隱】嘻、音僖、鄭玄曰、嘻、悲恨之聲、【考證】凌本、嘻作噫、譌、張儀謂其妻曰。視吾舌。尚在不。【考證】藝文類聚引史、謂其妻作張口、其妻笑曰。舌在也。儀曰。足矣。蘇秦已說趙王、而得相約從親。【索隱】從、音足容反、然恐秦之攻諸侯敗約後負。念莫可使用於秦者。乃使人微感張儀曰。子始與蘇秦善。今秦已當路。子何不往游、以求通子之願。張儀於是之趙、上謁求見蘇秦。蘇秦乃誡門下人不爲通。又使不得去者數日。已而見之、坐之堂下、賜僕妾之食。因而數讓之曰。【索隱】按謂數設詞而讓之、讓亦責也、數、音朔、【考證】王念孫曰、數讓如數之以王命之數、高注秦策曰、數、讓也、廣雅曰、數讓、責也、數讓連文、中井積德說同、以子之材能乃自令困辱至此。吾寧不能言而富貴子。子不足收也。謝去之。張儀之來也、自以爲故人求益。反見辱。

怒。念諸侯莫可事。獨秦能苦趙。【考證】楓山、三條本、可下無事字、乃遂入秦。蘇秦已而告其舍人曰。張儀、天下賢士。吾殆弗如也。今吾幸先用。而能用秦柄者、獨張儀可耳。【考證】楓山、三條本、無柄字、然貧無因以進。吾恐其樂小利、而不遂。故召辱之、以激其意。子爲我陰奉之。【考證】使人隨張儀、又奉車馬金錢、以爲先容之計、自有恩意、與李斯贈以毒藥異、乃言趙王、發金幣車馬、使人微隨張儀、與同宿舍。【考證】楓山、三條本、人上有舍字、稍稍近就之、奉以車馬金錢、所欲用爲取給而弗告。張儀遂得以見秦惠王。惠王以爲客卿、與謀伐諸侯。蘇秦之舍人乃辭去。張儀曰。賴子得顯、方且報德。何故去也。舍人曰。臣非知君。知君、乃蘇君。蘇君憂秦伐趙敗從約。以爲非君莫能得秦柄。故感怒君、使臣陰奉給

君資、盡蘇君之計謀。今君已用。請歸報。【考證】楓山、三條本、謀下有也字、張儀曰。嗟乎、此在吾術中而不悟。【考證】術字、承上文學術、言吾所學之術也、與吾字在在上義殊、吾不及蘇君明矣。吾又新用。安能謀趙乎。爲吾謝蘇君。蘇君之時、儀何敢言。且蘇君在、儀寧渠能乎。【集解】渠音詎、【索隱】渠音詎、古字少假借耳、【考證】楓山、三條本、爲吾作爲張儀、凌稚隆曰、戰國策並不載楚相辱張儀、及蘇秦激之入秦事、愚按、呂覽報更篇云、張儀、魏氏餘子也、將西遊於秦、過東周、昭文君謂之曰、聞客之秦、寡人之國小、不以留客、雖遊然豈必遇哉、客或不遇、請爲寡人而一歸也、國雖小、請與客共之、張儀還走、北面再拜、張儀行、昭文君送而資之、張儀所德於天下者、無若昭文君、周千乘也、重過萬乘也、與史異、張儀既相秦。【考證】梁玉繩曰、案儀爲相、在惠王十年、是時初用于秦也、非相也、此謂、中井積德曰、張儀相秦在伐蜀之後、此先提之以結前案、爲文檄告楚相曰。【集解】徐廣曰、一作尺一之檄、【索隱】按徐廣云、一作丈二檄、王劭按春秋後語云、丈二尺檄、許愼云、檄二尺書、【考證】中井積德曰、檄何必有定度、不論可也、又丈二尺似太長、始吾從若飮。我不盜而璧。若笞我。若善守汝國。我顧且盜而城。【索隱】若者汝也、下文而亦訓汝、【考證】顧炎武曰、書汝黜乃心、言汝又言乃、詩豈不爾受、既其女遷、言

爾又言女、左傳爾用而先人之治命、言爾又言而、女爽而宗室、言女又言而、史記張儀傳若善守汝國、我顧且盜而城、言若、言汝、又曰而、皆互辭也、苴·蜀相攻擊。【集解】徐廣曰、譙周曰、益州天苴、讀爲包黎之包、音與巴相近、以爲今之巴郡、【索隱】苴音巴、謂巴蜀之夷自相攻擊也、今字作苴者、按巴苴是草名、今論巴、遂誤作苴也、或巴人巴郡、本因芭苴得名、所以其字遂以苴爲巴也、注、益州天苴、讀爲芭黎、天苴卽巴苴也、譙周蜀人也、知天苴之音、讀爲芭黎之芭、按芭黎卽織木葺爲葦籬也、今江南亦謂葦籬曰芭籬也、【正義】華陽國志云、昔蜀王封其弟于漢中、號曰苴侯、因命之邑曰葭萌、苴侯與巴王爲好、巴與蜀爲讎、故蜀王怒伐苴、苴奔巴、求救於秦、秦遣張儀、從子午道伐蜀、王自葭萌禦之敗績、走至武陽、爲秦軍所害、秦遂滅蜀、因取苴與巴焉、括地志云、苴侯都葭萌、今利州益昌縣五十里葭萌故城是、蜀侯都益州巴子城、在合州石鏡縣南五里、故墊江縣也、巴子都江州、在都之北、又峽州界也、【考證】恩田仲任曰、按水經注亦云、秦惠王遣張儀等救苴侯於巴、儀貪巴苴之富、因執其王以歸、而置巴郡焉、苴、巴爲二國審矣、各來告急於秦。秦惠王欲發兵以伐蜀。以爲道險狹難至。而韓又來侵秦。【考證】楓山本、狹作陜、秦惠王欲先伐韓後伐蜀、恐不利。欲先伐蜀、恐韓襲秦之敝。猶豫未能決。司馬錯與張儀爭論於惠王之前。【索隱】錯、七各反、又七故反、二音、【考證】後伐蜀下、楓山、三條本、有蜀亂二字、猶豫作猶與、司馬錯欲伐

蜀。張儀曰。不如伐韓。王曰。請聞其說。儀曰。親魏善楚、下兵三川、塞什谷之口、【集解】徐廣曰、什、一作䢵、成皋鞏縣有䢵口、【索隱】一本作䢵谷、䢵什聲相近、故其名惑也、戰國策云、環轅緱氏之口、亦其地相近也、【正義】括地志云、溫泉水卽䢵源、出洛州鞏縣西南四十里、注水經云、䢵城水出北山䢵溪、又有故䢵城、在鞏縣西南五十八里、按洛州緱氏縣東南四十里、與䢵溪相近之地、【考證】三川、謂伊洛河三川、張文虎曰、凌本、什作斜、梁玉繩曰、索隱本作什谷、是、湖本譌斜谷、策作轘轅緱氏之口、語雖不同、其地相近、一在河南鞏縣、一在緱氏縣東南、轘轅關、通鑑地理通釋曰、郡國志、鞏縣有䢵谷水、徐廣云、什一作䢵、成皋鞏縣有䢵口、䢵什聲近、故其名異、水經注謂之洛汭、郡縣志謂之洛口、新序善謀亦作什谷、愚按百衲宋本、王本、毛本、皆作什谷、當屯留之道、【正義】屯留、潞州縣也、道、卽太行羊腸阪道也、【考證】今山西屯留縣地、魏絕南陽、【正義】南陽、懷州也、是當屯留之道、令魏絕斷壞羊腸韓上黨之路也、【考證】韓地、今河南南陽縣、楚臨南鄭、【正義】是塞斜谷之口也、令楚兵臨鄭南塞轘轅䢵口、斷韓南陽之兵也、【考證】南鄭、韓地、今河南新鄭縣西北有古鄭城、秦攻新城·宜陽、【索隱】此新城、當在河南伊闕之左右、【正義】洛州福昌縣也、【考證】今河南洛陽有新城古城、宜陽故城、在河南宜陽東、皆韓地、以臨二周之郊、誅周王之罪、【考證】誅、討也、甘茂傳云、誅齊魏之罪、侵楚·魏之地。周自知不能救、九鼎寶器必出。

據九鼎案圖籍、挾天子以令於天下、天下莫敢不聽。此王業也。【考證】儀說武王、亦有此言、見下文、蓋滅國先收其圖籍、自古而然、不始於蕭何、夏禹收九州之金、鑄爲九鼎、遂以爲傳國之寶、事詳于宣三年左傳及周策周紀、今夫蜀、西僻之國、而戎翟之倫也。【考證】策、倫作長、敝兵勞衆、不足以成名。得其地、不足以爲利。【考證】兵、矛戟、臣聞、爭名者於朝、爭利者於市。今三川、周室、天下之朝市也。而王不爭焉、顧爭於戎翟。去王業遠矣。【索隱】去王業遠矣、王、音于放反、【考證】顧、反也、司馬錯曰。不然。臣聞之、欲富國者、務廣其地、欲彊兵者、務富其民、欲王者務博其德。三資者備、而王隨之矣。【考證】兵、士卒、今王地小民貧。故臣願先從事於易。【考證】楓山、三條本、王下有之字、與策合、夫蜀、西僻之國也、而戎翟之長也。有桀·紂之亂。以秦攻之、譬如使豺狼逐羣羊。得其地、足以廣國。取其

財、足以富民繕兵。不傷衆而彼已服焉。【索隱】取其財、戰國策、取作得、【正義】繕、音膳、同饍、具食也、【考證】凌稚隆曰、繕與左傳繕甲兵之繕同、治也、正義非是、拔一國、而天下不以爲暴。利盡西海、而天下不以爲貪。【索隱】西海、謂蜀川也、海者珍藏所聚生、猶謂秦中爲陸海然也、其實西亦有海也、【正義】海之言晦也、西夷晦昧無知、故言海也、言利盡西方羌戎、【考證】策、西海作四海、中井積德曰、盡西海、謂西方盡地域也、地以海爲限、此甚言之也、漢人常稱有四海之內、其實漢之土、唯東西有海、而西北無海、只是二海而已、要之勿以文害意可也、是我一擧而名實附也。【索隱】按名、謂傳其德也、實、謂土地財寶、而又有禁暴止亂之名。【考證】楓山、三條本、止作正、與策合、黃式三曰、而又一句、當在是我句上、愚按據黃說、名字不費解、亦與下文合、今攻韓劫天子、惡名也。而未必利也。又有不義之名。而攻天下所不欲、危矣。臣請謁其故。【索隱】論者告也、陳也、故謂陳不宜伐之端由也、【考證】各本、謁作論、今從楓山、三條本、王念孫曰、秦策及新序善謀篇、論作謁、謁、告也、疑史記亦作謁、故索隱云、告也、論字、古無訓爲告也、周、天下之宗室也。齊、韓之與國也。【考證】策、作韓齊、周之與國也、田汝成曰、齊字恐衍、當云韓、周之與國也、愚按史衍齊字、韓下奪周字、周自知失九鼎、

韓自知亡三川、【正義】韓自知亡三川、故與周并力合謀也、將二國并力合謀、以因乎齊·趙、而求解乎楚·魏、以鼎與楚、以地與魏。王弗能止也。此臣之所謂危也。不如伐蜀完。【考證】楓山、三條本、無完字、策、完上有之字、惠王曰。善。寡人請聽子。卒起兵伐蜀。十月取之。【索隱】六國年表、在惠王二十二年十月也、【正義】表云、秦惠王後九年十月、擊滅之、【考證】策、上不記年、十月、攻戰亘十月也、與史義異、錢大昕曰、據秦本紀及年表、伐蜀乃惠王後九年事、此傳敍于惠王十年以前、誤以爲前九年矣、梁玉繩說同、遂定蜀、貶蜀王、更號爲侯。【考證】紀表竝云、擊蜀滅之、與此異、而使陳莊相蜀。蜀既屬秦、秦以益彊、富厚輕諸侯。【考證】司馬錯與張儀以下、采秦策、秦惠王十年、使公子華與張儀圍蒲陽降之。【集解】徐廣曰、華一作革、【索隱】蒲陽、魏邑名也、【正義】在隰州隰川縣、蒲邑故城是也、【考證】蒲陽、山西隰州、表、華作桑、儀因言秦、復與魏、而使公子繇質於魏。儀因說魏王曰。秦王之遇魏甚厚。魏不可以無禮。【考證】楓山、三條本、甚厚作厚甚、

魏因入上郡·少梁謝秦惠王。【考證】梁玉繩曰、案紀表及魏世家、是年入上郡于秦、無少梁二字、魏之少梁、已于秦孝公八年取之矣、此時尚安得少梁乎、與表言秦惠八年魏入少梁、同誤、上郡、陝西延安府、惠王乃以張儀爲相。更名少梁曰夏陽。【集解】徐廣曰、夏陽、在梁山龍門、【索隱】音下、夏、山名也、亦曰大夏、是蜀所都、【正義】少梁城、同州韓城縣南二十三里、夏陽城、在縣南二十里、梁山、在縣東南十九里、龍門山、在縣北五十里、【考證】梁玉繩曰、案秦紀、更名在惠王十一年、少梁、陝西同州府韓城縣、儀相秦四歲、立惠王爲王。【正義】表云、惠王之十三年、周顯王之三十四年也、居一歲、爲秦將取陝、築上郡塞。【考證】陝、河南陝州、其後二年、使與齊·楚之相會齧桑。【考證】梁玉繩云、案紀表及魏與田完世家、齧桑之會、在取陝之明年、此云後二年誤、又但擧齊楚而不及魏、吳熙載曰、齧桑、當在今河南歸德府及安徽潁州府蒙城縣間、東還而免相。相魏以爲秦。【考證】三條本、東作來、楓山三條二本、秦下有故、欲令魏先事秦、而諸侯效之。魏王不肯聽儀。秦王怒、伐取魏之曲沃·平周、復陰厚張儀益甚。【考證】今河南陝縣有曲沃故城、非晉都曲沃、平周、今山西介休縣、張儀慙無以歸報。留魏四歲、而魏

襄王卒、哀王立。【考證】梁玉繩曰、案襄當作惠、哀當作襄、下哀王同、愚按、說在魏世家、 張儀復說哀王。哀王不聽。於是張儀陰令秦伐魏。魏與秦戰敗。明年、齊又來敗魏於觀津。【集解】觀、音貫、【考證】觀津、當作觀澤、說在魏世家、 秦復欲攻魏、先敗韓申差軍、斬首八萬、諸侯震恐。【考證】說在秦紀、 而張儀復說魏王曰、魏地方不至千里、卒不過三十萬、地四平、諸侯四通輻湊、【考證】楓山、三條本、四平下有易字、策、四通下有條達二字、 無名山大川之限。從鄭至梁、二百餘里、【考證】張照曰、案策、作從鄭至梁、不過百里、從陳至梁二百餘里、此有脫誤、通鑑地理通釋曰、九域志、鄭州至東京、一百四十里、陳州至東京二百四十五里、當以策爲正、 車馳人走、不待力而至梁。【考證】待力、楓山本、作持勵、三條本、作持刀、策作倦力、 南與楚境、西與韓境、北與趙境、東與齊境、卒戍四方守亭鄣者不下十萬。【考證】梁玉繩曰、策云、守亭障者參列、粟糧漕庾不下十萬、此亦脫缺、愚按、他國境、或有山川關塞、惟梁無之、所以卒戍四方、守亭鄣、塞上要險處、築牆置亭、使人守之也、

梁之地勢固戰場也。梁南與楚而不與齊、則齊攻其東。東與齊而不與趙、則趙攻其北。不合於韓、則韓攻其西。不親於楚、則楚攻其南。此所謂四分五裂之道也。且夫諸侯之爲從者、將以安社稷、尊主彊兵顯名也。今從者一天下、約爲昆弟、刑白馬以盟洹水之上以相堅也。【集解】洹、音桓、【考證】洹水、源出河南林縣隆慮山、逕安陽至內黃入衞水、 而親昆弟同父母、尚有爭錢財。而欲恃詐僞反覆蘇秦之餘謀、其不可成亦明矣。大王不事秦、秦下兵攻河外、【索隱】河之西、卽曲沃平周之邑等、【正義】河外、卽卷衍燕酸棗、 據卷・衍・燕・酸棗、【集解】卷、丘權反、衍、以善反、【索隱】卷縣、在河南、衍、地名、【正義】卷、衍、屬鄭州、燕、滑州胙城縣、酸棗、屬滑州、皆黃河南岸地、【考證】各本衍下脫燕字、依楓山三條二本、及正義補、策亦有、卷、魏邑、在今河南原武縣、燕、卽南燕、故城在今河南延津縣東北、酸棗故城、在今延津縣北、衍故城、在今河南鄭縣北、 劫衞取陽晉、【正義】故城、在曹州乘氏縣西北三十七里、【考證】陽晉、衞邑、故城在今山東曹縣北、策、

譌作晉陽、 則趙不南。趙不南、而梁不北。梁不北、則從道絕。【考證】策、而作則、崔適曰、梁不北三字、當移上趙不南之下、 從道絕、則大王之國欲毋危不可得也。【考證】陳文燭曰、主從者趙、不言其他、 秦折韓而攻梁、【索隱】戰國策、折作挾也、【考證】王念孫曰、折讀爲制、言韓爲秦所制、不得不與之共攻梁也、制折、古字通、愚按、折猶制也、不必改字、 韓怯於秦、秦・韓爲一、梁之亡可立而須也。此臣之所爲大王患也。爲大王計、莫如事秦。事秦則楚・韓必不敢動。無楚・韓之患、則大王高枕而臥、國必無憂矣。【正義】枕、針鴆反、 且夫秦之所欲弱者、莫如楚。而能弱楚者、莫如梁。楚雖有富大之名、而實空虛。其卒雖多、然而輕走易北、不能堅戰。【考證】楓山、三條本、雖下有衆字、與策合、 悉梁之兵南面而伐楚、勝之必矣。【考證】楓山、三條本、無楚字、 割楚而益梁、虧楚而適秦、嫁禍安國、此善事也。【考證】楓山、三條本、無割楚而益梁五字、

適、猶歸也、 大王不聽臣、秦下甲士而東伐。雖欲事秦、不可得矣。且夫從人多奮辭而少可信。【考證】從人、主合從之人、奮辭、猶大言也、 說一諸侯而成封侯。是故天下之游談士、莫不日夜搤腕瞋目切齒、以言從之便以說人主。人主賢其辯而牽其說、豈得無眩哉。【考證】策、賢作覽、史文爲勝、 臣聞之、積羽沈舟、羣輕折軸、衆口鑠金、積毀銷骨。【考證】楓山、三條本、無積毀銷骨四字、與策合、同語中用二積字、不文、無四字爲長、國語周語、伶州鳩引諺曰、衆心成城、衆口鑠金、史記鄒陽傳、鄒陽上梁孝王書云、何則衆口鑠金、積毀銷骨也、漢書中山靖王傳、聽樂對亦云、衆口鑠金、積毀銷骨、蓋古有此語、故曰聞之、 故願大王審定計議。且賜骸骨辟魏。【考證】楓山、三條本、議下且上、有儀字、骸骨、猶言身體、項羽紀、願賜骸骨歸卒伍、策無且賜骸骨辟魏六字、蓋史公補足、 哀王於是乃倍從約、而因儀請成於秦。【考證】張儀復說魏王曰以下、采魏策、策云、魏王曰、寡人惷愚、前計失之、請稱東藩、築帝宮、受冠帶、祠春秋、效河外、 張儀歸復相秦。三歲而魏復背秦爲從。秦攻魏取曲沃。

明年、魏復事秦。秦欲伐齊。齊·楚從親。於是張儀往相楚。【考證】相字疑衍、與下文乃以相印授張儀複、楚懷王聞張儀來、虛上舍而自館之曰。此僻陋之國、子何以教之。【考證】中井積德曰、館、謂就館見客也、儀說楚王曰。大王誠能聽臣、閉關絕約於齊、臣請獻商·於之地六百里、【索隱】劉氏云、商卽今之商州、有古商城、其西二百餘里、有古於城、【正義】商於二邑、解在商君傳、【考證】又見楚世家、使秦女得為大王箕帚之妾。秦·楚娶婦嫁女、長為兄弟之國。此北弱齊而西益秦也。計無便此者。【考證】楚世家、秦策、徙作德、義長、楚王大說而許之。羣臣皆賀。陳軫獨弔之。楚王怒曰。寡人不興師發兵、得六百里地。羣臣皆賀、子獨弔。何也。【考證】為下文陳軫傳張本、陳軫對曰。不然。以臣觀之、商·於之地不可得、而齊·秦合。齊·秦合、則患必至矣。楚王曰。有說乎。陳軫對曰。夫

秦之所以重楚者、以其有齊也。今閉關絕約於齊、則楚孤。秦奚貪夫孤國、而與之商·於之地六百里。【考證】楚世家、秦策、貪作重、義長、張儀至秦、必負王。是北絕齊交、西生患於秦地。而兩國之兵必俱至。善為王計者、不若陰合而陽絕於齊。【考證】楓山、三條本、善作蓋、使人隨張儀、苟與吾地絕齊、未晚也。不與吾地、陰合謀計也。楚王曰。願陳子閉口、毋復言、以待寡人得地。【考證】凌稚隆曰、閉口、為後發口張本、乃以相印授張儀、厚賂之。於是遂閉關絕約於齊、使一將軍隨張儀。張儀至秦、詳失綏墮車、不朝三月。【正義】詳、音羊、【考證】詳、佯也、綏、挽以上車之索也、策但云稱病不朝、史公別有依也、楚王聞之曰。儀以寡人絕齊未甚邪。乃使勇士至宋、借宋之符北罵齊王。【考證】梁玉繩曰、案此語可疑、罵齊、何必用符、而楚自有符、亦何必借宋符乎、張文虎曰、借宋之符句、當有誤、楚世家、作

乃使勇士宋遺北辱齊王、折楚符而合于秦、則所使勇士、姓宋、名遺耳、胡三省曰、既閉關絕約、則齊楚之信使不通、故使借宋符以至齊、愚按、胡說為長、說又見楚世家、齊王大怒、折節而下秦、秦·齊之交合。張儀乃朝、謂楚使者曰。臣有奉邑六里。願以獻大王左右。楚使者曰。臣受令於王、以商·於之地六百里。不聞六里。【考證】楓山、三條本、令作命、御覽引史亦同、還報楚王。楚王大怒、發兵而攻秦。陳軫曰。軫可發口言乎。攻之、不如割地反以賂秦、與之并兵而攻齊。【考證】楓山、三條本、攻之下、有不可二字、凌稚隆曰、發口、應上閉口、是我出地於秦、取償於齊也。王國尚可存。楚王不聽。【考證】儀說楚王以下、采秦策、李東陽曰、按楚世家亦載此、敘事同、而文法異、宜竝觀之、余有丁曰、按蘇秦說六國、自是實事、張儀全是欺詐反覆、觀其說楚可知也、卒發兵、而使將軍屈匄擊秦。秦·齊共攻楚、【考證】梁玉繩曰、案此仍秦策、各處不言齊共攻也、大事記云、蓋齊怨楚而助秦耳、斬首八萬、殺屈匄、遂取丹陽·漢中之地。【集解】徐廣曰、丹陽、在枝江、【正義】漢中、今梁州也、在漢水北、【考證】丹

陽、今河南內鄉縣、胡三省曰、自沔陽至上庸、皆漢中地、沔陽、今陝西沔縣、上庸、今湖北竹山縣、楚又復益發兵、而襲秦至藍田大戰。楚大敗。【正義】藍田縣、在雍州東南八十里、從藍田關入藍田縣、時楚襲秦深入、【考證】取漢中之地以下、采秦策、藍田故城、在陝西藍田縣西、於是楚割兩城、以與秦平。【考證】梁玉繩曰、案藍田之戰、各處皆無割城事、恐非實、秦要楚、欲得黔中地、欲以武關外易之。【正義】要、音腰也、武關外、卽商於之地、【考證】楓山、三條本、秦下有乃字、黔中、楚地、今湖南辰沅道及武陵道皆是、梁玉繩曰、楚世家、屈原傳、言分漢中、說在世家、楚王曰。不願易地、願得張儀而獻黔中地。秦王欲遣之、口弗忍言。【考證】楓山、三條本、遣作與、張儀乃請行。惠王曰。彼楚王怒子之負以商·於之地。【考證】楓山、三條本、楚下無王字、是且甘心於子。【考證】甘心、快其意也、莊九年左傳、管召讎也、請受而甘心焉、張儀曰。秦彊楚弱。臣善靳尚。尚得事楚夫人鄭袖。袖所言皆從。且臣奉王之節使楚。楚何敢加誅。假令誅臣、而為秦得黔中之地、臣之上願。遂使楚。楚

懷王至則囚張儀、將殺之。靳尙謂鄭袖曰、子亦知子之賤於王乎。鄭袖曰、何也。靳尙曰、[考證]楓山、三條二本、靳尙下、有爲儀二字、義長、鄭袖曰下、無子亦知子之賤王乎鄭袖曰何也靳尙曰十七字、秦王甚愛張儀、而不欲出之。[索隱]按不字當作必、時張儀爲楚所囚、故必欲出之也、[正義]秦王不欲出張儀使楚、若欲自行、今秦欲以上庸地及美人贖儀、[考證]索隱是也、策無不字、今將以上庸之地六縣賂楚、[正義]上庸、今房州也、[考證]上庸、見上文漢中注、以美人聘楚、[考證]策云、秦王有愛女而美、欲內之楚王、以宮中善歌謳者爲媵。[考證]古者諸侯嫁女、以姪娣送女曰媵、後世陪嫁之妾亦曰媵、楚王重地尊秦。[考證]梁玉繩曰、案此乃靳尙對鄭袖語、不應稱楚王、下文張儀說懷王述漢中之戰、亦曰楚王大怒、蓋史公仍國策、未及改之、吳師道謂後人追書、非、徐孚遠曰、當言大王、言楚王、誤、秦女必貴、而夫人斥矣。不若爲言而出之。於是鄭袖日夜言懷王曰。人臣各爲其主用。今地未入秦。秦使張儀來、至重王。王未有禮、而殺張儀、秦必大怒攻楚。妾請子母俱遷江南、毋

爲秦所魚肉也。[考證]魚肉任人宰割、因以喻被人屠戮、或陵踐之意、項羽紀、人方爲刀俎、我爲魚肉、懷王後悔、赦張儀、厚禮之如故。[考證]至則囚張儀以下、本楚策、中井積德曰、據下文、楚是時終不割黔中也、張儀既出、未去、聞蘇秦死、[索隱]按此時當秦惠王之後元十四年、是爲周赧王四年、[考證]崔適曰、案六國表、秦惠王後十四年、楚懷王十八年、韓襄王元年、齊湣王十三年、趙武靈王十五年、燕昭王元年也、中井積德曰、是時蘇秦死已十年矣、今如始聞其死者、何也、梁玉繩曰、聞蘇秦死四字當削、愚按此應上文蘇君之時儀何敢言、史文不可無此四字、但其事則失實也、乃說楚王曰。秦地半天下、兵敵四國、被險帶河、四塞以爲固、虎賁之士百餘萬、車千乘、騎萬匹、[考證]虎賁之士、勇士也、賁、音奔、積粟如丘山、法令既明、士卒安難樂死、主明以嚴、將智以武、雖無出甲、席卷常山之險、必折天下之脊。[索隱]按常山於天下在北、有若人之背脊也、[正義]古之帝王多都河北河東故也、[考證]出甲下、添其勢二字看、席卷、收之如捲席、言易也、常山、卽恆山、亦曰北嶽、在今直隸曲陽縣西北、與太行山相連、故曰折天下之背、王念孫曰、雖讀曰唯、唯雖古通、此承上文、言秦兵之彊如是、是唯無出甲、出甲則席卷常山而折天下之脊也、不更言出甲者、蒙上文而省也、愚按、雖字、未必讀爲唯、天

下有後服者先亡。[考證]策、無有字、且夫爲從者、無以異於驅羣羊而攻猛虎。虎之與羊不格明矣。[考證]格、當也、敵也、今王不與猛虎而與羣羊。臣竊以爲大王之計過也。凡天下彊國非秦而楚。非楚而秦。[考證]而、猶則也、下文、非菽而麥、非菽則麥也、說具于王氏經傳釋詞、兩國交爭、其勢不兩立。大王不與秦、秦下甲據宜陽、韓之上地不通。下河東取成皐、韓必入臣。梁則從風而動。[正義]上地、上郡之地、[考證]河東、今山西河東道、今河南汜水縣西北有成皐故城、秦攻楚之西、韓・梁攻其北、社稷安得毋危。且夫從者聚羣弱而攻至彊、不料敵而輕戰、國貧而數擧兵。危亡之術也。臣聞之、兵不如者勿與挑戰、粟不如者勿與持久。[正義]挑、田鳥反、夫從人飾辯虛辭、高主之節、[考證]策、節下有行字、高不事秦之節也、言其利、不言其害。卒有秦禍無

及爲已。[正義]卒、怱勿反、是故願大王之孰計之。秦西有巴・蜀。大船積粟、起於汶山、浮江以下、至楚三千餘里。[正義]汶、音泯、[考證]汶山、卽岷山、在今四川茂縣西、蘇秦傳云、蜀地之甲、乘船浮於汶、乘夏水而下、五日而至郢、卽此事、起於汶山者、以發軍之地言、楚斥郢都、舫船載卒、[索隱]枋船、枋、音方、謂竝兩船也、亦音舫、[考證]楓山、三條本、索隱本、舫作枋、楚策作方、竝船也、一舫載五十人與三月之食、下水而浮、一日行三百餘里。[考證]策、食作糧、中井積德曰、下水而浮、疑當作浮水而下、里數雖多、然而不費牛馬之力、[考證]策、牛馬作馬汗、史義長、不至十日而距扞關。[集解]徐廣曰、巴郡魚復縣、有扞水關、[索隱]扞關、在楚之西界、復、音伏、按地理志、巴郡有魚復縣、[正義]在硤州巴山縣界、[考證]距、至也、張文虎曰、王、柯、凌本、作拒、愚按、策作距、扞關、在今湖北長陽縣西、扞關驚、則從境以東盡城守矣。[考證]策、境作竟、下有陵字、史文誤脫、竟陵、今湖北天門縣、城守者、修守備也、黔中・巫郡、非王之有。[考證]策、有下有已字、秦擧甲出武關、南面而伐、則北地絕。[正義]楚之北境斷絕、非謂幽州北地也、[考證]北地、謂河南信陽以北、秦兵之攻楚也、危難在三月之內。

而楚待諸侯之救、在半歲之外。此其勢不相及也。夫待弱國之救、忘彊秦之禍。【考證】策、夫待作夫恃、王念孫曰、待當作恃、今作待者、涉上文而誤、 此臣所以爲大王患也。【考證】楓山、三條本、無以字、與通鑑合、可從、 大王嘗與吳人戰、五戰而三勝、陣卒盡矣。【考證】徐孚遠曰、懷王時、吳之屬楚久矣、安得與吳人五戰、此言誤、 偏守新城、存民苦矣。【索隱】偏、四連反、此云新城、當在吳楚之閒、【正義】新攻得之城、未詳所在、【考證】策、存民作居民、義長、 臣聞功大者易危、而民敝者怨上。夫守易危之功、而逆彊秦之心。臣竊爲大王危之。且夫秦之所以不出兵函谷十五年、以攻齊·趙者、陰謀有合天下之心。【集解】徐廣曰、合一作吞、【考證】策、齊趙作諸侯、合作吞、中井積德曰、十五年錯文、當在齊趙下、吳師道曰、前二年五年六年、皆有攻趙之事、而攻齊則無之、若云不攻齊、則猶可通也、愚按不出兵函谷十五年、前人多疑之者、說見蘇秦傳、 楚嘗與秦構難、戰於漢中。楚人不勝、列侯執珪、死者七十餘人。遂亡漢中。【索隱】其地在秦南山之南、楚之西北、漢水之北、名曰漢中、

楚王大怒、興兵襲秦、戰於藍田。【考證】策、藍田下有又郤二字、此缺、戰於藍田、見上文、楚王當言大王、 此所謂兩虎相搏者也。【集解】徐廣曰、搏、或音戟、【正義】搏、音博、猶戟也、【考證】王引之曰、搏、本作據、徐廣音戟、正是據字之音、御覽引楚策、搏作據、據讀若戟、謂兩虎相揭持也、呂后紀、見物如蒼犬、據高后掖、據字徐音戟、正與此同、老子曰、猛獸不據、攫鳥不搏、鹽鐵論擊之篇曰、虎兕相據、而螻蟻得志、皆其證也、愚按搏字義自通、不必改作據、 夫秦·楚相敝、而韓·魏以全制其後。計無危於此者矣。願大王孰計之。秦下甲攻衛陽晉、必大關天下之匈。【集解】徐廣曰、關一作開、【索隱】攻衛陽晉大關天下匈、夫以常山爲天下脊、則此衛及陽晉、當天下匈、蓋其地是秦晉齊楚之交道也、以言秦兵據陽晉、是大關天下匈、則他國不得動也、【正義】陽晉、在曹州乘氏縣、與濮滑相近、皆衛地、常山爲天下脊、陽晉爲天下胸、【考證】陽晉、衛地、在今山東曹縣北、必大二字、衍其一、索隱本無必字、關、扃也、 大王悉起兵以攻宋、不至數月而宋可舉。舉宋而東指、則泗上十二諸侯、盡王之有也。【索隱】謂邊近泗水之側、當戰國之時有十二諸侯、宋魯邾莒之比也、 凡天下而以信約從親相堅者蘇秦。封武安君相燕。【考證】楓山、三條本、而作所、義長、策、封下

有爲字、 即陰與燕王謀伐破齊而分其地、乃詳有罪、出走入齊、【考證】詳、佯同、 齊王因受而相之。居二年而覺。齊王大怒、車裂蘇秦於市。【考證】梁玉繩曰、按秦傳、爲燕敝齊之計、覺于死後、而秦爲人所刺、設計得賊、豈因謀齊事覺車裂乎、吳師道謂、儀借事爲說、破從親也、下說趙同、 夫以一詐僞之蘇秦、而欲經營天下、混一諸侯。其不可成亦明矣。【索隱】混、本作棍、同胡本反、 今秦與楚接境壤界。固形親之國也。【考證】桃源抄引陸氏曰、形親、謂形勢相親也、愚按接境壤界、見吳起蘇秦傳、 大王誠能聽臣、臣請使秦太子入質於楚、楚太子入質於秦。請以秦女爲大王箕帚之妾、效萬室之都、以爲湯沐之邑、【考證】箕帚之妾、解見高紀、湯沐之邑、以其地賦稅共湯沐之具、 長爲昆弟之國、終身無相攻伐。臣以爲計無便於此者。【考證】乃說楚王以下、采楚策、 於是楚王已得張儀、而重出黔中地與秦、欲許之。【考證】胡三省曰、重、難也、以地爲重、意難割弃之、 屈原

曰、前大王見欺於張儀。張儀至、臣以爲大王烹之。今縱弗忍殺之、又聽其邪說。不可。懷王曰、許儀而得黔中、美利也。後而倍之不可。【考證】楓山、三條本、倍之下、無不可二字、義長、言今姑聽之、後而倍之、策不言屈原事、不獨策、先秦之書、絕無記屈原事者、說具于本傳、 故卒許張儀、與秦親。張儀去楚、因遂之韓、說韓王曰、韓地險惡山居。五穀所生、非菽而麥。【考證】而猶則也、 民之食、大抵飯菽藿羹。【考證】楓山、三條本、飯上有豆、與策合、王念孫曰、飯菽當作菽飯、菽飯藿羹、相對爲文、韓策作豆飯、豆亦菽也、姚宏校韓策引春秋後語、亦作菽飯、愚按藿、豆葉也、楓三二本、衍菽字、 一歲不收、民不饜糟糠。地不過九百里。無二歲之食。【考證】梁玉繩曰、案蘇秦傳曰、韓地方九百里、策作千里、而此云不過九百里、策作不滿九百、史仍游士之言、故不同也、 料大王之卒、悉之不過三十萬。而廝徒負養在其中矣。【索隱】廝、音斯、謂襍役之賤者、負養、謂負檐以給養公家、亦賤人也、【考證】中井積德曰、廝、謂伐薪者、養、謂炊爨也、亦軍中之事、 除守徼亭鄣塞、見卒不過二十萬而已矣。秦

帶甲百餘萬、車千乘、騎萬匹、虎賁之士、跿跔科頭、【集解】跿跔、音徒俱、跳躍也、又云、偏舉一足曰跿跔、科頭、謂不著兜鍪入敵、【索隱】跿跔、音徒俱二音、跔又音劬、劉氏云、謂跳躍也、又韻集云、偏舉一足曰跿跔、戰國策曰、虎摯之士、跿跔科頭、謂不著兜鍪、 貫頤奮戟者、至不可勝計。【集解】奮戟、言執戟奮怒而入陳也、【索隱】貫頤、謂兩手捧頤而直入敵、言其勇也、奮戟、謂又有執戟者、奮怒而趨入陳、【正義】貫頤、劉伯莊云、以兩手捧面、直入敵、言其勇也、奮戟、奮怒而趨戰、【考證】中井積德曰、跿跔、猶徒跣也、跿字他書無所見、蓋徒字、跔字可因而推焉、貫頤不可曉、奮戟、是奮揮戈戟也、非奮怒、王引之曰、貫讀爲彎、彎弓之彎、史記伍子胥傳、伍胥貫弓執矢嚮使者、索隱、劉氏音貫爲彎、謂滿張弓也、陳涉世家贊、士不敢貫弓而報怨、漢書作彎、是貫卽彎也、頤、弓名也、廣韻作弜、云、弓名、出韻略、古無弜字、借頤爲之耳、彎弓奮戟、事同一類、 秦馬之良、戎兵之衆、【考證】楓山本、戎兵作戎馬、張文虎曰、上下皆言馬、戎兵之衆一句雜出、且上文已言之矣、疑衍、 探前趹後【索隱】謂馬前足探向前、後足趹於後、趹音烏穴反、趹、謂後足抉地、言馬之走勢疾也、 蹄閒三尋、騰者不可勝數。【索隱】按七尺曰尋、言馬走之疾、前後蹄閒一擲過三尋也、【正義】七尺曰尋、馬蹄閒有二丈一尺、亦疾也、【考證】楓山、三條本無騰字、策有、 山東之士、被甲蒙胄以會戰、秦人捐甲徒裼以趨敵、【索隱】徒者、徒跣也、裼、袒也、謂袒而見肉也、【正義】徒、跣、裼、袒也、言六國之卒、皆著甲及兜□而戰、秦人

弃甲徒跣、袒肩而戰、【考證】中井積德曰、徒裼、一意、徒者不服甲冑之謂也、非論足、裼、開衣前也、 左挈人頭、右挾生虜。夫秦卒與山東之卒、猶孟賁之與怯夫、以重力相壓、猶烏獲之與嬰兒。夫戰孟賁·烏獲之士、以攻不服之弱國、【考證】楓山、三條本、無夫戰孟賁烏獲之士八字、 無異垂千鈞之重於烏卵之上。必無幸矣。【考證】楓山、三條本、脫無幸矣三字、 夫羣臣諸侯、不料地之寡、而聽從人之甘言好辭、比周以相飾也、皆奮曰、聽吾計可以彊霸天下。【考證】楓山、三條本、羣下無臣字、此疑衍、策無羣臣二字、聽字管到可以彊霸天下、 夫不顧社稷之長利、而聽須臾之說。詿誤人主、無過此者。【考證】楓山、三條本、人作其、詿、音卦、 大王不事秦、秦下甲據宜陽、斷韓之上地。【考證】御覽、大王下有今字、楓山、三條本、上下有黨字、策無、歸有光曰、韓近秦、故直言下甲據宜陽、上地、卽上黨之地、 東取成皋·滎陽、則鴻臺之宮、桑林之苑、非王之有也。【集解】徐廣曰、桑、一作栗、【索隱】按此皆韓之宮苑、亦見戰國策、【考證】

御覽、王上有大字、張儀說楚王曰、黔中巫郡、非王有、說韓王曰、鴻臺之宮、桑林之苑、非王有、說齊王曰、臨菑卽墨、非王之有也、說燕王曰、易水長城、非大王之有也、皆以威喝之、以勢制之、儀之術止於此、 夫塞成皋、絕上地、則王之國分矣。先事秦則安、不事秦則危。夫造禍而求其福報、計淺而怨深、逆秦而順楚、雖欲毋亡、不可得也。故爲大王計、莫如爲秦。【集解】爲、于僞反、 秦之所欲、莫如弱楚。而能弱楚者莫如韓。非以韓能彊於楚也。其地勢然也。【考證】經傳釋詞云、以猶謂也、 今王西面而事秦以攻楚、秦王必喜。夫攻楚以利其地、轉禍而說秦。計無便於此者。韓王聽儀計。【考證】說韓王以下、采韓策、策云、韓王曰、客幸而教之、請比郡縣、築帝宮、祠春秋、稱東藩、效宜陽、史文不載、 張儀歸報。秦惠王封儀五邑、號曰武信君。使張儀東說齊湣王曰。天下彊國無過齊者。大臣父兄、殷衆富樂。【考證】策、無湣字、父兄、同姓老臣也、孟子滕文公篇、父兄百官、 然而爲大王計者、皆

爲一時之說、不顧百世之利。從人說大王者必曰。齊西有彊趙。南有韓與梁。齊負海之國也。地廣民衆、兵彊士勇、雖有百秦、將無柰齊何。【考證】韓非子外儲篇、雖有十黃帝不能治也、蘇洵辯姦論、使晉無惠帝、僅得中主、雖王衍百千、何從亂天下乎、蘇軾晁錯論、雖有百盎、可得而閒哉、皆同一字法、 大王賢其說而不計其實。夫從人朋黨比周、莫不以從爲可。臣聞之、齊與魯三戰、而魯三勝、國以危、亡隨其後。雖有戰勝之名、而有亡國之實。【考證】楓山、三條本、亡國作危亡、爲長、 是何也。齊大而魯小也。今秦之與齊也、猶齊之與魯也。【考證】齊策、秦之與齊也、作趙之與秦也、是、 秦·趙戰於河漳之上、再戰而趙再勝秦、【考證】楓山、三條本、而下無趙字、與策合、河漳卽漳水、有清濁二流、皆出山西、故道、至河南林縣合流、東經臨漳、又東北經直隸永年曲周等縣、以入渤海、卽禹河之道也、 戰於番吾之下、再戰又勝秦。【索隱】番吾、上音盤、又音婆、趙之邑也、【考證】番吾故城、在今直隸平山縣東南、梁玉繩曰、案上文有齊與魯三戰而魯

三勝事、史無所見、吳師道以爲取譬之說、或當然也、而此兩戰、史亦不書、史仍國策、疑有譌、但趙卻秦番吾、實有其事、在王遷四年、豈作策者誤以後事爲前事歟、四戰之後、趙之亡卒數十萬、邯鄲僅存。雖有戰勝之名、而國已破矣。是何也。秦彊而趙弱。【考證】策、弱下有也字、今秦・楚嫁女娶婦、爲昆弟之國。【考證】梁玉繩曰、案秦迎楚婦時、儀死五年矣、亦在後、愚按、此張儀述秦楚之約也、事見前章、韓獻宜陽、【考證】梁玉繩曰、案韓策亦有效宜陽語、其實秦取宜陽之時、儀死四年矣、愚按、韓策云、韓王約從請效宜陽、文見上注、梁效河外、【索隱】按河外、河之南邑、若曲沃平周等也、【正義】謂同華州地也、【考證】河南陝縣有曲沃故城、平周、山西介休縣、趙入朝澠池、割河間以事秦。【集解】澠、緜善反、【索隱】河間、謂河漳之閒邑、暫割以事秦耳、【正義】河閒、瀛州縣、【考證】澠池故城、在河南黽池縣西、河間、直隸河南縣等地、戰國之時爲燕趙齊三國之境、梁玉繩曰、案國策鮑注云、據此、則說趙當在齊前、但余攷後文、說燕亦有斯語、而朝黽池時、無割河間事、且黽池之會、儀死三十年矣、蓋史載儀說列國、皆本于策、多不可信、經史問答云、秦所取六國之地、韓魏最先、次之者楚、其後及趙、然所取必其爲秦之界上、今策言張儀一出、趙以河閒爲獻、燕以常山之尾五城爲獻、齊以魚鹽之地三百里爲獻、非不識地理之言乎、河間常山、秦亦何從得而有之、況齊人海右魚鹽之地乎、以秦之察、豈受此愚、又累言文信侯欲取趙河閒以廣其封、文信封河南、當在韓周之交、何從得通道於河間、吾不知作策者、

何以東西南北之不諳、而爲此謬語也、大王不事秦、秦驅韓・梁攻齊之南地、悉趙兵渡淸河、指博關。臨菑・卽墨、非王之有也。【正義】博關、在博州、趙兵從貝州度黃河指博關、則漯河南臨淄卽墨危矣、【考證】楓山三條本、大王上有今字、趙上有卷字、博關、山東博平西北、卽墨、齊邑、在山東平度縣東南、國一日見攻、雖欲事秦、不可得也。是故願大王孰計之也。齊王曰。齊僻陋、隱居東海之上。未嘗聞社稷之長利也。乃許張儀。【考證】東說齊湣王以下、采齊策、楓山三條本、居下有都字、策有宅字、

張儀去、西說趙王曰。敝邑秦王、使使臣效愚計於大王。大王收率天下以賓秦、【考證】賓、讀爲擯、蘇秦傳、六國從親以賓秦、秦兵不敢出函谷關十五年。大王之威行於山東。敝邑恐懼懾伏、繕甲厲兵、飾車騎習馳射、【正義】懾、之涉反、飾、音勅、【考證】楓山三條本、馳作戰、飾、飭通、力田積粟、守四封之內、【考證】楓山本、田下有耕字、愁居懾處、不敢動搖。唯大王有意督過

之也。【索隱】督者、正其事而責之、督過、是深責其過也、【考證】中井積德曰、唯下疑脫恐字、過亦責之也、今以大王之力、舉巴・蜀并漢中、包兩周遷九鼎、守白馬之津。【考證】楓山三條本、力下有西字、蜀下有南字、中下有東字、岡白駒曰、秦因畏趙而飭兵、故得以舉巴蜀幷漢中、故曰大王之力、愚按、猶曰賴大王神靈語、婉、白馬津、河南滑縣西、梁玉繩曰、包兩周遷九鼎、此不過大言之爾、收取兩周、非惠王、遷鼎、亦無其事、秦雖僻遠、然而心忿含怒之日久矣。今秦有敝甲凋兵、軍於澠池。願渡河踰漳、據番吾、會邯鄲之下。【考證】楓山三條本、會作與戰、策作迎、竝非、胡三省曰、敝甲凋兵、謙其辭言、軍於澠池、則張其勢以臨趙矣、願渡河踰漳據番吾、言欲自澠池北度河、又自此東踰漳水而進據番吾、此亦張聲勢以臨趙也、願以甲子合戰、以正殷紂之事。敬使使臣先聞左右。【考證】楓山、三條本、先下有以字、與策合、下文亦有、可從、胡三省曰、武王伐紂、癸亥陳于商郊、甲子昧爽、紂帥其旅若林、會于牧野、前徒倒戈攻其後以北、遂以勝紂殺紂、張儀引以懼趙、其有所侮而動、亦已甚矣、邯鄲、趙都也、楊愼曰、說趙王之詞、又與說齊楚者異矣、蓋遣蘇秦爲從者趙王也、趙王爲宗盟之主、故言秦王之積忿含怒于趙、以合兵請戰之詞脅之、前又以面相見相結之計、怵之于後、故趙王懼而割地謝過也、凡大王之所信爲從者恃蘇秦。蘇秦熒惑諸

侯、以是爲非、以非爲是、欲反覆齊國、而自令車裂於市。【考證】反下各本無覆字、今從楓山三條本、策亦有、夫天下之不可一亦明矣。今楚與秦爲昆弟之國、而韓・梁稱爲東藩之臣、齊獻魚鹽之地。此斷趙之右臂也。夫斷右臂而與人鬭、失其黨而孤居、求欲毋危、豈可得乎。今秦發三將軍、其一軍塞午道、告齊、使興師渡淸河、軍於邯鄲之東、【索隱】此午道、當在趙之東齊之西也、午道、地名也、鄭玄云、一縱一橫爲午、謂交道也、【正義】劉伯莊云、道蓋在齊趙之交、按謂交午之道、一軍軍成皋、驅韓・梁軍於河外、【正義】河外、謂鄭滑州、北臨河、一軍軍於澠池、約四國爲一以攻趙。趙服、必四分其地。【考證】王念孫曰、服字義不可解、當破字之誤、趙策作破趙而四分其地、黃式三曰、形相似而誤、是故不敢匿意隱情、先以聞於左右。臣竊爲大王計、莫如與秦王遇於澠池、面相見而口相結、請案兵無攻。願

大王之定計。【考證】楓山、三條本、攻上有先字、 趙王曰。先王之時奉陽君專權擅勢、蔽欺先王、獨擅綰事。【考證】先王、謂肅侯、語、中井積德曰、據是文、似奉陽君聽蘇秦爲合縱者、然按蘇秦傳、奉陽君不悅秦、而秦之合從、在奉陽君死之後、是等或記載之誤耳、愚按策、獨擅作獨制、擅與上文複、策爲長、綰策作官、綰官、管通、統轄之意、 寡人居屬師傅、不與國謀計。【考證】策、人下有宮字、屬下有於字、 先王弃羣臣、寡人年幼、奉祀之日新。心固竊疑焉。【考證】楓山、三條本、奉下有祭字、策作祠祭、棄羣臣、謂歿也、 以爲一從不事秦、非國之長利也。乃且願變心易慮、割地謝前過以事秦。方將約車趨行。適聞使者之明詔。【正義】趨、音趣、【考證】從、合從也、約、束也、結駟於車也、李笠曰、趨、音促、 趙王許張儀。【考證】西說趙以下、采趙策、策又云、於是乃以車三百乘、入朝澠池、割河間以事秦、史不采、 張儀乃去北之燕、說燕昭王曰。大王之所親莫如趙。【考證】策、燕昭王作燕王、 昔趙襄子嘗以其姊爲代王妻、欲幷代、約與代王遇於句注之塞。【正義】句注山、在代州也、上音勾、下朱諭、

反、乃令工人作爲金斗、長其尾、令可以擊人。【索隱】斗、音主、凡方者爲斗、若安長柄、則名爲科、音主、尾卽斗之柄、其形若刀也、【考證】中井積德曰、斗音如字、形如斷瓢、本所以勺水、容十升也、凡形似此者、皆稱斗也、愚按斗、酒器、中說得之、金、銅也、 與代王飲。陰告廚人曰。卽酒酣樂、進熱啜、【索隱】啜、音昌悅反、按謂熱而啜之、是羹也、於下云、廚人進斟、斟、謂羹汁、故因名羹曰斟、左氏羊羹不斟、是也、【正義】啜、昌拙反、劉伯莊曰、卽熱羹也、【考證】中井積德曰、啜者、有湆可啜者、羹之類也、以熱爲美、故稱熱啜也、進斟、謂進而斟實器皿以獻也、自斗傾出爲斟、凡飲食盛器以進獻者常也、唯其尚熱食者、則嫌其引冷也、故持出至賓前而後斟、欲速熱而食、今俗尚然、張照曰、左傳云、羊羹不徧、羊斟、羊斟是華元之御、索隱誤引之、 反斗以擊之。【正義】反、卽倒斗柄擊也、【考證】中井積德曰、反斗、謂反覆之、以斗底擊頭也、 於是酒酣樂、進熱啜。廚人進斟、因反斗以擊代王殺之。王腦塗地。【正義】斟、音針、【考證】進斟、進而挹羹汁也、 其姊聞之、因摩笄以自刺。故至今有摩笄之山。【集解】笄、婦人之首飾、如今象牙擿、【正義】笄、今簪也、摩笄山、在蔚州飛狐縣東北百五十里、【考證】摩、磨、通、研也、摩笄山、在直隸涿鹿縣西北、事又見趙世家呂覽長攻篇、 代王之亡、天下莫不聞。夫趙王之很戾無親、大王之所明見。

【考證】張文虎曰、各本很譌狠、今改、 且以趙王爲可親乎。趙興兵攻燕、再圍燕都而劫大王。大王割十城以謝。【考證】梁玉繩曰、案此事、策史皆不書、楊愼曰、舉趙之很戾無親、以恐喝燕王、 今趙王已入朝澠池、效河間以事秦。今大王不事秦、秦下甲雲中・九原、驅趙而攻燕、則易水・長城、非大王之有也。【正義】古雲中九原郡、皆在勝州、雲中郡故城、在楡林東北四十里、九原郡故城、在勝州西界、今連谷縣是、易水長城、竝在易州界、【考證】胡三省曰、雲中九原、皆在燕之西、秦自上郡朔方下兵則可至、 且今時趙之於秦猶郡縣也。不敢妄舉師以攻伐。今王事秦、秦王必喜。趙不敢妄動。是西有彊秦之援、而南無齊・趙之患。是故願大王孰計之。燕王曰。寡人蠻夷僻處、雖大男子、裁如嬰兒。【集解】裁、音在、【正義】裁、才代反、謂形體也、公羊、辯而裁之、【考證】楓山本、裁下有形字、張守節所見之本、亦有形字、故解裁爲形體、公羊辯而裁之、范甯穀梁傳序文、疏云、裁、謂善裁斷、亦非形體義、蓋正義本衍形字、楓山本從之、非也、裁、猶僅也、 言不足以采正計。【考證】楓山、三條本、采作來、策作求、采、求、

義兩通、作來者蓋字似而譌、策、無計字、下有謀不足以決事六字、 今上客幸敎之。請西面而事秦、獻恆山之尾五城。【索隱】尾、猶末也、謂獻恆山城以與秦、【正義】五城、謂常山之東五城、今易州界、【考證】說燕昭王以下、采燕策、尾、麓也、楓、三本、作邑、策作尾、梁玉繩曰、恆字何以不諱、 燕王聽儀。儀歸報。未至咸陽、而秦惠王卒、武王立。【考證】咸陽、秦都、 武王自爲太子時不說張儀。及卽位、羣臣多讒張儀曰。無信。左右賣國以取容。秦必復用之、恐爲天下笑。諸侯聞張儀有郤武王、皆畔衡復合從。秦武王元年、羣臣日夜惡張儀未已、而齊讓又至。【考證】讓、責也、齊王又遣使責秦用張儀也、 張儀懼誅、乃因謂秦武王曰。儀有愚計。願效之。王曰。柰何。對曰。爲秦社稷計者、東方有大變、然後王可以多割得地也。【考證】胡三省曰、韓魏皆在秦之東、 今聞齊王甚憎儀、儀之所在、必興師伐之。故儀願乞其不肖之身之梁。

齊必興師而伐梁。梁・齊之兵、連於城下、而不能相去。【考證】胡三省曰、言兵交不解、各欲去而不能也、 王以其閒伐韓入三川、出兵函谷而毋伐、以臨周、祭器必出。【索隱】凡王者大祭祀必陳設文物軒車彝器等、因謂此等爲祭器也、【考證】中井積德曰、祭器專指彝器鼎鐘之類、是也、 挾天子按圖籍。此王業也。【考證】挾天子按圖籍、於當時爲大策、故儀屢言之、 秦王以爲然、乃具革車三十乘、入儀之梁。【考證】王念孫曰、儀字當衍、齊策作內之梁、內卽入也、愚按下文正作入之梁、王說是、 齊果興師伐之。梁哀王恐、【考證】吳師道曰、梁哀王、春秋後語作魏襄王、 張儀曰。王勿患也。請令罷齊兵。乃使其舍人馮喜之楚、借使之齊、謂齊王曰。【索隱】此與戰國策同、舊本作憙者誤、【正義】馬喜、戰國策作馮喜、【考證】正義本、馮作馬、王念孫曰、喜憙通、胡三省曰、之、往也、不敢徑遣人使齊、而往楚借使、借使、言借楚人以爲使、 王甚憎張儀。雖然、亦厚矣王之託儀於秦也。【考證】亦厚矣三字屬下讀、猶言王之託儀於秦也厚矣、 齊王曰。寡人憎儀。儀之所在、必興師伐之。何以託儀。對

曰。是乃王之託儀也。夫儀之出也、固與秦王約曰。爲王計者、東方有大變、然後王可以多割得地。今齊王甚憎儀。儀之所在、必興師伐之。故儀願乞其不肖之身之梁。齊必興師伐之。齊・梁之兵連於城下、而不能相去。王以其閒伐韓、入三川、出兵函谷而無伐、以臨周、祭器必出。挾天子案圖籍、此王業也。秦王以爲然、故具革車三十乘、而入之梁也。【考證】袁黃曰、此段卽前張儀謂秦惠王者、馮喜特述之以策齊王、令勿伐梁耳、太史公敍此、一字不增減、直是古贍、愚按重複可厭、非史文之至者、溫史刪之、是也、 今儀入梁、王果伐之。是王內罷國、而外伐與國、【索隱】謂齊之伐梁也、梁之與齊、先相許與約從爲鄰、故云與國也、【考證】與、黨與之與、 廣鄰敵以內自臨、而信儀於秦王也。【考證】內自臨有譌誤、策無內字、 此臣之所謂託儀也。齊王曰。善。乃使解兵。【考證】羣臣日夜惡張儀以下、采齊策、 張儀相

魏一歲、卒於魏也。【索隱】年表、張儀以安僖王十年卒、紀年云、梁安僖王九年五月卒、【正義】張儀秦武王元年卒、王赧之五年、【考證】年表、魏哀王十年、張儀死、卽周赧王六年、秦武王二年也、正義不知何據、合注本索隱、安僖王上作安王、下作哀王、愚按上當作哀王、下當作襄王、梁玉繩曰、案儀特自秦入魏耳、未必復相魏也、蓋因楚昭魚有恐儀相魏之語而誤、見魏世家、至魏策載儀走魏、王因張丑之言不內、與史駁、疑非此時事、 陳軫者游說之士、與張儀俱事秦惠王。皆貴重爭寵。【考證】凌稚隆曰、起首不敘邑里、而直曰游說之士、與敘虞卿廉頗李牧諸傳首句同、愚按張儀傳一篇文字、非別爲陳軫犀首立傳也、軫蓋齊人、其在楚見上文、此敘在秦、下文又曰奔楚過梁至秦、史公所以爲游說之士、秦策秦惠王謂陳軫曰、子秦人也、言其仕秦也、 張儀惡陳軫於秦王曰。軫重幣輕使秦・楚之閒、將爲國交也。【考證】策、重幣輕使、作馳、無將爲國交也五字、 今楚不加善於秦、而善軫者、軫自爲厚、而爲王薄也。【考證】策、作然則是軫自爲而不爲國也、 且軫欲去秦而之楚。王胡不聽乎。王謂陳軫曰。吾聞子欲去秦之楚。有之乎。【考證】策、胡作何、有之乎作信乎、 軫曰。然。王曰。儀之言果信矣。軫曰。非獨儀知之也。行道

之士盡知之矣。昔子胥忠於其君、而天下爭以爲臣。曾參孝於其親、而天下願以爲子。【考證】楓山・三條本、曾參作孝己、與策合、孝己、殷高宗武丁之子、有孝行、事親一夜五起、母早死、高宗惑後妻之言、放之而死、策、爭字願字、竝作欲、 故賣僕妾不出閭巷而售者、良僕妾也。出婦嫁於鄉曲者、良婦也。【正義】售、音授、【考證】策、不出閭巷而售、作售乎閭巷、 今軫不忠其君。楚亦何以軫爲忠乎。忠且見弃。軫不之楚何歸乎。【考證】策、其作於、歸作適、 王以其言爲然、遂善待之。【考證】張儀惡陳軫以下、采秦策、 居秦期年、秦惠王終相張儀。而陳軫奔楚。楚未之重也。而使陳軫使於秦。【考證】楓山本、軫下無使字、魏策云、陳軫爲秦使於齊、過魏求見犀首云云、與史異、 過梁欲見犀首。犀首謝弗見。軫曰。吾爲事來。【索隱】軫語犀首言、我故來、欲有教汝之事、何不相見、【考證】魏策、作軫之所以來者事也、 公不見軫、軫將行。不得待異日。犀首見之。陳軫曰。公何好飲也。犀首曰。無事也。【考證】策、作

公惡事乎、何爲飲食而無事、史義長、曰。吾請令公厭事。可乎。【索隱】厭事、上一豔反、厭者飽也、謂欲令其多事也、【考證】中井積德曰、饜是厭嫌之意、以形容多事也、與飽稍異、曰。柰何。曰。田需約諸侯從親。楚王疑之未信也。【索隱】需時爲魏相也、【正義】需、音須、魏相、【考證】沈家本曰、魏策、田需作李從、公謂於王曰。【考證】楓山、三條本、謂作謁、岡白駒曰、軫敎犀首、臣與燕·趙之王有故、數使人來曰。無事何不相見。願謁行於王。【考證】謁、請也、告也、言願請行燕趙於王也、王雖許公、公請毋多車。以車三十乘、可陳之於庭、明言之燕·趙。【考證】楓山本、可作耳、以屬上句、義長、岡白駒曰、之、往也、以上皆軫敎犀首也、於是犀首如軫言、故下文云、燕趙客聞之、燕·趙客聞之、馳車告其王、使人迎犀首。楚王聞之大怒曰。田需與寡人約、而犀首之燕·趙。是欺我也。【考證】楓山本、而下有使字、徐孚遠曰、疑梁楚相約、欲絕燕趙、而犀首自梁之燕趙、將以賣楚、故楚王怒云、是欺我也、怒而不聽其事。齊聞犀首之北、使人以事委焉。犀首遂行。三國相事、皆斷於犀首。【考證】梁玉繩曰、案與魏

策各異、史公或別有所本、此言軫爲楚使秦、策言爲秦使齊、疑是策誤、此言田需約楚、策言李從、此言楚王怒田需不聽約、故犀首行燕趙齊三國相事、策言楚亦以事因犀首、故云、四國屬事、其餘字句、亦不同、未知孰實、軫遂至秦。【考證】遂字、承上文使軫使於秦、韓·魏相攻、朞年不解。秦惠王欲救之、問於左右。左右或曰。救之便。或曰。勿救便。惠王未能爲之決。【考證】秦策云、楚絕齊、齊舉兵伐楚、陳軫謂楚王曰、王不如以地東解於齊、西講於秦、楚王使陳軫之秦、而史作韓魏相攻、蓋所傳異也、吳師道曰、秦惠十三年、韓舉趙護與魏戰敗績、去楚絕齊時遠甚、他不見韓魏相攻事、陳軫適至秦。惠王曰。子去寡人之楚。亦思寡人不。【考證】藝文類聚引史、不作否、陳軫對曰。王聞夫越人莊舃乎。王曰。不聞。曰。越人莊舃仕楚執珪。有頃而病。【考證】類聚、頃作須、病作疾、楚王曰。舃故越之鄙細人也。今仕楚執珪、貴富矣。亦思越不。【考證】類聚、富作極、中謝對曰。凡人之思故、在其病也。彼思越則越聲、不思越則楚聲。使人往聽之、猶尚越聲也。【索隱】中謝、蓋謂侍御之官、【考證】中井

積德曰、中謝、蓋謁者之類、盧文弨曰、呂氏春秋去宥篇、荊有中謝佐制者、高誘註、中謝、官名、按中與中胥侍中同義、韓非子、作中射、孫詒讓曰、謝與射通、字當以射爲正、卽周禮夏官之射人也、中射者射人之給事宮內者、猶涓人之在內者謂之中涓、庶子之在內者謂之中庶子矣、張文虎曰、北宋本、中射下有之士二字、愚按御覽引史、則下楚上有且字、今臣雖弃逐之救、豈能無秦聲哉。惠王曰。善。今韓·魏相攻、朞年不解。或謂寡人救之便。或曰勿救便。【索隱】此蓋張儀等之計策、寡人不能決。願以子爲子主計之餘、爲寡人計之。【索隱】子、指陳軫也、子主、謂楚王、【考證】願下以字、依楓山三條本補、各本脫、董份曰、餘字句、言爲其主計之之餘、卽爲我計之、謙言先其君而後及秦也、軫故曰、臣主與王何異也、陳軫對曰。亦嘗有以夫卞莊子刺虎聞於王者乎。【索隱】館莊子、謂逆旅舍其人字莊子者、或作卞莊子也、【考證】張文虎曰、王、柯本、卞作辨、下同、愚按楓三二本亦作卞、卞莊子與論語合、秦策作管莊子、又按索隱館莊子當作管莊子、館謂逆旅舍、疑下文館豎子注、誤在此、莊子欲刺虎。館豎子止之曰。兩虎方且食牛。食甘必爭。爭則必鬭。鬭則大者傷、小者死。從傷而刺之、一舉必有雙虎之名。【考證】楓山三條本、

莊子上有卞字、桃源抄引劉伯莊云、館豎、掌宮館之小吏也、卞莊子以爲然、立須之。【考證】須、待也、有頃兩虎果鬭、大者傷、小者死。莊子從傷者而刺之、一舉果有雙虎之功。今韓·魏相攻、朞年不解。是必大國傷、小國亡。【考證】中井積德曰、小國亡者、不必實滅也、謂破敗之甚、從傷而伐之、一舉必有兩實。此猶莊子刺虎之類也。臣主與王何異也。【索隱】臣主、爲軫之主、楚王也、王、秦惠王、以言我主與王俱宜待韓魏之斃而擊之、亦無異也、【考證】徐孚遠曰、軫言己之爲秦王計、不後于楚王也、索隱非、李笠曰、上云子爲子主計之餘、爲寡人計之、此句正應前語、惠王曰。善。【考證】以上所說、與秦策頗異、說已見前文、卒弗救。大國果傷、小國亡。秦興兵而伐、大剋之。此陳軫之計也。【考證】敍事中插議論、以收陳軫、

犀首者、魏之陰晉人也。【集解】司馬彪曰、犀首、魏官名、若今虎牙將軍、名衍、姓公孫氏。與張儀不善。張儀爲秦之魏。魏王相張儀。犀首弗利。故令人謂韓公叔曰。【考證】策、魏王下有將字、韓世家有公叔伯嬰、此曰公叔、疑伯嬰、

張儀已合秦魏矣。其言曰。魏攻南陽、秦攻三川。【正義】此張儀合秦魏之辭也、【考證】策、三川下、有韓氏必亡四字、魏王所以貴張子者、欲得韓地也。且韓之南陽已舉矣。子何不少委焉以為衍功。則秦魏之交可錯矣。【索隱】錯、音措、按錯、停止也、【考證】岡白駒曰、委以事委衍、愚按錯猶置也、謂棄置不理也、策錯作廢、然則魏必圖秦而弃儀、收韓而相衍。【考證】以上、令人謂韓公叔之言、公叔以為便、因委之犀首以為功。果相魏。【考證】果上添犀首二字看、魏王相張儀以下、采魏策、張儀去。【集解】徐廣曰、復相秦、【考證】呂氏大事記云、傳稱衍相魏儀去、則不然、以儀傳致之、儀慙無以歸報、留魏四歲、而魏王卒、復說其嗣君、久之始去魏相秦耳、義渠君朝於魏。犀首聞張儀復相秦害之。【考證】義渠、西戎國名、今甘肅寧縣東北、有義渠故城、梁玉繩曰、案儀復相秦、在惠文王後八年、而此篇下文有其後五國伐秦語、伐秦在惠文後七年、儀尚在魏、則犀首見義渠時、儀未復相也、此誤、犀首乃謂義渠君曰。道遠不得復過。【索隱】音戈、言義渠道遠、今日已後不復得更過相見、【考證】中井積德曰、過、謂義渠君來過也、請謁事情。【索隱】謂欲以秦之緩急告語之也、曰。中國

無事、【索隱】【正義】按謂山東諸侯齊魏之六國等、中國謂關東六國、無事不共攻秦、秦得燒掇焚杅君之國。【集解】徐廣曰、杅、一孤切、【索隱】掇、音都活反、謂焚燒而侵掠、焚杅、音煩烏二音、按焚揉而牽制也、戰國策云、秦且燒焫君之國、是說其事也、【正義】掇、判也、杅、割也、言攻伐侵略也、中國無事不攻秦、秦則侵掠義渠之國、義渠在寧夏之州、有事、【索隱】謂山東諸國共伐秦也、秦將輕使重幣事君之國。【索隱】謂秦求親義渠君也、【正義】有事、謂六國攻秦、秦若被攻伐、則必輕使重幣、事義渠之國、欲令相助、犀首此言令義渠君勿援秦也、其後五國伐秦。【索隱】按表、秦惠王後元七年、楚魏齊韓趙五國、共攻秦、是其事也、【正義】秦惠王後元七年、五國共攻秦、不勝而還、【考證】梁玉繩曰、五國當作六國、說在秦紀、會陳軫謂秦王曰。【考證】策、無會字、義渠君者蠻夷之賢君也。不如賂之以撫其志。秦王曰。善。乃以文繡千純婦女百人遺義渠君。【索隱】凡絲縣布帛等、一段為一純、純、音屯、【考證】策、純作匹、婦作好、凌稚隆曰、應前輕使重幣事君之國、義渠君致羣臣而謀曰。此公孫衍所謂邪。【索隱】按謂上文犀首云君之國有事、秦將輕使重幣事君之國、故云衍之所謂、因起兵襲秦、以傷張儀也、【正義】今彼重遺如犀首前言、【考證】索隱犀首云下、君之國三字、當刪、乃起兵襲秦、大敗秦人李

伯之下。【索隱】入李伯之下、謂義渠破秦而收軍而入於李伯之下、則李伯人名、或邑號、戰國策、伯作帛、【考證】義渠君朝於魏以下、采秦策、中井積德曰、李伯、為地名明矣、張儀已卒之後、犀首入相秦。嘗佩五國之相印為約長。【索隱】犀首後相五國、或從或橫、常為約長、【考證】中井積德曰、佩五國之相印、是一時佩五顆也、蓋相秦時事、非後來次第為相、梁玉繩曰、案繼張儀而為秦相者樗里疾、甘茂、薛文、樓緩、魏冉、不聞公孫衍相秦之事、考國策、秦王愛公孫衍、欲以為相、甘茂入賀、王怒其泄而逐之、蓋因是誤傳、至所謂相五國者、即陳軫傳相三國事、而夸大也、

太史公曰。三晉多權變之士。夫言從衡彊秦者、大抵皆三晉之人也。夫張儀之行事、甚於蘇秦。然世惡蘇秦者、以其先死、而儀振暴其短、【索隱】暴、音步卜反、振、謂振揚而暴露其短、以扶其說、【索隱】按扶、謂說彼之非、成我之是、扶會己之說辭、成其衡道。【索隱】張儀說六國、使連衡而事秦、故云成其衡道、然山東地形從長、蘇秦相六國、令從親而賓秦也、關西地形衡長、張儀相六國、令破其從而連秦之衡、故謂張儀為連橫矣、【考證】中井積德曰、南北為從、東西為衡、故六國南北相親、為從之合、秦在西、而與山東之國結約、為衡之連、要之、此兩人眞傾危之士哉。【考證】趙恒曰、按儀秦之說六國、一主從、一主橫、要其同師鬼谷子、同學揣摩、其言雖如陰陽晝夜相反、而青出於藍、均

也、秦初以橫干秦、不用、則不得不易以從、儀繼秦而作、則不得不反以橫、皆其術之不得不然、非故相反也、其實秦非不能為橫、儀非不能為從、從則父母親兄弟、尚不能一之一言、足以破之、橫則地有盡、而割無已之言、足以破之、儀之行事甚於秦、以秦先死、而儀振暴其短、所以成其橫道、誠使儀死在秦之先、則秦之振暴儀、以成其從、亦如之、繼之曰、二人眞傾危之士哉、而優劣不足論也、

【索隱】述贊、儀未遭時、頻被困辱、及相秦惠、先韓後蜀、連衡齊魏、傾危誑惑、陳軫挾權、犀首騁欲、如何三晉、繼有斯德、

張儀列傳第十

史記七十

文學博士瀧川龜太郎著

史記會注考證

史記會注考證卷七十一

漢　太史令　司馬遷　撰

宋　中郎外兵曹參軍　裴駰　集解

唐　國子博士弘文館學士　司馬貞　索隱

唐　諸王侍讀率府長史　張守節　正義

日本　出雲　瀧川資言　考證

樗里子甘茂列傳第十一　史記七十一

[考證]史公自序云、秦所以東攘雄諸侯、樗里子甘茂之策、作樗里甘茂列傳第十一、蘇轍曰、蘇秦爲諸侯弱秦、而張儀爲秦弱諸侯、其說猶可言也、如樗里疾公孫奭黨於

韓、甘茂黨於魏、向壽黨於楚、皆借秦之彊以搖動諸侯、而成其私、民生其間、其受害可勝言乎、愚按、楓山、三條本、甘茂作甘戊、

樗里子者、名疾。秦惠王之弟也。[索隱]按、樗、木名也、音攄、高誘曰、其里有大樗樹、故曰樗里、然疾居渭南陰鄉之樗里、故號曰樗里子、又按紀年、則謂之樗里疾也、[考證]中井積德曰、里有樗、故里名樗、居樗里之人、因稱樗里子、元不相妨、兪樾曰、古未有以所居爲號者、幼名冠字、死則以謚、仲尼不稱闕里子、子輿不稱武城子、樗里子傳、樗里子疾室、在渭南陰鄉樗里、故俗謂之樗里子、蘇秦傳鬼谷先生注、潁川陽城有鬼谷、蓋是其人所居、因爲號、蓋以所居爲號、始見於此、濂溪伊川、乃襲此稱、後之道學先生、遂無不以是爲號、夫亦習而不察也、愚按、論語有東里子產、列子有東郭先生、莊子有南郭子綦、以其人所居爲號者、不始於鬼谷先生樗里子、與惠王異母。母、韓女也。[考證]凌約言曰、樗里子以惠王異母弟、而致其信任之不疑、歷武王昭王、任爲相、又益尊重、夫秦素猜忌而殘忍之國也、非智囊、何以周旋其間、而結數主之心耶、余有丁曰、按母韓女、爲甘茂傳挾韓而議張本、樗里子滑稽多智。秦人號曰智囊。[索隱]滑、音骨、稽、音雞、鄒誕解云、滑、亂也、稽、同也、謂辨捷之人、言非若是、言是若非、謂能亂同異也、一云、滑稽、酒器、可轉注吐酒、不已、以言俳優之人、出口成章、詞不窮竭、如滑稽之吐酒不已也、[正義]滑讀爲淈、水流自出、稽、計也、言其智計宜吐、如泉流出無盡、故楊雄酒賦云、鴟夷滑稽、腹大如壺、是也、顏師古云、滑稽、轉利之稱也、滑、亂也、稽、礙也、其變無留也、一說、稽、考也、言其滑亂不可考較、[考證]滑稽、鄒說是、楚辭卜居篇、突梯滑稽、如脂如韋、孟荀列傳、鄒儒少拘如莊周等、又

猾稽亂俗、猾讀爲滑、義同、自史公錄滑稽傳、遂轉爲俳諧義、凌稚隆曰、滑稽多智、是一篇骨子、中敍其伐曲沃伐趙伐楚釋蒲、以至于知百歲後事、皆言其智也、故以智則樗里句結之、正與前秦人號曰智囊句相應、秦惠王八年、爵樗里子右更。[索隱]按右更、秦之第十四爵名也、使將而伐曲沃。盡出其人取其城。地入秦。[索隱]按年表云、十一年拔魏曲沃歸其人、又秦本紀、惠文王後元八年、五國共圍秦、使庶長疾與戰脩魚、斬首八萬、十一年、樗里疾攻魏焦降之、則焦與曲沃同在十一年、拔明矣、而傳云八年拔之、不同、王劭按、本紀年表及此傳、三處記秦伐國、並不同、又與紀年不合、今亦殆不可考、[正義]曲沃故城、在陝州縣西南三十二里也、[考證]梁玉繩曰、案秦紀、屢稱庶長疾、似未嘗爲右更、八年、當作二十四年、乃後元十一年、此誤也、又曰、案秦紀云、樗里疾攻魏焦降之、然則是年所拔者、焦也、非曲沃也、曲沃已于前八年爲秦取之矣、尙安得曲沃乎、此與魏世家年表並誤、秦惠王二十五年、使樗里子爲將伐趙。虜趙將軍莊豹、拔藺。[正義]藺縣、在石州、[考證]莊豹、秦紀作趙將壯、趙世家、年表、作趙壯、沈家本曰、疑豹字衍、錢大昕曰、按年表、在惠王後十二年、此云二十五者、并前十三數之、明年、助魏章攻楚、敗楚將屈丐、取漢中地。秦封樗里子、號爲嚴君。[索隱]按嚴君、是爵邑之號、當是封之嚴道、[正義]地理志云、蜀郡有嚴道、[考證]君、如商君武信君之君、秦惠王卒。太子武王立。逐張

儀、魏章、而以樗里子、甘茂爲左右丞相。【考證】秦策云、秦惠王死、公孫衍欲窮張儀、李讎謂公孫衍曰、不如召甘茂於魏、召公孫顯於韓、起樗里子於國、三人者、皆張儀之讎也、公用之、則諸侯必見張儀之無秦矣、愚按可以知當時事情、又按樗里子甘茂爲丞相、秦武王二年、秦使甘茂攻韓拔宜陽。【考證】甘茂拔宜陽、采秦策、使樗里子以車百乘入周、周以卒迎之、意甚敬。【考證】楓山、三條本、北堂書鈔、迎下無之字、書鈔、敬下有之字、策、作周君迎之以卒、甚敬、秦拔宜陽、故樗里子得入周、楚王怒、讓周以其重秦。客游騰爲周說楚王曰、知伯之伐仇猶、遺之廣車、因隨之以兵。仇猶遂亡。【集解】許愼曰、仇猶、夷狄之國、【索隱】游、姓、騰、名也、戰國策云、智伯欲伐仇猶、遺之大鐘、載以廣車、以仇猶爲厹由、韓子作仇由、地理志、臨淮有厹猶縣也、【正義】括地志云、幷州盂縣外城、俗名原仇山、亦名仇猶、夷狄之國也、韓子云、智伯欲伐仇猶國、道險難不通、乃鑄大鐘遺之、載以廣車、仇猶大悅、除塗內之、赤章曼支諫曰、不可、此小所以事大、而今大以遺小、卒必隨之、不可、不聽、遂內之、曼支因斷轂而馳、至十九日而仇猶亾也、戰國策曰、智伯欲伐仇猶、遺之大鍾、載以廣車、周禮曰、廣車之卒、鄭玄曰、廣車、橫陳之車、【考證】周策云、遺之大鐘、載以廣車、又見韓非子說林、呂覽權勳、此有脫誤、中井積德曰、廣、兵車之名、楚王、楚懷王、何則無備故也。齊桓公伐蔡、號曰誅楚。其

實襲蔡。【考證】事見齊太公世家、管仲傳、今秦、虎狼之國、使樗里子以車百乘入周。周以仇猶・蔡觀焉。【考證】策、觀焉作戒之、故使長戟居前、彊弩在後。名曰衞疾、而實囚之。【正義】衞疾、防衞樗里子、且夫周豈能無憂其社稷哉。恐一旦亡國、以憂大王。楚王乃悅。【考證】樗里子以車百乘以下、采西周策、秦武王卒、昭王立。樗里子又益尊重。昭王元年、樗里子將伐蒲。【索隱】按紀年云、楮里疾圍蒲不克、而秦惠王薨、事與此合、【正義】蒲故城、在滑州匡城縣北十五里、卽子路作宰地、【考證】蒲、衞邑、今直隸長垣縣、梁玉繩曰、索隱引紀年云、楮里疾圍蒲不克、而秦惠王薨、以爲事與此合、殊妄、或云、惠王是武王之誤、事又在武四年、非昭元年矣、蒲守恐、請胡衍。【索隱】人姓名也、胡衍爲蒲謂樗里子曰、公之攻蒲爲秦乎、爲魏乎。爲魏則善矣。爲秦則不爲賴矣。【集解】賴、利也、夫衞之所以爲衞者以蒲也。【正義】蒲是衞國之鄗衞、【考證】二衞字皆國名、今伐蒲入於魏、衞必折而從之。【索隱】戰國策云、今蒲入於秦、衞必折而入於魏、與

此文相反、【考證】顧炎武曰、策文爲正、中井積德曰、秦伐蒲、而蒲不入秦、却入魏、覓其理、國策似長、然拔蒲而衞益弱、則秦何不遂取之、而坐視其入於魏也、是亦說辭之疎處、終不如蘇張也、魏亡西河之外、而無以取者、兵弱也。【正義】西河之外、謂同華等州、【考證】吳師道曰、秦惠王八年、魏納河南地、後二年、魏入上郡於秦、而河西濱洛之地失、今幷衞於魏、魏必彊。魏彊之日、西河之外必危矣。且秦王將觀公之事、害秦而利魏。王必罪公。【考證】策、罪作怨、史義長、樗里子曰、柰何。【考證】問其道也、胡衍曰、公釋蒲勿攻。臣試爲公入言之、以德衞君。樗里子曰、善。胡衍入蒲、謂其守曰、樗里子知蒲之病矣。其言曰、必拔蒲。衍能令釋蒲勿攻。蒲守恐。因再拜曰、願以請。因效金三百斤。【考證】楓山、三條本、守下無恐字、愚按恐因二字疑衍、策作蒲守再拜因效金三百鎰、無曰願以請四字、曰、秦兵苟退、請必言子於衞君、使子爲南面。【考證】策、苟作誠、言作厚、無使子爲南面五字、故胡衍受金於蒲、以自貴於衞。於是遂解蒲

而去。【考證】樗里子將伐蒲以下、采衞策、梁玉繩曰、案樗里子亦得三百金而歸、見國策、史略不言樗里、還擊皮氏。【正義】故城、在絳州龍門縣西百四十步、魏邑、皮氏未降、又去。昭王七年、樗里子卒、葬于渭南章臺之東。【索隱】按黃圖、在漢長安故城西、【考證】章臺、秦臺、在陝西咸陽縣、曰、後百歲、是當有天子之宮、夾我墓。樗里子疾室、在於昭王廟西渭南陰鄉樗里。故俗謂之樗里子。至漢興、長樂宮在其東。未央宮在其西。【正義】漢長樂宮、在長安縣西北十五里、未央、在縣西北十四里、皆在長安故城中也、武庫正直其墓。【索隱】直、如字讀、直、猶當也、【考證】崔適曰、此堪輿家之言也、愚按呂不韋傳亦云、始皇七年、莊襄王母夏太后薨、葬杜東、曰、東望吾子、西望吾夫、後百年當有萬家邑、古書言風水方位者、蓋以此爲始、皆後人傳會之說、未必出於夏太后樗里子也、史記日者傳褚先生補、引堪輿家言、漢書藝文志、有堪輿金匱十四卷、宮宅地形二十卷、亦說風水方位者、其書今亡、沈欽韓云、論衡詰術篇、圖宅術曰、宅有八術、以六甲之名、數而第之、第定名立、宮商殊別、宅有五音、姓有五聲、宅不宜其姓、姓與宅相賊、則疾病死亡、犯罪遇禍、又曰、商家門、不宜南向、徵家門、不宜北向、商、金、南方、火也、徵、火、北方、水也、水勝火、火賊金、五行之氣不相得、故五姓之宅、門有宜向、向得其宜、富貴吉昌、向失其宜、貧賤衰耗、隋志相宅圖八卷、五姓墓圖一卷、梁有冢書、黃帝葬山圖、各四卷、五音相墓書五音圖

等書、文選二十三注、靑鳥子相冢書曰、天子葬高山、諸侯葬連岡、初學記相冢書曰、凡葬龍耳者、當貴出五侯、御覽五百六十相冢書曰、靑鳥子稱山三重相連、名傘山、葬之出三千石、按後書、袁安求葬地、道逢三書生、指一處云、葬此地、當世爲上公、又吳雄家貧喪母、營人所不封土者、擇葬其中、皆言當族滅、則漢固已有葬法矣、愚按沈氏所引皆西京以後之事、則樗里子夏太后不可有此言矣、

秦人諺曰。力則任鄙。智則樗里。〔考證〕鄙里、韻、任鄙、秦力士、見秦本紀、楓山、三條本、里下有子字、恐非、

甘茂者、下蔡人也。〔索隱〕地理志、下蔡縣屬汝南也、〔正義〕今潁州縣、卽州來國、事下蔡史擧先生、學百家之說。〔索隱〕戰國策及韓子皆云、史擧、上蔡監門、〔考證〕楚策、韓非子內儲篇、漢書古今人表中上、有史擧、因張儀・樗里子而求見秦惠王。王見而說之、使將而佐魏章略定漢中地。〔考證〕楓山、三條本、二王字間有惠字、錢大昕曰、魏章卽秦本紀之庶長章也、惠王卒、武王立。張儀・魏章去東之魏。蜀侯煇・相壯反。〔索隱〕煇、音暉、又音胡昆反、秦之公子封蜀也、華陽國志作暉、壯、音側狀反、姓陳也、〔考證〕煇、淩本作輝、誤、中井積德曰、據張儀傳、惠王之時伐取蜀、貶蜀王爲侯、使陳莊相蜀、以原蜀王爲蜀侯也、然則蜀侯煇、蓋原蜀王、或當其子、本紀則有公子通封於蜀之文、事相淆亂、豈通之封者、只受采於蜀而已、非爲蜀侯邪、取蜀至壯反、中間僅六七年、愚按說又見秦本紀、秦使甘茂定蜀。還而以甘茂爲左丞相、以樗里子爲右丞相。秦武王三年、謂甘茂曰。寡人欲容車通三川、以窺周室。而寡人死不朽矣。〔考證〕容車通三川者、欲容車之廣、通三川之路也、不必須廣、策無容字、三川、伊洛河、李光縉曰、將欲取之而不正言、故曰窺、窺、小視也、愚按、御覽引史作死且不朽也、左傳僖三十三年、寡君之以爲戮、死且不朽、國語楚語、若得歸於楚、死且不朽、言雖死其身不朽也、當時套語、甘茂曰。請之魏、約以伐韓。而令向壽輔行。〔正義〕向壽、餉受二音、人姓名、〔考證〕孟子注、輔行、副使也、中井積德曰、甘茂與向壽不相善、然率之而行者、恐其在中作讒構也、愚按武王亦欲使向壽監視、向壽、宣太后外族、甘茂至、謂向壽曰。子歸言之於王曰。魏聽臣矣。然願王勿伐。事成盡以爲子功。向壽歸以告王。王迎甘茂於息壤。〔索隱〕按山海經、啓筮云、昔伯鮌竊帝之息壤以堙洪水、或是此也、〔正義〕秦邑、甘茂至。王問其故。對曰。宜陽、大縣也。上黨・南陽、積之久矣。〔索隱〕謂上黨南陽、並積貯日久矣、〔正義〕韓之北三郡、積貯在河南宜陽縣之日久矣、〔考證〕正義三郡、楓山、三條本、作二郡、名曰縣、其實郡也。〔考證〕杜佑曰、春秋時列國相滅、多以其地爲縣、則縣大而郡小、故趙鞅

曰、上大夫受縣、下大夫受郡、至于戰國、則郡大而縣小矣、故甘茂曰、宜陽大縣、其實郡也、今王倍數險、行千里。攻之難。〔索隱〕數、音率庾反、〔正義〕謂函谷及三崤五谷、〔考證〕倍與背同、正義三崤、楓山、三條本、作二殽、昔曾參之處費、〔集解〕音祕、魯人有與曾參同姓名者。殺人。〔考證〕策、姓名作名族、古者姓族不同、史公易以當時語、改爲姓名、人告其母曰。曾參殺人。其母織自若也。〔考證〕策、其母作曾子母、頃之一人又告之曰。曾參殺人。其母尙織自若也。〔考證〕楓山、三條本、頃之作頃然、與治要所引合、策作有頃焉、頃又一人告之曰。曾參殺人。〔考證〕治要、頃下有然字、策作頃之一人又、其母投杼下機、踰牆而走。〔考證〕杼、機之持緯者、投杼、見其倉黃之狀、夫以曾參之賢與其母之信也、三人疑之、其母懼焉。〔考證〕李笠曰、之信、誤倒、今臣之賢不若曾參。王之信臣、又不如曾參之母信曾參也。疑臣者、非特三人。臣恐大王之投杼也。〔考證〕李笠曰、昔曾參之處費至臣恐大王之投杼也一段、秦策在下文寡人不聽也上、疑史記錯簡、胡時化曰、譬喩是古人文章一大機括、始於元首股肱之歌、溢於舟楫鹽梅之命、波瀾於詩之比體、下至孟荀莊列、文章奇特處、亦多譬喩、而戰國此策、尤其善用者也、始張儀西幷巴・蜀之地、北開西河之外、南取上庸、天下不以多張子、而以賢先王。〔考證〕策、始作臣聞、義長、梁玉繩曰、張儀傳、不非儀幷蜀、秦紀稱司馬錯滅蜀、而此言儀者、水經注云、惠王使儀錯等滅蜀、華陽國志云、蜀王伐苴侯、苴侯奔巴、求救于秦、惠文王使儀錯伐蜀滅之、是二人同往也、愚按上庸、漢中要地、今湖北竹山縣、周赧王三年、秦攻楚漢中、取地六百里、魏文侯令樂羊將而攻中山。三年而拔之。樂羊返而論功。文侯示之謗書一篋。樂羊再拜稽首曰。此非臣之功也。主君之力也。〔考證〕中山、今直隸定縣、春秋鮮虞地、周威烈王十八年、魏克中山、史記、趙獻公十年、中山武公初立、索隱、世本云、中山武公居顧、桓公居靈壽、後爲趙武靈王所滅、據此魏文侯所克、乃武公地、趙武靈王所滅、乃桓公地、地本分自中山、故皆以中山爲號也、今臣羈旅之臣也。〔考證〕下蔡屬楚、故曰羈旅之臣、樗里子・公孫奭二人者、挾韓而議之、王必聽之。〔索隱〕公孫奭、按戰國策、作公孫衍、〔正義〕奭、音釋、〔考證〕治要引史、議下無之字、王念孫曰、秦策及新序雜事篇、亦無之字、此涉下文而衍、是王欺魏王、而臣受公仲侈之怨也。

【集解】徐廣曰、侈、一作馮、【考證】負約、故曰欺魏王、爲伐韓之計、故曰受公仲侈之怨、公仲侈、韓相、梁玉繩曰、徐廣云、侈一作馮、田完世家韓馮、徐亦云是公仲侈、卽國策韓之公仲朋也、紀年又稱韓明、馮朋、音近、侈明朋字近、人表又譌公中用、愚按朋、其名、公仲其字、韓侈別是一人、說在韓世家、王曰。寡人不聽也。請與子盟。【考證】盟下、添於是與之盟於息壤八字看、卒使丞相甘茂將兵伐宜陽。五月而不拔。樗里子・公孫奭果爭之。武王召甘茂欲罷兵。甘茂曰。息壤在彼。【正義】甘茂歸至息壤、與秦王盟、恐後樗里子公孫奭伐韓、今二子果爭之、武王召茂欲罷兵、故甘茂云、息壤在彼邑也、【考證】中井積德曰、甘茂意謂奈息壤之盟何也、不悉言、而使王自省焉、是時甘茂之手必西南指也、愚按、正義伐韓句必有譌誤、王曰。有之。因大悉起兵、使甘茂擊之。斬首六萬、遂拔宜陽。【考證】秦武王三年以下、采秦策、但策不曰武王三年、又無斬首六萬之文、韓襄王使公仲侈入謝、與秦平。武王竟至周而卒於周。【考證】淩稚隆曰、此著武王卒于周、以終前窺周室死不朽之語、梁玉繩曰、案秦紀趙世家、秦武王之卒、與此異、其弟立爲昭王。【索隱】按趙系家、昭王名稷、系本云、名側也、王母宣太后、楚女也。【考證】楓山、三條本、王上有昭字、楚懷王怨前秦

敗楚於丹陽、而韓不救。乃以兵圍韓雍氏。【索隱】按秦惠王二十六年、楚圍雍氏、至昭王七年、又圍雍氏、韓求救於秦、是再圍也、劉氏云、此是前圍雍氏、當赧王之三年、戰國策及紀年、與此竝不同、【正義】故城、在洛州洛陽縣東北二十里、【考證】楓山、三條、淩本、丹陽作丹楊、史文云、秦昭王新立、則楚圍雍氏、則非七年事、亦非惠王二十六年事也、說在秦紀、韓使公仲侈告急於秦。【考證】韓策、公仲侈作張翠、秦昭王新立、太后楚人、不肯救。公仲因甘茂。茂爲韓言於秦昭王曰。公仲方有得秦救。故敢扞楚也。今雍氏圍、秦師不下殽。公仲且仰首而不朝。【考證】中井積德曰、仰首、失措不知所出之狀、愚按、策作抑首、安井衡云、憂之疾首、故按其首而不朝聽事、二書各宜從其本義、且、將也、下文同、公叔且以國南合於楚。楚・韓爲一、魏氏不敢不聽。然則伐秦之形成矣。【考證】公叔、韓公子、不識坐而待伐、孰與伐人之利。秦王曰。善。乃下師於殽以救韓。楚兵去。【考證】茂爲韓言於秦昭王以下、采韓策、秦使向壽平宜陽、【考證】陳仁錫曰、平者、正其疆界、和其人民也、而使樗里子・甘茂

伐魏皮氏。向壽者、宣太后外族也。而與昭王少相長。故任用。向壽如楚。【集解】徐廣曰、如、一作和、【考證】中井積德曰、向壽如楚、述前事也、愚按、向壽下、添嘗字看、楚聞秦之貴向壽、而厚事向壽。向壽爲秦守宜陽、將以伐韓。【考證】向壽爲秦上、添及字看、韓公仲使蘇代謂向壽曰。禽困覆車。【集解】譬禽獸得困急、猶能抵觸傾覆人車、公破韓辱公仲。【考證】中井積德曰、辱公仲亦述前事也、公仲收國復事秦、自以爲必可以封。【正義】公仲自以爲必可得秦封、【考證】可以封下、添而未得三字看、今公與楚解口地、【索隱】解口、秦地名、近韓、今將與楚也、【正義】上紀買反、公、向壽也、解口、猶開口得言、向壽於秦開口則楚人必得封地也、封小令尹以杜陽、【索隱】又封楚之小令尹以杜陽、杜陽亦秦地、今以封楚令尹、是秦楚合也、【考證】中井積德曰、與解口、封杜陽、竝遂事、索隱將字舛、愚按、楓山、三條本、杜陽下有秦楚二字、策、解口作解中、杜陽作桂陽、秦・楚合、復攻韓、韓必亡。韓亡、公仲且躬率其私徒、以閼於秦。【集解】閼、音烏曷反、【正義】公仲恐韓亾、欲將私徒往宜陽、閼向壽也、【考證】此將來之事、淩稚隆曰、躬率私徒閼於秦、正前禽困覆車、文種行成于吳、而謂以五千敢死之士、當十萬久疲之兵、語意

亦類此、中井積德曰、閼、猶防拒也、是將言公仲出死力敵向壽、而故緩其辭也、策、閼作鬭、似長、願公孰慮之也。向壽曰。吾合秦・楚。非以當韓也。子爲壽謁之公仲曰。秦・韓之交可合也。【正義】子、蘇代也、向壽恐、令蘇代謁報公仲云、秦韓交可合、蘇代對曰。願有謁於公。【正義】公、向壽也、言向壽亦黨於楚、與公孫奭甘茂黨韓魏同也、【考證】策、謁作白、人曰。貴其所以貴者貴。王之愛習公也、不如公孫奭。其智能公也、不如甘茂。【考證】安井衡曰、貴所以其貴者貴、言自貴己所以貴者、長不失其貴、梁玉繩曰、奭、國策作郝、又作赫、又作顯、疑以音形相近而譌、大事記謂、本一人、記其名者不同耳、今二人者皆不得親於秦事。而公獨與王主斷於國者何。彼有以失之也。【索隱】彼、公孫奭及甘茂也、有以失之、謂不見委任、情有所失、【正義】言秦王雖愛習公孫奭甘茂、秦事不親委者、爲黨韓魏也、今國事獨與向壽主斷者、不知壽黨於楚以事秦王者、以失之也、【考證】恩田仲任曰、有以失之、謂甘茂公孫奭黨韓魏也、愚按、斷、制也、公孫奭黨於韓、而甘茂黨於魏。故王不信也。今秦・楚爭彊、而公黨於楚。是與公孫奭・甘茂同道也。公何以異

之。【正義】蘇氏云、向壽與公孫奭甘茂皆有黨、言無異也、又一云、改異黨楚之意、【考證】何以異之、猶言何能得明其所以與二人異也、人皆言楚之善變也。而公必亡之。是自爲責也。【正義】楚善變改不可信、若變改、向壽必亡敗、是自爲責、【考證】恩田仲任曰、言人皆言楚之善變改不可信、而向壽獨言楚必無變改也、是自得責於王也、亡、是有無之無、方苞說同、愚按、策、責作貴、史義長、公不如與王謀其變也、善韓以備楚。如此則無患矣。【正義】令秦親韓而備楚之變改、則向壽無患矣、韓氏必先以國從公孫奭、而後委國於甘茂。韓、公之讎也。【正義】韓氏必先委二人、故韓爲向壽之讎、【考證】韓公讎也四字、屬下讀、讎、言其不相善也、楓山、三條本、也作已、今公言善韓以備楚。是外擧不辟讎也。【考證】左傳襄二十一年、外擧不棄讎、內擧不失親、禮記儒行篇、內稱不辟親、外擧不辟怨、向壽曰。然。吾甚欲韓合。對曰。甘茂許公仲以武遂、反宜陽之民。【索隱】徐廣曰、秦昭王元年、予韓武遂、【正義】武遂宜陽、本韓邑也、秦伐取之、今欲還韓、令其民得反歸居之、【考證】楓山、三條本、反作及、義長、中井積德曰、武遂未予、只許予而已、反宜陽之民、亦許辭、非旣事、又曰、前年甘茂拔宜陽矣、此只反其民而不反地之謂也、今公徒收之。甚難。【正義】蘇代言甘茂許公仲以武遂、又歸宜陽之民、今向壽徒擬收之、甚難事也、向壽曰。然則柰何。武遂終不可得也。【考證】楓山、三條本、也作已、對曰。公奚不以秦爲韓求潁川於楚。此韓之寄地也。公求而得之、是令行於楚、而以其地德韓也。【正義】潁川、許州也、楚侵韓潁川、蘇代令向壽以秦威重爲韓就楚求索潁川、是親向壽、【考證】潁川、今河南許昌縣地、凌稚隆曰、潁川本韓地、楚取之、故云寄地、【考證】楓山、三條本、令下有得字、德作得、今本義長、公求而不得、是韓・楚之怨不解、而交走秦也。【集解】解、己買反、【索隱】韓楚怨不解、二國交走向秦也、秦・楚爭彊、而公徐過楚以收韓。此利於秦。【集解】徐廣曰、過、一作適、【正義】若二國皆事秦、公則漸說楚之過失以收韓、此利於秦也、【考證】劉伯莊曰、過、猶毀責也、向壽曰。柰何。【考證】中井積德曰、又言奈何者、沈吟之意也、非詰問、對曰。此善事也。甘茂欲以魏取齊。公孫奭欲以韓取齊。今公取宜陽以爲功、收楚韓以安之、而誅齊・魏之罪。【正義】言公孫奭甘茂、皆欲以秦挾韓魏而取齊、今向壽取宜陽爲功、收楚韓安以事秦、而責齊魏之罪、是公孫奭甘茂不得同合韓魏於秦以伐齊也、【考證】凌稚隆曰、楚歸潁川、楚韓講、故曰安、中井積德曰、安之者、以定宜陽之績也、

是以公孫奭・甘茂無事也。【考證】韓公仲使蘇代以下、宋韓策、以字疑衍、策一本、無事字、承上文不得親於秦事、言失權如舊也、甘茂竟言秦昭王、以武遂復歸之韓。向壽・公孫奭爭之、不能得。【正義】年表云、秦昭王元年、予韓武遂也、【考證】上文蘇代云、甘茂許公仲以武遂、至此履其約也、正義、予、楓山、三條本、作歸、向壽・公孫奭由此怨讒甘茂。茂懼、輟伐魏蒲阪、亡去。【集解】徐廣曰、昭王元年、擊魏皮氏、未拔去、【考證】楓山、三條本、茂上有甘字、中井積德曰、是時甘茂蓋自皮氏轉攻蒲阪也、而亡去、上文稱皮氏而不言蒲阪、是史氏之略筆、梁玉繩曰、蒲阪乃皮氏之誤、徐廣已言之矣、沈家本曰、以樗里子傳證之、茂此時與樗里同伐蒲、茂亡去、樗里亦釋蒲而還擊皮氏也、然則擊皮氏者樗里、故下云、樗里子與魏講罷兵、愚按沈說是、樗里子與魏講罷兵。【索隱】鄒氏云、講讀曰媾、媾猶和也、【考證】凌稚隆曰、此段牽引向壽樗里子蘇代諸人事、見甘茂所以亡秦奔齊之故、甘茂之亡秦奔齊、逢蘇代。代爲齊使於秦。甘茂曰。臣得罪於秦、懼而遯逃、無所容跡。臣聞貧人女與富人女會績。貧人女曰。我無以買燭、而子之燭光幸有餘。子可分我餘光。無損子明、而得一斯便焉。【考證】楓山、三條本、便作使、使、猶用也、一猶共也、春秋後語作便、盧藏用云、斯、此也、言貧女得此一便也、愚按、使便、義兩通、未知孰是、中井積德曰、求餘光、特託妻子也、非請薦己於齊、今臣困、而君方使秦而當路矣。茂之妻子在焉。願君以餘光振之。【考證】甘茂之亡秦以下、本秦策、義不同、蘇代許諾。遂致使於秦。已。【考證】秦字、已字、句、已畢使事也、因說秦王曰。甘茂非常士也。其居於秦累世重矣。【考證】李光縉曰、甘茂事惠武昭三王、故云累世、自殽塞及至鬼谷、其地形險易皆明知之。【集解】徐廣曰、鬼谷、在陽城、【正義】三殽、在洛州永寧縣西北、鬼谷、陽城縣北也、【考證】策、鬼谷作谿谷、彼以齊約韓・魏、反以圖秦、非秦之利也。秦王曰。然則柰何。蘇代曰。王不若重其贄厚其祿以迎之。使彼來、則置之鬼谷、終身勿出。【索隱】案徐廣云、鬼谷、在陽城、劉氏云、此鬼谷在關內雲陽、是矣、【正義】劉伯莊云、此鬼谷關內雲陽、非陽城者也、案陽城鬼谷、時屬韓、秦不得言置之、【考證】楓山、三條本、之下彼上無使字、今本疑衍、策、鬼谷作槐谷、梁玉繩曰、秦策、上作谿谷、此則槐谷、後語注、槐里之谷、今京兆始平之地、作鬼谷、大非、秦王曰。善。即

賜之上卿、以相印迎之於齊。甘茂不往。蘇代謂齊湣王曰。夫甘茂賢人也。今秦賜之上卿、以相印迎之。甘茂德王之賜、好爲王臣。故辭而不往。今王何以禮之。齊王曰。善。卽位之上卿而處之。【索隱】案處、猶留也、【考證】甘茂之入秦以下、采秦策、陳子龍曰、蘇代之策、卽馮驩之重孟嘗君於秦齊也、 秦因復甘茂之家、以市於齊。【正義】復、音福、【考證】復、免徭役也、市以貨喻、言秦禮甘茂、欲不使爲齊有也、凌稚隆曰、秦因復甘茂之家句、足前餘光振之之意、 齊使甘茂於楚。楚懷王新與秦合婚而驩。【集解】徐廣曰、昭王二年時、迎婦於楚、 而秦聞甘茂在楚、使人謂楚王曰。願送甘茂於秦。【考證】楓山、三條本、無曰字、 楚王問於范蜎曰。寡人欲置相於秦。孰可。【集解】徐廣曰、蜎一作蠉、【索隱】音休緣反、又休軟反、蠉、休緣反、戰國策云、作蝝也、【正義】許緣反、【考證】梁玉繩曰、徐廣作蠉、索隱引策作蝝、今楚策作環、皆以音形相近而異、田完世家、孟荀傳有環淵、漢書人表藝文志、竝作蜎、愚按、韓非子內儲下、作干象、 對曰。臣不足以識之。楚王曰。寡人欲相甘茂。可乎。

對曰。不可。夫史擧、下蔡之監門也。【考證】策、韓非子、下蔡作上蔡、 大不爲事君。小不爲家室。以苟賤不廉聞於世。【考證】苟賤不廉、策作苛廉、韓非子作苛刻、陳仁錫曰、一本不作苛、 甘茂事之順焉。故惠王之明、武王之察、張儀之辯、而甘茂事之、取十官而無罪。【考證】楓山、三條本、順作愼、辯、策作好譖、韓非子與史同、 茂、誠賢者也。然不可相於秦。夫秦之有賢相、非楚國之利也。且王前嘗用召滑於越、【集解】徐廣曰、滑、一作涓、 而內行章義之難。【集解】徐廣曰、一云、內句章、昧之難、【索隱】謂召滑內心猜詐、外則佯章恩義、而卒包藏禍心、構難於楚也、注、一云內句章、昧之難、案戰國策云、納章句之難、【正義】內、猶陰也、楚令召滑相越、陰內章句定義之禍難、亂敗越也、【考證】而內行章義之難、策作而納句章、昧之難、與徐廣所引一本合、洪亮吉曰、句章、地名、屬會稽、昧、楚將唐昧、謂懷王二十八年、齊秦韓魏共攻楚殺昧也、當以廣說爲是、梁玉繩曰、言納召滑于句章之地、楚雖有唐昧之難、而能得越地以滑亂之也、召滑、在始皇紀、愚按、史策異義、洪梁二氏、依策作說、中井履軒所說亦同、今姑依史文釋之、召滑、人名、梁說得之、行章義之難、使召滑啓章義、作難於越也、內、斥越而言、章義、蓋越人、 越國亂。故楚南塞厲門、【集解】徐廣曰、一作瀨湖、【正義】劉伯莊云、厲門、度嶺

南之要路、 而郡江東。【正義】吳越之城、皆爲楚之都邑、【考證】黃以周曰、以江東爲郡也、江東、卽故吳地、故春申君請徙封江東、楚王許之、徙都吳、是也、愚按、韓非子無而內行章義之難、越國亂、故楚塞厲門而郡江東十九字、有五年而能亡越六字、 計王之功、所以能如此者、越國亂而楚治也。今王知用諸越、而忘用諸秦。臣以王爲鉅過矣。然則王若欲置相於秦、則莫若向壽者可。【考證】楓山、三條本、無莫字、與策合、義長、向壽、策作公孫郝、韓非子作共立、可字應前孰可字、 夫向壽之於秦王、親也。少與之同衣、長與之同車、以聽事。王必相向壽於秦、則楚國之利也。【考證】楚王問於范蜎以下、采楚策、韓非子內儲說下、載此事、少異、 於是使使請秦相向壽於秦。秦卒相向壽。【考證】梁玉繩曰、秦紀不書壽、郝爲相、 而甘茂竟不得復入秦。卒於魏。甘茂有孫曰甘羅。甘羅者、甘茂孫也。茂既死後、甘羅年十二、事秦相文信侯呂不韋。【索隱】戰國策云、甘羅事呂不韋、爲庶子、 秦始皇帝使剛成君蔡澤於燕。三

年而燕王喜使太子丹入質於秦。【考證】秦始皇帝以下、采秦策、 秦使張唐往相燕、欲與燕共伐趙、以廣河閒之地。【考證】河閒、漳河之閒、今直隸河閒縣等地、戰國時、爲燕趙齊三國之境、時秦已取楡次三十七城、置太原郡、欲遂取太行以東以至河也、 張唐謂文信侯曰。臣嘗爲秦昭王伐趙。趙怨臣曰。得唐者與百里之地。今之燕必經趙。臣不可以行。文信侯不快。未有以彊也。甘羅曰。君侯何不快之甚也。文信侯曰。吾令剛成君蔡澤事燕三年。燕太子丹已入質矣。吾自請張卿相燕。而不肯行。【索隱】卽張唐也、卿字也、【正義】張唐爲卿、故曰張卿、【考證】刺客傳、衞人謂之慶卿、索隱、卿者時人尊重之號、猶如相尊美而稱然、愚按、張卿之卿同、 甘羅曰。臣請行之。文信侯叱曰。去。我身自請之而不肯。女焉能行之。【正義】女、音汝、焉、乙連反、 甘羅曰。夫項橐生七歲爲孔子師。【索隱】橐、音託、尊其道德、故云大項橐、【正義】尊其道德、故曰大、【考證】楓山、三條本、夫作大、索隱本正義本亦作大、策作夫、策義爲

長、淮南脩務訓、項託七歲爲孔子師、今臣生十二歲於茲矣。君其試臣。何遽叱乎。【考證】何遽二字連文、遽、與詎、渠通、說詳于經傳釋詞、楓山本叱上有言字、於是甘羅見張卿曰。卿之功、孰與武安君。【考證】秦將白起、卿曰。武安君南挫彊楚、北威燕·趙、戰勝攻取、破城墮邑、不知其數。臣之功不如也。甘羅曰。應侯之用於秦也、孰與文信侯專。【索隱】應侯、范睢、張卿曰。應侯不如文信侯專。甘羅曰。卿明知其不如文信侯專與。曰。知之。甘羅曰。應侯欲攻趙。武安君難之。去咸陽七里、而立死於杜郵。【考證】白起傳、七里作十里、今文信侯自請卿相燕。而不肯行。臣不知卿所死處矣。張唐曰。請因孺子行。令裝治行。行有日。甘羅謂文信侯曰。借臣車五乘。請爲張唐先報趙。【正義】借、時夜反、文信侯乃入言之於始皇曰。昔

甘茂之孫甘羅、年少耳。然名家之子孫。諸侯皆聞之。今者張唐欲稱疾不肯行。甘羅說而行之。今願先報趙。請許遣之。始皇召見、使甘羅於趙。【考證】策、無文信侯至使甘羅於趙六十六字、蓋史公以意補、趙襄王郊迎甘羅。甘羅說趙王曰。王聞燕太子丹入質秦歟。曰。聞之。曰。聞張唐相燕歟。曰。聞之。燕太子丹入秦者、燕不欺秦也。張唐相燕者、秦不欺燕也。燕·秦不相欺者、伐趙危矣。【考證】燕秦以下十字、與下文複、可删、策亦有、燕·秦不相欺無異故。欲攻趙而廣河閒。王不如齎臣五城以廣河閒。【索隱】齎、音側奚反、一音資、竝謂割五城與臣也、【正義】齎、音卽齊反、割五城廣河閒、託甘羅還報秦也、【考證】中井積德曰、齎、謂令持獻于秦也、請歸燕太子、與彊趙攻弱燕。趙王立自割五城以廣河閒。秦歸燕太子。趙攻燕、得上谷三十城。【索隱】戰國策云、得三十六縣、【正義】上谷、今嬀州也、在幽州西北、【考證】上谷、今直隸

口北道、令秦有十一。【索隱】謂以十一城與秦也、【考證】秦始皇帝以下、采秦策、中井積德曰、按燕世家荆卿傳、竝言丹亡歸、無秦歸之之事、又燕趙世家、竝不見上谷之役、蓋辨士之浮言、非事實也、愚按、梁玉繩亦有此說、甘羅還報。秦乃封甘羅以爲上卿、復以始甘茂田宅賜之。【考證】黃式三曰、羅爲上卿、疑亦後日事、梁玉繩曰、甘羅十二爲丞相、此世俗妄談、乃儀禮喪服傳賈疏、已有十二相秦之語、豈非誤讀史記乎、

太史公曰。樗里子以骨肉重。固其理。而秦人稱其智。故頗采焉。甘茂起下蔡閭閻、顯名諸侯、重彊齊·楚。【集解】徐廣曰、恐或當云見重彊齊、誤脫一字、【正義】甘茂爲彊齊楚所重、甘羅年少。然出一奇計、聲稱後世。雖非篤行之君子、然亦戰國之策士也。方秦之彊時、天下尤趨謀詐哉。

【索隱】述贊、嚴君名疾、厥號智囊、既親且重、稱兵外攘、甘茂竝相、初佐魏章、始推向壽、乃攻宜陽、甘羅妙歲、卒起張唐、

樗里子甘茂列傳第十一　史記七十一

文學博士瀧川龜太郎著

史記會注考證

史記會注考證卷七十二

漢 太史令 司馬遷 撰

宋 中郎外兵曹參軍 裴駰 集解

唐 國子博士弘文館學士 司馬貞 索隱

唐 諸王侍讀率府長史 張守節 正義

日本 出雲 瀧川資言 考證

穰侯列傳第十二　史記七十二

【考證】史公自序云、苞河山、圍大梁、使諸侯斂手而事秦者、魏冄之功、作穰侯列傳第十二、凌稚隆曰、太史公首賢魏冄、繼歷敘其摧齊撓楚、破魏圍梁之功、以見四相而封

陶者非過也、卒以一夫開說、憂憤而亡、秦王其少恩哉、

穰侯魏冄者、秦昭王母宣太后弟也。【索隱】宣太后之異父長弟也、姓魏、名冄、封之穰、地理志、穰縣在南陽、宣太后者、惠王之妃、姓羋氏、曰羋八子者是也、【正義】穰、鄧州穰縣、冄、日嶮反、其先楚人。姓羋氏。【正義】羋、亾爾反、【考證】中井積德曰、其先其字、蓋指宣太后也、上或有脫文、若穰侯、下文明言魏氏、此不當稱姓羋氏也、秦武王卒、無子。立其弟為昭王。昭王母故號為羋八子。【考證】八子、婦官名、陳仁錫曰、八子者夫人以下之稱、其爵第四等、及昭王卽位、羋八子號為宣太后。宣太后非武王母。武王母號曰惠文后。先武王死。【索隱】秦本紀云、昭王二年、庶長壯與大臣公子為逆、皆誅、及惠文后皆不得良死、又按紀年云、秦內亂、殺其太后及公子雍公子壯、是也、【考證】索隱所引、卽下文季君之亂也、此云惠文后先武王死、誤、宣太后二弟。其異父長弟曰穰侯。姓魏氏。名冄。同父弟曰羋戎。為華陽君。【索隱】華陽、韓地、後屬秦、羋戎後又號新城君、【正義】司馬彪云、華陽亭名、在洛州密縣、又故華城、在鄭州管城縣南三十里、卽此、【考證】中井積德曰、宣太后有異父長弟冄、而又有同父弟戎、其母生宣太后而出、生冄於魏氏、復歸於原夫而生

戎、而昭王同母弟曰高陵君・涇陽君。【索隱】高陵君、名顯、涇陽君、名悝、【正義】悝、客廻反、【考證】黃式三曰、索隱云、涇陽君名悝、誤也、秦本紀涇陽君為質于齊、索隱云、名市、是、悝、華陽君名、茅坤曰、敘華陽君三人者、發篇末范雎說悟昭王案、自惠王・武王時、任職用事。武王卒、諸弟爭立。唯魏冄力為能立昭王。【考證】徐孚遠曰、宣太后為八子時、魏冄已用事、能援立昭王、是冄以才進、非緣戚屬也、昭王卽位。以冄為將軍衞咸陽、誅季君之亂。【集解】徐廣曰、年表曰、季君為亂誅、本紀曰、庶長壯與大臣公子謀反、伏誅、【索隱】按季君卽公子壯、僭立而號曰季君、穰侯力能立昭王、為將軍衞咸陽、誅季君及惠文后、故本紀言伏誅、又云、及惠文后皆不得良死、蓋謂惠文后時黨公子壯欲立之、及壯誅、而太后憂死、故云、不得良死、亦史諱之也、又逐武王后出之魏、亦事勢然也、【考證】梁玉繩曰、年表云、桑君為亂誅、今據此傳、桑君者季君也、今本譌作桑爾、季君必秦之公子、而逐武王后出之魏。昭王諸兄弟不善者、皆滅之、威振秦國。昭王少。宣太后自治。任魏冄為政。【考證】柯維騏曰、昭王年少、羋太后攝政、故穰侯權重於昭王家、富于嬴國、漢唐以來、女主臨朝專制、自羋太后始也、昭王七年、樗里子死。而使涇陽君質於齊。趙人樓

緩來相秦。趙不利。乃使仇液之秦、【索隱】仇液、戰國策作仇郝、蓋是一人而記別也、【正義】液、音亦、姓名、請以魏冄爲秦相。仇液將行。其客宋公謂液曰。【索隱】戰國策作宋交、【考證】今本策作宋突、秦不聽公、樓緩必怨公。公不若謂樓緩曰請爲公毋急秦。【考證】無急使秦王相魏冄也、秦王見趙請相魏冄之不急、且不聽公。公言而事不成、以德樓子。事成、魏冄故德公矣。【考證】使仇液之秦以下、采趙策、策故作固、通、於是仇液從之。而秦果免樓緩、而魏冄相秦。欲誅呂禮。禮出奔齊。【考證】楓山、三條本、禮上有呂字、昭王十四年、魏冄舉白起、使代向壽將。【考證】楓山本、將上有爲字、梁玉繩曰、白起已于十三年爲左庶長、則非十四年始舉之也、而攻韓·魏、敗之伊闕、斬首二十四萬、虜魏將公孫喜。明年、又取楚之宛·葉。【考證】梁玉繩曰、表、韓世家、皆不言葉、魏冄謝病免相、以客卿壽燭爲相。其明年、燭免。復相冄。乃封

魏冄於穰、復益封陶、號曰穰侯。【集解】徐廣曰、一作陰、【索隱】陶、卽定陶也、徐廣云、作陰、陶陰字本易惑也、王劭按定陶見有魏冄冢、作陰誤也、【正義】陶、今雷州陶城、【考證】沈濤曰、定陶、齊地、此時未爲秦有、豈得以封穰侯、漢書地理志、京兆華陰、故陰、穰侯所封、疑卽在此、則作陰爲是、下文諸陶字、徐廣本皆作陰、戰國策釋地云、考定陶、在今山東荷澤縣、穰故城、在今河南鄧縣、地隔韓魏、相去殊遠、陰、今湖北光化縣陰故城是也、與鄧鄰近、徐說似得之、然以陶爲陰、未免牽強、冄別封、當是山西永濟縣北之陶城、則距穰故城、尚不甚遠、穰侯封四歲、爲秦將攻魏。魏獻河東方四百里。拔魏之河內、取城大小六十餘。【考證】梁玉繩曰、四歲當是三歲之誤、若是四歲、則爲昭十九年、何以下又云昭王十九年乎、魏納河東、在秦昭十七年、魏昭六年、乃穰侯封陶之二歲也、取六十一城、在秦昭十八年、元屬兩事、不得幷爲一、昭王十九年、秦稱西帝、齊稱東帝。月餘呂禮來。而齊·秦各復歸帝爲王。【考證】呂禮來、秦紀在歸帝爲王之後、魏冄復相秦。六歲而免。免二歲復相秦。【考證】二歲、當作四歲、說在秦紀、四歲而使白起拔楚之郢。秦置南郡。乃封白起爲武安君。白起者穰侯之所任舉也。相善。於是穰侯之富、

富於王室。【考證】楓山、三條本、王室作王家、凌稚隆曰、前既言魏冄舉白起攻韓魏取楚之宛葉矣、此又言冄使白起拔楚之郢、而結之曰、白起者、穰侯之所任舉也、總見得白起之功、皆本于穰侯耳、何焯曰、白起者穰侯之所任舉也、此武安與應侯不平之根、昭王三十二年、穰侯爲相國。將兵攻魏、走芒卯、入北宅、遂圍大梁。【集解】芒卯、上莫印反、下陌飽反、徐廣曰、魏惠王五年、與韓會宅陽、【正義】竹書云、宅陽一名北宅、括地志云、宅陽故城、在鄭州滎陽縣西南十七里、【考證】策作秦敗魏於華、走芒卯而圍大梁、梁玉繩曰、是年乃破暴鳶走開封耳、今河南滎澤東有宅陽故城、梁大夫須賈說穰侯曰。臣聞魏之長吏謂魏王曰。昔梁惠王伐趙、戰勝三梁、【集解】徐廣曰、田完世家云、魏伐趙、趙不利、戰於南梁、【索隱】三梁、卽南梁也、【考證】桃源鈔引大康地記云、戰國時謂南梁者、別之於大梁小梁也、古蠻子邑也、拔邯鄲。趙氏不割、而邯鄲復歸。【考證】一拔一歸、皆妄、說在趙世家、梁玉繩曰、集解索隱、以爲卽南梁之役、非也、南梁乃趙魏伐韓、非魏伐趙、齊人攻衞、拔故國、殺子良。衞人不割、而故地復反衞。【索隱】衞之故國、蓋楚丘也、下文故地亦同、謂楚丘也、戰國策、衞字皆作燕、子良作子之、恐非也、【考證】梁玉繩曰、史策未知孰是、索隱以魏策爲非、何所見乎、愚按故國、猶言故都也、趙之所以國全兵勁、而地不幷於

諸侯者、以其能忍難而重出地也。宋·中山、數伐割地、而國隨以亡。【考證】楓山、三條本、割上有數字、隨下有之字、臣以爲衞·趙可法、而宋·中山可爲戒也。秦、貪戾之國也。而毋親。蠶食魏氏、又盡晉國。【索隱】河東河西河內、竝是魏地、卽故晉國、今言秦蠶食魏氏、盡晉國之地也、戰勝暴子、割八縣。地未畢入、兵復出矣。【集解】徐廣曰、暴子、韓將暴鳶、【考證】沈家本曰、表、是年於韓書暴鳶救魏、爲秦所敗走開封、徐據此爲說、秦紀亦在是年、而下文明年走魏將暴鳶、何也、戰國策作罣子、鮑彪注、地缺、夫秦何猒之有哉。今又走芒卯、入北宅。此非敢攻梁也。且劫王以求多割地。王必勿聽也。【考證】王、魏王也、今王背楚·趙而講秦。【索隱】講、和也、楚·趙怒而去王、與王爭事秦、秦必受之。【考證】楓山、三條本、受作愛、秦挾楚·趙之兵、以復攻梁、則國求無亡不可得也。願王之必無講也。王若欲講、少割而有質。不然、必見欺。【索隱】謂與秦欲講、少割地而求秦質子、恐不然、必被秦

欺也、【正義】秦欲和魏、魏割地、仍求秦質、此臣之所聞於魏也。【索隱】須賈說穰侯、言魏人謂梁王、若少割地而求秦質、必是欺我、即聞魏見欺於秦也、【考證】董份曰、自臣聞至不然必見欺、皆須賈述衛人之言、故結之曰、此臣之所聞于魏也、言其所聞于魏之言如此也、詞意極明、索隱大謬、願君王之以是慮事也。【考證】策、無王字、張文虎曰、君指穰侯、下文屢稱君、可證、王字衍、周書曰。惟命不于常。此言幸之不可數也。【考證】周書、康誥篇、數、音色角反、夫戰勝暴子割八縣。此非兵力之精也。又非計之工也。天幸爲多矣。今又走芒卯、入北宅、以攻大梁。是以天幸自爲常也。智者不然。臣聞魏氏悉其百縣勝甲以上戍大梁。【考證】勝、如勝冠之勝、任也、臣以爲不下三十萬。以三十萬之衆、守梁七仞之城。【集解】爾雅曰、四尺謂之仞、倍仞謂之尋、【考證】策、七仞作十仞、此誤、下同、集解所引小爾雅文、中井積德曰、仞亦八尺、尋亦八尺、度高深以仞、度長短以尋、臣以爲湯·武復生、不易攻也。夫輕背楚·趙之兵、陵七仞之城、戰三十萬之衆、而志必擧之、臣

以爲自天地始分以至于今、未嘗有者也。攻而不拔、秦兵必罷。陶邑必亡。則前功必弃矣。【索隱】陶、一作魏、言秦前攻得魏之城邑、秦罷則入而還於魏也、【正義】定陶近大梁、穰侯攻梁、兵疲、定陶必爲魏伐、今魏氏方疑。可以少割收也。【索隱】賈引魏人之說、不許王講于秦、是言魏氏方疑、可以少割地而收魏也、願君逮楚·趙之兵未至於梁、亟以少割收魏。魏方疑。而得以少割爲利、必欲之。則君得所欲矣。【考證】楓山本、利作和、與策合、楚·趙怒於魏之先己也、必爭事秦。從以此散。【索隱】楚趙怒魏之與秦講、皆爭事秦、是東方從國、於是解散也、故云從以此散、【正義】從、足松反、【考證】中井積德曰、從以此散、從約解也、而君後擇焉。【考證】策注、擇其所與於散從之後、且君之得地、豈必以兵哉。割晉國、秦兵不攻、而魏必效絳·安邑、【考證】愚按效絳安邑、既往之事、必字疑衍、策無、又爲陶開兩道、【索隱】穰侯封陶、魏效絳與安邑、是得河東地、言從秦適陶、開河西河東之兩道、【正義】穰故封定陶、故宋及單父、是陶之南道也、魏之安邑及絳、是陶北道、幾盡故宋、【索隱】幾、音祈、此時宋已滅、是秦將盡得宋地也、【正義】

宋時已爲齊滅、衞必效單父。【考證】策無必字、單父作尤憚、蓋亦既往之事、秦兵可全而君制之。何索而不得。何爲而不成。願君熟慮之、而無行危。【索隱】言莫行闔梁之危事、穰侯曰。善。乃罷梁圍。【正義】表云、魏安釐王二年、秦軍大梁城、韓來救、與秦溫以和也、【考證】遂圍大梁以下、本魏策、但末段且君之得地豈必以兵哉以下、與策頗異、文蓋有譌誤、梁玉繩曰、梁圍之罷、因獻南陽、何曾是須賈說穰侯而罷乎、鮑彪魏策注辨之曰、以秦爲天幸、而欲其無行危也、秦豈信之哉、秦行是何危之有、且其爲魏過深、適足以疑秦、豈汨于是哉、梁圍之解、將別有故、非賈力也、明年、魏背秦與齊從親。秦使穰侯伐魏。斬首四萬。走魏將暴鳶。得魏三縣。【考證】沈家本曰、按魏世家及表、在安釐三年、爲秦昭三十三年、與此合、秦紀及韓世家韓表、在昭王三十二年、與此不同、梁玉繩曰、魏將乃韓將之誤、穰侯益封。明年、穰侯與白起·客卿胡陽、復攻趙·韓·魏、破芒卯於華陽下、斬首十萬。取魏之卷·蔡陽·長社、趙氏觀津、【集解】卷、丘權反、【考證】華陽、城名、在今河南新鄭縣東南、梁玉繩曰、是時秦救韓而伐趙魏、何云攻韓、當衍韓字、十萬、當作十五萬、沈家本曰、秦紀、趙世家、在三十三年、與此不同、表及魏韓世家、白起傳、在三十四年、與此合、且與趙觀津、益趙

以兵伐齊。【索隱】既得觀津、仍令趙伐齊、而秦又以兵益助趙也、【考證】楓山三條本、益下無趙字、索隱既得當作既與、齊襄王懼、使蘇代爲齊陰遺穰侯書曰。臣聞往來者言曰。秦將益趙甲四萬以伐齊。臣竊必之敝邑之王曰。【索隱】告齊王、言秦必定不益兵以助趙、【正義】臣、蘇代也、必知秦與趙甲四萬以伐齊、王、謂齊王也、【考證】必、豫決也、之、斥下文所言、正義與上疑脫不字、秦王明而熟於計。穰侯智而習於事。必不益趙甲四萬以伐齊。是何也。夫三晉之相與也、秦之深讎也。百相背也。百相欺也。不爲不信。不爲無行。【考證】雖相背相欺、自不以爲不信無行、今破齊以肥趙。趙、秦之深讎。不利於秦。此一也。秦之謀者必曰。破齊獘晉·楚。而後制晉·楚之勝。【正義】今晉楚伐齊、晉楚之國亦獘敗、【考證】中井積德曰、前文無楚、而代書中連稱晉楚、是以是役爲秦率晉楚伐齊者也、皆臆度之言、勿泥前文作疑、夫齊、罷國也。以天下攻齊、如以千鈞之弩決潰癰也。必死。安能獘晉·楚。此二也。【考證】策、無

必死二字、義長、秦少出兵、則晉・楚不信也。多出兵、則晉・楚爲制於秦。齊恐、不走秦、必走晉・楚。此三也。秦割齊以啖晉・楚。晉・楚案之以兵。秦反受敵。此四也。考證 楓山、三條本、敵作弊、義長、策作兵、是晉・楚以秦謀齊、以齊謀秦也。何晉・楚之智、而秦・齊之愚。此五也。故得安邑以善事之、考證 故得安邑一句不明、國策作秦得安邑、善齊以安之、亦必無患矣。秦有安邑、韓氏必無上黨矣。考證 策、韓氏作韓魏、韓魏均有上黨、今山西長治縣等地、取天下之腸胃、與出兵而懼其不反也、孰利。考證 取腸胃、喻取上黨、臣故曰。秦王明而熟於計。穰侯智而習於事。必不益趙甲四萬以伐齊矣。考證 蘇代爲齊遺穰侯書以下、采秦策、於是穰侯不行、引兵而歸。昭王三十六年、相國穰侯言客卿竈、欲伐齊取剛壽、以廣其陶邑。集解 徐廣曰、濟北有剛縣、正義 故剛城、在兗州龔丘縣界、壽張、鄆州縣也、考證 相國穰侯以

下、本秦策、黃式三曰、言客卿竈、當作用客卿竈言、又曰、竈、秦策作造、剛壽、范雎傳作綱壽、梁玉繩曰、事在昭王三十七年、此誤叙于三十六年、於是魏人范雎自謂張祿先生、譏穰侯之伐齊、乃越三晉以攻齊也。以此時奸說秦昭王。考證 策、無自謂張祿先生語、史公別有所依、奸干通、昭王於是用范雎。范雎言宣太后專制、穰侯擅權於諸侯、涇陽君・高陵君之屬太侈、富於王室。於是秦昭王悟、乃免相國、令涇陽之屬皆出關就封邑。考證 凌稚隆曰、應前宣太后自治、穰侯出關、輜車千乘有餘。考證 凌稚隆曰、應前穰侯富于王室、穰侯卒於陶、而因葬焉。秦復收陶爲郡。考證 梁玉繩曰、秦無陶郡、當作縣、愚按爲郡、猶言沒入、梁說拘、

太史公曰。穰侯、昭王親舅也。而秦所以東益地弱諸侯、嘗稱帝於天下、天下皆西鄉稽首者、穰侯之功也。考證 楓山、三條本、稽首作低首、

及其貴極富溢、一夫開說、身折勢奪、而以憂死。況於羇旅之臣乎。考證 楓山、三條本、開說作關說、可從、梁孝王世家、佞幸傳、亦有關說字、索隱述贊 穰侯智識、應變無方、內倚太后、外輔昭王、四登相位、再列封疆、摧齊撓楚、破魏圍梁、一夫開說、憂憤而亡、

穰侯列傳第十二

史記七十二

文學博士瀧川龜太郎著

史記會注考證

史記會注考證卷七十三

漢　太史令　司馬遷　撰

宋　中郎外兵曹參軍　裴駰　集解

唐　國子博士弘文館學士　司馬貞　索隱

唐　諸王侍讀率府長史　張守節　正義

日本　出雲　瀧川資言　考證

白起王翦列傳第十三　史記七十三

【考證】史公自序云、南拔鄢郢、北摧長平、遂圍邯鄲、武安爲率、破荊滅趙、王翦之計、作白起王翦列傳第十三、

白起者、郿人也。【正義】郿、音眉、岐州縣、【考證】穰侯傳云、白起者穰侯之所任舉也、相善、善用兵、事秦昭王。昭王十三年、而白起爲左庶長。將而擊韓之新城。【索隱】在河南也、【正義】今洛州伊闕、長、展兩反、【考證】秦紀、左庶長作左更、疑紀誤、新城、今河南洛陽縣有新城故城、是歲、穰侯相秦。舉任鄙以爲漢中守。【考證】是歲、承上秦昭十三年、而紀表竝在十二年、任鄙爲漢中守、上下無所承、蓋連書之也、其明年、白起爲左更、攻韓魏於伊闕。斬首二十四萬。【正義】今洛州南十九里伊闕山、號曰龍門、是也、又虜其將公孫喜、拔五城。【考證】梁玉繩曰、此所拔之五城、不知是魏是韓、說在秦紀、起遷爲國尉、【正義】言太尉、涉河取韓安邑以東到乾河。【集解】徐廣曰、乾、音干、郭璞曰、今河東聞喜縣東北有乾河口、因名乾河里、但有故溝處、無復水也、【索隱】魏以安邑入秦、然安邑以東至乾河、皆韓故地、故云取韓安邑、【正義】乾河、源出絳州絳縣東南殺山、南流注河、其水冬乾夏流、故曰乾河、明年、白起爲大良造、攻魏拔之、取城小大六十一。【考證】沈家本曰、按秦紀、是年白起攻魏取垣、復予之、不言取城六十一、魏世家及六國表、取城大小六十一、事皆在昭王十八年、言客卿錯、非白起、明年、起與客卿錯攻

垣城拔之。【集解】徐廣曰、河東垣縣、【考證】紀、言左更錯取軹及鄧、與此異、後五年、白起攻趙拔光狼城。【索隱】地理志、不載光狼城、蓋屬趙國、【正義】光狼故城、在澤州高平縣西二十五里也、【考證】李笠曰、案後五年、昭王廿一年也、秦紀、昭王二十七年、白起攻趙、取代光狼城、與此異、後七年、白起攻楚、拔鄢·鄧五城。【集解】徐廣曰、昭王二十八年、【正義】鄢鄧二邑、在襄州、【考證】明年白起爲大良造以下、與紀表不合、梁玉繩曰、宜書曰白起爲大良造、攻魏垣、拔之、後三年、起攻魏、取城大小六十一、左更錯攻垣城河雍、拔之、後九年、白起攻趙、拔代光狼城、明年、白起攻楚拔鄢劉西陵三城、其明年、攻楚拔郢、燒夷陵、遂東至竟陵。【正義】夷陵、今峽州郭下縣、竟陵故城、在郢州長壽縣南百五十里、今復州亦是其地也、【考證】郢、楚都、今湖北江陵東故郢城、夷陵、楚先王墓所在、後爲縣、今湖北東湖縣、楚王亡、去郢東走徙陳。秦以郢爲南郡。【考證】陳、今河南陳州、白起遷爲武安君。武安君因取楚、定巫·黔中郡。【考證】巫郡、今四川巫山縣、今湖南之常德、辰州、永順、貴州之黎平、思南諸縣、皆楚黔中地、秦本紀云、蜀守若取巫郡及江南爲黔中郡、此傳及春申君傳云起取之、說在紀、昭王三十四年、白起攻魏拔華陽、走芒卯、而虜三晉將、斬首十三萬。【考證】梁玉繩曰、華陽、韓地、蓋破魏于華陽耳、是役、秦攻趙魏以救

韓、與韓何干、不得言三晉將、辨在紀中、與趙將賈偃戰、沈其卒二萬人於河中。【考證】秦紀及六國表、作十五萬人、穰侯傳作十萬、沈家本曰、此言十三萬、又言二萬、紀表統言之耳、穰侯傳、則奪五字、昭王四十三年、白起攻韓陘城、拔五城、斬首五萬。【正義】陘城故城、在曲沃縣西北二十里、在絳州東北三十五里也、【考證】秦紀云、拔九城、韓世家六國表云、秦拔我陘城汾旁、四十四年、白起攻南陽・太行道絕之。【集解】徐廣曰、此南陽河內脩武是也、【正義】案南陽屬韓、秦攻之、則韓太行羊腸道絕矣、四十五年、伐韓之野王。【索隱】地理志、野王縣屬河內、在太行東南、孟康曰、古邘國也、【正義】野王、懷州河內縣、本春秋野王邑也、太行山、在縣北二十五里、野王降秦。上黨道絕。其守馮亭與民謀曰。鄭道已絕。【集解】徐廣曰、河南新鄭、韓之國都是也、【索隱】鄭國、即韓之都、在河南、秦伐野王、是上黨歸韓之道絕也、【正義】鄭縣、本韓之國都、秦攻韓南陽野王、則野王上黨之道絕矣、【考證】胡三省曰、自上黨趣鄭、由野王度河、韓必不可得爲民。【考證】不可得爲韓之民也、秦兵日進、韓不能應。不如以上黨歸趙。趙若受我、秦怒必攻趙。趙被兵、必親韓。韓・趙爲一、則可以當秦。因使人

報趙。趙孝成王與平陽君・平原君計之。【索隱】平陽君、未詳何人、【正義】趙世家曰、封趙豹爲平陽君、平陽故城、在相州臨漳縣西二十五里、【考證】策云、平陽君、惠文王母弟也、平陽君曰。不如勿受。受之禍大於所得。平原君曰。無故得一郡。受之便。趙受之。因封馮亭爲華陽君。【正義】常山、一名華陽、解在趙世家、【考證】凌稚隆曰、爲長平之戰本案、愚按事詳于趙世家、又按趙策云、馮亭辭封入韓、與此異、四十六年、秦攻韓緱氏・藺拔之。【集解】徐廣曰、屬潁川、【索隱】今其地闕、西河別有藺縣也、【正義】按檢諸地記、潁川無藺、括地志云、洛州嵩縣、本夏之綸國也、在緱氏東南六十里、地理志云、綸氏屬潁川郡、按既攻緱氏藺、二邑合相近、恐綸藺聲相似、字隨音而轉作藺、【考證】恩田仲任曰、韓獻子玄孫曰康、食采於藺、因氏、據此、正義說非、四十七年、秦使左庶長王齕攻韓、取上黨。【集解】齕、音紇、上黨民走趙。趙軍長平、【集解】徐廣曰、在泫氏、【索隱】地理志、泫氏、今在上黨郡也、【正義】長平故城、在澤州高平縣西二十一里也、以按據上黨民。【索隱】謂屯兵長平、以據援上黨、【考證】中井積德曰、上黨既破矣、按據、猶言鎮撫也、乃是鎮撫其走民、不使散亡也、索隱謬、四月、齕因攻趙。趙使廉頗將。趙軍士卒犯秦斥兵。【索隱】謂犯秦之斥

候兵也、秦斥兵斬趙裨將茄。【索隱】音加、裨將名也、六月、陷趙軍、取二鄣四尉。【索隱】鄣、堡城、尉、官也、【正義】括地志云、趙鄣故城、一名都尉城、今名趙東城、在澤州高平縣西二十五里、又有故穀城、此二城即二鄣也、【考證】中井積德曰、二鄣元不言處所、勿論、可也、且鄣似城而小、猶砦也、後世無可搜索、下文西壘秦壁趙壁、並倣此、胡三省曰、裨將、軍之副將也、尉、軍中諸部都尉也、七月、趙軍築壘壁而守之。秦又攻其壘、取二尉、敗其陣、奪西壘壁。【集解】徐廣曰、陳、一作乘、【正義】趙西壘、在澤州高平縣北六里、是也、即廉頗堅壁以待秦、王齕奪趙西壘壁者、廉頗堅壁以待秦。秦數挑戰。趙兵不出。【正義】數、音朔、挑、田鳥反、趙王數以爲讓。而秦相應侯又使人行千金於趙爲反閒、曰。【正義】紀莧反、秦之所惡、獨畏馬服子趙括將耳。廉頗易與。且降矣。趙王既怒廉頗軍多失亡、軍數敗、【考證】張文虎曰、亡下軍字、疑涉上而衍、又反堅壁不敢戰、而又聞秦反閒之言。因使趙括代廉頗將以擊秦。秦聞馬服子將、乃陰使武安君白起

爲上將軍、而王齕爲尉裨將。令軍中、有敢泄武安君將者斬。趙括至、則出兵擊秦軍。秦軍詳敗而走、張二奇兵以劫之。【正義】詳、音羊、趙軍逐勝、追造秦壁。【正義】秦壁、一名秦壘、今亦名秦長壘、【考證】造、詣也、壁堅拒不得入。而秦奇兵二萬五千人、絕趙軍後、又一軍五千騎、絕趙壁閒。趙軍分而爲二、糧道絕。而秦出輕兵擊之。【正義】人馬不帶甲爲輕兵、趙戰不利、因築壁堅守、以待救至。【正義】趙壁、今名趙東壘、亦名趙東長壘、在澤州高平縣北五里、即趙括築壁敗處、秦王聞趙食道絕、王自之河內、【正義】時已屬秦、故發其兵、賜民爵各一級、發年十五以上、悉詣長平、【索隱】時已屬秦、故發其兵、【考證】長平、在今山西高平縣西、遮絕趙救及糧食。至九月、趙卒不得食四十六日。皆內陰相殺食、來攻秦壘欲出、爲四隊、四五復之。不能出。【考證】欲出句、爲四隊句、言括欲潰圍而出、分爲四隊、以衝秦軍者、

四五復之、而不能破之也、其將軍趙括出銳卒自搏戰。秦軍射殺趙括。考證陳子龍曰、廉頗僅支王齕、而括安能敵白起、然趙軍既分爲二、括猶築壁堅守、至四五十日而後敗、括亦良將也、特以視秦太輕、墮秦之誘耳、括軍敗、卒四十萬人降武安君。武安君計曰。前秦已拔上黨。上黨民不樂爲秦而歸趙。趙卒反覆、非盡殺之、恐爲亂。正義樂爲上音洛、下于危反、情不樂爲秦民、乃挾詐而盡阬殺之。遺其小者二百四十人歸趙。前後斬首虜四十五萬人。趙人大震。考證胡三省曰、此言秦兵自挫廉頗至大破趙括前後所斬首虜之數耳、兵非大敗、四十萬人安肯束手而死邪、中井積德曰、此前後泄白起圍邯鄲事、蓋脫文耳、四十八年十月。秦復定上黨郡。集解秦前攻趙、已破上黨、今迴兵復定其郡、其餘城猶屬趙也、秦分軍爲二。王齕攻皮牢拔之。正義皮牢故城在絳州龍門縣西一里、司馬梗定太原。正義太原、趙地、秦定取也、韓趙恐。使蘇代厚幣說秦相應侯曰。考證策無韓趙恐使蘇代厚幣八字、蓋史公以意補之也、武安君禽馬服子乎。曰。然。又

曰。卽圍邯鄲乎。曰。然。趙亡則秦王王矣。武安君爲三公。考證胡三省曰、秦之稱王、自王其國耳、今破趙國、則將王天下也、中井積德曰、下王字、疑當作帝、武安君所爲秦戰勝攻取者七十餘城。南定鄢・郢・漢中。正義鄢、在襄州夷道縣南九里、郢在荊州江陵縣東六里、漢中今梁州之地、北禽趙括之軍。雖周・召・呂望之功。不益於此矣。今趙亡秦王王。則武安君必爲三公。君能爲之下乎。雖無欲爲之下。固不得已矣。考證策、通鑑、無欲作欲無、秦嘗攻韓。圍邢丘。集解徐廣曰、平皋有邢丘、正義邢丘、今懷州武德縣東南二十里平皋縣城是也、考證邢丘、魏地、非韓地、秦策鮑彪注、邢當作陘、卽韓桓惠王九年、秦拔陘事、王念孫曰、丘字恐衍、困上黨。上黨之民皆反爲趙。天下不樂爲秦民之日久矣。今亡趙。北地入燕。東地入齊。南地入韓・魏。則君之所得民、亡幾何人。集解徐廣曰、亡、音無也、考證策、韓作楚、可從、故不如因而割之。正義因白起之攻、割取韓趙之地、考證中井積德曰、割、許其割地以和也、無以爲武

安君功也。考證說秦相應侯以下、采秦策、於是應侯言於秦王曰。秦兵勞。請許韓・趙之割地以和。且休士卒。王聽之。割韓垣雍、趙六城以和。集解徐廣曰、卷縣有垣雍城、正義釋地名云、卷縣所理垣雍城、按今在鄭州原武縣西北七里也、正月。皆罷兵。武安君聞之、由是與應侯有隙。考證胡三省曰、觀此則用十月爲歲首、蓋因秦記而書之也、徐孚遠曰、武安君穰侯所任、應侯代穰侯相、二人故有隙、不待韓趙之間也、胡三省曰、爲秦殺白起張本、其九月、秦復發兵、使五大夫王陵攻趙邯鄲。是時武安君病不任行。正義任、入針反、堪也、四十九年正月、陵攻邯鄲少利。考證楓山三條本邯鄲二字作戰、秦益發兵佐陵。陵兵亡五校。武安君病愈。秦王欲使武安君代陵將。武安君言曰。邯鄲實未易攻也。且諸侯救日至。彼諸侯怨秦之日久矣。今秦雖破長平軍。而秦卒死者過半。國內空。遠絕河山而爭人國都。趙應其內。諸

侯攻其外。破秦軍必矣。不可。考證凌本、軍誤兵、中井積德曰、未易攻者、白起不欲行之辭、非其情也、死者過半、亦甚言之、不必事實、不然、當初受命圍邯鄲而不辭、其謂之何、秦王自命。不行。乃使應侯請之。武安君終辭不肯行。遂稱病。秦王使王齕代陵將。考證楓山三條本、陵上有王字、八九月圍邯鄲。不能拔。考證秦復發兵以下采中山策、楚使春申君及魏公子、將兵數十萬攻秦軍。秦軍多失亡。武安君言曰。秦不聽臣計。今如何矣。考證徐孚遠曰、武安君不宜有後言、疑應侯爲之蜚語也、秦王聞之、怒。彊起武安君。正義彊、其兩反、武安君遂稱病篤。考證秦軍多失亡以下、采中山策、應侯請之、不起。於是免武安君爲士伍、遷之陰密。集解徐廣曰、屬安定、正義如淳曰、嘗有爵、而以罪奪爵者稱士伍、顏師古曰、謂奪其爵、令爲士伍、言使從士卒之伍、陰密故城、在涇州鶉觚縣城西、卽古陰密國、密康公國也、考證秦本紀正義云、括地志云、陰密、古密須國、與此異、武安君病未能行。居三月、諸侯攻秦軍急。秦軍數卻。使者日至。秦王乃

使人遣白起不得留咸陽中。武安君既行出咸陽西門十里、至杜郵。[索隱]按故咸陽城、在渭北、杜郵、今在咸陽城、[正義]說文云、郵、境上行舍、道路所經過、今咸陽縣城、本秦之郵也、在雍州西北三十五里、 秦昭王與應侯羣臣議曰。白起之遷、其意尙怏怏不服、有餘言。秦王乃使使者賜之劍自裁。[考證]自裁、楓山、三條本作自刎、御覽六百四十七作自死、 武安君引劍將自剄。曰。我何罪于天。而至此哉。良久曰。我固當死。長平之戰、趙卒降者數十萬人。我詐而盡阬之、是足以死。遂自殺。[考證]中井積德曰、自剄曰云云、自居死罪者、乃所以明其無罪、與蒙恬同、愚按秦策引甘羅言云、應侯欲伐趙、武安君難之、去咸陽七里、絞而殺之、所傳不同、 武安君之死也、以秦昭王五十年十一月。死而非其罪。[考證]秦紀、十一月作十二月、 秦人憐之、鄉邑皆祭祀焉。[集解]何晏曰、白起之降趙卒、詐而阬其四十萬、豈徒酷暴之謂乎、後亦難以重得志矣、向使衆人皆豫知降之必死、則張虛捲、猶可畏也、況於四十萬被堅執銳哉、天下見降秦之將頭顱似山、歸秦之衆骸積成丘、則後日之戰、死當死耳、何衆肯服、何

城肯下乎、是爲雖能裁四十萬之命、而適足以彊天下之戰、欲以要一朝之功、而乃更堅諸侯之守、故兵進而自伐其勢、軍勝而還喪其計、何者、設使趙衆復合、馬服更生、則後日之戰、必非前日之對也、況今皆使天下爲後日乎、其所以終不敢復加兵於邯鄲者、非但憂平原君之補袒、患諸侯之捄至也、徒諱之而不言耳、若不悟而不諱、則毋所以遠智也、可謂善戰而拙勝、長平之事、秦民之十五以上者、皆荷戟而向趙矣、秦王又親自賜民爵於河內、夫以秦之彊、而十五以上死傷過半者、此爲破趙之功小、傷秦之敗大、又何以稱奇哉、若後之役戍、不豫其論者、則秦衆多矣、降者可致也、必不可致者、本自當戰殺、不當受降詐也、戰殺雖難、降殺雖易、然降殺之爲害、禍大於劇戰也、[索隱]捲、音拳、袒、音濁莧反、字亦作綻、捄、音救、 王翦者、頻陽東鄉人也。[索隱]地理志、頻陽縣屬左馮翊、應劭曰、在頻水之陽也、[正義]故城在雍州東同官縣界也、[考證]張文虎曰、起翦同傳、不特其功相等、即其謝病事、亦先後一轍、它日再起將兵、其所以求自免者、用心良苦、蓋有鑒於起、然亦幸而無應侯之忌耳、 少而好兵、事秦始皇。始皇十一年、翦將攻趙閼與、破之、拔九城。[正義]與音預、 十八年、翦將攻趙、歲餘遂拔趙。趙王降。盡定趙地爲郡。明年、燕使荊軻爲賊於秦。秦王使王翦攻燕。燕王喜走遼東。翦遂定燕薊而還。[正義]薊音計、 秦使翦子王賁擊荊。[集解]徐廣曰、秦諱楚、故云荊也、

[索隱]賁音奔、 荊兵敗。還擊魏。魏王降。遂定魏地。秦始皇既滅三晉、走燕王、而數破荊師。秦將李信者、年少壯勇。嘗以兵數千逐燕太子丹、至於衍水中、卒破得丹。始皇以爲賢勇。於是始皇問李信。吾欲攻取荊。於將軍度用幾何人而足。[考證]御覽二百七十四、信下有曰字、攻下無取字、 李信曰。不過用二十萬人。始皇問王翦。王翦曰。非六十萬人不可。始皇曰。王將軍老矣。何怯也。李將軍果勢壯勇。其言是也。[集解]徐廣曰、勢、一作新、[考證]張文虎曰、御覽引勢作斷、義長、新與斷同从斤而誤、 遂使李信及蒙恬將二十萬南伐荊。王翦言不用。因謝病歸老於頻陽。李信攻平與。[集解]音余、[正義]在預東北五十四里、[考證]通鑑、平與作平輿、梁玉繩曰、與、輿之誤、平輿、汝南縣名、 蒙恬攻寢。[集解]徐廣曰、今固始寢丘、[索隱]徐廣曰、固始、寢丘固始縣、屬淮陽、寢丘、地名也、[正義]今光州固始縣、本寢丘、孫叔敖所封、[考證]梁玉繩曰、此前後三稱蒙恬、攷六國表及蒙恬傳、是時恬未爲將、當

是蒙武之誤、愚按御覽百五十九、寢下有丘字、 大破荊軍。信又攻鄢・郢破之。[考證]中井積德曰、先是白起既拔鄢郢矣、不聞楚復之、此乃云攻鄢郢、何也、蓋考烈王東徙、命壽春曰郢、唯鄢未審所謂、梁玉繩曰、信又攻鄢郢破之七字衍、 於是引兵而西、與蒙恬會城父。[索隱]在汝南、即應鄉、[正義]言引兵而會城父、則是汝州郟城縣東父城者也、括地志云、汝州郟城縣東四十里有父城故城、即服虔云、城父楚北境者也、又許州葉縣東北四十五里、亦有父城故城、即杜預云、襄城城父縣者也、此二城父城之名耳、服虔城父是誤也、左傳及注水經云、楚大城城父、使太子建居之、十三州志云、太子建所居城父、謂今亳州城父、是也、此三家之說、是城父之名、地理志云、潁川父城縣、沛郡城父縣、據縣屬郡、其名自分、古先儒多惑、故使其名錯亂、 荊人因隨之。三日三夜不頓舍。[考證]頓、讀爲屯、漢書李廣傳、就善水草頓舍、顏師古曰、頓、止也、舍、息也、 大破李信軍、入兩壁、殺七都尉。秦軍走。始皇聞之大怒、自馳如頻陽、見謝王翦曰。寡人以不用將軍計、李信果辱秦軍。今聞荊兵日進而西。將軍雖病、獨忍弃寡人乎。王翦謝曰。老臣罷病悖亂。[正義]罷、音皮、悖、音背、 唯大王更擇賢將。始皇謝曰。已矣。將軍勿復

言。王翦曰。大王必不得已用臣、非六十萬人不可。始皇曰。爲聽將軍計耳。[考證]御覽二百七十四引、史無爲字、於是王翦將兵六十萬人。[考證]御覽無兵字、始皇自送至灞上。王翦行請美田宅園池甚衆。始皇曰。將軍行矣。何憂貧乎。王翦曰。爲大王將、有功終不得封侯。故及大王之嚮臣、臣亦及時以請園池爲子孫業耳。[考證]御覽、無終、嚮作向、凌氏評林引宛委餘編云、王翦曰、爲大王將、有功終不得封侯、攷始皇二十六年琅邪臺銘、列侯武成侯王離、列侯通武侯王賁、倫侯建成侯趙亥、倫侯昌武侯成、倫侯武信侯馮毋擇、以位次差之、王離在季父賁前、則離乃翦家孫襲翦爵者也、賁、蓋翦之次子、自以功封侯者也、所謂有功不封、其時未定天下云爾、及剖符而翦一子一孫爲功臣之首、又當時列侯二人、倫侯三人、凡封侯者僅五人、而李斯與蒙恬李信不與焉、可謂嚴矣、始皇大笑。王翦既至關、使使還請善田者五輩。[集解]徐廣曰、善一作簪、[索隱]謂使者五度請也、或曰。將軍之乞貸、亦已甚矣。王翦曰。不然。夫秦王怚而不信人。[集解]怚、音麄、徐廣曰、一作粗、[正義]徐廣曰、一作粗、竝音息故

反、今空秦國甲士、而專委於我。[集解]徐廣曰、專亦作摶、又作剸、我不多請田宅爲子孫業以自堅、顧令秦王坐而疑我邪。[考證]御覽、顧作固、王本、何本、邪作矣、黃震曰、王翦爲始皇伐楚、而請美田宅、既行、使使請美田者五輩、後有勸蕭何田宅自汙者、其計無乃出於此歟、王翦果代李信擊荊。[考證]楓山、三條本、御覽、果作東、可從、荊聞王翦益軍而來、乃悉國中兵以拒秦。王翦至、堅壁而守之、不肯戰。[考證]楓山本、來下有也、何焯曰、王翦至、堅壁而守之、亞夫祖之破吳楚、卽高祖之於黥布亦然也、荊兵數出挑戰。終不出。[考證]藝文類聚、引史數下無出字、王翦日休士洗沐、而善飲食撫循之。[考證]楓山、三條本、士下有卒字、親與士卒同食。久之王翦使人問。軍中戲乎。對曰。方投石超距。[集解]徐廣曰、超一作拔、漢書云、甘延壽投石拔距、絕於等倫、張晏曰、范蠡兵法、飛石重十二斤、爲機發行三百步、延壽有力、能以手投之、拔距、超距也、[索隱]超距、猶跳躍也、[正義]超、跳躍也、距、木械也、出地若雞距然也、壯士跳躍走拔之、按出與否、以定勝負也、[考證]中井積德曰、投石、力戲也、手投重石、競遠近爲輸贏也、超距亦力戲也、跳躍踰越、競其遠近高下爲輸贏也、於是王翦曰。士卒可用矣。

荊數挑戰、而秦不出。乃引而東。翦因舉兵追之、令壯士擊、大破荊軍、至蘄南、[正義]徐州縣也、殺其將軍項燕。荊兵遂敗走。秦因乘勝略定荊地城邑。歲餘虜荊王負芻。竟平荊地爲郡縣。因南征百越之君。而王翦子王賁、與李信破定燕·齊地。秦始皇二十六年、盡幷天下。王氏·蒙氏、功爲多、名施於後世。秦二世之時、王翦及其子賁皆已死、而又滅蒙氏。陳勝之反秦、秦使王翦之孫王離擊趙。圍趙王及張耳鉅鹿城。[正義]今邢州平鄉縣城、本秦鉅鹿郡城也、或曰。王離、秦之名將也。今將彊秦之兵、攻新造之趙。舉之必矣。客曰。不然。夫爲將三世者必敗。必敗者何也。必其所殺伐多矣。其後受其不祥。今王離已三世將矣。居無何、項羽救趙

擊秦軍。果虜王離。王離軍遂降諸侯。[考證]此于傳末敘其後世之報、而以或曰客曰問答發明之、敘事兼議論、亦一例也、

太史公曰。鄙語云。尺有所短。寸有所長。[考證]鄙語、古諺也、楚辭卜居篇、夫尺有所短、寸有所長、白起料敵合變、出奇無窮、聲震天下。然不能救患於應侯。王翦爲秦將、夷六國。當是時翦爲宿將。始皇師之。然不能輔秦建德、固其根本、[考證]楓山、三條本、無其字、偷合取容、以至圽身。[集解]徐廣曰、圽、音沒、[正義]圽、沒也、[考證]中井積德曰、王翦一武人耳、始皇師之、亦就學兵事而已、翦無學術、又無治國之才、若仁義道德之說、未嘗經心也、乃欲以建國固本望之乎、又受命討伐、其立勳大矣、可謂能舉職奉公耳、曾無偸合取容之事、此等立論、竝太史公之錯處、愚按是其所以爲短、史公未嘗錯、及孫王離、爲項羽所虜。不亦宜乎。彼各有所短也。

[索隱]述贊、白起王翦、俱善用兵、遞爲秦將、拔齊破荊、趙任馬服、長平遂阬、楚陷李信、翦上卒行、賁離繼出、三代無名、

白起王翦列傳第十三

史記七十三

文學博士瀧川龜太郎著

史記會注考證

史記會注考證卷七十四

漢　太史令司馬遷撰

宋　中郎外兵曹參軍裴駰集解

唐　國子博士弘文館學士司馬貞索隱

唐　諸王侍讀率府長史張守節正義

日本　出雲瀧川資言考證

孟子荀卿列傳第十四　史記七十四

[索隱]按序傳、孟嘗君第十四、而此傳爲第十五、蓋後人差降之矣、[考證]史公自序云、獵儒墨之遺文、明禮義之統紀、絕惠王利端、列往世興衰、作孟子荀卿列傳第十四、

張文虎曰、案今序傳、與今本次第同、漢書司馬遷傳亦同、桃源抄引蕉了自敘傳抄曰、按夫子春秋之教、一變爲嚴刑苛法、衞鞅之所以次弟子傳也、再變爲縱橫之說、蘇張樗甘之所以次商君也、三變以戰勝爲利、以併吞爲功、諸將之所以次游說也、承于教變之後、復能說堯舜周孔之道、孟子之所以接白王也、

太史公曰。余讀孟子書、至梁惠王問何以利吾國、未嘗不廢書而歎也。曰。嗟乎、利誠亂之始也。夫子罕言利者、常防其原也。故曰。放於利而行多怨。自天子至於庶人、好利之弊何以異哉。[考證]梁惠王問何以利我國、孟子梁惠王篇、夫子罕言利、論語子罕篇、放於利而行多怨、論語里仁篇、趙恆曰、讀孟子書、首揭孟子答梁惠利國之問、而合之於利孔子罕言之旨、推尊孟子之意至矣、其時稷下諸儒尤多、而推尊孟子、使后人以孔孟並稱者、自太史公始、受業子思之門人、師友淵源之出於孔子也、述唐虞三代之德、立身行道之出於孔子也、退而與萬章云云、著書立言之出於孔子也、至末言豈與仲尼菜色云云同乎哉、困厄不遇之不異於孔子也、

孟軻、騶人也。[索隱]軻、音苦何反、又苦賀反、鄒、魯地名、又云邾、邾人徙鄒故也、[正義]軻字子輿、爲齊卿、鄒、兗州縣、[考證]騶一作鄒、鄒本春秋邾國、後改號曰鄒、水經注以爲卽孔子陬邑、非是、孟子亦曰、近聖人之居、不曰與聖人同邑、梁玉繩曰、案史不書孟子之字、趙岐題辭曰、字未聞、考漢藝文志、師古注引聖證論云、字子車、王氏藝文志考證引傅子云、字子輿、文選劉峻辨命論、子輿困臧倉之訴、注亦引傅子云、鄒之君子孟子輿、唐虞世南北堂書鈔引孟軻傳、荀子非十二子篇楊注竝云、字子輿、孔叢子雜訓云、孟子車、注一作子居、據此則魏晉以來始傳孟子之字、故正義著之、雖未詳其所得、要非無據、可補史遺、古車輿通如秦三良子車氏、史于秦紀、趙世家扁鵲傳、並作子輿、可驗、惟居字以音同而譌、顏師古急就篇注、孟子字子居、廣韻、孟子居貧轗軻、故名軻、字子居、疑非、受業子思之門人。[索隱]王劭以人爲衍字、則以爲軻受業孔伋之門也、今言門人者、乃受業於子思之弟子也、[考證]梁玉繩曰、孟子題辭曰、長師孔子之孫子思、漢藝文志云、子思弟子、孔叢雜訓云、孟子車請見子思、甚說其志、又牧民居衞篇有問答語、風俗通窮通篇云、軻受業於子思、而史稱受業於子思門人、索隱引王邵謂人字衍、蓋以史爲誤也、然攷伯魚先夫子歿五載、子思當不甚幼、子思八十二卒、非六十二、姑以夫子歿時十歲計之、則卒于威烈王十八年、而赧王元年、齊伐燕、孟子猶及見之、其去子思之卒九十五年、孟子壽百餘歲、方與子思相接、恐孟子未必如是長年、則安得登子思之門而親爲授受哉、且孟子言云、私淑諸人、更是確證、史似得其實、中井積德曰、自孔子卒、至齊宣王百五十年、子思壽百歲、亦不得遭孟子誕期、道既通、游事齊宣王。宣王不能用。適梁。梁惠王不果所言。則見以爲迂遠而闊於事情。[考證]梁玉繩曰、孟子游歷、史言先齊後梁、趙岐孟子注、風俗通窮通篇竝同、古史從之、然年數不合、當從通鑑始游梁、繼仕齊爲通是、通鑑蓋據列女傳母儀篇也、孫奕示兒編曰、七篇之書、以梁惠王冠首、以齊宣王之問繼其後、則先後有序可見矣、故列傳爲難信、愚按孟子游梁惠王後十五年、卽周愼靚王

元年、明年、惠王卒、襄王嗣位、孟子知其不足與爲、去梁游齊、顧炎武日知錄、王懋竑白田草堂集、任兆麟孟子考、江愼修羣經補義、施樸齋孟子年譜、黃式三周季編略諸書、論之詳矣、說又見魏世家、 當是之時、秦用商君、富國彊兵、楚・魏用吳起、戰勝弱敵、齊威王・宣王用孫子・田忌之徒、而諸侯東面朝齊、天下方務於合從連衡、以攻伐爲賢。而孟軻乃述唐・虞・三代之德。是以所如者不合。【考證】孟子最惡戰、其言曰、今之事君者曰、我能爲君約與國、戰必克、今之所謂良臣、古之所謂民賊也、又曰、不教民而用之、謂之殃民、殃民者不容於堯舜之世、又曰、不仁哉梁惠王也、以土地之故、糜爛其民而戰之、又曰、君不行仁政、而爲之强戰、爭地以戰、殺人盈野、爭城以戰、殺人盈城、是所謂率土地而食人肉、罪不容於死、故善戰者服上刑、其惡攻伐如此、宜矣所如者不合、 退而與萬章之徒、序詩書、述仲尼之意、作孟子七篇。【索隱】孟子有萬章公明高等、並軻之門人也、萬姓、章名、【正義】孟子有萬章公明高等、孟軻撰、趙岐注、又一本七卷、劉熙撰、又一本九卷、綦毋邃撰也、【考證】梁玉繩曰、七篇中言書凡二十九、援詩凡三十五、故稱敍詩書、趙岐亦云、孟子言五經、尤長于詩書、隋書經籍志云、孟子十四卷、齊卿孟軻撰、趙岐注、孟子七卷、鄭玄注、孟子七卷、劉熙注、孟子九卷、綦毋邃撰、亡、中井積德曰、公明高非孟子門人、注謬、 其後有騶子之屬。齊有三騶子。其前騶忌以鼓琴干威王、因及國政、封爲成侯、受相印。先孟子。【正義】三騶、騶忌、衍、奭、【考證】騶忌事、見田敬仲世家、張文虎曰、中統、游、王、柯、毛本、騶作鄒、 其次騶衍、後孟子。騶衍睹有國者益淫侈、不能尙德若大雅整之於身、施及黎庶矣、【考證】大雅思齊篇云、刑于寡妻、至于兄弟、以御于家邦、 乃深觀陰陽消息、而作怪迂之變、終始大聖之篇、十餘萬言。【正義】七錄云、鄒子、鄒衍撰、七略云、鄒子二種、合一百條、篇亡、今惟此、又似後人所記、【考證】迂、訏通、大也、下文迂大之迂、倣此、漢書藝文志、陰陽家鄒子四十九篇、注、名衍、齊人、爲燕昭王師、居稷下、號談天衍、鄒子終始五十六篇、七略曰、鄒子二種者卽此、沈欽韓曰、文選注、劉向別錄曰、鄒衍在燕、燕有谷、地美而寒、不生五穀、鄒子居之、吹律而溫氣至、五穀生、今名黍谷、漢武帝時、嚴安上書稱鄒子曰、政敎文質者、所以云變也、周禮司爟注、鄭司農說引鄒子、與周書月令同、又曰、封禪書、齊威宣之時、騶子之徒、論著終始五德之運、及秦帝而齊人采之、故始皇采用之、鹽鐵論論鄒篇、大夫曰、鄒子疾晚世之儒墨、不知天地之宏曠、守一隅而欲知萬方、於是推大聖終始之運、以喩王公列士、所謂中國者天下八十分之一、名曰赤縣神州、而分爲九州、川谷阻絕、陵陸不通、乃爲一州、有八瀛海、環其外、此所謂八極、文學曰、鄒衍非聖人、作怪惑誤六國之君、春秋所謂匹夫熒惑諸侯也、愚按鄒子二書今佚、馬國翰有輯本、 其語閎大不經、必

先驗小物、推而大之、至於無垠、先序今以上至黃帝、學者所共術、大竝世盛衰、【集解】竝、音蒲浪反、【索隱】言其大體隨代盛衰、觀時而說事、【正義】竝、蒲浪反、言大竝依時浮沈而說事、【考證】術、述通、方苞曰、大當作及、傳寫誤也、蓋先序戰國、以上至黃帝事、爲學者所共稱述者、然後及竝世盛衰也、中井積德曰、大竝之大、謂大抵也、愚按中說近是、 因載其禨祥度制、推而遠之、至天地未生、窈冥不可考而原也。先列中國名山大川通谷、禽獸水土所殖、物類所珍、因而推之、及海外人之所不能睹、稱引天地剖判以來、五德轉移、治各有宜、而符應若茲。【正義】五德、木火金水土、【考證】文選魏都賦注、應貞華林園集詩引七略云、鄒子有終始五德、言土德從所不勝、水德繼之、金德次之、火德次之、水德次之、中井積德曰、五德肇于此、長流毒于後世、學者不知不覺、駸駸入于異端、 以爲儒者所謂中國者、於天下乃八十一分居其一分耳。【索隱】桓寬王充、以衍之所言迂怪虛妄、熒惑六國之君、因納其異說、所謂匹夫而熒惑諸侯者也、【正義】鹽鐵論及論衡、竝以衍之所言迂怪虛妄、熒惑六國之君、因納其異說、所謂匹夫而熒惑諸侯者也、【考證】黃式三曰、桓寬鹽鐵論論鄒篇、王充論衡談天篇、皆駁鄒衍之說、然今地球圓說、天下之大、過於鄒衍論、儒者未可毀所不見也、 中國名曰赤縣神州。赤縣神州內自有九州。禹之序九州是也。不得爲州數。中國外如赤縣神州者九。乃所謂九州也。於是有裨海環之、【索隱】裨、音脾、裨海、小海也、九州之外、更有大瀛海、故知此裨是小海也、且將有裨將、裨是小義也、 人民禽獸、莫能相通者、如一區中者、乃爲一州。如此者九、乃有大瀛海環其外。天地之際焉。【正義】言一州縣有裨海、環繞之、九天下有九州、有大瀛海環繞其外、乃至天地之際也、 其術皆此類也。然要其歸、必止乎仁義節儉、君臣上下、六親之施。始也濫耳。【索隱】濫、卽濫觴、是江源之初始、故此文意、以濫爲初也、【正義】謂衍之術、言君臣上下六親之際、行事之所施所始、皆可爲後代之宗本、故云濫耳、六親、外祖父母一、妻母二、姨妹之子三、兄弟子四、從子五、女之子六、王弼云、父母兄弟妻子、鄒子睹有國者益淫侈、不能尙德、須若大雅整之身、延及黎庶矣、乃作術、其終要歸乎仁義節儉君臣上下六親之施、始初也、猶泛濫未能周備、故云濫耳、若江源濫觴、【考證】顧炎武曰、濫者汎而無節之謂、猶莊子之洸洋自恣也、錢大昕曰、衍之說、始雖泛濫、而要歸于仁義節儉耳、司馬相如傳云、相如雖多虛辭濫說、然其要歸引之節儉、語意

正相類、

王侯大人、初見其術、懼然顧化。【索隱】懼、音劬、謂衍之術、皆動人心、見者莫不懼然駐想、又內心留顧而已化之、謂欲從其術也、按化者是易常聞而貴異術也、【正義】懼、俱遇反、王公大人見衍術無不懼然念駐、欲顧其術以化民、其後亦不能行、【考證】中井積德曰、懼、瞿同、驚視貌、顧、反也、化、歸往之意、其後不能行之。是以騶子重於齊。適梁。惠王郊迎執賓主之禮。適趙。平原君側行襒席。【索隱】按字林曰、襒、音疋結反、韋昭曰、敷蔑反、張揖三蒼訓詁云、襒、拂也、謂側而行、以衣襒席爲敬、不敢正坐當賓主之禮也、【考證】文選注引說文、襒、拂也、刺客傳、蔽席、三字通用、如燕。昭王擁彗先驅、【索隱】按彗、帚也、謂爲之埽地以衣袂擁帚而卻行、恐塵埃之及長者、所以爲敬也、【正義】彗、帚也、擁彗則執帚曲腰埽也、言昭王向曲腰若擁彗先驅之類、【考證】中井積德曰、襒席、爲除席塵也、擁彗、執賤役也、非實埽地、與漢太公擁彗迎門卻行同、請列弟子之座而受業、築碣石宮身親往師之。【正義】碣石宮、在幽州薊縣西三十里寧臺之東、作主運。【索隱】按劉向別錄云、騶子書有主運篇、其游諸侯見尊禮如此。豈與仲尼菜色陳·蔡、孟軻困於齊·梁同乎哉。【索隱】按仲尼孟子、法先王之道、行仁義之化、且菜色困窮、而騶衍執詭怪、營惑諸侯、其見禮重如此、可爲長太息哉、【正義】孔子孟子、法先王之道、行仁義之化、且菜色困窮、騶衍執詭怪、惑諸侯、反見尊禮、痛哉時君之無識也、

故武王以仁義伐紂而王。伯夷餓不食周粟。衞靈公問陳。而孔子不荅。梁惠王謀欲攻趙。孟軻稱大王去邠。【索隱】今按孟子太王去邠、是軻對滕文公語、今云梁惠王謀攻趙、與孟子不同、【考證】衞靈公問陳、論語衞靈公篇、孟軻稱大王去邠、孟子梁惠王篇、此豈有意阿世俗苟合而已哉。持方枘欲內圜鑿、其能入乎。【索隱】按方枘、是筍也、圜鑿、是孔也、謂工人斲木、以方筍而內之圜孔、不可入也、故楚詞云、以方枘而內圜鑿、吾固知其鉏鋙而不入、是也、謂戰國之時、仲尼孟軻、以仁義干世主、猶方枘圜鑿然、【考證】索隱引宋玉九辯、或曰。伊尹負鼎、而勉湯以王、百里奚飯牛車下、而繆公用霸。作先合、然後引之大道。騶衍其言雖不軌、儻亦有牛鼎之意乎。【索隱】按呂氏春秋云、函牛之鼎、不可以烹雞、是牛鼎、言衍之術迂大、儻若大用之、是有牛鼎之意、而譙周亦云、觀太史公此論、是其愛奇之甚、【正義】太史公見騶衍之說、怪迂詭辯、而合時君、疑衍若伊尹百里奚先作牛鼎之意、【考證】李笠曰、作、同詐、謂先以詐術求合、然引之大道也、之、同至、張文虎曰、宋本、中統、游、凌、飯作飰、顧炎武曰、儻有牛鼎之意乎、謂伊尹負鼎、百里奚飯牛之意、籍此說以干時君、非有仲尼孟子守正不阿之論也、中井積德曰、太史公引或說以廣

之、後人乃爭以罪太史公、何也、自騶衍與齊之稷下先生。【索隱】稷下、齊之城門也、或云稷下、山名、謂齊之學士集於稷門之下、如淳于髡·慎到·環淵·【索隱】按劉向別錄、環作姓也、接子·【索隱】古著書人之稱號、田駢·【索隱】步堅、步經反、二音、騶奭之徒、各著書、言治亂之事、以干世主。豈可勝道哉。【正義】慎子十卷、在法家、則戰國時處士、接子二篇、田子二十五篇、齊人、游稷下、號天口、接、田二人道家、騶奭十二篇、陰陽家、【考證】王念孫曰、生下如字、當移自下、自如者、統下之詞、稷下先生、卽指淳于髡諸人而言、下文曰、自如淳于髡以下、又曰、自如孟子至于吁子、匈奴傳曰、自如左右賢王以下至當戶、皆以自如二字連文、田完世家曰、自如騶衍淳于髡田駢接子慎到環淵之徒、此尤其明證也、愚按、此文以騶衍爲主、遂及淳于慎環之徒也、原文自通、何必改作、文選宣德皇后令注、引七略云、齊田駢好談論、故齊人爲語曰、天口駢、天口者、田駢子不可窮、其口若事天、淳于髡齊人也。博聞彊記、學無所主。其諫說、慕晏嬰之爲人也。【考證】髡、齊人、故慕晏嬰也、今本晏子春秋、首有諫上諫下二篇、然而承意觀色爲務。客有見髡於梁惠王。惠王屛左右獨坐、而再見之、終無言也。惠王怪之、以讓客曰。子之稱淳于先生、管·晏不及。

【考證】客、蓋齊人、楓、三本、無先字、及見寡人、寡人未有得也。豈寡人不足爲言邪、何故哉。客以謂髡。髡曰。固也。吾前見王。王志在驅逐。後復見王。王志在音聲。吾是以默然。【考證】凌稚隆曰、此正承意觀色處、客具以報王。王大駭曰。嗟乎、淳于先生誠聖人也。前淳于先生之來、人有獻善馬者。寡人未及視。會先生至。後先生之來、人有獻謳者。未及試、亦會先生來。寡人雖屛人、然私心在彼。有之。【索隱】謂私心實在彼馬與謳也、有之、謂我實有此二事也、【考證】中井積德曰、志在外者、起居輕躁、顏目不定、唯髡善察之不失、所謂觀色、是也、若夫音與驅、則髡之入門而獲於見聞者、不足以爲奇矣、後淳于髡見。壹語連三日三夜無倦。惠王欲以卿相位待之。髡因謝去。於是送以安車駕駟、束帛加璧、黃金百鎰。終身不仕。【考證】張文虎曰、舊刊壹作一、梁玉繩曰、淳于髡豈終身不仕者、此言失實、沈家本曰、與下文自淳于髡以下、皆命曰列大夫相牴牾、愚按淳于髡事、又見田完世家滑

稽傳、孟子、呂覽、戰國策、蓋游齊梁間者、慎到趙人。田駢・接子齊人。環淵楚人。皆學黃・老道德之術、因發明序其指意。故慎到著十二論、環淵著上下篇。【集解】徐廣曰、今慎子、劉向所定、有四十一篇、【考證】今本慎子、威德因循民雜知忠德立君人諸篇殘缺極多、文選七發注引七略云、蜎子名淵、楚人也、漢書藝文志、蜎子十三篇、名淵、楚人、老子弟子、蜎環、音近、而田駢・接子皆有所論焉。【考證】漢書藝文志、田子二十五篇、沈欽韓曰、莊子天下篇、田駢學於彭蒙、按尹文子大道下篇、田子讀書、彭蒙在側、田子曰、蒙之言然、又似彭蒙學於田子也、騶奭者、齊諸騶子。亦頗采騶衍之術以紀文。【考證】楓、三本、諸騶下無子字、漢書藝文志、鄒奭子十二篇、於是齊王嘉之、自如淳于髡以下皆命曰列大夫、爲開第康莊之衢、【集解】爾雅曰、四達謂之衢、五達謂之康、六達謂之莊、【正義】言爲諸子起第宅於要路也、高門大屋尊寵之、覽天下諸侯賓客。言齊能致天下賢士也。【考證】中井積德曰、覽、觀也、示也、謂使諸侯賓客覽觀之、荀卿趙人。【索隱】名況、卿者時人相尊而號爲卿也、仕齊爲祭酒、仕楚爲蘭陵令、後謂之孫卿子者、避漢宣帝諱改也、【考證】荀孫、古音相通、故先秦諸書、或曰孫、或曰荀、荀子書

中、亦有稱孫卿、卿蓋其字、猶虞卿・荊卿之類、不必尊稱、年五十、始來游學於齊。【考證】風俗通窮通篇云、齊威宣之時、孫卿有秀才、年十五、始來游事、至襄王時、孫卿故爲老師、郡齋讀書記引劉向序、亦作十五、桃源藏曰、曰五十始遊者、以見宿學之精熟也、若十五則始字不通、唐書・高適年五十始作詩、騶衍之術、迂大而閎辯。奭也文具難施。淳于髡久與處、有得善言。故齊人頌曰。談天衍、雕龍奭、炙轂過髡、【集解】徐廣曰、炙轂、一作亂調、劉向別錄曰、騶衍之所言、五德終始、天地廣大、盡言天事、故曰談天、騶奭脩衍之文、飾若雕鏤龍文、故曰雕龍奭、別錄曰、過字作輠、輠者車之盛膏器也、炙之雖盡、猶有餘流者、言淳于髡智不盡、如炙輠也、左思齊都賦注曰、言其多智難盡、如炙膏之有潤澤也、【索隱】按劉向別錄、過字作輠、輠、車之盛膏器也、炙之雖盡、猶有餘津、言髡智不盡如炙輠也、按劉氏云、轂衍字也、今按文稱炙轂過、則過是器名、音如字讀、謂盛脂之器名過、過與鍋字相近、蓋即脂器也、轂即車轂、過爲潤轂之物、則轂非衍字矣、【正義】謂、音化、亂調、疾言也、【考證】中井積德曰、衍之術、一味迂闊、蕩蕩茫茫、如談天也、談天亦是比喻、非以其書言天事爲稱也、奭之雕龍、亦謂其不中用也、太史公既下語曰迂大、曰難施、何勞別解、愚按、文選宣德皇后令注、引七略云、鄒赫子齊人、齊人爲語曰、雕龍赫、言鄒赫之術、文飾之若雕鏤龍文也、赫・奭音近、田駢之屬、皆已死齊襄王時。【索隱】襄王名法章、湣王子、莒人所立者、【考證】鄒當時傳、鄒君死孝文時、與此同一文法、是荀子游齊、在襄王既沒之後、而荀卿最爲

老師。齊尚脩列大夫之缺。而荀卿三爲祭酒焉。【索隱】按禮、食必祭先、飲酒亦然、必以席中之尊者一人當祭耳、後因以爲官名、故吳王濞爲劉氏祭酒、是也、而卿三爲祭酒者、謂荀卿出入前後三度處・列大夫康莊之位、而皆爲其所尊、故云、三爲祭酒也、齊人或讒荀卿。荀卿乃適楚。而春申君以爲蘭陵令。【正義】蘭陵縣屬東海郡、今沂州承縣有蘭陵山、春申君死、而荀卿廢。因家蘭陵。【考證】春申君卒、楚考烈王二十五年、秦始皇六年、梁玉繩曰、案楚策・韓詩外傳四・劉向荀子序・風俗通窮通篇、並言春申君因客之說、使人謝荀卿、遂去之趙、爲上卿、春申君又因客之說、使人請于趙、荀卿謝之以書、後不得已復爲蘭陵令、史不書其之趙、甚踈、至所謂春申死而荀卿廢者、指復爲蘭陵令時也、全祖望經史問答、未檢及此、因疑荀子辭春申而去、及春申死、荀子以甘棠之舊、復游蘭陵而卒、未免臆說、愚按、張照亦有此說、引荀子賦篇爲證、李斯嘗爲弟子。已而相秦。【考證】又見李斯傳、荀子議兵篇、載荀李問答、荀卿嫉濁世之政、亡國亂君相屬、不遂大道而營於巫祝、信禨祥、鄙儒小拘如莊周等、又猾稽亂俗、於是推儒墨道德之行事興壞、序列數萬言而卒。因葬蘭陵。【考證】猾、滑通、毛本作滑、荀卿之卒、不知何年、荀子堯問

篇云、孫卿迫于亂世、鰌于嚴刑、上無賢主、下遇暴秦、鹽鐵論毀學篇云、方李斯之相秦也、始皇任之、人臣無二、然荀卿爲之不食、覩其罹不測之禍也、據此則李斯相秦之時、荀卿尚存、按史、斯之相、在秦幷天下之後、距春申君之死廿四年、距齊襄王之死五十一年、是時荀子猶存、則亦長壽之人也、漢書藝文志云、孫卿子三十三篇、沈欽韓曰、劉向上言云、臣所校讎中孫卿書、凡三百二十二篇、以相校除復重二百九十篇、定著三十二篇、漢志云三十三篇、或連向敘歟、謝墉曰、荀子生孟子之後、最爲戰國老師、太史公作傳論次諸子、獨以孟子荀卿相提並論、蓋自周末歷秦漢以來、孟荀並稱久矣、小戴所傳三年問、全出禮論篇、樂記鄉飲酒義所引、俱出樂論篇、聘義子貢問貴玉賤珉、亦與德行篇大同、大戴所傳禮三本篇、亦出禮論篇、以宥坐篇末見大水一則附之、哀公問五義、出哀公篇之首、則知荀子所著、載在二戴記者尚多、而本書或反缺佚、愚竊嘗讀其全書、而知荀子之學之醇正、文之博達、自四子而下、洵足冠冕羣儒、非一切名法諸家所可同類共觀也、嚴可均曰、荀子自是孟子以後第一人、非但傳禮傳樂也、又傳詩傳春秋、申公受詩于浮丘伯、浮丘伯荀子弟子、是爲詩荀子所傳也、韓詩外傳引荀子以說詩者四十餘事、是韓嬰亦荀子私淑弟子也、子夏五傳至荀子、荀子傳大毛公、見陸德明經典敘錄、是毛詩亦荀子所傳也、荀子大略篇言春秋賢穆公、善胥命、是爲公羊春秋之學、瑕丘江公受穀梁春秋及詩于申公、是穀梁春秋荀子所傳也、左丘明作傳以授曾申、曾申五傳至荀子、是左氏春秋荀子所傳也、劉向孫卿書錄稱孫卿善爲詩禮易春秋、今觀非相大略二篇、是善爲易、古籍闕亡、其受授不得盡知也、孔子之道在六經、自尙書外、皆由荀子得傳、愚按、嚴說本于汪中荀卿子通論、而趙亦有公孫龍、爲堅白同異之辯、【集解】晉大康地記云、汝南西平縣有龍

淵水、可用淬刀劍、特堅利、故有堅白之論、云黃所以爲堅也、白所以爲利也、或辯之曰、白所以爲不堅、黃所以爲不利、[索隱]按、卽仲尼弟子名也、此云趙人、弟子傳作衞人、鄭玄云、楚人、各不能知其眞也、又下文云、竝孔子同時、或曰、在其後、所以知非別人也、藝文志、公孫龍子十四篇、顏師古云、卽爲堅白之辯、按平原君傳、騶衍同時、[正義]括地志云、西平縣、豫州西北百四十里、有龍淵水也、[考證]公孫龍事又見平原君傳、與仲尼弟子公孫龍別人、下文或曰竝孔子時、或曰在其後、專斥墨子而言、索隱謬甚、莊子駢拇篇云、駢於辯者、纍瓦結繩竄句、遊心於堅白同異之間、堅白蓋堅石白馬之說也、同異以同爲異、以異爲同也、今本公孫龍子有跡府白馬指物通變堅白名實六篇、白馬篇云、白馬非馬、可乎、曰、可、何哉、曰、馬者所以命形也、白者所以命色也、命色者非命形也、堅白篇云、堅白石三、可乎、曰、不可、二可乎、曰、可、謂目視石、但見白、不知其堅、則謂之白石、手觸石則知其堅、而不知其白、謂之堅石、堅白終不可合爲一也、今本未必龍之舊、錄以備考、

劇子之言。[集解]徐廣曰、按應劭氏姓注、直云處子也、[索隱]按著書之人、姓劇氏、而稱子也、前史不記其名也、故趙有劇孟及劇辛也、[正義]趙有劇孟劇辛、是有劇姓、而史記不記其名、徐廣曰、應劭氏姓注、直云處子也、藝文志云、劇子九篇、[考證]沈濤曰、漢書藝文志、處子九篇、師古曰、史記云、趙有處子、則是小顏所見本、作處不作劇、元和姓纂引風俗通、漢處興爲北郡太守、王應麟曰、蓋處子之後、史記集解引徐廣曰、應劭氏姓注云、處子、是徐野民所見本、亦作處不作劇、作劇者乃小司馬張守節本、姓纂八語處姓、二十陌劇姓、皆引藝文志、豈漢書本亦有處劇之不同乎、

魏有李悝盡地力之教。[正義]藝文志、李子三十二篇、李悝相魏文侯、富國彊兵、[考證]貨殖傳云、當魏文侯時、李克務盡地力、平準書云、魏用李克盡地力爲彊君、王應麟曰、以藝文志考之、李克七篇在儒家、李悝三十二篇在法家、盡地力者悝也、非克也、愚按、李克事、又見魏世家吳起列傳、未嘗言盡地力之事、說又見平準書、

楚有尸子長盧。[集解]劉向別錄曰、楚有尸子、疑謂其在蜀、今按尸子書、晉人也、名佼、秦相衞鞅客也、衞鞅商君謀事畫計、立法理民、未嘗不與佼規之也、商君被刑、佼恐并誅、乃亡逃入蜀、自爲造此二十篇書、凡六萬餘言、卒葬蜀、[索隱]按尸子名佼、音絞、晉人、事具別錄、長盧未詳、[正義]長盧九篇、楚人、[考證]尸子今佚、孫星衍刺取書傳、輯爲二卷、長盧之書亦不傳、列子天瑞篇引長盧子、或是同人、

阿之吁子。[集解]徐廣曰、阿者、今之東阿、[索隱]阿、齊之東阿也、吁、音芋、別錄作芋子、今吁亦如字也、[正義]按東齊州也、藝文志云、吁子十八篇、名嬰、齊人、七十子之後、顏師古云、音弭、按是齊人、阿又屬齊、恐顏公誤也、[考證]阿上疑脫齊有二字、其書今佚、張文虎曰、疑吁字本或作咩、故小司馬音芋、師古音弭、咩卽芋之俗字、見玉篇、

自如孟子至于吁子、世多有其書。故不論其傳云。蓋墨翟宋之大夫、善守禦爲節用。[集解]墨子曰、公輸般爲雲梯之械成、將以攻宋、墨子聞之、至於郢、見公輸般、墨子解帶爲城、以牒爲械、公輸般九設攻城之機變、墨子九距之、公輸般之攻械盡、墨子之守固有餘、公輸般詘而言曰、吾知所以距子矣、吾不言、墨子亦曰、吾知子之所以距我者、吾不言、楚王問其故、墨子曰、公輸子之意、不過欲殺臣、殺臣、宋莫能守、可攻也、然臣之弟子禽滑釐等三百人、已持臣守國之器、在宋城上而待楚寇矣、雖殺臣、不能絕也、楚王曰、善哉、吾請無攻宋城矣、[索隱]注爲雲梯之械者、按梯、構木瞰高也、雲者、言其昇高入雲、故曰雲梯、械者器也、謂攻城之樓櫓也、注墨子解帶爲城者、謂墨子爲術、解身上革帶以爲城也、注以牒爲械者、按牒者、小木札也、械者、樓櫓等也、注公輸般之攻械盡者、劉氏云、械謂飛梯撞車飛石車弩之具、詘、音丘勿反、謂般技已盡、墨守有餘、禽滑釐者、墨子弟子之姓字也、釐音里、[考證]蓋字上疑有脫文、畢沅曰、墨子七十一篇、見漢藝文志、隋以來爲十五卷目一卷、見隋經籍志、宋亡九篇、爲六十一篇、見中興館閣書目、實六十三篇、後又亡十篇、爲五十三篇、卽今本也、淮南子氾論訓云、弦歌鼓舞以爲樂、盤旋揖讓以修禮、厚葬久喪以送死、孔子之所立也、而墨子非之、兼愛尚賢、右鬼非命、墨子之所立也、而楊子非之、全性保眞、不以物累形、楊子之所立也、而孟子非之、

或曰竝孔子時。或曰在其後。[索隱]按別錄云、今按墨子書有文子、文子卽子夏之弟子、問於墨子、如此則墨子在七十子之後也、[考證]或曰二句、專就墨子而言、孫詒讓曰、以今五十三篇之書推校之、墨子前及與公輸般魯陽文子相問答、而後及見齊太公和與齊康公興樂、楚吳起之死、上距孔子之卒、幾及百年、則墨子之後孔子蓋信、審覈前後約略計之、墨子當與子思並時、而生年尚在其後、當生於周定王之初年、而卒於安王之季、蓋八九十歲、亦壽考矣、其仕宋蓋當昭公之世、淩約言曰、太史公略敘孟子遊說不遇、退而著書、卽開說當時餘子之紛紛、然後結以荀卿之尊孔子明王道、及其名傳、獨以孟荀而餘子不與焉、其布置之高、旨意之深、卓乎不可尙矣、

[索隱]述贊、六國之末、戰勝相雄、軻遊齊魏、其說不通、退而著述、稱吾道窮、蘭陵事楚、騶衍談空、康莊雖列、莫見收功、

孟子荀卿列傳第十四　　史記七十四

文學博士瀧川龜太郎著

史記會注考證

史記會注考證卷七十五

漢　太史令司馬遷撰
宋　中郎外兵曹參軍裴駰集解
唐　國子博士弘文館學士司馬貞索隱
唐　諸王侍讀率府長史張守節正義
日本　出雲瀧川資言考證

孟嘗君列傳第十五　史記七十五

【考證】史公自序云、好客喜士、士歸于薛、爲齊扞楚魏、作孟嘗君列傳第十五、陳仁錫曰、太史公作四君序、具見好客意、孟嘗則曰、以故傾天下之士、平原則曰、故爭相傾以

待士、信陵則曰、傾平原君客、春申則曰、招致賓客、以相傾奪、愚按四君以類敍列、以見當時風尚、不關年代先後、

孟嘗君名文。姓田氏。文之父曰靖郭君田嬰。田嬰者、齊威王少子、而齊宣王庶弟也。【索隱】按戰國策及諸書、竝無此言、蓋諸田之別子也、故戰國策每稱嬰子盼子、高誘注云、田盼田嬰也、王劭又按戰國策云、齊貌辯謂宣王曰、王方爲太子時、辯謂靖郭君、不若廢太子更立郊師、靖郭君不忍、宣王太息曰、寡人少殊不知、以此言之、嬰非宣王弟明也、田嬰自威王時任職用事、與成侯鄒忌及田忌將而救韓伐魏。【考證】梁玉繩曰、此指齊威王二十六年桂陵之役、是救趙、非救韓也、且成侯不與田忌同將、田完世家甚明、當是田嬰與田忌將而救趙伐魏耳、此誤、成侯與田忌爭寵。成侯賣田忌。田忌懼、襲齊之邊邑。不勝亡走。會威王卒、宣王立。知成侯賣田忌、乃復召田忌以爲將。【考證】事又見田完世家、梁玉繩曰、案田忌之亡、在宣王二年、不在威王時、亦無襲齊復召之事、說在田完世家、宣王二年、田忌與孫臏・田嬰俱伐魏、敗之馬陵、虜魏太子申、而殺魏將龐涓。【索隱】紀年、當梁惠王二十八年、至

三十六年改爲後元也、【考證】事又見魏世家孫臏傳、張文虎曰、索隱六誤一、據魏世家索隱引紀年改、　宣王七年、田嬰使於韓・魏。韓・魏服於齊。嬰與韓昭侯・魏惠王會齊宣王東阿南。盟而去。【索隱】紀年、當惠王之後元十一年、彼文作平阿、又云、十三年、會齊威王于鄄、與此明年、齊宣王與梁惠王會鄄文同、但齊之威宣二王、文舛互竝不同、【正義】東阿、濟州縣也、【考證】梁玉繩曰、案表及魏與田完世家、會平阿南、非東阿也、索隱引紀年、亦作平阿、而平阿之會、止魏齊二王、無韓昭侯、此皆誤、　明年、復與梁惠王會甄。【集解】音絹、　是歲、梁惠王卒。【考證】惠王是年改元、非卒也、說在魏世家、　宣王九年、田嬰相齊。齊宣王與魏襄王會徐州、而相王也。【正義】紀年云、梁惠王三十年、下邳遷于薛、改名徐州、【考證】是時無相王事、會又不止齊魏二國、襄當作惠、說在魏世家、　楚威王聞之、怒田嬰。【考證】梁玉繩曰、此語不可解、將謂聞田嬰相齊而怒乎、抑聞相王而怒乎、攷是時齊說越令攻楚、故威王怒而伐齊、楚世家所云、齊欺楚也、則不必專怒嬰子、又齊策載、有齊將封嬰于薛、楚懷王聞之大怒、將伐齊、公孫閈說之而罷、乃後此十四年事、則不得稱威王怒、蓋史之誤、　明年、楚伐敗齊師於徐州、而使人逐田嬰。田嬰使張丑說楚威王。威王乃止。田嬰相

齊。十一年、宣王卒、湣王卽位。卽位三年、而封田嬰於薛。【索隱】紀年以爲梁惠王後元十三年四月、齊威王封田嬰于薛、十月齊城薛、十四年、薛子嬰來朝、十五年、齊威王薨、嬰初封彭城、皆與此文異也、【正義】薛故城、在今徐州滕縣南四十四里也、【考證】宣王後十三四年始卒、史誤爲湣王之年、故以封嬰在湣王世、說在田完世家、薛故城、在山東滕縣南、方苞曰、田嬰事多田齊世家、而復詳之、著受封之始也、然終傷於繁矣、初田嬰有子四十餘人。其賤妾有子名文。文以五月五日生。嬰告其母曰。勿舉也。其母竊舉生之。【索隱】按上舉、謂初誕而舉之、下舉、謂浴而乳之、生、謂長養之也、【考證】楓山、三條本、及御覽二十一、無五日二字、 及長、其母因兄弟而見其子文於田嬰。田嬰怒其母曰。吾令若去此子。而敢生之。何也。【考證】御覽、無其母字、因下有其字、敢上無而字、 文頓首。因曰。君所以不舉五月子者何故。嬰曰。五月子者、長與戶齊、將不利其父母。【索隱】按風俗通云、俗說五月五日生子、男害父、女害母、【正義】俗說五月五日生子、男害父、女害母、 文曰。人生受命於天乎。將受命於戶邪。嬰默然。文曰。必

受命於天、君何憂焉。必受命於戶、則可高其戶耳。誰能至者。嬰曰。子休矣。久之、文承閒問其父嬰曰。子之子爲何。曰。爲孫。孫之孫爲何。曰。爲玄孫。玄孫之孫爲何。曰。不能知也。【索隱】按爾雅云、玄孫之子爲來孫、來孫之子爲昆孫、昆孫之子爲仍孫、仍孫之子爲雲孫、又有耳孫、亦是玄孫之子、不同也、【考證】索隱可刪、凌稚隆曰、不能知也、伏後遺所不知、 文曰。君用事相齊、至今三王矣。【考證】三王、威王宣王湣王、 齊不加廣。而君私家富累萬金、門下不見一賢者。文聞將門必有將。相門必有相。【考證】將相韻、 今君後宮蹈綺縠、而士不得裋褐。【索隱】短亦音豎、豎褐、謂褐衣而豎裁之、以其省而便事也、【考證】裋、各本作短、今從楓山、三條本、陳仁錫曰、今本裋作短、誤、張文虎曰、據索隱、短本作裋、故音豎、愚按裋、小襦也、 僕妾餘粱肉、而士不厭糟糠。今君又尙厚積餘藏、欲以遺所不知何人。【索隱】遺、音唯季反、【考證】猶言不知欲遺與何人也、遺所不知何人、承上文不能知、 而忘公家之事日損。文竊怪之。於是

嬰迺禮文、使主家待賓客。賓客日進、名聲聞於諸侯。諸侯皆使人請薛公田嬰、以文爲太子。嬰許之。嬰卒。謚爲靖郭君。【集解】皇覽曰、靖郭君冢、在魯國薛城中東南陬、【索隱】按謂死後別號之曰靖郭耳、則靖郭或封邑號、故漢齊王舅父駟鈞封靖郭侯、是也、陬、音鄒、亦音緅、陬者城隅也、【正義】靖郭君、邑名、蓋卒後賜邑號、【考證】中井積德曰、靖郭地名、而爲封號、是生時之號、非死後之謚、下文孟嘗君可併攷、崔適曰、謚猶號也、謚爲靖郭君、謚爲孟嘗君、猶號爲綱成君、號爲馬服君之比、 而文果代立於薛。是爲孟嘗君。孟嘗君在薛、招致諸侯賓客。及亡人有罪者、皆歸孟嘗君。孟嘗君舍業厚遇之。【索隱】按舍業者、捨棄其家產業、而厚事賓客也、劉氏云、舍、音赦、謂爲之築舍立居業也、【考證】舍業、索隱前說長、 以故傾天下之士。食客數千人。無貴賤一與文等。【考證】御覽四百七十五、文作之、王念孫曰、之字、指食客言、非指孟嘗君言、上文曰、文果代立於薛、是爲孟嘗君、自此以下、則皆稱孟嘗君、而不稱文、此句獨稱文、則與上下文不合、故知文爲之字之誤也、陳臥子曰、觀馮驩有幸代舍之遷、則孟嘗君之待客、本不等、何得云無貴賤、 孟嘗君待客坐語。【考證】楓山、三條本、待作侍、下文待客之待、亦作侍、 而屏風後常有侍

史。主記君所與客語、問親戚居處。客去。孟嘗君已使使存問獻遺其親戚。孟嘗君曾待客夜食。有一人蔽火光。客怒以飯不等、輟食辭去。【考證】御覽八百五十、有下無一字、以下有爲字、 孟嘗君起自持其飯比之。客慙自剄。士以此多歸孟嘗君。孟嘗君客無所擇、皆善遇之。人人各自以爲孟嘗君親己。秦昭王聞其賢、乃先使涇陽君爲質於齊、以求見孟嘗君。【考證】涇陽君、昭王同母弟公子悝、齊下以、楓山、三條本作亦、 孟嘗君將入秦。賓客莫欲其行。諫不聽。蘇代謂曰。今旦代從外來、見木禺人與土禺人相與語。【索隱】禺、音偶、又音寓、謂以土木爲之、偶類於人也、蘇代以土偶比涇陽君、木偶比孟嘗君也、【考證】齊策以爲蘇秦語、張文虎曰、禺、索隱本禺、各本作偶、讀書雜志云、封禪書木禺龍、後漢書劉表傳、其猶木禺之於人也、是偶古通作禺、愚按楓山、三條本作耦、又按木偶土偶之喩、專就孟嘗而言、中井積德曰、涇陽在齊、亦土偶、且非說所及、索隱謬甚、 木禺人曰。天雨。子將敗矣。土禺人曰。

我生於土。敗則歸土。今天雨流子而行。未知所止息也。今秦、虎狼之國也。而君欲往。如有不得還。君得無爲土偶人所笑乎。孟嘗君乃止。【考證】孟嘗君將入秦以下、本齊策、齊湣王二十五年、復卒使孟嘗君入秦。昭王卽以孟嘗君爲秦相。【考證】齊湣二十五年、卽秦昭八年、而秦紀云昭襄王九年、孟嘗君薛文來相秦、十年、薛文以金受免、與此差一年、人或說秦昭王曰。孟嘗君賢而又齊族也。今相秦。必先齊而後秦。秦其危矣。於是秦昭王乃止。囚孟嘗君、謀欲殺之。【考證】楓山、三條本、及御覽六百七十四、乃下無止字、此疑衍、孟嘗君使人抵昭王幸姬求解。【索隱】抵、音丁禮反、按抵、謂觸冒而求之也、【考證】抵、至也、幸姬曰。妾願得君狐白裘。【集解】韋昭曰、以狐之白毛爲裘、謂集狐腋之毛、言美而難得者、此時孟嘗君有一狐白裘、直千金、天下無雙。入秦、獻之昭王。更無他裘。孟嘗君患之、偏問客。莫能對。最下

坐有能爲狗盜者曰。臣能得狐白裘。乃夜爲狗以入秦宮藏中、【正義】藏、在浪反、取所獻狐白裘至。以獻秦王幸姬。幸姬爲言昭王。昭王釋孟嘗君。孟嘗君得出、卽馳去。更封傳變名姓、以出關。【索隱】更者、改也、改前封傳而易姓名、不言是孟嘗之名、封傳、猶今之驛券、夜半至函谷關。【正義】關、在陝州桃林縣西南十三里、秦昭王後悔出孟嘗君、求之。已去。卽使人馳傳逐之。孟嘗君至關。關法、雞鳴而出客。孟嘗君恐追至。客之居下坐者、有能爲雞鳴。而雞盡鳴。【考證】而雞、藝文類聚作羣雞、白氏六帖作衆雞、陳仁錫曰、一本盡作齊、遂發傳出。出如食頃、秦追果至關。已後孟嘗君出。乃還。始孟嘗君列此二人於賓客。賓客盡羞之。及孟嘗君有秦難、卒此二人拔之。自是之後、客皆服孟嘗君。過趙。趙平原君客之。趙人聞孟嘗君賢、

出觀之。皆笑曰。始以薛公爲魁然也。今視之、乃眇小丈夫耳。孟嘗君聞之、怒。客與俱者、下斫擊殺數百人、遂滅一縣以去。【考證】邵泰衢曰、孟嘗聲聞諸侯、傾天下士、眇小一語、何至殺人滅縣乎、卽曰客也、文獨不禁之乎、且以齊嘗而滅趙縣乎、齊湣王不自得。以其遺孟嘗君。【索隱】不自德、是愍王遺孟嘗君、自言己無德故也、【正義】言自嫌无德而遺孟嘗、【考證】索隱、正義本、得作德、德亦讀爲得、不自得、自以爲失、其心不安也、遺、遺孟嘗於秦也、孟嘗君至。則以爲齊相任政。孟嘗君怨秦、將以齊爲韓·魏攻楚、因與韓·魏攻秦、而借兵食於西周。【集解】徐廣曰、年表曰、韓魏齊共擊秦軍於函谷、蘇代爲西周謂曰。【索隱】戰國策、作韓慶爲西周謂薛公、君以齊爲韓·魏攻楚九年。取宛·葉以北、以彊韓·魏。【正義】宛、在鄧州、葉、在許州、二縣以北、舊屬楚、二國共沒以入韓魏、【考證】九年下、策有而字、梁玉繩曰、此仍西周策之誤、時爲赧王十七年、齊與韓魏攻秦、而齊于前三年共秦韓魏攻楚、于前五年與韓魏伐楚、則言九年非也、取宛葉亦妄、愚按、鮑彪策注、既有此說、今復攻秦以益之、韓·魏南無楚憂、西無秦患、則齊危矣。

韓·魏必輕齊畏秦。臣爲君危之。君不如令敝邑深合於秦、而君無攻、又無借兵食。君臨函谷而無攻、令敝邑以君之情謂秦昭王曰、薛公必不破秦以彊韓·魏。其攻秦也、欲王之令楚王割東國以與齊、【正義】東國、齊徐夷、【考證】凌稚隆曰、正義、齊疑當作楚、而秦出楚懷王以爲和、【考證】陳仁錫曰、昭王昭字、懷王懷字、當刪、君令敝邑以此惠秦。【考證】楓山、三條本、惠作忠、與策合、秦得無破而以東國自免也、秦必欲之。楚王得出、必德齊。齊得東國益彊、而薛世世無患矣。秦不大弱、而處三晉之西、三晉必重齊。薛公曰。善。【考證】文例、薛公當作孟嘗君、蓋襲策文、因令韓·魏賀秦、使三國無攻、而不借兵食於西周矣。【考證】孟嘗君怨秦以下、采西周策、令韓魏賀秦、策作韓慶入秦、是也、恩田仲任曰、太史公誤認慶字、改作韓魏賀秦、梁玉繩曰、時三國伐秦、不攻已幸、尙何賀哉、是時楚懷王入秦、秦留之。故欲必出之。

秦不果出楚懷王。【考證】徐孚遠曰、三國兵已罷、秦人失信、欲留楚王以制楚人、孟嘗君相齊。其舍人魏子、【索隱】舍人官微、記姓而略其名、故云魏子、【考證】中井積德曰、魏子不名、失之耳、爲孟嘗君收邑入。【索隱】收其國之租稅也、三反而不致一入。孟嘗君問之。對曰。有賢者。竊假與之。以故不致入。孟嘗君怒而退魏子。居數年、人或毀孟嘗君於齊湣王曰。孟嘗君將爲亂。及田甲劫湣王、湣王意疑孟嘗君。孟嘗君迺奔。【集解】徐廣曰、湣王三十四年、田甲劫王、薛文走、【考證】寬永本標記云、一本無疑字、王念孫曰、意下本無疑字、意孟嘗君者、疑其使田甲劫王也、意卽疑也、後人不知意之訓爲疑、故又加疑字耳、御覽人事部引此無疑字、魏子所與粟賢者聞之、乃上書言孟嘗君不作亂。請以身爲盟。遂自剄宮門、以明孟嘗君。【考證】楓山、三條本、君下有不亂二字、湣王乃驚而蹤跡驗問、孟嘗君果無反謀。乃復召孟嘗君。孟嘗君因謝病歸老於薛。湣王許之。【考證】唐順之曰、魏子馮驩、豈一事而傳聞異邪、張照曰、晏子北郭騷事、亦大同小異、蓋戰國時習如此、則流言亦如此、舉不足信也、其後秦亡將呂禮相齊。【考證】穰侯傳、魏冉相秦、欲誅呂禮、呂禮走齊、據秦紀、事在秦昭十二年、欲困蘇代。代乃謂孟嘗君曰。周冣於齊至厚也。【正義】周冣、周之公子、【考證】冣、音驟、而齊王逐之、而聽親弗。【集解】親弗、人姓名、【索隱】親、姓、弗、名也、戰國策作祝弗、蓋祝爲得之、相呂禮者、欲取秦也。【考證】橫田惟孝曰、言齊逐冣而相禮者、欲因禮以取秦之交也、齊・秦合、則親弗與呂禮重矣。有用齊、秦必輕君。【考證】有用上下疑有誤脫、策作有周、亦不可解、陳仁錫以齊字屬上讀、云、言親弗呂禮二人用於齊也、安井衡亦云、言弗與禮有用齊、秦必輕田文、參存、君不如急北兵趨趙以和秦・魏、收周冣以厚行、且反齊王之信、【索隱】周冣本厚於齊、今欲逐之而相秦之亾將、蘇代謂孟嘗君、令齊收周冣以自厚其行、又且得反齊王之有信、以不逐周冣也、又禁天下之變。【索隱】變、謂齊秦合則親弗呂禮用、用則秦齊輕孟嘗也、【考證】恩田仲任曰、以厚行、齊王逐周冣、孟嘗君今收之、是厚行也、齊用呂禮、以與秦合取信、今反之、使不合也、安井衡曰、信、猶約也、中井積德曰、天下之變、指他日攻伐之事也、非前事、註當削、齊無秦、則天下集齊、親弗必走。則齊王孰

與爲其國也。【正義】親弗相呂禮、欲合齊秦、若齊秦不合、天下之從、集歸於齊、親弗必走去齊、【考證】謂孟嘗君曰以下、采東周策、但策不曰蘇代、孰與爲其國、言必重孟嘗也、於是孟嘗君從其計。而呂禮嫉害於孟嘗君。孟嘗君懼、乃遺秦相穰侯魏冄書曰。【考證】梁玉繩曰、秦策作薛公爲魏謂魏冉、則非嫉呂禮而遺書也、但孟嘗號賢公子、豈有召虎狼之秦、返兵內嚮、屠滅宗邦哉、此必因孟嘗有奔魏事、遂構爲之言、乃國策之妄、史公誤信之耳、吾聞秦欲以呂禮收齊。齊、天下之彊國也。子必輕矣。【考證】收、猶取也合也、徐孚遠曰、呂禮亡秦、必與穰侯有郤、若見用於齊、亦穰侯所嫉也、齊・秦相取、以臨三晉、呂禮必并相矣。是子通齊以重呂禮也。【考證】策、通作收、若齊免於天下之兵、其讎子必深矣。【考證】岡白駒曰、齊得秦援而免於天下之兵、則呂禮之功多矣、呂禮與子有郤、得志於齊、必惡子於齊、故齊讎子深矣、子不如勸秦王伐齊。齊破、吾請以所得封子。【考證】中井積德曰、破齊、是田文不臣之甚者、所謂戎首、是也、黃式三曰、孟嘗君遺魏冄書、在去齊相魏之時、意矢在弦上不得不發乎、而以樂毅不謀燕例之、義士猶以爲非矣、若史記孟嘗君傳、遺魏冄書、在未適魏之前、則大謬也、齊破、秦畏晉之彊、秦必重子以取晉。【考證】策、齊破下有晉彊二字、取、猶收也、下同、晉國敝於齊而畏秦、晉必重子以取秦。是子破齊以爲功、挾晉以爲重。是子破齊定封、秦・晉交重子。若齊不破、呂禮復用、子必大窮。【考證】孟嘗君懼以下、采秦策、於是穰侯言於秦昭王伐齊。而呂禮亡。【考證】梁玉繩曰、案秦紀、伐齊、在昭王廿二年、呂禮歸秦、在昭王十九年、此言秦伐齊而呂禮亡、蓋仍遺秦相書之妄、而不自知其戾也、後齊湣王滅宋益驕、欲去孟嘗君。孟嘗君恐、迺如魏。魏昭王以爲相、西合於秦。趙與燕共伐破齊。【考證】梁玉繩曰、孟嘗奔魏有之、故魏策載孟嘗爲魏借燕趙兵退秦師一章、若相魏、是妄也、知者、年表世家、皆不書其事、卽國策亦無明文、而魏世家、取國策太子自相一節、則薛公之不相魏、明甚、蓋魏有田文、卽呂覽執一篇之商文、爲武侯相、見吳起傳、在孟嘗前、又有魏文子相襄王、見魏策、竝孟嘗時、策史誤以文子爲孟嘗、遂謂其相魏耳、至齊之破、乃燕昭復仇、與孟嘗何涉、如傳所說、竟似孟嘗爲之、豈不冤哉、荀子王霸篇言齊閔薛公、權謀日行、國不免危亡、臣道篇言孟嘗篡臣、殆當時惡孟嘗者、造爲斯語而傳之歟、六國破齊、此不及韓楚、亦非、齊湣王亡在莒。遂死焉。齊襄王立、而孟嘗君中立於諸侯、

無所屬。[考證]張文虎曰、於、各本誤爲今、從舊刻。齊襄王新立、畏孟嘗君、與連和、復親薛公。文卒。謚爲孟嘗君。[集解]皇覽曰、孟嘗君冢、在魯國薛城中向門東、向門出北邊門也、詩云、居常與許、鄭玄曰、常或作嘗、在薛之南、孟嘗邑于薛城也、[索隱]按孟嘗襲父封薛、而號曰孟嘗君、此云謚、非也、孟字也、嘗邑名、詩云、居常與許、鄭箋云、常或作嘗、嘗邑在薛之旁、是也、[正義]括地志云、孟嘗君墓、在徐州滕縣五十二里、卒在齊襄王之時也、[考證]中井積德曰、孟嘗蓋封邑之名、其地不獲者、記載不傳耳、田嬰四十餘子、而文賤妾之子、蓋在叔季、無字孟之理、梁玉繩曰、上文亦言田嬰謚靖郭君、野客叢書以稱謚爲誤、索隱于靖郭云、死後號之、于孟嘗云、是字邑、而非謚、何不同也、策、史稱靖郭孟嘗者甚多、如閔王謂齊貌辯曰、子靖郭君之所聽愛、又曰、靖郭君之于寡人一至此、貌辯亦三稱靖郭、馮驩謂梁王曰、齊放其大臣孟嘗君、舍人謂衞君曰、孟嘗君不知臣不肖、又曰、足下欺孟嘗君、此傳載馮驩亦九稱孟嘗、非皆見存之辭乎、蓋謚者號也、不作謚法解、猶之以氏爲姓、竝秦漢人語、故李斯上二世書曰、死有賢明之謚、呂不韋傳曰、謚爲帝太后、司馬相如喩巴蜀檄曰、謚爲至愚、他如金石錄侯君碑曰、謚安國君、文選王褒賦曰、幸得謚爲洞簫兮、均可驗證、諸子爭立、而齊魏共滅薛。孟嘗絕嗣、無後也。初馮驩[集解]音歡、復作煖、音許袁反、[索隱]音歡、字或作諼、音況遠反、聞孟嘗君好客、躡蹻而見之。[索隱]蹻、音腳、字亦作屩、徐廣云、草履也、[考證]張文虎曰、屩、索隱本作蹻、他本作屩、梁玉繩曰、國策、驩作煖、所說馮事亦異、習學記言云、史記蓋別有

所本、其義爲勝也、然多有不合、如無家之歌、左右惡之爾、而此以爲孟嘗不悅、削去給馮老母一段、則無以見孟嘗待客之周、一也、煖矯令燒券、反齊求見、而此以爲得息錢大會、不能與息者燒券、孟嘗聞之、怒而召驩、情節全乖、二也、孟嘗去相、煖說梁得復位、而此以爲說秦又說齊、三也、孟嘗復用、欲殺齊士大夫、譚拾子有趨市之喩、而此以爲客背孟嘗、驩爲客謝語、四也、其爲倣撰無疑、孟嘗君曰。先生遠辱。何以教文也。馮驩曰。聞君好士、以貧身歸於君。孟嘗君置傳舍十日。[索隱]傳、音逐緣反、按傳舍幸舍及代舍、竝當上中下三等之客、所舍之名耳、[正義]傳舍、下客所居、[考證]御覽三百四十六、置下有之字、十作五、孟嘗君問傳舍長曰。客何所爲。荅曰。馮先生甚貧、猶有一劍耳。又蒯緱。[集解]蒯、音苦怪反、茅之類、可爲繩、言其劍把無物可裝、以小繩纏之也、緱、音侯、亦作候、謂把劍之處、[索隱]蒯、草名、音蒯瞶之蒯、緱、音侯、字亦作候、謂把劍之物、言其劍無物可裝、但以蒯繩纏之、故云蒯緱、[正義]驩貧、用蒯草爲繩纏、[考證]中井積德曰、緱字從糸、疑纏絲之名、彈其鋏而歌曰。長鋏歸來乎、食無魚。[考證]鋏、劍把也、呼劍而歌、欲與俱去、乎、魚、韻、經傳釋詞云、來、句中語助也、莊子太宗師篇、嗟來桑戶乎、嗟來桑戶乎、嗟來、猶嗟乎也、又句末語助也、孟子離婁篇、盍歸乎來、莊子人間世篇、嘗以語我來、子其有以語我來、來字皆語助、孟嘗君遷之幸舍。食有魚矣。五日、又問傳

舍長。荅曰。客復彈劍而歌曰。長鋏歸來乎。出無輿。孟嘗君遷之代舍。出入乘輿車矣。[考證]乎、輿、韻、徐孚遠曰、孟嘗君疑馮驩非庸人也、故數問之、五日、孟嘗君復問傳舍長。舍長荅曰。先生又嘗彈劍而歌曰。長鋏歸來乎。無以爲家。孟嘗君不悅。[考證]乎、家、韻、顧炎武曰、莊子子桑歌云、父邪、母邪、天乎人乎、語助之外、止用四字爲詩、孟嘗君傳馮驩歌云、長鋏歸來乎、食無魚、長鋏歸來乎、出無車、長鋏歸來乎、無以爲家、三章各二句、而合爲一韻、愚按長鋏之歌每章有韻、三章一韻、亦奇法也、淩稚隆曰、按國策無以爲家下云、左右皆惡之、以爲貪而不知足、孟嘗君問馮公有親乎、對曰、有老母、孟嘗君使人給其食用無使乏、於是馮諼不復歌、史記以左右惡之爲孟嘗君不悅似誤、徐孚遠曰、此與國策所載異、國策較爲工、此似待客不足、居朞年、馮驩無所言。孟嘗君時相齊。封萬戶於薛。其食客三千人、邑入不足以奉客。[正義]奉、符用反、使人出錢於薛。歲餘不入、貸錢者多不能與其息。[索隱]按與、猶還也、息、猶利也、客奉將不給。孟嘗君憂之、問左右、何人可使收債於薛者。[考證]楓山、三條本、債作責、下同、傳舍長

曰。代舍客馮公、形容狀貌甚辯、長者、無他伎能。宜可令收債。[集解]伎亦作技、[考證]楓山、三條本、無收字、梁玉繩曰、史通點繁雜說二篇、歷舉史記溢句宂辭、爲之刪除抉發、此宋朱子文漢書辯正所由作也、但古人操筆、非若後世沾沾于文字間、增減脩飾、劉氏所糾未免拘腐、其論此語云、同是一說、而敷演重出、分爲四言、余謂形容狀貌疊用、誠爲語病、然前賢斯類甚多、三國志魏鄧哀王傳注引魏書云、容貌姿美、與此政同、他如越語范蠡曰、靡王躬身、呂子禁塞篇、凍餓饑寒、漢書中山靖王傳、道遼路遠、張禹傳、絲竹筦絃、文選宋玉賦、旦爲朝雲、不可偏舉、然詩云、昭明有融、高朗令終、又云、自古在昔、則已先之矣、孟嘗君乃進馮驩而請之曰。賓客不知文不肖、幸臨文者三千餘人。邑入不足以奉賓客。故出息錢於薛。薛歲不入。[考證]楓山、三條本、薛歲、作歲餘、民頗不與其息。今客食恐不給。願先生責之。馮驩曰。諾。辭行至薛、召取孟嘗君錢者皆會。得息錢十萬。酒多釀酒買肥牛、召諸取錢者。能與息者皆來。不能與息者亦來。皆持取錢之券書合之。齊爲會日、殺牛置酒。酒酣。乃持

券如前合之。能與息者與爲期。【考證】中井積德曰、期、謂還本錢之期日、貧不能與息者、取其券而燒之。曰。孟嘗君所以貸錢者、爲民之無者以爲本業也。【考證】張文虎曰、無下者字疑衍、下云、爲無以奉客也、兩無以相對爲文、所以求息者、爲無以奉客也。今富給者以要期、貧窮者燔券書以捐之。諸君彊飲食。有君如此。豈可負哉。【考證】彊、勉彊之彊、力也、楓山、三條本、負作背、坐者皆起再拜。孟嘗君聞馮驩燒券書、怒而使使召驩。驩至。孟嘗君曰。文食客三千人。故貸錢於薛。文奉邑少。【索隱】言文之奉邑少、故令出息於薛、【正義】文封邑非多、而租稅少、故求息、【考證】中井積德曰、奉邑少、與下尙多緊接、蓋邑大則不與息亦不爲憂、而民尙多不以時與其息。客食恐不足。故請先生收責之。【考證】楓山、三條本、無收字、聞先生得錢、卽以多具牛酒而燒券書。何。馮驩曰。然。不多具牛酒、卽不能畢會。無以知其有餘

不足。有餘者爲要期。不足者雖守而責之十年、息愈多、急卽以逃亡自捐之、若急終無以償。【考證】若急二字疑衍、上則爲君好利不愛士民、下則有離上抵負之名。【考證】楓山、三條本、抵作拘、中井積德曰、負、謂罪棄、非所以厲士民彰君聲也。焚無用虛債之券、捐不可得之虛計、【考證】楓山、三條本、債作責、令薛民親君而彰君之善聲也。君有何疑焉。孟嘗君乃拊手而謝之。齊王惑於秦·楚之毀、以爲孟嘗君名高其主、而擅齊國之權。遂廢孟嘗君。【考證】楓山、三條本、權下有於是二字、凌稚隆曰、按戰國策馮驩焚薛債券後朞年、孟嘗君免相、就國于薛、未至百里、民扶老攜幼以迎、太史公不載、似缺始末、諸客見孟嘗君廢皆去。馮驩曰。借臣車一乘可以入秦者、必令君重於國、而奉邑益廣。可乎。孟嘗君乃約車幣而遣之。【考證】策、作馮煖西遊梁、馮驩乃西說秦王曰。天下之游

士、憑軾結靷西入秦者、無不欲彊秦而弱齊。【考證】靷、用皮約馬胷以引車軸也、憑軾結靷東入齊者、無不欲彊齊而弱秦。此雄雌之國也。勢不兩立爲雄。【考證】楓山、三條本、此下有齊秦二字、勢不兩立爲雄、作而不兩爲雄、義長、雄者得天下矣。秦王跽而問之曰。何以使秦無爲雌而可。【考證】楓山、三條本、無曰字、馮驩曰。王亦知齊之廢孟嘗君乎。秦王曰。聞之。馮驩曰。使齊重於天下者、孟嘗君也。今齊王以毀廢之。其心怨必背齊。背齊入秦、則齊國之情、人事之誠、盡委之秦。齊地可得也。豈直爲雄也。君急使使載幣陰迎孟嘗君。不可失時也。【考證】楓山、三條本、君下有此字、如有齊覺悟復用孟嘗君、則雌雄之所在未可知也。秦王大悅、迺遣車十乘黃金百鎰、以迎孟嘗君。馮驩辭以先行至齊、說齊

王曰。天下之游士、憑軾結靷東入齊者、無不欲彊齊而弱秦者。憑軾結靷西入秦者、無不欲彊秦而弱齊者。夫秦·齊雄·雌之國。秦彊則齊弱矣。此勢不兩雄。今臣竊聞秦遣使車十乘、載黃金百鎰、以迎孟嘗君。孟嘗君不西則已。西入相秦、則天下歸之、秦爲雄、而齊爲雌。【考證】楓山、三條本、而作則、雌則臨淄·卽墨危矣。王何不先秦使之未到、復孟嘗君、而益與之邑以謝之。孟嘗君必喜而受之。秦雖彊國、豈可以請人相而迎之哉。【考證】楓山、三條本、可下無以字、折秦之謀、而絕其霸彊之略。齊王曰。善。乃使人至境候秦使。【考證】董份曰、使人至境候秦使者、未信馮驩之言、欲驗其實也、秦使車適入齊境。使還馳告之。【考證】楓山、三條本、使下還上有者字、王召孟嘗君而復其相位。而與其故邑之地、

又益以千戶。秦之使者聞孟嘗君復相齊、還車而去矣。【考證】楓山本、而下有西字、初馮驩聞孟嘗君好客以下、文見齊策、但事多有不合、說已見前、梁玉繩曰、湣王召復孟嘗于田甲亂後、孟嘗遂歸老于薛、迨湣王又欲去孟嘗、乃如魏、馮公此計、必在召復之時、所謂復相位者、恐非其實、國策云、爲相數十年、尤不足信、 自齊王毀廢孟嘗君、諸客皆去。後召而復之。【考證】楓山、三條本、王下有以字、 馮驩迎之、未到。孟嘗君太息歎曰。文常好客。遇客無所敢失、食客三千有餘人、先生所知也。客見文一日廢、皆背文而去、莫顧文者。今賴先生得復其位。客亦有何面目復見文乎。如復見文者、必唾其面而大辱之。【考證】楓山、三條本、之下有矣字、 馮驩結轡下拜。孟嘗君下車接之曰。先生爲客謝乎。馮驩曰。非爲客謝也。爲君之言失。夫物有必至。事有固然。君知之乎。孟嘗君曰。愚不知所謂也。曰。生者必有死、物之

必至也。富貴多士、貧賤寡友、事之固然也。君獨不見夫朝趣市者乎。【索隱】趣、音娶、趣向也、 平明側肩爭門而入。【考證】各本、平明作明旦、誤、下文索隱正義可證、今從楓山、三條本、 日暮之後過市朝者、掉臂而不顧。【索隱】過、音光臥反、朝、音潮、謂市之行位有如朝列、因言市朝耳、【正義】市朝、言市之行位、有如朝列、故言朝、【考證】中井積德曰、市朝之朝、只是帶說、猶言緩急長短之類、愚按、楓山、三條本、無朝字、是也、各本衍、然司馬貞張守節所見之本、已有朝字、今姑存之、 非好朝而惡暮。所期物亡其中。【索隱】按期物、謂入市心中所期之物利、故平明側肩爭門而入、今日暮所期亡其中、亡者無也、其中市朝之中、言日暮物盡、故掉臂不顧也、【考證】各本亡作忘、今從楓山、三條本、索隱二亡字亦然、凌稚隆曰、此段戰國策譚拾子語、張照曰、自馮驩至此、亦褚先生續爲之、與史文不類、愚按、復申此一段以收孟嘗馮驩、未必褚先生續爲之、 今君失位、賓客皆去。不足以怨士。而徒絕賓客之路。願君遇客如故。孟嘗君再拜曰。敬從命矣。聞先生之言、敢不奉教焉。

太史公曰。吾嘗過薛。其俗閭里、率多暴桀子弟。與鄒·魯殊。

【考證】薛與鄒魯相近、太史公周游之間、其感特深、 問其故。曰。孟嘗君招致天下任俠、姦人入薛中、蓋六萬餘家矣。世之傳孟嘗君好客自喜、名不虛矣。【索隱】述贊、靖郭之子、威王之孫、既彊其國、實高其門、好客喜士、見重平原、雞鳴狗盜、魏子馮煖、如何承睫、薛縣徒存、

孟嘗君列傳第十五

史記七十五

文學博士瀧川龜太郎著

史記會注考證

史記會注考證卷七十六

漢　太史令司馬遷撰
宋中郎外兵曹參軍裴駰集解
唐國子博士弘文館學士司馬貞索隱
唐諸王侍讀率府長史張守節正義
日本出雲瀧川資言考證

平原君虞卿列傳第十六　史記七十六

【考證】史公自序云、爭馮亭以權、如楚以救邯鄲之圍、使其君復稱於諸侯、作平原君虞卿列傳第十六、

平原君趙勝者、趙之諸公子也。【集解】徐廣曰、魏公子傳曰、趙惠文王弟、【正義】勝、式證反、【考證】趙策、諒毅曰、平原君、親寡君之母弟、諸子中勝最賢、喜賓客。賓客蓋至者數千人。平原君相趙惠文王及孝成王。三去相、三復位。【考證】梁玉繩曰、本傳不載平原三相三去之事、似平原相趙四十八年者、六國表于惠文王元年、書平原爲相、孝成王元年、又書平原爲相、兩書而已、攷惠文以相國印授樂毅、孝成割濟東地與齊、求田單爲將、遂留相趙、故趙世家惠文十四年、有毅攻齊事、孝成元年、有單攻燕、二年有單爲相之事、則平原之三相三去、固有徵矣、孝成二年相單、是平原復相、踰年而罷、迨單去趙歸齊之後、不再書平原復位者、史略之也、封於東武城。【集解】徐廣曰、屬清河、【正義】今貝州武城縣也、【考證】杜佑曰、蓋定襄有武城、時同屬趙、故此加東也、

平原君家樓臨民家。民家有躄者。槃散行汲。【集解】散亦作跚、【索隱】躄、音壁、散、音先寒反、作跚、同音、【正義】躄、跛也、【考證】槃散、跛行貌、司馬相如傳、媻珊勃窣、平原君美人居樓上。臨見大笑之。明日躄者至平原君門請曰。臣聞君之喜士。士不遠千里而至者、以君能貴士而賤妾也。臣不幸有罷癃之病。【集解】徐廣曰、癃、音隆、癃病也、【索隱】罷、音皮、癃、音呂宮反、罷癃謂背疾、言腰曲而背隆高也、而君之後宮、臨而笑臣。臣願得笑臣者頭。平原君笑應曰。諾。躄者去。平原君笑曰。觀此豎子。乃欲以一笑之故殺吾美人。不亦甚乎。終不殺。【考證】中井積德曰、以一笑殺美人、戰國之習已、然使賢者當是事、雖不殺、亦必有處置矣、

居歲餘、賓客門下舍人、稍稍引去者過半。平原君怪之曰。勝所以待諸君者、未嘗敢失禮。而去者何多也。門下一人前對曰。以君之不殺笑躄者、以君爲愛色而賤士、士卽去耳。於是平原君乃斬笑躄者美人頭、自造門進躄者、因謝焉。其後門下乃復稍稍來。是時齊有孟嘗。魏有信陵。楚有春申。故爭相傾以待士。【集解】徐廣曰、待一作得、【考證】中井積德曰、四君子中、孟嘗尤爲先輩、蓋與三君不竝世、今駢稱者、襲賈生過秦也、按信陵君傳云、安釐王卽位、封爲信陵君、安釐王卽位、在田單復齊之後三年、則孟嘗中立於薛、既死矣、又黃歇未封、以辯士使於秦、在范雎相秦之後、范雎相

秦、是安釐王三十一年矣、後三年、歇相楚、封春申君、愚按呂不韋傳亦云、當是時、魏有信陵君、楚有春申君、趙有平原君、齊有孟嘗君、皆下士喜賓客以相傾、不韋相秦、孟嘗君死後二十餘年、史公以概說周末卿相氣習耳、秦之圍邯鄲、【正義】趙惠文王九年、秦昭王十五年、【考證】據六國表、秦圍邯鄲、在趙孝成王九年、秦昭王五十年、通鑑繫之其前年、正義誤孝成爲惠文、五十字誤倒、蓋傳寫之失、趙使平原君求救、合從於楚。約與食客門下有勇力、文武備具者二十人偕。平原君曰。使文能取勝則善矣。【考證】岡白駒曰、言以禮文得遂所欲則善矣、文不能取勝、則歃血於華屋之下。【正義】歃、衫甲反、【考證】岡白駒曰、欲以武劫盟、必得定從而還。士不外索、取於食客門下足矣。【考證】平原之詞至此、得十九人。餘無可取者、無以滿二十人。門下有毛遂者、前自贊於平原君曰。【考證】自贊、自薦也、遂聞君將合從於楚。約與食客門下二十人偕、不外索、今少一人。願君卽以遂備員而行矣。平原君曰。先生處勝之門下、幾年於此矣。毛

遂曰。三年於此矣。平原君曰。夫賢士之處世也、譬若錐之處囊中、其末立見。今先生處勝之門下、三年於此矣。左右未有所稱誦。勝未有所聞。是先生無所有也。先生不能。先生留。【考證】疊用四先生字、平原聲音狀貌、千載如生、洪邁容齋五筆引此及魏世家蘇秦魯仲連傳、稱史公摹寫之妙、毛遂曰。臣乃今日請處囊中耳。使遂蚤得處囊中、乃穎脫而出。非特其末見而已。【索隱】按鄭玄曰、穎、環也、脫、音吐活反、【正義】穎、禾穗末也、穎脫而出、言特出衆穗之上、【考證】以禾芒喩錐鈋、禮記少儀、刀郤刃授穎、鄭注、穎、鐶也、索隱所本、孔疏云穎是穎發之義、刃之在手、禾之秀穗、皆謂之穎、但少儀以刀言、此以錐言、不同、平原君竟與毛遂偕。十九人相與目笑之、而未發也。【索隱】按鄭氏曰、皆目視而輕笑之、未能卽廢弃之也、【正義】言十九人相與目視之、竊笑未敢發聲也、發字或作廢者非也、毛遂不由十九人而得廢棄也、【考證】發、索隱本作廢、正義本作發、今本亦作發、王念孫曰、廢卽發之借字、謂目笑之而未發於口也、毛遂比至楚、與十九人論議。十九人皆服。【正義】比、卑利反、平原君與楚合從、言其利

害。日出而言之、日中不決。十九人謂毛遂曰。先生上。毛遂按劍歷階而上、謂平原君曰。從之利害、兩言而決耳。今日出而言從、日中不決、何也。【考證】歷階、登階不聚足、急遽之狀、兩言、謂利與害、楚王謂平原君曰。客何爲者也。平原君曰。是勝之舍人也。楚王叱曰。胡不下。吾乃與而君言。汝何爲者也。毛遂按劍而前曰。王之所以叱遂者、以楚國之衆也。今十步之內、王不得恃楚國之衆也。王之命、縣於遂手。吾君在前。叱者何也。且遂聞湯以七十里之地王天下。文王以百里之壤而臣諸侯。豈其士卒衆多哉。誠能據其勢而奮其威。今楚地方五千里、持戟百萬。此霸王之資也。【考證】楓山、三條本、百萬下、有粟支十年四字、以楚之彊、天下弗能當。白起小豎子耳。【考證】小豎

子、言庸劣無知如童豎然、率數萬之衆、興師以與楚戰、一戰而擧鄢·郢、再戰而燒夷陵、三戰而辱王之先人。【考證】胡三省曰、謂焚夷陵之陵廟也、此百世之怨、而趙之所羞。而王弗知惡焉。【正義】惡、烏故反、合從者爲楚、非爲趙也。吾君在前。叱者何也。楚王曰。唯唯。誠若先生之言。謹奉社稷而以從。毛遂曰。從定乎。楚王曰。定矣。毛遂謂楚王之左右曰。取雞狗馬之血來。【索隱】按盟之所用牲、貴賤不同、天子用牛及馬、諸侯用犬及豭、大夫已下用雞、今此總言盟之用血、故云取雞狗馬之血來耳、【正義】周禮盟之用牲、天子以牛及馬、諸侯以犬及豭、大夫以下用雞、今總言之、用血未詳、毛遂奉銅槃、【索隱】奉、敷奉反、若周禮則用珠盤也、而跪進之楚王曰。王當歃血而定從。次者吾君。次者遂。【考證】楓山、三條本、歃下有盟、遂定從於殿上。毛遂左手持槃血、而右手招十九人曰。公相與歃此血於堂下。【索隱】歃、音所甲反、公等錄錄、所謂因人

成事者也。【集解】錄、音祿、【索隱】音祿、按王劭云、錄借字耳、又說文云、錄錄、隨從之貌、【考證】錄、碌通、碌碌小石錯落貌、以喩庸人、因人成事、古語、平原君已定從而歸。歸至於趙曰。勝不敢復相士。勝相士多者千人、寡者百數。自以爲不失天下之士。今乃於毛先生而失之也。毛先生一至楚、而使趙重於九鼎大呂。【索隱】九鼎大呂、國之寶器、言毛遂至楚、使趙重於九鼎大呂、言爲天下所重也、【正義】大呂、周廟大鐘、【考證】中井積德曰、九鼎大呂、只喩其重耳、毛先生以三寸之舌、彊於百萬之師。勝不敢復相士。遂以爲上客。平原君既返趙。【考證】說苑復恩篇、返作歸、楚使春申君將兵赴救趙、魏信陵君亦矯奪晉鄙軍往救趙。皆未至。秦急圍邯鄲。邯鄲急、且降。平原君甚患之。邯鄲傳舍吏子李同【正義】名談、太史公諱改也、【考證】說苑作李談、說平原君曰。君不憂趙亡邪。平原君曰。趙亡、則勝爲虜。何爲不憂乎。李同曰。邯鄲

之民、炊骨易子而食。可謂急矣。【考證】說苑、急矣作至困、左傳宣公十五年、敝邑易子而食、析骨而爨、而君之後宮㠯百數。婢妾被綺縠、餘粱肉。【考證】說苑、餘上有厨字、而民褐衣不完、糟糠不厭。民困兵盡、或剡木爲矛矢。【考證】中井積德曰、褐衣不完二句、疑錯文、宜在上文炊骨之上、而民二字衍文、愚按說苑無而民以下十字、矢作戟、而君器物鍾磬自若。使秦破趙、君安得有此。使趙得全、君何患無有。今君誠能令夫人以下編於士卒之閒、分功而作、家之所有盡散以饗士。士方其危苦之時易德耳。【正義】言士方危苦之時、易有恩德、【考證】說苑、易德作易爲惠、中井積德曰、易德、謂易施恩惠也、危苦、故小惠徼恩、足以結之、易字屬我、於是平原君從之、得敢死之士三千人。李同遂與三千人赴秦軍。秦軍爲之卻三十里。亦會楚·魏救至。秦兵遂罷、邯鄲復存。李同戰死。封其父爲李侯。【集解】徐廣曰、河內成皋有李城、【正義】懷州溫縣、本李城也、李同父所封、隋煬帝從故

溫城移縣於此、【考證】說苑、李侯作孝侯、虞卿欲以信陵君之存邯鄲、爲平原君請封。公孫龍聞之、夜駕見平原君曰。龍聞虞卿欲以信陵君之存邯鄲、爲君請封。有之乎。平原君曰。然。龍曰。此甚不可。且王舉君而相趙者、非以君之智能爲趙國無有也。【考證】且、發語詞、說詳于經傳釋詞、割東武城而封君者、非以君爲有功也、而以國人無勳。【考證】非字、管到于以國人無勳、顧炎武曰、非以君爲有功也、而以國人無勳當作一句讀、言非國人無功而不封、君獨有功而封也、愚按國人下加爲字、移也字於勳字下、其義更明、乃以君爲親戚故也。君受相印、不辭無能、割地、不言無功者、亦自以爲親戚故也。今信陵君存邯鄲、而請封。是親戚受城、而國人計功也。【集解】徐廣曰、一本是親戚受城而以國許人、【考證】徐廣一本非是、愚按、初無功受封、以親戚之故、今有功又受封、是以國人計報也、又按虞卿爲平原君請封以下、本趙策、此甚不可。且虞卿操其兩權。事成操右券以

責、【索隱】言虞卿論平原君取封、事成則操其右券以責其報德也、【正義】右券、上契也、言虞卿事成、常取上契之功、以責平原報己之德、【考證】作券書、分爲左右、各執其一以爲證據也、事不成、以虛名德君。君必勿聽也。平原君遂不聽虞卿。【考證】且虞卿操兩權以下語、趙策不載、今策有遺脫乎、抑史公以他記補足乎、平原君以趙孝成王十五年卒。【索隱】按六國年表及世家、竝云十四年卒、與此不同、子孫代、後竟與趙俱亡。平原君厚待公孫龍。公孫龍善爲堅白之辯。【考證】說在孟荀列傳、及鄒衍過趙言至道、乃絀公孫龍。【集解】劉向別錄曰、齊使鄒衍過趙、平原君見公孫龍及其徒綦毋子之屬、論白馬非馬之辯、以問鄒子、鄒子曰、不可、彼天下之辯有五勝三至、而辭正爲下、辯者、別殊類使不相害、序異端使不相亂、杼意通指、明其所謂、使人與知焉、不務相迷也、故勝者不失其所守、不勝者得其所求、若是、故辯可爲也、及至煩文以相假、飾辭以相惇、巧譬以相移、引人聲使不得及其意、如此害大道、夫繳紛爭言而競後息、不能無害君子、坐皆稱善、【索隱】過、音戈、杼、音墅、杼者舒也、繳、音叫、謂繳繞紛亂、爭言而競後息、不能無害也、【正義】徼、音叫、繳繞紛亂、爭言而相隨、近競後息、不能無害君子、【考證】孟荀列傳亦云、鄒衍齊人、適趙、平原君側行撇席、後孟子、韓詩外傳卷六、而競後息作競爲而後息、諸注有誤奪、虞卿者、游說之士也。躡蹻擔簦、【集解】徐廣曰、蹻、草履也、

簦、長柄笠、音登、笠有柄者謂之簦、〔索隱〕蹻、亦作屩、音腳、徐廣云、屩、草履也、說趙孝成王。一見賜黃金百鎰白璧一雙、再見爲趙上卿。故號爲虞卿。〔集解〕譙周曰、食邑於虞、〔索隱〕趙之虞、在河東大陽縣、今之虞鄉縣是也、〔考證〕徐孚遠曰、虞係食邑、則虞卿姓名、今皆不傳也、愚按虞其氏、故命其書曰虞氏春秋、卿、蓋其字、猶荀卿荆卿之類、未必爲上卿之故、秦·趙戰於長平。趙不勝、亡一都尉。〔考證〕表、周赧王五十五年、趙孝成王六年、趙王召樓昌與虞卿曰。軍戰不勝、尉復死。〔集解〕徐廣曰、復一作係、〔考證〕趙策、新序善謀、作係、策注、係、尉名、樓昌、趙將、見世家、寡人使束甲而趨之、何如。〔考證〕策、束作卷、樓昌曰。無益也。不如發重使爲媾。〔集解〕古后反、求和曰媾、〔索隱〕古候反、按求和曰媾、媾亦講、講亦和也、〔考證〕索隱本、使下有而字、與策合、虞卿曰。昌言媾者、以爲不媾軍必破也。而制媾者在秦。且王之論秦也、欲破趙之軍乎、不邪。王曰。秦不遺餘力矣。必且欲破趙軍。虞卿曰。王聽臣、發使出重寶以附楚·魏。楚·魏欲得王之重寶、必內

吾使。趙使入楚·魏、秦必疑天下之合從、且必恐。如此則媾乃可爲也。趙王不聽。與平陽君爲媾、發鄭朱入秦。秦內之。〔考證〕平陽君、惠文王母弟趙豹、趙王召虞卿曰。寡人使平陽君爲媾於秦。秦已內鄭朱矣。卿以爲奚如。虞卿對曰。王不得媾、軍必破矣。〔考證〕策、王下有必、天下賀戰勝者皆在秦矣。鄭朱、貴人也。入秦、秦王與應侯必顯重以示天下。〔考證〕楓山本、也下有而字、與策合、楚·魏以趙爲媾、必不救王。秦知天下不救王、則媾不可得成也。〔考證〕秦趙戰於長平以下、采趙策、應侯果顯鄭朱、以示天下賀戰勝者、終不肯媾。長平大敗、遂圍邯鄲、爲天下笑。〔考證〕徐孚遠曰、敍事中用斷語、疑雜引成文、刪截未淨、秦既解邯鄲圍、而趙王入朝、使趙郝約事於秦、割六縣而媾。〔集解〕郝、音釋、徐廣曰、一作赦、〔索隱〕音釋、〔考證〕梁玉繩曰、趙策謂秦破趙長平、歸使人索六城于趙

而講、鮑注曰、史書此事、在邯鄲圍解後、邯鄲之圍、非秦德趙而解、賴魏之力爾、何事朝秦而講以六城、策以長平破懼而賂之、是也、虞卿謂趙王曰。秦之攻王也、倦而歸乎。王以其力尚能進、愛王而弗攻乎。王曰。秦之攻我也、不遺餘力矣。必以倦而歸也。虞卿曰。秦以其力攻其所不能取、倦而歸。王又以其力之所不能取以送之。〔考證〕策、送作賚、中井積德曰、以送之送字、仍是餞送之義、以地餞於歸師耳、又曰考當時事勢、秦師之歸、實因范睢嫉白起之功、而蘇代又沮壞成功也、非倦而歸也、信陵之救、適會于事機耳、是助秦自攻也。來年秦復攻王、王無救矣。王以虞卿之言告趙郝。〔考證〕梁玉繩曰、案新序善謀上篇、與此同、國策皆以趙郝爲樓緩、而移新從秦來一段在前、未知孰是、趙郝曰。虞卿誠能盡秦力之所至乎。誠知秦力之所不能進、此彈丸之地弗予、〔考證〕策、地下有猶字、盧藏用曰、趙界廣遠、割六城之地、如彈丸之土也、令秦來年復攻王、王得無割其內而媾乎。王曰。請聽子割矣。子能必使來年秦之不

復攻我乎。〔考證〕策、無使字、趙郝對曰。此非臣之所敢任也。他日三晉之交於秦相善也。〔考證〕策、他日作昔者、新序、善作若、若猶同也、義長、今秦善韓·魏而攻王。〔考證〕策、善作釋、史義長、王之所以事秦、必不如韓·魏也。今臣爲足下解負親之攻、〔索隱〕言爲足下解其負擔而親自攻之也、〔正義〕郝言爲趙王解負秦親韓魏之攻、〔考證〕之攻、索隱本作攻之、策、新序、作之攻、張文虎曰、鮑彪注策云、趙嘗親秦、而復負之、故秦攻之、今爲講、所以解也、意自明、小司馬所據本、之攻誤倒、因强爲之說、開關通幣、齊交韓·魏、〔考證〕齊、等也、至來年、而王獨取攻於秦、此王之所以事秦、必在韓·魏之後也。此非臣之所敢任也。王以告虞卿。虞卿對曰。郝言、不媾、來年秦復攻王、王得無割其內而媾乎。今媾、郝又以不能必秦之不復攻也。〔考證〕楓山、三條本、無以字、新序同、今雖割六城何益。〔考證〕楓山、三條本、無六字、新序、無六城二字、來年復攻、又割其力之所不能取而媾、此自盡之術也。

不如無媾。秦雖善攻、不能取六縣。趙雖不能守、終不失六城。秦倦而歸、兵必罷。我以六城收天下、以攻罷秦。是我失之於天下、而取償於秦也。吾國尚利。孰與坐而割地、自弱以彊秦哉。今郝曰、秦善韓・魏而攻趙者、必以爲韓・魏不救趙也。而王之軍必孤。有以王之事秦不如韓・魏也。【正義】有讀如又、字相似、變改者誤。【考證】凌稚隆曰、一本、有作又。王念孫曰、上文趙郝曰、今秦善韓魏而攻王、王之所以事秦、必不如韓魏也、故虞卿復舉其詞而駁之曰、是使王歲以六城事秦也、然則此文當以必王之事秦、不如韓魏也爲一句、而必字之下、王之事秦之上、不當有以爲韓魏不救趙也而王之軍必孤有以十六字明矣、此不知何處錯簡、與上下文皆不相屬、趙策及新序善謀篇、竝無此十六字、是使王歲以六城事秦也。卽坐而城盡。來年秦復求割地、王將與之乎。弗與、是弃前功而挑秦禍也。與之、則無地而給之。【考證】而、猶以也、語曰。彊者善攻、弱者不能守。今坐而聽秦、秦兵不弊

而多得地。是彊秦而弱趙也。以益彊之秦、而割愈弱之趙、其計故不止矣。且王之地有盡、而秦之求無已。【考證】趙策、且下、有秦虎狼之國也無禮義之心、其求無已而十六字、以有盡之地、而給無已之求。其勢必無趙矣。趙王計未定。【考證】楓山三條本、無趙王二字、新序同、樓緩從秦來。趙王與樓緩計之曰、予秦地、何如毋予孰吉。【考證】王念孫曰、此本作予秦地如毋予孰吉、如者與也、言予秦地與不予、二者孰吉也、新序作予秦地與無予孰吉、是其明證矣、今本如上有何字者、後人據趙策加之也、緩辭讓曰、此非臣之所能知也。王曰、雖然、試言公之私。【索隱】按私、謂私心也、【正義】試言緩之私情何如、樓緩對曰、王亦聞夫公甫文伯母乎。【正義】季康子從祖母、文伯名歜、康子從父昆弟、公甫文伯仕於魯。病死。女子爲自殺於房中者二人。【考證】楓山三條本、無爲字、新序有、策作爲之、二人誤二八、其母聞之弗哭也。其相室曰、焉有子死而弗哭者乎。【正義】相室、謂傅姆之類也、【考證】盧藏用曰、相室、助行

禮者也、其母曰、孔子、賢人也。逐於魯。而是人不隨也。今死而婦人爲之自殺者二人。若是者必其於長者薄、而於婦人厚也。【考證】禮記檀弓下篇、文伯之喪、敬姜據其牀而不哭、曰、昔者吾有斯子也、吾以爲將爲賢人也、吾未嘗以就公室、今及其死也、朋友諸臣、未有出涕者、而內人皆行哭失聲、斯子也、必多曠於禮矣夫、所傳異、故從母言之、是爲賢母。從妻言之、是必不免爲妒妻。【考證】盧藏用曰、使母知子、則爲賢母、若人死、婦人爲自殺、而妻不哭者、所知雖同、則人謂之妒妻、故其言一也。言者異、則人心變矣。今臣新從秦來、而言勿予、則非計也。言予之、恐王以臣爲爲秦也。故不敢對。使臣得爲大王計、不如予之。王曰、諾。虞卿聞之、入見王曰、此飾說也。王眘勿予。【集解】徐廣曰、眘愼、【考證】新序、作愼、策作必、樓緩聞之、往見王。王又以虞卿之言告樓緩。樓緩對曰、不然。虞卿得其一、不得其二。夫秦・趙構難、而天下皆說。何也。曰、

吾且因彊而乘弱矣。今趙兵困於秦。天下之賀戰勝者、則必盡在於秦矣。故不如亟割地爲和、以疑天下、而慰秦之心。不然、天下將因秦之彊怒、乘趙之弊、瓜分之、【考證】楓山三條本、怒作而、趙策、新序、無彊字、弊下有而字、中井積德曰、怒字疑衍、鮑彪曰、分其地、如破瓜然、趙且亡。何秦之圖乎。故曰、虞卿得其一、不得其二。願王以此決之。勿復計也。虞卿聞之、往見王曰、危哉樓子之所以爲秦者。是愈疑天下。而何慰秦之心哉。獨不言其示天下弱乎。且臣言勿予者、非固勿予而已也。秦索六城於王、而王以六城賂齊。齊、秦之深讎也。得王之六城、并力西擊秦。齊之聽王、不待辭之畢也。則是王失之於齊、而取償於秦也。而齊・趙之深讎可以報矣。而示天下有能爲也。王以

此發聲、兵未窺於境、臣見秦之重賂至趙、而反媾於王也。從秦爲媾、韓・魏聞之、必盡重王。重王、必出重寶以先於王。則是王一舉而結三國之親、而與秦易道也。【正義】前取秦攻、今得賂、是易道也、易、音亦、【考證】三國、齊韓魏、中井積德曰、從趙爲媾、則秦制媾矣、今從秦爲媾、趙得重賂而制媾、是爲易道也、武井驥曰、易道、孟子所謂易地也、趙王曰。善。則使虞卿東見齊王、與之謀秦。虞卿未返、秦使者已在趙矣。樓緩聞之亡去。【考證】秦趙戰于長平以下、采趙策、但策主媾皆樓緩語、而史以前爲趙郝語、後爲樓緩、次第亦不同、通鑑從史、而前後刪削太多、蘇轍曰、太史公記虞卿與趙謀事、皆秦破長平後、而卿爲魏齊棄相印走梁、則前此矣、意者魏齊死、卿自梁還相趙、而太史公失不言之耳、全祖望曰、范雎傳則魏齊之亡、在秦昭王四十二年、其時虞卿已相趙、棄印與俱亡、而困于大梁、虞卿傳、謂其自此不得意、乃著書以消窮愁、是棄印之後、虞卿遂不復出也、乃長平之役、在昭王四十七年、史公所謂虞卿料事揣情、爲趙畫策者、反在棄印五年之後、則虞卿嘗再相趙矣、何嘗以窮愁老、而史公序長平之策于前、序大梁之困于後、顚倒其事、竟忘年數之參錯、豈非一大怪事也、愚按、虞卿事、本傳與范雎傳不合、王懋竑讀史記、崔適史記探源亦論之、趙於是封虞卿以一城。居頃之而魏請

爲從。趙孝成王召虞卿謀。過平原君。【索隱】過、音戈、平原君曰。願卿之論從也。虞卿入見王。王曰。魏請爲從。對曰。魏過。【集解】光臥反、王曰。寡人固未之許。對曰。王過。王曰。魏請從。卿曰。魏過。寡人未之許。又曰。寡人過。然則從終不可乎。【考證】楓山本、可下有成字、對曰。臣聞小國之與大國從事也、有利、則大國受其福、有敗、則小國受其禍。今魏以小國請其禍、而王以大國辭其福。臣故曰。王過。魏亦過。竊以爲從便。王曰。善。乃合魏爲從。【考證】魏請爲從以下、本趙策、虞卿既以魏齊之故、不重萬戶侯卿相之印、與魏齊閒行、卒去趙、困於梁。魏齊已死、不得意、乃著書。【索隱】魏齊、魏相、與應侯有仇、秦求之急、乃抵虞卿、卿弃相印、乃與齊閒行、亾歸梁、以託信陵君、信陵君疑未決、齊自殺、故虞卿失相、乃窮愁而著書也、【考證】事詳范雎傳、以既字推之、范雎傳之成、先于此傳、梁玉繩曰、虞卿嘗再相趙、則其著書非窮愁之故、史誤言之也、史通

雜說篇、譏太史公自序傳、不韋遷蜀、世傳呂覽、以爲思之未審、何不云虞卿窮愁著書八篇、劉氏亦未審思耳、上採春秋、下觀近世、曰節義・稱號・揣摩・政謀凡八篇、以刺譏國家得失、世傳之曰虞氏春秋。【正義】藝文志云、十五篇、【考證】楓山、三條本、無號字、政下有數字、十二諸侯年表序亦云、趙孝成王時、其相虞卿、上采春秋、下觀近世、亦著八篇、爲虞氏春秋、篇數與藝文志不同、孔叢子執節篇、虞卿著書名曰春秋、魏齊曰、子無然也、春秋孔聖所以名經、今子之書、大抵談說而已、虞卿著書在魏齊死後、亦可以證孔叢爲僞託也、

太史公曰。平原君翩翩濁世之佳公子也。然未睹大體。【考證】翩翩、風流文采貌、鄙語曰。利令智昏。平原君貪馮亭邪說、使趙陷長平兵四十餘萬衆、邯鄲幾亡。【集解】譙周曰、長平之陷、乃趙王信閒易將之咎、何怨平原受馮亭哉、【考證】事見趙世家、楓山、三條本、無兵字、衆字、虞卿料事揣情、爲趙畫策。何其工也。及不忍魏齊、卒困於大梁。庸夫且知其不可。況賢人乎。【考證】史公暗以魏齊比李陵、以虞卿自居、然虞卿

非窮愁、亦不能著書以自見於後世云。【考證】凌稚隆曰、按非窮愁不能著書、太史公亦因以自見云、

【索隱】述贊、翩翩公子、天下奇器、笑姬從戮、義士增氣、兵解李同、盟定毛遂、虞卿躡蹻、受賞料事、及困魏齊、著書見意、

平原君虞卿列傳第十六

史記七十六

文學博士瀧川龜太郎著

史記會注考證

史記會注考證卷七十七

漢　太史令司馬遷撰

宋中郎外兵曹參軍裴駰集解

唐國子博士弘文館學士司馬貞索隱

唐諸王侍讀率府長史張守節正義

日本　出雲　瀧川資言考證

魏公子列傳第十七　史記七十七

【考證】史公自序云、能以富貴下貧賤、賢能詘於不肖、唯信陵君爲能行之、作魏公子列傳第十七、張文虎曰、索隱本、宋本、中統、游、毛各本、作魏公子傳、合刻本作信陵君列

傳、疑本正義、愚按史公自敍、漢書本傳、同索隱本、今從之、凌稚隆曰、按此傳不襲國策、顧璘曰、孟嘗、平原、春申皆以封邑系、此獨曰公子者、蓋尊之以國系也、茅坤曰、信陵君是太史公胸中得意人、故本傳亦太史公得意文、陳仁錫曰、一篇中凡言公子者一百四十七、大奇、大奇、

魏公子無忌者、魏昭王少子、而魏安釐王異母弟也。昭王薨、安釐王卽位、封公子爲信陵君。【索隱】按地理志、無信陵、或是鄉邑名也、【正義】信陵、地名、【考證】洪頤煊曰、水經汳水注、汳水又東逕葛城北、故葛伯之國也、葛於六國屬魏、魏襄王以封公子無忌、號信陵君、其地葛鄉、卽是城也、在寧陵縣西十里、恩田仲任曰、據水經、信陵是號、非鄉邑之名、愚按、下文云、亦以信陵奉公子、信陵必邑名、是時范雎亡魏相秦。以怨魏齊故、秦兵圍大梁、破魏華陽下軍、走芒卯。【考證】梁玉繩曰、雎相在秦昭四十二年、秦圍大梁及破魏華陽二事、在昭王三十二四兩年、其時穰侯相秦也、安得謂因雎怨魏齊而興兵乎、誤矣、魏王及公子患之。【考證】沈家本曰、按此言患之、而下文不具其事、恐有奪文、公子爲人仁而下士。士無賢不肖、皆謙而禮交之、不敢以其富貴驕士。士以此方數千里爭往歸之。致食客三千人。當是

時、諸侯以公子賢多客、不敢加兵謀魏十餘年。公子與魏王博。【考證】楓山、三條本、王下有方字、白氏六帖同、而北境傳擧烽。言趙寇至且入界。【集解】文穎曰、作高木櫓、櫓上作桔槔、桔槔頭兜零、以薪置其中、謂之烽、常低之、有寇卽火然、擧之以相告、【正義】烽、敷蓬反、注、櫓音魯、魏王釋博、欲召大臣謀。【考證】六帖、王下有懼字、公子止王曰。趙王田獵耳。非爲寇也。復博如故。【正義】爲、于僞反、【考證】爲、平聲、王恐、心不在博。居頃復從北方來傳言曰。趙王獵耳。非爲寇也。【考證】楓山、三條本、居下有有字、獵上有田字、魏王大驚曰。公子何以知之。公子曰。臣之客有能深得趙王陰事者。【索隱】按譙周作探、得趙王陰事、【正義】探、音貪、一作深、【考證】正義本、深作探、趙王所爲、客輒以報臣。臣以此知之。是後魏王畏公子之賢能、不敢任公子以國政。魏有隱士、曰侯嬴。【索隱】音盈、又曹植音嬴瘦之嬴、【考證】楓山、三條本、嬴作羸、寬永本標記引鄒誕生音云、羸、力垂反、年七十、家貧、爲大梁夷

門監者。【考證】御覽百五十八引史曰、大梁城有十二門、東門曰夷門、蓋以注文混正文也、公子聞之、往請、欲厚遺之。不肯受。曰。臣脩身絜行數十年。終不以監門困故而受公子財。公子於是乃置酒大會賓客。坐定。公子從車騎虛左、自迎夷門侯生。【考證】劉伯莊曰、車中上左爲貴也、侯生攝敝衣冠、直上載公子上坐、不讓。【考證】攝、整也、楓山、三條本、子下有車字、欲以觀公子。公子執轡愈恭。侯生又謂公子曰。臣有客在市屠中。願枉車騎過之。公子引車入市。侯生下見其客朱亥俾倪、【索隱】上音浦計反、下音五計反、鄒誕云、又上音疋未反、下音五弟反、【正義】不正視也、故久立與其客語、微察公子。公子顏色愈和。當是時、魏將相宗室賓客滿堂、待公子舉酒。市人皆觀公子執轡。從騎皆竊罵侯生。侯生視公子色終不變、乃謝客就車至家。公子引侯生

坐上坐、徧贊賓客。【索隱】偏、音遍、贊者告也、謂以侯生遍告賓客、【正義】劉熙云、稱人美曰讚、讚、纂集其美而敘之、【考證】中井積德曰、贊、如贊謁之贊、賓客皆驚。酒酣、公子起爲壽侯生前。侯生因謂公子曰。今日嬴之爲公子亦足矣。【集解】徐廣曰、爲、一作羞、嬴乃夷門抱關者也。而公子親枉車騎、自迎嬴於衆人廣坐之中。【考證】楓山、三條本、衆人廣坐、作稠人廣衆、不宜有所過。今公子故過之。【考證】慶長本標記云、今、一本作令、義長、然嬴欲就公子之名。故久立公子車騎市中、過客以觀公子。公子愈恭。市人皆以嬴爲小人、而以公子爲長者能下士也。【考證】凌稚隆曰、按前欲觀公子、微察公子、兩段形容、皆爲侯生因謂公子一段張本、又曰、按張釋之傳載王生語、亦此意、於是罷酒。侯生遂爲上客。侯生謂公子曰。臣所過屠者朱亥、此子賢者、世莫能知。故隱屠閒耳。公子往數請之。朱亥故不復謝。公子怪之。【正義】列士傳、秦召公子無忌、無忌不行、

使朱亥奉璧一雙謝秦王、秦王大怒、將朱亥著虎圈、亥瞋目視虎、眦裂血濺、虎終不敢動、魏安釐王二十年、秦昭王已破趙長平軍、又進兵圍邯鄲。公子姊爲趙惠文王弟平原君夫人。數遺魏王及公子書、請救於魏。魏王使將軍晉鄙將十萬衆救趙。【索隱】晉鄙、魏將姓名也、秦王使使者告魏王曰。吾攻趙、旦暮且下。而諸侯敢救者、已拔趙、必移兵先擊之。魏王恐、使人止晉鄙。留軍壁鄴。【考證】梁玉繩曰、魯仲連傳、本國策云、止于蕩陰、不曰鄴、愚按鄴、今河南漳縣西南、魏地、近于趙、名爲救趙、實持兩端以觀望。平原君使者冠蓋相屬於魏、【考證】冠、冠冕、蓋、車蓋、屬、連也、冠蓋相屬、使者往來不絕也、讓魏公子曰。勝所以自附爲婚姻者、以公子之高義爲能急人之困。今邯鄲旦暮降秦、而魏救不至。安在公子能急人之困也。且公子縱輕勝弃之降秦、獨不憐公子姊邪。

【考證】降上添使字看、公子患之、數請魏王、及賓客辯士、說王萬端。魏王畏秦、終不聽公子。公子自度終不能得之於王。計不獨生而令趙亡。乃請賓客、約車騎百餘乘、欲以客往赴秦軍、與趙俱死。【考證】楓山、三條本、無客字、行過夷門見侯生、具告所以欲死秦軍狀、辭決而行。【考證】楓山本、辭上有將字、侯生曰。公子勉之矣。老臣不能從。公子行數里、心不快。曰。吾所以待侯生者備矣。天下莫不聞。今吾且死、而侯生曾無一言半辭送我。我豈有所失哉。【考證】哉、疑而量度之辭、復引車還問侯生。侯生笑曰。臣固知公子之還也。曰。公子喜士、名聞天下。今有難。無他端而欲赴秦軍。【考證】端、猶方也、無他端、言無他奇策也、譬若以肉投餒虎。何功之有哉。尚安事客。然公子遇臣厚。公子

往而臣不送。以是知公子恨之復返也。公子再拜因問。侯生乃屏人閒語曰。【索隱】閒、音閑、謂靜語也、【考證】中井積德曰、閒是請閒之閒、不使他人聞之、猶言密語也、 嬴聞晉鄙之兵符、常在王臥內。而如姬最幸、出入王臥內。力能竊之。嬴聞如姬父爲人所殺、如姬資之三年、【索隱】舊解、資之三年、謂服齊衰也、今案資者畜也、謂欲爲父復讎之資、畜於心已得三年矣、【考證】桃源鈔引陸氏云、謂以寶財求人報讎也、中井積德曰、謂以金帛資給人報讎也、 自王以下、欲求報其父仇、莫能得。如姬爲公子泣。公子使客斬其仇頭、敬進如姬。如姬之欲爲公子死、無所辭。顧未有路耳。公子誠一開口請如姬、如姬必許諾。則得虎符奪晉鄙軍、北救趙而西卻秦。此五霸之伐也。【考證】胡三省曰、虎、威猛之獸、故以爲兵符、漢有銅虎符、愚按、伐、功也、 公子從其計請如姬。如姬果盜晉鄙兵符與公子。公子行。侯生曰。將在外、主令有

所不受。以便國家。【考證】孫子九變篇、將受命於君、合軍聚衆、君命有所不受、 公子卽合符、而晉鄙不授公子兵、而復請之、事必危矣。臣客屠者朱亥、可與俱。此人力士。晉鄙聽、大善。不聽、可使擊之。於是公子泣。侯生曰。公子畏死邪。何泣也。公子曰。晉鄙嚄唶宿將。往恐不聽。必當殺之。是㠯泣耳。豈畏死哉。【集解】嚄唶、上音烏百反、下音莊白反、【索隱】上烏白反、下爭格反、案嚄唶、謂多詞句也、【正義】聲類云、嚄、大笑、唶、大呼、【考證】中井積德曰、嚄唶、與躨踖同、剛健貌、董份曰、嚄唶、卽項羽喑啞叱咤、狀其勇氣也、愚按楓山、三條本、泣下無耳字、徐孚遠曰、公子不忍殺晉鄙、亦可見其愛士也、 於是公子請朱亥。朱亥笑曰。臣迺市井鼓刀屠者。而公子親數存之。所以不報謝者、以爲小禮無所用。【考證】存、存問也、凌稚隆曰、應前朱亥故不復謝、 今公子有急。此乃臣效命之秋也。遂與公子俱。【考證】楓山、三條本、俱下有行字、 公子過謝侯生。侯生曰。臣宜從。老不能。請數公子行日、

以至晉鄙軍之日、北鄉自剄、以送公子。【考證】鄴、魏北境、 公子遂行、至鄴。矯魏王令代晉鄙。晉鄙合符疑之。舉手視公子曰。今吾擁十萬之衆屯於境上。國之重任。今單車來代之、何如哉。欲無聽。朱亥袖四十斤鐵椎、椎殺晉鄙。公子遂將晉鄙軍、勒兵、下令軍中曰。父子俱在軍中、父歸。兄弟俱在軍中、兄歸。獨子無兄弟、歸養。【考證】楓山、三條本、二在下有此字、 得選兵八萬人、進兵擊秦軍。秦軍解去。遂救邯鄲存趙。趙王及平原君、自迎公子於界。【考證】楓山、三條本、界下有上字、 平原君負韊矢爲公子先引。【集解】呂忱曰、韊、盛弩矢、【索隱】韊、音蘭、謂以盛矢、如今之胡簏而短也、呂姓、忱名、作字林者、言韊、盛弩矢之器、【正義】若胡鹿而短、忱、時林反、字伯雍、任城人、呂姓、晉弦令、作字林七卷、【考證】桃源鈔引幻雲云、正義胡簏作胡鹿、當皆胡簶之誤、中井積德曰、韊矢、只是盛矢耳、不必言弩、 趙王再拜曰。自古賢人未有及公子者也。當此

之時、平原君不敢自比於人。【考證】楓山、三條本、人作公子、 公子與侯生決至軍。侯生果北鄉自剄。魏王怒公子之盜其兵符矯殺晉鄙。公子亦自知也。已卻秦存趙、使將將其軍歸魏、而公子獨與客留趙。趙孝成王德公子之矯奪晉鄙兵而存趙、乃與平原君計、㠯五城封公子。公子聞之、意驕矜而有自功之色。客有說公子曰。【考證】魏策、客作唐且、 物有不可忘。或有不可不忘。夫人有德於公子。公子不可忘也。公子有德於人。願公子忘之也。且矯魏王令、奪晉鄙兵以救趙。於趙則有功矣。於魏則未爲忠臣也。公子乃自驕而功之。竊爲公子不取也。【考證】楓山、三條本、乃作反、客有說公子以下、本魏策、 於是公子立自責、似若無所容者。趙王埽除自迎、執主人之

禮、引公子就西階。公子側行辭讓、從東階上。【集解】禮記曰、主人就東階、客就西階、客若降等、則就主人之階、【考證】禮記曲禮上、自言辠過以負於魏、無功於趙。【索隱】負、音佩、【考證】楓山三條本、自言作言自、趙王侍酒至暮、口不忍獻五城。以公子退讓也。公子竟留趙。趙王以鄗爲公子湯沐邑。【索隱】鄗、音臛、趙邑名、屬常山、【正義】鄗、今高邑、鄗、黑各反、魏亦復以信陵奉公子。公子留趙。公子聞趙有處士毛公藏於博徒、薛公藏於賣漿家。【集解】徐廣曰、漿一作醪、【索隱】按別錄云、漿或作醪字、【正義】毛公九篇、在名家者流、見于藝文志、【考證】漢志、毛公九篇、趙人、與公孫龍竝游平原君趙勝家、顏師古注、劉向七錄云、論堅白同異、以爲可以治天下、此蓋史記所云藏於博徒者、愚按二毛公、姓同人異、公子欲見兩人。兩人自匿不肯見公子。公子聞所在、乃閒步往、從此兩人游、甚歡。平原君聞之、謂其夫人曰、始吾聞夫人弟公子天下無雙。今吾聞之、乃妄從博徒賣漿者游。公子妄人耳。夫

人以告公子。公子乃謝夫人去。曰、始吾聞平原君賢。故負魏王而救趙、以稱平原君。【正義】稱、尺證反、平原君之游、徒豪舉耳。不求士也。【索隱】謂豪者舉之、舉亦音據也、【正義】劉伯莊曰、豪者舉之、不論德行、【考證】中井積德曰、舉、是舉動之舉、顧炎武曰、謂特狷爲豪傑舉動、非欲求有用之士也、張文虎曰、謂徒以客衆爲豪耳、無忌自在大梁時、常聞此兩人賢。至趙、恐不得見。以無忌從之游、尚恐其不我欲也。今平原君乃以爲羞。其不足從游。乃裝爲去。【考證】楓山三條本、去上有欲字、夫人具以語平原君。平原君乃免冠謝、固留公子。平原君門下聞之、半去平原君歸公子。【考證】楓山三條本、下下有之士二字、天下士復往歸公子。公子傾平原君客。公子留趙十年、不歸。秦聞公子在趙、日夜出兵東伐魏。魏王患之、使使往請公子。公子恐其怒之、乃誡門下、有敢爲魏

王使通者死。賓客皆背魏之趙、莫敢勸公子歸。毛公・薛公兩人、【索隱】史不記其名、往見公子曰、公子所以重於趙、名聞諸侯者、徒以有魏也。今秦攻魏、魏急。而公子不恤。使秦破大梁、而夷先王之宗廟。公子當何面目立天下乎。語未及卒、公子立變色、告車趣駕、歸救魏。魏王見公子相與泣。【考證】楓山三條本、無與字、而以上將軍印授公子。公子遂將。魏安釐王三十年、公子使使遍告諸侯。諸侯聞公子將、各遣將將兵救魏。公子率五國之兵破秦軍於河外、走蒙驁。遂乘勝逐秦軍、至函谷關、抑秦兵。秦兵不敢出。【索隱】抑、音憶、按抑、謂以兵蹙之、【考證】中井積德曰、抑、謂按壓之不得出也、當是時、公子威振天下。諸侯之客、進兵法。公子皆名之。故世俗稱魏公子兵法。【集解】劉歆七略、有魏公

子兵法二十一篇、圖七卷、【索隱】言公子所得進兵法、而必稱其名、以言其怨也、【考證】漢志作圖十卷、誤、董份曰、客進兵書、而總名于公子、故世稱魏公子兵法、索隱注、與下文正相反、秦王患之、乃行金萬斤於魏、求晉鄙客令毀公子於魏王曰、公子亡在外十年矣。今爲魏將。諸侯將皆屬。【考證】楓山三條本、屬下有焉字、諸侯徒聞魏公子、不聞魏王。【考證】楓山三條本、侯下有將字、公子亦欲因此時定南面而王。諸侯畏公子之威、方欲共立之。秦數使反閒僞賀、公子得立爲魏王未也。魏王日聞其毀、不能不信。【考證】楓山三條本、無不能二字、後果使人代公子將。公子自知再以毀廢、乃謝病不朝。與賓客爲長夜飲、飲醇酒、多近婦女、日夜爲樂飲者四歲、竟病酒而卒。【正義】秦始皇四年、其歲魏安釐王亦薨。秦聞公子死、使蒙驁攻魏、拔二十城、初置東郡。其後秦稍蠶食魏、十八歲

而虜魏王、屠大梁。【索隱】魏王名假。高祖始微少時、數聞公子賢。及即天子位、每過大梁、常祠公子。高祖十二年、從擊黥布還。為公子置守冢五家、世世歲以四時奉祠公子。

太史公曰。吾過大梁之墟。求問其所謂夷門。夷門者城之東門也。天下諸公子、亦有喜士者矣。然信陵君之接巖穴隱者、不恥下交、有以也。【考證】張文虎曰、疑衍也字、有以二字、錯簡、當在末奉祀不絕下、中井積德說同、沈家本曰有以者、言公子之不恥下交、非若諸公子之徒為豪舉、欲得巖穴之士為魏用也、三字內含蓄不盡、愚按沈說是、名冠諸侯、不虛耳。【考證】楓山、三條本冠作館、耳作矣、疑傳寫之誤、高祖每過之、而令民奉祠不絕也。

【索隱】述贊、信陵下士、鄰國相傾、以公子故、不敢加兵、頗知朱亥、盡禮侯嬴、遂卻晉鄙、終辭趙城、毛薛見重、萬古希聲、

魏公子列傳第十七

史記七十七

文學博士瀧川龜太郎著

史記會注考證

史記會注考證卷七十八

漢　太史令　司馬遷　撰

宋　中郎外兵曹參軍　裴駰　集解

唐　國子博士弘文館學士　司馬貞　索隱

唐　諸王侍讀率府長史　張守節　正義

日本　出雲　瀧川資言　考證

春申君列傳第十八　史記七十八

[考證]史公自序云、以身徇君、遂脫彊秦、使馳說之士、南鄉走楚者、黃歇之義、作春申君列傳第十八、凌稚隆曰、此傳前敘春申君以智能安楚、而就封于吳、後敘春申君以

奸謀盜楚、而身死棘門、爲天下笑、模寫情事、春申君殆兩截人、太史公謂平原君利令智昏、余於春申君亦云、

春申君者、楚人也。名歇。姓黃氏。游學博聞、事楚頃襄王。[索隱]名橫、考烈王完之父、頃襄王以歇爲辯、使於秦。秦昭王使白起攻韓・魏、敗之於華陽、禽魏將芒卯。[考證]梁玉繩曰、案華陽之役、秦攻趙魏以救韓、非攻韓也、且帥師、不止白起、又策史皆云、走芒卯、此言禽之、亦非、韓・魏服而事秦。秦昭王方令白起與韓・魏共伐楚。未行、而楚使黃歇適至於秦、聞秦之計。當是之時、秦已前使白起攻楚、取巫・黔中之郡、[考證]秦紀、昭襄王三十年、伐楚取巫郡及江南爲黔中郡、拔鄢・郢、東至竟陵。[正義]竟陵、屬江夏郡也、楚頃襄王東徙治於陳縣。[正義]今陳州也、[考證]頃襄王二十一年、陳縣、今河南淮陽縣、黃歇見楚懷王之爲秦所誘而入朝、遂見欺、畱死於秦。頃襄王其子也。秦輕之。恐壹擧兵而滅楚。歇乃上書說秦昭王曰、天下

莫彊於秦・楚。今聞大王欲伐楚。此猶兩虎相與鬭。兩虎相與鬭、而駑犬受其獘、[索隱]按謂兩虎鬭、乃受獘於駑犬也、劉氏云、受、猶承也、[正義]兩虎鬭方困、而駑犬亦承制其弊弱、[考證]中井積德曰、獘者虎也、受者犬也、非虎受也、受、猶乘也、凌稚隆曰、駑犬、指韓魏、不如善楚。臣請言其說。臣聞物至則反。冬夏是也。[正義]至、極也、極則反也、冬至陰之極、夏至陽之極、致至則危。累棊是也。[集解]徐廣曰、致、或作安、[考證]新序善謀篇、至作高、鮑彪曰、致、言取物置之物上、胡三省曰、累棊至於極高則必危也、楚司馬子期累十二博棊不墜、楚王曰、危哉、俞樾曰、黃歇曰、臣聞物至則反、冬夏是也、致至則危、累棊是也、蔡澤曰、日中則移、月滿則虧、物盛則衰、天地之常數也、趙高曰、秋霜降者草花落、水搖動者萬物作、此皆黃老之說、蓋自河上丈人傳安期生、安期生三傳而至樂巨公、樂巨公傳蓋公、蓋公爲曹參師、而田叔亦學黃老於樂巨公、戰國楚漢之際、相傳不絕、漢初黃老、其來有由矣、今大國之地徧天下、有其二垂。[正義]言極東西、[考證]胡三省曰、秦國之地、有天下西北之二垂也、淮南子曰、文王砥德修政、天下二垂歸之、此從生民已來、萬乘之地、未嘗有也。先帝文王・莊王之身、[考證]策、姚本作先帝文王莊王王之身、吳本、改莊王作武王、文王蓋斥惠文王、梁玉繩曰、秦策、作文王武王、王之身三世、此言莊王、誤、秦無莊王、若莊襄則昭王孫也、又脫一王字、無下王字、則二世、

非三世矣、但文武二王、未嘗稱帝、而曰先帝者、特尊稱之爾、蓋以昭王嘗爲西帝、故竝呼其先爲帝、然稱帝卽去之、在春申上書十年之前、三世不忘接地於齊、以絕從親之要。【索隱】音腰、以言山東從韓魏是其腰、【考證】策、脫忘字、三世以下十三字、做一句讀、言累世常欲取韓魏、接地於齊以絕山東從親之約而不忘也、策注云、要、約也、今王使盛橋守事於韓。盛橋以其地入秦。【索隱】按秦使盛橋守事於韓、亦如楚使召滑相越然也、竝內行章義之難、【正義】劉伯莊曰、秦使盛橋守事於韓、亦如楚使召滑於越也、竝內行章義之難、【考證】梁玉繩曰、盛橋、策作成橋、當依始皇紀作盛蟜、慶長本標記云、始皇八年王弟長安君成蟜、將軍擊趙、反死屯留、然則盛蟜始皇弟也、非昭王時也、愚按盛橋盛蟜、二人、梁氏混同爲一、非是、中井積德曰、守、謂坐而促之、孟嘗君傳、守而責之十年、是也、愚按楓山、三條本、地作北、與策合、言韓北地也、新序作地、是王不用甲、不信威、而得百里之地。【索隱】信、音申、【考證】楓山、三條本、地下有也字、王可謂能矣。王又舉甲而攻魏、杜大梁之門、舉河內、拔燕・酸棗・虛・【集解】徐廣曰、秦始皇五年、取酸棗燕虛、蘇代曰、決宿胥之口、魏無虛頓丘、桃入・邢。【集解】徐廣曰、燕縣有桃城、平皐有邢丘、【正義】邢丘、在懷州武德縣東南二十里、【考證】始皇紀注、燕虛、二縣名、梁玉繩曰、此時河內尙屬魏、秦未擧之、桃入、策作桃人、是誤、邢字衍、策無之、攷邢卽邢丘、後十餘年、秦始拔之、此時亦未入秦也、魏之兵雲

翔而不敢捄。王之功亦多矣。【考證】雲翔、散也、捄、新序作救、同、策作校、王休甲息衆、三年而後復之、又幷蒲・衍・首・垣、【集解】徐廣曰、蘇秦云、北有河外卷衍、長垣縣有蒲鄕、【索隱】此蒲、在衞之長垣蒲鄕也、衍、在河南、與卷相近、首、蓋牛首、垣、卽長垣、非河東之垣也、垣、音圓、【考證】策、新序、三年作二年、以臨仁・平丘、【集解】徐廣曰、屬陳留、【索隱】仁及平丘、二縣名、謂以兵臨此二縣、則黃及濟陽等自嬰城而守也、按地理志、平丘、屬陳留、今不知所在、【正義】仁、一作任、今任州城、屬濟州、地志云、任城、屬東平國、黃・濟陽嬰城、而魏氏服。【集解】徐廣曰、蘇代云、決白馬之口、魏無黃濟陽、【正義】故黃城、在曹州考城縣東、濟陽故城、在曹州宛句縣西南、嬰城未詳、【考證】策、黃上有小字、新序、嬰城作甄城、徐孚遠曰、嬰城、謂城守也、錢大昕曰、下文云、許鄢陵嬰城、皆謂嬰城自守、不敢戰也、嬰城、非地名、黃卽陳留之外黃、王又割濮・磨之北、【集解】徐廣曰、濮水、北於鉅野入濟、【索隱】磨、地名、蓋地近濮也、【考證】新序、磨作歷、通、各本磨誤、策、北下有屬之燕三字、注齊・秦之要、絕楚・趙之脊。【正義】劉伯莊云、言秦得魏地、楚趙之絕從、【考證】中井慶長本標記引劉伯莊云、注、音朱諭反、猶截也、積德曰、注、接也、齊秦之地相接、如天下之腰也、脊、脊中之直理、以喩直道、愚按策注作斷、趙作魏、張文虎曰、正義、絕從誤倒、天下五合六聚、而不敢救。王之威亦單矣。【集解】徐廣曰、單亦作殫、【索隱】單、音丹、單者盡也、言王之威盡行矣、【考證】董份曰、單、延也、詩云、

單及鬼方、愚按策作憚、義異、王若能持功守威、絀攻取之心、而肥仁義之地、使無後患、三王不足四、五伯不足六也。【考證】鮑彪曰、肥、猶厚、地、猶道也、策、作誠、王若負人徒之衆、仗兵革之彊、乘毀魏之威、而欲以力臣天下之主、臣恐其有後患也。詩曰。靡不有初。鮮克有終。易曰。狐涉水濡其尾。【正義】言狐惜其尾、每涉水擧尾、不令濕、比至極困、則濡之、譬不可力臣之、【考證】詩、大雅蕩篇、易、未濟彖辭、未濟亨、小狐汔濟、濡其尾、无攸利、彖傳云、濡其尾、无攸利、不續終也、策、無涉水二字、此言始之易終之難也。何以知其然也。昔智氏見伐趙之利、而不知楡次之禍。【索隱】智伯敗於楡次也、地理志、屬太原、有梗陽鄕、【正義】楡次、幷州縣也、注水經云、楡次縣南洞過水側、有鑿臺、智伯瑤割腹絕腸折頸摺頤處、【考證】沈家本曰、正義當在下文鑿臺之下、吳見伐齊之便、而不知干隧之敗。【索隱】干隧、吳之敗處地名、干、水邊也、隧、道路也、【正義】干隧、吳地名也、出萬安山西南一里太湖、卽吳王夫差自剄處、在蘇州西北四十里、【考證】中井積德曰、干隧、地名、夫差所大敗之處、愚按策吳注引史記正義、蘇州下有吳縣二字、此二國者非

無大功也。沒利於前、而易患於後也。【索隱】謂智伯及吳王、沒伐趙及伐齊之利於前、而自易其患於後、後卽楡次干隧之難也、【考證】錢大昕曰、沒與昧同、趙世家、昧死以聞、戰國策、作沒死、吳之信越也、從而伐齊。【索隱】從、音絕用反、劉氏云、從、猶領也、【考證】從、猶率也、下同、既勝齊人於艾陵、【正義】艾山、在兗州博縣南六十里也、還爲越王禽三渚之浦。【集解】戰國策曰、三江之浦、【正義】吳俗傳云、越軍得子胥夢、從東入伐吳、越王卽從三江北岸立壇、殺白馬祭子胥、杯動酒盡、乃開渠由示浦入、破吳王於姑蘇、敗干隧也、智氏之信韓・魏也、從而伐趙、攻晉陽城、【正義】幷州城、勝有日矣。韓・魏叛之、殺智伯瑤於鑿臺之下。【集解】徐廣曰、鑿臺、在楡次、【考證】新序作叢臺、疑誤、今王妒楚之不毀也、而忘毀楚之彊韓・魏也。臣爲王慮而不取也。詩曰。大武遠宅而不涉。【正義】言大軍不遠跋涉攻伐、【考證】孫詒讓曰、卽周書大武篇、遠宅不薄也、古書引書、或通作詩、愚按薄、迫也、不迫與不涉、義相近、慶長本標記引劉伯莊云、以喩遠取地而不能守、不如近攻、從此觀之、楚國援也。鄰國敵也。詩云。趯趯毚兎、遇犬獲之。他人有心、余忖

度之。【集解】韓嬰章句曰、趯趯、往來貌、獲、得也、言趯趯之毚兔、謂狡兔數往來、逃匿其跡、有時遇犬得之、毛傳曰、毚兔、狡兔也、鄭玄曰、遇犬、犬之馴者、謂田犬、【索隱】趯作躍、躍、天歷反、毚、音讒、【考證】中井積德曰、趯趯、跳躍之意、疾走之貌、愚按據上例云、當作曰、詩小雅巧言篇、今王中道而信韓・魏之善王也、此正吳之信越也。臣聞之、敵不可假、時不可失。臣恐韓・魏卑辭除患、而實欲欺大國也。【索隱】大國、謂秦也、【考證】假、容假之假、策作易、張文虎曰、除疑徐之誤、說文、徐、緩也、策作慮、何則王無重世之德於韓・魏、而有累世之怨焉。【索隱】重世、猶累世也、【考證】累世、宜言累代、不宜竝用重世累世、唐人諱世、皆作代、後人改復焉、但誤改其不當改者、亦閒有之、此類是也、夫韓・魏父子兄弟、接踵而死於秦者、將十世矣。本國殘、社稷壞、宗廟毀、刳腹絕腸、折頸摺頤、【集解】徐廣曰、一作頭、【索隱】上音拉、下音夷、【考證】摺、拉也、頤、頷也、首身分離、暴骸骨於草澤、頭顱僵仆、相望於境、父子老弱、係脰束手為羣虜者、相及於路。【考證】楓山・三條本、脰作𨀣、父子以下十六字、策作父子老弱係虜相隨於路、新序作係臣束子、為羣虜者相及於路、鬼神

孤傷、無所血食、【考證】孤傷、策作狐祥、新序作潢洋、人民不聊生、族類離散流亡為僕妾者、盈滿海內矣。【考證】梁玉繩曰、盈字當諱、愚按策無盈字、新序無滿字、史盈字當衍、故韓・魏之不亡、秦社稷之憂也。【考證】董份曰、慨切激蕩、詞旨悲惋、不容聽者不入也、愚按、漢淮南王安諫伐閩越書、唐李華弔古戰場文、皆本於此一段、今王資之、與攻楚、不亦過乎。【考證】胡三省曰、資之、謂資以兵也、愚按新序、資作齎、策無資與二字、過作失、且王攻楚、將惡出兵。【正義】惡、音烏、【考證】惡、安也、王將借路於仇讎之韓・魏乎。兵出之日、而王憂其不返也。是王以兵資於仇讎之韓・魏也。王若不借路於仇讎之韓・魏、必攻隨水右壤。【考證】策、水作陽、句下重隨陽右壤四字、此皆廣川大水、山林谿谷、不食之地也。【索隱】楚都陳、隨水之右壤、蓋在隨之西、卽今鄧州之西、其地多山林者矣、【考證】不食、謂不可墾耕、王雖有之、不為得地。是王有毀楚之名、而無得地之實也。且王攻楚之日、四國必悉起兵以應王。【考證】鮑彪

曰、齊趙韓魏也、方言南攻、故不及燕、應言以兵從之、蓋躡秦也、秦・楚之兵構而不離、魏氏將出而攻留・方與・銍・湖陵・碭・蕭・相、故宋必盡。【正義】徐州西、宋州東、兗州南、竝故宋地、【考證】新序、魏上有韓字、策、無、中井積德曰、此取地獨漏韓氏、何也、策・新序、湖作胡、齊人南面攻楚、泗上必舉。【正義】此時徐泗屬齊也、【考證】策・新序、無攻楚二字、胡三省曰、時楚蠶食魯國、有泗上之地、中井積德曰、下文以泗水為境者、設戰勝得地之後、則是時未屬齊、此皆平原四達膏腴之地、而使獨攻。【索隱】若秦楚構兵不休、則魏盡故宋、齊取泗上、是使齊魏獨攻伐而得其利也、【考證】策、而下有王字、使下有之字、王破楚以肥韓・魏於中國、而勁齊。韓・魏之彊、足以校於秦。【索隱】校、音教、謂足以與秦為敵也、一云、校者報也、言力能報秦、【正義】校、敵也、【考證】新序、校作枝、張文虎曰、索隱本、秦下有矣字、與策合、齊、南以泗水為境、東負海、北倚河、而無後患。天下之國、莫彊於齊・魏。【考證】策、無魏字、齊・魏得地葆利而詳事下吏、【考證】中井積德曰、兩齊魏之魏字、疑竝衍、愚按依下文索隱、小司馬本亦無魏字、新序葆作保、詳、佯通、僞事秦也、下吏、猶言下執事、策、吳本、下吏作不吏、費解、一年之後、為帝未能、其於禁王之

為帝有餘矣。【索隱】言齊一年之後、未卽能為帝、而能禁秦為帝有餘力矣、然禁字作楚者誤也、夫以王壤土之博、人徒之衆、兵革之彊、壹舉事而樹怨於楚、遲令韓・魏歸帝重於齊。是王失計也。【集解】徐廣曰、遲、一作還、【索隱】遲、音値、値、猶乃也、令、音力呈反、韓魏歸帝重於齊、謂韓魏重齊、令歸帝號、此秦之計失、【正義】遲、猶當也、今韓魏歸帝號尊齊、秦失計、【考證】寬永本標記云、令、正義本作今、恐誤、遲、索隱讀為値、値、直同、直猶特也、帝重二字連讀、歸、猶附也、遲、策作詘、新序作出、徐廣一本作還、皆非、臣為王慮、莫若善楚。秦・楚合而為一、以臨韓、韓必斂手。王施以東山之險、帶以曲河之利、韓必為關內之侯。【考證】策、斂手作授首、施作襟、曲河作河曲、恩田仲任曰、策注、襟、蔽障如襟、蓋襟本作衿、與施相似、故誤、古人襟帶二字為對者多、愚按新序亦作施、施字義亦通、不必改、中井積德曰、施帶之者、指山西上黨之韓、是韓之舊國、今如別都、下文戍鄭、鄭乃今之韓都矣、關內之侯、諸侯獻土去爵、臣事秦國、享封邑於關內也、韓非子顯學篇、關內之侯、雖非吾行、吾必使執禽而朝、魏策、王不若與竇屢關內侯、蓋六國亦有此號、不獨秦、若是而王以十萬戍鄭、梁氏寒心、許・鄢陵嬰城、而上蔡・召陵不往來也。如此而魏亦關內侯矣。【考證】鄭、韓

國都、梁氏、魏也、胡三省曰、上蔡召陵二縣、班志皆屬汝南郡、魏都大梁、其境南至汝南、許鄢陵、居其間、二邑皆脅於秦兵、嬰城自守、則楚之上蔡召陵、不能與大梁往來矣、依蘇秦言、許召陵屬魏、下文云、魏旦暮亡、不能愛許鄢陵、則上蔡、亦必魏邑矣、　王壹善楚、而關內兩萬乘之主、注地於齊。【索隱】注、謂以兵裁之也、【考證】策、新序、壹作一、關內兩萬乘、以韓魏二國爲關內侯也、中井積德曰、注、猶接也、謂秦之壤直接之齊也、與前文不忘接地於齊、及注齊秦之要、皆相應、齊右壤、可拱手而取也。【正義】右壤、謂濟州之南北也、　王之地、一經兩海、要約天下。【索隱】謂西海至東海、皆是秦地、【正義】廣、言橫度中國東西也、【考證】經、徑通、要約、猶管束也、策、約作絕、正義、廣、當作經、　是燕・趙無齊・楚、齊・楚無燕・趙也。【考證】余有丁曰、謂四國不得相救也、　然後危動燕・趙、直搖齊・楚、此四國者、不待痛而服矣。昭王曰、善。於是乃止白起而謝韓・魏、發使賂楚、約爲與國。黃歇受約歸楚。【考證】秦已前使白起攻楚以下、采秦策、又見說苑善謀篇、通鑑係之赧王四十二年、卽楚莊襄二十六年、秦昭三十四年、中井積德曰、通觀諸篇、止白起與楚和者、實爲應侯之謀計、應侯妒白起之功故耳、非以春申之說、然自有好合、或春申之說、投機會、作一臂之助、則未可知矣、若專歸功於春申、則非、　楚使歇與太子完入

質於秦。秦留之數年。楚頃襄王病、太子不得歸。而楚太子與秦相應侯善。於是黃歇乃說應侯曰。相國誠善楚太子乎。應侯曰。然。歇曰。今楚王恐不起疾。【考證】楓山、三條本、王下有病字、通鑑、作楚王疾恐不起、　秦不如歸其太子。太子得立、其事秦必重、而德相國無窮。是親與國、而得儲萬乘也。【考證】楓山、三條本、得作德、　若不歸、則咸陽一布衣耳。楚更立太子、必不事秦。夫失與國而絕萬乘之和、非計也。願相國孰慮之。應侯以聞秦王。秦王曰。令楚太子之傅先往問楚王之疾、返而後圖之。黃歇爲楚太子計曰。秦之留太子也、欲以求利也。今太子力未能有以利秦也。歇憂之甚。而陽文君子二人在中。【考證】陽文君、蓋楚王兄弟、　王若卒大命、太子不在、陽文君子必立

爲後、太子不得奉宗廟矣。不如亡秦、與使者俱出。【考證】岡白駒曰、使者卽使先往問楚王之疾者、　臣請止、以死當之。楚太子因變衣服、爲楚使者御以出關。而黃歇守舍、常爲謝病。度太子已遠、秦不能追、歇乃自言秦昭王曰。楚太子已歸、出遠矣。歇當死。願賜死。昭王大怒、欲聽其自殺也。應侯曰。歇爲人臣、出身以徇其主。太子立、必用歇。故不如無罪而歸之、以親楚。秦因遣黃歇。歇至楚三月、楚頃襄王卒。【集解】徐廣曰、三十六年、　太子完立。是爲考烈王。考烈王元年、以黃歇爲相、封爲春申君、賜淮北地十二縣。【正義】然四君封邑、檢皆不獲、唯平原有地、又非趙境、竝蓋號謚、而孟嘗是謚、【考證】中井積德曰、四君皆封號、非謚、吳志云、建興二年、有鳥見于春申、春申之爲地名決矣、錢泰吉曰、正義然上當尙有文、今缺、　後十五歲、黃歇言之楚王曰。淮北地邊齊。其事急。請以爲郡。

便。因幷獻淮北十二縣、請封於江東。考烈王許之。春申君因城故吳墟、以自爲都邑。【正義】墟、音虛、今蘇州也、闔閭於城內小城西北、別築城居之、今圮毀也、又大內北瀆、四從五橫、至今猶存、又改破楚門爲昌門、【考證】楚策、虞卿謂春申君曰、臣聞之於安思危、危則慮安、今楚王春秋高矣、而君之封地、不可不早定也、爲主君慮封者、莫如遠楚、春申蓋從其計也、館本考證云、正義句有誤、當作闔閭所都、　春申君既相楚。是時齊有孟嘗君。趙有平原君。魏有信陵君。方爭下士、招致賓客、以相傾奪、輔國持權。【考證】楓山、三條本、無持字、　春申君爲楚相四年、秦破趙之長平軍四十餘萬。五年、圍邯鄲。【考證】梁玉繩曰、案長平之戰、在春申君爲相之三年、救邯鄲在六年、此皆誤、　邯鄲告急於楚。楚使春申君將兵往救之。秦兵亦去。春申君歸。春申君相楚八年、爲楚北伐、滅魯。【索隱】按年表云、八年取魯、封魯君於莒、十四年而滅也、　以荀卿爲蘭陵令。【考證】春申君傳特載荀卿事、猶魏世家敍孟子事、見史公尊儒之意、　當是時、楚復彊。趙平原君使人於

春申君。春申君舍之於上舍。趙使欲夸楚、爲瑇瑁簪、刀劍室以珠玉飾之。【考證】楓山、三條本、無玉字、請命春申君客。【考證】楓山、三條本、無命字、春申君客三千餘人。其上客皆躡珠履以見趙使。趙使大慙。春申君相十四年、秦莊襄王立。以呂不韋爲相、封爲文信侯、取東周。春申君相二十二年、諸侯患秦攻伐無已時、乃相與合從、西伐秦。【集解】徐廣曰、始皇六年、而楚王爲從長、春申君用事。至函谷關。秦出兵攻諸侯兵。皆敗走。楚考烈王以咎春申君。春申君以此益疏。客有觀津人朱英。【正義】觀、音館、今魏州觀城縣也、【考證】楓山、三條本、無客字、策、朱英作魏軼、謂春申君曰。人皆以楚爲彊、而君用之弱。其於英不然。先君時善秦二十年而不攻楚。何也。【考證】楓山、三條本、無善字、與策合、各本誤衍、秦踰黽隘之塞、而

攻楚不便。【正義】黽隘之塞、在申州、黽、音盲也、假道於兩周、背韓・魏而攻楚、不可。今則不然。魏旦暮亡、不能愛許・鄢陵。其計魏割以與秦。【考證】計、各本作許、蓋涉上文而誤、今從楓山、三條本、秦兵去陳百六十里。【集解】徐廣曰、在許東南、臣之所觀者、見秦・楚之日鬭也。【考證】謂春申君曰以下、采韓策、楚於是去陳徙壽春。而秦徙衞野王、作置東郡。【正義】濮、滑州兼河北置東郡、濮州本衞都、而徙野王也、【考證】崔適曰、作字旁注竄入、春申君由此就封於吳、行相事。楚考烈王無子。春申君患之、求婦人宜子者進之。甚衆。卒無子。【考證】楓山、三條本、進作奏、梁玉繩曰、史仍國策、吳注、謂此時無子也、而索隱以此文爲誤、因數考烈之子四人、曰悍、曰猶、曰負芻、曰昌平君、攷幽王悍、卽李園妹初幸春申有身所生者、哀王猶是悍同母弟、列女傳云、遺腹子、則亦園妹所生、李妹未進之前、固無有也、而昌平君之稱考烈子、未見確據、始皇紀、昌平君先爲秦相、繼爲荊王、蓋楚之諸公子耳、若以考烈子實之、則紀尙有昌文君、又誰人乎、惟楚王負芻、莫知生于何時、世家謂猶庶兄、疑生悍之後、然列女傳作考烈王弟、今不可詳矣、趙人李園、持其女弟欲進之楚王。【考證】關脩曰、持、如矜持之持、言心持女

弟之色美、聞其不宜子、恐久毋寵。李園求事春申君爲舍人。已而謁歸、故失期還謁。春申君問之狀。對曰。齊王使使求臣之女弟。與其使者飮。故失期。春申君曰。娉入乎。對曰。未也。【考證】楓山、三條本、飮下無故字、娉聘同、幣也、春申君曰。可得見乎。曰。可。於是李園乃進其女弟。卽幸於春申君。【考證】楓山、三條本、重女弟二字、知其有身。李園乃與其女弟謀。園女弟承閒以說春申君曰。楚王之貴幸君、雖兄弟不如也。今君相楚二十餘年。而王無子。卽百歲後、將更立兄弟。則楚更立君、後亦各貴其故所親。君又安得長有寵乎。【考證】策、後作彼、非徒然也。君貴用事久。多失禮於王兄弟。兄弟誠立、禍且及身。何以保相印江東之封乎。【考證】楓山、三條本、以作乃、今妾自知有身矣。而人

莫知。妾幸君未久。誠以君之重而進妾於楚王。王必幸妾。妾賴天有子男、則是君之子爲王也。楚國盡可得。孰與身臨不測之罪乎。春申君大然之。乃出李園女弟。謹舍而言之楚王。楚王召入幸之。遂生子男。立爲太子。以李園女弟爲王后。楚王貴李園、園用事。【考證】楓山、三條本、不重園字、李園旣入其女弟立爲王后、子爲太子。恐春申君語泄而益驕。陰養死士欲殺春申君以滅口。而國人頗有知之者。春申君相二十五年。楚考烈王病。朱英謂春申君曰。世有毋望之福。【正義】毋望、謂不望而忽至也、又有毋望之禍。【索隱】周易有无妄卦、其義殊也、今君處毋望之世、【正義】謂生死無常、事毋望之主。【正義】謂喜怒不節也、安可以無毋望之人乎。【正義】謂吉凶忽爲、【考證】策、毋望作無妄、中井積德曰、毋望之世、謂禍

禍不可常也、毋望之主、謂寵幸不可恃也、毋望之人、謂排難脫厄之人不求而至也、毋望、無忽意、張文虎曰、正義忽爲、疑忽焉譌、春申君曰、何謂毋望之福。曰、君相楚二十餘年矣。雖名相國、實楚王也。【考證】楓山三條本、無雖字、策名下有爲字、今楚王病旦暮且卒。而君相少主、因而代立當國、如伊尹・周公、王長而反政。不卽遂南面稱孤而有楚國。此所謂毋望之福也。春申君曰、何謂毋望之禍。曰、李園不治國、而君之仇。【索隱】言園是春申之仇也、戰國策作君之舅也、謂爲王之舅、意異也、【正義】李園不得國政、而怨春申君、故云仇也、【考證】梁玉繩曰、策作王之舅、是此因聲近而誤、言李園爲王舅也、下文春申云、僕善李園、則不以爲仇明矣、愚按前後君字、竝斥春申、則仇如字讀、梁說非是、不爲兵、而養死士之日久矣。【考證】策、兵下有將字、楚王卒、李園必先入據權、而殺君以滅口。此所謂毋望之禍也。春申君曰、何謂毋望之人。對曰、君置臣郎中。楚王卒、李園必先入、臣爲君殺李園。此所謂毋望

之人也。春申君曰、足下置之。李園弱人也。僕又善之。且又何至此。朱英知言不用、恐禍及身、乃亡去。【索隱】朱亥、卽上之朱英也、作亥者、史因趙有朱亥誤也、【考證】各本及策、皆作朱英、索隱本作朱亥、張文虎曰、豈小司馬獨見誤本、抑後人改正也、後十七日、楚考烈王卒。李園果先入、伏死士於棘門之內。【正義】壽州城門、春申君入棘門。園死士俠刺春申君、斬其頭投之棘門外。【正義】俠、刺、上胡牒反、下七亦反、楚考烈王二十五年、秦始皇九年、【考證】策、俠作夾、胡三省曰、俠讀曰夾、於是遂使吏盡滅春申君之家。而李園女弟初幸春申君有身而入之王所生子者、遂立。是爲楚幽王。【索隱】按楚捍有母弟猶、猶有庶兄負芻、及昌平君、是楚君完非無子、而上文云、考烈王無子、誤也、【考證】說既見上文、黃式三曰、策史、言春申君納李園妹、知娠而獻之、據越絕書十四篇則云、烈王娶李園妹、十月產子男、則策史之說非矣、夫春申君果知娠、而出諸謹舍、言諸王而入幸之、則事非一月、安必其十月後生子乎、生而果男乎、行不可知之詭計、春申君何愚、此必後負芻謀哀王、猶之誣言也、古事難攷、讀史者不成人之惡也、愚按越絕晚出之書、不足信據、姑書備考、是歲也、秦始皇

帝立九年矣。嫪毐亦爲亂於秦、覺、夷其三族、而呂不韋廢。【考證】楚考烈王無子以下、采楚策、

太史公曰、吾適楚、觀春申君故城、宮室盛矣哉。初春申君之說秦昭王、及出身遣楚太子歸、何其智之明也。後制於李園。旄矣。【集解】徐廣曰、旄、音耄、【正義】莫報反、語曰、當斷不斷、反受其亂。春申君失朱英之謂邪。【考證】當斷不斷二句、齊悼惠王世家引道家言、斷亂韵、

【索隱】述贊、黃歇辯智、權略秦楚、太子獲歸、身作宰輔、珠炫趙客、邑開吳土、烈王寡胤、李園獻女、無妄成災、朱英徒語、

春申君列傳第十八　　史記七十八

文學博士瀧川龜太郎著

史記會注考證

史記會注考證卷七十九

漢　太　史　令　司　馬　遷　撰

宋　中　郎　外　兵　曹　參　軍　裴　駰　集　解

唐　國　子　博　士　弘　文　館　學　士　司　馬　貞　索　隱

唐　諸　王　侍　讀　率　府　長　史　張　守　節　正　義

日　本　　出　雲　瀧　川　資　言　考　證

范雎蔡澤列傳第十九　史記七十九

[考證]史公自序云、能忍訽於魏齊、而信威於彊秦、推賢讓位、二子有之、作范雎蔡澤列傳第十九。錢大昕曰、秦本紀六國表不見二人名。蘇轍曰、范雎相秦、其所以利秦者

少、而害秦者多、以魏冄之專、忘其舊勳而逐之、可也、幷逐宣太后、使昭王以子絕母、不已甚乎、及雎任秦事、殺白起而用王稽鄭安平、使民怨於內、兵折於外、曾不若魏冄之一二、范雎蔡澤、自爲身謀、取卿相可耳、未見有益于秦也、

范雎者、魏人也。字叔。[考證]慶長本標記云、雎、七餘反、蓋騶誕生音、中井積德曰、范雎之雎、音且、文從且、非從目、張文虎曰、雎字、宋本、毛本作睢、漢書人表同、它本睢雎雜出、黃刊桃本戰國策作雎、通鑑集覽音雖、案武梁祠堂畫像有范且、錢氏跋尾云、戰國秦漢人多以且爲名、讀子余切、如穰且豫且夏無且龍且皆是、且旁或加隹、如范雎唐雎、文殊而音不殊也、然則作睢者誤、游說諸侯、欲事魏王。家貧無以自資。乃先事魏中大夫須賈。[索隱]按漢書百官表、中大夫、秦官、此魏有中大夫、蓋古官也、須、姓、賈、名也、須氏蓋密須之後、須賈爲魏昭王使於齊。[索隱]按系本、昭王名遬、襄王之子也、范雎從留數月、未得報。齊襄王聞雎辯口、[索隱]襄王名法章、[考證]祕閣古鈔本、楓山三條本、雎上有范字、下文同、辯下有有字、王念孫曰、辯口本作辯有口、謂辯給有口才也、太平御覽居處部引此作辯有口、陸賈傳曰、名爲有口辯士、朱建傳曰、爲人辯有口、才字後人所加、人事部辯類作辯有口、武安傳曰、蚡辯有口、皆其證、索隱單本、無襄王名法章、乃使人賜雎金十斤、及牛酒。雎辭謝不敢受。須賈知之大怒、以爲雎持魏國陰事告齊、故得此饋。令雎受其牛酒、還其金。[考證]祕閣古鈔本、饋作餽、既歸。心怒雎、以告魏相。魏相、魏之諸公子、曰魏齊。[考證]祕閣古鈔本、無曰字、魏齊大怒、使舍人笞擊。雎折脅摺齒。[索隱]摺、音力荅反、謂打折其脅、而又拉折其齒也、雎詳死。卽卷以簀、置廁中。[索隱]簀、謂葦荻之薄也、用之以裹屍也、[考證]中井積德曰、簀以竹爲之、賓客飲者、醉更溺雎、[索隱]更、音羹、溺卽溲也、溺音年弔反、溲音所留反、[正義]溺、古尿字、故僇辱以懲後、令無妄言者。[考證]祕閣本、無作毋、妄言、承持魏國陰事告齊、雎從簀中謂守者曰、公能出我、我必厚謝公。守者乃請弃簀中死人。[考證]各本、請下衍出字、今依祕閣本楓山三條本削、魏齊醉曰、可矣。范雎得出。後魏齊悔、復召求之。魏人鄭安平聞之、乃遂操范雎亡、伏匿、更名姓曰張祿。[考證]梁玉繩曰、說苑善說云、齊張祿爲孟嘗君掌門、請孟嘗君爲書寄秦王、往而大遇、未必卽范子、蓋別一人、范借託之、愚按、張張大、祿福祿、采嘉名耳、未必借孟嘗

客名、當此時、秦昭王使謁者王稽於魏。鄭安平詐爲卒侍王稽。【正義】卒、祖律反、王稽問。魏有賢人可與俱西游者乎。鄭安平曰。臣里中有張祿先生。欲見君言天下事。其人有仇不敢晝見。王稽曰。夜與俱來。鄭安平夜與張祿見王稽。語未究、【考證】秘閣本、稽下有與字、王稽知范睢賢、謂曰。先生待我於三亭之南。與私約而去。【索隱】按三亭、亭名、在魏境之邊道亭也、今無其處、一云、魏之郊境、總有三亭、皆祖餞之處、與期三亭之南、蓋送餞已畢無人處、【正義】括地志云、三亭岡、在汴州尉氏縣西南三十七里、按三亭岡、在山部中名也、蓋岡字誤爲南、【考證】秘閣本、謂作語、與私約去、作夜與稽約去、王稽辭魏去。過載范睢入秦。至湖。【索隱】按地理志、京兆有湖縣、本名胡、武帝更名湖、卽今湖城縣也、【正義】今虢州湖城縣也、【考證】過、過三亭也、張文虎曰、各本湖下衍關字、索隱本無、雜志云、地理志京兆尹、湖不言有關、水經河水注、亦但言過、穰侯於湖縣、文選解嘲注引史竊載范睢入秦至湖、無關字、望見車騎從西來。【考證】楓山、三條本、來下有東字、范睢曰。彼來者爲誰。王稽曰。秦相穰侯東行縣

邑。【考證】秘閣本、楓山、三條本、無邑字、范睢曰。吾聞穰侯專秦權、惡內諸侯客。【索隱】內、音納、亦如字、內者亦猶入也、此恐辱我。我寧且匿車中。有頃、穰侯果至勞王稽。因立車而語曰。關東有何變。曰。無有。又謂王稽曰。謁君得無與諸侯客子俱來乎。無益。徒亂人國耳。【考證】岡白駒曰、王稽官謁者、故稱謁君、秘閣本、益下有於事二字、王稽曰。不敢。卽別去。范睢曰。吾聞穰侯智士也。其見事遲。鄕者疑車中有人、忘索之。【索隱】索、猶搜也、音柵、又先格反、於是范睢下車走曰。此必悔之。行十餘里、果使騎還索車中。無客。乃已。王稽遂與范睢入咸陽。已報使、因言曰。魏有張祿先生。天下辯士也。曰。秦王之國、危於累卵。【正義】按說苑云、晉靈公造九層之臺、費用千金、謂左右曰、敢有諫者斬、荀息聞之、上書求見、靈公張弩持矢見之、曰、臣不敢諫也、臣能累十二博棊、加九雞子其上、公曰、子爲寡人作之、荀息正顏色定志意、以棊子置下、加九雞子其上、左右懼慴息、靈公氣息不續、公曰、危哉、危

哉、荀息曰、此殆不危也、復有危於此者、公曰、願見之、荀息曰、九層之臺、三年不成、男不耕、女不織、國用空虛、鄰國謀議將興、社稷亡滅、君欲何望、靈公曰、寡人之過也、乃至於此、卽壞九層臺也、【考證】張文虎曰、今說苑無此篇、得臣則安。然不可以書傳也。臣故載來。【考證】凌稚隆曰、暗含後來傾穰侯等案、秦王弗信、使舍食草具。【索隱】謂亦舍之、而食以下客之具然、草具、謂麤食草萊之饌具、【考證】秘閣本、無使字、待命歲餘。當是時、昭王已立三十六年、南拔楚之鄢・郢、楚懷王幽死於秦。【考證】秘閣本、無幽字、秦東破齊。湣王嘗稱帝、後去之。數困三晉、厭天下辯士、無所信。穰侯・華陽君、【集解】徐廣曰、華、一作葉、【索隱】穰侯、謂魏冉、宣太后之異父弟、穰縣、在南陽、華陽君羋戎、宣太后之同父弟、亦號爲新城君、是也、昭王母宣太后之弟也。而涇陽君・高陵君、皆昭王同母弟也。穰侯相。三人者更將有封邑、【考證】凌稚隆曰、伏後發四貴、以太后故、私家富重於王室。【考證】凌稚隆曰、伏後寶器珍怪、多于王室、及穰侯爲秦將、且欲越韓・魏而伐齊綱壽、欲以廣其陶封。【考證】穰侯

傳、綱壽作剛壽、范睢乃上書曰。臣聞明主立政、【索隱】按戰國策、立作莅也、有功者不得不賞、有能者不得不官。勞大者其祿厚、功多者其爵尊、能治衆者其官大。故無能者、不敢當職焉、有能者亦不得蔽隱。使以臣之言爲可、願行而益利其道。以臣之言爲不可、久留臣無爲也。語曰。庸主賞所愛、而罰所惡。明主則不然。賞必加於有功、而刑必斷於有罪。今臣之胷不足以當椹質、而要不足以待斧鉞。豈敢以疑事嘗試於王哉。【索隱】椹、音陟林反、按椹者、莝椹也、質者莝刃也、腰斬者當椹質也、【考證】秘閣、楓、三本、要作腰、顏師古曰、鑕、謂質也、古人斬人加於鑕上而斫之也、愚按不足以當以待、謙辭、言身賤、死生不足論也、豈敢上添雖然二字看、雖以臣爲賤人而輕辱、獨不重任臣者之無反復於王邪。【考證】策、賤下無人字、任臣者、斥王稽、任、保任也、下文云、秦之法、任人、而所任不善者、各以其罪罪之、策、反復作反覆、且臣聞周有砥砨、【考證】砨、祕

閣本、作厲、楓山、三條本、作礪、策作厄、宋有結綠、梁有縣藜、【集解】薛綜曰、縣藜一曰美玉、楚有和朴。【正義】縣、音玄、劉伯莊云、珍玉朴也、【考證】策、朴作璞、此四寶者、土之所生、良工之所失也。而為天下名器。【考證】策、無土之所生良五字、蓋史公所補、然則聖王之所弃者、獨不足以厚國家乎。【考證】楓山、三條本、王作主、岡白駒曰、聖王稱秦王、所弃、雎自謂也、臣聞善厚家者取之於國、善厚國者取之於諸侯。天下有明主、則諸侯不得擅厚者、何也。為其割榮也。【索隱】割榮、卽上之擅厚、謂擅權也、【考證】厚家厚國、明承上文厚國家、而微見穰侯厚私家意、是作家苦心處、中井積德曰、割、如字、分也、謂分割天下之榮權而入於己也、惡其割榮、故不使擅厚、索隱失條理、沈家本說同、楓山、三條本、王作主、策、割作凋、良醫知病人之死生、而聖主明於成敗之事。【考證】祕閣、楓山、三條本、病作疾、利則行之、害則舍之、疑則少嘗之。雖舜・禹復生、弗能改已。語之至者臣不敢載之於書。其淺者又不足聽也。【正義】至、猶深也、極也、【考證】語之至者、暗斥太后穰侯事、意者臣愚而不概於王心邪。【集解】徐廣曰、概一作漑、音同、【索隱】按戰國策、概作闚、謂闚涉於王心也、徐注音同、非也、【正義】概猶平也、雎言秦政敎、不能□合王心邪、【考證】李笠曰、概與漑、音同字通、漑與沃同義、漑於王心者、亦卽尚書說命啓乃心沃朕心之義也、愚按、今本策、作闚、別是一義、亡其言臣者賤而不可用乎。【索隱】亾、猶輕蔑也、【考證】策、亾作抑、余有丁曰、亡字轉語、猶言無乃也、索隱解輕蔑、非是、王念孫曰、亾讀如無、或言亾、或言亾其、皆轉語詞也、莊子外物篇、抑固窶邪、亾其略弗及邪、呂氏春秋審爲篇、君將擾之乎、亾其不與、愛類篇、必得宋乃攻之乎、亾其不得宋、且不義、猶攻之乎、韓策、聽子之謁而廢子之道乎、又亡其行子之行而廢子之謁乎、是凡言亾其者、皆轉語詞也、越語、道固然乎、妄其欺不穀邪、趙策、不識三國之憎秦而愛懷邪、妄其憎懷而愛秦邪、妄亦讀如無、魯仲連傳亾意亦捐燕弃世東游於齊乎、索隱斷亾意爲一句、亦非也、亾意亦者、意亦也、意亦者、抑亦也、或言意、或言意亦、或言意亾、或言無意、或言亾意亦、皆轉語詞也、齊策、作意者亦捐燕棄世乎、意者亦轉語詞也、自非然者、臣願得少賜游觀之閒望見顏色。一語無效、請伏斧質。【考證】承上文椹質斧鉞、祕閣、楓山、三條本、無顏色二字、策、顏色作足下、董份曰、雎此書、淺言之、則不足以感王、深言之、則立債事、故其心最苦、於是秦昭王大說、乃謝王稽、使以傳車召范雎。【集解】徐廣曰、一云使持車、【索隱】使持車、戰國策之文也、【考證】范雎乃上書曰以下、采秦策、於是范雎乃得見於

離宮。【正義】長安故城、本秦離宮、在雍州長安北十三里也、詳爲不知永巷而入其中。【正義】永巷、宮中獄也、【考證】如淳曰、周宣王姜后、脫簪珥待罪永巷、後改爲掖庭、顏師古曰、永、長也、宮中之長巷也、王來。而宦者怒逐之、曰。王至。范雎繆爲曰。秦安得王。秦獨有太后・穰侯耳。【考證】王念孫曰、爲猶謂也、謂、爲一聲之轉、祕閣、楓山、三條本、得下有有字、祕閣本、無耳字、董份曰、動昭王處、唯此言最深、所謂危以激之也、欲以感怒昭王。昭王至、聞其與宦者爭言、遂延迎。謝曰。寡人宜以身受命久矣。會義渠之事急。寡人旦暮自請太后。【考證】呂氏大事記云、漢書匈奴傳、秦昭王時、義渠戎王、與宣太后亂、有二子、宣后詐殺戎王于甘泉、遂起兵滅義渠、今義渠之事已。寡人乃得受命。竊閔然不敏。敬執賓主之禮。【索隱】鄒誕本作惛然、音昏、又云、一作閔、音敏、閔猶昬闇也、范雎辭讓。是日觀范雎之見者、羣臣莫不洒然變色易容者。【集解】徐廣曰、洒、先典反、鄒玄曰、灑然、肅敬之貌也、【索隱】【考證】策、無羣臣洒然四字、余有丁曰、洒然、非但敬肅、兼有恐懼意、中井積德曰、洒然、色變之貌、傳云、一爵而洒然、不必作肅敬、不必作恐懼、秦王屛左右、宮中虛無人。秦王跽而請曰。先生何以幸敎寡人。【索隱】跽、音其紀反、跽者、長跪兩膝枝地、【考證】顧炎武曰、古人之坐、皆以兩膝著席、有所敬、引身而起、則爲長跪、史記范雎傳、秦王跪而請、秦王復跪、而褚先生補梁孝王世家、帝與梁王俱侍坐太后前、太后謂帝曰、吾聞殷道親親、周道尊尊、其義一也、帝跪席舉身曰、諾、是也、禮記、坐皆訓跪、三國志注引高士傳言、管寧嘗坐一木榻、積五十餘年、未嘗箕股、其榻上當膝處皆穿、以此、愚按朱子跪坐拜說云、以膝隱地、伸腰及股、危而不安者跪也、以膝隱地、以尻著蹠、而體使安者坐也、范雎曰。唯唯。有閒、秦王復跽而請曰。先生何以幸敎寡人。范雎曰。唯唯。若是者三。【考證】王維楨曰、三跪請而不言、以嘗試其意耳、秦王跽曰。先生卒不幸敎寡人邪。范雎曰。非敢然也。臣聞昔者呂尙之遇文王也、身爲漁父、而釣於渭濱耳。【正義】括地志曰、茲泉水、源出岐州岐山縣西南凡谷、北流十二里、注于渭、太公釣此、所謂磻溪、【考證】祕閣、楓山、三條本、渭下有之字、策同、若是者交疏也。已說而立爲太師、載與俱歸者、其言深也。【考證】祕閣本、無而字、策、說而作一說、故文王遂收功於呂尙、而卒王天下。鄉使文王疏呂

尙而不與深言、是周無天子之德、而文・武無與成其王業也。今臣羈旅之臣也。交疏於王。而所願陳者、皆匡君之事、處人骨肉之閒。【考證】秘閣、楓山、三條本、君下有臣字、凌稚隆曰、暗伏太后穰侯、願效愚忠、而未知王之心也。此所以王三問而不敢對者也。臣非有畏而不敢言也。臣知今日言之於前、而明日伏誅於後。然臣不敢避也。【考證】楓山、三條本、無於後二字、大王信行臣之言、死不足以爲臣患、亡不足以爲臣憂、【考證】亾、流亾也、死亾伏伍子胥、漆身爲厲、被髮爲狂、不足以爲臣恥。【索隱】厲、音賴、癩病也、言漆塗身、生瘡如病癩、【正義】漆身、豫讓也、被髮、箕子也、【考證】漆身被髮、伏箕子接輿、正義非、且以五帝之聖焉而死、三王之仁焉而死、五伯之賢焉而死、烏獲・任鄙之力焉而死、成荊・【集解】徐廣曰、一作羌、孟賁・【集解】許愼曰、成荊、古勇士、孟賁、衞人、【正義】賁、音奔、王慶忌・【集解】吳越春秋曰、吳王僚子慶忌、

夏育之勇焉而死。【集解】漢書音義曰、或云、夏育衞人、力擧千鈞、死、人之所必不免也。處必然之勢、可以少有補於秦、此臣之所大願也。臣又何患哉。伍子胥橐載而出昭關、夜行晝伏、至於陵水、無以餬其口、【索隱】劉氏云、陵水卽栗水也、按陵栗聲相近、故惑也、【正義】橐、音託、杜預云、昭關、在淮北、陵水在臨淮、【考證】策陵作蔆、餬作餌、左傳隱公十一年、餬其口于四方、膝行蒲伏、稽首肉袒、鼓腹吹篪、乞食於吳市、卒興吳國、闔閭爲伯。【集解】徐廣曰、篪一作簫、【正義】蒲伏、下白北反、【考證】策、膝行蒲伏稽首肉袒鼓腹吹篪十二字、作坐行蒲服、使臣得盡謀如伍子胥、加之以幽囚、終身不復見、【考證】策、盡作進、是臣之說行也。臣又何憂。【考證】策、憂下有乎字、箕子・接輿、漆身爲厲、被髮爲狂、無益於主。【考證】策、身下髮下、有而字、主作殷楚、假使臣得同行於箕子、可以有補於所賢之主、是臣之大榮也。臣有何恥。【考證】策、作臣又何恥乎、有讀爲又、臣之所恐者、獨

恐臣死之後、天下見臣之盡忠而身死、【考證】秘閣、楓山、三條本、死下有也字、策同、死作厥、因以是杜口裹足、莫肯鄕秦耳。【考證】裹足、謂足如有所裹而不前也、足下上畏太后之嚴、下惑於姦臣之態、【索隱】按態、謂姦臣諂詐之志也、【考證】索隱本、惑下無於字、與策合、顧炎武曰、今人但見史記秦閣樂數二世稱足下、遂以爲相輕之辭、不知戰國之時、人主之稱也、如蘇代遺燕昭王書、樂毅報燕惠王書、蘇厲與趙惠文王書、皆稱足下、又如蘇秦謂燕易王、范雎見秦昭王、蘇代謂齊湣王、齊人謂齊湣王、孟嘗君舍人謂衞君、張丐謂魯君、趙郝對趙孝成王、酈生說沛公、張良獻項王、皆稱足下、愚按顧氏所引六國事、據國策、居深宮之中、不離阿保之手、終身迷惑、無與昭姦。【正義】昭、明也、無與明其姦惡、【考證】阿、若阿衡之阿、倚也、後漢崔寔傳注、阿、保、謂傅母也、策、作保傅、大者宗廟滅覆、小者身以孤危。此臣之所恐耳。若夫窮辱之事、死亡之患、臣不敢畏也。臣死而秦治、是臣死賢於生。秦王跽曰。先生是何言也。夫秦國辟遠、寡人愚不肖。先生乃幸辱至於此。是天以寡人慁先生、而存先王之宗

廟也。【集解】徐廣曰、亂先生也、音溷、【索隱】慁及注溷字、竝胡困反、慁猶汩亂之意、寡人得受命於先生、是天所以幸先王而不弃其孤也。先生柰何而言若是。事無小大上及太后、下至大臣、願先生悉以敎寡人。無疑寡人也。范雎拜。秦王亦拜。【考證】楓山、三條本、秦王下重秦王、亦拜下有范雎二字、中井積德曰、昭王素厭苦於太后、故讒閒易入、見上及太后句、可觀焉、不然、非人子所宜言、范雎曰。大王之國、四塞以爲固、北有甘泉・谷口、【正義】括地志云、甘泉山、一名鼓原、俗名磨石嶺、在雍州雲陽縣西北九十里、關中記云、甘泉宮、在甘泉山上、年代永久、無復甘泉之名、失其實也、宮北云、有連山、土人爲磨石嶺、郊祀志、公孫卿言黃帝得仙寒門、寒門者谷口也、按九嵕山西謂之谷口、卽古寒門也、在雍州醴泉縣東北四十里、南帶涇・渭、右隴・蜀、左關・阪、【考證】劉伯莊曰、關曰函谷關、阪曰商阪、愚按秘閣本、阪作險、奮擊百萬、戰車千乘。利則出攻、不利則入守。此王者之地也。民怯於私鬭、而勇於公戰。此王者之民也。王并此二者而有之。【考證】利則出攻、至王并此二者而有之三十八字、策無、蓋史公以意補也、夫以秦

卒之勇、車騎之衆、以治諸侯。譬若馳韓盧而搏蹇兔也。【索隱】戰國策云、韓盧者天下之壯犬也、是韓呼盧爲犬、謂施韓盧而搏蹇兔、以喩秦彊、言取諸侯之易、【考證】馳、索隱本作施、類聚、御覽作縱、霸王之業可致也。而羣臣莫當其位、至今閉關十五年、不敢窺兵於山東者、【考證】莫當其位、猶言不得人、錢大昕曰、范雎說秦、在昭王三十六年、是時秦用白起、破趙魏及楚者屢矣、而穰侯方出兵攻綱壽、安有閉關十五年之事、愚按、策至今閉關、作今反閉關、下無十五年三字、史公補訂、反失事實、宜依策舊文、說又見蘇秦傳、是穰侯爲秦謀不忠、而大王之計有所失也。【考證】不忠失計、專斥越韓魏攻齊事、范雎未嘗蔽穰侯前功、諸解未得、祕閣本、楓山、三條本、計下有亦字、秦王跽曰、寡人願聞失計。然左右多竊聽者。范雎恐未敢言內、先言外事、以觀秦王之俯仰。【考證】然左右多竊聽者以下二十五字、策無、蓋史公以意補足、因進曰、夫穰侯越韓魏而攻齊綱壽、非計也。【考證】策、齊綱壽作强齊、少出師、則不足以傷齊。多出師則害於秦。臣意王之計、欲少出師而悉韓魏之兵

也、則不義矣。今見與國之不親也、越人之國而攻、可乎。【考證】鮑彪曰、與國、謂韓魏、愚按、攻字承與國、則與國、謂齊、人之國、斥韓魏、鮑說非是、其於計疏矣。且昔齊湣王南攻楚、破軍殺將、再辟地千里。【正義】辟、尺亦反、【考證】祕閣、楓山、三條本、千上有二字、張文虎曰、正義尺當作匹、蓋俗作疋、形似而誤、而齊尺寸之地無得焉者、豈不欲得地哉。形勢不能有也。諸侯見齊之罷弊、君臣之不和也、【考證】祕閣本、豈下有齊字、形下無勢字、臣下無之字、興兵而伐齊、大破之、士辱兵頓。皆咎其王曰、誰爲此計者乎。王曰、文子爲之。大臣作亂、文子出走。【索隱】文子、謂田文、卽孟嘗君也、猶戰國策謂田盼田嬰爲盼子嬰子然也、【考證】岡白駒曰、初謀伐楚者文子、以喩穰侯、愚按、皆咎其王以下二十五字、策無、亦史公所增、梁玉繩曰、此語國策既誤、史公所增又誤、湣王二十三年伐楚有功、至四十年諸侯伐齊、敗于濟西、相越已十八年、且濟西之役、實燕欲報齊、故合秦楚三晉以伐之、何曾因攻楚罷敝而興兵乎、此史公仍策之誤也、齊敗濟西時、孟嘗謝相印歸老于薛、將十年矣、而曰文子爲之哉、當是別一人、至所謂大臣作亂、文子出走者、乃閔王三十年、田甲劫王、事在敗濟西前十年、不得幷爲一案、此史公增益之誤也、故齊所以大

破者、以其伐楚而肥韓魏也。此所謂借賊兵、而齎盜糧者也。【索隱】借、音子夜反、一作藉、音亦同、齎、音側奚反、言爲盜齎糧也、【考證】荀子大略篇、非其人而教之、齎盜糧而借賊兵也、李斯逐客書、此所謂藉寇兵而齎盜糧也、蓋古有此語、諸人引之、兵糧、韻、張文虎曰、宋本、毛本、兵下有而字、與索隱本合、愚按祕閣、楓山、三條本亦有、王不如遠交而近攻。得寸則王之寸也、得尺亦王之尺也。今釋此而遠攻。不亦繆乎。【考證】祕閣本、寸下無也字、與策合、林少穎曰、秦之所以得天下不外遠交近攻之策、是策出于司馬錯、成于范雎、秦取六國、謂之蠶食、蠶之食葉、自近及遠、且昔者中山之國、地方五百里。趙獨吞之、功成名立、而利附焉。天下莫之能害也。今夫韓魏、中國之處、而天下之樞也、【考證】胡三省曰、以門戶爲喩、門戶之閫闑、皆由於樞、王其欲霸、必親中國以爲天下樞、以威楚趙。楚彊則附趙、趙彊則附楚。【考證】胡三省曰、彊者未易柔服、故先親附弱者、楚趙皆附、齊必懼矣。齊懼、必卑辭重幣以事秦。齊附而韓魏因可虜也。昭王曰、吾欲

親魏久矣。而魏多變之國也。寡人不能親。請問親魏奈何。對曰、王卑詞重幣以事之。不可、則割地而賂之。【考證】楓山、三條本、無不字、不可、因擧兵而伐之。王曰、寡人敬聞命矣。【考證】遂延迎謝曰以下、本秦策、乃拜范雎爲客卿謀兵事、卒聽范雎謀、使五大夫綰伐魏、拔懷。【集解】徐廣曰、昭王三十九年、後二歲、拔邢丘。【考證】祕閣本、二作三、邢作刑、梁玉繩曰、邢丘、當作郪丘、說在秦紀、客卿范雎復說昭王曰、秦韓之地形相錯如繡。秦之有韓也、譬如木之有蠹也、人之有心腹之病也。【正義】蠹、音妒、石柱蟲、【考證】張文虎曰、正義石疑當作蝕、天下無變則已。天下有變、其爲秦患者、孰大於韓乎。王不如收韓。昭王曰、吾固欲收韓。韓不聽。爲之奈何。對曰、韓安得無聽乎。【考證】祕閣、楓山、三條本、韓下安上、有氏字、王下兵而攻滎陽、則鞏成皐之道不通。【正義】言宜

陽陝虢之師、不得下相救、【考證】策無輩字、北斷太行之道、則上黨之師不下。【正義】言澤潞之師、不得下太行相救、【考證】秘閣、楓山、三條本、斷作斬、與策合、中井積德曰、斷太行、亦因滎陽之師而爲之、故此雖對說、而下文曰、一興斷三也、王一興兵而攻滎陽、則其國斷而爲三。【正義】新鄭已南、一、宜陽、二、澤潞、三、夫韓見必亡、安得不聽乎。若韓聽、而霸事因可慮矣。【考證】而、猶則也、王曰、善。【考證】范雎復說昭王以下、采秦策、且欲發使於韓。范雎日益親、復說用數年矣。因請閒說曰。【正義】閒、音閑、臣居山東時、聞齊之有田文、不聞其有王也。【考證】秘閣、楓山、三條本、田文作田單、與策合、王念孫曰、張載注魏都賦、引史記、作田單、今本誤、策鮑注云、田文去齊已十餘年、不得近舍單、遠論文也、聞秦之有太后・穰侯・華陽・高陵・涇陽、不聞其有王也。【考證】策無高陵二字、夫擅國之謂王、能利害之謂王、制殺生之威之謂王。【考證】策能下有專字、今太后擅行不顧、穰侯出使不報、華陽・涇陽等擊斷無諱、高陵進退不

請。【集解】諱、畏也、【索隱】無諱、猶無畏也、【考證】策姚本、無高陵進退不請六字、曾本有、安井衡曰、下文曰、四貴備、又曰、爲此四者下、秦王爲太后下、非所宜恥、則四貴謂穰侯涇陽華陽高陵、曾本是也、鮑彪曰、不顧、不顧王也、報、猶白也、言不白王、而擅遣使於外、擊斷、謂刑人、無諱、言不避王、橫田惟孝曰、進退、進退人也、四貴備、而國不危者、未之有也。爲此四貴者下、乃所謂無王也。然則權安得不傾、令安得從王出乎。臣聞善治國者、乃內固其威、而外重其權。【考證】關修齡曰、言是人主之事、而太后穰侯自擅威權、與善治國者相反、穰侯使者操王之重、決制於諸侯、剖符於天下、政適伐國、莫敢不聽。【集解】徐廣曰、政適、音征敵、【考證】策作征敵、戰勝攻取、則利歸於陶國、獘御於諸侯。【索隱】按獘者斷也、御、制也、言穰侯執權以制御、主斷於諸侯也、【考證】獘、與利對言、病也、御、訓爲罷、猶歸也、戰敗則結怨於百姓、而禍歸於社稷。詩曰。木實繁者披其枝、披其枝者傷其心。【正義】披、音片被反、【考證】披、屈折也、孫詒讓曰、案逸周書周祝篇云、葉之美也解其柯、柯之美也解其枝、枝之美也致其本、與此文相近、古書引書、或通稱詩、戰國策四、史記春申君傳引詩云、大武遠宅不涉、卽周書大武篇之遠宅不

薄、是其證也、大其都者危其國、尊其臣者卑其主。【考證】左傳隱公元年、祭仲曰、都城過百雉、國之害也、閔公二年、昔辛伯諗周桓公曰、內寵竝后、外寵二政、嬖子配嫡、大都耦國、亂之本也、與此語相似、又按秦策別章、應侯謂昭王曰、臣聞之、木實繁者枝必披、枝之披者傷其心、都大者危其國、臣強者危其主、意同文異、崔杼・淖齒管齊、【索隱】淖、姓也、音泥敎反、漢有淖姬是也、高誘曰、管、典也、言二人典齊權而行弒逆也、【正義】淖齒、楚人、齊湣王臣、射王股、擢王筋、縣之於廟梁、宿昔而死。【索隱】按言射王股、誤也、崔杼射莊公之股、淖齒擢湣王之筋、是說二君事也、【考證】楓山、三條本、無崔杼二字、與策合、可從、崔杼淖齒、古今不類、下文亦不言崔杼、二字後人依索隱誤增、昔、夕通、策射王股擢王筋、作縮閔王之筋、義長、張文虎曰、案此承上文尊其臣者卑其主來、此兩王字、皆主之譌、下又云、不爲主計、而主不覺悟、是其證、李兌管趙、囚主父於沙丘、百日而餓死。【正義】沙丘臺、在邢州平鄉縣東北三十里、今臣聞秦太后・穰侯用事、高陵・華陽・涇陽佐之、卒無秦王。此亦淖齒・李兌之類也。【考證】臣居山東以下、采秦策、中井積德曰、策無臣聞二字、此疑衍文、且夫三代所以亡國者、君專授政、縱酒馳騁弋獵、不聽政事。其所授者、妒賢嫉能、御下蔽

上、以成其私、不爲主計、而主不覺悟、故失其國。【考證】策無且夫以下五十二字、史公補足、今自有秩以上至諸大吏、下及王左右、無非相國之人者。【考證】楓山、三條本、吏作史、愚按策云、自斗食以上、至尉內史、及王左右、有非相國之人者乎、作史似是、見王獨立於朝。臣竊爲王恐萬世之後、有秦國者非王子孫也。【考證】祕閣本、楓山、三條本、恐下重恐字、與策合、昭王聞之大懼曰、善。於是廢太后、逐穰侯・高陵・華陽・涇陽君於關外。【考證】今自有秩以下、采秦策、梁玉繩曰、大事記云、本紀宣太后之沒、書薨書葬、初未嘗廢、魏公子無忌諫魏王親秦之辭止曰、太后、母也、而以憂死、亦未嘗言其廢、穰侯雖免相、猶以太后之故、未就國、及太后既葬之後、始出之陶耳、范雎傳所載、特辨士增飾之辭、欲誇范雎之事、而不知甚昭王之惡也、皇極經世云、罷穰侯相國、及奪宣太后權、蓋得其實矣、經史問荅云、太后憂死、是實未必顯有黜退之舉、觀穰侯尚得之國于陶、無甚大譴、其所謂逐者如此、則所謂廢者亦只奪其權也、是時昭王年長、而宣太后尚事事親裁、便是不善處嫌疑之際、一旦昭王置之高閣、安得不憂死、故人以爲廢、愚按中井積德亦有此說、秦王乃拜范雎爲相、收穰侯之印、使歸陶。【考證】中井積德曰、收印、是奪穰封也、是唯有陶邑、因使縣官給車牛

以從、千乘有餘到關。【考證】祕閣、楓山、三條本、徙作從、 關閱其寶器、寶器珍怪、多於王室。秦封范雎以應、號爲應侯。【索隱】封范雎於應、案劉氏云、河東臨晉縣有應亭、則秦地有應也、又案本紀以應爲太后養地、解者云在潁川之應鄉、未知孰是、【正義】括地志云、故應城、古應鄉、在汝州魯山縣東四十里也、當是時、秦昭王四十一年也。范雎既相秦。秦號曰張祿。而魏不知。以爲范雎已死久矣。【考證】祕閣、三條、楓山本、雎下有良字、 魏聞秦且東伐韓・魏、魏使須賈於秦。【考證】祕閣、三條、楓山本、東下有兵字、賈下有使字、 范雎聞之、爲微行、敝衣閒步之邸、見須賈。【正義】劉云、諸國客館、【考證】桃源鈔云、劉伯莊云、閒步謂獨行、盧藏用云、閒步從小路也、 須賈見之而驚曰、范叔固無恙乎。范雎曰、然。須賈笑曰、范叔有說於秦邪。曰、不也。雎前日得過於魏相。故亡逃至此。安敢說乎。【考證】祕閣、楓山、三條本、敢下有有字、 須賈曰。今叔何事。范雎曰、臣爲人庸賃。須賈意哀之、留與坐飲食。曰。

范叔一寒如此哉。乃取其一綈袍以賜之。【索隱】按綈、厚繒也、音啼、蓋今之絁也、【正義】今之蠶袍、 須賈因問曰。秦相張君、公知之乎。吾聞幸於王、天下之事皆決於相君。今吾事之去留在張君。孺子豈有客習於相君者哉。【索隱】劉氏云、蓋謂雎爲小子也、 范雎曰。主人翁習知之。唯雎亦得謁。【考證】張文虎曰、唯讀爲雖、 雎請爲見君於張君。須賈曰。吾馬病、車軸折。非大車駟馬、吾固不出。【考證】祕閣本、駟作四、下同、 范雎曰。願爲君借大車駟馬於主人翁。【考證】祕閣、楓山、三條本、無翁字、 范雎歸、取大車駟馬、爲須賈御之、入秦相府。府中望見、有識者皆避匿。須賈怪之。至相舍門、謂須賈曰。待我。我爲君先入通於相君。須賈待門下、持車良久。【考證】祕閣本、無待門下三字、 問門下曰。范叔不出、何也。門下曰。無范叔。須賈曰。鄉者

與我載而入者。門下曰。乃吾相張君也。【考證】祕閣本、鄉作嚮、楓山本、我下有俱字、 須賈大驚、自知見賣、乃肉袒膝行、因門下人謝罪。【考證】祕閣、楓山、三條本、無大驚二字、楓、三本、人作入、 於是、范雎盛帷帳、侍者甚衆、見之。須賈頓首言死罪。曰。賈不意君能自致於青雲之上。【考證】祕閣本、句下有制海內至於此六字、青雲有數義、伯夷傳、閭巷之人、欲砥行立名者、非附青雲之士、惡能施於後世哉、此有德而負盛名者也、范雎傳、不意君能自致於青雲之上、此喩在高位也、後世謂登科者平步青雲、唐曹鄴詩、一旦公道開、青雲在平地、又喩隱逸者、南史、身處朱門而情同江海、形入紫闥、而意在青雲、黃式三曰、以貴仕爲青雲、本此、楊雄解嘲、當途者引青雲、隋書李德林傳贊、君臣體合、自致青雲、其義皆同、謂仕途不可言青雲、楊用修一偏之見也、 賈不敢復讀天下之書、不敢復與天下之事。賈有湯鑊之罪。請自屏於胡貉之地。唯君死生之。范雎曰。汝罪有幾。曰。擢賈之髮以續賈之罪、尚未足。【考證】梁玉繩曰、評林云、續、贖古通用、別雅云、續當作贖、或傳寫誤、或因聲借用、方氏補正云、北音續數相近而誤、或曰、擢髮而續之、尚不足以比其罪之長也、愚按或說爲是、 范雎曰。汝罪

有三耳。昔者楚昭王時、而申包胥爲楚卻吳軍。楚王封之以荊五千戶。【考證】祕閣、楓山、三條本、無荊字、 包胥辭不受。爲丘墓之寄於荊也。【考證】岡白駒曰、卻吳軍者、本爲己之先人丘墓寄於荊也、不必爲楚、故不以爲功、 今雎之先人丘墓、亦在魏。公前以雎爲有外心於齊、而惡雎於魏齊。公之罪一也。【考證】外心、猶二心也、左傳昭公三年、罕虎謂楚曰、而固有外心、祕閣本、也作矣、下同、 當魏齊辱我於廁中、公不止。罪二也。更醉而溺我。公其何忍乎。罪三矣。然公之所以得無死者、以綈袍戀戀、有故人之意。故釋公。乃謝罷、入言之昭王、罷歸須賈。須賈辭於范雎。范雎大供具、盡請諸侯使、與坐堂上、食飲甚設。而坐須賈於堂下、置莝豆其前、令兩黥徒夾而馬食之、【考證】莝、剉通、詩、秣之剉之、盧藏用曰、莝豆、食馬之具、黥徒、養馬者也、所以辱之、 數曰。爲我告魏王。急持魏齊頭

來。不然者、我且屠大梁。【考證】秘閣、楓山、三條本無然字、是、須賈歸以告魏齊。魏齊恐、亡走趙、匿平原君所。【考證】徐孚遠曰、魏齊、魏相、信陵君、魏公子、魏齊急、不歸信陵而歸平原、疑其當國時與信陵不合、故不敢以情告、及後復投信陵、信陵難見之、益可知也、愚按平原趙人、魏王不得奪其所保、及後信陵難見魏齊、亦恐負魏王也、徐氏未得情事、范睢既相。王稽謂范睢曰。事有不可知者三。有不可柰何者、亦三。宮車一日晏駕。【集解】應劭曰、天子當晨起早作、如方崩殞、故稱晏駕、韋昭曰、凡初崩爲晏駕者、臣子之心、猶謂宮車當駕而晚出、是事之不可知者一也。君卒然捐館舍。是事之不可知者二也。使臣卒然塡溝壑。是事之不可知者三也。【考證】王稽謁者、故稱使臣、宮車一日晏駕、君雖恨於臣、無可柰何。【考證】淩稚隆曰、恨者恨其不及用也、君卒然捐館舍、君雖恨於臣、亦無可柰何。【考證】秘閣、楓山、三條本無亦字、使臣卒然塡溝壑、君雖恨於臣、亦無可柰何。范睢不懌。乃入言於王曰。非王稽之忠、

莫能內臣於函谷關。非大王之賢聖、莫能貴臣。今臣官至於相、爵在列侯。王稽之官、尚止於謁者。非其內臣之意也。昭王召王稽拜爲河東守。三歲不上計。【集解】司馬彪曰、凡郡掌治民進賢勸功決訟檢姦、常以春行所至縣、勸民農桑、振救乏絕、秋冬遣無害吏、案訊問諸囚、平其罪法、論課殿最、歲盡遣吏上計、【考證】秘閣本、拜下有以字、又任鄭安平。昭王以爲將軍。【考證】任、保任也、范睢於是散家財物、盡以報所嘗困戹者。【考證】嘗下、秘閣本、有與字、楓山、三條本、有共字、愚按有者是、一飯之德必償、睚眦之怨必報。【索隱】睚、音崖賣反、眦、音士賣反、又音崖債二音、睚眦、謂相嗔而怒目切齒、【考證】中井積德曰、睚眦二字從目、當以目言之、非因口、恩田仲任曰、睚眦、擧目相忤貌、眦、目際也、睚、目厓也、范睢相秦二年。秦昭王之四十二年、東伐韓少曲・高平拔之。【集解】徐廣曰、蘇代曰、起少曲、一日而斷太行、【索隱】按蘇云、起少曲、一日而斷太行、故劉氏以爲蓋在太行西南、【正義】括地志云、南韓王故城、在懷州河陽縣西北四十里、俗謂之韓王城、非也、春秋時、周桓王以與鄭、紀年云、鄭侯使辰歸晉陽向、更名高平、拔之、則少曲當與高平相近、【考證】梁玉繩曰、上文方叙睢償德報怨、便當接入報魏齊仇一段、

何得橫插伐韓事、徧檢紀表世家列傳、亦無秦昭四十二年伐韓事、少曲雖無攷、蓋與高平相近、而高平爲魏地、趙世家云、反高平于魏、是也、況睢相二年、乃秦昭四十三年、非四十二年、疑此廿三字當衍、崔適曰、二十三字、當移下文秦昭王乃出平原君歸趙下、秦昭王聞魏齊在平原君所、欲爲范睢必報其仇、乃詳爲好書遺平原君曰。寡人聞君之高義、願與君爲布衣之友。君幸過寡人。寡人願與君爲十日之飮。平原君畏秦、且以爲然、而入秦見昭王。昭王與平原君飮數日。昭王謂平原君曰。昔周文王得呂尚以爲太公、齊桓公得管夷吾以爲仲父。今范君亦寡人之叔父也。【考證】梁玉繩曰、太公當作太師、愚按太公、猶言祖父也、與仲父對言、楓、三本、范君作范睢、下同、類聚亦作睢、范君之仇、在君之家。願使人歸取其頭來。不然、吾不出君於關。平原君曰。貴而爲交者爲賤也。富而爲交者爲貧也。【索隱】上爲、音如字、下爲、音于僞反、以言富貴而結交情深者、爲有貧賤之時不可忘之也、【正義】下爲、于僞反、言

富貴而結交者、本爲貧賤之人也、【考證】上交字、各本作友、今從索隱本、秘閣抄本、楓、三本、中井積德曰、言富貴之結交、以其貧賤而當相恤也、豫慮後日之意、以明魏齊危難不可棄也、夫魏齊者勝之友也。在、固不出也。今又不在臣所。昭王乃遺趙王書曰。王之弟在秦。范君之仇魏齊、在平原君之家。王使人疾持其頭來。不然、吾擧兵而伐趙、又不出王之弟於關。【考證】弟、當作叔父、說見下文、秘閣本、兵下無而字、趙孝成王乃發卒圍平原君家急。【考證】錢大昕曰、平原君爲惠文王之弟、於孝成王爲叔父、此時惠文已沒、不當更稱弟、魏齊夜亡、出見趙相虞卿。虞卿度趙王終不可說、乃解其相印、與魏齊亡閒行。念諸侯莫可以急抵者。乃復走大梁、欲因信陵君以走楚。信陵君聞之、畏秦、猶豫未肯見。曰。虞卿何如人也。時侯嬴在旁曰。人固未易知、知人亦未易也。【考證】岡白駒曰、未易知、未易被知、此以虞卿言、愚按知人未易、以信陵君言、夫虞卿躡屩擔

璧、一見趙王、賜白璧一雙、黃金百鎰。【考證】秘閣本、鎰作溢、再見、拜爲上卿。三見、卒受相印、封萬戶侯。當此之時、天下爭知之。夫魏齊窮困過虞卿。虞卿不敢重爵祿之尊、解相印捐萬戶侯而閒行。急士之窮而歸公子。公子曰、何如人。人固不易知。知人亦未易也。信陵君大慙、駕如野迎之。魏齊聞信陵君之初難見之、怒而自剄。趙王聞之、卒取其頭予秦。秦昭王乃出平原君歸趙。【考證】崔適曰、歸趙下、當移上文范雎相秦二年以下二十三字、昭王四十三年、秦攻韓汾·陘、拔之。【索隱】陘、音刑、陘、蓋在韓之西界、與汾相近也、【正義】按陘庭故城、在絳州曲沃縣西北二十里汾水之陽、因城河上廣武。【索隱】劉氏云、此河上、蓋近河之地、本屬韓、今秦得而城、後五年、昭王用應侯謀、縱反閒賣趙。趙以其故令馬服子代廉頗將。【索隱】馬服子、趙括之號也、故虞喜志林云、馬、兵之首也、號曰馬服者、言能服馬也、鄒氏

音頗、匹波反、【考證】梁玉繩曰、秦拔韓陘後四年、敗趙長平、言五年、誤、凌稚隆曰、馬服君之子、故曰馬服子、中井積德曰、馬服蓋邑名、愚按史蔡澤傳、白起攻彊趙、北坑馬服、韓非子顯學篇、趙任馬服之辯而有長平之禍、皆不言馬服子、蓋括襲父號也、子、男子之稱、非父子之子、秦大破趙於長平、遂圍邯鄲。已而與武安君白起有隙、言而殺之。【集解】徐廣曰、在五十年、【索隱】注、徐云、五十年、據秦本紀及年表而知之也、任鄭安平使擊趙。鄭安平爲趙所圍、急、以兵二萬人降趙。【考證】任、保任也、下同、張文虎曰、王、柯、凌本、圍作困、應侯席稾請罪。秦之法、任人而所任不善者、各以其罪罪之。【考證】秘閣本、無者字、於是應侯罪當收三族。秦昭王恐傷應侯之意、乃下令國中、有敢言鄭安平事者、以其罪罪之。而加賜相國應侯食物、日益厚、以順適其意。後二歲、王稽爲河東守、與諸侯通、坐法誅。【集解】徐廣曰、五十二年、而應侯日益以不懌。【考證】秘閣本、楓、三本、無益字、昭王臨朝歎息。應侯進曰、臣聞主憂臣

辱、主辱臣死。今大王中朝而憂、臣敢請其罪。【考證】國語周語、范蠡曰、臣聞之、爲人臣者、君憂臣勞、君辱臣死、越世家同、此臣下辱字、當作勞、昭王曰、吾聞楚之鐵劍利、而倡優拙。【正義】論士能善卒不戰、夫鐵劍利、則士勇。倡優拙、則思慮遠。【考證】秘閣本、藝文類聚、遠下有矣字、夫以遠思慮而御勇士。吾恐楚之圖秦也。【考證】藝文類聚、無夫字、夫物不素具、不可以應卒。【考證】卒、讀爲猝、今武安君既死、而鄭安平等畔。內無良將、而外多敵國。吾是以憂。欲以激勵應侯。【索隱】激、音擊、應侯懼不知所出。蔡澤聞之、往入秦也。【考證】楓、三本、脫蔡澤以下八字、秘閣本、之下有而、秦下無也、蔡澤者燕人也。游學干諸侯。【正義】不待禮曰干、小大甚衆、不遇。而從唐舉相。【集解】荀卿曰、梁有唐舉、【索隱】荀卿書作唐莒、【考證】荀子非相篇作唐舉、莒舉古通、定四年柏舉之戰、左穀作舉、公羊作莒、曰、吾聞先生相李兌曰、百日之內持國秉。有之乎。【索隱】按左傳國子實執齊秉、服虔曰、秉、權柄也、【考證】

上文云、李兌管趙、秘閣本、楓、三本、國下有權字、各本有政字、索隱本出持國秉三字、王念孫曰、秉下本無政字、持國秉、即持國柄也、絳侯世家、侯八歲爲將相持國秉、御覽人事部引此、作持國柄、曰、有之。曰、若臣者何如。唐舉孰視而笑曰、先生曷鼻巨肩、【集解】徐廣曰、曷、一作偈、偈一作仰、巨一作渠、【索隱】曷鼻、謂鼻如蝎蟲也、巨肩、謂肩巨於項也、蓋項低而肩豎、偈、音其例反、【正義】曷鼻、有橫文若蝎蟲也、脣或作肩、言肩高、【考證】王念孫曰、曷讀爲遏、遏鼻者偃鼻也、偃鼻者仰鼻也、愚按正義本、巨肩作巨脣、謂脣大也、亦通、魋顏蹙齃厀攣。【集解】攣、兩厀曲也、徐廣曰、一作率、【索隱】魋顏、上魋、音徒回反、魋顏、謂顏貌魋回、若魋梧然也、齃、音烏曷反、蹙齃、謂鼻蹙眉、厀攣、謂兩厀又攣曲也、【正義】厀一本作膝、攣、卷緣反、膝攣曲也、【考證】恩田仲任曰、齃與頞通、蹙齃、鼻莖蹙縮也、吾聞聖人不相。殆先生乎。【正義】蔡澤實不醜、而唐舉戲之、揚雄解嘲言、蔡澤噤吟而笑唐舉、誤其也、蔡澤知唐舉戲之、乃曰、富貴吾所自有。吾所不知者壽也。願聞之。唐舉曰、先生之壽、從今以往者四十三歲。蔡澤笑謝而去。【考證】秘閣本、四十作卌、下同、蔡澤下有曰、吾受先生之賜也、乃九字、無而字、謂其御者曰、吾持粱刺齒肥、【集解】持粱作飯也、刺齒二字、當作齧、又作齕也、【索隱】持粱、謂作粱米飯而持其器以食也、按刺齒二字、字誤、當爲齧字也、齧肥、謂食

肥肉也、【考證】刺齒祕閣本、御覽、改作齧、 躍馬疾驅、懷黃金之印、結紫綬於要、揖讓人主之前、食肉富貴、四十三年、足矣。【考證】中井積德曰、食肉與上文齧肥重複、疑其一屬衍、 去之趙。見逐。之韓·魏。遇奪釜鬲於塗。【集解】之、一作入、爾雅曰、款足者謂之鬲、郭璞曰、鼎曲腳、【索隱】父歷二音、款者空也、空足是曲足云、見爾雅、郭氏云、鼎曲腳也、按以款訓曲、故云曲腳也、【考證】遇猶被也、岡白駒曰、遇奪、爲所奪也、 聞應侯任鄭安平·王稽、皆負重罪於秦、應侯內慙。蔡澤乃西入秦、將見昭王、使人宣言以感怒應侯曰。燕客蔡澤、天下雄俊弘辯智士也。彼一見秦王、秦王必困君、而奪君之位。【考證】祕閣本、雄俊作駿雄、與秦策合、秦策、困君作相之、張文虎曰、秦王二字衍、 應侯聞曰。五帝三代之事、百家之說、吾既知之。衆口之辯、吾皆摧之。是惡能困我而奪我位乎。【考證】秦策、聞下有之字、無曰五帝以下三十三字、 使人召蔡澤。蔡澤入、則揖應侯。應侯固不快。及見之又倨。

【考證】酈食其傳、酈生入則長揖不拜、 應侯因讓之曰。子常宣言欲代我相秦。寧有之乎。【考證】御覽、常作嘗、秦策、寧作豈、 對曰。然。應侯曰。請聞其說。蔡澤曰。吁、君何見之晚也。夫四時之序、成功者去。【考證】序去韻、 夫人生百體堅彊、手足便利、耳目聰明、而心聖智、豈非士之願與。【考證】楓、三本、百體作四體、 應侯曰。然。蔡澤曰。質仁秉義、行道施德、得志於天下、天下懷樂敬愛而尊慕之、皆願以爲君王、豈不辯智之期與。應侯曰。然。蔡澤復曰。富貴顯榮、成理萬物、使各得其所、性命壽長、終其天年而不夭傷、【考證】祕閣本、富貴作貴富、傷作殤、 天下繼其統守其業、傳之無窮、名實純粹、澤流千里、【集解】徐廣曰、一本無此字、 世世稱之而無絕、與天地終始、【考證】秦策、無里世二字、以澤流千世爲一句、祕閣本秦策、無始字、 豈道德之符、而聖人所謂吉

祥善事者與。【考證】祕閣本、楓、三本、及秦策、豈下有非字、愚按、當依補、 應侯曰。然。蔡澤曰。若夫秦之商君、楚之吳起、越之大夫種、其卒然亦可願與。【考證】秦策、無然字、與作矣、愚按、史然字衍、 應侯知蔡澤之欲困己以說、【集解】式紲反、 復謬曰。何爲不可。夫公孫鞅之事孝公也、極身無貳慮、盡公而不顧私、【考證】秦策、無慮字、 設刀鋸以禁姦邪、信賞罰以致治、披腹心示情素、蒙怨咎欺舊友、奪魏公子卬、【考證】秦策、奪作虜、 安秦社稷利百姓、卒爲秦禽將破敵、攘地千里。吳起之事悼王也、使私不得害公、讒不得蔽忠、言不取苟合、行不取苟容、不爲危易行、行義不辟難、【集解】徐廣曰、一云不困毀訾、【考證】秦策、作行義不固毀譽、集解、訾當作譽、策固當作困、 然爲霸主強國、不辭禍凶。【考證】祕閣本、楓、三本、辭作離、 大夫種之事越王也、主雖困辱、悉忠而不解、【考證】祕閣本、解作懈、

主雖絕亡、盡能而弗離、成功而弗矜、貴富而不驕怠。若此三子者、固義之至也、忠之節也。【考證】節、猶期也極也、 是故君子以義死難、視死如歸。生而辱、不如死而榮。【考證】楓、三本、祕閣本、無死難二字、秦策、無以義死難以下十七字、 士固有殺身以成名、唯義之所在、雖死無所恨。何爲不可哉。【考證】秦策、無士固二字、 蔡澤曰。主聖臣賢、天下之盛福也。君明臣直、國之福也。父慈子孝、夫信妻貞、家之福也。故比干忠而不能存殷、子胥智而不能完吳、申生孝而晉國亂。是皆有忠臣孝子、而國家滅亂者何也、無明君賢父以聽之。故天下以其君父爲僇辱、而憐其臣子。【索隱】言比干子胥申生、皆以至忠孝而見誅放、故天下言爲其君父之所僇、而憐其臣子也、【考證】中井積德曰、爲僇辱、以爲汚辱羞恥也、鄙賤之意、愚按、僇字、與莊子、爲世大僇、田單傳、僇及先人僇字同、索隱非、 今商君·吳起·大夫種之爲人臣是

也、其君非也。故世稱三子致功而不見德。豈慕不遇世死乎。【考證】秦策、無今商君以下三十六字、夫待死而後可以立忠成名、是微子不足仁、孔子不足聖、管仲不足大也。夫人之立功、豈不期於成全邪。身與名俱全者上也。名可法而身死者其次也。名在僇辱、而身全者下也。【考證】秦策、無夫人以下四十字、於是應侯稱善。蔡澤少得閒、因曰。夫商君・吳起・大夫種、其爲人臣盡忠致功則可願矣。閎夭事文王、周公輔成王也、豈不亦忠聖乎。【考證】張文虎曰、王・柯・凌本、聖上脫忠字、愚按祕閣本・楓・三本皆有忠字、以君臣論之、商君・吳起・大夫種、其可願、孰與閎夭・周公哉。【考證】祕閣本・楓・三本、君下無臣字、爲是、秦策、君臣二字、作聖一字、應侯曰。商君・吳起・大夫種弗若也。蔡澤曰。然則君之主、慈仁任忠、惇厚舊故、其賢智與有道之士

爲膠漆、義不倍功臣、孰與秦孝公・楚悼王・越王乎。【考證】秦策、無其賢智至功臣十六字、祕閣本無乎字、應侯曰。未知何如也。蔡澤曰。今主親忠臣、不過秦孝公・楚悼王・越王、君之設智能、爲主安危修政、治亂彊兵、批患折難、【索隱】批、白結反、又音豐雞反、批患、謂擊而郤之、折、音之列反、廣地殖穀、富國足家、彊主、尊社稷、顯宗廟、天下莫敢欺犯其主。主之威蓋震海內、功彰萬里之外、聲名光輝、傳於千世、【考證】楓・三本、主之上、有其字、君孰與商君・吳起・大夫種。應侯曰。不若。蔡澤曰。今主之親忠臣不忘舊故、不若孝公・悼王・句踐、而君之功績愛信親幸、又不若商君・吳起・大夫種。然而君之祿位貴盛、私家之富、過於三子、而身不退者、恐患之甚於三子。竊爲君危之。【考證】秦策、君之設智以下百五十二字、作君之爲正亂批患折難、廣地殖穀、富國

足家強主、威蓋海內、功章萬里之外、不過商君吳起大夫種、而君之祿位貴盛、私家之富、過於三子、竊爲君危之六十三字、豈史公所見秦策、與今本異乎、抑史公以意補足乎、傳中多類此者、錄之各條下、語曰。日中則移、月滿則虧、物盛則衰、天地之常數也。進退盈縮、與時變化。聖人之常道也。【考證】移虧衰韻、易彖傳、日中則昃、月盈則食、天地盈虛、與時消息、蔡澤或讀易傳乎、楓・三本・祕閣本、盈作贏、爲是、梁玉繩曰、盈字當諱、故國有道則仕、國無道則隱。聖人曰。飛龍在天、利見大人。不義而富且貴、於我如浮雲。【考證】飛龍在天、易乾九五文、不義而富且貴、論語述而篇、今君之怨已讎、而德已報。意欲至矣。而無變計。竊爲君不取也。且夫翠鵠犀象、其處勢非不遠死也。而所以死者、惑於餌也。蘇秦・智伯之智、非不足以辟辱遠死也。而所以死者、惑於貪利不止也。是以聖人制禮節欲、取於民有度、使之以時、用之有止。【考證】聖人、楓・三本、作聖王、祕閣本、作聖主、故志不溢、行不驕、

常與道俱而不失、故天下承而不絕。【考證】秦策、無故國有道以下百四十八字、昔者齊桓公九合諸侯、一匡天下。至於葵丘之會、有驕矜之志、畔者九國。【考證】葵丘之會、左傳僖公九年、齊桓公三十五年、梁玉繩曰、九者極言之、吳王夫差、兵無敵於天下、勇彊以輕諸侯、陵齊・晉。故遂以殺身亡國。夏育・太史噭、叱呼駭三軍。然而身死於庸夫。【集解】徐廣曰、呼、一作嗜、【索隱】夏育太史噭、二人勇者、夏育、賁育也、噭、音皎、按高誘云、夏育爲田搏所殺、然太史噭、未知爲誰所殺、恐非齊襄王時太史也、【正義】呼、火故反、【考證】中井積德曰、夏育孟賁、二人、索隱舛、太史噭、策作太史啓、鮑彪曰、太史、周官、其人未詳、此皆乘至盛而不返道理、不居卑退處儉約之患也。【考證】祕閣本、返作反、秦策、作及、無不居卑退處儉約之患九字、夫商君爲秦孝公明法令禁姦本、尊爵必賞、有罪必罰。【考證】祕閣本、無必賞有罪四字、楓本、無有罪必罰四字、祕閣本義長、秦策、無明法令以下十四字、平權衡、正度量、調輕重、決裂阡陌、以靜生民之業、而一其俗、【考證】靜、靖通、祕閣本、無

生字、業作生、秦策、無以靜以下十字、勸民耕農利土、一室無二事、力田稸積、習戰陳之事。【考證】慶長本標記引陸氏云、利土、盡土宜之利也、秦策、無利土以下十六字、是以兵動而地廣、兵休而國富。故秦無敵於天下。立威諸侯、成秦國之業。功已成矣。而遂以車裂。楚地方數千里、持戟百萬。【考證】秦策、無地方數千里五字、白起率數萬之師、以與楚戰、一戰舉鄢・郢、以燒夷陵、再戰南幷蜀漢、【考證】梁玉繩曰、幷蜀漢是張儀司馬錯、不關白起、後廿二年起始出也、且事在秦惠更元之九年、而敘于昭王廿九年拔鄢郢之後、若以爲起之第二戰功、豈非誤乎、策作一戰舉鄢郢、再戰燒夷陵、是已、又越韓・魏而攻彊趙、北阬馬服、誅屠四十餘萬之衆、盡之于長平之下、流血成川、沸聲若靁、遂入圍邯鄲、使秦有帝業。【考證】秦策、無盡之于長平之下、遂入圍邯鄲十二字、楚・趙、天下之彊國、而秦之仇敵也。【考證】策、無楚趙以下十三字、自是之後、楚・趙皆慴伏、不敢攻秦者、白起之

勢也。身所服者七十餘城、功已成矣。而遂賜劒死於杜郵。【考證】楓、三本、祕閣本、無劒字、吳起爲楚悼王立法、卑減大臣之威重、【考證】秦策、無立法以下九字、罷無能、廢無用、損不急之官、塞私門之請、一楚國之俗、禁游客之民、精耕戰之士、【考證】客、楓、三本作宕、毛本作說、秦策、無禁游以下十字、南收楊越、北幷陳・蔡、破橫散從、使馳說之士無所開其口、【考證】梁玉繩曰、言吳起幷陳蔡、妄也、愚按、吳起之時、從橫之說未行、禁朋黨以勵百姓、定楚國之政、兵震天下、威服諸侯。【考證】秦策、無禁朋黨以下二十字、功已成矣。而卒枝解。【考證】梁玉繩曰、吳起以射死、此言支解、仍秦策之誤、猶韓詩外傳一及高誘呂覽執一注、言起車裂也、韓子難言問田二篇、亦云是支解、大夫種爲越王深謀遠計、免會稽之危、以亡爲存、因辱爲榮、【考證】祕閣本、楓、三本、遠作建、秦策、無深謀以下十七字、墾草入邑、辟地殖穀、率四方之士、專上下之力、輔句踐之賢、報夫差之讎、

【索隱】劉氏云、入猶充也、謂招擕離散、充滿城邑也、【考證】秦策、入作叛、中井積德曰、墾草入邑、墾開草萊棄地、以爲邑中良田也、秦策、無輔句踐以下十字、卒擒勁吳、令越成霸。功已彰而信矣。句踐終負而殺之。【考證】秦策、無已彰而信矣五字、負作棓、此四子者、功成不去、禍至於身。此所謂信而不能詘、往而不能返者也。【索隱】信、音申、詘、音屈、謂志已展而不退、【考證】祕閣本、返作反、中井積德曰、詘申往返、皆比喩語、范蠡知之、超然辟世、長爲陶朱公。【考證】見越世家貨殖傳、君獨不觀夫博者乎。或欲大投、或欲分功。此皆君之所明知也。【集解】班固弈指曰、博縣於投、不必在行、駰謂投、投瓊也、【索隱】言夫博弈或欲大投其瓊以致勝、或欲分功者、謂觀其勢弱、則投地而分功以遠救也、事具小爾雅也、按方言云、所以投博、謂之枰、音平、局也、【考證】中井積德曰、大投、蓋孤注之類、大字係財、不係瓊、分功、小勝、不求大勝也、大投、每在輸者、氣急也、分功、常在贏者、氣泰也、蓋輸者、非大投不足償、如小勝不濟用、故不欲之、贏者已盈、又得寸吾之寸、得尺亦吾之尺、若大投一躝、幷前功喪之、又曰、如白起之擧鄢郢併蜀漢、是大投也、其他之蠶食者、可謂分功、安井衡曰、貲本萬金、一投盡之、謂之大投也、卽後世所謂孤注、分萬爲十、一投千金、謂之分功、今君相秦、計不下席、謀不出廊廟、坐制諸侯、利施三川、

以實宜陽、【正義】施、猶展也、言伐得三川之地以實宜陽、言展開三川實宜陽、【考證】祕閣本、楓、三本、無利字、秦策有、無者是、韓世家云、施三川而歸、田完世家云、王以施三川、中井積德曰、施、如字、揚威也、決羊腸之險、塞太行之道、又斬范・中行之塗、【考證】慶長本標記云、劉伯莊曰、范中行之塗、蓋當齊晉之要路也、六國不得合從、棧道千里、通於蜀漢、使天下皆畏秦。【考證】秦策、無六國以下六字、秦之欲得矣、君之功極矣。此亦秦之分功之時也。如是而不退、則商君・白公・吳起・大夫種是也。【集解】徐廣曰、白公、白起、吾聞之鑒於水者、見面之容。鑒於人者、知吉與凶。【考證】墨子非攻中篇、古者有語曰、君子不鏡於水、而鏡於人、鏡於水者、見面之容、鏡於人、則知吉凶、愚按、容凶韻、書曰。成功之下、不可久處。四子之禍、君何居焉。【考證】書、逸書、祕閣本、禍作福、秦策、無吾聞之以下三十七字、君何不以此時歸相印、讓賢者而授之、退而巖居川觀。【考證】秦策、無退而以下六字、必有伯夷之廉、長爲應侯、世世稱孤、而有許由・延陵季子

之讓、喬·松之壽。孰與以禍終哉。【正義】王喬、周靈王太子晉也、赤松子、神農時雨師也、【考證】秦策、無許由以下八字、 卽君何居焉。忍不能自離、疑不能自決、必有四子之禍矣。易曰。亢龍有悔。此言上而不能下、信而不能詘、往而不能自返者也、願君孰計之。【考證】易、乾上九、祕閣本、返作反、秦策、無忍不能以下四十八字、 應侯曰。善。吾聞欲而不知止、失其所以欲、有而不知足、失其所以有。先生幸教睢。敬受命。於是乃延入坐爲上客。【考證】秦策、無吾聞至於是三十二字、祕閣本、楓、三本、命作令、 後數日入朝、言於秦昭王曰。客新有從山東來者、曰蔡澤。其人辯士、明於三王之事、五伯之業、世俗之變。足以寄秦國之政。【考證】秦策、無明於以下二十一字、 臣之見人甚衆。莫及。臣不如也。臣敢以聞。【考證】秦策、無臣敢以聞四字、 秦昭王召見、與語大說之、拜爲客卿。應侯因謝病、

請歸相印。昭王彊起應侯。應侯遂稱病篤。范睢免相。昭王新說蔡澤計畫、遂拜爲秦相、東收周室。蔡澤相秦數月、人或惡之。懼誅乃謝病歸相印。號爲綱成君。【考證】策、綱成作剛成、 居秦十餘年、事昭王·孝文王·莊襄王、卒事始皇帝、爲秦使於燕。三年而燕使太子丹入質於秦。【考證】梁玉繩曰、案十字必廿字、史仍策誤、不然蔡澤代相在昭王五十二年、至始皇五年、燕太子入質時、凡二十四年、澤爲秦使燕、何云十餘年乎、愚按、去之趙以下依秦策、但文多補足、

太史公曰。韓子稱、長袖善舞。多錢善賈。信哉是言也。【考證】舞賈、韻、 范睢·蔡澤、世所謂一切辯士【考證】一切、猶一例、 然游說諸侯、至白首無所遇者、非計策之拙、所爲說力少也。及二人羇旅入秦、繼踵取卿相、垂功於天下者、固彊弱之勢異也。【考證】韓非子五蠹篇云、鄙諺曰、長袖善

舞、多錢善賈、此言多資之易爲工也、故治彊易爲謀、弱亂難爲計、故用於秦者十變而謀希失、用於燕者、一變而計希得、非用於秦者必智、用於燕者必愚也、蓋治亂之資異也、史公全襲此意、 然士亦有偶合。賢者多如此二子、不得盡意。豈可勝道哉。【考證】岡白駒曰、不得盡意、不偶合也、愚按、句上添而字看、此史公暗言其得罪於武帝、 然二子不困戹、惡能激乎。【索隱】二子、范睢蔡澤也、睢戹於魏齊、折脅摺齒、澤困於趙、被逐弃鬲、是也、惡、音烏、激、音擊也、【考證】岡白駒曰、若二子不困戹、未必能激而入秦、是其得所藉以行其才、亦士之偶合耳、本不能必也、愚按此史公暗言其罹刑著史、中井積德曰、范睢有罪而無功、蔡澤雖無罪、亦未見其功、太史公假題自泄其憤、而不自覺違其事實也、

【索隱】述贊、應侯始困、託載而西、說行計立、貴平寵稽、倚秦市趙、卒報魏齊、綱成辯智、范睢招攜、勢利傾奪、一言成蹊、

范睢蔡澤列傳第十九　史記七十九

文學博士瀧川龜太郎著

史記會注考證

史記會注考證卷八十

漢　太史令司馬遷撰

宋　中郎外兵曹參軍裴駰集解

唐　國子博士弘文館學士司馬貞索隱

唐　諸王侍讀率府長史張守節正義

日本　出雲瀧川資言考證

樂毅列傳第二十　史記八十

考證 史公自序云、率行其謀、連五國兵、爲弱燕報彊齊之讎、雪其先君之恥、作樂毅列傳第二十、

樂毅者、其先祖曰樂羊。樂羊爲魏文侯將、伐取中山。正義 今定州、魏文侯封樂羊以靈壽。集解 徐廣曰、屬常山、索隱 地理志、常山有靈壽縣、中山桓公所都也、正義 今鎮州靈壽、樂羊死、葬於靈壽。其後子孫因家焉。考證 方苞曰、樂氏多賢、故詳其前世繫、因以爲章法、中山復國、至趙武靈王時、復滅中山。索隱 中山魏雖滅之、尚不絕祀、故後更復國、至趙武靈王、又滅之也、正義 鮮虞子重、更得封中山、復、符富反、考證 中井積德曰、中山蓋絕而復興也、而樂氏後有樂毅。樂毅賢好兵。趙人舉之。及武靈王有沙丘之亂、乃去趙適魏。集解 徐廣曰、趙有沙丘宮、近鉅鹿、聞燕昭王以子之之亂而齊大敗燕、燕昭王怨齊、未嘗一日而忘報齊也、考證 中井積德曰、上昭王二字疑衍、燕國小辟遠、力不能制、於是屈身下士、先禮郭隗以招賢者。正義 說苑云、燕昭王問於隗曰、寡人地狹民寡、齊人取薊八城、匈奴驅馳樓煩之下、以孤之不肖、得承宗廟、恐社稷危、存之有道乎、隗曰、帝者之臣、其名臣、其實師、王者之臣、其名臣、其實友、霸者之臣、其名臣、其實僕、危困國之臣、其名臣、其實虜、今王將自東面、目指

氣使、以求臣、則厮役之才至矣、南面聽朝、不失揖讓之理、以求臣、則人臣之才至矣、北面等禮、不乘之以勢、以求臣、則朋友之才至矣、西面逡巡以求臣、則師傅之才至矣、誠欲興王霸同道、隗請爲天下之士開路、於是常置隗爲上客、考證 楓、三本、辟作僻、屈作詘、燕昭王禮郭隗、見燕策燕世家、與說苑異、樂毅於是爲魏昭王使於燕。燕王以客禮待之。樂毅辭讓。遂委質爲臣。燕昭王以爲亞卿、久之。考證 楓、三本、燕王作燕昭王、茅坤曰、毅仕魏、爲魏使于燕、以燕客遇之、不及報命、而遽留燕委質焉、可乎、中井積德曰、毅欲仕于燕、故請而使之、與常常使命異科、茅駁過刻、且毅之書自稱假節於魏、以身察於燕、事情自見、凌稚隆曰、太史公詳敘樂毅入燕始末、蓋爲毅他日遺燕惠王書張本、當是時、齊湣王彊、南敗楚相唐眛於重丘、索隱 眛、莫葛反、地理志、重丘、縣名、屬平原、正義 在冀州城武縣界、西摧三晉於觀津、索隱 地理志、觀津、縣名、屬信都、漢初屬清河也、正義 在冀州武邑縣東南二十五里、遂與三晉擊秦、助趙滅中山、考證 梁玉繩曰、觀津、當作觀澤、而齊亦未佐趙滅中山、觀澤之役、是齊敗趙魏、擊秦之兵、是合六國、皆不得言三晉、又楚相乃楚將之誤、破宋、廣地千餘里、與秦昭王爭重爲帝、已而復歸之。諸侯皆欲背秦而服於齊。湣王自矜、百姓弗堪。於是

燕昭王問伐齊之事。樂毅對曰、齊、霸國之餘業也。地大人衆。未易獨攻也。王必欲伐之、莫如與趙及楚・魏。【考證】樂毅對、采下文樂毅答惠王書、於是使樂毅約趙惠文王、別使連楚・魏、令趙嚪說秦以伐齊之利。【集解】徐廣曰、嚪、進說之意、【索隱】嚪、音田濫反、字與啗字同也、【考證】各本嚪下無說字、索隱本有、中井積德曰、嚪、謂餌之、諸侯害齊湣王之驕暴、皆爭合從與燕伐齊。樂毅還報。燕昭王悉起兵、使樂毅爲上將軍。【考證】胡三省曰、上將軍、猶春秋之元帥、趙惠文王以相國印授樂毅。樂毅於是幷護趙・楚・韓・魏・燕之兵、以伐齊、【索隱】護、謂總領之也、破之濟西。【考證】梁玉繩曰、六國破齊、此失書秦、胡三省曰、水經、濟水東北過壽張縣西北、逕須昌穀城臨邑縣西、又北逕北平陰城西、又東北過盧縣北、皆齊地也、濟西地、在濟水之西、諸侯兵罷歸。而燕軍樂毅獨追至于臨菑。【考證】臨菑、山東青州府臨淄縣、齊湣王之敗濟西、亡走保於莒。【考證】莒、山東沂州府莒州、樂毅獨留徇齊。

齊皆城守。樂毅攻入臨菑、盡取齊寶財物祭器、輸之燕。【正義】鹵掠齊寶器也、【考證】亦采樂書、燕昭王大說、親至濟上、勞軍行賞饗士、封樂毅於昌國、號爲昌國君。【集解】徐廣曰、屬齊、【索隱】地理志、縣名、屬齊郡、【正義】故昌城、在淄州淄川縣東北四十里也、於是燕昭王收齊鹵獲以歸。【正義】鹵掠所獲之寶器也、而使樂毅復以兵平齊城之不下者。樂毅留徇齊五歲、下齊七十餘城、皆爲郡縣、以屬燕。唯獨莒・卽墨未服。【正義】卽墨、今萊州、【考證】山東萊州府卽墨縣、會燕昭王死、子立爲燕惠王。惠王自爲太子時、嘗不快於樂毅。及卽位、齊之田單聞之、乃縱反閒於燕曰、齊城不下者兩城耳。然所以不早拔者、聞樂毅與燕新王有隙、欲連兵且留齊、南面而王齊。齊之所患、唯恐他將之來。【考證】孫子、反閒者因其敵閒而用之、杜牧云、敵有閒來窺我、我必先知之、或厚賂以誘之、反爲我

用、或佯爲不覺、示以僞情、則敵人之閒、反爲我用也、於是燕惠王固已疑樂毅。得齊反閒、乃使騎劫代將、而召樂毅。【索隱】騎劫、燕將姓名也、樂毅知燕惠王之不善代之、畏誅、遂西降趙。趙封樂毅於觀津、號曰望諸君。尊寵樂毅、以警動於燕・齊。【索隱】望諸、澤名、在齊、蓋趙有之、故號焉、戰國策、望作藍也、【正義】諸、之也、言王起望君之日久矣、故號望諸君也、太公世家、吾望子久矣、故號曰太公望、【考證】今本策作望諸、恩田仲任曰、中山策云、齊攻中山、藍諸君患之、注云、中山相也、索隱誤混望諸藍諸爲一、齊田單後與騎劫戰、果設詐誑燕軍、遂破騎劫於卽墨下、而轉戰逐燕、北至河上、【正義】滄德二州之北河、盡復得齊城、而迎襄王於莒、入于臨菑。燕惠王後悔、使騎劫代樂毅、以故破軍亡將失齊、又怨樂毅之降趙、恐趙用樂毅而乘燕之獘以伐燕。燕惠王乃使人讓樂毅、且謝之曰、先王擧國而委將軍。將軍爲燕破齊、報先王之讎。

天下莫不震動。寡人豈敢一日而忘將軍之功哉。會先王弃羣臣、寡人新卽位。左右誤寡人。寡人之使騎劫代將軍、爲將軍久暴露於外、故召將軍、且休計事。將軍過聽、以與寡人有隙、遂捐燕歸趙。將軍自爲計則可矣。而亦何以報先王之所以遇將軍之意乎。樂毅報遺燕惠王書曰、臣不佞、不能奉承王命以順左右之心。恐傷先王之明、有害足下之義。故遁逃走趙。【考證】有、策作又、王念孫曰、有、讀爲又、愚按、害足下之義、言殺先王大將非義、燕策、走趙下、有自負以不肖之罪七字、辭意更明、今足下使人數之以罪。臣恐侍御者不察先王之所以畜幸臣之理、又不白臣之所以事先王之心。故敢以書對。【考證】畜、好也、寵也、鮑彪曰、白、明也、樓昉曰、此書可以見燕昭王樂毅、君臣相與之際、略似蜀昭烈諸葛武侯、書詞明白、洞見肺腑、臣聞賢聖之君、不以祿私親、其功

多者賞之、其能當者處之。故察能而授官者、成功之君也。論行而結交者、立名之士也。臣竊觀先王之擧也、見有高世主之心。【正義】樂毅見燕昭王、有自高尊世上人主之心、故假魏節使燕、【考證】楓、三本、擧下有錯字、與策合、當依補、李笠曰、旣云竊觀、不應復出見字也、下見字衍、燕策新序雜三、竝無見字、中井積德曰、高世主、謂志氣超踰世主也、非自高、故假節於魏、以身得察於燕。【考證】鮑彪曰、時諸侯不通、出關則以節傳之、先王過擧、廁之賓客之中、立之羣臣之上、不謀父兄、以爲亞卿。【正義】杜預云、父兄、同姓羣臣也、臣竊不自知、自以爲奉令承教、可幸無罪。故受令而不辭。先王命之曰。我有積怨深怒於齊。不量輕弱、而欲以齊爲事。臣曰。夫齊、霸國之餘業、而最勝之遺事也。【考證】燕策、最作驟、王念孫曰、最當冣字之誤、冣與驟同、驟勝者數勝也、練於兵甲、習於戰攻。王若欲伐之、必與天下圖之。與天下圖之、莫若結於趙。且又淮北、

宋地、楚・魏之所欲也。【考證】宋、故宋地、鮑彪曰、楚欲得淮北、魏欲得宋、時皆屬齊、中井積德曰、此稱趙楚魏、而下稱四國、蓋漏韓一條也、且云楚魏所欲、而無予楚魏之語、皆脫文耳、趙若許、而約四國攻之、齊可大破也。先王以爲然、具符節、南使臣於趙。顧反命起兵擊齊。【考證】鮑彪曰、顧反、回顧而反、言其速也、王念孫曰、顧反者、還反也、屈原傳云、使齊、顧反諫懷王、趙策云、公子魏牟過趙、趙王迎之、顧反至坐前、皆謂還反也、愚按、顧反、王說是也、與田完世家顧反聽命於韓也顧反異義、命字、新序雜事三、無、此與燕策恐衍、以天之道、先王之靈、河北之地隨先王。而擧之濟上。【正義】濟上、在濟水之上、【考證】而擧之濟上、燕策作擧而有之於濟上、新序雜事三、無濟上二字、中井積德曰、數句難通、濟上之軍、受命擊齊、大敗齊人、輕卒鋭兵、長驅至國、齊王遁而走莒、僅以身免。【考證】國、齊都臨菑、楓、三本、國作齊、遁下有逃字、珠玉財寶、車甲珍器、盡收入于燕。齊器設於寧臺、【索隱】燕臺也、【正義】括地志云、燕元英、曆室二宮、皆燕宮、在幽州薊縣西四里寧臺之下、大呂陳於元英、【索隱】大呂、齊鍾名、元英、燕宮殿名也、故鼎反乎磿室、【集解】徐廣曰、磿、歷也、【索隱】燕磿室、鼎前輸於齊、今反入於磿室、

亦宮名、戰國策作歷室也、【正義】括地志云、歷室、燕宮名也、高誘云、燕噲亂、齊伐燕殺噲、得鼎、今反歸燕故鼎、薊丘之植、植於汶篁。【集解】徐廣曰、竹田曰篁、謂燕之疆界移於齊之汶水、【索隱】薊丘、燕所都之地也、言燕之薊丘所植、皆植齊王汶上之竹也、徐注非也、【正義】幽州薊地西北隅有薊丘、又汶水源出兗州博城縣東北原山、西南入泲、【考證】中井積德曰、據文勢、宜云汶篁之植、植於薊丘、俞樾曰、此倒句、自五伯已來、功未有及先王者也。先王以爲慊於志、故裂地而封之、使得比小國諸侯。【索隱】按、慊、音苦簟反、作嗛、嗛者常慊然而不愜其志也、【考證】慊、快也、足也、燕策作愜、新序作快、索隱不字衍、臣竊不自知、自以爲奉命承教、可幸無罪。是以受命不辭。臣聞賢聖之君、功立而不廢。故著於春秋。蚤知之士、名成而不毀。故稱於後世。若先王之報怨雪恥、夷萬乘之彊國、收八百歲之蓄積、及至弃羣臣之日、餘教未衰。執政任事之臣、脩法令、愼庶孽、施及乎萌隷。皆可以教後世。【考證】愼、燕策新序作順、順庶孽、謂不亂適庶之分、萌、氓同、餘教未衰、策作餘令詔後嗣之遺義、蓋史公

改修、臣聞之、善作者不必善成。善始者不必善終。昔伍子胥說聽於闔閭、而吳王遠迹至郢。夫差弗是也。賜之鴟夷而浮之江。吳王不寤先論之可以立功、故沈子胥而不悔。子胥不蚤見主之不同量、是以至於入江而不化。【索隱】言子胥懷恨、故雖投江而神不化、猶爲波濤之神也、【考證】楓、三本、主上有二字、燕策、化作改、與悔韻合、不改、謂至死不肯改行他適也、不化、義同、夫免身立功、以明先王之迹、臣之上計也。離毀辱之誹謗、墮先王之名、臣之所大恐也。【索隱】楓、三本、免作勉、誹、音方味反、墮、音許規反、【考證】離、罹通、策、新序、無謗字、臨不測之罪、以幸爲利、義之所不敢出也。【索隱】謂旣臨不測之罪、以幸免爲利、今我仍義先王之恩、雖身託外國、而心亦不敢出也、【考證】去燕奔趙、正當不可測之重罪、又乘燕之敝、使趙伐之、以徼幸於萬一、非義甚矣、臣聞、古之君子、交絕不出惡聲。【正義】言君子之人、交絕、不說己長而談彼短、忠臣去國、不絜其名。【索隱】言忠臣去離本國、不自絜其名云己無罪、故禮曰、大夫去其國、不說人以無罪、是也、【正義】言不絜己名行、

而咎於君、若箕子不忍言殷惡是也、【考證】聲名韻、臣雖不佞、【索隱】不佞、猶不才也、數奉教於君子矣。【索隱】上數音朔、言我已數經奉教令於君子、君子卽識禮之人、謂己在外、猶云己罪、不說王之有非、故下云不察疏遠之行、斯亦忠臣之節也、恐侍御者之親左右之說、不察疏遠之行、故敢獻書以聞。唯君王之留意焉。【集解】夏侯玄曰、觀樂生遺燕惠王書、其殆庶乎知機合道、以禮始終者與、又其喻昭王曰、伊尹放太甲而不疑、太甲受放而不怨、是存大業於至公、而以天下爲心者也、夫欲極道德之量、務以天下爲心者、必致其主於盛隆、合其趣於先王、苟君臣同符、則大業定矣、于斯時也、樂生之志、千載一遇、夫千載一遇之世、亦將行千載一隆之道、豈其局迹當時、止於兼并而已哉、夫兼并者非樂生之所屑、彊燕而廢道、又非樂生之所求、不屑苟利心無近事、不求小成、斯意兼天下者也、則舉齊之事、所以運其機而動四海也、夫討齊以明燕王之義、此兵不興於爲利矣、圍城而害不加於百姓、此仁心著於遐邇矣、舉國不謀其功、除暴不以威力、此至德全於天下矣、邁全德以率列國、則幾於湯武之事矣、樂生方恢大網以縱二城、收民明信、以待其弊、將使卽墨莒人、顧仇其上、願釋干戈、賴我猶親、善守之智、無所施之、然則求仁得仁、卽墨大夫之義、仕窮則徙、微子適周之道、開彌廣之路、以待田單之徒、長容善之風、以申齊士之志、使夫忠者遂節、勇者義著、昭之東海、屬之華裔、我澤如春、民應如草、道光宇宙、賢智託心、鄰國傾慕、四海延頸、思戴燕主、仰望風聲、二城必從、則王業隆矣、雖淹留於兩邑、乃致速於天下也、不幸之變、世所不圖、敗於垂成、時運固然、若乃逼之以威、劫之以兵、攻取之事、求欲速之功、使燕齊之士、流血於二城之下、參

殺傷之殘、以示四海之人、是縱暴易亂、以成其私、鄰國望之、其猶犲虎、既大墮稱兵之義、而喪濟溺之仁、且虧齊士之節、廢廉善之風、掩宏通之度、弃王德之隆、雖二城幾於可拔、霸王之事逝其遠矣、然則燕雖兼齊、其與世主何以殊哉、其與鄰國何以相傾、樂生豈不知拔二城之速了哉、顧城拔而業乖也、豈不慮不速之致變哉、顧業乖與變同、繇是觀之、樂生之不屠二城、未可量也、【考證】燕惠王後悔以下、采燕策、又見新序雜事三、愚按、六國將相、有儒生氣象者、惟望諸君一人、其答燕王書、理義明正、當世第一文字、諸葛孔明以管樂自比、而其出師表、實得力於此文、尤多樂書曰、恐抵斧質之罪、以傷先王之明、而又害於足下之義、諸葛則云、受命以來、夙夜憂歎、恐付託不效、以傷先帝之明、樂書曰、先王過舉、擢之乎賓客之中、而立之乎群臣之上、而使臣爲亞卿、臣自以爲奉令承敎、可以幸無罪矣、故受命而不辭、諸葛則云、先帝不以臣卑鄙、猥自枉屈、三顧臣於草廬之中、由是感激、許先帝以驅馳、樂書曰、免身全功、以明先王之迹者、臣之上計也、諸葛則云、庶竭駑鈍、攘除姦兇、興復漢室、還於舊都、此臣所以報先帝而忠陛下之職分也、彼此對看、必知其風貌氣骨、有相通者、於是燕王復以樂毅子樂閒爲昌國君。【索隱】閒音紀閑反、樂毅之子也、而樂毅往來、復通燕。燕・趙以爲客卿。【考證】毛本、不重燕字、樂毅卒於趙。【集解】張華曰、望諸君冢、在邯鄲西數里、樂閒居燕三十餘年。【考證】梁玉繩曰、案樂閒繼封昌國、在燕惠王元年已後、則至栗腹攻趙時、安得三十餘年哉、當作二十餘年、燕王喜用其相栗腹之計、欲攻趙、而問

昌國君樂閒。【索隱】栗、姓、腹、名也、漢有栗姬、樂閒曰、趙、四戰之國也。【索隱】言趙數距四方之敵、故云四戰之國、【正義】東鄰燕齊、西邊秦樓煩、南界韓魏、北迫匈奴、【考證】燕策四戰作四達、中井積德曰、四戰以地形而言、四方受敵也、其民習兵。伐之不可。燕王不聽。遂伐趙。趙使廉頗擊之、大破栗腹之軍於鄗。【考證】燕王喜以下、本燕策、禽栗腹・樂乘。樂乘者、樂閒之宗也。【考證】中井積德曰、宗、謂其宗族、梁玉繩曰、樂乘當是卿秦之誤、趙世家云、虜卿秦、是也、說在燕世家、又栗腹爲趙所敗、世家及魯連傳、不言其死、年表趙世家廉頗傳皆云、被殺、此獨言禽之、亦異、張文虎曰、梁氏據國策趙使廉頗以八萬遇栗腹於鄗、使樂乘以五萬遇慶秦於代之文、以爲燕世家及此傳皆誤、不知國策下文又云、樂閒樂乘、怨不用其計、二人卒留趙、正與此傳下文合、又據傳及燕世家、樂閒未爲燕將、無由被虜、自以不聽其言投趙、則被虜者實乘、趙世家誤爲閒也、於是樂閒奔趙。趙遂圍燕。燕重割地以與趙和。趙乃解而去。燕王恨不用樂閒。樂閒既在趙。乃遺樂閒書曰。紂之時、箕子不用。犯諫不怠、以冀其聽。商容不達。身祇辱焉、以冀其變。【考證】不達、亦不用也、變、改悛也、及民志不

入、獄囚自出、然後二子退隱。【索隱】民志不入、謂國亂而人離心向外、故云不入、又獄囚自出、是政亂、而士師不爲守法也、【正義】言民志不爲罪咎、而入獄、是囚自出、若箕子商容是也、【考證】民志不入、民志不達於上也、獄囚自出、罪囚自囹圄脫出、政無綱紀至此、然後二子退隱、正義有誤脫、故紂負桀暴之累、二子不失忠聖之名。何者其憂患之盡矣。【考證】憂患之盡、言二子盡憂患之誠也、今寡人雖愚、不若紂之暴也。燕民雖亂、不若殷民之甚也。室有語、不相盡以告鄰里。【正義】言家室有忿爭不決、必告鄰里、今故以書相告也、【考證】岡白駒曰、有忿爭不相和之言論、不相盡以告鄰里、室家之情、相掩其惡、正義非、李笠曰、燕策云、室不能相和、出語鄰家、未爲通計也、較史文更爲顯明、二者寡人不爲君取也。【正義】二者、謂燕君未如紂、燕民未如殷民、復相告、子反燕以疑君民之惡、是寡人不爲君取之、【考證】岡白駒曰、輕棄寡人而往他國、非厚道之誼、不教不及、而明其過、非臣子之情、之二者、寡人不爲君取也、爲去聲、正義非、愚按、史燕王喜遺樂閒書、與燕策所載、意同文殊、新序雜事三、文與策同、而以爲惠王遺樂毅書、敍之樂毅答書前、梁玉繩曰、吳師道從策新序、以謂策前章先生舉國一節、乃後章之首錯簡也、又曰、毅答惠書云、足下使人數之以罪、而史載惠王讓毅、無數罪之語、故知非樂閒事、新序爲是、日知錄亦稱、燕王遺樂閒書、卽樂毅事、傳者誤以爲其子、然史策書辭既殊、而策復有留趙不報之言、余疑燕惠遺毅、燕喜遺閒、或係二事、

未可混幷爲一、蓋國策不載遺間書、止載遺毅書、而誤分爲兩章、史又止載前半、截去寡人不佞已下、其實書辭條暢婉麗、不可刪也、此百餘字、當是喜遺間書、但文雖別、而意則同、豈古之親草者亦襲舊詔乎、樂間·樂乘、怨燕不聽其計、二人卒留趙。【考證】樂間既在趙以下、本燕策、趙封樂乘爲武襄君。【索隱】樂乘、樂毅之宗人也、其明年、樂乘·廉頗、爲趙圍燕。燕重禮以和。乃解。【考證】沈家本曰、上文云、趙遂圍燕、燕重割地以和、趙乃解而出、按此文複出而未刪正者也、燕世家及廉頗傳、燕與趙和、止一事、後五歲、趙孝成王卒。襄王使樂乘代廉頗。【考證】梁玉繩曰、襄上缺悼字、廉頗攻樂乘。樂乘走。廉頗亡入魏。其後十六年、而秦滅趙。其後二十餘年、高帝過趙、問、樂毅有後世乎。對曰、有樂叔。高帝封之樂鄉、號曰華成君。【集解】徐廣曰、在北新城、【正義】地理志云、信都有樂鄉縣、【考證】茅坤曰、漢高帝所嚴事、孔子而下、信陵樂毅兩人耳、華成君、樂毅之孫也。而樂氏之族有樂瑕公·樂臣公、【集解】一作巨公、【索隱】本亦作巨公也、【正義】巨、音詎、本作臣者誤、【考證】梁玉繩曰、巨字是、田叔傳作巨公、漢書作鉅公、可證、愚按巨公是得道之名、猶墨家有鉅

子、非名字也、下文四臣公、皆當作巨公、趙且爲秦所滅。亡之齊高密。樂臣公善修黃帝·老子之言、顯聞於齊、稱賢師。

太史公曰。始齊之蒯通、及主父偃、讀樂毅之報燕王書、未嘗不廢書而泣也。樂臣公學黃帝·老子。其本師號曰河上丈人。不知其所出。河上丈人教安期生、安期生教毛翕公、毛翕公教樂瑕公、樂瑕公教樂臣公、【索隱】本亦作巨公也、樂臣公教蓋公。【索隱】蓋、音古闔反、蓋公史不記名、【正義】蓋、姓也、史記不名、樂毅樂乘墓、竝在邯鄲縣南八里、蓋音古盍反、蓋公教於齊高密膠西、爲曹相國師。

【索隱】述贊、昌國忠讜、人臣所無、連兵五國、濟西爲墟、燕王受間、空聞報書、義士慷慨、明君軾閭、閒乘繼將、芳規不渝、

樂毅列傳第二十　史記八十

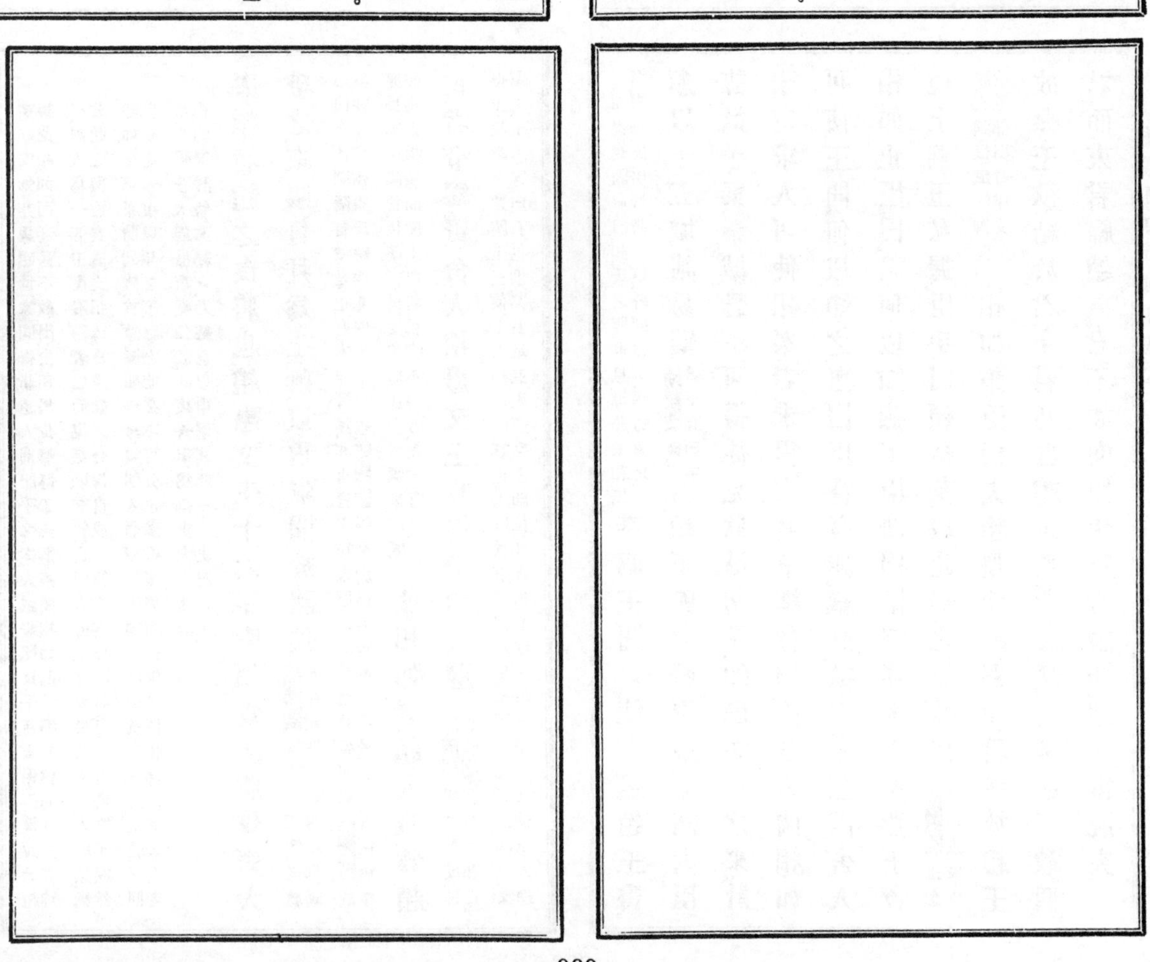

文學博士瀧川龜太郎著

史記會注考證

史記會注考證卷八十一

漢　太　史　令　司　馬　遷　撰

宋　中　郎　外　兵　曹　參　軍　裴　駰　集　解

唐　國　子　博　士　弘　文　館　學　士　司　馬　貞　索　隱

唐　諸　王　侍　讀　率　府　長　史　張　守　節　正　義

日　本　出　雲　瀧　川　資　言　考　證

廉頗藺相如列傳第二十一

史記八十一

［考證］史公自序云、能信意彊秦、而屈體廉子、用徇其君、俱重於諸侯、作廉頗藺相如列傳第二十一、愚按廉頗事、國策記載頗略、而無一語及藺相如、此傳多載他書所不

載、則安知非與趙世家同、得諸趙人別記乎、又案大戴禮記、賈子新書保傅篇竝云、趙得藺相如、而秦兵不敢出、史司馬長卿傳云、長卿慕藺相如、則世稱藺相如久矣、茅坤曰、兩人爲一傳、中復附趙奢、已而復綴以李牧、爲四人傳、須詳太史公次四人線索、纔知趙之興亡矣、盧文弨云、史漢數人合傳、自成一篇文字、雖間有可分析者、實不盡然、卽如史記廉藺列傳、首敘廉頗事、無幾卽入藺相如事、獨多、而後及二人之交驩、又間以趙奢、末復以頗之事終之、此必不可分也、漢書張周趙任申屠傳、皆爲御史大夫者、始敘張蒼、次周昌趙堯任敖、其後蒼復爲御史大夫、遷丞相、則又詳敘其終末、乃終之以申屠嘉、此一本史記之舊、

廉頗者、趙之良將也。趙惠文王十六年、廉頗爲趙將伐齊、大破之、取陽晉。拜爲上卿。以勇氣聞於諸侯。［索隱］按陽晉、衞地、後屬齊、今趙取之、司馬彪郡國志曰、今衞國陽晉城是也、有本作晉陽、非也、晉陽、在太原、雖亦趙地、非齊所取、［正義］故城、在今曹州乘氏縣西北四十七里也、［考證］張文虎曰、索隱本作陽晉、各本誤倒、愚按慶長本作陽晉、後漢書吳漢等傳注引戰國策曰、廉頗爲人勇鷙而愛士、白起視瞻不轉者、執志堅也、

藺相如者、趙人也。爲趙宦者令繆賢舍人。趙惠文王時、得楚和氏璧。［正義］繆、亡又反、姓也、［考證］楚人和氏得玉璞、獻之楚厲王、王使玉人相之、曰、石也、王以爲誑、刖其左足、及厲王薨、武王卽位、和又獻之、玉人又曰、石也、刖其右足、武王薨、文王卽位、和氏抱其璞、哭於山中、王乃使玉人理

之、而得寶、因命曰和氏之璧、事見韓非子和氏篇、爾雅、肉倍好謂之璧、外圓象天、內方象地、

秦昭王聞之、使人遺趙王書、願以十五城請易璧。［考證］楓、三本、書下有曰字、趙王與大將軍廉頗諸大臣謀。欲予秦、秦城恐不可得、徒見欺。欲勿予、卽患秦兵之來。計未定。求人可使報秦者。未得。宦者令繆賢曰、臣舍人藺相如可使。王問、何以知之。對曰、臣嘗有罪。竊計欲亡走燕。臣舍人相如止臣曰、君何以知燕王。臣語曰、臣嘗從大王與燕王會境上。燕王私握臣手曰、願結友。以此知之。故欲往。［考證］王念孫曰、友、交之誤、文選恨賦注、御覽治道部、引竝作交、相如謂臣曰、夫趙彊而燕弱。而君幸於趙王。故燕王欲結於君。今君乃亡趙走燕。燕畏趙、其勢必不敢畱君。而束君歸趙矣。君不如肉袒伏斧質請罪。則幸得脫矣。

【考證】肉袒解在下文、臣從其計。大王亦幸赦臣。臣竊以爲其人勇士有智謀。宜可使。【考證】宜、猶殆也、徐孚遠曰、繆賢以薦人之故、不隱其奔燕之謀、使人主疑其有外心、蓋亦人情所難及、愚按、不隱舊惡、却見眞情、於是王召見問藺相如曰。秦王以十五城請易寡人之璧。可予不。相如曰。秦彊而趙弱。不可不許。王曰。取吾璧。不予我城、柰何。相如曰。秦以城求璧、而趙不許。曲在趙。趙予璧而秦不予趙城。曲在秦。均之二策、寧許以負秦曲。王曰。誰可使者。相如曰。王必無人、臣願奉璧往使、城入趙而璧留秦。城不入、臣請完璧歸趙。趙王於是遂遣相如、奉璧西入秦。秦王坐章臺見相如。相如奉璧奏秦王。秦王大喜、傳以示美人及左右。左右皆呼萬歲。相如視秦王無意償趙城、乃前曰。璧有瑕。請指

示王。王授璧。相如因持璧、卻立倚柱、怒髮上衝冠。【考證】楓、三本、御覽三百七十三、八百六、衝作穿、謂秦王曰。大王欲得璧、使人發書至趙王。【考證】楓、三本、無至字、趙王悉召羣臣議。皆曰。秦貪負其彊、以空言求璧。償城恐不可得。議不欲予秦璧。臣以爲布衣之交、尙不相欺。況大國乎。且以一璧之故、逆彊秦之驩、不可。於是趙王乃齋戒五日、使臣奉璧拜送書於庭。何者、嚴大國之威、以修敬也。今臣至、大王見臣列觀、禮節甚倨、得璧傳之美人、以戲弄臣。【考證】類聚、戲弄臣、作爲戲弄、臣觀大王無意償趙王城邑、故臣復取璧。大王必欲急臣、臣頭今與璧俱碎於柱矣。相如持其璧、睨柱、欲以擊柱。秦王恐其破璧、乃辭謝固請、召有司案圖、指從此以往十五都

予趙。相如度秦王特以詐詳爲予趙城、實不可得、【考證】詳、凌本作佯、同、乃謂秦王曰。和氏璧、天下所共傳寶也。趙王恐不敢不獻。趙王送璧時、齋戒五日、今大王亦宜齋戒五日、設九賓於廷。臣乃敢上璧。【集解】韋昭曰、九賓、則周禮九儀、【索隱】周禮大行人、別九賓、謂九服之賓客也、列士傳云、設九牢也、【正義】劉伯莊云、九賓者周王之備禮、天子臨軒、九服同會、秦趙何得九服、但亦陳設車輅文物耳、【考證】九賓、又見荊軻傳、中井積德曰、賓、儐也、儐九人立廷、以禮使者也、愚按、九賓、猶言具大禮耳、不必援古書爲證、秦王度之、終不可彊奪。遂許齋五日。舍相如廣成傳。【集解】廣成、是傳舍之名、傳、音張戀反、【考證】中井積德曰、廣成、蓋邑里名、張文虎曰、各本、傳下衍舍字、索隱本無、雜志云、魏都賦、廣成之傳無以疇、張載注引無、愚按類聚引亦無、相如度秦王雖齋決負約不償城、【考證】決、猶必也、乃使其從者衣褐懷其璧、從徑道亡歸璧于趙。【考證】徑道、間道也、秦王齋五日後乃設九賓禮於廷、引趙使者藺相如。相如至、謂秦王曰。秦自繆公以來

二十餘君。未嘗有堅明約束者也。臣誠恐見欺於王而負趙。故令人持璧歸、閒至趙矣。且秦彊而趙弱。大王遣一介之使至趙、趙立奉璧來。【考證】介、个通、左傳襄八年、一介行李、告于寡君、今以秦之彊、而先割十五都予趙。趙豈敢留璧而得罪於大王乎。臣知欺大王之罪當誅。臣請就湯鑊。唯大王與羣臣孰計議之。秦王與羣臣相視而嘻。【索隱】音希、乃驚而怒之辭也、【正義】嘻、音希、恨怒之聲、【考證】中井積德曰、嘻、只是驚怪之聲、不必有怒意、左右或欲引相如去。秦王因曰。今殺相如、終不能得璧也。而絕秦・趙之驩。不如因而厚遇之、使歸趙。趙王豈以一璧之故欺秦邪。卒廷見相如、畢禮而歸之。相如既歸。趙王以爲賢大夫使不辱於諸侯。拜相如爲上大夫。【考證】李笠曰、賢下大夫二字、蓋涉下文誤衍、時相如爲繆賢舍人、未爲大夫、秦亦不

以城予趙、趙亦終不予秦璧。其後秦伐趙拔石城。【集解】徐廣曰、惠文王十八年。【索隱】劉氏云、蓋謂石邑。【正義】故石城在相州林慮縣南九十里也。 明年、復攻趙殺二萬人。秦王使使者告趙王、欲與王爲好、會於西河外澠池。【索隱】在西河之南、故云外。案表在趙惠文王二十年也。【考證】梁玉繩曰、案表、二萬作三萬。又秦王上疑缺明年二字。 趙王畏秦欲毋行。廉頗・藺相如計曰、王不行、示趙弱且怯也。趙王遂行。相如從。廉頗送至境、與王訣曰、王行、度道里會遇之禮畢、還、不過三十日。三十日不還、則請立太子爲王、以絕秦望。王許之。遂與秦王會澠池。【集解】徐廣曰、二十年。 秦王飲酒酣曰、寡人竊聞趙王好音。請奏瑟。趙王鼓瑟。【考證】楓、三本、重趙王二字。愚按、奏當作奉、請奉瑟趙王、與下文請奉盆缻秦王正相對。王念孫・張文虎依文選西征賦注・御覽所引、改下文奉秦王爲奏秦王、云、奏進也、亦通。 秦御史前書曰、某年月日、秦王與趙王會飲、令趙王鼓瑟。

【考證】楓、三本、月日上竝有某字。 藺相如前曰、趙王竊聞秦王善爲秦聲。請奉盆缻秦王、以相娛樂。【集解】風俗通義曰、缶者瓦器、所以盛酒漿、秦人鼓之以節歌也。【索隱】缻、音缶。【正義】缻、音缶。【考證】說文作缶、缻、缶同、正義音餅、誤。 秦王怒不許。於是相如前進缻、因跪請秦王。秦王不肯擊缻。相如曰、五步之內、相如請得以頸血濺大王矣。【正義】濺、音贊。【考證】五步之內、言近也。胡三省曰、以頸血濺大王、言將殺秦王也。 左右欲刃相如。相如張目叱之。左右皆靡。於是秦王不懌、爲一擊缻。相如顧召趙御史書曰、某年月日、秦王爲趙王擊缻。【考證】楓、三本、月日上有某字。 秦之羣臣曰、請以趙十五城爲秦王壽。藺相如亦曰、請以秦之咸陽爲趙王壽。【考證】咸陽、秦都。左傳定十年、夾谷之會、齊魯將盟、齊人加於載書曰、齊師出竟、不以甲車三百乘從我者、有如此盟。孔丘使玆無還揖對曰、而不返我汶陽之田、吾以共命者、亦如之。藺相如折衝之語、自此等處得來。 秦王竟酒、終不能加勝於趙。趙亦盛設兵以待秦。

秦不敢動。既罷歸國、以相如功大、拜爲上卿、位在廉頗之右。【索隱】王劭按、董勛荅禮曰、職高者名錄在上、於人爲右、職卑者名錄在下、於人爲左、是以謂下遷爲左。【正義】秦漢以前、用右爲上。 廉頗曰、我爲趙將、有攻城野戰之大功。【考證】治要・文選西征賦注・後漢書寇恂傳注・御覽人事部・疾病部引、竝無大字、通鑑亦無。蓋涉上文而衍。 而藺相如徒以口舌爲勞、而位居我上。且相如素賤人。吾羞、不忍爲之下。宣言曰、我見相如、必辱之。相如聞、不肯與會。相如每朝時、常稱病、不欲與廉頗爭列。已而相如出、望見廉頗。相如引車避匿。於是舍人相與諫曰、臣所以去親戚而事君者、徒慕君之高義也。【考證】楓、三本、舍人上有相如二字。 今君與廉頗同列。【考證】文選注・治要、頗作君。王念孫曰、當作君。 廉君宣惡言、而君畏匿之、恐懼殊甚。且庸人尚羞之。況於將相乎。臣等不肖、請辭去。藺相如固止之曰、公

之視廉將軍、孰與秦王。曰、不若也。相如曰、夫以秦王之威、而相如廷叱之、辱其羣臣。相如雖駑、獨畏廉將軍哉。顧吾念之、彊秦之所以不敢加兵於趙者、徒以吾兩人在也。今兩虎共鬬、其勢不俱生。吾所以爲此者、以先國家之急、而後私讎也。廉頗聞之、肉袒負荊、【索隱】肉袒者、謂袒衣而露肉也。負荊者、荊、楚也、可以爲鞭。【正義】肉袒、露膊。【考證】中井積德曰、荊、鞭也。 因賓客至藺相如門謝罪。曰、鄙賤之人、不知將軍寬之至此也。卒相與驩、爲刎頸之交。【索隱】崔浩云、言要齊生死、而刎頸無悔也。【考證】中井積德曰、謂患難相爲死也。 是歲、廉頗東攻齊、破其一軍。【考證】是時燕軍攻齊、趙使廉頗助之、又見趙世家。 居二年、廉頗復伐齊幾、拔之。【集解】徐廣曰、幾、邑名也。案趙世家、惠文王二十三年、頗將攻魏之幾邑、取之。而齊世家及年表、無伐齊幾拔之事。疑幾是邑名、而或屬齊、或屬魏耳。田單在齊、不得至於拔也。【索隱】世家云、惠文王二十三年、頗將攻魏之幾邑、取之、與此列傳合。戰國策云、秦敗閼與、及攻魏幾。幾亦屬魏、而裴駰引齊世家及年表、無伐齊拔

幾之事、疑其幾是故邑、或屬齊魏故耳、[正義]幾音祈、在相潞之閒、[考證]梁玉繩曰、幾、是魏邑、趙世家言頗攻魏幾取之、秦策亦云、秦敗閼與反攻魏幾、廉頗救幾、此作齊幾誤、裴駰謂或屬魏或屬齊、非也、先是樓昌攻幾不能取、故云復伐、又居二年、乃居三年之誤、 後三年、廉頗攻魏之防陵・安陽拔之。[集解]徐廣曰、一作房子、[索隱]案防陵、在楚之西、屬漢中郡、魏有房子、蓋陵字誤也、[正義]城、在相州安陽縣南二十里、因防水爲名、[考證]梁玉繩曰、後三年、當作後一年、乃惠文王二十四年也、沈濤曰、房子、趙邑、漢屬常山郡、卽今之贊皇、魏境不得到此、此與安陽同拔、則地必近安陽、正義之說必有所據、 後四年、藺相如將而攻齊、至平邑而罷。[正義]故城、在魏州昌樂縣東北三十里、[考證]通鑑注引括地志、三十里作四十里、 其明年、趙奢破秦軍閼與下。趙奢者、趙之田部吏也。收租稅。而平原君家不肯出租。[考證]租、各本作趙、今從舊刻、 奢以法治之、殺平原君用事者九人。平原君怒、將殺奢。奢因說曰。君於趙爲貴公子。今縱君家而不奉公、則法削。法削則國弱。國弱則諸侯加兵。諸侯加兵、是無趙也。君安得有此富乎。以君之貴奉公

如法、則上下平。上下平則國彊。國彊則趙固。而君爲貴戚、豈輕於天下邪。平原君以爲賢、言之於王。王用之治國賦。國賦大平。民富而府庫實。秦伐韓、軍於閼與。[考證]御覽引國策作秦師伐韓圍閼與、今本國策無、今本趙策作伐趙、與此異、說在趙世家、徐孚遠曰、閼與本趙地、伐韓而軍閼與、假道也、亦以脅趙、 王召廉頗而問曰。可救不。對曰。道遠險狹、難救。又召樂乘而問焉。樂乘對如廉頗言。又召問趙奢。奢對曰。其道遠險狹。譬之猶兩鼠鬭於穴中。將勇者勝。王乃令趙奢將救之。兵去邯鄲三十里。而令軍中曰。有以軍事諫者死。秦軍軍武安西。[集解]徐廣曰、屬魏郡、在邯鄲西、[考證]御覽二百八十二、引史秦下不重軍字、 秦軍鼓譟勒兵。武安屋瓦盡振。軍中候有一人、言急救武安。趙奢立斬之、堅壁、留二十八日不行。復益增壘。秦閒來入。趙

奢善食而遣之。閒以報秦將。秦將大喜曰。夫去國三十里、而軍不行、乃增壘。閼與非趙地也。[正義]國、謂邯鄲、趙之都也、[考證]去邯鄲三十里以下、與御覽二百九十二所引國策略同、今本國策無、 趙奢既已遣秦閒、乃卷甲而趨之。二日一夜至。[考證]楓、三本、趨上有行字、 令善射者去閼與五十里而軍。軍壘成。秦人聞之、悉甲而至。軍士許歷請以軍事諫。趙奢曰。內之。許歷曰。秦人不意趙師至此。其來氣盛。將軍必厚集其陣以待之。不然必敗。[考證]許歷曰以下、與御覽三百三十二所引國策同、今本國策無、 趙奢曰。請受令。許歷曰。請就鈇質之誅。趙奢曰。胥後令。[索隱]案胥須、古人通用、今者胥後令、謂胥爲須、須者待也、待後令、謂許歷之言、更不擬誅之、故更待後令也、[正義]胥、猶須也、軍去城都三十里而不行、未有計過險狹、恐人諫令急救武安、乃出此令、今垂戰、須得謀策、不用前令、故云須後令也、[考證]請受令、猶言汝宜從前令也、請字、寓不忍行令之意、通鑑改令爲敎、非是、索隱正義以胥爲須爲待、是也、言他日當議罪定刑、汝暫待之、 邯鄲、許歷復請諫[索隱]按邯

鄲二字、當爲欲戰、謂臨戰之時、許歷復諫也、王粲詩云、許歷爲完士、一言猶敗秦、是言趙奢用其計、遂破秦軍也、江遂曰、漢令稱完而不髡曰耐、是完士未免從軍也、[考證]通鑑、後令邯鄲做一句、梁玉繩曰、錢宮詹云、胥後令邯鄲、是五字句、趙都邯鄲、謂當待趙王之令也、此解甚愜、後書循史衞颯傳曰、須後詔書、語意相似、中井積德曰、邯鄲、當作將戰、愚按中說可從、索隱本復請作請復、 曰。先據北山上者勝。後至者敗。[正義]閼與山、在洛州武安縣西南五十里、趙奢拒秦軍於閼與、卽此山也、案括地志云、言拒秦軍在此山、疑其太近洛州、既去邯鄲三十里而軍、又云、趙之二日一夜至閼與五十里而軍壘成、據今洛州去潞州三百里閒而隔相州、恐潞州閼與聚城、是所拒據處、[考證]中井積德曰、閼與、是秦之所軍、北山、是閼與近傍之山矣、勿混解、 趙奢許諾。卽發萬人趨之。秦兵後至爭山。不得上。趙奢縱兵擊之、大破秦軍。秦軍解而走、遂解閼與之圍而歸。[考證]先據北山上者勝以下、與御覽三百三十二所引國策略同、今本國策無、 趙惠文王、賜奢號爲馬服君、以許歷爲國尉。趙奢於是與廉頗・藺相如同位。後四年、趙惠文王卒、子孝成王立。七年秦與趙兵相距長平。[考證]梁玉繩曰、七年乃八年之誤、 時趙奢已死、[集解]張華曰、趙奢冢在邯鄲界西山上、謂之馬服

山、而藺相如病篤。趙使廉頗將攻秦。秦數敗趙軍。趙軍固壁不戰。秦數挑戰。廉頗不肯。趙王信秦之閒。秦之閒言曰。秦之所惡、獨畏馬服君趙奢之子趙括爲將耳。【考證】張文虎曰、王本不重秦之閒三字、御覽引國策、惡作患、 趙王因以括爲將代廉頗。【考證】秦與趙兵相距以下、與御覽二百九十二所引國策略同、今本國策無、 藺相如曰。王以名使括。若膠柱而鼓瑟耳。括徒能讀其父書傳。不知合變也。【考證】胡三省曰、鼓瑟者、絃有緩急、調絃之緩急、在柱之運轉、若膠其柱、則絃不可得而調、緩者一於緩、急者一於急、無活法矣、愚按、趙人好瑟、故取譬於此、 趙王不聽。遂將之。趙括自少時、學兵法言兵事。以天下莫能當。嘗與其父奢言兵事。奢不能難。然不謂善。【考證】楓、三本、治要、及御覽引策、謂下有之字、 括母問奢其故。奢曰。兵、死地也。而括易言之。使趙不將括卽已。若必將之、破趙軍者必括也。【考證】李笠曰、問下奢字、疑衍、治要、卽作

則、御覽、使趙以下、作趙若以爲將、破軍者必是兒、 及括將行、其母上書言於王曰。括不可使將。王曰。何以。對曰。始妾事其父。時爲將。身所奉飯飲而進食者、以十數。所友者以百數。【正義】奉、音捧、【考證】治要、通鑑、無飲字、御覽引國策、無身所奉以下十八字、 大王及宗室所賞賜者、盡以予軍吏士大夫。受命之日、不問家事。今括一旦爲將、東向而朝、軍吏無敢仰視之者。【考證】顧炎武曰、古人之坐、以東面爲尊、故宗廟之祭、太祖之位東面、卽交際之位、亦賓東向、主人西向、新序、楚昭奚恤爲東面之壇一、秦使者至、昭奚恤曰、君客也、請就上位、是也、史記趙奢傳、言括東面而朝軍吏、田單傳、言引卒東鄉坐、師事之、淮陰傳、言得廣武君、東鄉坐、西鄉對、師事之、王陵傳、言項王東鄉坐王陵母、周勃傳、言每召諸生說士、東向坐而責之、趣爲我語、田蚡傳、言召客飲、坐其兄蓋侯南鄉、自坐東向、以爲漢相尊、不可以兄故自橈、南越傳、言王太后置酒、漢使皆東向、此東向之見於史傳者、曲禮、主人就東階、客就西階、自西階而升、故東鄉自東階而升、故西鄉、而南鄉其旁位、如廟中之昭、故田蚡以處蓋侯也、 王所賜金帛、歸藏於家、而日視便利田宅可買者買之。【考證】楓、三本、無買之二字、御覽所引國策、無可買者三字、 王以爲何如其父。【考證】楓、三

本、御覽所引國策、通鑑並無何字、 父子異心。願王勿遣。王曰。母置之。吾已決矣。括母因曰。王終遣之、卽有如不稱、妾得無隨坐乎。王許諾。【考證】藺相如曰以下、略與御覽二百七十二所引國策合、今本國策無、沈家本曰、商君收孥之法、在秦孝公時、趙事在孝成王六年、後商君九十餘年、豈趙亦參用秦法、故有隨坐之事歟、 趙括既代廉頗、悉更約束、易置軍吏。秦將白起聞之、縱奇兵詳敗走、【考證】詳、各本作佯、今從毛本、 而絕其糧道、分斷其軍爲二、士卒離心。四十餘日軍餓。趙括出銳卒自搏戰。秦軍射殺趙括。括軍敗、數十萬之衆、遂降秦。秦悉阬之。趙前後所亡凡四十五萬。明年、秦兵遂圍邯鄲歲餘。幾不得脫。賴楚、魏諸侯來救、迺得解邯鄲之圍。趙王亦以括母先言竟不誅也。自邯鄲圍解五年、【考證】張文虎曰、五年乃七年之誤、 而燕用栗腹之謀曰。趙壯者盡於長平、其孤未

壯。舉兵擊趙。趙使廉頗將擊。大破燕軍於鄗、殺栗腹、遂圍燕。燕割五城請和。乃聽之。趙以尉文封廉頗、爲信平君、爲假相國。【集解】徐廣曰、尉文、邑名也、【索隱】信平、號也、徐廣云、尉文、邑名、按漢書表、有尉文節侯、云在南郡、蓋尉官也、文、名也、謂取尉文所食之邑、復以封頗、而後號爲信平君、 廉頗之免長平歸也、失勢之時、故客盡去。及復用爲將、客又復至。廉頗曰。客退矣。客曰。吁、君何見之晚也。夫天下以市道交。君有勢、我則從君。君無勢則去。此固其理也。有何怨乎。【考證】王念孫曰、有讀爲又、柯維騏曰、市道交、卽馮驩所論趨市者也、孟嘗唾面、翟公勸門、長平之吏、移于冠軍、魏其之客、移于長安、汲鄭廢而其門益落、任昉逝而其後莫恤、古今交態盡然、不獨廉頗也、 居六年、趙使廉頗伐魏之繁陽。拔之。【集解】徐廣曰、屬魏郡、【正義】在相州內黃縣東北也、 趙孝成王卒、子悼襄王立。使樂乘代廉頗。廉頗怒攻樂乘。樂乘走。廉頗遂奔魏之大梁。其明年、趙乃以李牧爲將、

而攻燕拔武遂・方城。【索隱】按地理志、武遂屬河閒國、方城屬廣陽也、【正義】武遂、易州遂城也、方城、幽州固安縣南十里、【考證】梁玉繩曰、其明年、當作後二年、蓋廉頗奔魏、在孝成王卒年、李牧攻燕、在悼襄二年、廉頗居梁。久之、魏不能信用。趙以數困於秦兵、【考證】楓、三本、趙下有亦字、趙王思復得廉頗。廉頗亦思復用於趙。趙王使使者視廉頗尚可用否。【考證】楓、三本、用上有得字、廉頗之仇郭開、多與使者金、令毀之。【考證】郭開、趙王寵臣、又受秦金讒李牧、見下文、趙使者既見廉頗。廉頗爲之一飯斗米、肉十斤、被甲上馬、以示尚可用。趙使還報王曰、廉將軍雖老、尚善飯。然與臣坐、頃之三遺矢矣。【索隱】謂數起便也、矢、一作屎、【考證】中井積德曰、三遺矢、是坐而不覺矢也、非起、趙王以爲老、遂不召。楚聞廉頗在魏、陰使人迎之。廉頗一爲楚將、無功。曰、我思用趙人。廉頗卒死于壽春。【正義】廉頗墓、在壽春縣北四里、藺相如墓、在邯鄲西南六里、李牧者、趙之北邊

良將也。常居代鴈門、備匈奴。【正義】今鴈門縣、在代地、故云代鴈門也、以便宜置吏、市租皆輸入莫府、爲士卒費。【集解】如淳曰、將軍征行無常處、所在爲治、故言莫府、莫、大也、【索隱】按注如淳解莫大也云云、又崔浩云、古者出征爲將帥、軍還則罷、理無常處、以幕帟爲府署、故曰莫府、則莫當作幕字之訛耳、【考證】中井積德曰、莫幕通、幕府、征行軍營、日擊數牛饗士、習射騎、謹烽火、多閒諜、厚遇戰士。【索隱】閒諜、上紀莧反、下音牒、爲約曰、匈奴卽入盜、急入收保。有敢捕虜者斬。【正義】急入壘、收斂而保護、匈奴每入烽火謹、輒入收保、不敢戰。如是數歲、亦不亡失。然匈奴以李牧爲怯、雖趙邊兵亦以爲吾將怯。趙王讓李牧。李牧如故。趙王怒召之、使他人代將。歲餘、匈奴每來出戰。出戰數不利、失亡多、邊不得田畜。【正義】許六反、【考證】羣書治要引史、御覽引策、竝無下出字、崔適曰、出戰二字衍、復請李牧。牧杜門不出、固稱疾。趙王乃復彊起使將兵。牧曰、王必用臣、

臣如前、乃敢奉令。王許之。【考證】楓、三本、兵下有李字、李牧至、如故約。匈奴數歲無所得、終以爲怯。邊士日得賞賜而不用。皆願一戰。於是乃具選車得千三百乘、選騎得萬三千匹、百金之士五萬人、彀者十萬人。【集解】管子曰、能破敵擒將者賞百金、【索隱】彀、音古候反、彀、謂能射也、【正義】彀滿弓張也、言能滿弦張射、【考證】中井積德曰、百金之士、是富實戰士、非賤役者、御覽引策、彀下有弓弩二字、悉勒習戰、大縱畜牧、人民滿野。【考證】御覽引策、民作衆、匈奴小入、詳北不勝、以數千人委之。【索隱】委、謂弃之、恣其殺略也、單于聞之、大率衆來入。【考證】御覽引策、大下有喜字、李牧多爲奇陳、張左右翼、擊之大破、【考證】御覽引策、作擊大破之、殺匈奴十餘萬騎。【考證】常居代雁門、至十餘萬、與御覽二百九十四所引國策合、今本國策無、滅襜襤、破東胡、降林胡。單于奔走。【集解】襜、都甘反、襤、路談反、徐廣曰、一作臨、胭又案如淳曰胡名也、在代北、【索隱】上音都甘反、下音路郯反、如淳云、胡名也、【正義】襜襤、胡國名、在代北、其後十餘歲、匈奴不敢近趙

邊城。趙悼襄王元年、廉頗既亡入魏。趙使李牧攻燕。拔武遂・方城。居二年、龐煖破燕軍、殺劇辛。【索隱】按煖、卽馮煖也、龐、音皮江反、煖音況遠反、亦音暄、劇辛、本趙人、仕燕者、【考證】梁玉繩曰、元年當作二年、二年當作一年、龐煖馮煖、自是別人、張照曰、燕世家云、劇辛故居趙、與龐煖善、戰國策云、齊人有馮煖者、史記作馮驩、不言其歸趙也、後七年、秦破殺趙將扈輒於武遂、斬首十萬。【索隱】扈氏、輒、名、漢張耳時、別有扈輒、按劉氏云、武遂本韓地、在趙西、恐非、地理志、河閒武遂也、【考證】梁玉繩曰、後七年、當作後八年、各本殺趙作將殺、從索隱本、愚按楓山本、武遂下有方城二字、張文虎曰、各本、武遂下有城字、索隱本無、錢大昕曰、趙世家武遂城作武城、武遂在燕趙之交、秦兵未得至其地、遂字衍、洪頤煊說同、趙乃以李牧爲大將軍、擊秦軍於宜安、大破秦軍、走秦將桓齮。【索隱】齮、音蟻、【正義】宜安、在桓州稾城縣西南二十里、【考證】沈家本曰、王遷三年、世家及表同、封李牧爲武安君。居三年、秦攻番吾。【索隱】縣名、地理志在常山、音婆、又音盤、【正義】在相州房山縣東二十里也、【考證】沈濤曰、正義、房山當房子之誤、沈家本曰、世家表、皆在四年、梁玉繩曰、三年、當作一年、李牧擊破秦軍、南距韓・魏。趙王遷七年、秦使王翦攻趙。趙使李牧司

馬尙禦之。秦多與趙王寵臣郭開金爲反閒。言李牧・司馬尙欲反。【考證】胡三省曰、郭開之閒廉頗、以其仇也、其讒殺李牧、則好貨耳、讒人罔極、其禍國可勝言哉、張照曰、按戰國策、秦王賚頓弱以金、北遊燕趙、而殺李牧、史記稱秦多與趙王寵臣郭開金爲反閒、而殺牧、廉頗傳稱頗之仇郭開與使者金、使毀頗、張釋之傳云、趙用李牧幾覇、會趙王遷立、其母倡也、遷用郭開讒、卒誅李牧、列女傳云、趙悼后者、邯鄲倡女、前嫁亂一宗族、既寡、悼襄王以其美而娶之、李牧諫、不聽、後子遷生、立爲幽閔王、后通於春平侯、多受秦賂、而使王誅其良將李牧、趙亡後、大夫怨倡后之譖太子喜殺李牧、乃殺倡后滅其家、諸說大同小異、今並著之、趙王乃使趙蔥及齊將顏聚代李牧。李牧不受命【考證】趙策、無不受命三字、趙使人微捕得李牧、斬之、廢司馬尙。【考證】方苞曰、曰欲反、則無實迹可知、曰使人微捕、則非謀反迹見、此史遷之微指也、後三月、王翦因急擊趙、大破、殺趙蔥、虜趙王遷及其將顏聚。遂滅趙。【考證】秦使王翦攻趙以下、采趙策、愚按秦策文信侯出走章、爲李牧銜劍自刺、以趙滅爲牧死後五月、二策不同、梁玉繩曰、牧之死、策言其北面再拜、銜劍自刺、史言其不受命捕斬之、二說迥異、通鑑主史、大事記主策、鮑吳注並以史爲誤也、趙王寵臣郭開誣牧欲與秦反、又牧以臂短用木接手、韓倉誣以上壽懷刃、遂賜之死、其冤甚矣、安有所謂不受命而捕斬者哉、大事記謂因廉頗不受代事而誤載、是已、史公于趙世家及馮唐傳俱言王遷信郭開誅李牧、乃此以爲不受命、豈非矛盾、蓋郭開韓倉比共陷牧、而列女傳又謂遷母譖牧、使王誅之也、

太史公曰。知死必勇。非死者難也。處死者難。【考證】史公暗自道、方藺相如引璧睨柱、及叱秦王左右、勢不過誅。然士或怯懦而不敢發。【集解】徐廣曰、一作恇懦、相如一奮其氣、威信敵國。【索隱】信、音伸、退而讓頗、名重太山。其處智勇、可謂兼之矣。

【索隱】述贊、淸颷凜凜、壯氣熊熊、各竭誠義、遞爲雌雄、和璧聘返、澠池好通、負荊知懼、屈節推工、安邊定策、頗牧之功、

廉頗藺相如列傳第二十一　史記八十一

文學博士瀧川龜太郎著

史記會注考證

史記會注考證卷八十二

漢　太　史　令　司　馬　遷　撰

宋中郎外兵曹參軍裴　駰　集解

唐國子博士弘文館學士司馬貞　索隱

唐諸王侍讀率府長史張守節　正義

日　本　出　雲　瀧　川　資　言　考證

田單列傳第二十二　　史記八十二

【考證】史公自序云、湣王既失臨淄而奔莒、唯田單用卽墨破走騎劫、遂存齊社稷、作田單列傳第二十二、愚按傳中記事、多今本國策所不載、

田單者、齊諸田疏屬也、【索隱】單、音丹、 湣王時單爲臨菑市掾、不見知。【考證】胡三省曰、掾、掌市官屬也、 及燕使樂毅伐破齊、齊湣王出奔。已而保莒城。燕師長驅平齊、而田單走安平、【集解】徐廣曰、今之東安平也、在靑州臨菑縣東十九里、古紀之酅邑、齊改爲安平、秦滅齊、改爲東安平、縣屬齊郡、以定州有安平、故加東字、【索隱】按地理志、東安平屬淄川國也、 令其宗人盡斷其車軸末、【索隱】斷、音都緩反、斷其軸、恐長相撥也、以鐵裹軸頭、堅而易進也、 而傅鐵籠。【集解】徐廣曰、傅、音附、【索隱】傅、音附、按截其軸與轂齊、以鐵鍱附軸末、施轄於鐵中以制轂也、又方言曰、車轄、齊謂之籠、郭璞云、車軸也、【考證】胡三省曰、卷鐵以傅車轄、故曰之鐵籠、中井積德曰、索隱云、截其軸與轂齊、按此非長轂兵車、不必截轂、又曰、索隱施轄於鐵中、至車軸也、數句援引無所用、 已而燕軍攻安平、城壞。齊人走爭塗。以轊折車敗、爲燕所虜。【集解】徐廣曰、轊、車軸頭也、音衞、 唯田單宗人以鐵籠故得脫、東保卽墨。燕既盡降齊城。唯獨莒・卽墨不下。燕軍聞齊王在莒、并兵攻之。淖齒既殺湣王於莒。【集解】徐廣曰、多作悼齒也、 因堅

守距燕軍、數年不下。燕引兵東圍卽墨。卽墨大夫出與戰、敗死。城中相與推田單曰、安平之戰、田單宗人以鐵籠得全。習兵。立以爲將軍、以卽墨距燕。頃之燕昭王卒。惠王立、與樂毅有隙。田單聞之、乃縱反閒於燕、宣言曰、齊王已死、城之不拔者二耳。樂毅畏誅而不敢歸。以伐齊爲名、實欲連兵南面而王齊。齊人未附。故且緩攻卽墨、以待其事。齊人所懼、唯恐他將之來、卽墨殘矣。燕王以爲然、使騎劫代樂毅。樂毅因歸趙。燕人士卒忿。【考證】楓、三本、忿作分心、惠王立以下、與御覽二百九十二所引國策略同、士卒忿作士卒離、今本國策無、 而田單乃令城中人、食必祭其先祖於庭。【考證】楓、三本、無人字、 飛鳥悉翔舞城中、下食。燕人怪之。田單因宣言曰、神來下敎我。乃令城中人

曰、當有神人爲我師。有一卒曰、臣可以爲師乎。因反走。田單乃起引還、東鄕坐師事之。【考證】楓、三本、通鑑、無坐字、使卒東向也、淮陰侯傳、東鄕坐、西鄕對、師事之、胡三省曰、田單恐衆心未一、故假神以令其衆、　卒曰、臣欺君、誠無能也。田單曰、子勿言也。因師之。每出約束、必稱神師。乃宣言曰、吾唯懼燕軍之劓所得齊卒、置之前行、與我戰、卽墨敗矣。【正義】行、胡郞反、　燕人聞之、如其言。城中人見齊諸降者盡劓、皆怒堅守、唯恐見得。單又縱反閒曰、吾懼燕人掘吾城外冢墓、僇先人、可爲寒心。燕軍盡掘壟墓燒死人。卽墨人從城上望見、皆涕泣、俱欲出戰、怒自十倍。【考證】乃宣言曰以下、與御覽百八十二所引國策文同、今本國策無、張文虎曰、俱、各本作共、今依舊刻、愚按通鑑作共、徐孚遠曰、樂毅攻兩城、數年不拔、欲以德懷齊人、騎劫代將、悉更樂毅所爲、故施虐于齊、而田單以爲資也、　田單知士卒之可用、乃身操版插、與士卒

分功、妻妾編於行伍之閒。【索隱】操、音七高反、插、音初洽反、【正義】古之軍行、常負版插也、　盡散飮食饗士、令甲卒皆伏、使老弱女子乘城、遣使約降於燕。燕軍皆呼萬歲。田單又收民金得千溢。令卽墨富豪遺燕將曰、卽墨卽降、願無虜掠吾族家妻妾、令安堵。【考證】楓、三本、富豪下有遺人二字、　燕將大喜許之。燕軍由此益懈。【考證】田單知士卒可用以下、與御覽百八十二所引國策文同、今本國策無、　田單乃收城中得千餘牛。爲絳繒衣、畫以五彩龍文、束兵刃於其角、而灌脂束葦於尾、燒其端、鑿城數十穴、夜縱牛、壯士五千人隨其後。牛尾熱、怒而奔燕軍。燕軍夜大驚。牛尾炬火光明炫燿。燕軍視之皆龍文、所觸盡死傷。五千人因銜枚擊之。而城中鼓譟從之。老弱皆擊銅器爲聲。聲動天地。燕軍大駭敗走。齊人

【考證】田單乃收城中以下、與御覽百八十二所引國策文同、今本國策無、　遂夷殺其將騎劫。燕軍擾亂奔走。齊人追亡逐北、所過城邑、皆畔燕而歸田單。兵日益多、乘勝。【考證】楓、三本、兵上重田單二字、　燕日敗亡。卒至河上。【索隱】河上、卽齊之北界、近河東、齊之舊地、　而齊七十餘城、皆復爲齊。乃迎襄王於莒、入臨菑而聽政。襄王封田單、號曰安平君。【索隱】以單初起安平、故以爲號、【考證】錢大昕曰、史不敍其後事、考趙世家、孝成王元年、齊安平君田單、將趙師而攻燕中陽、拔之、二年、田單爲相、卽齊王建之元年也、豈襄王已沒、單遂去齊而入趙乎、

太史公曰、兵以正合、以奇勝。【集解】魏武帝曰、先出合戰爲正、後出爲奇也、正者當敵、奇兵擊不備、【索隱】按奇、謂權詐也、注引魏武、蓋亦軍令也、【考證】集解所引、孫子魏武注文、奇兵下有自傍二字、索隱以爲軍令者謬、　善之者、【索隱】兵不厭詐、故云善之、【考證】之字承兵字、　出奇無窮。【索隱】謂權變多也、　奇正還相生、【正義】猶當合也、言正兵當陣、張左右翼、掩其不備、則奇正合敗敵也、　如環之無端。【索隱】言用兵之術、或用正法、或用奇計、使前敵不可測量、如尋環中不知端際也、【考證】本孫子兵勢篇文、字小異、中井積德曰、

正變爲奇、奇又變爲正、一奇一正、如循環之無端、正狀還相生也、　夫始如處女。【索隱】言兵之始、如處女之軟弱也、　適人開戶、【集解】徐廣曰、適音敵、【索隱】適音敵、若我如處女之弱、則敵人輕侮開戶、不爲備也、【正義】敵人、謂燕軍也、言燕軍被田單反閒、易將及劓卒、燒壟墓、而令齊卒甚怒、是敵人爲單開門戶也、【考證】索隱是、　後如脫兔、適不及距。【集解】魏武帝曰、如女示弱、脫兔往疾也、【索隱】言克敵之後、卷甲而趨、如兔之得脫而走疾也、敵不及距者、若脫兔忽過而敵忘其所距也、【考證】女戶兔距韻、孫子九地篇文、中井積德曰、脫兔所以克捷、非克捷之後、索隱誤、　其田單之謂邪。初淖齒之殺湣王也、莒人求湣王子法章、得之太史嬓之家。爲人灌園。嬓女憐而善遇之。後法章私以情告女。女遂與通。及莒人共立法章爲齊王、以莒距燕、而太史氏女遂爲后。所謂君王后也。【考證】淖齒以下、本齊策、　燕之初入齊、聞畫邑人王蠋賢、令軍中曰、環畫邑三十里無入。【集解】劉熙曰、齊西南近邑、畫、音獲、【索隱】畫、一音獲、又音胡卦反、劉熙云、齊西南近邑、蠋、音觸、又音歜、【正義】括地志云、戟里城、在臨淄西北三十里、春秋時棘邑、又云、澅邑、蠋所居、卽此邑、因澅水爲名也、【考證】梁玉繩曰、齊有畫邑、晝邑、畫邑在臨

淄西北三十里、齊將封王蠋以萬家、卽此地、畫邑在臨淄西南、孟子出宿處、一北、一南、說詳志疑、以王蠋之故。已而使人謂蠋曰。齊人多高子之義。吾以子爲將、封子萬家。蠋固謝。燕人曰。子不聽、吾引三軍而屠畫邑。王蠋曰。忠臣不事二君。貞女不更二夫。齊王不聽吾諫、故退而耕於野。國既破亡、吾不能存。今又劫之以兵爲君將。是助桀爲暴也。與其生而無義、固不如烹。遂經其頸於樹枝、自奮絕脰而死。索隱按經、猶繫也、何休云、脰、頸、齊語也、音豆、齊亡大夫聞之曰。王蠋、布衣也、義不北面於燕。況在位食祿者乎。乃相聚如莒、求諸子立爲襄王。考證立下脫法章二字、論贊補傳、與夏殷周秦紀、樂毅傳同例、

索隱述贊、軍法以正、實尚奇兵、斷軸自免、反間先行、群鳥惑衆、五牛揚旌、卒破騎劫、皆復齊城、襄王嗣位、乃封安平、

田單列傳第二十二　　史記八十二

文學博士瀧川龜太郎著

史記會注考證

史記會注考證卷八十三

漢　太　史　令　司　馬　遷　撰
宋　中　郎　外　兵　曹　參　軍　裴　駰　集　解
唐　國　子　博　士　弘　文　館　學　士　司　馬　貞　索　隱
唐　諸　王　侍　讀　率　府　長　史　張　守　節　正　義
日　本　出　雲　瀧　川　資　言　考　證

魯仲連鄒陽列傳第二十三　史記八十三

[索隱]魯連屈原、當六國之時、賈誼鄒陽、在文景之日、事迹雖復相類、年代甚爲乖絕、其鄒陽不可上同魯連、屈平亦不可下同賈生、宜抽魯連同田單爲傳、其屈原與宋玉

等爲一傳、其鄒陽與枚乘賈生等同傳、[考證]史公自序云、能設詭說、解患於圍城、輕爵祿、樂肆志、作魯仲連鄒陽列傳第二十三、陳沂曰、同傳者、或其國同、或其事同、而時不足以間之、若刺客等傳類也、索隱誤矣、觀扁鵲倉公同傳、此可知也、張文虎曰、此史公合傳之最不可解者、自序云、能設詭說、解患於圍城、輕爵祿、樂肆志、以論仲連、似矣、何與於鄒陽、陽之可取、在諫吳王、今反不載其書、班書載之、與賈山枚乘路溫舒同傳、斯勝史公矣、愚按陳氏論史公合傳之意、張氏譏魯鄒合傳之非、各有一理、今併錄之、

魯仲連者、齊人也。好奇偉俶儻之畫策、而不肯仕宦任職。好持高節。[索隱]按廣雅云、俶儻、卓異也、[正義]俶、天歷反、魯連子云、齊辯士田巴服狙丘、議稷下、毀五帝、罪三王、服五伯、離堅白、合同異、一日服千人、有徐劫者、其弟子曰、魯仲連、年十二、號千里駒、往請田巴曰、臣聞堂上不糞、郊草不芸、白刃交前、不救流矢、急不暇緩也、今楚軍南陽、趙伐高唐、燕人十萬、聊城不去、國亡在旦夕、先生奈之何、若不能者、先生之言、有似梟鳴、出城而人惡之、願先生勿復言、田巴曰、謹聞命矣、巴謂徐劫曰、先生乃飛兔也、豈直千里駒、巴終身不談、[考證]張文虎曰、蔡本、中統、舊刻、游本、作宦、他本並譌官、愚按漢藝文志儒家魯仲連子十四篇、今亡、馬國翰有輯本、沈欽韓曰、隋志、魯連子五卷、錄一卷、舊唐書、與隋同、新志作一卷、玉海藝文類書目五卷、仲連退隱海上、論著此書、今惟一篇、即史記正義所引、御覽一百八十四、魯連子見孟嘗君於杏堂之門、與鶡冠子兵政篇語相似、游於趙。趙孝成王時。而秦王使白起破趙長平之軍。前後四十餘萬。[考證]秦昭王、秦

兵、遂東圍邯鄲。趙王恐。諸侯之救兵、莫敢擊秦軍。魏安釐王使將軍晉鄙救趙。畏秦、止於蕩陰不進。[集解]地理志、河內有蕩陰縣、[正義]蕩、天郎反、相州縣、魏王使客將軍新垣衍、閒入邯鄲、[索隱]新垣、姓、衍、名也、爲梁將、故漢有新垣平、[正義]新垣、姓、衍、名、漢有新垣平、[考證]鮑彪曰、閒、謂微行、因平原君謂趙王曰。秦所爲急圍趙者、前與齊湣王爭彊爲帝。已而復歸帝。[考證]楓、三本、歸帝下、有以齊彊三字、趙策、有以齊故三字、今齊湣王已益弱。[考證]鮑彪曰、湣王二字衍、中井積德曰、是時齊湣王死已二十四年、宜言齊益弱、方今唯秦雄天下。此非必貪邯鄲。其意欲復求爲帝。趙誠發使、尊秦昭王爲帝、秦必喜罷兵去。[考證]鮑彪曰、昭字衍、梁玉繩曰、史仍策之誤、平原君猶預未有所決。此時魯仲連適游趙。會秦圍趙。聞魏將欲令趙尊秦爲帝、[考證]中井積德曰、是文重複、蓋太史公欲刪潤而未果者、餘多是類、可類推、乃見平原君曰。事將柰何。平原君曰。勝也何

敢言事。前亡四十萬之衆於外、今又內圍邯鄲、而不能去。【考證】李笠曰、趙策云、百萬之衆折於外、蓋夸辭耳、魏王使客將軍新垣衍、令趙帝秦。【索隱】新垣衍、欲令趙尊秦爲帝也、今其人在是。勝也何敢言事。魯仲連曰、吾始以君爲天下之賢公子也。吾乃今然後知君非天下之賢公子也。梁客新垣衍安在。吾請爲君責而歸之。【考證】毛本、請作且、平原君曰、勝請爲紹介、而見之於先生。【集解】郭璞曰、紹介、相佑助者、【索隱】按紹介、猶媒介也、且禮賓至、必因介以傳辭、紹者繼也、介不一人、故禮云介紹而傳命、是也、平原君遂見新垣衍曰、東國有魯仲連先生者。今其人在此。勝請爲紹介、交之於將軍。【考證】楓、三本、趙策、魯下無仲字、下同、新垣衍曰、吾聞魯仲連先生、齊國之高士也。衍、人臣也。使事有職。吾不願見魯仲連先生。平原君曰、勝既已泄之矣。新垣衍許諾。魯仲

連見新垣衍而無言。新垣衍曰、吾視居此圍城之中者、皆有求於平原君者也。今吾觀先生之玉貌、非有求於平原君者也。曷爲久居此圍城之中而不去。魯仲連曰、世以鮑焦爲無從頌而死者。皆非也。【集解】鮑焦、周之介士也、見莊子、【索隱】從頌者、從容也、世人見鮑焦之死、皆以爲不能自寬容而取死、此言非也、【正義】韓詩外傳云、姓鮑、名焦、周時隱者也、飾行非世、廉潔而守、荷擔採樵、拾橡充食、故無子胤、不臣天子、不友諸侯、子貢遇之、謂之曰、吾聞非其政者、不履其地、汙其君者、不受其利、今子履其地食其利、其可乎、鮑焦曰、吾聞廉士重進而輕退、賢人易愧而輕死、遂抱木立枯焉、按魯仲連留趙不去者、非爲一身、【考證】莊子盜跖篇、鮑焦飾行非世、抱木而死、魯連以鮑焦自比、伏下文蹈東海、策從頌作從容、頌容通、衆人不知、則爲一身。【索隱】言衆人不識鮑焦之意、焦以恥居濁世而避之、非是自爲一身而憂死、事見莊子也、彼秦者弃禮義而上首功之國也。【集解】譙周曰、秦用衛鞅計、制爵二十等、以戰獲首級者、計而受爵、是以秦人每戰勝、老弱婦人皆死、計功賞至萬數、天下謂之上首功之國、皆以惡之也、【索隱】秦法、斬首多爲上功、謂斬一人首賜爵一級、故謂秦爲首功之國也、權使其士、虜使其民。【索隱】言秦人以權詐使其戰士、以奴虜使其人、言無恩以恤下、【考證】梁玉

繩曰、鹽鐵論論功篇、引史、虜使作虛使、彼卽肆然而爲帝、過而爲政於天下。則連有蹈東海而死耳。【索隱】肆然、猶肆志也、過而爲政、謂以過惡而爲政也、【正義】至過字爲絕句、肆然、其志意也、言秦得肆志爲帝、恐有烹醢納筦、偏行天子之禮、過、失也、【考證】正義、過字句絕、索隱、屬下讀、中井積德曰、過字屬下句、過者不必之辭、猶言萬一也、王念孫曰、過、猶甚也、言秦若肆然而爲帝、甚而遂爲政於天下、則吾有死而已、不忍爲之民也、愚按言秦若肆然而爲帝、則將過誤以爲政、吾有死而已、過字上添將字看、諸解未得、吾不忍爲之民也。【正義】若趙魏帝秦、得行政教於天下、魯連蹈東海而溺死、不忍爲秦百姓、所爲見將軍者、欲以助趙也。新垣衍曰、先生助之、將柰何。魯連曰、吾將使梁及燕助之。齊·楚則固助之矣。新垣衍曰、燕則吾請以從矣。若乃梁者、則吾乃梁人也。先生惡能使梁助之。魯連曰、梁未睹秦稱帝之害故耳。使梁睹秦稱帝之害、則必助趙矣。新垣衍曰、秦稱帝之害何如。魯連曰、昔者齊威王嘗爲仁義矣。率天下諸侯而朝周。周

貧且微。諸侯莫朝。而齊獨朝之。居歲餘、周烈王崩。【集解】徐廣曰、烈王十年崩、威王之七年、【正義】周本紀及年表云、烈王七年崩、齊威之十年也、與徐不同、齊後往。周怒赴於齊【正義】鄭玄云、赴、告也、今文赴作訃、曰、天崩地坼、天子下席。【索隱】按謂烈王太子安王驕也、下席、言其寢苫居廬、【正義】天子、烈王嗣也、下席、謂居廬寢苫也、又云、下席、言崩殁也、【考證】烈王太子、宜爲顯王、東藩之臣因齊後至。則斮。【集解】公羊傳曰、欺三軍者、其法斮、何休曰、斮、斬也、【考證】中井積德曰、因齊、威王之名、國策作田嬰齊、斮、刖也、齊威王勃然怒曰、叱嗟、而母婢也。【正義】罵烈王后也、【考證】而、汝也、蓋嗣天子、非嫡出也、卒爲天下笑。【考證】中井積德曰、爲笑者齊也、非謂周、又曰、此陳帝秦之害、爲梁言之、非以趙言也、故生則朝周、死則叱之。誠不忍其求也。彼天子固然、其無足怪。新垣衍曰、先生獨不見夫僕乎。十人而從一人者、寧力不勝而智不若邪。畏之也。【索隱】言僕夫十人而從一人者、是力不勝、亦非智不如、正是畏懼其主耳、魯仲連曰、嗚呼、梁之比於秦、若僕邪。【考證】嗚呼、趙策作然、見史公剪裁之妙、新垣衍

曰。然。魯仲連曰。吾將使秦王烹醢梁王。新垣衍怏然不悅曰。噫嘻、亦太甚矣、先生之言也。【索隱】噫嘻、上音依、噫者不平之聲、下音僖、嘻者驚恨之聲、【正義】怏、於尙反、先生又惡能使秦王烹醢梁王。魯仲連曰。固也。吾將言之。昔者九侯・鄂侯・文王、紂之三公也。【集解】徐廣曰、鄴縣有九侯城、九、一作鬼、鄂、一作邢、【正義】九侯城在相州滏陽縣西南五十里、九侯有子而好。獻之於紂。紂以爲惡、醢九侯。鄂侯爭之彊、辯之疾。故脯鄂侯。文王聞之喟然而歎。故拘之羑里之庫百日。欲令之死。【正義】相州蕩陰縣北九里有羑城、曷爲與人俱稱王、卒就脯醢之地。【考證】曷爲上、添梁字看、岡白駒曰、秦、王也、梁亦王也、齊湣王將之魯。夷維子爲執策而從。【索隱】按維、東萊之邑、其居夷也、號夷維子、故晏子爲萊之夷維人、是也、【正義】密州高密縣、古夷安城、應劭云、故萊夷維邑也、蓋因邑爲姓、子者男子之美號、又云、子爵也、【考證】錢大昕曰、據世家、則之魯之鄒兩事、俱在失國之後、謂魯人曰。子將何以待吾君。魯人曰。吾

將以十太牢待子之君。夷維子曰。子安取禮而來吾君。【考證】王念孫曰、來下脫待字、當依趙策補、岡白駒曰、言子於何典取此禮法、彼吾君者、天子也。天子巡狩、諸侯辟舍、【索隱】辟、音避、避正寢、案禮、天子適諸侯、必舍於祖廟、【考證】辟舍、謂避正朝而外舍、不敢有其國也、中井積德曰、索隱案禮云云、援引失當、納筦籥、【索隱】音管藥、【考證】筦籥、卽鑰也、策作管鍵、攝衽抱机、【索隱】音紀、【正義】衽、音而甚反、臥席也、抱、抱也、【考證】張文虎曰、官本、舊刻、毛本、凌引一本、作抱、他本作抱、中井積德曰、机、蓋食案之類、非凴几、視膳於堂下。天子已食、乃退而聽朝也。魯人投其籥、不果納。【索隱】謂閣內門不入齊君、【正義】籥、卽鑰匙也、投鑰匙於地、不得入於魯、將之薛。【正義】薛侯故城、在徐州滕縣界也、假途於鄒。當是時鄒君死。湣王欲入弔。夷維子謂鄒之孤曰。天子弔、主人必將倍殯棺、設北面於南方、然后天子南面弔也。【索隱】倍、音佩、謂主人不在殯東、將背其殯棺、立西階上、北面哭、是背也、天子乃於阼階上南面而弔之也、【正義】殯棺在西階也、天子弔、主人背殯棺、於西階南立、北面而哭、天子於阼階北立、南面弔也、鄒之羣臣曰。必若此、吾將伏劍而

死。固不敢入於鄒。鄒・魯之臣、生則不得事養、死則不得賻襚。【正義】衣服曰襚、貨財曰賻、皆助生送死之禮、然且欲行天子之禮於鄒・魯、鄒・魯之臣不果納。【索隱】謂時君弱臣彊、故鄒魯君、生時臣竝不得盡事養、死亦不得行賻襚之禮、然齊欲行天子禮於鄒魯、鄒魯之臣、皆不果納之、是猶秉禮而存大體、【考證】徐孚遠曰、索隱非也、言鄒魯國小而貧、不備生死之禮、今秦、萬乘之國也。梁、亦萬乘之國也。俱據萬乘之國、各有稱王之名。睹其一戰而勝、欲從而帝之。是使三晉之大臣、不如鄒・魯之僕妾也。【考證】鄒魯之僕妾、上文所謂鄒魯之臣、言鄒魯之臣、且不欲帝齊、今欲使堂堂三晉大臣帝秦、其可乎哉、且秦無已而帝、則且變易諸侯之大臣。彼將奪其所不肖、而與其所賢、奪其所憎、而與其所愛。【考證】楓、三本、趙策、不肖上有謂字、漸入新垣衍身上、彼又將使其子女讒妾、爲諸侯妃姬、處梁之宮。梁王安得晏然而已乎。而將軍又何以得故寵乎。於是新垣衍起再

拜謝曰。始以先生爲庸人。吾乃今日知先生爲天下之士也。吾請出、不敢復言帝秦。秦將聞之、爲卻軍五十里。【考證】通鑑攷異云、仲連所言、不過論帝秦之利害耳、使新垣衍慙怍而去則有之、秦將何預、而退軍五十里乎、此游談者之誇大也、適會魏公子無忌、奪晉鄙軍以救趙擊秦軍、秦軍遂引而去。【考證】事詳魏公子傳、於是平原君欲封魯連。【考證】楓、三本、君下有乃字、策無、魯連辭讓。使者三。終不肯受。【考證】王念孫曰、類聚御覽、引此作辭謝者三、無使字、趙策同、愚按使字衍、平原君乃置酒。酒酣起前、以千金爲魯連壽。魯連笑曰。所貴於天下之士者、爲人排患釋難解紛亂而無取也。卽有取者、是商賈之事也。而連不忍爲也。【考證】各本、所下有謂字、舊刻無、中井積德曰、謂字衍文、策無、王念孫曰、解紛亂、文與趙策同、類聚、御覽、文選注、後漢書注、引史記皆無亂字、遂辭平原君而去、終身不復見。【考證】秦兵遂東圍邯鄲以下、采趙策、藝文類聚引魯連子曰、連却秦軍、平原君欲封之、終不肯受、平原君乃置酒、酒酣起前、以千金爲

壽、先生笑曰、所貴於天下之士者、爲排患釋難、解人之締結、卽是有取、商賈之事、連不忍、也、遂杖策而去、中井積德曰、不復見、謂隱淪不復出也、不特以平原君言之、且魯連之傳止乎此句、若下文聊城事、蓋後人之擬撰而攙入者、非史遷之旨、鮑氏論之在策注、愚按魯連之傳止乎是句、亦可、但史公欲與鄒陽同傳、故又揭其遺燕將書、以與鄒陽上梁王書相偶、必非後人擬撰攙入也、其後二十餘年、燕將攻下聊城。聊城人或讒之燕、燕將懼誅、因保守聊城不敢歸。齊田單攻聊城。[集解] 徐廣曰、案年表、田單攻聊城、在長平後十餘年也、[索隱] 按徐廣據年表以爲田單攻聊城、在長平後十餘年耳、言二十餘年誤也、[正義] 今博州縣也、[考證] 錢大昕曰、按六國表、無田單攻聊城事、惟燕武成王七年、書田單拔中陽、乃在長平前五年、又非聊城、或疑徐廣之誤、今細繹徐氏文義、特以仲連遺書有栗腹事、推檢時代、當在長平後十餘年、以正史公云二十餘年之誤、非謂年表有田單事也、仲連遺書之燕將、必非與樂毅同時、蓋其事在燕王喜之世、別有以偏師下齊城、懼讒不敢歸者、不用仲連之言、至身死城屠、史公所書、比戰國策爲得其實、吳師道謂田單相趙之後、必不返齊、亦恐未然、孟嘗君相秦、而歸爲齊相、此其證也、愚按姚鼐亦有此說、見古文辭類纂魯仲連遺燕將書下、歲餘士卒多死、而聊城不下。魯連乃爲書約之矢以射城中、遺燕將書曰、吾聞之、智者不倍時而弃利、勇士不怯死而滅名、忠臣不

先身而後君。[索隱] 刧死、猶避死也、[考證] 怯、投也、索隱本作刧、今公行一朝之忿、不顧燕王之無臣。非忠也。殺身亡聊城、而威不信於齊。非勇也。功敗名滅、後世無稱焉。非智也。[考證] 信、讀爲申、楓、三本、無下有所字、三者世主不臣、說士不載。故智者不再計、勇士不怯死。今死生榮辱、貴賤尊卑、此時不再來。願公詳計而無與俗同。[考證] 此時不再來、齊策作此其一時也、且楚攻齊之南陽、[索隱] 卽齊之淮北、泗上之地也、[考證] 顧炎武曰、南陽者泰山之陽、孟子一戰勝齊、遂有南陽、齊策無齊之二字、魏攻平陸。[索隱] 平陸、邑名、在西界、[正義] 兗州縣也、而齊無南面之心。以爲亡南陽之害小、不如得濟北之利大。[索隱] 卽聊城之地也、[正義] 言齊國無南面攻楚魏之心、以爲南陽平陸之害小、不如聊城之利大、言必攻之也、[考證] 中井積德曰、南面、出軍拒楚救南陽也、此未及西面拒魏、而意實包之耳、非兼言之也、故定計審處之。[考證] 審處之、策、作而堅守之、今秦人下兵、魏不敢東面、衡秦之勢成、楚國之形危。[索隱] 此時秦與齊和、故云衡秦之

勢成也、齊弃南陽、斷右壤、定濟北、[索隱] 棄南陽、棄楚所攻之泗上也、斷右壤、又斷絕魏之所攻齊右壤之地、平陸是也、言右壤斷棄而不救也、定濟北、志在攻聊城而定濟北也、計猶且爲之也。[考證] 齊策、猶且作必、無也字、且夫齊之必決於聊城、公勿再計。[考證] 齊策、且夫以下十三字、在下文公之不能得也下、今楚魏交退於齊、而燕救不至。[索隱] 按交者俱也、前時楚攻南陽、而魏攻平陸、二國之兵俱退、而燕救又不至、是勢危也、[考證] 齊策無於齊二字、以全齊之兵、無天下之規、[正義] 交、俱也、楚魏俱退不攻、燕救又不至、以全齊之兵、別無規求於天下、言聊城必舉、[考證] 中井積德曰、規、是規畫劫制之意、與聊城共據期年之敝、則臣見公之不能得也。[考證] 與上添而公二字看、且燕國大亂、君臣失計、上下迷惑、栗腹以十萬之衆、五折於外。[集解] 徐廣曰、此事去長平十年、以萬乘之國、被圍於趙、壤削主困、爲天下僇笑、國敝而禍多、民無所歸心。今公又以敝聊之民、距全齊之兵。是墨翟之守也。[正義] 如墨翟守宋郤楚軍、[考證] 齊策、兵下有朞年不解四字、

食人炊骨、士無反外之心。是孫臏之兵也。[正義] 言孫臏能撫士卒、士卒無二心也、[考證] 外當依齊策作北、北背通、能見於天下。雖然、爲公計者、不如全車甲以報於燕。車甲全而歸燕、燕王必喜。身全而歸於國、士民如見父母、交游攘臂而議於世、功業可明。上輔孤主、以制羣臣、下養百姓以資說士、[索隱] 言既養百姓、又資說士、終擬强國也、劉氏云、讀說士爲銳士、意雖亦便、不如依字、[考證] 沈家本曰、說士、游說之士、中井積德曰、謂使以爲話柄、此句應上說士不載句、矯國更俗、[索隱] 欲令燕將歸燕、矯正國事、改更獘俗也、[正義] 資給說士、以招賢良、用彊國也、矯國更俗、矯正詐僞、與之更弊俗、[考證] 正義非、功名可立也。[考證] 雖然至此、是爲第一計、歸燕全身也、亡意亦捐燕弃世、東游於齊乎。[索隱] 亡、音無、言若必無還燕意、則捐燕、而東游於齊乎、[正義] 亡、罔良反、亡、失也、若不歸燕失意、棄其忠良之名、東遊齊國也、[考證] 齊策、亡意作意者、意者、猶曰或又、裂地定封、富比乎陶衛、世世稱孤、與齊久存。[索隱] 按延篤注戰國策云、陶、陶朱公也、衛、衛公子荆、非也、王劭云、魏冄封陶、商君姓衛、富比陶衛、謂此也、[考證] 棄燕遊齊、是爲第二計也、又一

計也。此兩計者、顯名厚實也。願公詳計而審處一焉。且吾聞之、規小節者、不能成榮名、惡小恥者、不能立大功。昔者管夷吾射桓公中其鉤。篡也。遺公子糾不能死。怯也。束縛桎梏。辱也。【索隱】遺、弃也、謂弃子糾而事小白也、【正義】管仲傳子糾、而魯殺之、不能隨子糾死、是怯懦畏死、若此三行者、世主不臣、而鄉里不通。鄉使管子幽囚而不出、身死而不反於齊、則亦名不免爲辱人賤行矣。臧獲且羞與之同名矣。況世俗乎。【集解】方言曰、荊淮海岱燕齊之閒、罵奴曰臧、罵婢曰獲、故管子不恥身在縲紲之中、而恥天下之不治。不恥不死公子糾、而恥威之不信於諸侯。故兼三行之過、而爲五霸首、名高天下、而光燭鄰國。【正義】按齊桓最初得周襄王賜文武胙彤弓矢大輅、故爲五伯首也、【正義】趙岐注孟子、齊桓晉文秦穆宋襄楚莊是也、蒼頡篇云、燭、照也、【考證】中井積德曰、齊桓稱霸首、亦以功烈耳、豈錫賚之謂哉、曹子爲

魯將、三戰三北、而亡地五百里。【索隱】魯將、曹昧是也、【考證】齊策、曹子作曹沫、五百里作千里、李笠曰、淮南氾論訓亦云、喪地千里、亦誇辭、魯地亦安得如此之廣、鄉使曹子計不反顧、議不還踵、刎頸而死、則亦名不免爲敗軍禽將矣。曹子棄三北之恥、而退與魯君計、桓公朝天下會諸侯、曹子以一劍之任、枝桓公之心於壇坫之上、【索隱】按枝、猶擬也、【正義】坫、都念切、【考證】岡白駒曰、枝與支通、持也、中井積德曰、壇坫之坫字、以類帶說耳、只是謂壇上也、坫字無意、齊策作壇位之上、顏色不變、辭氣不悖、三戰之所亡、一朝而復之、天下震動、諸侯驚駭、威加吳・越。若此二士者、非不能成小廉而行小節也。以爲殺身亡軀、絕世滅後、功名不立、非智也。故去感忿之怨、立終身之名、棄忿悁之節、定累世之功。【正義】忿、敷粉反、悁、於緣反、忿悁、悒憂貌、【考證】感忿忿悁、忿字複、古文無此法、疑有誤、策作去忿恚之心、除感忿之恥、亦重忿字、是以業與三王爭流、而名與天壤

相弊也。願公擇一而行之。【正義】天壤、天地也、齊策、名與天壤相敝也、言天壤敝、此名乃敝、【考證】文見齊策、多異同、鮑彪曰、蓋好事者剽約矢之說、惜其書不存、擬爲之以補亡、而其人意氣橫溢、肆筆而成、不暇檢校細處、太史公亦愛其千里、而略其牝牡驪黃、至于今二千歲、莫有知其非者也、愚按、史公取其吾聞之以下三百餘言、略以自比、燕將見魯連書、泣三日。猶豫不能自決。【考證】楓、三本、自下有爲字、欲歸燕。已有隙恐誅。欲降齊、所殺虜於齊甚衆、恐已降而後見辱。喟然歎曰。與人刃我、寧自刃。乃自殺。聊城亂。田單遂屠聊城。【考證】梁玉繩曰、國策、燕將曰、敬聞命矣、因罷兵倒韣而去、吳注云、史稱燕將得書自殺、單屠聊城、非事實也、連之大意、在于罷兵息民、而其料事之明、勸以歸燕降齊、亦度其計之必可者、迫之于窮而置之于死、豈其心哉、夫其勸之、政將以全聊城之民、而忍坐視屠之、策得其實、史不可信、孫侍御云、聊城齊地、田單齊將、何以反屠聊乎、歸而言魯連、欲爵之。魯連逃隱於海上曰。吾與富貴而詘於人、寧貧賤而輕世肆志焉。【索隱】肆、猶放也、【考證】齊策、無此語、史公豈有所本乎、吾與富貴而詘於人一語、與莊周言相似、鄒陽者、齊人也。游於梁、與故吳人莊忌夫子・淮陰枚生

之徒交。【索隱】忌、會稽人、姓莊氏、字夫子、後避漢明帝諱、改姓曰嚴、枚生、名乘、字叔、其子皐、漢書竝有傳、蓋以衛枚氏而得姓也、【考證】魯連亦齊人、游梁、與鄒陽相似、中井積德曰、夫子、美稱、非字、愚按、忌字後人旁注、誤入本文、上書而介於羊勝・公孫詭之閒。【索隱】言鄒陽上書自達、而游於二人之閒、或往彼、或往此、介者言有隔於其閒、故杜預曰、介猶閒也、【正義】介、猶紹繼也、言與羊勝公孫詭紹繼相接廁其閒、【考證】顏師古曰、介、謂閒廁也、中井積德曰、謂與比伍、漢書鄒陽傳云、吳王濞招四方游士、陽與吳嚴忌枚乘等俱仕吳、吳王有邪謀、陽上書諫、吳王不內、是時梁孝王貴盛、亦待士、於是鄒陽枚乘嚴忌、皆去之梁、從孝王游、羊勝、公孫詭、詳梁孝王世家、勝等嫉鄒陽、惡梁孝王。【正義】顏師古曰、惡、謂讒毀也、孝王怒下之吏、將欲殺之。鄒陽客游、以讒見禽、恐死而負累、【正義】諸不以罪死爲累、【考證】中井積德曰、客居無親知、爲白寃者、則死後尚爲世所疑、是爲累、乃從獄中上書曰。臣聞忠無不報。信不見疑。臣常以爲然。徒虛語耳。昔者荊軻慕燕丹之義。白虹貫日。太子畏之。【集解】應劭曰、燕太子丹質於秦、始皇遇之無禮、丹亡去、故厚養荊軻、令西刺秦王、精誠感天、白虹爲之貫日也、如淳曰、白虹兵象、日爲君、烈士傳曰、荊軻發後、太子自相氣、見虹貫日不徹、曰、吾事不成矣、後聞軻死事不立、曰、吾知其然也、【索隱】烈士傳曰、荊軻發後、太子自相氣、見虹貫日不徹曰、

吾事不成、後聞軻死、事不就、曰、吾知其然、是畏也、又王劭云、軻將入秦、待其客未發、太子丹疑其畏懼、故曰畏之、其解不如見虹貫日不徹也、戰國策又云、聶政刺韓傀、亦曰白虹貫日也、【考證】中井積德曰、精誠感虹、反見疑、與衛先生一類、注引烈士傳、非也、應說亦舛、愚按、畏猶疑也、丹疑軻不往也、衛先生爲秦畫長平之事。太白蝕昴。而昭王疑之。【集解】蘇林曰、白起爲秦伐趙、破長平軍、欲遂滅趙、遣衛先生說昭王益兵糧、乃爲應侯所害、事用不成、其精誠上達於天、故太白爲之蝕昴、昴、趙地分野、將有兵、故太白食昴、食、干歷之也、如淳曰、太白乃天之將軍也、【索隱】服虔云、衛先生秦人、白起攻趙軍於長平、遣衛先生說昭王、請益兵糧、爲穰侯所害、事不成、精誠感天、故太白食昴、昴、趙分也、如淳云、太白主西方、秦在西、敗趙之兆也、食、謂干歷之也、又王充云、夫言白虹貫日、太白食昴、實也、言荊軻之謀、衛先生之策、感動皇天、而貫日食昴、是虛也、【考證】中井積德曰、蝕、如日食之食、愚按、索隱本蝕作食、漢傳文選竝無而字、夫精變天地。而信不喩兩主。豈不哀哉。【正義】喩、曉也、今臣盡忠竭誠。畢議願知。左右不明。卒從吏訊。爲世所疑。【集解】張晏曰、盡其計議、願王知之也、【索隱】言左右之不明、不欲斥王、【考證】新序議作義、是使荊軻・衛先生復起。而燕・秦不悟也。願大王孰察之。昔卞和獻寶。楚王刖之。【集解】應劭曰、卞和得玉璞、獻之武王、武王示玉人、玉人曰石也、刖右足、武王沒、復獻文

王、玉人復曰、石也、刖其左足、至成王時、卞和抱璞哭于郊、乃使玉尹攻之、果得寶玉、【索隱】楚人卞和得玉璞、事見國語及呂氏春秋、案世家、楚武王名熊通、文王名貲、武王子也、成王、文王子也、名惲、【考證】索隱本、卞和作玉人、與漢書文選合、但與李斯對言、則當以卞和爲正、李斯竭忠。胡亥極刑。是以箕子詳狂。【索隱】詳、音陽、謂詐爲狂也、司馬彪曰、箕子名胥餘、是也、接輿辟世。【集解】張晏曰、楚賢人、詳狂避世也、【索隱】張晏曰、楚賢人、高士傳曰、楚人陸通字接輿、是也、【考證】接輿見論語莊子楚辭、恐遭此患也。願大王孰察卞和・李斯之意。而後楚王・胡亥之聽。無使臣爲箕子・接輿所笑【索隱】謂以楚王胡亥之聽爲謬、故後之而不用、後、猶下也、臣聞比干剖心。子胥鴟夷。【索隱】按韋昭云、以皮作鴟鳥形、名曰鴟夷、鴟夷、皮榼也、服虔曰、用馬革作囊也、以裹尸投之于江、臣始不信。乃今知之。願大王孰察少加憐焉。諺曰。有白頭如新。【索隱】案服虔云、人不相知、自初交至白頭、猶如新也、傾蓋如故。【索隱】服虔云、如吳札鄭僑也、按家語、孔子遇程子於途、傾蓋而語、又志林云、傾蓋者道行相遇、軿車對語、兩蓋相切、小欹之、故曰傾也、【考證】中井積德曰、不傾蓋則兩車不相接、何則知與不知也。【集解】桓譚新論曰、言內有以相知與否、不在新故也、故昔樊於期逃秦之燕、

藉荊軻首以奉丹之事、【索隱】藉、音子夜反、韋昭云、謂於期逃秦之燕、以頭與軻、使入秦以示信也、【考證】中井積德曰、藉、猶賚也、楓本、丹上有燕字、王奢去齊之魏。臨城自剄。以卻齊而存魏。【集解】漢書音義曰、王奢、齊人也、亡至魏、其後齊伐魏、奢登城謂齊將曰、今君之來、不過以奢之故也、夫義不苟生以爲魏累、遂自剄也、夫王奢・樊於期。非新於齊・秦。而故於燕・魏也。所以去二國死兩君者。行合於志。而慕義無窮也。是以蘇秦不信於天下。而爲燕尾生。【索隱】服虔云、蘇秦於齊不出其信、於燕則出尾生之信、韋昭云、尾生守信而死者、案言蘇秦於燕獨守信如尾生、故云、爲燕之尾生也、【正義】尾生守信死、言蘇秦合從、諸侯不信、唯燕信之若尾生、【考證】中井積德曰、本文言天下、索隱特稱齊何邪、愚按、天下言六國、正義是、或以爲蘇代訛、非、白圭戰亡六城。爲魏取中山。【集解】張晏曰、白圭爲中山將、亡六城、君欲殺之、亡入魏、文侯厚遇之、還拔中山、【索隱】案事見戰國策及呂氏春秋也、何則誠有以相知也。蘇秦相燕。燕人惡之於王。王按劍而怒。食以駃騠。【集解】漢書音義曰、駃騠、駿馬也、生七日而超其母、敬重蘇秦、雖有讒謗、而更膳以珍奇之味、【索隱】案字林云、決嗁二音、北狄之良馬也、馬父驘母、【正義】食、音寺、駃騠、音決蹄、北狄良馬也、

【考證】恩田仲任曰、駃騠、匈奴奇畜也、王怒讒蘇秦之人、使駃騠食之、猶晉厲公怒趙盾嗾夫獒也、下文投之以夜光璧、意與此同、白圭顯於中山。中山人惡之魏文侯。文侯投之以夜光之璧。【考證】顏師古曰、以拔中山之功而尊顯也、愚按、漢書文選不重中山二字、似長、投以夜光之璧者、憤怒之極、不暇擇物也、何則兩主二臣。剖心坼肝相信。豈移於浮辭哉。故女無美惡。入宮見妒。士無賢不肖。入朝見嫉。昔者司馬喜髕腳於宋。卒相中山。【集解】晉灼曰、司馬喜三相中山、蘇林曰、六國時人、被此刑也、【索隱】事見戰國策及呂氏春秋、蘇林云、六國時人、相中山也、【考證】沈欽韓曰、攷呂覽及中山策所載、喜非被刖者也、范雎摺脅折齒於魏。卒爲應侯。【索隱】案應侯傳、作折脅摺齒、是也、說文、拉、摧也、音力荅反、【考證】摺、古拉字、此二人者皆信必然之畫。捐朋黨之私。挾孤獨之位。故不能自免於嫉妒之人也。【考證】楓、三本、漢書文選、位作交、位字爲長、是以申徒狄自沈於河。【集解】漢書音義曰、殷之末世人、【索隱】申屠狄、按莊子申屠狄、諫而不用、負石自投河、韋昭云、六國時人、漢書云、自沈於雍河、服虔曰、雍州之河、又新序作抱甕自沈於河、不同也、徐衍負石

入海。【集解】列士傳曰、周之末世人、亦見莊子、張晏曰、負石欲沈、不容於世、義不苟取比周於朝、以移主上之心。【考證】文選、容下有身字、李善曰、言皆義不苟取比周朋黨在朝廷、皆移主上之心、妄求合也、中井積德曰、義不苟取爲一句、其下蓋脫數字、愚按中說是、故百里奚乞食於路、繆公委之以政。【考證】楓、三本、漢書、於下有道字、甯戚飯牛車下、而桓公任之以國。【集解】應劭曰、齊桓公夜出迎客、而甯戚疾擊其牛角、商歌曰、南山矸、白石爛、生不遭堯與舜禪、短布單衣適至骭、從昏飯牛薄夜半、長夜曼曼何時旦、公召與語說之、以爲大夫、【索隱】事見呂氏春秋、商歌、謂爲商聲而歌也、或云、商旅人歌也、二說竝通、矸、音公彈反、矸者淨白貌也、顧野王又作岸音也、禪、音膳、如字讀、協韻失之故也、埤蒼云、骭、脛也、字林、音下諫反、此二人者、豈借宦於朝、假譽於左右、然後二主用之哉。【考證】漢書文選、借作素、假作借、感於心、合於行、親於膠漆、昆弟不能離。豈惑於衆口哉。【考證】文選、行作意、漢書文選、親於作堅如、故偏聽生姦。獨任成亂。【考證】姦亂韻、昔者魯聽季孫之說而逐孔子、【索隱】論語齊人歸女樂、季桓子受之、三日不朝、孔子行也、【考證】中井積德曰、逐孔子、隨文而解可也、不必挾女樂爲說、宋信

子罕之計而囚墨翟。【索隱】案左氏司城子罕、姓樂名喜、乃宋之賢臣也、漢書作子冉、不知子冉是何人、文穎曰、子冉子罕也、又按荀卿傳云、墨翟孔子時人、或云在孔子後、又襄二十九年左傳、宋饑、子罕請出粟、按時孔子適八歲、則墨翟與子罕不得相輩、或以子冉爲是也、【考證】沈欽韓曰、史記作子罕爲是、索隱疑其不與墨翟同時、不知春秋後、復有一子罕也、梁玉繩曰、漢書鄒陽傳及新序三、子罕作子冉、豈冉罕音近通用乎、而此子罕必子罕之後、以字爲氏、如鄭罕氏常掌國政也、墨翟與之竝世、證一、李斯上二世書、韓子二柄、外儲右下、說疑、忠孝等篇、韓詩外傳七、淮南道應、說苑君道、皆言司城子罕劫君擅政、證二、而前人誤以爲樂喜、困學紀聞六、謂子罕賢大夫、辨李斯諸說爲誣罔、而不知劫君之子罕、竝墨翟世、乃樂喜之後、爲司城者、高誘注呂子召類云、春秋子罕、殺宋昭公、攷宋有兩昭公、前昭公當春秋時、後昭公當戰國時、皆與樂喜不同世、諸書但言宋君、高氏以昭公實之、殊妄、況召類篇言子罕相宋平元景三公、孔子稱其仁節、則政是樂喜、奈何以爲殺君、或者樂喜之後、當後昭公時、有劫君之事歟、然不可以注春秋仁節之子罕也、因墨翟事、無所見、夫以孔·墨之辯、不能自免於讒諛。而二國以危。何則衆口鑠金、【索隱】案國語云、衆心成城、衆口鑠金、賈逵云、鑠、消也、衆口所惡、雖金亦爲之消亡、又風俗通云、或說有美金於此、衆人或共詆訿、言其不純金、賣者欲其必售、因取鍛燒以見其眞、是爲衆口鑠金也、積毀銷骨也。【索隱】大顏云、讒人積久、譖毀則父兄伯叔自相誅戮、骨肉爲之消滅也、【考證】周語、衆志成城、衆口銷金、史張儀傳、臣聞之、衆口鑠金、積毀銷骨、漢書中山靖王聞樂對、亦云、衆口鑠金、積毀銷骨、中井積德曰、金骨竝以

其堅雖銷鑠而喻又曰、是以必無之事夸張言之耳、沈欽韓曰、師古弄巧、非本意、是以秦用戎人由余而霸中國。齊用越人蒙而彊威·宣。【索隱】越人蒙、未見所出、漢書作子臧、又張晏云、子臧越人、或蒙之字也、【考證】顏師古曰、威宣、齊之二王諡也、此二國、豈拘於俗牽於世、繫阿偏之辭哉。【正義】阿偏、謂阿黨之言及偏辭、公聽竝觀、垂名當世。【索隱】小顏云、公聽、言不私、竝觀、所見齊同也、【考證】中井積德曰、竝觀、謂所見不偏也、又曰、言垂則下宜言後世、言當世、則上宜言立、是必有一誤、故意合、則胡·越爲昆弟。由余·越人蒙是矣。不合、則骨肉出逐不收、朱·象·管·蔡是矣。【考證】漢書文選、出逐不收、作爲讎敵、今人主誠能用齊·秦之義、後宋·魯之聽、則五伯不足稱、三王易爲也。【考證】漢書、文選、稱作侔、文選、爲下有比字、是以聖王覺悟、捐子之之心、【集解】徐廣曰、燕王讓國於其大臣子之也、而能不說於田常之賢、【集解】應劭曰、田常事齊簡公、簡公說之、而殺簡公、使人君去此心、則國家安全也、【考證】漢書、文選、無能字、此衍、封比干之後、修孕婦之墓。【集解】應劭曰、紂刳妊者、觀其胎產也、【索隱】案比干之後、後謂子也、不見其文、

尚書、封比干之墓、又惟云、刳剔孕婦、則武王雖反商政、亦未必修孕婦之墓也、故功業復就於天下。【考證】漢書文選、無就字、復作覆、注云、覆、猶被也、何則欲善無厭也。夫晉文公親其讎、彊霸諸侯。齊桓公用其仇、而一匡天下。【集解】謂晉寺人勃鞮、齊管仲也、何則慈仁慇勤、誠加於心。不可以虛辭借也。【考證】文選、加作嘉、至夫秦、用商鞅之法、東弱韓·魏、兵彊天下、而卒車裂之。【考證】楓、三本、漢書、文選、兵作立、越用大夫種之謀、禽勁吳、霸中國。而卒誅其身。是以孫叔敖三去相而不悔。【索隱】案三得相不喜、知其才之自得也、三去相不悔、知非己之罪也、【考證】梁玉繩曰、莊子田子方、呂覽知分、皆云、孫叔敖三爲令尹、三去令尹、荀子堯問、亦有三相楚之語、故鄒陽述之、史記循吏傳載之、它如淮南道應、氾論、說苑尊賢、雜言、竝仍之、然不足信也、呂覽高注、論語云、令尹子文、不云叔敖、隸釋漢延熹三年叔敖碑、取材最博、獨不及三去相事、困學紀聞七、謂事與子文相類、恐此一事、四書釋地又續曰、叔敖爲令尹、見宣十一年、癸亥、叔敖死于莊王、手約令尹僅七八年、以莊王之賢、豈肯暫已叔敖、意係子文事、傳譌爲叔敖耳、大全辨載一說謂叔敖實三仕三已、傳譌爲子文、不信論語、眞顚倒見矣、又經史問荅曰、子文亦未嘗三爲令尹、子文于莊公三十年爲令尹、至僖公二十三年讓子玉、凡二十八年、子玉死、呂

臣纖之、子上纖之、大孫伯纖之、成嘉纖之、是後楚令尹不見于左傳、文公十二年、追紀子文卒鬬般爲令尹、意者成嘉之後嘗再起子文爲令尹、而仁山先生以爲子上之後者誤也、然則子文爲令尹者再、其初以讓人、其後卒于位、據全氏說、則子文之事、見于論語國語、尚難盡憑、況叔敖乎、然國語鬬且曰、子文三舍令尹、無一日之積、又曰、成王每出子文之祿必逃、王止而後復、則二十八年中必有逃而後復者、三仕三已、概可想見、當以論語爲信、

於陵子仲辭三公、爲人灌園。【集解】列士傳曰、楚於陵子仲、楚王欲以爲相、而不許、爲人灌園、【索隱】案孟子云、陳仲子、齊陳氏之族、兄爲齊卿、仲子以爲不義、乃適楚、居于於陵、自謂於陵子仲、楚王聘以爲相、子仲遂夫妻相與逃、爲人灌園、烈士傳云、字子終、【考證】於陵子、卽陳仲子、又曰田仲、見孟子滕文公篇、荀子非十二子篇、韓非子外儲篇、列女傳二、中井積德曰、據孟子、於陵亦齊地、索隱引孟子云、而所稱非孟子文、

今人主誠能去驕傲之心、懷可報之意、【考證】李善曰、言士有功可報者、思必報、披心腹、見情素、墮肝膽、施德厚、【考證】情素、猶情實也、心腹下、肝膽下、竝添以字看、王先謙曰、墮當訓輸、終與之窮達、無愛於士、【正義】顏曰、無愛、無悋惜也、【考證】與之窮達、與士共患難安樂也、則桀之狗、可使吠堯、【集解】韋昭曰、言恩厚無不使也、【索隱】及下跖之客、可使刺由、此竝見戰國策、服虔云、仲由也、應邵云、許由也、而跖之客、可使刺由。【集解】應邵曰、跖之客、爲其人使刺由、由、許由也、跖、盜跖也、況因萬乘之權、假

聖王之資乎。【考證】中井積德曰、桀狗蹠客之喩、甚非可陳於梁王之前者、異日刺袁盎者、豈鄒陽之爲邪、學術之不正、自然露出、又曰、聖王者、非所以稱梁王也、鄒陽失辭、

然則荊軻之湛七族、要離之燒妻子、豈足道哉。【集解】應劭曰、荊軻爲燕刺秦始皇、不成而死、其族坐之湛沒、吳王闔閭、欲殺王子慶忌、要離詐以罪亡、令吳王燔其妻子、要離走見慶忌、以劍刺之、張晏曰、七族、上至曾祖、下至曾孫、【索隱】湛、音沈、張晏云、七族、上至曾祖、下至玄孫、又一說云、父之族一也、姑之子二也、姊妹之子三也、女子之子四也、母之族五也、從子六也、及妻父母、凡七、要離事見呂氏春秋、【考證】梁玉繩曰、論衡語增云、秦王誅軻九族、復滅其一里、與之不同、而漢書作軻湛七族、師古曰、此無荊字、尋諸史籍、荊軻無湛七族之事、不知陽所言何人、野客叢書又云、湛之爲義言隱沒也、軻得罪秦、凡軻親屬皆竄迹隱遯、不見于世、非謂滅其七族、高漸離變姓名匿于宋子、政此意、未知孰是、愚按要離事、見呂氏春秋忠廉篇、漢書、文選、足下有爲大王三字、

臣聞明月之珠、夜光之璧、以闇投人於道路、人無不按劍相眄者。何則無因而至前也。【考證】漢書、文選、無路字、人作衆、蟠木根柢、輪囷離詭、而爲萬乘器者、【集解】張晏曰、根柢、下本也、輪囷離詭、委曲槃戾也、【索隱】孟康云、蟠結之木也、晉灼云、槃柢、木根也、【考證】楓、三本、離詭作離倚、漢書、文選、作離奇、何則以左右先爲之容也。【索隱】謂左右先加雕刻、是爲之容飾也、【正義】言

先爲雕刻裝飾、故得爲萬乘之器也、【考證】中井積德曰、先容卽先談、謂先白其形狀、薦其可用也、正與無因對、故稱左右、若夫雕刻容飾、豈左右之任哉、

故無因至前、雖出隨侯之珠・夜光之璧、猶結怨而不見德。故有人先談、則以枯木朽株、樹功而不忘。【考證】漢書、德下無故字、談作游、

今夫天下布衣窮居之士、身在貧賤、雖蒙堯・舜之術、【索隱】案言雖蒙被堯舜之道、【考證】蒙、依索隱本、楓、三本、新序、漢書、文選、他本作包、包・抱通、挾伊・管之辯、懷龍逢・比干之意、欲盡忠當世之君、而素無根柢之容、雖竭精思、欲開忠信、輔人主之治、則人主必有按劍相眄之跡。【考證】漢書、文選、思作神、有作襲、跡下有矣字、是使布衣不得爲枯木朽株之資也。是以聖王制世御俗、獨化於陶鈞之上、【集解】漢書音義曰、陶家名模下圓轉者爲鈞、以其能制器爲大小、比之於天、【索隱】張晏云、陶、冶、鈞、範也、作器、下所轉者名鈞、韋昭曰、陶、燒瓦之竈、鈞、木長七尺、有絃、所以調爲器具也、崔浩云、以鈞制器萬殊、故如造化也、【考證】中井積德曰、陶鈞、謂化俗之柄也、非以比於天、取喩於鈞、取其大小方圓任意也、而不牽於卑

亂之語、不奪於衆多之口。故秦皇帝任中庶子蒙嘉之言、以信荊軻之說、而匕首竊發。【索隱】案風俗通云、其頭類匕、故曰匕首、短而便用也、【考證】沈家本曰、文選注、風俗通、作通俗文、周文王獵涇渭、載呂尙而歸、以王天下。故秦信左右而殺、周用烏集而王。【集解】漢書音義曰、太公望塗覯卒遇、共成王功、若烏鳥之暴集也、【索隱】韋昭云、呂尙適周、如烏之集、【正義】顏云、文王之得太公、非因舊故、若烏鳥暴集也、【考證】中井積德曰、匕首發而已、秦王未嘗被傷也、此云殺、何也、

何則以其能越攣拘之語、馳域外之議、獨觀於昭曠之道也。【考證】顏師古曰、昭、明、曠、廣也、

今人主沈於諂諛之辭、牽於帷裳之制、【集解】漢書音義曰、言爲左右便辟、侍帷裳臣妾所見牽制、【考證】漢書、文選、裳作牆、帷牆、左右也、使不羈之士、與牛驥同皁。【集解】漢書音義曰、食牛馬器、以木作如槽也、應劭云、皁、櫪也、韋昭云、皁、養馬之官、下士也、案養馬之官、其衣皁也、又郭璞云、皁、養馬器也、【索隱】案言駿足不可羈絆、以比逸才之人、【正義】顏云、不羈、言才識高遠、不可羈係、皁、在早反、方言云、梁宋齊楚燕之閒、謂櫪曰皁、【考證】與牛驥同皁、謂投圂圂也、驥只做馬字看、此鮑焦所以忿於世、而不留富貴之樂也。

【集解】如淳曰、莊子云、鮑焦飾行非世、抱木而死、【索隱】晉灼云、烈士傳、鮑焦怨世不用己、採蔬於道、子貢難曰、非其代而採其蔬、此焦之有哉、弃其蔬、乃立枯洛水之上、案此事見莊子及說苑韓詩外傳、小有不同耳、臣聞盛飾入朝者、不以利汙義。砥厲名號者、不以欲傷行。【考證】漢書、文選、利作私、欲作利、故縣名勝母、而曾子不入。【集解】漢書云、里名勝母也、【索隱】按淮南子及鹽鐵論竝云、里名勝母、曾子不入、蓋以名不順故也、尸子以爲孔子至勝母縣、暮而不宿、則不同也、【正義】淮南子鹽鐵論皆云、里名、尸子及此傳云、縣名、未詳也、【考證】梁玉繩曰、勝母非縣、此誤、然諸書所說多異、不入勝母、水經注廿五、及索隱竝引尸子作孔子、與此及淮南說山、說苑談叢、論衡問孔、鹽鐵論晁錯、新論鄙名、顏氏家訓文章篇、作曾子、不同、迴車朝歌、新論家訓作顏淵、水經淇水注、引論語比考讖云、邑名朝歌、顏子不舍、七十弟子掩目、宰予獨顧、由蹷墮車、與此及淮南作墨子不同、蓋所傳異詞、如水經注說苑論衡、言孔子不飲盜泉之水、淮南言曾子立廉、不飲盜泉也、邑號朝歌、而墨子回車。【集解】晉灼曰、朝歌者不時也、【正義】朝歌、今衛州縣也、今欲使天下寥廓之士、攝於威重之權、主於位勢之貴、【考證】文選、寥作[忄爪]、攝漢書作籠、文選作誘、主漢書、文選作脅、楓三本作匡、中井積德曰、主作脅爲長、故回面汙行、以事諂諛之人、而求親近於左右、則士伏死堀穴巖巖之中耳。【集解】詩云、節彼南山、維石巖巖、【索隱】杜預云、回、邪也、【考證】漢書、文選、回上無故字、士下有有字、巖巖作巖藪、李笠曰、今欲使至求親左右云云、一氣貫注、回面句上、不宜冠以故字、當刪、士下、有有字、語勢爲足、中井積德曰、巖巖作巖藪、似優、回、轉也、易也、安肯有盡忠信而趨闕下者哉。【考證】眞德秀曰、此篇用事太多、而文亦寖趨于偶儷、董份曰、鄒陽書、此體古所未有、獨起此格、愚按鄒陽諫吳王書、全篇比物連類、寓正意於其中、蓋譬喩文字、鄒陽特長、是篇亦然、書奏梁孝王。孝王使人出之、卒爲上客。【考證】漢傳、記鄒陽事特詳、

太史公曰。魯連其指意雖不合大義、【考證】梁玉繩曰、案仲連不肯帝秦一節、政見大義、戰國一人而已、史公此語、殊未當、然余多其在布衣之位、蕩然肆志、不詘於諸侯、談說於當世、折卿相之權。鄒陽辭雖不遜、然其比物連類、有足悲者。亦可謂抗直不橈矣。吾是以附之列傳焉。

【索隱】述贊、魯連達士、高才遠致、釋難解紛、辭祿肆志、齊將挫辯、燕軍沮氣、鄒子遇讒、見詆獄吏、慷慨獻說、時王所器、

魯仲連鄒陽列傳第二十三　史記八十三

文學博士瀧川龜太郎著

史記會注考證

史記會注考證卷八十四

漢　太史令司馬遷撰

宋　中郎外兵曹參軍裴駰集解

唐　國子博士弘文館學士司馬貞索隱

唐　諸王侍讀率府長史張守節正義

日本　出雲瀧川資言考證

屈原賈生列傳第二十四　史記八十四

[考證]史公自序云、作辭以諷諫、連類以爭義、離騷有之、作屈原賈生列傳第二十四、董份曰、屈原傳、大概漢武帝命淮南王安爲原作者也、太史公全用其語、班固嘗有論

矣、陳仁錫曰、屈賈俱被謗、俱工辭賦、其事迹相似、故二人共傳、愚按、此傳以屈原爲主、故置諸魯仲連呂不韋間、

屈原者、名平、楚之同姓也。[正義]屈、景、昭、皆楚之族、王逸云、楚王始都是、生子瑕、受屈爲卿、因以爲氏、[考證]屈原離騷云、肇錫余以嘉名、名余曰正則兮、字余曰靈均、與此異、朱熹云、正、平也、則、法也、靈、神也、均、調也、高平曰原、故名平、而字原也、正則靈均、各釋其義以爲美稱耳、愚按、正義是疑當作郢、爲楚懷王左徒。[正義]蓋今在左右拾遺之類、[考證]錢大昕曰、黃歇由左徒爲令尹、則左徒亦楚之貴臣矣、博聞彊志、明於治亂、嫺於辭令。[集解]史記音隱曰、嫺、音閑、[正義]閑、雅也、[考證]嫺讀爲閑、習也、入則與王圖議國事、以出號令。出則接遇賓客、應對諸侯。王甚任之。上官大夫與之同列、爭寵而心害其能。[考證]王逸離騷經序、作同列大夫上官靳尚、徐孚遠曰、史記張儀傳別出靳尚、不言卽上官、疑是兩人也、愚按、說在下文、懷王使屈原造爲憲令。屈平屬草稾、未定。[索隱]屬、音燭、草稾、謂創制憲令之本也、漢書作草具、崔浩謂、發始造端也、[考證]曾國藩曰、屈平屬草稾未定、此屬字、則與屬文字有別、屬者適也、謂當此際也、左氏成二年傳、屬當戎行、謂於此際在戎行也、昭四年、屬有宗祧之事於武城、謂於此際有事於武城也、漢書李尋傳、屬者頗有變更、謂近此之際、頗有更改也、屈平屬草稾云者、謂平於此際草

創憲令也、顏師古匡謬正俗曰、草創、蓋初始之時、亦未成之稱、然則草稾二字之義、謂草創其文、同禾之稿秆、未甚整理云爾、上官大夫見而欲奪之。屈平不與。[正義]王逸云、上官靳尚、[考證]陳子龍曰、上官欲豫聞憲令、以與幾事、非竊屈平之作以爲己作也、王本命平、上官無緣竊之也、因讒之曰。王使屈平爲令。衆莫不知。每一令出、平伐其功曰。以爲非我莫能爲也。王怒而疏屈平。[考證]治要、功下無曰字、疑衍、屈平疾王聽之不聰也、讒諂之蔽明也、邪曲之害公也、方正之不容也、故憂愁幽思而作離騷。[索隱]慅亦作騷、按楚詞慅作騷、音素刀反、應劭云、離、遭也、騷、憂也、又離騷序云、離、別也、騷、愁也、[考證]索隱本、楓、三本、騷作慅、聰、明、公、容、韻、王應麟曰、楚語、伍舉曰、德義不行、則邇者騷離、而遠者距違、伍舉所謂騷離、屈平所謂離騷、皆楚言也、離騷者、猶離憂也。夫天者人之始也。父母者人之本也。人窮則反本。故勞苦倦極、未嘗不呼天也。疾痛慘怛、未嘗不呼父母也。[正義]慘怛、上七感反、下丁達反、慘、毒也、怛、痛也、[考證]孟子萬章篇、舜往于田、號泣于旻天于父母、屈平正道直行、竭忠盡

智、以事其君。讒人閒之。可謂窮矣。【正義】行、寒孟反、 信而見疑、忠而被謗。能無怨乎。屈平之作離騷、蓋自怨生也。國風好色而不淫、小雅怨誹而不亂。若離騷者、可謂兼之矣。【正義】誹、方畏反、【考證】楚辭王逸注引班固離騷序云、昔在孝武、博覽古文、淮南王安敘離騷傳、以國風好色而不淫、小雅怨誹而不亂、若離騷、可謂兼之、蟬蛻濁穢之中、浮游塵埃之外、皭然泥而不滓、推此志、雖與日月爭光可也、劉勰文心雕龍辨騷篇、亦引國風好色以下五十字以爲淮南傳語、洪興祖曰、豈太史公取淮南語以作傳乎、 上稱帝嚳、下道齊桓、中述湯·武、以刺世事、明道德之廣崇、治亂之條貫、靡不畢見。其文約、其辭微、其志絜、其行廉。其稱文小、而其指極大。舉類邇、而見義遠。其志絜、故其稱物芳。其行廉、故死而不容。自疏濯淖汙泥之中、【索隱】濯淖、上音濁、下音鬧、汙泥、上音烏故反、下音奴計反、【正義】濯淖、上音濁、下音女教反、汙泥、上音烏故反、下音年計反、【考證】岡白駒曰、稱物芳、如稱蘭蕙茝桂之類、王念孫曰、濯、直教反、廣雅曰、淖、濁也、濯、滫也、皇侃禮記疏曰、濯、謂不淨之汁也、是濯淖皆汙濁之名、濯淖汙泥四字同義、 蟬蛻

於濁穢、【正義】蛻、音稅、去皮也、又他臥反、 以浮游塵埃之外、不獲世之滋垢、【考證】王念孫曰、廣韻云、獲、辱也、錢大昕曰、滋與玆同、說文云、玆、黑也、春秋傳、何故使我水玆、 皭然泥而不滓者也。【集解】徐廣曰、皭、疏靜之貌、【索隱】皭、音自若反、徐廣云、疏淨之貌、泥亦音涅、滓亦音淄、又竝如字、【正義】皭然、上白若反、又子笑反、【考證】中井積德曰、潔白貌、 推此志也、雖與日月爭光可也。【正義】言屈平之仕濁世、去其汙垢、在塵埃之外、推此志意、雖與日月爭其光明、斯亦可矣、 屈平既絀。其後秦欲伐齊。齊與楚從親。【正義】從、上足松反、 惠王患之。【考證】秦惠王、 乃令張儀詳去秦、厚幣委質事楚曰。秦甚憎齊。齊與楚從親。楚誠能絕齊、秦願獻商於之地六百里。楚懷王貪而信張儀。遂絕齊。使使如秦受地。張儀詐之曰。儀與王約六里。不聞六百里。楚使怒去、歸告懷王。懷王怒、大興師伐秦。秦發兵擊之、大破楚師於丹淅【索隱】二水名、謂於丹水之北、淅水之南、丹水淅水、皆縣名、在弘農、所謂丹陽淅、【正義】丹陽、今枝江故城、【考證】張文虎曰、索隱

本、凌、毛本、竝作丹淅、注同、蔡本、中統、游、王、柯本、竝作丹陽、楚世家同、愚按、作淅者索隱本、作陽者正義本、梁玉繩曰、史各處皆作丹陽、而此作丹淅者、索隱云、丹淅二水名、謂于丹水之北、淅水之南、皆爲縣名在弘農、然則卽漢地理志丹水出上洛冢領山、東至析入鈞水、其水蓋在丹水析縣也、通鑑胡注云、丹水析兩縣之間、武關之外、秦楚交戰、當在此水之陽、楚師既敗、秦乘勝取上庸、路西入以收漢中、其勢易矣、據此則丹陽丹淅、元屬一地、惟國策言杜陵、是誤耳、但索隱既知丹淅在弘農、而于楚世家又云、丹陽在漢中、于韓世家云、在今均州、三處不同、豈非自相牴牾乎、正義謂在枝江、胡注亦辨之云、楚遣屈匄伐秦、秦發兵逆擊之、枝江之丹陽、則距郢逼近、秭歸之丹陽、則不當秦楚之路、索隱因下文遂取漢中、卽謂丹陽在漢中、皆非也、 斬首八萬、虜楚將屈匄、【索隱】屈、姓、匄、名、音蓋也、 遂取楚之漢中地。【索隱】徐廣曰、楚懷王十六年、張儀來相、十七年秦敗屈匄、【正義】梁州、 懷王乃悉發國中兵、以深入擊秦、戰於藍田。魏聞之、襲楚至鄧。【索隱】按此鄧在漢水之北、故鄧侯城也、【正義】至郢鄀、一本無郢字、故郢城在荊州陵口縣東北六里、故鄧城在城州安養縣東北二十二里、按二城相近也、【考證】梁玉繩曰、魏當作韓、說在楚世家、 楚兵懼、自秦歸。而齊竟怒不救楚。楚大困。明年、秦割漢中地、與楚以和。【考證】張儀傳云、秦要楚、欲得黔中地、欲以武關外易之、與此異、說在楚世家、 楚王曰。不願得地。願得張儀

而甘心焉。【考證】左傳杜注、甘心、言快意戮殺也、 張儀聞乃曰。以一儀而當漢中地、臣請往如楚。如楚又因厚幣用事者臣靳尚、而設詭辯於懷王之寵姬鄭袖。懷王竟聽鄭袖、復釋去張儀。【考證】其後秦欲伐齊以下、與張儀傳出入、 是時屈平既疏、不復在位、使於齊、顧反諫懷王曰。何不殺張儀。【考證】顧反、反也、連字一意、說見樂毅傳、 懷王悔、追張儀。不及。【索隱】按張儀傳、無此語也、 其後諸侯共擊楚、大破之、殺其將唐眛。【集解】徐廣曰、二十八年敗唐眛也、【正義】眛、莫葛反、【考證】張文虎曰、眛、各本作昧、依志疑改、 時秦昭王與楚婚、欲與懷王會。懷王欲行。屈平曰。秦、虎狼之國、不可信。不如毋行。【索隱】按楚世家、昭睢有此言、蓋二人同諫王、故彼此各隨錄之也、 懷王稚子子蘭勸王行、柰何絕秦歡。【考證】李笠曰、行下疑脫曰字、 懷王卒行。入武關。秦伏兵絕其後、因留懷王、以求割地【集解】徐廣曰、三十年入秦、 懷王怒

不聽。亡走趙。趙不內。復之秦、竟死於秦而歸葬。【考證】楓、三本、之作入、長
子頃襄王立、【索隱】名橫、以其弟子蘭爲令尹。楚人既咎子蘭以
勸懷王入秦而不反也。屈平既嫉之、雖放流、睠顧楚國、繫心
懷王、不忘欲反。冀幸君之一悟、俗之一改也。其存君興國、而
欲反覆之、一篇之中、三致志焉。【正義】覆、敷福反、【考證】與國下、疑有譌脫、然終無可
奈何。故不可以反。卒以此見懷王之終不悟也。【考證】楓、三本、不下無可字、中井積
德曰、屈原既疏、然猶在朝、此乃云放流、何也、懷王既入秦、而不歸、則雖悟無益也、乃言冀一悟、何也、人君無愚智賢不肖、莫不
欲求忠以自爲、擧賢以自佐。【索隱】此已下、太史公傷懷王之不任賢、信讒而不能反國之論也、然亡
國破家相隨屬、而聖君治國、累世而不見者、其所謂忠者不
忠、而所謂賢者不賢也。懷王以不知忠臣之分、【正義】分、符問反、【考證】張文虎曰、

臣字疑誤、故內惑於鄭袖、外欺於張儀、疏屈平而信上官大夫・令
尹子蘭、兵挫地削、亡其六郡、身客死於秦、爲天下笑。【考證】楓、三本、挫作
銼、此不知人之禍也。易曰。井渫不食。【集解】向秀曰、渫者、浚治去泥濁也、【索隱】向秀字子期、晉人注易、
爲我心惻。【集解】張璠曰、可爲惻然、傷道未行也、【索隱】張璠亦晉人、注易也、可以汲。【索隱】按京房易章句、言我道可汲而用也、
王明竝受其福。【集解】易象曰、求王明受福也、【索隱】按京房章句曰、上有明王、汲我道而用之、天下竝受其福、故曰、王明竝受其福也、【考證】周
易井九三、以作用、食惻福韻、王之不明、豈足福哉。【集解】徐廣曰、一云不足福、【正義】言楚王不明忠臣、豈足受福、故屈原懷沙自沈、
【考證】中井積德曰、豈足福哉、謂不能予福于人也、余有丁曰、序事未畢、中間雜以論斷、與伯夷傳畧同、蓋傳之變體也、令尹子蘭聞之大
怒、【考證】凌稚隆曰、接上屈平既疾之、卒使上官大夫短屈原於頃襄王。頃襄王怒
而遷之。【集解】離騷序曰、遷於江南、【考證】梁玉繩曰、王逸離騷序云、上官靳尚、蓋仍新序節士之誤、攷楚策、靳尚爲張旄所殺、在懷王世、而此言上官爲子蘭
所使、當頃襄時、必別一人、故漢書人表、列上官五等、靳尚七等、王懋竑曰、王逸離騷經序說、謂屈原之仕在懷王時、後被讒見疏、乃作離騷、是時秦令張儀譎詐懷王、令絕齊交、又

誘與俱會武關、原諫不聽、遂爲所脅、客死於秦、頃襄王立、復用讒言、遷原於江南、原復作九歌、天問、九章、遠遊、卜居、漁父等篇、終不見省、乃自沈而死、洪氏補注云、考原被放、在懷
王十六年、至十八年、復召用之、三十年有諫懷王入秦事、頃襄王立、復放屈原、兩說少異、余考其書離騷之作、未嘗及放逐之云、與九歌九章等篇、自非一時之語、而卜居言既放
三年、哀郢言九年之不復、壹反之無時、則初無召用再放之事、洪說誤也、原之被放、在懷王十六年、洪說或有所考、以九年計之、其自沈當在二十四五年間、而諫懷王入秦者、據
楚世家、乃昭雎、非原也、夫原諫王不聽、而卒被留以至客死、此忠臣之至痛、而原諸篇乃無一語以及之、至惜往日、悲回風、臨絕之音、憤懣伉激、略無所諱、而亦祗反復於隱蔽障
壅之害、孤臣放子之冤、其於國家、則但言其委衛勸棄舟檝、將卒於亂亡、而不云禍殃之已至是也、是誘會被留、乃原所不及見、而頃襄王之立、則原之自沈久矣、王說亦誤也、王之
之誤本於史、洪氏則以卜居有既放三年之語、而諫入秦在懷王之三十年、故爲再召之說、以彌縫之、其於史亦並不合、朱子辯證、謂逸合張儀詐懷、及誘會武關二事爲一、失之
不考、又謂洪氏解施黃棘之枉策、引襄王爲言、與上下文絕不相入、而於序說及哀郢註、仍本之者、蓋偶失之、集註之作、眞有以發明屈子之心、千載而下無遺議矣、而舊說之誤、
猶有未盡祛者、故竊附論、以俟後之君子考焉、又曰、或曰、屈原本末、史所載甚明、王逸蓋本之、子云、原不及襄王時、則史不足據乎、余曰、史所載、得於傳聞、而楚辭原所自作、固不
得據彼以疑此也、原所著、惟九章敘事最爲明晰、其所述、先見信後被讒、與史所記懷王時相合、至於仲春南遷、甲之朝以行、發郢都過夏首、上洞庭下江湘、時日道里之細、無不
詳載、而於懷王入秦諸大事、乃不一及、原必不若是之顚倒也、懷王客死、君父之讎、襄王不能以復宗社、危亡將在朝夕、此宜呼天號泣以發其冤憤不平之氣、而乃徒歎息於讒

諛嫉妬之害、而終之曰、不畢辭以赴淵兮、恐壅君之不識、則原之反復流連、纏綿瞀亂、不僅爲一身之故、而忠君愛國之意、亦少衰矣、司馬公作通鑑、削原事不載、謂其過於中庸、不
可以訓、此不足以爲原病、而恐後之人或有執是以議原者、九原之下、其不無遺憾焉、故不得而不辨也、蘇子由作古史、於伯夷傳、獨載孔子之說、而於史所傳則盡去之、朱子嘗
取其論以爲知所考信、余蓋倣古史之例、以斷屈子之事、後之君子、其必有取於吾言也、夫、又曰、按楚世家、懷王六年、使昭陽將兵攻魏、破之於襄陽、取八邑、又移兵攻齊、十一年、
六國共攻秦、懷王爲從約長、惜往日所云國富強而法立、屬貞臣以自娛、正屈原爲左徒任事之日也、至十六年、秦使張儀譎詐懷王、絕齊交、楚遂爲秦所困、原列傳言上官大夫
之讒、王怒而疏屈平、惜往日云、君含怒以待臣、不淸澂其然否、又云、弗參驗以考實、遠遷臣而弗思、其指此甚明、而略不及譎詐絕交之云、則原之見疏被放、必在十六年以前、而
張儀譎王、乃原被放以後之事、故不之及、史所載原諫釋儀、雖兩見於楚世家原列傳、恐傳聞之誤、不足據也、以原之自敘考之、既見疏、卽被放、相去無幾時、而史謂懷王時見疏、
不復在位、至襄王時、乃遷江南、與原自叙不合、又史云、屈平雖放流、繫心懷王、不忘欲反、冀幸君之一悟、俗之一改、然終無可奈何、卒以此見懷王之終不悟、則原在懷王時已放
流矣、一篇之中、自相違戾、其不足據明甚、又史僅載作離騷及漁父懷沙兩篇、其可據此而謂九歌九章天問遠遊卜居等篇、皆非原所作乎、又史言懷王幼子子蘭、頃襄王立、以
子蘭爲令尹、當實有子蘭其人矣、朱子辯證、則謂其因楚辭蘭椒之語而附會之、與班固古今人表令尹子椒其誤同、故於序說直削不載、是朱子固不諳以史爲可信、而非余今
日一人之私言也、余雖有書楚辭後一篇、其原本失去、今偶於亂橐中錄出之、而更考之史、爲附其說於此、庶來者有以識余言之非誣焉爾、愚按、屈原事迹、先秦諸書經不錄之、

始見賈生弔文、史公蓋依淮南離騷傳述之、不深究其顚末、故多與楚辭不合、又與國策不合、司馬氏通鑑削而不筆、未必無由、今錄王氏說、以質後之讀史者、

屈原至於江濱、被髮行吟澤畔。顏色憔悴、形容枯槁。漁父見而問之曰。子非三閭大夫歟。何故而至此。【集解】離騷序曰、三閭之職、掌王族三姓、曰昭屈景、序其譜屬、率其賢良、以厲國士、【索隱】父、音甫、【考證】王逸曰、三閭大夫、謂其故官、洪興祖曰、漁父、假設問答以寄意耳、太史公以爲實錄、非也、王世貞曰、長卿子虛已極曼衍、卜居漁父、實開其端、屈原曰。舉世混濁、而我獨清。衆人皆醉、而我獨醒。是以見放。【考證】王本楚辭、混作皆、下同、清醒韻、漁父曰。夫聖人者、不凝滯於物、而能與世推移。【考證】二句、老子和光同塵之義、卜居篇亦云、將泛泛若水中之鳧乎、與波上下、偷以全吾軀乎、舉世混濁、何不隨其流而揚其波。【索隱】按楚詞、作搰其泥、衆人皆醉、何不餔其糟而啜其醨。【正義】醨、力知反、【考證】楚辭、啜作歠、醨作釃、釃、希薄之酒、何故懷瑾握瑜、而自令見放爲。【索隱】按楚詞、此懷瑾握瑜、作深思高舉也、【考證】瑾、瑜、美玉也、移波醨爲韻、屈原曰。吾聞之、新沐者必彈冠、新浴者

必振衣。人又誰能以身之察察、【集解】王逸曰、己靜絜、受物之汶汶者乎。【集解】王逸曰、蒙垢汚、【索隱】汶汶、音閔閔、汶汶、猶昏暗也、【考證】楚辭、人又誰能、作安能、衣汶、韻、荀子不苟篇、新浴者振其衣、新沐者彈其冠、人之情也、其誰能以己之僬僬、受人之掝掝者哉、蓋襲此語、寧赴常流、而葬乎江魚腹中耳。【索隱】常流、猶長流也、【考證】楚辭、常流作湘流、又安能以晧晧之白、而蒙世俗之溫蠖乎。【索隱】蠖、音烏廓反、溫蠖、猶惛憒、楚詞作蒙世之塵埃哉、【正義】溫蠖、猶惛憒也、【考證】楚辭、無又字、下有漁父莞爾而笑、鼓枻而去、歌曰、滄浪之水清兮、可以濯吾纓、滄浪之水濁兮、可以濯吾足、遂去不復與言四十字、史公削之、以直接懷沙賦、此文章剪裁之法、白蠖、韻、乃作懷沙之賦。【索隱】按楚詞九懷曰、懷沙礫以自沈、此其義也、其辭曰。陶陶孟夏兮、草木莽莽。【集解】王逸曰、陶陶、盛陽貌、莽莽、盛茂貌、【索隱】音姥、【正義】莫古反、【考證】楚辭、陶陶作滔滔、傷懷永哀兮、汩徂南土。【集解】王逸曰、汩、行貌、【索隱】王師叔曰、汩、行貌也、方言曰、謂疾行也、【考證】朱熹曰、徂南土、泝沅湘也、莽土、韻、眴兮窈窈、【集解】徐廣曰、眴、眩也、【索隱】眴、音舜、徐氏云、眴、音眩、窈、音烏鳥反、【考證】張文虎曰、蔡、王、柯、凌本、窈窈作窈窕、李笠曰、楚辭作杳杳、王逸云、杳杳、深冥貌、窈杳通、作窈窕者誤、孔靜幽墨。【集解】王逸曰、孔、甚也、墨、無聲也、【正義】孔、甚、墨、無聲、言江南山高澤深、視之眴野甚清淨、默無人聲、【考證】楚辭

墨作默、八字、寫滿目荒凉之狀、冤結紆軫兮、離愍之長鞠。【集解】王逸曰、鞠、窮、紆、屈也、軫、痛也、愍、病也、【索隱】離滑、滑病、鞠、窮、【正義】惛、病也、【考證】楚辭、冤作鬱、愍作慇、之作而、正義、愍作惛、撫情効志兮、俛詘以自抑。【考證】效、楓本作沒、三本、作歿、俛、楚辭、作冤、墨鞠抑、韻、刓方以爲圜兮、常度未替。【集解】王逸曰、刓、削、度、法、替、廢也、言人刓削方木、欲以爲圓、其常法度尚未廢也、【索隱】刓、音五官反、謂刻刓方木以爲圓、其常法度尚未廢、【正義】被讒譖逐、欲使改行、終守而不易、【考證】中井積德曰、常度、猶故態也、替、變也、易初本由兮、君子所鄙。【集解】王逸曰、由、道也、【正義】本、常也、鄙、恥也、言人遭世不道、變易初行、違離常道、君子所鄙、【考證】楚辭、由作迪、中井積德曰、初本、猶言初始也、章畫職墨兮、前度未改。【集解】王逸曰、章、明也、度、法也、言工明於所畫、念其繩墨、修前人之法、不易其道、則曲木直、而惡木好、【索隱】章、明也、畫、計畫也、楚詞、職作志、志、念也、餘如注所解、【考證】楚辭、職作志、度作圖、中井積德曰、職、識同、謂明著也、作志亦同、言規畫章明、繩墨昭著、無變於初本也、前度、即指初本也、非借工爲喩、愚按、替鄙改、韻、內直質重兮、大人所盛。【集解】王逸曰、言人質性敦厚、心志正直、行無過失、則大人君子所盛美也、【考證】楚辭、直作厚、盛作晠、巧匠不斲兮、孰察其揆正。玄文幽處兮、矇謂之不章。【集解】王逸曰、玄、黑也、矇、盲者也、詩云、矇瞍奏公、章、明也、【正義】撥正、賢能、玄、黑色也、言待賢能之士、居於山谷、則

衆愚以爲不賢也、【考證】揆正、正義本作撥正、與楚辭合、作揆、義長、楚辭、幽處作處幽、矇下有瞍字、離婁微睇兮、瞽以爲無明。【集解】王逸曰、離婁、古明視者也、瞽、盲也、【正義】離婁、古明視者也、睇、田帝反、眄也、言賢者遭時困厄、俗人侮之以爲癡狂也、【考證】盛正章明、韻、變白而爲黑兮、倒上以爲下。【索隱】音戶、鳳皇在笯兮、【集解】徐廣曰、笯、一作郊、駰案王逸曰、笯、籠落也、【索隱】笯、音奴、又女加反、徐云、一作郊、按籠落、謂藤蘿之相籠絡、【正義】應瑞圖云、黃帝問天老曰、鳳鳥何如、天老曰、鴻前而麟後、蛇頸而魚尾、龍文而龜身、燕頷而鷄喙、首戴德、頸揭義、背負仁、心入信、翼俠順、足履正、尾繫武、小音金、大音鼓、延頸奮翼、五色備舉、鷄雉翔舞。【索隱】楚詞、雉作鶩、【考證】下舞、韻、同糅玉石兮、一槩而相量。【集解】王逸曰、忠佞不異、【正義】糅、女由反、【考證】洪興祖曰、糅、雜也、槩、平斗斛木、夫黨人之鄙妒兮、羌不知吾所臧。【集解】王逸曰、莫昭我之善意、【索隱】按王師叔云、羌、楚人語辭、言卿何爲也、【正義】羌、音彊、發語端也、【考證】楚辭、夫下有惟、妒作固、吾下有之、量臧、韻、任重載盛兮、陷滯而不濟。【集解】王逸曰、言己才力盛壯、可任用重載、而身陷沒沈滯、不得成其本志也、【正義】言以才德盛大、可任用重載、無賢明主以用之、故使陷入而未濟、【考證】李笠曰、盛亦重也、此言所任者艱重、所載者盛大、以致陷滯而不濟耳、任重與載盛偶舉、與論語任重道遠語同、懷瑾握瑜兮、窮不得余所示。【集解】王逸曰、示、語也、【考證】楚辭、得作知、無吾字、

中井積德曰、示、如字、濟示韻、邑犬羣吠兮、吠所怪也。誹俊疑桀兮、固庸態也。【集解】王逸曰、千人才爲俊、一國高爲桀也、庸、厮賤之人也、【索隱】按尹文子云、千人曰俊、萬人曰桀、今乃誹俊疑桀、固是庸人之態也、【考證】楚辭、桀作傑、與索隱合、文質疏內兮、衆不知吾之異采。【集解】徐廣曰、異、一作奧、駰案王逸曰、采、文采也、【考證】朱熹曰、內、舊音訥、材樸委積兮、莫知余之所有。【考證】朱熹曰、材、木中用者也、朴、未斲之質也、委積、言其多有、唯所用之、態采有韻、重仁襲義兮、謹厚以爲豐。【集解】王逸曰、重、累也、襲、及也、【正義】重、直龍反、襲、亦重也、【考證】朱熹曰、豐、猶富足也、集解及當作仍、重華不可牾兮、孰知余之從容。【集解】王逸曰、牾、逢也、【索隱】楚詞、牾作遻、竝吳故反、王師叔云、牾、逢也、【考證】朱熹曰、從容、擧動自得也、豐容韻、古固有不竝兮、豈知其故也。【索隱】楚詞、作莫知其何故、【正義】豈有此死事故也、言人固有不比竝、湯禹久遠、不可慕也、乃怨憂不改其志、故進路北次、自投汨羅而死也、【考證】朱熹曰、有不竝、言聖賢不竝時而生也、林雲銘曰、豈知其故、言其理大不可解、湯・禹久遠兮、邈不可慕也。【考證】楚辭、邈下有而、無也字、故慕韻、懲違改忿兮、抑心而自彊。【正義】懲、止也、忿、恨也、【考證】王念孫曰、懲、止也、違、恨也、言止其恨改其忿、抑其心而自彊勉也、廣雅曰、怨、懟、狠、恨也、班固幽通賦、違世業之可懷、曹大

家曰、違、恨也、楚辭違譌作連、王注、以連爲留連、失之、離湣而不遷兮、願志之有象。【集解】王逸曰、象、法也、【考證】楚辭、湣作愍、象作像、朱熹曰、不以憂患改其節、欲其志之可爲法也、彊象韻、進路北次兮、日昧昧其將暮。【正義】北次將就、【考證】王逸曰、路、道也、次、舍也、中井積德曰、北次、謂還鄂之宿次、含憂虞哀兮、限之以大故。【集解】王逸曰、娛、樂也、大故、謂死亾也、【索隱】楚詞、含憂虞哀、作舒憂娛哀、娛音虞、娛者樂也、【考證】朱熹曰、將欲舒憂以娛哀、而念人生幾何、死期將至、其限有不可得而越也、王念孫曰、含、當舍字之誤、舍卽舒字也、說文、舒從予、舍聲、暮故韻、亂曰。【索隱】王師叔曰、亂者理也、所以發理辭指、總撮其要、而重理前意也、浩浩沅湘兮、分流汨兮。【集解】王逸曰、汨、流也、【索隱】沅湘、二水名、按地理志、湘水出零陵海陽山、北入江、沅卽湘之後流也、【正義】說文云、沅水出牂牁東、北流入江、湘水出零陵縣海陽山、北入江、按二水皆經岳州而入大江也、脩路幽拂兮、道遠忽兮。【索隱】楚詞、幽拂作幽蔽也、【正義】拂、風弗反、言拂欝幽蔽也、楚辭作幽蔽也、【考證】汨忽韻、曾唫恆悲兮、永歎慨兮。世既莫吾知兮、人心不可謂兮。【集解】王逸曰、謂、猶說也、【索隱】楚詞、無曾唫已下二十一字、【正義】自曾唫已下二十一字、楚辭本或有無者、未詳、【考證】沈家本曰、萬曆本楚詞、有此二十一字、而無王注、恐是後人據史文增也、懷情抱質兮、獨無匹兮。伯樂既歿兮、

驥將焉程兮。【集解】王逸曰、程、量也、【考證】楓、三本、匹作正、楚辭、懷情抱質作懷質抱情、無將字、質下歿下、無兮字、朱熹曰、匹當作正、字之誤也、無正、與幷日夜無正之正意同、程、謂校量才也、正程韻、人生稟命兮、各有所錯兮。定心廣志、餘何畏懼兮。【集解】王逸曰、錯、安也、【索隱】楚詞、餘竝作余、【考證】楚辭、人作民、餘作余、命下無兮字、錯懼韻、曾傷爰哀、永歎喟兮。世溷不吾知、心不可謂兮。【集解】王逸曰、喟、息也、【正義】溷、胡困反、亂也、【考證】楓、三本、溷下有濁、心上有人、與楚辭合、楚辭、不作莫、王引之曰、曾傷爰哀四句、乃後人據楚辭增入、非史記原文也、曾唫恆悲四句、卽曾傷爰哀四句之異文、特史記在道遠忽兮之下、楚辭在余何畏懼兮之下耳、後人據楚辭增入、而不知已見於上文也、又曰、此四句似當從史記列於道遠忽兮之下、今循其文義讀之、世既莫吾知兮、人心不可謂兮、懷情抱質兮、獨無匹兮、皆言世無能知也、定心廣志兮、餘何畏懼兮、知死不可讓兮、願勿愛兮、皆言己不畏死也、其敍次秩然不紊、蓋子長所見屈原賦、如此較叔師本爲長、愚按朱子楚辭集註、既有此說、知死不可讓兮、願勿愛兮。明以告君子兮、吾將以爲類兮。【集解】王逸曰、類、法也、【正義】按類、例也、以爲忠臣不事亂君之例、【考證】讓、避也、類、王說是、喟謂愛類韻、於是懷石、遂自投汨羅以死。【集解】應劭曰、汨水在羅、故曰汨羅也、【索隱】汨水在羅、故曰汨羅、地理志、長沙有羅縣、羅子之所徙、荊州記、羅縣北帶汨水、汨、音覓也、【正義】故羅縣城、在岳州

湘陰縣東北六十里、春秋時羅子國、秦置長沙郡而爲縣也、按縣北有汨水及屈原廟、續齊諧記云、屈原以五月五日投汨羅而死、楚人哀之、每於此日以竹筒貯米、投水祭之、漢建武中、長沙區回、白日忽見一人、自稱三閭大夫、謂回曰、聞君常見祭、甚善、但常年所遺、竝爲蛟龍所竊、今若有惠、可以楝葉塞上、以五色絲轉縛之、此物蛟龍所憚、回依其言、世人五月五日作糭、幷帶五色絲及楝葉、皆汨羅之遺風、【考證】王念孫曰、自投、索隱本作自沈、下文皆曰自沈、則作自沈者是也、齋藤正謙曰、余嘗著屈原投汨羅辨、謂原自寧赴湘流、葬于江魚腹中、一時憤激之言、而非實語也、子長弗察、引爲實錄、果然魯連之蹈東海、亦將爲眞投水而死耶、是連憤激之餘、發此言耳、原語殆類此、決知其非實事也、後閱袁隨園隨筆、引黃石牧太史云、屈子未必沈水死也、其文曰、吾將從彭咸之所居、又曰、願依彭咸之遺則、又曰、寧赴湘流葬江魚之腹中、皆憤怨之寓言、非實事也、太史公因賈生一弔、遂信爲眞、不知宋玉親受其門、而招魂之作、上天下地、東西南北、無所不招、而獨不及水、何耶、惟亂曰、湛湛江水上有楓、魂兮歸來哀江南、則其善終于汨羅可知也、若楚詞注、招魂作于屈子生時、則豫凶非禮、宋玉不應詛其師矣、是與余說暗合、更爲詳明、屈原既死之後、楚有宋玉・唐勒・景差之徒者。皆好辭而以賦見稱。【集解】徐廣曰、差或作慶、【索隱】按楊子法言及漢書古今人表、皆作景瑳、今作差、是字省耳、又按徐裴鄒三家、皆無音、是讀如字也、【考證】漢藝文志詩賦略云、屈原賦二十五篇、相傳今楚辭離騷一篇、九歌十一篇、天問一篇、九章九篇、遠遊、卜居、漁父三篇、是也、唐勒賦四篇、今亡、御覽六百六十三、引宋玉賦曰、景差唐勒等竝造大言賦、宋玉賦十六篇、楚辭錄九辯十一篇、招魂一篇、文選錄風賦、高唐賦、神女賦、登徒子

好色賦四篇、凡十六篇、古文苑載諷賦、笛賦、釣賦、大言賦、小言賦五篇、張惠言疑其爲五代宋人假託、嚴可均亦云、笛賦有宋意送荊卿之語、非宋玉作、愚按古文苑所載、未必皆擬作、但佗書不錄、景差賦、藝文志不載、然皆祖屈原之從容辭令、終莫敢直諫。【考證】從容、見懷沙賦、徐孚遠曰、此稱屈原直諫、以至放流、餘子不及也、其後楚日以削、數十年、竟爲秦所滅。【考證】陳仁錫曰、楚以削二句、見屈平之死、係楚之存亡也、沈家本曰、按自頃襄王元年至負芻被虜、凡七十六年、自屈原沈汨羅後百有餘年、漢有賈生、爲長沙王太傅。過湘水、投書以弔屈原。【考證】馮班曰、太史公敘賈生、惟載二賦、不敘其新書、以賈生繼屈原、傷其遇、幷重詞賦、與漢書異意、

賈生名誼、雒陽人也。【索隱】名義、漢書竝作誼也、年十八、以能誦詩屬書聞於郡中。【考證】屬書、綴輯文字也、漢書作誦詩書屬文、吳廷尉爲河南守。聞其秀才、召置門下、甚幸愛。【正義】顏云、秀、美也、應劭云、避光武諱改茂才也、【考證】此秀才、言才學秀人、非科目之稱、孝文皇帝初立、聞河南守吳公治平爲天下第一、【索隱】按吳姓也、史失名、故稱公、【考證】梁玉繩曰、史于人之名字、每不盡著、多恐是疏缺、未必當時已失其傳、故凡稱公稱君稱生之

類甚夥、史公亦何吝此一字乎、統觀全史、其中最可惜者河南守吳公、爲漢循吏之冠、朱建子以罵單于死節、縱公以守滎陽見殺、董公說高帝爲義帝發喪、四人皆當時英傑、不容失名、安得略而不書、它若不肯名籍之鄭君、傳尙書之伏生、幸別有可攷知、伏名勝、鄭名榮、餘子碌碌、姑勿深論、雖閒有足證、亦不必詳已、故與李斯同邑、而常學事焉。【正義】李斯、上蔡人、【考證】楓、三本、常作嘗、上蔡、漢汝南郡、乃徵爲廷尉。【考證】楓、三本、漢書、徵下有以字、王先謙曰、公卿表、在元年、廷尉乃言賈生年少、頗通諸子百家之書。文帝召以爲博士。是時賈生年二十餘、最爲少。每詔令議下、諸老先生不能言。賈生盡爲之對。人人各如其意所欲出。諸生於是乃以爲能不及也。孝文帝說之、超遷。一歲中至太中大夫。賈生以爲漢興至孝文二十餘年、天下和洽。而固當改正朔、易服色、法制度、定官名、興禮樂。【考證】中統、游本、法作改、與上改正朔複、楓、三本、制度作度制、法、正也、乃悉草具其事儀法、色尙黃、數用五、爲官名、悉更秦之法。

【正義】漢文帝時、黃龍見成紀、故改爲土也、【考證】王念孫曰、色上黃以下三句、皆是更秦之法、故言此以總之、中井積德曰、據尙黃用五句、賈生亦惑於五行家異端之言也、周壽昌曰、案武帝紀、太初五年夏五月、正曆、遂以正月爲歲首、色上黃、數用五、似皆追行賈生之言、卽文帝十五年黃龍見成紀、改爲土德、未嘗非由生言發之、釋幻雲曰、黃龍見成紀、文帝十五年春也、誼謫長沙作服賦、文帝六年夏也、而請改服色者、在未爲長沙傅之前、正義所言恐非、孝文帝初卽位、謙讓未遑也。諸律令所更定、及列侯悉就國、其說皆自賈生發之。於是天子議以爲賈生任公卿之位。絳·灌·東陽侯·馮敬之屬、盡害之、【正義】絳灌、周勃灌嬰也、東陽侯、張相如、馮敬、時爲御史大夫、【考證】梁玉繩曰、顏師古于漢書禮樂志陳平傳云、楚漢春秋、高祖之臣、別有絳灌、疑昧之文、不可明也、師古殆不信之、而容齋三筆、歷辨絳灌是別一人、非周勃灌嬰、蓋本文選讓責太常博士書注、恐未可從、史漢屢稱絳灌、卽如陳平傳絳灌、世家作絳侯灌嬰、尤爲明證、今無楚漢春秋、莫由攷核、愚按任、堪也、害、忌也、乃短賈生曰。雒陽之人、年少初學、專欲擅權、紛亂諸事。於是天子後亦疏之、不用其議。乃以賈生爲長沙王太傅。【考證】長沙王差、吳芮玄孫、文選李善注、引應劭風俗通曰、賈誼與鄧通爲侍中同位、數廷譏之、因是文帝遷爲長沙太傅、及渡湘水、投弔書曰、闒

茸尊顯、佞諛得志、以哀屈原罹讒邪之咎、亦因自傷爲鄧通等所愬也、所傳不同、賈生既辭往。行聞長沙卑溼、自以壽不得長、又以適去、意不自得。【集解】徐廣曰、適、竹革反、韋昭曰、謫、譴也、【索隱】韋昭云、適、譴也、字林云、大尼反、【正義】適、張革反、譴也、【考證】中井積德曰、適只作貶義、周壽昌曰、太中大夫秩比千石、諸侯王太傅、秩尙在內史中尉之上、以秩而較、初非左官、其曰適去者、以其去天子之側而官王國也、梁玉繩曰、案賈生因服鳥入舍、故以爲壽不得長、非但因卑溼也、此乃下文之複出者、漢書改曰誼既以適去、甚當、應衍辭字至又字十五字、文選同漢書、及渡湘水、爲賦以弔屈原。【考證】梁玉繩曰、賈賦以漢書文選校之、辭各不同、當是所傳之別、依本書讀可也、其辭曰。共承嘉惠兮、俟罪長沙。【集解】張晏曰、恭、敬也、【正義】顏云、恭、敬、嘉惠、詔命、俟作竢、同、待也、【考證】漢書文選、共作恭、側聞屈原兮、自沈汨羅。【考證】沙、羅、韻、造託湘流兮、敬弔先生。遭世罔極兮、乃隕厥身。【索隱】造、音七到反、【考證】張晏曰、讒言罔極、言無中正也、周書文王曰、惟世罔極、汝尙助予、生、身、韻、嗚呼哀哉、逢時不祥。鸞鳳伏竄兮、鴟梟翺翔。【索隱】竄音如字、又七外反、【考證】祥、翔、韻、闒茸尊顯兮、讒諛得志。【索隱】闒、音天臘反、茸、音而隴反、案應劭胡廣云、闒茸不才之人、無六翮翺翔之用、而反尊貴、字林曰、闒茸、不肖之

人、賢聖逆曳兮、方正倒植。【索隱】胡廣云、逆曳、不得順隨道而行也、倒植、賢不肖顚倒易位也、【考證】中井積德曰、倒植、與逆曳同意、謂項搶地、脚朝天也、志植韻、世謂伯夷貪兮、謂盜跖廉。【索隱】案漢書作隨夷溷兮、跖蹻廉、一句皆兼兩人、隨、卞隨也、夷、伯夷也、跖、盜跖也、蹻、莊蹻也、莫邪爲頓兮、【集解】應劭曰、莫邪、吳大夫也、作寶劍、因以冠名、瓚曰、許愼曰、莫邪、大戟也、【索隱】應劭曰、莫邪、吳大夫也、作寶劍、因名焉、吳越春秋曰、吳王使干將造劍二枚、一曰干將、二曰莫邪、莫邪、干將劍名也、頓、鈍也、鉛刀爲銛。【集解】徐廣曰、思廉反、駰案、漢書音義曰、銛謂利、【索隱】鉛者、錫也、銛、利也、音纖、言其暗惑也、【考證】廉銛韻、于嗟嚜嚜兮、生之無故。【集解】應劭曰、嚜嚜不自得意、瓚曰、生謂屈原也、【考證】漢書文選、嚜作默、生、先生、鄧展曰、言屈原無故遇此禍也、斡弃周鼎兮、寶康瓠。【集解】如淳曰、斡、轉也、爾雅曰、康瓠、謂之甈、大瓠也、應劭曰、康、容也、斡、音筦、筦、轉也、一曰、康、空也、【索隱】斡、轉也、烏活反、爾雅云、康瓠謂之甈、甈、音丘列反、李巡云、康、謂大瓠也、康、空也、晉灼云、斡、古管字也、【正義】李巡曰、康、謂大瓠也、康、空也、鄭玄曰、康瓠、瓦盆底也、顧野王曰、甈、壺破罌也、【考證】張文虎曰、各本兮下有而字、索隱本無、與下二句一例、雜志云、漢書文選、兮在瓠下、亦無而字、故瓠韻、騰駕罷牛兮、驂蹇驢。驥垂兩耳兮、服鹽車【索隱】戰國策曰、夫驥服鹽車上太山、中阪遷延、負轅不能上、伯樂下車哭之也、【正義】罷、音皮、服、猶駕也、【考證】驢車韻、章甫薦屨兮、漸不可久。【集解】應劭

曰、章甫、殷冠也、劉向別錄曰、因以自諭自恨也、【考證】劉奉世曰、薦之言藉也、中井積德曰、謂屨中之藉、嗟苦先生兮、獨離此咎。【集解】應劭曰、嗟、咨嗟、苦、勞苦、言屈原遇此難也、【考證】中井積德曰、苦、傷之也、久咎韻、訊曰。【集解】李奇曰、訊、告也、張晏曰、訊、離騷下章亂辭也、【索隱】李奇曰、誶、告也、音信、張晏曰、訊、離騷下章誶亂也、劉伯莊音素對反、訊猶宣也、重宣其意、周成、師古音碎也、【考證】張文虎曰、索隱周成下疑有脫文、隋志、梁有解文字義七卷、周成撰、已矣國其莫我知、獨堙鬱兮其誰語。【索隱】堙鬱、漢書作壹鬱、意亦通、鳳漂漂其高遰兮、夫固自縮而遠去。【索隱】遰、音逝也、縮、漢書作引也、【正義】漂漂、輕舉貌、【考證】漢書文選、遰作逝、語去韻、襲九淵之神龍兮、【集解】鄧展曰、襲、重也、或曰、襲、覆也、猶言察也、【索隱】襲、復也、莊子曰、千金之珠、必在九重之淵、而驪龍頷下、故云九淵之神龍也、【正義】顧野王曰、襲、合也、師古曰、九淵、九旋之淵、言至深也、呂向曰、襲、猶察也、言察於神龍、則知藏於深淵之處、可以自珍重也、言君子在亂世、可以隱也、【考證】王先謙曰、襲、深藏也、沕深潛以自珍。【集解】徐廣曰、沕、亡筆反、潛、藏也、【索隱】張晏曰、沕、潛藏也、音密、又音勿也、彌融爚以隱處兮、【集解】徐廣曰、一云、偭蟂獺、一本云、彌蝎爚以隱處也、【索隱】漢書作偭蟂獺、徐廣又一本作彌蝎爚以隱處、蓋總三本不同也、案蘇林云、偭、音面、應劭云、偭、背也、蟂獺、水蟲害魚者、以言背惡從善也、郭璞注爾雅云、似鳧、江東謂之魚鵁、【正義】顧野王云、彌、遠也、融、明也、爚、光也、沒深藏以自珍、彌遠明光以隱處也、【考證】梁

玉繩曰、徐注一云偭蟂獺、是也、下句從螘與蛭螾政相對、夫豈從螘與蛭螾。【集解】漢書、螘字作蝦、韋昭曰、蝦、蝦蟇也、蛭、水蟲、螾、丘螾也、【索隱】螘、音蟻、漢書作蝦、言偭然絕於蟂獺、況從蝦與蛭螾也、蛭、音質、螾、音引也、【正義】言寧投水合神龍、豈陸葬從蟻與蛭蚓、【考證】漢書注、孟康曰、言龍自絕於蟂獺、況從蝦與蛭螾也、珍螾韻、所貴聖人之神德兮、遠濁世而自藏。使騏驥可得係羈兮、豈云異夫犬羊。【正義】使騏驥可得係縛羈絆、則與犬羊無異、責屈原不去濁世以藏隱、騏、文如綦也、驥、千里馬、【考證】漢書、藏作臧、臧羊韻、般紛紛其離此尤兮、【集解】蘇林曰、般、音盤、孟康曰、般、音班、或曰、盤桓不去、紛紛、構讒意也、【索隱】般、音班、又音盤、槃桓也、紛紛、猶藉藉、構讒之意也、尤、謂怨咎也、【考證】王先謙曰、經典、般斑班皆通用、離騷、斑陸離其上下、注、斑、亂貌、與此般字同、愚按、尤、咎也、亦夫子之辜也。【索隱】漢書、辜作故、夫子、謂屈原也、李奇曰、亦夫子不如麟鳳翔逝之故、罹此咎也、【考證】張文虎曰、此言屈子遭此放逐、咎由自取、不能周遊擇君、而戀戀於楚都、以反己之今日時勢不同也、李奇說、意簡而明、顏師古乃謂、誼自言今之離郢、亦猶屈原、又云、言往長沙爲傳、不足哀傷、何用苟懷此故都、夫誼生漢朝、與戰國異、雖爲長沙王傅、猶漢臣也、何得歷九州而相君、此解窒礙不如李、瞝九州而相君兮、何必懷此都也。【索隱】瞝、丑知反、謂歷觀也、漢書作歷九州、【考證】楓三本、相下有其字、與漢書文選合、辜都韻、鳳皇翔于千仞之上兮、覽悳煇

焉下之。【索隱】案言鳳皇翔、見人君有德乃下、故禮曰、德煇動乎內、是也、見細德之險微兮、搖增翮逝而去之。【集解】徐廣曰、搖增翮、一云遙增擊也、【正義】搖、動也、增、加也、言見細德之人、又有險難微起、則合加動羽翮、遠逝而去之、【考證】文選作見細德之險徵兮遙增擊而去之、漢書、一本作險徵、一本作險微、作險徵爲長、顏師古曰、言見苛細之人險阨之證、故重擊其羽而去之、李笠曰、增字同層、謂鳳皇見細德之兆、故搖動其重層之翮、而遠逝而去耳、下去韻、彼尋常之汙瀆兮、豈能容吞舟之魚。【集解】應劭曰、八尺曰尋、倍尋曰常、【索隱】音烏獨二音、汙、潢汙、瀆、小渠也、橫江湖之鱣鱏兮、固將制於螻蟻。【集解】如淳曰、鱣、大魚也、瓚曰、鱏魚無鱗、口近腹下、【索隱】莊子云、庚桑楚謂弟子曰、吞舟之魚、蕩而失水、則螻蟻能制之、戰國策、齊人說靖郭君亦同、案以此喻小國暗主、不容忠臣、而爲讒賊小臣之所見害、【正義】鱣鱏、上哲連反、下音尋、【考證】索隱本、螻蟻作蟻螻、爲是、魚螻韻、張文虎曰、蟻螻、倒文以叶韻、蓋讀螻爲龍珠切、集韻、十虞、有此一音、此後世轉侯入虞之濫觴、讀者習見螻蟻字、以爲誤而乙之、不知蟻字不可與辜都下去魚爲韻也、今惟索隱本未改、梁玉繩曰、賈屈同傳、以渡江一賦耳、不載陳政事疏、與董仲舒傳不載賢良策對同、幾等賈董于馬卿矣、舍經濟而登辭賦、得毋失去取之義乎、賈生爲長沙王太傅三年、【索隱】爲長沙傅、案誼爲傅、是吳芮之玄孫產、襲長沙王之時也、非景帝之子長沙王發也、荊州記、長沙城西北隅、有賈誼宅、及誼石牀在矣、【正義】漢文帝年表云、吳芮之玄孫差、襲長沙王也、傳爲長沙靖王差之二年

也。括地志云，吳芮故城，在潭州長沙縣東南三百里，賈誼宅，在縣南三十步，湘水記云，誼宅中有一井，誼所穿，極小而深，上斂下大，其狀如壺，傍有一局腳石牀，容一人坐，形流古制，相承云，誼所坐。

有鵩飛入賈生舍，止于坐隅。楚人命鵩曰服。【集解】晉灼曰，異物志，有山鵩，體有文色，土俗因形名之曰服，不能遠飛，行不出域，【索隱】案鄧展云，似鵲而大，晉灼云，巴蜀異物志云，有鳥小鵩，體有文色，土俗因形名之曰服，不能遠飛，行不出域，荊州記云，巫縣有鳥如雌雞，其名爲鵩，楚人謂之服，吳錄云，服，黑色，鳴自呼，【正義】鵩大如斑鳩，綠色，惡鳥也，入人家凶。

賈生既以適居長沙，長沙卑溼，自以爲壽不得長，傷悼之。【考證】陳仁錫曰，長沙卑溼，自以爲壽不得長，二句兩見。

乃爲賦以自廣。【索隱】案姚氏云，廣，猶寬也，【考證】王先愼曰，賈子在長沙作服鳥賦，西京雜記，賈誼在長沙，鵩鳥集其承塵，長沙俗以鵩鳥至人家，主人死，誼作鵩鳥賦，齊死生，等榮辱，以遺憂累焉。

其辭曰，單閼之歲兮，四月孟夏。【集解】徐廣曰，歲在卯曰單閼，文帝六年，歲在丁卯，【索隱】爾雅云，歲在卯曰單閼，李巡云，單閼，起也，陽氣推萬物而起，故曰單閼，孫炎本作蟬焉，蟬猶伸也，【正義】閼，烏葛反，【考證】汪中曰，按史記曆書，太初元年焉逢攝提格，上推孝文五年，是爲昭陽單閼，賈生以孝文元年爲博士，歲中超遷至太中大夫，旋出爲長沙王傅，至此適得三年，愚按呂氏春秋序意篇云，維秦八年，歲在涒灘，歲星紀年見古書者，以此爲始，賈生是賦，次之屈原離騷，攝提貞于孟陬，蓋以紀月，非紀年也。

庚子日施兮，服集予舍。

【集解】徐廣曰，施，一作斜，【索隱】施，音移，施，猶西斜也，漢書作斜也，【考證】李笠曰，施，移也，愚按漢書削兮字，下同，文選有。

止于坐隅，貌甚閒暇。【考證】夏舍暇韻。

異物來集兮，私怪其故，發書占之兮，策言其度。【索隱】漢書，策作讖，案說文云，讖，驗言也，今此筴蓋雜筴辭云然，【正義】發策數之書，占其度驗。

曰野鳥入處兮，主人將去。【考證】故度去韻。

請問于服兮，予去何之。【索隱】于，於也，漢書本有作子服，小顏云，子，加美辭也。

吉乎告我，凶言其菑。【正義】音災。

淹數之度兮，語予其期。【集解】徐廣曰，數，速也，【正義】數，音朔，速也，淹，留遲也，漢書作淹速，【考證】之菑期韻。

服乃歎息，舉首奮翼，口不能言，請對以意。【索隱】協音憶也，【正義】協韻音憶，【考證】索隱正義本作意，故云音臆，他本作臆。

萬物變化兮，固無休息。【考證】翼意息韻。

斡流而遷兮，或推而還。【索隱】斡，音烏活反，斡，轉也，【考證】顏師古曰，斡，音管，斡，轉也，還，讀曰旋，愚按顏云斡音管，與弔屈原文集解合，顧炎武日知錄引說文云，斡，音古案切，不得烏括切。

形氣轉續兮，化變而嬗。【集解】服虔曰，嬗，音如蟬，謂變蛻也，或曰，蟬蔓相連也，【索隱】韋昭云，而，如也，如蟬之蛻化也，蘇林云，嬗，音禪，謂其相傳與也，【考證】張文虎曰，化變，毛本作變化，與索隱本及漢書文選合，各本作化變。

沕

穆無窮兮，胡可勝言。【索隱】漢書，無窮作無閒，沕，音密，又音昧，沕穆，深微之貌，以言其理深微，不可盡言也，【正義】沕，音勿，【考證】還嬗言韻。

禍兮福所倚，福兮禍所伏。【索隱】此老子之言，然禍字古作旤，案倚者立身也，伏，下身也，以言禍福遞來，猶如倚伏也，【正義】倚，於蟻反，依也，【考證】五十八章，福下禍下有之字，中井積德曰，謂有禍則福亦與此相依，有福則禍亦潛伏於其中也。

憂喜聚門兮，吉凶同域。【正義】言禍福相因，吉凶不定，【考證】伏域韻。

彼吳彊大兮，夫差以敗，越棲會稽兮，句踐霸世。【考證】敗世韻。

斯游遂成兮，卒被五刑。【集解】韋昭曰，斯，李斯也，【考證】應劭曰，李斯西遊於秦，身登相位，二世時爲趙高所譖，身伏五刑。

傅說胥靡兮，乃相武丁。【集解】徐廣曰，腐刑也，【索隱】徐廣云，胥靡，腐刑也，晉灼云，胥，相也，靡，隨也，古者相隨坐輕刑之名，墨子云，傅說衣褐帶索，傭築於傅巖，傅巖在河東太陽縣，又夏靖書云，猗氏六十里，黃河西岸，吳阪下，便得隱穴，是說所潛身處也，【考證】刑丁韻。

夫禍之與福兮，何異糾纆。【集解】應劭曰，福禍相爲表裏，如糾纆繩索相附會也，瓚曰，糾，絞也，纆，索也，【索隱】韋昭云，纆，徽也，又通俗文云，合繩曰糾，字林云，纆，三合繩也，音墨，糾，音九。

命不可說兮，孰知其極。【考證】纆極韻。

水激則旱兮，矢激則遠。【索隱】此乃淮南子及鶡冠子文也，彼作水激則悍，而呂氏春秋作疾，以言水激疾則去疾，不能浸潤，矢

激疾則去遠也，說文，旱與悍同音，以言水矢流飛，本以無礙爲通利，今遇物觸之，則激怒，更勁疾而遠，悍，猶人或因禍致福，倚伏無常也，【考證】劉攽曰，旱，讀爲悍，猛疾也。

萬物回薄兮，振蕩相轉。【考證】遠轉韻。

雲蒸雨降兮，錯繆相紛。大專槃物兮，【集解】漢書，專字作鈞，如淳曰，陶者作器於鈞上，此以造化爲大鈞，【索隱】漢書云，大鈞播物，此專讀曰鈞，槃，猶轉也，與播義同，如淳云，陶者作器於鈞上，以造化爲大鈞也，虞喜志林云，大鈞，造化之神，鈞陶萬物，品授羣形者也，案上鄒陽傳注云，陶家名模下圓轉者爲鈞，言其能制器大小，以比之於天，【正義】專，音均，【考證】朱錦綬曰，案專之與鈞，聲形各別，漢書作鈞，此作專者，漢書五行志注，專有員義，故大鈞可作大專，猶言大圓耳，不必讀專爲鈞也，中井積德曰，槃轉制物，形不必訓播，愚按槃盤通用，旋也。

坱軋無垠。【集解】應劭曰，其氣坱軋，非有限齊也，坱，音若央，軋，音若乙，【索隱】坱圠無垠，應劭云，其氣坱圠，非有限齊也，案無垠，謂無有際畔也，說文云，垠，折也，郭璞注方言云，坱軋者，不測也，王逸注楚詞云，坱軋，雲霧氣昧也，【正義】坱，烏郎反，軋，於黠反，垠，音銀，【考證】紛垠韻。

天不可與慮兮，道不可與謀。【索隱】與，音預也。

遲數有命兮，惡識其時。【考證】謀時韻，朱熹曰，謀，叶謨悲反。

且夫天地爲鑪兮，造化爲工。【索隱】此莊子文，【考證】莊子大宗師，今一以天地爲大鑪，以造化爲大冶，惡乎往而不可哉。

陰陽爲炭兮，萬物爲銅。【索隱】既以陶冶喻造化，故以陰陽爲炭，萬物爲銅也，【考證】工銅韻。

合

散消息兮、安有常則。【索隱】莊子云、人之生也、氣之聚也、聚則爲生、散則爲死、【考證】莊子知北遊、千變萬化兮、未始有極。【索隱】莊子云、人之形、千變萬化、未始有極、【考證】莊子大宗師、則極韻、忽然爲人兮、何足控摶。【集解】如淳曰、控、引也、控摶、玩弄愛生之意也、【索隱】按控、引也、摶、音徒端反、控摶、謂引持而自玩弄、貴生之意也、又本作控揣、揣、音初委反、又音丁果反、揣者量也、故晉灼云、忽然爲人、言此生甚輕耳、何足引物量度己年命之長短而愛惜乎、化爲異物兮、又何足患。【索隱】謂死而形化爲鬼、是爲異物也、患協音環、【考證】摶患韻、小知自私兮、賤彼貴我。【索隱】莊子云、以物觀之、自貴而相賤、是也、【考證】莊子秋水、通人大觀兮、物無不可。【索隱】莊子云、物固有所然、物固有所可、無物不然、無物不可也、【考證】莊子齊物論、漢書文選、通人作達人、我可韻、貪夫徇財兮、烈士徇名。【集解】應劭曰、徇、營也、瓚曰、以身從物曰徇、【索隱】此語亦出莊子、臣瓚云以身從物、謂之殉也、【考證】莊子駢拇、小人則以身殉利、士則以身殉名、刻意、野語有之曰、衆人重利、廉士重名、賢士尚志、聖人貴精、張文虎曰、烈士、舊刻與索隱本同、各本作列、愚按、文選作烈、夸者死權兮、【集解】應劭曰、夸毗也、好榮死於權利、瓚曰、夸、泰也、莊子曰、權勢不尤、則夸者不悲也、【索隱】言好夸毗者死於權利、是言貪權勢以自矜夸者、至死不休也、按揵爲舍人注爾雅云、夸毗、卑身屈己也、曹大家云、體柔人之夸毗也、尤、甚也、言勢不甚用則夸毗者可悲也、【考證】中井積德曰、夸、謂矜伐、

謂因權勢以致死而不悔也、品庶馮生。【集解】孟康曰、馮、貪也、【索隱】漢書作每生、音謀在反、孟康云、每者貪也、服虔云、每、念生也、鄒誕本亦作每、言唯念生而已、今此作馮、馮亦持念之意也、然案方言、每字合從手旁、每音莫改反也、【正義】馮音憑、【考證】史伯夷傳引賈子、品庶作衆庶、義同、說文、品、衆庶也、名生韻、怵迫之徒兮、或趨西東。【集解】孟康曰、怵、爲利所誘怵也、迫、迫貧賤、東西趨利也、【索隱】漢書亦有作私東、應劭云、仕諸侯爲私、時天子居長安、諸王悉在關東、羣小怵然、內迫私家、樂仕諸侯、故云怵迫私東也、李奇曰、私多作西者、言東西趨利也、怵、音黜、又言怵者誘也、【考證】中井積德曰、怵、怵惕也、怵迫、謂畏懼迫促之人、大人不曲兮、億變齊同。【索隱】張機云、德無不包、靈府弘曠、故名大人也、【正義】大人、聖人也、德無不包、體達性命、故不曲憂生死、【考證】漢書文選、億作意、王念孫曰、億變、猶上文言千變萬化也、億變齊同、卽莊子齊物之旨、作意者借字耳、東同韻、拘士繫俗兮、攌如囚拘。【集解】徐廣曰、攌、音華板反、又音晥、【索隱】攌、音和板反、說文云、攌、大木柵也、漢書作儓、音去隕反、【考證】楓三本漢書文選、拘士作愚士、當依改、拘字與句末囚拘複、中井積德曰、攌、拲繫執之義、至人遺物兮、獨與道俱。【索隱】莊子云、古之至人、先存諸己、後存諸人、張機云、體盡於聖、德美之極、謂之至人、【考證】莊子人間世、拘俱韻、衆人或或兮、好惡積意。【集解】李奇曰、或或、東西也、所好所惡、積之萬億也、瓚曰、言衆懷抱好惡、積之心意、【正義】按意、合韻音憶、【考證】漢書文選、或作惑、文選、意作億、朱熹曰、積意、積之胸臆也、愚按、當作憶、滿也、眞人澹

漠兮、獨與道息。【索隱】莊子云、古之眞人、不知悅生、不知惡死、不以心損道、不以人助天、呂氏春秋曰、精氣日新、邪氣盡去、反其天年、謂之眞人也、【正義】澹漠、上徒濫反、下音莫、澹、薄也、漠、靜也、【考證】漢書文選、澹作恬、意息韻、索隱引莊子大宗師、呂覽先己、釋知遺形兮、超然自喪。【集解】服虔曰、絕聖弃知、而忘其身也、【索隱】按釋智、謂絕聖弃智也、遺形者、形故可使如槁木、是也、自喪者、謂心若死灰也、莊周云、今者吾喪我、汝知之乎、【考證】索隱、知作智、與漢書文選同、莊子齊物論、寥廓忽荒兮、與道翱翔。【考證】喪翔韻、乘流則逝兮、得坻則止。【集解】徐廣曰、坻、一作坎、駰案張晏曰、坻、水中小洲也、【索隱】漢書、坻作坎、按周易坎九二、有險、言君子見險則止、【正義】坻、音持、張晏曰、夷易則仕、險難則隱也、【考證】漢書作坎、文選作坻、兩通、王先謙曰、言行止一聽自然、非有計較之私、亦無關仕隱之義、縱軀委命兮、不私與己。【考證】止己韻、其生若浮兮、其死若休。【索隱】莊子云、勞我以生、休我以死也、【考證】莊子大宗師、澹兮若深淵之靜、氾兮若不繫之舟。【索隱】出莊子也、【考證】莊子列禦寇、汎若不繫之舟、虛而遨遊者也、不以生故自寶兮、【索隱】鄧展云、自寶、自貴也、養空而游。【集解】漢書音義曰、如舟之空也、【索隱】言體道之人、但養空性而心若浮舟也、【正義】鄧氏云、道家養空虛、若浮舟也、【考證】漢書文選、游作浮、中井積德曰、空、只是虛、不必以舟喩、德人無累兮、知

命不憂。【索隱】按德人、謂上德之人、心中無物累、是得道之士也、細故慸薊兮、何足以疑。【集解】韋昭曰、慸、音士介反、【索隱】薊、音介、漢書作介、張揖云、慸介、鯁刺也、以言細微事故、不足慸介我心、故云何足以疑也、【正義】慸、忍邁反、薊、加邁反、【考證】今本漢書薊作芥、慸芥以喩細故也、休舟游、疑韻、朱熹曰、疑、叶音牛、後歲餘、賈生徵見。孝文帝方受釐。【集解】徐廣曰、祭祀福胙也、駰案如淳曰、漢唯祭天地五時、皇帝不自行、祠還致福、釐、音僖、【正義】釐、音希、禧、福也、借釐字爲之耳、言受神之福也、坐宣室。【集解】蘇林曰、未央前正室、【索隱】三輔故事云、宣室、在未央殿北、應劭云、釐、祭餘肉也、音僖、【正義】淮南子云、武王殺殷紂於宣室、漢蓋取舊名以名殿也、上因感鬼神事、而問鬼神之本。賈生因具道所以然之狀。至夜半、文帝前席。【考證】漢書、狀作故、顏師古曰、漸迫近誼、聽說其言也、愚按、史商鞅傳、衛鞅見孝公、公與語、不自知膝之前於席也、既罷。曰。吾久不見賈生。自以爲過之。今不及也。居頃之、拜賈生爲梁懷王太傅。【索隱】梁懷王、名揖、文帝子、梁懷王、文帝之少子。愛而好書。故令賈生傅之。文帝復封淮南厲王子四人、皆爲列侯。賈生諫。以爲患之興自

此起矣。【考證】賈生諫封淮南厲王子疏、見漢書本傳、賈生數上疏、言諸侯或連數郡、非古之制。可稍削之。文帝不聽。【考證】徐孚遠曰、時梁王未之國、居京師、故賈生爲傳、得上疏、獻替、趙翼曰、治安策所言、皆有關治道、經事綜物、衆切於當日時勢、文帝亦多用其言、賈誼傳、何得遺之、漢書全載、居數年、懷王騎、墮馬而死。無後。【集解】徐廣曰、文帝十一年、賈生自傷爲傅無狀。哭泣歲餘、亦死。賈生之死時年三十三矣。及孝文崩孝武皇帝立、擧賈生之孫二人至郡守。而賈嘉最好學世其家。與余通書。至孝昭時、列爲九卿。【考證】梁玉繩曰、此文爲後人增改、孝武當作今上、而中隔景帝、似不必言孝文崩、宜云及今上皇帝立也、至孝昭時二句、當刪之、唐表、誼子名璠、璠二子嘉惲、徐孚遠曰、與余通書、史公本文、至昭帝句、則後人所增也、

太史公曰。余讀離騷天問招魂哀郢、悲其志。適長沙、觀屈原所自沈淵、未嘗不垂涕想見其爲人。【索隱】按荊州記云、長沙羅縣北帶汨水、去縣四十里、是原自沈處、北岸有廟也、及見賈生弔之、又怪屈原以彼其材游諸侯、何國不容而自令若是。【考證】何焯曰、卽賦內歷九州二句、謂賈生怪之也、讀服鳥賦、同死生、輕去就。又爽然自失矣。【集解】徐廣曰、一本作爽、

【索隱】述贊、屈平行正、以事懷王、瑾瑜比潔、日月爭光、忠而見放、讒者益章、賦騷見志、懷沙自傷、百年之後、空悲弔湘、

屈原賈生列傳第二十四　　史記八十四

文學博士瀧川龜太郎著

史記會注考證

史記會注考證卷八十五

漢　太史令司馬遷　撰

宋　中郎外兵曹參軍裴駰　集解

唐　國子博士弘文館學士司馬貞　索隱

唐　諸王侍讀率府長史張守節　正義

日本　出雲　瀧川資言　考證

呂不韋列傳第二十五　史記八十五

【考證】史公自序云、結子楚親、使諸侯之士、斐然爭入事秦、作呂不韋列傳第二十五、

呂不韋者、陽翟大賈人也。【索隱】翟、音狄、俗又音宅、地理志、縣名、屬潁川、按戰國策、以不韋爲濮陽人、又記其事迹、亦多與此傳不同、班固雖云太史公採戰國策、然爲此傳、當別有所聞見、故不全依彼說、或者劉向定戰國策時、以己異聞改彼書、遂令不與史記合也、賈、音古、鄭玄注周禮云、行曰商、處曰賈、【正義】陽翟、今河南府縣、【考證】中井積德曰、商賈、分言之、二也、通言之、一也、往來販賤賣貴、家累千金。【集解】徐廣曰、一本云、陽翟大賈也、往來賤買貴賣也、【索隱】王劭賣音作育、案育賣義同、今依義、秦昭王四十年、太子死。其四十二年、以其次子安國君爲太子。【索隱】名柱、後立、是爲孝文王也、【正義】名柱、又名戌、安國君有子二十餘人。安國君有所甚愛姬。立以爲正夫人、號曰華陽夫人。【考證】胡三省曰、蓋食湯沐邑於華陽、因以爲號、稱謂錄云、集韻、姬、妾統稱、案葉夢得石林燕語、婦人無名、以姓爲名、故周人稱王姬伯姬、姬、周姓、後世不思其故、遂以姬爲通稱矣、以虞美人爲虞姬、戚夫人爲戚姬、政和間、帝女下嫁曰帝姬、嘗白蔡魯公欲改正之、不果、郎仁寶七脩類稾辨之曰、姬、固周姓、亦爲婦人美稱、毛詩曰、彼美淑姬、師古曰、周貴於衆國之女、所以婦人之美者稱姬、若以國姓而後世傳訛、則黃帝姓姬、炎帝姓姜、左傳雖有姬姜連稱之辭、獨用一姜字稱婦人、可乎、據此、則古人以姬爲婦人之通稱、後世乃專以之稱妾耳、華陽夫人無子。安國君中男名子楚。

【索隱】即莊襄王也、戰國策曰、本名異人、後從趙還、不韋使以楚服見、王后悅之曰、吾楚人也、而子字之、乃變其名曰子楚也、子楚母曰夏姬。毋愛。子楚爲秦質子於趙。【索隱】質、音致、今讀依此、穀梁傳曰、交質子、不及二伯、左傳曰、信不由中、質無益也、【考證】楓、三本、毋作不、秦數攻趙。趙不甚禮子楚。子楚、秦諸庶孽孫、質於諸侯。【索隱】韓王信傳亦曰、韓信、襄王孽孫、張晏曰、孺子曰孽子、何休注公羊、孽、賤子也、以非嫡正、故曰孽、【考證】楓、三本、無諸字、車乘進用不饒、居處困、不得意。【索隱】按下文云、以五百金爲進用、宜依小顏讀爲贐、音才刃反、進者財也、古字假借之也、【考證】中井積德曰、進用、猶供給也、贐、是送行之財、非泛名、註非、愚按下文進用、義同、呂不韋賈邯鄲。見而憐之曰。此奇貨可居。【集解】以子楚方財貨也、【正義】戰國策云、濮陽人呂不韋賈邯鄲、見秦質子異人、謂其父曰、耕田之利幾倍、曰、十倍、珠玉之贏幾倍、曰、百倍、立定國之主贏幾倍、曰、無數、不韋曰、今力田疾作、不得煖衣飽食、今定國立君、澤可遺後世、願往事之、秦子異人質於趙、處於屛城、故往說之、乃說秦王后弟陽泉君曰、君之罪至死、君知之乎、君門下無不居高官尊位、太子門下無貴者、而駿馬盈外廏、美女充後庭、王之春秋高矣、一日山陵崩、太子用事、君危於累卵、而不壽於朝生、今有計、可以使君富千萬、寧於太山、必無危亡之患矣、陽泉曰、請聞其說、不韋曰、王年高矣、王后無子、子傒有承國之業、士倉又輔之、王一日山陵崩、子傒立、士倉用事、王后之門、必生蓬蒿、子楚異人、賢材也、棄在於趙、無母、引領西望、欲一

得歸、王后誠請而立之、是異人無國有國、王后無子有子、陽泉曰、諾、入說王后、爲請於趙而歸之、【考證】胡三省曰、賈人居積滯貨、伺時以牟利、以異人方財貨也、釋幻雲曰、正義所引、與秦策小異、 乃往見子楚說曰。吾能大子之門。子楚笑曰。且自大君之門、而乃大吾門。呂不韋曰。子不知也。吾門待子門而大。子楚心知所謂、乃引與坐深語。【索隱】謂既解不韋所言之意、遂與密謀深語也、 呂不韋曰。秦王老矣。安國君得爲太子。竊聞安國君愛幸華陽夫人。華陽夫人無子。能立適嗣者、獨華陽夫人耳。【正義】適、音嫡、【考證】楓、三本、無幸字、 今子兄弟二十餘人、子又居中、不甚見幸、久質諸侯。即大王薨、安國君立爲王、則子毋幾得與長子及諸子旦暮在前者、爭爲太子矣。【索隱】毋、音無、幾、音冀、幾、望也、左傳曰、日月以幾、戰國策曰、子傒承國之業、高誘注云、子傒、秦太子、異人之異母兄弟也、【正義】言子楚無望得爲太子、【考證】岡白駒曰、則無幾以下十九字、當做一氣讀、 子楚曰。然。爲之奈何。呂不韋曰。子

貧、客於此。【考證】楓、三本、客下有在字、 非有以奉獻於親、及結賓客也。不韋雖貧、請以千金爲子西游、事安國君及華陽夫人、立子爲適嗣。子楚乃頓首曰。必如君策、請得分秦國與君共之。呂不韋乃以五百金與子楚、爲進用、結賓客、而復以五百金買奇物玩好自奉、而西游秦、求見華陽夫人姊、而皆以其物獻華陽夫人。因言子楚賢智、結諸侯賓客偏天下、常曰、楚也以夫人爲天。日夜泣思太子及夫人。夫人大喜。不韋因使其姊說夫人【索隱】戰國策、作說秦王后弟陽泉君也、 曰。吾聞之、以色事人者、色衰而愛弛。【正義】弛、尸氏反、 今夫人事太子、甚愛而無子。不以此時蚤自結於諸子中賢孝者、舉立以爲適而子之。【索隱】以此爲一句、子、謂養之爲子也、然欲分立以爲適作上句、而子之夫在則尊重作下句、意亦

通、【正義】言華陽夫人舉才達子而爲安國君嫡嗣、而又養之爲嗣也、【考證】中井積德曰、不上脫何字、楓、三本、結下有言字、愚按正義有譌脫、 夫在則重尊、夫百歲之後、所子者爲王、終不失勢。【考證】張文虎曰、據上索隱引、重尊、當作尊重、 此所謂一言而萬世之利也。不以繁華時樹本、即色衰愛弛後、雖欲開一語、尚可得乎。今子楚賢而自知中男也、次不得爲適、其母又不得幸、自附夫人。【考證】次、次序也、 夫人誠以此時拔以爲適、夫人則竟世有寵於秦矣。華陽夫人以爲然、承太子閒、從容言子楚質於趙者絕賢、來往者皆稱譽之。【索隱】閒、音閑、從、音七恭反、 乃因涕泣曰。妾幸得充後宮。不幸無子。願得子楚、立以爲適嗣、以託妾身。安國君許之。乃與夫人刻玉符、約以爲適嗣。【考證】中井積德曰、時昭王在焉、故太子不能顯定計議立名號、故陰刻符爲約耳、 安國君及夫人、因厚餽遺子楚、而

請呂不韋傳之。子楚以此名譽益盛於諸侯。呂不韋取邯鄲諸姬絕好善舞者與居。【索隱】言其姿容絕美、而又善舞也、 知有身。子楚從不韋飲。見而說之、因起爲壽請之。呂不韋怒。念業已破家爲子楚、欲以釣奇。【索隱】釣者、以取魚喻也、奇即上云、此奇貨可居也、【考證】言不韋初無意於獻姬、既而以爲我已以子楚爲奇、今又獻姬、以我子爲秦嗣、更奇、通鑑怒上補佯字、非是、 乃遂獻其姬。姬自匿有身。至大期時生子政。子楚遂立姬爲夫人。【集解】徐廣曰、期、十二月也、【索隱】徐廣云、十二月也、譙周云、人十月生、此過二月、故云大朞、蓋當然也、既云自匿有娠、則生政固當踰常朞也、【正義】子政者始皇帝也、【考證】梁玉繩曰、攷漢書王商傳、不韋求好女爲妻、陰知其有身、而獻之王、產始皇帝、故始皇紀後所附班固文、以始皇爲呂政、後儒俱稱、以呂易嬴、讀史管見、論作史者、宜自始皇元年書爲後秦、正其姓氏、庶幾實錄、均本斯傳言之、余竊惑焉、左傳僖十七年、孕過期、疏云、十月而產、婦人大期、乃十月之期、不作十二月解、即如史注十二月曰大期、夫不及期、可疑也、過期、尚何疑、若謂始皇之生、本不及期、隱之至大期、而乃以生子告、則子楚決無不知之理、豈非欲蓋彌彰乎、祗緣秦犯衆怒、惡盡歸之、遂有呂政之譏、而究其所起、必因不韋冒認厥考之誣辭、匿身一語、仍是奇貨可居故智、史公于本紀特書生始皇之年月、而于此更書之、猶云世皆傳不

韋獻匿身姬、其實秦政大期始生也、別嫌明微、合于春秋書子同生之義、人自誤讀史記爾、　秦昭王五十年、使王齮圍邯鄲。急。趙欲殺子楚。子楚與呂不韋謀、行金六百斤予守者吏、得脫亡赴秦軍。遂以得歸。【考證】楓、三本、邯鄲下重邯鄲、義長、館本考證云、秦策、子楚歸在孝文王立後、與此不同、　趙欲殺子楚妻子。子楚夫人、趙豪家女也。得匿。以故母子竟得活。【考證】徐孚遠曰、子楚夫人、卽不韋姬也、不得爲豪家女、當以秦質子故有豪家主之、得自匿免、錢大昕曰、蓋不韋資助之、遂爲邯鄲豪家、愚按錢說較長、　秦昭王五十六年薨。太子安國君立爲王、華陽夫人爲王后、子楚爲太子。趙亦奉子楚夫人及子政歸秦。秦王立一年薨。謚爲孝文王。太子子楚代立。是爲莊襄王。莊襄王所母華陽后爲華陽太后。【索隱】劉氏本、所母作所生母、生衍字也、今檢諸本、並無生字、【考證】各本所下有養字、索隱本、三條本無、王念孫曰、莊襄王乃夏姬所生、而華陽后爲夫人時、立以爲適嗣、故曰莊襄王所母華陽后、對下文眞母夏姬而言、養字後人妄加、　眞母夏姬、尊以

爲夏太后。莊襄王元年、以呂不韋爲丞相、【索隱】下文尊爲相國、案百官表曰、皆秦官、金印紫綬、掌承天子、助理萬機、秦置左右、高帝置一、後又更名相國、哀帝時、更名大司徒、【正義】莊襄立丞相、至始皇又改爲相國、秦有左右丞相、高帝置一丞相、後更名相國、孝惠高后置左右丞相、文帝置一丞相、有兩長史、哀帝更名大司徒也、　封爲文信侯、食河南雒陽十萬戶。【索隱】戰國策曰、食藍田十二縣、而秦本紀、莊襄王元年、初置三川郡、地理志、高祖更名河南、此秦代而曰河南者、史記後作、據漢郡而言之耳、【考證】金燿辰曰、河南卽周王城、洛陽卽成周、竝東西周之地、其名舊矣、索隱謂河南之稱、史據漢郡言之、謬也、而周策曰、食藍田十二縣、與此不同、攷藍田、秦內史、豈河南洛陽爲封國、而藍田其采地歟、　莊襄王卽位三年薨、太子政立爲王。【集解】徐廣曰、時年十三、　尊呂不韋爲相國、號稱仲父。【正義】仲、中也、次父也、蓋效齊桓公以管仲爲仲父、【考證】中井積德曰、仲父、猶叔父也、愚按昭襄稱范雎爲叔父、始皇稱不韋爲仲父、蓋由其例也、楓、三本、號上有而字、　秦王年少、太后時時竊私通呂不韋。【考證】楓、三本、無通字、梁玉繩志疑引劉氏史記紀疑云、此太后、乃不韋姬、子楚立爲夫人者、政立爲王、卽宜書尊夫人爲太后、自是史公疏筆、而莊襄王立後、亦少立夫人爲后句、　不韋家僮萬人。當是時、魏有信陵君、楚有春申君、趙有平原君、齊有孟

嘗君。皆下士、喜賓客、以相傾。【索隱】按王劭云、孟嘗春申死已久、據表及傳、孟嘗平原、死稍在前、信陵將五國兵攻秦河外、正當在莊襄王時、不韋已爲相、又春申與不韋竝時、各相向十餘年、不得言死之久矣、【正義】年表云、秦昭王五十六年、平原君卒、始皇四年、信陵君死、始皇九年、李園殺春申君、孟嘗君當秦昭王二十四年已後而卒、最早、【考證】四君喜客、敍當時風習耳、平原君傳亦云、是時齊有孟嘗、魏有信陵、楚有春申、故爭相傾以客、　呂不韋以秦之彊、羞不如、亦招致士、厚遇之、至食客三千人。是時諸侯多辯士、如荀卿之徒、著書布天下。呂不韋乃使其客人人著所聞、集論以爲八覽、六論、十二紀、二十餘萬言。【索隱】八覽者、有始、孝行、愼大、先識、審分、審應、離俗、恃君也、六論者、開春、愼行、貴直、不苟、以順、士容也、十二紀者、記十二月也、其書有孟春等紀二十餘萬言二十六卷也、　以爲備天地萬物古今之事。號曰呂氏春秋。布咸陽市門、懸千金其上、延諸侯游士賓客、有能增損一字者予千金。【索隱】地理志、右扶風渭城縣、故咸陽、高帝更名新城、景帝更名渭城、案咸訓皆、其地在渭水之北北阪之南、水北曰陽、山南亦曰陽、皆在二者之陽也、【考證】呂氏春秋序意篇、維秦八年、歲在涒灘、秋甲子朔、朔之日、良

人請問十二紀、文信侯曰、嘗得學黃帝之所以誨顓頊矣、爰有大圜在上、大矩在下、汝能法之、爲民父母、蓋聞古之淸世、是法天地、凡十二紀者、所以紀治亂存亡也、所以知壽夭吉凶也、上揆之天、下驗之地、中審之人、若此、則是非可不可、無所遁矣、高誘注云、秦八年、秦始皇卽位八年也、是呂氏春秋、呂不韋爲相國時所爲、史公史記自序、答任安書、曰不韋遷蜀、世傳呂覽者、誤也、吳裕垂曰、孟嘗春申諸君、皆稱好客、客曰食客、雖多至三千、不過養一羣雞鳴狗盜爾、從不聞有儒生而甘食其門下者、秦之謀士策士、雖代不乏人、而孔孟之徒、亦未聞西向入秦者、以秦不好文學故也、不韋丁七國爭雄、斯文淪喪之餘、獨禮文人學士、使各著所聞、集論以爲八覽六論十二紀二十餘萬言、其言天地萬物古今之事一備矣、適猶不敢自以爲是、懸金市門、聿求增損、是戰國時以卿相而有儒雅之風者、不韋一人而已、愚按、呂覽一書、儒道楊墨名法兵農諸家之言皆在、蓋欲合九流以爲一也、雖間或缺統紀、而當時諸說、賴此以存、則不韋傳學之功、決不可沒、漢淮南王書、殆學之乎、　始皇帝益壯、太后淫不止。呂不韋恐覺禍及己、乃私求大陰人嫪毐以爲舍人。【考證】楓、三本、嫪作樛、盧藏用曰、姓樛、名毐、樛、力到反、毐、焉亥反、或曰、士無行曰毐、或作膠、膠音交、學者不用此音、　時縱倡樂、使毐以其陰關桐輪而行、令太后聞之、以啗太后。【正義】以桐木爲小車輪、　太后聞、果欲私得之。呂不韋乃進嫪毐、詐令人以腐罪告之。【正義】腐、音輔、謂宮刑、胥靡也、【考證】正

義、胥靡二字宜刪、

不韋又陰謂太后曰、可事詐腐、則得給事中。太后乃陰厚賜主腐者吏、詐論之、拔其鬚眉爲宦者。遂得侍太后。【考證】崔適曰、宦者無鬚、非無眉也、此拔其鬚眉、非并其眉拔之也、特以修辭之例、因鬚而及眉耳、愚按眉字帶言、太后私與通、絕愛之。有身。太后恐人知之、詐卜、當避時。徙宮居雍。【正義】雍故城、在岐州雍縣南七里、有秦都大鄭宮、【考證】凌稚隆曰、此徙宮居雍、即下文所遷者、

嫪毐常從。賞賜甚厚。事皆決於嫪毐。嫪毐家僮數千人。諸客求宦、爲嫪毐舍人千餘人。始皇七年、莊襄王母夏太后薨。孝文王后曰華陽太后。與孝文王會葬壽陵。【正義】秦孝文王陵、在雍州萬年縣東北二十五里、夏太后子莊襄王葬芷陽。【索隱】芷、音止、地理志、京兆霸陵縣、故芷陽、案在長安東也、【正義】秦莊襄陵、在雍州新豐縣西南三十五里、始皇在北、故俗亦謂之見子陵、故夏太后獨別葬杜東。【索隱】杜原之東也、【正義】夏太后陵、在萬年縣東南二十五里、曰、東望吾子、西望吾夫。後百年、旁當

有萬家邑。【索隱】按宣帝元康元年、起杜陵、漢舊儀、武昭宣三陵、皆三萬戶、計去此一百六十餘年也、【正義】漢宣帝元康元年、以杜東原上爲初陵、更改韓爲杜陵、萬年縣東南二十五里、從始皇七年葬太后、至宣帝元年、一百七十四年、【考證】梁玉繩曰、余攷始皇七年夏太后薨、至起杜陵、凡百七十六年、愚按樗里子傳云、昭王七年、樗里子卒于渭南章臺之東、曰、後百歲、是當有天子之宮夾我墓、詞氣略同、蓋風水之說、自秦人始也、方苞曰、夏太后華陽夫人薨葬、本不應載、不韋傳以夏太后有後百年、旁當有萬家邑語、史公好奇欲傳之、而入秦本紀、則無關體例、故因莊襄王之葬牽連書之、

始皇九年、有告嫪毐實非宦者、常與太后私亂、生子二人、皆匿之、與太后謀曰、王即薨、以子爲後。【集解】說苑曰、毐與侍中左右貴臣博奕飲酒、醉爭言而鬭、瞋目大叱曰、吾乃皇帝假父也、窶人子、何敢乃與我亢、所與鬭者、走行白始皇、【索隱】劉氏窶音其矩反、今俗本多作屢、字蓋相承錯耳、不近詞義、今按說苑作窶子、言輕諸侍中、以爲窮窶家之子也、【正義】窶人、貧人也、【考證】說苑正諫篇、

於是秦王下吏治、具得情實。事連相國呂不韋。九月、夷嫪毐三族、殺太后所生兩子、而遂遷太后於雍。【索隱】按說苑云、遷太后棫陽宮、地理志、雍縣有棫陽宮、秦昭王所起也、【考證】梁玉繩曰、按始皇紀、誅毐在四月、此誤、諸嫪毐舍人、皆沒其家、而遷之蜀。【索隱】家謂家產資物、並

沒入官、人口則遷之蜀也、

王欲誅相國。爲其奉先王功大、及賓客辯士爲游說者衆、王不忍致法。秦王十年十月、免相國呂不韋。及齊人茅焦說秦王、秦王乃迎太后於雍、歸復咸陽。【集解】徐廣曰、入南宮、【考證】凌稚隆曰、詳始皇紀、

而出文信侯就國河南。歲餘、諸侯賓客使者、相望於道、請文信侯。【考證】請、謁也、秦王恐其爲變、乃賜文信侯書曰、君何功於秦。秦封君河南、食十萬戶。君何親於秦。號稱仲父。其與家屬徙處蜀。呂不韋自度稍侵、恐誅、乃飲酖而死。【集解】徐廣曰、十二年、駰案皇覽曰、呂不韋冢在河南洛陽北邙道西大冢是也、民傳言呂母冢、不韋妻先葬、故其冢名呂母也、

秦王所加怒呂不韋・嫪毐、皆已死。乃皆復歸嫪毐舍人遷蜀者。始皇十九年、太后薨。諡爲帝太后。【索隱】王劭云、秦不用諡法、此蓋號耳、其義亦當然也、始皇稱皇帝之後、故其母號爲帝太后、豈謂諡列生時之行乎、與莊襄王

會葬茝陽。【集解】徐廣曰、一作芷陽、

太史公曰、不韋及嫪毐、貴封號文信侯。【索隱】按文信侯、不韋封也、嫪毐封長信侯、上文已言不韋封、此贊中言嫪毐得寵貴由不韋耳、今此合作長信侯也、【考證】中井積德曰、此蓋有錯文、崔適曰、當作嫪毐以不韋貴、封號長信侯、人之告嫪毐、毐聞之。秦王驗左右、未發。上之雍郊。毐恐禍起、乃與黨謀、矯太后璽、發卒以反蘄年宮。【正義】蘄年宮、在岐州城西故城內、【考證】梁玉繩曰、案上字誤、仍秦史元文、說在始皇紀、發吏攻毐。毐敗亡走。追斬之好時、遂滅其宗。【索隱】地理志、扶風有好時縣也、【正義】時、音止、故好時也、而呂不韋由此絀矣。孔子之所謂聞者、其呂子乎。【集解】論語曰、夫聞也者、色取仁而行違、居之不疑、在邦必聞、在家必聞、馬融曰、此言佞人也、【考證】論語子張篇、

【索隱】述贊、不韋釣奇、委質子楚、華陽立嗣、邯鄲獻女、及封河南、乃號仲父、徙蜀懲謗、懸金作語、籌策既成、富貴斯取、

呂不韋列傳第二十五　　史記八十五

文學博士瀧川龜太郎著

史記會注考證

史記會注考證卷八十六

漢　太史令　司馬遷　撰

宋　中郎外兵曹參軍　裴駰　集解

唐　國子博士弘文館學士　司馬貞　索隱

唐　諸王侍讀率府長史　張守節　正義

日本　出雲　瀧川資言　考證

刺客列傳第二十六　史記八十六

[考證]史公自序云、曹子匕首、魯獲其田、齊明其信、豫讓義不爲二心、作刺客列傳第二十六、愚按此傳敘五刺客、以理論之、宜次游俠傳前、今置之呂不韋李斯間者、以荊

軻入秦、尤極壯烈慘毒、六國之事、亦結其局也、故論贊亦主言荊軻、

曹沫者、魯人也。[索隱]沫、音亾葛反、左傳穀梁竝作曹劌、然則沫宜音劌、沫劌聲相近而字異耳、此作曹沫、事約公羊爲說、然彼無其名、直云曹子而已、且左傳魯莊十年、戰于長勺、用曹劌謀敗齊、而無劫桓公之事、十三年、盟于柯、公羊始論曹子、穀梁此年惟云、曹劌之盟、信齊侯也、又記不具行事之時、[考證]張照曰、按沫劌聲近而字異、猶申包胥之爲芬冒勃蘇耳、必音沫爲濊、反涉牽混、三傳不一其說、傳疑可也、蘇子古史據左傳問戰事、謂沫蓋知義者、安肯身爲刺客、則直以劌爲沫、未免武斷、呂氏春秋貴信篇曰、柯之會、莊公與曹翽皆懷劍至於壇上、莊公左搏桓公、右抽劍以自承、管仲鮑叔進、曹翽按劍當兩陛之間、曰、二君將改圖、毋或進者、桓公許之、封於汶南、乃盟而歸、按此則以沫爲曹劌之證、而字又小異、胡非子、曹劌匹夫之士、一怒而劫桓公萬乘之主、反魯侵地、亦以沫爲曹劌、梁玉繩曰、曹子之名、左穀及人表管子大匡皆作劌、呂覽貴信作翽、齊燕策與史俱作沫、蓋聲近而字異耳、索隱于魯仲連傳作昧、疑譌、以勇力事魯莊公。莊公好力。曹沫爲魯將、與齊戰、三敗北。魯莊公懼、乃獻遂邑之地以和。[索隱]左傳、齊人滅遂、杜預云、遂國在濟北蛇丘縣東北也、[正義]故城、在兗州龔丘縣西北七十六里也、[考證]梁玉繩曰、莊公自九年敗乾時後、至十三年盟柯、中閒有長勺之勝、是魯祗一戰而一勝、安得有三敗之事、齊桓會北杏、遂人不至、故滅之、遂非魯地、何煩魯獻、此皆妄也、沈家本曰、遂國名、非魯邑、猶復以爲將。齊桓

公許與魯會于柯而盟。[索隱]杜預云、濟北東阿、齊之柯邑、猶祝柯今爲祝阿也、桓公與莊公既盟於壇上。曹沫執匕首劫齊桓公。[索隱]上音比、劉氏云、短劍也、鹽鐵論以爲長尺八寸、其頭類匕、故云匕首也、[考證]何焯曰、曹沫之事、亦戰國好事者爲之、春秋無此風也、況魯又禮義之國乎、梁玉繩曰、劫桓歸地一節、年表齊魯世家管仲魯連自序傳皆述之、此傳尤詳、荊軻傳載燕丹語、仍國策、竝及其事、蓋本公羊也、公羊漢始著竹帛、不足盡信、卽如歸汶陽田、在齊頃公時、當魯成二年、乃公羊以爲桓公盟柯、因曹子劫而歸之、其妄可見、況魯未嘗戰敗失地、何用要劫、曹子非操匕首之人、春秋初、亦無操匕首之習、前賢謂戰國好事者爲之耳、仲連遺燕將書云、亡地五百里、呂覽貴信云、封以汶南四百里、齊策及淮南氾論云、喪地千里、魯地安得如此之廣、汶陽安得如此之大、不辨而知其誣誕矣、桓公左右莫敢動。而問曰、子將何欲。[索隱]公羊傳曰、管子進曰、君何求、何休注云、桓公卒不能應、管仲進爲言之也、曹沫曰、齊強魯弱。而大國侵魯、亦以甚矣。[考證]楓三本、以作已、今魯城壞、卽壓齊境。君其圖之。[索隱]齊魯鄰接、今齊數侵魯、魯之城壞、卽壓近齊之境也、[考證]公羊傳、作城壞壓境、君不圖與、中井積德曰、城壞設言之也、魯國都城壁卽壞、卽壓齊之境、言齊之境深入、逼魯之國都也、桓公乃許盡歸魯之侵地。既已言。曹沫投其匕首下壇、北面

就羣臣之位。顏色不變、辭令如故。〔考證〕齊桓公許與魯會以下、本莊公十三年公羊傳、　桓公怒、欲倍其約。〔索隱〕倍、音佩也、　管仲曰。不可。夫貪小利以自快、棄信於諸侯、失天下之援。不如與之。〔考證〕楓、三本、無不如與之四字、　於是桓公乃遂割魯侵地。曹沫三戰所亡地、盡復予魯。其後百六十有七年、而吳有專諸之事。〔索隱〕專字亦作剸、音同、左傳作鱄設諸、

專諸者、吳堂邑人也。〔索隱〕地理志、臨淮有常邑縣、　伍子胥之亡楚而如吳也、知專諸之能。伍子胥既見吳王僚、說以伐楚之利。吳公子光曰。彼伍員父兄、皆死於楚。而員言伐楚。欲自爲報私讎也。非能爲吳。吳王乃止。〔正義〕公子光、諸樊之子也、　伍子胥知公子光之欲殺吳王僚、乃曰。彼光將有內志。未可說以外事。〔索隱〕言其將有內難弒君之志、且對外事生文、吳世家曰、知光有他志、〔考證〕外事、言伐楚、索隱有譌誤、　乃進

專諸於公子光。〔考證〕伍子胥之亡楚以下、采昭公二十年左傳、　光之父曰吳王諸樊。諸樊弟三人。次曰餘祭。〔索隱〕祭、音則界反、　次曰夷眛、〔索隱〕亡葛反、公羊作餘末、　次曰季子札。諸樊知季子札賢、而不立太子。以次傳三弟、欲卒致國于季子札。諸樊既死、傳餘祭。餘祭死、傳夷眛。夷眛死、當傳季子札。季子札逃不肯立。吳人乃立夷眛之子僚爲王。〔考證〕夏、父死子繼、殷、兄沒弟承、周初太伯虞仲避位、季歷以季子襲太王後、古今繼承之道不同、諸樊之意、季札之行、各有所本、　公子光曰。使以兄弟次邪、季子當立。必以子乎、則光眞適嗣。當立。故嘗陰養謀臣以求立。光既得專諸、善客待之。九年而楚平王死。〔索隱〕春秋昭二十六年、楚子居卒、是也、吳世家云十二年、此云九年、竝誤、據表及左傳、合在僚之十一年也、〔考證〕楓、三本、嘗作常、中井積德曰、光得諸之後九年也、注謬、　春、吳王僚欲因楚喪、使其二弟公子蓋餘·屬庸、〔索隱〕屬、音燭、二子僚之弟也、左傳作掩餘屬庸、掩蓋義同、屬燭字相亂

耳、〔考證〕楓、三本、無二字、屬作燭、　將兵圍楚之灊、〔索隱〕事在魯昭二十七年、地理志、廬江有灊縣、天柱山在南、音潛、杜預左傳注云、灊、楚邑、在廬江六縣西南也、〔正義〕灊故城在壽州霍山縣東二百步、　使延陵季子於晉、以觀諸侯之變。楚發兵絕吳將蓋餘·屬庸路。吳兵不得還。於是公子光謂專諸曰。此時不可失。不求何獲。且光眞王嗣。當立。季子雖來、不吾廢也。專諸曰。王僚可殺也。母老子弱、而兩弟將兵伐楚、楚絕其後。方今吳外困於楚、而內空無骨鯁之臣。是無如我何。〔索隱〕左傳直云、王可殺也、母老子弱、是無若我何、則是專設諸度僚可殺、言其少援救、故云我無柰我何、太史公探其意、且據上文、因復加以兩弟將兵外困之辭、而服虔杜預、見左氏下文云我爾身也、以其子爲卿、遂彊解是無如我何、猶言我無若是何、謂專諸欲以老弱託光、義非允愜、王肅之說、亦依史記也、〔考證〕中井積德曰、太史公謬解左傳耳、杜注非謬、在史記、如索隱解可也、但光之身子之身也之語、無所應也已、　公子光頓首曰。光之身、子之身也。

四月丙子、〔索隱〕注、僚之十二年夏也、吳系家以爲十三年、非也、左氏經傳、唯言夏四月、公羊穀梁無傳、經更與左氏吳系家同、此傳稱丙子、當有所據、不知

出何書、　光伏甲士於窟室中、〔集解〕徐廣曰、窟一作空、〔索隱〕左傳曰、伏甲、謂甲士也、下文云出其伏甲以攻王、　而具酒請王僚。王僚使兵陳、自宮至光之家。門戶階陛左右、皆王僚之親戚也。夾立侍、皆持長鈹。〔集解〕音披、〔索隱〕音披、兵器也、劉逵吳都賦注、鈹兩刃小刀、〔考證〕中井積德曰、左傳云、門階戶席、皆王親也、王親者、謂親信之人也、不必戚屬、史遷添一戚字、害文意、不小、吳世家作門階戶席、皆王僚之親也、無戚字、　酒既酣。公子光詳爲足疾、入窟室中。〔索隱〕詳爲、上音陽、下如字、左傳曰、光僞足疾、此云詳、詳即僞也、或讀此爲字音僞、非也、豈詳僞重言耶、〔考證〕楓、三本、無中字、　使專諸置匕首魚炙之腹中而進之。〔集解〕徐廣曰、炙、一作炮、〔正義〕炙、者夜反、　既至王前。專諸擘魚、因以匕首刺王僚。〔索隱〕刺、音七賜反、　王僚立死。左右亦殺專諸。王人擾亂。公子光出其伏甲以攻王僚之徒、盡滅之。遂自立爲王。是爲闔閭。闔閭乃封專諸之子以爲上卿。〔考證〕楚平王死以下、采昭公二十六年二十七年左傳、　其後七十餘年、而晉有豫讓之

事。【集解】徐廣曰、闔閭元年至三晉滅智伯、六十二年、豫讓一作襄、【考證】七、當作六、豫讓者、晉人也。【索隱】案此傳所說、皆約戰國策文、【考證】趙策云、豫讓、畢陽之孫、王應麟曰、畢陽亦義士、送伯宗之子於楚、事見晉語、故嘗事范氏及中行氏、而無所知名。【索隱】案左傳、范氏、謂昭子吉射也、自士會食邑於范、後因以邑爲氏、中行氏、中行文子荀寅也、自荀林父將中行、後因以官爲氏、【考證】范下氏字、依索隱本、楓、三本、治要補、去而事智伯。【索隱】案智伯、襄子荀瑤也、襄子林父弟、荀首之後、范中行智伯事、已具趙系家、【考證】中井積德曰、據去字、是范中行生時去之事智伯也、智伯甚尊寵之。及智伯伐趙襄子、趙襄子與韓・魏合謀滅智伯、滅智伯之後而三分其地。趙襄子最怨智伯。【索隱】謂初則醉以酒、後又率韓魏水灌晉陽、城不沒者三板、故怨深也、漆其頭以爲飲器。【索隱】案大宛傳曰、匈奴破月氏王、以其頭爲飲器、裴氏注彼引韋昭云、飲器、椑榼也、晉灼曰、飲器、虎子也、皆非、椑榼所以盛酒耳、非用飲者、晉氏以爲褻器者、以韓子呂氏春秋並云、襄子漆智伯頭爲溲杅、故云、【正義】劉云、酒器也、每賓會設之、示恨深也、按諸先儒說恐非、【考證】呂氏春秋義賞篇、擊智伯、斷其頭爲觴、韓非子難三、知伯身死頭爲飲杯、淮南道應訓、襄子大敗智伯、破其首以爲飲器、索隱溲字恐有誤、豫讓遁逃山中曰。嗟乎、士爲知己者死、女爲說己者容。

【考證】史公答任安書、亦用此語、今智伯知我。我必爲報讎而死、以報智伯。則吾魂魄不愧矣。【考證】今智伯以下二十三字、策作吾其報智氏之讎矣、乃變名姓爲刑人、入宮塗廁中、挾匕首、欲以刺襄子。【考證】楓、三本、趙策、無中挾匕首四字、此蓋衍、趙策、名姓作姓名、襄子如廁。心動。執問塗廁之刑人、則豫讓。內持刀兵曰。欲爲智伯報仇。【考證】趙策、內持刀兵、作刃其扞、左右欲誅之。襄子曰。彼義人也。吾謹避之耳。且智伯亡無後。而其臣欲爲報仇。此天下之賢人也。卒醳去之。【索隱】卒、足律反、醳、音釋、字亦作釋、【考證】各本及趙策、醳作釋、今從索隱本、楓、三本、居頃之、豫讓又漆身爲厲、【集解】音賴、【索隱】癘、音賴、賴、惡瘡病也、凡漆有毒、近之多患瘡腫、若賴病然、故豫讓以漆塗身、令其若癩耳、然厲賴聲相近、古多假厲爲賴、今之癩字從疒、故楚有賴鄉、亦作厲字、戰國策說此亦作厲字、呑炭爲啞、使形狀不可知。【索隱】啞、音烏雅反、謂瘖病、戰國策云、漆身爲厲、滅鬚去眉、以變其容、爲乞食人、其妻曰、狀貌不似吾夫、何其音之甚相類也、讓遂呑炭以變其音也、【正義】呂氏春秋云、豫讓欲報趙襄子、滅鬚去眉云云、【考證】梁玉繩曰、案下文、豫讓與其友及

襄子相問答、則不可言啞、當依策作以變其音爲是、行乞於市。其妻不識也。行見其友。其友識之曰。汝非豫讓邪。曰。我是也。其友爲泣曰。以子之才、委質而臣事襄子、襄子必近幸子。近幸子、乃爲所欲。【索隱】謂因得殺襄子、顧不易邪。【索隱】顧、反也、邪、不定之辭、反不易邪、言其易也、【考證】陳仁錫曰、襄子俱當作趙孟、中井積德曰、顧、顧反念之也、邪、疑辭、因以爲問辭、何乃殘身苦形、欲以求報襄子、不亦難乎。豫讓曰。既已委質臣事人、而求殺之、是懷二心以事其君也。且吾所爲者極難耳。【索隱】劉氏云、謂今爲癘啞也、然所以爲此者、將以愧天下後世之爲人臣懷二心以事其君者也。【索隱】言寧爲厲而自刑、不可求事襄子而行殺、則恐傷人臣之義、而近賊、非忠也、【正義】吾爲極難者、令天下後代爲人臣懷二心者愧之、故漆身呑炭、所以不事襄子也、既去。【考證】治要、無既去二字、中井積德曰、二字冗、頃之、襄子當出、豫讓伏於所當過之橋下。【正義】汾橋下架水、在并州晉陽縣東一里、襄子至橋。馬驚。襄子

曰。此必是豫讓也。使人問之。果豫讓也。於是襄子乃數豫讓曰。子不嘗事范・中行氏乎。智伯盡滅之。而子不爲報讎、而反委質臣於智伯。智伯亦已死矣。而子獨何以爲之報讎之深也。豫讓曰。臣事范・中行氏。范・中行氏、皆衆人遇我。我故衆人報之。至於智伯、國士遇我。我故國士報之。【考證】呂氏春秋不侵篇、豫讓之友謂豫讓曰、子之行、何其惑也、子嘗事范氏中行氏、諸侯盡滅之、而子不爲報、至於智氏、而子必爲之報、何故、豫讓曰、我將告子其故、范氏中行氏、我寒而不我衣、我饑而不我食、而時使我與千人共其養、是衆人畜我也、夫衆人畜我者、我亦衆人事之、至於智氏則不然、出則乘我以車、入則足我以養、衆人廣朝、而必加禮於吾所、是國士畜我也、夫國士畜我者、我亦國士事之、所傳與此異、襄子喟然歎息而泣曰。嗟乎、豫子。子之爲智伯、名既成矣。而寡人赦子亦已足矣。子其自爲計。寡人不復釋子。【考證】楓、三本、無息字、襄子不爲諸侯、不當稱寡人、蓋襲趙策、使兵圍之。豫讓曰。臣聞明主不掩人之美。

而忠臣有死名之義。前君已寬赦臣、天下莫不稱君之賢。今日之事、臣固伏誅。然願請君之衣而擊之焉、以致報讎之意。則雖死不恨。非所敢望也。敢布腹心。於是襄子大義之、乃使使持衣與豫讓。豫讓拔劍三躍而擊之【索隱】戰國策曰、衣盡出血、襄子迴車、車輪未周而亡、此不言衣出血者、太史公恐涉怪妄、故略之耳、【考證】今本國策無此文、後人或以其怪刪之與、曰。吾可以下報智伯矣。遂伏劍自殺。死之日、趙國志士聞之、皆爲涕泣。【考證】以上采趙策、其後四十餘年、而軹有聶政之事。【集解】自三晉滅智伯、至殺俠累五十七年、【考證】梁玉繩曰、集解七宜作六、聶政者、軹深井里人也。【索隱】地理志、河內有軹縣、深井、軹縣之里名也、【正義】在懷州濟源縣南三十里、殺人避仇、與母姊如齊、以屠爲事。久之、濮陽嚴仲子事韓哀侯。【索隱】高誘曰、嚴遂、字仲子、案表聶政殺俠累、在列侯三年、列侯生文侯、文侯生哀侯、凡更三代、哀侯六年、爲韓嚴所殺、今言仲子事哀侯、恐非其實、且太史公聞疑傳疑、事難的據、欲使兩存、故表傳

各異、【正義】年表云、韓列侯三年、盜殺韓相俠累、又云、哀侯六年、韓嚴殺其君、韓世家竝同、戰國策云、傀走而抱哀侯、聶政刺之、兼中哀侯、按世家及年表、列侯後次文侯、文侯後次哀侯、凡三世也、列侯三年至哀侯六年、三十年、其縣隔未詳孰是、蓋太史公信傳信、疑傳疑、兩存之、【考證】梁玉繩曰、案仲子卽嚴遂、俠累卽韓傀、其事在列侯三年、年表世家所書是也、而此傳稱哀侯、索隱謂史公聞疑傳疑、聞信傳信、欲使兩存、殊非事實、攷列侯三年、聶政刺俠累、十三年列侯卒、歷文侯十年、至哀公六年、韓嚴弑哀侯、年數相去甚遠、史蓋誤合嚴遂韓嚴爲一人、故此傳獨異、然韓策固作列侯、史公反改列爲哀、豈又誤仍韓子內儲乎、而韓策于鼇王策中、亦誤作哀侯、通鑑因之、古史疑之、惟大事記國策吳注辨其非、與韓相俠累有郤。【索隱】俠累、上古夾反、下力追反、案戰國策、俠累名傀也、戰國策云、韓傀相韓、嚴遂重於君、二人相害也、嚴遂舉韓傀之過、韓傀叱之於朝、嚴遂拔劍趨之、以救解、是有郤之由也、嚴仲子恐誅、亡去游、求人可以報俠累者。至齊。齊人或言聶政勇敢士也、避仇隱於屠者之閒。嚴仲子至門請、數反、然後具酒自暢聶政母前。【集解】徐廣曰、暢、一作賜、【索隱】徐氏云、一作賜、案戰國策作觴、近爲得也、【正義】數、色吏反、【考證】寬永板標記云、正義色吏反、一本作色庾反、酒酣、嚴仲子奉黃金百溢、前爲聶政母壽。聶政驚怪其厚、固謝嚴仲子。嚴仲子固

進。而聶政謝曰。臣幸有老母。家貧、客游以爲狗屠、可以旦夕得甘毳以養親。【集解】毳、此芮反、【索隱】鄒氏音脆、二義相通也、親供養備。不敢當仲子之賜。嚴仲子辟人、因爲聶政言曰。臣有仇、而行游諸侯衆矣。然至齊、竊聞足下義甚高。故進百金者、將用爲大人麤糲之費、得以交足下之驩。豈敢以有求望邪。【正義】糲、猶麤米也、脫粟也、韋昭云、古者名男子爲丈夫、尊婦嫗爲大人、漢書宣元王傳、王遇大人益解、爲大人乞骸去、按大人、憲王外祖母、古詩云、三日斷五疋、大人故言遲、是也、【考證】各本大人作夫人、今從正義本、館本、策作丈人、注云、一本夫人、或作大人、李光縉曰、古父母皆可稱大人、范滂將就誅、與母訣曰、大人割不忍之愛、是也、聶政曰。臣所以降志辱身居市井屠者、徒幸以養老母。【索隱】言其心志與身、本應高絜、今乃卑下其志、屈辱其身、論語孔子謂柳下惠降志辱身、是也、老母在、政身未敢以許人也。【索隱】禮記曰、父母存、不許友以死、嚴仲子固讓。聶政竟不肯受也。【考證】讓、責也、强欲使受金、然嚴仲子卒備賓主之禮

而去。久之聶政母死、既已葬、除服。聶政曰。嗟乎、政乃市井之人、鼓刀以屠。【正義】古者相聚汲水、有物便賣、因成市、故云市井、【考證】中井積德曰、邑居如井畫、故曰市井、愚按、孟子在國曰市井之臣、在野曰草莽之臣、離騷、呂望之鼓刀兮、遭周文而得察、注、鼓、鳴也、鼓刀而屠也、而嚴仲子乃諸侯之卿相也。不遠千里、枉車騎而交臣。臣之所以待之、至淺鮮矣。未有大功可以稱者。而嚴仲子奉百金爲親壽。我雖不受、然是者徒深知政也。【考證】徒、猶獨也、韓策無、楓、三本、不下有敢字、夫賢者以感忿睚眦之意、而親信窮僻之人。而政獨安得嘿然而已乎。【考證】韓策、已作止、且前日要政。政徒以老母。【考證】徒、猶特也、老母今以天年終。政將爲知己者用。乃遂西至濮陽、見嚴仲子曰。前日所以不許仲子者、徒以親在。今不幸而母以天年終。【考證】楓、三本、無母以天年四字、終作死、仲子所欲報仇者爲誰。請得

從事焉。嚴仲子具告曰。臣之仇韓相俠累。俠累又韓君之季父也。宗族盛多、居處兵衞甚設。臣欲使人刺之、衆終莫能就。【考證】衆字衍、王念孫曰、衆與終一字、一本作終、一本作衆、後人竝存之耳、韓策無衆字、今足下幸而不棄。請益其車騎壯士、而爲足下輔翼者。【考證】楓、三本、其作具、與韓策合、義長、聶政曰。韓之與衞相去、中閒不甚遠。【索隱】高誘曰、韓都潁川陽翟、衞都東郡濮陽、故曰閒不遠也、今殺人之相、相又國君之親。此其勢不可以多人。多人、不能無生得失。生得失則語泄。【索隱】無生得、戰國策作無生情、言所將人多、或生異情、故語泄、此云生得、言將多人往殺俠累、後又被生擒而事泄、亦兩俱通也、【正義】言多人不生得擒韓相、其言卽漏泄也、又一曰、多人殺韓相、不能無被生擒、得之者、其語必泄、【考證】楓、三本、得下失字竝無、愚按索隱正義二本、亦無失字、今本衍、不能無生得、索隱正義後解是、語泄、是韓擧國而與仲子爲讎。豈不殆哉。【集解】徐廣曰、讎、一作難、【索隱】徐注云、一作難、戰國策讎周亦同、【考證】今策與史同、遂謝車騎人徒。聶政乃辭獨行、杖劒至韓。

韓相俠累方坐府上。持兵戟而衞侍者甚衆。聶政直入上階、刺殺俠累。【集解】徐廣曰、韓烈侯三年三月、盜殺韓相俠累、俠累名傀、戰國策曰、有東孟之會、又云、聶政刺韓傀、兼中哀侯、【索隱】戰國策曰、政直入上階刺韓傀、傀走而抱哀侯、聶政刺之、兼中哀侯、高誘曰、東孟、地名也、【考證】梁玉繩曰、韓策云、韓有東孟之會、王及相皆在、政刺殺韓傀、傀走抱烈侯、政刺之、兼中烈侯、又云、東孟之會、聶政陽堅、刺相兼君、許異蹙烈侯而殪之、立以爲君、許異終身相焉、據此則史言俠累坐府上、非也、愚按、今本韓策、烈侯作哀侯、誤、說旣見上、左右大亂。聶政大呼、所擊殺者數十人。因自皮面決眼、自屠出腸、遂以死。【索隱】皮面、謂以刀割其面皮、欲令人不識、決眼、謂出其眼睛、戰國策作抉眼、此決亦通、音烏穴反、【正義】謂自剝其面皮、決其眼睛、【考證】中井積德曰、皮面、謂剝面皮、屠者熟習、急遽辨此、恰好、他人不能學也、愚按列女傳、皮作披、御覽五百七十四、引史亦作披、文選注作破、楓、三本、文選注決作抉、韓取聶政屍暴於市。購問莫知誰子。【正義】暴、蒲酷反、於是韓購縣之、有能言殺相俠累者予千金。【考證】韓策、購縣作縣購、王念孫曰、下文亦云、縣購其名姓千金、謂縣金以購之也、久之莫知也。政姊榮、聞人有刺殺韓相者、賊不得、國不知其名姓、暴其尸

而縣之千金、【集解】榮一作嫈、【索隱】榮、其姊名也、戰國策無榮字、【考證】中井積德曰、是文重複煩冗、唯聞之二字、可承當、是類蓋太史公欲删定未果者、後人乃加賞賛、可笑、乃於邑曰。其是吾弟與。嗟乎、嚴仲子知吾弟。【索隱】劉氏云、於邑、煩寃愁苦、【正義】乃於本邑中而言也、【考證】索隱是、立起如韓之市。而死者果政也。伏尸、哭極哀。曰。是軹深井里所謂聶政者也。市行者諸衆人皆曰。此人暴虐吾國相、王縣購其名姓千金。夫人不聞與。何敢來識之也。榮應之曰。聞之。然政所以蒙汚辱、自棄於市販之閒者、爲老母幸無恙、妾未嫁也。【索隱】爾雅云、恙、憂也、楚詞云、還及君之無恙、風俗通云、恙、病也、凡人相見、及通書皆云、無恙、又易傳云、上古之時、草居露宿、恙、齧蟲也、善食人心、俗悉患之、故相勞云無恙、恙非病也、親旣以天年下世、妾已嫁夫。嚴仲子乃察擧吾弟困汚之中而交之。澤厚矣。可柰何。士固爲知己者死。【索隱】案察、謂觀察有志行、乃擧之、劉氏云、察、猶選也、【考證】市行者至此一百三字、韓策無、未詳其所本、今乃以妾

尙在之故、重自刑以絕從。【集解】徐廣曰、恐其姊從坐而死、【索隱】重、音持用反、重、猶復也、爲人報讎死、乃以妾故復自刑其身、令人不識也、從、音蹤、古字少假借、無旁足、而徐氏以爲從坐、非也、劉氏亦音足松反、【正義】重、直龍反、自刑、作刑、說文云、刑、剄也、按重、猶愛惜也、本爲嚴仲子報仇訖、愛惜其事、不令漏泄、以絕其蹤迹、其姊妄云爲己隱、誤矣、【考證】中井積德曰、重、輕重之重、又曰、政之自刑、以護仲子也、姊已誤認矣、又顯仲子之蹤、是大失政之意、陳子龍曰、政重在報嚴之德、而姊重在揚弟之名、不能兼顧也、張文虎曰、正義自刑作刑、按此正義本作自刑、而合刻者爲之詞、妾其柰何畏歿身之誅、終滅賢弟之名。大驚韓市人、乃大呼天者三。卒於邑悲哀而死政之旁。【考證】楓、三本、無悲字、晉・楚・齊・衞聞之、皆曰。非獨政能也。乃其姊亦烈女也。【考證】以上本韓策、張文虎曰、游、王、柯、凌本乃譌及、鄕使政誠知其姊無濡忍之志、【索隱】濡、潤也、人性溼潤、則能含忍、故云濡忍也、若勇躁則必輕死也、不重暴骸之難、【索隱】重難、並如字、重、猶惜也、言不惜暴骸之爲難也、必絕險千里、以列其名、姊弟俱僇於韓市者、亦未必敢以身許嚴仲子也。【考證】楓、三本、姊弟作昆弟、余有丁曰、自鄕使而下四句、一氣不可斷、謂政知其姊必如此、未必以身許仲子也、

嚴仲子亦可謂知人能得士矣。【考證】敍事插議論、其後二百二十餘年、秦有荊軻之事。【集解】徐廣曰、聶政至荊軻百七十年。【索隱】徐氏據六國年表、聶政去荊軻一百七十年、則謂此傳率略、而言二百餘年、亦當時爲不能細也、【正義】按年表從始皇二十三年至韓景侯三百七十年、若至哀侯六年六百四十三年也。【考證】張文虎曰、案自韓景侯六年始爲侯、至秦始皇二十三年、首尾百八十年、若韓哀侯六年、又減三十六年、六國表書俠累事於韓烈侯三年、下至秦始皇二十三年、實百七十四年、此傳文、及集解索隱所言年數皆不合、正義更謬、疑竝傳寫之失、

荊軻者、衛人也。【索隱】按贊論稱公孫季功董生爲余道之、則此傳雖約戰國策、而亦別記異聞、其先乃齊人、徙於衛。衛人謂之慶卿。【索隱】軻先齊人、齊有慶氏、則或本姓慶、春秋慶封、其後改姓賀、此下亦至衛而改姓荊、荊慶聲相近、故隨在國而異其號耳、卿者時人尊重之號、猶如相尊美亦稱子然也、而之燕。燕人謂之荊卿。荊卿好讀書擊劍。【集解】呂氏劍技曰、持短入長、倏忽從橫、以術說衛元君。衛元君不用。其後秦伐魏、置東郡、徙衛元君之支屬於野王。【正義】懷州河內縣、【考證】梁玉繩曰、案徙野王者卽元君、豈惟支屬哉、荊軻嘗游過榆次、與蓋聶論劍。【索隱】蓋音古臘反、蓋姓、聶名、【正義】榆次、并州縣也、蓋

聶怒而目之。荊軻出。人或言復召荊卿。蓋聶曰。曩者吾與論劍、有不稱者。吾目之。試往。是宜去、不敢留。使使往之主人。荊卿則已駕而去榆次矣。使者還報。蓋聶曰。固去也。吾曩者目攝之。【索隱】攝、猶整也、謂不稱己意、因怒視以攝整之也、【正義】攝、猶視也、【考證】王念孫曰、攝讀爲懾、鄭注樂記曰、懾、猶恐懼也、襄十一年左傳、武震以攝威之、釋文、攝、之涉反、是攝與懾同、言曩者吾怒目以懾之、彼固不敢不去也、

荊軻游於邯鄲。魯句踐與荊軻博爭道。【索隱】魯姓、句踐名也、與越王同、或有意義、俗本踐作賤、非、魯句踐怒而叱之。荊軻嘿而逃去。遂不復會。【考證】舉二事、以證荊軻之沈深非庸人、

荊軻既至燕。愛燕之狗屠及善擊筑者高漸離。【索隱】筑似琴有弦、用竹擊之、取以爲名、漸音如字、王義之音哉廉反、【考證】張文虎曰、案隋志、有小學篇一卷、晉下邳內史王義撰、索隱王義下之字、疑衍、蔡本、王本、竝無之字、作之廉反、與此音同、柯本改王爲正、割入正義、斯爲謬矣、荊軻嗜酒、日與狗屠及高漸離飮於燕市。酒酣以往、高漸離擊筑、荊軻和而歌於

市中相樂也。【正義】歌衆人之中、已而相泣、旁若無人者。荊軻雖游於酒人乎、【集解】徐廣曰、飲酒之人、然其爲人沈深好書。其所游諸侯、盡與其賢豪長者相結。【考證】以上燕策無、史公蓋得之公孫季功董生、方望溪云、荊軻傳乃史公所自作、編國策者、取焉、而刪其首尾、蓋以軻居閭巷間、事不可入國策、高漸離撲秦皇、在秦幷六國後故也、愚按此傳亦史采策、非策采史、方說非也、其之燕、燕之處士田光先生亦善待之。知其非庸人也。居頃之、會燕太子丹質秦。亡歸燕。【正義】燕丹子云、太子丹質於秦、秦王遇之無禮、不得意、欲歸、秦王不聽、謬言曰、令烏頭白、馬生角、乃可、丹仰天歎焉、卽爲之烏頭白、馬生角、王不得已遣之、爲機發橋欲陷、丹過之、爲不發、風俗通云、燕太子丹天爲雨粟、烏頭白、馬生角也、

燕太子丹者、故嘗質於趙。而秦王政生於趙。其少時與丹驩。及政立爲秦王、而丹質於秦。秦王之遇燕太子丹不善。故丹怨而亡歸。歸而求爲報秦王者、國小力不能。其後秦日出兵山東、以伐齊・楚・三晉、稍蠶食諸侯、

且至於燕。【考證】以上史公以意補、燕君臣皆恐禍之至。太子丹患之、問其傅鞠武。【索隱】上音麴、又如字、人姓名也、

武對曰。秦地徧天下、威脅韓・魏・趙氏。北有甘泉・谷口之固。南有涇・渭之沃、擅巴・漢之饒、右隴・蜀之山、左關・殽之險。【考證】楓、三本、擅巴以下十五字、作巴蜀之饒、右隴蜀、左關殽、民衆而士厲、兵革有餘。意有所出、則長城之南、易水以北、未有所定也。【正義】以北、謂燕國也、【考證】楓本、之作以、柰何以見陵之怨、欲批其逆鱗哉。【集解】批、音白結反、【索隱】白結反、批、謂觸擊之、【考證】北有甘泉至未有所定也五十七字、史公補足、逆鱗見韓非說難、當時既爲通用語、

丹曰。然則何由。對曰。請入圖之。居有閒、秦將樊於期得罪於秦王、亡之燕。太子受而舍之。鞠武諫曰。不可。夫以秦王之暴、而積怒於燕。足爲寒心。又況聞樊將軍之所在乎。【索隱】凡人寒甚則心戰、恐懼亦戰、今以懼譬寒、言可爲心戰、【考證】中井積德曰、恐懼之切、心胸如酸

如寒、戰、戰栗、是謂委肉當餓虎之蹊也。禍必不振矣。【索隱】振、救也、言禍及天下、不可救之、【正義】振、動也、言舍樊將軍、禍必不動矣、【考證】正義非、索隱天下二字當削、是就燕而言、雖有管・晏、不能爲之謀也。願太子疾遣樊將軍入匈奴以滅口。請西約三晉、南連齊・楚、北購於單于、其後迺可圖也。【索隱】戰國策、購作講、講、和也、今讀購與爲燕媾同、媾亦合也、漢史、媾講兩字常襍、今欲北與連和、陳軫傳亦曰、西購於秦也、【考證】徐孚遠曰、戰國時、未有用胡騎爲援者、燕國弱而近匈奴、故欲媾之、愚按索隱爲燕二字衍、幻雲抄云、陳軫傳無此語、太子曰、太傅之計、曠日彌久、心惽然、恐不能須臾。【正義】惽、音昬、【考證】岡白駒曰、言己憂思昏瞀、且死、須臾不可待、楓・三本無臾字、策有、且非獨於此也。夫樊將軍窮困於天下、歸身於丹。丹終不以迫於彊秦、而棄所哀憐之交、置之匈奴。是固丹命卒之時也。願太傅更慮之。鞠武曰、夫行危欲求安、造禍而求福、計淺而怨深、連結一人之後交、不顧國家之大害、

【考證】張照曰、後、疑當作厚、丹與樊於期交必舊矣、愚按張說拘、此所謂資怨而助禍矣。夫以鴻毛燎於爐炭之上、必無事矣。【考證】此下所字、依舊刻補、慶長本標記云、言秦擊燕、如燎鴻毛於爐炭、豈有大事乎、謂其輕易也、且以鵰鷙之秦、行怨暴之怒、豈足道哉。【考證】夫行至道哉六十七字、楓・三本無、愚按燕策亦無、蓋史公補足、燕有田光先生。其爲人智深而勇沈、可與謀。太子曰、願因太傅而得交於田先生、可乎。鞠武曰、敬諾。出見田先生、道太子願圖國事於先生也。田光曰、敬奉教。乃造焉。太子逢迎、卻行爲導、跪而蔽席。【集解】徐廣曰、蔽一作撥、一作拔、【索隱】蔽、音疋結反、蔽、猶拂也、【正義】爲導、謂引導田光、【考證】張文虎曰、舊刻、毛本、逢作進、張照曰、蔽疑當作撇、音鼈、孟荀列傳、平原君側行撇席、愚按燕策作拂、田光坐定、左右無人。太子避席而請曰、燕・秦不兩立。願先生留意也。田光曰、臣聞騏驥盛壯之時、一日而馳千里。至其衰老、駑馬先之。今太子聞光盛壯

之時。不知臣精已消亡矣。雖然光不敢以圖國事。所善荊卿可使也。【正義】燕丹子云、田光荅曰、竊觀太子客、無可用者、夏扶血勇之人、怒而面赤、宋意脈勇之人、怒而面青、武陽骨勇之人、怒而面白、光所知荊軻神勇之人、怒而色不變、【考證】楓・三本、圖作乏、爲是、燕策亦作乏、或曰、當作匱、張文虎曰、正義武陽、疑卽下秦舞陽、太子曰、願因先生得結交於荊卿、可乎。田光曰、敬諾。卽起趨出。太子送至門、戒曰、丹所報、先生所言者、國之大事也。願先生勿泄也。田光俛而笑曰、諾。【正義】俛、音俯、僂行見荊卿曰、光與子相善、燕國莫不知。今太子聞光壯盛之時、不知吾形已不逮也。【考證】岡白駒曰、僂行、曲背也、言老人狀貌、楓本、已下有衰字、上文壯盛作盛壯、幸而教之曰、燕・秦不兩立。願先生留意也。光竊不自外。言足下於太子也。【考證】燕策注、不自外、不自疏於軻也、橫田惟孝曰、所託事重、故不自疏外太子也、願足下過太子於宮。荊軻曰、謹奉教。田光曰、吾聞之、長者爲行、不

使人疑之。今太子告光曰、所言者國之大事也。願先生勿泄。是太子疑光也。夫爲行而使人疑之、非節俠也。【考證】楓・三本、無夫字、楓本、之作己、欲自殺以激荊卿。曰、願足下急過太子、言光已死、明不言也。因遂自刎而死。【考證】楓・三本・燕策、刎作剄、高儀曰、其死非爲泄、實欲勉軻使死之耳、荊軻遂見太子、言田光已死、致光之言。太子再拜而跪、膝行流涕。有頃而后言曰、丹所以誡田先生毋言者、欲以成大事之謀也。今田先生以死明不言。豈丹之心哉。荊軻坐定。太子避席頓首曰、田先生不知丹之不肖、使得至前敢有所道。此天之所以哀燕而不棄其孤也。【索隱】案無父稱孤、時燕王尚在、而丹稱孤者、或記者失辭、或諸侯嫡子、時亦僭稱孤也、又劉向云、丹、燕王喜之太子、【考證】范雎傳、秦昭王曰、寡人得受命於先生、是天所以幸先王不棄其孤也、詞氣正與此同、故索隱云、記者失辭、今秦有貪利之心、而欲不

可足也。非盡天下之地、臣海内之王者、其意不厭。今秦已虜韓王、盡納其地、又擧兵南伐楚、北臨趙、王翦將數十萬之衆距漳・鄴、而李信出太原・雲中。趙不能支秦、必入臣。入臣、則禍至燕。燕小弱、數困於兵。今計擧國不足以當秦。【考證】楓、三本、無計字、諸侯服秦、莫敢合從。丹之私計、愚以爲誠得天下之勇士使於秦、闚以重利。【索隱】闚、示也、言以利誘之、【考證】闚、當作闞、闞、啗通、秦王貪。【索隱】絕句、其勢必得所願矣。誠得劫秦王、使悉反諸侯侵地、若曹沬之與齊桓公、則大善矣。則不可、因而刺殺之。【考證】矣下則、讀如卽、彼秦大將擅兵於外、而内有亂、則君臣相疑。以其閒、諸侯得合從、其破秦必矣。此丹之上願、而不知所委命。【考證】盧藏用曰、言有此願、不知所委寄、唯荊卿留意焉。

久之、荊軻曰。此國之大事也。臣駑下、恐不足任使。太子前頓首、固請毋讓、然後許諾。於是尊荊卿爲上卿、舍上舍。太子日造門下、供太牢、具異物、閒進車騎美女、恣荊軻所欲、以順適其意。【索隱】燕丹子曰、軻與太子遊東宮池、軻拾瓦投鼃、太子捧金丸進之、又共乘千里馬、軻曰、千里馬肝美、卽殺馬進肝、太子與樊將軍置酒於華陽臺、出美人能鼓琴、軻曰、好手也、斷以玉盤盛之、軻曰、太子遇軻甚厚、是也、【正義】所字下有欲字者非也、【考證】楓、三本、太子下無日字、所下欲字、燕策亦有、久之、荊軻未有行意。秦將王翦破趙、虜趙王、盡收入其地、進兵北略地、至燕南界。太子丹恐懼、乃請荊軻曰。秦兵旦暮渡易水、則雖欲長侍足下、豈可得哉。【考證】張文虎曰、蔡本、毛本、太子下無丹字、游、王本、侍譌待、荊軻曰。微太子言、臣願謁之。【考證】謁、告也、請也、今行而毋信、則秦未可親也。夫樊將軍、秦王購之金千斤、邑萬家。誠得樊將軍首、與燕督亢之地

圖、奉獻秦王、【集解】徐廣曰、方城縣有督亢亭、駰案、劉向別錄曰、督亢、膏腴之地、地理志、廣陽國有薊縣、司馬彪郡國志曰、方城有督亢亭、【正義】督亢坡、在幽州范陽縣東南十里、今固安縣南有督亢陌、幽州南界、【考證】燕策、報下有太子二字、秦王必說見臣。臣乃得有以報。太子曰。樊將軍窮困來歸丹。丹不忍以己之私、而傷長者之意。願足下更慮之。荊軻知太子不忍、乃遂私見樊於期曰。秦之遇將軍、可謂深矣。【正義】戮家室、及購千金、是遇深也、父母宗族、皆爲戮沒。今聞購將軍首金千斤、邑萬家。將柰何。於期仰天太息流涕【考證】楓、三本、於期上有樊字、曰。於期每念之、常痛於骨髓。顧計不知所出耳。荊軻曰。今有一言可以解燕國之患、報將軍之仇者。何如。於期乃前曰。爲之柰何。荊軻曰。願得將軍之首以獻秦王。秦王必喜而見臣。臣左手把其袖、右手揕其匈。【集解】徐廣曰、揕、音張鴆切、一作抗、

【索隱】徐氏音、丁鴆反、揕、謂以劒刺其胷也、又云、一作抗、抗音苦浪反、言抗拒也、其義非、【考證】王念孫曰、注、抗、當作抌、抌、刺也、然則將軍之仇報、而燕見陵之愧除矣。將軍豈有意乎。【考證】楓、三本、燕策、燕下有國字、樊於期偏袒搤捥而進曰。【集解】徐廣曰、捥、一作捾、【索隱】搤、音烏革反、捥、音烏亂反、勇者奮厲、必先以左手扼右捥也、捥、古腕字、此臣之日夜切齒腐心也。【索隱】切齒、齒相磨切也、爾雅曰、治骨曰切、腐、音輔、亦爛也、猶今人事不可忍云腐爛、然皆奮怒之意也、【考證】中井積德曰、憂悶不可忍、則心摧折、若腐爛然、愚按、腐心作拊心、亦通、乃今得聞教。遂自剄。太子聞之、馳往伏屍而哭、極哀。既已不可柰何。乃遂盛樊於期首函封之。於是太子豫求天下之利匕首、得趙人徐夫人匕首。【集解】徐廣曰、徐一作陳、【索隱】徐、姓、夫人、名、謂男子也、【考證】中井積德曰、徐夫人、非女子、未可知也、且其命匕首、非必工名、或所貯之人名、盛則亦以命焉、取之百金、使工以藥焠之、【索隱】焠、染也、音忽潰反、謂以毒藥染劒鍔也、【考證】中井積德曰、燒金內水、謂之焠、此謂以藥水焠之、以試人、血濡縷、人無不立死者。【集解】言以匕首試人、人血出、足以沾濡絲縷、便立死也、【考證】中井積德曰、濡縷、謂傷淺血出、僅

如絲纚、乃裝爲遣荊卿。燕國有勇士秦舞陽。年十三殺人。人不敢忤視。乃令秦舞陽爲副。【索隱】忤者逆也、五故反、不敢逆視、言人畏之甚也、【考證】楓、三本、無年字、燕策、十三作十二、中井積德曰、年十三殺人、以狀其慓悍絶人耳、非是時年正十三、張文虎曰、國策、燕丹子、人表、隷續、武梁畫、竝作武陽、而史獨作舞陽、古字通用、愚按匈奴傳云、燕有賢將秦開、與荊軻刺秦王秦舞陽者、開之孫也、荊軻有所待、欲與俱。其人居遠未來。而爲治行。【考證】燕策、治行作留待、頃之未發。太子遲之、疑其改悔。乃復請曰。日已盡矣。荊卿豈有意哉。丹請得先遣秦舞陽。荊軻怒叱太子曰。何太子之遣。往而不返者豎子也。【考證】遣下添舞陽也三字看、意迫語急、燕策、太子之遣四字、作今日二字、且提一匕首、入不測之彊秦。僕所以留者、待吾客與俱。今太子遲之。請辭決矣。遂發。太子及賓客知其事者、皆白衣冠以送之、至易水之上。旣祖取道。【正義】易州、在幽州歸義縣界、【考證】祖、行祭也、謂祭道路之神也、高漸

離擊筑、荊軻和而歌、爲變徵之聲。【正義】徵、知雉反、【考證】律呂本考云、五聲宮與商、商與角、徵與角、相去各一律、至角與徵、羽與宮、相去乃二律、相去一律、則音節和、相去二律、則音節遠、故角徵之間、近徵收一聲、比徵少下、謂之變徵、羽宮之間、近宮收一聲、少高於宮、謂之變宮、梁玉繩曰、攷藝文類聚四十四、初學記十六、引宋玉笛賦云、宋意將送荊卿于易水之上、文選二十八雜歌序云、荊軻歌、宋如意和之、淮南泰族云、高漸離宋意爲擊筑而歌于易水之上、水經注十一云、高漸離擊筑、宋如意和之、新論辨樂云、荊軻入秦、宋意擊筑、陶潛靖節集詠荊軻詩云、宋意唱高聲、策史俱不及宋如意、何也、士皆垂淚涕泣。又前而爲歌曰。風蕭蕭兮易水寒。壯士一去兮不復還復爲羽聲忼慨。士皆瞋目、髮盡上指冠。【考證】楓、三本、淚作髮、無又前至復還二十字、復作而後、策與史文同、爲下無羽聲二字、寒還韻、錢大昕曰、楚詞招魂大招、多四言、去些只助語、合兩語讀之、卽成七言、荀子成相、荊軻送別、其七言之始乎、至漢而大風瓠子、見于帝製、柏梁聯句、一時稱盛、而五言廱聞、其載於班史者、唯邪徑敗良田童謠、出于成帝之世耳、劉彥和謂西京詞翰、莫見五言、所以李陵班婕妤見疑于後代、於是荊軻就車而去。終已不顧。遂至秦、持千金之資幣物、厚遺秦王寵臣中庶子蒙嘉。嘉爲先言於秦王曰。燕王誠振怖大王之

威、不敢擧兵以逆軍吏、願擧國爲內臣、比諸侯之列、給貢職如郡縣、而得奉守先王之宗廟。恐懼不敢自陳。謹斬樊於期之頭、及獻燕督亢之地圖、函封。燕王拜送于庭、使使以聞大王。唯大王命之。秦王聞之、大喜、乃朝服設九賓、【正義】劉云、設文物大備、卽謂九賓、不得以周禮九賓義爲釋、【考證】九賓、見藺相如傳、見燕使者咸陽宮。【正義】三輔黃圖云、秦始兼天下都咸陽、因北陵營宮殿、則紫宮象帝宮、渭水貫都、以象天漢、橫橋南度、以法牽牛也、荊軻奉樊於期頭函、而秦舞陽奉地圖匣。【索隱】戶甲反、柙亦函也、以次進至陛。秦舞陽色變振恐。羣臣怪之。【考證】楓、三本、陛作階、荊軻顧笑舞陽、前謝曰。北蕃蠻夷之鄙人、未嘗見天子。故振慴。願大王少假借之、使得畢使於前。【考證】楓、三本、前謝作爲謝、畢下使字、作事、燕策、前下有爲字、蕃讀爲藩、秦王謂軻曰。取舞陽所持地圖。軻既取圖奏之。秦王發

圖。圖窮而匕首見。因左手把秦王之袖、而右手持匕首揕之未至身。秦王驚、自引而起。袖絶。拔劒。劒長。操其室。【索隱】室、謂鞘也、【正義】燕丹子云、左手揕其胷、秦王曰、今日之事、從子計耳、乞聽琴而死、召姬人鼓琴、琴聲曰、羅縠單衣、可裂而絶、八尺屛風、可超而越、鹿盧之劒、可負而拔、王於是奮袖、超屛風走之、【考證】梁玉繩曰、惶急之際、何能聽琴、燕丹子不可信也、時惶急。劒堅。故不可立拔。【考證】李慈銘曰、江南本、堅作豎、義長、荊軻逐秦王。秦王環柱而走。羣臣皆愕。卒起不意、盡失其度。而秦法、羣臣侍殿上者、不得持尺寸之兵。諸郎中執兵、皆陳殿下、非有詔召不得上。【索隱】郎中、若今宿衞之官、【考證】楓、三本、燕策、無寸之二字、方急時、不及召下兵。以故荊軻乃逐秦王。而卒惶急、無以擊軻、而以手共搏之。是時侍醫夏無且、以其所奉藥囊提荊軻也。【索隱】且、音卽餘反、【正義】提、姪帝反、【考證】楓、三本、囊作橐、下同、李笠曰、案周勃傳、太后以冒絮提文帝、索隱云、蕭該音底、提者擲也、提荊軻下、策無也字、此疑誤衍、秦王方環

柱走。卒惶急、不知所爲。左右乃曰、王負劍。負劍、【索隱】王劭曰、古者帶劍上長、拔之不出室、欲王推之於背、令前短易拔、故云王負劍、又燕丹子稱琴聲曰、鹿盧之劍、可負而拔、是也、【考證】下負劍、秦王之爲屬下讀、遂拔以擊荊軻、斷其左股。荊軻廢。乃引其匕首、以擿秦王。【索隱】擿與擲同、古字耳、音持益反、不中。中桐柱。【正義】燕丹子云、荊軻拔匕首擲秦王、決耳入銅柱、火出、【考證】策無桐字、三條本、毛本、作銅、秦王復擊軻。軻被八創。軻自知事不就、倚柱而笑、箕踞以罵曰、事所以不成者、以欲生劫之、必得約契、以報太子也。【集解】漢鹽鐵論曰、荊軻懷數年之謀、而事不就者、尺八匕首、不足恃也、秦王操於不意、列斷賁育者、介七尺之利也、【考證】中井積德曰、欲生劫云者、是回護之言、非實事、愚按曹沫於齊桓、亦生劫、但荊軻不必自期、又按史公不言此時秦舞陽作何狀、蓋在階下、爲衞士之所執耳、於是左右既前殺軻。秦王不怡者良久。已而論功、賞羣臣及當坐者各有差。而賜夏無且黄金二百溢。曰、無且愛我、乃以藥囊提荊軻也。於是秦王大怒、益發兵詣趙、詔

王翦軍以伐燕。十月而拔薊城。【考證】始皇二十一年十月、燕王喜・太子丹等、盡率其精兵、東保於遼東。秦將李信追擊燕王急。【考證】會燕太子丹以下、本燕策、代王嘉乃遺燕王喜書曰。秦所以尤追燕急者、以太子丹故也。今王誠殺丹獻之秦王、秦王必解、而社稷幸得血食。其後李信追丹。丹匿衍水中。【索隱】水名、在遼東、【考證】以上燕策所無、史公補足、燕王乃使使斬太子丹、欲獻之秦。秦復進兵攻之。後五年秦卒滅燕、虜燕王喜。【考證】丹下欲字、疑衍、以上本燕策、其明年、秦幷天下、立號爲皇帝。於是秦逐太子丹・荊軻之客。皆亡。高漸離變名姓、爲人庸保、【索隱】欒布傳曰、賣庸於齊、爲酒家人、漢書作酒家保、案謂庸作於酒家、言可保信、故云庸保、鶡冠子曰、伊尹保酒、【考證】岡白駒曰、賣傭定限期、故云保、匿作於宋子。【集解】徐廣曰、縣名也、今屬鉅鹿、【索隱】徐注云、縣名、屬鉅鹿者、據地理志而知也、【正義】宋子故城、在邢州平鄉縣北三十里、久之作苦。聞其

家堂上客擊筑、徬徨不能去。每出言曰。彼有善有不善。從者以告其主曰。【索隱】從者、謂主人家之左右也、彼庸乃知音、竊言是非。家丈人召使前擊筑。一坐稱善賜酒。【索隱】劉氏云、謂主人翁也、又韋昭云、古者名男子爲丈夫、尊婦嫗爲丈人、故漢書宣元六王傳所云丈人、謂淮陽憲王外王母、卽張博母也、故古詩曰、三日斷五疋、丈人故言遲、是也、【考證】中井積德曰、家丈人、謂家主人也、決非女稱、按宣元六王傳云、過大人益解、又云、爲大人乞骸骨、未嘗稱丈人、此註則引之、字作丈人、以解家丈人、大謬、所引古詩亦然、張文虎曰、丈人大人、皆尊屬稱、無別乎男女也、此傳家丈人、自當如劉說耳、而高漸離念久隱、畏約無窮時。【索隱】約、謂貧賤儉約、既爲庸保、常畏人、故云畏約、所以論語云、不可以久處約、【正義】言久結其約契、逃避不敢出、有何窮極時、【考證】楓三本無隱字、畏約、索隱是、乃退出其裝匣中筑、與其善衣、更容貌而前。舉坐客皆驚、下與抗禮、以爲上客。使擊筑而歌。客無不流涕而去者。宋子傳客之。【集解】徐廣曰、互以爲客、聞於秦始皇。秦始皇召見。人有識者。乃曰、高漸離也。秦皇帝惜其善擊筑、重赦之。

【考證】楓本、赦作殺、爲是、重、猶難也、張文虎曰、風俗通作殺、乃矐其目、使擊筑。未嘗不稱善。稍益近之。【集解】矐、音海各反、【索隱】海各反、一音角、說者云、以馬屎燻、令失明、高漸離乃以鉛置筑中。【索隱】案劉氏云、鉛爲挺著筑中、令重以擊人、復進得近、舉筑朴秦皇帝。不中。【索隱】普卜反、朴、擊也、於是遂誅高漸離、終身不復近諸侯之人。【考證】燕策云、其後荊軻客高漸離、以擊筑見秦皇帝、而以筑擊秦皇帝、爲燕報仇、不中而死、本傳錄其顚末甚詳、蓋亦得之公孫季功董生也、魯句踐已聞荊軻之刺秦王、私曰。嗟乎、惜哉其不講於刺劍之術也。【索隱】案不講、謂不論習之、甚矣吾不知人也。曩者吾叱之。彼乃以我爲非人也。【考證】以句踐言結、以應傳首、顧炎武曰、古人作史、有不待論斷、而于序事之中、卽見其指者、惟太史公能之、平準書末、載卜式語、王翦傳末、載客語、荊軻傳末、載魯句踐語、鼂錯傳末、載鄧公與景帝語、武安侯田蚡傳末、載武帝語、皆於序事中寓論斷法也、

太史公曰。世言荊軻、其稱太子丹之命、天雨粟、馬生角也。太

過。[索隱]燕丹子曰、丹求歸、秦王曰、烏頭白、馬生角、乃許耳、丹乃仰天歎、烏頭卽白、馬亦生角、風俗通及論衡、皆有此說、仍云、廏門木烏生肉足、[正義]太子丹質於秦、秦王遇之無禮、不得意、欲歸、秦王不聽、謬曰、烏頭白、馬生角、乃可、丹仰天嘆、焉乃爲之烏頭白、馬生角、王不得已遣之、爲機發橋、欲陷丹、過之、橋爲不發、又言荊軻傷秦王。皆非也。始公孫季功·董生、與夏無且游、具知其事。爲余道之如是。自曹沫至荊軻五人、此其義或成、或不成。然其立意較然、[索隱]較、明也、不欺其志。名垂後世、豈妄也哉。

[索隱]述贊、曹沫盟柯、返魯侵地、專諸進炙、定吳簒位、彰弟哭市、報主塗廁、刎頸申冤、操袖行事、暴秦奪魄、懦夫增氣、

刺客列傳第二十六

史記八十六

文學博士瀧川龜太郎著

史記會注考證

史記會注考證卷八十七

漢　太　史　令　司　馬　遷　撰

宋　中　郎　外　兵　曹　參　軍　裴　駰　集　解

唐　國　子　博　士　弘　文　館　學　士　司　馬　貞　索　隱

唐　諸　王　侍　讀　率　府　長　史　張　守　節　正　義

日　本　出　雲　瀧　川　資　言　考　證

李斯列傳第二十七　史記八十七

考證 史公自序云、能明其畫、因時推秦、遂得意於海內、斯爲謀首、作李斯列傳第二十七、林伯桐曰、李斯外似剛愎、而內實游移、其於李由告歸咸陽而置酒、既而曰、物極

則衰、吾未知所稅駕、似乎知退者矣、及李由爲三川守、羣盜西略地、則李斯恐懼重爵祿、不知所出、其於趙高謀廢立、旣曰忠臣不避死而庶幾、似乎以身殉國者矣、及趙高以禍福動之、則又曰、旣以不能死、安託命哉、其於二世無道、旣數欲請閒諫、似乎能犯顏矣、及二世責問、則又勸之督責、欲以求容、其胸中惶惑熒亂、進退無據、安得不見制於趙高哉、當其辭於荀卿曰、詬莫大於卑賤、而悲莫甚於困窮、自言其所見也、只此二語、便足斷送一生、

李斯者、楚上蔡人也。索隱 地理志、汝南上蔡縣、云古蔡國、周武王弟叔度所封、至十八代平侯、徙新蔡、二蔡皆屬汝南、後二代至昭侯徙下蔡、屬沛、六國時、爲楚地、故曰楚上蔡、 年少時爲郡小吏。索隱 鄉小史、劉氏云、掌鄉文書、考證 索隱本、楓本、郡作鄉、類聚獸部、御覽百八十八引史亦作鄉、王念孫曰、上蔡之鄉也、 見吏舍廁中鼠食不絜、近人犬、數驚恐之。斯入倉觀倉中鼠食積粟、居大廡之下、不見人犬之憂。於是李斯乃歎曰。人之賢不肖、譬如鼠矣。在所自處耳。乃從荀卿學帝王之術。考證 荀子議兵篇、李斯問孫卿子曰、秦四世有勝、兵强海內、威行諸侯、非以仁義爲之也、以便從事而已、孫卿子曰、女所謂便者、不便之便也、吾所謂仁者、大便之便也、此李斯仕秦之後、亦問道於荀卿、 學已成、度楚王不足事、而六國皆

弱、無可爲建功者。欲西入秦、辭於荀卿曰、斯聞得時無怠。今萬乘方爭時、游者主事。索隱 言萬乘爭雄之時、游說者可以立功成名、當得典主事務也、劉氏云、游歷諸侯、當見彊主以事之、於文紆迴非也、考證 越語、范蠡曰、臣聞之、得時無怠、時不再來、中井積德曰、游者、謂游宦浪士、不必說士、主事、謂持其柄也、此二句說已然之事、 今秦王欲吞天下、稱帝而治。此布衣馳騖之時、而游說者之秋也。正義 言秋時萬物成熟、今爭彊時、亦說士成熟時、考證 李笠曰、秋亦時也、信陵君傳、朱亥曰、此乃臣效命之秋也、諸葛亮後出師表、此誠危急存亡之秋也、中井積德曰、秋、收農務尤緊、故以喩急趨之時也、非成熟之謂、愚按、楓、三本、無說字、爲是、承游者主事、 處卑賤之位、而計不爲者、此禽鹿視肉、人面而能彊行者耳。索隱 禽鹿、猶禽獸也、言禽獸但知視肉而食之、莊子及蘇子曰、人而不學、譬之視肉而食、揚子法言曰、人而不學、如禽何異、言不能游說取榮貴、即如禽獸徒有人面而能彊行耳、正義 言處卑賤之人、如禽獸終日食之覰、視其肉、徒有人面、强行於地、考證 中井積德曰、鹿不肉食者、乃以肉食喩、是偶然之失、索隱宜言禽獸視肉、唯知食之而已、 故詬莫大於卑賤、而悲莫甚於窮困。正義 詬、呼后反、恥辱也、 久處卑賤之位、困苦之地、非世而惡利、自託於

無爲、此非士之情也。【索隱】非者譏也、所謂處士橫議也、【正義】言譏世富貴、惡其榮利、自託於無爲者、非士人之情、實力不能致此也、故斯將西說秦王矣。至秦。會莊襄王卒。李斯乃求爲秦相文信侯呂不韋舍人。不韋賢之、任以爲郎。李斯因以得說。說秦王曰。胥人者去其幾也。【索隱】胥人、猶胥吏小人也、去、猶失也、幾者、動之微、以言君子見幾而作、不俟終日、小人不識動微之會、故每失時也、劉氏解幾爲彊、非也、【考證】王念孫曰、胥、須也、須、待也、去當作失、言有人釁可乘、不急乘其釁、而待之、是自失其幾也、中井積德曰、幾、只是機會矣、愚按去猶失也、不必改字、成大功者、在因瑕釁而遂忍之。【索隱】言因諸侯有瑕釁、則忍心而翦除、故我將說秦以幷天下、【正義】胥、相也、幾、謂察也、言關東六國、與秦相敵者、君臣機密、並有瑕釁可成大功、而遂忍之也、【考證】中井積德曰、人將忍子、與此忍字同、謂行慘虐之事也、且此說秦之辭、索隱將說秦、失竄、昔者秦穆公之霸、終不東幷六國者、何也。【考證】中井積德曰、此言六國、據李斯之時而指他方之辭、其實不止六國、故曰諸侯尚衆也、不以辭害志可也、諸侯尚衆、周德未衰。故五伯迭興、更尊周室。自秦孝公以來、周室卑微、諸侯相兼、關東爲六

國。秦之乘勝役諸侯、蓋六世矣。【正義】秦孝公、惠文王、武王、昭王、孝文王、莊襄王、今諸侯服秦、譬若郡縣。夫以秦之彊、大王之賢、由竈上騷除、足以滅諸侯成帝業、爲天下一統。【集解】徐廣曰、騷、音埽、【索隱】騷、音埽、言秦欲幷天下、若炊婦埽除竈上之不淨、不足爲難、【正義】言秦國欲東幷六國、若炊婦除竈上塵垢、言其易也、【考證】王念孫曰、由、與猶同、騷與埽同、御覽引此竈上有老嫗二字、據索隱、正文有此二字明矣、此萬世之一時也。今怠而不急就、諸侯復彊、相聚約從、雖有黃帝之賢不能幷也。秦王乃拜斯爲長史、聽其計、陰遣謀士、齎持金玉、以游說諸侯。諸侯名士可下以財者、厚遺結之、不肯者、利劍刺之、離其君臣之計。秦王乃使其良將隨其後。【考證】事見下文李斯上二世書、秦王拜斯爲客卿。會韓人鄭國來閒秦、以作注溉渠。已而覺。【正義】鄭國渠、首起雍州雲陽縣西南二十五里、自中山西邸瓠口爲渠、傍北山、東注洛、三百餘里以溉田、又曰、韓苦秦兵、而使水工鄭國閒秦作注溉渠、令費人工不東伐也、

【考證】事見河渠書、梁玉繩引孫侍講云、逐客之議、因嫪毐、不因鄭國、鄭國事、在始皇初年、大事記云、是時不韋專國、亦客也、孰言逐客乎、本紀敘于不韋免相後、得之矣、秦宗室大臣、皆言秦王曰。諸侯人來事秦者、大抵爲其主游閒於秦耳。請一切逐客。【索隱】一切、猶一例、言盡逐之也、言一切者、譬若利刀之割、一運斤無不斷者、解漢書者、以一切爲權時義、亦未爲得也、【考證】中井積德曰、一切、譬如一刀切東鍋、鍋有長短、有巨細、而無所擇、唯一刀取齊整也、李斯議亦在逐中。斯乃上書曰。【正義】在始皇十年、臣聞吏議逐客。竊以爲過矣。昔繆公求士、西取由余於戎、東得百里奚於宛、【索隱】秦本紀云、晉獻公以百里奚爲秦穆公夫人媵於秦、奚亡走宛、楚鄙人執之、是也、【正義】新序云、百里奚、楚宛人、仕於虞、虞亡入秦、號五羖大夫也、【考證】楓三本、昔下有者字、迎蹇叔於宋、【索隱】秦紀又云、百里奚謂穆公曰、臣不如臣友蹇叔、蹇叔賢而代莫知、穆公厚幣迎之、以爲上大夫、今云於宋、未詳所出、【正義】括地志云、蹇叔、岐州人也、時游宋、故迎之於宋、來丕豹・公孫支於晉。【索隱】丕豹自晉奔秦、左氏傳有明文、公孫支所謂子桑也、是秦大夫、而云自晉來、亦未見所出、【正義】括地志云、公孫支、岐州人、游晉、後歸秦、【考證】來、各本作求、與上文求士複、今從索隱本文選、此五子者、不產於秦。而繆公用之、幷國

二十、遂霸西戎。【索隱】秦本紀、穆公用由余謀伐戎王、益國十二、開地千里、遂霸西戎、此都言五子之功、故云幷國二十、或易爲十二、誤也、【考證】王、柯、凌、毛本、五下脫子字、中井積德曰、幷國二十、或是有所據未可知也、或是誇張耳、孝公用商鞅之法、移風易俗、民以殷盛、國以富彊、百姓樂用、諸侯親服、獲楚・魏之師、舉地千里、至今治彊。惠王用張儀之計、拔三川之地、西幷巴・蜀、【索隱】案惠王時、張儀爲相、請伐韓下兵三川以臨二周、司馬錯請伐蜀、惠王從之、果滅蜀、儀死後、武王欲通車三川、令甘茂拔宜陽、今竝云張儀者、以儀爲秦相、雖錯滅蜀、茂通三川、皆歸功於相、又三川、是儀先請伐故也、【考證】梁玉繩曰、李善文選注曰、通三川、是武王、張儀已死、此誤也、善注其允、索隱彌縫其誤、不免曲說、至伐蜀、是司馬錯、而亦以爲儀者、索隱謂儀爲秦相、雖錯滅蜀、歸功于相、余攷華陽國志、伐蜀乃儀爲主將、而錯副之、豈徒歸功已哉、又說在甘茂傳、北收上郡、【正義】惠王十年、魏納上郡十五縣、南取漢中、【正義】惠王十三年、攻楚漢中、取地六百里、包九夷、制鄢・郢、【索隱】九夷、即屬楚之夷也、地理志、南郡江陵縣云、故楚郢都、又宜城縣云、故鄢也、【正義】六、謂幷巴蜀、收上郡、取漢中、伐義渠丹犂是也、九夷、本東夷九種、此言者、文體然也、【考證】中井積德曰、九、稱多數之辭、東據成皋之險、【正義】河南府氾水縣也、割膏腴之壤、遂散六國之從、使之

西面事秦、功施到今。昭王得范雎、廢穰侯、逐華陽、【集解】徐廣曰、華一作葉、【正義】葉、車涉反、彊公室、杜私門、蠶食諸侯、使秦成帝業。【索隱】高誘注淮南子云、蠶食、盡無餘也、此四君者、皆以客之功。由此觀之、客何負於秦哉。向使四君卻客而不內、疏士而不用、是使國無富利之實、而秦無彊大之名也。今陛下致昆山之玉、【正義】昆岡、在于闐國東北四百里、其岡出玉、有隨・和之寶、【正義】括地志云、溳山、一名崑山、一名斷蛇丘、在隨州隨縣北二十五里、說苑云、昔隨侯行遇大蛇中斷、疑其靈、使人以藥封之、蛇乃能去、因號其處爲斷蛇丘、歲餘、蛇銜明珠徑寸、絕白而有光、因號隨珠、卞和璧、始皇以爲傳國璽也、【考證】中井積德曰、正義、徑寸之下、脫獻隨侯一事、而前文失解、又曰、秦璽非和璧、和璧豈可以爲璽、愚按正義璽當作寶、垂明月之珠、服太阿之劍、【集解】見蘇秦傳、【索隱】越絕書曰、楚王召歐冶子干將、作鐵劍三、一曰干將、二曰莫邪、三曰太阿也、乘纖離之馬、【集解】徐廣曰、纖離、蒲梢、皆駿馬名、【索隱】皆馬名、徐氏據孫卿子而爲說、建翠鳳之旗、樹靈鼉之鼓、【集解】鄭玄注月令云、鼉皮可以冒鼓、此數寶者、秦不生一焉。而陛下說之、

何也。必秦國之所生然後可、則是夜光之璧、不飾朝廷、犀象之器、不爲玩好、鄭・衞之女、不充後宮、而駿良駃騠、不實外廐、【索隱】駃騠、決提二音、周書曰、正北以駃騠爲獻、廣雅曰、馬屬也、郭景純注上林賦云、生三日而超其母也、江南金錫不爲用、西蜀丹青不爲采。所以飾後宮充下陳、娛心意說耳目者、必出於秦然後可、【索隱】下陳、猶後列也、晏子曰、有二女、願得入身於下陳、是也、【正義】下陳、謂下等陳列、則是宛珠之簪、傅璣之珥、【索隱】宛、音於阮反、傅、音附、宛、謂以珠宛轉而裝其簪、傅璣者、以璣傅著於珥、珥者瑱也、璣是珠之不圓者、或云、宛珠、隨珠也、隨、在漢水之南、宛亦近漢、故云宛、傅璣者女飾也、言女傅之珥、以璣爲之、竝非秦所有物也、【考證】中井積德曰、璣、小珠也、又曰、宛地出珠耳、何必傅會于隨、阿縞之衣、錦繡之飾、不進於前、【集解】徐廣曰、齊之東阿縣、繒帛所出、而隨俗雅化、佳冶窈窕趙女、不立於側也。【集解】徐廣曰、隨俗、一作修使、【索隱】謂閑雅變化、而能通俗也、【正義】佳冶、佳麗姚冶、佳、音居膎反、夫擊甕叩缶、彈箏搏髀、而歌呼嗚嗚快耳目者、眞秦之聲也。【索隱】說文

云、甕、汲缻也、於貢反、缶、瓦器也、秦人鼓之以節樂、缻、音甫有反、【考證】楓、三本、無目字、王念孫曰、文選、北堂書鈔、藝文類聚、太平御覽引此、無目字、案聲能快耳、不能快目、目字、後人所加、鄭・衞・桑間、昭・虞・武・象者、異國之樂也。【集解】徐廣曰、昭一作韶、【考證】楓、三本、虞作護、下同、今弃擊甕叩缶而就鄭・衞、退彈箏而取昭・虞。【考證】楓、三本、無叩缶二字、若是者、何也。快意當前、適觀而已矣。今取人則不然。不問可否、不論曲直、非秦者去、爲客者逐。然則是所重者、在乎色樂珠玉、而所輕者、在乎人民也。【考證】楓、三本、無珠玉二字、此非所以跨海內制諸侯之術也。臣聞地廣者粟多、國大者人衆、兵彊則士勇。【考證】楓、三本、人作民、是以太山不讓土壤、故能成其大。河海不擇細流、故能就其深。王者不卻衆庶、故能明其德。【索隱】管子云、海不辭水、故能成其大、泰山不辭土石、故能成其高、文子曰、聖人不讓負薪之言、以廣其名、【考證】墨子親士篇、江河不惡小谷之滿己也、故能大、聖人者事無辭也、物無違也、故能爲天下器、中井積德曰、擇、棟擇而

取舍也、故有取舍二義、此擇字、屬舍、張文虎曰、索隱泰字誤衍、管子無、是以地無四方、民無異國、四時充美、鬼神降福。此五帝三王之所以無敵也。今乃弃黔首以資敵國、卻賓客以業諸侯、【索隱】資、猶給也、使天下之士、退而不敢西向、裹足不入秦。【考證】裹足、謂足如有所裹、而不前也、范雎傳、杜口裹足、莫肯嚮秦耳、此所謂藉寇兵、而齎盜糧者也。【索隱】藉、音積夜反、齎、音子奚反、說文曰、齎、持遺也、齎或爲資、義亦通、【考證】兵糧、韻、張照曰、按此必當時語、故范雎用之、李斯再用之、荀子大略篇亦曰、非其人而教之、齎盜糧借寇兵也、夫物不產於秦、可寶者多。士不產於秦、而願忠者衆。【考證】文選、無而字、今逐客以資敵國、損民以益讎、內自虛而外樹怨於諸侯、求國無危、不可得也。【考證】楓、三本、無損民以益讎五字、秦王乃除逐客之令、復李斯官。【集解】新序曰、斯在逐中、道上上諫書、達始皇、始皇使人逐、至驪邑得還、卒用其計謀、官至廷尉。二十餘年、竟幷天下、尊主爲皇帝。【考證】楓、三本、主作王、梁玉繩曰、始皇十

年有逐客令、至幷天下、才十七年、 以斯爲丞相、夷郡縣城、銷其兵刃、示不復用、使秦無尺土之封、不立子弟爲王、功臣爲諸侯者、使後無戰攻之患。始皇三十四年、置酒咸陽宮。博士僕射周靑臣等、頌稱始皇威德。齊人淳于越進諫曰。臣聞之、殷・周之王千餘歲、封子弟功臣、自爲支輔。今陛下有海內、而子弟爲匹夫。卒有田常六卿之患臣。無輔弼、何以相救哉。【考證】卒、音猝、田常弑齊簡公、范・中行、知、韓、趙、魏六卿分晉、楓、三本、始皇三十四年紀、並無患字、臣字屬上讀、輔弼、猶藩屛也、卽上文支輔、 事不師古而能長久者、非所聞也。今靑臣等又面諛以重陛下過。非忠臣也。【索隱】重、音逐用反、重者再也、 始皇下其議丞相。丞相謬其說、紬其辭、乃上書曰。古者天下散亂、莫能相一。【考證】紬、黜同、楓、三本、一下有定字、 是以諸侯並作、語皆道古以害今、飾

虛言以亂實、人善其所私學、以非上所建立。今陛下幷有天下、辨白黑【索隱】劉氏云、前時國異政、家殊俗、人造私語、莫辨其眞、今乃分別白黑也、【考證】索隱本、辨作別、 而定一【索隱】謂始皇幷大國、定天下、海內共尊立一帝、故云、 而私學乃相與非法教之制、聞令下、卽各以其私學議之、入則心非、出則巷議、非主以爲名、異趣以爲高、率羣下以造謗。【考證】楓、三本、趣作取、 如此不禁、則主勢降乎上、黨與成乎下。禁之便。臣請諸有文學詩書百家語者、蠲除去之。【考證】楓、三本、無除字、 令到、滿三十日弗去、黥爲城旦。所不去者、醫藥・卜筮・種樹之書。若有欲學者、以吏爲師。【考證】文與始皇三十四年紀略同、 始皇可其議、收去詩書百家之語、以愚百姓、使天下無以古非今。明法度、定律令、皆以始皇起。同文書、【正義】六國制令不同、今令同之、【考證】正義蓋解上文明法度定律令也、同文書、一文字也、始皇

二十六年紀云、書同文字、 治離宮別館、周徧天下、【考證】楓、三本、周下有道字、亦通、 明年又巡狩、外攘四夷。斯皆有力焉。【考證】楓、三本、明年又巡狩、作明帝者有巡狩、義長、梁玉繩曰、始皇三十五年、無巡狩事、攘四夷亦不在是年、 斯長男由、爲三川守、諸男皆尙秦公主、女悉嫁秦諸公子。三川守李由、告歸咸陽。李斯置酒於家、百官長皆前爲壽。門廷車騎以千數。【考證】楓、三本、壽上有斯字、 李斯喟然而歎曰。嗟乎、吾聞之荀卿曰。物禁太盛。夫斯乃上蔡布衣、閭巷之黔首。上不知其駑下、遂擢至此。當今人臣之位、無居臣上者。可謂富貴極矣。物極則衰。吾未知所稅駕也。【索隱】稅駕、猶解駕、言休息也、李斯言已今日富貴已極、然未知向後吉凶止泊在何處也、【正義】稅、舍車也、止也、【考證】中井積德曰、稅駕、行之終也、以喩身之終、 始皇三十七年十月、行出游會稽、並海上、北抵琅邪。【正義】今沂州、【考證】楓、三本、並作傍、無上字、 丞相斯・中車府令趙高、

兼行符璽令事。皆從。【考證】趙高、詳于蒙恬傳、 始皇有二十餘子。長子扶蘇、以數直諫上、上使監兵上郡。蒙恬爲將。【正義】上郡故城、在綏州上縣東南五十里、 少子胡亥愛。請從。上許之。餘子莫從。【集解】辯士隱姓名、遺秦將章邯書曰、李斯爲秦王死、廢十七兄、而立今王也、然則二世是秦始皇第十八子、此書在善文中、【考證】隋志、善文五十卷、晉杜預撰、 其年七月、始皇帝至沙丘。病甚。【正義】沙丘臺、在邢州、【考證】楓、三本、病作疾、 令趙高爲書賜公子扶蘇曰。以兵屬蒙恬、與喪會咸陽而葬。書已封、未授使者。始皇崩。書及璽、皆在趙高所。獨子胡亥・丞相李斯・趙高及幸宦者五六人、知始皇崩。餘羣臣皆莫知也。李斯以爲上在外崩、無眞太子。故祕之、置始皇居轀輬車中。【集解】徐廣曰、一作輜車、【考證】楓、三本、無置字、 百官奏事上食如故。宦者輒從轀輬車中可諸奏事。【集解】文穎曰、轀輬車、如今喪轜車也、孟康曰、如衣車有窗牖、閉之則溫、開之則涼、

故名之轀輬車也、如淳曰、轀輬車、其形廣大、有羽飾也、趙高因留所賜扶蘇璽書、而謂公子胡亥曰、上崩、無詔封王諸子、而獨賜長子書。長子至、卽立爲皇帝、而子無尺寸之地。爲之柰何。【考證】楓、三本、立作位、而下子上有諸字、胡亥曰、固也。吾聞之、明君知臣、明父知子。父捐命不封。諸子何可言者。趙高曰、不然。方今天下之權、存亡在子與高及丞相耳。願子圖之。且夫臣人與見臣於人、制人與見制於人、豈可同日道哉。胡亥曰、廢兄而立弟。是不義也。不奉父詔而畏死。是不孝也。【考證】畏死、畏事露罹刑也、能薄而材讕、彊因人之功。是不能也。【集解】史記音隱、讕、宰顯反、【索隱】音義云、宰殄反、劉氏音將淺反、則讕亦淺義、古人語自有重輕、所以文字有異、三者逆德。天下不服、身殆傾危、社稷不血食。高曰、臣聞湯·武殺其主、天下稱義焉。不爲不忠。

衞君殺其父、而衞國載其德、孔子著之。不爲不孝。【考證】錢大昕曰、春秋哀公三年、衞石曼姑帥師圍戚、公羊以爲伯討、孟子書衞君輒爲孝公、故趙高爲此言、然蒯聵未嘗死乎輒、輒亦無德可載也、中井積德曰、載疑當作戴、夫大行不小謹。盛德不辭讓。【考證】項羽本紀、樊噲云、大行不顧細謹、大禮不辭小讓、酈生傳、酈食其云、舉大事不細謹、盛德不辭讓、蓋當時有此語、鄉曲各有宜。而百官不同功。故顧小而忘大、後必有害。狐疑猶豫、後必有悔。斷而敢行、鬼神避之、後有成功。願子遂之。胡亥喟然歎曰、今大行未發、喪禮未終。豈宜以此事干丞相哉。【考證】癸辛雜識云、宮車晏駕曰大行、大行者、不返之辭也、趙高曰、時乎時乎。閒不及謀。贏糧躍馬、唯恐後時。【正義】贏、裹糧也、【考證】贏、當作贏、與裹同、胡亥既然高之言。高曰、不與丞相謀、恐事不能成。臣請爲子與丞相謀之。高乃謂丞相斯曰、上崩、賜長子書、與喪會咸陽、而立爲嗣。書未行。今上崩、

未有知者也。所賜長子書、及符璽、皆在胡亥所。定太子、在君侯與高之口耳。事將何如。【考證】徐孚遠曰、符璽及書、本在高所、而云胡亥者、亦以劫斯也、斯曰、安得亡國之言。此非人臣所當議也。高曰、君侯自料能孰與蒙恬。功高孰與蒙恬。【考證】楓、三本、無高字、以上文推之、無者是、謀遠不失、孰與蒙恬。無怨於天下、孰與蒙恬。長子舊而信之、孰與蒙恬。斯曰、此五者皆不及蒙恬。而君責之何深也。高曰、高固內官之廝役也。【考證】楓、三本、固作故、幸得以刀筆之文、進入秦宮、管事二十餘年。【考證】楓、三本、秦宮作奏官、未嘗見秦免罷丞相功臣、有封及二世者也。卒皆以誅亡。【考證】以已同、皇帝二十餘子。皆君之所知。長子剛毅而武勇。信人而奮士。卽位必用蒙恬爲丞相。君侯終不懷通侯之印、歸於鄉

里明矣。【考證】胡三省曰、徹侯、漢曰通侯、亦曰列侯、應劭云、通亦撤也、通者功德通於王室也、張晏云、列侯者見序列也、愚按通侯解又見始皇紀、高受詔教習胡亥、使學以法事數年矣。【考證】楓、三本、受作有、無教字、未嘗見過失。慈仁篤厚、輕財重士、辯於心而詘於口、盡禮敬士。【正義】詘、猶訥也、秦之諸子未有及此者。可以爲嗣。君計而定之。斯曰、君其反位。斯奉主之詔、聽天之命。何慮之可定也。高曰、安可危也。危可安也。安危不定、何以貴聖。斯曰、斯、上蔡閭巷布衣也。上幸擢爲丞相、封爲通侯、子孫皆至尊位重祿者、故將以存亡安危屬臣也。豈可負哉。【考證】楓、三本、故作固、夫忠臣不避死而庶幾。【索隱】斯言忠臣之節、本不避死、言己今日亦庶幾盡忠不避死也、【考證】余有丁曰、庶幾、謂貪生幸利也、愚按謂徼幸於萬一也、索隱非、孝子不勤勞而見危。【正義】言哀痛甚則危其身也、【考證】勤勞、勤勞怨恨也、見危、蹈危機也、人臣各守其職而已矣。君其

勿復言。將令斯得罪。高曰。蓋聞聖人遷徙無常、就變而從時、見末而知本、觀指而覩歸。【考證】毛本、就作覩、 物固有之。安得常法哉。方今天下之權命、懸於胡亥。【考證】楓、三本、命縣二字倒、淮陰侯傳、當今兩主之命、縣於足下、 高能得志焉。且夫從外制中、謂之惑。從下制上、謂之賊。故秋霜降者草花落。水搖動者萬物作。【索隱】水搖者、謂冰泮而水動也、是春時而萬物皆生也、【考證】惑賊落作韻、索隱本、無動字、王念孫曰、原文當作霜降而草華落、水搖者萬物作、秋字動字、後人所加、 此必然之效也。君何見之晚。【考證】楓、三本、晚下有也字、范雎傳、蔡澤曰、吁、君何見之晚也、王應麟曰、斷而敢行、鬼神避之、見末而知本、觀指而覩歸、秋霜降者草花落、水搖動者萬物作、此戰國諸子之言、趙高誦之爾、 斯曰。吾聞晉易太子、三世不安。【正義】謂廢申生立奚齊也、 齊桓兄弟爭位、身死爲戮。【正義】謂小白與公子糾、【考證】公子糾見殺、 紂殺親戚、不聽諫者、國爲丘墟、遂危社稷。【正義】謂殺比干囚箕子、 三者逆天、宗廟不血食。斯其猶人哉。安足

爲謀。【索隱】言我今日猶是人、人道守順、豈能爲逆謀、故下云安足與謀、【正義】猶人、猶是人也、秉道守順、豈有叛逆、安足與謀也、 高曰。上下合同、可以長久。中外若一、事無表裏。君聽臣之計、卽長有封侯、世世稱孤、必有喬松之壽、孔墨之智。【考證】秦策、蔡澤說范雎云、長爲應侯、世世稱孤、而有喬松之壽、 今釋此而不從、禍及子孫、足以爲寒心。【考證】王念孫曰、以字衍、文選報任安書注、引作足爲寒心、燕策云、夫以秦王之暴、而積怨於燕、足爲寒心、又其一證、 善者因禍爲福。君何處焉。斯乃仰天而歎、垂淚太息曰。嗟乎、獨遭亂世、既以不能死、安託命哉。【考證】楓、三本、以作已、中井積德曰、以已通、 於是斯乃聽高。高乃報胡亥曰。臣請奉太子之明命、以報丞相。【考證】楓、三本、請作謹、命作令、爲是、 丞相斯敢不奉令。【考證】楓、三本、敢上有不字、爲是、 於是乃相與謀、詐爲受始皇詔。丞相立子胡亥爲太子。【考證】崔適曰、丞相上、當重詔字、 更爲書、賜長子扶蘇曰。朕巡天下、禱

祠名山諸神、以延壽命。今扶蘇與將軍蒙恬、將師數十萬、以屯邊十有餘年矣。【考證】楓、三本、師作帥、 不能進而前。士卒多耗、無尺寸之功。乃反數上書、直言誹謗我所爲、以不得罷歸爲太子、日夜怨望。扶蘇爲人子不孝。其賜劍以自裁。將軍恬、與扶蘇居外、不匡正、宜知其謀。【考證】楓、三本、不下有能字、 爲人臣不忠。其賜死、以兵屬裨將王離。【考證】楓、三本、裨下有軍字、 封其書以皇帝璽、遣胡亥客奉書賜扶蘇於上郡。【考證】楓、三本、於上有在字、 使者至發書。扶蘇泣入內舍、欲自殺。蒙恬止扶蘇曰。陛下居外、未立太子。使臣將三十萬衆守邊、公子爲監。此天下重任也。今一使者來、卽自殺。安知其非詐。請復請。復請而後死、未暮也。【正義】復、扶富反、復、重也、言再三重請、必然而未晚、 使者數趣

之。扶蘇爲人仁。謂蒙恬曰。父而賜子死。尚安復請。卽自殺。蒙恬不肯死。使者卽以屬吏、繫於陽周。【集解】徐廣曰、屬上郡、【正義】陽周、寧州羅川縣之邑也、【考證】事見蒙恬傳、 使者還報。胡亥・斯・高大喜、至咸陽發喪。太子立、爲二世皇帝、以趙高爲郎中令、常侍中用事。二世燕居、乃召高與謀事、謂曰。夫人生居世間也、譬猶騁六驥過決隙也。【考證】胡三省曰、決、裂也、裂開之隙、其間不能以寸、喩狹小也、魏豹傳、人生一世間、如白駒過隙耳、 吾既已臨天下矣。欲悉耳目之所好、窮心志之所樂、以安宗廟而樂萬姓、長有天下、終吾年壽。其道可乎。高曰。此賢主之所能行也。而昏亂主之所禁也。【考證】群書治要引史、而上無也字、 臣請言之。不敢避斧鉞之誅。願陛下少留意焉。夫沙丘之謀、諸公子及大臣皆疑焉。【考證】治要、及作至、 而諸公子盡帝

兄、大臣又先帝之所置也。今陛下初立、此其屬意怏怏、皆不服。恐爲變。且蒙恬已死、蒙毅將兵居外。【考證】梁玉繩曰、案始皇紀及蒙恬傳、將兵在外者恬也、而爲內謀者毅也、又胡亥先殺毅、而殺恬、此俱自相駁、當云蒙毅未死、蒙恬將兵在外、乃合耳。 臣戰戰栗栗、唯恐不終。且陛下安得爲此樂乎。二世曰。爲之柰何。趙高曰。嚴法而刻刑、令有罪者相坐、誅至收族、滅大臣而遠骨肉、貧者富之、賤者貴之、盡除去先帝之故臣、更置陛下之所親信者近之。此則陰德歸陛下、害除而姦謀塞、羣臣莫不被潤澤蒙厚德。陛下則高枕肆志寵樂矣。計莫出於此。【考證】中井積德曰、寵、榮也、李笠曰、案出、猶逾也、過也、莫過於此者、言無有勝於此也、吳王濞傳云、臣愚計無出此、義同、 二世然高之言、乃更爲法律。於是羣臣諸公子有罪、輒下高令鞠治之、殺大臣蒙毅等、【考證】楓、三本、治要、殺上有誅字、

公子十二人僇死咸陽市、【考證】梁玉繩曰、案紀、言六公子僇于杜、公子將閭昆弟三人自殺、與此異、 十公主矺死於杜、【集解】史記音隱曰、矺、音貯格反、【索隱】矺、音宅、與磔同、古今字異耳、磔、謂裂其支體而殺之、【正義】矺、磔也、音宅、【考證】中井積德曰、磔、陳死人也、古謂之尸、漢景中二年、改磔曰棄市、磔是在死後、非磔而後死、楓、三本、杜下有縣字、 財物入於縣官。相連坐者不可勝數。公子高欲奔。恐收族。乃上書曰。先帝無恙時、臣入則賜食、出則乘輿、御府之衣、臣得賜之、中廐之寶馬、臣得賜之。【考證】楓、三本、無寶字、 臣當從死而不能。爲人子不孝、爲人臣不忠。不忠者無名以立於世。【考證】楓、三本、不重不忠二字、爲是、 臣請從死、願葬酈山之足。唯上幸哀憐之。書上。胡亥大說、召趙高而示之曰。此可謂急乎。【考證】岡白駒曰、可謂事急乎、 趙高曰。人臣當憂死而不暇。何變之得謀。胡亥可其書、賜錢十萬以葬。法令誅罰日益刻深、羣臣人人自

危、欲畔者衆。又作阿房之宮、治直馳道、賦斂愈重、戍傜無已。【考證】治要、直下有道字、王念孫曰、秦始皇紀二十七年、治馳道、集解應劭曰、馳道、天子道也、若今之中道也、六國表曰、始皇三十五年、爲直道、道九原通甘泉、蒙恬傳贊曰、蒙恬爲秦塹山堙谷通直道、是直道與馳道不同、今本直下脫道字、則文義不明、 於是楚戍卒陳勝・吳廣等乃作亂、起於山東、傑俊相立、自置爲侯王叛秦。兵至鴻門而卻。【考證】中井積德曰、至鴻門而卻、周文之師也、 李斯數欲請閒諫。二世不許。而二世責問李斯曰。吾有私議。而有所聞於韓子也。曰。堯之有天下也、堂高三尺、采椽不斲、茅茨不翦。雖逆旅之宿、不勤於此矣。【集解】徐廣曰、采、一名櫟、一作柞、【索隱】采、木名、卽今之櫟木、【正義】言采取木作也、不斲削、【考證】中井積德曰、椽材采於山、而不加斲也、愚按、韓非子五蠹篇、無雖以下十字、 冬日鹿裘、夏日葛衣、粢糲之食、藜藿之羹、【索隱】粢、音資、糲、音郎葛反、粢者稷也、糲者麤粟飯也、 飯土甌、【集解】徐廣曰、一作溜、 啜土鉶。【集解】音刑、【考證】始皇紀、甌作溜、鉶作刑、 雖監門之養、不觳於

此矣。【集解】徐廣曰、觳、音學、觳一作轂、推也、【索隱】觳、音學、爾雅云、觳、盡也、言監門下人飯、猶不盡此、若徐氏云一作轂、轂推也、則字宜作較、鄒氏音角、 禹鑿龍門、通大夏、疏九河、曲九防、【正義】謂河之九曲、別爲隄防、【考證】中井積德曰、九河、是九州之河、九防、卽九州澤之隄、是語本于尙書九澤旣防、 決渟水、致之海、【集解】徐廣曰、致、一作放、 而股無胈、脛無毛、【集解】胈、膚毳皮、 手足胼胝、面目黎黑、遂以死于外、葬於會稽。臣虜之勞、不烈於此矣。【正義】烈、酷也、不酷烈於此也、【考證】以上本韓非子五蠹篇、語多敷演、與始皇紀亦異、 然則夫所貴於有天下者、豈欲苦形勞神、身處逆旅之宿、口食監門之養、手持臣虜之作哉。【考證】然則二字、始皇紀無、張文虎曰、疑衍、 此不肖人之所勉也。非賢者之所務也。彼賢人之有天下也、專用天下適己而已矣。此所以貴於有天下也。夫所謂賢人者、必能安天下而治萬民。【考證】楓本、必下有將字、治要、民下有也字、 今身且不能利。將惡能治天下哉。故吾願

肆志廣欲、長享天下而無害。爲之柰何。【考證】董份曰、二世紀亦載此文、而辭不同、此太史公不及整頓處、 李斯子由爲三川守。羣盜吳廣等、西略地過去。弗能禁。章邯以破逐廣等兵、【考證】楓、三本、以作已、 使者覆案三川、相屬誚讓。斯居三公位、如何令盜如此。李斯恐懼、重爵祿、不知所出。乃阿二世意、欲求容、以書對曰。夫賢主者、必且能全道、而行督責之術者也。【索隱】督者察也、察其罪、責之以刑罰也、 督責之、則臣不敢不竭能以徇其主矣。此臣主之分定、上下之義明、則天下賢不肖、莫敢不盡力竭任、以徇其君矣。【考證】治要、臣上無此字、 是故王獨制於天下、而無所制也。能窮樂之極矣。賢明之主也、可不察焉。【考證】楓、三本、治要、焉作耶、 故申子曰。有天下而不恣睢、命之曰以天下爲桎梏者。【索隱】恣睢、上音資

二反、下音呼季反、恣睢、猶放縱也、謂肆情縱恣也、【正義】恣睢、仰白目也、恣、縱也、言有天下不能自縱恣督責、乃勞身於天下若堯禹、卽以天下爲桎梏於身也、【考證】楓、三本、無梏字、申子之言止于此、中井積德曰、正義督責二字當刪、 無他焉。不能督責、而顧以其身勞於天下之民、若堯・禹然。故謂之桎梏也。夫不能修申・韓之明術、行督責之道、專以天下自適也、而徒務苦形勞神、以身徇百姓、則是黔首之役、非畜天下者也。何足貴哉。夫以人徇己、則己貴而人賤。以己徇人、則己賤而人貴。故徇人者賤。而人所徇者貴。自古及今、未有不然者也。凡古之所爲尊賢者、爲其貴也。而所爲惡不肖者、爲其賤也。而堯・禹以身徇天下者也。【考證】楓、三本、堯上而字作夫、 因隨而尊之、則亦失所爲尊賢之心矣。夫可謂大繆矣。謂之爲桎梏、不亦宜乎。【考證】蔡本、中統、王、柯、毛本、竝無梏字、 不能督責之過

也。【考證】楓、三本、治要、能作知、 故韓子曰。慈母有敗子、而嚴家無格虜者何也。【索隱】格、彊扞也、虜、奴隸也、言嚴整之家、本無格扞奴僕也、【正義】劉曰、格、彊悍也、虜、奴隸也、按嚴整之家、無彊悍似奴虜、子弟皆勤也、【考證】韓非子顯學篇、格虜作悍虜、格虜索隱是、正義似字、子弟字、皆可刪、 則能罰之加焉必也。故商君之法、刑弃灰於道者。【正義】弃灰於道者黥也、韓子云、殷之法、弃灰於衢者刑、子貢以爲重問之、仲尼曰、灰弃於衢必燔、人必怒、怒則鬭、鬭則三族、雖刑之可也、【考證】北地多風、棄灰、有失火之虞、所以爲禁、 夫弃灰、薄罪也。而被刑、重罰也。彼唯明主爲能深督輕罪。夫罪輕且督深。而況有重罪乎。故民不敢犯也。是故韓子曰。布帛尋常、庸人不釋。【索隱】八尺曰尋、倍尋曰常、以言其少也、庸人弗釋者、謂庸人見則取之而不釋、以其罪輕、故下云、罰不必行則庸人弗釋尋常、是也、【正義】八尺曰尋、倍尋曰常、言其少也、【考證】索隱以其罪輕四字當刪、 鑠金百溢、盜跖不搏者、【索隱】爾雅、鑠、美也、言百溢之美金在於地、雖有盜跖之行亦不取者、爲其財多而罪重也、故下云、搏必隨手刑、盜跖不搏也、搏猶攫也、取也、凡鳥翼擊物曰搏、足取曰攫、故人取物亦謂之搏、【正義】鑠金、銷鑠之金也、熱不可取也、【考證】鑠金、正義是、故下文云、搏必隨手刑、 非庸人之心重尋常

之利深、而盜跖之欲淺也。【考證】李笠曰、案深字疑衍、此以庸人盜跖對擧、上言庸人不釋布帛、盜跖不搏鑠金、此承上、謂非庸人之心重尋常之利、而盜跖之欲淺百溢之利也、不云百溢者省辭也、 又不以盜跖之行爲輕百溢之重也。搏必隨手刑、則盜跖不搏百溢。【考證】刑、言鑠金傷手也、 而罰不必行也、則庸人不釋尋常。【考證】韓非子五蠹篇、布帛尋常、庸人不釋、鑠金百溢、盜跖不掇、不必害、則不釋尋常、必害手、則不掇百溢、故明主必其誅也、文字少異、 是故城高五丈、而樓季不輕犯也。【集解】許愼曰、樓季、魏文侯之弟、王孫子曰、樓季魏文侯之兄也、 泰山之高百仞、而跛牂牧其上。【集解】詩云、牂羊墳首、毛傳曰、牝曰牂、【考證】韓非子五蠹篇、十仞之城、樓季弗能踰者、峭也、千仞之山、跛牂易牧者、夷也、故明主峭其法而嚴其刑也、 夫樓季也而難五丈之限、豈跛牂也而易百仞之高哉。峭塹之勢異也。【索隱】峭、峻也、高也、七笑反、塹、音漸、以言峭峻則難登、故樓季難五丈之限、平塹則易涉、故跛牂牧於泰山也、 明主聖王之所以能久處尊位、長執重勢、而獨擅天下之利者、非有異道也。能獨斷而審督責、必深罰。

故天下不敢犯也。今不務所以不犯、而事慈母之所以敗子
也、則亦不察於聖人之論矣。夫不能行聖人之術、則舍爲天
下役。何事哉。可不哀邪。【索隱】舍、猶廢也止也、言爲人主不能行聖人督責之術、則已廢止、何爲勤身苦心、爲天下所役、是何哉、
可不哀邪、言其非也、【考證】中井積德曰、言舍聖人之術、而反爲天下之所役、甚可哀也、 且夫儉節仁義之人立於朝、
則荒肆之樂輟矣。諫說論理之臣閒於側、則流漫之志詘矣。
【考證】閒、蔡、王、柯、毛本、作開、楓本作闕、 烈士死節之行顯於世、則淫康之虞廢矣。
【考證】虞、讀爲娛、 故明主能外此三者、而獨操主術、以制聽從之臣、而
修其明法。故身尊而勢重也。凡賢主者、必將能拂世摩俗、而
廢其所惡、立其所欲。【索隱】拂、音扶弗反、磨、音莫何反、拂世、蓋言與世情乖戾、磨俗、言磨礪於俗使從己、 故生則有
尊重之勢、死則有賢明之諡也。【考證】梁玉繩曰、死亡之言、非臣子所宜語于君父、乃直陳無隱、雖暴秦之多忌、不

以是爲罪、蓋秦漢時近質、諱猶少、故賈誼告孝文曰、生爲明帝、沒爲明神、顧成之廟、稱爲太宗、此與端木氏言夫子其死也哀同、 是以明君獨斷。
故權不在臣也。然後能滅仁義之塗、掩馳說之口、困烈士之
行、塞聰揜明、內獨視聽。故外不可傾以仁義烈士之行、而內
不可奪以諫說忿爭之辯。故能犖然獨行恣睢之心、而莫之
敢逆。若此然後可謂能明申・韓之術、而脩商君之法。法脩術
明、而天下亂者未之聞也。故曰。王道約而易操也。唯明主爲
能行之。若此、則謂督責之誠。督責之誠、則臣無邪。【考證】各本、不重督責之
誠、今從楓、三本、 臣無邪、則天下安。天下安、則主嚴尊。主嚴尊、則督責必。
督責必、則所求得。所求得、則國家富。國家富、則君樂豐。故督
責之術設、則所欲無不得矣。羣臣百姓、救過不給。何變之敢

圖。若此、則帝道備、而可謂能明君臣之術矣。雖申・韓復生、不
能加也。【考證】凌稚隆曰、此仍以申韓結截、王維楨曰、斯學帝王之術于荀卿、而用申商之術于秦、何也、 書奏。二世悅。
【考證】楓、三本、悅作說、 於是行督責益嚴、稅民深者爲明吏。二世曰。若此、
則可謂能督責矣。【考證】張文虎曰、王本、治要、無督字、 刑者相半於道、而死人日
成積於市、殺人衆者爲忠臣。二世曰。若此、則可謂能督責矣。
【考證】張文虎曰、蔡本、中統、王、柯、毛本、治要、皆無責字、 初趙高爲郎中令、所殺及報私怨衆多。
恐大臣入朝奏事毀惡之、乃說二世曰。天子所以貴者、但以
聞聲、羣臣莫得見其面。故號曰朕。【考證】朕、朕兆朕漠之朕、微也、少也、趙高取義於不可見不可聞、
且陛下富於春秋。未必盡通諸事。【集解】徐廣曰、通、或宜作照、 今坐朝廷、譴
舉有不當者、則見短於大臣。非所以示神明於天下也。且陛

下深拱禁中、與臣及侍中習法者待事。事來、有以揆之。【集解】徐廣曰、揆、一作撥也、
如此、則大臣不敢奏疑事、天下稱聖主矣。二世用其計、
乃不坐朝廷見大臣。居禁中。趙高常侍中用事、事皆決於趙
高。【考證】楓、三本、無事皆決於趙高六字、 高聞李斯以爲言、乃見丞相曰。關東羣盜
多。今上急益發繇治阿房宮、聚狗馬無用之物。【索隱】房、音旁、一如字、 臣
欲諫。爲位賤。此眞君侯之事。君何不諫。李斯曰。固也。吾欲言
之久矣。今時上不坐朝廷、上居深宮。吾有所言者、不可傳也。
欲見無閒。【考證】治要、言上有欲字、 趙高謂曰。君誠能諫、請爲君候上閒語
君。於是趙高待二世方燕樂、婦女居前、使人告丞相。上方閒。
可奏事。丞相至宮門上謁。如此者三。二世怒曰。吾常多閒日、

丞相不來。吾方燕私、丞相輒來請事。丞相豈少我哉。且固我哉。【索隱】謂以我幼故輕我也、云固我者、一云、以我爲短少、且固陋於我也、於義爲疏、【考證】中井積德曰、固、鄙之也、 趙高因曰、如此殆矣。【考證】治要、無如字、 夫沙丘之謀、丞相與焉。今陛下已立爲帝、而丞相貴不益。此其意亦望裂地而王矣。且陛下不問臣、臣不敢言。丞相長男李由、爲三川守。楚盜陳勝等、皆丞相傍縣之子、以故楚盜公行、【集解】徐廣曰、公一作訟、音松、 過三川、城守不肯擊。高聞其文書相往來、未得其審。故未敢以聞。且丞相居外、權重於陛下。二世以爲然、欲案丞相、恐其不審、乃使人案驗三川守與盜通狀。李斯聞之。是時二世在甘泉、方作觳抵優俳之觀。【集解】應劭曰、戰國之時、稍增講武之禮、以爲戲樂、用相夸示、而秦更名曰角抵、角者角材也、抵者相抵觸也、文穎曰、案秦名此樂爲角抵、兩兩相當、角力、角伎藝射御、故曰角抵也、駰案、觳抵、卽角抵

也、【考證】楓、三本、觳作角、中井積德曰、角觝、蓋今相撲之類、非通他技藝射御、 李斯不得見。因上書言趙高之短曰。臣聞之、臣疑其君、無不危國。妾疑其夫、無不危家。【考證】余有丁曰、疑、卽易陰疑于陽之疑、言勢相近均敵也、愚按不曰婦曰妾、措詞不苟、 今有大臣於陛下。【考證】楓、三本、臣下有側字、 擅利擅害、與陛下無異。此甚不便。昔者司城子罕相宋。身行刑罰、以威行之。朞年遂劫其君。【考證】韓非子二柄篇、子罕謂宋君曰、夫慶賞賜予者、民之所喜也、君自行之、殺戮刑罰者、民之所惡也、臣請行之、于是宋君失刑、子罕用之、故宋君見劫、高誘注呂覽云、子罕殺宋昭公、子罕與宋名臣司城子罕名同人異、說見鄒陽傳、 田常爲簡公臣、爵列無敵於國、私家之富與公家均。布惠施德、下得百姓、上得羣臣、陰取齊國、殺宰予於庭、卽弑簡公於朝、遂有齊國。【考證】中井積德曰、田常所殺、是監止字子我、非宰予、亦傳聞之謬云、 此天下所明知也。今高有邪佚之志、危反之行。如子罕相宋也。【考證】王念孫曰、危、讀爲詭、詭亦反也、 私家之富、

若田氏之於齊也。【考證】楓、三本、若作如、 兼行田常・子罕之逆道、而劫陛下之威信。其志若韓玘爲韓安相也。【集解】玘亦作起、音怡、韓大夫、弑其君悼公者、然韓無悼公、或鄭之嗣君、案表、韓玘事昭侯、昭侯已下四代至王安、其說非也、【考證】胡三省曰、余觀李斯書、意正以胡亥亡國之禍、近在旦夕、故指韓安以其用韓玘而亡韓之事警動之、韓安之臣、必有韓玘者、特史逸其事耳、李斯與韓安同時、而韓安亡國之事、接乎胡亥之耳目、所謂殷鑒不遠也、索隱于數百載之後、譏其說爲非、可乎、 陛下不圖。臣恐其爲變也。二世曰、何哉。夫高故宦人也。【考證】楓、三本、宦作官、中井積德曰、故宦人者、對今尊官而言、謂內官賤役也、 然不爲安肆志、不以危易心、絜行脩善、自使至此。以忠得進、以信守位。朕實賢之。而君疑之、何也。【考證】楓、三本、實作其、 且朕少失先人、無所識知、不習治民。【考證】楓、三本、無所知二字、 而君又老。恐與天下絕矣。朕非屬趙君、當誰任哉。且趙君爲人精廉彊力、下知人情、上能適朕。君其勿疑。【考證】楓、三本、治要、人情作民情、 李斯曰、不然。夫

高、故賤人也。無識於理、貪欲無厭、求利不止、列勢次主、求欲無窮。【考證】治要、列勢作烈勢、凌稚隆曰、威勢亞於人主、 臣故曰、殆。二世已前信趙高、恐李斯殺之、乃私告趙高。【考證】楓、三本、乃私作以、 高曰、丞相所患者獨高。高已死、丞相卽欲爲田常所爲。於是二世曰、其以李斯屬郎中令。趙高案治李斯。李斯拘執束縛、居囹圄中、仰天而歎曰。嗟乎、悲夫。不道之君、何可爲計哉。昔者桀殺關龍逢、紂殺王子比干、吳王夫差殺伍子胥。此三臣者、豈不忠哉。然而不免於死。【考證】楓、三本、不上有身字、 身死而所忠者非也。【正義】所忠、謂吳太宰嚭之類、言三子所忠非其君也、【考證】正義非、 今吾智不及三子、而二世之無道、過於桀・紂・夫差。吾以忠死、宜矣。且二世之治、豈不亂哉。日者夷其兄弟而自立也、殺

忠臣而貴賤人、作爲阿房之宮、賦斂天下。吾非不諫也。而不吾聽也。凡古聖王、飲食有節、車器有數、宮室有度。出令造事、加費而無益於民利者禁。故能長久治安。今行逆於昆弟、不顧其咎。侵殺忠臣、不思其殃。大爲宮室、厚賦天下、不愛其費。三者已行、天下不聽。今反者已有天下之半矣。而心尚未寤也、而以趙高爲佐。吾必見寇至咸陽、麋鹿游於朝也。【正義】麋鹿、上音眉、亦作麋、於是二世乃使高案丞相獄治罪、【考證】楓、三本、相下有下字、責斯與子由謀反狀。皆收捕宗族賓客。趙高治斯、榜掠千餘。不勝痛、自誣服。斯所以不死者、自負其辯有功、實無反心、【考證】治要、無其辯二字、幸得上書自陳、幸二世之寤而赦之。李斯乃從獄中上書曰。

臣爲丞相、治民三十餘年矣。逮秦地之陜隘。【考證】梁玉繩曰、案始皇二十八年、李斯尚爲卿、本紀可據、疑三十四年始爲丞相、則相秦纔六年、若以始皇十年斯用事數之、是二十九年、亦無三十餘年也、先王之時、秦地不過千里、兵數十萬。臣盡薄材、謹奉法令、陰行謀臣、資之金玉、使游說諸侯、陰脩甲兵、飾政教、官鬬士、尊功臣、盛其爵祿。故終以脅韓弱魏、破燕·趙、夷齊·楚、卒兼六國、虜其王、立秦爲天子。罪一矣。地非不廣。又北逐胡貉、南定百越、以見秦之彊。罪二矣。尊大臣、盛其爵位、以固其親。罪三矣。立社稷、脩宗廟、以明主之賢。罪四矣。更剋畫、平斗斛度量文章、布之天下、以樹秦之名。罪五矣。【考證】岡白駒曰、更、改也、剋畫、謂器物制度儀飾也、文章、卽制度儀飾之已成者、中井積德曰、文章上疑有脫文、愚按文章二字、疑當移剋畫下、治馳道、興游觀、以見主之得意。罪六矣。緩刑罰、薄賦斂、

以遂主得衆之心、萬民戴主、死而不忘。罪七矣。【考證】凌稚隆曰、按李斯所謂七罪、乃自侈其極忠、反言以激二世耳、愚按此與白起蒙恬臨死自罪者相似、蓋秦人之語、中井積德曰、唯第七罪、爲虛飾非實、若斯之爲臣者、罪足以死固久矣。上幸盡其能力、乃得至今。願陛下察之。【考證】楓、三本、無乃得二字、

書上。趙高使吏弃去、不奏。曰。囚安得上書。趙高使其客十餘輩詐爲御史謁者侍中、更往覆訊斯。斯更以其實對。輒使人復榜之。後二世使人驗斯。斯以爲如前。終不敢更言、辭服。奏當上。二世喜曰。微趙君、幾爲丞相所賣。【考證】胡三省曰、奏當者、獄具而奏、當處其罪也、漢路溫舒曰、奏當之成、雖咎繇聽之、猶以爲死有餘辜、及二世所使案三川之守。至則項梁已擊殺之。【考證】楓、三本、無及字、至、使者至三川也、項梁所擊殺者李由、通鑑、守下補由字、使者來。會丞相下吏。趙高皆妄爲反辭。【考證】楓、三本、皆上有因字、

二世二年七月、具斯五刑、論腰斬咸陽市。【考證】商君傳、不告姦者要斬、秦策、范子因王稽入秦篇、今臣之胸不足以當椹質、要不足以待斧鉞、腰斬之刑、非始於李斯、斯出獄、與其中子俱執。顧謂其中子曰。吾欲與若復牽黃犬、俱出上蔡東門、逐狡兔、豈可得乎。【考證】凌稚隆曰、應前上蔡布衣、遂父子相哭、而夷三族。李斯已死。二世拜趙高爲中丞相。事無大小、輒決於高。【考證】中丞相、在宮中執政、故名、

高自知權重、乃獻鹿謂之馬。二世問左右。此乃鹿也。左右皆曰。馬也。【考證】治要、無皆字、凌稚隆曰、與本紀參互、二世驚自以爲惑、乃召太卜令卦之。太卜曰。陛下春秋郊祀、奉宗廟鬼神、齋戒不明。故至于此。可依盛德而明齋戒。於是乃入上林齋戒、日游弋獵。有行人入上林中。二世自射殺之。【考證】楓、三本、無行字、趙高教其女壻咸陽令閻樂、劾不知何人賊殺人、移上林。

正義移牒勘問、考證沈家本曰、趙高宦者、何以有女、恐按說又見蒙恬傳、高乃諫二世曰。天子無故賊殺不辜人。此上帝之禁也。鬼神不享。天且降殃。當遠避宮以禳之。二世乃出居望夷之宮。留三日。趙高詐詔衞士、令士皆素服、持兵內鄉、考證楓、三本、衞士下重令字、入告二世曰。山東羣盜兵大至。二世上觀而見之、恐懼。高卽因劫令自殺。引璽而佩之、左右百官莫從。上殿。殿欲壞者三。考證林伯桐曰、始皇本紀、二世曰、丞相可得見、否、閻樂曰、不可、則是二世之死、不得見趙高也、李斯列傳則曰、趙高入告二世曰、羣盜大至、二世恐懼、高卽因劫令自殺、則是趙高見二世之死也、此秦之大事、紀與傳自相矛盾如此、高自知天弗與、羣臣弗許、乃召始皇弟授之璽。集解徐廣曰、一本曰、召始皇弟子嬰授之璽、秦本紀云、子嬰者二世之兄子也、索隱劉氏云、弟字誤、當爲孫、子嬰、二世兄子、正義弟、背孫、考證說見始皇紀、子嬰卽位、患之、乃稱疾不聽事。與宦者韓談及其子謀殺高。考證錢大昕曰、太史公父名談、如李斯趙談之屬、皆改稱同、此韓談獨

不改、何也、滑稽傳云、談言微中、司馬相如傳、因此以談、此皆不避談字、徐孚遠曰、史記諱談、此後人所改也、高上謁請病。因召入、令韓談刺殺之、夷其三族。子嬰立三月、沛公兵從武關入、至成陽。羣臣百官皆畔不適。集解徐廣曰、適音敵、子嬰與妻子自係其頸以組、降軹道旁。正義軹道、在萬年縣東北十六里、沛公因以屬吏。項王至而斬之。遂以亡天下。

太史公曰。李斯以閭閻歷諸侯、入事秦、因以瑕釁以輔始皇、卒成帝業、斯爲三公。可謂尊用矣。考證楓、三本、因下無以字、中井積德曰、衍、愚按本傳云、李斯說始皇曰、成大功者在因瑕釁而遂忍之、斯知六藝之歸、考證言學帝王之術、不務明政以補主上之缺、考證楓、三本、不下有知字、明下無政字、持爵祿之重、阿順苟合、嚴威酷刑、聽高邪說、廢適立庶。諸侯已畔、斯乃欲諫爭。不亦末乎。人皆以斯極

忠而被五刑死。察其本、乃與俗議之異。考證李笠曰、案之字疑衍、俗議者、上言人皆以斯極忠也、謂察其本、咎由自取、與俗說異、不然、斯之功、且與周·召列矣。

索隱述贊、鼠在所居、人固擇地、斯效智力、功立名遂、置酒咸陽、人臣極位、一夫誑惑、變易神器、國喪身誅、本同末異、

李斯列傳第二十七

史記八十七

文學博士瀧川龜太郎著

史記會注考證

史記會注考證卷八十八

漢　太史令司馬遷　撰

宋　中郎外兵曹參軍裴駰　集解

唐　國子博士弘文館學士司馬貞　索隱

唐　諸王侍讀率府長史張守節　正義

日本　出雲瀧川資言　考證

蒙恬列傳第二十八　史記八十八

【考證】史公自序云、爲秦開地益衆、北靡匈奴、據河爲塞、因山爲固、建榆中、作蒙恬列傳第二十八、

蒙恬者、其先齊人也。恬大父蒙驁、自齊事秦昭王、官至上卿。【索隱】音敖、又鄒氏音五到反、【正義】驁、五高反、　秦莊襄王元年、蒙驁爲秦將、伐韓取成皐・滎陽、作置三川郡。【考證】張文虎曰、各本、成作城、從蔡本毛本、　二年、蒙驁攻趙、取三十七城。始皇三年、蒙驁攻韓取十三城。【考證】通鑑、作十二城、　五年、蒙驁攻魏取二十城。作置東郡。始皇七年、蒙驁卒。驁子曰武。武子曰恬。恬嘗書獄典文學。【索隱】謂恬嘗學獄法、遂作獄官、典文學、【考證】中井積德曰、謂作獄辭文書、楓三本、索隱本、無典字、　始皇二十三年、蒙武爲秦裨將軍、與王翦攻楚、大破之、殺項燕。二十四年、蒙武攻楚、虜楚王。【考證】張照曰、按此與年表同、本紀、二十三年、虜荊王、二十四年、項燕自殺、　蒙恬弟毅。始皇二十六年、蒙恬因家世得爲秦將、攻齊大破之、拜爲內史。【考證】毛本、無得字、張照曰、紀表、攻齊者、將軍王賁、皆不言有蒙恬、或恬此時亦從軍、非大將、　秦已幷天下。乃使

蒙恬將三十萬衆、北逐戎狄。收河南、【正義】謂靈勝等州、　築長城、因地形用制險塞、【考證】張文虎曰、蔡本、中統、舊刻、毛本、作制險、他本作險制、　起臨洮、【集解】徐廣曰、屬隴西、　至遼東。【正義】遼東郡、在遼水東、始皇築長城東至遼水、西南至海之上、　延袤萬餘里。於是渡河據陽山、【集解】徐廣曰、五原西安陽縣北、有陰山、陰山在河南、陽山在河北、　逶蛇而北、暴師於外十餘年、居上郡。【考證】梁玉繩曰、此言恬築長城、起臨洮至遼東萬餘里、恬亦以絕地脈爲己罪、後世遂言長城是秦築之、其實不盡然也、以趙世家、蘇秦、匈奴傳、及竹書攷之、大半七國時所築、蒙恬特繕治增設、使萬里相連屬耳、豈皆恬築哉、又淮南子人間訓、言蒙公楊翁將築城、史但擧蒙恬、遂令楊翁之名不著、始皇紀、有楊端和、豈卽楊翁邪、又曰、案恬自始皇三十二年、將三十萬衆擊胡、至三十七年死、首尾僅六年、而云十餘年、與主父匈奴傳同誤、　是時蒙恬威振匈奴。【考證】楓、三本、是上有當字、　始皇甚尊寵蒙氏、信任賢之。而親近蒙毅、位至上卿。出則參乘、入則御前。恬任外事、而毅常爲內謀。名爲忠信。故雖諸將相、莫敢與之爭焉。趙高者、諸趙疏遠屬也。趙高昆弟數

人、皆生隱宮。[集解]徐廣曰、爲宦者、[索隱]劉氏云、蓋其父犯宮刑、妻子沒爲官奴婢、妻後野合、所生子皆承趙姓、竝宮之、故云兄弟生隱宮、謂隱宮者、宦之謂也、[考證]中井積德曰、徐說蓋謂昆弟生、輒腐爲奄官也、是說勝索隱、愚按、趙高有女壻閻樂、則非生輒腐者、隱宮又見始皇紀三十五年、其母被刑僇、世世卑賤。秦王聞高彊力通於獄法、擧以爲中車府令。高卽私事公子胡亥、喩之決獄。高有大罪。秦王令蒙毅法治之。毅不敢阿法、當高死罪、除其宦籍。[考證]劉氏宋本、王本、凌、毛本、官作宦、楓、三本、籍上有名字、阿、曲也、帝以高之敦於事也、赦之、復其官爵。[集解]徐廣曰、敦一作敏、[考證]王念孫曰、爾雅云、敦、勉也、凌稚隆曰、按此突然插入趙高起家、及其有罪一段、所以著蒙氏之禍、實本於此、始皇欲游天下、道九原、[正義]九原郡、今勝州連谷縣是、直抵甘泉。[正義]宮在雍州、迺使蒙恬通道、自九原抵甘泉。塹山堙谷、千八百里。道未就。始皇三十七年冬、行出游會稽、竝海上、北走琅邪。[索隱]竝、音白浪反、走、音奏、走、猶向也、鄒氏音趨、趨亦向義、於字則乖、[考證]楓、三本、竝作傍、道病。使蒙毅

還禱山川。未反。始皇至沙丘崩。祕之。羣臣莫知。是時丞相李斯·少子胡亥·中車府令趙高常從。[考證]張立虎曰、蔡、中統、王、柯、毛本、少子作公子、高雅得幸於胡亥。欲立之。又怨蒙毅法治之、而不爲己也。因有賊心。迺與丞相李斯·少子胡亥陰謀、立胡亥爲太子。太子已立、遣使者以罪賜公子扶蘇·蒙恬死。扶蘇已死。蒙恬疑而復請之。[考證]事見李斯傳、使者以蒙恬屬吏、更置胡亥以李斯舍人爲護軍。[考證]徐孚遠曰、更置二字連下、言吏以李斯舍人典軍、奪蒙恬兵也、方苞曰、胡亥二字衍、使者還報。胡亥已聞扶蘇死、卽欲釋蒙恬。趙高恐蒙氏復貴而用事、怨之。毅還至。趙高因爲胡亥忠計、欲以滅蒙氏。[考證]屠隆曰、趙高因爲胡亥忠計一句、太史公惡之之詞、看上文因有賊心句可見、乃言曰。臣聞先帝欲擧賢立太子久矣。而毅諫曰。不可。若知

賢而兪不立、則是不忠而惑主也。[索隱]兪、卽踰也、音臾、謂知太子賢而踰久不立、是不忠也、以臣愚意、不若誅之。[考證]楓本、若作如、胡亥聽而繫蒙毅於代。[正義]今代州也、因禱山川、至代而繫之、[考證]中井積德曰、上文云、毅還至、是道中會胡亥也、乃繫於代者、亦以道路之便、管事之要耳、非要至代者而繫之也、前已囚蒙恬於陽周。喪至咸陽。已葬。太子立爲二世皇帝。而趙高親近、日夜毀惡蒙氏、求其罪過、擧劾之。子嬰進諫曰。臣聞故趙王遷、殺其良臣李牧、而用顏聚、燕王喜、陰用荊軻之謀、而倍秦之約、齊王建、殺其故世忠臣、而用后勝之議。此三君者、皆各以變古者、失其國、而殃及其身。今蒙氏、秦之大臣謀士也。而主欲一旦弃去之。臣竊以爲不可。臣聞輕慮者不可以治國。獨智者不可以存君。[集解]徐廣曰、一無此字、誅殺忠臣、而立無節行之人。

[考證]凌稚隆曰、無節行之人、暗指趙高、是內使羣臣不相信、而外使鬬士之意離也。臣竊以爲不可。胡亥不聽。而遣御史曲宮乘傳之代、[索隱]曲、姓、宮、名、令蒙毅曰。先主欲立太子、而卿難之。今丞相以卿爲不忠、罪及其宗。朕不忍、乃賜卿死。亦甚幸矣。卿其圖之。毅對曰。以臣不能得先主之意、則臣少宦、順幸沒世。可謂知意矣。[索隱]蒙毅言己少事始皇、順旨蒙恩、幸至始皇沒世、可謂知上意、以臣不知太子之能、則太子獨從、周旋天下、去諸公子絕遠。臣無所疑矣。[考證]楓、三本、獨下有少字、旋作遊、夫先王之擧用太子、數年之積也。臣乃何言之敢諫。何慮之敢謀。[考證]楓、三本、無諫何慮之敢五字、非敢飾辭以避死也。爲羞累先主之名。願大夫爲慮焉、使臣得死情實。且夫順成全者、道之所貴也。刑殺者道之所

卒也。【考證】楓、三本、卒作末、昔者秦穆公殺三良、而死罪百里奚。而非其罪也。故立號曰繆。【考證】而死、疑有誤、楓、三本、無三良而死罪五字、風俗通皇覇篇、繆公殺賢臣百里奚、以子車氏爲殉、故謚曰穆、昭襄王殺武安君白起、楚平王殺伍奢、吳王夫差殺伍子胥。此四君者皆爲大失、而天下非之、以其君爲不明、以是籍於諸侯。【索隱】言其惡聲狼籍、布於諸國、而劉氏曰、諸侯皆記其惡於史籍、非也、【正義】言諸侯皆書籍其事、【考證】方苞曰、劉說是也、春秋傳、非禮也、勿籍、故曰。用道治者不殺無罪、而罰不加於無辜。唯大夫留心。使者知胡亥之意、不聽蒙毅之言。遂殺之。二世又遣使者之陽周、令蒙恬曰。君之過多矣。而卿弟毅有大罪。法及內史。恬曰。自吾先人及至子孫、積功信於秦三世矣。今臣將兵三十餘萬。身雖囚繫、其勢足以倍畔。然自知必死而守義者、不敢辱先

人之教、以不忘先主也。【考證】畔下然字、楓、三本、舊刻、毛本有、昔周成王初立、未離襁緥。周公旦負王以朝、卒定天下。【考證】楓本、卒作平、毛本、卒下有平字、及成王有病甚殆、公旦自揃其爪、以沈於河曰。王未有識。是旦執事。有罪殃、旦受其不祥。乃書而藏之記府。可謂信矣。【考證】楓、三本、公旦上、有周字、當依補、及王能治國、有賊臣、言周公旦欲爲亂久矣。王若不備、必有大事。王乃大怒。周公旦走而奔於楚。成王觀於記府、得周公旦沈書、乃流涕曰。孰謂周公旦欲爲亂乎。殺言之者、而反周公旦。【考證】事又見魯世家、中井積德曰、周公揃爪奔楚、謬傳耳、不足辨、又曰、沈書、世家作禱書、蓋沈者爪也、非書、世家爲優、故周書曰。必參而伍之。【索隱】參、謂三卿、伍、即五大夫、欲參伍更議、【考證】李笠曰、參伍猶錯互也、史公自序云、參伍不失、集解以爲參錯交互、正得其義、索隱說謬、愚按中井積德亦有此說、今恬之宗、世無二心。而事卒如此。是必孽臣逆

亂內陵之道也。【集解】徐廣曰、亂、一作辭、【考證】楓、三本、必下有有字、凌稚隆曰、暗指趙高、夫成王失而復振、則卒昌。【考證】楓、三本、成王作周、桀殺關龍逢、紂殺王子比干而不悔。身死則國亡。【考證】則、猶而也、凌引一本、作則身死國亡、臣故曰。過可振、而諫可覺也。【索隱】此故曰者、必先志有此言、蒙恬引之以成說也、今不知出何書耳、振者、救也、然語亦倒、以言前人受諫可覺、則其過乃可救、【考證】楓、三本、無臣字、中井積德曰、故曰、猶言故以爲、是序己之意、非引先志、又曰、過、諫、兩平語、非倒語、察於參伍、上聖之法也。凡臣之言、非以求免於咎也。將以諫而死。願陛下爲萬民思從道也。使者曰。臣受詔行法於將軍。不敢以將軍言聞於上也。蒙恬喟然太息曰。我何罪於天、無過而死乎。良久徐曰。恬罪固當死矣。起臨洮、屬之遼東。城壍萬餘里。此其中不能無絕地脈哉。此乃恬之罪也。【考證】地脈下哉字、衍、御覽六百四十七、論衡禍虛篇、無、凌約言曰、白起之引劍自裁也、曰、我何罪乎天、而至此哉、良久曰、我固當死、長平之戰、趙卒降者數十萬

人、我詐而盡坑之、是足以死、與蒙恬之咎地脈同、然實以敘其功耳、乃吞藥自殺。【考證】楓、三本、乃作遂、

太史公曰。吾適北邊、自直道歸。行觀蒙恬所爲秦築長城亭障、塹山堙谷、通直道。固輕百姓力矣。【考證】張文虎曰、舊刻、毛本、障作鄣、曾國藩曰、始皇紀二十七年、治馳道、六國表、三十五年、爲直道、道九泉通甘泉、直道與馳道不同也、夫秦之初滅諸侯、天下之心未定、痍傷者未瘳。【考證】楓、三本、痍作夷、而恬爲名將、不以此時彊諫、振百姓之急、養老存孤、務修衆庶之和。而阿意興功。此其兄弟遇誅、不亦宜乎。何乃罪地脈哉。

【索隱】述贊、蒙氏秦將、內史忠賢、長城首築、萬里安邊、趙高矯制、扶蘇死焉、絕地何罪、勞人是愆、呼天欲訴、三代良然、

蒙恬列傳第二十八　　史記八十八

文學博士瀧川龜太郎著

史記會注考證

史記會注考證卷八十九

漢　太史令司馬遷撰

宋　中郎外兵曹參軍裴駰集解

唐　國子博士弘文館學士司馬貞索隱

唐　諸王侍讀率府長史張守節正義

日本　出雲瀧川資言考證

張耳陳餘列傳第二十九　史記八十九

【索隱】張耳吳芮、勢侔楚漢、位埒齊韓、俱懷從沛之心、咸享誓河之業、爵在列侯之上、家傳累代之基、長沙旣曰令終、趙王亦謂善始、竝可列同世家焉、【考證】史公自序云、

塡趙塞常山、以廣河內、弱楚權、明漢王之信於天下、作張耳陳餘列傳第二十九、

張耳者、大梁人也。【索隱】臣瓚云、今陳畱大梁城是也、其少時及魏公子毋忌爲客。【正義】顏云、毋忌、六國信陵君也、言其尙及見毋忌爲之賓客也、張耳嘗亡命游外黃。【索隱】晉灼曰、命者名也、謂脫名籍而逃、崔浩曰、亾、無也、命、名也、逃匿則削除名籍、故以逃爲亾命、地理志、外黃屬陳畱、外黃富人女甚美。嫁庸奴。亡其夫、【集解】徐廣曰、一云、其夫亡也、【考證】方苞曰、亡其夫、去其夫也、不曰去者、不告而去、猶逃亡也、去抵父客。【集解】如淳曰、父時故賓客、【索隱】如淳曰、抵、歸也、音丁禮反、【考證】抵、至也、父客素知張耳。乃謂女曰。必欲求賢夫從張耳。女聽。乃卒爲請決、嫁之張耳。【索隱】謂女請父客爲決絕其夫、而嫁之張耳、【正義】顏云、請決絕前夫而嫁於耳、【考證】余有丁曰、卒爲請決、乃父客爲之、索隱誤、張耳是時脫身游。女家厚奉給張耳。張耳以故致千里客。乃宦魏爲外黃令。名由此益賢。陳餘者、亦大梁人也。好儒術、數游趙苦陘。【集解】張晏曰、苦陘、漢章帝改曰漢昌、【索隱】地理志屬中山、張晏曰章

帝醜其名、改曰漢昌、【正義】音邢、邢州唐昌縣、【考證】淮陰侯傳云、成安君儒者也、常稱義兵、不用詐謀奇計、沈欽韓曰、孔叢獨居篇陳餘與子魚語、亦其好儒之證、富人公乘氏以其女妻之。亦知陳餘非庸人也。【考證】亦字、承素知張耳、庸人承庸奴、餘年少、父事張耳。兩人相與爲刎頸交。【索隱】崔浩云、言要齊生死斷頸無悔、秦之滅大梁也、張耳家外黃。高祖爲布衣時、嘗數從張耳游、客數月。【考證】淩稚隆曰、爲張耳從漢張本、秦滅魏數歲、已聞此兩人魏之名士也。購求有得張耳、千金、陳餘五百金。張耳·陳餘、乃變名姓、俱之陳、爲里監門以自食。【集解】張晏曰、監門、里正衞也、【考證】中井積德曰、張耳年長而先顯、則金之差次自當然、顏師古曰、監門、卒之賤者、故爲卑職以自隱、兩人相對。里吏嘗有過笞陳餘。陳餘欲起。張耳躡之使受笞。【集解】徐廣曰、躡、一作攝、【正義】躡、女涉反、以足躡令受笞、漢書作攝、師古曰、謂引持也、【考證】蹈其足以致意也、淮陰侯傳、張良陳平躡漢王足、吏去。張耳乃引陳餘之桑下而數之曰。始吾與公言何如。今

見小辱而欲死一吏乎。陳餘然之。【考證】左傳、僖廿三年、謀于桑下、宣二年、舍于翳桑、蓋野桑多蔭翳、可以避人而語、秦詔書購求兩人。兩人亦反用門者以令里中。【索隱】案門者卽餘耳也、自以其名而號令里中、詐更別求也、陳涉起蘄。至入陳、兵數萬。張耳・陳餘、上謁陳涉。【考證】顏師古曰、上其謁而見也、上謁若今之通名、涉及左右、生平數聞張耳・陳餘賢、未嘗見。見、卽大喜。陳中豪傑父老、乃說陳涉曰。將軍身被堅執銳、率士卒以誅暴秦、復立楚社稷。存亡繼絕、功德宜爲王。且夫監臨天下諸將、不爲王不可。願將軍立爲楚王也。陳涉問此兩人。兩人對曰。夫秦爲無道、破人國家、滅人社稷、絕人後世、罷百姓之力、盡百姓之財。將軍瞋目張膽、出萬死不顧一生之計、爲天下除殘也。【考證】顏師古曰、張膽言勇之甚、愚按史公報任安書云、人臣出萬死不顧一生之計、萬死一生、對言、漢

傳刪一生二字、非是、今始至陳而王之、示天下私。願將軍毋王、急引兵而西、遣人立六國後。自爲樹黨、爲秦益敵也。敵多則力分。與衆則兵彊。如此野無交兵、縣無守城。【正義】校、報也、【考證】中井積德曰、與猶黨也、楓三本交作校、正義亦作校、犯而不校之校、角也、校兵、守城、皆二字連讀、漢書作交、誅暴秦、據咸陽、以令諸侯。諸侯亡而得立、以德服之。如此則帝業成矣。今獨王陳、恐天下解也。【正義】解、紀賣反、言天下諸侯見陳勝稱王王陳、皆解隳不相從也、【考證】張文虎曰、中統本、吳校金板、服作報、中井積德曰、解如字、解體之意、非懈隳、馮班曰、酈生說漢王、立六國後、張良以爲諫、至行勸、以爲此法宜失、張耳陳餘、說陳涉立六國後、當時不從、以爲失策、何也、蓋陳王初起、慮在亡秦而已、法宜樹黨、漢方與項羽爭天下、又立六國、反覆不可一、是樹敵也、其勢變不同耳、陳涉不聽。遂立爲王。陳餘乃復說陳王曰。大王擧梁・楚而西。務在入關。未及收河北也。臣嘗游趙、知其豪桀及地形。願請奇兵、北略趙地。於是陳王以故所善陳人武臣爲將軍、

邵騷爲護軍、以張耳・陳餘爲左右校尉、予卒三千人、北略趙地。【考證】楓、三本、陳王下有許之二字、與漢書合、武臣等從白馬渡河、【索隱】案酈食其云、白馬之津、白馬、是津渡、其地與黎陽對岸、【考證】楓本馬下有津字、至諸縣、說其豪桀曰。【集解】鄧展曰、至河北縣說之、秦爲亂政虐刑、以殘賊天下、數十年矣。北有長城之役。南有五嶺之戍。【集解】漢書音義曰、嶺有五、因以爲名、在交阯界中也、【索隱】裴氏廣州記云、大庾、始安、臨賀、桂陽、揭陽、斯五嶺、【正義】蒙恬將二十萬人築城、長城之役、五嶺之戍、竝在始皇三十三年、【考證】正義本、楓、三本、毛本作役、他本譌域、吳仁傑曰、案淮南書、始皇發卒五十萬、使蒙公築修城、使尉屠睢發卒五十萬爲五軍、一軍塞鐔城之領、一軍守九疑之塞、一軍處番禺之都、一軍守南野之界、一軍結餘干之水、與張耳傳相符、所謂五嶺者此也、外內騷動、百姓罷敝、頭會箕斂、以供軍費。【集解】漢書音義曰、家家人頭數出穀、以箕斂之、【考證】集解有脫落、漢書注引服虔云、吏到其家、人人頭數出穀、以箕斂之、淮南子氾論、秦之時、頭會箕賦、輸于少府、財匱力盡、民不聊生。重之以苛法峻刑、使天下父子不相安。陳王奮臂、爲天下倡、始王楚之地。方二千里、莫不

響應。家自爲怒、人自爲鬭、各報其怨而攻其讎、縣殺其令丞、郡殺其守尉。今已張大楚王陳。【考證】顏師古曰、張建大楚之國而王於陳、使吳廣・周文將卒百萬、西擊秦。於此時而不成封侯之業者、非人豪也。諸君試相與計之。夫天下同心而苦秦久矣。因天下之力、而攻無道之君、報父兄之怨、而成割地有土之業。此士之一時也。豪桀皆然其言。乃行收兵得數萬人。號武臣爲武信君。下趙十城。餘皆城守、莫肯下。乃引兵東北擊范陽。范陽人蒯通、說范陽令曰。竊聞公之將死、故弔。雖然、賀公得通而生。【集解】漢書曰、范陽令徐公、【考證】顏師古注漢書蒯通傳云、范陽、涿郡之縣也、舊屬燕、通本燕人、後游於齊、故高祖云、齊辯士蒯通、錢大昕曰、師古不攷地理、而妄爲之說也、方武臣等自白馬渡河、纔下十城、安能遠涉燕地、且范陽既下之後、趙地不戰而下者三十餘城、然後至邯鄲、武臣乃自立爲趙王、然後命韓廣畧燕地、豈容未得邯鄲之前、已抵涿郡乎、然則蒯

生所居之范陽、當屬何地、曰、淮陰侯傳稱齊人蒯通、又稱爲齊辨士、則范陽必齊地矣、漢志東郡有范縣、此卽齊之西境、孟子自范之齊、謂此地也、趙世家、贏姓將大敗周人于范魁之西、小司馬謂范魁趙地、然則此范陽在燕趙之界、本齊地、亦可屬趙也、愚按楓三本、得下通字作臣、　范陽令曰。何以弔之。對曰。秦法重。足下爲范陽令十年矣。殺人之父、孤人之子、斷人之足、黥人之首、不可勝數。然而慈父孝子、莫敢倳刃公之腹中者、畏秦法耳。[集解]徐廣曰、倳、音胾、李奇曰、東方人以物插地中、皆爲倳、　今天下大亂、秦法不施。然則慈父孝子、且倳刃公之腹中以成其名。此臣之所以弔公也。今諸侯畔秦矣。武信君兵且至。而君堅守范陽。少年皆爭殺君下武信君。君急遣臣見武信君。可轉禍爲福、在今矣。[考證]李光縉曰、弔賀二意、乃說士誇張常態、所謂以言餂之者、愚按詞氣與說淮陰相術者甚似、　范陽令乃使蒯通見武信君曰。足下必將戰勝然後略地、攻得然後下城。臣竊以

爲過矣。誠聽臣之計、可不攻而降城、不戰而略地、傳檄而千里定。可乎。武信君曰。何謂也。蒯通曰。今范陽令宜整頓其士卒以守戰者也。怯而畏死、貪而重富貴。故欲先天下降。畏君以爲秦所置吏、誅殺如前十城也。然今范陽少年、亦方殺其令、自以城距君。君何不齎臣侯印、拜范陽令。范陽令則以城下君。少年亦不敢殺其令。令范陽令乘朱輪華轂、使驅馳燕・趙郊。燕・趙郊見之、皆曰。此范陽令先下者也。卽喜矣。燕・趙城可毋戰而降也。此臣之所謂傳檄而千里定者也。武信君從其計、因使蒯通賜范陽令侯印。趙地聞之、不戰以城下者三十餘城。至邯鄲。張耳・陳餘聞周章軍入關至戲卻、[集解]蘇林曰、戲、地名、卻、

兵退也、[正義]戲、音羲、出驪山、[考證]李笠曰、正義、出上當有水名二字、　又聞諸將爲陳王徇地、多以讒毀得罪誅、怨陳王不用其筴、不以爲將、而以爲校尉。[考證]楓三本、誅下有餘字、　乃說武臣曰。陳王起蘄、至陳而王。非必立六國後。[考證]王先謙曰、言非六國後、人皆可王、　將軍今以三千人下趙數十城、獨介居河北。不王無以塡之。[集解]晉灼曰、介、音戛、瓚曰、方言云、介、特也、[考證]顏師古曰、二說並非也、介、隔也、讀如本字、楓三本、塡作鎭、　且陳王聽讒、還報、恐不脫於禍。又不如立其兄弟。不、卽立趙後。將軍毋失時。時閒不容息。[考證]以言舉事不可失時、時幾之迅速、其閒不容一喘息頃也、　武臣乃聽之、遂立爲趙王、以陳餘爲大將軍、張耳爲右丞相、邵騷爲左丞相、使人報陳王。陳王大怒、欲盡族武臣等家、而發兵擊趙。陳王相國房君諫曰。秦未亡、而誅武臣等家、此又生一秦也。不如因而

賀之、使急引兵西擊秦。[考證]中井積德曰、相國、恐當作上柱國、陳涉世家可徵、　陳王然之、從其計、徙繫武臣等家宮中、封張耳子敖爲成都君。陳王使使者賀趙、令趣發兵西入關。[考證]楓三本、令下有趙字、趣讀曰促、　張耳・陳餘說武臣曰。王王趙、非楚意。特以計賀王。[考證]顏師古曰、言力不能制、且事安撫、爲權宜之計耳、　楚已滅秦、必加兵於趙。願王毋西兵、北徇燕・代、南收河內、以自廣趙。南據大河、北有燕・代、楚雖勝秦、必不敢制趙。趙王以爲然、因不西兵、而使韓廣略燕、李良略常山、張黶略上黨。[正義]黶、乙斬反、[考證]顏師古曰、烏黯反、　韓廣至燕。燕人因立廣爲燕王。[集解]徐廣曰、九月也、　趙王乃與張耳・陳餘北略地燕界。趙王閒出、爲燕軍所得。[考證]顏師古曰、閒出、謂投閒隙而微出也、　燕將囚之、欲與分趙地半、乃歸王。使者往。燕輒殺之、以求

地。張耳·陳餘患之。有廝養卒、謝其舍中曰、吾爲公說燕、與趙王載歸。【集解】如淳曰、廝、賤者也、公羊傳曰、廝役扈養、韋昭曰、析薪爲廝、炊烹爲養、晉灼曰、以辭相告曰謝也、【索隱】謂其同舍中之人也、漢書作舍人、舍中皆笑曰、使者往十餘輩、輒死。若何以能得王。【考證】顏師古曰、若、汝也、下文同、乃走燕壁。燕將見之。問燕將曰、知臣何欲。燕將曰、若欲得趙王耳。曰、君知張耳·陳餘何如人也。燕將曰、賢人也。曰、知其志何欲。曰、欲得其王耳。趙養卒乃笑曰、君未知此兩人所欲也。夫武臣·張耳·陳餘、杖馬箠下趙數十城。【集解】張晏曰、言其不用兵革、驅策而已也、【索隱】杖、音丈、箠、音之委反、【考證】中井積德曰、杖箠、只是不勞兵之意、非驅策之意、注誤、此亦各欲南面而王。豈欲爲卿相終已邪。夫臣與主、豈可同日而道哉。顧其勢初定、未敢參分而王。【考證】新序、參作三、且以少長先立武臣爲王、以持趙心。今趙

地已服。此兩人亦欲分趙而王。時未可耳。今君乃囚趙王。此兩人名爲求趙王、實欲燕殺之。此兩人分趙自立。夫以一趙尙易燕。況以兩賢王左提右挈、而責殺王之罪、滅燕易矣。【集解】徐廣曰、平原君傳曰、事成、執右券以責也、券契、義同耳、【考證】顏師古曰、左提右挈、言相扶持也、中井積德曰、相與連軍而進、燕將以爲然。乃歸趙王。養卒爲御而歸。李良已定常山、還報。趙王復使良略太原、至石邑。【索隱】地理志、屬常山、【考證】淩本石譌后、秦兵塞井陘、未能前。秦將詐稱二世使人、遺李良書、不封。【集解】張晏曰、欲其漏泄君臣相疑、曰、良嘗事我得顯幸。良誠能反趙爲秦、赦良罪、貴良。良得書、疑不信。乃還之邯鄲、益請兵。未至。道逢趙王姊出飲、從百餘騎。李良望見以爲王、伏謁道旁。王姊醉不知其將。使騎謝李良。李良素

貴。起慙其從官。從官有一人曰、天下畔秦。能者先立。且趙王素出將軍下。今女兒乃不爲將軍下車。請追殺之。李良已得秦書、固欲反趙、未決。因此怒、遣人追殺王姊道中、乃遂將其兵襲邯鄲。邯鄲不知。竟殺武臣·邵騷。趙人多爲張耳·陳餘耳目者。以故得脫出。收其兵得數萬人。客有說張耳曰、兩君羇旅、而欲附趙。難。【索隱】案、羈旅勢弱、難以立功也、獨立趙後、扶以義、可就功。【索隱】謂獨有立六國趙王之後、【考證】各本、獨下重立字、以獨立屬上、誤、今從索隱本漢書、乃求得趙歇、【集解】徐廣曰、正月也、歇、音烏轄反、駰案、張晏曰、趙之苗裔、立爲趙王。居信都。【集解】徐廣曰、後項羽改曰襄國、李良進兵擊陳餘。陳餘敗李良。李良走歸章邯。章邯引兵至邯鄲、皆徙其民河內、夷其城郭。【考證】何焯曰、徙民夷城、恐兵去而還復爲趙守也、張耳與趙王歇、走入鉅鹿城。王

離圍之。【考證】楓、三本、王離上有秦將二字、梁玉繩曰、項羽紀言王離涉間圍之、下文有涉間自殺語、則此處似疏脫矣、陳餘北收常山兵、得數萬人。軍鉅鹿北。章邯軍鉅鹿南棘原、築甬道屬河、餉王離。【考證】顏師古曰、屬、聯及也、王離兵食多。急攻鉅鹿。鉅鹿城中、食盡兵少。【考證】楓、三本、兵少作人少、張耳數使人召前陳餘。陳餘自度兵少、不敵秦、不敢前數月。張耳大怒、怨陳餘。使張黶·陳澤往讓陳餘曰。【正義】澤、音釋、始吾與公爲刎頸交。今王與耳旦暮且死。而公擁兵數萬、不肯相救。安在其相爲死。苟必信、胡不赴秦軍俱死。且有十一二相全。【正義】十中冀一兩勝秦、陳餘曰、吾度前終不能救趙。徒盡亡軍。且餘所以不俱死、欲爲趙王·張君報秦。今必俱死、如以肉委餓虎。何益。【考證】漢書、委作餧、顏師古曰、餧、飤也、楓、三本、餓作饑、張黶·陳澤曰、事已急。

要以俱死立信。安知後慮。陳餘曰、吾死顧以爲無益。必如公言、乃使五千人。令張黶・陳澤先嘗秦軍。【索隱】崔浩云、嘗、猶試、至皆沒。當是時燕・齊・楚聞趙急、皆來救。張敖亦北收代兵、得萬餘人、來皆壁餘旁、未敢擊秦。項羽兵數絕章邯甬道。王離軍乏食。項羽悉引兵渡河、遂破章邯。【集解】徐廣曰、三年十二月也、章邯引兵解。諸侯軍乃敢擊圍鉅鹿秦軍、遂虜王離。涉閒自殺。卒存鉅鹿者、楚力也。於是趙王歇・張耳乃得出鉅鹿、謝諸侯。【考證】漢書削謝諸侯三字、張耳與陳餘相見、責讓陳餘以不肯救趙、及問張黶・陳澤所在。陳餘怒曰、張黶・陳澤、以必死責臣。臣使將五千人先嘗秦軍。皆沒不出。【考證】漢書、無怒字、此疑衍、張耳不信。以爲殺之、數問陳餘。陳餘怒

曰、不意君之望臣深也。【索隱】望、怨責也、豈以臣爲重去將哉。【索隱】案、重、訓難也、或云重、惜也、【考證】胡三省曰、豈、疑辭、乃脫解印綬、推予張耳。張耳亦愕不受。陳餘起如廁。客有說張耳曰、臣聞天與不取、反受其咎。【索隱】此辭出國語、【考證】越語、范蠡曰、天予不取、反爲之災、取咎韻、今陳將軍與君印。君不受。反天不祥。急取之。張耳乃佩其印、收其麾下。而陳餘還、亦望張耳不讓、遂趨出。【正義】言陳餘如廁還、亦怨望張耳不讓其印、張耳遂收其兵。陳餘獨與麾下所善數百人、之河上澤中漁獵。由此陳餘・張耳遂有郤。趙王歇復居信都、張耳從項羽諸侯入關。漢元年二月、項羽立諸侯王。張耳雅游。人多爲之言。【集解】韋昭曰、雅、素也、【索隱】鄭氏云、雅、故也、韋昭云、雅、素也、然素亦故也、故游、言慣游從、故多爲人所稱譽、項羽亦素數聞張耳賢。乃分趙、立張耳爲常山王、治信都。信

都更名襄國。陳餘客多說項羽曰、陳餘・張耳、一體有功於趙。項羽以陳餘不從入關、聞其在南皮、卽以南皮旁三縣以封之。【索隱】地理志、屬勃海、【正義】故城、在滄州南皮縣北四里也、【考證】錢泰吉曰、縣下以字衍、漢書無、而徙趙王歇王代。【集解】徐廣曰、都代縣、張耳之國。陳餘愈益怒曰、張耳與餘功等也。今張耳王。餘獨侯。此項羽不平。【考證】中井積德曰、二人功初等也、後陳餘去趙、則是自棄前功也、而張耳從入關、則功又多矣、餘之言無謂、曲亦在餘、及齊王田榮畔楚、陳餘乃使夏說說田榮曰。【正義】上說、音悅、下式銳反、項羽爲天下宰、不平。盡王諸將善地、徙故王王惡地。今趙王乃居代。願王假臣兵。請以南皮爲扞蔽。【正義】扞蔽、猶言藩屏也、田榮欲樹黨於趙以反楚。乃遣兵從陳餘。【考證】漢書削於趙以反楚五字、陳餘因悉三縣兵襲常山王張耳。張耳敗走。念諸侯無可歸者。曰、漢王

與我有舊故。【集解】張晏曰、漢王爲布衣時、嘗從張耳游、而項羽又彊、立我。我欲之楚。【集解】張晏曰、羽既彊盛、又爲所立、是以狐疑莫知所往也、甘公曰、漢王之入關、五星聚東井。東井者、秦分也。先至必霸。楚雖彊、後必屬漢。【集解】文穎曰、善說星者甘氏也、【索隱】天官書云、齊甘公、藝文志云、楚有甘公、齊楚不同、劉歆七略云、字逢、甘德、志林云、甘公一名德、【正義】甘氏、七錄云、甘德楚人、戰國時作天文八卷、天文志云、五星聚於東井、目歷推之、從歲星也、【考證】甘公蓋秦漢間人、與作天文八卷者異、漢書天文志載此事、作客謂張耳、楓三本、分下有野字、故耳走漢。【集解】徐廣曰、二年十月也、【考證】三本、故作張、漢王亦還定三秦、方圍章邯廢丘。張耳謁漢王。漢王厚遇之。陳餘已敗張耳、皆復收趙地、迎趙王於代、復爲趙王。趙王德陳餘、立以爲代王。陳餘爲趙王弱、國初定、不之國、留傅趙王。而使夏說以相國守代。漢二年、東擊楚、使使告趙、欲與俱。【考證】梁玉繩曰、二年下、當有四月二字、陳餘曰、漢殺張耳、乃從。於是漢王求人

類張耳者斬之、持其頭遺陳餘。陳餘乃遣兵助漢。漢之敗於彭城西、陳餘亦復覺張耳不死、卽背漢。【考證】漢書、削復字、覺作聞、 漢三年、韓信已定魏地。遣張耳與韓信、擊破趙井陘、【集解】徐廣曰、三年十月、 斬陳餘泜水上。【集解】徐廣曰、在常山、音遲、一音丁禮反、【索隱】徐廣音遲、蘇林音祗、晉灼音丁禮反、今俗呼此水則然、案地理志、音脂、則蘇音爲得、郭景純注山海經云、泜水出常山中丘縣、【正義】在趙州贊皇縣界、 追殺趙王歇襄國。漢立張耳爲趙王。【集解】徐廣曰、四年十一月、駰案、漢書四年夏、 漢五年、張耳薨。謚爲景王。【考證】陳仁錫曰、高祖五年以後、紀年、皆無漢字、史傳刻落未盡、 子敖嗣立爲趙王。高祖長女魯元公主、爲趙王敖后。漢七年、高祖從平城過趙。趙王朝夕袒韝蔽、自上食、禮甚卑。有子壻禮。【集解】徐廣曰、韝者、臂捍也、【正義】謂臂捍膝也、言自祇承上食也、【考證】楓、三本、無朝夕二字、 高祖箕踞詈、甚慢易之。【索隱】崔浩云、屈膝坐、其形如箕、【正義】申兩脚而据其膝、若箕之形、倨、傲也、【考證】張文虎曰、舊刻本踞、與索隱本合、各本作倨、楓、三

本踞下有罵字、與漢書合、 趙相貫高・趙午等年六十餘。故張耳客也。【集解】徐廣曰、田叔傳云、趙相趙午等數十人、皆怒、然則或宜言六十餘人、【正義】貫高等、以其老、乃有不平之氣也、【考證】楓、三本、無等字、與漢書合、何焯曰、高祖嘗從張耳遊、貫高趙午、故等夷之客、故怒、愚按、年六十餘、見其與高祖等夷客、徐說非也、 生平爲氣。乃怒曰。吾王孱王也。【集解】孟康曰、音如潺湲之潺、冀州人謂懦弱爲孱、韋昭曰、仁謹貌、【索隱】案服虔音鉏閑反、弱小貌也、小顏音仕連反、【考證】張文虎曰、索隱、服虔音鉏閑反、單本作咋軒反、孱字無此音、案服虔時未有反切、當有誤、愚按、或云、服虔時既有反切、此亦一證、 說王曰。夫天下豪桀竝起、能者先立。今王事高祖甚恭。而高祖無禮。請爲王殺之。【考證】何焯曰、前後高祖二字、俱誤、當從漢書作皇帝、愚按、史家追記、生前言謚者甚多、詳見顧氏日知錄二十三卷、但不可以爲法也、 張敖齧其指出血曰。君何言之誤。且先人亡國、賴高祖得復國、德流子孫。秋毫皆高祖力也。願君無復出口。【索隱】案小顏曰、齧指以表至誠爲其約、 貫高・趙午等十餘人、皆相謂曰。乃吾等非也。吾王長者、不倍德。【考證】楓、三本、者下有義字、 且吾等義不

辱。今怨高祖辱我王。故欲殺之。何乃汙王爲乎。【索隱】蕭該音一故反、說文云、汙、穢也、 令事成、歸王。事敗、獨身坐耳。【考證】楓、三本、舊刻、令作今、 漢八年、上從東垣還過。趙貫高等乃壁人柏人、【索隱】謂於柏人縣館舍壁中著人、欲爲變也、【正義】柏人故城、在邢州柏人縣西北十二里、卽高祖宿處也、 要之置廁。【集解】韋昭曰、爲供置也、【索隱】要之置廁、文穎云、置人於廁壁中以伺高祖也、張晏云、鑿壁空之、令人止中也、今按云、置廁者、置人於複壁中、謂之置廁、廁者隱側之處、因以爲言也、亦音側、【考證】索隱本、楓山本、毛本、有廁字、與漢書合、各本竝脫、顧炎武曰、置、驛也、如曹相國世家取祁善置、田橫傳、至尸鄉廄置之置、漢書馮奉世傳、燔燒置亭、錢大昕曰、廁與側同、非廁溷之廁也、伏人於置側、欲要而殺之、 上過欲宿。心動。問曰。縣名爲何。曰。柏人。柏人者、迫於人也。不宿而去。漢九年、貫高怨家知其謀、乃上變告之。於是上皆幷逮捕趙王・貫高等。十餘人皆爭自剄。【考證】中井積德曰、漢書作逮捕趙王諸反者、趙午等十餘人、皆爭自剄、意義明白、 貫高獨怒、罵曰。誰令公爲之。今王實無謀。而幷捕王。公等皆死、誰白王不反

者。乃轞車膠致、【正義】謂其車上著板、四周如檻形、膠密不得開、送致京師也、【考證】中井積德曰、致緻同、密也、 與王詣長安、治張敖之罪。【考證】漢書、削治張敖之罪五字、 上乃詔、趙羣臣賓客、有敢從王、皆族。貫高與客孟舒等十餘人、皆自髡鉗爲王家奴、從來。【考證】田汝成曰、貫高檻車膠致與王詣長安、乃言與客孟舒等自髡鉗從來、何也、中井積德曰、稱王家奴者、孟舒等耳、田叔傳蓋得實、貫高與三字疑衍、 貫高至、對獄曰。獨吾屬爲之。王實不知。吏治榜笞數千刺剟、【集解】徐廣曰、丁劣反、【索隱】徐廣音丁劣反、案掇亦刺也、漢書作刺爇、張晏云、爇、灼也、說文云、燒也、應劭云、以鐵刺之、 身無可擊者。終不復言。呂后數言、張王以魯元公主故、不宜有此。上怒曰。使張敖據天下、豈少而女乎。【考證】而、汝也、言如汝女者甚多也、 不聽。廷尉以貫高事辭聞。上曰。壯士。誰知者。以私問之。【集解】瓚曰、以私情相問、 中大夫泄公曰。臣之邑子。素知之。此固趙國立名義、不侵、爲然諾者也。【正義】泄、姓也、史有泄私、

【考證】胡三省曰、言以義自立、不受侵辱、重於然諾也、愚按、韓非子顯學篇、立節參名、執操不侵、史記幻雲鈔引正義、作泄姓也、秦時衛有泄姬、 上使泄公持節問之。箯輿前。仰視曰。泄公邪。【集解】徐廣曰、箯、音鞭、駰案、韋昭曰、輿、如今輿牀、人輿以行、【索隱】服虔云、音編、編竹木如今峻、可以糞除也、何休注公羊、箯、音峻、箯者竹箯、一名編、齊魯已北、名爲箯、郭璞三倉注云、箯輿、土器、【考證】顏師古曰、高時榜笞刺剟委困、故以箯輿處之也、龍份曰、箯輿仰視、與勞苦問答、歷歷如目前、齋藤謙曰、泄公邪三字、極有情致、而漢書刪去之、 泄公勞苦如生平驩。與語、問張王果有計謀不。高曰。人情寧不各愛其父母妻子乎。今吾三族、皆以論死。豈以王易吾親哉。【考證】皆下以字、楓、三本作已、 顧爲王實不反、獨吾等爲之、具道本指所以爲者。王不知狀。於是泄公入具以報。上乃赦趙王。【考證】楓、三本、報下重上字、 上賢貫高爲人能立然諾、使泄公具告之曰。張王已出。因赦貫高。貫高喜曰。吾王審出乎。泄公曰。然。泄公曰。上多足下、故赦足下。【考證】陳懿典曰、然字下、又著泄公曰三

字、蓋然之、又言所以赦貫高之故、 貫高曰。所以不死、一身無餘者、白張王不反也。【考證】楓山本、者下有何字、 今王已出。吾責已塞。死不恨矣。且人臣有簒殺之名、何面目復事上哉。縱上不殺我、我不愧於心乎。【考證】田横曰、吾烹人之兄、與其弟併肩而事其主、縱彼畏天子之語、不敢動我、我獨不媿於心乎、項羽曰、籍與江東子弟八千人、渡江而西、今無一人還、縱江東父兄憐而王我、我何面目見之、縱彼不言、籍獨不愧於心乎、當時英雄壯士、皆能知愧、可尚也、 乃仰絕肮。遂死。【集解】韋昭曰、肮、咽也、【索隱】蘇林云、肮、頸大脈也、俗所謂胡脈、下郎反、蕭該或音下浪反、 當此之時、名聞天下。張敖已出。以尚魯元公主故、封爲宣平侯。【索隱】韋昭曰、尚、奉也、不敢言取、崔浩云、奉事公主、小顏云、尚、配也、易曰、得尚于中行、王弼亦以尚爲配、恐非其義也、【考證】王引之曰、公主尊、故以奉事爲辭、小司馬說是、公主二字、依索隱本補、 於是上賢張王諸客、以鉗奴從張王入關、無不爲諸侯相郡守者。及孝惠·高后·文帝·孝景時、張王客子孫、皆得爲二千石。【考證】見田叔傳、 張敖、高后六年薨。【集解】關中記曰、張

敖冢在安陵東、【正義】魯元公主墓、在咸陽縣西北二十五里、次東有張敖冢、與公主同域、又張耳墓在咸陽縣東三十三里、【考證】漢書云、高后元年、魯元太后薨、後六年宣平侯敖復薨、 子偃爲魯元王。【考證】梁玉繩曰、此及下元字皆衍、而元王弱句、當作魯王、 以母呂后女故、呂后封爲魯元王。【索隱】案謂偃以其母號而封也、【考證】楓、三本、無封元王三字、漢書改作呂太后立敖子偃爲魯王、以母爲太后故也、 元王弱、兄弟少。乃封張敖他姬子二人、壽爲樂昌侯、侈爲信都侯。【集解】徐廣曰、漢紀張酺傳曰、張敖之子壽封樂昌侯、食細陽之池陽鄉也、【考證】王、柯、凌本、乃譌及、蔡本、中統、舊刻、毛本無壽字、錢泰吉曰、據傳末集解、壽字侈字皆後人所增、愚按、楓、三本、亦有壽字侈字、錢說拘、 高后崩。諸呂無道。大臣誅之。而廢魯元王及樂昌侯信都侯。孝文帝即位、復封故魯元王偃爲南宮侯、續張氏。【集解】張敖、謚武侯、張偃之孫、有罪絕、信都侯名侈、樂昌侯名壽、【正義】南宮、冀州縣、【考證】漢書、二魯下無元字、中井積德曰、張敖卒、賜謚魯元王、在高后七年、焉得更謚武侯、集解謬、

太史公曰。張耳·陳餘、世傳所稱賢者。其賓客廝役、莫非天下

俊桀、所居國無不取卿相者。然張耳·陳餘始居約時、【集解】漢書音義曰、在貧賤時也、 相然信以死。豈顧問哉。【索隱】按葛洪要用字苑云、然猶爾也、謂相和同諸者信也、謂然諾相信、雖死不顧也、【考證】岡白駒曰、所謂刎頸交也、 及據國爭權、卒相滅亡。何鄉者相慕用之誠、後相倍之戾也。豈非以利哉。【索隱】有本作私利交、漢書作勢利、故廉頗傳云、天下以市道交、君有勢則從、君無勢則去、此固其理、是也、【考證】利字、索隱本、作勢利交三字、楓、三本作私字、 名譽雖高、賓客雖盛、所由殆與太伯·延陵季子異矣。【考證】岡白駒曰、二人讓國、不爲利者、故取以相形、

【索隱】述贊曰、張耳陳餘、天下豪俊、忘年羈旅、刎頸相信、耳圍鉅鹿、餘兵不進、張既望深、陳乃去印、勢利傾奪、隙末成釁、

張耳陳餘列傳第二十九

史記八十九

文學博士瀧川龜太郎著

史記會注考證

史記會注考證卷九十

漢　太　史　令　司　馬　遷　撰

宋中郎外兵曹參軍裴　駰集解

唐國子博士弘文館學士司馬　貞索隱

唐諸王侍讀率府長史張　守節正義

日　本　出　雲　瀧　川　資　言　考證

魏豹彭越列傳第三十　史記九十

[考證]史公自序云、收西河上黨之兵、從至彭城、越之侵掠梁地、以苦項羽、作魏豹彭越列傳第三十。

魏豹者、故魏諸公子也。[索隱]案彭越傳云、魏豹、魏王咎從弟、眞魏後也、[考證]沈欽韓曰、列女節義傳云、秦破魏、誅諸公子、今此魏豹魏咎、皆魏公子封君、是秦滅國、未嘗誅夷、故齊王建亦有子孫、世言秦暴、猶不若後世必盡其種也、陳勝兵起、齊韓趙魏楚、皆故國子孫、惟燕王喜走遼東、無後、漢得天下、鑒是故、徙諸豪傑于關中、其兄魏咎、故魏時封爲甯陵君。秦滅魏、遷咎爲家人。[索隱]案晉灼云、甯陵、梁國縣也、卽今甯陵是、[考證]漢書、家人作庶人、義同、陳勝之起王也、咎往從之。[正義]王、于放反、陳王使魏人周市徇魏地。魏地已下、欲相與立周市爲魏王。周市曰、天下昏亂、忠臣乃見。[索隱]老子曰、國家昏亂、有忠臣、此取以爲說也、今天下共畔秦。其義必立魏王後、乃可。齊・趙使車各五十乘、立周市爲魏王。市辭不受。迎魏咎於陳、五反。陳王乃遣立咎爲魏王。[集解]徐廣曰、元年十二月也、[考證]徐孚遠曰、陳王不欲立魏後、故使者五反、而後遣咎也、岡白駒曰、咎在陳勝之所、章邯已破陳王、乃進兵擊魏王於臨濟。[正義]故城、在淄州高苑縣北二里、本漢縣、[考證]齊召南曰、案後志、陳留郡平丘亭有臨濟亭、卽此臨

濟、爲魏咎所都也、正義非是、魏王乃使周市出請救於齊・楚。齊・楚遣項它・田巴、將兵隨市救魏。[索隱]案項它、楚將、田巴、齊將也、[正義]它、徒多反、[考證]劉奉世曰、田儋傳、儋自將兵救魏、章邯殺儋臨濟下、非遣田巴也、章邯遂擊破殺周市等軍、圍臨濟。咎爲其民約降。約定。咎自燒殺。魏豹亡走楚。[集解]徐廣曰、二年六月、楚懷王予魏豹數千人、復徇魏地。項羽已破秦降章邯。豹下魏二十餘城。立豹爲魏王。[正義]魏豹自立爲魏王、或云、項羽立之、[考證]漢書、無立字、豹引精兵從項羽入關。漢元年、項羽封諸侯、欲有梁地。乃徙魏王豹於河東、都平陽、爲西魏王。[正義]平陽、今晉州、[考證]平陽、河東縣、今平陽府臨汾縣西南、漢王還定三秦、渡臨晉。[正義]臨晉、在同州朝邑縣界、魏王豹以國屬焉。遂從擊楚於彭城。漢敗、還至滎陽。豹請歸視親病。至國、卽絕河津畔漢。[考證]顏師古曰、親、謂母也、漢王聞魏豹反、方東憂楚、

未及擊。謂酈生曰、緩頰往說魏豹、能下之、吾以萬戶封若。【正義】緩緩頰舌說、不限急期也。【考證】漢書高紀注、張晏云、緩頰、徐言、引譬喻也、中井積德曰、緩頰、猶饒舌也、以稱辯士也、愚按蓋當時俗語、中說近是、 酈生說豹。豹謝曰、人生一世間、如白駒過隙耳。【索隱】莊子云、無異騏驥之馳過隙、則謂馬也、小顏云、白駒、謂日影也、隙、壁隙也、以言速疾若日影過壁隙也、【考證】墨子兼愛篇、人之生乎地上之無幾何也、譬猶駟馳而過郤也、亦謂馬、索隱前說是、 今漢王慢而侮人、罵詈諸侯羣臣、如罵奴耳。非有上下禮節也。吾不忍復見也。【考證】漢書、如下無罵字、淮陰侯傳、蕭何謂漢王曰、王素慢無禮、今拜大將如呼小兒耳、 於是漢王遣韓信、擊虜豹於河東。【集解】徐廣曰、二年九月也、 傳詣滎陽、以豹國爲郡。【集解】高祖本紀曰、置三郡、河東、太原、上黨、 漢王令豹守滎陽。楚圍之急。周苛遂殺魏豹。【考證】項高二紀云、漢王使御史大夫周苛樅公魏豹守滎陽、周苛樅公謀曰、反國之王、難與守城、乃共殺魏豹、 彭越者、昌邑人也。字仲。【正義】漢武更山陽爲昌邑國、有梁丘鄉、梁丘故城、在曹州城武縣東北三十三里、 常漁鉅野澤中、爲羣盜。陳勝・項

梁之起、少年或謂越曰、諸豪桀相立畔秦。仲可以來亦效之。【考證】漢書、無以來亦三字、 彭越曰、兩龍方鬬。且待之。【考證】顏師古曰、兩龍、謂秦與陳勝、 居歲餘、澤閒少年相聚百餘人、往從彭越曰、請仲爲長。越謝曰、臣不願與諸君。少年彊請。乃許。與期旦日日出會。後期者斬。【索隱】旦日、謂明日之朝日出時也、【考證】中井積德曰、旦日、期日、日出、期時、 旦日日出。十餘人後。後者至日中。於是越謝曰、臣老。諸君彊以爲長。今期而多後。不可盡誅。誅最後者一人。令校長斬之。皆笑曰、何至是。請後不敢。於是越乃引一人斬之、設壇祭。乃令徒屬。徒屬皆大驚畏越、莫敢仰視。【考證】陳懿典曰、此與穰苴之斬莊賈、孫武之斬宮嬪事同、 乃行略地、收諸侯散卒、得千餘人。沛公之從碭北擊昌邑、彭越助之。【正義】碭、音徒郎反、宋州碭山縣、 昌邑未下。沛公

引兵西。彭越亦將其衆居鉅野中、收魏散卒。項籍入關、王諸侯、還歸。彭越衆萬餘人、毋所屬。漢元年秋、齊王田榮畔項王。漢乃使人賜彭越將軍印、使下濟陰以擊楚。【考證】劉攽曰、田榮使越擊楚、此不合有漢字、愚按、項羽高祖本紀竝云、田榮與彭越將軍印、令反梁地、劉說是、 楚命蕭公角將兵擊越。【正義】蕭縣令、楚縣令稱公、角名、【考證】楓三本、命作令、與漢書合、 越大破楚軍。漢王二年春、與魏王豹及諸侯東擊楚。【考證】陳仁錫曰、漢王二年、漢王三年、王字當削、漢書無、梁玉繩曰、春當作夏、 彭越將其兵三萬餘人、歸漢於外黃。漢王曰、彭將軍收魏地、得十餘城。【考證】胡三省曰、項羽併王梁楚、徙魏王豹於河東、號西魏王、今越所下外黃十餘城、皆梁地也、 欲急立魏後。今西魏王豹亦魏王咎從弟也。眞魏後。乃拜彭越爲魏相國、擅將其兵、略定梁地。【索隱】擅、猶專也、【考證】何焯曰、擅將兵者、雖拜越爲魏相、不使受魏豹節度、得自主兵也、 漢王之敗彭城、解而西也、

彭越皆復亡其所下城、獨將其兵、北居河上。【正義】滑州河上、 漢王三年、彭越常往來爲漢游兵、擊楚、絕其後糧於梁地。漢四年冬、項王與漢王相距滎陽、彭越攻下睢陽・外黃十七城。【正義】睢陽、宋州宋城也、外黃、在汴州雍丘縣東、 項王聞之、乃使曹咎守成皋、【正義】河南府汜水是、 自東收彭越所下城邑、皆復爲楚。【正義】爲、于僞反、 越將其兵、北走穀城。【正義】在齊州東阿縣東二十六里、是、 漢五年秋、項王之南走陽夏、【正義】夏、古雅反、陳州太康縣也、【考證】楓三本、五年作四年、爲是、漢用秦正、以冬十月爲歲首、故冬在前、而秋在後、或云、漢五年三字衍文、 彭越復下昌邑旁二十餘城、得穀十餘萬斛、以給漢王食。漢王敗。使使召彭越、幷力擊楚。【考證】劉攽曰、此時漢未敗、敗字疑是數字、 越曰、魏地初定、尚畏楚。未可去。漢王追楚、爲項籍所敗固陵。【正義】固陵、地名、在陳州宛丘縣西北三十二里、 乃謂留侯曰、諸侯兵

不從。爲之柰何。留侯曰、齊王信之立、非君王之意、信亦不自堅。彭越本定梁地、功多。始君王以魏豹故、拜彭越爲魏相國。今豹死毋後。且越亦欲王。而君王不蚤定。與此兩國約、卽勝楚。【考證】句上添今能二字看、睢陽以北至穀城、皆以王彭相國、【正義】從宋州已北、至鄆州以西、曹濮汴滑並與彭越、從陳以東傅海、與齊王信。【集解】傅、音附、【索隱】傅、音附、【正義】從陳潁州北以東、亳泗徐淮北之地、東至海、幷淮南淮陰之邑、盡與韓信、韓信又先有故齊舊地、齊王信家在楚。此其意欲復得故邑。君王能出捐此地許二人、二人今可致。【考證】楓、三本、此下無地字、卽不能、事未可知也。於是漢王乃發使使彭越、如留侯策。使者至。彭越乃悉引兵會垓下、遂破楚。【正義】垓下、在亳州也、五年、項籍已死。春、立彭越爲梁王、都定陶。【正義】曹州、六年、朝陳。九年、十年、皆來朝

長安。十年秋、陳豨反代地。高帝自往擊、至邯鄲、徵兵梁王。梁王稱病、使將將兵詣邯鄲。高帝怒、使人讓梁王。【考證】楓、三本、無王字、梁王恐、欲自往謝。其將扈輒曰、王始不往、見讓而往。往則爲禽矣。不如遂發兵反。梁王不聽稱病。梁王怒其太僕、欲斬之。太僕亡走漢、告梁王與扈輒謀反。於是上使使掩梁王。梁王不覺。捕梁王囚之雒陽。有司治。反形已具。請論如法。【集解】張晏曰、扈輒勸越反不聽、而云反形已見、有司非也、瓚曰、扈輒勸越反、而越不誅輒、是反形已具、【考證】中井積德曰、反形已具、雖出於有司鍛鍊、然無病而稱病者再、是不能自理者、及無故脩城池造兵器之類、一經有司之考問、而不能自理者、多有之也、註瓚之說、卽獄吏之辭文、上赦以爲庶人、傳處蜀青衣。【集解】文穎曰、青衣、縣名、在蜀、瓚曰、今漢嘉是也、【索隱】蘇林曰、縣名、今爲臨卭、瓚曰、今漢嘉是也、【考證】傳、傳車、西至鄭。【索隱】地理志、鄭屬京兆、【正義】華州、逢呂后從長安來。欲之雒陽。【考證】楓、三本、來作東、與漢書合、道見彭王。彭王

爲呂后泣涕、自言無罪。願處故昌邑。【考證】彭越、昌邑人、呂后許諾、與俱東至雒陽。呂后白上曰。彭王壯士。今徙之蜀、此自遺患。【正義】上唯季反、不如遂誅之。妾謹與俱來。於是呂后乃令其舍人告彭越復謀反。廷尉王恬開奏請族之。【考證】各本、開誤闕、今從楓、三本、游本、張文虎曰、開與功臣表張釋之傳合、梁玉繩曰、案彭越之族、在高帝十一年、而公卿表十年是廷尉宣義、十二年廷尉育、則非王恬開、此時恬開恐尙爲郎中令也、上乃可。遂夷越宗族。國除。【考證】楓、三本、可下有之、越上有彭、

太史公曰。魏豹・彭越、雖故賤、然已席卷千里、【正義】言魏地闊千里、如席卷舒、南面稱孤、喋血乘勝、日有聞矣。【集解】徐廣曰、喋、一作啑、韓傳亦有喋血語也、【索隱】音牒、喋、猶蹀也、殺敵蹀血而行、孝文紀、喋血京師、是也、【考證】沈家本曰、喋血乘勝者、猶言血戰成功也、日有聞、言功名聞於當日也、懷畔逆之意、及敗、不死而虜囚、身被刑戮。何哉。中材已上、且羞其行。況王者乎。彼無

異故。智略絕人、獨患無身耳。【考證】楓、三本、身上有全字、陳仁錫曰、獨患無身耳、此句太史公有深意在、董份曰、太史公腐刑、不卽死、亦欲以自見耳、故于此委曲致意如此、得攝尺寸之柄、其雲蒸龍變、欲有所會其度。【正義】言二人得綰攝一尺之權柄、卽生變動、欲有其度數、度、徒故反、【考證】恩田仲任曰、按此言彭越得攝尺寸之柄、待天下雲蒸龍變之時、欲以其度量投機會耳、以故幽囚而不辭云。【考證】中井積德曰、懷畔句、在越爲誣、被刑戮、在豹不當、宜相通略爲主、又智略絕人句、亦在魏豹爲不當、蓋是贊主意在彭越也、

【索隱】述贊、魏咎兄弟、因時而王、豹後屬楚、其國遂亡、仲起昌邑、歸漢外黃、往來聲援、再續軍糧、徵兵不往、葅醢何傷、

魏豹彭越列傳第三十　史記九十

文學博士瀧川龜太郎著

史記會注考證

史記會注考證卷九十一

漢　太　史　令　司　馬　遷　撰

宋　中　郎　外　兵　曹　參　軍　裴　駰　集　解

唐　國　子　博　士　弘　文　館　學　士　司　馬　貞　索　隱

唐　諸　王　侍　讀　率　府　長　史　張　守　節　正　義

日　本　出　雲　瀧　川　資　言　考　證

黥布列傳第三十一　史記九十一

[考證]史公自序云、以淮南叛楚歸漢、漢用得大司馬殷、卒破子羽于垓下、作黥布列傳第三十一、

黥布者、六人也。姓英氏。[索隱]地理志、廬江有六縣、蘇林曰、今爲六安也、按、布本姓英、英、國名也、咎繇之後、布以少時有人相云、當刑而王、故漢雜事云、布改姓黥、以厭當之也、[正義]故六城、在壽州安豐縣西南百三十三里、按、黥布封淮南王、都六、郎此城、又春秋傳、六與蓼、咎繇之後、或封於英六、蓋英後改爲蓼也、孔文祥云、爲封皐陶後於英、布其苗裔也、漢故事云、布姓黥、欲以厭當之也、[考證]王鳴盛曰、史記因英布曾犯罪而黥、遂稱黥布、漢書因車千秋乘小車、號車丞相、遂稱之爲車千秋、漢人隨意立名如此、愚按、黥英、音近、秦時爲布衣。少年、有客相之曰、當刑而王。及壯坐法黥。布欣然笑曰、人相我、當刑而王、幾是乎。[集解]徐廣曰、幾、一作豈、駰謂幾近也、[索隱]裴駰曰、臣瓚音機、幾、近也、楚漢春秋、作豈是乎、故徐廣云、一作豈、劉氏作祈、祈者語辭也、亦通、[考證]王念孫曰、幾讀爲豈、言人相我、當刑而王、今豈是乎、楚漢春秋可證、幾豈古同聲通用、人有聞者、共俳笑之。[索隱]謂衆共以俳優輩笑之、[考證]漢書、俳笑作戲笑、張照曰、相共諸讙而非笑之、非以俳優輩目之也、李笠曰、一切經音義十引蒼頡篇云、俳、戲也、布已論輸麗山。麗山之徒數十萬人。布皆與其徒長豪桀交通。[正義]言布論決受黥、竟麗山作陵也、時會稽郡輸身徒、[考證]楓、三本、麗作驪、與漢書合、迺率其曹偶、亡之江中爲羣盜。[索隱]曹、輩也、偶、類也、謂徒輩之類、陳勝之起

也、布迺見番君、與其衆叛秦、聚兵數千人。番君以其女妻之。[正義]番君、吳芮也、[考證]漢書吳芮傳、吳芮者、秦時番陽令也、甚得江湖間民心、號曰番君、天下之初叛秦也、黥布歸芮、芮妻之、章邯之滅陳勝、破呂臣軍、布乃引兵北擊秦左右校、破之淸波、引兵而東。[正義]淸作靑、地名、[考證]楓、三本、淸作靑、與漢書合、史陳涉世家亦作靑、聞項梁定江東·會稽、涉江而西、[正義]時會稽郡所理、在吳閶閭城中、陳嬰以項氏世爲楚將、迺以兵屬項梁、渡淮南。[考證]楓、三本、無南字、此疑衍、英布·蒲將軍、亦以兵屬項梁。項梁涉淮而西、擊景駒·秦嘉等。布常冠軍。項梁至薛、[正義]薛古城、在徐州滕縣界也、聞陳王定死、迺立楚懷王。項梁號爲武信君、英布爲當陽君。[正義]南郡當陽縣也、項梁敗死定陶。懷王徙都彭城。諸將英布、亦皆保聚彭城。當是時、秦急圍趙。趙數使人請救。懷王使宋義爲上將、范增爲

末將、項籍爲次將、英布·蒲將軍、皆爲將軍、悉屬宋義、北救趙。及項籍殺宋義於河上、懷王因立籍爲上將軍。諸將皆屬項籍。項籍使布先渡河擊秦。布數有利。【考證】各本、渡上衍涉字、楓、三本、宋本、舊刻無、漢書作先涉河、籍迺悉引兵涉河從之。遂破秦軍、降章邯等。楚兵常勝、功冠諸侯。諸侯兵皆以服屬楚者、以布數以少敗衆也。項籍之引兵西至新安、【正義】新安故城、在河南府澠池縣東二十二里、　又使布等夜擊、阬章邯秦卒二十餘萬人。至關不得入。又使布等先從閒道破關下軍。【索隱】鄒氏云、閒、猶閑也、謂私也、今以閒音紀莧反、閒道卽他道、猶若反閒之義、【正義】閒隙之道、【考證】閒道、僻道非正路也、　遂得入至咸陽。布常爲軍鋒。【索隱】案漢書、作楚軍前蹛、蹛者鹵簿、【考證】今本漢書作前鋒、　項王封諸將。立布爲九江王。都六。漢元年四月、諸侯皆罷戲下、各就國。項氏立懷

王爲義帝、徙都長沙。迺陰令九江王布等行擊之。其八月、布使將擊義帝、追殺之郴縣。【正義】郴、丑林反、今郴州有義帝冢及祠、【考證】崔適曰、史記項羽高祖本紀皆云、使衡山王臨江王擊義帝、而此傳則云、令九江王布等行擊義帝、下文隨何說布曰、楚兵雖強、天下負之以不義之名、以其背約而殺義帝也、若項王實使九江王殺之、則隨何當爲之諱、蓋後人從漢書竄入也、顏師古注高紀、謂衡山臨江、與布同受羽命、欲爲史漢調人、然漢書不謂項王使衡山臨江、本與史記異指、不可强而爲一也、梁玉繩曰、此以弑義帝在八月、與紀表異、說在羽紀、漢二年、齊王田榮畔楚。【考證】梁玉繩曰、漢二年、當移在後漢王擊楚句上、漢三年、移後淮南王至之上、此誤也、項王往擊齊、徵兵九江。九江王布稱病不往。遣將將數千人行。漢之敗楚彭城、布又稱病不佐楚。項王由此怨布。數使使者誚讓召布。布愈恐不敢往。【集解】漢書音義曰、誚、責也、　項王方北憂齊·趙、西患漢。所與者獨九江王、又多布材、欲親用之。以故未擊。漢三年、漢王擊楚、大戰彭城。不利。【考證】漢書、無漢三年三字、此衍、說見上文、王先謙曰、上文漢之敗彭城、是實事、此

言漢王與楚大戰彭城不利、追溯之詞、非謂兩次會戰也、　出梁地至虞。【正義】今宋州虞城也、　謂左右曰。【索隱】案謂隨何、【考證】恩田仲任曰、泛言左右人也、　如彼等者、無足與計天下事。謁者隨何進曰。不審陛下所謂。【考證】陛下、當作大王、　漢王曰。孰能爲我使淮南、令之發兵倍楚、留項王於齊數月。我之取天下、可以百全。【考證】顧炎武曰、當云使九江、歸漢後乃封淮南王也、愚按下稱淮南、竝非、梁玉繩曰、案本紀、項王去齊而後有彭城之戰、漢敗彭城而後有隨何之說、安得言留齊、此誤、　隨何曰。臣請使之。迺與二十人俱使淮南。至。因太宰主之。【集解】漢書音義曰、淮南太宰作內主也、韋昭曰、主、舍也、【索隱】太宰、掌膳食之官、韋昭曰、主、舍、【考證】中井積德曰、主之、以爲主人也、　三日不得見。隨何因說太宰曰。王之不見、何。必以楚爲彊、以漢爲弱。此臣之所以爲使。【正義】以楚強漢弱、爲此事臣之所以使九江也、　使何得見。言之而是邪。是大王所欲聞也。言之而非邪。使何等二十人伏斧質淮南市、以明王倍漢而

與楚也。【考證】楓、三本、明下無王字、與漢書合、　太宰迺言之王。王見之。隨何曰。漢王使臣敬進書大王御者。竊怪大王與楚何親也。【考證】三條本及漢書、使下有使字、與下文合、　淮南王曰。寡人北鄉而臣事之。隨何曰。大王與項王俱列爲諸侯、北鄉而臣事之、必以楚爲彊、可以託國也。項王伐齊、身負板築、以爲士卒先。【集解】李奇曰、板、牆板也、築、杵也、　大王宜悉淮南之衆、身自將之、爲楚軍前鋒。今迺發四千人以助楚。夫北面而臣事人者、固若是乎。夫漢王戰於彭城、項王未出齊也。大王宜騷淮南之兵、渡淮、日夜會戰彭城下。【集解】騷、音埽、【正義】騷、音埽、言舉之如埽地之爲、　大王撫萬人之衆、無一人渡淮者、垂拱而觀其孰勝。【考證】楓、三本、撫上有今字、夫託國於人者、固若是乎。大王提空名以鄉楚、而欲厚自託。

【正義】提、舉也、臣竊爲大王不取也。然而大王不背楚者、以漢爲弱也。夫楚兵雖彊、天下負之以不義之名。以其背盟約而殺義帝也。【索隱】負、猶被也、以不義被其身、然而楚王恃戰勝自彊。漢王收諸侯、還守成皋·滎陽、下蜀·漢之粟、深溝壁壘、分卒守徼乘塞。【索隱】徼、謂邊境亭鄣、以徼繞邊陲、常守之也、乘者、登也、登塞垣而守之、【考證】中井積德曰、壁、疑堅之誤、楚人還兵、閒以梁地、深入敵國八九百里。【集解】張晏曰、羽從齊還、當經梁地八九百里、迺得羽地、【索隱】案服虔曰、梁在楚漢之中間、【考證】劉奉世曰、方是時、彭越反梁地、故隨何言項羽深入敵國、乃至滎陽成皋爾、從齊還彭城、自不經梁地也、欲戰則不得、攻城則力不能、老弱轉糧千里之外。楚兵至滎陽·成皋、漢堅守而不動、進則不得攻、退則不得解。【考證】張文虎曰、中統本攻上得字作能、中統、游、毛本解下得字作能、故曰、楚兵不足恃也。【集解】徐廣曰、恃、一作罷、言其已困、不足復苦也、【索隱】案漢書作罷、音皮、【考證】言大王以楚兵爲足恃、其實不足恃也、使楚勝漢、則諸

侯自危懼而相救。夫楚之彊、適足以致天下之兵耳。故楚不如漢。其勢易見也。今大王不與萬全之漢、而自託於危亡之楚。臣竊爲大王惑之。臣非以淮南之兵、足以亡楚也。夫大王發兵而倍楚、項王必留。留數月、漢之取天下、可以萬全。臣請與大王提劍而歸漢。漢王必裂地而封大王。又況淮南。淮南必大王有也。【考證】楓、三本裂下有土字、漢書封作分、不重淮南二字、故漢王敬使使臣進愚計。願大王之留意也。淮南王曰。請奉命。陰許畔楚與漢、未敢泄也。【考證】楓、三本許作計、楚使者在、【集解】文穎曰、在淮南王所、方急責英布發兵。舍傳舍。【考證】中井積德曰、據下文據布愕然句、是事在布之前也、不於傳舍、漢書削舍傳舍三字、爲是、隨何直入、坐楚使者上坐曰。九江王已歸漢。楚何以得發兵。布愕然。楚使者起。何

因說布曰。事已構。可遂殺楚使者、無使歸。而疾走漢并力。【索隱】按構、訓成也、走、音奏、向也、【正義】構、結也、言背楚之事已結成、布曰。如使者教、因起兵而擊之耳。於是殺使者、因起兵而攻楚。楚使項聲·龍且攻淮南。項王留而攻下邑。【正義】下邑、宋州碭山縣、數月、龍且擊淮南、破布軍。布欲引兵走漢。恐楚王殺之。故閒行、與何俱歸漢。淮南王至。【集解】徐廣曰、三年十二月、上方踞牀洗、召布入見。【考證】酈生傳云、沛公方据牀、使兩女子洗足、而見酈生、蓋是漢皇見人慣用手段、布甚大怒、悔來、欲自殺。【考證】梁玉繩曰、甚大二字、當去其一、漢書無甚字、出就舍。帳御飲食從官、如漢王居。布又大喜過望。【正義】高祖以布先分爲王、恐其自尊大、故峻禮令布折服、已而美其帷帳、厚其飲食、多其從官、以悅其心、權道也、於是迺使人入九江。楚已使項伯收九江兵、盡殺布妻子。布使者頗得故人幸臣、將衆數千人歸漢。漢益分布

兵、而與俱北收兵至成皋。四年七月、立布爲淮南王、與擊項籍。漢五年、布使人入九江、得數縣。【考證】陳仁錫曰、漢五年衍文、漢書削、下文六年作五年、沈家本曰、高紀在四年、六年、布與劉賈入九江、誘大司馬周殷。【考證】劉賈、高祖從父兄、後封荊王、見下文、沈家本曰、高紀在四年、按六年、衍、項籍之死、實五年也、漢書無此二字、周殷反楚。遂舉九江兵、與漢擊楚、破之垓下。項籍死、天下定。上置酒。【考證】楓、三本無上字、上折隨何之功、謂何爲腐儒。爲天下安用腐儒。【索隱】腐、音輔、謂之腐儒者、言如腐敗之物、不任用、【正義】腐、爛敗之物、言不堪用、【考證】與乃公以馬上取天下、安事詩書、同一詞氣、腐儒二字、又見留侯世家、隨何跪曰。夫陛下引兵攻彭城、楚王未去齊也。陛下發步卒五萬人、騎五千、能以取淮南乎。上曰。不能。隨何曰。陛下使何與二十人使淮南。至、如陛下之意。是何之功、賢於步卒五萬人騎五千也。然而陛下謂何腐

儒、爲天下安用腐儒。何也。上曰。吾方圖子之功。迺以隨何爲護軍中尉。布遂剖符爲淮南王、都六。【考證】楓、三本、布上有英字、 九江・廬江・衡山・豫章郡皆屬布。七年、朝陳。八年、朝雒陽。九年、朝長安。【考證】楓、三本、七年作六年、八年作七年、與漢書合、愚按高紀會諸侯於陳、在六年、如洛陽、在八年、卽七年當從漢書作六年、八年本書爲是、梁玉繩曰、九年下缺十年二字、 十一年、高后誅淮陰侯。布因心恐。【考證】楓、三本、恐下有憂字、 夏、漢誅梁王彭越醢之、盛其醢、徧賜諸侯。至淮南。【正義】反者被誅、皆以爲醢、卽刑法志所云葅其骨肉者、【考證】王念孫曰、夏漢、當作漢復、彭越謀反、高紀在十一年三月、 淮南王方獵。見醢因大恐、陰令人部聚兵、候伺旁郡警急。【集解】張晏曰、欲有所會、【正義】備急、上如字、或作警、恐收捕、聚兵備其急、【考證】正義本警急作備急、 布所幸姬疾、請就醫。【考證】楓、三本、布下有有字、姬下重姬字、疾作病、 醫家與中大夫賁赫對門。【集解】徐廣曰、賁、音肥、【索隱】賁、音肥、人姓也、赫、音虛格反、 姬數如醫家。賁赫自以爲侍中、迺厚

餽遺、從姬飮醫家。姬侍王、從容語次、譽赫長者也。王怒曰。汝安從知之。具說狀。王疑其與亂。赫恐稱病。王愈怒、欲捕赫。赫言變事、乘傳詣長安。布使人追。不及。赫至上變、言布謀反有端、可先未發誅也。上讀其書、語蕭相國。相國曰。布不宜有此。恐仇怨妄誣之。請繫赫、使人微驗淮南王。【集解】微、一作徵、 淮南王布見赫以罪亡上變、固已疑其言國陰事。漢使又來、頗有所驗。遂族赫家、發兵反。反書聞。上迺赦賁赫、以爲將軍。上召諸將問曰。布反。爲之柰何。皆曰。發兵擊之、阬豎子耳。何能爲乎。汝陰侯滕公召故楚令尹問之。【考證】楓、三本、問下有而字、 令尹曰。是固當反。滕公曰。上裂地而王之、疏爵而貴之、南面而立、萬乘之主。其

反何也。【集解】漢書音義曰、疏、分也、禹決江疏河、是也、【索隱】疏、分也、漢書曰、禹決江疏河、尚書曰、列爵惟五、分土惟三、按裂地是對文、故知疏卽分也、 令尹曰。往年殺彭越、前年殺韓信。【集解】張晏曰、往年、前年、同耳、使文相避也、【考證】中井積德曰、殺信越皆在布反之時、不當稱往年前年、蓋記者之誤、 此三人者同功一體之人也。【考證】張文虎曰、各本此上衍言字、宋本、舊刻無、愚按楓、三本、漢書亦無、 自疑禍及身。故反耳。【考證】楓、三本、身下有是字、 滕公言之上曰。臣客故楚令尹薛公者、其人有籌筴之計。可問。【考證】中井積德曰、漢書削之計二字、然計稱其智數也、非複文、不必削、 上迺召見問薛公。薛公對曰。布反不足怪也。使布出於上計、山東非漢之有也。出於中計、勝敗之數、未可知也。出於下計、陛下安枕而臥矣。上曰。何謂上計。令尹對曰。東取吳、【正義】荊王劉賈、都吳蘇州闔廬城也、 西取楚、【正義】楚王劉交、都徐州下邳、 幷齊取魯、傳檄燕・趙、固守其所、山東非漢之有也。何謂中計。東取吳、西取

楚、幷韓取魏、據敖庾之粟、【索隱】案太康地記云、秦建敖倉於成皋、又立庾、故云敖庾也、【考證】敖庾、各本作敖倉、今從索隱本、楓、三本、 塞成皋之口、勝敗之數、未可知也。何謂下計。東取吳、西取下蔡、【正義】古州來國、【考證】下蔡、沛郡縣、 歸重於越、身歸長沙、【正義】今潁州、【考證】顏師古曰、重、輜重也、 陛下安枕而臥、漢無事矣。【集解】桓譚新論曰、世有圍棊之戲、或言是兵法之類也、及爲之上者、遠棊疏張、置以會圍、因而成多得道之勝、中者、則務相絕遮要、以爭便求利、故勝負狐疑、須計數而定、下者、則守邊隅、趨作罫、以自生於小地、然亦必不如、察薛公之言、上計云、取吳楚、幷齊魯、及燕趙者、此廣道地之謂、中計云、取吳楚、幷韓魏、塞成皋、據敖倉、此趨遮要爭利者也、下計云、取吳下蔡、據長沙、以臨越、此守邊隅趨作罫者也、【索隱】罫、音烏卦反、 上曰。是計將安出。令尹對曰。出下計。上曰。何謂廢上中計而出下計。【考證】楓、三本、謂作爲、中上有計字、 令尹曰。布故麗山之徒也。【考證】楓、三本、曰上有答字、 自致萬乘之主。此皆爲身、不顧後爲百姓萬世慮者也。故曰。出下計。上曰。善。封薛公千戶。【集解】劉氏云、薛公得封千戶、蓋關內侯也、 迺立皇子長爲

淮南王。上遂發兵自將、東擊布。布之初反、謂其將曰。上老矣。厭兵。必不能來。使諸將。諸將獨患淮陰・彭越。今皆已死。餘不足畏也。故遂反。果如薛公籌之。東擊荊。荊王劉賈走死富陵。【正義】故城在楚州盱眙縣東北六十里、【考證】中井積德曰、此荊卽上文之吳矣、以地謂之吳、以國謂之荊、當時荊與楚別自立國也、又曰、布取吳破楚而已、未嘗歸長沙也、而傳云果如薛公籌之者、何也、蓋布實有是策、未及施行、而與上兵遇而敗死也、　盡劫其兵、渡淮擊楚。楚發兵與戰徐・僮閒。【集解】如淳曰、地名也、【索隱】案地理志、臨淮有徐縣僮縣、【正義】杜預云、徐在下邳僮縣東、括地志云、大徐城在泗州徐城縣北四十里、古徐國也、【考證】中井積德曰、擊楚、應上文取下蔡、　為三軍、欲以相救為奇。【正義】楚軍分為三處、欲互相救為奇策、　或說楚將曰。布善用兵。民素畏之。且兵法、諸侯戰其地為散地。【集解】漢書音義曰、謂散滅之地、【正義】魏武帝注孫子曰、卒戀土地、道近而易敗散、【考證】孫子九地篇、用兵之法、有散地、又云、諸侯自戰其地者為散地、又云、是故散地則無戰、　今別為三。彼敗吾一軍、餘皆走。安能相救。不聽。布果破其

一軍。其二軍散走。遂西與上兵遇蘄西會甀。【索隱】上古外反、下持瑞反、韋昭云、蘄之鄉名、漢書作䍃、應劭音保、鉦下亭名、【正義】蘄音機、沛郡蘄城也、甀、逐瑞反、【考證】張文虎曰、索隱鉦疑鉒之譌、漢志、鉒蘄皆屬沛、　布兵精甚。上迺壁庸城、望布軍。置陳如項籍軍。【集解】鄧展曰、庸城、地名也、【考證】漢書藝文志兵書略、兵形勢項王一篇、注名籍、　上惡之。與布相望見、遙謂布曰。何苦而反。布曰。欲為帝耳。【考證】漢祖對陳善語、其於項羽亦然、中井積德曰、布之反、苟自救死也已、其言欲為帝、是憤言而誇張、非其情、　上怒罵之。遂大戰。布軍敗走。渡淮、數止戰。不利。與百餘人走江南。【考證】沈欽韓曰、文選注五十四引楚漢春秋、下蔡亭長詈淮南王曰、封汝爵為千乘、東南盡日所出、尚未足黥徒羣盜所耶、徐孚遠曰、淮南諸將、以漢祖不自將也、故決反計、及漢祖自來、則已心懾、故陳雖精、而易敗、　布故與番君婚。以故長沙哀王使人紿布偽與亡、誘走越。故信而隨之番陽。【集解】徐廣曰、表云、成王臣、吳芮之子也、駰案晉灼曰、芮之孫固、或曰、是成王、非哀王也、傳誤也、【索隱】哀字誤也、是成王臣、吳芮之子也、【正義】哀字誤、當作成也、　番陽人殺布茲鄉民田舍。遂滅黥布。【索隱】番陽、鄱陽縣之

鄉、【正義】英布冢在饒州鄱陽縣北百五十二里十三步、　立皇子長為淮南王。封賁赫為期思侯。【正義】期思故城、在光州固始縣界、【考證】中井積德曰、皇子長為王、重出、宜刪其一、　諸將率多以功封者。【集解】漢書曰、將率封者六人、

太史公曰。英布者、其先豈春秋所見楚滅英六皋陶之後哉。【考證】春秋文五年、秋、楚人滅六、左氏傳、六人叛楚、秋、楚成大心仲歸帥師滅六、冬、楚公子燮滅蓼、臧文仲聞六與蓼滅曰、皐陶庭堅不祀忽諸、史記夏本紀云、封皐陶之後英六、集解、徐廣曰、史記皆為英字、而以英布是此苗裔、正義、英、蓋蓼也、　身被刑法。何其拔興之暴也。【索隱】拔、白曷反、疾也、【考證】項羽紀論贊、何興之暴也、　項氏之所阬殺人以千萬數。而布常為首虐、功冠諸侯。用此得王。亦不免於身為世大僇。禍之興、自愛姬殖、妒媢生患。竟以滅國。【集解】音冒、媢亦妒也、【索隱】案王邵音冒、媢亦妒也、漢書外戚傳亦云、或結寵妾妒媢之誅、又論衡云、妬夫媢婦、則媢是妬之別名、今原英布之誅、為疑賁赫與其妃有亂、故至滅國、所以不得言妬媢是媢也、一云、男妬曰媢、【考證】張文虎曰、據索隱、是舊本有誤作妬媢者、顏氏家訓書

證篇引史亦辯之、愚按楓三本作媢、

【索隱】述贊、九江初筮、當刑而王、既免徒中、聚盜江上、每雄楚卒、頻破秦將、病為羽疑、歸受漢杖、賁赫見毀、卒致無妄、

黥布列傳第三十一　　史記九十一

文學博士瀧川龜太郎著

史記會注考證

史記會注考證卷九十二

漢　太史令司馬遷　撰
宋　中郎外兵曹參軍裴駰　集解
唐　國子博士弘文館學士司馬貞　索隱
唐　諸王侍讀率府長史張守節　正義
日本　出雲瀧川資言　考證

淮陰侯列傳第三十二　史記九十二

【考證】史公自序云、楚人迫我京索、而信拔魏趙、定燕齊、使漢三分天下有其二、以滅項籍、作淮陰列傳、第三十二、

淮陰侯韓信者、淮陰人也。【正義】楚州淮陰縣也、始爲布衣時、貧無行、不得推擇爲吏。【集解】李奇曰、無善行可推舉選擇、【考證】中井積德曰、無行者、放縱不檢之謂、沈欽韓曰、管子小匡篇、鄉長修德進賢、名之曰三選、罷士無伍、莊子達生篇、孫休賓于鄉里、逐于州部、楚策、汗明見春申君曰、僕之不肖、阨于州部、按此戰國以來選舉之法、韓信以無行、不得推擇也、又不能治生商賈。常從人寄食飮。人多厭之者。常數從其下鄉南昌亭長寄食。【集解】張晏曰、下鄉縣、屬淮陰也、【索隱】下鄉、鄉名、屬淮陰郡、案楚漢春秋、作新昌亭長、【正義】行賣曰商、坐賣曰賈也、案食飮、謂託飮食於人、猶乞食也、【考證】楓、三本無者字、數月、亭長妻患之。乃晨炊蓐食。【集解】張晏曰、未起而牀蓐中食、食時信往。不爲具食。信亦知其意、怒竟絕去。信釣於城下。【正義】淮陰城北臨淮水、昔信去下鄉而釣於此、諸母漂。有一母。見信飢飯信。竟漂數十日。【集解】韋昭曰、以水擊絮爲漂、故曰漂母、信喜、謂漂母曰。吾必有以重報母。母怒曰。大丈夫不能自食。吾哀王孫而進食。豈望報乎。【集解】蘇林曰、王孫、如言公子也、【索隱】劉德曰、秦

末多失國、言王孫公子、尊之也、蘇林亦同、張晏云、字王孫、非也、【正義】食、音寺、【考證】何焯曰、王孫公子、皆推敬之稱、中井積德曰、漂母唯憐信、故飯之、實不知信之才、故怒於重報之言、是非避報者、不意其能報也、以爲虛言、淮陰屠中少年、有侮信者。曰。若雖長大好帶刀劍、中情怯耳。衆辱之曰。信能死刺我。不能死出我袴下。【集解】徐廣曰、袴一作胯、胯、股也、音同、又云、漢書作跨、同耳、【索隱】袴、漢書作胯、胯、股也、音枯化反、然尋此文作袴、欲依字讀、何爲不通、袴下即胯下也、亦何必須作胯、【正義】衆辱、謂於衆中辱之、於是信孰視之、俛出袴下蒲伏。一市人皆笑信以爲怯。【正義】俛、音俯、伏、蒲北反、【考證】漢書、刪蒲伏二字、尤瑛曰、孰視之三字可玩、有忍意、齋藤謙曰、蒲伏二字、駁狀如見、所以反襯他日榮達、及項梁渡淮、信杖劍從之、居戲下。無所知名。【集解】徐廣曰、戲一作麾、【考證】宋本、毛本、杖作仗、項梁敗。又屬項羽。羽以爲郎中。數以策干項羽。羽不用。漢王之入蜀、信亡楚歸漢。未得知名。爲連敖。【集解】徐廣曰、典客也、【索隱】李奇云、楚官名、張晏云、司馬也、【考證】周壽昌曰、漢書功臣表、作入漢爲連敖票客、史記功臣表、作連敖典客、如注、連敖、楚官、左傳有連尹莫敖、其後合爲一名也、時功臣內以連敖起家者、尙有柳丘侯戎賜、隆慮侯周竈、

河陵侯郭亭、朝陽侯華寄、若煮棗侯革朱、則以越連敖入漢、知當時不獨漢有是官、坐法當斬。其輩十三人皆已斬。次至信。信乃仰視。適見滕公曰。上不欲就天下乎。何爲斬壯士。【考證】楓、三本、無上字、愚按、上字當作王、下同、　滕公奇其言、壯其貌、釋而不斬。與語大說之、言於上。【考證】楓、三本、之下有入字、　上拜以爲治粟都尉。上未之奇也。【考證】胡三省曰、班表、治粟內史、秦官、掌穀貨、都尉蓋其屬也、　信數與蕭何語。何奇之。至南鄭。諸將行道亡者數十人。【考證】周壽昌曰、至南鄭、高祖元年夏四月、時沛公爲漢王都南鄭、諸將士卒、皆思東歸、故多道亡、　信度何等已數言上、上不我用。卽亡。【考證】度、大各反、楓、三本、無我字、　何聞信亡、不及以聞、自追之。人有言上曰。丞相何亡。上大怒、如失左右手。居一二日、何來謁上。上且怒且喜、罵何曰。若亡、何也。何曰。臣不敢亡也。臣追亡者。上曰。若所追者誰。何曰。韓信也。【考證】若、汝也、　上

復罵曰。諸將亡者以十數。公無所追。追信詐也。【考證】改若稱公、見漢王心稍定、　何曰。諸將易得耳。至如信者、國士、無雙。王必欲長王漢中、無所事信。【集解】文穎曰、事、猶業也、張晏曰、無事用信、　必欲爭天下、非信無所與計事者。顧王策安所決耳。【考證】楓、三本、無所作無可、　王曰。吾亦欲東耳。安能鬱鬱久居此乎。何曰。王計必欲東、能用信。信卽留。不能用、信終亡耳。王曰。吾爲公以爲將。【考證】爲公二字、見漢王未重韓信、　何曰。雖爲將、信必不留。王曰。以爲大將。何曰。幸甚。於是王欲召信拜之。何曰。王素慢無禮。今拜大將、如呼小兒耳。此乃信所以去也。王必欲拜之、擇良日、齋戒、設壇場具禮、乃可耳。王許之。【考證】築土而高曰壇、除地爲場、魏豹傳、豹曰、漢王慢而侮人、罵詈諸侯羣臣、如奴耳、　諸將皆喜。人人各自以爲得大將。【考證】言己必爲大將、　至拜

大將、乃韓信也。一軍皆驚。信拜禮畢、上坐。【考證】中井積德曰、上坐、以漢王平常宮殿言也、非壇上、言壇上拜時之禮已畢、漢王乃延入見之與坐也、　王曰。丞相數言將軍。將軍何以敎寡人計策。信謝。因問王曰。今東鄕爭權天下、豈非項王邪。漢王曰。然。曰。大王自料勇悍仁彊、孰與項王。【考證】楓、三本、然下有信字、　漢王默然。良久曰。不如也。信再拜賀曰。惟信亦爲大王不如也。【考證】張文虎曰、惟、漢書作唯、王本作雖、凌引一本、亦下有以字、王念孫曰、雖字、古多借作惟、又作唯、惟信亦以爲大王不如也、當作一句讀、言非獨大王以爲不如、雖信亦以爲不如也、愚按王說是、楓、三本、亦有以字、　然臣嘗事之。請言項王之爲人也。項王喑噁叱咤、千人皆廢。【集解】晉灼曰、廢、不收也、【索隱】喑噁、上於金反、下烏路反、喑噁、懷怒氣、咤字或作吒、上昌栗反、下卓嫁反、叱咤、發怒聲、孟康曰、廢、伏也、張晏曰、廢、偃也、　然不能任屬賢將。此特匹夫之勇耳。項王見人恭敬慈愛、言語嘔嘔、【集解】音凶于反、【索隱】音吁、嘔嘔、猶區區也、漢書作姁姁、鄧展曰、姁姁、好也、張晏音吁、【考證】楓、三本、敬作謹、與漢書合、　人有疾病、

涕泣分食飮。至使人有功、當封爵者、印刓敝、忍不能予。【集解】漢書音義曰、不忍授、【正義】印刓、作印抏、注曰、音與刓同、五丸反、角之刓、與玩同、手弄角訛、不忍授也、　此所謂婦人之仁也。【考證】通鑑輯覽云、韓信登壇數語、劉與項賅、已若指掌、以項羽爲匹夫之勇、人人能言之、以爲婦人之仁、則信所獨見也、　項王雖霸天下而臣諸侯、不居關中、而都彭城、有背義帝之約、而以親愛王諸侯、不平。【考證】陳仁錫曰、荀紀新序、有作又、又字古通用、愚按漢書作又、　諸侯之見項王遷逐義帝置江南、亦皆歸逐其主、而自王善地。【考證】楓、三本、逐其主、作逐其故主爲王、齊召南曰、指田都王臨淄、田市王濟北、臧荼王燕、司馬卬王殷、張耳王常山、皆徙其故王於他處也、不然、信拜大將在四月、諸侯已各就國罷兵矣、烏知後有田榮殺田都田市、及臧荼殺韓廣事乎、　項王所過、無不殘滅者。天下多怨、百姓不親附、特劫於威彊耳。【考證】楓、三本、彊下有服字、王念孫曰、漢書及新序善謀篇、皆有服字、特劫於威彊服耳、言百姓非心服項王、特劫於威而彊服耳、彊、勉彊之彊、愚按威彊二字連讀、服字不必補、彊、彊弱之彊、上文云、勇悍仁彊、下文云、其彊易弱、　名雖爲霸、實失天下心。故曰。其彊易弱。今

大王誠能反其道、任天下武勇、何所不誅。【集解】何不誅、按劉氏云、言何所不誅也、以天下城邑封功臣、何所不服。以義兵從思東歸之士、何所不散。【索隱】何不散、劉氏云、用東歸之兵、擊東方之敵、此敵無不散敗也、【考證】王念孫曰、何所不誅、何所不服、何所不散、三所字、皆後人所加、索隱本出何不誅三字、又出何不散三字、則正文無三所字明矣、漢書、新序、竝無、鹽鐵論結和篇、夫以天下之力勤、何不摧、以天下之士民、何不服、句法與此同、且三秦王爲秦將、將秦子弟數歲矣。【正義】三秦、章邯、司馬欣、董翳、所殺亡不可勝計。又欺其眾降諸侯。至新安、項王詐阬秦降卒二十餘萬、唯獨邯・欣・翳得脫。秦父兄怨此三人、痛入骨髓。今楚彊以威王此三人。秦民莫愛也。大王之入武關、秋豪無所害、【索隱】案毫秋乃成、又王逸注楚詞云、銳毛爲毫、夏落秋生也、【正義】秋豪、喻微細之物也、【考證】張文虎曰、豪、宋本、中統、游、王、柯本、竝同、俗作毫、除秦苛法、與秦民約法三章耳。秦民無不欲得大王王秦者。於諸侯之約、大王當王關中。

關中民咸知之。大王失職入漢中。秦民無不恨者。今大王舉而東、三秦可傳檄而定也。【集解】案說文云、檄、二尺書也、此云傳檄、謂爲檄書以責所伐者、【正義】傳檄而定、不用兵革也、【考證】中井積德曰、傳檄、猶移書也、所以勸人同己也、狀敵人之罪、則有之、非徑責敵人者、愚按、酈生傳、酈食其說齊王廣曰、項王有倍約之名、殺義帝之負、於人之功無所記、於人之罪無所忘、爲人刻印、刓而不能授、攻城得賂、積而不能賞、與淮陰言合、於是漢王大喜、自以爲得信晚。遂聽信計、部署諸將所擊。【正義】部署、謂部分而署置之也、八月、漢王舉兵、東出陳倉、定三秦。【正義】漢王從關北出岐州陳倉縣、漢二年、出關、收魏河南。【正義】出函谷關、韓・殷王皆降。【考證】梁玉繩曰、本紀韓王昌不聽、擊破之、此云降、似誤、合齊・趙共擊楚。【考證】楓、三本、趙下有兵字、四月、至彭城。漢兵敗散而還。【考證】漢書、刪四月二字、非是、楓、三本、兵作王、信復收兵、與漢王會滎陽、復擊破楚京・索之閒。以故楚兵卒不能西。【考證】漢書、收作發、趙翼曰、是時信未有分地、從何發兵、葢收集潰卒耳、收字得實、漢之敗卻彭城、【正義】兵敗散彭城而卻退、【考證】楓、三

本、漢下有王字、塞王欣・翟王翳亡漢降楚。齊・趙亦反漢與楚和。【考證】亦字、楓、三本、宋本、中統、游、毛本同、它本誤欲、漢書亦作亦、王念孫曰、亦者承上之詞、此時諸侯皆反漢而與楚、非但欲反也、六月、魏王豹謁歸視親疾。至國、卽絕河關反漢、與楚約和。【集解】按河關、謂今蒲津關、【考證】梁玉繩曰、六月、當作五月、說在高紀、漢王使酈生說豹。不下。其八月以信爲左丞相擊魏。【考證】李賡芸曰、曹參以假左丞相定魏齊、右丞相、侯、酈商遷右丞相、賜爵列侯、後復以右丞相擊陳豨、樊噲亦嘗遷左丞相、皆係空名、不居其職、故公卿表不載、愚按、漢書高紀云、漢使酈食其說魏王豹、豹不聽、漢王以韓信爲左丞相、與曹參灌嬰俱擊魏、食其還、漢王問、魏大將誰也、對曰、柏直、王曰、是口尚乳臭、不能當韓信、騎將誰也、曰、馮敬、曰、是秦將馮無擇子也、雖賢不能當灌嬰、步卒將誰也、曰、項它、曰、是不能當曹參、吾無患矣、韓信傳云、信問酈生、魏得毋用周叔爲大將乎、曰、柏直也、信曰、豎子耳、遂進兵擊魏、魏王盛兵蒲坂、塞臨晉。【集解】塞、音先得反、臨晉、縣名、在河東之東岸、對舊關也、【考證】沈欽韓曰、蒲阪、在河東岸、臨晉、在河西岸、塞其渡河處也、信乃益爲疑兵、陳船欲度臨晉。【集解】漢書音義曰、益張旌旗、以疑敵者、【索隱】劉氏云、陳船、地名、在舊關之西、今之朝邑是也、案京兆有船司空縣、不名陳船、陳船者陳列船艘、欲渡河也、【考證】言陽列兵陳船、示敵以欲度臨晉、而陰自夏陽度軍也、而伏兵

從夏陽、以木罌缻渡軍、襲安邑。【集解】徐廣曰、缻一作缶、服虔曰、以木柙縛罌缻以渡、韋昭曰、以木爲器如罌缻、以渡軍、無船、且尚密也、【正義】按韓信詐陳列船艘於臨晉、欲渡河、卽此從夏陽木柙罌缻渡軍、襲安邑、臨晉、同州東朝邑界、夏陽、在同州北渭城界、安邑故城、在絳州夏縣東北十五里、【考證】中井積德曰、罌缶本瓦器、或鑿木爲之、時人家多有之、故取用之也、以索縛之、浮于水上、可緣以渡矣、高祖功臣表云、祝阿侯高邑、以將軍屬淮陰侯、以缻度軍、此計或邑所建也、魏王豹驚引兵迎信。信遂虜豹。【索隱】按劉氏云、夏陽舊無船、豹不備之、而防臨晉耳、今安邑被襲、故豹遂降也、【考證】中井積德曰、迎信者、逆戰也、非納款、定魏爲河東郡。【正義】今安邑縣故城、【考證】梁玉繩曰、失書上黨、說在高紀、漢王遣張耳與信俱、引兵東北擊趙・代。【考證】漢傳云、信既虜豹、使人請漢王、願益兵三萬人、北擧趙、東擊齊、南絕楚之糧道、南與大王會於滎陽、漢王與兵三萬人、遣張耳與俱、後九月、破代兵、禽夏說閼與。【集解】徐廣曰、音余、駰案李奇曰、夏說、代相也、【索隱】司馬彪郡國志、上黨沾縣有閼與聚、閼、音曷、又音嫣、與、音余、又音預、沾、音他廉反、【正義】閼與聚城、在潞州銅鞮縣西北二十里、【考證】後九月、閏九月也、信之下魏破代、漢輒使人收其精兵、詣滎陽以距楚。【考證】楓、三本、無破字、與漢書合、信與張耳以兵數萬、欲東下井陘擊趙。

【索隱】案地理志、常山石邑縣、井陘山在西、又穆天子傳云、至于陘山之隧、升于三道之磴、是也、【考證】梁玉繩曰、此上失書漢三年、趙王・成安君陳餘、聞漢且襲之也、聚兵井陘口。號稱二十萬。【正義】井陘故關、在幷州石艾縣東十八里、即井陘口、【考證】井陘、常山縣、今正定府井陘縣北、趙王、名歇、廣武君李左車、說成安君曰。聞漢將韓信涉西河、虜魏王、禽夏說、新喋血閼與。【索隱】喋、舊音歃、非也、案陳湯傳、喋血萬里之外、如淳云、殺人血流滂沱也、韋昭音徒協反、【考證】文帝紀、今誅諸呂、新喋血京師、喋蹀同、踐也、今乃輔以張耳、議欲下趙。【考證】楓、三本、欲下有以字、與漢書合、此乘勝而去國遠鬭。其鋒不可當。臣聞千里餽糧、士有飢色。樵蘇後爨、師不宿飽。【集解】漢書音義曰、樵、取薪也、蘇、取草也、【考證】沈欽韓曰、四句、見黃石公上略、今井陘之道、車不得方軌、騎不得成列。行數百里、其勢糧食必在其後。願足下假臣奇兵三萬人。從閒道絕其輜重。【考證】張文虎曰、舊刻作閒道、御覽四百六十一同、各本作間路、足下深溝高壘、堅營勿與戰。

彼前不得鬭、退不得還。吾奇兵絕其後、使野無所掠。【考證】漢書、無堅營二字、【考證】楓、三本、使作彼、掠上有鹵字、不至十日、而兩將之頭、可致於戲下。願君留意臣之計。否、必爲二子所禽矣。成安君儒者也。常稱義兵、不用詐謀奇計。【考證】陳餘傳云、陳餘好儒術、曰。吾聞兵法、十則圍之、倍則戰。【考證】張文虎曰、各本、戰下衍之字、王念孫云、之字、宋本無、涉上誤衍、御覽兵部引無、漢書通典竝同、愚按楓、三本、作不十則不圍之、不倍則不戰、孫子謀攻篇、十則圍之、五則攻之、倍則分之、敵則能戰之、今韓信兵號數萬、其實不過數千。能千里而襲我。亦已罷極。今如此避而不擊、後有大者、何以加之。【考證】漢書、加作距、則諸侯謂吾怯、而輕來伐我。不聽廣武君策。廣武君策不用。【考證】中井積德曰、漢書削廣武君策不用六字、爲是、然削此則下文其不用之下、添入廣武君三字、乃爲盡善、不傷太史公筆意、韓信使人閒視。知其不用、還報。則大喜、乃敢引兵遂下。【正義】引兵入井陘狹道、出趙、未至井

陘口三十里、止舍。夜半傳發、【集解】漢書音義曰、傳令軍中使發、選輕騎二千人、人持一赤幟、從閒道萆山而望趙軍。蔽、【集解】如淳曰、萆、音蔽、依山自覆【索隱】案謂令從閒道小路向前、望見陳餘軍營、即住、仍須隱山自蔽、勿令趙軍知也、萆、音蔽、蔽者蓋覆也、楚漢春秋、作卑山、漢書、作箄山、說文云、箄、蔽也、從竹、卑聲、【考證】方苞曰、使依山用草木自蔽、而望趙軍之出入也、登山、故能望遠、有蔽、故趙軍不覺、誡曰。趙見我走、必空壁逐我。若疾入趙壁、拔趙幟、立漢赤幟。令其裨將傳飱曰。今日破趙會食。【集解】徐廣曰、飱、音湌也、服虔曰、立駐傳湌食也、如淳曰、小飯曰湌、言破趙後乃當共飽食也、【索隱】如淳曰、小飯曰湌、謂立駐傳湌、待破趙乃大食也、【考證】中井積德曰、是將發而飱、非既發而駐食、諸將皆莫信。詳應曰。諾。謂軍吏曰。趙已先據便地爲壁。【考證】淩本、詳作佯、楓、三本、趙下有將皆二字、且彼未見吾大將旗鼓、未肯擊前行。恐吾至阻險而還。【考證】中井積德曰、趙必不擊先行者、恐韓信中途而還、不可禽殺也、其必見大將旗鼓而出兵也、信乃使萬人先行、出背水陳。趙軍望見而大笑。【正義】緜蔓水、一名阜將、一名洄星、自幷州流入井陘界、即信背水

陣、陷之死地、即此水也、【考證】沈欽韓曰、尉繚子天官篇、背水陳爲絕地、向阪陳爲廢軍、陳餘知兵法、故趙軍笑其陳也、平旦、信建大將之旗鼓、鼓行出井陘口。【考證】旗可稱建、鼓不得稱建、是帶言也、與詩大雅公劉篇、弓矢斯張、易繫辭傳、潤之以風雨、禮記玉藻、大夫不得造車馬、同例、趙開壁擊之。大戰良久。【正義】恆州鹿泉縣、即六國時趙壁也、於是信・張耳、詳弃鼓旗走水上軍。水上軍開入之。復疾戰。【考證】劉奉世曰、復疾戰三字、衍文、趙果空壁爭漢鼓旗、逐韓信・張耳。韓信・張耳已入水上軍。軍皆殊死戰、不可敗。【考證】顏師古曰、殊、絕也、謂決意必死、信所出奇兵二千騎、共候趙空壁逐利、則馳入趙壁、皆拔趙旗、立漢赤幟二千。趙軍已不勝、不能得信等。【考證】楓、三本、無不勝二字、與漢書合、欲還歸壁。壁皆漢赤幟。而大驚以爲漢皆已得趙王將矣。兵遂亂遁走。趙將雖斬之、不能禁也。於是漢兵夾擊、大破虜趙軍、斬成安君泜水上、禽趙王歇。

【集解】徐廣曰、泜、音遲、【索隱】徐廣音遲、劉氏音脂、【考證】沈家本曰、紀在三年、表在三年十月、張文虎曰、集解、索隱、合刻本皆脫、愚按、楓三本有、信乃令軍中毋殺廣武君。有能生得者購千金。【考證】楓、三本、無中字、與漢書合、於是有縛廣武君而致戲下者。信乃解其縛、東鄉坐、西鄉對、師事之。【考證】中井積德曰、東鄉爲尊者、是堂上之禮、與對堂下南面爲尊者自不同、如燕禮可以見矣、愚按、漢初禮以東鄉爲尊、如王陵傳項羽東鄉坐陵母欲以招陵、是羽尊陵母也、周勃傳、每召諸生說事、東鄉坐責之、是勃尊諸生也、皆此類、諸將效首虜、休畢賀。【索隱】如淳曰、效、致也、晉灼云、效、數也、鄭玄注禮、效猶呈見也、【考證】楓、三本、休作皆、漢書、畢作皆、因問信曰。兵法右倍山陵、前左水澤。【考證】漢書、倍作背、孫子行軍篇、丘陵隄防、必處其陽而右背之、沈欽韓曰、杜牧注孫子云、太公曰、軍必左川澤而右丘陵、今者將軍令臣等反背水陳。曰。破趙會食。臣等不服。然竟以勝。此何術也。信曰。此在兵法。顧諸君不察耳。兵法不曰。陷之死地而後生、置之亡地而後存。【考證】兵法、孫子九地篇、漢書、存下有乎字、且信非得素拊循士大夫也。此所

謂驅市人而戰之。【考證】沈欽韓曰、呂覽簡選篇、世有言曰、驅市人而戰之、可以勝人之厚祿教卒、愚按、當時有此語、與呂覽所引義異、驅市人而戰之、猶烏合之衆也、其勢非置之死地、使人人自爲戰、今予之生地、皆走。寧尙可得而用之乎。諸將皆服曰。善。非臣所及也。【考證】王鳴盛曰、韓信既破趙軍、斬成安君、與諸將論所以勝趙之術、因引兵法曰、陷之死地而後生、置之亡地而後存、太史公自序云、漢興蕭何次律令、韓信申軍法、漢書藝文志、分兵書爲四種、一、權謀、二、形勢、三、陰陽、四、技巧、權謀內有韓信三篇、班氏論之云、權謀者、先計後戰、兼形勢、包陰陽、用技巧者也、又總論云、自春秋至戰國、出奇設伏、變詐之兵作、漢興、張良韓信序次兵法、凡百八十二家、删取要用、定著三十五家、觀信引兵法、以自證其用兵之妙、且又著書三篇、序次諸家爲三十五家、可見信平日學問、本原寄食受辱時、揣摩已久、其迹百萬之衆、戰必勝、攻必取、皆本於平日學問、非以危事嘗試者、信書雖不傳、就本傳所載戰事攷之、可見其純用權謀、所謂出奇設伏、變詐之兵也、形勢內有項王一篇、項王嘗學兵法、故良與信亦取而存之、以項之形勢、當信之權謀則敗矣、於是信問廣武君曰。僕欲北攻燕、東伐齊。何若而有功。廣武君辭謝曰。臣聞敗軍之將、不可以言勇。亡國之大夫、不可以圖存。今臣敗亡之虜、何足以權大事

乎。【考證】吳越春秋、范蠡曰、臣聞亡國之臣不敢語政、敗軍之將不敢語勇、信曰。僕聞之、百里奚居虞而虞亡、在秦而秦霸。非愚於虞、而智於秦也。用與不用、聽與不聽也。誠令成安君聽足下計、若信者亦已爲禽矣。【考證】漢書、誠作向、以不用足下、故信得侍耳。因固問曰。僕委心歸計。願足下勿辭。廣武君曰。臣聞智者千慮必有一失。愚者千慮必有一得。故曰。狂夫之言、聖人擇焉。【考證】沈欽韓曰、晏子雜篇下、聖人千慮必有一失、愚人千慮、必有一得、顧恐臣計未必足用。願效愚忠。夫成安君有百戰百勝之計、一旦而失之、軍敗鄗下、身死泜上。【集解】李奇曰、鄗、音臛、今高邑是、今將軍涉西河、虜魏王、禽夏說閼與、【索隱】此之西河、當馮翊也、【正義】即同州龍門河、從夏陽度者、一舉而下井陘、不終朝、破趙二十萬衆、誅成安君、名聞海內、威震天下。【考證】楓、三本、十下有餘字、

農夫莫不輟耕釋耒、褕衣甘食、傾耳以待命者。【集解】如淳曰、恐滅亡不久、故也、【索隱】褕、鄒氏音踰、美也、恐滅亡不久、故廢止作業、而事美衣甘食、一曰、偷、苟且也、慮不圖久故也、漢書、作靡衣媮食也、若此將軍之所長也。【考證】下文若此下有者字、然而衆勞卒罷、其實難用。今將軍欲舉倦獘之兵、頓之燕堅城之下。【考證】頓、讀爲鈍、獘也、晉語、君之武震、無乃玩而頓乎、左傳、師徒不動、甲兵不頓、韓非五蠹、萬乘之國、莫敢自頓於堅城之下、漢書賈誼傳、芒刃不頓、皆同、欲戰恐久力不能拔、情見勢屈、曠日糧竭、而弱燕不服。齊必距境以自彊也。【正義】屈、求物反、盡也、【考證】楓、三本、無久字、義長、戰國之時、燕弱、故有弱燕之稱、李左車亦用其語、燕·齊相持而不下、則劉·項之權、未有所分也。若此者、將軍所短也。臣愚竊以爲亦過矣。故善用兵者、不以短擊長、而以長擊短。韓信曰。然則何由。廣武君對曰。方今爲將軍計、莫如案甲休兵、鎭趙撫其孤、百里之內、牛酒日至、以饗

士大夫醳兵、北首燕路。【集解】魏都賦曰、肴醳順時、劉逵曰、醳酒也、【索隱】劉氏依劉逵音醳、謂以酒食養兵士也、案史記古釋字、皆如此作、豈亦謂以酒食醳兵士、故字從酉乎、【正義】撫、存撫也、孤、死士之子、首、音狩、向也、【考證】余有丁曰、按上文已有休兵語、醳字當依劉解、中井積德曰、醳兵二字、竟不可通、或衍文、漢書刪之、而後遣辯士、奉咫尺之書、【正義】咫尺、八寸、言其簡牘或長尺也、暴其所長於燕、燕必不敢不聽從。【正義】暴、音僕、露也、燕已從、使諠言者東告齊、齊必從風而服。雖有智者、亦不知爲齊計矣。【考證】岡白駒曰、諠言者、辯士、如是、則天下事皆可圖也。兵固有先聲而後實者。此之謂也。韓信曰、善。【考證】周壽昌曰、廣武君自此遂不知所終、從其策、發使使燕。燕從風而靡。乃遣使報漢。因請立張耳爲趙王、以鎭撫其國。漢王許之。乃立張耳爲趙王。【考證】沈家本曰、表在四年十一月、下文六月、則三年之六月、或三年請之、四年始立之耳、中井積德曰、信之請立趙王、是自爲封王之地也、漢王不寤此風旨、而使信自請焉、雖許其王齊、而猜隙由此而結矣、楚數使奇兵渡河擊趙。【考證】張照曰、奇兵、猶言餘兵、非奇正之奇、乃奇偶之奇耳、愚按、猶言別兵也、仍是奇正之奇、趙王耳・韓信、往來救趙、因行定趙城邑、發兵詣漢。楚方急圍漢王於滎陽。漢王南出之宛・葉閒、得黥布、走入成皋。【正義】宛、在鄧州、葉、在許州、【考證】毛本、作成皋、各本作城臯、下同、錢大昕曰、當作成臯、楚又復急圍之。【考證】楓、三本、又作人、六月、漢王出成皋、東渡河、獨與滕公俱從張耳軍脩武。至、宿傳舍。晨自稱漢使、馳入趙壁。張耳・韓信、未起。卽其臥內上、奪其印符、以麾召諸將、易置之。【考證】楓、三本、無內字、此疑衍、臥上連讀、漢書無內上二字、楊時曰、信耳勇略蓋世、竊怪漢王入臥內奪其印符、召諸將易置之、而未之知、此其禁防闊疏、與棘門霸上之軍何異邪、使敵人投閒竊發、則二人者可得而虜也、馮班曰、漢使至、韓信必有證驗、故漢王詐稱使者入信軍、偏裨皆漢將、故漢王得麾召易置之、非他國敵人所能爲也、宋人不知兵、種種妄論可笑、梁玉繩曰、案此事余疑史筆增飾、非其實也、信・耳起、乃知漢王來、大驚。漢王奪兩人軍、卽令張耳備守趙地、拜韓信爲相國、收趙兵未發者擊齊。【集解】文穎曰、謂趙人未嘗見發者、【考證】周壽昌

曰、拜信爲趙相國也、信引兵東、未渡平原、【正義】懷州有平原津、【考證】梁玉繩曰、下文漢四年三字、當移此句上、漢書又誤置四年于前文漢王出成皋上也、聞漢王使酈食其已說下齊、韓信欲止。范陽辯士蒯通說信曰、將軍受詔擊齊。而漢獨發閒使下齊。寧有詔止將軍乎。何以得毋行也。且酈生一士、伏軾掉三寸之舌、下齊七十餘城。【集解】韋昭曰、軾、今小車中隆起者、【考證】軾、車前橫木、人所憑者、掉、搖也、將軍將數萬衆、歲餘乃下趙五十餘城。爲將數歲、反不如一豎儒之功乎。【考證】楓、三本、數萬作數十萬、蒯通又見張耳陳餘傳田儋傳、贅、漢書別有傳、於是信然之、從其計、遂渡河。【考證】楓、三本、信上有韓字、齊已聽酈生。卽留縱酒、罷備漢守禦。【考證】漢書、留下有之字、信因襲齊歷下軍、遂至臨菑。【集解】徐廣曰、歷下、濟南歷城縣、齊王田廣、以酈生賣己、乃亨之、而走高密、使使之楚請救。【考證】漢書、賣己作欺己、義同、韓信已定臨菑、遂東追廣至高密西。楚亦使龍且將、號稱二十萬、救齊。齊王廣・龍且幷軍與信戰。未合。人或說龍且曰、漢兵遠鬭窮戰。其鋒不可當。【考證】楓、三本、窮作寇、漢書、窮下有寇字、齊・楚自居其地戰。兵易敗散。【正義】近其室家、懷顧望也、【考證】沈欽韓曰、孫子九地篇、諸侯自戰其地爲散地、秦策、武安君曰、楚人自戰其地、咸顧其家、各有散心、而莫有鬭志、不如深壁、令齊王使其信臣招所亡城。亡城聞其王在、楚來救、必反漢。漢兵二千里客居。【考證】楓、三本、居下有齊字、與漢書合、齊城皆反之、其勢無所得食。可無戰而降也。龍且曰、吾平生知韓信爲人。易與耳。【考證】龍且楚人、故能知韓信事、且夫救齊、不戰而降之、吾何功。今戰而勝之、齊之半可得。何爲止。【正義】一戰而勝、則齊之地已得半矣、【考證】顏師古曰、自謂當得封齊之半地、愚按漢書、爲下有而字、遂戰。與信夾濰水陳。【集解】徐廣曰、出東莞而東北流、至北海都昌縣入海、【索隱】濰、音維、地理志、濰水出琅邪箕縣東北、至都昌入海、徐廣云、出東莞而東北流入海、蓋據

水經、而說少不同耳、韓信乃夜令人爲萬餘囊、滿盛沙、壅水上流、引軍半渡、擊龍且。詳不勝、還走。考證三條本、無滿字、漢書無滿盛二字、龍且果喜曰。固知信怯也。遂追信渡水。考證楓山本、宋本、中統、游、毛本、追下有信字、各本脫、慶長本標記云、正義本有、信使人決壅囊。水大至。龍且軍大半不得渡。卽急擊殺龍且。龍且水東軍散走、齊王廣亡去。考證楓、三本、渡下有水字、水東上有死字、翁承高曰、廣與龍且同時見殺、高紀、月表、田儋傳、及漢書可證、此言亡去、誤也、因廣見殺、故田橫自立爲王、表在三年十一月、信遂追北至城陽、皆虜楚卒。正義城陽、雷澤縣是也、在濮州東南九十一里、考證胡三省曰、據班志、濟陰郡城陽縣、雷澤在西北、此梁地也、自濰水追至城陽、乃漢城陽國之地、正義此誤、田橫起城陽同、漢四年、遂皆降。平齊。使人言漢王曰。齊僞詐多變、反覆之國也。南邊楚。不爲假王以鎭之、其勢不定。願爲假王便。當是時、楚方急圍漢王於滎陽。韓信使者至。發書。集解張晏曰、發信使者所齎書、漢王大怒、罵曰。

吾困於此。且暮望若來佐我。乃欲自立爲王。考證若、汝也、張良・陳平、躡漢王足、因附耳語曰。漢方不利。寧能禁信之王乎。不如因而立、善遇之、使自爲守。不然、變生。考證楓、三本、信之下有自字、而立下有信字、漢王亦悟。因復罵曰。大丈夫定諸侯、卽爲眞王耳。何以假爲。考證何焯曰、人見漢王轉換之捷、不知太史公用筆入神也、他人不過曰漢王怒、良平諫、乃許之、乃遣張良、往立信爲齊王、徵其兵擊楚。集解徐廣曰、四年二月、楚已亡龍且。項王恐、使盱眙人武涉往說齊王信曰。集解張華曰、武涉墓、在盱眙城東十五里、天下共苦秦久矣。相與勠力擊秦。秦已破。計功割地、分土而王之、以休士卒。考證楓、三本、土下有立字、今漢王復興兵而東、侵人之分、奪人之地、已破三秦、引兵出關、收諸侯之兵、以東擊楚。其意非盡吞天下者不休。其不知

厭足、如是甚也。且漢王不可必。身居項王掌握中數矣。正義必、謂必信也、數、色庾反、項王憐而活之。然得脫、輒倍約、復擊項王。其不可親信如此。今足下雖自以與漢王爲厚交、爲之盡力用兵、終爲之所禽矣。足下所以得須臾至今者、以項王尚存也。考證王念孫曰、此須臾與中庸道不可須臾離異義、須臾猶從容、延年之意也、言足下所以得從容至今不死者、以項王尚存也、漢書賈山傳、願少須臾毋死、少須臾卽少從容、亦延年之意也、故武五子傳、奉天期兮不得須臾、張晏曰、不復延年也、從容須臾語之轉耳、當今二王之事、權在足下。足下右投則漢王勝。左投則項王勝。項王今日亡、則次取足下。足下與項王有故。何不反漢、與楚連和、參分天下王之。考證楓、三本、故上有雅字、王上有而字、今釋此時而自必於漢以擊楚。且爲智者固若此乎。韓信謝曰。臣事項王、官不過郎中、位不過執戟。集解張晏曰、郎中、宿衛執戟之人

也、言不聽、畫不用。故倍楚而歸漢。漢王授我上將軍印、予我數萬衆、解衣衣我、推食食我、言聽計用。故吾得以至於此。夫人深親信我、我倍之不祥。雖死不易。幸爲信謝項王。考證藝文類聚引楚漢春秋云、項王使武涉說淮陰侯、信曰、臣事項王、位不過中郎、官不過執戟、乃去楚歸漢、漢王賜玉案之食、玉具之劍、臣背叛之、內愧於心、蓋史公所本也、武涉已去。齊人蒯通知天下權在韓信、欲爲奇策而感動之。考證何焯曰、先云范陽辯士蒯通、後云齊人蒯通、一傳互異、愚按漢書刪齊人二字、以相人說韓信曰。僕嘗受相人之術。考證楓、三本、以上有詳字、詳、佯同、韓信曰。先生相人何如。對曰。貴賤在於骨法。憂喜在於容色。成敗在於決斷。以此參之、萬不失一。韓信曰。善。先生相寡人何如。對曰。願少閒。信曰。左右去矣。考證楓、三本、少作請、去作遠、中井積德曰、少間之下、有信屏左右一事、文略之、而信曰、左右既去矣、以請其說、通曰。相君之面、不過封侯。

又危不安。相君之背、貴乃不可言。[集解]張晏曰、背畔則大貴。[考證]楓三本、危下有而字、與漢書合。韓信曰、何謂也。蒯通曰、天下初發難也、俊雄豪桀、建號一呼、天下之士、雲合霧集、魚鱗襍遝、熛至風起。[考證]魚鱗、謂若鱗之相比次。當此之時、憂在亡秦而已。今楚漢分爭、使天下無罪之人、肝膽塗地、父子暴骸骨於中野、不可勝數。[考證]楓三本、於上有流離二字。楚人起彭城、轉鬬逐北、至於滎陽、乘利席卷、威震天下。然兵困於京·索之閒、迫西山而不能進者、三年於此矣。漢王將數十萬之衆、距鞏·雒、阻山河之險。一日數戰、無尺寸之功、折北不救。[集解]張晏曰、折、衂敗也。北、奔北。敗滎陽、傷成皋、[集解]張晏曰、於成皋傷胷也。臣瓚曰、謂軍折傷。遂走宛·葉之閒。此所謂智勇俱困者也。夫銳氣挫於險塞、而糧食竭於內府、

[考證]楓三本、府作外、漢書蒯通傳、作藏。百姓罷極怨望、容容無所倚。[考證]容容、猶搖搖也。以臣料之、其勢非天下之賢聖、固不能息天下之禍。當今兩主之命、縣於足下。足下爲漢則漢勝、與楚則楚勝。臣願披腹心、輸肝膽、效愚計。恐足下不能用也。誠能聽臣之計、莫若兩利而俱存之、參分天下、鼎足而居。其勢莫敢先動。夫以足下之賢聖、有甲兵之衆、據彊齊、從燕·趙、出空虛之地、而制其後、因民之欲西鄉、[正義]鄉、音向。齊國在東、故曰西向也。爲百姓請命、[正義]止楚漢之戰鬬、士卒不死亾、故云請命。則天下風走而響應矣。[考證]楓三本、走作起。孰敢不聽。割大弱彊、以立諸侯。諸侯已立、天下服聽而歸德於齊。案齊之故、有膠·泗之地、懷諸侯以德、深拱揖讓、則天下之君王、相率而朝於齊矣。

[考證]以德、各本作之德、今從游本。漢書亦作以德。蓋聞天與弗取、反受其咎。時至不行、反受其殃。[考證]取咎、行殃、韻。越語、范蠡曰、得時不成、反受其殃。又曰、臣聞之、得時無怠、時不再來。天予不取、反爲之災。願足下孰慮之。韓信曰、漢王遇我甚厚。載我以其車、衣我以其衣、食我以其食。吾聞之、乘人之車者、載人之患。衣人之衣者、懷人之憂。食人之食者、死人之事。吾豈可以鄉利倍義乎。蒯生曰、足下自以爲善漢王、欲建萬世之業。臣竊以爲誤矣。始常山王·成安君、爲布衣時、相與爲刎頸之交。後爭張黶·陳澤之事、二人相怨。[考證]事見張耳陳餘傳。常山王背項王、奉項嬰頭、而竄逃歸於漢王。漢王借兵而東下、[考證]楓三本、兵上有其字、下下有戰於鄗北四字。殺成安君泜水之南、頭足異處、卒爲天下笑。此二人相與、天下至驩也。然而卒相禽者、

何也。患生於多欲、而人心難測也。[考證]欲、測、韻。今足下欲行忠信以交於漢王、必不能固於二君之相與也。而事多大於張黶·陳澤。故臣以爲足下必漢王之不危己、亦誤矣。[考證]漢書蒯通傳、誤作過。大夫種·范蠡、存亡越、霸句踐、立功成名、而身死亡。[考證]亾、流亾也。漢書刪范蠡亡三字。野獸已盡、而獵狗亨。[考證]楓三本、亨作烹、下有敵國破而謀臣亡七字。漢書蒯通傳、作野禽殫、走犬烹、敵國破、謀臣亡。韓非子內儲說下、太宰嚭遺大夫種書曰、狡兎盡、則良犬烹、敵國滅、則謀臣亾。史記越世家、范蠡自齊遺大夫種書曰、蜚鳥盡、良弓藏、敵國破、謀臣亡。淮南子說林訓、狡兎得而獵犬烹、高鳥盡而强弩藏。夫以交友言之、則不如張耳之與成安君者也。以忠信言之、則不過大夫種·范蠡之於句踐也。[考證]漢書蒯通傳、無范蠡二字。此二人者、足以觀矣。[考證]漢書蒯通傳、無人字。願足下深慮之。且臣聞勇略震主者身危、而功蓋天下者不賞。臣請言大王功略。[考證]漢書、刪臣請以下

七字、足下涉西河、虜魏王、禽夏說、引兵下井陘、誅成安君、徇趙脅燕定齊、南摧楚人之兵二十萬、東殺龍且、西鄕以報。【考證】王念孫曰、摧楚兵殺龍且本一事、漢書漢紀竝作遂斬龍且、此所謂功無二於天下、而略不世出者也。【正義】言世之大功、不能出於韓信、【考證】顏師古曰、言其計略奇異、世所希有、功略二字承上文大王功略、今足下戴震主之威、挾不賞之功、歸楚、楚人不信。歸漢、漢人震恐。足下欲持是安歸乎。夫勢在人臣之位、而有震主之威、名高天下。竊爲足下危之。【考證】董份曰、其文略祖蔡澤、韓信謝曰。先生且休矣。吾將念之。後數日、蒯通復說曰。夫聽者、事之候也。計者、事之機也。【考證】沈欽韓曰、秦策、陳軫曰、計者、事之本也、聽者、存亡之機、愚按此與下文決者知之斷也、疑者事之害也同一句法、史公答任少卿書、修身者、智之符也、愛施者、仁之端也、取與者、義之表也、恥辱者、勇之決也、立名者行之極也、亦學此句法、聽過計失、而能久安者鮮矣。聽不失一二者、

不可亂以言。計不失本末者、不可紛以辭。【考證】一二、先後也、夫隨廝養之役者、失萬乘之權。守儋石之祿者、闕卿相之位。【集解】晉灼曰、楊雄方言、海岱之閒、名罌爲儋、石、石斗也、蘇林曰、齊人名小罌爲儋、石、如今受鮐魚石罌、不過一二石耳、一說、一儋與一斛之餘、【索隱】儋、音都濫反、石、斗也、蘇林解爲近之、鮐、音胎、【考證】岡白駒曰、言戀小者必遺大、應劭曰、齊人名小甖爲儋、受二斛、顏師古曰、或曰、儋者一人之所負擔也、中井積德曰、古收田租以禾束、束不可量者、必以權衡、儋擔通、擔、謂一人所擔也、因謂兩石爲擔、石、斛也、然非石即斛、蓋一斛米爲禾若干束、而其重一石矣、當給米一斛者、給禾、則以重一石、其實數正同、故謂斛爲石耳、是知斛者米量之名也、石者禾權之名也、不當相混、張文虎曰、集解、一說、毛本無與字、斛疑當作石、餘疑當作儲、尙有脫文、故知者、決之斷也。疑者、事之害也。【考證】王念孫曰、知者決之斷也、當作決者知之斷也、正與疑者事之害也相反、下文申之云、知誠知之、決弗敢行者、百事之禍也、審豪氂之小計、遺天下之大數、智誠知之、決弗敢行者、百事之禍也。故曰。猛虎之猶豫、不若蜂蠆之致螫。【正義】音適、騏驥之跼躅、不如駑馬之安步。【集解】徐廣曰、跼一作蹢也、【考證】跼躅、進退不定也、孟賁之狐疑、不如庸夫之

必至也。雖有舜·禹之智、吟而不言、不如瘖聾之指麾也。【集解】吟、鄒氏音拒蔭反、又音琴、此言貴能行之。夫功者難成而易敗、時者難得而易失也。時乎時、不再來。【考證】齊世家、逆旅之人、謂太公曰、吾聞時難得而易失、越語、范蠡曰、臣聞之、得時無怠、時不再來、愚按、蒯徹齊人、故好引齊人言、范蠡亦爲齊相、時來韻、願足下詳察之。韓信猶豫不忍倍漢。又自以爲功多、漢終不奪我齊。遂謝蒯通。蒯通說不聽、已詳狂爲巫。【集解】徐廣曰、一本、遂不用蒯通、蒯通曰、夫迫於細苛者、不可與圖大事、拘於臣虜者、固無君王之意、說不聽、因去詳狂也、【索隱】案漢書及戰國策、皆有此文、【考證】楓三本、巫下有而去二字、張照曰、戰國策安得有韓信蒯通之事、索隱誤、趙翼曰、史記淮陰侯傳、全載蒯通語、正以見淮陰之心在爲漢、雖以通之說喩百端、終確然不變、而他日之誣以反而族之者之冤、痛不可言也、班書則韓信傳盡刪通語、而別爲通作傳、以此語敘入通傳中、似乎詳簡得宜矣、不知蒯通本非必應立傳之人、載其語於淮陰傳、則淮陰之心跡見、而通之爲辨士亦附見、史遷所以不更立蒯通傳、正以明淮陰之心、兼省却無限筆墨、班掾則轉因此語而特爲通立傳、反略其語於韓信傳中、是舍所重而重所輕、且開後世史家一事一傳之例、宜乎後世之史日益繁也、漢王之困固陵、用張良計、召齊王信。遂將

兵會垓下。項羽已破。高祖襲奪齊王軍。【集解】徐廣曰、以齊爲平原千乘東萊齊郡、漢五年正月、徙齊王信爲楚王。都下邳。信至國、召所從食漂母、賜千金。【集解】張華曰、漂母家、在泗口南岸、及下鄕南昌亭長賜百錢。曰。公小人也。爲德不卒。【考證】顏師古曰、言晨炊蓐食、召辱己之少年、令出胯下者、以爲楚中尉、告諸將相曰。此壯士也。方辱我時、我寧不能殺之邪。殺之無名。故忍而就於此。【考證】胯、上文作袴、漢書、二殺字作死、無於字、項王亡將鍾離眛家在伊廬。素與信善。【集解】徐廣曰、東海朐縣、有伊廬鄕、案韋昭曰、今中廬縣、【索隱】徐注出司馬彪郡國志、【正義】括地志云、中廬、在義淸縣北二十里、本春秋時廬戎之國也、秦謂之伊廬、漢爲中廬縣、項羽之將鍾離眛家在、韋昭及括地志云、皆說之也、【考證】顏師古曰、眛、音莫葛反、周壽昌曰、陳平傳稱眛爲項王骨鯁臣、以金間之、眛蓋楚重將也、愚按正義志下云字疑衍、項王死後亡歸信。漢王怨眛、聞其在楚、詔楚捕眛。【考證】梁玉繩曰、高祖即帝位矣、何言漢王也、下文漢王畏惡其能同誤、信初之國、行縣

邑、陳兵出入。漢六年、人有上書告楚王信反。【考證】陳仁錫曰、漢六年、漢十二年、二漢字衍、高帝以陳平計、天子巡狩會諸侯。南方有雲夢。發使告諸侯會陳。吾將游雲夢。實欲襲信。信弗知。高祖且至楚。信欲發兵反。自度無罪。欲謁上。恐見禽。人或說信曰。斬昧謁上、上必喜、無患。信見昧計事。昧曰。漢所以不擊取楚、以昧在公所。若欲捕我以自媚於漢、吾今日死、公亦隨手亡矣。乃罵信曰。公非長者。卒自剄。信持其首謁高祖於陳。上令武士縛信載後車。信曰。果若人言。狡兎死、良狗亨。高鳥盡、良弓藏。敵國破、謀臣亡。【集解】張晏曰、狡、猶猾、【索隱】郊兎死、郊、音狡、狡、猾也、吳越春秋作郊兎、亦通、漢書作狡兎、戰國策曰、東郭逡海內狡兎也、【考證】楓、三本、亭作烹、亭藏亡韻、沈欽韓曰、蒯通曾以風韓信、故信云果若人言也、吳越春秋、大夫種曰、子胥於吳當夫差之誅也、謂臣曰、狡兎死、良犬亨、敵國滅、謀臣亡、顏師古引黃石公三略、非也、愚按說又見上文、

天下已定。我固當亨。上曰。人告公反。遂械繫。信至雒陽。赦信罪、以爲淮陰侯。信知漢王畏惡其能、常稱病不朝從。信由此日夜怨望、居常鞅鞅、羞與絳・灌等列。【考證】絳、絳侯周勃、灌、灌嬰、信嘗過樊將軍噲。噲跪拜送迎、言稱臣。曰。大王乃肯臨臣。信出門笑曰。生乃與噲等爲伍。上常從容與信言諸將能不。各有差。【考證】楓、三本、常作嘗、上問曰。如我能將幾何。信曰。陛下不過能將十萬。上曰。於君何如。曰。臣多多而益善耳。上笑曰。多多益善、何爲爲我禽。信曰。陛下不能將兵、而善將將。此乃信之所以爲陛下禽也。且陛下所謂天授、非人力也。【考證】留侯世家、張良曰、沛公殆天授、酈生傳、酈食其稱漢王曰、非人之力也、天之福也、陳豨拜爲鉅鹿守、辭於淮陰侯。【集解】徐廣曰、表云、爲趙相國、將兵守代也、【考證】漢書、改作爲代相監邊、周壽昌

曰、漢書當得其實、據史記豨傳、亦未嘗爲鉅鹿守、淮陰侯挈其手、辟左右、與之步於庭、仰天歎曰。子可與言乎。欲與子有言也。豨曰。唯將軍令之。淮陰侯曰。公之所居、天下精兵處也。【考證】張文虎曰、公下之字、舊刻有、與漢書合、而公、陛下之信幸臣也。人言公之畔、陛下必不信。再至、陛下乃疑矣。三至、必怒而自將。吾爲公從中起、天下可圖也。陳豨素知其能也。信之曰。謹奉教。漢十年、陳豨果反。【考證】張文虎曰、各本、十下衍一字、舊刻無、上自將而往。信病不從。陰使人至豨所曰。弟舉兵。吾從此助公。【考證】周壽昌曰、病、與稱病、情事絕異、觀下相國紿信語、則信病非假稱也、信乃謀、與家臣夜詐詔赦諸官徒奴、欲發以襲呂后・太子。【考證】胡三省曰、有罪而居作者爲徒、有罪而沒入官者爲奴、楓、三本、發下有兵字、與漢書合、部署已定、待豨報。其舍人得罪於信。信囚、欲殺之。【索隱】按晉灼曰、楚漢春秋云、謝公也、姚

氏案功臣表云、愼陽侯樂說、淮陰舍人、告信反、未知孰是、舍人弟上變、告信欲反狀於呂后。【考證】顏師古曰、凡言變告者、謂告非常之事、呂后欲召。恐其黨不就、乃與蕭相國謀、詐令人從上所來、言豨已得死。【考證】岡白駒曰、黨、儻通、楓、三本、豨上有陳字、漢書無得字、列侯羣臣皆賀。相國紿信曰。雖疾彊入賀。【考證】楓、三本、疾作病、與漢書合、信入。呂后使武士縛信、斬之長樂鍾室。【正義】長樂宮懸鍾之室、信方斬曰。吾悔不用蒯通之計、乃爲兒女子所詐。豈非天哉。遂夷信三族。【考證】楓、三本、乃下有果字、漢書、乃作反、周壽昌曰、紀表俱作十一年誅信、此從十年豨反後敘入、未加分析也、歸有光曰、陳豨事、疑出告者之口、案、必相國呂后文致之者、馮班曰、陳豨以賓客盛、爲周昌所疑、高祖使案其客、始反耳、未必素有逆謀、且豨以信幸爲趙相國、將兵居邊、非韓彭之儔、有震主之威、據大國者也、何爲先自疑而有反慮乎、韓信處嫌疑之地、輕與一陳豨出口言反、此亦非人情、信以淮陰侯家居、雖赦諸徒奴、合而使之、未易部勒也、上自出、關中雖虛、未能全無備、亦不可信也、論者却未及此、梁玉繩曰、信之死冤矣、前賢皆極辨其無反狀、大抵出于告變者之誣詞、及呂后與相國文致耳、史公依漢廷獄案、敘入傳中、而其冤自見、一飯千金、弗忘漂母、解衣推食、寧負高皇、不聽涉通于擁兵王齊之日、必不妄動于淮陰家

居之時、不忍結連布越大國之王、必不輕約邊遠無能之將、賓客多、與稱病之人何涉、左右辟、則挈手之語誰聞・上謁入賀、謀逆者未必坦率如斯、家臣徒奴善將者亦復部署、有幾、是知高祖畏惡其能、非一朝夕、胎禍于蹈足附耳、露疑于奪符襲軍、故禽縛不已、族誅始快、從豨軍來見信死、且喜且憐、亦諒其無辜受戮爲可憐也、獨怪蕭何初以國士薦、而無片語申救、又詐而紿之、毋乃與留侯勸封雍齒異乎、　高祖已從豨軍來至。考證 從下有破字、楓、三本、　見信死、且喜且憐之。問信死亦何言。呂后曰。信言恨不用蒯通計。高祖曰。是齊辯士也。乃詔齊捕蒯通。蒯通至。上曰。若教淮陰侯反乎。考證 若、汝也、　對曰。然。臣固教之。豎子不用臣之策、故令自夷於此。如彼豎子用臣之計、陛下安得而夷之乎。上怒曰。亨之。通曰。嗟乎、冤哉亨也。上曰。若教韓信反、何冤。對曰。秦之綱絕而維弛。山東大擾、異姓並起、英俊烏集。秦失其鹿、天下共逐之。集解 張晏曰、以鹿喩帝位也、考證 楓、三本、烏作鳥、鹿、祿音通、　於是高材疾足者先得焉。蹠之

狗吠堯。堯非不仁。狗固吠非其主。當是時、臣唯獨知韓信。非知陛下也。且天下銳精持鋒、欲爲陛下所爲者甚衆。顧力不能耳。又可盡亨之邪。考證 胡三省曰、銳精、言磨淬精鐵而銳之、顏師古曰、顧、反也、　高帝曰。置之。乃釋通之罪。考證 胡三省曰、置、猶舍也、赦也、漢書蒯通傳云、通論戰國時說士權變、亦自序其說、凡八十一篇、號曰雋永、藝文志縱橫家蒯子五篇、說又見田儋傳論贊、

太史公曰。吾如淮陰。淮陰人爲余言。韓信雖爲布衣時、其志與衆異。其母死。貧無以葬。然乃行營高敞地、令其旁可置萬家。考證 楓、三本、萬下有餘字、　余視其母冢良然。假令韓信學道、謙讓、不伐己功、不矜其能、則庶幾哉、於漢家勳可以比周・召・太公之徒、後世血食矣。考證 道字斥下句、老子二十二章、不自伐、故有功、不自矜、故長、庶幾哉三字屬下句、　不務出此、而天

下已集、乃謀畔逆。夷滅宗族、不亦宜乎。考證 李笠曰、天下已集、豈可爲逆於其必不可爲叛之時、而夷其宗族、豈有心肝人所宜出哉、讀此數語、韓信心迹、劉季呂雉手段、昭然若揭矣、文家反覆辨論、反不若此言之宛轉痛快、

索隱 述贊、君臣一體、自古所難、相國深薦、策拜登壇、沈沙決水、拔幟傳餐、與漢漢重、歸楚楚安、三分不議、僞遊可歎、

淮陰侯列傳第三十二　　史記九十二

文學博士瀧川龜太郎著

史記會注考證

史記會注考證卷九十三

漢　太　史　令　司　馬　遷　撰

宋　中　郎　外　兵　曹　參　軍　裴　駰　集　解

唐　國　子　博　士　弘　文　館　學　士　司　馬　貞　索　隱

唐　諸　王　侍　讀　率　府　長　史　張　守　節　正　義

日　本　出　雲　瀧　川　資　言　考　證

韓信盧綰列傳第三十三　史記九十三

【考證】史公自序云、楚漢相距鞏洛、而韓信爲塡潁川、盧綰絕籍糧饟、作韓信盧綰列傳、第三十三、陳仁錫曰、韓王信盧綰、封王同、反叛同、亡匈奴同、子孫來降同、故二人同列傳、若陳豨、則以反事附見爾、

韓王信者、【集解】徐廣曰、一云信都、【索隱】楚漢春秋云、韓王信都、恐謬也、諸書不言有韓信都、案韓王信初爲韓司徒、後訛云申徒、因誤以爲韓王名耳、【考證】齊召南曰、案劉知幾謂韓王本名信都、史削去一字、遂與淮陰無別、此臆說也、史無削人名字之理、兩人姓名偶同、故稱韓王信以別之、知幾因表有信都二字、妄爲此解、不知因司徒訛爲申徒、因申徒又訛爲信都、官名本一、而音轉字別、遂致不同、非韓王本名信都也、故韓襄王孼孫也。長八尺五寸。【集解】張晏曰、孺子爲孼、【索隱】張晏云、庶子爲孼子、何休注公羊、以爲孼、賤子、猶之伐木有孼生也、漢書、晁錯云、孼子悼惠王、是也、及項梁之立楚後懷王也、燕·齊·趙·魏皆已前王。唯韓無有後。故立韓諸公子橫陽君成爲韓王、欲以撫定韓故地。【集解】徐廣曰、二年六月也、都陽翟、【正義】故橫城、在宋州宋城縣西南三十里、項梁敗死定陶、成犇懷王。沛公引兵擊陽城、【正義】河南縣也、使張良以韓司徒降下韓故地。【集解】徐廣曰、他本多作申徒、申與司聲相近、字由此錯亂耳、今有申徒、云是司徒之後、音司聲轉爲申、得信以爲韓將。將其兵從沛公入武

關。沛公立爲漢王。韓信從入漢中。迺說漢王曰。項王王諸將近地、而王獨遠居此。此左遷也。士卒皆山東人。跂而望歸。【索隱】跂、音企、起踵也、【正義】跂、音岐、及其鋒東鄉、可以爭天下。【集解】文穎曰、鋒銳欲東向、【索隱】按姚氏云、軍中將士氣鋒、韋昭曰、其氣鋒銳、欲東也、【考證】事又見高祖紀、紀、遷上無左字、鋒下有而用之三字、及其鋒、猶言及其鋒銳氣方盛也、中井積德曰、是淮陰之首謀必矣、此以同名誤耳、愚按顧炎武亦有此說、詳見高祖紀、漢王還定三秦。【考證】應劭曰、章邯爲雍王、司馬欣爲塞王、董翳爲翟王、分王秦地、故曰三秦、迺許信爲韓王、先拜信爲韓太尉、將兵略韓地。項籍之封諸王、皆就國。韓王成以不從無功、不遣就國、更以爲列侯。【集解】徐廣曰、元年十一月、誅成、【索隱】案漢書曰、封爲穰侯、地理志、穰縣屬南陽、【考證】梁玉繩曰、此但言項籍廢韓王成爲侯、而不言其殺成、疏也、及聞漢遣韓信略韓地、迺令故項籍游吳時吳令鄭昌爲韓王、以距漢。【正義】項籍在吳時、昌爲吳縣令、漢二年、韓信略定韓十餘城。漢王至河南。韓信

急擊韓王昌陽城。昌降。漢王迺立韓信爲韓王。【集解】徐廣曰、二年十一月、【考證】楓、三本、迺上無王字、與漢書合、常將韓兵從。三年、漢王出滎陽。韓王信·周苛等守滎陽。及楚敗滎陽、信降楚。已而得亡、復歸漢。漢復立以爲韓王。竟從擊破項籍。天下定。【考證】楓、三本、定上有既字、五年春、遂與剖符爲韓王、王潁川。【考證】楓、三本、與下有信字、與漢書合、王先謙曰、以潁川爲王都、明年春、【集解】徐廣曰、卽五年之二月、駰案漢書曰、六年春、【正義】徐廣曰、卽高帝五年之二月也、漢書韓信傳云、六年春、史記高祖紀竝云、六年、徙信都晉陽、未審徐何據而言之也、【考證】史記高祖紀、亦以爲五年事、正義失考、上以韓信材武、所王北近鞏·洛、南迫宛·葉、東有淮陽、皆天下勁兵處。迺詔徙韓王信王太原、以北備禦胡。都晉陽。【正義】幷州、【考證】楓、三本、上以下有爲字、以北下重北字、鞏、今河南府鞏縣西南三十里、洛、洛陽、葉、式涉反、今葉縣南三十里、宛、今南陽府南陽縣治、淮陽、今陳州府淮寧縣治、晉陽、今太原府太原縣治、信上書曰。國被邊、匈奴數入晉陽。去塞遠。請治馬

邑。【集解】李奇曰、被、音被馬之被也、【正義】馬邑、朔州、【考證】顏師古曰、被、猶帶也、馬邑、今朔平府朔州治、上許之。信乃徙治馬邑。秋、匈奴冒頓大圍信。【索隱】冒頓、上音墨、又音莫報反、信數使使胡求和解。漢發兵救之。疑信數閒使、有二心、使人責讓信。【考證】漢書韓王信傳云、上賜信書責讓之曰、專死不勇、專生不任、寇攻馬邑、君王力不足以堅守乎、安危存亡之地、此二者、朕所以責於君王、信恐誅、因與匈奴約、共攻漢、反以馬邑降胡、擊太原。七年冬、上自往擊破信軍銅鞮、斬其將王喜。【正義】銅鞮、潞州縣、【考證】今沁州北四十里、信亡走匈奴、與其將白土人曼丘臣·王黃等、立趙苗裔趙利爲王。復收信敗散兵、而與信及冒頓謀攻漢。【集解】張晏曰、白土、縣名、屬上郡、【考證】劉攽曰、下云而與信及冒頓謀攻漢、則上不當有與字、陳仁錫曰、與字衍文、愚按高紀亦無與字、周壽昌曰、曼丘、姓、臣、名、兩人皆白土賈人、見陳豨傳、匈奴使左右賢王將萬餘騎、與王黃等屯廣武、以南至晉陽、與漢兵戰。【正義】廣武故城、在代州鴈門縣界也、漢大破

之、追至于離石、復破之。【正義】離石、石州縣、【考證】各本、復上有後字、漢傳無、王念孫曰、此言漢兵破匈奴於晉陽、復追破之、不當有後字、匈奴復聚兵樓煩西北。【正義】鴈門郡樓煩縣、【考證】今代州崞縣東北、漢令車騎擊破匈奴。匈奴常敗走。漢乘勝追北、聞冒頓居代上谷。【正義】今嬀州、【考證】王念孫曰、上字衍、漢書作居代谷、是也、主父偃傳云、高皇帝聞匈奴聚於代谷之外、而欲擊之、御史成進諫、不聽、遂北至於代谷、果有平城之圍、是代谷與平城相近、若上谷則去平城遠矣、高皇帝居晉陽。使人視冒頓。還報曰。可擊。上遂至平城。【正義】朔州定襄縣是也、【考證】平城、雁門縣、今大同府大同縣東、上出白登。【集解】服虔曰、白登、臺名、去平城七里、如淳曰、平城旁之高地若丘陵也、【索隱】姚氏案北疆記、桑乾河北有白登山、冒頓圍漢高之所、今猶有壘壁、匈奴騎圍上。上乃使人厚遺閼氏。【正義】閼、於連反、又音燕、氏、音支、單于嫡妻號、若皇后、閼氏乃說冒頓曰。今得漢地、猶不能居。且兩主不相戹。居七日、胡騎稍引去。時天大霧、漢使人往來。胡不覺。護軍中尉陳平言上曰。胡者全兵。【集解】漢書音義曰、言唯弓矛、無雜仗也、

【考證】胡者、猶言胡人也、孫子攻篇云、夫用兵之法、全軍爲上、破軍次之、全旅爲上、破旅次之、全卒爲上、破卒次之、全兵之全、與此正同、言胡人不欲損傷卒伍、故強弩外嚮、不敢迫之、沈欽韓云、全兵、謂短兵自衞者、故可以弩破閒、周壽昌云、言胡全用銳利之兵以殺敵、如刀矛戈戟皆是、無楯鎧之類以禦弩弓也、皆未得、請令彊弩傅兩矢外嚮。【索隱】傅、音附、【考證】顏師古曰、每一弩而加兩矢、外嚮者、以禦敵也、徐行出圍、入平城。漢救兵亦到。胡騎遂解去。漢亦罷兵歸。韓信爲匈奴將兵往來擊邊。漢十年、信令王黃等說誤陳豨。【考證】事見下文陳豨傳、十一年春、故韓王信復與胡騎入居參合、距漢。【集解】蘇林曰、參合、代地也、【正義】故城、在朔州定襄縣北、【考證】今大同府陽高縣東北、漢使柴將軍擊之。【集解】鄧展曰、柴奇也、【索隱】應劭云、柴武、鄧展云、柴奇、晉灼云、奇武之子、應劭說爲得、此時奇未爲將、遺信書曰。陛下寬仁。諸侯雖有畔亡、而復歸、輒復故位號、不誅也。【考證】漢書、上復字作後、大王所知。今王以敗亡走胡。非有大罪。急自歸。韓王信報曰。陛下擢僕起閭巷、南面稱孤。此僕之幸也。

滎陽之事、僕不能死、囚於項籍。此一罪也。及寇攻馬邑、僕不能堅守、以城降之。此二罪也。【考證】楓、三本、及作反、漢書無及字、 今反爲寇將兵、與將軍爭一旦之命。此三罪也。夫種・蠡無一罪、身死亡。【集解】文穎曰、大夫種、范蠡也、【考證】亾、逃亾、 今僕有三罪於陛下。而欲求活於世。此伍子胥所以僨於吳也。【索隱】蘇林曰、僨、音奮、張晏曰、僨、僵仆也、【正義】信知歸漢必死、故引子胥以爲辭、 今僕亡匿山谷閒、旦暮乞貸蠻夷。僕之思歸、如痿人不忘起、盲者不忘視也。勢不可耳。【索隱】痿、耳誰反、舊音耳睡反、於義爲疏、張揖云、痿不能起、哀帝紀云、帝卽位痿痺、是也、 遂戰。柴將軍屠參合、斬韓王信。【考證】梁玉繩曰、斬信者樊噲傳云、所將卒、匈奴傳、是噲、與此異、漢書高紀、信傳、是柴、而噲與匈奴傳同、史、未知孰是、 信之入匈奴、與太子俱。及至穨當城、生子。因名曰穨當。【集解】漢書音義曰、縣名、韋昭曰、在匈奴地、【考證】楓、三本、太子下有赤字、穨當城、韋說是、 韓太子亦生子。命曰嬰。至孝文十四

年、穨當及嬰率其衆降漢。漢封穨當爲弓高侯、【集解】地理志、河閒有弓高縣也、【索隱】地理志、屬河閒、漢書功臣表、屬營陵、【正義】滄州縣、【考證】梁玉繩曰、十四年、當作十六年、 嬰爲襄城侯。【索隱】案服虔云、縣名、功臣表、屬魏郡、 吳・楚軍時、弓高侯功冠諸將。【集解】徐廣曰、謚曰壯、【考證】漢書、軍作反、七國之反、穨當數膠西王卬罪、使自殺、見吳王濞傳、 傳子至孫。孫無子。失侯。嬰孫以不敬失侯。【集解】徐廣曰、表云、嬰子澤之、元朔四年、不敬國除、【考證】梁玉繩曰、案史漢表、嬰子澤之、元朔四年、坐詐病不從不敬、國除、則此言孫誤也、 穨當孼孫韓嫣貴幸。名富顯於當世。【集解】漢書音義曰、嫣、音鄢陵之鄢、【索隱】音偃、又一言反、又休延反、竝通、【考證】見佞幸傳、漢書無富字、 其弟說再封、數稱將軍。卒。爲案道侯。【考證】韓說、見衞將軍傳、初封龍額侯、坐事失侯、後復爲案道侯、卒、猶終也、竟也、梁氏志疑云、當作今、失之、 子代。歲餘坐法死。【集解】徐廣曰、名長君、 後歲餘、說孫曾、拜爲龍額侯、【集解】徐廣曰、長君之子也、【索隱】徐廣曰、長君之子、案博物志、字季君也、 續說後。【索隱】額、五格反、又作雒、音洛、龍雒、縣名、【正義】史記表、衞青傳、及漢書表云、韓說、元朔五年、從大將軍有功、封龍額侯、以酎金坐免、元封元年、擊東越有功、封按道侯、征和二年、孫子曾、復封爲龍額侯、漢

書功臣表云、武後元年、說孫曾紹封龍額侯、漢表是也、【考證】梁玉繩曰、子代歲餘以下、乃後人所續、當刪之、且續于侯表者、幷其名字兄弟而誤之、續于列傳者、亦既誤以曾爲說孫、又誤其坐罪復封之歲、蓋說子興、以征和二年代、四年、坐祝詛斬、後元元年、興弟曾紹封也、集解正義、竝誤、 盧綰者、豐人也。與高祖同里。盧綰親與高祖太上皇相愛。【集解】如淳曰、親、謂父也、【考證】楓、三本、太上有親字、 及生男、高祖・盧綰同日生。里中持羊酒賀兩家。及高祖・盧綰壯、俱學書、又相愛也。【考證】書、文字也、高祖學書、故得試爲泗上亭長、可以補本紀、 里中嘉兩家親相愛、生子同日、壯又相愛、復賀兩家羊酒。【考證】楓、三本、家下有以字、 高祖爲布衣時、有吏事辟匿。盧綰常隨出入上下。及高祖初起沛、盧綰以客從。入漢中爲將軍、常侍中。從東擊項籍、以大尉常從、出入臥內。衣被飲食賞賜、羣臣莫敢望。雖蕭・曹等、特以事見禮、至其親幸、莫及盧綰。綰封爲長安侯。長安、故咸陽也。【正義】秦咸

陽、在渭北、長安、在渭南、蕭何起未央宮處也、 漢五年冬、以破項籍。【考證】楓、三本、以作已、 迺使盧綰別將、與劉賈擊臨江王共尉、破之。【集解】李奇曰、共敖子、 七月還。從擊燕王臧荼。臧荼降。高祖已定天下。諸侯非劉氏而王者七人。欲王盧綰。爲羣臣觖望。【集解】如淳曰、觖、音決別之決、望、猶怨也、瓚曰、觖、謂相觖而怨望也、韋昭曰、觖、猶冀也、【索隱】服虔音決、觖望、猶怨望也、又音企、韋昭音冀、【考證】姚鼐曰、觖、卽缺字之異體、缺少之意、中井積德曰、不滿之意、 及虜臧荼、迺下詔諸將相列侯、擇羣臣有功者以爲燕王。羣臣知上欲王盧綰、皆言曰。太尉長安侯盧綰、常從平定天下。功最多。可王燕。【考證】楓、三本、可下有立爲二字、愚按、從楓、三本、王燕當作燕王、 詔許之。漢五年八月、迺立盧綰爲燕王。【考證】漢五年三字衍文、梁玉繩曰、八月、後九月之誤、 諸侯王得幸、莫如燕王。漢十一年秋、陳豨反代地。【考證】豨反、在十年九月、 高祖如邯鄲擊豨兵。【考證】楓、三本、祖下有怒字、豨下無兵字、 燕王

綰亦擊其東北。【考證】胡三省曰、代在燕之西南、故綰擊其東北、當是時、陳豨使王黃求救匈奴。燕王綰亦使其臣張勝於匈奴、言豨等軍破。【考證】淩稚隆曰、伏後降者言張勝在匈奴爲燕使案、張勝至胡。故燕王臧荼子衍出亡在胡。見張勝曰。公所以重於燕者、以習胡事也。燕所以久存者、以諸侯數反、兵連不決也。今公爲燕欲急滅豨等。豨等已盡、次亦至燕。公等亦且爲虜矣。【考證】楓、三本、毛本、已盡上重豨等二字、與漢書合、今從之、陳仁錫引洞本、亦重二字、各本脫、公何不令燕且緩陳豨、而與胡和。【考證】漢書、和上有連字、事寬、得長王燕。卽有漢急、可以安國。張勝以爲然。迺私令匈奴助豨等擊燕。燕王綰疑張勝與胡反、上書請族張勝。勝還、具道所以爲者。燕王寤。迺詐論它人、脫勝家屬、使得爲匈奴閒、【考證】楓、三本、人下有以字、與漢書合、而陰

使范齊之陳豨所、欲令久亡連兵勿決。【集解】晉灼曰、使陳豨久亾畔、【考證】漢書無亾字、此疑衍、漢十二年、東擊黥布。豨常將兵居代。【考證】楓、三本、豨上有陳字、漢使樊噲擊。斬豨。其裨將降、言燕王綰使范齊通計謀於豨所。高祖使使召盧綰。綰稱病。上又使辟陽侯審食其·御史大夫趙堯往迎燕王。因驗問左右。【考證】楓、三本、問下有其字、與漢書合、綰愈恐、閉匿、謂其幸臣曰。非劉氏而王、獨我與長沙耳。【考證】漢書、王下有者字、楓、三本、長沙下有王字、往年春、漢族淮陰、夏、誅彭越。皆呂后計。【考證】漢書、刪春秋二字、誅彭越、在三月、今上病、屬任呂后。呂后婦人、專欲以事誅異姓王者、及大功臣。【考證】徐孚遠曰、迎燕王者辟陽侯、故愈疑呂后之謀、迺遂稱病不行。其左右皆亡匿。語頗泄。辟陽侯聞之、歸具報上。上益怒。又得匈奴降者。降者言張勝亡在匈

奴、爲燕使。【考證】張文虎曰、降者二字、疑複衍、楓、三本、燕下有王字、漢書無、於是上曰。盧綰果反矣。使樊噲擊燕。燕王綰悉將其宮人家屬騎數千、居長城下候伺、幸上病愈、自入謝。四月、高祖崩。盧綰遂將其衆亡入匈奴。匈奴以爲東胡盧王。【考證】顧炎武曰、封之爲東胡王也、其姓盧、故稱東胡盧王、綰爲蠻夷所侵奪、常思復歸。居歲餘死胡中。高后時、盧綰妻子亡降漢。會高后病、不能見。舍燕邸。【考證】顏師古曰、舍、止也、諸侯王及諸郡朝宿之館在京師者、謂之邸、爲欲置酒見之。高后竟崩、不得見。盧綰妻亦病死。孝景中六年、盧綰孫他之、以東胡王降。【集解】如淳曰、爲東胡王來降也、漢紀、東胡、烏丸也、【正義】他、徒何反、【考證】梁玉繩曰、中六年、當作中五年、愚按漢書他之作他人、譌、封爲亞谷侯。【集解】徐廣曰、亞、一作惡、【正義】漢表、在河內、陳豨者、宛朐人也。不知始所以得從。【索隱】地理志、屬濟陰、下又云、梁人、是褚先生之說異也、【正義】宛朐、曹州縣也、太史公云陳豨、梁人、按宛朐、六國時屬梁、【考證】陳仁錫曰、不知始所

以得從、此史家缺疑例也、梁玉繩曰、案功臣表、豨以前元年從起、何云不知始所從、及高祖七年冬、韓王信反、入匈奴。上至平城還。迺封豨爲列侯。【集解】徐廣曰、功臣表曰、陳豨以特將將卒五百人、前元年從起宛朐、至霸上爲侯、以游擊將軍別定代、已破臧荼、封豨爲陽夏侯、【考證】錢大昕曰、功臣表、高祖六年正月、豨之元年也、又云、已破臧荼爲陽夏侯、則豨之侯、在平城前矣、以趙相國將、監代邊兵。邊兵皆屬焉。【考證】程一枝曰、代下邊字衍、愚按淮陰侯傳、豨爲代相國監邊、高祖十年紀、九月代相陳豨反、上曰、代地吾所急、故封豨爲列侯、以相國守代、此豨爲代相國也、趙、當作代、豨常告歸過趙。趙相周昌、見豨賓客隨之者千餘乘、邯鄲官舍皆滿。豨所以待賓客、如布衣交、皆出客下。【正義】言屈己禮之、不用富貴自尊大、【考證】史公論贊云、豨、梁人、其少時數稱慕魏公子、豨還之代。周昌迺求入見。見上、具言豨賓客盛甚、擅兵於外數歲、恐有變。上乃令人覆案豨客居代者財物諸不法事。多連引豨。【考證】楓、三本、不下有如字、豨恐、陰令客通使王黃·曼丘臣所。【正義】二人、韓王信將、及高祖十

年七月、太上皇崩。【考證】陳仁錫曰、及高祖三字、衍、愚按各本、十年譌七年、今從楓、三本、使人召豨。豨稱病甚。九月、遂與王黃等反、自立爲代王、劫略趙・代。【考證】楓、三本、宋本、中統、舊刻、毛本、吳校金板、作代王、它本譌大王、上聞、迺赦趙・代吏人、爲豨所詿誤劫略者、皆赦之。【考證】漢書、刪皆赦之三字、上自往至邯鄲。喜曰、豨不南據漳水、北守邯鄲。知其無能爲也。【考證】楓、三本、知上有吾字、高紀、作豨不南據邯鄲而阻漳水、爲是、說在高紀、趙相奏斬常山守尉。曰、常山二十五城、豨反、亡其二十城。【考證】漢高紀、趙相下補周昌二字、顏師古曰、守者郡守、尉者郡尉也、上問曰、守尉反乎。對曰、不反。上曰、是力不足也。赦之、復以爲常山守尉。上問周昌曰、趙亦有壯士可令將者乎。對曰、有四人。四人謁。上謾罵曰、豎子能爲將乎。四人慙伏。上封之各千戶、以爲將。左右諫曰、從入蜀・漢伐楚、功未偏行。今

此何功而封。上曰、非若所知。陳豨反、邯鄲以北皆豨有。吾以羽檄徵天下兵、未有至者。【集解】魏武帝奏事曰、今邊有小警、輒露檄插羽、飛羽檄之意也、駰案、推其言、則以鳥羽插檄書、謂之羽檄、取其急速若飛鳥也、【考證】張文虎曰、集解飛羽檄之意也、當作取飛檄之意也、今唯獨邯鄲中兵耳。【考證】漢高紀、今下有計字、非是、吾胡愛四千戶、不封此四人、以慰趙子弟。【考證】戶下不字、封下此字、據楓、三本補、漢書漢紀、以上有不字、與楓、三本異、皆曰、善。於是上曰、陳豨將誰。曰、王黃・曼丘臣。皆故賈人。上曰、吾知之矣。迺各以千金購黃臣等。十一年冬、漢兵擊斬陳豨將侯敞・王黃於曲逆下。【正義】定州北平縣東南十五里蒲陰故城是也、【考證】梁玉繩曰、史詮、謂王黃二字、衍、是也、下云、生得王黃、樊噲傳云、虜王黃、則非斬矣、破豨將張春於聊城、斬首萬餘。【正義】博州縣、太尉勃入定太原・代地。十二月、上自擊東垣。東垣不下。卒罵上。東垣降。卒罵者斬之、不罵者黥之。【考證】王念孫曰、黥當從高祖紀作原、原之者、謂宥

之也、若不罵者黥之、則人皆不免於罪矣、更命東垣爲眞定。王黃・曼丘臣、其麾下受購賞之、皆生得。【考證】楓、三本、臣下有等字、中井積德曰、之字難讀、恐有誤、以故陳豨軍遂敗。上還至洛陽。上曰、代居常山北、趙迺從山南有之、遠。迺立子恆爲代王、都中都。代・鴈門皆屬代。【集解】徐廣曰、十一年正月、【正義】中都故城、在汾州平遙縣西南十二里、高祖十二年冬、樊噲軍卒追斬豨於靈丘。【正義】蔚州是、【考證】高祖二字、衍、楓、三本、豨上有陳字、高紀、靈丘作當城、

太史公曰、韓信・盧綰、非素積德累善之世、徼一時權變、以詐力成功。【考證】顏師古曰、徼、要也、音工堯反、楓、三本、徼作激、遭漢初定、故得列地南面稱孤。【考證】楓、三本、列作裂、與漢書合、內見疑彊大、外倚蠻貊以爲援。是以日疏自危。事窮智困、卒赴匈奴。豈不哀哉。陳豨梁人。其少時數稱慕魏

公子。【考證】宛朐屬濟陰、濟陰梁地、故史公稱爲梁人、魏公子、信陵君無知、及將軍守邊、招致賓客而下士、名聲過實。【考證】楓、三本、及下有爲字、周昌疑之、疵瑕頗起。懼禍及身、邪人進說、遂陷無道。於戲悲夫。夫計之生孰成敗、於人也深矣。【考證】楓、三本、孰作熟、

【索隱】述贊、韓襄遺孽、始從漢中、剖符南面、徙邑北通、穨當歸國、龍頷有功、盧綰親愛、羣臣莫同、舊燕是王、東胡計窮、

韓信盧綰列傳第三十三　史記九十三

史記會注考證

文學博士瀧川龜太郎著

史記會注考證卷九十四

漢　太史令司馬遷　撰
宋中郎外兵曹參軍裴駰　集解
唐國子博士弘文館學士司馬貞　索隱
唐諸王侍讀率府長史張守節　正義
日本　出雲瀧川資言　考證

田儋列傳第三十四　史記九十四

[考證] 史公自序云、諸侯畔項王、唯齊連子羽城陽、漢得以間遂入彭城、作田儋列傳第三十四、王鳴盛曰、諸王稱王者多矣、皆見田儋傳中、以儋實首事、聊以爲標目耳、唐

順之曰、文一串、似世家體、愚按以事論之、當列張耳陳餘傳前、

田儋者、狄人也。[集解] 徐廣曰、今樂安臨濟縣也、[正義] 淄州高苑縣西北、北狄故縣城、和帝改千乘爲樂安郡、[考證] 狄、縣名、 故齊王田氏族也。儋從弟田榮、榮弟田橫、皆豪、宗彊、能得人。[索隱] 儋子市、從弟榮、榮子廣、榮弟橫、各遞爲王、榮幷王三齊、[考證] 豪下、楓、三本有族字、漢傳有桀字、 陳涉之初起王楚也、使周市略定魏地。北至狄。狄城守。田儋詳爲縛其奴、從少年之廷、欲謁殺奴。[集解] 服虔曰、古殺奴婢、皆當告官、儋欲殺令、故詐縛奴而以謁也、[正義] 詳、僞、羊爲二音、[考證] 詳、佯同、正義本爲作僞、僞爲通、非詐僞之僞、 見狄令、因擊殺令、而召豪吏子弟曰。諸侯皆反秦自立。齊、古之建國。儋、田氏。當王。遂自立爲齊王。[集解] 徐廣曰、二世元年九月也、 發兵以擊周市。周市軍還去。田儋因率兵東略定齊地。秦將章邯圍魏王咎於臨濟、急。[考證] 姚範曰、魏咎所都之臨濟、當屬魏地、如解爲齊州之臨濟、則不得云東走東阿、愚按說見魏豹傳、 魏

王請救於齊。齊王田儋將兵救魏。[集解] 徐廣曰、二年六月、 章邯夜銜枚、擊大破齊·魏軍、殺田儋於臨濟下。[考證] 楓、三、宋、中統、毛本、齊魏作齊楚、 儋弟田榮、收儋餘兵、東走東阿。[考證] 楓、三、中統、游、毛本、走上有東字、 齊人聞王田儋死、迺立故齊王建之弟田假爲齊王、田角爲相、田閒爲將、以距諸侯。[考證] 徐孚遠曰、假爲王建弟、於次應立、故田儋敗而齊人立之、 田榮之走東阿、章邯追圍之。項梁聞田榮之急、迺引兵擊破章邯軍東阿下。章邯走而西。項梁因追之。而田榮怒齊之立假、迺引兵歸、擊逐齊王假。假亾走楚。齊相角亡走趙。角弟田閒、前求救趙。因留不敢歸。[考證] 漢書、救上無求字、此衍、 田榮乃立田儋子市爲齊王。榮相之、田橫爲將、平齊地。[集解] 徐廣曰、二年八月、 項梁既追章邯。章邯兵益盛。項梁使使告趙·齊、發

兵共擊章邯。田榮曰、使楚殺田假、趙殺田角·田閒、迺肯出兵。【考證】徐孚遠曰、齊方初立田市、恐田假尚存、民有異望故也、 楚懷王曰、田假與國之王、窮而歸我。殺之不義。趙亦不殺田角·田閒以市於齊。【正義】市、如市沽貿易、【考證】懷王言止此、項羽紀以爲項梁語、是也、 齊曰、蝮螫手則斬手、螫足則斬足。何者、爲害於身也。【集解】應劭曰、蝮一名虺、螫人手足、則割去其肉、不然則致死、【索隱】蝮、音芳伏反、螫、音臛、又音釋、【正義】按蝮、毒蛇、長二三丈、嶺南北有之、虺、長一二尺、頭腹皆一遍、說文云、虺博三寸、首大如擘、擘、手大指也、音步歷反、【考證】漢書、齊下補王字、楓、三本、蝮下有蛇字、中井積德曰、斬者斷也、非割肉之謂、唐詩云、蝮蛇一螫手、壯士疾解腕、蝮虺異、非一物、張文虎曰、正義一遍、疑匾字誤分、 今田假·田角·田閒於楚·趙、非直手足戚也。何故不殺。【集解】文穎曰、言將亾身、非手足憂也、瓚曰、於楚趙非手足之親、【正義】蝮蛇之喻、言蝮蛇螫人、則雖手足斬之、爲去其害也、今田氏等於楚趙、其害甚於斬手足、何不殺之乎、【考證】文穎說是、直、特通、但也、柯維騏曰、言田假田角、亦似蝮蛇之毒、將害于身、不獨手足之憂、漢書、刪去直字、謬矣、 且秦復得志於天下、則齮齕用事者墳墓矣。【集解】如淳曰、齮齕、猶齚齧、【索隱】齮、音蟻、齕、音紇、齮齕、側齒齩也、【正義】按秦重得志、

非但辱身、墳墓亦發掘矣、若子胥鞭荊平王墓、一云、墳墓言死也、【考證】中井積德曰、注、不必言側齒、漢書用上有首字、顏師古曰、首用事、謂起兵而立號者也、愚按墳墓、祖先塋域、 楚·趙不聽。齊亦怒、終不肯出兵。章邯果敗殺項梁、破楚兵。楚兵東走。而章邯渡河圍趙於鉅鹿。項羽往救趙。由此怨田榮。項羽既存趙、降章邯等、西屠咸陽滅秦、而立侯王也、迺徙齊王田市、更王膠東、治卽墨。【考證】顏師古曰、治、謂都之也、 齊將田都從共救趙、因入關。故立都爲齊王、治臨淄。【考證】楓、三本、從下有兵字、 故齊王建孫田安、項羽方渡河救趙、田安下濟北數城、引兵降項羽。項羽立田安爲濟北王、治博陽。【考證】楓、三本、立上有亦字、 田榮以負項梁、不肯出兵助楚·趙攻秦、故不得王。【考證】楓、三本、趙上有救字、漢傳、楚譌作漢、 趙將陳餘亦失職不得王。二人俱怨項王。項王既歸、諸侯各就國。田榮使

人將兵、助陳餘令反趙地。而榮亦發兵以距擊田都。田都亡走楚。田榮留齊王市、無令之膠東。【考證】漢傳、無令字、 市之左右曰、項王彊暴。而王當之膠東。不就國必危。市懼、迺亡就國。田榮怒、追擊殺齊王市於卽墨、還攻殺濟北王安。於是田榮迺自立爲齊王、盡幷三齊之地。【索隱】田市王膠東、田都王齊、田安王濟北、 項王聞之大怒、迺北伐齊。齊王田榮兵敗、走平原。平原人殺榮。【集解】徐廣曰、三年正月、【正義】平原、德州也、【考證】楓、三本、人作民、與漢傳合、梁玉繩曰、榮見殺之後、項羽立田假爲齊王、田橫反城陽擊假、假走楚、楚殺之、此缺、誤、 項王遂燒夷齊城郭、所過者盡屠之。【集解】徐廣曰、立故王田假也、 齊人相聚畔之。榮弟橫收齊散兵、得數萬人。反擊項羽於城陽。【集解】徐廣曰、假走楚、楚殺之、【正義】城陽、濮州雷澤是、【考證】顧炎武曰、城陽、正義以爲濮州雷澤縣、非也、漢書城陽國治莒、史記呂后紀、言齊王乃上城陽之郡、孝文紀、言以齊劇郡立朱虛侯章爲城陽王、而淮陰侯傳言擊殺龍且於濰水

上、齊王廣亡去、信遂追北至城陽、皆此地、王先謙曰、城陽、今沂州府莒州治、 而漢王率諸侯敗楚、入彭城。【考證】黃淳耀曰、楚漢之際、六國蜂起自立、惟田氏最與楚齮齕、而陰德於漢甚大、初田儋救魏、爲章邯所殺、儋從弟榮、收兵走東阿、邯追圍之、項梁聞榮急、乃引兵擊破章邯、邯走而西、是榮之復振、皆項氏力也、微梁、榮且將蟲出矣、及梁既追章邯、邯兵益盛、梁使趣齊兵共擊章邯、榮乃要楚趙殺田假、一門三人、楚趙義不忍殺、則終不出兵、夫假固齊王建弟也、齊人以儋死故立之、既已逐之矣、又必欲殺之、又以楚之不殺也、復用爲讎、坐視項梁之敗、不義甚矣、項羽由此怨榮、入關後、分王田都田安、榮距都殺安、盡幷三齊之地、羽北伐、而漢遂得劫五諸侯、共乘閒東向矣、榮之舉事、非以爲漢、而實陰爲漢用也、吾故曰、田氏最與楚齮齕、而陰德漢甚大、王鳴盛曰、項氏之敗、半爲田氏牽綴、不西憂漢、而北擊齊、以此致亡、愚按項王不王田榮陳餘、失計之甚者、敗因實在此、 項羽聞之、迺醳齊而歸、擊漢於彭城。【索隱】此豈亦以醳酒之義、竝古釋字、【考證】張文虎曰、索隱本醳、各本作釋、 因連與漢戰、相距滎陽。以故田橫復得收齊城邑。【集解】徐廣曰、四月、 立田榮子廣爲齊王、而橫相之、專國政。政無巨細、皆斷於相。橫定齊三年、漢王使酈生往說下齊王廣、及其相國橫。橫以爲然、解其歷下軍。漢將韓信引兵且東擊

齊。齊初使華無傷·田解軍於歷下以距漢。漢使至、迺罷守戰備、縱酒、且遣使與漢平。漢將韓信已平趙·燕、用蒯通計、度平原、襲破齊歷下軍、因入臨淄。齊王廣·相橫、怒以酈生賣己、而亨酈生。齊王廣東走高密、【集解】徐廣曰、高、一作假、相橫走博陽、【集解】漢傳、博陽作博、王先謙曰、博陽、卽博縣、非汝南博陽也、守相田光走城陽、【考證】顏師古曰、守相者、言爲相而專主居守之事、將軍田既軍於膠東。楚使龍且救齊。齊王與合軍高密。漢將韓信與曹參破殺龍且、【集解】徐廣曰、四年十一月、虜齊王廣。漢將灌嬰追得齊守相田光、至博陽。而橫聞齊王死、自立爲齊王、還擊嬰。嬰敗橫之軍於嬴下。田橫亡走梁、歸彭越。【集解】晉灼曰、嬴、泰山嬴縣也、【正義】故嬴城、在兗州博城縣東北百里、【考證】漢書、嬴作羸、彭越是時居梁地。中立、且爲漢、且爲楚。韓信已殺龍且。因令

曹參進兵、破殺田既於膠東、使灌嬰破殺齊將田吸於千乘。【正義】千乘故城、在淄州高苑縣北二十五里、韓信遂平齊。乞自立爲齊假王。【集解】徐廣曰、二月也、漢因而立之。後歲餘、漢滅項籍、漢王立爲皇帝、以彭越爲梁王。田橫懼誅、而與其徒屬五百餘人入海、居島中。【集解】韋昭曰、海中山曰島、【正義】按海州東海縣、有畾山、去岸八十里、【考證】李笠曰、入海居島、蓋泛指東海中島、韋說是、高帝聞之、以爲田橫兄弟本定齊、齊人賢者多附焉。今在海中不收、後恐爲亂。迺使使赦田橫罪而召之。田橫因謝曰、臣亨陛下之使酈生。今聞其弟酈商爲漢將而賢。臣恐懼不敢奉詔。請爲庶人守海島中。使還報。高皇帝迺詔衞尉酈商曰。齊王田橫卽至、人馬從者、敢動搖者、致族夷。【考證】楓、三本、商下無曰字、漢書有、迺復使使持節、具告以詔

商狀曰。田橫來、大者王、小者迺侯耳。不來、且舉兵加誅焉。【考證】顏師古曰、大者謂橫身、小者謂其徒屬、劉奉世曰、高帝唯召橫耳、故許之大者封王、小者不失爲侯、詳語意可知、豈爲其徒衆哉、愚按劉說是、田橫迺與其客二人、乘傳詣雒陽。【集解】如淳曰、四馬下足爲乘傳、【考證】中井積德曰、乘傳、乘於傳車也、未至三十里、至尸鄉廄置。【集解】應劭曰、尸鄉、在偃師、瓚曰、廄置、置馬以傳驛也、橫謝使者曰。人臣見天子、當洗沐。止留。謂其客曰。橫始與漢王俱南面稱孤。【正義】老子云、貴以賤爲本、侯王自稱謂孤寡不穀、謙稱也、今漢王爲天子、而橫迺爲亡虜、而北面事之、其恥固已甚矣。且吾亨人之兄、與其弟竝肩而事其主。縱彼畏天子之詔不敢動我、我獨不愧於心乎。【考證】中井積德曰、上我字疑衍、且陛下所以欲見我者、不過欲一見吾面貌耳。今陛下在洛陽。【考證】漢書、無今字、此疑衍、今斬吾頭馳三十里閒、形容尚未能敗。猶可觀

也。遂自剄、令客奉其頭、從使者馳奏之高帝。【正義】奉、音捧、高帝曰。嗟乎、有以也夫。起自布衣、兄弟三人更王。豈不賢乎哉。爲之流涕。【考證】王鳴盛曰、高帝召田橫、恐其爲亂、非眞欲赦之、橫自知不免、來而自殺、高帝爲流涕、葬以王禮、高帝慣有此一副急淚、藉以欺人屢矣、不獨於田橫爲然、心實幸其死、非眞惜而哀之也、而拜其二客爲都尉、發卒二千人、以王者禮葬田橫。【正義】齊田橫墓、在偃師西十五里、崔豹古今注云、薤露蒿里、竝哀歌也、出田橫門人、橫自殺、門人傷之而作悲歌、言人命如薤上露、易晞滅、至李延年乃分爲二曲、薤露送王公貴人、蒿里送士大夫庶人、使挽柩者歌之、俗呼爲挽歌、既葬。二客穿其冢旁孔、皆自剄、下從之。高帝聞之、迺大驚、以田橫之客皆賢。【考證】楓、三本、賢下有者字、與漢書合、吾聞其餘尚五百人在海中、使使召之。至則聞田橫死、亦皆自殺。於是迺知田橫兄弟能得士也。

太史公曰。甚矣蒯通之謀。亂齊、驕淮陰、其卒亡此兩人。【集解】韓信、

田橫、【考證】趙翼曰、蒯通事、與田儋何涉、而贊及之、疑後人竄入、愚按此言說韓信使襲齊也、故但言亂齊也、

蒯通者善爲長短說、【索隱】言欲令此事長、則長說之、欲令此事短、則短說之、故戰國策亦名曰短長書、是也、【考證】長短、猶言縱橫、論戰國之權變、爲八十一首。【集解】漢書曰、號爲雋永、永一作求、【索隱】雋永、雋名也、雋音松究反、【考證】梁氏志疑曰、翁孝廉云、漢書通傳、言八十一首號雋永、攷藝文志、無雋永、而有蒯子五篇、未知此八十一首否、史公述戰國時事、與策不同者五、豈取于雋永乎、今不可攷矣、通善齊人安期生。安期生嘗干項羽。項羽不能用其筴。已而項羽欲封此兩人。兩人終不肯受、亡去。田橫之高節、賓客慕義而從橫死。豈非至賢。余因而列焉。無不善畫者。莫能圖。何哉。【索隱】言天下非無善畫之人、而不知圖畫田橫及其黨慕義死節之事、何故哉、歎畫人不知畫此也、【考證】顧炎武曰、謂以橫兄弟之賢、而不能存齊、愚按索隱憒憒、

【索隱】述贊、秦項之際、天下交兵、六國樹黨、自置豪英、田儋殞寇、立市相榮、楚封王假、齊破酈生、兄弟更王、海島傳聲、

田儋列傳第三十四　　史記九十四

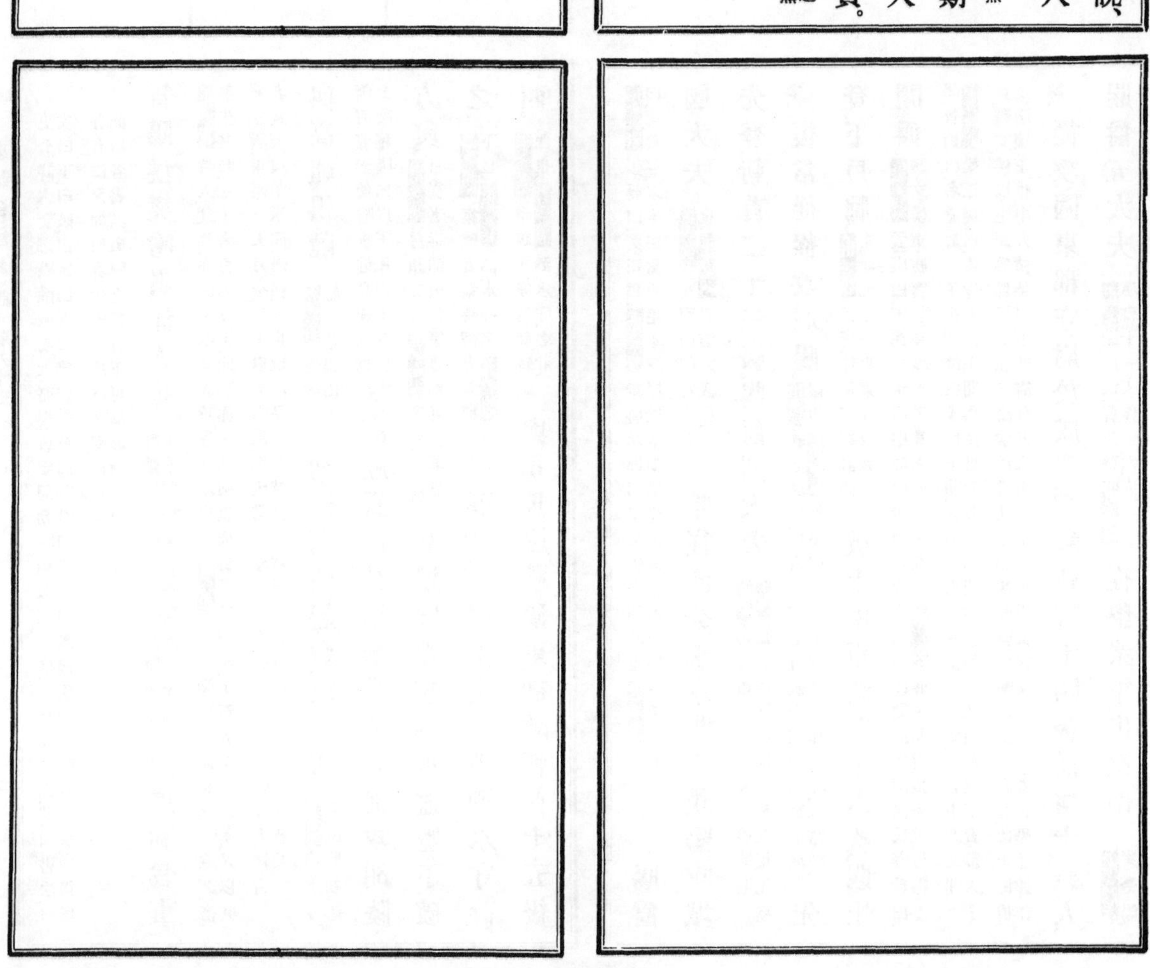

文學博士瀧川龜太郎著

史記會注考證

史記會注考證卷九十五

漢　太史令司馬遷撰

宋　中郎外兵曹參軍裴駰集解

唐　國子博士弘文館學士司馬貞索隱

唐　諸王侍讀率府長史張守節正義

日本　出雲瀧川資言考證

樊酈滕灌列傳第三十五　史記九十五

[考證]史公自序云、攻城野戰、獲功歸報、噲商有力焉、非獨鞭策、又與之脫難、作樊酈列傳第三十五、陳仁錫曰、樊酈戰功多、滕灌次之、四人同傳、而敘事各不同、茅坤曰、太史公詳次樊酈滕灌戰功、大略與曹參周勃等相似、然竝從未書專將也、其間書法、曰攻、曰下、曰破、曰定、曰屠、曰殘、曰先登、曰却敵、曰陷陳、曰最、曰疾戰、曰斬首、曰虜、曰得、咸各有法、又如曰身生虜、曰所將卒斬、曰別將、此以各書其戰陣之績、有不可紊亂所授也、

舞陽侯樊噲者、沛人也。[正義]舞陽、在許州葉縣東十里、噲音快、又吉外反、沛、徐州縣、 以屠狗爲事。[正義]時人食狗、亦與羊豕同、故噲專屠以賣之、[考證]孟子梁惠王篇、雞豚狗彘之畜、無失其時、七十者可以食肉、此狗亦食其肉也、周壽昌曰、禮記、士無故不殺犬豕、又以其乘壺酒東脩一犬、月令、天子以犬嘗麻、以犬嘗稻、續志、祀聖師周公孔子、牲以犬、知古者食犬與羊豕同、漢猶然也、玩注、是以其時食狗爲異、知唐以來不復以犬充膳矣、 與高祖俱隱。[考證]漢書云、隱於芒碭山下、 初從高祖起豐、攻下沛。[考證]漢書云、陳勝初起、蕭何曹參、使噲求迎高祖、立爲沛公、凌稚隆曰、以下凡用十五從字、 高祖爲沛公、以噲爲舍人。從攻胡陵・方與、[正義]房預二音、[考證]唐順之曰、傳內凡言從者、從沛公行軍也、別者分軍專攻也、 還守豐、擊泗水監豐下、破之。[集解]案監者、秦時御史監郡也、豐、豐縣之下也、[正義]泗水郡名、[考證]泗水監名平、 復東定沛、破泗水守薛西。[索隱]謂破其守於薛縣之西也、[考證]泗水守名壯、 與司馬𡰥戰碭東、卻敵、斬首十五級。

[集解]張晏曰、秦司馬、[正義]秦將章邯司馬尼、碭、宋州縣也、[考證]張文虎曰、司馬𡰥、宋本𡰥、舊刻毛本譌尼、餘本譌尼、愚按楓三本作𡰥、𡰥讀與夷同、 賜爵國大夫。[集解]文穎曰、官大夫也、[正義]爵第六級也、 常從沛公、擊章邯軍濮陽、攻城先登、斬首二十三級。賜爵列大夫。[集解]文穎曰、即公大夫、爵第七、[考證]凌稚隆曰、以下凡五用先登字、 復常從。從攻城陽、[集解]徐廣曰、年表、二年七月、破秦軍濮陽東、屠城陽也、[正義]按城陽近濮陽、而漢書作陽城、大錯誤、 先登、下戶牖、[正義]戶牖、汴州東昏縣東北九十一里東昏故城是、 破李由軍、斬首十六級、賜上閒爵。[集解]孟康曰、不在二十爵中、如執圭執帛比也、如淳曰、閒或作聞、呂氏春秋曰、魏文侯東勝齊於長城、天子賞文侯以上閒爵、[索隱]賜上聞爵、張晏云、得徑上聞、晉灼曰、名通於天子也、如淳曰、或作上聞、又引呂氏春秋、當證上閒、閒音中閒之閒、[考證]梁玉繩曰、索隱本作上聞、與漢書同、各本譌閒字、故如淳注引呂覽下賢篇、天子賞魏文侯以上聞爵爲證、史注多譌字、漢書注不誤、沈欽韓曰、噲爲沛公私將、此上聞爵、上達懷王也、中井積德曰、上聞爵在五大夫之下、非可以賞諸侯者、呂氏春秋恐難據作解、 從攻圍東郡守尉於成武、卻敵、斬首十四級、捕虜十一人、賜爵五大夫。[正義]成武、曹州縣、[考證]漢書、十一人作十六人、 從擊秦軍、出亳南。[索隱]案亳湯

所都、今河南偃師有湯亳、是也、【正義】亳故城、在宋州穀熟縣西南四十里、河閒守軍於杠里。破之。【正義】杠里、地名、近城陽、【考證】全祖望曰、秦郡無河閒、即令有之、河間時已屬趙、項章鉅鹿之軍、隔于其間、不得至中原也、杠里一見於高紀、再見於是傳、其地在梁周之間、非河間之所部、或是三川守之軍、擊破趙賁軍開封北、以卻敵先登、斬候一人、首六十八級、捕虜二十七人、賜爵卿。【正義】開封、汴州縣、【考證】漢書、二十七人作二十六人、從攻破楊熊軍於曲遇。【索隱】音齲顒二音、邑名也、【正義】曲、丘雨反、遇、牛恭反、鄭州中牟縣有曲遇聚、攻宛陵、【索隱】地理志、屬河南、【正義】宛陵故城、在鄭州新鄭縣東北三十八里、先登、斬首八級、捕虜四十四人、賜爵封、號賢成君。【集解】徐廣曰、時賜爵有執帛執圭、又有賜爵封而加美名以爲號也、又有功、則賜封列侯、駰案、張晏曰、食祿比封君、而無邑、瓚曰、秦制、列侯乃有封爵也、【索隱】張晏曰、食祿比封君、而無邑、徐廣曰、賜爵有執圭執帛、又有爵封而加美號、又小顏云、楚漢之際、權設寵榮、假其位號、或得邑地、或空受爵、此例多矣、約以秦制、於義不通、從攻長社・轘轅、【正義】許州理縣也、轘轅關、在緱氏縣東南三十里、絕河津、【正義】古平陰津、在河南府東北五十里也、東攻秦軍於尸南、【正義】在偃師南、攻秦軍於犨、【正義】在汝州魯山縣東南、

破南陽守齮於陽城東、攻宛城先登。西至酈以卻敵、斬首二十四級、捕虜四十人。【正義】酈、音擲、在鄧州新城縣西北四十里、【考證】漢書、二十四級作十四級、賜重封。【集解】張晏曰、益祿也、如淳曰、正爵名也、瓚曰、增封也、【索隱】張晏云、益祿也、臣瓚以爲增封、義亦近是、而如淳曰、正爵名、非也、小顏以爲重封者、兼二號、蓋爲得也、【考證】重封未詳、攻武關、至霸上、斬都尉一人、首十級、捕虜百四十六人、降卒二千九百人。項羽在戲下、欲攻沛公。沛公從百餘騎、因項伯面見項羽、謝無有閉關事。項羽既饗軍士、中酒、亞父謀欲殺沛公。【集解】張晏曰、中酒、酒酣也、令項莊拔劍舞坐中、欲擊沛公。項伯常肩蔽之。【考證】王念孫曰、肩當屛字之誤也、漢書作屛蔽、項羽紀云、常以身翼蔽沛公、張文虎曰、中統、舊刻、游本、無之字、有沛公二字、時獨沛公與張良得入坐。樊噲在營外、聞事急、乃持鐵盾入到營。營衞止噲。噲直撞入、【集解】漢書音義曰、撞、音撞鐘、【正義】撞、直江反、立帳下。【集解】徐廣曰、一本作立帷下、瞋目而視、

眥皆血出、項羽目之、問爲誰。張良曰。沛公參乘樊噲。項羽曰。壯士。賜之卮酒彘肩。噲既飲酒、拔劍切肉、食盡之。項羽曰。能復飲乎。噲曰。臣死且不辭。豈特卮酒乎。且沛公先入定咸陽、暴師霸上、以待大王。【正義】時羽未爲王、史追書、【考證】張照曰、按此等稱謂、非追書也、直是當時尊奉之辭、觀亞父謂項莊、君王爲人不忍、可見時羽雖未爲王、然已擅命立雍王矣、稱以大王、若固有之耳、大王今日至、聽小人之言、與沛公有隙。臣恐天下解、【正義】紀買反、至此爲絕句、心疑大王也。項羽默然。沛公如廁、麾樊噲去。既出。沛公留車騎、獨騎一馬、與樊噲等四人步從。【正義】車騎、沛公所乘之車、及從者之騎、【考證】漢書、樊上無與字、此疑衍、四人、樊噲、靳彊、夏侯嬰、紀成、從閒道山下歸走霸上軍。而使張良謝項羽。項羽亦因遂已無誅沛公之心矣。是日微樊噲犇入營譙讓項羽、沛公事幾殆。【索隱】譙、音誚、責也、或才笑反、或亦作誚、【正義】幾、音沂、

【考證】敘事中插議論、陳仁錫曰、子長一手作項羽本紀與樊噲傳、兩處俱敍噲入鴻門事、紀則豐贍、傳則簡至、俱如畫筆、學者於此中、可窺作文關竅、明日、項羽入屠咸陽、立沛公爲漢王。【考證】漢書、明日作後數日、蓋據高紀改正也、漢王賜噲爵爲列侯、號臨武侯。【正義】桂陽臨武縣、【考證】錢大昕曰、戰國之際、趙有臨武君、未必遠取桂陽之臨武也、洪亮吉曰、案是時桂陽未屬漢、噲安得封此、且傳明言號臨武侯、則固以美號賜之、與夏侯嬰號昭平侯、傳寬號通德侯等同、非實邑也、下云賜食邑杜之樊鄉、始有實封耳、正義誤、遷爲郎中。從入漢中、還定三秦、別擊西丞白水北、【集解】徐廣曰、隴西有西縣、白水、在武都、駰案、如淳曰、皆地名也、晉灼曰、白水、今廣平魏縣也、地理志、無西丞、似秦將名、【索隱】案西謂隴西之西縣、白水、水名、出武都、經西縣、東南流、言噲擊西縣之丞、在白水之北耳、徐廣等說皆非也、【正義】括地志云、白馬水源出文州曲水縣西南、會經孫山下、雍輕車騎於雍南破之。【正義】上雍、於拱反、【考證】上雍字、漢書作擁、蓋爲挾包之義、正義、音於拱反、亦讀爲擁、王念孫曰、上雍、是章邯爲雍王之雍、下雍、是雍縣也、酈商傳亦云、破雍將烏氏、愚按王說是也、擊字管到下句、破之字、管到上句、從攻雍斄城先登。擊章平軍好時、【集解】音胎、【索隱】案雍即扶風雍縣、斄、音台、即后稷所封、今之武功故斄城是、章平即章邯子也、【考證】張照曰、按高祖紀明云、雍王弟平、索隱子字、疑弟之誤、攻城先登、陷陣斬縣令

丞各一人、首十一級、虜二十人。遷郎中騎將。【考證】楓、三本、遷下有爲字、與漢書合、王先謙曰、百官表、郎中有車戶騎三將、從擊秦軍騎壤東。【索隱】小顏亦以爲地名、【正義】壤鄉、在武功縣東南二十里、【考證】齊召南曰、曹參傳云、取壤鄉、擊三秦軍壤東、然則壤是鄉名、壤東壤鄉之東也、王先謙曰、秦、三秦省文、卻敵。遷爲將軍。攻趙賁、下郿·槐里·柳中·咸陽。【索隱】按、柳中、卽細柳、地在長安西也、【正義】郿、岐州縣、灌廢丘。最。【集解】李奇曰、以水灌廢丘也、張晏曰、最、功第一也、晉灼曰、京輔治華陰、灌北也、【索隱】灌、謂以水灌廢丘、城陷、其功最上也、李奇曰、廢丘、卽槐里也、上有槐里、此又言者、疑此是小槐里、非也、按文云、攻趙賁下郿槐里柳中咸陽、總言所攻陷之邑、別言以水灌廢丘、其功特最也、何者、初云槐里、稱其新名、後言功最、是重擧不欲再見其文、故因舊稱廢丘也、至櫟陽。【正義】雍州縣、賜食邑杜之樊鄉。【索隱】案、杜陵有樊鄉、三秦記曰、長安正南山名秦嶺、谷名子午、一名樊川、一名御宿、樊鄉、卽樊川也、【考證】楓、三本、之作東、從攻項籍、屠煮棗。【索隱】檢地理志、無煮棗、晉說是、功臣表有煮棗侯、云、清河有煮棗城、小顏以爲攻項籍屠煮棗、合在河南、非清河之城明矣、今案續漢書郡國志、在濟陰宛朐也、【正義】案其時項羽未渡河北、冀州信都縣東北五十里煮棗非矣、【考證】索隱依單本、當有譌脫、漢書注云、晉灼曰、煮棗、地理志無也、清河有煮棗城、功臣表、有煮棗侯、楓、三本引索隱、明矣下、有但未詳其處耳六字、亦與單本異、擊破王武·程處軍於

外黃、攻鄒·魯·瑕丘·薛。【正義】鄒、兗州縣、在州東南六十二里、魯、兗州曲阜縣、瑕丘、兗州縣、薛、在徐州滕縣界、【考證】王先謙曰、曹參傳、王武反於外黃、程處反於燕、往擊盡破之、此傳俱在外黃、與參傳微異、服虔云、皆漢將、項羽敗漢王於彭城、盡復取魯·梁地。噲還至滎陽。益食平陰二千戶。【正義】平陰故城、在濟陽東北五里、以將軍守廣武。【考證】顏師古曰、卽滎陽之廣武、一歲、項羽引而東。從高祖擊項籍、下陽夏、虜楚周將軍卒四千人。【正義】夏、音假、陳州太康縣、【考證】顏師古曰、周殷、全祖望曰、周殷是時守九江、已以軍降漢、會擊夏陽、則是別一人矣、項氏諸將、尙有周蘭、圍項籍於陳、大破之、屠胡陵。【正義】陳、陳州、胡陵在兗州南、項籍既死、漢王爲帝。以噲堅守戰有功、益食八百戶。從高帝攻反燕王臧荼。虜荼定燕地。楚王韓信反。噲從至陳、取信定楚。【正義】徐州、更賜爵列侯、與諸侯剖符、世世勿絕。食舞陽。號爲舞陽侯。除前所食。【考證】楓、三本、食下有邑字、以將軍從高祖、攻反韓王信於代、

自霍人以往、【正義】先累反、又蘇果反、又山寡反、杜預云、霍人、晉邑也、霍人、當作葰、地理志云、葰人縣屬太原郡、括地志云、葰人故城、在代州繁時縣界也、至雲中。【正義】雲中郡縣、皆朔州善陽縣北三百八十里定襄故城是也、與絳侯等共定之、益食千五百戶。因擊陳豨、與曼丘臣軍戰襄國。破柏人、【集解】徐廣曰、曼一作甯字、【正義】襄國、邢州城、柏人、邢州縣、先登、降定清河·常山凡二十七縣、殘東垣。【集解】張晏曰、殘、有所毀也、瓚曰、殘、謂多所殺傷也、孟子曰、賊義謂之殘、【考證】王先謙曰、以其卒罵高祖也、見高紀、遷爲左丞相、破得綦毋卬·尹潘軍於無終·廣昌。【正義】在蔚州飛狐縣北七里、【考證】張文虎曰、綦毋卬、毛譌卬、中統、游、王、柯譌卯、破豨別將胡人王黃軍於代南。因擊韓信軍於參合。軍所將卒斬韓信。【正義】參合、在朔州定襄縣界、【考證】洪頤煊曰、漢書高帝紀、十一年、將軍柴武斬韓王信於參合、韓王信傳、十一年春、信復與胡騎入居參合、漢使柴將軍斬之、柴將軍屠參合、斬信、是時柴將軍屬樊噲、所將卒、卽武也、破豨胡騎橫谷。【正義】谷、音欲、蓋在代、斬將軍趙既、虜代丞相馮梁·守孫奮·大將王黃·將軍太卜太僕解福等十人、

與諸將共定代鄉邑七十三。【正義】解福、人姓名、【考證】楓、三本、王黃上有軍字、愚按、太卜、將軍名、漢書太卜作大將、大將下又增一人二字、恐非、其後燕王盧綰反。噲以相國擊盧綰、破其丞相抵薊南。【索隱】抵、音丁禮反、抵訓至、一云、抵者、丞相之名、【考證】周勃世家、得綰大將抵、丞相偃、則抵、大將名、抵上疑奪假大將三字、定燕地。凡縣十八、鄉邑五十一。益食邑千三百戶。定食舞陽五千四百戶。從斬首百七十六級。【考證】沈家本曰、按通計實百八十九級、內二十四級、依漢書作十四級、則百七十九級、虜二百八十八人、別破軍七、下城五、定郡六、縣五十二、得丞相一人、將軍十二人、二千石已下至三百石十一人。【考證】楓、三本、破軍七作破軍十、漢書、八十八人作八十七人、十二人作十三人、十一人作十二人、功臣表、五千四百戶作五千戶、噲以呂后女弟呂須爲婦。生子伉。故其比諸將最親。先黥布反時、高祖嘗病甚。【考證】徐孚遠曰、此段在擊燕以前、蓋追敘也、惡見人、臥禁中。詔戶者無得入羣臣。羣臣絳·灌等、

莫敢入十餘日。【考證】絳灌、周勃灌嬰、 噲乃排闥直入。【正義】闥、宮中小門、 大臣隨之。上獨枕一宦者臥。噲等見上流涕曰、始陛下與臣等起豐沛、定天下。何其壯也。今天下已定、又何憊也。且陛下病甚。大臣震恐。不見臣等計事、顧獨與一宦者絕乎。【考證】顏師古曰、顧、猶反也、王先謙曰、絕、長訣也、 且陛下獨不見趙高之事乎。【考證】張文虎曰、侃侃數言、深切簡括、得大臣之體、不謂出之於噲也、案噲入闥諫沛公出舍、至鴻門說項羽、理直辭壯、足折羽之氣、此其人不必有黨呂氏以危劉氏者、以須比雉、幾與祿產同論、寃哉、 高帝笑而起。其後盧綰反。高帝使噲以相國擊燕。是時高帝病甚。人有惡噲黨於呂氏。即上一日宮車晏駕、則噲欲以兵盡誅滅戚氏・趙王如意之屬。【考證】顏師古曰、惡、謂毀譖、 高帝聞之大怒、乃使陳平載絳侯代將、而即軍中斬噲。陳平畏呂后、執噲詣長安。至則高祖已崩。呂

后釋噲、使復爵邑。【考證】漢書、使作得、 孝惠六年、樊噲卒。謚為武侯。子伉代侯。而伉母呂須亦為臨光侯。高后時用事專權。大臣盡畏之。【考證】漢書、高后上有噲字、非是、 伉代侯九歲、高后崩。大臣誅諸呂・呂須婘屬。【索隱】須婘、音須眷二音、 因誅伉。舞陽侯中絕數月。孝文帝既立。乃復封噲他庶子市人為舞陽侯、復故爵邑。市人立二十九歲卒。謚為荒侯。子他廣代侯。六歲、侯家舍人得罪他廣、怨之。乃上書曰。荒侯市人、病不能為人。【正義】言不能行人道、 令其夫人與其弟亂而生他廣。他廣實非荒侯子。不當代後。詔下吏。孝景中六年、他廣奪侯為庶人、國除。【索隱】案漢書平帝元始二年、封噲玄孫之子章為舞陽侯、邑千戶、【考證】本傳贊云、余與他廣通、為余言高祖功臣之興若此云、是他廣能存故家遺乘、亦佳公子也、徐孚遠曰、太史公與他廣善、故言其失侯為怨家所告、傳疑也、楓三本、引索隱、二年下有繼絕世三字、 曲周侯

酈商者、高陽人。【索隱】酈、音歷、高陽、聚名、屬陳留、【正義】曲周故城、在洛州曲周西南十五里、酈商、雍州西南聚邑人也、 陳勝起時、商聚少年、東西略人得數千。【考證】楓三本、千下有人字、與漢書合、 沛公略地至陳留六月餘、【集解】徐廣曰、月表曰、二世元年九月、沛公起兵、二世三年二月、襲陳留、用酈食其策、起兵至此十九月矣、食其傳曰、既說高帝、已乃言其弟商、使從沛公也、【索隱】事與酈生傳及年表小不同、蓋史官意異也、【正義】徐注非也、言商先東西略地至陳留、商起兵乃六月餘、得四千人、以將軍從高祖也、【考證】中井積德曰、六月餘三字、似衍文、不然、是商聚少年至屬沛公之月數矣、愚按三字當移沛公上、錯簡、 商以將卒四千人、屬沛公於岐。【索隱】此地名闕、蓋在河南陳鄭之界、【正義】高紀云、酈食其說沛公襲陳留、乃以食其為廣野君、酈商為將、將陳留兵、與偕攻開封、酈生傳云、沛公引兵隨之、乃下陳留、為廣陽君、言其弟酈商、使將數千人、從沛公、西南略地、此傳云、屬沛公於岐、從攻長社、案紀傳此說、岐當與陳留高陽相近也、【考證】楓三本、岐下有下字、 從攻長社、先登。賜爵封信成君。【考證】王先謙曰、初次賞功、即賜爵封君、與靳歙同、 從沛公攻緱氏、絕河津、破秦軍洛陽東。【考證】漢書、無沛公二字、 從攻下宛・穰、定十七縣。【考證】楓三本、穰上有破字、十七作七十、 別將攻旬關、定漢中。【集解】漢書音義曰、漢中旬陽縣、音詢、

【索隱】案在漢中旬陽縣、旬水上之關、【考證】漢書、定上有西字、王先謙曰、別將有二義、一、小將別在他所、高紀、項梁盡召別將、是、一、別領一軍為將、此傳是、與周樊灌靳等傳、單言別者義同、 項羽滅秦、立沛公為漢王。漢王賜商爵信成君。【考證】梁玉繩曰、案劉奉世云、商先封信成君、當作侯、是也、徐孚遠云、再言衍文、義門讀書記云、復云賜爵信成君、當即樊噲傳所謂賜重封、竝非、王先謙曰、漢初先賜名號侯、如樊噲臨武、傅寬通德之類甚多、信成乃名號、後賜爵列侯、則實封耳、灌嬰傳由昌文君賜號昌文侯、即其例也、 以將軍為隴西都尉。別將定北地・上郡。【正義】北地、寧州、上郡、鄜州、 破雍將軍焉氏、【集解】音支、【索隱】上音於然反、下音支、縣名、屬安定、漢書云、破章邯別將、【正義】縣在涇州安定縣東四十里、【考證】焉氏、各本及漢書作烏氏、今從索隱單本、楓三本、 周類軍栒邑、【索隱】栒邑、在豳州、地理志屬右扶風、栒、音荀、 蘇駔軍於泥陽。【集解】徐廣曰、駔一作駹、【索隱】北地縣名、駔者、龍馬也、【正義】故城、在寧州羅川縣北三十一里、泥谷水、源出羅川縣東北泥陽、源側有泉、於泥中潛流二十餘步、而流入泥谷、又有泥陽湫、在縣東北四十里、【考證】漢書、無於字、中井積德曰、據文例、於字衍、蘇駔、人名、何須別解、凌稚隆曰、按此傳以以字起頭、縣官名于上、附戰功于下、節節相承、與他傳體格不同、 賜食邑武成六千戶。【正義】縣在華州鄭縣東十三里、【考證】漢書、作武城、 以隴西都尉、從擊項籍軍。五月出鉅野、與鍾離眛

戰、疾鬭。受梁相國印、益食邑四千戶。以梁相國將、從擊項羽、二歲。三月、攻胡陵。項羽既已死、漢王爲帝。其秋、燕王臧荼反。以將軍從擊荼。戰龍脫、【集解】徐廣曰、在燕趙之界、駰案漢書音義曰、地名、【索隱】孟康曰、地名、在燕趙之界、其地闕、先登陷陣、破荼軍易下、卻敵。【考證】錢大昕曰、趙世家孝成王十九年、以龍兌汾門臨樂與燕、龍脫即龍兌也、【正義】易州易縣、遷爲右丞相。【考證】周壽昌曰、此右丞相、與韓信樊噲傳寬皆假虛稱、賜爵列侯、與諸侯剖符、世世勿絕。食邑涿五千戶。號曰涿侯。【正義】涿、幽州、【考證】楓、三本、五千戶上有郡字、與漢書合、中井積德曰、初食六千戶、又益四千戶、合爲一萬戶、至此無減半之理、蓋前文有錯謬耳、下文當併案、或喪亂之後、民物凋弊、戶數有不中實者、又土地自有沃瘠、戶數多少、不足爲損益也、下傳倣此、以右丞相別定上谷、因攻代、受趙相國印。【正義】上谷、嬀州、【考證】王先謙曰、趙相國、是實任、右丞相、猶虛稱也、以右丞相趙相國、別與絳侯等定代鴈門、得代丞相程縱・守相郭同・將軍已下至六百石十九

人。【考證】顏師古曰、守相、謂爲相居守者、梁玉繩曰、案絳侯世家、爲周勃得程縱、還以將軍爲太上皇衞、一歲。【考證】楓、三本、爲作將、與漢書合、王先謙曰、公卿表、商爲衞尉、即此事、七月、以右丞相擊陳豨、殘東垣。【考證】梁玉繩曰、案漢書、七月作十月、是、蓋豨以十年九月反、不得言七月矣、又以右丞相從高帝擊黥布、攻其前拒、陷兩陳、得以破布軍。【集解】徐廣曰、拒、一作和、駰謂、拒、方陳、拒、音矩、【索隱】音巨、又音矩、裴駰云、拒、方陳、鄒氏引左傳有左拒右拒、徐云、一作和、和、軍門也、漢書作前垣、小顏以爲攻其壁壘之前垣也、李奇以爲前鋒堅蔽若垣墻、非也、更食曲周五千一百戶、除前所食。【考證】張照曰、功臣表云、四千八百戶、凡別破軍三、降定郡六、縣七十三、得丞相守相大將各一人、小將二人、二千石已下至六百石十九人。商事孝惠。高后時商病不治。【集解】文穎曰、不能治官事、【考證】漢書、治下有事字、其子寄、字況。【索隱】酈寄字也、鄒氏本作兄、亦音況、與呂祿善。及高后崩、大臣欲誅諸呂。呂祿爲將軍、軍於北軍。太尉勃不得入北軍。於是

乃使人劫酈商、令其子況紿呂祿。【索隱】紿、欺也、詐也、音待、呂祿信之、故與出游。而太尉勃乃得入據北軍。遂誅諸呂。是歲商卒。諡爲景侯。子寄代侯。天下稱酈況賣交也。【集解】班固曰、夫賣交者、謂見利而忘義也、若寄、父爲功臣、而又執劫、雖摧呂祿、以安社稷、誼存君親、可也、【考證】蘇軾曰、當是時、寄不得不賣友也、罪在於寄以功臣子、而與國賊交、且相厚善也、孝景前三年、吳・楚・齊・趙反。上以寄爲將軍、圍趙城。十月不能下。【考證】七國以正月反、三月滅、趙雖後下、不能相距十月之久也、漢書、作七月、亦誤、說在楚元王世家、得俞侯欒布自平齊來。乃下趙城、滅趙。王自殺。除國。【集解】俞、音舒、【索隱】俞、音歈、縣名、又音輸、在河東、【考證】徐孚遠曰、趙除國、於酈寄傳無涉、蓋刪截舊文未淨者、愚按漢書、易乃下以下十一字以迺滅趙三字、孝景中二年、寄欲取平原君爲夫人。【集解】蘇林曰、景帝王皇后母臧兒也、【考證】楓、三本、君下有姊字、與漢書合、據外戚世家、武帝即位、尊王太后母臧兒爲平原君、此景帝中二年、尚無平原君尊號、追記隨後稱耳、景帝怒、下寄吏。有罪奪侯。景帝乃以商他子堅封爲繆侯、續酈氏

後。【集解】徐廣曰、繆者、更封邑名、諡曰靖、【索隱】繆、音穆、邑也、諡曰靖侯、漢書無諡、【正義】繆地未詳、【考證】楓、三本、繆下有靖字、繆靖侯卒、子康侯遂成立。遂成卒。子懷侯世宗立。【集解】徐廣曰、世、一作他、【考證】張照曰、功臣表無世字、遂字、漢表有之、世宗卒。子侯終根立。爲太常。坐法國除。【考證】張照曰、功臣表云、坐祝詛誅、國除、陳仁錫曰、爲太常坐法國除、此征和四年事、梁玉繩曰、七字後人妄增、汝陰侯夏侯嬰、沛人也。【正義】汝陰、即今陽城、爲沛廄司御。【索隱】案楚漢春秋云、滕公者御也、【考證】索隱、依單本、楓、三本、每送使客、還過沛泗上亭、與高祖語、未嘗不移日也。嬰已而試補縣吏、與高祖相愛。高祖戲而傷嬰。人有告高祖。【集解】韋昭曰、告、白也、白高祖傷人、【考證】中井積德曰、戲、蓋相撲之類、非徒戲嫚、愚按、告、告訴也、高祖時爲亭長。重坐傷人。【集解】如淳曰、爲吏傷人、其罪重也、【考證】重、猶難也、告故不傷嬰。【集解】鄧展曰、律有故乞鞫、高祖自告不傷人、【索隱】案晉灼云、獄結竟、呼囚鞫語罪狀、囚若稱枉欲乞鞫者許之也、【考證】中井積德曰、言元來無傷人之事也、嬰證之。後獄覆。【索隱】案韋昭曰、高帝自言不傷嬰、嬰證之、是獄辭翻覆也、【考證】嬰證之、其事已息、告者坐誣告之罪、不服、故覆審也、嬰

坐高祖繫歲餘。掠笞數百。終以是脫高祖。高祖之初與徒屬欲攻沛也、嬰時以縣令史爲高祖使。【正義】爲、于僞反、使、所吏反、　上降沛一日。【正義】謂父老開城門迎高祖、【考證】凌稚隆曰、一日二字未詳、或以高祖書帛射城中、一日而開門出降也、　高祖爲沛公、賜嬰爵七大夫、以爲太僕。【考證】陳仁錫曰、滕公傳以太僕二字爲主、凡四爲太僕、五奉車從擊、四以兵車趣攻戰疾、五以太僕從擊、三以太僕事、種種戰功、自始至終、不離太僕、此子長作文用奇處、漢書刪常奉車者三、刪以太僕者三、刪以兵車者一、難與窺文章之奧矣、　從攻胡陵。嬰與蕭何降泗水監平。平以胡陵降。【集解】張晏曰、胡陵、平所止縣、何嘗給之、故與降也、　賜嬰爵五大夫。從擊秦軍碭東、攻濟陽、下戶牖、破李由軍雍丘下、以兵車趣攻戰疾。賜爵執帛。常以太僕奉車。從擊章邯軍東阿・濮陽下。以兵車趣攻戰疾、破之。賜爵執珪。復常奉車。從擊趙賁軍開封、楊熊軍曲遇、【考證】漢書楊作揚、　嬰從捕虜六十八人、降卒八百五十人、得印一匱。【索隱】案說文云、匱、匣也、謂得其時自相部署之印、　因復常奉車。從擊秦軍雒陽東、以兵車趣攻戰疾。賜爵封轉爲滕公。【集解】徐廣曰、令也、駰案、鄧展曰、今沛郡公丘、漢書曰、嬰爲滕令奉車、故號滕公、【正義】滕、卽公丘故城是、在徐州滕縣西南十五里、【考證】中井積德曰、爵封之號不傳也、與滕公自別、愚按漢書滕公作滕令、楚人稱令爲公、說已見前、　因復奉車、從攻南陽、戰於藍田・芷陽、【索隱】芷音止、地名、今霸陵也、在京兆、　以兵車趣攻戰疾、至霸上。項羽至、滅秦、立沛公爲漢王。【考證】楓、三本、滅秦上有咸陽二字、　漢王賜嬰爵列侯、號昭平侯。復爲太僕、從入蜀漢、還定三秦。從擊項籍至彭城。項羽大破漢軍。漢王敗不利。馳去。見孝惠・魯元載之。漢王急。馬罷、虜在後。常蹶兩兒欲弃之。【索隱】蹶、音厥、又音巨月反、一音居衞反、漢書作蹳、音撥、【考證】王先謙曰、以足蹋兩兒使下也、　嬰常收、竟載之、徐行面雍樹乃馳。【集解】服虔曰、高祖欲斬之、故嬰圍樹走也、面、向樹也、應劭曰、古者皆立乘、嬰恐小兒墜、各置一面雍持之、樹、立也、蘇林曰、南陽人謂抱小兒爲雍樹、面者、大人以面首向臨之、小兒抱大人頸似懸樹也、【索隱】蘇林與晉灼皆言南方及京師謂抱兒爲擁樹、今則無其言、或當時有此說、其應服之說蓋疎也、【考證】項羽紀云、楚騎追漢王、漢王急、推墮孝惠魯元車下、滕公常下收載之、如是者三、曰、雖急不可以驅、奈何棄之、於是遂得脫、漢書常收、竟載之、徐行、面雍樹乃馳、作常收載、行面雍樹馳、顏師古曰、面、偝也、雍、抱持之、言取兩兒、令面背己、而抱持之以馳、雍讀曰擁、沈欽韓曰、方言、樹、植立也、中井積德曰、雍、蓋地名、初倉皇奔逃、莫適往、望雍之樹色、乃馳而趨之也、灌嬰傳云、漢王遁而西還、軍於雍丘、然則所謂雍、指雍丘邪、愚按、面雍樹三字、李光地・洪頤煊諸人亦有別解、皆未得、中說較長、　漢王怒、行欲斬嬰者十餘。卒得脫、而致孝惠・魯元於豐。漢王既至滎陽、收散兵、復振。賜嬰食祈陽。【集解】徐廣曰、祈一作沂、【索隱】蓋鄉名也、漢書作沂、楚無其縣、【考證】漢書、食下有邑字、梁玉繩曰、徐廣祈作沂、是也、漢書・水經注六、竝作沂陽、　復常奉車、從擊項籍、追至陳、卒定楚、至魯。益食茲氏。【索隱】縣名也、地理志屬太原、　漢王立爲帝。其秋、燕王臧荼反。嬰以太僕從擊荼、明年、從至陳、取楚王信。更食汝陰、剖符世世勿絕。以太僕從擊代、至武泉・雲中。【索隱】【正義】地理志、武泉屬雲中、二縣在朔州善陽縣界、　益食千戶。因從擊韓信軍胡騎晉陽旁、大破之。追北至平城、爲胡所圍七日、不得通。高帝使使厚遺閼氏。冒頓開圍一角。高帝出欲馳。嬰固徐行、弩皆持滿外向。卒得脫。【考證】固讀爲故、顏師古曰、故示閒暇、所以固士卒心而令敵不測也、楓、三本作因、亦通、　益食嬰細陽千戶。【索隱】地理志、屬汝南、　復以太僕從、擊胡騎句注北、大破之。以太僕擊胡騎平城南、三陷陳、功爲多。賜所奪邑五百戶。【集解】漢書音義曰、時有罪過奪邑者、以賜之、【考證】王文彬曰、嬰攻戰時所奪之邑、卽以賜之也、　以太僕擊陳豨・黥布軍、陷陳卻敵。益食千戶、定食汝陰六千九百戶、除前所食。嬰自上初起沛、常爲太僕、竟高祖崩。以太僕事孝惠。孝惠帝及高后德嬰之脫孝惠・魯元於下邑之閒也、【正義】宋州碭山縣、　乃賜嬰縣北第第一。曰近我。以尊異之。【考證】漢書無縣字、顏師古曰、北第者、近北闕之第、嬰最第一也、故張衡西京賦云、北闕甲第、當道直啓、孝惠帝崩。以太僕事高后。高后崩、代王之來、嬰以太僕與東牟侯入淸宮、廢少帝。【考證】東牟侯興居、以天子法駕迎代王代邸、與大臣共立爲孝文皇帝。復爲太僕。八歲卒。謚爲文侯。【索隱】案姚氏云、三輔故事曰、滕文公墓、在飲馬橋東大道南、俗謂之馬冢、博物志曰、公卿送嬰葬至東都門外、馬不行、踣地悲鳴、得石椁、有銘曰、佳城鬱鬱、三千年見白日、吁嗟滕公居此室、乃葬之、子夷侯竈立。七年卒。子共侯賜立。三十一年卒。子侯頗尙平陽公主。【考證】漢書云、頗尙平陽公主、主隨外家姓、號孫公主、錢大昕曰、漢景帝女平陽公主、本陽信公主、王皇后生、元帝平陽公主、衛倢伃生、其外家皆非孫氏、此夏侯頗所尙之平陽公主、蓋別一人、愚按事在元鼎以前、則非元帝女則明矣、立十九歲、元鼎二年、坐與父御婢姦罪、自殺。國除。潁陰侯灌嬰者、睢陽販繒者也。【正義】今陳州南潁縣西北十三里潁陰故城是、睢陽、宋州宋城縣、高祖之爲沛公、略地至雍丘下。章邯敗殺項梁。而沛公還軍於碭。嬰初以中涓從、擊破東郡尉於成武、

及秦軍於杠里、疾鬬。賜爵七大夫。【考證】楓、三本、及下有擊字、淩稚隆曰、此下凡用十五從字、又曰、按此傳以疾鬬、疾力、疾戰、所將卒、受詔、別擊、及生得、身生得爲眼目、然亦有從字法、以字法、又以嬰名冠于其首、錯綜顚倒、變化不測、從攻秦軍亳南・開封・曲遇、戰疾力。【集解】服虔曰、疾攻之、【考證】李笠曰、疾、謂急劇也、疾力、竝形容戰字、賜爵執帛、號宣陵君。從攻陽武、以西至雒陽、破秦軍尸北、北絕河津、南破南陽守齮陽城東、遂定南陽郡。西入武關、戰於藍田。疾力、至霸上。賜爵執珪、號昌文君。【索隱】亦稱宣陵君、皆非爵土、加美號耳、沛公立爲漢王。拜嬰爲郞中。從入漢中。十月拜爲中謁者。【考證】據高紀、襲雍王章邯、在八月、灌拜中謁者、當在其前、十字疑有誤、漢書同、從還定三秦、下櫟陽、降塞王、還圍章邯於廢丘。未拔。從東出臨晉關、擊降殷王、定其地。擊項羽將龍且・魏相項他軍定陶南、疾戰破之。【考證】項它、蓋魏人、楓、三本、定陶上有走字、賜嬰爵列侯、號昌文侯、

食杜平鄕。【索隱】謂食杜縣之平鄕、【考證】漢書同、李慈銘曰、食杜平鄕四字衍、王先謙曰、諸傳賜名號侯、無即賜食邑者、復以中謁者從、降下碭、以至彭城。【考證】至上、楓、三本、有西字、漢書有北字、項羽擊大破漢王。漢王遁而西。嬰從還軍於雍丘。王武・魏公申徒反。【集解】張晏曰、秦將降爲公、今反、從擊破之。攻下黃。【正義】故城、在曹州考城縣東二十四里、【考證】楓、三本、黃上有外字、與漢書合、西收兵軍於滎陽。楚騎來衆。漢王乃擇軍中可爲車騎將者。【考證】漢書、無車字、此疑衍、皆推故秦騎士重泉人李必・駱甲習騎兵。今爲校尉。可爲騎將。【集解】徐廣曰、重泉、屬馮翊、【索隱】必甲、二人名也、姚氏案漢紀、桓帝延熹三年、追錄高祖功臣、李必後黃門丞李遂、爲晉陽關內侯也、【正義】重泉故城、在同州蒲城縣東南四十五里、【考證】張照曰、李必後封戚侯、見功臣表、作季必、漢王欲拜之。必・甲曰。臣故秦民。恐軍不信臣。臣願得大王左右善騎者傅之。【集解】如淳曰、傅、音附、猶言隨從者、【考證】傅、相也、灌嬰雖少、然數力戰。乃拜灌嬰爲中大夫、令李必・駱甲爲左

右校尉、將郞中騎兵、擊楚騎於滎陽東、大破之。【考證】淩稚隆曰、以上竝從功、以下纔獨將、受詔別擊楚軍後、絕其餉道、起陽武至襄邑。【考證】淩稚隆曰、六用受詔字、擊項羽之將項冠於魯下、破之。所將卒、斬右司馬騎將各一人。【集解】張晏曰、主右方之馬、左亦如之、擊破柘公・王武軍於燕西。【集解】徐廣曰、柘、屬陳、【索隱】案武、柘縣令也、柘縣、屬陳、【正義】柘、屬淮陽國、案滑州胙城、本南燕國也、【考證】王先謙曰、曹參・樊噲・靳歙傳、及本傳上文、不言王武是柘公、自別一人、非即王武也、所將卒、斬樓煩將五人、【集解】李奇曰、樓煩、縣名、其人善騎射、故以名射士爲樓煩、取其美稱、未必樓煩人也、張晏曰、樓煩、胡國名也、【考證】中井積德曰、射士稱樓煩、取胡名也、非取縣名、樓煩解在項羽紀、連尹一人、【集解】張晏曰、大夫、楚官、【索隱】蘇林曰、楚官也、案左傳、莫敖連尹、宮廏尹是、擊王武別將桓嬰白馬下、破之。所將卒、斬都尉一人。以騎渡河、南送漢王到雒陽。使北迎相國韓信軍於邯鄲、還至敖倉。嬰遷爲御史大夫。【考證】御史大夫、假官、三年、以列侯食邑杜平鄕。

【考證】劉奉世曰，前已爲列侯，食杜平鄉矣，疑駢出，王先謙曰，前是衍文， 以御史大夫受詔，將郎中騎兵，東屬相國韓信，擊破齊軍於歷下。所將卒虜車騎將軍華毋傷、及將吏四十六人。降下臨菑，得齊守相田光，追齊相田橫至嬴·博，破其騎。【考證】嬴·博，二縣名，楓、三本，破上有擊字，與漢書合， 所將卒，斬騎將一人，生得騎將四人，攻下嬴·博，破齊將軍田吸於千乘。所將卒，斬吸。東從韓信，攻龍且·留公旋於高密。【索隱】留縣令，稱公，旋其名也，高密，縣名，在北海，漢書作假密，假密，地名，不知所在，未知孰是，【正義】留縣，在沛郡，公，其令，【考證】張文虎曰，中統、游本、吳校金板，有旋字，宋本、王、柯、凌、毛本，無，索隱本，旋作族，無於字，愚按，楓、三本、班馬異同，亦有旋字，梁玉繩曰，考曹相國世家，作上假密，田儋傳，作高密，漢書，皆與史不異，惟此有高假之分，疑是一地二名， 卒斬龍且，【集解】文穎曰，所將卒， 生得右司馬連尹各一人，樓煩將十人，身生得亞將周蘭。【考證】顏師古曰，亞，次也， 齊地已定。韓信自立爲齊王。使嬰別將，擊楚將公杲於魯

北，破之。轉南破薛郡長。【考證】楓、三本，杲作果，顏師古曰，長，亦如郡守也，時每郡置長， 身虜騎將一人。攻博陽，【考證】梁玉繩曰，博陽，當作傅陽， 前至下相以東南僮·取慮·徐，【索隱】取，音秋，慮，音閭，取又音趣，僮·徐是二縣，取慮是一縣名， 度淮，盡降其城邑，至廣陵。【集解】漢書音義曰，住廣陵以禦敵，【正義】謂從下相以東南，盡降城邑，乃至廣陵，皆平定也， 項羽使項聲·薛公·郯公復定淮北。嬰度淮北，擊破項聲·郯公下邳，【正義】郯，音談，東海縣， 斬薛公，下下邳。【考證】漢書，作下下邳，壽春， 擊破楚騎於平陽，【索隱】小顏云，此平陽在東郡，地理志，太山有東平陽縣，【正義】南平陽縣城，今兗州鄒縣也，在兗州東南六十二里，案鄒縣，去徐州滕縣界四十餘里也，【考證】洪頤煊曰，地理志，東郡有陽平，而無平陽，山陽郡南平陽，與下邳·彭城近， 遂降彭城，虜柱國項佗，【考證】梁玉繩曰，案彭城，項王所都，若降彭城，則破其都矣，何必鴻溝之約乎，降字誤，蓋圍彭城而破其軍也， 降留·薛·沛·酇·蕭·相，攻苦·譙。【正義】苦，焦二音，【考證】二縣名， 復得亞將周蘭。【考證】梁玉繩曰，高密已生得周蘭，此云復得，豈逸而重獲乎， 與漢王會頤鄉。【集解】徐廣曰，苦縣有頤鄉，【索隱】徐廣云，苦縣有頤鄉，音以之反， 從擊項籍軍於

陳下，破之。所將卒斬樓煩將二人，虜騎將八人。賜益食邑二千五百戶。項籍敗垓下去也，嬰以御史大夫受詔，將車騎，別追項籍，至東城破之。【正義】縣，在濠州定遠縣東南五十五里，【考證】東城，今鳳陽定遠縣， 所將卒五人，共斬項籍。皆賜爵列侯。降左右司馬各一人，卒萬二千人，盡得其軍將吏，下東城·歷陽。【正義】和州歷陽縣，即今州城是也， 渡江，破吳郡長吳下，得吳守。【集解】如淳曰，雄長之長也，【索隱】下有郡守，此長即令也，如淳以爲雄長，非也，【正義】今蘇州也，案如說非也，吳郡長，即吳郡守也，一破吳郡長兵於吳城下，而得吳郡守身也，【考證】齊召南曰，按後儒以會稽至東漢順帝分，遂疑二史此文爲譌，然亦安知楚漢之際，不嘗分爲二郡，而其後復合乎，下文又曰，遂定吳·豫章·會稽郡，則尤明矣， 遂定吳·豫章·會稽郡。還定淮北。凡五十二縣。漢王立爲皇帝，賜益嬰邑三千戶。其秋，以車騎將軍從擊破燕王臧荼。明年，從至陳，取楚王信。還剖符，世世勿絕。食潁陰二千五百

戶，號曰潁陰侯。【考證】中井積德曰，杜平之外，益邑兩回，合五千五百矣，至此乃食潁陰二千五百戶，蓋不除前所食耳， 以車騎將軍從擊反韓王信於代，至馬邑。受詔別降樓煩以北六縣，斬代左相，破胡騎於武泉北。【正義】縣名，在朔州北二百二十里，【考證】楓、三本，泉作原， 復從擊韓信胡騎晉陽下。所將卒斬胡白題將一人。【集解】服虔曰，胡名也，【考證】沈欽韓曰，梁書諸夷傳，白題國，其先匈奴之別種胡，今在滑國東，按裴子野即援此傳爲證， 受詔幷將燕·趙·齊·梁·楚車騎，擊破胡騎於硰石。【集解】服虔曰，硰，音沙，【索隱】服虔音沙，劉氏音千臥反， 至平城，爲胡所圍。從還軍東垣。從擊陳豨。受詔別攻豨丞相侯敞軍曲逆下，破之。卒斬敞及特將五人。【集解】文穎曰，特，一之特也，【考證】周壽昌曰，特將，楚漢間所置將名，功臣表，陳豨以特將將卒五百人，前元年從起宛朐，是也，韓信傳，亦有特將，似皆其所部裨將， 降曲逆·盧奴·上曲陽·安國·安平。【正義】盧奴，定州安喜縣是，曲陽，定州曲陽縣是，安平，定州安平縣， 攻下東垣。黥布反。以車騎將軍，先出攻布別

將於相、破之、斬亞將樓煩將三人。又進擊破布上柱國軍、及大司馬軍。又進破布別將肥誅。【集解】徐廣曰、一作銖。【索隱】案漢書作肥銖。【正義】誅、音珠。嬰身生得左司馬一人。【考證】陳仁錫曰、嬰字衍文。所將卒斬其小將十人。追北至淮上。益食二千五百戶。布已破。高帝歸。定令嬰食潁陰五千戶、除前所食邑。【考證】中井積德曰、杜平之外、益邑三回、合八千戶矣、今乃減爲五千戶、說見于酈商傳。凡從得二千石二人。別破軍十六。降城四十六。定國一。郡二。縣五十二。得將軍二人。柱國相國各一人。二千石十人。嬰自破布歸、高帝崩。嬰以列侯事孝惠帝及呂太后。太后崩。呂祿等以趙王自置爲將軍、軍長安爲亂。【考證】楓、三本、長安下有欲字、與漢書合、中井積德曰、祿爲上將軍、在高后之時、非自置、漢書刪此文爲是、齊哀王聞之舉兵西、且入誅不當爲王者。【考證】楓、三本、上入下有闕字、

上將軍呂祿等聞之、乃遣嬰爲大將將軍、往擊之。【考證】楓、三本、不重將字、與漢書合、可從、嬰行至滎陽、乃與絳侯等謀、因屯兵滎陽、風齊王以誅呂氏事。【正義】風、方鳳反、【考證】風讀曰諷、齊兵止不前。絳侯等既誅諸呂。齊王罷兵歸。嬰亦罷兵、自滎陽歸、與絳侯・陳平共立代王爲孝文皇帝。孝文皇帝於是益封嬰三千戶、賜黃金千斤、拜爲太尉。【考證】漢書文紀、千斤作二千斤、王鳴盛曰、諸呂之平、灌嬰有力焉、方高后病甚、令呂祿爲上將軍、軍北軍、呂產居南軍、其計可謂密矣、卒使酈寄紿說呂祿歸將印、以兵屬太尉、而誅諸呂者、陳平周勃之功也、然其始惠帝崩、高后哭、泣不下、此時高后奸謀甫兆、使平勃能逆折其邪心、安見不可撲滅者、乃聽張辟彊狂豎之言、請拜產祿爲將、將兵居南北軍、高后欲王諸呂、王陵守白馬之約、而平勃以爲無所不可、然則成呂氏之亂者平勃也、幸而產祿本庸材、又得朱虛侯之忠勇、平勃周旋其間、而亂卒平、功盡歸此兩人、而孰知當留屯滎陽、與齊連和之時、嬰之遠慮、有過人者、齊王之殺其相而發兵、奪琅邪王兵幷將而西也、此時呂祿獨使嬰擊之、嬰高帝宿將、諸呂方忌故大臣、而危急之際、一旦假以重兵、此必嬰平日僞自結於呂氏、若樂爲之用者、而始得此於祿、既得兵柄、遂留屯滎陽、待其變、而共誅之、其時呂氏亂謀急矣、顧未敢猝發者、彼見大將握重兵在外、而與敵連和以觀變、恐

猝發而嬰倍之、反率諸侯西向、故猶豫未忍決、於是平勃得從容定計、奪其兵權而誅之、然則平勃之成功、嬰有以助之也、然嬰不以此時亟與齊合、引兵而歸、共誅諸呂、乃案兵無動者、蓋太尉入北軍、呂祿歸將印、此其誅諸呂如振槁葉耳、若嬰合齊兵而歸、遽以討呂氏爲名、則呂氏亂謀、發之必驟、將印必不肯解、而太尉不得入北軍矣、彼必將脅平勃而拒嬰與齊之兵、幸而勝之、喋血京師、不戕千萬之命不止、此又嬰計之得也、三歲、絳侯勃免相就國。嬰爲丞相、罷太尉官。是歲、匈奴大入北地・上郡。【考證】梁玉繩曰、史漢本紀皆云、匈奴寇北地、名臣表匈奴傳、作上郡、蓋二郡相接騷動、故此竝言之也、而漢書無郡字、以上稱文帝、連下爲句、謂上令灌嬰擊之、亦通、令丞相嬰將騎八萬五千往擊匈奴。匈奴去。濟北王反。詔乃罷嬰之兵。後歲餘、嬰以丞相卒。謚曰懿侯。子平侯阿代侯。【考證】梁玉繩曰、阿乃何之譌、功臣表、灌夫傳、及漢書鼂錯傳、竝作何、二十八年卒。子彊代侯。十三年、彊有罪。絕二歲。元光三年、天子封灌嬰孫賢爲臨汝侯、續灌氏。【考證】史漢表、彊在位十三年、絕、一歲、賢以元光二年封、後八歲、坐行賕有罪、國除。【考證】梁玉繩曰、史漢表、賢在位四年、張照曰、漢表、元朔五年、坐子傷人首匿免千戶、

太史公曰。吾適豐沛問其遺老、觀故蕭・曹・樊噲・滕公之冢、及其素。異哉所聞。方其鼓刀屠狗賣繒之時、豈自知附驥之尾、垂名漢庭、德流子孫哉。余與他廣通。爲言高祖功臣之興時若此云。【索隱】案他廣、樊噲之孫、後失封、蓋嘗訝太史公序蕭曹樊滕之功悉具、則從他廣而得其事、故備也、【考證】楓、三本、爲下有余字、【索隱】述贊、聖賢影響、雲蒸龍變、屠狗販繒、攻城野戰、扶義西上、受封南面、酈況賣交、舞陽內援、滕灌更王、奕葉繁衍、

樊酈滕灌列傳第三十五

史記九十五

文學博士瀧川龜太郎著

史記會注考證

史記會注考證卷九十六

漢　太史令司馬遷撰

宋中郎外兵曹參軍裴駰集解

唐國子博士弘文館學士司馬貞索隱

唐諸王侍讀率府長史張守節正義

日本　出雲瀧川資言考證

張丞相列傳第三十六　史記九十六

【考證】史公自序云、漢既初定、文理未明、蒼爲主計、整齊度量、序律曆、作張丞相列傳、第三十六、陳仁錫曰、張丞相傳、以御史大夫一官聯絡諸人、首敍張蒼爲御史大夫、中

敍周苛周昌趙堯任敖曹窋相繼爲御史大夫、末又敍張蒼爲御史大夫、此一篇首尾法也、

張丞相蒼者、陽武人也。【索隱】案縣名、屬陳留、【正義】鄭州陽武縣也、　好書律曆。秦時爲御史、主柱下方書。有罪亡歸。【集解】如淳曰、方、版也、謂書事在版上者也、秦以上置柱下史、蒼爲御史主其事、或曰、四方文書、【索隱】周秦皆有柱下史、謂御史也、所掌及侍立、恆在殿柱之下、故老子爲周柱下史、今蒼在秦代、亦居斯職、方書者、如淳以爲方板、謂小事書之於方也、或曰、主四方文書也、姚氏以爲下云、明習天下圖書計籍、主郡上計、則方爲四方文書是也、【考證】方書、方板之書、非四方文書、王觀國云、古人寫書者、有簡有策、有觚有方、有牘有札、有槧有板、蓋簡策觚、皆以竹爲之、方牘槧板、皆以木爲之、及沛公略地、過陽武、蒼以客從攻南陽。蒼坐法當斬。解衣伏質。【索隱】小顏云、質、椹也、　身長大肥白如瓠、時王陵見而怪其美士、乃言沛公、赦勿斬。遂從西入武關、至咸陽。沛公立爲漢王、入漢中、還定三秦。【考證】楓、三本、王下有從字、　陳餘擊走常山王張耳。耳歸漢。漢乃以張蒼爲常山守。從淮陰侯擊趙。蒼得陳餘。

趙地已平、漢王以蒼爲代相、備邊寇。已而徙爲趙相、相趙王耳。耳卒、相趙王敖。復徙相代王。燕王臧荼反。高祖往擊之。蒼以代相從攻臧荼。有功。以六年中、封爲北平侯。食邑千二百戶。遷爲計相。【集解】文穎曰、能計、故號曰計相、【考證】顏師古曰、專主計籍、故號計相、沈家本曰、表千三百戶、　一月、更以列侯爲主計、四歲。【集解】張晏曰、以列侯典校郡國簿書、如淳曰、以其所主因以爲官號、與計相同、時所卒立、非久施也、【索隱】謂改計相之名、更名主計也、此蓋權時立號也、　是時蕭何爲相國。而張蒼乃自秦時爲柱下史、明習天下圖書計籍。【考證】楓、三本、史上有御字、與漢書合、　蒼又善用算律曆、故令蒼以列侯居相府、領主郡國上計者。黥布反亡。漢立皇子長爲淮南王。而張蒼相之。【考證】按高帝紀、淮南王黥布反於十一年七月、羣臣因請立皇子長爲淮南王、是蒼爲主計在八年、　十四年、遷爲御史大夫。【考證】公卿表、高后八年、淮南丞相張蒼爲御史大夫、自高祖十二年至高后八年、計十六年、四字疑誤、

周昌者、沛人也。其從兄曰周苛。秦時皆爲泗水卒史。及高祖起沛、擊破泗水守監。於是周昌・周苛、自卒史從沛公。【考證】楓、三本、周昌周苛作周苛與昌。沛公以周昌爲職志、【集解】徐廣曰、主旗幟之屬。【索隱】官名也、職、主也、志、旗幟也、謂掌旗幟之官也、音昌志反、周苛爲客。【集解】張晏曰、爲帳下賓客、不掌官。從入關破秦。沛公立爲漢王。以周苛爲御史大夫、周昌爲中尉。【考證】錢大昭曰、公卿表、苛自內史遷、則苛嘗爲內史。漢王四年、楚圍漢王滎陽急。漢王遁出去。而使周苛守滎陽城。楚破滎陽城、欲令周苛將。苛罵曰、若趣降漢王。不然、今爲虜矣。項羽怒、亨周苛。【集解】徐廣曰、四年三月也。【考證】楓、三本、亨作烹。於是乃拜周昌爲御史大夫。常從擊破項籍。以六年中、與蕭・曹等俱封。封周昌爲汾陰侯。【考證】楓、三本、不重封字、漢書、無封周昌三字。周苛子周成、以父死事、封爲高景侯。

【集解】徐廣曰、九年封、封三十九年、文帝後元四年、謀反、死、國除。【考證】張文虎曰、集解九年、各本譌元年、今從毛本。昌爲人彊力敢直言。自蕭・曹等皆卑下之。昌嘗燕時入奏事。【集解】漢書音義曰、以上燕時入奏事。【正義】燕者、安閒之名。高帝方擁戚姬。昌還走。高帝逐得、騎周昌項、問曰、我何如主也。昌仰曰、陛下卽桀・紂之主也。於是上笑之。然尤憚周昌。及帝欲廢太子、而立戚姬子如意爲太子、大臣固爭之、莫能得。上以留侯策卽止。而周昌廷爭之彊。上問其說。昌爲人吃。又盛怒曰、臣口不能言。然臣期期知其不可。【正義】昌以口吃、每語故重言期期也。【考證】期、猶必也、重言、吃者之常、盛怒之時特然。楓、三本、知上有心字。陛下雖欲廢太子、臣期期不奉詔。上欣然而笑。既罷。呂后側耳於其廂聽。【集解】韋昭曰、殿東堂也。【索隱】韋昭曰、殿東堂也、小顏云、正寢之東西室、皆號曰箱、言似箱篋之形。【考證】漢書、廂作箱。見周昌、爲跪謝曰、微君、太子幾廢。

【索隱】幾、鉅依反。是後戚姬子如意爲趙王。年十歲。高祖憂卽萬歲之後不全也。趙堯年少。爲符璽御史。趙人方與公、【集解】孟康曰、方與、縣名、公其號、瓚曰、方與縣令也。謂御史大夫周昌曰。君之史趙堯、年雖少、然奇才也。君必異之。是且代君之位。【考證】王先謙曰、異、優待也。周昌笑曰。堯年少。刀筆吏耳。【正義】古用簡牘、書有錯謬、以刀削之、故號曰刀筆吏。何能至是乎。居頃之、趙堯侍高祖。高祖獨心不樂、悲歌。羣臣不知上之所以然。趙堯進、請問曰。陛下所爲不樂、非爲趙王年少、而戚夫人與呂后有郤邪、備萬歲之後、而趙王不能自全乎。【考證】楓、三本、無邪字。高祖曰。然。吾私憂之、不知所出。【索隱】謂不知其計所出也。堯曰。陛下獨宜爲趙王置貴彊相、及呂后太子羣臣素所敬憚、乃可。【考證】楓、三本、憚下有者字、與漢書合。高祖曰。然。

吾念之欲如是。而羣臣誰可者。堯曰。御史大夫周昌、其人堅忍質直。【考證】張文虎曰、各本、人下衍有字、今刪、讀書雜志云、御覽職官部引無、漢書、作其人堅忍伉直、亦無有字。且自呂后太子及大臣、皆素敬憚之。獨昌可。高祖曰。善。於是乃召周昌謂曰。吾欲固煩公。公彊爲我相趙王。【正義】桓譚新論云、使周相趙、不如使取呂后家女爲妃、令戚夫人善事呂后、則如意無斃也。【考證】固、必也。周昌泣曰。臣初起從陛下。陛下獨柰何中道而弃之於諸侯乎。高祖曰。吾極知其左遷。【索隱】按諸侯王表、有左官之律、韋昭以爲左猶下也、禁不得下仕於諸侯王也、然地道尊右、右貴左賤、故謂貶秩爲左遷、他皆類此。然吾私憂趙王。念非公無可者。公不得已彊行。於是徙御史大夫周昌爲趙相。【考證】楓、三本、趙下有王字。既行。久之高祖持御史大夫印弄之曰。誰可以爲御史大夫者。孰視趙堯曰。無以易堯。【正義】易、改也、無以改易於堯也。遂拜趙堯爲御史大夫。【集解】徐廣曰、十年也、堯亦前有軍功食邑。及以御史大夫從擊陳豨有功。封爲江邑侯。【集解】徐廣曰、十一年、高祖崩。呂太后使使召趙王。其相周昌、令王稱疾不行。使者三反。周昌固爲不遣趙王。於是高后患之。乃使使召周昌。周昌至、謁高后。高后怒而罵周昌曰。爾不知我之怨戚氏乎。而不遣趙王何。昌既徵。【考證】楓、三本昌上有周字、高后使使召趙王。趙王果來。至長安月餘、飲藥而死。周昌因謝病不朝見。三歲而死。【集解】徐廣曰、謚悼也、【索隱】按漢書列傳及表、咸言周昌謚悼、韋昭云、或謚悳、非也、漢書又曰、傳子至孫意、有罪國除、景帝復封昌孫左車爲安陽侯、有罪國除、後五歲、【正義】高后之年、【考證】沈家本曰、五歲、承上三歲而死、當高后元年、高后聞御史大夫江邑侯趙堯、高祖時定趙王如意之畫、乃抵堯罪、【集解】徐廣曰、呂后元年國除、【正義】畫、音獲、謂計策、【考證】王先謙曰、據表、云免官、以廣阿侯任敖爲御史大

夫。任敖者故沛獄史。高祖嘗辟吏。【正義】辟、音避、吏繫呂后、遇之不謹。任敖素善高祖。怒擊傷主呂后吏。及高祖初起、敖以客從、爲御史守豐。二歲、高祖立爲漢王、東擊項籍。敖遷爲上黨守。陳豨反時、敖堅守。封爲廣阿侯。食千八百戶。高后時爲御史大夫。三歲免。【集解】徐廣曰、文帝二年任敖卒、謚懿侯、曾孫越人、元鼎二年爲太常、坐酒酸、國除、駰案漢書、任敖孝文元年薨、徐誤也、【索隱】此徐氏據漢書爲說、而誤云二年、裴駰又引任安書、證爲得其實、【正義】按史記書表云、孝文二年卒、漢表又云、封十九年卒、計高祖十一年封、到文帝二年、則十九年矣、而漢書誤、裴氏不考、乃云徐誤、何其貳過也、【考證】李笠曰、索隱任字、蓋涉任敖誤、安爲漢字之誤、以平陽侯曹窋爲御史大夫。高后崩。不與大臣共誅呂祿等。免。【考證】漢書、作與大臣共誅諸呂、坐事免、無不字、有坐事二字、愚按呂后紀云、高后葬後、窋行御史大夫事、郎中令賈壽、以灌嬰與齊楚合從、欲誅諸呂、告相國呂產、窋以其語馳告丞相陳平太尉周勃、則窋固非不與大臣共謀誅諸呂者也、史文不字、當從漢書刪、但代邸上議、羣臣列名、卽云、御史大夫臣蒼、則孝文未立之前、窋已罷官矣、公卿表、高后八年、淮南丞相張蒼爲御史大夫、蓋呂后未崩、詔以張蒼代窋、蒼未任事、以前窋尚在

官、故謂之行事、參觀紀表、可得其實、免字屬下句、漢書坐事二字、當刪、歸有光齊召南梁玉繩諸人有說、皆未得、以淮南相張蒼爲御史大夫。蒼與絳侯等尊立代王爲孝文皇帝。【考證】楓、三本、大夫下有張字、四年、丞相灌嬰卒。張蒼爲丞相。自漢興至孝文二十餘年。會天下初定、將相公卿皆軍吏。張蒼爲計相時、緒正律曆、【集解】文穎曰、緒、尋也、或曰、緒、業也、【考證】楊愼曰、時字、連計相讀爲是、故後言至于爲丞相、卒就之、又曰、漢興至孝文二十餘年、及後蒼爲相十五年、皆眼目之不可失者、李笠曰、緒正者、謂次序正齊之也、尋業非其義、以高祖十月始至霸上、因故秦時本以十月爲歲首、弗革。【考證】漢書、因故作故因、義長、中井積德曰、漢初沿秦制、只是因循未有所革也、何曾有此意、推五德之運、以爲漢當水德之時。尚黑如故。【正義】姚察云、蒼是秦人、猶用推五勝之法、以周赤烏爲火、漢勝火以水也、【考證】五德之辨、見秦始皇紀廿六年、吹律調樂、入之音聲、及以比定律令。【集解】如淳曰、比、謂五音清濁各有所比也、以定十二月律之法令、於樂官使長行之、瓚曰、謂以比故取類、以定法律與條令也、【正義】比、音鼻、或音必履反、謂比方也、【考證】張文虎曰、入今本譌人、舊刻作入、錢泰吉云、倪氏史漢

異同、許氏史漢方駕、錄此傳作入、愚按漢書亦作入、漢書注引如淳、比謂上、有比音比次之比六字、中井積德曰、兩律字、意不同、若百工。天下作程品。【集解】如淳曰、若、順也、百工爲器物、皆有尺寸斤兩、皆使得宜、此之謂順、晉灼曰、若、預及之辭、【索隱】按晉灼說以爲若預及之辭、爲得也、【考證】顏師古曰、言吹律調音、以定法令、及百工程品、皆取則也、若、晉說是、王先謙曰、高紀所謂張蒼定章程也、至於爲丞相、卒就之。故漢家言律曆者、本之張蒼。蒼本好書、無所不觀、無所不通。而尤善律曆。【集解】漢書曰、著書十八篇、言陰陽律曆事、【考證】漢藝文志陰陽家云、張蒼十六篇、丞相北平侯、與傳異、楓、三本、善作遂、漢書作邃、愚按遂、邃之壞字、張蒼德王陵。王陵者、安國侯也。【正義】德王陵救其死也、及蒼貴、常父事王陵。陵死後、蒼爲丞相。洗沐常先朝陵夫人上食、然后敢歸家。蒼爲丞相十餘年。魯人公孫臣上書、言漢土德時。其符有黃龍當見。詔下其議張蒼。張蒼以爲非是、罷之。其後黃龍見成紀。於是文帝召公孫臣、以爲博士、草土德之曆、制度、更元年。

【正義】草、創始也、以秦水德、漢土勝之、【考證】漢書、之曆作時曆、中井積德曰、公孫臣特為妄誕、成紀之龍、蓋臣之造言云、又曰、更元年、是無稽之甚、永生後王之累、愚按漢書賈誼傳云、誼以為漢宜改正朔、數用五、色尚黃、贊云、誼欲改定制度、以漢為土德、其術既疏矣、誼通儒、亦不能免時俗之見、張丞相由此自絀、謝病稱老。蒼任人為中候。大為姦利。【集解】張晏曰、所選保任者也、瓚曰、中候、官名、【正義】言蒼保舉人、任而為中候官、上以讓蒼。蒼遂病免。【考證】讓、責也、蒼為丞相十五歲而免。孝景前五年、蒼卒。謚為文侯。子康侯代。【考證】梁玉繩曰、張蒼之子名奉、謚康、此誤以康為名、張文虎曰、索隱本康侯、各本誤倒、侯下疑脫奉字、八年卒。子類代為侯。【集解】徐廣曰、類、一作顛、音聵、【正義】類、五怪反、【考證】漢書表傳、並作類、八年坐臨諸侯喪、後就位不敬、國除。【索隱】案漢書云、傳子至孫毅有罪國除、今此云康侯代、八年卒、子類代侯、則類即毅也、與漢書略同、初張蒼父長不滿五尺。及生蒼、蒼長八尺餘、為侯丞相。蒼子復長。【集解】漢書云、長八尺、及孫類、長六尺餘。坐法失侯。蒼之免相後、老、口中無齒、食乳。女子為乳母。妻妾以百數。

嘗孕者不復幸。【考證】楓、三本、孕上有有字、蒼年百有餘歲而卒。申屠丞相嘉者、梁人。以材官蹶張、從高帝擊項籍。【集解】徐廣曰、勇健有材力開張、駰案如淳曰、材官之多力、能腳蹋強弩張之、故曰蹶張、律有蹶張士、【索隱】孟康云、主張強弩、又如淳曰、材官之多力、能蹋強弩張之、故曰蹶張、蹶、音其月反、漢令、有蹶張士百人、是也、【考證】顏師古曰、今之弩以手張者曰擘張、以足蹋者曰蹶張、蹶、音厥、中井積德曰、材官者、武卒之總號、蹶張引強等、乃其派目、弓曰引強、弩曰蹶張、每郡置之、所以備非常、蓋秦制也、遷為隊率。【索隱】所類反、從擊黥布軍、為都尉。孝惠時為淮陽守。孝文帝元年、舉故吏士二千石從高皇帝者、悉以為關內侯。食邑二十四人。而申屠嘉食邑五百戶。【考證】史漢孝文本紀、二十四人、作三十人、張蒼已為丞相。嘉遷為御史大夫。張蒼免相。【集解】徐廣曰、後二年八月、孝文帝欲用皇后弟竇廣國為丞相。曰。恐天下以吾私廣國。廣國賢有行。故欲相之。念久之、不可。【考證】竇廣國、詳外戚世家、而高帝時大臣又皆多死、

餘見無可者。【考證】顏師古曰、見、謂見在之人、乃以御史大夫嘉為丞相。因故邑封為故安侯。【正義】今易州界武陽城中東南隅故城、是也、【考證】齊召南曰、漢初丞相、俱以功臣已封列侯者為之、嘉本功臣、而由關內侯為相、則破格之事也、後因丞相封侯、遂起於此、嘉為人廉直、門不受私謁。【考證】王先謙曰、當與袁盎傳參觀、楓、三本、門下有字、是時太中大夫鄧通方隆愛幸、賞賜累巨萬。文帝嘗燕飲通家。其寵如是。【考證】楓、三本、嘗作常、是時丞相入朝。而通居上傍、有怠慢之禮。丞相奏事畢、因言曰。陛下愛幸臣、則富貴之。至於朝廷之禮、不可以不肅。上曰。君勿言。吾私之。【正義】吾私之、愛幸之、君勿言、罷朝坐府中。嘉為檄召鄧通詣丞相府。不來、且斬通。通恐、入言文帝。文帝曰。汝第往。吾今使人召若。【考證】第、但也、若、汝也、通至丞相府。免冠徒跣頓首謝。嘉坐自如。故不為禮。責曰。夫朝廷者高皇帝

之朝廷也。通小臣、戲殿上。大不敬。當斬。吏今行斬之。【集解】如淳曰、嘉語其吏曰、今便行斬之、【考證】今、猶即也、通頓首。首盡出血。不解。文帝度丞相已困通、使使者持節召通、【考證】楓、三本、無者字、而謝丞相曰。此吾弄臣。君釋之。鄧通既至、為文帝泣曰。丞相幾殺臣。嘉為丞相五歲。孝文帝崩、孝景帝即位。二年、鼂錯為內史。【考證】云即位二年者、通即位年數之、楓、三本、內上有左字、貴幸用事、諸法令多所請變更。議以謫罰侵削諸侯。而丞相嘉自絀、所言不用、疾錯。【考證】楓、三本、自上有因字、錯為內史。門東出、不便。更穿一門南出。南出者太上皇廟堧垣。【集解】服虔曰、宮外垣也、如淳曰、堧、音提懦之懦、【索隱】如淳音提儒之儒、乃喚反、韋昭音而緣反、又音輭、【正義】堧、廟內院外餘地、垣、堧外院之牆、堧、如戀反、又而緣反、嘉聞之、欲因此以法錯。擅穿宗廟垣為門、奏請誅錯。【考證】中井積德曰、此發於丞相忿疾、非公義、錯客有語錯。

錯恐、夜入宮上謁、自歸景帝。【正義】自歸帝首罪、【考證】中井積德曰、自歸、是依託乞哀之意、 至朝、丞相奏請誅內史錯。景帝曰。錯所穿非眞廟垣。乃外堧垣。故他官居其中。【索隱】漢書、作冗官、謂散官也、【考證】王念孫曰、他官二字、義無所取、當從漢書作冗官、冗與它字形似而譌、後人又改爲他耳、 且又我使爲之。錯無罪。罷朝。嘉謂長史曰。吾悔不先斬錯、乃先請之、爲錯所賣。至舍因歐血而死。諡爲節侯。【考證】事又見鼂錯傳、 子共侯蔑代。三年卒。子侯去病代。三十一年卒。子侯臾代。【集解】徐廣曰、一本無侯去病、而云、共侯蔑三十三年、子臾改封靖安侯、【考證】中井積德曰、去病非有罪、而不稱諡、竟屬錯誤、梁玉繩曰、史表及漢書表傳、申屠嘉封故安侯、傳子蔑、孫臾、無去病一代、漢表謂共侯在位二十二年、乃三十三年之譌、謂臾元狩三年嗣、乃二年之譌、蓋蔑以孝景三年代、臾以元狩二年代、中間止三十三年、此以蔑爲三年、又增出去病爲三十一年、非也、徐廣曰、一本無侯去病、而云共侯蔑三十三年、子臾改封靖安侯、別本是、 六歲、坐爲九江太守、受故官送。有罪國除。自申屠嘉死之後、景帝時、開封侯陶靑、桃侯劉含爲丞相。【集解】徐廣曰、陶靑、高祖功臣陶舍之子也、諡夷、劉含、本項氏親也、賜姓劉氏、父襄佐高祖有功、含諡哀侯、【考證】漢書、含作舍、 及今上時、柏至侯許昌、【集解】徐廣曰、高祖功臣許溫之孫、諡哀侯、 平棘侯薛澤、【集解】徐廣曰、高祖功臣廣平侯薛歐之孫、平棘節侯薛澤、 武彊侯莊靑翟、【集解】徐廣曰、高祖功臣莊不識之孫、 高陵侯趙周等爲丞相。【集解】徐廣曰、周父夷吾、爲楚王戊太傅、諫爭而死、【考證】楓、三、毛本、高陵作商陵、愚按高陵、史惠景間侯表、漢景武功臣表作商陵、百官表作南陵、皆非、此及將相表作高陵、 皆以列侯繼嗣。娖娖廉謹、爲丞相備員而已。【集解】徐廣曰、娖、音七角反、一作斷、一作蹴、【索隱】娖、音側角反、小顏云、持整之貌、漢書作蹴蹴、音初角反、斷、音都亂反、義如尚書斷斷猗無他技、【正義】孔注論語、以束脩爲束帶脩飾、此亦當然、【考證】娖齪同、 無所能發明、功名有著於當世者。

太史公曰。張蒼文學律曆、爲漢名相。而絀賈生・公孫臣等、言正朔服色事、而不遵明。用秦之顓頊曆。何哉。【集解】張晏曰、不考經典、專用顓頊曆、何哉、【考證】漢書不遵明、作專遵、梁玉繩曰、此句不可解、愚按賈生亦主土德之說、上文既注、 周昌、木彊人也。【正義】言其質直掘强、如

木石焉、 任敖以舊德用。【集解】張晏曰、謂傷辱呂后吏、 申屠嘉可謂剛毅守節矣。然無術學。殆與蕭・曹・陳平異矣。【索隱】述贊、張蒼主計、天下作程、孫臣始絀、秦曆尙行、御史亞相、相國阿衡、申屠面折、周子廷爭、其他娖娖、無所發明、

孝武時、丞相多甚不記。莫錄其行。起居狀略、且紀征和以來。有車丞相。長陵人也。【集解】名千秋、【正義】漢書云、車千秋始田氏、其先齊諸田、徙長陵、千秋爲寢郎、會太子事、上急變訟太子寃、爲鴻臚數年、代劉屈氂爲丞相、封富民侯、年老、上優之、朝見、乘牛車入宮中、號車丞相、 卒而有韋丞相代。【索隱】自車千秋已下、皆褚先生等所記、然丞相傳都省略、漢書則備、【考證】梁玉繩曰、此下皆後人妄續、孝武在位五十四年、丞相十二人、竇嬰、許昌、田蚡、薛澤、公孫弘、李蔡、莊靑翟、趙周、石慶、公孫賀、劉屈氂、車千秋、而公孫賀已上十人見史公本書、其所未及者、劉田二相爾、何云多甚莫錄哉、且征和獨非孝武時乎、既紀征和以來、何以續始于千秋、而不紀劉丞相、所紀車千秋韋賢魏相邴吉黃霸于定國韋玄成匡衡八人、中閒闕王訢楊敞蔡義三人、何也、即所紀八人、詞頗簡劣、事復舛謬、如韋賢長子方山、爲高寢令、早終、故不嗣爲侯矣、而此言長子有罪不嗣、蓋誤以其次子弘爲方山也、劾趙京兆者司直蕭望之、而此以爲司直繁君、攷公卿表、繁延壽後望之幾二十年矣、邴吉子顯官太僕、坐奸贓免、後復爲城門校尉、此但言免爲庶人而已、張廷尉傳、安得及于定國、乃云于丞相已有廷尉傳、在張廷尉語中、不亦誣邪、 韋丞相賢者、魯人也。以讀書術爲吏、至大鴻臚。有相工相之、當至丞相。有男四人。使相工相之。【考證】楓、三本、使下無相工二字、 至第二子其名玄成。相工曰。此子貴當封。韋丞相言曰。我即爲丞相、有長子。是安從得之。後竟爲丞相。病死。而長子有罪論、不得嗣。而立玄成。【正義】弘坐宗廟事、繫獄未決、【考證】慶長本標記引一本、長子下有弘字、據漢書韋玄成傳、韋弘、賢次子、爲太常丞、 玄成時佯狂不肯立。竟立之。有讓國之名。後坐騎至廟不敬、有詔奪爵一級、爲關內侯、失列侯。得食其故國邑。【考證】岡白駒曰、祠孝惠廟、當晨入廟、天雨淖、不駕駟馬車、而騎至廟下、其罪不敬、事詳漢傳、 韋丞相卒。有魏丞相代。【考證】地節元年、 魏丞相相者、濟陰人也。【正義】相字弱翁、濟陰定陶人、徙平陵、 以文吏至丞相。其人好武、

皆令諸吏帶劒。帶劒前奏事。或有不帶劒者、當入奏事、至乃借劒而敢入奏事。其時京兆尹趙君。【集解】名廣漢、 丞相奏以免罪。【正義】奏京兆尹之罪、免也、【考證】十一字、欠明暢、當曰丞相奏京兆尹趙君以免罪。岡白駒曰、有人告趙廣漢罪、事下丞相御史、丞相奏其罪、當免爵位、 使人執魏丞相、欲求脫罪。而不聽。【考證】使人上添趙君二字看、楓、三本、求上有相字、岡白駒曰、趙廣漢使人脅魏相、欲以令無窮正己事、張照曰、使中郎將趙奉壽、 復使人脅恐魏丞相、以夫人賊殺侍婢事。而私獨奏請驗之。發吏卒、至丞相舍、捕奴婢笞擊問之。實不以兵刃殺也。【考證】楓、三本、侍婢作傅婢、岡白駒曰、丞相傅婢有過、自絞死、趙聞之、疑夫人妒殺誣之、 而丞相司直繁君、奏京兆尹趙君、迫脅丞相、誣以夫人賊殺婢、發吏卒圍捕丞相舍、不道。又得擅屏騎士事。【索隱】繁、姓也、音婆、【考證】繁君名延壽、見漢書蕭望之傳、楓、三本、婢上有傳字、岡白駒曰、屏、退也、漢書趙廣漢傳、作擅斥除騎士乏軍興、注、斥除、逐遣之也、 趙京兆坐要

斬。【考證】事詳漢書趙廣漢傳、 又有使掾陳平等、劾中尚書、疑以獨擅劾事而坐之、大不敬。【考證】張文虎曰、宋本、舊刻、無尚字、岡白駒曰、疑、罪之疑者也、 長史以下、皆坐死、或下蠶室。【考證】後漢書光武二十八年紀、死罪繫囚、皆一切募下蠶室、注云、蠶室、宮刑獄名、有刑者畏風、須暖作窨室、蓄火如蠶室、因以名焉、窨、音一禁反、漢書司馬遷傳、僕又茸以蠶室、注、蠶室、初腐刑所居溫密之室也、 而魏丞相竟以丞相病死。【考證】楓、三本、而下無魏丞相三字、 子嗣。後坐騎至廟不敬、有詔奪爵一級、爲關內侯、失列侯。得食其故國邑。魏丞相卒。【正義】視事九歲薨、謚曰憲侯、 以御史大夫邴吉代。【考證】神爵元年、 邴丞相吉者、魯國人也。【正義】字少卿、 以讀書好法令、至御史大夫。孝宣帝時、以有舊故、封爲列侯。【正義】以孩童時侍養宣帝、及拒詔使活宣帝之故、後封爲博陽侯、邑千三百戶、 而因爲丞相。明於事、有大智。後世稱之。【正義】漢書、吉道上見殺人、不問、見牛喘吐舌、使吏問之、或譏吉、吉曰、民間相傷殺、長安令京兆尹職、歲竟、丞相課其殿最賞罰、宰相不親小

事、非所當於道問也、方春少陽用事、未可以熱、恐牛近行、以暑故喘、此時節失氣、恐有所傷害也、三公典陰陽、職所當憂、是以問之、以吉知大體、故世稱之、 以丞相病死。【正義】謚曰定侯、 子顯嗣。後坐騎至廟不敬。有詔奪爵一級、失列侯。得食故國邑。顯爲吏至太僕。坐官耗亂、身及子男有姦贓、免爲庶人。【正義】漢書曰、上曰、故丞相吉有舊恩、朕不忍絕、免顯官、奪邑四百戶、後復以爲城門校尉、子昌嗣爵關內侯、成帝鴻嘉元年、以吉舊恩、封吉孫中郎將關內侯昌爲博陽侯、國絕三十二歲、昌傳子孫、王莽時乃絕、 邴丞相卒。黃丞相代。【考證】五鳳三年、 長安中有善相工田文者。與韋丞相・魏丞相・邴丞相、微賤時會於客家。田文言曰。今此三君者皆丞相也。其後三人竟更相代爲丞相。何見之明也。黃丞相霸者、淮陽人也。【正義】霸字次公、淮陽陽夏人、以豪桀役使徙雲陵、 以讀書爲吏、至潁川太守。治潁川以禮義條教、喻告化之。犯法者、風曉令自殺。

【考證】楓、三本、殺作改、可從、 化大行、名聲聞。孝宣帝下制曰。潁川太守霸、以宣布詔令治民、道不拾遺、男女異路、獄中無重囚、賜爵關內侯、黃金百斤。徵爲京兆尹。而至丞相。【正義】代丙吉爲丞相、封建成侯、食邑六百戶、 復以禮義爲治。以丞相病死。子嗣。【正義】子賞嗣、 後爲列侯。黃丞相卒。【正義】謚曰定侯、 以御史大夫于定國代。【正義】于定國字曼倩、東海郯人也、爲縣獄吏、及廷尉史、歷位超爲廷尉、乃迎師學春秋、北面備弟子禮、爲廷尉、民自以不冤、定國飲酒至數石不亂、甘露中、代黃霸爲丞相、封西平侯、九年薨、謚安侯、子永嗣、始定國父爲縣吏、郡決曹獄平、閭門壞、父老共治之、于公謂曰、少大閭門、令容駟馬高蓋車、我治獄多陰德、未嘗有所冤、子孫必有興者、至定國爲丞相、封侯傳世也、【考證】甘露三年、 于丞相已有廷尉傳。在張廷尉語中。【考證】張廷尉蓋釋之、史記釋之傳無補傳、竝無于廷尉語、 于丞相去御史大夫、韋玄成代。【考證】永光二年、 韋丞相玄成者、即前韋丞相子也。【正義】玄成字少翁、以父任爲郎、歷位至御史大夫、永光中、代于定國爲丞相、封故國扶陽、爲相七年、守正持重、不及父賢、文

彩過之、薨、諡曰恭侯、初賢徙平陵、玄成徙杜陵、父子明經爲相、故鄒魯閒云、遺子黃金滿籯、不如一經、代父。後失列侯、其人少時好讀書、明於詩論語。爲吏至衞尉、徙爲太子太傅。御史大夫。薛君免、爲御史大夫。【集解】名廣德也、于丞相乞骸骨、免、而爲丞相。因封故邑爲扶陽侯。數年病死。孝元帝親臨喪、賜賞甚厚。子嗣。後其治容容、隨世俗浮沈、而見謂諂巧。【考證】岡白駒曰、人以爲諂巧、而相工本謂之、當爲侯代父、而後失之、復自游宦而起至丞相。父子俱爲丞相。世閒美之。豈不命哉。相工其先知之。韋丞相卒、御史大夫匡衡代。【考證】昭三年、建丞相匡衡者、東海人也。【正義】衡字稚圭、東海承人也、父世農夫、至衡好學、【考證】三條本、丞相匡衡、作匡丞相衡、好讀書、從博士受詩。家貧、衡傭作以給食飲。才下。數射策不中。至

九、乃中丙科。【正義】衡射策甲科、不應令、爲太常掌故、儒林傳云、歲課甲科爲郎中、乙科爲太子舍人、景科補文學掌故也、其經以不中科故明習。補平原文學卒史。數年郡不尊敬。【考證】沈家本曰、漢書云、學者多上書、薦衡經明當世少雙、與此不同、御史徵之、以補百石屬。薦爲郎、而補博士。拜爲太子少傅、而事孝元帝。孝元好詩。而遷爲光祿勳。居殿中爲師、授教左右。而縣官坐其旁聽。甚善之。日以尊貴。御史大夫鄭弘坐事免、而匡君爲御史大夫。歲餘、韋丞相死。匡君代爲丞相。封樂安侯。【正義】歷位御史大夫、建昭中、代韋玄成爲丞相、封樂安侯、食邑六百戶、爲相七年、以侵封國界、免爲庶人、終于家、以十年之間、不出長安城門、而至丞相。豈非遇時而命也哉。【考證】張文虎曰、御覽二百四、引命爲合、太史公曰。【索隱】案此論匡衡已來事、則後人所述也、而亦稱太史公、其序述淺陋、一何誣也、【考證】楓山本、劉氏宋本、凌本、王本、毛本、無太史公曰四字、索隱本、三條本有、深惟士之游

宦、所以至封侯者微甚。【集解】徐廣曰、微、一作徵、然多至御史大夫卽去者。諸爲大夫而丞相次也。其心冀幸丞相物故也。【集解】高堂隆答魏朝訪曰、物、無也、故、事也、言無復所能於事、【考證】物故、死也、物沒音近、故、舊也、或乃陰私相毀害欲代之。然守之日久不得。或爲之日少而得之、至於封侯。眞命也夫。【考證】命字承上文、御史大夫鄭君、守之數年不得。【正義】鄭弘字神卿、代韋玄成爲御史大夫、六歲、子坐與京房論議免也、匡君居之、未滿歲而韋丞相死、卽代之矣。豈可以智巧得哉。多有賢聖之才、困尼不得者衆甚也。

張丞相列傳第三十六　史記九十六

文學博士瀧川龜太郎著

史記會注考證

史記會注考證卷九十七

漢　太史令司馬遷撰
宋　中郎外兵曹參軍裴駰集解
唐　國子博士弘文館學士司馬貞索隱
唐　諸王侍讀率府長史張守節正義
日本　出雲瀧川資言考證

酈生陸賈列傳第三十七

[考證]高山寺本、三十作卅、　史記九十七

[考證]史公自序云、結言通使、約懷諸侯、諸侯咸親、歸漢爲藩輔、作酈生陸賈列傳第三十七、陳仁錫曰、酈生陸賈、皆口辯士、故同傳、朱建亦以口辯附焉、杳愼行曰、漢書酈

食其傳、多襲史記之舊、間或刪改一二字、騎士從容言、如酈生所誡者、漢書、去如字、沛公方踞牀、令兩女子洗足、漢書、去足字、沛公輟洗起攝衣、漢書、去攝字、方今楚易取而漢反郤自奪其便、漢書、去其字、以示諸侯效實形勢之便、漢書、去效實二字、食其子疥數將兵、功未當侯、上以其父故、封爲高粱侯、漢書、去功未當侯四字、似皆不若史記之明白曉暢、又按史記酈生于齊受烹時、猶有迂闊大言、足見狂生故態、被漢書刪卻、遂覺食其一生、至此索然氣盡、

酈生食其者、陳留高陽人也。[集解]徐廣曰、高陽、今在圉縣、[索隱]案高陽、屬陳留圉縣、高陽、鄉名也、故耆舊傳云、食其、高陽鄉人、[正義]酈食其、歷異幾三音也、陳留風俗傳云、高陽、在雍丘西南、括地志云、圉城、在汴州雍丘縣西南、食其墓、在雍丘西南二十八里、蓋謂此也、[考證]陳留、此時未置郡、言陳留者、擧其縣也、故下文云、夫陳留天下之衝、四通五達之郊也、臣知其令、好讀書。家貧落魄、無以爲衣食業。[集解]應劭曰、落魄、志行衰惡之貌也、晉灼曰、落薄、落託、義同也、[索隱]案鄭氏云、魄、音薄、應劭云、志行衰惡之貌也、[正義]落、謂零落、魄、謂漂薄也、言食其家貧、零落漂薄也、無可以爲衣食業產也、爲里監門吏。[正義]監、音甲衫反、戰國策云、齊宣謂顏斶曰、夫監門閭里士之賤也、[考證]高山寺本及漢書、吏字在下文然字下、然縣中賢豪不敢役。縣中皆謂之狂生。及陳勝·項粱等起、諸將徇地過高陽者數十人。[正義]徇、略也、酈生問其將。皆握齱

好苛禮自用、[集解]應劭曰、握齱、急促之貌、[索隱]應劭曰、齱、音若促、鄒氏音側角反、韋昭云、握齱、小節也、[考證]張文虎曰、舊刻問作聞、與漢書合、不能聽大度之言。[索隱]案苛亦作荷、賈逵云、苛、煩也、小顏云、苛、細也、酈生乃深自藏匿。後聞沛公將兵略地陳留郊。[考證]凌稚隆曰、郊字、見得未下陳留、沛公麾下騎士、適酈生里中子也。[集解]服虔曰、食其里中子、適作沛公騎士、[索隱]適食其里中子、適音釋、服虔蘇林皆云、沛公騎士、適是食其里中人也、案音適近作騎士、沛公時時問邑中賢士豪俊。[考證]高山寺本、俊作儁、同、騎士歸。酈生見謂之曰。吾聞沛公慢而易人、多大略。此眞吾所願從游。莫爲我先。[索隱]案先、謂先容、言無人爲我作紹介也、[正義]爲、于僞反、若見沛公、謂曰。臣里中有酈生。年六十餘。長八尺。人皆謂之狂生。生自謂我非狂生。騎士曰。沛公不好儒。諸客冠儒冠來者、沛公輒解其冠、溲溺其中。[索隱]溲溺、上所由反、下乃弔反、亦如字、溲卽溺也、與人言、常大罵。未可以儒生說也。酈生曰。

弟言之。【考證】弟、但也、 騎士從容言、如酈生所誡者。【考證】誡、告也、 沛公至高陽傳舍、使人召酈生。【集解】徐廣曰、二世三年二月、【正義】傳舍、傳置之舍、 酈生至、入謁。沛公方倨牀、使兩女子洗足、而見酈生。【索隱】案樂產云、遶牀曰倨、【考證】黥布傳云、上方踞牀洗、召布入見、是漢皇試人常用手段、張文虎曰、倨、索隱本作踞、愚按漢書亦作踞、與黥布傳合、沈欽韓曰、御覽三百四十二引楚漢春秋曰、上過陳留、酈生求見、使者入通、公方跣足問何如人、曰狀類大儒、上曰、吾方以天下爲事、未暇見大儒也、使者出告、酈生瞋目按劍入言、高陽酒徒、非儒者也、按此與史記傳末所附同、 酈生入、則長揖不拜。曰、足下欲助秦攻諸侯乎。且欲率諸侯破秦也。沛公罵曰、豎儒。夫天下同苦秦久矣。故諸侯相率而攻秦。何謂助秦攻諸侯乎。【索隱】案豎者、僮僕之稱、沛公輕之、以比奴豎、故曰豎儒也、【考證】留侯傳亦稱酈生曰豎儒、豎儒、猶言小儒、 酈生曰。必聚徒合義兵誅無道秦。不宜倨見長者。【考證】長者暗承年六十餘、必下當據漢書補欲字、淮陰侯傳云、王必欲長王漢中、無所事信、必欲爭天下、非信無所與計、與此語意正同、 於是沛公輟洗、起攝衣、延酈

生上坐謝之。【正義】攝、猶言斂著也、【考證】胡三省曰、攝衣、起持其衣也、高山寺本、楓、三本、生下有坐字、 酈生因言六國從橫時。沛公喜、賜酈生食。問曰、計將安出。酈生曰、足下起糾合之衆、收散亂之兵、不滿萬人。欲以徑入強秦。此所謂探虎口者也。【集解】糾合、一作烏合、一作瓦合、【正義】言瓦合聚而蓋屋、無協力之心也、【考證】正義本作瓦合、與漢書合、 夫陳留、天下之衝、四通五達之郊也。【集解】如淳曰、四面中央凡五達也、瓚曰、四通五達、言無險阻也、【考證】中井積德曰、四通五達、言通達之多、集解誤、 今其城又多積粟。臣善其令。【正義】言食其與陳留縣令相善也、 請得使之、令下足下。【正義】令、力征反、下、謂降之也、【考證】高山寺本無得字、 卽不聽、足下舉兵攻之。臣爲內應。於是遣酈生行、沛公引兵隨之、遂下陳留。號酈食其爲廣野君。酈生言其弟酈商、使將數千人從沛公、西南略地。酈生常爲說客、馳使諸侯。漢三年秋、項羽擊漢拔滎陽。漢兵

遁保鞏・洛。楚人聞淮陰侯破趙、彭越數反梁地、【索隱】數、音朔、 則分兵救之。淮陰方東擊齊。漢王數困滎陽・成皐、計欲捐成皐以東、屯鞏・洛以拒楚。【考證】高山寺本、皐作睪、下同、 酈生因曰。臣聞知天之天者、王事可成。不知天之天者、王事不可成。王者以民人爲天、而民人以食爲天。【索隱】王者以人爲天、案此語出管子、【考證】合刻本索隱引管子云、王者以民爲天、民以食爲天、能知天之天者斯可矣、漢書及新序、民下無人字、梁玉繩曰、索隱本無民字、疑唐時避諱、改民爲人、而後遂誤竝入之也、愚按、高山寺本、無人字、 夫敖倉、天下轉輸久矣。臣聞、其下迺有藏粟甚多。【考證】中井積德曰、其下、謂窖藏者、何焯曰、聞之中州人云、秦人因土山窖粟其下、不與今他處倉廩等、故曰聞其下乃有藏粟、沈欽韓曰、呂氏春秋、穿竇窌、高誘注、穿窌、所以盛穀也、是古者穿地下藏粟也、 楚人拔滎陽、不堅守敖倉、迺引而東、令適卒分守成皐。【索隱】適卒、上音直革反、案通俗文云、罰罪云讁、卽所謂讁戍、又音陟革反、卒、相忽反、【考證】楓山本、引下有兵字、當據補、中井積德曰、適卒、只是戍卒、謂非精兵也、王先謙曰、楚引東定梁地、令曹咎守成皐、徐孚遠曰、項王善野戰、而不識地勢、棄

關中、不守敖倉、此楚之所以失也、 此乃天所以資漢也。方今楚易取。而漢反郤、自奪其便。臣竊以爲過矣。【索隱】漢反却自奪便、以言不取敖倉、是漢郤自奪其便利、 且兩雄不俱立。楚漢久相持不決。百姓騷動、海內搖蕩、農夫釋耒、工女下機。【索隱】謂女工、工、巧也、漢書作紅、音工、【正義】耒、手耕曲木、【考證】工、工作之工、無干巧拙、 天下之心、未有所定也。願足下急復進兵、收取滎陽、據敖倉之粟、【正義】敖倉、在今鄭州滎陽縣西十有五里石門之東、北臨汴水、南帶三皇山、秦始皇時、置倉於敖山上、故名之曰敖倉也、 塞成皐之險、【正義】卽氾水縣山也、 杜大行之道、【集解】韋昭曰、在河內野王北也、【正義】大行、山名、在懷州河內縣、 距蜚狐之口、【集解】如淳曰、上黨壺關也、瓚案、蜚狐在代郡西南、【正義】案蔚州飛狐縣北百五十里、有秦漢故郡城、西南有山、俗號爲飛狐口也、 守白馬之津、【考證】齊召南曰、白馬縣屬東郡、大河所經、其西岸卽黎陽也、 以示諸侯效實形制之勢、則天下知所歸矣。【考證】漢書新序無效實二字、胡三省曰、酈生之說、形格勢禁之說也、蓋據敖倉、塞成皐、則項羽不能西、守白馬、杜太行、距蜚狐、則河北燕趙之地、長爲漢有、齊楚將安歸乎、愚按、新序善謀篇云、其後吳楚

反、將軍竇嬰周亞夫、復據敖倉、塞成皐如前、以破吳楚、皆酈生之謀也、何焯曰、此似後人依託之語、時漢已虜魏豹、禽趙歇、河東河內河北皆歸漢、何庸復杜太行之道、以示諸侯形勢乎、燕趙已定、即代郡蜚狐、亦非楚人所能北窺、無事距守壺關近太行之道、何庸杜此衆距彼乎、與當時事實闊遠、梁玉繩曰、斯乃秦人規取韓趙舊談、酈生仍戰國說士餘習、方今燕趙已定、唯齊未下。【考證】通鑑考異云、史漢皆以食其勸取敖倉、及說齊、合爲一事、獨新序分爲二、分爲二者是、王先謙曰、案據高紀、三年九月、項羽令曹咎守成皐、自引兵東擊彭越、漢王使食其說齊連和、四年冬十月、韓信破齊、齊烹食其、漢破曹咎就敖倉食、前後次第如此、是食其說漢王二事、竝在三年九月、史漢合之、未爲非也、今田廣據千里之齊、田閒將二十萬之衆、軍於歷城。【考證】劉攽曰、此時何緣有田閒、按田橫傳乃田解、橫傳云、齊使華毋傷田解軍歷下以距漢、張文虎曰、宋本中統毛本吳校金板歷城作歷下、愚按下文云、罷歷下兵守戰備、高山寺本、二十作廿、諸田宗彊、負海阻河、濟南近楚、人多變詐。【考證】高山寺本、濟作齊、人作民、負海阻河、對言、當依訂、漢書、海下有岱字、注、岱泰山也、足下雖遣數十萬師、未可以歲月破也。臣請得奉明詔說齊王、使爲漢而稱東藩。上曰、善。【考證】高山寺本、藩作蕃、迺從其畫、復守敖倉、【考證】王先謙曰、時未得敖倉、云復者、究言之、而使酈生

說齊王曰、王知天下之所歸乎。王曰、不知也。曰、王知天下之所歸、則齊國可得而有也。若不知天下之所歸、則齊國未可得保也。齊王曰、天下何所歸。【考證】所歸二字、承上、漢書刪所字、非是、曰、歸漢。曰、先生何以言之。【考證】高山寺本、漢下有王字、曰、漢王與項王勠力西面擊秦。約先入咸陽者王之。漢王先入咸陽。項王負約不與、而王之漢中。項王遷殺義帝。漢王聞之、起蜀漢之兵擊三秦、出關而責義帝之處、【考證】王念孫曰、責、問也、處、所也、猶言義帝安在也、漢書、處上有負字、藝文類聚引史、責下有殺字、處作罪、收天下之兵、立諸侯之後、降城、即以侯其將、得賂、即以分其士、與天下同其利、豪英賢才、皆樂爲之用。【考證】與韓信所言相似、諸侯之兵四面而至、蜀漢之粟、方船而下。【索隱】案方船、謂竝舟也、戰國策、方船積粟、循江而下也、【考證】方船、又見張儀傳、項王有倍

約之名、殺義帝之負。【考證】楓三本、負作罪、於人之功無所記、於人之罪無所忘。戰勝而不得其賞、拔城而不得其封。非項氏莫得用事、爲人刻印、刓而不能授。【集解】孟康曰、刓斷無復廉鍔也、瓚曰、項羽吝於爵賞、玩惜侯印、不能以封其人也、【索隱】刓、音五官反、案郭象注莊子云、杬斷無圭角、漢書作玩、言玩惜不忍授人也、攻城得賂、積而不能賞。天下畔之、賢才怨之、而莫爲之用。【考證】高山寺本、楓三本、積下有財字、與新序漢書合、愚按、亦與韓信言相似、故天下之士、歸於漢王、可坐而策也。夫漢王發蜀漢、定三秦、涉西河之外、援上黨之兵、【正義】援、音爰、【考證】高山寺本、外作水、下井陘、誅成安君、破北魏、舉三十二城。【索隱】謂魏豹也、豹在河北故也、亦謂西魏、以大梁在河南故也、【考證】胡三省曰、河自砥柱以上、龍門以下、爲西河、顏師古曰、梁地既有魏名、故謂魏豹爲北魏、高山寺本、無君字、三十作卅、此蚩尤之兵也。非人之力也。天之福也。【考證】漢書、蚩尤作黃帝、周壽昌曰、黃帝蚩尤、皆古之主兵者、故高帝起兵、祠黃帝、祭蚩尤、漢書言黃帝、史記言蚩尤、初無區別、今已據敖倉之

粟、塞成皐之險、守白馬之津、杜大行之阪、距蜚狐之口、天下後服者先亡矣。王疾先下漢王、齊國社稷、可得而保也。不下漢、王危亡可立而待也。田廣以爲然、迺聽酈生、罷歷下兵守戰備、與酈生日縱酒。淮陰侯聞酈生伏軾下齊七十餘城、迺夜度兵平原襲齊。【考證】漢書、伏軾作馮軾、顏師古曰、馮軾者、但安坐乘車而游說、不用兵衆、齊王田廣、聞漢兵至、以爲酈生賣己【考證】顏師古曰、言其與韓信通謀、迺曰、汝能止漢軍、我活汝。不然、我將亨汝。【考證】高山寺本、無將字、楓三本、亨作烹、酈生曰、舉大事不細謹。盛德不辭讓。而公不爲若更言。【考證】李斯傳、趙高謂李斯曰、大行不小謹、盛德不辭讓、岡白駒曰、而公、自稱之倨辭、猶乃公也、言我不爲汝改言、齊王遂亨酈生、引兵東走。漢十二年、曲周侯酈商、以丞相將兵擊黥布。有功。【考證】崔適曰、當依酈商傳、丞相上補右字、高祖舉列侯功

臣、思酈食其。酈食其子疥、數將兵、功未當侯。【索隱】疥、音界、後更封武遂三世、地理志、武遂屬河閒、案漢書作武陽、子遂衍文也、【考證】高山寺本、無數字、兵下有有字、凌稚隆曰、索隱子遂以下、恐有誤、上以其父故、封疥爲高梁侯。後更食武遂。嗣三世。元狩元年中、武遂侯平坐詐詔衡山王取百斤金、當弃市。病死國除也。【正義】年表云、卒、子敞嗣、卒、子平嗣、元年有罪國除、而漢書云、更食武陽、子遂嗣、恐漢書誤也、【考證】高山守本、百斤金、作金百斤、病作疥、無也字、楓本、無當字、中井積德曰、也字疑衍、

陸賈者、楚人也。以客【索隱】案陳留風俗傳云、陸氏、春秋時陸渾國之後、晉侯伐之、故陸渾子奔楚、賈其後、又陸氏譜云、齊宣公支子達、食菜於陸、達生發、發生皐、適楚、賈其孫也、從高祖定天下。名爲有口辯士、居左右、常使諸侯。【考證】藝文類聚引史、無士字、與漢書合、及高祖時、中國初定。尉他平南越、因王之。【索隱】趙他爲南越尉、故曰尉他、他音馳、【正義】他、音徒何反、趙他、眞定人、爲龍川令、南海尉任囂死、使他盡行南海尉事、故曰尉他、後自立爲南越王、【考證】漢書、無及高祖三字、他作佗、張文虎曰、柯、凌本、作佗、下同、高祖使陸賈賜尉他印、爲南越王。陸生至。尉他魋結箕倨

見陸生。【集解】服虔曰、魋、音椎、今兵士椎頭結、【索隱】魋、直追反、結、音計、謂爲髻一撮、似椎而結之、故字從結、且案其魋結二字、依字讀之、亦得、謂夷人本被髮左衽、今他同其風俗、但魋其髮而結之、【考證】高山寺本、陸賈作陸生、顏師古曰、結讀曰髻、又曰、伸其兩脚而坐、其形如箕、蓋古人無交椅、席地危坐、以伸其足、爲不敬也、陸生因進說他曰。足下中國人、親戚昆弟、墳墓在眞定。【索隱】趙地也、本名東垣、屬常山、今足下反天性、弃冠帶、欲以區區之越、與天子抗衡、爲敵國。禍且及身矣。【索隱】案崔浩云、抗、對也、衡、車軛上橫木也、抗衡、言兩衡相對拒、言不相避下、且夫秦失其政、諸侯豪桀竝起。唯漢王先入關據咸陽。項羽倍約、自立爲西楚霸王、諸侯皆屬、可謂至彊。【考證】漢書、彊下有矣字、然漢王起巴·蜀、鞭笞天下、劫略諸侯、遂誅項羽滅之、五年之閒、海內平定。此非人力、天之所建也。天子聞君王王南越、不助天下誅暴逆、將相欲移兵而誅王。【考證】楓本、誅王、作誅君王、天子憐百姓新勞苦、故且

休之、遣臣授君王印、剖符通使。君王宜郊迎、北面稱臣。迺欲以新造未集之越、屈彊於此。【正義】屈強、謂不柔服也、【考證】顏師古曰、集、成也、漢誠聞之、掘燒王先人冢、夷滅宗族、【考證】楓、三本、冢下有墓字、與漢書合、使一偏將將十萬衆臨越、則越殺王降漢、如反覆手耳。於是尉他迺蹶然起坐、謝陸生曰。居蠻夷中久、殊失禮義。【索隱】蹶、蘇林音厥、禮記、子夏蹶然而起、埤蒼云、蹶、起也、【考證】顏師古曰、蹶然、驚起之貌、顧炎武曰、坐者跪也、因問陸生曰。我孰與蕭何·曹參·韓信賢。陸生曰。王似賢。【考證】高山寺本、似作已、復曰。我孰與皇帝賢。陸生曰。皇帝起豐沛、討暴秦誅彊楚、爲天下興利除害、繼五帝三皇之業、統理中國。【考證】高山寺本及漢書漢紀、三皇作三王、爲是、御覽引史同、中國之人、以億計、地方萬里、居天下之膏腴、人衆車轝、萬物殷富、政由一家。自天地剖泮、未

始有也。【正義】剖判、猶開闢也、【考證】楓、三、柯、凌本、泮作判、與漢書合、高山寺本、作泮、今王衆不過數十萬、皆蠻夷、崎嶇山海閒。譬若漢一郡。王何乃比於漢。【考證】高山寺本、山作小、高、楓、三本、何下有可字、尉他大笑曰。吾不起中國、故王此。使我居中國、何渠不若漢。【集解】渠、音詎、【索隱】渠、劉氏音詎、漢書作遽字、小顏以爲有何迫促不如漢也、【考證】高山寺本、笑作嘆、渠作遽、渠與詎詎巨遽同、豈也、何渠、連言一意、說詳于經傳釋詞、顏說失之、中井積德曰、意謂固正如漢耳、迺大說陸生、留與飲數月。曰。越中無足與語。至生來、令我日聞所不聞。賜陸生橐中裝直千金。【集解】張晏曰、珠玉之寶也、裝、裹也、【索隱】橐、音托、案如淳云、以爲明月珠之屬也、又案詩傳曰、大曰橐、小曰囊、埤蒼云、有底曰囊、無底曰橐、謂以寶物以入囊橐也、【考證】高山寺本、說作悅、楓、三本、語下有及字、他送亦千金。【集解】蘇林曰、非橐中物、故曰他送也、陸生卒拜尉他爲越王、令稱臣奉漢約。【考證】高山寺本、楓、三本、宋本、中統、游、毛、吳校金板、爲下有南字、與漢書合、當據補、歸報。高祖大悅、拜賈爲太中大夫。【考證】楓、三本、報下重高祖二字、陸生時時前說稱詩書。高

帝罵之曰。迺公居馬上而得之。安事詩書。【考證】吳曾祺曰、文有敘述事要、而必出於他人口吻、則不得不力求其肖、若一一務從典雅、則牴牾必多、劉子玄所謂怯書今語、勇效昔言、是也、然此太史公最爲絕技、他人莫之及、觀高祖本紀、屢曰乃公、又曰而公、使後人見之、必想見嫚罵語氣、令當日悉改爲朕字、以符詔諭之體、豈不喬皇典重、然而語氣全失、至陳涉世家云、夥頤涉之爲王沈沈者、儼然是一村俗人語、佳城蕩蕩、冦來不得上、儼然是一滑稽人語、而當日竝不以鄙俚爲病、

陸生曰。居馬上得之。寧可以馬上治之乎。且湯・武逆取而以順守之。文武竝用、長久之術也。【考證】楓、三本、逆上有以字、

昔者吳王夫差・智伯、極武而亡、秦任刑法不變、卒滅趙氏。【集解】趙氏、秦姓也、【索隱】案韋昭云、秦伯益後、與趙同出、非廉至造父、有功於穆王、封之趙城、由此一姓趙氏、

鄉使秦已并天下、行仁義法先聖、陛下安得而有之。高帝不懌、而有慙色。迺謂陸生曰。試爲我著秦所以失天下、吾所以得之者何、及古成敗之國。【考證】楓、三本、古下有今字、

陸生迺麤述存亡之徵、凡著十二篇。每奏

一篇、高帝未嘗不稱善。左右呼萬歲。號其書曰新語。【正義】七錄云、新語二卷、陸賈撰也、【考證】高山寺本、存作在、嚴可均曰、史記、新語十二篇、漢書本傳同、藝文志作二十三篇、疑兼他所論譔計之、史記正義、引梁七錄新語二卷陸賈撰、隋志舊唐書同、崇文總目、郡齋讀書志、直齋書錄解題、皆不著錄、王伯厚漢藝文志考證云、今存道基雜事輔政無爲資質懷慮七篇、蓋宋時此書佚而復出、出亦不全、明弘治間、李廷梧得十二篇足本刻板、漢代子書、新語最純最早、貴仁義、賤刑威、述詩書春秋論語、紹孟荀而開賈董、卓然儒者之言、史遷目爲辯、未足盡之、其詞皆協、流傳久遠、轉寫多訛、葉適曰、按酈生陸賈叔孫通、皆言高祖罵儒生儒服、而漢所共事、皆武人刀筆吏、無有士人、獨張良非軍吏、不知何服也、然儒者儒服、自春秋戰國時、固己詬戾之矣、游說法術之學、行道義既絕、至是陸賈始發其端、如陽氣復於大冬、學者蓋未可輕視之也、

孝惠帝時、呂太后用事、欲王諸呂。畏大臣有口者。【考證】高山寺本、臣下有及字、

陸生自度不能爭之。迺病免家居。以好時田地善、可以家焉。【正義】時、音止、雍州縣也、【考證】漢書、改可以二字、爲往一字、

有五男。迺出所使越得橐中裝賣千金、分其子。子二百金、令爲生產。【正義】漢制、一金直千貫、

陸生常安車駟馬、從歌舞鼓琴瑟侍者十人。【考證】查愼

行曰、漢書刪鄙舞琴兩字、絕無意義、

寶劍直百金。謂其子曰。與汝約。【集解】徐廣曰、汝一作公、

過汝、汝給吾人馬酒食。極欲十日而更。【考證】高山寺本及漢書、欲作飲、非是、極、猶言最多也、中井積德曰、不欲久留使汝煩苦、我故十日而更、

所死家、得寶劍車騎侍從者。【考證】徐孚遠曰、所死家有喪葬費、故得所遺物、

一歲中、往來過他、客率不過再三過。【索隱】率、音律、過、音戈、【考證】顏師古曰、非徒至諸子所、又往來經過它處、爲賓客、一歲之中、每子不過再過也、查愼行曰、漢書刪去三字、便成死句、

數見不鮮。【索隱】數見、音朔現、謂時時來見汝也、不鮮、言必令鮮美作食、莫令見不鮮之物也、漢書作數擊鮮、如淳云、新殺曰鮮、【考證】劉攽曰、言人情頻見則不美、故毋久溷汝也、中井積德曰、常相見、則意不新鮮、故不數數相過也、愚按、此承上文十日而更、一年中往來、率不過再三過句、劉中二說得之、漢書作數擊鮮、義異、

無久慁公爲也。【集解】韋昭曰、慁、汙辱、【索隱】慁、患也、公、賈自謂也、言汝諸子、無久厭患公也、【考證】方苞曰、我一歲止再三過、無久慁汝爲也、公、謂其子、愚按、稱臣曰公、稱子曰公、稱部屬曰公、當時常語、說見鼂錯傳、李笠曰、上文謂其子曰、與汝約、集解徐廣曰、汝一作公、疑史記汝本作公、與此慁公竝指其子也、後人改上公字爲汝、小司馬遂以下公字爲賈自謂、失之遠矣、漢書、上下竝作汝、愚按、秦策、昭王謂范雎曰、天以寡人慁先生、說文、慁、亂也、一曰擾也、

呂太后時王諸呂。諸呂擅權、欲劫少主危

劉氏。右丞相陳平患之、力不能爭。恐禍及己、常燕居深念。【正義】國家不安、故靜居深思其計策、

陸生往請、直入坐。【集解】漢書音義曰、請、若問起居、【考證】漢書、請上有不字、疑衍、高山寺本、請下有也字、

而陳丞相方深念、不時見陸生。【索隱】深念、深思之也、

陸生曰。何念之深也。陳平曰。生揣我何念。【集解】孟康曰、揣、度也、韋昭曰、揣、音初委反、【考證】高山寺本、無我字、

陸生曰。足下位爲上相、食三萬戶侯。【索隱】案陳平傳、食戶五千以曲逆、秦時有三萬戶、恐復業至此、故稱、

可謂極富貴無欲矣。然有憂念、【正義】陳平世家、食曲逆五千戶、後攻陳豨黥布、凡六出奇計、益邑蓋三萬戶也、

不過患諸呂少主耳。陳平曰。然。爲之柰何。陸生曰。天下安、注意相、天下危、注意將。將相和調、則士務附。【集解】徐廣曰、務、一作豫、【考證】高山寺本、附下有也字、王文彬曰、論語務本、皇疏、務、猶向也慕也、漢書、務附作豫附、豫、樂也、慕附與樂附意同、

士務附、天下雖有變、卽權不分。爲社稷計、在兩君掌握耳。【考證】高山寺本、卽作則、高山寺、楓山本、重權不分三字、與漢書合、

臣

常欲謂太尉絳侯。絳侯與我戲、易吾言。【正義】絳侯與生常戲狎、輕易其言也、君何不交驩太尉、深相結。【考證】高山寺本、相下有連字、爲陳平畫呂氏數事。陳平用其計、迺以五百金爲絳侯壽、厚具樂飲。太尉亦報如之。此兩人深相結。則呂氏謀益衰。【考證】楓、三本、衰作廢、漢書作壞、陳平迺以奴婢百人車馬五十乘錢五百萬遺陸生、爲飲食費。陸生以此游漢廷公卿閒。名聲藉甚。【集解】漢書音義曰、言狼籍甚盛、【正義】孟康云、猶言狼藉、甚盛也、按藉、言公卿假藉陸生名聲、甚敬重也、【考證】周壽昌曰、蓋藉、卽藉用白茅之藉、言聲名得所藉益盛也、孟言狼藉、失之、及誅諸呂立孝文帝、陸生頗有力焉。孝文帝卽位、欲使人之南越。陳丞相等乃言陸生、爲太中大夫、往使尉佗、令尉佗去黃屋稱制、令比諸侯。皆如意旨。【考證】高山寺本、楓、三本、無尉佗令三字、與漢書合、顏師古曰、黃屋、謂車上之蓋也、黃屋及稱制、皆天子之儀、故令去之、語在南越語中。陸

生竟以壽終。【考證】何焯曰、在兩傳中、不可無此句、平原君朱建者、楚人也。【考證】王鳴盛曰、論贊云、平原君子與余善、是以得具論之、則知此段乃子長筆也、故嘗爲淮南王黥布相。有辠去。後復事黥布。【考證】高山寺本、辠作罪、同、布欲反時、問平原君。平原君止之。布不聽。而聽梁父侯遂反。【索隱】梁父侯、史失名、如淳注漢書云、遂、布臣、非也、臣瓚曰、布用梁父侯計遂反耳、其說是也、【考證】王先謙曰、梁父、泰山縣、侯姓、遂名、愚按、瓚說仍是、高山寺本、無而字、漢已誅布。聞平原君諫不與謀、得不誅。【正義】與、音預、【考證】漢書云、漢既誅布、聞建諫之、高祖賜建號平原君、家徙長安、語在黥布語中。【集解】黥布列傳無此語、平原君爲人辯有口。刻廉剛直、家於長安。行不苟合、義不取容。辟陽侯行不正、得幸呂太后【考證】辟陽侯、審食其、時辟陽侯欲知平原君。平原君不肯見。【考證】漢書、删時辟陽侯四字、知猶交也、及平原君母死、陸生素與平原君善。過之。【考證】何焯曰、歸重於陸生、故云陸生素與平原君善、平原君家貧、未有以發喪。

方假貸服具。【索隱】案劉氏云、謂欲葬時須啓其殯宮、故云發喪也、【考證】中井積德曰、貧無服具、不能具喪禮、故且祕不發喪、以待備具也、陸生令平原君發喪。陸生往見辟陽侯賀曰。平原君母死。辟陽侯曰。平原君母死。何乃賀我乎。陸賈曰。前日君侯欲知平原君。平原君義不知君。以其母故。【集解】張晏曰、相知當同恤災危、母在、故義不知君、【索隱】案崔浩云、建以母在、義不以身許人也、【考證】中井積德曰、以母故、亦陸生之設辭、非建實然、今其母死。君誠厚送喪、則彼爲君死矣。辟陽侯乃奉百金往稅。【集解】韋昭曰、衣服曰稅、稅、當爲襚、【索隱】案說文、稅、贈終服也、襚、音式芮反、亦音遂、【考證】漢書、稅作襚、列侯貴人、以辟陽侯故往稅。凡五百金。辟陽侯幸呂太后。人或毀辟陽侯於孝惠帝。孝惠帝大怒、下吏欲誅之。呂太后慙、不可以言。大臣多害辟陽侯行、欲遂誅之。辟陽侯急因、使人欲見平原君。【考證】高山寺本、因作困、義長、平原君辭曰。獄急。不

敢見君。迺求見孝惠幸臣閎籍孺、【索隱】案佞幸傳云、高祖時有籍孺、孝惠時有閎孺、今總言閎籍孺、誤也、【正義】按籍字、後人妄加也、【考證】楓、三本、迺上有平原君三字、漢書有建字、籍字、當據索隱正義删、下同、孺、豎也、閎蓋其名、非姓、說之曰。君所以得幸帝、天下莫不聞。今辟陽侯幸太后而下吏。道路皆言、君讒欲殺之。今日辟陽侯誅、且日太后含怒、亦誅君。何不肉袒爲辟陽侯言於帝。【考證】高本、楓、三本、何上重君字、顏師古曰、肉袒、謂脫其衣袖而見肉、肉袒者、自挫辱之甚、冀見哀憐、帝聽君出辟陽侯、太后大驩。兩主共幸君。君貴富益倍矣。於是閎籍孺大恐、從其計、言帝。果出辟陽侯。【考證】高、楓、三本、果上重帝字、與漢書合、辟陽侯之囚、欲見平原君。平原君不見辟陽侯。辟陽侯以爲倍己、大怒。及其成功出之、迺大驚。呂太后崩、大臣誅諸呂。辟陽侯於諸呂至深。而卒不誅。計畫所以全者、皆陸生·平原君之力也。

【集解】如淳曰、辟陽侯與諸呂相親信也、爲罪宜誅者至深、【索隱】案如淳說以爲宜誅、非也、小顏云、辟陽侯與諸呂相知至深重、得其理也、【考證】中井積德曰、朱建之事、原無足傳也、史遷乃津津言之、若深賞之、何也、蓋遷之被罪幾死、無有人赴救、故感憤特詳之耳、其實非公論也、班椽作史、宜刪去之、然仍舊者、是無識也、

孝文帝時、淮南厲王殺辟陽侯、以諸呂故。【考證】高山寺本、殺作刺、事詳厲王傳、楓三本、諸上有黨字、與漢書合、孝文帝聞其客平原君爲計策、使吏捕、欲治。【考證】高山寺本、文上有孝字、聞吏至門、平原君欲自殺。諸子及吏皆曰、事未可知、何早自殺爲。平原君曰。我死禍絕。不及而身矣。遂自剄。【考證】高山寺本、早作蚤、孝文帝聞而惜之曰。吾無意殺之。迺召其子、拜爲中大夫。【索隱】案下文所謂與太史公善者、使匈奴。單于無禮。迺罵單于。遂死匈奴中。

初沛公引兵過陳留。【考證】張文虎曰、初沛公引兵以下、各本連上、今依淩本別行、梁玉繩曰、酈生不應復出于朱建傳尾、且史無兩存之例、其爲羼入無疑、猶始皇紀後之附秦記也、攷御覽三百六十六引楚漢春秋、與此政同、則是後人因其小有異同而附之、又誤置于建傳、未嘗移在史論之後、史通

雜說篇、野客叢書、竝錯認爲史本書、評林載歸有光云、其文類褚先生補入者、亦失攷、酈生踵軍門上謁曰。高陽賤民酈食其、竊聞沛公暴露、將兵助楚討不義、敬勞從者。【考證】楓三本、討作誅、願得望見、口畫天下便事。使者入通。沛公方洗。【考證】高山寺本、楓三本、洗下有足字、問使者曰。何如人也。使者對曰。狀貌類大儒、衣儒衣冠側注。【集解】徐廣曰、側注冠、一名高山冠、齊王所服以賜謁者也、【考證】高本、楓三本、大儒下有也字、顏師古曰、側注者形側立而下注也、沛公曰。爲我謝之、言我方以天下爲事、未暇見儒人也。【考證】高本、無也字、使者出謝曰。沛公敬謝先生。方以天下爲事。未暇見儒人也。酈生瞋目案劍、叱使者曰。走復入言沛公。吾高陽酒徒也。【集解】徐廣曰、一本、言而公高陽酒徒、非儒人也。使者懼而失謁。跪拾謁還走、復入報曰。客天下壯士也。叱臣。臣恐、至失謁。曰。

走復入、言而公高陽酒徒也。沛公遽雪足杖矛曰。延客入。酈生入揖沛公曰。足下甚苦、暴衣露冠、將兵助楚討不義。足下何不自喜也。【考證】自喜、言自愛重也、魏其武安傳、君何不自喜、義同、臣願以事見。而曰。吾方以天下爲事。未暇見儒人也。夫足下欲與天下之大事、而成天下之大功、而以目皮相。恐失天下之能士。【考證】岡白駒曰、以目皮相、言徒見其容貌以相之、且吾度足下之智不如吾。勇又不如吾。若欲就天下而不相見。竊爲足下失之。沛公謝曰。鄉者聞先生之容。今見先生之意矣。迺延而坐之、問所以取天下者。酈生曰。夫足下欲成大功、不如止陳留。陳留者、天下之據衝也、兵之會地也。【考證】楓三本、兩陳留間有夫字、據衝作權衡、積粟數千萬石。城守甚

堅。臣素善其令。願爲足下說之。不聽臣、臣請爲足下殺之、而下陳留。足下將陳留之衆、據陳留之城、而食其積粟、招天下之從兵。從兵已成、足下橫行天下、莫能有害足下者矣。沛公曰。敬聞命矣。於是酈生迺夜見陳留令、說之曰。夫秦爲無道、而天下畔之。今足下與天下從、則可以成大功。今獨爲亡秦嬰城而堅守。臣竊爲足下危之。【考證】楓三本、嬰作管、陳留令曰。秦法、至重也。不可以妄言。妄言者無類。【考證】無類、誅滅無遺類、吾不可以應。先生所以教臣者、非臣之意也。願勿復道。酈生留宿臥。夜半時斬陳留令首、踰城而下報沛公。【考證】中井積德曰、夜斬陳留令、不似酈生之伎倆、前文似得事實、沛公引兵攻城、縣令首於長竿、以示城上

人曰。趣下。而令頭已斷矣。今後下者必先斬之。【考證】而汝也、楓三本縣作懸、斬下有斷字、於是陳留人見令已死、遂相率而下沛公。【考證】高本、無人字、沛公舍陳留南城門上。因其庫兵、食積粟。留出入三月。從兵以萬數。遂入破秦。【考證】楓三本入作大、

太史公曰。世之傳酈生書多。曰。漢王已拔三秦、東擊項籍、而引軍於鞏·洛之閒。【考證】高本、拔作收、楓、三本引下有兵而二字、酈生被儒衣往說漢王。迺非也。自沛公未入關、與項羽別而至高陽、得酈生兄弟。余讀陸生新語書十二篇。固當世之辯士。【考證】淩本、余作今、査愼行曰、陸賈漢初儒生之有體有用者、觀其紬尉佗以禮義、說高帝以詩書、當呂后朝、不汲汲於功名、既能全身遠患、又能以事外之人、隱然爲社稷計、安全有曲逆智謀所不逮者、子房已從赤松遊、漢之不奪於諸呂、亦賴有此人也、因其與朱建善、史記概以口辯士目之、淺之乎論陸生矣、至平原君子、與余善。是以得具論之。【考證】高本、之下有也字、何焯曰、標目不列平原、蓋附書也、謹言如此、

【索隱】述贊、廣野大度、始冠側注、踵門長揖、深器重遇、說齊歷下、趣鼎何懼、陸賈使越、尉佗慴怖、相說國安、書成主悟、

酈生陸賈列傳第三十七

史記九十七

史記會注考證

文學博士瀧川龜太郎著

史記會注考證卷九十八

漢　太史令　司馬遷　撰
宋　中郎外兵曹參軍　裴駰　集解
唐　國子博士弘文館學士　司馬貞　索隱
唐　諸王侍讀率府長史　張守節　正義
日本　出雲　瀧川資言　考證

傅靳蒯成列傳第三十八

史記九十八

考證史公自序云、欲詳知秦楚之事、維周緤常從高祖、平定諸侯、作傅靳蒯成列傳、第三十八、愚按史公自序集解引張晏云、亡傅靳蒯成傳、此言不足信、柯維騏曰、此傳敘傳功、連用屬字、敘靳功、連用別字及破之字、文體變化、與樊酈滕灌相類、非太史公不能作也、崔適曰、三侯立國之年、皆與功臣表合、其他補作、無此完密也、

陽陵侯傅寬、集解地理志云、馮翊陽陵縣、考證張照曰、漢地理志、陽陵故弋陽、景帝更置、高帝時、不先有此名、年表索隱云、楚漢春秋作陰陵、張文虎曰、宋本、中統、游、毛、皆無此集解、疑後人所增、以魏五大夫騎將、從爲舍人、起橫陽。索隱按橫陽、邑名、在韓、韓公子成初封橫陽君、張良立爲韓王也、正義括地志云、故橫城、在宋州宋城縣西南三十里、按葢橫陽也、考證錢大昕曰、傅寬靳歙、史失其所居郡縣、五大夫葢秦時所得、及魏起、仍用其稱、從攻安陽·杠里、正義後魏地形志云、已氏有安陽城、隋改已氏爲楚丘、今宋州楚丘縣西十里安陽故城是也、擊趙賁軍於開封、及擊楊熊曲遇·陽武、斬首十二級、賜爵卿。正義賁、音奔、曲、丘羽反、遇、牛恭反、司馬彪郡國志云、中牟有曲遇聚、按鄭州中牟縣也、陽武、鄭州縣、從至霸上。沛公立爲漢王。漢王賜寬封號共德君。索隱謂美號耳、非地邑、共、音恭、從入漢中、遷爲右騎將。從定三秦、賜食邑雕陰。集解徐廣曰、屬上郡、索隱案孟康徐廣云、縣名、屬上郡、正義鄜州洛交縣三十里雕陰故城是也、從擊項籍待懷。賜爵通德侯。集解服虔曰、待高帝於懷、索隱按服虔云、待高祖於懷縣、小顏案地理志、懷屬

河內、今懷州也、正義通德侯未詳、從擊項冠·周蘭·龍且。所將卒斬騎將一人敖下、益食邑。集解徐廣曰、敖倉之下、正義敖倉山之下也、考證顏師古曰、敖、地名、敖倉葢取其名也、左氏傳云、敖鄗之間、屬淮陰、擊破齊歷下軍、擊田解。索隱張晏云、信時爲相國、云淮陰者、終言之也、考證梁玉繩曰、案是時韓信爲相國、據下文屬相國參、屬太尉勃之例、當云屬相國信、不當書淮陰也、與表同非、王先謙曰、田儋傳、齊王使華毋傷田解軍歷下、則擊歷下軍、與擊解不得爲二事、下擊字誤也、疑擊當爲斬、或得字虜字之譌、屬相國參、殘博。益食邑。索隱博、太山縣也、顧祕監云、屬曹參、以殘破博縣也、考證索隱顧祕監、中統、游、王、柯本竝作顧、單本作顏、錢泰吉曰、漢書無此注、衞將軍傳、傳校獲王索隱、亦然、唐志顧胤漢書古今集義二十卷、小司馬徵引、或卽此、他處亦屢引顧胤、因定齊地、剖符世世勿絕。封爲陽陵侯。二千六百戶。除前所食。爲齊右丞相備齊。集解張晏曰、時田橫未降、故設屯備、正義按爲齊王韓信相、考證錢大昭曰、功臣表、無右字、五歲爲齊相國。正義爲齊悼惠王劉肥相五歲也、考證中井積德曰、五歲承上文、爲齊右丞相之後五年也、與下文四月一月二歲同例、四月、擊陳豨。屬太尉勃、以相國代丞相噲擊豨。一月、徙爲代相國、將屯、集解如淳

曰、既爲相國、有警則將卒而屯守也、案律謂勒兵而守曰屯、【索隱】如淳云、漢初諸王官屬如漢朝、故代有丞相、案孔文祥云、邊郡有屯兵、寬爲代相國、兼領屯兵、後因置將屯將軍也、二歲、爲代丞相、將屯。【考證】李慈銘曰、時改諸王國之相國爲丞相、孝惠五年卒。謚爲景侯。子頃侯精立。二十四年卒。【考證】頃侯、它本譌須侯、今據楓三本及札記所引宋中統舊刻毛本訂正、沈家本曰、精、表作靖、漢表作清、子共侯則立。十二年卒。子侯偃立。三十一年、坐與淮南王謀反死。國除。【考證】它本、三十一年、作二十一年、據宋中統毛本吳校金板訂正、

信武侯靳歙、以中涓從、【索隱】歙、音翕、翕然之翕、起宛朐、【正義】上於元反、下求俱反、曹州縣也、攻濟陽、【正義】曹州宛朐縣西南三十五里、濟陽故城、破李由軍、擊秦軍亳南開封東北、斬騎千人將一人、首五十七級、捕虜七十三人。【集解】徐廣曰、將一作候、【正義】擊秦軍於南亳縣之南、開封縣之東北也、【考證】騎千人將、各本千譌十、毛本作千、與漢書合、梁玉繩曰、斬騎千人將一人、七字一句讀、如淳云、騎將率號爲千人、漢儀注、邊郡置部都尉千人司馬候也、徐廣云、將一作候、賜爵封號臨平君。又戰藍田北、斬車司馬二人、【集解】張晏曰、主官車、【考證】張文虎曰、

柯、凌、二作一、愚按漢書、作二、騎長一人、【集解】張晏曰、騎之長、首二十八級、捕虜五十七人。至霸上。沛公立爲漢王。賜歙爵建武侯。遷爲騎都尉。從定三秦。別西擊章平軍於隴西破之、定隴西六縣。所將卒斬車司馬候各四人、騎長十二人。從東擊楚至彭城。漢軍敗。還保雍丘。去擊反者王武等、略梁地、別將擊邢說軍【集解】張晏曰、特起兵者也、說、音悅、【索隱】邢姓、說名、音悅、菑南破之。【集解】徐廣曰、今曰考城、【索隱】上音災、今爲考城、屬濟陰也、身得說都尉二人、司馬候十二人、降吏卒四千一百八十人、破楚軍滎陽東。三年、賜食邑四千二百戶。別之河內、擊趙將賁郝軍朝歌、破之。【集解】賁郝、上音肥、下音釋、【索隱】漢書、作趙賁軍、案此在河北、非曹參樊噲之所擊也、【正義】按言別之河內、疑漢書誤也、【考證】李光縉曰、身得云者、以別於將卒所得也、所將卒得騎將二人、車馬二百五十匹。從攻安陽以東

至棘蒲、下七縣。【考證】錢泰吉曰、車馬同以匹計、恐有脫誤、愚按、車字帶說、洪頤煊曰、趙世家敬侯六年伐魏取棘蒲、正義、今趙州平棘縣古棘蒲邑也、漢書、七縣作十縣、別攻破趙軍、得其將司馬二人候四人、降吏卒二千四百人。從攻下邯鄲、別下平陽、【集解】徐廣曰、鄴有平陽城、【正義】括地志云、平陽故城、在相州臨漳縣西二十五里、身斬守相。所將卒斬兵守郡守各一人。降鄴。【集解】孟康曰、將兵郡守、【考證】漢書、郡下無守各二字、中井積德曰、兵守二字、各字、恐竝衍、漢書作兵守郡一人、亦不通、從攻朝歌·邯鄲、及別擊破趙軍、降邯鄲郡六縣。【集解】徐廣曰、邯鄲、高帝改曰趙國、【考證】王先謙曰、自別之河內至此、皆擊趙事、當在三年韓信張耳擊趙時、別令歙將兵略趙地也、還軍敖倉、破項籍軍成皋南、擊絕楚饟道。起滎陽至襄邑、破項冠軍魯下。【正義】魯城之下、今兗州曲阜縣也、略地東至繒·郯·下邳、【索隱】案地理志、繒屬東海、【正義】今繒城、在沂州丞縣、下邳、泗水縣、郯縣、屬海州、南至蘄·竹邑、擊項悍濟陽下。【索隱】蘄、竹、二邑名、上音機、竹、卽竹邑、【考證】楓三本、濟陽作清陽、還擊項籍陳下、破之。別定江陵。降江陵

柱國大司馬以下八人。身得江陵王、生致之雒陽。【索隱】案孔文祥云、江陵王、共敖子共尉、因定南郡。從至陳、取楚王信。剖符世世勿絕。定食四千六百戶、號信武侯。以騎都尉從擊代、攻韓信平城下、還軍東垣、有功。遷爲車騎將軍、幷將梁·趙·齊·燕·楚車騎。別擊陳豨丞相敞破之。【索隱】小顏云、侯敞、因降曲逆。從擊黥布有功。益封、定食五千三百戶。凡斬首九十級、虜百三十二人。【考證】漢書、三十作四十、沈家本曰、按上文斬首實八十五級、捕虜實百三十人、別破軍十四、降城五十九。定郡國各一、縣二十三、得王·柱國各一人、二千石以下至五百石【集解】徐廣曰、一本無此五字、三十九人。高后五年、歙卒。謚爲肅侯。子亭代侯。二十一年、坐事國人過律、【索隱】案劉氏云、事、役使也、謂使人違律數多也、孝文後三年、奪侯、國除。蒯成侯

緤者、沛人也。姓周氏、常爲高祖參乘。【集解】服虔曰、蒯、音菅、蒯之蒯、【索隱】姓周、名緤、音薛、蒯者鄉名、案三蒼云、蒯鄉、在城父縣、音裴、漢書作鄘、從崩從邑、今書本竝作蒯、音菅蒯之蒯、非也、蘇林音簿催反、晉灼案功臣表、屬長沙、崔浩音簿壞反、楚漢春秋作憑成侯、則裴憑聲相近、此得其實也、【正義】括地志云、蒯亭、在河南西十四里苑中、輿地志云、蒯成縣、故陳倉縣之故鄉聚名也、周緤所封也、晉武帝咸寧四年、分陳倉立蒯成縣、屬始平郡也、以舍人從起沛。至霸上、西入蜀漢。還定三秦、食邑池陽。【正義】雍州涇陽縣西北三里、池陽故城是也、東絕甬道。從出、度平陰、遇淮陰侯兵襄國。軍乍利、乍不利。終無離上心。【集解】徐廣曰、蒯成侯表云、遇淮陰侯軍襄國、楚漢約分鴻溝、以緤爲信武侯、戰不利、不敢離上、【考證】漢書、刪東字、增以從東擊項羽滎陽七字、李慈銘曰、遇韓信軍襄國上下有佚脫、以緤爲信武侯、食邑三千三百戶。【考證】王先謙曰、表云、二千二百戶、高祖十二年、以緤爲蒯成侯、除前所食邑。上欲自擊陳豨。蒯成侯泣曰。始秦攻破天下、未嘗自行。今上常自行。是爲無人可使者乎。上以爲愛我、賜入殿門不趨、殺人不死。【正義】楚漢春秋云、上令殺人不死、入廷不趨也、【考證】梁玉繩曰、諸大功臣、未聞有此賜、中井積德曰、賜殺人不死、是許人作惡也、可謂亂政矣、漢書削此四字、蓋諱之也、兪樾曰、後世鐵券之賜、其昉於此乎、愚按、殺人不死、減死一等也、至孝文五年、緤以壽終。謚爲貞侯。【正義】謚爲尊侯、一作卓、【考證】漢傳、作貞侯、史表作卓侯、尊與貞形近而誤、卓則譌脫貞下半也、子昌代侯。有罪國除。至孝景中二年、封緤子居代侯。【集解】徐廣曰、表云、孝景中元年、封緤子應爲鄲侯、謚康、中二年、侯居立、沛郡有鄲縣、鄲一作鄲、【索隱】鄲、蘇林音多、屬陳國、地理志云、沛郡有鄲縣、案此文云子居、表云子應、不同也、【正義】案表、應鄲侯、一歲卒、侯居代、而文不說者、年少故、鄲音多、【考證】梁玉繩曰、案功臣表、漢書、孝景中元年、封緤子康侯應爲鄲侯、應卒、子仲居嗣、非中二年也、非居也、仲居亦非緤子也、此誤、至元鼎三年、居爲太常。有罪國除。【考證】漢公卿表云、鄲侯周仲居爲太常、坐不收赤側錢收行錢論、

太史公曰。陽陵侯傅寬、信武侯靳歙、皆高爵。【集解】徐廣曰、一無高字、又一本皆從高祖、【正義】言名卑而戶數多者爲高爵也、從高祖起山東、攻項籍、誅殺名將、破軍降城、以十數。未嘗困辱。此亦天授也。蒯成侯周緤、操心堅正、身不見疑。【索隱】操、音倉高反、上欲有所之、未嘗不垂涕。此有傷心者然。【集解】徐廣曰、此一作比、【考證】然字屬下讀、非是、可謂篤厚君子矣。【索隱】述贊、陽陵信武、結髮從漢、動叶人謀、功實天贊、定齊破項、我軍常冠、蒯成委質、夷險不亂、主上稱忠、人臣扼腕、

傅靳蒯成列傳第三十八　史記九十八

文學博士瀧川龜太郎著

史記會注考證

史記會注考證卷九十九

漢　太史令　司馬遷　撰

宋　中郎外兵曹參軍　裴駰　集解

唐　國子博士弘文館學士　司馬貞　索隱

唐　諸王侍讀率府長史　張守節　正義

日本　出雲　瀧川資言　考證

劉敬叔孫通列傳第三十九　史記九十九

【考證】史公自序云、徙彊族、都關中、和約匈奴、明朝廷禮、以宗廟儀法、作劉敬叔孫通列傳第三十九、陳仁錫曰、敬、通皆有高世之智、能爲國家建大計、極得力人、故二人同

傳、梁玉繩曰、案爲敬通立傳、而不言兩人所終、似疏、

劉敬者、齊人也。【索隱】敬、本姓婁、漢書作婁敬、高祖曰、婁即劉也、因姓劉耳、【正義】本姓婁、漢書作婁敬、高祖曰、婁者劉也、賜姓劉氏、漢五年、戍隴西、過洛陽。高帝在焉。婁敬脫輓輅、【集解】蘇林曰、一木橫鹿車前、一人推之、孟康曰、輅、音胡格反、輓、音晚、【索隱】輓者牽也、音晚、輅者、鹿車前橫木、二人前輓、一人後推之、音胡格反、衣其羊裘、【考證】楓、三本、衣作去、誤、查慎行曰、漢書刪去衣其羊裘四字、下段遂無來歷、見齊人虞將軍曰。臣願見上言便事。【考證】虞將軍未詳、漢書、便事作便宜、虞將軍欲與之鮮衣。【索隱】上音仙、鮮衣、美服也、【正義】鮮、鮮潔美服、婁敬曰。臣衣帛、衣帛見、衣褐、衣褐見。終不敢易衣。於是虞將軍入言上。上召入見、賜食。已而問婁敬。婁敬說曰。陛下都洛陽。豈欲與周室比隆哉。上曰。然。婁敬曰。陛下取天下、與周室異。周之先、自后稷堯封之邰、【正義】邰、音胎、雍州武功縣西南二十三里、故斄城是也、說文云、邰、炎帝之後、姜姓所封國、弃外家也、毛萇云、邰、姜嫄國、

堯見天因邰而生后稷、故因封於邰也、積德累善、十有餘世、公劉避桀居豳。太王以狄伐故去豳、杖馬箠居岐。國人爭隨之。【集解】張晏曰、言馬箠示約、【正義】杖、音直尙反、箠、音竹委反、杖、持也、【考證】中井積德曰、公劉避桀、他無所見、蓋當時流傳之說、不及深辯、王先謙曰、詩大雅緜之詩云、古公亶父、來朝走馬、率西水滸、至於岐下、敬語本之、但言策往岐耳、愚按楓、三本、隨作歸、與漢書合、及文王爲西伯、斷虞·芮之訟、始受命、呂望·伯夷、自海濱來歸之。【正義】呂望宅及廟、在蘇州海鹽縣西也、伯夷孤竹國、在平州、皆濱東海也、【考證】中井積德曰、始受命、是俗說、愚按孟子離婁篇、伯夷避紂、居北海之濱、太公避紂、居東海之濱、武王伐紂。不期而會孟津之上、八百諸侯。皆曰。紂可伐矣。遂滅殷。成王即位、周公之屬傅相焉。迺營成周洛邑。【正義】括地志云、故王城、一名河南城、本郟鄏、周公所築、在洛州河南縣北九里苑中東北隅、帝王紀云、武王伐紂、營洛邑、而定鼎焉、按此即營都城也、書云、乃營成周、括地志云、洛陽故城、在洛州洛陽城東二十六里、周公所築、即成周城也、尙書曰、成周既成、遷殷頑民、帝王世紀云、居邶鄘之衆、按劉敬說周之美、豈言居頑民之所、以此而論、漢書非也、【考證】張文虎曰、正義所引尙書、是多士序文、尙書下疑脫序字、漢書疑亦當作書序、以此爲天下之中也。

考證漢書作以爲此天下中、諸侯四方納貢職、道里均矣。有德則易以王、無德則易以亾。考證何焯曰、周公營洛、止以爲朝會諸侯之處、非遂居之也、則道里均之說長、無德易亡、不欲阻險、乃後世儒生推測聖人之過、周公本意、夫豈然哉、然言此於高帝之前、著都洛之非、則易以入耳矣、凡居此者、欲令周務以德致人、不欲依阻險、令後世驕奢以虐民也。正義言帝王阻險之地、令後世驕奢之主役民、則虐苦也、考證周徧也、漢書刪、及周之盛時、天下和洽、四夷鄉風、慕義懷德、附離而竝事天子。集解莊子曰、附離不以膠漆也、索隱案謂使離者相附也、義見莊子、正義有德則離散之民、歸附之、考證離、麗也、附也、附離、二字一意、莊子胠篋篇、義同、不屯一卒、不戰一士、八夷大國之民、莫不賓服效其貢職。及周之衰也、分而爲兩、天下莫朝。周不能制也。正義公羊傳云、東周者何、成周也、西周者何、王城也、按周自平王東遷以下十二王、皆都王城、至敬王、乃遷都成周、王赧又居王城也、考證中井積德曰、周幽王以上、未嘗遷洛也、平王以下、則不足論、都關中、乃所以比於成康、都洛陽、則纔可比於衰周、事實顚倒、又曰、周季有東西周、兩周公據焉、天子特寄食耳、故東西周之號、非指天子之都而言、非其德薄也。

而形勢弱也。今陛下收豐沛、起卒三千人、考證各本、豐下衍擊字、今從楓、三本、毛本、凌引一本、以之徑往、而卷蜀漢、定三秦、與項羽戰滎陽、爭成皐之口、大戰七十、小戰四十、使天下之民肝腦塗地、父子暴骨中野、不可勝數。哭泣之聲未絕、傷痍者未起、而欲比隆於成·康之時。正義痍、音夷、創也、臣竊以爲不侔也。且夫秦地被山帶河、四塞以爲固。卒然有急、百萬之衆可具也。因秦之故資、甚美膏腴之地、此所謂天府者也。索隱案戰國策蘇秦說惠王曰、大王之國、地勢形便、此所謂天府、高誘注云、府、聚也、考證府、庫也、陛下入關而都之、山東雖亂、秦之故地可全而有也。夫與人鬬、不搤其亢、拊其背、未能全其勝也。集解張晏曰、亢、喉嚨也、索隱搤、音厄、亢、音胡朗反、一音胡剛反、蘇林以爲亢頸大脈、俗所謂胡脈也、考證顏師古曰、搤與扼同、謂捉持之、愚按項羽紀云、人說項王曰、關中阻山河四塞、地肥饒、可都以霸、項王不聽、淮陰侯傳、韓信論項羽曰、項王

雖竊天下而臣諸侯、不居關中、而都彭城、由是觀之、定都關中以制天下、當時識者所見皆然、未必待婁敬張良、今陛下入關而都、案秦之故地、此亦搤天下之亢而拊其背也。高帝問羣臣。羣臣皆山東人、爭言、周王數百年、秦二世卽亾、不如都周。考證中井積德曰、群臣無學、亦不知盛周之都于關中也、上疑未能決。及留侯明言入關便、卽日車駕西都關中。索隱案謂卽日西都之計定也、考證董份曰、書卽日、見高帝從諫如轉圜、於是上曰。本言都秦地者婁敬。婁者乃劉也。賜姓劉氏、拜爲郎中、號爲奉春君。索隱案張晏云、春爲歲之始、以其首謀都關中、故號奉春君、考證錢大昕曰、婁、劉聲近、今吳中人呼婁江曰劉河、吾婁塘市、土人亦呼爲劉、周壽昌曰、後漢書禮儀志、貙劉之禮、漢儀注、作貙婁、古今注、風俗通、竝作貙膢、足證古婁劉二字一音、中井積德曰、奉春、恐不必有意、只是邑名耳、漢七年、韓王信反。高帝自往擊之。至晉陽。聞信與匈奴欲共擊漢、上大怒、使人使匈奴。匈奴匿其壯士肥牛馬、但見老弱及羸畜。正義上力爲反、下許又反、

使者十輩來。皆言匈奴可擊。考證漢書可作易、上使劉敬復往使匈奴。還報曰。兩國相擊。此宜夸矜見所長。集解韋昭曰、夸、張、矜、大也、今臣往、徒見羸瘠老弱。索隱羸瘠、上力爲反、瘠、音積、瘠、瘦也、漢書作胔、音漬、胔肉也、恐非、考證瘠、在亦反、此必欲見短、伏奇兵以爭利。愚以爲匈奴不可擊也。是時漢兵已踰句注、二十餘萬兵已業行。正義句注山、在代州鴈門縣西北三十里、考證漢書、二十餘萬作三十餘萬、與匈奴傳同、此誤、劉淇曰、業、既已也、史記外戚世家、太后業已許之、留侯世家、良業爲取履、劉敬傳、是時漢兵已踰句注二十餘萬兵已業行、業已、已業、竝重言也、王先謙曰、句注、地理志、在廣武、上怒罵劉敬曰。齊虜以口舌得官。今迺妄言沮吾軍。索隱沮、音才敘反、詩傳曰、沮、止也、壞也、考證劉敬、齊人、械繫敬廣武。索隱地理志、縣名、屬鴈門、正義廣武故縣、在句注山南也、考證廣武、在代州西十五里、志屬太原、遂往至平城。考證丁謙曰、據水經注、平城、今大同府城、白登山、在平城東十七里、亦見水經注、匈奴果出奇兵、圍高帝白登、七日。然後得解。高帝至廣武、赦敬曰。吾不用公

言、以困平城。吾皆已斬前使十輩言可擊者矣。迺封敬二千戶、爲關內侯、號爲建信侯。高帝罷平城歸。韓王信亡入胡。當是時、冒頓爲單于、兵彊、控弦三十萬、數苦北邊。〔集解〕應劭曰、控、引也。〔正義〕謂能引弓者三十萬人也、〔考證〕漢書、三十萬作四十萬、與匈奴傳合、 上患之、問劉敬。劉敬曰、天下初定、士卒罷於兵。未可以武服也。冒頓殺父代立、妻羣母、以力爲威。未可以仁義說也。獨可以計久遠子孫爲臣耳。然恐陛下不能爲。上曰、誠可、何爲不能。顧爲柰何。劉敬對曰、陛下誠能以適長公主妻之、厚奉遺之、〔考證〕顏師古曰、適讀曰嫡、謂皇后所生、 彼知漢適女送厚、蠻夷必慕以爲閼氏。生子必爲太子、代單于。何者貪漢重幣。陛下以歲時漢所餘、彼所鮮、數問遺、〔考證〕鮮、少也、 因使辯士風諭以禮節。冒頓在、固爲子婿。死則外孫爲單于。〔考證〕楓、三本、在作存、 豈嘗聞外孫敢與大父抗禮者哉。兵可無戰、以漸臣也。若陛下不能遣長公主、而令宗室及後宮詐稱公主、彼亦知、不肯貴近。無益也。〔考證〕楓山本、室下有女字、 高帝曰、善。欲遣長公主。呂后日夜泣曰、妾唯太子一女。柰何弃之匈奴。上竟不能遣長公主。〔考證〕梁玉繩曰、案張耳傳、魯元公主、于高帝五年適趙王敖、至是時已三年矣、而云以妻單于、豈將奪而嫁之乎、婁敬之言悖也、乃帝善其言、卽欲遣公主、有是理哉、必非事實、愚按、徐孚遠、錢大昕、洪頤煊、沈欽韓、皆有是說、 而取家人子、名爲長公主、妻單于、使劉敬往結和親約。〔正義〕顏師古曰、於外庶人之家取女、而名之爲公主、〔考證〕周壽昌曰、漢制、良家子入宮無職號者、謂爲家人子、有上家人子、中家人子之號、顏注謬、馮唐傳、士卒盡家人子、則是庶人之家子、不能與此同解也、王先謙曰、據匈奴傳、使敬奉宗室女翁主爲單于閼氏、是家人子、迺宗室女也、 劉敬從匈奴來。〔考證〕楓、三本、從下有使字、 因言、匈奴河南白羊・樓煩王、去長安近者七百

里。輕騎一日一夜、可以至秦中。〔集解〕張晏云、白羊、匈奴國名、〔索隱〕案張晏云、白羊國名、二者竝在河南、河南者案在朔方之河南、舊竝匈奴地也、今亦謂之新秦中、〔正義〕白羊樓煩、兩胡國名、在朔方之南、靈夏勝等三州之地、秦得之、號秦新中、漢爲朔方郡、而勝州河東□嵐州、亦樓煩胡地也、 秦中新破、少民、地肥饒、可益實。〔考證〕顏師古曰、秦中、謂關中、故秦地也、新破、謂經兵革之後、未殷實、 夫諸侯初起時、非齊諸田、楚昭・屈・景、莫能興。〔考證〕陳項起事、非齊楚名族合力、不能滅秦、 今陛下雖都關中、實少人。北近胡寇、東有六國之族宗彊。〔考證〕楓、三本、中下有其、漢書、族宗彊、作彊族、 一日有變、陛下亦未得高枕而臥也。臣願陛下徙齊諸田、楚昭・屈・景、燕・趙・韓・魏後、及豪桀名家居關中、無事、可以備胡、諸侯有變、亦足率以東伐。此彊本弱末之術也。上曰、善。迺使劉敬徙所言關中十餘萬口。〔索隱〕案小顏云、今高陵櫟陽諸田、華陰好時諸景、及三輔諸屈、諸懷、尙多、皆此時所徙也、〔考證〕凌稚隆曰、不載敬所終、 叔孫通者、薛人也。〔集解〕晉灼曰、楚漢春秋、名何、〔索隱〕按楚漢春秋云、名何、薛、縣名、屬魯國、〔考證〕沈欽韓曰、據孔叢爲孔鮒弟子、周壽昌曰、此尙是秦之薛郡也、觀下亡去之薛、及項梁之薛、皆爲秦薛郡可知、 秦時以文學徵、待詔博士數歲。陳勝起山東。使者以聞。二世召博士諸儒生問曰、楚戍卒攻蘄入陳。於公如何。博士諸生三十餘人前曰、人臣無將。將卽反。罪死無赦。〔集解〕瓚曰、將、謂逆亂也、公羊傳曰、君親無將、將而必誅、〔正義〕將、謂將帶群衆也、〔考證〕公羊莊三十二年、昭元年傳竝云、君親無將、將而誅焉、將、既有其意、未行其事也、 願陛下急發兵擊之。二世怒作色。〔考證〕顏師古曰、不許其言陳勝爲反、 叔孫通前曰、諸生言皆非也。夫天下合爲一家、毀郡縣城、鑠其兵、示天下不復用。且明主在其上、法令具於下、使人人奉職、四方輻輳。安敢有反者。〔考證〕顏師古曰、輳、聚也、言如車輻之聚於轂也、字或作湊、 此特羣盜鼠竊狗盜耳。何足置之齒牙閒。郡守尉今捕論。何足憂。二世喜曰、善。盡問諸生。諸生或言反、或

言盜。於是二世令御史案諸生言反者下吏。非所宜言。諸言盜者、皆罷之。迺賜叔孫通帛二十匹・衣一襲、拜爲博士。【索隱】案國語、謂之一稱、賈逵案禮記、袍必有表、不單、衣必有裳、謂之一稱、杜預云、衣單複具云稱也、【正義】衣單複具爲一襲也、【考證】顏師古曰、一襲、上下皆具也、今人呼爲一副也、張文虎曰、索隱案國語謂之一稱、中統、游、王、柯本同、單本作國語云一稱、案國語、不見此文、凌本遂改爲古語、錢警石云、疑是閔二年左傳祭服五稱注文、　叔孫通已出宮反舍。諸生曰。先生何言之諛也。通曰。公不知也。我幾不脫於虎口。【正義】幾、音祈、　迺亡去之薛。薛已降楚矣。及項梁之薛、叔孫通從之。敗於定陶。從懷王。懷王爲義帝徙長沙。叔孫通留事項王。漢二年、漢王從五諸侯入彭城。叔孫通降漢王。漢王敗而西。因竟從漢。叔孫通儒服。漢王憎之。迺變其服、服短衣。楚製。漢王喜。【索隱】案孔文祥云、短衣便事、非儒者衣服、高祖楚人、故從其俗裁製、【考證】中井積德曰、楚製、謂服楚俗之製耳、非學高祖之服、

高祖已爲漢王、恐不服短衣、但其將卒多楚俗已、　叔孫通之降漢、從儒生弟子百餘人。然通無所言進、專言諸故羣盜壯士進之。弟子皆竊罵曰。事先生數歲、幸得從降漢。今不能進臣等、專言大猾。何也。【索隱】案類集云、猾、狡也、音滑、　叔孫通聞之、迺謂曰。漢王方蒙矢石爭天下。【集解】漢書音義曰、謂發石以投人、【正義】蒙、猶被也、冒也、　諸生寧能鬬乎。故先言斬將搴旗之士。諸生且待我。我不忘矣。【集解】張晏曰、搴、卷也、瓚曰、拔取曰搴、楚辭曰、朝搴阰之木蘭、【索隱】搴、音起焉反、又己勉反、案方言云、南方取物云搴、許愼云、搴、取也、王逸云、阰、山名、又案埤蒼云、山在楚、音毗、【考證】凌稚隆曰、此專寫叔孫通希世免禍與時變化處、　漢王拜叔孫通爲博士、號稷嗣君。【集解】徐廣曰、蓋言其德業足以繼蹤齊稷下之風流也、駰案漢書音義曰、稷嗣、邑名、【考證】徐孚遠曰、是時功臣多有名號、侯者、叔孫無軍功、安得封邑、徐說爲長、　漢五年、已幷天下、諸侯共尊漢王爲皇帝於定陶。叔孫通就其儀號。【考證】顏師古曰、就、成也、　高帝悉去秦苛儀、法爲簡易。

羣臣飲酒爭功、醉或妄呼、拔劍擊柱。高帝患之。叔孫通知上益厭之也。說上曰。夫儒者難與進取、可與守成。臣願徵魯諸生、與臣弟子共起朝儀。高帝曰。得無難乎。叔孫通曰。五帝異樂、三王不同禮。禮者、因時世人情爲之節文者也。故夏・殷・周之禮、所因損益可知者、謂不相復也。臣願頗采古禮、與秦儀雜就之。【考證】論語爲政篇、殷因於夏禮、所損益可知也、周因於殷禮、所損益可知也、顏師古曰、復、重也、因也、音扶目反、徐孚遠曰、叔孫生爲秦博士、秦儀其素習也、故就采之、　上曰。可試爲之。令易知。度吾所能行爲之。於是叔孫通使徵魯諸生三十餘人。魯有兩生不肯行。曰。公所事者且十主。皆面諛以得親貴。【考證】胡三省曰、通事秦始皇、二世、陳涉、項梁、楚懷王、項羽及帝、凡七主、且、或也、言或及十主也、愚按通未事陳涉、胡說七主、當作六主、　今天下初定、死者未葬、傷者未起。又欲起禮樂。禮樂

所由起、積德百年而後可興也。吾不忍爲公所爲。公所爲不合古。吾不行。公往矣。無汙我。叔孫通笑曰。若眞鄙儒也。不知時變。【考證】若、汝也、王維楨曰、敘兩生不行語、亦因以著叔孫人品耳、葉適曰、叔孫通以刓方希世爲儒者所貶、然豈知通於嬴秦勝羽中、以其所學綿蕝自立之爲難也、儒術賴以粗傳、眞叔孫通陸賈之力、觀兩生所言、殆亦未知者、　遂與所徵三十人西、及上左右爲學者、與其弟子百餘人、爲緜蕞野外、習之月餘。【集解】徐廣曰、表位標準、音子外反、駰案如淳曰、置設緜索、爲習肄處、蕞、謂以茅翦樹地爲纂位、春秋傳曰、置茅蕝也、【索隱】徐音子外反、如淳云、翦茅樹地爲纂位、尊卑之次、蘇林音纂、韋昭云、引繩爲緜、立表爲蕞、音茲會反、按賈逵云、束茅以表位爲蕝、又纂文云、蕝、今之纂字、包愷音卽悅反、又音纂、【正義】於野外、卽縛茅竹、表爲纂立尊卑之位也、蕝、子悅反、又子芮反、若今之纘也、【考證】中井積德曰、綿、連綿之義、表蕞綿綿相聯屬也、王先謙曰、緜者引繩營之、使連綿也、愚按野外二字、屬上句、　叔孫通曰。上可試觀。上既觀、使行禮曰。吾能爲此。【考證】應度吾所能行爲之、　迺令羣臣習肄、會十月。【索隱】肄亦習也、音異、【考證】張文虎曰、毛本、索隱本作習肄、各本譌習隸、王先謙曰、會十月、連上爲文、謂令羣臣習肄、以十月朝會也、顏師古以三字屬下、訓會爲適

會誤、中井積德亦有此說、漢七年、長樂宮成。諸侯羣臣皆朝。【考證】漢高紀五年後九月、治長樂宮、至此始成也、長樂宮、本秦之興樂宮、在長安城東隅、十月儀、【索隱】小顏云、漢以十月爲正、故行朝歲之禮、史家追書十月也、案諸書竝云十月爲歲首、不言以十月爲正月、古今注亦云、羣臣始朝十月也、【考證】岡白駒曰、諸侯羣臣皆朝、句、十月儀、句、先平明以下、卽十月朝儀也、故先擧其標題云十月儀、顏師古注漢書、以十月屬上、非也、先平明、謁者治禮、引以次入殿門。廷中、陳車騎、步卒衛官、設兵張旗志。【集解】徐廣曰、一作幟、傳言趨。【索隱】案小顏云、傳聲教入者、皆令趨、趨疾行致敬也、【考證】漢書、言作曰、殿下、郎中俠陛。陛數百人。【考證】顏師古曰、俠與挾同、挾其兩旁、每陛皆數百人也、功臣列侯、諸將軍軍吏、以次陳西方東鄉。文官丞相以下、陳東方西鄉。大行設九賓臚傳。【集解】漢書音義曰、傳從上下爲臚、【索隱】漢書云、設九賓臚句傳、蘇林云、上傳語告下爲臚、下傳語告上爲句、臚猶行者矣、韋昭云、大行人掌賓客之禮、今謂之鴻臚也、九賓、則周禮九儀也、謂公侯伯子男孤卿大夫士也、漢依此以爲臚傳、依次傳令上也、向秀注莊子云、從上語下爲臚、音閭、句、音九注反、【考證】張文虎曰、各本臚下有句字、索隱本無、王念孫曰、臚下句字、後人依漢書加之、集解引漢書音義、但釋臚字、不釋句字、此其證、言臚可以該句也、中井積德曰、賓、掌賓客之

官、賓儐同、九儐、九人列次、以應對賓客而導送之也、於是皇帝輦出房。【索隱】案輿服志云、殷周以輦載軍器、職載芻豢、至秦始去其輪而輿爲尊也、百官執職傳警。【集解】徐廣曰、職、一作幟、【索隱】職、音幟、亦音試、傳警者、漢儀云、帝輦動則左右侍帷幄者稱警、是也、【考證】漢書、職作戟、朱慈銘曰、幟、俗字、古止作職、漢書作戟、蓋謁漢惟郎執戟、上所云俠陛者也、引諸侯王以下至吏六百石、以次奉賀。自諸侯王以下、莫不振恐肅敬。至禮畢、復置法酒。【集解】文穎曰、作酒令法也、蘇林曰、常會須天子中起更衣、然後入置酒矣、【索隱】按文穎云、作酒法令也、姚氏云、進酒有禮也、古人飲酒不過三爵、君臣百拜、終日宴、不爲之亂也、【正義】姚察云、諸侯羣臣於奏賀禮畢、皆復置法酒、及侍坐殿上者、皆伏而抑首也、謂之法酒者、異於私燕之酒、言進止有禮法也、古人飲不過三爵、君臣百拜、終日宴而不亂也、【考證】漢書復一字、作盡伏二字、與史義異、顏師古曰、法酒者、猶言禮酌、謂不飲之至醉、中井積德曰、此酒所以行禮、非食味也、故曰法酒、愚按下文諸侍坐殿上至無敢讙譁者、敘法酒事、諸侍坐殿上、皆伏抑首、【集解】如淳曰、抑、屈、【正義】畏禮法、不敢平面視也、以尊卑次起、上壽。觴九行、謁者言罷酒。御史執法、擧不如儀者、輒引去。【考證】滑稽傳云、賜酒大王之前、執法在旁、御史在後、竟朝置酒、無敢讙譁失禮者。【考證】楓三本、置作罷、張

文虎曰、柯淩、讙作讙、於是高帝曰。吾迺今日知爲皇帝之貴也。迺拜叔孫通爲太常、賜金五百斤。【正義】百官公卿表云、叔孫通、高祖七年爲奉常、至景帝中六年、始改奉常爲太常、按云太常、以修史時言也、【考證】是傳、兩太常、漢書竝作奉常、愚按使爭功殿上、妄呼拔劍擊柱者、略有節度、叔孫通之功、不可沒也、叔孫通因進曰。諸弟子儒生、隨臣久矣。與臣共爲儀。願陛下官之。高帝悉以爲郎。叔孫通出、皆以五百斤金賜諸生。諸生迺皆喜曰。叔孫生誠聖人也。知當世之要務。漢九年、高帝徙叔孫通爲太子太傅。漢十二年、高祖欲以趙王如意易太子。叔孫通諫上曰。昔者晉獻公、以驪姬之故、廢太子立奚齊、晉國亂者數十年、爲天下笑。秦以不蚤定扶蘇、令趙高得以詐立胡亥、自使滅祀。此陛下所親見。今太子仁孝、天下皆聞之。呂后與陛下攻苦食

啖。其可背哉。【集解】徐廣曰、攻、猶今人言擊也、啖、一作淡、駰案、如淳曰、食無菜茹爲啖、【索隱】案孔文祥云、與帝共攻冒苦難、俱食淡也、案說文云、淡、薄味也、音唐敢反、【考證】中井積德曰、攻、治也、謂食淡味而操苦業、陛下必欲廢適而立少、臣願先伏誅、以頸血汙地。【索隱】楚漢春秋、叔孫何云、臣三諫不從、請以身當之、撫劍將自殺、上離席云、吾聽子計、不易太子、高帝曰。公罷矣。吾直戲耳。叔孫通曰。太子、天下本。本一搖、天下振動。柰何以天下爲戲。高帝曰。吾聽公言。及上置酒、見留侯所招客從太子入見、上迺遂無易太子志矣。【正義】招客、謂四皓也、【考證】中井積德曰、通既爲太子太傅、則所以自任者厚、而用心切矣、不復有從前希世之態也、論者或以此亦爲希世之說、大失之、高帝崩、孝惠卽位。迺謂叔孫生曰。先帝園陵寢廟、羣臣莫能習。徙爲太常。定宗廟儀法、及稍定漢諸儀法、皆叔孫生爲太常所論著也。【考證】王念孫曰、莫能習、當作從漢書莫習、謂羣臣未習此禮也、北堂書鈔設官部、藝文類聚職官部引史記、竝無能字、洪頤煊曰、禮樂志、今叔孫通所撰禮儀、與律令同錄、藏於理官、法家又復不傳、漢典寢而不著、民臣

莫有言者、後漢書曹褒傳、章和元年正月、乃召褒詣嘉德門、令小黃門持班固所上叔孫通漢儀十二篇、勅褒曰、此制散略、多不合經、今宜依禮條正、使可施行、王充論衡射短篇、高祖詔叔孫通作儀品十六篇、視班固所上、增加四篇、

孝惠帝爲東朝長樂宮、及閒往、數蹕煩人。【集解】關中記曰、長樂宮、本秦之興樂宮也、漢太后常居之、【索隱】韋昭云、蹕、止人行也、按長樂未央宮、東西相去稍遠、閒往、謂非時也、中閒往來、淸道煩人也、【正義】樗里子傳云、漢興、長樂宮在其東、未央宮在其西、武庫正直其北、案共在故長安城中、【考證】張文虎曰、各本往下衍來字、索隱本無、與漢書合、 迺作複道、方築武庫南。【集解】韋昭曰、閣道也、如淳曰、作複道、方始築武庫南、 叔孫生奏事。因請閒曰。陛下何自築複道。高寢衣冠、月出游高廟。高廟漢太祖。柰何令後世子孫乘宗廟道上行哉。【集解】應劭曰、月旦出高帝衣冠、備法駕、名曰游衣冠、如淳曰、三輔黃圖、高寢在高廟西、高祖衣冠藏在高寢、月出游於高廟、其道値所作複道下、故言乘宗廟道上行、【正義】服虔云、持高廟中衣、月旦以游於衆廟、已而復之也、應劭云、月旦出高帝衣冠、備法駕、名曰游衣冠、如淳云、高祖之衣冠藏在宮中之寢、三月出游、其道正値今之所作複道下、故言乘宗廟道上行也、晉灼云、黃圖、高廟在長安城門街東、寢在桂宮北、服言衣藏於廟中、如言宮中衣冠、游於高廟、每月一爲之、漢制則然、後之學者、不曉其意、謂以月出之時、夜游衣冠、失之遠矣、【考證】沈欽韓曰、衣冠藏於陵寢、月朔則出游高廟、漢書平帝紀、義陵寢、

神衣在柙中、旦衣在外牀上、寢令以急變聞者、是也、 孝惠帝大懼曰。急壞之。叔孫生曰。人主無過擧。【索隱】案謂擧動有過也、左傳云、君擧必書、【考證】中井積德曰、過擧、猶錯擧也、周壽昌曰、此周公對成王語、語見史記梁孝王傳、 今已作。百姓皆知之。今壞此。則示有過擧。願陛下爲原廟渭北。衣冠月出游之。益廣多宗廟、大孝之本也。【正義】按括地志云、高廟在長安縣西北十三里渭南、長安故城在中、長陵在渭北、咸陽縣東三十里、按更於渭北爲原廟、則衣冠每月出游高廟、不渡渭南、明顏說是也、【考證】顏師古曰、原、重也、先已有廟、今更立之、故云重也、王先謙曰、黃圖、高祖長陵在渭水北、去長安三十五里、原廟旣成、則陵寢衣冠、但月游原廟、不至城中高帝廟、故復道無妨也、 上迺詔有司立原廟。原廟起、以複道故。孝惠帝曾春出游離宮。【考證】楓、三本、曾下有嘗字、 叔孫生曰。古者有春嘗果。方今櫻桃孰。可獻。【索隱】案呂氏春秋、仲春羞以含桃、先薦寢廟、高誘云、進含桃也、鶯鳥所含、故曰含桃、今之朱櫻卽是也、【正義】禮記云、仲夏之月、以含桃先薦寢廟、鄭玄云、含桃、今謂之櫻桃、 願陛下出、因取櫻桃獻宗廟。上迺許之。諸果獻由此興。【考證】中井積德曰、獻櫻桃、是事之宜者、且因游發之、亦納約之宜者、

未可以希世譏之、淩稚隆曰、亦不載通所終、

太史公曰。語曰。千金之裘、非一狐之腋也。臺榭之榱、非一木之枝也。三代之際、非一士之智也。信哉。【考證】楓本、腋作皮、顏師古曰、此語本出愼子、 夫高祖起微細。定海內、謀計用兵、可謂盡之矣。然而劉敬脫輓輅、一說建萬世之安。智豈可專邪。叔孫通希世、度務制禮、進退與時變化、卒爲漢家儒宗。大直若詘。【索隱】音屈、【考證】老子四十一章、大直若屈、大巧若拙、 道固委蛇。【索隱】音移、 蓋謂是乎。

【索隱】述贊、厦藉衆幹、裘非一狐、委輅獻說、緜蕝陳書、皇帝始貴、車駕西都、旣安太子、又和匈奴、奉春稷嗣、其功可圖、

劉敬叔孫通列傳第三十九　　史記九十九

文學博士瀧川龜太郎著

史記會注考證

史記會注考證卷一百

漢　太史令司馬遷撰

宋中郎外兵曹參軍裴駰集解

唐國子博士弘文館學士司馬貞索隱

唐諸王侍讀率府長史張守節正義

日本　出雲瀧川資言考證

季布欒布列傳第四十　史記一百

【考證】史公自序云、能摧剛作柔、卒爲列臣、欒公不劫於勢而倍死、作季布欒布列傳第四十、陳仁錫曰、二布皆任俠、故同傳、

季布者、楚人也。爲氣任俠、有名於楚。【集解】孟康曰、信交道曰任、如淳曰、相與信爲任、同是非爲俠、所謂權行州里、力折公侯者也、或曰、任、氣力也、俠、俜也、【索隱】任、而禁反、俠、音協、如淳曰、相與信爲任、同是非爲俠、權行州里、力折公侯者、其說爲近、俜、音普丁反、其義難喩、【考證】爲氣、使氣也、中井積德曰、任者以人之緩急爲己之任、俠者、好立節義之謂也、愚按、俠、挾持人事也、猶任也、項籍使將兵。數窘漢王。【集解】如淳曰、窘、困也、及項羽滅、高祖購求布千金。敢有舍匿、罪及三族。季布匿濮陽周氏。周氏曰。漢購將軍急。迹且至臣家。【考證】楓山、三條本、購作求、與漢書合、顏師古曰、迹、尋其蹤迹也、將軍能聽臣、臣敢獻計。卽不能、願先自剄。季布許之。迺髡鉗季布、衣褐衣、置廣柳車中。【集解】服虔曰、東郡謂廣轍車爲柳、鄧展曰、皆棺飾也、載以喪車、欲人不知也、李奇曰、大牛車也、車上覆爲柳、瓚曰、茂陵書中有廣柳車、每縣數百乘、是今運轉大車是也、【索隱】案服虔臣瓚所據云、東郡謂廣轍車爲廣柳車、及茂陵書稱每縣廣柳車數百乘、則凡大車任載運者、通名廣柳車、然則柳爲車通名、鄧展所說、柳皆棺飾、載以喪車、欲人不知也、事義相協、最爲通允、故禮曰、設柳翣、爲使人勿惡也、鄭玄注周禮云、柳、聚也、諸飾所聚也、則是喪車稱柳、後人通謂車爲柳也、【正義】褐衣、麁布也、劉熙注孟子云、織爲之、如今馬衣也、廣柳車、鄭氏曰、作大柳衣車、若周禮喪車也、晉

灼曰、周禮翣柳、柳、聚也、衆飾之所聚也、此爲載以喪車、欲人不知也、鄧展曰、皆棺飾也、顏師古曰、同也、【考證】中井積德曰、車有牆屏、卽是柳矣、不必喪車、并與其家僮數十人、之魯朱家所賣之。朱家心知是季布。迺買而置之田。【考證】朱家、見游俠傳、楓山、三條本、田下有舍字、與漢書合、誡其子曰。田事聽此奴、必與同食。朱家迺乘軺車之洛陽、見汝陰侯滕公。【集解】徐廣曰、軺車、馬車也、【索隱】案謂輕車一馬車也、【考證】中井積德曰、乘一馬車、蓋潛行、欲人不知也、顏師古曰、滕公、夏侯嬰也、本爲滕令、遂號爲滕公、滕公畱朱家、飲數日。因謂滕公曰。季布何大罪。而上求之急也。滕公曰。布數爲項羽窘上。上怨之。故必欲得之。朱家曰。君視季布何如人也。曰。賢者也。朱家曰。臣各爲其主用。季布爲項籍用。職耳。項氏臣可盡誅邪。【正義】布爲羽將、而迫窘高祖、是布之職耳、【考證】楓山、三條本、項氏作項羽、今上始得天下。獨以己之私怨求一人。何示天下之不廣也。且以季布之賢、而

漢求之急如此。此不北走胡、卽南走越耳。夫忌壯士以資敵國。此伍子胥所以鞭荊平王之墓也。君何不從容爲上言邪。汝陰侯滕公、心知朱家大俠、意季布匿其所、迺許曰。諾。待閒、果言如朱家指。上迺赦季布、【考證】楓山三條本、待作得、漢書作侍、當是時、諸公皆多季布能摧剛爲柔。朱家亦以此名聞當世。季布召見、謝。上拜爲郎中。孝惠時、爲中郎將。單于嘗爲書嫚呂后、不遜。【考證】匈奴書、見漢書匈奴傳、本史不載、呂后大怒、召諸將議之。上將軍樊噲曰。臣願得十萬衆、橫行匈奴中。諸將皆阿呂后意曰。然。季布曰。樊噲可斬也。夫高帝將兵四十餘萬衆、困於平城。【考證】楓山三條本、夫下有以字、漢書四作三、無衆字、梁玉繩曰、四當作三、此述季布語頗略、宜參漢傳及匈奴傳觀之、中井積德曰、衆字宜削、今噲奈何以十萬衆橫行匈

奴中。面欺。且秦以事於胡、陳勝等起。于今創痍未瘳。噲又面諛、欲搖動天下。是時殿上皆恐。太后罷朝。遂不復議擊匈奴事。季布爲河東守。孝文時、人有言其賢者。孝文召欲以爲御史大夫。復有言其勇使酒難近。【索隱】使、音如字、近、音其靳反、因酒縱性、謂之使酒、卽酗酒也、【考證】顏師古曰、近、謂附近天子爲大臣也、顧炎武曰、難近、謂令人畏而遠之、顏注非、至。留邸一月、見罷。【正義】卽謂諸郡朝宿之舍、在京都也、【考證】見罷、罷而令還郡也、季布因進曰。臣無功竊寵、待罪河東。【索隱】季布言己無功能、竊承恩寵、得待罪河東、其詞典省而文也、陛下無故召臣。此人必有以臣欺陛下者。今臣至。無所受事罷去。此人必有以毀臣者。【考證】張文虎曰、宋本無以字、與漢書合、夫陛下以一人之譽而召臣、一人之毀而去臣。臣恐天下有識聞之、有以闚陛下也。【集解】韋昭曰、闚見陛下深淺也、【考證】楓山三條本、召臣下有以字、上默然慙。良久曰。河東

吾股肱郡。故特召君耳。【考證】各本、脫然字、楓山三條本、舊刻、淩引一本有、今補、慙字後人依漢書補、宜削、默然良久、史公常用字面、楓、三本、郡下有也字、張文虎曰、宋本、中統、王、毛、特作時、布辭之官。楚人曹丘生辯士。數招權顧金錢。【集解】孟康曰、招、求也、以金錢事權貴、而求得其形勢、以自炫燿也、文穎曰、事權貴也、與通勢、以其所有辜較、請託金錢以自顧、【索隱】義如孟康文穎所說、辜較、音姑角、【正義】言曹丘生依倚貴人、用權勢屬請、數求他人、顧錢、貲金錢也、【考證】數招六字、未詳、疑有譌脫、顏師古曰、言招求貴人威權、因以請託、得他人顧金錢也、劉攽曰、招權、謂作爲形勢、招權歸己也、顧金錢者、志在金錢也、顧、猶念也、中井積德曰、攀緣貴戚、作己權勢、管請託、顧、雇也、爲人幹事而取值也、沈家本曰、漢書鼂錯傳顏師古注、顧、讎也、若今言雇賃也、按讎、猶荅也、酬荅也、後漢桓帝紀注、雇猶酬也、顧雇同聲、得假借、言數招權、而人酬荅以金錢也、姑錄諸說備考、事貴人趙同等、【集解】徐廣曰、漢書作趙談、司馬遷以其父名談故改之、【考證】趙同又見袁盎傳、宦者、同蓋其字、與竇長君善。【考證】竇長君、景帝舅、見外戚傳、季布聞之、寄書諫竇長君曰。吾聞曹丘生非長者。勿與通。及曹丘生歸、欲得書請季布。【集解】張晏曰、欲使竇長君爲介於布請見、【考證】請、謁也、竇長君曰。季將軍不說足下。足下無往。固請書、遂行。使人先發書。季布

果大怒待曹丘。曹丘至、卽揖季布曰。楚人諺曰、得黃金百斤、不如得季布一諾。【考證】二人楚人、故引楚諺、中井積德曰、漢書無斤字、此蓋後人攙入、非史記之舊、愚按、百諾韻、足下何以得此聲於梁・楚閒哉。且僕楚人、足下亦楚人也。僕游揚足下之名於天下。顧不重邪。【考證】楓山、三條本、也下有亦字、漢書、重作美、何足下距僕之深也。季布迺大說、引入留數月、爲上客、厚送之。季布名所以益聞者、曹丘揚之也。【正義】旣爲俠、則其交必雜、此曹邱所以容于季布也、【考證】楓山三條本、揚之下有故字、季布弟季心、氣蓋關中。【集解】徐廣曰、弟一作子、【考證】季心、見袁盎傳、遇人恭謹、爲任俠。方數千里、士皆爭爲之死。嘗殺人、亡之吳、從袁絲匿。【索隱】盎、字絲、長事袁絲、弟畜灌夫・籍福之屬。【正義】以兄禮事袁盎也、【考證】灌夫、別有傳、嘗爲中司馬。【集解】如淳曰、中尉之司馬、【索隱】漢書、作中尉司馬、中尉郅都不敢不加禮。【考證】郅都見酷吏傳、少年

多時時竊籍其名以行。【索隱】籍、音子亦反、【正義】籍、如字、言少年多假籍季心賓客從黨之名以行也、當是時、季心以勇、布以諾、著聞關中。【考證】楓、三本、勇下有季字、何焯曰、漢初游俠之盛、季布袁盎扇之也、自田竇敗、公卿不敢致賓客、遂多閭里之魁矣、季布母弟丁公爲楚將。【集解】晉灼曰、楚漢春秋云、薛人、名固、【索隱】案謂布之舅也、丁公爲項羽逐窘高祖彭城西、短兵接。高祖急顧丁公曰、兩賢豈相戹哉。於是丁公引兵而還。漢王遂解去。【正義】兩賢、高祖及固也、【考證】楓、三本、顧下有謂字、與漢書合、丁公名固、薛人、姓氏里居、皆與季布別、或云、母弟、母之弟也、與淮南王傳、薛厲王母弟同、史記桃源抄引楚漢春秋云、薛人丁固與彭城人軺齮、騎而追上、上被髮而顧丁公曰、吾非不知公、公何急之甚、於是回馬而去之、御覽三百七十三引楚漢春秋云、上敗彭城、薛人丁固追上、上被髮而顧曰、丁公何相急之甚、二書所引不同、

及項王滅、丁公謁見高祖。高祖以丁公徇軍中曰、丁公爲項王臣、不忠。使項王失天下者、迺丁公也。遂斬丁公曰、使後世爲人臣者、無效丁公。【考證】楓本、公下有也字、與漢書合、

欒布者、梁人也。始梁

王彭越爲家人時、嘗與布游。【索隱】謂居家之人無官職也、【考證】顏師古曰、家人、猶言編戶之人也、窮困賃傭於齊、爲酒人保。【集解】漢書音義曰、酒家作保傭也、可保信、故謂之保、【正義】言可保信而傭役也、方言曰、保、傭賤稱也、【考證】楓、三本、人下有家字、漢書、人作家、數歲、彭越去之巨野中爲盜。而布爲人所略賣、爲奴於燕、爲其家主報仇。【正義】服虔曰、爲買者報仇也、按臧荼賢其爲主執仇、故舉爲都尉、【考證】漢書、家主作主家、燕將臧荼舉以爲都尉。臧荼後爲燕王、以布爲將。及臧荼反、漢擊燕、虜布。梁王彭越聞之、迺言上、請贖布、以爲梁大夫。使於齊、未還。漢召彭越、責以謀反、夷三族。已而梟彭越頭於雒陽。下詔曰、有敢收視者輒捕之。布從齊還、奏事彭越頭下、祠而哭之。吏捕布以聞。上召布罵曰、若與彭越反邪。吾禁人勿收。若獨祠而哭之。與越反明矣。趣亨之。【索隱】上音促、下音普盲反、謂疾令赴鑊也、【考證】

若、汝也、楓、三本、亨作烹、高祖罵布之言、止于明矣、趣亨之、幷促刑官也、趣、急也、方提趣湯。【集解】徐廣曰、趣一作走、【索隱】上音嗁、下音趨、徐廣云、一作走、走亦趣向之也、【考證】提、舉也、方提趣湯、吏提布向湯也、敘事之文、布顧曰、願一言而死。上曰、何言。布曰、方上之困於彭城、敗滎陽・成皋閒、項王所以遂不能西、徒以彭王居梁地、與漢合從苦楚也。【考證】王念孫曰、遂不能西、當依漢書作不能遂西、御覽人事部引史同、張文虎曰、徒、中統、舊刻、毛本、吳校金板、與漢書合、他本譌徒、當是之時、彭王一顧、與楚則漢破、與漢而楚破。【考證】漢書、而作則、且垓下之會、微彭王、項氏不亡。天下已定、彭王剖符受封。亦欲傳之萬世。今陛下一徵兵於梁、彭王病不行。而陛下疑以爲反。反形未見、以苛小案誅滅之。【集解】徐廣曰、小、一作峭、臣恐功臣人人自危也。今彭王已死。臣生不如死。請就亨。於是上迺釋布罪、拜爲都尉。孝文時、爲燕相、至將軍。布迺稱

曰、窮困不能辱身下志、非人也。富貴不能快意、非賢也。於是嘗有德者、厚報之、有怨者、必以法滅之。吳軍反時、以軍功封俞侯。【集解】徐廣曰、擊齊有功也、【考證】漢書、吳軍作吳楚、俞作鄃、蘇林曰、清河縣也、復爲燕相。燕・齊之閒、皆爲欒布立社、號曰欒公社。【考證】顧炎武曰、萬石君傳、石慶爲齊相、齊人爲立石相祠、于定國傳、父于公爲縣獄吏、郡中爲之立生祠曰于公祠、欒布爲燕相、燕齊之間、皆爲立祠、此後世生祠之始、景帝中五年薨。子賁嗣、爲太常。犧牲不如令、國除。【考證】楓、三本、景帝至國除十九字、細書、梁玉繩曰、當作中四年而布絕、十八年賁始嗣、崔適曰、太常犧牲不如令、國除、年表在元狩六年、

太史公曰、以項羽之氣、而季布以勇顯於楚、身屨典軍搴旗者數矣。【集解】徐廣曰、屨一作屢、一曰覆、駰案孟康曰、屨、履蹈之也、瓚曰、屢、數也、【索隱】身履軍、按徐氏云、一作屢、一作覆、按下云搴旗、則覆軍爲是、勝於屢之與履、【正義】搴、拔也、【考證】屨典、漢書作履、中井積德曰、屨典二字乃一覆字之譌、愚按漢書履字亦當覆字之譌、可謂壯士。然至被刑

戮、爲人奴而不死。何其下也。【考證】張文虎曰、至字、宋本、中統、游、毛、吳校金板、有、愚按楓、三本亦有、彼必自負其材。故受辱而不羞、欲有所用、其未足也。【考證】楓三、本未足上有材字、故終爲漢名將。賢者誠重其死。夫婢妾賤人、感慨而自殺者、非能勇也。【集解】徐廣曰、慨或作概、字音義同。【正義】慨、歎也、或作概、謂節概、其計畫無復之耳。【集解】徐廣曰、復一作冀、【考證】陳仁子曰、史遷謂賤妾感慨自殺、非能勇也、計畫無復之者、乃借以述其隱忍苟活以成史書之意、愚按辭意與史公答任安書、臧獲婢妾猶能引決一節全同、欒布哭彭越、趣湯如歸者、彼誠知所處、不自重其死。【集解】如淳曰、非死者難、處死者難、雖往古烈士、何以加哉。【索隱】述贊、季布季心、有聲梁楚、百金然諾、十萬致距、出守河東、股肱是與、欒布哭越、犯禁見虜、赴鼎非冤、誠知所處、

季布欒布列傳第四十　史記一百

文學博士瀧川龜太郎著

史記會注考證

史記會注考證卷一百一

漢　　太史令司馬遷撰

宋　　中郎外兵曹參軍裴駰集解

唐　　國子博士弘文館學士司馬貞索隱

唐　　諸王侍讀率府長史張守節正義

日本　　出雲瀧川資言考證

袁盎鼂錯列傳第四十一　　史記一百一

【考證】史公自序云、敢犯顏色、以達主義、不顧其身、爲國家樹長畫、作袁盎鼂錯列傳第四十一、陳仁錫曰、兩人不相得、而卒相傾、故合爲一傳、

袁盎者、楚人也。字絲。【索隱】盎音如周禮盎齊、烏浪反、【考證】漢書袁作爰、齊召南曰、袁爰通、父故爲羣盜、徙處安陵。高后時盎嘗爲呂祿舍人。及孝文帝卽位、盎兄噲任盎爲中郎。【集解】如淳曰、盎爲兄所保任、故得爲中郎、【正義】百官公卿表云、中郎、秩比六百石、郎中、比三百石、按任、保其中郎也、【考證】漢書、中郎作郎中、梁玉繩曰、盎爲兄所保、始得爲官、未必卽能至六百石之秩、當是爲郎中也、絳侯爲丞相、朝罷趨出、意得甚。上禮之恭。常自送之。【集解】徐廣曰、自、一作目、【考證】陳仁錫曰、漢書、自作目、是也、王先謙曰、君無自送臣之理、帝禮絳侯、亦不至是、

袁盎進曰。陛下以丞相何如人。上曰。社稷臣。盎曰。絳侯所謂功臣、非社稷臣。社稷臣、主在與在、【集解】如淳曰、人主在時、與共治在時之事、【索隱】按如淳云、人主在時、與共理在時之事也、主亡與亡。【集解】如淳曰、不以主亾而不行其政令、【索隱】如淳云、不以人主亾而不行其政令、按如說爲得、【正義】人主在時、與共治在時之事、人主雖亡、其法存、當奉行之、高帝誓非劉氏不王、而勃等聽王諸呂、是從生主之欲、不與亡者也、【考證】據漢書注、正義用如淳說、徐孚遠曰、主亡與亡、言盡節致命也、如說甚疎、索隱亦失、中井積德曰、在亡、猶存亡、社稷臣、與主同存亡、主亡不獨存、愚按社稷臣見汲黯傳、又見論語季子篇、禮記檀弓篇、荀子臣論篇、

方呂后時、諸呂用事、擅相王。劉氏不絕如帶。是時絳侯爲太尉主兵柄。弗能正。呂后崩、大臣相與共畔諸呂。太尉主兵、適會其成功。所謂功臣、非社稷臣。丞相如有驕主色。陛下謙讓。臣主失禮。竊爲陛下不取也。後朝、上益莊。丞相益畏。【索隱】莊、嚴也、【考證】莊、漢書同、楓山、三條本、作壯、蓋依正義本也、中井積德曰、據兩益字、非一日之事、已而絳侯望袁盎曰。吾與而兄善。今兒廷毀我。【正義】望、怨也、【考證】漢書、廷作迺、王先謙曰、時盎年少、故絳侯兒呼之、廷毀、猶廷辱也、較迺毀義深、崔適曰、兒當作而、聲之誤也、參存、盎遂不謝。及絳侯免相之國、國人上書、告以爲反。徵繫清室。【集解】漢書、作請室、應劭曰、請室、請罪之室、若今鍾下也、如淳曰、請室、獄也、若古刑於甸師氏也、宗室諸公、莫敢爲言。唯袁盎明絳侯無罪。絳侯得釋、盎頗有力。【考證】王先謙曰、事在文帝四年、絳侯乃大與盎結交。淮南厲王朝、殺辟陽侯、居處驕甚。【考證】文帝三年、厲王殺

審食其、見淮南王傳、袁盎諫曰、諸侯大驕。必生患。可適削地。【考證】適、音讁、楓山三條本、削下有其字、上弗用。淮南王益橫。及棘蒲侯柴武太子謀反、事覺、治。連淮南王。淮南王徵。上因遷之蜀。轞車傳送。袁盎時爲中郎將。乃諫曰。陛下素驕淮南王、弗稍禁、以至此。今又暴摧折之。淮南王爲人剛。如有遇霧露行道死、陛下竟爲以天下之大弗能容、有殺弟之名。奈何。【考證】凌本、爲以誤倒、上弗聽。遂行之。淮南王至雍病死。聞。【正義】聞、聞於天子、【考證】顏師古曰、雍、扶風縣也、楓山三條本、聞上、作上聞之、上輟食哭甚哀。盎入頓首請罪。【正義】頓首請罪、自責以不强諫也、上曰。以不用公言至此。盎曰。上自寬。此往事。豈可悔哉。【考證】梁玉繩曰、上當作陛下、說在留侯世家、且陛下有高世之行者三。此不足以毀名。上曰。吾高世行三者何事。盎曰。陛下居代

時、太后嘗病三年。陛下不交睫、不解衣、湯藥非陛下口所嘗、弗進。【考證】楓山三條本、睫下有憂勞二字、夫曾參以布衣猶難之。今陛下親以王者脩之。過曾參孝遠矣。夫諸呂用事、大臣專制。然陛下從代乘六乘傳、馳不測之淵、【集解】瓚曰、大臣共誅諸呂、禍福尚未可知、故曰不測也、雖賁·育之勇不及陛下。【集解】孟康曰、孟賁夏育、皆古勇者也、【索隱】賁、孟賁、育、夏育也、尸子云、孟賁水行不避蛟龍、陸行不避兕虎、戰國策曰、夏育叱呼駭三軍、身死庸夫、高誘曰、育、爲申繻所殺、賁、音奔也、陛下至代邸、西向讓天子位者再、南面讓天子位者三。【考證】李笠曰、據漢傳及文紀、再三二字、當易處、夫許由一讓。而陛下五以天下讓。過許由四矣。且陛下遷淮南王、欲以苦其志使改過。有司衞不謹。故病死。【考證】漢書、衞上有宿字、於是上乃解曰。將奈何。盎曰。淮南王有三子。唯在陛下耳。於是文帝立其三子、皆爲王。盎由此名重

朝廷。【考證】漢書、無將奈何以下二十八字、中井積德曰、三子爲王在後年、是時姑爲列侯耳、傳終言之也、袁盎常引大體忼慨。宦者趙同以數幸。常害袁盎。【集解】徐廣曰、漢書同作談字、【考證】同、蓋談之字、史公自避諱耳、中井積德曰、數、謂星曆之類、佞幸傳云、趙同以星氣幸、常爲文帝參乘、袁盎患之。盎兄子種爲常侍騎、持節夾乘。【索隱】案漢舊儀云、持節夾乘、與車騎從者云常侍騎、【考證】漢書、無持節夾乘四字、說盎曰。君與鬭、廷辱之、使其毀不用。【集解】徐廣曰、說一作謀、【考證】岡白駒曰、言君須與趙同鬭、於廷辱之、帝知其有郄、趙雖毀君、疑而不入也、漢書、作君衆辱之、後雖惡君、上不復信、無與鬭二字、孝文帝出。趙同參乘。袁盎伏車前曰。臣聞天子所與共六尺輿者、皆天下豪英。【考證】隋書禮儀志輿下云、漢室制度、以雕玉爲之、方徑六尺、今漢雖乏人、陛下獨奈何與刀鋸餘人載。於是上笑下趙同。趙同泣下車。文帝從霸陵上。欲西馳下峻阪。袁盎騎竝車擥轡。上曰。將軍怯邪。【考證】錢大昕曰、盎時爲中郎將、文帝稱爲將軍、後爲吳將歸、說丞相申屠嘉、嘉曰、鄙野人乃不知將軍幸教、灌夫嘗爲中郎將、史亦稱灌將軍、此中郎稱將軍之

證也、盎曰。臣聞千金之子、坐不垂堂。【索隱】案張揖云、恐簷瓦墮中人、或云、臨堂邊垂、恐墮墜也、百金之子、不騎衡。【集解】徐廣曰、一作行、駰案、服虔曰、自惜身不騎衡、如淳曰、騎、倚也、衡、樓殿邊欄楯也、韋昭曰、衡、車衡、【索隱】張晏云、衡、木行馬也、如淳云、騎、音於岐反、衡、樓殿邊欄楯也、韋昭云、衡、車衡也、騎、音倚、謂跨之、按如淳之說爲長、案纂要云、宮殿四面欄、縱者云檻、橫者云楯也、【考證】司馬相如傳云、家累千金、坐不垂堂、堂衡、韻、顏師古曰、言富人之子、則自愛也、垂堂、謂坐堂外邊、恐墜墮也、愚按、衡、車衡、韋說可從、梁玉繩曰、水經注十九、作立不倚衡、依上坐不垂堂句、似失一字、聖主不乘危而徼幸。今陛下騁六騑、馳下峻山。【集解】如淳曰、六馬之疾若飛、【正義】騑、音芳菲反、騑、驂馬也、如有馬驚車敗、陛下縱自輕、柰高廟·太后何。上乃止。【考證】司馬相如諫獵書、蓋敷衍此數語、上幸上林。皇后·愼夫人從。其在禁中、常同席坐。【考證】中井積德曰、禁中亦就上林言之也、下入禁中句可證、非大內官省、愚按、上林宮殿、不可言禁中、是就其平生而言、常字可證、中說非是、及坐、郎署長布席。【正義】蘇林云、郎署、上林中直衞之署、【考證】及坐句、何焯曰、郎署長亦從幸上林、職司布席耳、未必天子幸署也、袁盎引卻愼夫人坐。【集解】如淳曰、盎時爲中郎將、天子幸署、豫設供帳待之、故得卻愼夫人坐、愼夫人怒、不肯

坐。上亦怒、起入禁中。【考證】入、還也、漢書、無入禁中三字、盎因前說曰。臣聞尊卑有序、則上下和。今陛下既已立后。愼夫人乃妾。妾主豈可與同坐哉。適所以失尊卑矣。且陛下幸之、卽厚賜之。陛下所以爲愼夫人、適所以禍之。陛下獨不見人彘乎。【集解】張晏曰、戚夫人、於是上乃說、召語愼夫人。愼夫人賜盎金五十斤。然袁盎亦以數直諫、不得久居中、調爲隴西都尉。【集解】如淳曰、調、選、仁愛士卒。士卒皆爭爲死。遷爲齊相、徙爲吳相。辭行。種謂盎曰。吳王驕日久、國多姦。今苟欲劾治、彼不上書告君、卽利劍刺君矣。【考證】漢書、劾作刻、南方卑溼、君能日飮、毋苛。【正義】苛、音何、言苛細勾當也、【考證】正義本、宋本、毛本、作苛、王本作奇、盎亦苛之譌、楓山、三條本、淩本作何、與漢書合、顏師古曰、無何、言更無餘事、吳仁傑曰、衛綰傳、不孰何綰、賈誼傳、大何之域、顏師古注皆曰、何、問也、史記作苛、苛何通、種本意蓋曰、吳王驕日久、又南方卑溼、宜日飮酒而已、其他一切勿有所問、如此而後可免禍也、愚按無苛、正義自通、不必解爲何、

時說王曰毋反而已。如此、幸得脫。盎用種之計。吳王厚遇盎。盎告歸。道逢丞相申屠嘉。下車拜謁。丞相從車上謝袁盎。袁盎還、愧其吏、乃之丞相舍、上謁求見丞相。丞相良久而見之。盎因跪曰。願請閒。丞相曰。使君所言公事、之曹與長史掾議。吾且奏之。卽私邪、吾不受私語。【考證】楓山、三條本、邪上有事字、申屠嘉傳云、嘉爲人廉直、不受私謁、袁盎卽跪說曰。君爲丞相、自度孰與陳平・絳侯。【考證】余有丁曰、漢書、跪說作起說、是、今史本多作跪、義難通、梁玉繩曰、是與上跪曰對、丞相曰。吾不如。袁盎曰。善。君卽自謂不如。夫陳平・絳侯、輔翼高帝定天下、爲將相、而誅諸呂、存劉氏。君乃爲材官蹶張、遷爲隊率、【考證】材官蹶張、見申屠嘉傳、隊率、漢書作隊帥、如淳曰、隊帥、軍中小官、沈欽韓曰、通典司馬穰且曰、十伍爲隊、一軍凡二百五十隊、積功至淮陽守。非有

奇計攻城野戰之功。且陛下從代來、每朝郎官上書疏、未嘗不止輦受其言。言不可用、置之、言可受、採之、未嘗不稱善。【考證】漢書、可受作可采、何也。則欲以致天下賢士大夫。上日聞所不聞、明所不知、日益聖智。君今自閉鉗天下之口、而日益愚。夫以聖主責愚相、君受禍不久矣。丞相乃再拜曰。嘉鄙野人、乃不知將軍幸教。【正義】鄙野、謂邊邑野外之人也、【考證】楓山、三條本、拜下有謝字、引入與坐爲上客。盎素不好鼂錯。鼂錯所居坐、盎去、盎坐、錯亦去。【考證】楓山、三條本、盎去盎坐、作盎輒去、盎所居坐、徐孚遠曰、袁盎任術、鼂錯守數、兩者相劘、必兩敗矣、故不相能也、兩人未嘗同堂語。及孝文帝崩、孝景帝卽位、鼂錯爲御史大夫、使吏案袁盎受吳王財物、抵罪。詔赦以爲庶人。吳・楚反聞。鼂錯謂丞史曰。夫袁盎多受吳王金

錢、專爲蔽匿、言不反。今果反。欲請治盎、宜知計謀。【集解】如淳曰、百官表、御史大夫有兩丞、丞史、丞相史也、【正義】按百官表、御史大夫有兩丞及御史員十五人、兩丞無史、蓋史是御史、如誤也、【考證】漢書注引如淳、丞史作丞及史、如說不誤、陳子龍曰、盎有內援、又故大臣也、吳楚事急、錯恐其建議相危、欲治之、不幸爲盎所先、何焯曰、是時不直錯者必已多矣、及反聞既至、錯不亟籌兵食進賢智、乃先事私仇、此固舉國所切齒也、太史公曰、諸侯發難、不急匡救、欲報私仇、反以亡軀、可謂切而中矣、丞史曰。事未發、治之有絕。【集解】如淳曰、事未發之時治之、乃有所絕、【索隱】案謂有絕吳反心也、【正義】按未發治之、乃有所絕、今兵西鄉。治之何益。且袁盎不宜有謀。【集解】如淳曰、盎大臣、不宜有姦謀、鼂錯猶與未決。人有告袁盎者。袁盎恐、夜見竇嬰、爲言吳所以反者、願至上前口對狀。【考證】竇嬰與鼂錯有隙、見錯傳、竇嬰入言上。上乃召袁盎入見。【考證】楓山、三條本、入上重袁盎二字、漢書亦重盎字、鼂錯在前。及盎請辟人賜閒、錯去。固恨甚。袁盎具言吳所以反狀、以錯故。【正義】謂錯削諸侯也、獨急斬錯以謝吳。吳兵乃可罷。其語具

在吳事中。【考證】張文虎曰、王、柯、凌本、具譌俱、使袁盎為太常、竇嬰為大將軍。【考證】太常、當作奉常、公卿表、奉常、景帝中六年、更名太常、兩人素相與善。逮吳反、諸陵長者、長安中賢大夫、爭附兩人、車隨者日數百乘。【考證】王先謙曰、諸陵長者、謂徙居諸陵、未仕之人、長安中賢大夫、則入為朝官者也、漢書、脫長者二字、及鼂錯已誅、袁盎以太常使吳。吳王欲使將。不肯。欲殺之、使一都尉以五百人圍守盎軍中。袁盎自其為吳相時、嘗有從史。嘗盜愛盎侍兒。【集解】文穎曰、婢也、【考證】張文虎曰、兩嘗字、疑當衍其一、盎知之弗泄、遇之如故。人有告從史、言君知爾與侍者通。乃亡歸。袁盎驅自追之【考證】楓山、三條本、驅上有覺字、遂以侍者賜之、復為從史。【考證】陳子龍曰、盎居吳時常自危、故有所縱舍以結恩、及袁盎使吳見守、從史適為守盎校尉司馬。【正義】從史為守盎校尉之司馬也、乃悉以其裝齎置二石醇醪。【正義】醪、音牢、醪汁今之酒、【考證】

漢書、置作買、顏師古曰、裝齎、謂所齎衣物自隨者也、會天寒、士卒飢渴。飲酒醉。西南陬卒皆臥。司馬夜引袁盎起曰。君可以去矣。吳王期旦日斬君。盎弗信曰。公何為者。司馬曰。臣故為從史盜君侍兒者。【考證】楓山、三條本、為下有君字、盎乃驚謝曰。公幸有親。吾不足以累公。【集解】文穎曰、言汝有親老、司馬曰。君弟去。臣亦且亡辟吾親。君何患。【集解】如淳曰、藏匿吾親、不使遇害也、【索隱】案張晏云、辟、隱也、言自隱辟親不使遇禍也、乃以刀決張、【集解】音帳、【索隱】案帳、軍幕也、決之以出也、道從醉卒直隧出。【集解】如淳曰、決開當所從亾者之道、【考證】楓山、三條本、卒下有所字、漢書、張作帳、無隧字、王念孫曰、道讀曰導、愚按卒下當補所字、直、當也、隧字疑衍、司馬與分背。【考證】二人分馳也、袁盎解節毛懷之、【集解】如淳曰、不欲令人見也、【考證】漢書、毛作旄、旄、牛尾也、杖步行七八里。明。見梁騎。騎馳去、【集解】文穎曰、梁騎擊吳楚者也、或曰、得梁馬馳去也、【考證】中井積德曰、杖、節竿也、漢書、七八里作七十里、恐非、半夜至天明、安得步行七十里、梁騎、謂斥候巡邏者、不必鬭師、遇之得馬、故得馳去、遂歸報。吳·楚已

破。上更以元王子平陸侯禮為楚王。袁盎為楚相。嘗上書有所言。不用。袁盎病免。居家。與閭里浮沈、相隨行鬭雞走狗。雒陽劇孟嘗過袁盎。盎善待之。安陵富人有謂盎曰。吾聞劇孟博徒。【集解】如淳曰、博盪之徒、或曰、博戲之徒、將軍何自通之。盎曰。劇孟雖博徒、然母死客送葬、車千餘乘。此亦有過人者。且緩急人所有。【正義】凡人世之中、不能無緩急之變、夫一旦有急叩門、不以親為解、【集解】張晏曰、不語云親不聽也、瓚曰、凡人之於赴難濟危、多以有父母為解、而孟秉行之、【索隱】案謂不以親為辭也、今此云解者、亦謂不以親在而自解、【正義】言人有急叩門被呼、則依父母自解說也、【考證】索隱是、不以存亡為辭、【正義】存、謂辭以事故也、亡、謂出不在家也、【考證】漢書、存作在、顏師古曰、或實在家、而辭云不在、王文彬曰、在亡、猶存亡耳、言緩急可恃、不以身之在亡為計而諉謝也、顏說未當、天下所望者、獨季心·劇孟耳。【正義】言二子救人之急如父母耳、文穎曰、心、季布弟也、【考證】正義如父母耳、贅、季心、見布傳、今公常從數騎。一旦有緩急、寧足恃

乎。【集解】徐廣曰、常一作詳、【考證】漢書、常作陽、陽、佯也、作常、義長、罵富人、弗與通。諸公聞之、皆多袁盎。袁盎雖家居、景帝時時使人問籌策。梁王欲求為嗣。袁盎進說。其後語塞。【索隱】按鄒氏云、塞、當作露、非也、案以盎言不宜立弟之義、其後立梁王之語塞絕也、梁王以此怨盎。曾使人刺盎。刺者至關中問袁盎。諸君譽之皆不容口。乃見袁盎曰。臣受梁王金來刺君。君長者。不忍刺君。然後刺君者十餘曹。備之。【集解】如淳曰、曹、輩也、袁盎心不樂。家又多怪。乃之棓生所問占。【集解】徐廣曰、棓一作服、駰案文穎曰、棓、音陪、秦時賢士善術者、【索隱】文穎云、棓、音陪、韋昭云、棓姓也、【考證】張文虎曰、宋本、毛本棓、各本作掊、愚按漢書、作棓、還。梁刺客後曹輩、果遮刺殺盎安陵郭門外。【正義】遮、作蹠、音之石反、蹠、謂尋其蹤也、又音庶、【考證】漢書、無輩字、鼂錯者、潁川人也。【索隱】鼂錯、上音朝、下音厝、一如字讀、案朝氏出南陽、今西鄂朝氏之後也、學申·商刑名於軹張恢先所。【集解】徐廣曰、先、卽先生、【索隱】軹張恢生所、軹縣人、張恢先生所學申

商之法、〔考證〕索隱本、先作生、與漢書合、王鳴盛曰、史記鼂錯傳、學申商刑名於軹張恢先所、徐廣曰、先、卽先生、漢書則先直作生、師古曰、軹縣之儒生、姓張名恢、而此傳末有鄧公、則漢書作鄧先、師古曰、鄧先、猶云鄧先生也、又匈奴傳、匈奴見漢使非中貴人、其儒先、裴駰曰、先、先生也、漢書先亦作生、以先生爲先、古有此語、班氏改先爲生、以其亦可單稱生也、貢禹傳、天子報禹曰、朕以生有伯夷之廉、史魚之直、師古曰、生謂先生也、與雒陽宋孟及劉禮同師、以文學爲太常掌故。〔集解〕應劭曰、掌故、百石吏、主故事、〔索隱〕服虔云、百石卒吏、漢舊儀云、太常博士弟子試射策中甲科、補郎、中乙科、補掌故也、〔考證〕漢書、劉禮作劉帶、錢大昭曰、太常、當作奉常、錯爲人陗直刻深。〔集解〕韋昭曰、術崖高曰峭、瓚曰、陗、峻、〔索隱〕案韋昭注、本無術字、或云、術、道路也、峭、七笑反、峭峻也、孝文帝時、天下無治尚書者。獨聞濟南伏生、故秦博士、治尚書。年九十餘、老不可徵。乃詔太常、使人往受之。太常遣錯、受尚書伏生所。〔正義〕衞宏詔定古文尚書序云、徵之、老不能行、遣太常掌故鼂錯往讀之、年九十餘、不能正言、言不可曉、使其女傳言教錯、齊人語多與潁川異、錯所不知者凡十二三、略以其意屬讀而已也、〔考證〕事又見儒林傳、中井積德曰、正義衞宏誣說、不可采入、還、因上便宜事、以書稱說。詔以爲太子舍人・門大夫・家令。〔集解〕服虔曰、太子稱家、瓚曰、茂陵書、太子家令、秩八百石、〔考證〕顏師古曰、初爲舍人、又爲門大夫、以其辯得幸太子。太子家號曰智囊。〔考證〕樗里子傳、樗里子滑稽多智、秦人號曰智囊、數上書孝文時、言削諸侯事、及法令可更定者。書數十上。〔考證〕漢書藝文志法家、鼂錯三十一篇、鼂傳載其教太子疏、言兵事疏、募民徙塞下疏、及賢良策、食貨志又載令民入粟受爵疏、皆有用之文、史記不載、孝文不聽。然奇其材、遷爲中大夫。〔考證〕漢書鼂錯傳、文帝十五年、詔有司舉賢良文學士、錯在選中、時賈誼已死、對策者百餘人、唯錯爲高第、繇是遷中大夫、周壽昌曰、此漢廷策士之始、前此卽位二年、詔舉賢良方正能直言極諫者、未聞舉何人、至是始以三道策士、胡三省曰、中大夫掌論議、屬郎中令、其位太中大夫之下、諫大夫之上、武帝太初元年、名中大夫曰光祿大夫、秩比二千石、太中大夫秩比千石、中井積德曰、漢書、遷中大夫、在上書削諸侯之前、似得實、當是時、太子善錯計策。袁盎諸大功臣、多不好錯。景帝卽位、以錯爲內史。錯常數請閒言事。輒聽。寵幸傾九卿、法令多所更定。〔集解〕徐廣曰、九一作公、〔考證〕胡三省曰、漢正卿九、奉常、郎中令、衞尉、太僕、廷尉、典客、宗正、治粟內史、少府是也、丞相申屠嘉心弗便。力未有以傷。內史府居太上廟壖

中。門東出不便。錯乃穿兩門南出、鑿廟壖垣。〔索隱〕上音乃戀反、謂牆外之短垣也、又音而緣反、〔正義〕上人緣反、壖者廟內垣外游地也、〔考證〕胡三省曰、三輔黃圖、太上皇廟、在長安香室街南馮翊府北、武帝分內史爲左右、後又改左內史爲左馮翊、丞相嘉聞大怒、欲因此過、爲奏請誅錯。錯聞之、卽夜請閒、具爲上言之。丞相奏事、因言錯擅鑿廟垣爲門。請下廷尉誅。上曰。此非廟垣、乃壖中垣。不致於法。丞相謝。〔考證〕顏師古曰、以所奏不當天子意、故謝、罷朝、怒謂長史曰。吾當先斬以聞。乃先請、爲兒所賣。固誤。丞相遂發病死。錯以此愈貴。〔考證〕事又見申屠嘉傳、遷爲御史大夫、請諸侯之罪過、削其地、收其枝郡。〔集解〕徐廣曰、一云、言景帝曰、諸侯或連數郡、非古之制、非久長策、不便、請削之、上令公卿云云、〔考證〕楓、三本、之下有有字、顏師古曰、支郡、在國之四邊者也、奏上。上令公卿列侯宗室集議。莫敢難。〔正義〕集本作襍、高誘云、襍、集也、〔考證〕當作襍、獨竇嬰爭之。由此與錯有郤。錯所更令三十章。諸侯皆諠譁疾鼂錯。錯父聞之、從潁川來、謂錯曰。上初卽位。公爲政用事、侵削諸侯、別疏人骨肉。人口議、多怨公者、何也。〔集解〕徐廣曰、議一作讓、〔考證〕如淳曰、錯爲御史大夫、位三公也、徐孚遠曰、錯父呼錯爲公、蓋以官邪、愚按陸賈傳、賈謂其子曰、數見不鮮、無久慁公爲也、是稱子爲公、項羽紀、羽謂其騎曰、吾爲公取彼一將、是稱麾下爲公、高祖紀、高祖夜解縱所送徒曰、公等皆去、是稱徒役爲公、袁盎傳、謂其從史曰、公幸有親、是稱部屬爲公、下文景帝謂鄧公、公言善、是君稱臣爲公、蓋當時常語、非以錯爲三公尊之也、漢書、人口議多怨公者、作口讓多怨公、鼂錯曰。固也。〔考證〕曾國藩曰、言乃父所責固當、不如此、天子不尊、宗廟不安。錯父曰。劉氏安矣。而鼂氏危矣。吾去公歸矣。〔考證〕連用三矣字、其辭激、遂飲藥死。曰。吾不忍見禍及吾身。死十餘日、吳・楚七國果反、以誅錯爲名。及竇嬰・袁盎進說、上令鼂錯衣朝衣、斬東市。〔考證〕漢書、有丞相陶青等劾奏錯一節、鼂錯已死。謁者僕射鄧公爲校尉、擊吳・楚軍爲將。還。上書言軍事。謁見上。

正義漢書作鄧先、孔文祥云、名先、百官表云、郎中令屬官、有謁者、秩比六百石、謁者有僕射、秩比千石。考證錢大昕曰、公卿表、無鄧公、姚範曰、按此即吳王濞傳絳侯故客鄧都尉、愚按、顏師古注漢書云、鄧先猶言鄧先生也、 上問曰。道軍所來、集解如淳曰、道路從吳軍所來也、瓚曰、道、由也、 聞鼂錯死、吳・楚罷不。鄧公曰。吳王爲反數十年矣。發怒削地、以誅錯爲名。其意非在錯也。且臣恐天下之士、噤口不敢復言也。索隱噤口、上音其錦反、又音其禁反、 上曰。何哉。鄧公曰。夫鼂錯患諸侯彊大不可制、故請削地以尊京師。萬世之利也。計畫始行、卒受大戮。內杜忠臣之口、外爲諸侯報仇。臣竊爲陛下不取也。於是景帝默然、良久曰。公言善。吾亦恨之。乃拜鄧公爲城陽中尉。考證默然良久、景帝悔恨之狀如覩、漢書改爲喟然大息、失之、査愼行曰、傳末載鄧公一段、以惜錯之忠於謀國、而景帝用法過當、愚按、禮書序亦云、天子誅錯以解難、是後官者養交安祿而已、莫敢復議、可以見史公之意、 鄧公成固人也。正義梁州成固縣也、括地志云、成固故城、在梁州成固縣東六里、漢成固城也、

多奇計。建元中上招賢良。公卿言鄧公。時鄧公免。起家爲九卿。一年、復謝病免歸。其子章以脩黃・老言顯於諸公閒。

太史公曰。袁盎雖不好學、亦善傅會。仁心爲質、引義忼慨。正義傅會、上音附、言善爲附近而會時也、張晏曰、因宜附著合會也、考證中井積德曰、仁心爲質、大失實、陳仁錫曰、袁盎巧言小人、子長豈不知其鮮仁哉、而贊其仁心爲質、蓋指其能救絳侯、而自傷也、又曰、子長有所激而立論、故不免失平爾、 遭孝文初立、資適逢世。集解張晏曰、資、才也、適値其世、得騁其才、 時以變易、集解張晏曰、謂景帝立、考證楓、三本、以作已、與漢書合、 及吳・楚一說。說雖行哉、然復不遂。考證說行、殺鼂錯也、不遂、不能罷吳楚也、 好聲矜賢、竟以名敗。鼂錯爲家令時、數言事不用。後擅權多所變更。諸侯發難、不急匡救、欲報私讎、反以亡軀。考證謂使吏抵袁盎罪、 語曰。變古亂常、不死則亡。豈錯等謂邪。考證常亡韻、

索隱述贊、袁絲公直、亦多附會、攬轡見重、卻席翳顈、朝錯建策、屢陳利害、尊主卑臣、家危國泰、悲彼二子、名立身敗、

袁盎鼂錯列傳第四十一

史記一百一

文學博士瀧川龜太郎著

史記會注考證

史記會注考證卷一百二

漢　太　史　令　司　馬　遷　撰

宋　中　郞　外　兵　曹　參　軍　裴　駰　集　解

唐　國　子　博　士　弘　文　館　學　士　司　馬　貞　索　隱

唐　諸　王　侍　讀　率　府　長　史　張　守　節　正　義

日　本　出　雲　瀧　川　資　言　考　證

張釋之馮唐列傳第四十二　史記一百二

【考證】史公自序云、守法不失大理、言古賢人、增主之明、作張釋之馮唐列傳、第四十二、王維楨曰、此傳或稱釋之、或稱廷尉、或稱張釋之、或稱張廷尉、各有所當、非漫語、王

鏊曰、二傳皆見文帝君臣如家人父子、班固雜以汲鄭、卽不類、

張廷尉釋之者、堵陽人也。字季。【集解】韋昭曰、堵音赭、又音如字、地名、屬南陽、【正義】應劭曰、哀帝改爲順陽、水東南入蔡、括地志云、順陽故城、在鄧州穰縣西三十里、楚之郇邑也、及蘇秦傳云、楚北有郇陽、竝謂此也、【考證】錢大昕曰、堵陽與順陽、非一地、兩漢志皆有堵陽縣、屬南陽郡、後漢朱祐傳注、堵陽故城、在今唐州方城縣方城、今裕州也、有兄仲同居。以訾爲騎郞、事孝文帝。【集解】蘇林曰、雇錢、若出穀也、如淳曰、漢儀注、訾五百萬、得爲常侍郞、【索隱】訾、音子移反、字苑云、貲、積財也、【考證】漢書、訾作貲、以訾爲郞、又見司馬相如傳、顏師古云、以家貲多得拜爲郞、非取其貲而予以郞也、與如說同、何焯申其義云、貲郞、猶今有身家之人、非入粟拜爵之比、漢初得官、皆由貲筭、有市籍者、亦不得官也、郞官宿衞親近、欲其有所顧藉、重於犯法、愚按、漢書景帝後元二年詔曰、今訾筭十以上、乃得官、廉士算不必衆、有市籍不得官、無訾又不得官、朕甚愍之、訾算四得官、無令廉士久失職、貪夫長利、是其明證、或云、以貲爲郞、自是入貲而予官、非因其家貲多、馮空拜爲郞也、釋之所謂久宦減仲之產者、非入貲而何、予謂郞官須有衣馬之飾、乃得侍上、田仁補傳、有詔募擇衞將軍舍人以爲郞、將軍取舍人中富給者、卽此也、歲時所費、蓋亦非少小、釋之故云、久宦減產、未嘗云爲郞減產也、十歲不得調。無所知名。【考證】顏師古曰、調、選也、梁玉繩曰、傳言張釋之爲廷尉、至景帝初年、始出爲淮南相、而百官表、孝文三年、中郞將張釋之爲廷尉、十年、書廷尉昌、廷尉嘉、十五年、書廷尉宜昌、後

元年、書廷尉信、孝景元年、書廷尉歐、表與傳不同、困學紀聞十一、引洪氏據表謂釋之未嘗十年不調、未嘗以廷尉事景帝也、然攷本傳、言中郞將袁盎請徙釋之補謁者、而盎于文帝六年尚爲中郞將、則釋之安得文帝三年以中郞將爲廷尉乎、傳言條侯周亞夫與張廷尉結爲親友、而亞夫續封條侯、在文帝後二年、爲中尉在後六年、若文帝三年、亞夫尚守河內、安得與釋之結親友乎、傳言釋之爲中郞將、從文帝至霸陵、而以芷陽爲霸陵、事在九年、見將相表、安得三年爲廷尉乎、傳言釋之爲公車令、劾梁王不下公門、而梁孝王以十二年徙封、十四年入朝、安得三年爲廷尉乎、淮南厲王于六年反、淮南王傳、稱廷尉賀、百官表失書、則又安得以釋之于三年便爲廷尉乎、大事記、書爲廷尉于文之後三年、謂百官表誤、吳仁傑亦云然、當是也、但文帝六年以後、釋之補謁者、九年以後、遷中郞將、豈十年不調者哉、疑釋之爲騎郞、在文帝未卽位以前、史幷計之、故云十年耳、

釋之曰。久宦、減仲之產、不遂。【考證】遂、猶達也、欲自免歸。中郞將袁盎知其賢、惜其去、乃請徙釋之補謁者。【正義】百官表云、謁者、掌賓讚受事、員十七人、秩比六百石也、釋之既朝畢、因前言便宜事。文帝曰。卑之、毋甚高論、令今可施行也。【索隱】案、卑、下也、欲令且卑下其志、無甚高談論、但令依時事、無說古遠也、【正義】卑之、謂依附時事令可施行者也、於是釋之言秦・漢之間事、秦所以失、而漢所以興者、久之。文帝稱善。

乃拜釋之爲謁者僕射。[考證]謁者僕射、秩比千石、釋之從行、登虎圈。[正義]圈、求遠反、[考證]顏師古曰、圈、養獸之處也、上問上林尉諸禽獸簿。[索隱]漢書表、上林有八丞十二尉、百官志、尉秩三百石、[正義]上林尉屬丞也、[考證]胡三省曰、禽獸簿、謂簿錄禽獸之大數也、愚按、文帝嘗問周勃陳平以一歲決獄錢穀出入之數、與此相似、蓋帝試人慣用手段、十餘問。尉左右視、盡不能對。[考證]王先謙曰、盡不能對者、上林尉非一人也、虎圈嗇夫、從旁代尉對上所問禽獸簿、甚悉。欲以觀其能、口對響應、無窮者。[正義]掌虎圈、百官表、有鄉嗇夫、此其類也、文帝曰。吏不當若是邪。尉無賴。[集解]張晏曰、才無可恃、乃詔釋之、拜嗇夫爲上林令。釋之久之前曰。陛下以絳侯周勃何如人也。[考證]凌稚隆曰、傳言久之者五、頃之者三、愚按釋之夙聞周勃失對事、故有此言、上曰。長者也。又復問、東陽侯張相如何如人也。上復曰。長者。釋之曰。夫絳侯・東陽侯、稱爲長者。此兩人言事、曾不能出口。豈斅此嗇夫諜

諜利口捷給哉。[集解]晉灼曰、諜、音牒、[索隱]音牒、漢書作喋、喋口多言、[考證]漢書功臣表云、東陽武侯張相如、高祖六年爲中大夫、以河間守擊陳豨力戰、十一年、功侯、萬石君傳云、文帝時東陽侯張相如爲太子大傅、且秦以任刀筆之吏、吏爭以亟疾苛察相高。然其敝徒文具耳。[索隱]案謂空具其文而無其實也、[正義]秦政弊壞之時、空以文書具備而已、無惻隱之實。以故不聞其過。陵遲而至於二世、天下土崩。[考證]錢大昕曰、陵遲、漢書作陵夷、平準書、選舉陵遲、漢書、亦作夷、司馬相如傳、陵夷衰微、漢書、作遲、古文夷與遲通、詩、周道倭遲、韓詩、作郁夷、淮南原道訓、馮夷大丙之御、高誘云、夷或作遲、顏師古曰、陵夷頽替也、今陛下以嗇夫口辯而超遷之、臣恐天下隨風靡靡、爭爲口辯、而無其實。[考證]楓山本、不重靡字、無爲字、與漢書合、且下之化上、疾於景響。舉錯不可不審也。文帝曰。善。乃止不拜嗇夫。上就車。召釋之參乘。徐行問釋之秦之敝。具以質言。[集解]如淳曰、質、誠也、[考證]中井積德曰、質、猶實也、至宮。上拜釋之爲公車令。[考證]王先謙曰、百官表、公車令屬衛尉、漢官儀、公車司馬令、掌殿司馬門、

頃之、太子與梁王共車入朝。不下司馬門。[集解]如淳曰、宮衛令、諸出入殿門、公車司馬門、乘軺傳者皆下、不如令、罰金四兩、[考證]楓、三本、梁下有孝字、於是釋之追止太子・梁王、無得入殿門。遂劾不下公門、不敬、奏之。薄太后聞之。文帝免冠謝曰。教兒子不謹。薄太后乃使使承詔赦太子・梁王、然后得入。文帝由是奇釋之、拜爲中大夫。頃之、至中郎將。從行至霸陵、居北臨廁。[集解]李奇曰、霸陵北頭、廁近霸水、帝登其上以遠望也、如淳曰、居高臨垂邊曰廁也、蘇林曰、廁、邊側也、韋昭曰、高岸夾水爲廁也、[索隱]劉氏廁音初吏反、按李奇曰、霸陵北頭、廁近霸水、蘇林曰、廁、邊側也、包愷音側、義亦兩通也、[考證]漢書、北作外、王念孫曰、外、當依史記作北、劉向傳亦作北、臨廁、謂北臨霸陵之厓也、此時帝北向、故下文指北山言之、而漢紀亦云、上望北山、悽然傷懷、則當作北臨廁、明矣、錢大昕曰、廁卽側字、側旁从人、隸爲厂、與廁圊字从广者不同、愚按從錢說、字當作廁、是時慎夫人從。上指示慎夫人新豐道曰。此走邯鄲道也。[集解]張晏曰、慎夫人、邯鄲人也、如淳曰、走、音奏、趨也、[索隱]音奏、案走猶向也、使慎夫人鼓瑟、上自倚瑟而歌。[集解]漢書

音義曰、聲氣依倚瑟也、書曰、聲依永、[索隱]倚、於綺反、案謂歌聲合於瑟聲相依倚也、意慘悽悲懷。顧謂羣臣曰。嗟乎、以北山石爲槨、[正義]顏師古云、美石出京師北山、今宜州石是、用紵絮斮陳、蕠漆其閒、豈可動哉。[集解]徐廣曰、斮、一作錯、駰案漢書音義曰、斮絮以漆著其閒也、[索隱]紵絮、上張呂反、下息慮反、斮陳絮漆其閒、斮、音側略反、絮、音女居反、案斮陳絮以漆著其閒也、[考證]漢書、無蕠字、中井積德曰、斮、切之也、陳、布列之也、用紵絮斮陳、言切紵及絮、而布列於槨縫也、乃沃之以漆、堅如石也、蕠字疑衍、張文虎曰、御覽五百五十二引無蕠字、漢書本傳及楚元王傳劉向說此事、亦無、漢紀幷無此二字、舊刻、蕠作絮、與索隱本同、李笠曰、蕠字說文不載、玉篇、蕠、蘆草也、義異、集韻九魚、音袽、黏箸也、則絮義同、故集解云、漆著其閒也、御覽無蕠字、依漢書刪、左右皆曰。善。釋之前進曰。使其中有可欲者、雖錮南山猶有郄。[集解]張晏曰、錮、鑄也、帝北向、故云北山、迴顧南向、故云南山、[索隱]案張晏云、錮、鑄也、帝北向、故云北山、回顧向南、故云南山、今案大顏云、北山青石、肌理密、堪爲碑槨、至今猶然、故秦本紀、作阿房、或作酈山、發北山石槨、是也、故帝欲北山之石爲槨、取其精牢、釋之荅言但使薄葬、冢中無可貪、雖無石槨、有何憂焉、若使厚殉、冢中有物、雖幷錮南山、猶爲人所發掘也、言南山者、取其高厚之意、張晏殊失其旨也、[考證]楓山、三條本、無進字、與漢書合、南山取于其不騫不崩、中井積德曰、錮、謂鎔金包之、使其中無可欲者、雖無石槨、又何戚焉。文

帝稱善。【考證】漢書劉向傳云、文帝寤焉、遂薄葬、不起山墳、 其後拜釋之爲廷尉。頃之、上行出中渭橋。【集解】張晏曰、在渭橋中路、瓚曰、中渭橋、兩岸之中、【索隱】張晏臣瓚之說、皆非也、案今渭橋有三所、一所在城西北咸陽路、曰西渭橋、一所在東北高陵道、曰東渭橋、其中渭橋、在古城之北也、 有一人從橋下走出。乘輿馬驚。於是使騎捕、屬之廷尉。釋之治問。曰。縣人來。【集解】如淳曰、長安縣人、【考證】漢紀作遠縣人、 聞蹕、匿橋下。久之、以爲行已過。卽出。見乘輿車騎、卽走耳。廷尉奏當。一人犯蹕、當罰金。【集解】如淳曰、乙令、蹕先至而犯者、罰金四兩、蹕、止行人、【索隱】案崔浩云、當、謂處其罪也、案百官志云、廷尉平刑罰、奏當、所應郡國讞疑罪、皆處當以報之也、【考證】楓山、三條本、毛本、吳校元板、一作此、與漢書合、王念孫曰、一人犯蹕、罰金四兩、漢律文也、二人以上、罪當加等、漢書義短、張文虎曰、本作此者、蓋涉下文帝言此人親驚吾馬而誤、 文帝怒曰。此人親驚吾馬。吾馬賴柔和。令他馬、固不敗傷我乎。而廷尉乃當之罰金。釋之曰。法者、天子所與天下公共也。【索隱】小顏云、公、謂不私也、 今法如此。而更重之、是法不

信於民也。且方其時、上使立誅之則已。【考證】漢書、通鑑、無立字、 今既下廷尉。廷尉、天下之平也。一傾、而天下用法皆爲輕重。民安所措其手足。唯陛下察之。良久、上曰。廷尉當是也。其後有人盜高廟坐前玉環。捕得。文帝怒下廷尉治。【考證】張文虎曰、各本、重廷尉二字、凌引一本及班馬異同本不重、漢書亦無、 釋之案律、盜宗廟服御物者爲奏。奏當弃市。【考證】漢書、通鑑、不重奏字、 上大怒曰。人之無道、乃盜先帝廟器。吾屬廷尉者、欲致之族。而君以法奏之。【索隱】案法者依律以斷也、 非吾所以共承宗廟意也。【考證】顏師古曰、共讀曰恭、 釋之免冠頓首謝曰。法如是足也。【集解】徐廣曰、足、一作止也、 且罪等。然以逆順爲差。【集解】如淳曰、俱死罪也、盜玉環、不若盜長陵土之逆也、【考證】罪等、言二者俱可以大不敬論、 今盜宗廟器而族之、有如萬分之一、假令愚民取長陵一抔

土、陛下何以加其法乎。【集解】張晏曰、不欲指言、故以取土譬也、【索隱】抔、音步侯反、案禮運云、汙尊而抔飮、鄭氏云、抔、手掬之、字從手、字本或作盃、言一勺一杯、兩音竝通、又音普迴反、坏者塼之未燒之名也、張晏云、不欲指言、故以取土譬者、蓋不欲言盜開長陵、及說傷迫近先帝故也、【正義】按釋之言盜長陵一掬土、與盜環罪等、用以比之、令帝詳審、故云陛下何以加其法乎、張晏云、不欲指言、故以取土譬、一何疎鄙、不解義理之甚、裴氏引之、重爲錯也、【考證】取一抔土、微言發掘陵墓也、萬分之一四字、可證集解索隱不可動、 久之、文帝與太后言之、乃許廷尉當。【考證】陳仁錫曰、乃許廷尉當、句、當、謂處其罪也、愚按上文云廷尉當、是也、 是時中尉條侯周亞夫、與梁相山都侯王恬開、見釋之持議平、乃結爲親友。【集解】徐廣曰、開、一作闓、漢書作啓、啓者景帝諱也、故或爲開、 張廷尉由此天下稱之。後文帝崩、景帝立。釋之恐稱病。【索隱】謂帝爲太子時、與梁王入朝、不下司馬門、釋之曾劾、故恐也、【考證】中井積德曰、稱病、是實事、非意量、若意量、宜在欲字之下、 欲免去、懼大誅至、欲見謝、則未知何如。用王生計、卒見謝。景帝不過也。【考證】過、責也、 王生者、善爲黃·老言。處士也。嘗召居廷中。三公九卿盡

會立。【考證】王文彬曰、居、猶坐也、時漢廷尊尚黃老、故大會時、王生被召坐廷中、而公卿盡立也、 王生老人。曰。吾韈解。【正義】上萬越反、下閑買反、 顧謂張廷尉。爲我結韈。【索隱】結、音如字、又音計、【考證】楓山、三條本、尉下有曰字、韈、足衣也、 釋之跪而結之。既已。人或謂王生曰。獨柰何廷辱張廷尉、使跪結韈。王生曰。吾老且賤。自度終無益於張廷尉。張廷尉方今天下名臣。吾故聊辱廷尉、使跪結韈、欲以重之。諸公聞之、賢王生而重張廷尉。【考證】凌稚隆曰、令釋之結韈、蓋黃老摧剛爲柔本旨、與圯上納履事同、 張廷尉事景帝、歲餘爲淮南王相。猶尚以前過也。久之、釋之卒。其子曰張摯、字長公。官至大夫、免。以不能取容當世、故終身不仕。【索隱】謂性公直、不能曲屈見容於當世、故至免官不仕也、 馮唐者、其大父趙人。父徙代。漢興、徙安陵。唐以孝著、爲中郎署長、事文帝。【集解】應劭曰、此云孝子郎也、或曰、以至孝聞、【索隱】案謂爲郎署

之長也、【考證】文帝紀云、賜三老孝者人帛五匹、弟者帛人三匹、漢代重孝、此以孝擧爲郎者中郎署、漢書作郎中署、爰盎傳、上幸上林、郎署長布席、文帝輦過。【集解】過、音戈、謂文帝乘輦、會過郎署、問唐曰。父老何自爲郎。家安在。【索隱】案崔浩云、自、從也、帝詢唐、何從爲郎、又小顏云、年老矣、乃自爲郎、怪之也、【考證】何自、崔說是、唐具以實對。文帝曰。吾居代時、吾尚食監高祛、數爲我言趙將李齊之賢、戰於鉅鹿下。今吾每飯、意未嘗不在鉅鹿也。父知之乎。【集解】張晏曰、每食、念監所說李齊在鉅鹿時、【考證】楓山、三條本、鹿下也、上有下字、胡三省曰、尚食監、膳食之官、中井積德曰、只是每食念鉅鹿之戰耳、集解濟、胡三省曰、鉅鹿之戰、當是秦將王離圍鉅鹿時、唐對曰。尚不如廉頗・李牧之爲將也。上曰。何以。唐曰。臣大父在趙時、爲官卒將。善李牧。【集解】徐廣曰、一云官士將、駰案、晉灼曰、百人爲徹行、亦皆帥將也、【索隱】注、百人爲徹行將帥、案國語百人爲徹行、行頭皆官師、賈逵云、百人爲一隊也、官師、隊大夫也、【考證】漢書、卒作帥、王先謙曰、漢書馮奉世傳云、在趙者爲官帥將、官帥將子爲代相、所稱卽馮唐祖父也、愚按、卒讀爲率、率帥通、臣父故爲代相、善趙將李齊。知其爲人也。【考證】中井積德曰、馮之話說尚多、史略之、

上既聞廉頗・李牧爲人、良說、【集解】如淳曰、良、善也、【考證】中井積德曰、良說、猶甚悅也、而搏髀曰。嗟乎、吾獨不得廉頗・李牧、時爲吾將、吾豈憂匈奴哉。【考證】王念孫曰、時讀爲而、言吾獨不得廉頗李牧而爲將也、而時聲相近、故字相通、愚按、吾將下、省得爲吾將等字面、語急、唐曰。主臣。陛下雖得廉頗・李牧弗能用也。【索隱】案樂彥云、人臣進對前、稱主臣、猶上書前云昧死、案志林云、馮唐面折萬乘、何言不懼、主臣爲驚怖、其言益著也、又魏武謂陳琳云、卿爲本初檄、何乃言及上祖、琳謝云、主臣、益明主臣是驚怖也、解已見前志也、【考證】主臣、見陳丞相世家、上怒、起入禁中。良久、召唐讓曰。公奈何衆辱我。獨無間處乎。【考證】衆辱、見淮陰侯傳、顏師古曰、何不於閒隙之處言之也、唐謝曰。鄙人不知忌諱。當是之時、匈奴新大入朝那、【索隱】上音朝、下音乃何反、縣名、屬安定也、【正義】在原州百泉縣西北十里、漢朝那縣是也、殺北地都尉卬。【索隱】案都尉姓孫、名卬、【正義】北地郡、今寧州也、【考證】事在文帝十四年、上以胡寇爲意。乃卒復問唐曰。公何以知吾不能用廉頗・李牧也。唐對曰。臣聞上古王者之遣將也、跪

而推轂曰。閫以內者、寡人制之。【集解】韋昭曰、此郭門之閫也、門中橛曰閫、【索隱】橛、音其月反、【正義】閫、音苦本反、謂門限也、【考證】楓山、三條本、閫上有自字、漢書、閫作闑、沈欽韓曰、六韜立將、君親操斧持首、授將其柄曰、從此上至天者、將軍制之、復操鉞持柄、授將其刃曰、從此下至淵者、將軍制之、淮南兵略同、御覽七百六十三、引淮南子曰、閫以外將軍裁之、與此傳同、閫以外者、將軍制之。軍功爵賞、皆決於外、歸而奏之。此非虛言也。臣大父言李牧爲趙將、居邊。軍市之租、皆自用饗士。【索隱】案謂軍中立市、市有稅、稅卽租也、【考證】李牧傳云、市租皆輸入幕府、爲士卒費、日擊數牛饗士、賞賜決於外、不從中擾也。【考證】楓山、三條本、擾作覆、與漢書合、胡三省云、不從中覆校其所用之數、委任而責成功。故李牧乃得盡其智能。遣選車千三百乘、【索隱】案六韜書、有選車之法、【考證】漢書、無遣字、義長、彀騎萬三千、【索隱】如淳云、彀、音構、彀騎、張弓之騎也、【考證】王念孫曰、千下脫去匹字、御覽兵部引此正作彀騎萬三千匹、漢書馮唐傳同、王先謙曰、彀士、謂能控弦之騎士、有萬三千人、騎可以匹言、彀騎以人言、不以匹言、愚按、李牧傳云、選騎得萬三千匹、彀者十萬人、萬三千、卽選騎之數、非彀者之數也、王念孫說是、百金之士十萬。【集解】服虔曰、良士直百金也、或曰、直百金言重、【索隱】晉灼云、百金取

其貴重也、服虔曰、良士直百金也、劉氏云、其功可賞百金者、事見管子、及小爾雅、【考證】百金、服說是、李牧傳云、百金之士五萬人、彀者十萬人、張文虎曰、索隱單本、無小字、然今爾雅小爾雅、皆無此文、是以北逐單于、破東胡、【索隱】案崔浩云、烏丸之先也、國在匈奴之東、故云東胡也、滅澹林、【集解】徐廣曰、澹、一作襜、【索隱】澹、丁甘反、一本作襜襤、【考證】李牧傳云、滅襜襤、破東胡、降林胡、單于奔走、張文虎曰、索隱襜襤、說見廉藺傳、西抑彊秦、南支韓・魏。當是之時、趙幾霸。【索隱】幾、音祈、其後會趙王遷立。其母倡也。【索隱】按列女傳云、邯鄲之倡、【正義】趙幽王母、樂家之女也、王遷立、乃用郭開讒、卒誅李牧、【索隱】按開是趙之寵臣、戰國策云、秦多與開金、使爲反閒、【考證】漢書無王遷立乃四字、張照曰、上文云、趙王遷立、然則此句立字衍文、令顏聚代之。【索隱】聚、音似喩反、漢書作最、本齊將也、【正義】絕庾反、【考證】今本漢書作聚、是以兵破士北、爲秦所禽滅。今臣竊聞魏尙爲雲中守、【集解】漢書曰、尙、槐里人也、【正義】雲中郡故城、在勝州榆林縣東北三十里、其軍市租、盡以饗士卒、私養錢、五日一椎牛、饗賓客軍吏舍人。【集解】服虔曰、私廩假錢、【索隱】按漢書、市肆租稅之入、爲私奉養、服虔曰、私廩假錢是也、或云、官所別廩給也、椎、音直追反、擊也、【考證】楓山、三條本、卒下有出

字、漢書亦有、疑今本脫、胡三省曰、私養錢、屬下句、中井積德曰、郡守自應得家口私費之錢、如後世月俸錢、 是以匈奴遠避、不近雲中之塞。【考證】楓山三條本、不下有敢字、 虜曾一入。尙率車騎擊之。所殺甚衆。夫士卒盡家人子、起田中從軍。【索隱】按謂庶人之家子也、【考證】慶長本標記引劉伯莊云、家人子、不知軍法、妄上其功、與尺籍不相應、魏尙連署、故坐罪也、 安知尺籍伍符。【集解】如淳曰、漢軍法曰、吏卒斬首、以尺籍書下縣移郡、令人故行、不行奪勞二歲、伍符、亦什伍之符、約節度也、或曰、以尺簡書、故曰尺籍也、【索隱】按尺籍者、謂書其斬首之功於一尺之板、伍符者、命軍人伍伍相保、不容姦詐、注故行不行、案謂故命人行、而身不自行、奪勞二歲也、故與罷同、【正義】注行不行、故當行、罷人行、身不行、奪勞二歲也、【考證】尺籍伍符、索隱是、尉繚子束伍令云、五人爲伍、共一符、收于將吏之所、 終日力戰、斬首捕虜、上功莫府。【索隱】按莫訓大也、又崔浩云、古者出征無常處、以幕爲府舍、故云莫府、莫當爲幕、古字少耳、【考證】崔說是、 一言不相應、【索隱】音乙陵反、謂數不同也、 文吏以法繩之、其賞不行。而吏奉法必用。臣愚以爲陛下法太明、賞太輕、罰太重。且雲中守魏尙、坐上功首虜差六級、陛下下之吏、削其爵、罰

作之。【考證】胡三省曰、一歲刑爲罰作、 由此言之、陛下雖得廉頗·李牧、弗能用也。【集解】班固稱楊子曰、孝文帝親詘帝尊以信亞夫之軍、曷爲不能用頗牧、彼將有激、【考證】廉頗李牧、承前語、漢書刪廉頗二字、非是、 臣誠愚觸忌諱。死罪死罪。文帝說。是日令馮唐持節赦魏尙、復以爲雲中守、而拜唐爲車騎都尉、主中尉及郡國車士。【集解】服虔曰、車軍之士、【考證】集解車軍、漢書注作車戰、當依改、王先謙曰、中尉之車士、及郡國之車士、皆得主之、胡三省曰、百官表、無車騎都尉官、 七年、景帝立。【考證】梁玉繩曰、匈奴入朝那、在文帝十四年、至景帝立、是十一年、非七年、漢書作十年、亦非、 以唐爲楚相。免。武帝立。【考證】武帝、當作今上、 求賢良。舉馮唐。唐時年九十餘、不能復爲官。乃以唐子馮遂爲郎。遂字王孫。亦奇士。與余善。【考證】趙世家贊云、吾聞馮王孫曰、趙王遷其母倡也、嬖於悼襄王、悼襄王廢適子嘉而立遷、遷素無行信讒、故誅其良將李牧用郭開、史公記趙事、多國策所不載、蓋得諸馮王孫也、

太史公曰。張季之言長者、守法不阿意。馮公之論將率、有味

哉、有味哉。語曰。不知其人視其友。【考證】孔子家語云、不知其子觀其父、不知其人觀其友、蓋古有此語也、 二君之所稱誦、可著廊廟。書曰。不偏不黨、王道蕩蕩。不黨不偏、王道便便。【集解】徐廣曰、一作辨、【考證】尙書洪範篇、梁玉繩曰、此蓋所傳尙書本異、故墨子兼愛下篇引書云、王道蕩蕩、不偏不黨、王道平平、不黨不偏、皆與今本不同、至便平辨之異、說在宋世家、 張季·馮公近之矣。

【索隱】述贊、張季未偶、見識袁盎、太子懼法、嗇夫無狀、驚馬罰金、盜環悟上、馮公白首、味哉論將、因對李齊、收功魏尙、

張釋之馮唐列傳第四十二

史記一百二

文學博士瀧川龜太郎著

史記會注考證

史記會注考證卷一百三

漢　太史令司馬遷　撰
宋　中郎外兵曹參軍裴駰　集解
唐　國子博士弘文館學士司馬貞　索隱
唐　諸王侍讀率府長史張守節　正義
日本　出雲瀧川資言　考證

萬石張叔列傳第四十三　史記一百三

[考證]史公自序云、敦厚慈孝、訥於言、敏於行、君子長者、作萬石張叔列傳第四十三、凌稚隆曰、石奮、石建、石慶、衛綰、直不疑、周仁、張歐、行事雖不同、要不失爲長者、故同傳、

萬石君名奮。[正義]以父及四子皆二千石、故號奮爲萬石君、[考證]沈欽韓曰、萬石、非史例也、史公之誤、愚按萬石君景帝所號、故史公取以爲稱、漢書酷吏傳、嚴延年亦有萬石之號、鄉黨所稱、與此異、其父趙人也。[正義]洺州邯鄲、本趙國都、姓石氏。趙亡、徙居溫。[正義]故溫城、在懷州溫縣三十里、漢縣在也、[考證]正義溫縣下當有西南二字、高祖東擊項籍、過河內。時奮年十五、爲小吏侍高祖。高祖與語、愛其恭敬。[考證]李廷機曰、傳中凡言恭敬醇謹孝等字、皆一篇領袖、問曰、若何有。[考證]顏師古曰、若、汝也、有何戚屬、對曰、奮獨有母。不幸失明。家貧。有姊能鼓琴。[考證]漢書、琴作瑟、高祖曰、若能從我乎。曰、願盡力。於是高祖召其姊爲美人、以奮爲中涓、受書謁。[正義]顏師古云、中涓、官名、居中而涓絜也、如淳云、主通書謁出入命也、[考證]美人、女官名、錢大昭曰、陳平世家云、是時萬石君奮爲漢王中涓、受平謁、卽其事也、徙其家長安中戚里。以姊爲美人故也。[索隱]小顏云、於上有姻戚者皆居之、故名其里爲戚里、長安記、戚里在城內、[考證]劉攽曰、此里偶名戚里爾、周壽昌曰、長安志注云、高祖娶石奮姊爲美人、移家於長安城中、號之曰戚里、帝王之姻戚也、據此戚里因石奮家而名、愚按劉說是、

其官至孝文時、積功勞至大中大夫。[考證]漢書、代其官二字以奮字、勞下補官字、無文學。恭謹無與比。[考證]漢書、謹下有擧字、張晏曰、擧朝無比也、文帝時、東陽侯張相如爲太子太傅。免。選可爲傅者。皆推奮。奮爲太子太傅。及孝景卽位、以爲九卿。迫近憚之。[集解]張晏曰、以其恭敬履度、故難之、[考證]中井積德曰、迫近、謂其職居近侍、周壽昌曰、上憚其拘謹也、徙奮爲諸侯相。奮長子建、次子甲、次子乙、[集解]徐廣曰、一作仁、[正義]顏師古云、史失其名、故云甲乙耳、非其名也、次子慶、皆以馴行孝謹、官皆至二千石。[集解]徐廣曰、馴一作訓、[索隱]馴、音巡、[考證]馴讀爲順、於是景帝曰、石君及四子、皆二千石。人臣尊寵、乃集其門。號奮爲萬石君。孝景帝季年、萬石君以上大夫祿歸老于家、以歲時爲朝臣。[考證]顏師古曰、預朝請、岡白駒曰、唯外戚皇室諸侯、得奉朝請、蓋以姻戚、優禮待之、過宮門闕、萬石君必下車趨、見路馬必式焉。[考證]曲禮、大夫士、下公門、式路馬、顏師

古曰、路馬、天子路車之馬、式、謂撫軾、蓋爲敬也、子孫爲小吏、來歸謁。萬石君必朝服見之。不名。子孫有過失、不譙讓、【索隱】上才笑反、譙讓、責讓、爲便坐、對案不食。【索隱】爲便、上于僞反、下便音婢緜反、蓋謂爲之不處正室、別坐他處、故曰便坐、坐音如字、便坐非正坐處也、故王者所居有便殿便房、義亦然也、音婢見反、亦通也、【正義】案、謂盤案、【考證】顏師古曰、便坐、便側之處、非正室也、然后諸子相責、因長老肉袒固謝罪。改之、乃許。子孫勝冠者在側、雖燕居必冠。申申如也。【索隱】燕、謂閒燕之時、燕、安也、【考證】論語述而篇、子之燕居、申申如也、馬融注、申申、和舒之貌、僮僕訢訢如也。唯謹。【集解】晉灼曰、訢、許愼曰、古欣字、韋昭曰、聲和貌、上時賜食於家、必稽首俯伏而食之、如在上前。其執喪、哀戚甚悼。子孫遵教亦如之。萬石君家以孝謹聞乎郡國。雖齊·魯諸儒質行、皆自以爲不及也。【考證】王文彬曰、質、實也、言齊魯尚實行、猶以爲不及萬石君家、下文言儒文多質少、兩質字義同、建元二年、郎中令王臧、以文學獲罪。【正義】百官表云、郎中令、秦官、掌宮殿門戶、武帝太初元年、更名光祿勳也、【考證】王臧以明堂事獲罪於竇太后、自殺、事詳儒林傳、皇太后以爲儒者文多質少。今萬石君家、不言而躬行。乃以長子建爲郎中令。少子慶爲內史。【正義】百官表云、內史、周官、秦因之、掌治京師、景帝分置左內史、武帝太初元年、更名京兆尹、左內史名左馮翊也、建老白首。萬石君尚無恙。建爲郎中令、每五日洗沐、歸謁親。【集解】文穎曰、郎五日一下、【正義】孔文祥云、建爲郎中令、卽光祿勳、九卿之職也、直五日一下也、按五日一下直洗沐、入子舍、【索隱】案、劉氏謂小房內、非正堂也、小顏以爲諸子之舍、若今諸房也、竊問侍者、取親中裙廁牏、身自浣滌、復與侍者、不敢令萬石君知。以爲常。【集解】徐廣曰、牏、築垣短板也、音住、廁牏、謂廁溷垣牆、建隱於其側浣滌也、一讀牏爲竇、竇音豆、言建又自洗蕩廁竇、竇、瀉除穢惡之穴也、呂靜曰、楲窬、褻器也、音威豆、駰案、蘇林曰、牏、音投、賈逵解周官、楲、虎子也、窬、行清也、孟康曰、廁、行清、窬、行中受糞者也、東南人謂鑿木空中如曹、謂之窬、晉灼曰、今世謂反閉小袖衫爲侯窬、廁此最廁近身之衣也、【索隱】案、親、謂父也、中裙、近身衣也、蘇林曰、牏、音投、又音豆、孟康曰、廁、行清、牏、行清中受糞函也、言建又自洗盪廁竇、竇者洗除穢汙之穴也、又晉灼云、今世謂反閉小袖衫爲侯牏、此最廁近身之衣、而徐廣云、牏、短板、以築廁牆、未知其義何從、恐非也、【正義】牏、音投、中裙、謂中衣、今之裙也、晉灼云、今世謂

半閉小袖衫爲侯牏、此最廁近身之衣也、顏師古云、親、謂父也、中裙、若今言中衣也、廁牏、近身之小衫、若今汗衫也、【考證】王先謙曰、說文、帬、下裳也、古者裳亦得通稱衣、中、裏通、中裙者近身下裳、愚按顏解廁爲近身之小衫、是也、廁、閒也、故顏訓爲近、牏、讀爲褕、說文、褕一曰直裾、謂之襜褕、漢書雋不疑傳顏注、襜褕、直裾禪衣、中帬廁褕、皆爲親身之衣、建爲郎中令、事有可言、屏人恣言極切。【考證】王先謙曰、灌夫傳、分別言田竇事、蓋其一端、愚按楓山、三條本、令下有奏字、事下有卽字、至廷見、如不能言者。是以上乃親尊禮之。萬石君徙居陵里。【集解】徐廣曰、陵、一作鄰、【索隱】小顏云、陵里、里名、在茂陵、非長安之戚里也、【正義】茂陵邑中里也、茂陵故城、漢茂陵縣也、在雍州始平縣東北二十里、【考證】劉攽曰、長安中自有里名陵、非茂陵里也、內史慶醉歸、入外門不下車。萬石君聞之不食。慶恐肉袒請罪。不許。擧宗及兄建肉袒。萬石君讓曰。內史貴人。入閭里。里中長老、皆走匿。而內史坐車中自如。固當。【考證】顏師古曰、此深責之也、言內史貴人、正固當爾、顧炎武曰、反言之也、乃謝罷慶。慶及諸子弟、入里門趨至家。萬石君以元朔五年中卒。【考證】洪亮吉曰、奮卒時年九十六、長子郎中令建、哭泣哀思、扶杖乃能行。歲餘建亦死。諸子孫咸孝。然建最甚。甚於萬石君。建爲郎中令。書奏事。事下。【考證】顏師古曰、建有所奏上、而被報下也、愚按漢書、不重事字、楓山本下下有建字、建讀之曰。誤書馬者與尾當五。今乃四。不足一。上譴死矣。【集解】服虔曰、作馬字、下曲而五、建時上事書誤作四、【正義】顏師古云、馬字下曲者尾、并四點爲四足、凡五、【考證】漢書藝文志云、吏民上書、字或不正、輒擧劾、石建憂其譴死、慮有擧劾者也、篆文馬作馬、張文虎曰、游、王、柯、凌本者作字、甚惶恐。【考證】楓山、三條本、惶作悼、其爲謹愼、雖他皆如是。萬石君少子慶爲太僕。御出。上問車中幾馬。慶以策數馬畢、擧手曰。六馬。慶於諸子中最爲簡易矣。然猶如此。【正義】漢書、慶爲太僕、御出、上問車中幾馬、慶以策數馬畢、擧手曰、六馬、按慶於兄弟最爲簡易矣、然猶如此也、【考證】通鑑考異云、慶爲太僕、公卿表不載、沈家本曰、按漢表有奪文、蓋慶於建元二年爲內史、三年爲太僕、後三年徙爲齊相也、中井積德曰、正義引漢書不曉何意、張文虎曰、爲太僕至然猶如此三十六字、蓋史文所無、故正義引漢書注之、後人據注增竄、則正義爲贅矣、舊刻、毛本、然猶倒、愚按劉百衲宋本亦倒、楓山、三條本、子下無中字、爲齊

相。【考證】楓山、三條本、爲上有出字、舉齊國皆慕其家行、不言而齊國大治、爲立石相祠。元狩元年、上立太子。選羣臣可爲傅者。慶自沛守爲太子太傅。七歲、遷爲御史大夫。元鼎五年秋、丞相有罪罷。【集解】趙周坐酎金免、【索隱】案漢書而知也、制詔御史。萬石君先帝尊之、子孫孝。其以御史大夫慶爲丞相。【考證】楓山本、孝上有至字、與漢書合、封爲牧丘侯。是時漢方南誅兩越、東擊朝鮮、北逐匈奴、西伐大宛、中國多事。天子巡狩海內、修上古神祠、封禪興禮樂、公家用少。桑弘羊等致利、王溫舒之屬峻法、兒寬等推文學至九卿、更進用事、事不關決於丞相。【正義】倪寬、千乘人也、治尚書、受業於孔安國、貧無資用、常爲弟子都養、時行賃作、帶經而鋤、射策補掌故、歷位左內史御史大夫而卒、【考證】桑弘羊見平準書、王溫舒見酷吏傳、兒寬見儒林傳、關決之關、如關說關白之關、通也、丞相醇謹而已。在位九歲。無能

有所匡言。嘗欲請治上近臣所忠・九卿咸宣罪。【集解】服虔曰、咸、音減損之減、【考證】所忠、見封禪書司馬相如傳、咸宣、見酷吏傳、張文虎曰、咸宣、各本作減宣、錢泰吉云、當作咸、按漢書作咸、師古音減省之減、此集解引服虔音正同、則本亦作咸明矣、不能服、反受其過。贖罪。元封四年中、關東流民二百萬口、無名數百四十萬。【索隱】案小顏云、無名數、若今之無戶籍、公卿議欲請徙流民於邊以適之。【考證】顏師古曰、適讀曰讁、上以爲丞相老謹、不能與其議。乃賜丞相告歸、而案御史大夫以下議爲請者。丞相慙不任職、乃上書曰。慶幸得待罪丞相。罷駑以輔治、城郭倉庫空虛、民多流亡。罪當伏斧質。上不忍致法。願歸丞相侯印、乞骸骨歸、避賢者路。天子曰。倉廩既空、民貧流亡。而君欲請徙之。搖蕩不安、動危之、而辭位。【考證】顏師古曰、搖動百姓、使其危急、而自欲去位、君欲安歸難乎。【索隱】難、音乃彈反、言欲歸於何人、

以書讓慶。【考證】梁玉繩曰、漢書詳載報丞相詔、此摘錄數語、且有異同、慶甚慙、遂復視事。慶文深審謹。然無他大略、爲百姓言。後三歲餘、太初二年中、丞相慶卒。謚爲恬侯。慶中子德、慶愛用之。上以德爲嗣。代侯。後爲太常。坐法當死。贖免爲庶人。【考證】梁玉繩曰、侯表及漢書恩澤百官二表、石慶子德、以太初三年嗣侯、卽爲太常、其坐法、在天漢元年、史盡太初、故表不書德爲太常失侯事、則此十三字、乃後人增入者、或曰、爲太常三字、是史元文、慶方爲丞相、諸子孫爲吏、更至二千石者十三人。及慶死、後稍以罪去、孝謹益衰矣。【考證】楓山、三條本、相下有時字、益作蓋、錢大昕曰、褚先生敍田仁制舉三河、河東太守石丞相子孫也、石氏九人、爲二千石、方盛貴、仁數上書言之、其後三河太守、皆下獄誅死、此在慶已沒之後、建陵侯衞綰者、【正義】括地志云、漢建陵縣故城、在沂州丞縣界也、代大陵人也。【索隱】地理志、縣名、在代、【正義】括地志云、大陵縣城、在幷州文水縣北十二里、按代王耳、時都中都、大陵屬焉、故言代大陵人也、【考證】梁玉繩曰、大陵縣屬太原、而云代大陵者、綰事文帝、文帝初封于代、高祖詔取山南太原之地、益屬代、故大陵隸代也、正義不甚晰、索隱直以大陵爲代郡縣名、不亦疏乎、綰以戲車爲郎。

【集解】應劭曰、能左右超乘也、如淳曰、櫟、機轉之類、【索隱】按應劭云、能左右超乘、案今亦有弄車之戲、櫟、音歷、謂超踰之也、轉、音衞、謂車軸頭也、【考證】沈欽韓曰、鹽鐵論除狹篇、賢良曰、今吏道壅而不選、戲車鼎躍、咸出補吏、西京賦、建戲車、樹修旃、通典樂六、舞輪伎、蓋今之戲車輪者、御覽五百六十六、梁元帝纂要、百戲起於秦漢、戲車、見李尤平樂觀賦、事文帝。功次遷爲中郎將。醇謹無他。【正義】性醇謹、無他伎能也、【考證】顏師古曰、無他、無他餘志念也、愚按顏說是、下文云、廉忠實無他腸、凌稚隆曰、衞綰一傳、總只醇謹無他四字盡之、孝景爲太子時、召上左右飮。而綰稱病不行。【集解】張晏曰、恐文帝謂豫有二心以事太子、【考證】凌本、飮作飯、文帝且崩時、屬孝景曰。綰長者。善遇之。及文帝崩、景帝立、歲餘不噍呵綰。【索隱】誰何二音、誰何、猶借訪也、一作譙呵、譙、責讓也、言不嗔責綰也、【考證】譙呵、漢書作孰何、王念孫曰、史記不誰何、衞綰傳寫誤爲譙呵、愚按不誰何、置而不問也、非責讓之謂、綰日以謹力。景帝幸上林。詔中郎將參乘。還而問曰。君知所以得參乘乎。綰曰。臣從車士、幸得以功次遷爲中郎將。不自知也。上問曰。吾爲太子時召君。君不肯來。何也。對曰。死罪。實病。上

賜之劍。綰曰、先帝賜臣劍、凡六劍、不敢奉詔。上曰、劍、人之所施易。獨至今乎。【集解】如淳曰、施讀曰移、言劍者人之所好、故多數移易貿換之也、【索隱】上音移、下音亦、【考證】中井積德曰、施、謂改易其飾具也、易、卽貿換矣、沈欽韓曰、施讀如字、言劍服用所施、故常易也、愚按施易一意、如說最穩、綰曰、具在。上使取六劍、劍尚盛、未嘗服也。【考證】中井積德曰、尚盛、謂不損壞也、周壽昌曰、十襲藏之、以敬君賜、郎官有譴、常蒙其罪、不與他將爭、【正義】蒙、謂覆蔽之、有功、常讓他將。上以爲廉忠實無他腸。【索隱】小顏云、心腸之內、無他惡也、【考證】中井積德曰、無他腸、與上文無他同、謂專一忠實無他志念也、乃拜綰爲河閒王太傅。【考證】河南王、景帝子德、吳・楚反。詔綰爲將。將河閒兵擊吳・楚、有功。【考證】全祖望曰、擊趙也、河閒、是趙之分國、時趙方同反、安得踰趙而東征、誤已、拜爲中尉。【考證】王先謙曰、漢書公卿表在孝景三年、三歲、以軍功、孝景前六年中、封綰爲建陵侯。其明年、上廢太子、誅栗卿之屬。【集解】蘇林曰、栗太子舅也、如淳曰、栗氏親屬也、卿、其名也、【索隱】栗姬之兄弟、蘇林云、栗太子之舅也、【正義】顏師古云、太子廢爲臨

江王、故誅其外家親屬也、【考證】王先謙曰、按表、綰以六年四月封、距擊吳楚三歲、而廢太子在四年、則明年者、擊吳楚之明年也、上以爲綰長者、不忍。【考證】徐孚遠曰、中尉法官、當按獄、綰長者不肯窮治、故以屬郅都、其後郅都卒殺臨江王、乃賜綰告歸、而使郅都治捕栗氏。【考證】郅都、見酷吏傳、既已上立膠東王爲太子。召綰拜爲太子太傅。久之、遷爲御史大夫。五歲、代桃侯舍爲丞相。【正義】故桃城、在滑州胙城縣東三十里、劉舍所封也、【考證】王先謙曰、公卿表、中三年下、書綰爲御史大夫、四年遷、後三年下、書綰爲丞相、實四歲、朝奏事、如職所奏。【索隱】以言但守職分而已、不別有所奏議也、【考證】王先謙曰、舉例行事奏之、然自初官以至丞相、終無可言。【考證】楓山、三條本、官作宦、與漢書合、宦、仕也、天子以爲敦厚可相少主、尊寵之、賞賜甚多。爲丞相三歲、景帝崩、武帝立。建元年中、丞相以景帝疾時、諸官囚、多坐不辜者、而君不任職、免之。【考證】梁玉繩曰、武帝、當作今上、後人改之也、攷將相百官二表、綰以建元元年免、卽在武帝立年、則建元中四字是美文、中井積德曰、景帝疾、至君不任職、擧天子譴責之語也、王先謙曰、史駁文、楊愼曰、漢丞相衛綰、奏

郡國所擧賢良、或治申商韓非蘇張之說、亂國政、請皆罷、武帝可之、綰之相業、他無聞焉、而此一節、加于蕭曹一等矣、史稱漢帝之美、罷黜百家、綰之功可少哉、其後綰卒。【考證】王先謙曰、據表推之、卒在元光元年、子信代。坐酎金失侯。【考證】元鼎五年、塞侯直不疑者、南陽人也。【索隱】案塞、國名、今桃林之塞也、直、姓也、不疑、名也、與雋不疑同字、【正義】塞侯、上音先代反、古塞國、今陝州桃林縣以西至潼關、皆桃林塞地也、爲郎事文帝。其同舍有告歸、誤持同舍郎金去。已而金主覺妄、意不疑。【索隱】謂妄疑其盜取將也、【考證】楓山本、妄作亡、與漢書合、可從、索隱本、各本皆作妄、屬下讀、疑誤、不疑謝有之、買金償。而告歸者來而歸金。而前郎亡金者大慙。以此稱爲長者。【考證】長者二字、一傳綱領、文帝稱擧、稍遷至太中大夫。【集解】徐廣曰、漢書云、稱爲長者、稍遷至太中大夫、無文帝稱擧四字、【考證】梁玉繩曰、漢書無文帝稱擧四字、是也、攷百官表、直不疑以孝景中五年爲主爵都尉、六年由中大夫令、更爲衛尉、後元年、乃由衛尉遷御史大夫、此脫不具、且未嘗爲太中大夫也、漢傳言中大夫、亦脫令字、中大夫令卽衛尉、朝廷見人或毀曰。不疑狀貌甚美。然獨無奈其善盜嫂何也。【索隱】案小顏云、盜、謂私之、【考證】劉攽

曰、朝廷見人、謂達官也、李笠曰、見讀去聲、見人、謂顯著之人、不疑聞曰。我乃無兄。然終不自明也。【考證】楓山、三條本、兄下有安得嫂三字、吳・楚反時、不疑以二千石將兵擊之。景帝後元年、拜爲御史大夫。天子修吳・楚時功、乃封不疑爲塞侯。【考證】楓山、三條本、功下有臣字、武帝建元年中、與丞相綰俱以過免。【考證】梁玉繩曰、武帝建元年中、當作今上建元元年、不疑學老子言。其所臨、爲官如故、【考證】方苞曰、其官屢遷、所臨涖之地雖異、而接人處己、皆如故也、王先謙曰、如前任者所爲、非有大利害、不輕改變也、愚按王說是、唯恐人知其爲吏跡也。不好立名稱。稱爲長者。【考證】漢書、不重稱字、不疑卒。子相如代。孫望坐酎金失侯。【索隱】漢書、作彭祖坐酎金國除、【考證】元鼎五年、索隱依漢傳、功臣表作堅、齊召南曰、望堅、字相似、未知孰正、郎中令周文者、名仁。其先故任城人也。【正義】任城、兗州縣也、以醫見。景帝爲太子時、拜爲舍人。積功稍遷。孝文帝時至太中大夫。景帝初卽位。拜

仁爲郎中令。仁爲人陰重不泄。常衣敝補衣溺袴。【集解】服虔曰、質重不泄人之陰謀也、張晏曰、陰重不泄、下溼故溺袴、是以得比宦者、出入後宮、仁有子孫、先未得此病時所生、韋昭曰、陰重如今帶下病泄利、【索隱】案其解二、各有理、服虔云、周仁性質重、不泄人之陰謀也、小顏云、陰、密也、爲性密重、不泄人言也、霍去病少言不泄、亦其類也、其人又常衣弊補衣、及溺袴、故爲不絜清之服、是以得幸入臥內也、又張晏云、陰重不泄、陰下溼故溺袴、是以得比宦者、出入後宮也、仁有子孫者、先未得此疾病所生也、二者未知誰得其實也、【考證】顏師古曰、爲小袴以藉其尿、愚按陰重不泄、言其爲人、下文所謂終無所言、卽是、常衣敝補衣溺袴、別是一事、溺字難解、非譌則衍、容服旣醜、妃嬪不近、所以無嫌、期爲不絜清。【索隱】謂心中常期不絜之服、則期是故之意也、小顏亦同、【正義】清、清淨、期猶常也、言爲不絜淨、下溼、故得入臥內後宮比宦者、以是得幸景帝、入臥內、【考證】楓山、三條本、入上有出字、於後宮祕戲、仁常在旁。【索隱】謂後宮中戲劇所宜祕也、至景帝崩、仁尙爲郎中令。終無所言。上時問人。【正義】顏師古云、問以他人之善惡也、仁曰。上自察之。然亦無所毀。以此景帝再自幸其家。家徙陽陵。上所賜甚多。然常讓不敢受也。諸侯羣臣、賂遺終無所受。【考證】李光縉曰、終無所言、然亦無

所毀、然常讓不敢受、終無所受、亦皆本陰重不泄來、武帝立。【考證】梁玉繩曰、當作今上立、以爲先帝臣、重之。仁乃病免、以二千石祿歸老。子孫咸至大官矣。御史大夫張叔者、名歐。【集解】史記音隱曰、歐、於友反、【索隱】歐音烏後反、漢書作歐、孟康音驅也、安丘侯說之庶子也。孝文時、以治刑名言、事太子。【集解】韋昭曰、有刑名之書、欲令名實相副也、【索隱】案劉向別錄云、申子學號曰刑名家者、循名以責實、其尊君卑臣、崇上抑下、合於六家也、說者云、刑名家、卽太史公所說六家之一也、【正義】刑、刑家也、名、名家也、在太史公自序傳、言治刑法及名實也、【考證】刑名卽形名、名實之義、說詳申韓列傳、漢稱法家曰刑名、正義以刑名爲二、非是、正義自序傳、各本作自有傳、今從楓山、三條本、然歐雖治刑名家、其人長者。景帝時尊重、常爲九卿。【考證】長者二字、骨子、沈家本曰、漢表、景帝前四年、安丘侯張歐爲奉常、二年而蕭勝代之、至武帝元朔四年、韓安國免。詔拜歐爲御史大夫。【考證】梁玉繩曰、案將相及百官表、韓以元光三年免、張歐以元光四年拜、此與漢傳同誤爲元朔四年也、武帝當作今上、愚按平津侯傳云、元朔三年、以弘爲御史大夫、據此則元朔四年、歐已不在位矣、自歐爲吏、未嘗言案人。專以

誠長者處官。【考證】查愼行曰、攷漢書鼂錯傳、六國反時、丞相靑翟、中尉嘉、廷尉歐劾奏錯大逆無道、當要斬、父母妻子同產、皆棄市、請論如法、注云、歐卽張歐也、錯之罪名、何至大逆無道、此議實爲過當、然則鼂錯之死、禍發於爰盎而成於張歐、廷尉爲天下平、顧當若是乎、似不得云爲吏未嘗按人也、愚按呂氏大事記、通鑑問答、宛委餘篇、夙有此說、或云、稱長者、史虛美之耳、何義門困學紀聞十一注云、此景帝納袁盎之說、自示意于丞相等行之、非張叔所案劾、或譏其不能如釋之守法、則可耳、梁氏志疑以何說爲是、官屬以爲長者、亦不敢大欺。上具獄、事有可卻卻之。不可者、不得已爲涕泣、面對而封之。其愛人如此。【考證】楓山、三條本、無對字、與漢書合、如淳曰、不正視、若不視者也、晉灼曰、面對囚、讀而封之、使其聞見、死而無恨也、顏師古曰、二說皆非也、面、謂偝之也、言不忍視之、與呂馬童面之同義、老病篤。請免。於是天子亦策罷、以上大夫祿歸老于家。家於陽陵。子孫咸至大官矣。【考證】楓山、三條本、咸作皆、

太史公曰。仲尼有言曰。君子欲訥於言而敏於行。【集解】徐廣曰、訥字多作詘、音同耳、古字假借、【考證】論語里仁篇、其萬石・建陵・張叔之謂邪。是以其教不肅而

成、不嚴而治。【考證】孝經、其敎不肅而成、其政不嚴而治、塞侯微巧、【索隱】功微、案直不疑以吳楚反時爲二千石將、景帝封之、功微也、【正義】不疑學老子、所臨官、恐人知其爲吏跡、不好立名稱、稱爲長者、是微巧也、【考證】沈家本曰、索隱本作功微、故注語云然、其文自當作微巧、方與下文相應、而周文處讇、君子譏之。爲其近於佞也。【索隱】周文處讇者、謂爲郎中令、陰重得幸出入臥內也、【正義】上時問人、仁曰、上自察之、上所賜常不受、又諸侯羣臣賂遺、終無所受、此爲處讇、故君子譏此二人、爲其近於佞也、然斯可謂篤行君子矣。

【索隱】述贊、萬石孝謹、自家形國、郎中數馬、內史匍匐、綰無他腸、塞有陰德、刑名張歐、垂涕恤獄、敏行訥言、俱嗣芳躅、

萬石張叔列傳第四十三　史記一百三

文學博士瀧川龜太郎著

史記會注考證

史記會注考證卷一百四

漢　太史令　司馬遷　撰

宋　中郎外兵曹參軍　裴駰　集解

唐　國子博士弘文館學士　司馬貞　索隱

唐　諸王侍讀率府長史　張守節　正義

日本　出雲　瀧川資言　考證

史記一百四

田叔列傳第四十四

【考證】史公自序云、守節切直、義足以言廉、行足以厲賢、任重權不可以非理撓、作田叔列傳第四十四、

田叔者、趙陘城人也。【索隱】案下文、字少卿、陘、音刑、按縣名也、屬中山、 其先、齊田氏苗裔也。叔喜劍、學黃·老術於樂巨公所。【索隱】本燕人、樂毅之後、【正義】樂姓、巨公名、【考證】巨公、漢書作鉅公、史樂毅傳作臣公、當依此文以訂、莊子天下篇說墨家云、以巨子爲聖人、皆願爲之尸、釋文、向云、墨家號其道理成者爲鉅子、呂氏春秋上德篇、孟勝爲墨者鉅子、去私篇、腹䵍爲墨者鉅子、道家有巨公、猶墨家有巨子、正義以爲名、誤、李笠曰、鼂錯傳、學申商刑名于軹張恢先所、倉公傳、平好爲脉、學臣意所、韓長孺傳、嘗受韓子雜家說於騶田生所、所字、竝與此同、叔爲人刻廉自喜、喜游諸公。【正義】喜、音許記反、諸公謂丈人行也、【考證】中井積德曰、諸公、當時之賢豪、不必以齒、 趙人舉之趙相趙午、午言之趙王張敖所。趙王以爲郎中。數歲、切直廉平。趙王賢之、未及遷。會陳豨反代、【集解】徐廣曰、七年、韓王信反、高帝征之、十年、代相陳豨反、【考證】陳豨、當作韓信、史誤、 漢七年、高祖往誅之、過趙。【考證】高祖八年、 趙王張敖自持案進食、禮恭甚。高祖箕踞罵之。是時趙相趙午等數十人、皆怒。【考證】中井積德曰、趙相下疑脫貫高二字、高紀張傳、皆言趙相貫高、而或併稱貫高趙午等、則是貫高趙午前後相也、下文突然出貫

高、失次、分明此脫文也、 謂張王曰。王事上、禮備矣。今遇王如是。臣等請爲亂。【考證】張王、當作趙王、 趙王齧指出血曰。先人失國。微陛下、臣等當蟲出。【索隱】案謂死而蟲出也、左傳、齊桓公死、未葬、蟲流於戶外、是也、 公等柰何言若是。毋復出口矣。於是貫高等曰。王長者。不倍德。【考證】楓山、三條本、王下有素字、者下有義字、 卒私相與謀弒上。會事發覺。【集解】徐廣曰、九年十二月、捕貫高等也、 漢下詔、捕趙王及羣臣反者。於是趙午等皆自殺。唯貫高就繫。是時漢下詔書、趙有敢隨王者、辠三族。【考證】楓山、三條本、王上有趙字、 唯孟舒·田叔等十餘人、赭衣自髡鉗、稱王家奴隨。趙王敖至長安。貫高事明白、【考證】楓山、三條本、貫高事明白作貫高明事、白無反狀、 趙王敖得出。廢爲宣平侯。乃進言田叔等十餘人。上盡召見、與語。漢廷臣毋能出其右者。上說、盡拜爲郡守·諸侯

相。叔爲漢中守十餘年。【考證】何焯曰、欒布再爲燕相、田叔守漢中、孟舒守雲中、皆十餘年、此漢初所以吏盡其職、得與民休息也、會高后崩、諸呂作亂。大臣誅之、立孝文帝。孝文帝既立、召田叔問之曰。公知天下長者乎。對曰。臣何足以知之。上曰。公長者也。宜知之。叔頓首曰。故雲中守孟舒、長者也。【考證】洪邁曰、孟舒魏尚、皆以文帝時爲雲中守、皆坐匈奴入寇獲罪、皆得士死力、皆用他人言復故官、事切相類、疑其只一事云、　是時孟舒坐虜大入塞盜劫、雲中尤甚、免。上曰。先帝置孟舒雲中十餘年矣。虜曾一入、孟舒不能堅守、毋故、士卒戰死者數百人。長者固殺人乎。公何以言孟舒爲長者也。叔叩頭對曰。是乃孟舒所以爲長者也。夫貫高等謀反、上下明詔、趙有敢隨張王、罪三族。然孟舒自髡鉗、隨張王敖之所在、欲以身死之。豈自知爲雲中守

哉。【考證】徐孚遠曰、此無與雲中守事、稱之以明舒之爲人也、　漢與楚相距、士卒罷敝。匈奴冒頓新服北夷、來爲邊害。【考證】匈奴新取月氏、　孟舒知士卒罷敝、不忍出言。士爭臨城死敵、如子爲父、弟爲兄。以故死者數百人。孟舒豈故驅戰之哉。【考證】楓山、三條本、豈下有敢字、　是乃孟舒所以爲長者也。於是上曰。賢哉孟舒、復召孟舒、以爲雲中守。後數歲叔坐法失官。梁孝王使人殺故吳相袁盎。景帝召田叔案梁、具得其事。還報。景帝曰。梁有之乎。叔對曰。死罪。有之。上曰。其事安在。【考證】顏師古曰、案其狀也、田叔曰。上毋以梁事爲也。上曰。何也。曰。今梁王不伏誅、是漢法不行也。如其伏法、而太后食不甘味、臥不安席、此憂在陛下也。【考證】楓山、三條本、曰上有叔字、劉氏宋本、無如其二字、漢傳有、　景帝大賢之、以爲魯相。

【考證】王先謙曰、相景帝子共王餘、　魯相初到、民自言相、訟王取其財物百餘人。田叔取其渠率二十人、各笞五十、餘各搏二十、【集解】搏音博、　怒之曰。王非若主邪。何自敢言若主。魯王聞之大慙、發中府錢、使相償之。【正義】王之財物所藏也、　相曰。王自奪之、使相償之、是王爲惡而相爲善也。相毋與償之。【考證】與預同、　於是王乃盡償之。魯王好獵。【正義】魯共王、景帝子、都兗州曲阜縣故魯城中、　相常從入苑中。【正義】括地志云、矍相圃在兗州曲阜縣南三十里、禮記云、孔子射於矍相之圃、觀者如堵、堵、墻也、　王輒休相就館舍。相出常暴坐、待王苑外。【集解】暴坐、上音步卜反、　王數使人請相休。終不休。曰。我王暴露苑中。我獨何爲就舍。魯王以故不大出游。數年。叔以官卒。魯以百金祠。少子仁不受也。曰。不以百金傷先人名。【考證】楓山、三條本、名下有遂不受百金五字、　仁以壯健爲衞

將軍舍人。【集解】張晏曰、衞青也、【考證】漢書、健作勇、　數從擊匈奴。衞將軍進言仁。仁爲郎中。數歲、爲二千石丞相長史。失官。【考證】楓山、三條本、石下有至字、漢書、爲作至、　其後使刺舉三河。【正義】百官表云、監御史、秦官、掌監郡、漢省、丞相遣御史分刺州、不常置也、案三河、河南河東河內也、【考證】如淳曰、爲刺史於三河郡、沈欽韓曰、如說非也、三河、後屬司隸、是時未置司隸、官仍以丞相史刺舉、崔適曰、其後使刺舉三河以下、後人竄入、　上東巡。仁奏事有辭。上說、拜爲京輔都尉。【正義】百官表云、右扶風、左馮翊、京兆尹、是爲三輔、元鼎四年、置三輔都尉、服虔云、皆治長安城中也、　月餘、上遷拜爲司直。【集解】漢書百官表曰、武帝元狩五年、初置司直、秩比二千石、掌佐丞相舉不法、【正義】百官表云、武帝元狩五年、初置司直、秩比二千石、掌佐丞相舉不法也、【考證】錢泰吉曰、正義與集解全同、疑有誤、　數歲、坐太子事。【正義】謂戾太子、【考證】沈家本曰、衞太子事在征和二年、時無左丞相、言左尤誤、　時左丞相自將兵、【集解】徐廣曰、劉屈氂時爲丞相也、　令司直田仁主閉守城門。坐縱太子、下吏誅死。仁發兵。長陵令車千秋上變仁。仁族死。【考證】楓山、三條本、陵下無令字、變下不重仁字、趙翼曰、既云丞司直田仁閉守城門、因縱太子、下吏誅死、下又云、仁發兵、長陵令

田仁秋上變、仁族死、陘城、文旣繁複、且不可解、陘城今在中山國。【集解】徐廣曰、陘城、縣名也、【正義】今定州也、【考證】陳仁錫曰、陘城今在中山國、此句不類太史語、此本訓註、而後人誤爲本文也、愚按此傳首趙陘城人也注文錯簡、

太史公曰。孔子稱曰。居是國、必聞其政。【考證】論語學而篇、引子禽稱孔子之言、故曰稱、沈家本曰、按此曰叔居趙而趙人舉之、得聞國政耳、下文義不忘賢明主之美以救過、則指其居魯時、 田叔之謂乎。義不忘賢、明主之美以救過。仁與余善。余故幷論之。

褚先生曰。臣爲郎時聞之。曰。田仁故與任安相善。任安滎陽人也。少孤貧困。爲人將車之長安。【索隱】將車、猶御車也、【考證】中井積德曰、將車、步行推挽也、詩、無將大車、維塵冥冥、與御不同、 留、求事爲小吏、未有因緣也。因占著名數、家於武功。【索隱】言卜日而自占著家口名數、隸於武功、猶今附籍然也、占、音之贍反、【考證】張照曰、平準書云、各以其物自占、索隱、郭璞云、占、自隱度也、占字、正宜用此解、不宜解作卜字、中井積德曰、占亦著也、二字一意、非卜占、 武功、扶風西界小邑也。谷口、蜀

劉道、近山。【正義】括地志云、漢武功縣、在渭水南、今盩厔縣西界也、駱谷、關在雍州之盩厔縣西南二十里、開駱谷道以通梁州也、按行谷有棧道也、【考證】楓山三條本、谷作劉、口下無蜀字、 安以爲武功小邑、無豪。易高也。【索隱】易、音以豉反、言邑小無豪、易得高名也、【考證】中井積德曰、高、謂自高大、爲之領袖、 安留、代人爲求盜亭父。【集解】郭璞曰、亭卒也、【正義】安留武功、替人爲求盜亭父也、應劭云、舊時亭有兩卒、其一爲亭父、掌關閉掃除、一爲求盜、掌逐捕盜賊也、 後爲亭長。【正義】百官表云、十里一亭、亭有長也、 邑中人民俱出獵。任安常爲人分麋鹿雉兎、部署老小當壯劇易處。【考證】史記師說引劉伯莊云、强壯者當難處、老小者當易處、王念孫曰、劇易下、本無處字、部署老小當壯劇易者、當、丁也、言部署其人之老小丁壯、及事之難易也、羣書治要引六韜龍韜篇曰、知人飢飽、習人劇易、後漢書章帝紀曰、駕言出游、欲親知其劇易、列女傳曰、執務私事、不辭劇易、是古謂難易爲劇易也、劇易下、不當有處字、太平御覽人事部、資產部、獸部引此皆無處字、愚按有處字亦通、 衆人皆喜曰。無傷也。【正義】說文、傷、憂、 任少卿分別平、有智略。【正義】少卿、安字、 明日復合會。會者數百人。任少卿曰。某子甲、何爲不來乎。諸人皆怪其

見之疾也。其後除爲三老。【正義】百官表云、十亭一鄉、鄉有三老一人、掌敎化也、 舉爲親民。【考證】凌稚隆曰、衆人舉任安以爲親民之吏、愚按親民、蓋掌鄉邑事、 出爲三百石長、治民。【正義】百官表云、萬戶已上爲令、秩千石至六百石、減萬戶爲長、秩五百石至三百石、皆有丞尉也、 坐上行出游、共張不辦、斥免。【考證】共、供同、 乃爲衛將軍舍人、與田仁會。俱爲舍人、居門下、同心相愛。【考證】楓山三條本、同心作心同、 此二人家貧、無錢用以事將軍家監。家監使養惡齧馬。兩人同牀臥。仁竊言曰。不知人哉、家監也。任安曰。將軍尙不知人。何乃家監也。衛將軍從此兩人過平陽主。【正義】衛將軍、衛青也、【考證】楓山三條本、主下有家字、 主家令兩人與騎奴同席而食。此二子拔刀列斷席別坐。【考證】楓山三條本、藝文類聚、列作裂、 主家皆怪而惡之、莫敢呵。【考證】類聚、呵作問、下有也字、 其後有詔募擇衛將軍舍人以爲

郎。將軍取舍人中富給者、令具鞍馬絳衣玉具劍、欲入奏之。會賢大夫少府趙禹來過衛將軍。將軍呼所舉舍人以示趙禹。趙禹以次問之。十餘人。無一人習事有智略者。趙禹曰。吾聞之、將門之下、必有將類。傳曰。不知其君、視其所使。不知其子、視其所友。【考證】史記孟嘗君傳、聞將門必有將、相門必有相、荀子性惡篇、不知其子、視其友、不知其君、視其左右、 今有詔舉將軍舍人者、欲以觀將軍而能得賢者文武之士也。【考證】凌稚隆曰、而、之、古字通用、 今徒取富人子上之、又無智略、如木偶人衣之綺繡耳。將奈之何。於是趙禹悉召衛將軍舍人百餘人、以次問之、得田仁·任安。曰。獨此兩人可耳。餘無可用者。衛將軍見此兩人貧、意不平。趙禹去、謂兩人曰。各

自具鞍馬新絳衣。兩人對曰。家貧無用具也。將軍怒曰。今兩君家自爲貧。何爲出此言。鞅鞅、如有移德於我者、何也。【集解】徐廣曰、移猶施、 將軍不得已、上籍以聞。有詔召見衛將軍舍人。此二人前見。詔問能略。相推第也。【考證】互相推讓也、史記師說、引陸氏云、才能智略、相推爲次第、疑非、陸氏蓋陸蒙、日本見在書目、有史記新論、 田仁對曰。提桴鼓立軍門、使士大夫樂死戰鬭、仁不及任安。【考證】楓山、三條本、門下有外字、死下有安字、 任安對曰。夫決嫌疑、定是非、辯治官、使百姓無怨心、安不及仁也。武帝大笑曰。善。使任安護北軍、使田仁護邊田穀於河上。此兩人立名天下。其後用任安爲益州刺史、【正義】地理志云、武帝改曰梁州、百官表云、元封五年、初置部刺史、掌奉詔條察州、秩六百石、員十三、按若今採訪按察六條也、 以田仁爲丞相長史。【正義】百官表云、丞相有兩長史、秩千石、 田

仁上書言。天下郡太守多爲姦利、三河尤甚。臣請先刺舉三河。三河太守皆內倚中貴人、與三公有親屬、無所畏憚。宜先正三河、以警天下姦吏。【考證】楓山、三條本、警作警動、 是時河南・河內太守、皆御史大夫杜父兄子弟也。【集解】杜、杜周也、【考證】酷吏傳云、杜周遷爲御史大夫、家兩子夾河爲守、 河東太守、石丞相子孫也。【正義】謂石慶、【考證】萬石君傳云、石慶方爲丞相、諸子孫爲吏更至二千石者十三人、及慶死、後稍以罪去、 是時石氏九人爲二千石、方盛貴。田仁數上書言之。杜大夫及石氏、使人謝謂田少卿曰。吾非敢有語言也。願少卿無相誣汙也。仁已刺三河。【考證】楓山、三條本、刺下有舉字、 三河太守皆下吏誅死。仁還奏事。武帝說、以仁爲能不畏彊禦、拜仁爲丞相司直。威振天下。【考證】楓山、三條本、帝下有意字、詩大雅烝民篇、不侮矜寡、不畏彊禦、 其後

逢太子有兵事。丞相自將兵、使司直主城門。【考證】太子、戾太子、丞相、劉屈氂、 司直以爲太子骨肉之親、父子之閒。不甚欲近。去之諸陵過。【正義】過、音光臥反、上云仁發兵長陵、是也、【考證】張文虎曰、不甚欲近、疑當作不欲甚迫、岡白駒曰、雖以上命閉城門、不欲甚近迫、 是時武帝在甘泉。使御史大夫暴君、下責丞相、何爲縱太子。【集解】徐廣曰、暴勝之爲御史大夫、 丞相對言、使司直部守城門、而開太子。上書以聞。請捕繫司直。司直下吏誅死。是時任安爲北軍使者護軍。太子立車北軍南門外、召任安、與節令發兵。安拜受節、入閉門不出。武帝聞之、以爲任安爲詳邪、【集解】徐廣曰、佯、或作詳、【索隱】詳、音羊、謂詐受節不發兵、不傅會太子也、 不傅事、何也。【索隱】傅、音附、謂不附會也、【考證】中井積德曰、不傅、不攻太子、索隱本、何作可、 任安笞辱北軍錢官小吏。小吏上書言之、以爲受太子節、言

幸與我其鮮好者。【索隱】鮮、音仙、謂太子請其鮮好之兵甲也、【考證】中井積德曰、鮮好者謂節也、稱任安之言也、非太子之語、 書上聞。武帝曰。是老吏也。見兵事起、欲坐觀成敗。見勝者欲合從之。有兩心。安有當死之罪甚衆。吾常活之。【考證】楓山、三條本、安上有任字、衆作重、 今懷詐、有不忠之心。【考證】楓山、三條本、今下有乃字、 下安吏、誅死。【考證】洪邁曰、班史言霍去病既貴、衞青故人門下、多去事之、唯任安不肯去、又言衞將軍進言任爲郎中、與褚先生所書不同、梁玉繩曰、褚生所續之傳、多不足據、如御史大夫暴勝之、與田仁同坐太子事誅、而云帝在甘泉宮使暴君下責丞相、何邪、又杜周兩子、夾河爲守、而云河南河內太守皆周父兄子弟、亦非、 夫月滿則虧、物盛則衰。天地之常也。知進而不知退、久乘富貴、禍積爲崇。故范蠡之去越、辭不受官位、名傳後世、萬歲不忘。豈可及哉。後進者愼戒之。

【索隱】述贊、田叔長者、重義輕生、張王既雪、漢中是榮、孟舒見廢、抗說相明、按梁以禮、相魯得情、子仁坐事、刺舉有聲、

田叔列傳第四十四

史記一百四

文學博士瀧川龜太郎著

史記會注考證

史記會注考證卷一百五

漢　太　史　令　司　馬　遷　撰

宋中郎外兵曹參軍裴　駰集解

唐國子博士弘文館學士司馬　貞索隱

唐諸王侍讀率府長史張　守　節正義

日　本　出　雲　瀧　川　資　言　考　證

扁鵲倉公列傳第四十五　史記一百五

【索隱】王劭云、此醫方、宜與日者龜筴相接、不合列於此、後人誤也、【正義】此傳、是醫方、合與龜策日者相次、以淳于意孝文帝時醫、奉詔問之、又爲齊太倉令、故太史公以

次述之、扁鵲乃春秋時良醫、不可別序、故引爲傳首、太倉公次之也、【考證】史公自序云、扁鵲言醫、爲方家宗、守數精明、後世循序、弗能易也、而倉公可謂近之矣、作扁鵲倉公列傳第四十五、曾國藩曰、司馬遷敍述扁鵲倉公、具詳病者主名、及診脈之法、藥齊之宜、繁稱數十事、累牘不休、余嘗求之、非有義也、周官醫師食醫疾醫瘍醫獸醫之屬、隸於冢宰、與陰陽伏陰、節宜補救、亦宰世者之所有事、爲良醫立傳、無所不可、要以略著大指、明小道之不可廢、與日者龜策諸傳相附、摭一二事以爲類、足矣、繁稱奚爲者、愚按此傳以倉公爲主、其序扁鵲、示其方之所由也、故次第、在田叔之後吳濞之前、猶刺客傳以荆軻爲主也、

扁鵲者、【正義】黃帝八十一難序云、秦越人、與軒轅時扁鵲相類、仍號之爲扁鵲、又家於盧國、因命之曰盧醫也、【考證】多紀元簡曰、陸氏周禮釋文、扁本亦作鶣、蒲典反、徐、扶忍反、集韻云、扁、婢典反、姓也、古有扁鵲、或作鶣、案扁鵲係時人所稱、以扁爲姓、恐謬、下文云、姓秦氏、又云、在趙者名扁鵲、可證也、梁玉繩曰、扁鵲取鵲飛鶣鶣之義、中井積德曰、正義一條當削、　勃海郡鄭人也。【集解】徐廣曰、鄭當爲鄚、鄚、縣名、今屬河閒、【索隱】案勃海無鄭縣、當作鄚縣、音莫、今屬河閒、【考證】多紀元簡曰、太平御覽醫說、并引無郡字、梁玉繩曰、徐謂鄭當作鄚、是下文家于鄭同譌、文選七發呂尚注、以爲鄭人、李善注引史作鄚人、舊唐書地理志、開元十三年、以鄚類鄭字、改爲莫也、張文虎曰、扁鵲時、未置勃海郡、史亦無此書法、當是後人竄改、又曰、據下文乃齊人而家於鄭、鄭字非誤、李笠曰、案韓詩外傳十、說苑辨物並云、鄭人醫秦越人、勃海郡三字、蓋後人因下文臣勃海秦越人也誤補、張說是也、汲古本胡刻本文選七發李注、亦作鄭人、梁氏誤據俗本耳、唐人以鄚類鄭字改爲莫、蓋亦影響於徐廣司馬

貞之說耳、　姓秦氏。名越人。【考證】陳仁錫曰、周禮釋文引史記扁鵲傳云、姓秦、名少齊、越人、今本無少齊二字、　少時爲人舍長。【索隱】爲舍長、劉氏云、守客館之帥、【正義】長、音丁丈反、【考證】索隱本無人字、　舍客長桑君過。【索隱】隱者、蓋神人、【正義】過、音戈、扁鵲獨奇之。常謹遇之。長桑君亦知扁鵲非常人也。出入十餘年。乃呼扁鵲私坐。閒與語曰。【正義】閒、音閑、　我有禁方。年老欲傳與公。公毋泄。扁鵲曰。敬諾。乃出其懷中藥予扁鵲。飲是以上池之水三十日、當知物矣。【索隱】案舊說云、上池水、謂水未至地、蓋承取露及竹木上水、取之以和藥、服之三十日、當見鬼物也、【正義】謂以器物高承天露之水飲藥也、【考證】史記師說、引劉伯莊曰、蓋謂雨水和藥、多紀元簡曰、上池水、未詳何水、知物、對視見垣一方人而言、中井積德曰、以水飲藥、猶言白湯送下也、非以和藥、海保元備曰、飲是至此十四字、蓋是長桑君語、飲是上、當補曰字、愚按、知物、猶言見物象也、　乃悉取其禁方書盡與扁鵲。忽然不見。殆非人也。扁鵲以其言飲藥三十日。視見垣一方人。【索隱】方、猶邊也、言能隔牆見彼邊之人、則眼通神也、　以此視病、盡見五

藏癥結。【正義】五藏、謂心肺脾肝腎也、六府、謂大小腸胃膽膀胱三焦也、王叔和脈經云、左手脈橫癥在左、右手脈橫癥在右、脈頭大者在上、頭小者在下、兩手脈結、上部者濡結、中部者緩結、三里者豆起、陽邪來見浮洪、陰邪來見沈細、水穀來、見堅實、【考證】崔適曰、五藏下、本有六府二字、故正義兼釋六府、愚按正義連及耳、 特以診脈爲名耳。【索隱】診、鄒氏音丈忍反、劉氏音陳忍反、司馬彪云、診、占也、 爲醫或在齊、【正義】號盧醫、今濟州盧縣、 或在趙。在趙者名扁鵲。當晉昭公時。【索隱】案左氏、簡子專國、在定頃二公之時、非當昭公之世、且趙系家敘此事、亦在定公之初、【考證】海保元備曰、者、有所指之辭、或指其時、在趙者、謂在趙之時也、名者號也、 諸大夫彊而公族弱、趙簡子爲大夫專國事。簡子疾五日、不知人。【索隱】案韓子云、十日不知人、所記異也、 大夫皆懼。於是召扁鵲。扁鵲入視病出。董安于問扁鵲。扁鵲曰。血脈治也。而何怪。【考證】董份曰、治、卽治亂之治、五日不知人、疑其必死、故扁鵲以爲血脈治而不死也、愚按、御覽引、治作滯、非是、 昔秦穆公嘗如此七日而寤。寤之日、告公孫支與子輿【索隱】案二子、皆秦大夫、公孫支、子桑也、子輿、未詳、【考證】公孫支、僖九年左傳作公孫枝、張文虎曰、子輿卽子車、見秦本紀、 曰。我之帝所甚

樂。吾所以久者、適有所學也。【索隱】適、音釋、言我適來有所受教命、故云學也、 帝告我。晉國且大亂。五世不安。其後將霸。未老而死。霸者之子且令而國男女無別。【考證】言霸者之子、將代父令于諸侯、而汝也、 公孫支書而藏之。秦策於是出。【考證】多紀元簡曰、策、史策也、言秦策之所記穆公之夢、驗於今日、下文獻公之亂、至歸縱淫、是也、趙世家、策作讖、說文、讖、驗也、徐鍇云、凡讖緯皆言將來之驗也、釋名、讖、纖也、其義纖微也、 夫獻公之亂、文公之霸、而襄公敗秦師於殽、而歸縱淫。【考證】趙世家、夫作矣、連上讀、爲長、 此子之所聞。今主君之病與之同。不出三日必閒。閒必有言也。【考證】閒、愈也、 居二日半、簡子寤。語諸大夫曰。我之帝所甚樂。與百神遊於鈞天。廣樂九奏、萬舞、不類三代之樂。其聲動心。【考證】多紀元簡曰、列子周穆王篇、淸都紫微鈞天廣樂、帝之所居、淮南子天文訓、中央曰鈞天、廣樂、廣陳鐘鼓之屬而爲樂也、戰國中山策、廣樂充堂、是也、周禮春官、九奏乃終、謂之九成、鄭注云、樂一更端曰奏、詩簡兮、方將萬舞、毛傳、以干羽爲萬舞、鄭箋、萬舞、干舞也、公羊傳云、萬者何也、干舞也、夏小正傳

云、萬也者、干戚舞也、俱以萬爲武舞矣、周禮大司樂、禹曰大夏、湯曰大濩、武王曰大武、愚按九奏既以數言、則萬舞亦當以數言、與詩萬舞義異、 有一熊欲援我。帝命我射之。中熊。熊死。【考證】援、引也、 有羆來。我又射之。中羆。羆死。帝甚喜、賜我二笥。皆有副。吾見兒在帝側。帝屬我一翟犬曰。及而子之壯也、以賜之。【考證】風俗通、而作汝、 帝告我。晉國且世衰。七世而亡。【正義】晉定公出公哀公幽公烈公孝公靜公爲七世、靜公二年、爲三晉所滅、據此及趙世家、簡子疾在定公之十一年也、 嬴姓將大敗周人於范魁之西。【正義】嬴、趙氏本姓也、周人、謂衛也、晉亾之後、趙成侯三年、伐衛取鄉邑七十三、是也、賈逵云、川阜曰魁也、 而亦不能有也。董安于受言、書而藏之。以扁鵲言告簡子。簡子賜扁鵲田四萬畝。【考證】梁玉繩曰、趙簡秦穆之夢最誕、史公既載于封禪書趙世家、此處可省也、而所謂五世不安、當作三世、晉襄公無縱淫事、范魁之戰、無攷、俱說在趙世家中、 其後扁鵲過虢。【正義】陝州城、古虢國、又陝州河北縣東北下陽故城、古虢、卽晉獻公滅者、又洛州汜水縣、古東虢國、而未知扁鵲過何者、蓋虢至此並滅也、 虢太子死。【集解】傅玄曰、虢是晉獻公時、先是百二十餘年滅矣、是

時焉得有虢、【索隱】案傅玄云、虢是晉獻所滅、先此百二十餘年、此時焉得有虢、則此云虢太子、非也、然案虢後改稱郭、春秋有郭公、蓋郭之太子也、【正義】下云、色廢脈亂、故形靜如死狀也、【考證】梁玉繩曰、虢滅已久、此時焉得有虢、索隱正義、並糾其非、古史謂薛久亡、而孟嘗君稱薛公、安知是時無虢、蘇氏臆度之詞、不足證也、韓子喻老篇、言扁鵲見蔡桓侯、國策、扁鵲見秦武王、漢書高紀十二年注、韋昭曰、越人魏桓侯時醫、臣瓚曰、魏無桓侯、余攷扁鵲與趙簡子同時、而蔡桓侯在春秋初、魯隱桓之世、秦武王立于周赧王五年、前後相去各約二百年、何能親接、蓋說苑辨物、虢作趙、甚是、趙簡子之子爲桓子、韓非所謂桓侯者、魏蔡秦武皆謬、鶡冠子世賢篇、言魏文侯問扁鵲、魏文與趙桓子竝世、可以爲驗、或曰、晉孝公、紀年作桓公、與魏文侯同時、當是扁鵲所見者、亦通、李笠曰、梁氏所證、係偶合、非塙論也、上文扁鵲方視簡子疾、如其後復過趙而救其子、不應至宮門下、國中若無識者、韓子外傳、亦作虢、蘇氏之說、爲足據也、愚按、扁鵲古良醫名、後世遂稱良醫曰扁鵲、猶稱相馬者曰伯樂也、其人既非一、時代亦異、史公誤采古書所記扁鵲事蹟湊合作此傳、宜矣其多乖錯、諸家亦從爲之說、 扁鵲至虢宮門下、問中庶子喜方者。【索隱】喜、音許既反、喜、好也、愛也、方、方技之人也、【正義】中庶子、古官號也、喜方、好方術、不書姓名也、【考證】商君傳、公叔座臣有中庶子、蓋在左右執事者、後世以爲官號、 曰。太子何病。國中治穰過於衆事。【考證】梁玉繩曰、御覽七百二十八、元龜八百五十八引、竝穰作禳、韓詩外傳說苑、竝作壞土事、則是治塋墓、非祈禳也、愚按穰讀爲禳、外間未知太子死也、太子死未半日、何遽治塋域、外傳說苑、誤讀穰字、 中庶子曰。太子病、血

氣不時。交錯而不得泄、暴發於外、則爲中害、精神不能止邪氣。邪氣畜積而不得泄。是以陽緩而陰急。故暴蹷而死。〔索隱〕蹷、音厥、〔正義〕釋名云、蹷氣從下蹷起上行、外及心脅也、〔考證〕海保元備曰、而不得泄四字、疑因下文邪氣畜積而不得泄而衍、多紀元堅曰、按血氣錯亂、遂致壅鬱不得宣泄、鬱極而暴發于外、使中藏被其害、精氣不能止邪氣、卽經所謂精氣奪則虛也、邪氣畜積而不得泄、卽所謂邪氣盛則實也、精虛故陽緩、邪實故陰急、緩急蓋亦虛實之謂、又曰、素大奇論、有暴厥、蹷字、醫經皆作厥、說文作瘚、今本釋名亦作厥、扁鵲曰。其死何如時。曰。雞鳴至今。曰。收乎。〔集解〕收、謂棺斂、曰。未也。其死未能半日也。言臣齊勃海秦越人也。家在於鄭。未嘗得望精光、侍謁於前也。聞太子不幸而死。臣能生之。中庶子曰。先生得無誕之乎。何以言太子可生也。〔正義〕誕、欺也、臣聞上古之時、醫有兪跗。〔索隱〕音臾附、下又音趺、〔正義〕臾附二音、應劭云、黃帝時將也、〔考證〕多紀元簡曰、御覽作兪附、漢書藝文志、方技者皆生生之具、王官之一守也、太古有岐伯兪拊、鶡冠子、龐煖曰、王獨不聞兪跗之爲醫乎、已成必治、鬼神避之、韓詩外傳作踰跗、說

苑、作兪柎、揚雄解嘲作臾跗、周禮鄭注作楡柎、治病不以湯液醴灑。〔正義〕上音禮、下山解反、〔考證〕多紀元簡曰、陸佃鶡冠子注、醴灑作體洒、體洒疑醴酒譌、愚按灑當作酒、後人譌作洒、又譌作灑、鑱石・撟引・案抏・毒熨、〔索隱〕鑱、音士咸反、謂石針也、撟、音九兆反、謂爲按摩之法、夭撟引身、如熊顧鳥伸也、抏、音玩、亦謂按摩而玩弄身體使調也、毒熨、謂毒病之處以藥物熨帖也、〔考證〕張文虎曰、宋本中統游毛撟作橋、下撟然同、索隱、宋本中統游凌毛竝抏作杬、王柯譌杬、凌引一本作亢、錢氏攷異云、索隱音玩、當作抏、从手从元、多紀元胤曰、素湯液醪醴論曰、鑱石針艾攻其外也、多紀元簡曰、撟、醫說作蹻、按集韻、夭撟、頻伸貌、爾雅釋獸、人曰撟、注、伸引手足、漢書諸侯王表、可謂撟枉過其正矣、師古曰、撟與矯同、正曲曰撟、由此攷之、从手爲是、說苑、子越扶形、子游摩、乃素問按蹻、靈樞喬摩、竝同義、又曰、杬抏同、詩小雅、天之抏我、傳、抏動也、馬融長笛賦、動杬其根者、歲五六而至焉、李善注曰、張揖注上林賦曰、杬、搖也、案杬謂案其身而動搖也、其作杬或作抏、竝非也、沈家本曰、抏當作扤、从气从手、或省作扢、文選吳都賦注、引廣雅、扢摩也、漢書禮樂注、引孟康曰、扢、摩也、玉篇手部、扢、柯礙何代二切、然則扢猶按摩也、多紀元胤曰、按毒卽毒藥之義、中井積德曰、以藥物熨帖、故曰毒熨、滕維寅曰、下所謂五分熨之類、以藥熱熨病所也、靈樞有藥熨法、一撥見病之應、〔考證〕多紀元簡曰、曲禮、衣毋撥、注、撥、發揚貌、海保元備曰、一撥、謂一撥開衣衾之際、切脈察形等事、包在其中、病之應、與下文病應同、謂病候之發見於外者也、因五藏之輸、乃割皮解肌、訣脈結筋、〔索隱〕音東注反、〔正義〕八十一難云、肺之原、出於太淵、心之原、出於太陵、肝之原、

出於太衝、脾之原、出於太白、腎之原、出於太谿、少陰之原、出於兌骨、膽之原、出於丘墟、胃之原、出於衝陽、三焦之原、出於陽池、膀胱之原、出於京骨、大腸之原、出於全谷、小腸之原、出於腕骨、十二經皆以輸爲原也、按此五藏六府之輸也、〔考證〕多紀元簡曰、五藏之輸、謂諸穴兪、多紀元堅曰、乃猶然後也、言視五藏輸穴之所在、然後施割皮解肌等術、滕惟寅曰、割、割牲之割、解、解牛之解、訣、決通用、決通經絡之壅塞、結紐經筋之斷絕、搦髓腦、揲荒〔集解〕徐廣曰、揲、音舌、〔索隱〕搦、音女角反、揲、音舌、荒、膏荒也、爪幕、〔索隱〕幕、音漠、漠病也、謂以爪決之、〔正義〕以爪決其闌幕也、〔考證〕慶長本標記云、正義荒作肓、御覽七百二十一作搦髓折肓爪膜、說苑辨物、作束肓莫、多紀元簡曰、肓膜見素問痺論、田子通云、爪字衍、卽因荒下爪而錯出耳、三字句、與搦髓腦對、句法爲齊整、孫詒讓曰、肓荒、古字通用、莫幕、亦膜之借字、素問痺論篇、熏於肓膜、散於胸腹、王冰注云、肓膜、謂五藏之間、鬲中膜也、多紀元胤曰、說文、搦、按也、揲、閱持也、湔浣腸胃、〔正義〕湔浣、上子錢反、下胡管反、漱滌五藏、練精易形。〔考證〕多紀元簡曰、醫說、此下有以去百病焉六字、先生之方能若是、則太子可生也。不能若是而欲生之、曾不可以告咳嬰之兒。〔考證〕多紀元簡曰、此一句、中庶子調笑之辭、言扁鵲之術、無兪跗之妙、而欲生太子者、雖咳嬰之兒、猶知其不能、說文、咳、小兒笑也、御覽作孩、終日。〔考證〕御覽、無此二字、多紀元堅曰、言應接談論、徒終其日、扁鵲仰天歎曰。夫子之爲方也、若以管

窺天、以郄視文。〔考證〕岡白駒曰、言不能見全文也、越人之爲方也、不待切脈〔正義〕黃帝素問云、待切脈而知病、寸口六脈三陰三陽、皆隨春秋冬夏、觀其脈之變、則知病之逆順也、楊玄操云、切、按也、望色〔正義〕素問云、面色青、脈當弦急、面色赤、脈當浮而短、面色黑、脈當沈浮而滑也、聽聲〔正義〕素問云、好哭者肺病、好歌者脾病、好妄言者心病、好呻吟者腎病、好叫呼者肝病也、寫形、〔正義〕素問云、欲得溫而不欲見人者、藏家病、欲得寒而見人者、府家病也、〔考證〕寫形、猶言察形也、多紀元堅曰、按此言越人之爲方也、自有認病神識、故不必待切脈望色聽聲寫形四診兼備、而能言病之所在、聞陽得陰、聞陰得陽也、愚按中井氏離題以不待切脈爲句、望色聽聲寫形六字屬下讀、恐非、言病之所在。〔考證〕多紀元胤曰、謂指病在于何藏何府也、聞病之陽、論得其陰。聞病之陰、論得其陽。〔正義〕八十一難云、陰病行陽、陽病行陰、故令幕在陰、兪在陽、楊玄操云、腹爲陰、五藏幕皆在腹、故云幕皆在陰、背爲陽、五藏兪皆在背、故云兪皆在陽、內藏有病、則出行於陽、陽兪在背也、外體有病、則入行於陰、陰幕在腹也、鍼法云、從陽引陰、從陰引陽也、〔考證〕多紀元簡曰、素問陰陽應象大論曰、以我知彼、以表知裏、陰陽別論曰、知陽者知陰、知陰者知陽、中井積德曰、陰陽、猶表裏也、言聞表而知裏、聞裏而知表、病應見於大表。〔考證〕多紀元簡曰、大表、謂外表見證也、下文曰、當聞其耳鳴而鼻張、循其兩股以至於陰、當尙溫、此卽大表之一候也、不出千里、決者至衆、不可曲止也。〔索隱〕止、語助也、不可委曲具言、

【正義】言皆有應見、不可曲言病之止住所在也、【考證】多紀元胤曰、此言身不出千里之外、唯聞其患狀而決斷其證之如何也、中井積德曰、曲止、猶掩遮也、子以吾言爲不誠、試入診太子、當聞其耳鳴而鼻張。循其兩股以至於陰、當尚溫也。【正義】張、音漲、【考證】說苑云、股陰當溫、耳中焦焦、如有嘯者聲、多紀元胤曰、傷寒論平脈法尸厥條曰、陽氣退下、熱歸陰股、中庶子聞扁鵲言、目眩然而不瞚。舌撟然而不下。【索隱】眩、音縣、瞚、音舜、撟、音紀兆反、撟、擧也、【考證】瞚又作瞬、說文、瞚、開闔數搖也、莊子秋水篇、口呿而不合、舌擧而不下、乃以扁鵲言入報虢君。虢君聞之大驚、出見扁鵲於中闕。【考證】汪中曰、天子諸侯、宮城皆四周、而闕其南爲門、城至此而闕、故謂之闕、春秋僖公二十一年、鄭伯享王於闕西辟、大戴禮保傅篇、過闕則下、是也、又謂之闕門、穀梁桓公三年傳、諸母不出闕門、史記魏世家、臣在闕門之外、是也、庫門在外、路門在中、二門之中、亦謂之中闕、扁鵲倉公傳、出見扁鵲於中闕、是也、其異名、魯周公世家、煬公築茅闕門、秦本紀、孝公築冀闕、是也、闕巍然而高、故謂之巍闕、莊子天下篇、心居巍闕之下、是也、曰。竊聞高義之日久矣。然未嘗得拜謁於前也。先生過小國、幸而擧之、偏國寡臣幸甚。【索隱】寡臣、謂虢君自謙云、己是偏遠之國寡小之臣也、【正義】幸而擧之、謂活太

子也、【考證】岡白駒曰、擧之、言擧太子病事也、董份曰、寡臣、謂太子也、有先生則活、無先生則弃捐塡溝壑、長終而不得反。言未卒、因噓唏服臆、【索隱】上音皮力反、下音憶、【考證】多紀元簡曰、服與愊通、方言、臆、滿也、注、愊臆、氣滿也、魂精泄橫、流涕長潸、【集解】徐廣曰、一云、言未卒、因涕泣交流、噓唏不能自止也、【索隱】潸、音山、長潸、謂長垂淚也、忽忽承睞、悲不能自止、容貌變更。【索隱】睞、音接、睞、即睫也、承睞、言淚恆垂以承於睫也、【考證】說文、睞、目旁毛也、扁鵲曰。若太子病、所謂尸蹷者也。夫以陽入陰中、【考證】中井積德曰、此謂陰陽之氣交錯、非脈之謂、纏緣亦以氣言、多紀元堅曰、此一句即尸厥之所由、言陽氣暴發、迸入陰分、動胃、【正義】八十一難云、脈居陰部、反陽脈見者、爲陽入陰中、是陽乘陰也、脈雖時沈濇而短、此謂陽中伏陰也、脈居陽部而陰脈見者、是陰乘陽也、脈雖時沈滑而長、此謂陰中伏陽也、胃、水穀之海也、纏緣中經維絡、【集解】徐廣曰、維、一作結、【索隱】纏、音直延反、【正義】纏、音直延反、纏緣、謂脈纏繞胃也、素問云、延緣落絡脈也、恐非此義也、八十一難云、十二經脈、十五絡脈、陽維陰維之脈也、【考證】多紀元簡曰、按中經泛言經脈、維絡、即絡也、素問骨空論、治少陽之維、張介賓注曰、維、絡也、又陰陽類論、三陽爲經、二陽爲維、張曰、維、維絡也、陽明經上布面、下循胷腹、獨居三陰之中、維絡於前、故曰維、多紀元堅曰、集韻、纏或作纒、荀子議兵、緣之以方城、注、緣、繞也、別下於三

焦、膀胱。【正義】八十一難云、三焦者、水穀之道路、氣之所終始也、上焦在心下、下鬲、在胃上口、主內而不出、其治在胸中玉堂下一寸六分、直兩孔間陷者是也、中焦在胃中脘、不上不下、主腐熟水穀、其治在臍旁也、下焦在臍下、當膀胱上口也、主分別淸濁、主出而不內以傳道、其治在臍下一寸、故名曰三焦、膀胱者、津液之府也、溺九升九合也、言經維絡不干三焦及膀胱也、【考證】多紀元簡曰、靈樞中多連言三焦膀胱、皆指下焦、此亦然、多紀元堅曰、按動胃至此、覆說陽入陰中之狀、是以陽脈下遂、陰脈上爭、【集解】徐廣曰、遂、一作隊、【正義】遂、音直類反、素問云、陽脈下遂難反、陰脈上爭如弦也、【考證】多紀元簡曰、御覽注、遂、音隊、竝與墜通、正義引素問、今無所攷、海保元備曰、遂、如字、亦通、廣雅釋詁、遂、行也、易大壯、不能遂、虞翻云、遂、進也、即下文陽內行之義、會氣閉而不通、【正義】八十一難云、府會太倉、藏會季脇、筋會陽陵泉、髓會絕骨、血會鬲俞、骨會大杼、脈會大淵、氣會三焦、此謂八會也、陰上而陽內行、【考證】多紀元堅曰、言陰脈既上爭、而陽脈獨內行、下內鼓而不起、【考證】多紀元堅曰、言陽氣徒鼓動于下內、而不能起發、上外絕而不爲使、【考證】多紀元堅曰、絕字、與下文絕陽之絕、俱當爲阻絕之絕看、言陽氣下鬱、與上外隔絕、不爲陰使、上有絕陽之絡、【考證】多紀元堅曰、言上有與陽相隔絕之絡脈、下有破陰之紐、【正義】女九反、素問云、紐、赤脈也、【考證】多紀元堅曰、言下有陰氣破而不行之筋紐、破言陰氣爲陽所迫、不能統攝、破陰絕陽、之色已廢脈亂。故形

靜如死狀。【集解】徐廣曰、廢、一作發、【考證】王念孫曰、破陰絕陽以下十字、文不成義、此本破陰絕陽句、色廢脈亂句、故形靜如死狀句、之字已字衍、上文血脈治也正義引此文云、色廢脈亂、故形靜如死狀、是其證也、御覽人事部脈類引此、無之已二字、太子未死也。夫以陽入陰支蘭藏者生。以陰入陽支蘭藏者死。【正義】素問云、支者順節、蘭者橫節、陰支蘭膽藏也、【考證】多紀元堅曰、支蘭藏、滕氏割解有說、俱屬臆測、要之、此二句、不過言以陽入陰者生、以陰入陽者死、不必深講、而義自明、正義引素問、今無所攷、凡此數事、皆五藏蹷中之時暴作也。良工取之、拙者疑殆。【正義】八十一難云、知一爲下工、知二爲中工、知三爲上工、上工者十全九、中工者十全八、下工者十全六、呂廣云、五藏一病輒有五、解一藏爲下工、解三藏爲中工、解五藏爲上工也、【考證】襄四年公羊傳注、殆、疑也、扁鵲乃使弟子子陽厲鍼砥石、以取外三陽五會。【索隱】子陽、扁鵲之弟子也、鍼、音針、厲、謂磨也、砥、音脂、【正義】素問云、手足各有三陰三陽、太陰少陰厥陰、太陽少陽陽明也、五會、謂百會胷會聽會氣會臑會也、【考證】多紀元簡曰、甲乙經曰、百會一穴、一名三陽五會、孫詒讓曰、三陽五會、韓詩外傳卷十、說苑辨物篇、竝作三陽五輸、五輸者、當五俞之借字、素問痺論篇云、五藏有俞、注云、肝之俞曰太衝、心之俞曰太陵、脾之俞曰太白、肺之俞曰太淵、腎之俞曰太谿、皆經脈之所注也、與史記五會、文異而義兩通、有閒、太子蘇。乃使子豹爲五分

之熨、以八減之齊、和煮之、以更熨兩脇下。【索隱】五分之熨、八減之齊、案言五分之熨者、謂熨之令溫暖之氣入五分也、八減之齊者、謂藥之齊和所減有八、並越人當時有此方也、【正義】更、格彭反、【考證】中井積德曰、五分、恐當時別有所指、亦猶八減也、李笠曰、齊同劑、滕惟寅曰、更、更互之更、左右更互也、張文虎曰、王、柯、脇誤脇、多紀元簡曰、肘後方云、熨其兩脇下、千金方云、炙熨斗熨兩脅下、蓋此法、所以宣通鬱陽、太子起坐、更適陰陽。【考證】多紀元簡曰、適、調適也、謂使陰陽乖錯者、更爲調適也、但服湯二旬而復故。【考證】岡白駒曰、湯、卽八減之齊、是已、故天下盡以扁鵲爲能生死人。扁鵲曰、越人非能生死人也。此自當生者、越人能使之起耳。扁鵲過齊、齊桓侯客之。【集解】傅玄曰、是時齊無桓侯、駰謂是齊侯田和之子桓公午也、【索隱】案傅玄曰、是時齊無桓侯、裴駰云、謂是齊侯田和之子桓公午也、蓋與趙簡子頗亦相當、【考證】梁玉繩曰、趙簡子卒時至齊桓公午立、凡九十三年、何鵲之壽耶、文選養生論李善注、言史記自爲舛錯、新序二、仍史、韓子喩老、譌作蔡、入朝見曰。君有疾、在腠理。不治將深。【正義】腠理、上音湊、謂皮膚、【考證】廖文英曰、腠、肉理分際也、儀禮鄭注、腠、謂皮肉之理也、又方書、皮膚之孔、泄氣腋之竅也、一名氣門、桓侯曰。寡人無疾。扁鵲出。桓侯謂左右曰。

醫之好利也、欲以不疾者爲功。後五日、扁鵲復見曰。君有疾、在血脈。不治恐深。【考證】韓子新序、血脈作肌膚、桓侯曰。寡人無疾。扁鵲出。桓侯不悅。後五日扁鵲復見曰。君有疾、在腸胃閒。不治將深。桓侯不應。扁鵲出。桓侯不悅。後五日、扁鵲復見。望見桓侯而退走。桓侯使人問其故。扁鵲曰。疾之居腠理也、湯熨之所及也。在血脈、鍼石之所及也。其在腸胃、酒醪之所及也。【考證】韓子新序、酒醪作火齊、其在骨髓、雖司命無柰之何。今在骨髓。臣是以無請也。【考證】史天官書、文昌六星、四曰司命、莊子至樂篇、吾使司命復生子形、爲子骨肉肌膚、反子父母妻子閭里知識、張衡思玄賦、死生錯而不齊兮、雖司命其不斷、注引春秋佐助期云、司命神、名爲滅黨、通於命運期度、後五日、桓侯體病。使人召扁鵲。【考證】王念孫曰、體病、當爲體痛、字之誤也、桓侯之病、由腠理而血脈、而腸胃、而骨髓、至此則病發而體痛、文選注引此作體痛、韓子新序亦作體痛、愚按、病亦痛也、不必改字、扁鵲已逃

去。桓侯遂死。【考證】扁鵲過齊以下、見韓非子喩老篇、又見新序雜事篇、使聖人預知微、能使良醫得蚤從事、則疾可已、身可活也。人之所病、病疾多。【正義】病、厭患多也、言人厭患疾病多甚也、而醫之所病、病道少。【集解】徐廣曰、所病、猶療病也、【考證】所病之病、猶患也、言人患多疾病、醫患治療之道少、舊解失之、故病有六不治。驕恣不論於理、一不治也。輕身重財、二不治也。衣食不能適、三不治也。陰陽并藏、氣不定、四不治也。【考證】滕惟寅曰、素問云、血氣未并、五藏安定、又云、陰與陽并、血氣以并、病形以成、形羸不能服藥、五不治也。信巫不信醫、六不治也。有此一者、則重難治也。【考證】重、猶甚也、徐孚遠曰、敘事後爲斷語、此似諸子之舊文、扁鵲名聞天下。過邯鄲、聞貴婦人、卽爲帶下醫。【考證】多紀元胤曰、婦人腰帶以下經血之疾、與男子不同、故謂之帶下病、過雒陽。聞周人愛老人、卽爲耳目痺醫。【索隱】痺、音必二反、【考證】幻雲抄引劉伯莊曰、老人所患、冷痺及耳眼也、來入咸陽。聞秦人愛小

兒、卽爲小兒醫。隨俗爲變。【考證】多紀元簡曰、御覽、無來字、按邯鄲及雒陽、竝言過、而此特言來入咸陽、蓋此秦人所記、太史公直採而爲傳耳、秦太醫令李醯、自知伎不如扁鵲也。使人刺殺之。【考證】漢書百官公卿表、奉常、秦官、屬官有太醫令丞、又少府、秦官、屬官有太醫令丞、至今天下言脈者、由扁鵲也。【考證】多紀元簡曰、二句應起首特以診脈爲名耳一句、乃知脈字一傳關鍵、後世以難經爲扁鵲作、蓋原於斯焉、太倉公者、齊太倉長、臨菑人也。姓淳于氏、名意。【正義】括地志云、淳于國城、在密州安丘縣東北三十里、古之斟灌國也、春秋州公如曹、傳云、冬、淳于公如曹、注、水經云、淳于縣、故夏后氏之斟灌國也、周武王以封淳于公、號淳于國也、【考證】錢大昕曰、孝文紀作太倉令、意之名无所避、而文紀稱淳于公、又稱太倉公、目錄亦稱倉公而不名、蓋當時有此稱、史公因而書之、少而喜醫方術。高后八年、更受師同郡元里公乘陽慶。【正義】百官表云、公乘、第八爵也、顏師古云、言其得乘公之車也、【考證】張照曰、按公乘、蓋以爵爲氏、如壺關三老公乘興是也、公乘爲陽慶之氏、非爵也、慶年七十餘、無子。【考證】梁玉繩曰、王孝廉云、後文云、愼毋令我子孫知若學我方也、又云、會慶子男殷來獻馬、則慶非無子者、無子二字、疑衍、或是下文有五女句上脫文、使意盡去其故方、更悉以禁方予之。

【考證】扁鵲傳云、悉取其禁方、盡與扁鵲、傳黃帝扁鵲之脈書、【考證】多紀元簡曰、素問顧從德序云、今世所傳內經素問、卽黃帝之脈書、實衍于秦越人陽慶淳于意諸長老、按漢志有扁鵲內外經目、豈其脈書耶、五色診病、【正義】八十一難云、五藏有色、皆見於面、亦當與寸口尺內相應也、其面色與相應、已見前也、【考證】岡白駒曰、觀其色以診、知人死生、決嫌疑、定可治。及藥論甚精。受之三年。爲人治病決死生、多驗。然左右行游諸侯、不以家爲家。【考證】岡白駒曰、左右、言不一所也、或不爲人治病。病家多怨之者。文帝四年中、【考證】史孝文紀、漢書刑法志、以釋倉公除肉刑、爲文帝十三年事、與此不合、據下文、文帝四年、卽倉公治病有驗之年、史公誤以彼混此也、四年中、疑當作十三年、人上書言意、以刑罪當傳西之長安。【索隱】傳、音竹戀反、傳、乘傳送之、意有五女。【考證】文紀漢志、有上有無男二字、隨而泣。意怒罵曰。生子不生男、緩急無可使者。【考證】紀志、無可使者、作非有益也、於是少女緹縈傷父之言、乃隨父西、【索隱】緹、音啼、縈、音紆營反、上書曰。妾父爲吏、齊中稱其廉平。今坐法當刑。

妾切痛死者不可復生、而刑者不可復續、【集解】徐廣曰、一作贖、【考證】紀、志、續作屬、李笠曰、切、疑當作竊、雖欲改過自新、其道莫由、終不可得。妾願入身爲官婢、以贖父刑罪、使得改行自新也。書聞。上悲其意。此歲中亦除肉刑法。【集解】徐廣曰、案年表、孝文十二年除肉刑、【正義】漢書刑法志云、孝文帝卽位十三年、除肉刑三、孟康云、黥劓二、左右趾一、凡三也、班固詩曰、三王德彌薄、惟後用肉刑、太倉令有罪、就逮長安城、自恨身無子、困急獨煢煢、小女痛父言、死者不可生、上書詣闕下、思古歌雞鳴、憂心摧折裂、晨風揚激聲、聖漢孝文帝、惻然感至情、百男何憒憒、不如一緹縈、【考證】又見史文紀漢書刑法志、愚按、倉公本傳、止亦除肉刑法、意家居以下、倉公手記、而未經史公刊正者、後人併錄、意家居。【考證】陳子龍曰、意既至長安、事釋、卽家居之故、詔書就問也、詔召問所爲治病死生驗者幾何人、主名爲誰。【考證】主名爲誰以上、先提其綱、詔問故太倉長以下、是意之對言、首稱詔問之委曲、詔問故太倉長臣意方伎所長、及所能治病者。【集解】徐廣曰、治一作爲、爲亦治、有其書、無有。皆安受學。受學幾何歲。【考證】岡白駒曰、或有書、或無書、皆何處受學乎、愚按、皆字疑涉下文而衍、嘗有所驗、何

縣里人也。何病。醫藥已其病之狀、皆何如。具悉而對。臣意對曰。自意少時喜醫藥。醫藥方、試之多不驗者。至高后八年、得見師臨菑元里公乘陽慶。【集解】徐廣曰、意年三十六、【考證】張文虎曰、集解三十六、從舊刻本、各本三譌二、案高后八年、年三十六、加文帝三年、適三十九、與史合、慶年七十餘。意得見事之。謂意曰。盡去而方書。非是也。慶有古先道。遺傳黃帝扁鵲之脈書。五色診病、知人生死、決嫌疑、定可治。及藥論書甚精。我家給富、【考證】岡白駒曰、我家固富足、不用鬻術、心愛公。欲盡以我禁方書悉教公。臣意卽曰。幸甚。非意之所敢望也。臣意卽避席再拜、謁受其脈書上下經、五色診、奇咳術、揆度陰陽外變、藥論、石神、接陰陽禁書。【集解】奇、音羈、咳、音該、【正義】八十一難云、奇經八脈者、有陽維、有陰維、有陽蹻、有陰蹻、有衝、有督、有任、有帶之脈、凡此八者、皆不拘於經、故云奇經八脈也、顧野王云、胲、當宍也、又云、胲、指毛皮也、蓺文志有五音奇

胲用兵二十六卷、許愼云、胲、軍中約也、【考證】下文成開方案引奇咳言、張文虎曰、說文、奇侅、非常也、段氏注云、漢志五行奇胲用兵二十三卷、五音奇胲刑德二十一卷、據張守節正義、則史記本亦作奇胲、肉部訓胲爲足指皮毛、則侅正字、胲其借耳、淮南兵略訓、刑德奇賌、又作賌、亦假借、案奇咳及下揆度、今竝見素問、正義胲、柯凌作咳、宍、柯凌作寅、宍、俗肉字、其義不可解、滕惟寅曰、內經但有奇恒而無奇咳、多紀元堅曰、揆度、出素問玉版論要篇、病能論、疏五過論、陰陽外變、醫和所謂陰陽風雨晦明之謂、石神、蓋謂砭石之神法、接陰陽禁書、僧焦雨史記抄、滕氏倉公傳割解、竝以爲房中術、受讀解驗之、可一年所。【考證】王念孫曰、一年所、猶言一年許也、許與所聲近而義同、小雅伐木篇、伐木許許、說文引作伐木所所、漢書疏廣傳、數問其家金餘尚有幾所、顏師古云、幾所、猶言幾許也、是其證、檀弓注、封高四尺所、正義云、所、是不定之辭、義竝同、明歲卽驗之、有驗。然尚未精也。要事之三年所、【考證】海保元備曰、呂氏春秋察賢篇、要在得賢、注云、要、約也、要事之者、約舉前後師事之年數、蓋併前可一年所、及其明歲、亦在其中、而後事之又一年所、故大約乃爲三年所也、卽嘗已爲人治、診病決死生、有驗精良。【考證】海保元備曰、嘗、試也、已、以同、嘗以連言、與莊子人閒世篇、嘗以語我來同、嘗已爲人治者、試以所受方爲人治病也、今慶已死十年所。臣意年盡三年、年三十九歲也。【考證】中井積德曰、盡三年、承上文三年所、蔣西谷曰、上言受慶方一年所、尚未精、要事之三年、此言受讀之年盡三年、時年三十九歲、出治病卽

有驗、如下文所云也、梁玉繩曰、上文意家居、詔問所治病、不必定在十三年、觀意對詞、有菑川王膠西王濟南王故陽虛侯齊王齊文王、皆在十三年已後可見矣、齊侍御史成、自言病頭痛。【考證】以下太倉醫案、臣意診其脈、告曰、君之病、惡不可言也。卽出、獨告成弟昌曰、此病疽也。【集解】疽、七如反、【考證】說文、疽、久癰也、內發於腸胃之閒。後五日當癰腫。【正義】上於恭反、下之勇反、【考證】多紀元胤曰、素問腹中論、作癕腫、甲乙經、作癕腫、癰癕、古通、後八日、嘔膿死。【正義】膿、女東反、【考證】滕惟寅曰、病侯源論云、內癰若吐膿血者、不可治也、成之病得之飲酒且內。【考證】滕惟寅曰、素問云、此人必數醉且飽、以入房、氣聚於脾中不得散、酒氣與穀氣相薄、熱盛於中、崔適曰、內、卽齊侯好內之內、謂御女也、下文怒而以接內、得之酒且內、病得之內、皆同、成卽如期死。【考證】史記論文云、上一段案、下一段論、下同、所以知成之病者、【考證】凌稚隆曰、倉公醫案、每段用所以知三字作眼目、其文短簡、而轉換多、別是一格、臣意切其脈、得肝氣。肝氣濁而靜。【集解】徐廣曰、濁、一作黽、靜、一作淸、【考證】多紀元胤曰、濁、重濁也、靜、不活動也、故見眞藏之脈也、愚按當時方書失傳、故此文不可解者甚多、今依滕惟寅割解、多紀元簡父子桀考、參以王張諸家說、此內關之病也。【正義】八十一難云、關遂入尺爲內關、呂

廣云、脈從關至尺澤、名內關也、【考證】王念孫曰、內關之病、死不治、故齊侍御史成、齊北王女子豎、齊丞相舍人奴、三人皆如期而死、內關、猶內閉也、靈樞經終始篇曰、脈口四盛且大且數者、名曰溢陰、溢陰爲內關、內關不通、死不治、此之謂也、多紀元堅曰、內關之病、與內經內關、其脈候不同、而其爲陰陽否絕之證、則一耳、脈法曰、脈長而弦、不得代四時者、【正義】王叔和脈經云、來數而中止、不能自還、因而復動者、名曰代、代者死、素問曰、病在心、愈在夏、甚於冬、病在脾、愈在秋、甚於春、病在肺、愈在冬、甚於夏、病在腎、愈在春、甚於夏、病在肝、愈在夏、甚於秋也、【考證】多紀元簡曰、脈經云、春肝木王、其脈弦細而長、名曰平脈也、今非春時、而得此脈、則知其病主在於肝也、代、乃謂四時相代之脈也、與下文代絕之代自別、正義引素問節藏氣法時論之文、其病主在於肝。和、卽經主病也。【正義】王叔和脈經云、脈長而弦、病於肝也、素問云、得病於筋肝之和也、【考證】海保元備曰、言其脈和者、仍爲經脈主病也、正義引素問、今無所攷、代、則絡脈有過。【正義】素問云、脈有不及、有太過、有經、有絡、和、卽經主病、代、則絡有過也、八十一難云、關之前者、陽之動也、脈當見九分而浮、過者法曰太過、減者法曰不及、遂上魚際、爲溢、爲外關內格、此陰乘之脈也、關以後者、陰之動也、脈當見一寸而沈、過者法曰太過、減者法曰不及、遂入尺爲覆、爲內關外格、此陽乘之脈也、故曰覆溢、是其眞藏之脈、人不病而死也、呂廣云、過九分出一寸、各名太過也、不及九分至二分、或四分五分、此太過不滿一寸見八分、或五分六分、此不及、【考證】海保元備曰、上云和卽經主病也、此云代則絡脈有過、卽則互用、滕惟寅曰、素問云、其脈代而鉤者、病在絡脈、靈樞云、代則取血絡、按代代絕之代、過字、素問中

問有之、王冰注脈要精微論有過之脈云、過、謂異於常候也、此過字蓋同義、多紀元堅曰、以上脈法之語、又曰、正義引素問、今無所攷、經主病和者、其病得之筋髓裏。其代絕而脈賁者、病得之酒且內。【考證】多紀元堅曰、素問陰陽類論云、一陰一陽代絕、此陰氣至心、次注、代絕者、動而中止也、海保元備曰、其代絕而脈賁者一句、應代則絡脈有過、曹山跗案云、代者時參擊竝至、乍躁乍大也、脈賁、蓋此樣景象、所以知其後五日而癰腫八日嘔膿死者、切其脈時、少陽初代。代者經病。病去過人。人則去、絡脈主病。【考證】海保元備曰、經病至人則去九字、疑有衍訛、不可強解、代者絡脈主病、則上文代則絡脈有過也、愚按少陽經脈之名、當其時、少陽初關一分。故中熱。而膿未發也。及五分、則至少陽之界。及八日、則嘔膿死。故上二分而膿發、至界而癰腫、盡泄而死。【集解】徐廣曰、界、一作分、下章曰、肝與心相去五分、故曰五日盡也、【正義】王叔和脈經云、分別三門鏡界脈候所主云、從魚際至高骨、郤行一寸、其中名曰寸口、其自高骨從寸至尺、名曰尺澤、故曰尺寸、寸後尺前、名曰關、陽出陰入、以關爲界、陽出三分、陰入三分、故曰三陰三陽、陽生於尺動於寸、陰生於寸動於尺、寸主射上焦、出頭及皮毛竟手、關主射中焦、腹及於腰、尺主射下焦、少腹至足也、【考證】海保

元備曰、關卽內關之關、關一分、謂少陽初位、爲關格一分所也、及五分上畧關字、至少陽之界、界、蓋謂末界、對上文少陽初而言、上二分、謂關及二分以上也、多紀元胤曰、此證之發也、熱上、則熏陽明、爛流絡。流絡動、則脈結發。脈結發、則爛解故絡交熱、氣已上行、至頭而動。故頭痛。【考證】周官天官疾醫注、脈之大候、要在陽明寸口、正義、陽明二處、在大拇指本骨之高處與第二指間、多紀元胤曰、熱上以下四句、謂病之終始、故以下謂所以頭痛、爛解、蓋糜爛離解之謂、氣熱氣已與以同、成始告以頭痛、故以此爲結、齊王中子諸嬰兒小子病。召臣意診切其脈、告曰、氣鬲病。病使人煩懣、食不下、時嘔沫。病得之少憂、數忔食飲。【集解】忔、音疑乙反、忔者、風痺忔然不得動也、【考證】張文虎曰、少、疑心字之誤、下文診其脈心氣也、又云、疾主在心、又云、重陽逿心主、又云、此悲心所生、病得之憂也、是其證、多紀元簡曰、集韻、忔、魚乙切、心不欲也、史記數忔飲食、案蓋謂強食飲也、臣意卽爲之作下氣湯以飲之。一日氣下。二日能食。三日卽病愈。所以知小子之病者、診其脈、心氣也。濁躁而經也。此絡陽病也。【集解】徐廣曰、濁、一作黽、又作猛、【考證】氣下也字、疑衍、多紀元胤曰、而、當作在、多紀元簡曰、醫說、

絡陽作陽絡、蓋指心包絡、脈法曰。脈來數疾、去難、而不一者、病主在心。【考證】張文虎曰、疾字從舊刻、毛本、考證據宋本竝同、它本誤作病、案脈來數疾去難而不一者十字作一句讀、謂來疾去遲而至數又不調也、滕惟寅曰、素問云、夏脈者心也、其氣來盛去衰、故曰鉤、按來數疾者盛之狀、去難者衰之意、周身熱、脈盛者、爲重陽。【索隱】上音直隴反、重陽者湯心主。【集解】徐廣曰、湯音唐、湯者盪也、謂病盪心者、猶刺其心、【索隱】湯依字讀、【正義】八十一難云、手心主中宮、在中部、楊玄操云、手心主胞絡也、自臍已上至帶鬲、爲中焦也、【考證】海保元備曰、據徐廣注、徐所見本、蓋無主字、盪心、見左傳、顧炎武云、古人以左右衝殺爲盪陣、宋書、顏師伯單騎出盪、孔覬傳、每戰以刀楯直盪、徐以盪心爲刺心、其義蓋與此同、多紀元堅曰、脈經云、心病、煩悶少氣大熱、熱上盪心、嘔吐咳逆、故煩懣食不下、則絡脈有過。絡脈有過、則血上出。血上出者死。此悲心所生也。病得之憂也。【考證】多紀元堅曰、則絡脈有過、至血上出者死十八字、與前後文不應、疑衍、滕氏割解以爲項處案中錯簡、移置番陽入虛裏下、亦無明據、齊郎中令循病。衆醫皆以爲蹷入中、而刺之。【考證】凌本、毛本、入譌人、王念孫曰、蹷亦作厥、釋名云、厥、逆氣從下厥起、上行入心脇也、故曰、厥入中、下文云、風入中、臣意診之曰。湧疝也。【索隱】上音勇、下音訕、所諫反、鄒誕生疝音山也、【考證】

多紀元簡曰、此乃骨空論所謂衝疝、後世或呼爲奔豚疝氣、令人不得前後溲。【索隱】溲、音所留反、前溲、謂小便、後溲、大便也、循曰。不得前後溲三日矣。臣意飲以火齊湯。【正義】飲、於禁反、【考證】多紀元簡曰、齊、和煮湯也、韓非喻老篇、病在腸胃、火劑之所及也、漢書藝文志云、辨五苦六辛、致水火之齊、下文云、液湯火齊、又云火齊米汁、又云、陰陽水火之劑、又曰火齊粥、皆其證也、愚按張氏札記、疑火字爲大字之譌、李氏訂補辨其非、一飲得前溲。再飲大溲。三飲而疾愈。【考證】王念孫曰、前下當有後字、言一飲而前後溲始通、再飲則大溲也、大溲二字、兼前後言之、則上句原有後字明矣、太平御覽引此正作一飲得前後溲、下文齊太后病、臣意飲以火齊湯、一飲即前後溲、事與此相類也、張文虎曰、宋本、毛本、吳校元本、疾作病、愚按劉百衲宋本、亦作病、病得之內。所以知循病者、切其脈時、右口氣急、【集解】徐廣曰、右、一作有、【正義】王叔和脈經云、右手寸口、乃氣口也、【考證】多紀元堅曰、氣字、猶玉機眞藏論其氣來之氣、愚按、周官疾醫注、陽明寸口、正義、寸口者、大拇指本高後一寸是也、脈無五藏氣。右口脈大而數。【正義】右口、謂右手寸口也、【考證】滕惟寅曰、或云、右當作左、數者、中下熱而湧。左爲下、右爲上。皆無五藏應。故曰湧疝。【考證】多紀元胤曰、脈無五藏應者、謂若蹷入中、則當見藏眞之脈、今無其應、故爲湧疝也、中熱。

故溺赤也。【正義】溺、徒弔反、齊中御府長信病。臣意入診其脈、告曰。熱病氣也。然暑汗。脈少衰。不死。曰。此病得之當浴流水而寒甚、已則熱。【考證】當、嘗通、信曰。唯。然。【正義】唯、惟癸反、往冬時、爲王使於楚、至莒縣陽周水。【正義】莒、密州縣、而莒橋梁頗壞。信則擥車轅、未欲渡也。【正義】擥、音牽、【考證】說文、擥、撮持也、馬驚即墮。信身入水中、幾死。吏即來救信、出之水中。衣盡濡。有閒而身寒、已熱如火。至今不可以見寒。【考證】海保元備曰、見、猶言遇也、下文病見寒氣則遺溺、病得之數飲酒見大風氣、見字與此同、臣意即爲之液湯火齊、逐熱。【考證】多紀元堅曰、漢書郊祀志、順風作液湯、如淳云、藝文志有液湯經、其義未詳、一飲汗盡、再飲熱去、三飲病已。即使服藥。出入二十日、身無病者。所以知信之病者、切其脈時、幷陰。【考證】滕惟寅曰、熱邪去陽歸陰、專在裏、謂之幷陰、脈法曰。熱病陰陽交者死。

【考證】滕惟寅曰、素問云、黃帝問曰、有病溫者、汗出、輒復熱、而脈躁疾、不爲汗衰、不能食、病名爲何、岐伯曰、病名陰陽交、交者死也、王冰曰、交、謂交合、陰陽之氣不分別也、切之不交、并陰。幷陰者、脈順清而愈。【考證】王念孫曰、清、讀爲動靜之靜、上文肝氣濁而靜、徐廣云、一作清、下文病重而脈順清、竝與靜同、其熱雖未盡、猶活也。腎氣有時閒濁、【集解】徐廣曰、一作鼂、在太陰脈口而希、是水氣也。腎固主水。故以此知之。失治一時、即轉爲寒熱。【考證】張文虎曰、中統、游、王本、失譌未、多紀元簡曰、素問脈要精微論云、風成爲寒熱、風論云、其寒也衰飲食、其熱也消肌肉、故使人怢慄而不能食、名曰寒熱、諸言寒熱者、皆指虛勞寒熱、此所言亦然、齊王太后病。召臣意入診脈。曰。風癉客脬。【索隱】癉、病也、音亶、脬音普交反、字或作胞、【正義】癉、音單早反、脬亦作胞、膀胱也、言風癉之病、客居在膀胱、【考證】多紀元胤曰、漢書嚴助傳、南方暑溼、近夏癉熱、脈要精微論曰、癉成爲消中、次註、癉、謂熱也、難於大小溲、溺赤。臣意飲以火齊湯。一飲、即前後溲。再飲、病已、溺如故。病得之流汗出滫。【索隱】劉氏音巡、【考證】張文虎曰、滫、宋本、中統、游、王、柯、作滫、凌作潃、索隱、舊刻、毛本、作潃、案集韻十八諄、滫、流貌、史記作汗出滫、滫與劉音合、是古本相承作滫、王引之曰、滫當作潃、王風中谷有蓷篇、暵其脩矣、毛傳云、脩且乾也、流汗出滫者、流汗出而乾也、故下文曰滫者去衣而汗晞也、說文玉篇廣韻、無滫字、集韻誤沿劉氏之音、又以滫滫連讀、其失甚矣、 滫者、去衣而汗晞也。所以知齊王太后病者、臣意診其脈、切其太陰之口、溼然風氣也。【考證】太陰、經脈之名、張文虎曰、溼疑誤、李笠曰、案此腎病候也、腎水藏、故云溼然、溼字當不誤、 脈法曰、沈之而大堅、【正義】沈一作深、王叔和脈經云、脈大而堅、病出於腎也、 浮之而大緊者、【正義】緊、音吉忍反、素問云、脈短實而數、有似切繩、名曰緊也、【考證】岡白駒曰、沈之、重按之也、浮之、輕按之也、滕惟寅曰、素問云、病腎、脈來如引葛、按之益堅、曰腎病、沈之大堅、是按之益堅也、浮之大緊、是如引葛也、正義引素問、今無所攷、 病主在腎。腎切之而相反也、脈大而躁。【考證】海保元備曰、上也字、與論語夫子至於是邦也也字同、起下文之辭、言病之主在腎者、若切其脈而與常度相反也、則其脈必大而躁也、 大者、膀胱氣也。躁者、中有熱而溺赤。齊章武里曹山跗病。【索隱】跗、方符反、 臣意診其脈曰、肺消癉也、加以寒熱。【考證】多紀元胤曰、素問氣厥論云、心移寒於肺、肺消、肺消者、飲一溲二、不治、又云、心移熱於肺、傳為鬲消、虛邪氣藏府病形篇云、肺脈微小為消癉、 即告其人曰、死。不治。適其共養。此不當醫

治。【索隱】適、音釋、共、音恭、案謂山跗家適近、所持財物共養我、我不敢當、以言其人不堪療也、【考證】董份曰、適其供養、言當適病者之意、供養以俟其死、此不當復醫也、滕惟寅曰、舊本以治字屬下文、非、 法曰、後三日而當狂、妄起行欲走。後五日死。即如期死。山跗病、得之盛怒而以接內。所以知山跗之病者、臣意切其脈、肺氣熱也。脈法曰、不平不鼓、形獘。【集解】徐廣曰、一作散、【正義】王叔和脈經云、平、謂春肝木王、其脈細而長、夏心火王、其脈洪大而散、六月脾土王、其脈大阿阿而緩、秋肺金王、其脈浮濇而短、冬腎水王、其脈沈而滑、名平脈也、【考證】滕惟寅曰、不鼓、言脈代也、多紀元堅曰、奏鼓必有節、今脈動不定、故云不鼓、 此五藏高之遠數以經病也。【考證】海保元備曰、王冰注素問至要大論云、心肺為近、肝腎為遠、姑且依此解之、蓋高、謂肺也、遠、謂肝也、上文云、肺消癉也、肺氣熱也、下文云、是壞肝剛絕深、之、猶與也、經者、歷也、言五藏自高以及遠數、數以權病也、數云者、以見其所由來有漸也、 故切之時、不平而代。【正義】素問云、血氣易處曰不平、脈候動不定曰代、 不平者、血不居其處。代者、【考證】多紀元簡曰、正義引素問、今無所攷、但其說大是、張介賓類經代脈之解、全本于此、時參擊竝至、乍躁乍大也。【考證】滕惟寅曰、素問云、上下左右之脈、相應如參舂者、病甚、 此兩絡脈

絕。故死、不治。【考證】滕惟寅曰、肝肺兩絡脈絕、 所以加寒熱者、言其人尸奪。【考證】多紀元簡曰、形肉脫而如尸、故曰尸奪、通雅、為尸厥、非也、 尸奪者形獘。形獘者不當關灸鑱石及飲毒藥也。【考證】多紀元堅曰、關字疑譌、 臣意未往診時、齊太醫先診山跗病、灸其足少陽脈口、【考證】滕惟寅曰、凡脈氣所發、皆謂之脈口、不必寸口、愚按、少陽、經脈之名、 而飲之半夏丸。【考證】多紀元堅曰、蓋瀉下劑也、 病者即泄注、腹中虛。又灸其少陰脈。是壞肝剛絕深。【考證】滕惟寅曰、肝者將軍之官、故曰肝剛、多紀元簡曰、經脈篇、筋為剛、愚按、少陰、經脈之名、 如是重損病者氣。以故加寒熱。所以後三日而當狂者、肝一絡連屬、結絕乳下陽明。【正義】素問云、乳下陽明、胃絡也、【考證】多紀元簡曰、絕字可疑、或是紐字、正義蓋節錄素問平人氣象論、 故絡絕、開陽明脈。陽明脈傷、即當狂走。【考證】滕惟寅曰、素問陽明脈解篇云、熱盛於身、故棄衣欲走也、 後五日死者、肝與心相去五分。故曰五日盡。盡即死矣。【考證】張文虎曰、吳校元板、無盡字、

齊中尉潘滿如病少腹痛。【正義】少、音式妙反、王叔和脈經云、脈急、疝瘕、少腹痛也、【考證】張文虎曰、宋本、中統、毛、少作小、愚按、劉百衲宋本亦作小、作小為是、 臣意診其脈曰、遺積瘕也。【索隱】劉氏音加雅反、舊音遐、鄒氏音嫁、【正義】龍魚河圖云、犬狗魚鳥、不熟食之、成瘕痛、【考證】多紀元堅曰、瘕字見醫經中者、如大奇論瘕、平人氣象論、玉機眞藏論疝瘕、氣厥論虙瘕、骨空論、二十九難、女子瘕聚、水脹篇石瘕、五十七難大瘕泄、陽明篇固瘕、及本傳蟯瘕等、皆言腹內本無其物、依病為形者、 臣意即謂齊太僕臣饒・內史臣繇曰。中尉不復自止於內、則三十日死。【考證】內、房慾也、 後二十餘日、溲血死。病得之酒且內。所以知潘滿如病者、臣意切其脈、深小弱、其卒然合【集解】徐廣曰、一云、來然合、【考證】劉氏百衲宋本、毛本、集解來然合、作來然然合然合、錢泰吉曰、正義云、卒一作來、是惟卒字有異文爾、 合也、是脾氣也。【正義】卒、音蔥忽反、卒一本作來、素問云、疾病之生、生於五藏、五藏之合、合於六府、肝合氣於膽、心合氣於小腸、脾合氣於胃、肺合氣於大腸、腎合氣於膀胱、三焦內主勞、【考證】滕惟寅曰、深沈也、多紀元簡曰、其卒然合合也句、疑有誤脫、海保元備曰、廣雅釋詁、沓、合也、文選羽獵賦、天與地沓、注、應劭曰、沓、合也、據此合沓同義、漢書禮樂志、騎沓沓、注、沓沓、疾行也、合合疑即沓沓、蓋一搏一代之狀、正義引素問、今無所攷、 右脈口氣

至緊小、見瘕氣也。【正義】緊小、上結忍反、以次相乘。故三十日死。三陰俱搏者如法。【正義】如淳云、音徒端反、素問云、左脈口曰少陰、少陰之前名厥陰、右脈口曰太陰、此三陰之脈也、【考證】多紀元堅曰、素問陰陽別論曰、三陰俱搏、二十日夜半死、次注、脾肺成數之餘也、搏、謂伏鼓異於常候也、蓋本傳之與內經、間有難湊合者、況如日期、義不易了、姑闕疑可也、正義引素問、今無所攷、岡白駒曰、如法、三十日死也、不俱搏者、決在急期。【考證】滕惟寅曰、不俱搏者、謂脈更代絕也、脾肺脈絕也、一搏一代者近也。【考證】滕惟寅曰、醫說、近作逆、此解上之不俱搏義、故其三陰搏、溲血如前止。【集解】徐廣曰、前、一作筋、【考證】岡白駒曰、如前、卽二十餘日溲血死、是也、多紀元堅曰、止、疑死譌、陽虛侯相趙章病。【考證】漢書齊悼惠王傳、陽虛作楊虛、召臣意。衆醫皆以爲寒中。臣意診其脈曰。迵風。【集解】迵、音洞、言洞徹入四支、【索隱】下云、飲食下嗌輒出之、是風疾洞徹五藏、故曰迵風、【考證】多紀元簡曰、邪風藏府病形篇云、洞者、食不化、下嗌還出、甲乙經引作洞泄、王肯堂證治準繩云、飧泄、水穀不化而完出、史記倉公傳迵風、卽此也、迵風者、飲食下嗌、而輒出不留。【集解】嗌、音益、謂喉下也、法曰。五日死。而後十日乃死。病得之酒。所以知趙章之病者、臣

意切其脈、脈來滑。是內風氣也。【考證】多紀元堅曰、素問平人氣象論云、脈滑曰病風、脈要精微論云、久風爲飧泄、飲食下嗌而輒出不留者、法、五日死。皆爲前分界法。【正義】分、扶問反、【考證】滕正路曰、凡每一部五分、以是知死期、謂之前分界法、後十日乃死、所以過期者、其人嗜粥。故中藏實。中藏實、故過期。師言曰。安穀者過期、不安穀者不及期。【考證】師陽慶、海保元備曰、安、安頓之義、濟北王病。召臣意診其脈。曰。風蹷胷滿。【考證】多紀元胤曰、素問評熱病論云、帝曰、有病身熱汗出煩滿、煩滿不爲汗解、此爲何病、岐伯曰、汗出而身熱者、風也、汗出煩滿不解者、厥也、病名曰風厥、靈樞五變篇曰、黃帝曰、人之善風厥漉汗者、何以候之、少兪答曰、肉不堅、腠理疎、則善病風、按以上二篇文、與此段風蹷相類、而陰陽別論所說自異、卽爲藥酒、盡三石、病已。【考證】毛本、石作日、得之汗出伏地。所以知濟北王病者、臣意切其脈時、風氣也。心脈濁。【集解】徐廣曰、一作黽、病法、過入其陽、陽氣盡而陰氣入。陰氣入張、則寒氣上而熱氣下。故胷滿。汗出伏地者、

切其脈、氣陰。陰氣者病必入中。出及水也。【索隱】瀺、音士咸反、【正義】顧野王云、手足液身體、沟、音常灼反、【考證】多紀元胤曰、瀺水未詳、張文虎曰、正義有脫文、齊北宮司空命婦出於病。【集解】徐廣曰、婦一作奴、奴蓋女奴、【正義】出於、命婦名也、【考證】多紀元簡曰、世婦爲內命婦、卿大夫之妻爲外命婦、世婦與大夫妻相敵、又命及於士、則其妻亦爲命婦、士妻與女御相對、蓋婦人無爵、從夫命之爵也、崔適曰、出於病、當作病於出、下文同、說文、娗、女出病也、醫書謂之陰挺、故此傳下文云、疝氣之客於膀胱也、愚按崔說非也、初曰某病、後曰某病、得之某事、所以知某病者、上下文例皆然、正義爲是、衆醫皆以爲風入中。病主在肺。刺其足少陽脈。【集解】徐廣曰、肺、一作肝、臣意診其脈曰。病氣疝客於膀胱、難於前後溲、而溺赤、病見寒氣則遺溺。使人腹腫。出於病得之欲溺不得、因以接內。所以知出於病者、切其脈、大而實。其來難。是蹷陰之動也。【正義】郄、厥陰之脈也、【考證】張文虎曰、正義郄下脫云字、脈來難者、疝氣之客於膀胱也。腹之所以腫者、言蹷陰之絡結小腹也。蹷陰有過、則脈結

動。動則腹腫。【考證】多紀元胤曰、脈結動者、謂脈結於小腹、且爲之動作也、多紀元堅曰、齊御史成案曰、脈結發、語意相近、臣意卽灸其足蹷陰之脈。左右各一所。卽不遺溺而溲淸、小腹痛止。卽更爲火齊湯以飲之。三日而疝氣散、卽愈。故濟北王阿母【集解】徐廣曰、濟、一作齊王、【索隱】案是王之嬭母也、【正義】服虔云、乳母也、鄭慈己者、【考證】張文虎曰、正義蓋引喪服傳注、鄭下疑脫云字、自言足熱而懣。臣意告曰。熱蹷也。則刺其足心各三所。案之、無出血。病旋已。【索隱】言尋則已止也、【正義】謂旋轉之閒、病則已止也、【考證】滕惟寅曰、案、以指按針孔也、素問云、刺少陰、出氣惡血、出血太多、不可復也、病得之飲酒大醉。濟北王召臣意診脈。【考證】張文虎曰、中統本、吳校元板、楪志引宋本、竝有臣字、它木脫、愚按百衲宋本亦有、諸女子侍者至女子豎。豎無病。臣意告永巷長曰。豎傷脾。不可勞。法、當春嘔血死。臣意言王曰。才人女子豎何能。王曰。是好爲方、多伎能。爲所是案法新。【集解】徐廣曰、所、一作取、【索隱】謂於舊方技能生新

意也、【考證】多紀元簡曰、方、蓋謂小方、封禪書、上使小方鬭棊、棊自相觸擊、愚按爲所是句、疑有譌、往年市之民所。四百七十萬、曹偶四人。【索隱】案當今之四千七百貫也、曹偶、猶等輩也、王曰。得毋有病乎。臣意對曰。豎病重、在死法中。王召視之、其顏色不變。以爲不然、不賣諸侯所。至春、豎奉劍從王之廁。王去。豎後。王令人召之。卽仆於廁、嘔血死。【索隱】仆、音赴、又音步北反、病得之流汗。流汗者、同法病內重。毛髮而色澤、脈不衰。【考證】張文虎曰、同字疑衍、滕惟寅曰、而當作面、此亦關內之病也。【考證】王念孫曰、關內當作內關、上文齊侍御史成條云、此內關之病也、此文云此亦內關之病也、亦字卽承上文言之、

齊中大夫病齲齒。【正義】上丘羽反、釋名云、齲朽也、蟲齧之缺朽也、臣意灸其左大陽明脈。【考證】多紀元簡曰、證類本草、大作手、醫說無明字、卽爲苦參湯、日嗽三升。出入五六日、病已。得之風、及臥開口、食而不嗽。

菑川王美人懷子而不乳。【索隱】乳、音人喻反、乳、生也、來召臣意。

臣意往、飲以莨礍藥一撮、以酒飲之。【正義】莨礍、浪宕二音、【考證】多紀元簡曰、本草有莨菪子、卽是、陶隱居曰、一撮者、四刀圭也、旋乳。【索隱】旋乳者、言迴旋卽生也、【考證】李笠曰、旋、猶俄也、臣意復診其脈、而脈躁。躁者有餘病。卽飲以消石一齊。出血。血如豆。比五六枚。【索隱】比、音必利反、【考證】岡白駒曰、比、比年之比、

齊丞相舍人奴從朝入宮。臣意見之食閨門外。望其色、有病氣。臣意卽告宦者平。平好爲脈、學臣意所。臣意卽示之舍人奴病、告之曰。此傷脾氣也。當至春鬲塞不通、不能食飲。【考證】滕惟寅曰、靈樞云、飲食不下、膈塞不通、邪在胃脘、法、至夏泄血死。宦者平卽往告相曰。君之舍人奴有病。病重。死期有日。相君曰。卿何以知之。【考證】海保元備曰、案此紀事之文、不當稱君、前後亦唯稱相、蓋史之駁文、否則君字衍、曰。君朝時入宮。君之舍人奴盡食閨門外。平與倉公立。卽示平曰。病如是者死。相卽召

舍人奴而謂之曰。公奴有病、不。【考證】凌稚隆曰、舍人下奴字衍、海保元備曰、古人相呼曰公、史記毛遂曰、公等錄錄、是也、君呼臣亦曰公、高祖謂叔孫通曰、公罷矣、吾直戲耳、是也、貴呼賤亦曰公、高祖解縱所遣徒曰、公等皆去、是也、然則公是齊相呼其舍人之辭、言公之家奴有病否也、舍人曰、奴無病、身無痛者、蓋舍人以其所睹聞告之也、御覽無公字、非是、舍人曰。奴無病。身無痛者。至春果病、至四月、泄血死。所以知奴病者、脾氣周乘五藏、傷部而交。故傷脾之色也。【考證】滕惟寅曰、交、更互交錯也、凌稚隆曰、此獨不用脈、但望而知之也、望之殺然黃。察之如死青之茲。【集解】徐廣曰、殺、音蘇葛反、【正義】殺、蘇亥反、【考證】稻葉元熙曰、集韻、殺、桑葛切、散貌、史記望之殺然黃、多紀元簡曰、素問五藏生成篇、青如草茲者死、張志聰注云、草茲者、死草之色、青而帶白也、按爾雅釋器蓐謂之茲、張本于此、愚按李氏訂補說同、衆醫不知、以爲大蟲、不知傷脾。【索隱】卽蚘虫也、所以至春死病者、【考證】多紀元堅曰、死字衍、胃氣黃。黃者土氣也。土不勝木。故至春死。【考證】多紀元堅曰、死、當作病、所以至夏死者、脈法曰。病重而脈順淸者曰內關。內關之病、人不知其所痛。

心急然無苦。【考證】滕惟寅曰、急當作慧、慧、了也、多紀元堅曰、滕說是、靈樞邪氣藏府病形篇、心慧然若無病、又素問八正神明論、慧然字兩見、若加以一病、死中春。一愈順、及一時。【考證】滕正路曰、愈通作愉、愉、順、言形氣和順、及一時者過春三月也、多紀元堅曰、淳于司馬案云、其病順、故不死、順字蓋與此同、其所以四月死者、診其人時愈順。愈順者人尙肥也。奴之病得之流汗數出、灸於火而以出見大風也。

菑川王病。召臣意診脈。曰。蹶上。【正義】時掌反、蹶、逆氣上也、爲重頭痛。身熱、使人煩懣。【正義】亡本反、非但有煩也、臣意卽以寒水拊其頭、【索隱】拊、音附、又音撫、刺足陽明脈、左右各三所。病旋已。病得之沐髮未乾而臥。診如前。所以蹶頭熱至肩。

齊王黃姬兄黃長卿家、有酒召客。召臣意。諸客坐、未上食。臣意望見王后弟宋建、告曰。君有病。往四五日、君要脅痛、不可俛仰。【正義】上音免、【考證】要與腰同、滕惟寅曰、據下文、脅當作脊、又不

得小溲。不亟治、病卽入濡腎。【考證】多紀元簡曰、濡腎、卽腎藏、蓋肝剛之類耳、 及其未舍五藏、急治之。病方今客腎濡。【正義】濡、溺也、病方客在腎、欲溺腎也、【考證】張文虎曰、濡當作輸、五藏之輸、見扁鵲傳、正義非、 此所謂腎痺也。【考證】滕惟寅曰、痺、閉也、素問亦有腎痺語、 宋建曰。然。建故有要脊痛。往四五日、天雨。黃氏諸倩、【集解】徐廣曰、倩者、女壻也、駰案方言曰、東齊之閒、壻謂之倩、郭璞曰、言可假倩也、【正義】倩、音七姓反、 見建家京下方石、【集解】徐廣曰、京者、倉廩之屬也、【考證】海保元備曰、廣雅釋室、京、倉也、管子、有新成囷京者、二家、注云、大囷曰京、 卽弄之。【考證】王念孫曰、御覽引此、卽作取、於義爲長、 建亦欲效之。效之、不能起。卽復置之。暮要脊痛、不得溺。至今不愈。建病得之好持重。所以知建病者、臣意見其色、太陽色乾、【考證】多紀元簡曰、太陽部位、未審、素問刺熱篇云、太陽之脈、色榮顴骨、熱病也、意氣相似、當攷、 腎部上及界、要以下者、枯四分所。【考證】滕惟寅曰、要以下、卽腎部也、枯、甚於乾、 故以往四五日、知其發也。【考證】海保元備曰、當言故知其發以往四五日也、疑是訛錯、

臣意卽爲柔湯使服之。【考證】滕惟寅曰、柔湯、補藥也、對剛劑言、 十八日所而病愈。濟北王侍者韓女病。要背痛、寒熱。衆醫皆以爲寒熱也。臣意診脈曰。內寒、月事不下也。卽竄以藥。旋下、病已。【索隱】謂以藥熏之、故云竄、竄、音七亂反、 病得之欲男子而不可得也。所以知韓女之病者、診其脈時、切之、腎脈也。嗇而不屬。【正義】嗇、音色、不滑也、【考證】嗇、濇通、多紀元簡曰、脈經云、濇脈、細而遲、往來難且散、或一止復來、 嗇而不屬者、其來難堅。故曰。月不下。【考證】月下、奪事字、 肝脈弦、出左口。故曰。欲男子不可得也。臨菑氾里女子薄吾病甚。【索隱】氾、音凡、 衆醫皆以爲寒熱篤、當死、不治。臣意診其脈曰。蟯瘕。【集解】徐廣曰、蟯、音饒、【索隱】音饒擾、舊音遶、【正義】人腹中短蟲、 蟯瘕爲病、腹大、上膚黃麤、循之戚戚然。【考證】戚、蹙通、 臣意飮以芫華一撮。【考證】滕惟寅曰、本艸經云、芫花殺蟲魚、 卽出蟯可數升。

病已。三十日如故。病蟯得之於寒溼。【考證】王念孫曰、蟯字衍、凡篇內稱病得之於某事者、皆不言其病名、以病名已見於上文也、愚按多紀元堅說同、 寒溼氣宛、篤不發。化爲蟲。【集解】宛、音鬱、【索隱】又如字、【考證】齊王侍醫遂案云、宛氣愈深、愚按劉百衲宋本亦無、 臣意所以知薄吾病者、【考證】張文虎曰、各本薄吾上衍寒字、襍志引宋本、中統、毛本、竝無、 切其脈、循其尺、【正義】王叔和云、寸關尺、寸謂三分、尺謂八分、寸口在關上、尺在關下、寸關尺其有一寸九分也、 其尺索刺麤、而毛美奉髮。【集解】徐廣曰、奉一作奏、又作秦、【索隱】循、音巡、案謂手循其尺索也、刺、音七賜反、麤、音七胡反、言循其尺索、刺人手而麤、是婦人之病也、徐氏云、奉一作奏、非其義也、又云、一作秦、秦謂螓首、言髮如蝤蠐、事蓋近也、【考證】多紀元胤曰、尺索、尺膚枯腊之義、毛美奉髮、醫說作毛焦拳髮、乃與其尺索刺麤、皆血液枯燥之義、毛美奉髮、蓋傳寫之誤、 是蟲氣也。其色澤者、中藏無邪氣及重病。齊淳于司馬病。臣意切其脈、告曰。當病迵風。迵風之狀、飮食下嗌、輒後之。【集解】徐廣曰、如廁、【考證】上文陽虛侯相趙章案、迵風者、飮食下嗌、而輒出不留、義同、 病得之飽食而疾走。淳于司馬曰。我之王家食馬肝。【考證】儒林傳云、景帝曰、食肉不食馬肝、不爲不知

味、封禪書云、武帝曰、文成食馬肝而死耳、 食飽甚。【考證】御覽、無食字、 見酒來、卽走去、驅疾至舍。卽泄數十出。【考證】張文虎曰、元龜引、驅疾作疾驅、 臣意告曰。爲火齊米汁飮之、七八日而當愈。時醫秦信在旁。臣意去。信謂左右閣都尉【索隱】案閣者、姓也、爲都尉、一云閣卽宮閣、都尉掌之、故曰閣都尉也、【考證】張文虎曰、據索隱、則閣當作閤、御覽引正作閤、 曰。意以淳于司馬病爲何。曰。以爲迵風。可治。信卽笑曰。是不知也。淳于司馬病、法、當後九日死。卽後九日不死。其家復召臣意。臣意往問之。盡如意診。臣卽爲一火齊米汁使服之。七八日病已。所以知之者、診其脈時、切之、盡如法、其病順。故不死。【考證】御覽引、故不下有知字、 齊中郎破石病。臣意診其脈、告曰。肺傷、不治。當後十日丁亥、溲血死。卽後十一日、溲血而死。破石之病、得之墮馬僵石上。【考證】多紀

元簡曰、倉公診脈、以知墜墮傷肺、而知其墮馬僵石上者、必得之於問矣、下文云、所以知其墜馬、乃謂墜墮傷肺也、故初診其脈曰肺傷、下文但云墮馬、而不云僵石上、其義可見耳、倉公診脈雖入神、而其馬與石、豈有辨於指下之理乎、所以知破石之病者、切其脈、得肺陰氣。其來散、數道至而不一也。色又乘之。【考證】滕惟寅曰、赤色乘肺部也、所以知其墮馬者、切之得番陰脈。【索隱】番、音芳袁反、【考證】釋幻雲曰、項處案云、切其脈得番陽、索隱云、以言陽脈之翻入虛裏也、番陽番陰、可例知焉、滕惟寅曰、番通作翻、又通作反、案陰陽應象大論、陰陽反作、千金腎藏門云、陰陽翻作、陽氣內伏、陰氣外昇、知是反翻通、蓋索隱亦以爲反義也、番陰脈入虛裏、乘肺脈。肺脈散者、固色變也、乘之。【考證】海保元備曰、此蓋覆說上文色又乘之句、乘之二字、疑衍、所以不中期死者、師言曰。病者安穀卽過期。不安穀則不及期。其人嗜黍。黍主肺。故過期。【考證】多紀元簡曰、靈樞五穀篇云、肺病者宜食黃黍、千金方云、白黍米宜肺、所以溲血者、診脈法曰。病養喜陰處者順死。養喜陽處者逆死。【考證】張文虎曰、養喜陽處、宋本、毛本、與上句一例、他本養喜倒、下文其人自靜不躁、卽養喜陰處者、其人喜自靜不

躁。又久安坐、伏几而寐。故血下泄。齊王侍醫遂病。自練五石服之。【考證】多紀元簡曰、抱朴子金丹卷曰、五石者丹砂、雄黃、白礬、曾青、慈石也、按御覽引晉書云、靳邵創置五石散方、晉朝士大夫、無不服餌、此云自練五石、則知不昉於靳邵矣、臣意往過之。遂謂意曰。不肖有病。幸診遂也。臣意卽診之、告曰。公病中熱。論曰。中熱不溲者、不可服五石。石之爲藥精悍。公服之、不得數溲。亟勿服。色將發臃。【考證】色、顏色、遂曰、扁鵲曰。陰石以治陰病。陽石以治陽病。【考證】釋幻雲曰、此語不順、多紀元堅曰、按據下文、陰陽之字互誤、宜作陰石以治陽病、陽石以治陰病始順、夫藥石者、有陰陽水火之齊。故中熱、卽爲陰石柔齊治之。中寒、卽爲陽石剛齊治之。臣意曰。公所論遠矣。扁鵲雖言若是、然必審診、起度量、立規矩、稱權衡、合色脈、【集解】徐廣曰、合、一作占、表裏有餘不足順逆之法、參其人動靜、與息相應、乃可

以論。論曰。陽疾處內、陰形應外者、不加悍藥及鑱石。夫悍藥入中、則邪氣辟矣。【索隱】辟、音必亦反、猶聚也、【正義】辟、言辟惡風也、劉伯莊云、辟、積聚也、恐非其理也、【考證】正義所引劉說、與索隱同、蓋讀辟爲襞積之襞、可從、下文邪氣流行、而宛氣愈深。【索隱】愈、音庾、【考證】宛、音鬱、診法曰。二陰應外、一陽接內者、不可以剛藥。【考證】滕正路曰、二陰一陽、言寒多熱少、剛藥入、則動陽、陰病益衰、陽病益著、邪氣流行、爲重困於俞、【集解】徐廣曰、音始喻反、【考證】俞、經俞也、多紀元簡曰、重困、猶累困也、海保元備曰、應宛氣愈深、忿發爲疽。意告之後百餘日、果爲疽發乳上、入缺盆。死。【索隱】按缺盆、人乳房上骨名也、【考證】張文虎曰、御覽引爲疽作病疽、此謂論之大體也。必有經紀。拙工有一不習、文理陰陽失矣。【考證】多紀元簡曰、此謂以下四句、應前文扁鵲曰云云、言扁鵲所言、此論之要領、而更必有經紀之別、拙工徒執泥其文、不言外求意、則所失不一也、經紀二字、素靈中屢見之、蓋綱常緒理之謂、齊王故爲陽虛侯時、病甚。【集解】徐廣曰、齊悼惠王子也、名將廬、以文帝十六年爲齊王、卽位十一年卒、謚孝王、衆醫皆

以爲蹷。臣意診脈以爲痺。【考證】多紀元堅曰、玉機眞藏論、病入舍於肺、名曰肺痺、發欬上氣、根在右脅下、大如覆杯。令人喘、逆氣、不能食。臣意卽以火齊粥且飲。【考證】滕惟寅曰、飲、亦湯也、六日、氣下。卽令更服丸藥。出入六日、病已。病得之內。診之時、不能識其經解。大識其病所在。【考證】大、猶大略也、臣意嘗診安陽武都里成開方。【考證】各本、嘗作常、今從楓山、三條、宋本、開方自言以爲不病。臣意謂之、病苦沓風。【索隱】沓、音徒合反、風、病之名也、三歲、四支不能自用。使人瘖。【集解】徐廣曰、一作脊、音才亦反、【索隱】瘖者失音也、讀如音、又作厝、厝者置也、言使人運置其手足也、【考證】張文虎曰、集解脊當作瘠、故音才亦反、瘖卽死。今聞其四支不能用。瘖而未死也。病得之數飲酒、以見大風氣。所以知成開方病者、診之、其脈法奇咳。言曰。藏氣相反者死。【集解】徐廣曰、反、一作及、【考證】倉公受奇咳術於陽慶、說見于前、李笠曰、言上疑脫師字、此引師言爲據、猶後引書也、上文師言曰、安穀者過期、

可證、切之得腎反肺。[集解]徐廣曰、反、一作及、法曰、三歲死也。安陵阪里公乘項處病。[索隱]案公乘、官名也、項、姓、處、名、故上云、倉公之師元里公乘陽慶、亦然也、臣意診脈曰、牡疝。[索隱]上音母、下音色諫反、[考證]堀川濟曰、牡疝、蓋心疝也、心爲牡藏、故曰牡疝、下文在鬲下、上連肺、則疝從少腹上乘心部也、嘔血死、則以心主血也、牡疝在鬲下、上連肺。病得之內。臣意謂之、愼毋爲勞力事。爲勞力事、則必嘔血死。處後蹴踘。[集解]徐廣曰、踘、一作蹹、[正義]上千六反、下九六反、謂打毬也、要蹷寒、汗出多、卽嘔血。臣意復診之曰、當旦日日夕死。[索隱]案旦日、明日也、言明日之夕死也、卽死。病得之內。[考證]多紀元堅曰、病得之內四字、與上文複、疑衍、所以知項處病者、切其脈、得番陽。[索隱]脈病之名曰番陽者、以言陽脈之翻入虛裏也、番陽入虛裏、處旦日死。[考證]多紀元堅曰、處旦日死四字恐衍、一番一絡者、牡疝也。[集解]徐廣曰、絡、一作結、[考證]多紀元堅曰、作結近是、臣意曰、他所診期決死生、及所治已病衆多。久頗忘之、不能盡識。不敢以

對。[考證]以上醫案凡二十五條、以下問答論凡七條、問臣意、所診治病、病名多同而診異、或死或不死。何也。對曰、病名多相類、不可知。故古聖人爲之脈法、以起度量、立規矩、縣權衡、案繩墨、調陰陽、別人之脈、各名之。與天地相應、參合於人。故乃別百病以異之。有數者能異之、無數者同之。[索隱]數、音色住反、謂術數之人、乃可異其狀也、[考證]數、方術也、張文虎曰、淩本能譌皆、然脈法不可勝驗。診疾人以度異之。[考證]多紀元胤曰、疾人、猶言病者、滕惟寅曰、以度異之、推法度以別異之、乃可別同名、命病主在所居。今臣意所診者、皆有診籍。[考證]籍、簿書也、診籍、猶今診察記、倉公醫案二十五條、自此節錄、所以別之者、臣意所受師方適成、師死。以故表籍所診、期決死生、觀所失所得者合脈法。以故至今知之。[考證]淩稚隆曰、問答論、多用以故二字作轉語、問臣意曰、所期病決死生、或不應期。

何故。對曰、此皆飲食喜怒不節、或不當飲藥、或不當鍼灸。以故不中期死也。問臣意、意方能知病死生、論藥用所宜。諸侯王大臣、有嘗問意者、不。及文王病時、不求意診治。何故。[集解]徐廣曰、齊文王也、以文帝十五年卒、對曰、趙王・膠西王・濟南王・吳王、皆使人來召臣意。臣意不敢往。文王病時、臣意家貧、欲爲人治病。誠恐吏以除拘臣意也。[集解]徐廣曰、時諸侯得自拜除吏、[正義]恐爲吏拘繫之、時諸侯得自拜除官吏也、[考證]多紀元胤曰、吏以除、謂齊吏除意以拘留也、徐說迂、故移名數左右、[正義]以名籍屬左右之人、[考證]言常不定名籍所屬、名籍、戶籍也、不脩家生、出行游國中、問善爲方數者、事之久矣。[索隱]數、音術數之數、見事數師、[正義]上色庚反、悉受其要事、盡其方書意、及解論之。身居陽虛侯國、因事侯。侯入朝。臣意從之長安。以故得診安陵項處等病也。

問臣意。知文王所以得病不起之狀。臣意對曰、不見文王病。然竊聞文王病喘、頭痛、目不明。臣意心論之、以爲非病也。以爲肥而蓄精、身體不得搖、骨肉不相任。故喘。不當醫治。脈法曰、年二十、脈氣當趨。年三十、當疾步。年四十、當安坐。年五十、當安臥。年六十已上、氣當大董。[集解]徐廣曰、董、謂深藏之、一作董、[索隱]董、音謹、[考證]滕惟寅曰、靈樞云、人生十歲、五藏始定、血氣已通、其氣在下、故好走、二十歲、血氣始盛、肌肉方長、故好趨、三十歲、五藏大定、肌肉堅固、血脈盛滿、故好步、四十歲、五藏六府十二經脈、皆大盛以平定、腠理始疏、榮華頽落、髮頗班白、平盛不搖、故好坐、五十歲、肝氣始衰、肝葉始薄、膽汁始滅、目始不明、六十歲、心氣始衰、苦憂悲、血氣懈惰、故好臥、多紀元簡曰、方言、董、固也、文王年未滿二十。方脈氣之趨也。而徐之。[考證]脈氣方盛、可趨之時、而文王不趨而徐步、不應天道四時。後聞醫灸之卽篤。此論病之過也。臣意論之、以爲神氣爭而邪氣入。非年少所能復之也。以故死。所謂氣

者、當調飲食、擇晏日、車步廣志、以適筋骨肉血脈、以瀉氣。〔考證〕漢書揚雄傳、天淸日晏、顏師古注、晏、無雲也、多紀元堅曰、車步廣志、言或車或步、以開舒志懷、海保元備曰、肉字疑因骨下肉而衍、故年二十、是謂易貿。〔集解〕徐廣曰、一作賀、又作質、〔考證〕通作貿、言形氣變易之時、宜適筋骨血脈、以瀉氣也、法不當砭灸。砭灸至氣逐。〔考證〕海保元備曰、逐、奔逐也、言砭灸、則至於脈氣奔逐、不可制止、非瀉氣之道也、問臣意師慶安受之。聞於齊諸侯。不對曰、不知慶所師受。慶家富、善爲醫。不肯爲人治病。當以此故不聞。慶又告臣意曰、愼毋令我子孫知若學我方也。〔考證〕若、汝也、問臣意、師慶何見於意而愛意、欲悉教意方。對曰、臣意不聞師慶爲方善也。意所以知慶者、意少時好諸方事。臣意試其方、皆多驗精良。臣意聞菑川唐里公孫光善爲古傳方。〔索隱〕謂好能傳得古方也、〔正義〕謂全傳寫得古人之方書、〔考證〕王念孫曰、古傳方、當作傳古方、索隱正義可證、臣意

即往謁之、得見事之、受方化陰陽、及傳語法。〔集解〕徐廣曰、法、一作五、〔考證〕方化陰陽、未詳、岡白駒曰、傳語法、蓋口授法、臣意悉受書之。臣意欲盡受他精方。公孫光曰、吾方盡矣。不爲愛公所。〔索隱〕言於意所不愛惜方術也、吾身已衰、無所復事之。是吾年少所受妙方也。悉與公。毋以教人。臣意曰、得見事侍公前、悉得禁方。幸甚。意死不敢妄傳人。居有閒、公孫光閒處。〔正義〕上音閑、下昌汝反、臣意深論方、見言百世爲之精也。師光喜曰、公必爲國工。〔考證〕國、如國士之國、吾有所善者、皆疏。〔考證〕岡白駒曰、吾有交所善者、好方、而其術皆疎、同產處臨菑、善爲方。吾不若。其方甚奇。非世之所聞也。吾年中時、嘗欲受其方。〔索隱〕案年中、謂中年時也、中年亦壯年也、古人語自爾、楊中倩不肯曰、若非其人也。胥與公往見之。當知公喜方也。〔集解〕徐廣曰、胥、猶言須也、〔索隱〕倩、音七見反、人姓名

也、〔考證〕若、汝也、其人亦老矣。其家給富。時者未往。會慶子男殷來獻馬。因師光奏馬王所。意以故得與殷善。光又屬意於殷曰、意好數。〔索隱〕數、色句反、謂好術數也、〔考證〕數、方術、公必謹遇之。其人聖儒。〔索隱〕言意儒德慕聖人之道、故云聖儒也、〔考證〕海保元備曰、說文、聖、通也、顏師古漢書司馬相如傳注、儒、術士之稱、即爲書以意屬陽慶。以故知慶。臣意事慶謹。以故愛意也。問臣意曰、吏民嘗有事學意方、及畢盡得意方不。〔考證〕海保元備曰、畢、猶皆也、言承學之士皆盡得意方不也、何縣里人。對曰、臨菑人宋邑。〔集解〕徐廣曰、一作昆、邑學。臣意教以五診。歲餘。〔正義〕五診、謂診五藏之脈、濟北王遣太醫高期王禹學。〔集解〕徐廣曰、禹、一作齲、臣意教以經脈高下、及奇絡結。〔正義〕素問云、奇經八脈往來、舒時一止而復來、名之曰結也、〔考證〕多紀元堅曰、奇絡結未詳、正義引素問、今無所考、當論俞所居。〔正義〕俞、式喻反、〔考證〕當讀爲常、多紀元簡曰、醫說、俞所居、作俞穴所在、及氣當上下出入、邪逆順、

〔考證〕王念孫曰、邪下脫正字、御覽引此邪正逆順、張文虎曰、元龜引亦作邪正、以宜鑱石、定砭灸處。歲餘。〔考證〕御覽引處作法、菑川王時遣太倉馬長馮信正方。〔考證〕多紀元簡曰、御覽醫說竝曰、馮信臨淄人、爲齊太倉長、據此馬字屬衍、臣意教以案法、逆順論、藥法、定五味、及和齊湯法。〔考證〕御覽、案法作審法、多紀元胤曰、案法、猶察法、高永侯家丞杜信喜脈來學。〔考證〕梁玉繩曰、史無高永侯、其地亦不知所在、臣意教以上下經脈、五診。二歲餘。臨菑召里唐安來學。臣意教以五診、上下經脈、奇咳、四時應陰陽重。〔考證〕海保元備曰、重疑當作動、陰陽動者、蓋謂陰陽變動之候、未成。除爲齊王侍醫。問臣意、診病決死生、能全無失乎。臣意對曰、意治病人、必先切其脈乃治之。敗逆者不可治。其順者乃治之。心不精脈、所期死生、視可治、時時失之。臣意不能全也。〔正義〕胃、大一尺五寸、徑五寸、長二尺六寸、橫尺、受水穀三斗五升、其中常留穀二斗、水一斗五升、凡人食入於口、而聚於小胃中、穀熟、傳入小腸也、

腸大二寸半，徑八分分之少半，長三丈二尺，受穀二斗四升，水六升三合合之大半。小腸謂受穀而傳入於大腸也。 回腸大四寸，徑一寸半，長二丈二尺，受穀一斗，水七升半。廣腸大八寸，徑二寸半，長二尺八寸，受穀九升三合八分合之一。故腸胃凡長五丈八尺四寸，合受水穀八斗七升六合八分合之一，此腸胃長短，受水穀之數也。甲乙經，腸胃凡長六丈四寸四分，從口至腸而數之，此經從胃至腸而數之，故短也。 肝重四斤四兩，左三葉，右四葉，凡七葉，主藏魂。肝者，幹也，於五行爲木，其體狀有枝幹也。肝之神七人，老子名曰明堂宮蘭臺府，從官三千六百人。又云，肝神六，童子三，女子三。 心重十二兩，中有七孔三毛，盛精汁三合，主藏神。心，纖也，所識纖微也。其神九，太尉公名曰絳宮太始南極老人，元光之身，其從官三千六百人。又爲帝王，身之王也。 脾重二斤三兩，扁廣三寸，長五寸，有散膏半斤，主裹血，溫五藏，主藏意。脾，裨也，在助氣，主化穀，其神云光玉女子母，其從官三千六百人也。【考證】沈家本曰，今本釋名作裨助胃氣。 肺重三斤三兩，六葉兩耳，凡八葉，主藏魄。肺，孛也，言其氣孛，故短也，鬱也，其神八人，太和君名曰玉堂宮尚書府，其從官三千六百人。又云，肺神十四，童子七，女子七也。【考證】沈家本曰，故短也三字衍，釋名無。 腎有兩枚，重一斤一兩，主藏志。腎，引也，腎屬水，主引水氣灌注諸脈也。其神六人，司徒、司空、司命、司錄、司隸校尉、廷尉卿也。【考證】沈家本曰，今本釋名無腎引也十四字。 膽在肝之短葉間，重三兩三銖，盛精汁三合。膽，敢也，言人有膽氣而能果敢也。其神五人，太一道君居紫房宮中，其從官三千六百人也。【考證】沈家本曰，今本釋名無膽敢也十三字。 胃重二斤十四兩，紆曲屈申，長二尺六寸，大一尺五寸，徑五寸，盛穀二斗，水一斗五升。胃，圍也，言圍受食物也。其神十二人，五元之氣，諫議大夫也。 小腸重二斤十四兩，長三丈二尺，廣二寸半，徑八分分之少半，迴積十六曲，盛穀二斗四升，水六升三合合之大半。腸，暢也，言通暢胃氣，去滓穢也。其神二人，元梁使者也。【考證】沈家本曰，釋名滓去穢作去滓穢。 大腸重三斤十二兩，長二丈一尺，廣四寸，徑一寸半，當齊右迴十六曲，盛穀一斗，水七升半。大腸，即迴腸也，其迴曲因以名之。其神二人，元梁使者也。 膀胱重九兩二銖，縱廣九寸，盛溺九升九合。膀，橫也；胱，廣也。體短而又名胞，胞，虛空也，主以虛承水液。【考證】沈家本曰，釋名胞，鞄也，空虛之言也，主以虛承水汋也，或曰膀胱，謂其體短而橫

實也。 口廣二寸半，脣至齒長九分，齒已後至會厭深三寸半，大容五合也。舌重十兩，長七寸，廣二寸半。舌，泄也，言可舒泄言語也。【考證】釋名作舒泄所當言也。 咽門重十兩，廣二寸半，至胃長一尺六寸。咽，嚥也，言咽物也。又謂之咽，主地氣，胃爲土，故云主地氣也。【考證】釋名作咽，所以咽物也。或曰，嗌，在頤下纓理之中，青徐謂之脰，物投其中，受而下之也。又謂之嗌，氣所流通，阨要之處。 喉嚨重十二兩，廣二寸，長一尺二寸，九節。喉嚨，空虛也，言其中空虛，可以通氣息焉。心肺之系也，呼吸之道路。喉嚨與咽並行，其實兩異，而人多惑也。 肛門重十二兩，大八寸，徑二寸太半，長二尺八寸，受穀九升三合八分合之一。肛，釭也，言其處似車釭，故曰釭門，即廣腸之門，又名䐈也。【考證】沈家本曰，以上諸項，與釋名多同，疑皆本之釋名，或謂此皆甲乙經之文，今未得甲乙經，無以證之。 手三陽之脈，從手至頭，長五尺，五六合三丈。一手有三陽，兩手爲六陽，故云五六三丈。 手三陰之脈，從手至胷中，長三尺五寸，三六一丈八尺，五六三尺，合二丈一尺。兩手各有三陰，合爲六陰，故云三六一丈八尺也。 足三陽之脈，從足至頭長八尺，六八合四丈八尺。兩足各有三陽，故曰六八四丈八尺也。 足三陰之脈，從足至胷，長六尺五寸，六六三丈六尺，五六三尺，合三丈九尺。兩足各有三陰，故云六六三丈六尺也。按足太陰少陰皆至舌下，厥陰至於項上，今言至胷中者，蓋錄其相接之次者也。 人兩足蹻脈，從足至目，長七尺五寸，二七一丈四尺，二五一尺，合一丈五尺，督脈任脈各長四尺五寸，二四八尺，二五一尺，合九尺，凡脈長一十六丈二尺也，此所謂十二經脈長短之數也。督脈起於腋頭，上於面，至口齒縫，計此不止長四尺五寸，當取其上極於風府而言之也。手足各十二脈爲二十四，并督任兩蹻四脈，都合二十八脈，以應二十八宿，凡長十六丈二尺，營衛行周此數，則一度也。 寸口脈之大會，手太陰之動也。太陰者，脈之會也。肺諸藏主蓋，主通陰陽，故十二經皆手太陰，所以決吉凶者，十二經有病，皆寸口知其何經之動，浮沈滑澀逆順，知其死生之兆也。 人一呼，脈行三寸，一吸，脈行三寸，呼吸定息，脈行六寸。十二經十五絡二十七氣，皆候於寸口，隨呼吸上下，呼脈上行三寸，吸脈下行三寸，二十七氣皆還上下行，無有息時。 人一日一夜，凡一萬三千五百息，脈行五十周於身，漏水下百刻，營衛行陽二十五度，行陰二十五度，度爲一周也，故五度復會於手太陰，寸口者，五藏六

府之所終始，故法於寸口也。人一息行六寸，百息六丈，千息六十丈，一萬三千五百息，合爲八百一十丈，陽脈出行二十五度，陰脈入行二十五度，陰陽出入行二十五度，陰陽呼吸覆行周畢，度數也。脈行身畢，即水下百刻亦畢，謂一日一夜刻盡，天明日出東方，脈還得寸口，當更始也，故寸口者，五藏六府之所終始也。 肺氣通於鼻，鼻和則知臭香矣。肝氣通於目，目和則知白黑矣。脾氣通於口，口和則知穀味矣。心氣通於舌，舌和則知五味矣。腎氣通於耳，耳和則聞五音矣。五藏不和則九竅不通，六府不和則留爲癰也。

太史公曰。女無美惡，居宮見妒。士無賢不肖，入朝見疑。【考證】此鄒陽上書中語，本傳疑作嫉。 故扁鵲以其伎見殃，倉公乃匿迹自隱而當刑。緹縈通尺牘，父得以後寧。故老子曰。美好者，不祥之器。【考證】老子三十一章，夫佳兵者不祥之器，唐傳奕本佳作美，皆與史公所引異。 豈謂扁鵲等邪。若倉公者可謂近之矣。

【索隱述贊】上池祕術，長桑所傳。始候趙簡，知夢鈞天。言占虢嗣，尸蹙起焉。倉公贖罪，陽慶推賢。效驗多狀，式具于篇。

扁鵲倉公列傳第四十五　　史記一百五

文學博士瀧川龜太郎著

史記會注考證

史記會注考證卷一百六

漢　太史令司馬遷撰

宋　中郎外兵曹參軍裴駰集解

唐　國子博士弘文館學士司馬貞索隱

唐　諸王侍讀率府長史張守節正義

日本　出雲瀧川資言考證

吳王濞列傳第四十六　史記一百六

【索隱】五宗之國、俱享大邦、雖復逆亂萌心、取汙朝典、豈可謂非壽社之國哉、然淮南猶有後不絕、衡山亦其罪差輕、比王卿之分、晉方暴秦之滅周、可不優乎、安得黜其王

國、不止上同五宗三王、列於系家、其吳濞請與楚元王同爲一篇、淮南宜與齊悼惠王爲一篇、【考證】史公自序云、維仲之省、厥濞王吳、遭漢初定、以塡撫江淮之間、作吳王濞列傳第四十六、陳仁錫曰、吳濞淮南衡山、皆王國也、而不以世家稱何耶、太史公序傳于吳則曰塡撫江淮之間、於淮南衡山則曰塡江淮之南、乃三國卒以叛逆誅、所謂塡撫者安在、其不得爲世家、宜矣、曾國藩曰、先敍太子爭博、鼂錯削地、詳致反之由、次敍吳誂膠西、膠西約五國、詳約從之狀、次敍下令國中、遺書諸侯、詳聲勢之大、次敍鼂錯紿誅、袁盎出使、詳息兵之策、次敍條侯出師、鄧都尉獻謀、詳破吳之計、次敍田祿伯奇道、桓將軍疾西、詳專智之失、六者皆詳矣、獨於吳軍之敗、不詳敍、但於周丘戰勝之時、聞吳王敗走而已、此亦可悟爲文詳略之法、

吳王濞者、高帝兄劉仲之子也。【集解】徐廣曰、仲名喜、【索隱】案濞、澎濞字也、音披位反、　高帝已定天下、七年、立劉仲爲代王。【考證】梁玉繩曰、七年、乃六年之誤、說在高紀、　而匈奴攻代。劉仲不能堅守。弃國亡、閒行走雒陽、自歸天子。【索隱】謂獨行從他道逃走、閒、音紀閑反、　天子爲骨肉故、不忍致法。廢以爲郃陽侯。【索隱】地理志、馮翊縣名、在郃水之陽、音合、【正義】郃陽故城在同州河西縣南三十里、　高帝十一年秋、淮南王英布反。東幷

荆地、劫其國兵、西度淮擊楚。高帝自將往誅之。劉仲子沛侯濞、年二十、有氣力。以騎將從、破布軍蘄西會甀。布走。【索隱】會甀、地名也、在蘄縣之西、會、音古兌反、甀、音鍾、　荆王劉賈爲布所殺、無後。上患吳・會稽輕悍、無壯王以塡之。【索隱】塡、音鎭、【考證】梁玉繩曰、案、漢順帝永建四年分會稽爲吳郡、顧氏炎武據之、故日知錄三十一引錢康功云、吳王濞傳、上患吳會輕悍、今本史漢、並作吳會稽、不知順帝時始分二郡、漢書安得言吳會稽、當是錢所見本未誤、後人妄增之、因歷舉吳會二字作證、余竊以爲不然、漢書高紀六年、以故東陽郡鄣郡吳郡五十三縣立劉賈爲荆王、又功臣表、傳陽侯周聚、以定吳郡封、灌嬰傳、破吳郡長吳下、遂定吳豫章會稽郡、是會稽之外有吳郡矣、蓋楚漢之際、諸侯分王其地、各自立郡、非秦之舊、漢初猶仍其故名稱之、劉攽于高紀亦據順帝分吳之事、以紀文爲不可曉、亦何不可曉之有、　諸子少。乃立濞於沛爲吳王、王三郡五十三城。【集解】徐廣曰、十二年十月辛丑、【考證】宋祁曰、故東陽郡、鄣郡、吳郡、卽賈舊封、梁玉繩曰、高帝封濞以劉賈故地、實東陽、鄣、吳、會稽四郡、高紀、濞傳、言三郡者、以吳包會稽也、五行志及伍被傳言四郡者、兼會稽而實數之也、　已拜受印。高帝召濞相之、謂曰。若狀有反相。心獨悔。業已拜。因拊其背告曰。

漢後五十年東南有亂者。豈若邪。然天下同姓爲一家也。愼無反。濞頓首曰。不敢。【集解】徐廣曰、漢元年至景帝三年反、五十有三年。駰案應劭曰、克期五十、占者所知、若秦始皇東巡以厭氣、後劉項起東南、疑當如此耳。如淳曰、度其貯積、足用爲難、又吳楚世不賓服。【索隱】案應氏之意、以後五十年東南有亂、本是占氣者所說、高祖素聞此說、自以前難未弭、恐後災更生、故說此言、更以戒濞、如淳之說亦合事理、拊音撫。【考證】洪亮吉曰、五十年者、約略之詞、自是年至景帝三年濞反、實四十二年、徐廣乃自漢元年數之、以足五十之數、非也。愚按此後人附會之說、不必問年數、漢書高紀濞傳同、姓下無爲字。會孝惠高后時、天下初定、郡國諸侯、各務自拊循其民。吳有豫章郡銅山。【集解】韋昭曰、今故鄣。【索隱】案鄣郡後改曰故鄣、或稱豫章爲衍字也。【正義】括地志云、秦兼天下以爲鄣郡、今湖州長城縣西南八十里故章城是也、銅山今宣州及潤州句容縣有、並屬章也。【考證】梁玉繩曰、案索隱謂豫爲衍字、韋昭漢書注云、有豫字誤、但言鄣郡、蓋是已、章爲鄣字之省、下文削吳之豫章郡、削吳會稽豫章書至、並鄣郡之誤、灌嬰傳定吳豫章會稽郡、亦當作鄣也、地理志曰、吳東有章山之銅、又曰、丹陽故鄣郡有銅官、若豫章爲淮南厲王封域、且無銅山也。沈欽韓曰、寰宇記、大銅山在揚州江都縣西七十二里、吳王濞即山鑄錢處。濞則招致天下亡命者、盜鑄錢、煮海水爲鹽。以故無賦、國用富饒。【集解】如淳曰、鑄錢

四

煮鹽、收其利以足國用、故無賦於民。【正義】按既盜鑄錢、何以收其利足國之用、吳國之民、又何得無賦、如說非也、言吳國山既出銅、民多盜鑄錢、及煮海水爲鹽、以山海之利、不賦之、故言無賦也、其民無賦、國用乃富饒也。【考證】正義本楓三本盜作盜、與漢書合、王念孫曰、盜鑄錢、當依正義作盜鑄錢、文選注引此、盜作盜、中井積德曰、鹽銅之利、國用既給有餘、不須收口賦於平民、是可知役於鹽銅者、皆亡命無賴者、非平民也、吳王所以招致。孝文時、吳太子入見、得侍皇太子飲博。【索隱】姚氏案楚漢春秋云、吳太子名賢、字德明。吳太子師傅皆楚人、輕悍。又素驕。博爭道不恭。皇太子引博局、提吳太子殺之。【索隱】提、音啼、又音底、又音弟。【考證】錢大昕曰、吳之師傅、當是吳人、而史稱楚者、戰國時吳越地皆併於楚、漢初承項羽之後、吳會稽皆羽故地、故上文云、上患吳會稽輕悍、此云楚人輕悍、吳楚異名、其實一也、朱買臣吳人、而史稱楚士、與此傳同。顏師古曰、提、擲也。於是遣其喪歸葬。至吳。吳王慍曰。天下同宗。死長安、卽葬長安。何必來葬爲。【正義】慍、於問反、怨也。【考證】顏師古曰、慍、怒也、天下一家、猶言同姓共爲一家、愚按是承上文高帝言。復遣喪之長安葬。吳王由此稍失藩臣之禮、稱病不朝。京師知其以子故稱病不朝、驗問、實不病。諸吳

五

使來、輒繫責治之。吳王恐、爲謀滋甚。及後使人爲秋請、【集解】應劭曰、冬當斷獄、秋先請擇其輕重也。孟康曰、律、春曰朝、秋曰請、如古諸侯朝聘也。如淳曰、濞不得行、使人代己致請禮也。【索隱】音淨、孟說是也、應劭所云、斷獄先請、不知何憑、如淳云、代己致請、亦是臆說、且文云、使人爲秋請、謂使人爲此秋請之禮也。【考證】中井積德曰、親行遣使、皆謂請也、但據文義、遣使爲本義、如奉請則親行也、宜逐文解焉。上復責問吳使者。使者對曰。王實不病。漢繫治使者數輩。以故遂稱病。且夫察見淵中魚不祥。【集解】張晏曰、喩人君不當見盡下之私、【索隱】案此語見韓子及文子、韋昭曰、知臣下陰私、使憂患生變爲不祥、故當赦宥、使自新也。【考證】沈欽韓曰、列子說符、趙文子曰、周諺有言、察見淵中魚者不祥、智料隱匿者有殃、韓非子說林上、隰子曰、古者有諺曰、知淵中之魚者不祥。今王始詐病、及覺見責急、愈益閉、恐上誅之、計乃無聊。唯上棄之、而與更始。【考證】王先謙曰、閉、閉匿不來往、愚按無聊、愁悶之義、顏師古曰、更始、赦其已往之事、陳子龍曰、使者言黃老術也、與文帝所見略同、故其說得行。於是天子乃赦吳使者歸之、而賜吳王几杖、老不朝。吳得釋其罪、謀亦益解。【考證】楓三本乃作皆、無罪字、與漢書合。然其居國以

六

銅鹽故、百姓無賦、【索隱】按吳國有鑄錢煮鹽之利、故百姓不別徭賦也。【考證】中井積德曰、賦謂口賦錢、與賦稅徭役沒干涉、注添一徭字、便姧。卒踐更、輒與平賈。【集解】漢書音義曰、以當爲更卒、出錢三百文、謂之過更、自行爲卒、謂之踐更、吳王欲得民心、爲卒雇者、共庸隨時月與平賈、如漢桓靈時有所興作、以少府錢借民比也。【索隱】案漢律、卒更有三、踐更、居更、過更也、此言踐更輒與平賈者、謂爲踐更合自出錢、今王欲得人心、乃與平賈、官讎之也。【正義】踐更、若今唱更行更者也、言民自著卒、更有三品、有卒更、有踐更、有過更、古者正卒無常人、皆當迭爲之、是爲卒更、貧者欲雇更錢者、次直者出錢雇之、月二千、是爲踐更、天下人皆直戍邊三月、亦各爲更、律所謂繇戍也、雖丞相子亦在戍邊之調、不可人人自行三月戍、又行者出錢三百入官、官給戍者、是爲過更、此漢初因秦法而行之、後改爲讁、乃戍邊一歲。【考證】踐更見史郭解傳、平賈見漢書溝洫志、可併案、宋祁曰、卒踐更輒與平賈、謂卒踐更皆得庸直也、溝洫志蘇林注云、平賈、以錢取人爲卒、顧其時庸之平賈、中井積德曰、平賈、猶時價也、集解三百文者、徭戍三日之雇錢耳、難以擬踐更之價、蓋本無定數、隨時而盈縮、故云平賈也、是平常官府之所役、已邊戍之法、非此之義、愚按漢書與作予、給與之與。歲時存問茂材、賞賜閭里。【考證】顏師古曰、茂、美也、茂材者、有美材之人也。佗郡國吏欲來捕亡人者、訟共禁弗予。【集解】徐廣曰、訟、音松、駰按如淳曰、訟、公也。【正義】訟、音容、言其相容禁止不與也。【考證】漢書訟作頌、愚按如淳讀頌爲公、公共二字連讀、正義讀爲容、蓋以爲保容、二義未知孰是。如此者四十餘

七

年。以故能使其衆。【正義】言四十餘年者、太史公盡言吳王一代行事也、漢書作三十餘年、而班固見其語在孝文之代、乃減十年、是班固不曉其理也、【考證】梁玉繩曰、當依漢書三十餘年爲是、下文濞亦自言三十餘年也、 鼂錯爲太子家令、得幸太子。數從容言吳過可削。數上書說孝文帝。文帝寬、不忍罰。以此吳日益橫。【考證】楓、三本、漢書、吳下日上有王字、 及孝景帝即位、錯爲御史大夫。【考證】楓、三本、位下有鼂字、 說上曰。昔高帝初定天下、昆弟少、諸子弱。大封同姓、故王孼子悼惠王、王齊七十餘城。庶弟元王、王楚四十餘城。【考證】楚元王傳、高紀、俱云、王三十六城、 兄子濞、王吳五十餘城。【考證】顏師古曰、孼亦庶也、李笠曰、孼上衍王字、當依漢書刪、 封三庶孼、分天下半。今吳王前有太子之郄。詐稱病不朝。於古法當誅。文帝弗忍。因賜几杖。德至厚。當改過自新。乃益驕溢、即山鑄錢、煑海水爲鹽、誘天下亡人、謀作亂。【索隱】案即山、山名、又即

者、就也、【考證】後說是、漢書、海下無水字、 今削之亦反、不削之亦反。削之、其反亟、禍小。不削、反遲、禍大。三年冬、楚王朝。鼂錯因言、楚王戊、往年爲薄太后服、私姦服舍。請誅之。【集解】服虔曰、服舍在喪次、而私姦宮中也、【考證】集解舍字衍、顏師古曰、言於服舍爲姦、非宮中也、 詔赦、罰削東海郡。因削吳之豫章郡會稽郡。及前二年趙王有罪。削其河間郡。【索隱】案漢書、作常山郡也、【考證】梁玉繩曰、元王世家及漢書濞傳、皆作常山郡、河間時爲景帝子德封國、 膠西王卬以賣爵有姦、削其六縣。漢廷臣方議削吳。【考證】趙翼曰、是時廷臣所議削者、即豫章會稽也、故下文云、及削豫章會稽書至、吳王遂反、今先云削吳之豫章會稽、下又云議削吳、是又於二郡外再議削矣、則下文所謂及削豫章會稽書至者、又何說耶、中井積德曰、漢廷方議句、是舉初之語、與上文削吳句自無礙、馮班曰、當時處心積慮而反者、只一吳耳、諸侯王無與也、宜先施恩慰安之、使人人自保、則吳人無黨、欲反不能獨舉、吳乃可滅、吳亡、則七國在掌握矣、先削楚趙膠西何邪、是動天下之兵也、 吳王濞恐削地無已、因以此發謀、欲舉事。念諸侯無足與計謀者。聞膠西王勇好

氣喜兵、諸齊皆憚畏、【集解】韋昭曰、故爲齊、分爲國者、膠東濟北之屬、 於是乃使中大夫應高誂膠西王。【索隱】誂、音徒鳥反、【考證】楓、三本、誂作挑、說文、誂相呼誘也、 無文書、口報曰。吳王不肖、有宿夕之憂。不敢自外、使喻其驩心。【考證】夕、昔通、宿昔、舊來之意、漢書作夙夜、義異、驩心、言無他心也、漢書作使使臣諭其愚心、 王曰。何以教之。高曰。今者主上興於姦、飾於邪臣、好小善、聽讒賊、【正義】飾於邪臣、言被邪臣裝飾、【考證】岡白駒曰、言以邪臣所矯飾爲眞也、漢書興於姦以下十字、改作任用邪臣、 擅變更律令、侵奪諸侯之地、徵求滋多、誅罰良善、日以益甚。里語有之、舐糠及米。【索隱】案言舐糠盡則至米、謂削土盡則至滅國也、【考證】楓、三本、漢書、無里字、舐糠及米、喻自外及內也、 吳與膠西、知名諸侯也。一時見察。恐不得安肆矣。【正義】肆、放縱也、 吳王身有內病、不能朝請二十餘年。【考證】漢書、病作疾、內疾、謂在身中不顯於外、楓、三本無請字、 嘗患見疑無以自白。【考證】楓、三本、漢書、嘗作常、 今脅肩累足、猶懼不見釋。

【正義】脅、斂也、竦體也、累、重足也、【考證】顏師古曰、脅肩累足、言懼也、 竊聞大王以爵事有適。【正義】張革反、【考證】適、責也、漢書作過、 所聞諸侯、削地罪不至此。此恐不得削地而已。【考證】得、特通、漢書作止、 王曰。然。有之。子將柰何。高曰。同惡相助。同好相留。同情相成。同欲相趨。同利相死。【考證】惡助、好留、情成、欲趨、利死、同韻、趨讀若促、六韜武韜發啓篇、同病相救、同情相成、同惡相助、同好相趨、文子自然篇、同利者相死、同情者相成、同行者相助、淮南子兵略訓、同利相死、同情相成、同欲相助、蓋古有是語、應高引之也、漢書、相成作相求、恐非、 今吳王自以爲與大王同憂。願因時循理、弃軀以除患害於天下、億亦可乎。【考證】漢書、億作意、億、意、通用、度也、不必讀爲抑、 王瞿然駭曰。寡人何敢如是。今主上雖急、固有死耳。安得不戴。【索隱】劉氏、瞿、音九具反、又說文云、瞿、遠視貌、音九縛反、【正義】瞿、音句、【考證】瞿然、驚張目也、急、急迫也、漢書、戴作事、意同、 高曰。御史大夫鼂錯、熒惑天子、侵奪諸侯、蔽忠塞賢、朝廷疾怨、諸侯皆有倍畔之意。人事極矣。彗星

出、蝗蟲數起、此萬世一時、而愁勞聖人之所以起也。【索隱】案所謂殷憂以啓明聖也、【正義】孔文祥曰、按愁勞則有聖人也、【考證】索隱是、故吳王欲內以鼂錯爲討、外隨大王後車、彷徉天下。【正義】彷徉、猶依倚也、漢書作方洋、師古曰、方洋、猶翺翔也、所鄉者降、所指者下、天下莫敢不服。大王誠幸而許之一言、則吳王率楚王、略函谷關、守滎陽·敖倉之粟、距漢兵、治次舍、須大王。大王有幸而臨之、則天下可幷。兩主分割、不亦可乎。【考證】顏師古曰、次舍、息止之處也、須、待也、王念孫曰、有讀爲又、王曰。善。高歸報吳王。吳王猶恐其不與、乃身自爲使、使於膠西、面結之。【考證】漢書、與作果、結作約、楓·三本、結下有約字、膠西羣臣或聞王謀、諫曰。承一帝、至樂也。今大王與吳西鄉、第令事成、兩主分爭、患乃始結。【考證】漢書、第令作假令、劉伯莊曰、第、猶假、諸侯之地、不足爲漢郡什二。而爲畔

逆、以憂太后、非長策也。【集解】文穎曰、王之太后也、王弗聽。遂發使、約齊·菑川·膠東·濟南·濟北。皆許諾。【考證】漢書、無濟北二字、趙翼曰、史記謂膠西來約同反時、齊·濟北皆許諾、從其實也、漢書獨無濟北、則以其未成反、而遂不列於約反之內、則齊王不惟不反、且有堅守之功、何以列於從反之約乎、漢書非、而曰。城陽景王有義。攻諸呂、勿與、事定分之耳。【集解】徐廣曰、爾時城陽恭王喜、景王之子、【考證】慶長本標記引陸氏云、劉章謀諸呂、於國有恩義、勿令與事、天下平定、與分其城也、諸侯既新削罰、振恐、多怨鼂錯。及削吳會稽·豫章郡書至、則吳王先起兵。膠西正月丙午、誅漢吏二千石以下、膠東·菑川·濟南·楚·趙亦然。遂發兵西。【正義】言膠西同吳王先起兵、【考證】梁玉繩曰、漢傳刪去正月丙午四字、而移膠西于膠東之上、當是也、不然則似膠西誅漢吏矣、但下文言正月甲子、吳初起兵于廣陵、則正月不得丙午、倪本作戊午、是蓋甲子前六日也、張文虎曰、孝景本紀、三年正月乙巳赦天下、與此先後一日、齊王後悔、飲藥自殺畔約。【考證】此時齊但城守、聞欒布破三國兵、後欲移兵伐之、乃懼而自殺、漢書改作齊王後悔、背約城守、是、沈家本曰、飲藥自殺四字衍、濟北王城壞未完。其郎中

令劫守其王、不得發兵。膠西爲渠率、膠東·菑川·濟南共攻圍臨菑。【考證】率、帥同、下添與字看、漢書作膠西王膠東王爲渠率、趙翼曰、膠西聽吳王之謀、使人約諸王反、則主兵者膠西也、漢書增膠東爲主謀、非也、中井積德曰、下文云、三王圍齊、而獨不數濟南、豈濟南不會圍乎、趙王遂亦反、陰使匈奴與連兵。七國之發也、吳王悉其士卒、下令國中曰。寡人年六十二。身自將。【集解】徐廣曰、吳王封吳四十二年矣、少子年十四。亦爲士卒先。諸年上與寡人比、下與少子等者、皆發。發二十餘萬人。南使閩越·東越。東越亦發兵從。孝景帝三年正月甲子、初起兵於廣陵。【集解】徐廣曰、荆王劉賈都吳、吳王移廣陵也、【考證】張文虎曰、顓頊術、癸未朔、殷術、甲申朔、無甲子、景紀書二月壬子晦、日有蝕之、年前無閏、不知何以致誤、然二月壬子晦、則正月有戊午甲子、而無乙巳丙午矣、楓·三本、三年上有前字、西涉淮、因幷楚兵。發使遺諸侯書曰。吳王劉濞敬問膠西王·膠東王·菑川王·濟南王·趙王·楚王·淮南王·衡山王·廬江

王·故長沙王子。【集解】徐廣曰、吳芮之玄孫靖王著、以文帝七年卒、無嗣國除、駰案如淳曰、吳芮後四世、無子國除、庶子二人爲列侯、不得嗣王、志將不滿、故誘與之反也、幸教寡人以漢有賊臣、無功天下、侵奪諸侯地、使吏劾繫訊治、以僇辱之爲故、【集解】漢書音義曰、故、事也、【正義】按專以僇辱諸侯爲事、【考證】寡人下以字管到下文欲舉兵誅之六十九字、承以謹聞教三字、漢書、賊臣下有錯字、不以諸侯人君禮遇劉氏骨肉、絕先帝功臣、進任姦宄、詿亂天下、欲危社稷、【正義】詿、音挂、陛下多病志失、不能省察、欲舉兵誅之。【考證】失、佚通、漢書作逸、謹聞教。敝國雖狹、地方三千里、人雖少、精兵可具五十萬。【考證】楓·三本、漢書、人下有民字、寡人素事南越三十餘年。其王君、皆不辭分其卒以隨寡人。又可得三十餘萬。【考證】楓·三本、王下有諸字、其下有士字、顏師古曰、諸君謂其酋豪、寡人雖不肖、願以身從諸王。越直長沙者、【集解】直、音值、【索隱】服虔云、直、音值、謂其境相接也、【考證】漢書、越上有南字、直、當也、因王子定長

沙以北、【集解】如淳曰、南越直長沙者、因王子定也、【索隱】案謂南越之地、與長沙地相接値者、因長沙王子以定長沙以北也、西走蜀・漢中、【集解】如淳曰、告東越使定之、【正義】走、音奏、向也、王子、長沙王子也、南越之地對長沙之南者、其民因王子卒而鎭定長沙以北、西向蜀及漢中、咸委王子定矣、【考證】走、趨也、下文走長安之走同、告越・楚王・淮南三王、與寡人西面、【正義】越、東越也、又告東越楚淮南三王、與吳王共西面擊之、三王、謂淮南衡山廬江也、齊諸王與趙王、定河間・河內、或入臨晉關、或與寡人會雒陽。【正義】臨晉關、今蒲津關、【考證】齊諸王、菑川・膠東・濟南等諸王、燕王・趙王固與胡王有約。燕王北定代・雲中、摶胡衆入蕭關、【索隱】摶、音專、專、謂專統領胡兵也、【正義】蕭關、今名隴山關、在原州平涼縣界、【考證】漢書、摶作轉、亦當讀爲專、走長安、匡正天子、以安高廟。願王勉之。【考證】漢書、天子作天下、爲是、楚元王子・淮南三王、或不沐洗十餘年、怨入骨髓。欲一有所出之久矣。【正義】出、謂泄出其怨意、【考證】顏師古曰、不沐洗十餘年、言心有所懷、志不在洗沐也、寡人未得諸王之意。未敢聽。今諸王苟能存亡繼絕、振弱

伐暴、以安劉氏、社稷之所願也。敝國雖貧、寡人節衣食之用、積金錢、脩兵革、聚穀食、夜以繼日、三十餘年矣。凡爲此願。諸王勉用之。【考證】漢書、凡下有皆字、顏師古曰、爲此、謂欲反也、愚按漢書刪用字、非是、卽下文日夜用之之用、能斬捕大將者、賜金五千斤、封萬戶、列將、三千斤、封五千戶、裨將、二千斤、封二千戶、二千石、千斤、封千戶、千石、五百斤、封五百戶、皆爲列侯。其以軍若城邑降者、卒萬人、邑萬戶、如得大將。【考證】顏師古曰、以卒萬人或邑萬戶來降附者、其封賞則與得大將同、下皆類此、人戶五千、如得列將、人戶三千、如得裨將、人戶千、如得二千石。其小吏皆以差次受爵金。佗封賜皆倍常法。【集解】服虔曰、封賜倍漢之常法、【考證】漢書、常作軍、誤、其有故爵邑者、更益勿因。【考證】顏師古曰、於舊爵之外、特更與之、願諸王明以令士大夫。弗敢欺也。寡人金錢在

天下者、往往而有、非必取於吳。【考證】顏師古曰、言處處郡國皆有之、諸王日夜用之、弗能盡。有當賜者、告寡人。寡人且往遺之。敬以聞。七國反書聞天子。天子乃遣太尉條侯周亞夫、將三十六將軍往擊吳・楚、遣曲周侯酈寄擊趙、將軍欒布擊齊、【考證】錢大昕曰、七國起兵、齊固未嘗反也、然濟南菑川膠東膠西、皆故齊地、史言擊齊、擊齊地之反者耳、故功臣表亦稱布以將軍擊齊有功、大將軍竇嬰屯滎陽、監齊・趙兵。【考證】徐孚遠曰、七國之反、竇嬰不著戰功、然隔絕齊趙、使其兵不得西嚮、則其力也、吳・楚反書聞。兵未發、竇嬰未行、言故吳相袁盎。盎時家居。詔召入見。上方與鼂錯調兵笇軍食。【考證】笇、筭同、上問袁盎曰。君嘗爲吳相。知吳臣田祿伯爲人乎。【考證】田祿伯、爲吳大將軍、詳下文、今吳・楚反。於公何如。對曰。不足憂也。今破矣。上曰。吳王卽山鑄錢、煑海水爲鹽、誘天下豪桀、白頭

舉事若此。其計不百全、豈發乎。何以言其無能爲也。【考證】漢書鼂錯傳、刪若字、此字屬下讀、袁盎對曰。吳有銅鹽利則有之。安得豪桀而誘之。【考證】楓、三本、吳字下有王字、下同、漢書鼂錯傳、吳下刪有字、鹽下有之字、誠令吳得豪桀、亦且輔王爲義不反矣。吳所誘、皆無賴子弟亡命、鑄錢姦人。故相率以反。鼂錯曰。袁盎策之善。上問曰。計安出。盎對曰。願屛左右。上屛人、獨錯在。盎曰。臣所言、人臣不得知也。乃屛錯。錯趨避東廂。恨甚。【考證】沈欽韓曰、公食大夫禮注、箱、東夾之前、俟事之處、箱、廂通、上卒問盎。盎對曰。吳・楚相遺書曰。高帝王子弟、各有分地。今賊臣鼂錯、擅適過諸侯、削奪之地。【索隱】適、音直革反、又音宅、【考證】適讀曰讁、故以反爲名、西共誅鼂錯、復故地而罷。方今計、獨斬鼂錯、發使赦吳・楚七國、復其故削地、則兵可無

血刃而俱罷。【考證】漢書吳王濞鼂錯傳、故下無削字、此衍、於是上嘿然。良久曰。顧誠何如。吾不愛一人以謝天下。【考證】岡白駒曰、一人與天下對言、盎曰。臣愚計無出此。願上孰計之。【考證】無出此、言無他計也、漢書刪無字、義異、楓三本願作唯、與漢書同、乃拜盎爲太常。【正義】令盎爲太常、以示奉宗廟之指意、【考證】胡三省曰、景帝中六年、始改奉常爲太常、盎猶爲奉常也、吳王弟子德侯爲宗正。【集解】徐廣曰、名通、其父名廣、駰案漢書曰、吳王弟子德侯廣爲宗正也、盎裝治行。後十餘日、【考證】漢書鼂錯傳、十餘日下、補丞相青翟等劾奏鼂錯一事、上使中尉召錯、紿載行東市。錯衣朝衣斬東市。【考證】漢書鼂錯傳、行下無東字、顏師古曰、誑云乘車案行市中也、則遣袁盎奉宗廟、宗正輔親戚、使告吳、如盎策。【正義】輔親戚、以親戚之意、輔漢訓諭、【考證】顏師古曰、奉宗廟、奉宗廟之指意也、至吳。吳·楚兵已攻梁壁矣。宗正以親故先入見、諭吳王、使拜受詔。吳王聞袁盎來、亦知其欲說己、笑而應曰。我已爲東帝。尚何誰拜。不肯見

盎。而留之軍中、欲劫使將。盎不肯。使人圍守、且殺之。盎得夜出、步亡去走梁軍。遂歸報。條侯將乘六乘傳、會兵滎陽。【正義】乘傳、上音乘、下竹戀反、【考證】上文、大將軍竇嬰屯滎陽、周壽昌曰、漢制非有急務、不能乘馳傳、恐驛置煩擾也、惟昌邑王入嗣大位、乘七乘傳、外此乘六乘傳者、惟文帝由代入卽帝位、及條侯此役耳、司馬相如使巴蜀、乘四乘傳、至雒陽見劇孟、喜曰。七國反。吾乘傳至此。不自意全。【正義】言不自意洛陽得全、及見劇孟、【考證】劇孟、洛陽人、見游俠傳、顏師古曰、不自意全、言不自意得安全至雒陽也、中井積德曰、全以一身言、非洛陽、又以爲諸侯已得劇孟。劇孟今無動。吾據滎陽。滎陽以東無足憂者。【考證】通鑑考異曰、孟、一游俠之士耳、亞夫得之、何足爲輕重、蓋其徒欲爲孟重名、妄撰此言、不足信也、愚按、劇孟夙雄於鄉曲、亞夫喜不其爲諸侯所得、是假以鼓舞士氣耳、所以重劇孟、卽所以輕諸侯、亦英雄籠絡之術、至淮陽、問父絳侯故客鄧都尉曰。策安出。【考證】梁玉繩曰、淮陽、疑滎陽之譌、客曰。吳兵銳甚。難與爭鋒。楚兵輕。不能久。【正義】輕、遣正反、方今爲將軍計、莫若引兵東北、壁昌邑、以

梁委吳。吳必盡銳攻之。將軍深溝高壘、使輕兵絕淮泗口、塞吳饟道。【考證】胡三省曰、泗水南入淮、故謂之淮泗口、彼吳·梁相敝、而糧食竭。乃以全彊制其罷極、破吳必矣。條侯曰。善。從其策。【考證】趙翼云、據本傳、以梁委吳之計、亞夫至雒陽後遇鄧都尉始定也、而周勃世家則謂、亞夫初受命、卽請於上曰、楚兵剽輕、難與爭鋒、願以梁委之、絕其食道、乃可制也、上許之、是此策亞夫未出長安、早定於胸中、不待至雒問鄧都尉矣、按吳楚盡銳攻梁、梁求救亞夫、亞夫不往、梁上書言天子、天子詔亞夫往救、亞夫仍守便宜、自非先奏帝、其敢抗詔旨乎、則以梁委吳之計、當是亞夫早定、而本傳所云問計於鄧都尉者、不免岐互也、遂堅壁昌邑南、輕兵絕吳饟道。【正義】昌邑、在曹州城武縣東北四十二里也、【考證】今濟寧州金鄉縣西北四十里、輕兵、韓王信子弓高侯頽當也、見絳侯世家、吳王之初發也、吳臣田祿伯爲大將軍。田祿伯曰。兵屯聚而西。無佗奇道、難以就功。臣願得五萬人、別循江·淮而上、收淮南·長沙、入武關、與大王會。此亦一奇也。吳王太子諫曰。王以反爲名。此兵難以藉人。藉人亦

且反王。柰何。【考證】藉、假也、且擅兵而別、多佗利害、未可知也。徒自損耳。【集解】蘇林曰、祿伯儻將兵降漢、自爲利己、於吳爲生患也、【考證】別、分兵也、別字句、中井積德曰、利害、主害而言、汎言分兵之多患害耳、吳王卽不許田祿伯。吳少將桓將軍說王曰。吳多步兵。步兵利險。漢多車騎。車騎利平地。願大王所過城邑不下、直弃去、疾西據雒陽武庫、食敖倉粟、阻山河之險、以令諸侯、雖毋入關、天下固已定矣。卽大王徐行、留下城邑、漢軍車騎至、馳入梁·楚之郊、事敗矣。吳王問諸老將。老將曰。此少年推鋒之計可耳。安知大慮乎。【考證】楓、三本、計下無可字、漢書、推作椎、無之計二字、姚範曰、秦紀、推鋒爭先、於是王不用桓將軍計。吳王專并將其兵、未度淮。諸賓客皆得爲將校尉候司馬。獨周丘不得用。【考證】胡三省曰、凡軍行、有大將裨將領軍、皆有部曲、部有校尉、曲有軍候軍司馬、又有假候假司馬、皆有副、其別營領

屬、爲別部司馬、周丘者下邳人。亡命吳、酤酒無行。吳王濞薄之弗任。周丘上謁說王曰。臣以無能不得待罪行閒。臣非敢求有所將。願得王一漢節、必有以報王。王乃予之。周丘得節、夜馳入下邳。下邳時聞吳反、皆城守。至傳舍召令。令入戶。使從者以罪斬令、遂召昆弟所善豪吏告曰。吳反兵且至。至、屠下邳、不過食頃。今先下、家室必完、能者封侯矣。出乃相告。下邳皆下。周丘一夜得三萬人、使人報吳王、遂將其兵、北略城邑。比至城陽、兵十餘萬。破城陽中尉軍。【正義】地理志云、城陽國、故齊、漢文帝二年、別爲國、屬兗州、【考證】比至、二字一意、胡三省曰、城陽國都莒、其地南接下邳之境、又曰、王國有中尉、掌武職、聞吳王敗走、自度無與共成功、卽引兵歸下邳。未至。疽發背死。【考證】范增乞骸骨於項王、行未至彭城、疽發背死、與此相似、二月中、吳

王兵既破敗走。於是天子制詔將軍曰。蓋聞爲善者、天報之以福。爲非者、天報之以殃。高皇帝親表功德、建立諸侯。【考證】漢書、表作垂、幽王・悼惠王、絕無後。孝文皇帝哀憐加惠、王幽王子遂、悼惠王子卬等、令奉其先王宗廟、爲漢藩國。德配天地、明並日月。吳王濞倍德反義、誘受天下亡命辠人、亂天下幣、稱病不朝二十餘年。【集解】如淳曰、幣、錢也、以私錢淆亂天下錢也、有司數請濞罪。孝文皇帝寬之、欲其改行爲善。今乃與楚王戊・趙王遂・膠西王卬・濟南王辟光・菑川王賢・膠東王雄渠、約從反、爲逆無道。【考證】漢書、反上有謀字、起兵以危宗廟、賊殺大臣及漢使者、迫劫萬民、夭殺無罪、燒殘民家、掘其丘冢、甚爲暴虐。【考證】漢書、夭作伐、今卬等又重逆無道、

燒宗廟、鹵御物、【集解】如淳曰、鹵、抄掠也、宗廟在郡縣之物、皆爲御物、【正義】顏師古曰、御物、宗廟之服器也、【考證】沈欽韓曰、此高帝廟在郡國者也、朕甚痛之。朕素服避正殿。將軍其勸士大夫、擊反虜。擊反虜者、深入多殺爲功。斬首捕虜、比三百石以上者、皆殺之、無有所置。【正義】置、放釋也、敢有議詔及不如詔者、皆要斬。初吳王之度淮、與楚王遂西敗棘壁、乘勝前。銳甚。【正義】棘壁、在宋州寧陵縣西南七十里、【考證】王先謙曰、敗、當作破、元王世家、正作攻梁破棘壁、棘壁、今歸德府寧陵縣西、梁孝王恐、遣六將軍擊吳。又敗梁兩將。士卒皆還走梁。梁數使使報條侯求救。條侯不許。又使使惡條侯於上。上使人告條侯救梁。復守便宜不行。梁使韓安國及楚死事相弟張羽爲將軍、【集解】徐廣曰、楚相張尚、諫王而死、【正義】按羽、尚弟也、乃得頗敗吳兵。吳兵欲西。梁城守堅。不敢西。卽走條侯軍、會下邑欲

戰。【集解】徐廣曰、屬梁國、【正義】宋州碭山縣、本漢下邑縣、【考證】今徐州府碭山縣東、條侯壁不肯戰。吳糧絕卒飢、數挑戰。遂夜犇條侯壁、驚東南。條侯使備西北。果從西北入。吳大敗、士卒多飢死。乃畔散。於是吳王乃與其麾下壯士數千人夜亡去、度江、走丹徒、保東越。【正義】東越傳云、獨東甌受漢之購、殺吳王、丹徒、潤州也、東甌、卽東越也、東越將兵從吳、在丹徒也、【考證】漢書、江作淮、誤、東越兵可萬餘人。乃使人收聚亡卒。漢使人以利啗東越。【集解】韋昭曰、啗、音徒覽反、東越卽紿吳王。吳王出勞軍。卽使人鏦殺吳王。【集解】孟康曰、方言、戟謂之鏦、以戈刺殺之、鄒氏又音舂、亦音從容之從、【索隱】鏦、音七江反、謂撞殺之也、盛其頭、馳傳以聞。【集解】吳地記曰、吳王濞葬武進縣南、地名相唐、【索隱】張勃云、吳王濞葬丹徒縣南、其地名相唐、今注本云、武進縣、恐錯也、【正義】括地志云、漢吳王濞冢在潤州丹徒縣東練壁聚北、今入于江、吳錄云、丹徒有吳王冢、在縣北、其處名爲相唐、吳王子子華・子駒、亡走閩越。吳王之弃其軍亡也、軍遂潰。往往稍降太尉梁軍。

楚王戊軍敗自殺。三王之圍齊臨菑也、三月不能下。漢兵至。膠西・膠東・菑川王、各引兵歸。[考證]梁玉繩曰、案齊圍之解、漢擊破之、非自引兵歸也、圍齊是四國、此缺濟南、膠西王乃袒跣席稾飲水謝太后。[考證]漢書袒跣作徒跣、太后、膠西王之母、王太子德曰。漢兵遠。[考證]楓、三本、遠下有來字、當依補、漢書作還、誤、臣觀之、已罷。可襲。願收大王餘兵擊之。擊之不勝、乃逃入海、未晚也。王曰。吾士卒皆已壞。不可發用。弗聽。漢將弓高侯穨當[集解]徐廣曰、姓韓、遺王書曰。奉詔誅不義。降者赦其罪、復故。不降者滅之。王何處。須以從事。[正義]待王定計、以行事、[考證]胡三省曰、言膠西王於降與不降之間、欲何以自處、吾待以行事、王肉袒、叩頭漢軍壁、謁曰。臣卬奉法不謹。驚駭百姓、乃苦將軍、遠道至于窮國。敢請菹醢之罪。弓高侯執金鼓見之曰。王苦軍事。願聞王發兵狀。王

頓首膝行對曰。今者鼂錯、天子用事臣。變更高皇帝法、令侵奪諸侯地。卬等以爲不義、恐其敗亂天下、七國發兵、且以誅錯。今聞錯已誅。卬等謹以罷兵歸。[考證]罷上以字、漢書作已、將軍曰。王苟以錯不善、何不以聞。及未有詔、虎符擅發兵擊義國。[考證]漢書、錯下有爲字、王念孫曰、及當作乃、義國、言守義不從反也、謂齊國、以此觀之、意非欲誅錯也。乃出詔書、爲王讀之。讀之詑曰。王其自圖。王曰。如卬等死有餘罪。遂自殺。太后太子皆死。膠東・菑川・濟南王皆死。[集解]徐廣曰、一云、自殺、[考證]漢書作伏誅、國除、納于漢。酈將軍圍趙。十月而下之。[考證]張文虎曰、樊酈滕灌傳、漢書荊吳燕傳、竝作十月、楚元王世家云、相距七月、案七國以景三年正月反、至十月則入四年、歲首矣、恐誤、趙王自殺。濟北王以劫故得不誅。徙王菑川。初吳王首反、幷將楚兵連齊・趙。正月起兵、三月皆破。

獨趙後下。復置元王少子平陸侯禮爲楚王、續元王後、徙汝南王非、王吳故地、爲江都王。

太史公曰。吳王之王、由父省也。[集解]言濞之王吳、由父代王被省封郃陽侯、省、音所幸反、[索隱]省、音所景反、省者減也、謂父仲從代王省封郃陽侯也、能薄賦斂、使其衆、以擅山海利。逆亂之萌、自其子興。爭技發難、卒亡其本、[索隱]謂與太子爭博、爲爭技也、[考證]中井積德曰、技葢枝字之譌、以削郡爲枝葉之事耳、乃與下文卒亡其本相呼應、愚按、楓三本、技作博、葢誤以旁注訂本文、親越謀宗、竟以夷隕。鼂錯爲國遠慮、禍反近身。[考證]楓三本、近作及、袁盎權說、初寵後辱。故古者諸侯地不過百里。山海不以封、毋親夷狄以疏其屬。蓋謂吳邪。[考證]禮記王制云、公侯田方百里、伯七十里、子男五十里、又云、名山大澤不以封、史公改澤爲海也、毋親夷狄二句、未詳出處、毋爲權首。反受其咎。[考證]顏師古曰、此逸周書之言、引之者、謂錯適當此言耳、愚按首咎韻、豈盎・錯邪。[考證]毛本、作袁盎、漢書作鼂錯、

吳王濞列傳第四十六

[索隱]述贊、吳楚輕悍、王濞倍德、富因採山、釁成提局、憍矜貳志、連結七國、嬰命始監、錯誅未塞、天之悔禍、卒取奔北、

史記一百六

文學博士瀧川龜太郎著

史記會注考證

史記會注考證卷一百七

漢　太史令司馬遷撰
宋　中郎外兵曹參軍裴駰集解
唐　國子博士弘文館學士司馬貞索隱
唐　諸王侍讀率府長史張守節正義
日本　出雲瀧川資言考證

魏其武安侯列傳第四十七　史記一百七

【考證】史公自序云、吳楚爲亂、宗屬唯嬰賢而喜士、士鄉之、率師抗山東滎陽、作魏其武安列傳第四十七、査愼行曰、史記魏其武安侯傳末、附灌將軍、離而爲三人、合則爲

一傳、中閒彼此互見、敘事之曲折、情狀一一如在目、班氏一仍其舊、所節刪者數字耳、所爭只在二三字、卻失語氣之輕重、世之讀史漢者、異同之下、優劣略可見矣、曾國藩曰、武安之勢力盛時、雖以魏其之貴戚元功、而無如之何、灌夫之强力盛氣、而無如之何、廷臣內史等心非之、而無如之何、主上不直之、而無如之何、子長深惡勢利之足以移易是非、故敘之沈痛如此、

魏其侯竇嬰者、孝文后從兄子也。【考證】漢書云、字王孫、楓三本、漢書、后上有皇字、父世觀津人。【索隱】案地理志、觀津縣屬信都、以言其累葉在觀津、故云父世也、【正義】觀津城、在冀州武邑縣東南二十五里、【考證】凌稚隆曰、世疑是父名、王先謙曰、索隱說是、言自其父以上、世爲觀津人、淮南厲王傳、眞定厲王母之家在焉、父世縣也、父世二字義同、喜賓客。孝文時、嬰爲吳相。病免。孝景初卽位、爲詹事。【正義】百官表云、詹事、秦官、掌皇后太子家也、梁孝王者、孝景弟也。其母竇太后愛之。梁孝王朝。因昆弟燕飮。【考證】顏師古曰、家人昆弟之親、不爲君臣禮也、是時上未立太子。酒酣、從容言曰。千秋之後傳梁王。太后驩。竇嬰引卮酒進上曰。天下者高祖天下。父子相傳、

此漢之約也。上何以得擅傳梁王。【考證】胡三省曰、引酒進之、蓋罰爵也、太后由此憎竇嬰。竇嬰亦薄其官、因病免。太后除竇嬰門籍、不得入朝請。【集解】律、諸侯春朝天子曰朝、秋曰請、【正義】才性反、【考證】胡三省曰、門籍、出入宮殿門之籍也、孝景三年、吳・楚反。上察宗室諸竇、毋如竇嬰賢。【索隱】案謂宗室之中、及諸竇之宗室也、又姚氏案酷吏傳、周陽由其父趙兼以淮南王舅、侯周陽、故國改氏、由以宗室任爲郎、則似是與國有親戚屬籍者、亦得呼爲宗室也、【考證】顏師古曰、宗室、帝之同姓親也、諸竇、總謂帝外家也、中井積德曰、本文明判宗室與諸竇、乃召嬰。嬰入見、固辭謝病不足任。太后亦慙。【考證】楓三本、漢書、謝下有稱字、於是上曰。天下方有急。王孫寧可以讓邪。【集解】漢書曰、竇嬰字王孫、乃拜嬰爲大將軍、賜金千斤。嬰乃言袁盎・欒布諸名將賢士在家者進之。所賜金陳之廊廡下、軍吏過、輒令財取爲用。金無入家者。【集解】蘇林曰、自令裁度取爲用也、【考證】顏師古曰、廊、堂下周屋、廡、門屋也、愚按、財、裁通、淮南王安傳亦云、吳王濞行珠玉金帛、賂諸侯宗室大臣、獨竇氏不與、

竇嬰之爲人、可以見也、竇嬰守滎陽、監齊・趙兵。【正義】監、音甲衫反、吳王濞傳云、竇嬰屯滎陽、監齊趙兵也、【考證】錢大昕曰、時欒布擊齊、酈寄擊趙、滎陽在南北之衝、東捍吳楚、北距齊趙、吳楚之兵、有周亞父自將、非嬰所監、若齊趙雖各遣將、而嬰爲大將軍、得遙制之、七國兵已盡破、封嬰爲魏其侯。諸游士賓客、爭歸魏其侯。孝景時每朝議大事、條侯・魏其侯、諸列侯莫敢與亢禮。【考證】顏師古曰、言特敬此二人也、孝景四年、立栗太子、使魏其侯爲太子傅。【正義】栗姬之子、後廢之、故書母姓也、孝景七年、栗太子廢。魏其數爭不能得。魏其謝病、屏居藍田南山之下數月。【考證】王先謙曰、李廣傳亦云、廣屏居藍田南山中射獵、蓋藍田南山在當日爲朝貴屏居游樂之所、田上藍字、各本無、依館本漢書補、諸賓客辯士說之、莫能來。梁人高遂乃說魏其曰。能富貴將軍者、上也。能親將軍者太后也。今將軍傅太子。太子廢而不能爭。爭不能得、又弗能死。【考證】漢書、無而不能爭四字、得作拔、自引謝病、擁趙女、屏間

處、而不朝。相提而論、【集解】徐廣曰、提、音徒抵反、【索隱】提、音弟、又音啼、相提、猶相抵也、論、音路頓反、【正義】閒處、上音閑、下昌汝反、【考證】中井積德曰、相提、謂相提攜也、與客取予而談耳、漢書相提而論、作祇加懟、義異、是自明揚主上之過。有如兩宮螫將軍、則妻子毋類矣。【集解】張晏曰、兩宮、太后景帝也、螫、怒也、毒蟲怒必螫人、又火各反、【索隱】螫、音釋、謂怒也、毒蟲怒必螫人、又音火各反、漢書作奭、奭卽螫也、無類、謂見誅滅無遺類、【正義】兩宮、太子景帝也、【考證】兩宮、集解是、魏其侯然之、乃遂起、朝請如故。桃侯免相。【集解】服虔曰、劉舍也、竇太后數言魏其侯。孝景帝曰。太后豈以爲臣有愛不相魏其。魏其者、沾沾自喜耳。多易。難以爲相持重。【集解】徐廣曰、沾一作怗、又昌兼反、又當牒反、張晏曰、沾沾、言自整頓也、多易、多輕易之行也、或曰、沾、音幨也、【索隱】愛、猶惜也、沾、音襜、又音當牒反、小顏音他兼反、沾怗音如字、又天牒反、幨、音尺占反、【正義】易、以豉反、言自多簡易之行也、前云毋如竇嬰賢、而張晏云輕易之行、未知甚矣、遂不用。用建陵侯衞綰爲丞相。武安侯田蚡者、孝景后同母弟也。生長陵。【索隱】扶粉反、如蚡鼠之蚡、音墳、【考證】楓、三本、孝景下有帝字、外戚世家、王皇后父王仲、槐里人也、母臧兒生男信與兩女、仲死、臧兒更嫁爲長陵田

氏婦、生男蚡勝、魏其已爲大將軍後方盛。蚡爲諸郎、未貴。往來侍酒。魏其跪起如子姓。【集解】徐廣曰、諸郎、一云諸卿、時人相號長老者爲諸公、年少者爲諸卿、如今人相號爲士大夫也、【考證】諸郎、漢書作諸曹郎、張照曰、諸郎、卽百官表所謂議郎中郎侍郎郎中是也、子姓、各本作子姪、今從漢書、王引之曰、古謂子孫曰姓、或曰子姓、女子謂昆弟之子爲姪、男子則否、當依漢書作子姓、及孝景晚節、蚡益貴幸、爲太中大夫。【索隱】按晚節、謂晚年也、【考證】漢書、太中大夫作中大夫、蚡辯有口。學槃盂諸書。【集解】應劭曰、黃帝史孔甲所作銘也、凡二十六篇、書槃盂中所爲法戒、諸書、諸子文書也、孟康曰、孔甲槃盂二十六篇、雜家、書兼儒墨名法、【正義】晉灼曰、按藝文志、孟說是也、【考證】漢書藝文志雜、孔甲盤盂二十六篇、文選注、七略曰、盤盂書者其傳言孔甲爲之、孔甲、黃帝之史也、於盤盂中爲誡法、或於鼎、名曰銘、蔡邕銘論、黃帝有巾机之法、孔甲有槃杅之誡、文心雕龍云、成湯盤盂、著日新之規、田蚡學盤盂諸書、中井積德曰、諸書亦盤盂之類、非雜家、王太后賢之。【集解】徐廣曰、卽蚡同母姊者、【考證】梁玉繩曰、案此在景帝世、只當稱皇后、漢書作王皇后是、孝景崩。卽日太子立。稱制。所鎭撫多有田蚡賓客計筴。【考證】楓、三本、孝景下有帝字、下同、徐孚遠曰、太后初稱制、恐其不安、欲收人心、故有所鎭撫也、愚按楓、三本有作用、蚡弟田勝、皆以太后弟、孝景後

三年、封蚡爲武安侯、勝爲周陽侯。【集解】徐廣曰、孝景後三年、卽是孝武初嗣位之年也、【正義】絳州聞喜縣東二十里、周陽故城也、武安侯新欲用事爲相。【考證】漢書、無欲字、爲相字、中井積德曰、欲字宜在爲字上、李笠曰、武安時已用事、所欲者爲相耳、卑下賓客、進名士家居者貴之、欲以傾魏其諸將相。【考證】漢書、刪魏其二字、査愼行曰、此田竇相傾之始也、漢書刪去魏其二字、則田所傾者、與竇無涉矣、顏師古曰、傾、謂踰越而勝之也、建元元年、丞相綰病免。【考證】凌稚隆曰、接上衞綰爲丞相、上議置丞相太尉。籍福說武安侯曰。魏其貴久矣。天下士素歸之。今將軍初興、未如魏其。卽上以將軍爲丞相、必讓魏其。魏其爲丞相、將軍必爲太尉。太尉丞相尊等耳。又有讓賢名。武安侯乃微言太后風上。於是乃以魏其侯爲丞相、武安侯爲太尉。籍福賀魏其侯。因弔曰。君侯資性喜善疾惡。方今善人譽君侯。故至丞相。然君侯且

疾惡。惡人衆、亦且毀君侯。君侯能兼容、則幸久。不能、今以毀去矣。魏其不聽。魏其·武安俱好儒術、推轂趙綰爲御史大夫、王臧爲郎中令、【索隱】案推轂、謂自卑下之、如爲之推車轂也、【考證】顏師古曰、推轂、謂升薦之、若轉車轂之爲、迎魯申公、欲設明堂、令列侯就國、除關、【索隱】謂除關門之稅也、【考證】服虔曰、除關禁也、徐孚遠曰、漢立關以稽諸侯出入、至此罷之、示天下一家之義也、以禮爲服制、以興太平。【索隱】案其時禮度踰侈、多不依禮、今令吉凶服制、皆法於禮也、【考證】中井積德曰、謂建之制度、注舛、擧適諸竇宗室毋節行者、除其屬籍。【索隱】適、音直革反、時諸外家爲列侯。列侯多尚公主。皆不欲就國。以故毀日至竇太后。太后好黃·老之言、而魏其·武安·趙綰·王臧等、務隆推儒術、貶道家言。【考證】三條本、后下太上有竇字、是以竇太后滋不說魏其等。及建元二年、御史大夫趙綰請無奏事東宮。【集解】韋昭曰、欲奪其政也、【考證】胡三省曰、漢長

樂宮在東、太后居之、故謂之東宮、又謂之東朝、竇太后大怒、乃罷逐趙綰·王臧等、而免丞相太尉。【考證】漢書大怒下補曰此欲復爲新垣平邪九字、王先謙曰、太后陰求綰臧姦利事以讓上、上下綰臧吏也、梁玉繩曰、漢書武紀及百官表云、有罪、下獄、自殺、以柏至侯許昌爲丞相、武彊侯莊青翟爲御史大夫。魏其·武安由此以侯家居。武安侯雖不任職、以王太后故親幸、數言事多效。【考證】顏師古曰、謂見聽用、愚按楓、三本、言下有私字、義異、天下吏士趨勢利者、皆去魏其歸武安。武安日益橫。建元六年、竇太后崩。丞相昌·御史大夫青翟、坐喪事不辦、免。以武安侯蚡爲丞相、以大司農韓安國爲御史大夫。【考證】周壽昌曰、大司農、當作大農令、時尚未更名大司農也、天下士、郡諸侯、愈益附武安。【索隱】按謂仕諸郡及仕諸侯王國者、猶言仕郡國也、【考證】張文虎曰、各本郡下有國字、索隱本無、雜志云、國字後人所加、漢書亦作郡諸侯、師古云、郡及諸侯、猶言郡國也、愚按楓、三本、士下有任字、義更明、任猶仕也、武安者貌侵。【集解】韋昭曰、侵音寢、短小也、又云、醜惡也、刻确也、

音核、【索隱】案服虔云、侵、短小也、韋昭云、刻确也、按确音刻、又孔文祥侵醜惡也、音寢、生貴甚。【索隱】按小顏云、生貴、謂自尊高示貴寵、其說疏也、按生、謂蚡自生得貴之勢、特其故、下云、又以諸侯王多長年、蚡以肺腑爲相、非痛折節以禮屈之、則天下不肅者也、【考證】王先謙曰、蓋蚡幼時已爲外戚、尊貴矣、索隱說是、又以爲諸侯王多長。【集解】張晏曰、多長年、上初卽位、富於春秋。蚡以肺腑爲京師相。【索隱】腑、音附、肺附言如肝肺之相附、又云、柹、木札、附木皮也、詩云、如塗塗附、以言如皮之附木也、【正義】顏師古曰、舊解云、肺附、如肝肺之相附著也、一說、柹、斫木札也、喻其輕薄附著大材、按顏此說竝是疏謬、又改腑爲附、就其義重謬矣、八十一難云、寸口者脈之大會、手太陰之動脈也、呂廣云、太陰者肺之脈也、肺爲諸藏之主、通陰陽、故十二經脈、皆會乎太陰、所以決吉凶者、十二經有病、皆寸口知其何經之動、浮沈濇滑、春秋逆順、知其死生、顧野王云、肺腑、腹心也、案說田蚡爲相、若人之肺知陰陽逆順、又爲帝之腹心親戚也、【考證】肺腑、猶言族戚、同姓異姓竝稱、解詳于惠景間侯表、漢書無京師二字、非痛折節以禮詘之、天下不肅。【索隱】案痛、甚也、欲令士折節下屈於己、不然、天下不肅、或解以爲蚡欲折節下士、非也、案下文不讓其兄蓋侯、知或說爲非也、當是時、丞相入奏事、坐語移日。所言皆聽。薦人、或起家至二千石。權移主上。上乃曰、君除吏、已盡未。吾亦欲除吏。【考證】顏師古曰、凡言除者、除去故

官、就新官、嘗請考工地益宅。上怒曰、君何不遂取武庫。是後乃退。【集解】漢書百官表曰、少府有考工室、如淳曰、官名也、【考證】考工、主作器械、齊召南曰、君何不遂取武庫、此怒語也、漢書省君何不三字、意不明、王先謙曰、是後乃退、謂後稍斂退也、嘗召客飮。坐其兄蓋侯南鄕、自坐東鄕。以爲漢相尊。不可以兄故私橈。【集解】徐廣曰、蓋侯、王后兄王信也、泰山有蓋縣、樂安有益縣也、【考證】漢書刪嘗字、蓋以上文有嘗字也、査愼行曰、不若原文之明晰、漢書、南鄕作北鄕、非是、古人之坐、以東向爲尊、故宗廟之祭、太祖之位東向、卽交際之禮、亦賓東向、主人西向、橈、曲也、武安由此滋驕、治宅甲諸第、田園極膏腴、而市買郡縣器物、相屬於道。【集解】徐廣曰、甲、爲諸第之上也、前堂羅鍾鼓、立曲旃。【集解】如淳曰、旃旗之名、通帛曰旃、曲旃、僭也、蘇林曰、禮、大夫建旃、曲旃、柄上曲也、【索隱】按曲旃、旃柄上曲、僭禮也、通帛曰旃、說文云、曲旃者、所以招士也、後房婦女、以百數。諸侯奉金玉狗馬玩好、不可勝數。【考證】漢書、無侯字、奉作奏、査愼行曰、似不若原文之明晰、魏其失竇太后、益疏不用。無勢。諸客稍稍自引而怠傲。唯灌將軍獨不失故。魏其日

默默不得志。而獨厚遇灌將軍。【考證】漢書、改不失爲否字、食愼行曰、不及原文之委婉有情、愚按、故字屬上句、三條本、漢書、志作意、　灌將軍夫者、潁陰人也。夫父張孟嘗爲潁陰侯嬰舍人、得幸。【考證】楓本、漢書、嬰上有灌字、　因進之至二千石。故蒙灌氏姓爲灌孟。【考證】顏師古曰、蒙、冒也、　吳・楚反時、潁陰侯灌何爲將軍、屬太尉。【索隱】案、何、是嬰子、漢書、作嬰、誤也、【考證】太尉、周亞夫、　請灌孟爲校尉。夫以千人與父俱。【集解】漢書音義曰、官主千人、如候司馬、　灌孟年老、潁陰侯彊請之。鬱鬱不得意。故戰常陷堅、遂死吳軍中。軍法、父子俱從軍、有死事、得與喪歸。灌夫不肯隨喪歸。奮曰。願取吳王若將軍頭、以報父之仇。【集解】張晏曰、奮、自奮勵也、【考證】若、猶或也、　於是灌夫被甲持戟募軍中。壯士所善願從者數十人。及出壁門、莫敢前。獨二人及從奴十數騎、馳入吳軍、至吳將麾下、

所殺傷數十人。不得前。【正義】麾、謂大將之旗、　復馳還、走入漢壁。皆亡其奴。獨與一騎歸。夫身中大創十餘。適有萬金良藥。故得無死。夫創少瘳。又復請將軍曰。吾益知吳壁中曲折。請復往。將軍壯義之。恐亡夫。乃言太尉。太尉乃固止之。【考證】梁玉繩曰、壯義之、與班馬異同作壯而義之、漢傳合、　吳已破。灌夫以此名聞天下。潁陰侯言之上。上以夫爲中郎將。數月坐法去。【考證】楓本、之作於、漢書、數月作數歲、　後家居長安。長安中諸公、莫弗稱之。孝景時至代相。【考證】志疑引陳太僕云、灌夫自始爲校尉、以至代相、皆在孝景時、不應錯出、蓋誤也、漢書、作由是復爲代相、　孝景崩、今上初卽位。以爲淮陽天下交、勁兵處。故徙夫爲淮陽太守。【正義】言淮陽天下交會處、而兵又勁、【考證】陳子龍曰、人主初卽位、恐有奸人謀非常者、故置名太守以鎭之、　建元元年、入爲太僕。二年、夫與長樂衞尉竇甫飮。輕重不得。【集解】晉灼

曰、飮酒輕重不得其平也、【考證】顏師古曰、禮數之輕重也、中井積德曰、輕重、猶言得失也、彼以爲是、此以爲非之類、　夫醉搏甫。【索隱】搏、音博、謂擊也、　甫、竇太后昆弟也。上恐太后誅夫、徙爲燕相。【考證】楓、三本、漢書、徙下有夫字、　數歲坐法去官、家居長安。灌夫爲人剛直使酒、不好面諛。【考證】顏師古曰、使酒、因酒而使氣也、　貴戚諸有勢在己之右、不欲加禮、必陵之。諸士在己之左、愈貧賤、尤益敬、與鈞。【考證】楓、三本、漢書、益下有禮字、徐孚遠曰、言與貧賤士鈞禮也、　稠人廣衆、薦寵下輩。士亦以此多之。夫不喜文學、好任俠、已然諾。【索隱】已、音以、謂已許諾、必使副其前言也、【考證】顏師古曰、已、必也、謂一言許人、必信之也、中井積德曰、已字不可解、或是究遂之意、　諸所與交通、無非豪桀大猾。家累數千萬、食客日數十百人。【考證】顏師古曰、或八九十、或百人也、　陂池田園、宗族賓客、爲權利、橫於潁川。【考證】權利、權威利益、　潁川兒乃歌之曰。潁水淸、灌氏寧。潁水濁、灌氏族。【考證】顏師古曰、深怨嫉之、故爲此

言也、愚按、淸寧、濁族、韻、　灌夫家居雖富、然失勢、卿相侍中賓客益衰。【考證】顏師古曰、以夫居家、而卿相侍中、素爲夫之賓客者、漸以衰退不復往也、　及魏其侯失勢、亦欲倚灌夫、引繩批根生平慕之後弃之者。【集解】蘇林曰、二人相倚、引繩直之意、批根、賓客也、弃之者、不與交通、孟康曰、根、根括、引繩以持彈、【索隱】案、劉氏云、二人相倚、事如合繩、共相依引也、批、音步結反、批者、排也、漢書作排、排根者、蘇林云、賓客去之者、不與通也、孟康云、音根格、謂引繩排彈其根格、平生慕嬰交而弃者、令不得通也、小顏、根音痕、格音下各反、鯝、謂引繩排彈根括以退之者也、持彈、案漢書本作抨彈、音普耕反、【考證】中井積德曰、引繩、規人之枉也、批根、鋤其株也、俱謂報復究之、以退其慽、愚按、引繩、言牽連黨類、如引繩也、批根、中說是、　灌夫亦倚魏其、而通列侯宗室爲名高。兩人相爲引重、【集解】張晏曰、相薦達爲聲勢、【考證】顏師古曰、相牽引而致於尊重也、爲、音于僞反、王先謙曰、兩相援引藉重也、爲如字讀、張顏說皆非、　其游如父子然。相得驩甚、無厭。恨相知晚也。灌夫有服、過丞相。【考證】服、喪服、丞相、田蚡、　丞相從容曰。吾欲與仲孺過魏其侯。會仲孺有服。【集解】漢書曰、灌夫字仲孺、【索隱】案、服、謂朞功之服也、故應璩書曰、仲孺不辭同生之服、是也、　灌夫曰。將軍乃

肯幸臨況魏其侯、夫安敢以服爲解。請語魏其侯帳具。將軍
且日蚤臨。【正義】解、紀買反、謂辭之也、【考證】沈欽韓曰、田蚡見爲丞相、而稱之將軍、史駁文、顏師古曰、況、賜也、解、若今言分疏、漢書無帳字、 武安
許諾。灌夫具語魏其侯、如所謂武安侯。【考證】楓三本、具作見、漢書作以、 魏其
與其夫人、益市牛酒、夜灑埽、早帳具至旦。平明、令門下候伺。
至日中、丞相不來。【考證】顏師古曰、益、多也、愚按早、早曉也、至旦、屬上、漢書删早字至旦字、下文自旦至今四字、無所承、 魏其
謂灌夫曰、丞相豈忘之哉。灌夫不懌曰、夫以服請。宜往。【集解】徐廣
曰、一云、以服請、不宜往、【索隱】案徐廣云、以服請、不宜往、其說非也、正言夫請不以服爲解、蚡不宜忘、故怒自往迎也、【考證】言此我所請、我宜往迎之、 乃駕自
往迎丞相。丞相特前戲許灌夫。殊無意往。及夫至門、丞相尚
臥。於是夫入見曰、將軍昨日幸許過魏其。魏其夫妻治具、自
旦至今、未敢嘗食。武安鄂謝曰、吾昨日醉、忽忘與仲孺言。

【集解】徐廣曰、鄂、一作愕、 乃駕往。又徐行。灌夫愈益怒。【考證】漢書、重往字、 及飲酒酣、
夫起舞屬丞相。【索隱】屬、音之欲反、屬、猶委也、付也、小顏云、若今之舞訖相勸也、 丞相不起。夫從坐
上語侵之。【考證】漢書、從坐上、作徙坐、顏師古曰、徙坐、謂移就其坐、與史義異、 魏其乃扶灌夫去、謝
丞相。丞相卒飲至夜、極驩而去。丞相嘗使籍福請魏其城南
田。魏其大望曰、老僕雖弃、將軍雖貴、寧可以勢奪乎。不許。
【考證】顏師古曰、望、怨也、 灌夫聞、怒罵籍福。籍福惡兩人有郄、乃謾自好謝
丞相曰、魏其老且死。易忍。且待之。【考證】顏師古曰、謾、猶詭也、詐爲好言也、謾、讀與慢同、愚按漢書無自字、
已而武安聞魏其・灌夫實怒不予田、亦怒曰、魏其子嘗殺人、
蚡活之。蚡事魏其、無所不可。何愛數頃田。且灌夫何與也。吾
不敢復求田。【考證】與、干預也、漢書愛上删何字、較失語意、 武安由此大怨灌夫・魏其。

【考證】漢書、怨作怒、史義長、 元光四年春、【集解】徐廣曰、疑此當是三年也、其說在後、【考證】梁玉繩曰、當作二年、說在後、 丞相
言、灌夫家在潁川。橫甚。民苦之。請案。【考證】事見上、 上曰、此丞相事。
何請。【考證】岡白駒曰、正罪自是丞相職事、不必告請、 灌夫亦持丞相陰事、爲姦利、受淮南
王金與語言。【正義】姦利、爲姦惡而求利、【考證】事見下、 賓客居間、遂止、俱解。夏、丞相
取燕王女爲夫人。【索隱】案蚡娶燕王劉澤子康王嘉之女也、 有太后詔、召列侯宗室
皆往賀。【考證】漢書、無有字、 魏其侯過灌夫、欲與俱。夫謝曰、夫數以酒失
得過丞相。丞相今者又與夫有郄。魏其曰、事已解。彊與俱。飲
酒酣。武安起爲壽。【集解】如淳曰、上酒爲稱壽、非大行酒、【考證】王文彬曰、據下文、夫行酒至臨汝侯云、長者爲壽、是爲壽、卽大行酒也、如淳說非、
坐皆避席伏。已魏其侯爲壽。獨故人避席耳。餘半膝席。
【集解】蘇林曰、下席而膝半在席上、如淳曰、以膝跪席上也、【正義】蘇說是也、【考證】中井積德曰、故人避席者半、其餘不避而跪於席上、張文虎曰、吳校金板、半作坐、 灌

夫不悅。起行酒至武安。武安膝席曰、不能滿觴。【考證】楓三本、膝作跪、能、堪也、 夫
怒。因嘻笑曰、將軍貴人也。屬之。【集解】徐廣曰、屬、一作畢、【索隱】案漢書作畢、畢、盡也、【考證】嘻、強笑也、言所以不
能滿觴者、由其貴人也、嘲笑之語、語、止於此、屬之、敘事之文、岡白駒曰、前段云、起舞屬將軍、師古注云、舞訖相勸也、與此屬意同、 時武安不肯。
【正義】不肯、不爲盡也、 行酒次至臨汝侯。【集解】徐廣曰、灌嬰孫、名賢也、【索隱】案漢書云、臨汝侯灌賢、則賢是嬰之孫、臨汝是改封也、 臨
汝侯方與程不識耳語、又不避席。夫無所發怒。乃罵臨汝侯
曰、生平毀程不識、不直一錢。今日長者爲壽。乃效女兒呫囁
耳語。【集解】韋昭曰、呫囁、附耳小語聲、【索隱】女兒、猶云兒女也、漢書作女曹兒、曹、輩也、猶言兒女輩、呫、鄒氏音蚩輒反、囁、音汝輒反、說文、附耳小語也、【考證】中井積德曰、女兒、謂女子也、漢書文錯謬、不當據爲解、王先謙曰、耳語、乃女兒態也、中加曹字、則文不成義、御覽人事部引漢書作女兒曹、故顏訓爲女兒輩、 武安謂
灌夫曰、程・李俱東西宮衛尉。【集解】漢書音義曰、李廣爲東宮、程不識爲西宮、【考證】齊召南曰、音義非也、漢以長樂宮爲東宮、太后居之、天子居未央宮、在長樂宮西、據李廣傳、廣入爲未央衛尉、而程不識爲長樂衛尉、是廣衛西宮、而不識衛東宮也、愚按錢大昕亦有此說、 今衆

辱程將軍。仲孺獨不爲李將軍地乎。【集解】如淳曰、李將軍、李廣也、猶今人言爲除地也、【索隱】案小顏云、言今既毀程、令李何地自安處也、【正義】按地、猶材地、二人俱東西宮、毀程、能不損李將軍材地也、【考證】衆辱、於衆中辱之也、如淳曰、二人同號比尊、今辱一人、不當爲毀廣耶、王先愼曰、漢紀此下云、李將軍者李廣也、夫素所敬也、 灌夫曰。今日斬頭陷胷。何知程·李乎。【索隱】韋昭云、言不避死亡也、漢書作穴匈、 坐乃起更衣、稍稍去。【考證】顏師古曰、坐、謂坐上之人也、愚按更衣、如廁也、論衡、夫更衣之室、可謂臭矣、蓋賓主相見、不宜言穢褻之事、故如廁皆託言更衣、 魏其侯去、麾灌夫出。武安遂怒曰。此吾驕灌夫罪。乃令騎畱灌夫。【考證】漢書罪下有也字、罪、過也、顏師古曰、騎、謂常從之騎也、 灌夫欲出不得。籍福起爲謝、案灌夫項令謝。【考證】顏師古曰、使其拜也、 夫愈怒、不肯謝。武安乃麾騎縛夫、置傳舍、召長史曰。今日召宗室、有詔。劾灌夫罵坐不敬、繫居室。【集解】如淳曰、百官表、居室爲保宮、今守宮也、【考證】顏師古曰、長史、丞相長史也、李慈銘曰、蚡言今日請召宗室、因有太后詔而行之、灌夫罵坐、是輕詔命、故爲不敬也、愚按蚡告長史語、止於有詔、下添於是二字看、顏師古曰、居室、署名也、屬少府、其後改名曰保宮、

遂按其前事、遣吏分曹、逐捕諸灌氏支屬。皆得弃市罪。魏其侯大媿、爲資、使賓客請。莫能解。【集解】如淳曰、爲出資費、使人爲夫言、【考證】曹、輩也、分曹、分輩而出也、王先謙曰、灌夫不往田蚡所、竇嬰强之、致罹禍、以是愧也、 武安吏皆爲耳目。諸灌氏皆亡匿。夫繫、遂不得告言武安陰事。魏其銳身、爲救灌夫。【考證】漢書無身字、 夫人諫魏其曰。灌將軍得罪丞相、與太后家忤。寧可救邪。魏其侯曰。侯自我得之。自我捐之。無所恨。且終不令灌仲孺獨死、嬰獨生。乃匿其家、竊出上書。【集解】晉灼曰、恐其夫人復諫止也、 立召入。具言灌夫醉飽事不足誅。上然之、賜魏其食曰。東朝廷辯之。【集解】如淳曰、東朝、太后朝、 魏其之東朝、盛推灌夫之善、言其醉飽得過、乃丞相以他事誣罪之。武安又盛毀灌夫所爲橫恣、罪逆不道。魏其度不可

奈何、因言丞相短。武安曰。天下幸而安樂無事。蚡得爲肺腑。所好音樂狗馬田宅、蚡所愛倡優巧匠之屬。【考證】漢書、宅下無蚡字、 不如魏其·灌夫日夜招聚天下豪桀壯士、與論議、【考證】楓三本、不如、作今如、今如魏其灌夫六字爲一句、義長、 腹誹而心謗、不仰視天而俯畫地、【集解】張晏曰、視天、占三光也、畫地、知分野所在也、畫地、諭欲作反事、【考證】李笠曰、不仰視天而俯畫地、此與欒布傳與楚則漢破、與漢而楚破、同、以而爲則也、愚按漢書刪不字、義亦通、 辟倪兩宮閒、【集解】徐廣曰、辟、音芳細反、倪、音詣、張晏曰、占太后與帝吉凶之期、【索隱】辟、普係反、倪、五係反、埤倉云、睥睨、邪視也、 幸天下有變、而欲有大功。【集解】張晏曰、幸爲反者、當得爲大將立功也、瓚曰、天下有變、謂天子崩、因變難之際、得立大功、【正義】按大功、謂爲天子也、【考證】中井積德曰、仰天畫地、睥睨兩宮、竝是隱謀祕計之光景矣、不必作是占、不必作反事、變字本無所指定、愚按欲有大功、猶言欲成大事、 臣乃不知魏其等所爲。【考證】毛本、知作如、與漢書合、作知義長、 於是上問朝臣、兩人孰是。御史大夫韓安國曰。魏其言、灌夫父死事、身荷戟馳入不測之吳軍、身被

數十創、名冠三軍。此天下壯士。非有大惡、爭杯酒、不足引他過以誅也。魏其言是也。丞相亦言、灌夫通姦猾、侵細民、家累巨萬、橫恣潁川、淩轢宗室、侵犯骨肉。【正義】淩轢、謂蹈踐之、 此所謂枝大於本、脛大於股、不折必披。【索隱】案包愷音、疋彼反、【正義】鋪被反、披、分析也、【考證】王先愼曰、新書大都篇、引范無宇語云、尾大不掉、末大必折、又云、一脛之大、幾如要、一指之大、幾如股、安國云所謂者、蓋當時之成語也、 丞相言亦是。唯明主裁之。主爵都尉汲黯是魏其、內史鄭當時是魏其、後不敢堅對。餘皆莫敢對。上怒內史曰。公平生數言魏其·武安長短。今日廷論局趣、效轅下駒。吾幷斬若屬矣。【集解】張晏曰、俛頭於車轅下、隨母而已、瓚曰、小馬在轅下、【正義】應劭云、駒馬加著轅、局趣、纖小之貌、按應說爲長也、【考證】中井積德曰、駒與馬無異、謂進退不由己、局趣被逼迫、而不得展足也、愚按局趣效轅下駒、蓋亦當時成語、趣駒、韻、沈欽韓曰、史文惟言鄭當時對不堅、故上怒其局趣、本傳以此左遷、 卽罷起、入上食太后。【考證】王先謙曰、帝於太后循孝道、有上

食之禮也、太后亦已使人候伺。具以告太后。太后怒、不食曰。今我在也、而人皆藉吾弟。【索隱】案晉灼云、藉、蹈也、以言踐藉之、令我百歲後、皆魚肉之矣。且帝寧能爲石人邪。【索隱】謂帝不如石人得長存也、【正義】顏師古云、言徒有人形耳、不知好惡、按今俗云人不辨事、罵云、杌杌若木人也、【考證】張儀傳、母爲秦所魚肉也、樊噲傳、人方爲刀俎、我爲魚肉、石人、索隱是、此特帝在、卽錄錄。設百歲後、是屬寧有可信者乎。【索隱】案設者、脫也、【考證】顏師古曰、錄錄、言循衆也、上謝曰。俱宗室外家。故廷辯之。不然、此一獄吏所決耳。【正義】嬰、景帝從舅、蚡、太后同母弟、【考證】漢書、刪宗室二字、是時郎中令石建、爲上分別言兩人事。武安已罷朝、出止車門。【考證】王先愼曰、止車、門名、御覽居處部引洛陽故宮名、有南止車門、東西止車門、召韓御史大夫載。怒曰。與長孺共一老禿翁。何爲首鼠兩端。【集解】漢書音義曰、禿、老翁、言嬰無官位扳援也、首鼠、一前一卻也、【索隱】案謂共治一老禿翁、指竇嬰也、服虔云、首鼠、一前一卻也、【考證】御史大夫韓安國字長孺、顧炎武曰、與長孺共一禿翁、謂爾我皆垂暮之年、無所顧惜、當直言以決此事

也、索隱以爲共治一老禿翁者非、中井積德曰、鼠將出穴隙、必出頭一左一右、故爲兩端之喩也、何焯曰、安國行五百金於蚡以進、故蚡責其不專助己也、韓御史良久謂丞相曰。君何不自喜。【集解】蘇林曰、何不自解釋爲喜樂邪、【索隱】案小顏云、何不自謙遜爲可喜之事、音許旣反、【考證】張照曰、不自喜、猶言不自愛、下文所謂無大體是也、注未合、愚按自喜、猶言自好、謂自愛重也、外戚世家、竇何不自喜而倍本乎、夫魏其毀君。君當免冠解印綬歸曰。臣以肺腑幸得待罪。固非其任。魏其言皆是。如此上必多君有讓、不廢君。【考證】顏師古曰、多、猶重也、魏其必內愧、杜門齰舌自殺。【索隱】案說文云、齰、齧也、音側革反、今人毀君、君亦毀人。譬如賈豎女子爭言。何其無大體也。【考證】張文虎曰、宋本、中統、游、毛、毀人作毀之、漢書同、武安謝罪曰。爭時急、不知出此。於是上使御史簿責魏其所言灌夫、頗不讎、欺謾。【正義】簿責、以文簿責問之、讎、音市周反、對也、言簿責魏其所言灌夫、實潁川事、故魏其不對爲欺謾者也、劾繫都司空。【索隱】案百官表云、宗正屬官、主詔獄也、【正義】如淳云、律司空主水及罪人、【考證】何焯曰、嬰外家、故繫宗正屬、孝景時、魏其

常受遺詔。曰。事有不便、以便宜論上。【考證】漢書、常作嘗、顏師古曰、論說其事而上於天子、及繫灌夫、罪至族。事日急。諸公莫敢復明言於上。魏其乃使昆弟子上書言之。幸得復召見。書奏上。而案尚書、大行無遺詔。【集解】如淳曰、大行、主諸侯官也、【索隱】案尚書無此景帝崩時大行遺詔、乃魏其家臣印封之、如淳說非也、【正義】天子崩曰大行也、按尚書之中、景帝崩時、無遺詔賜魏其也、百官表云、諸受尚書事也、詔書獨藏魏其家、家丞封。【集解】漢書音義曰、以家臣印封遺詔、乃劾魏其矯先帝詔、罪當弃市。【考證】漢書、詔下有害字、注、鄭氏曰、矯詔、有害不害也、愚按、史文自通、漢書補害字、非是、五年十月、【集解】徐廣曰、疑非五年、亦非十月、【索隱】徐氏云、疑非者、案武紀四年三月蚡薨、竇嬰死在前、今云五年、故疑非也、【正義】漢書云、元光四年冬、魏其侯嬰有罪弃市、春三月乙卯、丞相蚡薨、按五年者誤也、【考證】梁玉繩曰、竇嬰灌夫田蚡之死在元光三年、夫以十月族、嬰以十二月棄市、蚡以三月卒、愚按梁說詳于史記志疑三十三卷、今不具載、悉論灌夫及家屬。魏其良久乃聞。聞卽恚、病痱。不食。欲死。【索隱】痱、音肥、又音扶味反、風病也、【正義】痱、風病、小腫也、又音蒲罪反、瘠也、或聞上無意殺魏其、魏其

復食治病。議定不死矣。乃有蜚語、爲惡言聞上。【集解】張晏曰、蚡僞作飛揚誹謗之語、【考證】臣瑤曰、蜚語、無根而至也、故以十二月晦論、弃市渭城。【集解】徐廣曰、疑非十二月也、駰案張晏曰、月晦者、春垂至也、【索隱】著日月者、見春垂至、恐遇赦贖也、【正義】渭城、故咸陽也、【考證】通鑑考異云、徐廣疑非十二月、案漢制常以立春下寬大詔書、蚡恐魏其得釋、故以十二月晦殺之、何必疑、其春武安侯病、專呼服謝罪。【集解】漢書音義曰、言蚡號呼謝服罪也、【正義】其春、卽四年春也、元光四年十月、灌夫弃市、十二月末、魏其弃市、至三月乙卯田蚡薨、則三人死同在一年明矣、漢以十月爲歲首故也、秦楚之際表云、十一月十二月端月二月三月至九爲終、周建子爲正月、十一月爲正月、十二月爲二月、正月爲三月、二月爲四月、至十月爲歲終、漢初至武帝太初以前、竝依秦法、以後改用夏正月、至今不改、然夫子作春秋、依夏正、【考證】張文虎曰、正義秦楚之際表云下、當脫十月二字、使巫視鬼者視之、見魏其・灌夫共守欲殺之。竟死。子恬嗣。【集解】徐廣曰、蚡疾、見魏其灌夫鬼殺之、則其死共在一春內邪、武帝本紀四年三月乙卯、田蚡薨、嬰死在蚡薨之前、何復云五年十二月邪、疑十二月、當爲二月也、案侯表、蚡事武帝、九年而卒、元光四年、侯恬之元年、建元元年訖元光三年、而九年、大臣表、蚡以元光四年卒、亦云嬰四年弃市、未詳此正安在、然蚡薨、在嬰死後分明、【考證】漢書使上有上字、守下有答字、義異、元朔三年、武安侯坐衣襜褕入宮不

敬。【集解】徐廣曰、表云、坐衣不敬、國除、【索隱】襜、尺占反、褕、音踰、謂非正朝衣、若婦人服也、表云、恬坐衣不敬、國除、【正義】爾雅云、衣蔽前謂之襜、郭璞云、蔽膝也、說文字林、竝謂之短衣、【考證】安侯恬也、梁玉繩曰、此下缺國除二字、

淮南王安謀反。覺治。王前朝。【集解】徐廣曰、建元二年、武安侯為太尉時、迎王至霸上。謂王曰。上未有太子。大王最賢、高祖孫。卽宮車晏駕、非大王立、當誰哉。淮南王大喜、厚遺金財物。【考證】何焯曰、蚡為大尉、多受諸侯王金、私與交通、其罪大矣、然安之入朝、在建元二年、武帝卽位之初、雖未有太子、尚春秋鼎盛、康强無疾、身又外戚、非王誰立之言、狂惑所不應有之言、疑惡份者從而加之、愚按中井積德曰、蓋獄吏之附會、故贊云被惡言、　上自魏其時、不直武安。特為太后故耳。【索隱】案武帝以魏其灌夫事為枉、於武安侯為不直、特為太后故耳、【考證】漢書、魏其下有事字、　及聞淮南王金事、上曰。使武安侯在者族矣。【考證】與平準書同一結法、

太史公曰。魏其・武安、皆以外戚重。灌夫用一時決筴而名顯。【考證】顏師古曰、謂馳入吳軍、欲報父讎也、　魏其之舉、以吳・楚。武安之貴、在日月之際。【考證】中井積德曰、日月之際、謂武帝卽位之際、會及竇太后王太后之事、　然魏其誠不知時變。灌夫無術而不遜。兩人相翼、乃成禍亂。武安負貴而好權。杯酒責望、陷彼兩賢。嗚呼哀哉。遷怒及人、命亦不延。衆庶不載、竟被惡言。【考證】楓三本、載作戴、中井積德曰、載戴通、　嗚呼哀哉。禍所從來矣。【考證】趙恒曰、禍所從來、言禍由太后也、再言嗚呼、深恨之也、

【索隱述贊】竇嬰田蚡、勢利相雄、咸倚外戚、或恃軍功、灌夫自喜、引重其中、意氣杯酒、睥睨兩宮、事竟不直、冤哉二公、

魏其武安侯列傳第四十七　　史記一百七

文學博士瀧川龜太郎著

史記會注考證

史記會注考證卷一百八

漢　太　史　令　司　馬　遷　撰

宋　中　郎　外　兵　曹　參　軍　裴　駰　集　解

唐　國　子　博　士　弘　文　館　學　士　司　馬　貞　索　隱

唐　諸　王　侍　讀　率　府　長　史　張　守　節　正　義

日　本　出　雲　瀧　川　資　言　考　證

韓長孺列傳第四十八　　史記一百八

〔考證〕史公自序云、智足以應近世之變、寬足用得人、作韓長孺列傳第四十八、漢書云、韓安國字長孺、

御史大夫韓安國者、梁成安人也。〔集解〕徐廣曰、在汝潁之閒也、〔索隱〕按徐廣云、在汝潁之閒、漢書地理志、縣名、屬陳留、〔正義〕括地志云、成安故城、在汝州梁縣東二十三里、地理志云、成安、屬潁川郡、陳留郡又有成安縣、亦屬梁、未知孰是也、〔考證〕成安、各本作城安、今從正義本、楓、三本及漢書、錢大昕曰、漢志、陳留潁川二郡、皆有成安縣、而陳留爲梁故地、潁川爲韓故地、史稱梁成安、則爲陳留之成安無疑、又曰、安國以御史大夫病免、後爲他官以卒、篇首仍書御史大夫、亦變例、　後徙睢陽。〔正義〕今宋州宋城、　嘗受韓子雜家說於騶田生所。〔索隱〕案安國學韓子及雜家說於騶縣田生之所、　事梁孝王爲中大夫。吳・楚反時、孝王使安國及張羽爲將、扞吳兵於東界。〔索隱〕將扞、上音醬、下音汗、　張羽力戰、安國持重。以故吳不能過梁。〔考證〕何焯曰、持重二字眼目、　吳・楚已破。安國・張羽、名由此顯。梁孝王、景帝母弟。竇太后愛之、令得自請置相二千石。〔考證〕漢書、無請字、淩稚隆曰、漢初王國二千石以下吏、皆得自置、惟二千石則天子自命之、　出入游戲、僭於天子。天子聞之、心弗善也。太后知帝不善、乃怒梁使者弗見。案

責王所爲。〔考證〕淩稚隆曰、案責、蓋令使者籍記王過也、　韓安國爲梁使、見大長公主而泣曰。何梁王爲人子之孝、爲人臣之忠、而太后曾弗省也。〔集解〕徐廣曰、大長公主、景帝姊、〔索隱〕案即館陶公主、省、音仙井反、省者、察也、〔正義〕如淳云、景帝妹也、〔考證〕漢書注引如淳、妹作姊、　夫前日吳・楚・齊・趙七國反時、自關以東、皆合從西鄉。惟梁最親、爲艱難。梁王念太后・帝在中、而諸侯擾亂、一言泣數行下。〔正義〕中、謂關中也、又云、京師在天下之中、　跪送臣等六人、將兵擊卻吳・楚。〔考證〕王先謙曰、六人、安國、張羽、及汲黯傳之傅伯、儒林傳之丁寬、其二人未詳、　吳・楚以故兵不敢西、而卒破亡、梁王之力也。今太后以小節苛禮責望梁王。〔索隱〕案謂苛細小禮以責之、　梁王父兄皆帝王。所見者大。故出稱蹕、入言警。〔考證〕周壽昌曰、言平日所見、皆帝制之尊大、習慣爲常、即警蹕亦不爲異也、　車旗皆帝所賜也。〔考證〕王先謙曰、梁孝王傳、得賜天子旌旗、　即欲以侘鄙縣、驅馳國中、以

夸諸侯、令天下盡知太后・帝愛之也。[集解]徐廣曰、侘、一作衍也、駰案、侘、音丑亞反、誇也、[索隱]任、音丑亞反、字如姹、任者誇也、漢書作姱、音火亞反、衍音寒孟反、 今梁使來、輒案責之。梁王恐、日夜涕泣思慕、不知所爲。何梁王之爲子孝、爲臣忠、而太后弗恤也。大長公主具以告太后。太后喜曰。爲言之帝。言之。帝心乃解。而免冠謝太后曰。兄弟不能相教、乃爲太后遺憂。悉見梁使、厚賜之。其後梁王益親驩。太后・長公主更賜安國、可直千餘金。名由此顯、結於漢。[考證]漢書、無名字、梁玉繩曰、案安國凡兩見長公主、一救僭警蹕事、是安國爲中大夫時、一解殺袁盎事、是安國爲內史時、史分載梁孝王世家及此傳、乃互見之法、非不同也、或疑史誤分一事爲二者非、古今黈亦謂前後兩事、 其後安國坐法抵罪。蒙獄吏田甲辱安國。[集解]蒙、縣名、[索隱]抵、音丁禮反、蒙、縣名、屬梁國也、[考證]楊愼曰、田甲亡其名、顧炎武曰、史記萬石君傳、長子建、次子甲、次子乙、次子慶、甲乙非名也、失其名、而假以名之也、韓安國傳、獄吏田甲、張湯傳、湯之客田甲、漢書高五王傳、齊宦者徐甲、嚴助傳、閩越王弟甲、疑亦同此、

安國曰。死灰獨不復然乎。田甲曰。然卽溺之。居無何、梁內史缺。漢使使者拜安國爲梁內史。起徒中、爲二千石。田甲亡走。安國曰。甲不就官、我滅而宗。[考證]楓、三本、甲下不上有還字、而、汝也、 甲因肉袒謝。安國笑曰。可溺矣。公等足與治乎。[索隱]案謂不足與繩持之、治、音持也、[考證]中井積德曰、治如字、是治獄之治、 卒善遇之。梁內史之缺也、孝王新得齊人公孫詭說之、欲請以爲內史。竇太后聞。乃詔王以安國爲內史。公孫詭・羊勝說孝王、求爲帝太子、及益地事。恐漢大臣不聽。[考證]劉奉世曰、刺漢謀臣、在漢已立太子之後、此云求爲太子、恐大臣不聽、故刺之、與諸傳不同、當是此誤、梁玉繩曰、史不載益地事、見漢書鄒陽傳、 乃陰使人刺漢用事謀臣。及殺故吳相袁盎、景帝遂聞詭・勝等計畫、乃遣使捕詭・勝必得。漢使十輩至梁。相以下擧國大索。月餘不得。內史安

國聞詭・勝匿孝王所、安國入見王而泣曰。主辱臣死。[索隱]此語見國語、[考證]越語、 大王無良臣。故事紛紛至此。今詭・勝不得。請辭賜死。[考證]三本、無辭字、 王曰。何至此。安國泣數行下。曰。大王自度於皇帝、孰與太上皇之與高皇帝、及皇帝之與臨江王親。孝王曰。弗如也。安國曰。夫太上・臨江、親父子之間。然而高帝曰。提三尺劍取天下者朕也。[考證]以太上皇比竇太后、以臨江王比孝王、楓、三本、上下有皇字、江下有王字、 故太上皇終不得制事、居于櫟陽。臨江王、適長太子也。以一言過廢王臨江、[集解]如淳曰、景帝嘗屬諸姬太子母栗姬、言不遜、由是廢太子、栗姬憂死、 用宮垣事、卒自殺中尉府。[考證]張晏曰、以侵壖垣、徵自殺也、 何者治天下終不以私亂公。語曰。雖有親父、安知其不爲虎。雖有親兄、安知其不爲狼。[考證]父虎、兄狼、韻、顏師古曰、言其恩愛不可必保也、倪思曰、

此俚語、引用雖切、然不可訓、愚按宛然韓子口氣、其所學致然、今大王列在諸侯。悅一邪臣浮說、犯上禁、橈明法。[索隱]悅、漢書作怵、說文云、怵、誘也、[正義]橈、曲也、 天子以太后故不忍致法於王。[考證]漢書、王上有大字、 太后日夜涕泣、幸大王自改。而大王終不覺寤。有如太后宮車卽晏駕、大王尚誰攀乎。語未卒、孝王泣數行下、謝安國曰。吾今出詭・勝。詭・勝自殺。漢使還報。梁事皆得釋、安國之力也。[考證]王先謙曰、據梁孝王鄒陽傳、安國亦因長公主入言、得釋、傳不言者、史文互見耳、 於是景帝・太后、益重安國。[考證]楓、三本、帝下有及字、 孝王卒、共王卽位。安國坐法失官、居家。[考證]漢書、居家作家居、 建元中、武安侯田蚡爲漢太尉、親貴用事。安國以五百金物遺蚡。[考證]康海曰、以安國行賄幸進、他尚何責哉、 蚡言安國太后。天子亦素聞其賢。卽召以爲北地都尉。[考證]錢大昭曰、北地有兩都尉、北部都尉、治神泉障、渾懷都尉、治塞外渾懷障、

遷爲大司農。【考證】梁玉繩曰、當作大農令、王先謙曰、公卿表、建元二年、閩越・東越相攻。安國及大行王恢將兵、【考證】各本無兵字、依楓・三本、宋本・中統・游本及漢書補、閩越傳・漢書武紀・兩粵傳、東越作南越、此誤、建元六年事、未至越。越殺其王降。漢兵亦罷。【考證】越、卽閩越、閩越王名郢、建元六年、武安侯爲丞相、韓安國爲御史大夫。匈奴來請和親。天子下議。【考證】吳校本及漢書、議上有其字、大行王恢燕人也。數爲邊吏、習知胡事。議曰。漢與匈奴和親、率不過數歲、卽復倍約。不如勿許、興兵擊之。安國曰。千里而戰、兵不獲利。今匈奴負戎馬之足、懷禽獸之心、遷徙鳥擧。難得而制也。【考證】負、恃也、得其地、不足以爲廣。有其衆、不足以爲彊。【考證】主父偃傳、諫伐匈奴書、引李斯言云、夫匈奴無城郭之居、委積之守、遷徙鳥擧、難得而制也、得其地、不足以爲利也、遇其民、不可役而守也、自上古不屬爲人。【索隱】案晉灼云、不內屬於漢爲人、【考證】主父偃書又云、夫匈奴難得而制、非一世也、上及虞夏殷周、固弗程督、禽獸畜之、不屬爲人、不屬爲人、不隸屬爲民也、漢數千里爭利、則人馬罷。虜以全制其敝。且彊弩之極矢、不能穿魯縞。衝風之末力、不能漂鴻毛。【集解】許愼曰、魯之縞尤薄、【考證】縞毛、韻、非初不勁、末力衰也。擊之不便。不如和親。羣臣議者多附安國。於是上許和親。其明年則元光元年、鴈門馬邑豪聶翁壹、【集解】張晏曰、豪、猶帥也、【索隱】聶、姓也、翁壹、名也、漢書云、聶壹、【考證】周壽昌曰、豪、豪民、謂其邑人之傑出者耳、馬邑、今朔平府朔州、王鳴盛曰、史記韓長孺傳・匈奴傳、俱有聶翁壹、漢書於韓傳作聶壹、於匈奴傳則作聶翁壹、蓋壹者其名、翁者老稱、方言、周晉秦隴謂父爲翁、故可省、愚按漢書無則元光元年五字、通鑑考異云、史記韓長孺傳、元光元年聶壹畫馬邑事、而漢書武紀在二年、蓋元年壹始言之、二年議乃決也、匈奴初和親、親信邊。可誘以利。【考證】趙翼曰、漢書韓安國傳、載其與王恢論伐匈奴事、恢主用兵、安國主和親、反覆辨論、凡十餘番、皆邊疆大計、梁玉繩曰、此似不可略、陰使聶翁壹爲閒、亡入匈奴、謂單于曰。吾能斬馬邑令丞吏、以城降。財物可盡得。【考證】漢書無吏字、單于愛信

之、以爲然、許聶翁壹。聶翁壹乃還、詐斬死罪囚、縣其頭馬邑城、示單于使者爲信。【考證】漢書、城下有下字、曰。馬邑長吏已死。可急來。於是單于穿塞、將十餘萬騎入武州塞。【集解】徐廣曰、在鴈門、【索隱】地理志、縣名、屬鴈門、又崔浩云、今平城直西百里、有武州城、是也、【考證】今朔平府左雲縣南、當是時、漢伏兵車騎材官三十餘萬、匿馬邑旁谷中。衞尉李廣爲驍騎將軍、【集解】漢書曰、北貉燕人來致驍騎、應劭曰、驍、健也、張晏曰、驍、勇也、若六博之梟矣、太僕公孫賀爲輕車將軍、【正義】司馬續漢書云、輕車、古之戰車、大行王恢爲將屯將軍、【正義】李奇云、監主諸屯、太中大夫李息爲材官將軍、【正義】臣瓚云、材官、騎射之官、御史大夫韓安國爲護軍將軍。諸將皆屬護軍。約單于入馬邑、而漢兵縱發。王恢・李息・李廣・別從代主擊其輜重。【正義】釋名云、輜、廁也、所載衣服、雜廁其中、【考證】顏師古曰、輜、衣車也、重、謂載重物車也、故行者之資、總曰輜重、於是單于入漢長城武州塞、未至馬邑百餘里、行掠鹵。徒見畜牧於野、不見一人。單于怪之、攻烽燧、得武州尉史。欲刺、問尉史。尉史曰。漢兵數十萬、伏馬邑下。【考證】匈奴傳、作單于怪之、乃攻亭、是時鴈門尉史行徼、見寇葆此亭、單于得、欲殺之、尉史乃告單于漢兵所居、注、如淳云、近塞郡皆置尉、百里一人、士史尉史、各二人也、單于顧謂左右曰。幾爲漢所賣。【正義】幾、音祈、【考證】楓・三本、單于上、有於是二字、乃引兵還。出塞曰。吾得尉史、乃天也。命尉史爲天王。塞下傳言、單于已引去。漢兵追至塞。度弗及、卽罷。王恢等兵三萬、聞單于不與漢合、【考證】楓・三本、于下有兵字、度往擊輜重、必與單于精兵戰。漢兵勢必敗。則以便宜罷兵。皆無功。天子怒王恢不出擊單于輜重、擅引兵罷也。恢曰。始約虜入馬邑、城兵與單于接。而臣擊其輜重、可得利。【考證】楓・三本、無城兵與單于接而七字、今單于聞、不至

而還。臣以三萬人衆不敵。禔取辱耳。【集解】徐廣曰、禔、一作祇也、【考證】漢書無聞字、禔作祇、禔祇通、臣固知還而斬。然得完陛下士三萬人。於是下恢廷尉。廷尉當恢逗橈、當斬。【集解】漢書音義曰、逗、曲行避敵也、橈、顧望、軍法語也、【索隱】案應劭云、逗、曲行而避敵、音豆、又音住、住、謂留止也、橈、屈弱也、女孝反、一云橈、顧望也、恢私行千金丞相蚡。蚡不敢言上、而言於太后曰。王恢首造馬邑事。今不成而誅恢。是爲匈奴報仇也。上朝太后。太后以丞相言告上。上曰。首爲馬邑事者、恢也。故發天下兵數十萬、從其言爲此。且縱單于不可得、恢所部擊其輜重、猶頗可得以慰士大夫心。今不誅恢、無以謝天下。【考證】漢書刪其輜重三字、於是恢聞之、乃自殺。安國爲人多大略。智足以當世取舍、而出於忠厚焉。【索隱】案出者去也、言安國爲人無忠厚之行、【考證】顏師古曰、取舍、言可取則取、可止則止、王先謙曰、明於趨避、所言

所行、當世俗意也、徐孚遠曰、言意本於忠厚也、索隱非也、觀於贊語、自得之、愚按、當、猶合也、出、猶發也、貪嗜於財。所推擧皆廉士、賢於己者也。【考證】楓、三本、漢書、財下有利然二字、於梁擧壺遂・臧固・郅他。皆天下名士。【索隱】上音質、下徒河反、謂三人姓名也、壺遂也、臧固也、郅他也、若漢書則云至他、言至於他處、亦擧名士也、【考證】漢書、郅作至、王念孫曰、至、郅通、士亦以此稱慕之。唯天子以爲國器。【考證】唯、讀爲雖、安國爲御史大夫四歲餘、丞相田蚡死。安國行丞相事。奉引墮車、蹇。【集解】如淳曰、爲天子導引而墮車跛足、天子議置相。欲用安國、使使視之。蹇甚。乃更以平棘侯薛澤爲丞相。安國病免。數月蹇愈。上復以安國爲中尉。歲餘、徙爲衛尉。車騎將軍衛青擊匈奴。【集解】徐廣曰、元光六年也、出上谷、破胡蘢城。【集解】蘢、音蘢、【索隱】音龍、【考證】漢書作龍城、將軍李廣爲匈奴所得、復失之。公孫敖大亡卒。皆當斬。贖爲庶人。明年、匈奴大入邊、殺遼西

太守。及入鴈門、所殺略數千人。車騎將軍衛青擊之、出鴈門、衛尉安國爲材官將軍、屯於漁陽。【正義】幽州縣、【考證】梁玉繩曰、案安國時爲將屯將軍、非材官也、又序在元光六年、此序在元朔元年、亦誤、安國捕生虜、言匈奴遠去。卽上書言、方田作時。請且罷軍屯。罷軍屯月餘、匈奴大入上谷・漁陽。【考證】王先謙曰、據漢書武紀、匈奴傳、元朔元年、匈奴入遼西漁陽鴈門、未入上谷、安國壁乃有七百餘人。出與戰。不勝。復入壁。匈奴虜略千餘人及畜產而去。【考證】楓、三本、漢書、復作傷、王先謙曰、匈奴傳、匈奴圍安國、安國時千餘騎、亦且盡、會燕救之至、匈奴迺去、與此微異、天子聞之、怒、使使責讓安國。徙安國益東屯右北平。【正義】幽州漁陽縣東南七十七里北平城、卽漢右北平也、是時匈奴虜言當入東方。安國始爲御史大夫及護軍。後稍斥疏下遷。而新幸壯將軍衛青等、有功益貴。安國既疏遠、默默也。將屯、又爲匈奴所欺、

失亡多。甚自愧、幸得罷歸。乃益東徙屯。意忽忽不樂。數月、病歐血死。安國以元朔二年中卒。

太史公曰。余與壺遂定律歷。觀韓長孺之義、壺遂之深中隱厚。【集解】徐廣曰、一云廉正忠厚、【考證】壺遂又見史公自序、曾國藩曰、壺遂田仁、皆與子長深交、故敘梁趙諸臣多深切、世之言梁多長者。不虛哉。壺遂官至詹事。天子方倚以爲漢相。會遂卒。不然、壺遂之內廉行修、斯鞠躬君子也。【考證】中井積德曰、會遂卒句中、暗含命字、故下承之曰、不然云云、遂之命、蓋由長孺之命云爾、又曰、遷與遂蓋交善、遂爲相、則遷必被其輔翼矣、明遂之命、亦遷之命也、是處有無限感慨、

【索隱】述贊、安國忠厚、初爲梁將、因事坐法、免徒起相、死灰更然、生虜失防、推賢見重、賄金貽謗、雪泣悟主、臣節可亮、

韓長孺列傳第四十八　　史記一百八

文學博士瀧川龜太郎著

史記會注考證

史記會注考證卷一百九

漢 太 史 令 司 馬 遷 撰

宋 中 郎 外 兵 曹 參 軍 裴 駰 集 解

唐 國 子 博 士 弘 文 館 學 士 司 馬 貞 索 隱

唐 諸 王 侍 讀 率 府 長 史 張 守 節 正 義

日 本 出 雲 瀧 川 資 言 考 證

李將軍列傳第四十九　史記一百九

【考證】史公自序云、勇於當敵、仁愛士卒、號令不煩、師徒鄉之、作李將軍列傳第四十九、陳仁錫曰、子長作一傳、必有一主宰、如李廣傳以不遇時三字爲主、衛靑傳以天幸

二字爲主、恐按史公已見李將軍、又與其孫陵友、此傳詳悉靡遺、蓋得之於陵也、其上承韓安國傳、下接匈奴傳者、以見北邊非將軍不可寄管鑰、惜其不善用之也、

李將軍廣者、隴西成紀人也。【正義】成紀、秦州縣、【考證】齊召南曰、成紀縣、漢初屬隴西郡、至元光以後置天水郡、改屬焉、故志載成紀於天水下、其先曰李信。秦時爲將、逐得燕太子丹者也。故槐里。徙成紀。廣家世世受射。【索隱】案小顏云、世受射法、【正義】愛、好也、習也、【考證】正義本受作愛、索隱本、漢書作受、陳仁錫曰、廣家世受射句、乃一傳之綱領、廣所長在射、故傳中敘射事獨詳、若射匈奴射鵰者、若射白馬將、若射追騎、若射獵、若射石、若射猛獸、若射裨將、皆著廣善射之實也、末及孫陵敎射、亦與篇首世世受射句相應、孝文帝十四年、匈奴大入蕭關。而廣以良家子從軍擊胡。【索隱】案如淳云、良家子、非醫巫商賈百工也、【考證】中井積德曰、醫巫商賈百工之外、亦有良家、有賤家、註未備、徐孚遠曰、良家子從軍、蓋自以才力從大將軍、取功名、非卒伍也、用善騎射、殺首虜多、爲漢中郎。【考證】楓、三本、無中字、廣從弟李蔡亦爲郎。皆爲武騎常侍。秩八百石。【索隱】案謂爲郎而補武騎常侍、嘗從行、有所衝陷折關、及格猛獸。而文帝曰。惜乎、子不遇時。如令

子當高帝時、萬戶侯豈足道哉。【考證】關、防止也、楓、三本、不上有生字、漢書嘗從行以下十四字、改作數從射獵格殺猛獸、及孝景初立、廣爲隴西都尉。徙爲騎郎將。【集解】張晏曰、爲武騎郎將、【索隱】小顏云、爲騎郎將、謂主騎郎也、【考證】王先謙曰、百官志、郎有車戶騎三將、秩皆比千石、楓、三本、孝景下有帝字、吳・楚軍時、廣爲驍騎都尉、從太尉亞夫擊吳・楚軍、取旗、顯功名昌邑下。以梁王授廣將軍印、還賞不行。【集解】文穎曰、廣爲漢將、私受梁印、故不以賞也、徙爲上谷太守。匈奴日以合戰。【考證】三本、以作與、典屬國公孫昆邪爲上泣曰。李廣才氣天下無雙。自負其能、數與虜敵戰。恐亡之。【集解】昆、音魂、【索隱】案典屬國、官名、公孫、姓也、昆邪、名、服虔云、中國人、包愷云、昆、音魂也、【考證】公孫賀傳、昆邪作渾邪、北地義渠人、賀其孫也、顏師古曰、爲上泣、對上而泣也、於是乃徙爲上郡太守。後廣轉爲邊郡太守、徙上郡。嘗爲隴西・北地・鴈門・代郡・雲中太守。皆以力戰爲名。【考證】漢書、無後廣以下三十一字、歸有光曰、當是欲敘匈奴入上郡事、故先書徙爲上郡太守、其

實爲隴西北地鴈門代郡雲中、後乃徙上郡也、張文虎曰、後廣轉爲至爲名三十一字、疑當在後文不知廣之所之故弗從下、而衍徙上郡三字、則與漢書次序合、愚按張說爲是、

匈奴大入上郡。天子使中貴人從廣、勒習兵擊匈奴。【集解】漢書音義曰、內官之幸貴者、【索隱】案董巴輿服志云、黃門丞至密近、使聽察天下、謂之中貴人使者、崔浩云、在中而貴幸、非德望、故名不見也、【考證】宦官從軍、蓋以是爲始、中貴人將騎數十縱。【集解】徐廣曰、放縱馳騁、【考證】漢書、作將數十騎從、顏師古曰、直言將數十騎、自隨在大軍前行、而忽遇敵也、與史義異、見匈奴三人與戰。三人還射、傷中貴人、殺其騎且盡。中貴人走廣。【正義】射、音石、還、謂轉也、【考證】中井積德曰、還、環也、音旋、廣曰。是必射雕者也。【集解】文穎曰、雕、鳥也、故使善射者射也、【索隱】案服虔云、雕、鶚也、說文云、似鷲、黑色、多子、一名鷲、以其毛作矢羽、韋昭云、鶚一名鵰也、【考證】中井積德曰、鵰鷙猛剽疾、尤難射、非善射者弗能焉、廣乃遂從百騎往馳三人。【考證】顏師古曰、疾馳而逐之、三人亡馬步行。行數十里。廣令其騎張左右翼、而廣身自射彼三人者。殺其二人。生得一人。果匈奴射雕者也。已縛之上馬、【考證】漢書、馬作山、周壽昌曰、作馬是、若廣先上山、

匈奴又何以上山陳耶、望匈奴有數千騎、見廣以爲誘騎、皆驚上山陳。廣之百騎、皆大恐欲馳還走。廣曰。吾去大軍數十里。今如此以百騎走。匈奴追射我立盡。今我留、匈奴必以我爲大軍誘之。必不敢擊我。【考證】張文虎曰、各本、大下衍將字、宋中統、毛本無、與漢書合、誘之當從漢書作之誘、誘即上文所謂誘騎也、言匈奴以我爲大軍之誘敵者、不敢擊我也、廣令諸騎曰。前。前未到匈奴陳二里所止。【考證】前、句、令騎前行也、下前字、屬下讀、漢書不重前字、非是、令曰。皆下馬解鞍。其騎曰。虜多且近。即有急柰何。廣曰。彼虜以我爲走。今皆解鞍以示不走、用堅其意。【考證】王先謙曰、堅彼以我爲誘騎之意、使之不疑也、於是胡騎遂不敢擊。有白馬將、出護其兵。【正義】其將乘白馬而出監護也、李廣上馬、與十餘騎犇射殺胡白馬將、而復還至其騎中、解鞍、令士皆縱馬臥。是時會暮。胡兵終怪之、不敢

擊。【考證】楓、三本、暮上有日字、夜半時、胡兵亦以爲漢有伏軍於旁、欲夜取之、胡皆引兵而去。平旦、李廣乃歸其大軍。大軍不知廣所之、故弗從。【考證】漢書弗從下、有後徙爲隴西北地鴈門雲中太守十三字、居久之、孝景崩、武帝立。左右以爲廣名將也。於是廣以上郡太守爲未央衛尉。【考證】漢書、以爲作言、改於是廣以上郡太守、爲由是入三字、梁玉繩曰、公卿表、於元光元年書隴西太守李廣爲衛尉、則此言上郡、非也、而程不識亦爲長樂衛尉。程不識故與李廣俱以邊太守將軍屯。及出擊胡、而廣行無部伍行陳、【索隱】案百官志云、將軍領軍、皆有部曲、大將軍營五部、部校尉一人、部下有曲、曲有軍候一人也、【正義】案部伍、領也、五五相次也、在廣亦無此事也、【考證】漢書、部伍作部曲、顏師古曰、廣尚於簡易、故行道之中不立部曲也、就善水草屯舍止、人人自便、【索隱】音去聲、【考證】漢書、屯作頓、無止字、顏師古曰、頓、止也、舍、息也、便、安利也、不擊刁斗以自衞。【集解】孟康曰、以銅作鐎器、受一斗、晝炊飯食、夜擊持行、名曰刁斗、【索隱】刁音貂、案荀悅云、刁斗、小鈴、如宮中傳夜鈴也、蘇林云、形如鋗、以銅作之、無緣、受一斗、故云刁斗、鋗即鈴也、埤蒼云、

鐎、溫器、有柄斗、似銚、無緣、音焦、【正義】鐎、三足有柄者也、莫府省約文書籍事。【索隱】案大顏云、凡將軍謂之莫府者、蓋兵行舍於帷帳、故稱莫府、古字通用、遂作莫耳、小爾雅訓莫爲大、非也、【正義】晉灼曰、將軍職在征行、無常處、所在爲治、故言莫府、莫、大也、或曰、衛青征匈奴、絕大莫、大克獲、帝就拜大將軍莫中府、故曰莫府、莫府之名、始於此、顏師古曰、二說皆非也、莫府者以軍幕爲義、古字通用耳、軍旅無常居、止以帳幕言之、廉頗傳、李牧市租皆入幕府、此則非因衛青始有其號、又莫訓爲大、於義乖矣、【考證】漢書、刪籍事二字、然亦遠斥候、未嘗遇害。【索隱】案許愼注淮南子云、斥、度也、候、視也、望也、程不識正部曲行伍營陳、擊刁斗、士吏治軍簿至明、軍不得休息。然亦未嘗遇害。不識曰。李廣軍極簡易、然虜卒犯之、無以禁也。【考證】顏師古曰、卒讀曰猝、而其士卒亦佚樂、咸樂爲之死。我軍雖煩擾、然虜亦不得犯我。是時漢邊郡、李廣·程不識皆爲名將。然匈奴畏李廣之略、士卒亦多樂從李廣、而苦程不識。【考證】武安侯傳、亦程李竝稱、程不識孝景時、以數直諫爲太中大夫。爲人廉、謹於

文法。後漢以馬邑城誘單于、使大軍伏馬邑旁谷。而廣爲驍騎將軍、領屬護軍將軍。是時單于覺之去。漢軍皆無功。【考證】胡三省曰、周末置左右前後將軍、漢因之、位上卿、至武帝、置驃騎車騎等將軍、後來名號浸多、不可勝紀、謂之雜號將軍、盤洲洪氏曰、西漢雜號將軍、掌征伐背叛、事訖則罷、不常置也、顏師古曰、護軍將軍韓安國、其後四歲、廣以衞尉爲將軍、出鴈門擊匈奴。【考證】元光六年、匈奴兵多。破敗廣軍、生得廣。單于素聞廣賢、令曰。得李廣、必生致之。胡騎得廣。廣時傷病。置廣兩馬閒、絡而盛臥廣。行十餘里、廣詳死。睨其旁、有一胡兒騎善馬。【考證】顏師古曰、睨、邪視也、廣暫騰而上胡兒馬、因推墮兒、【集解】徐廣曰、一云、抱兒鞭馬南馳也、【考證】王先謙曰、廣雅釋詁、暫、猝也、漢書、作抱兒、抱讀爲抛、抛與推墮義同、取其弓、鞭馬南馳數十里、復得其餘軍。因引而入塞。匈奴捕者、騎數百追之。廣行取胡兒弓、射殺追騎。以故得脫。

於是至漢。漢下廣吏。吏當廣所失亡多、爲虜所生得、當斬。贖爲庶人。頃之家居數歲。廣家與故潁陰侯孫屏野、居藍田南山中、射獵。【集解】孫、灌嬰之孫、名強、【索隱】案灌嬰之孫、名強、【考證】史文疑有譌誤、漢書、改作數歲、與故潁陰侯屏居、嘗夜從一騎出、從人田閒飮。還至霸陵亭。霸陵尉醉、呵止廣。【索隱】案百官志云、尉、大縣二人、主盜賊、凡有賊發、則推索尋案之也、廣騎曰。故李將軍。尉曰。今將軍尚不得夜行。何乃故也。【考證】言現將軍尚且不得夜行、何況故將軍乎、止廣宿亭下。居無何、匈奴入殺遼西太守、敗韓將軍。韓將軍徙右北平、死。【集解】蘇林曰、韓安國、【考證】平下死字、各本脫、今依楓、三本、漢書、於是天子乃召拜廣爲右北平太守。廣卽請霸陵尉與俱、至軍而斬之。【考證】請、奏請也、漢書、載廣斬尉自劾、武帝不責、反加獎譽一詔、廣居右北平。匈奴聞之、號曰漢之飛將軍、避之數歲、不敢入右北平。廣出獵。

見草中石、以爲虎而射之、中石沒鏃。【集解】徐廣曰、一作沒羽、【考證】漢書、作矢、視之石也。因復更射之。終不能復入石矣。【考證】類聚引史記、入下無石字、與漢書合、此衍、何焯曰、呂覽精通篇云、養由基射虎中石、矢乃飮羽、誠乎虎也、與此相類、豈世因廣之善射、造爲此事以加之歟、段成式已疑之、愚按、西京雜記、亦以爲李廣事、廣所居郡、聞有虎、嘗自射之。【考證】楓、三本、漢書、嘗作常、及居右北平射虎。虎騰傷廣。廣亦竟射殺之。廣廉。得賞賜輒分其麾下。飮食與士共之。終廣之身、爲二千石四十餘年。家無餘財。終不言家產事。廣爲人長、猨臂。其善射亦天性也。【集解】如淳曰、臂如猨通肩、【考證】沈欽韓曰、淮南修務訓、羿左臂修而善射、亦如猨之通臂也、愚按、集解通肩、疑當作通臂、雖其子孫他人學者、莫能及廣。廣訥口少言。與人居、則畫地爲軍陳、射闊狹以飮。專以射爲戲、竟死。【集解】如淳曰、射戲求疏密、持酒以飮不勝者、【索隱】竟、謂終竟、廣身至死以爲恆也、【正義】飮、音於禁反、【考證】王先謙曰、藝文志、有李將軍射法三篇、廣之將兵、乏絕

之處、見水、士卒不盡飮、廣不近水。士卒不盡食、廣不嘗食。寬緩不苛。士以此愛樂爲用。其射、見敵急、非在數十步之內、度不中、不發。發卽應弦而倒。【考證】漢書、無急字、此疑衍、顏師古曰、度、音待各反、用此、其將兵數困辱。其射猛獸、亦爲所傷云。【考證】王先謙曰、非見敵急不射、故被敵窘迫、居頃之、石建卒。於是上召廣代建爲郎中令。元朔六年、廣復爲後將軍、從大將軍、軍出定襄、擊匈奴。諸將多中首虜率、以功爲侯者。【集解】如淳曰、中、猶充也、本秦法、得首若干封侯、【考證】大將軍、衞青、中、當也、顏師古曰、率、謂軍功封賞之科、著在法令者也、而廣軍無功。後三歲、廣以郎中令將四千騎出右北平。【考證】梁玉繩曰、案此云是元狩三年也、漢傳同、然攷名臣表、匈奴傳及漢書武紀匈奴傳、皆是元狩二年、則當作後二歲、下文敘元狩四年廣爲前將軍、云後二歲、則此言三歲之誤、尤明、博望侯張騫、將萬騎與廣俱、異道。【考證】俱、同行也、楓、三本、無此字、非、行可數百里、匈奴左賢王將

四萬騎圍廣。廣軍士皆恐。廣乃使其子敢往馳之。敢獨與數十騎馳、直貫胡騎、出其左右。〔考證〕楓、三本、漢書、與作從、而還告廣曰。胡虜易與耳。軍士乃安。廣爲圜陳外嚮。〔考證〕匈奴傳云、士皆持滿、傅矢外嚮、胡急擊之、矢下如雨。漢兵死者過半。漢矢且盡。廣乃令士持滿毋發、而廣身自以大黃射其裨將、殺數人、胡虜益解。〔集解〕徐廣曰、南都賦曰、黃閒機張、善弩之名、駰案、鄒德曰、黃肩弩、淵中黃朱之、孟康曰、太公六韜曰、陷堅敗強敵、用大黃連弩、韋昭曰、角弩、色黃而體大也、〔索隱〕案大黃黃閒、弩名也、故韋昭曰、角弩也、色黃體大、是也、〔正義〕服虔曰、黃肩、弩也、晉灼曰、黃肩、卽黃閒也、大黃、其大者也、〔考證〕王先謙曰、凡言益者、皆以漸加之詞、漢書蘇武傳、武益愈、言武漸愈也、景十三王傳、益不愛望卿、言漸不愛望卿也、李廣傳、胡虜益解、言胡虜漸解也、會日暮。吏士皆無人色。而廣意氣自如、益治軍。〔考證〕楓、三本、軍作兵、軍中自是服其勇也。明日復力戰。而博望侯軍亦至。匈奴軍乃解去。漢軍罷弗能追。是時廣軍幾沒。罷歸。漢法、

博望侯留遲後期、當死。贖爲庶人。廣軍功自如、無賞。〔考證〕漢書、自如作自當、義同、胡三省曰、自如、言功過正相當也、廣軍失亡多、而殺虜亦過當、故曰自如、初廣之從弟李蔡、與廣俱事孝文帝。景帝時、蔡積功勞至二千石。孝武帝時、至代相。〔考證〕梁玉繩曰、孝武帝時、當作今天子時、以元朔五年爲輕車將軍、從大將軍擊右賢王。有功。中率、封爲樂安侯。〔索隱〕中、音丁仲反、率、音律、亦音雙筆反、小顏云、率、謂軍功封賞之科著在法令、故云中率、〔考證〕上文云、諸將多中首虜率、元狩二年中、代公孫弘爲丞相。蔡爲人在下中。名聲出廣下甚遠。〔索隱〕案以九品而論、在下之中、當第八、然廣不得爵邑。官不過九卿。而蔡爲列侯、位至三公。諸廣之軍吏及士卒、或取封侯。廣嘗與望氣王朔燕語曰。〔考證〕天官書云、漢之爲天數者、氣則王朔、又云、王朔所候決於日旁、王先謙曰、開元占經日占中、多引王朔說、自漢擊匈奴、而廣未嘗不在其中。而諸部校尉以下、才能不及中

人。〔正義〕不及中平之人、〔索隱〕案謂不在人後、然以擊胡軍功取侯者數十人。而廣不爲後人。然無尺寸之功以得封邑者、何也。豈吾相不當侯邪。且固命也。〔考證〕楓本、漢書、然下有終字、査愼行曰、漢書刪且固命也四字、不特文氣少餘宕、且與下文數奇不相應、朔曰。將軍自念、豈嘗有所恨乎。〔考證〕楓、三本、漢書、恨下有者字、廣曰。吾嘗爲隴西守、羌嘗反。吾誘而降。降者八百餘人。吾詐而同日殺之。至今大恨。獨此耳。朔曰。禍莫大於殺已降。此乃將軍所以不得侯者也。〔考證〕此一段以敘事代議論、曾國藩曰、初廣之從弟李蔡、至此乃將軍所以不得侯者也、十餘行中、專敘廣之數奇已、令人讀之短氣、此下接敘從衞青出擊匈奴、從東道迷失道事、愈覺悲壯淋漓、若將衞青出塞事敘於前、而以廣之從弟李蔡一段議論敘於後、則無此沈雄矣、故知位置之先後、翦裁之繁簡、爲文家第一要義也、後二歲、大將軍・驃騎將軍、大出擊匈奴。廣數自請行。天子以爲老弗許。良久乃許之。以爲前將軍。是歲元狩四年也。廣既從

大將軍青擊匈奴。既出塞。青捕虜知單于所居、乃自以精兵走之、而令廣并於右將軍、軍出東道。〔集解〕徐廣曰、主爵趙食其爲右將軍、東道少回遠。而大軍行水草少、其勢不屯行。〔集解〕張晏曰、以水草少、不可羣輩、廣自請曰。臣部爲前將軍。今大將軍乃徙令臣出東道。且臣結髮而與匈奴戰。〔考證〕顏師古曰、言始勝冠、卽在戰陳、今乃一得當單于。〔索隱〕今得當單于、案廣言自少時結髮而與匈奴戰、唯今者得與單于相當遇也、臣願居前、先死單于。大將軍青亦陰受上誡、以爲李廣老數奇。〔集解〕如淳曰、數爲匈奴所敗、奇爲不偶也、〔索隱〕案服虔云、作事數不偶也、音朔、小顏音所具反、奇、蕭該音居宜反、〔考證〕顏師古曰、數奇、言廣命隻不耦合也、癸辛雜識云、數、命數、非疏數之數、毋令當單于。恐不得所欲。而是時公孫敖新失侯、爲中將軍、從大將軍。〔考證〕劉奉世曰、按青去病傳、是歲出塞、無中將軍、而敖傳是歲以校尉從大將軍、此傳誤也、大將軍亦欲使敖與俱當單于、故徙前將軍廣。〔考證〕王鳴

盛曰、衛青傳、言其微時大長公主執欲殺之、其友公孫敖往篡之、得不死、是役李廣本以前將軍從、宜在前當單于、青乃徙之出東道、使其回遠失道者、非但以其數奇恐無功、實以公孫敖新失侯、欲令俱當單于有功得侯、以報其德、故徙廣乃私也、愚按胡氏通鑑注、亦有此說、廣時知之、固自辭於大將軍。大將軍不聽。令長史封書與廣之莫府曰。急詣部如書。[正義]令廣如其文牒、急引兵徙東道也、[考證]中井積德曰、大將軍不欲親强命之、且恐其不從、故令長史以書言之、授廣府也、劉奉世曰、莫府、卽廣之前將軍之莫府也、愚按上文云、廣莫府省約文書籍事、則將軍之出、各有莫府、顏師古讀之爲往、解莫府爲衛青行軍府、誤也、廣不謝大將軍而起行。意甚慍怒而就部、引兵與右將軍食其合軍、出東道。[索隱]音異基、案趙將軍名也、或亦依字讀、軍亡導、或失道、後大將軍。[索隱]謂無人導引軍、故失道也、[考證]漢書或作惑、通、大將軍與單于接戰。單于遁走、弗能得而還。南絕幕、遇前將軍右將軍。[正義]絕、度也、南歸度沙幕、廣已見大將軍、還入軍。大將軍使長史持糒醪遺廣。[考證]顏師古曰、糒、乾飯也、醪、汁滓酒也、因問廣・食其失道狀。青欲上書

報天子軍曲折。[正義]言委曲而行迴折、使軍後大將軍也、[考證]漢書、狀下補曰字、曲折、猶言委曲事情、漢書、軍上有失字、非是、姜宸英何焯論之甚詳、廣未對。大將軍使長史急責廣之幕府對簿。[考證]莫府、廣之莫府、下同、漢書、對作上、顏師古曰、簿、謂文狀也、廣曰。諸校尉無罪。乃我自失道。吾今自上簿。至莫府、廣謂其麾下曰。廣結髮與匈奴大小七十餘戰。今幸從大將軍出、接單于兵。而大將軍又徙廣部、行回遠。而又迷失道。豈非天哉。且廣年六十餘矣。終不能復對刀筆之吏。遂引刀自剄。廣軍士大夫一軍皆哭。百姓聞之、知與不知、無老壯、皆爲垂涕。而右將軍獨下吏。當死。贖爲庶人。廣子三人、曰當戶・椒・敢。爲郎。天子與韓嫣戲。嫣少不遜。當戶擊嫣。嫣走。於是天子以爲勇。[索隱]嫣、或音偃、又音許乾反、[考證]徐孚遠曰、韓嫣於上有寵、當戶擊之、故天子稱其勇也、當戶早死。

拜椒爲代郡太守。皆先廣死。當戶有遺腹子。名陵。廣死軍時、敢從驃騎將軍。廣死明年、李蔡以丞相坐侵孝景園壖地、當下吏治。蔡亦自殺、不對獄。國除。[索隱]壖、音人絹反、又音乃段反、又音而宣反、案壖地、神道之地也、黃圖云、陽陵闕門西出神道四通、茂陵神道廣四十三丈也、[正義]漢書云、詔賜冢地陽陵、當得二十畝、蔡盜取三頃、頗賣得四十餘萬、又盜取神道外壖地一畝、葬其中、當下獄、自殺、李敢以校尉從驃騎將軍、擊胡左賢王、力戰奪左賢王鼓旗、斬首多。賜爵關內侯、食邑二百戶。代廣爲郎中令。[考證]王先謙曰、公卿表、敢爲郎中令、在元狩五年、頃之、怨大將軍青之恨其父、乃擊傷大將軍。[索隱]小顏云、令其父恨而死、[考證]王先謙曰、恨讀爲很、很、違也、大將軍匿諱之。居無何、敢從上雍、至甘泉宮獵。[索隱]雍、劉氏音尚、大顏云、雍、地形高、故云上、[考證]上、謂武帝也、楓、三本、上下有幸字、義長、時武帝連歲幸雍、故敢從之、漢書武紀亦云幸雍、驃騎將軍去病與青有親。射殺敢。去病時方貴幸。上諱云鹿觸

殺之。[考證]楓、三本、漢書、上下有爲字、居歲餘、去病死。[集解]徐廣曰、元狩六年、而敢有女爲太子中人、愛幸。[考證]沈欽韓曰、中人、蓋未有位號者、猶唐宋宮人曰內人、敢男禹有寵於太子。然好利。李氏陵遲衰微矣。李陵既壯。選爲建章監、監諸騎。善射、愛士卒。[考證]李陵事、漢書李廣傳悉其委曲、梁玉繩曰、李陵既壯以下、皆後人妄續也、無論天漢間事史所不載、而史公因陵被禍、必不書之、其詳別見于人報任安書、蓋有深意焉、觀贊中但言李廣、而無一語及陵、可見、且所續與漢傳不合、如族陵家、在陵降歲餘之後、匈奴妻陵、又在族陵家之後、而此言單于得陵卽以女妻之、漢聞其妻單于女、族陵母妻子、竝誤也、且漢之族陵家、因公孫敖誤以李緒教單于兵爲李陵之故、不關妻單于女、又杭太史云、子長盛推李少卿、以爲有國士風、雖敗不足誅、彼不死、欲得當以報、可云李氏名敗、隴西之士爲恥乎、斷非子長筆、天子以爲李氏世將、而使將八百騎。嘗深入匈奴二千餘里、過居延、視地形、無所見虜而還。[集解]徐廣曰、屬張掖、[正義]括地志云、居延海、在甘州張掖縣東北六十四里、地理志云、居延澤、古文以爲流沙、甘州在京西北二千四百六十里、拜爲騎都尉。將丹陽楚人五千人、教射酒泉・張掖、以屯衛胡。數歲。天漢二

年秋、貳師將軍李廣利、將三萬騎、擊匈奴右賢王於祁連天山。【集解】徐廣曰、出燉煌至天山。【索隱】案晉灼云、在西域、近蒲類海、又西河舊事云、白山、冬夏有雪、匈奴謂之天山也。【正義】括地志云、祁連山、在甘州張掖縣西南二百里、天山一名白山、今名初羅漫山、在伊吾縣北百二十里、伊州、在京西北四千四百一十六里。【考證】王下於字、依楓、三本、中統、游、毛本、他本脫、中井積德曰、胡人謂天爲祁連、故祁連山或稱天山、此文祁連與天重複、宜削其一、漢書單云天山、得之、 而使陵將其射士步兵五千人出居延北、可千餘里。欲以分匈奴兵、毋令專走貳師也。陵既至期還。而單于以兵八萬圍擊陵軍。陵軍五千人、兵矢既盡、士死者過半。而所殺傷匈奴亦萬餘人、且引且戰、連鬭八日、還未到居延百餘里、匈奴遮狹絕道。陵食乏而救兵不到。虜急擊、招降陵。陵曰。無面目報陛下。遂降匈奴。其兵盡沒。餘亡散、得歸漢者四百餘人。單于既得陵。素聞其家聲。及戰又壯。乃

以其女妻陵而貴之。漢聞、族陵母妻子。【考證】漢書云、漢聞李陵教單于爲兵、遂族其母妻子、而教兵者李緒、非李陵也、又云、陵在匈奴二十餘年、元平元年病死、 自是之後、李氏名敗、而隴西之士居門下者、皆用爲恥焉。

太史公曰。傳曰。其身正、不令而行。其身不正、雖令不從。其李將軍之謂也。【考證】傳論語子路篇、 余睹李將軍、悛悛如鄙人、口不能道辭。【索隱】悛音七旬反、漢書作恂恂、音詢、【考證】悛悛、誠謹貌、傳云、訥口少言、 及死之日、天下知與不知、皆爲盡哀。彼其忠實心、誠信於士大夫也。諺曰。桃李不言、下自成蹊。【索隱】案姚氏云、桃李本不能言、但以華實感物、故人不期而往其下、自成蹊徑也、以喻廣雖不能出辭、能有所感、而忠心信物故也、【考證】言、蹊雙聲、古韻相通、 此言雖小、可以諭大也。【考證】司馬相如諫獵書云、鄙諺曰、家累千金、坐不垂堂、此言雖小、可以喻大、

【索隱】述贊、猨臂善射、實負其能、解鞍卻敵、圓陣摧鋒、邊郡屢守、大軍再從、失道見斥、數奇不封、惜哉名將、天下無雙、

李將軍列傳第四十九

史記一百九

文學博士瀧川龜太郎著

史記會注考證

史記會注考證卷一百十

漢　太史令司馬遷撰

宋　中郎外兵曹參軍裴駰集解

唐　國子博士弘文館學士司馬貞索隱

唐　諸王侍讀率府長史張守節正義

日本　出雲瀧川資言考證

匈奴列傳第五十　史記一百十

【正義】此卷、或有本次平津侯後第五十二、今第五十者、先生舊本如此、劉伯莊音亦然、若先諸傳而次四夷、則司馬汲鄭不合在後也、【考證】史公自序云、自三代以來、匈

奴常爲中國患害、欲知彊弱之時、設備征討、作匈奴列傳、第五十、張文虎曰、案索隱本、正如正義所言、其述贊次第亦然、然史公自序具在、不能易也、顧炎武曰、因匈奴犯塞、而有衛霍之功、故序匈奴於衛將軍驃騎傳之前、愚按武帝啓邊釁、絕大事業、是史公所以爲立傳、與後世史乘附載四夷者不同、錢泰吉曰、正義先生舊本、卽梁孝王世家所謂張先生舊本者、

匈奴、其先祖夏后氏之苗裔也。曰淳維。【集解】漢書音義曰、匈奴始祖名、【索隱】張晏曰、淳維以殷時奔北邊、又樂產括地譜云、夏桀無道、湯放之鳴條、三年而死、其子獯粥、妻桀之衆妾、避居北野、隨畜移徙、中國謂之匈奴、其言夏后苗裔、或當然也、故應劭風俗通云、殷時曰獯粥、改曰匈奴、又服虔云、堯時曰葷粥、周曰獫狁、秦曰匈奴、韋昭云、漢曰匈奴、葷粥其別名、則淳維是其始祖、蓋與獯粥是一也、【考證】周書王會篇云、匈奴狡犬、篇後附載成湯獻令、正北之夷、十有三、亦有匈奴國名、通典云、山海經已有匈奴、其餘先秦諸書、未見記匈奴者、唐・虞以上、有山戎・獫狁・葷粥。【集解】晉灼云、堯時曰葷粥、周曰獫狁、秦曰匈奴、【正義】左傳莊三十年、齊人伐山戎、杜預云、山戎、北戎、無終三名也、括地志云、幽州漁陽縣、本北戎無終子國、【考證】中井積德曰、夏殷以下、乃有山戎獫狁葷粥之名、若虞以上無可考也、凌稚隆曰、杜註、北戎作北狄、無無終三名也五字、居于北蠻、隨畜牧而轉移。【考證】漢書、蠻作邊、隨下有草、愚按草字不必補、其畜之所多、則馬牛羊、其奇畜

則橐駞、【索隱】橐他、韋昭曰、背肉似橐、故云橐也、包愷音託他、或作駞、【正義】畜許又反、驢驘、【索隱】案古今注云、驢牡馬牝生驘、驘【正義】、音力戈反、駃騠、【集解】徐廣曰、北狄駿馬、【索隱】說文云、駃騠、馬父驘子也、廣異志、音決蹄也、發蒙記、刳其母腹而生、列女傳云、生七日超其母、騊駼、【集解】徐廣曰、似馬而青、【索隱】按郭璞注爾雅云、騊駼、馬青色、音淘塗、又字林云、野馬、山海經云、北海有獸、其狀如馬、其名騊駼也、驒騱。【集解】徐廣曰、音顚、巨虛之屬、【索隱】驒奚、韋昭驒音顚、說文野馬屬、徐廣云、巨虛之類、一云青驪白鱗、文如鼉魚、鄒誕生本、奚字作騱、逐水草遷徙、毋城郭常處耕田之業。然亦各有分地。【索隱】上音扶糞反、毋文書、以言語爲約束。兒能騎羊、引弓射鳥鼠、少長、則射狐兔、用爲食、【索隱】少長、上音式紹反、下音陟兩反、少長、謂年稍長、【考證】漢書、爲作肉、義異、士力能毋弓、盡爲甲騎。【索隱】毋弓、上音彎、如字亦通也、【考證】楓、三本、毋作貫、今依索隱本、他本及漢書作彎、其俗、寬則隨畜、因射獵禽獸爲生業、急則人習戰攻以侵伐。其天性也。其長兵則弓矢、短兵則刀鋋。【集解】韋昭曰、鋋、形似矛、鐵柄、音時年反、【索隱】音蟬、埤蒼云、鋋、小矛鐵矜、古今字詁云、穳、通作矜、利則進、不利則退、不羞遁

走。苟利所在、不知禮義。自君王以下、咸食畜肉、衣其皮革、被旃裘。壯者食肥美、老者食其餘。貴壯健、賤老弱。父死、妻其後母、兄弟死、皆收其妻妻之。其俗有名不諱。而無姓字。【集解】漢書曰、單于姓攣鞮氏、【索隱】攣、音六緣反、鞮、音丁嵇反、【考證】張文虎曰、姓字衍、漢傳無、然裴見本已衍、故引漢書證之、 夏道衰、而公劉失其稷官、變于西戎、邑于豳。【集解】徐廣曰、公劉、后稷之曾孫、【正義】周本紀云、不窋失其官、此云公劉、未詳也、【考證】顏師古曰、變、化也、謂行化於其俗、愚按謂公劉從西戎之俗也、變下有于字、與五帝紀云變北狄變南蠻者不同、 其後三百有餘歲、戎狄攻大王亶父。【集解】徐廣曰、公劉九世孫、【考證】豳、今邠州、梁玉繩曰、國語、祭公謂不窋失官、周紀取之、此言公劉、誤、已詳昭以不窋在太康時、本于人表、而攷竹書、于少康三年書復田稷、云后稷之後、不窋失官、至是而復、雖未知稷官之復、爲周何君、則固前乎公劉矣、豈得至公劉而再失官乎、又言公劉至亶父三百餘歲、亦誤、史漢吳越春秋、皆謂公劉避桀遷邠、而竹書武乙元年、依竹書凡四百三十一歲、若依前編、則六百二十一歲、何但三百餘歲哉、困學紀聞十一以此爲無據、 亶父亡走岐下。而豳人悉從亶父而邑焉。作周。【索隱】【考證】按謂始作周國也、岐、山名、今岐山縣、

其後百有餘歲、周西伯昌伐畎夷氏。【索隱】韋昭云、春秋以爲犬戎、按畎、音犬、大顏云、卽昆夷也、山海經云、黃帝生苗龍、苗龍生融吾、融吾生幷明、幷明生白犬、白犬有二牡、是爲犬戎、說文云、赤狄本犬種、字從犬、又山海經云、有人面獸身、名曰犬夷、賈逵云、犬夷、戎之別種也、【考證】顏師古曰、昆夷、昆字或作混、又作緄、二字竝音工本反、昆緄畎、聲相近耳、亦曰犬夷也、愚按畎夷卽混夷、詩大雅緜八章可證、顏說是、 後十有餘年、武王伐紂而營雒邑、復居于酆鄗。【考證】中井積德曰、以營雒爲武王之事、疎漏、 放逐戎夷涇・洛之北、以時入貢。命曰荒服。【索隱】晉灼曰、洛水、在馮翊懷德縣東南、入渭、又案水經云、出上郡雕陰泰昌山、過華陰入渭、卽漆沮水也、【考證】丁謙曰、涇水、發源平涼府西北、入渭河、 其後二百有餘年、周道衰。【索隱】案周紀云、懿王時王室衰、詩人作怨刺之詩、不能復雅也、【考證】梁玉繩曰、案史以穆王在位五十五年伐戎之事、雖未知何歲、而自武王伐紂至穆王末、未及二百年、二字疑衍、 而穆王伐犬戎、得四白狼四白鹿以歸。自是之後、荒服不至。【考證】穆王以下、采周語、 於是周遂作甫刑之辟。【考證】本尚書、漢書、甫刑作呂刑、顏師古曰、卽尚書呂刑篇是也、辟、法也、 穆王之後、二百有餘年、周幽王用寵姬褒姒之故、與申侯有

郤。【正義】故申城、在鄧州南陽縣北三十里、周宣王舅所封、【考證】歸有光曰、漢書增懿王宣王事、似不可少、徐孚遠曰、穆後西周、不及二百年、 申侯怒、而與犬戎共攻殺周幽王于驪山之下、【集解】韋昭曰、戎後來居此山、故號曰驪戎、 遂取周之焦穫、而居于涇・渭之閒、侵暴中國。【正義】括地志云、焦穫亦名瓠口、亦曰瓠中、在雍州涇陽縣城北十數里、周有焦穫也、【考證】詩小雅六月篇、玁狁匪茹、整居焦穫、侵鎬及方、至于涇陽、沈家本曰、史豈據詩而言耶、然詩乃宣王時事、豈幽王時事亦同耶、涇陽、今平涼府固原州、漢書、焦穫作鹵獲、誤、 秦襄公救周。於是周平王去酆鄗而東徙雒邑。 當是之時、秦襄公伐戎至岐、始列爲諸侯。【正義】今岐州、高誘云、秦襄公救周有功、受周故地酆鄗、列爲諸侯也、 是後六十有五年、而山戎越燕而伐齊。【索隱】服虔云、山戎、蓋今鮮卑、按胡廣云、鮮卑、東胡別種、又應奉云、秦築長城、徙役之士、亡出塞外、依鮮卑山、因以爲號、【考證】左傳桓公六年、北戎伐齊、齊侯使乞師于鄭、鄭太子忽帥師救齊、六月、大敗戎師、獲其二帥大良少良、甲首三百、以獻於齊、傳云北戎、不云山戎、解者云、今直隸滄州以北至永平府、蓋皆爲戎地、 齊釐公與戰于齊郊。【索隱】釐、音僖、名諸兒也、【考證】方苞曰、春秋傳、釐公、祿父也、索隱謂名諸兒、誤也、諸兒、襄公名、張文虎曰、索隱單本無此、 其後四十四年、

而山戎伐燕。燕告急于齊。齊桓公北伐山戎。山戎走。【考證】春秋莊公三十年云、冬、公及齊侯遇于魯濟、齊人伐山戎、三十一年云、六月、齊侯來獻戎捷、左傳云、冬、遇于魯濟、謀伐山戎也、以其病燕也、梁玉繩曰、案春秋傳、桓六年北戎伐齊之後、至莊三十年齊伐山戎、凡四十二年、 其後二十有餘年、而戎狄至洛邑、伐周襄王。襄王奔于鄭之氾邑。【索隱】蘇林、氾、音凡、今潁川襄城、是、按春秋地名云、氾邑、襄王所居、故云襄城也、【考證】左傳僖廿四年、頹叔桃子以狄伐周、大敗周師、王出適鄭、處于氾、是也、自齊伐山戎、至是二十八年、 初周襄王欲伐鄭。故娶戎狄女爲后、與戎狄兵共伐鄭。已而黜狄后。狄后怨。而襄王後母曰惠后。有子子帶。欲立之。【考證】梁玉繩曰、襄王亦惠后所生也、 於是惠后與狄后子帶爲內應、開戎狄。【考證】梁玉繩曰、案惠后已前卒矣、 戎狄以故得入、破逐周襄王、而立子帶爲天子。【考證】戎狄至洛邑以下、本國語周語、僖二十四年春秋經傳、 於是戎狄、或居于陸渾、【集解】徐廣曰、一爲陸邑、【索隱】春秋左氏、秦晉遷陸渾之戎于伊川、杜預以爲允姓之戎居陸渾、在秦晉之閒、二國誘而徙之伊川、遂從戎號、今陸渾縣是也、【考證】左傳、敍秦

晉遷陸渾之戎於倍公二十二年、在襄王奔鄭之前、與史不同、大事表云、犬戎與山戎及陸渾、各爲一族、其地亦各殊、史公混諸戎而一之、竝混戎狄而一之、疏略甚矣、東至於衞、侵盜暴虐中國。中國疾之。故詩人歌之曰。戎狄是應。薄伐獫狁、至於大原。【集解】毛詩傳曰、言逐出之而已、出輿彭彭。城彼朔方。【集解】毛詩傳曰、彭彭、四馬貌、朔方、北方、【正義】獫狁既去、北方安靜、乃築城守之、【考證】詩魯頌閟宮篇、作戎狄是膺、序云、魯僖公復周公之宇也、薄伐玁狁至於太原、小雅六月篇、序云、宣王北伐也、出輿彭彭、城彼朔方、小雅出車篇、輿作車、序云、勞還卒也、與史異、漢書亦係之宣王、周襄王既居外四年。乃使使告急于晉。晉文公初立、欲修霸業、乃興師伐逐戎翟、誅子帶、迎內周襄王、居于雒邑。【考證】梁玉繩曰、案春秋傳、僖二十四年、襄王出奔鄭、明年晉文公納王、乃襄王十六七年間事、周紀年表同、此云四年誤、當是之時、秦·晉爲彊國。晉文公攘戎翟居于河西圁·洛之閒、【集解】徐廣曰、圁在西河、音銀、洛在上郡馮翊閒、【索隱】西河圁洛、晉灼音嚚、三蒼作圖、地理志云、圁水出上郡白土縣西、東流入河、韋昭云、圁當爲圖、續郡國志及太康地志、竝作圖字也、【正義】括地志云、白土故城、在鹽州白池東北三百九十里、又云、近延州綏州銀州、本春秋時白狄所居、七國屬魏、後入秦、秦置三十六郡、洛、

漆沮也、【考證】李笠曰、集解云、圁音銀、則作圁不作圖、則明矣、梁玉繩曰、洛疑當作潞、正義云、潞州本赤狄地、延銀綏三州、白翟地、若是圁洛、則惟白狄所居、不得言赤狄矣、中井積德曰、正義十六二字、疑衍、號曰赤翟·【索隱】案左氏傳云、晉師滅赤狄潞氏、杜氏以潞、赤狄之別種也、今上黨潞縣、又春秋地名云、今曰赤涉胡、白翟。【索隱】左氏、晉師敗狄于箕、郤缺獲白狄子、杜氏以爲白狄之別種、故西河郡有白部胡、又國語云、桓公西征、攘白狄之地、遂至于西河也、【正義】括地志云、潞州、本赤狄地、延銀綏三州、白翟地、按文言圖洛之閒、號赤狄、未詳、【考證】張文虎曰、正義文言上疑有脫字、秦穆公得由余、西戎八國服於秦。故自隴以西、有緜諸·【索隱】地理志、天水有緜諸道、【正義】括地志云、緜諸城、秦州秦嶺縣北五十六里、漢緜諸道、屬天水郡、緄戎·【正義】上音昆、字當作混、顏師古云、混夷也、韋昭云、春秋以爲犬戎、翟貘之戎。【集解】徐廣曰、在天水、貘、音丸、【索隱】地理志、天水貘道、應劭以貘戎邑、音桓、【正義】括地志云、貘道故城、在渭州襄武縣東南三十七里、古之貘戎邑、漢貘道屬天水郡、岐·梁山·涇·漆之北、有義渠·【索隱】韋昭云、義渠、本西戎國、有王、秦滅之、今在北地郡、【正義】括地志云、寧州慶州西戎、卽劉拘邑城、時爲義渠戎國、秦爲北地郡也、大荔·【集解】徐廣曰、後更名臨晉、在馮翊、【索隱】按秦本紀、厲共公伐大荔、取其王城、後更名臨晉、故地理志云、臨晉故大荔國也、【正義】括地志云、同州馮翊縣及朝邑縣、本漢臨晉縣地、古大荔戎國、今朝邑縣東三十步故王城、卽大荔王城、荔、力計反、烏氏·【集解】徐廣曰、在安定、【正義】氏音支、括地志云、烏

氏故城、在涇州安定縣東三十里、周之故地、後入戎、秦惠王取之、置烏氏縣也、朐衍之戎。【集解】徐廣曰、在北地、朐音詡、【索隱】案地理志、朐衍、縣名、在北地、徐廣音詡、鄭氏音吁、【正義】括地志云、鹽州、古戎狄居之、卽朐衍戎之地、秦北地郡也、而晉北有林胡·【索隱】如淳云、林胡、卽儋林、爲李牧所滅也、【正義】括地志云、朔州、春秋時北地也、如淳云、卽儋林也、爲李牧滅、樓煩之戎。【索隱】地理志、樓煩、縣名、屬鴈門、應劭云、故樓煩胡地、【正義】括地志云、嵐州、樓煩胡地也、風俗通云、故樓煩胡地也、燕北有東胡·山戎。【集解】漢書音義曰、烏丸或云鮮卑、【索隱】服虔云、東胡、烏丸之先、後爲鮮卑、在匈奴東、故曰東胡、案續漢書曰、漢初匈奴冒頓滅其國、餘類保烏桓山、以爲號、俗隨水草居、無常處、以父之名字爲姓、父子男女、悉髡頭爲輕便也、各分散居谿谷、自有君長。往往而聚者百有餘戎。然莫能相一。自是之後、百有餘年、晉悼公使魏絳和戎翟、戎翟朝晉。【考證】王應麟曰、以左傳攷之、魯文公三年、秦始覇西戎、襄公四年、魏絳和戎、裁五十餘歲、閻若璩曰、魏絳和者北戎、非西戎也、王氏未及辨、後百有餘年、趙襄子踰句注而破幷代以臨胡貉。【集解】句音鉤、山名、在鴈門、【索隱】服虔云、句音拘、韋昭云、山名、在陰館、案貉、卽濊也、音亡格反、【考證】李笠曰、集解於句注斷句、非也、蓋幷非地、謂幷代以臨胡貉也、破下據漢書補之字、句讀自明、其後既與

韓·魏共滅智伯、分晉地而有之、則趙有代·句注之北、魏有河西·上郡、以與戎界邊。其後義渠之戎、築城郭以自守。而秦稍蠶食、至於惠王、遂拔義渠二十五城。【考證】沈家本曰、年表在惠王後十一年、惠王擊魏、魏盡入西河及上郡于秦。【考證】沈家本曰、按此者、言秦與戎界邊也、然魏入河西、在惠王八年、納上郡、在十年、皆在拔義渠二十五城之前、秦昭王時、義渠戎王與宣太后亂、有二子。【集解】昭王母也、【索隱】服虔云、昭王之母也、宣太后詐而殺義渠戎王於甘泉、遂起兵伐殘義渠。於是秦有隴西·北地·上郡、築長城以拒胡。【考證】蘇輿曰、據此、秦在昭王時已築長城、始皇特立萬里之名耳、後人以長城始於始皇、非也、中國自春秋以後、各有長城、顧炎武曰、春秋之世、田有封洫、故隨地可以設關、而阡陌之間、一縱一橫、亦非戎車之利也、觀國佐之對晉人、則可知矣、至於戰國、井田始廢、而車變爲騎、於是寇鈔易而防守難、不得已而有長城之築、史記蘇代傳、燕王曰、齊有長城鉅防、足以爲塞、竹書紀年、梁惠成王二十年、齊閔王築防以爲長城、續漢志、濟北國盧有長城、至東海、泰山記、泰山西有長城、緣河經泰山一千餘里、至琅邪臺入海、此齊之長城也、史記秦本紀、魏築長城、自鄭濱

洛、以北有上郡、蘇秦傳、說魏襄王曰、西有長城之界、竹書紀年、惠成王十二年、龍賈帥師築長城于西邊、此魏之長城也、續漢志、河南郡卷有長城、經陽武到密、此韓之長城也、水經注、盛弘之云、葉東界有故城、始犨縣東至瀙水、達沘陽、南北數百里、號爲方城、一謂之長城、郡國志曰、葉縣有長城、曰方城、此楚之長城也、若趙世家、成侯六年、中山築長城、又言、肅侯十七年、築長城、則趙與中山亦有長城矣、以此言之、中國多有長城、不但北邊也、其在北邊者、史記匈奴傳、秦宣太后起兵伐殘義渠、於是秦有隴西北地上郡、築長城以拒胡、此秦之長城也、魏世家、惠王十九年、築長城塞固陽、此魏之長城也、匈奴傳又言趙武靈王北破林胡樓煩、築長城、自代竝陰山下至高闕爲塞、而置雲中鴈門代郡、此趙之長城也、燕將秦開襲破東胡、東胡卻千餘里、燕亦築長城、自造陽至襄平、置上谷漁陽右北平遼西遼東郡以拒胡、此燕之長城也、秦滅六國、而始皇帝使蒙恬將十萬之衆北擊胡、悉收河南地、因河爲塞、築四十四縣城、臨河、徙適戍以充之、而通直道、自九原至雲陽、因邊山險、壍谿谷、可繕者治之、起臨洮至遼東萬餘里、又度河、據陽山北假中、此秦并天下之後所築之長城也、

而趙武靈王亦變俗胡服、習騎射、北破林胡・樓煩、築長城、【正義】括地志云、趙武靈王長城、在朔州善陽縣北、案水經云、白道長城北山上有長垣、若頹毀焉、沿谿亘嶺、東西無極、蓋趙武靈王所築也、自代竝陰山下、【集解】竝音傍、白浪反、【索隱】徐廣云、五原西安陽縣北有陰山、陰山在河南、陽山在河北、竝音傍、白浪反、【正義】括地志云、陰山在朔州北塞外突厥界、【考證】代郡、在今宣化府西南蔚州境、陰山、在河套東北吳喇特旗境、今所稱布爾當圖山一帶是、各本下字屬下讀、中井積德曰、當屬上句、張文虎曰、陰山索

隱有誤脫、今依蒙恬傳集解補正、至高闕爲塞、【集解】徐廣曰、在朔方、【正義】地理志云、朔方臨戎縣北有連山、險於長城、其山中斷、兩峯俱峻、士俗名爲高闕也、【考證】丁謙曰、高闕、在今河套外阿爾布坦山東、而置雲中・鴈門・代郡。其後燕有賢將秦開、爲質於胡、胡甚信之。歸而襲破走東胡。東胡卻千餘里。與荊軻刺秦王秦舞陽者、開之孫也。【考證】徐孚遠曰、此語不關本傳、以事遠爲指實也、燕亦築長城、自造陽至襄平、【集解】韋昭曰、造陽、地名、在上谷、【索隱】韋昭云、襄平、今遼東所理也、【正義】按上谷郡、今嬀州、【考證】丁謙曰、造陽、在上谷東北、上谷、卽宣化府、置上谷・漁陽・右北平・遼西・遼東郡以拒胡。當是之時、冠帶戰國七、而三國邊於匈奴。【索隱】案三國、燕・趙・秦也、其後趙將李牧時、匈奴不敢入趙邊。後秦滅六國、而始皇帝使蒙恬將十萬之衆北擊胡。【考證】楓・三本・漢書、十上有數字、梁玉繩曰、案紀表及蒙恬主父偃傳、皆云將三十萬、則此言十萬、淮南子人間訓、作五十萬、一多一少、竝非也、悉收河南地、因河爲塞、築四十四縣城臨河、【索隱】案太

康地記、秦塞自五原北九百里、謂之造陽、東行終利賁山南漢陽西也、漢一作漁、徙適戍以充之。【集解】適音丁革反、【索隱】丁革反、而通直道、自九原至雲陽。【索隱】蘇林云、去長安八千里、正南北相直道也、韋昭云、九原、縣名、屬五原也、【正義】括地志云、勝州連谷縣、本秦九原郡、漢武帝更名五原、雲陽、雍縣、秦之林光宮、卽漢之甘泉宮在焉、又云、秦故道、在慶州華池縣西四十五里子午山上、自九原至雲陽、千八百里、【考證】九原、漢五原縣、雲陽、左馮翊縣、因邊山險、壍谿谷、可繕者治之、起臨洮至遼東萬餘里。【索隱】韋昭云、臨洮、隴西縣、【正義】括地志云、秦隴西郡臨洮縣、卽今岷州城、本秦長城首起岷州西十二里、延袤萬餘里、東入遼水、【考證】漢書、治作繕、因邊以下、是說萬里長城也、中井積德曰、壍、謂以土塡之、作之崖岸也、非鑿湟也、亦非悉壍谿谷、又度河、據陽山北假中。【集解】北假、北方田官、主以田假與貧人、故云北假、【索隱】應劭云、北假、在北地陽山北、韋昭云、北假、地名、又按漢書元紀云、北假田官、蘇林以爲北方田官也、主以田假與貧人、故曰北假也、【正義】括地志云、漢五原郡河目縣故城、在北假中、北假、地名也、在河北、今屬勝州銀城縣、漢書王莽傳云、五原北假膏壤殖穀也、【考證】丁謙曰、陽山、在高闕東、陰山西北、北假、正義是、王先謙曰、河目縣、在今吳喇忒西北、當是之時、東胡彊而月氏盛。【正義】氏音支、括地志云、涼甘肅延沙等州地、本月氏國、【考證】丁謙曰、東胡部境、在直隸關東北邊外、今內蒙古諸旗地、其人種出於鮮卑、鮮卑、山名、在俄屬西伯利亞昂吉剌河南、西人稱爲東姑斯人種、甚確、以

昂吉喇河、一名東姑斯河也、月氏亦西徼大部、在今甘涼肅三州地、隋書言康國王姓溫、本月氏人、始居祁連昭武城、按昭武漢縣、屬張掖郡、漢書梁懂三注、昭武故城、在張掖西北、蓋卽今高臺縣境、匈奴單于曰頭曼。【集解】漢書音義曰、單于者、廣大之貌、言其象天單于然、韋昭曰、曼、音瞞、【索隱】案漢書、單于姓攣鞮氏、其國稱之曰撐黎孤塗單于、而匈奴謂天爲撐黎、謂子爲孤塗、單于者、廣大之貌也、言其象天、故曰撐黎孤塗單于、又玄晏春秋云、士安讀漢書、不詳此言、有胡奴在側、言之曰、此胡所謂天子、與古書所說符會也、曼、音莫官反、韋昭音瞞、頭曼不勝秦、北徙十餘年而蒙恬死、諸侯畔秦、中國擾亂、諸秦所徙適戍邊者皆復去。【考證】十餘年三字、上承秦滅六國、下到皆復去、蓋自始皇并天下、至陳涉反秦、相距十三年、於是匈奴得寬、復稍度河南、與中國界於故塞。【考證】凌稚隆曰、按河南地、今河陰是也、廣七百里、號新秦中、蒙恬所取者、陳仁錫曰、太史公敘中國與匈奴之彊弱、屢提河南塞地爲綱領、若蒙恬悉收河南地、因河爲塞、此秦強而匈奴弱也、匈奴復稍度河南、與中國界於故塞、此匈奴彊而秦弱也、匈奴與漢關故河南塞、匈奴入居河南地、此匈奴彊而漢弱也、漢遂取河南地、繕故秦時所爲塞、徙關東貧民處所奪匈奴河南新秦中、此漢彊而匈奴弱也、單于有太子、名冒頓。【索隱】冒、音墨、又如字、後有所愛閼氏、生少子。【索隱】閼音於連・於曷反二音、匈奴皇后號也、習鑿齒與燕王書曰、山下有紅藍、足下先知不、北方人探

取其花染緋黃、挼取其上英鮮者作烟肢、婦人將用爲顏色、吾少時再三過見烟肢、今日始視紅藍、後當爲足下致其種、匈奴名妻作閼支、言其可愛如烟肢也、閼音煙、想足下先亦不作此讀漢書也、而單于欲廢冒頓而立少子、乃使冒頓質於月氏。[考證]月氏見下文、冒頓既質於月氏。而頭曼急擊月氏。月氏欲殺冒頓。冒頓盜其善馬騎之、亡歸。頭曼以爲壯、令將萬騎。冒頓乃作爲鳴鏑、習勒其騎射。[集解]漢書音義曰、鏑、箭也、如今鳴箭也、韋昭曰、矢鏑飛則鳴、[索隱]應劭云、髐箭也、韋昭云、矢鏑飛則鳴、令曰。鳴鏑所射而不悉射者、斬之。行獵鳥獸。有不射鳴鏑所射者、輒斬之。已而冒頓以鳴鏑自射其善馬。左右或不敢射者。[考證]張文虎曰、者字疑衍、冒頓立斬不射善馬者。居頃之、復以鳴鏑自射其愛妻。左右或頗恐不敢射。冒頓又復斬之。居頃之、冒頓出獵、以鳴鏑射單于善馬。左右皆射之。於是冒頓知其左右皆可

用。從其父單于頭曼獵、以鳴鏑射頭曼。其左右亦皆隨鳴鏑而射、殺單于頭曼。遂盡誅其後母與弟、及大臣不聽從者。冒頓自立爲單于。冒頓既立。[集解]徐廣曰、秦二世元年壬辰歲立、是時東胡彊盛、聞冒頓殺父自立、乃使使謂冒頓、欲得頭曼時有千里馬。[考證]漢書、有作號、冒頓問羣臣。羣臣皆曰。千里馬、匈奴寶馬也。勿與。冒頓曰。柰何與人鄰國、而愛一馬乎。遂與之千里馬。居頃之、東胡以爲冒頓畏之、乃使使謂冒頓、欲得單于一閼氏。冒頓復問左右。左右皆怒曰。東胡無道、乃求閼氏。請擊之。冒頓曰。柰何與人鄰國、愛一女子乎。遂取所愛閼氏予東胡。東胡王愈益驕、西侵。與匈奴閒中有弃地。莫居千餘里。各居其邊爲甌脫。[集解]韋昭

曰、界上屯守處、[索隱]服虔云、作土室以伺漢人、又纂文曰、甌脫、土穴也、又云、是地名、故下云生得甌脫王、韋昭云、界上屯守處也、甌音一侯反、脫音徒活反、[正義]按境上斥候之室爲甌脫也、[考證]漢書閒中作中閒、甌脫、蘇武傳作區脫、丁謙曰、史漢匈奴傳、言甌脫者凡四、一、東胡與匈奴閒、有棄地、莫居千餘里、各居其邊爲甌脫、一、生得甌脫王、一、匈奴西北遠去、發人民屯甌脫、一、匈奴降者言、聞甌脫皆殺之、服虔注、甌脫作土室以伺也、師古注、境上候望之處、若今之伏宿處也、余謂服顏二說不特誤會、尤嘗於塞外情形按傳既明言棄地莫居、又言各居其邊爲甌脫、則甌脫指棄地而言、原極明析、無待申說且細讀本文、竝無防守意義、服顏二氏、豈誤認各居其邊、爲各守其邊乎、抑知地亘千里、何能徧守、既無人居、守之何爲、況匈奴之俗、同於蒙古、隨水草牧畜、移徙不常、無室廬、無城郭、其邊境并無一定界限、何故彼國人民、但習戰事、勝則進、敗則遁、無所謂守也、二氏漫以軍營斥候之法、推測虜地、用爲甌脫之解、失之遠矣、夫甌脫閒地、千里莫居、是非可以居而故棄之明甚、盖塞外境土雖極廣漠、而有水有艸、堪爲牧場者、亦殊無多、其天生棄地、人難託足、惟沙漠爲然、攷東胡部境、在奉天直隸邊外一帶、匈奴部境、在漠北外蒙古一帶、兩國中閒、盡屬沙漠、沙漠者古所謂瀚海、今所謂戈壁是也、橫亘萬里、此云千里、僅就東胡匈奴閒言之、舍此之外、豈復有如許之棄地乎、然則甌脫之義、雖指棄地、而棄地之實即沙漠、無可疑也、或謂沙漠之地、既無人居、何以有甌脫王、曰、匈奴所稱爲王者、自左右賢谷蠡奧鞬外、餘皆隨意命名、雖號甌脫王、非實居甌脫地、且甌脫閒亦有一二可居之地、如今內外蒙古各旗牧地、每有在沙漠中者、後此匈奴遠去、仍發人民屯於甌脫、藉以通受降城騎隊之聲息、若夫谷吉被殺、匈奴降者、聞甌脫皆殺之、居人所言皆然、知非要之甌脫二字、爲當時方言、今難確解、然大意不過謂不毛之地不足以居人、何所見而妄

曰作土室以伺、又何所見而曰境上候望處耶、東胡使使謂冒頓曰。匈奴所與我界甌脫外弃地、匈奴非能至也。吾欲有之。冒頓問羣臣。羣臣或曰。此弃地。予之亦可。勿予亦可。於是冒頓大怒曰。地者國之本也。柰何予之。諸言予之者、皆斬之。冒頓上馬令國中。有後者斬。遂東襲擊東胡。東胡初輕冒頓、不爲備。及冒頓以兵至、擊大破、滅東胡王、而虜其民人及畜產。既歸、西擊走月氏、南幷樓煩・白羊河南王、侵燕・代、[索隱]如淳云、白羊王居河南、[考證]顏師古曰、二王之居在河南、丁謙曰、白羊、山名、在大同府東廣靈縣境、但此時白羊樓煩二部、均居新秦中、故稱河南王、中井積德曰、河南王三字、疑衍、後文云、衛青擊胡之樓煩白羊於河南、或相因成錯謬耳、又曰、侵燕代三字、與下文複、疑衍、漢書無、悉復收秦所使蒙恬所奪匈奴地者、與漢關故河南塞、至朝那・膚施、遂侵燕・代。[集解]徐廣曰、朝那、膚施、在上郡、[正義]漢朝那故城、在原州百泉縣西七十里、屬安定郡、膚施縣秦因

不改、今延州膚施縣是、考證恬下所字、疑衍、朝那、在今平涼府西北、膚施、今延安府首縣、正義縣秦因、當作秦縣漢因、是時漢兵與項羽相距、中國罷於兵革。考證漢書兵作方、以故冒頓得自彊、控弦之士三十餘萬。自淳維以至頭曼千有餘歲、時大時小、別散分離、尙矣。其世傳不可得而次云。正義尙矣、言久遠也、考證梁玉繩曰、淳維不知何時、卽謂是夏桀之子、自商至秦、何止千有餘歲、愚按云字與下文複、漢書刪、然至冒頓、而匈奴最彊大、盡服從北夷、而南與中國爲敵國。其世傳國官號、乃可得而記云。考證王鏊曰、此段結上起下、一篇之關鍵也、凌稚隆曰、自篇首至此、將歷敘匈奴强盛、必先曰三百有餘歲、百有餘歲者、凡八書始著匈奴侵盜暴虐中國、又必曰百有餘年、百有餘年、始著昭王築長城以拒胡、然後摠結之曰、自淳維以至頭曼千有餘歲、見共傳世益久、流毒益深、是太史公敘事針線處、愚按漢書世傳國官作世姓官號、云下、有單于姓攣鞮氏、其國稱之曰撐犁孤塗單于、匈奴謂天爲撐犁、謂子爲孤塗、單于者廣大之貌也、言其象天單于然也、四十五字、置左右賢王、左右谷蠡王、集解服虔曰、谷音鹿、蠡音離、索隱服虔音鹿離、蠡又音黎、考證漢書蠡下無王字、左右大將、左右大都尉、左右大

當戶、左右骨都侯。集解骨都、異姓大臣、索隱按後漢書云、骨都侯、異姓大臣、匈奴謂賢曰屠耆、集解徐廣曰、屠一作諸、故常以太子爲左屠耆王、自如左右賢王以下、至當戶、大者萬騎、小者數千、凡二十四長、立號曰萬騎。考證賢下王字、各本脫、今依楓、三本、舊本、諸大臣皆世官。呼衍氏、蘭氏。正義顏師古云、呼衍、卽今鮮卑姓呼延者也、蘭姓、今亦有之、其後有須卜氏。集解呼衍氏、須卜氏、常與單于婚姻、須卜氏主獄訟、索隱按後漢書云、呼衍氏須卜氏、常與單于婚姻、須卜氏主獄訟也、正義後漢書云、呼衍氏須卜氏、常與單于婚姻、此三姓其貴種也。諸左方王將、居東方、直上谷以往者東、接穢貉・朝鮮。索隱案姚氏云、古字例以直爲值、值者當也、正義上谷郡、今嬀州也、言匈奴東方南出直當嬀州也、考證中井積德曰、往者二字、疑衍、班史無直上谷以東、爲句、下文直上郡以西亦然、右方王將、居西方、直上郡以西、接月氏・氐・羌。索隱西接氐羌、案風俗通云、二氐、本西南夷種、地理志、武都有白馬氐、又魚豢魏略云、漢置武都郡、排其種人、分竄山谷、或號青氐、或號白氐、纂文云、氐亦羊稱、說文云、羌、西方牧羊人、續漢書云、羌、三苗姜姓之別、舜徙于三危、今河關之西南羌是也、正義上郡故城、在涇州

上縣東南五十里、言匈奴西方、南直當綏州也、考證丁謙曰、左王將居東方、爲今克魯倫河以東、及內蒙古東四盟地、右王將居西方、爲今色楞格河以西至科布多及新疆等地、蓋蒙古地雖廣漠、而有水草足資游牧者、不外以上數處、張文虎曰、漢書無月氏二字、與索隱本合、而單于之庭、直代・雲中。索隱案謂匈奴所都處爲庭、樂產云、單于無城郭、不知何以國之、穹廬前地若庭、故云庭、正義代郡城、北狄代國、秦漢代縣城也、在蔚州羌胡縣北百五十里、雲中故城、趙雲中城、秦雲中郡、在勝州榆林縣東北四十里、言匈奴之南直當代雲中也、考證丁謙曰、單于庭在今外蒙古塞音諾顏部搭米爾河北塔米爾河流域、經線在偏西十二度三分、緯線在赤道北四十一度至四十三度、其地西南東三面、皆杭愛山所環抱、北面又有杭愛支峯巴彥集魯及賽坎等山以爲屛障、惟東北一隅爲塔米爾河流出之路、河有兩源、均發源於杭愛山麓、西源綜小水十數、滙爲台魯爾倭赫泊、復出而東流、南源稱察罕鄂倫河、卽元和林河、亦綜小水十數、經元故都和林城東北流、兩水既合、益東流、會於鄂爾坤河、又東北流、會色楞格河土拉河、共入貝加爾大泊、塔米爾河所經、兩岸多平原、土脈肥沃、草木禽獸、蕃植滋生、宜耕耘、宜畜牧、以故匈奴庭幕建於此、然其南當與寧夏相直、曰代雲中、未確、因當時測算之術不精故耳、愚按單于建庭處、史無明文、今姑錄丁氏說、以資參攷云、各有分地、逐水草移徙。而左右賢王、左右谷蠡王、最爲大國。考證劉攽曰、衍國字、左右骨都侯輔政。考證徐孚遠曰、骨都侯、爲單于近臣、不別統部落有分地也、諸二十四長、亦各自置千長百長

什長。索隱案續漢書郡國志云、里有魁、人有什伍、里魁主一里百家、什主十家、伍長五家、以相檢察、故賈誼過秦論以爲俛起什百之中、是也、考證張文虎曰、索隱郡國志、當作百官志、裨小王、相、封都尉、當戶、且渠之屬。集解徐廣曰、封、一作將、正義且、子餘反、顏師古云、今之沮渠姓、蓋本因此官、考證漢書無封字、沈家本曰、疑此衍、歲正月、諸長、小會單于庭祠。五月大會蘢城、祭其先天地鬼神。索隱漢書蘢城作龍城、亦作蘢字、崔浩云、西方胡皆事龍神、故名大會處爲龍城、後漢書云、匈奴俗、歲有三龍祠、祭天神、考證丁謙曰、龍城、卽後文龍祠、攷單于庭南有泊、曰台魯兒和赫、相傳爲龍所潛、故於五月祀之、幷祭其先及天地鬼神也、班固燕然山銘云、絕大漠、踰涿郡、乘燕然、至龍庭、史記漢書、歲五月大會龍城、後漢書、會五月龍祠、曰龍庭、曰龍城、曰龍祠、名雖異而地則同、愚按龍、胡語、其義未詳、必非蛟龍之龍、故又作蘢、秋、馬肥、大會蹛林、課校人畜計。集解漢書音義曰、匈奴秋社八月中皆會祭處、蹛音帶、索隱服虔云、音帶、匈奴秋社八月中皆會祭處、鄭氏云、地名也、晉灼云、李陵與蘇武書云、相競趨蹛林、則服虔說是也、又韋昭音多藍反、姚氏案李牧傳、大破匈奴滅襜襤、此字與韋昭音頗同、然林襤聲相近、或以林爲襤也、正義顏師古云、蹛者、遶林木而祭也、鮮卑之俗、自古相傳、秋祭無林木者、尙豎柳枝、衆騎馳遶三周乃止、此其遺法也、畜、許又反、考證沈欽韓曰、遼史國語解云、蹛林、卽松林故地、然則胡語名林木爲蹛也、新唐書、太宗以鐵勒部思結爲蹛林州、隸燕然都護府、李笠曰、索隱李陵與蘇武書、相競趨蹛林、案此李少卿逸詩也、書、當作

詩、其法、拔刃尺者死、坐盜者沒入其家、有罪小者軋、大者死。〔集解〕漢書音義曰、刃刻其面、〔索隱〕服虔云、刀割面也、音烏八反、鄧展云、歷也、如淳云、撾扶也、三蒼云、軋、輾也、說文云、輾、轢也、〔正義〕顏師古云、軋者謂輾轢其骨節、若今之厭踝者也、〔考證〕何焯曰、軋之義、似當從如說、 獄久者不過十日。一國之囚、不過數人。而單于朝出營、拜日之始生、夕拜月。其坐、長左而北鄉。〔正義〕其座北向、長者在左、以左爲尊也、〔考證〕楓、三本、生作出、 日上戊己。〔考證〕錢大昭曰、以戊己日爲吉也、周壽昌曰、上、尚字同、 其送死、有棺槨金銀衣裘、而無封樹喪服。〔集解〕張華曰、匈奴名冢曰逗落、〔考證〕漢書、裘作裳、史義爲長、 近幸臣妾從死者、多至數千百人。〔正義〕漢書、作數十百人、顏師古云、或數十人或百人、 舉事而候星月。月盛壯則攻戰。月虧則退兵。〔考證〕漢書、而候星月四字、作常隨月二字、愚按而當作常、星字疑衍、沈欽韓曰、隋書突厥傳、候月將滿、輒爲寇抄、 其攻戰、斬首虜賜一卮酒、而所得鹵獲因以予之。得人以爲奴婢。故其戰、人人自爲趨利、善爲誘兵以冒

敵。〔正義〕趣、向也、〔考證〕岡白駒曰、冒、猶覆也、覆裹取之、漢書、冒作包、顏師古曰、包、裹取之、 故其見敵則逐利、如鳥之集。其困敗、則瓦解雲散矣。戰而扶輿死者、盡得死者家財。〔考證〕楓、三本、輿作與、 後北服渾庾・屈射・丁零・鬲昆・薪犁之國。〔索隱〕屈射、國名、射、音奕、又音石、按魏略云、丁零在康居北、去匈奴庭接習水七千里、又云、匈奴北有渾窳國、〔正義〕已上五國、在匈奴北、漢書、庾作窳、地理志、朔方窳渾縣是、〔考證〕漢書、渾庾作渾窳、鬲昆作隔昆、薪犁作新犁、薪上有龍字、王念孫曰、漢書龍字、蓋涉上文龍城而衍、漢紀亦無龍字、沈欽韓曰、魏志注引魏略云、匈奴北有渾窳國、屈射國、隔昆國、新犁國、亦無龍字、丁謙曰、丁零、一作丁令、部地、在今貝加爾湖東南、貝加爾湖、古稱北海、蘇武傳、武居北海、丁零盜其牛羊、以地相鄰接故、鬲昆乃堅昆轉音、部地在唐努烏梁海境、 於是匈奴貴人大臣皆服、以冒頓單于爲賢。是時漢初定中國、徙韓王信於代、都馬邑。〔考證〕馬邑、在朔州東、梁玉繩曰、韓信未嘗徙代、 匈奴大攻圍馬邑。韓王信降匈奴。匈奴得信、因引兵、南踰句注、攻太原、至晉陽下。高帝自將兵往擊之。會冬大寒、雨雪。卒之墮指者、十二

三。於是冒頓詳敗走誘漢兵。〔考證〕何焯曰、即上所謂善爲誘兵以包敵、此蓋冒頓所長也、 漢兵逐擊冒頓。冒頓匿其精兵、見其羸弱。於是漢悉兵、多步兵三十二萬、北逐之。高帝先至平城。〔集解〕徐廣曰、在鴈門、〔考證〕平城、今大同府城、 步兵未盡到。冒頓縱精兵四十萬騎、圍高帝於白登七日。〔正義〕白登臺、在白登山上、朔州定襄縣東三十里、定襄縣、漢平城縣也、〔考證〕漢書、四十萬騎、作三十餘萬騎、白登山、在平城東十七里、 漢兵中外不得相救餉。匈奴騎、其西方盡白馬、東方盡青駹馬、北方盡烏驪馬、南方盡騂馬。〔索隱〕駹、音武江反、案青駹、馬色青、說文云、驪、黑色、案詩傳云、赤黃曰騂、〔正義〕鄭玄云、駹、不純也、說文云、駹面顙皆白、爾雅云、黑馬面白也、〔考證〕楓、三本、漢書、青駹烏驪下、皆無馬字、類聚御覽引史亦無、王念孫曰、蓋此四句皆五字爲句、其馬色之一字者、則加馬字以成文、兩字者則省馬字以協句、中井積德曰、馬四方各色、以見其軍之整而畜之饒耳、又曰、馬雜純青、故取駹而有青色、 高帝乃使使閒厚遺閼氏。閼氏乃謂冒頓曰。兩主不相困。今得漢地、而單于終非能居之也。且漢

王亦有神。單于察之。冒頓與韓王信之將王黃・趙利期。而黃・利兵又不來。疑其與漢有謀、亦取閼氏之言、乃解圍之一角。於是高帝令士皆持滿傅矢外鄉、從解角直出、竟與大軍合。〔索隱〕傅、音附、 而冒頓遂引兵而去。漢亦引兵而罷、使劉敬結和親之約。是後韓王信爲匈奴將、及趙利・王黃等、數倍約、侵盜代・雲中。居無幾何、陳豨反、又與韓信合謀擊代。漢使樊噲往擊之、復拔代・鴈門・雲中郡縣、不出塞。是時匈奴以漢將衆往降、故冒頓常往來侵盜代地。於是漢患之。高帝乃使劉敬奉宗室女公主爲單于閼氏。〔考證〕漢書、公主作翁主、顏師古曰、諸王女曰翁主者、言其父自主婚、 歲奉匈奴絮繒酒米食物各有數、約爲昆弟、以和親。冒頓乃少止。後燕

王盧綰反、率其黨數千人降匈奴、往來苦上谷以東。【考證】漢書、數千人作且萬人、高祖崩、孝惠・呂太后時、漢初定。故匈奴以驕。冒頓乃爲書遺高后妄言。高后欲擊之。【索隱】案漢書云、高后時、冒頓寖驕、乃使使遺高后書曰、孤僨之君、生於沮澤之中、長於平野牛馬之域、數至邊境、願遊中國、陛下獨立、孤僨獨居、兩主不樂、無以自娛、願以所有易其所無、高后怒、欲擊之、諸將曰。以高帝賢武、然尚困於平城。於是高后乃止、復與匈奴和親。【索隱】案漢書、季布諫高后乃止、【考證】見本史季布傳、至孝文帝初立、復修和親之事。【考證】中井積德曰、此稱和親者、非更遣女結親也、唯修前時姻親之禮耳、後多倣此、其三年五月、匈奴右賢王入居河南地、侵盜上郡葆塞蠻夷、殺略人民。【考證】何焯曰、前此匈奴復得陽山北假地、至是入居河南、故十四年大入、遂至彭陽也、胡三省曰、河南、在北河之南、蒙恬衞靑所取、皆卽此地、於是孝文帝詔丞相灌嬰、發車騎八萬五千、詣高奴擊右賢王。【正義】高奴、延州城、本漢高奴縣、舊都、【考證】在今延安府高塞縣境、右賢王走出塞。文

帝幸太原。是時濟北王反。【考證】楓、三本、時下有漢字、濟北王興居、文帝歸、罷丞相擊胡之兵。其明年、單于遺漢書曰。天所立匈奴大單于、敬問皇帝。無恙。前時皇帝言和親事、稱書意合歡。【考證】顏師古曰、稱、副也、言與所遺書意相副、而共結驩親、漢邊吏侵侮右賢王。右賢王不請、聽後義盧侯難氏等計、與漢吏相距。【集解】徐廣曰、氏、音支、【索隱】匈奴將名也、氏、音支、【考證】楓、三本、後義作俊儀、漢書氏作支、距作恨、顏師古曰、不請、不告單于也、絕二主之約、離兄弟之親。皇帝讓書再至。發使以書報。不來。漢使不至。【考證】顏師古曰、讓書、有責讓之言也、謂匈奴再得漢書、而發使將書報漢、漢留其使不得來還、而漢又更不發使至匈奴也、漢以其故不和、鄰國不附。今以小吏之敗約、故罰右賢王、使之西求月氏擊之。以天之福、吏卒良、馬彊力、以夷滅月氏、盡斬殺降下之。【考證】楓、三本、馬下有之字、漢書、彊力作力強、定樓蘭・【集解】徐廣曰、一云樓湟、【正義】漢書云、鄯善國名樓蘭、去長安一千六

百里也、烏孫・呼揭【集解】音桀、【索隱】音傑、又音丘列反、【正義】音桀、又其例反、二國皆在瓜州西北、烏孫、戰國時居瓜州、及其旁二十六國、皆以爲匈奴。【索隱】案謂皆入匈奴一國、【考證】漢書、以作已、諸引弓之民、幷爲一家。北州已定。願寢兵休士卒養馬、除前事、復故約、以安邊民、以應始古。【考證】漢書、無士字、始古作古始、使少者得成其長、老者安其處、【考證】李笠曰、當從漢書安上補得字、世世平樂。未得皇帝之志也。故使郎中係雩淺奉書、請獻橐他一匹、騎馬二匹、駕二駟。【集解】雩、音火胡反、【索隱】係、胡計反、雩、火胡反、【正義】顏師古云、駕、可駕車也、二駟、八匹馬也、皇帝卽不欲匈奴近塞、則且詔吏民遠舍。使者至、卽遣之。【考證】顏師古曰、舍、止舍也、王先謙曰、遣之、勿羈留也、以六月中、來至薪望之地。【集解】漢書音義曰、塞下地名、【索隱】望薪之地、服虔云、漢界上塞下地名、今匈奴使至於此也、【考證】漢書、薪作新、書至。漢議擊與和親孰便。公卿皆曰。單于新破月氏乘勝。不可擊。且得匈奴

地、澤鹵非可居也。和親甚便。【正義】澤鹵、上音舄、漢許之。孝文皇帝前六年、漢遺匈奴書曰。皇帝敬問匈奴大單于。無恙。使郎中係雩淺遺朕書曰。右賢王不請、聽後義盧侯難氏等計、【考證】楓、三本、後義作俊義、絕二主之約、離兄弟之親、漢以故不和、鄰國不附、【考證】楓、三本、以下有其字、今以小吏敗約、故罰右賢王、使西擊月氏、盡定之、願寢兵休士卒養馬、除前事、復故約、以安邊民、使少者得成其長、老者安其處、世世平樂。朕甚嘉之。此古聖主之意也。【考證】楓、三本、嘉作喜、漢書、主作王、漢與匈奴約爲兄弟、所以遺單于甚厚。倍約離兄弟之親者、常在匈奴。然右賢王事已在赦前。單于勿深誅。單于若稱書意、明告諸吏、使無負約有信、敬如單于書。使者言、單

于自將伐國有功、甚苦兵事。服繡袷綺衣、【集解】案小顏云、服者、天子所服也、以繡爲表、綺爲裏、以賜冒頓、字林云、袷衣無絮也、音公洽反、繡袷長襦、【集解】徐廣曰、一本無袷字、【考證】徐一本爲是、漢書無繡袷二字、錦袷袍各一、【考證】漢書、無袷字、爲是、比余一、【集解】徐廣曰、或作疏比也、【索隱】案漢書、作比疏一、比音鼻、小顏云、辮髮之飾也、以金爲之、廣雅云、比、櫛也、蒼頡篇云、靡者爲比、麁者爲梳、按蘇林說、今亦謂之梳比、或亦帶飾者也、【考證】漢書、比余作比疏、比、篦通、細齒之櫛、余疏聲近假借、疏梳通、說文、梳所以理髮也、釋名、梳言其齒疏也、篦梳、蓋疏齒之櫛、統言之一物、析言之二物、故曰比疏一、黃金飾具帶一、【集解】漢書音義曰、要中大帶、【索隱】按謂要中大帶、【考證】沈欽韓曰、趙策、武靈王賜周紹胡服衣冠、具帶黃金師比、案具、當作貝、淮南主術訓、趙武靈王貝帶鵕鸃而朝、趙國化之、高誘注、以大貝飾帶、胡服、黃金胥紕一、【集解】徐廣曰、或作犀毗、而無一字、【索隱】漢書、見作犀毗、或無下一字、此作胥者、犀聲相近、或誤、張晏云、鮮卑郭落帶、瑞獸名也、東胡好服之、按戰國策云、趙武靈王賜周紹貝帶黃金師比、延篤云、胡革帶鉤也、則此帶鉤亦名師比、則胥犀與師竝相近、而說各異耳、班固與竇憲牋云、賜犀比金頭帶、是也、繡十匹、錦三十匹、赤綈綠繒各四十匹、【索隱】案說文云、綈、厚繒也、【正義】綈、音啼、【考證】漢書、三十作二十、使中大夫意・謁者令肩遺單于。後頃之、冒頓死、子稽粥立。號

曰老上單于。【索隱】稽、音雞、粥、音育、老上稽粥單于初立。【集解】徐廣曰、一云稽粥第二單于、自後皆以第別之、孝文皇帝復遣宗室女公主爲單于閼氏、使宦者燕人中行說傅公主。【正義】行、音胡郎反、中行、姓、說、名也、【考證】中井積德曰、漢書、公主皆作翁主、非也、蓋其實翁主也、以爲公主而嫁之、如今之養子也、前後文竝做此、說不欲行。漢彊使之。說曰、必我行也、爲漢患者。【考證】張文虎曰、也邪、古通用、蓋中行說本不肯行、而彊使之、故忿曰、必欲我行邪、則當教匈奴擾漢、意甚明顯、者語絕之辭、俗乃以爲倒句法、云爲漢患者必我也、文不成義、且行字爲贅、愚按與汲黯傳、必湯也、令天下重足而立、側目而視矣、同一句法、我行、我此行也、張說非是、漢書刪我字、義異、中行說既至、因降單于。單于甚親幸之。初匈奴好漢繒絮食物。中行說曰、匈奴人衆、不能當漢之一郡。然所以彊者、以衣食異、無仰於漢也。今單于變俗好漢物。漢物不過什二、則匈奴盡歸於漢矣。【集解】韋昭曰、言漢物十中之二、入匈奴、匈奴則動心歸漢矣、【考證】顏師古曰、言漢費物十分之二、則盡得匈奴之衆也、愚按則字做而字看、其得漢繒絮、以

馳草棘中、衣袴皆裂敝。以示不如旃裘之完善也。得漢食物皆去之。以示不如湩酪之便美也。【集解】湩、乳汁也、音都奉反、【索隱】重駱、音湩酪二音、按三蒼云、湩、乳汁也、字林云、竹用反、穆天子傳云、牛馬之湩、臣菟人所具、【考證】漢書、湩作重、於是說教單于左右、疏記以計課其人衆畜物。【正義】上、許又反、【考證】楓、三本、物作牧、顏師古曰、說者、舉中行說之名也、疏、分條之也、漢遺單于書、牘以尺一寸。辭曰。皇帝敬問匈奴大單于。無恙。所遺物及言語云云。【考證】漢書、所下有以字、中井積德曰、以字與下文相應、此蓋脫文、中行說令單于遺漢書、以尺二寸牘、及印封皆令廣大長、倨傲其辭曰。天地所生、日月所置匈奴大單于、敬問漢皇帝。無恙。所以遺物言語亦云云。漢使或言曰。匈奴俗賤老。中行說窮漢使曰。而漢俗屯戍從軍當發者、其老親豈有不自脫溫厚肥美、以齎送飲食行戍

乎。【考證】而、汝也、漢書、脫作奪、楓、三本、行戍下有者字、漢使曰。然。中行說曰。匈奴明以戰攻爲事。其老弱不能鬬。故以其肥美飲食壯健者。蓋以自爲守衛如此、父子各得久相保。【考證】楓本、蓋作盡、楓、三本、如作以、漢書無蓋字、爲字守字久字、何以言匈奴輕老也。漢使曰。匈奴父子、乃同穹廬而臥、【集解】漢書音義曰、穹廬、旃帳、父死、妻其後母、兄弟死、盡取其妻妻之。【考證】漢書、作盡妻其妻、無冠帶之飾、闕庭之禮。中行說曰。匈奴之俗、人食畜肉、飲其汁、衣其皮、畜食草飲水、隨時轉移。故其急則人習騎射、寬則人樂無事。其約束輕、易行也。【考證】漢書、無其字、輕作徑、顏師古曰、徑、直也、簡率也、君臣簡易、一國之政、猶一身也。父子兄弟死、取其妻妻之、惡種姓之失也。故匈奴雖亂、必立宗種。今中國雖詳不取其父兄之妻、親屬益疏、則相

殺。至乃易姓、皆從此類。【索隱】漢書、詳作陽、此亦音羊、【考證】詳、讀爲佯、殺下有親屬、至乃易姓、與雖亂必立宗種者異、漢書類下有也字、且禮義之敝、上下交怨望、而室屋之極、生力必屈。【索隱】以言棟宇室屋之作、人盡極以營其生至於氣力屈竭也、屈、音其勿反、【正義】言競爭勝負、爲棟宇極奢侈、故營生氣力屈盡也、【考證】中井積德曰、生力、猶生計也、非氣力、夫力耕桑以求衣食、築城郭以自備。故其民急則不習戰功、緩則罷於作業。【考證】楓、三本、漢書、功作攻、義長、嗟、土室之人、顧無多辭令、喋喋而佔佔。冠固何當。【集解】喋、音諜、利口也、佔、音昌占反、衣裳貌、冠固何當、言雖復著冠、固何所當益、【索隱】鄧展曰、喋、音牒、佔、囁耳語、服虔曰、口舌喋喋、如淳曰、言汝漢人多居室中、固自宜著冠、且不足貴也、小顏云喋喋、利口也、佔佔、衣裳貌、喋、音昌涉反、佔、音占、言當思念、無爲喋喋佔佔耳、雖自謂著冠、何所當益也、【正義】喋喋、多言也、佔佔、恭謹貌、言漢人徒多言恭謹、而著冠衣、固亦何所當益也、【考證】嗟者、歎愍之言也、佔、呫同、亦多言也、無多辭令、猶言無費多言也、漢書、無多辭令三字、自是之後、漢使欲辯論者、中行說輒曰、漢使無多言。顧漢所輸匈奴繒絮米糱、令其量中、必善美而已矣。何以爲言乎。【考證】顏師古曰、顧、

念也、量中者、滿其數也、中井積德曰、何以爲言乎、漢書、作何以言爲乎、長、且所給備善則已。不備苦惡、則候秋孰、以騎馳蹂而稼穡耳。【集解】韋昭曰、苦、盬也、音若靡盬之盬、徐廣曰、蹂、音而九反、日夜教單于候利害處。【考證】王先謙曰、文紀、十一年寇狄道、漢孝文皇帝十四年、匈奴單于十四萬騎入朝那·蕭關、殺北地都尉卬、【集解】徐廣曰、姓孫、其子單封爲缾侯、白丁反、【索隱】卬、音五郎反、徐廣云、姓孫、其後子單封爲瓶侯、音白丁反、【考證】蕭關、在固原州東南、虜人民畜產甚多。遂至彭陽、【集解】徐廣曰、在安定、【索隱】出彭陽、韋昭云、安定縣、【正義】城字誤也、括地志云、彭城故城、在涇州臨城縣東二十里、案彭城在嫣州、與北地郡甚遠、明非彭城也、【考證】正義本、彭陽作彭城、使奇兵入燒回中宮。【索隱】服虔云、在北地、武帝作宮、始皇本紀、二十七年、登雞頭山、過回中、武帝元封四年、通回中道、【正義】括地志云、秦回中宮、在岐州雍縣西四十里、卽匈奴所燒者也、【考證】回中宮、在隴州、候騎至雍甘泉。【索隱】崔浩云、候、邏騎、【正義】括地志云、雲陽也、秦之林光宮、漢之甘泉、在雍州雲陽西北八十里、秦始皇作甘泉宮、去長安三百里、望見長安、秦皇以來祭天圜丘處、【考證】中井積德曰、候與邏亦有辨、候、主候望、邏、主巡察、於是文帝以中尉周舍·郎中令張武爲將軍、發車

千乘騎十萬、軍長安旁、以備胡寇、而拜昌侯盧卿爲上郡將軍、【索隱】案表、盧作旅、古今字異耳、甯侯魏遬爲北地將軍、隆慮侯周竈爲隴西將軍、東陽侯張相如爲大將軍、成侯董赤爲前將軍、【正義】赤、音赫、大發車騎往擊胡。【集解】徐廣曰、內史欒布亦爲將軍、【考證】王先謙曰、上郡、北地、隴西、竝以屯地名之、何焯曰、此專以備右賢王也、及置朔方開河西四郡、則無事此矣、單于留塞內月餘、乃去。漢逐出塞、卽還、不能有所殺。匈奴日已驕、【考證】楓、三本、漢書、已作以、歲入邊、殺略人民畜產甚多、雲中·遼東最甚。至代郡萬餘人。【考證】漢書、無至代二字、漢患之、乃使使遺匈奴書、單于亦使當戶報謝、復言和親事。孝文帝後二年、使使遺匈奴書曰。皇帝敬問匈奴大單于。無恙。使當戶且居雕渠難·郎中韓遼、遺朕馬二匹。已至、敬受。【索隱】漢書、且居作且渠、匈奴官號、按樂彥云、當戶、且渠、

各自一官、雕渠難爲此官也、【正義】雕渠難者、其姓名也、且、音子余反、先帝制、長城以北引弓之國、受命單于、長城以內冠帶之室、朕亦制之、使萬民耕織射獵衣食、父子無離、臣主相安、俱無暴逆。今聞渫惡民、貪降其進取之利、【考證】渫、汚也、晉灼曰、邪惡不正之民、愚按降字疑衍、後人依漢書誤補、漢書作貪降其趨、亦不成義、倍義絕約、忘萬民之命、離兩主之驩。然其事已在前矣。書曰。二國已和親、兩主驩說、寢兵休卒養馬、世世昌樂、闟然更始。朕甚嘉之。【集解】徐廣曰、闟、音翕、安定意也、【考證】邵銳曰、其事已在前、與前事在赦前意同、得尊中國體、書、來書、漢書、闟作翕、聖人者日新。改作更始、使老者得息、幼者得長、各保其首領、而終其天年。【考證】張文虎曰、王、柯、凌本、年作命、朕與單于俱由此道、順天恤民、世世相傳、施之無窮、天下莫不咸便。漢與匈奴、鄰敵之國。【考證】鄰敵之國、從三條本、宋本、毛本、與漢書合、敵、匹敵、匈奴處北、地寒、

殺氣早降。故詔吏遺單于秫櫱金帛絲絮佗物、歲有數。今天下大安、萬民熙熙。朕與單于爲之父母。朕追念前事、薄物細故、謀臣計失。皆不足以離兄弟之驩。朕聞天不頗覆、地不偏載。【考證】顏師古曰、頗亦偏也、 朕與單于、皆捐往細故、俱蹈大道、墮壞前惡、以圖長久、使兩國之民、若一家子、元元萬民、下及魚鼈、上及飛鳥、跂行喙息蠕動之類、莫不就安利而辟危殆。【集解】案跂、音岐、又音企、言蟲豸之類、或企踵而行、或以喙而息、皆得其安也、三蒼云、蠕蠕、動貌、音軟、淮南子云、昆蟲蠕動、【正義】凡有足而行曰跂行、凡有口而息曰喙息、周書云、麕鹿之類爲跂行、竝以足跂不著地、如人企、按又音企、【考證】跂行喙息、正義是、漢書禮樂志郊祀歌、跂行畢及、公孫弘傳、跂行喙息、咸得其宜、新語道基篇、跂行喘息、蜎飛蠕動之類、淮南子俶眞訓、蠉飛蠕動、跂行噲息、其義可徵、蓋漢初通行之語、 故來者不止、天之道也。【考證】故、更端之辭、漢人常語、 俱去前事。朕釋逃虜民、單于無言章尼等。【索隱】案文帝云、我今日竝釋放彼國逃亡虜、遺之歸本國、汝單于放

無得更以言詞訴於章尼等責其逃也、【考證】中井積德曰、釋、謂舍而不問、虜、謂彼自鹵略者、與逃別項、顏師古曰、章尼等、皆背單于降漢者、 朕聞古之帝王約分明、而無食言。單于留志、天下大安。和親之後、漢過不先。單于其察之。【考證】顏師古曰、漢過不先、言更不負約、 單于既約和親。於是制詔御史曰。匈奴大單于遺朕書、言和親已定。亡人不足以益衆廣地。匈奴無入塞、漢無出塞。犯令約者殺之。可以久親。後無咎、俱便。【考證】亡人、上文所謂逃虜民、章尼等、漢書令作今、 朕已許之。其布告天下、使明知之。【考證】此與文紀所載詔文詳略互見、 後四歲、老上稽粥單于死、子軍臣立爲單于。既立、【集解】徐廣曰、後元三年立、 孝文皇帝復與匈奴和親、而中行說復事之。軍臣單于立四歲、【集解】徐廣曰、孝文後元七年崩、而二年荅單于書、其明五年、而此云後四年、又立四歲、數不容爾也、孝文後六年冬、匈奴入上郡雲中也、【考證】漢書四歲作歲餘、爲是、 匈奴復絕和親、大入上郡·雲中、各三

萬騎、所殺略甚衆而去。於是漢使三將軍軍屯北地。代屯句注、趙屯飛狐口。【考證】句注山、在鴈門陰關、今代州西北、丁謙曰、飛狐、谷名、水經注、代郡南四十里有飛狐關、今廣昌縣北黑石嶺也、飛狐關、當在今蔚州南北峪口地、前人謂在廣昌縣、蓋舊爲高昌地、非高昌縣城也、 緣邊亦各堅守、以備胡寇。又置三將軍軍長安西細柳、渭北棘門·霸上以備胡。【考證】三將軍、周亞夫、徐厲、劉禮、 胡騎入代句注、邊烽火通於甘泉·長安數月。漢兵至邊、匈奴亦去遠塞。漢兵亦罷。【考證】何焯曰、文帝大發兵者再、終不遠追出塞、 後歲餘、孝文帝崩、孝景帝立。【考證】王先謙曰、元年四月、遣御史大夫陶青和親、二年、復與匈奴和親、竝見漢紀、 而趙王遂乃陰使人於匈奴。吳·楚反、欲與趙合謀入邊。漢圍破趙。匈奴亦止。自是之後、孝景帝復與匈奴和親、通關市、給遺匈奴、遣公主如故約。終孝景時。時小入盜邊、無大寇。【考證】漢書、公主作翁主、說見上文、王先謙曰、帝紀、五年、遣公主、中二年、

入燕、六年、入鴈門至武泉入上郡、後二年、入鴈門、 今帝即位、明和親約束、厚遇、通關市、饒給之。匈奴自單于以下皆親漢、往來長城下。漢使馬邑下人聶翁壹奸蘭出物、與匈奴交。【集解】漢書音義曰、私出塞、與匈奴交市、【索隱】按衛青傳、唯稱聶壹、顧氏云、壹、名也、老故稱翁、義或然也、奸蘭、上音干、干蘭、謂犯禁私出物也、【考證】聶翁壹事、又見韓長孺傳、漢書、奸蘭作間闌、 詳爲賣馬邑城、以誘單于。【考證】詳、讀爲佯、 單于信之、而貪馬邑財物、乃以十萬騎入武州塞。【索隱】蘇林云、在鴈門也、【考證】元光二年、 漢伏兵三十餘萬馬邑旁、御史大夫韓安國爲護軍、護四將軍、以伏單于。【考證】顏師古曰、伏兵而待單于也、楓三本、漢書、護軍下有將軍二字、 單于既入漢塞、未至馬邑百餘里、見畜布野而無人牧者、怪之。乃攻亭。是時鴈門尉史行徼。見寇、葆此亭。知漢兵謀。【索隱】如淳云、律近塞郡、皆置尉一人、士史尉史各二人也、【考證】漢書、葆作保、漢書注引漢律云、近塞郡皆置尉、百里一人、士史尉史各二人、巡行徼塞也、 單于得、欲

殺之。尉史乃告單于漢兵所居。【集解】徐廣曰、一云、乃下、具告單于。單于大驚曰、吾固疑之。乃引兵還。出曰、吾得尉史、天也。天使若言。以尉史爲天王。漢兵約單于入馬邑而縱。【考證】縱、謂放兵擊之也。漢書、縱下有兵字。單于不至。以故漢兵無所得。漢將軍王恢部出代擊胡輜重、聞單于還、兵多、不敢出。【考證】部、猶別隊也。漢以恢本造兵謀、而不進、斬恢。【集解】韓長孺傳曰、恢自殺。【考證】漢書武紀云、恢下獄死。各不同。自是之後、匈奴絕和親、攻當路塞。【索隱】蘇林云、直當道之塞。往往入盜於漢邊、不可勝數。然匈奴貪、尚樂關市、嗜漢財物、漢亦尚關市不絕、以中之。【正義】如淳云、得具以利中傷之。【考證】顏師古曰、以關市中其意。中井積德曰、以關市奇中其欲而制之。非中傷之謂。自馬邑軍後五年之秋、漢使四將軍各萬騎擊胡關市下。【考證】元光六年。梁玉繩曰、秋當作春。武紀可據。將軍衛青出上谷至蘢城。

得胡首虜七百人。【考證】漢書、蘢城作龍城。丁謙曰、衛青所至之龍城、據讀史兵略注、在察哈爾左翼旗界、非漢北單于建庭處。衛青出高闕六七百里、夜圍右賢王、知其時右賢王駐地距河套西北不遠。公孫賀出雲中、無所得。公孫敖出代郡、爲胡所敗七千餘人。李廣出鴈門、爲胡所敗、而匈奴生得廣。廣後得亡歸。漢囚敖・廣。敖・廣贖爲庶人。其冬、匈奴數入盜邊。漁陽尤甚。【考證】武紀、冬作秋。漢使將軍韓安國屯漁陽備胡。其明年秋、【考證】元朔元年。匈奴二萬騎入漢、殺遼西太守、略二千餘人。胡又入敗漁陽太守軍千餘人。【考證】漢書武紀、作敗都尉。圍漢將軍安國。安國時千餘騎、亦且盡。會燕救至。匈奴乃去。【考證】詳韓長孺傳。匈奴又入鴈門、殺略千餘人。於是漢使將軍衛青將三萬騎出鴈門、李息出代郡、擊胡。得首虜數千人。其明年、衛青復出雲中以西

至隴西、擊胡之樓煩・白羊王於河南、得胡首虜數千牛羊百餘萬。於是漢遂取河南地、築朔方、復繕故秦時蒙恬所爲塞、因河爲固。漢亦棄上谷之什辟縣造陽地以予胡。是歲漢之元朔二年也。【集解】什、音斗。漢書音義曰、言縣斗辟曲近胡。【索隱】按孟康云、縣斗辟西近胡也。什音斗、辟音僻。造陽即斗辟縣中地。【正義】按曲幽辟縣入匈奴界者、造陽地弃與胡也。【考證】漢書、什作斗。顏師古曰、斗、絕也。縣之斗曲入匈奴界者、其中造陽地也。辟、讀曰僻。齊召南曰、案造陽地當在上谷最北。即前文所云燕亦築長城、自造陽至襄平者也。據後文、則造陽之北凡九百里、後世如開平州興州等之地。疑即古之造陽。沈濤曰、說文序、人持十爲斗。什即斗字。裴氏乃云音斗、誤矣。其後冬、匈奴軍臣單于死。軍臣單于弟左谷蠡王伊稚斜自立爲單于。【索隱】伊穉斜、穉音持利反、斜音士嗟反。鄒誕生音直牙反。蓋穉斜胡人語、近得其實。攻破軍臣單于太子於單。【索隱】音丹。於單亡降漢。漢封於單爲涉安侯。數月而死。伊稚斜單于既立。其夏、匈奴數萬騎入殺代郡太守恭友、略千餘

人。【考證】據漢書武紀、事在元朔三年。各本、友作及。今從館本。名臣表、衛霍傳集解、漢書匈奴傳、並作共友。共姓、友名。共恭同。其秋、匈奴又入鴈門、殺略千餘人。【考證】漢武紀、秋作夏。其明年、匈奴又復入代郡・定襄・上郡、各三萬騎、殺略數千人。【正義】括地志云、定襄故城、在朔州善陽縣北三百八十里。地理志、定襄郡高帝置也。【考證】元朔四年冬。匈奴右賢王怨漢奪之河南地而築朔方、數爲寇盜邊。及入河南、侵擾朔方、殺略吏民甚衆。其明年春、漢以衛青爲大將軍、將六將軍十餘萬人、出朔方・高闕擊胡。【考證】元朔五年。據衛將軍傳、青出師時尚爲車騎將軍、立功後始爲大將軍。六將軍、詳衛青傳。何焯曰、再出衛青傳云、大行李息・岸頭侯張次公爲將軍、俱出右北平、以牽綴其東。右賢王以爲漢兵不能至、飲酒醉。【考證】楓・三本、醉下有臥字。漢兵出塞六七百里、夜圍右賢王。右賢王大驚、脫身逃走。諸精騎往往隨後去。漢得右賢王衆男女萬五千人、裨小王十餘人。其秋、匈奴萬

騎入殺代郡都尉朱英、略千餘人。【考證】漢書、朱英作朱央、 其明年春、漢復遣大將軍衞青、將六將軍兵十餘萬騎、乃再出定襄數百里、擊匈奴、得首虜前後凡萬九千餘級。【考證】元朔六年、何焯曰、直單于庭北出、楓山本、漢書、乃作仍、顏師古曰、仍、頻也、楓、三本、得下有胡字、 而漢亦亡兩將軍、軍三千餘騎。【集解】徐廣曰、合有三千耳、 右將軍建得以身脫。【正義】建、蘇武父也、 而前將軍翕侯趙信、兵不利、降匈奴。趙信者、故胡小王、降漢。漢封爲翕侯、以前將軍與右將軍幷軍分行。【正義】與大軍別行也、【考證】漢書、分誤作介、脫行字、 獨遇單于兵。故盡沒。單于既得翕侯、以爲自次王、用其姊妻之、與謀漢。【正義】自次者、尊重次於單于、【考證】自次、蓋胡語、正義以漢語解之、非也、 信敎單于、益北絕幕、以誘罷漢兵、徼極而取之、無近塞。【集解】應劭曰、幕、沙幕、匈奴之南界、瓚曰、沙土曰幕、直度曰絕、【索隱】按徼、要也、謂要其疲極而取之、【正義】徼、音古堯反、徼、要也、

要漢兵疲極而取之、無近塞居止、【考證】何焯曰、此後匈奴計不出此、 單于從其計。其明年、胡騎萬人入上谷、殺數百人。【考證】元狩元年夏、 其明年春、漢使驃騎將軍去病、將萬騎出隴西、過焉支山千餘里、擊匈奴。【正義】焉、音烟、括地志云、焉支山、一名刪丹山、在甘州刪丹縣東南五十里、西河故事云、匈奴失祁連焉支二山、乃歌曰、亾我祁連山、使我六畜不蕃息、失我焉支山、使我婦女無顏色、其愍惜乃如此、【考證】元狩二年、漢改刪丹爲張掖縣、今甘州山丹縣治、明地志、山丹縣東南有焉支山、在今山丹縣東南、永昌縣西北、俗稱大黃山、何焯曰、遣驃騎擊其西、春小試之、夏大發兵、愚按隴西之役、驃騎本傳較詳、參看、 得胡首虜騎萬八千餘級、破得休屠王祭天金人。【集解】漢書音義曰、匈奴祭天處、本在雲陽甘泉山下、秦奪其地、後徙之休屠王右地、故休屠有祭天金人、象祭天人也、【索隱】韋昭云、作金人以爲祭天主、崔浩云、胡祭以金人爲主、今浮圖金人是也、又漢書音義稱、金人祭天、本在雲陽甘泉山下、秦奪其地、徙之於休屠王右地、故休屠有祭天金人象、祭天人也、事恐不然、案得休屠金人、後置之於甘泉也、【正義】括地志云、徑路祠神、在雍州雲陽縣西北九十里甘泉山下、本匈奴祭天處、秦奪其地、後徙休屠右地、按金人即今佛像、是其遺法、立以爲祭天主也、【考證】三條本、無騎字、張文虎曰、騎萬二字疑衍、驃騎傳無、漢書亦無、中井積德曰、金人卽佛像、別自祠之耳、與祭天不相涉、當時不之知也、謬傳以爲祭天之用矣、注顏傳會、愚按金人蓋獲諸西域者、未必奉其敎以祠之、沈欽

韓曰、始皇十年、迎太后、復居甘泉宮、十五年、韓非死雲陽、則雲陽爲秦地久矣、三十二年、使蒙恬略取河南地、則漢之朔方郡耳、寧得以前與秦逼處數十里間乎、地理志、左馮翊雲陽縣、有休屠金人及徑路神祠越巫䮲祠、此因霍去病得休屠金人、置諸雲陽、郊祀志作甘泉宮、以致天神、是也、本以得金人而有其祠、說者反謂匈奴祭天之處、顚矣、

其夏、驃騎將軍復與合騎侯數萬騎出隴西·北地二千里、擊匈奴、過居延攻祁連山、【索隱】韋昭曰、居延、張掖縣、按西河舊事云、祁連山在張掖酒泉二界上、東西二百餘里、南北百里、有松柏五木、美水草、冬溫夏涼、宜畜牧、匈奴失二山、乃歌云、亾我祁連山、使我六畜不蕃息、失我燕支山、使我嫁婦無顏色、祁連一名天山、亦曰白山也、【考證】張晏曰、居延、水名、丁謙曰、居延水、丹州北山丹河、明志、甘州衞西北有故祁連城、西南有祁連山、 得胡首虜三萬餘人、裨小王以下七十餘人。【考證】漢書、無七字、 是時匈奴亦來入代郡雁門、殺略數百人。漢使博望侯及李將軍廣出右北平、擊匈奴左賢王。【考證】何焯曰、兩將軍擊其東、左賢王、各本作右賢王、今從凌本及李將軍傳漢書、凌稚隆曰、詳李廣傳、 左賢王圍李將軍。卒可四千人、且盡。殺虜亦過當。會博望侯軍救至。李將軍得脫。漢失亡數

千人。合騎侯後驃騎將軍期、及與博望侯皆當死。贖爲庶人。其秋、單于怒渾邪王·休屠王居西方、爲漢所殺虜數萬人、欲召誅之。渾邪王與休屠王恐謀降漢。【集解】徐廣曰、元狩二年也、【考證】楓、三本、恐謀作恐誅、 漢使驃騎將軍往迎之。渾邪王殺休屠王、幷將其衆、降漢。凡四萬餘人、號十萬。【考證】何焯曰、驃騎再西、前斬三萬級、此復降四萬人、右王不能軍矣、後出代攻左王、得首虜亦七萬餘人、左王不能軍矣、冒頓之盛、控弦之士三十餘萬、於是幾耗其種之半、 於是漢已得渾邪王、則隴西·北地·河西益少胡寇。徙關東貧民、處所奪匈奴河南新秦中以實之、而減北地以西戍卒半。【索隱】如淳云、新秦中、在長安以北、朔方以南、漢書食貨志云、徙貧人充朔方以南新秦中、是也、【正義】服虔云、地名、在北地、廣六七百里、長安北、朔方南、史記以爲秦始皇遣蒙恬斥逐北胡、得肥饒之地七百里、徙內郡人民、皆往充實之、號曰新秦中也、 其明年、匈奴入右北平·定襄、各數萬騎、殺略千餘人而去。【考證】元狩三年、 其明年

春、漢謀曰、翕侯信爲單于計、居幕北、以爲漢兵不能至。乃粟馬、發十萬騎、負私從馬凡十四萬匹、糧重不與焉。【正義】謂負擔衣糧、私募從者凡十四萬匹、【考證】元狩四年、漢書、負私作私負、王念孫曰、私負從馬、謂私負衣裝而從之馬、中井積德曰、負私從馬凡十四萬匹爲一句、此惟計馬數、不計人數、下文云糧重不與、正義擔字糧字募字皆當刪、愚按、大宛傳云、負私從者不與、漢書李廣傳亦作負私、　令大將軍青・驃騎將軍去病中分軍、大將軍出定襄、驃騎將軍出代、咸約絕幕擊匈奴。單于聞之、遠其輜重、以精兵待於幕北、與漢大將軍接戰。【考證】何焯曰、昆邪來降、則西方無復匈奴、故兩軍皆東、大將軍遇單于、驃騎值左賢王也、　一日會暮、大風起。漢兵縱左右翼圍單于。單于自度戰不能如漢兵。【考證】楓、三本、會下有日字、漢書、如作與、　單于遂獨身與壯騎數百潰漢圍、西北遁走。漢兵夜追、不得。行斬捕匈奴首虜萬九千級。【考證】顏師古曰、且行且捕斬之、　北至闐顏山趙信城

而還。【集解】如淳曰、信前降匈奴、匈奴築城居之、【考證】何焯曰、直北、漢書、闐顏作寘顏、丁謙曰、寘顏山、蓋杭愛山南面之一支、趙信城在此山間、　單于之遁走、其兵往往與漢兵相亂而隨單于。單于久不與其大衆相得。【考證】楓、三本、漢兵作漢軍、　其右谷蠡王以爲單于死、乃自立爲單于。眞單于復得其衆、而右谷蠡王乃去其單于號、復爲右谷蠡王。漢驃騎將軍之出代二千餘里、與左賢王接戰。漢兵得胡首虜凡七萬餘級。左賢王將皆遁走。【考證】何焯曰、遁而東、先解右肩、復斷左臂、皆驃騎之爲也、　驃騎封於狼居胥山、禪姑衍、臨翰海而還。【集解】如淳曰、翰海、北海名、【正義】按翰海自一大海名、羣鳥解羽伏乳於此、因名也、【考證】楓、三本、驃騎下有將軍二字、丁謙曰、驃騎出代與左王將戰、揆其地望、當在克魯倫河境、狼居胥山在塞外西北沙漠間、今尚有狼居胥山碑遺蹟、姑衍、亦山名、未詳所在、齊召南曰、按翰海、北史作瀚海、即大漠之別名、沙磧四際無涯、故謂之海、張晏・如淳以大海北海解之、非也、本文明云出代右北平二千餘里、則其地正在大漠、安能及絕遠之北海哉、塞外遇巨澤大海、通稱爲海、　是後匈奴遠遁、而幕南無王庭。

漢度河、自朔方以西至令居、往往通渠置田、官吏卒五六萬人、稍蠶食、地接匈奴以北。【集解】徐廣曰、令居、在金城、【索隱】徐廣云、在金城、地理志云、張掖令居縣、姚氏令音連、小顏云、音零、【正義】匈奴舊以幕爲王庭、今遠徙幕北、更蠶食之、漢境連接匈奴舊地以北也、【考證】丁謙曰、令居、漢縣、屬金城、今平番縣地、　初、漢兩將軍大出圍單于、所殺虜八九萬、而漢士卒物故亦數萬、漢馬死者十餘萬。【索隱】漢士物故、案釋名云、漢以來謂死爲物故、物就朽故也、又魏臺訪議、高堂崇對曰、聞之先師、物、無也、故、事也、言無復所能於事者也、【考證】索隱本、漢書、士下無卒字、物、猶事也、不正言死、諱云事故、索隱臺、各本譌壹、案隋志、魏臺雜訪議一卷、高堂隆撰、　匈奴雖病遠去、而漢亦馬少、無以復往。匈奴用趙信之計、遣使於漢、好辭請和親。天子下其議、或言和親、或言遂臣之。丞相長史任敞曰、匈奴新破困、宜可使爲外臣、朝請於邊。【考證】漢書無可字、　漢使任敞於單于。單于聞敞計、大怒、留之不遣。【考證】楓、三本、遣作歸、　先是漢亦有所降匈奴

使者、單于亦輒留漢使相當。漢方復收士馬、會驃騎將軍去病死。【考證】元狩六年、　於是漢久不北擊胡數歲。伊稚斜單于立十三年死、子烏維立爲單于。是歲漢元鼎三年也。烏維單于立、而漢天子始出巡郡縣。其後漢方南誅兩越、不擊匈奴、匈奴亦不侵入邊。【正義】兩越、南越・東越、【考證】漢書武紀、元鼎五年、匈奴入五原、殺太守、與此不同、　烏維單于立三年、漢已滅南越、遣故太僕賀將萬五千騎出九原二千餘里、至浮苴井而還、不見匈奴一人。【索隱】苴、音子餘反、臣瓚云、去九原二千里、見漢輿地圖、【考證】丁謙曰、浮苴井、當在杭愛山北、據漢書武紀、滅南越在元鼎六年春、遣公孫賀在六年秋、漢書、南越作兩越、誤、　漢又遣故從驃侯趙破奴萬餘騎出令居數千里、至匈河水而還、亦不見匈奴一人。【索隱】臣瓚云、匈河、水名、去令居千里、【考證】各本、匈河作匈奴河、索隱本無奴字、與衞霍傳合、梁玉繩曰、匈河、水名、故趙破奴爲匈河將軍、劉敞・劉攽並以奴爲衍字、　是時天子

巡邊至朔方、勒兵十八萬騎、以見武節、【考證】元封元年、而使郭吉風告單于。郭吉既至匈奴。匈奴主客問所使。【集解】韋昭曰、主客、主使來客官也、【正義】官名、若鴻臚卿、【考證】周壽昌曰、主客、應是匈奴官名、猶漢之典客、漢舊儀云、主客尚書主外國事、匈奴亦設此官、郭吉禮卑言好。曰。吾見單于而口言。【考證】漢書、禮卑言好作卑體好言、單于見吉。吉曰。南越王頭已懸於漢北闕。今單于能即前與漢戰。天子自將兵待邊。單于即不能、即南面而臣於漢。【考證】匈奴在北、故曰南面、何徒遠走、亡匿於幕北寒苦無水草之地。毋為也。語卒而單于大怒、立斬主客見者、而留郭吉不歸、遷之北海上。【正義】北海即上海也、蘇武亦遷也、【考證】北海、今貝加爾湖、而單于終不肯為寇於漢邊、休養息士馬、習射獵、數使使於漢、好辭甘言、求請和親。漢使王烏等窺匈奴。匈奴法、漢使非去

節而以墨黥其面者、不得入穹廬。王烏北地人、習胡俗。去其節黥面、得入穹廬。單于愛之、詳許甘言、為遣其太子入漢為質、以求和親。【正義】質、音致、【考證】詳讀為佯、漢書、甘言作曰、楓三本、入漢為質、作入質於漢、與漢書合、漢使楊信於匈奴。是時漢東拔穢貉・朝鮮以為郡、【正義】即玄菟樂浪二郡、【考證】元封三年、而西置酒泉郡、以鬲絕胡與羌通之路。【正義】酒泉郡、今肅州、漢又西通月氏・大夏、【正義】漢書西域傳云、大月氏國、去長安城萬一千六百里、本居敦煌祁連閒、冒頓單于破月氏、而老上單于殺月氏王、以頭為飲器、月氏乃遠去過大宛、西擊大夏而臣之、都嬀水北為王庭也、【考證】丁謙曰、大月氏、自中國邊界徙居西域、一時強盛無敵、其國東起後阿賴山、西至阿母河、又跨河而南、有今布哈爾及阿富汗北境、並葱嶺山中諸小部地、以嬀水北為王庭、所謂監氏城、史記作藍市、即大夏故城、今布哈爾城也、月氏餘衆不能去者、保南山羌、號小月氏、故月氏本居祁連山北之昭武城、即今甘州府也、高寮縣地、南山即祁連山、山中乃羌人所居、故曰南山羌、巴格德利亞地、即古大夏國地、都阿母河南波爾克城、徙河北之藍市城、其時國境西接安息、東抵葱嶺、南鄰烏弋山離、北濱雜拉數散河、實有今布哈爾、阿富汗兩國全地、迨武帝建元三年、為西里亞所敗、其王被擒、并奪其數省地、國勢大衰、及元光五年、大月氏自東北來、五六年間、阿母河北境

盡失、大夏舊時、各城有小君長、及臣大月氏、大月氏亦因其制、分遣翕侯鎮撫其地、徐繼畬曰、阿母河、古嬀水、又以公主妻烏孫王、以分匈奴西方之援國。【考證】漢書、公主作翁主、丁謙曰、烏孫地、在今伊犂河南特克斯河濱、前人謂即伊犂、未確也、唐地理志、溫肅州西北度拔達嶺、又五十里至頓多城、烏孫所治赤山城也、拔達嶺、唐西域傳、又作凌山、即今木素爾達巴罕、木素爾譯言冰、達巴罕譯言嶺、冰嶺猶凌山也、過此嶺又五十里、當即今沙圖阿滿台地、水經注、溫宿城北至烏孫赤谷六百一十里、今自阿克蘇至沙圖阿滿台六百七十里、道里亦相仿、赤山與赤谷同義、此烏孫都城之確可徵者、漢書甘延壽傳、郅支侵陵烏孫大宛、如得二國、北擊伊列、云云、伊列即伊犂、可知當時別自為國、不在烏孫轄境之內、是烏孫北界之確可徵者、傳又云、涉康居界、至闐池西、闐池即特穆爾圖泊、先涉康居界、至闐池西、可知兩國接壤處、在此泊東邊、是烏孫西界之確可徵者、又云、至於凌山以南、皆溫宿姑墨國地、是烏孫之南、必以木素爾嶺為界矣、夫本朝之平準噶爾也、西路大軍、實由烏魯木齊西額林哈畢爾罕入、準語、額林、人也、哈畢爾罕、肋也、謂山形如人肋、漢時烏孫東通車師前部、以達於漢、亦必當由此路、則額林哈畢爾罕、又天然東面之界限焉、本境既明、如匈奴之在東北、康居之在西北、城郭諸國之在南、愈了然矣、又北益廣田、至胘靁為塞。【集解】漢書音義曰、胘靁、地名、在烏孫北、【考證】丁謙曰、胘雷塞、當在歸化城西薩拉齊廳境、漢書地理志、西河增山縣、有道西通胘雷塞、為北部都尉治、服虔注、謂在烏孫北、大謬、而匈奴終不敢以為言。是歲、翕侯信死。漢用事者、以匈奴

為已弱可臣從也。楊信為人剛直屈彊、素非貴臣。單于不親。單于欲召入。不肯去節。單于乃坐穹廬外見楊信。楊信既見單于、說曰。即欲和親、以單于太子為質於漢。單于曰。非故約。故約、漢常遣公主、給繒絮食物有品、以和親。而匈奴亦不擾邊。今乃欲反古令吾太子為質。無幾矣。【正義】幾、音記衣反、古無所冀望也、【考證】中井積德曰、無幾、謂無所獲、愚按幾冀通、言非吾所冀望也、匈奴俗見漢使非中貴人、其儒先以為欲說、折其辯、其少年以為欲刺、折其氣。【集解】先、先生也、漢書作儒生也、【考證】儒先、猶長老也、每漢使入匈奴、匈奴輒報償。漢留匈奴使、匈奴亦留漢使、必得當乃肯止。【考證】楓三本、得下有其字、漢書、無肯字、楊信既歸、漢使王烏。而單于復讇以甘言、欲多得漢財物。紿謂王烏曰。吾欲入漢見天子、面

相約爲兄弟。王烏歸報漢。漢爲單于築邸于長安。匈奴曰。非得漢貴人使、吾不與誠語。匈奴使其貴人。至漢病。漢予藥欲愈之。不幸而死。【考證】王先謙曰、漢書武紀、元封四年秋、以匈奴弱可遂臣、迺遣使詔之、單于使來、死京師、卽此事也、 而漢使路充國佩二千石印綬、往使、因送其喪厚葬。直數千金。曰。此漢貴人也。【考證】楓、三本、漢書、葬作幣、 單于以爲漢殺吾貴使者、乃留路充國不歸。諸所言者、單于特空給王烏、殊無意入漢、及遣太子來質。於是匈奴數使奇兵侵犯邊。漢乃拜郭昌爲拔胡將軍、及浞野侯屯朔方以東備胡。【集解】徐廣曰、浞野侯、趙破奴、 路充國留匈奴三歲、單于死。【考證】漢書、無單于死三字、此擬衍、 烏維單于立十歲而死。子烏師廬立爲單于。【集解】徐廣曰、烏一作詹、 年少。號爲兒單于。是歲元封六年也。自此

之後、單于益西北、左方兵直雲中、右方直酒泉·燉煌郡。【正義】括地志云、鐵勒國、匈奴冒頓之後、在突厥國北、樂勝州北、經秦長城太藥長路、正北經沙磧十三日、行至其國、【考證】楓、三本、漢書、右方下有兵字、中井積德曰、正義、援鐵勒、此無所當、 兒單于立、漢使兩使者、一弔單于、一弔右賢王、欲以乖其國。【考證】乖、離也、岡白駒曰、欲使其君臣相疑也、 使者入匈奴。匈奴悉將致單于。單于怒、而盡留漢使。漢使留匈奴者前後十餘輩、而匈奴使來、漢亦輒留相當。【考證】張文虎云、上文云、先是漢亦有所降匈奴使者、單于亦輒留漢使相當、又云、每漢使入匈奴、匈奴輒報償、漢留匈奴使、匈奴亦留漢使、必得當迺止、與此文事皆相同、一篇三見、此史公累辭、而班史並仍之、不可解、楓、三本、來上有者字、 是歲、漢使貳師將軍廣利西伐大宛。【考證】是歲大初元年、大宛、國名、在康居南烏孫西、詳本傳、 而令因杅將軍敖築受降城。【正義】杅、音于、【考證】公孫敖、服虔曰、因杅、匈奴地名、因所征以爲名、沈欽韓曰、一統志、漢受降城、在吳喇忒旗北、吳喇忒三旗、在歸化城西三百九十里、 其冬、匈奴大雨雪。畜多飢寒死。兒單于年少、好殺伐。國人多不安。

左大都尉欲殺單于。使人閒告漢曰。我欲殺單于降漢。漢遠。卽兵來迎我、我卽發。【考證】楓、三本、漢書、遠下有漢字、卽、猶若也、迎下添則字看、 初漢聞此言、故築受降城。猶以爲遠。其明年春、漢使浞野侯破奴將二萬餘騎、出朔方西北二千餘里。期至浚稽山而還。【索隱】應劭云、浚稽山、在武威縣北、【考證】太初二年、顏師古曰、以迎左大都尉、丁謙曰、浚稽山、在涿邪山東南、今稱阿蘭察博克多山、 浞野侯旣至期而還。左大都尉欲發而覺。單于誅之、發左方兵擊浞野。【考證】漢書、浞野下有侯字、 浞野侯行捕首虜、得數千人。【考證】各本、無得字、楓山本、中統、游、毛、有、 還未至受降城四百里、匈奴兵八萬騎圍之。浞野侯夜自出求水。匈奴閒捕生得浞野侯。因急擊其軍。【考證】漢書、刪閒捕二字、 軍中郭縱爲護、維王爲渠。【正義】爲渠帥也、 相與謀曰。及諸校尉、畏亡將軍而誅之、莫相勸歸。軍

遂沒於匈奴。【考證】楓、三本、無曰字、中井積德曰、曰字衍、愚按、軍中至誅之二十九字、漢書作畏軍吏亡將而誅、劉攽翁梁玉繩、以漢書爲是、 匈奴兒單于大喜、遂遣奇兵攻受降城。不能下。乃寇入邊而去。【考證】漢書、寇作侵、 其明年、單于欲自攻受降城。未至。病死。兒單于立三歲而死。子年少。匈奴乃立其季父烏維單于弟右賢王呴犁湖爲單于。是歲太初三年也。【集解】呴、音鉤、又音吁、【正義】音鉤、又音吁、 呴犁湖單于立。漢使光祿徐自爲出五原塞數百里、遠者千餘里、築城鄣列亭至盧朐。【集解】朐、音 【正義】五原塞、卽五原郡楡林塞也、在勝州楡林縣四十里也、【考證】楓、三本、爲下有將字、 衢、匈奴地名、又山名、【索隱】服虔云、匈奴地名、張晏云、山名、【正義】顧胤云、鄣、山中小城、亭、候望所居也、括地志云、五原郡稒陽縣北出石門鄣、得光祿城、又西北得支就縣、又西北得頭曼城、又西北得虖河城、又西北得宿虜城、按卽光祿所築城鄣列亭至盧朐也、服虔云、盧朐、匈奴地名也、張晏云、山名也、【考證】丁謙曰、徐光祿所築亭障、當從陰山北麓、迤邐而西、直至盧朐山止、盧朐山必陽山北麓之名、蓋築此亭障、所以爲九原朔方兩郡之外護也、 而使游擊將軍韓說·長平

侯衛伉屯其旁、使彊弩都尉路博德築居延澤上。【正義】括地志云、漢居延縣故城、在甘州張掖縣東北一千五百三十里、有漢遮虜鄣、彊弩都尉路博德之所築、李陵敗、與士衆期至遮虜鄣、卽此也、長老傳云、鄣北百八十里、直居延之西北、是李陵戰地也、【考證】顏師古曰、說讀曰悅、伉卽衛靑子、丁謙曰、居延澤、爲居延水所歸、在肅州北長城外、今額濟納旗境、其秋、匈奴大入定襄・雲中、殺略數千人、敗數二千石而去、行破壞光祿所築城列亭鄣。【考證】中井積德曰、城列亭鄣、宜言城鄣列亭、漢書無列城二字、又使右賢王入酒泉・張掖、略數千人。【考證】楓、三本、掖下有殺字、會任文擊救。【集解】漢書音義曰、任文、漢將也、【考證】顏師古曰、擊救者擊匈奴而自救漢人、沈欽韓曰、漢書西域傳、軍正任文將兵屯玉門關、故得援酒泉張掖、盡復失所得而去。是歲、貳師將軍破大宛、斬其王而還。匈奴欲遮之、不能至。其冬、欲攻受降城。會單于病死。呴犁湖單于立。一歲死。匈奴乃立其弟左大都尉且鞮侯爲單于。【索隱】且鞮、上音子餘反、下音低、漢既誅大宛、威震外國。天

子意欲遂困胡、乃下詔曰。高皇帝遺朕平城之憂。高后時單于書絕悖逆。昔齊襄公復九世之讎。春秋大之。【集解】公羊傳曰、九世猶可復讎乎、曰、雖百世可也、【考證】顏師古曰、公羊傳莊四年春、齊襄公滅紀、復讎也、襄公之九世祖、昔爲紀侯所譖、而亨殺于周、故襄公滅紀也、九世猶可以復讎乎、曰、雖百世可也、張照曰、此下疑有闕文、然漢書亦仍之、則當時所傳亦如此、中井積德曰、武帝欲逞其欲、自占好題目、故史載此語、不須終語、是歲、太初四年也。且鞮侯單于既立、盡歸漢使之不降者。路充國等得歸。【考證】梁玉繩曰、此下乃後人所續、非史公本書、史記太初、不及天漢、故索隱于且鞮侯已下引張晏曰、自狐鹿單于已下、皆劉向褚先生所錄、班彪又撰而次之、所以漢書匈奴傳有上下兩卷、至其所載、亦多誤、如單于歸漢使、蘇武使單于、皆天漢元年事、而此誤在太初四年、匈奴妻李陵、乃陵降數歲後事、而此誤以陵降卽妻之、貳師出朔方、步兵七萬人、而此誤作十萬、貳師降匈奴、其家以巫蠱族滅、俱征和閒事、而此誤敘于天漢四年、何足信哉、單于初立、恐漢襲之、乃自謂我兒子、安敢望漢天子。漢天子、我丈人行也。【正義】行、胡朗反、【考證】顏師古曰、丈人、尊老之稱也、漢遣中郎將蘇武、厚幣賂遺單于。單于益驕、禮甚倨。非漢

所望也。其明年、浞野侯破奴得亡歸漢。其明年、漢使貳師將軍廣利、以三萬騎出酒泉、擊右賢王於天山。得胡首虜萬餘級而還。【正義】天山、在伊州、【考證】王先謙曰、貳師出酒泉、漢書武紀、在天漢二年、上文浞野侯上之明年二字、蓋衍、齊召南曰、此天山卽白山、括地志云、今云折羅漫山、在伊州伊吾縣者、顏師古以甘州張掖縣之祁連當之、則戰於內地、上文不當出酒泉矣、祁連固卽天字、但此天山遠在西北、非前霍去病所奪之祁連、近在內地者也、丁謙曰、天山者、葱嶺東北行之山脈、斜亙二千餘里、貳師擊右賢處、當在新疆土魯番或哈密境、匈奴大圍貳師將軍、幾不脫。【考證】楓、三本、漢書不下有得字、漢兵物故什六・七。漢復使因杅將軍敖出西河、與彊弩都尉會涿涂山。毋所得。【集解】徐廣曰、涂、音邪、【索隱】涿、音卓、涂音以奢反、【正義】匈奴中山也、【考證】漢書、涿涂作涿邪、丁謙曰、涿邪、沙磧之稱、音轉爲朱邪、又爲處月、唐有處月部、地在蒲類海東、金婆山陽、金婆山今名尼赤金山、正在巴里坤湖東砂磧間、然則尼赤金山卽漢涿邪山、又使騎都尉李陵將步騎五千人、出居延北千餘里、與單于會合戰。【考證】楓、三本、漢書、步騎作步兵、陵所殺傷萬餘人、兵及食盡、欲

解歸。【考證】漢書、無及字解字、匈奴圍陵。陵降匈奴。其兵遂沒。得還者四百人。【考證】楓、三本、漢書、還作脫歸、單于乃貴陵、以其女妻之。後二歲、復使貳師將軍將六萬騎、步兵十萬、出朔方。【考證】楓、三本、漢書、復作漢、漢書武紀、天漢三年秋、匈奴入雁門、四年遣貳師將軍等、漢匈奴傳、十萬作七萬、彊弩都尉路博德、將萬餘人、與貳師會。游擊將軍說、將步騎三萬人、出五原。【考證】說、韓說、因杅將軍敖、將萬騎、步兵三萬人、出鴈門。匈奴聞、悉遠其累重於余吾水北、【集解】徐廣曰、余一作斜、音邪、【索隱】徐廣云、一作斜、音邪、山海經云、北鮮之山、鮮水出焉、北流注余吾、【正義】累、力爲反、重、丈用反、【考證】顏師古曰、累重、謂妻子資產也、胡三省曰、余吾水、在朔方北、丁謙曰、余吾水、當卽翁金河、此河爲漢南北衝要之途、而單于以十萬騎待水南、與貳師將軍接戰。貳師乃解而引歸、與單于連戰十餘日。貳師聞其家以巫蠱族滅、因并衆降匈奴。【集解】徐廣曰、案史記將相年表、及漢書征和二年、巫蠱始起、三年、廣利與商丘成出擊

胡軍敗、乃降、【正義】漢書音義曰、狐鹿姑單于七年、當征和三年、李廣利與商丘成等伐胡、追北至范夫人城、聞妻子坐巫蠱收、貳師狐疑、深入而求功、至燕然山、軍大亂敗、乃降匈奴、單于以女妻之、【考證】三條本無滅字、中井積德曰、是役在天漢四年、貳師降匈奴則在後七年、是征和三年之事、後人纘錄者合爲一時之事、大誤、漢書可徵、得來還、千人一兩人耳。【考證】楓、三本千作十。游擊說無所得。因杅敖與左賢王戰不利。引歸。是歲、【集解】徐廣曰、天漢四年、【正義】自此以下上至貳師聞其家非天漢四年事、似錯誤、人所加、漢兵之出擊匈奴者、不得言功多少、功不得御。【正義】御、音語、其功不得相御當也、【考證】中井積德曰、御、謂奏上進御、有詔捕太醫令隨但。言貳師將軍家室族滅、使廣利得降匈奴。【索隱】漢書云、明年且鞮死、長子狐鹿姑單于立、張晏云、自狐鹿姑單于已下、皆劉向褚先生所錄、班彪又撰而次之、所以漢書匈奴傳有上下兩卷、【考證】張文虎曰、索隱單本、此注在史贊彼已將率條後、無漢書云明年且鞮死長子狐鹿姑單于立十六字、據漢傳、余吾水之戰明年、且鞮死、疑小司馬所見本猶後有續紀狐鹿姑事、故引張晏語以明之、後經刪削、合刻者以無所系、故增此十六字附於傳末、然單本標題出且鞮侯已下五字、不可解、或索隱猶有脫文、

太史公曰。孔氏著春秋、隱·桓之閒則章、至定·哀之際則微。

【索隱】案、諱國惡、禮也、仲尼仕於定哀、故其著春秋、不切論當世、而微其詞也、【正義】仲尼仕於定哀、故春秋不切論當代之事、而無褒貶、忌諱之辭、國禮也、言太史公亦能改當代之忌諱、故引也、爲其切當世之文而罔褒。忌諱之辭也。【索隱】案、罔者、無也、謂其無實而褒之、是也、忌諱當代故也、【考證】中井積德曰、罔褒、蓋謂不顯褒貶也、既有所褒、必不能無所貶、故并褒貶不敢也、世俗之言匈奴者、患其徼一時之權、【集解】徐廣曰、徼、音皎、【索隱】按徐音皎、伯莊音叫、皆非也、按其字宜音僥、徼者求也、言求一時權寵、而務讇納其說、以便偏指、不參彼己、【集解】詩云、彼己之子、【索隱】音稅、案謂說者謀匈奴、皆患其直徼求一時權幸、但務諂進其說以自便其偏指、不參詳終始利害也、彼己者、猶詩人譏詞云彼己之子、是也、將率則指樊噲衛霍等也、【考證】張文虎曰、彼己二字、宜連上不參爲句、不參彼己、謂不能知彼知己也、將率當下屬、小司馬誤解、遂失其句讀、愚按、董份、方苞、張照、梁玉繩、中井積德諸人亦有此說、今從之、索隱彼己以下二十五字、單本在彼己將率標題下、將率席中國廣大、氣奮、人主因以決策。【正義】席、謂舒展廣闊、【考證】席、藉也、是以建功不深。堯雖賢、興事業不成、得禹而九州寧。【正義】言堯雖賢聖不能獨理、得禹而九州安寧、以刺武帝不能擇賢將相、而務諂納小人浮說、多伐匈奴、故壞齊民、故太史公引禹聖成其太平、以攻當代之罪、且欲興聖統、唯在

擇任將相哉。唯在擇任將相哉。【考證】中井積德曰、不特言將而稱將相、何也、蓋良將能克敵定功、而賢相不必黷武窮兵、史遷此意、不得明言之、在讀者逆其志、又曰、上文徼權納說、文臣之事矣、與將率氣猶對說、故以擇將相結之、相、爲文臣之首故也、何焯曰、下即繼以衛霍公孫弘、而全錄主父偃諫伐匈奴書、太史之意深矣、又曰、此贊以定哀微詞發端、當知此意、王鳴盛曰、匈奴贊、但言春秋定哀多微詞、又泛論宜擇將帥、大宛贊、只辨昆侖虛妄、餘置不論、傳中言案古圖書名河所出山曰昆侖、而贊則云、惡睹所謂昆侖、有味可想、愚按、王說頗是、但將帥當作將相、

【索隱】述贊、獫狁薰粥、居于北邊、既稱夏裔、式憬周篇、頗隨畜牧、屢擾塵煙、爰自冒頓、尤聚控弦、雖空帑藏、未盡中權、

匈奴列傳第五十

史記一百十

文學博士瀧川龜太郎著

史記會注考證

史記會注考證卷一百十一

漢　太　史　令　司　馬　遷　撰
宋　中　郎　外　兵　曹　參　軍　裴　駰　集解
唐　國　子　博　士　弘　文　館　學　士　司　馬　貞　索隱
唐　諸　王　侍　讀　率　府　長　史　張　守　節　正義
日　本　出　雲　瀧　川　資　言　考證

衛將軍驃騎列傳第五十一　史記一百十一

【考證】史公自序云、直曲塞、廣河南、破祁連、通西國、靡北胡、作衛將軍驃騎列傳第五十一、陳仁錫曰、衛起自外戚、太史公敍青事、若姉子夫得幸天子、若子夫入宮幸上、若

子夫爲夫人、若衛夫人立爲皇后、若徒以皇后故、若大將軍得尚平陽公主、皆傳中之血脈也、王鳴盛曰、衛將軍驃騎列傳、敍述戰功雖詳、而指摘其短特其、其論贊、又補敍蘇建責大將軍至尊重、而天下賢士大夫無稱、宜招選賢者、大將軍謝以奉法不敢招士、與傳中和柔自媚等語相應、其下則云、驃騎亦放此意、而末束以一句云、其爲將如此、論體應加襃貶、此則敍述而止、無所可否、乃論之變例、隱以見其人本庸猥、用兵制勝、皆竭民力以成功、豈眞有謀略、敵未滅、無以家爲、亦是自媚之詞、非其本心、上益重之者、與信燕齊怪迂士、搤掔談神仙同一受欺耳、此遷意也、

大將軍衛青者、平陽人也。【正義】漢書云、其父鄭季、河東平陽人、以縣吏給事平陽侯之家也、其父鄭季爲吏、給事平陽侯家、與侯妾衛媼通、生青。【索隱】衛、姓也、媼、婦人老少通稱、漢書曰、與主家僮衛媼通、案既云家僮、故非老、或者媼是老稱、後追稱媼耳、又外戚傳云、薄姬父與魏王宗女魏媼通、則亦魏是媼姓、而小顏云、衛者舉其夫姓也、然案此云、侯妾衛媼、似更無別夫也、下云、同母兄衛長子、及姉子夫、皆冒衛姓、又似有夫、其所冒之姓、爲父與母、皆未明也、【考證】查愼行曰、漢書、平陽侯家之下、補入平陽侯曹壽尚武帝姉陽信長公主二句、與後尚平陽公主事相照應、似不可少、楓、三本、妾上有家字、妾、婢妾也、漢書、改作僮、史不明言衛姓所由、顏師古曰、衛者舉其夫家之姓也、中井積德曰、衛蓋母姓、媼給事主家、不嫁而生子也、未知其孰是、青同母兄衛長子。而姉衛子夫、自平陽公主家、得

幸天子。故冒姓爲衛氏。字仲卿。【集解】徐廣曰、曹參曾孫平陽夷侯、時尚武帝姉平陽公主、生子襄、【索隱】案如淳云、本陽信長公主、爲平陽侯所尚、故稱平陽公主、按徐廣云、夷侯曹參曾孫、名襄、又按系家及功臣表、時或作畤、漢書作壽、竝文字殘缺、故不同也、長子更字長君。長君母、號爲衛媼。媼長女衛孺。次女少兒。次女卽子夫。後子夫男弟步廣、皆冒衛氏。【集解】徐廣曰、步一作少、【索隱】長女衛孺、漢書云、君孺、【考證】楓、三本、衛下有君字、中井積德曰、後字疑衍、漢書無、青爲侯家人。少時歸其父。其父使牧羊。先母之子、皆奴畜之、不以爲兄弟數。【集解】服虔曰、先母、適妻也、青之適母、【索隱】漢書作民母、服虔云、母、適妻也、青之適母、顧氏云、鄭季本妻編於民戶之閑、故曰民母、今本亦或作民母也、數音去聲、【考證】中井積德曰、稱先母者、其既死者、青嘗從入至甘泉居室。【正義】按居室、署名、武帝改曰保宮、灌夫繫居室、是也、【考證】楓、三本、淩引一本、入作人、與漢書合、王先謙曰、甘泉別有居室、百官表、少府屬官、有居室及甘泉居室令丞、武帝更名居室爲保宮、甘泉居室爲昆臺、正義誤、愚按洪頤煊亦有此說、有一鉗徒。相青曰。貴人也。官至封侯。【集解】張晏曰、甘泉中徒所居也、青笑曰。人奴之生、得毋笞罵卽足矣。

安得封侯事乎。【考證】沈欽韓曰、人奴、謂衞媼本主家僮也、愚按、人奴、衞青自言也、 青壯爲侯家騎、從平陽主。建元二年春、青姊子夫得入宮幸上。皇后、堂邑大長公主女也。無子。妒。【集解】徐廣曰、堂邑安侯陳嬰之孫夷侯午、尚景帝姊長公主、子季須、元鼎元年、季須坐姦自殺、【正義】文穎云、陳皇后、武帝姑女也、 大長公主聞衞子夫幸有身妒之、乃使人捕青。青時給事建章、未知名。【索隱】案、晉灼云、建章宮、上林中宮名也、 大長公主執囚青、欲殺之。其友騎郎公孫敖與壯士往、篡取之。以故得不死。【索隱】篡、猶劫也、奪也、【考證】各本脫往字、依索隱本、楓、三本、漢書補、 上聞、乃召青爲建章監侍中。及同母昆弟貴、賞賜數日閒累千金。孺爲太僕公孫賀妻。【考證】楓、三本、漢書、孺上有君字、 少兒故與陳掌通。上召貴掌。【集解】徐廣曰、陳平曾孫、名掌也、【考證】漢書霍去病傳云、其父霍仲孺先、與少兒通生去病、及衞皇后尊、少兒更爲詹事陳掌妻、 公孫敖由此益貴、子夫爲夫人、青爲大中大夫。元

光五年、青爲車騎將軍、擊匈奴、出上谷。【考證】梁玉繩曰、五年、當作六年、將相表、匈奴傳、及漢書作可證、 太僕公孫賀爲輕車將軍、出雲中、太中大夫公孫敖爲騎將軍、出代郡、衞尉李廣爲驍騎將軍、出雁門。軍各萬騎。青至蘢城、斬首虜數百。【考證】張文虎曰、宋本、淩、毛、蘢作籠、解在匈奴傳、王先和曰、漢書武紀云、獲首七百級、案他處或言級、或曰人、或無人級字、或曰斬、或曰獲、或言捷、或言斬首捕虜若干、敍次參差、無一定義例、 騎將軍敖亡七千騎、衞尉李廣爲虜所得、得脫歸。【考證】事詳李將軍傳、 皆當斬。贖爲庶人。賀亦無功。【考證】漢書、無功下、補唯青賜爵關內侯、是後匈奴仍侵犯邊、語在匈奴傳二十字、 元朔元年春、衞夫人有男。【索隱】卽衞太子據也、 立爲皇后。其秋、青爲車騎將軍、出雁門、三萬騎擊匈奴、斬首虜數千人。明年、【考證】梁玉繩曰、青爲車騎將軍、至明年二十三字、當在下文出代句下、傳寫譌倒、愚按、梁氏據匈奴傳漢書衞青傳移正、 匈奴入殺遼西太守、虜略漁陽二千餘人、敗韓將軍軍。

【考證】韓安國、 漢令將軍李息擊之出代。令車騎將軍青出雲中、以西至高闕。【索隱】按、山名也、小顏云、一曰塞名、在朔方之北、【考證】沈欽韓曰、一統志、陰山在吳喇忒旗西北二百四十里、高闕塞、在陰山西、楡林舊志、高闕、北去大磧凡三百里、 遂略河南地、至于隴西。捕首虜數千、畜數十萬、走白羊·樓煩王、遂以河南地爲朔方郡。【索隱】按、謂北地郡之北、黃河之南、【正義】今夏州也、【考證】中井積德曰、捕、疑當作斬、或獲、不然、捕上脫斬字也、漢書亦作捕首虜、白羊、樓煩、二王也、何焯曰、出雲中、則若向單于庭者、忽西至隴西、攻其無備、所以遂取河南也、劉敬傳云、匈奴河南白羊樓煩王、去長安近者七百里、輕騎一日一夕可至、攻瑕紓患、是役爲得勝算矣、沈欽韓曰、一統志、朔方故城、在鄂爾多右翼旗界內、前漢治三封、三封故城、在套外黃河西岸、 以三千八百戶封青爲長平侯。【考證】梁玉繩曰、青封戶凡三、其戶數惟此不異、下兩封、皆與漢書異說、 青校尉蘇建有功。以千一百戶封建爲平陵侯。使建築朔方城。【正義】括地志云、夏州朔方縣北什賁故城是、按蘇建築什賁之號、蓋出蕃語也、【考證】漢表、作一千戶、 青校尉張次公有功。封爲岸頭侯。【索隱】案、晉灼云、河東皮氏縣之亭名也、【正義】服虔云、鄉名也、 天子曰。匈奴逆天理、亂人

倫、暴長虐老、以盜竊爲務、行詐諸蠻夷、造謀藉兵、數爲邊害。【集解】張晏曰、從蠻夷借兵抄邊也、 故興師遣將、以征厥罪。詩不云乎。薄伐玁狁、至于太原。【索隱】薄伐玁狁、此小雅六月詩、美宣王北伐也、薄伐者、言逐出之也、【考證】薄伐者、不窮極之義、 出車彭彭。城彼朔方。【索隱】小雅出車之詩也、【考證】顏師古曰、彭彭、衆車聲也、朔方、北方也、 今車騎將軍青、度西河、至高闕、【正義】卽雲中郡之西河、云勝州東河也、【考證】沈欽韓曰、通典、河水自靈武郡西南便北流、凡千餘里、過九原郡乃東流、自靈武以北、漢人謂之西河、自九原以東、謂之北河、 獲首虜二千三百級、車輜畜產、畢收爲鹵。已封爲列侯。遂西定河南地、按楡谿舊塞、【集解】如淳曰、案、行也、楡谿、舊塞名、或曰、按、尋也、【索隱】按、楡谿舊塞、如淳云、按、行也、尋也、楡谿舊塞名也、案、水經云、上郡之北有諸次水、東經楡林塞、爲楡谿、是楡谿舊塞也、【考證】沈欽韓曰、元和志、楡林關、在勝州楡林縣東三十里、東北臨河、秦卻匈奴之處、開皇於此置城、一統志、在鄂爾多斯左右翼界內、 絕梓領、梁北河、【集解】如淳曰、絕、度也、爲北河作橋梁、【正義】括地志云、梁北河、在靈州界也、【考證】楓、三本、領作嶺、沈欽韓曰、紀要、木根山、在廢夏州西北、唐夏州故城、在楡林府懷遠縣西、梓嶺、疑卽木根山、朱錦綬曰、梁北河、與上絕梓嶺、下討蒲泥破符離、句法同、

如說是、討蒲泥、破符離、【集解】晉灼曰、二王號、【索隱】晉灼云、二王號、崔浩云、漢北塞名、【考證】王先謙曰、漢武紀、出高闕遂西至符離、是符離爲塞名矣、愚按蒲泥亦地名、斬輕銳之卒、捕伏聽者三千七十一級。【集解】張晏曰、伏於隱處、聽軍虛實、【考證】漢書、作三千一十七級、執訊獲醜、【正義】訊、問也、醜、衆、言執其生口、問之知虜處、獲得衆類也、【考證】執訊、生執可訊問之人也、驅馬牛羊百有餘萬、全甲兵而還。益封青三千戶。【考證】漢書、作三千八百戶、其明年、匈奴入殺代郡太守友、入略鴈門千餘人。【集解】徐廣曰、友者、太守名也、姓共也、其明年、匈奴大入代·定襄·上郡、殺略漢數千人。其明年、元朔之五年春、漢令車騎將軍青、將三萬騎出高闕、衛尉蘇建爲游擊將軍、左內史李沮爲彊弩將軍、【集解】文穎曰、沮、音爼、太僕公孫賀爲騎將軍、代相李蔡爲輕車將軍。皆領屬車騎將軍、俱出朔方。大行李息·岸頭侯張次公爲將軍出右北平、咸

擊匈奴。【考證】何焯曰、右賢王怨漢侵奪其河南地、數侵擾朔方、此出專以擊走右賢王、終前功也、前出雲中而忽西、爲知不出朔方而忽東乎、亦令兩將軍出右北平者、綴單于疑右賢王也、大行卽大行令、官稱省文、匈奴右賢王、當衛青等兵。以爲漢兵不能至此。飲醉。【考證】楓、三本、飲下有酒字、漢兵夜至、圍右賢王。右賢王驚、夜逃、獨與其愛妾一人、壯騎數百、馳潰圍北去。【考證】張文虎曰、中統、游本、逃作遁、案以上下文審之、夜逃二字疑衍、漢輕騎校尉郭成等逐數百里。不及。得右賢裨王十餘人、衆男女萬五千餘人、畜數千百萬。【索隱】裨王十人、賈逵云、裨、益也、小顏云、裨王、小王也、若裨將然、音頻移反、【考證】楓、三本、漢書、逐作追、及作得、漢書、數千作數十、顏師古曰、數十萬以至百萬、於是引兵而還至塞。天子使使者持大將軍印、卽軍中拜車騎將軍青爲大將軍。【考證】卽、就也、諸將皆以兵屬大將軍。大將軍立號而歸。【索隱】案謂立大將軍之號令而歸、【考證】中井積德曰、號、謂官號、非號令、天子曰、大將軍青、躬率戎士、師大捷、獲

匈奴王十有餘人。益封青六千戶。【考證】漢書、作八千七百戶、而封青子伉爲宜春侯、青子不疑爲陰安侯、青子登爲發干侯。【正義】伉、音口浪反、【考證】王懋竑曰、史記疊三用青子字、不以爲贅、漢書則一用青子字、而其餘則曰子已、曰、封青子伉爲宜春侯、子不疑爲陰安侯、子登爲發干侯、視史記之文、已省兩青字矣、使今人作墓志等文、則一用子字、其餘則曰某某而已、後世作文益務簡於古、然字則省矣、不知古人純實之氣已虧、愚按、古質今巧、古疎今精、不必拘古、青固謝曰、臣幸得待罪行閒。賴陛下神靈、軍大捷。皆諸校尉力戰之功也。陛下幸已益封臣青。臣青子在繈保中。未有勤勞。【正義】繈、長尺二寸、闊八寸、以約小兒於背、褓、小兒被也、上幸列地封爲三侯。非臣待罪行閒、所以勸士力戰之意也。【考證】漢書、列作裂、通、伉等三人、何敢受封。天子曰、我非忘諸校尉功也。今固且圖之。乃詔御史曰、護軍都尉公孫敖、三從大將軍擊匈奴、常護軍、傅校獲王。【索隱】顧祕監云、傅、領也、五百人謂之校、小顏云、傅、

音附、言敖總護諸軍、每附部校以致克捷而獲王也、【正義】校者、營壘之稱、故謂軍之一部爲一校也、以千五百戶封敖爲合騎侯。【索隱】案非邑地、而以戰功爲號、謂以軍合驃騎、故云合騎、若冠軍從驃然也、【考證】合騎、謂合車騎、取戰功、立侯國號耳、都尉韓說、從大將軍出窳渾、【集解】徐廣曰、窳渾、在朔方、音庾、【索隱】音庾、服虔云、塞名、徐廣云、在朔方、漢書作窴渾、窴、音田也、【考證】齊召南曰、以地理志覈之、朔方有窳渾縣、爲西部都尉治、有道西北出雞鹿塞、至匈奴右賢王庭、爲麾下搏戰獲王。【索隱】搏、音博、搏、擊也、小顏同、今史漢本多作傅、傅、猶轉也、以千三百戶封說爲龍頟侯。騎將軍公孫賀、從大將軍獲王。以千三百戶封賀爲南窌侯。【集解】徐廣曰、窌、宜作奅、音匹孝反、【索隱】徐音匹敎反、韋昭云、縣名、或作窖、音于校反、字林云、大下卯、與穴下卯、竝音匹孝反、輕車將軍李蔡、再從大將軍獲王。以千六百戶封蔡爲樂安侯。校尉李朔·校尉趙不虞·校尉公孫戎奴、各三從大將軍獲王。【考證】楓、三本、奴下有皆字、以千三百戶封朔爲涉軹侯、【考證】漢書衛青傳、涉軹作陟軹、表但作軹、以千三百戶封不

虞爲隨成侯、以千三百戶封戎奴爲從平侯。將軍李沮·李息、及校尉豆如意有功。賜爵關內侯、食邑各三百戶。〔考證〕洪邁曰、歐陽公進新唐書表云、其事則增於前、其文則省於舊、夫文貴於達而已、繁與省、各有所當也、史記衞青傳、校尉李朔、校尉趙不虞云云、戎奴爲從平侯、漢書但云、校尉李朔趙不虞公孫戎奴、各三從大將軍、封朔爲陟軹侯、不虞爲隨成侯、戎奴爲從平侯、比於史記五十八字中、省二十三字、然不若史記朴贍可喜、　其秋、匈奴入代、殺都尉朱英。其明年春、大將軍青出定襄。合騎侯敖爲中將軍、太僕賀爲左將軍、翕侯趙信爲前將軍、衞尉蘇建爲右將軍、郎中令李廣爲後將軍、左內史李沮爲彊弩將軍、咸屬大將軍。斬首數千級而還。月餘、悉復出定襄擊匈奴。斬首虜萬餘人。右將軍建、前將軍信、并軍三千餘騎、獨逢單于兵。與戰一日餘。漢兵且盡。前將軍故胡人、降爲翕侯。見急、匈奴誘之。

遂將其餘騎可八百、犇降單于。右將軍蘇建、盡亡其軍、獨以身得亡去、自歸大將軍。大將軍問其罪正閎·長史安·議郎周霸等、建當云何。〔集解〕張晏曰、正、軍正也、閎、名也、徐廣曰、周霸、儒生、〔索隱〕徐廣云、儒生也、案郊祀志、議封禪有周霸、故知也、〔正義〕律、都軍有長史十人也、〔考證〕胡三省曰、凡軍行、置軍正、掌舉軍法以正軍中、軍法曰、正無屬將軍、將軍有罪以聞、又曰、班表、議郎屬郎中令、秩比六百石、張照曰、周霸議封禪、見封禪書、又儒林傳云、魯周霸至膠西內史、申公弟子也、王先謙曰、霸蓋當時奉詔從軍、若今時奏調差遣之員、非必大將軍莫府官也、王念孫曰、云何者、如何也、問建棄軍之罪當如何、非廷尉當之當、　霸曰。自大將軍出、未嘗斬裨將。今建弃軍。可斬以明將軍之威。閎·安曰。不然。兵法、小敵之堅、大敵之禽也。〔考證〕孫子謀攻篇文、注云、小不能當大也、　今建以數千當單于數萬、力戰一日餘。士盡、不敢有二心、自歸。自歸而斬之。是示後無反意也。不當斬。〔考證〕士盡、言盡亡其軍、漢書改盡爲皆、文義遂別、楓、三本、斬下有也字、　大將軍曰。青幸得以肺腑待罪行閒。不患

無威。〔考證〕肺腑、謂親戚也、解在武安侯傳、　而霸說我以明威。甚失臣意。〔考證〕胡三省曰、言失爲臣之意也、　且使臣職雖當斬將、以臣之尊寵、而不敢自擅專誅於境外、而具歸天子、〔考證〕漢書、而具歸天子、作其歸天子、疑非、　天子自裁之。於是以見爲人臣不敢專權。不亦可乎。軍吏皆曰。善。遂囚建詣行在所、入塞罷兵。〔集解〕蔡邕曰、天子自謂所居曰行在所、言今雖在京師、行所至耳、巡狩天下、所奏事處、皆爲宮、在長安則曰奏長安宮、在泰山則曰奏高宮、唯當時所在、〔考證〕中井積德曰、是時天子蓋在外、故曰行在所耳、如幸雍幸汾陰、皆是、　是歲也、大將軍姊子霍去病、〔集解〕徐廣曰、姊、卽少兒也、〔考證〕去病下、疑奪始侯去病四字、漢書作是歲也霍去病始侯、去病、大將軍青姊少兒子也、　年十八、幸爲天子侍中。善騎射。再從大將軍、受詔與壯士、爲剽姚校尉。〔索隱〕上音匹遙反、下音遙、大顏案荀悅漢紀作票鷂、票鷂、勁疾之貌也、上音頻妙反、下音弋召反、〔正義〕票姚、勁疾之貌、荀悅漢紀作票鷂字、去病後爲票騎將軍、尚取票姚之一字、今讀飄遙音、則不當其義也、〔考證〕楓、三本、漢書、疊大將軍、與授與之與、大將軍與之壯士也、漢書作予、梁玉繩曰、剽姚、嫖姚、票姚、當作驃鷂、蓋合二物爲官名、取勁疾武猛之義、趙破

奴爲鷹擊司馬、與鷂義同、去病後稱驃騎將軍、尚仍斯號、　與輕勇騎八百、直弃大軍數百里赴利、斬捕首虜過當。〔索隱〕案小顏云、計其所將之人數、則捕首虜爲多、過於所當也、一云、漢軍亾失者少、而殺獲匈奴數多、故曰過當也、　於是天子曰。剽姚校尉去病、斬首虜二千二十八級、及相國當戶、斬單于大父行籍若侯產、〔集解〕張晏曰、籍若、胡侯、〔索隱〕行、音胡浪反、謂籍若侯是匈奴祖之行也、漢書云、藉若侯產、產卽大父之名、〔正義〕行、胡郎反、又胡浪反、謂祖父行流、〔考證〕楓、三本、相國上有其字、當戶、匈奴官名、漢書、籍作藉、中井積德曰、籍若侯、是單于祖父之行第、產其名也、　生捕季父羅姑比、〔索隱〕案顧氏云、羅姑比、單于季父名也、小顏云、比、頻也、案下文既云再冠軍、無容重言頻也、　再冠軍。以千六百戶封去病爲冠軍侯。〔考證〕漢書、千六百戶作二千五百戶、齊召南曰、冠軍初無此縣名、武帝褒去病功、以南陽穰縣盧陽鄉宛縣臨駣聚爲冠軍侯國、　上谷太守郝賢、四從大將軍、捕斬首虜二千餘人、以千一百戶封賢爲衆利侯。〔考證〕漢書、二千餘人作千三百級、衆利作終利、　是歲、失兩將軍軍、亡翕侯、軍功不多。故大將軍不益封。右將軍建

至。天子不誅、赦其罪、贖爲庶人。大將軍既還、賜千金。是時王夫人方幸於上。甯乘說大將軍曰。將軍所以功未甚多、身食萬戶、三子皆爲侯者、徒以皇后故也。今王夫人幸、而宗族未富貴。願將軍奉所賜千金爲王夫人親壽。【考證】甯乘、齊人、滑稽傳褚先生補、以爲待詔東郭先生說衛青、大將軍乃以五百金爲壽。天子聞之、問大將軍。大將軍以實言。上乃拜甯乘爲東海都尉。張騫從大將軍、以嘗使大夏畱匈奴中久、【正義】大夏國、在大宛西、【考證】王先謙曰、據張騫傳、當作使月氏、月氏迺後君大夏耳、騫留十三歲、大夏月氏解、見匈奴傳、導軍、知善水草處、軍得以無飢渴。因前使絕國功、封騫博望侯。【考證】楓、三本、漢書、騫下有爲字、冠軍侯去病既侯三歲。元狩二年春、以冠軍侯去病爲驃騎將軍、【集解】徐廣曰、驃、一亦作剽、【正義】漢書云、霍去病征匈奴、有絕幕之勳、始置驃騎將軍、位在三司、品秩

同大將軍、說文云、驃、黃馬發白色、一曰、白髦尾、【考證】漢書、二年譌作三年、將萬騎出隴西有功。天子曰。驃騎將軍、率戎士踰烏盭、討遬濮、涉狐奴、【集解】漢書音義曰、盭、音戾、山名也、晉灼曰、狐奴、水名也、【索隱】遬濮、音速卜二音、崔浩云、匈奴部落名、案下有遬濮王、是國名也、【考證】丁謙曰、葢票騎之軍、由鞏昌狄道北進、烏盭、山名、卽媼圍轉音、水經、河又東北過媼圍縣東、故阯當在蘭州東北買子城地、遬濮、部名、當在烏盭山北、票騎軍由此道西行、再過莊浪河、當卽所謂狐奴水、歷五王國、輜重人衆、懾慴者弗取。【集解】文穎曰、懾慴、恐懼也、【索隱】案說文云、懾慴、失氣也、劉氏云、上式涉反、下之涉反、【考證】丁謙曰、五王皆休屠王屬部、時休屠王駐涼州地、五王所部、當在平番迤北一帶、冀獲單于子、轉戰六日、【集解】徐廣曰、子、一作與、【考證】作子則屬上讀、作與則文連下、作子、近是、過焉支山千有餘里、合短兵、殺折蘭王、斬盧胡王、【集解】張晏曰、折蘭盧胡、國名也、殺者、殺之而已、斬者、獲其首、【正義】顏師古云、折蘭、匈奴中姓也、今鮮卑有是蘭姓者、卽其種、【考證】漢書、短兵下、有鏖皋蘭下四字、丁謙曰、焉支山、在今山丹縣東南、永昌縣西北、俗稱大黃山、皋蘭、應劭云、在隴西白石縣塞外、水經注、灕水又東北、皋蘭山水注之、灕水今大夏河、皋蘭山水、今洪水河、知皋蘭山在河州西境、奄票騎軍已北、過焉支山千餘里、何又鏖戰於此、揆度情形、必旋師時過昆野王、邀其歸路、故合短兵破之也、誅全甲、執渾邪王子、及相

國都尉、【集解】徐廣曰、全一作金、【正義】全甲、謂具足不失落也、金甲、卽鐵甲也、能誅斬也、【考證】顏師古曰、全甲、謂軍中之甲不喪失也、中井積德曰、誅字衍、全甲上下、有脫字、愚按曰殺、曰斬、曰誅、異文耳、全甲似亦國名、漢書、誅字上有銳悍者三字、甲下有獲醜二字、文意益晦、首虜八千餘級、收休屠祭天金人。益封去病二千戶。【集解】如淳曰、祭天爲主、【索隱】案張晏云、佛徒祠金人也、如淳云、祭天以金人爲主也、屠、音儲、【考證】漢書、作二千二百戶、其夏、驃騎將軍與合騎侯敖俱出北地、異道。博望侯張騫、郎中令李廣、俱出右北平、異道。皆擊匈奴。郎中令將四千騎先至。博望侯將萬騎在後至。【考證】楓、三本、後下無至字、中井積德曰、至字疑衍、漢書、在後至三字、作後一字、匈奴左賢王、將數萬騎圍郎中令。郎中令與戰二日。死者過半。所殺亦過當。博望侯至。匈奴兵引去。博望侯坐行留、當斬、贖爲庶人。【考證】楓、三本、漢書、兵引作引兵、顏師古曰、軍行而輒稽留、故坐法、而驃騎將軍出北地、已遂深入、與合騎侯失道、不相得。驃騎將軍

踰居延、至祁連山、捕首虜甚多。【集解】張晏曰、居延、水名也、【考證】居延水、甘州北山丹河、祁連山、南山、天子曰。驃騎將軍踰居延、遂過小月氏、【索隱】韋昭云、氏、音支、西域傳、大月氏本居敦煌祁連閒、餘衆保南山、遂號小月氏、攻祁連山、【索隱】小顏云、卽天山也、匈奴謂天祁連、西河舊事、謂白山天山、祁連恐非卽天山也、得酋涂王、【集解】張晏曰、胡王也、【索隱】酋、音才由反、涂、音徒、漢書云、揚武乎觻得、得單于單桓酋涂王、此文省也、以衆降者二千五百人、【考證】漢書、以上有及相國都尉五字、斬首虜三萬二百級、獲五王、五王母、單于閼氏、王子五十九人、相國將軍當戶都尉六十三人、師大率減什三。【索隱】案漢書云、減什七、不同也、小顏云、破匈奴之師、十減其七、一云、漢兵亡失之數、下皆類此、案後說爲是也、【正義】率、音律也、【考證】中井積德曰、漢書減什七、是前役、非此役、此役亦云減什三、愚按減什三、謂匈奴之師什滅其三也、大率者略計之辭也、此詔敘驃騎之功、而計漢兵亡失之數、無其理也、益封去病五千戶。【考證】漢書、作五千四百戶、賜校尉從至小月氏爵左庶長。鷹擊司馬破奴、再從驃騎將軍、斬遬濮王、捕稽且王、【索隱】且、音子余反、【正義】遬濮、速卜二

音、【考證】漢書、小月氏下有者字、左庶長、第十爵、破奴、趙破奴、千騎將、得王·王母各一人、王子以下四十一人、捕虜三千三百三十人、【索隱】按漢書云、右千騎將王、然則此千騎將、漢之將屬趙破奴、得匈奴五王及王母也、或云、右千騎將、卽匈奴王之名、【考證】索隱前說是、千騎上當據漢書補右字、右千騎與下前行相對爲文、皆破奴部校也、前行、捕虜千四百人。以千五百戶封破奴爲從驃侯、【集解】張晏曰、從驃騎將軍有功、因以爲號、校尉句王高不識、從驃騎將軍、捕呼于屠王、王子以下十一人、捕虜千七百六十八人。【集解】徐廣曰、句、音鉤、匈奴以爲號、【索隱】案句王高不識二人、竝匈奴人也、呼于屠三字、共爲王號、【考證】中井積德曰、句王高不識、非兩人、下只言封不識、而不言句王、其爲一人明矣、漢書無句王二字、或是衍文、漢書于屠作于耆、以千一百戶封不識爲宜冠侯。【正義】孔文祥云、從冠軍將軍戰、故宜冠、從驃之類也、校尉僕多有功、封爲煇渠侯。【索隱】案漢百官表、僕多作僕朋、疑多是誤、煇音暉、【考證】張照曰、僕朋祇一見於漢表耳、史漢驃騎傳、及建元以來侯者年表、皆作僕多、合騎侯敖、坐行留不與驃騎會當斬。贖爲庶人。諸宿將所將士馬

兵、亦不如驃騎。驃騎所將常選。【索隱】音宣變反、謂驃騎常選擇取精兵、然亦敢深入、常與壯騎先其大將軍。軍亦有天幸。未嘗困絕也。【考證】漢書、大下無將字、中井積德曰、此宿將字、王念孫曰、先其大軍、謂驃騎敢於進入、常棄其大軍而先進也、上文曰與輕勇八百直棄大軍、數百里赴利、是其證也、棄大軍而先進、則寡不敵衆、易致困絕、故下文曰、軍亦有天幸、未嘗困絕也、然而諸宿將、常坐留落不遇。【索隱】案謂遲留零落不偶合也、【考證】漢書、不遇作不耦、王觀國曰、留落、與流落不同、蓋留落者、留滯遺落也、流落者、飄流零落也、王念孫曰、留落、卽不耦之意、耦之言遇也、言無所遇合也、故史記作留落不遇、留落者牢落也、陸機文賦、心牢落而無偶、是牢落卽無偶之意、留落雙聲字、不得分爲兩義、留落與不耦、亦不得爲兩義、由此驃騎日以親貴、比大將軍。其秋、單于怒渾邪王居西方、數爲漢所破亡數萬人。以驃騎之兵也。【考證】中井積德曰、以驃騎之兵也一句、蓋解釋之語、非記事、單于怒、欲召誅渾邪王。渾邪王與休屠王等謀、欲降漢、使人先要邊。【索隱】案謂先於邊境要候漢人、言其欲降、【考證】各本、先下有遣使向邊境要遮漢人令報天子十三字、楓三本、舊刻無、與漢書合、王念孫曰、自使人至要邊十八字、蕪累不成文理、蓋正文唯有使

人先要邊五字、其遣使向邊境要遮漢人令報天子十三字、乃集解之誤入正文者也、當在使人先要邊之下、是時大行李息、將城河上。【考證】王先謙曰、將兵於河上築城也、得渾邪王使、卽馳傳以聞。天子聞之、於是恐其以詐降而襲邊、【考證】漢易天子聞之於是六字、以上一字、乃令驃騎將軍將兵往迎之。驃騎旣渡河、與渾邪王衆相望。渾邪王裨將見漢軍、而多欲不降者、頗遁去。驃騎乃馳入、與渾邪王相見、斬其欲亡者八千人、遂獨遣渾邪王乘傳、先詣行在所。盡將其衆渡河。降者數萬、號稱十萬。旣至長安。天子所以賞賜者數十巨萬。封渾邪王萬戶爲漯陰侯、【索隱】漯、音他合反、案地理志、縣名、在平原郡、封其裨王呼毒尼爲下摩侯、【集解】文穎曰、呼毒尼、胡王名、鷹庇爲煇渠侯、【集解】徐廣曰、一云篇訾、【索隱】漢書、鷹作雁、庇音必二反、又音疋履反、案漢書功臣表云、元狩二年、以煇渠封僕朋、至三年、又封鷹庇、其地俱屬魯陽、未詳所以、【正義】煇渠、表作順梁、【考證】王先謙曰、

史表、煇渠侯扁訾、不作順梁、正義誤也、禽梨爲河綦侯、【集解】徐廣曰、禽一作烏、【索隱】案表、作烏黎、【考證】今本史表、作烏犂、漢傳作禽黎、漢表作烏黎、大當戶銅離爲常樂侯。【集解】徐廣曰、一作稠離也、【索隱】徐廣曰、一作稠離、與漢書功臣表同、此文云銅離、文異也、【考證】漢傳、作調離、史漢表、作稠離、於是天子嘉驃騎之功曰。驃騎將軍去病、率師攻匈奴、西域王渾邪王、及厥衆萌咸相犇率。【考證】顏師古曰、萌字與甿同、愚按率如率服之率、相率來奔也、漢書、犇下有於字、義異、以軍糧接食、并將控弦萬有餘人、誅獟駻、【集解】晉灼曰、獟、音欺譙反、【索隱】上音丘昭反、說文作趬、行遮貌、遮一作疾、駻音胡旦反、【考證】廣雅、獟、狂也、漢書、駻作悍、誅獟駻、上文所謂斬其欲亡者八千人也、獲首虜八千餘級、降異國之王三十二人、戰士不離傷、十萬之衆、咸懷集服仍與之勞。【考證】楓三本、三十二人作三十三人、漢書仍與作仍興、顏師古曰、離、遭也、王先謙曰、史記興作與、轉寫之誤、仍、頻也、興、軍興也、周禮旅師、平頒其興積、注、縣官徵聚物曰興、今云軍興、是也、是因軍旅而賦物以備調發、謂之興也、愚按服、猶任也、任頻興之勞、專就戰士而言、爰及河塞、庶幾無患、幸旣永綏矣。【正義】言匈奴右地渾邪王降、而塞外竝河諸郡之民、無憂患也、

【考證】漢書、無幸既永綏矣五字、以千七百戶益封驃騎將軍、減隴西·北地·上郡戍卒之半、以寬天下之繇。居頃之、乃分徙降者邊五郡故塞外。【正義】五郡、謂隴西·北地·上郡·朔方·雲中、並是故塞外、又在北海西南、而皆在河南。因其故俗爲屬國。【正義】以降來之民、徙置五郡、各依本國之俗、而屬於漢、故言屬國也、其明年、匈奴入右北平·定襄、殺略漢千餘人。其明年、天子與諸將議曰。翕侯趙信爲單于畫計、常以爲漢兵不能度幕輕留。【索隱】案幕、卽沙漠、古字少耳、輕留者、謂匈奴以漢軍不能至、故輕易留而不去也、【考證】顏師古曰、一曰、輕留、謂漢兵輕入而久留也、愚按輕字難解、或云、當作經、恆久之義、今大發士卒、其勢必得所欲。是歲元狩四年也。元狩四年、【考證】張文虎曰、元狩四年四字、疑衍、漢書無、春、上令大將軍青·驃騎將軍去病、將各五萬騎、步兵轉者踵軍數十萬。【正義】言轉軍之士、及步兵接後、又數十萬人、【考證】顏師古曰、轉者、謂運輜重也、踵、接也、張文虎曰、正義轉軍、汪校改轉運、而敢力戰深入

之士、皆屬驃騎。驃騎始爲出定襄、當單于。捕虜言單于東。【考證】楓、三本、漢書、重虜字、乃更令驃騎出代郡、令大將軍出定襄、郎中令爲前將軍、太僕爲左將軍、【考證】漢書、郎中令下補李廣、太僕下補公孫賀、主爵趙食其爲右將軍、平陽侯襄爲後將軍。【考證】曹襄、皆屬大將軍。兵卽度幕、人馬凡五萬騎。與驃騎等咸擊匈奴單于。【考證】何焯曰、代郡雲中、皆直單于庭、大將軍出定襄、反遇單于者、時單于度幕遠徙、非故所居地、趙信爲單于謀曰。漢兵既度幕、人馬罷。匈奴可坐收虜耳。【考證】顏師古曰、言收虜取漢軍人馬、可不費力、故曰坐、乃悉遠北其輜重、皆以精兵待幕北。而適值大將軍軍出塞千餘里、見單于兵陳而待。於是大將軍令武剛車自環爲營、【集解】孫吳兵法曰、有巾有蓋、謂之武剛車也、而縱五千騎往當匈奴。匈奴亦縱可萬騎。會日且入、大風起、沙礫

擊面、兩軍不相見。漢益縱左右翼繞單于。單于視漢兵多、而士馬尚彊戰、而匈奴不利、薄暮、單于遂乘六贏、壯騎可數百、直冒漢圍、西北馳去。時已昏。漢·匈奴相紛挐、殺傷大當。【索隱】以言所殺傷大略相當、【正義】三蒼解詁云、紛挐、相牽也、【考證】顏師古曰、亂相持搏也、漢軍左校捕虜、言、單于未昏而去。漢軍因發輕騎夜追之。大將軍軍因隨其後。匈奴兵亦散走。遲明、行二百餘里、不得單于。【集解】徐廣曰、遲、一作黎、【索隱】遲明、上音値、待也、待天欲明、謂平明也、諸本多作黎明、鄒氏云、黎、遲也、然黎、黑也、候天將明、猶黑也、【正義】遲、音値、【考證】李笠曰、尉佗傳犂旦、集解引呂靜云、犂、結也、結、猶連及逮至也、是犂與遲義同、故鄒氏以黎訓遲、頗捕斬首虜萬餘級。遂至窴顏山趙信城、得匈奴積粟食軍。軍留一日而還、悉燒其城餘粟以歸。【集解】徐廣曰、窴、音田、【考證】窴顏山、趙信城、解在匈奴傳、大將軍之與單于會也、而前將軍廣、右將軍食其軍、別從東

道、或失道、後擊單于。【考證】楓本、或作惑、迷也、大將軍引還過幕南。乃得前將軍右將軍。大將軍欲使使歸報、令長史簿責前將軍廣。廣自殺。右將軍至、下吏。贖爲庶人。大將軍軍入塞、凡斬捕首虜萬九千級。是時匈奴衆失單于十餘日。右谷蠡王聞之、自立爲單于。【索隱】谷蠡、上音祿、下音黎、又音離、單于後得其衆。右王乃去單于之號。【考證】楓、三本、右下有谷蠡二字、匈奴傳亦有、漢傳無、驃騎將軍亦將五萬騎、車重與大將軍軍等、而無裨將。【考證】王先謙曰、輜車亦曰重車、車重、猶言車輜也、悉以李敢等爲大校、當裨將、出代·右北平千餘里、直左方兵。所斬捕功已多大將軍。【考證】王先謙曰、左方當作左王、匈奴傳、票騎之出代二千餘里、與左王接戰、漢兵得胡首虜凡七萬人、左王將皆走、是其證、愚按楓、三本、漢書、多下有於字、軍既還。天子曰。驃騎將軍去病、率師躬將所獲葷粥之士、約輕齎、

絕大幕、【集解】徐廣曰、粥、一作允、駰案應劭曰、所降士有材力者、【考證】漢書作葷允、涉獲章渠、以誅比車耆、【集解】徐廣曰、獲一作護、晉灼曰、比車耆、王號也、【索隱】小顏云、涉、謂涉水也、章渠、單于之近臣、謂涉水而破獲之、漢書云、涉獲單于章渠也、比、必耳反。【考證】上文曰涉狐奴、曰涉鈞耆、皆水名、獲章渠、亦當水名、漢書獲下有單于二字、顏師古依以章渠爲單于近臣之名、索隱從之、恐誤、轉擊左大將、斬獲旗鼓、【索隱】案漢書、左大將、名雙、歷涉離侯、【索隱】漢書、作度離侯、小顏云、山名、歷、度也、【考證】今本漢書作難侯、濟弓閭、【集解】晉灼曰、水名也、【索隱】弓、包愷音穹、亦如字讀、獲屯頭王・韓王等三人、將軍相國當戶都尉八十三人、【集解】漢書音義曰、屯頭、胡王號也、徐廣曰、韓王、一作韓籍、【索隱】按漢書云、屯頭韓王等三人、李奇曰、皆匈奴王號、封狼居胥山、禪於姑衍、【正義】積土爲壇於山上、封以祭天也、祭地曰禪、登臨翰海、【集解】張晏曰、登海邊山以望海也、【索隱】按崔浩云、北海名、羣鳥之所解羽、故云翰海、廣異志云、在沙漠北、【考證】狼居胥、姑衍、二山名、翰海、大漠之別名、說在匈奴傳、執鹵獲醜七萬有四百四十三級、師率減什三。【考證】漢書、鹵作訊、三作二、取食於敵、逴行殊遠、而糧不絕。【索隱】逴、音與卓同、卓、遠也、以五千八百戶益封驃

騎將軍。右北平太守路博德、屬驃騎將軍、會與城、不失期。【正義】與、音余、【考證】漢書作與、從至檮余山、斬首捕虜二千七百級。【索隱】檮余、音桃徒二音、【考證】漢書七作八、以千六百戶封博德爲符離侯。北地都尉邢山、從驃騎將軍獲王。【集解】徐廣曰、邢山、一作衛山、【考證】漢傳表、符離作邳離、史漢表漢傳、邢山作衛山、以千二百戶封山爲義陽侯。故歸義因淳王復陸支、樓專王伊卽軒、皆從驃騎將軍有功。【索隱】復、劉氏音伏、小顏音福、專、漢書作剸、竝音專、小顏音之兗反也、軒、九言反、【考證】漢書、歸義下有侯字、以千三百戶封復陸支爲壯侯、【考證】漢書表傳、壯侯作杜侯、以千八百戶封伊卽軒爲衆利侯。從驃侯破奴、昌武侯安稽、從驃騎有功。益封各三百戶。【集解】徐廣曰、安稽、姓趙、故匈奴王、【索隱】故匈奴王、姓趙也、校尉敢、得旗鼓。爲關內侯、食邑二百戶。【索隱】敢、李廣子也、校尉自爲、爵大庶長。【索隱】案徐自爲也、【考證】漢書、大庶長作左庶長、百官

表、爵十、左庶長、十八、大庶長、史近是、軍吏卒爲官賞賜甚多。而大將軍不得益封、軍吏卒皆無封侯者。兩軍之出塞、塞閱官及私馬、凡十四萬匹。而復入塞者、不滿三萬匹。【考證】漢書武紀云、兩軍士戰死者數萬人、何焯曰、書死馬之多、所亡士衆、可以意求、此史家隱顯互見之辭也、上文固云、殺傷相當、乃益置大司馬位。大將軍・驃騎將軍、皆爲大司馬。【集解】如淳曰、大將軍驃騎將軍、皆有大司馬之號也、【索隱】案如淳云、本無大司馬、今新置耳、案前謂太尉、其官又省、今武帝始置此位、衞將軍、霍驃騎、皆加此官、【正義】位字屬下讀、以位字冠大將軍驃騎者、明二將軍、皆兼大司馬、以其功等、百官表云、元狩四年、初置大司馬冠軍將軍之號、顏師古云、冠者加於其上、爲大一官也、【考證】位字屬上讀、正義非、定令、令驃騎將軍秩祿與大將軍等。自是之後、大將軍青日退、而驃騎日益貴。舉大將軍故人門下、多去事驃騎、輒得官爵。唯任安不肯。【考證】漢書刪舉字、顏師古曰、任安滎陽人、爲益州刺史、卽遺司馬遷書者、楓三本漢書、肯下有去字、驃騎將軍爲人少言不泄。【索隱】案孔文祥云、謂質重少言、膽氣在中也、周仁陰重不泄、其行亦同也、有氣

敢任。【索隱】謂果敢任氣也、漢書作往、亦作任也、天子嘗欲敎之孫・吳兵法。對曰、顧方略何如耳。不至學古兵法。天子爲治第、令驃騎視之。對曰、匈奴未滅。無以家爲也。【考證】漢書、改未爲不、原文較勝、由此上益重愛之。然少而侍中。貴、不省士。【考證】顏師古曰、省、視也、不恤視也、其從軍、天子爲遣太官、齎數十乘。既還、重車餘弃粱肉、而士有飢者。【考證】顏師古曰、齎、與賫同、王先謙曰、百官表、有太官、顏注、太官主膳食、說文、齎、持遺也、據本文、此齎字專以食言、不當與賫裝同解、其在塞外、卒乏糧、或不能自振。而驃騎尚穿域蹋鞠。事多此類。【集解】徐廣曰、穿地爲營域、【索隱】穿域蹴鞠、徐氏云、穿地爲營域、蹴鞠書有域說篇、又以杖打、亦有限域也、今之鞠戲、以皮爲之、中實以毛、蹴蹋爲戲、劉向別錄云、蹴鞠、兵勢所以陳武事、知有材力也、漢書作蹵鞠、三蒼云、鞠毛可蹵、以爲戲、鞠音巨六反、【正義】按蹴鞠書有域說篇、卽今之打毬也、黃帝所作、起戰國時、程武士、知其材力也、若講武、【考證】何焯曰、蹋鞠二十五篇、漢書附兵家技巧中、大將軍爲人仁善退讓、以和柔自媚於上。然天下未有稱也。【考證】漢書、仁善作仁喜士、疑傳寫析爲

二字、何焯曰、大將軍將略、以伍被所答淮南王問參觀、乃備、不可獨據於天下未有稱之語、此卽出太史公淮南衡山列傳也、驃騎將軍自四年軍後三年、元狩六年而卒。天子悼之、發屬國玄甲軍、陳自長安至茂陵、【正義】屬國、卽上分置邊五郡者也、玄甲、鐵甲也、為冢、象祁連山、【索隱】案、崔浩云、去病破昆邪於此山、故令為冢象之以旌功也、姚氏案、冢在茂陵東北、與衛青冢並、西者是青、東者是去病、冢上有豎石、前有石馬相對、又有石人也、諡之、并武與廣地曰景桓侯。【集解】蘇林曰、景、武諡也、桓、廣地諡也、張晏曰、諡法、布義行剛曰景、闢土服遠曰桓、【索隱】案、景桓、兩諡也、諡法、布義行剛曰景、是武諡也、又曰、辟土服遠曰桓、是廣地之諡也、以去病平生有武藝、及廣邊地之功、故云、諡之并武與廣地曰景桓侯、子嬗、代侯。【索隱】嬗、音市戰反、嬗少字子侯。上愛之。幸其壯而將之。居六歲、元封元年、嬗卒。諡哀侯。無子、絕。國除。【考證】封禪書云、奉車子侯暴病、一日死、楓、三本、絕下有後字、自驃騎將軍死後、大將軍長子宜春侯伉、坐法失侯。【考證】王先謙曰、據表、元鼎元年免、後去病死一歲、後五歲、伉弟二人陰安侯不疑及發干侯登、皆坐酎金失侯。

【考證】酎金、解在封禪書、徐孚遠曰、大將軍尚在、而三子皆失侯、漢法之嚴如此、失侯後二歲、冠軍侯國除。【考證】元封元年、漢書、削失侯二字、其後四年、大將軍青卒。諡為烈侯。【集解】徐廣曰、元封五年、子伉代為長平侯。自大將軍圍單于之後十四年而卒。【考證】楓、三本、漢書、年作歲、王先謙曰、元狩四年至元封五年十四歲、漢書云、青尚平陽主、與主合葬、起冢象廬山云、何焯云、廬當作盧、匈奴中山也、竟不復擊匈奴者、以漢馬少、而方南誅兩越、東伐朝鮮、擊羌西南夷、以故久不伐胡。大將軍以其得尚平陽公主、故長平侯伉代侯。【正義】漢書云、平陽侯曹壽有惡疾、就國、乃詔青尚平陽公主、如淳云、本陽信長公主、為平陽侯所尚、故稱平陽公主云、【考證】中井積德曰、伉初別封、坐法失侯者、故不當嗣父爵、以父尚公主故得嗣也、故傳詳言之、六歲坐法失侯。【考證】梁玉繩曰、六歲坐法失侯六字、後人妄增、伉失侯、在天漢元年也、建元侯表書今侯伉、則知此非史公本書、

左方兩大將軍及諸裨將名【考證】張文虎曰、此行、宋本、中統、舊刻、游、毛皆不提、王本、凌本、方譌右、梁玉繩曰、此指衛霍兩人、沈家本曰、疑大字衍、

最【索隱】謂凡計也、【考證】此總計擊匈奴之數、大將軍青、凡七出擊匈奴、斬捕首虜五萬餘級。一與單于戰、收河南地、遂置朔方郡。再益封。凡萬一千八百戶。【考證】漢書、作萬六千三百戶、封三子為侯、侯千三百戶、并之萬五千七百戶。【考證】漢書、作二萬二百戶、其校尉裨將、以從大將軍侯者九人。【考證】梁玉繩曰、案史漢表傳、侯者十一人、一蘇建、二張次公、三公孫敖、四公孫賀、五韓說、六李蔡、七趙不虞、八公孫戎奴、九李朔、十張騫、十一郝賢、言九人誤、其裨將及校尉已為將者十四人。【索隱】案、漢書云、為特將者十五人、蓋通李廣也、此李廣一人自有傳、若漢書則七人自有傳、八人附見、七人、謂李廣、張騫、公孫賀、李蔡、曹襄、韓說、蘇建也、【考證】陳仁錫曰、敘諸裨將武功、俱用一從字、蓋歸功於大將軍驃騎二將也、為裨將者、曰李廣。自有傳。無傳者曰將軍公孫賀。賀、義渠人。【正義】今慶州本義渠戎國也、地理志云、北義渠道也、【考證】錢大昕曰、公孫賀、李蔡、皆官至丞相、而以將軍目之、蓋漢人以將軍為重、且諸人從衛霍立功、其在相位、初無表見、故但稱將軍而已、愚按漢

書公孫賀傳、記載較詳、又按附傳後人妄增、故有及天漢後事者、說見下文、其先胡種。賀父渾邪、景帝時、為平曲侯。【集解】徐廣曰、為隴西太守、【考證】漢書公孫賀傳云、昆邪、景帝時為隴西太守、以將軍擊吳有功、封平曲侯、著書十餘篇、坐法失侯。賀、武帝為太子時舍人。【考證】漢傳云、賀夫人君孺、衛皇后姊也、賀由是有寵、梁玉繩曰、案此兩稱武帝、及下李息公孫敖李沮李蔡趙信趙食其六傳、稱武帝者、皆後人妄改、當作今上、武帝立八歲、以太僕為輕車將軍、軍馬邑。後四歲、以輕車將軍出雲中。後五歲、以騎將軍從大將軍有功。封為南窌侯。後一歲、以左將軍再從大將軍、出定襄。無功。後四歲、以坐酎金失侯。【考證】梁玉繩曰、案史漢表、賀以元鼎五年坐酎金免、則自元朔六年出定襄後至元鼎五年、凡十一歲也、後八歲、以浮沮將軍出五原二千餘里。無功。【集解】徐廣曰、元鼎六年、【索隱】沮、音子餘反、【考證】錢大昕曰、據匈奴傳、賀將萬五千騎、出五原二千餘里、至浮苴井而還、浮苴卽浮沮、蓋以地名、趙破奴為匈河將軍、李廣利為貳師將軍、亦其類也、梁玉繩曰、賀出五原、卽元鼎六年事、非坐酎金失侯之後八歲也、後八歲、以太僕為丞相、封葛繹侯。

【集解】徐廣曰、太初二年、賀七爲將軍、出擊匈奴、無大功。而再侯、爲丞相。【考證】梁玉繩曰、案賀爲將軍五、安有七乎、坐子敬聲與陽石公主姦、爲巫蠱、族滅。無後。【集解】徐廣曰、陽石、一云德邑、【考證】公主、武帝女、梁玉繩曰、坐子敬聲以下後人所續、非史本書、將軍李息、郁郅人。【集解】服虔曰、郅、音窒、【索隱】服虔音窒、小顏音質、案北地縣名也、【正義】之栗反、今慶州弘化縣是、事景帝。至武帝立八歲、爲材官將軍、軍馬邑。【考證】王先謙曰、元光二年、後六歲、爲將軍出代。【考證】梁玉繩曰、李息出代、在元朔元年、後于軍馬邑五歲、後三歲、爲將軍、從大將軍出朔方。【考證】梁玉繩曰、息出朔方、在元朔五年、後出代四歲、王先謙曰、衛青傳出朔方之役、息有功、爵關內侯、與此異、皆無功。凡三爲將軍。其後常爲大行將軍。公孫敖義渠人。以郎事武帝。【考證】漢書、武帝作景帝、此誤、武帝立十二歲、爲驃騎將軍出代。亡卒七千人。當斬。贖爲庶人。【考證】漢書、無驃字、此衍、余有丁曰、驃騎將軍、武帝立名以寵去病、本傳前云賀爲輕車將軍、又曰騎將軍、此驃字必誤、後五歲、以校尉從

大將軍有功。封爲合騎侯。後一歲、以中將軍從大將軍、再出定襄。無功。【考證】梁玉繩曰、案傳言斬虜萬餘人、史漢表皆言是年敖坐封、則此誤也、當衍無功二字、後二歲、以將軍出北地。後驃騎期。當斬。贖爲庶人。後二歲、以校尉從大將軍。無功。後十四歲、以因杅將軍築受降城。【索隱】杅、音于、【考證】匈奴傳云、元封六年、因匈奴左大都尉欲降、故築受降城、漢武紀在太初元年、此曰十四歲、以初築之歲數、七歲、復以因杅將軍再出擊匈奴。至余吾、亡士卒多。下吏。【索隱】余、音餘、又音徐、案水名、在朔方、【考證】楓、三本、七歲上有後字、沈欽韓曰、紀要、余吾水、在廢夏州北塞外、丁謙曰、余吾水、當即翁金河、此河爲漢南北衝要之途、梁玉繩曰、此下後人所續、敖敗余吾、在天漢四年、巫蠱起于征和元年、且數自余吾還腰斬、非先曾亡居民間、而後坐巫蠱族也、七歲至巫蠱族四十四字、當削、漢傳同共誤、當斬。詐死、亡居民閒五六歲。後發覺、復繫。坐妻爲巫蠱族。凡四爲將軍、出擊匈奴、一侯。將軍李沮、雲中人。【索隱】沮、音俎豆之俎、【正義】雲中、今嵐勝州也、事景帝。武帝立十七歲、以左內史爲

彊弩將軍。後一歲、復爲彊弩將軍。將軍李蔡、成紀人也。【正義】秦州縣也、事孝文帝・景帝・武帝。以輕車將軍從大將軍有功。封爲樂安侯。已爲丞相。坐法死。將軍張次公、河東人。以校尉從衛將軍青有功。封爲岸頭侯。其後太后崩、爲將軍軍北軍。【考證】王先謙曰、據武紀及功臣表、元朔二年五月封侯、六月皇太后崩、岡白駒曰、太后武帝母王太后也、次公爲將軍軍北軍、天子諒陰、備非常也、後一歲、爲將軍從大將軍。再爲將軍、坐法失侯。次公父隆、輕車武射也。以善射、景帝幸近之也。將軍蘇建、杜陵人。以校尉從衛將軍青有功。爲平陵侯。【考證】楓、三本、爲上有封字、以將軍築朔方。後四歲、爲游擊將軍、從大將軍出朔方。【考證】梁玉繩曰、蘇建封侯、在元朔二年、此元朔五年事、當云後三歲、後一歲、以右將軍再從大將軍出定襄。亡翕侯、失軍。當斬。贖爲庶人。其後

爲代郡太守卒。冢在大猶鄉。【考證】張文虎曰、宋本、淩本、冢譌家、將軍趙信、以匈奴相國降、爲翕侯。武帝立十七歲、爲前將軍、與單于戰、敗降匈奴。【考證】梁玉繩曰、漢書、十七作十八、是、趙信爲前將軍、在元朔六年、武帝立十八年也、將軍張騫、以使通大夏還、爲校尉。從大將軍有功。封爲博望侯。後三歲、爲將軍出右北平。【考證】淩本、脫後字、失期。當斬。贖爲庶人。其後使通烏孫。爲大行而卒。冢在漢中。將軍趙食其、祋祤人也。【索隱】縣名、在馮翊、祋音都活反、又音丁外反、祤音詡、【正義】上都誨反、雍州同官縣、本漢祋祤縣也、武帝立二十二歲、以主爵爲右將軍、從大將軍出定襄。【考證】主爵、主爵都尉、迷失道、當斬。贖爲庶人。將軍曹襄以平陽侯爲後將軍。從大將軍出定襄。襄、曹參孫也。【考證】中井積德曰、曹襄、是參之玄孫、此單云孫者泛稱耳、將軍韓說、弓高侯庶孫也。以校尉從大將軍有功。爲

龍頟侯。【考證】楓、三本、爲上有封字、坐酎金失侯。元鼎六年、以待詔爲橫海將軍、擊東越有功。爲按道侯。【考證】楓、三本、爲上有封字、以太初三年、爲游擊將軍、屯於五原外列城。爲光祿勳、掘蠱太子宮。衞太子殺之。【考證】梁玉繩曰、爲光祿勳以下十四字、後人以征和二年事續入也、當刪、將軍郭昌、雲中人也。以校尉從大將軍。元封四年、以太中大夫爲拔胡將軍、屯朔方。還擊昆明。毋功。奪印。【考證】王先謙曰、西南夷傳略云、南粵反、上使發南夷兵、且蘭君遂反、漢發八校尉擊之、會越已破、漢八校尉不下、中郎將郭昌衞廣引兵還、行誅且蘭、遂平南夷、爲牂柯郡、據武紀、定越地及西南夷、是元鼎六年事、又武紀元封二年、遣郭昌衞廣發巴蜀兵、平西南夷未服者、以爲益州郡、昌將兵有功、本傳竝不載、其擊昆明無功、西南夷傳亦不載也、惟武紀、元封六年、書益州昆明反、遣拔胡將軍郭昌擊之、將軍荀彘、太原廣武人。以御見、侍中。【正義】以善御求見也、【考證】顏師古曰、以善御得見、因爲侍中也、御、謂御車也、爲校尉、數從大將軍。以元封三年爲左將軍擊朝鮮。毋功。以捕樓船將軍、坐法死。

【考證】詳朝鮮傳、最驃騎將軍去病、凡六出擊匈奴。其四出以將軍。【集解】徐廣曰、再出以剽姚校尉也、斬捕首虜十一萬餘級。【考證】張文虎曰、宋本、毛本首虜、他本誤倒、及渾邪王以衆降數萬、遂開河西·酒泉之地、【正義】河、謂隴右蘭州之西河也、謂涼·鄯等州、漢書西域傳云、驃騎將軍擊破匈奴右地、置酒泉郡、後分置武威張掖燉煌等郡、西方益少胡寇。四益封、凡萬五千一百戶。【考證】梁玉繩曰、去病本封千六百戶、四益封萬四千五百、幷之得萬六千一百戶、此誤數也、若依漢傳、本封二千五百戶、四益封萬五千一百、幷之得萬七千六百戶、而漢傳此句作萬七千七百戶、亦誤、其校吏有功爲侯者、凡六人。【考證】梁玉繩曰、案史漢表傳、從去病爲侯者七人、一、趙破奴、二、高不識、三、僕多、四、路博德、五、衞山、六、復陸支、七、伊卽軒、言六人誤、而後爲將軍二人。將軍路博德、平州人。【正義】漢書云、西河平州、按西河郡今汾州、以右北平太守從驃騎將軍有功。爲符離侯。【考證】漢書、符離作邳離、驃騎死後、博德以衞尉爲伏波將軍、伐破南越、益封。其後坐法失侯、爲彊弩都尉、屯居延。卒。

將軍趙破奴、故九原人。【正義】今勝州、【考證】漢書、作太原、疑誤、嘗亡入匈奴。已而歸漢、爲驃騎將軍司馬、出北地。時有功。封爲從驃侯。坐酎金失侯。後一歲、爲匈河將軍。【考證】王先謙曰、元鼎六年、攻胡至匈河水。無功。後二歲、擊虜樓蘭王。復封爲浞野侯。【集解】徐廣曰、元封三年、【考證】史表及漢功臣表、趙破奴虜樓蘭、在元封三年、卽本文二歲當作三歲、集解元封二年、游本作元封三年、當依正、後六歲、爲浚稽將軍、將二萬騎擊匈奴左賢王。【集解】徐廣曰、太初二年、【考證】後六歲、當作後五歲、左賢王與戰。兵八萬騎圍破奴。破奴生爲虜所得、遂沒其軍。居匈奴中十歲。復與其太子安國亡入漢。【集解】徐廣曰、以太初二年入匈奴、天漢元年亡歸、涉四年、後坐巫蠱族。【考證】梁玉繩曰、案居匈奴至巫蠱族二十一字、後人妄續也、自衞氏興、大將軍青首封。其後枝屬爲五侯。凡二十四歲。而五侯盡奪、衞氏無爲

侯者。【考證】梁玉繩曰、自衞氏興以下三十三字、史詮謂當在上文六歲坐法失侯下、蓋是也、然亦後人續而誤者、衞青以元朔二年封、其枝屬以元朔五年封、自元朔二至太初四、凡二十七年、不得言三十四歲、而長平侯伉于太初四年見存、不得言盡奪無侯、青止三子、亦不得言五侯、而漢書仍其誤、何歟、

太史公曰。蘇建語余曰。吾嘗責大將軍至尊重、而天下之賢士大夫毋稱焉。【索隱】謂不爲賢士大夫所稱譽、【考證】賢下各本無士字、依索隱單本及漢書補、願將軍觀古名將所招選擇賢者、勉之哉。【考證】漢書、削擇賢二字、大將軍謝曰。自魏其·武安之厚賓客、天子常切齒。彼親附士大夫、招賢絀不肖者、人主之柄也。人臣奉法遵職而已。何與招士。【索隱】與、音預、【考證】梁玉繩曰、案此青謝蘇建語如此、汲黯爲揖客、大將軍益賢之、又進言田仁爲郎中、言減宣爲大廐丞、言主父偃于上、爲上言郭解不中徙茂陵、則未嘗不招士也、但所招之士、不皆賢耳、王鳴盛曰、李廣傳贊、美其死天下知與不知皆盡哀、忠心誠信於士大夫、衞青傳贊、則著其不肯招士、位尊而天下賢士大夫無稱、兩兩相形、優劣自見、乃青名爲不薦士、而傾危如主父偃、殘賊如減宣、皆其所薦、又爲郭解請免徙關內、然則青特不薦賢耳、於不肖者、未嘗不交通援引也、何焯曰、衞霍將略、太史公不之取也、此論卻許其能知時變、以保祿位、非以示譏、又曰、此

言得之、其言主父偃減宣於上、乃在名位未盛之時也、武帝雄猜、拔擢一人、必欲恩自己出、丞相猶不敢薦士、況爲將握兵者乎、**驃騎亦放此意。其爲將如此。**

考證 王鳴盛曰、佞幸傳末、忽贅二語云、衛青霍去病、亦以外戚貴幸、然頗用材能自進、一若以此二人本可入佞幸者、子長措詞如此、

索隱述贊、君子豹變、貴賤何常、靑本奴虜、忽升戎行、姉配皇極、身尙平陽、寵榮斯僭、取亂彝章、嫖姚繼踵、再靜邊方、

衛將軍驃騎列傳第五十一　史記一百十一

文學博士瀧川龜太郎著

史記會注考證

史記會注考證卷一百十二

漢 太史令 司馬遷 撰

宋 中郎外兵曹參軍 裴駰 集解

唐 國子博士弘文館學士 司馬貞 索隱

唐 諸王侍讀率府長史 張守節 正義

日本 出雲 瀧川資言 考證

平津侯主父列傳第五十二 史記一百十二

【考證】史公自序云、大臣宗室、以侈靡相高、唯弘用節衣食、爲百吏先、作平津侯列傳第五十二、陳仁錫曰、太史公平津傳、附主父偃徐樂嚴安三人、然行事終不相合、主父傳

以下、當別爲一傳、王鳴盛曰、公孫弘以儒者致位宰相封侯、乃與主父偃同傳、張湯杜周皆三公也、乃入之酷吏傳、子長惡此三人特甚、故其位置如此、愚按、偃等三人、皆以文辭進、皆以伐匈奴通西南夷爲非、其事相涉、此所以與平津同傳、觀次諸衞霍兩越諸傳間、可以知史公之意也、陳王二說未得、杏愼行曰、漢書於弘至太常下、添入策諸儒制、及弘對策全文、及召見後、史記止云、狀貌甚麗、拜爲博士、漢書復增入待詔金馬門所上一疏、及問答數十言、弘之生平學術、後來相業底裏、具見於此、此司馬之略似不如班氏之詳、

丞相公孫弘者、齊菑川國薛縣人也。字季。【索隱】案薛縣屬魯國、漢置菑川國、後割入齊也、【正義】表云、菑川國、文帝分齊置、都劇、括地志云、故劇城、在青州壽光縣南三十一里、故薛城、在徐州滕縣界、地理志云、薛縣屬魯國、按薛與劇隔兗州及太山、未詳、公孫弘墓、又在青州北魯縣西二十里也、【考證】梁玉繩曰、齊與菑川實爲兩國、薛縣別屬魯、乃史公連書之、何也、下文汲黯詰弘曰、齊人多詐、又云、菑川國推上弘、而儒林傳稱薛人公孫弘、徐廣謂薛縣在菑川、索隱謂薛本屬魯、漢置菑川國、後割入齊、說亦欠明、史記攷異云、菑川本齊故地、史言菑川、又言齊者、當時通俗之稱、扁鵲言臣齊勃海秦越人、與此一例、非菑史之誤、漢志菑川國祇三縣、無薛縣、然高五王傳、青州刺史奏菑川王終古禽獸行、詔削四縣、安知薛縣不在所削之內、漢志郡國領縣若干、皆元成以後之制、未可據以駮傳也、此說甚確、毛本及漢書無齊字、沈欽韓曰、西京雜記五、鄒長倩遺弘書云、次卿足下、則弘一字次卿、少時爲薛獄吏。有辠免。

家貧。牧豕海上。年四十餘、乃學春秋雜說。【考證】何焯曰、雜說、雜家之說、兼儒墨合名法者也、藝文志亦有公羊雜記八十三篇、以弘所對智者術之原也一條味之、其學蓋出於雜家、則此雜說、非春秋經師之雜說也、養後母孝謹。【考證】凌稚隆曰、伏後後母死服喪、建元元年、天子初即位、招賢良文學之士。是時弘年六十。徵以賢良爲博士。使匈奴。還報。不合上意。上怒以爲不能。弘迺病免歸。【考證】漢書、病上有移字、元光五年、有詔徵文學。菑川國復推上公孫弘。【考證】沈欽韓曰、案西京雜記云、公孫弘以元光五年爲國士所推爲賢良、國人鄒長倩以其家貧少自資致、乃解衣裳以衣之、釋所著冠履以與之、又贈以芻一束、絲一繸、撲滿一枚、書題遺之、梁玉繩曰、文學上脫賢良二字、漢書有之、而五年是元年之誤、荀紀西京雜記石林燕語、皆依史作元光五年、失之、通鑑攷異反據五年爲說、無怪乎疑未能明也、漢書武紀以、弘舉賢良在元光元年、而弘傳本史記、誤作五年耳、野客叢書辨之極是、其言曰、武帝兩開賢良科、一在建元元年、一在元光元年、而元光元年但詔徵吏民明當世務者、不聞有賢良之舉、攷武帝初即位、弘年六十、以賢良徵、元狩二年薨、年八十、自元狩二年推而上之至武帝初年、恰二十年、以是言之、弘于元光元年再擧賢良、明甚、本傳謂五年誤也、又況元光元年賢良制、政係弘所對者、弘讓謝國人曰。臣已嘗

西應命、以不能罷歸。願更推選。[考證]楓、三本、漢書無歸字。國人固推弘。弘至太常。[考證]漢傳補入策問及弘對策。太常令所徵儒士各對策百餘人。弘第居下。策奏、天子擢弘對爲第一。召入見。狀貌甚麗。拜爲博士。[考證]漢書、拜爲博士下、補待詔金馬門、弘復上疏一節。是時通西南夷道、置郡。巴蜀民苦之。詔使弘視之。還奏事。盛毀西南夷無所用。上不聽。弘爲人恢奇多聞。[考證]楓本、無恢奇二字。常稱以爲人主病不廣大。人臣病不儉節。弘爲布被、食不重肉。後母死、服喪三年。每朝會議、開陳其端、令人主自擇、不肯面折庭爭。於是天子察其行敦厚、辯論有餘、習文法吏事、而又緣飾以儒術。上大說之。[索隱]謂以儒術飾文法、如衣服之有領緣以爲飾也、[考證]何焯曰、弘號以儒進、然所以當上意者、習文法吏事、乃少爲獄吏力也、沈欽韓曰、西京雜記、公孫弘著公孫子、言刑名事、謂字直百金、二歲中、至

左內史。[集解]徐廣曰、一云一歲、[考證]漢書、亦作一歲、梁玉繩曰、徐廣作一歲、是、弘以元光元年對策爲博士、中更母服三年、蓋元光五年仍爲博士、卽于是歲爲左內史、故公卿表言元光五年爲左內史也、弘奏事、有不可、不庭辯之。[考證]楓、三本、漢書、有下有所字、嘗與主爵都尉汲黯請閒。汲黯先發之、弘推其後。天子常說、所言皆聽。以此日益親貴。嘗與公卿約議、至上前、皆倍其約、以順上旨。汲黯庭詰弘曰、齊人多詐而無情實。始與臣等建此議。今皆倍之。不忠。上問弘。弘謝曰、夫知臣者、以臣爲忠。不知臣者、以臣爲不忠。上然弘言。左右幸臣每毀弘、上益厚遇之。元朔三年、張歐免。以弘爲御史大夫。[考證]楓、三本、免下有上字、是時通西南夷、東置滄海、北築朔方之郡。弘數諫。以爲罷敝中國、以奉無用之地。願罷之。於是天子乃使朱買臣等難弘、置朔方

之便發十策。弘不得一。[集解]韋昭曰、以弘之才非不能得一也、以爲不可、不敢逆上耳、[索隱]按韋昭以弘之才非不能得一、以爲不可、不敢逆上故耳、[正義]顏師古曰、言其利害十條、弘無以應、弘迺謝曰、山東鄙人、不知其便若是。願罷西南夷・滄海、而專奉朔方。上乃許之。[考證]中井積德曰、弘不敢置對、似阿世者、然因此請罷西南夷滄海、則大有補益、立朝統職者、不能無是臭味、宜算其損益多少而襃貶之、汲黯曰、弘位在三公、奉祿甚多。然爲布被。此詐也。[考證]藝文類聚引奉作俸、上問弘。弘謝曰、有之。夫九卿與臣善者、無過黯。然今日庭詰弘。誠中弘之病。夫以三公爲布被、誠飾詐欲以釣名。且臣聞管仲相齊有三歸。侈擬於君、桓公以霸。亦上僭於君。[正義]擬、音儗、僭也、[考證]亦當作此、下文可證、三歸、解在管夷吾傳、晏嬰相景公。食不重肉、妾不衣絲。齊國亦治。此下比於民。[索隱]比、音鼻、比者近也、小顏音比方之比、今臣弘位爲御史大夫、而爲布被。自九卿以下至

於小吏無差。誠如汲黯言。且無汲黯忠、陛下安得聞此言。天子以爲謙讓、愈益厚之。[考證]平準書云、公孫弘以宰相布被、食不重味、爲天下先、然而無益於治、修務於功利、西京雜記云、公孫弘起家、徒步爲丞相、故人高賀從之、弘食以脫粟飯、覆以布被、賀怨曰、何以故人富貴爲、脫粟布被、我自有之、弘大慙、賀嘗語人曰、公孫弘內服貂蟬、外衣麻枲、內厨五鼎、外膳一肴、豈以示天下、于是朝廷疑其矯焉、弘嘆曰、寧逢惡賓、不逢故人、卒以弘爲丞相、封平津侯。[集解]徐廣曰、大臣表曰、元朔五年十一月乙丑、公孫弘爲丞相、功臣表曰、元朔三年十一月乙丑、封平津侯、駰案漢書、高成之平津鄉也、[索隱]案漢書曰、漢興皆以列侯爲丞相、弘本無爵、乃詔封弘高成之平津鄉六百五十戶、爲平津侯、丞相封侯、自弘始也、[考證]通鑑考異云、史記將相名臣表、漢書百官公卿表、弘爲相、皆在元朔五年、建元以來侯者表、恩澤侯表皆云、元朔三年封侯、按三年弘始爲御史大夫、蓋誤書五爲三、因置於三年耳、弘爲人意忌、外寬內深。[索隱]謂弘外寬內深、意多有忌害也、[考證]王念孫曰、意忌二字平列、意者疑也、陳丞相世家曰、項王爲人意忌信讒、酷吏傳曰、張湯文深意忌、義並與此同、諸嘗與弘有郤者、雖詳與善、陰報其禍。[考證]詳佯、通、漢書作陽、殺主父偃、徙董仲舒於膠西、皆弘之力也。食一肉、脫粟之飯。[索隱]案一肉、言不兼味也、脫粟纔脫殼而已、言不精鑿也、故

人所善賓客仰衣食。弘奉祿皆以給之。家無所餘。士亦以此賢之。【考證】與西京雜記所言異、梁玉繩曰、案弘開東閣以延賢人、此盛德事、不知史何以不載、　淮南・衡山謀反。治黨與方急。弘病甚。自以爲無功而封、位至丞相。宜佐明主、塡撫國家、使人由臣子之道。今諸侯有叛逆之計。此皆宰相奉職不稱、恐竊病死、無以塞責。【索隱】案人臣委質於君、死生由君、今若一朝病死、是竊死也、【考證】漢書無竊字、王念孫曰、恐竊病死、當爲竊恐病死、寫者誤倒耳、　乃上書曰。臣聞天下之通道五。所以行之者三。【索隱】案此語出子思子、今見禮記中庸篇、　曰君臣父子兄弟夫婦長幼之序。此五者天下之通道也。【考證】兄弟與長幼之序複、漢書作君臣父子夫婦長幼朋友之交、與中庸合、當依改、呂覽壹行篇云、先王所惡無惡於不可知、不可知則君臣父子兄弟朋友夫妻之際敗矣、次第雖異、五倫之目、亦與中庸合、　智仁勇、此三者、天下之通德、所以行之者也。【考證】漢書、勇下無此字、者下無天下之通德五字、　故曰、力行近乎仁。好問近乎智。

知恥近乎勇。知此三者、則知所以自治。知所以自治、然後知所以治人。天下未有不能自治而能治人者也。【考證】以上本中庸、表章中庸、不始於宋儒、　此百世不易之道也。今陛下躬行大孝、鑒三王、建周道、兼文武、厲賢予祿、量能授官。【集解】徐廣曰、厲、一作廣也、【考證】漢書、大孝作孝弟、厲賢予祿作招徠四方之士、任賢序位、官下有將以厲百姓勸賢材也九字、　今臣弘罷駑之質、無汗馬之勞。陛下過意擢臣弘卒伍之中、【考證】周壽昌曰、過意、猶言過垂恩意、　封爲列侯、致位三公。臣弘行能不足以稱。【考證】顏師古曰、不副其任也、　素有負薪之病。恐先狗馬塡溝壑、終無以報德塞責。【考證】楓、三本、宋本、中統、毛本、病作疾、與漢書合、曲禮下、君使士射、不能、則辭以疾、曰某有負薪之憂、負薪之憂、猶言采薪餘勞、病猶言憂、　願歸侯印、乞骸骨、避賢者路。天子報曰。古者賞有功褒有德。守成尚文、遭遇右武。【索隱】小顏云、右亦上也、言遭遇亂時則上武也、【考證】漢書顏注、作禍亂時則上武耳、

與索隱所引異、愚按遭遇、當作遭禍、正與守成對文、遇禍形似而訛、漢書一本、作遇禍、　未有易此者也。朕宿昔庶幾、獲承尊位、懼不能寧。惟所與共爲治者、君宜知之。【考證】王先謙曰、知、謂知朕意也、　蓋君子善善惡惡、君宜知之。君若謹行、常在朕躬。【考證】漢書、作蓋君子善善及後世、若玆行常在朕躬、郭嵩燾曰、此答其歸侯之意、善善及後世、謂世傳國爲侯、行者所以行賞也、武帝自言任賞罰之權、與史記文義各別、愚按史義自通、顏師古云、常在朕躬、朕常思此、不息於心也、　君不幸罹霜露之病、何恙不已。【集解】漢書音義曰、何恙、喩小疾不以時愈、【索隱】恙、憂也、言罹霜露寒涼之疾、輕何憂於病不止、禮曰疾止復初也、　迺上書歸侯、乞骸骨、是章朕之不德也。今事少閒、君其省思慮、一精神、輔以醫藥。因賜告、牛酒雜帛。居數月、病有瘳、視事。元狩二年、弘病。竟以丞相終。【集解】漢書曰、年八十、【索隱】漢書云、凡爲御史丞相六歲、年八十終、【考證】十七史商榷引陳鵬年云、案史記、公孫弘以建元元年辛丑徵爲博士、不合罷歸、年六十、至元光五年辛亥、凡十一年、年七十一矣、是年卽以博士爲左內史、元朔三年乙卯、爲御史大夫、年七十五、五年乙巳十一月、爲丞相、年七十七、元狩二年庚申三月薨、在相位二年餘、年八

十、　子度嗣爲平津侯。度爲山陽太守。十餘歲、坐法失侯。【索隱】漢書云、坐不遣鉅野令史成詣公車、論爲城旦、元始中、詔復弘後爲關內侯也、　主父偃者、齊臨菑人也。學長短縱橫之術。【考證】劉向上戰國策云、舊號或曰短長、張晏注張湯傳云、蘇秦張儀之謀、趣彼爲短、歸此爲長、戰國策名長短術也、是長短縱橫二語同意、漢書藝文志縱橫家、主父偃二十八篇、今亡、馬國翰有輯本、　晚乃學易春秋百家言。【考證】中井積德曰、晚字似失當、凌稚隆曰、暗伏後日暮途遠一段案、　游齊諸生閒。莫能厚遇也。齊諸儒生相與排擯。不容於齊。家貧。假貸無所得。【考證】漢書、貸作貣、顏師古曰、音土得反、貣、從人求物也、　迺北游燕・趙・中山。皆莫能厚遇。爲客甚困。孝武元光元年中、以爲諸侯莫足游者。【考證】楓、三本、光下無元字、梁玉繩曰、孝武當作今上、主父偃徐樂莊安三人同上書拜郎中、應在元朔初、通鑑載于元朔元年、攷異謂光乃朔字之誤、其說自不可易、何以證之、偃傳言偃入關、見衞將軍、而衞青以元光六年始爲將軍、若偃見青于元光元年、則青尙爲太中大夫、安得稱將軍、其證一、漢書言徐樂燕郡無終人、以無終屬燕、雖不免錯、而燕之爲郡、實在元朔元年以後、政當上書之時、其證二、莊安書中、有略薉州建城邑之語、而降穢貉爲蒼海郡、在元朔元年、其證三、獨大事記書于元光元年、其解題

曰、假竊奏、蓋仲舒高園殿對、高園殿災、在建元六年、距元朔改元八年、若假以是年召見、安得竊仲舒草藁奏之、若召見親近之後、方竊奏仲舒藁、則仲舒亦不應追論七八年前災異也、況田蚡死已久、仲舒所謂貴而不正者、果安所指耶、殊不知仲舒奏藁、自在建元末年、而假之竊奏、固在元朔初、何足據哉、愚按、史明言元光元年假西入關、留久乃上書、未嘗以上書爲元年事、通鑑考異史記志疑、以史爲誤者何也、 乃西入關見衛將軍。【考證】顏師古曰、衛青、洪頤煊曰、衛青傳、子夫爲夫人、青爲太中大夫、元光六年、拜爲車騎將軍、擊匈奴、是時青尚未爲將軍、愚按、此追記之辭、 衛將軍數言上。上不召。
資用乏、留久。諸公賓客多厭之。乃上書闕下。朝奏、暮召入見。
所言九事。其八事爲律令。一事諫伐匈奴。其辭曰。臣聞明主
不惡切諫以博觀。忠臣不敢避重誅以直諫。是故事無遺策。
而功流萬世。今臣不敢隱忠避死、以效愚計。願陛下幸赦而
少察之。司馬法曰。國雖大、好戰必亡。天下雖平、忘戰必危。
【考證】今本司馬法仁本篇、 天下既平、天子大凱、【集解】應劭曰、大凱、周禮還師振旅之樂、 春蒐、秋獮。

諸侯春振旅、秋治兵。所以不忘戰也。【集解】宋均曰、春秋少陽少陰、氣弱末全、須人功而後用、士庶法之、教而後成、宗仁本義、天子諸侯、必春秋講武、簡閱車徒、以順時氣、不忘戰也、【索隱】按宋均云、宗本仁義、助少陰少陽之氣、因而教以簡閱車徒、 且夫怒者
逆德也。兵者凶器也。爭者末節也。【考證】國語越語、范蠡曰、勇者逆德也、兵者凶器也、爭者事之末也、沈欽韓曰、尉繚子兵議、兵者凶器也、爭者逆德也、說苑指武篇、屈宜咎語同、 古之人君一怒、必伏尸流血。故聖王
重行之。【考證】顏師古曰、重、難也、 夫務戰勝窮武事者、未有不悔者也。昔秦
皇帝、任戰勝之威、蠶食天下、并吞戰國、海內爲一、功齊三代。
務勝不休、欲攻匈奴。李斯諫曰。不可。夫匈奴無城郭之居、委
積之守。【考證】胡三省曰、積、子智翻、委積者、倉廩之藏也、鄭氏云、少曰委、多曰積、 遷徙鳥擧。難得而制也。輕
兵深入、糧食必絕。踵糧以行、重不及事。【考證】踵、接也、漢書作運、 得其地、不
足以爲利也。遇其民、不可役而守也。【考證】漢書、遇作得、役作調、楓三本、役作臣、守作使、 勝必

殺之、非民父母也。靡敝中國、快心匈奴、非長策也。【索隱】靡、音糜、靡猶凋敝也、【考證】楓三本、漢書、快作甘、呂祖謙曰、李斯方助始皇爲虐、必無此諫、徐孚遠曰、李斯諫伐胡、本傳不載、非實事也、意者欲沮蒙恬之功、故爲正言邪、愚按漢書、長策作完計、
秦皇帝不聽。遂使蒙恬將兵攻胡。辟地千里、以河爲境。地固
澤鹹鹵、不生五穀。【集解】徐廣曰、澤一作斥、瓚曰、其地多水澤、又有鹵、【考證】王念孫曰、鹹字後人所加、集解可證、漢書作澤鹵、漢紀、作斥澤、澤鹵卽斥鹵、加一鹹字、文不成義、張文虎曰、匈奴傳亦云、地澤鹵、 然後發天下丁男、以守北河、暴兵露
師十有餘年、死者不可勝數。終不能踰河而北。【考證】梁玉繩曰、始皇紀、蒙恬匈奴傳、皆云、逐戎築長城、起臨洮至遼東萬餘里、渡河至陽山、乃偃書言恬攻胡辟地千里、終不能踰河而北、未詳其故、 是豈人衆不足、兵革
不備哉。其勢不可也。又使天下蜚芻輓粟、【集解】文穎曰、轉芻穀就戰、是也、【考證】顏師古曰、運載芻藁、令其疾至、故云飛芻也、愚按輓、輓其落者也、四字又見嚴安書、 起於黃腄・琅邪負海之郡、轉輸北
河。【集解】徐廣曰、腄、在東萊、音縋、【索隱】黃腄、縣名、在東萊、音逐瑞反、注音縋、【考證】黃腄、各本作東腄、依索隱及漢書、顏師古云、二縣名、齊地濱海、故曰負海、

率三十鍾而致一石。【考證】顏師古曰、六斛四斗爲鍾、計其道路所費、凡用百九十二斛、乃得一石至、 男子疾耕、
不足於糧饟。女子紡績、不足於帷幕。百姓靡敝、孤寡老弱、不
能相養、道路死者相望。蓋天下始畔秦也。及至高皇帝定天
下、略地於邊、聞匈奴聚於代谷之外、而欲擊之。御史成進諫
曰。不可。夫匈奴之性、獸聚而鳥散、從之如搏影。今以陛下盛
德攻匈奴。臣竊危之。【考證】徐孚遠曰、成進之諫、與奉春君同、而其說不顯、僅見於此、 高帝不聽。遂北
至於代谷。果有平城之圍。【考證】楓三本、高下有皇字、 高皇帝蓋悔之甚。乃
使劉敬往結和親之約、然後天下忘干戈之事。【考證】漢書、忘作亡、 故兵
法曰。興師十萬、日費千金。【考證】孫子用閒篇、 夫秦常積衆暴兵數十萬
人。雖有覆軍殺將、係虜單于之功、亦適足以結怨深讎。不足

以償天下之費。夫上虛府庫、下敝百姓、甘心於外國、非完事也。夫匈奴難得而制、非一世也。行盜侵驅、所以爲業也。天性固然。上及虞·夏·殷·周、固弗程督、禽獸畜之、不屬爲人。【考證】楓、三本、固弗作皆弗、漢書、及作自、屬作比、顏師古曰、程、課也、督、視責也、 夫上不觀虞·夏·殷·周之統、而下脩近世之失。此臣之所大憂、百姓之所疾苦也。【考證】楓、三本、漢書、脩作循、爲是、隸書循脩形似易訛、 且夫兵久則變生。事苦則慮易。乃使邊境之民、靡敝愁苦、而有離心、將吏相疑而外市。【集解】張晏曰、與外國交、求利己、若章邯之比、 故尉佗·章邯、得以成其私也。夫秦政之所以不行者、權分乎二子。此得失之效也。故周書曰、安危在出令。存亡在所用。【考證】沈欽韓曰、周書王佩解、存亡在所用、離合在出命、 願陛下詳察之、少加意而熟慮焉。是時趙人徐樂、齊人嚴

安、俱上書言世務。各一事。【索隱】樂、音岳、按嚴安本姓莊、避明帝諱、後竝改嚴也、安及徐樂竝拜郎中、樂後爲中大夫、【考證】梁玉繩曰、漢書謂徐樂燕郡無終人、則史言趙人、誤也、顧炎武曰、鄧伯羔謂安自姓嚴、然漢書藝文志云、主父偃二十八篇、徐樂一篇、莊安一篇、是安本姓莊、非嚴也、漢書之稱莊安、班氏所未改也、史記之稱嚴安、後人所追改也、 徐樂曰、臣聞天下之患、在於土崩、不在於瓦解。古今一也。【考證】楓、三本、徐樂下有爲其辭三字、文選東方朔非有先生論、是以輔弼之臣瓦解、淮南子泰族訓、紂士億有餘萬、武王麾之、則瓦解而走、土崩而下、 何謂土崩。秦之末世是也。陳涉無千乘之尊、尺土之地、身非王公大人名族之後、無鄉曲之譽、非有孔·墨·曾子之賢、陶朱·猗頓之富也。然起窮巷、奮棘矜、偏袒大呼、而天下從風。【集解】矜、音勤、【索隱】棘矜、下音勤、矜、今戟柄、棘、戟也、【考證】顏師古曰、時秦銷兵器、故但有戟之把耳、愚按、此一節、分明襲賈生過秦論、 此其故何也。由民困而主不恤、下怨而上不知也。俗已亂、而政不脩。【考證】梁玉繩曰、知下也字衍、漢書無、 此三者、陳涉之所以爲資也。是之謂土崩。故

曰、天下之患、在於土崩。何謂瓦解。吳·楚·齊·趙之兵是也。七國謀爲大逆、號皆稱萬乘之君。帶甲數十萬、威足以嚴其境內、財足以勸其士民。然不能西攘尺寸之地、而身爲禽於中原者、此其故何也。非權輕於匹夫、而兵弱於陳涉也。當是之時、先帝之德澤未衰、而安土樂俗之民衆。故諸侯無境外之助。此之謂瓦解。故曰、天下之患、不在瓦解。由是觀之、天下誠有土崩之勢、雖布衣窮處之士、或首惡而危海內。陳涉是也。況三晉之君或存乎。【考證】漢書、惡作難、顏師古曰、韓趙魏三國本分晉、故稱三晉、愚按、言陳涉尚且危天下、況三晉之君乎、 天下雖未有大治也、誠能無土崩之勢、雖有彊國勁兵、不得旋踵而身爲禽矣。吳·楚·齊·趙是也。況羣臣百姓能爲亂乎哉。【考證】漢書、

未下無有大二字、乎下無哉字、 此二體者、安危之明要也。賢主所留意而深察也。閒者關東五穀不登、年歲未復、民多窮困。重之以邊境之事。推數循理而觀之、則民且有不安其處者矣。【考證】漢書、且作宜、 不安故易動。易動者土崩之勢也。故賢主獨觀萬化之原、明於安危之機、脩之廟堂之上、而銷未形之患。其要期使天下無土崩之勢而已矣。故雖有彊國勁兵、陛下逐走獸射蜚鳥、弘游燕之囿、淫縱恣之觀、極馳騁之樂自若也。金石絲竹之聲、不絕於耳、帷帳之私、俳優侏儒之笑、不乏於前、而天下無宿憂。【考證】自若、言無廢損、宿、久也、楓、三本、絲竹下有鐘鼓二字、分明襲賈生治安策、 名何必湯·武。俗何必成·康。雖然臣竊以爲陛下天然之聖、寬仁之資、而誠以天下爲務、則湯·

武之名不難侔、而成·康之俗可復興也。此二體者立、然後處尊安之實、揚名廣譽於當世、親天下而服四夷、餘恩遺德、爲數世隆、南面負扆攝袂而揖王公。此陛下之所服也。【考證】扆、畫斧屏風、明堂位、天子斧扆南鄉而立、顏師古曰、服、事也、臣聞圖王不成、其敝足以安。【考證】沈欽韓曰、御覽七十七、桓譚新論曰、儒者或曰、圖王不成、其敝可以霸、後漢書王元說隗囂、亦作霸、安則陛下何求而不得。何爲而不成。何征而不服乎哉。【考證】漢書、無哉字、嚴安上書曰。臣聞周有天下、其治三百餘歲。【考證】莊安書臣聞下、尚有二百七十餘字、漢書載之、皆切中時弊、深識治體之要、史公何以刪之、成·康其隆也、刑錯四十餘年而不用。及其衰也、亦三百餘歲。故五伯更起。五伯者、常佐天子、興利除害、誅暴禁邪、匡正海內、以尊天子。五伯既沒、賢聖莫續、天子孤弱、號令不行、諸侯恣行、彊陵弱、衆暴寡、田常篡齊、六卿分晉、竝爲戰國。此民之始苦也。於是彊國務攻、弱國備守、合從連橫、馳車擊轂、【考證】中井積德曰、漢書、備作修、於耦對爲切、介胄生蟣蝨、民無所告愬。及至秦王、蠶食天下、并吞戰國、稱號曰皇帝、主海內之政、壞諸侯之城、【考證】楓、三本、主作壹、漢書作一、銷其兵鑄以爲鍾虡、示不復用。【索隱】鍾虡、下音巨、鄒氏本作鐻、音同、元元黎民、得免於戰國、逢明天子、人人自以爲更生。嚮使秦緩其刑罰、薄賦斂、省繇役、貴仁義、賤權利、上篤厚、【索隱】上、猶尚也、貴也、下智巧、【索隱】謂智巧爲下也、【考證】漢書、智作佞、非、變風易俗、化於海內、則世世必安矣。秦不行是風、而循其故俗、【考證】漢書、脩作循、爲智巧權利者進、篤厚忠信者退、法嚴政峻、諂諛者衆、日聞其美、意廣心軼、欲肆威海外、乃使蒙恬

將兵以北攻胡、辟地進境、戍於北河、蜚芻輓粟、以隨其後、又使尉佗屠睢將樓船之士、南攻百越。【索隱】案、尉、官也、佗、趙佗也、音徒何反、屠睢、人姓名、睢、音雖、【考證】梁玉繩曰、南越傳、無尉佗攻越事、乃尉屠睢也、尉、秦官、屠睢人姓名、蓋尉斯離之比、漢書嚴助嚴安傳、皆無佗字、此因下文尉佗戍越而誤、索隱謬分爲二人、尉屠睢事、見淮南子人間訓、使監祿鑿渠運糧、深入越。【集解】韋昭曰、監、御史、名祿也、【考證】秦時郡置守尉監、越人遁逃、曠日持久、糧食絕乏。越人擊之、秦兵大敗。秦乃使尉佗將卒以戍越。【考證】沈欽韓曰、尉佗、任囂之誤、使囂戍越、因爲南海尉、趙佗應以偏裨行耳、王先謙曰、因後尉佗擅越、特舉之、非誤也、當是時、秦禍北構於胡、南挂於越、宿兵無用之地、進而不得退。【考證】顏師古曰、挂、懸也、王念孫曰、挂讀爲絓、絓、結也、行十餘年、丁男被甲、丁女轉輸、苦不聊生、自經於道樹、死者相望。及秦皇帝崩、天下大叛、陳勝·吳廣舉陳、【索隱】謂勝廣舉兵於陳、舉音如字、或音據、恐疎也、下同、武臣·張耳舉趙、項梁舉吳、田儋舉齊、景駒舉郢、周市舉魏、韓廣舉燕、【考證】張文虎曰、游、王、柯、凌本、騶誤騎、窮山通谷、豪士竝起、不可勝載也。然皆非公侯之後、非長官之吏也。無尺寸之勢、起閭巷、杖棘矜、應時而皆動、不謀而俱起、不約而同會、壤長地進、至于霸王。時教使然也。【集解】張晏曰、長、進益也、【考證】顏師古曰、言其稍稍攻伐、進益土境、以至彊大也、岡白駒曰、時教、所謂法嚴政峻是也、秦貴爲天子、富有天下、滅世絕祀者、窮兵之禍也。故周失之弱、秦失之彊。不變之患也。【考證】蘇氏審勢篇、敷演此數語、今欲招南夷、朝夜郎、降羌僰、略濊州、建城邑、深入匈奴、燔其蘢城。【集解】如淳曰、濊州、東夷也、【索隱】薉、白北反、又皮逼反、濊州、地名、即古濊貊國也、音紆廢反、蘢城、匈奴城名、音龍、燔、音煩、燔、燒也、【考證】漢書武紀、元光五年、發巴蜀治南夷道、元朔二年罷、元朔元年、東夷薉君南閭等口二十八萬人降、爲蒼海郡、三年罷、蓋安上書時、方有此事也、漢書削欲字、非是、議者美之。此人臣之利也。非天下之長策也。今中國無狗吠之驚。【考證】漢書、

敝作弊、　而外累於遠方之備、靡敝國家。非所以子民也。行無窮之欲、甘心快意、結怨於匈奴。非所以安邊也。禍結而不解、兵休而復起、近者愁苦、遠者驚駭。非所以持久也。今天下鍛甲砥劍、橋箭累弦、轉輸運糧、未見休時。此天下之所共憂也。【考證】楓本、漢書、橋作矯、通、中井積德曰、累弦、造弦也、運糧、漢書作軍糧、　夫兵久而變起、事煩而慮生。今外郡之地、或幾千里、列城數十、形束壤制、旁脅諸侯。非公室之利也。【集解】服虔曰、言所束在郡守、土壤足以專民制、蘇林曰、言其土地形勢、足以束制其民也、【索隱】案謂地形及土壤、皆束制在諸侯也、【考證】楓本、或作封、漢書旁作帶、公作宗、李笠曰、正義蘇林、漢書注作孟康、　上觀齊·晉之所以亡者、公室卑削、六卿大盛也。下觀秦之所以滅者、嚴法刻深、欲大無窮也。【考證】漢書、嚴法刻深作刑嚴文刻、楓山本、大作甚、　今郡守之權、非特六卿之重也。地幾千里、非特閭

巷之資也。甲兵器械、非特棘矜之用也。以遭萬世之變、則不可稱諱也。【考證】稱字、楓、三本、漢書、作勝、中井積德曰、論郡守之彊大、比以晉之六卿、是安之過慮、比擬失倫者、且此在推恩分封之前、諸侯王尙彊大、非郡守所能脅制也、敘事亦失實、　書奏天子。天子召見三人、謂曰。公等皆安在。何相見之晩也。【集解】徐廣曰、他史記本皆不見嚴安、此旁所箋者、皆取漢書耳、然漢書不宜乃容大異、或寫史記相承闕脫也、【索隱】箋、音撰、　於是上乃拜主父偃·徐樂·嚴安爲郎中。【考證】三人上書、通鑑係之元朔元年、或云、元光六年事、未詳、趙翼曰、漢高祖駐軍、酈食其謁見、帝方洗足、卽召入、酈生責以不宜倨見長者、帝改容謝之、陳平以魏無知入見、卽召賜食、遣出、平曰、臣所言不可過今日、遂欣然留使盡言、帝在洛陽、婁敬脫輓輅、謂虞將軍曰、臣願見上、虞將軍欲爲易衣、敬曰、臣衣帛帛見、衣褐褐見、將軍入言上、上卽召見賜食、此高祖創業時、固收攬人才爲急也、至武帝則繼體已五世、朝廷尊嚴、宜與臣民闊絕矣、乃主父偃上書、朝奏入、暮卽召見、同時徐樂嚴安亦上書、俱召見、曰、公等皆安在、何見之晚也、終軍上書言事、帝奇其文、卽拜爲謁者、甚而東方朔上書、自言年十三學書、十五學劍、十六學詩書、誦二十二萬言、十九學孫吳、亦誦二十二萬言、今年二十二、長九尺三寸、目若懸珠、齒若編貝、勇若孟賁、捷若慶忌、廉若鮑叔、信若尾生、若此可爲天子大臣矣、其狂肆自擧如此、使在後世、豈不以妄誕得罪、乃帝反偉之、而令待詔金馬門、遂以進用、史稱武帝招英俊、程其器能、用之如不及、宜乎興文治建

武功、爲千古英主也、又戾太子死巫蠱之禍、車千秋上書、爲太子訟寃、帝大感悟召見、卽拜爲大鴻臚、不數月、遂爲丞相、帝之度外用人如此、而當時禁網疏闊、懷才者、皆得自達、亦於此可見矣、　偃數見上疏言事。詔拜偃爲謁者、遷樂爲中大夫、一歲中四遷偃。【考證】數上偃字、依楓、三本補、漢書亦有、梁玉繩曰、遷中大夫者主父偃也、漢書曰、偃遷謁者中郎中大夫、所謂一歲四遷以此、與徐樂何涉、樂字當衍、　偃說上曰。古者諸侯不過百里。彊弱之形易制。【考證】楓、三本、漢書、侯下有地字、　今諸侯或連城數十、地方千里。緩則驕奢、易爲淫亂。急則阻其彊而合從、以逆京師。今以法割削之、則逆節萌起。前日鼂錯是也。今諸侯子弟、或十數。而適嗣代立。餘雖骨肉、無尺寸地封。則仁孝之道不宣。【考證】漢書、寸地作地之、　願陛下令諸侯得推恩分子弟、以地侯之、彼人人喜得所願。上以德施、實分其國。不削而稍弱矣。【考證】賈生遺策、　於是上從其計。【集解】徐廣曰、元朔二年、始令諸侯王分

封子弟也、　又說上曰。茂陵初立、天下豪桀并兼之家、亂衆之民、皆可徙茂陵。內實京師、外銷姦猾。此所謂不誅而害除。上又從其計。【考證】武紀云、建元二年、初起茂陵、元朔二年夏、徙郡國豪傑及貲三百萬以上于茂陵、　尊立衞皇后、及發燕王定國陰事、蓋偃有功焉。【考證】漢書武紀、元朔元年春、立皇后衞氏、二年秋、燕王定國有罪自殺、張文虎曰、蓋字吳增、與舊刻合、　大臣皆畏其口、賂遺累千金。人或說偃曰。太橫矣。主父曰。臣結髮游學四十餘年。身不得遂。【考證】顏師古曰、遂、猶達也、楓本、父下有偃字、　親不以爲子、昆弟不收、賓客弃我。我阨日久矣。且丈夫生不五鼎食、死卽五鼎烹耳。吾日暮途遠。故倒行暴施之。【索隱】按偃言、吾日暮途遠、恐赴前途不跌、故須倒行而逆施、乃可及耳、今此本作暴、暴者言已困久得申、須急暴行事以快意也、暴者、卒也、急也、【考證】張晏曰、五鼎食、牛羊豕魚麋也、諸侯五、卿大夫三、孔穎達曰、少牢陳五鼎、羊一、豕二、膚三、魚四、腊五、愚按五鼎、猶言盛饌、不必論其品目、顏師古曰、五鼎亨之、謂被鑊亨之誅、又曰、日暮、言年老也、倒行逆施、謂不遵常理、此語本出伍子胥、偃述而稱之、愚按

漢書、暴施作逆施、伍子胥傳作倒行而逆施之、　偃盛言朔方地肥饒、外阻河。蒙恬城之、以逐匈奴。內省轉輸戍漕、廣中國。滅胡之本也。【考證】何焯曰、偃前諫伐匈奴、此何以復議置朔方郡、前言地澤鹵不生五穀、轉輸率三十鍾致一石、此何以復云地肥饒省轉漕、豈非逆由衞氏、衞將軍始取其地、故偃變前說、以建此計乎、王鳴盛曰、公孫弘及主父偃徐樂嚴安、皆傾險浮薄之徒耳、而其上書言事、皆能諫止用兵、蓋是時如若黠者、猶倚正論以行其說、武帝亦喜而恨相見晚、武帝好文、故愛其辭、而不責其忤己、偃既任用、遂請城朔方、以爲滅匈奴之本、與初進議論大相矛盾矣、　上覽其說、下公卿議。【考證】楓、三本、覽作覧、　皆言不便。公孫弘曰、秦時常發三十萬衆築北河、終不可就、已而弃之。【考證】楓、三本、漢書常作嘗、　主父偃盛言其便、上竟用主父計、立朔方郡。【考證】楓、三本、父下有偃字、下同、　元朔二年、主父言齊王內淫佚行僻、上拜主父爲齊相。至齊、遍召昆弟賓客、散五百金予之、數之曰、始吾貧時、昆弟不我衣食、賓客不我內門、今吾相齊、諸君迎我、或千

里。吾與諸君絕矣、毋復入偃之門。【考證】楓、三本、或下有數字、　乃使人以王與姊姦事動王。王以爲終不得脫罪、恐效燕王論死、乃自殺。有司以聞。【考證】齊厲王次景也、事互見齊悼惠王世家、　主父始爲布衣時、嘗游燕・趙。及其貴、發燕事。趙王恐其爲國患、欲上書言其陰事、爲偃居中、不敢發。【考證】趙王、景帝子彭祖、　及爲齊相出關、卽使人上書告言主父偃受諸侯金。以故諸侯子弟多以得封者。【考證】楓、三本、漢書、及下有其字、　及齊王自殺、上聞大怒、以爲主父劫其王令自殺。乃徵下吏治。主父服受諸侯金、實不劫王令自殺。上欲勿誅。是時公孫弘爲御史大夫。【考證】漢書百官表、弘爲御史大夫、在元朔三年、　乃言曰。齊王自殺、無後國除、爲郡入漢。主父偃本首惡。陛下不誅主父偃、無以謝天下。乃遂

族主父偃。【考證】何焯曰、公孫弘以議朔方族主父、二人合傳、猶之袁盎鼂錯也、　主父方貴幸時、賓客以千數。及其族死、無一人收者。唯獨洨孔車收葬之。【集解】徐廣曰、孔車、洨人也、沛有洨縣、【索隱】洨、戶交反、按縣名在沛、車、尺奢反、　天子後聞之、以爲孔車長者也。【考證】史公答任安書云、交游莫救、左右親近、不爲一言、無感於孔車乎、漢書公孫弘傳云、弘沒後爲相者、李蔡等十餘人、盡誅、惟石慶得善終、正以見弘之能得君也、

太史公曰。公孫弘行義雖脩、然亦遇時。漢興八十餘年矣。【集解】徐廣曰、漢初至元朔二年、八十年也、　上方鄉文學。招俊乂以廣儒墨。弘爲學首。主父偃當路、諸公皆譽之。及名敗身誅、士爭言其惡。悲夫。

太皇太后詔大司徒大司空。【集解】徐廣曰、此詔是平帝元始中王元后詔、後人寫此、及班固所稱、以續卷後、【索隱】按徐廣云、此是平帝元始中詔、以續卷後、則又非褚先生所錄也、【考證】洪亮吉曰、案此疑馮商受詔續太史公書時所錄入、梁玉繩曰、讀史漫錄云、平帝時追錄公孫弘、言其位爲丞相、食一肉脫粟爲布被、可見弘本以此著名稱、而汲公獨少之、豈弘之詐能欺數世之後、而不能欺一長孺歟、蓋漢廷之臣皆知其僞、而汲公敢言也、然平

帝褒之者何、王莽僞爲恭儉、以釣名聲、取其與己類、故錄之爾、夫不見取于同時之長孺、而見知于數世之王莽、弘之品流、不益爲穢生恥耶、　蓋聞治國之道、富民爲始。富民之要、在於節儉。孝經曰、安上治民、莫善於禮。禮與奢也寧儉。【考證】論語八佾篇、禮與其奢也寧儉、　昔者管仲相齊桓、霸諸侯、有九合一匡之功。而仲尼謂之不知禮。以其奢泰侈擬於君故也。【考證】論語八佾篇、　夏禹卑宮室、惡衣服。後聖不循。由此言之、治之盛也、德優矣。莫高於儉。【考證】董份曰、聖字、恐當世字、張文虎曰、治、它本作始、依宋本、毛本、愚按凌引一本亦作治、　儉化俗民、則尊卑之序得、而骨肉之恩親、爭訟之原息。斯乃家給人足、刑錯之本也歟。可不務哉。夫三公者、百寮之率、萬民之表也。未有樹直表而得曲影者也。孔子不云乎。子率以正、孰敢不正。舉善而教不能則

勸。【考證】上句論語顏淵篇、下句爲政篇、維漢興以來、股肱宰臣、身行儉約、輕財重義、較然著明、未有若故丞相平津侯公孫弘者也。【索隱】較、音角、較、明也、位在丞相、而爲布被、脫粟之飯、不過一肉。故人所善賓客、皆分奉祿以給之。無有所餘。誠內自克約、而外從制。汲黯詰之、乃聞于朝。此可謂減於制度而可施行者也。【集解】應劭曰、禮貴有常、尊衣服有常品、德優則行、否則止。與內奢泰、而外爲詭服、以釣虛譽者殊科。以病乞骸骨。孝武皇帝卽制曰。賞有功、襃有德、善善惡惡、君宜知之。其省思慮存精神、輔以醫藥。賜告治病、牛酒雜帛。居數月、有瘳視事。至元狩二年、竟以善終于相位。夫知臣莫若君。此其效也。弘子度嗣爵。後爲

山陽太守。坐法失侯。夫表德章義、所以率俗厲化、聖王之制、不易之道也。其賜弘後子孫之次當爲後者、爵關內侯、食邑三百戶。徵詣公車、上名尙書、朕親臨拜焉。【考證】楓、三本、朕下有將字、班固稱曰。公孫弘·卜式·兒寬、皆以鴻漸之翼、困於燕雀、【集解】李奇曰、漸、進也、鴻一舉而進千里者、羽翼之材也、弘等皆以大材初爲俗所薄、若燕雀不知鴻鵠之志也、【索隱】按謂公孫弘等未遇、爲時所輕、若飛鴻之未漸、受困於燕雀也、是燕雀安知鴻鵠之志也、【考證】顏師古曰、易漸卦上九爻辭曰、鴻漸于陸、其羽可以爲儀、鴻大鳥也、漸進也、高平曰陸、喻弘等皆有鴻之羽儀、未進之時、燕爵所輕也、遠迹羊豕之閒。【集解】韋昭曰、遠迹、謂耕牧在於遠方、【索隱】案公孫弘牧豕、卜式牧羊也、非遇其時、焉能致此位乎。是時漢興六十餘載、海內乂安、府庫充實。而四夷未賓、制度多闕。上方欲用文武、求之如弗及。【索隱】乂、理也、始以蒲輪迎枚生、【索隱】案謂枚乘也、漢始迎申公、亦以蒲輪、謂以蒲裹車輪、恐傷草木也、且蒲是草之美者、故禮有蒲璧、蓋畫

蒲於輪以爲榮飾也、【考證】徐孚遠曰、封泰山用蒲輪、恐傷草木也、迎賢人用蒲輪、欲令車安也、索隱非是、見主父而歎息。【索隱】案上文、嚴安等上書、上曰、公等安在、何相見之晚、是也、羣臣慕嚮、異人竝出。【考證】楓、三本、漢書、臣作士、卜式試於芻牧、弘羊擢於賈豎、衛青奮於奴僕、日磾出於降虜。【考證】卜式、見平準書、金日磾、匈奴休屠王太子、武帝拜爲侍中車騎將軍、帝崩、受遺詔輔政、漢書有傳、斯亦曩時版築飯牛之朋矣。【考證】顏師古曰、版築、傳說也、飯牛、甯戚也、漢書、矣作已、漢之得人、於茲爲盛。儒雅則公孫弘·董仲舒·兒寬。篤行則石建·石慶。質直則汲黯·卜式。推賢則韓安國·鄭當時。定令則趙禹·張湯。文章則司馬遷·相如。滑稽則東方朔·枚皐。應對則嚴助·朱買臣。歷數則唐都·落下閎。協律則李延年。運籌則桑弘羊。奉使則張騫·蘇武。將帥則衛青·霍去病。受遺則霍光·金日磾。其餘不可

勝紀。是以興造功業、制度遺文、後世莫及。孝宣承統、纂脩洪業、亦講論六蓺、招選茂異。而蕭望之·梁丘賀·夏侯勝·韋玄成·嚴彭祖·尹更始、以儒術進、劉向·王褒、以文章顯。將相則張安世·趙充國·魏相·邴吉·于定國·杜延年。治民則黃霸·王成·龔遂·鄭弘·邵信臣·韓延壽·尹翁歸·趙廣漢之屬、皆有功迹、見述於後。累其名臣、亦其次也。【考證】以上漢書公孫弘卜式兒寬傳贊、漢書、趙廣漢下有嚴延年張敞、後累作世參、以世字爲句、郭嵩燾曰、其名臣、疑當作諸名臣、顏師古曰、次於武帝時、

【索隱】述贊、平津巨儒、晚年始遇、外示寬儉、內懷嫉妒、寵備榮爵、身受肺腑、主父推恩、觀時設度、生食五鼎、死非時釁、

平津侯主父列傳第五十二　　史記一百十二

文學博士瀧川龜太郎著

史記會注考證

史記會注考證卷一百十三

漢　太史令　司馬遷　撰

宋　中郎外兵曹參軍　裴駰　集解

唐　國子博士弘文館學士　司馬貞　索隱

唐　諸王侍讀率府長史　張守節　正義

日本　出雲　瀧川資言　考證

南越列傳第五十三　　史記一百十三

[illegible]史公自序云、漢既平中國、而佗能集揚越、以保南藩、納貢職、作南越列傳、第五十三、愚按各本作南越尉佗列傳、今從自序及索隱本、楓三本凌稚隆曰、南越、今廣東

西二省、陳仁錫云、太史公作兩越朝鮮西南夷列傳、取其以外夷而藩臣於中國也、故敘南粵則曰以保南藩、敘東越則曰葆封禺爲臣、敘朝鮮則曰葆塞爲外臣、敘西南夷則曰請爲內臣、

南越王尉佗者、眞定人也。姓趙氏。[索隱]尉他、尉、官也、他、名也、姓趙、他音徒河反、又十三州記云、大郡曰守、小郡曰尉、韋昭曰、眞定、故郡名、後更爲縣、在常山、[正義]南越、郡廣州南海縣、[考證]眞定、今直隸正定府、秦時已幷天下、略定揚越、[集解]張晏曰、揚州之南越也、[索隱]案戰國策云、吳起爲楚收揚越、[正義]夏禹九州、本屬揚州、故云揚越、置桂林・南海・象郡、[索隱]按地理志、武帝更名鬱林、案本紀、始皇三十三年、略陸梁地、以爲南海桂林象郡、地理志云、武帝更名日南、以謫徙民、與越雜處十三歲。[集解]徐廣曰、秦幷天下至二世元年十三年、幷天下八歲、乃平越地、至二世元年六年耳、[索隱]謫音直革反、佗、秦時用爲南海龍川令。[索隱]地理志、縣名、屬南海也、[正義]顏師古云、龍川、南海縣也、卽今之循州也、裴氏廣州記云、本博羅縣之東鄉、有龍穿地而出、卽穴流泉、因以爲號也、[考證]龍川、惠州府龍川縣西北、至二世時、南海尉任囂病且死。[集解]徐廣曰、爾時未言都尉也、[索隱]囂、五刀反、[考證]館本考證云、案此郡尉也、掌一郡兵、故得移檄發兵、召龍川令趙佗語

曰、聞陳勝等作亂。秦爲無道、天下苦之、項羽・劉季・陳勝・吳廣等、州郡各共興軍聚衆、虎爭天下、中國擾亂、未知所安、豪傑畔秦相立。[考證]聞陳勝等以下五十字、辭意重複、漢書修爲聞陳勝等作亂、豪傑叛秦相立十二字、南海僻遠。吾恐盜兵侵地至此。吾欲興兵絕新道、自備、待諸侯變。[索隱]案蘇林云、新道、秦所通越道、會病甚。且番禺負山險、阻南海、東西數千里。[考證]漢書、海作北、以阻字絕句、周壽昌曰、史記險字海字絕句、漢書海字譌爲北字、遂云南北東西數千里、與南越地勢不合、從史記是、頗有中國人相輔。此亦一州之主也。可以立國。郡中長吏、無足與言者。故召公告之。卽被佗書、行南海尉事。[集解]韋昭曰、被之以書、音光被之被、[索隱]韋昭云、被之以書、音皮義反、服虔云、囂詐作詔書、使爲南海尉、囂死。佗卽移檄告橫浦・陽山・湟谿關曰。[集解]徐廣曰、陽山、在桂陽、通四會也、[索隱]案南康記云、南野縣大庾嶺三十里、至橫浦、有秦時關、其下謂爲塞上、姚氏案地理志云、桂陽有陽山縣、今此縣上流百餘里、有騎田嶺、當是陽山關、湟谿、鄒氏劉氏本竝

作涅、音年結反、漢書作湼谿、音臯、又衞青傳云出桂陽下湟水、是也、而姚察云、史記作涅、今本作湟涅及匯、不同、良由隨聞則輒改故也、水經云、含匯縣南有匯浦關、未知孰是、然鄒誕作涅、漢書作湟、蓋近於古、【考證】張文虎曰、湟谿、索隱本作涅谿、則與鄒氏劉氏及姚察所見本同也、涅乃譌字、今本史記竝作湟、疑依漢書改、丁謙曰、橫浦、今南雄州地、卽水經注湞浦、爲豫章入粵之孔道、陽山、漢縣、今屬連州、湟溪關、在連州界、卽湟水發源處、爲桂陽入粵之孔道、凌稚隆曰、索隱引衞青傳、考衞青傳無出桂陽之文、張文虎曰、當云南粵傳、王念孫曰、水經注匯作湞、

盜兵且至。急絕道、聚兵自守。【考證】凌稚隆曰、絕道自守、與上絕新道自備相應、因稍以法誅秦所置長吏、以其黨爲假守。【索隱】案謂他立其所親黨爲郡縣之職或假守、【考證】假、眞假之假、假爲郡守也、漢書作守假、義殊、顏師古曰、令爲郡縣之職、或守或假、中井積德曰、守、行守之守、秦已破滅。佗卽擊幷桂林・象郡、自立爲南越武王。【集解】韋昭曰、生以武爲號、不稽於古也、【考證】桂林郡、秦置、淸廣西省地、象郡、亦秦置、越南北圻地、顏師古曰、成湯曰、吾武甚、因自號武王、佗言武王、亦猶是耳、愚按草澤之雄、各自爲制、何必稽於古、高帝已定天下、爲中國勞苦故、釋佗弗誅。漢十一年、遣陸賈、因立佗爲南越王、與剖符通使、和集百越、毋爲南邊患害。與長沙接境。【考證】周壽昌曰、時桂陽零陵兩郡、倶屬長沙、未別置郡、而皆與南粵接境、漢書高紀、十一年五月詔曰、粵人之俗、好相攻擊、前時秦徙中縣之民南方三郡、使與百粵雜處、會天下誅秦、南海尉它居南方長治之、甚有文理、中縣人以故不耗減、粵人相攻擊之俗益止、倶賴其力、今立它爲南粵王、事又詳陸賈傳、

高后時、有司請禁南越關市鐵器。佗曰。高帝立我、通使物。今高后聽讒臣、別異蠻夷、隔絕器物。此必長沙王計也。欲倚中國、擊滅南越、而幷王之、自爲功也。【考證】漢書、計下無也字、於是佗乃自尊號爲南越武帝、【考證】漢書、作南武王、非是、發兵攻長沙邊邑、敗數縣而去焉。高后遣將軍隆慮侯竈往擊之。【索隱】韋昭云、姓周、隆慮、縣名、屬河內、音林閭二音、會暑溼、士卒大疫、兵不能踰嶺。【索隱】案此嶺、卽陽山嶺、歲餘、高后崩、卽罷兵。佗因此以兵威邊、財物賂遺閩越・西甌・駱、役屬焉。東西萬餘里。【集解】漢書音義曰、駱越也、【索隱】鄒氏云、又有駱越、姚氏案廣州記云、交趾有駱田、仰潮水上下、人食其田、名爲駱人、有駱王駱侯、諸縣自名爲駱將、銅印青綬、卽今之令長也、後蜀王子將兵討駱侯、自稱爲安陽王、治封溪縣、後南越王尉

他、攻破安陽王、令二使典主交阯九眞二郡人、尋此駱卽甌駱也、【考證】楓三本、兵作士卒、財上有以字、顏師古曰、西甌卽駱越也、言西者以別東甌也、愚按下文云、其東閩越千人衆、號稱王、其西甌駱裸國、亦稱王、此駱下當有裸字、閩越西甌駱裸、蓋三國名、迺乘黃屋左纛、稱制、與中國侔。【正義】纛、音導、又音獨、薛□云、纛、以旄牛尾置馬頭上也、及孝文帝元年、初鎭撫天下、使告諸侯四夷從代來卽位意、喩盛德焉。乃爲佗親冢在眞定、置守邑、歲時奉祀、召其從昆弟、尊官厚賜寵之。【考證】顏師古曰、親、謂父母也、詔丞相陳平等、擧可使南越者。平言好時陸賈、先帝時習使南越。【考證】楓三本、言上有等字、迺召賈以爲太中大夫、往使。因讓佗自立爲帝、曾無一介之使報者。【考證】介、與个同、左傳、不使一介行李告于寡君、漢書文帝賜尉它書、作一乘、陸賈至南越。王甚恐、爲書謝。稱曰。蠻夷大長老夫臣佗、前日高后隔異南越。【考證】楓三本、后下有時字、竊疑長沙王讒臣。又遙聞高后盡誅佗宗族、掘燒先人冢。以故自弃、犯長沙邊境。且南方卑溼、蠻夷中閒。其東、閩越千人衆、號稱王。其西、甌駱裸國、亦稱王。【索隱】裸、國、音和寡反、裸、露形也、【考證】西字當重、其東其西對文、西甌、國名、見上、索隱和、疑利之譌、老臣妄竊帝號、聊以自娛。豈敢以聞天王哉。乃頓首謝。願長爲藩臣奉貢職。【考證】漢書兩粵傳、載文帝賜書、及佗荅書全文、彼是參看、情事兩得、

於是乃下令國中曰。吾聞兩雄不倶立、兩賢不竝世。皇帝賢天子也。自今以後、去帝制黃屋左纛。【考證】漢書、皇帝上有漢字、後作來、陸賈還報。孝文帝大說。遂至孝景時、稱臣、使人朝請。【考證】張文虎曰、凌本、人譌入、愚按漢書、使上有遣字、人作入、然南越其居國、竊如故號名。其使天子稱王、朝命如諸侯。至建元四年卒。佗孫胡爲南越王。【集解】徐廣曰、皇甫謐曰、越王趙佗、以建元四年卒、爾時漢興七十年、佗蓋百歲矣、【考證】王鳴盛曰、趙佗於文帝元年已自稱老夫處粵四十九年、歷文帝二十三年、景帝十六年、至武帝建

元四年、凡四十三年、卽以二十餘歲爲龍川令、亦一百十餘歲矣、愚按佗何若是之壽耶、案漢傳無卒字、此疑衍、建元四年、佗孫胡嗣位之歲也、非佗卒于是歲、史漢皆不書佗子、蓋外藩事略、此時閩越王郢、興兵擊南越邊邑。【考證】漢書、此時作立三年、胡使人上書曰、兩越俱爲藩臣。毋得擅興兵相攻擊。今閩越興兵侵臣。臣不敢興兵。唯天子詔之。【考證】楓、三本、漢書、閩越下有擅字、於是天子多南越義、守職約、爲興師、遣兩將軍往討閩越。【索隱】兩將軍、王恢、韓安國、【考證】漢書武紀、建元六年、兵未踰嶺、閩越王弟餘善、殺郢以降。於是罷兵。天子使莊助往諭意。南越王胡頓首曰、天子乃爲臣興兵討閩越。死無以報德。遣太子嬰齊入宿衞。謂助曰、國新被寇。使者行矣。胡方日夜裝、入見天子。助去後、其大臣諫胡曰、漢興兵誅郢、亦行、以驚動南越。【考證】岡白駒曰、漢之興兵誅郢、南越已驚動矣、今又行、漢、亦以驚動南越、且先王昔言。事

天子、期無失禮。要之、不可以說好語入見。【索隱】悅好語入見、悅、漢書作怵、韋昭云、誘怵好語、【考證】王先謙曰、要之、猶言總之、謂大要在此、張文虎曰、誘訹字从言、怵乃假借字、愚按說讀爲悅、義通、不必從漢書改字、入見、則不得復歸。亡國之勢也。於是胡稱病、竟不入見。後十餘歲、胡實病甚。太子嬰齊請歸。胡薨。謚爲文王。嬰齊代立、卽藏其先武帝璽。【索隱】李奇云、去其僭號、【考證】梁玉繩曰、案漢書作武帝文帝璽、佗僭帝號、有璽宜也、豈其孫亦僭帝號乎、蓋其居國中、兩世竊如故號耳、則此缺文帝二字、嬰齊其入宿衞在長安時、取邯鄲樛氏女、生子興。【集解】徐廣曰、興一作典、【索隱】樛氏女、樛、紀虯反、樛姓出邯鄲、【考證】漢書、樛从手、及卽位、上書請立樛氏女爲后、興爲嗣。漢數使使者風諭嬰齊。【考證】顏師古曰、風讀曰諷、諷諭令入朝、嬰齊尙樂擅殺生自恣、懼入見、要用漢法、比內諸侯。【考證】楓、三本、漢書、嬰齊下有猶字、要、劫也、固稱病、遂不入見。遣子次公入宿衞。嬰齊薨。謚爲明王。太子興代立。其母

爲太后。太后自未爲嬰齊姬時、嘗與霸陵人安國少季通。【索隱】安國、姓也、少季、名也、及嬰齊薨後、元鼎四年、漢使安國少季往諭王・王太后、以入朝比內諸侯。令辯士諫大夫終軍等宣其辭、勇士魏臣等輔其缺、衞尉路博德、將兵屯桂陽待使者。【集解】徐廣曰、一作決、【考證】胡三省曰、百官表、元狩五年、初置諫大夫、秩八百石、終軍、漢書有傳、梁玉繩曰、終軍奇人、史公何以不爲立傳、輔其缺、補其不足也、徐引一本作決、與漢書合、顏注、助令決策也、亦通、桂陽、今彬州、隸湖南、王年少、太后中國人也。嘗與安國少季通。其使、復私焉。國人頗知之、多不附太后。太后恐亂起、亦欲倚漢威、數勸王及羣臣求內屬。【考證】漢書、削數字、羣作幸、卽因使者上書、請比內諸侯、三歲一朝、除邊關。於是天子許之、賜其丞相呂嘉銀印、及內史中尉太傅印、餘得自置。【考證】顏師古曰、丞相內史中尉太傅之外、皆任其國自選置、不受漢之印綬、

除其故黥劓刑、用漢法、比內諸侯。使者皆留塡撫之。【考證】胡三省曰、漢自文帝除肉刑、不用黥劓之法、故亦使南越除之、王・王太后、飭治行裝、重齎、爲入朝具。其相呂嘉年長矣。相三王、宗族官仕爲長吏者七十餘人。男盡尙王女、女盡嫁王子兄弟宗室、及蒼梧秦王有連。【集解】漢書音義曰、蒼梧、越中王、自名爲秦王、連、親婚也、【索隱】案蒼梧、越中王、自名爲秦王、卽下趙光是也、故云有連、連者連姻也、趙與秦同姓、故稱秦王、【考證】楓、三本、官作宦、周壽昌曰、音義是也、光自據蒼梧地、稱秦王、安在以秦趙同姓乎、其居國中甚重。越人信之、多爲耳目者、得衆心愈於王。【考證】顏師古曰、愈、勝也、王之上書、數諫止王。王弗聽。有畔心。數稱病、不見漢使者。使者皆注意嘉。勢未能誅。王・王太后亦恐嘉等先事發、乃置酒、介漢使者權、謀誅嘉等。【集解】韋昭曰、恃使者爲介冑也、【索隱】韋昭曰、恃使者爲介冑、志林云、介者、因也、欲因使者權誅呂嘉、然二家之說皆通、韋昭以介爲恃、介者、閒也、以言閒恃漢使者之權、意卽得、云恃爲介冑則非也、虞喜以介爲因、亦有所由、案

介者賓主所由也、【考證】顏師古曰、介、恃也、方苞曰、春秋傳、介恃楚衆以憑凌我敝邑、又嬰齊、魯之常隸也、敢介大國以求厚焉、 使者皆東鄉、太后南鄉、王北鄉、相嘉・大臣皆西鄉、侍坐飮。【考證】漢書、修使者以下二十二字、爲請使者大臣皆侍坐飮九字、 嘉弟爲將、將卒居宮外。酒行。太后謂嘉曰。南越內屬、國之利也。而相君苦不便者、何也。以激怒使者。使者狐疑相杖、遂莫敢發。【考證】杖、去聲、持也、與仗同、 嘉見耳目非是、卽起而出。太后怒、欲鏦嘉以矛。王止太后。【集解】韋昭曰、鏦、撞也、【索隱】韋昭云、鏦、撞也、案字林七凶反、又吳王濞傳、鏦殺吳王、與此同、【考證】顏師古曰、耳目非是、異於常也、 嘉遂出、分其弟兵就舍、稱病不肯見王及使者。【索隱】分弟兵就舍、案謂分取其兵也、漢書作介、介、被也恃也、【考證】漢書作介、不成義、當從史文、 乃陰與大臣作亂。王素無意誅嘉。嘉知之。以故數月不發。太后有淫行、國人不附。欲獨誅嘉等、力又不能。天子聞嘉不聽王・王太后弱孤不能制、使

者怯無決、又以爲王・王太后已附漢、獨呂嘉爲亂、不足以興兵、欲使莊參以二千人往使。參曰。以好往、數人足矣。以武往、二千人無足以爲也。辭不可。天子罷參也。【考證】漢書、參下也作兵、 郟壯士故濟北相韓千秋奮曰。以區區之越、又有王太后應、獨相呂嘉爲害。願得勇士二百人、必斬嘉以報。【集解】徐廣曰、郟縣、屬潁川、音古洽反、【索隱】如淳云、郟、縣名、在潁川、【正義】今汝州郟城縣、【考證】錢大昕曰、李陵傳、作濟南相、毛本、二百人作三百人、與漢書合、 於是天子遣千秋、與王太后弟樛樂、將二千人往。入越境。【集解】徐廣曰、千秋爲校尉、 呂嘉等乃遂反。下令國中曰。王年少、太后中國人也。又與使者亂、專欲內屬、盡持先王寶器、入獻天子以自媚、多從人行至長安、虜賣以爲僮僕、取自脫一時之利、無顧趙氏社稷、爲萬世慮計

之意。乃與其弟將卒攻殺王太后及漢使者。遣人告蒼梧秦王及其諸郡縣、立明王長男越妻子術陽侯建德爲王。【集解】徐廣曰、元鼎四年、以南越王兄越封高昌侯、【索隱】韋昭云、漢所封、案功臣表、術陽屬下邳、【正義】術陽侯、漢所封、【考證】錢大昭曰、言粵妻者、以別於樛氏、胡三省曰、建德降漢、始封術陽侯、史蓋追書也、 而韓千秋兵入破數小邑。其後越直開道給食。未至番禺四十里、越以兵擊千秋等、遂滅之、【考證】顏師古曰、縱之使入、然後誅滅之、 【考證】番禺、今廣東廣州府、南海縣治、尉佗所都、 使人函封漢使者節置塞上、好爲謾辭謝罪、發兵守要害處。【索隱】函封漢使節置塞上、案南康記以爲大庾名塞上也、【考證】顏師古曰、謾、音慢、誑也、顧炎武曰、顏師古注漢書西南夷傳云、要害者、在我爲要、於敵爲害也、此解未盡、要害、謂攻守必爭之地、我可以害彼、彼可以害我、謂之害、 於是天子曰。韓千秋雖無成功、亦軍鋒之冠。封其子延年爲成安侯。樛樂其姊爲王太后、首願屬漢。封其子廣德爲龍亢侯。【索隱】案功臣表、成安屬郟、龍亢屬譙國、漢書、作龔

侯、服虔音叩、晉灼云、古龍字、【考證】沈欽韓曰、表作龍侯、蓋脫一字、龔又龍亢之併、 乃下赦曰。天子微、諸侯力政、譏臣不討賊。【考證】楓、三本、赦作詔、漢書、赦下有天下二字、微下有弱字、顏師古曰、力政、謂以兵力相加也、譏臣不討賊者、春秋之義、王文彬曰、政讀曰征、 今呂嘉・建德等反、自立晏如。令罪人及江淮以南、樓船十萬師、往討之。【集解】徐廣曰、淮一作匯也、應劭曰、時欲擊越、非水不至、故作大船、船上施樓、故號曰樓船也、【考證】漢書、罪人作粵人、愚按下文亦云、馳義侯因巴蜀罪人、伏波將軍將罪人、作罪人是、 元鼎五年秋、衛尉路博德爲伏波將軍、出桂陽下匯水、【集解】徐廣曰、一作湟、駰案地理志曰、桂陽有匯水通四會、或作淮字、【索隱】劉氏云、匯當作湟、漢書云、下湟水、或本作湞、 主爵都尉楊僕爲樓船將軍、出豫章下橫浦、【考證】豫章郡、今江西省、 故歸義越侯二人、爲戈船下厲將軍、出零陵、或下離水、或抵蒼梧。【集解】張晏曰、歸義越侯、故越人降爲侯、徐廣曰、厲一作瀨、駰案張晏曰、越人於水中負人船、又有蛟龍之害、故置戈於船下、因以爲名也、應劭曰、瀨、水流沙上也、瓚曰、伍子胥書有戈船、以載干戈、因謂之戈船也、徐廣曰、離水、在零陵、通廣信、【正義】地理志云、零陵縣有離水、東至廣信入鬱林九百八十里、【考證】漢書武紀云、歸義越侯嚴爲戈船將軍、出零陵下離水、

甲爲下瀨將軍、下蒼梧、嚴・甲二人名、徐德森曰、戈船、瓚說是、三輔黃圖曰、昆明池中有戈船數十、樓船百艘、船上立戈矛、四角悉垂幡旄葆麾蓋、照燭涯涘、是明明以船載戈、初非置戈於船下、劉攽曰、船下安戈、既難措置、又不可以行、丁謙曰、零陵郡、武帝時置、今湖南永州府南、蓋溯湘水之源、以入灕水、二水通連處、在今廣西興安縣東南、蒼梧、今廣西梧州、蓋戈船下瀨二軍、會合於此、再東進也、 使馳義侯因巴蜀罪人、發夜郎兵、下牂柯江、咸會番禺。集解徐廣曰、馳義侯、越人也、名遺、正義曲州協州以南、是夜郎國、牂柯江、出南徼外、東通四會、至番禺入海也、 元鼎六年冬、樓船將軍將精卒、先陷尋陜、破石門。索隱姚氏云、尋陜、在始興西三百里、近連口也、按廣州記、石門、在番禺縣北三十里、昔呂嘉拒漢、積石鎮江、名曰石門、又俗云、石門水、名曰貪泉、飲之則令人變、故吳隱之至石門、酌水飲、乃爲之歌云也、考證丁謙曰、尋陜、即湞陽峽、在韶州英德縣南、石門、在廣州西北、中井積德曰、石門地名、 得越船粟、因推而前、挫越鋒、以數萬人待伏波。伏波將軍將罪人、道遠、會期後。與樓船會、乃有千餘人。遂俱進。考證漢書、會期後、作後期、 樓船居前、至番禺。建德・嘉皆城守。樓船自擇便處、居東南面、伏波居西北面。會暮。樓船攻

敗越人、縱火燒城。考證楓、三本、東南面下有而字、會下有日字、 越素聞伏波名。日暮不知其兵多少。伏波乃爲營、遣使者招降者、賜印、復縱令相招。樓船力攻燒敵、反驅而入伏波營中。犂旦、城中皆降伏波。集解徐廣曰、呂靜云、犂、結也、音力奚反、結猶連及逮至也、漢書犂旦爲遲日、謂待明也、索隱鄒氏云、犂一作比、比音必至反、然犂即比義、又解犂黑也、天未明尚黑時也、漢書亦作遲明、遲音稚、遲待也、亦犂之義也、 呂嘉・建德、已夜與其屬數百人亡入海、以船西去。伏波又因問所得降者貴人、以知呂嘉所之、遣人追之。以其故校尉司馬蘇弘得建德。封爲海常侯。集解徐廣曰、在東萊、考證朱一新曰、故校尉司馬、蓋以故校尉而今爲軍司馬也、功臣表云、蘇弘以伏波司馬、得南越王建德侯、王先謙曰、建德被獲、仍封術陽侯、 越郎都稽得嘉。封爲臨蔡侯。集解徐廣曰、南越之郎官都稽、表曰孫都、索隱案表、臨蔡屬河內、 蒼梧王趙光者、越王同姓。聞漢兵至、及越揭陽令定、自定屬漢。集解韋昭曰、揭音其逝反、索隱地理志、揭陽縣

屬南海、揭音桀、韋昭音其逝反、劉氏音求例反、定者、令之名也、案漢功臣表云、定、揭陽令、意、又別也、考證揭陽、漢縣、今屬潮州、方苞曰、光與揭陽令定、皆自輯其吏民以屬漢、是謂自定也、 越桂林監居翁、諭甌・駱屬漢。集解漢書音義曰、桂林郡中監、姓居、名翁也、索隱案漢書、甌駱三十餘萬口降漢、 皆得爲侯。索隱案漢書云、光聞漢兵至、降、封爲隨桃侯、揭陽令史定爲安道侯、越將畢取爲膫侯、桂林監居翁爲湘城侯、韋昭云、湘城屬堵陽、隨桃・安道・膫三縣、皆屬南陽、膫音遼也、 戈船・下厲將軍兵、及馳義侯所發夜郎兵、未下、南越已平矣。遂爲九郡。集解徐廣曰、儋耳、珠崖、南海、蒼梧、九眞、鬱林、日南、合浦、交阯、索隱徐廣皆據漢書爲說、考證楓、三本、軍下無兵字、遂下有置字、中井積德曰、兵字疑衍、 伏波將軍益封、樓船將軍兵以陷堅爲將梁侯。考證兵以當作以兵、漢書作以推鋒、 自尉佗初王後、五世九十三歲、而國亡焉。

太史公曰。尉佗之王、本由任囂。遭漢初定、列爲諸侯、隆慮離溼疫、佗得以益驕。甌・駱相攻、南越動搖。漢兵臨境、嬰齊入朝。

其後亡國、徵自樛女。考證中井積德曰、女疑當作后、愚按后後韻叶、索隱述贊、亦云樛后內朝、 呂嘉小忠、令佗無後。樓船從欲、怠傲失惑。伏波困窮、智慮愈殖。因禍爲福。成敗之轉、譬若糾墨。考證墨讀爲纆、陳仁錫曰、南越朝鮮二贊、俱用韻語、班書敘傳蓋祖此、

索隱述贊中原鹿走、羣雄莫制、漢事西驅、越權南裔、陸賈騁說、尉他去帝、樛后內朝、呂嘉狼戾、君臣不協、卒從剿弃、

南越列傳第五十三　　史記一百十三

史記會注考證

文學博士瀧川龜太郎著

史記會注考證卷一百十四

漢　太史令司馬遷撰

宋　中郎外兵曹參軍裴駰集解

唐　國子博士弘文館學士司馬貞索隱

唐　諸王侍讀率府長史張守節正義

日本　出雲瀧川資言考證

東越列傳第五十四　　史記一百十四

[考證]史公自序云、吳之叛逆、甌人斬濞、葆守封禺爲臣、作東越列傳第五十四、

閩越王無諸、及越東海王搖者、其先皆越王句踐之後也。姓騶氏。[集解]韋昭曰、閩、音武巾反、東越之別名、徐廣曰、騶一作駱、[索隱]案說文云、閩、東越蛇種也、故字從虫、閩、音旻、徐廣云、騶一作駱、是上云甌駱、不姓騶、[考證]張照曰、按越爲楚滅、子孫分散、臣服於楚、越世家、雖有或爲王或爲君之言、其實自相稱署、而不得比於宋衞中山之數者也、秦兼天下、罷侯置守、六國之後、尚不得尺土寸地、矧區區江南海上之越、別奉以君長之號乎、疑無諸與搖、皆已廢爲庶人、陳項兵起、乃始糾合義旅、閩越之民、尚思舊德、相率景從耳、梁玉繩曰、論中亦言句踐之後有禹餘烈、其實句踐非禹苗裔、而甌閩非句踐種族、通志氏族略、引顧氏譜云、句踐七世孫閩君搖、漢封東甌、亦不足信、蓋越是芊姓、見國語、閩東越蛇種、見索隱引說文、不得強合爲一、而高祖所封之海陽侯、搖無餘、同名二王、又不可曉、丁謙曰、閩粵、今福建地、東海、今浙江南境地、秦已并天下、皆廢爲君長、以其地爲閩中郡。[集解]徐廣曰、今建安侯官是、[索隱]徐廣云、本建安侯官是、案爲閩州、案下文、都東冶、韋昭以爲在侯官、[正義]今閩州又改爲福也、[考證]王鳴盛曰、地理志載秦三十六郡、無閩中郡、蓋置在始皇晚年、且雖屬秦、而無諸與搖、君其地如故、屬秦未久、旋率兵從諸侯滅秦、故不入三十六郡之數、及諸侯畔秦、無諸・搖率越歸鄱陽令吳芮。所謂鄱君者也。從諸侯滅秦。[考證]楓、三本、率下有閩字、漢書、鄱作番、當是之時、項籍主命、弗王。以故不附

楚。[集解]漢書音義曰、主號令諸侯、不王無諸・搖等、漢擊項籍。無諸・搖率越人佐漢。漢五年、復立無諸爲閩越王、王閩中故地、都東冶。[考證]東冶、漢縣、今侯官、孝惠三年、舉高帝時越功曰。閩君搖功多、其民便附。乃立搖爲東海王、都東甌。世俗號爲東甌王。[集解]應劭曰、東海、在吳郡東南、濱海云、徐廣曰、東甌、今之永寧也、[索隱]韋昭曰、今永寧、姚氏云、甌、水名、永嘉記、水出永寧山、行三十餘里、去郡城五里入江、昔有東甌王都城、有亭、積石爲道、今猶在也、[考證]沈欽韓曰、元和志、東甌、今溫州永嘉縣是也、後以甌地爲回浦縣、永嘉縣、卽漢回浦縣之東甌鄉、錢大昕曰、封禪書、越人勇之言、東甌敬鬼、壽至百六十歲、卽東海王搖也、後數世、至孝景三年、吳王濞反、欲從閩越。閩越未肯行。獨東甌從吳。及吳破、東甌受漢購、殺吳王丹徒。以故皆得不誅歸國。[考證]又見吳王濞傳、漢書無歸國二字、丹徒、今鎭江府治、吳王子子駒亡走閩越。怨東甌殺其父、常勸閩越擊東甌。至建元三年、閩越發兵圍東甌。東甌食盡、困且降。乃使

人告急天子。天子問太尉田蚡。蚡對曰。越人相攻擊、固其常。又數反覆。不足以煩中國往救也。自秦時弃弗屬。於是中大夫莊助詰蚡曰。特患力弗能救、德弗能覆。誠能、何故弃之。【考證】覆、數又反、且秦擧咸陽而弃之。何乃越也。【考證】漢書嚴助傳、乃作但、顔師古曰、擧、總也、言總天下乃至京師皆棄也、今小國以窮困來告急天子、天子弗振。彼當安所告愬。又何以子萬國乎。【考證】振、救也、上曰。太尉未足與計。吾初卽位、不欲出虎符發兵郡國。【考證】通鑑考異云、是時蚡不爲太尉、云太尉、誤也、梁玉繩曰、兩稱太尉、通鑑攷異以爲誤、攷蚡以建元元年爲大尉、二年免、幷省大尉官、是時乃建元三年、蚡以列侯家居、莫非間丞相許昌否、或謂蚡會爲大尉、以故官呼之、亦未確、沈欽韓曰、以銅爲符、鑄虎爲飾、中分之、頒其右而藏其左、起軍旅時、則出以合中外之契、乃遣莊助、以節發兵會稽。【考證】胡三省曰、會稽東南邊越、沈欽韓曰、唐六典云、旌以專賞、節以專殺、故助得斬司馬也、會稽太守欲距不爲發兵。【考證】胡三省曰、以法拒之、爲無漢虎符驗、助

乃斬一司馬諭意指、遂發兵、浮海救東甌。【考證】楓、三本、遂下有爲字、未至。閩越引兵而去。東甌請擧國徙中國。乃悉擧衆來處江·淮之間。【集解】徐廣曰、年表云、東甌王廣武侯望、率其衆四萬餘人來降、家廬江郡、【索隱】徐廣據年表而爲說、【考證】漢書、東甌作東粤、誤、丁謙曰、江淮間、蓋揚州淮安等地、至建元六年、閩越擊南越。南越守天子約、不敢擅發兵擊、而以聞。上遣大行王恢出豫章、大農韓安國出會稽。皆爲將軍。【考證】楓、三本、漢書、大農作大司農、下同、愚按、武帝太初元年始改大農爲大司農、此無司字、是、兵未踰嶺、閩越王郢發兵距險。其弟餘善乃與相·宗族謀曰。王以擅發兵擊南越、不請。故天子兵來誅。今漢兵衆彊。今卽幸勝之、後來益多、終滅國而止。【考證】胡三省曰、相、閩越國相也、漢書、誅下無今字、今殺王以謝天子、天子聽、罷兵、固一國完。不聽、乃力戰不勝、卽亡入海。皆曰。善。卽鏦殺王、使使奉

其頭致大行。【索隱】劉氏又音窻、鏦、擿也、大行曰。所爲來者誅王。今王頭至、謝罪。不戰而耘、利莫大焉。【集解】徐廣曰、漢書作殞、耘義當取耘除、或言耘音于粉反、此楚人聲重耳、隕、耘、當同音、但字有假借、聲有輕重、【索隱】耘、音云、耘、除也、漢書作隕、音于粉反、【考證】楓、三本、所下有以字、梁玉繩曰、耘、抎字之譌、漢書作殞、抎與殞通、古今字也、徐廣云耘義當取耘除、失之、乃以便宜案兵、告大農軍、而使使奉王頭馳報天子。詔罷兩將兵。曰。郢等首惡。獨無諸孫繇君丑、不與謀焉。【索隱】繇、音搖、邑號也、丑、名、【考證】丁謙曰、繇、爲閩粤屬地、未詳何在、乃使郎中將立丑爲越繇王、奉閩越先祭祀。【考證】劉敞曰、郎中將、當作中郎將、餘善已殺郢、威行於國、國民多屬。竊自立爲王。繇王不能矯其衆持正。【考證】楓、三本、民上有中字、漢書、繇王一句、改作繇王不能制、天子聞之、爲餘善不足復興師。曰。餘善數與郢謀亂。而後首誅郢。師得不勞。因立餘善爲東越王、與繇王竝處。至元鼎五年、南越反。東

越王餘善上書、請以卒八千人、從樓船將軍擊呂嘉等。兵至揭揚。以海風波爲解、不行。持兩端、陰使南越。【考證】漢書、揭揚作揭陽、揭陽、今屬潮州、顔師古曰、解者、自解說、若今言分疏、及漢破番禺、不至。是時樓船將軍楊僕、使使上書、願便引兵擊東越。【考證】漢書、無是時二字、便作請、上曰。士卒勞倦。不許。罷兵、令諸校屯豫章梅嶺待命。【集解】徐廣曰、在會稽界、【索隱】案徐廣云、在會稽、非也、今案豫章三十里、有梅嶺、在洪崖山足、當古驛道、此文云、豫章梅嶺、知非會稽地也、【正義】括地志云、梅嶺、在虔化縣東北百二十八里、虔州漢亦屬豫章郡、二所未詳、【考證】張文虎曰、中統本、嶺作領、丁謙曰、梅嶺、在江西寧都州東北、錢泰吉曰、通鑑綱目集覽引正義、有豫章記云、梅嶺在西山極峻處十二字、在括地志上、案下云二所未詳、謂豫章記括地志二說不同也、今本正義不全、元鼎六年秋、餘善聞樓船請誅之、漢兵臨境且往、乃遂反、發兵距漢道、號將軍騶力等爲吞漢將軍、入白沙·武林·梅嶺、殺漢三校尉。【集解】徐廣曰、在豫章界、【索隱】徐廣云、在豫章界、案今豫章北二百里接鄱陽界、地名白沙、有小水入湖、名曰白沙阬、東南八十里有武陽亭、亭東南

三十里、地名武林、此白沙武林、今當閩越入京道、【考證】丁謙曰、攷漢武紀、楊僕出豫章、知白沙武林皆江西地、白沙、在鄱陽縣西、武林、卽餘干縣東之武陵山、是時漢使大農張成、故山州侯齒將屯。弗敢擊、卻就便處。皆坐畏愞誅。【集解】徐廣曰、齒、成陽共王子、【考證】周壽昌曰、公卿表、元鼎六年、大農令張成、漢書作大司農、誤也、太初元年、始更名大司農、侯表山州侯齒、元鼎五年、坐酎金免、此六年事、齒已失侯、故云故山州侯、餘善刻武帝璽自立、詐其民爲妄言。天子遣橫海將軍韓說出句章、浮海從東方往、【索隱】鄭氏句、音勾、會稽縣也、【正義】句章故城、在越州鄮縣西一百里、漢縣、【考證】王先謙曰、句章在今寧波府慈谿縣西三十五里、樓船將軍楊僕出武林、中尉王溫舒出梅嶺、越侯爲戈船・下瀨將軍、出若邪・白沙。【索隱】案姚氏云、若邪、地名、今闕、【正義】越州有若耶山若耶溪、若如一、預州有白沙山、蓋從如此邪、白沙東故閩州、【考證】將相表及漢書武紀韓說王溫舒出會稽、楊僕出豫章、兩粵傳與此同、若邪作如邪、沈欽韓曰、輿地廣記、新昌縣西有鹽溪、一名若邪溪、當此若邪也、正義以爲越州之若邪溪、太遠、王文彬曰、据武紀越侯二人、曰嚴、曰甲、一戈船、出灕水、一下瀨、出蒼梧、此則一出如邪、一出白沙也、錢泰吉曰、正義蓋謂若如一義也、上下文俱有譌脫、張文虎曰、正義蓋從如此邪五字、當在預州上、陳仁錫曰、太史公敍武帝北伐胡、南討越、每書某將軍

出某地者、蓋見當時用兵制勝之方、在於分道竝進、使敵人備多而力分也、元封元年冬、咸入東越。東越素發兵距險、使徇北將軍守武林、敗樓船軍數校尉、殺長吏。【考證】漢書吏作史、樓船將軍率錢唐轅終古、斬徇北將軍。爲禦兒侯。【集解】漢書音義曰、禦兒、今吳南亭是也、【正義】錢唐、杭州縣、轅、姓、終古、名、禦字、今作語、語兒鄉、在蘇州嘉興縣南七十里、臨官道也、【考證】中井積德曰、率、當作卒、漢書可徵、漢書、轅作椽、禦作語、張文虎曰、王、柯、凌本、終譌絡、自兵未往、故越衍侯吳陽、前在漢。漢使歸諭餘善、餘善弗聽。及橫海將軍先至、越衍侯吳陽、以其邑七百人反、攻越軍於漢陽。【考證】沈欽韓曰、紀要、漢陽城、在建寧府浦城縣北、從建成侯敖、與其率從繇王居股謀曰。餘善首惡、劫守吾屬。今漢兵至、衆彊。計殺餘善、自歸諸將、儻幸得脫。乃遂俱殺餘善、以其衆降橫海將軍。【集解】徐廣曰、敖、亦東越臣、【考證】漢書從作及、中井積德曰、率、當作卒、居股、蓋丑之子、故封繇王居股爲東

成侯。萬戶。【索隱】韋昭曰、東成、在九江、封建成侯敖爲開陵侯、【索隱】徐廣云、敖、東越臣、韋昭云、開陵、屬臨淮、封越衍侯吳陽爲北石侯。【考證】漢書兩粵傳、北作卯、功臣表作外、兩粵傳爲是、封橫海將軍說爲案道侯、封橫海校尉福爲繚嫈侯。福者、成陽共王子、故爲海常侯、坐法失侯。舊從軍、無功。以宗室故侯。【集解】漢書音義曰、繚嫈、音遼縈、【索隱】服虔云、嫈、音縈、縣名、劉伯莊云、繚、音遼、下音紆營反、成陽王子也、【考證】楓三本、毛本、嫈作營、張文虎曰、作營、似勝、諸將皆無成功。莫封。東越將多軍、漢兵至、弃其軍降。封爲無錫侯。【集解】漢書音義曰、多軍、名也、【索隱】李奇云、多軍、名、韋昭云、多、姓、軍、名也、【考證】此下漢書兩粵傳補故甌駱將左黃同斬西于王、封爲下鄜侯十六字、於是天子曰。東越狹多阻。閩越悍數反覆。詔軍吏皆將其民徙處江・淮閒。東越地遂虛。【考證】中井積德曰、東越與閩越對舉者、蓋東甌之地耳、前日東甌既內徙、而其地入閩越、然不得更稱東甌、是越之東邊云爾、下文東越虛者、兼閩越東甌地而言、是對南越者、而東越當子細分別、不然、皆字無所當、

太史公曰。越雖蠻夷、其先豈嘗有大功德於民哉。何其久也。歷數代常爲君王。句踐一稱伯。然餘善至大逆、滅國遷衆。其先苗裔繇王居股等、猶尚封爲萬戶侯。由此知越世世爲公侯矣。蓋禹之餘烈也。【考證】史公以越世世爲公侯爲禹之餘烈、與項羽紀陳杞越世家黥布傳論贊、其義相貫、

【索隱】述贊、句踐之裔、是曰無諸、旣席漢寵、實因秦餘、騶駱爲姓、閩中是居、王搖之立、爰處東隅、後嗣不道、自相誅鋤、

東越列傳第五十四　史記一百十四

文學博士瀧川龜太郎著

史記會注考證

史記會注考證卷一百十五

漢　太　史　令　司　馬　遷　撰

宋　中　郎　外　兵　曹　參　軍　裴　駰　集　解

唐　國　子　博　士　弘　文　館　學　士　司　馬　貞　索　隱

唐　諸　王　侍　讀　率　府　長　史　張　守　節　正　義

日　本　　出　雲　瀧　川　資　言　考　證

朝鮮列傳第五十五　　史記一百十五

[集解]張晏曰、朝鮮有濕水洌水汕水、三水合爲洌水、疑樂浪朝鮮取名於此也、[索隱]案朝音潮、直驕反、鮮音仙、以有汕水故名也、汕一音訕、[考證]史公自序云、燕丹散亂遼間、滿收其亡民、厥聚海東、以集眞藩、葆塞爲外臣、作朝鮮列傳第五十五、中井積德曰、朝鮮箕子之封國、本在三韓之西、遼水之東、宋史云、遼陽府即古朝鮮國是也、後之襲稱朝鮮者、妄自託耳、不可以地域論、

朝鮮王滿者、故燕人也。[索隱]案漢書、滿燕人、姓衛、擊破朝鮮而自王之、[正義]朝鮮、潮仙二音、括地志云、高驪都平壤城、本漢樂浪郡王險城、又古云朝鮮地也、[考證]齊召南曰、滿姓衛、朝鮮自周封箕子後、傳四十餘世、至戰國時、侯準始稱王、漢初其國大亂、燕人衛滿擊破準而自王也、後書正補此傳之誤、愚按、索隱漢書上疑脫後字、今本漢書無此文、自始全燕時、嘗略屬眞番·朝鮮、爲置吏築鄣塞。[集解]徐廣曰、番、一作莫、遼東有番汗縣、番、音普寒反、[索隱]始全燕時、謂六國燕方全盛之時、徐氏據地理志而知也、番、音潘、又音盤、汗、音寒、如淳云、燕嘗略二國、以屬己也、應劭云、玄菟本眞番國、[考證]丁謙曰、眞番、本朝鮮附屬番部、七國時爲燕所略、武帝破朝鮮、改爲郡、治霅縣、在今奉天興京廳邊外東南至鴨綠江地、秦滅燕、屬遼東外徼。漢興、爲其遠難守、復修遼東故塞、至浿水爲界、屬燕。[集解]漢書音義曰、浿、音備沛反、[索隱]浿、音旁沛反、[正義]地理志云、浿水出遼東塞外、西南至樂浪縣西入海、浿、普大反、[考證]丁謙曰、浿水有二、唐書高麗傳、南涯浿水、指大同江、而此傳浿水均指鴨綠江、今考據家但知大同江爲浿水、不知鴨綠江亦有浿水之名、蓋大同江、在平壤南、衛滿所都王險城即平壤、滿渡浿水而後居此、則水在平壤之北可知、證一、涉河諭右渠、還朝必經浿水、證二、左將軍擊破浿水西軍、方得至王險、證三、右渠太子入謝天子、至浿水引歸、證四、觀此、傳中浿水皆指鴨綠江明矣、燕王盧綰反入匈奴。滿亡命、聚黨千餘人、[正義]命、謂敎令、[考證]亡命、謂脫名籍而逃也、魋結蠻夷服。而東走出塞、渡浿水、居秦故空地上下鄣。[索隱]案地理志、樂浪有雲鄣、[考證]漢書、魋結作椎結、解見陸賈傳、稍役屬眞番·朝鮮蠻夷及故燕·齊亡命者王之。都王險。[集解]徐廣曰、昌黎有險瀆縣也、[索隱]韋昭云、古邑名、徐廣曰、昌黎有險瀆縣、應劭注地理志、遼東險瀆縣、朝鮮王舊都、臣瓚云、王險城在樂浪郡浿水之東也、[正義]臣瓚曰、主險在樂浪郡也、[考證]杜佑曰、平壤即王險城也、中井積德曰、前註以王險爲平壤、似得實、愚按、正義本王險譌主險、會孝惠·高后時、天下初定。遼東太守即約滿爲外臣、保塞外蠻夷、無使盜邊。諸蠻夷君長、欲入見天子、勿得禁止。以聞。上許之。以故滿得兵威財物、侵降其旁小邑。眞番·臨屯、皆來服屬。方數千里。[考證]臨屯、東夷小國、後以爲郡、[正義]括地志云、朝鮮、高驪、貊、東沃沮、五國之地、國東西千三百

里、南北二千里、在京師東、東至大海四百里、北至營州界九百二十里、南至新羅國六百里、北至靺鞨國千四百里、【考證】丁謙曰、臨屯亦番部、後爲郡、治東暆、今爲朝鮮江原道江陵府城、愚按正義貊上疑脫濊字、傳子、至孫右渠。【正義】其孫名也、所誘漢亡人滋多。又未嘗入見。眞番旁衆國、欲上書見天子、又擁閼不通。【正義】後漢書朝鮮有三韓、一曰馬韓、二曰辰韓、三曰弁韓、魏志云、韓有帶方國、東西以海限、南與倭接、方可四千里、馬韓在西、辰韓在中、弁韓在東、括地志曰、新羅百濟在西馬韓之地、新羅在東辰韓弁韓之地也、【考證】慶長本標記云、正義本衆作辰、張文虎曰、宋本衆作辰、案漢書作眞番辰國、蓋卽後漢書東夷傳所謂辰韓者也、然此作旁衆、於文義亦通、凌稚隆曰、擁讀曰壅、一本作雍、元封二年、漢使涉何譙諭右渠。終不肯奉詔。【索隱】說文云、譙、讓也、諭、曉也、譙、音才笑反、【考證】譙、各本作誘、今從索隱本、何去至界上臨浿水、使御刺殺送何者朝鮮裨王長。【索隱】卽送何之御也、【正義】顏師古云、長者、裨王名也、送何至浿水、何因刺殺也、按裨王乃將士長、恐顏非也、【考證】顏說是、中井積德曰、御、涉何之從者、卽渡、馳入塞。遂歸報天子曰。殺朝鮮將。【正義】入平州楡林關也、【考證】楓三本、鮮下有裨字、上爲其名美、卽不詰。【索隱】有殺將之美名、拜何爲遼東東部都

尉。【正義】地理志云、遼東郡武次縣、東部都尉所理也、朝鮮怨何、發兵襲攻殺何。天子募罪人擊朝鮮。其秋、遣樓船將軍楊僕、從齊浮渤海、【考證】丁謙曰、渤海、一名黃海、今直隸山東東面之海是也、兵五萬人。左將軍荀彘出遼東、討右渠。右渠發兵距險。左將軍卒正多、率遼東兵、先縱、敗散。多還走。坐法斬。【考證】王先謙曰、卒正、其官、而多、其名、坐法斬者、卽此人、愚按漢書卒下無正字、義殊、樓船將軍將齊兵七千人、先至王險。右渠城守。窺知樓船軍少、卽出城擊樓船。樓船軍敗散走。將軍楊僕失其衆、遁山中十餘日。稍求收散卒。復聚。左將軍擊朝鮮浿水西軍。未能破自前。天子爲兩將未有利、乃使衛山因兵威往諭右渠。【考證】梁玉繩曰、衛山、此非義陽侯也、乃別一人、右渠見使者頓首謝。願降、恐兩將詐殺臣。今見信節。請服降。遣太子入謝、獻

馬五千匹、及饋軍糧。人衆萬餘持兵、方渡浿水。使者及左將軍疑其爲變、謂太子已服降、宜命人毋持兵。【考證】楓三本、漢書命作令、太子亦疑使者左將軍詐殺之、遂不渡浿水、復引歸。山還報天子。天子誅山。左將軍破浿水上軍、乃前至城下、圍其西北。樓船亦往會、居城南。右渠遂堅守城。數月未能下。左將軍素侍中幸。將燕代卒、悍乘勝、軍多驕。【考證】顏師古曰、幸、親幸於天子、樓船將齊卒入海、固已多敗亡。其先與右渠戰、困辱亡卒。卒皆恐、將心慚。其圍右渠、常持和節。左將軍急擊之。朝鮮大臣乃陰閒使人私約降樓船。往來言、尚未肯決。左將軍數與樓船期戰。樓船欲急就其約、不會。左將軍亦使人求閒郤降下朝鮮。【考證】漢書郤作隙、

朝鮮不肯心附樓船。【考證】王念孫曰、朝鮮二字、蒙上文而衍、此言樓船不會左將軍、左將軍亦不肯心附樓船、故曰兩將軍不相能、非謂朝鮮不肯心附樓船也、漢書無此二字、以故兩將不相能。左將軍心意樓船前有失軍罪。今與朝鮮私善、而又不降。【考證】意、疑也、漢書私作和、誤、疑其有反計。未敢發。天子曰。將率不能前。及使衛山諭降右渠、【考證】此敘前事也、將率上添嚮字看、楓三本、及作又、漢書作乃、非是、右渠遣太子。山使不能剸決、與左將軍計相誤、卒沮約。今兩將圍城、又乖異。以故久不決。【考證】天子言至此、使濟南太守公孫遂往征之。有便宜得以從事。【正義】征、漢書作正、爲是、【考證】楓三本、漢書濟南上有故字、遂至。左將軍曰。朝鮮當下久矣。不下者有狀。言樓船數期不會、具以素所意告遂曰。今如此不取、恐爲大害。非獨樓船、又且與朝鮮共滅吾軍。【考證】意字承上文、遂亦以爲然、而以節召樓船將

軍、入左將軍營計事。卽命左將軍麾下、執捕樓船將軍、幷其軍、以報天子。天子誅遂。【考證】楓、三本、命作令、通鑑考異云、漢書、誅遂作許遂、案左將軍亦以爭功相嫉乖計棄市、則武帝必以執樓船爲非、漢書誤、王先謙曰、史記贊、荀彘爭勞、與遂皆誅、作誅無疑、　左將軍已幷兩軍。卽急擊朝鮮。朝鮮相路人・相韓陰・尼谿相參・將軍王唊、相與謀曰。始欲降樓船。樓船今執。獨左將軍幷將、戰益急。恐不能與戰。王又不肯降。【集解】漢書音義曰、朝鮮相路人、相韓陶、尼谿相參、將軍王唊、凡五人也、戎狄不知官紀、故皆稱相、【索隱】應劭云、凡五人、戎狄不知官紀、故皆稱相也、路人、漁陽縣人、如淳云、相、其國宰相、路人名也、唊、音頰、一音協、【正義】已上至路人凡四人、【考證】顏師古曰、相路人一也、相韓陶二也、尼谿相參三也、將軍王唊四也、應氏乃云五人、誤讀爲句、謂尼谿人名、失之矣、不當尋下文乎、愚按漢書韓陰作韓陶、通鑑從史記、　陰・唊・路人皆亡降漢。路人道死。元封三年夏、尼谿相參、乃使人殺朝鮮王。右渠來降。王險城未下。故右渠之大臣成已又反、復攻吏。左將軍使右渠子

長降、相路人之子最、告諭其民、誅成已。【集解】徐廣曰、表云、長路、漢書表云、長路、音各、【索隱】案漢書表云、長路、音各、子最、路人子也、名最、【考證】錢大昕曰、降字當連上爲句、長降、右渠子名也、功臣表作長路、小顏注、漢書、謂相路人前已降漢、而死于道、故謂之降相、妄之甚也、下文、長爲幾侯、長下亦當有降字、　以故遂定朝鮮爲四郡。【集解】眞番、臨屯、樂浪、玄菟也、　封參爲澅清侯、【集解】韋昭曰、屬齊、【索隱】參、澅清侯、韋昭云、縣名、屬齊、顧氏澅音獲、　陰爲荻苴侯、【集解】韋昭曰、屬勃海、【索隱】陰荻苴侯、晉灼云、屬勃海、荻、音狄、苴、音子餘反、　唊爲平州侯、【集解】韋昭曰、屬梁父、【索隱】唊平州侯、韋昭云、屬梁父、　長爲幾侯、【集解】韋昭曰、屬河東、【索隱】長幾侯、韋昭云、縣名、屬河東、　最以父死頗有功、爲涅陽侯。【集解】韋昭曰、屬齊、【索隱】最涅陽侯、韋昭云、屬齊也、【考證】陳仁錫曰、監本、涅作溫、誤、愚按、楓、三本、作浧、漢書亦譌作浧、　左將軍徵至。坐爭功相嫉乖計、弃市。【考證】楓、三本、徵作微、計作言、　樓船將軍亦坐兵至洌口、當待左將軍、擅先縱、失亡多、當誅。贖爲庶人。【索隱】蘇林曰、洌口、縣名、度海先得之、【考證】漢書、洌口作列口、樂浪郡有列口縣、梁玉繩曰、此與漢傳同、而漢表云、坐爲將軍擊朝鮮、畏懦、入竹二萬箇贖、完爲城旦、罪狀與此不同、入竹贖罪、亦奇、

太史公曰。右渠負固、國以絶祀。涉何誣功、爲兵發首。【考證】岡白駒曰、朝鮮之役、由涉河發、　樓船將狹、及難離咎。【集解】徐廣曰、將狹、言其所將卒狹少、【考證】中井積德曰、將、猶行也、狹、謂心志狹隘、　悔失番禺、乃反見疑。【考證】余有丁曰、按樓船前力攻番禺、反驅降者入伏波營、故此欲獨降之爲己功也、　荀彘爭勞、與遂皆誅。【考證】荀彘見南越傳、　兩軍俱辱、將率莫侯矣。【考證】陳仁錫曰、贊用韻語、蓋後世銘詩之祖也、

【索隱】述贊、衞滿燕人、朝鮮是王、王險置都、路人作相、右渠首差、涉何誚上、兆禍自斯、狐疑二將、山遂伏法、紛紜無狀、

朝鮮列傳第五十五

史記一百十五

文學博士瀧川龜太郎著

史記會注考證

史記會注考證卷一百十六

漢　太　史　令　司　馬　遷　撰

宋中郎外兵曹參軍裴　駰　集　解

唐國子博士弘文館學士司馬　貞　索　隱

唐諸王侍讀率府長史張　守　節　正　義

日　本　出　雲　瀧　川　資　言　考　證

西南夷列傳第五十六　史記一百十六

【考證】史公自序云、唐蒙使略通夜郎、而邛筰之君、請爲內臣受吏、作西南夷列傳第五十六、丁謙曰、漢西南夷、爲今四川南、貴州西南、及雲南全省地、淩稚隆曰、此傳以夜

郎滇二國爲首、蓋漢所封也、

西南夷君長以什數。夜郎最大。【索隱】數、劉氏音所具反、鄒氏音所主反、荀悅云、犍爲屬國也、韋昭云、漢爲縣、屬牂牁、按後漢書云、夜郎、東接交阯、其地在胡南、其君長本出於竹、以竹爲姓也、【正義】西南夷、在蜀之南、今瀘州南大江南岸、協州曲州、本夜郎國、【考證】中井積德曰、西字疑衍、漢書無、姚範曰、夜郎、今遵義府桐梓縣、漢夜郎縣也、屬牂柯、瀘州之南曲靖州、貴州之普安州石阡府、興隆思南、與廣西諸州多夜郎地、其西靡莫之屬、以什數。滇最大。【集解】如淳曰、滇、音顚、顚馬出其國也、【索隱】靡莫、夷邑名、滇與同姓、崔浩云、滇後爲縣、越巂太守所理也、【正義】在蜀南、以下及西也、靡、在姚州北、去京西南四千九百三十五里、卽靡莫之夷、昆州郎州等、本滇國、去京西五千三百七十里也、【考證】丁謙曰、滇國、以滇池名、今雲南昆明縣、

自滇以北、君長以什數。邛都最大。此皆魋結、耕田、有邑聚。【索隱】魋、漢書作椎、音直追反、結、音計、【考證】丁謙曰、邛都、今四川寧遠府、顏師古曰、結讀曰髻、爲髻如椎之形也、愚按、魋結、又見陸賈朝鮮貨殖諸傳、其外西自同師以東、【集解】韋昭曰、邑名也、【索隱】韋昭云、邑名、漢書作桐師、【考證】沈欽韓曰、桐師、在曲靖府霑益州北、丁謙曰、桐師、爲滇國西南邊界、讀史兵略謂卽龍陵縣、近是、北至楪榆、【集解】韋昭曰、在益州、楪、音葉、【索隱】韋昭曰、益州縣、楪、音葉、【正義】上音葉、楪澤在靡北百餘里、漢楪

榆縣、在澤西益都、靡非、本葉楡王國也、【考證】丁謙曰、葉楡、漢縣、屬益州、後隸永昌、以葉楡水得名、水卽元江上游、源出今雲南縣北梁王山、則縣爲雲南地無疑、名爲巂・昆明。【集解】徐廣曰、永昌有巂唐縣、【索隱】崔浩云、二國名、韋昭云、巂、益州縣、【正義】巂、音髓、今澧州也、昆明、巂州縣、蓋南接昆明之地、因名也、【考證】丁謙曰、巂昆明、在葉楡桐師之間、常爲今永昌騰越順寧等地、師古注謂巂卽巂州、昆明在其東南、卽南寧州、殊誤、皆編髮、隨畜遷徙、毋常處、毋君長、地方可數千里。【正義】編、步典反、畜、許又反、皆巂昆明之俗也、

自巂以東北、君長以什數。徙・筰都最大。【集解】徐廣曰、徙、在漢嘉、筰、音昨、在越巂、【索隱】服虔云、二國名、韋昭云、徙縣屬蜀、筰縣在越巂、徐廣云、筰、音昨、【正義】徙、音斯、括地志云、筰州本西蜀徼外、曰貓羌巂、地理志云、徙縣也、華陽國志、雅州邛郲山、本名邛筰山、故邛人筰人界、【考證】丁謙曰、徙國、武帝時爲徙縣、後隸屬國都尉、會典謂卽雅州西天全州、筰都、漢爲蜀郡嚴道縣、今曰清溪、自筰以東北、君長以什數。冄駹最大。其俗或土著、或移徙、在蜀之西。【索隱】案應劭云、汶江郡本冄駹、音亡江反、【正義】括地志云、蜀西徼外羌、茂州、冄州、本冄駹國地也、後漢書云、冄駹其山有六夷七羌九氐、各有部落也、【考證】丁謙曰、冄駹、漢爲汶山縣、今曰茂州、自冄駹以東北、君長以什數。白馬最大。【索隱】案夷邑名、卽白馬氏、【正義】括地志云、隴右成州武州、皆白馬氐、其豪族楊氏、居成州仇池山上、

【考證】丁謙曰、白馬、汶爲陰平道、今階州成縣西南白馬關地、皆氐類也。此皆巴·蜀西南外蠻夷也。

始楚威王時、使將軍莊蹻將兵循江上略巴·蜀·黔中以西。莊蹻者、故楚莊王苗裔也。【索隱】蹻、音炬灼反、楚莊王弟、爲盜者、【正義】其略反、郎州昆州卽莊蹻所王、【考證】王念孫曰、蜀字因上文巴蜀而衍、莊蹻循江上自巴黔中以西而至滇池、不得至蜀也、漢書無蜀字、丁謙曰、巴、漢巴郡、今重慶府、黔、水名、於義爲黑、今曰烏江、古黔中郡卽漢武陵、章懷注、黔中故城、在辰州沅陵縣西、按辰州無黔水、必郡雖置此、其轄境均在烏江流域耳、沈家本曰、按韓非子喩老篇、楚莊王時、莊蹻爲盜於境內、小司馬殆據彼以爲說、然此云楚威王時、則非爲盜之莊蹻矣、史文明曰將軍、曰楚莊王苗裔、小司馬誤也、愚按說又見梁氏志疑、蹻至滇池。地方三百里。【索隱】滇池、方三百里、地理志、益州滇池縣、澤在西北、後漢書云、其池水源深廣、而更淺狹、有似倒流、故謂滇池、【正義】括地志云、滇池澤、在昆州晉寧縣西南三十里、其水源深廣而更淺狹、有似倒流、故謂滇池、【考證】王念孫曰、池下不當有地字、索隱本及漢書、皆無地字、王先謙曰、一統志、滇池、在雲南府昆明縣南、呈貢縣西、晉寧州西北、昆陽州北、旁平地肥饒數千里。以兵威定屬楚、欲歸報。會秦擊奪楚巴·黔中郡、道塞不通。【考證】沈家本曰、按此楚頃襄王二十二年事、上距威王末年、五十二年矣、因還以其衆王滇、變

服、從其俗以長之。秦時常頞略通五尺道。【集解】頞、音案、【索隱】謂棧道廣五尺、【正義】括地志云、五尺道、在郎州、顏師古云、其處險阨、故道纔廣五尺、如淳云、道廣五尺。【考證】常頞、楓、三本、作嘗頞、漢書作嘗破、徐孚遠曰、常頞、疑人姓名、諸此國頗置吏焉。十餘歲秦滅。【考證】中井積德曰、諸此國、疑當作此諸國、而下文此國間脫諸字、及漢興、皆弃此國而開蜀故徼。巴·蜀民或竊出商賈、取其筰馬·僰僮·髦牛、以此巴·蜀殷富。【索隱】韋昭云、僰、屬犍爲、音蒲北反、服虔云、舊京師有僰婢、【正義】今益州南戎州北臨大江、古僰國、【考證】王念孫曰、開字當依漢書作關、言秦時常於諸國置吏、及漢初則棄此諸國、而但以蜀諸徼爲關也、下文曰、巴蜀民或竊出商賈、卽謂出此關也、若云開蜀故徼、則與上下文皆不合矣、顏師古曰、西南之徼、猶北方塞也、岡白駒曰、筰國之馬、僰國之奴婢、及犛牛、愚按、犛、疑當作髦、建元六年、大行王恢擊東越。東越殺王郢以報。恢因兵威使番陽令唐蒙風指曉南越。南越食蒙蜀枸醬。【集解】徐廣曰、枸、一作蒟、音窶、駰案、漢書音義曰、枸木似穀樹、其葉如桑葉、用其葉作醬酢、美、蜀人以爲珍味、【索隱】蒟、案晉灼音矩、劉德云、蒟樹如桑、其椹長二三寸、味酢、取其實以爲醬、美、又云、蒟、緣樹而生、非木也、今蜀土家出蒟、實似桑椹、味辛似薑、不酢、又云、取葉、此注、又云、葉似桑葉、非也、廣志云、色黑、味辛、下氣消穀、

窶、求羽反、【正義】番、音婆、【考證】丁謙曰、番陽、地理志作鄱陽、漢縣名、屬豫章、今爲九江府、蒙問所從來。曰道西北牂柯。牂柯江廣數里、出番禺城下。【正義】崔浩云、牂柯、繫船杙也、常氏華陽國志云、楚頃襄王時、遣莊蹻伐夜郎、軍至且蘭、椓船於岸而步戰、既滅夜郎、以且蘭有椓船牂柯處、乃改其名爲牂柯、【考證】楓、三本、牂柯下有江字、王念孫曰、牂柯下當有江字、道從也、言從西北牂柯江來也、索隱本出道牂柯江四字、漢書漢紀竝作道西北牂柯江、江廣數里、是其證、丁謙曰、牂柯江、今盤江、水經注稱爲溫水、出雲南曲靖府北、霑益州境、南流至阿迷州東、折東北流、爲八達江、俗稱混水河、至羅平州東界、轉東流、過貴州興義府南、又東與北盤江合、卽水經注存水也、南北二盤江會合、始有牂柯江名、蓋興義府地、卽漢武帝所立之牂柯郡也、故酈氏謂水逕牂柯郡且蘭縣、謂之牂柯水、知牂柯江當時專指牂柯郡南一帶而言、其後方爲全江總名、蒙歸至長安、問蜀賈人。賈人曰。獨蜀出枸醬。多持竊出市夜郎。夜郎者臨牂柯江。江廣百餘步。足以行船。南越以財物役屬夜郎、西至同師。然亦不能臣使也。蒙乃上書說上曰。南越王黃屋左纛、地東西萬餘里。名爲外臣、實一州主也。今以長沙·豫章往、水道多絕、難行。

竊聞夜郎所有精兵、可得十餘萬。浮船牂柯江、出其不意。此制越一奇也。誠以漢之彊、巴·蜀之饒、通夜郎道、爲置吏、易甚。上許之。乃拜蒙爲郎中將、將千人、食重萬餘人、【索隱】案、食貨輜重車也、音持用反、【考證】劉攽曰、郎中將、當作中郎將、後使相如以郎中將往諭、同、周壽昌曰、華陽國志、作中郎將、從巴蜀筰關入、遂見夜郎侯多同。【正義】地理志、犍爲郡有符離縣、按符關在符縣、犍爲郡、今戎州也、【考證】漢書、巴下無蜀字、王念孫曰、巴筰關本作巴符關、水經云、江水東過符縣北邪東南、鰼部水從符關東北注之、注云、縣故巴夷之地也、漢武帝建元六年、以唐蒙爲中郎將、從萬人出巴符關者也、是符關卽在符縣、而縣爲故巴夷之地、故曰巴符關也、漢之符縣、在今瀘州合江縣西、今合江縣南有符關、仍漢舊名也、若筰地、則在蜀之西、不與巴相接、不得言巴筰關矣、史記作巴蜀筰關、多一蜀字、舊本北堂書鈔政術部引漢書、作巴符關、愚按正義依幻雲抄所引補張氏本、亦作符、不作筰、顏師古曰、多同、其侯名也、蒙厚賜、喩以威德、約爲置吏、使其子爲令。【考證】顏師古曰、比之於漢縣也、夜郎旁小邑、皆貪漢繒帛、以爲漢道險、終不能有也。乃且聽蒙約。還報。【考證】楓、三本、蒙下有等字、還上有蒙字、乃以爲犍

爲郡、發巴·蜀卒治道。自僰道指牂牁江。【索隱】道牂柯江、崔浩云、牂柯、繫船杙也、以爲地名、道、猶從也、地理志、夜郎又有豚水、東至南海、四會入海、此牂柯江、【考證】丁謙曰、僰道、漢縣、爲犍爲郡治、卽今敘州宜賓縣、張文虎曰、案索隱牂柯已見上文、不當至此始釋、單本此條亦出在食重萬餘人條後、疑錯亂、蜀人司馬相如亦言西夷邛·筰可置郡。使相如以郎中將往喩。皆如南夷、爲置一都尉十餘縣、屬蜀。【考證】司馬相如傳、郎中將作中郎將、當是時、巴·蜀四郡、通西南夷道、戍轉相饟數歲、道不通。士罷餓離溼、死者甚衆。【集解】徐廣曰、四郡、漢中、巴郡、廣漢、蜀郡、【正義】溼、音濕、言士卒歷暑熱氣而死者衆多也、【考證】漢書、戍作戴、離上有餧字、溼上有著字、正義本溼作濕、西南夷又數反、發兵興擊、秏費無功。上患之、使公孫弘往視問焉。還、對言其不便。及弘爲御史大夫、是時方築朔方、以據河逐胡。弘因數言西南夷害、可且罷、專力事匈奴。上罷西夷、獨置南夷·夜郎兩縣一都尉。【集解】徐廣曰、元光六年、南夷始置

郵亭、【考證】罷上、楓、三本、有許字、漢書、有許之二字、稍令犍爲自葆就。【正義】令犍爲自葆守、而漸修成其郡縣也、【考證】漢書、葆作保、王念孫曰、保就、猶保聚也、及元狩元年、博望侯張騫使大夏來言、居大夏時見蜀布邛竹杖。【集解】韋昭曰、邛縣之竹、屬蜀、瓚曰、邛、山名、此竹節高實中、可作杖、【考證】蜀布、蜀地之布、邛竹杖、邛地之竹杖、大夏、見匈奴傳、梁玉繩曰、案史漢表、騫以元朔六年三月封侯、必非元狩元年歸也、攷大宛傳、騫留匈奴中因左谷蠡王攻其太子自立、國內亂、騫亡歸漢、而以匈奴傳核之、乃元朔三年事、則騫歸于元朔三年甚審、使問所從來。曰、從東南身毒國。可數千里。得蜀賈人市。或聞邛西可二千里、有身毒國。【集解】徐廣曰、字或作竺、漢書直云身毒、史記一本作乾毒、駰案漢書音義曰、一名天竺、則浮屠胡是也、【索隱】身、音捐、毒、音篤、一本作乾毒、漢書音義、一名天竺也、【正義】身毒、卽東天竺國、【考證】王先謙曰、集解、史記一本身毒作乾毒、顏師古云、亦曰捐篤、案捐篤、當作捐毒、西域國、非天竺也、詳見漢書西域傳、騫因盛言大夏在漢西南。慕中國、患匈奴隔其道。誠通蜀·身毒國、道便近、有利無害。於是天子乃令王然于·柏始昌·呂越人等、使閒出西夷西、指求身毒國。

【考證】漢書、無有利二字、楓、三本、無柏始昌呂越人等七字、至滇。滇王嘗羌乃留、爲求道、西十餘輩。【集解】徐廣曰、嘗、一作賞、【考證】嘗羌、漢書又作當羌、滇王名、歲餘、皆閉昆明、莫能通身毒國。【集解】如淳曰、爲昆明所閉道、【正義】昆明在今嶲州南昆縣是也、滇王與漢使者言曰、漢孰與我大。及夜郎侯亦然。以道不通、故各自以爲一州主、不知漢廣大。【考證】漢書、主作王、譌、使者還、因盛言滇大國、足事親附。【考證】顏師古曰、言可專事招來之、令其親附、天子注意焉。及至南越反、上使馳義侯因犍爲發南夷兵。且蘭君恐遠行、旁國虜其老弱、乃與其衆反、殺使者及犍爲太守。【索隱】且蘭、上音子餘反、小國名也、後縣屬牂柯、【考證】漢書武紀、作越馳義侯遺、馳義侯蓋越人、失其姓、顏師古曰、且蘭君恐發兵與漢行後、其國空虛、而旁國來寇鈔其老弱也、梁玉繩曰、此且蘭所殺漢使者、卽馳義侯、而案漢書武紀、元鼎六年、馳義侯征西南夷平之、兩處不同、大事記以紀爲誤、亦無據、漢乃發巴·蜀罪人嘗擊南越者八校尉、擊破之。【考證】楓、三本、漢書、嘗作當、爲是、會越已破。

漢八校尉不下。卽引兵還。行誅頭蘭。頭蘭常隔滇道者也。【索隱】卽且蘭也、【考證】漢書、頭蘭作且蘭、姚範曰、且蘭爲不發兵助漢擊南粵、而頭蘭以常隔滇道、事不相蒙、如史意、應以擊南粵、且蘭不下、乃引兵誅頭蘭、乃還平南夷也、漢書乃襲史文、混而爲一事、疑誤、愚按頭蘭、別是一國、姚說是、已平頭蘭、遂平南夷、爲牂牁郡。【考證】楓、三本、夷下有以字、夜郎侯始倚南越。南越已滅、會還誅反者。【考證】漢書、無會字、反者、苴蘭之屬、夜郎遂入朝。上以爲夜郎王。南越破後、及漢誅且蘭·邛君、幷殺筰侯·冄駹、皆振恐、請臣置吏。乃以邛都爲越嶲郡、筰都爲沈犂郡、冄駹爲汶山郡、廣漢西白馬爲武都郡。【集解】應劭曰、汶山、今蜀郡岷江、上使王然于以越破、及誅南夷兵威、風喩滇王入朝。滇王者、其衆數萬人。其旁東北有勞浸·靡莫。皆同姓相扶、未肯聽。勞浸·靡莫、數侵犯使者吏卒。【索隱】勞寖、靡莫、二國、與滇王同姓、【正義】杖、直亮反、顏師古曰、杖、猶倚也、相倚爲援、不聽滇王入

朝、【考證】勞浸、漢書作勞深、丁謙曰、二國當今尋甸州境、枎、正義本作杖、與漢書合、元封二年、天子發巴・蜀兵、擊滅勞浸・靡莫、以兵臨滇。滇王始首善。以故弗誅。【考證】顏師古曰、言初始以來常有善意、滇王離難西南夷舉國降、請置吏入朝。於是以爲益州郡、賜滇王王印、復長其民。【考證】中井積德曰、離難西南夷五字、不通、漢書作離西夷三字、顏師古云、謂東嚮事漢、愚按西南夷三字、涉下文而衍、離難、滇王名、丁謙曰、漢益州、今雲南省城、至三國時、始以四川爲益州、

西南夷君長以百數。獨夜郎・滇受王印。滇小邑、最寵焉。【考證】楓、三本、受上有王字、印下有而字、

太史公曰。楚之先豈有天祿哉。在周爲文王師、封楚。【考證】岡白駒曰、按楚世家、熊通云、吾先鬻熊爲文王師、成王舉我先公、乃以子男田令居楚、是也、及周之衰、地稱五千里。秦滅諸侯。唯楚苗裔尚有滇王。漢誅西南夷、國多滅矣。唯滇復爲寵王。【考證】以滇復爲寵王、爲祖先餘烈、其義與東粵傳贊相貫、然南夷之端、見枸醬番禺。大夏杖邛竹。西夷後揃。剽分二方、【集解】漢書音義曰、揃、音翦、【索隱】揃、音剪、揃、謂被分割也、剽、音匹妙反、言西夷後被揃迫逐、遂剽居西南二方、各屬郡縣、剽亦分義、【正義】杖、直亮反、顏師古云、杖猶倚也、相倚爲援、不聽漢王、卒爲七郡。【集解】徐廣曰、犍爲、牂柯、越巂、益州、武都、沈犂、汶山地也、

【索隱】述贊、西南外徼、莊蹻首通、漢因大夏、乃命唐蒙、勞浸靡莫、異俗殊風、夜郎最大、邛筰稱雄、及置郡縣、萬代推功、

西南夷列傳第五十六　　史記一百十六

文學博士瀧川龜太郎著

史記會注考證

史記會注考證卷一百十七

漢　太史令　司馬遷　撰
宋　中郎外兵曹參軍　裴駰　集解
唐　國子博士弘文館學士　司馬貞　索隱
唐　諸王侍讀率府長史　張守節　正義
日本　出雲　瀧川資言　考證

司馬相如列傳第五十七　史記一百十七

【索隱】司馬相如汲鄭列傳、不宜在西夷之下、【考證】史公自序云、子虛之事、大人賦說、靡麗多誇、然其指風諫、歸於無爲、作司馬相如列傳第五十七、愚按、長卿以中郎將

略定西夷、邛筰冉駹斯榆之君、皆請爲內臣、其功尤多、所以次本傳於西南夷之下、索隱未遂、劉知幾曰、司馬相如爲自敍傳、具在其集中、子長因錄斯篇、梁玉繩曰、史公不說相如自敘、且傳中譏游獵賦、侈靡非理義、而天子求書奏封禪、在相如沒後、安在其爲自敘、或史公取相如作而增改之、

司馬相如者、蜀郡成都人也。字長卿。少時好讀書、學擊劍。【索隱】呂氏春秋劍伎云、持短入長、倏忽縱橫之術也、魏文典論云、余好擊劍、善以短乘長、是也、【考證】沈欽韓曰、學刺擊之術也、 故其親名之曰犬子。【索隱】孟康云、愛而字之也、【考證】中井積德曰、犬子、名也、非字、故曰名之也、取其捷便也、因擊劍之便利而名耳、愚按、劍犬音相近、 相如既學。【索隱】案秦宓云、文翁遣相如受七經、【考證】梁玉繩曰、蜀志秦宓云、文翁遣相如東受七經、還教吏民、宓此語與漢地理志所謂文翁倡其教、相如爲之師者政合、史公但采詞賦、而遺其明經化俗之大端、何也、史通載文篇譏史漢載上林甘泉等賦、無裨勸奬、有長奸詐、 慕藺相如之爲人、更名相如。以貲爲郎、事孝景帝爲武騎常侍。非其好也。【索隱】張揖曰、武騎常侍、秩六百石、常侍從、格猛獸、【正義】藺相如、六國時人、義而有勇也、以貲爲郎、以貲財多、得拜爲郎、【考證】以貲爲郎、正義是、非納貲得官也、解在張釋之傳、沈欽韓曰、武騎常侍、其官與李廣李蔡同、亦郎中被選者耳、云六百石、謬、王先謙曰、據史李廣傳、當是八百石、 會景帝不好辭賦。是時梁孝

王來朝。從游說之士齊人鄒陽・淮陰枚乘・吳莊忌夫子之徒。相如見而說之、因病免、客游梁。【集解】徐廣曰、名忌、字夫子、【索隱】徐廣郭璞皆云、名忌、字夫子、案鄒陽傳云、枚先生、嚴夫子、此則夫子是美稱、時人以爲號、漢書作嚴忌者、案忌本姓莊、避明帝諱、改姓嚴也、【考證】中井積德曰、嚴之爲莊、是後人之改寫、非改姓、 梁孝王令與諸生同舍。相如得與諸生游士居數歲。乃著子虛之賦。會梁孝王卒。相如歸。而家貧無以自業。素與臨邛令王吉相善。吉曰。長卿久宦遊不遂。而來過我。【考證】漢書、而下有困字、 於是相如往舍都亭。臨邛令繆爲恭敬、日往朝相如。相如初尚見之。後稱病、使從者謝吉。吉愈益謹肅。【索隱】案都亭、臨邛郭下之亭也、【正義】臨邛縣郭下之亭也、【考證】繆、詐也、徐孚遠曰、臨邛多富人、故其令繆爲恭敬、以示相如之重、 臨邛中多富人。而卓王孫家僮八百人。程鄭亦數百人。【正義】貨殖傳、卓氏之先趙人、秦時被遷、卓氏獨夫妻推輦而行、曰、吾聞汶山之下有蹲鴟、乃求遷、致之臨邛、程鄭、山東遷虜、 二人乃

相謂曰。令有貴客。爲具召之、并召令。令既至卓氏。客以百數。至日中謁司馬長卿。〔考證〕謁請也、漢書作請、 長卿謝病不能往。臨邛令不敢嘗食、自往迎相如。相如不得已彊往。一坐盡傾。〔考證〕傾首望其風采也、 酒酣、臨邛令前奏琴曰。竊聞長卿好之。願自娛。相如辭謝、爲鼓一再行。〔索隱〕案樂府長歌行短歌行、行者曲也、此言鼓一再行、謂一兩曲、〔正義〕行者、鼓琴瑟曲也、〔考證〕周壽昌曰、不敢云娛客、故以自娛爲言、 是時卓王孫有女文君。新寡好音。故相如繆與令相重、而以琴心挑之。〔集解〕郭璞曰、以琴中音挑動之、〔索隱〕張揖云、挑、嬈也、以琴中嬈之、挑、音徒了反、嬈、音奴了反、其詩曰、鳳兮鳳兮歸故鄉、遨遊四海求其皇、有一豔女在此堂、室邇人遐毒我腸、何由交接爲鴛鴦也、又曰、鳳兮鳳兮從皇栖、得託子尾永爲妃、交情通體必和諧、中夜相從別有誰、〔考證〕中井積德曰、繆與令相重、謂琴歌寓悅慕之意、陽若指令者、而陰挑文君也、其歌今不傳、索隱所引、是後人之僞作、張文虎曰、索隱單本、蔡本、中統、游本皆無、又曰以下三十三字、 相如之臨邛、從車騎、雍容閒雅甚都。〔集解〕韋昭曰、閒、讀曰閑、甚得都邑之容也、郭璞曰、都、猶姣也、詩曰、恂美且都、〔考證〕中

井積德曰、借都鄙之都、作容儀之美稱、 及飲卓氏弄琴、文君竊從戶窺之、心悅而好之、恐不得當也。既罷。相如乃使人重賜文君侍者通殷勤。文君夜亡奔相如。〔索隱〕郭璞云、婚不以禮爲亡也、〔考證〕沈家本曰、按禮記、奔則爲妾、弟謂六禮不備者耳、與文君之私奔不同、不當引此爲訓、又按集解索隱、屢引郭璞、璞嘗注相如傳序及游獵詩賦、見漢書敍例、 相如乃與馳歸成都。家居徒四壁立。〔集解〕郭璞曰、言貧窮也、〔索隱〕案孔文祥云、徒、空也、家空無資儲、但有四壁而已、云就此中以安立也、〔考證〕張文虎曰、舊刻及王、柯、凌本、竝脫成都二字、王念孫曰、家即居也、文選注引此、作居徒四壁立、張文虎曰、御覽百八十七引、作家徒四壁立、與漢書合、疑本有異文、後人誤併、中井積德曰、徒、猶唯也、言家中無物、唯有四壁植立而已、 卓王孫大怒曰。女至不材。我不忍殺。不分一錢也。人或謂王孫。王孫終不聽。文君久之不樂。曰。長卿第俱如臨邛、從昆弟假貸。猶足爲生。何至自苦如此。〔索隱〕弟如臨邛、文穎云、弟、且也、郭璞云、弟語辭、如、往也、〔正義〕第、但也、俱、共也、〔考證〕索隱本、無俱字、正義本有、 相如與俱之臨邛、盡賣其車騎、買一酒舍酤酒。而

令文君當鑪。〔集解〕韋昭曰、鑪、酒肆也、以土爲墮、邊高似鑪、〔正義〕顏云、賣酒之處、累土爲鑪、以居酒瓮、四邊微起、其一面高、形如鍛鑪、故名曰鑪耳、而俗之學者、皆謂當鑪爲對溫酒火鑪、失其義也、〔考證〕漢書、鑪作盧、李慈銘曰、鑪、皆當作壚、周禮、艸人、埴壚用豕、注云、埴壚、黏疏者、埴壚、謂黏合疏土、正所謂以土爲墮、及累土爲盧也、壚、正字、盧、假借字、鑪、通用字矣、愚按、漢書顏注、微起作隆記、 相如身自著犢鼻褌、與保庸雜作、滌器於市中。〔集解〕韋昭曰、犢鼻褌、今三尺布、作形如犢鼻、稱此者、言其無恥也、今銅印音犢紐、此其類矣、方言曰、保庸、謂之甬、奴婢賤稱也、韋昭曰、器、瓦器也、每食必滌溉者、〔考證〕中井積德曰、保亦庸類、若奴而非眞奴也、蓋須人之保任而使用、故曰保也、 卓王孫聞而恥之、爲杜門不出。昆弟諸公、更謂王孫曰。有一男兩女。所不足者非財也。今文君已失身於司馬長卿。長卿故倦游。雖貧、其人材足依也。且又令客。獨柰何相辱如此。〔集解〕郭璞曰、諸公、父行也、倦游、厭游宦也、〔正義〕諸公、謂臨邛之長者也、非財、言非是錢財、倦、疲也、 卓王孫不得已、分予文君僮百人、錢百萬、及其嫁時衣被財物。文君乃與相如歸成都、買田宅爲富人。居久之、蜀

人楊得意爲狗監侍上。〔集解〕郭璞曰、狗監、主獵犬也、 上讀子虛賦而善之。曰。朕獨不得與此人同時哉。得意曰。臣邑人司馬相如自言爲此賦。上驚、乃召問相如。相如曰。有是。然此乃諸侯之事、未足觀也。請爲天子游獵賦。賦成奏之。上許令尚書給筆札。〔正義〕說文、札、牒也、按木簡之薄小者也、此時未用紙也、〔考證〕柯維騏曰、相如游梁時著子虛賦、爲武帝所善、此著天子遊獵賦、復借子虛三人之詞、以明天子之義、故亦名子虛賦、中敍上林、故又名上林賦、其實一也、文選截爲二篇、以前敍齊楚者爲子虛賦、自亡是公听然而笑以下敍上林者爲上林賦、失其旨矣、王若虛滹南文集辨疑、顧炎武日知錄、閻若璩潛邱劄記、亦各有異說、愚按子虛上林、原是一時作、合則一、分則二、而齊使子虛使於齊、獨不聞天子之上林乎、賦名之所由設也、相如使鄉人奏其上篇、以求召見耳、正是才子狡獪手段、柯氏疑是篇之外別有上林賦、亦爲相如所欺也、又按王楙野客叢書云、相如此賦決非一日所能辦者、其運思緝工、亦已久矣、及是召見、因以發揮、不然、何以不俟上命、遽曰請爲天子游獵之賦、是知此賦已平時製下、而非一旦倉卒所能爲者、西京雜記、謂相如爲上林子虛賦、幾百日而後就、此言似可信、王說尤理、 相如以子虛、虛言也。爲楚稱。〔集解〕郭璞曰、稱說楚之美、 烏有先生者、烏有此事也。

爲齊難。【集解】徐廣曰、烏、一作惡、郭璞曰、詰難楚事也、無是公者、無是人也。明天子之義。【集解】郭璞曰、以爲折中之談也、故空藉此三人爲辭、以推天子諸侯之苑囿。【索隱】借、音假、借、與積同音、其卒章歸之於節儉。因以風諫、奏之天子。天子大說。其辭曰。楚使子虛使於齊。齊王悉發境內之士、備車騎之衆、與使者出田。田罷、子虛過詫烏有先生。而無是公在焉。【集解】郭璞曰、詫、誇也、音託夏反、【索隱】過詫、上音戈、下音勑亞反、誇詫、是也、【考證】文選、在作存、愚按、而無是公在焉、豫爲上林作地、楊得意奏子虛時、或無此六字也、坐定。烏有先生問曰。今日田、樂乎。子虛曰。樂。獲多乎。曰。少。然則何樂。曰。僕樂齊王之欲夸僕以車騎之衆、而僕對以雲夢之事也。【正義】夢、在江南華容、雲、在江北安陸、而名雲夢、已解在夏本紀、曰。可得聞乎。子虛曰。可。王駕車千乘、選徒萬騎、田於海濱。列卒滿澤、罘罔彌山。【集解】郭璞曰、罘、罝

也、音浮、【正義】說文云、罘、兔罟也、今蟠車罟也、彌、竟也、揜兔轔鹿、射麋脚麟。【集解】徐廣曰、轔、音吝、駰案郭璞曰、脚、掎足、轔、車轢、【索隱】脚麟、韋昭云、謂持其一脚也、司馬彪曰、脚、掎也、說文云、掎、偏引一脚也、【考證】孔文祥曰、兎小、但以罝羅掩之、漢書、脚作格、顏注、格字或作脚、言持引其脚也、鶩於鹽浦、割鮮染輪。【集解】郭璞曰、鹽浦、海邊地、多鹽鹵、鮮、生肉也、染、擩也、音而沿反、又音而悅反、擩之於輪、鹽而食之、鶩、馳也、音務、【索隱】李奇云、鮮、生肉也、染、濡也、切生肉、濡鹽而食之、染或爲淬、與下文脟割輪染意同也、【考證】中井積德曰、染輪、謂血灑兩輪、愚按、濱山麟輪韻、射中獲多、矜而自功。【考證】沈家本曰、按此句、與上文獲多乎曰少、不免矛盾、顧謂僕曰。楚亦有平原廣澤、游獵之地、饒樂若此者乎。楚王之獵、何與寡人。【集解】郭璞曰、與、猶如也、【考證】漢書文選、何作孰、文選、人下有乎字、僕下車對曰。臣楚國之鄙人也。幸得宿衞十有餘年。時從出游、游於後園、覽於有無。然猶未能徧覩也。又惡足以言其外澤者乎。【考證】李善曰、覽於有無、謂或有所見、或復無也、漢書文選、無者字、齊王曰。雖然、略以子之所聞見而言之。【考證】漢書、無而字、僕對曰。唯唯。臣聞楚有七

澤。嘗見其一、未覩其餘也。【正義】唯唯、恭應也、臣之所見、蓋特其小小者耳。【索隱】郭璞云、特、獨也、名曰雲夢。【索隱】褚詮音亡棟反、又音莫風反、裴駰云、孫叔敖激沮水作此澤、張揖云、楚藪也、在南郡華容縣、郭璞曰、江夏安陸有雲夢城、南郡枝江亦有雲夢城、華容縣又有巴丘湖、俗云即古雲夢澤也、則張揖云在華容者、指巴湖也、今安陸東見有雲夢城、雲夢縣而枝江亦有者、蓋縣名遠取此澤、故有城也、【考證】沈家本曰、隋志、百賦音一卷、宋御史褚詮之撰、疑索隱奪之字、或省文也、雲夢者方九百里。其中有山焉。其山則盤紆岪鬱、隆崇嵂崒、岑巖參差、日月蔽虧、交錯糾紛、上干青雲、罷池陂陁、下屬江河。【集解】漢書音義曰、高山壅蔽日月、虧缺半見、【索隱】案漢書注、此卷多不題注者姓名、解者云、是張揖、亦兼有餘人也、【正義】岪、音佛、郭璞曰、相樛結而峻屈崠起也、【考證】漢書文選、巖作崟、李善曰、崟、音吟、錢大昭曰、江淹雜體詩、岑崟還相蔽、李善引郭注方言云、岑崟、峻貌、王文彬曰、蔽、全隱也、虧、半缺也、山岑崟而參差、則日月或蔽或虧、郭璞曰、罷池陂陁、言旁穨也、屬、連也、顏氏刊謬正俗、陂池讀如坡陁、猶言靡迤耳、文穎曰、南方無河也、冀州凡水大小皆謂之河、詩賦通方言耳、顏師古曰、下屬江河者、總言山之廣大所連者遠耳、於文無妨、何焯曰、今吳諺、水無大小、皆謂之河、非冀州方言然矣、愚按、欝崒差虧紛雲陁河韻、其土、則丹青赭堊、【集解】徐廣曰、一作瑕、【索隱】張揖云、赭、赤土、出少室山、堊、白堊、本草云、一名白墡也、

雌黃白坿、【集解】徐廣曰、音符、駰案漢書音義曰、白坿、白石英也、【索隱】張揖曰、白石英也、出魯陽山、蘇林音附、郭璞音符也、【正義】藥對曰、雌黃、出武都山谷、與雄黃同山、錫碧金銀、衆色炫燿、照爛龍鱗。【集解】郭璞曰、龍鱗、如龍之鱗采、【正義】顏云、錫、青金也、碧、謂玉之青白色者也、【正義】采色相曜、間雜若龍鱗、【考證】方廷珪曰、錫碧金銀、皆土之色似之、非指其物、愚按、銀鱗韻、其石、則赤玉玫瑰、【集解】郭璞曰、赤玉、赤瑾也、見楚辭、玫瑰、石珠也、琳瑉琨珸、【集解】漢書音義曰、琳、球也、珉、石次玉者、琨珸、山名也、出善金、尸子曰、昆吾之金者、【索隱】琨珸、司馬彪云、石之次玉者、按河圖云、流州多積石、名昆吾石、鍊之成鐵、以作劍、光明昭如水精、案字或作昆吾、瑊玏玄厲、【集解】徐廣曰、瑊、音古咸反、玏、音勒、皆次玉者、駰案漢書音義曰、玄厲、黑石、可用磨者、瑌石武夫。【集解】徐廣曰、石似玉、駰案漢書音義曰、瑌石、出鴈門、武夫出長沙也、【正義】武夫、赤色白采、葱龍白黑不分、出長沙、【考證】曾國藩曰、以上敘山上石、漢書文選、琨珸作昆吾、文選、武夫作碔夫、珸夫韻、其東、則有蕙圃、【索隱】司馬彪云、蕙、香草也、本草云、薰草一名蕙、廣志云、蕙草綠葉紫莖、魏武帝以此燒香、今東下田有此草、莖葉似麻、其華正紫也、衡蘭、芷若、【集解】漢書音義曰、衡、杜衡也、其狀若葵、其臭如蘪蕪、芷、白芷、若、杜若、【索隱】張揖云、衡、杜衡、生下田山、案山海經云、天帝之山有草、葉如葵、臭如蘪蕪、可以走馬、博物志云、一名土杏、其根一似細辛、葉似葵、故藥對亦爲似細辛、是也、蘭、張揖云、秋蘭、芷若、張揖云、若、杜若、芷、白芷也、本草云、一名茝、埤蒼云、齊曰茝、晉曰虈、字林曰、茝、音昌亥反、又音昌里反、虈、音火嬌反、本草又曰、

杜若一名杜衡、今杜若葉似薑而有文理、莖葉皆有長毛、古今名號不同、故其所呼別也、

射干、

【索隱】廣雅云、烏蓬射干、本草名烏扇、【考證】柯維騏曰、此賦三用射干、漢書文選芷若下無射干、梁章鉅曰、王氏學林云、每四字句、於韻爲協、一爲草類、一爲獸類、與下射干不害重複、按李注以芷若下有射干爲非、師古亦云、今流俗本妄增之、又師古於傳首云、近代之讀相如賦者多矣、皆改易文字、競爲音說、致失本眞、徐廣鄒誕生、褚詮之、陳武之屬是也、今依班書舊文爲正、於彼數家、竝無取焉、是漢書所載、獨經師古校定、非他本比也、

穹窮昌蒲、江離蘪蕪、諸蔗猼且。

【集解】徐廣曰、猼、音匹沃反、駰案漢書音義曰、江離、香草、蘪蕪、蘄芷也、似蛇床而香、諸蔗、甘柘也、猼且、蘘荷也、【索隱】芎藭、司馬彪云、芎藭似藁本、郭璞云、今歷陽呼爲江離、淮南子云、夫亂人者、若芎藭之與藁本、吳錄曰、臨海縣海水中生江離、正青似亂髮、即離騷所云者是也、廣志云、赤葉紅華、則與張勃所說又別、案今芎藭苗曰江離、綠葉白華、又不同、孟康云、蘪蕪蘄芷也、似蛇床而香、樊光曰、藁本、一名蘪蕪、根名蘄芷、又藥對以爲蘪蕪一名江離、芎藭苗也、則芎藭藁本江離蘪蕪竝相似、非是一物也、諸柘、張揖云、諸柘、甘柘也、猼且、上音竝卜反、下音子余反、漢書作巴且、文穎云、巴蕉也、郭璞云、猼且、蘘荷屬、未知孰是也、【考證】文選穹窮昌江離蘪六字皆从草、漢書文選蔗作柘、猼作巴、桂馥說文義證蘺下云、相如傳三句同韻、每句竝舉二物、上文云、芎藭昌蒲、下文云、諸柘巴且、中云、江蘺蘪蕪、傳又云、揜以綠蕙、被以江離、糅以蘪蕪、雜以流夷、此四句各舉一草、江離蘪蕪非一草又可見、故顏師古毛晃洪興祖皆蘼蕪非江蘺、蘺者蘼也、王先謙曰、說文藷下云、藷蔗也、蔗下云、蔗藷也、漢書作柘、通段耳、王引之廣雅疏證釋草云、張揖注漢書云、尊苴、蘘荷也、蓋一本有作尊苴者、故索隱引郭璞子虛賦注云、巴且、蘘荷屬、則亦以巴且爲蓴苴也、段借耳、愚按、蒲蕉且韻、

其南、則有平原廣澤。登降陁靡、案衍壇曼。

【集解】陁靡、音移靡、【索隱】司馬彪云、案衍、窊下、壇曼、平博也、衍、音弋戰反、

緣以大江、限以巫山。

【集解】郭璞曰、巫山、今在建平巫縣也、【考證】曼山韻、

其高燥、則生葴蔪苞荔、

【集解】徐廣曰、葴、音針、馬藍也、蔪或曰草生水中、華可食、荔、音力詣反、草似蒲、駰案漢書音義曰、苞、藨也、【索隱】葴、蔪、音針斯二音、孟康曰、葴、馬藍也、郭璞曰、葴、酸漿、江東名烏葴、蔪、漢書作斯、孟康云、斯、禾似燕麥、埤蒼又云、生水中、華可食、廣志云、涼州地生蔪草、皆如中國燕麥、是也、【考證】蔪、漢書作析、文選作菥、王先謙曰、說文無蔪菥二字、蓋皆後人誤加艸耳、

薛莎青薠。

【集解】徐廣曰、薛、音先結反、駰案漢書音義曰、薛、賴蒿也、莎、鎬侯也、青薠似莎而大也、音煩、

其卑溼、則生藏莨蒹葭、東蘠雕胡、

【集解】徐廣曰、烏桓國有蘠、似蓬草、實如葵子、十月熟、駰案漢書音義曰、藏似薍而葉大、莨、莨尾草也、蒹、蘼也、葭、蘆也、【索隱】庳、音婢、庳、下也、藏莨、郭璞云、狼尾似茅、蒹葭、音兼加、孟康云、蒹、葭、似蘆也、郭璞云、蒹、薍也、似蘆而細小、高數尺、江東人呼爲蒹蒿、又云、葭、蘆也、似葦而細小、江東人呼爲烏蓲、蓲、音五患反、蔽、音敝、東蘠、案續漢書云、東蘠似蓬草、實如葵子、十一月熟、廣志云、子色青黑、河西語云、貸我東蘠、償我白粱也、彫胡、案謂菰米、【考證】漢書文選卑作埤、蘠作𧂄、文選雕作彫、

蓮藕菰蘆、

【集解】徐廣曰、生水中、【索隱】郭璞云、菰、蔣也、蘆、葦也、【考證】漢書文選菰蘆作觚盧、

菴閭軒芋。

【集解】漢書音義曰、奄閭蒿也、軒芋、蕕草也、【索隱】

郭璞云、菴閭、蒿子、可療病也、軒芋、生水中、今楊州有也、

衆物居之、不可勝圖。

【集解】郭璞曰、圖、畫也、【考證】漢書文選、芋作于、葭胡蘆芋閭韻、曾國藩曰、此段南有平原廣澤、似最宜畋獵之地、而下文敘獵、但在東西北三處、而不及南之廣澤、蓋虛實相備也、

其西、則有湧泉清池。激水推移、外發芙蓉蔆華、內隱鉅石白沙。其中、則有神龜蛟鼉、瑇瑁鼈黿。

【正義】郭注山海經云、蛟似蛇而四脚、小頭細頸、有白嬰、大者數十圍、卵生、子如一二斛瓮、吞人、鼉似蜥蜴而大、身有甲皮、可以冒鼓、瑇瑁似蟕蠵、甲有文、出南海、可以飾器物也、【考證】瑇瑁、漢書作毒冒、顏師古曰、蛟鼉之鮫、是鮫魚、非蛟龍之蛟、中井積德曰、鼈黿句、無韻、疑與上句誤相易者、沈家本曰、鼉、從單聲、黿、從元聲、古韻叶、愚按、池移華沙鼉黿韻、

其北、則有陰林巨樹。

【集解】郭璞曰、林、在山北陰地、【考證】顏師古曰、陰林、言其樹木衆而且大、常多陰也、愚按、文選巨作其、疑非、

楩柟豫章、

【集解】郭璞曰、楩、杞也、似梓、柟、葉似桑、豫章、大木也、生七年乃可知也、【正義】案溫活人云、豫、今之枕木也、章、今之樟木也、二木生至七年、枕樟乃可分別、【考證】杭世駿曰、按活人書名、即本草也、溫字疑衍、

桂椒木蘭、

【集解】駰案郭璞曰、木蘭、樹皮辛香、可食、【正義】郭璞云、桂、似枇杷葉而大、白花、花而不著子、叢生巖嶺、閒無雜木、冬夏常青、案今諸寺有桂樹、葉若枇杷而小、光淨、冬夏常青、其皮不中食、蓋二色桂樹、廣雅云、木蘭似桂、皮辛可食、葉冬夏榮、常以冬華、其實如小柿、辛美、南人以爲梅也、【考證】中井積德曰、桂是木犀、非藥用之桂、

蘗離朱楊、

【集解】徐廣曰、蘗、音扶戾反、漢書音義曰、離、山梨、朱楊、赤楊也、【索隱】朱楊、郭璞云、赤莖柳、生水邊、爾雅云、檉、河柳、是也、

樝梸梬栗、

【集解】徐廣曰、梬、音郢、駰案漢書音義曰、梬、梬棗也、

橘柚芬芳。

【正義】小曰橘、大曰柚、樹有刺、冬不凋、葉青、花白、子黃、赤、二樹相似、非橙、【考證】章楊芳韻、

其上、則有赤猨蠗蝚、

【集解】徐廣曰、音劬柔、【正義】蠗、音劬、蝚、音柔、皆猿猴類、【考證】漢書文選、無赤猨蠗蝚四字、

鵷雛孔鸞、騰遠射干。

【集解】郭璞曰、鵷雛、鳳屬也、孔、孔雀、鸞、鸞鳥也、漢書音義曰、騰遠、鳥名、射干、似狐、能緣木、【索隱】孟康云、騰遠、鳥名、非也、司馬彪云、騰遠、虵也、郭璞云、騰、虵、龍屬、能興雲霧、張揖云、射干、似狐、能緣木、

其下、則有白虎玄豹、蟃蜒貙豻、

【集解】郭璞曰、蟃蜒、大獸、長百尋、貙、似貍而大、漢書音義曰、豻、胡地野犬、似狐而小也、【索隱】郭璞云、蟃蜒、大獸、長百尋、張揖云、貙、似貍而大、豻、胡地野犬、似狐而小、黑喙、應劭音顏、韋昭一音岸、鄒誕生音苦姦反、協音是、

兕象野犀、窮奇獌狿。

【正義】兕、狀如水牛、象、大獸、長鼻、牙長一丈、俗呼爲江猨、犀、頭似猨、一角在額、漢書無此一句、【考證】漢書文選、無兕象野犀窮奇獌狿八字、錢大昕曰、八字後人妄增、錢泰吉曰、獌狿與上蟃蜒複出、集解索隱本蓋皆無之、故無辨釋、而窮奇象犀注於後也、愚按、干豻、韻、

於是乃使專諸之倫、手格此獸。

【正義】專諸、刺吳王僚者也、【考證】文選漢書、是下有乎字、專作剸、曾國藩曰、以上東西南北、開下畋獵之地、

楚王乃駕馴駮之駟、乘雕玉之輿、

【集解】漢書音義曰、

馴、擾也、駮、如馬白身黑尾、一角鋸牙、食虎豹、擾而駕之以當騶馬也、[考證]漢書文選駮作駁、駁駮通假、馬色不純曰駁、詩、皇駁其馬、王先謙曰、騶、一乘也、靡魚須之橈旃、[集解]郭璞曰、以海魚須爲旃旌、言橈弱也、通帛爲旃也、[考證]中井積德曰、魚須、鯨魚口中之鬣、用以爲旗竿、柔韌易橈、曳明月之珠旗、[集解]漢書音義曰、以明月珠綴飾旗、建干將之雄戟、[集解]漢書音義曰、干將、韓王劍師、雄戟、胡中有鉅、干將所造也、[索隱]應劭曰、干將、吳善冶者姓、如淳曰、干將、鐵所出、晉灼曰、闔閭鑄干將劍、應劭說是、方言云、戟中小孑刺者、所謂雄戟也、周處風土記云、戟爲五兵雄也、鉅、音巨、案周禮冶氏爲戈、胡三之、注云、胡其孑也、又禮圖、謂戟支曲下爲胡也、[考證]中井積德曰、雄、只取壯辭耳、非制度之名、左烏號之雕弓、[索隱]烏號之雕弓、黃帝上仙、羣臣舉弓抱之而號、見封禪書及郊祀志、文、韓詩外傳云、弓工之妻曰、此弓大山南烏號之柘、案淮南子云、烏號柘桑、其材堅勁、烏棲其上、將飛枝勁、復起號呼其上、伐取其材爲弓、因曰烏號、古史考風俗通、皆同此說也、[考證]漢書文選、嘷作號、右夏服之勁箭、[集解]徐廣曰、韋昭云、夏、夏羿也、矢室名曰服、呂靜曰、步叉謂之服也、[索隱]案夏羿善射者、又服、箭室之名、故云夏服、又夏后氏有良弓、名繁弱、其矢亦良、卽繁弱箭服是也、[考證]中井積德曰、只是夏世之箭服已、何必論羿與繁弱、陽子驂乘、纖阿爲御、[集解]漢書音義曰、陽子、僊人陵陽子、纖阿、月御也、韋昭曰、陽子、古賢也、[索隱]服虔云、陽子、仙人陵陽子也、張揖云、陽子、伯樂也、孫陽字伯樂、秦繆公臣、善御者也、服虔云、纖阿爲月御、或曰、美女姣好貌、又樂彥曰、纖阿、山名、有女子處其巖、月歷岩度、

躔入月中、因名月御也、[考證]陽子、張說近是、郭璞曰、纖阿、古之善御者、見楚辭、案節未舒、卽陵狡獸、[索隱]郭璞曰、言頓轡也、司馬彪云、案轡徐行得節、故曰案節、馬足未展、故曰未舒之也、亦曰未得也、[考證]顏師古曰、案節、猶弭節也、未舒、言未盡意騁馳、已凌狡獸、轔邛邛、蹵距虛、[集解]郭璞曰、邛邛似馬而色青、距虛卽邛邛、變文互言之、穆天子傳曰、邛邛距虛、日走五百里也、[考證]漢書文選、邛邛作蛩蛩、轔蹵二字互易、轔、轢也、中井積德曰、邛邛與距虛是二物、王先謙曰、此極言車馬迅疾、雖至捷之獸、亦不能蹴踐之也、軼野馬而轊騊駼、[集解]徐廣曰、轊音銳、駰案郭璞曰、野馬如馬而小、騊駼似馬、轊、車軸頭、[索隱]轊騊駼、上音衛、轊、車軸頭也、謂車軸衝殺之、騊駼、野馬、[考證]王念孫曰、軼讀若迭、隱九年左傳、懼其侵軼我也、注、軼、突也、漢書文選、無而字、乘遺風而射游騏。[集解]漢書音義曰、遺風、千里馬、爾雅曰、騊、如馬一角、不角者騏也、[索隱]呂氏春秋云、遺風之乘、古今注云、秦始皇馬名、韋昭云、騏如馬一角、爾雅云、騊無角、曰騏、非麒麟之騏、騊音擣、[考證]漢書文選、無而字、倏眒凄浰、[集解]徐廣曰、凄音七見反、浰、音力詣反、駰案漢書音義曰、皆疾貌、[考證]倏、文選作倐、音式六反、眒、眴、瞬同、四字以狀車騎之迅疾、靁動熛至、星流霆擊、弓不虛發、中必決眥、[集解]韋昭曰、在目所指、中必決於眼眥也、[考證]熛、漢書作猋、文選作猋、文選是也、猋、飇同、暴風也、顏師古曰、決眥、決獸之目眥、中井積德曰、決裂獸眥也、與洞胸達腋相連、共承必字也、洞胷達腋、絕乎心繫、獲若雨獸、揜

草蔽地。[考證]旃箭、御、舒、虛、駼、騏、浰、至、眥、地、韻、於是楚王乃弭節裴回、翱翔容與、[集解]郭璞曰、或云、節、今之所杖信節也、[索隱]司馬彪云、弭、猶低也、或云、節、今之所言杖節信也、郭璞曰、容與、言自得、[考證]王文彬曰、弭節、猶案節也、周亞夫傳、天子乃按轡徐行、按轡案節、皆安徐之貌也、弭亦安也、覽乎陰林、觀壯士之暴怒、與猛獸之恐懼、徼谻受詘、殫睹衆物之變態。[集解]徐廣曰、谻、音劇、駰案郭璞曰、谻、疲極也、詘、盡也、言獸有倦游者、則徼而取之、[索隱]徼谻受詘、司馬彪云、徼、遮也、谻、倦也、謂遮其倦者、谻、音劇、詘、音屈、說文云、谻、勞也、燕人謂勞爲谻、徼、音古堯反、[考證]曾國藩曰、以上觀於陰林、卽上文北有陰林也、中井積德曰、屈、謂窮困也、於是鄭女曼姬、[集解]郭璞曰、曼姬、謂鄭曼姬、婦人之總稱、[正義]文穎云、鄭國出好女、曼者、其色理曼澤也、如淳云、鄭女、夏姬也、曼姬、楚武王夫人鄧曼、[考證]顏師古曰、文說是、王先謙曰、曼、美也、鄭女多美、故鄭女爲當時美女稱、不必果出自鄭、鄭女曼姬、猶言美女美姬耳、被阿錫、[集解]漢書音義曰、阿、細繒也、錫、布也、[正義]按、東阿出繒也、[考證]文選、錫從糸、假借字、揄紵縞、[集解]徐廣曰、揄、音臾、[正義]揄、曳也、韋昭云、紵之色若縞也、顏云、紵、織紵也、縞、鮮支也、襍纖羅、垂霧縠、[集解]郭璞曰、言細如霧、垂以覆頭、[考證]張揖曰、縠、細如霧、垂以爲裳也、李善曰、神女賦曰、動霧縠以徐步、襞積褰縐、紆徐委曲、鬱橈谿谷、[集解]漢書音義曰、襞積、簡齰也、褰、縮也、

縐、戚也、其縐中文理茀鬱迟曲、有似於谿谷也、[索隱]小顏云、襞積、今之裙襵、古謂之素積、蘇林曰、褰縐、縮蹙之、是也、縐、音側救反、齰、音叉革反、裁、音在代反、鬱橈谿谷、孟康曰、其縐中文理茀鬱迟曲、有似于谿谷也、迟、字林音丘亦反、[考證]漢書、無紆徐委曲四字、郭嵩燾曰、說文、襞、韏衣也、褰、絝也、引春秋傳、徵褰與襦、蓋皆褻服、襞積、狀衣之摺疊、衣在外、袴在內、錫縞羅縠之屬、輕輭多蹙紋、故以鬱橈谿谷爲言、言表裏之深邃也、王先謙曰、褰縐、蘇說是、士冠禮注、積、猶辟也、以素爲裳、辟蹙其要中、謂㡇要摺疊處也、鬱橈谿谷四字、總狀其縮蹙耳、郭說亦通、衯衯裶裶、[索隱]郭璞云、衣長貌、[正義]上芳云反、下方非反、揚袘卹削、[集解]徐廣曰、袘、音迤、衣袖也、駰案漢書音義曰、卹削、裁制貌也、[索隱]揚袘戌削、張晏曰、揚、舉也、袘、衣袖也、卹削、裁制貌也、[考證]漢書、袘作袖、漢書文選、卹作戌、顏師古曰、揚、舉也、袘、曳也、或舉或曳、則戌削然、見其降殺之美也、王先謙曰、玉篇、袘、衣緣也、士昏禮、纁袘、注、袘謂緣、袘之言施、以緇緣裳、象陽氣下施也、類篇、袘、裳下緣也、袘、袘同、一字、訓爲裳緣、戌削、狀行緣時裳緣之整齊、張訓裁制貌、得之、顏說非、蜚纖垂髾、[集解]徐廣曰、纖、音芟、駰案郭璞云、纖、袿衣、飾、髾、髾、髾也、[考證]漢書纖作襳、文選注、司馬彪曰、纖、袿飾也、髾、燕尾也、李善曰、纖與燕尾、皆婦人袿衣之飾也、蜚、古飛字也、髾、所交切、曾國藩曰、襞積至谿谷三句、衯衯至垂髾三句、皆下二句用韻、扶與猗靡、[集解]郭璞曰、淮南所謂曾折摩地、扶與猗委也、[正義]輿、音餘、猗、於綺反、謂鄭女曼姬侍從王者、扶其車輿而猗靡、[考證]扶與、正義本作扶輿、與漢書文選合、噏呷萃蔡、[集解]漢書音義曰、噏呷、衣裳張起也、萃蔡、衣聲也、[索隱]孟康曰、噏呷、衣起張也、韋昭云、呷、音呼甲反、萃粲、孟康云、萃粲、衣聲也、郭璞曰、萃粲、猶璀璨也、[正義]

呷、火甲反、萃、音翠、蔡、千㭊反、【考證】漢書文選、𠴲作翕、王先謙曰、扶輿猗靡、衣之狀、翕呷萃蔡、衣之聲、下摩蘭蕙、上拂羽蓋、錯翡翠之威蕤、繆繞玉綏。【集解】徐廣曰、錯、音措、或作錯紛翠蕤、郭璞曰、綏、所執以登車、【正義】顏云、下摩蘭蕙、謂垂髾也、上拂羽蓋、謂飛纖也、玉綏、以玉飾綏也、言飛纖垂髾、錯雜翡翠之旌幡、或繞玉綏也、張揖云、翡翠、大小一如雀、雄赤曰翡、雌青曰翠、博物志云、翡身通黑、唯胷前背上翼後有赤毛、翠身通青黃、唯六翮上毛長寸餘、青、其飛則羽鳴、翠翡翠然、因以爲名也、【考證】文選、摩作靡、李善作摩、古靡摩通、李善曰、垂髾飛纖、飄揚上下、故或摩蘭蕙、或拂羽蓋、愚按徐廣引或本可從、錯紛翠蕤、繆繞玉綏、亦承上狀鄭女曼姬之服飾也、靡蔡蕙蓋蕤綏、韻、漢書、威作葳、縹乎忽忽、若神仙之仿佛。【正義】仿佛、言似神仙也、戰國策云、鄭之美女、粉白黛黑而立於衢、不知者謂之神仙、【考證】漢書文選、縹乎作眇眇、仿佛作髣髴、漢書、無神字、忽佛、韻、於是乃相與獠於蕙圃、【集解】郭璞曰、獠、獵也、音遼、【索隱】爾雅云、宵獵曰獠、郭璞曰、獠、獵也、又音遼也、媻珊勃窣、上金隄。【索隱】盤姍勃猝、韋昭曰、盤姍、匍匐上下也、猝、音素忽反、【考證】漢書文選、珊作姍、文選、上下有乎字、顏師古曰、媻姍勃窣、謂行於叢薄之間也、金隄、言水之隄塘堅如金也、上字下、當補乎字、揜翡翠、射鵕鸃、【集解】漢書音義曰、鵕鸃、鳥似鳳也、【索隱】司馬彪云、鵕鸃、山雞也、許愼云、鷩鳥也、郭璞曰、似鳳有光彩、音浚宜、李彤云、鵕鸃、神鳥、飛光竟天也、微矰出、纖繳施、【集解】徐廣曰、繳、音斫、弋白鵠、連駕鵝、

【集解】郭璞曰、野鵝也、駕、音加、【索隱】駕鵝、爾雅云、舒鴈鵝也、郭璞曰、野鵝也、【正義】鵝、水鳥也、駕鵝連、謂兼獲也、抱朴子云、千歲之鵠純白、能登於木、【考證】駕、諸本作鴐、今從【索隱】單本、中統、游、毛本、漢書文選亦作駕、雙鶬下、玄鶴加。【集解】郭璞曰、詩云、弋言加之、是也、【正義】司馬彪云、鶬似鴈而黑、亦呼爲鶬括、韓詩外傳云、胎生也、相鶴經云、鶴壽二百六十歲則色純黑、案弋雙鶬既下、又加玄鶴之上也、【考證】隄鶴施鵝加、韻、怠而後發、游於清池。【考證】漢書、無發字、郭璞曰、怠、倦也、浮文鷁、【集解】漢書音義曰、鷁、水鳥也、畫其象於船首、淮南子曰、龍舟鷁首、天子之乘也、揚桂栧、【集解】徐廣曰、音曳、【索隱】案韋昭曰、栧、檝也、【考證】漢書文選、栧作旗、張翠帷、建羽蓋、罔瑇瑁、釣紫貝、【集解】郭璞曰、紫質黑文也、【正義】毛詩蟲魚疏云、貝、水之介蟲、大者蚢、音下郎反、小者爲貝、其白質如玉、紫點爲文、皆成行列、當大者徑一尺、小者七八寸、今九眞交阯以爲杯盤寶物也、貨殖傳云、貝寶龜、是也、摐金鼓、吹鳴籟、【集解】漢書音義曰、摐、擿也、籟、簫也、榜人歌、【集解】郭璞曰、唱櫂歌也、榜、船也、音謗、聲流喝。【集解】徐廣曰、鳥邁反、水蟲駭、波鴻沸、【考證】二句疑倒、涌泉起、奔揚會。礧石相擊、硠硠礚礚、若雷霆之聲、聞乎數百里之外。【考證】郭璞曰、奔揚會、暴溢激相彭薄也、中井積德曰、奔揚、濤也、漢書、硠硠作琅琅、里下無之字、栧蓋貝籟喝駭會礚外、韻、曾國藩曰、以上與衆女獵於蕙圃、游於清池、即上文東

有蕙圃、西有清池也、將息獠者、擊靈鼓、起烽燧。【集解】郭璞曰、靈鼓、六面也、車案行、騎就隊。纚乎淫淫、班乎裔裔。【集解】郭璞曰、皆羣行貌也、【考證】漢書文選、班作般、燧隊裔、韻、於是楚王乃登陽雲之臺、【集解】徐廣曰、宋玉云、楚王游於陽雲之臺、駰案郭璞曰、在雲夢之中、【考證】文選、陽雲作雲陽、泊乎無爲、澹乎自持、勺藥之和具、而後御之。【集解】郭璞曰、勺藥、五味也、【正義】文穎曰、勺藥、五味之和也、顏云、芍藥、草名、其根主安和五藏、又辟毒氣、故合之於蘭桂五味、以助調食、因呼五味和爲芍藥耳、今人食馬腸馬肝者、猶合芍藥而煮之、豈非古之遺法乎、伏儼云、芍藥以蘭桂調食、【考證】文選、澹作憺、臺爲持之、韻、不若大王終日馳騁而不下輿、脟割輪淬、自以爲娛。臣竊觀之、齊殆不如。【集解】徐廣曰、淬、千內反、駰案郭璞曰、脟、臠、淬、染也、脟、音臠也、【考證】漢書文選、而作曾、淬作焠、顏師古曰、脟字與臠同、焠亦搵染之義耳、言臠割其肉搵車輪鹽而食之、此蓋日譏上割鮮染輪之言也、愚按輿娛如、韻、於是王默然無以應僕也。【考證】文選、王上有齊字、漢書文選、無默然二字、曾國藩曰、以上息獵、烏有先生曰、是何言之過也。足下不遠千里、來況齊國。【集解】郭璞曰、言有惠況也、【考證】文選、況作貺、齊作吾、王悉發境

內之士、而備車騎之衆、以出田。【考證】漢書、無發字、乃欲戮力致獲、以娛左右也。何名爲夸哉。問楚地之有無者、願聞大國之風烈、先生之餘論也。【正義】先生、言子虛也、今足下不稱楚王之德厚、而盛推雲夢以爲高、奢言淫樂而顯侈靡。竊爲足下不取也。【考證】高、高談也、奢字屬下讀、漢書、高作驕、恐非、必若所言、固非楚國之美也。有而言之、是章君之惡。無而言之、是害足下之信。【考證】文選、無有而言之、是章君之惡九字、漢書、惡下信下、有也字、章君之惡、而傷私義。二者無一可。而先生行之。必且輕於齊而累於楚矣。【考證】漢書文選、君下無之字、且齊東陼巨海、【索隱】陼、蘇林音渚、小洲曰陼、謂東有大海之陼也、南有琅邪、【集解】郭璞曰、山名、在琅邪縣界、【正義】山名、在密州東南百三十里、琅邪臺在山上、觀乎成山、【集解】徐廣曰、在東萊不夜縣、【索隱】張揖云、觀、闕也、於山上築宮闕、郭璞云、言在山下遊觀、音館也、【正義】封禪書云、成山斗入海、言上山觀也、括地志云、成山在萊州文登縣東北百八十里也、張揖說非也、

【考證】中井積德曰、觀、游也、與下文射字浮字一例、正與孟子觀於轉附之觀同、射乎之罘、【集解】漢書音義曰、之罘山、在牟平縣、射獵其上也、【正義】括地志云、罘山、在萊州文登縣西北百九十里、言射獵其上也、罘音浮、浮勃澥、【集解】漢書音義曰、海別枝名也、【索隱】案齊都賦云、海傍曰勃、斷水曰澥也、游孟諸、【集解】郭璞曰、宋之藪澤名、【正義】周禮職方氏、青州藪曰望諸、鄭玄云、望諸、孟豬也、邪與肅愼爲鄰、【正義】邪、謂東北接之、括地志云、靺鞨國、古肅愼也、亦曰挹婁、在京東北八千四百里、南去扶餘千五百里、東及北各抵大海也、右以湯谷爲界。【正義】言右者、北向天子也、海外經云、湯谷、在黑齒北、上有扶桑木、水中十日所浴、張揖云、日所出也、許愼云、熱如湯、【考證】中井積德曰、左右只據其所而爲言耳、不必據天子、秌田乎青丘、【索隱】郭璞云、山名、出九尾狐也、【正義】服虔云、青丘國、在海東三百里、郭璞云、青丘、山名、上有田、亦有國、出九尾狐、在海外、傍偟乎海外、吞若雲夢者八九。其於胷中、曾不蔕芥。【索隱】張揖曰、刺鯁也、郭璞云、言不覺有也、若乃俶儻瑰偉、異方殊類、珍怪鳥獸、萬端鱗萃、充仞其中者、不可勝記。禹不能名。契不能計。【正義】俶儻、猶非常也、禹爲堯司空、辨九州土地山川草木禽獸、契爲司徒、敷五教、主四方會計、言二人猶不能名計其數、【考證】漢書文選、萃作崒、然在諸侯之位、不敢言游

戲之樂・苑囿之大。【考證】邪罘諸、界外芥類萃記計大韻、先生又見客。【索隱】先生、指子虛也、如淳曰、見客、見賓客禮待故也、李善曰、言見先生、是賓客之也、是以王辭而不復。何爲無用應哉。【索隱】郭璞曰、復、荅也、【考證】各本、不下有能字、索隱本無、與漢書文選合、王念孫曰、能字後人所加、類聚產業部引無、曾國藩曰、以上烏有折子虛、愚按篇首至此、相如賦前半、武帝所驚嘆、文選題曰子虛賦、以下召見之日所記奏、文選題曰上林賦、無是公听然而笑曰。楚則失矣。齊亦未爲得也。【集解】郭璞曰、听、笑貌也、【索隱】說文云、听、笑貌、夫使諸侯納貢者、非爲財幣。所以述職也。【集解】郭璞曰、諸侯朝於天子曰述職、言述所職、見孟子、封疆畫界者、非爲守禦。所以禁淫也。【集解】郭璞曰、禁絕淫放也、【正義】郭云、天子有道、守在四夷、立境界者、欲以禁絕淫放、非禦捍、今齊列爲東藩、而外私肅愼、捐國踰限、越海而田。其於義、故未可也。【正義】越海而田、言其度海田獵於青丘、【考證】舊刻毛本、故作固、與漢書文選合、故固通假、且二君之論、不務明君臣之義、而正諸侯之禮、徒事爭游獵之樂、苑囿之大、欲以奢侈相勝、荒淫相

越。此不可以揚名發譽、而適足以貶君自損也。且夫齊・楚之事、又焉足道邪。君未睹夫巨麗也。獨不聞天子之上林乎。左蒼梧、右西極、【集解】郭璞曰、西極、邠國也、見爾雅、【正義】文穎云、蒼梧郡、屬交州、在長安東南、故言左、爾雅云、西至於豳國爲極、在長安西、故言右、丹水更其南、【集解】漢書音義曰、丹水、出上洛冢領山、【考證】更、歷也、紫淵徑其北、【集解】郭璞曰、紫淵所未詳、【正義】山海經云、紫淵水、出根耆之山、西流注河、文穎云、西河穀羅縣有紫澤、其水紫色、注亦紫、在縣北、於長安爲北、【考證】張文虎曰、正義其水紫色注亦紫七字、漢書文選注無、疑是讀者旁注誤入、終始霸・滻、出入涇・渭、【索隱】張揖云、灞出藍田西北、而入渭、滻亦出藍田谷北、至霸陵入灞、灞滻二水、盡於苑中、不出、故云終始也、涇渭二水、從苑外來、又出苑去也、涇水、出安定涇陽縣笄頭山、東至陽陵入渭、渭水、出隴西首陽縣鳥鼠同穴山、東北至華陰入河、【考證】文選霸作灞、漢書滻作產、酆・鄗・潦・潏、紆餘委蛇、經營乎其內、【集解】郭璞曰、潦潏、皆水流貌、音決、【索隱】張揖云、豐水、出鄠縣南山豐谷、北入渭、鎬、在昆明池北、郭璞云、鎬水、豐水下流也、應劭云、潦、流也、潏、涌出聲也、張揖云、又有潏水、出南山、姚氏云、潏或作滂也、滂水出鄠縣北、注渭、潏水出杜陵、今名沈水、自南山皇子陂西北流、注昆明池、入渭、案此下文八川分流、則從涇渭灞滻豐鎬潦潏爲八、晉灼曰、從丹水下、則有九、從灞以下、則七、案今潏既是水名、除丹紫二川、自涇渭以下、適足

八川、是經營乎其內也、又潘岳關中記曰、涇渭灞滻豐鎬滂潏、上林賦所謂八川分流、蕩蕩兮八川、分流相背而異態、【集解】郭璞曰、八川、名在上、【考證】漢書文選、兮作乎、東西南北、馳騖往來、【考證】極北渭蛇態來韻、出乎椒丘之闕、行乎洲淤之浦、【集解】郭璞曰、椒丘、丘名、言有巖闕也、見楚辭、淤亦洲名、蜀人云、見方言、【索隱】服虔云、丘名、楚詞曰、馳椒丘、且焉止息也、案兩山俱起、象雙闕、如淳云、丘多椒也、徑乎桂林之中、過乎泱莽之野、【集解】郭璞曰、桂林、林名也、見南海經也、漢書音義曰、山海經所謂大荒之野、【正義】顏云、凡言此者、著水流之長遠也、【考證】中井積德曰、椒丘桂林、竝非地名、特借美稱於所植耳、洲淤泱漭、亦非地名、只謂有洲渚之地、廣大無邊之野耳、闕者、丘之斷所也、文選、徑作經、莽作漭、汩乎渾流、順阿而下、【集解】郭璞曰、阿、大陵、【考證】漢書文選、渾作混、阿、丘陵曲處、浦野下韻、赴隘陜之口、觸穹石激堆埼、【集解】郭璞曰、穹隆、大石貌、堆、沙堆、埼、曲岸頭、音祁、【索隱】郭璞曰、堆、沙堆、埼、曲岸頭也、【考證】漢書文選、陜作陿、顏師古曰、兩岸間相迫近也、中井積德曰、穹石、謂穹隆之石、堆埼、謂高大之埼、沸乎暴怒、洶涌滂潰、【集解】洶、音許勇反、涌、音勇、滂、音浦橫反、潰、音浦拜反、【索隱】洶湧澎湃、司馬彪云、洶湧、跳起貌、澎湃、相戾也、湧或作容、澎或作滂、【考證】漢書文選、滂潰作澎湃、滭浡滵汩、【索隱】司馬彪云、滭沸、盛貌、滵汩、去疾也、【正義】畢浡密三音、汩、于筆反、【考證】漢書文選、浡滵作弗宓、

湢測泌㴛、【集解】郭璞曰、逼側筆櫛四音、【索隱】司馬彪云、湢測、相迫也、泌㴛相楔也、郭璞云、逼側筆櫛四音、【考證】漢書文選、湢測作偪側、橫流逆折、轉騰瀲洌、【索隱】蘇林曰、流輕疾也、澎濞沆瀣、【索隱】滂濞沆溉、溉亦作瀣、司馬彪云、滂濞、水流聲也、沆溉、徐流、郭璞云、鼓怒鬱𩑶之貌也、【正義】澎、普彭反、濞、普祕反、沆、胡朗反、溉、胡代反、【考證】漢書文選、作滂濞沆溉、穹隆雲橈、【索隱】穹崇雲橈、服虔云、水旋還作泉也、郭璞云、水隴起回邃也、【考證】索隱本、橈作橈、與漢書文選合、王先謙曰、言水勢起伏、乍穹然而上、隆旋若雲而低回也、蜿灗膠戾、【索隱】司馬彪云、蜿灗、展轉也、膠戾、邪屈也、音婉善交戾四音也、【正義】蜿、音婉、灗、音善、踰波趨浥、【集解】徐廣曰、烏狹反、【索隱】踰波趨浥、司馬彪云、踰波、後陵前也、趨浥、輸于深泉也、浥、音焉浹反、莅莅下瀨、【索隱】司馬彪云、莅莅、水聲也、音利、【考證】漢書文選、莅作泣、批巖衝擁、犇揚滯沛、【索隱】滯沛、郭璞云、水灑散貌、滯、音丑制反、【正義】批、白結反、壏、巖、司馬彪云、批、反擊也、壅、曲隈也、【考證】漢書文選、壏作巖、中井積德曰、壅、水道壅閡之處、臨坻注壑、瀺灂霣墜、【索隱】瀺灂、上音士湛反、下音士卓反、說文云、水小聲也、【正義】坻、音遲、坻、水中沙微起出水者也、爾雅云、小沚曰坻、壑、墟也、霣、音隕、隧、直類反、湛湛隱隱、砰磅訇礚、【集解】徐廣曰、湛、音沈、【正義】砰、披萌反、磅、蒲黃反、訇、呼宏反、礚、苦蓋反、皆水流鼓怒之聲也、【考證】漢書文選、湛作沈、李善曰、沈沈、深貌、隱隱、盛貌、潏潏淈淈、湁潗鼎沸、【集解】郭璞

曰、湁、音勑立反、潗、音緝、【索隱】潏淈湁潗、郭璞云、皆水微轉細涌貌、潏淈、音決骨、湁、音勑力反、潗、音緝、廣雅云、淈淈、決流也、周成襍字云、湁潗、水沸之貌也、馳波跳沫、汩㴔漂疾、【集解】徐廣曰、跳沫、一云吸呷、【索隱】㴔、音灼、曰、華給反、郭璞云、許立反、汩㴔、急轉貌也、悠遠長懷、寂漻無聲、【正義】悠遠、放散貌也、【考證】文選注、郭璞曰、懷亦歸、變文耳、王先謙曰、郭說與下肆乎永歸意複、釋言、懷、來也、肆乎永歸、然後灝溔潢漾、【正義】晃養二音、郭云、皆水無涯際也、安翔徐徊、翯乎滈滈、【索隱】翯、音鶴、滈、音鎬、詩曰、白鳥翯翯、郭璞云、水白光貌、翯、音皛、滈、音昊也、東注大湖、衍溢陂池。【正義】太湖、在蘇州西南、【考證】正義、大作太、與文選合、郭璞曰、言溢溢而出也、陂池、江旁小水、齊召南曰、太湖指關中巨澤言之、曾國藩曰、以上水、子虛賦言水始終、不外有力自然兩義、觸穹石四句、言水之盛怒有力、滭弗五句、極言其有力、穹隆四句、言其自然、批巖二句、言其有力、臨坻二句、言其自然、沈沈二句、言其有力、潏潏二句、言其自然、馳波十句、皆言其自然、脈絡極分明也、又曰、湃溉瀨沛墜礚沸爲韻、懷歸回池爲韻、一韻之中上有數句、又各私自爲韻、如㴛折洌、私自爲韻、戾浥私自爲韻也、於是乎、蛟龍赤螭、【索隱】文穎曰、龍子曰螭、張揖云、雌龍也、【正義】螭、丑知反、文穎云、龍子爲螭、張揖曰、雌龍也、二說皆非、廣雅云、有角曰虬、無角曰螭、案虬螭皆龍類而非龍、【考證】漢書無乎字、魱鰽螹離、【集解】徐廣曰、螹、音漸、駰案郭璞曰、魱鰽、鮪也、音亘瞢、螹離未聞、【正義】魱、古鄧反、鰽、末鄧反、李奇云、周洛曰鮪、蜀曰魱鰽、出鞏山穴中、三月泝河上、能度龍門之限則

爲龍矣、【考證】漢書文選、螹作漸、螭離、韻、司馬彪曰、漸離、魚名、張揖曰、其形狀未聞、鰅鱅鰬魠、【集解】徐廣曰、鰅、音娛匈反、皮有文、出樂浪、鰬、音虔、魠、音託、哆口魚、駰案郭璞曰、鱅似鰱而黑、漢書音義曰、鰬似鯉而大也、【考證】漢書文選、鱅作鰫、禺禺鱋魶、【集解】徐廣曰、禺禺、魚牛也、鱋一作魼、魶、音納、一作鰨、音榻、駰案漢書音義曰、魼、比目魚也、魶、鯷魚、【考證】漢書文選、鱋魶作魼鰨、揵鰭擢尾、振鱗奮翼、【正義】揵、音乾、鰭、音祁、揵、舉也、鰭者、魚背上鬣也、【考證】漢書文選、擢作掉、掉、搖也、魠、魶、翼、韻、潛處于深巖、魚鼈讙聲、萬物衆夥、【考證】夥、多也、明月珠子、玓瓅江靡、【集解】郭璞曰、靡、崖也、【索隱】玓瓅江靡、應劭曰、靡、邊也、明月珠子、生於江中、其光耀乃照于江邊、張揖曰、靡、涯也、郭璞曰、玓瓅、照也、【考證】索隱本、玓瓅作的皪、與漢書文選合、子靡、韻、蜀石黃碝、水玉磊砢、【集解】郭璞曰、碝、石黃色也、水玉、水精也、【考證】郭璞曰、磊砢、魁礧貌也、磷磷爛爛、采色澔旰、叢積乎其中、【正義】皆玉石符采映耀於水中也、【考證】漢書文選、旰作汗、爛旰、韻、鴻鵠鷫鴇、鴐鵝鸀鳿、【集解】郭璞曰、鷫、鷫鷞、鸀鳿似鴨而大、長頸赤目、紫紺色也、【索隱】鴇、音保、郭璞云、鴇似鴈無後指、毛詩鳥獸疏云、鴇似鴈而虎文也、【正義】鸀鳿、鸀玉二音、郭云似鴨而大、長頸赤目、紫紺色、辟水毒、生子在深谷澗中、若時有雨、鳴、雌者生子、善鬪、江東呼爲鸀玉、【考證】漢書文選、鵠鷫倒、鸀鳿作屬玉、鵁鶄䴉目、【集解】徐廣曰、䴉、音環、【索隱】䴉目、郭璞云、未詳、

小顏云、荆郢閒有水鳥、大如鷺而短尾、其色紅白、深目、目旁毛長而旋、此其旋目乎、䴉、音旋、【正義】郭云、鵁鶄似鳧而腳高、有毛冠、辟火災、【考證】漢書文選作交精旋目、鳿目、韻、煩鶩鷛鷎、【集解】徐廣曰、煩鶩、一作番鸏、鷛、音容、駰案漢書音義曰、煩鶩、鳧也、鷛鷎似鶩、灰色而雞足、【索隱】煩鶩、鷛渠、郭璞云、煩鶩、鴨屬、鷛渠、一名章渠也、【考證】漢書文選作庸渠、鱵鴜鵁鸕、【集解】徐廣曰、鱵、音斟、水鳥也、鴜、音斯、鵁、音火交反、駰案漢書音義曰、鱵鴜、蒼黑色、郭璞曰、鵁、魚鵁也、腳近尾、鸕、鸕鷀也、【索隱】葴鴜、張揖云、葴鴜似魚虎而蒼黑、鄒誕本作[illegible]鴜也、【考證】漢書文選、作箴疵鵁盧、鵁盧、韻、羣浮乎其上、汎淫泛濫、隨風澹淡、【索隱】郭璞云、皆鳥任風波自縱漂貌、汎、音馮、泛、音芳劍反、廣雅云、汎汎、泛泛、浮也、【考證】濫淡、韻、與波搖蕩、掩薄草渚、【索隱】張揖云、掩、覆也、草叢生曰薄也、【正義】掩、覆也、薄、依也、言或依草渚而遊戲也、【考證】漢書文選、作奄薄水渚、唼喋菁藻、咀嚼蔆藕。【集解】郭璞曰、菁、水草、呂氏春秋曰、太湖之菁也、【索隱】郭璞云、菁、水草、藻、聚也、呂氏春秋曰、太湖之菁、左傳云、蘋蘩薀藻、薀、即聚、【正義】唼、疏甲反、喋、丈甲反、鳥食之聲也、【考證】漢書文選、蔆作菱、顏師古曰、唼喋、銜食也、渚藕、韻、曾國藩曰、以上水中之物、於是乎、崇山巃嵸、崔巍嵳峨、【正義】巃、力孔反、嵸、子孔反、崔、在回反、巍、五回反、郭云、皆峻貌、【考證】漢書文選、山下有矗矗二字、巍下無嵳峨二字、爲是、下云嵾嵳嶻嶭、則此不應復云嵳峨、深林鉅木、嶄巖嵾嵳、【正義】嶄、音咸、又仕銜反、嵾、音楚林反、嵳、楚宜反、顏云、嶄巖、尖銳貌、嵾嵳、不齊也、【考證】漢書、嵾嵳作參差、

九嵕巀嶭、南山峩峩、【集解】漢書音義曰、九嵕山、在左馮翊谷口縣西、巀嶭山、在池陽縣北、【正義】嵕、子公反、巀、才切反、嶭、五結反、【考證】郭璞曰、巀嶭、高峻貌、梁章鉅曰、此處只當作高峻解、據漢書文選、巍嵯峩韻、巖陁甗錡、摧崣崛崎、【集解】陁、音遲、郭璞曰、陁、崖際、甗、音魚晚反、錡、音蟻、摧、音作罪反、【索隱】摧崣崛崎、郭璞云、皆崇屈竅折貌、摧、音作罪反、崣、音委、崛、音掘、崎、音倚、【考證】王先謙曰、甗、甑也、山形似甑、上大下小、錡、三脚釜也、山之嵌空玲瓏、有若錡然者、與甗對文、甑釜相類之物、故舉以爲喻、巖陁甗錡四字、各爲一義、言巖而峻、或陁而下、或如甗而巀嶭、或如錡而嵌空也、愚按司馬彪曰、陁、靡也、錡、欹也、甗、五臣本文選作巘、巘、山嶺也、言巖靡巇欹、其狀崇屈竅折也、王說非是、錡崎韻、振谿通谷、蹇產溝瀆、【集解】漢書音義曰、蹇產、屈折也、【索隱】張揖云、振、拔也、水注川曰溪、注溪曰谷、郭璞曰、振、猶灑也、【考證】李善曰、言山石收斂溪水而不分泄、谷瀆韻、谽呀豁閜、【集解】郭璞曰、皆澗谷之形容也、谽、音呼含反、呀、音呼加反、閜、音呼下反、【索隱】司馬彪云、谽呀、大貌、豁閜、空虛也、【考證】漢書谽作谺、文選閜作閕、王先謙曰、谽呀豁閜、上谿谷溝瀆言、阜陵別島、巖碨㟪瘣、【正義】高平曰陸、大陸曰阜、水中山曰島、巖、於鬼反、碨、魚鬼反、㟪、烏罪反、瘣、胡罪反、皆高峻貌、【考證】王先謙曰、阜陵別島、與下連文、丘虛崫礨、隱轔鬱𡾰、【正義】虛、音墟、崫、口忽反、又口罪反、礨、力罪反、皆堆𡼏不平貌、𡾰、音律、郭云、皆其形勢也、【考證】方廷珪曰、虛與墟通、大丘曰墟、崫、土穴、石之高下連生者、登降施靡、【正義】郭云、施靡、猶連延、【考證】王先謙曰、登降、猶曰高下、施同陁、

陂池貏豸、【集解】郭璞曰、貏、音衣被、豸、音蟲豸也、【索隱】郭璞曰、陂池、旁穨貌、陂、音皮、貏、音衣被之被、【考證】李善曰、貏豸、漸平貌、方廷珪曰、句連上讀、言下殺至乎陂池、此陂池是山水所聚之地、蓋有山必有谿、必有水、故山上而下、殺到平陸處、如下所云也、瘣崫𡾰靡豸韻、沇溶淫鬻、散渙夷陸、【索隱】郭璞云、游激淖衍貌、司馬彪曰、夷陸、平地、【正義】溶、音容、鬻、音育、張云、水流谿谷之閒、【考證】方廷珪曰、沇溶淫鬻、皆水流之貌、沇溶、形陂池受水之多、淫鬻、形山水之至不一處、散渙、謂水之汎溢、夷、平也、夷陸、謂平廣之陸也、亭皐千里、靡不被築。【集解】郭璞曰、言爲亭候於皐隰、皆築地令平、賈山所謂隱以金椎也、【考證】顏師古曰、爲亭候於皐隰之中、千里相接、皆築令平也、王先謙曰、案加亭字於皐上、稱曰亭皐、文不成義、郭顏說皆非也、亭、當訓平、淮南原道訓、味者甘立而五味亭矣、高注、亭、平也、秦始皇紀、決河亭水、正義、亭、平也、酷吏傳、亭疑法、李奇釋亭爲平、亭皐千里、猶言平皐千里、皐、水旁地、故以平言、下哀二世賦注、平皐之廣衍、此變文爲亭耳、鬻陸築韻、曾國藩曰、以上山、掩以綠蕙、被以江離、【正義】張云、綠、王芻也、蕙、薰草也、顏云、綠蕙、言蕙草色綠耳、非王芻也、爾雅云、菉、一名王芻、【考證】掩、被、皆覆也、糅以蘪蕪、雜以流夷。【集解】漢書音義曰、流夷、新夷也、【正義】糅、女又反、留夷、香草也、【考證】漢書文選、流作留、楚辭王逸注、留夷、香草、離夷韻、尃結縷、【集解】徐廣曰、尃、古布字、一作布、駰案漢書音義曰、結縷、似白茅、蔓聯而生、布、種之者、欑戾莎、【集解】徐廣曰、草可染紫、揭車衡蘭、槀本射干、【集解】徐廣曰、揭、音桀、駰案郭璞曰、

揭車、一名乞輿、槀本、槀茇、射干、十月生、皆香草、【索隱】槀本、案桐君藥錄云、苗似芎藭也、茈薑蘘荷、【索隱】茈薑、張晏云、子薑也、案四民月令云、生薑謂之茈薑、音紫、【正義】蘘、人羊反、柯、根旁生筍、若芙蓉、可以爲菹、又治蠱毒也、葴橙若蓀、【集解】郭璞曰、葴、未詳、橙、柚、若蓀、香草也、【索隱】張揖云、葴、持闕、郭璞云、橙、柚也、姚氏以爲此前後皆草、非橙也、小顏云、葴、寒漿也、持、當爲符、符、鬼目也、案今讀者亦呼爲登、謂金登草也、張揖云、蓀、香草、姚氏云、蓀、草似昌蒲而無脊也、生溪澗中、蓀、音孫、【考證】漢書文選、橙作持、鮮枝黃礫、【集解】郭璞曰、皆未詳、【索隱】鮮支黃礫、張揖云、皆草也、未詳、司馬彪云、鮮支、支子、或云、鮮支亦香草也、小顏云、黃礫、黃屑木、恐非也、【考證】索隱本、枝作支、與漢書文選合、蔣芧青薠、【集解】徐廣曰、芧、音佇、駰案漢書音義曰、蔣、菰也、芧、三稜、【索隱】蔣、菰也、郭璞芧音佇、又云、三稜芧、薠、音煩、【考證】芧、文選作宁、玉篇曰、芧與苧同、布濩閎澤、延曼太原、麗靡廣衍、【考證】漢書文選、麗作離、王先謙曰、布濩閎澤、言普徧布散於大澤之中、太原、猶言廣原、濩音護、愚按蘭干蓀薠原衍韻、應風披靡、吐芳揚烈、【集解】郭璞曰、香酷烈也、郁郁斐斐、衆香發越、肸蠁布寫、晻曖苾勃。【正義】晻曖、奄愛二音、皆芳香之盛也、詩云、苾苾芬芬、氣也、肸蠁、盛也、寫、吐也、司馬彪云、若蠁蟲之布吐也、【考證】漢書文選、斐作菲、曖作薆、苾勃作咇茀、郭璞曰、郁郁菲菲、香氣四散也、顏師古曰、肸蠁、盛作也、晻薆咇茀、皆芳香意也、肸、音許乙反、蠁、音響、烈越物韻、曾國藩曰、以上山上之草、方廷珪曰、此段寫上林苑之山溪及山溪中所生之草木、自崇山

至此、通爲一大段、於是乎、周覽泛觀、瞋盼軋沕、芒芒怳忽、【集解】徐廣曰、瞋、音丑人反、盼、一作緡、駰案郭璞曰、皆不可分貌、【考證】漢書文選、瞋作縝、盼作紛、沕作芴、孟康曰、縝紛、衆盛也、軋芴、緻密也、沕忽韻、視之無端、察之無崖。【考證】漢書文選、崖作涯、日出東沼、入於西陂。【索隱】張揖云、日朝出苑之東池、暮入于苑西陂中也、【考證】崖陂韻、方廷珪曰、二句正是證上苑中大處、其南則隆冬生長、踊水躍波、【考證】漢書文選、踊作涌、張揖曰、其苑南陽煖、則盛冬十月、草木生長也、郭璞曰、躍波、言不凍也、獸則㺎旄貘犛、【集解】徐廣曰、㺎、音容、獸類也、犛、音貍、一音茅、駰案郭璞曰、旄、旄牛、貘似熊、庳腳銳頭、犛牛、黑色、出西南徼外也、【索隱】郭璞云、㺎、㺎牛、領有肉堆、音容、案今之犎牛也、張揖云、旄、旄牛、狀如牛、而四節生毛、貘、白豹也、似熊、庳腳、銳頭、骨無髓、食銅鐵、音陌、犛、音貍、又音茅、或以爲貓牛、犛牛、黑色、出西南徼外、毛可爲拂、是也、【考證】楓三本、獸上有其字、與漢書文選合、下獸上同、愚按不必補、沈牛麈麋、【集解】漢書音義曰、沈牛、水牛也、【正義】麈似鹿而大、案麋似水牛、赤首圜題、【集解】郭璞曰、題、額也、所未詳、窮奇象犀。【集解】漢書音義曰、窮奇、狀如牛、而蝟毛、其音如嗥狗、食人也、【索隱】張揖云、窮奇、狀如牛而蝟毛、其音如嗥狗、食人、郭璞云、象、大獸、長鼻、牙長一丈、犀、頭似豬、庳腳、一角在頭也、【考證】犛麋題犀、韻、其北則盛夏含凍裂地、涉冰揭河、【集解】郭璞曰、言水漫凍不解、地坼裂也、揭、褰衣、獸則

麒麟、【索隱】張揖曰、雄曰麒、雌曰麟、其狀麇身牛尾狼蹄一角、郭璞云、麒似麟而無角、毛詩疏云、麟黃色、角端有肉、京房傳云、有五采、腹下黃色也、角觿、【集解】郭璞曰、角觿音端、似豬、角在鼻上、堪作弓、李陵嘗以此弓十張遺蘇武也、【索隱】張揖云、音端、角觿似牛、郭璞云、似豬、角在鼻上、毛詩疏云、可以爲弓、李陵嘗以此弓遺蘇武、【考證】漢書文選觿作端、騊駼橐駝、蛩蛩驒騱、駃騠驢騾。【正義】騊駼、桃徒二音、橐音託、駝、徒河反、蛩音共恭反、驒騱、顚奚二音、駃騠、音決啼、【考證】騊駼蛩蛩見上、驒騱、說文云、野馬也、司馬彪曰、距驢類也、駃騠、駿馬也、河驢騾韻、曾國藩曰、以上總寫苑中氣象、點出各獸、卽爲下文畋獵張本、於是乎、離宮別館、彌山跨谷、【正義】彌、滿也、跨、猶騎也、言宮館滿山、又跨谿谷也、【考證】淩稚隆曰、長安志、上林、秦舊苑也、武帝始廣開之、漢舊儀、謂廣長三百里、離宮七十所、容千乘萬騎、關中記、謂苑門十二、中有苑三十六、宮十二、觀二十五、則規制之宏侈可知矣、高廊四注、重坐曲閣、【集解】郭璞曰、重坐、重軒也、曲閣、閣道曲也、【考證】顏師古曰、廊、堂下四周屋也、重坐、謂增室也、曲閣、閣之屈曲相連者也、王先謙曰、注、屬也、四注、謂四周相屬而下垂也、愚按、顏注增室、當作層室、華榱璧璫、輦道纚屬、【索隱】韋昭曰、裁玉爲璧、以當榱頭、司馬彪曰、以璧爲瓦當、【考證】顏師古曰、榱、椽也、華、謂彫畫之也、璧璫、以玉爲椽頭當、卽所謂璇題玉題者也、輦道、謂閣道可以乘輦而行者也、纚屬、纚迤相連屬也、步櫩周流、長途中宿。【集解】郭璞曰、途、樓閣閒陛道、中宿、言長遠也、【考證】顏師古曰、步櫩、言其下可行

三六

步、卽今之步廊也、謂其途長遠、雖經日行之、尙不能達、故中道而宿也、愚按、谷閣屬宿韻、夷嵏築堂、纍臺增成、巖突洞房。【集解】郭璞曰、嵏、山名、平之以安堂其上、成亦重也、周禮曰、爲壇三成、在巖穴底爲室、潛通臺上者、【索隱】服虔云、平此山以爲堂、如淳云、嵏、山名也、張揖云、重累而成之、故曰增成、禮曰、爲壇三成也、郭璞曰、言在巖突底爲室、潛通臺上、突、音一弔反、釋名、以爲突、幽也、楚辭云、冬有突廈、夏屋寒、王逸以爲複室也、【考證】顏師古曰、夷、平也、山之高聚者曰嵏、增、重也、一重爲一成也、中井積德曰、成、猶級也、愚按、增讀爲層、突、漢書作突、文選作窔、顏師古曰、於巖穴底爲室、若竈突然、潛通臺上、中井積德曰、突、謂幽室、如陶窯者、無潛通之意、王念孫曰、當從史記作突、突與突同、巖突洞房、皆言其幽深、故下句云、頫杳眇而無見、師古强爲突字作解、斯爲謬矣、愚按、堂成房韻、俛杳眇而無見、仰攀橑而捫天、【考證】漢書文選、俛作頫、攀作扒、顏師古曰、扒、古攀字也、橑、椽也、捫、摸也、言臺榭之高、有升上之者、俯視則不見地、仰攀其椽、可以摸天也、奔星更於閨闥、宛虹拖於楯軒、【集解】徐廣曰、楯、音食尹反、【正義】拖、音徒我反、顏云、宛虹、屈曲之虹、拖、謂申加於上也、楯、軒之闌板也、言室宇之高、故星虹得經加之、【考證】顏師古曰、奔星、流星也、更、歷也、應劭曰、楯、欄檻也、愚按、天軒韻、青虯蚴蟉於東箱、象輿婉蟬於西淸。【集解】漢書音義曰、山出象輿、瑞應車也、郭璞曰、西淸、西箱淸淨地也、【正義】蚴、一糺反、蟉、力糺反、婉蟬、宛善二音、顏云、蚴蟉婉蟬、皆行動之貌也、【考證】漢書文選、虯作龍、相如大人賦云、駕應龍象輿之蠖略委麗兮、驂赤螭青虯之蚴蟉宛蜒、上曰象輿、下曰青虯蚴

三七

蟉婉蜒連用、與此文相似、沈欽韓曰、楚辭惜誓、駕太一之象輿、韓非十過、黃帝合鬼神于泰山之上、駕象車、中井積德曰、青虯象輿、言車馬之美也、象蓋以雕刻物象而言、箱淸韻、靈圄燕於閒觀、【集解】郭璞曰、靈圄、淳圄、仙人名也、【索隱】張揖云、衆仙號、淮南子云、騎飛龍從淳圄、許愼曰、淳圄、仙人也、【考證】漢書文選、觀作館、淮南子俶眞訓、眞人騎蜚廉而從敦圄、與索隱所引異、文選圄作圉、兪樾曰、上林賦靈圄燕於閒館、封禪文靈圄賓於閒館、大人賦悉徵靈圄而選之、相如文每喜相襲、且如子虛上林、皆一時奏御之作、而既云轊騊駼、又云轊白鹿、既云軼野馬、又云軼赤電、既云捷狡兎、又云捷鵷鶵、既云轔鹿、又云轔距虛、如此類不可勝舉、蓋本無實事、而徒以夸誕之言飾而成之、無惑乎語之重、字之複也、偓佺之倫暴於南榮。【集解】漢書音義曰、偓佺、仙人名也、【索隱】韋昭曰、古仙人、姓偓、列仙傳云、槐里採藥父也、食松、形體生毛數寸、方眼、能行、追走馬也、應劭云、屋檐兩頭如翼也、故鄭玄云、榮、屋翼也、高誘云、飛榮似鳥舒翼、是也、暴、偃臥日中也、【考證】之倫二字、疑旁注竄入、醴泉涌於淸室、通川過乎中庭、【考證】通川、水流自外通中庭也、與醴泉自別、槃石振崖、【集解】徐廣曰、振、音脤、【索隱】盤石振崖、如淳曰、振、音振、盛多也、李奇曰、振、整也、整頓池外之厓、音之忍反也、【考證】槃、文選作盤、與索隱本合、漢書作磐、通用字、易漸卦、虞注、槃石稱磐、振、文選作振、注引李奇云、振、整也、以石整頓池水之涯也、比索隱所引、意足、嶔巖倚傾、嵳峩磼礏、刻削崢嶸、【集解】徐廣曰、嵳、一作池、磼、音雜、礏、音五合反、【索隱】磼礏、埤蒼云、高貌也、上士劫反、下魚揖反、又字林音磼才币反、礏五币反、【正義】郭云、言自然若彫刻也、

三八

【考證】王先謙曰、隨水之高下、以石整之、其低處則嶔巖倚傾、其高處則嵳峩磼礏也、刻削崢嶸、皆言石狀、玫瑰碧琳、珊瑚叢生、【正義】郭云、珊瑚、生水底石邊、大者樹高三尺餘、枝格交錯、無有葉、【考證】玫瑰碧琳見上、榮庭傾嶸生韻、瑉玉旁唐、【索隱】郭璞云、旁唐、言盤薄、璸斒文鱗、【集解】徐廣曰、璸、音彬、斒、音班、【考證】漢書文選、璸斒作玢豳、漢書鱗作磷、郭璞曰、玢豳、文理貌、方廷珪曰、據上下文、則玢豳亦是玉名、文鱗、方是文理、赤瑕駁犖、雜臿其閒、【集解】徐廣曰、雜、一云插、臿、一云遝、【索隱】赤瑕駁犖、說文云、瑕、玉之小赤色、張揖曰、赤玉也、司馬彪曰、駮犖、采點也、犖、音洛角反、垂綏琬琰、和氏出焉。【集解】徐廣曰、垂綏、一作朝采、駰案、郭璞曰、汲冢竹書曰、桀伐岷山、得女二人、曰琬、曰琰、桀愛二女、斵其名于苕華之玉、苕是琬、華是琰也、【考證】垂綏、漢書作鼂采、文選作晁采、晁鼂與朝同、顏師古曰、朝采者、美玉、每旦有白虹之氣、光采上出、故名朝采、猶言夜光之璧矣、琬琰、美玉名、和氏之璧、卞和所得、亦美玉也、言今皆出於上林、鱗閒焉韻、曾國藩曰、以上宮室、方廷珪曰、此段寫苑中閣道臺觀及珍寶之多、自離宮至此、通爲一大段、於是乎、盧橘夏孰、【集解】郭璞曰、今蜀中有給客橙、似橘而非、若柚而芬香、冬夏華實相繼、或如彈丸、或如拳、通歲食之、卽盧橘也、【索隱】應劭曰、伊尹書、果之美者、箕山之東、青鳥之所、有盧橘、夏熟、晉灼曰、此雖賦上林、博引異方珍奇、不係於一也、案廣州記云、盧橘皮厚、大小如甘、酢多、九月結實、正赤、明年二月、更青黑、夏孰、吳錄云、建安有橘、冬月樹上覆裹、明年夏色變青黑、其味甚甘美、盧卽黑是也、【考證】索隱如甘之甘、讀爲柑、黃甘橙楱、【集解】徐廣曰、音湊、

三九

橘屬、【考證】甘柑同、枇杷橪柹、【集解】徐廣曰、橪、音而善反、果也、【索隱】張揖曰、橪、橪支、香草也、韋昭曰、橪、音汝蕭反、郭璞云、橪支、木也、橪、音烟、徐廣曰、橪、棗也、而善反、說文曰、橪、酸小棗也、淮南子云、伐橪棗以爲矜、音勤也、楟柰厚朴、【集解】徐廣曰、楟、音亭、山梨、【索隱】張揖云、楟柰、山梨也、司馬彪曰、上黨謂之楟柰、齊都賦云、楟柰橪熟也、厚朴、藥名、【考證】楟柰、二物、漢書文選、楟作亭、張文虎曰、李時珍注本草云、厚朴實如冬青子、生青、熟赤、有核、七八月采之、味甘美、乃厚朴亦果也、此節皆言果類、不得雜以藥名、樗棗、【集解】徐廣曰、樗、音弋井反、樗棗似柹、【索隱】上音弋井反、樗棗似柹也、楊梅、【索隱】張揖云、其大小似穀子而有核、其味酢、出江南、荊楊、異物志、其實外肉著核、熟時正赤、味甘酸、櫻桃、【索隱】張揖曰、一名含桃、呂氏春秋、爲鸎鳥所含、故曰含桃、爾雅云、爲荊桃也、蒲陶、【集解】郭璞曰、蒲陶、似燕薁、可作酒也、隱夫鬱棣、榙㯚荔枝、【集解】徐廣曰、鬱、一作薁、榙、音荅、駰案郭璞曰、鬱、車下李也、棣、實似櫻桃、榙㯚、似李、棣、音逮、㯚、音沓、隱夫未聞、【索隱】荅遝離支、郭璞云、荅遝、似李、出蜀、晉灼曰、離支、大如雞子、皮麤、剝去皮、肌如雞子中黃、其味甘多酢少、廣異志云、樹高五六丈、如桂樹、綠葉、冬夏青茂、有華、朱色、離字或作荔、音力致反、【正義】隱夫未詳、【考證】漢書文選、作薁棣荅遝離支、何焯曰、隱夫、卽馬夫、艸、見管子地員篇、羅乎後宮、列乎北園、貤丘陵、下平原、【集解】郭璞曰、貤、猶延也、音施、【索隱】貤丘陵、郭璞曰、貤、延也、【考證】園原、韻、揚翠葉、杌紫莖、【集解】郭璞曰、杌、搖也、發紅華、秀朱榮、【考證】莖榮、韻、

煌煌扈扈、照曜鉅野、【考證】漢書文選、秀作垂、後漢馮衍傳注、扈扈、光彩盛也、扈野、韻、沙棠櫟櫧、【集解】漢書音義曰、沙棠似棠、黃華赤實、其味如李、呂氏春秋曰、果之美者、沙棠之實、櫟、果名、櫧似柃葉、冬不落也、華氾檘櫨、【集解】徐廣曰、氾、一作楓、駰案漢書音義曰、華木、皮可以爲索也、【索隱】華楓檘櫨、張揖曰、華皮可以爲索、古今字林云、櫨、合櫟之木、楓木厚葉弱支、善搖、郭璞云、似白楊、葉圓而岐、有脂而香、犍爲舍人曰、楓爲樹厚葉弱莖、大風則鳴、故曰楓、爾雅云、一名欇、檘、枰、卽平仲木也、櫨、今黃櫨木也、一云玉精、食其子得仙也、【考證】漢書文選、氾檘作楓枰、留落胥餘、仁頻幷閭、【集解】徐廣曰、頻、一作賓、駰案郭璞曰、落、櫰也、胥餘似幷閭、幷閭、櫻也、皮可作索、餘未詳、【索隱】留落胥邪、晉灼云、留落未詳、郭璞曰、落、櫰也、中作器索、胥邪似幷閭、司馬彪云、胥邪、樹高十尋、葉在其末、異物志、實大如瓠、繫在顚、若挂物、實外有皮、中有核、如胡桃、核裏有膚、厚半寸、如豬膏、裏有汁斗餘、淸如水、味美於蜜、孟康曰、仁頻、櫻也、張揖云、幷閭、皮可爲索、姚氏云、檳一名櫻、卽仁頻也、林邑記云、樹葉似甘蕉、頻、音賓、【考證】櫧櫨餘閭、韻、漢書文選、餘作邪、沈家本曰、攷異云、餘邪聲相近、按今韻、麻韻之字、古韻有在魚虞部者、故餘邪得通借、欃檀木蘭、豫章女貞、【集解】漢書音義曰、欃檀、檀別名也、女貞木、葉冬不落、【索隱】欃、音讒、檀別名也、皇覽云、孔子墓後有欃檀樹也、荊州記云、宜都有喬木叢生、名爲女貞、葉冬不落、長千仞、大連抱、夸條直暢、【考證】貞暢、韻、實葉葰茂、【考證】漢書文選、茂作楙、郭璞曰、夸、張布也、顏師古曰、暢、通也、通、謂上下相稱也、王文彬曰、夸卽荂之省文、說文、荂、草木華也、或从艸从夸、此賦以

荂條實葉四字相對爲文、謂荂與條、氣機直達、實與葉、蕃殖大茂也、郭依本字訓夸爲張布、誤、顏訓暢爲通、又申言上下相稱、亦非、王先謙曰、文選注引司馬彪云、葰、大也、攢立叢倚、連卷累佹、【考證】累、漢書文選作欐、顏師古曰、攢立、聚立也、叢倚、相倚也、連卷、屈曲也、欐佹、支柱也、司馬彪曰、欐、支重累也、王先謙曰、欐、聲義竝從麗、麗、附也、詩皇矣箋釋文、佹、戾也、樹之枝柯相附而又相戾、崔錯癹骩、坑衡閜砢、【集解】骩、古委字、徐廣曰、癹、音拔、駰案郭璞曰、骩、音委、閜、音惡可反、砢、音魯可反、【索隱】崔錯癹戾相摎、楚詞云、林木、癹、音跋、骩、音委、阬衡閜砢、郭璞云、揭孽傾欹貌、【考證】漢書文選、阬作坑、顏師古曰、崔錯、交雜也、王先謙曰、崔、音七罪反、後人加玉爲璀、靈光殿賦、下茀蔚以璀錯、注、璀錯、衆盛貌、與交雜同義、沈欽韓曰、淮南招隱士、樹輪相糾兮、林木茷骩、說文、癹、以足蹋夷草也、字當作茷、說文、茷、草葉多也、垂條扶於、落英幡纚、【集解】郭璞曰、扶於、猶扶疏也、幡纚、偏幡也、音灑、【索隱】張晏云、飛揚貌、纚、音所綺反、【考證】漢書文選、扶於作扶疏、顏師古曰、扶疏、四布也、倚佹骩纚、韻、紛容蕭蔘、旖旎從風、【索隱】張揖云、旖旎、阿那也、【考證】漢書文選、容蕭作溶箾、漢書旖旎作猗柅、文選作猗狔、文選注、郭璞云、紛溶箾蔘、支竦擢也、溶、音容、箾、音蕭、蔘、音森、王先謙曰、箾蔘、今承用作蕭森、瀏莅芔吸、【集解】徐廣曰、莅、音栗、【索隱】瀏莅芔歙、郭璞云、皆林木鼓動之聲、瀏、音留、莅、如字、又音栗也、【考證】漢書文選、吸作歙、芔、古卉字、蓋象金石之聲、管籥之音。【正義】金、鐘、石、磬、廣雅云、䇾篪、長一尺、圍一寸、有六孔、無底、籥謂之笛、有七孔、說文云、籥、三孔籥也、【考證】正義象

篪、漢書注作管、參音、韻、柴池茈虒、【集解】徐廣曰、柴、音差、虒、音豸、【索隱】張揖曰、柴池、參差也、茈虒、不齊也、柴、音差、虒、音惻氏反、旋環後宮、雜遝累輯、【集解】徐廣曰、雜、一作[illegible]、【考證】漢書文選、環作還、下有乎字、遝作襲、被山緣谷、循阪下隰。【考證】吸輯隰、韻、視之無端、究之無窮。【考證】曾國藩曰、以上宮中草木、於是玄猨素雌、蜼玃飛鸓、【集解】徐廣曰、蜼、音于季反、駰案漢書音義曰、蜼、似獼猴、仰鼻而長尾、玃、似獼猴而大、飛鸓、飛鼠也、其狀如兎而鼠首、以其額飛也、【索隱】張揖曰、蜼、似獼猴、卬鼻而長尾、玃、似獼猴而大、飛鸓、飛鼠也、其狀如兎而鼠首、以其額飛、郭璞曰、鸓、飛鼠也、毛紫赤色、飛且生、一名飛生、蜼、音遺、鸓、音誄、玄猨、猨之雄者色也、素雌、猨之雌者色也、玃、音钁、蜼似猴、尾端爲兩岐、天雨便以尾窒鼻兩孔、郭璞云、玃、色蒼黑、能攫搏人、故云玃也、【考證】漢書文選、是下有乎字、蛭蜩蠼蝚、【集解】徐廣曰、蛭、音質、駰案漢書音義曰、山海經曰、不咸之山有飛蛭、四翼、郭璞曰、蠼蝚似獼猴而黃、蜩未聞、【索隱】蛭蜩蠼蝚、司馬彪云、山海經云、不咸之山、有飛蛭、四翼、蜩蟬也、蠼蝚、獼猴也、郭璞云、蛭、蜩、未聞、如淳曰、蛭、音質、顧氏云、玃、音塗卓反、山海經曰、皋塗山下有獸、似鹿、馬足、人首、四角、名爲玃、玃猱、卽此也、字作玃、郭璞云、玃、非也、上已有蜼玃、此不應重見、又神異經云、西方深山有獸、毛色如猴、能緣高木、其名曰蜩、字林、蠼、音狄、蛭、音質、蛭蜩二獸名、【考證】漢書文選、蠼作玃、文選蝚作猱、螹胡豰蛫、【集解】徐廣曰、螹、音在廉反、似猨、黑身、豰、音呼谷反、蛫、音詭、駰案漢書音義曰、豰、白狐子也、【索隱】獑胡、豰蛫、張揖曰、獑胡、似獼猴、頭上有髦、腰以後黑、郭璞曰、豰、似䶂而大、腰以

後黃、一名黃腰、食獼猴、穀、白狐子也、蛫、未聞、姚氏案山海經、卽山有獸、狀如龜、白身赤首、其名曰蛫、又說文云、獑胡、黑身白腰若帶、手有長白毛、似握栝也、【考證】漢書文選、蛫作獑、

棲息乎其閒、長嘯哀鳴、翩幡互經、【正義】郭云、互經、互相經過、夭蟜枝格、偃蹇杪顚、【正義】夭、音妖、蟜、音嬌、杪、音弭沼反、郭云、皆猨猴在樹共戲恣態也、夭蟜、頻申也、【考證】顏師古曰、杪顚、枝上端也、於是乎隃絕梁、【正義】張云、絕梁、斷橋也、郭云、梁、厚石絕水也、【考證】漢書文選、無於是乎三字、似長、騰殊榛、【正義】榛、仕斤反、爾雅云、木叢生爲榛也、殊、異也、捷垂條、【正義】捷、音才業反、張云、捷、持懸垂之條、踔稀閒、【集解】郭璞曰、踔、懸蹶也、託釣反、【索隱】踔、懸蹶也、【考證】漢書文選、踔稀作掉希、王先謙曰、後漢馬融傳注、踔、跳也、史記貨殖傳索隱、遠騰貌也、郭言懸蹶者、謂以身投擲於空中、故曰踔希閒、掉乃借字、牢落陸離、爛曼遠遷、【正義】郭云、奔走崩騰狀也、顏云、言其聚散不常、雜亂移徙、【考證】漢書文選、曼作漫、閒顚榛閒遷韻、文選注、牢落、猶遼落也、陸離、參差也、若此輩者、數千百處、嬉游往來、【考證】漢書文選、作若此者數百千處、娛游往來、宮宿館舍、庖廚不徙、後宮不移、百官備具。【正義】說文云、庖、廚屋、鄭玄注周禮云、庖之言苞也、苞裹肉曰苞苴也、後宮、內人也、言宮館各自有、【考證】張文虎曰、館舍、各本誤館客、舊刻與漢書文選合、顏師古曰、言所在之處、供具皆足也、中井積德曰、庖、宰處、廚、烹處、處處舍具、韻、曾國藩曰、以上宮中畜獸及

離宮之多、

於是乎背秋涉冬、天子校獵。【考證】凌稚隆曰、至此始言校獵之事、顏師古曰、校獵者、以木相貫穿、總爲闌校、遮止禽獸而獵取之、乘鏤象、六玉虯、【集解】徐廣曰、以玉爲飾、駰案郭璞曰、鏤象、山所出輿、言有雕鏤、虯、龍屬也、韓子曰、黃帝駕象車、六交龍、是也、【考證】中井積德曰、鏤象、謂雕鏤之輿、玉虯、稱馬之美也、拖蜺旌、【正義】拖、音徒可反、張云、析毛羽、染以五采、綴以縷爲旌、有似虹蜺氣、靡雲旗、【正義】張云、畫熊虎於旌、似雲氣也、【考證】蜺旌雲旗、皆假言也、前皮軒、後道游。【集解】郭璞曰、皮軒、革車也、或曰、卽曲禮前有士師、則載虎皮者也、道、道車、游、游車、皆見周禮也、【考證】顏師古曰、言皮軒最居前、而道游次皮軒之後、道讀曰導、虯游韻、孫叔奉轡、衞公驂乘、【集解】漢書音義曰、孫叔者、太僕公孫賀也、衞公者、衞青也、太僕御、大將軍驂乘也、【索隱】孫叔、鄭氏云、太僕公孫賀、衞公、大將軍衞青也、案大駕出、太僕御、大將軍驂乘也、【考證】漢書文選、驂作參、顏師古曰、參乘、在車之右也、吳仁傑曰、此兩人、蓋指古之善御者耳、下云、靑琴虙妃之徒、色授神予、心愉于側、又豈當時眞有此耶、案孫叔、卽楚詞所謂驥躊躇于弊輂、遇孫陽而得代者是也、衞公、卽國語所謂衞莊公爲右、曰吾九上九下、擊人盡殪者是也、校獵賦、蚩尤並轂、蒙公先驅、二京賦、大丙弭節、風后陪乘、亦祇用古人、此類甚多、不可偏舉、至長楊賦、迺命票衞、此則指青去病也、扈從橫行、出乎四校之中。【集解】郭璞曰、言跋扈縱恣、不安鹵簿矣、【索隱】晉灼曰、扈、大也、張揖曰、跋扈縱橫、不案鹵簿也、文穎曰、凡五校、今言四者、一校隨天子乘輿也、【考證】田汝成曰、扈、尾也、後從曰扈、王先謙曰、

廣雅釋詁、扈、使也、扈從、從駕而供使令也、愚按、扈從承孫叔衞公而言、顏師古曰、四校、闌校之四面也、中井積德曰、謂四面之闌校、乘中韻、

鼓嚴簿、縱獠者、【集解】漢書音義曰、鼓嚴、嚴鼓也、簿、鹵簿也、駰謂鼓嚴於林薄之中、然後縱獠也、【索隱】張揖曰、鼓嚴、鼓也、簿、鹵簿也、謂擊嚴鼓於鹵簿中也、【考證】王先謙曰、蓋天子儀衞森嚴、故曰嚴簿、言鼓於嚴簿之中、而縱獵者也、漢書文選、獠作獵、江河爲阹、泰山爲櫓、【集解】郭璞曰、櫓、望樓也、因山谷遮禽獸爲阹、音去車反、【索隱】郭璞曰、因山谷遮禽獸爲阹、櫓、望樓也、【考證】簿者阹櫓韻、車騎靁起、隱天動地、【正義】隱、猶震也、【考證】漢書文選、隱作陰、先後陸離、離散別追、【正義】陸離、分散也、言各有所追也、【考證】李善曰、廣雅曰、陸離、參差、淫淫裔裔、緣陵流澤、雲布雨施。【正義】郭璞曰、言徧山野也、【考證】起地離追裔施韻、生貔豹、【集解】郭璞曰、貔、執夷、虎屬也、音毗、【考證】韋昭曰、生、謂生得之也、搏豺狼、【正義】搏、擊也、杜林云、豺似狗、白色、說文云、狼屬、手熊羆、【正義】張云、熊、犬身人足、黑色、羆大於熊、黃白色、皆能攀沿上高樹、冬至入穴而蟄、始春而出也、足野羊、【集解】郭璞曰、野羊、如羊千斤、手足謂拍蹹殺之、蒙鶡蘇、【集解】徐廣曰、蘇、尾也、【索隱】孟康曰、鶡尾也、蘇、析羽也、張揖曰、鶡似雉、鬭死不卻、案蒙、謂覆而取之、鶡以蘇爲奇、故特言之以成文耳、鶡、音曷、決疑注云、鳥尾爲蘇也、【考證】狼羊韻、絝白虎、【集解】徐廣曰、絝、音袴、駰案郭璞曰、絝、謂絆絡之、【索隱】張揖曰、著白虎文絝、郭璞曰、絝、謂絆絡也、被豳

文、【集解】郭璞曰、著斑衣、【索隱】被斑文、文穎曰、著斑文之衣、輿服志云、虎賁騎、被虎文單衣、單衣、卽此斑文也、【考證】豳、漢書作斑、文選作班、通用、跨野馬、【索隱】跨壄馬、案壄音野、跨、乘之也、【考證】虎馬韻、陵三嵕之危、【集解】漢書音義曰、三嵕、三成之山、下磧歷之坻、【集解】郭璞曰、磧歷、阪名也、【正義】坻、音遲、磧歷、淺水中沙石也、坻、水中高處、言獵人下此也、徑陵赴險、越壑厲水、【考證】漢書文選、陵作峻、郭璞曰、厲、以衣渡水、椎蜚廉、【集解】郭璞曰、飛廉、龍雀也、鳥身鹿頭者、【索隱】椎蜚廉、郭璞曰、飛廉、龍雀也、鳥身鹿頭、象在平樂觀、椎、音直追反、【考證】漢書、椎作推、顏師古曰、推、亦謂弄之也、其字從手、今流俗讀爲椎擊之椎、失其義矣、王先謙曰、說文、推、排也、弄解豸、【集解】漢書音義曰、解豸、似鹿而一角、人君刑罰得中、則生於朝廷、主觸不直者、可得而弄也、【索隱】張揖曰、解豸、似鹿而一角、人君刑罰中、則生於朝、主觸不直者、言今可得而弄也、解、音蟹、豸、音丈尒反、又音丈介反、【考證】文選、解作獬、漢書、豸作廌、格瑕蛤、鋋猛氏、【集解】漢書音義曰、瑕蛤、猛氏、皆獸名、【索隱】格蝦蛤、鋋猛氏、孟康曰、蝦蛤、猛氏、皆獸名、晉灼曰、蝦蛤、闕、郭璞曰、今蜀中有獸、狀如熊而小、毛淺有光澤、名猛氏、說文云、鋋、小矛也、音蟬、【考證】漢書文選、瑕作蝦、罥騕褭、射封豕。【集解】郭璞曰、騕褭、神馬、日行萬里、兩音窈嫋、封豕、大豬、【考證】漢書文選、罥作羂、危坻水豸氏豕韻、箭不苟害、解脰陷腦。弓不虛發、應聲而倒。【索隱】張揖云、脰、頸也、陷、音苦念反、亦依字讀也、【考證】腦倒韻、曾國藩曰、以上天子校各部曲將帥之獵、

於是乎、乘輿彌節裴回、翺翔往來、睨部曲之進退、覽將率之變態。【正義】睨、五計反、睨、遠視也、【考證】漢書文選無乎字、彌作弭、裴回作徘徊、回來退態韻、然後浸潭促節、儵敻遠去、【集解】郭璞曰、敻、音詡盛反、【索隱】浸潭、猶漸荐也、漢書作浸淫、或作乘輿案節也、潭、音尋、【正義】儵敻、分散也、【考證】文選浸潭作浸淫、儵敻、倏忽也、流離輕禽、蹵履狡獸、【考證】顏師古曰、流離、困苦之也、張揖曰、輕禽、飛鳥也、轊白鹿、捷狡兔、【集解】徐廣曰、轊、音銳、一作惠也、【正義】轊、音衞、抱朴子云、白鹿壽千歲、滿五百歲色純白也、晉徵祥記云、白鹿色若霜、不與他鹿爲羣、【考證】轊、漢書作轊、文選作櫘、軸也、言軸轢白鹿也、捷、捷取之也、軼赤電、遺光燿、【集解】徐廣曰、超陵赤電、電光不及、言去速也、【考證】張揖曰、軼、過也、王先謙曰、此言行疾、可以軼過赤電而遺其光燿反在後也、與下二句連讀、總謂迅捷耳、追怪物、出宇宙、【正義】怪物、謂游梟飛虡也、張揖云、天地四方曰宇、往古來今曰宙、許慎云、宙、舟輿所極也、案許說宙、是也、【考證】漢書注引說文解字、極下有覆字、中井積德曰、宇宙字、竝從宀、是簷屋之義、俱喻天覆而已、彎繁弱、【正義】上烏繁反、文穎云、彎、牽也、繁弱、夏后氏良弓名、左傳云、分魯公以夏后之璜、封父之繁弱、【考證】漢書文選繁作蕃、彎、引也、滿白羽、【正義】文穎云、引弓盡箭鏑爲滿、以白羽羽箭、故云白羽也、射游梟、櫟蜚虡、【集解】郭璞曰、梟、梟羊也、似人長脣、反踵被髮、食人、蜚虡、鹿頭龍身神獸、櫟、梢也、【考證】漢書文選、虡作遽、櫟、擊也、擇肉後發、先中命處。弦矢分、藝殪仆。【集解】徐廣曰、射準的曰藝、仆、音赴、【考證】漢書文選、肉下中下、有而字、郭璞曰、言必如所志也、王先謙曰、擇其肥者而後射、先命其射處、適從而中之、言矢不苟發、發必奇中、命、名也、羽、虡、處、仆韻、然後揚節而上浮、【正義】上浮、猶遊、【考證】矢飛揚空中也、陵驚風、歷駭飆、【正義】飆、音必遙反、爾雅云、扶搖、猋風、從下升上、故曰飆、乘虛無、與神俱、【正義】張揖云、虛無寥廓、與天通靈、言其所乘氣之高、故能出飛鳥之上、而與神俱也、轔玄鶴、亂昆雞、【集解】徐廣曰、轔、音躪、【正義】轔、音吝、鶴二百六十歲則淺黑色也、【考證】轔、漢書作藺、文選作躪、郭璞曰、躪、踐也、王先謙曰、說文、鶤、鶤雞也、昆即鶤字、與鶤同、淮南覽冥訓、軼鶤雞於姑餘、注、鶤雞、鳳皇之別名、遒孔鸞、促鵔鸃、拂翳鳥、捎鳳皇、【集解】漢書音義曰、遒、秦由反、翳、烏雞反、張云、山海經云、九疑之山、有五采之鳥、名曰翳鳥也、【正義】捎、山交反、京房易傳云、鳳皇、鴻前麟後、雞喙燕頷、蛇頸龜背、魚尾駢翼、高丈二尺、東山經云、其狀如鶴五采而首文曰經、翼文曰順、背文曰義、膺文曰仁、股文曰信、是鳥自歌自舞、雄曰鳳、雌曰皇、【考證】郭璞曰、遒促、皆迫捕之也、捷鵷雛、掩焦明、【集解】鵷明、似鳳、【索隱】張揖曰、焦明似鳳、西方鳥、樂叶圖徵曰、焦明狀似鳳皇、宋衷曰、水鳥、【正義】案長喙疏翼、員尾、非幽閑不集、非珍物不食、【考證】風飆、無俱、雞鸃、皇明韻、鷟鷫、同、道盡塗殫、迴車而還。招搖乎襄羊、降集乎北紘。【集解】郭璞曰、紘、維也、北方之

紘曰委羽、【索隱】消搖乎襄羊、郭璞曰、襄羊、猶仿佯、【考證】漢書文選、招作消、司馬彪曰、消搖、逍遙也、率乎直指、闇乎反鄉。【正義】日晚南歸也、【考證】闇、漢書作揜、文選作晻、郭璞曰、率、徑馳去、晻、忽然疾歸貌、殫還羊紘鄉韻、曾國藩曰、以上天子親獵而還、蹷石闕、歷封巒、過雉鵲、望露寒、【集解】徐廣曰、雉、音支、駰案漢書音義曰、皆甘泉宮左右觀名也、【正義】蹷、息也、【考證】郭璞曰、蹷、蹋也、石闕、漢書作石關、文選及漢書揚雄傳、三輔黃圖、作石闕、梁玉繩曰、當作闕、張文虎曰、闕與下巒寒韻、愚按、作闕爲是、是句不必韻、下棠梨、【集解】漢書音義曰、宮名也、在雲陽縣東南三十里、息宜春、【正義】括地志云、宜春宮、在雍州萬年縣西南三十里、西馳宣曲、濯鷁牛首、【集解】漢書音義曰、宣曲、宮名、在昆明池西、牛首、池名、在上林苑西頭、【正義】鷁、鷁首之船也、【考證】中井積德曰、濯、櫂通、登龍臺、【集解】漢書音義曰、觀名、在豐水西北、近渭、掩細柳、【正義】郭云、觀名、在昆明南柳市、【考證】李善曰、掩者息也、中井積德曰、掩、淹通、首柳韻、觀士大夫之勤略、鈞獠者之所得獲。【集解】徐廣曰、鈞、一作診也、【正義】勤略、言觀士大夫之懃功智略也、【考證】文選鈞作均、漢書文選獠作獵、郭璞曰、鈞、平其多少也、觀徒車之所轔轢、【正義】轔、踐也、轢、轢也、【考證】張文虎曰、徒上觀字衍、漢書文選無轔、漢書作閵、文選作轥、乘騎之所蹂若、【集解】徐廣曰、蹂、音人久反、【考證】乘、漢書無、文選作步、李善曰、廣倉云、若、蹈足貌、人民之所蹈躪、【考證】漢書無民字、文選人民作人臣、躪、漢書作藉、文選作藉、與其窮極倦谻、驚憚讋伏、不被創刃而死者、佗佗籍籍、塡阬滿谷、掩平彌澤。【集解】徐廣曰、谻、音劇、【考證】郭璞曰、窮極倦谻、疲憊者也、驚憚讋伏、怖不動貌也、佗佗籍籍、交橫也、顏師古曰、平、平原也、略獲轢若躪籍澤韻、曾國藩曰、以上天子還歷各處、數獵者之所獲、於是乎、游戲懈怠、置酒乎昊天之臺、【索隱】張揖云、臺高上干皓天也、【考證】漢書文選、昊作顥、張樂乎轇輵之宇。【集解】【索隱】徐廣曰、輵、音葛、郭璞云、言曠遠深貌也、撞千石之鐘、立萬石之鉅、【考證】漢書文選、鉅作虡、建翠華之旗、樹靈鼉之鼓、【集解】郭璞曰、木貫鼓中、加羽葆其上、所謂樹鼓、【考證】顏師古曰、翠華之旗、以翠羽爲旗上葆也、靈鼉之鼓、以鼉皮爲鼓、宇鉅鼓韻、奏陶唐氏之舞、聽葛天氏之歌。【集解】漢書音義曰、葛天氏、古帝王號也、呂氏春秋曰、葛天氏之樂、三人操牛尾、投足以歌、【索隱】張揖曰、葛天氏、三皇時君號也、呂氏春秋云、其樂三人持牛尾、投足以歌、八闋、一曰載人、二曰玄鳥、三曰遂草木、四曰奮五穀、五曰敬天常、六曰建帝功、七曰依地德、八曰總禽獸之極、【考證】呂氏春秋古樂篇、千人唱、萬人和、山陵爲之震動、川谷爲之蕩波。【集解】徐廣曰、動、一作勳、【考證】郭璞曰、波、浪起也、愚按、波、播通、歌和波韻、

巴俞·宋·蔡、淮南于遮、【集解】郭璞曰、巴西閬中有俞水、獠人居其上、皆剛勇好舞、漢高募取以平三秦、後使樂府習之、因名巴俞舞也、漢書音義曰、于遮、歌曲名、【索隱】郭璞曰、巴西閬中有俞水、獠人居其上、好舞、初高祖募取以平三秦、後使樂人習之、因名巴俞舞也、張揖曰、禮樂記曰、宋音宴女溺志、蔡人謳員三人、楚詞云、吳謡蔡謳、淮南鼓員四人、于遮曲、是其意也、【考證】文選俞作渝、漢書文選于作干、錢大昕曰、巴渝當作哷喻、說文引司馬相如說、引淮南宋蔡舞哷喻、正據此賦、蓋以宋蔡哷喻與淮南于遮對文也、王先謙曰、巴俞蔡淮南竝見漢書禮樂志、愚按說文所引、當是相如凡將篇句、與此賦沒交涉、錢氏失考、文成顛歌、【集解】郭璞曰、未聞也、【索隱】郭璞云、未聞、文穎曰、文成、遼西縣名、其縣人善歌、顛、益州顛縣、其人能作西南夷歌、顛即滇也、族舉遞奏、【集解】徐廣曰、舉一作居、【考證】漢書文選舉作居、顏師古曰、族、聚也、聚居而遞奏也、王念孫曰、居讀爲舉、古字通用、族舉者、具舉也、遞奏者、更奏也、金鼓迭起、鏗鎗鏜鼞、洞心駭耳。【集解】郭璞曰、鏜鼞、鼓音、【考證】漢書文選鏜鼞作闛鞈、荊·吳·鄭·衛之聲、韶·濩·武·象之樂、陰淫案衍之音、鄢·郢繽紛、激楚結風。【集解】郭璞曰、激楚、歌曲也、列女傳曰、聽激楚之遺風也、【索隱】文穎曰、激楚、激急風也、結風、回風、回亦急風也、楚地風氣既自漂疾、然歌樂者猶復依激結之急風以爲節、其樂促迅哀切也、【考證】文穎曰、韶、舜樂也、濩、湯樂也、武、武王樂也、張揖曰、象、周公樂也、李奇曰、鄢、今宜城縣也、郢、楚都也、繽紛、舞貌也、顏師古曰、結風亦曲名也、王先謙曰、鄢郢繽紛、謂楚歌楚舞交雜竝進、古

歌必兼舞、激楚結風、竝歌舞曲名、李奇以繽紛爲舞貌、非也、楚辭、宮庭震驚發激楚些、後漢邊讓傳、揚激楚之清宮兮、展新聲而長歌、淮南子、揚鄭衛之浩樂、結激楚之遺風、以鄭衛激楚對文、文選嘯賦、收激楚之哀荒、節北里之奢淫、以激楚北里對文、皆與郭說激楚歌曲合、唐獨孤及詩、齊童如花解郢曲、起舞激楚歌采蓮、激楚采蓮對舉、尤激楚爲歌舞曲名之明證、徐陵玉臺新詠序、騁纖腰於結風、此以結風爲舞曲也、俳優侏儒、狄鞮之倡、【集解】徐廣曰、韋昭云、狄鞮、地名、在河內、出善倡者、【考證】遮歌起耳、音風倡韻、所以娛耳目而樂心意者、麗靡爛漫於前、【索隱】郭璞云、言恣其觀也、列女傳曰、桀造爛漫之樂、靡曼美色於後。【索隱】張揖曰、靡、細、曼、澤也、韓子曼服皓齒也、【考證】文選無於後二字、李笠曰、索隱本亦無於後二字、但靡曼美色四字、在靡靡句上讀之、較爲諧協、二靡字義同、古人文不避複、參存、若夫青琴·宓妃之徒、【集解】漢書音義曰、皆古神女名、【索隱】伏儼曰、青琴、古神女也、如淳曰、宓妃、伏羲女、溺死洛水、遂爲洛水之神、宓音伏、絕殊離俗、【索隱】郭璞云、俗無雙、姣冶嫺都、【索隱】姣冶閑都、郭璞云、姣、好也、都、雅也、詩云、姣人嫽兮、方言云、自關而東、河濟之閒、凡好或謂之姣、音絞、說文曰、嫺、雅也、或作閑、小雅曰、都、盛也、【考證】蔡、凌、毛本、漢書文選姣作妖、漢書嫺作閑、靚莊刻飭、便嬛綽約、【集解】郭璞曰、靚莊、粉白黛黑也、【考證】文選莊作粧、漢書文選飭作飾、與中統游毛本合、柔橈嬛嬛、【集解】徐廣曰、音娟、【索隱】郭璞曰、柔橈嬛嬛、皆骨體耎弱長豔貌也、廣雅云、嬛嬛、容也、

張揖曰、嬛嬛、猶婉婉也、【考證】文選嬛嬛作嫚嫚、顏師古曰、橈、動曲也、嫵媚姌嫋、【集解】徐廣曰、姌、音乃忏反、嫋、音弱、【索隱】嫵媚姌嫋、埤蒼云、嫵媚、悅也、通俗文云、頰輔謂之嫵媚、郭璞云、嫋弱、弱貌、埤蒼曰、孅弱、謂容體纖細柔弱也、【考證】漢書文選嫵作娬、姌作孅、抴獨繭之褕袘、【集解】徐廣曰、抴、音曳、襜褕、【索隱】褕袘、張揖云、褕、襜褕也、袘、袖也、郭璞曰、獨繭、一繭絲也、埤蒼云、袘、衣長貌也、【考證】漢書文選抴作曳、袘、漢書作袣、文選作紲、眇閻易以戌削、【集解】徐廣曰、閻易、衣長貌、戌削、言如刻畫作之、【索隱】眇閻易以恤削、郭璞曰、閻易、衣長貌、恤削、言如刻畫作也、【考證】戌、漢書作恤、文選作邮、戌削解見上、媥姺徶循、與世殊服、【集解】郭璞曰、媥姺徶循、衣服婆娑貌、【正義】媥、白眠反、姺、音先、徶、音白結反、循、音屑、【考證】漢書文選媥姺徶循作便姗嫳屑、世作俗、王先謙曰、媥姺即蹁躚、芬香漚鬱、酷烈淑郁、皓齒粲爛、宜笑的皪、【索隱】郭璞曰、鮮明貌也、楚詞曰、美人皓齒以姱、又曰、蛾眉笑以的皪、皪、音礫也、【考證】文選注引楚辭曰、嫮目宜笑、蛾眉曼、長眉連娟、微睇緜藐、【索隱】郭璞曰、連娟、眉曲細也、緜藐、遠視貌也、娟、音一全反、睇、大計反、藐、音邈、【考證】沈欽韓曰、宋玉舞賦、眉連娟以增繞、目流睇而橫波、王念孫曰、緜藐、好視也、下文云、色授魂予、心愉於側、則非謂視遠貌也、色授魂與、心愉於側。【索隱】張揖曰、彼色來授我、我魂往與接也、愉、音踰、往也、愉、悅也、二義竝通也、【考證】漢書與作予、顏師古曰、愉、樂也、俗、倣、約、嫋、削、脩、服、郁、皪、貌、側韻、曾國藩曰、以上置酒張樂、於是酒中樂

酣、天子芒然而思、似若有亡。【考證】顏師古曰、酒中、飲酒中半也、樂酣、奏樂洽也、似若有亡、如有失也、曰、嗟乎此泰奢侈。朕以覽聽餘閒、無事弃日、【正義】言聽政餘暇、不能棄日也、【考證】漢書文選泰作大、蘇輿曰、言閒居無事、是虛棄此日、故順天殺伐、注未晰、順天道以殺伐、時休息於此。【正義】郭云、謂苑囿中也、【考證】郭璞曰、因秋氣也、恐後世靡麗、遂往而不反。非所以爲繼嗣創業垂統也。【考證】文選世作葉、漢書文選反作返、於是乃解酒罷獵、而命有司曰。地可以墾辟、悉爲農郊、以贍萌隸。【正義】邑外曰郊、言於郊野之中營農事也、【考證】漢書文選是下有乎字、文選辟作闢、漢書萌作氓、隤牆填塹、使山澤之民得至焉。【正義】言得芻牧樵采也、實陂池而勿禁。【正義】實、滿也、言人滿陂池、任采捕所取也、【考證】司馬彪曰、養魚鼈滿陂池、而不禁民取也、中井積德曰、實、塡也、愚按中說較長、虛宮觀而勿仞。【正義】仞、音刃、亦滿也、言離宮別館、勿令人居止、竝廢罷也、【考證】仞、牣通、郭璞曰、虛、言不聚人衆其中也、李笠曰、郭言人衆、當兼輿服車馬奴婢而言、發倉廩以振貧窮、補不足、恤鰥寡、存孤獨、出德號、省刑罰、改制

度、易服色、更正朔、與天下爲始。【考證】漢書文選、史作革、於是歷吉日以齊戒、襲朝衣、乘法駕、建華旗、鳴玉鸞、【正義】朝衣、謂袞龍之服也、法駕、六馬也、【考證】文選、齊作齋、漢書文選、衣作服、游乎六藝之囿、【正義】六藝云、言田獵訖、則遍遊六藝、而疾驅於仁義之道也、【考證】郭璞曰、六藝、禮樂射御書數也、顏師古曰、此六藝、謂六經者也、錢泰吉曰、正義六藝云下、疑有脫文、騖乎仁義之塗、覽觀春秋之林、【集解】郭璞曰、春秋所以觀成敗明善惡者、【考證】漢書文選、騖上有馳字、王先謙曰、游其囿馳其塗、覽其林、皆以射獵之地借喻也、射貍首、兼騶虞、【集解】禮射義曰、天子以騶虞爲節、諸侯以貍首爲節、騶虞者、樂官備也、貍首者、樂會時也、【正義】說文云、騶虞、白虎黑文、尾長於身、太平乃至、天子射以爲節、山海經云、如虎五采、日行千里、周禮云、九射、王以騶虞爲節、諸侯以貍首爲節、大夫以采蘋爲節、鄭云、樂章名也、禮射義云、騶虞者、樂官備也、貍首者、樂會時也、采蘋者、樂循法也、采蘩者、樂不失職也、是故天子以備官爲節、諸侯以時會天子爲節、卿大夫以循法度爲節、士以不失職爲節、按貍首、逸詩、騶虞、邵南之卒章、弋玄鶴、建干戚、【考證】曾國藩曰、干戚、當作干羽、此處當用韻、不似四句即韻者、載雲罕、【索隱】張揖云、罕、畢也、文穎曰、即天畢、星名、前有九旒雲罕之車、案說者以雲罕爲旌旗、非也、且案中朝鹵簿圖云、雲罕駕駟、不兼言九旒、罕車與九旒車別、【正義】鶴、古或反、禮射義、作鵠、音同、【考證】弋亦射也、李善曰、尚書大傳曰、舜樂歌曰、和伯之樂、舞玄鶴、中井積德曰、玄

鶴疑古樂名、漢書文選、建作舞、王先謙曰、雲罕、自是罼網、雲罕九旒、自是旌旗、愚按載雲罕、建雲罕九旒爲前驅也、雲罕旌旗之名、此文每句三字、三字一事、王氏誤連讀載雲罕揜罼雅六字、遂以雲罕爲罼網、非是、梁玉繩曰、案上有玄鶴加、鱗玄鶴二句、幷此三見矣、他若平原、蕙圃、青蘋、衡蘭、江離、蘼蕪、白虎、野馬、鴛雛、孔鸞、騊駼、駿驥、瑇瑁之類、重用複出、豈非文之疵病歟、而彌節、裴回、翺翔、徃來、則全文屢見、蓋未檢也、揜罼雅、【集解】漢書音義曰、大雅、小雅也、【索隱】揜、捕也、張揖曰、詩小雅之材七十四人、大雅之材三十一人、故曰罼雅也、言雲罕載之於車、以捕罼雅之士、【考證】三字一意、不與上句相涉、王先謙曰、揜罼雅、網羅賢俊之意、悲伐檀、【索隱】張揖曰、其詩刺賢者不過明主也、【正義】伐檀、魏國之詩、刺在位貪鄙也、樂樂胥、【索隱】毛詩云、君子樂胥、受天之祜、言王者樂得賢材之人、使之在位、故天與之福祿也、胥、音先呂反、【考證】詩小雅桑扈篇、修容乎禮園、【正義】禮所以自修飾整威儀也、翺翔乎書圃、【正義】尚書所以明帝王君臣之道也、述易道、【正義】易所以絜靜微妙、上辨二儀陰陽、中知人事、下明地理也、言田獵乃射訖、又歷涉六經之要也、放怪獸、【正義】張揖云、苑中奇怪之獸不復獵也、【考證】錢泰吉曰、正義乃疑及、中井積德曰、放怪獸、不復畜也、登明堂、坐清廟、【正義】明堂有五帝廟、故言清廟、王者朝諸侯之處、恣羣臣奏得失。四海之內、靡不受獲。【正義】言天下之人、無不受恩惠、【考證】文選、恣作次、於斯之時、天下大說、嚮風而聽、隨流而

化、喟然興道而遷義、刑錯而不用、【索隱】喟、漢書作嘳、音許貴反、【考證】郭璞曰、嘳、猶勃也、德隆乎三皇、功羨於五帝。【索隱】司馬彪云、羨、溢也、音怡戰反、【正義】羨、饒也、若此故獵乃可喜也。若夫終日暴露馳騁、勞神苦形、罷車馬之用、抏士卒之精、【索隱】抏、音五官反、【正義】抏、挫也、敝也、【考證】漢書文選、無暴露二字、顏師古曰、罷讀曰疲、費府庫之財、而無德厚之恩、務在獨樂、不顧衆庶、忘國家之政、而貪雉兎之獲、則仁者不由也。從此觀之、齊・楚之事、豈不哀哉。地方不過千里、而囿居九百。是草木不得墾辟、而民無所食也。夫以諸侯之細、而樂萬乘之所侈。僕恐百姓之被其尤也。【考證】何焯曰、萬乘之所侈、謂天子、猶此太奢侈者也、文選、無所字、非也、漢書文選、姓下無之字、於是二子愀然改容、超若自失、【索隱】郭璞云、愀、變色貌、音作酉反、逡巡避席曰。鄙人固陋、不知忌諱。乃今日見教。謹聞命矣。

【考證】漢書文選、聞作受、賦奏。天子以爲郎。無是公言天子上林廣大、山谷水泉萬物、及子虛言楚雲夢所有甚衆、侈靡過其實、且非義理所尚。【考證】漢書、過上有多字、尚作止、梁玉繩曰、左思三都賦序、文心雕龍夸飾篇、竝稱相如之賦、詭濫不實、余謂上林地本廣大、且天子以天下爲家、故所敘山谷水泉、統形勝而言之、至其羅陳萬物、亦惟麟鳳蛟龍一二語爲增飾、觀西京雜記三輔黃圖、則奇禽異木、貢自遠方、似不全妄、況相如明著其指、曰子虛烏有亡是、是特主文譎諫之義爾、不必從地望所奠、土毛所產、而較有無也、故刪取其要、歸正道而論之。【索隱】大顏云、不取其夸奢靡麗之論、唯取終篇歸於正道耳、小顏云、刪要、非謂削除其詞、而說者謂此賦已經史家刊剟、失之也、【考證】王先謙曰、玩此賦文辭、首尾完具、即所謂侈靡失實者、固在、豈爲刊剟之本、刪定也、愚按、此言司馬相如刪定無是子虛之語也、王維楨曰、此子長史筆斷案、而非長卿自作、傅明矣、相如爲郎數歲。會唐蒙使略通夜郎・西僰中。【集解】徐廣曰、羌之別種也、音扶逼反、【索隱】張揖曰、蒙、故鄱陽令、今爲郎中、使行略取之、文穎曰、夜郎・僰中、皆南夷、後以爲夜郎屬牂柯、僰屬犍爲、音步北反、【考證】中井積德曰、西字疑衍、漢書無之、王先謙曰、開二郡事在建元六年、相如已爲郎數歲、是獻賦在武帝即位初矣、通夜郎・僰中、詳西南夷傳、發巴・蜀吏卒千人、【索隱】案巴・蜀二郡名、郡又多爲發轉漕

萬餘人。用興法誅其渠帥。【集解】漢書曰、用軍興法也、【考證】興法、卽軍興法、解在下文、又見驃騎將軍傳、錢大昕曰、晉書刑法志云、魏文侯時、李悝著法經八篇、蕭何又益興廄戶三篇、巴・蜀民大驚恐。上聞之、乃使相如責唐蒙、因喻告巴・蜀民以非上意。【考證】張文虎曰、蔡、中統、游、毛本、唐蒙下有等字、與漢書合、愚按楓、三本、亦有、凌稚隆曰、非上意三字、喻民本旨、太史公特首揭之、

檄曰。告巴・蜀太守。蠻夷自擅、不討之日久矣。時侵犯邊境、勞士大夫。陛下卽位、存撫天下、輯安中國、【考證】輯安、漢書作集安、文選作安集、然後興師出兵。北征匈奴、單于怖駭、交臂受事、詘膝請和。【考證】王先謙曰、元光三年、從大行王恢議、誘匈奴擊之、無功、然匈奴貪漢財物、漢亦通關市不絕、以中之、詳匈奴傳、屈膝請和、蓋飾言之、李善曰、戰國策、張儀曰、儀交臂而事齊楚、愚按交臂與交手同、謂拱手也、史記蘇秦傳、西面事秦、交臂而服、西面交臂而臣事秦、義竝同、康居西域、重譯請朝、稽首來享。【考證】漢書文選、請朝作納貢、文選首作顙、顏師古曰、享、獻也、獻其國珍也、王先謙曰、西域傳、漢興至于孝武、事征四夷、廣威德、而張騫始開西域之迹、據史張騫傳、騫使西域、以元朔三年歸、喻巴蜀時、西域康居疑尙未通中國、乃相如夸飾之辭、或其時偶有通貢之事、史無明文邪、移師

東指、閩越相誅。右弔番禺、太子入朝。【集解】文穎曰、番禺、南海郡理也、弔、至也、東伐閩越後、至番禺、故言右至也、案姚氏弔讀如字、小顏云、兩國相伐、漢發兵救之、令弔番禺、故遣太子入朝、弔非至也、【考證】弔、恤也、指閩越弔番禺、在建元六年、事詳南越傳、番禺、卽南越、南夷之君、西僰之長、常效貢職、不敢怠墮。【考證】怠墮、漢書作惰怠、文選作懈怠、延頸舉踵、喁喁然皆爭歸義、欲爲臣妾。【正義】喁、五恭反、口向上也、【考證】桃源抄云、淮南子云、群生莫不喁然仰其治、漢書文選、爭歸義作鄉風慕義、道里遼遠、山川阻深、不能自致。夫不順者已誅、而爲善者未賞。故遣中郎將往賓之、【索隱】賈逵云、賓、伏也、【正義】賓、往賓服而賜之也、【考證】徐孚遠曰、賓、謂以賓見諸侯之禮接之、發巴・蜀士民各五百人、以奉幣帛、衞使者不然、靡有兵革之事、戰鬭之患。【考證】漢書文選、士民作之士、漢書無帛字、不然、猶言不虞也、今聞其乃發軍興制、驚懼子弟、憂患長老。【索隱】張揖曰、發三軍之衆也、興制、謂起軍法制也、案唐蒙爲使、而用軍興法制也、【考證】徐鴻鈞曰、案軍興、是漢法名、周禮地官旅師、平頒其興積、鄭氏注云、縣官徵物曰興、今云軍興、是也、據此則軍興、不當析讀、上文云用軍興法、誅其渠率、又

漢書雋不疑傳、以軍興法誅不從命者、義竝同、郡又擅爲轉粟運輸。皆非陛下之意也。當行者或亡逃自賊殺。亦非人臣之節也。夫邊郡之士、聞烽舉燧燔、【集解】漢書音義曰、烽、如覆米䉛、縣著桔槹頭、有寇則舉之、燧、積薪、有寇則燔然之、【索隱】烽燧、韋昭曰、燧、東草置之長木之端、如挈皋、見敵則燒舉之、燧者積薪、有難則焚之、燧主晝、烽主夜、字林云、䉛、漉米籔也、音一六反、又纂要云、䉛、淅箕也、此注是孟康說、【考證】中井積德曰、燧見烟、烽見火、是烽主夜、燧主晝也、注正相反、皆攝弓而馳、荷兵而走、【索隱】攝弓、上音奴頰反、【考證】攝、持也、流汗相屬、唯恐居後、觸白刃、冒流矢、義不反顧、計不旋踵、人懷怒心、如報私讎。【考證】漢書文選、義作議、彼豈樂死惡生、非編列之民、而與巴・蜀異主哉。【考證】顏師古曰、編列、謂編戶也、計深慮遠、急國家之難、而樂盡人臣之道也。故有剖符之封、析珪而爵、【索隱】如淳曰、析、中分也、白藏天子、青在諸侯也、位爲通侯、居列東第、【索隱】列甲第、在帝城東、故云東第也、終則遺顯號於後世、傳土地於子孫。行事甚

忠敬、居位甚安佚、名聲施於無窮、功烈著而不滅。【考證】漢書、行事作事行、是以賢人君子、肝腦塗中原、膏液潤野草而不辭也。【考證】董份曰、當時巴蜀民、未嘗知兵、故以邊城之習戰者風示之、今奉幣役至南夷、卽自賊殺、或亡逃抵誅、身死無名、謚爲至愚、恥及父母、爲天下笑。【考證】李善曰、謚、猶號、人之度量相越、豈不遠哉。然此非獨行者之罪也。父兄之敎不先、子弟之率不謹也。寡廉鮮恥、而俗不長厚也。【考證】漢書文選、謹下無也字、其被刑戮、不亦宜乎。陛下患使者有司之若彼、悼不肖愚民之如此。故遣信使、曉喻百姓以發卒之事、因數之以不忠死亡之罪、讓三老孝弟以不敎誨之過。【正義】百官表云、十里一亭、亭有長、十亭一鄉、鄉有三老、有秩嗇夫游徼、三老、掌敎化、嗇夫、職聽訟收賦稅、游徼、備盜賊、【考證】顏師古曰、數、責也、音所具反、讓、責也、責其敎誨不備也、李善曰、漢書景帝詔曰、置三老孝弟、以道民焉、方今田時、

重煩百姓。【索隱】重、猶難也。 已親見近縣。【考證】顏師古曰、近縣之人、使者已自見而口諭之矣、故爲檄文馳以示遠所也。 恐遠所谿谷山澤之民不徧聞。檄到亟下縣道、【集解】漢書百官表曰、縣有蠻夷曰道。【索隱】亟音紀力反、亟、急也。 使咸知陛下之意、唯毋忽也。【考證】漢書無之字也字。顏師古曰、忽、忘也。 相如還報。唐蒙已略通夜郎、因通西南夷道、發巴・蜀・廣漢卒。【考證】廣漢、郡名、事詳西南夷傳。 作者數萬人治道。二歲道不成。士卒多物故、費以巨萬計。【索隱】案巨萬、猶萬萬也。案數有大小二法、張揖曰、算法萬萬爲億、是大數也、鄭子曰、十萬爲億、是小數也。【正義】物故、死也、如衆物之故而零落也。【考證】漢書蘇武傳、前以降及物故、顏師古曰、物故、謂死也、言其同鬼物而故也、一說不欲斥言、但云其所服用之物、皆已故耳、說者妄欲改物爲勿、非也。宋祁曰、物、當從南本作歾、音沒。王念孫曰、釋名、漢以來、謂死爲物故、言其諸物皆就朽故也、史記張丞相傳集解引高堂隆答魏朝訪曰、物、無也、故、事也、言無所能於事。念孫案、宋說近之、物與歾同、說文、歾、終也、或作歿、物、歾聲近而字通、今吳人言物字聲如沒、語有輕重耳、物故、猶言死亡、楚元王傳云、物故流離以十萬數、夏侯勝傳云、百姓流離物故者過半、物故與流離對文、諸家皆不知物爲歾之借字、愚按物故、猶言事故、戰死病沒皆是、說見匈奴傳。 蜀民及漢用事者、多言其不便。

【索隱】案謂公孫弘也。 是時邛・筰之君長、聞南夷與漢通、得賞賜多、【索隱】邛筰之君長、文穎曰、邛者、今爲邛都縣、筰者、今爲定筰縣、皆屬越嶲郡。【正義】邛・筰二國、在蜀西、解在西南夷傳也。【考證】邛、今四川寧遠府地、筰、今雅州清溪縣、唐置黎州。 多欲願爲內臣妾、請吏比南夷。【索隱】謂請置漢吏、與南夷爲比例也。 天子問相如。相如曰、邛・筰・冄駹者近蜀、道亦易通。【正義】冄駹、一國、在蜀西、解在西南夷傳也。【考證】冄駹、今茂州。 秦時嘗通爲郡縣、至漢興而罷。今誠復通爲置郡縣、愈於南夷。【索隱】張揖曰、愈、差也、又云、愈、猶勝也、晉灼曰、南夷謂犍爲牂柯也、西夷、謂越嶲益州。【正義】愈、勝也。 天子以爲然。乃拜相如爲中郎將、建節往使。【索隱】張揖曰、秩四百石、五歲遷補大縣令。【考證】王先謙曰、此及上文中郎將、與漢書同、西南夷傳竝作郎中將、漢書亦同、未知孰是、漢百官志、中郎有五官左右三將、秩皆比二千石、郎中有車戶騎三將、秩皆比千石、非四百石也、沈家本曰、是時相如至蜀、蜀太守以下郊迎、縣令負弩矢先驅、其非五歲補縣令之郎可知矣。 副使王然于・壺充國・呂越人。馳四乘之傳、因巴・蜀吏幣物、以賂西夷。至蜀。【索隱】案漢書公卿表、太初元年、充國爲鴻臚卿也。【考證】王先謙曰、四乘亦急傳

也、六乘傳、見吳王濞傳、七乘傳、見漢書武五子傳、漢書西下有南字。 蜀太守以下郊迎、縣令負弩矢先驅。【索隱】案亭吏二人、弩矢合是亭長負之、今縣令自負矢、則亭長當負弩也、且負弩亦守宰無定、或隨輕重耳、案霍去病出擊匈奴、河東太守郊迎負弩、又魏公子救趙擊秦、秦軍解去、平原君負闌矢、迎公子於界上。【考證】王先謙曰、傳明言縣令負弩矢、索隱旣謂隨時輕重、又言亭長當負弩、文義兩失矣。 蜀人以爲寵。【索隱】蜀以爲寵、華陽國志云、蜀大城北十里有升仙橋、有送客觀也、相如初入長安、題其門云、不乘赤車駟馬、不過汝下也。【考證】寵、猶榮也。 於是卓王孫・臨邛諸公、皆因門下獻牛酒以交驩。【考證】凌稚隆曰、應轉卓王孫臨邛一段。 卓王孫喟然而歎、自以得使女尚司馬長卿晚。而厚分與其女財、與男等同。【索隱】小顏云、尚、猶配也、本或作當也。【考證】李笠曰、尚上同時長卿已貴、故云尚、作當非、漢書無等字。 司馬長卿便略定西夷。【考證】漢書、便作使、西下有南字、非是。 邛・筰・冄駹・斯榆之君、皆請爲內臣。【索隱】斯、鄭氏音曳、張揖云、斯俞國也、案今斯讀如字、益部耆舊傳、謂之斯臾、華陽國志、邛都縣有四部、斯臾一也。【正義】斯渝國、在蜀南、解在西南夷傳。【考證】今雅州府天全州。 除邊關、關益斥、【索隱】張揖曰、斥、廣也。【考證】漢書、不重關字、蓋脫文也、王先謙曰、言除去舊設之關、更於新開之地置關也、益斥、文意

連下、 西至沬・若水、【索隱】張揖曰、沬水、出蜀廣平徼外、與青衣水合也、若水、出旄牛徼外、至僰道入江、華陽國志、漢嘉縣有沬水、音妹、又音末。【考證】齊召南曰、張揖注廣平、當作廣柔。 南至牂柯爲徼、【索隱】張揖曰、徼、塞也、以木柵水爲蠻夷界。【考證】中井積德曰、徼者邊疆之限也、何必論木水。 通零關道、【集解】徐廣曰、越嶲有零關縣。【考證】漢書、零關作靈山、齊召南曰、以地理志證之、越嶲有靈關道、則山字訛也、錢大昭曰、兩漢志俱作靈關道、愚按靈零通用。 橋孫水、【集解】韋昭曰、爲孫水作橋。 以通邛都。【索隱】韋昭曰、爲橋孫水通筰也、案華陽國志云、相如卒開僰道、通南夷、置越嶲郡、韓說開益州、唐蒙開牂柯、斬筰王首、置牂柯郡也。【考證】索隱出通筰二字、漢書作通邛莋、王念孫曰、邛都當從漢書作邛莋、上文言邛莋冄駹皆請爲內臣、下文言朝冄從駹、定莋存邛、則此不得言但通邛都也。 還報天子。天子大說。相如使時、蜀長老多言通西南夷不爲用。唯大臣亦以爲然。【考證】唯、雖通、大臣、公孫弘。 相如欲諫。業已建之。不敢。【索隱】案業者、本也、謂本由相如立此事也。【考證】中井積德曰、業亦旣也、相如嘗贊成之、故曰建之也。 乃著書、籍以蜀父老爲辭、而己詰難之、以風天子。【正義】籍、音借。【考證】漢書、籍作藉、顏師古曰、藉、假也、風、讀曰諷。 且因宣其使指、令百姓知天子之意。

【考證】何焯曰、此篇仍賦頌之體、較之前檄、爲辭勝事、其辭曰。漢興七十有八載、【集解】徐廣曰、元光六年也、德茂存乎六世、【正義】高祖、惠帝、高后、孝文、孝景、孝武、威武紛紜、湛恩汪濊、【索隱】韋昭云、濊恩、上音沈、【正義】紛紜、威武盛也、汪濊、深廣也、羣生澍濡、洋溢乎方外。【正義】顧野王云、時雨所以澍萬物也、【考證】漢書文選、澍作霑、濊世濊外韻、於是乃命使西征、隨流而攘。【索隱】攘、卻也、汝羊反、風之所被、罔不披靡。因朝冄從駹、定筰存邛、略斯榆、舉苞滿。【索隱】服虔云、夷種也、滿字或作蒲也、【考證】漢書文選、作蒲、卽靡莫、結軼還轅、東鄉將報。至于蜀都。【索隱】結軼、下音轍、漢書作軌、張揖云、結、屈也、【考證】軼、諸本作軌、今從索隱本、王念孫曰、今本作軌、依漢書改、征攘被靡駹邛榆蒲都韻、耆老大夫薦紳先生之徒、二十有七人、儼然造焉。辭畢、因進曰。【考證】顏師古曰、辭、謂初謁見之辭、蓋聞天子之於夷狄也、其義羈縻勿絕而已。【索隱】案、羈、馬絡頭也、縻、牛韁也、漢官儀、馬云羈、牛云縻、言制四夷如牛馬之受羈縻也、【考證】文選、於作牧、中井積德曰、縻亦以馬言、是小索牽馬、圉人所執、亦與轡異、今罷三郡之士、通夜

郎之塗、三年於茲、而功不竟。【考證】顏師古曰、能讀曰疲、士卒勞倦、萬民不贍。今又接以西夷。【考證】漢書文選、接下有之字、百姓力屈、恐不能卒業。此亦使者之累也。竊爲左右患之。且夫邛・筰・西僰之與中國竝也、歷年茲多、不可記已。【正義】言邛筰西僰、立國以來、與中國年月等、不可記錄、【考證】顏師古曰、已、語終之辭、仁者不以德來。彊者不以力幷。意者其殆不可乎。【正義】言自古帝王、雖仁治不能招來、雖強力不能幷兼、以其路遠、殆不可通、【考證】顏師古曰、以其險遠、理不可也、今割齊民以附夷狄、【考證】何焯曰、附、附益之也、割齊民、謂賂以巴蜀吏幣物、弊所恃以事無用。【正義】所恃、齊民、言帝王依恃、無用、謂夷狄也、鄙人固陋不識所謂。使者曰。烏謂此邪。必若所云、則是蜀不變服、而巴不化俗也。【正義】言巴蜀蠻夷、本椎髻左衽、今從中國服俗也、若西南夷不可通、卽巴蜀服俗、不應變改、余尙惡聞若說。【索隱】張揖曰、惡聞若曹之言也、包愷音一故反、又音烏、烏者安也、【考證】漢書文選、余作僕、文選、尙作常、顏師古曰、若、如也、言僕猶惡聞如此之說、況乎遠識之人也、然斯

事體大、固非觀者之所覯也。余之行急、其詳不可得聞已。請爲大夫麤陳其略。【考證】漢書文選、麤作粗、蓋世必有非常之人、然後有非常之事。有非常之事、然後有非常之功。非常者、固常人之所異也。【索隱】案、常人見之以爲異、【考證】文選、功下有夫字、固常下人字、楓、三本、毛本有、與漢書文選合、今依補、故曰。非常之原、黎民懼焉。【索隱】張揖曰、非常之事、其本難知、衆人懼也、【考證】漢書、原作元、顏師古曰、元、始也、及臻厥成、天下晏如也。昔者鴻水浡出、氾濫衍溢。民人登降移徙、陭嶇而不安。【考證】漢書文選、鴻作洪、浡作沸、登作升、陭嶇作崎嶇、夏后氏戚之、乃堙鴻水、決江疏河、灑沈贍菑、【集解】徐廣曰、灑、一作灑、【索隱】灑沈澹菑、灑音鹿、菑音災、漢書作斷沈澹災、解者云、斷作灑、灑、分也、音所綺反、澹、安、沈、深也、澹、音徒暫反、【考證】堙鴻水、漢書作堙洪原、文選作湮洪塞源、灑沈贍菑、漢書文選、作灑沈澹災、愚按、堙、猶遏也、抑也、說詳河渠書、中井積德曰、贍如字、訓救可也、漢書不必據、東歸之於海、而天下永寧。當斯之勤、豈唯民哉。【索隱】案、謂非獨人勤、禹亦親其勞也、心煩於

慮、而身親其勞、躬胝無胈、膚不生毛。【集解】徐廣曰、胝、音竹移反、胈、踵也、一作腠、音湊、膚理也、胈、音魃、【索隱】躬奏胝無胈、張揖曰、奏、作戚、躬、體也、戚、腠理也、韋昭曰、胈、其中小毛也、胝、音丁私反、莊子云、禹腓無胈、脛不生毛、李頤云、胈、白肉也、音蒲末反、【考證】躬下漢書有傶胼二字、文選有腠字、索隱本有奏字、愚按無者爲正、荀子子道篇、手足胼胝、胝、皮厚也、故休烈顯乎無窮、聲稱浹乎于茲。【正義】浹、徹也、【考證】于茲、今茲也、且夫賢君之踐位也、豈特委瑣握齪、拘文牽俗、循誦習傳、當世取說云爾哉。【索隱】孔文祥云、委瑣、細碎、握齪、局促也、【正義】拘文牽俗、言武帝常拘繫脩法之文、牽引隨俗之化、【考證】文選、握作喔、循作脩、顏師古曰、說、讀曰悅、言非直因循自誦習所傳聞、取美悅於當時而已、必將崇論閎議、創業垂統、爲萬世規。故馳騖乎兼容幷包、而勤思乎參天貳地。【索隱】案、天子比德於地、是貳地也、與己幷天爲三、是參天也、故禮曰、天子與天地參、是也、且詩不云乎。普天之下、莫非王土。率土之濱、莫非王臣。【集解】毛詩傳曰、濱、涯也、【考證】詩小雅北山之篇、是以六合之內、八方之外、浸潯衍溢、懷生之物、有不浸潤於澤者、賢君

恥之。【索隱】浸淫、案浸淫、猶漸浸、【正義】六合、天地四方、八方、四方及四維也、【考證】楓、三本、及漢書文選、潯作淫、顏師古曰、浸淫猶漸漬也、衍溢、言有餘也、今封疆之內、冠帶之倫、咸獲嘉祉、靡有闕遺矣。而夷狄殊俗之國、遼絕異黨之地、舟輿不通、人迹罕至、政教未加、流風猶微。【考證】漢書文選、與作事、內之則犯義侵禮於邊境、外之則邪行橫作、放弑其上。【考證】文選、犯上有時字、漢書文選、弑作殺、內外自漢言之、王先謙曰、其於中國則犯邊、在其國則放弑、君臣易位、尊卑失序、父兄不辜、幼孤爲奴、係纍號泣。【正義】纍、音力追反、言爲人掠獲、而係纍爲奴、離別號泣、內向怨天子化不至也、【考證】文選、兄作老、漢書文選、奴下有虜字、中井積德曰、不辜、謂不辜而被戮也、內嚮而怨曰。蓋聞中國有至仁焉。德洋而恩普、物靡不得其所。今獨曷爲遺己。【考證】漢書文選、洋下無而字、淩稚隆曰、如東征西夷怨之意、愚按、恩普下諸本、有洋溢貌、集解、慶長本無、張文虎曰、洋溢已見上文、此後人旁注誤混、今刪、舉踵思慕、若枯旱之望雨。【考證】分明學孟子、盭夫爲之垂涕。況乎上聖、又惡能已。

【集解】徐廣曰、盭、音戾、【索隱】張揖曰、很戾之夫也、字或作戾、盭古戾字、【考證】惡、漢書作烏、文選作焉、顏師古曰、已、止也、故北出師以討彊胡、南馳使以誚勁越、四面風德。二方之君、鱗集仰流、願得受號者以億計。【索隱】二方、謂西夷邛僰、南夷牂柯夜郎也、【考證】顏師古曰、誚、責也、號、謂爵號也、張鴻漸曰、鱗、魚也、鱗集、猶言魚聚而向流、不必定爲鱗之相次、故乃關沫若、徼牂柯、鏤零山、梁孫原、【集解】漢書音義曰、以沫若水爲關、【正義】鑿靈山通以關也、【考證】慶長本標記云、正義本、零作靈、愚按、漢書文選亦作靈、創道德之塗、垂仁義之統。將博恩廣施、遠撫長駕、使疏逖不閉、【索隱】逖、遠、言其疏遠者不被閉絕也、【正義】遠撫、安、長駕、御、言帝德廣被若覯臨、【考證】王先謙曰、長駕、猶遠馭、阻深闇昧、【索隱】曶爽闇昧、三蒼云、曶爽、早朝也、曶音昧、案字林又音忽、【考證】索隱本、阻深作曶爽、與漢書文選合、王念孫曰、作曶爽者是也、漢書郊祀志、昒爽、顏師古云、昒爽、未明之時也、義與闇昧相近、若作阻深、則與下句義不相屬、得耀乎光明、以偃甲兵於此、而息誅伐於彼。【考證】漢書文選、誅作討、遐邇一體、中外提福、不亦康乎。【集解】徐廣曰、提、一作禔、音支、【索隱】禔福、說文云、禔、安也、市支反、【考證】漢書文選、提作禔、夫拯民於沈溺、

奉至尊之休德、反衰世之陵遲、繼周氏之絕業。斯乃天子之急務也。【考證】漢書文選、陵遲作陵夷、無斯乃二字、遲夷古音同、顏師古曰、陵夷、謂弛替也、百姓雖勞、又惡可以已哉。【正義】惡、音烏、言漢奉至尊休德、救民沈溺、繼周之絕業、反陵夷之衰代、是天子之急事、百姓雖勞苦、何以止住哉、【考證】文選、已下有乎字、且夫王事固未有不始於憂勤、而終於佚樂者也。【考證】漢書文選、事作者、顏師古曰、始能憂勤、則終獲逸樂也、然則受命之符、合在於此矣。【索隱】張揖云、在於憂勤佚樂之中也、【考證】王先謙曰、此謂天子通西南夷、憂民勤遠之事、張注非、文選漢書、無矣字、方將增泰山之封、加梁父之事、鳴和鸞、揚樂頌、上咸五、下登三。【集解】徐廣曰、咸、一作函、駰案、韋昭曰、咸、同於五帝、登三王之上、【索隱】上減五、下登三、李奇曰、五帝之德、漢比爲減、三王之德、漢出其上、故云減五登三也、虞憙志林云、相如欲減五帝之一、以漢爲五帝之數、自然是登於三王之上也、今本減或作咸、是韋昭之說也、【考證】詩閟宮、克咸厥功、鄭箋、咸、同也、韋說爲長、文選作減、非是、余有丁曰、此封禪遺書所由作也、觀者未睹指、聽者未聞音。猶鷦明已翔乎寥廓、而羅者猶視乎藪澤。悲夫。【正義】寥廓、天上寬廣之處、【考證】鷦明、

漢書作焦朋、文選作鵾鵬、文選、廓下有之字一字、顏師古曰、澤無水曰藪、楊慎曰、鷦明羅者之喻、所以言非常因非常情之所度也、於是諸大夫芒然喪其所懷來、而失厥所以進、【考證】漢書文選、芒作茫、顏師古曰、初有所懷而來、欲進而陳之、今並喪失其來意也、喟然竝稱曰。允哉漢德。此鄙人之所願聞也。百姓雖怠、請以身先之。【考證】漢書文選、怠作勞、敞罔靡徙、因遷延而辭避。【索隱】案敞罔、失容也、靡徙、失正也、【考證】漢書文選、無因字、楓、三本、遷延作逡遁、蓋逡巡之義、其後人有上書、言相如使時受金。失官。居歲餘、復召爲郎。相如口吃而善著書。【考證】韓非傳云、非爲人口吃、不能道說、而善著書、常有消渴疾。與卓氏婚、饒於財。其進仕宦、未嘗肯與公卿國家之事。稱病閒居、不慕官爵。【考證】楓、三本、事下有常字、與漢書合、常從上至長楊獵。【正義】括地志云、秦長楊宮、在雍州盩厔縣東南三里、上起以宮內有長楊樹、以爲名、【考證】楓、三本、及漢書、常作嘗、是時天子方好自擊熊彘、馳逐野獸。【考證】漢書、彘作豕、相如上疏諫之。其辭曰。臣聞物

有同類而殊能者。故力稱烏獲、【索隱】張揖曰、秦武王力士舉龍文鼎者也、捷言慶忌、【索隱】張揖曰、吳王僚之子、勇期賁・育。【正義】賁音奔、孟賁、古之勇士、水行不避蛟龍、陸行不避豺狼、發怒吐氣、聲音動天、夏育亦古之猛士也、臣之愚竊以爲人誠有之。獸亦宜然。【考證】文選愚下有暗字、董份曰、見獸亦有力絶群類者、不可輕犯、愚按又暗言陵險射猛、勇士之事、非人君所宜躬親、今陛下好陵阻險、射猛獸。卒然遇軼材之獸、【索隱】猝然、廣雅云、猝、暴也、音倉兀反、駭不存之地、【索隱】謂所不虞而猛獸駭發也、【考證】劉攽曰、不存、猶言不虞、王先謙曰、釋詁、存、察也、謂不及察之地、犯屬車之淸塵、【集解】蔡邕曰、古者諸侯貳車九乘、秦滅九國、兼其車服、故大駕屬車八十一乘、【考證】屬車、猶言後車、不直言乘輿也、輿不及還轅、人不暇施巧、雖有烏獲・逢蒙之伎、力不得用。【集解】吳越春秋曰、羿傳射於逢蒙、【索隱】孟子云、逢蒙學射於羿、盡羿之道也、【考證】文選雖作惟、漢書無力字、枯木朽株、盡爲害矣。【考證】漢書文選害作難、是胡・越起於轂下、而羌・夷接軫也。豈不殆哉。【考證】顏師古曰、軫、車後橫木、雖萬全無患、然本非天子之所宜近也。【考證】漢書全下有

而字、且夫淸道而後行、中路而後馳、猶時有銜橛之變。【集解】徐廣曰、橛、音巨月反、鉤逆者謂之橛矣、【索隱】銜橛之變、張揖曰、銜、馬勒銜也、橛、騑馬口長銜也、周遷輿服志云、鉤逆上者爲橛、橛在銜中、以鐵爲之、大如雞子、鹽鐵論云、無銜橛而禦捍馬、橛、音巨月反、【正義】橛、謂車鉤心也、言馬銜或斷、鉤心或出、則致傾敗以傷人也、【考證】漢書文選、馳下無後字、王念孫曰、銜橛皆所以制馬、若鉤心、在輿之下軸之上、與馬何涉、當從張說爲是、而況涉乎蓬蒿、馳乎丘墳、前有利獸之樂、而內無存變之意。其爲禍也不亦難矣。【考證】漢書文選、況涉乎蓬蒿、馳乎丘墳、作況乎涉豐草騁丘虛、禍作害、漢書無亦字、夫輕萬乘之重、不以爲安、而樂出於萬有一危之塗、以爲娛。臣竊爲陛下不取也。【考證】漢書無而字、漢書文選無於字、蓋明者遠見於未萌、而智者避危於無形。禍固多藏於隱微、而發於人之所忽者也。【考證】文選、蓋下有聞字、故鄙諺曰。家累千金、坐不垂堂。【索隱】張揖云、提簷瓦墮中人、樂產云、垂、邊也、恐墮墜之也、【考證】袁盎傳、盎諫文帝曰、臣聞千金之子坐不垂堂、百金之子不騎衡、聖主不乘危而徼幸、今陛下騁六騑馳下峻山、如有馬驚車敗、陛下縱自輕、奈高廟太后何、與此

文詞氣相似、沈欽韓曰、論衡四諱篇、毋承屋檐而坐、恐瓦墜擊人首也、此言雖小可以喩大。臣願陛下之留意幸察。上善之。還過宜春宮。【正義】括地志云、秦宜春宮、在雍州萬年縣西南三十里、宜春苑在宮之東、杜之南、始皇本紀云、葬二世杜南宜春苑中、案今宜春宮、見二世陵、故作賦以哀也、【考證】顏師古曰、宜春、本秦之離宮、胡亥於是爲閻樂所殺、故感其處而哀之、相如奏賦、以哀二世行失也。其辭曰。登陂陁之長阪兮、【索隱】登陂陁、陂、音普何反、陁、音徒何反、坌入曾宮之嵳峩。【集解】漢書音義曰、坌、並也、【索隱】坌入、上音步寸反、【考證】曾讀爲層、顏師古曰、重也、臨曲江之隑州兮、望南山之參差。【集解】漢書音義曰、隑、長也、苑中有曲江之象、泉中有長洲也、【索隱】案隑、音祈、隑卽碕、謂曲岸頭也、張揖曰、隑、長也、苑中有曲江之象、中有長州、又有宮閣路、謂之曲江、在杜陵西北五里、又三輔舊事云、樂游原在北、是也、巖巖深山之谾谾兮、通谷豁兮谽谺。【集解】徐廣曰、谾、音力工反、【索隱】谾、音苦江反、晉灼曰、音籠、古豅字、蕭該云、谾、或作豅、長大貌也、谽谺、呼含、呼加二反、【考證】卽谽字、峩差谺韻、汨淢噏習以永逝兮、注平皐之廣衍。【索隱】汨淢噏、上音于筆反、淢、音域、疾貌也、噏、音許及反、漢書作翕習、翕習、輕舉意也、【考證】吳都賦、翕習容裔、噏翕同意、漢書無習字、觀衆樹之塕薆

兮、覽竹林之榛榛。【索隱】薆、音愛、謂隱也、【正義】榛榛、盛貌也、【考證】漢書、塕作薆、張文虎曰、此下索隱三條、單本無、蔡中統、游三本、亦無、衍榛、韻、東馳土山兮、北揭石瀨。【索隱】說文云、瀨、水流沙上也、【考證】顏師古曰、揭、褰衣而渡也、石而淺水曰瀨、彌節容與兮、歷弔二世。持身不謹兮、亡國失勢。信讒不寤兮、宗廟滅絕。【索隱】容與、游戲貌也、【考證】漢書、彌作弭、瀨世勢絕韻、嗚呼哀哉、操行之不得兮、墳墓蕪穢而不脩兮、魂無歸而不食。【考證】漢書無哀哉墳三字、夐邈絕而不齊兮、彌久遠而愈佅。精罔閬而飛揚兮、拾九天而永逝。嗚呼哀哉。【正義】太玄經云、九天、謂一爲中天、二爲羨天、三爲從天、四爲更天、五爲睟天、六爲廓天、七爲減天、八爲沈天、九爲成天、【考證】佅、昧同、九天、猶言極天、不必一一命名、得食佅逝韻、漢書無結末五句、劉辰翁以刪之爲工、梁玉繩爲後人妄增、而吳汝倫則云、五句神妙所注也、相如拜爲孝文園令。【索隱】百官志云、陵園令、六百石、掌案行掃除也、天子既美子虛之事。相如見上好僊道、因曰。上林之事、未足美也。尚有靡者。臣嘗爲大人賦。未就。

請具而奏之。【考證】漢書無道字、顏師古曰、靡、麗也、相如以爲列僊之傳、居山澤閒。【集解】列仙之傳、居山澤、案傳者、謂相傳以列仙居山澤間、音持全反、小顏及劉氏竝作儒、儒、柔也、術士之稱、非、【正義】儒、柔也、凡有道術、皆爲儒、【考證】正義本傳作儒、與漢書合、王念孫曰、郊祀志、此三神山者、其傳在勃海中、與此傳字同、漢書作儒、轉寫之訛、形容甚臞。此非帝王之僊意也。【集解】徐廣曰、臞、瘦也、【索隱】韋昭曰、臞、瘠也、舍人云、臞、瘦也、文子云、堯癯瘦、音巨俱反、乃遂就大人賦。【考證】漢書、就作奏、其辭曰。【考證】此篇多用楚辭遠遊篇語、世有大人兮、在于中州。【索隱】張揖云、喻天子、向秀云、聖人在位、謂之大人、張華云、相如作遠遊之體、以大人賦之也、【考證】顏師古曰、中州、中國也、愚按、遠遊楚辭篇名、屈原所作、宅彌萬里兮、曾不足以少留。【考證】顏師古曰、彌、滿也、悲世俗之迫隘兮、朅輕舉而遠遊。【索隱】如淳曰、武帝云、誠得如黃帝、去妻子如脫屣、是悲世俗迫隘也、【考證】說文、朅、去也、遠遊篇、悲時俗之迫阨兮、願輕舉而遠遊、垂絳幡之素蜺兮、載雲氣而上浮。【正義】張揖曰、乘、用也、赤氣爲幡、綴以白氣也、如淳曰、絳氣以虹蜺爲幡、【考證】遠遊篇、焉託乘而上浮、又云、掩浮雲而上征、垂字與下文相犯、正義本作乘、與漢書合、王先謙曰、乘載對文、猶言駕素蜺而載雲氣耳、不當訓用、愚按、州留遊浮韻、建格澤之長竿兮、總

光耀之采旄。【正義】漢書音義曰、格澤之氣如炎火狀、黃白色、起地上至天、以此氣爲竿、旄、葆也、總、係也、係光耀之氣於長竿以爲葆者、【考證】漢書、長作修、遠遊篇、建雄虹之采旄、五色雜而炫燿、垂旬始以爲幓兮、抴彗星而爲髾。【集解】漢書音義曰、旬始、氣如雄雞、縣於葆下以爲旄也、髾、燕尾也、抴彗星綴著旄、以爲燕尾、【考證】漢書、抴作曳、遠遊篇、擥彗星以爲旍、又云、造旬始而觀淸都、注、旬始、星名、掉指橋以偃蹇兮、又旖旎以招搖。【集解】漢書音義曰、指橋、隨風指麾、【索隱】棹、音徒弔反、指、音居桀反、橋、音矯、張揖曰、指橋、隨風指麾、偃蹇、高貌、應劭云、旖旎旗屈撓之貌、【考證】索隱本、指作揭、故云居桀反、漢書旖旎作猗抳、張揖曰、偃蹇、委曲貌、猗抳、下垂貌、招搖、跳蹐也、攬欃槍以爲旌兮、靡屈虹而爲綢。【集解】漢書音義曰、綢、韜也、以斷虹爲旌紅之韜、【索隱】綢、音籌、或音韜、屈虹、斷虹也、【正義】天官書云、天欃長四丈、末銳、天槍長數丈、兩頭銳、其形類彗也、【考證】中井積德曰、旄、披旄也、屈虹、謂婉曲之虹也、非斷、紅杳渺以眩湣兮、猋風涌而雲浮。【集解】漢書音義曰、旬始屈虹氣、色紅、杳渺、眩湣、闇冥無光也、【索隱】紅杳眇以泫湣、蘇林曰、泫、音炫、湣、音黔、晉灼曰、紅、赤色貌、杳眇、深遠、泫湣、混合也、紅或作虹也、【考證】漢書、眩作玄、晉灼曰、言自絳幡以下、衆氣色盛、光采相燿、幽藹炫亂也、顏師古曰、如猋風之踊、如雲之浮、言輕舉也、旄、髾、搖、綢、浮、韻、駕應龍象輿之蠖略逶麗兮、驂赤螭靑虯之蚴蟉蜿蜒。

【正義】文穎曰、有翼曰應龍、其最神妙者也、瑞應圖云、虬龍神無鱗甲、女媧時服應龍驂靑虬、是也、顏云、蠖略委麗、蚴蟉宛蜒、皆其行步進止之貌也、【考證】漢書、逶作委、虯作虬、蚴作蚴、蜿作宛、參與見上林賦、低卬天蟜、据以驕驁兮、【索隱】張揖曰、据、直項也、驕驁、縱恣也、据、音據、驕、音居召反、驁、音五到反、【考證】遠遊篇、服偃蹇以低昂兮、驂連蜷以驕驁、漢書、据作裾、詘折隆窮、蠼以連卷。【索隱】蠼以連卷、韋昭曰、龍之形貌也、蠼、音起碧反、連卷、音棘卷也、【正義】据、直項也、驕驁、縱恣也、詘折、委曲也、崇、窮、舉首也、蠼、跳也、連卷、句蹄也、【考證】索隱本、正義本、蠼作躩、正義本、隆作崇、中井積德曰、窮、穹同、王先謙曰、論語足躩如也、疏、躩、盤辟而爲敬也、詩卷阿傳、卷、曲也、言其連卷局曲、狀若盤辟、故曰躩以連卷也、連卷亦作連蜷、楚辭雲中君、靈連蜷兮既留、甘泉賦、蛟龍連蜷于東厓兮、注、連蜷、長曲貌、沛艾赳螑仡以佁儗兮、【集解】漢書音義曰、赳螑、申頸低卬也、佁儗、不前也、【索隱】孟康曰、赳螑、申頸低頭、張揖曰、赳螑、牙跳也、赳、音居幼反、螑、音許救反、張揖曰、仡、舉頭也、佁儗、不前也、佁、音勑吏反、儗、音魚吏反也、【正義】沛艾、駊騀也、【考證】王先謙曰、文選東京賦、齊騰驤而沛艾、李善注、沛艾、作姿容貌也、漢書注引張揖、解爲駊騀、玉篇、駊騀、馬搖頭、與選訓合、類篇、赳螑、龍申頸行貌、螑當爲趬之借字、說文、趬、輕勁有才力也、趬、行也、詩大雅、崇墉仡仡、傳、仡仡、高大也、放散畔岸、驤以孱顏。【索隱】服虔曰、馬仰頭、其口開、正孱頦也、韋昭曰、顏、音吾板反、詩云、兩服上驤、注云、驤馬是也、【正義】畔岸、自縱之貌、【考證】驤、舉也、蜒卷顏韻、跮踱輵轄、容以委麗兮、綢繆偃蹇、怵㚔以

梁倚。【集解】徐廣曰、跮踱、乍前乍郤也、跮、音丑栗反、踱、音勑略反、輵、烏葛反、轄、音曷、綢、一作雕、㚔、音他路反、駰案、漢書音義曰、怵㚔、走也、梁倚、相著也、【索隱】跮踱輵磍、張揖曰、跮踱、疾行貌、輵磍、前郤也、跮、音褚栗反、踱、音褚略反、輵、音烏葛反、磍、音曷、蜩蟉偃蹇、蜩、音徒弔反、蟉、音勑弔反、張揖曰、偃蹇、郤距也、廣雅曰、偃蹇、夭蟜之貌、張揖曰、怵㚔、奔走、梁倚、相著、韋昭曰、㚔、音答略反、相如傳云、倏㚔遠去、㚔、視也、【考證】集韻、輵轄、轉搖也、士相見禮注、容、謂趨翔、文選魯靈光殿賦、奔虎攫挐以梁倚、糾蓼叫奡、蹋以艐路兮、【集解】徐廣曰、艐、音介、至也、【索隱】蓼、音了、奡、音五到反、小顏云、叫奡、高舉貌、蹋、音徒荅反、艐、音屆、三倉云、蹋、著地、孫炎云、艐、古屆字也、【考證】張揖曰、叫奡、相呼也、王先謙曰、蓼爲繚之借字、奡爲嶅之借字、沈欽韓曰、艐屆、古今字、至也、蔑蒙踊躍、騰而狂趡。【集解】漢書音義曰、蔑蒙、飛揚也、趡、走也、【索隱】蔑蒙、張揖曰、蔑蒙、飛揚也、趡、走貌、【考證】趡、音唯、倚趡韻、漢書作趭、音焦、失韻、莅颯卉翕、熛至電過兮、煥然霧除、霍然雲消。【正義】莅颯、飛相及也、卉翕、走相追也、【考證】漢書、翕熛作歙焱、莅、音利、邪絕少陽而登太陰兮、與眞人乎相求。【集解】漢書音義曰、少陽、東極、太陰、北極、邪度東極而升北極者也、【考證】消、求、韻、互折窈窕以右轉兮、橫厲飛泉以正東。【正義】厲、渡也、張揖云、飛泉、谷也、在崑崙山西南、【考證】說文、窈、深遠也、窕、深肆極也、遠遊篇、歷大皓以右轉兮、悉徵靈圉而選之兮、部乘衆神於

瑤光。〔集解〕漢書音義曰、搖光、北斗杓頭第一星。〔正義〕靈圉、仙人也。〔考證〕漢書乘作署、瑤作搖、遠游篇、選署衆神以竝轂。使五帝先導兮、〔正義〕遵導、應云、五帝、五時帝、太皓之屬也。反太一而從陵陽。〔集解〕漢書音義曰、仙人陵陽子明也。〔正義〕天官書云、中官天極星、其一明者、太一常居也。列仙傳云、子明於沛銍縣旋溪釣得白龍、放之、後白龍來迎子明、去止陵陽山上百餘年、遂得仙也。左玄冥而右含靁兮、〔集解〕漢書音義曰、含靁、黔嬴也、天上造化神名也、或曰水神。〔考證〕張揖曰、玄冥、北方黑帝佐也。漢書含作黔。遠游篇、歷玄冥以邪徑兮、乘間維以反顧、召黔嬴而見之兮、為余先乎平路。沈家本曰、按楚辭、則注中黔嬴之嬴、當作嬴、含黔同聲、靁嬴聲相近。前陸離而後潏湟。〔集解〕漢書音義曰、皆神名。〔正義〕陸離、漢書作長離、如淳曰、長離、朱爵也。〔考證〕漢書潏湟作矞皇。廝征伯僑而役羨門兮、〔集解〕徐廣曰、伯僑、燕人也、形解而仙也。〔索隱〕應劭曰、廝、役也。張揖曰、王子喬也。漢書郊祀志作正伯僑、此當別人、恐非王子喬也。〔正義〕張云、羨門、碣石山上仙人羨門高也。〔考證〕索隱本、楓三本、蔡本、中統、舊刻、游本、作伯僑、與漢書合、他本誤北僑。屬岐伯使尚方。〔集解〕徐廣曰、岐伯、黃帝臣。駰案、漢書音義曰、尚、主也。岐伯、黃帝太醫、屬使主方藥。〔考證〕漢書屬作詔。祝融驚而蹕御兮、清雰氣而後行。〔正義〕張云、祝融、南方炎帝之佐也、獸身人面、乘兩龍、應火正也、火正祝融、警蹕、清氛氣也。〔考證〕漢書驚作警、蹕、戒也。遠游篇、祝融戒而蹕御兮、顏師古曰、御、禦也。漢書雰氣作氣雰、盍誤倒、東光陽作

湟方行顧。屯余車其萬乘兮、綷雲蓋而樹華旗。〔索隱〕綷、音祖內反、如淳曰、綷、合也、合五綵雲為蓋也。〔考證〕漢書其作而、遠遊篇、屯余車之萬乘兮、紛溶與而竝馳。使句芒其將行兮、吾欲往乎南嬉。〔正義〕張云、句芒、東方青帝之佐也、鳥身人面、乘兩龍、顏云、將行、須從者也。〔考證〕漢書嬉作娭、娭嬉皆訓為戲、遠遊篇、指炎帝而直馳、吾將往乎南疑、注、疑一作娭。歷唐堯於崇山兮、過虞舜於九疑。〔正義〕張云、崇山、狄山也。海外經云、狄山、帝堯葬其陽、九疑山、零陵營道縣、舜所葬處。紛湛湛其差錯兮、雜遝膠葛以方馳。〔索隱〕湛、音徒感反、膠轕、廣雅云、膠轕、驅馳也。〔考證〕索隱本葛作轕、與漢書合、遠遊篇、騎膠葛以雜亂兮、斑漫衍而方馳、注、膠葛、雜亂貌、顏師古曰、湛湛、積厚之貌、差錯、交互也。騷擾衝蓯、其相紛挐兮、滂濞泱軋、灑以林離。〔集解〕衝蓯、上昌勇反、下息冗反。〔考證〕漢書衝作衝、灑作麗、張揖曰、衝蓯、相入貌、滂濞、衆盛貌、麗靡也、泱軋、謂無涯際也、林離、與淋滲同。鑽羅列聚、叢以蘢茸兮、衍曼流爛、壇以陸離。〔集解〕徐廣曰、壇、音坦。〔考證〕漢書鑽作攢、壇作瘮、顏師古曰、蘢茸、聚貌、流爛、布散也。張揖曰、瘮、衆貌。王先謙曰、壇瘮皆嘽借字、詩小雅、戎車嘽嘽、傳、嘽嘽、衆也。離騷注、陸離、參差衆貌。徑入靁室之砰磷鬱律兮、洞出鬼谷之崫礨嵬磈。〔集解〕漢書音義曰、

鬼谷在北辰下、衆鬼之所聚也。楚辭曰、贅鬼谷于北辰也。〔正義〕崫、口骨反。礨、音力罪反。嵬、音烏迴反。磈、音回。張云、崫礨嵬磈、不平也。〔考證〕漢書崫作堀、嵬磈作崴魁。王先謙曰、入靁室、出鬼谷、出入陰陽之界也。砰磷鬱律、靁聲。堀壘見上。昔人以後賢箸作效屈原文體者、統謂之楚辭。劉向九歎云、淩驚靁以軼駭電兮、綴鬼谷於北辰、蓋集解所引即用此文也。旗、嬉、疑、馳、離、離、磈韻。偏覽八紘而觀四荒兮、朅渡九江而越五河。〔正義〕顏云、五色之河也。仙經云、紫碧絳青黃之河也。〔考證〕漢書荒作海、江下無而字。渡九江越五河、猶言偏渡長江越大河也、不必一一求其名義。經營炎火而浮弱水兮、杭絕浮渚而涉流沙。〔集解〕漢書音義曰、杭、船也。絕、渡也。浮渚、流沙中渚也。〔正義〕姚丞云、大荒西經云、崑崙之丘、其外有炎火之山、投物輒然。括地志云、弱水有二原、俱出女國北阿傉達山、南流會于國北、又南歷國北、東去一里、深丈餘、闊六十步、非乘舟不可濟、流入海。阿傉達山、一名崑崙山、其山為天柱、在雍州西南一萬五千三百七十里。又云、弱水、在甘州張掖縣南山下也。〔考證〕河沙韻。奄息總極氾濫水嬉兮、〔集解〕漢書音義曰、總極、蔥領山也、在西域中也。〔正義〕括地志、嶺山、在京西九千八百六十里、蔥茂於常、故云蔥嶺、其山東至于滇國、西踰罽賓云。〔考證〕漢書總作蔥、嬉作娭。張揖曰、奄息、奄然休息也。總、蔥之借字。使靈媧鼓瑟而舞馮夷。〔集解〕徐廣曰、媧一作姶。駰案、漢書音義曰、靈媧、女媧也。馮夷、河伯字也。淮南子曰、馮夷得道、以潛大川。〔正義〕姓馮、名夷、以庚日溺死河、常以庚日好溺死人。〔考證〕遠遊篇、使湘靈鼓瑟兮、令海若舞馮夷。

時若薆薆將混濁兮、召屏翳〔正義〕應云、屏翳、天神使也。韋云、雷師也。〔考證〕漢書、薆薆作曖曖、混濁、不明也。誅風伯而刑雨師。〔正義〕張云、風伯、字飛廉、沙州有雨師祠。〔考證〕漢書、無而字。遠游篇、風伯為余先驅兮、又曰、左雨師使徑侍兮。西望崑崙之軋沕洸忽兮、〔正義〕張云、海內經云、崑崙去中國五萬里、天帝之下都也。其山廣袤百里、高八萬仞、增城九重、面九井、以玉為檻、旁有五門、開明獸守之。括地志云、崑崙在肅州酒泉縣南八十里。十六國春秋、後魏昭成帝建國十年、涼張駿酒泉太守馬岌上言、酒泉南山、即崑崙之體、周穆王見西王母、樂而忘歸、即謂此山、有石室王母堂、珠璣鏤飾、煥若神宮。又删丹西河名云、弱水、禹貢崑崙、在臨羌之西、即此明矣。括地志云、又阿傉達山、亦名建末達山、亦名崑崙山、恆河出其南吐師子口、經天竺入達山、嬀水、今名為浒海、出於崑崙西北隅吐馬口、經安息大夏國入西海、黃河出東北隅吐牛口、東北流、經鹽澤、潛出大積石山、至華山北、東入海、其三河去山入海各三萬里、此謂大崑崙、肅州謂小崑崙也。禹本紀云、河出崑崙二千五百餘里、日月所相隱避為光明也。軋沕洸忽、不分明貌。〔考證〕漢書洸作荒、直徑馳乎三危。〔集解〕三危、山名也。〔正義〕括地志云、三危山、在沙州東南三十里。排閶闔而入帝宮兮、〔正義〕韋昭云、閶闔、天門也。淮南子曰、西方曰西極之山、閶闔之門。〔考證〕遠游篇、排閶闔而望予、又曰、集重陽入帝宮。載玉女而與之歸。〔正義〕張云、玉女、青要乘弋等也。舒閬風而搖集兮、〔正義〕張云、閬風、在崑崙閶闔之中、楚辭云、登閬風而緤馬也。〔考證〕漢書、舒作登、

掩作遙、張揖曰、遙、遠也、愚按登閬風而緤馬、離騷篇文、亢鳥騰而一止。〔集解〕漢書音義曰、亢然高飛、如鳥之騰也、〔考證〕漢書、烏作鳥、低佪陰山、翔以紆曲兮、〔正義〕張云、陰山、在大崑崙西二千七百里、吾乃今目睹西王母、皬然白首。〔集解〕徐廣曰、皬、音下沃反、〔索隱〕皬、音鶴也、〔正義〕張云、西王母、其狀如人、豹尾虎齒、蓬髮皬然白首、石城金穴居其中、〔考證〕楓、三本、目作日、與漢書合、載勝而穴處兮、〔集解〕郭璞曰、勝、玉勝也、〔正義〕顏云、勝、婦人首飾也、漢代謂之華勝也、〔考證〕漢書、載作戴、亦幸有三足烏爲之使。〔正義〕張云、三足烏、青鳥也、主爲西王母取食、在昆墟之北、必長生若此而不死兮、雖濟萬世不足以喜。〔考證〕嬉夷師危歸止使喜、韻、顏師古曰、昔之談者、咸以西王母爲仙靈之最、故相如言大人之仙、娛遊之盛、顧視王母、鄙而陋之、不足羨慕也、回車朅來兮、絕道不周、〔集解〕漢書音義曰、不周山、在崑崙東南、會食幽都、呼吸沆瀣餐朝霞兮、噍咀芝英兮嘰瓊華。〔集解〕徐廣曰、嘰、音祈、小食也、駰案、韋昭曰、瓊華、玉英、〔正義〕幽都、山名、在北方、海內經云、北海之內有山、名曰幽都、〔考證〕漢書、噍咀作咀噍、李笠曰、漢書、兮字在餐上、以下句例之、班書是也、遠游篇、唵六氣而飲沆瀣兮、漱正陽兮而含朝霞、都霞華韻、嬐侵潯而高縱兮、紛鴻涌而上厲。〔集解〕徐廣曰、嬐、音

儼、〔索隱〕漢書、嬐作㯹、㯹、仰也、音襟、嬐、音魚錦反、〔考證〕漢書、嬐侵潯作㯹祲尋、涌作溶、張揖曰、鴻溶、竦踊也、王先謙曰、祲潯、侵尋之借字、言漸進也、貫列缺之倒景兮、涉豐隆之滂沛。〔集解〕漢書音義曰、列缺、天閃也、倒景、日在下、〔正義〕張云、豐崇、雲師也、淮南子云、季春三月、豐崇乃出以將雨、案豐崇將雲雨、故云滂沛、〔考證〕漢書、沛作濞、王先謙曰、列缺、一作烈缺、文選羽獵賦、霹靂烈缺、吐火施鞭、應劭注、烈缺、閃隙也、火電照也、倒景、謂電光倒在下耳、非日月景也、愚按、楚辭遠遊篇、上至列缺兮、降望大壑、離騷篇、吾令豐隆乘雲兮、求宓妃之所在、遠遊篇、召豐隆使先導兮、問大微之所居、王逸注、豐隆、雲師、一曰雷師、馳游道而脩降兮、騖遺霧而遠逝。〔正義〕游、游車也、道、道車也、脩、長也、降、下也、騖、遺霧、言馳車從長路而下、馳遺棄其霧而遠逝也、〔考證〕楓、三本、馳作騁、與漢書合、顏師古曰、言周覽天上、然後騁車也、道讀曰導、王先謙曰、司常、道車載旞、斿車載旌、斿游字通用、游車、先驅之乘也、道車、出入持馬陪乘、張文虎曰、蔡、中統、舊刻、游、柯、毛本、脩作循、沛逝韻、迫區中之隘陝兮、舒節出乎北垠。〔考證〕顏師古曰、舒、緩也、垠、崖也、音銀、遺屯騎於玄闕兮、軼先驅於寒門。〔集解〕漢書音義曰、玄闕、北極之山、寒門、天北門、〔考證〕王先謙曰、淮南子、盧敖游乎北海、經乎太陰、入乎玄闕、又云、北方北極之山曰寒門、言行疾、屯騎先驅皆追而軼之、屈原遠遊、舒幷節以馳騖兮、逴絕垠乎寒門、此文數語祖之、中井積德曰、軼與逸通、亦遺也、下崢嶸而無地兮、上寥廓而無天。視眩眠

而無見兮、聽惝恍而無聞。乘虛無而上假兮、超無友而獨存。〔集解〕徐廣曰、假、音古下反、至也、〔考證〕漢書、眩作泯、惝恍作敞怳、假作遐、顏師古曰、眩泯、目不安也、敞怳、耳不諦也、泯、音眄、陳子龍曰、數語言至道、依乎廣成之對軒轅也、愚按、遠遊篇云、下崢嶸而無地兮、上寥廓而無天、視儵忽而無見兮、聽惝怳而無聞、超無爲以至清兮、與泰初而爲鄰、長卿蓋襲其語也、垠門天聞存韻、姚鼐曰、此賦多取於遠遊、遠游先訪中國仙人之居、乃至天帝之宮、又下周覽天地之間、自於微閭以下、分東西南北四段、此賦自橫厲飛泉以正東以下、分東西南北四段、而求仙人之居、意即載其間、末六句與遠遊語同、然屈子意在遠去世之沈濁、故云至清而與太初爲鄰、長卿則謂帝若果能爲仙人、即居此無聞無見無友之地、亦胡樂乎此邪、與屈子語同而意別矣、相如既奏大人之頌。天子大說、飄飄有淩雲之氣、似游天地之閒意。〔考證〕楓、三本、雲下無之字、與漢書合、似作以、漢書、無似字、相如既病免、家居茂陵。天子曰。司馬相如病甚。可往從悉取其書。若不然、後失之矣。〔考證〕漢書、若不然後失之矣、作考後之矣、非是、使所忠往。〔索隱〕張揖曰、使者姓名、見食貨志、〔正義〕姓所、名忠也、風俗通姓氏云、漢書有諫大夫所忠氏、〔考證〕所忠、又見武紀封禪書、而相如已死、家無書。〔考證〕漢書、無下有遺字、問其妻。對曰。長卿

固未嘗有書也。時時著書、人又取去、即空居。〔考證〕漢書、無即空居三字、長卿未死時、爲一卷書。曰。有使者來求書奏之。無他書。其遺札書、言封禪事。〔正義〕封禪、國之大禮、故曰札書、顏云、書於札而留之、故曰遺札、恐非、奏所忠。忠奏其書。〔考證〕漢書、作所忠奏其書、天子異之。其書曰。伊上古之初肇、自昊穹兮生民。歷撰列辟、以迄于秦。〔集解〕徐廣曰、撰、一作選、〔索隱〕歷選、文穎曰、選、數之也、〔考證〕漢書、昊作顥、無兮字、索隱本、撰作選、與漢書文選合、率邇者踵武、〔集解〕徐廣曰、率、循也、邇、近也、武、迹也、循省近世之遺迹、〔索隱〕案率、循也、邇、近也、言循覽近代之事則繼跡可知也、〔考證〕踵武、猶言足迹、與風聲對言、逖聽者風聲。〔集解〕徐廣曰、逖、遠也、聽察遠古之風聲、〔索隱〕風聲、風雅之聲、以言聽遠古之事、則著在風雅之聲也、〔考證〕漢書、逖聽作聽逖、徐廣云、聽察遠古之風聲、徐本亦似作聽逖、顏師古曰、風聲、遺風嘉聲、紛綸葳蕤、堙滅而不稱者、不可勝數也。〔索隱〕紛綸葳蕤、胡廣曰、紛、亂也、綸、沒也、葳蕤、委頓也、張揖云、亂貌、〔考證〕漢書、綸作輪、文選、堙作湮、無也字、索隱本、葳作威、與漢書文選合、王先謙曰、說文無葳字、續昭夏、崇號謚、略可道者七十有二君。

【集解】漢書音義曰、昭、明也、夏、大也、德明大、相繼封禪於泰山者、七十有二人、【索隱】七十有二君、韓詩外傳及封禪書皆然、【考證】漢書文選繼作繼、文選昭作韶、王先謙曰、昭韶通用、昭舜樂、夏禹樂、繼昭夏、謂繼舜禹而起、諡號、人主生時所上美諡、歿後所加、罔若淑而不昌、疇逆失而能存。【集解】徐廣曰、若、順也、駰案韋昭曰、疇、誰也、言順善必昌、逆失必亡、【考證】應劭曰、罔、無也、愚按若淑逆失對言、軒轅之前、遐哉邈乎。其詳不可得聞也。【考證】也、與下文犯、漢書文選作巳、巳、語終之辭、五三六經載籍之傳、維見可觀也。【索隱】胡廣云、五、五帝也、三、三王也、六、六經也、案六經、詩書禮樂易春秋也、【考證】文選見作風、書曰、元首明哉。股肱良哉。【考證】顏師古曰、此虞書益稷之辭也、元首、君也、股肱、大臣也、愚按今文皋陶謨、因斯以談、君莫盛於唐堯、臣莫賢於后稷。【考證】漢書、無唐字、后稷創業於唐、公劉發迹於西戎。【考證】文選、唐下有堯字、注、引漢書音義曰、唐堯之世、播殖百穀、文王改制、爰周郅隆。【集解】徐廣曰、郅、蓋字誤、皇甫謐曰、王季徙郢、故周書曰、維王季宅郢、孟子稱文王生於畢郢、或者郅字宜爲郢乎、或爲郢、北地有郁郅縣、郅、大也、音質、駰案漢書音義曰、郅、至也、【索隱】爰、於、及也、郅、大也、隆、盛也、應劭曰、郅、至也、樊光云、郅可見之大也、徐及皇甫之說皆非也、以言文王改制及周而大盛也、【考證】張文虎曰、集解生於畢郢、生當作卒、大行越成、

【集解】漢書音義曰、行、道也、文王始開王業、改正朔、易服色、太平之道、於是成矣、【索隱】案行、道也、越、於也、以言道德大行、於是而成之也、【考證】王念孫曰、大行越成者、大道於是始成也、音義說是、王先謙曰、越粵同、而後陵夷衰微、千載無聲。豈不善始善終哉。【集解】徐廣曰、周之王四海、千載之後、聲教乃絕、駰案韋昭曰、無惡聲、【考證】文選、夷作遲、李注、漢書音義曰、美周家終始相副若一也、莊子曰、善始善終、人猶効之、愚按、此與韋說合、不字、做非字看、然無異端。慎所由於前、謹遺教於後耳。【考證】無異端、猶言無他故、李善曰、言周之先王創制垂業、既慎其規模、又謹其遺教也、故軌迹夷易、易遵也。湛恩濛涌、易豐也。憲度著明、易則也。垂統理順、易繼也。【正義】軌迹夷易、言軌法蹤迹平易、易遵奉也、濛、遍布也、涌、出也、【考證】漢書文選、濛作厖、漢書涌作洪、文選作鴻、顏師古曰、湛讀曰沈、沈、深也、王念孫曰、理亦順也、夷易皆平也、厖洪皆大也、著明皆明也、理順皆順也、是以業隆於繦褓、而崇冠于二后。【集解】漢書音義曰、繦褓、謂成王也、二后、謂文武也、周公負成王致太平、功德冠於文武者、道成法易故也、【考證】方苞曰、二后、謂夏商、自堯以後所述、惟周事、故以爲崇冠於夏商也、揆厥所元、終都攸卒。【集解】漢書音義曰、都、於、卒、終也、【考證】顏師古曰、元、始也、言度其所始、究其所終、錢大昕曰、都、於、釋詁文、未有殊尤絕迹可考于今者也。

然猶躡梁父、登泰山、建顯號、施尊名。【考證】顏師古曰、尤、異也、李善曰、顯號尊名、謂封禪也、大漢之德、逢涌原泉、沕潏漫衍、【集解】韋昭曰、漢德逢涌如泉原也、【索隱】逢源泉、張揖曰、逢、遇也、喻其德盛若遇泉源之流也、又作峰、讀曰烽、胡廣曰、自此已下、論漢家之德也、【正義】沕潏漫衍、言漢恩廣大也、【考證】各本逢從火、今依索隱本、漢書、文選改、梁章鉅曰、逢、大也、書洪範、子孫其逢、馬注、禮記、衣逢掖之衣、鄭注、亦訓大、此言漢之盛德、若原泉大涌而出、沕潏曼衍也、王先謙曰、逢讀爲蓬、文選吳都賦、歊霧蓬浡、蓬浡、水盛貌、言霧氣如水之盛也、逢涌、卽蓬浡之義耳、王說較長、旁魄四塞、雲尃霧散、【集解】徐廣曰、尃、音布、【考證】漢書文選、尃作布、上暢九垓、下泝八埏。【集解】徐廣曰、音衍、駰案漢書音義曰、暢、達、垓、重也、泝、流也、埏、音延、地之際也、言其德上達於九重之天、下流於地之八際也、懷生之類、霑濡浸潤、協氣橫流、武節飄逝、邇陜游原、迥闊泳沫、【集解】漢書音義曰、邇、近、原、本也、迥、遠、闊、廣也、泳、浮也、恩德比之於水、近者游其原、遠者浮其沫、【考證】漢書、陜作陿、沫作末、文選、迥作遐、顏師古曰、協氣、和氣橫被四表、威武如猋之盛、李善曰、橫流、多也、猋逝、遠也、王先謙曰、陿作陜、末作沫、皆借字、王念孫曰、泳末與游原相對、首惡湮沒、闇昧昭晳、【集解】漢書音義曰、始爲惡者、皆湮滅、闇昧、喻夷狄皆化、【考證】漢書文選、湮作鬱、文選、闇作晻、昆蟲凱澤、回首面內。

【集解】韋昭曰、面、向也、【正義】澤、音懌、文穎曰、凱懌、皆樂也、【考證】漢書文選、凱作闓、然後囿騶虞之珍羣、徼麋鹿之怪獸、【集解】漢書音義曰、徼、遮也、麋鹿得其奇怪者、謂獲白麟也、【正義】騶虞、義獸也、白虎黑文、不食生物、有至信之德則應之、案以此故曰珍群、將充囿也、導一莖六穗於庖、【集解】徐廣曰、導、瑞禾也、駰案漢書音義曰、謂嘉禾之米於庖廚、以供祭祀、【索隱】導一莖六穗、鄭玄云、導、擇也、說文云、嘉禾一名導、字林云、禾一莖六穗謂之導也、【考證】漢書文選、導作䆃、擇米也、漢書百官公卿表、少府屬官有導官、顏師古注、導主擇米、唐書百官志有導官二人、掌導擇米麥而供、䆃導相通、犧雙觡共抵之獸、【集解】徐廣曰、抵、音底、駰案漢書音義曰、犧、牲也、觡、角也、底、本也、武帝獲白麟、兩角共一本、因以爲牲也、【考證】文選、抵作柢、宋祁曰、觡、音居額反、獲周餘珍收龜于岐、【集解】徐廣曰、一作放龜、駰案漢書音義曰、餘珍、得周鼎也、岐、水名也、【索隱】餘珍、案謂得周鼎也、【考證】漢書、無珍字、漢書文選、收作放、愚按收當作放、珍字涉上下衍、文選注云、文穎曰、周放畜餘龜於沼池之中、至漢得之於岐山之旁、龜能吐故納新、千歲不死、愚按文說近是、集解索隱以餘珍爲得周鼎、九鼎夏禹所鑄、遷在洛邑、與岐何涉、上下所言、亦惟動植之物、招翠黃乘龍於沼、【集解】漢書音義曰、翠黃、乘黃也、龍翼馬身、黃帝乘之而登仙、言見乘黃而招呼之、禮樂志曰、訾黃其何不來下、余吾渥洼水中出神馬、故曰乘龍於沼、【索隱】服虔云、龍翠色、又云、卽乘黃也、乘四龍也、周書云、乘黃、似狐、背上有兩角也、【考證】劉奉世曰、翠黃、言其色翠而黃、非別物、鬼神接靈圉、賓於

閒館。【集解】徐廣曰、言至德與神明通接、故靈圉爲賓旅于閒館矣。郭璞曰、靈圉、仙人名也。【考證】文穎曰、是時上求神仙之人、得上郡之巫、長陵女子、能與鬼神交接、治病輒愈、置於上林苑中、號曰神君、有似古之靈圉、禮待之於閒館舍中也。中井積德曰、靈圉、神之使令也、此巫爲靈圉也。奇物譎詭、俶儻窮變。欽哉、符瑞臻茲。猶以爲薄、不敢道封禪。【考證】文選、爲下有德字、俶、音吐歷反、文選注引漢書音義云、俶儻、卓異也、奇偉之物譎詭非常、卓然絶異、窮極事變、蓋周躍魚隕杭、休之以燎。【索隱】杭、舟也、胡廣云、武王渡河、白魚入于王舟、俯取以燎、隕、墜之於舟中也、【考證】文選、杭作航、應劭曰、休、美也、顏師古曰、燎、祭天也、微夫斯之爲符也。以登介丘。不亦恧乎。【集解】漢書音義曰、介、大、丘、山也、言周以白魚爲瑞、登太山封禪、不亦慙乎、進讓之道、其何爽與。【集解】徐廣曰、爽、差異也、駰案漢書音義曰、進、周也、讓、漢也、言周未可封禪而封禪、爲進、漢可封禪而不封禪、爲讓也、【索隱】何其爽與、爽、猶差也、言周未可封而封、漢可封而不封、爲進讓之道皆差之也、【考證】漢書、讓作攘、顏師古曰、攘、古讓字、索隱本、其何作何其、與漢書文選合、於是大司馬進曰。陛下仁育羣生、義征不憓。【集解】漢書音義曰、大司馬、上公也、故先進議、憓、音惠、順也、諸夏樂貢、百蠻執贄。德侔往初、功無與二。休烈浹洽、符瑞衆

變、期應紹至、不特創見。【集解】徐廣曰、不但初顯一符瑞而已、蓋將終以封禪之事、【索隱】文穎曰、不獨一物造次見之、胡廣云、符瑞衆多、應期相繼而至也、意者泰山・梁父、設壇場望幸、【索隱】設壇場望幸華、案諸本或作望華蓋、華蓋、星名、在紫微太帝之上、今言望華蓋太帝耳、且言設壇場望幸者、望聖帝之臨幸也、義亦兩通、而孟康服虔注本皆云望幸、下有華字、而摯虞流別集則唯云望幸、當是也、於義亦通、直以後人見幸下有蓋字、又幸字似華字、因疑惑、遂安華字、使之誤也、蓋號以況榮。【集解】徐廣曰、以況受上天之榮爲名號、【索隱】案文穎曰、蓋、合也、言考合前代之君、撰其榮而相比況而爲號也、大顏云、蓋、語辭也、言蓋欲紀功立號、受天之況賜榮名也、於義爲愜、然其文云蓋、詞義典質、又上與幸字連文、致令有華蓋之謬也、【考證】錢大昕曰、蓋讀如盍、文穎訓爲合、合號、猶言合符也、王先謙曰、釋名、蓋、加也、加物上也、言太山梁父望帝臨幸、加上尊號、以比榮於往代、語意甚明、愚按王說較長、上帝垂恩儲祉、將以薦成。【集解】徐廣曰、以衆瑞物初至封禪處、薦之上天告成功也、【索隱】薦、案漢書作慶、義亦通也、【考證】儲、積也、文選、無此十字、陛下謙讓而弗發也。【考證】文選、無也字、挈三神之驩、缺王道之儀。羣臣恧焉。【集解】徐廣曰、挈、猶言乖也、駰案韋昭曰、挈、缺也、三神、上帝泰山梁父也、【索隱】案徐氏云、挈、猶乖、非也、應劭作絶、李奇韋昭作闕、意亦不遠、三神、韋昭以爲上帝太山梁父、如淳謂地祇天神山岳也、【正義】挈、猶持、言漢帝執持三神之驩、今乃不封禪、缺王道之儀號、孔文祥云、三神、天地

人也、按三家說、韋氏爲長、【考證】三神、如說爲長、挈、索隱爲長、或謂且天爲質闇、珍符固不可辭。【集解】漢書音義曰、言天道質昧、以符瑞見意、不可辭讓也、【索隱】孟康曰、言天道質昧、以符瑞見意、不可辭讓也、【考證】文選、謂作曰、漢書文選、闇下有示字、若然辭之、是泰山靡記、而梁父靡幾也。【集解】漢書音義曰、太山之上、無所表記、梁父壇場、無所庶幾、【索隱】案幾、音冀、【正義】符瑞盛而辭之、則是太山無碑記、梁父無望祭祀也、亦各竝時而榮、咸濟世而屈。【集解】漢書音義曰、屈、絶之也、言古帝王但作一時之榮、畢代而絶也、【索隱】言自古封禪之帝王、是各竝時而榮貴、咸有濟代之勳而屈者、謂言抑屈總不封禪、使說者尚何稱述於後代也、如上文云七十二君者哉、【考證】漢書文選、濟下有厥字、說者尚何稱於後、而云七十二君乎。【集解】徐廣曰、若無封禪之遺迹、則榮盡於當時、至於歷世之後、人何所述、夫修德以錫符、奉符以行事、不爲進越。【索隱】文穎曰、越、踰也、不爲苟進踰禮也、【考證】漢書文選、越下有也字、文選、符作命、故聖王弗替、而修禮地祇、謁款天神、勒功中嶽、以彰至尊、舒盛德、發號榮、受厚福、以浸黎民也。【集解】漢書音義曰、款、誠也、謁、告之報誠也、【考證】漢書文選、無也字、顏師古曰、替、廢也、不廢封禪之事也、張揖曰、蓋先禮中岳而幸太

山也、皇皇哉斯事。天下之壯觀、王者之丕業、不可貶也。【考證】丕、大也、漢書文選、作卒、卒、終也、願陛下全之。而後因雜薦紳先生之略術、使獲燿日月之末光絶炎、以展采錯事。【集解】徐廣曰、錯、音厝、駰案漢書音義曰、采、官也、使諸儒記功著業、得覩日月末光殊絶之用、以展其官職、設厝其事業者也、【考證】王先謙曰、因雜、猶言重積、謂總萃之也、略術、猶言道術、左定四年傳注、略、道也、絶炎與末光同意、言諸儒瞻仰帝德、譬猶日月高曜、其餘光遠被而已、中井積德曰、燿者受照也、猶兼正列其義、校飭厥文、作春秋一藝、【集解】徐廣曰、校、一作祓、祓、猶拂也、音廢也、駰案漢書音義曰、春秋者、正天時、列人事、諸儒既得展事業、因兼正天時、列人事、敘述大義爲一經、【考證】漢書文選、校飭作祓飾、文選注云、祓、音弗、蓋讀爲黻也、黻飾二字一意、藝讀爲經、將襲舊六爲七、【集解】韋昭曰、今漢增一、仍舊六爲七也、【考證】孟康曰、襲、猶因也、文穎曰、六經加一爲七也、攄之無窮、【集解】徐廣曰、攄、一作臚、臚、敘也、【索隱】廣雅云、攄、張、舒也、【正義】攄、布也、俾萬世得激清流、揚微波、蜚英聲、騰茂實。【索隱】胡廣曰、飛揚英華之聲、騰馳茂盛之實也、前聖之所以永保鴻名、而常爲稱首者用此。【索隱】案謂用此封禪、宜命掌故、

悉奏其義而覽焉。【集解】漢書音義曰、掌故、太史官屬、主故事也、【考證】漢書文選、義作儀、於是天子沛然改容曰、愉乎、朕其試哉。【考證】漢書文選、愉作俞、顏師古曰、沛然、感動之意也、俞者然也、然其所請也、文選、沛作俙、注、俙感動之意也、或作沛、乃遷思回慮、總公卿之議、詢封禪之事、詩大澤之博、廣符瑞之富。【集解】漢書音義曰、詩、歌詠功德也、下四章之頌也、大澤之博、謂自我天覆雲之油油、廣符瑞之富、謂斑斑之獸以下三章、言符瑞廣大富饒也、【考證】詩、猶言歌詠也、實字虛用、劉奉世曰、嘉穀亦符瑞之一也、此但包舉作頌之意、不必別之、乃作頌曰、自我天覆、雲之油油、【集解】漢書音義曰、油油、雲行貌、孟子曰、油然作雲、沛然下雨、【考證】漢書文選、乃作遂、甘露時雨、厥壤可游。【考證】漢書文選、游作遊、李善曰、遊遨也、言祥瑞屢臻、故可遊遨也、滋液滲漉、何生不育。【集解】徐廣曰、滲、音色蔭反、【索隱】案說文云、滲漉、水下流之貌也、嘉穀六穗、我穡曷蓄。【集解】徐廣曰、何所蓄邪、蓄嘉穀、非唯雨之、又潤澤之。非唯濡之、氾尃濩之。【集解】徐廣曰、古布字作尃、【索隱】胡廣曰、氾、普也、言雨澤非偏於我、普徧布散、無所不濩之也、【考證】濡之、漢書作偏我、文選作徧之我、漢書文選、尃作布、濩作護、據索隱、史記本作偏我、文選偏誤徧、我上衍之字、護讀爲濩、顏師古曰、布護、言遍布也、萬物

熙熙、懷而慕思、名山顯位、望君之來。【集解】韋昭曰、名山、大山也、顯位、封禪也、【考證】漢書、思作之、君乎君乎、侯不邁哉。【索隱】李奇云、侯、何也、言君何不行封禪之事也、案邁、訓行也、如淳云、侯、維也、【考證】漢書、乎作兮、般般之獸、樂我君囿、白質黑章、其儀可嘉。【索隱】案般般、文彩之貌也、音班、胡廣曰、謂騶虞也、【考證】漢書文選、囿作圃、漢書、嘉作喜、朱一新曰、圃喜、古韻叶也、作圃嘉、非也、瞿鴻禨曰、說文、禽獸曰囿、種菜曰圃、此當作囿、旼旼睦睦、君子之能。【集解】徐廣曰、旼、音旻、和貌也、能、一作態、駰案漢書音義曰、旻和穆敬、言和且敬、有似君子、【索隱】旼、音旻、【考證】漢書文選、睦作穆、能作態、中井積德曰、能態同、蓋聞其聲、今觀其來。【考證】觀、漢書作視、文選作親、聲、名也、瞿鴻禨曰、來與之哉喜態皆叶、厥塗靡蹤、天瑞之徵。【集解】徐廣曰、其所來路非有迹、蓋自天降瑞、不行而至也、【考證】漢書文選、蹤作從、中井積德曰、作從爲長、無知其所從來也、乃所以爲天瑞、茲亦於舜、虞氏以興。【索隱】文穎曰、舜百獸率舞、則騶虞亦在其中者已、【考證】漢書、亦作爾、王念孫曰、爾字於義無取、當作亦、文選呂延濟注曰、言此獸於舜亦見也、濯濯之麟、游彼靈畤。【集解】漢書音義曰、武帝祠五畤、獲白麟、故言游靈畤也、【索隱】詩人云、麀鹿濯濯、注云、濯濯、嬉遊貌、孟冬十月、君徂郊祀。馳我君輿、帝以享祉。【考證】李善曰、帝、天帝也、

白麟、馳我君車之前、因取燎祭於天、天用歆享之、荅以祉福也、三代之前、蓋未嘗有。宛宛黃龍、興德而升。【索隱】胡廣曰、宛宛、屈伸也、【正義】黃龍者、四龍之長、西方正色、神靈之精、能巨細剛柔、文明、章應和氣而游池沼、【考證】此以下謂渥洼神馬事、以龍喻馬也、與成紀見龍、無些交涉、采色炫燿、熿炳煇煌。【集解】徐廣曰、熿、音晃、煇、音魂、【考證】漢書、炫作玄、漢書文選、熿作煥、正陽顯見、覺寤黎烝。【索隱】文穎曰、陽、明也、謂南面受朝也、【考證】顏師古曰、黎、蒸、眾庶也、愚按、馬陽類、數句形容神馬、於傳載之、云受命所乘。【索隱】如淳云、書傳所載、撰其比類、以爲漢土德、黃龍爲之應、見之於成紀、故云受命所乘也、【考證】以上言神馬事、厥之有章、不必諄諄。【集解】徐廣曰、諄、止純反、告之丁寧、駰案漢書音義曰、天之所命、表以符瑞、章明其德、不必諄諄然有語言也、依類託寓、諭以封巒。【集解】漢書音義曰、寓、寄也、巒、山也、言依事類託寄、以喻封禪者、【考證】張文虎曰、託、從舊刻、與漢書文選合、據集解、則本是託字、它本作記、非、愚按、楓三本、亦作託、披藝觀之、天人之際已交、上下相發允荅、聖王之德、兢兢翼翼也。【考證】漢書、德作事、漢書文選、無也字、藝、經也、王先謙曰、言聖王戒敬修禮、信所以答天休也、故曰、興必慮衰、安必思危。【考證】漢書文選、興上有於字、沈欽韓曰、周書程典解、於安思危、於始思終、是以湯

武至尊嚴、不失肅祗。舜在假典、顧省厥遺。此之謂也。【集解】徐廣曰、假、大也、【正義】在、察也、【考證】文選、厥作闕、李善曰、湯武雖居至尊嚴之位、而猶不失肅祗之道、舜所以在於大典、謂能顧省其遺失、言漢亦當不失恭敬而自省也、祭天、是不忘敬也、不封禪、是遺失也、毛詩曰、湯降不遲、上帝是祗、愚按、假典、郊祀封禪之大典、顧省厥遺、恐失禮節也、在、讀如字、厥、不必改闕、肅祗亦就祭祀而言、司馬相如既卒。【集解】徐廣曰、元狩五年也、五歲、天子始祭后土。八年而遂先禮中嶽、【正義】嵩高也、在洛州陽城縣西北二十二里、封于太山、【正義】在兗州博城縣西北三十里、至梁父、禪肅然。【集解】徐廣曰、小山、在泰山下趾東北、【考證】淩約言曰、相如封禪書、議者謂其至死獻諛、然予觀太史公自序傳、其父談曰、天子接千歲之統、封太山、而予不得從行、是命也夫、是知當時以登封爲盛、有事爲榮、蓋如此、相如自以文章擅當代、見武帝改正易服定制度、興樂章、度其必封禪、以夸耀後世、當其時謂可秉筆託附不磨、由是草書將以上勸、而不幸病以死、則初意不獲遂也、然欲使帝之必知、於是屬其妻、身後上之、此其爲計、實夸心之所致耳、何焯曰、傳遂終言其事、史通云、馬卿爲自敘傳、具在其集中、子長因錄斯篇、即爲列傳、班氏仍舊、更無改作、固於揚馬傳末、皆云遷雄之自敘如此、至於相如篇下、獨無此言、其何不純、按傳中終言相如卒後之事、則非止錄自敘也、愚按、說又見上、相如他所著、若遺平陵侯書、【集解】徐廣曰、平陵侯蘇建也、與五公子相難、草

木書篇、不采。采其尤著公卿者云。[考證]漢書藝文志詩賦略云、司馬相如賦二十九篇、其存者史漢本傳子虛賦、上林賦、哀秦二世賦、大人賦四篇、文選長門賦一篇、古文苑美人賦一篇、凡六篇、又有梨賦、魚葅賦、竝殘、梓桐山賦、亡、其雜文本傳諫獵上書、喩巴蜀檄、難蜀父老、封禪文四篇、報卓文君書、荅盛覽問作賦、竝殘、遺平陵侯與五公子二書、佚、藝文志小學略又云、武帝時司馬相如作凡將篇、佞幸傳云、上方興天地諸祠、欲造樂、使司馬相如等作詩頌、本傳亦不及、

太史公曰。春秋、推見至隱。[集解]韋昭曰、推見事至於隱諱、謂若晉文召天子、經言狩河陽之屬、[索隱]李奇曰、隱猶微也、言其義彰而文微、若隱公見弑、而經不書、諱之、韋昭曰、推見事至于隱諱、謂若晉文召天子、經言狩河陽之屬、[考證]何焯曰、言由人事之見著者、推而至於天道之隱微也、李注失之、愚按中井積德亦有此說、易、本隱之以顯。[集解]韋昭曰、易本隱微妙、出爲人事、乃顯著也、[索隱]韋昭曰、易本陰陽之微妙、出爲人事、乃更昭著也、虞喜志林曰、春秋以人事通天道、是推見以至隱也、易以天道接人事、是本隱以之明顯也、[考證]漢書之以作以之、中井積德曰、之以當作以之、愚按、以字疑衍、顏師古曰、之、往也、大雅、言王公大人、而德逮黎庶。[集解]韋昭曰、先言王公大人之德、乃後及衆庶也、[索隱]文穎曰、大雅先言大人王公之德、後及衆庶、小雅、譏小己之得失、其流及上。[集解]韋昭曰、小雅之人、志狹小、先道己之憂苦、其流乃及上政之得失者、[索隱]文穎曰、小雅之人、材志狹小、先道己之憂苦、其末流及上政之得失也、故禮緯云、小雅譏己得失、及之於上也、[正義]從傳至小雅、所言殊異、其合德化民若一、用比相如虛詞浮濫、後要歸於節儉、與詩之諷諫同德也、[考證]張揖曰、己、詩人自謂也、顏師古曰、小己者、謂卑少之人、以對上言大人耳、所以言雖外殊、其合德一也。[考證]漢書、無以字、楓、三本、無外字、與漢書合、相如雖多虛辭濫說、然其要歸引之節儉。此與詩之風諫何異。[考證]漢書、其要歸、作要其歸、揚雄以爲靡麗之賦、勸百風一。猶馳騁鄭衞之聲、曲終而奏雅。[考證]揚雄法言無此語、但吾子篇云、或曰、賦可以諷乎、曰諷乎、諷則已、不已、吾恐不免於勸也、不已虧乎。[考證]已、猶太甚也、岡白駒曰、不亦虧損本旨乎、漢書、虧作戲、王先謙曰、謂揚雄之論、過輕相如也、梁玉繩曰、揚雄以下二十八字、當削、困學紀聞曰、雄後於遷甚久、遷得引雄辭何哉、蓋後人以漢書贊附益之、余采其語可論者著于篇。[考證]徐孚遠曰、此文非太史公不能作、揚雄語則後人勦入也、漢書、無余以下十字、

[索隱]述贊、相如縱誕、竊貲卓氏、其學無方、其才足倚、子虛過吒、上林非侈、四馬還邛、百金獻伎、惜哉封禪、遺文卓爾、

司馬相如列傳第五十七　史記一百十七

文學博士瀧川龜太郎著

史記會注考證

史記會注考證卷一百十八

漢　太　史　令　司　馬　遷　撰

宋中郎外兵曹參軍裴　駰集解

唐國子博士弘文館學士司馬貞索隱

唐諸王侍讀率府長史張守節正義

日本　出　雲　瀧　川　資　言　考證

淮南衡山列傳第五十八　史記一百十八

【考證】史公自序云、黥布叛逆、子長國之、以塡江淮之南、安剽楚庶民、作淮南衡山列傳第五十八、

淮南厲王長者、高祖少子也。其母故趙王張敖美人。高祖八年、從東垣過趙。【正義】【考證】趙張耳所都、今邢州也、時擊韓王信餘寇於東垣、趙王獻之美人。厲王母得幸焉。有身。趙王敖弗敢內宮。爲築外宮而舍之。及貫高等謀反、柏人事發覺、并逮治王、盡收捕王母兄弟美人、繫之河內。厲王母亦繫。告吏曰。得幸上、有身。【考證】漢書、身作子、周壽昌曰、高帝八年冬過趙、幸美人有身、九年十二月、貫高謀反事始覺、計已逾年、蓋已生子也、吏以聞上。上方怒趙王、未理厲王母。【考證】漢書、不重上字、厲王母弟趙兼、因辟陽侯言呂后。【考證】母弟、母之弟也、辟陽侯、審食其、呂后妒。弗肯白。辟陽侯不彊爭。【考證】凌稚隆曰、伏後案、及厲王母已生厲王、恚卽自殺。【考證】漢書、刪及字、吏奉厲王詣上。上悔、令呂后母之。【正義】悔不理厲王母、而葬厲王母眞定。眞定、厲王母之家在焉。父世縣

也。【索隱】案漢書曰、母家縣、案謂父祖代居眞定也、高祖十一年十月、淮南王黥布反。立子長爲淮南王。王黥布故地、凡四郡、【集解】徐廣曰、九江、【考證】陳仁錫曰、十月、當作七月、廬江、衡山、豫章也、上自將兵擊滅布。厲王遂卽位。厲王蚤失母、常附呂后。孝惠·呂后時、以故得幸無患害。而常心怨辟陽侯、弗敢發。及孝文帝初卽位、淮南王自以爲最親、驕蹇、數不奉法。【正義】驕蹇、謂不巽順也、【考證】顏師古曰、時高帝子、唯二人在、上以親故、常寬赦之。三年、入朝。甚橫。從上入苑囿獵、與上同車。常謂上大兄。厲王有材力、力能扛鼎。乃往請辟陽侯。辟陽侯出見之。卽自袖鐵椎、椎辟陽侯。【索隱】案漢書、作褏、金椎椎之、案魏公子無忌、使朱亥袖四十斤鐵椎椎之也、【考證】請、謁也、令從者魏敬剄之。【正義】剄、古鼎反、剄謂刺頸、厲王乃馳走闕下、肉袒謝曰。臣母不當坐趙事。其時辟陽侯力

能得之呂后。弗爭。罪一也。趙王如意、子母無罪。呂后殺之。辟陽侯弗爭。罪二也。呂后王諸呂、欲以危劉氏。辟陽侯弗爭。罪三也。臣謹爲天下誅賊臣辟陽侯、報母之仇。謹伏闕下請罪。孝文傷其志、爲親故弗治、赦厲王。當是時、薄太后及太子諸大臣皆憚厲王。【考證】凌稚隆曰、伏後案、 厲王以此歸國、益驕恣、不用漢法、出入稱警蹕、稱制、自爲法令、擬於天子。【考證】漢書、擬於天子下、補厲王上書不遜順、文帝令薄昭予書諫之、厲王不說等事八百四十字、厲王驕恣之由益明、 六年、令男子但等七十人、與棘蒲侯柴武太子奇謀、以輂車四十乘反谷口、【集解】徐廣曰、大車駕馬曰輂、音己足反、漢書音義曰、谷口在長安北故縣也、處多險阻、【正義】括地志云、谷口故城、在雍州醴泉縣東北四十里、漢谷口縣也、【考證】輂車、漢書作𨏥車、非是、谷口馮翊縣、在今西安府醴泉縣東北七十里、 令人使閩越・匈奴。事覺治之、使使召淮南王。淮南王至長

安。丞相臣張倉、典客臣馮敬、行御史大夫事宗正臣逸、廷尉臣賀、備盜賊中尉臣福昧死言。【考證】張倉、當依漢書作張蒼、行御史大夫事、當屬下讀、時馮敬爲典客、錢大昕曰、公卿表、無逸賀福三人名、梁玉繩曰、賀雖未知何人、然可以證公卿表于孝文三年書張廷尉之譌、是時爲孝文六年、愚按行御史以下二十四字、漢書作行御史大夫事與宗正廷尉雜奏、 淮南王長、廢先帝法、不聽天子詔、居處無度、爲黃屋蓋乘輿、出入擬於天子、擅爲法令、不用漢法、及所置吏、以其郎中春爲丞相、【考證】楓、三本、郎中下有令字、 聚收漢諸侯人、及有罪亡者、匿與居、【考證】王先謙曰、漢諸侯人、漢郡縣及諸侯國之人、 爲治家室、賜其財物爵祿田宅、爵或至關內侯、奉以二千石。所不當得。欲以有爲。【集解】如淳曰、賜亾畔來者、如賜其國二千石也、瓚曰、奉以二千石之秩祿、【索隱】案謂有罪之人、不得關內侯及二千石、【考證】漢書、賜其作賜與、所下無不字、刪欲以有爲四字、王念孫曰、集解引如淳薛瓚二說爲解、則史記本無不字明矣、中井積德曰、漢書無不字、所當得三字屬上文、愚按不字、不必衍、奉以二千石、下文所謂以二千石俸奉之也、所不當得、言諸侯王不當有此事也、欲以有

爲、言欲危宗廟社稷也、索隱非是、 大夫但・【集解】張晏曰、大夫、姓也、上云、男子但、明其姓大夫也、瓚曰、官爲大夫、名但者也、【索隱】張揖曰、大夫姓、非也、案上云男子但、此云大夫但及士伍開章、則知大夫是官也、【考證】中井積德曰、大夫、爵也、王舉以爲大夫、故此稱大夫但也、錢大昭曰、大夫、民爵第五等、 士伍開章等七十人、【集解】如淳曰、律、有罪失官爵、稱士伍者也、開章、名、【考證】伍、蔡、中統、游、王、柯、毛本作五、今從凌本、漢書亦作伍、中井積德曰、士伍、兵卒之等、微賤者也、此以其本言之、不論前罪有無、 與棘蒲侯太子奇謀反、【集解】徐廣曰、棘蒲侯柴武、以文帝後元年卒、謚剛、嗣子謀反、不得置後、國除、 欲以危宗廟社稷、使開章陰告長、與謀、使閩越及匈奴發其兵。開章之淮南見長。長數與坐語飲食、爲家室娶婦、以二千石俸奉之。開章使人告但、已言之王。春使使報但等。吏覺知、使長安尉奇等往捕開章。長匿不予。與故中尉蕑忌謀、殺以閉口。【索隱】蕑、姓也、音姦、嚴助傳則作閒忌、亦同音姦、【正義】謀殺開章以閉絕謀反之口也、 爲棺槨衣衾、葬之肥陵邑。【正義】括地志云、肥陵故縣、在壽州安豐縣東六十里、在故六城東北百餘里、【考證】漢書、無邑字、 謾吏曰。不

知安在。【索隱】謾吏、上音慢、慢、詆也、按實葬肥陵、詆云不知處、肥陵、地名、在肥水之上也、【考證】王先慎曰、索隱非也、初言不知安在、謂告往捕之吏不知開章所往、非謂不知葬處也、繼乃詭稱已死、陽表其墓、實未死也、迨吏窮知其詐、長知不可掩、乃令蕑忌殺之肥陵、卽葬其地、情事如此、文特倒敘、遂致讀者難明耳、 又詳聚土樹表其上曰。開章死、埋此下。【考證】詳、佯通、漢書、埋作葬、 及長身自賊殺無罪者一人、令吏論殺無罪者六人、爲亡命棄市罪、詐捕命者以除罪。【集解】晉灼曰、亾命者當棄市、而王藏之、詐捕不命者而言命、以脫命者之罪、【考證】張文虎曰、毛本有亡字、與漢書合、它本竝脫、 擅罪人、罪人無告、劾繫治城旦舂以上十四人。【考證】漢書、不重罪人二字、中井積德曰、恐衍其一、愚按擅罪人、罪人無告、先舉其綱、劾繫以下其目、與下文同列、中說非也、岡白駒曰、無告、有罪無告于漢、 赦免罪人、死罪十八人、城旦舂以下五十八人。【考證】王先謙曰、死罪及城旦舂以下、不應赦者、長皆赦之、 賜人爵關內侯以下九十四人。前日長病。陛下憂苦之、使使者賜書、棗脯。長不欲受賜、不肯見拜使者。【考證】沈欽韓曰、新書淮難篇云、皇太后之餽賜、逆拒而不受、天子使者奉詔而弗得見、

僵臥以發書、即此事也、　南海民處廬江界中者反、淮南吏卒擊之。【考證】王先謙曰、嚴助傳、淮南王安上書云、前時南海王反、陛下先臣使將軍間忌將兵擊之、以其軍降處之上淦、後復反、即其事也、　陛下以淮南民貧苦、遣使者賜長帛五千匹、以賜吏卒勞苦者。長不欲受賜、謾言曰。無勞苦者。【考證】漢書、五千作五十、誤、　南海民王織上書獻璧皇帝。忌擅燔其書、不以聞。【集解】文穎曰、忌、簡忌、【考證】漢書無民字、陳仁錫曰、民字衍、織、南海王名、周壽昌曰、南海王織、見高紀、　吏請召治忌。長不遣。謾言曰。忌病。春又請長願入見。長怒曰。女欲離我自附漢。【考證】淩稚隆曰、春、即淮南丞相春也、　長當弃市。臣請論如法。制曰。朕不忍致法於王。其與列侯二千石議。臣倉、臣敬、臣逸、臣福、臣賀昧死言。臣謹與列侯吏二千石臣嬰等四十三人議。【考證】倉當作蒼、齊召南曰、嬰、即汝陰侯夏侯嬰也、錢大昭曰、時灌嬰陳嬰皆前卒、故知是夏侯嬰也、　皆曰。長不奉法度、不聽天子詔。

乃陰聚徒黨及謀反者、厚養亡命、欲以有爲。臣等議論如法。制曰。朕不忍致法於王。其赦長死罪、廢勿王。臣倉等昧死言。長有大死罪。陛下不忍致法。幸赦、廢勿王。臣請處蜀郡嚴道邛郵、【集解】徐廣曰、嚴道有邛僰九折阪、又有郵置、駰案、張晏曰、嚴道、蜀郡縣、【索隱】按嚴道、蜀郡之縣也、縣有蠻夷曰道、嚴道有邛萊山、有郵置、故曰嚴道邛郵也、　遣其子母從居。【索隱】案樂產云、妾媵之有子者、從去也、【考證】漢書、作其子子母、顏師古曰、子母者、所生子之姬妾、　縣爲築蓋家室、皆廩食、給薪菜鹽豉炊食器席蓐。【考證】漢書、廩食作三食、顏師古曰、炊器、釜鬲之屬、食器、盃椀之屬、　臣等昧死請、請布告天下。制曰。計食長、給肉日五斤、酒二斗、令故美人才人得幸者十人從居。他可。【索隱】按謂他事可其制也、【考證】顏師古曰、上言子母、則有子者令從之、今此云美人才人、則無子者則亦令從之、愚按、他可、謂他事如議也、又按、文帝殺弟、固非美事、史公錄丞相劾奏特詳、蓋不欲使帝專負殺弟之名也、　盡誅所與謀者。於是乃遣淮南王、載以輜車、令縣以次

傳。【考證】顏師古曰、輜、衣車也、王先謙曰、縣次傳、以郵傳致之也、　是時袁盎諫上曰。上素驕淮南王、弗爲置嚴傅相。以故至此。且淮南王爲人剛。今暴摧折之。臣恐卒逢霧露病死。陛下爲有殺弟之名。柰何。【考證】胡三省曰、卒讀猝、袁盎傳、作如有遇霧露行道死、　上曰。吾特苦之耳。今復之。【考證】各本、今作令、誤、據宋本毛本訂、漢書亦作令、顏師古曰、暫困苦之、令其自悔、即追還也、王念孫曰、今復之、即復之也、汲黯傳、君薄淮陽邪、吾今召君矣、索隱、今、猶即今也、　縣傳淮南王者、皆不敢發車封。【集解】漢書音義曰、檻車有檻封也、【考證】中井積德曰、漢書、以縣傳者不敢發車封二句、置不食死之下、似長、諸避事、略知其死、漫爲不知者而過之也、王先謙曰、不敢發者、畏其勇也、愚按中說得之、　淮南王乃謂侍者曰。誰謂乃公勇者。吾安能勇。【索隱】乃、汝也、汝公、淮南王自謂也、　吾以驕故、不聞吾過至此。人生一世間、安能邑邑如此。乃不食死。至雍。【正義】雍、岐州雍縣也、　雍令發封、以死聞。上哭甚悲。謂袁盎曰。吾不聽公言、卒亡淮南王。盎曰。不可柰何。

願陛下自寬。【考證】楓、三本、不可上有淮南王三字、與漢書合、顏師古曰、不可奈何、謂王死不能復生、王先謙曰、盎語當參觀本傳、　上曰。爲之柰何。盎曰。獨斬丞相御史以謝天下、乃可。【索隱】案劉氏云、袁盎此言、亦大過也、【考證】淩約言曰、丞相御史執法、而盎欲斬之、幸而文帝不用、盎之刻惡險邪、大抵如此、不獨私仇一晁錯已也、　上即令丞相御史逮考諸縣傳送淮南王不發封餽侍者、皆弃市。【考證】他本、逮作遂、據王念孫引宋本及毛本訂、漢書亦作逮、顏師古曰、逮、捕也、王先謙曰、侍、候伺也、　乃以列侯葬淮南王於雍、守冢三十戶。　孝文八年、上憐淮南王。淮南王有子四人。皆七八歲。乃封子安爲阜陵侯、子勃爲安陽侯、子賜爲陽周侯、子良爲東成侯。【考證】張文虎曰、陽周、各本作周陽、考證、據惠景侯者表、漢書表傳改、下同、志疑說同、　孝文十二年、民有作歌、歌淮南厲王曰。一尺布、尚可縫。一斗粟、尚可舂。兄弟二人、不能相容。【集解】漢書音義曰、尺布斗粟、猶尚不棄、況於兄弟而更相逐乎、瓚曰、一尺布尚可縫而共衣、一斗粟尚可舂而共食也、況以天下之廣而不能相容、【考證】中井積德

曰、尺布雖不可縫、而接他布、可以縫成衣、斗粟雖不可舂、而合他粟、可以舂成食、是布粟滅割分裂、不足憂也、兄弟則一喪不可復得矣、欲求接合於他人而弗能、是所以爲比喩、愚按音義最穩、他說鑿、又按縫舂容、韻、容齋隨筆云、高誘作鴻烈解敘、許叔重注文、其辭云、一尺繒好童童、一升粟飽蓬蓬、兄弟二人不能相容、上聞之、乃歎曰。堯・舜放逐骨肉、周公殺管・蔡、天下稱聖。【正義】帝系云、堯、黃帝之後、舜、顓頊之後、四凶之內、有承黃帝顓頊者、而堯舜竄之、故放逐骨肉耳、四凶者、共工三苗伯鯀及驩兜、皆堯舜之同姓、故云骨肉也、【考證】中井積德曰、放逐骨肉、指舜放象而言、堯是帶說耳、周公不殺蔡、是蔡亦帶說、愚按皆取例於兄弟、何者、不以私害公。天下豈以我爲貪淮南王地邪。乃徙城陽王王淮南故地。【集解】徐廣曰、景王章之子、【考證】城陽王名喜、下文所謂淮南王喜、而追尊謚淮南王爲厲王、置園復如諸侯儀。【正義】謚法云、暴慢無親曰厲、【考證】中井積德曰、諸侯儀、謂諸侯王之儀、非謂列侯、復字可徵、凡稱諸侯、雖無王字、皆是王矣、與列侯異、孝文十六年、徙淮南王喜復故城陽。【索隱】故城陽、景王之子也、【考證】李笠曰、復下疑脫王字、漢書有、上憐淮南厲王廢法不軌、自使失國、蚤死、乃立其三子阜陵侯安爲淮南王、安陽侯

勃爲衡山王、陽周侯賜爲廬江王、皆復得厲王時地參分之。東城侯良、前薨無後也。孝景三年、吳・楚七國反。吳使者至淮南。淮南王欲發兵應之。其相曰。大王必欲發兵應吳、臣願爲將。王乃屬相兵。【考證】周壽昌曰、張釋之傳云、事景帝歲餘、爲淮南相、此景帝三年事、則將兵之相、疑是釋之、淮南相已將兵。因城守、不聽王而爲漢。漢亦使曲城侯將兵救淮南。淮南以故得完。【集解】徐廣曰、曲城侯、姓蟲、名捷、其父名逢、高祖功臣、吳使者至廬江。廬江王弗應。而往來使越。吳使者至衡山。衡山王堅守無二心。孝景四年、吳・楚已破。衡山王朝。上以爲貞信。乃勞苦之曰。南方卑溼、徙衡山王王濟北。所以褒之。【考證】漢書無所字、及薨、遂賜謚爲貞王。廬江王邊越。數使使相交。故徙爲衡山王、王江北。【考證】顏師古曰、邊越者、

邊界與越相接、王先謙曰、廬江王王江南、得豫章廬江、徙江北、則漢收二郡、斷其通越、田汝成曰、此段敘三王所以應吳者、賢否具見、而景帝或因、或徙之、故褒貶寓焉、辭不煩、而意自足、淮南王如故。【考證】漢書刪此五字、査愼行曰、淮南王如故一句、所以結上起下、漢書不當刪去、中間文章、令薄昭予厲王書反覆八百餘言、開示利害、辭嚴而義正、冀其改過、其見文帝友愛之情、漢書獨詳、史記少此一段、淮南王安爲人好讀書鼓琴、不喜弋獵狗馬馳騁。亦欲以行陰德、拊循百姓、流譽天下。【考證】漢書、流譽天下、改作流名譽、下補招致賓客方術之士數千人、作爲內書二十一篇、外書甚衆、又有中篇八卷、言神仙黃白之術、亦二十餘萬言、時武帝方好藝文、以安屬爲諸父、辯博善爲文辭、甚尊重之、每爲報書、及賜、常召司馬相如等、視草迺遣、初安入朝、獻所作內篇新出、上愛祕之、使爲離騷傳、旦受詔、日食時上、又獻頌德及長安都國頌、每宴見、談說得失、及方術賦頌、昏莫然後罷、百數十字、藝文志又云、雜家、淮南內二十一篇、外三十三篇、詩賦、淮南王八十二篇、淮南羣臣賦四十四篇、淮南歌詩四篇、天文、淮南雜子星十卷、今存淮南內二十一篇、屛風賦一篇、諫伐南越書一篇、時時怨望厲王死、時欲畔逆。未有因也。及建元二年、淮南王入朝。素善武安侯。【考證】武安侯、田蚡、武安侯時爲太尉。乃逆王霸上、與王語曰。方今上無太子。大王親高

皇帝孫、【正義】漢書云、武帝以安屬爲諸父、行仁義、天下莫不聞。即宮車一日晏駕、非大王當誰立者。淮南王大喜、厚遺武安侯金財物。【考證】語又見武安傳、武安傳作非大王立當誰哉、漢書作非王尙誰立者、中井積德曰、按文理、誰字當在當下、又曰、武安語、蓋流傳非實、太史公所謂被惡言是也、武安傳可併考、陰結賓客、拊循百姓、爲畔逆事。【索隱】淮南要略云、安養士數千、高才者八人、蘇非、李尙、左吳、陳由、伍被、毛周、雷被、晉昌、號曰八公也、【考證】李笠曰、上已云拊循百姓、流譽天下、此拊循百姓四字、疑誤衍、愚按漢書云、其羣臣賓客、江淮間多輕薄、以厲王遷死感激安、又按索隱引淮南要略、今本無此文、高誘淮南敘云、安爲辨達、善屬文、天下方術之士、多往歸焉、於是遂與蘇飛、李尙、左吳、田由、雷被、毛被、伍被、晉昌等八人、及諸儒大山小山之徒、共講論道德、總統仁義、而著此書、八人姓名、與索隱所引、亦有異同、建元六年、彗星見。淮南王心怪之。或說王曰。先吳軍起時、彗星出、長數尺。然尙流血千里。今彗星長竟天。天下兵當大起。王心以爲上無太子。天下有變、諸侯竝爭。愈益治器械攻戰具、積金錢、賂遺郡國諸侯游士奇材。【考證】漢書、刪諸侯

二字、郡守令、國諸侯、諸辨士爲方略者、妄作妖言諂諛王。王喜多賜金錢。
而謀反滋甚。【考證】張文虎曰、謀反、疑倒、淮南王有女陵、慧有口辯。王愛陵、常
多予金錢、爲中詗長安、約結上左右。【集解】徐廣曰、詗、伺候采察之名也、音空政反、安平侯鄂千秋
玄孫伯、與淮南王女陵通、而中絕、又遣淮南王書、稱臣盡力、故棄市、【索隱】鄧展曰、詗、捕也、徐廣曰、伺候探察之名、孟康曰、詗、音偵、西方人以反閒爲偵、劉氏及包愷、竝音丑政反、
服虔云、偵、候也、【考證】各本、慧譌彗、今從楓本、舊刻、毛本、周壽昌曰、功臣表、岸頭侯張次公、元狩元年、坐與淮南王女陵姦、受財物、免、張文虎曰、集解、采字、疑譌、元朔
三年、上賜淮南王几杖不朝。【考證】梁玉繩曰、三年乃二年之誤、漢書紀傳、皆言元朔二年賜几杖、淮南
王王后荼。王愛幸之。王后生太子遷。遷取王皇太后外孫修
成君女爲妃。【集解】應劭曰、王太后先適金氏女也、【考證】張文虎曰、取下王字、疑衍、漢書無、王先謙曰、外戚傳、修成君男女各一人、女嫁諸侯、卽此
太子妃也、王謀爲反具。畏太子妃知而內泄事。乃與太子謀、令詐
弗愛、三月不同席。王乃詳爲怒太子、閉太子、使與妃同內三

月。【考證】詳、佯、通、內、房也、太子終不近妃。妃求去。王乃上書謝、歸去之。
【考證】高五王傳、修成君女娥、欲嫁齊王、蓋在淮南謝歸後也、王后荼・太子遷、及女陵、得愛幸王、擅
國權、侵奪民田宅、妄致繫人。【集解】徐廣曰、一云、毆擊、元朔五年、太子學用
劍。自以爲人莫及。聞郎中靁被巧、乃召與戲。【索隱】案巧、言善用劍也、被一
再辭讓、誤中太子。【索隱】樂產云、初一讓至二讓、後遂不讓、故云一再讓而誤中、太子怒。被恐。此時
有欲從軍者、輒詣京師。被卽願奮擊匈奴。太子遷數惡被於
王。王使郎中令斥免、欲以禁後。【正義】言屛斥免郎中令官、而令後人不敢效也、【考證】余有丁曰、郎中令、郎中之
長、斥免、免被也、被遂亡至長安、上書自明。詔下其事、廷尉河南。【正義】雷被
告章、下廷尉及河南共治之、河南治、逮淮南太子。【正義】逮、謂追赴河南也、王・王后計、欲無
遣太子、遂發兵反。計猶豫、十餘日未定。會有詔卽訊太子。

【索隱】案樂彥云、卽、就也、訊、問也、就淮南案之、不逮詣河南也、當是時、淮南相怒壽春丞留太子逮
不遣、劾不敬。【集解】如淳曰、丞主刑獄囚徒、丞順王意、不遣太子應逮書、【考證】壽春、淮南邑、王以請相。相弗
聽。【考證】請相、請不治丞也、王使人上書告相。事下廷尉治。蹤跡連王。王使
人候伺漢公卿。公卿請逮捕治王。【考證】漢書、刪公卿二字、漢公卿三字、屬下讀、王恐事
發。太子遷謀曰、漢使卽逮王、王令人衣衞士衣、持戟居庭中、
王旁有非是、則刺殺之。【考證】漢書、刪庭中二字、是下有者字、臣亦使人刺殺淮南
中尉、乃舉兵未晚。是時上不許公卿請、而遣漢中尉宏卽訊
驗王。【索隱】中尉宏、案百官表、姓殷也、【考證】今表作中尉殷客、汲黯傳濮陽客段宏、索隱云、漢書作段宏、愚按段、當作殷、客當作宏、王聞漢使
來、卽如太子謀計。漢中尉至、王視其顏色和。訊王以斥靁被
事耳。【考證】漢書、訊作問、王自度無何。不發。【集解】如淳曰、無何罪、中尉還以聞。公卿

治者曰。淮南王安擁閼奮擊匈奴者靁被等、廢格明詔。當弃
市。【索隱】崔浩云、詔書募擊匈奴、而壅遏應募者、漢律所謂廢格、案如淳注梁孝王傳云、攱閣不行也、音各也、【考證】擁讀爲壅、漢書作雍、詔弗許。公
卿請廢勿王。詔弗許。公卿請削五縣。詔削二縣、使中尉宏赦
淮南王罪、罰以削地。中尉入淮南界、宣言赦王。王初聞漢公
卿請誅之、未知得削地。聞漢使來、恐其捕之。乃與太子謀刺
之如前計。及中尉至、卽賀王。王以故不發。其後自傷曰、吾行
仁義見削。甚恥之。然淮南王削地之後、其爲反謀益甚。諸使
道從長安來、爲妄妖言、【索隱】道長安來、如淳曰、道、猶言路由長安來、姚承云、道或作從、【考證】中井積德曰、據索隱、本文從字
衍、漢書亦作道長安、王念孫曰、道卽從也、史本一作道、一作從、後人誤合之耳、言上無男、漢不治、卽喜。卽言漢
廷治、有男、王怒以爲妄言非也。【考證】顏師古曰、漢廷治者、朝廷皆理治也、云治及有男、皆妄言耳、非眞實也、

王曰夜與伍被·左吳等、案輿地圖、部署兵所從入。【集解】漢書曰、伍被、楚人、或言其先伍子胥後、蘇林曰、輿、猶舉載之意、【索隱】按志林云、輿地圖、漢家所畫、非出遠古也、【考證】漢書無伍被二字、王曰。上無太子。宮車卽晏駕、廷臣必徵膠東王。不卽常山王。【集解】徐廣曰、皆景帝子也、【考證】膠東王寄、常山王舜、全祖望曰、景帝十三王、而出於王美人者、膠東常山二王也、王美人者、王后之妹、於武帝爲從母之弟、尤親、故云、諸侯竝爭。吾可以無備乎。且吾高祖孫親。行仁義。【考證】王先謙曰、親字當在高祖孫上、後人傳寫誤倒耳、上文王親高帝孫、行仁義、是其證、陛下遇我厚。吾能忍之。【正義】漢書云、武帝以安屬爲諸父、辯博善爲文辭、甚尊重之、每爲報書、及賜、常召司馬相如等、視草迺遣、安入朝、每宴見、談論得失、昏暮然後罷、萬世之後、吾寧能北面臣事豎子乎。王坐東宮、召伍被與謀曰。將軍上。【考證】周壽昌曰、漢制、諸侯王國、止有中尉、掌武職、無將軍、將軍、天子之官也、淮南王僭呼伍被、故被以亡國爲言、衡山王傳、號其子孝曰將軍、時王有逆計也、被悵然曰。上寬赦大王。王復安得此亡國之語乎。臣聞、子胥諫吳王、吳王不用。乃曰。臣今見

麋鹿游姑蘇之臺也。今臣亦見宮中生荊棘、露霑衣也。【考證】中井積德曰、伍被問答、是伍被之首狀耳、太史公以其辭典雅、入淮南傳中、可謂失事實、漢書、引以立傳、其失尤甚、又曰、伍被傾詭小人、固反逆之首矣、故前文案地圖稱伍被左吳、是也、及事敗圖自脫、乃自告獻狀如此、梁玉繩曰、案王及被問答、非一日之言、故不免複、以漢傳校之、多有不同、或先後移易、或字句增損、王怒繫伍被父母、囚之三月。【考證】中井積德曰、繫被父母、尤虛假、復召曰。將軍許寡人乎。被曰。不直來爲大王畫耳。【正義】上音獲、言畫計謀反、臣聞聽者聽於無聲、明者見於未形。【考證】聲形韻、故聖人萬舉萬全。昔文王一動、而功顯于千世、列爲三代。此所謂因天心以動作者也。故海內不期而隨。此千歲之可見者。夫百年之秦、近世之吳·楚、亦足以喻國家之存亡矣。【考證】凌稚隆曰、百年之秦、近世之吳楚作兩柱、下分段照應、陳仁錫曰、二句、正是佳處、漢書删、失之、臣不敢避子胥之誅。願大王毋爲吳王之聽。昔秦絕聖人之道、殺術士、燔

詩書、弃禮義、尙詐力、任刑罰、轉負海之粟、致之西河。【考證】各本、聖人作先王、據索隱本、楓·三本、蔡·中統·游·王·毛本訂、當是之時、男子疾耕、不足於糟糠、女子紡績、不足於蓋形。【考證】漢書伍被傳、糟糠作糟䊪、遣蒙恬築長城、東西數千里、暴兵露師、常數十萬、死者不可勝數、僵尸千里、流血頃畝。【正義】伍被傳、作僵尸滿野、流血千里、百姓力竭、欲爲亂者、十家而五。又使徐福入海求神異物。【考證】梁玉繩曰、徐市又作福者、市與芾同、卽黻字、語轉又作福、非徐有兩名、故始皇紀作市、而此作福、漢書伍被傳、抱朴子用刑極言二篇、竝作徐福、何孟春謂、漢時未有翻切、但以聲相近字音注其下、遂疑爲別名、其說非也、還爲僞辭曰。臣見海中大神。言曰。汝西皇之使邪。【考證】王念孫曰、御覽引此無爲字、僞爲通、僞辭、爲之辭也、張文虎曰、疑史本一作爲、一作僞、後人兩存而誤幷耳、臣荅曰。然。汝何求。曰。願請延年益壽藥。神曰。汝秦王之禮薄。得觀而不得取。卽從臣東南至蓬萊山、見芝成宮闕。有使者、

銅色而龍形、光上照天。於是臣再拜問曰。宜何資以獻。海神曰。以令名男子、若振女、與百工之事、卽得之矣。【集解】徐廣曰、西京賦曰、振子萬童、駰案薛綜曰、振子、童男女、【考證】岡白駒曰、令名男子、良家男子也、若、及也、振、當作侲、或古相通、秦皇帝大說、遣振男女三千人、資之五穀種種百工而行。【考證】伍被傳、五穀種種、作五種、顏師古注、五種、五穀之種也、蓋史文作五穀、後人誤與漢書混、又衍爲重文耳、徐福得平原廣澤、止王不來。【正義】括地志云、亶州在東海中、秦始皇遣徐福將童男女、遂止此州、其後復有數洲萬家、其土人有至會稽市易者、闕文、【考證】錢泰吉曰、此及後武關正義、皆有闕文二字、蓋後人所記、於是百姓悲痛相思、欲爲亂者、十家而六。【考證】伍被傳、相思作愁思、又使尉佗踰五嶺攻百越。尉佗知中國勞極、止王不來。【考證】漢書、不來作南越、五嶺解、在張耳傳、顏師古注漢書云、南越傳云、南海尉任囂謂趙佗曰、聞陳勝等作亂、豪桀叛秦相立、卽被佗書行南海尉事、囂死、後佗始自爲王、今此乃言尉佗先王、陳勝乃反、此蓋伍被一時對辭、不究其實也、使人上書求女無夫家者三萬人、以爲士卒衣補。秦皇帝可

其萬五千人。於是百姓離心瓦解、欲爲亂者、十家而七。考證 伍被傳、此下有欲爲亂者十室而八一段、卽移後文興萬乘之駕十二句補之、客謂高皇帝曰、時可矣。高皇帝曰、待之。聖人當起東南。考證 沈欽韓曰、易緯通驗云、亡行之名合、胡誰代者起東南、愚按高祖紀、秦始皇帝常曰、東南有天子氣、於是因東游以厭之、閒不一年、陳勝·吳廣發矣。考證 顏師古曰、中間不經一歲也、高皇始於豐沛一倡、天下不期而響應者、不可勝數也。此所謂蹈瑕候閒、因秦之亡而動者也。百姓願之、若旱之望雨。考證 伍被傳、旱上有枯字、故起於行陳之中、而立爲天子、功高三王、德傳無窮。今大王見高皇帝得天下之易也、獨不觀近世之吳·楚乎。夫吳王賜號爲劉氏祭酒、復不朝。集解 應劭曰、禮、飲酒必祭、示有先也、故稱祭酒、尊也、考證 伍被傳、祭酒下有受几杖而三字、無復字、如淳曰、祭祠時、唯尊長者以酒沃酹、顏師古曰、如說是也、王四郡之衆、地方數千里、內鑄消銅以

爲錢、東煮海水以爲鹽、考證 胡三省曰、四郡、東陽·鄣·吳·豫章、漢書鑄消銅作采山銅、陳仁錫曰、消當作鄣、謂鄣郡之銅也、上取江陵木以爲船、一船之載、當中國數十兩車。國富民衆、行珠玉金帛、賂諸侯宗室大臣。獨竇氏不與。考證 徐孚遠曰、竇氏帝舅家、吳楚反、彊起魏其爲將、以肺腑也、計定謀成、擧兵而西、破於大梁、敗於狐父、集解 徐廣曰、在梁碭之閒、奔走而東、至於丹徒、越人禽之、身死絕祀、爲天下笑。夫以吳·越之衆、不能成功者何。誠逆天道而不知時也。考證 伍被傳、吳下無越字、張文虎曰、越、疑楚字之譌、上下文竝作吳楚、方今大王之兵衆、不能十分吳·楚之一。天下安寧、有萬倍於秦之時。考證 於秦、各本作於吳楚、梁玉繩曰、當作于秦、張文虎曰、舊刻作於秦、與梁說合、願大王從臣之計。大王不從臣之計、今見大王事必不成、而語先泄也。臣聞微子過故國而悲、於是作麥秀之歌。是痛紂之不

用王子比干也。考證 漢書、微子作箕子、館本考證云、呂氏春秋及宋世家、皆以爲箕子、楓三本、比干下有之諫二字、故孟子曰、紂貴爲天子、死曾不若匹夫。考證 錢大昭曰、今孟子無此文、愚按孟子梁惠王篇、聞誅一夫紂矣、未聞弑君也、伍被約言之、是紂先自絕於天下久矣。非死之日而天下去之。今臣亦竊悲大王弃千乘之君、必且賜絕命之書、爲羣臣先、死於東宮也。集解 如淳曰、王時所居也、於是王氣怨結而不揚、涕滿匡而橫流。卽起、歷階而去。考證 漢書、刪於是以下二十一字、易以被因流涕而起六字、王念孫曰、氣怨結二句指伍被而言、王字衍文、愚按二句屬王、卽歷階而去、屬被、怨苑通、詩苑結、箋、苑猶屈也積也、匡與眶同、王有孽子不害、最長。王弗愛。王·王后·太子、皆不以爲子兄數。集解 如淳曰、不以爲子兄秩數、考證 漢書、不重王字、胡三省曰、言后不以爲子、太子不以爲兄、不害有子建、材高有氣、常怨望太子不省其父。集解 服虔曰、不省錄著兄弟數中、又怨時諸侯皆得分子弟爲侯、而淮南獨二子、一爲太子、建

父獨不得爲侯。建陰結交、欲告敗太子、以其父代之。太子知之、數捕繫而榜笞建。建具知太子之謀、欲殺漢中尉、卽使所善壽春莊芷、以元朔六年上書於天子曰、索隱 莊芷、漢書作嚴正也、考證 周壽昌曰、班氏以明帝諱改莊爲嚴、正芷則字近而譌也、毒藥苦於口利於病、忠言逆於耳利於行。考證 留侯世家、忠言逆身、利於行、毒藥苦口、利於病、孔子家語六本篇、良藥苦於口而利於病、忠言逆於耳而利於行、病行韻、今淮南王孫建、材能高。淮南王·王后荼·荼子太子遷、常疾害建。建父不害無罪、擅數捕繫、欲殺之。今建在、可徵問。具知淮南陰事。書聞。上以其事下廷尉。廷尉下河南治。是時故辟陽侯孫審卿、善丞相公孫弘。怨淮南厲王殺其大父、乃深購淮南事於弘。考證 毛本、購作構、與漢書合、王先謙曰、辟陽侯子平、嗣於孝景二年、坐謀反自殺國除、審卿蓋平子、弘乃疑淮南有畔逆計謀、深

窮治其獄。河南治建。辭引淮南太子及黨與。淮南王患之、欲發。問伍被曰、漢廷治亂。【考證】岡白駒曰、治耶亂耶、 伍被曰、天下治。王意不說。謂伍被曰、公何以言天下治也。被曰、被竊觀朝廷之政、君臣之義、父子之親、夫婦之別、長幼之序、皆得其理、【考證】五品五敎、見乎尚書、而不言其目、左傳文公十八年、引季文子言曰、舜擧八元、使布五敎於四方、父義、母慈、兄友、弟共、子孝、孟子滕文公篇云、聖人使契爲司徒、敎以人倫、父子有親、君臣有義、夫婦有別、長幼有序、朋友有信、二書所言不同、而淮南人間訓云、百姓不親、五品不愼、契敎以君臣之義、父子之親、夫婦之辨、長幼之序、蓋從孟子也、伍被亦循其目、 上之擧錯、遵古之道。風俗紀綱、未有所缺也。重裝富賈、周流天下、道無不通。【考證】岡白駒曰、重裝、謂多載貨物也、 故交易之道行、南越賓服、羌僰入獻、東甌入降、廣長楡、開朔方、匈奴折翅傷翼、失援不振。【集解】如淳曰、廣、謂拓大之也、長楡、塞名、王恢所謂樹楡爲塞、【正義】長楡、今楡木塞也、在勝州北、 雖未及古太平之時、然猶爲

治也。【考證】中井積德曰、是時朝廷多事、天下騷然、國臣如何得此奬讚、分明是伍被首狀之緣飾、乞憐於天子者、 王怒。被謝死罪。王又謂被曰、山東卽有兵、漢必使大將軍將而制山東。公以爲大將軍何如人也。【考證】大將軍、衞青、 被曰、被所善者黃義、從大將軍擊匈奴。還告被曰、大將軍遇士大夫有禮、於士卒有恩、衆皆樂爲之用。騎上下山若蜚、材幹絕人。被以爲材能如此、數將習兵。未易當也。及謁者曹梁使長安。來言、大將軍號令明、當敵勇敢、常爲士卒先。休舍、穿井未通、須士卒盡得水、乃敢飲。【考證】漢書、作須士卒休乃舍、穿井得水、迺敢飲、義異、 軍罷、卒盡已渡河、乃渡。皇太后所賜金帛、盡以賜軍吏。雖古名將弗過也。【考證】中井積德曰、此亦乞憐於大將軍者、當時惡有是等語哉、且大將軍之才、良未必至于此、 王默然。淮南王見建已徵治、恐國陰事且覺、欲發。

【考證】楓本、發下有兵字、 被又以爲難。乃復問被曰、公以爲吳興兵、是邪非也。被曰、以爲非也。吳王至富貴也。擧事不當、身死丹徒、頭足異處、子孫無遺類。【集解】徐廣曰、遺、一作噍、音寂笑反、 臣聞吳王悔之甚。願王孰慮之、無爲吳王之所悔。王曰、男子之所死者一言耳。【集解】徐廣曰、一本無此言字、駰案張晏曰、不成則死、一計耳、瓚曰、或有一言之交、以死報之矣、【正義】言男子出一言、至死不改、言反也、【考證】正義是、 且吳何知反。【集解】瓚曰、言吳王不知擧兵反、【索隱】案知猶解、【正義】言吳不解反、故敗耳、【考證】凌稚隆曰、謂吳不知所以反、故使漢將得過成皐耳、 漢將一日過成皐者四十餘人、【集解】如淳曰、言吳不塞成皐口、而令漢將得出之、 今我令樓緩先要成皐之口、【集解】漢書直云緩、無樓字、樓緩乃六國時人、疑此後人所益也、李奇曰、緩、似人姓名、韋昭曰、淮南臣名、【正義】成皐故城、在河南氾水縣東南二里、【考證】徐孚遠曰、周被陳定、皆著姓名、緩不得獨去姓、樓緩當是與古人姓名同也、錢大昕曰、正義氾水、蓋氾水之譌、 周被下潁川兵、塞轘轅・伊闕之道、【正義】轘轅故關、在河南緱氏縣南四十里、伊闕故關、在河南縣南十九里、 陳定發南陽兵、

守武關。【正義】故武關、在商州商洛縣東九十里、春秋時、闕文、【考證】館本考證云、正義闕文、疑當奉地二字、 河南太守獨有雒陽耳。何足憂。然此北尚有臨晉關・河東・上黨與河內・趙國。人言曰、絕成皐之口、天下不通。據三川之險、招山東之兵。【正義】險、卽成皐關也、【考證】漢書山東作天下、 擧事如此、公以爲何如。被曰、臣見其禍、未見其福也。王曰、左吳・趙賢・朱驕如、皆以爲有福、什事九成。公獨以爲有禍無福、何也。被曰、大王之羣臣近幸、素能使衆者、皆前繫詔獄、餘無可用者。【考證】胡三省曰、漢時、左右都司空・上林中都官、皆有詔獄、蓋奉詔以鞫囚、因以爲名、 王曰、陳勝・吳廣、無立錐之地、千人之聚、起於大澤、【正義】聚、謂聚落也、【考證】漢書千作百、 奮臂大呼、而天下響應、西至於戲、而兵百二十萬。今吾國雖小、然而勝兵者可得十餘萬。非直適戍之衆、鐖鑿棘矜也。

【集解】徐廣曰、大鑠謂之剴、音五哀反、或是鑱乎、【索隱】鑱、鑿、劉氏音上吾裏反、下自洛反、又鑱、鄒音機也、注、大鑠謂之剴、鑠、音廉、剴、音五哀反、【正義】矜、音權、柄也、言不如陳勝用謫戍棘矜等物、公何以言有禍無福。被曰。往者秦爲無道、殘賊天下、興萬乘之駕、作阿房之宮、收太半之賦、發閭左之戍。【正義】閭左邊不役之民、秦則役之也、父不寧子、兄不便弟、政苛刑峻、天下熬然若焦。【索隱】若熯、音卽消反、【考證】熬嗷、通、民皆引領而望、傾耳而聽、悲號仰天、叩心而怨上。故陳勝大呼、天下響應。【考證】叩、擊也、凌稚隆曰、被非一日一時之語、故重疊不自覺耳、當今陛下臨制天下、一齊海內、汎愛蒸庶、布德施惠。口雖未言、聲疾雷霆。令雖未出、化馳如神。心有所懷、威動萬里。下之應上、猶影響也。而大將軍材能、不特章邯·楊熊也。大王以陳勝·吳廣諭之、被以爲過矣。【考證】楊熊、秦將名、與漢將酈商等戰敗、爲二世所誅者、見高紀及樊噲夏侯嬰傳、中井積德曰、復乞憐於天子與大將軍、王

曰。苟如公言、不可徼幸邪。被曰。被有愚計。王曰。柰何。被曰。當今諸侯無異心、百姓無怨氣。朔方之郡、田地廣、水草美、民徙者不足以實其地。臣之愚計、可僞爲丞相御史請書、徙郡國豪桀任俠、及有耐罪以上、赦令除其罪、產五十萬以上者、皆徙其家屬朔方之郡、【集解】應劭曰、輕罪不至於髡、完其耏鬢、故曰耏、古耏字從彡、髮膚之意也、杜林以爲法度之字、皆從寸、後改如是、耐音若能、如淳曰、律、耐爲司寇、耐爲鬼薪白粲、耐、猶任也、蘇林曰、一歲爲罰作、二歲刑已上爲耐、耐能任其罪、【考證】中井積德曰、半髡曰耐、去其頂髮而存其鬢頰之毛、故曰罪不至髡也、王先謙曰、請、奏請也、詐爲丞相御史奏請徙人之書、愚按漢書無僞字、僞刻、毛本凌引一本、產上有可字、與漢書合、集解杜林、誤作蘇林、依高紀注改、益發甲卒、急其會日。【考證】顏師古曰、促其期日、又僞爲左右都司空·上林中都官·詔獄書、逮諸侯太子幸臣。【集解】晉灼曰、百官表、宗正有左右都司空、上林有水司空、皆主囚徒官也、【考證】顏師古曰、中都官、京師諸官府、王先謙曰、左右都司空者、左右司空、都司空也、百官表、宗正屬官都司空、無左右二字、少府迺有左右司空、晉說非也、又表云、護軍都尉、武帝征和四年

初置、持節從中都官、徙千二百人、捕巫蠱、督大姦猾、顏注又云、中都官、京師諸官府也、先謙案、文云上林中都官、疑上林二字不當如晉注連上爲文、中都官、亦不當訓京師諸官府、或中都官、自屬上林、後隸護軍都尉也、若如顏說、則但稱中都官、卽可以該諸官府、何必更言左右都司空乎、愚按、各本書逮二字倒、今從楓三本漢書、梁玉繩曰、逮字當在書下、屬下句、一本書下有以逮二字、亦非、王先謙曰、幸臣、親近用事之臣、如此則民怨、諸侯懼。卽使辯武隨而說之、儻可徼幸什得一乎。【集解】徐廣曰、淮南人、名士曰武、【正義】按辯武、謂辯口而武所說必行也、【考證】漢書、辯武作辯士、王曰。此可也。雖然吾以爲不至若此。於是王乃令官奴入宮、作皇帝璽、丞相御史大將軍軍吏中二千石都官令丞印、及旁近郡太守都尉印、漢使節法冠、欲如伍被計。【集解】蔡邕曰、法冠、楚王冠也、秦滅楚、以其君冠賜御史、【索隱】崔浩云、一名獬廌冠、按蔡邕云、楚王冠也、秦滅楚、以其君冠賜御史者也、【考證】王鳴盛曰、漢書百官表、雖言守治郡、尉典武職、而實守兼掌之、韓延壽爲潁川太守、傳中述其都試講武甚備、翟義爲東郡太守、以九月都試、日勒車騎材官士起事、淮南王安傳、安欲發兵反、先令人作旁近郡太守都尉印、可見守尉互掌兵權也、又安與太子反謀聞、上遣廷尉監與淮南中尉逮捕太子、王與太子謀、召相二千石、欲殺而發兵、召相、相至、內史以出爲解、中尉曰、臣受詔使、不得見王、王念獨殺

相、而內史中尉不來、無益也、卽罷相、觀此知諸侯王國中兵權、相與內史中尉兼掌之、丞相牽制、三者有一不肯、卽不能發兵、使人僞得罪而西、事大將軍·丞相、【集解】蘇林曰、詐作罪人而西也、【考證】顏師古曰、西、謂如京師也、一日發兵、使人卽刺殺大將軍青、【集解】如淳曰、發淮南兵也、【索隱】崔浩云、一日猶一朝、卒然無定時也、【考證】方苞曰、淮南一日發兵反、其所使人、卽刺殺大將軍也、而說丞相下之、如發蒙耳。【集解】如淳曰、以物蒙覆其頭、而爲發去、其人欲之耳、韋昭曰、如蒙巾發之甚易、【考證】晉灼曰、如發去物上之蒙、直取其易也、王先謙曰、易序卦傳、蒙者蒙也、物之穉也、愚按、蒙、物生之初也、發、撥去也、發蒙又見汲黯傳吳王濞傳、中井積德曰、僞得以下、卽是伍被計、愚按是淮南意中事、而未及發之、使人上宜加王以爲字、王欲發國中兵。恐其相二千石不聽。【考證】說見上文、王乃與伍被謀、先殺相二千石。僞失火宮中、相二千石救火。至、卽殺之。計未決。又欲令人衣求盜衣、持羽檄、從東方來呼曰。南越兵入界。欲因以發兵。【集解】漢書音義曰、求盜衣、卒衣也、【正義】求盜、掌逐捕盜賊者、解在高祖本紀、【考證】顏師古曰、羽檄、徵兵之書也、王先謙曰、漢書、東方作南方、按下言南越兵入則南方是也、乃使人至廬江·會

稽爲求盜。未發。王問伍被曰。吾舉兵西鄉、諸侯必有應我者。即無應、柰何。被曰。南收衡山、以擊廬江、有尋陽之船、【考證】尋陽、廬江縣、守下雉之城、【集解】徐廣曰、在江夏、駰案、蘇林曰、下雉、縣名、【索隱】雉音徐爾反、案縣名、在江夏、結九江之浦、絕豫章之口、【正義】即彭蠡湖口、北流出大江者、彊弩臨江而守、以禁南郡之下。東收江都・會稽、【正義】江都、揚州也、會稽、蘇州也、南通勁越、屈彊江・淮閒、猶可得延歲月之壽。【正義】屈、求勿反、彊、其兩反、王曰。善。無以易此。急則走越耳。於是廷尉以王孫建辭連淮南王太子遷聞。上遣廷尉監、因拜淮南中尉、逮捕太子。至淮南。淮南王聞、與太子謀、召相二千石、欲殺而發兵。召相。相至。內史以出爲解。【考證】顏師古曰、不應召、而云已出也、解者解說也、若今言分疏矣、中尉曰。臣受詔使。不得見王。王念獨殺相、而內史中尉不來、

無益也。即罷相。【考證】顏師古曰、罷、遣出去、王猶豫、計未決。太子念所坐者、謀刺漢中尉。所與謀者已死。以爲口絕。【考證】王先謙曰、謂無證其事者、乃謂王曰。羣臣可用者、皆前繫。今無足與舉事者。王以非時發、恐無功。臣願會逮。【考證】顏師古曰、會、謂應逮書而往也、王亦偷欲休。即許太子。【集解】徐廣曰、偷、苟且也、【考證】王念孫曰、言偷安而不欲發兵也、漢書作愈、亦讀爲偷、太子即自剄不殊。【集解】晉灼曰、不殊、不死、【正義】顏師古云、殊、絕也、雖自刑殺、而身首不絕、伍被自詣吏、因告與淮南王謀反、反蹤跡具如此。吏因捕太子・王后、圍王宮、盡求捕王所與謀反賓客在國中者、索得反具以聞。上下公卿治。所連引、與淮南王謀反列侯二千石豪傑數千人。【考證】楓、三本、治下所上有辭字、皆以罪輕重受誅。衡山王賜、淮南王弟也。當坐收。有司請逮捕衡山王。天子曰。諸

侯各以其國爲本。不當相坐。與諸侯王列侯會肄丞相者議。【集解】徐廣曰、諸都座就丞相共議也、【索隱】會肄丞相者、案肄、習也、音異、【考證】各本、丞相下有諸侯二字、無者字、諸侯二字與上文複、今從索隱本、楓、三本、以上天子之命、趙王彭祖、列侯臣讓等四十三人議。【考證】王先愼曰、按功臣恩澤侯表、元朔間列侯無以讓名者、讓疑當作襄、襄、平陽侯曹參玄孫、據史漢表、功臣位次、平陽第二、蕭何第一、何曾孫勝、元朔元年、坐不齋、耐爲隸臣、故此時列侯與議、襄宜居首也、皆曰。淮南王安、甚大逆無道、謀反明白。當伏誅。膠西王臣端議曰。淮南王安、廢法行邪、懷詐僞心、以亂天下、熒惑百姓、倍畔宗廟、妄作妖言。【考證】漢書、法下有度字、邪下有辟字、與下文邪僻相應、春秋曰。臣無將。將而誅。【正義】將、將帶群衆也、【考證】蘇輿曰、此春秋義說也、公羊莊三十一年、昭元年傳竝云、君親無將、將而誅焉、義同而文小異、漢書叔孫通傳、博士諸生亦引人臣無將語、王莽傳、春秋之義、君親無將、將而誅焉、文同公羊、而不言傳、蓋漢時義說如此、或以爲春秋下脫傳字、非也、安罪重於將、謀反形已定。臣端所見其書節印圖、及他逆無道、事驗明白、甚大逆無道。當伏

其法。而論國吏二百石以上及比者、【集解】徐廣曰、比吏而非眞、【考證】顏師古曰、謂眞二百石及秩比二百石以上、宗室近幸臣、不在法中者、不能相教。當皆免官削爵、爲士伍。毋得宦爲吏。【考證】不在法中、言無反狀、其非吏、他贖死金二斤八兩。【集解】蘇林曰、非吏、故曰他、以章臣安之罪、使天下明知臣子之道、毋敢復有邪僻倍畔之意。丞相弘・廷尉湯等以聞。天子使宗正以符節治王。未至。淮南王安自剄殺。【集解】徐廣曰、即位凡四十二年、元狩元年十月死、王后荼・太子遷、諸所與謀反者皆族。天子以伍被雅辭、多引漢之美、欲勿誅。廷尉湯曰。被首爲王畫反謀。被罪無赦。【考證】凌本、王作之、楓、三本、謀作計、中井積德曰、天子受被之欺、太史公亦受被之欺、唯張湯不受焉、酷吏亦有識哉、遂誅被。國除爲九江郡。【集解】徐廣曰、又爲六安國、以陳縣爲都、衡山王賜、王后乘舒、生子三人。【正義】乘舒、衡山王后名也、

長男爽爲太子、次男孝、次女無采。又姬徐來生子男女四人、美人厥姬生子二人。衡山王・淮南王兄弟、相責望禮節、間不相能。【考證】陳仁錫曰、監本間字屬上句、非、　衡山王聞淮南王作爲畔逆反具、亦心結賓客以應之。恐爲所幷。元光六年、衡山王入朝。其謁者衞慶有方術。欲上書事天子。王怒故劾慶死罪、彊榜服之。【考證】顏師古曰、榜、擊也、擊笞之、令其自服死罪也、　衡山內史以爲非是、卻其獄。王使人上書告內史。內史治、言王不直。【考證】顏師古曰、內史被治、而具言王之意狀、　王又數侵奪人田、壞人冢以爲田。有司請逮治衡山王。天子不許。爲置吏二百石以上。【集解】如淳曰、漢儀注、吏四百石以下、自調除國中、今王惡、天子皆爲置之、【考證】趙翼曰、漢書齊悼惠王傳贊云、高祖初定天下、大封同姓、諸侯得自置御史大夫以下、漢但爲置丞相而已、此可見當時法制之疎也、今按悼惠王傳、悼惠初封、得自置二千石、是二千石得自置也、田叔傳、田叔爲人廉直、趙相言於趙王張敖、以爲

郎中、是郎中亦自置也、淮南厲王傳、薄昭與厲王書云、大王逐漢所置相二千石、而請自置、皇帝屈法許之、是幷得自置相矣、昭書又云、今諸侯子爲吏者、御史主、爲軍吏者、中尉主、出入殿門者、衞尉大行主、從蠻夷歸來者、內史縣令主、如淳云、御史以下皆王官也、是諸侯王有此等官、以主諸事矣、韓安國傳、景帝以梁孝王屬官韓安國爲梁內史、孝王則欲以公孫詭爲之、竇太后詔不許、是時已在七國反後、故法令稍嚴、衡山王傳、武帝以衡山王驕恣、乃爲置吏二百石以上、則禁網更密矣、其後又有左官附益阿黨之法、諸侯王惟得食租衣稅、貧者或乘牛車、蓋法制先疎闊而後漸嚴、亦事勢之必然也、　衡山王以此恚、與奚慈・張廣昌謀、求能爲兵法候星氣者。日夜從容王、密謀反事。【集解】徐廣曰、密豫作計校、【正義】從、子勇反、容讀曰勇、從容、謂勸奬也、【考證】漢書從容作縱與、從容縱與、慫慂、字異音同、　王后乘舒死。立徐來爲王后。厥姬俱幸。兩人相妒。厥姬乃惡王后徐來於太子曰、徐來使婢蠱道殺太子母。太子心怨徐來。徐來兄至衡山。太子與飮、以刃刺傷王后兄。【考證】漢書、易王后兄三字、以之字、　王后怨怒、數毀惡太子於王。太子女弟無采、嫁弃歸、與奴姦、又與客姦。太子數

讓無采。無采怒不與太子通。王后聞之、卽善遇無采。無采及中兄孝、少失母、附王后。王后以計愛之、與共毀太子。王以故數擊笞太子。元朔四年中、人有賊傷王后假母者。【集解】漢書音義曰、傅母屬、　王疑太子使人傷之、笞太子。後王病。太子時稱病不侍。孝・王后・無采、惡太子。太子實不病、自言病、有喜色。王大怒、欲廢太子、立其弟孝。王后知王決廢太子、又欲幷廢孝。王后有侍者善舞。王幸之。王后欲令侍者與孝亂、以汙之、欲幷廢兄弟、而立其子廣代太子。太子爽知之。念后數惡已無已時。欲與亂以止其口。王后飮。太子前爲壽、因據王后股、求與王后臥。王后怒以告王。王乃召、欲縛而笞之。太子知王常欲廢己、

立其弟孝、乃謂王曰、孝與王御者姦、無采與奴姦。王彊食。請上書。卽倍王去。【考證】王先謙曰、彊食、猶言努力加餐、此爲惡言以對王也、上書者、上書於天子、發孝無采姦亂事、　王使人止之。莫能禁。乃自駕追捕太子。太子妄惡言。王械繫太子宮中。孝日益親幸。王奇孝材能、乃佩之王印、號曰將軍、令居外宅、多給金錢、招致賓客。賓客來者、微知淮南・衡山有逆計、日夜從容勸之。【考證】從容見上、漢書作將養、　王乃使孝客江都人救赫・陳喜作輣車鏃矢、刻天子璽、將相軍吏印。【集解】徐廣曰、輣車、戰車也、音扶萌反、【索隱】救、漢書作枚、劉向別錄云、易家有救氏注也、【考證】漢書鏃矢作鍛矢、王念孫云、鏃與鍛、當作鍭字、爾雅說矢、金鏃翦羽謂之鍭、　王日夜求壯士如周丘等、數稱引吳・楚反時計畫、以約束。【正義】周丘、下邳人、吳王反時、請得漢節下下邳者、【考證】洪頤煊曰、吳王濞傳云、周丘聞吳王敗走、卽引兵歸下邳、未至、癰發背死、此當別一人、愚按周丘既死、求類之者也、洪氏閉却如字、　衡山王非敢效淮南

王求卽天子位。毋淮南起并其國。以爲淮南已西、發兵定江・淮之閒而有之。望如是。【考證】王先謙曰、衡山王云、賜與其下言如此也、 元朔五年秋、衡山王當朝。六年、過淮南。淮南王乃昆弟語、除前卻、約束反具。【考證】顏師古曰、昆弟語、爲相親愛之言、 衡山王卽上書謝病。上賜書不朝。【考證】漢書、賜下無書字、 元朔六年中、衡山王使人上書、請廢太子爽立孝爲太子。【考證】梁玉繩曰、元朔六年中五字衍、上已書元朔六年也、沈家本曰、上文六年二字疑衍、梁說未是、張文虎曰、衡山下各本脫王字、中統、王、毛本有、 爽聞、卽使所善白嬴之長安上書、言孝作輣車鏃矢、與王御者姦、欲以敗孝。【索隱】嬴、音盈、人姓名也、 白嬴至長安、未及上書。吏捕嬴、以淮南事繫。【考證】王先謙曰、時淮南事覺、連引及嬴、 王聞爽使白嬴上書、恐言國陰事、卽上書反告太子爽所爲不道弃市罪事。事下沛郡治。【考證】漢書、刪棄市罪事四字、

元朔七年冬、有司公卿下沛郡、求捕所與淮南謀反者。未得。【考證】漢書、元朔七年、作元狩元年、無公卿下沛郡、未得七字、梁玉繩曰、元朔安得七年、崔適曰、五宗世家、江都王建、膠東康王寄、隱陵侯傳寬傳、陽陵侯假、坐淮南事死、以年數校之、皆在元朔六年、惟將相名臣表、漢書武帝紀、二王之自殺、皆列於元狩元年、然五行志亦云、元朔六年、 得陳喜於衡山王子孝家。吏劾孝首匿喜。孝以爲陳喜雅數與王計謀反。恐其發之。聞律先自告除其罪、又疑太子使白嬴上書發其事、卽先自告、告所與謀反者救赫陳喜等。廷尉治。驗。公卿請逮捕衡山王治之。天子曰。勿捕。遣中尉安、大行息卽問王。【索隱】中尉安、案漢書表、司馬安也、大行息、案漢書表、李息也、 王具以情實對。吏皆圍王宮而守之。中尉大行還以聞。公卿請遣宗正・大行、與沛郡雜治王。王聞卽自剄殺。孝先自告反、除其罪、坐與王御婢姦弃市。王后徐來、亦坐蠱

殺前王后乘舒、及太子爽坐王告不孝、皆弃市。【考證】張文虎曰、凌本、王告倒、舊刻、王、柯本、脫坐字、毛本亦誤告作后、 諸與衡山王謀反者皆族。國除爲衡山郡。

太史公曰。詩之所謂戎狄是膺。荊舒是懲。信哉是言也。【考證】詩魯頌閟宮篇、張文虎曰、蔡、王、柯、凌本、脫言字、 淮南・衡山、親爲骨肉。疆土千里、列爲諸侯。不務遵蕃臣職、以承輔天子。【考證】蕃、舊刻作藩、與漢書合、承、漢書作丞、丞承通用、翊也、奉也、 而專挾邪僻之計、謀爲畔逆、仍父子再亡國。各不終其身、爲天下笑。此非獨王過也。亦其俗薄、臣下漸靡使然也。【考證】漸讀爲漸漬之漸、靡與摩同、 夫荊・楚僄勇輕悍、好作亂。乃自古記之矣。【考證】正與上引詩之意相應、

【索隱】述贊、淮南多橫、舉事非正、天子寬仁、其過不更、檻車致禍、斗粟成詠、王安好學、女陵作詗、兄弟不和、傾國殞命、

淮南衡山列傳第五十八　　史記一百十八

文學博士瀧川龜太郎著

史記會注考證

史記會注考證卷一百十九

漢　太　史　令　司　馬　遷　撰

宋　中　郎　外　兵　曹　參　軍　裴　駰　集　解

唐　國　子　博　士　弘　文　館　學　士　司　馬　貞　索　隱

唐　諸　王　侍　讀　率　府　長　史　張　守　節　正　義

日　本　出　雲　瀧　川　資　言　考　證

循吏列傳第五十九　　史記一百十九

【索隱】案謂本法循理之吏也、【考證】史公自序云、奉法循理之吏、不伐功矜能、百姓無稱、亦無過行、作循吏列傳第五十九、陳子龍曰、太史公傳循吏、無漢以下者、傳酷吏

無周以前者、寄慨深矣、陳仁錫曰、漢之循吏、若吳公文翁、不爲作傳、亦一缺事、奢離二人得事、未見爲循吏、

太史公曰。法令所以導民也。刑罰所以禁姦也。文武不備、良民懼。然身修者、官未曾亂也。奉職循理、亦可以爲治。何必威嚴哉。【考證】趙恒曰、法令爲文、刑罰爲武、奉職循理四字、乃太史公循吏之本旨、

孫叔敖者、楚之處士也。【正義】說苑云、孫叔敖爲令尹、一國吏民皆來賀、有一老父、衣麤衣、冠白冠、後來弔曰、有身貴而驕人者、民亾之、位已高而擅權者、君惡之、祿已厚而不知足者、患處之、叔敖再拜敬受命、願聞餘教、父曰、位已高、而意益下、官益大、而心益小、祿已厚、而愼不取、君謹守此三者、足以治楚、

虞丘相進之於楚莊王、以自代也。【考證】梁玉繩曰、左傳無所謂虞丘相、而韓詩外傳七、列女傳、與說苑至公、同史、攷墨子所染、說苑雜言、作沈尹、韓詩外傳二、作沈令尹、呂氏春秋尊師、作沈尹巫、當染、作沈尹蒸、新序雜事五、又云、莊王因楚善相人者之言、招聘之、所說不同、疑沈尹爲近、宜十二年左傳、沈尹將中軍、杜注沈或作寢、今固始縣、疏引哀十八年寢尹吳由于爲證、而荀子非相、呂子贊能、稱孫叔敖期思之鄙人、蓋其隱處、期思即春秋寢丘、漢名寢縣、東漢名固始、然則沈尹官于叔敖所隱之縣、知其賢而薦之、事非無因者、虞丘不可攷、或是傳聞之誤、沈尹之官、韓誤增令字、呂誤作申字、而曰筮曰蒸曰竺曰蒸曰巫、竝以音形相鄰致譌、莫定沈尹之名孰是、相人之言不足信耳、

三月

爲楚相。施教導民、上下和合、世俗盛美、政緩禁止、吏無姦邪、盜賊不起。【考證】張文虎曰、志疑云、後書郭丹傳注引、姦邪下有遂霸諸侯句、按如章懷所引、則句當在盜賊不起下、但彼節去盜賊句耳、

秋冬則勸民山採、春夏以水、【集解】徐廣曰、乘多水時、而出材竹、【考證】楓、三本、夏下有下字、愚按依集解、當有下字、李笠云、以水、對上山採而言、蓋言田漁也、故下云各得其所便、李說非是、

各得其所便、民皆樂其生。莊王以爲幣輕、更以小爲大。百姓不便。皆去其業。【正義】幣、謂幣帛之屬、【考證】幣、錢幣、

市令言之相曰。市亂、民莫安其處、次行不定。【考證】次行、市肆行列、

相曰。如此幾何頃乎。市令曰。三月頃。相曰。罷。吾今令之復矣。後五日朝。相言之王曰。前日更幣以爲輕。今市令來言曰。市亂、民莫安其處、次行之不定。臣請遂令復如故。【考證】中井積德曰、之字疑衍、

王許之。下令三日。而市復如故。楚民俗好庳車。【索隱】庳、下也、音婢、

王以爲庳車不

便馬。欲下令使高之。相曰。令數下、民不知所從。不可。王必欲高車、臣請教閭里使高其梱。【索隱】梱音口本反、梱、門限也、 乘車者皆君子。君子不能數下車。王許之。居半歲、民悉自高其車。此不教而民從其化、近者視而效之、遠者四面望而法之。故三得相而不喜。知其材自得之也。三去相而不悔。知非己之罪也。【集解】皇覽曰、孫叔敖冢、在南郡江陵故城中白土里、民傳孫叔敖曰、葬我廬江陂、後當爲萬戶邑、去故楚都郢城北三十里所、或曰孫叔敖激沮水作雲夢大澤之池也、【考證】孫叔之三相三去、見莊子田方、呂覽知分、荀子堯問、淮南道應汜論諸篇、史公據之、但其事則不足信、說在鄒陽傳、

子產者、鄭之列大夫也。【索隱】按有管晏列傳、其國僑羊舌肸、亦古之賢大夫、合著管晏之下、不宜散入循吏之篇、【考證】何焯曰、子產篇不用左傳、馮班曰、太史公敍子產孫叔敖、二君有政事勳業、皆不敍、闕略僅數語、若曰爲吏當如此也、二君一邦名相、當與管晏竝傳、此敍循吏、非爲二君作傳也、 鄭昭君之時、以所愛徐摯爲相。【索隱】案鄭系家云、子產鄭成公之少子、事簡公定公、簡公封子產以六邑、子產受其半、子產不事昭君、亦無徐摯作相之事、蓋別有所出、太史記異耳、 國

亂、上下不親、父子不和。大宮子期言之君、以子產爲相。【索隱】子期亦鄭之公子也、左傳國語、亦無其說、案系家鄭相子駟子孔、與子產同時、蓋亦子期之兄弟也、【考證】沈家本曰、左傳、鄭無子期、索隱之言、恐亦臆揣、 爲相一年、豎子不戲狎、斑白不提挈、僮子不犂畔。【正義】狎、輕侮之言、各躪謹也、【考證】岡白駒曰、僮未冠者也、言丁壯力農、 二年、市不豫賈。【索隱】下音價、謂臨時評其貴賤、不豫定也、【正義】賈、音嫁、謂其數不虛豫廣索也、【考證】方苞曰、言索價一定、無猶豫之虛辭也、 三年、門不夜關、【集解】徐廣曰、一作閉、 道不拾遺。四年、田器不歸。【考證】岡白駒曰、田器不歸於家、道不拾遺故也、 五年、士無尺籍、【正義】言士民無一尺方板之籍書什伍、什伍相保也、 喪期不令而治。【正義】言士民自遵五服之制也、【考證】岡白駒曰、尺籍所以書軍令、言大國不兵討、 治鄭二十六年而死。丁壯號哭、老人兒啼。曰。子產去我死乎。民將安歸。【集解】皇覽曰、子產冢、在河南新鄭、城外大冢、是也、【索隱】案左傳及系家云、子產死、孔子泣曰、子產古之遺愛也、又韓詩稱子產卒、鄭人耕者輟耒、婦人捐其佩玦也、【考證】梁玉繩曰、左傳、子產以魯襄十九年爲卿、三十年相鄭、至昭二十年卒、今以爲卿之年計、是三十三年、以爲相之年計、是二十二年、此文蓋誤、年表及鄭世家謬謂子產卒于定十四

年、爲鄭聲公五年、其去子產眞卒之歲、適二十六、得毋以卒後妄加之年、爲生前治國之年乎、則誤中又誤矣、

公儀休者、魯博士也。以高弟爲魯相。【考證】毛本、弟作第、姚範曰、古時卽有博士高弟邪、孟子告子下篇、魯穆公時、公儀休爲政、鹽鐵論相刺篇、魯穆公之時、公儀休爲相、 奉法循理、無所變更。百官自正、使食祿者不得與下民爭利、受大者不得取小。客有遺相魚者。相不受。【考證】羣書治要、相不受、作不受也、 客曰。聞君嗜魚、遺君魚。何故不受也。相曰。以嗜魚故不受也。今爲相、能自給魚。今受魚而免、誰復給我魚者。吾故不受也。【考證】新序雜事、作餽於鄭相、韓非外儲右下、韓詩外傳三、淮南道應訓、作遺於公儀休、 食茹而美。拔其園葵而弃之。【考證】茹、菜也、 見其家織布好、而疾出其家婦、燔其機。云。欲令農士工女、安所讎其貨乎。【索隱】讎、音售、【考證】楓三本、疾作逐、

石奢者、楚昭王相也。【考證】梁玉繩曰、按楚相卽令尹、昭王時子西尸之、未聞相石奢、呂覽高義篇、言昭王使石渚爲政、與此同、渚乃奢之譌、史蓋本呂、而誤改作相也、韓詩外傳二、新序節士竝言、昭

王有士曰石奢、使爲理、 堅直廉正、無所阿避。行縣。道有殺人者。相追之。乃其父也。縱其父而還、自繫焉。使人言之王曰。殺人者、臣之父也。夫以父立政、不孝也。廢法縱罪、非忠也。臣罪當死。王曰。追而不及、不當伏罪。子其治事矣。石奢曰。不私其父、非孝子也。不奉主法、非忠臣也。王赦其罪、上惠也。伏誅而死、臣職也。遂不受令、自刎而死。【索隱】刎、音亡粉反、【考證】中統、王、毛本、主法作王法、

李離者、晉文公之理也。【正義】理、獄官也、【考證】梁玉繩曰、案韓詩外傳二、新序節士、述李離事各異、此更不全、 過聽殺人。自拘當死。文公曰。官有貴賤。罰有輕重。下吏有過。非子之罪也。李離曰。臣居官爲長、不與吏讓位。受祿爲多、不與下分利。今過聽殺人、傳其罪下吏。非所聞也。辭不受令。文公曰。子則自以爲有罪。寡

人亦有罪邪。李離曰。理有法。失刑則刑、失死則死。公以臣能聽微決疑。故使爲理。【正義】言能聽察微理、以決疑獄、故周禮司寇以五聽察獄、詞氣色耳目也、又尚書曰、服念五六日、至于旬時、是也、【考證】李笠曰、案公疑君字之誤、史臣可稱文公曰公、李離不當呼之曰公也、韓詩外傳新序、公竝作君、當據正、今過聽殺人。罪當死。遂不受令、伏劍而死。

太史公曰。孫叔敖出一言、郢市復。子產病死、鄭民號哭。公儀子見好布、而家婦逐。【考證】復哭逐、韻、石奢縱父而死、楚昭名立。李離過殺而伏劍、晉文以正國法。【考證】立法、韻、

【索隱】述贊、奉職循理、爲政之先、恤人體國、良史述焉、叔孫鄭產、自昔稱賢、拔葵一利、赦父非僭、李離伏劍、爲法而然、

循吏列傳第五十九　史記一百十九

文學博士瀧川龜太郎著

史記會注考證

史記會注考證卷一百二十

漢　太史令　司馬遷　撰

宋　中郎外兵曹參軍　裴駰　集解

唐　國子博士弘文館學士　司馬貞　索隱

唐　諸王侍讀率府長史　張守節　正義

日本　出雲　瀧川資言　考證

汲鄭列傳第六十　史記一百二十

【考證】史公自序曰、正衣冠立於朝廷、而君臣莫敢言浮說、長孺矜焉、好薦人、稱長者、莊有溉、作汲鄭列傳第六十、葉夢得曰、循吏傳後即次以黯、其以黯列于循吏乎、而以

鄭當時附之、黯尚無為之化、當時尚黃老言、亦無為云、陳仁錫曰、兩人分敘、至傳末合二人而結之、馮班曰、汲黯傳、多敘公孫弘張湯之過失、

汲黯字長孺。濮陽人也。其先有寵於古之衞君。【集解】文穎曰、六國時、衞但稱君、至黯七世、世為卿大夫。【考證】張文虎曰、舊刻、七世作十世、與漢書合、　黯以父任、孝景時為太子洗馬、以莊見憚。【索隱】按莊者嚴也、謂嚴威也、按自漢明帝諱莊、故已後莊皆云嚴、【考證】孟康曰、任、大臣任舉其子弟為官、愚按莊、嚴肅也、漢書改作嚴、諱明帝名、索隱欠明晳、　孝景帝崩、太子即位。黯為謁者。東越相攻。上使黯往視之。不至。至吳而還。報曰。越人相攻、固其俗然。不足以辱天子之使。河內失火、延燒千餘家。上使黯往視之。還報曰。家人失火、屋比延燒。不足憂也。【索隱】比、音鼻、【正義】比、近也、師古曰、言屋相近、故連延而燒亡、【考證】顏師古曰、家人、猶言庶人家也、愚按比、比肩之比、　臣過河南。河南貧人、傷水旱萬餘家。或父子相食。臣謹以便宜持節、發河南倉粟、以振貧民。臣請

歸節、伏矯制之罪。【考證】漢書、改三河南作河內、非也、王念孫曰、蓋河內失火、武帝使黯往視、道經河南、見貧民傷水旱、因發倉粟振之、是黯未至河內、先過河南、故曰臣過河南、　上賢而釋之。遷為滎陽令。黯恥為令、病歸田里。【考證】漢書、病作稱疾、　上聞、乃召拜為中大夫。以數切諫、不得久留內。遷為東海太守。黯學黃老之言。治官理民、好清靜、擇丞史而任之。【集解】如淳曰、律、太守、都尉、諸侯內史、史各一人、卒史書佐、各十人、今總言丞史、或以為擇郡丞及史使任之、鄭當時為大農、推官屬丞史、亦是也、【考證】胡三省曰、據漢制、郡守之屬、有丞、有諸曹掾吏、　其治、責大指而已。不苛小。黯多病。臥閨閤內、不出。歲餘、東海大治。稱之。上聞、召以為主爵都尉、列於九卿。治務在無為而已。弘大體、不拘文法。【考證】齊召南曰、按公卿表、黯以建元六年、為主爵都尉、十一年、徙為右內史、元朔五年也、主爵都尉主列侯、胡三省曰、漢太常、郎中令、中大夫令、太僕、太理、大行、宗正、大司農、少府為正九卿、中尉、主爵都尉、內史列於九卿、漢書弘作引、　黯為人性倨少禮。面折不能容人之過。合己者善待之。不合己

者、不能忍見。士亦以此不附焉。然好學游俠、任氣節、【考證】漢書無學字、此疑衍、內行脩絜、好直諫、數犯主之顏色。常慕傅柏·袁盎之爲人也。【集解】應劭曰、傅柏、梁人、爲孝王將、素伉直、【索隱】傅、音付、人姓、柏名、爲梁將也、【考證】漢書傅柏作傅伯、善灌夫·鄭當時及宗正劉弃。【集解】徐廣曰、一云、名弃疾、【索隱】漢書、名弃疾、【考證】漢書汲黯傳、作劉棄疾、公卿表作劉棄、亦以數直諫、不得久居位。當是時、太后弟武安侯蚡爲丞相。中二千石來拜謁、蚡不爲禮。然黯見蚡、未嘗拜、常揖之。天子方招文學儒者。上曰。吾欲云云。【集解】張晏曰、所言欲施仁義也、【考證】顏師古曰、云云、猶言如此如此也、杭世駿曰、荀紀、帝問汲黯曰、吾欲興政治法堯舜、如何、可補史缺、黯對曰。陛下內多欲、而外施仁義。柰何欲效唐·虞之治乎。上默然、怒變色、而罷朝。公卿皆爲黯懼。上退謂左右曰。甚矣、汲黯之戇也。【索隱】戇、愚也、音陟降反也、羣臣或數黯。黯曰。天子置

公卿輔弼之臣。寧令從諛承意、陷主於不義乎。且已在其位、縱愛身、柰辱朝廷何。黯多病。病且滿三月、上常賜告者數。終不愈。【集解】如淳曰、杜欽所謂病滿賜告、詔恩也、數者、非一也、或曰、賜告、得去官歸家、與告、居官不視事、【索隱】數、音所角反、按注、賜告、得去官家居、予告、居官不視事也、【考證】中井積德曰、告、休暇也、漢法、病滿三月、當免官、賜告、則不免官而養病、最後病。莊助爲請告。【集解】徐廣曰、最、一作其也、【考證】漢書無病字、上曰。汲黯何如人哉。助曰。使黯任職居官、無以踰人。【索隱】踰、音庾、案漢書作瘉、瘉猶勝也、此作踰、踰謂越過人也、然至其輔少主、守城深堅、招之不來、麾之不去。雖自謂賁·育、亦不能奪之矣。【考證】漢書、守城作守成、無深堅以下十字、李笠曰、城當從漢書作成、此涉下深堅字而誤爲城也、深堅者卽招之不來、麾之不去之謂、非謂城之深堅也、上曰。然。古有社稷之臣。至如黯、近之矣。【考證】社稷之臣、解在袁盎傳、大將軍青侍中。上踞廁而視之。【集解】如淳曰、廁、音側、謂牀邊、踞牀視之、一云、溷廁也、廁、牀邊側、【考證】廁當作廁、廁側通、劉奉世曰、古者見大臣、則御坐爲起、然則踞廁者輕之也、丞相弘

燕見。上或時不冠。至如黯見、上不冠不見也。【考證】王先謙曰、至如、疑本作至於、涉上文而誤、上嘗坐武帳中。【集解】應劭曰、武帳、織成爲武士象也、孟康曰、今御武帳、置兵闌五兵於帳中、韋昭曰、以武名之示威、【考證】孟說是、黯前奏事。上不冠。望見黯、避帳中、使人可其奏。其見敬禮如此。張湯方以更定律令爲廷尉。黯數質責湯於上前。【正義】質、對也、曰。公爲正卿、上不能褒先帝之功業、下不能抑天下之邪心、【考證】褎、大也、安國富民、使囹圄空虛。二者無一焉。非苦就行、放析就功。【考證】漢書、無二者以下十三字、余有丁曰、按謂湯恣行苛刻、而又毀析舊制、以成其事功、卽所謂紛更之說也、楊愼曰、謂其深文巧詆、至以勝爲功、方苞曰、明知所行之非、而爲艱苦以成之、如湯爲三公、而家產不過三百金、及造詣諸公、不避寒暑、是也、析言破律、以就其功、如湯與皮幣、造白金、籠鹽鐵、出告緡令、是也、愚按就行就功、方說得之、非苦放析四字、必有譌誤、何乃取高皇帝約束紛更之爲。公以此無種矣。【集解】如淳曰、紛、亂也、【考證】顏師古曰、無種、言當誅及子孫也、黯時與湯論議。湯辯常在文深小苛。

黯伉厲守高、不能屈。忿發罵曰。天下謂刀筆吏、不可以爲公卿。果然。必湯也、令天下重足而立、側目而視矣。【考證】顏師古曰、重累其足、言懼甚也、中井積德曰、試取必字、置湯也之下、意乃了了、倒置之、乃見語勢之急、愚按與匈奴傳中行說云、必我行也、爲漢患者、句法一例、是時漢方征匈奴、招懷四夷。黯務少事、乘上閒、常言與胡和親、無起兵。【正義】閒、隙也、【考證】乘、楓、三本、作承、張文虎曰、蔡、游、毛本、作承、中統一本、亦剜改承、愚按作承、是、漢書、删乘上二字、上方向儒術、尊公孫弘。及事益多、吏民巧弄、【索隱】弄、音路洞反、【考證】漢書、無弄字、上分別文法。湯等數奏決讞以幸。【索隱】讞、魚列反、【正義】讞、決獄也、而黯常毀儒、面觸弘等、徒懷詐飾智、以阿人主取容、而刀筆吏專深文巧詆、陷人於罪、使不得反其眞、以勝爲功。【索隱】詆、音丁禮反、【正義】巧詆、巧爲毀辱也、【考證】方苞曰、以勝爲功、求勝於民、以爲功也、上愈益貴弘·湯。弘·湯深心疾黯。唯天子亦不說也。欲誅之以事。【考證】楓、三本、唯作

雖、與漢書合、唯雖、通、弘爲丞相。乃言上曰。右內史界部中、多貴人宗室、難治。非素重臣不能任。請徙黯爲右內史。【考證】大初元年、改右內史稱京兆尹、爲右內史數歲。官事不廢。【考證】承多病、大將軍青既益尊、姊爲皇后。然黯與亢禮。【正義】應劭云、長揖不拜、人或說黯曰。自天子欲羣臣下大將軍。大將軍尊重益貴。君不可以不拜。【考證】漢書、尊重益貴、作尊貴誠重、據下文黯云反不重邪、漢書爲長、黯曰。夫以大將軍有揖客、反不重邪。【正義】言能降貴禮賢、是益己之尊重也、大將軍聞、愈賢黯、數請問國家朝廷所疑、遇黯過於平生。淮南王謀反。憚黯曰。好直諫、守節死義。難惑以非。至如說丞相弘、如發蒙振落耳。【正義】如發蒙覆、及振欲落之物、言其易也、【考證】發蒙又見吳王濞傳、淮南王傳、蒙、物之初生也、故草木之初萌、亦謂之蒙、發萌芽、振落木、皆言其易也、正義恐非、天子既數征匈奴有功。黯之言益不用。始黯列爲九

卿。而公孫弘·張湯爲小吏。及弘·湯稍益貴、與黯同位。黯又非毀弘·湯等。已而弘至丞相、封爲侯、湯至御史大夫。故黯時丞史皆與黯同列、或尊用過之。【考證】各本、丞下衍相字、今依楓、三本、漢書削、黯褊心不能無少望。【考證】顏師古曰、褊陿也、望、怨也、見上、前言曰。陛下用羣臣、如積薪耳。後來者居上。上默然。【考證】顏師古曰、積薪之言、出曾子、周壽昌曰、今世傳曾子書、無此語、沈欽韓曰、文子上德篇、虛無因循、常後而不先、譬若積薪燎、後者處上、淮南繆稱訓、聖人不爲物先、而常制之、其類若積薪樵、後者在上、有閒黯罷。上曰。人果不可以無學。觀黯之言也、日益甚。【考證】周壽昌曰、日益甚、言其愚戇日更甚、下文帝云、吾久不聞汲黯之言、今又復妄發矣、則明以此語爲妄發可知、上文云、上方鄉儒術、尊公孫弘、黯常毀儒而觸弘等、故帝以無學譏黯也、居無何、匈奴渾邪王率衆來降。漢發車二萬乘。縣官無錢、從民貰馬。民或匿馬、馬不具。【索隱】貰、音時夜反、貰、賒也、鄒氏音勢、【考證】胡三省曰、貰、貸也、上怒、欲斬長安令。黯曰。長安令

無罪。獨斬黯、民乃肯出馬。【考證】岡白駒曰、長安令屬右內史、故黯云爾、且匈奴畔其主而降漢。漢徐以縣次傳之。【考證】王先謙曰、令所過者縣以次給傳、徐徐而來也、何至令天下騷動、罷弊中國、而以事夷狄之人乎。上默然。及渾邪至、賈人與市者、坐當死者五百餘人。【考證】楓本、渾邪下有王字、與漢書合、黯請閒、見高門曰。【集解】如淳曰、黃圖、未央宮中有高門殿、夫匈奴攻當路塞、絕和親。【考證】胡三省曰、言塞障、當匈奴所入之路也、中國興兵誅之、死傷者不可勝計。而費以巨萬百數。【考證】顏師古曰、鉅數百鉅萬也、臣愚以爲陛下得胡人、皆以爲奴婢、以賜從軍死事者家、所鹵獲因予之、以謝天下之苦、塞百姓之心。【考證】漢書、無之苦二字、顏師古曰、塞、滿也、今縱不能、渾邪率數萬之衆來降、虛府庫賞賜、發良民侍養、譬若奉驕子。愚民安知市買長安中物、而文吏繩以

爲闌出財物于邊關乎。【集解】應劭曰、闌、妄也、律、胡市、吏民不得持兵器出關、雖於京師市買、其法一也、瓚曰、無符傳出入、爲闌、【考證】漢書、于作如、陛下縱不能得匈奴之資、以謝天下、又以微文殺無知者五百餘人。【考證】漢書、資作顧、是所謂庇其葉而傷其枝者也。臣竊爲陛下不取也。上默然。不許曰。吾久不聞汲黯之言。今又復妄發矣。後數月、黯坐小法。會赦免官。【考證】王先謙曰、公卿表、元狩四年、義縱代、於是黯隱於田園。居數年、會更五銖錢。【集解】徐廣曰、元狩五年、行五銖錢、【考證】王先謙曰、黯隱居祇一年、不得云數年也、民多盜鑄錢。楚地尤甚。上以爲淮陽、楚地之郊。乃召拜黯爲淮陽太守。【正義】郊、謂郊道衝要之處也、【考證】何焯曰、慍梁楚之閒有變、以黯鎮之耳、黯伏謝、不受印。詔數彊予、然後奉詔。詔召見黯。黯爲上泣曰。臣自以爲塡溝壑、不復見陛下。不意陛下復收用之。臣常有狗馬病。力不能

任郡事。【考證】狗馬病、猶言犬馬之疾、謙辭、力字屬下句、漢書改作當有狗馬之心、今病、力不能任郡事、義異、臣願爲中郎、出入禁闥、補過拾遺。臣之願也。上曰。君薄淮陽邪。吾今召君矣。【索隱】【考證】今、卽今也、謂今日後卽召君、中井積德曰、今者、不久之辭、顧淮陽吏民不相得。吾徒得君之重、臥而治之。【考證】顏師古曰、徒、但也、重、威重也、黯既辭行、過大行李息曰。黯弃居郡、不得與朝廷議也。然御史大夫張湯、智足以拒諫、詐足以飾非、【考證】殷本紀、辛紂、知足以距諫、言足以飾非、五宗世家、膠西王端、彊足以距諫、智足以飾非、務巧佞之語、辯數之辭、非肯正爲天下言。專阿主意、主意所不欲、因而毀之、主意所欲、因而譽之、好興事、舞文法、【集解】如淳曰、舞、猶弄也、內懷詐以御主心、外挾賊吏以爲威重。【考證】方苞曰、御、迎也、詩、百爾御之、曲禮、大夫士自御之、公列九卿。不早言之、公與之俱受其僇矣。【考證】之下公字疑衍、息畏湯、終不敢言。黯居

郡如故。治淮陽政清。後張湯果敗。上聞黯與息言、抵息罪。【考證】王先謙曰、漢武紀、元鼎二年、張湯自殺、公卿表、於是年書張騫爲大行令、是息因湯事得罪去職、令黯以諸侯相秩居淮陽。【集解】如淳曰、諸侯王相、在郡守上、秩眞二千石、律、眞二千石俸、月二萬、二千石、月萬六千、【考證】沈欽韓曰、新書等齊篇、諸侯之相、尊無異等、秩加二千石之上、愚按漢書注引如淳作律眞二千石、月得百五十斛、歲凡得千八百石耳、二千石月得百二十斛、歲凡得一千四百四十石耳、中井積德曰、集解二萬謂二萬錢也、是百五十石之價直、七歲而卒。【集解】徐廣曰、元鼎五年、【考證】漢書、七歲作十歲、卒後、上以黯故、官其弟汲仁至九卿。子汲偃至諸侯相。【考證】王先謙曰、仁不見公卿表、黯姑姊子司馬安、亦少與黯爲太子洗馬。安文深巧、善宦。官四至九卿。以河南太守卒。【考證】父之姊爲姑姊、漢書無姑字、事異、鄭當時傳云、當時任人賓客、爲大農、儻人逝負、司馬安爲發其事、酷吏傳云、周陽由與汲黯俱爲忮、司馬安之文惡、俱在二千石、同車、未嘗敢均茵伏、此皆可證安用法深巧、中井積德曰、四至者、或出爲守相、復入列卿位也、非罷免復任、下再至、倣此、王先謙曰、安歷官見公卿表者、元狩元年、書中尉司馬安、五年、書廷尉司馬安、其二無考、惟元狩三年、書廷尉安、不著其姓、未知卽此司馬安否、昆弟以安故、同時至二千

石者十人。濮陽段宏始事蓋侯信。【集解】徐廣曰、蓋侯、太后兄王信、【索隱】段客、案漢書作段宏、【考證】段宏、與汲黯同其鄉、王念孫曰、索隱本、段宏作段客、注云、漢書作段宏、是史記本作段客、今本作段宏、後人據漢書改之也、信任宏。宏亦再至九卿。【考證】蘇林曰、任、保舉、然衛人仕者皆嚴憚汲黯出其下。【考證】應起首、

鄭當時者、字莊。陳人也。其先鄭君嘗爲項籍將。籍死。已而屬漢。【集解】漢書音義曰、鄭君、當時父、高祖令諸故項籍臣名籍。鄭君獨不奉詔。詔盡拜名籍者爲大夫、而逐鄭君。【考證】顧炎武曰、名籍、謂奏事有涉項王者、必斥其名曰項籍也、鄭君死孝文時。【考證】王先謙曰、孝文時鄭君乃死也、與司馬遷傳蘄孫昌、爲秦王鐵官、當始皇之時同一文法、愚按、孟荀列傳亦云、田駢之屬、皆已死齊襄王時、鄭莊以任俠自喜、脫張羽於戹、聲聞梁・楚之閒。【集解】服虔曰、張羽、梁孝王之將、楚相之弟、【考證】王先謙曰、羽事詳韓安國傳、愚按、凌本、羽譌禹、孝景時爲太子舍人。每五日洗沐、常置驛馬長安諸郊、存諸故人、請謝賓客、夜以繼日、至

其明旦、常恐不偏。【集解】如淳曰、郊、交道四通處也、請賓客便、瓚曰、諸郊、謂長安四面郊祀之處、閑靜可以請賓客、【索隱】按置卽驛馬、謂於置著馬也、四面郊、【正義】姚承云、邑外謂之郊、言長安四面之郊也、此言當時任俠與賓客游於邑野、每休下、或請謝去、故置馬於郊、以往來速也、言驛馬常去來、不得停候也、【考證】中井積德曰、置、猶設也、郊、近野也、設驛馬、爲莊身奔走候問也、非爲招邀賓客、又曰、請、候也、謝、拜恩也、莊好黃・老之言。其慕長者、如恐不見。年少官薄。然其游知交、皆其大父行、天下有名之士也。【考證】岡白駒曰、恐不見、恐長者不見我、愚按年少官薄下、漢書不下見上、有稱自二字、義異、大父、祖父也、武帝立。莊稍遷爲魯中尉・濟南太守・江都相、至九卿、爲右內史。【考證】武帝、當作太子、據公卿表、當時爲右內史、建元四年、以武安侯・魏其時議、貶秩爲詹事、遷爲大農令。【考證】顏師古曰、議田蚡及竇嬰事、齊召南曰、漢書、大農令作大司農、史記是也、當時爲大農令、在元光中、至太初元年、始改曰大司農、莊爲太史、誡門下、客至、無貴賤無留門者、執賓主之禮、以其貴下人。【考證】張文虎曰、太史疑內史之譌、漢書作大吏、莊廉、又不治其產業。仰奉賜以給諸公。

【考證】慶長本標記云、徐廣曰、時人相與、長者爲諸公、年少爲諸卿、岡白駒曰、仰食之上也、奉與俸通、賜諸所賜金銀布帛之屬、　然其餽遺人、不過算器食。【集解】徐廣曰、算、音先管反、竹器、【索隱】算、音先管反、按謂竹器、以言無銅漆也、漢書作具器食、【考證】中井積德曰、算器食、如今盒子食品相餽者、謂其物之輕微也、非謂其器之貴賤、　每朝、候上之間說、未嘗不言天下之長者。其推轂士及官屬丞史、誠有味。【正義】推轂、謂薦擧人如車轂轉運無窮也、有味者、言其推薦之辭甚美也、　其言之也、常引以爲賢於己。未嘗名吏。與官屬言、若恐傷之。聞人之善言、進之上、唯恐後。【正義】其言之也四字、屬下句、　山東士諸公、以此翕然稱鄭莊。鄭莊使視決河、自請治行五日。【集解】如淳曰、治行、謂莊嚴也、【考證】漢書、不重鄭莊、治行、謂治行裝也、治、卽治具之治、集解莊嚴疑裝嚴之誤、　上曰。吾聞鄭莊行千里不齎糧。請治行者何也。然鄭莊在朝、常趨和承意、不敢甚引當否。【考證】漢書、引作斥、顏師古曰、趨讀曰趣、趣向也、岡白駒曰、和、去聲、相應也、王先謙曰、如武安魏其時議、是魏其、後不堅之類也、　及晚節、漢征匈奴、招

四夷。天下費多、財用益匱。【正義】匱、乏也、【考證】漢書、匱作屈、　莊任人賓客、爲大農僦人、多逋負。【集解】徐廣曰、人一作入、一云、賓客爲大農僦人、僦人蓋與生財利、如今方宜矣、駰案、晉灼曰、當時爲大農、而任使其賓客、辜較任僦也、瓚曰、任人、謂保任見擧者、【索隱】僦、音卽就反、注辜較、音姑角、按謂當時作大農、任賓客就人取庸直也、或者貰物以應官取庸、故下云、多逋負、辜較字亦作酤榷、榷者獨也、言國家獨榷酤也、此云辜較、亦謂令賓客任人專其利、故云辜較也、【正義】僦人、傭載運之人、莊爲大農、任人及賓客等、爲大農僦賃載運、官多侵欺、故云多逋負也、【考證】正義爲是、任人、與賓客對擧、任人、謂見保任之人、若富貴大賈之屬、莊賓客任人、竝爲大農僦人使役、多逋負罪及莊也、漢書、大農作大司農、僦人作僦入、　司馬安爲淮陽太守。發其事。莊以此陷罪、贖爲庶人。頃之守長史。【集解】如淳曰、丞相長史、　上以爲老、以莊爲汝南太守。數歲、以官卒。鄭莊・汲黯、始列爲九卿。廉、內行脩絜。此兩人中廢。家貧賓客益落。【索隱】按落、猶零落、謂散也、　及居郡卒後、家無餘貲財。莊兄弟子孫、以莊故至二千石六七人焉。【考證】王先謙曰、武帝於汲鄭兩人、竝以東宮舊恩加厚待也、茅坤曰、此兩人行旨不同、而猶意氣相合、其廢也、賓

客竝落、故太史公爲一傳、以摸寫之、愚按汲鄭二人、性行雖異、其好黃老尙無爲則同、史公合爲一傳、不獨爲廢後賓客竝落也、說已具題下、

太史公曰。夫以汲・鄭之賢、有勢則賓客十倍、無勢則否。況衆人乎。下邽翟公有言。【集解】徐廣曰、邽一作邳、【索隱】邽、音圭、縣名、屬京兆、徐廣曰、下邽作下邳、【考證】翟公有言、猶謂翟公既言之、　始翟公爲廷尉、賓客闐門。及廢、門外可設雀羅。【考證】齊召南曰、案公卿表、翟公爲廷尉、在元光元年、漢書、闐作塡、滿也、顏師古曰、可設雀羅、言其寂靜無人行也、　翟公復爲廷尉。賓客欲往。翟公乃大署其門曰。一死一生、乃知交情。一貧一富、乃知交態。一貴一賤、交情乃見。【考證】顏師古曰、署、謂書之、愚按此楹聯之始、生情、富態、賤見、韻、　汲・鄭亦云。悲夫。【考證】炎涼世態、自古而然、廉頗孟嘗事、與此相似、野客叢書對比論之、王楙曰、太史公感慨之言、其深情從朋友不救腐刑中來、

【索隱】述贊、河南矯制、自古稱賢、淮南臥理、天子伏焉、積薪興歎、伉直愈堅、鄭莊推士、天下翕然、交道勢利、翟公愴旃、

汲鄭列傳第六十　　史記一百二十

文學博士瀧川龜太郎著

史記會注考證

史記會注考證卷一百二十一

漢　太史令司馬遷　撰

宋　中郎外兵曹參軍裴駰　集解

唐　國子博士弘文館學士司馬貞　索隱

唐　諸王侍讀率府長史張守節　正義

日本　出雲　瀧川資言　考證

儒林列傳第六十一　史記一百二十一

【正義】姚承云、儒林、謂博士爲儒雅之林、綜理古文、宣明舊藝、咸勸儒者以成王化者也、【考證】史公自序云、自孔子卒、京師莫崇庠序、唯建元元狩之閒、文辭粲如也、作儒

林列傳、第六十一、愚案、儒林傳敍諸經、史記以詩爲首、尚書次之、禮、易、春秋又次之、漢書以易爲首、尚書、詩、禮、春秋相次、又案、儒林列傳本是一篇文字、今本每段提行、非史公之舊、今改、錢泰吉曰、正義姚承、前卷多作丞、

太史公曰。余讀功令、至於廣厲學官之路、未嘗不廢書而歎也。【索隱】案功令、謂學者課功著之於令、卽今學令是也、【考證】顏師古曰、功令、篇名、若今選擧令、沈欽韓曰、唐學令、選擧令中一門也、愚案、厲字涉下文衍、曰。嗟乎、夫周室衰而關雎作。【考證】學孟子詩亡而春秋作句法、以關雎爲刺詩、與毛詩異、說在十二侯表、幽厲微而禮樂壞。諸侯恣行、政由彊國。故孔子閔王路廢而邪道興。【考證】書洪範、無有作惡、遵王之路、於是論次詩書、修起禮樂、適齊聞韶、三月不知肉味。自衞返魯、然後樂正、雅頌各得其所。【正義】鄭玄云、魯哀公十一年、是時道衰樂廢、孔子還修正之、故雅頌各得其所也、【考證】子在齊聞韶、論語述而篇、子曰、吾自衞反魯、論語子罕篇、世以混濁、莫能用。【考證】以已通、是以仲尼干七十餘君無所遇。【索隱】案後之記者失辭也、案家語等說云、孔子歷聘諸

國、莫能用、謂周鄭齊宋曹衞陳楚杞莒匡等、縱歷小國、亦無七十餘國也、【考證】莊子天運篇、孔子謂老聃曰、丘治詩書禮樂易春秋六經、自以爲久矣、孰知其故矣、以奸七十二君、一君無所鈎用、中井積德曰、匡、非國也、其周曹杞莒、亦非實也、家語不足據、愚按七十餘君、本于莊子、莊子寓言、亦不足據、說又見十二侯表序、曰。苟有用我者、期月而已矣。【考證】論語子路篇、西狩獲麟。曰。吾道窮矣。【考證】哀公十四年公羊傳、故因史記作春秋、以當王法。【正義】因魯史記年月日而作春秋、兼見諸國史所記之事、其辭微而指博。後世學者多錄焉。【集解】徐廣曰、錄一作繆、【考證】梁玉繩曰、述六藝、而獨缺孔子贊易、班氏補之、自孔子卒後、七十子之徒、散游諸侯、大者爲師傅卿相、【索隱】案子夏爲魏文侯師、子貢爲齊魯聘吳越、蓋亦卿也、而宰予亦仕齊爲卿、餘未聞也、【考證】中井積德曰、子貢游說、非卿也、齊卿之子我、非宰予也、傳者謬耳、小者友教士大夫、或隱而不見。故子路居衞、【集解】案仲尼弟子列傳、子路死於衞、時孔子尚存也、【考證】班氏刪此句、是、子張居陳、【正義】今陳州、【考證】子張、顓孫師、王先謙曰、仲尼弟子列傳、子張陳人、澹臺子羽居楚、【正義】今蘇州城南五里、有澹臺湖、湖北有澹臺、【考證】子羽、名滅明、王先謙曰、弟子傳、稱其南游至江、子夏居西河、【正義】今汾州、

【考證】禮記檀弓篇、退而老於西河之上、鄭注、西河龍門至華陰之地、子貢終於齊。【正義】今青州、如田子方・段干木・吳起・禽滑釐之屬、皆受業於子夏之倫、爲王者師。【考證】沈欽韓曰、呂覽重言篇注、田子方學於子貢、尊師篇、段干木晉國之大駔也、學于子夏、史記吳起嘗學於曾子、其年不相當、經典序錄、吳起受左氏傳於曾申、非曾子、又據墨翟書、禽滑釐爲彼弟子、呂覽當染、禽滑釐學于墨子、列子湯問篇、莊子天下篇並同、未可援墨入儒、愚按、史云受業於子夏之倫、則諸子非皆子夏之門人也、是時獨魏文侯好學。後陵遲以至于始皇。【考證】程一枝曰、漢書刪去此句、尤順、天下並爭於戰國、儒術既絀焉。然齊・魯之閒、學者獨不廢也。【考證】閒、各本作門、今從毛本、楓山本、漢書亦作閒、於威・宣之際、【考證】漢書、於上有至字、孟子・荀卿之列、咸遵夫子之業而潤色之、以學顯於當世。【考證】楓山本列作倫、及至秦之季世、焚詩書、阬術士。六藝從此缺焉。【正義】顏云、今新豐縣溫湯之處、號愍儒鄉、溫湯西南三里有馬谷、谷之西岸有阬、古相傳以爲秦阬儒處也、衛宏詔定古文尚書序云、秦既焚書、恐天下不從所改更法、而諸生到者拜爲郎、前後七百人、乃密種瓜於驪山陵谷中溫處、瓜實成、詔博士諸生說之、人言不同、乃令

就視、爲伏機、諸生賢儒皆至焉、方相難不決、因發機、從上塡之以土、皆壓、終乃無聲也、【考證】周壽昌曰、經術之士稱術士、猶有道之人稱道人也、陳涉之王也、而魯諸儒持孔氏之禮器、往歸陳王。於是孔甲爲陳涉博士、卒與涉俱死。【集解】徐廣曰、孔子八世孫、名鮒、字甲也、【考證】孔子世家云、子慎生鮒、年五十七、爲陳王涉博士、死於陳下、陳涉起匹夫、驅瓦合適戍、【索隱】上音丁革反、【正義】言如聚瓦、全聚蓋屋、先無計謀也、旬月以王楚。不滿半歲、竟滅亡。其事至微淺。然而縉紳先生之徒、負孔子禮器、往委質爲臣者、何也。以秦焚其業、積怨而發憤于陳王也。【考證】鹽鐵論褒賢篇云、大夫曰、戍卒陳勝、釋輓輅、首爲叛逆、自立張楚、素非有回由處士之行、宰相列臣之位也、奮於大澤、不過旬月、而齊魯儒墨縉紳之徒、肆其長衣、長衣官之也、負孔氏之禮器詩書、委質爲臣、孔甲爲涉博士、卒俱死陳、爲天下大笑、深藏高逝者、固若是也、文學曰、周室衰、禮義壞、不能統理天下、諸侯交爭、相滅亡、幷爲六國、兵革不休、民不得寧息、秦以虎狼之心、蠶食諸侯、幷吞戰國、以爲郡縣、伐能矜功、自以爲過堯舜、而羞與之同、棄仁義而尙刑罰、以爲今時不師於文、而決於武、趙高治獄於內、蒙恬用兵於外、百姓愁苦、同心而患秦、陳王赫然奮爪牙爲天下首事、道雖凶、而儒墨或干之者、以爲無王久矣、道擁遏不得行、自孔子以至于茲、而秦復重禁之、故發憤於陳王也、此蓋敷演爲

史文也、毀學篇亦引司馬子言云、天下穰穰、爲利往、此貨殖傳中語、則知史記之書、昭宣間、既行於世矣、及高皇帝誅項籍、舉兵圍魯。魯中諸儒、尙講誦習禮樂、弦歌之音不絕。豈非聖人之遺化、好禮樂之國哉。【考證】事又見項羽紀、故孔子在陳曰。歸與歸與。吾黨之小子、狂簡斐然成章、不知所以裁之。【考證】論語公冶長篇、夫齊・魯之閒於文學、自古以來其天性也。【考證】陳仁錫曰、閒、習也、故漢興、然後諸儒始得脩其經藝、講習大射鄉飮之禮。叔孫通作漢禮儀、因爲太常。【考證】漢書、太常作奉常、諸生弟子共定者、咸爲選首。於是喟然歎興於學。然尙有干戈、平定四海。【正義】顏云、陳豨・盧綰・韓信・黥布之徒、相次反叛、征討也、孝惠・呂后時、亦未暇遑庠序之事也。【考證】漢書、無暇字、暇遑二字連讀、公卿皆武力有功之臣。孝文時頗徵用。【正義】言孝文稍用文學之士居位、然孝文帝本好刑名

之言。及至孝景、不任儒者。而竇太后又好黃・老之術。故諸博士具官待問、未有進者。【正義】具官、言備員而已、及今上卽位、趙綰・王臧之屬、明儒學、而上亦鄉之。【考證】今上卽武帝、趙綰爲御史大夫、王臧爲郎中令、皆學于申公、申公之學、出於浮邱伯、浮邱伯、荀卿門人、於是招方正賢良文學之士。【考證】漢書武紀、建元元年、冬十月、詔丞相御史列侯中二千石二千石諸侯相、舉賢良方正直言極諫之士、丞相綰奏、所舉賢良、或治申商韓非蘇秦張儀之言、亂國政、請皆罷、奏可、注、綰衛綰也、自是之後、言詩、於魯則申培公、【集解】徐廣曰、一作陪、韋昭曰、培、申公名、音扶尤反、【索隱】徐廣云、培一作陪、音裴、韋昭曰、培、申公之名、音浮、鄒氏音普來反也、於齊則轅固生、【正義】申轅、姓、培固、名、公生、其處號也、【考證】正義處字衍、漢書顏注無、於燕則韓太傅。【索隱】韓嬰也、爲常山王太傅也、【正義】名嬰、言尙書、自濟南伏生。【索隱】按張華云、名勝、漢紀云、字子賤、言禮、自魯高堂生。【索隱】謝承云、秦氏季代、有魯人高堂伯、則伯是其字、云生者、自漢已來、儒者皆號生、亦先生省字呼之耳、【考證】生、索隱是、言易、自菑川田生。言春秋、於齊・魯自胡毋生、【索隱】毋、音無、胡毋、姓、字子都、於趙自董仲

舒。【正義】漢藝文志、事爲春秋、言爲尚書、帝王靡不同之、仲尼思存前聖之業、以魯周公之國、禮文備物、史官有法、故與左丘明觀其史記、據行事、仍人道、因興以立功、就敗以成罰、假日月以定歷數、藉朝聘以正禮樂、有所褒諱貶損、不可書見、口授弟子、弟子退而異言、丘明恐弟子各安其意、以失其眞、故論本事而作傳、明夫子不以空言說經也、所貶損大人有權威、皆形於傳、是以隱其書而不宣、所以免時難也、末代口說流行、故有公羊穀梁鄒夾之傳、七錄曰、漢興有公羊穀梁鼓立國學、左氏始出乎張蒼家、本無傳之者、建武中鄒夾氏皆滅絕、自漢末稍貴左氏、服虔杜預二注、與公羊穀梁俱立國學、按左丘明魯史也、夾、音頰也、【考證】錢大昕曰、仲舒廣川人、而稱趙者、廣川故趙也、公孫弘、菑川人、而云齊人、朱買臣、會稽人、而云楚士、亦此類、 及竇太后崩、武安侯田蚡爲丞相、【考證】建元六年、 絀黃・老刑名百家之言、延文學儒者數百人。【考證】漢書、數百人作以百數、洪頤煊曰、陳平傳、治黃帝老子之術、田叔傳、學黃老術於樂鉅公、張歐傳、孝文時以治刑名事太子、鼂錯傳、學申商刑名於軹張生所、與雒陽宋孟及劉帶同師、田蚡傳、學盤盂諸書、韓安國傳、受韓子雜說鄒田生所、主父偃傳、學長短縱橫術、張湯傳、王朝齊人、以術至右內史、邊通學短長、皆漢初雜學、 而公孫弘以春秋白衣爲天子三公。【集解】徐廣曰、一云、自齊爲天子三公、 封以平津侯。天下之學士、靡然鄉風矣。公孫弘爲學官悼道之鬱滯。乃請曰。丞相御史言。

【正義】自此以下、皆弘奏請之辭、 制曰。蓋聞導民以禮、風之以樂。【考證】顏師古曰、風、化也、 婚姻者、居室之大倫也。【考證】漢書元朔五年武紀、無婚姻以下八字、 今禮廢樂崩。朕甚愍焉。故詳延天下方正博聞之士、咸登諸朝。【考證】顏師古曰、詳、悉也、愚按、漢書方下無正博二字、蓋脫文、 其令禮官勸學講議、洽聞興禮、以爲天下先。【考證】議、讀爲義、漢書武紀儒林傳、聞下有舉遺二字、 太常議與博士弟子、崇鄉里之化、以廣賢材焉。【考證】漢書武紀、儒林傳、廣作厲、據下文崇化厲賢語、作厲爲是、顏師古曰、自此已上、弘所引詔文、 謹與太常臧・博士平等議。【集解】臧、漢書百官表、孔臧也、【考證】周壽昌曰、文選兩都賦李注引孔臧集曰、臧、仲尼之後、少以才博知名、稍遷御史大夫、辭曰、臣代以經學爲家、請爲太常、專修學業、武帝遂用之、 曰。聞三代之道、鄉里有教。夏曰校、【正義】校、教也、可教道藝也、 殷曰序、【正義】序、舒也、言舒禮教、 周曰庠。【正義】庠、詳也、言詳審經典、【考證】孟子滕文公篇、設爲庠序學校以教之、庠者養也、校者教也、序者射也、夏曰校、殷曰序、周曰庠、學則三代共之、楓山本、作殷曰庠、周曰序、與漢書合、 其勸善也、顯之朝廷。其懲惡也、加之

刑罰。故教化之行也、建首善、自京師始、由內及外。今陛下昭至德、開大明、配天地、本人倫、勸學脩禮、崇化厲賢、以風四方。太平之原也。古者政教未洽、不備其禮。請因舊官而興焉。爲博士官置弟子五十人、復其身、太常擇民年十八已上儀狀端正者、補博士弟子、郡國縣道邑、有好文學、敬長上、肅政教、順鄉里、出入不悖所聞者、令・相・長・丞、上屬所二千石、【集解】上、時兩反、屬、音燭、屬、委也、所二千石、謂於所部之郡守相、【正義】言好文學敬順、出入不乖所聞者也、令、縣令、相、侯相、長、縣長、丞、縣丞也、【考證】齊召南曰、縣有蠻夷曰道、列侯公主所食曰邑、謂屬於郡或國之縣、及道與邑也、漢書、縣道作縣官、非是、陳仁錫曰、出入不悖所聞者七字爲一句、中井積德曰、所聞、謂所學、王鳴盛曰、大縣稱令、小縣稱長、侯國之相如令長、王之相如太守、同名而實異、顏師古曰、二千石、謂郡守及諸王相也、王先謙曰、屬所與在所義同、自二千石下言之、則曰所屬、自令相長丞上言之、則曰屬所、 二千石謹察可者、當與計偕詣太常。【集解】計、計吏也、偕、俱也、謂令與計吏俱詣太常也、【考證】索隱本、漢書、當作常、與

計偕詣太常者、指上文好文學者而言、 得受業如弟子。一歲皆輒試。【考證】漢書、試作課、非是、 能通一藝以上、補文學掌故缺。【正義】掌故有缺而補之、 其高弟可以爲郎中者、太常籍奏。【正義】籍奏、爲名籍而奏之、 卽有秀才異等、輒以名聞。其不事學若下材、及不能通一藝、輒罷之。而請諸不稱者罰。【考證】沈欽韓曰、當是坐舉主也、通考四十云、諸不稱者、謂太常之繆選、博士之失敎、及郡國之濫以充賦也、功臣表、山陽侯張當居坐爲太常擇博士弟子、故不以實、完爲城旦、則其罰可知、 臣謹案詔書律令下者、【正義】下者、謂班行、【考證】王先謙曰、謂平時所班行者、不蒙上文、 明天人分際、通古今之義、文章爾雅、訓辭深厚、恩施甚美。【集解】謂詔書文章雅正、訓辭深厚也、 小吏淺聞、不能究宣。無以明布諭下。治禮次治掌故、以文學禮義爲官、遷留滯。【集解】徐廣曰、一云、次治禮學掌故、【正義】言留滯者改遷之、【考證】漢書治禮上有以字、無次治二字、中井積德曰、次治二字衍、愚按、漢書以字衍、治禮掌故、二官名、漢書平當傳、當少爲大行治禮丞、兒寬傳、以射策爲掌故者此也、言治禮掌故二官、以文學禮義爲職、其遷徙常多留滯、若選擇其中、以

補左右內史大行及郡太守之卒史、不獨開選用之路、亦得使郡國小吏、究宜詔書律令、又按、治禮以下十六字、文義晦窒、王懋竑白田草堂存稿卷三、沈欽韓漢書疏證卷三十三、李慈銘孟學齋日記甲集下、皆有辯、參看、

請選擇其秩比二百石以上、及吏百石通一藝以上、補左右內史大行卒史、[正義]案左右內史、後改爲左馮翊、右扶風、大行、後改爲大鴻臚、亦補其卒史也、比百石已下、補郡太守卒史、皆各二人、邊郡一人、先用誦多者、[考證]王先謙曰、以上言它途選補之法、若不足、乃擇掌故、補中二千石屬、[索隱]蘇林曰、屬、亦曹吏、今縣官文書解云、屬某甲、文學掌故補郡屬備員。[索隱]如淳云、漢儀、弟子射策甲科百人、補郎中、乙科二百人、補太子舍人、皆秩比二百石、次郡國文學、秩百石也、[正義]備員者、示以升擢之、非籍其實用也、[考證]錢大昕曰、平津本意、以詔書爾雅深厚、非俗吏所解、故選文學掌故補卒史、所謂以儒術緣飾吏事也、安得云不藉其實用乎、備員、蓋蒙上不足之文、謂如有不足、當以文學掌故充之、毋使缺額耳、中二千石屬、即謂內史大行卒史、郡屬、即謂郡卒史、請著功令。[考證]顏師古曰、新立此條、請以著於功令、佗如律令。[考證]顏師古曰、此外竝如舊律令、

制曰、可。自此以來、則公卿大夫士吏、斌斌多文學之士矣。[考證]斌斌、漢書作彬彬、文章貌、王鳴盛曰、子長於封禪平準等書、匈奴大宛等傳、直筆無隱、至儒林傳則力表武帝之能尊儒、又田蚡公孫弘本傳及他傳、惡之殊甚、而儒林傳則言蚡爲相、始絀黃老刑名百家之言、而延儒者、弘以春秋白衣爲三公、而天下學士靡然鄉風、皆是深許之、且詳載弘請置博士弟子等奏、制曰可而結之曰、自此以來、則公卿大夫士吏、斌斌多文學之士矣、其歸功於武帝者但如此、此篇多是頌揚、可謂不以人廢言、惡而知其美也、班氏所云不虛美、不隱惡、良信、而先黃老後六經、非子長本意明矣、

申公者、魯人也。高祖過魯、申公以弟子從師、入見高祖于魯南宮。[索隱]按漢書云、申公少與楚元王俱事齊人浮丘伯受詩、[正義]括地志云、泮宮在兗州曲阜縣西南二百里魯城內宮之內、鄭云、泮之言半也、其制半於天子之璧雍、[考證]申公、上文所謂申公培、中井積德曰、傳明言南宮、何用泮宮之解、呂太后時、申公游學長安、與劉郢同師。[索隱]案漢書云、呂太后時、浮丘伯在長安、申公與元王郢客俱卒學也、已而郢爲楚王。令申公傅其太子戊。[集解]徐廣曰、楚元王劉交、以文帝元年薨、子夷王郢立、四歲薨、子戊立、郢以呂后二年封上邳侯、文帝元年立爲楚王、戊不好學、疾申公。及王郢卒、戊立爲楚王、胥靡申公。[集解]徐廣曰、腐刑、[考證]晉灼曰、胥、相也、靡、隨也、顏師古曰、聯繫使相隨而服役之、故謂胥靡、猶今之役囚徒以鎖聯綴耳、徐孚遠曰、胥靡、徒隸之屬、非腐刑也、申公恥之、歸魯、退

居家教。終身不出門、復謝絕賓客。獨王命召之、乃往。[集解]徐廣曰、魯恭王也、弟子自遠方至、受業者百餘人。申公獨以詩經爲訓以教。無傳。疑疑者則闕不傳。[索隱]謂申公不作詩傳、但教授、有疑則闕耳、[考證]漢書、百餘人作千餘人、傳下無疑字、此衍、齊召南曰、下文言申公弟子爲博士者十餘人、大夫郎掌故以百數、則作千餘人是也、梁玉繩曰、謂申公不作詩傳、但教授也、而世有申公詩說、豈不妄哉、蓋與子貢詩傳、皆明鄞人豐坊僞撰、蘭陵王臧、既受詩、以事孝景帝、爲太子少傅、免去。今上初卽位。臧迺上書宿衞。上累遷、一歲中爲郎中令。[考證]漢書、衞下無上字、此衍、及代趙綰亦嘗受詩申公。綰爲御史大夫。綰・臧請天子、欲立明堂以朝諸侯。不能就其事。乃言師申公。於是天子使使束帛加璧、安車駟馬、迎申公。[考證]漢書云、以蒲裹輪、弟子二人、乘軺傳從。[集解]徐廣曰、馬車、至、見天子。天子問治亂之事。申公時已八十餘。老。對

曰。爲治者不在多言、顧力行何如耳。[考證]張文虎曰、中統、王・柯・凌本、在作至、是時天子方好文詞。見申公對、默然。然已招致、則以爲太中大夫、舍魯邸、議明堂事。太皇竇太后好老子言、不說儒術。得趙綰・王臧之過以讓上。上因廢明堂事、盡下趙綰・王臧吏。[考證]漢書、讓上下、有曰此欲復爲新垣平也九字、事下無盡字、後皆自殺。申公亦疾免以歸。數年卒。弟子爲博士者十餘人。孔安國至臨淮太守。[集解]徐廣曰、孔鮒之弟子襄、爲惠帝博士、遷爲長沙太傅、生忠、忠生武及安國、安國爲博士、臨淮太守、周霸至膠西內史。[考證]周霸、疑羽紀贊周生、圖封禪事、見封禪書、夏寬至城陽內史。碭魯賜至東海太守。蘭陵繆生至長沙內史。[索隱]繆、音亡救反、繆氏出蘭陵、一音穆、所謂穆生、爲楚元王所禮也、[考證]中井積德曰、置醴之穆生、是申公之同門、非弟子、詿謬、或是穆生之子、徐偃爲膠西中尉。[考證]徐偃論封禪祠器、見封禪書、鄒人闕門慶忌爲膠東內史。[集解]漢書音義曰、姓闕門、名慶忌、

其治官民、皆有廉節、稱其好學。學官弟子、行雖不備、而至於大夫郎中掌故、以百數。【考證】顧炎武曰、謂不必皆有行誼、而多顯官、　言詩雖殊、多本於申公。【正義】言詩、於魯則申培公、於齊則轅固生、於燕則韓太傅、申公爲詩訓詁、而齊轅固燕韓生皆爲之傳、或取采雜說、咸非其本義、與不得已、三家皆列於學官、又有毛公之學、自爲子夏所傳、七錄云、毛公詩傳、後鄭玄箋之、諸儒各爲注解、其齊詩久亡、魯詩亡於西晉、韓詩雖存、無傳之者、毛氏鄭氏獨立國學也、　清河王太傅轅固生者、齊人也。以治詩、孝景時爲博士。與黃生爭論景帝前。【考證】史公自序云、太史公習道論於黃子、黃生學黃老、黃老之學、祖述黃帝、不憲章湯武、　黃生曰。湯・武非受命。乃弒也。轅固生曰。不然。夫桀・紂虐亂、天下之心、皆歸湯・武。湯・武與天下之心而誅桀・紂。桀・紂之民、不爲之使、而歸湯・武。湯・武不得已而立。非受命爲何。黃生曰。冠雖敝、必加於首。履雖新、必關於足。【考證】漢書、關作貫、通用、顏師古曰、語見太公六韜也、愚按御覽六百九十七引六韜云、崇侯虎曰、冠雖弊、禮加於首、履雖新、法以

踐地、韓非子外儲說、費仲曰、冠雖穿弊、必戴之於頭、履雖五采、必踐之于足、文殊意同、　何者、上下之分也。今桀・紂雖失道、然君上也。湯・武雖聖、臣下也。夫主有失行、臣下不能正言匡過、以尊天子、反因過而誅之、代立踐南面。非弒而何也。轅固生曰。必若所云、是高帝代秦、卽天子之位。非邪。【考證】楓山、三條本、必若所云、作必若君所云、　於是景帝曰。食肉不食馬肝、不爲不知味。言學者無言湯・武受命、不爲愚。【正義】論衡云、氣熱而毒盛、故食馬肝殺人、又盛夏馬行、多渴死、殺氣爲毒也、言凡談論不說湯武放殺、亦得爲談論、猶如食肉不食馬肝、未爲不知味、【考證】顏師古曰、馬肝有毒、食之憙殺人、幸得無食、言湯武爲殺、是背經義、故以爲喻也、劉敞曰、知味者不必須食馬肝、言學者不必須論湯武、此欲令學者皆置之耳、愚按、倉公傳、齊淳于司馬案、我之王家食馬肝、蓋異味也、劉說得之、　遂罷。是後學者莫敢明受命放殺者。竇太后好老子書。召轅固生問老子書。固曰。此是家人言耳。【集解】此家人言耳、服虔云、如家人言也、案老子道德篇近而觀之、理國理身而已、故言此家人之言也、【考證】漢

書無是字、藝文類聚引史記亦無、中井積德曰、家人謂庶人、言庶人理身家之術耳、不可施之邦國也、如索隱解、太后何以怒、兪正燮曰、宮中名家人者、蓋宮人無位號、如言宮女子、宮婢、司空城旦書、謂其時公羊學慘刻過申商、而託名儒者、家人言本意、謂仁弱似嫗嫗語、而家人又適爲宮中無位號者、劉敬列傳云、高帝不遣長公主、而取家人子、名爲長公主是也、外戚世家云、竇太后始以良家子入宮侍呂后、呂后出宮人賜諸王、竇姬籍代伍中、至代、是竇太后始爲家人子、故怒、怒其干犯、非僅以有仁弱之譏也、明神宗慈聖李太后生也、光宗王妃生也、光宗未立時、李太后問故、神宗曰、彼都人子也、內廷呼宮人曰都人、太后亦由宮人進、遂大怒曰、汝亦都人子、神宗伏地不敢起、儲位由是定、明李太后惡聞都人、漢竇太后惡聞家人、其事同也、　太后怒曰。安得司空城旦書乎。【集解】徐廣曰、司空、主刑徒之官也、【索隱】案漢書音義曰、道家以儒法爲急、比之於律令、【正義】虞喜志林云、道家之法、尚於無爲之教、儒家動有所防、竇太后方之於律令、故言得司空城旦書也、【考證】沈欽韓曰、周禮役諸司空、漢以司空主罪、中井積德曰、司空掌邦土、故亦主刑徒之作役也、愚按司空城旦書、罵儒書也、當時以經義斷獄、故云、言政刑之書、無所取也、　乃使固入圈刺豕。景帝知太后怒、而固直言無罪、乃假固利兵。下圈刺豕。正中其心。一刺、豕應手而倒。【考證】利兵、利刃也、　太后默然、無以復罪。罷之。居頃之、景帝以固爲廉直、拜爲清河王太傅。【集解】徐廣

曰、哀王乘也、　久之、病免。今上初卽位、復以賢良徵固。諸諛儒多疾毀固曰。固老。罷歸之。時固已九十餘矣。固之徵也、薛人公孫弘亦徵。【集解】徐廣曰、薛縣在菑川、　側目而視固。【考證】漢書、視作事、顏師古曰、言深憚之、馮班曰、傳中兩言公孫弘側目轅固、排董仲舒、皆刺之也、　固曰。公孫子、務正學以言、無曲學以阿世。自是之後、齊言詩、皆本轅固生也。【考證】楓、三本、詩下有者字、　諸齊人以詩顯貴、皆固之弟子也。韓生者、燕人也。【集解】漢書曰、名嬰、　孝文帝時、爲博士。景帝時、爲常山王太傅。【集解】徐廣曰、憲王舜也、　韓生推詩之意、而爲內外傳數萬言。其語頗與齊・魯閒殊。然其歸一也。淮南賁生受之。【集解】賁、音肥、　自是之後、而燕・趙閒言詩者由韓生。韓生孫商爲今上博士。【考證】漢書藝文志云、韓故三十六卷、韓內傳四卷、韓外傳六卷、韓詩說四十一卷、今存韓詩外傳十卷、亦間有闕文脫簡、　伏生者、

濟南人也。【集解】張晏曰、伏生名勝、伏氏碑云、【考證】錢大昭曰、後漢伏湛傳云、九世祖勝、字子賤、所謂濟南伏生者也、故爲秦博士。孝文帝時、欲求能治尚書者。天下無有。【考證】漢書、無欲字、乃聞伏生能治、欲召之。是時伏生年九十餘。老不能行。於是乃詔太常、使掌故朝錯往受之。【正義】衛宏詔定尚書序云、徵之、老不能行、遣太常掌故朝錯往讀之、生年九十餘、不能正言、言數錯、齊人語、多與潁川異、錯所不知者、凡十二三、略以其意屬讀而已、【考證】漢書儒林傳顏師古注、引衛宏定古文尚書序、作伏生老不能正言、言不可曉也、使其女傳言教錯云云、劉台拱曰、伏女傳言、所謂受讀也、漢書音讀訓詁、學者以口相傳、周田觀文王之德、讀爲厥亂勸寧王之德、其一事也、鄭賈受周禮讀、馬融受漢書讀、東京猶然、馬鄭後就經爲注、口說絕矣、

秦時焚書。伏生壁藏之。其後兵大起流亡。漢定、伏生求其書、亡數十篇、獨得二十九篇。卽以教于齊·魯之閒。【正義】孔子纂尚書、上斷於堯、下訖于秦、凡百篇、而爲之序、言其作意、秦燔書禁學、濟南伏生獨壁藏之、漢興、求得二十九篇、以教齊魯之閒、訖孝宣代、有歐陽大小夏侯氏、立於學官、七錄云、魯恭王時、壞孔子舊宅、得古文尚書、孔安國爲之傳、以隸古寫之、凡五十八篇、其餘錯亂磨滅、不可復知、至漢明帝竝傳、歐陽氏書獨指一代、三家至西晉竝亡、今古文孫氏鄭玄注云、列於國學也、

【考證】王先謙曰、此藝文志所云經二十九篇也、今文本有泰誓、董仲舒司馬相如所引是也、馬鄭諸人、以爲民間後得太誓者、非、愚按、正義所引七錄孫氏二字有誤、或云、當作孔氏、學者由是頗能言尚書。諸山東大師、無不涉尚書以教矣。

伏生教濟南張生及歐陽生。【集解】漢書曰、字和伯、千乘人、【考證】漢書藝文志云、尚書歐陽章句三十一卷、今亡、歐陽生教千乘兒寬。兒寬既通尚書、以文學應郡舉、詣博士受業。受業孔安國。兒寬貧無資用。常爲弟子都養。【索隱】謂倪寬家貧、爲弟子造食也、何休注公羊、灼烹爲養、案有廝養卒、廝、掌馬、養、造食、【考證】漢書倪寬傳、不重受業二字、顏師古曰、都、凡衆也、養、主給亨炊者也、及時時閒行傭賃、以給衣食。行常帶經。止息則誦習之。以試第次、補廷尉史。【考證】倪寬傳云、以射策爲掌故、次補廷尉文學卒史、愚按、文學卒史、主行文書、是時張湯方鄉學。以爲奏讞掾、以古法議決疑大獄、而愛幸寬。寬爲人溫良、有廉智自持。【考證】倪寬傳、自持作自將、顏師古曰、將、衛也、而善著書書奏。敏於文、口不能發明也。

湯以爲長者、數稱譽之。及湯爲御史大夫、以兒寬爲掾、薦之天子。天子見問說之。張湯死後六年、兒寬位至御史大夫。【集解】徐廣曰、元狩元年、【考證】集解元狩、當作元封、九年而以官卒。【考證】倪寬傳、作居位九歲、以官卒、王先謙曰、表作八年卒、案太初三年正月、延廣爲御史大夫、則八年是也、武紀、書寬卒於大初二年十二月、尤居位八年之確證、寬在三公位、以和良承意、從容得久。然無有所匡諫於官。官屬易之、不爲盡力。【考證】王念孫曰、從容者、從諛也、言承意從諛、故得久居其位也、汲黯傳、從諛承意、其證、顏師古曰、易、輕也、愚按、於官之官、楓山本作朝、倪寬傳作上、張生亦爲博士。

而伏生孫以治尚書徵。不能明也。自此之後、魯周霸·孔安國、雒陽賈嘉、頗能言尚書事。【考證】此謂周霸孔安國賈嘉三人通今文、下別敍孔氏有古文起自安國、漢書儒林傳、削孔安國三字、失史遷原意、顏師古曰、嘉者賈誼之孫、孔氏有古文尚書。而安國以今文讀之、因以起其家。逸書得十餘篇。【索隱】案孔臧與安國書云、舊書潛于壁室、欻爾復出、古訓復申、唯聞尚書二十八篇、取象二十八

宿、何圖乃有百篇、卽知以今讎古、隸篆推科斗、以定五十餘篇、竝爲之傳也、藝文志曰、二十九篇、得多十六篇、起者、謂起發以出也、【考證】何焯曰、起其家、似謂別起家法、王引之曰、當讀因以起其家爲句、逸書二字、連下讀、起、與起也、家、家法也、漢世尚書、多用今文、自孔氏治古文經、讀之說之、傳以敎人、其後遂有古文家、是古文家法、自孔氏興起也、漢書藝文志云、凡書九家、謂孔氏古文、伏生大傳、歐陽大小夏侯說、及劉向五行傳、許商五行傳記、逸周書、石渠議奏也、是古文尚書自爲一家之證、梁玉繩曰、孝景時、魯共王壞孔子宅、得古文尚書、其後孔安國得以讎二十九篇、多十六篇、亦稱二十四篇、蓋分出九共八篇、數之、又分出伏生所合者五篇、以爲五十八篇、四十五卷、加序爲四十六卷、建武之際、亡武成、止五十七篇、魏晉時已不行、惟祕府有之、永嘉之亂、祕府書亦亡、至元帝時、豫章內史汝南梅賾、忽奏上古文尚書、增多二十五篇、卽今所讀者、于是眞僞相雜、今古混綢、此吳澄所以作書纂言也、孔序及傳皆僞作、且安國未嘗獻書、荀紀于成帝三年云、武帝時、孔安國家獻之、會巫蠱事、未列于學官、漢書藝文志、楚元王傳、缺家字、直以爲安國獻之、則史稱安國早卒、何能及天漢後巫蠱事起時乎、若夫藏書之人、東觀漢紀及漢紀、尹敏云、孔鮒、隋志及史通、古今正史篇、釋文云、孔惠、家語云、孔騰、是安國祖子襄、疑子襄近之、余參稽而撮其概如此、其詳則有尚書疏證及後辨在、

蓋尚書滋多於是矣。諸學者多言禮。而魯高堂生最。本禮固自孔子時。而其經不具。及至秦焚書、書散亡益多。於今獨有士禮。高堂生能言之。【正義】謝丞云、秦代有魯人高堂伯人也、藝文志云、

易曰、有夫婦父子君臣上下、禮義有所錯、而帝王質文、世有損益、至周曲爲之防、事爲之制、故曰、禮經三百、威儀三千、及周衰、諸侯將踰法度、惡其害己、皆滅去其籍、自孔子時而不具、至秦大壞、漢興、魯高堂生傳士禮十七篇、訖孝宣代、后蒼最明、戴德戴聖慶普皆其弟子、三家立於學官、七錄云、自後漢諸儒多小戴訓、卽今禮記是也、後又作曲臺記而慶氏傳之、並亡、大戴立於國學、又古經出魯淹中、皆書周宗伯所掌五禮威儀之事、有五十六篇、無敢傳者、後博士傳其書得十七篇、鄭玄注、今之儀禮是也、餘篇皆亡、周官六篇、周代所理天下之書也、鄭玄注、今二經立於國學、案禮經、周禮也、威儀、儀禮也、【考證】梁玉繩曰、漢書志傳皆言高堂生傳士禮十七篇、卽儀禮也、而今書若燕禮大射聘禮公食大夫覲禮五篇、皆諸侯之禮、喪服一篇、總包天子已下之服制、則所云士禮者十一篇耳、疑今儀禮非高堂元本、或所傳實不止于士禮耶、而魯徐生善爲容。【索隱】漢書作頌、亦音容也、【正義】言善爲容儀、【考證】沈欽韓曰、新書卷六、有容經、此爲容者所誦習也、禮玉藻少儀、亦有說容、知其有名家也、孝文帝時、徐生以容爲禮官大夫。傳子、至孫徐延・徐襄。襄其天姿善爲容。不能通禮經。延頗能、未善也。襄以容爲漢禮官大夫、至廣陵內史。延及徐氏弟子公戶滿意・【索隱】公戶姓、滿意名也、案鄭展云、二人姓字、非也、【考證】錢大昕曰、公羊傳有公扈氏、公戶疑卽公扈也、桓生・單次、【索隱】上音善、單姓、次名也、【考證】沈欽韓曰、劉歆移太常書所謂魯國桓公也、

皆常爲漢禮官大夫。【考證】楓山本、常作嘗、而瑕丘蕭奮、以禮爲淮陽太守。【集解】徐廣曰、瑕丘、屬山陽也、是後能言禮爲容者、由徐氏焉。自魯商瞿受易孔子、【索隱】案商姓、瞿名、字子木、瞿音劬、孔子卒、商瞿傳易六世、至齊人田何字子莊。【索隱】案漢書云、商瞿授東魯橋庇子庸、子庸授江東馯臂子弓、子弓授燕周醜子家、子家授東武孫虞子乘、仲尼弟子傳、作淳于人光羽子乘、不同也、子乘授田何子裝、是六代孫也、【考證】漢書儒林傳云、及秦禁學、易爲筮卜之書、獨不禁、故傳受者不絕也、崔適曰、瞿少孔子二十九歲、是生於魯昭公十九年、至漢皇九年、徙齊田氏關中、計三百二十六年、是師弟之年、皆相去五十四五、師必踰七十而傳經、弟子皆十餘歲而受業、乃能幾及、其可信耶、而漢興、田何傳東武人王同子仲。【考證】漢書儒林傳、田何下補以齊田徙杜陵、號杜田生十字、子仲下補雒陽周王孫丁寬齊服生、皆著易傳數篇十六字、子仲作子中、藝文志云、易傳王氏二篇、名同、子仲傳菑川人楊何。【索隱】案田何傳東武王同、同傳菑川楊何、【考證】漢書云、楊何字叔元、史公自序云、太史公受易於楊何、太史公卽司馬談、何以易元光元年徵、官至中大夫。【考證】漢書作太中大夫、誤、齊人卽墨成、以易至城陽相。【正義】卽墨、姓、成、名、廣川人孟

但、以易爲太子門大夫。魯人周霸、【考證】周霸言尚書、見上文、與議封禪、見封禪書、以議郎在軍、見衛將軍傳、官至膠西內史、莒人衡胡、【集解】徐廣曰、莒一作呂、臨菑人主父偃、皆以易至二千石。然要言易者、本於楊何之家。【考證】漢書楊何作田何、董仲舒、廣川人也。【考證】春秋繁露五行對、河間獻王問溫城董君、則仲舒爲廣川溫城人也、以治春秋、孝景時爲博士。下帷講誦。弟子傳以久次相受業。或莫見其面。【考證】顏師古曰、言新學者但就其舊弟子受業、不必親見仲舒、蓋三年、董仲舒不觀於舍園。其精如此。【考證】漢書董仲舒傳、作蓋三年不窺園、顏師古曰、雖有園圃、不窺視之、言專門也、進退容止、非禮不行。學士皆師尊之。今上卽位、爲江都相。【索隱】案仲舒事易王、王、武帝兄也、【考證】漢書董仲舒傳、載武帝賢良策問、及仲舒對策、仲舒傳不可缺此事、以春秋災異之變、推陰陽所以錯行、故求雨、閉諸陽縱諸陰。其止雨、反是。【考證】顏師古曰、謂若閉南門禁舉火、及開北門水灑之類、是也、錢大昭曰、求雨止雨之法、詳見春秋繁露、行之一國。未

嘗不得所欲。中廢爲中大夫、居舍、著災異之記。是時遼東高廟災。主父偃疾之、取其書、奏之天子。【集解】徐廣曰、建元六年、【索隱】案漢書以爲遼東高廟、及長陵園殿災也、仲舒爲災異記、草而未奏、主父偃竊而奏之、【考證】梁玉繩曰、高廟災、何以主父偃疾仲舒、其事欠明、漢書董仲舒傳、以爲遼東高廟長陵高園殿災、仲舒居家推說其意、草稾未上、主父偃候仲舒、私見嫉之、竊其書奏焉、而五行志直以爲仲舒對、誤已、漢志載其奏、不免阿詞曲說、起天子誅殘骨肉之心、何以爲醇儒、其弟子斥以下愚、宜也、余疑主父偃竊易奏之、不然、何以與削地分封之議、徙豪茂陵之言、如出一口乎、愚按、據漢書武紀、高廟高園災、在建元六年、時仲舒未爲江都相、漢書董傳、易是時、爲先是、錢大昕曰、按主父偃傳、元光元年、西入關而高廟高園災、乃在建元六年、計其年月、似不相應、王先謙曰、災在建元六年、仲舒草稾未上、其後偃竊奏之、非一時事也、天子召諸生示其書。有刺譏。董仲舒弟子呂步舒、不知其師書、以爲下愚。【集解】徐廣曰、一作荼、亦音舒、【考證】步舒事見下文、又見漢五行志、沈欽韓曰、鹽鐵論孝養篇、呂步舒弄口而見戮、於是下董仲舒吏。當死。詔赦之。於是董仲舒竟不敢復言災異。董仲舒爲人廉直。是時方外攘四夷。公孫弘治春秋不如董仲舒。【考證】何焯

曰、弘傳、少爲獄吏、年四十餘、乃學春秋雜說、　而弘希世用事、位至公卿。董仲舒以弘爲從諛。弘疾之、乃言上曰。獨董仲舒可使相膠西王。膠西王素聞董仲舒有行、亦善待之。【考證】五宗世家云、膠西于王端、孝景皇子、爲人賊戾、相二千石往者、奉漢法以治、端輒求其罪告之、從王治、則漢繩以法、故膠西小國、而所殺傷二千石甚衆、梁玉繩曰、不言膠西之難相、則董之可相不明、弘疾之下、宜補曰、膠西王上兄也、尤縱恣數害吏二千石、　董仲舒恐久獲罪、疾免居家、至卒、終不治產業。以脩學著書爲事。【正義】漢書云、仲舒上疏條教凡百二十三篇、而說春秋事得失、有聞舉玉杯繁露清明竹林之屬數十篇、七錄云、春秋繁露十七卷、春秋斷獄五卷、　故漢興至于五世之閒、唯董仲舒名爲明於春秋。其傳公羊氏也。【考證】史公受公羊春秋於仲舒、故其言如此、

胡毋生、齊人也。【集解】漢書曰、字子都、　孝景時爲博士。以老歸教授。【考證】楓、三本、授下有齊字、　齊之言春秋者、多受胡毋生。公孫弘亦頗受焉。瑕丘江生、爲穀梁春秋。自公孫弘得用、嘗集比其義、卒用董仲舒。仲舒弟子遂者、蘭陵褚大・廣川殷忠・溫呂步舒。【集解】徐廣曰、殷一作段、又作瑕也、【考證】顏師古曰、遂、謂名位成達者、梁玉繩曰、徐廣言殷一作段、是、漢書藝文志、易有京氏段嘉、而儒林傳譌殷嘉、酷吏傳有段仲、而史譌殷中、後書馮異傳有段建、注作殷、隋志及經典序錄、有段肅、注穀梁史通古今正史篇、言綴史記者也、而後書班固傳譌殷肅、可以互證、中忠古通、詳別雅、　褚大至梁相、步舒至長史、持節使決淮南獄。於諸侯擅專斷不報、以春秋之義正之。【考證】以淮南爲諸侯擅專斷不報也、報、如孟子勿有封而不告之告、　天子皆以爲是。弟子通者、至於命大夫、爲郎謁者掌故者、以百數。【考證】凌稚隆曰、通一作遂、與通同、謂名位成遂者、　而董仲舒子及孫、皆以學至大官。

【索隱】述贊、孔氏之衰、經書緒亂、言諸六學、始自炎漢、著令立官、四方扼腕、曲臺壞壁、書禮之冠、傳易言詩、雲蒸霧散、興化致理、鴻猷克贊、

儒林列傳第六十一　史記一百二十一

文學博士瀧川龜太郎著

史記會注考證

史記會注考證卷一百二十二

漢　太史令　司馬遷　撰

宋　中郎外兵曹參軍　裴駰　集解

唐　國子博士弘文館學士　司馬貞　索隱

唐　諸王侍讀率府長史　張守節　正義

日本　出雲　瀧川資言　考證

酷吏列傳第六十二　史記一百二十二

【考證】史公自序云、民倍本多巧、奸軌弄法、善人不能化、唯一切嚴削、爲能齊之、作酷吏列傳第六十二、王鳴盛曰、酷吏傳論稱十人、蓋郅都、甯成、周陽由、趙禹、張湯、義縱、王

溫舒、尹齊、減宣、杜周也、而其敍首中又帶敍侯封、鼂錯二人、共十二人、鼂錯雖刻深究、以文學進、子長不忍抑之、與刀筆吏及攻剽爲盜、椎埋爲姦者伍、故只用帶敍、侯封則於敍首中已明目之爲酷吏矣、而不數者、子長意以酷吏惟郅都當景帝時、餘皆盛於武帝之世、侯高后時人、故略而不數、於都傳中特提云、是時民朴、畏罪則固、無所事重法矣、而都獨先嚴酷云云者、深著都實首惡、以爲世戒也、次敍甯成周陽由、皆從景帝入武帝者、而又特提云、武帝卽位、吏治尚循謹甚、然由居二千石中、最爲暴酷、末又結之云、自成由後、事益多、民巧法、大抵吏之治類成由等矣、見酷吏多而吏治壞、在武帝世也、又次趙禹而言、禹晚節吏愈嚴、而禹之治反名爲平、其用意如此、後又詳述盜賊滋起、官事耗廢、皆由酷吏所致、乃又云、慘酷斯稱其位、一似自相矛盾者、紓其詞耳、又曰、十二人中、得免禍良死者、僅趙禹尹齊杜周三人而已、棄市者五人、自殺者三人、兇錯者一人、陳仁錫曰、敍酷吏十人、錯綜聯絡、如事成傳、附郅都事、張湯傳一附趙禹事、義縱傳附事成事、楊僕傳附溫舒事、總成一篇、文字奇絕、愚按酷吏傳元是一篇、各本每段提行、故陳氏有是言、今復史公之舊、

孔子曰、導之以政、齊之以刑、民免而無恥。【集解】孔安國曰、免、苟免也、 導之以德、齊之以禮、有恥且格。【集解】何晏曰、格、正也、【正義】顏云、論語載孔子之言也、格、至也、言御以政刑、則人思苟免、不恥於惡、化以德禮、則下知愧辱、而至於治也、【考證】論語爲政篇、 老氏稱、上德不德、是以有德、下德不

失德、是以無德。法令滋章、盜賊多有。【正義】顏云、老子道德經之言也、上德體合自然、是以有德、下德務於修建、更以喪之也、法令繁滋、則巧詐益起、故多盜賊、【考證】老子三十八章、 太史公曰、信哉是言也。法令者治之具、而非制治清濁之源也。昔天下之網嘗密矣。【索隱】昔天下之罔嘗密矣、案鹽鐵論云、秦法密於凝脂、 然姦僞萌起、其極也上下相遁、至於不振。【正義】顏云、遁、避也、言吏避於君、民避於吏、至乎喪敗不可振救、【考證】賈誼過秦論、姦僞竝起、而上下相遁、 當是之時、吏治若救火揚沸。【索隱】言本弊不除、則其末難止、【正義】言網密令峻、姦僞極生、至于君臣相遁、若救猛火、及揚盛沸之湯、言難止也、 非武健嚴酷、惡能勝其任而愉快乎。言道德者、溺其職矣。【正義】顏云、溺、謂沈滯不舉也、言敗亂之時、武健嚴酷、纔能薄快耳、若以道德治、則沒溺沈滯於政也、【考證】漢書酷吏傳、愉作媮、愉媮通、顏師古曰、媮、苟且也、 故曰、聽訟、吾猶人也。必也使無訟乎。【正義】顏云、論語載孔子之言也、言使我聽獄訟、猶凡人耳、然而立政行德、則使其絕於爭訟也、【考證】論語顏淵篇、 下士聞道大笑之。【考證】老子四十一章、 非虛言也。【考證】董份曰、前以孔子老氏發端、故又以聽訟二語、復明其說、此

太史公照應處、文字之易見者也、漢興、破觚而爲圜、【集解】漢書音義曰、觚、方、【索隱】應劭云、觚、八稜有隅者、高祖反秦之政、破觚爲圜、謂除其嚴法約三章耳、【考證】中井積德曰、觚、謂其稜角、不泥其六八可也、斲雕而爲朴、【索隱】應劭云、削琱爲璞也、晉灼云、凋弊也、斲理凋弊之俗、使反質樸、【考證】雕、謂刻鏤也、朴、無飾也、破觚二句、言反自然、網漏於吞舟之魚。【正義】法令疏、而吏治烝烝不至於姦、黎民艾安。【正義】烝烝、謂純一、【考證】烝烝、美厚也、書堯典、克諧以孝、烝烝乂不格姦、顏師古曰、黎、庶也、艾讀曰乂、乂、治也、由是觀之、在彼不在此。【集解】韋昭曰、在道德、不在嚴酷、高后時、酷吏獨有侯封。刻轢宗室、侵辱功臣。呂氏已敗、遂禽侯封之家。【考證】顏師古云、轢、謂陵踐也、音來的反、愚按、侯封未審其人、禽、殺也、漢書作夷、孝景時、鼂錯以刻深、頗用術輔其資。而七國之亂、發怒於錯。錯卒以被戮。【考證】顏師古曰、資、材也、王愼中曰、錯非酷吏比也、特借言刻者之不可爲耳、其後有郅都・寧成之屬。郅都者、楊人也。【集解】徐廣曰、屬河東、【索隱】郅音質、漢書云、河東大陽人、【正義】括地志云、故楊城、本秦時楊國、漢楊縣城也、今晉州洪洞縣也、至隋爲楊、唐初改爲洪洞、以故洪洞鎭爲名也、秦及漢皆屬河東郡、郅都冢在洪洞縣東

南二十里、漢書云、郅都、河東大陽人、班固失之甚也、大陽、今陝州河北縣、是亦屬河東郡也、以郎事孝文帝。孝景時、都爲中郎將、敢直諫面折大臣於朝。嘗從入上林。賈姬如廁。野彘卒入廁。【索隱】案、姬生趙王彭祖也、【考證】漢書、無卒字、卒、猝也、上目都。都不行。上欲自持兵救賈姬。都伏上前曰。亡一姬、復一姬進。天下所少、寧賈姬等乎。陛下縱自輕、柰宗廟太后何。上還。彘亦去。太后聞之、賜都金百斤。由此重郅都。濟南瞯氏宗人三百餘家、豪猾、二千石莫能制。【集解】漢書音義曰、瞯、音閑、小兒癎病也、【索隱】荀悅音閑、郅氏劉氏、音莧同也、於是景帝乃拜都爲濟南太守。至則族滅瞯氏首惡。餘皆股栗。【集解】徐廣曰、髀腳戰搖也、【正義】栗、懼也、【考證】漢書、族滅作誅、何焯曰、倂誅首惡、法之正也、族滅、此都所以爲酷耳、錢大昕曰、據漢表、都自濟南太守遷中尉、在景帝前七年、而郡守更稱太守、乃在景帝中二年、則其時不得稱太守也、太字衍、漢書無太字、居歲餘、郡中不拾遺。旁十餘郡守、畏都如大府。

【考證】顏師古曰、言猶如統屬之也、愚按、下文云、不可以居大府、都爲人、勇有氣力。公廉、不發私書。問遺無所受、請寄無所聽。常自稱曰。已倍親而仕。身固當奉職死節官下。終不顧妻子矣。郅都遷爲中尉。丞相條侯至貴倨也。而都揖丞相。【考證】條侯、周亞夫、倨、倨傲、揖、揖而已、不拜也、是時民朴、畏罪自重。而都獨先嚴酷。致行法不避貴戚。列侯宗室、見都側目而視。號曰蒼鷹。【考證】致、猶極也、陳仁錫云、太史公敘酷吏、首郅都曰、獨先嚴酷、次寧成則曰、治效郅都、次溫舒則曰、治酷於禹、次義縱則曰、治放郅都、次尹齊則曰、聲甚於寧成、次楊僕則曰、治放尹齊、次杜周則曰、治與宣相放、曰治大放張湯、曰酷甚於溫舒、節節血脈、聯絡回顧、臨江王徵詣中尉府對簿。【考證】顏師古曰、蒼鷹、言其鷙擊之甚、臨江王、景帝太子榮、廢王臨江、事詳五宗世家、顏師古曰、簿者、獄辭之文書也、臨江王欲得刀筆爲書謝上。而都禁吏不予。【正義】古者無紙筆、用刀削木、爲筆及簡牘而書之、【考證】沈欽韓曰、恐其告言他事也、魏其侯使人以閒與臨江王。【考證】魏其侯、竇嬰、顏師古曰、閒與、伺閒隙而私與也、臨江王既

爲書謝上、因自殺。竇太后聞之、怒以危法中都。【索隱】案、中、如字、謂以法中傷之、【正義】以危忽之法中射於都、令有罪也、【考證】顏師古曰、謂構成其罪也、都免歸家。【考證】公卿表、景帝前七年爲中尉、三年免、孝景帝乃使使持節拜都爲鴈門太守、而便道之官、得以便宜從事。【正義】言從家便往鴈門上官、不令至朝廷謝、【考證】漢書持節作卽、顏師古曰、卽、就家拜、李笠曰、此班馬別裁、匈奴素聞郅都節。居邊爲引兵去。竟郅都死、不近鴈門。【考證】漢書、居作舉、匈奴至爲偶人象郅都、【索隱】漢書、作寓人象、案、寓卽偶也、謂刻木偶類人形也、一云、寄人形於木也、【考證】今本漢書作偶、寓偶、古同聲通用、令騎馳射。莫能中。見憚如此。匈奴患之。竇太后乃竟中都以漢法。【考證】漢書、無竇太后竟四字、何焯曰、漢書去四字、似都爲匈奴所閒矣、沈欽韓曰、還書在前、疑得其實、荀悅漢紀云、匈奴中以法、太后以臨江王之死也、怨之、遂斬都、荀紀全據班書抄撮、故爲潤飾、愚按史文自通、竟字承上文以危法中都、漢字對匈奴而言、景帝曰。都、忠臣。欲釋之。竇太后曰。臨江王獨非忠臣邪。於是遂斬郅都。寧成者、穰人也。【集解】徐廣

曰、寧一作甯、穰、屬南陽、以郎謁者事景帝。好氣、爲人小吏、必陵其長吏、爲人上、操下如束溼薪。【集解】徐廣曰、一無此字、駰案韋昭曰、言急也、【索隱】操、音七刀反、操、執也、【考證】漢書亦無薪字、顏師古曰、溼物則易束、滑賊任威。【考證】漢書、滑作猾、稍遷至濟南都尉。【正義】百官表云、都尉、秦官、掌佐守典武職甲卒、秩比二千石、有丞、秩皆六百石、景帝中二年、更名都尉、若周之司馬、而郅都爲守。始前數都尉、皆步入府、因吏謁守如縣令。其畏郅都如此。【索隱】數、音所注反、及成往、直陵都出其上。都素聞其聲。於是善遇、與結驩。久之郅都死。後長安左右宗室、多暴犯法。【考證】顏師古曰、長安左右、京邑之中也、於是上召寧成爲中尉。【正義】百官表云、中尉、秦官、掌徼循京師、武帝太初元年、更名執金吾、顏云、金吾、鳥名也、主辟不祥、天子出行、職主先道以禦非常、故執此鳥之象、因以名官、【考證】公卿表、景帝中六年、其治效郅都。其廉弗如。然宗室豪桀、皆人人惴恐。【正義】惴、之瑞反、怖懼、【考證】皆人人、漢書作人皆、武帝卽位、徙爲內史。【考證】武帝當作今上、下同、外戚多毀

成之短、抵罪髡鉗。是時九卿罪死卽死。少被刑。而成極刑。自以爲不復收。【考證】漢書、罪死卽死、作死卽死、極刑作刑極、錢大昭曰、文帝深納賈誼之言、養臣下有節、是後大臣有罪皆自殺、至武帝時、稍復入獄、自寧成始、周壽昌曰、刑極、卽謂被髡鉗、如淳曰、不復收、以被重刑、將不復見收用也、於是解脫、詐刻傳出關歸家。【索隱】上音紀買反、下音他活反、謂脫鉗鈦、【考證】顏師古曰、傳、所以出關之符也、稱曰。仕不至二千石、賈不至千萬、安可比人乎。乃貰貸、【索隱】上音食夜反、貰、賖也、又音勢、下音天得反、買陂田千餘頃、假貧民、役使數千家。【正義】假貧民、言假借貧民、力營而分其利也、數年會赦。致產數千金。爲任俠、持吏長短、出從數十騎。其使民威重於郡守。【考證】寧成後事、在義縱條下、御覽使作役、周陽由者、其父趙兼以淮南王舅父侯周陽。故因姓周陽氏。【集解】徐廣曰、侯五年、孝文六年國除、【正義】周陽故城、在絳州聞縣東二十九里、【考證】漢書、舅下無父字、中井積德曰、厲王之母、趙兼之姊、父字衍、錢大昭曰、由、嘉定人、見淮南王傳、由以宗家任爲郎、【索隱】案與國家有外戚姻屬、比於宗室、故曰宗家也、【考證】中井

積德曰、由、是周陽之支子、用周陽侯之保任爲官也、周陽卽失侯、其家未必絕矣、事孝文及景帝。景帝時、由爲郡守。武帝卽位、吏治尙循謹甚。然由居二千石中、最爲暴酷驕恣。所愛者、撓法活之、所憎者、曲法誅滅之。【考證】漢書、撓作橈、所居郡必夷其豪。爲守、視都尉如令、爲都尉、必陵太守、奪之治。與汲黯俱爲忮。【集解】漢書音義曰、堅忮也、【考證】漢書、無與字、俱字、忮、害也、很也、司馬安之文惡。【集解】漢書音義曰、以文法傷害人、【考證】汲黯傳云、黯姑姊子司馬安、文深巧善宦、俱在二千石列、同車未嘗敢均茵伏。【集解】徐廣曰、漢書作馮、伏者軾、【索隱】案均、等也、茵、車蓐也、伏、車軾也、言二人與由同載一車、尙不敢與之均茵軾也、謂下之也、漢書伏作憑也、【考證】言周由驕恣、而獨畏汲黯、司馬安、同車、常下之也、茵、車中所藉也、伏、字或作軾、以皮覆軾、在前、人所馮者、故又曰馮、由後爲河東都尉時、與其守勝屠公爭權、相告言罪。勝屠公當抵罪。義不受刑。自殺。而由弃市。【索隱】風俗通云、勝屠、卽申屠、自寧成・周陽由之後、事益多、民巧法。大

抵吏之治、類多成・由等矣。趙禹者斄人、【集解】徐廣曰、屬扶風、音台、【索隱】音胎、斄縣屬扶風、【正義】音胎、故斄城、在雍武功縣西南二十二里、古邰國、后稷所封、漢斄縣也、以佐史補中都官、【索隱】案謂京師諸官府吏、【正義】若京都府史、用廉爲令史、事太尉亞夫。亞夫爲丞相。禹爲丞相史。府中皆稱其廉平。然亞夫弗任曰。極知禹無害。【索隱】蘇林云、言若無比也、蓋云其公平也、【考證】無害、文無害、能通曉法令、無所凝滯也、解詳蕭相國世家、然文深、不可以居大府。【集解】漢書音義曰、禹持文法深刻、今上時、禹以刀筆吏積勞、稍遷爲御史。上以爲能、至太中大夫、與張湯論定諸律令、【集解】徐廣曰、論一作編、作見知吏傳得相監司。【正義】謂見罪、知有罪、皆須舉之、【考證】漢書、傳下無得字、是也、見知、吏傳相監司、皆律令之名、史記平準書云、張湯爲廷尉、見知之法生、而廢格沮誹窮治之獄用矣、漢書刑法志云、孝武招進張湯趙禹之屬、條定法令、作見知故縱監臨部主之法、鹽鐵論刺復篇云、憯急之臣進、而見知廢格之法起、卽是事也、見知一事、吏見知其罪不舉也、秦始皇三十四年紀云、吏不舉者與同罪、此法秦時有之、吏傳相監司一事、傳讀爲轉、司讀爲伺、何焯曰、謂互相監察也、沈欽韓曰、謂所部屬吏有罪、坐其長上也、愚按、屬吏有罪、長

上坐之、長上有罪、屬吏坐之、用法益刻、蓋自此始。張湯者杜人也。〔集解〕徐廣曰、爾時未爲陵、〔考證〕漢書張湯傳、杜下有陵字、故徐廣云爾。其父爲長安丞。出。湯爲兒守舍。還。而鼠盜肉。其父怒笞湯。〔考證〕藝文類聚引史、還字在父下、文順。湯掘窟、得盜鼠及餘肉。劾鼠掠治、傳爰書、訊鞫論報。〔集解〕蘇林曰、謂傳囚也、爰、易也、以此書易其辭處、鞫、窮也、張晏曰、傳、考證驗也、爰書、自證不如此言、反受其罪、訊考三日、復問之、知與前辭同不也、鞫、一吏爲讀狀、論其報行也、〔索隱〕韋昭云、爰、換也、古者重刑、嫌有愛惡、故移換獄書、使他官考實之、故曰傳爰書也、〔考證〕傳、有數說、張晏云、傳、考證驗也、是一說、顏師古云、傳、謂傳逮、若今之追逮赴對也、是一說、錢大昕云、傳當作傅、傅音附、謂附於爰書也、張文虎云、錢說是、傅者附比之義、猶今比某律以定罪也、是一說、劉奉世云、傳者傳囚辭也、是一說、劉說近是、爰書、自證不如此言、反受其罪、訊考三日、復問之、是一說、韋昭云、爰、換也、古者重刑、嫌有愛惡、故移換獄書、使他官考實之、故曰傳爰書也、是一說、劉奉世云、爰書者、趙高作爰歷、教學隸書、時獄吏書用此、故從俗呼爲爰書也、是一說、蘇林云、爰、易也、以此書易其辭、顏師古云、爰、換也、以文書換其口辭也、是亦一說、蘇顏近是、王先謙曰、傳爰書者、傳囚辭而著之文書也、蓋此數者皆見之文辭也、劾、一也、爰書、二也、論報、三也、三事具而獄成矣、掠治乃有爰書訊鞫、然後論上、故下言父視其文辭也、中井積德曰、說文、報、當罪人也、論報是一事、幷取鼠與肉、具獄磔堂下。〔集解〕鄧展曰、罪備具、

一二

〔考證〕具獄、猶言具成案、其父見之、視其文辭、如老獄吏。大驚、遂使書獄。〔集解〕如淳曰、決獄之書、謂律令也、〔考證〕使書獄辭、練習其事也、父死後、湯爲長安吏、久之。周陽侯始爲諸卿時、〔集解〕徐廣曰、田勝也、武帝母王太后之同母弟也、武帝始立、而封爲周陽侯、〔正義〕按周陽前封趙兼國除、今封田勝也、〔考證〕王啓原曰、田勝爲卿、百官表闕、蓋在景帝後元之末、嘗繫長安。湯傾身爲之。〔集解〕韋昭曰、爲之先後、〔考證〕韋說是、漢書爲之作事之、及出爲侯、大與湯交、徧見湯貴人。湯給事內史、爲寧成掾。以湯爲無害、言大府。調爲茂陵尉、治方中。〔集解〕漢書音義曰、方中、陵上土作方也、湯主治之、蘇林曰、天子即位、豫作陵、諱之、故言方中、如淳曰、大府、幕府也、茂陵尉、主作陵之尉也、韋昭曰、太府、公府、〔正義〕服虔曰、藏壙中長皆有丞尉、中用地一頃餘、又冢墓記云、築成城、然後錯石帶自沙及炭、〔考證〕調、選也、茂陵、武帝諱陵、漢天子即位、一年而爲陵、顏師古曰、大府、丞相府也、中井積德曰、指丞相御史之等、又曰、方陵穴也、陵穴蓋鑿地正方、故謂穴爲方耳、治方中、監穴中營作也、愚按正義有訛脫、武安侯爲丞相。徵湯爲史。時薦言之。天子補御史、使案事。〔考證〕武安侯田蚡、周陽侯之兄、建武六年、爲丞相、漢書張湯傳、御史作侍御史、治陳皇后蠱獄。

一三

深竟黨與。〔考證〕漢書武紀、元光五年、皇后陳氏廢、捕爲巫蠱者皆梟首、漢傳、蠱上有巫字、於是上以爲能、稍遷至太中大夫、與趙禹共定諸律令。務在深文。拘守職之吏。〔集解〕蘇林曰、拘刻於守職之吏、〔考證〕王闓運曰、言以文法律令拘守職之吏、使不得出入、李楨曰、按刑法志、湯禹條定律令、作見知故縱監臨部主之法、緩深故之罪、急縱出之誅、所以深文拘吏者如此、已而趙禹遷爲中尉、徙爲少府。而張湯爲廷尉。兩人交驩、而兄事禹。禹爲人廉倨。爲吏以來、舍毋食客。公卿相造請禹。禹終不報謝。務在絕知友賓客之請。孤立行一意而已。見文法輒取、亦不覆案、求官屬陰罪。〔考證〕方苞曰、言見獄辭與文法應、輒取之、而不覆按其事、以求官屬陰惡也、湯爲人多詐、舞智以御之。〔集解〕韋昭曰、制御人、始爲小吏乾沒。〔集解〕徐廣曰、隨勢沈浮也、騶案、服虔曰、射成敗也、如淳曰、得利爲乾、失利爲沒、〔索隱〕如淳曰、得利爲乾、失利爲沒、〔正義〕此二說非也、按乾沒、謂無潤及之而取他人也、又云、陽浮慕爲乾、心內不合爲沒也、〔考證〕顧炎武曰、乾沒、大抵是徼幸取利之意、洪頤煊曰、乾沒、即幹末二字之借、言所幹末務、即所謂逐什一之利也、晉書潘岳傳、其

一四

母數誚讓之曰、爾當知足、而乾沒不已乎、三國志傅嘏傳、豈敢傾根竭本、寄命洪流、以徼乾沒乎、皆其義、愚按、乾、乾燥之乾、音干、以物投水曰沒、出之於水爲乾、出入財物、以逐什二之利也、不必讀爲幹末、又按、張文虎札記云、乾沒猶言陸沈、謂陰取其利、李笠訂補云、言湯爲小吏沈溺下僚、猶無水而沒也、故云乾沒、下云及列九卿收接天下名士言其顯揚、對此乾沒而言也、併記備考、與長安富賈田甲・魚翁叔之屬交私。〔集解〕徐廣曰、姓魚也、〔正義〕謂貸便財物也、及列九卿、收接天下名士大夫、己心內雖不合、然陽浮慕之。是時上方鄉文學。湯決大獄、欲傅古義、〔索隱〕傅、音附、乃請博士弟子治尚書春秋、補廷尉史、亭疑法。〔集解〕李奇曰、亭、平也、均也、〔索隱〕廷史、廷尉之吏也、亭、平也、使之平疑事也、〔考證〕王先謙曰、用兒寬、是其一證、愚按、董仲舒春秋繁露、郊事對一篇、對張湯承制問郊事者、又按漢書張湯傳、亭上有平字、奏讞疑事、必豫先爲上分別其原。上所是、受而著讞決法廷尉、絜令揚主之明。〔集解〕韋昭曰、絜、在板絜、〔正義〕按謂律令也、古以板書之、言上所是、著之爲正獄、以廷尉法令決平之、揚主之明監也、〔考證〕漢書張湯傳、讞下無決字、絜作挈、顏師古曰、著、謂明書之也、挈、獄訟之要也、書於讞法、挈令、以爲後令式也、挈、音口計反、揚主之明、言此自天子之意、非由臣下有司、王先謙曰、言上

一五

所允行者、則受而書之於板、著其上請之事、爲定法、復舉此令、以宣布上矣、杜周傳云、後主所是疏爲令也、挈、舉也、奏事卽譴、湯應謝、鄉上意所便、必引正監掾史賢者、【集解】徐廣曰、應一作權、【正義】百官表云、廷尉、秦官、有正左右監、皆秩千石也、按上卽責、湯應對謝之如上意、必引正監等賢者、本爲臣建議如上意、臣不用、愚昧不從、至此也、曰。固爲臣議、如上責臣。臣弗用。愚抵於此。【集解】蘇林曰、主坐不用諸掾語、故至於此、罪常釋。聞卽奏事上善之、曰。臣非知爲此奏、乃正監掾史某爲之。其欲薦吏揚人之善、蔽人之過如此。【集解】徐廣曰、詔答聞也、如今制曰聞矣、駰案、瓚曰、謂常見原、【考證】聞、當從漢書作問、罪常釋、句、聞卽奏事、句、瓚說亦以罪常釋爲句、王闓運曰、聞卽奏事、猶言有時奏事、【考證】漢書蔽作解、所治、卽上意所欲罪、予監史深禍者。卽上意所欲釋、與監史輕平者。所治卽豪、必舞文巧詆。卽下戶羸弱、時口言。雖文致法、上財察。【集解】李奇曰、先見上口言之、欲與輕平也、【正義】顏云、言下戶羸弱、湯欲佐助、雖文奏之、又口奏言、雖律令之文、合致此罪、聽上裁察、蓋爲此文冀恩宥也、於是上得湯此言、往往釋其人罪、非未奏之前、口豫言也、財讀曰裁、古字少故也、【考證】漢書、

財作裁、於是往往釋湯所言。【集解】李奇曰、湯口所先言、皆見原釋、【考證】李說未得、說見前文正義、湯至於大吏、內行脩也、通賓客飲食、【考證】漢書、也作交、於故人子弟爲吏、及貧昆弟、調護之尤厚。其造請諸公、不避寒暑。是以湯雖文深意忌不專平、然得此聲譽。【考證】胡三省曰、不專平、不專於持平、而刻深吏多爲爪牙用者。依於文學之士。丞相弘數稱其美。及治淮南·衡山·江都反獄、皆窮根本。嚴助及伍被、上欲釋之。湯爭曰。伍被本畫反謀、而助親幸、出入禁闥爪牙臣。乃交私諸侯如此。弗誅、後不可治。於是上可論之。【考證】顏師古曰、可湯所奏而論決之、其治獄、所排大臣自爲功、多此類。於是湯益尊任。遷爲御史大夫。【集解】徐廣曰、元狩二年、會渾邪等降、漢大興兵伐匈奴、山東水旱、貧民流徙、皆仰給縣官。

縣官空虛。於是丞上指、請造白金及五銖錢、籠天下鹽鐵、排富商大賈。【正義】天下有鹽鐵之處、皆籠令稅之、令利入官也、【考證】漢書、丞作承、同、出告緡令、鉏豪彊幷兼之家、【正義】緡音岷、錢貫也、武帝伐四夷、國用不足、故稅民田宅船乘畜產奴婢等、皆平作錢數、每千錢一算、出一等、賈人倍之、若隱不稅、有告之、半與告人、餘半入官、謂緡出此令、用鋤築豪強兼幷富商大賈之家也、一算百二十文也、【考證】中井積德曰、富商大家、屬鹽鐵、而豪強幷兼、屬告緡、自有條理、正義幷屬告緡者、非、何焯曰、鹽鐵出於弘羊、告緡出於楊可、然非倚湯不能取於天子、以酷虐助而成之、故惡皆歸之湯、張文虎曰、正義出字、當在一算上、而衍一等二字、然與平準書不合、當有脫誤、愚按正義謂下當有告字、舞文巧詆以輔法。湯每朝奏事、語國家用、日晏、天子忘食。丞相取充位。【集解】徐廣曰、時李蔡·莊青翟爲丞相、天下事皆決於湯。百姓不安其生、騷動。縣官所興、未獲其利、姦吏並侵漁。【考證】並、音步浪反、旁緣爲姦也、愚按楓三本、侵漁作侵漁、於是痛繩以罪。則自公卿以下、至於庶人、咸指湯。湯嘗病。天子至自視病。其隆貴如此。匈奴來請和親。羣臣議上

前。博士狄山曰。和親便。上問其便。山曰。兵者凶器、未易數動。高帝欲伐匈奴、大困平城。乃遂結和親。孝惠·高后時、天下安樂。及孝文帝欲事匈奴。北邊蕭然苦兵矣。【考證】顏師古曰、蕭然猶騷然、擾動之貌也、孝景時、吳·楚七國反。景帝往來兩宮閒、寒心者數月。【考證】漢書兩宮作東宮、寒心上有天下二字、顏師古曰、往來東宮間、謂諮謀於太后也、愚按改兩宮爲東宮、間字不可解、天下亦與下文複、史記爲長、吳·楚已破、竟景帝不言兵。天下富實。【考證】顏師古曰、訖景帝之身、更不言征伐之事、今自陛下擧兵擊匈奴、中國以空虛、邊民大困貧。由此觀之、不如和親。上問湯。湯曰。此愚儒無知。狄山曰。臣固愚忠。若御史大夫湯、乃詐忠。若湯之治淮南·江都、以深文痛詆諸侯、別疏骨肉、使蕃臣不自安。臣固知湯之爲詐忠。【考證】張文虎曰、舊刻、蕃作藩、愚按漢書亦作藩、於是上作色曰。

吾使生居一郡、能無使虜入盜乎。【考證】顏師古曰、博士之官、故呼爲生也、曰。不能。曰。居一縣。對曰。不能。復曰。居一障閒。【正義】障、謂塞上要險之處、別築城置吏士守之、以扞寇盜也、【考證】漢書障作鄣、山自度辯窮、且下吏。曰。能。於是上遣山乘鄣。【考證】顏師古曰、乘、登也、登而守之、至月餘、匈奴斬山頭而去。自是以後、羣臣震慴。【正義】慴、懼也、湯之客田甲、雖賈人有賢操。始湯爲小吏時與錢通。【集解】徐廣曰、以利交、【考證】顏師古曰、爲小吏之時、與田甲爲錢財之交、愚按、與上文始爲小吏乾沒相應、以終田甲事、及湯爲大吏、甲所以責湯行義過失、亦有烈士風。湯爲御史大夫七歲敗。河東人李文、嘗與湯有郤。已而爲御史中丞。恚數從中文書、事有可以傷湯者、不能爲地。【考證】漢書恚作薦、服虔曰、薦、藉也、文與湯故有隙、已而爲御史中丞、藉已在內臺中、文書有可用傷湯者、因會致之、不能爲湯作道地、蘇林曰、薦、仍也、顏師古曰、薦數、義同、蘇說是也、數數在中、其有文書事可用傷湯者、不爲作道地也、薦音在見反、數音所角反、大雅雲漢之詩曰、饑饉薦臻、字亦如

此、愚按、恚當依漢書作薦、詩毛傳云、薦、重也、數、色主反、閱也、言李文在內臺中、每閱文書、欲求可中傷張湯者、使之無餘地也、劉奉世漢書刊誤、引史記、恚數作悉數、亦通、湯有所愛史魯謁居、知湯不平、使人上蜚變、告文姦事。【考證】劉奉世曰、飛變、謂如飛語、無姓名上變者、故上問蹤跡安起、而湯云殆文故人也、事下湯。湯治論殺文。而湯心知謁居爲之。上問曰。言變事、蹤跡安起。湯詳驚曰。此殆文故人怨之。謁居病臥閭里主人。湯自往視疾、爲謁居摩足。趙國以冶鑄爲業。王數訟鐵官事。湯常排趙王。趙王求湯陰事。謁居嘗案趙王。趙王怨之。幷上書、告湯大臣也、史謁居有病、湯至爲摩足。疑與爲大姦。事下廷尉。謁居病死。事連其弟。弟繫導官。【集解】如淳曰、太官之別也、主酒、【考證】顏師古曰、導、擇也、以主擇米、故曰導官、事見百官表、時或以諸獄皆滿、故權寄在此署繫之、非本獄所也、湯亦治他囚導官、見謁居弟。欲陰爲之、而詳不省。【考證】爲、猶助也、詳、佯同、漢書作陽、省、視也、

謁居弟弗知、怨湯。使人上書告湯與謁居謀、共變告李文。事下減宣。宣嘗與湯有郤。及得此事、窮竟其事、未奏也。會人有盜發孝文園瘞錢。【集解】如淳曰、瘞埋錢於園陵以送死、【考證】沈欽韓曰、瘞錢、埋錢四隅、傳稱盜發者、卽是四隅所瘞、原不在冢藏中也、丞相靑翟朝、與湯約俱謝、至前。湯念獨丞相以四時行園。當謝。湯無與也。不謝。【考證】冊府元龜五百八十七、唐舊制、每年四季之月、皆遣使往諸陵起居、蓋沿漢制、後改二時巡陵、通典五十二、唐高宗以每年二時、太常卿少卿、分行二陵、事重人輕、乃詔三公行事、與漢丞相四時行園之制不異、丞相謝。上使御史案其事。湯欲致其文丞相見知。【集解】張晏曰、見知故縱、以其罪罪之、【考證】文、法也、見知、見上文、丞相患之。三長史皆害湯、欲陷之。【正義】百官表、丞相有兩長史、今此云三者、蓋權守置之、非正員也、【考證】三長史、朱買臣、王朝、邊通、始長史朱買臣、會稽人也。【正義】朱買臣、吳人也、此時蘇州爲會稽郡也、讀春秋。莊助使人言買臣。買臣以楚辭與助俱幸。侍中、爲太中大夫用事。而

湯乃爲小吏、跪伏使買臣等前。已而湯爲廷尉治淮南獄、排擠莊助。買臣固心望。【考證】望、怨也、及湯爲御史大夫、買臣以會稽守爲主爵都尉、列於九卿。數年坐法廢、守長史見湯。湯坐牀上、丞史遇買臣、弗爲禮。買臣楚士。【正義】周末越王句踐滅吳、楚威王滅越、吳之地總屬楚、故謂朱買臣爲楚士、【考證】楓本、楚士作楚人、貨殖傳云、淮北沛陳汝南南郡、此西楚也、其俗剽輕易發怒、錢大昕曰、戰國時吳越皆幷於楚、漢初承項羽之後、吳會稽皆項羽故地、故吳王濞傳云、上患吳會稽輕悍、又云、吳太子師傅、皆楚人輕悍、吳楚異名、其實一也、朱買臣吳人、而史稱楚士同此、深怨、常欲死之。【考證】張文虎曰、中統、游、毛本、常、他本誤嘗、愚按漢書朱買臣傳、亦作常、顏師古曰、致死以害之、中井積德曰、楚俗剽悍、故以稱怨之所以深也、王朝、齊人也。以術至右內史。【考證】錢大昕曰、公卿表作王璫、璫與朝同、邊通學長短。【集解】漢書音義曰、長短術、興於六國時、長入短、其語隱謬、用相激怒、【考證】劉向上戰國策云、或號曰短長、中井積德曰、言或長之、或短之、以騁其術也、剛暴彊人也。官再至濟南相。故皆居湯右。【考證】顏師古曰、言位在湯上、已而失官、守長史、詘體於

湯。湯數行丞相事。知此三長史素貴、常淩折之。以故三長史合謀曰。始湯約與君謝。已而賣君。今欲劾君以宗廟事。此欲代君耳。【考證】君、斥青翟、 吾知湯陰事。使吏捕案湯左田信等。【集解】漢書音義曰、左、證左也、【正義】言湯與田信爲左道之交、故言左田信等、【考證】左、音義爲長、田信賈人、蓋田甲之族、故下文云、賈人輒先知之、通鑑改作賈人田信、 曰。湯且欲奏請、信輒先知之、居物致富、與湯分之。及他姦事。事辭頗聞。【考證】服虔曰、居、謂儲也、顏師古曰、聞、聞於天子也、 上問湯曰。吾所爲、賈人輒先知之、益居其物。是類有以吾謀告之者。湯不謝。湯又詳驚曰。固宜有。減宣亦奏謁居等事。天子果以湯懷詐面欺、使使八輩簿責湯。【集解】蘇林曰、簿、音主簿之簿、悉責也、【考證】顏師古曰、以文簿一一責之、 湯具自道無此。不服。於是上使趙禹責湯。禹至讓湯曰。君何不知分也。君所治夷滅者幾

何人矣。今人言君皆有狀。天子重致君獄、欲令君自爲計。何多以對簿爲。【考證】顏師古曰、重、猶難也、自爲計、言引決也、 湯乃爲書謝曰。湯無尺寸功、起刀筆吏。陛下幸致爲三公。無以塞責。然謀陷湯罪者、三長史也。【考證】漢書、寸下有之字、致爲作致位、 遂自殺。湯死。家產直不過五百金。皆所得奉賜、無他業。【考證】漢書、業作贏、 昆弟諸子欲厚葬湯。湯母曰。湯爲天子大臣、被汙惡言而死。何厚葬乎。【考證】漢書、無汙字、 載以牛車、有棺無椁。【考證】王先謙曰、欲令湯貧狀上聞、冀寃得白也、 天子聞之曰。非此母不能生此子。乃盡案誅三長史。丞相青翟自殺。出田信。上惜湯、稍遷其子安世。趙禹中廢。已而爲廷尉。始條侯以爲禹賊深、弗任。及禹爲少府、比九卿。禹酷急。【考證】漢書酷吏傳、無比字禹字、通鑑武帝元鼎四年紀、禹酷急作爲酷急、胡三省曰、言以當時九卿同列者比之、

禹爲酷急也、愚按與史義殊、 至晚節、事益多、吏務爲嚴峻、而禹治加緩、而名爲平。王溫舒等後起、治酷於禹。禹以老徙爲燕相數歲、亂悖有罪。免歸。【考證】周壽昌曰、亂悖、猶今俗言昏瞶、此老年疾也、 後湯十餘年、以壽卒于家。義縱者、河東人也。爲少年時、嘗與張次公俱攻剽爲羣盜。【集解】徐廣曰、剽、音扶召反、【索隱】說文云、剽、刺也、一云、剽、劫、又音瓢妙反、 縱有姊姁、以醫幸王太后。【索隱】姁、李奇音吁、孟康音詡也、【考證】顏師古曰、王太后、武帝母、 王太后問、有子兄弟爲官者乎。姊曰。有弟無行。不可。太后乃告上、拜義姁弟縱爲中郎、【集解】漢書音義曰、姁音煦、縱姊名也、 補上黨郡中令。【索隱】案謂補上黨郡中之令史、失其縣名、【考證】王念孫曰、篇內所稱郡名、凡一字者、必加郡字、若兩字者、則不加郡字、此文上黨下不當有郡字、索隱本亦無、愚按漢書、有郡字、 治敢行、少蘊藉。縣無逋事。【集解】漢書音義曰、敢行、暴政而少蘊藉也、【索隱】蘊、音慍、藉、音才夜反、張晏云、爲人無所避、故少所假借也、【考證】中井積德曰、敢行、謂其勇果也、未有暴政之意、顏師古曰、少溫籍、言無所含容也、逋、亡也、負也、 舉爲

第一。遷爲長陵及長安令。直法行治、不避貴戚。以捕案太后外孫脩成君子仲、【索隱】案王太后之女、號脩成君、其子名仲、【考證】脩成君、太后未入內時所生、陳子龍曰、義縱以太后故得官、而即捕案太后私屬、此示公以結於人主、 上以爲能。遷爲河內都尉。至則族滅其豪穰氏之屬。河內道不拾遺。而張次公亦爲郎、以勇悍從軍、敢深入。有功、爲岸頭侯。【集解】徐廣曰、受封五年、與淮南王女陵姦、及受財物、國除、【考證】張次公事、附載衛將軍驃騎列傳後、 寧成家居。上欲以爲郡守。御史大夫弘曰。臣居山東爲小吏時、寧成爲濟南都尉。其治如狼牧羊。成不可使治民。【考證】弘、公孫弘、 上乃拜成爲關都尉。歲餘、關東吏隸郡國出入關者、【集解】漢書音義曰、隸、閱也、【考證】中井積德曰、吏受任郡國在關東者、時時詣京而經關、愚按漢書酷吏傳、關東吏隸郡國、作關吏稅肄郡國、義異、集解混淆、 號曰。寧見乳虎、無値寧成之怒。【考證】顏師古曰、猛獸產乳、養護其子、則搏噬過常、故以喻也、愚按漢書、値作直、義同、虎怒韻、 義縱自河

內遷爲南陽太守。聞寧成家居南陽。及縱至關、寧成側行送迎。然縱氣盛、弗爲禮。至郡、遂案寧氏、盡破碎其家。成坐有罪。及孔・暴之屬、皆犇亡。【集解】徐廣曰、孔暴二姓大族、【考證】方苞曰、義縱守南陽、寧成犇亡、而其迹終焉、故敍列於此、南陽吏民、重足一迹、而平氏朱彊、杜衍杜周、爲縱牙爪之吏任用。【考證】顏師古曰、平氏、杜衍、二縣名、遷爲廷史。【考證】漢書、廷史作廷尉史、王先謙曰、王溫舒傳廷尉史、史記亦作廷史、則義同文省也、軍數出定襄。定襄吏民亂敗。於是徙縱爲定襄太守。縱至、掩定襄獄中重罪輕繫二百餘人、及賓客昆弟私入相視亦二百餘人。【考證】漢書脫輕繫二字、縱一捕鞠曰。爲死罪解脫。【集解】漢書音義曰、一切皆捕之也、律、諸囚徒私解脫桎梏鉗赭、加罪一等、爲人解脫、與同罪、縱鞫相賂餉者二百人、爲解脫死罪、盡殺也、【考證】漢書、一捕鞠、作一切捕鞠、依注史記亦有切字、今本脫、顏師古曰、鞠、窮也、謂窮治也、是日皆報、殺四百餘人。【正義】言奏請得報而殺之、又一本、報字作執、【考證】楓三本、報作執、陳仁錫曰、皆報句、報論決也、

徐鴻鈞曰、說文㚔部、報、當罪人也、漢書胡建傳、辟報故不窮審、蘇林注、報、論也、報、治罪之義、張湯傳、訊鞠論報、王溫舒傳、奏行不過二三日、得可事論報、諸報字皆同、其後郡中不寒而栗。猾民佐吏爲治。【索隱】案、謂豪猾之人、干豫吏政、故云佐吏爲理也、【考證】顏師古曰、百姓有素豪猾爲罪惡者、今畏縱之嚴、反爲吏耳目、助治公務以自效、是時趙禹・張湯以深刻爲九卿矣。然其治尚寬、輔法而行。而縱以鷹擊毛摯爲治。【集解】徐廣曰、鷙鳥將擊、必張羽毛也、【考證】中井積德曰、毛、毛蟲也、指虎豹之類、摯以摯殺他獸而言、後會五銖錢白金起。【考證】楓三本、會下有吏字、與漢書合、顏師古曰、吏、改也、民爲姦、京師尤甚。乃以縱爲右內史、王溫舒爲中尉。溫舒至惡。其所爲不先言縱、縱必以氣淩之、敗壞其功。【考證】王先謙曰、其溫舒弗先與言者、則縱必敗壞之、其治所誅殺甚多。然取爲小治、姦益不勝。直指始出矣。【正義】應劭曰、漢官云、御史中丞有繡衣直指、出討姦也、【考證】晉灼曰、取音趣、直指、夏蘭之屬、見平準書、吏之治以斬殺縛束爲務、閻奉以惡用矣。【正義】閻奉以嚴惡之故而見任用、言時政尚急刻也、【考證】賢云、水衡閻奉朴擊

賣請奉、元封元年、爲水衡都尉、縱廉。其治放郅都。上幸鼎湖、病久。已而卒起幸甘泉。【索隱】卒、音七忽反、【正義】鼎湖、今虢州胡城縣也、郊祀志云、黃帝采首山之銅、鑄鼎荊山之下、有龍垂髯下接黃帝、后人名其處曰鼎湖、已、止愈也、卒、急也、【考證】顏師古曰、已、謂病愈也、言帝久病、既得愈而忽然卽幸甘泉、卒讀曰猝、道多不治。上怒曰。縱以我爲不復行此道乎。嗛之。【集解】徐廣曰、嗛、音銜、【正義】嗛、含恨也、至冬楊可方受告緡。【集解】韋昭曰、人有告言不出緡者、可方受之、【索隱】緡、錢貫也、漢氏有告緡令、楊可主之、謂緡錢出入、有不出算錢者、令得告之也、【考證】詳見平準書、縱以爲此亂民。部吏捕其爲可使者。【索隱】謂求楊可之使、【考證】王念孫曰、據索隱、捕當作求、疑後人依漢書改之、何焯曰、捕其爲可使者、以氣淩之、敗壞其功之智、非能爲民也、愚按何說是、下文所謂廢格沮事也、天子聞使杜式治。以爲廢格沮事。【集解】漢書音義曰、武帝使楊可主告緡、沒入其財物、縱捕爲可使者、此爲廢格詔書、沮已成之事、【索隱】應劭云、沮敗已成之事、格、音閣、【考證】杜式、人姓名、中井積德曰、民若出算、故匿其緡、故以多爲少、乃令告之也、沮拒其事令不行也、非已成之謂、弃縱市。後一歲、張湯亦死。【考證】梁玉繩曰、一歲當作二歲、公卿表、義縱以元狩五年棄市、張湯以元鼎二年死也、王溫舒者、陽陵人也。【集解】徐廣

曰、陵、馮翊、少時椎埋爲姦。【集解】徐廣曰、椎殺人而埋之、或謂發冢、【考證】椎埋、或說是、已而試補縣亭長。數廢。【考證】漢書無補字、爲吏、以治獄至廷史、事張湯。【考證】漢書廷下有尉字、義同、遷爲御史、督盜賊。殺傷甚多。稍遷至廣平都尉。【考證】周壽昌曰、廣平爲郡、在武帝征和二年前、故有都尉、擇郡中豪敢任吏十餘人、以爲爪牙。皆把其陰重罪。【正義】言擇廣平中豪强敢行威人、卽任用爲吏、將爲爪牙、仍把未發大罪以防禦、【考證】豪敢、豪强勇敢、任、任用也、漢書、改任爲往、敢往連讀、其義亦通、而縱使督盜賊、快其意所欲得。此人雖有百罪、弗法。卽有避、因其事夷之、亦滅宗。【考證】漢書、因作回、無其事二字、顏師古曰、避回、謂不盡意捕擊也、義殊、以其故、齊・趙之郊、盜賊不敢近廣平。廣平聲爲道不拾遺。上聞、遷爲河內太守。素居廣平時、皆知河內豪姦之家。及往、九月而至。令郡具私馬五十匹、爲驛自河內至長安。【正義】驛、傳也、以私馬相傳於境上、來往相傳、部吏如

居廣平時方略。捕郡中豪猾。郡中豪猾、相連坐千餘家。上書請大者至族、小者乃死、家盡沒入償臧。【考證】臧贓同、 奏行不過二三日。得可、事論報。至流血十餘里。【考證】漢書、二三日作二日、顏師古曰、天子可其奏、而論決之、殺人既多、故血流十餘里、陳仁錫曰、得可句、王先謙曰、得奏可之事、則論報也、愚按得可陳說似是、或云事字衍、 河內皆怪其奏、以爲神速。盡十二月、郡中毋聲、毋敢夜行、野無犬吠之盜。其頗不得、失之旁郡國、黎來。【索隱】黎、音犁、犁、比也、【考證】張文虎曰、索隱本黎、各本作梨、凌引一本作追求、蓋依漢書改、愚按作追求義長、 會春。溫舒頓足歎曰。嗟乎、令冬月益展一月、足吾事矣。【考證】顏師古曰、立春之後、不復行刑、故云然、展、伸也、 其好殺伐行威、不愛人如此。天子聞之、以爲能、遷爲中尉。【考證】王先謙曰、公卿表、在元狩四年、 其治復放河內。徙諸名禍猾吏與從事。【集解】徐廣曰、有殘刻之名、【索隱】徙請名禍猾吏、案漢書作徒請召猜禍吏、服虔曰、徒、但也、猜、惡也、應劭曰、猜、疑也、取吏名爲好猜疑人作禍敗者而

使之、【考證】徙諸名禍猾吏、索隱本、作徙請名禍猾吏、漢書作徒請召猜禍吏、王念孫曰、名、卽召字之譌、猜禍皆猾之譌、徙諸、又徙請之譌、當作徙請召猾吏、上文云、猾民佐吏爲治、是也、 河內則楊皆、麻戊、【集解】徐廣曰、一云、麻成、 關中楊贛、成信等。【考證】此皆猾吏、 義縱爲內史、憚未敢恣治。【考證】顏師古曰、言溫舒憚縱、不得恣其酷暴、 及縱死、張湯敗後、徙爲廷尉。而尹齊爲中尉。【考證】王先謙曰、公卿表、元鼎三年、溫舒爲廷尉、一年、復徙中尉、 尹齊者、東郡茌平人、【索隱】茌、音仕疑反、 以刀筆稍遷至御史、事張湯。張湯數稱以爲廉武、使督盜賊。所斬伐不避貴戚。【考證】漢書、武下衍帝字、 遷爲關內都尉。聲甚於寧成。【考證】漢書、無內字、此衍、 上以爲能、遷爲中尉。吏民益凋敝。尹齊木彊少文。【考證】漢書、尹作輕、顏師古曰、木、質也、言如木石之爲也、 豪惡吏伏匿、而善吏不能爲治。【考證】顏師古曰、惡吏不肯爲用、獨善吏在、故不能治事也、 以故事多廢。抵罪。上復徙溫舒爲中尉。而楊僕以嚴酷爲主爵都尉。楊僕者、宜陽人也。

以千夫爲吏。【集解】漢書音義曰、千夫、若五大夫、武帝軍用不足、令民出錢穀爲之、【考證】中井積德曰、千夫、元武功爵、後又以貲納錢穀者也、未詳、楊僕以何路得之、 河南守案舉以爲能。遷爲御史、使督盜賊關東。治放尹齊。以爲敢摰行。【考證】漢書、敢上無爲字、此誤衍、摰、鷙通、漢書作鷙、 稍遷至主爵都尉、列九卿。天子以爲能。南越反。拜爲樓船將軍。有功封將梁侯。爲荀彘所縛。【集解】徐廣曰、受封四年、征朝鮮、還贖爲庶人、【索隱】案漢書云、與左將軍荀彘俱擊朝鮮、爲彘所縛、還免爲庶人、病死、【考證】楊僕事、又見南越東越朝鮮諸傳、 居久之、病死。而溫舒復爲中尉。爲人少文、居廷惛惛不辯。至於中尉則心開。【索隱】惛、音昏、【考證】漢書、廷作它、顏師古曰、言爲餘官、則心意蒙蔽、職事不舉、張文虎曰、疑史誤、姚範曰、溫舒復爲中尉、接前尹齊條下復徙爲中尉句、 督盜賊。素習關中俗、知豪惡吏。豪惡吏盡復爲用。爲方略、【考證】漢書、無督盜賊爲方略六字、張文虎曰、遊王本、方誤萬、 吏苛察盜賊惡少年、投缿購告言姦。【集解】徐廣曰、缿、音項、器名也、如今之投書函中、【索隱】器名、受投書之器、入不可出、三倉音胡江反、【正義】缿、受錢器也、古以瓦、

今以竹、按以此器受投書、 置伯格長、以牧司姦盜賊。【集解】徐廣曰、一作落、古村落字亦作格、街陌屯落、皆設督長也、【索隱】伯音阡陌、格音村落、言阡陌村落、皆置長也、【考證】漢書、格作落、牧作收、無盜賊二字、王念孫曰、伯與陌同、故食貨志地理志、阡陌竝作仟伯、管子四時篇亦云、脩封疆正千伯、伯落長三字連讀、而顏師古云、置伯及邑落之長、則伯讀如字、且分伯與落長爲二、斯爲謬矣、王引之曰、牧作收誤、牧司相監察也、詳商君傳、 溫舒爲人諂。善事有勢者。【考證】漢書、諂作謟、 卽無勢者、視之如奴。有勢家、雖有姦如山、弗犯。無勢者、貴戚必侵辱。【考證】楓山本、貴戚上有雖字、與漢書合、 舞文巧詆下戶之猾、以焄大豪。【集解】焄、音熏、【索隱】以焄大豪、案焄、猶熏炙之、謂下戶之中有姦猾之人、令案之、以熏逐大姦、【考證】漢書、詆作請、焄作動、張份曰、言以火熏逼也、今人于狐鼠穴、亦常火攻之、溫舒不能卽鈎有勢之家、故巧詆下戶、而熏逼大豪、使之知懼耳、王念孫曰、焄、史記傳本蓋作勳、勳卽動之誤、漢書顏師古注、治下戶之狡猾者、用諷動大豪之家、愚按以焄爲熏、史義自通、不必依漢書改爲動、 其治中尉如此。姦猾窮治、大抵盡靡爛獄中。行論無出者。【考證】靡、讀爲縻、 其爪牙吏、虎而冠。於是中尉部中中猾以下皆伏。有勢者、爲游聲譽、稱治。治

數歲、其吏多以權富。【考證】漢書不重治字、權下有貴字、顏師古曰、爲權貴之家所擁佑、故積受取致富者也、與史義異、　溫舒擊東越還。【集解】徐廣曰、元鼎六年、出會稽破東越、【考證】事見東越傳、　議有不中意者、坐小法、抵罪免。【正義】不中天子意也、　是時天子方欲作通天臺、而未有人。【正義】漢書、元封三年、三輔舊事云、起甘泉通天臺、高五十丈、　溫舒請覆中尉脫卒、得數萬人作。【正義】中尉部中脫漏之卒、考校取之、【考證】中井積德曰、脫卒、蓋姦巧避役者、謂吏卒也、　上說、拜爲少府。徙爲右內史。【考證】王先謙曰、公卿表、元封三年、爲少府、四年、徙右內史、　治如其故。姦邪少禁。坐法失官。復爲右輔、行中尉事。如故操。【考證】王先謙曰、公卿表在元封六年、　歲餘、會宛軍發。【集解】漢書音義曰、發兵伐大宛、　詔徵豪吏。溫舒匿其吏華成。及人有變告溫舒受員騎錢他姦利事、罪至族。自殺。【正義】姚承云、設騎有員數、　其時兩弟及兩婚家、亦各自坐他罪而族。光祿徐自爲曰。悲夫、夫古有三族。而王溫舒

罪至同時而五族乎。【正義】顏云、溫舒與弟同三族、而兩妻家各一、故爲五也、【考證】漢書、祿下有勳字、　溫舒死、家直累千金。後數歲、尹齊亦以淮陽都尉病死。家直不滿五十金。所誅滅淮陽甚多。及死仇家欲燒其尸。尸亡去歸葬。【集解】徐廣曰、尹齊死、未及斂、恐怨家欲燒之、屍亦飛去、【正義】言妻將其尸亡逃而去、歸家葬、【考證】下尸字、漢書作妻、尸亡去歸葬、言其家人竊載尸而逃、託謂自飛去耳、漢書蓋以爲誕而易之、梁玉繩曰、徐廣本、風俗通神怪篇、以爲尹齊尸飛去、論衡死僞篇、辯其妄、蓋亡去者、家人知仇家欲燒其尸、竊尸而逃爾、觀漢傳尸作妻、益明、日知錄廿七、亦依王充竊舉持亡之說、　自溫舒等以惡爲治、而郡守·都尉·諸侯二千石、欲爲治者、其治大抵盡放溫舒。【考證】漢書、自溫舒等以惡爲治而九字、作是時、都尉作尉、無其治二字、放作效、放下有王字、張文虎曰、吳校元板、無其治二字、上云欲爲治者、則此二字贅、　而吏民益輕犯法、盜賊滋起。【正義】言酷暴者多、故吏民不畏法、　南陽有梅免·白政、楚有殷中·杜少、【集解】徐廣曰、殷一作假、人亦有姓假者也、漢書、白作百、殷作段、顏師古曰、梅百皆姓也、　齊有徐勃、燕·趙之閒、有堅盧·范生之屬。大羣至

數千人。【考證】沈欽韓曰、鹽鐵論大論篇云、往者應少伯正之屬、潰梁楚、昆盧徐穀之徒、亂齊趙、與此文稍異、　擅自號、【考證】王先謙曰、自立名號也、　攻城邑、取庫兵、釋死罪、縛辱郡太守都尉、殺二千石、爲檄告縣、趣具食。【考證】趣、促也、　小羣盜以百數、掠鹵鄉里者、不可勝數也。【考證】漢書、無盜字、王念孫曰、盜字後人所加、蓋前既云盜賊滋起、故後但云大羣至數千人、小羣以百數、無庸更言盜也、　於是天子始使御史中丞丞相長史督之。【考證】督、察也、　猶弗能禁也。乃使光祿大夫范昆、諸輔都尉、及故九卿張德等、衣繡衣、持節、虎符發兵、以興擊。【考證】何焯曰、漢書、諸輔作諸部、百官表、有左右京都尉、屬中尉、當從史記、顏師古曰、以興擊、以軍興之法而討擊也、沈家本曰、漢百官表、九卿無張德、　斬首、大部或至萬餘級。及以法誅通行飲食、坐連諸郡、甚者數千人。【考證】各本通下無行字、今從楓本、漢書坐連諸郡、作坐相連郡、王先謙曰、漢書連字句、史記郡字句、王鳴盛曰、漢書尹賞傳云、守長安令、捕長安中輕薄少年惡子數百人、皆劾以爲通行飲食羣盜、又元后傳、繡衣御史暴勝之等、奏殺二千石、誅千石以下、及通行飲食坐連及者、通飲食之義如此、後書陳寵

傳、寵子忠上疏曰、穿窬不禁、則致彊盜、彊盜不斷、則爲攻盜、故亡逃之科、憲令所急、通行飲食、罪致大辟、注、通行飲食、猶今律云過致資給與同罪也、飲音蔭、食音寺、　數歲乃頗得其渠率、散卒失亡、復聚黨阻山川者、往往而羣居、無可奈何。【正義】渠、大也、　於是作沈命法。【集解】漢書音義曰、沈、藏匿也、命、亡逃也、【索隱】服虔云、沈匿不發覺之法、韋昭云、沈、沒也、【考證】應劭曰、沈、沒也、敢蔽匿盜賊者、沒其命也、沈欽韓曰、與之相連俱死也、　曰。羣盜起不發覺、發覺而捕弗滿品者、二千石以下至小吏、主者皆死。【正義】品、程限也、言群盜起不發覺、及發覺不捕、並捕捉程限滿不獲者皆死也、【考證】漢書、捕弗滿品作弗捕滿品、顏師古曰、品、率也、以人數爲率也、愚按顏說爲長、　其後小吏畏誅、雖有盜不敢發。恐不能得、坐課累府。府亦使其不言。【正義】縣有盜賊、府亦坐、府使縣不言上、故盜賊漸多、孟康曰、縣有盜賊、府亦幷坐、使縣不言也、【考證】凌本、其下脫後字、岡白駒曰、課、程也、顏師古曰、府、郡府也、　故盜賊寖多、上下相爲匿、以文辭避法焉。【集解】徐廣曰、詐爲虛文、言無盜賊也、【考證】梁玉繩曰、自溫舒等以惡爲治、至以文辭避法焉、一段、無端橫入、不成章法、乃漢書減宣傳尾之語、後人妄取入史、而又誤置于此也、蓋漢傳減宣已上、皆襲史元文、田廣明已下、孟堅自作、故以斯語結之、且徐勃等阻山攻城、天子

遣使者繡衣治盜、事在天漢元年、沈命法更在後、則非史公所撰、益明矣、 減宣者、楊人也。考證 漢書、減作咸、顏師古曰、咸音減、省之減、沈欽韓曰、急就篇、姓氏有減罷軍、彼注卽引減宣、減咸通用、考工記輈人注、減亦爲咸、一統志、楊縣故城在平陽府洪洞縣東南十五里、 以佐史無害給事河東守府。衞將軍青使買馬河東。考證 顏師古曰、將軍衞青充使、而於河東買馬也、 見宣無害言上。徵爲大廄丞。官事辦。正義 百官表云、大僕屬官、有大廄、各五丞一尉也、考證 漢書廄上脫大字、 稍遷至御史及中丞。考證 漢書脫中字、 使治主父偃。及治淮南反獄、所以微文深詆、殺者甚衆。稱爲敢決疑。數廢數起、爲御史及中丞者幾二十歲。王溫舒免中尉、而宣爲左內史。考證 漢書、免中尉作爲中尉、歸有光曰、溫舒未嘗免、爲字是、王先謙曰、據公卿表、溫舒免中尉在元鼎六年、宣爲左內史、在元封元年、 其治米鹽。正義 米鹽謂細碎、考證 韓非子說難篇、米鹽博辯、則以爲多而交之、 事大小皆關其手。自部署縣名曹實物。官吏令丞、不得擅搖。考證 楓山本、實作寶、與漢書合、 痛以重法繩之。居官數年、一切

郡中爲小治辦。然獨宣以小致大、能因力行之。難以爲經。正義 難以爲經、言不可爲常法也、考證 漢書、致作至、因作自、王念孫曰、因當作自、言獨宣能行之、而他人則不能、故曰難以爲常也、 中廢爲右扶風。考證 王先謙曰、據公卿表、元封六年、宣免、太初元年、爲右扶風、中廢不過數月、 坐怨成信、信亡藏上林中、宣使郿令格殺信、吏卒格信時、射中上林苑門、集解 漢書曰、成信、宣吏、正義 郿令、今岐州岐縣北、時屬右扶風、考證 漢書、怨作怒、 宣下吏抵罪。以爲大逆、當族。自殺。而杜周任用。杜周者南陽杜衍人。索隱 杜衍、地名也、正義 杜氏譜云、字長孺、 義縱爲南陽守、以爲爪牙。考證 漢書杜周傳、守上有太字、 舉爲廷尉史、事張湯。湯數言其無害。至御史。使案邊失亡。所論殺甚衆。集解 文穎曰、邊卒多亡也、或曰、郡縣主守有所亡失也、正義 謂邊郡被寇、失亡人畜財物甲卒多、故使按之、考證 正義是、 奏事中上意。任用與減宣相編。更爲中丞十餘歲。其治與宣相放。考證 漢書、無相編二字、其治與宣相放六字、楊愼曰、相編、卽相埒也、愚按編猶班也、顏師古曰、更、

互也、 然重遲、外寬內深次骨。集解 李奇曰、其用罪深刻至骨、索隱 次、至也、李奇曰、其用法刻至骨、考證 漢書、然下有少言二字、依贊語以少言爲重文、此似奪少言二字、 宣爲左內史。周爲廷尉。考證 王先謙曰、據公卿表、竝在元封間、 其治大放張湯、而善候伺。正義 審察人主之意、考證 漢書、大下有抵字、 上所欲擠者、因而陷之、上所欲釋者、久繫待問、而微見其冤狀。客有讓周曰。君爲天子決平。不循三尺法、專以人主意指爲獄。獄者固如是乎。集解 漢書音義曰、以三尺竹簡書法律也、考證 楓三本、天子作天下、與漢書合、漢書朱博傳云、太守漢吏、奉三尺律令以從事耳、 周曰。三尺安出哉。前主所是、著爲律。後主所是、疏爲令。當時爲是。何古之法乎。考證 顏師古曰、著、謂明表也、疏、謂分條也、愚按上文記張湯事云、上所是受而著讞決法、杜周蓋放張湯也、 至周爲廷尉、詔獄亦益多矣。二千石繫者、新故相因、不減百餘人。郡吏大府舉之廷尉、一歲至千餘章。集解 如淳曰、郡吏、郡太守也、孟康曰、舉之廷尉、以章劾付廷尉治之、正義 言周

爲廷尉、用法刻深、天子善之、郡吏太府有奏章、詔皆付周治之、故詔獄一歲至千餘章也、考證 顏師古曰、郡吏、大府、丞相御史之府、言郡吏大府獄事、皆歸廷尉也、郭嵩燾曰、漢制、郡國秋冬遣無害吏、訊問諸囚、此言公府及郡國之獄、皆由廷尉鞫治、中井積德曰、郡吏、總稱郡守以下吏也、非指守一人、 章大者、連逮證案數百、小者數十人、遠者數千、近者數百里、會獄。考證 楓山本、千下有里字、與漢書合、顏師古曰、會獄、往赴對也、 吏因責如章告劾。不服、以笞掠定之。正義 服、卽以其罪狀推問、不服、卽以笞掠、猶今定服也、考證 顏師古曰、如章、皆令服罪、如所告劾之本章、 於是聞有逮、皆亡匿。獄久者、至更數赦。十有餘歲而相告言。集解 張晏曰、詔書赦、或有不從此令、 大抵盡詆以不道以上。索隱 案大氐、猶大都也、氐、音至、 廷尉及中都官詔獄、逮至六七萬人。考證 顏師古曰、中都官、凡京師諸官府也、獄辭所及追考問者六七萬也、 吏所增加十萬餘人。考證 顏師古曰、吏又於此外以文法增加也、 周中廢。後爲執金吾。正義 百官表曰、御史中丞杜周爲廷尉、十年免、天漢三年二月、執金吾杜周爲御史大夫、太始三年卒、 逐盜、捕治桑弘羊・衞皇后昆弟子刻深。考證 漢書、逐盜捕治作逐捕、

天子以爲盡力無私。遷爲御史大夫。【集解】徐廣曰、天漢三年、爲御史大夫、四歲、太始三年卒。【考證】顧炎武曰、衞太子巫蠱事、在征和二年、杜周卒已四年、又十一年、昭帝元鳳元年、御史大夫桑弘羊坐燕王旦事誅、史家之謬如此。愚按、黃汝成日知錄集釋引錢氏駿、顧氏云、史文但稱昆弟子、當時大臣后族、犯法者衆、周能以法繩之、故武帝嘉其盡力無私、非謂周所逐捕者、卽衞皇后桑大夫也、又引孫氏云、所云逐捕者、自指桑衞昆弟犯法、周能不避權貴而逐捕之也、本文並不云治桑衞獄、無緣以此爲史家之謬也。家兩子夾河爲守。【考證】齊召南曰、唐書宰相世系表、周三子、延壽、延考、延年、延年最幼、昭帝初始爲吏、則夾河爲郡守者、延壽延考也、何焯曰、褚先生書田仁事云、仁刺舉三河時、河南河內太守、皆杜周子弟、河東太守石丞相子孫、仁已刺三河、皆下吏誅死、當史遷作酷吏傳時、未覩其終、其治暴酷、皆甚於王溫舒等矣。杜周初徵爲廷史。有一馬、且不全。及身久任事至三公列、子孫尊官、家訾累數巨萬矣。【考證】漢書、無數字、

太史公曰。自郅都・杜周十人者、【考證】陳仁錫曰、酷吏十人、不數楊僕也、愚按、蓋舉其大數、此皆以酷烈爲聲。然郅都伉直、引是非、爭天下大體。張湯以知陰

陽、人主與俱上下。【正義】知陰陽、言知人主意旨輕重、【考證】余有丁曰、人主與俱上下、謂與人主俱上下也、倒用便奇、時數辯當否、國家賴其便。趙禹時據法守正。杜周從諛、以少言爲重。【考證】傳云、上所欲擠者、因而陷之、上所欲釋者、久繫待問、而微見其冤、是從諛也、傳云、重遲、是以少言爲重也、自張湯死後、網密多詆嚴、官事寖以秏廢。【考證】漢書、多詆嚴官四字、作事叢兩字、九卿碌碌奉其官、救過不贍。何暇論繩墨之外乎。然此十人中、其廉者足以爲儀表、其汚者足以爲戒。【集解】徐廣曰、一本、無此四字、方略教導、禁姦止邪、一切亦皆彬彬、質有其文武焉。雖慘酷、斯稱其位矣。至若蜀守馮當暴挫、廣漢李貞擅磔人、東郡彌僕鋸項、【索隱】彌、姓、僕、名、【考證】陳仁錫曰、湖本、擅作檀、誤、劉伯莊曰、鋸以截人項而殺之、天水駱璧推咸。【集解】徐廣曰、一作成、【索隱】上音直追反、下音減、一作成、是也、謂推繫之以成獄也、【正義】推成、言推掠以成罪也、【考證】中井積德曰、推、椎通、謂椎擊以取服、王念孫曰、索隱推繫、乃椎擊之訛、椎擊之以成獄、故曰椎成、所謂棰楚之下、何求而不得

也、河東褚廣妄殺、京兆無忌・馮翊殷周蝮鷙。【索隱】上音蝮虵、下音鷙鷹也、言其酷比之蝮毒鷹攫、【考證】王念孫曰、蝮讀爲愎、愎鷙皆狠也、言其愎戾不仁也、趙策云、知伯之爲人好利而鷙復、復亦讀爲愎、水衡閻奉朴擊賣請。【考證】淩稚隆曰、以朴擊致人、買免請求、何足數哉、何足數哉。【索隱】述贊、太上失德、法令滋起、破觚爲圓、禁暴不止、姦僞斯熾、慘酷爰始、乳獸揚威、蒼鷹側視、舞文巧詆、懷生何恃、

酷吏列傳第六十二　　史記一百二十二

文學博士瀧川龜太郎著

史記會注考證

史記會注考證卷一百二十三

漢　太史令司馬遷撰
宋　中郎外兵曹參軍裴駰集解
唐　國子博士弘文館學士司馬貞索隱
唐　諸王侍讀率府長史張守節正義
日本　出雲瀧川資言考證

大宛列傳第六十三　史記一百二十三

【索隱】大宛列傳、宜在朝鮮之下、不合在酷吏游俠之間、斯蓋司馬公之殘缺、褚先生補之失也、幸不深尤焉、【考證】史公自序云、漢既通使大夏、而西極遠蠻、引領內鄉、欲

觀中國、作大宛列傳第六十三、土藝曰、史記不與張騫立傳、其始附衛靑、而於大宛傳備載始末、蓋大宛諸國土俗、皆騫所歸爲武帝言者也、騫沒後、諸使西域者亦具焉、事備具而有條理、若漢書則大宛張騫多自爲傳矣、董份曰、此傳決非褚先生所能撰次、

大宛之跡、見自張騫。【索隱】宛、音苑、又於袁反、【正義】漢書云、大宛國去長安萬二千五百五十里、東至都護治、西南至大月氏、南亦至大月氏、北至康居、括地志云、率都沙那國、亦名蘇對沙那國、本漢大宛國、【考證】漢書西域傳云、大宛國王治貴山城、去長安萬二千五百五十里、戶六萬、口三十萬、勝兵六萬人、副王輔國王各一人、東至都護所四千三十一里、北至康居卑闐城千五百一十里、西南至大月氏六百九十里、北與康居、南與大月氏接、宛別邑七十餘城、多善馬、馬汗血、正義飾略失義、丁謙曰、大宛國、北魏號破洛那、唐號東曹、唐書言東曹或曰率都沙那、蘇對沙那、䣳布呾那、蘇都識匿、凡四名、居波悉山之陰、漢貳師城也、今攷其地在伊犂西南、喀什噶爾西北、故浩罕國南境、其地東南北三面環山、惟西有平路可通他部、納林河橫貫其中、西人地理志謂河北高坡地、皆名費爾加拉、河南高坡地、皆名蘇的亞納、唐書率都沙那等四名、皆蘇的亞納之異譯、貴山城貳師城、均當在浩罕南境、然其地今難確指、

張騫漢中人、建元中爲郎。【索隱】陳壽益部耆舊傳云、騫漢中成固人、

是時天子問匈奴降者。皆言匈奴破月氏王、以其頭爲飲器。【集解】韋昭曰、飲器、椑榼也、單于以月氏王頭爲飲器、晉灼曰、飲器、虎子之屬也、或曰、飲酒器也、【索隱】椑、音白迷反、榼、音苦盍反、案謂

今之偏榼也、【正義】氏、音支、涼甘肅瓜沙等州、本月氏國之地、漢書云、本居敦煌祁連閒、是也、漢書匈奴傳云、元帝遣車騎都尉韓昌、光祿大夫張猛、與匈奴盟、以老上單于所破月氏王頭爲飲器者、共飲立盟、【考證】沈欽韓曰、趙策以知伯頭爲飲器、呂覽云、斷其頭以爲觴、則云虎子者非也、

月氏遁逃、而常怨仇匈奴。無與共擊之。【考證】顏師古曰、無人援助也、

漢方欲事滅胡。聞此言、因欲通使。道必更匈奴中。乃募能使者。【索隱】更、經也、音羹、

騫以郎應募、使月氏。與堂邑氏故胡奴甘父俱出隴西。經匈奴。匈奴得之、傳詣單于。【集解】漢書音義曰、堂邑氏、姓胡奴、甘父字、【索隱】案謂堂邑縣人家胡奴、名甘父也、下云堂邑父者、蓋後史家從省、唯稱堂邑父、而略甘字、甘或其姓號、經、謂道經匈奴也、【考證】張文虎曰、索隱本無故字、此疑衍、經作徑、漢書無故胡二字、王先謙曰、據下文、騫以軍臣單于死之歲還、爲元朔三年、去十三歲、則出使在建元三年、

單于留之。曰。月氏在吾北。漢何以得往使。吾欲使越、漢肯聽我乎。留騫十餘歲。與妻、有子。然騫持漢節不失。居匈奴中。益寬。騫因與其屬亡鄉月氏。西走數十日。至大宛。大宛聞漢之

饒財、欲通不得。見騫喜問曰。若欲何之。騫曰。爲漢使月氏。而爲匈奴所閉道。今亡。唯王使人導送我。誠得至反漢、漢之賂遺王財物、不可勝言。大宛以爲然、遣騫。〔索隱〕謂大宛發遣騫西也、爲發導驛抵康居。〔集解〕爲發道驛抵康居、發道、謂發驛令人導引而至康居也、導、音道、抵、至也、居、音渠也、〔正義〕抵、至也、居、其尼反、括地志云、康居國在京西一萬六百里、其西北可二千里、有奄祭酒國也、〔考證〕蔡中統王本導驛作道釋、漢書作譯道、愚按驛釋當作譯、下文云、烏孫發導譯送騫還、又按西域傳云、康居國、王治樂越匿地到卑闐城、去長安萬二千三百里、不屬都護、至樂越匿地馬行七日、至王夏所居蕃內九千一百四十里、戶十二萬、口六十萬、勝兵十二萬人、東至都護治所五千五百五十里、與大月氏同俗、東羈事匈奴、丁謙西域傳攷證云、康居爲西域游牧行國、凡游牧者、皆夏居北而冬居南、俄屬游記言、喀支司人春則出覓水草、自南而北、夏日所駐地、距冬幾二千里、喀支司卽哈薩克、實康居突厥之後、是其俗至今未改、卑闐城爲其國都、樂於都賴水上、都賴水、今名盧列阿塔河、一名塔拉斯河、卑闐城樂於此河上、當在今盧列阿塔城南、康居傳致大月氏。〔正義〕此大月氏在大宛西南、於嬀水北、爲王庭、漢書云、去長安萬一千六百里、大月氏王已爲胡所殺、立其太子爲王。〔集解〕徐廣曰、一云、夫人爲王、夷狄亦或女主、〔索隱〕案漢書張騫傳云、立其夫人爲王、

也、〔考證〕齊召南曰、以下文推之、似史是、既臣大夏而居。〔索隱〕既臣大夏而君之、謂月氏以大夏爲臣而爲之作君也、〔正義〕既、盡也、大夏國在嬀水南、〔考證〕張文虎曰、中統游毛本居下有之字、與索隱本合、愚按漢書張騫傳、作君之、郭嵩燾曰、史記作居是也、西域傳明言月氏爲匈奴所敗、益遠去、過宛西、擊大夏而臣之、都嬀水北、爲王城、而大夏傳云、都嬀水南、嬀水爲今阿母河、其地屬布哈爾、近多爲俄羅斯所役屬、當時皆大夏地、月氏襲居之、蓋嬀水以北爲界、以兵力臣屬大夏、而大夏仍自爲國也、地肥饒、少寇、志安樂。又自以遠漢、殊無報胡之心。〔考證〕張騫傳通遠字、騫從月氏至大夏。竟不能得月氏要領。〔集解〕漢書音義曰、要領、要契、〔索隱〕李奇云、要領、要契也、小顏以爲衣有要領、劉氏云、不得其要害、然頗是其意、於文字爲疏者也、〔考證〕要領顏說得之、留歲餘、還、竝南山、〔正義〕竝、白浪反、南山卽連終南山、從京南東至華山、過河東、北連延至海、卽中條山也、從京南連接、至葱嶺萬餘里、故云竝南山也、西域傳云、其南山東出金城、與漢南山屬焉、欲從羌中歸。〔正義〕說文云、羌、西方牧羊人也、南方蠻閩從虫、北方狄從犬、東方貉從豸、西方羌從羊、復爲匈奴所得。留歲餘、單于死。〔集解〕徐廣曰、元朔三年、左谷蠡王攻其太子自立、國內亂。騫與胡妻及堂邑父俱亡歸漢。漢拜騫爲太中大夫、堂

邑父爲奉使君。〔索隱〕堂邑、父之官號、〔正義〕堂邑父者、史省文也、騫爲人彊力、寬大信人。蠻夷愛之。堂邑父故胡人、善射。窮急、射禽獸給食。初騫行時百餘人、去十三歲、唯二人得還。〔考證〕通鑑考異云、史記西南夷傳、元狩元年、張騫使大夏來、言通身毒之利、按年表、騫以元朔六年二月封博望侯、必非元狩元年始歸也、或者元狩元年、始令騫通身毒國、疑不能明、王先謙曰、騫歸在元朔三年、史記大宛傳、西南夷傳、特遙溯前事、非謂騫以元狩元年歸也、考異所疑、何其不審、騫身所至者、大宛・大月氏・大夏・康居。而傳聞其旁大國五六、具爲天子言之。曰、大宛在匈奴西南、在漢正西。去漢可萬里。其俗土著耕田。田稻麥。有蒲陶酒。〔考證〕顏師古曰、土著者、有城郭常居、不隨畜牧移徙也、多善馬。馬汗血。其先天馬子也。〔集解〕漢書音義曰、大宛國有高山、其上有馬、不可得、因取五色母馬置其下、與交、生駒、汗血、因號曰天馬子、〔索隱〕案外國傳云、外國稱天下有三衆、中國人衆、大秦寶衆、月氏馬衆、〔正義〕按有汗從前膊間出、皆赤如血、有城郭屋室。其屬邑大小七十餘城。衆可數十萬。其兵弓

矛。騎射。其北則康居、西則大月氏、西南則大夏、東北則烏孫、東則扜罙・于寘。〔集解〕徐廣曰、漢紀曰、拘彌國去于寘三百里、〔索隱〕扜罙、國名也、音汙彌二音、漢紀謂荀悅所撰漢紀、拘音俱、彌卽罙也、則拘彌與扜罙是一也、寘、音殿、〔考證〕扜罙卽扜彌、西域傳云、扜彌國、王治扜彌城、去長安九千二百八十里、戶三千三百四十、口二萬四千、勝兵三千五百四十人、北至都護治所三千五百五十三里、南與渠勒、北與龜茲、西北與姑墨接、西通于闐三百九十里、今名寧彌、丁謙考證云、今克里雅地、一作克勒底雅、近置于闐縣於北、唐地理志作寧彌城、于寘卽于闐、西域傳云、于闐國、王治西城、去長安九千六百七十里、戶三千三百、口萬九千三百、勝兵二千四百人、東北至都護治所三千九百四十七里、南與婼羌接、北與姑墨接、丁謙考證云、于闐卽今和闐直隸州地、新唐書西域傳作西山城、西山城當在今伊里齊城之南近山處、金纓辰曰、下文亦言大月氏在大宛西可二三千里、大夏在大宛西南二千餘里、漢書西域傳、謂大宛西南至大月氏六百九十里、南與月氏接、何也、于寘之西、則水皆西流注西海。其東、水東流注鹽澤。〔索隱〕鹽水也、太康地記云、河北得水爲河、塞外得水爲海也、〔正義〕漢書云、鹽澤去玉門陽關三百餘里、廣袤三四百里、其水皆潛行地下、南出於積石山、爲中國河、括地志云、蒲昌海、一名泑澤、一名鹽澤、亦名輔日海、亦名穿蘭、亦名臨海、在沙州西南、玉門關在沙州壽昌縣西六里、鹽澤潛行地下。其南則河源出焉。〔索隱〕案漢書西域傳云、河有兩源、一出葱嶺、一出于寘、山海經云、河出崑崙東北隅、郭璞云、河出

崑崙、潛行地下、至葱嶺山于窴國、復分流岐出、合而東注泑澤、已而復行積石、爲中國河、泑澤、即鹽澤也、一名蒲昌海、西域傳云、一出于闐南山下、與郭璞注山海經不同、廣志云、蒲昌海在蒲類海東也、[考證]方苞曰、爲漢使窮河源張本也、西域傳、刪鹽澤潛行地下、其南則九字、丁謙曰、于闐之西句下、應有踰葱嶺三字、方與水皆西流注西海相貫串、否則于闐西尚多東北流之水、不得云水皆西流也、西海指裏海言、蓋古時阿母河直入裏海、至明時改入鹹海耳、其東水東流、即指車爾成河、河原出爲謂車爾成河、入羅布泊瀦行地中、至巴顏喀喇山、復出爲中國之黃河也、又曰鹽澤、一名蒲昌海、水經注作泑澤、今曰羅布泊、多玉石。河注中國。[考證]丁謙曰、攷西城水道記、和闐產玉處凡五、曰哈喇哈什、曰桑谷、曰樹雅、曰哈朗歸山、而以玉隴哈什產者良、又西域聞見錄、和闐出玉石、多於葉爾羌、故曰多玉石、而樓蘭・姑師、邑有城郭、臨鹽澤。[正義]樓蘭、姑師二國名、姑師即車師也、[考證]樓蘭西域傳云、鄯善國本名樓蘭、王治扜泥城、去陽關千六百里、去長安六千一百里、戶千五百七十、口萬四千一百、勝兵二千九百十二人、地沙鹵、少田、寄田仰穀旁國、民隨畜牧逐水草、國最在東垂、近漢、國中有伊循城、其地肥美、丁謙考證云、鄯善國、在今敦煌縣西、羅布泊南、所都扜泥城、據水經注、俗謂之東故城、蓋以伊循爲新城也、姑師非即車師、西域傳云、宣帝破姑師、未盡殄、分以爲車師前後王、及山北六國、徐松補注云、山、天山也、今博羅圖山、姑師地、正今吐魯番及奇臺縣阜康縣境、分姑師爲車師前後國、且彌東西國、卑陸前後國、蒲類前後國、共八國、鹽澤、去長安可五千里。匈奴右方居鹽澤以東、至隴西長城南、接

羌、鬲漢道焉。烏孫、在大宛東北可二千里。行國隨畜。[集解]徐廣曰、不土著、[正義]烏孫、本塞種、塞本釋字、謂佛姓釋氏也、胡語訛轉、[考證]烏孫、奄蔡、安息、大夏事、皆張騫爲天子言者、其文與上下接續、後人據漢書西域傳、提行別項、非史公之舊也、與匈奴同俗、控弦者數萬、敢戰。故服匈奴。及盛取其羈屬、不肯往朝會焉。[考證]董份曰、故、舊也、昔臣服于匈奴、康居、在大宛西北可二千里。行國。與月氏大同俗、控弦者八九萬人。與大宛鄰國。國小、南羈事月氏、東羈事匈奴。奄蔡、在康居西北可二千里。行國。與康居大同俗、控弦者十餘萬。臨大澤無崖。蓋乃北海云。[正義]漢書解詁云、奄蔡即闔蘇也、魏略云、西與大秦通、東南與康居接、其國多貂、畜牧水草、故時羈屬康居也、[考證]王先謙漢書補注引西域圖考云、奄蔡、應今俄羅斯東境、西伯利部、自哈薩克右部而北、即俄羅斯之多伐斯科、再北爲德波爾斯科、即臨北海者也、又引徐繼畬云、此北海當爲裏海、丁謙西域傳考證引洪侍郎鈞云、攷奄蔡即元之阿速、地在黑海東北、故臨大澤無涯、去康居二千餘里、道里亦符、愚按前說以大澤爲裏海、後說以爲黑海、所斥之地亦異、併錄存疑、大月氏、在大宛西可

二三千里。居嬀水北。[正義]萬震南州志云、在天竺北可七千里、地高燥而遠、國王稱天子、國中騎乘常數十萬匹、城郭宮殿與大秦國同、人民赤白色、便習弓馬、土地所出及奇瑋珍物、被服鮮好、天竺不及也、康泰外國傳云、外國稱天下有三衆、中國爲人衆、大秦爲寶衆、月氏爲馬衆也、其南則大夏、西則安息、北則康居。行國也。隨畜移徙、與匈奴同俗。控弦者可一二十萬。故時彊、輕匈奴。[考證]安息、見下文、及冒頓立、攻破月氏。至匈奴老上單于、殺月氏王、以其頭爲飲器。始月氏居敦煌・祁連閒。[正義]初月氏居敦煌以東、祁連山以西、敦煌郡今沙州、祁連山在甘州西南、[考證]丁謙曰、月氏本居祁連山北之昭武城、即今甘州府高臺縣地、及爲匈奴所敗、乃遠去、過宛、西擊大夏而臣之、遂都嬀水北爲王庭。[考證]楓本、過下有大字、王先謙曰、西域圖考云、嬀水、唐之烏滸河、亦名縛芻河、今爲阿母河、西北流入布哈爾西之鹹池、其餘小衆不能去者、保南山羌。號小月氏。[考證]後漢書西羌傳、湟中月氏胡、其先大月氏之別也、舊在張掖酒泉地、月氏王爲匈奴所殺、餘種分散、西踰葱嶺、其羸弱者、南入山阻、依諸羌居止、遂共婚姻、即此事、丁謙曰、南山、即祁連山、山中乃羌人所居、故曰南山羌、

安息、在大月氏西可數千里。[正義]地理志云、安息國、京西萬一千二百里、自西關西行三千四百里至阿蠻國、西行三千六百里、至斯賓國、從斯賓南行度河、又西南行至于羅國、九百六十里、安息西界極矣、自此南乘海、乃通大秦國、漢書云、北康居、東烏弋山離、西條枝國、臨嬀水、土著、以銀爲錢、如其王面、王死輒更錢效王面焉、[考證]丁謙曰、安息、本古波斯地、波斯爲馬基頓所滅、未幾各地分裂、有阿賽西者、於西前元二百五十年、起兵據波斯中境巴提亞省自立、爲巴提亞國、其王世世以阿賽西第幾爲號、漢人誤王名爲國名、稱爲安息、安息者阿賽西轉音也、番兜城、西書稱帕而杜瓦、蓋即巴提轉音、帕爾杜合音、即今波斯呼拉商省巴治斯坦城、其國北與基窪地接、基窪即康居境、烏弋山離當在其東南、條支當在其西南、東北至阿母河、阿母河古稱嬀水、時大月氏境跨阿母河南北、故東面均與相接、張文虎曰、正義引地理志、漢書地理志無此文、見後漢書西域傳、又曰、案漢書西域傳、安息國、王治番兜城、去長安萬一千六百里、後漢傳、安息國居和櫝城、去洛陽二萬五千里、竝與正義不合、西關、後漢傳作安息、此南二字、依後漢書補、其俗土著耕田、田稻麥。蒲陶酒。城邑如大宛。其屬小大數百城、地方數千里。最爲大國。臨嬀水。有市民商賈。用車及船、行旁國或數千里。以銀爲錢。錢如其王面。王死、輒更錢效王面焉。[集解]漢書云、文獨爲王面、幕爲夫人面、荀悅云、幕、音漫、無文面也、張晏云、錢之文面作人乘馬、錢之幕作人面形、

韋昭云，糇踐背也，音踐，包愷音慢。畫革旁行，以爲書記。[集解]漢書音義曰，橫行爲書記。[索隱]畫音獲。小顏云，革，皮之不柔者。韋昭云，外夷書皆旁行，今扶南猶中國直下也。其西則條枝，北有奄蔡、黎軒。[索隱]漢書作犂靳，續漢書一名大秦，按三國並臨西海，後漢書云，西海環其國，惟西北通陸道，然漢使自烏弋以還，莫有至條枝者。[正義]上力奚反，下巨言反，又巨連反。後漢書云，大秦一名犂鞬，在西海之西，東西南北各數千里，有城四百餘所，土多金銀奇寶，有夜光璧、明月珠、駭雞犀、火浣布、珊瑚、琥珀、琉璃、琅玕、朱丹、青碧，珍怪之物，率出大秦。康氏外國傳云，其國城郭皆青水精爲礎，及五色水精爲壁，人民多巧，能化銀爲金，國土市買皆金銀錢。萬震南州志云，大家屋舍，以珊瑚爲柱，琉璃爲牆壁，水精爲礎舄。海中斯調州上有木，冬月往剝取其皮，績以爲布，極細，手巾齊數匹，與麻焦布無異，色小青黑，若垢污欲浣之，則入火中，便更清潔，世謂之火浣布。秦云定重參問門樹皮也。括地志云，火山國在扶風南東大湖海中，其國中山皆火，然火中有白鼠皮及樹皮，績爲火浣布。魏略云，大秦在安息條支西大海之西，故俗謂之海西。從安息界乘船直載海西，遇風利時三月到，風遲或一二歲。其公私宮室爲重屋，郵驛亭置如中國，從安息繞海北陸到其國，人民相屬，十里一亭，三十里一置，無盜賊。其俗人長大平正，似中國人而胡服。宋膺異物志云，秦之北附庸小邑，有羊羔自然生於土中，候其欲萌，築牆繞之，恐獸所食，其臍與地連，割絕則死，擊物驚之，乃驚鳴，臍遂絕，則逐水草爲羣。又大秦金二枚，皆大加瓜，植之滋息無極，觀之如用則眞金也。括地志云，小人國在大秦南，人纔三尺，其耕稼之時，懼鶴所食，大秦衞助之，卽焦僥國，其人穴居也。[考證]西域圖考云，犂軒卽後書之大秦，兼有今歐羅巴一洲之地，國都羅馬，拓地直至土耳其，其

東境與安息鄰。條枝在安息西數千里，臨西海。暑溼。耕田，田稻。[考證]西域傳無耕田二字。丁謙曰，條支，阿拉伯也，國臨西海，謂國之西面臨於紅海，阿拉伯自古皆游牧部落，境中平地居三之一，惟平原之外，環以沙漠，沙漠之外，間以高原，故其地不相連屬，遂各立小君長爲治，國以分而見弱，故每爲安息所役，視之爲外夷也。國地南近印度洋，爲熱風所燬，故甚熱，但俗專游牧，不勤稼穡，安得田稻，此史之誤。有大鳥，卵如甕。[正義]漢書云，條支出獅子、犀牛、孔雀、大雀，其卵如甕。和帝永元十三年，安息王滿屈獻獅子、大鳥，世謂之安息雀。廣志云，鳥，鶡鸕身，蹄駱，色蒼，舉頭八九尺，張翅丈餘，食大麥，卵大如甕。人衆甚多，往往有小君長，而安息役屬之，以爲外國。國善眩。[集解]應劭曰，眩，相詐惑。[正義]顏云，今吞刀、吐火、殖瓜種樹、屠人截馬之術，皆是也。安息長老傳聞條枝有弱水、西王母，而未嘗見。[索隱]魏略云，弱水在大秦西。玄中記云，天下之弱者，有崑崙之弱水，鴻毛不能載也。山海經云，玉山，西王母所居。穆天子傳云，天子觴西王母瑤池之上。括地圖云，崑崙弱水非乘龍不至。有三足神鳥，爲王母取食。[正義]此弱水、西王母既是安息長老傳聞，而未嘗見。後漢書云，桓帝時，大秦國王安敦遣使，自日南徼外來獻。或云，其國西有弱水流沙，近西王母處，幾於日所入也。然先儒多引大荒西經云，弱水云有二源，俱出女國北阿耨達山，南流會於女國東，去國一里，深丈餘，闊六十步，非毛舟不可濟，南流入海。阿耨達山卽崑崙山也，與大荒西經合矣。然大秦國在西海中島上，從安息西界過海，好風用三

月乃到。弱水又在其國之西，崑崙山弱水流在女國北，出崑崙山南。女國在于寘國南二千七百里，于寘去京凡九千六百七十里，計大秦與大崑崙山相去幾四五萬里，非所論及，而前賢誤矣。此皆據漢括地論之，猶恐未審。然弱水二所說皆有也。[考證]弱水，水名，西王母，國名，其地未詳。張文虎曰，正義長下老上衍安書二字，女國北出崑崙山南下又衍女國北山崑山南八字。今皆刪。又曰，正義引大荒西經，大荒西經無此文。大夏在大宛西南二千餘里媯水南。其俗土著，有城屋。與大宛同俗。無大王長，往往城邑置小長。[考證]漢書西域傳、漢紀，大王長作大君長，王念孫曰，御覽四夷部引史作大君長，上文條枝往往有小君長。其兵弱畏戰。善賈市。及大月氏西徙，攻敗之，皆臣畜大夏。大夏民多可百餘萬。其都曰藍市城。有市販賈諸物。[考證]張文虎曰，毛本藍市作藍氏，與後漢書合，漢書作監氏，丁謙曰，監市，今布哈爾城也。其東南有身毒國。[集解]徐廣曰，身，或作乾，又作訖。[索隱]身音乾，毒音篤。孟康云，卽天竺也，所謂浮圖胡也。[正義]一名身毒，在月氏東南數千里，俗與月氏同，而卑溼暑熱，其國臨大水，乘象以戰，其民弱於月氏，脩浮圖道，不殺伐，遂以成俗。土有象、犀、瑇瑁、金、銀、鐵、錫、鉛，西與大秦通，有大秦珍物。明帝夢金人，長大，頂有光明，以問羣臣，或曰，西方有神，名曰佛，其形長丈六尺，而黃金色。帝於是遣使天竺問佛道法，遂至中國，畫形像焉。萬震南州志云，地方三萬里，佛道所

出，其國王居城郭，殿皆彫文刻鏤，街曲市里各有行列，左右諸大國凡十六，皆共奉之，以天地之中也。浮屠經云，臨兒國王生隱屠太子，父曰屠頭邪，母曰莫邪，屠身色黃，髮如靑絲，乳有靑色，爪赤如銅。始莫邪夢白象而孕，及生，從母右脅出，生有髮，墮地能行七步。又云，太子生時，有二龍王夾左右吐水，一龍水煖，一龍水冷，遂成二池，今猶一冷一煖。初行七步處，琉璃上有太子腳跡見在。生處名祇洹精舍，在舍衞國南四里，是長者須達所起。又有阿輸迦樹，是夫人所攀生太子樹也。括地志云，沙祇大國卽舍衞國也，在月氏南萬里，卽波斯匿王治處。此國共九十種，知身後事，城有祇樹給孤園。又云，天竺國有東西南北中央天竺國，國方三萬里，去月氏七千里，大國隸屬凡二十一國。天竺在崑崙山南，大國也，治城臨恆水。又云，阿耨達山亦名建末達山，亦名崑崙山，水出一名拔扈利水，一名恆伽河，卽經稱恆河者也。自崑崙山以南，多是平地而下溼，土肥良，多種稻，歲四熟，留役駝馬，米粒亦極大。又云，佛上切利天，爲母說法九十日，波斯匿王思欲見佛，卽刻牛頭旃檀象，置精舍內佛坐。此像是衆像之始，後人所法也。佛上天靑梯，今變爲石，沒入地，唯餘十二蹬，蹬間二尺餘。彼耆老言，梯入地盡，佛法滅。又云，王舍國胡語曰罪悅祇國，其國靈鷲山，胡語曰耆闍崛山，山是靑石，石頭似鷲鳥，名耆闍鷲也。崛山石也，山周四十里，外周圍水。佛於此坐禪，及諸阿難等俱在此坐。又云，小孤石，石上有石室者，佛坐其中，天帝釋以四十二事問佛，佛一一以指畫石，其跡尙存。又於山上起塔。佛昔將阿難在此上山四望，見福田瘞畔，因制七條衣割截之法於此，今袈裟衣是也。[考證]梁玉繩曰，身，音乾，毒，音篤，漢張騫傳李奇曰，一名天篤，西域傳作捐毒，師古曰，卽身毒、天篤也，後書西域傳作天竺，文苑傳作天督，山海經作天毒，史西南夷傳徐廣曰，一作乾毒，漢傳服虔音蹇，師古以爲卽釋種，皆先得反，蓋浮屠經皆譯音，其國名當亦由譯而得，故無定字耳。愚按，身毒、

張騫傳同、與西域傳捐毒異、捐毒、北與烏孫接、西與休循接、其俗隨水草、不土著、梁氏謬混、 騫曰。臣在大夏時、見邛竹杖蜀布。【正義】邛都邛山出此竹、因名邛竹、節高實中、或寄生、可爲杖、布、土盧布、 問曰。安得此。大夏國人曰。吾賈人往市之身毒。身毒、在大夏東南可數千里。其俗土著、大與大夏同。而卑溼暑熱。云。其人民乘象以戰。其國臨大水焉。【正義】大水、河也、 以騫度之、大夏去漢萬二千里、居漢西南。今身毒國又居大夏東南數千里。有蜀物。此其去蜀不遠矣。今使大夏、從羌中險、羌人惡之。少北、則爲匈奴所得。從蜀宜徑、又無寇。【集解】如淳曰、徑、疾也、或曰、徑、直、 天子既聞大宛及大夏・安息之屬、皆大國、多奇物、土著頗與中國同業、而兵弱、貴漢財物。【考證】漢書業作俗、 其北有大月氏・康居之屬、兵彊、可以賂遺設利朝也。【考證】顏師古曰、設、施也、施之以利、誘令入朝、

且誠得而以義屬之、則廣地萬里、重九譯、致殊俗、威德徧於四海。【正義】言重重九遍譯語而致、【考證】顏師古曰、以義屬之、謂不以兵革、 天子欣然以騫言爲然、乃令騫因蜀犍爲、發閒使四道竝出。【正義】犍、其連反、犍爲郡、今戎州也、在益州南一千餘里、 出駹、出冄、出徙、出邛・僰。皆各行一二千里。【集解】徐廣曰、徙、屬漢嘉、【索隱】李奇云、徙、音斯、蜀郡有徙縣也、【正義】茂州・向州等、冄駹之地、在戎州西北也、僰、蒲北反、徙、在嶲州、邛、今邛州、僰、今雅州、皆在戎州西南也、 其北方閉氐・筰、【集解】服虔曰、皆夷名、漢使見閉於夷也、【索隱】韋昭云、筰縣、在越嶲、音昨、案南越破後殺筰侯、以筰都爲沈黎郡、又有定筰縣、【正義】氐、今成州及武等州也、筰、白狗羌也、皆在戎州西北也、 南方閉嶲・昆明。【正義】嶲州及南昆明夷也、皆在戎州西南、【考證】丁謙曰、嶲・昆明、在葉榆・桐師之間、當爲今永昌・騰越・順寧等地、顏師古謂嶲即嶲州、昆明在其東南、即南寧州、殊誤、 昆明之屬無君長、善寇盜。輒殺略漢使、終莫得通。然聞其西可千餘里、有乘象國、名曰滇越。【集解】徐廣曰、一作城、【正義】昆郎等州、皆滇國也、其西南滇越越嶲、則通號越、細分而有嶲滇等名也、 而蜀賈姦出物者、或至焉。【考證】漢書張騫傳、姦作閒、顏師古曰、閒

出物、謂私往市者、 於是漢以求大夏道、始通滇國。初漢欲通西南夷、費多、道不通。罷之。及張騫言可以通大夏、乃復事西南夷。【考證】事又見西南夷傳、 騫以校尉從大將軍擊匈奴、知水草處、軍得以不乏。乃封騫爲博望侯。是歲元朔六年也。【索隱】案張騫封號耳、非地名、小顏云、取其能博廣瞻望也、尋武帝置博望苑、亦取斯義也、【正義】地理志、南陽博望縣、【考證】水經注亦云、南陽博望縣、騫所封、沈家本曰、按許舜亦封博望侯、地理志南陽郡領縣博望、原注侯國、即指騫舜所封也、田敬仲世家、朝齊王於博望、正義、括地志云、博望故城、在鄧州向城東南四十五里、是博望爲地名、不始於漢、 其明年、騫爲衛尉、與李將軍俱出右北平擊匈奴。【考證】梁玉繩曰、其明年、當依漢書騫傳、作後二年、 匈奴圍李將軍。軍失亡多、而騫後期當斬。贖爲庶人。是歲漢遣驃騎、破匈奴西城數萬人、至祁連山。【考證】凌稚隆曰、漢書、西城作西邊、是、愚按漢書城下有殺字、 其明年、渾邪王率其民降漢。【考證】梁玉繩曰、渾邪之降、即在元狩二年、當依漢書騫傳作其秋、 而金城・河西西

竝南山至鹽澤、空無匈奴。匈奴時有候者到、而希矣。其後二年、漢擊走單于於幕北。【考證】王先謙曰、據武紀霍去病匈奴傳、事在元狩四年、 是後天子數問騫大夏之屬。騫既失侯、因言曰。臣居匈奴中、聞烏孫王號昆莫。昆莫之父、匈奴西邊小國也。匈奴攻殺其父。【索隱】按漢書、父名難兜靡、爲大月氏所殺、【考證】漢書張騫傳載騫言云、臣居匈奴中、聞烏孫王號昆莫、昆莫父難兜靡、本與大月氏俱在祁連・焞煌間、小國也、大月氏攻殺難兜靡、奪其地、人民亡走匈奴、蓋班氏訂史也、下文所記亦異、史記近是、 而昆莫生弃於野。烏嗛肉蜚其上、狼往乳之。【集解】徐廣曰、讀嗛與銜同、酷吏傳、義縱不治道、上忿銜之、史記亦作嗛字、【索隱】嗛、音銜、蜚亦飛字、 單于怪以爲神、而收長之。及壯使將兵。數有功。單于復以其父之民予昆莫、令長守於西城。【考證】上文云、匈奴西邊小國也、此云西城、未必其父故封、 昆莫收養其民、攻旁小邑。控弦數萬、習攻戰。【考證】楓山本、弦下有者字、 單于死、昆莫乃率其衆遠徙。

中立不肯朝會匈奴。匈奴遣奇兵擊。不勝。以爲神而遠之、因羈屬之、不大攻。今單于新困於漢、而故渾邪地空無人。蠻夷俗貪漢財物。[考證]漢書張騫傳、作昆莫地空、蠻夷戀故地、又貪漢物、義殊、 今誠以此時而厚幣賂烏孫、招以益東、居故渾邪之地、與漢結昆弟、其勢宜聽。聽則是斷匈奴右臂也。既連烏孫、自其西大夏之屬、皆可招來而爲外臣。天子以爲然、拜騫爲中郎將、將三百人、馬各二匹、牛羊以萬數、齎金幣帛直數千巨萬、多持節副使、道可使使遣之他旁國。騫既至烏孫。烏孫王昆莫、見漢使如單于禮。騫大慙、知蠻夷貪、乃曰。天子致賜。王不拜則還賜。昆莫起拜賜。其他如故。騫諭使指曰、[正義]諭曉以人子指意也、 烏孫能東居渾邪地、則漢

遣翁主爲昆莫夫人。烏孫國分王老、而遠漢、未知其大小。素服屬匈奴日久矣。且又近之。其大臣皆畏胡、不欲移徙。王不能專制。騫不得其要領。昆莫有十餘子。其中子曰大祿。彊善將衆。將衆別居萬餘騎。大祿兄爲太子。太子有子曰岑娶。[考證]中井積德曰、漢書西域傳、敍烏孫官號曰、相大祿、左右大將二人、然則次子爲大祿耳、岑娶、西域傳作岑陬、亦是官號、史漢誤爲人名、 而太子蚤死。臨死謂其父昆莫曰。必以岑娶爲太子。無令他人代之。昆莫哀而許之。卒以岑娶爲太子。大祿怒其不得代太子也、乃收其諸昆弟、將其衆畔、謀攻岑娶及昆莫。昆莫老、常恐大祿殺岑娶、予岑娶萬餘騎別居、而昆莫有萬餘騎自備。國衆分爲三、而其大總取羈屬昆莫。昆莫亦以此不敢專約於騫。騫因

分遣副使使大宛·康居·大月氏·大夏·安息·身毒·于窴·扜罙及諸旁國。[考證]漢書張騫傳、刪安息身毒于窴扜罙及諸旁國十二字、 烏孫發導譯送騫還。騫與烏孫遣使數十人馬數十匹報謝。因令窺漢知其廣大。騫還到。拜爲大行、列於九卿。歲餘卒。[考證]王先謙曰、公卿表、元鼎二年、騫爲大行、三年卒、與此異、 烏孫使既見漢人衆富厚、歸報其國。其國乃益重漢。其後歲餘騫所遣使通大夏之屬者、皆頗與其人俱來。於是西北國始通於漢矣。[集解]管灼曰、其人、其國人、[考證]梁啓超曰、博望通西域之役、其功在漢種者有三、一曰、殺匈奴猾夏之勢、自文景以來、匈奴役屬西域、特黨南羌、地廣勢強、蒸蒸南下、侯騎每至甘泉、屯防及於細柳、非有以挫之、則小之爲劉淵石勒之橫行河朔、大之、爲金源蒙古之蹂躪神州、左衽之痛、豈俟數百年千年之後哉、其時漢欲制匈奴、則伐謀伐交之策、遠交近攻之形、不可不注意於西域、張博望首倡通月氏結烏孫之議、卒以斷匈奴右臂、隔絕南羌、斬其羽翼、及孝武末世、遂至匈奴遠遁、而幕南無王庭、元成以後、卒俯首帖耳、稱藩屬於我大國、而發之成之者、實自張博望、二曰、開亞歐交通之機、秦漢之間、東西民族、皆已成熟、張進務伸權力於域外、羅馬帝國將興、而阿利安族文明、將馳

騁於地中海之東西岸、顧不能踰大葱嶺、以求通於我國、據近世史家所考據、西域人呼希臘人曰伊耶安、卽耶宛之轉音、故大宛國者、卽大希臘國之一部也、蓋此地早爲帕德利希亞之希臘人所蔓延、史記載其俗與泰西古代多相類、其蒲萄苜蓿等名物、卽希臘Botrus, Medike等之譯音、蓋中國希臘兩文明種之相接、實起於是、是黃種人與阿利安種交通之起源也、又史稱烏孫本塞地也、大月氏西破走塞王、塞王南越懸度、大月氏居其地、塞種者、卽今日西人所謂沁讀種、Semitics古代巴比倫人猶太人之所屬也、是黃種人與沁讀人交通之起源也、而溝而通之者、實始博望、三曰、完中國一統之業、當時滇黔諸國、皆未內屬、漢武初雖嘗從事西南夷、然以費多罷之、其後感博望一蜀布邛杖之言、卒再興作、使王然于柏始昌呂越人等十餘輩、往求身毒國、遂開滇池、逮交趾、卒使數千年爲國屛藩、雖其事專不成於博望、而創始之功、實博望尸之、博望之有造於漢種者何如也、 然張騫鑿空、[集解]蘇林曰、鑿、開、空、通也、騫開通西域道、[索隱]案謂西域險阨、本無道路、今鑿空而通之也、[考證]顏師古曰、空、孔也、猶言始鑿其孔穴也、故此下言常空道、而西域傳謂孔道也、 其後使往者、皆稱博望侯、以爲質於外國。外國由此信之。[集解]如淳曰、質、誠信也、博望侯有誠信、故後使稱其意以喻外國、李奇曰、質、信也、[考證]凌稚隆曰、按此騫死後事、中井積德曰、後使漫自冒稱博望侯也、外國乃信之、 自博望侯騫死後、匈奴聞漢通烏孫、怒欲擊之。及漢使烏孫、若出其南、抵大宛·大月氏相屬。[集解]徐廣曰、漢書、若作及、若意義

亦及也、【考證】今本漢書西域傳、及作又、若作迺、迺卽乃字、當及字譌、集解可證、抵、至也、若、猶或也、及也、相屬、使者相屬也、大宛、大月氏、在烏孫西南、 烏孫乃恐、使使獻馬、願得尙漢女翁主爲昆弟。【考證】徐松曰、漢通大宛月氏、則出烏孫後、事在元封初、天子問羣臣議計、皆曰、必先納聘、然後乃遣女。初天子發書易云、神馬當從西北來。【集解】漢書音義曰、發易書以卜、【考證】宋祁曰、古本漢書、書易作易書、依集解、當作易書、 得烏孫馬、好。名曰天馬。及得大宛汗血馬、益壯。更名烏孫馬曰西極、名大宛馬曰天馬云。而漢始築令居以西、初置酒泉郡、以通西北國。【集解】徐廣曰、令居、屬金城、【考證】顏師古曰、令、音零、 因益發使抵安息·奄蔡·黎軒·條枝·身毒國。而天子好宛馬、使者相望於道。諸使外國、一輩大者數百、少者百餘人、人所齎操、大放博望侯時。【考證】漢書張騫傳、無諸使外國四字、 其後益習而衰少焉。【考證】顏師古曰、以其串習、故不多發人、中井積德曰、衰、是等衰之衰、 漢率

一歲中、使多者十餘、少者五六輩。遠者八九歲、近者數歲而反。【考證】顏師古曰、道遠則遲、近則來疾、 是時漢既滅越、而蜀西南夷皆震、請吏入朝。【考證】漢書張騫傳、作漢既滅越蜀、所通西南夷、 於是置益州·越嶲·牂柯·沈黎·汶山郡、欲地接以前、通大夏。【集解】李奇曰、欲地界相接至大夏、【考證】漢書張騫傳、汶山作文山、錢大昭曰、地志無沈黎文山二郡、沈黎省於天漢四年、文山省於地節三年、皆併蜀、王先謙曰、前、往也、 乃遣使柏始昌·呂越人等、歲十餘輩出此初郡、抵大夏。【正義】按謂越嶲汶山等郡、謂之初者、後背叛而併廢之也、【考證】顏師古曰、文山以上初置者、中井積德曰、初所置之郡、故謂之初郡、猶言新郡也、 皆復閉昆明、爲所殺奪幣財、終莫能通至大夏焉。【考證】上文云、南方昆明之屬、無君長、善寇盜、輒殺略漢使、終莫得通、 於是漢發三輔罪人、因巴·蜀士數萬人、遣兩將軍郭昌·衞廣等、往擊昆明之遮漢使者、斬首虜數萬人而去。【集解】徐廣曰、元封二年、【考證】楓本者下有捕字、漢書無虜字、 其後遣使、昆明復爲

寇、竟莫能得通。而北道酒泉抵大夏。使者既多、而外國益厭漢幣、不貴其物。自博望侯開外國道以尊貴、其後從吏卒皆爭上書、言外國奇怪利害求使。【考證】漢書張騫傳、後從吏卒皆五字、爲吏士、 天子爲其絕遠非人所樂往、聽其言予節、募吏民、毋問所從來、爲具備人衆遣之、以廣其道。【考證】絕遠之地、人皆不樂往、故有自請者、卽聽而遣之、予使者節也、顏師古曰、毋問所從來、不爲限禁、遠近、雖家人私隸、並許應募、 來還不能毋侵盜幣物、及使失指。【正義】失指、失天子之本意也、 天子爲其習之、輒覆案致重罪、以激怒、令贖復求使。【考證】顏師古曰、爲其習之、言其串習不以爲難、必當更求充使也、激怒令贖、言立功以贖罪、 使端無窮、而輕犯法。其吏卒亦輒復盛推外國所有、言大者予節、言小者爲副。故妄言無行之徒、皆爭效之。其使皆貧人子、私縣官齎物、欲賤市以私其利外國。

【正義】縣官、天子也、言天子所齎物、竊用之、如己私有、【考證】漢書、無貧人子三字、又無外國二字、言所齎官物、視同私有、賤賣自利、不盡入官也、外國二字、疑複衍、 外國亦厭漢使人人有言輕重、【集解】服虔曰、漢使言於外國、人人輕重不實、如淳曰、外國人人自言、數爲漢使所侵易、【考證】服說是、 度漢兵遠不能至、而禁其食物、以苦漢使。漢使乏絕積怨、至相攻擊。而樓蘭·姑師小國耳、當空道。攻劫漢使王恢等尤甚。【集解】徐廣曰、姑師、卽車師、恢、一作怪、【正義】空道、孔道也、【考證】姑師、見上文、顏師古曰、空、卽孔也、 而匈奴奇兵、時時遮擊使西國者。使者爭徧言外國災害、皆有城邑、兵弱易擊。【考證】漢書、災害作利害、義異、 於是天子以故遣從驃侯破奴、將屬國騎及郡兵數萬、至匈河水、欲以擊胡。胡皆去。【考證】顏師古曰、破奴、趙破奴、周壽昌曰、時從票旣失侯、因此役更封浞野侯也、此應稱故從票侯、 其明年、擊姑師。破奴與輕騎七百餘先至、虜樓蘭王、遂破姑師。因擧兵威以困烏孫·大宛之屬。還。封破奴

爲浞野侯。【集解】徐廣曰、元封三年、王恢數使、爲樓蘭所苦、言天子。【集解】徐廣曰、爲中郎將、天子發兵、令恢佐破奴、擊破之。封恢爲浩侯。【集解】徐廣曰、捕得車師王、元封四年封浩侯、【考證】徐孚遠曰、此別一王恢、非大行王恢也、蓋同時同姓名、於是酒泉列亭鄣至玉門矣。【集解】韋昭曰、玉門關、在龍勒界、【索隱】韋昭云、玉門、縣名、在酒泉、又有玉門關、在龍勒也、【正義】括地志云、沙州龍勒山在縣南百六十五里、玉門關在縣西北百一十八里、烏孫以千匹馬聘漢女。漢遣宗室女江都翁主往妻烏孫。【集解】漢書曰、江都王建女、【考證】凌稚隆曰、接前先納聘、烏孫王昆莫以爲右夫人。匈奴亦遣女妻昆莫。昆莫以爲左夫人。昆莫曰我老。乃令其孫岑娶妻翁主。烏孫多馬。其富人至有四五千匹馬。【考證】此見烏孫馬多、千匹未爲重聘、初漢使至安息。安息王令將二萬騎迎於東界。東界去王都數千里。行比至過數十城、人民相屬甚多。漢使還、而後發使隨漢使

來、觀漢廣大、以大鳥卵及黎軒善眩人獻于漢。【索隱】韋昭云、變化惑人也、按魏略云、犂靬多奇幻、口中吹火、自縛自解、小顏亦以爲植瓜等也、【考證】郭嵩燾曰、西域傳、安息王以大鳥卵及犂靬眩人獻於漢、而於烏弋山離國亦云、有大鳥、卵如甕、後漢西域傳、條支國出大雀、其卵如甕、永元十三年、安息獻條支大鳥、時謂安息雀、西域傳、獻大鳥卵者安息也、而其種實出條支烏弋山離、蓋皆近海炎地也、其性不能耐寒、偶後漢時一來獻、條皆獻卵而已、今阿刺伯出此鳥、名駝鳥、其形如駝、可以輓車、西人尤重其卵、以爲供具、王念孫曰、眩上本無善字、後人以上文云條枝國善眩、因加善字也、不知此言眩人、即是善爲眩術之人、漢書張騫傳、正作眩人、張文虎曰、索隱本亦無善字、及宛西小國驩潛・大益、宛東姑師・扜罙・蘇薤之屬、皆隨漢使獻見天子。天子大悅。而漢使窮河源。【考證】承上文鹽澤潛地下、其南則河源出焉句、丁謙曰、攷西域傳、康居小王中有奧鞬、一名火尋、驩潛爲奧鞬、火尋之轉音、居烏滸水陽、大益指阿刺伯人、據洪氏西域補傳言、古時阿刺伯人游牧於西里亞者、西里亞人稱之曰大抑、大抑即大益、此唐書大食國之名稱所由來也、愚按蘇薤亦康居五小王之一、見西域傳、河源出于窴。其山多玉石。采來。【集解】瓚曰、漢使采取、將持來至漢、【考證】張文虎曰、采來二字、連上爲句、采當爲采色之采、來乃琜之借字、說文琜、瑱玉也、玉篇、琜、玉屬也、采來、謂采色之琜、天子案古圖書、名河所出山曰崑崙

云。【考證】王闓運曰、爾雅、西方之美者有昆崙虛之璆琳琅玕、故以玉石名河所出山爲昆侖、愚按崑崙之名、始見禹貢、其後山海經・爾雅・穆天子傳・莊子・列子・尚書大傳、賈誼新書・淮南子諸書、亦言崑崙、而以于窴河源爲崑崙、蓋始于武帝、未必古崑崙、後人往往混同、是時上方數巡狩海上。乃悉從外國客。大都多人則過之、散財帛以賞賜、厚具以饒給之、以覽示漢富厚焉。於是大觳抵、出奇戲諸怪物、多聚觀者、行賞賜、酒池肉林、令外國客徧觀各倉庫府藏之積、見漢之廣大、傾駭之。及加其眩者之工、而觳抵奇戲歲增變、甚盛益興、自此始。【正義】加其眩者之工、言漢人幻人工妙、更加於黎軒、【考證】李笠曰、漢書張騫傳、觳作角、同、見李斯傳集解、各倉庫、諸本作名倉庫、張文虎曰、名字、當從漢書作各、西北外國使、更來更去。【考證】顏師古曰、遞互來去、前後不絕、漢書張騫傳、西北作而、宛以西皆自以遠、尚驕恣晏然、未可詘以禮羈縻而使也。自烏孫以西至安息、以近匈奴、匈奴困月氏也、【考證】漢書西域傳、困上有嘗字、氏下無也字、徐松曰、即

謂冒頓老上輩、匈奴使持單于一信、則國國傳送食、不敢留苦。【考證】西域傳、則作到、周壽昌曰、信即古之符契也、顏師古曰、不敢留苦、不敢留遲及困苦之也、及至漢使、非出幣帛、不得食、不市畜、不得騎用。所以然者、遠漢、而漢多財物。故必市、乃得所欲。然以畏匈奴於漢使焉。【考證】方苞曰、爲貳師伐宛、當道小國、不肯給食張本、宛左右以蒲陶爲酒、富人藏酒至萬餘石。久者數十歲不敗。【考證】御覽引後涼錄曰、呂光入龜茲城、胡人奢侈、富於生養、家有蒲萄酒、或至千斛、經十年不敗、俗嗜酒、馬嗜苜蓿。漢使取其實來。【考證】西域傳改作漢使采蒲陶目宿種歸、齊民要術引陸機與弟書云、張騫使外國十八年、得苜蓿歸、蓋傳聞之誤、顏師古曰、今北道諸州、舊安定北地之境、往往有目宿者、皆漢時所種也、於是天子始種苜蓿・蒲陶肥饒地。及天馬多、外國使來衆、則離宮別觀旁盡種蒲萄・苜蓿極望。自大宛以西至安息、國雖頗異言、然大同俗、相知言。其人皆深眼、多鬚顩、善市

賈、爭分銖。俗貴女子。女子所言、而丈夫乃決正。【考證】徐松曰、以爲正而斷決從之、沈家本曰、今西洋諸國頗類此、 其地皆無絲漆、【考證】西域傳、股無字、 不知鑄錢器。【集解】徐廣曰、多作錢字、又或作鐵字、【考證】西域傳、作鐵器、吳仁傑曰、當從史記爲正、西域罽賓傳、有金銀銅錫爲器、金銀爲錢、則錢器自是兩事、 及漢使亡卒降、教鑄作他兵器。得漢黃白金、輒以爲器、不用爲幣。【考證】顏師古曰、漢使至其國、及有亡卒降其國者、皆教之也、 而漢使者往既多、其少從率多進熟於天子。【集解】漢書音義曰、少從、不如計也、或云、從行之微者也、進熟美語、如成熟者也、【考證】顏師古曰、漢時謂隨使而出外國者爲少從、總言其少年而從使也、從音材用反、事見班固與弟仲升書、中井積德曰、謂美語爲熟者、取烹熟甘美之義也、非成熟之義、王闓運曰、進熟、謂進見熟習也、以習熟故無所不言、而言及馬矣、愚按少從、顏說是、進熟、王說是、 言曰。宛有善馬、在貳師城、匿不肯與漢使。【考證】徐松曰、唐書云、東曹居悉波山之陰、漢貳師城地、丁謙曰、貳師城、當在浩罕南頓、然其地今難確指、 天子既好宛馬。聞之甘心。使壯士車令等持千金及金馬、以請宛王貳師城善馬。【考證】凌稚隆曰、應前天子好宛馬、顏師古曰、甘心、

心懷美悅、專事求之、 宛國饒漢物。【正義】言前輩使往時所賞賜也、 相與謀曰。漢去我遠、而鹽水中數敗。【集解】服虔曰、水名、道從外水中、如淳曰、道絕遠、無穀草、【正義】孔文祥云、鹽、鹽澤也、言水廣遠、或致風波、而數敗也、裴矩西域記云、在西州高昌縣東、東南去瓜州一千三百里、並沙磧之地、水草難行、四面危、道路不可準記、行人唯以人畜骸骨及駝馬糞爲標驗、以其地道路惡、人畜即不約行、曾有人於磧內時聞人喚聲、不見形、亦有歌哭聲、數失人、瞬息之間、不知所在、由此數有死亡、蓋魑魅魍魎也、【考證】顏師古曰、沙磧之中、不生草木、水亦鹹苦、即今敦煌西北惡磧者也、數有敗、言每自死亡也、 出其北、有胡寇。出其南、乏水草。又且往往而絕邑、乏食者多。【考證】顏師古曰、絕邑、言近道之處、無城郭之居也、 漢使數百人爲輩來、而常乏食、死者過半。是安能致大軍乎。無柰我何。且貳師馬、宛寶馬也。遂不肯予漢使。漢使怒、妄言椎金馬而去。【集解】如淳曰、妄言、罵詈、【考證】顏師古曰、椎破金馬也、椎、直追反、其字從木、王先謙曰、示絕交也、王本、凌本、妄誤忘、 宛貴人怒曰。漢使至輕我。遣漢使去、令其東邊郁成遮攻殺漢使、取其財物。【考證】漢書張騫傳、郁成下有王字、 於是天子

大怒。諸嘗使宛姚定漢等言。宛兵弱。誠以漢兵、不過三千人、彊弩射之、即盡虜破宛矣。【考證】張騫傳、無盡虜二字、 天子已嘗使浞野侯攻樓蘭。以七百騎先至、虜其王。以定漢等言爲然、而欲侯寵姬李氏。【考證】顏師古曰、欲封其兄弟、 拜李廣利爲貳師將軍、發屬國六千騎、及郡國惡少年數萬人、以往伐宛。【考證】顏師古曰、惡少年、無行義者、 期至貳師城取善馬。故號貳師將軍。趙始成爲軍正、故浩侯王恢使導軍、而李哆爲校尉、制軍事。是歲太初元年也。【集解】徐廣曰、恢先受封、一年坐使酒泉矯制、國除、【索隱】哆、音尺奢反、又尺者反、【考證】漢書李廣利傳、故浩侯上、無趙始成爲軍正六字、使道軍下、無而李哆爲校尉制軍事九字、中井積德曰、詳具三人職事、而校尉更稱制軍事、可見將軍無所掌也、唯與俱往還、取封侯而已矣、漢書節去、大無味、愚按王恢見上、 而關東蝗大起、蜚西至敦煌。貳師將軍軍、既西過鹽水。當道小國恐、各堅城守、不肯給

食。攻之不能下。下者得食、不下者數日則去。比至郁成、士至者不過數千。皆飢罷。攻郁成。郁成大破之、所殺傷甚衆。貳師將軍與哆·始成等計、至郁成、尚不能舉。況至其王都乎。引兵而還。往來二歲、還至敦煌、士不過什一二。使使上書言。道遠、多乏食。且士卒不患戰、患飢。人少不足以拔宛。願且罷兵、益發而復往。天子聞之大怒、而使使遮玉門曰。軍有敢入者輒斬之。貳師恐。因留敦煌。【考證】楓本、留下有屯字、與漢書合、 其夏、漢亡浞野之兵二萬餘於匈奴。【集解】徐廣曰、太初二年、趙破奴爲浚稽將軍、二萬騎擊匈奴、不還也、【考證】浞野侯趙破奴、王先謙曰、據漢書武紀、其夏、當作其秋、 公卿及議者、皆願罷擊宛軍、專力攻胡。天子已業誅宛。宛小國、而不能下、則大夏之屬輕漢、而宛善馬絕不來。烏孫·侖

頭、易苦漢使矣。爲外國笑。【集解】晉灼曰、易、輕也、【考證】侖頭、漢書李廣利傳作輪臺、顏師古曰、輪臺亦國名、乃案言伐宛尤不便者鄧光等、赦囚徒材官、益發惡少年及邊騎。【正義】言放囚徒及材官之士從事也、【考證】中井積德曰、材官上、似脫一字、愚按漢書李廣利傳、材官作扞寇盜、義異、歲餘而出敦煌者六萬人。負私從者不與。【考證】顏師古曰、負私糧及私從者、不在六萬人數中也、王念孫曰、此謂負私裝以從者、不在六萬中也、顏誤分負私與從者二事、匈奴傳、私負從馬凡十四萬匹、亦謂私負裝以從之馬也、顏云、私負衣裝者、及私將馬從者、亦誤分爲二事、牛十萬、馬三萬餘匹、驢騾橐駝以萬數。多齎糧、兵弩甚設。天下騷動、傳相奉。伐宛凡五十餘校尉。宛王城中無井、皆汲城外流水。於是乃遣水工徙其城下水空、以空其城。【集解】徐廣曰、空一作穴、蓋以水蕩敗其城也、言空者、令城中渴乏、【考證】漢書李廣利傳、下空字作穴、顏師古曰、空、孔也、徙其城下水者、令從他道流、不迫其城也、空以穴其城者、圍而攻之、令作孔、使穿穴也、下云、決其水源移之、又云、圍其城攻之、皆再敘其事也、一曰、既徙其水、不令於城中流、而因其舊引水入城之孔、攻而穴之、王先謙曰、此敘遣水工之故、尚未至宛、而顏云下再敘其事、誤也、此文作一句讀、徙水穴城、

不分二事、愚按上空字、鑿空之空、顏訓爲孔、是也、水空即水道、下文所謂決其水源者、下空字讀如字、使城中涸渴也、不必從漢書改字、下文亦止云圍其城、不云穴其城、水空二字屬上讀、益發戍甲卒十八萬、酒泉・張掖北、置居延・休屠、以衛酒泉。【集解】如淳曰、立二縣以衛邊也、或曰、置二部都尉、以衛酒泉、【考證】王先謙曰、漢地理志、居延・張掖縣、休屠、武威縣、皆都尉治、武紀、太初三年、遣路博德築居延澤、蓋二縣、於是時置、居延休屠、皆匈奴地、取於元狩中、而志云、二郡縣太初所開也、衛酒泉者、以備胡、觀武紀匈奴傳甚明、而發天下七科適、及載糒給貳師。【集解】適、音謫、張晏云、吏有罪、一、亡命、二、贅壻、三、賈人、四、故有市籍、五、父母有市籍、六、大父母有市籍、七、凡七科、武帝天漢四年、發天下七科謫出朔方也、【考證】顏師古曰、糒、乾飯、轉車人徒、相連屬至敦煌。而拜習馬者二人爲執驅校尉、備破宛擇取其善馬云。【考證】顏師古曰、一人爲執馬校尉、一人爲驅馬校尉、於是貳師後復行。兵多、而所至小國、莫不迎出食給軍。至侖頭。侖頭不下。攻數日屠之。自此而西、平行至宛城。【考證】顏師古曰、平行、言無寇難、漢兵到者三萬人。宛兵迎擊漢兵。漢兵射敗之。宛走入

葆乘其城。【考證】李廣利傳、葆作保、無乘字、貳師兵欲行攻郁成。恐留行而令宛益生詐、【考證】顏師古曰、留行、謂留止軍廢其行、楓本、郁成下有城字、乃先至宛、決其水源移之。則宛固已憂困。圍其城攻之四十餘日。其外城壞。虜宛貴人勇將煎靡。【正義】煎靡、將名、宛大恐、走入中城。宛貴人相與謀曰、漢所爲攻宛、以王毋寡匿善馬、而殺漢使。今殺王毋寡、而出善馬、漢兵宜解。即不解、乃力戰而死、未晚也。【正義】毋、音無、宛王名、宛貴人皆以爲然、共殺其王毋寡、持其頭、遣貴人使貳師。約曰、漢毋攻我、我盡出善馬、恣所取、而給漢軍食。即不聽、我盡殺善馬。而康居之救且至。至、我居內、康居居外、與漢軍戰。漢軍熟計之、何從。是時康居候視漢兵、漢兵尚盛、不敢進。貳師與趙始成・

李哆等計、聞宛城中新得秦人、知穿井、而其內食尚多。【考證】李廣利傳、秦人作漢人、王先謙曰、外夷稱中國、秦漢一也、亦見匈奴傳、愚按西人稱禹域爲支那脂那震旦、皆秦音之轉、所爲來誅首惡者毋寡。毋寡頭已至。如此而不許解兵、則堅守。而康居候漢罷而來救宛、破漢軍必矣。軍吏皆以爲然、許宛之約。宛乃出其善馬、令漢自擇之、而多出食、食給漢軍。【考證】顏師古曰、下食讀曰飤、漢軍取其善馬數十匹、中馬以下牡牝三千餘匹、而立宛貴人之故待遇漢使善者名昧蔡、以爲宛王、與盟而罷兵。終不得入中城。乃罷而引歸。【索隱】昧蔡、本大宛將也、上音末、下音先葛反、初貳師起敦煌西、以爲人多、道上國不能食、【考證】顏師古曰、起、發也、道上國、近道諸國也、食讀曰飤、乃分爲數軍、從南北道。校尉王申生・故鴻臚壺充國等千餘人、別到郁成。【考證】王先謙曰、壺充國

太初元年爲鴻臚、二年免、見公卿表、郁成城守、不肯給食其軍。王申生去大軍二百里、偵而輕之、【考證】漢書李廣利傳、偵作負、疑誤、責郁成。郁成食不肯出。窺知申生軍日少、晨用三千人、攻戮殺申生等。軍破、數人脫亡走貳師。貳師令搜粟都尉上官桀往攻破郁成。【考證】齊召南曰、漢書公卿表、太初元年、搜粟都尉上官桀爲少府、年老免、卽合此傳、左將軍上官桀、與霍光同輔政者、在此人後、姓名偶同耳、郁成王亡走康居。桀追至康居。康居聞漢已破宛、乃出郁成王予桀。桀令四騎士縛守詣大將軍。【集解】如淳曰、時多別將、故謂貳師爲大將軍、四人相謂曰。郁成王漢國所毒。今生將去、卒失大事。【考證】顏師古曰、毒、言毒恨、漢書將下無去字、李慈銘曰、生將、謂生致之也、王先謙曰、史記將下有去字、文義更明、恐其猝佚去、事重大也、欲殺、莫敢先擊。上邽騎士趙弟最少。拔劍擊之、斬郁成王、齎頭。弟・桀等逐及大將軍。【正義】邽音珪、秦州縣、【考證】漢書逐作追、初貳師

後行。【考證】王先謙曰、後行、上文所謂後復行也、天子使使告烏孫、大發兵并力擊宛。烏孫發二千騎往。持兩端不肯前。貳師將軍之東、諸所過小國、聞宛破、皆使其子弟從軍、入獻、見天子。因以爲質焉。【正義】東、破宛東歸、貳師之伐宛也、而軍正趙始成力戰、功最多。【考證】中井積德曰、而字疑衍、及上官桀敢深入、李哆爲謀計。軍入玉門者萬餘人、軍馬千餘匹。貳師後行、軍非乏食、戰死不能多。【考證】漢書李廣利傳、能作甚多、而將吏貪、多不愛士卒、侵牟之。以此物故衆。【考證】李廣利傳、貪下無多字、愛下無士字、故下有者字、沈欽韓曰、集韻、牟、取也、大也、此爲侵取之義、天子爲萬里而伐宛、不錄過、封廣利爲海西侯、又封身斬郁成王者騎士趙弟爲新時侯、軍正趙始成爲光祿大夫、上官桀爲少府、李哆爲上黨太守。軍官吏爲九

卿者三人、諸侯相郡守二千石者百餘人、千石以下千餘人。奮行者官過其望、【集解】漢書音義曰、奮迅自樂入行者、以適過行者、皆絀其勞。【集解】徐廣曰、奮行者及以適行者、雖俱有功勞、今行賞、計其前有罪而減其賜、故曰絀其勞也、絀、抑退也、此本以適行、故功勞不足重、所以絀降之、不得與奮行者齊賞之、【正義】適、音謫、過、光臥反、言有罪謫罰而行者、免其所犯、皆絀退其功也、【考證】李廣利傳、絀作黜、郭嵩燾曰、漢法七科發謫、一曰、吏有罪者、此云黜其勞、主軍官軍吏言之、蓋吏之有罪者也、但許其立功贖罪、而不授官、故曰黜其勞、意在示人以重犯法也、士卒賜直四萬金。【考證】李廣利傳、四萬金作四萬錢、是時士卒約萬人、史記云四萬金、通言之、漢書云四萬錢、一士卒所得之賜也、一金、卽黃金一斤、一斤直錢一萬、郭嵩燾曰、漢法、凡賞賜有帛有金有錢、各分數品、直曰四萬金者、通金幣數者合計之、伐宛再反。凡四歲而得罷焉。【考證】顏師古曰、再反、猶今言再過、漢已伐宛、立昧蔡爲宛王而去。歲餘、宛貴人以爲昧蔡善諛、使我國遇屠。乃相與殺昧蔡、立毋寡昆弟曰蟬封爲宛王。而遣其子入質於漢。【考證】楓本、曰蟬封作日蟬封、漢書西域傳、入下有侍字、漢因使使賂賜以鎭撫之。而漢

發使十餘輩、至宛西諸外國、求奇物、因風覽以伐宛之威德。【考證】西域傳、而漢作又、覽作諷、顏師古曰、風讀曰諷、而敦煌置酒泉都尉、【集解】徐廣曰、一云、置都尉、一本無置字、又云、敦煌有淵泉縣、或者酒字當爲淵字、【考證】梁玉繩曰、徐廣引別本、置字在都尉上、是也、至疑酒字爲淵、則非、漢志敦煌淵泉縣無都尉、西至鹽水、往往有亭。而崙頭有田卒數百人。因置使者、護田積粟、以給使外國者。

太史公曰。禹本紀言河出崑崙。崑崙其高二千五百餘里。日月所相避隱爲光明也。其上有醴泉瑤池。【考證】日出月沒、月出日沒、故曰相閒、白駒曰、爲其太高避隱也、王念孫曰、論衡談天篇、藝文類聚、太平御覽、文選注、楚辭補注、並引史記瑤池作華池、山海經郭璞注引禹本紀、亦作華池、梁玉繩曰、困學紀聞十云、三禮義宗引禹受地記、王逸注離騷引禹大傳、豈卽太史公所謂禹本紀者歟、余因攷郭璞山海經一注、亦引禹大傳、漢藝文志有大命三十七篇、師古曰、命古禹字、列子湯問篇引大禹、疑皆一書、而異其篇目耳、而古言崑崙非一處、禹本紀所言、是山海經海外之崑崙、非河源所出、日月相避隱爲光明、類釋氏須彌山之說、未免誕妄、意崑崙不過如太山王屋之屬、山海

內西經、以爲高萬仭、庶幾近之、水經、博物志、言高萬一千里、淮南地形、言山有增城九重、高萬一千里百十四步三尺六寸、拾遺記、言九層、每層相去萬里、與此並難信也、

今自張騫使大夏之後也、窮河源。惡睹本紀所謂崑崙者乎。【集解】鄧展曰、漢以窮河源、於何見崑崙乎、尚書曰、導河積石、是爲河源出於積石、積石在金城河關、不言出於崑崙也、【索隱】惡睹夫謂崑崙者乎、惡音烏、烏於何也、睹見也、言張騫窮河源、至大夏于寘、於何而見崑崙爲河所出、謂禹本紀及山海經爲虛妄也、然案山海經、河出崑崙東北隅、西域傳云、南出積石山、爲中國河、積石本非河之發源、猶尚書導洛自熊耳、然其實出於冢嶺山、乃東經熊耳、今推此義、河亦然矣、則河源本崑崙、而潛流至于闐、又東流至積石、始入中國、則山海經及禹貢各互擧耳、【正義】按張騫窮河源不審、今太史公有疑也、【考證】正義得之、王鳴盛曰、大宛贊、只辨崑崙虛妄、餘置不論、傳中言案古圖書、名河所出曰崑崙、而贊則云、惡睹所謂崑崙、有味可想、梁玉繩曰、史公此言、疑河不出崑崙乎、抑疑世無崑崙乎、古今談河源者各異、禹貢言河出積石、兩漢西域傳及水經注、言河有兩源、一出葱嶺山、一出于闐、此傳言出于寘南、漢西域傳改其文曰、南出于積石、爲中國河、則所謂出于寘南者、指積石言之、依禹貢也、而兩源之說不著、夫禹貢之導河積石、猶導淮自桐柏、導洛自熊耳、皆自其山以導之、而未窮其源、烏得據爲河之所出哉、葱嶺于寘、雖殊出、然同注于鹽澤、以至積石、隱淪顯發、異脈合流矣、但葱嶺于寘之水、俱重源、窮源而非河之眞源、崑崙其眞源乎、爾雅、山海經、淮南地形、水經、與史所稱禹本紀、並言之、而傳記言崑崙有五處、一在西域、近禹貢崑崙國、山海經西次二經、謂在槐江山之南、卽海內西經所云崑崙墟在西北、河水出其東北隅者、唐釋玄奘西域記、名爲阿耨達山、又名無熱丘、是也、一在海外、山海大荒經謂西海之南、流沙之濱、赤水之後、黑水之前、有大山曰崑崙、其下弱水環之、近條支大秦國、禹本紀所稱者、是也、一在于寘、漢武帝案古圖書、名于寘之山爲崑崙、是也、一在酒泉、漢志、金城臨羌縣西北有崑崙、十六國春秋、謂張駿時、酒泉太守馬岌上言、酒泉南山卽崑崙之體、是也、一在吐蕃、通典言吐蕃自云、崑崙山在國中西南、卽唐書吐蕃傳所稱紫山、直大羊同國、虜曰悶摩黎山、是也、五處崑崙、當定吐蕃爲眞河源之所出、元世祖使招討都實求河源、以爲出土蕃朶甘思西鄙、有泉百餘泓、方可七八十里、履高下瞰、燦若列星、名火敦腦兒、譯言星宿海、羣流奔湊、五七里、匯二巨澤、名阿刺腦兒、自西而東、號赤賓河、岐爲八九股、行二十日、至大雪山、名亦耳麻不莫刺、其山最高、譯言騰乞里塔、卽崑崙也、潘昂霄從都實之弟闊闊出、得其說、撰爲河源志、臨川朱思本、又從八里吉思家、得帝師所藏梵字圖書、而以華文譯之、與昂霄志互有詳略、見元史地理志、我朝康熙四十三年、侍衞拉錫、奉命窮河源、以爲在鄂敦他臘、卽元史之火敦腦兒、然自星宿海至崑崙、約有一月程、河源去崑崙甚遠、此胡氏禹貢錐指、所以疑古來言河出崑崙爲虛語也、今乾隆四十七年、侍衞阿彌達、奉命往青海窮河源、言星宿海西南、有河名阿勒坦郭勒、蒙古語阿勒坦、卽黃金、郭勒、卽河也、水色黃、迴旋三百餘里、穿入星宿海、自此合流、至貴德堡、水色全黃、始名黃河、阿勒坦郭勒之西、有巨石、高數丈、名阿勒坦噶達素齊老、蒙古語噶達素、北極星、齊老、石也、崖壁黃赤色、壁上爲天池、池中流泉噴湧、釀爲百道、皆作金色、入阿勒坦郭勒、實黃河之上源、又在星宿海上、則知崑崙爲黃河眞源、在今回部中、其水伏流而出青流之阿勒坦噶達素齊老、始經星宿海、重源再發、得未曾有、不但千古之疑可以冰釋、卽都實、拉錫氏之所尋探、尚屬得半而止爾、張騫蓋嘗身歷其地、史漢疏略之、不言也、又唐書吐谷渾傳及舊書侯君集傳、敍太宗時李靖、侯君集、任城王道宗、破吐谷渾、次星宿川、達柏海、北望積石山、觀河源、此河源只在積石山、流入爲中國河處、而星宿川亦非星宿海、至明徐弘祖遊記、謂河出崑崙北、星宿海去中夏三萬四千三百里、恐未可信、愚按梁氏所論、亦未必確、姑錄以資考據、

故言九州山川、尚書近之矣。至禹本紀·山海經所有怪物、余不敢言之也。【索隱】余敢言也、案漢書作所有放哉、如淳云、放蕩迂闊、言不可信也、余敢言也、亦謂山海經難可信耳、而荀悅作效、蓋失之矣、【正義】言本紀及山海經所言奇怪之物、余不敢敍也、【考證】王先謙曰、此蓋不敢斥言武帝、志窮荒遠之失、據崑崙之非實、以寓諷也、武帝所名崑崙、非眞河源、然因此並疑崑崙、則蔽所不見之失也、梁玉繩曰、劉秀上山海經奏、吳越春秋無余外傳、論衡別通、路史後紀、並謂益作之、隋志及顏氏家訓書證云、禹益所記、酈道玄水經注序、及濁漳水注、並云禹著、史通雜述篇、言夏禹數土、實著山經、宋尤袤以爲恢誕不典、定爲先秦之書、朱子以爲緣解楚辭天問而作、吾丘衍閑居錄、謂凡政字皆避去、知秦時方士所著、楊愼升菴集山海經後序、以爲出于太史終古孔甲之流、疑莫能定、文多冗複、似非一時一手所爲也、

【索隱】述贊、大宛之迹、元因博望、始究河源、旋窺海上、條枝西入、天馬內向、葱嶺無塵、鹽池息浪、曠哉絕域、往往亭障、

大宛列傳第六十三　　史記一百二十三

文學博士瀧川龜太郎著

史記會注考證

史記會注考證卷一百二十四

漢　太史令司馬遷撰

宋　中郎外兵曹參軍裴駰集解

唐　國子博士弘文館學士司馬貞索隱

唐　諸王侍讀率府長史張守節正義

日本　出雲瀧川資言考證

游俠列傳第六十四　史記一百二十四

[集解]荀悅曰、立氣齊、作威福、結私交、以立彊於世者、謂之游俠、[考證]史公自序云、救人於戹、振人不贍、仁者有乎、不既信、不倍言、義者有取焉、作游俠列傳、第六十四、柯維騏曰、荀悅謂世有三游、德之賊也、揚雄謂游俠竊國靈者也、太史公作傳、豈誠美其事哉、遷遭李陵之禍、平昔交游、緘默自保、其視不愛其軀、赴士之阨困者何如、其言曰、誠使鄉曲之俠、與季次原憲、比權量力、效功於當世、不同日而論、蓋有激也、此與貨殖傳同意、班固不原此意、乃譏其進奸雄、而崇勢利、謬矣、張照曰、按遷意所不滿、莫若公孫丞相、及衞霍、觀佞幸傳之闌入衞霍、可見、此言儒不如俠、其所爲儒、卽指公孫弘輩、而班固謂其是非頗謬於聖人、亦不達其旨焉、愚按、周末游俠極盛、至秦漢不衰、修史者不可沒其事也、史公此傳、豈有激而作乎哉、諸解失其本末、又按此傳、亦是一篇文字、各人提行、非史公之舊、今從金陵本、

韓子曰。儒以文亂法、而俠以武犯禁。[正義]言文之蔽、小人以儉、謂細碎苛法亂政、[考證]韓非子五蠹篇語、儒以文亂法、李斯所謂諸生不師今而學古、以非當世、惑亂黔首者、正義誤、 二者皆譏。[正義]譏、非言也、儒敝亂法、俠盛犯禁、二道皆非、而學士多稱於世者、故太史公引韓子、欲陳游俠之美、[考證]韓子之言、止于犯禁、二者皆譏、言儒俠二者爲韓非所譏也、 而學士多稱於世云。

至如以術取宰相卿大夫、輔翼其世主、功名俱著於春秋。[索隱]功名俱著春秋、案春秋謂國史也、以言人臣有功名、則見記于其國之史、是俱著春秋者也、[正義]春秋則左傳也、言以數術取宰相卿大夫、輔其主、功名著左傳者、固無可更言說也、[考證]以術取宰相卿大夫、暗斥公孫弘張湯諸人、春秋、猶言史乘、索隱爲是、 固無可言者。[考證]中井積德曰、無可言、不容論也、

及若季次、原憲、閭巷人也。讀書懷獨行君子之德、義不苟合當世。當世亦笑之。[集解]徐廣曰、仲尼弟子傳曰、公晳哀字季次、未嘗仕、孔子稱之、[索隱]行、音下孟反、 故季次、原憲、終身空室蓬戶、褐衣疏食不厭。[索隱]不厭、厭、飽也、於豔反、[正義]莊子云、原憲居環堵之室、蓬戶不完、以桑爲樞、而甕牖、上漏下溼、獨坐而弦歌也、 死而已四百餘年、而弟子志之不倦。[考證]陳仁錫曰、死而已四百餘年七字爲一句、 今游俠其行雖不軌於正義、然其言必信、其行必果、已諾必誠、不愛其軀、赴士之阨困、[索隱]上音厄、 既已存亡死生矣。[考證]李笠曰、案存亡死生、當作存亡生死、謂亡者存之、死者生之也、左氏襄公二十二年傳、所謂生死而肉骨也、與此語同、愚按出入存亡死生間也、自游俠言之、李說非、 而不矜其能、羞伐其德。蓋亦有足多者焉。且緩急、人之所時有也。[考證]陳仁錫曰、太史公敘游俠之義曰、有足多、曰、有所長、曰、實豪、曰、曷可乎、曰、是爲難、曰、有足稱、其所推揚之者不一而足、可謂婉曲矣、

太史公曰。昔者虞舜窘於井廩、伊尹負於鼎俎、[正義]舜塗廩、浚井、

在五帝紀、非有先生論云、伊尹蒙恥辱負鼎俎、和五味以干湯也、【考證】鼎俎之誣、說在殷紀、傅說匿於傅險、呂尚困於棘津、【集解】徐廣曰、在廣川、【正義】尉繚子云、太公望行年七十、賣食棘津、云、古亦謂之石濟津、故南津、夷吾桎梏、百里飯牛、仲尼畏匡、菜色陳蔡。此皆學士所謂有道仁人也。猶然遭此菑。況以中材而涉亂世之末流乎。其遇害何可勝道哉。鄙人有言曰。何知仁義。已饗其利者爲有德。【索隱】已、音以、饗、音享、受也、言已受其利、則爲有德、何知必仁義也、【考證】張文虎曰、已、當作己、己、猶身也、謂身受其人之利、即以其人爲仁義矣、索隱音己爲以、非、伯夷醜周、餓死首陽山。而文武不以其故貶王。跖蹻暴戾。其徒誦義無窮。【正義】跖、秦大盜也、蹻、楚大盜也、蹻、求略反、由此觀之、竊鉤者誅、【索隱】以言小竊則爲盜而受誅也、竊國者侯。侯之門仁義存。【索隱】言人臣委質於侯王門、則須存于仁義、若游俠輕健、亦何必背存仁義也、【考證】語本莊子胠篋篇、其義不同、余有丁曰、此上文、饗其利者爲有德意也、方苞曰、竊鉤者誅、喻俠客之捍文網也、竊國者侯、喻弘湯諫上殘民、以竊高位也、侯之門仁義存、譏世人不知弘湯之醜、而稱美之也、張文虎曰、侯之門仁義存、謂衆

以仁義稱之、受其利故也、索隱不知所謂、非虛言也。今拘學或抱咫尺之義、久孤於世、豈若卑論儕俗、與世沈浮、而取榮名哉。【索隱】言拘學守義之士、或抱咫尺纖微之事、遂久以當代孤負我志、而不若卑論儕俗以取榮寵也、【正義】儕、等也、言拘學之人、或抱纖介之義、久孤不富者、豈若下卑儕等之流、隨世衰盛而取榮祿、何相比哉、原憲季次、不及欒布上也、【考證】中井積德曰、拘學、拘泥之學士、孤於世、於時無偶也、張文虎曰、此謂拘守志節、獨行踽踽、不見知於世也、方苞曰、所謂榮名、即以術取宰相卿大夫、非君子所謂榮也、曲學阿世、爲卑鄙之論、以儕於流俗、乃與世浮沈、以取榮名之術、愚按、史公固非惡拘學之士、尚榮名之徒者、蓋故反言之以竦動人聽也、班固不得其意、則曰、序游俠則退處士而進姦雄、誤矣、而布衣之徒、設取予然諾、千里誦義、爲死不顧世。此亦有所長。非苟而已也。故士窮窘而得委命。此豈非人之所謂賢豪閒者邪。【考證】岡白駒曰、委、託也、上文所云、赴士之阨困者也、中井積德曰、閒字疑衍、愚按、楓山三條本閒作間、誠使鄉曲之俠、予季次原憲、比權量力、效功於當世、不同日而論矣。【考證】凌稚隆曰、一本、予作與、岡白駒曰、予、與同、愚按、此言鄉曲之俠、權力效功、復過季次原憲也、賈誼過秦論、試使山東之國、與陳涉度長絜大、比權量力、則不可同年而語矣、

史公句法所本、要以功見言信、俠客之義、又曷可少哉。古布衣之俠、靡得而聞已。近世延陵孟嘗春申平原信陵之徒、【集解】徐廣曰、代郡亦有延陵縣、駰案、韓子云、趙襄子召延陵生、令車騎先至晉陽、襄子時趙已幷代、可有延陵之號、但未詳是此人非耳、【考證】顧炎武曰、延陵、謂季札、以其徧游上國、與名卿相結、解千金之劍而繫冢樹、有俠士之風也、中井積德曰、延陵、疑衍文、漢書舉四君、而不及延陵、亦足徵、崔適曰、下文專承四豪爲義、豈有一字涉於延陵者、其爲衍文明矣、愚按、梁玉繩張文虎亦以延陵爲衍文、徐廣顧炎武說非、皆因王者親屬、藉於有土卿相之富厚、招天下賢者、顯名諸侯。不可謂不賢者矣。比如順風而呼。聲非加疾。其勢激也。【考證】凌稚隆曰、一本比作此、愚按、比、譬也、荀子勸學篇、順風而呼、聲非加疾也、而聞者彰、韓非子難勢篇、弩弱而矢高者、激於風也、至如閭巷之俠、脩行砥名、聲施於天下、莫不稱賢。是爲難耳。【索隱】施、音以豉反、然儒墨皆排擯不載。【正義】擯、棄也、自秦以前、匹夫之俠、湮滅不見。余甚恨之。以余所聞、漢興有朱家田仲王公劇孟郭

解之徒。【考證】王公、即王孟、雖時扞當世之文罔、【索隱】扞、即捍也、違扞當代之法網、謂犯於法禁也、然其私義廉絜退讓、有足稱者。名不虛立、士不虛附。至如朋黨宗彊、比周設財役貧、豪暴侵淩孤弱、恣欲自快、游俠亦醜之。余悲世俗不察其意、而猥以朱家郭解等、令與暴豪之徒、同類而共笑之也。【正義】猥、烏罪反、朱家郭解、與豪暴之徒、雜處而同類、共笑之、故爲游俠之別也、魯朱家者、與高祖同時。魯人皆以儒教。而朱家用俠聞。所藏活豪士以百數。其餘庸人、不可勝言。【考證】藏、藏亡命之人也、然終不伐其能、歆其德。【考證】岡白駒曰、不歆其德、不享人之以爲恩德、愚按、楓山三條本、歆作飲、與漢書游俠傳合、非是、諸所嘗施、唯恐見之。振人不贍、先從貧賤始。家無餘財、衣不完采、食不重味、乘不過軥牛。【集解】徐廣曰、音鉤、駰案、漢書音義曰、小牛、【索隱】上音古豆反、案大牛當軛、小爲軥牛、【正義】軥牛在當前挽也、晉灼曰、軥、枙也、軥牛、小牛也、【考證】漢書、完作兼、沈

欽韓曰、時賤牛車、而朱家所乘、並是挽軥之小牛、言其貧薄、說文、軥、軛下曲者、專趨人之急、甚己之私。【考證】漢書、己下無之字、既陰脫季布將軍之阨。及布尊貴、終身不見也。【索隱】陰脫季將軍之厄、案季布爲漢所購求、朱家以布髡鉗爲奴、載以廣柳車而出之、及尊貴而不見之、亦高介至義之士、然布竟不見報朱家之恩、【考證】楓山三條本、不下有往字、徐孚遠曰、季布事已具傳中、此不詳敍、亦史法也、自關以東、莫不延頸願交焉。楚田仲以俠聞、喜劍。父事朱家。自以爲行弗及。田仲已死、而雒陽有劇孟。【考證】漢書、無喜劍二字、楓三本、重朱家二字、田仲下有仲字、周人以商賈爲資、而劇孟以任俠顯諸侯。【考證】漢書、無諸侯二字、吳·楚反時、條侯爲太尉、乘傳車將至河南。【考證】漢書、車作東、得劇孟、喜曰。吳·楚舉大事、而不求孟。吾知其無能爲已矣。天下騷動。宰相得之、若得一敵國云。【考證】李笠曰、漢書、無矣字、此文多一矣字、則語緩、疑誤衍、宰相、當作大將軍、通鑑考異云、按劇孟一游俠之士耳、亞夫得之、何足爲輕重、蓋其徒欲爲孟重名、妄撰此言、不足信也、劇孟行大類朱家、而

好博、多少年之戲。【索隱】按博、六博戲也、然劇孟母死、自遠方送喪、蓋千乘。【考證】庶人送喪之多、蓋始於此、及劇孟死、家無餘十金之財。而符離人王孟、亦以俠稱江·淮之閒。是時濟南瞯氏、【索隱】瞯、音閑、案爲郅都所誅、陳周庸、【索隱】陳國人、姓周、名庸、【考證】漢書、庸作膚、亦以豪聞。景帝聞之、使使盡誅此屬。其後代諸白、【索隱】代、代郡人、有白氏豪俠非一、故言諸、梁韓無辟、【索隱】梁國人、韓、姓、無辟、名、辟、音避、【正義】辟、音璧、梁人也、陽翟薛兄、【索隱】音況、陝韓孺、【集解】徐廣曰、陝、疑當作郟字、潁川有郟縣、南越傳曰、郟壯士韓千秋也、【索隱】陝、當爲郟、陝音如狎反、郟音紀洽反、漢書作寒孺、【正義】薛況、河南陽翟人也、韓孺陝縣人也、不用徐音、紛紛復出焉。郭解、軹人也。字翁伯。【索隱】漢書云、河內軹人也、善相人者許負外孫也。【考證】許負相周亞夫、見絳侯世家、相薄太后、見外戚世家、解父以任俠孝文時誅死。解爲人短小精悍、不飲酒。【正義】精、音好人、悍、勇、健、【考證】漢書、精作靜、顏師古曰、性沈靜而勇悍、王念孫曰、靜與精同、藝文類聚人部十七、御覽人事部百七十三、引漢書亦作精悍、精與悍義相近、故以精悍連文、儒

林傳、韓嬰其人精悍、酷吏傳、嚴延年爲人短小精悍、作靜者、音聲近而字通耳、若以靜爲沈靜、則與悍字義相遠矣、少時陰賊、【索隱】以內心忍害、慨不快意、身所殺甚衆。【正義】慨、苦代反、慷慨言不合意則殺之、【考證】漢書、慨上有感字、以軀借交、報仇、藏命、作姦剽攻不休、【索隱】案藏命、謂亡命也、【正義】命、名也、謂藏匿其名而作姦惡也、【考證】漢書、借交作藉友、休上無不字、顏師古曰、藏命、藏亡命之人也、顏師古曰、剽、劫也、劉攽曰、攻、謂攻奪而取之、王念孫曰、剽攻是一事、及鑄錢掘冢、固不可勝數。【考證】漢書、及作乃、上文休字、屬下讀、無固字、王念孫曰、及當作乃、休上不字衍、休乃鑄錢掘冢爲一句、漢書作藏命作姦剽攻、休乃鑄錢掘冢、顏師古云、不報仇剽攻、則鑄錢發冢也、是休字屬下爲句、貨殖傳云、起則相隨椎剽、休則掘冢、此又一證也、愚按、及、猶又也、史文自通、不必從漢書改文、適有天幸、窘急常得脫、若遇赦。【考證】若、及也、及解年長、更折節爲儉、以德報怨、厚施而薄望。然其自喜爲俠益甚。【索隱】蘇林云、言性喜爲俠也、【考證】儉、檢束也、中井積德曰、自喜、謂自愛好、既已振人之命、不矜其功。其陰賊著於心、卒發於睚眦如故云。【考證】振、救也、卒猝、同、漢書作本、非是、而少年慕其行、亦輒爲報仇、不使知

也。解姊子負解之勢、與人飲、使之嚼。非其任、彊必灌之。【集解】徐廣曰、嚼、音子妙反、盡酒也、【索隱】負、恃也、嚼、即妙反、謂酒盡、【正義】其人不能飲、強使盡之、【考證】漢書、嚼作釂、錢大昕曰、嚼與釂同、說文、釂、飲盡酒也、人怒、拔刀刺殺解姊子、亡去。解姊怒曰。以翁伯之義、人殺吾子、賊不得。【考證】翁伯、解字、漢書之義作時、弃其尸於道、弗葬。欲以辱解。解使人微知賊處。賊窘自歸、具以實告解。【考證】顏師古曰、微、伺問之也、解曰。公殺之固當。吾兒不直。遂去其賊、罪其姊子、【集解】徐廣曰、去、遣使去、【考證】王先謙曰、言歸罪死者、乃收而葬之。諸公聞之、皆多解之義、益附焉。解出入、人皆避之。有一人、獨箕踞視之。解遣人問其名姓。客欲殺之。解曰。居邑屋、至不見敬。是吾德不脩也。彼何罪。【考證】張文虎曰、踞、各本作倨、毛本作踞、顏師古曰、邑屋、猶今人言村舍也、愚按、莊子、胠篋篇、治邑屋州閭鄉曲、乃陰屬尉史曰。是人吾所急也。至踐更時

脫之。【索隱】案謂吾心中所急、言情切急之謂、漢書作重也、【考證】漢書史作吏、沈欽韓曰、漢舊儀、尉史曰尉吏、蓋吏緣之事、掌於尉、中井積德曰、急、謂親恤之切至也、每至踐更、數過、吏弗求。【集解】如淳曰、更有三品、有卒更、有踐更、有過更、古有正卒、無常人、皆當迭爲之、一月一更、是爲卒更也、貧者欲得顧更錢者、次直者出錢顧之、月二千、是爲踐更也、律說、卒更踐更者、居縣中五月乃更也、後從尉律、卒踐更一月、休十一月也、【索隱】數、音朔、謂頻免之也、又音色主反、數亦頻也、【考證】吳王濞傳云、卒踐更、卒價、顏師古曰、踐更、爲踐更之卒也、直、當也、中井積德曰、按漢書音義云、自行爲卒、謂之踐更、是知踐更當更番者也、吳王濞傳當倂案、如注三品、不可從、且註卒更、即是本文踐更矣、怪之、問其故、乃解使脫之。【正義】箕踞者、怪踐更至數過不嘆、乃問其故、箕踞者乃肉袒謝罪。【考證】凌稚隆曰、應前以德報怨、少年聞之、愈益慕解之行。雒陽人有相仇者、邑中賢豪居閒者以十數、終不聽。【索隱】數、色具反、【正義】閒、言處兩仇之閒、【考證】顏師古曰、居閒、居中閒爲道地、和輯之、而不見許也、客乃見郭解。解夜見仇家。仇家曲聽解。【索隱】仇家曲聽、謂屈曲聽解也、【考證】漢書聽下無解字、中井積德曰、曲聽、非其心、勉強從之也、解乃謂仇家曰、吾聞雒陽諸公在此閒、多不聽者。今子幸而聽解。解柰

何乃從他縣奪人邑中賢大夫權乎。【考證】漢書無此字、者字乃字中字、乃夜去、不使人知。曰、且無用待我。待我去、令雒陽豪居其閒、乃聽之。【索隱】按漢書、無用作無庸、蘇林曰、且無便用吾言、待我去、令洛陽豪居其閒也、【正義】解曰、且無用我言、待我去後、洛陽豪言之、乃從也、是不欲奪人權勢、【考證】漢書無待我二字、正義本無待字、愚按、正義本近是、無用我、猶言無爲用我也、凌稚隆曰、應前不矜其功、解執恭敬、不敢乘車入其縣廷。【考證】漢書恭敬作恭儉、下有出未嘗有騎五字、之旁郡國、爲人請求事、【考證】顏師古曰、所歷之縣也、事可出、出之、不可者、各厭其意、然後乃敢嘗酒食。【考證】楓山本、各上有令字、漢書各下有令字、如淳曰、事可爲免出者出之、顏師古曰、厭、滿也、凌稚隆曰、應前厚施薄望、諸公以故嚴重之、爭爲用。邑中少年及旁近縣賢豪、夜半過門、常十餘車、請得解客舍養之。【索隱】如淳云、解多藏亡命者、故喜事年少與解同志者、知亡命者多歸解、故多將車來、欲爲解迎亡者而藏之者也、【考證】楓山三條本、賢豪下有過從解、常至五字、漢書無、及徙豪富茂陵也、解家貧不中訾。【索隱】不中貲、案貲不滿三百萬已上爲不中、

【正義】言貲財少、不中徙茂陵也、吏恐不敢不徙。【考證】中井積德曰、解雖不中貲、而其名在籍、故吏恐逢上命獲罪、不敢釋之也、非恐解、衞將軍爲言、郭解家貧不中徙。上曰、布衣權至使將軍爲言。此其家不貧。解家遂徙。諸公送者出千餘萬。【考證】周壽昌曰、衞靑固謹長不肯薦士、所言於上者、獨主父偃郭解兩人、尚有咸宣、亦因靑言、上爲廄丞、陳子龍曰、人皆言衞將軍不好客、然如郭解者、將軍未嘗不識也、苟不多奇士、何以有將軍之功乎、將軍蓋因人主意、而晦其迹耳、通鑑考異云、荀紀以郭解事著於建元二年、按武帝建元二年、初置茂陵邑、三年、賜徙茂陵者錢、當是時衞靑公孫弘皆未貴、又元朔二年、徙郡國豪傑于茂陵、此乃徙解之時也、軹人楊季主子爲縣掾。擧徙解。【考證】岡白駒曰、新徙茂陵、解本情所不願也、故衞將軍爲言不中徙、上文云、解家遂徙、此又云、擧徙解、蓋言掾當初據天子言而擧徙之也、愚按漢書、擧徙作爲之、顏師古云、隔塞其送、不令解得之也、與史義異、解兄子斷楊掾頭。由此楊氏與郭氏爲仇。解入關。關中賢豪、知與不知、聞其聲、爭交驩解。解爲人短小不飲酒、出未嘗有騎。【考證】漢書無解解爲人短小不飲酒出未嘗有騎十四字、中井積德曰、解爲人短小不飲酒、是複出、誤寫耳、出未嘗有騎句、當在前文不敢乘上、已又殺楊

季主。【考證】漢書、已作邑人、楊季主家上書。人又殺之闕下。【正義】解客於闕下殺上書人、上聞、乃下吏捕解。解亡、置其母家室夏陽、【集解】徐廣曰、屬馮翊、【正義】故城在同州韓城縣南二十里、漢夏陽也、身至臨晉。【正義】故城在同州馮翊縣西南二里、臨晉籍少公素不知解。解冒、因求出關。【考證】岡白駒曰、冒、假稱他人姓名也、愚按漢書、公作翁、無解冒求三字、籍少公已出解。解轉入太原。所過輒告主人家。【正義】告主人家、示所去處、【考證】漢書、轉入作傳、無所字、家作處、中井積德曰、主人家、謂今後所經過之家、故吏得迹之、吏逐之、跡至籍少公、少公自殺、口絕。【考證】岡白駒曰、少公素不知解、自殺口絕、上文所謂知與不知、聞其聲爭交驩也、久之、乃得解。窮治所犯、爲解所殺、皆在赦前。【考證】楓山本、爲下有而字、與漢書合、軹有儒生、侍使者坐。客譽郭解。生曰、郭解專以姦犯公法、何謂賢。解客聞、殺此生、斷其舌。吏以此責解。解實不知殺者。殺者亦竟絕莫知爲誰。【考證】漢書、責上無此字、凌稚隆曰、應前少年爲報

仇不使知、吏奏、解無罪。御史大夫公孫弘議曰。解布衣爲任俠行權、以睚眦殺人。解雖弗知、此罪甚於解殺之。當大逆無道。考證漢書、解殺之、作解知殺之、中井積德曰、弗知之罪、甚於親殺、是老吏弄文處、遂族郭解翁伯。考證梁玉繩曰、王孝廉云、翁伯二字衍、是處何必復表其字耶、周壽昌曰、後漢書郭伋傳、高祖父解、伋父梵、蜀都太守、是解曾孫、伋則玄孫也、解雖被族誅、必有慕其俠義而藏其後人者、故至東漢復盛、自是之後、爲俠者極衆、敖而無足數者。集解徐廣曰、敖、倨也、考證中井積德曰、漢書削敖字、似長、然關中長安樊仲子、槐里趙王孫、長陵高公子、西河郭公仲、太原鹵公孺、集解徐廣曰、鴈門有鹵城也、索隱太原鹵翁、漢書作魯公孺、魯、姓也、與徐廣之說不同也、考證漢書仲子作中子、公仲作翁中、鹵公孺作魯公孺、徐廣以鹵爲地名、非、臨淮兒長卿、東陽田君孺、索隱漢書作陳君孺、然陳田聲相近、亦本同姓、正義其東陽、蓋貝州歷亭縣者、爲近齊、故也、考證兒、音五奚反、雖爲俠、而逡逡有退讓君子之風。考證漢書、逡逡作恂恂、顏師古曰、謹信之貌、至若北道姚氏、索隱北道諸姚、蘇林云、道、猶方也、如淳云、京師四出道也、考證北道西道、猶北國西國也、

西道諸杜、南道仇景、東道趙他羽公子、南陽趙調之徒、此盜跖居民閒者耳。索隱舊解以趙他羽公子爲二人、今案此姓趙、名他羽、字公子也、考證漢書、跖下有而字、東道下無趙字、顏師古曰、姓它、名羽、字公子、錢大昕曰、以上下文證之、則索隱舊解爲是、春秋傳鄭穆公之後有羽氏、愚按楓山三條本、盜上有比字、曷足道哉。此乃鄉者朱家之羞也。考證楓山三條本、之下有所字、漢書之作所、自是之後以下、列擧似俠非俠者以結、文有落著、或以爲後人所續、非也、

太史公曰。吾視郭解、狀貌不及中人、言語不足採者。然天下無賢與不肖、知與不知、皆慕其聲、言俠者、皆引以爲名。諺曰、人貌榮名、豈有既乎。集解徐廣曰、人以顏狀爲貌者、則貌有衰落矣、唯用榮名爲飾表、則稱譽無極也、既、盡也、於戲惜哉。考證中井積德曰、惜其不令終也、

索隱述贊游俠豪倨、藉藉有聲、權行州里、力折公卿、朱家脫季、劇孟定傾、急人之難、免讎於更、偉哉翁伯、人貌榮名、

游俠列傳第六十四　　史記一百二十四

文學博士瀧川龜太郎著

史記會注考證

史記會注考證卷一百二十五

漢　太史令　司馬遷　撰

宋　中郎外兵曹參軍　裴駰　集解

唐　國子博士弘文館學士　司馬貞　索隱

唐　諸王侍讀率府長史　張守節　正義

日本　出雲　瀧川資言　考證

佞幸列傳第六十五　史記一百二十五

【考證】史公自序云、夫事人君、能說主耳目、和主顏色、而獲親近、非獨色愛、能亦各有所長、作佞幸列傳第六十五、

諺曰。力田不如逢年。善仕不如遇合。【集解】徐廣曰、遇一作偶、劉辰翁曰、偶合是、【考證】梁玉繩曰、封禪河渠平準及此傳前敍、獨無太史公曰四字、何也、固無虛言。非獨女以色媚、而士宦亦有之。【考證】張文虎曰、南宋舊刻毛本、士作仕、昔以色幸者多矣。至漢興、高祖至暴抗也。然籍孺以佞幸。【索隱】伉、音苦浪反、言桀猛伉直、【考證】索隱本、抗作伉、酷吏傳贊云、郅都伉直、楊愼曰、樊噲傳、高帝枕一宦者臥、豈即籍孺、孝惠時有閎孺。【正義】籍閎皆名也、孺、幼小也、此兩人非有材能。徒以婉佞貴幸、與上臥起。公卿皆因關說。【索隱】按關、訓通也、謂公卿因之而通其詞說、劉氏云、有所言說、皆關由之、【正義】關、猶歷也、言公卿有事、皆關兩人而說於上也、【考證】梁孝王世家、大臣及袁盎等有所關說於景帝、義同、故孝惠時、郎侍中皆冠鵔鸃、貝帶、傅脂粉。化閎籍之屬也。【集解】漢書音義曰、鵔鸃、鳥名、以毛羽飾冠、以貝飾帶、【索隱】鵔鸃、應劭云、鳥名、毛可以飾冠、許愼云、鷩鳥也、淮南子云、趙武靈王服貝帶鵔鸃、漢官儀云、秦破趙、以其冠賜侍中、三倉云、鵔鸃、神鳥也、飛光映天者也、傅、音付、兩人徙家安陵。【正義】惠帝陵邑、孝文時、中寵臣、士人則鄧通、宦者則趙同、【索隱】案漢

書作趙談、此云同者、避太史公父名也、北宮伯子。【正義】顏云、姓北宮、名伯子也、按伯子、名、北宮之宦者也、北宮伯子以愛人長者、而趙同以星氣幸、常爲文帝參乘。【考證】趙同事、又見袁盎傳、鄧通無伎能。鄧通、蜀郡南安人也。【集解】徐廣曰、後屬犍爲、【考證】錢大昕曰、地理志、南安屬犍爲郡、犍爲武帝所置、漢初屬蜀也、以濯船爲黃頭郎。【集解】徐廣曰、著黃帽也、駰案、漢書音義曰、善濯船池中也、一說、能持擢行船也、土、水之母、故施黃旄於船頭、因以名其郎曰黃頭郎、【索隱】濯、音棹、遲教反、【正義】濯、音宅教反、濯船、持楫行船也、黃頭、著黃帽也、以土勝水也、【考證】顏師古曰、濯讀曰櫂、孝文帝夢欲上天。不能。有一黃頭郎、從後推之上天。顧見其衣裻帶後穿。【集解】徐廣曰、一無裻字、【索隱】音篤、裻者、衫襦之橫腰者、【考證】中井積德曰、說文、裻、背縫也、裻以語縱、帶以語後、恐、按漢書作尻、覺而之漸臺、【索隱】覺、音教、【正義】括地志云、漸臺在長安故城中、關中記云、未央宮西有蒼池、池中有漸臺、王莽死於此臺、以夢中陰自求推者郎。【考證】毛本、自作目、與漢書合、即見鄧通其衣後穿。夢中所見也。召問其名姓。姓鄧氏、名通。文帝說焉。【索隱】漢書云、上曰、鄧猶登也、悅之、尊幸之日

異。通亦愿謹，不好外交，雖賜洗沐，不欲出。於是文帝賞賜通巨萬以十數。【正義】言賜通巨萬，以至於十也。【考證】劉攽曰，積前後賞賜，盈鉅萬者以十數，猶不謂一賜則鉅萬也。官至上大夫。【考證】王先謙曰，百官表有太中大夫、中大夫，無上大夫，據佞倖傳，鄧爲太中大夫。三千石以上大夫祿歸於家，是上大夫即太中大夫也。下文上大夫義同。文帝時時如鄧通家遊戲。【考證】如，往也。漢書時時作時間。然鄧通無他能，不能有所薦士，獨自謹其身以媚上而已。上使善相者相通，曰，當貧餓死。文帝曰，能富通者在我也，何謂貧乎。於是賜鄧通蜀嚴道銅山，【正義】括地志云，雅州榮經縣北三里有銅山，即鄧通得賜銅山鑄錢者。案，榮經即嚴道。得自鑄錢，鄧氏錢布天下。其富如此。【正義】錢譜云，文字稱兩，同漢四銖文。【考證】沈欽韓曰，西京雜記，文字肉好，皆與天子錢同。張文虎曰，中統本、吳校金板，自作以。愚按，漢書作自。文帝嘗病癰，鄧通常爲帝唶吮之。【索隱】唶，仕格反。吮，仕兗反。【考證】漢書唶作嗽。顏師古曰，音山角反。文帝不樂，從容問通曰，天下誰最愛我者乎。通

曰，宜莫如太子。【考證】徐孚遠曰，文帝自以爲病困，故不樂也。又曰，是時諸子無孼適者，通偶然言之耳，非以排太子也。太子入問病，文帝使唶癰。唶癰而色難之。【考證】漢書使唶癰下有太子二字。已而聞鄧通常爲帝唶吮之，心慙。由此怨通矣。及文帝崩，景帝立，鄧通免，家居。居無何，人有告鄧通盜出徼外鑄錢，下吏驗問，頗有之，遂竟案，盡沒入鄧通家。尚負責數巨萬。【正義】顏師古曰，積其前後所犯，合沒官者數多，除其現在財物以外，尚有負官數鉅萬，故云，吏輒隨沒入之。長公主賜鄧通。【集解】韋昭曰，景帝姊也。【索隱】案，即館陶公主也。【正義】館陶公主，文帝之女。吏輒隨沒入之，一簪不得著身。【索隱】吏輒沒入，謂長公主別有物賜通、吏輒沒入以充贓也。於是長公主乃令假衣食。【索隱】謂公主令人假與衣食。【正義】公主乃令通假借衣食，而公主私給之。竟不得名一錢。【索隱】按，始天下名鄧氏錢，今皆沒入，卒竟無一錢之名也。【考證】中井積德曰，苟名通物，吏輒沒入之，故衣食亦不得名爲通物，吏欲言其極，而曰不得名一錢也，與上文鄧氏錢不相干。寄死人家。孝景帝時，中無寵臣。然

獨郎中令周文仁，【索隱】案，漢書稱周仁，此上稱周文，今兼文仁，恐後人加耳。案，仁字文。【考證】文字衍，蓋旁注竄入。周仁附載萬石張叔傳。沈家本曰，索隱按語，後人所加。仁寵最過，庸乃不甚篤。【索隱】案，庸，常也。言仁最被恩寵，過於常人，乃不甚篤如韓嫣也。【考證】張文虎曰，南宋本、毛本作乃不，各本倒。方苞曰，庸，用也。帝雖寵用之，而任用則不甚篤也。錢大昕曰，以見景帝之無寵臣也。今天子中寵臣，士人則韓王孫嫣。【索隱】音偃，又音於建反。宦者則李延年。嫣者弓高侯孼孫也。【集解】徐廣曰，弓高侯韓王信之子穨當也。【考證】嫣事又見韓王信傳。今上爲膠東王時，嫣與上學書，相愛。及上爲太子，愈益親嫣。【考證】楓山三條本，嫣作幸。嫣善騎射，善佞。【考證】善佞，楓山三條本作佞幸，漢書作聰慧。上即位，欲事伐匈奴，而嫣先習胡兵。【考證】漢書、無胡字。以故益尊貴，官至上大夫，賞賜擬於鄧通。【考證】陳仁錫曰，敍韓嫣則云賞賜擬於鄧通，敍延年則云埒如韓嫣，血脈聯絡處。時嫣常與上臥起。【考證】漢書時上有始字。江都王入朝，有詔得從入獵上林中。【考證】江都王，武帝弟。天子車駕蹕道未行。【考證】楓山

三條本，蹕上有警，道作通。而先使嫣乘副車，從數十百騎，騖馳視獸。江都王望見，以爲天子，辟從者，伏謁道傍。【考證】顏師古曰，辟去其從者，而身獨伏謁也。嫣驅不見。既過，江都王怒，爲皇太后泣曰，請得歸國，入宿衛，比韓嫣。【索隱】謂還爵封於天子，而請入宿衛。太后由此嗛嫣。【集解】徐廣曰，嗛，讀與銜同。漢書作銜字。【正義】嗛，銜恨也。嫣侍上，出入永巷，不禁。以姦聞皇太后。【考證】王先謙曰，永巷，掖廷也。百官表，武帝太初元年，改永巷爲掖廷。皇太后怒，使使賜嫣死。上爲謝，終不能得。嫣遂死。而案道侯韓說，其弟也。亦佞幸。【索隱】說，音悅，嫣弟。【考證】漢書云，韓說以軍功封案道侯，巫蠱時爲戾太子所殺。李延年，中山人也。父母及身、兄弟及女，皆故倡也。【考證】顏師古曰，倡，樂人也。延年坐法，腐，給事狗中。【集解】徐廣曰，主獵犬也。【索隱】或犬監也。【考證】漢書，狗下有監字。而平陽公主言延年女弟善舞。上見，心說之。【考證】女弟即李夫人，在外戚世家。及入永巷，而召貴延

年。延年善歌、爲變新聲。【考證】漢書、變新作新變、崔適曰、衞后色衰、而李夫人進、當在元鼎元封之間、而上方興天地祠、欲造樂詩歌弦之。延年善承意、弦次初詩。【集解】歌初詩、按初詩卽所新造樂章、【考證】漢書云、上方興天地諸祠、欲作樂、令司馬相如等作詩頌、延年輒承意、弦歌所造之詩、爲之新聲曲、李笠曰、弦次、當作弦歌、其女弟亦幸有子男。【考證】卽昌邑王、延年佩二千石印、號協聲律。與上臥起。【考證】楓山本、號下有曰字、漢書、號協聲律、作爲協律都尉、沈欽韓曰、御覽五百七十引漢書曰、李延年善歌、帝幸之、時人語曰、一雌復一雄、雙飛入紫宮、按漢書中無是語、當亦漢雜事之類、甚貴幸。埒如韓嫣也。【集解】徐廣曰、埒、等也、蜀都賦曰、卓鄭埒名、又云、埒者臨等之名、【正義】埒、音劣、埒如微減、【考證】埒、徐說是、久之、寖與中人亂、【集解】徐廣曰、一云、坐弟季與中人亂、【考證】漢書、作久之延年弟季、與中人亂、徐一本可據、不然、下文誅昆弟三字不可解、出入驕恣。及其女弟李夫人卒後、愛弛。則禽誅延年昆弟也。自是之後、內寵嬖臣、大底外戚之家。然不足數也。衞青·霍去病、亦以外戚貴幸。然頗用材能自進。

太史公曰。甚哉愛憎之時。彌子瑕之行、足以觀後人佞幸矣。【索隱】衞靈公之臣、事見說苑也、【考證】又見韓非傳、雖百世可知也。【考證】論語爲政篇、其或繼周者、雖百世可知也、

【索隱】述贊、傳稱令色、詩刺巧言、冠鵕入侍、傅粉承恩、黃頭賜蜀、宦者同軒、新聲都尉、挾彈王孫、泣魚竊駕、著自前論、

佞幸列傳第六十五

史記一百二十五

文學博士瀧川龜太郎著

史記會注考證

史記會注考證卷一百二十六

漢 太史令 司馬遷 撰
宋 中郎外兵曹參軍 裴駰 集解
唐 國子博士弘文館學士 司馬貞 索隱
唐 諸王侍讀率府長史 張守節 正義
日本 出雲 瀧川資言 考證

滑稽列傳第六十六　史記一百二十六

[索隱]按滑、亂也、稽、同也、言辨捷之人、言非若是、說是若非、言能亂異同也、[正義]顏師古云、滑稽、轉利之稱也、滑、亂也、稽、礙也、言其變亂無留滯也、一說、稽、考也、其滑亂不

可考校、[考證]史公自序云、不流世俗、不爭勢利、上下無所凝滯、人莫之害、以道之用、作滑稽列傳第六十六、愚按、儒林、酷吏、游俠、佞幸諸傳、概以其人先後爲序、管晏、老莊、申韓、孫吳、白王、范蔡諸傳、亦莫不皆然、此傳以優孟序于淳于髡前、改秦有優旃爲齊有淳于髡、改楚有優孟爲秦有優旃、則序于先後有次、各本索隱亂異同也下、有楚詞云云一百四字、蓋下文褚先生補傳注語、今依單本移正、

孔子曰。六藝於治一也。[正義]言六藝之文雖異、禮節樂和、導民立政、天下平定、其歸一揆、至於談言微中、亦以解其紛亂、故治一也、禮以節人、樂以發和、書以道事、詩以達意、易以神化、春秋以道義。太史公曰。天道恢恢。豈不大哉。[考證]恢恢、大貌、談言微中、亦可以解紛。[考證]曾國藩曰、言不特六藝有益於治世、卽滑稽之談言微中、亦有裨於治道也、岡白駒曰、解紛亂、卽是治、豈獨止六藝耶、天道之所以大也、愚按、談字不諱者何也、

淳于髡者齊之贅壻也。[索隱]髡、苦魂反、贅壻、女之夫也、比於子、如人疣贅、是餘剩之物也、長不滿七尺。滑稽多辯、數使諸侯、未嘗屈辱。齊威王之時喜隱、好爲淫樂長夜之飮、[索隱]喜、音許旣反、喜、好也、喜隱、謂好隱語、沈湎不治、委政卿

大夫。百官荒亂、諸侯並侵、國且危亡、在於旦暮。左右莫敢諫。淳于髡說之以隱曰。國中有大鳥、止王之庭。三年不蜚又不鳴。王知此鳥何也。[考證]庭、鳴韻、王曰。此鳥不飛則已。一飛沖天。不鳴則已。一鳴驚人。[考證]天人、韻、黃氏日抄云、三年不飛不鳴之語、楚世家以爲伍舉諫莊王語、愚按呂氏春秋重言篇、爲成公賈諫楚莊王語、說見楚世家、徐孚遠曰、楚莊齊威、皆有雄畧、故先縱樂以觀羣臣、大鳥之喩、爲得其情也、於是乃朝諸縣令長七十二人、賞一人、誅一人、奮兵而出。[考證]齊七十二城、賞卽墨大夫、烹阿大夫、諸侯振驚、皆還齊侵地、威行三十六年、語在田完世家中。威王八年、楚大發兵加齊。[考證]錢大昕曰、案世家及表、是年無齊楚交兵事、此傳之言、多不足信、齊王使淳于髡之趙請救兵。齎金百斤、車馬十駟。淳于髡仰天大笑。冠纓索絕。[索隱]案索訓盡、言冠纓盡絕也、孔衍春秋後語、亦作冠纓盡絕也、王曰。先生少之乎。髡曰。何敢。王曰。笑

豈有說乎。髡曰、今者臣從東方來、見道傍有禳田者、【索隱】案謂為田求福禳、【考證】張文虎曰、索隱本舊刻毛本禳、各本譌穰、操一豚蹄酒一盂、祝曰、甌窶滿篝、【集解】徐廣曰、篝、籠也、【索隱】案甌窶、猶杯樓也、窶、音如婁、古字少耳、言豐年收掇、易可滿篝籠耳、【正義】窶、音樓、篝、音溝、籠也、甌樓、謂高地狹小之區、得滿篝籠也、【考證】甌窶、蓋方言、言高地也、滿篝、亦言收獲之多、汙邪滿車、【集解】司馬彪曰、汙邪、下地田也、【索隱】按司馬彪云、汙邪、下地田、卽下田之中有薪可滿車、【正義】汙、音烏、下田肥澤、故得滿車、【考證】中井積德曰、滿篝滿車、竝以穀言、五穀蕃熟、穰穰滿家。【正義】野王云、穰穰、衆多也、夥也、【考證】錢大昕曰、甌窶滿篝、汙邪滿車、五穀蕃熟、穰穰滿家四句、不獨車與家韻也、甌窶與篝韻、汙邪與車韻、穀與熟韻、蕃與滿韻、穰穰重文、亦韻、五與車家亦韻、蓋無一字虛設矣、左傳讒鼎之銘曰、昧旦丕顯、後世猶怠、昧與丕、旦與顯、後與猶、世與怠皆韻也、臣見其所持者狹、而所欲者奢、故笑之。於是齊威王乃益齎黃金千溢、白璧十雙、車馬百駟。髡辭而行、至趙。趙王與之精兵十萬、革車千乘。楚聞之、夜引兵而去。【考證】說苑尊賢篇、亦載此事、文有異同、威王大說、置酒後宮、召髡賜之酒、問

曰、先生能飲幾何而醉。對曰、臣飲一斗亦醉、一石亦醉。威王曰、先生飲一斗而醉、惡能飲一石哉。其說可得聞乎。髡曰、賜酒大王之前、執法在傍、御史在後、髡恐懼俯伏而飲、不過一斗徑醉矣。若親有嚴客、髡帣韝鞠䠞、【集解】徐廣曰、帣、收衣袖也、袖、袂也、韝、臂捍也、音溝、鞠、曲也、䠞、音其紀反、又與跽同、謂小跪也、【索隱】帣、音卷、紀免反、謂收袖也、韝、音溝、臂扞也、鞠、曲躬也、䠞、音其紀反、與跽同音、謂小跪、【考證】洪頤煊曰、䠞卽巹字、說文、巹、謹身有所承也、從己丞、傳寫者譌作巹、鞠䠞、謂曲身奉杯、侍酒於前、時賜餘瀝、奉觴上壽、數起、飲不過二斗徑醉矣。若朋友交遊、久不相見、卒然相覩、歡然道故、私情相語、飲可五六斗徑醉矣。【考證】覩、故語韻、若乃州閭之會、男女雜坐、行酒稽留、六博投壺、相引為曹、【考證】留曹、韻、曹、偶也、握手無罰、目眙不禁、【集解】徐廣曰、眙、吐甑反、直視貌、【索隱】眙、音與瞪同、謂直視也、丑甑反、又音丑二反、前有墮珥、後有遺簪、髡竊

樂此、飲可八斗而醉二參。【索隱】案上云、五六斗徑醉矣、則此為樂亦甚、飲可八斗而未徑醉、故云竊樂、二參、言十有二參、【正義】珥、珠之在耳、【考證】禁簪參、韻、外戚世家、夫人脫簪珥而叩頭、珥簪皆婦人首飾、日暮酒闌、合尊促坐、男女同席、履舃交錯、杯盤狼藉、堂上燭滅、主人留髡而送客。【集解】徐廣曰、一本云、留髡坐起送客、羅襦襟解、微聞薌澤。【正義】襟、巨禁反、解、閑買反、衿或作紟、帶結也、當此之時、髡心最歡、能飲一石。【考證】錯滅客澤石、韻、故曰、酒極則亂、樂極則悲。萬事盡然。言不可極。極之而衰。【考證】悲衰、韻、以諷諫焉。齊王曰、善。乃罷長夜之飲、以髡為諸侯主客。【正義】今鴻臚卿也、宗室置酒、髡嘗在側。【考證】嘗、讀為常、其後百餘年、楚有優孟。【考證】劉知幾曰、優孟楚莊王時人、在淳于髡前二百餘年、此傳云髡後百餘年、何也、梁玉繩曰、自楚莊卽位、至齊威末年、凡二百七十一年、優孟、故楚之樂人也。【索隱】案優者倡優也、孟字也、其優旃亦同、旃其字耳、優孟在楚、旃在秦者也、【考證】群書治要、之樂作優、長八尺、多辯。常以談笑諷諫。楚莊王之

時、有所愛馬。【考證】治要、無所字、衣以文繡、置之華屋之下、席以露牀、啗以棗脯。【考證】岡白駒曰、露牀、牀之無帷幕者、馬病肥死。使羣臣喪之、欲以棺槨大夫禮葬之。左右爭之、以為不可。王下令曰、有敢以馬諫者、罪至死。優孟聞之、入殿門、仰天大哭。王驚而問其故。優孟曰、馬者、王之所愛也。以楚國堂堂之大、何求不得。而以大夫禮葬之、薄。請以人君禮葬之。王曰、何如。對曰、臣請以彫玉為棺、文梓為槨、楩楓豫章為題湊、【集解】蘇林曰、以木累棺外、木頭皆內向、故曰題湊、【正義】楩、頻緜反、發甲卒為穿壙、老弱負土、齊趙陪位於前、韓魏翼衞其後、【集解】楚莊王時、未有趙韓魏三國、【索隱】案此辨說者之詞、後人所增飾之矣、廟食太牢、奉以萬戶之邑。諸侯聞之、皆知大王賤人而貴馬也。王曰、寡人之過、一至此乎。為之柰

何。優孟曰。請爲大王六畜葬之。以壠竈爲槨、【索隱】按、皇覽亦說此事、以壠竈爲甎突也、【正義】土壠爲竈、居鬲外如槨、銅歷爲棺、【索隱】按歷、卽釜鬲也、【正義】以銅爲釜鬲、居竈中如棺、【考證】錢大昕曰、歷卽歷字、說文、鬲或作歷、齎以薑棗、【索隱】按古者食肉用薑棗、禮內則云、實棗於其腹中、屑桂與薑以酒諸其上而食之、是也、【考證】齎、當作齊、調也、藝文類聚引史作齊、薦以木蘭、祭以糧稻、【考證】糧稻、楓山三條本、作粳糧、張文虎曰、中統毛本、作粳糧、衣以火光、葬之於人腹腸。【索隱】皇覽云、火送之著端、葬之腸中、於是王乃使以馬屬太官、無令天下久聞也。【考證】類聚、無使字、久作知、楚相孫叔敖知其賢人也、善待之。病且死、屬其子曰。我死、汝必貧困。若往見優孟、言我孫叔敖之子也。居數年、其子窮困、負薪逢優孟、與言曰。我孫叔敖子也。父且死時屬我、貧困往見優孟。優孟曰。若無遠有所之。【索隱】案謂優孟語孫叔敖之子曰、汝無遠有所之、適他境、恐王後求汝不得者也、卽爲孫叔敖衣冠、抵掌談語。【集解】戰國策曰、蘇

秦說趙王華屋之下、抵掌而言、張載曰、談說之容則也、【考證】張文虎曰、中統游本吳校金板、語作話、歲餘像孫叔敖。楚王左右不能別也。【考證】張文虎曰、南宋中統游毛吳校金板、上下有及字、愚按御覽及宋費袞梁谿漫志引史、亦有及字、莊王置酒。優孟前爲壽。莊王大驚、以爲孫叔敖復生也。【考證】劉知幾曰、孫叔敖之歿、時日已久、豈有一見無疑、而遽欲加以寵榮、復其祿位者哉、中井積德曰、楚王亦喜其貌肖耳、非爲眞敖而不疑也、復生、猶言再來也、欲以爲相。優孟曰。請歸與婦計之、三日而爲相。莊王許之。三日後優孟復來。王曰。婦言謂何。孟曰。婦言愼無爲。楚相不足爲也。如孫叔敖之爲楚相、盡忠爲廉、以治楚、楚王得以霸。今死、其子無立錐之地、貧困負薪以自飲食。必如孫叔敖、不如自殺。因歌曰。山居耕田苦。難以得食。起而爲吏、身貪鄙者餘財、不顧恥辱。身死家室富、又恐受賕枉法、爲姦觸大罪、身死而家滅。貪吏安

可爲也。【正義】說文云、賕、以財枉法相謝也、念爲廉吏、奉法守職、竟死不敢爲非、廉吏安可爲也。楚相孫叔敖、持廉至死。方今妻子窮困、負薪而食。不足爲也。【考證】梁玉繩曰、優孟之事、決不可信、所謂滑稽也、隸釋延熹碑、述優孟事、與史不同、而所載優孟歌、亦異、歌曰、貪吏而可爲而不可爲、廉吏而可爲而不可爲、貪吏而不可爲者、當時有汙名、而可爲者、子孫以家成、廉吏而可爲者、當時有淸名、而不可爲者、子孫困窮、披褐而賣薪、貪吏常苦富、廉吏常苦貧、獨不見楚相孫叔敖、廉潔不受錢、梁溪漫志謂、憤世疾邪、哀怨過于慟哭、比史記所書遠甚、於是莊王謝優孟、乃召孫叔敖子、封之寢丘四百戶、以奉其祀。後十世不絕。【集解】徐廣曰、寢丘在固始、【正義】今光州固始縣、本寢丘邑也、呂氏春秋云、楚孫叔敖有功於國、疾將死、戒其子曰、王數欲封我、我辭不受、我死必封汝、汝無受利地、荊楚閒有寢丘者、其爲地不利、而前有妬谷、後有戾丘、其名惡、可長有也、其子從之、楚功臣封二世而收、唯寢丘不奪也、【考證】梁玉繩曰、翟敎授云、列子說符、呂子異寶、淮南子人間訓、皆言叔敖死後、封其子寢丘、而韓子喩老篇、謂莊王賞叔敖、叔敖請漢間沙石之地、九世而祀不絕、則寢丘之封、在敖未死時也、此知可以言時矣。【考證】岡白駒曰、言投機而中也、此知可以言之時也、愚按、史公不知時而言、以遭慘刑、六字、有感而發、其後二百餘年、秦有優旃。【考證】崔適

曰、旃仕秦、歷漢、則在孟後三百七八十年、此云二百餘年、亦非也、優旃者、秦倡朱儒也。善爲笑言。然合於大道。秦始皇時、置酒而天雨、陛楯者皆沾寒。優旃見而哀之、謂之曰。汝欲休乎。陛楯者皆曰。幸甚。優旃曰。我卽呼汝。汝疾應曰。諾。居有頃、殿上上壽呼萬歲。優旃臨檻大呼曰。陛楯郎。郎曰。諾。【正義】檻、御覽反、優旃曰。汝雖長何益。幸雨立。我雖短也、幸休居。【考證】幸雨立、不成義、楓山三條本、幸作弗、可從、王念孫曰、初學記人部、御覽人事部、樂部、引此、益下無幸字、雨下有中字、蓋今本幸字、涉下文而衍、又脫中字、參存、於是始皇使陛楯者得半相代。始皇嘗議欲大苑囿、東至函谷關、西至雍・陳倉。【正義】今岐州雍縣、及陳倉縣也、優旃曰。善。多縱禽獸於其中、寇從東方來、令麋鹿觸之足矣。始皇以故輟止。二世立、又欲漆其城。優旃曰。善。主上雖無言、臣固將請之。漆城雖於百

姓愁費、然佳哉。漆城蕩蕩、寇來不能上。卽欲就之、易爲漆耳。顧難爲蔭室。【考證】岡白駒曰、凡漆新髹物、露於外則液流、必入之蔭室而乾。於是二世笑之、以其故止。居無何、二世殺死。優旃歸漢。數年而卒。

太史公曰、淳于髡仰天大笑、齊威王橫行。優孟搖頭而歌、負薪者以封。優旃臨檻疾呼、陛楯得以半更。【正義】更、代也。【考證】橫行、得志也、行、封、更韻。豈不亦偉哉。

褚先生曰、臣幸得以經術爲郎、而好讀外家傳語。【索隱】按東方朔亦多博觀外家之語、則外家非正經、卽史傳雜說之書也。【考證】姚範曰、外家傳語、未詳、後東方朔傳亦云、多所博觀外家之語、柳子厚亦稱史記爲外家書、顧亭林云、褚少孫以傳記雜說爲外家、蓋以六經爲內也、張文虎曰、索隱此注、各本錯在東方朔傳中、單本亦然、今移正。竊不遜讓、復作故事滑稽之語六章、編之於左。【索隱】楚詞云、將突梯滑稽、如脂如韋、崔浩云、滑、音骨、滑稽、流酒器也、轉注吐酒、終日不已、言出口成章、詞不窮竭、若滑稽之吐酒、故揚雄酒賦云、鴟夷滑稽、腹大如壺、盡日盛酒、人復藉沽、是也、又姚察云、滑稽猶俳諧也、滑讀如字、稽音計也、言諧語滑利、其知計疾出、故云滑稽。【考證】楓山三條本、左下有方字、與凌所引一本合、王鳴盛曰、褚先生附傳、若王夫人請其子於齊事、重出可厭、鄴令西門豹事、又不當附滑稽、梁玉繩曰、少孫續傳六章、惟郭舍人、東方生、東郭先生四章爲類、但方朔雖詼諧、頗能直言切諫、安可與齊贅優伶比、說衞青者、青傳是寧乘、此云東郭先生、豈東郭卽乘耶、至王生從太守就徵、乃宣帝徵勃海守龔遂、漢循吏傳甚明、而以爲武帝徵北海太守、王先生請俱、妄矣、且東郭之白衞將軍、王生之語太守、皆便計美言、何謂滑稽、其餘二章、淳于髡已見本傳、復勸入獻鵠一節、殊失之贅、況說苑奉使稱魏文侯使舍人無擇獻鵠于齊、韓詩外傳十稱齊使獻鴻于楚、初學記二十御覽九百十六、竝引魯連子云、展無所爲魯君遺齊襄君鴻、所載各異、皆不說髡、毋乃謬歟、若夫西門豹、古之循吏也、而列于滑稽、尤爲不倫、然敍次特妙、非他所續之蕪弱、董份疑爲舊文、褚生取而編之耳。可以覽觀揚意、以示後世。好事者讀之、以游心駭耳。以附益上方太史公之三章。武帝時、有所幸倡郭舍人者。發言陳辭、雖不合大道、然令人主和說。武帝少時、東武侯母常養帝。【索隱】案東武、縣名、侯、乳母姓、【正義】高祖功臣表云、東武侯郭家、高祖六年封、子他、孝景六年、弃市國除、蓋他母常養武帝、【考證】藝文類聚常作嘗。帝

壯時、號之曰大乳母。【考證】徐孚遠曰、以諸侯夫人養視人主、故貴異其號。率一月再朝。朝奏入、有詔使幸臣馬游卿以帛五十匹賜乳母、又奉飲糒飧養乳母。【正義】糒、乾飰、飧、溫飰、乳母上書曰、某所有公田、願得假倩之。【正義】倩、七姓反、借也、【考證】楓山三條本、倩作請。帝曰、乳母欲得之乎。以賜乳母。乳母所言、未嘗不聽。有詔得令乳母乘車行馳道中。【正義】馳道、謂御道也。當此之時、公卿大臣、皆敬重乳母。乳母家子孫奴從者、橫暴長安中、當道掣頓人車馬、奪人衣服。【考證】岡白駒曰、掣頓、挽止之、聞於中、不忍致之法。有司請徙乳母家室、處之於邊。奏可。乳母當入至前面見辭。乳母先見郭舍人、爲下泣。舍人曰、卽入見辭去、疾步數還顧。乳母如其言、謝去、疾步、數還顧。郭舍人疾言罵之曰、咄。老女子。何不疾行。陛下已壯矣。寧尚須汝乳而活邪。尚何還顧。於是人主憐焉。悲之、乃下詔止無徙乳母。罰謫譖之者。【索隱】罰適譖之者、謂武帝罰譖乳母之人也、武帝時、齊人有東方生名朔。【索隱】案仲長統云、遷爲滑稽傳、序優旃事、不稱東方朔、非也、朔之行事、豈直旃孟之比哉、而桓譚亦以遷爲是、又非也、以好古傳書、愛經術、多所博觀外家之語。【正義】漢書云、平原厭次人也、輿地志云、厭次、宜是富平縣之鄉聚名也、括地志云、富平故城、在倉州陽信縣東南四十里、漢縣也、【考證】楓山三條本、方下有先字、朔初入長安、至公車上書。【正義】百官表云、衞尉屬官有公車司馬、漢儀注云、公車司馬、掌殿司馬門、夜徼宮、天下上事及闕下、凡所徵召、皆總領之、秩六百石、凡用三千奏牘。公車令兩人共持舉其書。僅然能勝之。人主從上方讀之。止、輒乙其處。讀之二月乃盡。【考證】通俗編云、輒乙其處、謂止絕處乙而記之、如今人讀書、以朱識其所止作乚形、非甲乙之乙也、愚按楓山三條本、月下有所字、陳子龍曰、此時未有紙、當是木札、朔書雖多、不過如今數十卷、武帝以二月

讀盡、可見人主愛重其書、非以多而難盡也、 詔拜以爲郎。常在側侍中。數召至前談語。人主未嘗不說也。【考證】楓山三條本、重談語二字、 時詔賜之食於前。飯已、盡懷其餘肉持去。衣盡汙。【考證】漢書東方朔傳、載伏日賜肉事、與此事一傳異、楓山本、食作飯、與凌一本同、 數賜縑帛。擔揭而去。徒用所賜錢帛、取少婦於長安中好女。率取婦一歲所者、卽弃去、更取婦。所賜錢財、盡索之於女子。【考證】索、盡也、 人主左右諸郎、半呼之狂人。人主聞之曰。令朔在事、無爲是行者。若等安能及之哉。朔任其子爲郎、又爲侍謁者、常持節出使。朔行殿中。郎謂之曰。人皆以先生爲狂。朔曰。如朔等、所謂避世於朝廷閒者也。古之人、乃避世於深山中。時坐席中酒酣。據地歌曰。陸沈於俗、【索隱】司馬彪云、謂無水而沈

也、【考證】莊子則陽篇、方且與世違、則心不屑與之俱、是陸沈者也、郭注、人中隱者、譬無水而沈也、 避世金馬門。宮殿中可以避世全身。何必深山之中、蒿廬之下。金馬門者、宦署門也。門傍有銅馬。故謂之曰金馬門。【考證】王念孫曰、類聚、御覽、文選注、引此、宦下有者字、愚按三輔黃圖云、金馬門、宦者署、在未央宮、武帝得大宛馬、以銅鑄象、立於署門、因以爲名、東方朔、主父偃、嚴安、徐樂、皆待詔金馬門、 時會聚宮下。博士諸先生與論議、共難之。【索隱】案方朔設詞對之、卽下文是荅對之難也、【考證】東方朔答客難、蓋倣宋玉對楚王問、漢書本傳、文選、載其全文、此節錄、自朔作答客難、揚雄有解嘲、班固有答賓戲、韓愈有進學解、 曰。蘇秦張儀、一當萬乘之主、而都卿相之位、澤及後世。【考證】如淳曰、都、居也、 今子大夫修先王之術、慕聖人之義、諷誦詩書百家之言、不可勝數。著於竹帛。【考證】顏師古曰、子者、人之嘉稱、大夫、擧官稱也、漢書本傳、竹帛下、有脣腐齒落、服膺而不釋、好學樂道之效、明白甚矣十九字、 自以爲海內無雙。卽可謂博聞辯智矣。【考證】漢書、以爲作以智能、卽作則、 然悉力盡忠、

以事聖帝、曠日持久、積數十年、【考證】漢書、無積數十年四字、 官不過侍郎、位不過執戟。意者尙有遺行邪。其故何也。【考證】漢書、無尙字、邪下有同胞之徒、無所容居八字、遺行、過失之行、宋玉對楚王問云、先生其有遺行與、何士民衆庶、不譽之甚也、 東方生曰。【考證】漢書、作東方先生喟然長息、仰而應之曰、 是固非子之所能備也。彼一時也。此一時也。豈可同哉。【考證】孟子公孫丑篇、彼一時、此一時也、也字可依此補、 夫張儀蘇秦之時、周室大壞、諸侯不朝、力政爭權、相禽以兵、并爲十二國、未有雌雄。【考證】漢書、張儀蘇秦、作蘇秦張儀、 得士者彊、失士者亡。故說聽行通、身處尊位、澤及後世、子孫長榮。【考證】漢書、說聽行通、作談說行焉、位下有珍寶充內外有廩倉八字、榮作享、 今非然也。聖帝在上、德流天下、諸侯賓服、【考證】漢書、非然也、作則不然、在上德流天下、作流德天下震慴、 威振四夷、連四海之外以爲席、安於覆盂、天下平均、合爲一家、動

發擧事、猶如運之掌中。賢與不肖、何以異哉。【正義】言四海之外皆賓服、如席之相連環繞、【考證】漢書、威振四海以下四十一字、作連四海之外以爲帶、安於覆盂、動猶運之掌、賢不肖何以異哉二十四字、其下有遵天之道、順地之理、物無不得其所、故綏之則安、動之則苦、尊之則爲將、卑之則爲虜、抗之則在青雲之上、抑之則在深泉之下、用之則爲虎、不用則爲鼠、雖欲盡節效情、安知前後六十九字、 方今以天下之大、士民之衆、竭精馳說、竝進輻湊者、不可勝數。悉力慕義、困於衣食、或失門戶。使張儀蘇秦與僕竝生於今之世、曾不能得掌故、安敢望常侍侍郎乎。【考證】顏師古曰、失門戶、言不得所由入也、漢書、方今作夫、馳作談、慕義作慕之、無能字、不重侍字、 傳曰。天下無害菑、雖有聖人、無所施其才。上下和同、雖有賢者、無所立其功。故曰。時異則事異。【考證】立上其字、各本無、今從楓山三條本、傳、古書也、菑才、同功、韻、淮南子本經訓、世無災害、雖神無所施其德、上下和輯、雖賢無所立其功、韓非子五蠹篇、世異則事異、漢書無傳曰以下二十九字、文選有、 雖然、安可以不務修身乎。詩曰。鼓鍾于

宮、聲聞于外。鶴鳴九皋、聲聞于天。苟能修身、何患不榮。考證 顏師古曰、鼓鍾、小雅白華之詩也、言苟有於中、必形於外也、鶴鳴、小雅鶴鳴之詩也、言處卑而其聲徹高遠、 太公躬行仁義七十二年、逢文王、得行其說、封於齊、七百歲而不絕。此士之所以日夜孜孜、修學行道不敢止也。考證 楓山三條本、年下有乃字、漢書、躬作體、二年作有二、逢文王得行其說、作延用於文武得信厥說、士下無之字、修道行道不敢止也、作敏行而不敢怠也、其下有辟若鶺鴒飛且鳴矣、傳曰、天不爲人之惡寒而輟其冬、地不爲人之惡險而輟其廣、君子不爲小人之匈匈而易其行、天有常度、地有常形、君子道其常、小人計其功、詩云、禮義之不愆、何恤人之言、故曰、水至清則無魚、人至察則無徒、冕而前旒、所以蔽明、黈纊充耳、所以塞聰、明有所不見、聰有所不聞、舉大德、赦小過、無求備於一人之義也、枉而直之、使自得之、優而柔之、使自求之、揆而度之、使自索之、聖人教化如此、欲自得之、自得之、則敏且廣矣、百七十八字、 今世之處士、時雖不用、崛然獨立、塊然獨處、上觀許由、下察接輿、策同范蠡、忠合子胥、天下和平、與義相扶、寡偶少徒、固其常也。子何疑於余哉。於是

諸先生默然無以應也。考證 張文虎曰、王柯凌本、其作有、愚按楓山本、作其、處與脊扶韻、漢書無時雖不用四字、崛然獨立塊然獨處、作魁然無徒、廓然獨居、策作計、偶作耦、常作宜、余作我、哉下有若夫燕之用樂毅、秦之任李斯、酈食其之下齊、說行如流、曲從如環、所欲必得、功若丘山、海內定、國家安、是遇其時也、子又何怪之邪、語曰、以管闚天、以蠡測海、以莛撞鐘、豈能通其條貫、考其文理、發其音聲哉、繇是觀之、譬猶鼱鼩之襲狗、孤豚之咋虎、至則靡耳、何功之有、今以下愚而非處士、雖欲勿困、固不得已、此適足以明其不知權變、而終或於大道也、百三十七字、無於是以下十一字、 建章宮後閣重櫟中、有物出焉、其狀似麋。索隱 重櫟、上逐龍反、下音歷、重櫟、欄楯之下、有重欄處也、正義 在長安縣西北二十里故城中、 以聞。武帝往臨視之、問左右羣臣習事通經術者。莫能知。詔東方朔視之。考證 楓山三條本、詔下有召字、 朔曰、臣知之。願賜美酒粱飯、大飱臣。臣乃言。詔曰、可。已又曰、某所有公田魚池蒲葦數頃、陛下以賜臣。臣朔乃言。詔曰、可。於是朔乃肯言曰、所謂騶牙者也。索隱 騶、音鄒、按方朔以意自立名、而偶中也、以有九牙齊等、故謂之騶牙、猶騶騎然也、 遠方

當來歸義、而騶牙先見。其齒前後若一、齊等無牙。故謂之騶牙。其後一歲所、匈奴混邪王果將十萬衆來降漢。考證 張文虎曰、中統游本、混作渾、 乃復賜東方生錢財甚多。至老、朔且死時、諫曰、詩云、營營青蠅、止于蕃。愷悌君子、無信讒言。讒言罔極、交亂四國。考證 詩小雅青蠅篇、 願陛下遠巧佞、退讒言。帝曰、今顧東方朔多善言。怪之。考證 楓山本、顧作頃、徐孚遠曰、武帝末年有巫蠱之禍、東方生所言、蓋指此也、 居無幾何、朔果病死。傳曰、鳥之將死、其鳴也哀。人之將死、其言也善。此之謂也。考證 傳曰、論語泰伯篇引曾子、 武帝時大將軍衞青者、衞后兄也。集解 徐廣曰、衞青傳曰子夫之弟也、 封爲長平侯、從軍擊匈奴、至余吾水上而還。斬首捕虜有功。來歸、詔賜金千斤。將軍出宮門、齊人東

郭先生、以方士待詔公車。當道遮衞將軍車、拜謁曰、願白事。集解 徐廣曰、衞青傳云、甯乘說青而拜爲東海都尉、考證 余有丁曰、東郭先生名甯乘、而東郭先生則人稱之者、 將軍止車、前。東郭先生旁車言曰、王夫人新得幸於上、家貧。今將軍得金千斤、誠以其半賜王夫人之親、人主聞之必喜。此所謂奇策便計也。衞將軍謝之曰、先生幸告之以便計、請奉教。於是衞將軍乃以五百金爲王夫人之親壽。王夫人以聞武帝。帝曰、大將軍不知爲此。問之、安所受計策、對曰、受之待詔者東郭先生。詔召東郭先生、拜以爲郡都尉。東郭先生久待詔公車、貧困飢寒、衣敝、履不完。行雪中、履有上無下、足盡踐地。道中人笑之。東郭先生應之曰、誰能履行

雪中、令人視之、其上履也、其履下處、乃似人足者乎。【考證】楓山三條本、也下有然字、 及其拜爲二千石、佩青緺出宮門、行謝主人。【集解】徐廣曰、緺音瓜、一音螺、青綬、 故所以同官待詔者、等比祖道於都門外。【考證】楓山三條本、以作與、祖上有皆字、 榮華道路、立名當世。【集解】徐廣曰、東郭先生也、 此所謂衣褐懷寶者也。【索隱】此指東郭先生也、言其身衣褐而懷寶玉、【考證】老子七十章、知我者希、則我者貴、是以聖人被褐懷玉、褐、毛布、賤者之服、 當其貧困時、人莫省視。至其貴也、乃爭附之。諺曰、相馬失之瘦。相士失之貧。其此之謂邪。王夫人病甚。人主至自往問之曰、子當爲王。欲安所置之。對曰、願居洛陽。人主曰、不可。洛陽有武庫敖倉、當關口、天下咽喉。自先帝以來、傳不爲置王。然關東國莫大於齊。可以爲齊王。王夫人以手擊頭、

呼幸甚。王夫人死。號曰齊王太后薨。【考證】齊懷王閎、陳仁錫曰、東郭先生章末、有王夫人一節、與上文不相屬、又有淳于髡獻鵠一節、尤爲無謂、不知何故附之、豈後人剿入之歟、 昔者齊王使淳于髡獻鵠於楚。【索隱】案韓詩外傳、齊使人獻鵠於楚、不言髡、又說苑云、魏文侯使舍人無擇獻鴻於齊、皆略同而事異、殆相涉亂也、 出邑門。道飛其鵠。徒揭空籠、造詐成辭、往見楚王曰、齊王使臣來獻鵠。過於水上。不忍鵠之渴、出而飮之。去我飛亡。吾欲刺腹絞頸而死。恐人之議吾王、以鳥獸之故、令士自傷殺也。鵠毛物、多相類者。吾欲買而代之、是不信而欺吾王也。欲赴佗國奔亡、痛吾兩主使不通。故來服過、叩頭受罪大王。楚王曰、善。齊王有信士若此哉。厚賜之。財倍鵠在也。武帝時徵北海太守。【索隱】漢書、宣帝徵勃海太守龔遂、非武帝時、此褚先生記謬耳、 詣行在所。有文學卒史

王先生者、自請與太守俱。吾有益於君。君許之。【考證】館本考證云、漢書循吏傳龔遂章、作議曹王生、 諸府掾功曹白云。王先生嗜酒、多言少實。恐不可與俱。太守曰、先生意欲行。不可逆。遂與俱行。至宮下待詔宮府門。王先生徒懷錢沽酒、與衞卒僕射飮、日醉不視其太守。太守入跪拜。王先生謂戶郎曰、幸爲我呼吾君。至門內遙語。戶郎爲呼太守。太守來望見王先生。王先生曰、天子卽問君何以治北海令無盜賊、【正義】北海、今青州、 君對曰何哉。對曰、選擇賢材、各任之以其能、賞異等、罰不肖。王先生曰、對如是、是自譽自伐功。不可也。願君對言非臣之力、盡陛下神靈威武所變化也。太守曰、諾。召入至于殿下。有詔問

之曰、何以治北海、令盜賊不起。叩頭對言。非臣之力、盡陛下神靈威武之所變化也。武帝大笑曰、於呼、安得長者之語而稱之。安所受之。對曰、受之文學卒史。帝曰、今安在。對曰、在宮府門外。有詔召拜王先生爲水衡丞、以北海太守爲水衡都尉。【考證】漢書公卿表、龔遂以宣帝地節四年爲水衡都尉、 傳曰、美言可以市。尊行可以加人。【考證】老子六十二章、淮南道應、人間引老子曰、美言可以市尊、美行可以加人、多一美字、 君子相送以言、小人相送以財。【考證】晏子春秋內篇雜上、君子贈人以言、庶人贈人以財、荀子大略篇、晏子曰、嬰聞之、君子贈人以言、庶人贈人以財、史孔子世家、老子曰、吾聞富貴者送人以財、仁人者送人以言、意同詞異、 魏文侯時、西門豹爲鄴令。【正義】今相州縣也、 豹往到鄴。會長老問之民所疾苦。長老曰、苦爲河伯娶婦。以故貧。【正義】河伯、華陰潼鄉人、姓馮氏、名夷、浴於河中而溺死、遂爲河伯也、【考證】河伯、河神、猶海神曰海若也、 豹

問其故。對曰、鄴三老廷掾、常歲賦斂百姓、收取其錢、得數百萬、用其二三十萬、爲河伯娶婦、與祝巫共分其餘錢持歸。當其時、巫行視人家女好者、云、是當爲河伯婦。〔考證〕張文虎曰、南宋舊刻毛本、人作小、 卽娉取。洗沐之、〔考證〕娶問曰娉、 爲治新繒綺縠衣、閒居齋戒、爲治齋宮河上、張緹絳帷、〔正義〕緹、他禮反、顧野王云、黃赤色也、又音啼、厚繒也、 女居其中。爲具牛酒飯食、行十餘日。共粉飾之、如嫁女床席。〔考證〕王念孫曰、太平御覽方術部引此、飯食下無行字、此言居齋宮中十餘日也、日上不當有行字、 令女居其上、浮之河中。始浮行數十里、乃沒。其人家有好女者、恐大巫祝爲河伯取之。以故多持女遠逃亡。〔考證〕張文虎曰、伯字、南宋舊刻毛本有、他本脫、愚按楓本亦有、 以故城中益空無人、又困貧。所從來久遠矣。〔考證〕張文虎曰、御覽引困貧作貧困、 民

人俗語曰。卽不爲河伯娶婦、水來漂沒、溺其人民云。西門豹曰。至爲河伯娶婦時、願三老巫祝父老送女河上、幸來告語之。吾亦往送女。〔正義〕亭三老、 皆曰。諾。至其時、西門豹往會之河上。三老、官屬、豪長者、里父老皆會、與人民往觀之者三二千人。〔考證〕與、各本作以、何焯曰、以同與、今從楓山本、御覽所引、 其巫、老女子也。已年七十、從弟子女十人所。皆衣繒單衣、立大巫後。〔考證〕楓山三條本、重弟子女三字、陳仁錫曰、湖本十作千、誤、 西門豹曰。呼河伯婦來。視其好醜。卽將女出帷中來至前。豹視之、顧謂三老巫祝父老曰。是女子不好。煩大巫嫗。爲入報河伯。得更求好女、後日送之。〔考證〕張文虎曰、御覽三百六十七引、得作待、 卽使吏卒共抱大巫嫗、投之河中。有頃曰。巫嫗何久

也。弟子趣之。復以弟子一人投河中。有頃曰。弟子何久也。復使一人趣之。復投一弟子河中。凡投三弟子。西門豹曰。巫嫗弟子、是女子也。不能白事。煩三老、爲入白之。復投三老河中。西門豹簪筆磬折、〔正義〕簪筆、謂以毛裝簪頭、長五寸、插在冠前、謂之爲筆、言插筆備禮也、磬折、謂曲體揖之、若石磬之形曲折也、磬一片黑石、凡十二片、樹在虡上擊之、其形皆中曲垂兩頭、言人腰側似也、〔考證〕中井積德曰、筆者所以記事、簪筆、待事也、磬、不論數可也、 嚮河立待良久。長老吏傍觀者、皆驚恐。西門豹顧曰。巫嫗三老不來還。柰之何。欲復使廷掾與豪長者一人入趣之。皆叩頭。叩頭且破額血流地、色如死灰。西門豹曰。諾。且留待之須臾。須臾豹曰。廷掾起矣。狀河伯留客之久。若皆罷去歸矣。〔考證〕狀、猶測知也、若、汝也、 鄴吏民大驚恐、從是以後、不敢復言爲

河伯娶婦。西門豹卽發民鑿十二渠、引河水灌民田。田皆漑。〔正義〕括地志云、按橫渠首接漳水、蓋西門豹史起所鑿之渠也、溝洫志云、魏文侯時、西門豹爲鄴令、有令名、至文侯曾孫襄王、與羣臣飲、祝曰、令吾臣皆如西門豹之爲人臣也、史起進曰、魏氏之行田也、以百畝、鄴獨二百畝、是田惡也、漳水在其傍、西門不知用、是不智、知而不興、是不仁、仁智豹未之盡、何足法也、於是史起爲鄴令、遂引漳水漑鄴、以富魏之河內、左思魏都賦云、西門漑其前、史起灌其後也、 當其時、民治渠少煩苦。不欲也。豹曰。民可以樂成。不可與慮始。〔考證〕語先於商鞅、何焯曰、以同與、楓山三條本作與、 今父老子弟、雖患苦我、然百歲後、期令父老子孫思我言。至今皆得水利、民人以給足富。〔考證〕羣書治要引、無富字、 十二渠經絕馳道。到漢之立、而長吏以爲十二渠橋絕馳道、相比近、不可。欲合渠水、且至馳道、合三渠爲一橋。鄴民人父老不肯聽長吏、以爲西門君所爲也。賢君之法式、不可更也。長吏終聽

置之。故西門豹爲鄴令、名聞天下、澤流後世、無絕已時。幾可謂非賢大夫哉。【考證】幾、豈通、 傳曰。子產治鄭、民不能欺。子賤治單父、民不忍欺。西門豹治鄴、民不敢欺。三子之才能、誰最賢哉。辨治者當能別之。【集解】魏文帝問羣臣、三不欺、於君德孰優、太尉鍾繇、司徒華歆、司空王朗對曰、臣以爲君任德、則臣感義、而不忍欺、君任察、則臣畏覺、而不能欺、君任刑、則臣畏罪、而不敢欺、任德感義、與夫導德齊禮、有恥且格等趨者也、任察畏罪、與夫導政齊刑、免而無恥同歸者也、孔子曰、爲政以德、譬如北辰居其所、而衆星共之、考以斯言、論以斯義、臣等以爲不忍欺、不能欺、優劣之縣、在於權衡、非徒低卬之差、乃鈞銖之覺也、且前志稱、仁者安仁、智者利仁、畏罪者強仁、校其仁者功、則無以殊、核其爲仁者、則不得不異、安仁者、性善者也、利仁者、力行者也、強仁者、不得已者也、三仁相比、則安仁優矣、易稱神而化之、使民宜之、若君化使民然也、然則安仁之化、與夫強仁之化、優劣亦不得不相縣絕也、然則三臣之不欺雖同、所以不欺異矣、則純以恩義崇不欺、與以威察成不欺、既不可同概而比量、又不得錯綜而易處、【索隱】案此三不欺、自古傳記先達共所稱述、今褚先生因記西門豹而稱之、以成說也、循吏傳記子產相鄭、仁而且明、故人不能欺之也、子賤爲政清淨、唯彈琴、三年不下堂而化、是人見思、故不忍欺之、豹以威化御俗、故人不敢欺、其德優劣、鍾華之評、寔爲允當也、

【索隱】述贊、滑稽鴟夷、如脂如韋、敏捷之變、學不失詞、淳于索絕、趙國興師、楚優拒相、寢丘獲祠、偉哉方朔、三章紀之、

滑稽列傳第六十六　史記一百二十六

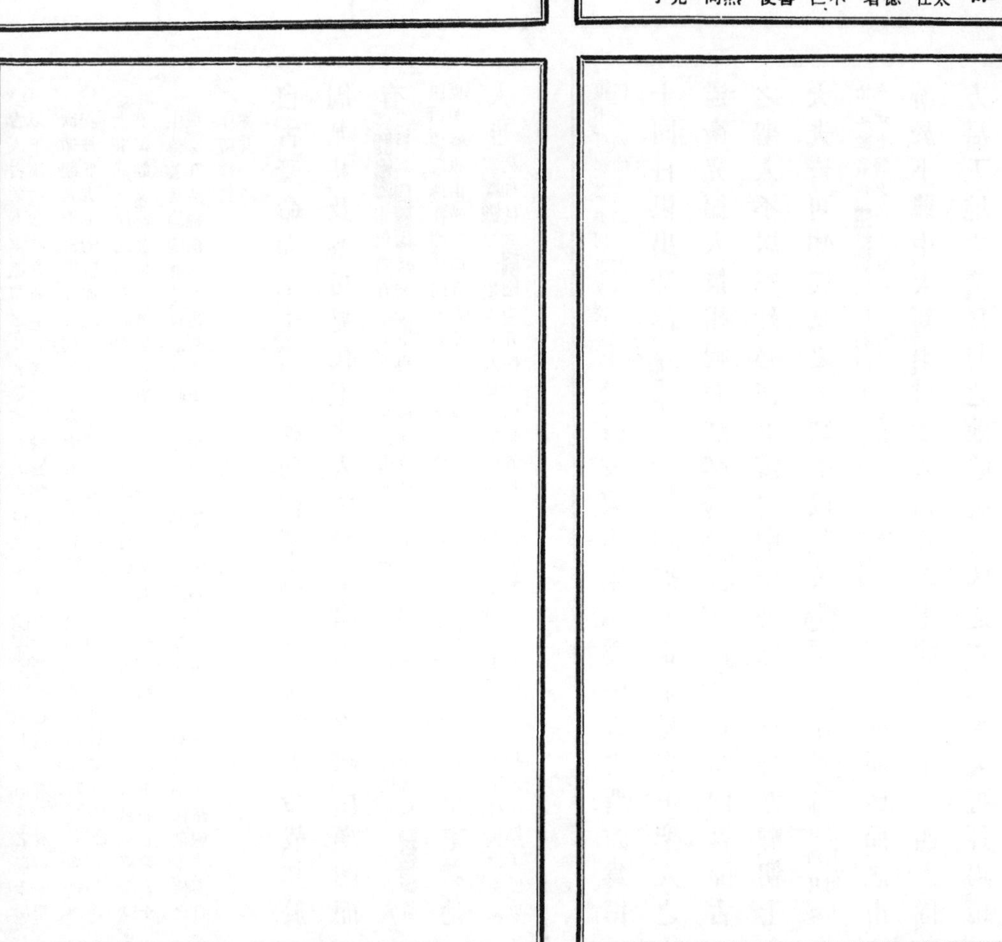

文學博士瀧川龜太郎著

史記會注考證

史記會注考證卷一百二十七

漢　太史令　司馬遷　撰

宋　中郎外兵曹參軍　裴駰　集解

唐　國子博士弘文館學士　司馬貞　索隱

唐　諸王侍讀率府長史　張守節　正義

日本　出雲　瀧川資言　考證

日者列傳第六十七　　史記一百二十七

[集解]墨子曰、墨子北之齊、遇日者、日者曰、帝以今日殺黑龍於北方、而先生之色黑、不可以北、墨子不聽、遂北、至淄水、墨子不遂而反焉、日者曰、我謂先生不可以北、然則

古人占候卜筮、通謂之日者、墨子亦云、非但史記也、[索隱]案名卜筮曰日者、以墨所以卜巫占候時日通名日者故也、[考證]史公自序云、齊楚秦趙爲日者、各有俗所用、欲循觀其大旨、作日者列傳第六十七、史別有龜策傳、則日者斥古候時日者而言、傳繆彼卜者事、索隱亦混同所引墨子、貴義篇文、梁玉繩曰、史缺此傳、褚生取記司馬季主事補之、序論亦僞託、然其文汪洋自肆、頗可愛誦、黃震古今紀要云、呂東萊謂歐公每製文、必先取日者傳讀數過、疑當時有此文、如客難賓戲之比、故史記攷要云季主傳、蓋沈淪隱遯、不得志于時者之言、未必出少孫、愚按、此篇有褚氏補傳、則本傳之成、必在少孫前、而非史公手筆、篇中但敘楚人司馬季主事、不及齊秦趙諸國人、與自序所言異、亦其一證、

自古受命而王。王者之興、何嘗不以卜筮決於天命哉。其於周尤甚。及秦可見。代王之入、任於卜者。太卜之起、由漢興而有。[索隱]案周禮有太卜之官、此云由漢興者、謂漢自文帝卜大橫之後、其卜官更興盛焉、[正義]漢文帝卜得大橫、與夏啓之卜同、乃乘六乘傳入長安者也、[考證]張照曰、龜策傳、高祖時因秦太卜官、是漢興即有太卜、不因文帝而更興盛也、由漢興而有者、蓋言漢興以來即有之矣、索隱說迂、 司馬季主者、楚人也。[索隱]按云楚人、而太史公不序其系、蓋楚相司馬子期子反後、芉姓也、季主見列仙傳、[考證]中井積德曰、楚置司馬官尚矣、爲之者亦多、註特舉子期子反、以證不可知之事、何也、李笠曰、今列仙傳、無季主事、 卜於長安東市。宋忠爲中大夫、賈誼爲博士。同日俱出洗沐。[正義]漢官五日一假洗沐也、 相從論議誦易先王聖人之道術、究徧人情、相視而歎。[考證]張文虎曰、御覽引、誦易作講習、疑今本誤、 賈誼曰。吾聞古之聖人、不居朝廷、必在卜醫之中。今吾已見三公九卿。朝士大夫皆可知矣。試之卜數中以觀采。[索隱]卜數、猶術數也、音所具反、劉氏云、數、筮也、亦通、筮必易、用大衍之數者也、[考證]岡白駒曰、采、風采也、言遺才隱賢、或在卜醫之中者、欲觀其風采、愚按、觀采、猶言物色、 二人即同輿而之市、游於卜肆中。天新雨、道少人。司馬季主閒坐、弟子三四人侍、方辯天地之道、日月之運、陰陽吉凶之本。二大夫再拜謁。司馬季主視其狀貌、如類有知者。[考證]此云二大夫、下云二人、非史家語、宜改曰二人、 即禮之、使弟子延之坐。坐定。司馬季主復理前語、分別天地之終始、

日月星辰之紀、差次仁義之際、列吉凶之符。語數千、言莫不順理。宋忠・賈誼、瞿然而悟、獵纓正襟危坐。【索隱】獵、猶攬也、攬其冠纓而正其衣襟、謂變而自飾也、免坐、謂俯俛爲敬、【正義】危坐、謂小坐、【考證】索隱單本、危作免、 曰。吾望先生之狀、聽先生之辭、小子竊觀於世、未嘗見也。今何居之卑、何行之汙。【索隱】音烏故反、 司馬季主捧腹大笑曰。觀大夫、類有道術者。今何言之陋也。何辭之野也。今夫子所賢者何也。所高者誰也。今何以卑汙長者。【考證】張文虎曰、中統本吳校金板、賢作貴、下文別賢同、 二君曰。尊官厚祿、世之所高也。賢才處之。今所處非其地。故謂之卑。言不信、行不驗、取不當。故謂之汙。夫卜筮者、世俗之所賤簡也。世皆言曰。夫卜者、多言誇嚴、以得人情、【索隱】謂卜者自矜誇而莊嚴、說禍以誑人也、【考證】王念孫曰、嚴讀爲譀、說文、譀、誕也、誇譀也、廣韻引東觀漢記曰、雖誇譀猶令人熱、猶言誇誕、此謂卜者多言誇誕以惑人、譀與嚴、古今字也、 虛高人祿命、以說人志、擅言禍災、以傷人心、矯言鬼神、以盡人財、厚求拜謝、以私於己。此吾之所恥。故謂之卑汙也。司馬季主曰。公且安坐。公見夫被髮童子乎。日月照之則行、不照則止。問之日月疵瑕吉凶、則不能理。由是觀之、能知別賢與不肖者寡矣。賢之行也、直道以正諫、三諫不聽則退、【考證】楓山本、賢下有者字、 其譽人也、不望其報、惡人也、不顧其怨、以便國家利衆爲務。故官非其任、不處也。祿非其功、不受也。見人不正、雖貴不敬也。見人有汙、雖尊不下也。得不爲喜。去不爲恨。非其罪也、雖累辱而不愧也。【考證】累、讀爲縲、 今公所謂賢者、皆可爲羞矣。卑疵而前、【索隱】疵、音貲、 孅趨而言、【索隱】孅、音纖、孅趨、猶足恭也、

相引以勢、相導以利、比周賓正、【集解】徐廣曰、客旅謂之賓、入求長官、謂之正、【考證】慶長本標記引陸氏云、賓正、謂擯棄正人也、錢大昕曰、賓讀曰擯、六國表、諸夏賓之、張儀傳、大王收率天下以賓秦、皆擯棄之義、 以求尊譽、以受公奉、【考證】奉讀爲俸、 事私利、枉主法、獵農民、以官爲威、以法爲機、求利逆暴。譬無異於操白刃劫人者也。初試官時、倍力爲巧詐、飾虛功執空文、以調主上。用居上爲右、試官不讓賢。陳功、見僞增實、以無爲有、以少爲多、以求便勢尊位、食飲驅馳、從姬歌兒、不顧於親、犯法害民、虛公家。【考證】張文虎曰、冊府元龜八百三十三引、作虛耗公家、疑今本脫、 此夫爲盜不操矛弧者也。攻而不用弦刃者也。欺父母未有罪、而弒君未伐者也。何以爲高賢才乎。盜賊發不能禁。夷貊不服不能攝。姦邪起不能塞。官秏亂不能治。四時不和不能調。歲穀不孰不能適。【索隱】音釋、適、猶調也、【考證】劉基賣柑者言、正學此詞氣、 才賢不爲、是不忠也。才不賢而託官位、利上奉、妨賢者處、是竊位也。【索隱】奉、音扶用反、【考證】張文虎曰、元龜引、才不賢作不才不賢、 有人者進、有財者禮、是僞也。【正義】言有大衆祿位者進用、有錢財者禮敬、是僞也、【考證】岡白駒曰、有黨與者進、 子獨不見鴟梟之與鳳皇翔乎。蘭芷芎藭、棄於廣野、蒿蕭成林、使君子退而不顯。衆公等是也。【正義】言鴟梟之與鳳皇翔于蘭芷芎藭、棄在廣野、若蒿蕭成林、使君子退處不顯、由公等、【考證】鴟梟鳳凰翔、喻君子小人相竝也、蘭芷芎藭、棄於廣野、蒿蕭成林、喻君子失職、小人得勢、衆公等、言在朝諸人、 述而不作、君子義也。【正義】言述天地陰陽不改作、是君子義也、司馬季主自言也、【考證】述而不作、論語述而篇、 今夫卜者必法天地、象四時、順於仁義、分策定卦、旋式正棊、然後言天地之利害、事之成敗。【集解】徐廣曰、式、音栻、【索隱】按式卽栻也、旋、轉也、栻之形、上圓象天、下方法地、用之則轉天綱加地之辰、故云旋式、棊者、筮之狀、正棊、蓋謂卜以作卦也、【考證】漢書王莽傳、天文郎案栻於前、顏師古曰、栻所以占時日、天文郎、今之用栻者也、音式、廣雅、栻、梮也、梮有天地、所以推陰陽占吉凶、

以楓子棗心木爲之、式字、漢書從手、廣雅從木、唐六典作式、張文虎曰、旋、索隱中統毛本同、他本誤、按、 昔先王之定國家、必先龜策日月、而後乃敢代、正時日乃後入。[考證]岡白駒曰、乃敢代、代天而爲政也、乃後入、事不苟、必正之時日、言入、則出亦可知矣、愚按、楓山本代作伐、義較長、入、戰勝振旅也、 家產子、必先占吉凶、後乃有之。[索隱]謂若卜之不祥、則或不收也、卜吉而後有、故云有之、[考證]張文虎曰、類聚七十五引、有作育、 自伏羲作八卦、周文王演三百八十四爻、而天下治。越王句踐倣文王八卦、以破敵國霸天下。[索隱]放、音方往反、 由是言之、卜筮有何負哉。且夫卜筮者、埽除設坐、正其冠帶、然後乃言事。此有禮也。言而鬼神或以饗、忠臣以事其上、孝子以養其親、慈父以畜其子。此有德者也。而以義置數十百錢、[考證]岡白駒曰、所以謝卜筮者也、下文利大而謝少、是也、 病者或以愈、且死或以生、患或以免、事或以成、嫁子娶婦、或以養生。[考證]楓山本、死下有者字、 此之爲德、豈直數十百錢哉。此夫老子所謂上德不德、是以有德。[考證]老子三十八章、岡白駒曰、不校其謝少、是上德不德也、 今夫卜筮者、利大而謝少。老子之云、豈異於是乎。[正義]言卜者於天下、利則大矣、天下宜以財讎、謝則少也、 莊子曰、君子內無飢寒之患、外無劫奪之憂、居上而敬、居下不爲害、君子之道也。今夫卜筮者之爲業也、積之無委聚、藏之不用府庫、徙之不用輜車、負裝之不重、止而用之、無盡索之時。[正義]索、亦盡也、 持不盡索之物、游於無窮之世、雖莊氏之行、未能增於是也。子何故而云不可卜哉。天不足西北、星辰西北移。地不足東南、以海爲池。日中必移、月滿必虧。先王之道、乍存乍亡。公責卜者言必信、不亦惑乎。公見夫談士辯人乎。慮事定計、必是

人也。然不能以一言說人主意。[考證]說、悅通、 故言必稱先王、語必道上古、慮事定計、飾先王之成功、語其敗害、以恐喜人主之志、以求其欲、多言誇嚴、莫大於此矣。[集解]徐廣曰、嚴一作險、[考證]說見上文、 然欲彊國成功、盡忠於上、非此不立。今夫卜者導惑教愚也。夫愚惑之人、豈能以一言而知之哉。言不厭多。故騏驥不能與罷驢爲駟、而鳳皇不與燕雀爲羣。而賢者亦不與不肖者同列。故君子處卑隱以辟衆、自匿以辟倫、微見德順、以除羣害、以明天性、助上養下、多其功利、不求尊譽。公之等喁喁者也。[考證]御覽七百二十五、公下無之字、史記司馬相如傳、延頸擧踵、喁喁然皆爭歸義、欲爲臣妾、正義云、口向上也、淮南子、群生莫不喁然仰其治也、愚按、喁、魚口上見也、喁喁、承上仰風、謂羣魚之上向也、 何知長者之道乎。宋忠・賈誼、忽而自失、芒乎無色、悵然噤口不能言。[索隱]芒、音莫郎反、悵、音暢、噤、音禁、劉氏音其錦反、[考證]忽、惚通、忽而、猶惚然也、芒、茫通、芒然、自失貌、 於是攝衣而起、再拜而辭、行洋洋也。[考證]李笠曰、楚辭哀郢、焉洋洋而爲客、王逸注、洋洋、無所歸也、 出市門、僅能自上車、伏軾低頭、卒不能出氣。居三日、宋忠見賈誼於殿門外。乃相引屏語、相謂自歎曰、道高益安、勢高益危。居赫赫之勢、失身且有日矣。夫卜而有不審、不見奪糈。[集解]徐廣曰、糈、音所、駰案、離騷經曰、懷椒糈而要之、王逸云、糈、精米、所以享神、[索隱]糈、音所、糈者、卜求神之米也、[正義]糈、音所、謂祠神米也、[考證]楓山三條本、審下無不字、恐非、中井積德曰、糈字起於米、而通於貨財、上文所謂數十百錢、亦是糈矣、凡所以謝於卜筮之人者、皆是、 爲人主計而不審、身無所處。[索隱]言卜之不中、乃不見奪其糈米、若爲人主計不審、則身無所處也、 此相去遠矣。猶天冠地屨也。[正義]言不相及也、 此老子之所謂無名者萬物之始也。[考證]老子一章、 天地曠曠、物之熙熙、或安或危、莫知居之。我與若、何足預彼哉。[考證]楓山本、預作

與、彼久而愈安、雖曾氏之義、未有以異也。【集解】徐廣曰、曾一作莊、【考證】徐一本是莊氏、莊周、久之、宋忠使匈奴、不至而還、抵罪。而賈誼爲梁懷王傅、王墮馬薨。誼不食、毒恨而死。此務華絶根者也。【索隱】言宋忠賈誼、皆務華而喪其身、是絶其根本也、

太史公曰。古者卜人所以不載者、多不見于篇。及至司馬季主、余志而著之。

褚先生曰。臣爲郎時、游觀長安中、見卜筮之賢大夫、觀其起居行步、坐起自動、誓正其衣冠、而當鄉人也。【考證】楓山本、誓作整、爲是、閻白駒曰、雖鄉人、必正衣冠以待之、有君子之風。見性好解。婦來卜、對之顏色嚴振、未嘗見齒而笑也。【考證】振、整也、從古以來、賢者避世。有居止舞澤者。【考證】舞、讀爲蕪、有居民閒、閉口不言。有隱居卜筮閒以全身者。夫司馬季主者、楚賢大夫、游學長安、道易經、術黃帝·老子、博聞遠見。【考證】術、讀爲述、觀其對二大夫貴人之談、言稱引古明王聖人道、固非淺聞小數之能。及卜筮立名聲千里者、各往往而在。傳曰。富爲上、貴次之。【考證】傳、古書、既貴、各各學一伎能立其身。【考證】李笠曰、各字衍其一、黃直、丈夫也。陳君夫、婦人也。以相馬立名天下。齊張仲曲成侯、以善擊刺學用劍、立名天下。留長孺、以相彘立名。滎陽褚氏、以相牛立名。能以伎能立名者甚多。皆有高世絶人之風。何可勝言。【考證】張文虎曰、中統本、名作身、張之象曰、此段祖貨殖傳末段總敘之意、故曰。非其地、樹之不生。非其意、教

之不成。【考證】生成韻、夫家之教子孫、當視其所以好。好含苟生活之道、因而成之。【考證】好含、未詳、南宋本凌本、含作舍、故曰。制宅命子、足以觀士。子有處所、可謂賢人。臣爲郎時、與太卜待詔爲郎者同署。言曰。孝武帝時、聚會占家問之。某日可取婦乎。五行家曰可。堪輿家曰不可。建除家曰不吉。叢辰家曰大凶。歷家曰小凶。天人家曰小吉。太一家曰大吉。【考證】漢書藝文志五行類、堪輿金匱十四卷、鍾律叢辰日苑二十二卷、泰一二十九卷、錢大昕曰、天人家、不見于藝文志、或云、當作天一、藝文志五行家有天一六卷、愚按、建除家亦不見于藝文志、辯訟不決。以狀聞。制曰。避諸死忌、以五行爲主。人取於五行者也。

【索隱】述贊、日者之名、有自來矣、吉凶占候、著於墨子、齊楚異法、書亡罕紀、後人斯繼、季主獨美、取免暴秦、此焉終否、

日者列傳第六十七　　史記一百二十七

史記會注考證

文學博士瀧川龜太郎著

史記會注考證卷一百二十八

漢　太史　令　司　馬　遷　撰

宋　中郎外兵曹參軍裴　駰　集解

唐　國子博士弘文館學士司　馬　貞　索隱

唐　諸王侍讀率府長史張　守　節　正義

日　本　出　雲　瀧　川　資　言　考證

龜策列傳第六十八　史記一百二十八

[索隱]龜策傳、有錄無書、褚先生所補、其敘事煩蕪陋略、無可取、[正義]史記至元成間十篇有錄無書、而褚少孫補景武紀、將相年表、禮書、樂書、律書、三王世家、蒯成侯、日

者、龜策列傳、日者龜策、言辭最鄙陋、非太史公之本意也、[考證]史公自序云、三王不同龜、四夷各異卜、然各以決吉凶、略闚其要、作龜策列傳、第六十八、梁玉繩曰、史公此傳亡、褚生補之、而其序則託之史公者也、史公封禪書首曰、自古受命帝王、曷嘗不封禪、而日者序曰、自古受命而王、何嘗不以卜筮、此序曰、自古聖王、何嘗不寶卜筮、胡屢襲之耶、巫蠱起于征和、乃言邱子明之屬因巫蠱族誅、則非史記太初之限、余至江南以下、尤義支辭弱、徐孚遠曰、太史公天官家與龜策家、相爲出入、故著其傳、陳仁錫曰、龜策敘、乃子長之筆、臣以經術以下、則褚生所補、錢大昕曰、張晏謂龜策傳有目無書、褚先生言臣往來長安中、求龜策列傳不能得、然此篇有今上卽位之文、其詞非褚先生所能作、愚按龜策傳序、史公手筆、但頗少俊邁氣象、非其至者也、梁氏以其起首與封禪日者同法疑之、一百三十篇、五十三萬言、豈無一二同法者乎、梁氏又云、余至江南以下義支辭弱、尙卜筮信禎祥、當時之人皆然、不獨史公、未可以今概古也、褚少孫亦但云求列傳不能得、不及序論有無、

太史公曰。自古聖王、將建國受命、興動事業、何嘗不寶卜筮以助善。唐虞以上、不可記已。自三代之興、各據禎祥。塗山之兆從、而夏啓世。飛燕之卜順、故殷興。[考證]禹娶于塗山氏生啓、簡狄見玄鳥墮卵生契、百穀之筮吉、故周王。[考證]后稷播百穀、王者決定諸疑、參以卜筮、斷以蓍龜。

不易之道也。[正義]蓍、音詩、蠻夷氐羌、雖無君臣之序、亦有決疑之卜。或以金石、或以草木、[集解]徐廣曰、草、一作革、國不同俗。然皆可以戰伐攻擊、推兵求勝、各信其神、以知來事。略聞夏殷欲卜者、乃取蓍龜。已則弃去之。[考證]何焯曰、卜下有筮字、以爲龜藏則不靈、蓍久則不神。至周室之卜官、常寶藏蓍龜。又其大小先後、各有所尙。要其歸等耳。[考證]此史公自序所謂略闚其要也、或以爲聖王遭事無不定、決疑無不見。其設稽神求問之道者、以爲後世衰微、愚不師智、人各自安、化分爲百室、道散而無垠。故推歸之至微、要潔於精神也。[考證]李笠曰、潔、當作絜、猶絜矩之絜、或以爲昆蟲之所長、聖人不能與爭。其處吉凶、別然否、多中於人。[正義]昆蟲、謂龜也、至高祖時、因秦太卜官。

【考證】漢百官公卿表、奉常、秦官、掌宗廟禮儀、景帝中六年、更名太常、屬官有太樂太常太宰太史太卜太醫、天下始定、兵革未息。及孝惠、享國日少。呂后女主。孝文・孝景、因襲掌故、未遑講試。雖父子疇官、世世相傳、其精微深妙、多所遺失。【考證】疇官、猶曰疇人、疇籌通、疇官、掌歷算卜筮之官、史歷書、周室微、陪臣執政、史記不時、故疇人子弟分散、程大昌云、古人字多假借、疇人者籌人也、蓋以算數名、至今上即位、博開藝能之路、悉延百端之學。通一伎之士、咸得自效。絕倫超奇者爲右、無所阿私。數年之閒、太卜大集。會上欲擊匈奴、西攘大宛、南收百越。【集解】徐廣曰、攘一作襄、襄、除也、卜筮至預見表象、先圖其利。及猛將推鋒執節、獲勝於彼、而蓍龜時日、亦有力於此。上尤加意、賞賜至或數千萬。如丘子明之屬、富溢貴寵、傾於朝廷、至以卜筮射蠱道、巫蠱時或頗中。【考證】漢書武紀、元光五年秋七月乙巳、皇后陳氏廢、捕爲巫蠱者

皆梟首、外戚傳、女子楚服等、坐爲皇后巫蠱祠祭祝詛、大逆無道、相連及誅者三百餘人、楚服梟首於市、此序所謂巫蠱即是、非言衛皇后戾太子事、梁氏誤、素有眦睚不快、因公行誅、恣意所傷、以破族滅門者、不可勝數。百僚蕩恐、皆曰。龜策能言。後事覺姦窮、亦誅三族。【考證】岡白駒曰、卜筮誣蠱者、亦誅三族、夫摓策定數、灼龜觀兆、變化無窮。【集解】徐廣曰、摓、音逢、一作達、【索隱】按徐廣摓音逢、摓謂兩手執蓍、分而扐之、故云摓策、是以擇賢而用占焉。可謂聖人重事者乎。【考證】陳子龍曰、此段刺世深隱、非太史公不能作、周公卜三龜、而武王有瘳。【考證】周書金縢、乃卜三龜、一習吉、啓籥見書、乃并是吉、紂爲暴虐、而元龜不占。【考證】商書西伯戡黎、格人元龜、罔敢知吉、晉文將定襄王之位、卜得黃帝之兆、卒受彤弓之命。【集解】左傳曰、遇黃帝戰于阪泉之兆、【考證】僖廿五年廿八年左傳、獻公貪驪姬之色、卜而兆、有口象、其禍竟流五世。【考證】晉語、獻公卜伐驪戎、史蘇占之曰、遇兆挾以銜骨、齒牙爲猾、戎夏交捽、且懼有口、楚靈將背周室、卜而龜逆。終被乾谿

之敗。【集解】左傳曰、靈王卜曰、余尚得天下、不吉、投龜詬天而呼曰、是區區者而不余畀、余必自取之、【索隱】詬、音火候反、【考證】昭十三年左傳、兆應信誠於內、而時人明察、見之於外。可不謂兩合者哉。君子謂夫輕卜筮無神明者、悖背人道。【索隱】悖背、上音倍、下音佩、信禎祥者、鬼神不得其正。故書建稽疑五謀。而卜筮居其二、五占從其多。明有而不專之道也。【考證】周書洪範、余至江南、觀其行事、問其長老。云。龜千歲乃遊蓮葉之上。【集解】徐廣曰、蓮一作蘋、蘋與蓮聲相近、或假借字也、蓍百莖共一根。【集解】徐廣曰、劉向云、龜千歲、而靈、蓍百年、而一本生百莖、又其所生、獸無虎狼、草無毒螫。江傍家人、常畜龜、飲食之、以爲能導引致氣、有益於助衰養老。豈不信哉。【考證】張文虎曰、御覽九百三十一、引家人作人家、今本誤倒、愚按御覽引、信作偉、何焯曰、按此卷但有序論、而無傳、故褚先生補之、以下乃少孫所補、若序論、則非少孫所能爲也、今人概焉忽之、惑于索隱有錄無書之一言耳、

褚先生曰。臣以通經術、受業博士治春秋、以高第爲郎、幸得宿衞出入宮殿中、十有餘年。竊好太史公傳。太史公之傳曰。三王不同龜、四夷各異卜。然各以決吉凶。略闚其要。故作龜策列傳。【正義】傳、即卜筮之書、【考證】此龜策列傳史公自序之文、臣往來長安中、求龜策列傳、不能得。故之大卜官、問掌故文學長老習事者、寫取龜策卜事、編于下方。聞古五帝三王、發動舉事、必先決蓍龜。傳曰。【索隱】此傳即太卜所得古占龜之說也、下有伏靈、上有兔絲。上有擣蓍、下有神龜。【索隱】擣、音逐留反、按即稠也、擣蓍即聚蓍、擣是古稠字也、【考證】絲龜韻、淮南子說山訓、千年之松、下有茯苓、上有兔絲、上有叢蓍、下有伏龜、聖人從外知內、以見知隱也、高誘注、茯苓、千載松脂也、兔絲生其上而無根、一名女蘿也、所謂伏靈者、在兔絲之下。狀似飛鳥之形。新雨已、天淸靜無風。以夜捎兔絲

去之、【考證】捎、芟也、卽以篝燭此地。【集解】徐廣曰、篝、籠也、蓋然火而籠罩其上也、音溝、陳涉世家曰、夜篝火也、燭之火滅、卽記其處、【考證】岡白駒曰、氣自地中吹出滅之、以新布四丈環置之、明卽掘取之。入四尺至七尺得矣。過七尺不可得。伏靈者、千歲松根也。食之不死。【考證】王念孫曰、伏靈、今茯苓、松脂所化、非松根也、根當作脂、御覽、爾雅翼竝引龜策傳曰茯苓者千載松脂也、淮南子說山篇高注曰、茯苓、千載松脂也、博物志引神仙傳曰、松脂入地、千年化爲茯苓、聞蓍生滿百莖者、其下必有神龜守之。其上常有青雲覆之。傳曰。天下和平、王道得、而蓍莖長丈、其叢生滿百莖。【考證】王念孫曰、類聚御覽引此作其叢生百莖共根、百上無滿字、莖下有共根二字、上下文言滿百莖、皆褚先生之語、此言百莖共根、乃褚引古傳之文、不與上下同也、方今世取蓍者、不能中古法度。不能得滿百莖長丈者。取八十莖已上、蓍長八尺、卽難得也。人民好用卦者、取滿六十莖已上、長滿六尺者、

卽可用矣。記曰。能得名龜者、財物歸之、家必大富、至千萬。一曰北斗龜。二曰南辰龜。三曰五星龜。四曰八風龜。五曰二十八宿龜。六曰日月龜。七曰九州龜。八曰玉龜。凡八名龜。【考證】御覽九百三十一、引玉龜作王龜、藝文類聚亦作王龜、岡白駒曰、其文北斗爲北斗龜、龜圖各有文在腹下。文云云者、此某之龜也。略記其大指、不寫其圖。取此龜、不必滿尺二寸。民人得長七八寸、可寶矣。今夫珠玉寶器、雖有所深藏、必見其光、【考證】張文虎曰、游王淩本、必誤之、必出其神明。其此之謂乎。故玉處於山而木潤、淵生珠而岸不枯者、潤澤之所加也。【集解】徐廣曰、一無不字、許氏說淮南、以爲滋潤鍾於明珠、致令岸枯也、【考證】張文虎曰、淩本、處誤出、荀子勸學篇、玉在山而草木潤、淵生珠而崖不枯、淮南子說山訓、玉在山而草木潤、淵生珠而岸不枯、愚按許氏淮南注、與史義殊、明月之珠、出於江海、藏於蚌中、

蚗龍伏之。【集解】徐廣曰、許氏說淮南云、蚗龍、龍屬也、音決、【索隱】蚗蠪伏之、按蚗當爲蛟、蠪、音龍、注音決、誤也、王者得之、長有天下、四夷賓服。能得百莖蓍、并得其下龜以卜者、百言百當、足以決吉凶。神龜出於江水中。廬江郡常歲時生龜。長尺二寸者二十枚。輸太卜官。太卜官、因以吉日剔取其腹下甲。龜千歲乃滿尺二寸。【考證】張文虎曰、太卜官三字、柯淩本不重、蓋脫字、愚按御覽亦重三字、王者發軍行將、必鑽龜廟堂之上、以決吉凶。今高廟中有龜室。藏內以爲神寶。傳曰。取前足臑骨穿佩之、取龜置室西北隅、懸之以入深山大林中、不惑。【集解】徐廣曰、臑、音乃毛反、臑、臂、【索隱】臑、音乃高反、臑、臂也、一音乃導反、臣爲郎時、見萬畢石朱方傳曰。有神龜、在江南嘉林中。【索隱】按萬畢術中有石朱方、方中說嘉林中、故云傳曰、【考證】王引之曰、水經決水注云、灌水導源廬江金蘭縣西北東陵鄉大蘇山、褚先生所謂神龜出

於江灌之間、嘉林之中、蓋謂此水也、東北逕蓼縣故城西、而北注決水、是此傳原文本作神龜出於江灌之間、且其地在江北、非在江南、今本云、神龜在江南、蓋後人多聞江水、少聞灌水、故以意改之耳、嘉林者獸無虎狼、鳥無鴟梟、草無毒螫、野火不及、斧斤不至。是爲嘉林。龜在其中、常巢於芳蓮之上、左脅書文曰。甲子重光、【集解】徐廣曰、子一作于、得我者、匹夫爲人君、有土正。【集解】徐廣曰、正、長也、爲有土之官長、諸侯得我爲帝王。求之於白蛇蟠杅林中者、【集解】徐廣曰、杅、一孤反、【索隱】按林名白蛇蟠杅林、龜藏其中、杅、音烏、謂白蛇嘗蟠杅此林中也、齋戒以待、譺然狀如有人來告之。【索隱】譺、音嶷、言求龜者齋戒以待、常譺然也、【正義】譺、猶疑也、【考證】岡白駒曰、譺然、齋敬貌、因以醮酒佗髮求之、三宿而得。【集解】徐廣曰、佗、一作被、【索隱】佗、音徒我反、按謂被髮也、【考證】岡白駒曰、醮酒、灌地祭也、由是觀之、豈不偉哉。故龜可不敬歟。南方老人、用龜支牀足、行二十餘歲、老人死。【考證】藝文類聚引史、行作經、移牀。龜尙生不死。龜

能行氣導引。問者曰。龜至神若此。然太卜官得生龜、何爲輒殺取其甲乎。近世江上人有得名龜。畜置之。家因大富。與人議、欲遣去。人敎殺之勿遣。遣之破人家。【考證】岡白駒曰、言破汝家也、龜見夢曰。送我水中、無殺吾也。其家終殺之。殺之後、身死、家不利。人民與君王者異道。人民得名龜、其狀類不宜殺也。以往古故事言之。古明王聖主、皆殺而用之。宋元王時得龜。亦殺而用之。謹連其事於左方、令好事者觀擇其中焉。【考證】莊子外物篇、宋元王作宋元君、釋文、李云、元君、元公也、元公名佐、平公之子、顧炎武曰、宋有元公、無元王、錢大昕曰、宋稱王、自偃始、此元王或王偃之譌、王偃雖戰勝攻取、尋卽亡滅、暴而不德、非靈龜所能祐也、愚按淮南子說山訓、神龜能見夢元王、而不能自出漁者之籠、作元王者、不獨褚少孫、

宋元王二年、江使神龜使於河、至於泉陽。漁者豫且、擧網得而囚之、置之籠中。【索隱】豫且、下音子余切、泉陽人網元龜者、【考證】莊子外物篇、作余且、釋文、姓余名且、夜半龜來見夢於宋元王曰。我爲江使於河、而幕網當吾路。泉陽豫且得我。我不能去。身在患中、莫可告語。王有德義。故來告訴。【考證】路去語訴韻、元王惕然而悟、乃召博士衞平而問之。【索隱】衞平、宋元君之臣也、曰。今寡人夢見一丈夫。延頸而長頭、衣玄繡之衣、而乘輜車、來見夢於寡人。曰。我爲江使於河、而幕網當吾路。泉陽豫且得我。我不能去。身在患中、莫可告語。王有德義。故來告訴。是何物也。衞平乃援式而起、【集解】徐廣曰、式、音勅、日者傳、旋式正棊、仰天而視月之光、觀斗所指、定日處鄕、規矩爲輔、副以權衡。四維已定、八卦相望。視其吉凶、介蟲先見。【考證】岡白駒曰、鄕與嚮通、何焯曰、仰天而觀月之光以下用韻、愚按、光鄕衡望韻、乃對元王曰。今昔壬子、【索隱】今昔、猶昨夜也、以今日言之、謂昨夜爲今昔、【考證】昔、夕通、宿在牽牛。河水大會、鬼神相謀。漢正南北、【正義】漢、天河、江河固期。南風新至、江使先來。白雲壅漢、萬物盡留。斗柄指日、使者當囚。玄服而乘輜車、其名爲龜。王急使人問而求之。王曰。善。【考證】牛謀期來留囚韻、御覽七百二十五、壅漢作擁漢、錢大昕曰、奇門之式、古人謂之遁甲、卽易八卦方位、加以中央、與乾鑿度太一下行九宮之法相合、史記龜策傳、衞平乃援式而起、仰天而視月之光、觀斗所指云云、乃對曰、今昔壬子、宿在牽牛、云云、此遁甲式也、日在牽牛、冬至之候、蓋冬至後壬子日、庚子時、陽遁第一局、甲午爲旬首、在巽宮、杜門爲直使、時加子、子爲玄武、故云介蟲先見也、規矩權衡、謂坎離震兌四正之位、漢書魏相傳、東方之神、執規司春、南方之神、執衡司夏、西方之神、執矩司秋、北方之神、執權司冬、是其義也、加以四維、故云八卦相望也、張文虎曰、援式而起、謂地盤也、仰天而視月之光者、定時也、觀斗所指者、正月令也、定日處鄕者、正日躔也、規矩權衡四維八卦者、左規右矩、前衡後權、謂天盤所加十二辰之位也、義見淮南天文訓及漢書律歷志、介蟲先見者、謂初傳玄武發用也、今昔壬子者、日辰也、宿在牽牛者、日宿在丑也、河水大會者、仲冬水王、又一日時干支皆水也、漢正南北者、夜半時箕斗在子、天漢正當南北也、南風新至者、冬至一陽生也、斗柄指日者、月建在壬位也、使者當囚者、白虎乘子加壬、又玄武乘功曹也、錢氏十駕齋新錄以爲奇門之式、未然、於是王乃使人馳而往問泉陽令曰。漁者幾何家。名誰爲豫且。豫且得龜、見夢於王。王故使我求之。泉陽令乃使吏案籍視圖。水上漁者五十五家。上流之廬、名爲豫且。泉陽令曰。諾。乃與使者馳而問豫且曰。今昔汝漁何得。豫且曰。夜半時擧網得龜。【集解】莊子曰、得白龜圓五尺、【考證】莊子外物篇、得白龜焉、箕圓五尺、使者曰。今龜安在。曰。在籠中。使者曰。王知子得龜、故使我求之。豫且曰。諾。卽系龜而出之籠中、獻使者。使者載行、出於泉陽之門。正晝無見、風雨晦冥、雲蓋其上、五采青黃、雷雨並起、風將而行。入於端門、見於東箱。身如流水、潤澤有光。【考證】張文虎曰、游凌本、雷譌雲、岡白駒曰、箱與廂同、愚按、冥黃行箱光韻、望見

元王、延頸而前、三步而止、縮頸而卻、復其故處。元王見而怪之、問衞平曰。龜見寡人延頸而前。以何望也。縮頸而復。是何當也。衞平對曰。龜在患中、而終昔囚。王有德義、使人活之。今延頸而前、以當謝也。縮頸而卻、欲亟去也。【考證】終昔、猶終夜也、

元王曰。善哉。神至如此乎。不可久留、趣駕送龜。勿令失期。衞平對曰。龜者、是天下之寶也。先得此龜者爲天子。且十言十當、十戰十勝。生於深淵、長於黃土。知天之道、明於上古。游三千歲、不出其域。安平靜正、動不用力。壽蔽天地、莫知其極。與物變化、四時變色。居而自匿、伏而不食。春倉夏黃、秋白冬黑。明於陰陽、審於刑德。先知利害、察於禍福。

以言而當、以戰而勝。王能寶之、諸侯盡服。王勿遣也、以安社稷。【考證】土古、域力極色食黑德福服稷韻、凌稚隆曰、一本倉作蒼、愚按御覽七百二十五亦作蒼、或云、勝當作克、與上下韻協、

元王曰。龜甚神靈、降于上天、陷於深淵、在患難中、以我爲賢。德厚而忠信、故來告寡人。寡人若不遣也、是漁者也。漁者利其肉、寡人貪其力。下爲不仁、上爲無德、君臣無禮、何從有福。寡人不忍、柰何勿遣。【考證】淵賢人力德福韻、

衞平對曰。不然。臣聞盛德不報、重寄不歸。天與不受、天奪之寶。今龜周流天下、還復其所。上至蒼天、下薄泥塗。還徧九州、未嘗愧辱。無所稽留。今至泉陽、漁者辱而囚之。王雖遣之、江河必怒、務求報仇、自以爲侵、因神與謀、淫雨不霽、水不可治。若爲枯旱、風而

揚埃、蝗蟲暴生、百姓失時。王行仁義、其罰必來。此無佗故。其祟在龜。後雖悔之、豈有及哉。王勿遣也。【考證】所塗州留囚仇謀治埃時來龜哉韻、

元王慨然而歎曰。夫逆人之使、絕人之謀。是不暴乎。取人之有、以自爲寶。是不彊乎。寡人聞之、暴得者必暴亡、彊取者必後無功。桀・紂暴彊、身死國亡。今我聽子。是無仁義之名、而有暴彊之道。江河爲湯・武。我爲桀・紂。未見其利、恐離其咎。寡人狐疑。安事此寶。趣駕送龜、勿令久留。衞平對曰。不然。王其無患。天地之閒、累石爲山、高而不壞。地得爲安。故云物或危而顧安、或輕而不可遷。人或忠信、而不如誕謾。【集解】徐廣曰、誕一作訑、音土和反、【索隱】誕、田爛反、謾、音漫、一音竝如字、訑、音吐禾反、【正義】訑、欺也、【考證】李笠曰、顧、反也、

或醜惡

而宜大官、或美好佳麗、而爲衆人患。非神聖人、莫能盡言。春秋冬夏、或暑或寒。寒暑不和、賊氣相奸。同歲異節、其時使然。【考證】山安遷謾宦患言寒奸然韻、故令春生夏長、秋收冬藏。或爲仁義、或爲暴彊。【考證】藏彊韻、暴彊有鄉。仁義有時。萬物盡然。不可勝治。【考證】時治韻、

大王聽臣、臣請悉言之。天出五色、以辨白黑。地生五穀、以知善惡。人民莫知辨也、與禽獸相若。谷居而穴處、不知田作。天下禍亂、陰陽相錯、悤悤疾疾、【集解】徐廣曰、一作病、通而不相擇。妖孽數見、傳爲單薄。【正義】說文云、衣服謌謠、草木之怪、謂之妖、禽獸蟲蝗之怪、謂之蠥也、【考證】岡白駒曰、通、謂人民皆然也、不相擇、言不知去惡而就善、出谷穴而從田作也、愚按、傳、猶承也、

聖人別其生、使無相獲。禽獸有牝牡、置之山原。鳥有雌雄、布之林澤。有介之蟲、置之

谿谷。故牧人民、爲之城郭、內經閭術、外爲阡陌、【考證】岡白駒曰、百家爲里、里十爲術、外爲阡陌、謂田也、民冬在閭術、農時在田廬、夫妻男女、賦之田宅、列其室屋、爲之圖籍、別其名族、立官置吏、勸以爵祿、衣以桑麻、養以五穀、【考證】黑惡若作錯擇薄獲澤谷郭陌宅籍祿穀韻、耕之耰之、【集解】徐廣曰、音憂、【正義】耰、覆種也、說文云、耰、摩田器、鉏之耨之、【集解】徐廣曰、耨、除草也、【考證】耰耨韻、口得所嗜、目得所美、身受其利。【考證】嗜美利韻、以是觀之、非彊不至。【考證】駁元王誕取者必後無功語、故曰。田者不彊、囷倉不盈。【正義】說文云、圓者謂之囷、方者謂之廩、商賈不彊、不得其贏。【正義】贏、餘利也、婦女不彊、布帛不精。官御不彊、其勢不成。大將不彊、卒不使令。侯王不彊、沒世無名。【考證】盈贏精成令名韻、故云。彊者事之始也。分之理也。物之紀也。【考證】始理紀韻、所求於彊、無不有也。王以爲不然。王獨

不聞玉櫝隻雉、出於昆山、【集解】徐廣曰、隻一作雙、【考證】岡白駒曰、雉所以爲飾也、明月之珠、出於四海、鐫石拌蚌、傳賣於市。【集解】徐廣曰、鐫、音子旋反、拌、音判、【索隱】拌、音判、判、割也、聖人得之、以爲大寶。大寶所在、乃爲天子。【考證】陳子龍曰、珠玉與龜同爲國之鎮寶、故比類焉、今王自以爲暴。不如拌蚌於海也。自以爲彊。不過鐫石於昆山也。【考證】言剝龜與拌蚌鐫石不異、取者無咎、寶者無患。今龜使來抵網、而遭漁者得之、見夢自言。是國之寶也。王何憂焉。元王曰。不然。寡人聞之。諫者福也。諛者賊也。人主聽諛、是愚惑也。【考證】福賊惑韻、雖然禍不妄至。福不徒來。天地合氣、以生百財。陰陽有分、不離四時。十有二月、日至爲期。聖人徹焉、身乃無災。明王用之、人莫敢欺。【考證】來財時期災欺韻、岡白駒曰、日至、夏至冬至、故云。福

之至也、人自生之。禍之至也、人自成之。【考證】生成韻、禍與福同。刑與德雙。聖人察之、以知吉凶。桀紂之時、與天爭功。擁遏鬼神、使不得通。是固已無道矣。諛臣有衆。【考證】李笠曰、有、同又、愚按同雙凶功通衆韻、桀有諛臣、名曰趙梁。【考證】錢大昕曰、桀臣趙梁、紂臣左彊、本紀皆無之、教爲無道、勸以貪狼。繫湯夏臺、殺關龍逢。在右恐死、偷諛於傍。國危於累卵、皆曰無傷。稱樂萬歲、或曰未央。蔽其耳目、與之詐狂。湯卒伐桀、身死國亡。聽其諛臣、身獨受殃。春秋著之、至今不忘。紂有諛臣、名爲左彊。誇而目巧、教爲象郎、【集解】禮記曰、目巧之室、鄭玄曰、但用目巧善意作室、不由法度、許愼曰、象牙郎、【考證】陳子龍曰、郎、廊通用、象郎似以象飾室之名、或作繪象、如後世畫室之意、二義俱通、觀後文之象郎、知定是室也、張文虎曰、御覽郎作廊、按淮南子本經篇、桀紂爲璇室瑤臺象廊、即此事、將至於天、【考證】岡白駒曰、即上文與天爭功者、愚按言其高也、又有

玉牀犀玉之器。象箸而羹。【索隱】箸、音持慮反、則箸是筯、爲與羹連、則或非箸樽也、記曰、羹之有菜者用挾、挾者箸也、聖人剖其心、壯士斬其胻。【集解】胻、音衡、腳脛也、【索隱】胻、音衡、即腳脛、【考證】剖比干之心、斮朝涉之脛、箕子恐死、被髮佯狂。殺周太子歷。【索隱】按殺周太子歷、文在囚文王昌之上、則近是季歷、季歷不被紂誅、則其言近妄、無容周更別有太子名歷也、【考證】陳仁錫曰、歷字衍文、太子謂伯邑考也、愚按、其事未詳、囚文王昌、投之石室、將以昔至明。【考證】李笠曰、此句難解、岡白駒曰、昔、夕也、陰兢活之、【集解】徐廣曰、兢一作競、【索隱】陰、姓、兢、名、與之俱亡。入於周地、得太公望、與卒聚兵、與紂相攻。文王病死、載尸以行。太子發代將。號爲武王、戰於牧野、破之華山之陽。紂不勝、敗而還走。圍之象郎、自殺宣室。【集解】徐廣曰、天子之居名曰宣室、身死不葬、頭懸車軫、四馬曳行、寡人念其如此、腸如涫湯。【集解】徐廣曰、涫、音館、一作沸、【索隱】上音館、涫、沸也、【考證】梁狼逢傍傷央狂亾殃忘彊郎牀羹胻狂昌明亾望攻行王陽郎葬行湯韻、是人

皆富有天下、而貴至天子。然而大傲、欲無猒時、舉事而喜高、貪狼而驕、不用忠信、聽其諛臣、而爲天下笑。今寡人之邦、居諸侯之閒、曾不如秋毫。舉事不當、又安亡逃。【考證】傲高驕笑毫逃、韻、 衞平對曰。不然。河雖神賢、不如崑崙之山。江之源理、不如四海、而人尚奪取其寶、諸侯爭之、兵革爲起、小國見亡、大國危殆、殺人父兄、虜人妻子、殘國滅廟、以爭此寶、戰攻分爭。是暴彊也。【考證】寶、言珠玉、 故云、取之以暴彊、而治以文理。【考證】張文虎曰、中統游毛本吳校金板、取下無之字、 無逆四時、必親賢士。與陰陽化、鬼神爲使、通於天地、與之爲友。【考證】友字、不與上下韻協、疑有譌誤、 諸侯賓服、民衆殷喜、邦家安寧、與世更始。湯武行之、乃取天子、春秋著之、

以爲經紀。【考證】理士使喜始子紀、韻、 王不自稱湯武、而自比桀紂。桀紂爲暴彊也、固以爲常。【考證】各本、脫桀紂二字、今從毛本館本、 桀爲瓦室、【集解】世本曰、昆吾作陶、張華博物記亦云、桀作瓦、蓋是昆吾爲桀作也、 紂爲象郎、徵絲灼之、務以費民。【索隱】按灼、謂燔也、燒絲以當薪、務費人也、【考證】王念孫曰、民當作氓、與常郎方囊彊嘗傍行祥成享冥光綱長亾十六字爲韻、 賦斂無度、殺戮無方、殺人六畜、【考證】殺下民所畜六畜、 以韋爲囊、囊盛其血、與人縣而射之、與天帝爭彊、逆亂四時、先百鬼嘗。【考證】俞樾曰、殷本紀、武乙無道、爲革囊盛血、而仰射之、名曰射天、宋世家、宋王偃盛血以革囊、縣而射之、名曰射天、龜策傳紂殺人六畜、以韋爲囊、盛其血、與人縣而射之、與天帝爭彊、三君所爲、如出一轍、何哉、子貢不云乎、紂之不善、不如是之甚、 諫者輒死、諛者在傍。聖人伏匿、百姓莫行。天數枯旱、國多妖祥。螟蟲歲生、五穀不成。民不安其處、鬼神不享。飄風日起、正晝晦冥。日月竝蝕、滅息無光。列星奔亂、皆絕紀綱。以

是觀之、安得久長。雖無湯武、時固當亡。故湯伐桀、武王剋紂、其時使然。乃爲天子、子孫續世、終身無咎、後世稱之、至今不已。是皆當時而行、見事而彊。乃能成其帝王。今龜大寶也。爲聖人使、傳之賢士。【考證】張文虎曰、士疑當作王、與上下韻、 不用手足。雷電將之、風雨送之、流水行之、侯王有德、乃得當之。【考證】將、送也、行彊王將行當、韻、 今王有德、而當此寶、恐不敢受、王若遺之、宋必有咎。後雖悔之、亦無及已。元王大悅而喜。【考證】張文虎曰、喜疑當作起、愚按、喜讀爲嘻、 於是元王向日而謝、【索隱】蓋欲神之以謝天也、天之質闇、日者天之光明、著見者莫過也、 再拜而受、擇日齋戒。甲乙最良。【考證】岡白駒曰、吉日也、 乃刑白雉及與驪羊、以血灌龜、於壇中央、以刀剝之。身全不傷、脯酒禮之、橫其腹腸、荊支

卜之、【考證】御覽七百二十五、剝作刳、岡白駒曰、支與枝通、燒荊枝也、愚按、下文云、灼以荊若剛木、御覽七百二十五引三禮圖云、楚焞以荊爲然、以灼龜、正以荊者、凡木心皆圓、而荊心方、是以用之、其義可見、 必制其創。【正義】音瘡、 理達於理、文相錯迎。【考證】王念孫曰、理達於理、文不成義、理達當爲程達、程理右半相似、又涉下理字而誤也、程與呈古字通、灼龜爲兆、其理縱橫、呈達於外、故曰程達於理、文相錯迎也、太平御覽方術部、引此正作程達於理、 使工占之、所言盡當、邦福重寶、【集解】徐廣曰、福音副、藏也、 聞于傍鄉。殺牛取革、被鄭之桐。【集解】徐廣曰、牛革桐爲鼓也、【索隱】徐氏云、牛革桐爲鼓、 草木畢分、化爲甲兵、戰勝攻取、莫如元王。【考證】良羊央傷腸創迎當鄉桐兵王韻、 元王之時、衞平相宋。宋國最彊、龜之力也。故云。神至能見夢於元王、而不能自出漁者之籠、身能十言盡當、不能通使於河、還報於江。【考證】籠江韻、 賢能令人戰勝攻取、不能自解於刀鋒、免剝刺之患。聖能先知亟見、而不能令衞平無言。言

事百全、至身而攣。【考證】而、猶則也、罔白駒曰、攣、拘繫也、當時不利、又焉事賢。賢者有恆常、士有適然。【考證】張文虎曰、恆常、當衍其一、蓋漢世諱恆爲常、後人兩存之、愚按、恆言攣賢然韻、又按莊子外物篇云、仲尼曰、神龜能見夢於元君、而不能避余且之網、知能七十二鑽而無遺筴、不能避刳腸之患、此文所本、是故明有所不見、聽有所不聞。【考證】莊子外物篇、知有所困、神有所不及、楚辭卜居、物有所不足、智有所不明、數有所不逮、神有所不通、中井積德曰、聽、當作聰、人雖賢、不能左畫方右畫圓。日月之明、而時蔽於浮雲。羿名善射、不如雄渠・蠭門。【集解】新序曰、楚雄渠子、夜行見伏石當道、以爲虎而射之、應弦沒羽、淮南子曰、射者重以逢門子之巧、劉歆七略、有蠭門射法也、禹名爲辯智、而不能勝鬼神。地柱折、天故毋椽。又柰何責人於全。【考證】聞圓雲門神椽全韻、張文虎曰、南宋舊刻毛本、椽、他本譌掾、岡白駒曰、天東南傾、是也、孔子聞之曰。神龜知吉凶、而骨直空枯。【正義】凡龜其骨空中而枯也、直、語發聲也、今河東亦然、日爲德、而君於天下。辱於三足之烏。【考證】淮南子精神訓、日中有踆烏、注云、踆、趾也、謂三足烏也、月

爲刑而相佐。見食於蝦蟇。【考證】淮南子說林訓、月照天下、而蝕於蟾諸、騰蛇游霧、而殆於蝍蛆、注云、蟾諸、月中蝦蟇、食月、故曰食於蟾諸、蝍蛆、蟋蟀、爾雅謂之蝍蛆、之大腹也、上蛇、蛇不敢動、故曰殆於蝍蛆、蝟辱於鵲。【集解】郭璞曰、蝟能制虎、見鵲仰地、淮南萬畢曰、鵲令蝟反腹者、蝟惜其意而心惡之也、騰蛇之神、而殆於即且。【集解】郭璞曰、騰蛇龍屬也、蝍蛆似蝗大腹、食蛇腦也、【正義】即、津日反、且、則餘反、即吳公也、狀如蚰蜒而大黑色、竹外有節理、中直空虛。松柏爲百木長、而守門閭。日辰不全、故有孤虛。【集解】甲乙謂之日、子丑謂之辰、六甲孤虛法、甲子旬中無戌亥、戌亥即爲孤、辰巳即爲虛、甲戌旬中無申酉、申酉爲孤、寅卯即爲虛、甲申旬中無午未、午未爲孤、子丑即爲虛、甲午旬中無辰巳、辰巳爲孤、戌亥即爲虛、甲辰旬中無寅卯、寅卯爲孤、申酉即爲虛、甲寅旬中無子丑、子丑爲孤、午未即爲虛、劉歆七略、有風后孤虛二十卷、【正義】按歲月日時、孤虛竝得上法也、【考證】岡白駒曰、松柏守門閭、伐松栢以爲門、愚按、閭門之側、植以松柏也、黃金有疵、白玉有瑕。事有所疾、亦有所徐。物有所拘、亦有所據。罔有所數、亦有所疏。人有所貴、亦有所不如。【正義】拘、檢也、【考證】枯烏蟇且虛閭虛瑕徐據疎如韻、桃源抄云、據、音倨、敖也、罔網同、數音朔、細也、何可而適乎。

物安可全乎。【考證】岡白駒曰、而、爾也、適、主也、天尚不全、故世爲屋、不成三瓦而陳之、以應之天。【集解】徐廣曰、一云、爲屋成、欠三瓦而棟之也、【索隱】劉氏云、陳、猶居也、注、作棟音都貢反、【正義】言爲屋不成、欠三瓦以應天、猶陳列而居之、【考證】張文虎曰、作棟、是也、不成三瓦、謂中霤也、古者後室之霤、正當棟下、故云不成三瓦而棟之、索隱正義、訓陳爲居、郢書燕說耳、天下有階、物不全乃生也。【正義】言萬物及日月天地、皆不能全、喩龜之不全也、【考證】岡白駒曰、有階、言不一也、梁玉繩曰、褚傳但衍莊子外物篇宋元君得龜事、二千八百餘言、皆用韻語、奇恣自喜、亦必當時舊文、而褚述之、惟語多悖謾、不可以訓、如宋元公何曾僭王、其時亦無博士之官、而稱宋元王召博士衛平、史不言王季之死、呂氏春秋首時謂季歷困而死、竹書及晉書束晳傳、俱謂文丁殺季歷、即以爲眞、是王季不得正其終矣、而此作紂殺太子歷、豈天下之惡皆歸歟、且季歷不應稱太子、若以太子爲伯邑考、又不應名歷、文王之出羑里、紂赦之也、而云與陰兢亡入于周、武王載木主伐紂、示不敢專爾、而云文王攻紂病死、載尸以行、武王代將破紂、其說與淮南齊俗同、妄、太白之懸本誣、此又云頭懸車軫、四馬曳行、射天乃武乙事、此以爲桀紂、辱于三足之烏、月食于蝦蟇、孔子專有斯語、其誕不辨而明、史通敍事篇、言日者龜策傳無所取、蓋謬認出于史公之手也、至褚述宋元一節及占卜命召之辭、索隱正義、譏其煩蕪鄙陋、良然、愚按宋元王疑宋王偃、說既見上、太子歷、未必王季、其餘梁說、略有條理、

褚先生曰。漁者舉網而得神龜、龜自見夢宋元王、元王召博士衛平告以夢龜狀、平運式、定日月、分衡度、視吉凶、占龜與物色同。【考證】岡白駒曰、運式觀其物色、以知其爲神龜、平諫王、留神龜、以爲國重寶。美矣。古者筮必稱龜者、以其令名所從來久矣。余述而爲傳、

三月　二月　正月、【正義】言正月二月三月、右轉周環終十二月者、日月之龜腹下十二黑點爲十二月、若二十八宿龜也、【考證】張文虎曰、正義爲十二月、王柯誤作爲十日、　十二月　十一月　中關內高外下、【正義】此等下至首俛大者、皆卜兆之狀也、【考證】張文虎曰、中關內高外下、此卜兆、乃正文、各本混作集解、今正、　四月、【考證】張文虎曰、當在三月上、　首仰、【索隱】音魚兩反、【正義】謂兆首仰起、【考證】張文虎曰、南宋中統游毛、首上空格、不誤、王凌、連上四月、柯本脫、正義柯本與索隱系四月下、凌本混入索隱、　足開肣開、【索隱】音琴、肣、謂兆足斂也、【考證】

張文虎曰、肣開、當作足肣、李笠曰、上開字衍、索隱本無、首俛大、【索隱】俛、音免、兆首伏也、【考證】張文虎曰、首俛大索隱、當次首仰下、刪下文重出之首俛大三字、而以正義次索隱後、李笠曰、案索隱本出正文、亦在足肣開下、則其誤已久矣、又俛同俯、五月

橫吉　首俛大、【正義】俛、音免、謂兆首伏而大、　六月　七月

八月　九月　十月。

【考證】張文虎曰、案正月下正義云、言正月二月三月右轉周環終十二月者、日月之龜、疑傳式本依日躔之次、從亥位起、正月右旋、十二辰列於上、辰者日月所會、故名日月、龜矣、其卜兆別在下方、傳寫錯亂、致不可解、今依正義尋之、尚可得其仿佛、別寫如左、

四月　三月　二月　正月　中　關內高外下　首仰　首俛
五月　十二月　大　足開　足肣　橫吉
六月　十一月
七月　八月　九月　十月

卜禁曰。【考證】張文虎曰、南宋舊刻曰、它本譌日、愚按、劉百衲本作曰、　子亥戌、不可以卜、及殺龜。日中如食、【考證】岡白駒曰、日不明、　已卜暮昏、龜之徼也。【索隱】徼、音叫、謂徼繞不明也、【考證】張文虎曰、卜字疑衍、　不可以卜。庚辛可以殺、及以鑽之。常以月旦祓龜、【索隱】上音麼、又音拂、拂洗之以水、雞卵摩之而呪、【考證】張文虎曰、南宋中統游毛本吳校金板同、它本月譌日、愚按、御覽七百二十五、作月、　先以清水滌之、以卵祓之。【正義】以常月朝、清水洗之以雞卵摩而祝之、【考證】張文虎曰、正義以常倒、　乃持龜而遂之。【考證】岡白駒曰、遂之、謂卜之、張文虎曰、而遂之、疑有脫文、周禮菙氏、凡卜以明火爇燋、遂歙其焌契以授卜師、遂役之、　若嘗以爲祖。【集解】徐廣曰、一作視、【索隱】祖、法也、言以爲常法、【考證】毛本御覽嘗作常、嘗常通、岡白駒曰、言雖不卜、亦以爲常法、　人若已卜不中、皆祓之以卵、東向立、灼以荊。若剛木、土卵指之者三。【集解】徐廣曰、土一作十一、【索隱】按古之灼龜、取生荊枝及生堅木燒之、斬斷以灼龜、按土字合依劉氏說、當連下句、【正義】言卜不中、以土爲卵、三度指之、三周繞之、用厭不祥也、　持龜、以卵周環之、祝曰。今日吉。謹以粱卵焍黃、祓去玉靈之不祥。【索隱】粱、米也、卵、雞子也、焍、灼龜木也、音次第之第、言燒荊枝、更遞而灼、故有焍名、一音梯、言灼之以漸、如有階梯也、黃者以黃絹裹粱卵以祓龜也、必以黃者中之色、主土而信、故用雞也、【正義】焍、音題、焍、焦也、言以粱米雞卵祓去龜之不祥、令灼之不焦不黃、若色焦及黃、卜之不中也、　玉

靈以信以誠、知萬事之情。【考證】黃祥誠情韻、　辯兆皆可占。不信不誠、則燒玉靈揚其灰、以徵後龜。其卜必北向。龜甲必尺二寸。卜先以造灼鑽。【集解】徐廣曰、造、音竈也、【索隱】造音竈、造、謂燒荊之處、荊若木也、【正義】造竈、用燒荊枝也、【考證】張文虎曰、索隱荊若木三字、疑衍、　鑽中已、又灼。龜首各三。【考證】岡白駒曰、三鑽、三灼也、　又復灼所鑽中曰正身、灼首曰正足。【集解】徐廣曰、足、一作止、【考證】張文虎曰、灼首下疑脫曰正首灼足五字、　各三。卽以造三周龜、祝曰。假之玉靈夫子。【索隱】尊神龜而爲之作號、【考證】張文虎曰、假之疑假爾誤、下文假之同、愚按曲禮載命龜辭云、假爾泰龜有常、　夫子玉靈、荊灼而心、令而先知。而上行於天、下行於淵。諸靈數箣、莫如汝信。【集解】徐廣曰、箣、音策、【索隱】數箣、數所具反、箣音近策、或箣是策之別名、此卜筮之書、其字亦無可嚴、皆放此、【考證】張文虎曰、南宋本舊刻箣作刺、　今日良日、行一良貞。【集解】徐廣曰、行一作身、　某欲卜。某卽得而喜、不得而悔。卽得、發鄉我、身長大、首足收入、皆上偶。【考證】張文虎曰、首當作手、下首足滅去同、　不得、發鄉我、身挫折、中外不相應、首足滅去。【考證】張文虎曰、游本中外作內外、

靈龜卜祝曰。【考證】張文虎曰、靈龜二字疑衍、　假之靈龜、五筮五靈、不如神龜之靈。知人死、知人生。某身良貞、【考證】張文虎曰、南宋中統舊刻毛本作良貞、它本脫貞字、愚按楓三本、作良貞、　某欲求某物。卽得也、頭見足發、內外相應。卽不得也、頭仰足肣、內外自垂。可得占。【考證】張文虎曰、垂誤隨、依下文改、

卜占病者。【考證】張文虎曰、占字疑衍、　祝曰、今某病困。死、首上開、內外交駭、身節折。【考證】張文虎曰、中統游本、上作止、疑足之壞文、而上脫仰字、駭字疑誤、岡白駒曰、駭當作駮、交駮不同也、　不死、首仰足肣。卜病者祟。【考證】李笠曰、者祟二字、當乙、　曰。今病有祟、無呈。無祟、有呈。兆有中祟、有內。外祟、有外。【考證】卜病祟者以下、宜提行、

卜繫者出不出。橫吉安。若出、足開首仰有外。

卜求財物其所當得。得、首仰足開、內外相應。卽不得、呈兆首仰足肣。考證張文虎曰、案卜兆葢以首俛足開爲類、首俛足肣爲類、今各條有首仰無首俛、疑傳寫誤。

卜有賣若買臣妾馬牛。得之、首仰足開、內外相應。不得、首仰足肣、呈兆若橫吉安。

卜擊盜聚若干人在某所。今某將卒若干人、往擊之。當勝、首仰足開、身正內自橋外下。不勝、足肣首仰身首、集解徐廣曰、一作簡。考證張文虎曰、案此對上身正而言、首字簡字皆非。內下外高。

卜求當行不行。行、首足開。考證張文虎曰、首下脫仰字。不行、足肣首仰、若橫吉安。安、不行。

卜往擊盜、當見不見。見、首仰足肣有外。不見、足開首仰。

卜往候盜見不見。見、首仰足肣、肣勝有外。不見、足開首仰、考證張文虎曰、肣字疑衍、而勝又肣之譌衍、

卜聞盜來不來。來、外高內下、足肣首仰。不來、足開首仰、若橫吉安。期之自次。

卜遷徙去官不去。去、足開有肣外首仰。考證張文虎曰、肣字疑衍。不去、自去卽足肣、呈兆若橫吉安。考證張文虎曰、自去二字疑衍、

卜居官尙吉不吉。吉、呈兆身正、若橫吉安。不吉、身節折首仰足開。

卜居室家吉不吉。吉、呈兆身正、若橫吉安。不吉、身節折首

仰足開。

卜歲中禾稼孰不孰。孰、首仰足開、內外自橋外自垂。不孰、足肣首仰有外。

卜歲中民疫不疫。疫、首仰足肣、身節有彊外。不疫、身正首仰足開。考證張文虎曰、有彊疑倒、

卜歲中有兵無兵。無兵、呈兆若橫吉安。有兵、首仰足開、身作外彊情。考證張文虎曰、身作外彊情句疑有誤脫、

卜見貴人吉不吉。吉、足開首仰、身正內自橋。不吉、首仰身節折、足肣有外、若無漁。考證二字有譌脫、

卜請謁於人得不得。得、首仰足開、內自橋。不得、首仰足肣

有外。

卜追亡人當得不得。得、首仰足肣、內外相應。不得、首仰足開、若橫吉安。

卜漁獵得不得。得、首仰足開、內外相應。不得、足肣首仰、若橫吉安。

卜行遇盜不遇。遇、首仰足開、身節折、外高內下。不遇、呈兆考證張文虎曰、兆下疑有脫文、

卜天雨不雨。雨、首仰有外、外高內下。不雨、首仰足開、若橫吉安。

卜天雨霽不霽。霽、呈兆足開首仰。不霽、橫吉安。

命曰橫吉安。【考證】命曰橫吉安、各本連上卜天雨霽條、慶長本別提、錢泰吉曰、宜別、以占病。病甚者、一日不死。不甚者、卜日瘳、不死。繫者、重罪不出。輕罪環出、過一日不出。久毋傷也。求財物、買臣妾馬牛。一日環得。過一日不得。不得。【考證】張文虎曰、不得二字複衍、行者不行。來者環至。過食時不至、不來。擊盜、不行、行不遇。聞盜、不來。徙官、不徙。居官家室、皆吉。歲稼不孰。民疾疫、無疾。【考證】淩本、無疾作無疫、歲中無兵。見人行、不行不喜。請謁人、不行不得。追亡人、漁獵、不得。行不遇盜。雨不雨。霽不霽。

命曰呈兆。病者不死。繫者出。行者行。來者來。市買得。追亡人、得。過一日不得。問行者、不到。

命曰柱徹。卜病不死。繫者出。行者行。來者來。而市買不得。憂者毋憂。追亡人、不得。【考證】張文虎曰、而字衍、下而市買同、

命曰首仰足肣有內無外。占病、病甚不死。繫者、解。求財物、買臣妾馬牛、不得。行者、聞言不行。來者、不來。聞盜、不來。聞言不至。徙官、聞言不徙。居官、有憂。居家、多災。歲稼、中孰。民疾疫、多病。歲中有兵、聞言不開。【考證】張文虎曰、開疑當作來、見貴人、吉。請謁、不行。行不得善言。追亡人、不得。漁獵、不得。行不遇盜。雨不雨。甚霽不霽。故其莫字皆爲首備。【考證】其莫字、不可解、張文虎云、疑莫即其字譌衍、岡白駒云、其莫字龜文理也、問之、曰。備者仰也。【考證】張文虎曰、案備無仰義、疑儼之誤、說文、儼昂頭也、故定以爲仰。此私記也。

命曰首仰足肣有內無外。【考證】全同上條、疑有譌誤、占病、病甚不死。繫者、不出。求財、買臣妾、不得。【考證】財下脫物字、行者、不行。來者、不來。擊盜、不見。聞盜來、內自驚、不來。徙官、不徙。居官家室、吉。歲稼、不孰。民疾疫、有病甚。歲中無兵。見貴人、吉。請謁、追亡人、不得。亡財物、財物不出、得。漁獵、不得。行不遇盜。雨不雨。霽不霽。凶。

命曰呈兆首仰足肣。以占。病、不死。繫者、未出。求財物、買臣妾馬牛、不得。行、不行。來、不來。擊盜、不相見。聞盜來、不來。徙官、不徙。居官、久多憂。居家室、不吉。歲稼、不孰。民病疫。歲中毋兵。見貴人、不吉。請謁、不得。漁獵、得少。行不遇盜。雨不雨。

霽不霽。不吉。

命曰呈兆首仰足開。以占。病、病篤死。【考證】病字重衍、下文同、繫囚、出。求財物、買臣妾馬牛、不得。行者行、來者來。擊盜、不見盜。聞盜來、不來。徙官、徙。居官、不久。居家室、不吉。歲稼、不孰。民疾疫、有而少。歲中毋兵。見貴人、不見吉。請謁、追亡人、漁獵、不得。行遇盜。雨不雨、霽。小吉。【考證】張文虎曰、霽下疑有脫文、

命曰首仰足肣。以占。病、不死。繫者、久毋傷也。求財物、買臣妾馬牛、不得。行者、不行。擊盜、不行。來者、來。【考證】來者來三字、當在行者不行下、聞盜、來。徙官、聞言不徙。居家室、不吉。歲稼、不孰。民疾疫少。歲中毋兵。見貴人、得見。請謁、追亡人、漁獵、不得。行遇盜。雨

不雨。霽不霽。吉。

命曰首仰足開有內。以占。病者、死。繫者、出。求財物、買臣妾馬牛、不得。行者、行。來者、來。擊盜、行不見盜。聞盜來、不來。徙官、徙。居官不久。居家室、不吉。歲孰。民疾疫、有而少。歲中毋兵。見貴人、不吉。請謁、追亡人、漁獵、不得。行不遇盜。雨霽、霽小吉。不霽、吉。考證張文虎曰、霽下有脫文、

命曰橫吉內外自橋。以占病卜曰、考證張文虎曰、毛本、卜作占、恐按、卜曰二字、者字壞文、毋瘳死。繫者、毋罪出。求財物、買臣妾馬牛、得。行者、行。來者、來。擊盜、合交等。聞盜來、來。徙官、徙。居家室、吉。歲孰。民疫無疾。考證張文虎曰、疫字衍、或在無下、歲中無兵。見貴人、請謁、追亡人、漁獵、得。行遇

盜。雨霽雨霽、大吉。考證張文虎曰、雨霽雨霽、疑當作雨雨霽霽、

命曰橫吉內外自吉。考證張文虎曰、吉字疑誤、以占。病病者、死。繫、不出。求財物、買臣妾馬牛、追亡人、漁獵、不得。行者、不來。擊盜、不相見。聞盜、不來。徙官、徙。居官、有憂。居家室、見貴人、請謁、不吉。歲稼、不孰。民疾疫。歲中無兵。行不遇盜。雨不雨。霽不霽。不吉。

命曰漁人。以占。病者、病者甚不死。考證下者字、疑衍、下倣之、繫者、出。求財物、買臣妾馬牛、擊盜、請謁、追亡人、漁獵、得。行者行。來。考證來下疑奪者來二字、聞盜來、不來。徙官、不徙。居家室、吉。歲稼、不孰。民疾疫。歲中毋兵。見貴人、吉。行不遇盜。雨不雨。霽不霽。吉。

命曰首仰足肣內高外下。以占。病、病者甚不死。繫者、不出。求財物、買臣妾馬牛、追亡人、漁獵、得。行、不行。來者、來。擊盜、勝。徙官、不徙。居官、有憂無傷也。居家室、多憂病。歲大孰。民疾疫。歲中有兵不至。見貴人、請謁、不吉。行遇盜。雨不雨。霽不霽。吉。

命曰橫吉上有仰下有柱。病、久不死。繫者、不出。求財物、買臣妾馬牛、追亡人、漁獵、不得。行、不行。來、不來。擊盜、不行。行不見。聞盜來、不來。徙官、不徙。居家室、見貴人、吉。歲大孰。民疾疫。歲中毋兵。行不遇盜。雨不雨。霽不霽。大吉。

命曰橫吉楡仰。以占。病、不死。繫者、不出。求財物、買臣妾馬

牛、至不得。行、不行。來、不來。擊盜、不行。行不見。聞盜來、不來。徙官、不徙。居官、家室、見貴人、吉。歲孰。歲中有疾疫、毋兵。請謁、追亡人、不得。漁獵、至不得、行不得。行不遇盜。雨霽不霽。小吉。考證張文虎曰、雨下有脫字、

命曰橫吉下有柱。以占。病、病甚不環、有瘳無死。繫者、出。求財物、買臣妾馬牛、請謁、追亡人、漁獵、不得。行來不來。考證行下、疑有稼字、擊盜、不合。聞盜來、來。徙官、居官、吉、不久。居家室、不吉。歲不孰。民毋疾疫。歲中毋兵。見貴人、吉。行不遇盜。雨不雨、霽。小吉。

命曰載所。以占。病環、有瘳無死。繫者、出。求財物、買臣妾馬

牛、請謁、追亡人、漁獵、得。行者、行。來者、來。擊盜、相見不相合。聞盜來、來。徙官、徙。居家室、憂。見貴人、吉。歲孰。民毋疾疫。歲中毋兵。行不遇盜。雨不雨。霽霽。吉。

命曰根格。以占病者、不死。繫、久毋傷。求財物、買臣妾馬牛、請謁、追亡人、漁獵、不得。行不行。來不來。擊盜、盜行不合。聞盜、不來。徙官、不徙。居家室、吉。歲稼、中。民疾疫無死。見貴人、不得見。行不遇盜。雨不雨。大吉。

命曰首仰足肣、外高內下。卜有憂、無傷也。行者、不來。病、久死。求財物、不得。見貴人者、吉。

命曰外高內下。卜病、不死、有祟。而市買、不得。考證張文虎曰、而字衍。居官、家室、不吉。行者、不行。來者、不來。繫者、久毋傷。吉。

命曰頭見足發、有內外相應。以占病者、起。繫者、出。行者、行。來者、來。求財物、得。吉。

命曰呈兆首仰足開。以占病、病甚死。繫者、出、有憂。求財物、買臣妾馬牛、請謁、追亡人、漁獵、不得。行不行。考證張文虎曰、一行字疑衍、中統毛本無。來、不來。擊盜、不合。聞盜來、來。徙官、居官、家室、不吉。歲惡。民疾疫無死。歲中毋兵。見貴人、不吉。行不遇盜。雨不雨。霽不。考證張文虎曰、疑不字下脫霽字。吉。

命曰呈兆首仰足開外高內下。以占病、不死、有外祟。繫者、者出、有憂。求財物、買臣妾馬牛、相見不會。行行。來。考證張文虎曰、疑來字當重。

聞言、不來。擊盜、勝。聞盜來、不來。徙官、居官、家室、見貴人、不吉。歲中民疾疫、有兵。請謁、追亡人、漁獵、不得。聞盜、遇盜。考證張文虎曰、上云聞盜來不來、此聞盜遇盜、非誤卽衍。雨不雨。霽凶。考證張文虎曰、霽下有脫字。

命曰首仰足肣身折內外相應。以占病、病甚不死。繫者、久不出。求財物、買臣妾馬牛、漁獵、不得。行不行。來不來。擊盜、有用勝。聞盜來、來。徙官、不徙。居官、家室、不吉。歲不孰。民疾疫。歲中有兵、不至。見貴人、喜。請謁、追亡人、不得。遇盜、凶。

命曰橫吉內外相應自橋榆仰上柱上柱足足肣。考證張文虎曰、上柱足三字衍。以占病、病甚不死。繫、久不抵罪。求財物、買臣妾馬牛、請謁、追亡人、漁獵、不得。行、不行。來、不來。居官、家室、見貴

人、吉。徙官、不徙。歲不大孰。民疾疫、有兵。有兵不會。行遇盜。聞言不見。雨不雨。霽霽。大吉。

命曰頭仰足肣內外自垂。考證張文虎曰、各本垂誤隨、今改。卜憂病者、甚不死。居官、不得居。行者、行。來者、不來。求財物、不得。求人、不得。吉。

命曰橫吉下有柱。卜來者、來。卜日卽不至、未來。卜病者、過一日毋瘳、死。行者、不行。求財物、不得。繫者、出。

命曰橫吉內外自舉。以占病者、久不死。繫者、久不出。求財物、得而少。行者、不行。來者、不來。見貴人、見。吉。

命曰內高外下疾輕足發。求財物、不得。行者、行。病者、有瘳。繫者、不出。來者、來。見貴人、不見。吉。

命曰外格。求財物、不得。行者、不行。來者、不來。繫者、不出。不吉。病者、死。求財物、不得。見貴人、見。吉。

命曰內自舉外來正足發。者、行。來者、來。求財物、得。病者、久不死。繫者、不出。見貴人、見。吉。【考證】發下疑奪行字、

此橫吉。【考證】張文虎曰、首當有龜兆形、傳寫失之、以下各條放此、又疑上文命曰、各條上亦有之、 上柱外內內自舉足肸。【考證】張文虎曰、疑衍內字、 以卜。有求、得。病、不死。繫者、毋傷未出。行、不行。來、不來。見人、不見。百事盡吉。

此橫吉上柱外內自舉柱足以作。【考證】張文虎曰、作疑詐字之譌、 以卜。有求、得。病、死環起。繫、留毋傷環出。行、不行。來、不來。見人、不見。百事吉。可以舉兵。

此挺詐有外。以卜。有求、不得。病、不死、數起。繫、禍罪。聞言、毋傷。行、不行。來、不來。

此挺詐有內。以卜。有求、不得。病、不死、數起。繫留、禍罪、無傷、出。行、不行。來者、不來。見人、不見。【考證】張文虎曰、各本繫字錯在傷下、毛本不誤、

此挺詐內外自舉。以卜。有求、得。病、不死。繫、毋罪。行、行。來、來。田賈市漁獵、盡喜。

此狐狢。以卜。有求、不得。【考證】張文虎曰、葉校本、狐作交、中統游王柯毛本、卜有誤倒、 病、死、難起。繫留、毋罪難出。可居宅。可娶婦嫁女。行、不行。來、不來。見人、不見。有憂、不憂。

此狐徹。以卜。【考證】張文虎曰、中統柯本吳校金板、狐作交、愚按楓山三條本作文、 有求、不得。病者死。

繫留、有抵罪。行、不行。來、不來。見人、不見。言語定、百事盡。不吉。

此首俛足肸身節折。以卜。有求、不得。病者死。繫留、有罪。望行者不來。【考證】有訛奪、 行、行。來、不來。見人、不見。【考證】張文虎曰、繫留各本倒、今改、

此挺內外自垂。以卜。有求、不晦。病、不死、難起。繫留、毋罪、難出。行、不行。來、不來。見人、不見。不吉。【考證】張文虎曰、晦字疑誤、

此橫吉楡仰首俯。以卜。有求、難得。病、難起、不死。繫、難出、毋傷也。可居家室、以娶婦嫁女。

此橫吉上柱載正身節折內外自舉。以卜。病者、卜日不死。其一日乃死。

此橫吉上柱足肸內自舉外自垂。以卜。病者、卜日不死。其一日乃死。【考證】張文虎曰、中統王游本、此條複衍、

爲人病。【考證】張文虎曰、爲人病三字疑衍、此條毛本連上、 首俯足詐有外無內。病者占、龜未已、急死。卜輕失大、一日不死。

首仰足肸。以卜。有求、不得。以繫、有罪。【考證】張文虎曰、以下疑有脫字、 人言語恐之、毋傷。行、不行。見人、不見。

大論曰。【索隱】按褚先生所取太卜雜占卦體、及命兆之辭、義蕪辭重沓、殆無足採、凡此六十七條別是也、 外者人也。內者自我也。外者女也。內者男也。首俛者憂。【考證】張文虎曰、此下當有首仰云云、傳寫脫、 大者身也。小者枝也。大法、病者、足肸者生、足開者死。行者、足開至。【考證】張文虎曰、行字疑當作來、 足肸者不至。行者、足肸不行。足開

行。有求、足開得。足肣者不得。繫者、足肣不出、開出。其卜病也、足開而死者、內高而外下也、【正義】大德曰以下九十七字、其鄙拙、【考證】張文虎曰、疑有脫文、愚按、周官大卜云、掌三兆之法、一曰玉兆、二曰瓦兆、三曰原兆、其經兆之體、皆百有二十、其頌皆千有二百、以邦事作龜之八命、一曰征、二曰象、三曰與、四曰謀、五曰果、六曰至、七曰雨、八曰瘳、卜師云、掌龜之四兆、一曰方兆、二曰功兆、三曰義兆、四曰弓兆、凡卜事眡高、揚火以作龜、致其墨、凡卜辨龜之上下左右陰陽、以授命龜者而詔相之、龜人云、掌六龜之屬、各有名物、天龜曰靈屬、地龜曰繹屬、東龜曰果屬、西龜曰雷屬、南龜曰獵屬、北龜曰若屬、各以其方之色與其體辨之、凡取龜用秋時、攻龜用春時、各以其物入于龜室、上春釁龜、祭祀先卜、菙氏云、掌共燋契、以待卜事、禮記玉藻云、卜人定龜、史定墨、國君定體、皆與此記所言異、蓋少孫所傳、秦漢卜人之書、非三代之舊籍也、漢藝文志云、龜書五十二卷、夏龜二十六卷、南龜書二十八卷、巨龜三十六卷、皆亡佚不傳、在今欲徵古儀、獨賴此記、則少孫存錄之功、亦不可沒也、

【索隱】述贊、三王異龜、五帝殊卜、或長或短、若瓦若玉、其記已亡、其餘後續、江使觸網、見留宋國、神能託夢、不衛其足、

龜策列傳第六十八　史記一百二十八

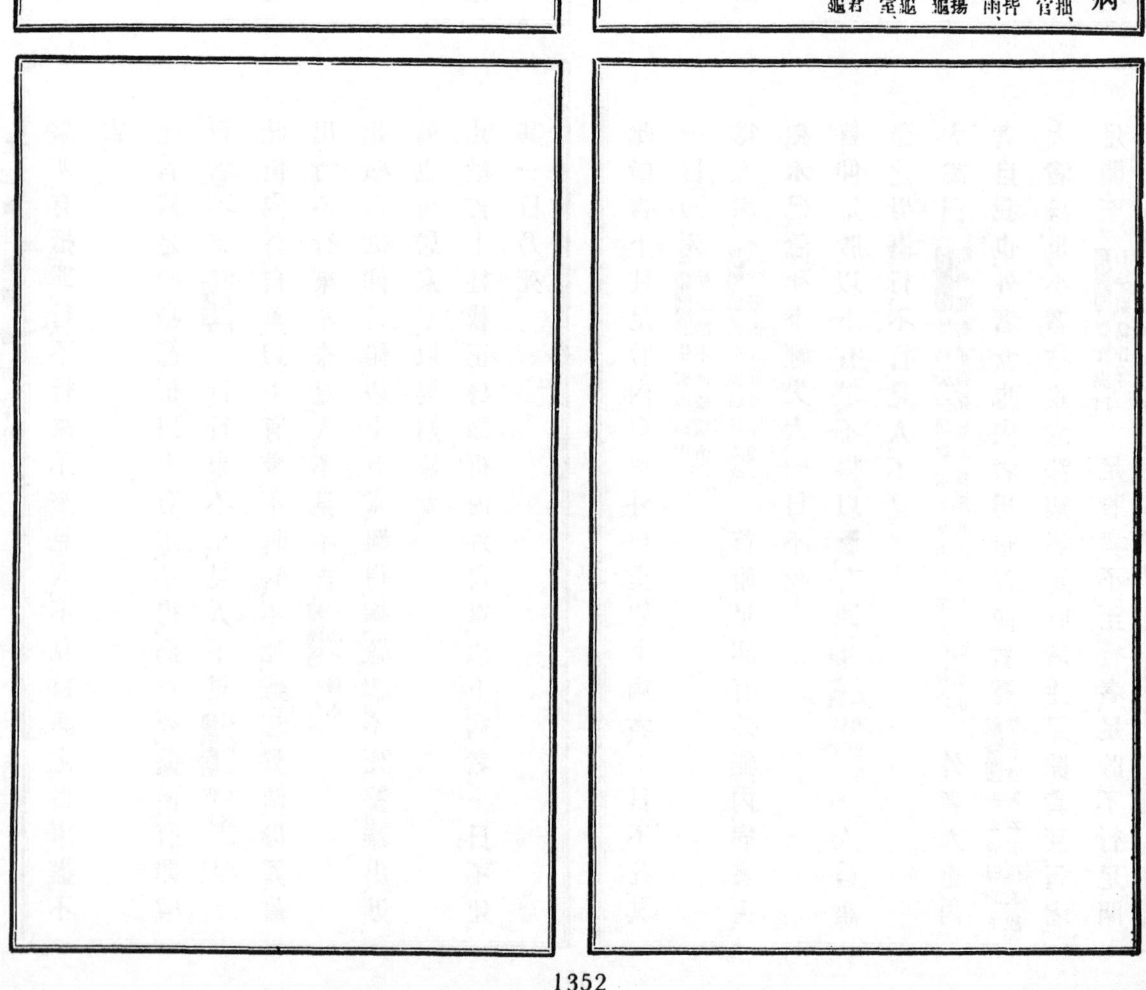

文學博士瀧川龜太郎著

史記會注考證

史記會注考證卷一百二十九

漢　太史令　司馬遷　撰

宋　中郎外兵曹參軍　裴駰　集解

唐　國子博士弘文館學士　司馬貞　索隱

唐　諸王侍讀率府長史　張守節　正義

日本　出雲　瀧川資言　考證

貨殖列傳第六十九

史記一百二十九

【集解】論語云、賜不受命而貨殖焉、廣雅云、殖、立也、孔安國注尚書云、殖、生也、生資貨財利、【考證】史公自序云、布衣匹夫之人、不害於政、不妨百姓、取與以時、而息財富、知

者有采焉、作貨殖列傳、第六十九、漢書司馬遷傳贊云、司馬遷是非頗謬於聖人、論大道、則先黃老而後六經、序遊俠、則退處士而進姦雄、述貨殖、則崇勢利而羞賤貧、此其所蔽也、董份曰、遷答任少卿書、自傷極刑、家貧不足自贖、故感而作貨殖傳、專慕富利、班固譏之是也、陳仁錫曰、平準貨殖相表裏之文也、當時武帝好興利、故子長作平準貨殖、皆多微辭、班氏譏其崇勢利而羞賤貧、信乎、姚鼐曰、世言司馬子長因己被罪於漢、不能自贖、發憤而傳貨殖、余謂不然、蓋子長見其時天子不能以寧靜淡薄先海內、無校於物之盈絀、而以制度防禮俗之末流、乃令其民仿傚淫侈、去廉恥而逐利、賁以賢士困於窮約、素封僭於君長、又念里巷之徒、逐取十一、行至猥賤、而鹽鐵酒酤均輸、以帝王之富、親細民之役、為足羞也、故其言曰、善者因之、其次利導之、又次教誨之、整齊之、夫以無欲為心、以禮教為術、人胡弗寧、國奚不富、若乃懷貪欲以競黔首、悁悁焉思所勝之用、刻剝聚斂、無益習俗之廉、使人徒自患其財、懷促促不終日之慮、戶無積貯、物力凋敝、大亂之故、由此始也、故譏其賤、以繩其貴、察其俗、以見其政、觀其靡、以知其敝、此蓋子長之志也、曾國藩曰、自桑孔輩出、當時之弊、天子與民爭利、平準書、譏上之政、貨殖傳、譏下之俗、上下交征利、孟子列傳所為廢書而歎也、中惟家貧親老數行、是子長自傷之辭、餘則姚論得之、愚按、貨殖傳亦一篇文章、後人分段提行、非史公之舊、今改、

老子曰。至治之極、鄰國相望、雞狗之聲相聞、民各甘其食、美其服、安其俗、樂其業、至老死不相往來。【正義】望、音亡、遠見而不相往來、故相望也、【考證】言至

治之世、不知有貨殖、王弼本老子下卷、無至治之極四字、狗作犬、俗作居、業作俗、至上有民字、 必用此為務、輓近世、塗民耳目、則幾無行矣。【集解】輓、音晚、古字通用、【正義】輓與挽同、引也、塗、塞也、言輓引至於近世、求利乃塗民耳目、則無所機其行迹、言不似古無為、【考證】胡鳴玉曰、輓、與挽通、輓近世、用此輓近世之俗也、愚按、言必用老子所言以塗塞民耳目為務、則不可行也、下文說明其義、正義以行為行迹、非是、梁啓超曰、老子所言、上古之俗也、上古道路未通、所至閉塞、一林之障、一川之隔、則其勢不能相通、於是溝然畫為一國、山人乏漁、澤人乏木、農有餘粟、女有餘布、操作之人甚勞、而所獲樂利甚寡、遇有旱乾水溢、更復無自振救、不相往來、其敝乃極於此、是孟子所謂率天下而路、太史公最達此義、故篇首直揭邪說、而斥為塗民耳目、老氏自言法令者、將以愚民、非以明民、正塗民耳目之確詁、以上古不得已之陋俗、而指為郅治之極、故史公作傳、開宗即明此義、 太史公曰。夫神農以前、吾不知已。【正義】太史公云、神農以前、詩書不及、至於貨殖、不能知已、 至若詩書所述、虞・夏以來、耳目欲極聲色之好、口欲窮芻豢之味、身安逸樂、而心誇矜埶能之榮。使俗之漸民久矣。【正義】言詩書述虞夏以來、聲色芻豢佚樂夸矜、有威勢則能為榮華、然世被漸染、使民為之久矣、【考證】勢能連讀、能、才能也、使俗之漸民、言上使此等流俗漸染人民也、或云使俗、當作流俗、字之譌也、 雖戶說以眇論、終不能

化。【索隱】眇論、上音妙、下如字、【正義】論、音路頓反、雖戶戶說以無爲之眇論、終不能改貨殖夸矜之俗化也、【考證】眇論、微妙之論、斥老子言、　故善者因之、其次利道之、其次教誨之、其次整齊之。最下者與之爭。【正義】言其善政者、因循淸淨、隨俗而誘之、其次以利導引之、其次設化變改之、整齊不貪之、最下者與衆爭利及夸矜也、【考證】因、從自然也、利、順利之利、非利益之利、道、讀爲導、最下者與之爭、譏武帝興利、何焯曰、數句宜與平準書對看、　夫山西饒材竹穀纑旄玉石。【集解】徐廣曰、紵屬、可以爲布、【索隱】上音谷、又音雊、穀、木名、皮可爲紙、纑、山中紵、可以爲布、音盧、紵、音佇、今山閒野紵、亦作苧、【考證】楓三本無石字、　山東多魚鹽漆絲聲色。江南出枏梓薑桂金錫連丹沙犀瑇瑁珠璣齒革。【集解】徐廣曰、連、音蓮、鉛之未鍊者、【索隱】枏梓、南子二音、錫連、下音蓮、【考證】陳子龍曰、聲色、指美女、亦列於貨物矣、楓本、犀下有象字、與通志合、　龍門・碣石北多馬牛羊旃裘筋角。【正義】龍門山、在絳州龍門縣、碣石山、在平州盧龍縣、　銅鐵、則千里往往山出棊置。【索隱】言如置棊子、往往有之、【正義】言出銅鐵之山、方千里如圍棊之置也、管子云、凡天下名山五千二百七十、出銅之山、四百六十七、出鐵之山、三千六百有九、山上有赭、其下有鐵、山上有鉛、其下有銀、山上有銀、其下有丹、山上有磁石、其下有金也、　此其大較也。

【索隱】較、音角、大較、猶大略也、　皆中國人民所喜好、謠俗被服飲食奉生送死之具也。【考證】下文云、其謠俗猶有趙之風也、漢書李尋傳、參人民繇俗、注、繇、讀與謠同、繇俗者、謂若童謠及輿人之誦、愚按、猶言風尚也、　故待農而食之、虞而出之、工而成之、商而通之。此寧有政教發徵期會哉。人各任其能、竭其力、以得所欲。【考證】出山澤之材者、謂之虞、政教發徵期會、皆官府之事、史項羽紀、漢王追項王至陽夏、與淮陰侯韓信建功侯彭越、期會而擊楚、漢書賈誼傳、大臣特以簿書不報期會之閒、以爲大故、梁啓超曰、西人言富國學者、以農礦工商分爲四門、農者、地面之物也、礦者、地中之物也、工者、取地面地中之物、而製成致用也、商者、以製成致用之物流通於天下也、四者相需、缺一不可、與史記之言、若合符節、　故物賤之徵貴、貴之徵賤、各勸其業、樂其事、若水之趨下、日夜無休時、不召而自來、不求而民出之。【索隱】徵者求也、謂此處物賤、求彼貴賣之、【正義】徵、召也、言物賤、彼貴處徵召之、必至也、【考證】寬永本標記引劉伯莊云、徵、求也、此處賤、求彼貴處賣之、此處貴、求彼賤處買之、董份曰、賤之徵貴、賤極則人棄之、故其徵必貴、白圭之術、正能明貴賤之徵、而棄取之也、以徵爲求、謬、凌稚隆曰、此二句卽下文貴上極則反賤二句、愚按此專就貴賤而言、不及棄取之術、言物賤極必貴、貴極必賤、故賤者貴之徵、貴者賤之徵、

凌說得之、　豈非道之所符、而自然之驗邪。【索隱】道之符、符、謂合於道也、言物自然而至、若道養萬物、不期而四時符合也、【考證】索隱是、　周書曰。農不出、則乏其食、工不出、則乏其事、商不出、則三寶絕、虞不出、則財匱少、財匱少而山澤不辟矣。【索隱】不辟、下音闢、辟、開也通也、【考證】中井積德曰、蓋以食事財爲三寶也、則三寶二句、當在末、館本考證云、周書語、汲冢書無之、疑在所闕八篇之中、李笠曰、而同則、　此四者民所衣食之原也。原大則饒、原小則鮮。上則富國、下則富家。貧富之道、莫之奪予。【索隱】音與、言貧富自由、無予奪、【正義】予、音與、言貧富之道、無人奪之及與之、原大則饒、原小則鮮、巧者有餘、拙者不足、　而巧者有餘。拙者不足。【考證】管子形勢篇、巧者有餘、而拙者不足、　故太公望封於營丘。地潟鹵、人民寡。【集解】徐廣曰、潟、音昔、潟鹵、鹹地也、　於是太公勸其女功、極技巧、通魚鹽。則人物歸之、繦至而輻湊。【正義】繦、腳兩反、【考證】岡白駒曰、繦、索也、言若繦索之相屬不絕也、　故齊冠帶衣履天下、海・岱之閒、斂袂而往朝焉。

【索隱】言齊既富饒、能冠帶天下、豐厚被於他邦、故海岱之閒、斂袂而朝齊、言趨利者也、【考證】中井積德曰、天下之冠帶衣履、皆齊國所造、與上女功句相應、又曰、往朝者、是海岱左右之諸侯、與下桓公以霸句相照、並謂齊之疆也、非謂射利之細民、　其後齊中衰。管子修之、設輕重九府。則桓公以霸、九合諸侯、一匡天下、而管氏亦有三歸、位在陪臣、富於列國之君。是以齊富彊至於威・宣也。【正義】管子云、輕重、謂錢也、夫治民有輕重之法、周有大府玉府內府外府泉府天府職內職金職幣、皆掌財幣之官、故云九府也、　故曰。倉廩實而知禮節。衣食足而知榮辱。【考證】管子牧民篇、實節、足辱、韻、　禮生於有、而廢於無。故君子富、好行其德。小人富、以適其力。淵深而魚生之、山深而獸往之。人富而仁義附焉。富者得埶益彰、失埶則客無所之、以而不樂。【考證】吳乘權曰、以、已同、言失其富厚之實、則客無所附而不樂、中井積德曰、以而不樂句、似有脫誤、　夷狄益甚。諺曰。千金之子、不死於市。此非空言也。【考證】子市韻、何焯曰、不死市者、知榮辱恥犯法也、　故曰。天下

熙熙、皆爲利來。天下壤壤、皆爲利往。【考證】鹽鐵論毀學篇引司馬子、壤作穰、壤穰通、熙來、壤往、韻、吳乘權曰、四句用韻、蓋古歌謠也、　夫千乘之王、萬家之侯、百室之君、尙猶患貧。而況匹夫編戶之民乎。昔者越王句踐困於會稽之上。乃用范蠡・計然。【集解】徐廣曰、計然者范蠡之師也、名研、故諺曰、研桑心筭、駰案范子曰、計然者葵丘濮上人、姓辛氏、字文子、其先晉國亡公子也、嘗南游於越、范蠡師事之、【索隱】計然、韋昭云、范蠡師也、蔡謨云、蠡所著書名計然、蓋非也、徐廣亦以爲范蠡之師、名研、所謂研桑心計也、范子曰、計然者葵丘濮上人、姓辛氏、字文、其先晉之公子、南遊越、范蠡事之、吳越春秋謂之計倪、漢書古今人表、計然列在第四、則倪之與研是一人、聲相近而相亂耳、【考證】集解、范蠡師事之、楓三本、作卑身事之、其下有其書則有方物錄、著五方所出、其述事見皇覽晉中經、徐云計然者名研、吳越春秋越絕書作計兒、研然音相近、乃一人耳、四十七字、　計然曰。知鬭則修備、時用則知物。二者形、則萬貨之情、可得而觀已。【索隱】時用知物、案言知時所用之物、【考證】倪思曰、借知鬭則修備、以明時用則知物、其理甚明、未有欲鬭而徒手者也、知物之爲時用、猶知彼知己所以鬭也、金穰水毀、皆大概之論、非謂必然、下六穰六旱十二年饑、亦然、一水一旱、有時作、无時備、不會常稔常旱也、　故歲在金穰。水毀。木饑。火旱。【索隱】五行不說土

者、土、穰也、【正義】此不說土者、土、四季不得爲主故也、【考證】岡白駒曰、穰、豐盛也、毀雖不至饑、比穰之三分之一耳、　旱則資舟、水則資車。物之理也。【索隱】國語大夫種曰、賈人旱資舟、水資車以待也、【正義】資、取也、國語、大夫種曰、賈人夏則資皮、冬則資絺、旱則資舟、水則資車、以待之也、【考證】岡白駒曰、旱極則水、故於旱時蓄舟、以待其貴也、　六歲穰、六歲旱、十二歲一大饑。夫糶、二十病農、九十病末。【索隱】言米賤則農夫病也、若米斗直九十、則商賈病、故云病末、謂逐末、卽商賈也、　末病則財不出。農病則草不辟矣。上不過八十、下不減三十、則農末俱利、平糶齊物、關市不乏。治國之道也。積著之理、務完物、無息幣、【索隱】著、音張呂反、毋息弊、久停息貨物、則無利、【正義】著、張呂反、言停貯務在完牢之物也、息弊、無停弊惡之物也、【考證】錢大昕曰、著、古貯字、愚按索隱正義本、幣作弊、義長、　以物相貿易、腐敗而食之貨勿留。【正義】腐、音符愚反、言爛敗可食之貨物、莫復留滯、【考證】方苞曰、務取完善之物、可久藏且易售也、其腐敗者、則自食而無市於人、愚按、食、蝕也、腐敗而食之物、言腐敗易蝕之貨、八字爲一句讀、　無敢居貴。【考證】居、積居之居、　論其有餘不足、則知貴賤。貴上極則反賤。賤下極則反

貴。貴出如糞土、賤取如珠玉。財幣欲其行如流水。【索隱】夫物極貴必賤、極賤必貴、貴出如糞土者、既極貴、後恐其必賤、故乘時出之如糞土、賤取如珠玉者、既極賤、後恐其必貴、故乘時取之如珠玉、此所以爲貨殖也、元注恐錯、【正義】夫物貴出賣之、而收財買、言如糞土不惜也、物賤而買居貯之、言如珠玉必惜也、【考證】凌稚隆曰、此卽上賤之徵貴說、愚按計然言止此、正義財買二字、疑有誤、　修之十年、國富、厚賂戰士。士赴矢石、如渴得飲、遂報彊吳、觀兵中國、稱號五霸。【正義】言稱號比於五伯也、　范蠡既雪會稽之恥。乃喟然而歎曰。計然之策七。越用其五而得意。既已施於國。吾欲用之家。【正義】策七、漢書作十字、越絕書云、其術有九、解在越世家、【考證】漢書、雪作刷、顏師古曰、刷、謂拭除之也、七策、吳越春秋亦作九術、吳越春秋、越絕書、皆後出之書、不足據、　乃乘扁舟浮於江湖、【集解】漢書音義曰、特舟也、【索隱】扁、音篇、又音符殄反、服虔云、特舟也、國語云、范蠡乘輕舟、【正義】國語云、句踐滅吳、反至五湖、范蠡辭於王曰、君王勉之、臣不復入國矣、遂乘輕舟以浮於五湖、莫知其所終極、【考證】扁、小也、　變名易姓、適齊爲鴟夷子皮、【索隱】大顏曰、若盛酒者鴟夷也、用之則多所容納、不用則可卷而懷之、不忤於物也、案韓子云、鴟夷子皮事田成子、成子去齊之燕、子皮乃從之也、蓋范蠡也、

之陶爲朱公。【索隱】服虔云、今定陶也、【正義】括地志云、卽陶山、在齊州平陽縣東三十五里陶山之陽也、今南五里猶有朱公冢、又云、曹州濟陽縣東南三里、有陶朱公冢、又云、在南郡華容縣西、未詳也、【考證】齊召南曰、陶、曹州近之、　朱公以爲陶、天下之中、諸侯四通、貨物所交易也。乃治產積居與時逐、【集解】漢書音義曰、逐時而居貨、【索隱】韋昭云、隨時逐利也、　而不責於人。【索隱】案謂與人不負之、故云擇人而不責於人也、【正義】言順時積居、不出責於人、【考證】劉攽曰、與時逐、宜屬下句、治產、治凡可以生息者、居積、積貯成物居停之、與時逐、而不責於人、言此兩事、自與天時馳逐、無求責於人也、　故善治生者、能擇人而任時。【考證】擇人而任時、卽與時逐而不責於人也、擇、當作釋、孫子勢篇云、善戰者求之於勢、不責於人、故能擇人而任勢、韓非子難勢篇、擇賢而專任勢、足以爲治乎、擇、亦當作釋、　十九年之中、三致千金。再分散與貧交疏昆弟。此所謂富好行其德者也。【考證】凌稚隆曰、應前、楓三本、金下再上、有而字、　年衰老而聽子孫。子孫脩業而息之、遂至巨萬。故言富者皆稱陶朱公。【集解】徐廣曰、巨萬、萬萬也、【考證】又見越世家、秦策、蔡澤曰、范蠡超然避世、長爲陶朱、賈誼過秦論云、陶朱猗頓之富、陶朱之事、所傳舊矣、顏師古曰、息、生也、　子贛既學

於仲尼、退而仕於衞。廢著鬻財於曹・魯之間。【集解】徐廣曰、子贛傳云、廢居、著、猶居也、著、讀音如貯、【索隱】著、音貯、漢書亦作貯、貯、猶居也、說文云、貯、積也、【考證】李笠曰、案廢、古與發字通、平準書廢居、索隱引劉氏云、廢、出賣、居、停蓄也、仲尼弟子列傳子貢好廢居、索隱、引劉氏云、廢、謂物貴而賣之、舉、謂物賤而買之、廢之爲發可知矣、居與舉聲近義通、故徐野民所見子貢傳作廢居也、貯居義同、故廢著即爲發貯、亦即爲廢居、並謂或發或居以取財、劉說是也、漢書正作發貯鬻財曹魯之間、然師古曰、多有積貯、趣時而發賣之、是又以貯爲實字矣、七十子之徒、賜最爲饒益。原憲不厭糟糠、匿於窮巷。【索隱】饜、飽也、【考證】中井積德曰、益、溢通、楓本益作蓋、子貢結駟連騎、束帛之幣、以聘享諸侯、所至國君、無不分庭與之抗禮。【考證】楓三本、分庭作界迎、顏師古曰、抗禮、爲賓主之禮也、夫使孔子名布揚於天下者、子貢先後之也。此所謂得埶而益彰者乎。【考證】凌稚隆曰、應前、論語公治長篇、子曰、賜不受命而貨殖焉、億則屢中、崔述曰、按古者金粟皆謂之貨、殖、猶生也、所謂貨殖云者、不過留心於家人生產、酌盈劑虛、使不至困乏耳、非糴賤販貴、若商賈所爲也、樊遲請學稼圃、孔子以小人斥之、若子貢學道、而躬行商賈之事、孔子不知當如何斥之、何以其辭條如是而已乎、且謂孔子之道之顯、子貢先後之可也、謂子貢以富故能顯之、豈聖人之道、亦必藉有財而後能

行於世乎、此乃司馬氏憤激之言、後人不察、遂以子貢爲若商賈者、然繆矣、故不可以不辯、白圭、周人也。當魏文侯時、李克務盡地力、【索隱】案漢書食貨志、李悝爲魏文侯作盡地力之教、國以富強、今此及漢書言克、皆誤也、劉向別錄則云李悝也、【考證】孟荀列傳、魏有李悝盡地力之教、魏世家吳起列傳、皆有李克對魏文公語、而未嘗說盡地力事、王應麟曰、以藝文志攷之、李克七篇在儒家、李悝三十二篇在法家、盡地力者悝也、非克也、姚鼐曰、當魏文侯時五字、專屬李克、說言舊有此務地力之道而已、而其後白圭乃別用一術、非謂圭亦文侯時人也、故圭言吾治生產若孫吳用兵、商鞅行法、若文侯時人、亦安取稱述後進如吳起商鞅者乎、張文虎曰、商鞅入秦、在秦孝公初、當梁惠王十年後、去魏文侯遠矣、呂氏春秋有惠施與白圭匡章問答、則與孟子同時、即治水之丹無疑、愚按白圭周人、先於吳起商鞅、史有明文、魏相白圭見韓非子內儲說、呂氏春秋不屈應言篇、孟子告子篇、依孟子、名丹、字圭、又不言其爲周人、同異未可知、姑錄諸說以存疑、而白圭樂觀時變。【考證】盡地力者、農工之事也、觀時變者、商之事也、兩者相須而成、而不可偏廢、故史公欲敍白圭、併及李悝、故人弃我取、人取我與。【考證】楓三本、弃作不取、夫歲孰取穀、予之絲漆。繭出取帛絮、予之食。【索隱】食、謂穀、【考證】中井積德曰、歲孰、非謂豐穰、只是穀登耳、與下繭出正作對、太陰在卯、穰。【正義】太陰、歲後二辰爲太陰、【考證】中井積德曰、歲星即太陰矣、愚按說詳天官書、明歲衰惡。至午、旱。【考證】岡白駒曰、太陰在

午、旱、明歲美。至酉、穰。明歲衰惡。至子大旱。明歲美。有水。至卯。【考證】中井積德曰、據文例、有水至卯、宜言至卯有水、岡白駒曰、至卯、終而復始、愚按、是承上文太陰在卯穰而言、有水至卯、猶言既而有水、以至卯復穰也、中說非是、積著率歲倍。【正義】著率、貯律二音、【考證】積著、連語、率、大抵也、欲長錢取下穀。長石斗取上種。【考證】下穀價廉、上種穀多、能薄飲食、忍嗜欲、節衣服、與用事僮僕同苦樂、趨時、若猛獸摯鳥之發。故曰。吾治生產、猶伊尹・呂尙之謀、孫・吳用兵、商鞅行法是也。【考證】李笠曰、案漢書無產字、生即古產字、疑一本作生、一本作產、後人誤而兩存之也、上文故善治生者、下文天下善治生祖白圭、竝可證、是故其智不足與權變、勇不足以決斷、仁不能以取予、彊不能有所守、雖欲學吾術、終不告之矣。蓋天下言治生祖白圭。白圭其有所試矣。能試有所長。非苟而已也。猗頓、用盬鹽起。【集解】孔叢子曰、猗頓、魯之窮士也、耕則常飢、桑則常寒、聞朱公富、往而問術焉、朱公告之曰、子欲速富、當畜五牸、於是乃適西河、大

畜牛羊于猗氏之南、十年之閒、其息不可計、貲擬王公、馳名天下、以興富於猗氏、故曰猗頓、【索隱】盬音古、案周禮鹽人云、共苦鹽、杜子春以爲苦讀如盬、盬謂出鹽直用不湅也、一說云、盬、鹽、河東大鹽、散鹽、東海煮水爲鹽也、【正義】案猗氏、蒲州縣也、河東鹽池是畦鹽、作畦、若種韭一畦、天雨下、池中鹹淡得均、即畎池中水上畔中、深一尺許、坑日暴之、五六日則成鹽、若白礬石、大小如雙陸、及暮則呼爲畦鹽、或有花鹽、緣黃河塩池有八九所、而鹽州有烏池、猶出三色鹽、有井鹽、畦鹽、花鹽、其池中鑿井深一二尺、去泥即到鹽、掘取若至一丈、則著平石無鹽矣、其色或白或青黑、名曰井鹽、畦鹽若河東者、花鹽池中有下隨而大小成鹽、其下方微空、上頭隨雨下池中、其滴高起若塔子形、處曰花鹽、亦曰即成鹽焉、池中心有泉井、水淡、所作池人馬盡汲此井、其鹽四分入官、一分入百姓也、池中又鑿得鹽塊、闊一尺餘、高二尺、白色光明洞徹、年貢之也、【考證】中井積德曰、以地名顯者、地名充姓、今人猶然、正義誤、又曰、池鹽爲鹽、鹽又爲大名、故謂池鹽爲盬鹽也、沈欽韓曰、尸子治天下篇、相玉而借猗頓、淮南氾論訓注云、猗頓能知玉、而邯鄲郭縱、以鐵冶成業、與王者埒富。烏氏倮、畜牧、【集解】韋昭曰、烏氏、縣名、屬安定、倮、名也、【索隱】漢書作贏、案烏氏、縣名、氏音支、名倮、音踝也、【正義】縣古城在涇州安定縣東四十里、倮、名也、及衆斥賣、求奇繒物、閒獻遺戎王。【集解】徐廣曰、閒、一作奸、不以公正、謂之奸也、【索隱】及衆、謂畜牧及至衆多之時、斥賣、謂斥而賣之、以求奇物也、閒獻、猶私獻也、【正義】斥、不用也、口嚞賣也、戎王什倍其償、與之畜。畜至用谷量馬牛。【集解】韋昭曰、滿谷則具

不復數、【索隱】什倍其當予之畜、謂戎王償之牛羊十倍也、當字、漢書作償也、谷、音欲、【正義】谷、音欲、言畜衆多、以山谷多少言、【考證】王念孫曰、索隱本償作當、當者直也、謂什倍其物之直也、中井積德曰、以谷量馬牛、計其多少之時、不可以頭數之、故以谷量之、知其大數、猶以量料米也、顧炎武曰、山谷之谷、雖有穀欲二音、其實欲乃正音、說詳音學五書、秦始皇帝令倮比封君、以時與列臣朝請。而巴蜀寡婦清、其先得丹穴、而擅其利數世。【集解】徐廣曰、涪陵出丹、【索隱】漢書巴寡婦清、巴、寡婦之邑、清、其名也、【正義】括地志云、寡婦清臺山、俗名貞女山、在涪州永安縣東北七十里也、【考證】王念孫曰、蜀字、因下文巴蜀而衍、漢書作巴寡婦清、中井積德曰、雖稱始皇帝、而是事蓋在未併呑之時、故單與有資於其力也、非徒嘉其富厚、家亦不訾。【索隱】案謂其多不可訾量、【正義】訾音子兒反、言貲財衆多、不可訾量、一云、清多以財餉遺四方、用衛其業、故財亦不多積聚、【考證】不訾、索隱是、清、寡婦也。能守其業、用財自衛、不見侵犯。秦皇帝以爲貞婦而客之、爲築女懷清臺。【考證】中井積德曰、懷疑女之姓氏、夫倮、鄙人牧長。清、窮鄉寡婦。禮抗萬乘、名顯天下。豈非以富邪。漢興、海內爲一。開關梁、弛山澤之禁。是以富商大賈、周流天下、

交易之物莫不通、得其所欲。【考證】陳仁錫曰、漢興以後、言郡國風俗、而附列產物貨殖、漢書間采其語入地理志中、而徙豪傑諸侯彊族於京師。關中自汧・雍以東至河・華、膏壤沃野千里。自虞・夏之貢以爲上田。而公劉適邠、大王・王季在岐、文王作豐、武王治鎬。故其民猶有先王之遺風。好稼穡、殖五穀、地重。【索隱】言重耕稼也、【考證】地重、民重土田也、重爲邪。【索隱】重、音逐隴反、重者、難也、畏言不敢爲姦邪、【正義】重、竝逐隴反、言關中地重厚、民亦重難不爲邪惡、【考證】中井積德曰、言重土地而恐失之、故不敢爲邪橫、張文虎曰、索隱言疑畀之誤、及秦文・孝・繆居雍、隙隴・蜀之貨物而多賈。【集解】徐廣曰、隙者、閒孔也、地居隴蜀之閒、要路故曰隙、【索隱】徐氏云、隙、閒孔也、隙者、隴雍之閒、閑隙之地、故云雍隙也、賈、音古、【正義】雍縣、岐州雍縣也、【考證】陳仁錫曰、繆公以前無孝公、按本紀、德公居雍、孝當作德、梁玉繩曰、通志無孝字、愚按、楓三本亦無孝字、今本衍、方苞曰、居雍爲句、隙隴蜀之貨物、與下東綰濊貉朝鮮之利、文義正相類、蓋居其隙而竝受之也、獻・孝公徙櫟邑。【集解】徐廣曰、在馮翊、【索隱】上音藥、即櫟陽、【考證】古鈔本無孝字、梁玉繩曰、孝字衍、通志引無、櫟邑北卻戎翟、東通三晉、亦多

大賈。武・昭治咸陽。因以漢都。長安諸陵、四方輻湊竝至而會。【考證】梁玉繩曰、武當作孝、姚範曰、按漢都長安、然以漢都絕句爲是、地小人衆。故其民益玩巧而事末也。南則巴・蜀。巴・蜀亦沃野、地饒卮・薑・丹沙・銅・鐵・竹木之器。【集解】徐廣曰、卮、音支、烟支也、紫赤色也、邛都出銅、臨邛出鐵、【考證】中井積德曰、卮、卮子也、南御滇・僰。僰僮。西近邛・笮。笮馬旄牛。然四塞。棧道千里、無所不通。唯褒・斜綰轂其口。【集解】徐廣曰、褒斜、在漢中、【索隱】言褒斜道狹、綰其道口、有若車轂之湊、故云綰轂也、【正義】斜、音也奢反、梁州記云、萬石城泝漢上七里、有褒谷、南口曰褒、北口曰斜、長四百七十里、以所多易所鮮。【索隱】易、音亦、鮮、音尟、言以所多易其所少、天水・隴西・北地・上郡、與關中同俗。然西有羌中之利、北有戎翟之畜、畜牧爲天下饒。然地亦窮險、唯京師要其道。【正義】要、音腰、言要束其路也、故關中之地、於天下三分之一、而人衆不過什三。然量其富、什居其六。昔唐

人都河東、【集解】徐廣曰、堯都晉陽也、殷人都河內、【正義】盤庚都殷墟、地屬河內也、周人都河南。【正義】周自平王已下都洛陽、夫三河在天下之中、若鼎足、王者所更居也。建國各數百千歲、土地小狹、民人衆。都國諸侯所聚會。【考證】楓三本、都國作郡國、故其俗纖儉習事。楊・平陽陳、【索隱】楊、平陽、二邑名、在趙之西、陳蓋衍字、以下有楊平陽陳掾、此因衍也、言二邑之人、皆西賈於秦翟、北賈於種代、種代在石邑之北也、西賈秦・翟、【正義】賈、音古、秦、關內也、翟、隰石等州部落稽也、延綏銀三州、皆白翟所居、北賈種・代。【正義】上之勇反、種、在恆州石邑縣北、蓋蔚州也、代、今代州、種・代、石北也。【集解】徐廣曰、石邑縣也、在常山、地邊胡、數被寇、人民矜懻忮、好氣、任俠爲姦、不事農商。【集解】晉灼曰、懻、音慨、忮音堅忮、瓚曰、懻、音慨、今北士名彊直爲懻中也、【索隱】懻忮、上音冀、下音寘、【正義】懻忮、强直而很也、【考證】張文虎曰、集解忮字誤、類篇忮有居企切一音、然迫近北夷、師旅亟往。中國委輸、時有奇羨。【索隱】上音羈、下音羊戰反、奇羨、謂奇有餘衍也、【考證】陳子龍曰、用兵之地、資財所聚、民得以貿易獲利、其民羯羠不均。【集解】徐廣曰、羠、音兒、一音四儿反、

皆健羊名、【索隱】羯、音己紇反、羠、音慈紀反、徐廣云羠、音兕、皆健羊也、其方人性若羊、健捍而不均、【考證】羯羠蓋羯種、匈奴別部、居北邊之地、及地入趙、與民庶雜處、自全晉之時、固已患其僄悍。而武靈王益厲之。其謠俗猶有趙之風也。【正義】全晉、全盛時、【考證】未分爲韓魏趙也、故楊・平陽、陳掾其閒得所欲。【索隱】掾、音逐緣反、陳掾、猶經營馳逐也、【考證】張文虎曰、毛本、掾、集韻二仙掾下引此文、同、它本竝作椽、劉辰翁曰、掾、緣通、因緣其閒得所欲耳、愚按楓三本、得下有其字、溫・軹、西賈上黨、北賈趙・中山。【索隱】溫軹、二縣名、屬河內、【正義】上黨、澤潞等州也、中山、洛州及定州、中山地薄人衆。猶有沙丘紂淫地餘民。【集解】晉灼曰、言地薄人衆、猶復有沙丘紂淫地餘民、通係之於淫風而言之、【正義】沙丘、在邢州也、民俗懁急、仰機利而食。【集解】徐廣曰、懁、急也、音絹、一作儇、一作惠也、音翾也、【索隱】懁、音絹、儇、音翾、【正義】言仰機巧之利也、【考證】下文亦云、設智巧仰機利、岡白駒曰、以巧黠獲利曰機利、張文虎曰、案、慧惠古通、集解、下一作二字、涉上而衍、丈夫相聚游戲、悲歌忼慨。起則相隨椎剽、休則掘冢、作巧姦冶、【集解】徐廣曰、冶、一作蠱、【索隱】椎、即追反、椎殺人而剽掠之、【正義】謂作巧僞之物、姦蕩婬冶也、多美物、爲倡優。【集解】徐廣曰、美、一作弄、一作椎、女子

則鼓鳴瑟、跕屣、游媚貴富、入後宮、徧諸侯。【集解】徐廣曰、跕、音帖、張晏曰、跕、屣也、瓚曰、躡跟爲跕也、【索隱】跕屣、上音帖、下所綺反、【考證】張文虎曰、集解屣疑當作躧、集韻、跕、曳屣也、然邯鄲亦漳・河之閒一都會也。【正義】洛水本名滰水、邯鄲在其地、北通燕・涿、南有鄭・衞。鄭・衞俗與趙相類。然近梁・魯。微重而矜節。【集解】徐廣曰、矜、一作務、【考證】梁玉繩曰、御覽百六十二、作重義而務節、濮上之邑徙野王。野王好氣任俠。衞之風也。【集解】徐廣曰、衞君角徙野王、【正義】秦拔衞濮陽、徙其君於懷州野王、夫燕亦勃・碣之閒一都會也。【正義】勃海、碣石、在西北、南通齊・趙、東北邊胡、上谷至遼東、地踔遠、人民希、數被寇。大與趙・代俗相類。【索隱】踔遠、劉氏上音卓、一音勅敎反、亦遠騰貌也、而民雕捍少慮。有魚鹽棗栗之饒。【索隱】人雕悍、言如雕性之捷捍也、【考證】捍、悍通、北鄰烏桓・夫餘、東綰穢貉・朝鮮・眞番之利。【索隱】鄰、一作臨、臨者亦御背之義、他竝類此也、綰者、綰統其要津、則上云臨者、謂御背之、【正義】番、音潘、洛陽東賈齊・魯、南賈梁・楚。

【考證】蘇秦傳云、周人之俗、治產業、力工商、逐什二以爲務、故泰山之陽則魯、其陰則齊。齊帶山海、膏壤千里、宜桑麻、人民多文綵布帛魚鹽。【集解】徐廣曰、齊世家曰、齊自泰山屬之琅邪、北被于海、膏壤二千里、其民闊達多匿智、【考證】楓三本、魚作鮐、臨菑亦海・岱之閒一都會也。其俗寬緩闊達、而足智好議論、地重難動搖、怯於衆鬭、勇於持刺。故多劫人者。大國之風也。【考證】楓三本、持作特、義長、其中具五民。【集解】服虔曰、士農商工賈也、如淳曰、游子樂其俗不復歸、故有五方之民、【正義】如說非也、而鄒・魯濱洙・泗。猶有周公遺風。俗好儒、備於禮。故其民齪齪、頗有桑麻之業、無林澤之饒。【索隱】齪、音側角反、又音側斷反、【考證】齪、無側斷反、索隱有誤、地小人衆、儉嗇、畏罪遠邪。及其衰、好賈趨利、甚於周人。【考證】楓三本、南宋舊刻、毛本、有其字、它本脫、夫自鴻溝以東、芒碭以北、屬巨野。此梁・宋也。【集解】徐廣曰、鴻溝、在滎陽、芒碭、今爲臨淮、梁宋、今之浚儀、【正義】巨野、鄆州鉅野縣、在鉅野澤也、鴻溝以東、芒碭以北、

至鉅野、梁宋二國之地、【考證】巨野、猶言廣原也、正義非、陶・睢陽亦一都會也。【集解】徐廣曰、陶、今之定陶、【正義】陶、今曹州、睢陽、今宋州宋城也、昔堯作游成陽、【集解】如淳曰、作、起也、成陽、在定陶、【考證】張文虎曰、作游不辭、游疑於字之譌、與下二句一例、舜漁於雷澤、【集解】徐廣曰、在成陽、【正義】澤在雷澤縣西北也、湯止于亳。【集解】徐廣曰、今梁國薄縣、【正義】宋州穀熟縣西南四十五里、南亳州故城是也、其俗猶有先王遺風、重厚多君子、好稼穡。雖無山川之饒、能惡衣食、致其蓄藏。越楚則有三俗。【正義】越滅吳則有江淮以北、楚滅越、兼有吳越之地、故言越楚也、夫自淮北沛・陳・汝南・南郡、此西楚也。【正義】沛、徐州沛縣也、陳、今陳州也、汝、汝州也、南郡、今荊州也、言從沛郡西至荊州、竝西楚也、其俗剽輕、易發怒。地薄、寡於積聚。【正義】輕、音去聲、江陵、故郢都。【正義】荊州江陵縣、故爲郢、楚之都、西通巫・巴、東有雲夢之饒。【集解】徐廣曰、雲夢在華容、【正義】巫郡、巴郡、在江陵之西也、陳在楚・夏之交、通魚鹽之貨。其民多賈。【正義】夏都陽城、言陳南則楚、西及北則夏、故云楚夏之交、徐・僮・取慮、則淸刻矜己

諸。【集解】徐廣曰、皆在下邳、【正義】取、音秋、慮、音閭、徐、卽徐城、故徐國也、僮、取慮二縣、竝在下邳、今泗州、已諸、上音紀、【考證】矜已諸、猶言重然諾、彭城以東東海・吳・廣陵、此東楚也。其俗類徐・僮。【正義】彭城、徐州治縣也、東海郡、今海州也、吳、蘇州也、廣陵、揚州也、言從徐州彭城歷揚州至蘇州、竝東楚之地、朐・繒以北、俗則齊。浙・江南則越。【正義】朐、其俱反、縣在海州、故繒縣、在沂州之承縣、言二縣之北、風俗同於齊、【考證】南下省俗字、張文虎曰、正義之各本作亟、官本作之、疑皆誤衍、承譌丞、依郡縣志改、夫吳自闔廬・春申・王濞三人、招致天下之喜游子弟、東有海鹽之饒、章山之銅、三江五湖之利。亦江東一都會也。衡山、【集解】徐廣曰、都邾、邾縣屬江夏、【正義】故邾城、在潭州東南百二十里、【考證】張文虎曰、項紀正義引括地志、故邾城在黃州黃岡縣東南二十里、此作潭州、蓋涉下長沙正義而誤、而此文百字與郡縣志合、可補彼注之闕、九江、【正義】九江郡、都陰陵、陰陵故城、在濠州定遠縣西六十五里、江南、【集解】徐廣曰、高帝所置、江南者、丹陽也、秦置為鄣郡、武帝改名丹陽、【正義】案徐說非、秦置鄣郡、在湖州長城縣西南八十里、鄣郡故城是也、漢改為丹陽郡、徙郡宛陵、今宣州地也、上言吳有章山之銅、明是東楚之地、此言大江之南豫章長沙二郡南楚之地耳、徐裴以為江南丹陽郡、屬南楚、誤之甚矣、豫章、【正義】今洪州也、長沙、【正義】今潭州也、十三州

志云、有萬里沙祠、而西自湘州至東萊萬里、故曰長沙也、淮南衡山九江二郡、及江南豫章長沙二郡、竝為楚也、是南楚也。其俗大類西楚。郢之後徙壽春、亦一都會也。【正義】楚考烈王二十二年、自陳徙都壽春、號之曰郢、故言郢之徙壽春也、而合肥受南北潮、【集解】徐廣曰、在臨淮、【正義】合肥縣、廬州治也、言江淮之潮、南北俱至廬州也、【考證】漢書地理志云、壽春合肥、受南北湖、與史義異、皮革鮑木輸會也。【考證】顏師古曰、鮑、鮑魚也、與閩中于越雜俗。故南楚好辭巧說、少信。江南卑溼、丈夫早夭。多竹木。豫章出黃金、長沙出連錫。【考證】徐廣曰、黃金、鄱陽有之、【正義】括地志云、江州潯陽縣有黃金山、山出金、【考證】錢大昕曰、江南卑溼、丈夫早夭、賈生傳、言長沙卑溼、是也、又曰、豫章出黃金、長沙出連錫、卽上文所謂江南出金錫連也、篇中江南、皆謂豫章長沙南楚之地、非今之江南、然菫菫。物之所有、取之不足以更費。【集解】應劭曰、菫、少也、更、償也、言金少少耳、取之不足用、顧費用也、【正義】菫、音謹、【考證】菫讀為僅、中井積德曰、採取之費多而金出少、故得不償失、九疑・蒼梧以南、至儋耳者、與江南大同俗、而楊越多焉。【集解】徐廣曰、蒼梧山、在營道縣南、【正義】今儋州、在海中廣州南、去京七千餘里、言嶺南至儋耳之地、與江南大同俗、而楊州之南、越民多焉、【考證】

多楊越、楊越之俗多也、番禺、亦其一都會也。【正義】番禺、潘虞二音、今廣州、珠璣・犀・瑇瑁・果布之湊。【集解】韋昭曰、果、謂龍眼離支之屬、布、葛布、潁川・南陽、夏人之居也。【集解】徐廣曰、禹居陽翟、【正義】禹居陽城、潁川南陽、皆夏地也、夏人政尚忠朴。猶有先王之遺風。潁川敦愿。秦末世遷不軌之民於南陽。南陽西通武關・鄖關、東南受漢・江・淮。【集解】徐廣曰、案鄖關、漢中亦作隕字、【索隱】鄖、音雲、【正義】武關、在商州、地理志云、宛西通武關、而無鄖關、蓋鄖當為徇、徇水上有關、在金州徇陽縣、徐案漢中是也、徇亦作郇、與鄖相似也、【考證】凌稚隆曰、鄖關、是古鄖國、今鄖陽也、宛、亦一都會也。俗雜。好事業、多賈。其任俠交通潁川。故至今謂之夏人。夫天下物所鮮所多、人民謠俗。【考證】劉辰翁曰、夫天下物所鮮所多、人民謠俗、猶具題目、其說見下、山東食海鹽、山西食鹽鹵、【正義】謂西方鹹池也、堅且鹹、卽出石鹽及池鹽、領南・沙北、固往往出鹽。【正義】沙北、謂池漢之北也、【考證】楓本領作嶺、大體如此矣。總之楚・越之地、地廣人希、飯稻羹魚、或火耕而

水耨。【集解】徐廣曰、耨、乃遘反、除草也、【正義】言風草下種、苗正大而草生小、以水灌之、則草死而苗無損也、耨、除草也、【考證】平準書、江南火耕水耨、集解引應劭云、燒草、下水種稻、草與稻竝生、高七八寸、因悉芟去、復下水灌之、草死、獨稻長、所謂火耕水耨也、中井積德曰、蓋苗初生、與草俱生、燒之以火、則苗與草皆燼、乃灌之以水、則草死而苗長以肥、此之謂火耕水耨、愚按先以火焚草、然後耕之、植以苗灌以水、則土肥而苗長、及雜草生、輒除去之、諸說恐非、果隋嬴蛤、不待賈而足。【集解】徐廣曰、地理志、隋作蓏、【索隱】果隋、下音徒火反、注蓏、音郎果反、【正義】隋、今為種、音同、上古少字也、蓏、力和反、果種、猶種疊包裹也、今楚越之俗、尚有裹種之語、楚越水鄉、足螺魚鼈、民多採捕積聚種疊包裹、煮而食之、班固不曉裹種之方言、脩太史公書述地志、乃改云果蓏嬴蛤、非太史公意、班氏失之也、賈、音古、言楚越地勢饒食、不用他賈而自足、無飢饉之患、【考證】張文虎曰、索隱本毛本作隋、王引之曰、說卦傳、艮為果蓏、京房作果墮、墮與隋通、則果隋卽果蓏、地勢饒食、無飢饉之患。以故呰窳偷生、【集解】徐廣曰、音紫、呰窳、苟且墮嬾之謂也、駰案、應劭曰、呰、弱也、晉灼曰、窳、病也、【索隱】上音紫、下音庾、苟且懶惰之謂、應劭云、呰、弱也、晉灼曰、窳、病也、【正義】案食螺蛤等物、故多羸弱而足病也、淮南子云、古者民食蠃蛖之肉、多疹毒之患也、【考證】呰窳、以偷生、承之、徐說長、漢書地理志、呰字從兩口、無積聚而多貧。【正義】言江淮以南、有水族、民多食物、朝夕取給以偷生而已、不為積聚、乃多貧也、【考證】此句亦承上、正義得之、是故江・淮以南、無凍餓之人、亦無千金之家。沂・

泗水以北、宜五穀桑麻六畜、地小人衆、數被水旱之害、民好畜藏。故秦・夏・梁・魯、好農而重民。【考證】楓三本、而下有爲字、 三河・宛・陳亦然。加以商賈。齊・趙設智巧仰機利。燕・代田畜而事蠶。【考證】以上說天下物所鮮所多人民謠俗、 由此觀之、賢人深謀於廊廟、論議朝廷、守信死節、隱居巖穴之士、設爲名高者、安歸乎。歸於富厚也。【考證】中井積德曰、巖穴之士、非論眞隱、乃所謂仕宦之捷徑其人耳、愚按言賢人巖穴之士、皆以富厚爲歸、又按名高富厚、對言、韓非子說難篇、陰爲厚利而顯爲名高、厚利卽富厚、 是以廉吏久久更富、廉賈歸富。【集解】駰案、歸者取利而不停貨也、【考證】岡白駒曰、歸、上文安歸之歸、集解誤、 富者人之情性、所不學而俱欲者也。故壯士在軍、攻城先登、陷陣卻敵、斬將搴旗、前蒙矢石、不避湯火之難者、爲重賞使也。【正義】搴、拔也、【考證】蒙、冒通、 其在閭巷、少年攻剽椎埋、劫人作姦、掘冢鑄幣、任俠

幷兼、借交報仇、篡逐幽隱、不避法禁、走死地如騖者、其實皆爲財用耳。【集解】徐廣曰、騖、一作流、【考證】椎埋、謂椎殺而埋之、篡、奪取也、幽隱、無人之地、騖下者字、依南宋中統舊刻游毛本及讀書雜志所引宋本補、 今夫趙女・鄭姬、設形容、揳鳴琴、揄長袂、躡利屣、目挑心招、出不遠千里、不擇老少者、奔富厚也。【集解】徐廣曰、揄、音臾、躡、一作跕、跕、音吐協反、屣、音山耳反、舞屣也、【正義】挑、音田鳥反、【考證】岡白駒曰、揳、與戛通、揄、引也、揚也、 游閑公子、飾冠劍、連車騎、亦爲富貴容也。弋射漁獵、犯晨夜、冒霜雪、馳阬谷、不避猛獸之害、爲得味也。博戲馳逐、鬭雞走狗、作色相矜、必爭勝者、重失負也。醫方諸食技術之人、焦神極能、爲重糈也。【考證】糈、糧也、日者傳、不見奪糈、 吏士舞文弄法、刻章僞書、不避刀鋸之誅者、沒於賂遺也。農工商賈畜長、固求富益貨也。此有知盡能索耳。終不餘力而讓財

矣。【考證】李笠曰、此言富之可重、雖其智能盡殫、不留餘力而讓財也、沈家本曰、索、盡也、 諺曰、百里不販樵、千里不販糴。居之一歲、種之以穀。十歲、樹之以木。百歲、來之以德。德者人物之謂也。【考證】穀木德、韻、管子權修篇、一年之計、莫如樹穀、十年之計、莫如樹木、終身之計、莫如樹人、 今有無秩祿之奉、爵邑之入、而樂與之比者。命曰素封。【索隱】謂無爵邑之人祿秩之奉則曰素封、素、空也、【正義】言不仕之人、自有園田收養之給、其利比於封君、故曰素封也、 封者食租稅。歲率戶二百。千戶之君、則二十萬。朝覲聘享出其中。【索隱】千戶之邑、戶率二百、故千戶、二十萬、【正義】率、音律、【考證】錢大昕曰、漢書富平侯張安世、國在陳留、別邑在魏都、租入歲千餘萬、子延壽嗣、上書讓減戶口、徙封平原、幷一國、戶口如故、而租稅減半、然則漢時戶口租稅、固有多寡之殊、史公云歲率戶二百者、舉其大畧耳、 庶民農工商賈、率亦歲萬息二千、戶百萬之家、則二十萬、而更傜租賦出其中。衣食之欲、恣所好美矣。【索隱】息二千、故百萬之家、二十萬、【考證】漢書食貨志、二千下無戶字、此衍、 故曰、陸地牧馬二百蹄、【集解】漢書音義曰、五十四、【索隱】

案馬有四足、二百蹄有五十匹也、漢書則云、馬蹄躈千、所記各異、【考證】中井積德曰、漢書亦云馬二百蹄矣、如下條比千乘者、乃云蹄躈千、史漢皆然、索隱謬、 牛蹄角千、【集解】漢書音義曰、百六十七頭也、馬貴而牛賤、以此爲率、【索隱】牛足角千、案馬貴而牛賤、以此爲率、則牛有百六十六頭有奇也、 千足羊、澤中千足彘、【集解】韋昭曰、二百五十頭、【索隱】韋昭云、二百五十頭、 水居千石魚陂、【集解】徐廣曰、魚以斤兩爲計也、【索隱】陂、音詖、漢書作皮、音披、【正義】言陂澤養魚、一歲收得千石魚賣也、 山居千章之材、【集解】徐廣曰、一作楸、駰案韋昭曰、楸木所以爲轅、音秋、【索隱】漢書作千章之萩、音秋、服虔云、章、方也、如淳云、言任方章者千枚、謂章、大材也、樂產云、萩、梓木也、可以爲轅、【考證】中井積德曰、材木一根、謂之章、不必論方圓、愚按下文有千畝萩、此作材爲是、 安邑千樹棗、燕・秦千樹栗、蜀漢・江陵千樹橘、淮北・常山已南、河・濟之閒千樹萩、【考證】梁玉繩曰、顏師古云、萩卽楸字、二字多譌、 陳・夏千畝漆、齊・魯千畝桑麻、渭川千畝竹、及名國萬家之城、帶郭千畝畝鍾之田、【集解】徐廣曰、六斛四斗也、【考證】顏師古曰、一畝收鍾者、凡千畝也、 若千畝 茜、【集解】徐廣曰、巵、音支、鮮支也、茜、音倩、一名紅藍、其花染繒赤黃也、【索隱】巵、音支、鮮支也、茜、音倩、一名紅藍花、染繒赤黃也、【考證】若猶及也、巵、巵子、可染黃、 千畦薑韭、

【集解】徐廣曰、千畦、二十五畝、駰案韋昭曰、畦猶隴、【索隱】韋昭云、埒中畦、猶隴也、謂五十畝也、劉熙注孟子云、今俗以二十五畝爲小畦、五十畝爲大畦、王逸云、畦猶區也、此其人皆與千戶侯等。然是富給之資也。不窺市井、不行異邑、坐而待收、身有處士之義而取給焉。若至家貧親老、妻子軟弱、歲時無以祭祀、進醵飲食被服、不足以自通。如此不慙恥、則無所比矣。【集解】徐廣曰、醵、會聚食、【索隱】音渠略反、【考證】進、讀爲贐、孟子公孫丑篇、予將有遠行、行者必以贐、比、上文樂與之比之比、是以無財作力。少有鬭智。既饒爭時。此其大經也。【正義】少有鬭智、言少有錢財、則鬭智巧而求勝也、既饒爭時、既饒足錢財、乃逐時爭利也、今治生不待危身取給、則賢人勉焉。是故本富爲上、末富次之、姦富最下。【考證】岡白駒曰、本富、農種而富、坐而待收者是也、末富、以賈富者、姦富、姦巧鬭智而富者、是也、無巖處奇士之行、而長貧賤、好語仁義、亦足羞也。【考證】中井積德曰、苟有巖處奇士之行、則雖長貧賤無所羞、而太史公固不說之也、文意自周匝、後人輒生貶議者、不曉文義之故耳、凡編戶之

民、富相什則卑下之、伯則畏憚之、千則役、萬則僕、物之理也、夫用貧求富、農不如工、工不如商、刺繡文不如倚市門。此言末業貧者之資也。【考證】刺繡文、工之事、倚市門、商之事、顏師古曰、言其易以得利也、通邑大都、酤一歲千釀、【正義】釀千瓮、酤醯醋云酒酤、【考證】此段就都邑中約計一歲所需之數、即市肆中一歲所出之數、乃本業之貲也、中井積德曰、酤字爲一條之冒、下文所稱皆賣買之貨、顏師古曰、千瓮以釀酒、愚按從顏說、當云釀千瓮、一歲二字亦貫下、張文虎曰、正義醯醋云三字、乃下句正義、云當作也、醯醬千瓨、【集解】徐廣曰、長頸罌、【索隱】醯醢千瓨、閑江反、漿千甔。【集解】徐廣曰、大罌缶、【索隱】醬千擔、下都甘反、漢書作儋、孟康曰、儋、石甖、石甖受一石、故云儋石、一音都濫反、【考證】各本漿作醬、涉上文而訛、今從南宋本毛本、漢書亦作漿、屠牛羊彘千皮、販穀糶千鍾、【集解】徐廣曰、出穀也、糶、音掉也、薪稾千車、船長千丈、【索隱】按積數長千丈、【考證】中井積德曰、舩車竹木畜僮布帛、皆賣買之貨、非蓄藏、木千章、【集解】漢書音義曰、洪洞方稾章材也、舊將作大匠掌材曰章曹掾、【索隱】案將作大匠掌材曰章曹掾、洪、胡孔反、洞、音動、又竝如字也、竹竿萬个、【集解】徐廣曰、古賀反、【索隱】竹干萬个、釋名云、竹曰箇、木曰枚、方言曰、个、枚也、儀禮禮記、字爲个、又功臣表楊僕入竹三萬箇、箇个古

今字也、【正義】釋名云、竹曰个、木曰枚、其軺車百乘、【集解】徐廣曰、馬車也、【正義】軺、音遙、說文云、軺、小車也、【考證】漢書無其字、中井積德曰、疑衍、牛車千兩、【正義】車一乘爲一兩、風俗通云、箱轅及輪、兩兩而偶之、稱兩也、【考證】車兩輪、故謂之兩、木器髤者千枚、【集解】徐廣曰、髤、音休、漆也、【索隱】髤者、千、上音休、謂漆也、千、謂千枚也、【正義】顏云、以漆漆物謂之髤、又音許昭反、今關東俗器物一再漆者、謂之稍漆、即髤聲之轉耳、今關西俗云黑髤盤朱髤盤兩義竝通、銅器千鈞、【集解】徐廣曰、三十斤、素木鐵器若卮茜千石、【集解】徐廣曰、百二十斤爲石、駰案漢書音義曰、素木、素器也、馬蹄躈千、【集解】徐廣曰、躈、音苦弔反、馬八髎也、音料、【索隱】徐廣音苦弔反、馬八髎也、音料、埤倉云、尻骨謂八髎、一曰夜蹄、小顏云、躈、口也、蹄與口共千、則爲二百匹、若顧胤則云、上文馬二百蹄、比千乘之家、不容亦二百、則躈謂九竅、通四蹄爲十三而成一馬、所謂生之徒十有三是也、凡七十六匹馬、案亦多於千戶侯比、則不知其所、【考證】沈欽韓曰、內經骨空論、八髎在腰尻分間、呂覽觀表、古之善相馬者許鄙相服、注、脈後竅也、躈即尻竅、愚按是都邑所賣買之貨、與上文千戶侯沒交涉、牛千足、羊彘千雙、僮手指千、【集解】漢書音義曰、僮、奴婢也、古者無空手游日、皆有作務、作務須手指、故曰手指、以別馬牛蹄角也、筋角丹沙千斤、其帛絮細布千鈞、文采千匹、榻布皮革千石、【集解】徐廣曰、榻、音吐合反、駰案漢書音義曰、榻布、白疊也、【索隱】荅布、注音吐合反、大

顏音吐荅反、案以爲麤厚之布、與皮革同以石而秤、非白疊布也、吳錄云、有九眞郡布、名曰白疊、廣志云、疊、毛織也、【正義】顏師古曰、麤厚之布也、其價賤、故與皮革同重耳、非白疊也、荅者、厚之貌也、案白疊、木綿所織、非中國有也、【考證】其字疑衍、索隱本榻布作答布、楓三本作荅布、漢書亦作荅布、沈欽韓曰、上文言細布、則知是麤布、愚按俞正燮癸巳類考卷四、有木棉考、漆千斗、【索隱】漢書作漆大斗、案謂大斗、大量也、言滿量千斗、即今之千桶也、【考證】顧炎武曰、漢時已有大斗、但用之量麁貨耳、櫱麴鹽豉千荅、【集解】徐廣曰、或作台、器名有瓿、孫叔然云、瓿、瓦器、受斗六升、合爲瓿、音貽、【索隱】鹽豉千蓋、下音貽、炎反、說文云、瓿、瓦器、受斗六合、以解此蓋、非也、案尚書大傳云、文皮千合、則數兩謂之合也、三倉云、㮋、盛鹽豉器、音他果反、則蓋或㮋之異名耳、【考證】王引之曰、台、瓿同、作荅、乃苔字之譌、苔、台古同聲、故得通用、漢書作合、又台之譌也、張文虎曰、南宋本毛本作瓿、蓋後人依集解改、鮐鮆千斤、【集解】漢書音義曰、音如楚人言薺、鮆魚與鮐魚也、【索隱】說文云、鮐、海魚、音貽、鮆魚、飲而不食、刀魚也、爾雅謂之鮤魚也、鮆、音才爾反、又音薺、【正義】鮐音臺、又音貽、說文云、鮐、海魚也、鮆、音薺禮反、刀魚也、鯫千石、鮑千鈞、【集解】徐廣曰、鯫、音輒、膊魚也、【索隱】鯫、音輒、一音昨苟反、鯫、小魚也、鮑、音抱、步飽反、今之鯫魚也、膊、音鋪博反、案破鮑不相離謂之膊、兒濆云、鮑、聲類及韵集、雖爲此解、而鯫生之字、見與此同、案鯫者小雜魚也、【正義】鯫、音族苟反、謂雜小魚也、鮑、白也、然鮐鮆以斤論、鮑鯫以千鈞論、乃其九倍多、故知鮐是大好者、鯫鮑是雜者也、徐云、鯫、膊魚也、膊、竝各反、謂破開中頭尾不相離爲鮑、謂之膊關者也、此亦大魚爲之也、【考證】漢書作鯫鮑千鈞、王念孫曰、此文以鮐鮆爲一類、鯫、音輒、從耴、不從取、當

作鯫鮑千鈞、中非積德曰、鮐鮆是食料、鯫鮑只鱉鯗、則貴賤懸隔、棗栗千石者三之、【索隱】案三之者、三千石也、必三之者、取類上文故也、以棗栗賤、故三之爲三千石也、【正義】謂三千石也、言棗栗三千石、乃與上物相等、狐鼦裘千皮、【索隱】狐鼦、下音雕也、【正義】鼦、音彫、羔羊裘千石、【索隱】羔羊千石、謂秤皮重千石、【考證】顏師古曰、狐貂貴、故計其數、羔羊賤、故稱其量也、旃席千具、佗果菜千鍾、【索隱】果菜千種、千種者言其多也、【正義】鍾、六斛四斗、果菜、謂雜果菜、於山野采取之、【考證】張文虎曰、佗字疑衍、漢書無、愚按正義本作鍾、索隱本及漢書作種、以上敍都邑中一歲所需之數、子貸金錢千貫。【索隱】案子、謂利息也、貸、音土代反、節駔會。【集解】徐廣曰、駔、音祖朗反、馬儈也、駰案、漢書音義曰、會、亦是儈也、節、節物貴賤也、謂估儈其餘利比千乘之家、【索隱】案節者、節貴賤也、駔、舊音祖朗反、今音奘、駔者度牛馬市、云駔儈者合市也、音古外反、淮南子云、段干木晉國之大駔、注云、干木度市之魁也、【考證】顏師古曰、儈者合會二家交易者也、駔者其首率也、中井積德曰、節、截取也、節取駔儈之利耳、恐按與子貸家別此一事、貪賈三之、廉賈五之。【集解】漢書音義曰、貪賈未當賣而賣、未可買而買、故得利少、而十得三、廉賈貴而賣、賤乃買、故十得五、【考證】三之、五之、劉奉世李光地以爲三分取一、五分取一、自下文什二語推之、舊說爲長、中井積德曰、貪賈貪贏之多、故貯貨壅滯、歲計爲少利、廉賈不多取贏、故流通無滯貨、歲計爲多利、此亦比千乘之家。其大率也。【正義】率、音律、【考證】中井積德

曰、千乘之家、卽上文千戶之君矣、故曰亦此、或云、千乘、千戶之訛、佗雜業不中什二、則非吾財也。【正義】言雜惡業、而不在什分中得二分之利者、非世之美財也、請略道當世千里之中、賢人所以富者、令後世得以觀擇焉。【考證】楓本、請下有且、以下舉貨殖事以爲證、蜀卓氏之先、趙人也。用鐵冶富。【集解】徐廣曰、卓、一作淖、【索隱】注、卓、一作淖、竝音斲、一音鬧、淖亦音泥淖、亦是姓、故齊有淖齒、漢有淖蓋、與卓氏同出、或以同音淖也、【考證】周壽昌曰、此卽卓王孫之祖或父也、至孝武時、尙有僮客八百人、秦破趙、遷卓氏。卓氏見虜略。獨夫妻推輦行、詣遷處。諸遷虜少有餘財、爭與吏、求近處、處葭萌。【集解】徐廣曰、屬廣漢、【正義】葭萌、今利州縣也、唯卓氏曰。此地狹薄。吾聞汶山之下沃野。下有蹲鴟、至死不飢。【集解】徐廣曰、古蹲字作踆、駰案、漢書音義曰、水鄉多鴟、其山下有沃野灌溉、一曰、大芋、【索隱】汶山下、上音岷也、【正義】汶、音珉、蹲鴟、芋也、言邛州臨邛縣其地肥又沃、平野有大芋等也、華陽國志云、汶山郡安上縣有大芋、如蹲鴟也、【考證】蹲鴟以充糧、凶歲不飢、民工於市、易賈。乃求遠遷。致之臨邛。大喜。傾滇·蜀之民。卽鐵山鼓鑄、運籌

策。【集解】漢書云、運籌以賈滇、【索隱】滇一作沮、漢書亦作滇池、今益州郡有蜀州、亦因舊名及漢江爲名、江在益州、南入導江、非漢中之漢江也、【考證】今本漢書作滇蜀、中井積德曰、運籌策、自與鼓鑄別、非販鐵、富至僮千人。田池射獵之樂、擬於人君。【索隱】漢書及相如列傳竝云、八百人也、程鄭、山東遷虜也。亦冶鑄、賈椎髻之民。【索隱】魋結之人、上音椎髻、謂通賈南越也、【考證】中井積德曰、賈椎髻之民、自別販貨物也、非鐵、王念孫曰、索隱本椎髻作魋結、陸賈傳、朝鮮傳、西南夷傳、皆用魋結字面、富埒卓氏。俱居臨邛。【索隱】埒者、鄰畔、言鄰相次、【正義】埒、微滅、宛孔氏之先、梁人也、用鐵冶爲業。秦伐魏、遷孔氏南陽。大鼓鑄、規陂池、連車騎游諸侯、因通商賈之利。有游閑公子之賜與名。【集解】韋昭曰、優游閑暇也、【索隱】謂通賜與於游閑公子得其名、【正義】言與游賞閑暇公子賜與、各相交通也、【考證】漢書陂池作陂田、桃範曰、游閑公子、卽云孔氏也、中井積德曰、游於諸侯、所以爲賈、而雍容游閑、賜予於人之優、如貴介公子、然取贏更多也、非賚給餉遺於諸侯、漢書無賜與二字、家致富數千金。然其贏得過當、愈於纖嗇。【索隱】謂孔氏以資給諸侯公子、既已得賜與之名、又蒙其所得之贏、過於本資、故云過當、乃勝於細碎儉嗇之賈也、纖、細也、方言云、纖、小也、愈、勝也、【正義】音色、

嗇、吝也、言孔氏連車騎游於諸侯、以資給之、兼通商賈之利、乃得游閑公子交名、然其通計贏利、過於所資給餉遺之當、猶有交游公子雍容而勝於慳悋也、【考證】連車騎游諸侯、賜與不嗇、而因此得贏利、還多於所費、故曰過當、此所得之贏、多於纖嗇者、故南陽行賈、盡法孔氏之雍容。魯人俗儉嗇。而曹邴氏尤甚。【索隱】邴、音柄也、以鐵冶起、富至巨萬。【集解】徐廣曰、魯縣出鐵、然家自父兄子孫約。俛有拾。仰有取。貰貸行賈徧郡國。【考證】漢書、孫作弟、蘇輿曰、俛拾仰取、言人不閒遊、物無遺利、蘇軾荅梁先詩、學如富賈在博收、仰取俯拾無遺籌、約、如下約非田畜所生不衣食之約、言家約如此、是以行賈徧郡國、鄒魯以其故多去文學而趨利者、以曹邴氏也。齊俗賤奴虜。而刁閒獨愛貴之。桀黠奴、人之所患也。唯刁閒收取使之。【索隱】刁閒、上音雕、姓也、閒如字、【正義】刁、丁遙反、姓名、逐漁鹽商賈之利、或連車騎、交守相。然愈益任之、終得其力、起富數千萬。故曰。寧爵毋刁。言其能使豪奴自饒、而盡其力。【集解】漢書音義曰、奴自相謂曰、寧欲免去作民有爵邪、將止爲刁氏作奴乎、毋、發聲語助、【索隱】

案奴自相謂曰、寧免去求官爵邪、曰無刁、無刁、相止之辭也、言不去止、爲刁氏作奴也、【考證】中井積德曰、爵謂仕者高爵也、非民爵、是他人稱之也、非奴言、又曰、宜言毋寧爵、毋寧刁、今各置一字耳、是相比擬而言、若無輕重、然重刁之意自見、錢大昕曰、刁爵合韻、古音爵與醮近、崔適曰、說文嚼或作噍、是爵焦同聲也、古諺云、嚼復嚼、今年猶可、後年饒、嚼與饒爲韻、猶爵與刁爲韻也、 周人既纖。而師史尤甚。【集解】漢書音義曰、纖、儉嗇也、【索隱】師姓、史名、【正義】師史、人姓名、 轉轂以百數。賈郡國、無所不至。【考證】顏師古曰、轉轂、謂以車載物而逐利者、 洛陽街居、在齊·秦·楚·趙之中。貧人學事富家、相矜以久賈。數過邑不入門。【集解】漢書音義曰、謂街巷居民無田地、皆相矜久賈、在此諸國也、【正義】洛陽在齊秦楚趙之中、其街巷貧人、學於富家、相矜以久賈諸國、皆數歷里邑、不入其門、故前云洛陽東賈齊魯、南賈梁楚、是也、【考證】正義得之、說文、街、四通道、學事、習商賈也、過邑不入門、不還己家也、漢書刪貧人學事四字、下文終不可解、 設任此等、故師史能致七千萬。【考證】漢書、作十千萬、 宣曲任氏之先、爲督道倉吏。【集解】徐廣曰、高祖功臣有宣曲侯、督道倉吏、漢書音義曰、若今吏督租穀、使上道輸在所也、韋昭曰、督道、秦時邊縣名、【索隱】韋昭云、宣曲、地名、高祖功臣有宣曲侯、上林賦云、西馳宣曲、當在京輔、今闕其地、【正義】案其地合在關內、張揖云、宣曲、宮名、在昆池西也、【考證】劉奉世曰、督道者、倉所在地名耳、猶稱細柳倉也、爲倉吏、故能藏粟致

富也、 秦之敗也、豪傑皆爭取金玉。而任氏獨窖倉粟。【集解】徐廣曰、窖、音校、穿地以藏也、 楚·漢相距滎陽也、民不得耕種、米石至萬。而豪傑金玉、盡歸任氏。任氏以此起富。富人爭奢侈。而任氏折節爲儉、力田畜。田畜、人爭取賤賈、【索隱】晉灼云、爭取賤賈金玉也、【正義】賈、音價也、【考證】取賤價、承田畜、索隱爲金玉、非是、王念孫曰、賈讀爲鹽、與貴善對文、愚按不必讀爲鹽、 任氏獨取貴善。【索隱】謂買物必取貴而善者、不爭賤價也、 富者數世。然任公家約、非田畜所出弗衣食。公事不畢、則身不得飲酒食肉。以此爲閭里率。故富而主上重之。【考證】顏師古曰、任公、任氏之父也、 塞之斥也、【集解】漢書音義曰、邊塞主斥候卒也、唯此人能致富若此、【索隱】孟康云、邊塞主斥候之卒也、又案斥、開也、相如傳云、邊塞益斥、是也、【正義】孟康云、邊塞主斥候卒也、唯此人能致富若此、顏云、塞斥者、言國斥開邊塞、更令寬廣、故橋姚得恣其畜牧也、【考證】斥、索隱又案是、劉攽曰、塞之斥也、公私皆有費用、故橋姚得以致富、豈謂待廣地恣其畜牧哉、以下言橋姚事、 唯橋姚已致馬千匹。牛倍之、羊萬頭、粟以萬鍾

計。【索隱】橋姓、姚名、言橋姚因斥塞而致此資、風俗通云、馬稱匹者、俗說云、相馬及君子、與人相匹、故云匹、或說馬夜行、目照前四丈、故云一匹、或說度馬縱橫、適得一匹、又韓詩外傳云、孔子與顏回登山、望見一匹練、前有藍、視之果馬、馬光景一匹長也、【正義】姓橋、名姚也、【考證】漢書、姚作桃、中井積德曰、已、以也、愚按、周書文侯之命、既有馬四匹、文心雕龍云、古之正名、車兩而馬匹、匹兩稱目、以並耦爲用、蓋車貳佐乘、馬儷驂服、服乘不隻、故名號必雙、名號一匹、則雖單爲匹矣、比索隱較長、以上橋姚事、 吳·楚七國兵起時、長安中列侯封君、行從軍旅、齎貸子錢。【索隱】齎、音子稽反、貸、假也、音吐得反、與人物云齎、周禮注、齎、所給與也、【考證】中井積德曰、齎、衣服器具糧食金錢、凡旅中所資皆是、皆假貸子錢、具之而行也、 子錢家以爲侯邑國在關東。關東成敗未決。莫肯與。唯無鹽氏出捐千金貸。其息什之。【索隱】貸、吐代反、什之、謂出一得十倍、 三月吳·楚平。一歲之中、則無鹽氏之息什倍。用此富埒關中。【考證】岡白駒曰、關中之富、已一人敵之、愚按、漢書刪埒字、亦通、 關中富商大賈、大抵盡諸田。田嗇·田蘭。韋家栗氏、安陵·杜杜氏、亦巨萬。【集解】徐廣曰、安陵及杜、二縣名、各有杜姓也、宣帝以杜爲杜陵、【考證】漢書、嗇作牆、不重杜字、 此其章章尤異

者也。【集解】徐廣曰、異、一作溆、又作較、 皆非有爵邑奉祿、弄法犯姦而富。盡推理去就、與時俯仰、獲其贏利。【考證】各本、推理作椎埋、凌稚隆曰、二字疑有誤、顧炎武曰、當是推移之誤、中井積德曰、當作推理、愚按楓三本、正作推理、今依改推理、言推測物理也、 以末致財、用本守之、以武一切、用文持之、變化有概。故足術也。【正義】有概、有節概也、【考證】岡白駒曰、概、節也、臨時不失去就之節、愚按術、述通、 若至力農畜工虞商賈、爲權利以成富、大者傾郡、中者傾縣、下者傾鄉里者、不可勝數。【考證】權利、權力利益、 夫纖嗇筋力、治生之正道也。而富者必用奇勝。田農掘業。而秦陽以蓋一州。【集解】徐廣曰、古拙字、亦作掘也、【索隱】漢書、作甲一州、服虔云、富爲州之中第一、【正義】掘業、上求月反、言曲折田外、掘地爲民作冢、【考證】各本、掘作拙、王念孫曰、班馬字類引此拙作掘、蓋拙本作掘、故徐廣曰、古拙字、亦作掘、今依改、掘當讀爲拙、與奇相反、言其因力田以致富耳、陽、索隱本作揚、漢書作楊、 掘冢、姦事也。而田叔以起。【考證】張文虎曰、南宋舊刻毛本、作田叔、它本作曲叔、 博戲、惡業也。而桓發用之富。【索隱】漢書、作稽發、

【正義】桓發、人姓名、【考證】王念孫曰、用亦以也、與上下三以字互文、後人於用字下加之字、則失其句法矣、行賈、丈夫賤行也。而雍樂成以饒。販脂、辱處也。而雍伯千金。【集解】徐廣曰、雍、一作翁、【索隱】雍、於恭反、漢書作翁伯也、【正義】說文云、戴角者脂、無角者膏也、【考證】楓本、伯下有致字、賣漿、小業也。而張氏千萬。【考證】楓三本、漿作漿、與漢書合、洒削、薄技也。而郅氏鼎食。【集解】徐廣曰、洒或作細、駰案、漢書音義曰、治刀劍名、【索隱】洒削、上音先禮反、削刀名、洒削、謂摩刀以水洒之、又方言云、劒削、關東謂之削、音肖、削一依字讀也、【考證】漢書、郅作質、顏師古曰、洒、濯也、削、謂刀劍室也、謂人有刀劍削故惡者、主爲洒刷之、去其垢穢、更飾令新也、中井積德曰、削、小割刀也、可以削果實供諸用、洒磨之也、書刀亦削也、愚按洒削、未詳、錢大昕亦有別解、姑錄顏中二說、胃脯、簡微耳。濁氏連騎。【索隱】晉灼云、太官常以十月作沸湯燖羊胃、以末椒薑粉之訖、暴使燥、則謂之脯、故易售而致富、【正義】案胃脯、謂和五味而脯美、故易售、馬醫、淺方。張里擊鍾。【考證】楓本、方下有也字、此皆誠壹之所致。由是觀之、富無經業、則貨無常主。能者輻湊、不肖者瓦解。千金之家、比一都之君。巨萬者、乃與王者同樂。豈所謂素封者邪、非也。【考證】凌稚隆曰、結應前、【索隱】述贊、貨殖之利、工商是營、廢居善積、倚市邪贏、白圭富國、計然强兵、倮參朝請、女築懷淸、素封千戶、卓鄭齊名、

貨殖列傳第六十九

史記百二十九

文學博士瀧川龜太郎著

史記會注考證

史記會注考證卷一百三十

漢 太史令司馬遷撰

宋 中郎外兵曹參軍裴駰集解

唐 國子博士弘文館學士司馬貞索隱

唐 諸王侍讀率府長史張守節正義

日本 出雲瀧川資言考證

太史公自序第七十　史記一百三十

[考證] 盧文弨曰、太史公自序、卽史記之目錄也、班固之敍傳、卽漢書之目錄也、古者目錄往往置於末、淮南之要略、法言之十三篇序皆然、吾以爲易之序卦傳、非卽六十

四卦之目錄歟、史漢諸序、殆昉於此、兪樾曰、紀事之體、本於尚書、故太史公作自序一篇云、爲某事作某本紀某表某書某世家某列傳、猶尚書之有序也、古人之文、其體裁必有所自、愚按史公百三十篇序、倣書序、

昔在顓頊、命南正重以司天、北正黎以司地。[集解] 南正重以司天、火正黎以司地、案張晏云、南方、陽也、火、水配也、水爲陰、故命南正重司天、火正黎兼地職、臣瓚以爲重黎氏是司天地之官、司地者宜曰北正、古文作北字、非也、楊雄譙周竝以爲然、案國語黎爲火正、以淳曜敦大、光照四海、又幽通賦云、黎淳曜於高辛、則火正爲是也、[考證] 梁玉繩曰、此本楚語、然今本國語及經疏中所引、皆作火正、漢書遷傳同、自史公有北正之文、後儒如鄭康成韋昭臣瓚皆從之、隋天文志同、其實史曆書序仍是火正、顏師古司馬貞據鄭語與斑固幽通賦、作火正爲是、唐·虞之際、紹重·黎之後、使復典之。至于夏·商。故重·黎氏世序天地。其在周、程伯休甫其後也。[集解] 應劭曰、封爲程國伯、休甫、字也、[索隱] 案重司天、而黎司地、是代序天地也、據左氏、重是少昊之子、黎乃顓頊之胤、二氏二正、所出各別、而史遷意欲合二氏爲一、故總云在周程伯林甫其後、非也、然後案彪之序及干寶皆云、司馬氏黎之後、是也、今總稱伯休甫是重黎之後者、凡言地卽舉天、稱黎則兼重、自是相對之文、其實二官亦通職、然休甫則黎之後也、亦是太史公欲以史爲己任、言先代天官、所以兼稱重耳、[正義] 括地志云、安陵故城、在雍州咸陽東二十一里、周之程邑

也、當周宣王時、失其守而爲司馬氏。[正義] 司馬彪序云、南正黎後世爲司馬氏、[考證] 楓三本、時下有官字、與漢書合、楚語云、少皞之衰也、九黎亂德、顓頊受之、乃命南正重司天以屬神、命火正重、司地以屬民、使復舊常、無相侵瀆、其後三苗復九黎之德、堯復重黎之後不忘舊者、使復典之、以至于夏商、故重黎氏、世敍天地、而別其分主者也、其在周、程伯林父其後也、當宣王時、失其官守、而爲司馬氏、愚按此史公所據、又按楚語已以重黎爲二族、又以休父爲重黎後、語欠分明、索隱非之、蓋是、而司馬氏之出於休父則無疑也、譜牒多類此者、何止史公敍傳、何焯曰、詩常武、王謂尹氏、命程伯休父、毛傳、尹氏掌命卿氏、程伯林父始命爲大司馬、正當宣王之時、已失典司天地之守、故僅以時王所命之官、別爲司馬氏也、司馬氏世典周史。[索隱] 案司馬、夏官卿、不掌國史、自是先代兼爲史、衞宏云、司馬氏、周史佚之後、不知何據、[考證] 世典周史、未知何據、中井積德曰、嘗有爲司馬者、因氏焉、其後世不必司馬、索隱仍以夏官解、何哉、又曰、宣王之時失職、後更復之也、惠·襄之閒、司馬氏去周適晉。[集解] 張晏曰、周惠王襄王、有子穨叔帶之難、故司馬氏奔晉、晉中軍隨會奔秦、而司馬氏入少梁。[索隱] 案左氏、隨會自晉奔秦、後乃奔魏、自魏還晉、故漢書云、會奔秦魏也、少梁、古梁國也、秦滅之、改曰少梁、後名夏陽、[正義] 案春秋、隨會奔秦、其後自秦入魏而還晉也、隨會爲晉中軍將、少梁、古梁國也、嬴姓、在同州韓城縣南二十二里、是時屬晉、[考證] 隨會奔秦、左傳文公七年、梁玉繩曰、齊召南云、奔秦、漢書誤作奔魏、又隨會奔秦時、未爲中軍將、史文以後官冠其名、自司馬氏

去周適晉、分散或在衛、或在趙、或在秦。其在衛者、相中山。【集解】徐廣曰、名喜也、【考證】中山策云、司馬憙三相中山、在趙者、以傳劒論顯。【集解】服虔曰、世善傳劒也、蘇林曰、傳手搏論而釋之、晉灼曰、史記吳起贊曰、非信仁廉勇、不能傳劒論兵書也、【索隱】案何法盛晉書、及司馬氏系本、名凱、服虔云、代善劒也、按解所以稱傳也、蘇林云、傳作摶、言手摶論而釋之、所以知名也、【正義】何法盛晉書、及譙王司馬無忌司馬氏系本、皆云、名凱、蒯聵其後也。【正義】聵、五怪反、如淳云、刺客傳之蒯聵也、【考證】沈欽韓曰、淮南主術訓、握術劒鋒以離、北宮司馬蒯聵不使應敵、非刺客傳中人、張文虎曰、刺客傳、荊軻嘗游過楡次、與蓋聶論劒、疑蓋聶卽蒯聵之誤、楡次本趙地、蓋傳寫錯亂、如淳魏時人、或尚見史記舊文、在秦者名錯。與張儀爭論。於是惠王使錯將伐蜀。遂拔。因而守之。【集解】蘇林曰、守、郡守也、【考證】中井積德曰、已拔之、留而鎭之、不必郡守、錯孫靳、事武安君白起。【集解】徐廣曰、靳、一作蘄、【索隱】錯孫靳、上音七各反、下音紀釁反、漢書作蘄、而少梁更名曰夏陽。【考證】沈欽韓曰、秦紀惠文王十二年、更名少梁、曰夏陽、張儀傳、說魏王入上郡少梁以謝秦、是入秦卽名夏陽、上句云、事武安君白起、則爲昭襄王時、此語殊乖次第、王先謙曰、少梁更名、尚在惠文後九年錯拔之前、此文補述之也、愚按、夏陽、史公先塋之地、故詳之、靳與武安君阬趙長平軍。

【索隱】文穎曰、趙孝成時、【考證】楓本阬作拔、還而與之俱賜死杜郵。【索隱】下音尤、李奇曰、地名、在咸陽西、按三秦記、其地後改爲李里者也、葬於華池。【集解】晉灼曰、地名、在鄠縣、【索隱】晉灼云、在鄠縣、非也、案司馬遷碑、在夏陽西北四里、【正義】括地志云、華池在同州韓城縣西南七十里、在夏陽故城西北四里、靳孫昌。昌爲秦主鐵官。當始皇之時。【考證】漢書、主作王、恐非、蒯聵玄孫卬、爲武信君將、而徇朝歌。【集解】徐廣曰、張耳傳云、武臣自號武信君、【索隱】案晉譙國司馬無忌作司馬氏系本云、蒯聵生昭豫、昭豫生憲、憲生卬也、案漢書、武臣號武信君、諸侯之相王、王卬於殷。漢之伐楚、卬歸漢。以其地爲河內郡。【索隱】漢書云、項羽封卬爲殷王、昌生無澤。無澤爲漢市長。【索隱】漢書、作毋擇、竝音亦也、【考證】今本漢書作毋懌、王先謙曰、百官表、長安四市、有四長、無澤生喜。喜爲五大夫。卒、皆葬高門。【集解】蘇林曰、長安北門也、瓚曰、長安城無高門、【索隱】案蘇說非也、案遷碑在夏陽西北、去華池三里、【正義】括地志云、高門、原俗名馬門原、在同州韓城縣西南十八里、漢司馬遷墓、在韓城縣南二十二里、夏陽縣故城東南、有司馬遷冢、在高門原上也、喜生談。談爲太史公。【集解】如淳曰、漢儀注、太史公武帝置、位在丞相上、天下計書、先上太史公、副上丞相、序事如古春秋、遷死後、宣帝

以其官爲令、行太史公文書而已、瓚曰、百官表無太史公、茂陵中書、司馬談以太史丞爲太史令、【索隱】案茂陵書、談以太史丞爲太史令、則太史公者、遷所著書尊其父云公也、然稱太史公、皆遷稱述其父所作、其實亦遷之詞、而如淳引衛宏儀注、稱位在丞相上、謬矣、案百官表、又無其官、且修史之官、國家別有著撰、則令州縣所上圖書、皆先上之、而後人不曉、誤以爲在丞相上耳、【正義】虞喜志林云、古者主天官者皆上公、自周至漢、其職轉卑、然朝會坐位、猶居公上、尊天之道、其官屬仍以舊名尊而稱也、案下文、太史公既掌天官不治民、有子曰遷、又云、卒三歲、而遷爲太史公、又云、太史公遭李陵之禍、又云、汝復爲太史、則續吾祖矣、觀此文、虞喜說爲長、乃書談及遷爲太史公者、皆遷自書之、漢舊儀云、太史公秩二千石、卒史皆秩二百石、然瓚及韋昭桓譚之說、皆非也、以桓譚之說、釋在武本紀也、【考證】宋祁曰、遷與任安書自言、僕之先人、文史星曆、近乎卜祝之間、故上所戲弄、倡優畜之、流俗之所輕也、若其位在丞相上、安有此言耶、吳仁傑曰、韋昭云、史記稱遷爲太史公者、外孫楊惲所稱、志林以爲古者主天官皆上公、至漢、官屬仍以舊名、尊而稱公、案遷報任少卿書、亦以太史公自稱、則非官屬與外孫尊之矣、李慈銘曰、太史公自是當時官府通稱、非官名、亦非尊加、如後世之稱太史氏、非有此官名也、流俗相沿、如晉之中令稱令君、唐之御史稱端公、不必以其尊官也、衛說不過因公字而附會之、朱一新曰、衛宏所說、謂位在丞相上者、蓋謂朝會之位、以其國史所關、使之密邇至尊、以便記注、非以其爵秩、亦非必以尊寵也、百官志、太史令六百石、而漢舊儀言太史公秩二千石、此則或談任職時、增其秩以示寵、或官秩尊卑、隨時升降、或記者偶失其實、闕疑可矣、愚按說又見五帝本紀、太史公學天官於唐都、【正義】天官書云、星則唐都也、【考證】王鳴盛曰、自談爲太史公一段、敘其父談事、

凡六稱太史公、皆指談也、受易於楊何、【集解】徐廣曰、菑川人、【正義】何字叔元、菑川人、見儒林傳也、習道論於黃子。【集解】徐廣曰、儒林傳曰、黃生好黃老之術、太史公仕於建元元封之閒、愍學者之不達其意而師悖、乃論六家之要指曰。【正義】悖、布內反、顏云、悖、惑也、各習師書、惑於所見也、【考證】李笠曰、師悖者、謂以悖爲師也、易大傳、天下一致而百慮、同歸而殊塗。【集解】張晏曰、謂易繫辭、【正義】張晏云、謂易繫辭、案下二句、是繫辭文也、【考證】漢書傳下有曰字、夫陰陽・儒・墨・名・法・道德、此務爲治者也。直所從言之異路、有省不省耳。【索隱】案六家同歸於正、然所從之道殊塗、學或有傳習省察、或有不省者耳、【考證】顏師古曰、直、但也、郭嵩燾曰、言六家同務爲治、而所施異宜、不相爲用、務此則忽彼、故曰、有省有不省、嘗竊觀陰陽之術、大祥而衆忌諱。使人拘而多所畏。【集解】徐廣曰、祥、一作詳、駰案李奇曰、月令星官、是其枝葉也、【索隱】案漢書、作大詳、言我觀陰陽之術大詳、而今此作祥、於義爲疏也、【正義】顧野王云、祥、善也、吉凶之先見也、拘而多畏、言拘束於日時、令人有所忌畏也、【考證】詳、亦讀爲祥、衆、多也、漢書無所字、與下文合、藝文志、陰陽家者流、蓋出於義和之官、敬順昊天、歷象日月星辰、敬授民時、此其所長也、及拘者爲之、則牽於禁忌、泥於小數、陰陽二十一

家三百六十九篇、李楨曰、褚補史記日者傳、言孝武時聚會占家問之、某日可取婦乎、五行家曰可、堪輿家曰不可、建除家曰不吉、叢辰家曰大凶、曆家曰小凶、天人家曰小吉、太一家曰大吉、辨訟不決、以狀聞、制曰、避諸死忌、以五行家爲主、人取諸五行者也、據此知忌諱拘畏、西漢時已如是、 然其序四時之大順、不可失也。儒者、博而寡要、勞而少功。是以其事難盡從。【考證】中井積德曰、當時儒者多趙綰王臧之倫、治國以明堂辟雍爲首務、其他莫非制度文飾訓詁名物、不知儒術爲何物、宜乎毀之曰寡要少功也、 然其序君臣父子之禮、列夫婦長幼之別、不可易也。【考證】司馬談亦依孟子、 墨者、儉而難遵。【正義】韋云、墨翟之術也、尚儉、後有隨巢子、傳其術也、【考證】漢書藝文志、墨六家、八十六篇、 是以其事不可偏循。【索隱】偏、音遍、偏循、言難盡用也、 然其彊本節用、不可廢也。法家、嚴而少恩。然其正君臣上下之分、不可改矣。【考證】漢傳、矣作也、藝文志、法家者流、出於理官、信賞必罰、以輔禮制、易曰、先王以明罰飭法、此其所長也、及刻者爲之、則無教化、去仁義、專任刑法以致治、至於殘害至親、傷恩薄厚、法十家、二百一十七篇、 名家、使人儉而善失眞。然其正名實、不可不察也。【索隱】案名家流出於禮官、古者名位不同、禮亦異數、孔子必也正

名乎、案名家知禮、亦異數、是儉也、受命不受辭、或失其眞也、【考證】慶長本標記引劉伯莊云、儉當作檢、謂拘檢人、中井積德曰、拘於名而離於情、故曰失其眞也、愚按、儉檢通用、下文所謂苛察是也、失眞、合同異、離堅白、使人失眞、下文所謂繳繞是也、又按索隱前案、依藝文志文、志又云、名七家、三十六篇、 道家、使人精神專一、動合無形、贍足萬物。【索隱】贍、音市豔反、漢書作澹、古今字異也、 其爲術也、因陰陽之大順、采儒・墨之善、撮名・法之要、與時遷移、應物變化。立俗施事、無所不宜。指約而易操、事少而功多。儒者則不然。以爲人主、天下之儀表也。主倡而臣和、主先而臣隨。如此、則主勞而臣逸。至於大道之要、去健羨、【集解】如淳曰、知雄守雌、是去健也、不見可欲、使心不亂、是去羨也、【考證】老子二十九章、聖人去甚去奢去泰、 絀聰明。【索隱】如淳云、不尚賢、絕聖棄智也、【考證】漢書、絀作黜、 釋此而任術。夫神大用則竭、形大勞則敝。形神騷動、欲與天地長久、非所聞也。【考證】老子五十九章、治人事天、莫若嗇、長生久視之道、七章、天長地久、天地所以能長且久者、以其不自生、以上略敘六家、歸重道德、以爲下論地、漢書騷動作

蚤衰、義殊、 夫陰陽、四時、八位、十二度、二十四節、各有教令。順之者昌、逆之者不死則亡。未必然也。故曰、使人拘而多畏。【集解】張晏曰、八位、八卦位也、十二度、十二次也、二十四節、就中氣也、各有禁忌、謂日月也、【考證】楓本、令下有曰字、與漢書合、 夫春生夏長、秋收冬藏。此天道之大經也。弗順、則無以爲天下綱紀。故曰、四時之大順、不可失也。【考證】以上陰陽、 夫儒者、以六蓺爲法。六蓺經傳以千萬數、累世不能通其學、當年不能究其禮。故曰、博而寡要、勞而少功。【正義】六藝、謂五禮、六樂、五射御、六書、九數也、【考證】六藝、六經也、晏子春秋外篇載晏子沮景公封仲尼云、絫壽不能殫其教、當年不能究其禮、墨子非儒篇云、累壽不能盡其學、當年不能行其禮、是史談所本、當年、猶言當生當身、列子楊朱篇、且趣當生、奚遑死後、當身之事、或聞或見、孫氏墨子閒詁以爲丁壯之義、恐非、 若夫列君臣父子之禮、序夫婦長幼之別、雖百家弗能易也。【考證】以上儒、 墨者、亦尚堯・舜道、言其德行。曰、堂高三尺、【索隱】案自此已下韓子

之文、故稱曰、【考證】此依韓子、以擧墨者之說也、 土階三等、茅茨不翦、【正義】屋蓋曰茨、以茅覆屋、 采椽不刮、【索隱】韋昭云、采椽、櫟榱也、【正義】採取爲椽、不刮削也、【考證】刮、漢書作斲、始皇紀作刮、注云、一作斲、言質素也、韓非子亦作斲、 食土簋、啜土刑、【集解】徐廣曰、一作塯、駰案、服虔曰、土簋、用土作此器、【正義】顏云、簋、所以盛飯也、刑、所以盛羹也、土、謂燒土爲之、即瓦器也、 糲粱之食、【集解】張晏曰、一斛粟七斗米爲糲、瓚曰、五斗粟三斗米爲糲、音剌、韋昭曰、糲、礲也、【索隱】服虔云、糲、麤米也、三倉云、粱、好粟、【正義】糲、麤米也、脫粟也、粱、粟也、謂食脫粟之麤飯也、【考證】王念孫曰、粱當作粢、粢與糲皆食之粗者、李斯傳、堯之有天下也、粢糲之食、藜藿之羹、韓子五蠹篇、堯之王天下也、糲粢之食、藜藿之羹、淮南精神訓、珍怪奇味、人之所美也、而堯糲粢之飯、藜藿之羹、皆其證也、 藜藿之羹、【正義】藜、似藿而表赤、藿、豆葉也、 夏日葛衣、冬日鹿裘。【考證】以上用韓非五蠹篇文、 其送死、桐棺三寸、【正義】以桐木爲棺、厚三寸也、 擧音不盡其哀。教喪禮、必以此爲萬民之率。使天下法若此、則尊卑無別也。【考證】漢書、法作共、韓非子顯學篇云、墨者之葬也、冬日冬服、夏日夏服、桐棺三寸、服喪三月、 夫世異時移。事業不必同。故曰、儉而難遵。要曰彊本節用、則人給家足之道也。此

墨子之所長、雖百家弗能廢也。【考證】以上墨家、 法家、不別親疏、不殊貴賤、一斷於法、則親親尊尊之恩絕矣。【索隱】案、禮、親親父爲首、尊尊君爲首也、【考證】漢書、一作壹、 可以行一時之計、而不可長用也。故曰、嚴而少恩。若尊主卑臣、明分職、不得相踰越、雖百家弗能改也。【考證】以上法家、 名家、苛察繳繞、使人不得反其意、專決於名、而失人情。【集解】服虔曰、繳音近叫呼、謂煩也、如淳曰、繳繞、猶纏繞、不通大體也、【考證】苛察、上文所謂儉、繳繞、使善失其眞、漢書、而作時、 故曰、使人儉而善失眞。若夫控名責實、參伍不失、此不可不察也。【集解】晉灼曰、引名責實、參錯交互、明知事情、【考證】以上名家、沈欽韓曰、鄧析子無厚篇、循名責實、君之事也、 道家、無爲。又曰、無不爲。【正義】無爲者、守淸淨也、無不爲者、生育萬物也、【考證】老子三十七章、道常無爲、而無不爲、侯王若能守之、萬物將自化、化而欲作、吾將鎭之以無名之樸、四十八章、爲學日益、爲道日損、損之又損、以至於無爲、無爲而無不爲、 其實易行。【正義】各守其分、故易行也、 其辭難知。【正義】幽深微妙、故難知也、 其術

以虛無爲本、以因循爲用。【正義】任自然也、【考證】老子十一章、有之以爲利、無之以爲用、二十五章、人法地、地法天、天法道、道法自然、愼子因循篇云、天道因則大、化則細、因也者因人之情也、人莫不自爲也、化而使之爲我、則莫可得而用矣、揚倞云、愼子本黃老、歸刑名、 無成埶、無常形、故能究萬物之情。不爲物先、不爲物後、故能爲萬物主。【集解】韋昭曰、因物爲制、【考證】漢書、作不爲物先後、蓋脫文、 有法無法、因時爲業。【正義】因時之物、成法爲業、【考證】王先謙曰、法度與時物爲變、通、神而明之、 有度無度、因物與合。【正義】因其萬物之形、成度與合也、【考證】因物與合、漢書、作因物與舍、後漢書馮衍傳下引作與物趣舍、愚按因物與合、與因時爲業相對成文、業合韻、史文爲長、 故曰、聖人不朽、時變是守。【索隱】故曰、聖人不朽、至因者君之綱、此出鬼谷子、遷引之以成其章、故稱故曰也、【正義】言聖人教迹不朽滅者、順時變化、【考證】漢書、朽作巧、顏師古曰、無機巧之心、但順時也、王念孫曰、史記原文蓋亦作巧、今文作朽者、後人以巧與守韻不相協而改之也、不知巧者古讀若糗、正與守爲韻、愚按索隱引鬼谷子、今本無之、 虛者、道之常也。因者、君之綱也。【正義】言因百姓之心以教、唯執其綱而已、【考證】承虛無因循、 羣臣並至、使各自明也。【考證】常綱明韻、 其實中其聲者謂之端。實不中其聲者謂

之窾。【集解】徐廣曰、音款、空也、駰案李奇曰、聲則名也、【索隱】窾、音款、漢書作款、款、空也、故申子云、款言無成、是也、聲者名也、以言實不稱名、則謂之空、空有聲也、【考證】端窾韻、李奇司馬貞解聲爲名、名、形名之名、非名譽之名、端、正也、 窾言不聽、姦乃不生。賢不肖自分、白黑乃形。在所欲用耳。何事不成。乃合大道。混混冥冥、光燿天下、復反無名。【正義】混、胡本反、混混者、元氣神者之貌也、【考證】聽生形成冥名韻、 凡人所生者神也。所託者形也。神大用則竭。形大勞則敝。形神離則死。死者不可復生。離者不可復反。故聖人重之。由是觀之、神者生之本也。形者生之具也。【集解】韋昭曰、聲氣者神也、枝體者形也、 不先定其神、而曰我有以治天下。何由哉。【考證】漢書、神下有形字、顏師古曰、凡此皆言道家之教爲長也、中井積德曰、司馬談喜道家者、故著六家指要而主張道家也、遷直述其言於自序、冀其不朽也、其實遷之學、未必同於父也、王鳴盛曰、太史公自序述其父談論六家要指、其意以五家各有所長、亦各有所短、並致其不滿之詞、而獨推崇老氏道德、謂其能兼有五家之長而去其所短、且又特舉道家之指約易操、事少功多、與儒之博而寡要、勞而少功、兩兩相校、以明孔不如老、此談之學也、而遷意則尊儒、父子異尙、猶

劉向好穀梁、而子歆明左氏也、觀下文稱引董仲舒之言、隱隱以已上承孔子、其意可見、又曰、漢初黃老之學極盛、君如文景、宮闈如竇太后、宗室如劉德、將相如曹參、陳平、名臣如張良、汲黯、鄭當時、直不疑、班嗣、處士如蓋公、鄧章、王生、黃子、楊王孫、安丘望之等、皆宗之、東方朔戒子、以首陽爲拙、柱下爲工、是亦宗黃老、而遷獨不然、漢書司馬遷傳贊、謂遷謂論大道先黃老而後六經、此本班彪之言、見後漢本傳、而固述之、桓譚謂大司空王邑納言嚴尤曰、老聃著虛無之言兩篇、薄仁義、非禮樂、然好之者以爲過於五經、自漢文景之君、及司馬遷、皆有是言、班彪桓譚皆誤以談之言卽遷之意、 太史公既掌天官、不治民。有子曰遷。【考證】王鳴盛曰、張守節云、司馬遷字子長、案遷之自序及漢書本傳不見、惟見法言寡見篇、後漢張衡傳、晉書干寶傳、文選載其報任安書、亦著司馬子長、魏收魏書附收上書啓亦稱之、班氏豈有所不知、而竟不著於本傳、蓋史例雖至班氏而定、每人概冠以字某、而遷傳則用自序元文、例不畫一、故漏其字、愚按子長之稱、又見法言君子篇、論衡變動須頌二篇、漢紀、後漢書潘岳西征賦、說詳梁氏志疑、 遷生龍門、【集解】徐廣曰、在馮翊夏陽縣、駰案蘇林曰、禹所鑿龍門也、【正義】括地志云、龍門在同州韓城縣北五十里、其山更黃河、夏禹所鑿者也、龍門山在夏陽縣、遷卽漢夏陽縣人也、至唐改曰韓城縣、【考證】龍門、在今陝西同州韓城縣、 耕牧河山之陽。【正義】河之北、山之南也、案在龍門山南也、 年十歲、則誦古文。【索隱】案遷及事伏生、是學誦古文尙書、劉氏以爲左傳國語系本等書、是亦名古文也、【考證】古文、古書以古文書者、以分今文也、下文云、周道廢、秦撥去古文、五帝紀贊、不離古文者近是、儒林傳、孔氏有古文尙書、安國以今文

讀之、許愼戉文序、易孟氏、書孔氏、詩毛氏、禮周官、春秋左氏、論語、孝經、皆古文也、皆同、周壽昌曰、遷生於景帝後元年、距鼂錯之死十一年、錯孝文時受書伏生、生已九十餘、孝文在位二十三年、計伏生當遷生時應百三十餘歲、遷十歲誦古文、及事伏生、生不已百四十餘耶、伏生不聞有此大年、揆之情事、亦不合、史公從安國問故、索隱蓋誤以孔爲伏、

二十而南游江淮、上會稽、探禹穴、[集解]張晏曰、禹巡狩至會稽而崩、因葬焉、上有孔穴、民閒云禹入此穴、[索隱]越絕書云、禹上茅山、大會計、更名曰會稽、張勃吳錄云、本名苗山、一名覆釜、禹會諸侯計功、改曰會稽、上有孔、號曰禹穴也、[正義]括地志云、石簣山、一名玉笥山、又名宛委山、卽會稽山一峯也、在會稽縣東南十八里、吳越春秋云、禹案黃帝中經九山東南天杜、號曰宛委、赤帝左闕之塡、承以文玉、覆以盤石、其書金簡、靑玉爲字、編以白銀、皆瑑其文、禹乃東巡、登衡山、血白馬以祭、禹乃登山仰天而笑、忽然而臥、夢見繡衣男子、自稱玄夷倉水使者、卻倚覆釜之山、東顧謂禹曰、欲得我山神書者、齋於黃帝之岳岩岩之下、三月季庚、登山發石、禹乃登宛委之山、發石乃得金簡玉字、以水泉之脈、山中又有一穴、深不見底、謂之禹穴、史遷云、上會稽探禹穴、卽此穴也、 闚九疑、[索隱]山海經云、南方蒼梧之丘、蒼梧之泉、在營道南、其山九峯、皆相似、故曰九疑、張晏云、九疑舜葬、故窺之、尋上探禹穴、蓋以先聖所葬處有古冊文、故探窺之、亦搜採遠矣、[正義]九疑山、在道州、 浮於沅·湘、[正義]沅水出朗州、湘水出道州北、東北入海、 北涉汶·泗、[正義]兩水出兗州東北、而南歷魯、 講業齊·魯之都、觀孔子之遺風、鄉射鄒·嶧、戹困鄱·薛·彭

城、過梁·楚以歸。[集解]徐廣曰、嶧音亦、縣名、有山也、鄱音皮、郰鄱薛三縣屬魯、[索隱]鄱本音蕃、今音皮、案田褒魯記云、靈帝末有汝南陳子游、爲魯相、子游、大尉陳蕃子也、國人諱而改焉、若如其說、則蕃改鄱、鄱皮聲相近、後漸訛耳、然地理志、魯國蕃縣、應劭曰、邾國也、音皮、[正義]鄒、縣名、嶧、山名、嶧山在鄒縣北二十二里、地近曲阜、於此行鄉射之禮、括地志云、徐州滕縣、漢蕃縣、音翻、漢末陳蕃子逸爲魯相、改音皮、田褒魯記曰、靈帝末、汝南陳子旂爲魯相、陳蕃子也、國人爲諱而改焉、 於是遷仕爲郎中。奉使西征巴·蜀以南、南略邛·笮·昆明、還報命。[集解]徐廣曰、元鼎六年、平西南夷、以爲五郡、其明年、元封元年是也、 是歲、天子始建漢家之封。而太史公留滯周南、不得與從事。[集解]徐廣曰、摯虞曰、古之周南、今之洛陽、[索隱]張晏云、自陝已東、皆周南之地也、[正義]與、音預、[考證]從事、猶言佐史也、 故發憤且卒。[正義]且卒、言欲將死、[考證]中井積德曰、按封禪書、武帝初、與諸儒議封事、命草其儀、及且封、盡罷諸儒不用、談之滯周南、以罷不用之故也、非疾、又曰、封禪出乎術士之妄、豈儒者所可言哉、談罷、可謂幸矣、乃發憤至死、何惑之甚、雖遷亦未知封禪之爲非也、是漢儒之通病矣、梁玉繩志疑引咫聞錄云、太史談且死、以不及與封禪爲恨、相如且死、遺封禪書、以勸當時、不獨世主有侈心、士大夫皆有以啓之、 而子遷適使反、見父於河·洛之閒。太史公執遷手而泣曰、余先、周室之太史

也。自上世嘗顯功名於虞·夏、典天官事。後世中衰。絕於予乎。汝復爲太史、則續吾祖矣。今天子接千歲之統、封泰山。而余不得從行。是命也夫。命也夫。余死、汝必爲太史。爲太史、無忘吾所欲論著矣。且夫孝始於事親、中於事君、終於立身。揚名於後世、以顯父母、此孝之大者。[考證]孝經首章之文、 夫天下稱誦周公、言其能論歌文·武之德、宣周·邵之風、達太王·王季之思慮、爰及公劉、以尊后稷也。[考證]漢書、稱下無誦字、 幽·厲之後、王道缺、禮樂衰。孔子脩舊起廢、論詩書、作春秋。則學者至今則之。自獲麟以來、四百有餘歲。[集解]駰案年表、魯哀公十四年獲麟、至漢元封元年、三百七十一年、[考證]百下有字、各本脫、依楓本凌引一本補、漢書亦有、梁玉繩曰、獲麟至元封元年、凡三百七十二年、 而諸侯相兼、史記放絕。今漢興、海內一統。明

主賢君忠臣死義之士、余爲太史而弗論載、廢天下之史文、余甚懼焉。汝其念哉。[考證]漢書、死義之士作義士、之下無史字、 遷俯首流涕曰、小子不敏、請悉論先人所次舊聞、弗敢闕。[考證]先人、猶言父祖、司馬氏世爲史官、故云、非斥談、 卒三歲、而遷爲太史令。[索隱]博物志、太史令、茂陵顯武里大夫司馬遷、年二十八、三年六月乙卯、除六百石、[考證]周壽昌曰、談卒於元封元年、錢大昕曰、令當作公、 紬史記石室金匱之書、[集解]徐廣曰、紬、音抽、[索隱]如淳云、抽、徹舊書故事而次述之、徐廣音抽、小顏云、紬、謂綴集之也、案石室金匱、皆國家藏書之處、[考證]李慈銘曰、紬卽籀字、亦作抽、詩鄘風、不可讀也、毛傳、讀、抽也、說文、籀、讀書也、方言、抽、讀也、故亦曰紬繹、言讀而尋繹之也、 五年而當太初元年。[集解]李奇曰、遷爲太史後五年、適當於武帝太初元年、此時述史記、[正義]案遷年四十二歲、 十一月甲子朔旦冬至、天歷始改、建於明堂、諸神受紀。[集解]徐廣曰、封禪序曰、封禪則萬靈罔不禋祀、駰案韋昭曰、告於百神、與天下更始、著紀於是、[索隱]虞喜志林云、改歷於明堂、班之於諸侯、諸侯羣神之主、故曰諸神受紀、孟康云、句芒祝融之屬、皆受瑞紀、[考證]漢書、紀作記、何焯曰、天歷始改、謂自此初用夏正也、 太史公曰、先人有言。[索隱]先人、

謂先代賢人也。[正義]太史公、司馬遷也、先人、司馬談也、[考證]王鳴盛曰、自太史公曰先人有言以下、既述父談之言、又與上大夫壺遂相往復、又自述遭李陵之禍作史記事、凡四稱太史公、皆自謂、

自周公卒、五百歲而有孔子。孔子卒後、至於今五百歲。[索隱]按孟子稱堯舜至湯五百餘歲、湯至文王五百餘歲、文王至孔子五百餘歲、按太史公略取於孟子、而揚雄孫盛深所不然、所謂多見不知量也、以爲淳氣育才、豈有常數、五百之期、何異瞬息、是以上皇相次、或有萬齡爲間、而唐堯舜禹、比肩竝列、降及周室、聖賢盈朝、孔子之沒、千載莫嗣、安在於千年五百乎、具述作者、蓋記注之志耳、豈聖人之倫哉、[正義]案孔子卒五百歲者、欲取孟子以應一聖符也、不言文王而言周公者、孔子是述作設教之聖、故方於己、[考證]上文云、自獲麟以來四百有餘載、中井積德曰、孔子卒至元封元年、三百七十五年、而云五百歲、牽合誇張之言耳、王鳴盛曰、此言雖夸、而其尊慕孔子、則可以解先黃老後六經之疑矣、崔適曰、云五百歲者、此以祖述之意相比、所謂斷章取義、不必以實數求也、由今觀之、有孔子、而堯舜藉以祖述、文武藉以憲章、有太史公、而孔子列於世家、儒林表其經業、是孔子後不可無太史公、猶周公後不可無孔子也、下文正易傳、繼春秋、本詩書禮樂之際等語、惟以述作相比耳、豈謂比其聖德哉、索隱謂揚雄孫盛深所不然、以爲述作者記注之志耳、豈聖人之倫、非通論也、

有能紹明世、正易傳、繼春秋、本詩書禮樂之際。意在斯乎。意在斯乎。小子何敢讓焉。[索隱]讓、漢書作攘、晉灼云、此古讓字、言己當述先人之業、何敢自嫌值五百歲而讓也、[考證]漢書紹

明世、作紹而明之、索隱嫌當作謙、讓、退讓之讓、

上大夫壺遂曰。昔孔子何爲而作春秋哉。[索隱]案遂爲詹事、秩二千石、故爲上大夫也、[考證]錢大昕曰、十二諸侯年表、稱上大夫董仲舒、封禪書敘新垣平云、于是貴平上大夫、萬石君傳、以上大夫祿歸老于家、侫幸傳、鄧通官至上大夫、韓嫣官至上大夫、似漢時本有上大夫之官、又封禪書拜公孫卿爲中大夫、愚按韓長儒傳云、韓安國所推舉皆廉士、賢於己者也、於梁舉壺遂臧固郅他、皆天下名士、又云、余與壺遂定律曆、遂官至詹事、天子方倚以爲漢相、遂卒、不然壺遂之內廉行修、斯鞠躬君子也、

太史公曰。余聞董生曰。[集解]服虔曰、仲舒也、[考證]漢書、聞下有之字、周壽昌曰、生、先生也、遷自居後學、故稱先生、

周道衰廢、孔子爲魯司寇。諸侯害之、大夫壅之。孔子知言之不用、道之不行也、是非二百四十二年之中、以爲天下儀表。[索隱]案是非、謂褒貶諸侯之得失也、[考證]漢書言作時、

貶天子、退諸侯、討大夫、以達王事而已矣。[考證]漢書、無天子退三字、李笠曰、三字衍、孔子作春秋、所以扶君抑臣、明上下之分、故曰達王事也、貶天子、非其義矣、

子曰。我欲載之空言、[索隱]案孔子之言、見春秋緯、太史公引之以成說也、空言、謂褒貶是非也、空立此文、而亂臣賊子懼也、

不如見之於行事之深切著明也。

[索隱]案孔子言我徒欲立空言設褒貶、則不如附見於當時所因之事、人臣有僭侈篡逆、因就此筆削以褒貶、深切著明、而書之以爲將來之誡者也、[考證]春秋繁露俞序篇、仲尼之作春秋也、引史記、理往事、正是非、序王公、史記十二公之間、皆衰世之事、故門人惑、孔子曰、吾因其行事、而加乎王心焉、以爲見之空言、不如行事博深切明、吳翌鳳曰、趙岐注孟子曰、仲尼有云、我欲託空言、不如載之行事之深切著明也、蓋取之太史公自序、而太史公又取之春秋繁露、中井積德曰、孔子言別立言說道理、不如就時事褒貶之道理著明也、又曰、董生之言蓋止于此、

夫春秋、上明三王之道、下辨人事之紀、別嫌疑、明是非、定猶豫、善善惡惡、賢賢賤不肖、存亡國、繼絕世、補敝起廢。王道之大者也。[索隱]公羊傳曰、善善及其子孫、惡惡止其身也、

易、著天地陰陽四時五行。故長於變。[考證]顏師古曰、以變化之道爲長也、中井積德曰、易不陳五行、今云然者、豈出於緯書之謬邪、馮班曰、易著天地陰陽四時五行以下、方是子長言六經、與史談父子意不同、

禮、經紀人倫。故長於行。[考證]漢書、經作綱、

書、記先王之事。故長於政。詩、記山川谿谷禽獸草木牝牡雌雄。故長於風。樂、樂所以立。故長於和。春秋、辯是非。故長於治人。[考證]春秋繁露玉

杯篇、詩道志、故長於質、禮制節、故長於文、樂詠德、故長於風、書著功、故長於事、易本天地、故長於數、春秋正是非、故長於治人、愚按與史文相似、而意頗異、

是故禮以節人、樂以發和、書以道事、詩以達意、易以道化、春秋以道義。[考證]道、言也、

撥亂世反之正、莫近於春秋。春秋文成數萬、其指數千。[集解]張晏曰、春秋萬八千字、當言減、而云成數、字誤也、駰謂太史公此辭、是述董生之言、董仲舒自治公羊春秋、公羊經傳凡有四萬四千餘字、故云文成數萬也、不得如張議、但論經萬八千字、便謂之誤、[索隱]案張晏曰、春秋萬八千字、此云文成數萬字、誤也、裴駰以遷述仲舒所論、公羊經傳凡四萬四千、故云數萬、又非也、小顏云、史遷豈以公羊傳爲春秋乎、又春秋經一萬八千、亦足稱數萬、非字之誤也、[考證]王觀國曰、今世所傳春秋萬六千五百餘字、張晏云萬八千、非、張文虎曰、說文、數、計也、徐音爽主切、蓋云文以萬計、指以千計、沈欽韓曰、案公羊春秋爲董生所習、合經與師說、故文有數萬、又其條例舛雜猥瑣、如三科九旨五始七等六輔二類七缺之目、故云其指數千、中井積德曰、數萬者、謂多也、此元矢口之語、初不用算計、故有不合也、

萬物之散聚、皆在春秋。[考證]郭嵩燾曰、物、猶事也、萬物之散聚、謂會盟侵伐、散見諸國、合而聚之、其事皆可觀、而其義皆可尋、下云弒君亡國舉其重者、

春秋之中、弒君三十六、亡國五十二、諸侯奔走不得保其社稷者、不可勝數。察其所以、

皆失其本已。【索隱】案弒君以國及奔走者、皆是失仁義之道本耳、已者、語終之辭也、【考證】春秋繁露滅國篇上、弒君三十六、亡國五十二、蘇輿繁露義證云、傳本三十六誤作三十一、弒君上、疑奪春秋二字、滅國篇下、弒君三十六、亡國五十二、漢書楚元王傳引劉向封事云、春秋二百四十二年之間、弒君三十六、亡國五十二、諸侯奔走不得保其社稷者、不可勝數也、皆與史文同、蓋史公依董生、而劉向襲之也、楚元王傳顏注、一一舉其名、梁玉繩駁之云、通經傳而數之、弒君者三十七、亡國止四十一、顏强合其數、說見志疑、故易曰。失之豪釐、差以千里。【集解】徐廣曰、一云、差以毫釐、一云、繆以千里、駰案今易無此語、易緯有之、【考證】釐、里、韻、大戴禮禮察篇、禮記經解篇、並云、易曰、君子慎始、差若毫釐、繆以千里、阮元云、今在易緯通卦驗、故曰。臣弒君、子弒父、非一旦一夕之故也。其漸久矣。【考證】漢書無曰字也字、顏師古曰、易坤卦文言之辭、故有國者、不可以不知春秋。前有讒而弗見、後有賊而不知。為人臣者、不可以不知春秋。守經事而不知其宜、遭變事而不知其權、【考證】顏師古曰、經、常也、愚按春秋繁露俞序篇、至於殺君亡國奔走不得保社稷、其所以然、是皆不明於道、不覽於春秋也、故衛子夏言、有國家者不可不學春秋、史公所本、為人君父而不通於春秋之義者、必蒙首惡之名。

為人臣子而不通於春秋之義者、必陷篡弒之誅、死罪之名。其實皆以為善為之、不知其義。【正義】其心實善為之、不知其義理、則陷於罪咎、【考證】漢書作必陷篡弒誅死之罪、其實皆以善為之、而不知其義、史文為長、被之空言而不敢辭。【集解】張晏曰、趙盾不知討賊、而不敢辭其罪也、【考證】晉趙盾弒其君夷皋、事詳見宣二年左傳、宣六年公羊傳、春秋繁露玉杯篇、夫不通禮義之旨、至於君不君、臣不臣、父不父、子不子。夫君不君則犯。【正義】顏云、為臣下所干犯也、一云、違犯禮義、【考證】張文虎曰、夫字南宋中統游毛本有、臣不臣則誅。父不父則無道。子不子則不孝。此四行者、天下之大過也。以天下之大過予之、則受而弗敢辭。故春秋者、禮義之大宗也。夫禮禁未然之前、法施已然之後。法之所為用者易見、而禮之所為禁者難知。【考證】漢書賈誼傳、誼陳政治疏云、夫禮者禁於將然之前、而法者禁於已然之後、是故法之所用易見、而禮之所為生難知也、大戴禮禮察篇同、蓋古有此語、而史公用之也、壺遂曰。孔子

之時、上無明君、下不得任用。故作春秋、垂空文以斷禮義、當一王之法。【考證】史記儒林傳云、仲尼因史記作春秋、以寓王法、其辭微而指博、春秋繁露玉杯篇云、孔子立新法之道、其義並同、史公既奉公羊說、故壺遂亦依公羊說、以問之、今夫子上遇明天子、下得守職、萬事既具、咸各序其宜。【考證】岡白駒曰、一王有法、夫子所論、欲以何明。太史公曰。唯唯。否否。不然。【集解】晉灼曰、唯唯、謙應也、否否、不通者也、余聞之先人曰。伏羲至純厚、作易八卦。堯・舜之盛、尚書載之、禮樂作焉。湯・武之隆、詩人歌之。春秋采善貶惡、推三代之德、褒周室。非獨刺譏而已也。漢興以來、至明天子、獲符瑞、封禪、改正朔、易服色、受命於穆清。【集解】如淳曰、受天命清和之氣、【正義】於、音烏、顏云、於、歎辭也、穆、美也、言天子有美德、而教化清也、【考證】岡白駒曰、易服色、尚赤、劉攽曰、穆清、天也、愚按、於、語辭、澤流罔極、海外殊俗、重譯款塞、請來獻見者、不可勝道。【集解】應劭曰、款、叩也、皆叩塞門來服從

也、如淳曰、款、寬也、請除守塞者、自保、不為寇害、【正義】重譯、更譯其言也、罔、無也、極、止也、【考證】楓本、來作求、臣下百官、力誦聖德、猶不能宣盡其意。且士賢能而不用、有國者之恥。主上明聖、而德不布聞、有司之過也。【考證】漢書、能下有矣字、用下有也字、且余嘗掌其官、廢明聖盛德不載、滅功臣世家賢大夫之業不述、墮先人所言、罪莫大焉。【考證】漢書、無世家二字、余所謂述故事、整齊其世傳、非所謂作也。而君比之於春秋、謬矣。【考證】論語述而篇、述而不作、於是論次其文七年。【集解】徐廣曰、天漢三年、【正義】案從太初元年至天漢三年、乃七年也、【考證】漢書、七年作十年、瞿鴻禨曰、乾道本漢書、作七年、而太史公遭李陵之禍、幽於縲紲。【正義】太史公舉李陵、李陵降也、【考證】朱一新曰、李陵降在天漢二年冬、豈史公受刑以三年春歟、梁玉繩曰、七年者、自太初之元至天漢三年也、觀報任安書、史公征和中尚存、其史成于天漢、而實以太初為限、漢書遷傳贊、史訖天漢、張守節正義序、吳仁傑刊誤補遺從之、殊失攷、史公高祖功臣表序云、至太初、此傳云、漢興至太初百年、又云、至太初而訖、他若荀紀、後書班彪傳、及史通六家篇古今正史篇、皆云訖太初、即漢書敘傳亦云、太初以後、闕而

不錄、則遷傳贊辭、明屬妄談、蓋誤以李陵之降爲斷、復見諸處後人增加之語、遂認史不終太初矣、乃喟然而歎曰、是余之罪也夫。是余之罪也夫。身毀不用矣。【考證】孝經、身體髮膚、不敢毀傷、退而深惟曰。夫詩書隱約者、欲遂其志之思也。【索隱】案謂其意隱微而言約也、【正義】詩書隱微而約省者、遂深惟、欲依其隱約而成其志意也、【考證】岡白駒曰、欲遂其志之思、而不能顯言、故隱約焉、中井積德曰、詩書、通擧諸書之意、下文所列皆是、唯尙書於隱約無所當、是以意逆之可也、不當泥文作解、愚按下文昔西伯拘羑里一段、班史以其與答任安書複刪之、大失情意、昔西伯拘羑里、演周易、【集解】徐廣曰、羑里、在湯陰、孔子尼陳・蔡、作春秋、【考證】梁玉繩曰、春秋之作、史公于孔子世家儒林傳序、言作獲麟之歲、此又言作于尼陳蔡之年、孔叢子居衛篇、爲子思之言曰、祖君屈于陳蔡作春秋、史通探賾篇從之、謂擭蕣而覩辭、乃泣麟而絕、其然、豈其然乎、愚按答任安書無羑里陳蔡四字、屈原放逐、著離騷、左丘失明、厥有國語。【考證】崔述曰、史記自序云、左丘失明、厥有國語、由是世儒皆謂國語與春秋傳爲一人所撰、東漢之儒、遂題之曰春秋外傳、余按左傳之文、年月井井、事多實錄、而國語荒唐誣妄、自相矛盾者甚多、左傳紀事簡潔、措詞亦多體要、而國語文詞支蔓、冗弱無骨、斷不出於一人之手明甚、且國語周魯多平衍、晉楚多尖穎、吳越多恣放、卽國語亦非一人之所爲也、蓋左傳一書、采之各國之史、師春一篇、其明驗也、國語則後人取古人之事、而擬之爲文者、是以事少而詞多、左傳一言可畢者、國語累章而未足也、故名之曰國語、語也者、則別於紀事而爲言者也、黑白迥殊、雲泥遠隔、而世以爲一人所爲、亦已異矣、又按史記自序、自文王孔子以下凡七事、文王羑里之誣、余固已辨之矣、孔子之作春秋、亦不在於陳蔡、離騷兵法呂覽說難之作、皆與本傳之說互異、然則此言亦未可信也、且列左丘於屈原後、言失明而不言名明、尙未知其意果以爲作傳之左丘明否、不得强指爲一人也、梁玉繩曰、左傳哀十三年疏引傳玄云、國語非丘明作、當是、困學紀聞六引劉炫說同、孫子臏腳、而論兵法、不韋遷蜀、世傳呂覽、韓非囚秦、說難孤憤。【正義】呂覽、卽呂氏春秋也、【考證】張文虎曰、案列傳、呂覽之作、在不韋相秦時、說難孤憤、亦韓非未入秦時所作、詩三百篇、大抵賢聖發憤之所爲作也。【考證】楓三本、無篇字、此人皆意有所鬱結、不得通其道也。故述往事、思來者、於是卒述陶唐以來、至于麟止。【集解】張晏曰、武帝獲麟、遷以爲述事之端、上紀黃帝、下至麟止、猶春秋止於獲麟也、【索隱】服虔云、武帝至雍獲白麟、而鑄金作麟足形、故云麟止、遷作史記止於此、猶春秋終於獲麟然也、史記以黃帝爲首、而云述陶唐者、案五帝本紀贊云、五帝尙矣、然尙書載堯以來、百家言黃帝、其文不雅馴、故述黃帝爲本紀之首、而以尙書雅正、故稱起於陶唐、【考證】梁玉繩曰、案史公作史、終于太初、而成于天漢、其歿在征和閒、一部史記、惟自序傳後定、其曰至太初而訖者、史作始于太初元年、卽以太初終也、曰論次其文七年遭禍

者、明未遭禍以前、已爲史記、至是乃成也、若所稱麟止者、取春秋絕筆獲麟之意也、武帝因獲白麟改號元狩、下及太初四年、凡廿二歲、再及太始二年、凡廿八歲、後三歲而爲征和之元、太始二年、更黃金爲麟趾褭蹏、蓋追紀前瑞焉、而史公借以終其史、假設之辭耳、愚按梁說略是、但以史公歿在征和閒、特無確證、當作至征和尙存、又按近時崔適著史記探源、解麟止爲獲麟、云元狩元年冬十月以後紀事、皆後人所竄入、而高祖功臣表序、至太初百年、此傳漢興至太初百年等語、終不可解、故今不取、自黃帝始。維昔黃帝、法天則地、四聖遵序、各成法度。【集解】徐廣曰、四聖、顓頊、帝嚳、堯、舜、唐堯遜位、虞舜不台。【索隱】台、音怡、悅也、或音胎、非也、厥美帝功、萬世載之。作五帝本紀。第一。【索隱】應劭云、有本則紀、有家則代、有年則表、有名則傳、【考證】帝地序度位台載韻、維禹之功、九州攸同。光唐虞際、德流苗裔。夏桀淫驕、乃放鳴條。作夏本紀。第二。【考證】功同、際裔、驕條韻、維契作商、爰及成湯。【正義】契、音薛也、太甲居桐、德盛阿衡。武丁得說、乃稱高宗。帝辛湛湎、諸侯不享。作殷本紀。第三。【考證】商湯桐衡宗享韻、維弃作稷、德盛西伯。武王牧野、實撫天下。幽・厲昏亂、既喪酆鎬。陵遲至赧、洛邑不祀。作周本紀。第四。【考證】稷伯、野下、韻、維秦之先、伯翳佐禹。穆公思義、悼豪之旅。【索隱】案豪、卽崤之異音、旅、師旅也、【正義】穆公封崤山軍旅之尸、以人爲殉、詩歌黃鳥。【正義】傳云、秦伯任好卒、以子車氏之三子奄息仲行鍼虎爲殉、國人哀之、作黃鳥之詩也、昭襄業帝。作秦本紀。第五。【考證】業帝下、疑脫一句、崔適曰、禹旅爲韻、無與鳥字爲韻者、下文惟云昭襄業帝、語不可解、脫誤明矣、自此以下至列傳第六十九、或失韻、或不可句讀、無從校訂、間有完密者、始皇既立、幷兼六國。銷鋒鑄鐻、【集解】徐廣曰、嚴安上書、銷其兵、鑄以爲鍾鐻也、【索隱】下音巨、鐻、鐘也、維偃干革。尊號稱帝、矜武任力。二世受運、子嬰降虜。作始皇本紀。第六。【考證】國革力、韻、秦失其道、豪桀竝擾。項梁業之、子羽接之。殺慶救趙、【集解】徐廣曰、宋義爲上將、號慶子冠軍、【正義】子羽、項羽也、【考證】張文虎曰、中統游本吳校金板、慶作卿、諸侯立之。誅嬰背懷、天下非之。作項羽本紀。第七。【考證】道擾、業接立、懷非、韻、子羽暴虐、漢行功德。憤發蜀漢、還定

三秦。誅籍業帝、天下惟寧。改制易俗。作高祖本紀第八。【考證】虐德、漢秦、帝寧韻、惠之早霣、諸呂不台。【集解】徐廣曰、無台輔之德也、一曰、怡、懌也、不爲百姓所說、【索隱】徐廣音胎、非也、案一音怡、此贊本韵、則怡懌爲是、【正義】霣、音殞、【考證】上文云、虞舜不台、索隱亦讀台爲怡、崇彊祿產、諸侯謀之。【考證】王念孫曰、諸侯謀之、本作諸侯之謀、之、是也、言呂后崇彊祿產、而謀劉氏、故下文即云、殺隱幽友也、謀字古讀若媒、正與台疑爲韻、且呂后稱制之時、諸侯未敢謀之也、殺隱幽友、大臣洞疑。遂及宗禍。作呂太后本紀第九。【集解】徐廣曰、趙隱王如意、趙幽王友、【索隱】案洞、是洞達爲義、言所共疑也、【考證】中井積德曰、洞、恫通、王引之曰、恫、疑、恐懼也、呂后殺隱王幽王、而大臣皆恐也、梁玉繩曰、案太字衍、漢書遷傳、是呂后、葢太后乃一時臣下之稱、不曰高后者、不與其爲高帝之后也、愚按史本紀亦無太字、漢既初興、繼嗣不明。迎王踐祚、天下歸心。蠲除肉刑、開通關梁。廣恩博施、厥稱太宗。作孝文本紀。第十。【考證】明心梁宗韻、諸侯驕恣、吳首爲亂。京師行誅、七國伏辜。天下翕然、大安殷富。作孝景本紀。第十一。漢興五世、隆在建

元。外攘夷狄、內脩法度。封禪、改正朔、易服色。作今上本紀。第十二。維三代尚矣、年紀不可考。蓋取之譜牒。舊聞本于茲。於是略推、作三代世表。第一。幽·厲之後、周室衰微、諸侯專政、春秋有所不紀。而譜牒經略、五霸更盛衰。欲睹周世相先後之意、作十二諸侯年表。第二。【考證】岡白駒曰、譜牒經略、案譜牒所載之經略也、愚按微紀衰意韻、春秋之後、陪臣秉政、彊國相王、以至于秦。卒并諸夏、滅封地、擅其號。作六國年表。第三。秦既暴虐、楚人發難。項氏遂亂、漢乃扶義、征伐八年之閒、天下三嬗。事繁變衆。故詳著秦楚之際月表。第四。【考證】張文虎曰、南宋毛本作嬗、它本作擅、中井積德曰、表作嬗、梁玉繩曰、案擅與嬗禪同、荀子正論、凡禪讓皆作擅字、岡白駒曰、三禪、謂陳涉項氏漢高祖也、愚按楓三本、繁作煩、漢興已來、至于太初百年。諸侯廢立分削、譜紀不明。

有司靡踵、彊弱之原云以世。【集解】徐廣曰、一作云已也、天漢序曰、敝義依霍、庶幾云已、【索隱】案踵、謂繼也、以字當作已、世當作也、竝誤耳、云已也、皆語助之辭也、【正義】言漢興已來百年、諸侯廢立分削、譜紀不能明其嗣、有司無所踵繼其後、乃云彊弱之原云以世相代、相不能有所錄紀也、【考證】張文虎曰、集解敝義二句、見漢書序傳、天字衍、序下脫傳字、又曰、正義相不能之相、疑衍、作漢興已來諸侯年表。第五。【考證】梁玉繩曰、案遷傳無興已來三字、是也、此後人所增、而索隱本、侯下有王字、凡兩見、并引應劭曰、雖名爲王、其實如古諸侯、各本脫之、史文必云漢諸侯王年表、維高祖元功、輔臣股肱、剖符而爵、澤流苗裔。忘其昭穆、或殺身隕國。作高祖功臣侯者年表。第六。【考證】王念孫曰、文選注引此維高祖、作維祖、應劭漢文帝紀曰、始取天下者高祖、故唯言祖、而其義已明、無庸加高字、下文述荆燕世家云、維祖師旅、劉賈是與、又其一證也、愚按功肱穆國韻、惠·景之閒、維申功臣、宗屬爵邑。作惠景閒侯者年表。第七。【考證】梁玉繩曰、此表不曰功臣者、蒙前表省之也、遷傳、作惠景閒功臣年表、非、北討彊胡、南誅勁越。征伐夷蠻、武功爰列。作建元以來侯者年表。第八。【考證】楓三本、列作烈、越列韻、諸侯既彊、七國爲從。子

弟衆多、無爵封邑。推恩行義、其埶銷弱、德歸京師。作王子侯者年表。第九。【考證】李笠曰、封字當在邑下、與上句韻、梁玉繩曰、王子上無建元以來四字、承前表省之、國有賢相良將、民之師表也。維見漢興以來將相名臣年表、賢者記其治、不賢者彰其事。作漢興以來將相名臣年表。第十。維三代之禮、所損益各殊務。然要以近情性通王道。故禮因人質爲之節文、略協古今之變。作禮書。第一。樂者所以移風易俗也。【考證】孝經、移風易俗、莫善於樂、自雅頌聲興、則已好鄭·衛之音。鄭·衛之音、所從來久矣。【考證】詩三百篇既采鄭衛、人情之所感、遠俗則懷。【集解】徐廣曰、樂者所以感和人情、人情既感、則遠方殊俗、莫不懷柔向化也、比樂書以述來古。【索隱】案來古、即古來也、言比樂書以述自古已來樂之興衰也、【正義】比、次也、【考證】王念孫曰、來古、即往古也、作樂書。第二。非兵不彊。非德不昌。【索隱】案此律書之贊、而云非兵不

強者、則此律書卽兵書也、古者師出以律、則凡出軍皆聽律聲、故云聞聲效勝負、望敵知吉凶也、黃帝·湯·武以興、桀·紂·二世以崩。可不愼歟。【索隱】黃帝有阪泉之師、湯武有鳴條牧野之戰、而克桀紂、【考證】彊昌、興崩韻、司馬法所從來尙矣。【正義】古者師出以律、凡軍出皆吹律聽聲、律書云、六律爲萬事根本、其於兵械尤所重、望敵知吉凶、聞聲效勝負、故云、司馬兵法所從來尙矣乎、太公·孫·吳·王子、能紹而明之、切近世、極人變。作律書。第三。【集解】徐廣曰、王子、成甫、律居陰而治陽。歷居陽而治陰。律歷更相治、間不容翲忽。【索隱】案、忽者、總文之微也、翲者、輕也、言律歷窮陰陽之妙、其閒不容絲忽也、言翲恐衍字耳、【正義】翲、匹遙反、今音匹沼反、字當作秒、秒、禾芒表也、忽、一蠶口出絲也、言律歷相治之閒、不容此微細之物也、【考證】大戴禮曾子天圓篇云、律居陰而治陽、歷居陽而治陰、律歷迭相治也、其間不容髮、方苞曰、神化之幽潛爲陰、形象之顯見爲陽、律存天地微妙之神、而能感神人、格鳥獸、知吉凶勝負、故曰居陰而治陽、歷用象數之顯、以推步日月星辰之行、四時五氣之變、故曰居陽而治陰、更相治、卽治陰治陽也、律失之忽微、則氣不應、歷失之忽微、則度必忒、故曰間不容翲忽、中井積德曰、翲卽秒也、不必改字、又曰、翲忽、是算數之至少者、此擧算數之微細爲言、猶言毫釐也、非指微細之物、五家之文怫異。維太初之元論、作歷書。第四。【集解】徐廣曰、論一作編、【索隱】怫、音悖、一音扶物反、

怫、亦悖也、言金木水火土五家之文、各相悖異不同也、【正義】五家、謂黃帝顓頊夏殷周之歷、其文相戾、乖異不同、維太初之元論歷律爲是、故歷書自太初之元論之也、【考證】五家、正義爲是、星氣之書、多雜禨祥、不經。推其文、考其應、不殊。比集論其行事、驗于軌度以次。作天官書。第五。受命而王、封禪之符罕用。【集解】徐廣曰、一云苔應、用則萬靈罔不禋祀。追本諸神名山大川禮、作封禪書。第六。維禹浚川、九州攸寧。爰及宣防、決瀆通溝。作河渠書。第七。【考證】岡白駒曰、宣防、或宣通之、或堤防之、維幣之行、以通農商。【索隱】維獘之行、上獘音幣、帛之幣、錢也、其極則玩巧、幷兼茲殖。爭於機利、去本趨末。作平準書以觀事變。第八。【索隱】杬巧、上五官反、下苦孝反、【正義】玩、謂替也、巧、濫惡也、爭於機利、謂機巧之利也、【考證】楓三本、玩作杬、與索隱本合、王念孫曰、其極則玩巧、句、兼并茲殖、句、爭於機利、句、貨殖傳曰、其民益玩好而事末也、愚按、玆讀爲滋、太伯避歷、江蠻是適、文武攸興、古公王跡。闔廬弑僚、賓服荊楚。夫差克齊、子

胥鴟夷。信嚭親越、吳國既滅。嘉伯之讓、作吳世家。第一。【考證】歷適、跡越、滅韻、申呂肖矣。尙父側微。卒歸西伯、文武是師。【集解】徐廣曰、肖、音痟、痟猶衰微、【索隱】案、徐廣注肖音痟、痟猶衰微、其音訓不可知從出也、今案、肖謂微弱而省少、所謂申呂雖衰也、【正義】肖、音痟、呂尙之祖、封於申、申呂後痟微、故尙父微賤也、【考證】楓三本、側作則、顧炎武曰、肖卽削字、脫其旁耳、與孟子魯之削也滋甚義同、愚按、楓三本肖作省、功冠羣公、繆權于幽。【集解】徐廣曰、繆、錯也、猶云纏結也、權、智潛謀、幽昧不顯、所謂太公陰謀、【索隱】案、繆、謂綢繆也、音亡又反、又謂太公綢繆爲權謀於幽昧不明著、謂太公之陰謀也、【正義】繆、音武彪反、言呂尙綢繆於幽權之策、謂六韜三略陰符七術之屬也、番番黃髮、爰饗營丘。【集解】番、音婆、毛萇云、番番、威勇武貌也、案、黃髮、言老人髮白而更黃也、【考證】中井積德曰、番番、與皤皤同、白貌、岡白駒曰、爰饗營丘、封於齊營丘、不背柯盟、桓公以昌。九合諸侯、霸功顯彰。田闞爭寵、姜姓解亡。【集解】徐廣曰、闞一云監、解一作還、【考證】謂田恆與闞止爭寵、弑簡公、專齊政、而姜姓滅亡也、解、讀如兎解之解、微師、幽丘、盟昌、彰亡韻、嘉父之謀、作齊太公世家。第二。【考證】父、尙父、依之違之、周公綏之。憤發文德、天下和之。輔翼成王、

諸侯宗周。隱·桓之際、是獨何哉。【考證】違綏和、王周、際哉韻、三桓爭彊、魯乃不昌。【考證】彊昌韻、嘉旦金縢、作周公世家。第三。【考證】桓公弑兄、三桓爭彊、與周公代武王死者異、索隱本、周公上有魯字、與世家及漢書合、武王克紂、天下未協而崩。成王既幼、管·蔡疑之、淮夷叛之。於是召公率德、安集王室、以寧東土。燕易之禪、乃成禍亂。【索隱】謂王噲禪其相子之、後卒危亂也、【考證】梁玉繩曰、禪位致亂者、是王噲、非易王也、易字必噲之誤、嘉甘棠之詩、作燕世家。第四。【考證】索隱本、世家及漢書、燕下有召公二字、管·蔡相武庚、將寧舊商。及旦攝政、二叔不饗。殺鮮放度、周公爲盟。【索隱】案、系家云、管叔名鮮、蔡叔名度、霍叔名處也、大任十子、周以宗彊。【索隱】太任、文王妃、十子、伯邑考、武王、管、蔡、霍、魯、衞、毛、聃、曹、是也、【考證】【考證】岡白駒曰、饗、享通、奉上謂享、庚商、政饗、盟彊韻、嘉仲悔過、作管蔡世家。第五。【正義】蔡叔度之子蔡仲也、王後不絕、舜·禹是說。維德休明、苗裔蒙烈。百世享祀、爰周陳·杞、楚實滅

之。齊田既起、舜何人哉。作陳杞世家。第六。【考證】陳、舜之後、杞、禹之後、至周得封、皆爲楚所滅、而田氏以陳後篡齊、紹說烈、祀杞起哉、韻、楓三本享作祀、 牧殷餘民、叔封始邑。【考證】楓三本柯本毛本、牧作收、周紀亦云收殷餘民、各本作牧、 申以商亂、酒材是告。及朔之生、衛頃不寧。【索隱】衛頃公也、【考證】頃、索隱本作頃、愚按頃侯、惠公朔五世之祖、事不相涉、索隱誤、傾、傾危也、言朔讒殺太子而衛亂也、 南子惡蒯聵、子父易名。周德卑微、戰國既彊、衛以小弱、角獨後亡。【考證】角、衛元君名、生寧名彊亡、韻、 嘉彼康誥、作衛世家。第七。【考證】索隱本、世家、漢書、作衛康叔世家、梁玉繩曰、康誥乃書名、何嘉之有、 嗟箕子乎。嗟箕子乎。正言不用、乃反爲奴。武庚既死、周封微子。襄公傷於泓、君子孰稱。【正義】泓、水名、公羊傳云、宋與楚人期戰於泓之陽、宋師大敗、君子大其不鼓不成列、臨大事而不忘禮、雖文王之戰亦不過此也、 景公謙德、熒惑退行。剔成暴虐、宋乃滅亡。【集解】徐廣曰、一云、偃、宋剔成君生偃、【索隱】上音逷成、【考證】梁玉繩曰、暴虐滅亡者王偃、非剔成君也、疑剔成乃王偃之譌乎、奴、死、子、泓、稱、行、亡、韻、 嘉微子問太師、作宋

世家。第八。【考證】索隱本、世家、漢書、作宋微子世家、 武王既崩、叔虞邑唐。君子譏名、卒滅武公。【正義】謂晉穆侯太子名仇、少子名成師也、【考證】岡白駒曰、曲沃武公滅晉、卒代之也、愚按唐公韻、 驪姬之愛、亂者五世。【考證】愛、世、韻、 重耳不得意、乃能成霸、六卿專權、晉國以秏。【正義】六卿、智伯范中行韓魏趙、 嘉文公錫珪鬯、作晉世家。第九。【考證】索隱本、作晉唐叔世家、梁玉繩曰、當書唐叔世家、 重黎業之、吳回接之。殷之季世、粥子牒之。【考證】楚世家云、殷末世滅彭祖氏、其後中微、其苗裔曰粥熊、從此世次可牒、 周用熊繹、熊渠是續。莊王之賢、乃復國陳。【正義】楚莊王都陳、【考證】余有丁曰、按楚莊克陳、以申叔之諫而復之、故曰復國陳、 既赦鄭伯、班師華元。懷王客死、蘭咎屈原。好諛信讒、楚并於秦。【考證】業、接、牒、繹、續、賢、陳、元、原、秦、韻、 嘉莊王之義、作楚世家。第十。少康之子、實賓南海。【正義】吳越春秋云、啓使歲時祭禹於越、立宗廟南山之上、封少康庶子無餘於越、使祠禹、至句踐遷都山陰、立禹廟爲始祖廟、越亡遂廢也、案今禹廟在會稽山下、【考證】張文虎曰、賓、當讀爲擯、岡白駒曰、封遠避地、如棄之、故曰賓、

文身斷髮、黿鱓與處。【索隱】蚖鱓、元蟬二音、 既守封禺、奉禹之祀。【集解】徐廣曰、封禺山在武康縣南、 句踐困彼、乃用種蠡。【考證】子、海、祀、蠡、韻、 嘉句踐夷蠻、能脩其德、滅彊吳以尊周室、作越王句踐世家。第十一。【考證】漢書、作越世家、 桓公之東、太史是庸。【考證】岡白駒曰、庸、用也、桓公問太史而從其言、 及侵周禾、王人是議。祭仲要盟、鄭久不昌。【考證】楓本、要作脅、 子產之仁、紹世稱賢。三晉侵伐、鄭納於韓。【考證】岡白駒曰、爲韓所滅、愚按東、庸、禾、議、盟、昌、仁、賢、韓、韻、 嘉厲公納惠王、作鄭世家。第十二。維驥騄耳、乃章造父。趙夙事獻、衰續厥緒。【正義】衰、楚爲反、【考證】獻、晉獻公、衰、趙衰、夙子、 佐文尊王、卒爲晉輔。【考證】文、晉文公、 襄子困辱、乃禽智伯。主父生縛、餓死探爵。王遷辟淫、良將是斥。【考證】良將、李牧、父、緒、輔、辱、伯、縛、爵、斥、韻、 嘉鞅討周亂、作趙世家。第十三。畢萬爵魏、卜人知之。及絳戮干、

戎翟和之。文侯慕義、子夏師之。惠王自矜、齊・秦攻之。既疑信陵、諸侯罷之。卒亡大梁、王假廝之。【考證】岡白駒曰、秦虜魏王假爲廝養卒、愚按六之字、語助、 嘉武佐晉文申霸道、作魏世家。第十四。【考證】楓本嘉下有魏字、 韓厥陰德、趙武攸興。紹絕立廢、晉人宗之。昭侯顯列、申子庸之。疑非不信、秦人襲之。【考證】申子、申不害、非、韓非、興、宗、庸、襲、韻、 嘉厥輔晉、匡周天子之賦、作韓世家。第十五。完子避難、適齊爲援。陰施五世、齊人歌之。成子得政、田和爲侯。王建動心、乃遷于共。嘉威・宣能撥濁世而獨宗周。作田敬仲完世家。第十六。【考證】索隱本、作田敬叔世家、漢書、作田完世家、梁玉繩曰、史記篇題、未有名諡兼書者、此必後人妄增、滑稽傳曰、語在田完世家中、尤可證已、 周室既衰、諸侯恣行。仲尼悼禮廢樂崩、追脩經術、以達王道。【考證】楓本、追作退、 匡亂世反之於正。見其文辭、爲

天下制儀法、垂六藝之統紀於後世。作孔子世家。第十七。桀・紂失其道、而湯・武作。周失其道、而春秋作。【正義】周失其道、至秦之時、諸侯力事乎爭強、秦失其政、而陳涉發迹、諸侯作難、風起雲蒸、卒亡秦族。【考證】楓本、難作亂、作迹族、韻、天下之端、自涉發難。作陳涉世家。第十八。【考證】岡白駒曰、三代已來、無以匹夫起兵者、自陳涉創之、太史公比之湯武春秋、雖非倫乎、著所始則一也、成皋之臺、薄氏始基。【考證】岡白駒曰、漢王坐成皐臺、兩美人笑薄姬、漢王憐之、召幸、詘意適代、厥崇諸竇。栗姬偩貴、王氏乃遂。陳后【正義】負、恃也、【考證】正義本、偩作負、錢大昕曰、偩與負同、恃也、武安侯傳贊、武安負貴而好權、與此同義、下文述梁孝王云、偩愛矜功、亦同、岡白駒曰、遂爲皇后、太驕、卒尊子夫。【考證】岡白駒曰、衞夫人、字子夫、陳皇后以太驕廢、子夫代爲皇后、嘉夫德若斯、作外戚世家。第十九。漢既譎謀、禽信於陳。越・荊剽輕、乃封弟交爲楚王。爰都彭城、以彊淮・泗、爲漢宗藩。戊溺於邪、禮復紹之。嘉游

輔祖。作楚元王世家。第二十。【正義】游、楚王交字也、祖、高祖也、【考證】中井積德曰、爲楚王句、疑脫一字也、上下皆四言、此不得獨作三言、維祖師旅、劉賈是與。【考證】維祖師旅、高祖興兵也、爲布所襲、喪其荊・吳。營陵激呂、乃王琅邪。【考證】岡白駒曰、營陵侯劉澤、激呂后、封琅邪王、怵午信齊、往而不歸。【正義】謂祝午也、【考證】岡白駒曰、齊王使祝午怵琅邪王、王留齊不還、遂西入關、遭立孝文、獲復王燕。【考證】楓本、遭作連、旅與吳邪、齊歸、關文燕、韻、天下未集、賈・澤以族、爲漢藩輔。作荊燕世家。第二十一。【考證】漢書、作荊燕王世家、梁玉繩曰、此脫王字、天下已平、親屬既寡、悼惠先壯、實鎭東土。哀王擅興、發怒諸呂。駟鈞暴戾、京師弗許。厲之內淫、禍成主父。【考證】岡白駒曰、厲王與其姊姦、主父偃發其事、愚按、寡土呂許父、韻、嘉肥股肱、作齊悼惠王世家。第二十二。楚人圍我滎陽、相守三年。蕭何塡撫山西、【正義】謂華山之西也、【考證】顧炎武曰、古之所謂山西、卽今關中、史記太史公自序、蕭何塡撫山西、方言、自山而東、五國之郊、郭璞解曰、六國惟秦在山西、

王應麟地理通釋曰、秦漢之間稱山北山南山東山西者、皆指太行、以其在天下之中、故指此山以表地勢、正義以爲華山西、非也、推計踵兵、給糧食不絕。使百姓愛漢、不樂爲楚。作蕭相國世家。第二十三。與信定魏、破趙拔齊、遂弱楚人。續何相國、不變不革、黎庶攸寧。嘉參不伐功矜能、作曹相國世家。第二十四。【考證】老子上經、不自伐、故有功、不自矜、故長、運籌帷幄之中、制勝於無形。子房計謀其事、無知名、無勇功。圖難於易、爲大於細。作留侯世家。第二十五。【考證】孫子虛實篇、形兵之極、至於無形、人皆知我所以勝之形、而莫知吾所以制勝之形、形篇、善戰者之勝也、無智名、無勇功、老子下經、圖難於其易、爲大於其細、六奇既用、諸侯賓從於漢。呂氏之事、平爲本謀。終安宗廟定社稷。作陳丞相世家。第二十六。【考證】楓三本、平作卒、中井積德曰、此多不押韻、不曉其意、諸呂爲從、謀弱京師。【正義】從、吳松反、而勃反經合於權。吳・楚之兵、亞夫駐於昌邑、以戹齊・

趙、而出委以梁。【正義】以梁付吳楚也、【考證】楓三本、駐作拄、作絳侯世家。第二十七。七國叛逆、蕃屏京師、唯梁爲扞。【考證】楓三本、屏作蔽、偩愛矜功、幾獲于禍。嘉其能距吳・楚、作梁孝王世家。第二十八。五宗既王、親屬洽和。【考證】凌本、洽作協、諸侯大小爲藩、爰得其宜。僭擬之事、稍衰貶矣。作五宗世家。第二十九。三子之王、文辭可觀。作三王世家。第三十。末世爭利、維彼奔義。讓國餓死、天下稱之。作伯夷列傳。第一。【考證】利義死之、韻、晏子儉矣、夷吾則奢。齊桓以霸、景公以治。作管晏列傳。第二。李耳無爲自化、淸淨自正。韓非揣事情循埶理。作老子韓非列傳。第三。自古王者而有司馬法。穰苴能申明之。作司馬穰苴列傳。第四。非信廉仁勇、不能傳兵論劒。與道

同符、〔考證〕王念孫曰、上文在趙者以傳劍論顯集解、晉灼曰、史記吳起贊曰、非信仁廉勇不能傳劍論兵書也、史記原文如此、今本錯誤、信仁爲一類、廉勇爲一類、劍論與兵書對文、言非信仁廉勇之人、不能傳此二術也、愚按楓三本無劍字、亦通、孫吳傳、未嘗及劍論、　內可以治身。外可以應變。君子比德焉。作孫子吳起列傳。第五。維建遇讒、爰及子奢。尙既匡父、伍員奔吳。〔考證〕匡、救也、　作伍子胥列傳。第六。孔氏述文、弟子興業。咸爲師傅、崇仁厲義。作仲尼弟子列傳。第七。鞅去衞適秦、能明其術、彊霸孝公、後世遵其法。作商君列傳。第八。天下患衡、秦毋饜。而蘇子能存諸侯、約從以抑貪彊。作蘇秦列傳。第九。六國既從親、而張儀能明其說、復散解諸侯。作張儀列傳。第十。秦所以東攘雄諸侯、樗里・甘茂之策。〔集解〕徐廣曰、攘、一作襄、　作樗里甘茂列傳。第十一。苞河山、圍大梁、〔集解〕徐廣曰、苞、一作施、　使諸侯

斂手而事秦者、魏冄之功。作穰侯列傳。第十二。南拔鄢郢、北摧長平、遂圍邯鄲、武安爲率。〔考證〕率、帥也、　破荊滅趙、王翦之計。作白起王翦列傳。第十三。獵儒墨之遺文、明禮義之統紀、絕惠王利端、列往世興衰。〔集解〕徐廣曰、一作壞、　作孟子荀卿列傳。第十四。〔考證〕何焯曰、獵儒墨句、謂附見諸子也、明禮義、謂荀、絕利端、謂孟、李笠曰、獵儒墨遺文、明禮儀統紀二句、總孟荀而言、下絕利端、始專指孟子、列興衰、始專指荀子、孟荀與墨子、宗旨雖相反、學理則相因也、愚按王氏困學紀聞、方氏補正、梁氏志疑、各有別解、李說較長、　好客喜士、士歸于薛、爲齊扞楚・魏。作孟嘗君列傳。第十五。爭馮亭以權、〔集解〕徐廣曰、以、一作反、太史公譏平原曰、利令智昏、故云、爭馮亭反權、　如楚以救邯鄲之圍、〔正義〕如、往也、言平原君往楚、求救邯鄲之圍、　使其君復稱於諸侯。作平原君虞卿列傳。第十六。能以富貴下貧賤、賢能詘於不肖。唯信陵君爲能行之。作魏公子列傳。第十七。

〔考證〕列傳、魏公子、作信陵君、　以身徇君、遂脫彊秦、使馳說之士、南鄉走楚者、黃歇之義。作春申君列傳。第十八。能忍詢於魏齊、而信威於彊秦。〔集解〕徐廣曰、詢、音逅、〔索隱〕詢、火候反、詢、辱也、　推賢讓位。二子有之。作范睢蔡澤列傳。第十九。率行其謀、連五國兵、爲弱燕報彊齊之讎、雪其先君之恥。作樂毅列傳。第二十。能信意彊秦、而屈體廉子、用徇其君、俱重於諸侯。〔正義〕以身從物曰徇、　作廉頗藺相如列傳。第二十一。湣王既失臨淄而奔莒。唯田單用卽墨破走騎劫、遂存齊社稷。作田單列傳。第二十二。能設詭說、解患於圍城、輕爵祿樂肆志。作魯仲連鄒陽列傳。第二十三。〔考證〕漢書、無鄒陽二字、　作辭以諷諫、連類以爭義、離騷有之。作屈原賈生列傳。第二十四。結子楚

親、使諸侯之士斐然爭入事秦。〔考證〕斐、靡通、　作呂不韋列傳。第二十五。曹子匕首、魯獲其田、齊明其信。豫讓義不爲二心。作刺客列傳。第二十六。〔考證〕梁玉繩曰、史詮謂儒林、循吏、酷吏、刺客、游俠、佞倖、滑稽、醫方、日者、龜策、貨殖、雜傳也、以類相從、合在後、此說甚是、蓋十一傳、當在司馬相如傳後、以儒林、循吏、酷吏、貨殖、刺客、游俠、滑稽、佞倖、醫方、日者、龜策爲次、愚按刺客傳以荊軻爲主、以終六國事也、故其次在呂不韋李斯間、說在本傳、　能明其畫、因時推秦、遂得意於海內、斯爲謀首。作李斯列傳。第二十七。爲秦開地益衆、北靡匈奴、據河爲塞、因山爲固、建榆中。作蒙恬列傳。第二十八。塡趙、塞常山、以廣河內、弱楚權、明漢王之信於天下。作張耳陳餘列傳。第二十九。收西河上黨之兵、從至彭城。〔考證〕毛本、西作兩、　越之侵掠梁地、以苦項羽。作魏豹彭越列傳。第三十。以淮南叛楚歸漢。漢用得大司馬殷、卒

破子羽于垓下。【集解】徐廣曰、隄塘之名也、　作黥布列傳第三十一。楚人迫我京索、而信拔魏・趙、定燕・齊、使漢三分天下有其二、以滅項籍。作淮陰侯列傳第三十二。【考證】梁玉繩曰、漢書遷傳、侯下有韓信二字、非也、蓋史公于本朝諸臣以罪誅黜者、例不稱爵、惟淮陰之死爲寃、故書其降貶之爵而不名、以微見意云、愚按極稱淮陰之功、不及其貶誅之事、史公之意可見、　楚・漢相距鞏洛、而韓信爲塡潁川、盧綰絕籍糧餉。【考證】楓三本、餉作饟、　作韓信盧綰列傳第三十三。【考證】張文虎曰、南宋游凌本、韓下有王字、梁玉繩曰、索隱本無王字、震澤本同、則遷傳及諸史記本、有王字者、妄加之也、蓋叛臣削爵、卽盧綰不稱燕王、可見、　諸侯畔項王、唯齊連子羽城陽。漢得以閒遂入彭城。【考證】王陽城、韻、　作田儋列傳第三十四。攻城野戰、獲功歸報。噲・商有力焉。非獨鞭策、又與之脫難。【考證】焉難、韻、　作樊酈列傳第三十五。【考證】世家、索隱單本、漢書、酈下有滕灌二字、此脫、　漢既初定、文理未明。蒼爲主計、整齊度量、

序律歷。作張丞相列傳第三十六。【考證】楓三本、整作正、梁玉繩曰、遷傳、誤相下增倉字、　結言通使、約懷諸侯。諸侯咸親、歸漢爲藩輔。作酈生陸賈列傳第三十七。欲詳知秦・楚之事、維周緤常從高祖、平定諸侯。作傅靳蒯成列傳第三十八。【索隱】蒯成、上音裴、其字音從崩邑、又音浮、【正義】蒯、古怪反、括地志曰、蒯亭、洛州河南縣西十四里苑中也、【考證】梁玉繩曰、遷傳、成下有侯字、非、合傳無書侯者、　徙彊族都關中、和約匈奴、明朝廷禮、次宗廟儀法。作劉敬叔孫通列傳第三十九。能摧剛作柔、卒爲列臣、欒公不劫於埶而倍死。作季布欒布列傳第四十。敢犯顏色、以達主義、不顧其身、爲國家樹長畫。作袁盎朝錯列傳第四十一。【考證】游本、作鼂錯、　守法不失大理、言古賢人、增主之明。作張釋之馮唐列傳第四十二。敦厚慈孝、訥於言、敏於行、務

在鞠躬。君子長者。【考證】論語里仁篇、君子欲訥於言而敏於行、鄉黨篇、入公門、鞠躬如也、儀禮聘禮記、執圭入門鞠窮、釋文云、窮又作躬、群經音辨云、鞠躬、容謹也、　作萬石張叔列傳第四十三。守節切直、義足以言廉、行足以厲賢。任重權、不可以非理撓。作田叔列傳第四十四。扁鵲言醫、爲方者宗。守數精明、後世修序、弗能易也。而倉公可謂近之矣。【考證】楓本、修作循、王念孫曰、修當作循、序、緒也、言後世皆循其緒、莫之能易也、　作扁鵲倉公列傳第四十五。維仲之省、厥濞王吳。【集解】徐廣曰、吳王之王、由父省、【考證】錢大昕曰、省訓善、言仲以罪奪王爵、而高帝猶善之、故又封其子也、　遭漢初定、以塡撫江・淮之閒。【考證】楓本、以下有族字、　作吳王濞列傳第四十六。吳・楚爲亂、宗屬唯嬰、賢而喜士、士鄉之。率師抗山東滎陽。作魏其武安列傳第四十七。【考證】全祖望曰、竇田灌猶相去遠甚、史公喜道人盛衰榮枯之際、自寫其不平、而不論史法、故以灌夫之故、强合竇田爲一傳也、　智足以應近世之變、寬足

用得人。作韓長孺列傳第四十八。勇於當敵、仁愛士卒、號令不煩、師徒鄉之。作李將軍列傳第四十九。自三代以來、匈奴常爲中國患害。欲知彊弱之時、設備征討。作匈奴列傳第五十。【考證】楓三本、備作脩、梁玉繩曰、史詮謂匈奴南越東越朝鮮西南夷大宛、四夷也、以類相從、當在雜傳之後、此說是、小司馬亦云、司馬相如汲鄭不宜在西夷下、大宛、不合在酷吏游俠之閒、又遷傳、衞將軍驃騎列傳第五十、平津主父列傳第五十一、匈奴列傳第五十二、則今本史記有譌、正義反謂舊本匈奴傳在第五十、非也、說者遂言司馬相如開西南夷者、故次西南夷後、匈奴傳後、繼以衞霍公孫弘、而全錄主父偃諫伐匈奴書、史公有深意、竝曲解耳、愚按、後說得之、梁氏以爲曲解、非也、　直曲塞、廣河南、破祁連、通西國、靡北胡。作衞將軍驃騎列傳第五十一。大臣宗室、以侈靡相高。唯弘用節衣食、爲百吏先。作平津侯列傳第五十二。【考證】列傳、侯下有主父二字、梁玉繩曰、案索隱本、作平津侯主父傳、遷傳亦作平津主父、但缺侯字耳、則此脫主父二字、史詮云、太史公平津傳附主父偃徐樂嚴安三人、然行事終不相合、主父以下、當別爲一傳、　漢既平中國、而佗能集楊

越、以保南藩、納貢職。作南越列傳第五十三。吳之叛逆、甌人斬濞、葆守封禺爲臣。【集解】徐廣曰、甌、今之永寧、是東甌也。【索隱】葆守、上音保、言東甌被越攻破之後、保封禺之山、今在武康縣也。【正義】封禺二山、在湖州武康縣之西也、然案年表東越傳云、東越徙處廬江郡、而守禺、未詳也。【考證】漢書、東越作閩越。作東越列傳第五十四。燕丹散亂遼閒、滿收其亡民、厥聚海東、以集眞藩、葆塞爲外臣。【集解】徐廣曰、眞番、作莫藩、音普寒反。作朝鮮列傳第五十五。唐蒙使略通夜郎、而邛筰之君、請爲內臣受吏。作西南夷列傳第五十六。子虛之事、大人賦說、靡麗多誇。然其指風諫、歸於無爲。作司馬相如列傳第五十七。黥布叛逆、子長國之、以塡江・淮之南。安剸楚庶民。作淮南衡山列傳第五十八。奉法循理之吏、不伐功矜能。百姓無稱、亦無過行。作循吏列傳第五十九。

正衣冠立於朝廷、而羣臣莫敢言浮說。長孺矜焉。【考證】楓三本、羣作君、浮作淫、好薦人、稱長者。壯有溉。【集解】徐廣曰、一作慨。【正義】溉、量也。【考證】楓三本、壯作莊、凌稚隆曰、按上文以長孺推之、則壯當作莊、此鄭當時字也、溉字下疑有闕文、陳仁錫曰、溉下缺乎字、張文虎曰、疑有焉字、與上長孺矜焉對、岡白駒曰、慨、氣節也。作汲鄭列傳第六十。自孔子卒、京師莫崇庠序。唯建元元狩之閒、文辭粲如也。作儒林列傳第六十一。民倍本多巧、姦軌弄法、善人不能化。【考證】軌、讀爲宄、唯一切嚴削、爲能齊之。作酷吏列傳第六十二。漢既通使大夏。而西極遠蠻、引領內鄉、欲觀中國。作大宛列傳第六十三。救人於戹、振人不贍。仁者有乎。【考證】楓三本、乎作采、不既信、不倍言、義者有取焉。【集解】徐廣曰、一云、不慨信。【考證】岡白駒曰、既、失也、王念孫曰、方言廣雅竝云、既、失也。作游俠列傳第六十四。夫事人君、能說主耳目、和主顏色、而獲親近。

非獨色愛、能亦各有所長。作佞幸列傳第六十五。不流世俗、不爭勢利。上下無所凝滯、人莫之害。以道之用。作滑稽列傳第六十六。【考證】楓本、以作似、當依改。齊・楚・秦・趙、爲日者各有俗所用。欲循觀其大旨。【集解】徐廣曰、循、一作總。【索隱】案日者傳亡、無以知諸國之俗、今褚先生唯記司馬季主之事也。【考證】方苞曰、各有俗所用爲句、言日者因其國俗、各有所用卜筮之法、欲循觀其大旨、故作此傳也、天官書、國殊窟穴、家占物怪、卽各有俗所用之謂、作日者列傳第六十七。三王不同龜、四夷各異卜。【考證】楓三本、無各字、愚按各字與下文複、然褚少孫龜策補傳引太史公傳、亦有各字、索隱本亦有、然各以決吉凶。略闚其要、作龜策列傳第六十八。【索隱】三王不同龜、四夷各異卜、其書既亡、無以紀其異、今褚少孫唯取太卜占龜之雜說、詞甚煩蕪、不能裁剪、妄皆穿鑿、此篇不才之甚也、布衣匹夫之人、不害於政、不妨百姓、取與以時、而息財富。智者有采焉。作貨殖列傳第六十九。維我漢繼五帝末流、接三代統業。【考證】漢書、統作絕、王念

孫曰、絕業、與末流相對成文、文選李善注引史作絕業、周道廢、秦撥去古文、焚滅詩書。【考證】漢書、道下有既字、故明堂石室、金匱玉版、圖籍散亂。【集解】如淳曰、刻玉版以爲文字。於是漢興、蕭何次律令、韓信申軍法、張蒼爲章程、叔孫通定禮儀。則文學彬彬稍進、詩書往往閒出矣。【集解】如淳曰、章、歷數之章術也、程者、權衡丈尺斛斗之平法也、瓚曰、茂陵書、丞相爲工用程數其中、言百工用材多少之量、及制度之程品者是也。【考證】漢書、無於是二字、漢藝文志兵書略權謀家韓信三篇、又云、漢興、張良韓信序次兵法、凡百八十二家、刪取要用、定著三十五家、諸呂用事而盜取之、上文張丞相傳序云、蒼爲主計、整齊度量、序律歷。自曹參薦蓋公言黃・老、【索隱】蓋、姓也、古合反。【考證】見曹相國世家、而賈生・鼂錯明申・商、【考證】漢書、申商作申韓、賈誼傳云、誼居河南守吳公門下、吳公與李斯同邑、嘗學事焉、而漢書藝文志、列賈誼五十八篇於儒家、傳所謂通諸子百家者邪、鼂錯傳云、錯學申商刑名於軹張恢先所、藝文志亦列鼂錯三十一篇於法家、梁玉繩曰、史公言賈生明申商、與鼂竝稱、似未當、公孫弘以儒顯。百年之閒、天下遺文古事、靡不畢集太史公。【考證】楓三本、無公字、漢書無太史公三字、愚按楓三本爲長、太史公仍父子相

續纂其職。曰、於戲、余維先人嘗掌斯事、顯於唐·虞。至于周復典之。故司馬氏世主天官。至於余乎。欽念哉。欽念哉。【索隱】案此天官、非周禮冢宰天官、乃謂知天文星歷之事爲天官、且還實黎之後、而黎氏後亦總稱重黎、以重本司天、故太史公代掌天官、蓋天官統太史之職、言史是歷代之職、恐非實事、然衛宏以爲司馬氏周史佚之後、故太史談云、予之先人、周之太史、蓋或得其實也、【考證】太史公、史遷自謂、索隱引衛宏云、司馬氏史佚之後、臆說不足據、岡白駒曰、纂亦續也、與纘通、何焯曰、敍當代文獻足徵、以見述而不作之意、仍推本先世、以終前文之意、罔羅天下放失舊聞、【索隱】案舊聞有遺失放逸者、網羅而考論之也、王迹所興、原始察終、見盛觀衰、論考之行事、【考證】史公報任安書敍以言獲罪之由、且云、僕竊不遜、近自託於無能之辭、網羅天下放失舊聞、考之行事、稽其成敗興壞之理、凡百三十篇、欲目究天人之際、通古今之變、成一家之言、草創未就、適會此禍、惜其不成、是以就極刑而無慍色、僕誠已著此書、藏之名山、傳之其人通邑大都、則僕償前辱之責、雖萬被戮、豈有悔哉、比之史文、情事特詳、據此、征和二年任安得罪時、編摩未竣功也、略推三代、錄秦·漢、上記軒轅、下至于茲。著十二本紀。既科條之矣。【考證】王先謙曰、科分條例、大綱已擧也、竝時異世、年差不明。作十表。

【索隱】案竝時、則年歷差殊、亦略言、難以明辯、故作表也、【正義】言本紀世家及諸傳、年月差別不同、故作十表以明之也、禮樂損益、律歷改易、兵權山川鬼神天人之際、承敝通變、作八書。【索隱】案兵權、卽律書也、其曰兵、今律書亦略言兵也、山川、卽河渠書也、鬼神、封禪書也、故云山川鬼神也、【考證】梁玉繩曰、兵權卽律書、似複出、當衍兵權二字、愚按、三注合刻本索隱、律書也、下無其曰兵三字、有遷沒之後亡、褚少孫以律書補之十三字、今依單本、李笠曰、案漢傳云、十篇缺、有錄無書、注張晏謂遷沒後亡兵書、師古曰、序目本無兵書、張云亡失、非也、劉奉世云、兵書卽律書、今案上文序律書云、非兵不強、索隱云、此律書之贊、而云非兵不強者、則此律書卽兵書也、此注云、兵書亡、少孫以律書補之、是復以兵律歧而爲二、非僅爲少顏所非、抑亦前後矛盾矣、索隱本卽兵書也、兵作律、無遷沒至補之十三字、今上有其云兵三字、較是、然贊云、百三十篇、索隱亦云、兵書亡不補、略述而言兵、誤同、二十八宿環北辰、三十輻共一轂、運行無窮。【集解】駰案、漢書音義曰、象黃帝以下三十世家、老子言車三十輻、運行無窮、以象王者如此、【正義】顏云、此說非也、言衆星共繞北辰、諸輻咸歸車轂、羣臣尊輔天子也、【考證】顏說得之、三十輻共一轂、老子上經文、二十八、三十、概言、不必拘、輔拂股肱之臣配焉。忠信行道、以奉主上。作三十世家。【考證】漢書、拂作弼、梁玉繩曰、諸侯有國、大夫有家、古之制也、史以諸侯王爲世家、王若虛曾譏之、今既定公侯傳國曰世家、卿士特起曰列傳、則當條次不紊、編著無遺、蓋周時

列邦當先吳魯管蔡衛晉燕鄭、乃及陳杞宋越楚齊韓趙魏田氏、而以孔子殿焉、漢代以外戚居首、乃及楚荊燕齊梁五宗三王、然後蕭曹張陳周、而陳涉附焉、此條次也、史似不得其序、若編著、則邾莒竝春秋時次國、世系足攷其事迹、較詳于曹杞、安得云滕薛騶以小弗論耶、又吳芮至忠著于令甲、五代稱王、侯封支庶、何獨缺如乎、愚按、太史公敍帝王則曰本紀、公侯傳國曰世家、卿士特起曰列傳、此宋人王安石之語、史公未嘗自言之也、諸人據之以論史公、旣失其本末、梁氏志疑三十六卷、史評中最稱精善、而亦襲此誤、何也、扶義俶儻、不令己失時、立功名於天下。作七十列傳。【索隱】己、音紀、言扶義倜儻之士、能立功名於當代、不後於時者也、【考證】梁玉繩曰、史公自序、在七十列傳中、索隱本作太史公自序傳、各本篇題、俱缺傳字、愚按、漢書錄是序云、遷之自敍云爾、則班氏所見之本、無傳字、凡百三十篇。【考證】梁玉繩曰、史通雜說、仍班彪之論、謂太史公上起黃帝、下訖宗周、事跡殊略、戰國已下、始有可觀、其間詳備者、唯漢興而已、余謂此但譏其煩省失宜爾、豈知史公變編年之例、突起門戶、著目曰本紀、曰表、曰書、曰世家、曰列傳、史臣相續、稱爲正史、蓋鑿荒難、而遵塗易、創始恒不若續撰之精密也、班固本其父彪之語、譏史公是非頗繆于聖人、論大道、則先黃老而後六經、序游俠、則退處士而進姦雄、述貨殖、則崇勢利而羞賤貧、晁公武郡齋讀書志曾辨之、補筆談亦云、班固所譏甚不慊、夫史公致信必于六藝、造次必衷仲尼、是以孔子儕之世家、老子置之列傳、尊孔子曰至聖、評老子曰隱君子、六家指要之論、歸重黃老、乃司馬談所作、非子長之言、不然、胡以次李耳在管晏下、而竊其弊于申韓乎、固非先黃老而後六經矣、游俠傳首云、以武犯禁、又云、行不軌于正義、而稱季次原憲爲獨行君子、

蓋見漢初公卿以武力致貴、儒術未重、擧世任俠干禁、歎時政之缺失、使若歎無所取材也、豈退處士而進姦雄者哉、貨殖與平準相表裏、敍海內土俗物產、孟堅地理志所本、且掘冢博戲賣漿胃脯、竝列其中、鄙薄之甚、三代貧富不甚相遠、自井田廢、而稼穡輕、貧富懸絕、漢不能挽移、故以諷焉、其感慨處、乃有激言之、識者讀其書、因悲其遇、安得斥爲崇勢利而羞貧賤耶、況孟堅於史公舊文、未嘗有所增易、不退處士、不羞賤貧、何以不立逸民傳、又何以仍傳游俠貨殖、此文人之習氣、各自彈射、遞相瘡痏、蹈襲抵牾、目睫不見、所謂笑他人之未工、忘己事之有拙、晉張輔論漢書三不如史記、有以也、五十二萬六千五百字、爲太史公書。【索隱】案桓譚云、遷所著書成、以示東方朔、朔皆署曰太史公、則謂太史公是朔稱也、亦恐其說未盡、蓋遷自尊其父著述稱之曰公、或云、遷外孫楊惲所稱、事或當爾也、【正義】史記起黃帝、訖漢武帝天漢四年、合二千四百一十三年、百三十篇、象一歲十二月及閏餘也、後漢書楊終受詔刪太史公書爲十餘萬言、【考證】漢書藝文志春秋略云、太史公百三十篇、注云、十篇有錄無書、隋經籍志史部正史云、史記一百三十篇、注云、目錄一卷、漢中書令司馬遷撰、梁玉繩曰、遷傳同、通考百九十一、引李方叔師友談記、作七十萬言、余三番計之、字數都不能合、因今本史記、歷經後人增刪、非史公之舊、增者猶可辨、其僞刪者無從得其眞、如朱建傳述平原君諫淮南王反事云、語在黥布語中、而布傳無之、滑稽傳敍淳于髡以隱說齊威王事云、語在田完世家中、而世家無之、皆裁割未盡者、是以晉書張輔傳、西京雜記、史通竝稱史記五十萬字、但擧成數言爾、至於逸文墜句、往往見于他書、如漢書五行志中上中下、屢稱史記、師古謂皆指遷所撰、或未盡然、但志中下引史記曰、秦武王三年、渭水赤者三日、昭王三十四年、渭水又赤三日、水經注十

九引之、明言是史記秦本紀、御覽五十九六十二引史竝同、又論衡祿命篇引太史公曰、富貴不違貧賤、貧賤不違富貴、此皆漢人所引、得毋被楊終刪之、而世猶有異本在耶、左傳僖五年注、傳說星、孟子離婁疏、西施入市、經典釋文、莊子字子休、及駢拇音義、師曠無目、史通敘事篇之立轉說、文繫傳杲字注之反景桑榆、債字注之代王債債、今本俱無他若水經注、後漢書注、文選注、廣韻注、太平御覽、初學記、藝文類聚、通志氏族略等書、均有引史之語、不能盡錄、而御覽尤多、雖未免舛譌、究難盡沒、豈歷經傳寫、復有損削歟、錢大昕曰、案太史公以官名書、桓譚云、遷著書示東方朔、朔署曰太史公、署之者、書其名也、漢志太史公百三十篇、馮商所續太史公七篇、俱入春秋家、後漢范升傳、楊終傳、俱稱太史公、無稱史記者、梁玉繩曰、史記之名、當起叔皮父子、觀漢五行志、及後書班彪傳、可見、蓋取古史記之名、以名遷之書、猶之也、愚按正義依玉海四十六注所引補、

序略、以拾遺補藝、成一家之言。[集解]李奇曰、六藝也、[索隱]案漢書作補闕、此云藝、謂補六藝之闕也、[考證]序字、通行本皆屬上讀、漢書同、張文虎曰、索隱本引為太史公書五字、不連序字、疑當屬下句、董份曰、序略句、愚按今本漢書亦作補藝、與下文六經複、作補闕義長、

厥協六經異傳、[集解]遷言以所撰、取協於六經異傳諸家之說耳、謙不敢比經藝也、異傳者、如子夏易傳、毛公詩及韓嬰外傳、伏生尙書大傳之流者也、[考證]王先謙曰、協、合也、言稽合同異、折衷取裁、

整齊百家雜語、[正義]太史公撰史記、言其協于六經異文、整齊諸子百家雜說之語、謙不敢比經藝也、異傳謂如丘明春秋外傳國語、子夏易傳、毛公詩傳、韓詩外傳、伏生尙書大傳之流也、

藏之名山、副在京師。[索隱]言正本藏之書府、

副本留京師也、穆天子傳云、天子北征、至于羣玉之山、阿平無險、四徹中繩、先王所謂策府、郭璞云、古帝王藏策之府、則此謂藏之名山是也、[考證]顏師古曰、藏於山者、備亡失也、其副貳本迺留京師也、

俟後世聖人君子。[索隱]以俟後聖君子、此語出公羊傳、言夫子制春秋以俟後聖君子、亦有樂乎此也、[考證]王念孫曰、俟後世聖人君子、本作俟後聖君子、哀十四年公羊傳曰、制春秋以俟後聖、以君子之爲、亦有樂乎此也、史公之語、卽本於此、索隱本出以俟後聖君子六字曰、此語出公羊傳、是其證、漢書正作以俟後聖君子、愚按、玉海引史、亦作俟後聖君子、

第七十。[集解]駰案、衞宏漢書舊儀注曰、司馬遷作景帝本紀、極言其短、及武帝過、武帝怒而削去之、後坐舉李陵、陵降匈奴、故下遷蠶室、有怨言、下獄死、[考證]自維我漢維五帝末流以下、史第七十自序序、王鳴盛曰、今觀景紀、絕不言其短、又遷下蠶室、在天漢三年、後爲中書令、尊寵任職、其卒在昭帝初、距獲罪被刑蓋已十餘年矣、何得謂下蠶室有怨言、下獄死乎、與情事全不合、皆非是、

太史公曰。余述歷黃帝以來至太初、而訖百三十篇。[集解]駰案、漢書音義曰、十篇缺、有錄無書、張晏曰、遷沒之後、亡景紀、武紀、禮書、樂書、律書、漢興已來將相年表、日者列傳、三王世家、龜策列傳、傅靳蒯成列傳、元成之閒、褚先生補闕、作武帝紀、三王世家、龜策、日者列傳、言辭鄙陋、非遷本意也、[索隱]案漢書曰、十篇有錄無書、張晏曰、遷沒之後、亡景紀、武紀、禮書、樂書、兵書、將相表、三王世家、日者、龜策傳、傅靳等列傳也、案景紀取班書補之、武紀專取封禪書、禮書取荀卿禮論、樂書取禮樂記、兵書亾、不補、略述律而言兵、遂分曆述以次之、三王系家、空取其策文以緝此篇、何率略且重、非當也、日者不能記諸國之同異、而論司馬季

主、龜策、直太卜所得占龜兆雜說、而無筆削之功、何蕪鄙也、[考證]中井積德曰、述歷當作歷述、又曰、末段似歇後而意複、無所發明、無所結束、豈下脫數句耶、不然、是一段全屬衍文、何妙之有、漢書亦無此一段、方苞曰、序既終、而復出此十六字、蓋舉其凡計、綴於篇終、猶衞霍列傳特標左方兩大將軍、及諸裨將名目、

[索隱]述贊、太史良才、寔纂先德、周游歷覽、東西南北、事覈詞簡、是稱實錄、報任投書、申李下獄、惜哉殘缺、非才妄續、

太史公自序第七十

史記一百三十

史記總論

史記總論

日本出雲　瀧川資言考證

太史公事歷

漢書司馬遷傳云。昔在顓頊、命南正重司天、火正黎司地。唐·虞之際、紹重·黎之後、使復典之、至於夏·商。故重·黎氏世序天地。其在周、程伯休甫其後也。當宣王時、官失其守、而爲司馬氏。（以上敍司馬氏所自出、）司馬氏世典周史。惠·襄之閒、司馬氏適晉。晉中軍隨會犇魏、而司馬氏入少梁。自司馬氏去周適晉、分散或

在衞、或在趙、或在秦。其在衞者相中山。在趙者以傳劍論顯。蒯聵其後也。在秦者錯、與張儀爭論。於是惠王使錯將兵伐蜀。遂拔。因而守之。錯孫靳事武安君白起。（史記太史公自序、蘄作靳、）而少梁更名夏陽。靳與武安君阬趙長平軍。還而與之俱賜死杜郵。葬於華池。靳孫昌爲秦王鐵官。當始皇之時。（史記王作主、）蒯聵玄孫卬爲武信君將而徇朝歌。諸侯之相王、王卬於殷。漢之伐楚、卬歸漢。漢以其地爲河內郡。昌生毋懌。（史記作無澤、）毋懌爲漢市長。毋懌生喜。喜爲五大夫。卒、皆葬高門。（以上敍父祖、）喜生談。談爲太史公。太史公學天官於唐都、受易於楊何、習道論於黃子。（仲尼弟子列傳云、東武人王同傳易菑川人楊何、何元朔中以治易爲漢中大夫、儒林傳、元朔作元光、黃子、儒林傳所謂黃生、）太史公仕於建

元元封之閒。愍學者不達其意而師誖、（史記誖作悖、）乃論六家之要指曰云云。（文全與史記同、今略、）太史公既掌天官、不治民。有子曰遷。（以上敍父太史公談事、史公字子長、見揚雄法言、王充論衡、）遷生龍門、耕牧河山之陽。年十歲、則誦古文。二十、而南游江·淮、上會稽、探禹穴、窺九疑、浮沅·湘、北涉汶·泗、講業齊·魯之都、觀夫子遺風、鄉射鄒嶧、（敍齊魯事特詳、）阨困蕃·薛·彭城、過梁·楚以歸。於是遷仕爲郎中、奉使西征巴·蜀以南、略邛·筰·昆明、還報命。（史公游涉之蹟具之別條、）是歲、天子始建漢家之封、而太史公留滯周南、不得與從事。（太史公司馬談、下同、）發憤且卒。而子遷適反、見父於河·洛之閒。太史公執遷手而泣曰、予先周室之太史也。自上世嘗顯功名虞·夏、典天官事。後世中衰、絕於予乎。

汝復爲太史、則續吾祖矣。今天子接千載之統、封泰山、而予不得從行。是命也夫。命也夫。予死、爾必爲太史。爲太史、毋忘吾所欲論著矣。且夫孝始於事親、中於事君、終於立身。揚名於後世、目顯父母。此孝之大也。夫天下稱周公、史記稱下有誦字、言其能論歌文·武之德、宣周·召之風、達大王·王季思慮、爰及公劉、目尊后稷也。幽·厲之後、王道缺、禮樂衰。孔子脩舊起廢、論詩書、作春秋、則至今則之。自獲麟目來四百有餘載。而諸侯相兼、史記放絕。今漢興、海內壹統、明主賢君、忠臣義士、予爲太史而不論載、史記、忠臣義士作死義之士、廢天下之文。予甚懼焉。爾其念哉。史記、文上有史字、遷俯首流涕曰。小子不敏、請悉論先人所次舊聞、不

敢闕。卒三歲而遷爲太史令。紬史記石室金鐀之書。索隱本史記、紬作抽、鐀作匱、談卒於元封元年、五年而當於太初元年。十一月甲子朔旦冬至、天歷始改、建於明堂、諸神受記。史公爲太史令五年、史記記作紀、太史公曰。先人有言。太史公、史公自稱、下同、先人謂談、自周公卒五百歲而有孔子。孔子至於今五百歲、有能紹而明之、正易傳、繼春秋、本詩書禮樂之際、意在斯乎。意在斯乎。小子何敢攘焉。史記、至上有卒後二字、紹而明之作紹明世、攘作讓、讓、謙也、上大夫壺遂曰。壺遂、見下文史公交游條、太史公曰。余聞之董生。董生卽董仲舒、見史公交游條、周道廢、孔子爲魯司寇。諸侯害之、大夫壅之。孔子知時之不用、道之不行也。是非二百四十二年之中、目爲天下儀表。貶諸侯、討大夫、以達王事而已矣。子曰。

我欲載之空言、不如見之於行事之深切著明也。春秋上明三王之道、下辨人事之經紀、史記、無紀字、別嫌疑、明是非、定猶與、善善惡惡、賢賢賤不肖、存亡國、繼絕世、補弊起廢。王道之大者也。易、著天地陰陽四時五行。故長於變。禮、綱紀人倫。故長於行。書、記先王之事。故長於政。詩、記山川谿谷禽獸草木牝牡雌雄。故長於風。樂、樂所目立。故長於和。春秋、辯是非。故長於治人。是故禮目節人、樂目發和、書以道事、詩目達意、易目道化、春秋目道義。撥亂世反之正、莫近於春秋。春秋文成數萬、其指數千。萬物之散聚、皆在春秋。春秋之中、弒君三十六、亡國五十二、諸侯奔走不得保社稷者、不可勝數。察其所目、

皆失其本已。故易曰。差目豪氂、謬以目千里。史記、氂作釐、釐里韻、故臣弒君、子弒父、非一朝一夕之故。其漸久矣。有國者、不可目不知春秋。前有讒而不見、後有賊而不知。爲人臣者、不可目不知春秋。守經事而不知其宜、遭變事而不知其權。爲人君父、而不通於春秋之義者、必蒙首惡之名。爲人臣子、不通於春秋之義者、必陷篡弒誅死之罪。其實皆目善爲之而不知其義、被之空言不敢辭。夫不通禮義之指、至於君不君、臣不臣、父不父、子不子。夫君不君則犯、臣不臣則誅、父不父則無道、子不子則不孝。此四行者、天下之大過也。目天下大過予之、受而不敢辭。故春秋者、禮義之大宗也。夫禮禁未然之前、法施

已然之後。法之所爲用者易見、而禮之所爲禁者難知。壺遂曰。孔子之時、上無明君、下不得任用。故作春秋、垂空文、㠯斷禮義、當一王之法。今夫子上遇明天子、下得守職、萬事既具、咸各序其宜。夫子所論、欲㠯何明。太史公曰。唯唯。否否不然。余聞之先人曰。虙戲至純厚、作易八卦。堯·舜之盛、尙書載之、禮樂作焉。湯·武之隆、詩人歌之。春秋采善貶惡、推三代之德、褒周室。非獨刺譏而已也。漢興已來、至明天子、獲符瑞封禪、改正朔、易服色、受命於穆淸、澤流罔極、海外殊俗、重譯款塞、請來獻見者、不可勝道。臣下百官、力誦聖德、猶不能宣盡其意。且士賢能矣、而不用、有國者恥也。主上明聖、德不布聞、有

司之過也。且余掌其官、廢明聖盛德不載、滅功臣賢大夫之業不述、墮先人所言、罪莫大焉。余所謂述故事、整齊其世傳。非所謂作也。十年而太史公遭李陵之禍、幽於纍紲。乾道本、十年作七年、與史記合、當依訂、李陵降在天漢二年冬、史公受刑、以三年春歟、迺喟然而歎曰。是余之辠夫。身虧不用矣。史記、作是余之罪也夫、重一句、虧作毀、退而深惟曰。夫詩書隱約者、欲遂其志之思也。史記、此下有昔西伯拘羑里一段、班氏刪之、卒述陶唐㠯來、至於麟止。自黃帝始。五帝本紀第一。中略、貨殖列傳第六十九。惟漢繼五帝末流、接三代絕業。史記、漢上有我字、絕作統、秦撥去古文、焚滅詩書。故明堂石室金鐀玉版圖籍散亂。史記、鐀作匱、漢興、蕭何次律令、韓信申軍法、張倉爲章程、孫叔通定禮儀、史記、漢興上有於是二字、則文學彬彬稍進、

詩書往往間出。史記、出下有矣字、自曹參薦葢公言黃·老、而賈誼·朝錯明申·韓、公孫弘㠯儒顯、百年之間、天下遺文古事、靡不畢集。史記、集下有太史二字、太史公仍父子相繼纂其職。曰。於戲、余維先人嘗掌斯事、顯於唐·虞。至於周復典之。故司馬氏世主天官、至於余乎。欽念哉。史記、重欽念哉三字、罔羅天下放失舊聞、王迹所興、原始察終、見盛觀衰、論考之行事、略三代、錄秦·漢、史記、略下有推字、上記軒轅、下至於茲。著十二本紀、既科條之矣。竝時異世、年差不明。作十表。禮樂損益、律歷改易、兵權山川、鬼神天人之際、承敝通變。作八書。二十八宿環北辰、三十輻共一轂、運行無窮。輔弼股肱之臣配焉、忠信行道、㠯奉主上。作三十世家。扶義俶儻、

不令已失時、立功名於天下。作七十列傳。凡百三十篇、五十二萬六千五百字、爲太史公書。序略㠯拾遺補藝、成一家言。史記、家下有之字、協六經異傳、齊百家雜語、史記、協上有厥字、齊上有整字、藏之名山、副在京師。㠯俟後聖君子。第七十。以上皆史記太史公自序之辭、以下乃班氏傳語、遷之自敘云爾。而十篇缺、有錄無書。張晏曰、遷沒之後、亡景紀、武紀、禮書、樂書、兵書、漢興以來將相年表、日者列傳、三王世家、龜策列傳、傅靳列傳、元成之間、褚先生補缺、作武帝紀、三王世家、龜策、日者傳、言辭鄙陋、非遷本意也、顏師古曰、序目本無兵書、張云亡失、此說非也、愚按史記存佚具于各篇題下及下文、此唯錄舊說、遷既被刑之後、爲中書令、尊寵任職。故人益州刺史任安、責㠯古賢臣之義。遷報之曰。少卿足下。少卿、任安字、征和二年、安坐戾太子事繫獄、文選、起句作太史公牛馬走司馬遷再拜言、少卿足下、曩者辱賜書、教㠯愼於接物、推賢進士爲務。意氣勤勤懇懇、若望僕不相師用、而流俗人之言。文選、用而

二字倒、義長、包世臣曰、推賢薦士、非少卿來書中本語、史公諱少卿求援、故以四字約來書之意、而斥少卿為天下豪儁以表其寃、中間述李陵事者、明與陵非素相善、尙力為引救、況少卿有許死之誼乎、實緣自被刑後、所為不死者、以史記未成之故、是史公之身、乃史記之身、非史公所得自私、史公可為少卿死、而史記必不能為少卿廢也、結以死日是非乃定、則史公與少卿所共者、以廣少卿而釋其私憾、是故文瀾雖壯、而滴水歸源、一線相生、字字皆有歸著也、僕非敢如是也。雖罷駑、亦嘗側聞長者遺風矣。文選、者下有之字、顧自以為身殘處穢、動而見尤、欲益反損、是以抑鬱而無誰語。諺曰、誰為為之、孰令聽之。蓋鍾子期死、伯牙終身不復鼓琴。事見呂氏春秋、列子、何則士為知己用、女為說己容。趙策、豫讓曰、士為知己者死、女為悅己者容、若僕大質已虧缺、雖材懷隨和、行若由夷隨、隨侯珠、和、和氏璧、由、許由、夷、伯夷、終不可以為榮、適足以發笑而自點耳。書辭宜答。會東從上來、又迫賤事、相見日淺、卒卒無須臾之間、得竭指意。今少卿抱不測之罪、涉旬月、迫季冬。僕

又薄從上上雍。文選不重上字、恐卒然不可諱、是僕終已不得舒憤懣、以曉左右。則長逝者魂魄、私恨無窮。戾太子事、在征和二年七月、三年正月、武帝行幸雍、任安以懷貳心要斬、而猶繫至冬盡、漢法蓋異於後也、請略陳固陋。闕然不報、幸勿過。僕聞之、修身者、智之府也。文選、府、作符、愛施者、仁之端也。取予者、義之符也。文選、符作表、恥辱者、勇之決也。立名者、行之極也。士有此五者、然後可以託於世、列於君子之林矣。故禍莫憯於欲利、悲莫痛於傷心、行莫醜於辱先、而詬莫大於宮刑。刑餘之人、無所比數、非一世也。所從來遠矣。昔衛靈公與雍渠載。孔子如陳。商鞅因景監見。趙良寒心。同子參乘。爰絲變色。同子、宦者趙同、爰絲、袁盎、自古而恥之。夫中材之人、事關於宦豎、莫不傷氣。況忼慨之士乎。如

今朝雖乏人、柰何令刀鋸之餘、薦天下豪儁哉。承上文推賢進士、天下豪儁、言任安、僕賴先人緒業、得待罪輦轂下二十餘年矣。所以自惟、上之、不能納忠效信、有奇策材力之譽、自結明主。次之、又不能拾遺補闕、招賢進能、顯巖穴之士。外之、不能備行伍、攻城戰野、有斬將搴旗之功。下之、不能累日積勞、取尊官厚祿、以為宗族交遊光寵。四者無一遂、苟合取容。無所短長之效、可見於此矣。鄉者僕亦厠下大夫之列、陪外廷末議。百官志、太史令六百石、不以此時、引維綱盡思慮。今已虧形為埽除之隸、在闒茸之中。迺欲卬首信眉、論陳是非。不亦輕朝廷羞當世之士邪。嗟乎、嗟乎、如僕尚何言哉。尚何言哉。且事本末未易明也。僕少負不

羈之材、長無鄉曲之譽。主上幸以先人之故、使得奉薄技出入周衛之中。僕以為戴盆何以望天。故絕賓客之知、忘室家之業、日夜思竭其不肖之材力、務壹心營職、以求親媚於主上。而事迺有大謬不然者。夫僕與李陵俱居門下。李陵侍中、則史公亦以太史令侍中也、素非相善也。趣舍異路、未嘗銜盃酒、接殷勤之歡。然僕觀其為人、自奇士、事親孝、與士信、臨財廉、取予義、分別有讓、恭儉下人。常思奮不顧身、以徇國家之急。其素所畜積也。僕以為有國士之風。夫人臣出萬死不顧一生之計、赴公家之難。斯已奇矣。今舉事壹不當。而全軀保妻子之臣、隨而媒孽其短。僕誠私心痛之。且李陵提步卒不滿五千、深踐戎馬之

地、足歷王庭、垂餌虎口、橫挑彊胡、卬億萬之師、（北方地高、故曰仰、）與單于連戰十餘日、所殺過當。虜救死扶傷不給、旃裘之君長咸震怖、迺悉徵左右賢王、舉引弓之民、一國共攻而圍之。轉鬭千里、矢盡道窮、救兵不至、士卒死傷如積。然李陵一呼勞軍、士無不起、躬流涕、沬血飲泣、張空弮冒白刃、北首爭死敵。（空弮、無弦之弓、）陵未沒時、使有來報。漢公卿王侯、皆奉觴上壽。後數日陵敗書聞。主上爲之食不甘味、聽朝不怡。大臣憂懼不知所出。僕竊不自料其卑賤、見主上慘悽怛悼、誠欲效其款款之愚。以爲李陵素與士大夫絕甘分少、能得人之死力。雖古名將不過也。身雖陷敗、彼觀其意、且欲得其當而報漢。事已無

可柰何。其所摧敗功、亦足以暴於天下。僕懷欲陳之、而未有路。適會召問、卽以此指推言陵功、欲以廣主上之意、塞睚眦之辭。（廣、猶開也、）未能盡明。明主不深曉、以爲僕沮貳師而爲李陵游說、遂下於理。（貳師將軍李廣利、李善曰、漢書曰、初上遣貳師李廣利出、令李陵爲助兵、及陵與單于相値、而貳師少功、上以遷誣罔、欲沮貳師、而爲陵遊說、下遷腐刑、顏師古曰、沮、毀壞也、）拳拳之忠、終不能自列。因爲誣上、卒從吏議。家貧財賂不足以自贖、交游莫救、左右親近、不爲壹言。身非木石、獨與法吏爲伍、深幽囹圄之中、誰可告愬者。此正少卿所親見、僕行事豈不然邪。李陵既生降、隤其家聲、而僕又茸以蠶室、重爲天下觀笑。（文選、茸作佴、佴、次也、）悲夫、悲夫。事未易一二爲俗人言也。僕之先人非有剖符丹書之功。文史星歷、近

乎卜祝之閒、固主上所戲弄、倡優畜之、流俗之所輕也。假僕伏法受誅、若九牛亡一毛、與螻蟻何異。而世又不與能死節者比。特以爲智窮罪極、不能自免、卒就死耳。何也。素所自樹立使然。人固有一死。死有重於泰山、或輕於鴻毛。用之所趨異也。太上不辱先。其次不辱身。其次不辱理色。（理、肌膚之文理、色、顏色、）其次不辱辭令。其次詘體受辱。其次易服受辱。其次關木索被箠楚受辱。其次鬄毛髮嬰金鐵受辱。其次毀肌膚斷支體受辱。（謂劓刖髕黥之屬、）最下腐刑極矣。傳曰、刑不上大夫。（傳、禮記、）此言士節不可不厲也。猛虎處深山、百獸震恐。及其在穽檻之中、搖尾而求食。積威約之漸也。（威約二字連文、人以威制約之也、）故士有畫地

爲牢、勢不入。削木爲吏、議不對。定計於鮮也。（鮮、明也、其身未受辱也、）今交手足受木索、暴肌膚受榜箠、幽於圜牆之中。當此之時、見獄吏則頭槍地、視徒隸則心惕息。何者積威約之勢也。及已至此、言不辱者、所謂彊顏耳。曷足貴乎。且西伯、伯也。拘牖里。李斯、相也。具五刑。淮陰、王也。受械於陳。彭越・張敖、南鄉稱孤。繫獄具罪。（文選、具作抵、顏師古曰、或繫於獄、或至大罪也、）絳侯、誅諸呂權傾五伯、囚於請室。魏其、大將也。衣赭關三木。季布、爲朱家鉗奴。灌夫、受辱居室。此人皆身至王侯將相、聲聞鄰國。及罪至罔加、不能引決自財、在塵埃之中。（財、裁通、）古今一體。安在其不辱也。由此言之、勇怯、勢也。彊弱、形也。審矣。曷足怪乎。（勇怯二語、孫子兵勢篇、）且人不能蚤

自財繩墨之外、先罪至罔加、引決自裁也、已稍陵夷至於鞭箠之間、迺欲引節、不亦遠乎。古人所以重施刑於大夫者、殆爲此也。夫人情莫不貪生惡死、念親戚、顧妻子。至激於義理者不然。迺有不得已也。今僕不幸蚤失二親、無兄弟之親、獨身孤立。少卿視僕於妻子何如哉。言己輕妻子、且勇者不必死節。怯夫慕義、何處不勉焉。僕雖怯耎欲苟活、亦頗識去就之分矣。何至自湛溺累紲之辱哉。且夫臧獲婢妾、猶能引決。況若僕之不得已乎。不得已、言當須自裁也、所以隱忍苟活、函糞土之中、而不辭者、恨私心有所不盡、鄙沒世而文采不表於後也。函、讀爲陷、鄙、恥也、與恨相對、文選、鄙下有陋字、屬上句讀、古者富貴而名摩滅、不可勝記。唯倜儻非常之人稱焉。蓋西伯

拘而演周易、仲尼戹而作春秋、屈原放逐、迺賦離騷、左丘失明、厥有國語、孫子臏脚、兵法修列、不韋遷蜀、世傳呂覽、韓非囚秦、說難孤憤。詩三百篇大氐賢聖發憤之所爲作也。此人皆意有所鬱結、不得通其道。故述往事思來者。及如左丘明無目、孫子斷足、文選、及作乃、終不可用。退論書策、以舒其憤思、垂空文以自見。僕竊不遜、近自託於無能之辭、網羅天下放失舊聞、考之行事、稽其成敗興壞之理、凡百三十篇。稽、計也、文選、事下有綜其終始四字、理作紀、紀下有上計軒轅、下至于茲、爲十表、本紀十二、書八章、世家三十、列傳七十二十六字、亦欲以究天人之際、通古今之變、成一家之言。草創未就、適會此禍。惜其不成、是以就極刑而無慍色。僕誠已著此書、藏之名山、傳之其人通邑

大都、則僕償前辱之責、雖萬被戮、豈有悔哉。然此可爲智者道。難爲俗人言也。文選、智作知、且負下未易居、下流多謗議。負下、猶言所遇汙下、僕以口語遇遭此禍、重爲鄉黨戮笑、汙辱先人。亦何面目復上父母之丘墓乎。雖累百世、垢彌甚耳。是以腸一日而九回、居則忽忽若有所亡、出則不知所如往。顏師古曰、如亦往也、文選、作不知其所往、每念斯恥、汗未嘗不發背霑衣也。身直爲閨閤之臣。寧得自引深臧於巖穴耶。故且從俗浮湛、與時俯仰、以通其狂惑。今少卿迺教以推賢進士。無迺與僕之私指謬乎。今雖自彫瑑曼辭以自解、無益於俗不信、祇取辱耳。要之死日然後是非迺定。書不能盡意。故略陳固陋。

愚按史公觸武帝怒、不敢引決自裁、甘下蠶室、遂編太史公書一百三十卷、以就父之志。其情誠可悲也。史記自序、答任安書、說之甚悉。而史中往往有言及此事者。見老子韓非傳、韓非知說之難、作說難之書甚具、然死於秦、不能脫、申子韓子、皆著書傳於後世、學者多有、余獨悲韓子爲說難書而不能自脫耳、孫子吳起傳贊、孫子籌策龐涓明矣、然不能蚤救患於被刑、伍子胥傳贊、怨毒之於人甚矣哉、王者尚不能行之於臣下、況同列乎、向令伍子胥俱死、何異螻蟻、棄小義、雪大恥、名垂後世、悲夫、方子胥窘於江上、道乞食、志豈嘗須臾忘郢邪、故隱忍就功名、非烈丈夫孰能致此哉、平原君虞卿傳贊、虞卿料事揣情、爲趙畫策、何其工也、及其不忍魏齊、卒苦於大梁、庸夫且知其不可、況賢人乎、然虞卿非窮愁、亦不能著書以自見於後世云、范睢蔡澤傳贊、士亦有偶合、賢者多如此二子、不得盡意、豈可勝道哉、然二子不困戹、惡能激哉、廉頗藺相如傳贊、知死必勇、非死者難也、處死者難、魏豹彭越傳贊、魏豹彭越雖故賤、然已席卷千里、南面稱孤、喋血乘勝、日有聞矣、懷畔逆之意、及敗不死、而虜囚身被刑戮、何哉、中材已上、且羞其行、況王者乎、彼無異故、智略絕人、獨患無身耳、得攝尺寸之柄、其雲蒸龍變、欲

有所會其度、以故幽囚而不辭云、

季布欒布傳贊。以項羽之氣、而季布以勇顯、身屨典軍搴旗者數矣、可謂壯士、然被刑戮、爲人奴而不死、何其下也、彼必自負其材、故受辱而不羞、欲有所用、其材未足也、故終爲漢名將、賢者誠重其死、夫婢妾賤人、感慨而自殺者、非能勇也、其計畫無復之耳、

遷既死後、其書稍出。宣帝時、遷外孫楊惲祖述其書、遂宣布焉。漢書楊敞傳、敞薨、子忠嗣、忠弟惲、字子幼、以忠任爲郎、補常侍騎、惲母、司馬遷女也、惲始讀外祖太史公記、頗爲春秋、以材能稱、好交英俊諸儒、名顯朝廷、擢爲左曹、後坐大逆無道腰斬、王楙野客叢書云、司馬遷報任安書、情事淵深、委蛇遜避、使人讀之、爲之傷惻、可以想像其當時亡聊之況、蓋抑鬱之氣、隨筆發露、初非矯爲、故爾厭後其甥楊惲以口語坐廢、其友人孫會宗與書、戒以大臣廢退闔門皇懼之意、惲報書委曲敷敍、其怏怏不平之氣、宛然有外祖風致、蓋其平日讀外祖太史公記、故發詞旨、不期而然、人之筆力高下、本於其材、然師友淵源、未有不因漸染而成之者、

至王莽時、求封遷後、爲史通子。史公未刑時既有子女、上文視僕妻子、一語可證

贊曰。自古書契之作、而有史官。載籍博矣。至孔氏纂之、上繼唐堯、下訖秦繆。唐·虞以前、雖有遺文、其語不經。故言黃帝·顓頊之事、未可明也。及孔子因魯史記而作春

秋。而左丘明論輯其本事以爲之傳、又纂異同爲國語。又有世本。錄黃帝以來至春秋時、帝王公侯卿大夫祖世所出。春秋之後、七國竝爭、秦兼諸侯、有戰國策。漢興、伐秦定天下。有楚漢春秋。故司馬遷據左氏·國語、采世本·戰國策、述楚漢春秋、接其後事、訖於天漢。諸本、天漢作大漢、史記集解序、漢興將相年表集解、竝云、班固云、司馬遷記事訖于天漢、此裴駰所見漢書作天漢、今依訂、其言秦·漢詳矣。至於采經摭傳、分散數家之事、甚多疏略、或有抵梧。梧、讀曰牾、亦其涉獵者廣博、貫穿經傳、馳騁古今上下數千載間。斯以勤矣。又其是非頗繆於聖人。論大道、則先黃·老而後六經、序遊俠、則退處士而進姦雄、述貨殖、則崇勢利而羞賤貧。此其所蔽也。然自劉向·揚雄博極羣書、皆

稱遷有良史之材、服其善序事理、辨而不華、質而不俚、其文直、其事核、不虛美、不隱惡。故謂之實錄。烏呼、以遷之博物洽聞、而不能以知自全。既陷極刑、幽而發憤、書亦信矣。迹其所以自傷悼、小雅巷伯之倫。巷伯、奄官名、遇讒作巷伯詩、列在小雅、夫唯大雅既明且哲、能保其身。詩大雅烝民、難矣哉。

梁玉繩曰。班固本其父彪之言、見後漢書班彪傳、譏史公是非繆于聖人。晁公武郡齋讀書志曾辨之。補筆談亦云。班固所譏甚不慊。夫史公考信必于六藝、造次必衷仲尼。是以孔子儕之世家、老子置之列傳。尊孔子曰至聖、評老子曰隱君子。六家指要之論、歸重黃·老、乃司馬談所作、非子長之

言。不然、胡以次李耳在管·晏下、而窮其弊於申·韓乎。固非先黃·老而後六經矣。游俠傳首云。以武犯禁。又云。行不軌于正義。而稱季次·原憲、爲獨行君子。蓋見漢初公卿以武力致貴、儒術未重、舉世任俠干禁、歎時政之缺失、使若輩無所取材也。豈退處士而進姦雄者哉。貨殖、與平準相表裏、敍海內土俗物產。孟堅地理志所本。且掘冢博戲賣漿胃脯、竝列其中。鄙薄之甚。三代貧富不甚相遠。自井田廢而稼穡輕、貧富懸絕、漢不能挽移。故以諷焉。其感慨處、乃有激言之。識者讀其書因悲其遇。安得斥爲崇勢利而羞貧賤耶。史記志疑

趙翼曰。司馬遷報任安書、謂身遭腐刑、而隱忍苟活者、恐沒世而文采不表於後世也。論者遂謂遷遭李陵之禍、始發憤作史記。而不知非也。其自序謂父談臨卒屬遷論著列代之史。父卒三歲、遷爲太史令。卽紬石室金匱之書。爲太史令五年、當太初元年。改正朔。正値孔子春秋後五百年之期。於是論次其文。會草創未就、而遭李陵之禍。惜其不成、是以就刑而無怨。是遷爲太史令、卽編纂史事五年爲太初元年。則初爲太史令時、乃元封二年也。元封二年至天漢二年遭李陵之禍、已十年。又報任安書內謂安抱不測之罪、將迫季冬、恐卒然不諱、則僕之意終不得達、故畧陳之。安所抱不測之罪、

緣戾太子以巫蠱事斬江充、使安發兵助戰、安受其節而不發兵、武帝聞之、以爲懷二心、故詔棄市。此書正安坐罪將死之時。則征和二年間事也。自天漢二年至征和二年、又閱八年。統計遷作史記、前後共十八年。况安死後遷尙未亡。必更有刪訂改創之功。蓋書之成、凡二十餘年也。其自敍末謂自黃帝以來至太初而訖。乃指所述歷代之事、止於太初。非謂作史歲月至太初而訖也。二十二史劄記、

王鳴盛曰。司馬遷自言生長龍門、二十、南游江·淮、上會稽、探禹穴、闚九疑、浮沅·湘、北涉汶·泗、講業齊·魯之都、鄉射鄒嶧、戹困鄱·薛·彭城、過梁·楚以歸。此游所涉歷甚多、閱時甚必久。約計當有數年。歸後始仕爲

郎中。又奉使巴·蜀、南略卬·笮·昆明、還報命。徐廣以爲平西南夷、在元鼎六年。其明年、爲元封元年。約計是時遷之年必在四十左右。元封初、其父談卒。遷使還見父。父卒三歲、始爲太史令、而紬石室金匱書。又五年、當太初元年。始論次其文。是時遷之年、蓋已五十。又七年、遭李陵之禍。徐廣以爲天漢三年。旣腐刑、乃卒述黃帝至太初。則書成時必六十餘矣。後爲中書令、卒必在武帝之末。或更至昭帝也。十七史商榷、

修太史公祠碑。太史公爲記錄之宗。表表而矜文辭者、皆不能出其囿。吾得觀其書矣。至于廟像冢藏之古、吾弗得而見之。宣和七年秋、予始官韓城、尋遺訪古、乃在少梁之南、芝川

之西、得太史公之遺像焉。予咨嗟而致式之、因低徊周覽、則棟宇其傾頽、階戺其卑壞、墱隧其荒茀、惟是享嘗缺然不至。予乃愀然發喟、屬其耆老而告之曰。司馬公文、爲百世之英。而所居不能蔽風雨。學爲繼述之源。而所藏不能去荊榛。今洪河汨流漾乎前也。中條觸起峙乎東也。河嶽深崇、氣象雄渾。公文實似之。而家廟卑庫如此。其不稱公之辭與學也甚矣。猶不爲邦人之恥歟。予乃率芝川之民、擇其佽儻而好事者。凡一楹一桷、至于瓦甓門疏之用、悉以貲之。卽公之墓、爲五架四楹之室、又爲複屋以崇之。旣宏旣完矣。於是直榮光之澳、覘禹鑿之山、西汾陰之脽、縱望遐觀、豈不快哉。嗚呼。惟

公之文、大肆于炎漢之間、馳騁于千世之前。其力最屭。實幹造物。欲談而悉之、吾所不敢動吾喙。觀其卜葬於茲、豈非洪河巨嶽、實稱公之文也哉。乃作述事享神之歌、俾邦人習之、歲時以樂公之神。其祠曰。公祠有如黃河流。黃河吐溜崑崙丘。上貫星躔經斗牛。下連地軸橫九州。崩崖搏石轉洑流。騰煙蹴霧飛蛟虬。邇來宏放三千秋。班沿范襲非公儔。公鑿混沌開雙眸。力敵造化窮冥搜。公祠慘澹連古丘。甍摧瓦落風蕭颼。我獨來兮爲公愁。新公祠兮去榛杞。殽甚豊兮酒甚旨。民髣髴兮公燕喜。韓之原兮山之趾。雲亭亭兮河瀰瀰。公之來兮歲豊美。雲爲車兮飈爲轡。公之來兮福滂被。雲滅沒兮

風不留。公曷往兮俾我憂。宋、尹陽。依高似孫史略、古今圖書集成經籍典、

太史公年譜

漢景帝中元五年丙申 日紀五一一六 西紀前一四五 一歲

獲麟之後、三百三十六年、叔孫通、伏勝、陸賈、張蒼、賈誼、鼂錯諸人、皆既卒、史記儒林傳云、孝文本好刑名之言、及至孝景、不任儒者、而竇太后又好黃老之術、故諸博士具官待問、未有進者、博士轅固稱老子爲家人言、竇太后怒、使入圈刺豕、

自序、生於龍門。

中元六年丁酉 日紀五一一七 西紀前一四四 二歲

後元元年戊戌 日紀五一一八 西紀前一四三 三歲

衛綰爲丞相、

後元二年己亥 日紀五一一九 西紀前一四二 四歲

後元三年庚子 日紀五一二〇 西紀前一四一 五歲

景帝崩、武帝卽位、枚乘死、

武帝建元元年辛丑 日紀五一二一 西紀前一四〇 六歲

儒林傳云、今上卽位、趙綰王臧之屬、明儒學、上亦鄉之、○詔丞相御史列侯中二千石二千石諸侯相、擧賢良方正直言極諫之士、丞相衛綰奏、所擧賢良、或治申韓蘇張之言亂國政者、請皆罷、奏可、愚按衛綰不及黃老者、蓋憚竇太后也、○武帝善董仲舒對爲江都王相、莊助亦以對策爲中大夫、○丞相衛綰免、竇嬰爲丞相、田蚡爲太尉、嬰蚡俱好儒術、趙綰爲御史大夫、王臧爲郎中令、綰請立明堂以朝諸侯、薦其師申公、

建元二年壬寅 日紀五一二二 西紀前一三九 七歲

淮南王安來朝、安爲人好書、招致賓客方術之士數千人、作爲內書二十一篇、外書甚衆、初入朝、獻所作、上使爲離騷傳、○竇太后治黃老言、不好儒術、以事下趙綰王臧獄、

綰、臧皆自殺、丞相竇嬰太尉田蚡免、

建元三年癸卯 日紀五一二三 西紀前一三八 八歲

中山王勝上聞樂對、○武帝卽位、招選文學材智之士、莊助先進、後又得朱買臣吾丘壽王司馬相如東方朔終軍等、竝在左右、每令與大臣辨論、

建元四年甲辰 日紀五一二四 西紀前一三七 九歲

自序、耕牧河山之陽。

建元五年乙巳 日紀五一二五 西紀前一三六 十歲

置五經博士、

自序、年十歲則誦古文。按司馬談仕於建元元封間、是歲當既入官、公亦隨父在京師、

建元六年丙午 日紀五一二六 西紀前一三五 十一歲

竇太后崩、田蚡爲丞相、絀黃老刑名百家之言、延文學儒者數百人、愚按、至此始絀黃老、以竇太后崩也、○擊閩越、淮南王安上書、○汲黯爲主爵都尉、

司馬談論六家指要、當在此前。○自序、太史公學天官於唐都、受易於楊何、習道論於黃子、太史公仕於建元元封之間、愍學者不達其意、而師悖、乃論六家之指要。（太史公、司馬談、）

元光元年丁未（日紀五二七 西紀前一三四）十二歲

從董仲舒言、初令郡國擧孝廉各一人、又詔擧賢良文學、親策之、○詔五丘壽王、從董仲舒受春秋、○楊何以易徵、官至中大夫○李陵生、

元光二年戊申（日紀五二八 西紀前一三三）十三歲

太平御覽卷二百三十五引漢舊儀云。武帝置太史公。司馬遷父談、世爲太史。遷年十三、使乘傳行天下、求古諸侯之史。（十三、年少、不宜有此事、姑錄備考、）

元光三年己酉（日紀五二九 西紀前一三二）十四歲

元光四年庚戌（日紀五三〇 西紀前一三一）十五歲

竇嬰刑死、○田蚡卒、○河間獻王德修古、招求四方善書、是時淮南王安亦好書、所招致率多浮辨、獻王所得書、皆古文先秦舊書、

元光五年辛亥（日紀五三一 西紀前一三〇）十六歲

河間獻王德薨、○通西南夷、司馬相如等諭巴蜀民、○以張湯爲太中大夫、與趙禹共定諸律令、○徵吏民有明當世之務、習先聖之術者、天子擢公孫弘策爲第一、拜爲博士、轅固年九十餘、亦以賢良徵、

元光六年壬子（日紀五三二 西紀前一二九）十七歲

匈奴入寇、衞靑等擊却之、

元朔元年癸丑（日紀五三三 西紀前一二八）十八歲

定不擧孝廉罪、○主父偃嚴安徐樂皆上書、武帝拜爲郎中、主父偃尤親幸、

元朔二年甲寅（日紀五三四 西紀前一二七）十九歲

（孔臧爲太常、其從弟孔安國爲侍中、孔子十三世孫、）

漢書儒林傳云、孔氏有古文尙書。孔安國以今文字讀之、因以起其家逸書得十餘篇。蓋尙書玆多於是矣。遭巫蠱、未立於學官。安國授都尉朝、而司馬遷亦從安國問故。故遷書載堯典禹貢洪範微子金縢諸篇、多古文說。（不詳史公從游之年、錄于是年、）

元朔三年乙卯（日紀五三五 西紀前一二六）二十歲

公孫弘爲御史大夫、張湯爲廷尉、儒林傳云、公孫弘以春秋白衣爲天子三公、天下學士、靡然鄉風、酷吏傳云、上方鄉文學、張湯決大獄、欲傅古義、諸博士弟子治尙書春秋、補廷尉史、○漢書馮衍傳云、仲舒言道德、見嫉於公孫弘、

自序、二十而南游江·淮、上會稽、浮沅·湘、北涉汶·泗、阨困蕃·

薛·彭城、過梁·楚以歸。於是遷爲郎中（遊涉之廣、想當費歲月、是歲必不還家、爲郎中、又在其後、）

元朔四年丙辰（日紀五三六 西紀前一二五）二十一歲

元朔五年丁巳（日紀五三七 西紀前一二四）二十二歲

公孫弘爲丞相、○董仲舒爲膠西王相、

元朔六年戊午（日紀五三八 西紀前一二三）二十三歲

公孫弘請爲博士置弟子員、

元狩元年己未（日紀五三九 西紀前一二二）二十四歲

行幸雍、祠五畤、獲白麟、○淮南王謀反、事覺自殺、

元狩二年庚申（日紀五四〇 西紀前一二一）二十五歲

丞相公孫弘卒、○董仲舒免歸、○張湯爲御史大夫、○霍去病爲票騎將軍、匈奴渾邪王降、

元狩三年辛酉 日紀五四一 西紀前一二〇

得神馬、上方立樂府、使司馬相如等造爲詩賦、

二十六歲

元狩四年壬戌 日紀五四二 西紀前一一九

前將軍李廣從大將軍衛青伐匈奴、軍不利、自殺、廣、陵父也、○李少翁以鬼神方見武帝、

二十七歲

元狩五年癸亥 日紀五四三 西紀前一一八

武帝病鼎湖、上郡有巫、能下鬼神、帝祠之甘泉壽宮、病愈、幸甘泉、

二十八歲

封禪書贊、余從巡祭天地諸神名山川、而封禪焉。入壽宮侍祠神語、究觀方士祠官之意。史公先是已爲郎中、故得從巡祭天地諸神也、

元狩六年甲子 日紀五四四 西紀前一一七

票騎將軍霍去病卒、遣博士褚大徐偃等、分循郡國、諭三老孝弟、以爲民師、

二十九歲

元鼎元年乙丑 日紀五四五 西紀前一一六

三十歲

元鼎二年丙寅 日紀五四六 西紀前一一五

御史大夫張湯有罪自殺、○起柏梁臺、○桑弘羊爲大農中丞、稍置均輸、○張騫自西域還、拜爲大行、

三十一歲

元鼎三年丁卯 日紀五四七 西紀前一一四

三十二歲

元鼎四年戊辰 日紀五四八 西紀前一一三

武帝幸雍祠五畤、立后土祠於汾陰、○得大鼎於汾陰、○方士欒大爲五利將軍、○中山靖王勝薨、

三十三歲

封禪書、有司與太史公·祠官寬舒等議祠后土。始立后土祠汾陰脽上、如寬舒等議。太史公即司馬談、

元鼎五年己巳 日紀五四九 西紀前一一二

列侯坐酎祭宗廟不如法、奪爵者百六人、○欒大以誣罔腰斬、

三十四歲

封禪書、天子始郊、拜太一。太史公·祠官寬舒等曰。宜因此地立太畤壇、三歲天子一郊見。詔從之。太史公、司馬談、

元鼎六年庚午 日紀五五〇 西紀前一一一

司馬相如有遺書、言封禪、武帝與公卿諸生議封禪、絀徐偃周霸等、而盡罷諸儒不用、

三十五歲

元封元年辛未 日紀五五一 西紀前一一〇

武帝登封泰山、

三十六歲

自序、奉使西征巴·蜀以南、南略卭·筰·昆明、還報命。是歲天子始建漢家之封。而太史公司馬談留滯周南、不得與從事。故發憤且卒。而子遷使反、見父於河·洛之間。太史公執遷手而泣。

元封二年壬申 日紀五五二 西紀前一〇九

河決瓠子、武帝自泰山還、自臨決河、令羣臣從官自將軍以下、皆負薪塞河隄、築宮其上、名曰宣房、○作明堂於汶上、

三十七歲

河渠書贊、余從負薪塞宣房、悲瓠子之詩。

元封三年癸酉 日紀五五三 西紀前一〇八

三十八歲

史公繼職爲太史令。○史記自序索隱、博物志、太史令、茂陵顯武里大夫司馬遷年二十八、三年六月乙卯除六百石也。二十八、當作三十八、傳寫誤、

元封四年甲戌 日紀五五四 西紀前一〇七

三十九歲

元封五年乙亥 日紀五五五 西紀前一〇六

大將軍衛青卒、○詔令州郡察吏民有茂才異等、可爲將相及使絕國者、

四十歲

元封六年丙子　日紀五五六　西紀前一〇五　四十一歲

太初元年丁丑　日紀五五七　西紀前一〇四　四十二歲

造漢太初歷、以正月爲歲首、色尙黃、數用五、定官名、協音律、定宗廟百官之儀、○先是董仲舒卒、

史、韓長孺傳贊、余與壺遂定律歷。漢書律歷志、武帝元封七年、漢興百二歲矣。大中大夫公孫卿·壺遂·太史公司馬遷等、言歷紀壞廢、宜改正朔。上詔兒寬、與博士賜等共議、其以七年爲元年。卿·遂·遷、與侍御尊大·典星射姓等議、造漢歷。（卽太初歷、）史記自序太初元年正義云、遷年四十二歲。

太初二年戊寅　日紀五五八　西紀前一〇三　四十三歲

御史大夫兒寬卒、

太初三年己卯　日紀五五九　西紀前一〇二　四十四歲

太初四年庚辰　日紀五六〇　西紀前一〇一　四十五歲

自序、余述歷黃帝、至太初而訖。○史記記事、止於是歲。（班固司馬貞張守節竝云、訖於天漢、蓋讀後人改修之書也、）

天漢元年辛巳　日紀五六一　西紀前一〇〇　四十六歲

中郎將蘇武使匈奴、

天漢二年壬午　日紀五六二　西紀前九九　四十七歲

侍郎李陵戰敗降匈奴、

資治通鑑、李陵降匈奴。羣臣皆罪陵。上以問太史令司馬遷。遷盛言陵事親孝、與士信、常奮不顧身、以徇國家之急。

其素所畜積也。有國士之風。今舉事一不幸、全軀保妻子之臣、隨而媒糵其短。誠可痛也。且陵提步卒、不滿五千、深蹂戎馬之地、抑數萬之師。虜救死扶傷不暇、悉舉引弓之民、共攻圍之。轉鬭千里、矢盡道窮、士張空弮、冒白刃、北首爭死敵。得人之死力、雖古名將不過也。身雖陷敗、然其所摧敗、亦足暴於天下。彼之不死、宜欲得當以報漢也。上以遷爲誣罔、欲沮貳師、爲陵游說、下遷腐刑。

天漢三年癸未　日紀五六三　西紀前九八　四十八歲

史公悲士不遇賦云、悲夫士生之不辰。愧顧影而獨存。恒克己而復禮、懼志行之無聞。諒才韙而世戾、將逮死而長

勤。雖有形而不彰、徒有能而不陳。何窮達之易惑、信美惡之難分。時悠悠而蕩蕩、將遂屈而不伸。使公于公者彼我同兮、私于私者自相悲兮。天道微哉（嚴可均曰、文選張衡歸田賦注、作天道悠昧、又司馬彪贈山濤詩注、陸機塘上行注、作天道悠昧、人理促兮、則跨涉下句、）吁嗟闊兮。人理顯然相傾奪兮。好生惡死、才之鄙也。好貴夷賤、哲之亂也。炤炤洞達、胸中豁也。昏昏罔覺、內生毒也。我之心矣、哲已能忖。我之言矣、哲已能選。沒世無聞、古人惟恥。朝聞夕死、孰云其否。逆順還周、乍沒乍起。理不可據、智不可恃。（嚴可均曰、二句從文選江淹詣建平王上書注補、）無造福先、無觸禍始。委之自然、終歸一矣。（藝文類聚三十、○史公尤好詞賦、讀屈原賈生司馬相如諸傳所收、可以知之、漢書藝文志云、司馬遷賦八篇、今止存此一篇、而亦殘缺、今錄之是歲、以悲公志云、）

天漢四年甲申 日紀五六四 西紀前九七 四十九歲

漢書司馬遷傳、遷既刑之後、爲中書令、尊寵任職。

太始元年乙酉 日紀五六五 西紀前九六 五十歲

太始二年丙戌 日紀五六六 西紀前九五 五十一歲

太始三年丁亥 日紀五六七 西紀前九四 五十二歲

太始四年戊子 日紀五六八 西紀前九三 五十三歲

征和元年己丑 日紀五六九 西紀前九二 五十四歲

征和二年庚寅 日紀五七〇 西紀前九一 五十五歲

巫蠱獄起、戾太子據擧兵斬使江充、自殺、司直田仁護北軍使者任安、坐腰斬、

益州刺史任安、贈書史公。史公答之。書見漢書史公傳文選、　其書云。僕

薄從上上雍。此武帝祠雍五時、而史公從之也。又云。僕近自託於無能之辭、網羅天下放失舊聞、考之行事、稽其成敗興壞之理、凡百三十篇。據此則此時百三十篇草稿粗畢、但未經潤飾也。

征和三年辛卯 日紀五七一 西紀前九〇 五十六歲

征和四年壬辰 日紀五七二 西紀前八九 五十七歲

後元元年癸巳 日紀五七三 西紀前八八 五十八歲

後元二年甲午 日紀五七四 西紀前八七 五十九歲

孝武帝崩、孝昭帝卽位、

史公沒年不詳。或昭帝卽位之後猶在。

史記資材

史記一百三十篇、五十餘萬言。其依文籍勿論也已。又得諸遊涉、徵之交游。

文籍　史公自序云。周道既廢、撥去古文、焚滅詩書。故明堂石室金匱玉版圖籍散亂。漢興、蕭何次律令、韓信申軍法、張倉爲章程、叔孫通定禮義、則文學彬彬稍進、詩書閒出。自曹參薦蓋公言黃·老、而賈誼·朝錯明申·韓、公孫弘以儒顯。百年之間、天下遺文古事、靡不畢集太史公。太史公父子、相續纂

其職。此史公自敍其官職當徵當代文獻也。漢書史公本傳云、史公資左氏、國語、世本、戰國策、楚漢春秋。

世本　漢書藝文志云、世本十五篇、卽史記所采也、史記集解序索隱、引劉向曰、世本古史官明於古事者所記、錄黃帝以來帝王諸侯及卿大夫系諡名號、凡十五篇、史通正史篇云、楚漢之際、有好事者、錄自古帝王公侯卿大夫之世、終乎秦末、號曰世本、十五篇、所傳不同、其書今亡、清孫馮翼、雷學洪、張澍、秦嘉謨、各有世本輯本、

戰國策　漢書藝文志云、戰國策三十三篇、劉向校定、史公所資、未經校定者、且未有戰國策之名、漢書傳贊、從劉向所稱也、劉向序錄云、中書本號、或曰國策、或曰國事、或曰短長、或曰事語、或曰長書、或曰修書、臣向以爲戰國時游士、輔所用之國、爲之策謀、宜爲戰國策、王應麟曰、隋志、三十四卷、劉向錄、唐志、缺二卷、今世所傳三十三卷、史通、其篇有東西二周、秦、齊、燕、楚、三晉、宋、衛、中山、合十二國、分爲三十二篇、姚氏校正、総四百八十餘條、太史公所采九十餘條、其事異者、止五六條、朱一新曰、今高誘姚宏注本、雖分三十三卷、實已缺一篇、蓋後人分析以求合三十三篇之數也、愚按、史記田儋傳云、蒯通者、善爲長短說、論戰國之權變、爲八十一首、後人或采其書入之於戰國策中、亦未可知、近時吳汝綸疑今本戰國策云、昔者嘗怪子長能窺易尙書及五帝德帝繫姓等之文、成一家言、獨至戰國策則一因舊文、多至九十餘事、何至乖異如是、及糾察國策中、若趙武靈王、平原、春申君、范雎、蔡澤、魯仲連、蘇秦、荆軻諸篇、皆取太史敍論之語而幷載之、而曾子固亦稱崇文総目有高誘注者、僅八篇、乃知劉向

所校戰國策亡久矣、後之人反取太史公書充之、非史公盡取材於戰國策決也、說見吳摯甫文集、愚按史公竄易尙書五帝德帝繫姓、以今文易古文也、至國策則時代甚近、詞氣相似、故多仍其舊、而樂毅傳毅答燕惠王書、蔡澤傳澤說應侯諸條、竄易之迹、昭然不可掩、史取策、非策取史也、荊軻傳、非悉取策、昔人旣論之、吳說非、愚又按韓策序聶政事云、政姊嫈聞之曰、弟至賢、不可愛妾之軀、滅弟之名、非弟意也、乃之韓、視之曰、勇哉、氣矜之行、是其軼賁育而高成荊矣云云、乃抱屍而哭之曰、此吾弟軹深井里聶政也、亦自殺於屍下、方苞評之云、韓衛懸隔、聶政自刑以絕蹤、其姊非聞而駭且疑、無緣遂如韓市也、國策之文、疎且拙、刺客傳其姊嫈聞之下、補乃於邑曰、其是吾弟與、唯嚴仲子知吾弟數語、辭意始完、遠過本文、（書刺客傳後）此亦以史爲出于策者、示其裁割更易之法也、

楚漢春秋

楚漢春秋、漢志九篇、注云、陸賈所記、隋志九卷、舊唐志二十卷、御覽引之、經籍考不載、蓋亡於南宋也、章宗源曰、後書班彪傳、漢興大中大夫陸賈、記錄時功、作楚漢春秋九篇、文心雕龍史傳篇曰、漢滅嬴項、武功積年、陸賈稽古、作楚漢春秋、史通內篇曰、晏子虞卿呂氏陸賈、其書篇第、本無年月、而亦謂之春秋、又曰、呂陸二氏、乃子書雜記、而皆號曰春秋、又外篇曰、劉氏初興、書惟陸賈而已、子長述楚漢之事、專據此書、譬夫行不由徑、出不由戶、未之聞也、然觀遷之所載、往往與舊不同、如酈生之初謁沛公、高祖之長歌鴻鵠、非惟文句有別、遂乃事理皆殊、又韓王名信都、而輒去都留信、用使稱其名姓、全與淮陰不別、史記索隱云、楚漢春秋、陸賈撰、記項氏與漢高祖及說惠文間事、又云、高祖功臣侯者年表、楚漢春秋與史記漢書不同者、陸賈記事、高祖惠帝時、漢書是後定功臣等列、及陳平受呂后命而定、或已改邑號、

故人名亦別、愚按、水經渭水注、項王在鴻門、亞父曰、吾使人望沛公、其氣衝天、五色相繆、或似龍、或似雲、此非人臣之義、可誅之、藝文類聚地部、沛公遣將軍閉函谷關、亞父至關不得入、怒曰、沛公欲反耶、即令家發薪一束、欲燒關門、關門乃開、史記劉敬叔孫通傳索隱、蕭何云、臣三諫不從、請以身當之、撫劍將自殺、上離席云、吾定計不易太子、太平御覽兵部人事部、上過陳留、酈生求見、使者入通、公方洗足、問何如人、曰、狀類大儒、上曰、吾方以天下爲事、未暇見大儒也、使者出告、酈生瞋目按劍曰、入言高陽酒徒、非儒者也、又兵部、高祖向咸陽、南趣宛、匿其旌旗、人銜枚、馬束口、龍舉而翼奮、雞未鳴、圍宛城三匝、宛城降、（史記高祖紀索隱語較略）人事部、薛人丁固追上、上被髮顧曰、丁公何相急之甚、乃厲而去、上即位、欲陳功、上曰、使項王失天下、是子也、爲人臣兩心、非忠也、下吏笞之、又曰、項梁陰養士、最高者多力拔樹以擊地、又云、淮陰武王反、上自擊之、張良居守、上體不安、臥輼車中、行三四里、留侯走東追上、簪墮被髮、及輼車、排戶曰、陛下即棄天下、欲以王葬乎、以布衣葬乎、上罵曰、若翁天子也、何故以王及布衣葬乎、良曰、淮南反於東、淮陰害於西、恐陛下倚溝壑而終也、刑法部、正彊數言事而當、上使參乘、解玉劍以佩之、天下定、以爲守、有告之者、上曰、天下方急、汝何在、曰亡、上曰、正彊沐浴霜露、與我從事、而汝亡、告之何也、下廷尉劓、服章部、北郭先生獻帶於淮陰侯曰、牛爲人任用力盡、猶不置其革、囊產部、項梁陰養士九十人、參木者所與計謀者也、木佯疾於室中、鑄大錢以具甲兵、此十一事、並引楚漢春秋、多斑馬所不載、亞父酈生丁公事、詞義相殊、困學紀聞所引四事、項羽美人和歌、見史記羽紀正義、高祖封侯賜丹書鐵券詞、見御覽治道部、東陽侯諫呂太后爲惠帝高墳、見藝文類聚人部、（御覽人事部同）下蔡亭長詈淮南王、見文選五等論注、惟史通所稱高祖鴻鵠歌、未見徵引、漢書注引韓申都作信都、（高惠

高侯文功臣表注、史記韓彭傳索隱曰、楚漢春秋韓王信都、恐謬也、諸書不言有韓信都、）擊項籍孔將軍居左、（同上表注）高祖之臣、別有絳灌、（禮樂志注、陳平傳注、）舍人謝公得罪韓信、（韓彭傳注、史記索隱引晉灼言亦同、）齊人田生字子春、（荊燕吳傳注、）丁公薛人、名固、（季布傳注）鯫生、鯫姓也、（張良傳注、史記集解索隱並同、）封緤爲憑城侯、（周緤傳注、）叔孫通名何、（叔孫通傳注、史記索隱同、）會稽假守通姓殷、（項籍傳注、史記集解同、）史記索隱、樊噲請殺秦王、（高祖紀、）解先生云、遣守函谷、無內項王、（同上、）項燕爲王翦所殺、（項羽本紀、）定侯王吸爲清陽侯、王陵陽陵景侯作陰陵、（漢興諸侯年表、）南宮侯張耳、（高祖功臣表）高祖封許負爲鳴雌亭侯、（絳侯周勃世家）幾是乎作豈是乎、（黥布傳、）南昌亭長作新昌亭長、（淮陰侯傳、）箄山作卑山、（同上）蒯成侯作憑成侯、（傅靳蒯成列傳、）吳太子名賢、字德明、（吳王濞傳、）又韓生說項王居關中、裴駰集解、案楚漢春秋云、說者是蔡生、皆足考異、文選移書太常博士注引云、漢定天下、論羣臣破敵禽將、活死不衰、絳灌樊噲是也、功成名立、臣爲爪牙、世世相屬、百世無邪、絳侯周勃是也、此可作漢書注高祖臣別有絳灌之證、

而史公所資、不止於此。

詩

孔子世家、古者詩三千餘篇、及至孔子、去其重、取可施於禮義、上采后稷、中述殷周之盛、至幽厲之缺云云、三百五篇、孔子皆弦歌之、以求合韶武之音、禮樂自此可得而述、愚按、史記殷周以後記事、采諸三百篇尤多、今不一一列舉之、

韓詩內外傳

儒林傳、韓生推詩之意、而爲內外傳數百言、其語頗與齊魯間異、

書

儒林傳、伏生故爲秦博士、秦時焚書、伏生壁藏之、其後兵大起、流亡、漢定、伏生求其書、亡數十篇、獨得二十九篇、即以教于齊魯之間、學者由是頗言尙書、

古文尙書

儒林傳、孔氏有古文尙書、而孔安國以今文讀之、因以起其家、逸書得十餘篇、蓋尙書滋多於是矣、漢書儒林傳、司馬遷從安國問故、遷書載堯典禹貢洪範微子金縢諸篇、多古文說、

書序

三代世表序、孔子至於序尙書、則無日月、愚按、史公堯舜三代記事、采書序尤多、書序蓋周史官之筆、非孔子也、

易

孔子世家、孔子晚而喜易、序彖繫象說卦文言、讀易韋編三絕、曰、假我數年、若是、我於易則彬彬矣、儒林傳、自魯商瞿受易孔子、孔子卒、商瞿傳易、六世至田何、漢興、田何傳東武人王同子仲、子仲傳菑川人楊何、何以元光元年徵、官至中大夫、太史公自序、太史公（司馬談）受易於楊何、

禮

儒林傳、諸學者多言禮、而魯高堂生本、禮固自孔子時、而其經不具、及秦焚書、書散亡益多、於今獨有士禮、高堂生能言之、愚按、士禮即儀禮、史記中引禮者、見今大小戴記者甚多、

周官

封禪書序、周官曰、冬日至、祀天於南郊、迎長日之至、夏日至、祭地祇、皆用樂舞、而神乃可得而禮也、愚按、此約言周禮大師文、

春秋。春秋左氏傳。春秋公羊傳。春秋穀梁傳。國語

三代世表序、孔子因史文次春秋、紀元年、正時日月、蓋其詳哉、十二諸侯年表序、孔子明王道、干七十餘君、莫能用、故西觀周室、論史記舊聞、興於魯而次春秋、上記隱、下至哀之獲麟、約其辭文、

去其繁重、以制義法、王道備、人事浹、七十子之徒、口受其傳指、為有所刺譏褒諱挹損之文辭、不可以書見也、魯君子左丘明懼弟子人人異端、各安其意、失其眞、故因孔子史記、具論其語、成左氏春秋、孔子世家、乃因史記作春秋、上至隱公、下訖哀公十四年、十二公、據魯親周故殷、運之三代、約其辭而指博、匈奴傳贊、孔子著春秋、隱桓之間則章、至定哀之際則微、為其切當世之文、罔褒忌諱之辭也、吳太伯世家贊、余讀春秋古文、乃知中國之虞與荊蠻句吳兄弟也、儒林傳、漢興至於五世之間、唯董仲舒名為明於春秋、其傳公羊氏也、瑕丘江生為穀梁春秋、自公孫弘得用、嘗集比其義、卒用董仲舒、五帝本紀贊、予觀春秋國語、其發明五帝德帝繫姓章矣、太史公自序、左丘失明、厥有國語、愚按、春秋古文、言左氏傳也、史記記事、取左氏傳國語最多、而其義則概用公羊傳、曆書云、周襄公二十六年、閏三月而春秋非之、事止見左氏傳、陳世家、甲戌己丑、陳桓公鮑卒、國亂再訃、亦左氏之說也、孔子世家夾谷之會、本穀梁傳、史公蓋并用三傳也、

鐸氏微

十二諸侯年表序、鐸椒為楚威王傳、為王不能盡觀春秋、采取成敗、卒四十章、為鐸氏微、漢藝文志云、鐸氏微三卷、今亡、

虞氏春秋

十二諸侯年表序、趙孝成王時、其相虞卿上采春秋、下觀近世、亦著八篇、為虞氏春秋、平原君虞卿傳、虞卿既以魏齊之故、不重萬戶侯卿相之印、與魏齊間行、卒去趙、困於梁、魏齊已死、不得意、乃著書、上採春秋、下觀近世、曰節義稱號揣摩政謀、凡八篇、以刺譏國家得失、世傳之曰虞氏春秋、愚按、左氏傳正義引別錄云、九卷、漢藝文志儒家、虞氏春秋十五篇、今佚、

呂氏春秋

十二諸侯年表序、呂不韋者、秦莊襄王相、亦上觀尚古、刪拾春秋、集六國時事、以為八覽六論十二紀、為呂氏春秋、呂不韋列傳、是時諸侯多辯士、如荀卿徒、著書布天下、呂不韋乃使其客人人著所聞、集論以為八覽六論十二紀、二十餘萬言、以為備天地萬物古今之事、號曰呂氏春秋、太史公自序、不韋遷蜀、世傳呂覽、愚按今存、秦本紀繆公脫晉軍圍一條、他書不載、蓋依呂氏春秋愛士篇、

春秋雜說

平津侯主父列傳、公孫弘年四十餘、乃學春秋雜說、漢書藝文志、春秋公羊雜說八十三篇、儒家公孫弘八篇、今佚、

董仲舒春秋災異記

儒林列傳、董仲舒以春秋災異之變、推陰陽所以錯行、故求雨閉諸陽、縱諸陰、其止雨反是、中廢為中大夫、居舍災異之記、以修學著書為事、漢書藝文志、公羊董仲舒治獄十六卷、儒家、董仲舒百二十三篇、

論語。孝經。中庸。弟子籍

仲尼弟子列傳、論言弟子籍、出孔子古文者近是、余以弟子姓名文字、悉取論語弟子問、并次為篇、疑則闕焉、又云、曾參作孝經、孔子世家、子思作中庸、

五帝德。帝繫姓

五帝本紀贊、孔子所傳宰予問五帝德及帝繫姓、儒者或不傳、予觀春秋國語、其發明五帝德帝繫姓章矣、仲尼弟子列傳、宰予問五帝之德、子曰、予非其人也、愚按、五帝德帝繫姓二篇、見大戴禮記、

夏小正

夏本紀、孔子正夏時、學者多傳夏小正云、愚按夏小正、見大戴禮記、

王制

封禪書、文帝使博士取六經作王制、

諜記。五帝繫諜。尚書集世。春秋歷譜牒。五德歷譜

三代世表序、余讀諜記、黃帝以來、皆有年數、稽其歷譜諜終始五德之傳、古文咸不同乖異、夫子之弗論次其年月、豈虛哉、於是以五帝繫諜、尚書集世紀黃帝以來訖共和、為世表、十二諸侯年表序、太史公讀春秋歷譜諜、至周厲王、未嘗不廢書而歎也、譜諜獨記世謚、其辭略、欲一觀諸要難、漢相張蒼歷譜五德、愚按、或云、諜記即世本、

禹本紀。山海經

大宛列傳贊、禹本紀言河出崑崙、崑崙其高二千五百餘里、日月所相避隱為光明也、其上有醴泉瑤池、今自張騫使大夏之後也、窮河源、惡睹本紀所謂崑崙者乎、故言九州山川、尚書近之、至禹本紀山海經所有怪物、余不敢言之也、

秦記

六國表序、太史公讀秦記、至犬戎敗幽王、周東徙洛邑、秦襄公始封為諸侯、作西畤用事上帝、僭端見矣、又云、秦既得意、燒天下詩書、諸侯史記尤甚、獨有秦記、又不載日月、其文略不具、又云、余因秦記、踵春秋之後、起周元王、表六國時事、訖二世、凡二百七十年、著諸所聞興壞之端、

蒯通長短說

田儋列傳贊、蒯通者、善為長短說、論戰國之權變、為八十一首、愚按、蒯通八十一首、今不傳、或云、後人採入之於戰國策、

令甲。功令

惠景間侯者年表、長沙王著令甲、稱忠焉、儒林傳、余讀功令、至廣厲學官之路、未嘗不廢書而歎也、

列侯功籍

高祖功臣侯者年表序、余讀高祖功臣、審其首封、惠景間侯年表序、太史公讀列侯至便侯、曰、有以夫、愚按、當時諸臣上其功狀、下某城、取某邑、斬某將之類、此也、樊酈滕灌諸人列傳、蓋取事於此、以事言之曰狀、以書言之曰籍、故曰讀也、

太公兵法

齊世家、後世之言兵及周之陰謀、皆宗太公為本謀、留侯世家、視其書、乃太公兵法也、太史公自序、司馬法所由來尚矣、太公孫吳王子能紹之、漢書藝文志、齊太公二百三十七篇、謀八十一篇、言七十一篇、兵八十五篇、

司馬法

司馬穰苴傳、齊威王用兵行威、大放穰苴之法、威王使大夫追論古者司馬兵法、而附穰苴於其中、因號曰司馬穰苴兵法、贊、余讀司馬兵法、閎廓深遠、雖三代征伐、未能竟其義、如其文也、亦少褒矣、若夫穰苴區區為小國行師、何暇及司馬兵法之揖讓乎、世多司馬兵法、故以不論、著穰苴之列傳焉、太史公自序、司馬兵法所從由來尚矣、太公孫吳王子能紹而明之、

管子。晏子春秋

管晏列傳、管仲既用、任政於齊、其稱曰、倉廩實而知禮節、衣食足而知榮辱、上服度則六親固、四維不張、國乃滅亡、下令如流水之原、令順民心、云云、故曰、知與之為取、政之寶也、贊、吾讀管氏牧民山高乘馬輕重九府、及晏子春秋、詳哉其言之也、既見其著書、欲觀其行事、故次其傳、至其書、世多有

之、故論其軼事、貨殖傳、齊中衰、管仲修之、設輕重九府、

孫子。吳子 孫子吳起列傳、孫子武者齊人也、以兵法見於吳王闔閭、闔閭曰、子之十三篇、吾盡觀之矣、世傳其兵法、又云、孫臏以此名顯天下、世傳其兵法、贊、世俗所稱師旅、皆道孫子十三篇、吳起兵法、世多有、故論行事所施設者、

魏公子兵法 魏公子列傳、魏公子名振天下、諸侯之客進兵法、公子皆名之、故世稱魏公子兵法、

老子。老萊子 老莊申韓列傳、老子去至關、關令尹喜曰、子將隱矣、彊爲我著書、於是老子迺著書上下篇、言道德之意、五千餘言而去、又云、老萊子亦楚人也、著書十五篇、言道家之用、與孔子同時、

墨子 孟子荀卿列傳、蓋墨翟宋大夫、善守禦、爲節用、或曰並孔子時、或曰在其後、

李悝李克書 孟子荀卿列傳、魏有李悝盡地力之教、貨殖傳、當魏文侯時、李克務盡地力之教、愚按漢食貨述李悝之法頗詳、或云貨殖傳李克當作李悝、或云、李克爲相、行李悝之法也、

商君書 商君列傳、余讀商君開塞耕戰書、與其人行事相類、

申子 老莊申韓列傳、申子學本黃老、而主刑名、著書二篇、號曰申子、

莊子 老莊申韓列傳、莊子者蒙人也、其學無所不闚、然其要本歸於老子之言、故其著書十餘萬言、大抵率寓言也、作漁父盜跖胠篋、以詆訿孔子之徒、以明老子之術、畏累虛亢桑子之屬、皆空語無事實、

孟子 孟子荀卿列傳、天下方務於合從連衡、以攻伐爲賢、而孟軻乃述唐虞三代之德、是以所如者不合、退而與萬章之徒、序詩書、述仲尼之意、作孟子七篇、又云、余讀孟子書、至梁惠王問何以利吾國、未嘗不廢書而歎也、

騶衍子。騶奭子 孟子荀卿列傳、齊有三騶子、其前騶忌、先孟子、其次騶衍、後孟子、騶衍睹有國者益淫侈、不能尚德、乃深觀陰陽消息、作怪迂之變、終始大聖之篇、十餘萬言、云云、自騶衍與齊之稷下先生如淳于髡、慎到、環淵、接子田駢騶奭之徒、各著書言治亂之事、以干世主、又云、騶奭者、齊諸騶子、亦頗采騶衍之術以紀文、於是齊王嘉之、自如淳于髡以下、皆命曰列大夫、爲開第康莊之衢、高門大屋、尊寵之、歷書序、其後戰國並爭、是時獨有鄒衍明於五德之傳、而散消息之分、

淳于子 孟子荀卿列傳、淳于髡齊人也、博聞强記、學無所主、其陳說慕晏嬰之爲人也、云云、梁惠王欲以卿相位待之、髡因謝去、終身不仕、愚按滑稽傳所載髡對齊威王問、全篇有韻之文、或是淳于子遺佚、

慎子。田駢子。接子。環淵子。劇子。尸子。長盧子。吁子 孟子荀卿列傳、慎到、趙人、田駢、接子、齊人、環淵、楚人、皆學黃老道德之術、慎到著十二論、環淵著上下篇、而田駢、接子、皆有所論焉、又云、楚有尸子長盧、阿之吁子焉、

公孫固子 十二諸侯年表序、如荀卿孟子公孫固韓非之徒、各往往捃摭春秋之文以著書、漢志、公孫固一篇十八章、今亡、班固云、齊閔王失國問之、公孫固爲陳古今成敗也、

公孫龍子 孟子荀卿列傳、趙有公孫龍、爲堅白同異之辯、平原君虞卿列傳、平原君厚待公孫龍、公孫龍善爲堅白之辯、及鄒衍過趙言至道、乃絀公孫龍、

荀子 孟子荀卿列傳、荀卿趙人、年五十、始來游學於齊、襄王之時、荀卿最爲老師、齊尚脩列大夫之缺、而荀卿三爲祭酒焉、齊人或讒荀卿、荀卿乃適楚、而春申君以爲蘭陵令、李斯嘗爲弟子、已而相秦、荀卿嫉濁世之政、亡國亂君相屬、云云、於是推儒墨道德之興壞、序列著數萬言而卒、因葬蘭陵、

韓子 老莊申韓列傳、韓非韓諸公子也、爲人口吃、不能道說、而善著書、云云、故作孤憤五蠹內外儲說林說難十餘萬言、人或傳其書至秦、秦王見孤憤五蠹之書曰、嗟乎、寡人得見此人與之遊、死不恨矣、李斯曰、此韓非之所著書也、秦因急攻韓、韓王乃遣非使秦、秦王下吏治非、李斯使人遺非藥、使自殺、

新語 酈生陸賈列傳、高帝乃謂陸生曰、試爲吾著秦所以失天下、吾所以得之者何及古今成敗之國、陸賈乃粗述存亡之徵、凡著書十二篇、每奏一篇、高帝未嘗不稱善、左右呼萬歲、號其書曰新語、又云、余讀陸生新語書十二篇、固當世之辯士、

離騷 屈原賈生傳、屈原憂愁幽思作離騷、乃作懷沙之賦、又云、余讀離騷天問招魂哀郢、

宋玉唐勒景差賦 屈原賈生傳、屈原既死之後、楚有宋玉唐勒景差之徒、皆好辭而以賦見稱、

賈誼賦及論著 屈原賈生傳、及度湘水、爲賦以弔屈原、有鵩飛入賈生舍、乃爲賦以自廣、愚按秦本紀贊、陳涉世家贊、載賈誼過秦論、

司馬相如賦 司馬相如傳、乃著子虛之賦、云云、請爲天子游獵賦、云云、臣嘗爲大人賦、愚按傳中又載喩巴蜀檄、難蜀父老、諫獵書、過宜春宮賦、封禪文、

右略舉史記所引文籍、使知史公所據。孔子世家云、適魯、觀仲尼廟堂車服禮器。留侯世家云、余以爲其人計魁梧奇偉。至見其圖、狀貌如婦人好女。是以車服圖畫資史也。魏其武

安侯傳所謂田蚡所學槃盂諸書、亦在所不棄。禹域金石之學、既胚胎乎此矣。但所謂天下遺文古事、靡不畢集太史公者、今不可復見。尤爲可憾。

遊涉　太史公自序云、遷生龍門、耕牧河山之陽。年二十而南遊江·淮、上會稽、探禹穴、闚九疑、浮沅·湘、北涉汶·泗、講業齊魯之都、觀孔子之遺風、鄉射鄒嶧、戹困鄱·薛·彭城、適梁·楚以歸。又云、奉使西征巴·蜀以南、略邛·筰·昆明。史公遊涉之迹、略具于此。又見五帝本紀（余嘗西至空峒、北過涿鹿、東漸於海、南浮江淮矣、至長老皆各往往稱黃帝堯舜之處、風敎固殊焉、）封禪書（余從巡祭天地諸神名山川、而封禪焉、入壽宮侍祠神語、究觀方士祠官之意、）河渠書（余南登廬山、觀禹疏九江、遂至于會稽太湟、上姑蘇、東闚洛汭大邳、迎河、行淮泗濟漯洛渠、西瞻蜀之岷山及離雄、北自龍門至于朔方、曰、甚哉、水之爲利害也、余從負薪塞宣房、悲瓠子之詩、而作河渠書、）齊太公世

家（吾適齊、自泰山屬之琅邪、北被于海、膏壤千里、其民闊達多匿知、其天性也、以太公之聖建國本、桓公之盛修善政、以爲諸侯會盟稱伯、不亦宜乎、洋洋哉、大國之風也、）魏世家（吾適大梁之墟、墟中人曰、秦之破梁、引河溝而灌大梁、三月城壞、王請降、遂滅魏、）孔子世家（余讀孔氏書、想見其爲人、適魯觀仲尼廟堂車服禮器、諸生以時習禮其家、余祗回留之、不能去云、）伯夷列傳（余登箕山、其上蓋有許由冢云、）孟嘗君列傳（吾嘗過薛、其俗閭里率多暴桀子弟、與鄒魯殊、問其故、曰、孟嘗君招致天下任俠姦人入薛中、蓋六萬餘家矣、世之傳孟嘗好客自喜、名不虛矣、）魏公子列傳（吾過大梁之墟、求問其所謂夷門、夷門者城之東門也、）春申君列傳（吾適楚、觀春申君故城宮室盛矣哉、）屈原賈生傳（余適長沙、觀屈原所自沈淵、未嘗不垂涕想見其爲人、）蒙恬列傳（吾適北邊、自直道歸、行觀蒙恬所爲秦築長城亭障、塹山堙谷通直道、固輕百姓力矣、）淮陰侯傳（吾如淮陰、淮陰人爲余言、韓信雖爲布衣時、其志與衆異、其母死、貧無以葬、然乃行營高敞地、令其旁可置萬家、余視其母冢、良然、）樊酈灌嬰列傳（吾適豐沛、問其故老、觀故蕭曹樊噲滕公之家、及其素、異哉所聞、）龜策列傳（余至江南觀其行事、問其長老、云、龜千歲乃遊蓮葉之上、蓍百莖共一根、又其所生、獸無虎狼、草無毒螫、江傍家人、常畜龜飲食之、以爲能導引致氣、有益於助衰養、）讀貨殖列傳所敍、土地開塞、產業盛衰、物貨聚散、人民醇醨、多得

諸目睹。凡全漢郡國、概莫不有史公足迹。蘇轍云。太史公行天下、周覽四海名山大川、與燕·趙間豪俊交遊。故其文疏蕩頗有奇氣。（上樞密韓太尉書、）顧炎武云。秦·楚之際、兵所出入之塗、曲折變化、唯太史公序之如指掌。以山川郡國不易明、故曰東曰西、曰南曰北、一言之下、而形勢瞭然。蓋自古史書兵事地形之詳、未有過此者。太史公胸中固有一天下大勢。非後代書生之所能幾也。（日知錄二十六、）此言其一端耳。史公所獲於遊涉、固不止乎此。

交游　史公交游必廣。今不能悉知之。就史文所引、得若而人。又補以漢書。

周生（周生蓋周霸、項羽本紀贊、吾聞之周生曰、舜目蓋重瞳子、又聞項羽亦重瞳子、衛將軍列傳、議郎周霸、儒林傳、魯人周霸、以易至二千石、）

馮遂（趙世家贊、吾聞馮王孫曰、趙王遷、其母倡也、嬖於悼襄王、悼襄王廢適子嘉而立遷、遷素無行信讒、故誅其良將李牧用郭解、張釋之馮唐列傳贊、馮唐子遂字王孫、亦奇士、與余善、）

賈嘉（屈原賈生傳、賈生之孫二人、至郡守、而賈嘉最好學、世世其家、與余通書、）

公孫季功（刺客傳贊、世言荊軻其稱太子丹之命、天雨粟、馬生角也、太過、又言荊軻傷秦王、皆非也、始公孫季功董生與夏無且游、具知其事、爲余道之、）

樊他侯（樊酈滕灌列傳贊、余與他侯通、爲言高祖功臣起時若此、愚按他侯樊噲孫、承後爲舞陽侯、後廢爲庶人、）

平原君子（酈生陸賈傳贊、至平原君子、與余善、是以得論之、愚按平原君、朱建、）

田仁（田叔列傳贊、仁與余善、余故并論之、漢書田叔傳、田叔少子仁、以壯勇爲衛將軍舍人、數從擊匈奴、衛將軍進言仁、爲郎中、至二千石丞相長史、失官後使刺三河還、奏事稱意、拜爲京輔都尉、月餘遷司直、數歲戾太子舉兵、仁部閉城門、令太子得亡、坐縱反者族、愚按田仁、田叔子、曾國藩云、壺遂田仁皆與子長交、故敍梁趙事、多深切、）

壺遂 韓長孺列傳贊、余與壺遂定律歷、觀韓長孺之義、壺遂之深中隱厚、世之言梁多長者、不虛哉、壺遂官至詹事、天子方倚以爲漢相、會遂卒、不然、壺遂之內廉行修、斯鞠躬君子也、傳又云、韓安國爲人多大略、所推舉皆廉士、賢於己者也、於梁舉壺遂臧固郅他、皆天下名士、太史公自序、上大夫壺遂曰、昔孔子何爲而作春秋哉、太史公曰、余聞董生曰、周道衰廢、孔子爲魯司寇云云、

李廣 李將軍傳贊、余睹李將軍、悛悛如鄙人、口不能道辭、

蘇建 衛將軍驃騎列傳贊、蘇建語余曰、吾嘗責大將軍至尊重、而天下之賢士大夫毋稱焉、願將軍觀古名將所招選擇賢而勉之哉、云云、

郭解 游俠傳贊、吾視郭解、狀貌不及中人、言語不足採者、然天下無賢與不肖、知與不知、皆慕其聲、言俠者、皆引以爲名、

董仲舒 儒林傳、董仲舒廣川人也、以春秋孝景時爲博士、今上即位、爲江都相、相膠西王、疾免居家、至卒、漢興至于五世之間、惟董仲舒名爲明於春秋、其傳公羊氏也、太史公自序、太史公曰、余聞董生曰、周道衰廢、孔子爲司寇、諸侯害之、大夫壅之、孔子知言之不用、道之不行也、是非二百四十二年之中、以爲天下儀表、云云、

孔安國 漢書儒林傳、孔氏有古文尚書、孔安國以今文字讀之、因以起其家逸書、得十餘篇、蓋尚書玆多於是矣、遭巫蠱、未立於學官、安國爲諫大夫、授都尉朝、而司馬遷亦從安國問故、遷書載堯典禹貢洪範微子金縢諸篇、多古文說、孔子世家、孔安國爲今帝博士、至臨淮太守、蚤卒、

李陵 太史公自序、太史公遭李陵之禍、幽於縲紲、乃喟然而歎曰、是余之罪也夫、是余之罪也夫、身毀不用矣、愚按史公遭禍本末、見荅任安書、

任安 衛將軍驃騎列傳、官令驃騎將軍秩祿與大將軍等、自是之後、大將軍青日退、而驃騎日益貴、舉大將軍故人門下、多去事驃騎、唯任安不肯、褚少孫田叔補傳、田仁故與任安相善、任安滎陽人也、少孤貧困、爲衛將軍舍人、與田仁俱居門下、有詔召見衛將軍舍人、此二人前見武帝、使任安護北軍、使田仁護田穀於河上、其後任安爲益州刺史、田仁爲丞相司直、逢太子有兵事、司直下吏誅死、任安爲北軍使者護軍、太子立車北軍南門外、召任安與節令發兵、安拜受節、入閉門不出、武帝以爲佯邪、下吏誅死、愚按史公答任安書、見漢書史公傳、

史記名稱

朱銬曰。古之王者必有史官。其所書爲史記、尚矣。記曰。動則左史書之、言則右史書之。藝文志曰。左史記言、右史記事。

事爲春秋、言爲尚書。史記之名、不始于遷。猶春秋不始于孔子也。杜預云。春秋者、魯史記之名。楚謂之檮杌、晉謂之乘、而魯謂之春秋。其實一也。孔穎達云。據周世法、則國有史記。當同名春秋。獨言魯史記者、仲尼修魯史所記、以爲春秋也。賈逵云。周禮盡在魯矣。史法最備。故史記與周禮同名。如三說者信、可謂史記始于遷乎。不獨史記之名、不自遷始、而遷書之名史記、或反出於後世。遷之自序其父談之書曰。自獲麟以來四百餘載、諸侯相兼、史記放絕。又曰。遷爲太史令、紬史記石室金匱之書。李奇注亦云。遷爲太史令五年、適當武帝太初元年。此時述史記。曰放絕、曰紬、曰述、則知當時實有其

書、而非遷始作之明甚。至其歷舉所著本紀表書世家列傳之名、既皆列于篇、而又曰。凡百三十篇、五十二萬六千五百字、爲太史公書。未嘗自列之爲史記也。班固作傳亦仍之云。遷死後其書稍出。宣帝時、遷外孫平通侯楊惲祖述其書、遂宣布焉。贊稱遷有良史之材、其善序理、謂之實錄。而藝文志春秋家、有太史公百三十篇。十篇有錄無書。未嘗云史記百三十篇也。至隋經籍志云。史記漢書、師法相傳、竝有解釋。於是竝列裴駰徐野民鄒誕生三家注撰。始以遷書謂之史記。然遷書自名太史書、不名史記。而後人特重其書、以爲自黃帝以來、訖於楚漢、古史記之書、皆賴是以存。遂以史記之名

當之、相傳於世。（與賈雲臣論史記書、）梁玉繩曰。漢藝文志亦云、太史公百三十篇。又云。馮商所續太史公七篇。蓋史公作書、不名史記。史記之名、當起叔皮父子。觀漢五行志、及後書班彪傳、可見。蓋取古史記之名以名遷之書。尊之也。（史記志疑）愚按史記之名、朱氏以爲始於隋書、梁氏以爲出於班彪父子。後說爲是。

史記記事

漢興以來諸侯年表序云。臣遷謹記高祖以來至太初諸侯。高祖功臣侯者年表序云。天下初定、至太初、百年之間、見侯

五。太史公自序云。述陶唐以來至于麟止。又云。漢興已來、至於太初百年。諸侯廢立分削、譜記不明。又云。太史公曰。余述歷黃帝以來至太初而訖。服虔解麟止云。武帝至雍獲白麟、而鑄金作麟足形。故曰麟止。遷作史記止於此。猶春秋終於獲麟然也。（史記索隱引）梁玉繩申服說云。武帝因獲白麟改號元狩、下及太初四年。凡廿二歲。再及太始二年凡廿八歲。更黃金爲麟趾褭蹏。蓋紀前瑞爲。而史公借以終其史。假設之辭耳。（史記志疑）愚按、史訖於太初。史公自言。不待辨說。麟止、依元狩事、假周南詩、以表作史之時。非言訖史之年也。與太始二年黃金鑄麟趾、元無交涉。其不言獲麟者、避嫌也。崔適史記探

源、以麟止爲元狩元年獲白麟事、以史記嗣後記事、爲後人附益。若然、則漢興以來諸侯、高祖功臣侯者年表兩序、太史公自序、皆可廢乎。求奇競新、務爲異說、以驚人耳目。近時講學之徒、往往而然。不獨崔氏。非實事求是之旨也。班固曰。司馬遷據左氏國語、采世本戰國策、述楚漢春秋、接其後事、訖於天漢。（漢書司馬遷傳、）裴駰（集解序、漢興將相年表集解、）司馬貞（索隱序、索隱後序、）張守節（正義序、）皆從之。蓋就後人附益之書而言。

史記體製

史公自序云。略推三代、錄秦漢、上記軒轅、下至于茲、著十二本紀。既科條之矣。並時異世、年差不明。作十表。禮樂損益、律歷改易、兵權山川鬼神天人之際、承敝通變。作八書。二十八宿環北辰、三十輻共一轂、運行無窮、輔弼股肱之臣配焉。忠信行道、以奉主上。作三十世家。扶義俶儻、不令已失時、立功名於天下。作七十列傳。凡百三十篇。（索隱補史記序云、本紀十二、象歲星之一周、八書有八篇、法天時之八節、十表放剛柔十日、三十世家比月有三旬、七十列傳取懸車之暮齒、百三十篇象閏餘而成歲、愚按或取之天象、或徵諸人事、附會未巧、固非史公之意也、）

趙翼曰。古者左史記言、右史記事。言爲尙書、事爲春秋。其後沿爲編年記事二種。記事者、以一篇記一事、而不能統貫一代之全。編年者、又不能卽一人而各見其本末。司馬遷參酌古今、發凡起例、創爲全史。本紀以序帝王、世家以記侯國、十表以繫時事、八書以詳制度、列傳以誌人物。然後一代君臣政事賢否得失、總彙於一編之中。自此例一定、歷代作史者、遂不能出其範圍。信史家之極則也。二十二史箚記、

鄭樵曰。仲尼既沒、諸子百家興焉。各效論語、以空言著書。至於歷代實迹、無所紀繫。迨漢建元元封之後、司馬氏父子出焉。世司典籍、工於制作。故能上稽仲尼之意、會詩書左傳國

語世本戰國策楚漢春秋之言、通黃帝·堯·舜至於秦漢之世、勒成一書、分爲五體。本紀紀年、世家傳代、表以正歷、書以類事、傳以著人、使百代而下、史官不能易其法、學者不能捨其書。六經之後、惟有此作。故謂周公五百歲而有孔子、孔子五百歲而在斯乎。是其所以自待者已不淺。通志序、

本紀　大宛列傳引禹本紀、則本紀之目、自古有之。但與書表世家列傳竝稱、自史公創也。敍帝王當國者事。

十二本紀、以先後次第。王子嬰未降之前、天下之權在秦。既降之後在楚。故列項羽於本紀也。不爲孝惠立本紀、倂之於呂后者、由政之所出也。

表　索隱引禮記鄭注云、表、明也。趙翼曰。史記作表、昉之譜牒。沈濤曰。表猶言譜。表譜、一聲之轉。

趙翼曰。史記作十表、昉於周之譜牒、與紀傳相爲出入。凡列侯將相三公九卿功名表著者、既爲立傳。此外大臣無功無過者、傳之不勝傳、而又不容盡沒。則於表載之。作史體裁、莫大於是。故漢書因之、亦作七表。以史記中三代世表、十二諸侯年表、六國表、皆無與於漢也。其餘諸侯、皆本史記舊表、而增武帝以後沿革、以續之。惟外戚恩澤侯表、史記所無。又增百官公卿表。最爲明晰。別有古今人表。既非漢人、何煩臚列。且所分高下、亦非定評。殊屬贅設也。二十二史箚記、　梁章鉅曰。史之

有表、經緯相牽、或連或斷、可以考證、而不可以誦讀。學者往往不觀。故劉知幾史通、有廢表之論。其實表之爲用、與紀傳相爲表裏。凡王侯將相公卿、其功名表著者、既爲立傳。此外無積勞、又無顯過、傳之不可勝書。而姓名爵里存沒盛衰之跡、要不容以遽泯。則於表乎載之。又其功罪事實、傳中有未能悉備者、亦於表乎載之。年經月緯、一覽了然。作史體裁、莫大於是。退菴隨筆、愚謂史記以人紀、不以年編。三代·秦·漢事蹟、先後錯出、彼是互見。史公自序所謂竝時異世、年差不明者、安能知之。史記之有表、以紀傳兼編年也。趙·梁二氏、專就將相表言之、未悉。

書　趙翼曰。八書乃史遷所創。以紀朝章國典也。漢書因之作十志。律歷志、則本於律書歷書也。禮樂志、則本於禮書樂書也。食貨志、則本於平準書也。郊祀志、則本於封禪書也。天文志、則本於天官書也。溝洫志、則本於河渠書也。此外又增刑法五行地理藝文四志。二十二史劄記、

世家　孟子云。仲子、齊之世家也。猶言世祿之家。以爲史目、與本紀列傳竝稱、蓋自史公創。

三十世家、亦皆以先後次第。其以孔子爲世家者、自伯魚子思以下、學業功勳、不墜其緒、以至于漢、與管·晏·衛·李輩自別。陳涉起於謫戍。蜂起侯王將相、皆奉其命。非區區管·蔡·陳·杞

之比。何得不爲世家乎。

列傳　趙翼曰。古書凡記事立論及解經者、皆謂之傳。非專記一人事蹟也。其專記一人爲一傳者、則自遷始。又於傳之中、分公卿將相爲列傳。其儒林循吏酷吏刺客游俠佞幸滑稽日者龜策貨殖等、又別立名目、以類相從。自後作史者、各就一朝所有人物傳之。固不必盡拘遷史舊名也。二十二史劄記、

蘇洵曰。遷之傳廉頗也、議救閼與之失不載焉。見之趙奢傳。傳酈食其也、謀撓楚權之繆不載焉。見之留侯傳。夫廉頗·酈食其、皆功十而過一者也。後之庸人、必曰智如廉頗、辨如酈食其、而十功不能贖一過、則將苦其難而怠矣。是故本傳晦

之、而他傳發之、則其與善也、不亦隱而彰乎。遷論蘇秦、稱其知過人、不使獨蒙惡聲。論北宮伯子、多其愛人長者。夫秦·伯子、皆過十而功一者也。苟舉十以廢一、後之凶人必曰蘇秦·北宮伯子、雖有善不錄矣。吾復何望哉。是窒其自新之路、而堅其肆惡之志者也。故於傳詳之、於論於贊復明之。則其懲惡也、不亦直而寬乎。諫論、

李笠曰。史臣敍事、有闕於本傳而詳於他傳者、是曰互見。史公則以屬辭比事而互見焉。以避諱與嫉惡、不敢明言其非、不忍隱蔽其事、而互見焉。游俠傳、不詳朱家之事。而述於季布傳。高祖紀、不言過魯祀孔子、而著於孔子世家。此皆引物

連類而擧遺漏者也。封禪書、盛推神鬼之異。而大宛傳云。張騫通大夏、惡睹本紀所謂崑崙者乎。又云。所有怪物、余不敢言之也。高祖紀、謂高祖豁達大度。而佞幸傳云、漢興、高祖至暴抗也。此皆恐犯忌諱、以雜見錯出、而見正論也。史記訂補、

七十列傳、略以先後次第。而索隱云。司馬相如·汲黯傳、不宜在西南夷之下。大宛傳、不宜在酷吏·游俠之間。愚謂相如事與西南夷涉。故相次。儒林·酷吏二傳、敍崇文教嚴刑法、大宛傳、述通西域。武帝大業、於是略備。故次之以游俠·滑稽諸雜傳。蓋先大後小、自上及下也。趙翼云。史記列傳次第、皆無意義。可知隨得編次。二十二史劄記、豈其然乎哉。梁玉繩引程一枝云。儒

林·循吏·酷吏·刺客·游俠·佞幸·滑稽·醫方·日者·龜策·貨殖、雜傳也。以類相從、合在後。匈奴·南越·東越·朝鮮·西南夷·大宛、四夷也。以類相從、當在雜傳之後。（史記志疑）愚謂此欲使史記法漢書也。未得史公之旨。

盧文弨曰。史漢數人合傳、自成一篇文字。雖間有可分析者、實不盡然。蓋數人同一事、彼此互見、自無重複之弊。卽如史記廉藺列傳、首敍廉頗事、無幾卽入藺相如事、獨多。而後及二人之交驩、又閒以趙奢、末又以頗之事終之。此必不可分也。漢書張周趙任申屠傳、皆爲御史大夫遷丞相、則又詳敍其始末、乃終之以申屠嘉。此一本史記之舊。唯申屠爲可分。

其餘皆不可分也。後世史成於衆人。若刪彼傳以入此傳、則有欲掩其名之嫌。以故史漢之法、不可復覩耳。（鍾山札記）愚按、史記合傳、原是一篇之文。各本或分儒林酷吏大宛游俠諸傳、以人以國提行。皆非史公之舊。盧說得之。

柯維騏曰。按太史公自序云、作老子韓非列傳。其莊子·申子、特附載之耳。凡世家列傳附載者極多。如陳平世家、附王陵、如楚元王世家、附趙王、如張儀傳、附陳軫·犀首、如樗里甘茂傳、附甘羅、如孟子荀卿傳、附淳于髡·愼到·騶奭、如廉頗藺相如傳、附趙奢·李牧、如韓王信盧綰傳、附陳豨、如樊酈傳、附滕公灌嬰、如傅靳傳、附周緤、如張丞相傳、附周昌·任敖·申屠嘉、

如酈生陸賈傳、附朱建、如萬石張叔傳、附衛綰·直不疑·周文、如平津傳、附主父偃、如魏其武安傳、附灌夫。其論贊、或專或兼、無定體也。（史記考要）

論贊　賴襄曰。史中論贊、自是一體。不可與後人史論同視也。史氏本主敍事。不須議論。特疏己立傳之意、又補傳所未及。而有停筆躊躇俯仰今古處。足以感發讀者心。是論贊所以有用。子長以後、少得此意者。（山陽先生書後）

汪師韓曰。史記贊、往往有用韻者。若南越尉佗傳循吏兩贊、人共知之。又若魏其武安侯列傳贊、其用亦顯然者。前以變遜亂爲韻、中以權賢延爲韻、後以哉來爲韻。（詩學纂聞）

王鳴盛曰。司馬遷剏立本紀表書世家列傳體例。後之作史者、遞相祖述、莫能出其範圍。卽班·范稱書、陳壽稱志、李延壽南北朝稱史、歐陽子五代稱史記。小異其目。書之名、各史皆改稱志。五代又改稱考。世家之名、晉書改稱載記。要皆不過小小立異。大指總在司馬氏牢籠中。司馬取法尙書及春秋內外傳、自言述而非作。其實以述兼作者。（十七史商榷）

齋藤正謙曰。史記、張耳·陳餘·魏豹·彭越·樊噲·灌嬰之類、直擧姓名。蕭相國·陳丞相、則稱其官。留侯·絳侯·淮陰侯、則稱其爵。至萬石君、則從其諱名稱之。雖質朴可喜、似無定例。漢書盡書其姓名、傳中又皆去其姓曰信曰耳之類、竝爲後世史氏

之式。拙堂文話、愚按史公依人立題、或舉姓名、或稱官爵、不必一律。韓信與彭越同誅。仍稱淮陰侯。石奮曰萬石君。依景帝言。讀史者、當求史公所以立題之意。

袁枚曰、史遷敍事、有明知其不確、而貪所聞新異、以助已之文章。則通篇以幻忽之語序之、使人得其意于言外。讀史者不可無識也。即如屠岸賈一事、三傳所無。史遷不忍割愛、故趙世家入手、即序鳥身人面之中衍、隨即序周穆王見西王母、以下將妖夢鬼神之事、重疊言之。皆他世家所無也。若曰屠岸賈之有無亦若是云爾。張良傳、曰黃石公、曰滄海君、曰赤松子。皆莫須有之人。以見四皓之傳聞亦如是云爾。隨園隨筆、

愚按史中多此類。揚雄所謂子長愛奇者。愚又按史記以堯・舜・禹爲黃帝後、以殷爲契後、以周爲后稷後、以秦・趙爲伯翳後、以齊爲四嶽後、以楚爲顓頊後、以陳・田齊爲舜後、以杞・越・匈奴・閩越爲禹後。項羽本紀云。舜目蓋重瞳子。項羽亦重瞳子。羽豈其苗裔邪。何其興之暴也。黥布列傳云。英布者。其先春秋所見楚滅英六、皐陶之後哉。身被刑法、何其拔興之暴也。史公蓋以爲王侯將相、起身建國者、皆其父祖積善餘慶所致也。白起王翦列傳、武安君引劍將自剄。曰。我何罪于天而至此哉。良久曰。我固當死。長平之戰、趙卒降者數十萬人、我詐而盡阬之。是足以死。又云。陳勝之反秦、秦王翦之孫王

離擊趙、圍趙王及張耳鉅鹿城。或曰。王離、秦之名將也。今將彊秦之兵、攻新造之趙。舉之必矣。客曰。不然。夫爲將三世者必敗。必敗者何也。以其所殺伐多矣。其後受其祥。今王離已三世將矣。居無何、項羽救趙擊秦軍、果虜王離。李將軍傳、李廣嘗與望氣王朔燕語。曰。自漢擊匈奴、而廣未嘗不在其中。然無尺寸之功以得封邑者。何也。朔曰。將軍自念、豈嘗有所恨乎。廣曰。吾嘗爲隴西守。羌嘗反。吾誘而降。降者八百餘人。吾詐而同日殺之。至今大恨。獨此耳。朔曰。禍莫大於殺已降。此乃將軍所以不得侯者也。陳丞相世家、陳平曰。我多陰謀。是道家之所禁。吾世即廢亦已矣。終不能復起。以吾多陰禍

也。韓世家、韓厥之感晉景公、紹趙之孤子武、以成程嬰・公孫杵臼之義。此天下之陰德也。韓氏之功於晉、未覩其大者也。然與趙・魏終爲諸侯十餘世。宜乎哉。蓋積善餘慶、陰謀陽禍、史記一貫之旨。而於伯夷事、不得其說。遂爲未了之語云、儻所謂天道是邪非邪。史公不敢自斷。使人思之。

史記文章

揚雄曰。或問周官。曰。立事。左氏。曰。品藻。太史遷。曰。實錄。揚子法言、重黎篇、又曰。淮南說之用、不如太史公之用也。太史公、聖人將

有取焉。淮南鮮取焉爾。必也儒乎。又曰。乍出乍入。淮南也。文麗用寡、長卿也。多愛不忍、子長也。仲尼多愛。愛義也、子長多愛。愛奇也。（君子篇、）

班固曰。自劉向・揚雄、博極羣書、皆稱遷有良史之材、服其善序事理、辨而不華、質而不俚、其文直、其事核、不虛美、不隱惡。故謂之實錄。（漢書司馬遷傳、）

劉知幾曰。人之著述、雖同自一手、其間則有善惡不均、精麤非類。若史記之蘇・張・蔡澤等傳、是其美者、至於三五本紀、日者・太倉公・龜筴傳、固無所取焉。觀子長之敍事也、自周已往、言所不該、其文闊略、無復體統。洎秦漢已下、條貫有倫、則煥

炳可觀、有足稱者。衞青傳後、太史公曰。蘇建嘗責大將軍不薦賢待士。此傳之與紀、竝所不書。而史臣發言別出其事。所謂假讚論而自見者。（史通敍事篇飾錄、）

洪邁曰。太史公不待稱說。若云褒贊其高古簡妙處、殆是摹寫星日之光輝、多見其不知量也。然予每展讀至魏世家・蘇秦・平原君・魯仲連傳、未嘗不驚呼擊節、不自知其所以然。魏公子無忌與王論韓事曰。韓必德魏愛魏、重魏畏魏。韓必不敢反魏。十餘語之間、五用魏字。蘇秦說趙肅侯曰。擇交而得、則民安。擇交而不得、則民終身不安。齊・秦爲兩敵、而民不得安。倚秦攻齊、而民不得安。倚齊攻秦、而民不得安。平原君使

楚、毛遂願行。君曰。先生處勝之門下、幾年于此矣。曰。三年于此矣。君曰。先生處勝之門下、三年于此矣。左右未有所稱誦。勝未有所聞。是先生無所有也。先生不能。先生留。遂力請行、面折楚王。再言吾君在前、叱者何也。至左手持盤血、而右手招十九人於堂下。其英姿雄風、千載下尙可想見。使人畏而仰之。卒定從而歸至于趙。平原君曰。勝不敢復相士。勝相士、多者千人、寡者百數。今乃于毛先生而失之。毛先生一至楚、而使趙重于九鼎大呂。毛先生以三寸之舌、强于百萬之師。勝不敢復相士。秦圍趙。魯仲連見平原君曰。事將奈何。君曰。勝也何敢言事。魏客新垣衍令趙帝秦。今其人在是。勝也何

敢言事。仲連曰。吾始以君爲天下之賢公子也。吾今然後知君非天下之賢公子也。魯仲連見新垣衍。衍曰。吾視居此圍城之中者、皆有求于平原君者也。今吾觀先生之玉貌、非有求于平原君者也。又曰。始以先生者爲庸人。吾乃今日知先生爲天下之士也。是數者、重沓熟復、如駿馬下駐千丈坡。其文勢正爾。風行于上、而水波、眞天下之至文也。（容齋五筆、）

羅大經曰。太史公伯夷傳・蘇東坡赤壁賦、文章絕唱也。其機軸略同。伯夷傳、以求仁得仁、又何怨之語設問、謂夫子稱其不怨、而采薇之詩、猶若未免於怨。何也。蓋天道無親、常與善人。而達觀古今、操行不軌者、多富樂、公正發憤者、每遇禍。是

以不免於怨也。雖然、富貴何足求。節操爲可尙。其重在此、則其輕在彼。況君子疾沒世而名不稱。伯夷·顏子、得夫子而名益彰、則所得亦已多矣。又何怨之有。赤壁賦、因客吹簫而有怨慕之聲、以此設問、謂擧酒相屬、凌萬頃之茫然、可謂至樂。而簫聲乃若哀怨。何也。蓋此乃周郎破曹公之地。以曹公之雄豪、亦終歸於安在。況吾與子寄蜉蝣於天地、哀吾生之須臾。宜其託遺響而悲怨也。雖然、自其變者而觀之、雖天地曾不能以一瞬。自其不變者而觀之、則物與我皆無盡也。又何必羨長江而哀吾生哉。矧江風山月、用之無盡。此天下之至樂。於是洗盞更酌、而向之感慨、風休氷釋矣。東坡步驟太史

公者也。（鶴林玉露、）

王世貞曰。太史公之文有數端焉。帝王紀、以己釋尙書者也。文多引圖緯子家言。其文衍而虛。春秋諸世家、以己損益諸史者也。其文暢而雜。儀·秦·鞅·睢諸傳、以己損益戰國者也。其文雄而肆。劉·項紀、信·越傳、志所聞也。其文宏而壯。河渠·平準諸書、志所見也。其文核而詳、婉而多風。刺客·游俠·貨殖諸傳、發所寄也。其文精嚴而工篤、磊落而多感慨。（史記評林、）

賴襄曰。遷史入漢敍事變、最大者兩次。諸呂之亂與七國之反、是也。事散在諸處。而呂后紀·文帝紀·吳王濞傳·周亞夫傳、其會蕞處。彼覩天下事勢機會緩急之際、明如掌紋。故順敍

倒敍正敍側敍。而讀者無不了然。然而平淡看過。余修私史、每敍到大事、輒取法于此。（山陽先生書後、）

齋藤正謙曰。入崑崙之山、滿目莫非美玉。然有千金之珍、有連城之寶。不能無差等。一部史記、固爲羣玉圃。然本紀、則高祖·項羽、世家、則陳涉·蕭·曹·留侯、列傳、則伯夷·屈原·范蔡·廉藺·張陳·淮陰·李廣·刺客貨殖諸篇、殊爲絕佳。是連城之寶也。

又曰。子長同敍智者、子房有子房風姿、陳平有陳平風姿。同敍勇者、廉頗有廉頗面目、樊噲有樊噲面目。同敍刺客、豫讓之與專諸、聶政之與荊軻、纔出一語、乃覺口氣各不同。高祖本紀、見寬仁之氣、動於紙上、項羽本紀、覺喑噁叱咤來薄人。

讀一部史記、如直接當時人、親覩其事、親聞其語。使人乍喜乍愕、乍懼乍泣、不能自止。是子長敍事入神處。

又曰。史記敍事議論、淋漓盡致。故有重沓者。漢書或刪之、以取齊整。此可以見班·馬之優劣也。史記張耳傳、寫趙王謹敬之狀曰。朝夕袒韝蔽、自上食。禮甚卑、有子壻禮。以反襯高祖倨慢。而漢書刪袒韝蔽三字。又寫泄公與貫高相問勞之狀曰。箯輿前。仰視曰。泄公邪。泄公邪三字、極有情致。而漢書刪去之。韓信傳、敍信出少年袴下曰。俛出袴下蒲伏。蒲伏二字、睽狀如見。所以反襯他日榮達。而漢書又刪之。張良傳、敍良進履老人曰。父曰。履我。良業爲取履、因長跪履之。極力摹寫

良之卑屈。所以反襯老人倨傲。而漢書盡刪之、唯曰因跪進而已。如此之類、皆不若其舊也。

又曰。文章有斷續之法。史記屈原傳、屈平既嫉之云云下、挿人君無愚智賢不肖數十句、接上文屈平既嫉之一段。是續法也。乍斷乍續、有雲擁中峯之態。宋景濂讀本以爲位置失宜、移其繫心懷王一段于後、移其人君無愚知賢不肖一段于前、又删其楚人既咎子蘭勸王入秦三句。或謂、潔淨明爽、誠勝原本。何不深察耶。果如其說、則平平無奇、凡手所辨耳。歐陽公王彥章畫像記、論德勝之戰曰。莊宗之善料、公之出奇、何其神哉。其下忽曰、今國家罷兵四十年云云。說入時事、

俯仰感慨。其言未畢、又忽曰。及讀公家傳云云、以接前段。猶黃河之水、伏而復見。妙不可言。是蓋得於太史者也。拙堂文話

長野確曰。修史者、知記歷代事實、及文物制度、而不知摸寫其人之氣象好尚文章言語之各殊、固不足以爲史矣。故修史之難、在不失其時世之本色、使千載之下讀者、如身在其時、親見其事也。司馬子長作史記、自黃帝迄漢武、上下三千餘年、論著纔五十餘萬言。而三代之時、自是三代之時、春秋戰國之時、自是春秋戰國之時、下至秦漢之際、又自是別樣、時人之氣象好尚、各時不同。使讀者想見其時代人品。是所以爲良史也。松陰快談

梁章鉅曰。今考據家作文字、率喜繁徵博引、以長篇炫人。然氣不足以擧之。每令閱者不終篇而倦。其意自謂源於史漢。然史公文字精采、雖長不厭、漢書則冗沓處實多。馬班之高下、卽在於此。史記中長短亦不一律、如項羽本紀、長八千八百餘字。趙世家、長一萬一千一百餘字、而顏淵列傳、僅二百四十字、仲弓列傳、僅六十三字、何嘗以長爲貴乎。退庵隨筆

史記殘缺

漢書司馬遷傳云、著十二本紀十表八書三十世家七十

列傳、凡百三十篇。而十篇缺、有錄無書。西京雜記云、司馬遷作景帝本紀、極言其短、及武帝之過。帝怒而削去之。後坐擧李陵降匈奴、下遷蠶室。有怨言。下獄死。西京雜記、葛洪錄劉歆遺書也、魏王肅亦引此事、見魏書。裴駰注漢書云、衛宏漢書儀注云。司馬遷作景帝本紀、極言其短、及武帝過。武帝怒而削去之。後坐擧李陵、陵降匈奴、故下蠶室。有怨言。下獄死。此依西京雜記、張晏曰。遷沒之後、亡景紀、武紀、禮書、樂書、兵書、漢興以來將相年表、日者列傳、三王世家、龜策列傳、傅靳蒯成列傳。元成之閒、褚先生補缺、作武帝紀、三王世家、龜策日者列傳。言辭鄙陋。非遷本意也。此漢傳所謂所缺十篇之目也、序目無兵書、兵書卽律書、觀史公自序自明、

張守節曰。褚少孫補景武紀、將相表、禮、樂、律書、三王世家、傳靳、日者、龜策傳。

司馬貞曰。景紀、取班書補之。武紀、專取封禪書。禮書、取荀卿禮論。樂書、取禮樂記。兵書、亡不補。略述律而言兵、遂分歷述以次之。三王世家、空取其策文續此篇。日者、不能記諸國之同異、而論司馬季主。龜策、直太卜所得占龜兆雜說。而無筆削功。何蕪鄙也。

李陵降匈奴、在天漢二年。其後六年、（征和二年。）史公與任安書、言編史事。則非坐李陵事死也。西京雜記所記、非事實。漢傳所謂十篇有目無書之言、亦未可信。據今本考之、孝景本紀、漢興以來將相年表太初以前紀事、（依例、此表當有序、失之。）禮書序、樂書序、律書序、（張晏所謂兵書。）三王世家贊、傳靳蒯成列傳、龜策列傳序、仍是史公之筆。說詳于各篇。

史記附益

楊惲。漢書司馬遷傳。司馬遷既死後、其書稍出。宣帝時、遷外孫楊惲、祖述其書、遂宣布焉。（楊惲事、漢書楊敞傳附載。）

褚少孫。張晏曰。遷歿之後、元·成之間、褚先生補缺、作武帝紀·三王世家·龜策·日者列傳、言辭鄙陋、非遷本意也。四庫

全書提要云。日者·龜策二傳、竝有太史公曰。又有褚先生曰、有臣爲郎時云云。是補綴殘稿之明證、必當經奏進。愚按漢書儒林傳云。王式爲昌邑王師。昌邑王廢、羣臣皆下獄誅。式得減死論、歸家。山陽張長安幼君、先事式。後東平唐長賓、沛褚少孫、亦來事式。唐生·褚生、應博士弟子選詣博士。頌禮甚嚴。試誦說有法。諸博士、驚問何師。對曰。事式。共薦式。詔爲博士。張生·唐生·褚生、皆爲博士。由是魯詩有張·唐·褚氏之學。（褚少孫事、詳于三代世表考證。）

漢書云祖述者、其義未詳。各篇改今上爲武帝、天漢以後所死諸王、往往書其諡、賈生列傳、昭帝時列爲九卿等語、或是

楊惲所附益。秦本紀、孝明帝十七年至死生之義備矣、平津侯主父偃列傳後、太皇太后詔大司徒大司空至亦其次也、司馬相如列傳贊、揚雄以爲以下二十八字、非褚少孫所補。蓋附益史記者、非一人也。今略條列之。說詳各篇。（劉知幾史通古今正史篇云、史記所書年、止漢武太初已後、闕而不錄、其後劉向、向子歆、及諸好事者、若馮商、衛衡、揚雄、史岑、梁審、肆仁、晉馮、段肅、金丹、馮衍、韋融、蕭奮、劉恂等、相續迄於哀平間、猶名史記、至建武中、司徒班彪以爲其言鄙俗、不足以踵前史、云云、於是採其舊事、旁貫異聞、作後傳六十五篇、其子固以父所撰未盡、云云、爲漢書紀表志傳百篇、蓋馮衛諸人、紀天漢至哀平、上以續史公、下以起班、據者、於史記文字、無所增損也、）

秦始皇本紀贊　秦幷兼諸侯、至攻守之勢異也一段、賈誼過秦論上篇、史公取以爲陳涉世家論、此後人附益、贊後襄公立享國十二年、至至二世六百一十歲、蓋秦記文、孝明帝十七年至嬰死生之義備矣一段、亦皆後人附益、

今上本紀　後人附益、漢興已六十餘歲以下、全采封禪書文、
三代世表　篇後張先生問褚先生至豈不偉哉、褚少孫附益、
漢興諸侯年表　孝景前四年第十二格、是爲孝武帝五字、後人附益、下文孝武、皆當作
今上、五年第十五格、廣川王彭祖徙趙、四年、是爲敬肅王、彭祖大始四年薨、史訖於太初、
作史時、彭祖未卒、安得稱謚乎、是爲敬肅王五字、亦後人附益、表中多類此者、今不一一
載之、
高祖功臣侯者年表　表首第六格、太初元年盡、後元二年、十八、十一字、後人附益、
惠景間侯者年表　表首第八格、太初已後、已後二字、後人附益、
漢興以來將相年表　天漢以後紀事、後人附益、
建元以來侯者年表　表首第八格、太初已後、已後二字、後人附益、表後右太史公本表
至卷末、後人附益、
禮書　首序、史公手筆、禮由人起至卷末、後人取荀子禮論篇附益、
樂書　首序、史公手筆、凡音之起、自人心生也、至夫樂不妄興也、後人取荀子禮記韓非
子附益、太史公曰卷末論贊亦然、

律書　首序、史公手筆、書曰七正二十八舍、至卷末、後人附益、
歷書　歷術甲子篇、焉逢攝提格至祝犂大荒建始四年、年號年數、後人附益、
天官書　卷末、蒼帝行德、至客星出天廷有奇令、後人附益、
封禪書　卷末、其後五年、復至泰山脩封、還過祭恆山十五字、及今上封禪、其後十二歲
而還、徧於五岳四瀆矣十八字、後人附益、
陳涉世家　贊、褚先生曰、當作太史公曰、秦始皇本紀附載班氏奏事可證、蓋後人誤改、
外戚世家　李夫人有寵、有男一人、爲昌邑王、後人附益、卷末褚先生曰至謚爲武、豈虛
哉、褚少孫附益、
楚元王世家　王純立、地節二年中、人上表告楚王謀反、王自殺、國除、入漢爲彭城郡二
十七字、後人附益、
齊悼惠王世家　是爲惠王至十五歲四十八字、是爲頃襄王至十一歲卒四十四字、後
人附益、
曹相國世家　征和二年中、至國除十一字、後人附益、
梁孝王世家　襄立三十九年卒至立爲襄王也十九字、後人附益、卷末、褚先生曰至少

見之人如從管中闚天也、褚少孫附益、
三王世家　褚先生曰至以奉燕王祭祀、褚少孫附益、
賈生列傳　卷末、孝武皇帝立、舉賈生之孫二人、至郡守、而賈嘉最好學、世其家、與余通
書、至孝昭時、列爲九卿、孝武宜作今上、至孝昭時列爲九卿八字、後人附益、
酈商列傳　爲太常、坐法國除七字、後人附益、
張丞相列傳　卷後、孝武時丞相多甚不記、至困厄不得者、衆甚也、前不言褚先生曰、亦
褚少孫附益、
酈生陸賈列傳　平原君傳末、初沛公引兵過陳留、至遂入破秦一段、既與酈生本傳有
出入、其文與御覽三百四十二所引楚漢春秋相合、後人附益、
田叔列傳　數歲爲二千石、至陘城今在中山國、後人附益、褚先生曰、至後進者愼戒之、
褚少孫附益、
李將軍列傳　李陵既壯、選爲建章監、至皆以爲恥焉、後人附益、
衞將軍驃騎列傳　卷末錄從軍諸將事、後人附益、
平津侯主父偃列傳　太皇太后詔至朕親臨拜焉、班固稱曰至亦其次也、皆後人附益、

司馬相如列傳　贊、揚雄以爲靡麗之賦至不已虧乎二十八字、後人附益、
酷吏列傳　周中廢至家貲累數百萬矣、後人附益、
滑稽列傳　褚先生曰、至辯治者當能別之、褚少孫附益、
日者列傳　卷首至余志而著之、或是褚少孫附益、褚先生曰、至人取於五行者也、亦少
孫之筆、
龜策列傳　褚先生曰、至內高而外下也、褚少孫附益、

史記流傳

史公既著史記、藏之名山、副在京師。宣帝時、公外孫楊惲、祖
述其書、遂宣布焉。當時有桓寬、既引其言、（鹽鐵論毀學篇云、大夫曰、司馬子言天下穰穰皆爲
利往、蓋用貨殖傳語、）褚少孫亦補其遺、獻帝時、揚雄評其書。（揚子法言、）自此其

後、流傳益盛、至今莫不家藏人讀。略述史藉所記。

禹域　漢楊惲述史記、漢書楊敞傳、敞子忠、忠弟惲、惲母司馬遷女也、惲始讀外祖太史公記、頗爲春秋、以材能稱、好交英俊諸儒、名顯朝廷、

褚少孫補史記。史記龜策傳、褚先生曰、臣以通經術、受業博士、以高第爲郎、幸得宿衛、出入宮殿中十有餘年、竊好太史公傳、

後漢東平王請史記。東平思王宇傳、元帝崩後三載、詔復所削縣、後年來朝、上疏求諸子及太史公書、上以問大將軍王鳳、對曰、臣聞諸侯朝聘、考文章正法度、非禮不言、今東平王幸得來朝、不思制節謹度、以防危失、而求諸書、非朝聘之義也、諸子書或反經術、非聖人、或明鬼神信物怪、太史公書有縱橫權譎之謀、漢興之初、謀臣奇策、天官災異、地形阸塞、皆不宜在諸侯王、不可予、不許之辭宜曰、五經聖人所制、萬事靡不畢載、王審樂道、傳相皆儒者、旦夕講誦、足以正身虞意、夫小辨破義、小道不通、致遠恐泥、皆不足以留意、諸益于經術者、不愛于王、對奏、天子如鳳言、遂不與、

范升奏太史公違戾。范升傳、建武二年、遷博士、時韓歆欲爲費氏易左氏春秋立博士、升

退而奏左氏之失、凡十四事、時難者、以太史公多引左氏、升又上太史公違戾五經謬孔子、言及左氏春秋不可錄三十一事、詔以下博士、

楊終刪史記。楊終傳、顯宗時徵詣蘭臺、拜校書郎、後受詔刪太史公書爲十餘萬言、

張衵史記注。龍城錄、沈休文有龍山史記注、卽張衵著、衵後漢末大儒、世亦不稱譽、余少時在江南、李育之來訪、余求借此文、後爲火所焚、更不復得、豈斯文天欲祕耶、

王肅對魏帝問。三國志魏書王肅傳、肅以常侍領祕書監、帝問司馬遷以受刑之故、內懷隱切、著史記、非貶孝武、令人切齒、對曰、司馬遷記事、不虛美、不隱惡、劉向・揚雄、服其善敘事、有良史之才、謂之實錄、漢武帝聞其述史記、取孝景及己本紀覽之、于是大怒、削而投之、于今此兩紀、有錄無書、後遭李陵事、遂下遷蠶室、此爲隱切在孝武、而不在于史遷也、（說本劉歆西京雜記、）

張裔涉史漢。蜀書張裔傳、裔字君嗣、蜀郡成都人也、治公羊春秋、博涉史漢、汝南許文休入蜀、謂裔幹理敏捷、是中夏鍾元常之倫也、

張輔論班馬異同。晉書張輔傳、輔歷梁州刺史、嘗論班固司馬遷云、遷之著述、辭約而事擧、敘三千年事、唯五十萬言、班固敘二百年事、乃八十萬言、煩省不同、不如遷一也、良史

述事、善足以獎勸、惡足以監誡、人道之常、中流小事、亦無取焉、而班皆書之、不如二也、毀貶晁錯、傷忠臣之道、不如三也、遷旣造創、固又因循、難易益不同矣、又遷爲蘇秦張儀范雎蔡澤作傳、逞辭流離、亦足以明其大才、故述辯士則辭藻華靡、敘實錄則隱核名檢、此所以遷稱良史也、

劉殷授一子史記。晉書孝友傳、劉殷有七子、五子各授一經、一子授太史公、一子授漢書、一門之內、七業俱興、北州之學、殷門爲盛、

裴駰史記集解。宋書裴松之傳、松之子駰、南中郎參軍、注司馬遷史記、行於世、（今存、）

崔慰祖欲注史漢。南齊書文學崔慰祖傳、慰祖與從弟緯書云、常欲更注遷固二史、採史漢書漏二百餘事、在厨簏、可檢寫之、以存大意、

曹景宗讀穰苴樂毅傳。梁書曹景宗傳、景宗字子震、頗愛史書、每讀穰苴樂毅傳、輒放卷嘆息曰、丈夫當如是、

袁峻抄史記漢書。梁書文學傳、袁峻字孝高、天監六年、直文德學士省、抄史記漢書名爲二十卷、

陸從典續史記。陸慶學史記。陳書陸瓊傳、第三子從典、仕隋除著作佐郎、右僕射楊素奏

從典續司馬遷史記迄于隋、其書未就、蘇州府志、陸慶字士季、從同郡顧野王學司馬史、仕陳桂陽府左常侍、

包愷通史記。隋書儒林傳、包愷從王仲通受史記、尤稱精究、李密傳、密師事國子助敎包愷受史記、勵精忘倦、愷門徒皆出其下、

齊顏之推顏氏家訓書證篇、梁劉勰文心雕龍史傳封禪諸篇、頗言史記、至唐中宗景龍四年、劉知幾著史通二十卷、論述史記尤博、其自序云、昔漢世諸儒集論經傳、定之於白虎觀、因名曰白虎通、予既在史館而成此書、故便以史通爲目、且漢求司馬遷後、封爲史通子、是知史之稱通、其來自久、博采衆議、爰定玆名、其後玄宗開元中司馬貞有史記索隱、張守節有史記正義、二人事、旣具本書、

王綝受史記。唐書王綝傳、綝字方慶、以字顯、起越王府參軍、受司馬遷班固二史于記室任希古、希古它遷、就卒其業、

郗士美誦史記。郗士美傳、父純字高卿、擧進士、拔萃制策、皆高弟、士美年十二、通史記漢書、皆能成誦、

陸士季學史記。孝友傳、陸南金祖士季、從同郡顧野王學司馬史、仕隋爲越王侗記室、兼

侍讀、貞觀初學士、

劉伯莊撰史記音義史記地名考、舊唐書劉伯莊傳、龍朔中兼授崇賢館學士、撰史記音義史記地名各二十卷、行于代、

　劉氏史記音義既佚、索隱正義、多取之、

高子貢精史記、唐書儒學傳、高子貢弱冠游太學、偏涉六經、尤精史記、

王元感注史記、舊唐書王元感傳、元感雖年老、猶能燭下看書、通宵不寐、長安三年、表上其所撰尚書糾繆春秋振滯禮記繩愆、幷所注孝經史記藁草、請官給紙筆、寫上祕書閣、詔令弘文崇賢兩館學士及成均博士詳其可否、

褚無量著講史記至言、舊唐書儒學褚無量傳、刻意墳典、尤精禮司馬史記、歿後有於書殿得講史記至言十二篇、上之、帝歎息、以絹五百匹賜其家、事在玄宗開元中、

殷侑言三史、日知錄、唐穆宗長慶三年二月、諫議大夫殷侑言、司馬遷班固范曄三史、爲書勸善懲惡、亞於六經、比來史學廢絕、至有身處班列、而朝廷舊章、無能知者、於是立三史科及三傳科、通典擧人條例、其史書史記爲一史、漢書爲一史、後漢書爲一史、三國史爲一史、李延壽南史爲一史、北史爲一史、習南史者、兼通宋齊志、習北史者、通後魏隋書

志、自宋以後、史書煩碎冗長、請但問政理成敗所因、及人物損益、關於當代者、其餘一切不問、國朝自高祖以下及睿宗實錄、幷貞觀政要、共爲一史、今史學廢絕、又甚於唐時、若能依此法擧之、十年之間、可得通達政體之士、未必無益於國家也、

杜鎬等校史記、玉海、淳化五年七月、詔選官分校史記前後漢書、杜鎬・舒雅・吳淑潘謹修校史記、朱昂再校、陳充・阮思道・尹少連・趙況・趙安仁・孫何校前後漢書、

摹印史記、文獻通考、石林葉氏曰、唐以前、凡書籍皆寫本、未有模印之法、五代時馮道始奏請官鏤版印行、國朝淳化中、復以史記前後漢書付有司摹印、自是書籍刊鏤者益多、

任隨等上覆校史記刊誤、玉海、景德元年正月丙午、任隨等上覆校史記刊誤文字五卷、

眞宗作讀史記詩、玉海、大中祥符八年七月辛未、作史記詩三首、其讀十九史也、起八年七月辛未、成于天禧元年二月辛未、

仁宗校正史記、玉海、景祐元年九月癸卯、詔選官校正史記、

劉敞進講史記、劉敞傳、敞進讀史記、至堯授舜以天下、拱而言曰、舜至側微也、堯禪之以位、天神享之、百姓戴之、非有他道、惟孝友之德、光于上下耳、帝竦體改容、知其以義理諷也、

高宗親寫史記、玉海、紹興十二年十二月庚辰、上曰、朕一無所好、惟閱書作字、自然無倦、尚書・史記・孟子寫畢、尚書寫兩過、左傳亦節一本、

宣宗御書史記列傳、玉海、紹興十三年二月、內出御書左氏春秋及史記列傳于祕書省、宣示館職、觀畢、皆作詩以進、

王涉校史記、宋史王涉傳、涉爲國子監說書、改直講、校史記、

高斯得罷自實田、高斯得傳、遷福建路計度轉運副使、朝廷行自實田、斯得言、按史記、秦始皇三十一年、令民自實田、主上臨御適三十一年、而異日書之史冊、自實之名、正與秦同、丞相謝方叔大媿、卽爲之罷、

婁機著班馬字類、婁機傳、機所著有班馬字類、人多藏焉、

馮椅著讀史記、馮去非傳、父椅家居授徒、著孔子弟子傳讀史記等書、

徐得之著史記年紀、儒林傳、徐夢父弟得之字思叔、淳熙十年進士、著史記年紀、

崔遵度問史漢紀傳、文苑傳、崔遵度七歲、受經于叔父憲、嘗以春秋編年史漢紀傳之例問于憲、憲曰、此兒他日成令名矣、

姚寬注史記、揮麈後錄、姚宏弟寬、字令威、問學詳博、注史記、

頒史記裴駰集解、金廢帝天德三年、置國子監、史記用裴駰註、自國子監印之、授諸學校、按選擧志、凡養士之地曰國子監、史記用裴駰註、自國子監印之、授諸學校、

以女眞字譯史記、世宗大定六年進所譯史記、詔頒行之、按徒單鎰傳、大定四年、詔以女直字譯書籍、五年、翰林侍講學士徒單子溫進所譯貞觀政要等書、六年、復進史記西漢書、詔頒行之、

蕭貢注史記、金史蕭貢傳、貢好學讀書、至老不倦、有注史記一百卷、

李汾讀史記、文藝傳、李汾元光間游大梁、爲史館書寫、汾旣爲之、殊不自聊、趙秉文爲學士、雷淵・李獻能皆在院、刊修之際、汾在旁正襟危坐、讀太史公左丘明一篇、或數百言、音吐洪暢、旁若無人、

柯維騏歸有光、明外史儒林傳、柯維騏惟嗜讀書、著史記考要、行于世、　歸有光爲古文、原本經術、好太史公書、得其神理、以上概依古今圖書集成、別補數條、

日本　近藤守重曰。續日本紀云、天平寶字元年十一月癸未勅曰。須講經者。經生者五經、傳生者三史。又神護景雲三

年冬十月、太宰府言、府庫但蓄五經、未有三史正本。勅賜史記漢書後漢書三國志晉書各一部。續日本後紀云、承和九年九月丙申、勅使相摸武藏常陸上野下野陸奥等國、寫進三史。[拾芥抄云、史記前漢書東漢記、謂之三史、吉備大臣三史櫃入此三史、守重案、初學記、世以史記班固漢書及東觀漢紀爲三史矣、又案吉備大臣三史櫃、蓋言吉備大臣唐土將來之櫃也、]三代實錄云。貞觀十七年四月廿八日、帝始讀史記。扶桑略記云、延喜六年五月十六日、天皇始讀史記。延長三年五月、伊豫權守公統講史記於北堂。天慶二年記云、十一月十四日、主上始讀史記。岡屋關白記云。建長三年八月十一日、小童[六歲]初有讀書事。前中納言經光卿授之五帝本紀。可以知當時已有史記鈔本也。台記云、久安六年四月廿

八日、皇后權大夫初讀五帝本紀、立黑漆書机、其上敷紙、以檀紙二枚裹五帝本紀置其上、其右置角筆。是亦疑卷子鈔本。久安六年、値南宋紹興二年。觀其講筵之式、亦可以知古人尊重經史矣。[右文故事、]愚按、寛平中陸奥守藤原佐世所著日本國現在書目云、史記八十卷[漢中書令司馬遷、宋南中郎兵參軍裴駰集解、]史記音[梁輕車錄事參軍鄒誕生撰、]史記音義廿卷[唐大中大夫劉伯莊撰、]史記索隱卅卷[唐朝散大夫司馬貞撰、]史記新論[陸壹撰]太史公史記問一卷。寛平先久安二百五十年、値唐昭宗時。而集解音義索隱諸書、既傳於我邦。本朝文粹卷九、載後江相公[大江朝綱、村上天皇時人、]春日侍前鎭西都督大王讀史記序云、古人有言、荊山之璞雖美、不琢不成其寶。顏・閔之才

雖茂、非學非弘其量。是故鎭西都督大王、受史記於吏部江侍郎。蓋尋聖訓也。大王仁義有餘、百行無失。雖習馬遷之史、不忘車胤之勤。復樂在爲善、豈非東平之後身。業只好文、則是曹子建之再誕。于時綠觴頻傾、絃管緩調。春花面面、欒入酣暢之筵、晩鶯聲聲、與參講誦之座。朝綱質謝水光、文慙雕虎。猥奉大王之敎、聊獻小子之詞。謹序。台記康治二年九月二十九日條、記講習書目云、史記五十一卷、保延三年本紀一至六、世家一至十七、列傳一至廿八。此諸王諸臣、亦講史記也。史記桃源鈔識語云。余昔壯年就牧中翁而學史記。本紀至周之半、列傳及相如之末、書其所聞者。今也講之、抄以

補其缺也。文明丁酉孟夏十又二、書于翠微所深軒。又云。余舊所聞、止乎相如傳之半矣。今世季玉藏主就余講此書、且又講補所抄缺者。鄕者纔記所聽焉耳。今之抄者、百倍于昔焉。豈無小司馬譏褚小孫之言哉。余亦不敢辭之。蓋貽于後世所不愧者。余之言、乃自彊・北禪・玉渚三大老、及一條臺閣[一條兼良]淸家環翠翁[淸原宣賢]之言也。知我罪我、其唯春秋乎。季玉復幷書余之所講之與所抄。可謂勤矣。吾史記之意、其在季玉乎。文明丁酉夏五初九日。亦庵村僧書于翠微深處之軒。此僧徒亦講史記也。兵範記云。今日[仁平四年三月二十五日]依入學吉日、冠者信政、同車向文章博士第受寮試、讀書三卷端端。高祖本

紀、蕭相國世家、張儀列傳。已上各十行許、讀始之。此入學試史記也。又見源氏物語乙女篇。 明治二年、副知學事兼侍讀秋月種樹、序增訂史記評林云、新刋史記評林、鶴牧藩主水野忠順、命田中篤實豐田一貫等、校正刋刻者。葢字畫之楷正、校勘之精到、較之從前坊刻諸本、太完善矣。余以謭劣、忝備員今皇帝侍讀。嚮與三條右府謀、進讀史記。以世無善本爲憾。欲別刋一本以具御前。適忠順蒙官准、此本刋始成、將獻呈一本、乞序於余。余大善賚維新文明之皇治也。爲題數言。維新之後、朝廷講筵用史記、蓋仍古例也。明治天皇御製云、古乃史見留度邇思布哉。已加治年留國波何如邇登治國之道。讀書

之法、皆備于此矣。

史記鈔本刊本

鈔本　隋唐以來、刋刻文籍、至宋益盛。蘇軾云、余猶及見老儒先生。自言少時欲求史記漢書、而不可得。幸而得之、皆手自書、日夜誦讀、惟恐不及。近市人轉相摸刻、諸子百家之書、日傳萬紙。李氏山房藏書記、 葢刋史記、自北宋始也。而隋唐之舊、不可復見。我邦幸有古鈔本數種。概皆卷子。仍存往、時面目、文字間與今本異。可以資於校勘。

五帝本紀 宮內省圖書寮藏、

夏本紀 求古樓舊藏、今歸岩崎文庫、

殷本紀 高山寺舊藏、今歸內藤文庫、羅振玉景印、

文字與今本異者、太丁太甲太庚太戊字、皆作大、有娀氏之女下、有也字、簡狄取吞之、取下有而字、殷復興、殷下有道字、盤庚乃告諭諸侯大臣、乃下有偏字、決冢宰、決上有事字、帝甲作帝祖甲、弟沃甲作帝沃甲、白旗上有大字、愚草殷本紀考證時、景印未行、補記、

周本紀 經籍訪古志云、正和五年鈔本、崇蘭館藏、

秦本紀 高山寺舊藏、今歸岩崎文庫、

高祖本紀 宮內省圖書寮藏、

呂后本紀 毛利文庫藏、有延久五年學生大江家國識語、

文帝本紀 東北帝國大學文庫藏、有延久五年學生大江家國識語、

景帝本紀 野村氏舊藏、今歸久原文庫、亦有大江家國識語、

孝武本紀 經籍訪古志云、崇蘭館藏、

河渠書 神田文庫藏、藤原忠平手澤本、或云、唐人鈔、羅振玉景印、

范雎蔡澤列傳 宮內省圖書寮藏、

張丞相列傳 高山寺藏、羅振玉景印、

酈食其陸賈列傳 同上、

官庫私倉、所存尚多。錄予所聞見。

刊本　北宋刊本存于今者數種。南渡之後、乾道有蔡夢弼本。淳熙有耿平本。而或卷帙既缺、或行密字小、或諸注不備。黃善夫本最稱完好。

宋黃善夫本。經籍訪古志云。史記一百三十卷。宋槧本。米澤上杉氏藏。宋裴駰集解、唐司馬貞索隱、張守節正義。（天祿琳琅書目云、史記六十冊、宋裴駰集解、唐司馬貞索隱、竝補張守節正義、集解索隱正義、本各單行、至宋始合刻、據校書官張文潛、知元祐時槧、愚按、據此、北宋旣合刻三注、）每半版十行、行十八字、注二十三字。序目錄、每半版九行、行十五字、注二十字。界長六寸五分、幅四寸一分。四周雙邊、烏絲外標題。玄貞讓愼殷徵弘等字闕筆。每卷末、記史注字數。集解序後有建安黃善夫刊于家塾之敬堂木記。傳稱此本係直江兼續遺物。訪古志又錄黃善夫本漢書云。目錄末有識語云、集諸儒校本三十餘家、及五六友、澄思靜慮、讎對同異、是正舛訛、始甲寅之春、畢丙辰之夏。建安黃宗仁善夫謹啓。

（宗仁其名、善夫其字、）列傳第一卷末、有建安黃善夫刊于家塾之敬室記。甲寅、蓋即宋紹熙五年、丙辰、則慶元二年也。行款體式、一與史記同。愚按史漢二書、黃氏竝行。但未詳其上梓先後。而松崎明復慊堂日曆、稱曰慶元本史記。愚又按明嘉靖六年、震澤王延喆覆刻黃善夫本。（跋云、吳中刻左傳、郢中刻國語、閩中刻漢書、而史記未版行、延喆因取舊藏宋刻史記、重加校讎、翻刻於家塾、與三書竝行於世、工始嘉靖乙酉蜡月、迄丁亥之三月、林屋山人王延喆識於七十二峯深處、目錄後有篆書震澤王氏刻梓六字、）至清同治九年、崇文書局重雕王本。而去眞逾遠。上海商務印書館、藏黃刻零本。近者請上杉伯、以補其闕、景印行之。於是人人得掬古香。亦快事也。

劉氏百衲宋本史記。　淸錢曾恨不得獲史記宋槧全帙、輯

綴零本斷冊、合爲一百三十卷、稱曰百衲本。其書今不傳。劉喜海亦倣之、因作此書。蓋輯宋槧四種。一、北宋本。（但有集解、桓字不避、知北宋刊本、）二、宋本。（但有集解、桓字愼字不避、蓋南宋以前刊本、）三、南宋本。（有集解索隱、桓字愼字避缺、）四、南宋蔡夢弼刊本。（有集解索隱、三皇本紀後、有建溪三峯蔡夢弼傳卿親校刊於家塾、時歲乾道七年春王正上日書識語、）說詳於錢泰吉甘泉鄉人稿、張文虎札記。上海商務印書館景印。

元中統本。（張文虎曰、有集解索隱、述贊首有中統二年校理董浦序、稱平陽道參幕段子成刊行、蓋當宋理宗景定時、明豐城游明刻本、蓋自此本出、）

元彭寅翁本。　經籍訪古志云。首有中統二年董浦序、補史記序、集解序、索隱序、論例、謚法解、目錄。卷首體例、與黃善夫本同。但注文間加刪略。每半板十行、行十六字至十七八字。界長六寸一二分、幅四寸一二分、左右雙邊、目錄末雙邊。篋

中題安成郡彭寅翁栞于崇道精舍。列傳十三卷末、又題時至元戊子安成彭寅翁新栞。年表第二卷末、題安成郡彭寅翁鼎新刊行。正義序後、有□同寅翁翠峯彭氏三印。求古樓藏。現存四十二本。缺三十一卷。按楓山文庫亦藏足本。卷末有至元戊子菖節吉州安福彭寅翁刊于崇道精舍木記。即與此同種。朝鮮國刊本、及今行活字板、俱原此本。愚按、楓山文庫本求古樓本、今皆入宮內省圖書寮。永正中三條西實隆手寫彭本。一百三十卷。首一卷。四十三冊。亦入圖書寮。圖書寮善本書目云。景鈔元彭寅翁本全冊、係三條西實隆手筆。本紀末副葉有實隆跋云、史記本紀、（加補史記九冊、）去冬以來淩

老眼染惡筆、使諫議羽林郎公條卿模點了。所謂舊本者、紀傳朱點也。而今爲令易讀、傚江湖之新樣。蓋非不存固實。於其點者無毫釐之差。後昆可知之而已。永正辛未孟秋上澣、槐陰逃虛子。辛未、後柏原天皇永正八年、實隆永正三年任內大臣叙正二位、致仕祝髮號堯空、槐陰逃虛子其別號、公條其子、近藤守重右文故事、又紀三條本事云、七十卷末有識語云、本云、著雍困敦之曆、仲秋月夕天、臨鶴髮五旬有六載之頹齡、終馬氏一百三十篇之就寫。細書欺老眼、苦學樂貧身而已。上章藏念點畢。英房。蓋實隆公以至元本寫、又以英房本校。即舊本此也。遊仙窟有文保三年四月十四日文章生英房跋。愚按文保三年、卽後醍醐天皇元應元年。以此推之、著雍困敦、

後村上天皇正平三年戊子。史記博士異字所引楓山本、蓋英房手校本。我邦得存中古師儒之學者、賴有此本耳。

明柯維熊校本。有集解索隱正義、嘉靖四年九月費懋中序、金臺汪諒得舊本重刻、大行人柯維熊徧求諸家舊本、參互考訂、歷兩載而始成、世稱柯本、

明秦藩刻本。有集解索隱正義、首有嘉靖十三年秦藩鑒抑道人序、每冊以千字文爲次、自天字至往字止、凡二十字、行款大小字數、大致與王本柯本同、蓋皆俱從一宋本出、

明南監本。張氏札記又稱南雍本、有集解索隱正義、多刪削、首萬歷二十四年南京國子監祭酒檇李馮禎新鐫史記序、次萬歷丙申司業江夏黃汝良南雍重刻史記序、每葉板心上方標萬歷二十四年刊、下方標字數刻工姓名、四庫提要稱南監本、又有北監本、亦萬歷二十四年刊、國子祭酒劉應秋等校刊、比諸南監本較劣、

明凌稚隆評林本。有集解索隱正義、吳郡王世貞序無年月、萬歷五年歲丁丑八月天目徐中行序、萬曆四年丙子冬十二月歸安茅坤序、半葉界長九寸、幅四寸九分、左右雙邊、十行、行十九字、注雙行、標記評林、二十四行、行七字、稚隆評林凡例云。史記刻本、

自宋·元迄今不下數十家。但近時見行杭本無索隱述贊。白鹿本無正義。柯本費懋中序云、江西有白鹿書院新刻本、陝西本、缺封禪河渠平準三書。惟金臺汪本、蒲田柯氏所校、頗少差謬。玆刻以宋本與汪本字字詳對、間有不合者、又以他善本參之、反覆讐校。又云。史記舊本每相牴牾。涉于兩是者、不敢妄爲改竄、悉依宋本、仍傍注一本某字作某字、以俟博古者訂之。錢泰吉論評林本云。評林本、藏書家不以爲重。今以乾隆四年殿本校勘、乃知勝明監本多矣。凡例以宋本與汪本詳對。非虛語也。

明李光縉增補史記評林。　是本全依凌稚隆本、標補吳國倫徐中行數人說、無所發明。我邦所行八尾版寬永十三年、八尾助左衛門尉初版、

紅屋版寬文十二年初版、鶴牧版明治二年、水野忠順校、鳳文館版、明治十六年、依張裕釗本補記歸方二家說、皆依李本。

明徐孚遠陳子龍同撰史記測義。　徐·陳、明史有本傳、陳子龍自序、署云庚辰。庚辰、崇禎十三年。依凌氏評林、刪略注文間有發明。

清乾隆四年經史館本。附考證。或稱館本官本殿本、首有乾隆十二年朔御製重刻二十一史序、蓋明監本爲據、校以各本、考證成於張照杭世駿等、間有發明、

同治十一年金陵書局校刊史記集解索隱正義。附張文虎札記。　集解索隱、多據毛晉本、正義、多據王延喆本。金陵本參以明豐城游明刻本、明金臺汪諒刻本、明吳興凌稚隆刻本、北宋本、宋本、南宋本、南宋建安蔡夢弼刻本、元中統本、明南雍本、明秦藩刻本、錢塘汪小米舍人遠孫校宋本、海寧吳子撰春照

校柯本、乾隆四年經史館校刊本、校訂頗精。愚著史記會注考證、以金陵本爲底本、正文以我邦所存鈔本校、正義以僧幻雲所錄補。

史記集解索隱正義

依隋書經籍志・日本現在書目・唐書藝文志、隋唐以前注史記者、裴駰集解八十卷、徐廣音義二十卷、王元感注一百三十卷、義林二十卷、劉伯莊注一百三十卷、地名二十卷、陳伯宣注一百三十卷、韓琬續史記一百三十卷、司馬貞索隱三十卷、張守節正義三十卷、竇羣名臣疏三十四卷、裴安纂訓

二十卷、陸蒙史記新論、（見在書目不載卷數、）太史公史記問一卷。（現在書目不著作者、）概皆亡佚、今止存集解索隱正義三書。（徐廣鄒誕生劉伯莊音義、散見三書中、）

宋裴駰史記集解八十卷。

四庫全書提要曰。史記集解一百三十卷、宋裴駰撰。駰字龍駒、河東聞喜人、官至南中郎參軍。其事蹟附見於宋書裴松之傳。（宋書裴松之傳云、子駰南中郎參軍、注司馬遷史記、行於世、）駰以徐廣史記音義、粗有發明、殊恨省略。乃採九經諸史、幷漢書音義、及衆書之目、別撰此書。其所引證、多先儒舊說。張守節正義、嘗備述所引書目次。然如國語多引虞翻注、孟子多引劉熙注、韓詩多引薛君注、而守節未著於目。知當日援據浩博、守節不能徧數也。原本八

十卷。隋・唐志著錄竝同。此本爲毛氏汲古閣所刊。析爲一百三十卷。原第遂不可考。然註文猶仍舊本。自明代監本、以索隱正義附入其後、又妄加删削。訛舛遂多。（愚按合刻三注、蓋始於北宋、）

毛本史記集解　明常熟毛晉刊。晉記重鐫緣起云。崇禎辛巳開雕司馬遷史記一百三十卷。裴駰集解。順治甲午補緝脫簡周本紀一卷、禮・樂・律・曆書四卷、儒林傳五六七葉。蓋據宋板也。會注集解、多據此本。

唐司馬貞史記索隱三十卷　四庫全書提要曰。唐司馬貞撰。貞河內人。開元中官朝散大夫弘文館學士。貞初受史記於崇文館學士張嘉會。病褚少孫補司馬遷書、多傷踳駁、又

裴駰集解、舊有音義、年遠散佚、諸家音義、延篤音隱、鄒誕生・柳顧言等書、亦失傳、而劉伯莊・許子儒等、又多疎漏。乃因裴駰集解撰爲此書。首注駰序一篇、載其全文。其注司馬遷書、則如陸德明經典釋文之例、惟標所注之字。蓋經傳別行之古法。凡二十八卷。末二卷爲述贊一百三十篇、及補史記條例。欲降秦本紀項羽本紀爲系家。而呂后・孝惠各爲本紀。補曹・許・邾・吳芮・吳濞・淮南系家、而降陳涉於列傳。蕭何・曹參・張良・周勃・五宗・三王各爲一傳、而附國僑・羊舌肸於管晏、附尹喜・莊周於老子、附鄒陽・枚乘於賈生。又謂司馬相如・汲・鄭傳、不宜在西南夷後。大宛傳、不合在游俠酷吏之間。欲更其次

第。其言皆有條理。【考論】史公編次、極有深意、小司馬不解其旨、以己刺譏、提要以爲皆有條理、非也、說既詳于各篇。至謂司馬遷述贊不安、而別爲之、則未喩言外之旨。終以三皇本紀自爲之註。亦未合闕疑傳信之意也。此書本於史記之外別行。及明代刊刻監本、合裴駰、張守節及此書、散入句下、恣意刪削。【考論】集解索隱正義合刻之書、宋時既有、提要似爲創明監本者、非也、　如高祖本紀母媼母溫之辨、有關考證者。乃以其有異舊說除去不載。又如燕世家啓攻益事、貞註曰。經傳無聞。未知其由。雖失於考據竹書、亦當存其原文。乃以爲冗句、亦刪汰之。此類不一。漏略殊甚。然至今沿爲定本。與成矩所刊朱子周易本義、人人明知其非、而積重不可復返。此單行之本、爲北宋祕省刊板。毛晉得而重刻

者、錄而存之。猶可以見司馬氏之舊、而正明人之疎舛焉。

毛本史記索隱　此書四庫全書提要所謂北宋祕省刊板、而毛晉重刻者也。毛晉跋其後云。讀史家多尙索隱、宋儒尤推小司馬史記、與小顏氏漢書、如日月竝照。中略　遂訂裴駰集解而重新焉。每讀至舛逸同異處、宰我未嘗不從田常之類、不能忘情于小司馬。幸又遇一索隱單行本子。凡三十卷。自序綴於二十八卷之尾、後二卷、爲贊述、爲三皇本紀。乃北宋祕省大字刊本。晉亟正其譌謬、重刻附于裴駰集解之後。眞讀史第一快事也。倘有問張守節正義者、有王震澤先生行本在。愚按會注索隱多據此本。

唐張守節史記正義一百三十卷

四庫全書提要曰。唐張守節撰。守節始末、未詳。據此書所題、則其官爲諸王侍讀率府長史也。是書據自序三十卷。晁公武·陳振孫二家所錄、則作二十卷。蓋其標字列注、亦必如索隱。後人散入句下、已非其舊。至明代監本、採附集解索隱之後、更多所刪節。失其本旨。四庫全書提要云、張守節所長在於地理、故自序曰郡國城邑委曲詳明、而監本於周本紀子帶立爲王句下、脫左傳云、周與鄭人蘇忿生十二邑、溫其一也十七字、秦本紀反秦於淮南句下、脫楚淮北之地、盡入於秦九字、項羽本紀、項王自立爲西楚霸王句下、脫孟康云、舊名江陵爲南楚、吳爲東楚、彭城爲西楚十九字、呂后本紀、呂平爲扶柳侯句下、脫漢扶柳縣也、有澤七字、孝景本紀、遂西圍梁句下、脫梁孝王都睢陽、今宋州九字、立楚元王子平陸侯句下、脫應劭云、平陸西河縣八字、孝武本紀見五時句下、脫或曰、在雍州雍縣南、孟康曰、時者、神靈上帝也十八字、晉世家是爲晉侯句下、脫其城南半入州城、中削爲坊、城牆北半見在十七字、趙世家吾國東有河薄洛之水句下、脫案安平縣屬定州也八字、餓死沙邱宮句下、脫括地志云、趙武靈王墓、在蔚州靈邱縣東三十里、應說是也二十三字、韓

世家得封於韓原句下、脫古今地名云、韓武子食采於韓原故城也十六字、淮陰侯列傳家在伊盧句下、脫韋昭及括地志皆說之也十字、貨殖列傳殷人都河西句下、脫盤庚都殷墟地屬河西也十字、周人都河南句下、脫周自平王以後都洛陽九字、自序尼困鄱句下、脫漢末陳蕃子逸爲魯相、改音皮、田褒魯記曰、靈帝末、汝南陳子游爲魯相、陳蕃子也、國人爲諱而改焉三十九字、又如秦本紀樗里疾相韓句下、此本作福昌縣東十四里、監本脫十四里三字、貨殖傳夫燕亦勃碣之間句下、此本作碣石渤海在西北、監本脫北字、又守節徵引故實、頗爲賅博、故自序曰、古典幽微、竊探其美、而監本夏本紀皋陶作士句下、脫士若大理卿也六字、於是夔行樂句下、脫應劭云、太僕周穆王所置、蓋大御衆僕之長、中大夫也二十一字、以應爲太后養地句下、脫太后秦昭之母宣太后芊氏十一字、秦始皇本紀爲我遺鎬池君句下、脫張晏云、武王居鎬、鎬池君則武王也、伐商、故神云、始皇荒淫若紂矣、今武王可伐矣三十二字、敍論孝明皇帝句下、脫班固典引云、後漢明帝永平十七年詔問班固、太史遷贊語中寧有非耶、班固上表陳秦過失、及賈誼言奏之四十二字、項羽本紀會稽守句下、脫守音狩、景帝中二年七月、更郡守爲太守十六字、孝景本紀伐馳道樹殖蘭池句下、脫案馳道、天子道、秦始皇作之、丈而樹十四字、孝武本紀是時上求神君句下、脫漢武帝故事云、起柏梁臺以處神君、長陵女子也、先是嫁爲人妻、生一男、數歲死、女子悼痛之、歲中亦死、而靈宛若祠之、遂聞言宛若爲主、民人多往請福、說家人小事、有驗、平原君亦祠之、至後子孫尊貴、及上卽位、太后延於宮中祭之、聞其言不見其人、至是神君求出、爲營柏梁臺舍之、初霍去病微時、自禱神君、及見其形、自修飾欲與去病交接、去病不肎、詣神君曰、吾以神君精潔、故齊戒祈福、今欲婬、此非也、自絕不復往、神君慙之、乃去也、一百七十字、見安期生句下、脫列仙傳云、安期生瑯琊阜鄉亭人也、賣

藥海邊、秦始皇謂語三夜、賜金數千萬、出於阜鄉亭、皆置去、留書以赤玉舄一量爲報、曰後千歲求我於蓬萊山下、五十九字、李少君病死句下、脫漢書起居注云、李少君將去、武帝夢與共登嵩高山、半道、有使乘龍、時從雲中云、太一請少君、帝謂左右、將舍我去矣、數月而少君病死、又發棺看、惟衣冠在也、六十一字、史寬舒受其方句下、脫姓史名寬舒、五字、禮書疏房牀第句下、脫疏謂窗也、四字、律書其於十二支爲丑句下、脫徐廣曰、此中闕不說大呂及丑也、案此下闕文、或一本云、丑者紐也、言陽氣在上未降、萬物厄紐未敢出也、四十一字、天官書氐爲天根句下、脫星經云、氐四星爲露寢、聽朝所居、其占明大則臣下奉度、合誠圖云、氐爲宿宮也、三十一字、其內五星五帝坐句下、脫羣下從謀也、五字、楚世家伐申過鄧句下、脫虔云、鄧曼姓也、七字、趙世家事有所止句下、脫爲人君止於仁、爲人臣止於敬、爲人子止於孝、爲人父止於慈、與國人交止於信、三十一字、封廉頗爲信平君句下、脫言篤信而平和也、七字、韓世家公何不爲韓求質於楚句下、脫質子蟣蝨四字、又脫公叔嬰知秦楚不以蟣蝨爲事、必以韓合於秦楚、王聽入質子於韓、二十六字、又脫次下云、知秦楚不以蟣蝨爲事、重明脫不字、十七字、田叔列傳相常從入苑中句下、脫堵牆也、三字、田蚡列傳其春武安侯病句下、脫然夫子作春秋依夏正、九字、衞將軍列傳平陽人也句下、脫漢書云、其父鄭季、河東平陽人、以縣吏給事平陽侯之家也、二十三字、至守節於六書五音、至爲詳審、故書首有論字例論音例二條、而監本於周本紀慍太子劍之不任句下、脫劍音招、又吉堯反、任而針反、十一字、秦始皇本紀彗星復見句下、脫復扶富反、見行見反、八字、以發縣卒句下、脫子忽反、下同、五字、佐弋竭句下、脫弋音翊、三字、二十人皆梟首句下、脫梟古堯反、縣首於木上曰梟、十一字、體解軻以徇句下、脫紅賣反三字、東收遼東而王之句下、脫玉于放反、四字、故歸其質子句下、脫質音致、三字、衣服旗

旌節旄句下、脫旌音精、旄音毛、旗音其九字、祇誦功德句下、脫祇音脂、三字、豬其山句下、脫豬音者、三字、僕射周青臣句下、脫音夜二字、上樂以刑殺爲威句下、脫五孝反三字、二世紀以安邊竟句下、脫音境、二字、敘論爲君討賊句下、脫于僞反、三字、項羽本紀將秦軍爲前行句下、脫胡邛反三字、高祖本紀時時冠之正義音館句下、脫下同二字、孝景紀天下乂安句下、脫乂音魚廢反五字、龍〻拔墮句下、脫徒果反三字、鑿龍胡額號句下、脫戶高反、下同五字、爲且用事泰山句下、脫爲于僞反、將爲封禪也九字、鄭世家段出奔鄢句下、脫音假二字、田叔列傳喜游諸公句下、脫喜許記反、諸公謂丈人行也、十一字、其他一兩字之出入、殆千有餘條、尤不可毛舉、苟非震澤王氏刊本具存、無由知監本之妄刪也、

史記正義佚存

張守節正義不傳、四庫全書提要既論之矣。錢大昕十駕齋養新錄亦云。吳郡志人物門云、前漢角里先生、吳人、史記正義引周樹洞歷云。姓周、名術、字元道、太伯之後、漢高祖時、與

東園公・綺里季・夏黃公俱出定太子、號四皓。史記正義、角里先生一號霸上先生。又云。今太湖中洞庭山西南中有祿里村是。今史記南北雍刻、於留侯世家但載索隱說、以周術爲河內軹人、初不載正義之文。蓋正義之散落多矣。圈稱陳留耆舊傳自序、圈公爲秦博士。避地南山。惠太子以爲司徒。至稱十一世。洪氏隸釋、有圈公神坐、圈公神祚机。此卽四皓之東園公也。會稽典錄載虞仲翔云。鄭大里黃公潔己、暴秦之世、高祖卽阼、不能一致。惠帝恭讓、出則濟難。此卽四皓之黃公也。稱漢人。自述其先代、仲翔生於漢末、追溯鄉賢。所言皆當不妄。而索隱止載東園公姓庾黃公姓崔、於圈氏虞氏說、

置而不取。愚謂四皓之姓名里居、太史公既無明文。安知庾崔之必是、而圈・黃之必非乎。安知周術之必居河內、而不居吳乎。史記正義失傳、宋人合索隱正義兩書、散入正文之下、妄加刪削、使不得見守節眞面目。良可歎也。錢泰吉甘泉鄉人稿亦云。楚世家悼王二年、三晉來伐我、至乘邱。誤也。解在年表中。今年表無正義。可見正義之殘闕。伍子胥列傳正義、於姑蘇（謂當作檇李、）夫湫皆云。解在吳世家。今本吳世家、檇李但有集解、姑蘇有集解有索隱、夫椒有集解有索隱。皆無正義。太史公自序、太史公下正義云。以桓譚之說。釋在武本紀。今武本紀、亦未見。皆缺失也。張文虎史記札記亦云。吳郡志考

證門、引史記正義云。吳地記云、笠澤江、松江之別名。又云。笠澤即太湖。今本正義此文失。吾讀三家書、益知三注本所錄正義多削落甚多也。偶繙東北大學所藏慶長寛永活字本史記。狩野亨吉舊藏、蓋依元彭寅翁本、 上欄標記正義一千二三百條。皆三注本所無。但缺十表。其後又得桃源史記抄 僧桃源、名瑞仙、又號竹處、萬菴蕉雨亦菴春雨村僧、永享九年生於近江、寬正中作梅岑軒於相國寺居之、應仁中、避亂江州飯高山下、依京極氏小倉將監、延德元年寂、年五十七、東京帝國大學藏其原稿、館長云、獲諸相國寺、卷首有漢文史記源流考一卷其餘皆國文、與今時講義錄相似、大正震災失之、近藤守重云、寬永三年、陰山立佐活刷發行、余未見其書、米澤文庫足利學校皆藏其零本、皆合綴幻雲抄、 幻雲抄 幻雲名壽桂、亦五山僧徒、後於桃源、 博士家史記異字 或題天朝傳本史記說、前田侯爵藏、說詳後章、 所載正義略與此合。幻雲標記桃源抄云。幻謂、小司馬・張守節、皆唐明皇時人也。而索隱不知正義、正義不知索隱。各出己

意而注正之。今合索隱正義爲一本者、出于何人乎哉。蕉了翁亦未詳焉。蕉了即蕉雨、桃源別號、 況其餘哉。吾邦有索隱本。有正義本。索隱與此注所載大同。正義者此注所不載者夥。故諸本之上書之。識語、依米澤文庫藏桃源抄、 余於是知大學本標記之所由、欣喜不能措、手錄以爲二卷、題曰史記正義佚存。留侯世家上有不能致天下有四人條下云、皇甫謐高士傳、四皓、一曰、東園公、二曰、綺里季、三曰、用里先生、四曰、夏黃公。皆河內軹人。漢書外傳云、園公、陳留圜縣。是其先則爲園公。陳留風俗傳云。園唐字宣明。公羊春秋□□。東園家單父、爲秦博士、遭秦亂、避地於南山。惠帝爲太子、即拜園公爲司徒。遜位。太子封廣襄

邑南鄉侯。陳留志云。唐始常居園中。因謂之園公。周樹洞曆云。用里先生名術、字元道。太伯之後、京師號霸上先生。周氏世譜云，用里先生河內軹人。太伯之後。姓周氏、名術、字元道。京師號曰霸上先生、一曰用里先生。□□俗云。是黃人。今太湖中西有□□祿里村。是。漢書外傳云。秦聘之。逃匿南山。歌曰。商洛深谷、咸夷暐暐 脫誤 紫芝、可以療飢。四馬高蓋、其憂甚大。富貴而畏人、如貧賤而樂肆志。夏黃公或爲大里黃公。會稽典錄云。書佐朱育對邵將濮陽府君云。大里黃公墓、在鄞縣。輿地云。鄞有大里。夏黃公所居也。今鄞縣有黃公廟。崔氏譜云。夏里黃公、姓崔、名廣、字子連。齊人。隱居夏里、修道。故曰

黃公。用音祿。此養新錄所謂佚者也。吳太伯世家報姑蘇也條下云。越世家云、吳師敗於檇李。言報姑蘇。誤也。姑蘇乃是夫差敗處。太史公甚疎。笠澤條下云。笠澤江、松江之別名。在蘇州南三十五里。不云笠澤、即太湖、 封禪書太史公條下云。太史公自序正義、云武本紀者、偶失之、 按二家之說、皆非也。如淳云。漢儀注、太史公武帝置。位在丞相上。天下計書、先上太史公、副上丞相。茂陵中書、司馬談以太史丞爲太史公。自叙傳云。喜生談爲太史公、仕於建元元封之間。又云、太史公既掌天官、不治民。有子曰遷。又云。太史公遭李陵之禍。又云。余述黃帝以來至太初訖。凡百三十篇。後此而料明司馬遷父子爲太史公。後字疑訛、太史公乃司

馬遷自題。吳世家正義無夫湫解、鈔者失之、此鄉人稿札記所謂佚者也。我邦幸存之。豈不亦愉快乎。宋世家害于而家、凶于而國條下云。孔安國曰。家謂臣、國謂君也。爲上無制、爲下逼上、凶害之道。今本孔安國書傳、無此文。讀經者、當講其異同。又引括地志者若干條。可以補孫星衍岱南閣叢書、曹元啓南菁札記、輯本。引世本七略七錄者亦若干條。可以資于考據。其餘一千餘條、不可悉擧。今錄之會注正義各條、略復張氏之舊云。

司馬貞張守節事歷 裴駰事歷、見上文、

錢大昕曰。司馬貞・張守節二人、新舊唐書皆無傳。守節正義序、稱開元二十四年八月、殺青斯竟。而貞前後序、不見年月。按唐書劉知幾傳、開元初、嘗議孝經鄭氏學非康成注、當以古文爲正。易無子夏傳、老子無河上公注。請存王弼學。宰相宋璟等、不然其論奏、與諸儒質辨。博士司馬貞等阿意共黜其言、請二家兼存。唯子夏易傳請罷。詔可。今補史記序、自題國子博士弘文館學士。唐制、弘文館皆以他官兼領、五品以

上爲學士、六品以下曰直學士。國子博士係正五品上。故得學士之稱。神龍以後、避孝敬皇帝諱、或稱昭文、或稱修文。開元七年、仍爲弘文。以題銜驗之、貞除學士、當在開元七年以後也。高祖本紀母劉媼索隱云。近有人云母溫氏。貞時打得班固泗水亭長古碑。其字分明作温字、云母温氏。貞與賈膺復・徐彥伯・魏奉古等執對、反覆沈歎。膺復、當是膺福之譌。先天二年、爲右散騎常侍昭文館學士、以預太平公主逆謀誅。見唐書公主傳、今河內縣有大雲寺碑。即膺福書也。徐彥伯卒於開元二年。見唐書本傳、貞與賈・徐諸人談議、當在中・睿之世。計其年輩、蓋在張守節之前矣。唐書藝文志又稱貞開元潤州別駕。蓋由

文館出爲別駕、遂蹭蹬以終也。十駕齋養新錄、愚按索隱後序云。崇文館學士張嘉會獨善此書、而無注義。貞少從張學、晚更研尋。此小司馬師張嘉會也。梁孝王世家郎中尹霸等士通辭正義云。張先生舊本有士字。先生疑是衍文、又不敢除。故以朱大點其字中心。今按、食官長及郎中尹霸等是士人。太后與通亂。其義亦通也。匈奴列傳題下正義云。今第五十者、先生舊本如此。劉伯莊音亦然。張守節不名其師。筆迹所存、一朱點且不敢忽之。其尊師重史、誠可尙也。所謂張先生、無乃索隱所謂張嘉會乎。則馬・張二人同其師也。

史記考證引用書目舉要

索隱正義以後、宋王應麟・洪邁、明柯維騏・陳仁錫・徐孚遠・顧炎武・清方苞・王鳴盛・趙翼・錢大昕・梁玉繩・王念孫・沈家本・錢泰吉・張文虎・李笠各有著作。訂補漸精。在我邦中井積德甄采尤詳、發明甚多。其餘可資於參考者數百種。今揭其要。

日本

恩田仲任（稱新治、號蕙樓、尾張人、）　史記考

村尾元融　讀史記稿本

岡白駒（字千里、號龍洲、播磨人、居京都、）　史記觹

皆川愿（字伯恭、號淇園、京都人、）　史記戾柁

中井積德（字處叔、稱德三、號履軒、大阪人、）　史記左傳雕題

近藤守重（號正齋、稱重藏、江戶人、）　右文故事、正齋書籍考

龜井昱（字元鳳、號昭陽、稱昱太郎、福岡人、）　左傳纘考、國語考

豬飼彥博（字文卿、號敬所、京都人、）　史記三書管窺

古賀煜（字季曄、稱小太郎、江戶人、）　史記匡謬稿本

安藤維寅（尾張人、）　扁鵲倉公傳割解

多紀元堅（字廉夫、號桂山、江戶人、）元簡（字安叔、號茝亭、）　扁鵲倉公傳補注

僧瑞仙（號桃源、）　史記桃源抄

僧壽桂（號幻雲、）　史記幻雲抄

編者未詳　博士家本史記異字（又題曰天朝傳本史記說、天朝傳本史記異文、引楓山本、三條本、中彭本、南化本、中韓本、以校今本、其曰楓山本者、文章生京房所手校、三條本、永正中三條西實隆手寫、南化本、僧南化所藏、中彭本、蓋彭寅翁本、中韓本、蓋朝鮮刊本、天保十三年、松崎明復贈林大學頭書云、去今二十七年前、加賀藩有校刊二十一史之議、使藩儒大島忠藏當其事、徧校各本、遂請及楓山文庫本、此書蓋忠藏手錄、）

岡本保孝（稱縫殿介、號況齋、江戶人、）　史記傳本考

安井朝衡（字仲平、號息軒、日向人、居江戶、）　左傳輯釋、論語集說

竹添光鴻（字漸卿、稱進一郎、號井井、天草人、居東京、）　左氏會箋

新城新藏（福島人、居京都、）　東洋天文學史研究

禹域

唐劉知幾（字子玄、彭城人、）　史通

洪邁（字景廬、號容齋、鄱陽人、）　容齋五筆

王觀國（長沙人、）　學林

吳仁傑（字斗南、崑山人、）　兩漢刊誤補遺

鄭樵（字漁仲、號夾際、莆田人、）　通志

倪思（字正甫、歸安人、）　班馬異同

婁機（字彥發、嘉興人、）　班馬字類

王應麟（字伯厚、祥符人、）　困學記聞、藝文志考證、通鑑地理通釋、玉海、

金王若虛（字從之、藁城人、）　滹南遺老集

元馬端臨（字貴與、樂平人、）　文獻通考

胡三省 字身之、天台人、　資治通鑑注
明、楊慎 字用修、號升庵、新都人、　丹鉛總錄
柯維騏 字奇純、莆田人、　史記考要 依評林所引、
程一枝 字仲木、號巢父、休寧人、　史詮 依志疑所引、與陳氏史記考略同、
凌稚隆 字以棟、吳興人、　史記評林
胡應麟 字元瑞、蘭谿人、　少室山房筆叢
焦竑 字弱侯、江寧人、　焦氏筆乘
陳子龍 字臥子、 徐孚遠 字闇公、華亭人、　史記測義
陳仁錫 字明卿、　史記考 與史詮略同、
顧炎武 字甯人、號亭林、崑山人、　日知錄

清、高宗 乾隆皇帝、　御批通鑑輯覽
馬驌 字宛斯、鄒平人、　繹史
全祖望 字紹衣、號謝山、鄞縣人、　經史問答
方苞 字靈皐、號望溪、桐城人、　史記注補正、望溪文集
何焯 字屺瞻、號義門、長洲人、　義門讀書記
顧祖禹 字景范、號宛溪、崑山人、　讀史方輿紀要
顧棟高 字震滄又復初、無錫人、　春秋大事表
汪越 字師退、春穀人、　讀史記十表
王懋竑 字予中、號白田、寶應人、　白田山房雜著
趙翼 字耘崧、號甌北、陽湖人、　廿二史劄記、陔餘叢考

王鳴盛 字鳳喈、號西莊、嘉定人、　十七史商榷
查慎行 字悔餘、號初白、海寧人、　得樹樓雜鈔
張照 字得天、華亭人、　館本史記考證
杭世駿 字大宗、號堇浦、仁和人、　史記考證
趙一清 字誠夫、仁和人、　水經注釋
沈濤 字西雍、嘉興人、　銅熨斗軒隨筆
錢大昕 字曉徵、號辛楣、一號竹汀、嘉興人、　廿二史考異、三史拾遺、十駕齋養新錄、
錢大昭 大昕弟、字晦之、號竹廬、　漢書辨疑
王元啓 字惺齋、嘉興人、　三書正譌、月表正譌
崔述 字武承、號東壁、大名人、　補上古唐虞夏商豐鎬洙泗考信錄、孟子事實錄、

梁玉繩 字曜北、錢塘人、　史記志疑、瞥記、
洪頤煊 字筠軒、臨海人、　讀書叢錄
王昶 字德甫、號述菴、一字蘭皐、松江人、　金石萃編
洪亮吉 字稚存、號北江、陽湖人、　四史發伏
桂馥 字未谷、曲阜人、　晚學集、札樸
姚範 字南青、號薑塢、桐城人、　援鶉堂筆記
姚鼐 字姬傳、範姪、桐城人、　惜抱軒筆記
汪中 字容甫、江都人、　述學
盧文弨 字紹弓、號抱經、杭州人、　龍城札記、鍾山札記、
孫星衍 字淵如、陽湖人、　問字堂岱南閣諸集

戴震 字慎修、號東原、休寧人、 東原文集

王念孫 字懷祖、高郵人、 讀書雜志

惲敬 字子居、陽湖人、 大雲山房文集

章宗源 字逢之、會稽人、 隋書經籍志考證

沈欽韓 字文起、號小宛、吳縣人、 漢書疏證

林春溥 字鑑塘、號三山居士、閩中人、 竹柏山房十五種

包世臣 字慎伯、涇人、 藝舟雙楫

俞正燮 字理初、黟人、 癸巳存稿、類稿、

黃式三 字薇香、號儆居、定海人、 周季編年、儆居集、

黃以周 式三子、字儆季、定海人、 儆季雜著

沈家本 字子惇、號枕碧樓、歸安人、 史記漢書瑣言、刑法總考分考赦考、

吳裕垂 字以燕、涇縣人、 史案

吳熙載 字讓之、儀徵人、 資治通鑑地理今釋

李兆洛 字申耆、武進人、 歷代地理韻編

張愓愉 儀徵人、 史記功比說

成孺 寶應人、 史漢駢枝

丁晏 字儉卿、山陽人、 史記毛本正譌

曾國藩 字伯涵、號滌笙、湘鄉人、 求闕齋讀書錄

俞鴻漸 號印雪軒、德清人、 印雪軒文鈔

俞樾 字蔭甫、號曲園、德清人、 湖海筆談

周壽昌 字荇農、長沙人、 漢書注補正

梁章鉅 字閎中、號退菴、福州人、 退菴隨筆

錢泰吉 字輔宜、號警石、嘉興人、 甘泉鄉人稿、曝書雜記、

張文虎 字孟彪、又字嘯山、南匯人、 校史記札記、舒藝室隨筆、

孫詒讓 字仲容、瑞安人、 述林

王先謙 字益吾、號葵園、長沙人、 漢書補注

李慈銘 字炁伯、會稽人、 越縵堂日記

丁謙 字益甫、仁和人、 漢書匈奴西南夷兩粵西域傳地理考證、

朱錦綬 字建侯、吳縣人、 讀史記漢書日記

查德基 字南鄉、長洲人、 讀史記日記

徐鴻鈞 字圭菴、吳縣人、 讀漢書日記

崔適 字觶甫、歸安人、 史記探源

李笠 瑞安人、 史記訂補

梁啓超 字任公、新會人、 史傳今義

史記總論終

書史記會注考證後

大正二年、予得史記正義遺佚於東北大學、始有纂述之志。編摩多年。仙臺齋藤報恩會、捐財以充資料採訪之費、久保得二君校古鈔於祕閣、藤塚鄰君購新刊於燕京以贈、服部宇之吉・市村瓚次郎二君、謀之東方文化學院、刷印行世。校讎之勞、前則阿部吉雄君、後則勝又憲治郎君當之。諸君子之誼、不可諼也。

君山瀧川資言識。時年七十。

昭和九年孟春

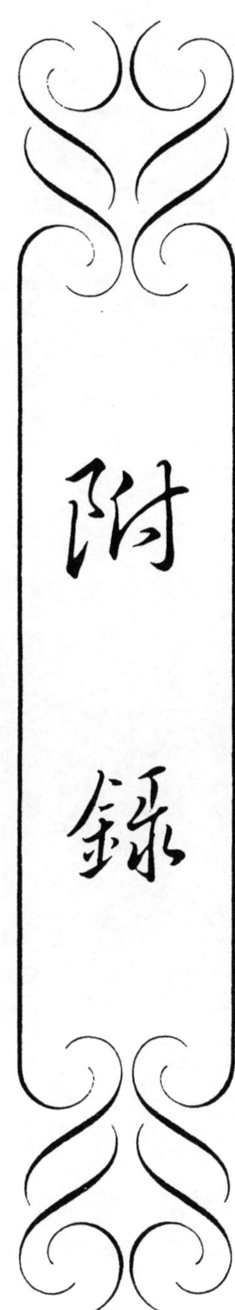
附錄

史籍舉要——史記

■柴德賡

《史記》一百三十卷，西漢司馬遷撰。記事起於傳說中的黃帝，迄於漢武帝太初年間，共三千年左右，是我國第一部紀傳體通史。

一、《史記》的作者

司馬遷，字子長，左馮翊夏陽（今陝西韓城）人。早年從董仲舒學《春秋》，從孔安國學《尚書》，又曾周遊南北，到處考察風俗，採集傳說。他初任郎中，元封三年（西元前一〇八年）繼任其父司馬談生前曾任之職爲太史令，得讀史官所藏圖書。太初元年（西元前一〇四年）開始實踐其父遺命，編次著述《史記》。後因替李陵辯解，得罪漢武帝，下獄受腐刑。出獄後任中書令，發憤完成了《史記》。事跡詳《史記》卷一百三十《太史公自序》、《漢書》卷六十二《司馬遷傳》。

關於司馬遷的生年有兩種說法。

一是唐人張守節《史記正義》，說他生於漢景帝中元五年（西元前一四五年），王國維《太史公行年考》、梁啓超《要籍解題及其讀法》等相信這一說；

二是唐人司馬貞《史記索隱》，說他生於漢武帝建元六年（西元前一三五年），郭沫若《太史公行年考有問題》（《歷史研究》西元一九五五年第六期）贊成此說。

這是一個疑問，有爭論，還值得研究。程金造《關於司馬遷生卒年月四考》（《文史哲》叢刊第三輯《司馬遷與史記》）贊成前說，考證頗細。一般人多同意前說。

司馬遷曾官太史令。太史令初名太史公，所以司馬遷在《報任少卿書》中自稱太史公。《史記》的最初書名叫做《太史公書》，改稱《史記》則是東漢末年以後的事。錢大昕《廿二史考異》云：「史記之名，疑出魏晉以後。」陳直《太史公書名考》（《文史哲》西元一九五六年六月號）指出，司馬遷自定原名爲《太史公書》，嗣後西漢諸儒多沿用此名稱，故《漢書・藝文志》列《太史公書》於春秋類；後來一變爲《太史公記》（《漢書・楊惲傳》）；再變爲《太史記》（《風俗通義・正失篇》）；三變爲今稱《史記》。《史記》之名開始於東漢桓帝之時。

二、《史記》的史料來源

《史記》的史料十分豐富，其來源綜合起來可以分爲四個方面：

第一個來源是書籍。凡漢代以前古書，司馬遷無所不採。經書、國語、國策、楚漢春秋、諸子、騷賦等都是他寫史的重要材料來源。他在《史記》的許多篇章裏都作了明確的說明。如《三代世表》中說「余讀《諜記》，黃帝以來皆有年數……於是以《五帝繫諜》、《尙書》集世紀黃帝以來訖共和爲世表」；《六國年表》中說「太史公讀《秦記》至犬戎敗幽王」；《管晏列傳》中說「吾讀管氏《牧民》、《山高》、《乘馬》、《輕重》、《九府》及《晏子春秋》」；《司馬穰苴列傳》中說「余讀《司馬兵法》，閎廓深遠，雖三代征伐，未能竟其義」；《十二諸侯年表》中說「太史公讀《春秋曆譜諜》至周厲王」；《五帝本紀》中說「予觀《春秋》、《國語》」；《屈原賈生列傳》中說「余讀《離騷》、《天問》、《招魂》、《哀郢》」等等。這些都表明司馬遷是廣泛搜集並充分利用了當時所能得到的書籍資料來從事著述的。

第二個來源是檔案。司馬氏世爲史官，司馬談曾任太史公，後來司馬遷又繼任此職，因此，漢初檔案如詔令、記功冊等都能見到，並且用作寫史的資料。這一點，也可以在《史記》中得到證明。如《惠景間侯者年表》中說「太史公讀列封至便侯」；《高祖功臣侯者年表》中說「余讀高祖侯功臣，察其首封，所以失之者」；《儒林列傳》中說「余讀功令，至於廣厲學官之路」等等都是。

第三個來源是見聞。秦漢史事，對於司馬遷來說是近現代史。當時記載有缺，因此多賴見聞。如《項羽本紀》贊中說「吾聞之周生曰，『舜目蓋重瞳子』，又聞項羽亦重瞳子」；《趙世家》贊中說「吾聞馮王孫曰：『趙王遷，其母倡也……』」；《刺客列傳》贊中說「公孫季功、董生與夏無且游，具知其事，爲余道之如是」；《衛將軍驃騎列傳》中說「蘇建語余曰：『……其爲將如此』」；《太史公自序》中說「余聞董生曰：『周道衰廢，孔子爲魯司寇……』」。這是得於所聞的。《李將軍列傳》中說「吾睹李將軍悛悛如鄙人，口不能道辭」；《游俠列傳》中說「吾視郭解，狀貌不及中人，言語不足採者」。這是得於所見的。《張釋之馮唐列傳》中說唐子馮遂，「字王孫，亦奇士，與余善」；《酈生陸賈列傳》中說「平原君子，與余善，是以得具論之」；《田叔列傳》中說田叔的少子「仁與余善，余故並論之」。這是得於交遊的。這些從見聞和交遊中得來的材料，不僅增加了史料來源，而且增強了《史記》內容的眞實性。

第四個來源是遊歷。司馬遷爲了著《史記》，曾經登涉名山大川，訪求史跡。如《五帝本紀》中說「余嘗西至崆峒，北至涿鹿，東漸於海，南浮江淮」；《河渠書》中說「余登廬山」；《魏公子列傳》中說「吾過大梁之墟」；《屈原賈生列傳》中說「余……適長沙」；《龜策列傳》中說「余至江南」；《淮陰侯列傳》中說「吾如淮陰」；《伯夷列傳》中說「余登箕山」；《蒙恬列傳》中說「吾適北邊，……觀蒙恬所爲秦築長城」等等。這些反映了他足跡所至幾乎遍及全國，也說明了他周遊各地與寫作《史記》的密切關係。

《史記》的史料來源很豐富，然而就各個歷史時期來說，史料的多少又很不平均。春秋以前間有缺略；

春秋戰國至秦比較詳細，漢建立後一百年左右的歷史，則詳盡記載，篇幅最多。也就是說，時代越近材料越多。對於上古史事，司馬遷當時已有文獻不足之嘆。劉知幾在《史通‧敍事》篇中稱：「觀子長之敍事也，自周已往，言所不該，其文闊略，無復體統；自秦漢已下，條貫有倫，則煥炳可觀，有足稱者。」這個評論是對的，但這種情況的產生，是因爲司馬遷據以寫史的材料前少後多所致，我們自然不能苛求於他。

三、《史記》的編纂方法

《史記》以前的史書，《尚書》只是上古歷史文件的匯編，還算不得是正式的史書；其他如《竹書紀年》、《春秋》、《左傳》等均是按年月日的順序編寫的；《國語》、《戰國策》則是分國編寫的。《史記》的編纂方法在當時具有獨樹一幟的首創精神。司馬遷創造性地以本紀、表、書、世家和列傳五種不同的體例來記載複雜的歷史事實。這種方法，便於考見各類人物的活動情況以及各類典章制度的沿革源流，開創了以人物傳記爲中心的紀傳體史書的編纂方法，成爲歷代封建王朝所修「正史」的典範。

《史記》的體例，共分五種：

甲、本紀　共十二篇，可分兩類：一類是以朝代爲主，像《夏本紀》、《殷本紀》、《周本紀》；另一類是以帝王爲主，像《秦始皇本紀》、《高祖本紀》。不論哪一類，實際都是編年史，是大事記，等於全書的總綱。項羽雖非帝王，亦稱本紀，這是因爲秦亡之後，項羽「封王侯，政由羽出，號爲霸王，位雖不終，近古以來未嘗有也」，處於實際上的統治地位，所以凡楚漢戰爭時期大事均見《項羽本紀》。

乙、表　共十篇，也可分兩類。一類是大事年表，如《十二諸侯年表》、《六國年表》、《秦楚之際月表》，「年經事緯，縱橫互訂」，這是讀春秋戰國時期和秦楚之際歷史所不可少的工具。《十二諸侯年表》中的第一年，即周召共和元年，這是中國歷史上有確切年代可據之始。另一類是人物的年表，與列傳互相補充。有些著名人物，和當時政治經濟關係比較大的，《史記》都有專傳；其餘人物，傳不勝傳，事實亦不可沒，則以表載之。如《漢興以來諸侯王年表》、《惠景間侯者年表》、《漢興以來將相名臣年表》等。這類人物表上有名，則列傳可省，眉目也清楚。唐代史評家劉知幾在論修史時有很多高見，但他認爲史表無大用，則不易被人接受。實際上史表的創始，正是《史記》體例的一大特點。

丙、書　共八篇，這是一種系統記述典章制度的體裁，也可以說是分類史。如《律書》、《天官書》、《封禪書》、《河渠書》、《平準書》等，都是研究歷史制度所不可缺少的資料。《史記》初創此體，後班固修《漢書》，爲了與書名《漢書》相區別，改書爲志。志和書的內容一樣，只是《漢書》的志比《史記》的書詳密得多，此後史籍記述典章制度的部分，都隨著稱志了。

丁、世家 共三十篇，這一體裁是用以記封國諸侯的。如魯、衛、齊、楚等國，以其子孫世襲，故稱世家。實際是本紀的雛形。漢初宗室如楚元王劉交、齊悼惠王劉肥；將相如蕭何、曹參等亦列世家，以其實際封王封侯，傳之子孫。至如孔子稱世家，則因武帝時尊崇儒術，司馬遷亦景仰孔子；陳涉稱世家，則是司馬遷對農民起義予以很高的評價。

戊、列傳 共七十篇。古書中凡記事、立論、解經的著作，皆可謂之傳。以人物爲中心作列傳，從司馬遷開始。《史記》的列傳有二大類。第一類是人物傳記，又可分三種：

第一種，一人一傳，如伍子胥、商鞅、蘇秦、孟嘗君、呂不韋等。

第二種，兩人或幾個人一傳，稱爲合傳。寫在合傳裏的人大抵時代相同，或其行事相關聯，如管仲、晏嬰，孫武、吳起，白起、王翦，屈原、賈誼，張耳、陳餘，劉敬、叔孫通均二人一傳；廉頗、藺相如、趙奢、李牧四人合一傳，因都是趙國著名將相；老子、莊子、申不害、韓非四人合傳，因他們的學術思想有一脈相通處。

第三種是類傳，是按人物性質合在一起。如《刺客列傳》列曹沬、專諸、豫讓、聶政、荆軻等五人；《循吏列傳》列孫叔敖等五人；《儒林列傳》列申公等六人；《酷吏列傳》列郅都等十人；《游俠列傳》列朱家等三人；《貨殖列傳》列范蠡等九人；《仲尼弟子列傳》所列的人更多，是列傳中列人物最多的一篇。

第二類是對外國或國內少數民族的記載，亦即後代史書所謂四夷傳。如匈奴、東越、朝鮮、西南夷等列傳，敍述其種族來源、風俗制度、王族興衰及與中土的關係。這一類列傳對中土與沿邊各族及漢族與兄弟族的關係專章記載，極爲重要。後世四夷傳、外國傳也是沿襲《史記》成例的。

《史記》的五種體例，雖各有分工，但又有內在聯繫，詳於此則略於彼，或載於此即省於彼，因此雖分五體，實際是一整體，我們總的稱它爲紀傳體。後世「正史」，雖各因時代特點，傳目有增損，編纂有異同，但沒有超越《史記》體例的範圍。

四、《史記》的價值

《史記》是我國古代第一部通史，據《太史公自序》中說全書共有五十二萬六千五百字，是古代第一部大書，也是當時系統研究古史惟一的史書。它把古代歷史作了一次總結，這是中國歷史上一部光輝燦爛的著作，是紀傳體史書的鼻祖，也是傳記文學的典範。其優點可從三方面來談：

第一，有豐富的史料。如前所述，《史記》的史料來源衆多，三千年史事，每一個時期的重要問題、重要人物、重要年代，能正確集中反映。如《殷本紀》所載商代世次，經過近幾十年來甲骨文的發現和研究，證明《史記》完全可信；《十二諸侯年表》把周召共和以後的中國歷史年代完全確定排列出來，這是古代史上極重要的材料。又如孔子爲儒家創始人，又開私家講學之風，有《孔子世家》、《仲尼弟子列傳》就可以說明問題；商鞅變法關於土地制度的一大轉變，對封建社會的形成有巨大影響，《商君列傳》中對變法經過作了詳細的敍述。再如戰國兼併、養士之風極盛，士的階層乘時參與政治，則四公子、呂不韋等列傳提供了很多材料；對於蘇秦張儀合縱連橫，還系統地記述了他們遊說諸侯的說詞。陳涉、吳廣起義是我國歷史上第一次農民大起義，《史記》對起義過程記得很詳。至於漢代社會工商業發展，商人在社會上形成新的力量，則有《貨殖列傳》。社會矛盾加深，中央集權加強，鬥爭劇烈，在《游俠列傳》和《酷吏列傳》中可看出。漢初經濟由恢復而發展，因用兵而竭蹶，剝削越重，人民生活越苦，這些情況在《平準書》中充分反映出來。總之，《史記》所包含的材料，絕大部分是研究中國古代史所必需的資料。我們不能忘記，司馬遷當時是用竹簡或木簡書寫的，工程浩大，這樣豐富的史料，能夠完整地保存下來，是司馬遷對祖國歷史的偉大貢獻。

《史記》不僅材料豐富，而且對史料的選擇也抱審愼態度。如《五帝本紀》贊中說：「學者多稱五帝，尚矣。然《尚書》獨載堯以來；而百家言黃帝，其文不雅馴，薦紳先生難言之。」又如《伯夷列傳》中說：「夫學者載籍極博，猶考信於六藝。」《三代世表》也說：「自殷以前諸侯不可得而譜，周以來乃頗可著。孔子因史文次《春秋》，紀元年，正時日月，蓋其詳哉。至於序《尚書》則略，無年月；或頗有，然多闕，不可錄。故疑則傳疑，蓋其愼也。」這足以說明司馬遷對史料的審愼態度。

因爲史料豐富，來源不同，司馬遷對材料取捨非常審愼，所以《史記》中對於同一事件，本紀和列傳、世家和年表彼此不同之處也都一併保留。清代梁玉繩撰《史記志疑》三十六卷，專挑《史記》相互矛盾的地方，這是用本證（以本書證本書）的辦法，用功很深，對研究《史記》有幫助。這些前後矛盾有的可能是前後失於檢照，但不能都歸之於司馬遷的疏忽，很多方面是由於原來的史料不同，司馬遷並存不廢，這對我們作研究工作還是有好處的。

第二，有進步觀點。司馬遷的父親司馬談是道家，司馬遷當然要受道家思想的影響，但他本人對儒家的尊崇勝於道家，不可否認他又要受儒家思想的影響。司馬遷所處的時代，正是漢武帝專制集權的全盛時期，他目睹統治階級的殘暴與腐敗，人民遭受剝削壓迫的痛苦，他同情人民起義，揭露統治集團的矛盾。他歌頌陳涉、吳廣起義，列陳涉於世家，比之於「桀紂失其道而湯武作，周失其道而《春秋》作，秦失其政而陳涉發跡。」他對農民起義給予這樣崇高的評價，而與他同時或後世的許多史家都不能有此眼光，顯然這是他具有相當程度的叛逆精神的表現。例如，班固在《漢書》中就把陳涉降爲列傳；劉知幾的《史通·世家》篇對於陳涉入世家頗不以爲然，認爲「陳涉起自群盜，稱王六月而死，子孫不嗣，社稷靡聞，無世可傳，無家可宅，而以世家爲稱，豈當然乎？」由此可見司馬遷的見識比他們都高明。在對游俠朱家、郭解的評論中，司馬遷認爲「雖時扞當世之文罔，然其私義廉潔退讓，有足稱者。名不虛立，士不虛附。至如朋黨宗強比周，設財役貧，豪暴侵凌孤弱，恣欲自快，游俠亦醜之」。在《酷吏列傳》中評論王溫舒時云：「其好殺伐行威，不愛人如此。天子聞之，以爲能，遷爲中尉。」這是對封建統治者的極大諷刺。《史記》有《循吏列傳》，傳中四人都是春秋戰國時人；《酷吏列傳》中的十個人卻都是漢朝人，形成了鮮明的對比。這些都是對統治階級的大膽揭露，同時對人民表示了深切的同情。這種具有強烈的人民性的內容，《史記》中隨處可以見到。班固在《漢書．司馬遷傳》的贊中說：「自劉向、揚雄博極群書，皆稱遷有良史之材，服其善序事理，辨而不華，質而不俚，其文直，其事核，不虛美，不隱惡，故謂之實錄。」但又說他「是非頗謬於聖人，論大道則先黃老而後六經，序游俠則退處士而進奸雄，述貨殖則崇勢利而羞賤貧，此其所蔽也。」班固和司馬遷在這方面思想上有很大的距離，他想完全以儒家思想來衡量司馬遷，這只能說明他不了解司馬遷，也是他不及司馬遷的地方。衛宏的《漢舊儀注》中說：「司馬遷極言景帝與武帝之短，武帝怒而削去」。後來王允要殺蔡邕，以爲武帝不殺司馬遷，留謗書於後世。這又可以看出統治階級是如何不滿於司馬遷了。

其次，司馬遷對於社會現象，特別是貧富、貴賤、壽夭、善惡、天道、神權等，有正確的觀點。他不認爲貧富貴賤有命存焉，而是以財賄之有無爲升降。《貨殖列傳》云：「淵深而魚生之，山深而獸往之，人富而仁義附焉。富者得勢益彰，失勢則客無所之。」又云：「凡編戶之民，富相什則卑下之，伯則畏憚之，千則役，萬則僕，物之理也。」這種認識到以經濟地位決定政治地位的關係，不可謂不是卓見。他在《伯夷列傳》中提出這樣的問題：「或曰：『天道無親，常與善人』。若伯夷、叔齊，可謂善人者非耶？積仁潔行如此而餓死！且七十子之徒，仲尼獨薦顏淵爲好學。然回也屢空，糟糠不厭，而卒早夭。天之報施善人，其何如哉！」「若至近世，操行不軌，專犯忌諱，而終身逸樂，富厚累世不絕。或擇地而蹈之，時然後出言，行不由徑，非公正不發憤，而遇禍災者，不可勝數也。余甚惑焉，儻所謂天道，是非是邪？」《伯夷列傳》是《史記》列傳中第一篇，這些話是司馬遷評論人物中發現的一個主要的矛盾，決不是有什麼天命，而是人爲造成的現實問題。至於鬼神之事，如《封禪書》所載李少君、文成將軍、欒大等，皆以欺誑爲事，這只能反映統治階級的貪婪無厭，欲求長生不老，可以一欺再欺，而終不悔悟。「方士之候祠神人，入海求蓬萊，終無有驗。」實際上神是不存在的。司馬遷之所以能夠無情地揭露和諷刺封建統治者的荒誕不經，正因爲他根本不相信這些東西。司馬遷對天命鬼神的否定，充分反映了他思想中存在著樸素的唯物主義因素。

再其次是司馬遷對工商業的態度，也和當時人的看法不同。《貨殖列傳》中所謂「農而食之，虞而出之，工而成之，商而通之」，「農不出，則乏其食；工不出，則乏其事；商不出，則三寶絕；虞不出，則財匱少。財匱少而山澤不辟矣！此四者民所衣食之原也。原大則饒，原小則鮮。上則富國，下則富家。貧富之道，莫之奪予。而巧者有餘，拙者不足。」這正是反映漢初工商業發展的情況，這種發展，對推動社會經濟是有益的。他又說：「用貧求富，農不如工，工不如商，刺繡文不如倚市門，此言末業，貧者之資也。」這和漢初重農抑商、強本抑末的政策，有很大的分歧。事實上工商業是抑制不住的。他在《平準書》中指出，朝廷之上「入物者補官，出貨者除罪」，市井之中「千金之家，比一都之君。巨萬者，乃與王者同樂。」這樣的形勢，不是空言可以挽回的。平準之法行，「大農之諸官，盡籠天下之貨物，貴即賣之，賤則買之。如此，富商大賈無所牟大利，則反本，而萬物不得騰踊。故抑天下物，名曰平準。」工商業的發展，是歷史發展的必然趨勢，新問題便產生新矛盾，只應解決矛盾，不應單純抑制工商業，司馬遷的這種見解是正確的。

司馬遷的進步觀點還表現在評論人物實事求是，取其一節，不求全責備，亦不以成敗論英雄。《史記》所載人物，僅見於列傳的已有二百餘人。本紀、世家，基本也是人物。凡是敘述歷史事件和人物的關係時，在敘述過程中司馬遷自然已反映出自己的看法。另外，他又在每篇之後，都加一贊語，以「太史公曰」四字爲發端，予以正面評論。如論蘇秦「起閭閻，連六國從親，此其智有過人者。吾故列其行事，次其時序，毋令獨蒙惡聲焉。」論張儀則云：「張儀之行事，甚於蘇秦，然世惡蘇秦者，以其先死，而儀振暴其短，以扶其說，成其衡道。要之，此兩人眞傾危之士哉！」論陳涉以苛察爲忠，諸將不親附以敗，然言「陳涉雖已死，其所置遣諸侯王將相竟亡秦，由涉首事也。」論曹參「攻城野戰之功，所以能多若此者，以與淮陰侯俱。及信已滅，而列侯成功，惟獨參擅其名。」這是貶詞，但下文接著說：「參爲漢相國，清靜極言合道。然百姓離秦之酷後，參與休息無爲，故天下俱稱其美矣。」即使像主父偃那樣熱中富貴，日暮途窮，倒行逆施的人，司馬遷還說：「主父偃當路，諸公皆譽之，及名敗身誅，士爭言其惡，悲夫！」列項羽於本紀，反映了他不以成敗論英雄的進步觀點；同時，他也在贊中批駁項羽「天之亡我」的說法，指出項羽「身死東城，尙不覺寤，而不自責，過矣。乃引『天亡我，非用兵之罪也』，豈不謬哉！」蒙恬以築長城爲絕地脈，司馬遷在贊中責備他「輕百姓力」，指出秦「初滅諸侯，天下之心未定，痍傷者未瘳，而恬爲名將，不以此時強諫，振百姓之急，養老存孤，務修衆庶之和，而阿意興功，此其兄弟遇誅，不亦宜乎，何乃罪地脈哉！」這些論點，對歷史人物的功過是非都非常明確。

第三，《史記》又是一部文學名著。《史記》不僅史料豐富，觀點進步，從史才來說，有組織，有系統，加以生動的文筆，議論精彩，敘事狀物，無不曲盡其妙，像《項羽本紀》、《李將軍列傳》、《魏公子列傳》、《刺客列傳》等，人物栩栩如生，呼之欲出。《史記》所以流行如此之廣，和司馬遷的文章精美也分不開。《史記》的語言，通俗易懂，工於素描，其中引用古書，把詞義艱深的改爲淺近而不失原意，這又是司馬遷的高明處。但文章之事，亦難盡如人意。金代王若虛《滹南遺老集》中有《史記辨惑》十一卷，批評《史記》有十失，皆文章之事，大多不中要害。宋代仉思也做過一部《遷書刪改古書異詞》。《史記》改古書，特別是改《尚書》的語句，這沒有什麼不可以，但有人誤會了，以爲《史記》所載的就是古書原文，反以別的書中所引原是不誤的爲誤，這是不了解司馬遷著作大意的緣故。

五、《史記》缺補問題

《史記》一百三十篇中，有些篇久已有錄無書。《漢書》說缺十篇，但未舉篇目。《太史公自序》的集解、索隱，《漢書·司馬遷傳》的注並引張晏的說法：「遷沒之後，亡〈景紀〉、〈武紀〉、〈禮書〉、〈樂書〉、〈兵書〉、漢興以來〈將相年表〉、〈日者列傳〉、〈三王世家〉、〈龜策列傳〉、〈傅靳蒯成列傳〉。元、成之間，褚先生補缺，作〈武帝紀〉、〈三王世家〉、〈龜策列傳〉、〈日者列傳〉，言辭鄙陋，非遷本意也。」張晏，魏人，去漢世未遠，其言必有所據。清儒於此，衆說紛紜，仍當以張晏之說爲準。今本〈景帝紀〉、〈禮書〉、〈樂書〉、漢興以來將〈相年表〉、〈傅靳蒯成列傳〉，皆有其文。至於兵書，實即律書。要之，所缺十篇，皆後人拾補，究係何人，已難指明。因馮商、揚雄、劉歆、陽城衡、褚少孫、史孝山等，皆續補《史記》，十篇之外，亦有補充。惟褚少孫所補，今本仍低一格，尚可辨認。褚少孫，東漢沛縣人，曾師事王式，元成間爲博士。《武帝本紀》，張晏以爲褚先生補，實際上《武帝本紀》乃抄錄《封禪書》而成，殊淺妄，褚先生亦不至於如此。古書舊籍，年代愈久、聲名愈大的，後人羼雜補續，多難避免。《史記》不過是其中一例，讀《史記》的人，則不可不知。

六、《史記》的注本和版本

《史記》的注本，今存三家：劉宋裴駰《史記集解》八十卷；唐司馬貞《史記索隱》三十卷；唐張守節《史記正義》三十卷。三者書名不同，實皆《史記》注本。原來各本單行，宋代刻本始將三家注分列《史記》正文之下，而三家注仍分別單行。到明代監本出，三家注合一，多有刪削訛漏之處，殿本因之，不很可靠。

現存《史記》版本，以百衲本《史記》爲最善。百衲本中有六十三卷是宋慶元時建安黃善夫刻本，其餘六十七卷用明震澤王氏本配齊，震澤王氏本是依黃善夫本翻雕的，一向也稱爲善本。近年中華書局刊印點校本，經過精心校刊，很好。

日本人瀧川龜太郎撰《史記會注考證》一書，取清代學者有關考證《史記》的文字八十四種、日本學者注解《史記》的文字十八種合注而成，搜羅很廣，功夫頗深。近年國內已有重印本。此書另一可貴處，在於其所引《史記正義》比今本多。然《史記》一書，從三家注以來，研究的人很多，應當彙集各家注釋，加以考定，成一新注本，這就有待於大家今後的努力了。

——選自《史籍舉要》

一九八二年九月　北京出版社出版

論司馬遷史學研究方法

■周一平

一、類傳論

《史記》列傳七十篇，有一人一傳的專傳，也有二人以上合在一起的類傳。如《管晏列傳》、《老子韓非列傳》、《孫子吳起列傳》、《仲尼弟子列傳》、《白起王翦列傳》、《孟子荀卿列傳》、《廉頗藺相如列傳》、《屈原賈生列傳》、《刺客列傳》、《循吏列傳》、《儒林列傳》、《酷吏列傳》、《游俠列傳》、《佞幸列傳》、《滑稽列傳》、《貨殖列傳》等等都是人物的類傳。至於《匈奴列傳》、《南越列傳》、《東越列傳》、《朝鮮列傳》、《西南夷列傳》、《大宛列傳》等，則是民族、國家的類傳。類傳總計達四十五篇，占列傳總數的百分之六十，即三分之二，占了主要地位。

兩人以上合在一起的傳，名稱紛紜。梁玉繩說：「昔人以老、韓同傳爲不倫，《史通・編次》篇深訾之。小司馬補《史》亦云：不宜同傳……」。此稱「同傳」。歸有光曰：「太史公列傳，或數人合傳，皆聯書不斷。今合續之，尤見其奇」。此稱「合傳」。陳仁錫說：「管仲、晏嬰皆齊名臣，故共傳①」。此稱「共傳」。程金造說：「《萬石張叔列傳》敍萬石君、衛綰、張叔、直不疑及周文五人，都謹誠忠厚，有時譽，太史公因之著爲聯傳」②。此稱「聯傳」。張大可說：「七十列傳分爲四個類型：1專傳，2合傳，3類傳，4附傳。專傳指一人一傳，兩人以上爲合傳，以類標題爲類傳」。又說：「類傳人物古今同傳，以類相從；合傳與類傳爲同一類型，或對照或連類，故合傳人物往往打破時代界限，上溯下及」③。張大可這種四種形式傳的分法與徐浩《廿五史論綱・自序》中的分法是相同的。這裏又有了類傳的名稱，並將類傳與合傳作了區分。其實同傳、共傳、聯傳、合傳等都應稱爲類傳。因爲司馬遷將兩人以上合在一起作傳，並非是一種湊合的研究方法，而是一種分類的研究方法，類比的研究方法。《史記》中兩人以上的傳，都有以類傳相從的地方，只是分類的角度、內容，因人因事有所不同罷了。張大可認爲「以類標題爲類傳」，即《儒林列傳》、《循吏列傳》之類。而不以類標題的兩人以上的合傳即爲「合傳」，但又承認「合傳與類傳爲同一類型，或對照或連類」。合傳既有「連類」之義，不就是類傳嗎？張大可舉例的合傳，如《白起王翦列傳》，實爲軍事家類傳，如《屈原賈生列傳》，實爲文學家類傳，如《扁鵲倉公列傳》，實爲醫學家類傳，即張守節所說的「醫方傳」。張大可又說：「《孟子荀卿列傳》附列人物十一人，實質是篇先秦的『諸子列傳』。」「實際是戰國百家爭鳴的一個類傳」。「《汲鄭列傳》實質是『黃老列傳』④。」既然這些合傳的實質是分類的類傳，爲什麼不從實質內容出發，稱之爲類傳，反要從標題的形式出發稱之爲合傳呢？這就沒有從本質上來看問題，也沒有從司馬遷史學研究方法的理論高度來分析。如果從本質上來分析，從史學研究方法的理論來分析，「同傳」、「共傳」、「聯傳」、「合傳」的名稱都是不恰當的，只有稱之爲「類傳」，才比較恰當。

司馬遷爲什麼主張類傳？他曾在《樂書》中說到：「萬物之理以類相動也」。在《魯仲連鄒陽列傳》「贊」說：「比物連類」。這可以作爲他採用類傳、主張類傳的理論說明。「物以類聚，人以群分」，這是自然界的自然現象，也是人類社會的自然現象。這種客觀的物質的現象必然反映到人的頭腦中，影響人們的思維方法、研究方法。人們的思維方法、研究方法也會去適應這種物質現象的特點、規律。物一歸類，就可見萬物的特徵，人一分群，就可見人的特點、精神面貌。司馬遷以人爲史學研究的中心，研究人不僅是爲了反映人類社會的發展變化，也要通過論載人物，總結各個方面的經驗教訓，宣傳封建思想、道德、「制義法」。而將人物分群分類進行研究，就有利於比較集中地反映人類某一個方面的活動，總結這一個方面的經驗教訓，有利於比較集中地研究和論述某一方面人物的政治態度、學術思想、道德觀念，有利於從政治流派、學術流派的高度來研究歷史人物，容易體現研究的深度。人物的分類研究，前後不同時代的人一起研究，同時代的人一起研究，都是一種比較研究法。分類之先，必須有比較，有比較才能分類，分類之後，又更利於比較研究。分類研究和比較研究是相輔相成，相補相益的。在分類的比較研究中，特點、規律、思想、理論，才能更多地挖掘和閃耀出來。前後不同時代人物的分類研究，比較容易反映某一方面歷史發展的線索、特點、規律，是一種縱向的分類研究。同時代人物的分類研究，比較容易反映某個時代的特點、風尚，是一種橫向的面的分類研究。縱橫穿插，歷史發展的線索和社會風尚既分別研究，又互爲表裏，顯然就促進了歷史研究的深入。司馬遷「比物連類」，「萬物之理以類相動」的道理就在於此。

形式是內容決定的。如果只打算研究、反映某個「點」，則作專傳是自然的，如果打算反映某條「線」、某個「面」，勢不得不做類傳。司馬遷研究歷史發展線索的任務，對象，決定了他必然重視類傳，必然主張、提倡類傳。司馬遷的史學研究內容，決定了他的史學研究方法。

司馬遷的史學研究內容決定他必然採取類傳方法的第二個方面是，一些同時代、同一件事中的人物，因爲你中有我，我中有你，關係密切不可分割，爲了將史事、人物都寫得清楚更全面更生動，而不至於偏面缺漏，也爲了避免分別立傳重複敘述史事的累贅，所以將史事關係密切的人類傳。盧文弨說：「《史》、

《漢》數人合傳，自成一篇文字，雖間有可分析者，實不盡然。蓋數人同一事，彼此互見，自無重複之弊。即如《史記・廉藺列傳》，首敍廉頗事，無幾即入藺相如事，獨多。而後及二人之交歡，又間以趙奢，末又以頗之事終之，此必不可分也」⑤。指出了類傳的設置，一適應「事必不可分」的需要，克服「重複之弊」的缺點。如《廉頗藺相如列傳》中完璧歸趙的藺相如的事，與廉頗無關，趙括代廉頗爲將則爲廉頗事，與藺相如無關。而澠池會，將相和則爲廉、藺二人共同的事。如果廉、藺兩人分別立傳，則兩傳都須記述澠池會、將相和事，自然就出現重複，且輕重高低詳略把握不好，就會出現敍述的偏面，以至產生矛盾。將兩人類傳，就避免了這些問題，特別寫將相和一段，廉、藺兩人的風采、神態，在對比的寫法中生然有神。《魏其武安侯列傳》也是一篇「必不可分」的類傳。查慎行說：「《史記・魏其武安侯列傳》末附灌將軍，離而爲三人，合則爲一傳。中間彼是互見，敍事之曲折情況一一如在目」⑥。魏其侯竇嬰、武安侯田蚡、灌夫三人的事，不少是同一事，而且「彼是互見」，密不可分。如魏其爲大將軍時，武安爲諸郎，「往來侍酒魏其，跪起如子姓」。至竇太后死，魏其失勢，「諸客稍稍自引而怠傲，唯灌將軍獨不失故」。而因爲武安爲丞相，「天下士郡諸侯愈益附武安」。至武安大喜之時，灌夫使酒罵坐，武安遂仗勢捕灌夫。魏其決意救灌夫，與武安朝廷辯論。武安略施小計，灌夫、魏其均被殺頭。司馬遷說：「魏其誠不知時變，灌夫無術而不遜，兩人相翼乃成禍亂。武安負貴而好權，杯酒責望，陷彼兩賢。嗚呼哀哉！遷怒及人，命亦不延。衆庶不載，竟被惡言。嗚呼哀哉！禍所從來矣！」說明司馬遷看到他們三人的生死存亡是密切聯繫的，所以合在一起類傳。三人合一起類傳，既通過曲折互見的論述總結了多方面的經驗教訓，又狠狠批評了勢利的社會風氣，如《史記會注考證》所引「武安之勢力盛時，雖以魏其之貴戚元功，而無如之何，灌夫之強力盛氣而無如之何，廷臣內史等心非之，而無如之何，主上不直之，而無如之何。子長深惡勢利之足以移易是非，故敍之沈痛如此」。⑦採用類傳、理論、思想、感情易於昇華。《酷吏列傳》述漢代酷吏的事迹，一方面爲了便於總結經驗教訓，一方面也因爲其中數人的事迹實「必不可分」，不得不採取類傳。陳仁錫說：「敍酷吏十人，錯綜聯絡。如《寧成傳》附郅都事。《張湯傳》附趙禹事。《義縱傳》附寧成事。《楊僕傳》附溫舒事。總成一篇，文字奇絕」⑧。李景星也說：《酷吏傳》「立格遣辭，以短悍爲主，以穿插見長，一篇之中，感慨悲憤純是一片肅殺陰慘之氣」⑨。如郅都爲濟南守時，寧成爲濟南都尉。郅都死，寧成「其治效郅都」。趙禹與張湯一同「論定諸律令」。「兩人交歡，而兄事禹」。張湯又曾爲寧成掾。義縱案治寧成，而「治放郅都」。又義縱爲右內史時，王溫舒爲中尉，楊僕爲主爵都尉，三人共事。杜周曾爲義縱爪牙，後又事張湯，「其治大放張湯而善候伺」。諸如此類等等，說明諸酷吏不僅氣味相投，而事迹也互相關聯。如果分別立傳，不勝其煩複，而合爲類傳，既簡明扼要，相互之間的影響又清清楚楚，總結的經驗教訓、治國良方，也易深刻、有說服力。類傳既是史學研究中分類比較的研究方法，也是史學研究在寫作技術上簡鍊的方法。

司馬遷採用類傳研究方法，其應用並不只限於某一類傳內部。《史記》中《孟嘗君列傳》、《平原君虞卿列傳》、《魏公子列傳》、《春申君列傳》被稱爲「四君子傳」。《平原君虞卿列傳》顯然是類傳。《孟嘗君列傳》名爲專傳，實亦爲孟嘗君、魏子、馮驩的類傳。《魏公子列傳》亦爲魏公子、侯嬴等的類傳。《春申君列傳》亦爲春申君、朱英、李園等人的類傳。這四篇類傳又特意編排在一起，這就是把類傳分類比較研究的方法擴大了。爲什麼要把這四篇類傳編排在一起？這四君子，孟嘗君約死於西元前二八三～前二八一年，平原君死於西元前二五一年，信陵君死於西元前二四三年，春申君死於西元前二三八年，生年均不詳。這四篇傳的次序是按年代先後排列的。然以此四篇傳與其前後的傳比較，就不是按年代排列了。《孟嘗君列傳》前是《孟子荀卿列傳》，孟子卒於西元前二八九年，排在《孟嘗君列傳》前，是符合年代順序的。而《春申君列傳》後的《范睢蔡澤列傳》，范睢卒於西元前二五五年。《樂毅列傳》，樂毅卒於西元前二七八～前二七二年之間，年代均在平原君、信陵君、春申君之前。如果按年代順序排列，就應當將范、樂兩傳排在《孟嘗君傳》後，《平原君傳》前。而司馬遷所以將平原君、信陵君、春申君三君子的傳提前，以與孟嘗君並列，顯然是從分類來考慮，是按分類編排人物傳次序，而不是按年代編排人物傳次序。因爲他們四人都養士好客，「能以富貴下貧賤。」瀧川資言說：「四君以類敍列，以見當時風尚，不關年代先後」⑩。這是有道理的。這幾篇傳合一起確實反映了戰國時養士的風氣，也突出了門客舍人的社會作用。突出了「富貴下貧賤」之「義」、「理」。這就說明類傳的分類比較研究方法，不只是用於某一篇，而且篇與篇之間也有「比物連類」的編排，這是類傳方法的擴大。其《蘇秦列傳》與《張儀列傳》連類編排其意義和作用也是這樣。羅以智認爲：「其不合傳而若合爲一傳者，張儀次《蘇秦傳》後，《儀贊》中，兼敍兩人」。⑪指出蘇秦、張儀兩傳排一起，實際上就是一篇「合傳」、類傳。

類傳的研究方法，司馬遷不僅用之於列傳，其於本紀、世家等體，也同樣用這種方法。司馬遷的紀傳體是以人爲本傳，爲中心，本紀、世家、列傳的對象都是人，這是相同的，只是規格有所不同。所以本紀、世家在某種意義上也就是人物的傳記，也可以用類傳的方法。梁啓超在《中國歷史研究法補編．人的專史》一篇中指出：「《史記》的《項羽本紀》，前半篇講的項梁，中間講的范增，後半篇才講項羽。自己若是文章技術劣點，分爲三篇傳，三篇都作不好。太史公把他們混合起來，只作一篇，文章又省，事情又很清楚。這種地方，很可取法」。這就是將《項羽本紀》作爲一篇傳看，並作爲項梁，范增、項羽的類傳看。這三個人的事迹是「密不可分」的。而且通過項羽、項梁的對比，通過范增雖有智謀卻被項羽遺棄，深刻總結了項羽失敗的教訓，批評了「天亡」的天命論觀點。《陳涉世家》，實際上是一篇陳勝、吳廣的類傳。大澤鄉起義是陳勝、吳廣兩人共同領導、策畫的，兩人類傳既省篇幅，又將起義的經過寫得詳盡生動。也全面充分反映了農民思想面貌及其變化。《外戚世家》純粹是類傳。通過太后、皇后、妃子等人的事迹，說明了在帝王統治中「外戚之助」的作用，所以寫一系列的后妃，就是爲了增加說服力。《五宗世家》也是類傳，通過漢景帝諸子的事迹總結了分封制、加強中央集權的經驗教訓。此外，表體雖以人爲對象，但不能作爲傳體。而書體雖論國家大政，卻也分類論載人物。如《天官書》論載歷代天文學家。《封禪書》論載歷代術士、方士。《河渠書》論載歷代河工、治河者。《平準書》論載歷代經濟家。這些實際上也採用了類傳方法。通過類傳的方法，使國家大政、各種學問的發展線索更淸楚，也深刻總結了國家大政的經驗教訓。《史記》八書，本來就是一種歷史分類研究方法，與類傳的分類研究方法是相同的。

類傳的方法，司馬遷在列傳、本紀、世家、書各體中都採用，足以說明司馬遷對此很重視，很提倡。傳的方法司馬遷以前就有，但類傳的方法尙未發現司馬遷以前的資料。《國語》、《國策》重在記事，往往將某一歷史事件記得較淸楚，從而也穿挿記載了這一歷史事件涉及到的人。司馬遷類傳的某些方面就是同這種方法相似，記事而穿挿記人。所以類傳的方法也借鑑了前人的某些方法。不過從本質上來講，《國語》、《國策》不是傳體，也談不上採用了類傳方法。類傳方法是將分類比較研究方法運用於歷史研究的創造，是歷史類比研究法的創造。是司馬遷融合貫通前人史學研究方法後的新創造，類傳方法是司馬遷史學研究方法論的組成部分，也是他史學批評及其理論的組成部分。

自從司馬遷製造、提倡類傳的方法，班固作《漢書》，及以後的史家，大都採取了類傳的史學研究方法。二十四史中，幾乎每史都或多或少採取了類傳的方法。只是《史記》中是以類傳爲主，而其他各史雖有類傳，但類傳沒有占全史的主要地位。到了近代，中國的資產階級史學興起，在方法論上更注重比較、分類的研究方法。梁啓超在《中國歷史研究法補編》專門設立《合傳及其做法》一章，雖然「合傳」的提法不太妥當，以類傳爲好，然其「合傳」即「類傳」的意思，其對「合傳」（類傳）方法的研究和論述，某些地方是精闢的。梁啓超在《合傳及其做法》中說：「合傳這種體裁，在傳記中最爲良好。因爲他是把歷史性質相同的人物，或者互有關係的人物，聚在一起，加以說明，比較單獨敍述一人，更能表示歷史眞相」。「《史記》中就有許多合傳，翻開目錄細看，可以看出不少的特別意味。《史記》以後，各史中雖亦多有合傳，究竟嫌獨立的傳太多了。若認眞歸併起來，可以將篇目減少一半或三分之一。果然如此，一定更容易讀，更能喚起興味」。「我們常說二十四史有改造的必要，如果眞要改造，據我看來最好用合傳的體裁」。梁氏爲什麼如此重視司馬遷創造和提倡的類傳方法呢？因爲這是一種事半功倍的方法，是一種資產階級史家重視的分類比較研究方法、歷史類比研究方法。梁氏在文中又特別表彰章學誠《湖北通志檢存稿》的「合傳」方法，說：書中「三十餘篇傳都是合傳。每傳人數自二人以至百餘人不等，皆以其人性質的異同爲分合的標準，皆以一個事迹的集團爲敍述的中心。讀其傳者同時可知各個人的歷史及一事件的始末，有如同時讀了紀傳體及紀事本末體」。梁氏又表彰魏源的《元史新編》的「合傳」方法說：「體裁實不失爲革命的。書中列傳標目很少，在武臣方面，合平西域功臣爲一篇，平守功臣爲第二篇……又把武功分爲幾個段落。同在某段落的立功者合爲一傳。文臣方面，合開國宰相一篇，中葉宰相一篇，末葉宰相一篇，某時代的諫官一篇，曆法同治河的官又是一篇。又把文治分爲幾個時代或幾個種類，同在某時代服官者，或同對於某樣事業有貢獻者，各各合爲一傳。全書列傳不過二三十篇，皆以事的性質歸類。每篇之首，都有總序，與平常作傳先說名號籍貫者不同，我們但看總序，不待細讀全篇，先已得個大概。例如每個大戰役內，中有多少次小戰，每戰形勢如何，誰爲其中主人，開頭便講，然後分別說到各人名下。像這種作法，雖是紀傳體的編制，卻兼有紀事本末體的精神。所傳人的位置及價值亦都容易看出」。梁啓超指出了章學誠與魏源借鑑了司馬遷的類傳方法，並且更加發展和完善了類傳的方法。魏源的類傳方法，實際上已將編年、紀事本末、類傳、序體等各體互相結合，採各體之長，形成了一種嶄新的更爲嚴謹的類傳方法，既可以明確時代的劃分，也可以明確事件的始末，既可以明確一事的主角，又可以了解一事的配角。這種類傳的方法確實是有助於史學研究的深入。梁啓超所主張的用「合傳」的方法改造二十四史，就是主張用魏源式的「合傳」方法。

梁啓超不僅從理論上肯定了類傳的方法，而且第一次從方法論理論的高度，對司馬遷以來的類傳方法進行了總結和闡述。

二、附傳論

司馬遷在《史記·魯仲連鄒陽列傳》贊曰：「鄒陽雖不遜……亦可謂抗直不橈矣，吾是以附之列傳焉」。說明這篇類傳是以魯仲連爲主，鄒陽爲附，《鄒陽傳》是一篇附傳。說明司馬遷採用的傳體中有附傳的方法。徐浩《廿五史論綱·自序》中指出：《史記》列傳之體有四：1.專傳。2.合傳。3.附傳。4.類傳。附傳者，即是「史家對於同一事迹，或共事之人，恒取其主要之一人爲主，而下附載此事相關之人一一類敍，或帶敍，蓋人各一傳，則不勝傳，不爲立傳，則其人又有事可傳，故用附傳之例。亦有祖孫父子無大事可傳，而又不勝沒者，則以子孫附祖父，或祖父附子孫，各視其地位輕重大小以決定之」。柯維騏說：「《太史公自序》云：『作《老子韓非列傳》』。其莊子、申子特附載之耳。

凡世家、列傳附載者極多。如《陳平世家》附王陵。如《楚元王世家》附趙王。如《張儀傳》附陳軫、犀首。如《樗里甘茂傳》附甘羅。如《孟子荀卿傳》附淳于髡、慎到、騶奭。如《廉頗藺相如傳》附趙奢、李牧。如《韓王信盧綰傳》附陳豨。如《樊酈傳》附滕公、灌嬰。如《傅靳傳》附周緤。如《張丞相傳》附周昌、任敖、申屠嘉。如《酈生陸賈傳》附朱建。如《萬石張叔傳》附衛綰、直不疑、周文。如《平津傳》附主父偃。如《魏其武安傳》附灌夫。其論贊或專或兼，無定體也」⑫。徐、柯兩人都看到了司馬遷採用了附傳的方法。不過他們只看到列傳、世家中採用了附傳的方法，眼光還是狹窄了點。其實《史記》各體均有附傳、附載的方法。如《秦始皇本紀》末，附載了秦二世、秦子嬰。《呂太后本紀》附載漢惠帝。《項羽本紀》、《高祖本紀》附載項羽、劉邦的後代。這是本紀中的附傳、附載。《十二諸侯年表》於十二國之外，也記「滅虞虢」，「伐許」，「伐黃」，「滅六、英」，「滅梁」，「魏武子爲魏大夫」等其他小國的事。《六國年表》也記「魏、韓、趙滅晉，絕無後」，「楚、韓、趙、蜀人來」，「宋太丘社亡」，「宋君偃元年」，「宋自立爲王」。「春申君徙於吳」等七國以外的事。這是表中的附載、附傳。《封禪書》記李少君、欒大等人事。《平準書》記卜式、桑弘羊等人事。《樂書》記子夏、師涓、師曠。《河渠書》記鄭國等人事。這是書中的附載、附傳。是《史記》五體中均採用了附傳、附載的方法。司馬遷是很重視採用附傳、附載方法的。梁啓超在《中國歷史研究法補編·人的專史》中指出，這是一種「一人爲主，旁人附錄」的方法。這種附錄的方法，稱之爲「附錄」、「附載」、「附傳」均可。以從能反映史學研究的特點、術語，從司馬遷的原意出發看，姑名之爲「附傳」方法。

司馬遷爲什麼主張採用附傳方法？附傳方法有什麼功用？《史記·田儋列傳》附傳了田橫賓客從死的事。爲什麼要附傳之呢？司馬遷在「贊」中說：「田橫之高節，賓客慕義而從橫死，豈非至賢！余因而列焉。不無善畫者，莫能圖，何哉？」司馬遷對論載田橫及其賓客所以有很迫切的願望，就是爲了表彰他們的「至賢」、「高節」。表彰田橫相齊國「能得士」，「齊人賢者多附焉」。這不僅有利於總結做人的經驗教訓，也有助於總結治國的經驗教訓。《越王勾踐世家》附傳了范蠡、大夫種。爲什麼附傳之？司馬遷說「勾踐困彼，乃用種、蠡。」又說：「范蠡三遷皆有榮名，名垂後世。臣生若此，欲毋顯得乎！」這一方面也是總結做人、治國的經驗教訓，同時也是事不可分所決定的。勾踐臥薪嘗膽，復興越國，靠的就是蠡、種兩人。不記載蠡、種兩人的事迹，就不可能反映越國復興的全過程。而且通過越用范蠡、大夫種，吳用太宰嚭的不同結果，通過蠡、種二人的不同結局，突出了做人、治國的經驗教訓。《田叔列傳》附記了田叔之子田仁。司馬遷說：「仁與余善，余故並論之」。這裏以私情論人固然是一個方面。而另一方面，司馬遷在傳中說：「叔以官卒，魯以百金祠，少子仁不受也，曰：『不以百金傷先人名』。」這裏就表彰了田仁的德義風節。是附傳之意也在宣揚封建道德。同時田仁爲田叔子，附傳之，既是連類相從，也以盡田叔本末，補充了田叔身後的事。將上述歸納一下，可以看出附傳的方法功用和原因是：1.便於總結經驗教訓，宣傳義、理。2.由事「必不可分」決定的。以便反映事件的全過程、發展線索。3.補充史事，補充始終本末。前二條與類傳的功用、原因相同。後一條則是補充、補注的方法。

附傳方法的功用原因某些與類傳方法相同，表明附傳方法是類傳方法的繼續和發展。梁啓超《中國歷史研究補編·人的專史》則將附傳併入「合傳」，認爲是「合傳」中的一種。這是很自然的。但附傳和類傳從史學研究的對象、方法來說還是有區別的。而附傳的方法加入列傳之中，不僅使列傳的對象、容量更加擴大，也使分類比較研究的方法更加發展了。《史記》列傳三分之二爲類傳，三分之一爲專傳。類傳中再加以附傳，類傳分類比較研究的內容更多了，也更深入了。專傳中加以附傳，實際上就將專傳發展成了類傳，擴大了類傳的範圍。從每篇列傳都有附傳來看，則《史記》每篇列傳都視爲類傳，也未嘗不可。如《史記》中《管晏列傳》附鮑叔，《白起王翦列傳》附王乾，《范睢蔡澤列傳》附須賈等，《季布欒布列傳》附曹丘生、季心、丁公，《衛將軍驃騎列傳》附諸禪將……以上爲類傳中的附傳。《伯夷列傳》附敍齊，《司馬穰苴列傳》附莊賈，《伍子胥列傳》附伍奢、白公勝、《商君列傳》附公叔座、趙良，《蘇秦列傳》附蘇代等，《張儀列傳》附陳軫、犀首，《穰侯列傳》附仇液等，《樂毅列傳》附樂間等，《田單列傳》附王蠋，《呂不韋列傳》附嫪毐，《李斯列傳》附趙高、李由，《蒙恬列傳》附蒙鷔、蒙毅，《鯨布列傳》附賁赫，《淮陰侯列傳》附蒯通，《張丞相列傳》附任敖、王陵、申屠嘉、周昌，《吳王濞列傳》附膠西王卬等，《韓長儒列傳》附公孫詭、羊勝、王恢、壺遂，《李將軍列傳》附李蔡、李陵，《司馬相如列傳》附卓王孫、卓文君等，《太史公自序》附司馬談……以上爲專傳中的附傳。《史記》專傳二十五篇中，每篇都有附傳。所以視這些專傳爲類傳也未嘗不可。

附傳之屬於事「必不可分」者，除《越王勾踐世家》外，還有《呂太后本紀》記漢惠帝、《司馬相如傳》記卓王孫、卓文君，《淮陰侯列傳》記蒯通。而《漢書》將韓信與蒯通分別立傳，反而畫蛇添足，被後世史家所批評。趙翼說：「《史記·淮陰侯傳》全載蒯通語，正以見淮陰之心乎爲漢，雖以通之說喻百端，終確然不變，而他日之誣以反而族之者之寃痛，不可言也。班書則《韓信傳》盡刪通語，而另爲通作傳，以此語敍入《通傳》中，似乎詳簡得宜矣，不知蒯通本非必應立傳之人，載其語於《淮陰傳》，則淮陰之心迹見，而通之爲辯士亦附見，史遷所以不更立《蒯通傳》，正以明淮陰之心，兼省卻無限筆墨。班掾則轉因此語而爲通作傳，反略其語於《韓信傳》中，是捨所重而重所輕，且開後世史家一事一傳之例，宜乎後世之史日益繁也」⑬。肯定了《史記》附傳的做法簡明見意，而《漢書》該爲附傳卻不附傳，造成繁複，不知權衡輕重。《魏公子傳》記侯嬴、朱亥、毛公、薛公等也是。梁啓超特別稱讚說：「還有很多人，不可以不見，可是又沒有獨立作傳的價值，就可以附錄在有關係的大人物傳中。因爲他們本來是配角，但是很可以陪襯主角，沒有配角形容不出主角，寫配角正是寫主角。這種技術，《史記》最是擅長。例如信陵君這樣一個人，胸襟很大，聲名很遠。從正面寫，未嘗不可以，總覺得費力而且不易出色。太史公就用旁敲側擊的方法，用力寫侯生，寫毛公、薛公，都在這些小人物身上著筆，本人反而很少，因爲如此信陵君的爲人格外顯得奇特。這種寫法不錄文章，不寫功業，專從小處落墨，把大處烘托出來。除卻太史公以外，別的人能夠做到的很少」⑭。信陵君附傳侯生等，自是事「必不可分」決定的，因爲竊符救趙的策畫和成功，正是得力於侯生等。而梁啟超又肯定了司馬遷陪襯、襯托的寫作技術。這種襯托的寫作技術，自然是一種簡明、生動、事半功倍的寫作技術。這種寫作方法是附傳方法的一個特點。也是附傳方法與類傳方法略有不同之處。

張世偉著《班馬優劣論》云：「遷敘三千年事，五十萬言，固敘二百四十年事，八十萬言，是班不如馬也」⑮。批評班固《漢書》不如《史記》簡約。而《史記》所以簡約，顯然與重視附傳、多採附傳有關。《漢書》所以繁複，與其將該附傳的人立爲專傳、類傳有關。即趙翼批評的「開後世史家一事一傳之例」。《史記》、《漢書》自然各有優劣，但總的來說，《史記》比《漢書》成績大、成功多，其中之一，就是因爲《史記》多採附傳方法，而《漢書》少採附傳方法。

附傳的方法，司馬遷以前當已經有了。如孔子作《春秋》「據魯親周」，以魯國的國史爲藍本，也以記魯國的史事爲主。如《春秋》第一篇《魯隱公元年》記：「天王使宰咺來歸惠公、仲子之賵」。惠公即魯惠公，仲子即惠公夫人。是說周天子派人來魯國。「來歸」，即是站在魯國的立場上說的。又「祭伯來」，即來魯國，又「公子益師卒」，即魯公子、魯孝公之子益師卒。都是站在魯國的立場上說話，敘述歷史。這一篇共六條，其中五條都是與魯國有關的史事，足見以魯國史事爲主。但有一條與魯國無關，爲「夏五月，鄭伯克段於鄢」。鄭伯爲鄭莊公，段爲鄭莊公同母弟，這是記鄭國的事。這一條鄭國的事，當屬於附傳。又《魯隱公二年》所記：「夏五月，莒人入向」，「鄭人伐衛」。《魯隱公三年》記：「八月庚辰，宋公和卒」，「冬十有二月，齊侯、鄭伯盟於石門」，「癸未，葬宋穆公」。《魯隱公四年》記：「四年春王二月，莒人伐杞，取牟、婁」，「戊申，衛州吁弒其君完」，「宋公、陳侯、蔡人、衛人伐鄭」，「九月，衛人殺州吁於濮」，「冬十有二月，衛人立晉」。這些莒國、鄭國、衛國、宋國、齊國、陳國、蔡國、晉國等的事，均屬附傳。是孔子作《春秋》已採用了某種附傳方法。孔子作《春秋》意在「撥亂世反之正」，「存亡國，繼絕世，補敝起廢」，「貶天子，退諸侯，討大夫，以達王事」。而附傳諸國的事，正是爲此目的服務的。附傳突出了《春秋》的政治內容、政治意義，也充實了《春秋》的史事。使《春秋》的政治和學術價值都有所增加。司馬遷當研究和評定了《春秋》等史書中的附傳方法，然後改進提高，用之於《史記》。《春秋》中的附傳方法，是按年月附傳，這是編年體的特點。《史記》是紀傳體，除了表體可以採用編年體的附傳以外，其餘各體都不行。於是司馬遷創造了紀傳體附傳方法，並把紀傳體附傳方法的格式相對確定下來。即一般在本紀、世家、列傳的篇首或篇末，附傳一些與主人翁有關的人和事。特別是篇末，一般都附傳了主人翁身後的一些事，及主人翁子孫後代情況。這種格式以後便成爲紀傳體史書中附傳方法的定式。紀傳體的附傳方法和格式是司馬遷借鑑了以前史書中的附傳方法的一種創造。這是對先秦附傳方法的揚棄，既肯定又批評，揚長避短。附傳方法是司馬遷史學批評的成果。附傳方法的理論主張則是司馬遷史學批評理論在方法論上的體現。

司馬遷紀傳體的附傳方法，以後得到很多史學家的承認、肯定。後世史家又進一步將附傳方法發展成「附錄」方法。附錄方法較附傳方法的對象更廣大，容量也更宏大了。附錄的方法，可以在正文後附錄各種與正文有關的內容，附錄的篇幅、篇數，也沒有一定的限止。如今天通行的標點本《史記》，就附錄了《史記集解序》、《史記索隱序》、《史記索隱後序》、《史記正義序》、《史記正義》等，補充了《史記》研究的資料。附錄方法，不僅成爲史學研究的一種很有用的方法。也成爲其他學科研究方法中的很必要的方法。現在附錄方法的運用是極其廣泛的，但追溯附錄方法的原始，實本於附傳方法。而附傳方法的運用、發展，則是司馬遷慧眼挖掘、創造性的運用、推廣的功勞。

三、互見論

《史記·周本紀》載周公輔成王事說：「成王少，周初定天下，周公恐諸侯畔周，公乃攝行政當國。管叔、蔡叔群弟疑周公，與武庚作亂，畔周。周公奉成王命，伐誅武庚、管叔，放蔡叔。以微子開代殷後，國於宋。頗收殷餘民，以封武王少弟封爲衛康叔。晉唐叔得嘉穀，獻之成王，成王以歸周公於兵所。周公受禾東土，魯天子之命。初，管、蔡畔周，周公討之，三年而畢定，故初作《大誥》，次作《微子之命》，次《歸禾》，次《嘉禾》，次《康誥》、《酒誥》、《梓材》，其事在《周公》之篇」。這裏只是條條綱綱式的將周公輔成王、平管、蔡之亂的事敍述一下，要見詳細的情況，則「其事在《周公》之篇」，參見《魯周公世家》。在《魯周公世家》中，就將這些事記得較詳細了。所以本紀、世家可以互相參見閱讀，即「互見」。《秦本紀》記商鞅變法事云：孝公三年「衛鞅說孝公變法修利，內務耕稼，外勸戰死之賞罰，孝公善之。甘龍、杜摯等弗然，相與爭之。卒用鞅法，百姓苦之；居三年，百姓便之。乃拜鞅爲左庶長。其事在《商君》語中」。即商鞅變法的詳細情況，可參見《商君列傳》。《商君列傳》中即記載了變法的詳細內容和全部過程，商鞅與甘龍、杜摯辯論的具體情況和內容也一一記載。這是本紀、列傳互見。《秦本紀》

又記：「秦王政立二十六年，初併天下為三十六郡，號為始皇帝。始皇帝五十一年而崩，子胡亥立，是為二世皇帝。三年，諸侯並起叛秦，趙高殺二世，立子嬰。子嬰立月餘，諸侯誅之，遂滅秦。其語在《始皇本紀》中」。關於秦始皇統一天下至秦滅亡的事，《秦本紀》只是一筆帶過，詳在《秦始皇本紀》，這是本紀與本紀互見。《趙世家》記趙衰事晉文公重耳事云：「趙衰卜事晉獻公及諸公子，莫吉；卜事公子重耳，吉，即事重耳……趙衰從重耳出亡，凡十九年，得反國。重耳為晉文公，趙衰為原大夫，居原，任國政。文公所以反國及霸，多趙衰計策，語在《晉》事中」。趙衰如何助晉文公返國、稱霸，《晉世家》中詳之。這是世家與世家互見。《蕭相國世家》記蕭何推薦韓信事云：「何進言韓信，漢王以信為大將軍。語在《淮陰侯》事中」。「淮陰侯謀反關中，呂后用蕭何計，誅淮陰侯，語在《淮陰》事中」。蕭何薦韓信、追韓信的事，詳見於《淮陰侯列傳》，韓信被斬於長樂鍾室的事，也詳見於《淮陰侯列傳》。這是世家與列傳互見。《酈生陸賈列傳》記陸賈使南越云：「孝文帝即位，欲使人之南越。陳丞相乃言陸生為太中大夫，往使尉他，令尉他去黃屋稱制，令比諸侯，皆如意旨。語在《南越》語中」。陸賈使南越的前後經過、詳細情況見於《南越列傳》。此為傳與傳互見。《漢興以來將相名臣年表》記高祖六年「立大市。更命咸陽曰長安」。這是《高祖本紀》中沒有記載的，是年表與本紀可以互見。《張丞相列傳》說：「孝武時丞相多甚，不記，莫錄其行起居狀略，且紀征和以來」。那麼征和以前的丞相怎麼辦呢？已記入《漢興以來將相名臣年表》。是表與列傳可以互見。《律書》記：「晉用咎犯，而齊用王子，吳用孫武，申明軍約，賞罰必信，卒伯諸侯，兼列邦土」。咎犯事詳在《晉世家》，孫武事詳在《孫子吳起列傳》，是書與世家、列傳可以互相參見。《河渠書》記禹治水甚略，其詳則在《夏本紀》。《河渠書》記鄭國修渠，而《秦始皇本紀》不載。是書與本紀可以互見。《史紀》本紀、表、書、世家、列傳各體都有互相參見之處。有的不僅是兩篇之間互相參見，甚至是多篇之間互相參見。如《絳侯周勃世家》記周勃與陳平謀誅諸呂事云：「高后崩。呂祿以趙王為漢上將軍，呂產以呂王為漢相國，秉漢權，欲危劉氏。勃為太尉，不得入軍門。陳平為丞相，不得任事。於是勃與平謀，卒誅諸呂而立孝文皇帝。其語在《呂后》、《孝文》事中」。《孝文本紀》則云：「高后崩。九月，諸呂呂產等欲為亂，以危劉氏，大臣共誅之，謀召立代王，事在《呂后》語中」。《呂太后本紀》記諸呂作亂、被誅滅的經過就更詳細。誅諸呂、立文帝的事，總要《呂太后本紀》、《孝文本紀》、《陳丞相世家》、《絳侯周勃世家》互相參見，方可得一個完整的面貌。《禮書》記晁錯諫景帝定儀禮云：「孝景時，御史大夫晁錯明於世務刑名，數干諫孝景曰：『諸侯藩輔，臣子一例，古今之制也。今大國專治異政，不稟京師，恐不可傳後』。孝景用其計，而六國畔逆。以錯首名，天子誅錯以解難。事在《袁盎》語中」。《袁盎晁錯列傳》記晁錯諫景帝定儀削藩的事較詳，記晁錯被誅的事也很詳。有云：「吳楚反，聞，晁錯謂丞史曰：『夫袁盎多受吳王金錢，專爲蔽匿，言不及。今果反，欲請治盎宜知計謀』，丞史曰：『事未發，治之有絕。今兵西鄉，治之何益！且袁盎不宜有謀。』晁錯猶與未決。人有告袁盎者，袁盎恐，夜見竇嬰，爲言吳所以反者，願至上前口對狀。竇嬰入言上，上乃召袁盎入見。晁錯在前，及盎請辟人賜間，錯去，固恨甚。袁盎具言吳所以反狀，以錯故，獨急斬錯以謝吳，吳兵乃可罷。其語在《吳》事中。」即吳王如何以誅晁錯爲名反叛的事，還要參見《吳王濞列傳》。《吳王濞列傳》中記晁錯諫景帝語，及吳王發兵、袁盎說景帝斬晁錯事就較爲詳細。是書與傳互見，傳與傳互見。如環相聯，互補互益。

《史記》各篇的互見，不僅是記載詳略的互相參見，也有記載角度不同的互相參見。《呂太后本紀》記呂后死後齊王誅相發兵討諸呂事云：「齊王欲發兵，其相弗聽。八月丙午，齊王欲使人誅相，相召平乃反，舉兵欲圍王，王因殺其相，遂發兵東，詐奪琅邪王兵，並將之而西。語在《齊王》語中。」《齊悼惠王世家》記此事較詳，有云：「(齊王)乃與其舅父駟鈞、郎中令祝午，中尉魏勃陰謀發兵。齊相召平聞之，乃發卒衛王宮。魏勃紿召平曰：『王欲發兵，非有漢虎符驗也。而相君圍王，固善。勃請爲君將兵衛衛王』。召平信之，乃使魏勃將兵圍王宮。勃既將兵，使圍相府。召平曰：『嗟乎！道家之言「當斷不斷，反受其亂」乃是也』。遂自殺。於是齊王以駟鈞爲相，魏勃爲將軍，祝午爲內史，悉發國中兵……。」召平之死，《呂太后本紀》記「王因殺其相。」《齊悼惠王世家》記「遂自殺。」記載略異。這不僅是詳略不同的需要，也出於記載角度不同的需要，《呂太后本紀》的記法是從中央政府的角度出發，《齊悼惠王世家》的記法則是從齊王及事情的眞相角度出發。又《秦始皇本紀》記：「秦始皇帝者，秦莊襄王子也。莊襄王爲秦質子於趙，見呂不韋姬，悅而取之，生始皇。」《呂不韋列傳》記：「呂不韋取邯鄲諸姬絕好善舞者與居，知有身。子楚(案：後爲秦莊襄王)從不韋飲，見而說之，因起爲壽，請之。呂不韋怒，念業已破家爲子楚，欲以釣奇，乃遂獻其姬。姬自匿有身，至大期時，生子政。子楚遂立姬爲夫人。」《秦始皇本紀》說秦始皇是莊襄王子，這是站在秦的立場上，從秦國的利害關係出發說的。《呂不韋列傳》說秦始皇是呂不韋子，這是站在呂不韋的立場，從呂不韋與秦始皇的利害關係出發說的。前者重在名分，後者重在記實。敍述角度不同而已，並非自相矛盾。

互見的方法，司馬遷在《史記》中是普遍運用的。這表明互見的方法是司馬遷史學研究的方法之一，或者說是他史學研究的表述方法之一。這種「互見」的方法，司馬遷尙未定名，後人名之爲「互見」。近人李笠說：「史臣敍事，有闕於本傳而詳於他傳者，是曰互見。史公則以屬辭比事而互見焉。以避諱與嫉惡不敢明言其非，不忍隱蔽其事，而互見焉。《游俠傳》不詳朱家之事，而述於《季布傳》；《高祖紀》不言過魯祀孔子，而著於《孔子世家》，此皆引物連類而舉遺漏者也。《封禪書》盛推神鬼之異，而《大宛傳》云：『張騫通大夏，惡睹《本紀》所謂崑崙者乎。』又云：『所有怪物，余不敢言之也』。《高祖紀》謂高祖豁達大度，而《佞幸傳》云：『漢興，高祖至暴抗也。』此皆恐犯忌諱，以雜見錯出而明正論也」⑯。李笠定了「互見」方法的名稱，而且指出了互見方法的一些原因、功用。1是「屬辭比事」的互見，即寫作方法、寫作藝術上的互見。2是解決避諱和「不忍隱蔽其事」的矛盾的互見，這是政治思想意義方法上的互見。3是「舉遺漏」的互見，這是史學研究學術方法的互見。這三個方面基本上能反映出司馬遷主張採用互見方法的原意。用現在的眼光來看就是：1互見的方法從歷史研究的對象和寫作技術、藝術上來說是抓主要矛盾（人物）、突出中心、避免重複的方法。2從史學研究論載史事來說，又是一種「舉遺漏」、即補遺、補充的方法。3互見的方法是封建專制統治在文化上、史學上高壓政策的產物。是文化專制統治下，史學家在史學研究方法上作出的一種反應。

互見方法的功用和特點，如果歸納爲兩個字，就是「互補」。通過各篇之間的互相補充，使得史事更加完整、充實，使得人物更加豐滿、多側面化、立體化，使得史書的政治性、思想性、學術性、藝術性大大增加。《史記》所以能成爲史學巨著，又成爲藝術珍品，與採用互見方法是分不開的。

互見的方法，司馬遷以前是否已有？《周禮・天官・司會》，「以參互考日成。以月要考月成。以歲會考歲成」。賈公彥疏：「以司書之等相參交互考一日之成，一日之中計算文書也。」這裏提到的「參互」，是一種互相參見、互相參證的方法。不過這種方法還不是用於史學研究的，還不是歷史研究的方法。先秦的歷史文獻，《尚書》是歷史文獻的彙編，不需要用互見方法。《春秋》爲編年體，按年月日記事。某一時間裏的事一次記畢，也不必用互見方法。《國語》、《國策》分國記事，史事、人物交錯，就不得不採用互見方法了。如《國語》中有《吳語》一篇，《越語》上、下兩篇，都記了吳王夫差與越王勾踐的事，但沒有互相重複，而是各有側重、各有中心，可以互相補充、參見。《吳語》記事以吳國爲中心，主要記許和、伐齊、殺伍子胥、伐晉，最後敗於越，吳王自殺。《越語》記事以越國爲中心，上篇主要記勾踐窮而思變、發奮圖強，下篇記范蠡輔佐勾踐的事迹。《吳語》記吳滅云：「……夫差將死，使人說於子胥，曰：使死者無知，則已矣，若其有知，吾何面目以見員也。遂自殺。越滅吳。」《越語》記滅吳云：「……范蠡不報於王，擊鼓興師，以隨使者，至於姑蘇之宮，不傷越民，遂滅吳。」各有側重，互不重複，是《國語》中已採用了互見法。《戰國策・秦策五》記了燕太子質於秦。後甘羅使趙，與趙王約：趙獻五城於秦，秦歸燕太子，然後秦、趙攻弱燕。「趙王立割五城以廣河間，歸燕太子。」《燕策三》則記：「燕太子丹質於秦，亡歸。見秦且滅六國，兵以臨易水，恐禍至，太子丹患之……，」遂導演出荊軻刺秦王一幕歷史劇。太子丹歸事，《秦策》、《燕策》記載不同，自是角度不同、中心不同所致，可以互見。《秦策》不記荆軻刺秦王事，《燕策》記之，避免了重複，又突出了此事是燕利害所繫。是《國策》中也已採用了互見的方法。《國語》、《國策》中實際上都已採用了互見方法，只是沒有用「語在某篇」數字。司馬遷的互見方法顯然是借鑑了《國語》、《國策》中的互見方法，並且自覺地點明「語在某篇」。這表明司馬遷已經對互見方法進行加工改造，給予了理論上的提煉，使互見方法正式確立，完全成熟。司馬遷確立互見方法、推廣互見方法，是他史學批評的成果，是他史學批評及其理論在方法論上的體現。

「語在某篇」的互見方法，自司馬遷確立以後，被歷來的史家所沿用，被提煉成「互見」方法。至今日，又提煉成「參見」方法。參見方法，現在的史學研究及其他各種學術研究中都在廣泛採用。如《辭海》「劉邦」條，寫「參見漢高祖」。這樣既備檢索，又無重複之弊。其方法、其功用與司馬遷「語在某篇」同，而「參見」一詞又較「互見」更確切，更體現方法論上的概念。所以現在「參見」語行，「互見」語廢。

四、劃分歷史階段的主張

司馬遷在《史記》十表中，將上古黃帝迄漢武帝的歷史畫分爲六個歷史階段：三代——十二諸侯——秦併六國——秦楚漢之際——漢高祖惠景間——漢武帝建元以來。他爲什麼要這樣劃分，這裏只分析其方法論上的理論意義。

歷史按一定的階段發展，這是歷史發展的基本面貌，是歷史發展的根本線索。劃分歷史階段的方法，就是抓基本線索、基本面貌的方法。也是在理論上對歷史進行宏觀研究的方法。雖然司馬遷的歷史階段劃分，在今天看來並非是科學的，但他能主張和採用這種方法，這在中國史學發展史上，在史學方法論的發展史上，還是一大進步。

劃分歷史階段的研究方法也是一種歷史階段的分類比較研究方法。「萬物之理以類相動」，將歷史發展階段分類研究，有助於探討歷史發展的規律、特點、原理，同時也可以在不同歷史階段的比較研究中，總結出存亡興衰的經驗教訓。

分類研究是科學發展的必然道路。司馬遷的史學研究和方法，就是朝著加強分類研究的方向發展的。《史記》中有縱向、橫向的人物分類研究，有縱橫結合的國家大政、天下學術的分類研究，又有歷史發展階段的縱向分類研究，這使《史記》形成多層次多結構的分類比較研究，多線性的、多側面的分類比較研究。這是他以前的史學家沒能做到的，也是他的史學研究所以超過他以前的史學家的原因之一。

劃分歷史階段的研究方法，司馬遷以前有沒有？《尚書》有《虞書》、《夏書》、《商書》、《周書》的劃分，這是按歷史文獻所屬朝代的分類，是一種感性的自然的分段，還不能作爲理性的歷史階段的劃分。《春秋》、《左傳》以魯國的十二公劃分十二段，也是自然的分段，沒有進行過理論的提煉、抽象。《世本》中有《王侯譜》一篇，今輯本與《史記・三代世表》大同。又有《大夫譜》一篇，今輯本與《史記・十二諸侯年表》大同。《世本》今流傳者爲輯本，是否存先秦文獻之眞是個問題。但《王侯譜》、《大夫譜》的篇名，大概是眞的。因爲《隋書・經籍志》注錄的《世本》有《王侯譜》、《大夫譜》二卷。如果這二卷就是今輯本的面貌，那麼我們可以看到，《史記》中《三代世表》、《十二諸侯年表》有借鑑《世本》的地方，但「三代世表」與「王侯譜」，「十二諸侯年表」與「大夫譜」名稱不同，就是劃分歷史階段和不劃分歷史階段兩種不同研究方法的體現。「王侯譜」、「大夫譜」並沒有從歷史分期上去考慮，只是人物的分類的體現。「三代」、「十二諸侯」，則不是從人物分類考慮，而是從歷史分期去考慮的。《世本》中是沒有進行歷史分期研究的。其他《國語》、《國策》分國爲書，各國中至多分一、二、三，也沒有劃分歷史階段。從現在保存下來的歷史文獻來看，司馬遷以前還沒有劃分歷史階段的研究方法，「三代」，是一種理性的抽象，這個提法、這個概念則是司馬遷以前就有了。《孟子・離婁上》：「三代之得天下也以仁，其失天下也以不仁。國之所以廢興存亡者亦然。」《左傳・定公元年》引仲幾語：「三代各異物，薛焉得有舊？」這裏「三代」的概念指夏、商、周，已經是歷史階段、歷史時代的概念，並且已經和某種歷史觀點、某種歷史經驗教訓結合在一起。然而只有這個概念，還不能說明已經在運用劃分歷史階段的研究方法。因爲這樣的時代概念不進行歷史研究也可以用的。而且劃分歷史階段的研究方法是一種階段分類比較的研究方法，只有一個階段的概念，沒有第二個階段的概念，就談不上分類和比較。《孟子》、《左傳》裏雖然有「三代」的概念，但《左傳》不再有其他的概念。《孟子》則唯有「春秋」的概念。《孟子・盡心下》：「春秋無義戰」。孟子雖然將他以前的歷史分爲「三代」，「春秋」，但孟子並沒用這種分期的方法來進行史學研究，所以很難說孟子已經創造了劃分歷史階段的歷史研究方法，再說「春秋」這個概念與「十二諸侯」相比，「十二諸侯」的提法顯然更能反映歷史的某些眞相。「春秋」的提法只是因書而名，並沒有對歷史發展的實際進行理論的抽象。司馬遷的「十二諸侯」、「六國」等概念，先秦文獻中還沒有出現。綜上所述，我們可以得出這樣的結論：在歷史研究中運用劃分歷史階段的研究方法，司馬遷是首創。司馬遷對劃分歷史階段的研究方法已經有了理性的認識，並對歷史發展的階段進行了理論的提煉、歸納。同時，司馬遷對歷史發展階段的劃分，也借鑑了前人的某些思想資料，批評之，揚棄之。司馬遷所以不用「春秋」這個概念，而用「十二諸侯」這個概念，正是根據歷史發展的客觀實際，批評和否定了前人的抽象，而重新進行的抽象。可以說，六個歷史階段的確定是司馬遷史學批評的成果，劃分歷史階段史學研究方法的運用，也是他史學批評的成果。

司馬遷劃分歷史階段的研究方法，後世史家或肯定之、重視之，或輕視之、否定之。其重視者、肯定者，用之於史學研究者，其史學研究的成績往往就大，如魏源的《元史新編》即將分期與分類結合起來寫成的，得到梁啓超的高度評價，並主張用這種分期分類相結合的方法改造二十四史。這正反映出司馬遷在史學研究方法上的卓識和創始之功。

五、詳近略遠論

司馬遷在《太史公自序》中說：「略推三代，錄秦漢。」在《外戚世家》中說：「秦以前尚略矣，其詳靡得而記焉」。而作《秦楚之際月表》則說：「詳著《秦楚之際月表》。」說明司馬遷作《史記》有的地方略，有的地方詳，何者略何者詳呢？「秦以前」、「三代」略，「秦楚之際」、「秦漢」詳，即近詳略遠。如白壽彝先生指出的「從《史記》的編纂可以看出：第一，司馬遷對待歷史是略古詳今的，越古越簡，越近越詳」⑰。《史記》全書一三〇篇，五十二萬字，其中有七十五篇二十六萬字論及漢代史書，漢代的二十六萬字中，又有一半論載漢武帝時期的史事。完全體現出「越古越簡越近越詳」編纂方法原則、主張。

爲什麼司馬遷在史學研究的方法上主張詳近略遠呢？

第一、這是他史學研究目的、任務的理論原則決定的。他主張史學研究爲現實政治服務，提倡現實主義的史學，就自然而然將史學研究的重點放在現代史。他想以史勸諫漢武帝，以史爲漢武帝提供治國良方，就必然注重總結漢武帝時代的經驗教訓。詳近略遠的方法是有現實政治意義的史學研究方法。是司馬遷的政治思想、政治理想在史學研究方法上的反映。後世如清代的乾嘉史學，逃避現實，信古好古說古考古，似乎是一種純學術的方法，實際上是封建專制政治的高壓政策決定的，也是有政治色彩的史學方法。司馬遷主張詳近略遠的方法和他史學研究目的、任務的理論原則是一致的。他正是採用了詳近略遠的方法，才使《史記》具有濃厚的現實主義色彩，才爲封建統治的鞏固和發展起了很大的作用，受到歷代很多封建統治者的重視，立爲正史之首。

第二、這是他歷史進化觀點的主張決定的。司馬遷看到歷史是向前發展的，主張「法後王」，厚今薄古，也就必然將史學研究的重點放在「後王」，放在「今」。詳近略遠的方法和歷史進化觀點的理論主張相一致的，是有歷史哲學意義的史學研究方法，是司馬遷的歷史哲學觀點在史學研究方法上的體現。他正是採用了詳近略遠的方法，才使《史記》更多地宣傳了歷史進化觀點。

第三、這是和人們認識歷史的認識規律相一致的。人們對於歷史的感性認識總是和自己的生活經歷相聯繫的。人們對於自己所生活的時代和社會，所經歷的歷史事件，所接觸的歷史人物，總易於有感性的和理性的認識，認識的深度、廣度、高度往往總是超過沒有接觸、經歷的事。接觸的多、認識的多的事件、人物，就必然會多研究、多論載。司馬遷詳近略遠的方法正是符合人們認識歷史的認識規律，有助於完成史學研究任務的方法。是人們認識歷史的認識規律的自然反映。

第四、這是「古代」歷史資料少，「近現代」歷史資料多的客觀狀況決定的，是司馬遷順應歷史資料現狀的自然的歷史編纂方法。司馬遷見到的反映秦以前史事的資料並不多，除了《易》、《詩》、《書》、《周禮》、《禮記》、《春秋》、《左傳》、《國語》、《戰國策》、《周書》、《世本》等以外，就是先秦諸子書。黃帝、堯、舜、夏、殷的原始資料，司馬遷沒有見到過。黃帝以前就更沒有什麼原始資料了。古代書寫的材料用的是甲骨、簡牘，不易流傳保存。加上夏、商、周、秦歷代的戰爭頻繁，圖書文物歷史資料自然易被兵燹破壞毀滅。《易》、《詩》、《書》、《春秋》的流傳最初是靠口頭背誦的，所以得以流傳不絕，寫定成書。至秦「燒天下《詩》《書》，諸侯史記尤甚」。「史記獨藏周室，以故滅」。《秦記》雖保存下來了，卻又「不載日月，其文略不具」。這說明司馬遷時，秦以前的歷史資料，特別是周以前的歷史資料是很少的，就是司馬遷想「詳」也詳不起來。所以「三代」只能做世表，因爲根本就沒有說明年代的資料。所以《貨殖列傳》說：「夫神農以前，吾不知已」。《史記》只得從黃帝開始研究和論載。

而秦漢史的材料，特別是漢史的材料就很多了。圖書資料、實物資料（城池宮殿、石刻圖像等）都很多。還有檔案資料（功勞册、奏稿、天文記錄等）。一些漢代的史事、人物，耳聞目睹，躬歷參與的也很多。這自然就有詳寫的條件和基礎。

此外，先秦歷史的有關資料，即使至漢代仍保存著，也未必都採用。比如《山海經》中有關黃帝、禹的一些離奇傳說，就沒有採入《史記》。這是司馬遷「擇雅」的史學研究理論的體現。《尚書》、《詩經》、《春秋》、《左傳》、《國語》、《國策》等反映殷周、戰國的史事、人物的資料，有一些司馬遷並沒有採入《史記》。《陳杞世家》說：「滕、薛、騶、夏、殷、周之間封也，小，不足齒列，弗論也」。說明司馬遷主張記載大事，「非天下所以興亡，故不著」。就是寫漢代，其史事、人物的資料處理，也貫穿了這個理論原則。所以詳略問題，各個方面的史料多少是個基礎，而史學研究的對象、任務等理論則是決定詳略的指導原則。詳近略遠是個方法論的問題，歸根結蒂也是個史學理論的問題。

詳近略遠的史學研究方法，在司馬遷以前已經存在了。孔子作《春秋》記魯國隱、桓、莊、閔、僖、文、宣、成、襄、昭、定、哀十二公二四二年的事。杜預在《春秋左傳集解序疏》中已指出：文公以上六公，書日者二百四十九。宣公以下亦六公，書日者四百三十二。計年數略同，而日數加倍，此亦久遠遺落，不與近同也。再從《春秋》與《左傳》合刻本來看，前六公一一四年史事占五萬五千字，後六公一四一年史事占十五萬字。前六公、後六公的篇幅爲一比三。是《春秋》、《左傳》都已運用了詳近略遠的方法。《荀子．非相篇》說：「遠略近詳」。是詳近略遠的方法，先秦已有理論的抽象。白壽彝說：「這種詳今略古的傳統，是自《雅》《頌》以至《左傳》、《國語》以來就有了相當長久的歷史，《史記》更有意地加以發揚」⑱。詳近略遠的方法，先秦已有，司馬遷肯定了這種編纂方法，並且「有意地加以發揚」，說明《史記》中採用詳近略遠的方法，是史學批評的成果，是史學批評及其理論在方法論上的體現。

六、「書法不隱」。直筆、實錄論

《史記·晉世家》記：「盾遂奔，未出晉境。乙丑，盾弟將軍趙穿襲殺靈公於桃園而迎趙盾。趙盾素貴，得民和；靈公少，侈，民不附，故爲弒易。盾復位。晉太史董狐書曰：『趙盾弒其君』，以視朝。盾曰：『弒者趙穿，我無罪』。太史曰：『子爲正卿，而亡不出境，反不誅國亂，非子而誰？』孔子聞之，曰：『董狐，古之良史也，書法不隱……』」。司馬遷記董狐事，記孔子贊語，顯然就是意在表彰董狐，肯定「書法不隱」的方法。《史記·齊太公世家》記崔杼使人殺齊莊公，「齊太史書曰：『崔杼弒莊公』。崔杼殺之。其弟復書，崔杼復殺之。少弟復書，崔杼乃捨之」。司馬遷特記齊太史事，顯然也意在表彰齊太史堅持正義、秉筆直書的精神，肯定「書法不隱」的方法。《太史公自序》評孔子作《春秋》說：「善善惡惡，賢賢賤不肖」。這是肯定《春秋》有不虛美不隱惡的一面，並闡明了「書法不隱」的任務、作用，目的就在於「善善惡惡」。司馬遷對前人「書法不隱」的做法贊同，就是贊同史學研究直筆、實錄的方法。

司馬遷贊同書法不隱，反過來對於曲筆、失實的做法就不贊同。他指出漢人吹捧李斯「極忠」，盛傳荆軻傷秦王，都是虛美失實，進行了批評和糾正。《史記·晉世家》記：「孔子讀史記至文公，曰『諸侯無召王』，『王狩河陽』者，《春秋》諱之也」。《十二諸侯年表》序說：孔子成《春秋》，「七十子之徒口受其傳指，爲有所刺譏褒諱挹損之文辭不可以書見也。魯君子左丘明懼弟子人人異端，各安其意，失其眞，故因孔子史記具論其語，成《左氏春秋》」。司馬遷對於孔子隱諱、「不書見」的做法，雖然沒有正面的批評，實際上已指出了這種做法易「失其眞」，致使必須另作一書補充《春秋》，將《春秋》的曲筆一一揭明。如果孔子當初不隱諱，那麼《左傳》就不必多此一舉了。

司馬遷注意到了諱言「君親之惡」，出於封建忠孝綱常，同時也強調了「君親」的不義不德，不符合封建倫理綱常的事，批評之、約束之，也是封建道德所要求的。司馬遷在《李斯列傳》引人語說：「臣聞湯、武殺其主，天下稱義焉，不爲不忠。衛君殺其父，而衛國載其德，孔子著之，不爲不孝。夫大行不小謹，盛德不辭讓」。就是說要以封建道德的「大道理」管「小道理」。批評「君親」的不義不德正是維護封建倫理道德的需要，正是總結教訓、提供治國良方、爲鞏固封建統治服務需要的。這就爲直筆、實錄奠定了封建道德觀念、封建政治理論的基礎。就是說直筆、實錄的史學方法論有了牢靠的封建政治理論的基礎，是封建社會名正言順的史學方法論、史學理論。司馬遷論載先秦、秦帝王善惡必書，善善惡惡、毫不隱諱。論載漢代帝王，本紀中則一片頌揚，說明有所避諱。但漢代帝王的不義不德還是錄，還是批評的。只是沒有在本紀中批評、揭發，而是通過互見方法在其他篇中批評揭發。是司馬遷既懂得、遵守封建避諱之「禮」，也懂得遵守批評不義不德之理，把避諱和直筆、實錄巧妙地結合起來了。這種避諱和直筆「互見」的方法，是漢代封建專制統治確立以後，史學研究方法上的新發展、新成果。孔子作《春秋》雖主張「善善惡惡」卻又多隱諱曲筆，兩者沒有很好結合，對於當代君王的不義不德以隱諱爲主。晉董狐、齊太史固然直筆，但在漢代的封建專制統治下，這種直筆方法是很難行通的。而司馬遷避諱、直筆「互見」的方法，是孔子隱諱方法的進步，也是董狐、齊太史直筆方法的改進，它符合封建專制統治的實際，在史學研究中較爲切實可行。

直筆、實錄的方法，在史學研究的學術意義上來說是促進史學研究達到「實」、「信」的研究方法。在史學研究的政治意義上來說，直筆、實錄是正確總結經驗教訓，有益於宣傳封建道德的方法，是史學研究能更好爲封建統治服務的方法。在史學研究的道德意義上來說，直筆、實錄也是封建道德在史學研究方法上的反映，即封建史德的反映。直，是封建道德的基本內容，司馬遷在《史記》中就多處宣揚「直」德。劉知幾《史通·直書》篇也說：「夫人稟五常，士兼百行，邪正有別，曲直不同。若邪曲者，人之所賤，而小人之道也；正直者，人之所貴，而君子之德也」。封建社會裏做人尚且貴正直賤邪曲，治史更是如此。信，也是封建道德的基本內容，司馬遷在《史記》中也多處宣揚之。信和直是統一的。爲人正直才能爲人可信，治史正直才能治史可信，直是信史的內容，也是基礎。司馬遷贊同直筆、實錄的方法，並且改進之，這是他爲人正直、治史正直的反映，是封建史德在史學研究方法上的反映。司馬遷尊崇道家思想，道家主張「天道自然」，反映到史學研究中，就是要順歷史實際的自然。直筆、實錄的方法和道家的「天道自然」思想是合拍的。司馬遷贊同直筆、實錄的方法，並且發展之，也是道家思想的某些反映。直筆、實錄的方法，司馬遷以前就有了，司馬遷看到了這種方法的合理因素，從而肯定之，發展之。司馬遷採用和提倡直筆、實錄的方法，不僅融會了他以前的直筆、實錄方法理論，也有自己的思想觀念、史學理論。

司馬遷提倡的直筆、實錄方法，在封建社會的史學方法論、史學理論中是有某些合理因素的，所以得到封建學者的肯定、贊揚。揚雄《法言·重黎》稱：「太史遷曰實錄」。班固《漢書·司馬遷傳》稱：「其文直，其事核，不虛美，不隱惡，故謂之實錄。」很多史學家，也以司馬遷爲榜樣，努力採用直筆實錄的方法。使直筆實錄的方法，形成爲封建史學研究的一種風氣，一種優良傳統。司馬遷提倡的直筆、實錄方法，不僅在封建史學研究方法論及理論上有合理性，是站在封建階級立場上的「直筆」、「實錄」，就是從資產階級歷史學理論，從無產階級歷史學理論來看，也是有某些合理因素的。所以史學家梁啓超稱贊道：「其懷抱深遠之目的，而又忠勤於事實者，惟遷爲兼之」。無產階級史學家翦伯贊稱讚道：「從《史記》中，我們到處可以看到司馬遷在大膽地進行他的歷史批判。他用銳敏的眼光，正義的觀察，懷疑的精神，生動的筆致，沈重而動人的言語，縱橫古今，褒貶百代」⑲。侯外廬稱贊道：「從《史記》的內容來看，可以說天才縱橫的司馬遷，企圖對三千年的歷史圖景編製出前人所不能作的總結，特別是企圖把漢興以來的當代社會圖景，創製出當代學者所不敢做的『實錄』」。⑳這說明司馬遷提倡的直筆、實錄的方法。不僅資產階級的史學研究可以借鑑，無產階級的史學研究也是可以批判地繼承的。無產階級史學研究也需要「直筆」、「實錄」的方法。無產階級的史學家，也應有無產階級「正直」的品德和史德。

七、「論考之行事」。寓論斷於敘事論

司馬遷《太史公自序》說：「見盛觀衰，論考之行事……爲《太史公書》」。表明司馬遷作《史記》既考「行事」，又論「行事」，把論和考結合起來。論和考怎麼結合呢？即寓論於考之中，後世史家所說的「寓論斷於敘事之中」。論和考結合的另一種形式是「贊」、「序」與正文結合，前面已論。以下專論「寓論斷於敘事之中」。

司馬遷對史事、人物善善惡惡施褒貶，除了在「贊」、「序」中公開明白「亮相」外，往往並不採取直接評論、專門議論的形式，而是在敘事之中就表明了自己的觀點。比如《史記．晉世家》記「董狐筆」一段，司馬遷並沒有直接議論「董狐筆」的話，只是引了孔子語「董狐，古之良史也，書法不隱」。這樣既記了孔子的事，又表明了自己的態度。《十二諸侯年表》序，司馬遷記孔子作《春秋》，也沒有直接評論的話，只是記左丘明「懼弟子人人異端，各安其意，失其眞，故因孔子史記，具論其語，成《左氏春秋》」。實際上就批評了《春秋》隱諱的筆法易「失其眞」。既記了左丘明的事，又表明了自己對《春秋》隱諱筆法的看法。《呂太后本紀》，只寫呂后如何將戚夫人「人彘」，酖趙王如意，幽死趙王友，並沒有直接批評的話，但實際上字裏行間抒發了憎惡呂后殘暴刻毒的感情。記蕭何「獨先入收秦丞相御史律令圖書藏之」。又記「漢王所以知天下阨塞，戶口多少，強弱之處，民所疾苦者，以何具得秦圖書也」。雖然沒有直接評論蕭何收圖書的話，但實際上高度肯定了蕭何的做法。又記蕭何「素不與曹參相能」，及病，惠帝問蕭何誰可代爲丞相，蕭何推薦了曹參。又記蕭何「置田宅必居窮處，爲家不治垣屋，曰：『後世賢，師吾儉；不賢，毋爲勢家所奪』」。《蕭相國世家》全篇沒有評論蕭何爲人品德的文字，然傳末記薦參、勵儉二事，則足見其爲人和品德了。諸如此類但敘事不論而論自見的筆法，《史記》全書中處處都是。顧炎武說：

「古人作史，有不待論斷而於序事之中即見其指者，惟太史公能之。《平準書》末載卜式語，《王翦傳》末載客語，《荊軻傳》末載魯勾踐語，《鼂錯傳》末載鄧公與景帝語，《武安侯田蚡傳》末載武帝語，皆史家於序事中寓論斷法也。後人知此法者鮮矣，惟班孟堅間一有之。如《霍光傳》載任宣與霍禹語，見光多作威福。《黃霸傳》載張敞奏，見祥瑞多不以實。通傳皆褒，獨此寓貶，可謂得太史公之法者矣」㉑。對司馬遷「寓論斷於序事」的方法高度評價之，指出在古代史家裏只有司馬遷擅長這種方法。白壽彝見顧炎武說「大有啓發」，專門寫了一篇《司馬遷寓論斷於序事》（載《北京師範大學學報》一九六一年第四期），分析、推崇司馬遷的這種方法，指出：這在「歷史寫作上，給我們開創了一個很好的範例」。肯定了這是歷史敘述中的一種好方法，至今仍有借鑑的價值。

寓論斷於敘事的方法，應該說司馬遷之前已經有了。孔子作《春秋》就是採用這種方法。《春秋》中幾乎沒有直接論斷的話，但是字字句句都含褒貶，都含論斷，所謂「善善惡惡賤不肖」，都見於字裏行間，敘事之中。司馬遷也看到了這一點，在《孔子世家》中指出：「故吳楚之君自稱王，而《春秋》貶之曰『子』……貶損之義，後有王者舉而開之。《春秋》之義行，則天下亂臣賊子懼焉」。在《田敬仲完世家》中指出：「（陳）厲公之殺，以淫出國，故《春秋》曰『蔡人殺陳他』，罪之也」，陳厲公他被殺事，《史記》記：「厲公既立，娶蔡女。蔡女淫於蔡人，數歸，厲公自亦數如蔡。桓公之少子林怨厲公殺其父與兄，乃令蔡人誘厲公而殺之。林自立，是爲莊公」。《春秋》記此事云：「蔡人殺陳他」，稱「陳他」而不稱「陳厲公」，云「殺」而不云「弒」，這就是「罪」陳他，就是表明陳他有罪該殺。是敘事之中已含論斷。《春秋》於敘事中寓褒貶、寓論斷，有的並沒有歪曲史事，這是可以肯定的一面，是司馬遷所以借鑑的。有些則歪曲了史事，如司馬遷指出的「踐土之會實召周天子，而《春秋》諱之曰『天王狩於河陽』」。這樣的敘事中含論斷，史事有所被歪曲，這種隱諱的方法，是司馬遷不贊成的，沒有接受的。司馬遷寓論斷於敘事的方法，是吸取了《春秋》筆法中的合理部分，拋棄了其中不合理的部分，即發展《春秋》筆法而形成的太史公筆法。

寓論斷於敘事的方法，是史學研究中增加理論性、思想性的方法，是闡發史家一家之言的方法。司馬遷指出：孔子作《春秋》「筆則筆，削則削，子夏之徒不能贊一辭」。「孔子曰：『後世知丘者以《春秋》，而罪丘者亦以《春秋》』」。指出《春秋》是孔子的一家之言。這一家之言在筆削褒貶之中體現出來了。司馬遷繼《春秋》作《史記》也旨在「成一家之言」，而這一家之言也只有從敘事、論斷中加以闡發。寓論斷於敘事的方法也是增強史書爲現實服務的作用，增加史書政治、社會意義的有效方法。

寓論斷於敘事的方法是論和史密切結合的方法，是自然妥貼的「擺事實」、「講道理」的方法，也可以說是「論從史出」的方法。《太史公自序》引孔子語：「我欲載之空言，不如見於行事之深切著明也」。《史記索隱》注：「孔子言我欲立空言，設褒貶，則不如附見於當時所因之事。人臣有僭侈篡逆，因就此筆削以褒貶，深切著明而書之，以爲將來之誡者也」。孔子作《春秋》就是反對空言著書，空言垂世，而是將「言」與「行事」密切結合，以「行事」代「言」。孔子已將寓論斷於敍事的方法作爲反對空言著書、反對空發議論的方法。司馬遷發展了孔子的主張和方法，明確提出：「論考之行事」。將「論」行事和「考」行事密切結合。反對「儒者斷其義，馳說者騁其辭，不務綜其終始」。即反對將「義」、「辭」和事物的「終始」、「行事」相分離的做法，而「義」和「行事」、「始終」結合的最自然妥貼的辦法就是寓論斷於敍事的方法。讓論斷在敍事之中自然而然地體現出來，這不僅自然，也易於合理，易於使人信服、接受，而且啓發人自己去體會、尋味。這就避免了三綱五常、六經教義的空言說教，避免了教條主義的弊陋。現在學術界很強調「論從史出」、「史論結合」的史學研究方法，其原因也與此差不多。陳可青認爲：司馬遷用敍事表達自己的觀點，創立了我國歷史學的一個好傳統，所謂「論從史出」這些寫史的方法，嚴格講來，都是由《史記》開始的㉒。白壽彝也說：「應該學習司馬遷，讓歷史事實說話，作者不要站在前面大聲吆喝」。不要「強加於人」㉓。肯定了司馬遷寓論斷於敍事的方法在當前史學研究中的現實意義。

寓論斷於敍事的方法，也是一種簡約的史學研究方法，司馬遷指出孔子作《春秋》「約其辭文，去其煩重」。「約其文辭而指博」。指出了孔子寓論斷於敍事的方法有簡約的一面，這是合理的，有優越性的。所以司馬遷肯定之，並繼承了這種方法。《史記》所以被後世史家認爲是「簡約」之作，司馬貞《史記索隱後序》稱其「詞省」，「事核而文微」，就是和採用寓論斷於敍事的方法有關。如果論斷都用專門的文字、專門的段落來體現，顯然篇幅就要增加很多，會有繁蕪之嫌。而寓論斷於敍事，既省篇幅又有事半功倍之效。引用他人的話以作爲論斷，這也是寓論斷於敍事的方法。記他人語，既記此人的事，又起到論斷的作用，既增事，又增義，且比用自己的話去評論更有說服力。簡約的方法，是研究方法也是表述方法。史學研究也不能忽視文章技術，而司馬遷寓論斷於敍事的方法是「歷史寫作」的一種有示範性的好方法。

寓論斷於敍事的方法，不將論斷直接寫出，是一種謹慎的方法。司馬遷在《仲尼弟子列傳》引孔子語「慎言其餘，則寡尤」。強調了治史必須謹慎嚴肅。這種謹愼是封建專制政治的產物，是對付封建專制政治的方法。所謂「隱約者，欲遂其志之思也」。謹慎嚴肅是治史的美德，是某種程度上科學態度的反應。這是受到歷來的史學家贊同和提倡的。

寓論斷於敍事的史學研究方法、表述方法，至今仍有合理性。這表明司馬遷在方法論上的卓識。

八、「述而不作」。治史以史料爲依據

《史記・孔子世家》引孔子語，曰：「夏禮吾能言之，杞不足徵也。殷禮吾能言之，宋不足徵也。足則吾能徵之矣」。這裏引的是《論語・八佾》裏的話，原文末句爲：「文獻不足故也，足則吾能徵之矣」。孔子不以杞徵(成)夏禮，不以宋徵(成)殷禮，就是因爲文獻資料不足，不然，則可以徵之。表明孔子治史，注重史料，無史料依據不隨便說話。《十二諸侯年表》序說孔子「論史記舊文，興於魯而次《春秋》」。《三代世表》序說：「孔子因史文次《春秋》」。都指出孔子是依據史料而治史的。司馬遷所以引用孔子的話、孔子的治史方法和態度，實際上也就是借以表明自己的看法、自己的態度。表明自己也贊成治史必須以史料爲依據。《論語・述而》：「子曰：述而不作。信而好古，竊比於我老彭」。《論語注疏》：「包曰：老彭，殷賢大夫，好述古事。我若老彭，但述之耳」。「述而不作」，就是只述古事、前說，只述前人史料，自己不去創作。就是依史料而述，無史料不述。「述而不作」，並不是說述前人史料，一點自己的思想觀點也不要，而是強調治史、編纂史書必須以前人的資料爲依據，不能妄事編纂。孔子雖然「述而不作」著《春秋》，資料是前人的，思想觀點卻是孔子自己的。「述而不作」，是先秦史學家抓住了史學研究的特點，所提出的史學研究方法、史學編纂方法的一個根本原則，也是史料學理論的一個基本原則。司馬遷在《日者列傳》中引司馬季主語：「述而不作，君子義也」。不僅肯定了這是他以前的史學家的史學方法論的基本原則，也表示了贊成這個原則。

司馬遷贊成「述而不作」，就是在研究和總結了先秦史家、學者治史的基本方法的基礎上，提出的自己的史學方法論主張。司馬遷寫作《史記》就是遵循了這種方法。《太史公自序》說：「小子不敏，請悉論先人所次舊聞，弗敢闕」。這不僅是說悉論司馬談所整理過的資料，實際上也指出了作《史記》，就是依據前人的資料「論」之，「述而不作」。司馬遷作《三代世表》說：「蓋取之譜牒舊聞，本於茲，於是略推」。作《殷本紀》說：「余以《頌》次契之事，自成湯以來，採於《書》、《詩》。」作《六國年表》說：「余於是因《秦記》，踵《春秋》之後，起周元王，表六國時事」。都表白了自己是完全依據前人的資料治史纂書，即如《太史公自述》所表白的「余所謂述故事，整齊其世傳，非所謂作也」。也強調了治史「述而不作」的方法原則。司馬遷作《史記》是否確實貫穿了「述而不作」，以史料爲依據的方法論原則，以下細析之。

《史記》各篇「述故事」，很多地方都保留了史料的本來面貌。特別是《十二諸侯年表》、《六國年表》以及先秦各世家的行文中，多處保留了「我」字，這是各國史記、史書所載史料的典型特徵，《史記》行文保留「我」字，當是摘錄原始史料的明證，即是「述而不作」，以

史料爲依據的方法論原則的體現。如《十二諸侯年表》「周」欄：周敬王十年，「晉使諸侯爲我築城」。此語當採自周史記原文。「魯」欄：魯成公元年，「春，齊取我隆」。此語當採自「魯春秋」原文。「齊」欄：齊釐公二十五年，「山戎伐我。」此語當採自「齊春秋」原文。「晉」欄：晉襄公四年，「秦伐我，取王官，我不出。」此語當採自《晉乘》原文。「秦」欄：秦惠公十三年，「蜀取我南鄭」。此語當採自《秦記》原文。如《六國年表》「楚」欄：楚頃襄王兩年，「秦取我十六城」。此語當採自《楚檮杌》原文。其他記述宋、衛、陳、蔡、曹、鄭、燕、吳、魏、韓、趙等國史事，行文保留「我」字的材料當都取自各該國史記原文。

此外，搬用《尚書》的材料擇要敘述如下：

《史記》	《尚書》
《五帝本紀》：「帝堯者，放勳」。「能明訓德，以親九族。九族既睦，便章百姓。百姓昭明。合和萬國。	《堯典》：「帝堯曰放勳」。「克明俊德，以親九族。九族既睦，平章百姓，百姓昭明，協和萬邦」。
《夏本紀》：「冀州：既載壺口，治梁及岐。既修太原，至於岳陽。覃懷致功，至於衡漳。其土白壤。賦上上錯，田中中。常、衛既從，大陸既爲。鳥夷皮服，夾右碣石，入於海。」	《禹貢》：「冀州：既載壺口，治梁及岐。既修太原，至於岳陽。覃懷底績，至於衡漳。厥土惟白壤，厥賦惟上上錯，厥田惟中中。恒、衛既從，大陸既作。鳥夷皮服。夾右碣石入於河。」
《殷本紀》：「自契至湯八遷。湯始居亳，從先王居，作《帝誥》。」	(古文)《胤征》：「自契至於成湯八遷。湯始居亳，從先王居，作《帝告》」。
《周本紀》：「二月甲子昧爽，武王朝至於商郊牧野，乃誓。武王左杖黃鉞，右秉白旄，以麾。曰：『逖矣西土之人！』武王曰：『嗟！我有國家君、司徒、司馬、司空、亞旅、師氏，千夫長，百夫長，及庸、蜀、羌、髳、微、纑、彭、濮人，稱爾戈，比爾干，立爾矛，予其誓』。王曰：『古人有言「牝雞無晨，牝雞之晨，惟家之索」。今殷王紂維婦人言是用……』」	《牧誓》：「時甲子昧爽。王朝於商郊牧野。乃誓。王左杖黃鉞，右秉白旄，以麾。曰：『逖矣，西土之人！』王曰：『嗟！我友邦家君，御事，司徒、司馬、司空、亞旅、師氏，千夫長、百夫長，及庸、蜀、羌、髳、微、纑、彭、濮人，稱爾戈，比爾干，立爾矛，予其誓』。王曰：『古人有言曰：「牝雞無晨，牝雞之晨，惟家之索。」今商王受惟婦言是用……』」

又《魯周公世家》、《燕召公世家》、《晉世家》、《宋微子世家》、《管蔡世家》以及《秦本紀》等也都採用了《尚書》中的材料。司馬遷採用《尚書》的材料，都經過愼密的選擇、排比，合理的調整、組織，把材料用在該用的篇中，恰到好處。這不僅是「述而不作」的方法論原則的體現，而且有其深度和廣度。

搬用《詩經》的材料如下：

《史記》	《詩經》
《魯周公世家》：「東土以集，周公歸報成王，乃爲詩貽王，命之曰《鴟鴞》」。	《國風·豳風·鴟鴞》序：「《鴟鴞》，周公救亂也。成王未知周公之志，公乃爲詩以遺王，名之曰《鴟鴞》焉」。
《匈奴列傳》：「戎狄或居於陸渾，東至於衛，侵盜暴虐中國。中國疾之，故詩人歌之曰『戎狄是應』，『薄伐獫狁，至於太原』，『出輿彭彭，城彼朔方』。」	《魯頌·閟宮》：「戎狄是膺，荆舒是懲」。《小雅·六月》：「薄伐獫狁，至於太原……。」《小雅·出車》「出車彭彭，旂旐央央。天子命我，城彼朔方……」

其他如《周本紀》記公劉的事迹，多取材《詩·大雅·公劉》，記古公亶父的事迹，多取材於《詩·大雅·緜》等等。只是文字上有所改動，因爲《詩經》爲詩體，《史記》爲史體，《史記》行文多概括《詩經》的內容述之，一些虛詞文飾、抒情詠嘆的詞語就刪去了。如《詩·大雅·公劉》描寫公劉發展農業、遷豳的事迹，用了六十句(行)二三四字，而《史記·周本紀》只用了幾句話六十餘字就概括了基本內容。既「述而不作」忠實於原始資料，又精鍊質實合符史體。

搬用《春秋》、《左傳》的材料如下：

《史記》	《春秋》、《左傳》
《周本紀》：「莊王四年，周公黑肩欲殺莊王而立王子克。辛伯告王，王殺周公。王子克奔燕」。	《左傳·桓公十八年》：「周公欲弒莊王而立王子克。辛伯告王，遂與王殺周公黑肩。王子克奔燕。」
《周本紀》：「定王元年，楚莊王伐陸渾之戎。次洛，使人問九鼎。王使王孫滿應設以辭。楚兵乃去。」《楚世家》：「楚莊王八年，「伐陸渾戎，遂至洛，觀兵於周郊。周定王使王孫滿勞楚王。楚王問鼎小大輕重，對曰：『在德不在鼎。』……」	《春秋·宣公三年》：「楚子伐陸渾之戎。」《左傳》：「楚子伐陸渾之戎，遂至於洛，觀兵於周疆。定王使王孫滿勞楚子。楚子問鼎之大小、輕重焉。對曰：『在德不在鼎。……』」

《春秋》、《左傳》的材料，《史記》各本紀、世家、列傳等中引用是較多的，特別是《左傳》資料豐富，不僅一些記時記事的材料被採入《史記》，就連《左傳》中保留的一些傳說資料也被合理地採入《史記》。如《史記·夏本紀》記豢龍氏、御龍氏，是採自《左傳·昭公二十九年》蔡墨的口說。這樣的人物、史事，年代久遠，顯然不可能有原始材料留存，而夏代的材料本來就少，司馬遷遂「擇雅」、濃縮採入《史記》，將民間傳說寫成史事，豐富了夏代史事，這說明《史記》中的有年代的人

物、史事是有史料根據的，一些傳說中的人物、史事也是有史料根據的，可說是「事事有來歷」。這正是「述而不作」的體現。

《史記》中採用《世本》、《大戴禮記》、《國語》、《戰國策》的材料，前面各章已有論述。又採用先秦、秦漢諸子書中的材料，採用檔案、實物、口碑的材料，也是「述而不作」的理論原則的體現，前面亦有論述。這裡無須再重覆了。

治史以史料爲依據，「言之有物」，「言之有據」，「述而不作」，是司馬遷以前就已經初步形成了的史學編纂方法原則，至司馬遷進一步肯定之，發揚光大之，從此成爲中國古代史學家史學編纂方法的根本原則和優良傳統，至今仍有其可借鑒的現實意義。

①以上均見《史記會注考證》第七冊第三二六〇頁、三二四七頁。
②《史記管窺》第三五九頁。
③《史記研究》第二二一頁。
④《史記研究》第二二二頁，第三〇頁。
⑤《史記會注考證》第十冊第五三三二頁引。
⑥《史記會注考證》第九冊第四四二九～四四三〇頁引。
⑦、⑧《史記會注考證》第九冊第四四三〇頁。第十冊第四九一二頁。
⑨《史記評議》卷四《酷吏列傳》。
⑩《史記會注考證》第七冊第三六一三～三六一四頁。
⑪《恬養齋文鈔》卷一《史記合傳論》。
⑫《史記會注考證》第十冊第五三三四頁引。
⑬《陔餘叢考》卷五《史記四》。
⑭《中國歷史研究法補編·人的專史》。
⑮見劉知幾《史通·煩省》篇引。
⑯《史記訂補·敍例》。
⑰《史記新論》第三十九頁。
⑱《中國史學論集》一第一九四頁。
⑲、⑳《歷史研究》編輯部編《司馬遷與〈史記〉論集》第五頁，第九十八頁。
㉑《日知錄》卷二十六。
㉒、㉓《司馬遷研究新論》第一八二頁，第十四頁。

——選自《司馬遷史學批評及其理論》
一九八九年十二月 華東師範大學出版社出版

司馬遷傳記文學藝術成就簡論

■陸永品

《史記》是我國第一部偉大的通史，它記載了上起傳說中的黃帝，下迄漢武帝天漢年間，凡兩千四百多年的歷史。同時，它又是我國史無前例的傳記文學著作。正因爲它首創了傳記文學的樣式，而成爲我國兩千多年以來傳記文學的楷模。本文擬從五個方面，來論述司馬遷傳記文學的藝術成就，最後簡單談談它對後代文學發展的影響。

一、形象的歷史

《史記》是一部形象的歷史。它與一般文學作品不同。文學作品，在符合生活眞實的情況下，都進行虛構。但是，《史記》作爲傳記文學則不同，它都有一定的歷史根據，或根據典籍的記載，或根據民間傳說，是歷史性很強的文學作品。

有人說，《史記》有許多虛構成分。此說缺乏歷史根據，也不符合實際。司馬遷是以「實錄」著稱的偉大史學家，古人已有定論。劉向、揚雄稱司馬遷有「良史之才」。班固稱道他說：「其文直，其事核，不虛美，不隱惡，故謂之實錄。」（《漢書．司馬遷傳》）從古人對他這樣的評價，即說明他傳記文學具有歷史眞實性。這是其一。

其二，它與一般史書不同。作爲傳記文學，《史記》又有文學作品具有的藝術特色，如豐富的語言、生動的故事情節，刻畫了衆多的栩栩欲生的人物形象。在司馬遷筆下，有農民、佃戶、漁父、屠夫、酒徒、刺客、游俠、農民起義領袖、帝王將相、軍官、官吏、酷吏、公主、夫人、姬妾、醫生、巫卜、方士、詩人、文學家等等，反映了不同階級、不同階層的生活。而作爲史書，則與傳記文學不同，它只要求文字精煉、準確，不講語言之美，不講刻畫人物形象，不講設置生動的故事情節。

後代的許多史學家，雖然模仿《史記》傳記體撰寫史書，卻遠遠不能與《史記》相比。與太史公相距年代久遠的且不去說，班固的《漢書》在文學性方面就大爲遜色。衆所周知，「鴻門宴」是自古以來人們喜聞樂見的故事。《史記．項羽本紀》用一千七百多字來描寫這場劍拔弩張的鬥爭，寫得氣氛極其緊張，刀光劍影，一觸即發，頗能扣人心弦。它的故事的戲劇性，也能引起人們的極大興趣，所以，古代和今天都把它搬上舞台演出。在司馬遷筆下，項羽、劉邦、張良、項伯、樊噲、范增等不同性格的人物形象，他們個個栩栩欲生的臉譜、言行舉止，都給人留下清晰的印象。可是，班固在《漢書．高帝紀》中記載「鴻門宴」這場鬥爭，僅僅用了三百多字。當然，作爲史書，班固這樣記載，已經能說明歷史史實，是無可非議的。但作爲傳記文學，它同《史記》相比，顯然就相形見絀了。班固對「鴻門宴」的記載，失去了《史記》那樣生動的戲劇性的情節，和一觸即發的鬥爭場面。在對其中那幾個人物形象的塑造，也談不上有什麼刻畫。僅以樊噲爲例即可說明。太史公筆下樊噲那種勇猛粗獷、粗中有細、膽量過人、活龍活現的壯士的英雄形象，在班固筆下卻完全消失了。太史公描寫樊噲的形象，用了五百多字，班固只用了五、六十字。兩相對比，班、馬在傳記文學上的優劣，也就不言而喻了。所以，說司馬遷傳記文學是形象的歷史，是恰如其分的。

《史記》凡一百三十卷，五十二萬六千五百字。除其中的表、書之外，本紀、世家、列傳都是傳記文學，是形象的歷史。在這些傳記文學作品中，當然不可能每篇都具有同樣的藝術性，有的藝術性強，有的則差些。如《五帝本紀》、《夏本紀》、《殷本紀》、《周本紀》、《秦本紀》等，藝術性就顯得差些，缺乏栩栩欲生的人物形象。而從局部來看，即使這些篇也有描寫得頗爲生動形象的故事。如《五帝本紀》記載瞽叟和象合謀殺害舜的未遂事件，就描寫得有聲有色，頗能引人入勝。這段文字寫道：

> 瞽叟尚復欲殺之，使舜上塗廩，瞽叟從下縱火焚廩，舜乃以兩笠自扞而下，去，得不死。後瞽叟又使舜穿井，舜穿井爲匿空旁出。舜既入深，瞽叟與象共下土實井，舜從匿空出，去。瞽叟、象喜，以舜爲已死。象曰：「本謀者象。」象與其父母分，于是曰：「舜妻堯二女，與琴，象取之。牛羊倉廩予父母。」象乃止舜宮居，鼓其琴。舜往見之。象鄂不懌，曰：「我思舜正鬱陶！」舜曰：「然，爾其庶矣！」舜復事瞽叟，愛弟彌謹。

在這裏，司馬遷把舜的父親和弟弟陰謀殺害舜的醜惡嘴臉，活靈活現地呈現在讀者面前。在太史公筆下，舜卻是個信奉「孝悌」的愚忠的形象。他逆來順受，毫無反抗之心，只是憑著自己的智慧，躲過一個又一個的陷阱。

但是，太史公傳記文學的大多數篇章，尤其列傳部分，與上邊說的那些本紀就不同了，它們的藝術性比較強，在刻畫人物形象上，已經達到相當高的水平。這裏僅以《史記》裏所描寫刻畫的三個將軍的形象爲例，即可見一斑。這三個將軍是司馬穰苴、田單和李廣。

先談司馬遷對司馬穰苴形象的刻畫。《司馬穰苴列傳》寫齊景公時，外受晉、燕侵擾，內無良將，軍紀渙散，士無鬥志，「齊師敗績，景公患之」。晏嬰推薦司馬穰苴爲將，整頓軍紀，「行軍勒兵，申明約束。」他斬殺了素來驕貴，不遵守軍法的寵臣莊賈，以徇三軍，

「三軍之士皆振慄。」當齊景公得知司馬穰苴要處死莊賈時，便派遣使者持節赦免莊賈。而穰苴卻不接受，他說：「將在軍，君令有所不受！」按照軍法，當斬使者。穰苴說：「君之使不可殺之。」於是斬其僕、車之左駙、馬之左驂，以警告三軍。穰苴又能與士卒同甘共苦，並深入士卒之中，「問疾醫藥」，因此頗受士卒敬重。穰苴整頓了軍紀，士氣頓然高漲。「三日而後勒兵，病者皆求行，爭奮出爲之赴戰。晉師聞之，爲罷去。燕師聞之，度水而解。」於是齊軍乘勝追擊，收復失地而歸。由於穰苴立下汗馬功勞，齊景公尊他爲大司馬。太史公對穰苴這個形象，雖著墨不多，卻描寫刻畫得有血有肉，異常鮮明，似乎使人眞的看到了一個雷厲風行、虎虎有生氣的將軍。

田單的形象，描寫得也很出色。《田單列傳》寫在燕軍侵占齊國大部國土的情況下，田單離間燕國君臣，假用「神師助我」來鼓舞即墨城中人民的士氣，並令燕人劓齊降卒、掘齊人城外冢墓而僇其先人，以激怒齊人，使他們義憤塡膺，「俱欲出戰」。於是田單用火牛陣，虛張聲勢，打敗燕軍，收復七十餘城，迎齊襄王入臨菑聽政。太史公在描繪這個故事時，對田單形象的刻畫，比刻畫司馬穰苴更生動、更形象，更有戲劇性。其中用火牛陣襲擊燕軍而獲勝的戰術，已成爲千百年來膾炙人口的奇事。所以，明代凌稚隆援引董份《史記評抄》語說：「田單即墨之戰固奇，太史公敍其事亦善狀，如親見火牛觸燕軍而披靡者。」（《史記評林》）而李景星繼承清代吳見思《史記論文》的研究成果，他認爲《田單列傳》是《史記》中的「奇作」。他說：「《田單傳》以『奇』字作骨，至贊語中始點明之。蓋單之爲人奇，破燕一節其事奇，太史公又好奇，遇此等奇人奇事，哪能不出奇摹寫！前路以傳鐵籠事小作渲染，已是奇想；隨即接入破燕，而以十分傳奇之筆盡力敍之。寫田單出奇制勝，妙在全從作用處著手。如『乃縱反間於燕宣言曰』，『田單因宣言曰』，『單又縱反間曰』，『令即墨富豪謂燕將曰』，節次寫來，見單之奇功，純是以奇謀濟之。贊語曰：『兵以正合，以奇勝；善之者出奇無窮，奇正還相生，如環之無端。』連用三『奇』字，將通篇之意醒出。『始如處女』四句，亦復奇語驚人。君王后，奇女；王蠋，奇士，不入傳中，而附於傳後，若相應若不相應，細繹之，卻有神無迹。合觀通篇，出奇無窮，的爲《史記》奇作。」（《四史評議》）以「奇人奇事」來說明司馬遷對田單形象的成功刻畫，的確是一種高見卓識。

李廣，號稱「飛將軍」。他是西漢抗擊匈奴的名將，英勇善戰，屢立戰功。在《李將軍列傳》裏，太史公非常成功地塑造了李廣的英雄形象。他比司馬穰苴、田單的形象更富有性格特徵，塑造得也更加豐滿。太史公抓住幾個重要的事件，就把李廣的英雄形象勾勒出來了。如李廣射殺匈奴射雕者；他出雁門，打擊匈奴侵擾，兵敗被生得，由於病傷，匈奴人把他置於兩馬間，絡而盛臥而行。李廣佯死，乘機騰上胡兒馬，推墮胡兒，南馳數十里，重得軍隊，馳入漢塞：「廣出獵，見草中石，以爲虎而射之，中石沒鏃，視之石也。」等等。這些傳奇式的情節，就使李廣的英雄形象躍然紙上，歷歷在目。明代茅坤說：「李將軍於漢最爲名將，而卒無功，故太史公極力摹寫，淋漓悲咽可涕。」(《史記評鈔》)司馬遷就這樣給古今不同人物立傳，寫下了一部形象的歷史，風流千古，永不磨滅。

二、現實主義的特色

我國古代文學發展到西漢，已經形成了現實主義和浪漫主義兩種流派。屈原是我國戰國時代第一個偉大的浪漫主義詩人，司馬遷則是我國西漢時期第一個偉大的現實主義文學家，這兩種文學流派到他們那裏，已經達到前所未有的高峰。司馬遷作爲傳記文學家，寫的歷史題材居多，稱他的傳記文學爲形象的歷史，即是從這個意義上而言。在《史記》裏，司馬遷唯恐讀者不明瞭每篇的宗旨，所以，他或在每篇的開頭，或在篇中，或在篇末，都寫一段「太史公曰」的文字，把歷史與現實更加緊密地聯繫起來。這種聯繫，用筆奇崛，用意含蓄，是一篇文章精華的凝結，殊多意味。李景星對此問題的看法頗爲精闢。他說：「他史贊語，每就紀傳所言，重述一遍，殊少意味。《史記》諸贊，往往補紀傳之所不及，且其用筆奇崛，用意含蓄，或爲一篇精華所聚，非經抉發，未易明也。」(《史記評議·凡例》)甚至，太史公在有的篇章中，採用夾敍夾議的手法，直接表達對現實社會的態度。

文學作品的現實主義，是與浪漫主義相對而言。浪漫主義的文學作品，主要傾向於寫理想，可以簡單地稱它爲理想主義。浪漫主義文學，也是建立在現實生活的基礎之上，它是通過寫浪漫主義的精神，來表現文學的一種特徵。浪漫主義與現實主義，往往是不可截然分開的。但是，就文學作品或作家的主要傾向而言，又各自具有相對的獨立的特色。現實主義的文學作品，主要傾向於表現現實，當然不是自然主義的摹寫一切現實生活，或毫無選擇地照錄歷史，它受作家的世界觀的支配，按照作家的立場、觀點來揭示社會生活的狀況及其種種的矛盾和鬥爭。司馬遷的傳記文學正是如此。譬如，作者在記載歷史事件或給歷史人物立傳時，經常使用夾敍夾議的筆法，來表明自己的愛憎。所謂「老子、伯夷、屈原、管仲、公孫弘、鄭、莊等傳，及儒林傳等序，此皆既述其事，又發其議。觀詞之辨者，以爲議論可也；觀實之具者，以爲敍事可也。變化離合，不可名物，龍騰鳳躍，不可韁鎖。」(《史記評林》引)論者所說即是司馬遷反映現實的藝術手法。《伯夷列傳》使用夾敍夾議的筆法，是比較典型的。作者爲了批判善有善報、惡有惡報的唯心主義觀點，在正文中加進這樣一段議論：「或曰『天道無親，常與善人。』若伯夷、叔齊，可謂善人者非邪？積仁絜行如此而餓死！且七十子之徒，仲尼獨薦顏淵爲好學，然回也屢空，糟糠不厭，而卒蚤夭。天之報施善人，其何如哉？……若至近世，操行不軌，專犯忌諱，而終身逸樂，富厚累世不絕。……余甚惑焉，儻所謂天道，是邪非邪？」太史公雖然是用懷疑的口氣，實際上是對封建統治階級用因果報應思想來麻痺人民的批判。

在給當代各類不同人物立傳時，更加能夠表現太史公不同的愛憎和褒貶態度。爲了表彰李廣英勇善戰、體貼士卒、與士卒同甘苦的精神，司馬遷在《李將軍列傳》篇末寫道：

傳曰：「其身正，不令而行；其身不正，雖令不從。」其李將軍之謂也。余睹李將軍悛悛如鄙人，口不能道辭，及死之日，天下知與不知，皆爲盡哀。彼其忠實心誠信於士大夫也。諺曰：「桃李不言，下自成蹊。」此言雖小，可以諭大也。

在這裏，作者強調身教勝於言教的作用。他不僅肯定和贊揚李廣的高貴品德，同時，其中寄寓著對現實社會中那種己不正而想正人的當權者，以很大的諷刺。司馬遷傳記文學的現實主義特徵，正表現出這樣一種進步的思想傾向。這也是他傳記文學人民性的表現。它的進步性大致有如下幾點。

第一，歌頌美好和正義，暴露醜惡和黑暗。司馬遷繼承了《春秋》明是非，善善惡惡，賢賢賤不肖的宗旨，對歷史上兩千多年以來的美好事物和正義事業，都給予了熱情的贊揚和歌頌；對黑暗和醜惡的事物，都給予了無情的暴露。他對游俠「其言必信，其行必果」，「不愛其軀，赴士之阨困」，「不矜其能，羞伐其德」的品德，給予了充分的肯定。他認爲，孟嘗、春申、平原、信陵之徒，「不可謂不賢者」，但「皆因王者親屬，藉於有土卿相之富厚，招天下賢者」，才「顯名諸侯」的。他們與「閭巷之俠，修行砥名，聲施於天下」，稱爲賢者則完全不同。他對游俠充滿了同情，指出儒、墨排擯不載游俠的事跡是錯誤的。尤其他說：「自秦以前，匹夫之俠，湮滅不見，余甚恨之。」所以，他竭力頌揚漢代朱家、劇孟、郭解等游俠，說他們「雖時扞當世之文罔，然其私義廉絜退讓，有足稱者」。他批評「世俗」不當把這些游俠與「暴豪之徒同類而笑之」。他指出「朋黨宗強比周，設財役貧，豪暴侵凌孤弱，恣欲自快，游俠亦醜之」(《游俠列傳》)，給予游俠以很高的評價。他對司馬穰苴、田單、李廣這三個將軍的歌頌，同樣也說明作者的進步思想。

相反，作者對歷史上那種黑暗、醜惡的方面給予了無情的暴露。諸如，他揭露了驪姬、呂太后陰險毒辣、殺害無辜的醜惡嘴臉。在《游俠列傳》裏，作者揭露了封建統治者宣揚「仁義」的虛僞性，他揭示了「竊鉤者誅，竊國者侯，侯之門仁義存」的黑暗社會現實。作者對不關心士卒死活、只顧自己享樂的將領，也給予了如實地暴露。在《衛將軍驃騎列傳》裏，作者揭露霍去病的醜行時說：「其從軍，天子爲遣太官賚數十乘，即還，重車餘棄粱肉，而士有飢者。其在塞外，卒乏糧，或不能自振，而驃騎尚穿域蹋鞠。事多類此。大將軍爲人仁善退讓，以和柔自媚於上，然天下未有稱也。」把霍去病媚上欺下，所謂「仁善退讓」的虛僞面孔，暴露在光天化日之下，對當代同類將軍給予猛烈地抨擊。

第二，反對殘酷的剝削和壓迫，同情勞動人民疾苦。太史公希望人民能過著豐衣足食、安居樂業的生活，所以，他非常稱道文、景之治。他認爲「法令滋章，盜賊多有」，宣揚無爲而治，反對殘酷壓迫和剝削人民，作者對秦始皇窮奢極欲、荒淫無耻，大興土木工程，興建阿房宮和幾百座宮殿，給予嚴厲的批判。他指出：「天下苦秦久矣！」反映了廣大人民的呼聲，表現了對人民疾苦的同情。即使對今天看來具有偉大歷史意義的萬里長城，司馬遷站在同情勞動人民的立場，對秦始皇興建這種浩大的工程，也給予了批判。他在《蒙恬列傳》裏說：「吾適北邊，自直道歸，行觀蒙恬所爲秦築長城亭障，塹山堙谷，通直道，固輕百姓力矣。夫秦之初滅諸侯，天下之心未定，痍傷者未瘳，而恬爲名將，不以此時強諫，振百姓之急，養老存孤，務修衆庶之和，而阿意興功，此其兄弟遇誅，不亦宜乎！何乃罪地脈哉？」對蒙恬的批判，實則也是對秦始皇的批判。當然，不能說司馬遷反對修築萬里長城。他是說在秦定天下之初，「痍傷者未瘳」，不去「振百姓之急，養老存孤」，卻去「輕百姓力」，「阿意興功」，給人民造成了深重的苦難。也應當看到，司馬遷並不是單純地爲了寫歷史而寫歷史，他批判蒙恬「阿意興功」，其中還寄寓著借古喻今的含意。

司馬遷對陳勝、吳廣領導的農民起義，給予熱情洋溢的歌頌，對本朝統治階級殘酷鎮壓爲生活所迫而聚衆造反的人民，能予大膽而眞實的記載，這也正表現了太史公對人民疾苦的深切同情。

第三，維護國家利益，表彰愛國思想。這種思想在《史記》裏表現得非常明顯。在《藺相如列傳》裏，寫藺相如以國家利益爲重，處處忍讓廉頗，塑造了藺相如「先國家之急而後私仇」的典型形象，博得了兩千多年來人們的讚許。在漢景帝時代，吳、楚七國叛亂，鼂錯不去維護國家的統一，反而乘機欲報私仇，陷害袁盎。太史公在《袁盎鼂錯列傳》裏，批判了鼂錯這種只顧爭權奪利，置國家利益而不顧的行爲。在《報任少卿書》裏，太史公稱贊李陵「奮不顧身而殉國家之急」的愛國思想。在《屈原賈生列傳》裡，太史公熱情地歌頌屈原「以身殉國」的忠君愛國的壯烈表現。如此等等，這都是司馬遷忠君愛國思想的曲折表現。儘管，其中打上時代和階級的烙印，具有一定的侷限性，但就其愛國思想的主流和本質，還是值得充份肯定的。

三、發展了文學的諷刺藝術

諷刺文學或諷刺小品，這種文學樣式在中國文學史上占有重要的地位。它是文學的尖兵，能起到移風易俗、改革時弊的積極作用。它的創始，應首推莊子，莊子嬉笑怒罵，皆成文章。司馬遷繼承和發展了這種文學樣式。《滑稽列傳》是《史記》中諷刺文學的重要篇章。在《史記》的其他篇章裏，也有不少諷刺文字，如

《伯夷列傳》、《封禪書》等就有一些諷刺時弊、鞭斥「人主」荒淫無度的文字。吳見思說《封禪書》「一字一句之中，嘻笑怒罵，無所不有」(《史記論文》)，亦是此意。但在這裏，只談《滑稽列傳》的諷刺藝術。

司馬遷所記載的淳于髡、優孟、優旃三章故事，已深爲後人熟知，並產生積極的社會效果。從下面兩則故事，即可說明。一則是說齊威王好爲淫樂長夜之飲，沉湎不問政事，百官荒亂，諸侯並侵，國家危亡，在於旦夕，左右不敢勸諫。淳于髡便以「隱語」說威王道：「國中有大鳥，止於王庭，三年不蜚又不鳴，王知其鳥何也？」就這樣幾句幽默隱約的話，擊中了齊威王的要害，使之幡然悔悟。齊威王回答得也頗爲含蓄，頗富有哲理性。他說：「此鳥不蜚則已，一蜚冲天；不鳴則已，一鳴驚人。」於是齊威王朝見諸縣令長，賞一人，誅一人，奮兵出擊敵人，使得諸侯大爲震驚，紛紛奉還侵地。自此之後，「一鳴驚人」，便成爲鞭策人們奮發有爲的成語。

另一則故事是，秦二世欲漆城廓，優旃用恭維的話諷刺他說：「善！主上雖無言，臣固將請之。漆城雖與百姓愁費，然佳哉！漆城蕩蕩，寇來不能上。即欲就之，易爲漆耳，顧難爲蔭室。」他用這種幽默諷刺的語言，竟然迫使秦二世罷去漆城的念頭。

對於諷刺文學的作用，太史公把它與「六藝」相提並論，認爲都能起到解紛亂、治國家的作用。他引用孔子的話說：「六藝於治一也。《禮》以節人，《樂》以發和，《書》以道事，《詩》以達意，《易》以神化，《春秋》以義。」緊接著他又說：「天道恢恢，豈不大哉！談言微中，亦可以解紛。」意思是說：天下的事甚多，用隱約曲折的語言，能切中事理，擊中時弊，解除紛亂。這與司馬遷主張文學作品要有「諷諫」作用是一致的。《滑稽列傳》正是他這種文學主張的實踐。

司馬遷諷刺文學的藝術特色，**主要是用談笑風生、幽默的語言和隱語，來達到「諷諫」作用的**。但有一則故事，同時還借助於化裝表演來達到這樣的目的。這則故事說，楚莊王時，楚相孫叔敖，很看重優孟。他臨死前囑咐兒子說，在他死後，要是生活困難，就去找優孟。孫叔敖死後幾年，其子貧窮以致負薪而活，於是他便去見優孟，說他是孫叔敖之子，貧窮無法生活。優孟爲了報答孫叔敖的恩情，就按照孫叔敖生前的穿戴打扮自己，模仿他的樣子，抵掌談語，經過多年之後，楚王左右，莫能辨別。一次，楚莊王宴請賓客，優孟前往祝壽。楚王大驚，以爲孫叔敖復生，要任用他爲楚相。優孟說，讓我回去同婦人商量，三日後再來爲相。三日後，優孟答楚王曰：「婦言愼無爲，楚相不足爲也。如孫叔敖之爲楚相，盡忠爲廉以治楚，楚王得以霸。今死，其子無立錐之地，貧困負薪以自飲食。必如孫叔敖，不如自殺。」云云。楚王聽了優孟這番話之後，於是封孫叔敖之子四百戶，以奉祭祀。這則故事所以能達到如此效果，與優孟的化裝表演有密切關係。化裝表演的藝術，在我國歷史上，《滑稽列傳》的記載是較早的，可謂是戲劇之祖，因此這則故事有特殊的藝術價值。

《史記》的這種諷刺文學藝術，對當時和後代都有很大的影響，對諷刺文學的繁榮和發展曾起過積極的作用。譬如，西漢元、成間的褚少孫，由於受到《滑稽列傳》的啓示，他也寫六章所謂「故事滑稽之語」，附在太史公這篇之後。有比較才有鑒別。褚少孫把他的作品與司馬遷的作品放在一起，眞是狗尾續貂，不倫不類。褚少孫的六章故事，其中有一則，雖然可以算作「滑稽之語」，但它與司馬遷「談言微中，亦可以解紛」的主張，完全是背道而馳的。這則故事說，漢武帝少時有個乳母，武帝即位後，對乳母常有賞賜。有次乳母上書要某公田，武帝便賞了給她。凡乳母的話，武帝都完全聽從。乳母仗著皇帝的勢力，其子孫奴從，橫暴長安城，「當道掣頓人車馬，奪人衣服」等。雖然如此，官府竟不忍治於法。無可奈何，有司請徙乳母家室往邊地。武帝同意。乳母準備往赴邊所。但她先同郭舍人講起此事。郭舍人是武帝的幸倡，他「發言陳辭，雖不合大道，然令人主和說」。於是郭舍人便教乳母說：「即入見辭去，疾步數還顧。」乳母便按照他的說法去做，郭舍人罵乳母說：「咄！老女子，何不疾行？陛下已壯矣，寧尚須汝乳而活邪，尙何還顧？」武帝聽了郭舍人的這幾句話，便「下詔止無徙乳母，罰謫潛之者。」顯而易見，褚少孫這則故事，其思想內容是十分落後的，甚至是反動的。其他幾則，從思想內容看，雖有可取之處，但也算不上諷刺文學。它的唯一作用，在於能夠說明司馬遷的諷刺文學，在西漢時就產生了很大的影響。

四、詩文並用

詩文並用，是太史公傳記文學的又一個突出的特色。

在《史記》之前，在先秦諸子散文中，詩文並用只是一種偶然的現象。如《左傳》引逸詩：「翹翹乘車，招我以弓，豈不欲往，畏我友朋。」《孟子》中的孺子歌：「滄浪之水淸兮，可以濯我纓，滄浪之水濁兮，可以濯我足。」《莊子》中的《接輿歌》（鳳兮鳳兮）等等，就這些作品而論，都是偶然詩文並用，並未蔚然成風。到司馬遷手裏，詩文並用，已經是普遍的現象，並且運用得十分自然、純熟，詩與文渾然一體，成爲整篇傳記文學作品不可分割的組成部分。《項羽本紀》中的《垓下歌》，《高祖本紀》中的《大風歌》，《呂太后本紀》中的《趙王歌》（諸呂用事兮劉氏危），《留侯世家》中的《鴻鵠歌》，《伯夷列傳》中的《采薇歌》，《刺客列傳》中的《渡易水歌》，《河渠書》中的《瓠子歌》等等，這些歌詞的運用，在司馬遷的傳記文學裏都占有不可忽視的地位，與散文的文字已經融爲一體。

詩文並用，在司馬遷傳記文學裏，它不僅有助於抒發人物的思想感情，同時還有助於刻畫人物的不同性格和形象。這裏以《大風歌》和《垓下歌》爲例，即能說明問題。《大風歌》是：「大風起兮雲飛揚，威加海內兮歸故鄉，安得猛士兮守四方。」它表現漢高祖劉邦打敗項羽，既定天下的豪情壯志，及其決心保衛國土的帝王形象。它與《垓下歌》所表現項羽的形象截然不同。《垓下歌》寫道：「力拔山兮氣蓋世，時不利兮騅不逝，騅不逝兮可奈何，虞兮虞兮奈若何？」它表現曾經煊赫一時、叱吒風雲的項羽的英雄末路的性格和形象，與《大風歌》表現勝利者劉邦的性格和形象，形成了鮮明的對照。這是其一。

其二，詩文並用，對揭露黑暗、表現人民對反動勢力的憎恨，起到了很好的作用。譬如，太史公在記載灌夫仗勢欺人，「宗族賓客為權利，橫行潁川」時，同時載一首兒歌說：「潁水清，灌氏寧；潁水濁，灌氏族。」（《魏其武安侯列傳》）這裏反映對灌氏橫行鄉里、食肉人民的極端仇視。

其三，詩文並用，在司馬遷的傳記文學裏，對於烘託氣氛，增強藝術感染力，具有積極的作用。如《易水歌》兩句詩：「風蕭蕭兮易水寒，壯士一去兮不復還！」這是戰國時代，燕國士人送荊軻赴秦刺秦王時的歌曲，歌詞悲壯淒涼，感人至深。正如太史公所說：「羽聲慷慨，士皆瞋目，髮盡上指冠。」在這裏，詩文的並用，對烘托荊軻一去不歸的悲壯淒涼的濃郁氣氛有著積極的效果，因而大大增強了作品感人的藝術力量。荊軻刺秦王，所以會給人留下永不磨滅的記憶，與這首《易水歌》有著直接的關係。

不僅在正文中，司馬遷採用詩文結合的筆法，而且在「太史公曰」的簡短文字裏，也使用了此種筆法。譬如，《淮南衡山列傳》中的「太史公曰」：「《詩》（按《魯頌．閟宮》篇）之所謂『我狄是膺，荊楚是懲』，信哉是言也。淮南、衡山親為骨肉，疆土千里，列為諸侯，不務遵蕃臣職以承輔天子，而專挾邪僻之計，謀為叛逆，仍父子再亡國，各不終其身，為天下笑。」吳見思對此評論說：「贊語反借詩詞，以淮南地方立論，創格。」（《史記論文》）的確，詩文並用，是《史記》的一大「創格」。

五、語言通俗，富有個性化

評論文學作品的優劣，雖說不能只看語言的好壞，但是語言的好壞，是標誌著一部文學作品成功或失敗的主要因素。語言是文學作品表現的工具，文學作品中的人物性格和形象，完全依靠語言來表現，沒有生動、形象、準確和豐富的語言，文學作品的內容和人物形象就失去了寄託之所。因此，從某種意義上講，文學作品就是語言的藝術。可以說，司馬遷是我國最早的駕馭語言能力最強的語言大師。他的傳記文學的語言，有許多顯著的特色。

第一，語言通俗易懂，猶如白話。《史記》能夠如此，這在我國西漢時代，的確是難能可貴的。在司馬遷的作品中，有許多語言都是活在人民口頭的話語，說明他在漫遊全國時，學習了不少人民口頭的生動語言。如《陳涉世家》寫陳勝做陳王之後，他少年時代曾一起與人傭耕的朋友來看他：「入宮，見殿屋帷帳，客

(指朋友)曰:『夥頤!涉之爲王沉沉者!』在解釋「夥」的意思時，司馬遷說:「楚人謂多爲夥，故天下傳之。」說明司馬遷在作品裏，還採用了地方的方言，因而使他的作品更加通俗。

班固的《漢書》所載漢武帝以前的歷史，固然大都是抄襲《史記》而成，但它在語言通俗上，比不上《史記》。班固往往好用古字古義，所以失去通俗性。如「篝火」的「篝」字，《史記》作「篝」，《漢書》則作「構」。「供給」的「供」，《史記》作「供」，《漢書》則作「共」。「踪迹」的「踪」，《史記》作「踪」，《漢書》則作「縱」，等等。即使與諸子散文相比，《史記》的這個特點也相當突出。

第二，語言生動、形象，具有個性化的特點。

司馬遷傳記文學作品中的許多人物，都具有各自不同的性格特徵、不同的風貌和形象，這與他語言的個性化頗有關係。陳勝、吳廣具有農民起義領袖敢於革命的精神。劉邦鬥智，項羽鬥勇。樊噲勇猛，張良善於智謀，等等。他們各人有各人的個性化的語言。這裏僅以陳勝爲例，即可說明這樣的問題。《陳涉世家》有一段文字寫道:

陳涉少時，嘗與人傭耕，輟耕之壟上，悵恨久之，曰:「苟富貴，無相忘。」傭者笑而應曰:「若爲傭耕，何富貴也?」陳涉太息曰:「嗟呼，燕雀安知鴻鵠之志哉!」

作者著墨不多，只是用「苟富貴，無相忘」，和「嗟呼，燕雀安知鴻鵠之志哉」兩三句話，就足以表現出陳勝在青少年時代，即有與衆不同的遠大志向，與衆不同的性格。這種語言，與他後來成爲農民起義領袖的身分是符合的。可是，與他一起傭耕的胸無大志的夥伴，卻不相信他的話，認爲他的想法是想入非非，因而置之一笑的答道:「若爲傭耕，何富貴也?」對於同伴不理解自己，陳勝感到失望，所以，他嘆息良久，便說出「燕雀安知鴻鵠之志哉」這句流傳千古的名言。後來，陳勝當了陳王的時候，他這位青少年時代的朋友又去看他。當他看到陳勝居住的宮殿屋宇、深宅大院時，便驚奇地叫道:「夥頤!涉之爲王沉沉者!」言外之意，是說沒有想到陳勝果然當上了大王，好闊氣呀!這兩句話十分典型，也非常符合這個沒有理想的人物的性格。再如，秦始皇出遊會稽，項羽與其季父項梁俱觀，項羽對項梁說:「彼可取而代也!」(《項羽本紀》)要他取代秦始皇而當皇帝。劉邦因服徭役去咸陽，看見秦始皇出行，氣派盛大，便喟然嘆息說:「嗟夫，大丈夫當如此也!」(《高祖本紀》)項羽和劉邦的這兩句名言，都帶有鮮明的個性特徵。

第三，語言「簡妙」，句法變化，層出不窮。》南宋洪邁頗爲稱贊太史公語言「簡妙」，句法變化，層出不窮。他說在他讀到《魏世家》、《蘇秦列傳》、《平原君列傳》、《魯仲連列傳》時，未嘗不驚呼擊節，不知其所以然。他說:「魏公子無忌與王論韓事曰:『韓必德魏、愛魏、重魏、畏魏，韓必不敢反魏。』十餘語之間五用『魏』字。」(《容齋隨筆．史記簡妙處》)他在同書的《漢書用字》一文裏又說：「太史公《陳涉世家》：『今亡亦死，舉大計亦死，等死，死國可乎？』又曰：『戍死者固什六七，且壯士不死則已，死即舉大名耳。』疊用七死字。《漢書》因之。」對司馬遷駕馭語言的能力，給予很高的評價。清代吳見思對太史公傳記文學的評價，亦頗能說明這樣的問題。他說：「《史記》一書，以參差錯落，穿插變化爲奇，而筆法句法，絕無一律。」（《史記論文．五帝本紀評論》）用極其概括的語言，說明太史公筆法變化，層出不窮。他在評論具體作品時，談論更加具體而清晰。譬如，他在評論《平準書》時說：「篇首突然而起，篇末突然而住，操筆縱橫，無所不可，是難能也。」在評論《蕭相國世家》時則說：「勝處更在召平種瓜一段，於極忙之中，忽用閑筆；於極濃之中，忽用淡筆。如此文情，惟史公能之。」在評論《曹相國世家》時又說：「序戰功處，不知當如果模寫，他偏不細寫，只用攻、擊、守、救、追、圍、戰、下、破之、大破之等字序其事。又用定、得、取、守、虜、斬、先登、陷陣等字序其功……序法或長、或短、或逆上、或順下、或單、或排，錯綜變化，其妙如此。序相業處，亦不實寫一筆，只就其聘蓋公，趣治行、飲酒歌呼數事，側面背面寫來，而清靜神理，已和盤托出。」等等，這些都是評論太史公筆法句法變化多端，奇妙無窮的寶貴史料。

司馬遷的語言，生動形象、通俗易懂、富有個性化的特點，這是後代史傳無法相比的。但與後代史傳相比，它也有不足之處。如與《漢書》相比，《史記》的語言，有的地方就沒有《漢書》那樣精煉和準確。從《史記》和《漢書》對項羽少年時代的一段記載，即可看到一點消息。

《史記．項羽本紀》寫項羽道：

> 項籍少時，學書不成，去，學劍，又不成。項梁怒之。籍曰：「書，足以記名姓而已。劍一人敵，不足學，學萬人敵！」

《漢書．項籍傳》則寫道：

> 籍少時，學書不成，去；學劍又不成，去。梁怒之。籍曰：「書，足記姓名而已。劍一人敵，不足學，學萬人敵耳！」

從這兩段文字中可以看到，《漢書》去掉兩個「項」字，一個「以」字；加上一個「去」字，一個「耳」字。又把「名姓」改爲「姓名」。顯然，它比《史記》要精煉一些。

班固在用詞遣句，甚至在用字上都比《史記》嚴格。《史記．李將軍列傳》記載：李陵「將丹陽楚人五千人，教射酒泉、張掖，以屯衛胡」。「衛胡」，《漢書》作「備胡」，意思比較明確。類似之處甚多，不再枚舉。這說明《漢書》作爲史書，還有其可貴的優點。

不過，這只是從個別的情況來討論問題，還不能統而論之。傳記文學與史書是不同的。說個別地方《漢書》在用字上比《史記》精煉，並不是說《漢書》比《史記》

好。史學不需要文學性的語言。所以，不能以語言的準確程度和繁簡，把司馬遷的傳記文學與後代的史傳相比，這樣相比並不能說明問題。作爲史書，它並不考慮語言的藝術效果。洪邁《容齋隨筆·文煩簡有當》說：「……《史記·衛青傳》：『校尉李朔，校尉趙不虞，校尉公孫戎奴，各三從大將軍獲王，以千三百戶封朔爲涉軹侯，以千三百戶封不虞爲隨成侯，以千三百戶封戎奴爲從平侯。』《前漢書》但云：『校尉李朔、趙不虞、公孫戎奴，各三從大將軍，封朔爲涉軹侯、不虞爲隨成侯、戎奴爲從平侯。』比於《史記》五十八字中省二十三字。然不若《史記》爲樸贍可喜」。此說很有道理。可見，並不能以它們的繁簡來評定其好壞。洪氏所謂《史記》「樸贍可喜」，是從文學作品的角度而言，《史記》在這裏用的是排比句。《漢書》則從史學的角度出發，所以把上述那段文字省去二十三字。

當然，說從某種意義上講，文學作品是語言的藝術，這並不是說可以忽視文學作品的故事情節的重要性。司馬遷的傳記文學，所以具有很高的藝術價值，也是因爲它具有富有生動曲折的故事情節，能夠引人入勝，激蕩讀者的心弦。如《魏世家》寫魏公子無忌(信陵君)，親自駕車請大梁夷門監者侯嬴赴宴，以及竊晉鄙兵符，將兵擊秦救趙的故事情節，就寫得頗爲生動曲折。它把信陵君、侯嬴和朱亥的形象，刻畫得非常眞切。因此，淸代徐時棟在《煙嶼樓讀書志·史書》裏贊賞這段故事情節說：「魏公子『以客赴秦軍，欲與趙俱死，行過夷門，見侯生』一段文字，讀之不覺手舞足蹈，眞是天地間有數文字。」可見，它有極強的感人的藝術魅力。

六、對後代的影響

我國先秦兩漢文學，是中國文學發展的早期階段，在中國文學史上占有重要的地位，對後代曾經發生巨大的影響。《詩經》、《莊子》、《楚辭》、《史記》和《漢樂府》，可稱爲先秦兩漢文學的五顆明珠。漢代文學，尤以《史記》的傳記文學爲最佳，對後代的影響最大。所以，唐順之說：「太史公創《史記》列傳，蓋以載一人之事，而爲體不同。迨後兩漢、三國、晉唐諸史，則第相祖襲而已。」(《史記評林》引)

魯迅先生說《史記》是「史家之絕唱，無韻之《離騷》」(《漢文學史綱要》)，對它在史學和文學史上的價值給予高度的評價。說它是「史家之絕唱」，因爲它首創了本紀、表、書、世家和列傳的體例，成爲後代史家纂寫史書的楷模。事實上，後代史書的體例，都沒有超出《史記》的範疇。僅以《漢書》來說，它只是將《史記》的五種體例改成四種，即把「書」改成「志」、把「世家」與「列傳」合稱爲傳，把「太史公曰」的形式改爲「贊曰」。《漢書》漢武帝以前的歷史，除個別地方有所改動外，基本是抄襲《史記》而成。

從文學的角度，魯迅先生說《史記》是「無韻之《離騷》」，把它與屈原的代表作《離騷》相提並論，即說明司馬遷的傳記文學在中國文學史上占有極其重要的地位。北宋的文學家蘇轍，他對司馬遷的文章頗爲贊賞，他說：「太史公行天下，周覽四海名山大川，與燕、趙間豪俊交游，故其文疏蕩，頗有奇氣。」（《欒城集》卷二十二《上樞密韓太尉書》）可謂是一種知人論世、頗得要領的評論。

對於太史公的文風，魯迅先生說他「不拘於史法，不囿於字句，發於情，肆於心而爲文」（《漢文學史綱要》），是說他的文章不受章法約束，感情眞實，自然奔放，沒有後代一些古文家那種古奧艱澀、佶屈聱牙的弊端。因此，他受到唐代文學家柳宗元的稱贊，並用他作爲榜樣來反對唐代存在的艱澀古奧的文風。辛棄疾與韓愈的看法類似，他認爲太史公的文章寫得「雄深雅健」（《沁園春．靈山齊庵賦……》），評價也是頗高的。清代劉熙載在《藝概》裏對司馬遷評價文字甚多，他說：「太史公文，精神血氣，無所不具。」「文如雲龍霧豹，出沒隱見，變化無方。」並且說他的文章有雄逸之妙，有「夾敍夾議」、「寓主意於客位」等長處。可見太史公的傳記文學對後代有不可低估的影響。

太史公的傳記文學對後代文學藝術有哪些具體影響呢？總的說來，它對後代各種文學樣式的繁榮和發展都有很大影響。尤其對後代詠史詩、戲劇和小說的影響更大。

其一，它對詠史詩的影響。太史公筆下的許多英雄人物，對後代的許多志士仁人和愛國詩人都有巨大的鼓舞，他們往往把這些英雄人物寫在詩詞裏，以此來激勵人們與敵人進行鬥爭的鬥志。譬如，李清照在一首《絕句》詩裏寫道：「生當作人傑，死亦爲鬼雄；至今思項羽，不肯過江東。」詩作用項羽被劉邦打敗後，寧願戰死，也不肯過江東忍辱苟活的史實，對南宋朝廷向金貴族妥協投降，偏安江南，過著苟延殘喘的生活，給予有力的諷刺。特別是辛棄疾常常用李廣的英雄事迹來激發人們抗擊金兵、收復中原的熱情。他在一首《滿江紅》詞裏有幾句寫道：「漢水東流，都洗盡髭鬍膏血。人盡說，君家飛將，舊時英烈：破敵金城雷過耳，談兵玉帳冰生頰。」即表現詞人收復失地、統一祖國的強烈的愛國思想。

其二，它對戲劇的影響。太史公傳記文學中的許多故事，已被後來的戲劇家當作素材，經過改編後，搬上舞台，成爲廣大人民喜聞樂見的劇目。唐代歌舞，即有《樊噲排君難》。它對元雜劇的影響更大，據不完全統計，元雜劇從《史記》中汲取題材而寫成的劇作有三十種之多。但它們大都亡佚了，至今流傳下來的還有：李文蔚的《張子房圯橋進履》、《漢武帝死哭李夫人》，紀君祥的《冤報冤趙氏孤兒》，葉憲祖的《壯荊卿易水離情》，尙仲賢的《漢高皇濯足氣英布》，金仁傑的《蕭何月夜追韓信》等。明雜劇也從《史記》中汲取了豐富的營養，寫出了一些流傳人口的劇作，如朱權的《卓文君私奔相如》，至今仍有傳本。現代戲劇（包括京劇），從《史記》中提取素材的，也有不少傑作，如《屈原》、《霸王別姬》、《臥薪嘗膽》、《將相和》、《司馬遷》、《大風歌》等等，這說明司馬遷的傳記文學，兩千多年以來哺育了許許多多的藝術家。

其三，太史公的作品對後代小說的繁榮和發展也會起過積極的推動作用。《漢書·藝文志》說：「小說家者流，蓋出於稗官。街談巷語，道聽塗說者之所造也。」這是漢代人對小說概念的認識。後代的小說，與班固所說已經大不相同。當然，小說這種文學樣式的產生及其臻於成熟，也同其他文學樣式一樣，有其逐漸發展的過程。司馬遷傳記文學對後代小說的產生和發展的影響，主要表現在它故事情節的安排，人物性格形象的刻畫，詩文並用等方面，如「鴻門宴」、「火牛陣」、「完璧歸趙」、「圍魏救趙」等故事情節，也可以說已初具短篇小說的雛型。《史記》傳記文學所刻畫的衆多的人物形象，反映了不同歷史時期、不同時代的生活的各個方面，是社會上豐富多采生活的再現。明代《西漢通俗演義》，即從《史記》傳記文學中汲取大量的史料。《水滸傳》描寫一百零八人的不同形象，自然也受到《史記》刻畫衆多人物形象的影響。清代蒲松齡的《聊齋志異》每篇篇末的「異史氏曰」，將篇中的微言大意，作簡要的說明，顯然是模仿《史記》中「太史公曰」而來。吳見思說：「史公一書，上下千古，三代之禮樂、劉項之戰爭，以至律曆、天官、文詞事業，無所不有。乃忽而撰出一調笑嬉戲之文，但見其齒牙伶俐，口角香艷，清新俊逸，另用一種筆意，亦取其意思所在而已，正不必論其事之有無也。而已開唐人小說傳奇之祖矣。」《史記論文》《史記》對衆多人物的描寫刻畫，已經爲後代小說傳奇的產生和發展奠定了基礎。論者在這裏雖然只論及《滑稽列傳》「已開唐人小說傳奇之祖矣。」但他並不僅僅只認爲《史記》中只有此篇如此，譬如，他說《司馬相如列傳》：「史公寫文君一段，濃纖宛轉，爲唐人傳奇小說之祖。」等等。

宋代呂祖謙對太史公傳記文學藝術成就的評論，頗有見地。他說：「太史公之書法，豈拘儒曲士所能通其說乎？其指意之深遠，寄興之悠長，微而顯，絕而續，正而變，文見於此，而起意在彼，若有魚龍之變化，不可得而踪跡者矣。讀是書者，可不參考互觀，以究其大指之所歸乎？」（《十七史詳節》，引自明代凌稚隆《史記評林》）因此，有人稱太史公書爲漢代「文中之雄」（見《史記評林》引），是不爲過分的。

即使在今天，司馬遷的傳記文學，對於發展和繁榮我們的社會主義文藝，仍然有著積極的借鑒作用。批判繼承，推陳出新，這正是我們研究太史公書的宗旨。

一九八〇年六月初稿

一九八三年十二月修改稿

——節錄自《河北師院學報》一九八四年第一期

《史記》的文學成就

■韓兆琦

一、《史記》的寫人藝術

《史記》不僅是一部偉大的歷史名著，而且是一部偉大的文學名著。它是我國傳記文學的鼻祖，並且是古代傳記文學的高峰和典範。司馬遷開創了以人物爲中心的寫人文學，這在我國文學發展史上具有劃時代的意義。早在先秦時期，以敘事爲中心的《左傳》和以寫辭令爲中心的《國策》等著作，都寫了一些人物，取得了一些經驗，這無疑都給了《史記》以巨大的藝術影響。但是《左傳》、《國策》等書的目的在於寫事，而非寫人。因此，要追溯我國寫人文學，甚至明確說到中國小說戲曲的始祖，就不能不首推《史記》了。

和先秦的歷史散文相比，《史記》的寫人成就表現在：**其一，擴大了寫人範圍，塑造了一大批稱得上典型形象的人物。**《左傳》、《國策》所記載的人物，基本上側重在政治、軍事人物上，而《史記》則上至帝王將相、皇親國戚、文武大臣，下至學者、平民、商人、婦女、游俠、醫生、卜者、方士、倡優，旁及少數民族首領，農民起義領袖等，凡是活動在從黃帝到漢武帝這三千年的歷史大舞台上的各種各類、各行各業的代表人物，都有記載、都有描繪。一部《史記》，記錄了四千多個人物，其中給人以深刻印象的有一百多人。

這些個性鮮明的人物，往往代表了社會上的某一類人，反映了一種社會現象，有的達到了一定的典型化的程度。如杜周、張湯是酷吏的典型，郭解、朱家是游俠的典型，聶政、荊軻是刺客的典型，鄧通、李延年是佞幸的典型，淳于髡、優孟是滑稽家的典型，石奮是恭敬小心的官僚典型，叔孫通、公孫弘是阿諛逢迎的典型，張釋之、汲黯是剛直官僚的典型，廉頗、韓信是良將的典型，樊噲是勇猛的典型，張良是權謀的典型。此外如項羽的直率、豪爽，劉邦的狡詐、無賴，呂后的嫉妒、殘忍，屈原的耿介孤高，勾踐的臥薪嘗膽，伍子胥的忍辱報仇，范蠡的功成身退，魏公子的禮賢下士，魯仲連的見義勇爲，李斯的自私自利，等等，也都是很典型的。》另外，司馬遷在塑造了許多某一方面的典型人物的同時，還注意寫出同類人物的差異之處，而且寫誰像誰，沒有重覆，不見雷同，都是獨具風采的「這一個」。如同爲帝王，漢高祖的無賴，漢惠帝的軟弱，漢文帝的仁厚，漢景帝的刻薄，漢武帝的多慾，寫得各有各的特點；同爲謀臣，范增性情暴躁，事不成則好怒，而張良則沈著鎭定，雖臨大事，卻不慌不忙，從容定計，司馬遷把兩人的面目寫得各異；同爲戰將，白起直言得禍，疏於自全，王翦卻老成愼重，善於保身，也寫得風姿有別，如此等等，司馬遷一手寫來，無不歷歷在目，纖毫畢現。《史記》中寫得好的人物，其共性與個性都達到了和諧統一。

其二，突出了人物形象的鮮明性與完整性，增強了人物形象的藝術感染力。先秦的歷史散文由於它的重點是在於寫事，它的寫人是爲敍事服務的，所以從人物形象角度要求，一般來說都顯得不夠豐滿，也無法給人以整體感。司馬遷則不同，他以人物爲中心，因此很自然地他就能夠較全面、較完整地來描寫人物了，諸如人物的姓名、爵里、出身、家庭、主要行事、思想、性格，以及結局等，在《史記》中都有明確的交代。但這樣一來，又是很容易變成流水帳似的，司馬遷是怎樣避免了這方面的毛病，而取得偉大成功的呢？這就是注意選材，注意突出重點，更明確地說，就是注意突出每個歷史人物的個性特徵。如他寫藺相如，重點是表現藺相如的大智大勇、先公後私的精神品質，而不是寫他處理軍國事物的一般才幹。因此，他截取了藺相如一生中最具有傳奇色彩、又最能表現人物精神的三個典型事例，即完璧歸趙、澠池會、廉藺交歡來加以集中的描寫；而寫「澠池會」則是又把其他政事一概省去，只寫了維護國家尊嚴一節。這就使人物的精神面貌表現得格外生動、突出了。又如李廣一生與匈奴進行了大小七十餘戰，被匈奴稱爲「飛將軍」，畏之如虎。而司馬遷只選擇了其中最有代表性的三次戰鬥：一次是猝逢千餘敵騎的遭遇戰，二是傷重被俘、孤身鬥敵的脫險戰，三是衝破匈奴四萬餘騎的突圍戰，在敵衆我寡、緊張驚險的戰鬥場景的描寫中，表現了李廣驚人的機智和超人的膽略，塑造了一個富有傳奇色彩的英雄形象。由於司馬遷寫人時所選的事例典型，情節生動，故事性強，加上描寫細緻傳神，所以《史記》中的主要人物都是生動感人，栩栩如生的。這一點，連日本學者也讚不絕口。如齊藤正謙說：「讀一部《史記》，如直接當時人，親睹其事，親聞其語，使人乍喜乍愕，乍懼乍泣，不能自止。」（《史記會注考證》引）

《史記》中的人物能寫得如此成功，和司馬遷注意調動多種多樣的藝術手法有關。司馬遷寫人的方法豐富多彩，不主一格，主要有以下幾點：

第一，通過典型的細節描寫來刻畫人物形象。細節描寫是文學作品塑造藝術形象的重要手段之一。司馬遷寫人物傳記，除了抓住人物一生中的重大事件作濃墨重彩的渲染外，還非常注意選擇一些典型細節作精雕細刻，從而很好地表現出人物的性格特徵，揭示出人物的精神風貌，如《陳涉世家》寫陳涉的傭耕嘆息，《留侯世家》寫張良亡匿下邳時爲圯上老人進履，《陳丞相世家》寫陳平爲鄉黨均分社肉，《李斯列傳》寫李斯的入倉見鼠而嘆，《孫子吳起列傳》寫吳起殺妻求將及其爲士卒吮疽，《萬石張叔列傳》寫石建奏事誤書

「馬」字的惶恐和石慶以策數馬的拘謹，《酷吏列傳》寫張湯幼年審盜肉之鼠的幹練，等等，這些膾炙人口的精妙細節，對表現人物的志趣抱負，性格好尙都起了積極作用，有些甚至和人物的一生行事都有關係。清代章學誠說：「陳平佐漢，志見社肉；李斯亡秦，兆端厠鼠。推微知著，固相士之玄機；搜間傳神，亦文家之妙用也。」（《文史通義・古文十弊》）《史記》中，凡是生動典型的藝術形象，其中肯定都有生動活潑的細節描寫。

劉邦是司馬遷筆下最生動的人物之一，因此《史記》中關於劉邦的細節描寫也最多。例如當劉邦從漢中殺回來，收復了關中，再向東打到洛陽的時候，文章說：「至洛陽，新城三老董公遮說漢王以義帝死故，漢王聞之，袒而大哭，遂爲義帝發喪，臨三日。」這「漢王聞之，袒而大哭」八個字，把劉邦那種隨機應變，見景生「情」的本領表現得清楚極了。明代凌稚隆說：「漢王袒而大哭，特借此以激怒天下，非眞哀痛之也。要知項羽不殺義帝，漢王豈能出義帝下者？項羽特爲漢驅除耳。」（《史記評林》）

當劉邦與項羽相持於滎陽，項羽親自挑戰，劉邦罵項羽有十條罪狀，而後文章寫道：「項羽大怒，伏弩射中漢王。漢王傷胸，乃捫足曰：『虜中吾指！』」這裏也把劉邦的神情寫活了。劉邦果然是機靈，腦瓜轉得快，這一著實在太重要了。張守節說：「恐士卒懷散，故言中吾足指。」（《史記正義》）日人瀧川資言說：「變起倉卒，而舉止泰然如此，漢皇非徒木強人也。」（《史記會注考證》）這對於矇騙敵人，穩定自己的軍心起著非同小可的作用。

淮陰侯韓信也是司馬遷聚精會神描寫的人物之一。《淮陰侯列傳》中有許多細節描寫也是異常精彩的，例如作品開頭寫韓信早年窮困時受人欺侮的情景說：「淮陰屠中少年有侮信者，曰：『若雖長大，好帶刀劍，中情怯耳。』衆辱之曰：『信能死，刺我；不能死，出我胯下。』於是信熟視之，俯出胯下，蒲伏。一市人皆笑，以爲怯。」明代董份說這裏「形容如畫」。清代吳見思說：「『出胯下』，辱矣，下益『蒲伏』二字，寫胯下之狀極其不堪，然上有『熟視之』三字，而信之籌畫已定，豈孟浪哉！」

當韓信平齊，遣人向劉邦請求爲假齊王時，「漢王大怒，罵曰：『吾困於此，旦暮望若來佐我，乃欲自立爲王！』」下面可能就要說「發兵坑豎子」了，這時張良、陳平一躡其足，劉邦立刻醒悟，於是「因復罵曰：『大丈夫定諸侯，即爲眞王耳，何以假爲！』」這是多麼活靈活現的一場戲啊！明代鍾惺說：「往往復罵得妙，轉變無迹。」清代何焯說：「人見漢王轉換之捷，不知太史公用筆入神也。他人不過曰『漢王怒，良平諫，乃許之』。」（《義門讀書記》）這個細節不僅表現了劉邦腦瓜的絕頂聰明靈活，而且埋下了韓信日後倒霉遭禍的伏筆。

在《史記》中，司馬遷對有些人物的描寫，甚至主要是靠舖敍一系列細節小事而獨見風采的。梁啓超在《中學以上作文教學法》中對司馬遷描寫廉頗的手法進行分析說：「《史記》寫他八次勝仗，不到二十字，反嚕嚕嗦嗦的寫他如何與藺相如吃醋嘔氣，如何負荆請罪。後來在異國又如何對趙使者表示沒有老，想趙王用他。一氣寫上幾百字，這是什麼緣故呢？因爲若寫他的戰功，那時戰法總是一樣；要寫他的智勇，那吳起、王翦也是一樣的智勇，從此處都不能表現出他的整個人格。寫他幾件小事便可以看出，他老人家是一位極忠誠的軍人，氣量很小，然而很知大體，待人很厚。」

第二，鋪寫矛盾衝突集中、尖銳的場面，是司馬遷描寫歷史人物的又一重要手段。荆軻是司馬遷塑造的人物畫廊中的一位相當出色的人物，作品在精心描摹場面，突出人物的英雄氣概上，取得了顯著成就。如作品寫荆軻離燕入秦，燕太子丹爲之送行的場面時說：「太子及賓客知其事者，皆白衣冠以送之。至易水之上，既祖，取道，高漸離擊筑，荆軻和而歌曰：『風蕭蕭兮易水寒，壯士一去兮不復返！』復爲羽聲慷慨，士皆瞋目，髮盡上指冠。於是荆軻就車而去，終已不顧。」在這個場面上出現的形象是秋風、寒水、白衣、悲筑、豪歌、髮指、瞋目。在這樣一派驚心動魄的氛圍中，作者再加了荆軻即景作歌這樣畫龍點睛的一筆，於是就使得文章通體皆活，使荆軻的形象、氣質，以及這個易水送別的場面立刻變得更加慷慨淋漓，姿態橫生了。明代董份說：「荆軻歌易水之上，就車不顧。只此時，懦士生色。」(《史記評林》引)孫月峰說：「只此兩句，卻無不慷慨激烈，寫得壯士心出，氣蓋一世。」(《評注昭明文選》)作品在描寫秦庭驚變的場面時，用筆尤爲絕倫。開始作者先寫了蒙嘉對秦王的一套奉承，秦王就是帶著接受降書降表那種得意的心情來接見荆軻的。整個咸陽宮裏的威嚴好不嚇人，以至於使秦舞陽這個有名的大勇士都一下被嚇昏了。這種極力的鋪陳渲染，起著一種欲抑先揚的作用。當圖窮匕首現，荆軻持匕首刺向秦王的時候，整個大殿上的人都被嚇呆了：「秦王驚，自引而起，袖絕。拔劍，劍長，操其室；時惶急，劍堅，故不可立拔。荆軻逐秦王，秦王環柱而走。群臣皆愕，卒起不意，盡失其度。而秦法，群臣侍殿上者，不得持尺寸之兵；諸郎中執兵，皆陳殿下，非有詔召，不得上。方急時，不及召下兵，以故荆軻乃逐秦王。而卒惶急，無以擊軻，而以手共搏之。是時，侍醫夏無且以其所奉藥囊提荆軻也。秦王方環柱走，卒惶急，不知所爲。左右乃曰：『王負劍！』負劍，遂拔，以擊荆軻，斷其左股。荆軻廢，乃引其匕首以擿秦王。不中，中銅柱。」這是多麼眼花撩亂的描寫啊！秦王一邊拔劍，一邊繞柱奔跑，荆軻在後緊追不捨，殿上殿下的群臣百官一片慌亂，以手搏的，以藥囊打的，著急害怕而又不敢上殿救駕的，千滙萬狀，如在目前。語言短促，氣氛緊張。吳見思說：「凡二十九字，爲十句，作急語，然又詳盡如此。」又說：「此時正忙，作者筆不及轉，觀者眼不及眨之時也，乃偏寫『劍長操室』，又寫群臣及殿下諸郎及夏無且，然偏不覺累贅，而一時惶急，神情如見。」(《史記論文》)《史記》中緊張、精彩到這種程度的描寫也並不甚多，只有《項羽本紀》、《呂后本紀》、《廉藺列傳》、《田單列傳》等少數篇章可以與之並提。如果說易水送別的場面重在表現荊軻的視死如歸，那麼，這個刺秦王的場面則有力地展示了荊軻臨危不懼、寧死不屈的一腔豪氣，使人對這位頂天立地的勇士肅然起敬。我們很難設想，如果司馬遷對荊軻刺秦王只用三言兩語概述其過程，而沒有這些精彩的場面描寫，荊軻的形象會像今天看到的這樣高大，這樣雄武，這樣具有振奮人心的感染力量！

《項羽本紀》中寫矛盾、寫場面最精彩的以鴻門宴爲最突出。滅秦以後，項羽和劉邦的這場衝突是必然的，不可避免的。但至於像今天《項羽本紀》所寫的這個樣子，則顯然是出於司馬遷的加工創造，我們只能把它看成是一個基本上有史實依據的短篇小說。在這裏，作者描寫了劉邦在張良等人協助下，收買項伯，爭取項羽，挫敗范增，從而在鴻門宴這場驚心動魄的鬥爭中化險爲夷的全過程，表現了劉邦隨機應變的突出才能，對比了項羽的粗疏寡謀，優柔無斷，缺乏政治鬥爭的頭腦與手段，預示了劉邦必將勝利，項羽必將失敗的結局。作品的中心矛盾本來是劉邦和項羽，但在宴會上卻表現得非常曲折複雜。開始時，矛盾急劇激化，矛盾的主導方面是項羽。但很快地隨著項伯被劉邦收買，項伯又影響項羽，使項羽轉成了動搖中立，而眞正代表項羽利益的只剩下一個亞父范增了。因此，劉邦集團在整個宴會上的關鍵問題，就成了依靠項伯，進一步地爭取、穩定項羽，而集中力量挫敗范增。而劉邦一方，又主要不是由劉邦直接出面，而是以張良爲代表。兩個集團都不是鐵板一塊，劉邦手下有項羽的奸細曹無傷，項羽身邊有劉邦的奸細項伯。但是在這個具體的宴會上，劉邦集團的人則是上下一心，團結一致，積極奮鬥，有理有節；而項羽集團則是人心渙散，矛盾百出，優柔寡斷，被動消極。劉邦集團的一舉一動都是經過精心設計，導演安排的，即如劉邦恭維項羽，爲自己辯解的那段話，就前後講了三遍：第一遍是劉邦「懇切」地對著項伯講的，讓項伯轉告給了項羽；第二遍是劉邦親自低聲下氣地對項羽講的；第三遍是樊噲大嗓門義正辭嚴地當衆講的。隨著這三遍言辭的說出，項羽的態度也就愈來愈向著有利於劉邦的方向轉變。忠心耿耿的范增不甘心失敗，他見機行事一計不成，另生一計，因此使整個宴會上前波未平，後波又起。也正是在這種尖銳激烈的矛盾衝突中，使項羽、劉邦、范增、張良、項伯、樊噲等人物的心理個性，都得到了充分的表現。最後使人們遺憾地認識到，二十六歲血氣方剛的項羽，是鬥不過五十歲老奸巨猾的劉邦的。這是項羽一生事業，整個命運的轉折點。類似這樣千頭萬緒，這樣激烈緊張，這樣描寫細密的作品，在《史記》以前我們還沒有見過。宋代劉辰翁說：「敍楚漢會鴻門事，歷歷如目睹，無毫髮滲漉，非十分筆力，模寫不出。」（《班馬異同評》）

第三，注意人物的心理描寫。在《史記》中，司馬遷對重要人物的心理活動都有精心描繪，而且方法靈活多樣。

其一，是爲人物安排一些言辭，讓人物通過自白來表現其內心。這裏最突出的例子是《李斯列傳》。李斯的語言有獨白、對話、文章三大類，三者各有其妙。

李斯的獨白有四處，當他入倉見鼠時，他感慨地嘆息道：「人之賢不肖譬如鼠矣，在所自處耳！」當他功成名就，盛極一時時，他喟然而嘆道：「嗟乎，吾聞之荀卿曰：『物禁太盛』，當今人臣之位無居臣上者，可謂富貴極矣。物極則衰，吾未知所稅駕也。」當李斯爲趙高所挾，決定依附逆亂時，他仰天長嘆，垂淚太息道：「嗟乎！獨遭亂世，既已不能死，安托命哉！」當他爲趙高所害，囚於獄中時，他仰天而嘆曰：「嗟乎，悲夫！不道之君，何可爲計哉！吾必見寇至咸陽，麋鹿游於朝也。」此外還有他臨死前顧謂其中子所說的「吾欲與若復牽黃犬俱出上蔡東門逐狡兔，豈可得乎！」以上四段獨白和一段「顧謂」，都是李斯各個時期各個關鍵時刻的最有代表性，而又最動心的感情流露。所嘆的內容雖然不同，表現的喜怒哀樂儘管有異，但是共同的一點，都是爲了自身的得失榮辱而發。孔子曰：「鄙夫可與事君也與哉？其未得之也，患得之；既得之，患失之，苟患失之，無所不至矣。」（《論語·陽貨》）作者所刻畫的李斯就正是孔子所說的這樣一種極端的典型。

李斯的對話有與荀卿的，有與始皇的，有與二世的，其中最精彩的是與趙高的對話。趙高利誘、威逼李斯篡改詔書廢嫡立庶一節，兩人往復六次，全文將近七百字。趙高穩操勝券從容自得地一說不成，又進一說，步步逼緊；李斯則色厲內荏，開始尙招架幾句，繼而則徬徨游移，最後完全被繳械制服。作者的筆像一柄神奇的手術刀，把兩個人的心理剖解得昭明委備，細密入微。吳見思說：「李斯奸雄，趙高亦奸雄也。兩奸相對，正如兩虎相爭，一往一來，一進一退，多少機權，默默相照。」（《史記論文》）此外李斯與趙高與胡亥的對話也是相當精彩的。趙高爲激起胡亥對李斯的憎惡，先是假惺惺地裝作與李斯同憂國事，勸李斯入諫胡亥；而後又故意挑一個最不合適的時機，欺騙李斯叫他去碰釘子，討人嫌；隨後緊接著媒蘗其短。李斯被迫無奈，只好反唇相譏，上書並當面揭發趙高的罪行。但是胡亥不信，李斯終於被下獄了。這段文字表現趙高的奸詐陰險，自然是入木三分的，吳見思說：「初投斯心，此投亥忌，寫趙高權術十分駭人。」而同時這段文字在表現李斯自投靠趙高後，名位雖尊，而實權已去，那種處處受玩耍、受愚弄的可憐情景，也是非常突出的。李斯說趙高，胡亥不信；趙高說李斯，一說便准，因爲他們與胡亥的親疏厚薄不同。這段文字的悲劇色彩很濃厚。

《李斯列傳》與《司馬相如列傳》相同，都是《史記》中收文章最多的名篇，不同的是，《李斯列傳》所收的這些文章都是與表現人物性格密不可分的，它們都是整篇人物傳記中不可缺少的組成部分。即以《諫逐客》而論，這篇文字像是最出以公心的，其實也突出地帶著李斯自私好利的特點。明代董份說：「秦王性好侈大，故歷以紛華進御聲色之美啓其心，此善說之術也。斯之陰詭逢迎二世之欲，已兆於此矣。」陳仁錫說：「極其佚樂以快主心，即上《督責書》意也。」徐孚遠說：「李斯前《諫逐客》，後建議坑儒，皆以自便也，使逐客時獨議留斯，當無是書也。」（《史記測義》）這些話說得也許有點過分，但卻是符合李斯性格的。《論督責書》最足以表現李斯的卑鄙靈魂，他爲了保全自己，爲了苟延一己之命，居然情甘飲鴆止渴，倒行逆施，置一切國家民族，親朋妻小，公理是非，以及生前死後的名聲於不顧。這種由「私」字導致的禍國殃民，害人害已，是多麼令人不寒而慄啊！明代陳子龍說：「李斯方懼誅，而顧以督責勸其君者，非本情也，然亦如商君之自斃矣。」（《史記測義》）李斯下獄後，知不得活，乃上書胡亥，言己之「七罪」。說是認「罪」，其實是說反話，是鋪陳自己的累累功勳。他上書的目的當然也有像司馬遷所說的是「自負其辯，有功，實無反心，幸得上書自陳，幸二世之悟而赦之。」但我們看更主要的還是一種絕望之後的破罐破摔，是想把骨鯁在喉一般的無限委屈怨憤之情，來個一吐方快。但就是在這種時候，李斯也還是不忘揚功匿過，不改他的口是心非，欺世盜名。明代凌稚隆說：「李斯所謂七罪，乃自侈其極忠，反言以激二世耳。豈知矯殺扶蘇蒙恬，以釀其君之暴，其罪更有浮於此者。」（《史記評林》）李斯對此承認了沒有呢？沒有。尤其是他對自己一生受病的根源，更是到死未悟。這眞是一個多麼可鄙，又多麼可悲的人物啊！

除了運用獨白、對話、文章表現人物的心理活動外，司馬遷有時還以人物自唱的詩歌來展示人物當時的內心世界，如馮諼的彈劍而歌，項羽的《垓下歌》，荆軻的《易水歌》，劉邦的《大風歌》，趙王劉友的《趙王歌》，朱虛侯劉章的《耕田歌》，漢武帝的《瓠子詩》，等等，都準確地揭示了人物當時的內心情感與思想活動。

其二，司馬遷對有些人物的心理活動，有時不作直接描寫，而是通過旁人的話予以揭示，寫的比較含蓄。如《呂后本紀》寫道：「孝惠帝崩，發喪，太后哭，泣不下。留侯子張辟強爲侍中，年十五，謂丞相曰：『太后獨有孝惠，今崩，哭不悲，君知其解乎？』丞相曰：『何解？』辟強曰：『帝無壯子，太后畏君等。君今請拜呂台、呂產、呂祿爲將，將兵居南北軍，及諸呂皆入宮，居中用事，如此則太后心安，君等幸得脫禍矣。』丞相乃如辟強計。太后悅，其哭乃哀。」由「悅」到「哀」，是呂后當時的心理變化，司馬遷對之作了準確地把握和描寫，非常生動。而且在這裏，我們還看到了少年佞幸張辟強的善於揣摩人意和陳平見風使舵的自私靈魂。司馬遷的這段文字，實際上起到了一石三鳥的作用。

其三，通過一兩個表示心理狀態的動詞，直接揭示人物的內心世界，是司馬遷用得最多的一種描寫心理的方法。如《司馬相如列傳》寫卓文君偷聽相如彈琴時，「心悅而好之，恐不得當也。」用了「悅」、「好」、「恐」三個字，把卓文君的喜、愛、愁的複雜心理活動表現得清清楚楚。又如《呂后本紀》中對呂后的心理活動，司馬遷常用「怒」、「大怒」、「恐」、「喜」、「不樂」等詞語來加以狀寫，尤其是文中用了幾十個「欲」字，如「太后欲侯諸呂，乃先封高祖之功臣郎中令無擇爲博城侯」；「太后欲王呂氏，先立孝惠后宮子強爲淮陽王」，等等。明代凌稚隆說：「欲侯諸呂則有先封，而以『乃』字轉之；欲王諸呂則有先立，皆太史公揣摩呂后本意，欲假公以濟私也。」（《史記評林》引）

第四，善於用對比烘托描寫人物。如《魏公子列傳》中，魏王的昏聵平庸與魏公子的胸有成竹、從容大度是一種鮮明對比，這在對博聞警一段中表現得極精彩；平原君的不識人、假愛士與魏公子的眞識人、眞愛士又是一種鮮明對比，這在對待毛公、薛公上表現得清楚極了；侯嬴的陰騺深謀、老成持重與魏公子的寬厚慈和、熱誠仁愛又是一種對比，這在籌畫殺將奪符時表現得異常明顯。再如《荊軻列傳》在描寫荊軻的同時，還寫了田光的俠肝義膽，他是爲了極力促成荊軻刺秦王，爲了激勵荊軻、堅定荊軻的反秦信念而自殺的。田光這種死的意義，與《魏公子列傳》中侯嬴的死意義相同，都是因爲自己的年事已高，不能親自去參加抗秦活動了，於是便以自己的死來激勵、來強化魏公子、荊軻等這種當事人的信念與決心。此外作品還寫了樊於期爲助成荊軻刺秦，而獻出了自己的人頭。作品最後又寫了高漸離的刺秦，作爲荊軻此舉的餘波。這些人都是一些見義勇爲、奮不顧身的激昂慷慨的人物，他們彼此映照，互相激盪，從而更加陪襯了荊軻，更突出了荊軻這一活動的意義。後世人們所說的「燕趙多慷慨之士」，就是指這一群豪俠而言。同時作品中還寫了鞠武、秦舞陽等一批軟弱、不中用的人，用他們來和荊軻作對比。尤其是秦舞陽在秦王殿前那種「色變振恐」的表現，更從反面有力地突出了荊軻的神勇。

司馬遷用對比手法寫人，除了這同一篇中的對比外，還有此篇與它篇之間的對比。如《魏公子列傳》之與《孟嘗君列傳》、《平原君列傳》、《春申君列傳》。四位公子的相同之處只是「好養士」，而四人的思想品質、精神境界的差別是難得以道里計的。魏公子的性格、形象正是在與孟嘗君、平原君、春申君等人的這種多方面、多層次的對比映襯中突現出來的。再如《李將軍列傳》之與《衛將軍驃騎列傳》，李廣一生廉潔，「得賞賜輒分其麾下，飲食與士共之。終廣之身，爲二千石四十餘年，家無餘財，終不言家產事。」每遇乏絕之處，「見水，士卒不盡飲，廣不近水；士卒不盡食，廣不嘗食。」而霍去病則是「少而侍中，貴，不省士。其從軍，天子爲遣太官賫數十乘，既還，重車餘棄粱肉，而士有饑者。其在塞外，卒乏糧，或不能自振，而驃騎尚穿域踏鞠，事多此類。」二者恰成鮮明對照。宋代黃震說：「凡看衛、霍傳，須合李廣看。衛霍深入二千里，聲振華夷，今看其傳，不值一錢。李廣每戰輒北，困躓終身，今看其傳，英風如在。」（《黃氏日鈔》）此外如《酷吏列傳》與《循吏列傳》，《項羽本紀》與《高祖本紀》，《蕭相國世家》與《淮陰侯列傳》等篇之間，也都成功地運用了對比寫法。

第五，注意用個性化的語言來表現人物性格。如《魏其武安侯列傳》開頭寫到漢景帝爲討好竇太后而口不應心地說「千秋之後傳梁王」時，竇嬰引巵酒進上曰：「天下者，高祖之天下，父子相傳，此漢之約也，上何以得擅傳梁王！」當灌夫被田蚡所繫，竇嬰爲援救灌夫四出活動時，其夫人勸阻說：「灌將軍得罪丞相，與太后家忤，寧可救耶？」竇嬰回答說：「侯自我得之，自我捐之，無所恨。且終不令灌仲孺獨死，嬰獨生。」這些都表現了竇嬰的厚道、耿直、講義氣，但同時又表現著那種一般貴族的平庸，而缺乏起碼的政治鬥爭經驗。

又如作品寫灌夫，當田蚡說話不算數，答應了人而到時不出席；灌夫起舞屬田蚡，田蚡又不起的時候，灌夫於是遂「從坐上語侵之」。當田蚡仗勢想傾奪竇嬰的城南田，派籍福前來遊說時，作品說：「灌夫聞，怒，罵籍福。」當田蚡娶燕王女爲夫人，太后下詔讓所有宗室外戚都去祝賀時，在這個宴會上許多人趨炎附勢，明顯地對田蚡和竇嬰表現出了有厚有薄，這使灌夫怒不可遏，於是他藉著「行酒至臨汝侯，臨汝侯方與程不識耳語，又不避席」的機會，罵道：「生平毀程不識不值一錢，今日長者爲壽，乃效女兒呫囁耳語！」田蚡攔阻說：「程李俱東西宮衛尉，今衆辱程將軍，仲孺獨不爲李將軍地乎？」灌夫說：「今日斬頭陷胸，何知程李乎！」前兩處只說「語侵之」，只說「罵籍福」，而沒有具體展開，其所以要如此處理，就是爲了留著到這後面的「罵坐」時來一併表現。失禮的是臨汝侯，而灌夫卻提著名地罵程不識。程不識是長樂宮衛尉，是專門爲王太后看宅護院的。田蚡所說的「程李俱東西宮衛尉」，明是話中有話，表面上是說李廣，其實就是警告灌夫，要他注意程不識的身分，打狗還得看主人，而今天這個宴會本來又是王太后叫大家來的，灌夫也正是認準了這一點，所以他說「今日斬頭陷胸，何知程李乎？」他已豁出性命不顧一切地與田蚡及其後台王太后幹起來了。不然即使「不爲李將軍地」，又何至於提到「斬頭陷胸」呢？這些地方都表現了灌夫的粗直豪爽，敢做敢爲，講究義氣，好打不平，到時候可以不顧一切。在戰場上是如此，在平常生活中也是如此。而且不僅主要人物，即使這篇作品中的次要人物也是很有性格的，如韓安國的老奸巨猾，籍福的力求和事，王太后的渾橫不講理，以及漢武帝的心理實有是非但因迫於王太后而表現出的依違不定等等，也都通過他們自己的語言表現得很清楚。正如清代吳見思所說：「其寫醉語、怒語、對簿語、忙語、閑語，句句不同。至武帝亦不直武安，無奈太后何，亦欲廷臣公論，乃諸臣竟不做聲，遂發作鄭當時，是一肚皮不快活語，一一入妙。」（《史記論文》）

由於各人的出身、經歷、教養、思想等因素的不同，每個人的說話內容、特點、口吻都是有區別的，司馬遷的高明之處在於，他能夠準確地寫出每個人的獨特語言，使人聽其聲而知其人。比如呂不韋出身商人，當他看到秦昭王的太子安國君的兒子子楚在趙國作人質，處境可憐，就想利用他「以釣奇」時，遂說：「此奇貨可居也。」這「奇貨可居」四個字，是典型的商人口吻。王溫舒是殺人不眨眼的酷吏，因沒有完成殺人計劃而頓足長嘆：「嗟乎，令冬月益展一月，足吾事矣！」這是典型的酷吏口吻。陳涉因爲有遠大的抱負，所以說出了「嗟乎，燕雀安知鴻鵠之志哉」的豪語；夜郎王地處偏遠，見識不廣，才會向漢朝使者問出「漢孰與我大」的妄自尊大的傻話。

司馬遷的寫人手法，並不限於上述這些，比如還有外貌描寫，誇張描寫，以及有時還使用某些浪漫主義手法等等，我們這裏就不細說了。正是由於司馬遷成功地運用了以上各種藝術方法，所以才爲我們塑造了如此光輝的一道歷史人物的畫廊，並使這道畫廊兩千年來一直煥發著如此動人的異彩。

二、《史記》的悲劇性

㈠《史記》是一道悲劇英雄人物的畫廊

司馬遷是以人物爲中心的寫人文學的開創者，這在上一節裏已經說過，在這一節裏，我們要說的是司馬遷筆下的人物與他同時代的以及後代其他人筆下的人物不同，他們絕大多數都具有一種英雄色彩，而尤其突出的是他們還絕大多數都具有一種悲劇色彩，因此我們可以說《史記》是一個悲劇英雄人物的畫廊，是一部悲劇故事集。

關於悲劇，亞里斯多德認爲這是指「一個人遭遇不應遭遇的厄運」，而引起人們的「憐憫和恐懼之情」。恩格斯說，悲劇衝突是指「歷史的必然要求和這個要求的實際上不可能實現」。魯迅說：「悲劇是將人生有價值的東西毀滅給人看。」根據以上意思，我們給悲劇人物概括成了以下三個特點：》第一，他們的生平經歷具有突出的社會意義，反映了社會政治的某種本質。》第二，他們的遭遇悲慘，或者被殺，或者自殺，或者一生坎坷不平，或者老來悲涼失意。》第三，他們的悲慘遭遇能激起人們對正義、對美好事物的同情和對邪惡勢力的憤慨。

用以上的尺度來衡量《史記》，我們看到了什麼呢？《史記》全書共一百三十篇，其中寫人物的作品共一百一十二篇，在這當中有五十七篇是以悲劇人物的姓字標題的，此外還有近二十篇雖然不是用悲劇人物的姓字標題，但其中寫到了悲劇人物。同時我們還要看到，在這近八十來篇中還有許多篇是幾個悲劇人物的合傳，如《孫子吳起列傳》、《屈原賈生列傳》、《刺客列傳》等。還有許多篇雖然是以一個悲劇人物的姓字命名，但是實際上作品中還有其他次要的悲劇人物。如《伍子胥列傳》中的白公勝和石乞，《魏公子列傳》中的侯嬴，《李將軍列傳》中的李敢、李蔡等。粗略計算一下，《史記》全書寫悲劇人物大大小小約有一百二十多個。可以說，整個《史記》是被司馬遷的審美觀所涵蓋的，《史記》的悲劇氣氛無往而不在，這種現象，是《史記》所獨有的。

(二)《史記》中的悲劇人物類型

《史記》中的悲劇人物很多，概括地說，大致可以分爲以下幾類：

第一，他們是新生事物的代表，是與強大的反動勢力作鬥爭中被殺害的。如商鞅輔佐秦孝公實行變法，使秦國空前富強，爲日後完成統一中國的大業奠定了基礎，但遭到了秦國宗室貴戚的反對，孝公死後，他們竟無端給商鞅加上反叛的罪名，極其殘忍地將他車裂而死，還巡行示衆並族滅其家。吳起在楚國實行變法，卓有成效，但同樣遭到了楚國反動貴族的聯合反對。支持吳起的楚悼王一死，這些人便起而作亂，殘酷地殺害了吳起。陳涉率領九百戍卒首難反秦，把貌似強大的秦王朝打了個落花流水，但遭到了反動勢力的殘酷鎭壓，爲王六個月，就被叛徒莊賈殺害了。鼂錯爲了鞏固中央集權，不顧諸侯割據勢力的反對，力行削藩，最後竟衣朝衣被斬於東市。這些人物都是代表著歷史的某種必然要求同暫時還很強大的舊勢力作英勇鬥爭時壯烈犧牲的。

第二，他們曾在歷史上寫下了光輝的一頁，但由於自身的某種過錯，導致了最後的失敗。如齊桓公曾經「九合諸侯，一匡天下」，但晚年因爲不聽管仲的勸告，而信用奸佞小人，結果病中發生了諸子爭奪繼承權的內亂，以致死後無人理喪，「屍蟲出於戶外。」趙武靈王胡服騎射，爲趙國的強盛打下了堅實的基礎，但他晚年寵愛吳娃，導致內亂，竟被圍困於沙丘之宮，三月餘而餓死。楚靈王也曾經大會諸侯，威震天下，後來卻耽於遊樂，以致國內發生政變，最後流落於荒山野嶺，餓死於申亥家中。一度稱雄於東南的吳王夫差，驕傲自大，不聽子胥的忠言，反而信用小人，最後戰敗而被迫自殺。項羽力拔山、氣蓋世，叱咤風雲，在滅秦過程中建立了豐功偉績，但是由於他的政治理想落後，政策和策略方面屢犯錯誤，以及個人性格上的種種缺點，最後陷入「四面楚歌」的悲慘境地，被迫自刎於烏江。司馬遷通過這一系列悲劇人物，總結了許多重要的歷史經驗，意義十分深遠。

第三，他們有大功於世，卻受到嫉害，結局十分悲慘。如信陵君爲保衛魏國，抵抗秦軍的入侵立過大功，晚年卻受盡魏王猜忌，十分抑鬱。他借酒澆愁，多近婦女，竟病酒而死。白起爲秦國屢建赫赫戰功，卻受到應侯等人的嫉害，最後竟被賜劍自殺。蒙恬不僅在秦始皇統一中國的戰爭中有大功，而且北築長城、抵禦匈奴，威震中外。後來由於受到趙高等人的嫉害，被囚於陽周，最後被迫吞藥自殺。韓信「於漢家勳可比周、召、太公之徒」，後來卻被劉邦、呂后羅織罪名，斬於長樂鍾室，而且被夷三族。周亞夫是文、景兩代的大功臣，最後竟以莫須有的罪名被下獄，「不食五日，嘔血而死」。他們的悲慘結局，都是完全出人意料的。司馬遷通過這些悲劇人物，深刻地揭露了最高統治者刻薄少恩、對功臣橫加打擊以至殘酷殺害的罪惡行徑。

第四，他們是一批忠於國家、堅守節操，或是爲了某種道德信念而死的悲劇人物。如屈原忠貞愛國，義薄雲天，面對朝政昏亂、國家分崩離析的局面，他雖然「信而見疑，忠而被謗」，兩次遭到放逐，但他仍然不肯聽從漁夫的勸告而改節從俗，最後竟懷石自投汨羅而死。王蠋是齊國的一位隱士，燕軍攻入齊國後，欲用之爲將，封之萬家。王蠋卻認爲「與其生而無義，固不如烹！」最後竟自己吊在樹上，「自奮絕脰而死」。李同是邯鄲傳舍吏的兒子，在秦軍圍困邯鄲的緊要關頭，他不但及時勸平原君散財勵士，而且率三千人給了秦軍一個迎頭痛擊，最後壯烈犧牲。這些悲劇人物的信念、品德、節操以及他們那種矢志不二的精神都十分感人。

第五，他們是一批下層人物，他們見義勇爲，重諾守信，爲人排難解紛而不惜從容赴死。如程嬰和公孫杵臼都是晉國大夫趙朔的門客，在趙氏遭屠岸賈之害，滿門被誅，門客四散之時，他們爲了保全趙氏遺孤而共同定下密計，由公孫杵臼取別人的孩子冒充趙氏孤兒，讓程嬰去告發。公孫杵臼被屠岸賈殺害後，程嬰歷盡艱辛將趙氏孤兒撫養成人，待至報仇雪恨後，程嬰也自殺身亡，「下報趙宣孟與公孫杵臼」。荊軻是衛國的一個普通老百姓，到了燕國也是與狗屠樂人爲友，身分很低賤。但在燕國山窮水盡、滅亡在即之時，他挺身而出，爲反對侵伐、反抗強暴而做最後的鬥爭。他圖藏匕首，秦廷行刺，身被八創還「倚柱而笑，箕踞以罵」，最後壯烈身死。郭解尚俠重義，到處爲人排難解紛，最後竟被舞文弄法的公孫弘加以「大逆無道」的罪名而殺害。在這些下層人物身上，都閃射著某種光輝，他們都死得十分悲壯。

第六，他們是一批在統治集團內部互相傾軋、爭權奪利的鬥爭中無辜被害的悲慘人物。他們往往是統治集團中的弱者，雖然多數談不上什麼作爲，但有其值得同情的一面。如申生本是晉獻公的太子，因爲獻公寵愛的驪姬欲立其子奚齊爲太子，竟設下毒計，把申生逼得走投無路，最後自殺。西漢初年，呂后爲了肅清異己力量，獨攬大權，竟將戚夫人斷手足，去眼，煇耳，飲瘖藥，「使居廁中，命曰人彘」。在此前後，趙王如意被呂后鴆殺，趙王友被囚困而餓死，趙王恢被迫自殺。武帝時期倚仗王太后而得勢的外戚田蚡，杯酒責望，玩弄權術，強加罪名地殺害了失勢的外戚竇嬰及其好友灌夫。通過這一類悲劇人物，司馬遷戳穿了最高統治集團內部溫情脈脈的面紗，暴露了他們凶殘狠毒的本質。

第七，有些不可一世的帝王，表面看起來像是功成名遂，得意非凡，但是實際上他們晚年的心境也是淒涼寂寞，惶恐不安的。像秦始皇在東巡時，死在沙丘，李斯等爲了怕引起動亂而秘不發喪，又因爲屍體發臭而拉上兩車臭魚「以亂其臭」，這已經夠可悲了；更嚴重的是他一死，趙高等立刻便篡改了詔書，殺扶蘇，立胡亥，緊接著就是陳勝吳廣舉旗造反，一代江山，就這樣輕而易舉地斷送了。這還不是大悲劇嗎？再如劉邦晚年由於殺戮功臣殆盡，最後在內憂外患相繼來臨的時候，悽涼地唱出了「安得猛士兮守四方」；以及他想要另易太子而不成，預見到他的寵姬日後的厄運而不能救，只是和戚夫人相對而泣，楚舞楚歌地苟快現時而已，其心境是多麼淒涼啊！這些帝王儘管握有生殺予奪的大權，但是他們的內心並不快樂，甚至還絕對頂不上一個普通的平民百姓。從這個意義上，他們不也是一種悲劇嗎？

以上所說的這七類人物，其中主要的都是一些叱咤風雲，名震千古的人物。他們處於政治鬥爭的中心，站在時代洪流的浪尖上。即使是那些地位比較低下的人物，如侯嬴、李同、王蠋、荊軻、高漸離等，也無一不與那些大人物、大事件有關，他們的精神氣質，他們的豪邁行爲，他們的歷史作用，都足以使他們躍居大人物、大英雄的行列。因此，說《史記》是一道光芒四射的悲劇英雄人物的畫廊，是絲毫也不過分的。

(三)《史記》悲劇的風格特徵

《史記》寫悲劇人物、悲劇故事，和古代的歐洲悲劇以及中國後代的悲劇都有很大不同。最主要的我們以爲有三點：

其一、它不像古希臘悲劇那樣特別強調命運的作用，也不像法國悲劇、英國悲劇那樣片面地突出個人性格的原因。《史記》是紮紮實實地描寫現實問題，揭露社會矛盾，充分展現造成人物悲劇的廣闊複雜的社會原因。這就從根本上排除了如席勒所說的那種「恥辱的有傷尊嚴的」神秘力量的作用，同時也排除了那種令人不可置信的偶然因素的作用，從而使矛盾的發生發展以及種種問題的解決都建立在樸素的唯物思想的基礎上。這就使作品的揭露批判力和它對讀者的感染力，以及對後世的警誡力，都大大地增強了。例如商鞅純粹是因爲實行變法得罪了反動勢力而被殺害的，伍子胥是由於功高位重而又極諫直言而被昏君奸臣逼死的，韓信是由於本領太強，功勞太大，因而在強敵消滅之後而被劉邦、呂后、陳平、蕭何等一夥強加罪名殺害的。《史記》中也有關於某些人物帶有一些宿命色彩的描寫，如周亞夫的命當餓死，李廣的「數奇」等，但顯然這部分內容在作品中都沒有被強調。在司馬遷筆下，造成周亞夫、李廣悲劇的仍然是罪惡的漢朝皇帝和黑暗政治，是人爲，而絕不是什麼不可知的「天意」。

其二，《史記》中的悲劇主人公多是帝王將相、英雄豪傑，《史記》所表現的題材多是軍國大事，《史記》的故事情節多是矛盾尖銳，衝突劇烈，劍拔弩張，驚心動魄。這一點和古希臘悲劇，和法國、英國悲劇很相似，而和我國宋元以來悲劇故事的那種好寫小人物，好寫市井生活大不相同。《史記》也常常極力突出悲劇效果的觸目驚心，如寫項羽自刎後，「王翳取其頭，餘騎相蹂踐爭項王，相殺者數十人。」寫齊桓公是：「桓公病，五公子各樹黨爭立。及桓公卒，遂相攻，以故宮中空，莫敢棺。桓公屍在床上六十七日，屍蟲出於戶。」這種窮形極相的描寫，和嚴重影響了中國文學發展的儒家理論所倡導的「中庸」，以及什麼「溫柔敦厚」大不相同，而和亞里斯多德所強調的要力爭激起人們的「憐憫或恐懼之情」的觀點卻很相似。

其三，《史記》悲劇人物、悲劇故事的整個基調是高亢激越的，它不但不使人感到消極悲沉，反而鼓舞讀者的壯氣。《史記》的悲劇人物都是有理想、有目標、百折不撓、奮鬥不息的，他們對歷史的發展都做出過重要貢獻，或者至少曾經對當時社會有某種震動，對後世產生過某種影響。總之一句話，他們都充分表現出了人生的價值。因此在後人看來，他們的死是值得的。這一點，《史記》和西方悲劇，和中國後代的悲劇故事都不大相同。為什麼會有這種效果呢？這與《史記》悲劇人物的特點有關。

第一，他們都胸懷大志，銳於進取，他們都有遠大的理想，都有一定的奮鬥目標。他們是為了某種事業或某種道德觀念而生存、而奮鬥的。例如，為人傭耕的陳涉，曾輟耕之隴上而嘆息道：「苟富貴，無相忘」，「燕雀安知鴻鵠之志哉！」這位「甕牖繩樞之子，氓隸之人」，不但有志於天下，而且果然首難反秦，在中國歷史上寫下了光輝的一頁。又如隨同叔父逃亡於吳中的項羽，當他看到秦始皇巡遊會稽的盛況時，竟敢說「彼可取而代也」。他「非有尺寸，乘勢起隴畝之中，三年，遂將五諸侯滅秦，分裂天下，而封王侯，政由羽出，號曰霸王。」這些悲劇人物的志向和道德觀念，雖然不可避免地帶著封建社會的侷限性，但是這種豪邁精神和這種積極向上的氣概，無疑是能鼓舞人，使人為之奮起的。

第二，他們都有一種為實現個人理想而不怕挫折的精神，都有一種經過種種艱難險阻的考驗而磨鍊出來的堅韌不拔的意志。例如著名的兵法家孫臏，因為受到早年的同學龐涓的嫉害，被殘酷地挖去膝蓋骨，但是孫臏並沒有因為身體受到殘害而頹喪。他忍辱負重，逃亡齊國，先做了田忌的門客，以後又任軍師。他率齊軍圍魏救趙，初建戰功；後來又在馬陵道徹底擊敗龐涓而揚名天下。伍子胥為了替父兄報仇，先是逃到了宋國，正趕上華氏之亂；後又逃到了鄭國，不久又因太子建圖謀不軌事敗而不得不再次流亡。他化裝躲避追捕，沿途乞食，歷盡艱難，逃到了吳國。又經過多年準備，最後終於率吳軍攻破郢都，報了父仇。與此類似的還有吳王夫差早年的立志破越，蘇秦初次遊說失敗後的發憤苦讀等。這些人物的人生目的儘管有高下之分，但其奮鬥精神都是感人的。

第三，他們多數都死得很悲壯，有重大的政治意義，有深刻的社會影響。例如商鞅，在秦國實行變法，「行之十年，秦民大悅，道不拾遺，山無盜賊，家給人足。民勇於公戰，怯於私鬥，鄉邑大治」。「秦人富強，天子致胙於孝公。」他後來雖然被反動貴族殺害了，但是代表新興地主階級利益的變法卻取得了偉大的成功。晁錯因力行削藩而被殺，但他的死卻也敲響了割據勢力的喪鐘，他的加強中央集權的進步主張不久便完全實現了。這些悲劇英雄人物，用他們自己的鮮血和生命換來了國家事業的成功。

《史記》中還有一些悲劇英雄人物，雖然說不上他們在事業上有什麼成功，但是他們的某種願望已經達到。例如豫讓，他爲了替智伯報仇，「漆身爲厲，呑炭爲啞，使形狀不可知。」雖然行刺趙襄子未成，但是他這種捨身報知己的精神，連趙襄子都受到了感動。王蠋雖然未在抗燕鬥爭衝鋒陷陣，但他卻實現了「忠臣不事二主」的信念，他的死極大地激發了齊國君臣爲收復失地而戰的鬥志。《史記》中還有一些悲劇英雄人物雖然功業未成，但影響巨大，流傳廣遠。例如荊軻，他「提一匕首入不測之強秦」的壯舉，不僅在當時引起了巨大的震動，而且兩千年來一直被人們傳頌不息。李廣一生困頓，「無尺寸之功以取封爵」，但是他死之後，竟使得「士大夫一軍皆哭，百姓聞之，知與不知，無老壯皆爲垂涕」。這又是一種多麼強大的感召力！還有什麼儀式比得上這樣的哀榮！

正由於《史記》中的悲劇英雄人物有以上明顯的思想特徵，所以我們從《史記》中讀到的不是無所作爲的哀嘆，而是爲壯麗事業而勇敢奮鬥的豪歌；不是一蹶不振的頹喪，而是百折不撓、無所畏懼的進取；不是失敗的感傷，而是一種勝利成功的快慰，是一種道德上獲得滿足的歡欣。它不僅僅激發人們對悲劇英雄人物的同情，更重要的是能召喚人們向這些英雄人物學習，像他們那樣爲著遠大的理想、崇高的目標而生活、奮鬥，乃至獻身。

(四)《史記》悲劇產生的歷史條件

司馬遷這種審美觀以及《史記》的這種悲劇英雄人物畫廊是怎樣形成的呢？我們覺得主要有以下幾點：

其一，從春秋後期以來，到劉邦建立漢朝的五百年間，社會的經濟、政治、軍事、文化，一切都在發生著急劇的變化，這是一個多災多難、戰亂不休的悲慘時代，同時這也是一個英雄輩出、叱咤風雲的豪邁時代。那此起彼伏的建國、亡國，那指說不清的組合、分裂，瞬息萬變，簡直使人應接不暇。在這個漫長的時代裏，到處是烽火、刀兵、掠虜、屠城，眞是悲慘而又雄壯。「風蕭蕭兮易水寒，壯士一去兮不復還。」「力拔山兮氣蓋世，時不利兮騅不逝。騅不逝兮可奈何，虞兮虞兮奈若何！」這就是那個時代裏的壯烈悲歌。這些英雄前仆後繼，演出了一幕接一幕的悲壯的活劇，時勢造就了他們，他們也推動了時勢的迅猛變化。

從劉邦建漢到武帝尊儒，雖說這其間有所謂「文景之治」，但是外族入侵、藩王內叛、諸呂方消、七國又起，名曰「無爲政治」，實則何嘗息兵！漢初的政治、經濟、文化雖說多承秦制，而世俗民風實則仍多與戰國相同。司馬遷被這個時代的壯烈氣氛所濡染，被這些豪邁英雄的氣質風節所吸引，這是他審美觀形成的第一方面的條件。

其二，戰國以來，新興地主階級登上了政治舞台，這是一個奮發有爲的階級，他們積極地從事各種變革，從各個方面都爲建立統一的多民族的國家做出了自己的歷史貢獻。這個時期，士階層的勢力進一步壯大。這些人有本領、有才幹，他們欲有所爲，想要頑強地表現自己。他們的品德有高低美惡之分，而他們的奮發上進，百折不撓則帶有其共同性。這是一個重才情、重實效、重功利的時代。有才幹的人就應該有名利、有富貴，他們就應該理所當然地被人崇敬歆羨。「蘇秦曰：『嫂何前倨而後卑也？』嫂曰：『以季子之位尊而多金。』蘇秦曰：『嗟乎！貧窮則父母不子，富貴則親戚畏懼，人生世上，勢位富貴盍可忽乎哉？』」（《秦策》）這就是戰國時期相當一部分人的人生觀和審美觀。司馬遷和蘇秦等人不同，在《史記》裏，戰國士人的那種卑微自私，反覆無行被揚棄了，司馬遷所景仰的是樂毅、屈原、藺相如、魯仲連。但是蘇秦、張儀、范雎等戰國士人那種雄心勃勃，爲追求事功而生死不顧的精神氣質，則爲司馬遷所欣賞、所繼承，這是形成司馬遷審美觀的第二方面的條件。

其三，從劉邦建國到司馬遷寫《史記》，中間相隔一百年。在這段時間裏，割據叛亂與反割據反叛亂、抄掠入侵與反抄掠反入侵，周回反覆，最後終於演變成了漢武帝對「四夷」的大舉用兵。從今天的觀點看來，後來的這些戰爭許多是不正義的，是掠奪性的，是出自統治集團的擴張野心和物質欲望，是出自一種「惡」的動機。但是這已經是一種歷史現象，今天只能客觀地對它進行歷史評價了。這些戰爭是汚濁的，但的確也正是在這種血汚的戰爭中，一個多民族的統一的大漢帝國形成了。她自豪地雄踞於當時世界最先進、最強大的民族之林。人民經過幾十年的休養生息，經濟上也富饒起來了。在這樣的客觀條件下，在這樣的物質基礎上，以統治階級爲代表的整個漢代社會的意識狀態是多麼宏闊壯觀啊！他們有信心、有力量、有眼光、有氣派。他們自信是攻無不勝，取無不得的。他們追求一切，征服一切，占有一切。這時也搞過什麼「尊儒」，但其實質乃是一切爲我所用。「蓋有非常之功，必待非常之人。故馬或奔踶而致千里，士或有負俗之累而立功名。夫泛駕之馬，跅弛之士，亦在御之而已。其令州縣察吏民有茂才異等可爲將相及使絕國者。」這是漢武帝的一封求賢詔。看它有多麼活潑、多麼開放，沒有一點框框，沒有一點顧忌，眞是宏闊之極，豪邁之極。生活在這個時代的士大夫，無不以積極進取、建功立業爲光榮。「君子鄙沒世而名不稱」這句孔子的老話，在這時竟成了一條品評人物的至高準則。而這個時代也的確是人才濟濟的，他們都爲國家、爲偉大的民族，建立了許多使後世嘆爲觀止的豐功偉績。這是司馬遷生活的時代環境，也是他人生觀、審美觀形成的第三方面的條件。

其四，是戰國以來的美學思潮對司馬遷的影響。《史記》是先秦文化、先秦思想的集大成，也是先秦文學藝術的結晶。它總結吸收了以孔子儒家學派爲中心的北方思想和北方藝術，同時也總結吸收了以屈原爲代表的南方思想和南方藝術。這兩種優秀文化的融會，奠定了《史記》的批判精神，和它慷慨悲壯的英雄氣質，同時也賦予了它某種輕靈飄逸的浪漫特點，和感憤淋漓的濃重的抒情性。

《史記》所表現出的審美觀，也正好與當時其他藝術門類所表現的美學思想、美學趣味相同，可以由此見到司馬遷這種審美觀的時代性。正如有的研究者所說的，漢代雕塑、繪畫等藝術的基本特點，其人物「不是以其精神、心靈、個性或內在狀態，而是以其事跡行動，亦即其對世界的直接的外在關係來表現它存在價值的。一往無前的不可阻擋的氣勢、運動和力量，構成了漢代藝術的美學風格。人對世界的征服，和琳瑯滿目的對象，表現在具體形象、圖景和意境上，則是力量、運動和速度，它們構成了漢代藝術的氣勢與古拙的基本美學面貌。」這說法很有道理。我覺得司馬遷正是西漢前期這種美學思潮的傑出代表，而當時這種美學思潮又是司馬遷審美觀所由形成，並得以充分發展的客觀條件。

其五，司馬遷的慘痛遭遇對其《史記》的思想內容和藝術風格有巨大影響。受宮刑對司馬遷是一場意想不到的橫禍，這場橫禍給司馬遷的打擊是異常慘重的。「是以腸一日而九回，居則忽忽若有所亡，出則不知所如往，每念斯恥，汗未嘗不發背沾衣也。」（《報任安書》）這是壞事，但也是好事。它使司馬遷的頭腦更清醒了，眼光更銳敏了，對統治集團的黑暗腐朽和社會上的種種弊病看得更明晰了。同時，由於他個人自身的悲劇經歷自然地也就更加突出了《史記》全書的悲劇氣氛。例如他特別好寫悲劇人物，而描寫時又是那樣地對人物灌注著全部感情，以致使他們人雖然死了，但他們的精神氣質卻經天貫日，永世長留天地間。司馬遷寫歷史人物，往往又好從漢代的現實生活出發，好帶著一種濃厚的個人身世之感。清代劉鶚曾說：「《離騷》爲屈大夫之哭泣，《史記》爲太史公之哭泣。」（《老殘遊記》序）魯迅曾說：「恨爲弄臣，寄心楮墨，感身世之戮辱，傳畸人於千秋。」（《漢文學史綱要》）這些話都爲我們準確地勾出了悲慘身世與司馬遷的審美觀，與《史記》思想內容、藝術風格之間的必然聯繫。

三、《史記》的抒情性

《史記》的文章不僅以事理服人，而且以感情動人，這是非常明顯的。明代茅坤曾說：「讀《游俠傳》即欲輕生，讀《屈原賈誼傳》即欲流涕，讀《莊周・魯仲連傳》即欲遺世，讀《李廣傳》即欲立鬥，讀《石建傳》即欲俯躬，讀《信陵・平原君傳》即欲養士。」（《史記鈔》）他對這些作品的具體理解也許並不一定完全合適，但是由此卻可以看出《史記》感染人的力量的確是強。魯迅先生在《漢文學史綱要》中稱它是「史家之絕唱，無韻之《離騷》」，這絕不是偶然的。《史記》爲什麼能取得這樣的抒情效果呢？我們從兩方面談一些看法。

(一)《史記》的「內在韻律」

司馬遷寫《史記》是把孔子寫《春秋》作爲自己的榜樣的。孔子爲什麼寫《春秋》呢？照司馬遷的理解是：「上明三王之道，下辨人事之紀，別嫌疑，明是非，定猶豫，善善惡惡，賢賢賤不肖，存亡國，繼絕世，補歟起廢，王道之大者也。」(《太史公自序》)也就是說《春秋》主要不是一部歷史書，而是一部表現孔子的社會理想，並用以懲惡獎善，爲改造現實社會開藥方、畫藍圖的政治書、哲學書。司馬遷把自己寫《史記》的目的明確地概括爲三句話，這就是：「究天人之際，通古今之變，成一家之言。」他要探求人類社會與大自然的關係，要總結歷史發展變化的規律，要在這個基礎上進一步建立起自己的觀點學說，而這一切又都是融貫、體現在他這部表面看來完全是一種歷史的著作之中。梁啓超說：「遷著書最大目的，乃在發表司馬氏一家之言，與荀況著《荀子》，董生著《春秋繁露》性質正同，不過其一家之言乃借史的形式以發表耳。故僅以近世史的觀念讀《史記》，非能知《史記》者也。」(《要籍解題及其讀法》)這話說得很精確。司馬遷不是政治家，他的治國平天下的見解不能像賈誼、晁錯那樣可以直接化爲貫徹實行的綱領措施；他是一個歷史家，他只能在寫人敍事的過程中寓褒貶，別善惡。他在那些偉大、崇高、善良的人物身上，賦予了他們以理想的光輝，傾注了自己無限的熱愛與敬仰，從而表現了自己對於這種理想政治、理想道德的努力追求；他在那些卑鄙、奸邪、陰險的人物身上，也更突出了他們作爲一股反動勢力的那種腐朽醜惡的本質特徵，流露了自己對這些人的無比憤怒與輕蔑，表現了自己對這股邪惡勢力的痛心疾首的唾棄與鞭撻。

例如，《夏本紀》寫舜爲天子時與其大臣禹、皋陶共同討論政事的最後一段說：「禹曰：『於，帝！愼乃在位，安爾止。輔德，天下大應。清意以昭待上帝命，天其重命用休。』」意思是，大禹說：「啊，國君，你可要謹愼哪，你的一舉一動都要穩重。你要讓有德的人來輔佐你，這樣天下人就都擁護你了。你要清正廉明地恭聽上天的旨意，這樣上天就降給你大福了。」下面接著是舜說：「啊，大臣們哪，你們一定要給我當好手脚耳目。我要治理人民，你們就幫著我；我要效法古人，你們就給我講；我要有了錯，你們就給我糾正；你們不要當面奉承我，下去又說我不好。」請看這是多麼大公無私、孜孜不倦、君臣一心、共圖國事的局面啊！在這裏，爲君的慈愛謙和、胸襟開闊，諮諏善道，自強不息；爲臣的居官盡職，無畏無私，知無不言，言無不盡。這與漢武帝時代那種個人專制，酷法嚴刑，百官持祿，阿諛苟合的現實相比較，何啻天淵之差？因此，他在《樂書》中滿懷感慨地說：「余每讀《虞書》，至於君臣相敕，維是幾安；而肱股不良，萬事墮壞，未嘗不流涕也。」

又例如，《魯周公世家》寫周公送他的兒子伯禽到魯國去的時候，囑咐他說：「我，文王之子，武王之弟，成王之叔父，我於天下亦不賤矣。然我一沐三捉髮，一飯三吐哺，起以待士，猶恐失天下之賢人。子之魯，愼無以國驕人！」禮賢下士，在司馬遷看來是作爲一個統治者的最基本的品德之一。爲了表現他的這一社會理想，他在《燕召公世家》和《樂毅列傳》中歌頌了燕昭王的虛己求賢，批判了燕惠王的愛惡隨心；他在《信陵君列傳》中讚揚了魏公子無忌的眞識士、眞愛士，而批許了平原君趙勝養士好客的徒爲虛名。最後又在「太史公曰」中說：「天下諸公子亦有喜士者矣，然信陵君之接岩穴隱者，不恥下交。有以也，名冠諸侯：不虛耳，高祖每過之而令民奉祠不絕也。」這些和漢武帝時代那種用人多由女寵，且又法律酷苛，以至造出什麼「見知」、「廢格」、「沮誹」之法，動輒殺人，大司農顏異以「腹誹」的罪名被誅，李蔡、公孫賀、劉屈氂等一連幾個宰相被賜死，「公卿大臣多諂諛取容」，只有一個敢於直言的汲黯，漢武帝還對他極爲不滿，總想找個藉口殺了他，兩者比較一下，這該是多麼令人感慨啊！

又例如，在道德品質方面，他在《趙世家》中歌頌程嬰、公孫杵臼的忠於其主，勇於爲所事獻身；在《信陵君列傳》中他歌頌侯嬴的士爲知己者死；在《刺客列傳》中他歌頌曹沫、荊軻等人的「其事或成或不成，然其立意較然，不欺其志」；在《游俠列傳》中他歌頌朱家、郭解等人的「其言必信，其行必果，已諾必誠，不愛其軀，赴士之厄困，既已存亡死生矣，而不矜其能，羞伐其德。」司馬遷對於這些問題的認識，不是沒有片面性，我們應該區別對待，但從客觀的社會效果上檢驗，司馬遷歌頌的這些人多數還是好的。尤其是侯嬴、荊軻，其思想行爲的光輝眞足以使卑者亢、汚者廉、懦者有立志。對比漢代上流社會的那種世態炎涼，朝秦暮楚，趨炎附勢，唯利是圖，司馬遷是多麼厭惡、多麼憎恨哪！他在《汲鄭列傳》中寫道：「夫以汲鄭之賢，有勢則賓客十倍，無勢則否，況衆人乎！下邽翟公有言：始翟公爲廷尉，賓客闐門；及廢，門外可設雀羅。翟公復爲廷尉，賓客欲往，翟公乃大署其門曰：『一死一生，乃見交情。一貧一富，乃知交態；一貴一賤，交情乃見。』汲鄭亦云，悲夫！」他在《報任安書》中寫漢武帝手下的朝臣們對李陵的態度說：「陵未沒時，使有來報，漢公卿王侯皆奉觴上壽。後數日，陵敗書聞，主上爲之食不甘味，聽朝不怡，大臣憂懼，不知所出。」而一群「全軀保妻子之臣，隨而媒蘗其短。」眞是牆倒衆人推，風向變得多麼快呀！他在《廉頗藺相如列傳》中說：「廉頗之免於長平也，失勢之時，故客盡去。及復用爲將，客又復至。廉頗曰：『客退矣！』客曰：『吁！君何見之晚也？夫天下以市道交，君有勢，我則從君；君無勢則去，此固其理也，有何怨乎』！」在這裏他讓那些無恥的賓客現身說法，爲自己的人格畫像。類似的憤慨還見於《孟嘗君列傳》、《平津侯主父列傳》。在這樣的官場中，在這樣惡濁的環境氣氛下，司馬遷歌頌侯嬴、荊軻、朱家、郭解，追慕他們的那種道德人品，不就很有意義了嗎？

《史記》揭露、批判了漢代統治集團內部的許多重要事件，表現了作者極端的鄙視與憎恨。如《呂后本紀》寫呂后殘害戚夫人的情景說：「太后遂斷戚夫人手足，去眼、煇耳，飲瘖藥，使居厠中，命曰『人彘』。居數日，乃召孝惠帝觀人彘。孝惠見，問，乃知其戚夫人，乃大哭，因病，歲餘不能起。使人請太后曰：『此非人所爲。臣爲太后子，終不能治天下。』」其慘無人道簡直曠古未聞。至於寫漢武帝任用酷吏，對全國實行高壓政策時，《酷吏列傳》寫了王溫舒治河內時的「奏行不過二三日，得可事，論報，至流血十餘里。」也寫了當時官吏們犯「罪」的人數衆多，「二千石繫者新故相因，不減百餘人。郡吏大府舉之廷尉，一歲至千餘章。章大者連逮證案數百，小者數十人。遠者數千，近者數百里。」而這班酷吏又都是看著漢武帝一個人的臉色行事，張湯判案的原則是：「所治即(若)上意所欲罪，予監史深禍者；即(若)上意所欲釋，與監史輕平者。」杜周的做法與張湯相同，也是：「上所欲擠者，因而陷之；上所欲釋者，久繫待問而微見其冤狀。」當有人責備他「爲天下決平，不循三尺法，專以人主意指爲獄」時，他毫無掩飾地說：「三尺安出哉！前主所是著爲律，後主所是疏爲令，當時爲是，何古之法乎？」這裏突出地表現了封建法律的本質，表現了專制主義的反動性。司馬遷對漢武帝所推行的這種以儒家思想爲外衣、爲點綴的酷吏政治是極其反感的。漢武帝時期的重要人物，司馬遷最反感、最痛恨的除張湯外還有公孫弘、李廣利、衛青、霍去病等，他對這些人都極盡其嘲弄、挖苦、揭露、鞭撻之能事。

此外，由於司馬遷自身受過漢代專制主義及其酷吏政治的殘害，因而他的著作中也就不由地又增加了一種憤激之情，這是我們讀《史記》時經常見到的。如《季布欒布列傳》說：「以項羽之氣，而季布以勇顯於楚，身履軍搴旗者數矣，可謂壯士。然被戮爲人奴而不死，何其下也？彼必自負其材，故受辱而不羞，欲有所用其未足也，故終爲漢名將。賢者誠重其死，夫婢妾賤人感憤自殺者，非能勇也，其計畫無復之耳。」這與他在《報任安書》中所說的「且夫臧獲婢妾猶能引決，況僕之不得已乎！所以隱忍苟活，幽於糞土之中而不辭者，恨私心有所不盡，鄙陋沒世而文采不表於後也」的意思大致相同。類似的話還見於《老子韓非列傳》、《孫子吳起列傳》、《伍子胥列傳》、《平原君虞卿列傳》、《范睢蔡澤列傳》、《廉頗藺相如列傳》、《魏豹彭越列傳》等。但是，這和前面所講的那些問題比起來畢竟是次要的。我們不能像漢章帝那樣把《史記》中的強烈愛憎單單看成是司馬遷「以身陷刑之故，反微文刺譏，貶損當世。」(班固《典引》)我們只能理解爲由於司馬遷的這種慘痛遭遇，因而使他的頭腦更清醒了，眼光更敏銳了，愛憎感情更分明、更強烈了。

總之，《史記》全書閃耀著司馬遷理想的光輝，他對那種美好的政治，崇高的形象無比熱愛、無比贊賞；同時《史記》也流露出一種對現實社會的強烈的不滿，他對那些邪惡形象、腐朽東西無限憤怒、無比痛恨。正因爲他愛得深，所以他也恨得切。在他的筆端紙上、字裏行間不期而然地就滾動激盪著感情的波濤，給讀者的心靈以強烈的震撼，這是《史記》抒情性的根本來源。郭沫若在《論詩札記》中說：「詩之精神在其內在的韻律，內在的韻律並不是什麼平上去入、高下抑揚、強弱短長，也不是什麼雙聲疊韻，什麼押在句中的韻文，這些都是外在的韻律。內在的韻律便是情緒的自然消漲。」按照這個原則，即使沒有其他條件，單憑以上所述，《史記》就已經可以說是詩了。《史記》是一首壯烈的愛的頌歌、恨的組曲，是一首飽和著作者滿腔血淚的悲憤詩。

(二)《史記》的「外在韻律」

以上是從《史記》的內容，從其「內在韻律」方面說的，其實司馬遷在注意其「內在韻律」的同時，對其「外在韻律」也是非常講究的。最明顯的是以下四方面：

第一，作品夾敘夾議，以敘代議，以議代敘，敘議結合，整個作品像一首抒情詩，這方面以《伯夷列傳》、《屈原列傳》、《游俠列傳》為代表。《伯夷列傳》全文七百多字，而人物傳記只有二百字，其他都是作者的借題抒發。如他在敘述完伯夷叔齊的簡略生平後，接著說：「或曰：『天道無親，常與善人。』若伯夷叔齊可謂善人者非歟？積仁絜行如此而餓死！且七十子之徒。仲尼獨稱顏淵為好學，然回也屢空，糟糠不厭，而卒早夭。天之報施善人，其何如哉？盜跖日殺不辜，肝人之肉，暴戾恣睢，聚黨數千人，橫行天下，竟以壽終。是遵何德哉？此其尤大彰明較著者也。至若近世，操行不軌，專犯忌諱，而終身逸樂富厚，累世不絕；或擇地而蹈之，時然後出言，行不由徑，非公正不發憤，而遇災禍者，不可勝數也。余甚惑焉，倘所謂天道，是邪？非邪？」這段話常被哲學家們引用，把它作為說明司馬遷懷疑「天道」，因而具有唯物因素的證據。這當然是可以的，但我卻覺得這段話主要是懷疑「人道」，是借古諷今，是對現實社會、現時政治的黑白顛倒、摧殘人才所發的極大的憤怒與不平。

《屈原列傳》除去裏面所引的《懷沙賦》，全文一千二百字，而純粹的議論抒情部分占一半。如他議論屈原為什麼寫《離騷》，以及他對《離騷》其詩、屈原其人的評價說：「屈平疾王聽之不聰也，讒諂之蔽明也，邪曲之害公也，方正之不容也，故憂愁幽思而作《離騷》。離騷者，猶離憂也。夫天者，人之始也；父母者，人之本也。人窮則反本，故勞苦倦極，未嘗不呼天也；疾痛慘怛，未嘗不呼父母也。屈平正道直行，竭忠盡智以事其君，讒人間之，可謂窮矣。信而見疑，忠而被謗，能無怨乎？屈平之作《離騷》，蓋自怨生也。《國風》好色而不淫，《小雅》怨誹而不亂，若《離騷》者，可謂兼之矣。上稱帝嚳，下道齊桓，中述湯武，以刺世事。明道德之廣崇，治亂之條貫，靡不畢見。其文約，其辭微，其志潔，其行廉，其稱文小而其指極大，舉類邇而見義遠。其志潔故其稱物芳，其行廉故死而不容自疏。濯淖汙泥之中，蟬蛻於濁穢，以浮游塵埃之外，不獲世之滋垢，皭然泥而不滓者也。推此志也，雖與日月爭光可也。」屈原是司馬遷的理想人物，他的那種卓越才華，他對國家的那種忠心不二，以及作為他這種人格體現的《離騷》其詩，都受到了司馬遷不遺餘力的推崇。屈原的名字及其文章兩千年來之所以能夠如同日月經天，江河行地，在很大的程度上是與司馬遷這篇禮贊式的傳記分不開的。明代楊慎說：「太史公作《屈原傳》，其文便似《離騷》。其論作《騷》一節，婉雅淒愴，眞得《騷》之旨趣也。」(《史記評林》引)近代李景星說：「通篇多用虛筆，以抑鬱難遏之氣，寫懷才不遇之感，豈獨屈、賈二人合傳，直作屈、賈、司馬

三人合傳讀可也。」(《四史評議》)

《游俠列傳》的抒情議論部分雖然只占五分之二，但由於它的結構特殊，所以仍使人感到抒情議論是它的主體。正如清代吳見思所說：「篇中先以儒俠相提而論，層層回環，步步轉折，曲盡其妙；後乃出二傳，反若借以爲印證，爲注解，而篇章之妙，此又一奇也。」(《史記論文》)明代董份說：「咨嗟慷慨，感嘆婉轉，其文曲至，百代之絕矣。」(《史記鈔》引)

第二，有些作品雖不能說整篇像一首詩，但其中有許多抒情段落，語言的節奏感很強。這些抒情段落有在人物傳記中間的，如《李將軍列傳》在寫過元狩二年李廣率四千人與匈奴四萬人大戰，結果在漢武帝面前仍只落了個「軍功自如，無賞」後，文章接著說：「初，廣之從弟李蔡與廣俱事孝文帝，景帝時蔡積功勞至二千石，孝武帝時至代相。以元朔五年爲輕車將軍從大將軍擊右賢王，有功中率，封爲樂安侯，元狩二年中代公孫弘爲丞相。蔡爲人在下中，名聲出廣下甚遠，然廣不得爵邑，官不過九卿，而蔡爲列侯，位至三公。諸廣之軍吏及士卒或取封侯。」宋代劉辰翁說：「太史公極意言李將軍不幸，故引弟蔡首末僥倖至列侯三公，正是恨處。」(《班馬異同評》)清代吳見思說：「插入李蔡，正與不侯相形，回合成妙，故不勝感嘆。」(《史記論文》)

《史記》各篇最後的「太史公曰」，有相當一部分是抒情性很強的。如《孔子世家》最後說：「太史公曰：《詩》有之：『高山仰止，景行行止。』，雖不能至，然心鄉往之。余讀孔氏書，想見其爲人。適魯，觀仲尼廟堂車服禮器，諸生以時習禮其家，余祗回留之不能去云。天下君王至於賢人衆矣，當時則榮，沒則已焉。孔子布衣，傳十餘世，學者宗之，自天子王侯，中國言六藝者折中於孔子，可謂至德矣。」表現了作者對孔子發自內心的無限敬仰之情。《廉頗藺相如列傳》最後說：「太史公曰：知死必勇，非死者難也，處死者難。方藺相如引璧睨柱及叱秦王左右，勢不過誅，然士或怯懦不敢發。相如一奮其氣，威信敵國；退而讓頗，名重太山，其處智勇，可謂兼之矣。」表現了作者對藺相如那種高風亮節的由衷敬佩。藺相如的事跡不見於《戰國策》，他之所以能夠萬古流芳在很大的程度上也是因爲司馬遷寫的這篇傳記。明代李贄在《藏書》裏說：「言有重於太山，相如是也。相如眞丈夫，眞男子，眞大聖人，眞大阿羅漢，眞菩薩，眞佛祖，眞令人千載如見也。」此外，像《伍子胥列傳》、《信陵君列傳》、《刺客列傳》等，其「太史公曰」的抒情性也都是極強的，宋代樓昉曾說它們「讀之令人鼓舞痛快，而繼之以泫然泣下也」(《過庭錄》)。

《史記》語言的節奏感是很強的，宋代洪邁曾在《容齋五筆》中用了很長的一段話來說這個問題。他說：「予每展讀至《魏世家》、《蘇秦．平原君．魯仲連傳》，未嘗不驚呼擊節，不自知其所以然。魏公子無忌與王論韓事曰：『韓必德魏、愛魏、重魏、畏魏，韓必不敢反魏。』十餘語之間五用『魏』字。蘇秦說趙肅侯曰：『擇交而得，則民安；擇交而不得，則民終身不安。齊秦爲兩敵，而民不得安；倚秦攻齊，而民不得安；倚齊攻秦，而民不得安。』平原使楚，毛遂願行。君曰：『先生處勝之門下，幾年於此矣？』曰：『三年於此矣。』君曰：『先生處勝之門下，三年於此矣，左右未有所稱頌，勝未有所聞，是先生無所有也。先生不能，先生留。』遂力請行，面折楚王，再言『吾君在此，叱者何也！』至左手持盤血，而右手召十九人於堂下，其英姿雄風，千載下猶可想見，使人畏而仰之。卒定從而歸，至於趙，平原君曰：『勝不敢復相士，勝相士多者千人，寡者百數，今乃於毛先生而失之。毛先生一至楚，而使趙重於九鼎大呂。毛先生以三寸之舌，強於百萬之師。勝不敢復相士！』秦圍趙，魯仲連見平原君曰：『事將奈何？』君曰：『勝也何敢言事！魏客新垣衍令趙帝秦，今其人在是，勝也何敢言事！』仲連曰：『吾始以君爲天下之賢公子也，吾今然後知君非天下之賢公子也。』魯仲連見新垣衍，衍曰：『吾視居此圍城之中者，皆有求於平原君者也。今吾觀先生之玉貌，非有求於平原君者也。』又曰：『始以先生者爲庸人，吾乃今日知先生爲天下之士也。』是數者，重沓熟復，如駿馬下注千丈坡，其文勢正爾風行於上而水波，眞天下之至文也。」由於這種強烈的節奏感，由於這種周回反覆，有規律地使用語氣詞，因而使得即便像《平準書》、《貨殖列傳》這種本來容易枯燥無味的篇章，也都具有了很強的抒情性。

第三，大量詩賦和民間諺語歌謠的引入，尤其是作品中人物的即景作歌，更加增強了文章的抒情色彩。司馬遷愛好文章辭賦，在《屈原列傳》裏他收入了《懷沙》，在《賈生列傳》裏他收入了《弔屈原》、《鵩鳥》，在《司馬相如列傳》裏他收入了《子虛賦》、《上林賦》、《哀二世賦》等，這些都顯然增加了各篇傳記的抒情性和韻律感。另外像《河渠書》收入了漢武帝的《瓠子歌》，《淮南衡山列傳》、《魏其武安侯列傳》等收入了漢代民謠，這也都是作品中的抒情因素。但是以上這些都沒有作品中人物的即景作歌精彩。

《項羽本紀》寫楚霸王被困於垓下時的情景說：「項王軍壁垓下，兵少食盡，漢軍及諸侯兵圍之數重。夜聞漢軍四面皆楚歌，項王乃大驚，曰：『漢皆已得楚乎？是何楚人之多也？』項王則夜起，飲帳中。有美人名虞，常幸從；駿馬名騅，常騎之。於是項王乃悲歌慷慨，自爲詩曰：『力拔山兮氣蓋世，時不利兮騅不逝。騅不逝兮可奈何？虞兮虞兮奈若何！』歌數闋，美人和之。項王泣數行下，左右皆泣，莫能仰視。」這是多麼悲慨淋漓的歌聲和場面哪！宋代朱熹說：「慷慨激烈，有千載不平之餘憤。」清代吳見思說：「一腔憤怒，萬種低回，地厚天高，托身無所，寫英雄失路之悲，至此極矣。」（《史記論文》）

《高祖本紀》寫劉邦平定黥布之叛後，回歸故鄉的情景說：「高祖還歸，過沛，留。置酒沛宮，悉召故人父老子弟縱酒，發沛中兒得百二十人，教之歌。酒酣，高祖擊筑，自爲歌詩曰：『大風起兮雲飛揚，威加海內兮歸故鄉，安得猛士兮守四方！』令兒皆和習之。高祖乃起舞，慷慨傷懷，泣數行下。」在劉邦志得意滿到極點的時候，忽然又唱出了一種極其蒼涼空曠的衰颯之音，表現了他當時的一種複雜心情。宋代劉辰翁說：「自漢滅楚後，信、越、布及諸將誅死殆盡，於是四顧寂寥，有傷心者矣。語雖壯而意悲，或者其悔心之萌乎！」（《班馬異同評》）

《刺客列傳》寫荊軻入秦行刺，燕太子爲他送行的情景說：「太子及賓客知其事者，皆白衣冠以送之。至易水之上，既祖，取道，高漸離擊筑，荊軻和而歌，爲變徵之聲，士皆垂淚涕泣。又前而爲歌曰：『風蕭蕭兮易水寒，壯士一去兮不復還！』復爲羽聲慷慨，士皆瞋目，髮盡上指冠。於是荊軻就車而去，終已不顧。」明代董份說：「荊軻歌易水之上，就車不顧，只此時，懦士生色。」（《史記評林》）孫月峰說：「只此兩句，卻無不盡，慷慨激烈，寫得壯士心出，氣蓋一世。」（《評注昭明文選》）

與上述類似的還有劉邦爲戚夫人作的《鴻鵠歌》，見《留侯世家》；趙王友被殘害臨死前的作歌，見《呂后本紀》；伯夷叔齊不食周粟餓死前的作歌，見《伯夷列傳》；朱虛侯劉章欲除諸呂，在宴會上當令官時的作歌，見《齊悼惠王世家》，如此等等。歌辭都悲涼慷慨，與當時的情節描寫、氣氛渲染密切結合，突出地表現了作品人物的心理、性格。試想如果《項羽本紀》沒有《垓下歌》，《荊軻列傳》沒有《易水歌》，英雄人物一個個都在寂寞中溘然而逝，那還能有留在今天千百萬讀者心目中的這種氣質豪邁的形象嗎？這些歌辭毫無疑問地是給人物塑造起了一種畫龍點睛的作用。意義不只如此，我們還要進一步看到，這種表現方法是司馬遷的一種創造，是他的一種有意識的自覺的運用，而不是簡單的照實記事。這些歌辭有的很明顯是司馬遷根據文章的需要，自己爲作品的人物設計出來的。伯夷叔齊究竟是什麼人，有什麼事跡，先秦諸書衆說不一。今天我們所知道的這點有關伯夷的故事，完全是司馬遷集中概括並加以充分想像的結果。兩位老人餓死於深山，臨死前作的歌，別人怎麼能知道？關於項羽的《垓下歌》，淸代周亮工說：「垓下是何等時？虞姬死面子弟數，匹馬逃亡？身迷大澤，亦何暇更作歌詩？即有作，亦誰聞之，而誰記之歟，吾謂此數語者，無論事之有無，應是太史公筆補造化，代爲傳神。」（錢鍾書《管錐編》引）這「筆補造化，代爲傳神」八個字，可說是抓住了《史記》寫法上的某種精髓。《史記》中的確含有許多今天我們所說的小說的因素。

第四，《史記》中還有一部分篇章，或是某些篇章中的某些段落是押韻的，這些當然就更像是詩了。《滑稽列傳》寫淳于髡對齊威王說：「若乃州閭之會，男女雜坐，行酒稽留，六博投壺，相引爲曹，握手無罰，目眙不禁，前有墮珥，後有遺簪，髡竊樂此，飲可八斗而醉二參；日暮酒闌，合尊促坐，男女同席，履舄交錯，杯盤狼藉，堂上燭滅，主人留髡而送客。羅襦襟解，微聞香澤，當此之時，髡心最歡，可飲一石。」又如寫優孟給楚莊王出主意處置他那匹死馬說：「請爲大王六畜葬之：以壟竈爲椁，銅歷爲棺，齎以薑棗，薦以木蘭，祭以糧稻，衣以火光，葬之於人之腹腸。」

前者是以此說明縱酒的害德害事，後者是勸統治者不要因愛物而費人，於詼諧幽默中起到了大作用，思想性都是很強的。

《日者列傳》寫賈誼、宋忠往市上去尋訪司馬季主的情形說：「二人即同輿而之市，遊於卜肆中。天新雨，道少人，司馬季主閒坐，弟子三四人侍，方辯天地之道，日月之運，陰陽吉凶之本。二大夫皆拜謁。司馬季主視其狀貌，如類有知者，即禮之，使弟子延之坐。坐定，司馬季主復理前語，分別天地之終始，日月星辰之紀，差次仁義之際，列吉凶之符，語數千言，莫不順理。」文章的押韻是明顯的。接著如同東方朔寫《答客難》那樣，先是賈誼、宋忠對司馬季主提出責難，而後司馬季主反守爲攻，斥責嘲弄了官場人物的種種卑賤昏濁，而誇耀了卜者的品格之高，和他們對社會對黎民的種種補益，最後寫道：「居三日，宋忠見賈誼於殿門外，乃相引屏語相謂自嘆曰：『道高益安，勢高益危。居赫赫之勢，失身且有日。夫卜而有不審，不見奪糈；力人主計而不審，身無所處。此相去遠矣，猶天冠地履也。此老子所謂無名者萬物之始也。天地曠曠，物之熙熙，或安或危，莫知居之。我與若，何足預彼哉！雖曾氏之義未有以異也。」表面說的是老、莊的話，實際所發的乃是一種憤世疾俗之情，是對庸才小人竊據高位，而懷瑾握瑜者有志不獲申的一種極端感慨與不平。清代吳見思說：「《史記》俱借事行文，此獨是司馬公憑空幻出一人，造出一篇文字罵當日士大夫，故回環轉折，極爲盡意。」又說：「此文全以賦體行文，故其中句法俱組練錯繡，甚爲精彩，而排處句句變，落處段段收，是《史記》中一篇虛空抑揚文字。」(《史記論文》)由於它既重鋪排，又多韻語，而一種憤激之氣是借著嘲戲詼詭的口吻發出來的，所以文章具有著一種雲龍霧豹、乍開乍合的幻忽奇譎之勢。

以上都是就《史記》的「外在韻律」講的。

正由於《史記》首先有一種一以貫之的「內在韻律」，同時在表現方法上又有許多「外在韻律」的講求，因而就使作品呈現出了一種在我國歷代散文中所少有的抒情性和氣勢感。爲此，明代方孝孺曾說它「如決江河而注之海」，清代劉鶚曾說「《離騷》爲屈大夫之哭泣，《史記》爲太史公之哭泣。」迨至現在，人們再說它是「無韻之《離騷》」，是「愛的頌歌、恨的組曲，是飽含作者滿腔血淚的悲憤詩」，也就不能算是誇大了吧！

四、《史記》的諷刺藝術

以譏與刺的名義對某些人物的醜惡靈魂和不良習氣進行暴露和鞭笞，在中國古代文學史上有著非常悠久的傳統。在《詩經》和《左傳》中，我們可以看到很多這樣的例子。例如《詩經》中《相鼠》的《小序》說：「刺無禮也。」《碩鼠》的《小序》說：「刺重斂也。」《伐檀》的《小序》說：「刺貪也。」在《左傳》中，我們隨處可見君子們對某些腐朽貴族予以「譏之」的言論。但我們應當注意的是，《詩經》和《左傳》的作者雖然在諷、刺、譏的名義下對某些人物作出了否定和批評。但這種否定和批評基本上都是一些道貌岸然、直截了當的譴責。這種譴責有時雖然達到了十分激烈的程度，但嚴格地說來，它們幾乎都不具有諷刺文學那種「貴在旨微而語婉」(魯迅語)的特點。眞正的諷刺文學只有到了先秦諸子散文的時代才開始出現。特別是在《孟子》和《莊子》中，諷刺藝術已經成爲作者不可缺少的表達手段之一。如《孟子》的「齊人有一妻一妾而處室者」、《莊子》的「儒以《詩》《禮》發塚」等，都是這方面比較突出的例子。到漢代，一方面繼承了《詩經》、《左傳》對統治集團進行直接批判，一方面又具有先秦諸子散文中那種婉曲而辛辣的諷刺特點的文學作品，我們覺得最突出的就是司馬遷的《史記》。

司馬遷是一個有著偉大的理想、高尚的情操和頑強的戰鬥精神的史學家。他在《史記》中多次宣稱，他創作《史記》的目的，一方面是爲了建立一個完整的、以匡世利民爲宗旨的思想體系，用他的話說即是「成一家之言」，另一方面則是爲了繼承孔子修《春秋》對各級貴族的黑暗統治進行批判的戰鬥傳統，用他評價《春秋》的話來說即是「貶天子、退諸侯、討大夫」。由於《史記》是一部以當代史爲主要研究對象的史書，而司馬遷所生活的漢武帝時代又是一個高度中央集權的專制主義社會，因此，當他把批判的鋒芒指向漢代統治集團的時候，他就不得不選擇諷刺這種「旨微而語婉」的方式。在《史記·匈奴列傳》中，司馬遷借評價《春秋》向讀者暗示了自己使用諷刺手法的原因。他說：「孔子著《春秋》，隱桓之間則章，至定哀之際則微，爲其切當世之文而罔褒，忌諱之辭也。」也正是由於這種批判和諷刺，漢代有些官方學者把《史記》稱之爲「謗書」。

在《史記》中，司馬遷對漢代統治集團所作的諷刺可以說是頗爲全面的，概括起來大致如下幾個方面：

一、諷刺了統治者們與其崇高的政治地位極不相稱的十分低下的道德水準。統治者們出於鞏固自己的政治地位和奴役廣大人民的需要，他們往往把自己裝扮成重仁襲義的道德君子，宣稱他們地位的取得是由於他們具有合乎天意的德性。然而，在《史記》中，司馬遷以諷刺的手法逐一地撕破了這些「聖人們」的畫皮。例如，劉邦作爲漢朝的開國之主，曾被漢代統治者予以神化，但是，在《高祖本紀》中，司馬遷通過劉邦早年遊手好閒時的飲酒賴帳；起兵後打了敗仗爲了逃命時的拋子棄女；入咸陽後爲了貪圖享樂而欲長住阿房宮；與項羽交戰時屢次背約；以及即位後爲了擺架子甚至讓他的老父爲他擁彗引路等等，對他的無恥行徑作出了淋漓盡致的諷刺。

二、諷刺了漢代統治者所推行的某些腐敗荒淫的內外政策以及他們某些愚蠢可笑的行爲舉動。例如，漢武帝劉徹，曾被譽爲雄才大略的君主，然而，在司馬遷筆下，他並不顯得那麼英明和偉大。在《平準書》中，司馬遷諷刺了漢武帝大興土木、修造宮室以致弄得國庫空虛，民生凋敝的現實；在《大宛列傳》中，司馬遷諷刺了漢武帝的窮兵黷武、勞而無功；在《封禪書》中，司馬遷諷刺了漢武帝迷信神仙方術以求長生的愚蠢行爲，如此等等。

三、諷刺了漢代官僚尸位素餐、明哲保身、投機取巧、橫征暴斂的種種惡習。例如，在《劉敬叔孫通列傳》中，司馬遷以被稱爲「漢家儒宗」的叔孫通爲標本對漢代文人士大夫汲汲於功名利祿，不顧個人廉耻的惡劣品質進行了入微地剖析；在《酷吏列傳》中，司馬遷對那些毫無政治才能，唯以草菅人命來逢迎獨裁者的官僚進行了有力地鞭撻；而在《萬石君張叔列傳》中，司馬遷對以萬石君家族爲代表的，漢代官僚那種爲保住烏紗帽而唯唯諾諾、隨波逐流的惡劣作風所作的諷刺尤爲辛辣。》除上述三個方面外，司馬遷在《史記》中還對漢代上流社會的忘恩負義、趨炎附勢、不守信用、傲慢無禮等進行了諷刺，在此不一一贅述。

有必要著重分析和總結的是司馬遷使用諷刺藝術的具體方法，這是司馬遷爲中國古代諷刺文學的發展所作的主要貢獻。從《史記》中所有諷刺作品來看，我們將它主要歸納爲如下幾個方面：

第一，讓諷刺對象自我表白、現身說法，從而產生強烈的諷刺效果，這是《史記》諷刺藝術中最直接地暴露諷刺對象的方法。例如，在《李斯列傳》中，司馬遷爲了揭露和諷刺李斯貪圖功名富貴的卑下人格，在文章一開頭，他就給李斯安排了一處心理表白：

(李斯)年少時，爲郡小吏，見吏舍厠中鼠食不潔，近人犬，數驚恐之。斯入倉，觀倉中鼠，食積粟，居大廡之下，不見人犬之憂。於是李斯乃嘆曰：「人之賢不肖譬如鼠矣，在所自處耳！」

在李斯看來，人格高下並不決定於道德修養的深淺，而是決定於他所取得社會權益的多寡，這是典型的食利主義哲學。接著，司馬遷又安排了李斯辭別荀況時的一段心理表白：「斯聞得時無怠，今萬乘方爭時，遊者主事。今秦王欲呑天下，稱帝而治，此布衣馳騖之時而遊說者之秋也。處卑賤之位而計不爲者，此禽鹿視肉，人面而能強行者耳！故詬莫大於卑賤，而悲莫甚於窮困。久處卑賤之位，困苦之地，非世而惡利，自託於無爲，此非士之情也。故斯將西說秦王矣。」這段話在《史記》是一個孤立的存在。司馬遷插入這段話顯然是爲了表露李斯渴望功名富貴的躁動不安的情緒和赤裸裸的個人主義和享樂主義思想。

又如，在《高祖本紀》中，司馬遷爲了諷刺劉邦追求富貴享樂的心態，特意安排了劉邦早年在咸陽服役時的一處內心表白：

(劉邦)嘗繇咸陽，縱觀，觀秦皇帝，喟然太息曰：「嗟乎，大丈夫當如此也。」

對富貴榮華的艷羨，可謂溢於言表。又如，在《平津侯主父列傳》中，司馬遷爲了諷刺主父偃爲了個人的功名前程而陷害別人的行爲，他引用了主父偃與人的一段對話：

> 尊立衛皇后，及發燕王定國陰事，蓋偃有功焉。大臣畏其口。賂遺累千金，人或說偃曰：「太橫矣。」主父曰：「臣結髮遊學四十餘年，身不得遂，親不以為子，昆弟不收，賓客棄我，我阨日久矣。且丈夫生不能五鼎食，死即五鼎烹耳。吾日暮途窮，故倒行暴施之。」

這種瘋狂的報復心理和超人哲學，聽了使人不寒而慄。

第二，以實錄的精神，有選擇地對諷刺對象的生平行事予以敘述，從而塑造一個富有漫畫意味的形象，達到使人心領神會的諷刺效果，這是《史記》使用得最多的一種諷刺方法。在此，我們以叔孫通的形象為例來進行分析。叔孫通曾因給漢高祖劉邦制朝儀而置身高位，享有很高的榮譽，被稱為「漢代儒宗」。然而，在《史記．劉敬叔孫通列傳》中，司馬遷通過記錄叔孫通充滿汚垢和骯髒的歷史，無情地諷刺了這位漢代儒宗的醜惡本質。秦二世時，叔孫通在當時的首都咸陽做待詔博士。陳勝起義的消息傳到長安時，諸儒生認為形勢緊迫，建議秦二世迅速發兵。天眞愚蠢的秦二世不願意聽到這樣的消息，並因此而大發雷霆。面對這種情況，叔孫通立即附和說：「諸生言皆非也。夫天下合為一家，毀郡縣城，鑠其兵，示天下不復用。且明主在其上，法令具於下，使人人奉職，四方輻輳，安敢有反者，此特群盜鼠竊狗盜耳，何足置之齒牙間？郡守尉今捕論，何足憂？」秦二世聽了非常受用，立刻拜他為博士，賜帛二十匹。那些正直的儒生，有的被免職，有的進了監獄。諸儒生責備叔孫通：「先生何言之諛也？」叔孫通說：「公不知也，我幾不脫於虎口。」說罷趕緊卷鋪蓋溜走了。為了尋找新的政治出路，他相繼投奔過項梁、懷王、項羽，最後投靠劉邦，終於找到了一個他認為可以依賴的主子。劉邦不喜歡穿儒服的人，叔孫通就脫下儒服，穿上楚制的短衣，以博取主子的歡心。其時天下未定，他知道劉邦喜歡勇士，就專門向劉邦推薦一些流氓土匪。他的學生們罵他：「事先生數歲，幸得從降漢，今不能進臣等，專言大猾，何也？」叔孫通開導他們說：「漢王方蒙矢石爭天下，諸生寧能鬥乎？故先言斬將搴旗之士，諸生且待我，我不忘矣。」當劉邦即帝位後，那些武將們飲酒爭功，行為粗魯，劉邦感到十分厭惡時，叔孫通察覺到機會來了，於是他對劉邦說：「夫儒者難與進取，可與守成，臣願徵魯諸生，與弟子共起朝儀。」朝儀制成之後，群臣規規矩矩，再也不敢喧嘩失禮。劉邦心中大樂，說：「吾乃今日知為皇帝之貴也。」於是叔孫通也終於發跡了，被拜為太常，並賜金五百斤。這時叔孫通又向劉邦推薦了他的那群弟子，劉邦喜悅之下全部任他們為郎官。這使得那些巴望功名富貴已久的弟子們一個個喜出望外，他們感激地稱贊他們的先生說：「叔孫生誠聖人也，知當世之要務。」就是這樣一個「所事者且十主，皆面諛以得親貴」的投機分子，竟然成了漢家的儒宗，這不能不說是對漢代儒林的莫大諷刺。祖宗尚且如此，子孫可想而知。

比《叔孫通列傳》漫畫色彩更爲強烈的則是《萬石君張叔列傳》。在《萬石君張叔列傳》中，司馬遷爲了諷刺萬石君家庭謹小愼微的爲官藝術，摘取了萬石君家族官場與日常生活中的一系列鏡頭，如：

> 建爲郎中令，書奏事，事下，建讀之，曰：「誤書。馬者與尾當五，今乃四，不足一，上譴死矣！」甚惶恐。其唯謹愼，雖他皆如此。

又如：

> 萬石君少子慶爲太僕，上問車中幾馬，慶以策數馬畢，舉手曰：「六馬」。慶於諸子中最爲簡易矣，然猶如此。

再如：

> 萬石君以上大夫祿歸老於家，以歲時爲朝臣。過宮門闕，萬石君必下車趨，見路馬必式焉。子孫爲小吏，來歸謁，萬石君必朝服見之，不名。子孫有過失，不譙讓，爲便坐，對案不食。……上時賜食於家，必稽首俯伏而食之，如在上前。

通過上面幾則小事，萬石君家族滑稽可笑、明哲保身的家風無疑給人留下了十分深刻的印象。

第三，借用他人對諷刺對象的批評、判斷對諷刺對象進行諷刺，這種諷刺往往以其客觀而公正的姿態產生使人信服的效果。例如：司馬遷爲了諷刺劉邦不學無術、僥天之幸，在《淮陰侯列傳》中他引了韓信與劉邦的一段對話：

> 上嘗從容與信言諸將能不，各有差。上問曰：「如我能將幾何？」信曰：「陛下不過能將十萬。」上曰：「於君何如？」曰：「臣多多而益善耳。」上笑曰：「多多益善，何爲爲我禽？」信曰：「陛下不能將兵，而善將將，此乃信之所以爲陛下禽也。且陛下所謂天授，非人力也。」

又如，在同一篇中，司馬遷還借韓信的一段話對項羽的「匹夫之勇」和「婦人之仁」進行了諷刺：

> 項王喑噁叱咤，千人皆廢，然不能任屬賢將，此特匹夫之勇耳。項王見人恭敬慈愛，言語嘔嘔，人有疾病，涕泣分食飲。至使人有功當封爵者，印刓敝，忍不能予，此所謂婦人之仁也。

又如，丞相公孫弘是司馬遷最厭惡的人之一，在《平津侯列傳》和《儒林列傳》中，司馬遷分別借汲黯和轅固之口諷刺了他的奸詐和卑鄙。《平津侯列傳》云：

> 弘爲人恢奇多聞，常稱以爲人主病不廣大，人臣

病不儉節。弘爲布被，食不重肉。……汲黯曰：「弘位在三公，奉祿甚多，然而布被，此詐也。」

《儒林列傳》云：

固之徵也，薛人公孫弘亦徵，側目而視固。固曰：「公孫子，務正學以言，無曲學以阿世！」

再如，漢文帝是漢代有名的賢主，然而，在《張釋之馮唐列傳》中，司馬遷借張釋之的幾次進諫，對漢文帝貪婪、自私、心地狹窄的一面進行了比較充分的揭露和諷刺。漢文帝行幸霸陵，突感人生無常，對群臣發出感嘆說：「嗟乎！以北山石爲槨，用紵絮斮陳，蕠漆其間，豈可動哉！」群臣均以爲善，獨張釋之不以爲然地說：「使其中有可欲者，雖錮南山猶有隙；使其中無可欲者，雖無石槨，又何戚焉！」漢文帝出行至渭橋，有愚民從橋下走出，驚動了輿馬，時張釋之爲廷尉，依法判之爲罰款。漢文帝大怒，認爲定罪太輕，說：「此人親驚吾馬，賴吾馬柔和，令他馬，固不敗傷我乎？而廷尉乃當之罰金！」張釋之進諫說：「法者，天子所與天下公共也。今法如此而更重之，是法不信於民也。且方其時，上使立誅之而已，今既下廷尉，廷尉，天下之平也，一傾而天下用法皆爲輕重，民安所錯其手足？唯陛下察之。」後來，有人偷了劉邦廟前的玉環。張釋之依法判他爲棄市。文帝大怒，認爲應當滅族，說：「人之無道，乃盜先帝廟器！吾屬廷尉者，欲致之族，而君以法奏之，非吾所以共承宗廟意也。」張釋之堅持原則說：「法如是足也。且罪等，然以順逆爲差。今盜宗廟器而族之，有如萬分之一假令愚民取長陵一抔土，陛下何以加其法乎？」這都是諷刺漢文帝的自私、殘酷和草菅人命。應當注意的是，漢文帝雖則用心不仁，但最終都還是接受了張釋之的建議。司馬遷這樣寫，還暗含著對漢武帝專橫、剛愎的間接諷刺。在《史記》中與《張釋之列傳》具有同樣性質的還有《汲黯鄭當時列傳》。

第四，運用巧妙的敘事手法，通過揭露隱藏在事件背後的陰謀和隱秘，達到諷刺效果。例如，《萬石君列傳》敘述石奮的發跡史云：「高祖東擊項籍，過河內，時奮年十五，爲小吏，侍高祖。高祖與語，愛其恭敬，問曰：『若何有？』對曰：『奮獨有母，不幸失明，家貧，有姊，能鼓琴。』高祖曰：『若能從我乎？』曰：『願盡力。』於是高祖名其姊爲美人，以奮爲中涓，受書謁，徙其家長安中戚里，以姊爲美人故也。其官至孝文時，積功勞至大中大夫。無文學，恭謹無與比。」石奮在當時被稱爲長者，父子五人均官至二千石，號稱萬石君。然而，他取得尊榮並不在於他有什麼才能，而是由於他善於孝敬皇帝，甚至不惜主動將自己的同胞姐姐送與劉邦玩弄。

又如，陳平在漢代官至丞相，封爲列侯。他之所以取得這樣高的地位，當時看法是認爲他在劉邦的開國大業中曾屢出奇計。然而，在《陳丞相世家》中，陳平的所謂奇計，事實上無非是一些卑鄙、陰險奸詐的伎倆。

又如，漢武帝劉徹爲求長生不老，迷信方術之士，封齊地方士李少翁爲文成將軍。後來，李少翁方術無效，漢武帝將他殺死。因害怕別人笑他愚蠢，於是聲稱文成將軍「食馬肝中毒而死」。司馬遷將這一隱秘揭示出來，對諷刺漢武帝的荒悖無疑是很有效的。》再如，衛青、霍去病是漢武帝時代著名的將領，聲名顯赫。然而，司馬遷在《衛將軍驃騎列傳》中介紹霍去病時，在霍去病名字上冠以「大將軍姊子」五字，點明封建裙帶關係對一個人地位的影響。

第五，通過虛詞的靈活運用，造成某種獨特的語氣，從而達到諷刺效果。這一方法在《封禪書》中體現得最爲明顯。司馬遷爲了諷刺漢武帝的荒誕無稽，他在敘述漢武帝信奉和推行鬼神之事時，故意在敘述文字中加入「若」「蓋」「云」「焉」「矣」等疑問詞，使人一看便知他們的鬼把戲。如：「作通天台，置祠其下，將招來仙人之屬……若望見光云」；「(天子)郊雍，獲一角獸，若麟然。有司曰：『陛下肅祇郊祀，上帝報享，錫一角獸，蓋麟云』」；「少翁以鬼神方見上。上有所幸王夫人，夫人卒，少翁以方蓋夜致王夫人及灶鬼之貌云，天子自帷中望見焉」；「至蓬萊，言夜見大人，長數丈，就之而不見，見其跡甚大，類禽獸云……大以爲仙人也」；「(欒)大見數月，佩六印，貴震天下，而海上燕齊之間，莫不扼腕而言有禁方，能神仙矣。」在上面所引這些例句中，司馬遷雖然沒有直接揭露漢武帝等人所從事的種種迷信活動的虛假性和欺騙性，但通過「若」「蓋」「云」「焉」等虛詞所體現的不以爲然的口氣，我們不難看出司馬遷本人的態度。

綜上所述，我們可以得出這樣一個結論：在中國古代頗爲發達的諷刺文學領域內，司馬遷的《史記》應當據有一個比較重要的位置。

五、《史記》的語言成就

司馬遷是偉大的語言大師。他吸收並改造了先秦典籍的書面語，同時也吸收融滙了許多漢代的書面語和人民群衆的口頭用語，從而形成了一種淺近、活潑、樸實、流利的書面語言。《史記》的語言是經過作者推敲提煉的，司馬遷能用富有表現力和雕塑感的語言，把人物寫得栩栩如生，使你有一種幾乎可以用手去觸摸的感覺。這裏就《史記》的敘述語言、人物語言、評論語言三方面分別作一些論述。

「文章惟敘事最難」。寫歷史最基本的功夫，就是要把各種極複雜的歷史事件清楚明晰地敘述出來。《史記》一書，上下幾千年，舉凡三代之禮樂，劉項之戰爭，以及律曆天官，文詞事業，無所不有，**司馬遷都從容自如地把這些千端萬緒，紛紜繁雜的社會歷史事件敘述得有條不紊，清晰明瞭，達到了各得其所，各臻其妙的地步**。比如陳涉、吳廣的農民起義爆發後，「一時是多少侯王將相，起者匆匆而起，立者匆匆而立，遣者匆匆而遣，下者匆匆而下，畔者匆匆而畔，據者匆匆而據，勝者匆匆而勝，敗者匆匆而敗，失者匆匆而失，復者匆匆而復，誅者匆匆而誅，散者匆匆而散。有六月內結局者，有六月內未結局者，有六月後續出者。種種頭緒，紛如亂絲，詳敘恐失倉卒之意，急敍又有掛漏之患，豈非難事。乃史公卻是匆匆寫出，卻已一一詳盡，不漏不支，不躐不亂，豈非神手！」(湯諧《史記半解》)司馬遷作《陳涉世家》，不僅是寫陳勝、吳廣的性格、功績，而且是要寫與陳涉同時而起的農民起義的各路英雄，但當時事變倉促，人物又多，千頭萬緒，五花八門，此中安置，頗覺棘手。司馬遷卻能用簡潔的語言，把當時匆忙起事，紛亂複雜的事件寫得十分清楚，使農民起義當時那種一哄而起，雜亂無章的情形異常清晰地呈現在讀者眼前，這是多麼不容易啊！

何況，僅僅把歷史寫清楚那是不夠的，更重要的是，**司馬遷的敘述描寫事件能夠做到生動形象，準確傳神**。例如《廉頗藺相如列傳》寫藺相如在完璧歸趙一段中與秦王鬥智鬥勇的情景說：「相如視秦王無意償趙城，乃前曰：『璧有瑕，請指示王。』王授璧，相如因持璧卻立，倚柱，怒髮上衝冠」云云。這「因持璧卻立，倚柱，怒髮上衝冠」，幾個動作的次序是多麼明晰，而藺相如當時的心理神情又被表現得多麼生動逼眞啊！在澠池會上，秦王侮辱性地讓趙王鼓瑟，而秦國御史還要當衆在起居注上寫明「某年月日，秦王與趙王會飲，令趙王鼓瑟。」面對這樣的侮辱和挑釁，趙王沒有任何抗爭和反擊。藺相如因此不得不挺身而出，越俎代庖。他提出請秦王擊缶，以相娛樂。秦王不許，於是他便把缶送到秦王面前，以「五步之內，相如請以頸血濺大王」相威脅，迫使秦王勉強敲了一下。可是趙國御史卻沒有勇氣學著秦國御史那樣，把「趙王令秦王擊缶」記在自己的起居注上，於是藺相如又不得不「顧召趙御史書曰『某年月日，秦王爲趙王擊缶。』」所謂「顧召」，是指把他從痴迷中喊醒，喝令他拿起筆按著自己的話寫上。就是很少的這麼幾筆，把當時藺相如的精神、氣概，以及秦趙兩國君臣的震驚失色之狀準確而傳神地寫了出來。

司馬遷的敘述語有時雖然只有一兩個字，但卻不僅準確傳神，而且富有韻味，幾乎是一字千金，不可更換。如《外戚世家》在記敘竇皇后和其失散多年的弟弟竇廣國相見時有這樣一段話：

> 文帝召見問之，具言其故，果是。又復問他何以爲驗，對曰：「姊去我西時，與我決於傳舍中，丐沐沐我，請食飯我，乃去。」於是竇皇后持之而泣，泣涕交橫下。侍御左右皆伏地泣，助皇后悲哀。

這裏一個「助」字，用得妙不可言，試瞑目細思當時的情景：竇皇后與其弟久別重逢，深居宮中的姊姊見弟弟這副寒酸相，已夠動起惻隱之心，爲之而泣了。更加上廣國提起姊弟分別之際那種依依不捨而又不得不在沐己飯己之後，匆匆登車，訣別而去的情形，眞是再也忍不住，不由得趕過去相持大哭，涕淚橫流了。

這時那些左右侍御們見皇后如此，於是便一齊「皆伏地泣」，「助」起皇后的悲哀來了。一個「助」字，把當時在場諸人的心理神情以及當時的場面氣氛表現得多麼好啊！悲哀雖不能助，然而捨卻「助」字，又能用哪個字來替換呢？這裏是在敍事，但同時也兼有寫人、抒情之功。從這個例子不由地使我們想起了《紅樓夢》裏王熙鳳協理寧國府時哭秦可卿的情形：王熙鳳先到秦氏靈前燒了紙，而後「放聲大哭」。這時整個寧國府的「裏外男女上下，見鳳姐出聲，都忙接聲嚎哭」。這「都忙接聲嚎哭」與「助皇后悲哀」，不正是一脈相通嗎？

司馬遷敍述語言的生動準確，還表現在描寫各種緊張激烈的場面上，如《荊軻列傳》在描寫秦庭驚變的場面時，用筆尤爲絕倫。開始作者先寫了蒙嘉對秦王的一套奉承，秦王就是帶著接受降書降表那種得意滿足的心情來接見荊軻的。整個咸陽宮裏的威嚴好不嚇人，以至於使秦舞陽這個有名的大勇士都一下被嚇昏了。這種極力的鋪陳渲染，起著一種欲抑先揚的作用。當圖窮匕首現，荊軻抓起匕首刺向秦王的時候，請看以下《史記》中的描寫：「秦王驚，自引而起，袖絕。拔劍，劍長，操其室；時惶急，劍堅，故不可立拔。荊軻逐秦王，秦王環柱而走。群臣皆愕，卒起不意，盡失其度。而秦法，群臣侍殿上者，不得持尺寸之兵；諸郎中執兵，皆陳殿下，非有詔召，不得上。方急時，不及召下兵，以故荊軻乃逐秦王。而卒惶急，無以擊軻，而以手共搏之。是時，侍醫夏無且以其所奉藥囊提荊軻也。秦王方環柱走，卒惶急，不知所爲。左右乃曰：『王負劍！』負劍，遂拔，以擊荊軻，斷其左股。荊軻廢，乃引其匕首以擲秦王。不中，中銅柱。」這是多麼眼花繚亂的描寫啊！秦王一邊繞柱奔跑，一邊拔劍，荊軻在後緊追不捨，殿上殿下的群臣百官一片慌亂，以手搏的，以藥囊打的，著急害怕而又不敢上殿救駕的，千滙萬狀，如在目前。語言短促，氣氛緊張，但在敍述的高潮中，還忙裏偷閒、恰到好處地插入「秦法」如何如何，以釋讀者爲什麼滿朝文武驚慌失措，那些持刀的衛士也不敢上前救駕的疑問。這樣一來，不僅使內容更加嚴密，而且使文勢急中有緩，有起有伏，形成波瀾，避免了順敍的呆板。《史記》中緊張、精彩到這種程度的描寫，還有《項羽本紀》、《呂后本紀》、《廉頗藺相如列傳》、《田單列傳》等篇，說明作者的敍事藝術，的確高明。

《史記》中的人物語言，具有高度個性化，司馬遷在這方面的成就似乎比前面的敍述語言還要高，還要富於創造性。例如淮陰侯韓信在平定齊國後派人來向劉邦請求要當「假齊王」時，作品寫道：「韓信使者至，發書，漢王大怒，罵曰：『吾困於此，旦暮望若來佐我，乃欲自立爲王！』張良、陳平躡漢王足，因附耳語曰：『漢方不利，寧能禁信之王乎？不如因而立，善遇之，使自爲守，不然，變生。』漢王亦悟，因復罵曰：『大丈夫定諸侯，即爲眞王耳，何以假爲！』」這就把劉邦當時對韓信那種不用不行，用又時刻不放心的猜忌之情，和他身處困境不得不故作灑脫達觀的隨機應變之態，寫得淋漓盡致。又如《酈生陸賈列傳》中有陸賈出使南越時與南越王尉他的一段對話：

於是尉他乃蹶然起坐，謝陸生曰：「居蠻夷中久，殊失禮儀。」因問陸生曰：「我孰與蕭何、曹參、韓信賢？」陸生曰：「王似賢」。復曰：「我孰與皇帝賢？」陸生曰：「皇帝起豐沛，討暴秦，誅強楚，爲天下利興除害，繼五帝三王之業，統理中國。中國人以億計，地方萬里，居天下膏腴，人衆車輿，萬物殷富，政由一家，自天地剖判以來未始有也。今王衆不過數十萬，皆蠻夷，崎嶇山海間，譬乃漢一郡，王何乃比於漢！」尉他大笑曰：「吾不起中國，故王此；使我居中國，何渠不若漢？」

這裏把尉他那種粗魯、豪爽、心悅誠服而口頭還要逞強，和陸賈那種非關鍵處能讓就讓，能哄就哄，關鍵之處義正辭嚴，決不妥協的心理神情，一齊表現了出來。

司馬遷筆下，每個人物各有不同的性格，每個性格也各有不同的語言，而且每個人物所說的話都和其性格、身分、地位以及心理狀態相吻合，絕不能互相交換。如呂不韋是商人出身，所以他看見安國君的兒子子楚質於趙，處境很可憐時，就想利用他「以釣奇」，作政治賭注，於是說出了「此奇貨可居」這樣符合他大商人身分和心理的話。王溫舒是酷吏，好殺成性，在春回大地之際，他「頓足嘆曰：『嗟乎！令冬月益展一月，足吾事矣！』」（當時規定春天不能行刑）不用再多說一句話，一個殘忍嗜殺的酷吏，就活生生地站在人們跟前了。

張儀是著名的縱橫家，他到楚國遊說未遂，反被懷疑偷盜玉璧，因而被「掠笞數百」，回家後他妻子取笑他說：「嘻！子毋讀書遊說，安得此辱乎？」張儀謂其妻曰：「視吾舌尚在不？」其妻笑曰：「舌在也。」張儀曰：「足矣！」縱橫家主要靠三寸不爛之舌謀取功名富貴，舌在則本錢在，「舌在足矣」，這話不僅表現了張儀受挫折不氣餒，表現了他的堅定信念，而且也非常符合他的身分特點。

梁啓超在《中國歷史研究法補編》中稱贊司馬遷描寫酈食其的一段話說：「食其想見漢高祖，找同里騎士做引綫，教他幾句話，說道『臣里中有酈生，年六十餘，長八尺，人皆謂之狂生，生自謂我非狂生』。記他自己這幾句話，便把一位胸有經緯，倜儻不群的老名士活現出來。又寫他初見高祖時，高祖怎樣的『倨床使兩女子洗足』，酈生怎樣的『長揖不拜』，高祖怎樣罵，酈生怎樣的對罵，說道：『足下欲誅無道秦，不宜倨見長者。』到後來酈生說齊歸漢，齊人上了當，責備他。他說：『而公不爲若更言！』（老子不和你說廢話）便攝衣就烹。這些話本來都是小節，太史公卻處處注意，務將他話的原樣和說話的神氣都傳出，便能把這位老名士的人格活現。」酈食其志向高潔，性情耿介，說話舉動都有一股狂氣。他在說服齊王田廣歸漢的任務完成後，韓信突然夜襲田廣，田廣以爲酈生騙了他，立刻翻臉，對他說：「汝能止漢軍，我活汝；不然，我將烹汝！」在這種突變情況下，酈生感到一切解釋都已無用，於是乾脆負氣到底，說：「舉大事不細謹，盛德不辭讓，而公不爲若更言！」結果眞的被田廣所烹。酈生臨死前的這幾句話，最充分地表達了他那種狂生的性格。》此外還有大家最熟悉的例子如項羽在看秦始皇渡浙江時說的「彼可取而代也」，劉邦在咸陽看到秦始皇出巡時說的「嗟乎，大丈夫當如是也」，以及陳勝在起義時說的「壯士不死即已，死即舉大名耳，王侯將相寧有種乎？」這三句話歷來被認爲是生動地表現了三種不同人的思想和旨趣。清代王鳴盛說：「項之言，悍而戾；劉之言，津津不勝其歆羨矣。」（《十七史商榷》）

所謂「評論的語言」，是指司馬遷用「太史公曰」的形式發表的那些論贊。這些論贊有的以敘事爲主，有的以議論爲主，是短小精悍的散文小品，可讀性很強。如《李將軍列傳》後面的「太史公曰」說：

傳曰：「其身正，不令而行；其身不正，雖令不從。」其李將軍之謂也？余睹李將軍，悛悛如鄙人，口不能道辭，及死之日，天下知與不知，皆爲盡哀。彼其忠實心誠信於士大夫也。諺曰：「桃李不言，下自成蹊。」此言雖小，可以喻大也。

李廣是一個值得同情的悲劇人物，司馬遷見過這位英雄。所以在這段文字裏，又補充描寫了他的正直、質樸、忠實等優良的品質，並且通過廣大人民對李廣的哀悼，來表示作者對這位英雄的崇敬和悼念。

《游俠列傳序》是太史公序贊中文字較長的一篇。全文共有六百三十七字，洋洋灑灑，慷慨激昂，融敘事、議論、抒情於一爐，時而欲揚先抑，時而含語雙關，時而層層對比，時而盡情感嘆，全文文辭質樸，卻又蘊涵著曲折回蕩的氣勢；感情濃厚，卻又時隱時顯，並不一瀉無遺，讀之令人低徊詠嘆，不能釋卷。

司馬遷還有部分序贊，重說理而少敘事，可以看成是短小精美的議論文。如《酷吏列傳序》：

孔子曰：「導之以政，齊之以刑，民免而無恥；導之以德，齊之以禮，有恥且格。」老氏稱「上德不德，是以有德；下德不失德，是以無德。法令滋章，盜賊多有。」太史公曰：信哉是言也。法令者，治之具，而非制治清濁之源也。昔天下之網嘗密矣，然奸僞萌起；其極也，上下相遁，至於不振。當是之時，吏治若救火揚沸，非武健嚴酷，惡能勝其任而愉快乎？言道德者，溺其職矣！故曰：「聽訟，吾猶人也，必也使無訟乎！」「下士聞道大笑之」，非虛言也。漢興，破觚而爲圜，斲雕而爲樸，網漏於吞舟之魚，而吏治烝烝，不至於奸，黎民艾安。由是觀之，在彼不在此。

這段文章對於應當德治還是法治的問題，分析的鞭辟入裏。通過秦治苛刻，漢治寬仁，兩兩相較，明示法治「非制治清濁之源」。而作者說出者少，不說出者多，識漢武帝時代德衰法重之意，寄之筆墨蹊徑之外，大有語不多而意深厚，意到處言不到，言盡處意不盡之概。

總而言之，作爲一種語言藝術，《史記》的成就是傑出的，兩千年來它與《左傳》、《國策》、《孟子》、《莊子》，以及韓、柳、歐、蘇諸大家的散文，一直相提並論，甚至遙遙凌駕於諸家之上，這絕不是偶然的。它已經被人們看成爲一種古代語言的典範，在被後人所經久不息地喜愛和欣賞著。

——選自《史記通論》

一九九〇年九月　北京師範大學出版社

古籍景印叢書 0300001

史記會注考證

著　　者　（日）瀧川龜太郎

發 行 人　林慶彰
總 經 理　梁錦興
總 編 輯　張晏瑞
編 輯 所　萬卷樓圖書股份有限公司
　地址　臺北市羅斯福路二段 41 號 6 樓之 3
　電話　(02)23216565
　傳真　(02)23218698

發　　行　萬卷樓圖書股份有限公司
　臺北市羅斯福路二段 41 號 6 樓之 3
　電話　(02)23216565
　傳真　(02)23218698
　電郵　SERVICE@WANJUAN.COM.TW
香港經銷　香港聯合書刊物流有限公司
　電話　(852)21502100
　傳真　(852)23560735

ISBN 978-986-478-317-5

2020 年 5 月再版

定價：新臺幣 800 元（上、下冊不分售）

如何購買本書：

1. 劃撥購書，請透過以下郵政劃撥帳號：
　帳號：15624015
　戶名：萬卷樓圖書股份有限公司
2. 轉帳購書，請透過以下帳戶
　合作金庫銀行　古亭分行
　戶名：萬卷樓圖書股份有限公司
　帳號：0877717092596
3. 網路購書，請透過萬卷樓網站
　網址　WWW.WANJUAN.COM.TW

大量購書，請直接聯繫我們，將有專人為您服務。客服：(02)23216565　分機 610

如有缺頁、破損或裝訂錯誤，請寄回更換

國家圖書館出版品預行編目資料

史記會注考證 / （日）瀧川龜太郎著. -- 再版. -- 臺北市 : 萬卷樓, 2020.5
　冊 ;　公分
ISBN 978-986-478-317-5(全套 : 平裝)

1.史記 2.注釋

610.11　　108017330